LEXICO-CONCORDANCIA
DEL
NUEVO TESTAMENTO
EN
GRIEGO Y ESPAÑOL

LEXICO-CONCORDANCIA
DEL
NUEVO TESTAMENTO
EN
GRIEGO Y ESPAÑOL

Basado en
la Versión de la Biblia
Reina-Valera Revisada, 1960

Compilador
Jorge G. Parker

EDITORIAL MUNDO HISPANO

EDITORIAL MUNDO HISPANO
7000 Alabama Street, El Paso, TX 79904, EE. UU. de A.
www.editorialmundohispano.org

Nuestra pasión: Comunicar el mensaje de Jesucristo y facilitar la formación de discípulos por medios impresos y electrónicos.

Léxico – Concordancia del Nuevo Testamento en griego y español.
© Copyright 1982, Rio Grande Bible Institute, Inc., Edinburgh, Texas. Publicado con permiso. Todos los derechos reservados. Prohibida su reproducción o transmisión total o parcial, por cualquier medio, sin el permiso escrito de los publicadores.

Primera edición: 1982
Octava edición: 2012

Clasificación Decimal Dewey: 225.286

Tema: Biblia – NT – Concordancia

ISBN: 978-0-311-42065-0
E.M.H. Art. No. 42065

750 11 12

Impreso en India
Printed in India

DEDICAMOS ESTA OBRA
en memoria de

LAZARO SAMUEL BALLOTE

uno de los iniciadores y también
un amado colega
que fue llamado a su hogar celestial
el 5 de febrero de 1979.

CONTENIDO

RECONOCIMIENTOS	ix
PREFACIO	xi
INTRODUCCION	xiii
CLAVE DE LAS ABREVIATURAS	xxi
LEXICO GRIEGO-ESPAÑOL	**1**
CONCORDANCIA	**93**
INDICE ESPAÑOL-GRIEGO	**819**
VOCABULARIO GRIEGO DEL NUEVO TESTAMENTO	901

RECONOCIMIENTOS

Ha sido el alto privilegio del Seminario Bíblico Río Grande patrocinar esta valiosa herramienta de estudio, *Léxico-Concordancia del Nuevo Testamento en Griego y Español*, compilada por el doctor Jorge Parker, miembro de la facultad del seminario.

Es sumamente apropiado que semejante obra sea el producto de dicha institución, ya que desde su principio en el año 1946 el propósito del seminario ha sido el de promover la proclamación de la Palabra de Dios en la América Latina. Esto lo hemos logrado hacer principalmente por medio de preparación bíblica a jóvenes de habla española de la América Latina. Pero además, desde el año 1955 este propósito se ha realizado mediante la enseñanza en la escuela de idiomas a centenares de misioneros que son llamados por Dios para trabajar en los países hispanos.

Dedicado, como lo es, a contender "eficazmente por la fe . . . una vez dada a los santos" (Judas 3, VA), el Seminario Bíblico Río Grande se interesa seriamente en la sana exposición e interpretación de las Sagradas Escrituras.

Al editor de esta obra, el doctor Jorge Parker, se le deben el reconocimiento y el agradecimiento especial por su dedicación, primero al dominio del idioma griego a través de los años que le ha capacitado para esta tarea tan ardua, y luego, a la supervisión abnegada del desarrollo tan complicado de esta obra.

También le damos gracias a Dios por el apoyo financiero prestado por una iglesia en Houston, Texas, y por varios individuos que se interesaron en la obra.

Encomendamos este Léxico-Concordancia a la iglesia de nuestro Señor Jesucristo en la América Latina y a cada estudiante serio de la Biblia en español.

Leonardo C. Hanes,
Presidente del SBRG y
Escuela del Idioma Español

PREFACIO

El *Léxico-Concordancia del Nuevo Testamento en Griego y Español* es proyecto del Seminario Bíblico Río Grande de Edinburg, Texas, en el cual el Señor le ha concedido al redactor el privilegio de enseñar por diecinueve años.

Al impartir las clases de griego del Nuevo Testamento, lamentaba profundamente el hecho de que existiera tan poca literatura en español sobre los idiomas originales de las Sagradas Escrituras. El estudiante de la Biblia actualmente no puede contar con las herramientas necesarias en la lengua española para profundizar su estudio en los idiomas originales.

Sentía una gran carga en su corazón por esto, de tal manera que cada año lanzaba el reto a sus clases de griego, para que algunos de los alumnos se dedicaran a prepararse más para poder producir, tal vez algún día en el futuro, literatura sobre el texto griego del Nuevo Testamento.

En octubre de 1974, tres estudiantes —Rafael Contreras, Lázaro Ballote y Ricardo Aragón— aceptaron el reto y se dedicaron inmediatamente a trabajar con el fin de producir una concordancia del Nuevo Testamento. Después de graduarse del Seminario Bíblico Río Grande en 1975, Rafael Contreras y Lázaro Ballote permanecieron en Edinburg por más de un año para dedicar su tiempo completo a la producción del borrador, escribiendo en máquina unas tres mil hojas.

El redactor se empeñó en la tarea de revisar la traducción de cada cita; de cerciorarse de la exactitud de lo indicado con letra negra como el equivalente de la palabra griega de cada cita; de hacer los estudios textuales y las aclaraciones; de preparar el léxico y el índice y de supervisar cada etapa de la producción del Léxico-Concordancia.

El trabajo tan arduo y largo de escribir la copia final en la máquina de componer (IBM) fue hecho por Evangelina Velasco, graduada del Seminario en 1977. "Evita" dedicó tres años a esta obra.

El toque final de cada parte del Léxico-Concordancia fue puesto por Claudia Moore que el Señor usó para que hiciera toda la labor del "paste-up" de la copia final.

Algunos alumnos del Seminario revisaron y corrigieron el borrador y la copia final y ayudaron en la preparación de los índices. Entre ellos merecen mención y agradecimiento especial por su empeño y fidelidad los siguientes: Pedro Gutiérrez, Silvia Lang, Luis Alemán, Israel Montemayor, Eligio Cisneros, Osdi Luna, Pablo Pozo y Marcos Rivera.

El redactor desea expresar su gratitud al estimado doctor José T. Poe, de la Casa Bautista de Publicaciones, por su ayuda y por sus palabras de ánimo, consejo y dirección. Su cooperación fue de valor incalculable.

Creemos que fue el Señor que dio principio a este proyecto. Fue él quien preparó y usó, poco a poco y paso por paso, las personas que formaron "el equipo". Fue él quien suplió las fuerzas físicas, la dirección, la sabiduría y los fondos monetarios tan necesarios para realizar esta obra. Los siervos de Dios que contribuyeron más para sufragar los gastos económicos son el amado matrimonio formado por C. Preston Farquhar y su apreciable esposa, Ruth, de Houston, Texas.

El redactor debe mucho a su amada esposa, Anita Sadler de Parker, que sufrió con mucha paciencia y se sacrificó en muchas maneras durante los cinco años de arduo trabajo en el Léxico-Concordancia; a ella, las más expresivas gracias.

El 5 de febrero de 1979, Lázaro Ballote, uno de los tres que dieron principio a esta obra, fue llamado a su hogar celestial. Nosotros, los miembros del "equipo", dedicamos este *Léxico-Concordancia del Nuevo Testamento en Griego y Español* en memoria de nuestro amado hermano y colega, Lázaro Ballote.

Con la gratitud más profunda de nuestro corazón rendimos a nuestro Señor toda la gloria y la alabanza; y a él, a su pueblo y a su servicio encomendamos esta obra, con la esperanza de que él la use para su gloria y para la bendición de muchas personas de habla hispana por todas partes.

INTRODUCCION

El *Léxico-Concordancia del Nuevo Testamento en Griego y Español* ofrece al estudiante del griego del Nuevo Testamento una herramienta de suma utilidad para un estudio profundo de la Palabra de Dios. Se compone de tres secciones principales: el Léxico Griego-Español, a Concordancia, y el Indice Español-Griego. (Al final del libro hay una lista de los vocablos griegos en orden numérico según el sistema de James Strong.) En las páginas que siguen se explica el método y los criterios que se usaron en la producción de la Concordancia y sus dos secciones auxiliares. También se explica cómo utilizar el Léxico-Concordancia con máximo provecho.

El Léxico Griego-Español

Esta obra fue bautizada con el nombre de "Léxico-Concordancia" porque la primera sección es en realidad un léxico breve. Define en español las palabras griegas de acuerdo con los significados que se encuentran en la Versión de 1960 de la Biblia según Reina y Valera. Algunas veces incluye significados dados en una de las otras versiones usadas para las aclaraciones y los estudios textuales o en alguna de las traducciones literales suplidas por el redactor. Estas definiciones están impresas con letra negrita. Si el estudiante quiere ver el vocablo en su contexto bíblico, sólo tiene que buscarlo en la sección Concordancia por su número. De esta manera el aspecto léxico de la obra se amplía enormemente.

Los números de la primera columna a la izquierda son los del sistema numérico confeccionado por el doctor James Strong. Este mismo sistema se utiliza en la sección

Concordancia y en el Indice Español-Griego. Así es que se puede encontrar cada vocablo en su debido lugar tanto en el orden alfabético como en su orden numérico. Este sistema se está empleando cada vez más en las obras de consulta que tratan del griego del Nuevo Testamento.

Con referencia al deletreo de ciertas palabras griegas, hay discrepancias entre los varios léxicos y textos. Estas discrepancias a veces afectan el orden alfabético de las palabras y por ende también el orden numérico. Como norma final para el deletreo de cada palabra griega se ha empleado la forma que se encuentra en *A Greek-English Lexicon of the New Testament* por William F. Arndt y F. Wilbur Gingrich, que es, a su vez, basado en *Wörterbuch zum Neuen Testament* por Walter Bauer.

Hay algunas palabras griegas, principalmente las que aparecen en los textos críticos y no en el Recibido, que no se encuentran en el sistema numérico de Strong. Para incluirlas en la numeración, se han agregado letras mayúsculas al número de otra palabra cercana en el orden alfabético.

La tercera columna indica el número de veces que aparece cada palabra griega en las citas de la sección Concordancia. En la mayoría de los casos es también el número de veces que la palabra aparece en el Nuevo Testamento. Sin embargo, el estudiante debe reconocer que la sección Concordancia toma en cuenta cuatro textos griegos del Nuevo Testamento. De vez en cuando una palabra no aparece en todos los textos. Pero si se halla en *uno* de ellos, aparece en la sección Concordancia, y por esa aparición se cuenta en el número total de las apariciones. Por ejemplo, el vocablo 4461 ῥαββί aparece dos veces en el Texto Recibido de Mateo 23:7 y una sola vez en los textos de Westcott y Hort, de Nestle, y de las Sociedades Bíblicas. Las *dos* se cuentan para llegar a la suma de diecisiete veces.

La Concordancia

Los primeros pasos en la producción del *Léxico-Concordancia del Nuevo Testamento en Griego y Español* tienen como base la *Concordance to the Greek Testament according to the Texts of Westcott and Hort, Tischendorf and the English Revisers*, editada por W. F. Moulton y A. S. Geden (de aquí en adelante se referirá a esta obra como Moulton y Geden). Se incluyeron algunos de los rasgos de Moulton y Geden, entre ellos el sistema para dar indicaciones sobre el uso de las palabras griegas en otros escritos:

* La palabra griega no se encuentra en la Septuaginta ni en otras versiones del Antiguo Testamento en griego, inclusive la Apócrifa.
** La palabra griega no se encuentra en la Septuaginta en las Escrituras canónicas del Antiguo Testamento, pero sí se emplea o en la Apócrifa o en otras versiones del Antiguo Testamento en griego, o en las dos.
† La palabra no se encuentra en los escritos en griego antes de la era cristiana.

La concordancia de Moulton y Geden tiene su base en los textos críticos del Nuevo Testamento. La versión en español que es la base del *Léxico-Concordancia del Nuevo Testamento en Griego y Español* es la Revisión de 1960 de la Versión de Casiodoro de Reina y Cipriano de Valera, la que sigue el texto reconocido como el "texto bizantino" o el "Texto Recibido". Para poder tomar en cuenta las discrepancias entre los textos críticos de la concordancia de Moulton y Geden y el Texto Recibido de la Reina-Valera, 1960, todo el borrador del Léxico-Concordancia fue comparado con *Englishman's Greek Concordance of the New Testament,* la que tiene su base en el Texto Recibido.

Cada discrepancia entre los textos griegos, que involucra cada palabra griega citada en el Léxico-Concordancia, es notada en la sección Concordancia, y hay un estudio textual de cada discrepancia. Para estos estudios se consultaron y se tomaron en cuenta los siguientes textos griegos:

El Texto Recibido fue el impreso en el *Interlinear Literal Translation of the Greek New Testament,* redactado por George Ricker Berry. El doctor Berry hizo imprimir el texto de Estéfano (S) de 1550, pero su aparato crítico toma en cuenta las variantes del texto de Elzevir (E) de 1624. Estos dos textos son tan similares que los dos se reconocen como el Texto Recibido (TR).

The New Testament in the Original Greek editado por Brooke Foss Westcott y Fenton John Anthony Hort. (Se referirá a este texto como Westcott y Hort, con la abreviatura WH.)

Novum Testamentum Graece de Eberhard Nestle, Erwin

Nestle y Kurt Aland, edición 24. (Se referirá a este texto como el de Nestle, con la abreviatura N.)
The Greek New Testament redactado por Kurt Aland, Matthew Black, Bruce M. Metzger y Allen Wikgren, edición de 1966. (Se referirá a este texto como el de las Sociedades Bíblicas; la abreviatura que se usa para referirse al texto es ABMW.)

La versión en español citada en el Léxico-Concordancia siempre es la Reina-Valera Revisada, 1960. En los estudios textuales esta versión es citada primero. Si no hay indicación de otra versión, el estudiante puede dar por sentado que la cita es tomada de ella. Después siguen los textos griegos que apoyan cualquier variante, en el orden TR, WH, N, ABMW. Los estudios textuales también presentan el apoyo de las cinco versiones que siguen:

>*El Nuevo Testamento de Nuestro Señor Jesucristo: Versión Hispano-Americana* (VHA).
>*La Santa Biblia: Versión Moderna (VM).*
>*Sagrada Biblia*, traducida y redactada por Eloíno Nácar Fuster y Alberto Colunga, octava edición. (Se referirá a esta versión como la de Nácar y Colunga, NC.)
>*Sagrada Biblia*, traducida y redactada por P. José María Bover y D. Francisco Cantera Burgos, cuarta edición. (Se referirá a ésta como la de Bover y Cantera, BC.)
>*Biblia de las Américas: el Nuevo Testamento*, primera edición (BA).

Se usa la abreviatura V60 sólo cuando sea necesario para la claridad o para llamar la atención al estudiante de que la versión Reina-Valera, 1960, no ha seguido la costumbre de retener lo que dice el Texto Recibido. De vez en cuando, cuando parecía apropiado, se tomó en cuenta la versión Antigua de Reina y Valera. indicada por la abreviatura VA.

En el caso de Marcos 16:9-20 y de Juan 7:53—8:11, porciones que muchos críticos textuales consideran dudosas, no hay estudios textuales para cada palabra griega. En la sección Concordancia la cita entera ha sido impresa entre corchetes para indicar lo dudoso del caso. El estudiante debe hacer su propio estudio crítico sobre estos problemas.

Los corchetes encerrando algunos textos griegos en los estudios textuales indican que los redactores de dichos textos aceptaron la variante en su texto pero con algo de duda. De manera similar, cuando el estudiante encuentra una versión en español entre corchetes, sabrá que el traductor indicó cierta duda en cuanto al texto impreso.

De cada versículo citado en la Concordancia se da un fragmento que contiene la traducción de la palabra griega. Está impresa en letra negrita la parte de la frase que corresponde al significado de la palabra griega.

Las frases citadas de cada versículo son de la Reina-Valera, 1960. A veces fue necesario que los traductores dieran una paráfrasis para traducir un modismo en griego. Cuando el redactor creía que la traducción del fragmento era mala o que no era clara para el estudiante elemental de griego, buscó la manera de ayudar al estudiante, dando una traducción o una aclaración de una de las otras cinco versiones, o supliendo su propia traducción literal de la frase (la abreviatura *lit.* indica esto). No se debe creer que la traducción muy literal sea necesariamente la mejor. Por ejemplo, en Mateo 15:4 la traducción muy literal del redactor dice: "que muera con la muerte" —un barbarismo en español. Varias versiones traducen de esta manera: "muera irremisiblemente". La paráfrasis de las versiones expresa exactamente en español lo que el texto griego expresa, por eso es mejor que la aclaración literal; pero se espera que la aclaración ayude al estudiante elemental de griego a comprender la expresión en griego.

En los estudios textuales la primera frase citada es de la Reina-Valera Revisada, 1960. Luego se citan los textos griegos que siguieron los traductores de esta versión. Después se dan las versiones que también siguieron estos textos griegos. La traducción del fragmento en las otras versiones no tiene que ser exactamente la misma que se encuentra en la Reina-Valera, 1960. El hecho de que se citan no indica más que el mismo texto griego las apoya.

En el caso de las variantes, la primera versión mencionada es la versión de la cual el fragmento citado se ha escogido. Siguen los textos griegos que apoyan la variante, y finalmente se dan las versiones que han seguido la misma variante. Por ejemplo, bajo la palabra 5620 ὥστι. 1 Corintios 7:38 hay un estudio textual. *"De manera que* el que la da en casamiento" es la traducción de la Reina-Valera, 1960, basada en el Texto Recibido. La Versión Hispano-Americana también sigue este texto en este caso. La versión de Bover y Cantera fue escogida para representar la variante apoyada por los textos de Westcott y Hort, Nestle, y las Sociedades Bíblicas. Las versiones indicadas aceptan esta variante también, es a saber, la Versión Moderna, la de Nácar y Colunga y la Biblia de las Américas.

Después de cada palabra griega de la sección Concordancia sigue la transliteración de la palabra en letras españolas. Si la transliteración no da una representación fonética de la pronunciación, se ha agregado entre paréntesis una representación fonética. Es imposible fijar con seguridad absoluta la pronunciación del griego de la época del Nuevo Testamento. Más de un sistema se ha presentado en los libros de los estudiantes eruditos del idioma. A continuación se da el sistema de transliteración y el de los sonidos equivalentes en español que se han utilizado en esta obra.

Mayús-cula	Minús-cula	Nombre de la letra	Transli-teración	Sonido equivalente en español
Α	α	alfa	a	a
Β	β	beta	b	b
Γ	γ	gamma	g	g (pero delante de γ, κ, o χ es n velar como en sangre)
Δ	δ	delta	d	d
Ε	ε	épsilon	e	e (abierto)
Ζ	ζ	zeta	z	dz
Η	η	eta	e	e (cerrado)
Θ	ϑ	theta	th	th (como la z castellana en la palabra corazón)
Ι	ι	iota	i	i
Κ	κ	kappa	k	k
Λ	λ	lambda	l	l
Μ	μ	mu	m	m
Ν	ν	nu	n	n
Ξ	ξ	xi	x	x

Ο	ο	ómicron	o	o (abierto)
Π	π	pi	p	p
Ρ	ρ	rho	r	r
Σ	σ ο ς	sigma	s	s
Τ	τ	tau	t	t
Υ	υ	úpsilon	u	u
Φ	φ	fi	f	f
Χ	χ	ji	c	j española
Ψ	ψ	psi	ps	ps
Ω	ω	omega	o	o (cerrado)

Se ha empleado la jota española para representar el espíritu rudo en griego.

Por economía se han omitido ciertas palabras griegas. No se han incluido los artículos definidos, los pronombres demostrativos, algunas de las conjunciones, la mayor parte de las preposiciones y algunas partículas. Sin embargo, por su importancia en las cuestiones de las interpretaciones doctrinales se ha incluido la preposición ὑπέρ. Se cree que serán pocos los estudiantes que tengan necesidad de estudiar estos detalles tan finos. Tales estudiantes podrán consultar la concordancia de Moulton y Geden. Se ha hecho todo esfuerzo para ofrecer al estudiante una herramienta para el estudio del Nuevo Testamento al costo mínimo.

El Indice Español-Griego

Se espera que el Indice Español-Griego sea útil y provechoso para todos los estudiantes bíblicos de habla española, pero el propósito de él tiene más en vista al estudiante que no ha tenido mucha relación con el idioma griego. Las palabras en español se han arreglado alfabéticamente, y sus equivalentes se han dado en griego. Las palabras griegas se encuentran en su orden numérico, de acuerdo con el sistema de Strong, el cual generalmente corresponde a su orden alfabético en griego. En vez de imprimir los vocablos griegos en letras griegas, se han escrito las transliteraciones en letras españolas. Así es que el estudiante que no sabe griego puede usar el Léxico-Concordancia con gran provecho.

Para utilizar correctamente el Indice Español-Griego el estudiante debe tomar en cuenta lo que sigue: las palabras españolas cuyas equivalencias en griego se dan a veces son la traducción *completa* dada en la versión Reina-Valera, 1960, pero a veces la palabra española no es más que *una sola parte* de la traducción del vocablo griego. Por ejemplo, la palabra "agua" en el Indice tiene siete entradas de palabras griegas como sus equivalentes. Refiriéndose al Léxico Griego-Español el estudiante observará lo siguiente:

504 "ánudros" quiere decir "sin agua".
1337 "dithálassos" es traducida en la versión Reina-Valera, 1960, "un lugar de dos aguas".
3655 "ómbros" es "agua" pero en el sentido de "tempestad".
5201 "udría" es una "tinaja para agua".
5202 "udropotéo" quiere decir "beber agua".
5204 "údor" es la única palabra del grupo que en realidad significa "agua" como su definición completa.
5593 "psucrós" tiene la traducción de "agua fría".

Puesto que este Indice está vinculado a la sección Concordancia, no incluye las palabras griegas omitidas en ella (la mayor parte de las preposiciones, los artículos definidos, algunas conjunciones, etc.). No pareció necesario incluir los nombres propios en este Indice, aunque en la sección Concordancia y en el Léxico Griego-Español sí están incluidos.

Las palabras griegas impresas en letra negrita son equivalentes tomadas de otras versiones citadas en los estudios textuales o en las aclaraciones.

CLAVE DE LAS ABREVIATURAS

ABMMW	*The Greek New Testament*, tercera edición, redactada por Aland, Black, Martini, Metzger y Wikgren
ABMW	*The Greek New Testament*, primera edición, redactada por Aland, Black, Metzger y Wikgren
Ap.	Apocalipsis
B	El Códice Vaticano
BA	*Biblia de las Américas*
BC	*Sagrada Biblia*, traducida y redactada por Bover y Cantera
1 Co.	1 Corintios
2 Co.	2 Corintios
Col.	Colosenses
D	El Códice Beza
E	El Texto Recibido de Elzevir de 1624
Ef.	Efesios
Fil.	Filipenses
Flm.	Filemón
Gá.	Gálatas
Hch.	Hechos
He.	Hebreos
Jn.	Juan
1 Jn.	1 Juan
2 Jn.	2 Juan
3 Jn.	3 Juan
Lc.	Lucas
Mr.	Marcos
MG	*Concordance to the Greek New Testament*, redactada por Moulton y Geden
MS	manuscrito
MSS	manuscritos
Mt.	Mateo
N	*Novum Testamentum Graece*, edición 24, redactada por Nestle, Nestle y Aland
NC	*Sagrada Biblia*, traducida y redactada por Nácar y Colunga
1 P.	1 Pedro
2 P.	2 Pedro
pl.	plural
Ro.	Romanos
S	El Texto Recibido de Estéfano de 1550
sing.	singular
Stg.	Santiago
T	la octava edición del Nuevo Testamento de Tischendorf, 1875
1 Ti.	1 Timoteo
2 Ti.	2 Timoteo
Tit.	Tito
TR	Texto Recibido
Tr	Tregelles
1 Ts.	1 Tesalonicenses
2 Ts.	2 Tesalonicenses
V60	Versión de 1960 de la Biblia de Reina y Valera
VA	Versión Antigua de la Biblia de Reina y Valera
VHA	Versión Hispano-Americana
WH	*The New Testament in the Original Greek*, revisada por Westcott y Hort

LEXICO
GRIEGO-ESPAÑOL

Un léxico con definiciones en español de las palabras griegas según La Reina-Valera Revisada, 1960, con el sistema numérico de James Strong.

LEXICO GRIEGO - ESPAÑOL

NOTA: Para encontrar los números fuera de orden numérico en el léxico, véase la página 91.

A

2	Ἀαρών	5	Aarón
3	Ἀβαδδών	1	Abadón
4	ἀβαρής	2	gravoso
5	Ἀββά	3	Abba
6	Ἄβελ	4	Abel
7	Ἀβιά	3	Abías
8	Ἀβιαθάρ	1	Abiatar
9	Ἀβιληνή	1	Abilinia
10	Ἀβιούδ	2	Abiud
11	Ἀβραάμ	73	Abraham
12	ἄβυσσος	9	abismo
13	Ἄγαβος	2	Agabo
14	ἀγαθοεργέω	1	hacer bien
15	ἀγαθοποιέω	11	hacer bien, hacer lo bueno
16	ἀγαθοποιΐα	1	hagan el bien
17	ἀγαθοποιός	2	hacer bien
18	ἀγαθός	103	bueno, buenas cosas, bien, bienes, favor
18 A	ἀγαθουργέω	1	hacer bien
19	ἀγαθωσύνη	4	bondad
20	ἀγαλλίασις	5	alegría
21	ἀγαλλιάω	11	alegrarse, gozarse, regocijarse
22	ἄγαμος	4	soltero, sin casar, doncella, no casada
23	ἀγανακτέω	7	enojarse, indignarse
24	ἀγανάκτησις	1	indignación
25	ἀγαπάω	143	amar
26	ἀγάπη	118	amor, ágape
27	ἀγαπητός	63	amado, querido
28	Ἀγάρ	2	Agar
29	ἀγγαρεύω	3	obligar
30	ἀγγεῖον	2	cesta, vasija
31	ἀγγελία	2	mensaje
32	ἄγγελος	189	ángel, mensajero
31 A	ἀγγέλλω	1	dar las nuevas
30 A	ἄγγος	1	cesta
33	ἄγε	2	ir
34	ἀγέλη	8	hato
35	ἀγενεαλόγητος	1	sin genealogía
36	ἀγενής	1	vil
37	ἁγιάζω	29	santificar
38	ἁγιασμός	10	santificación, santidad
39-40	ἅγιος	245	santo, santuario, Lugar Santo, Lugar Santísimo
41	ἁγιότης	2	santidad
42	ἁγιωσύνη	3	santidad
43	ἀγκάλη	1	brazo
44	ἄγκιστρον	1	anzuelo
45	ἄγκυρα	4	ancla
46	ἄγναφος	2	nuevo
47	ἁγνεία	2	pureza
48	ἁγνίζω	7	purificar
49	ἁγνισμός	1	purificación
50	ἀγνοέω	24	no entender, no conocer, sin conocer, ignorar, desconocer
51	ἀγνόημα	1	pecado de ignorancia
52	ἄγνοια	4	ignorancia
53	ἁγνός	8	limpio, puro, casto
54	ἁγνότης	2	pureza
55	ἁγνῶς	1	sinceramente
56	ἀγνωσία	2	ignorancia
57	ἄγνωστος	1	no conocido

#	Griego	Freq	Español
58	ἀγορά	11	plaza, calle, foro
59	ἀγοράζω	31	comprar, rescatar, redimir
60	ἀγοραῖος	2	ocioso, audiencia
61	ἄγρα	2	pescar
62	ἀγράμματος	1	sin letras
63	ἀγραυλέω	1	velar
64	ἀγρεύω	1	sorprender
65	ἀγριέλαιος	2	olivo silvestre
66	ἄγριος	3	silvestre, fiera
67	Ἀγρίππας	11	Agripa
68	ἀγρός	37	campo tierra, labranza, hacienda, heredad
69	ἀγρυπνέω	4	velar
70	ἀγρυπνία	2	desvelo
71	ἄγω	73	llevar, celebrar, traer, ir, conceder, meter, guiar, arrastrar
72	ἀγωγή	1	conducta
73	ἀγων	6	conflicto, lucha, oposición, batalla, carrera
74	ἀγωνία	1	agonía
75	ἀγωνίζομαι	8	esforzar, pelear, luchar, rogar encarecidamente
76	Ἀδάμ	9	Adán
77	ἀδάπανος	1	gratuitamente
78	Ἀδδεί ο Ἀδδί	1	Adi
79	ἀδελφή	26	hermana
80	ἀδελφός	350	hermano
81	ἀδελφότης	2	los hermanos, **hermandad, fraternidad**
82	ἄδηλος	2	que no se ven, incierto
83	ἀδηλότης	1	las cuales son inciertas
84	ἀδήλως	1	a la ventura
85	ἀδημονέω	3	angustiarse
86	ᾄδης	11	Hades, sepulcro
87	ἀδιάκριτος	1	sin incertidumbre
88	ἀδιάλειπτος	2	continuo, sin cesar
89	ἀδιαλείπτως	4	sin cesar
90	ἀδιαφθορία	1	integridad
91	ἀδικέω	27	hacer agravio, dañar, maltratar, cometer agravio, agraviar, hacer injusticia, hacer daño, ser injusto
92	ἀδίκημα	4	agravio, cosa mal hecha, maldad, delito
93	ἀδικία	27	injusticia, maldad, iniquidad, agravio
94	ἄδικος	12	injusto
95	ἀδίκως	1	injustamente
95 A	Ἀδμείν ο Ἀδμίν	1	Admín
96	ἀδόκιμος	8	reprobado, eliminado, rechazado
97	ἄδολος	1	no adulterado
98	Ἀδραμυττηνός	1	adramitena
99	Ἀδρίας	1	Adriático
100	ἁδρότης	1	ofrenda abundante
101	ἀδυνατέω	2	ser imposible, haber imposible
102	ἀδύνατος	10	imposible, imposibilitado, débil
103	ᾄδω	5	cantar
104	ἀεί	8	siempre
105	ἀετός	5	águila
106	ἄζυμος	9	la fiesta de los panes sin levadura, los panes sin levadura
107	Ἀζώρ	2	Azor
108	Ἄζωτος	1	Azoto
109	ἀήρ	7	aire
110	ἀθανασία	3	inmortalidad
111	ἀθέμιτος	2	abominable
112	ἄθεος	1	sin Dios
113	ἄθεσμος	2	malvado, inicuo
114	ἀθετέω	16	desechar, invalidar, rechazar, quebrantar, violar
115	ἀθέτησις	2	abrogación, quitar de en medio
116	Ἀθῆναι	4	Atenas
117	Ἀθηναῖος	2	ateniense
118	ἀθλέω	2	luchar como atleta
119	ἄθλησις	1	combate
119 A	ἀθροίζω	1	reunir
120	ἀθυμέω	1	desalentar
121	ἄθῳος	2	inocente
122	αἴγειος	1	cabra
123	αἰγιαλός	6	playa, orilla

124	Αἰγύπτιος	5	egipcio
125	Αἴγυπτος	24	Egipto
126	ἀΐδιος	2	eterno
127	αἰδώς	2	pudor, temor
128	Αἰθίοψ	2	etíope
129	αἷμα	99	sangre
130	αἱματεκχυσία	1	derramamiento de sangre
131	αἱμορροέω	1	enferma de flujo de sangre
132	Αἰνέας	2	Eneas
133	αἴνεσις	1	alabanza
134	αἰνέω	9	alabar
135	αἴνιγμα	1	oscuramente
136	αἶνος	2	alabanza
137	Αἰνών	1	Enón
139	αἵρεσις	9	secta, herejía, disensión
140	αἱρετίζω	1	escoger
141	αἱρετικός	1	que causa divisiones
138	αἱρέω	3	escoger
142	αἴρω	103	sostener, tomar, tirar, llevar, recoger, quitar, cargar, alzar, ¡Fuera!, destruir, levantar, subir a bordo
143	αἰσθάνομαι	1	entender
144	αἴσθησις	1	conocimiento
145	αἰσθητήριον	1	sentido
146	αἰσχροκερδής	3	codicioso de ganancias deshonestas
147	αἰσχροκερδῶς	1	por ganancia deshonesta
148	αἰσχρολογία	1	palabras dehonestas
150	αἰσχρός	4	vergonzoso, indecoroso, ganancia deshonesta
151	αἰσχρότης	1	palabras deshonestas
152	αἰσχύνη	6	vergüenza, lo vergonzoso, oprobio
153	αἰσχύνομαι	5	avergonzarse
154	αἰτέω	72	pedir, demandar
155	αἴτημα	3	petición
156	αἰτία	21	causa, condición, delito, cargo
157 A	αἰτίαμα	1	acusación
158	αἴτιον	4	delito, causa
159	αἴτιος	1	autor
157	αἰτίωμα	1	acusación
160	αἰφνίδιος	2	de repente, repentino
161	αἰχμαλωσία	3	cautividad
162	αἰχμαλωτεύω	2	llevar cautivo
163	αἰχμαλωτίζω	4	llevar cautivo
164	αἰχμάλωτος	1	cautivo
165	αἰών	134	siglo, mundo, para siempre, nunca, jamás, principio, eternamente, universo, eternidad
166	αἰώνιος	71	eterno, sempiterno, para siempre
167	ἀκαθαρσία	10	inmundicia, impureza
168	ἀκαθάρτης	1	inmundicia
169	ἀκάθαρτος	32	inmundo
170	ἀκαιρέομαι	1	faltar la oportunidad
171	ἀκαίρως	1	fuera de tiempo
172	ἄκακος	2	ingenuo, inocente
173	ἄκανθα	14	espino, espina
174	ἀκάνθινος	2	de espinas
175	ἄκαρπος	7	infructuoso, sin fruto
176	ἀκατάγνωστος	1	irreprochable
177	ἀκατακάλυπτος	2	descubrir, sin cubrir
178	ἀκατάκριτος	2	sin sentencia judicial, sin haber sido condenado
179	ἀκατάλυτος	1	indestructible
180 A	ἀκατάπαστος	1	no saciarse
180	ἀκατάπαυστος	1	no cesar
181	ἀκαταστασία	5	sedición, confusión, tumulto, desorden, perturbación
182	ἀκατάστατος	2	inconstante, turbulento
183	ἀκατάσχετος	1	que no puede ser refrenado
184	Ἀκελδαμάχ ο Ἀχελδαμάχ	1	Acéldama
185	ἀκέραιος	2	sencillo
186	ἀκλινής	1	sin fluctuar, firme
187	ἀκμάζω	1	estar maduro
188	ἀκμήν	1	aún
189	ἀκοή	24	fama, oído, rumor, anuncio

#	Griego	Cant.	Español
190	ἀκολουθέω	93	seguir, ir detrás, venir detrás
191	ἀκούω	441	oír, obedecer, entender, escuchar
192	ἀκρασία	2	desenfreno, incontinencia
193	ἀκρατής	1	intemperante
194	ἄκρατος	1	puro
195	ἀκρίβεια	1	estrictamente
196	ἀκριβής	1	riguroso
198	ἀκριβόω	2	indagar diligentemente, inquirir
199	ἀκριβῶς	9	con diligencia, diligentemente, exactamente, cierto, perfectamente
200	ἀκρίς	4	langosta
201	ἀκροατήριον	1	audiencia
202	ἀκροατής	4	oidor
203	ἀκροβυστία	21	incircuncisión, no circuncidado
204	ἀκρογωνιαῖος	2	principal piedra del ángulo
205	ἀκροθίνιον	1	botín
206	ἄκρον	6	extremo, punta
207	Ἀκύλας	6	Aquila
208	ἀκυρόω	3	invalidar, abrogar
209	ἀκωλύτως	1	sin impedimento
210	ἄκων	1	de mala voluntad
211	ἀλάβαστρος	4	vaso de alabastro, frasco de alabastro
212	ἀλαζονεία	2	soberbia, vanagloria
213	ἀλαζών	2	altivo, vanaglorioso
214	ἀλαλάζω	2	lamentar, retiñir
215	ἀλάλητος	1	indecible
216	ἄλαλος	3	mudo
217	ἅλας	8	sal
218	ἀλείφω	9	ungir
219	ἀλεκτοροφωνία	1	canto del gallo
220	ἀλέκτωρ	12	gallo
221	Ἀλεξανδρεύς	2	de Alejandría
222	Ἀλεξανδρῖνος	2	alejandrino
223	Ἀλέξανδρος	6	Alejandro
224	ἄλευρον	2	harina
225	ἀλήθεια	111	verdad
226	ἀληθεύω	2	decir la verdad, seguir la verdad
227	ἀληθής	26	veraz, con verdad, verdadero, amante de la verdad
228	ἀληθινός	28	verdadero
229	ἀλήθω	2	moler
230	ἀληθῶς	20	verdaderamente, en verdad
231	ἁλιεύς	5	pescador
232	ἁλιεύω	1	pescar
233	ἁλίζω	3	salar
234	ἀλίσγημα	1	contaminación
236	ἀλλάσσω	6	cambiar, transformar, mudar
237	ἀλλαχόθεν	1	por otra parte
237 A	ἀλλαχοῦ	1	a otras partes
238	ἀλληγορέω	1	es una alegoría
239	ἁλληλουϊά	4	Aleluya
240	ἀλλήλων	102	(los) unos a (los) otros, entre sí, los unos con los otros, el uno al otro, es común, entre vosotros, mutua, unos para con otros, los demás
241	ἀλλογενής	1	extranjero
242	ἅλλομαι	3	saltar
243	ἄλλος	162	otro, uno, alguno, demás
244	ἀλλοτριεπίσκοπος	1	entremeterse en lo ajeno
245	ἀλλότριος	14	extraño, extranjero, ajeno
246	ἀλλόφυλος	1	extranjero
247	ἄλλως	1	de otra manera
248	ἀλοάω	3	trillar
249	ἄλογος	3	fuera de razón, irracional
250	ἀλόη	1	áloe
251	ἅλς	1	sal
252	ἀλυκός	1	salada
253	ἄλυπος	1	con menos tristeza
254	ἄλυσις	11	cadena
255	ἀλυσιτελής	1	no es provechoso
1	ἄλφα	4	Alfa
256	Ἀλφαῖος	5	Alfeo
257	ἅλων	2	era

258	ἀλώπηξ	3	zorra
259	ἅλωσις	1	presa
260	ἅμα	10	también, por, con esto, a una, al mismo tiempo, juntamente
261	ἀμαθής	1	indocto
262	ἀμαράντινος	1	incorruptible
263	ἀμάραντος	1	inmarcesible
264	ἁμαρτάνω	43	pecar, cometer pecado, practicar el pecado
265	ἁμάρτημα	5	pecado
266	ἁμαρτία	173	pecado
267	ἀμάρτυρος	1	sin testimonio
268	ἁμαρτωλός	47	pecador, pecaminoso
269	ἄμαχος	2	no pendenciero
270	ἀμάω	1	cosechar
271	ἀμέθυστος	1	amatista
272	ἀμελέω	5	sin hacer caso, descuidar, desentender, dejar
273	ἄμεμπτος	5	irreprensible, sin defecto
274	ἀμέμπτως	2	irreprensiblemente
275	ἀμέριμνος	2	a salvo, sin congoja
276	ἀμετάθετος	2	inmutabilidad, inmutable
277	ἀμετακίνητος	1	constante
278	ἀμεταμέλητος	2	irrevocable, de que no hay que arrepentirse
279	ἀμετανόητος	1	no arrepentido
280	ἄμετρος	2	desmedidamente
281	ἀμήν	124	Amén, de cierto
282	ἀμήτωρ	1	sin madre
283	ἀμίαντος	4	sin mancha, sin mancilla, sin mácula, incontaminado
284	Ἀμιναδάβ	3	Aminadab
285	ἄμμος	5	arena
286	ἀμνός	4	cordero
287	ἀμοιβή	1	recompensa
288	ἄμπελος	9	vid, viña
289	ἀμπελουργός	1	viñador
290	ἀμπελών	23	viña
291	Ἀμπλιᾶτος	1	Amplias
292	ἀμύνομαι	1	defender
292 A	ἀμφιάζω	1	vestir
292 B	ἀμφιβάλλω	1	echar la red
293	ἀμφίβληστρον	2	red
294	ἀμφιέννυμι	4	vestir, cubrir
295	Ἀμφίπολις	1	Anfípolis
296	ἄμφοδον	1	recodo del camino
297	ἀμφότεροι	14	lo uno y lo otro, ambos, los dos
298	ἀμώμητος	2	sin mancha, irreprensible
298 A	ἄμωμον	1	especia aromática
299	ἄμωμος	8	sin mancha
300	Ἀμών	2	Amón
301	Ἀμώς	3	Amós
303	ἀνά	13	entre, cada uno, por, de...en
304	ἀναβαθμός	2	gradas
305	ἀναβαίνω	84	subir, crecer, sacar, brotar, venir, entrar
306	ἀναβάλλω	1	aplazar
307	ἀναβιβάζω	1	sacar
308	ἀναβλέπω	26	ver, mirar, levantar los ojos, recibir la vista, recobrar la vista
309	ἀνάβλεψις	1	vista
310	ἀναβοάω	3	clamar
311	ἀναβολή	1	dilación
508	ἀνάγαιον	2	aposento alto
312	ἀναγγέλλω	19	dar aviso, contar, declarar, hacer saber, anunciar, referir, dar cuenta
313	ἀναγεννάω	2	renacer
314	ἀναγινώσκω	33	leer
315	ἀναγκάζω	9	hacer, forzar, obligar
316	ἀναγκαῖος	8	íntimo, necesario
317	ἀναγκαστῶς	1	por fuerza
318	ἀνάγκη	18	necesario, necesidad, calamidad
319	ἀναγνωρίζω	1	dar a conocer
320	ἀνάγνωσις	3	lectura
321	ἀνάγω	24	llevar, traer, partir, ofrecer, sacar, zarpar, embarcar, navegar, hacerse a la vela, hacer subir, resucitar
322	ἀναδείκνυμι	2	designar, mostrar

#	Griego	Freq	Español
323	ἀνάδειξις	1	manifestación
324	ἀναδέχομαι	2	recibir
325	ἀναδίδωμι	1	dar
326	ἀναζάω	5	revivir, volver a vivir
327	ἀναζητέω	3	buscar
328	ἀναζώννυμι	1	ceñir
329	ἀναζωπυρέω	1	avivar
330	ἀναθάλλω	1	revivir
331	ἀνάθεμα	7	maldición, anatema
332	ἀναθεματίζω	4	maldecir, juramentar
333	ἀναθεωρέω	2	mirar, considerar
334	ἀνάθημα	1	ofrenda votiva
335	ἀναιδία	1	importunidad
336	ἀναίρεσις	2	muerte
337	ἀναιρέω	24	matar, recoger, quitar
338	ἀναίτιος	2	sin culpa, inocente
339	ἀνακαθίζω	2	incorporarse
340	ἀνακαινίζω	1	renovar
341	ἀνακαινόω	2	renovar
342	ἀνακαίνωσις	2	renovación
343	ἀνακαλύπτω	2	descubrir
344	ἀνακάμπτω	4	volver
345	ἀνάκειμαι	15	sentarse a la mesa, estar a la mesa, recostar
346	ἀνακεφαλαιόω	2	resumir, reunir
347	ἀνακλίνω	8	sentarse, recostar, acostar
348	ἀνακόπτω	1	estorbar
349	ἀνακράζω	5	dar voces, gritar, exclamar a gran voz, lanzar un gran grito
350	ἀνακρίνω	16	interrogar, escudriñar, juzgar, examinar, discernir, acusar, preguntar
351	ἀνάκρισις	1	examen
351 A	ἀνακυλίω	1	remover
352	ἀνακύπτω	4	enderezar, erguir
353	ἀναλαμβάνω	13	recibir arriba, llevar, recoger, tomar
354	ἀνάλημψις	1	recibir arriba, **ascención**
355	ἀναλίσκω	3	consumir
356	ἀναλογία	1	medida
357	ἀναλογίζομαι	1	considerar
358	ἄναλος	1	insípida
359	ἀνάλυσις	1	partida
360	ἀναλύω	2	regresar, partir
361	ἀναμάρτητος	1	sin pecado
362	ἀναμένω	1	esperar
363	ἀναμιμνῄσκω	6	acordarse, recordar, aconsejar, traer a la memoria
364	ἀνάμνησις	4	memoria
365	ἀνανεόω	1	renovar
366	ἀνανήφω	1	escapar
367	Ἀνανίας	11	Ananías
368	ἀναντίρρητος	1	no puede contradecirse
369	ἀναντιρρήτως	1	sin replicar
370	ἀνάξιος	1	indigno
371	ἀναξίως	2	indignamente
372	ἀνάπαυσις	5	descanso, reposo
373	ἀναπαύω	12	descansar, reposar, confortar
374	ἀναπείθω	1	persuadir
376	ἀνάπειρος	2	manco
375	ἀναπέμπω	5	remitir, volver a enviar
375 A	ἀναπηδάω	1	ponerse en pie de un salto
376	ἀνάπηρος	véase	ἀνάπειρος después de 374
377	ἀναπίπτω	12	recostar, sentarse a la mesa
378	ἀναπληρόω	6	cumplir, ocupar, suplir, colmar la medida
379	ἀναπολόγητος	2	inexcusable
380	ἀναπτύσσω	1	abrir
381	ἀνάπτω	3	encender
382	ἀναρίθμητος	1	innumerable
383	ἀνασείω	2	incitar, alborotar
384	ἀνασκευάζω	1	perturbar
385	ἀνασπάω	2	sacar, llevar arriba
386	ἀνάστασις	42	resurrección, levantamiento
387	ἀναστατόω	3	trastornar, levantar una sedición, perturbar
388	ἀνασταυρόω	1	crucificar de nuevo

LEXICO GRIEGO-ESPAÑOL 9 ἀναστενάζω - ἀνόητος

389	ἀναστενάζω	1	gemir
390	ἀναστρέφω	11	estar, volcar, volver, conducirse, vivir, estar en una situación
391	ἀναστροφή	13	conducta, manera de vivir
392	ἀνατάσσομαι	1	poner en orden
393	ἀνατέλλω	9	resplandecer, hacer salir, salir, venir
394	ἀνατίθημι	2	exponer
395	ἀνατολή	10	oriente, aurora, donde sale el sol
396	ἀνατρέπω	3	volcar, trastornar
397	ἀνατρέφω	4	criar
398	ἀναφαίνω	2	manifestar, avistar
399	ἀναφέρω	10	llevar, llevar arriba, ofrecer
400	ἀναφωνέω	1	exclamar
401	ἀνάχυσις	1	desenfreno
402	ἀναχωρέω	14	regresar, partir, irse, volver, apartarse, retirarse, salir
403	ἀνάψυξις	1	refrigerio
404	ἀναψύχω	1	confortar
405	ἀνδραποδιστής	1	secuestrador
406	Ἀνδρέας	13	Andrés
407	ἀνδρίζομαι	1	portarse varonilmente
408	Ἀνδρόνικος	1	Andrónico
409	ἀνδροφόνος	1	homicida
410	ἀνέγκλητος	5	irreprensible
411	ἀνεκδιήγητος	1	inefable
412	ἀνεκλάλητος	1	inefable
413	ἀνέκλειπτος	1	que no se agote
414	ἀνεκτός	6	tolerable
415	ἀνελεήμων	1	sin misericordia
448	ἀνέλεος	1	sin misericordia
416	ἀνεμίζω	1	arrastrar por el viento
417	ἄνεμος	31	viento
418	ἀνένδεκτος	1	imposible
419	ἀνεξεραύνητος	1	insondable
420	ἀνεξίκακος	1	sufrido
421	ἀνεξιχνίαστος	2	inescrutable
422	ἀνεπαίσχυντος	1	que no tiene de qué avergonzarse
423	ἀνεπίλημπτος	3	irreprensible, sin represión
424	ἀνέρχομαι	3	subir
425	ἄνεσις	5	libertad, reposo, holgura
426	ἀνετάζω	2	examinar, dar tormento
427	ἄνευ	3	sin
428	ἀνεύθετος	1	incómodo
429	ἀνευρίσκω	2	hallar
430	ἀνέχω	15	soportar, tolerar, sufrir
431	ἀνεψιός	1	sobrino
432	ἄνηθον	1	eneldo
433	ἀνήκω	3	convenir
434	ἀνήμερος	1	cruel
435	ἀνήρ	218	hombre, marido, varón, esposo
436	ἀνθίστημι	14	resistir, oponerse
437	ἀνθομολογέομαι	1	dar gracias
438	ἄνθος	3	flor
439	ἀνθρακιά	2	fuego, brasas
440	ἄνθραξ	1	ascuas
441	ἀνθρωπάρεσκος	2	que quiere agradar a los hombres
442	ἀνθρώπινος	8	de hombre, humano
443	ἀνθρωποκτόνος	3	homicida
444	ἄνθρωπος	567	hombre, humano, ciudadano, persona
445	ἀνθυπατεύω	1	ser procónsul
446	ἀνθύπατος	5	procónsul
447	ἀνίημι	4	soltar, largar, dejar, desamparar
448	ἀνίλεως	véase	ἀνέλεος después de 415
449	ἄνιπτος	3	sin lavar, no lavado, inmundo
450	ἀνίστημι (futuro, aor. 1o., trans.)	15	levantar, resucitar
450	ἀνίστημι (intrans., aor 2o., medio)	99	levantarse, resucitar, pararse
451	Ἄννα	1	Ana
452	Ἄννας	4	Anás
453	ἀνόητος	6	insensato, no sabio, necio

#	Griego	Freq	Español
454	ἄνοια	2	furor, insensatez
455	ἀνοίγω	79	abrir
456	ἀνοικοδομέω	2	reedificar, reparar
457	ἄνοιξις	1	abrir
458	ἀνομία	16	maldad, iniquidad, injusticia, transgresión, infracción de la ley, pecado
459	ἄνομος	10	inicuo, el que está sin ley, transgresor
460	ἀνόμως	2	sin ley
461	ἀνορθόω	3	enderezar, volver a levantar, levantar
462	ἀνόσιος	2	irreverente, impío
463	ἀνοχή	2	paciencia
464	ἀνταγωνίζομαι	1	combatir
465	ἀντάλλαγμα	2	recompensa
466	ἀνταναπληρόω	1	cumplir
467	ἀνταποδίδωμι	7	recompensar, pagar, dar, dar el pago
468	ἀνταπόδομα	2	recompensa, retribución
469	ἀνταπόδοσις	1	recompensa
470	ἀνταποκρίνομαι	2	replicar, altercar
471	ἀντεῖπον	2	contradecir, decir en contra
472	ἀντέχω	4	estimar, sostener, retener
473	ἀντί	23	en lugar de, por, sobre
474	ἀντιβάλλω	1	tratar
475	ἀντιδιατίθημι	1	oponerse
476	ἀντίδικος	5	adversario
477	ἀντίθεσις	1	argumento
478	ἀντικαθίστημι	1	resistir
479	ἀντικαλέω	1	volver a convidar
480	ἀντίκειμαι	8	adversario, oponerse
481	ἄντικρυς	1	delante de
482	ἀντιλαμβάνω	3	socorrer, ayudar, beneficiar
483	ἀντιλέγω	10	contradecir, negar, oponerse, rebatir, hablar contra, responder
484	ἀντίλημψις	1	ayuda
485	ἀντιλογία	4	controversia, discusión, contradicción
486	ἀντιλοιδορέω	1	responder con maldición
487	ἀντίλυτρον	1	rescate
488	ἀντιμετρέω	2	medir, volver a medir
489	ἀντιμισθία	2	retribución, para corresponder del modo
490	Ἀντιόχεια	18	Antioquía
491	Ἀντιοχεύς	1	de Antioquía
492	ἀντιπαρέρχομαι	2	pasar de largo
493	Ἀντιπᾶς	1	Antipas
494	Ἀντιπατρίς	1	Antípatris
495	ἀντιπέρα	1	ribera opuesta
496	ἀντιπίπτω	1	resistir
497	ἀντιστρατεύομαι	1	rebelarse contra
498	ἀντιτάσσομαι	5	oponerse, resistir, hacer resistencia
499	ἀντίτυπος	2	figura, que corresponde
500	ἀντίχριστος	5	anticristo
501	ἀντλέω	4	sacar
502	ἄντλημα	1	con qué sacar
503	ἀντοφθαλμέω	1	poner proa
504	ἄνυδρος	4	seco, sin agua
505	ἀνυπόκριτος	6	sin fingimiento, sincero, no fingido, ni hipocresía
506	ἀνυπότακτος	4	desobediente, de rebeldía, contumaz, que no sea sujeto
507	ἄνω	9	arriba, a lo alto, de arriba, supremo
508	ἀνώγεον	véase	ἀνάγαιον después de 311
509	ἄνωθεν	13	de arriba, desde su origen, de nuevo, desde el principio, de lo alto
510	ἀνωτερικός	1	superior
511	ἀνώτερον	2	más arriba, primero
512	ἀνωφελής	2	sin provecho, ineficacia
513	ἀξίνη	2	hacha
514	ἄξιος	41	digno
515	ἀξιόω	7	tener por digno, parecer bien, querer, estimar digno, merecer
516	ἀξίως	6	como es digno
517	ἀόρατος	5	invisible
518	ἀπαγγέλλω	49	hacer saber, contar, anunciar, dar las nuevas, dar aviso, avisar, declarar, decir, dar noticia, denunciar
519	ἀπάγχω	1	ahorcar
520	ἀπάγω	18	llevar, traer, quitar

LEXICO GRIEGO-ESPAÑOL   11   ἀπαίδευτος – ἀποδημέω

521	ἀπαίδευτος	1	insensato
522	ἀπαίρω	3	quitar
523	ἀπαιτέω	2	pedir que devuelva, pedir
524	ἀπαλγέω	1	perder toda sensibilidad
525	ἀπαλλάσσω	3	arreglar, irse, librar
526	ἀπαλλοτριόω	3	alejado, ajeno, extraño
527	ἁπαλός	2	tierna
528	ἀπαντάω	7	salir al encuentro, venir al encuentro, hacer frente, salir a recibir
529	ἀπάντησις	4	**encuentro**
530	ἅπαξ	15	una vez, una vez para siempre, una sola vez
531	ἀπαράβατος	1	inmutable
532	ἀπαρασκεύαστος	1	desprevenido
533	ἀπαρνέομαι	13	negar
534	ἀπαρτί	3	desde ahora, de aquí en adelante
535	ἀπαρτισμός	1	acabar
536	ἀπαρχή	9	primicias, primer fruto
537	ἅπας	54	todo
537 A	ἀπασπάζομαι	1	**despedirse**
538	ἀπατάω	3	engañar
539	ἀπάτη	7	engaño, sutileza, error
540	ἀπάτωρ	1	sin padre
541	ἀπαύγασμα	1	resplandor
543	ἀπείθεια	7	desobediencia
544	ἀπειθέω	16	desobedecer, no creer, no obedecer, rebelde, desobediente
545	ἀπειθής	6	rebelde, desobediente
	ἀπειθία	véase	ἀπείθεια 543
546	ἀπειλέω	2	amenazar
547	ἀπειλή	4	amenaza
548	ἄπειμι	7	estar ausente
549	ἄπειμι	1	entrar
550	ἀπεῖπον	1	renunciar
551	ἀπείραστος	1	no puede ser tentado
552	ἄπειρος	1	inexperto
553	ἀπεκδέχομαι	8	aguardar, esperar
554	ἀπεκδύομαι	2	despojar
555	ἀπέκδυσις	1	echar, **despojamiento**
556	ἀπελαύνω	1	echar
557	ἀπελεγμός	1	desacreditarse, **descrédito**
558	ἀπελεύθερος	1	liberto
559	Ἀπελλῆς	1	Apeles
560	ἀπελπίζω	1	esperar
561	ἀπέναντι	6	enfrente de, delante de, en presencia de, **en contra de**
562	ἀπέραντος	1	interminable
563	ἀπερισπάστως	1	sin impedimento
564	ἀπερίτμητος	1	incircunciso
565	ἀπέρχομαι	124	ir, difundir, echarse, pasar, venir, salir, seguir, llegar, marcharse, volver, alejarse, retroceder, apartarse
568	ἀπέχω	18	ya tener, **distar**, estar lejos, bastar, apartar, abstener, recibir
569	ἀπιστέω	8	no creer, ser incrédulo, ser infiel
570	ἀπιστία	12	incredulidad, poca fe
571	ἄπιστος	23	incrédulo, infiel, no ser creyente
572	ἁπλότης	8	liberalidad, sencillez, generosidad
573	ἁπλοῦς	2	bueno, **sencillo**
574	ἁπλῶς	1	abundantemente
576	ἀποβαίνω	4	descender, ser ocasión, resultar
577	ἀποβάλλω	2	arrojar, perder, **desechar**
578	ἀποβλέπω	1	tener puesta la mirada
579	ἀπόβλητος	1	de desecharse
580	ἀποβολή	2	pérdida, exclusión
581	ἀπογίνομαι	1	estar muerto
582	ἀπογραφή	2	censo, **empadronamiento**
583	ἀπογράφω	4	ser empadronado, estar inscrito
584	ἀποδείκνυμι	4	aprobar, probar, exhibir, hacerse pasar
585	ἀπόδειξις	1	demostración
586	ἀποδεκατεύω	1	dar diezmo
586 A	ἀποδεκατόω	4	diezmar, dar diezmos, tomar los diezmos
587	ἀπόδεκτος	2	agradable
588	ἀποδέχομαι	8	recibir
589	ἀποδημέω	6	irse lejos, ausentarse

ἀπόδημος - ἀποσυνάγωγος   12   LEXICO GRIEGO-ESPAÑOL

590	ἀπόδημος	1	irse lejos
591	ἀποδίδωμι	47	pagar, cumplir, recompensar, dar, devolver, vender
592	ἀποδιορίζω	1	causar divisiones
593	ἀποδοκιμάζω	9	desechar
594	ἀποδοχή	2	ser recibido, **aceptación**
595	ἀπόθεσις	2	quitar, **purificación**, abandonar, **abandono**
596	ἀποθήκη	6	granero
597	ἀποθησαυρίζω	1	atesorar
598	ἀποθλίβω	1	oprimir
599	ἀποθνῄσκω	113	perecer, morir
600	ἀποκαθίστημι	8	restaurar, restablecer, restituir
601	ἀποκαλύπτω	26	revelar, descubrir, manifestar
602	ἀποκάλυψις	18	revelación, manifestación
603	ἀποκαραδοκία	2	anhelo, anhelo ardiente
604	ἀποκαταλλάσσω	3	reconciliar
605	ἀποκατάστασις	1	restauración
606	ἀπόκειμαι	4	guardar
607	ἀποκεφαλίζω	4	decapitar
608	ἀποκλείω	1	cerrar
609	ἀποκόπτω	6	cortar, mutilar
610	ἀπόκριμα	1	sentencia
611	ἀποκρίνομαι	250	responder, dirigirse
612	ἀπόκρισις	4	respuesta
613	ἀποκρύπτω	6	esconder, ocultar
614	ἀπόκρυφος	3	oculto, escondido
615	ἀποκτείνω	76	matar, dar muerte, ser muerto, quitar la vida, herir de muerte
616	ἀποκυέω	2	dar a luz, hacer nacer
617	ἀποκυλίω	4	remover
618	ἀπολαμβάνω	12	tomar aparte, recibir, acoger
619	ἀπόλαυσις	2	goce, deleite
620	ἀπολείπω	7	dejar, faltar, quedar, abandonar
621	ἀπολείχω	1	lamer
622	ἀπόλλυμι	94	matar, perder(se), perecer, destruir, estar muerto, quitar la vida
623	Ἀπολλύων	1	Apolión
624	Ἀπολλωνία	1	Apolonia
625	Ἀπολλῶς	10	Apolos
626	ἀπολογέομαι	10	responder, hablar en defensa, alegar en defensa, defender, disculparse
627	ἀπολογία	8	defensa, presentar defensa
628	ἀπολούω	2	lavar
629	ἀπολύτρωσις	10	redención, remisión, rescate
630	ἀπολύω	69	dejar, repudiar, despedir, enviar, soltar, perdonar, ser libre, poner en libertad, retirar
631	ἀπομάσσω	1	sacudir
632	ἀπονέμω	1	dar
633	ἀπονίπτω ο ἀπονίζω	1	lavar
634	ἀποπίπτω	1	caer
635	ἀποπλανάω	2	engañar, extraviarse
636	ἀποπλέω	4	navegar
637	ἀποπλύνω	1	lavar
638	ἀποπνίγω	3	ahogar
639	ἀπορέω	6	dudar, estar perplejo, en apuros
640	ἀπορία	1	confundido, perplejidad
641	ἀπορίπτω	1	echar
642	ἀπορφανίζω	1	separar
643	ἀποσκευάζω	1	hacer los preparativos
644	ἀποσκίασμα	1	sombra
645	ἀποσπάω	4	sacar, apartar, arrastrar, separar
646	ἀποστασία	2	apostasía, apostatar
647	ἀποστάσιον	3	carta de divorcio, divorcio
648	ἀποστεγάζω	1	descubrir (el techo)
649	ἀποστέλλω	136	mandar, enviar, permitir, meter
650	ἀποστερέω	6	defraudar, negar, privar, no pagar por engaño
651	ἀποστολή	4	apostolado
652	ἀπόστολος	89	apóstol, enviado, mensajero
653	ἀποστοματίζω	1	provocar a hablar
654	ἀποστρέφω	10	rehusar, volver, devolver, perturbar, convertir, apartar, abandonar desechar
655	ἀποστυγέω	1	aborrecer
656	ἀποσυνάγωγος	3	expulsado de la sinagoga

ἀποτάσσομαι - ἀποτριάω

#	Griego	n	Español
657	ἀποτάσσομαι	6	despedir, renunciar
658	ἀποτελέω	2	hacer, concebir
659	ἀποτίθημι	9	meter, poner, desechar, despojar, dejar
660	ἀποτινάσσω	2	sacudir
661	ἀποτίνω	1	pagar
662	ἀποτολμάω	1	resueltamente
663	ἀποτομία	2	severidad
664	ἀποτόμως	2	de severidad, duramente
665	ἀποτρέπω	1	evitar
666	ἀπουσία	1	ausencia
667	ἀποφέρω	6	llevar
668	ἀποφεύγω	3	huir, escapar
669	ἀποφθέγγομαι	3	hablar
670	ἀποφορτίζομαι	1	descargar
671	ἀπόχρησις	1	uso
672	ἀποχωρέω	3	apartar
673	ἀποχωρίζω	2	separar, desvanecer
674	ἀποψύχω	1	desfallecer
675	Ἄππιος	1	Apio
676	ἀπρόσιτος	1	inaccesible
677	ἀπρόσκοπος	3	sin ofensa, no tropiezo, irreprensible
678	ἀπροσωπολήμπτως	1	sin acepción de personas
679	ἄπταιστος	1	sin caída
680	ἅπτω	40	tocar, encender, manejar
682	Ἀπφία	1	Apia
683	ἀπωθέω	6	rechazar, desechar
684	ἀπώλεια	20	perdición, desperdicio, perecer, muerte, destrucción, destructor
685	ἀρά	1	maldición
686	ἄρα	51	así que, ciertamente, luego, pues, tal vez, de modo que, de manera que, en alguna manera, acaso, en tal caso, de otra manera, entonces, en verdad, quizá, por tanto
687	ἆρα	3	pero, por eso
688	Ἀραβία	2	Arabia
689	Ἀράμ	3	Aram
729	ἄραφος	1	sin costura
690	Ἄραψ	1	árabe
691	ἀργέω	1	tardar
692	ἀργός	9	ocioso, desocupado
693	ἀργυροῦς	3	de plata
694	ἀργύριον	21	dinero, plata, pieza de plata
695	ἀργυροκόπος	1	platero
696	ἄργυρος	5	plata
697	Ἄρειος Πάγος	2	Areópago
698	Ἀρεοπαγίτης	1	areopagita
699	ἀρεσκεία	1	agradar
700	ἀρέσκω	17	agradar
701	ἀρεστός	4	lo que agrada, justo, agradado, agradable
702	Ἀρέτας	1	Aretas
703	ἀρετή	5	virtud, excelencia
704	ἀρήν	1	cordero
705	ἀριθμέω	3	contar
706	ἀριθμός	18	número
707	Ἀριμαθαία	4	Arimatea
708	Ἀρίσταρχος	5	Aristarco
709	ἀριστάω	3	comer
710	ἀριστερός	4	izquierda, siniestra
711	Ἀριστόβουλος	1	Aristóbulo
712	ἄριστον	3	comida, comer
713	ἀρκετός	3	basta
714	ἀρκέω	8	contentar, bastar
715	ἄρκος	1	oso
716	ἅρμα	4	carro
717	Ἁρμαγεδ(δ)ών	1	Armagedón
718	ἁρμόζω	1	desposar
719	ἁρμός	1	coyuntura
719 A	Ἀρνί	1	Arni
720	ἀρνέομαι	33	negar, rechazar, renunciar, rehusar
721	ἀρνίον	30	cordero
722	ἀροτριάω	3	arar

#	Griego	Frec.	Español
723	ἄροτρον	1	arado
724	ἁρπαγή	3	robo, rapacidad, despojo
725	ἁρπαγμός	1	cosa a que aferrarse
726	ἁρπάζω	14	arrebatar, saquear, apoderar
727	ἅρπαξ	5	rapaz, ladrón
728	ἀρραβών	3	arras
729	ἄρραφος	1	sin costura
730	ἄρρην	véase	ἄρσην después de 733
731	ἄρρητος	1	inefable
732	ἄρρωστος	5	enfermo, debilitado
733	ἀρσενοκοίτης	2	uno que se echa con varones, sodomita
730	ἄρσην	9	varón, hombre
734	Ἀρτεμᾶς	1	Artemas
735	Ἄρτεμις	5	Diana
736	ἀρτέμων	1	vela
737	ἄρτι	38	ahora, de aquí en adelante, esta hora, el presente, todavía
738	ἀρτιγέννητος	1	recién nacido
739	ἄρτιος	1	perfecto
740	ἄρτος	99	pan
741	ἀρτύω	3	sazonar
742	Ἀρφαξάδ	1	Arfaxad
743	ἀρχάγγελος	2	arcángel
744	ἀρχαῖος	12	antiguo, viejo
745	Ἀρχέλαος	1	Arquelao
746	ἀρχή	58	principio, magistrado, poder, gobernante, primero, punta, principado, primeramente, dignidad, dominio
747	ἀρχηγός	4	autor, príncipe
748	ἀρχιερατικός	1	del sumo sacerdote
749	ἀρχιερεύς	124	sumo sacerdote, principal sacerdote, jefe de los sacerdotes
750	ἀρχιποίμην	1	príncipe de los pastores
751	Ἄρχιππος	2	Arquipo
752	ἀρχισυνάγωγος	9	principal de la sinagoga
753	ἀρχιτέκτων	1	arquitecto
754	ἀρχιτελώνης	2	jefe de los publicanos
755	ἀρχιτρίκλινος	3	maestresala
756-57	ἄρχω	86	comenzar, empezar, ser gobernante, regir
758	ἄρχων	37	hombre principal, príncipe, gobernante, magistrado
759	ἄρωμα	4	especia aromática
760	ἀσάλευτος	2	inmóvil, inconmovible
760	Ἀσάφ	2	Asa
762	ἄσβεστος	4	que nunca se apaga, que no puede ser apagado
763	ἀσέβεια	6	impiedad, impío, malvado
764	ἀσεβέω	2	vivir impíamente, hacer impíamente
765	ἀσεβής	10	impío
766	ἀσέλγεια	10	lascivia, disolución, nefando, libertinaje
767	ἄσημος	1	no insignificante
768	Ἀσήρ	2	Aser
769	ἀσθένεια	24	enfermedad, debilidad, débil
770	ἀσθενέω	37	enfermo, estar enfermo, necesitado, debilitarse, débil, ser débil enfermarse
771	ἀσθένημα	1	flaqueza
772	ἀσθενής	27	enfermo, débil, frágil
773	Ἀσία	20	Asia
774	Ἀσιανός	1	de Asia
775	Ἀσιάρχης	1	una autoridad de Asia
776	ἀσιτία	1	que no comíamos, sin comer
777	ἄσιτος	1	ayuno
778	ἀσκέω	1	procurar
779	ἀσκός	12	odre
780	ἀσμένως	2	de buen grado, con gozo
781	ἄσοφος	1	necio
782	ἀσπάζομαι	60	saludar, abrazar
783	ἀσπασμός	10	salutación
784	ἄσπιλος	4	sin mácula, sin mancha, sin contaminación
785	ἀσπίς	1	áspide, aspid
786	ἄσπονδος	2	implacable
787	ἀσσάριον	2	cuarto
788	ἆσσον	1	**más de cerca**
789	Ἄσσος	2	Asón

790	ἀστατέω	1	no tener morada fija
791	ἀστεῖος	2	agradable, hermoso
792	ἀστήρ	24	estrella
793	ἀστήρικτος	2	inconstante
794	ἄστοργος	2	sin afecto natural
795	ἀστοχέω	3	desviarse
796	ἀστραπή	9	relámpago, rayo, resplandor
797	ἀστράπτω	2	fulgurar, resplandeciente
798	ἄστρον	4	estrella
799	Ἀσύγκριτος	1	Asíncrito
800	ἀσύμφωνος	1	de acuerdo
801	ἀσύνετος	5	sin entendimiento, necio, insensato
802	ἀσύνθετος	1	desleal
803	ἀσφάλεια	3	verdad, seguridad
804	ἀσφαλής	5	cierto, seguro
805	ἀσφαλίζω	4	asegurar
806	ἀσφαλῶς	3	con seguridad, ciertísimamente
807	ἀσχημονέω	2	ser impropio, ser indecoroso
808	ἀσχημοσύνη	2	hecho vergonzoso, vergüenza
809	ἀσχήμων	1	menos decoroso
810	ἀσωτία	3	disolución
811	ἀσώτως	1	perdidamente
812	ἀτακτέω	1	andar desordenadamente
813	ἄτακτος	1	ocioso
814	ἀτάκτως	2	desordenadamente
815	ἄτεκνος	3	sin hijos
816	ἀτενίζω	14	fijar, fijar los ojos, poner los ojos, mirar fijamente, fijar la vista
817	ἄτερ	2	sin
818	ἀτιμάζω	7	afrentar, deshonrar
819	ἀτιμία	7	vergonzoso, deshonra, vergüenza, uso vil
820	ἄτιμος	4	sin honra, despreciado, menos digno
821	ἀτιμόω	1	afrentar
822	ἀτμίς	2	vapor, neblina
823	ἄτομος	1	momento
824	ἄτοπος	4	mal, crimen, perverso
825	Ἀτταλία ο Ἀττάλεια	1	Atalia
826	αὐγάζω	1	resplandecer
827	αὐγή	1	alba
828	Αὔγουστος	1	Augusto
829	αὐθάδης	2	soberbio, contumaz
830	αὐθαίρετος	2	con agrado, por su propia voluntad
831	αὐθεντέω	1	ejercer dominio
832	αὐλέω	3	tocar flauta
833	αὐλή	12	patio, palacio, redil
834	αὐλητής	2	flautista, que toca flauta
835	αὐλίζομαι	2	posar, estarse
836	αὐλός	1	flauta
837	αὐξάνω	23	crecer, aumentar
838	αὔξησις	2	crecimiento
839	αὔριον	15	mañana, día de mañana, otro día, el día siguiente
840	αὐστηρός	2	severo
841	αὐτάρκεια	2	lo suficiente, contentamiento
842	αὐτάρκης	1	**contento**
843	αὐτοκατάκριτος	1	condenado por su propio juicio
844	αὐτόματος	2	de suyo, por sí mismo
845	αὐτόπτης	1	**testigo ocular**
847	αὐτοῦ	5	aquí, allí
848	αὐτοῦ	17	sí, se, mismo
848 A	αὐτόφωρος	1	el acto mismo
849	αὐτόχειρ	1	con las propias manos
849 A	αὐχέω	1	jactarse
850	αὐχμηρός	1	oscuro
851	ἀφαιρέω	10	quitar, cortar
852	ἀφανής	1	no manifiesto
853	ἀφανίζω	5	demudar, corromper, perecer, desvanecerse
854	ἀφανισμός	1	desaparecer
855	ἄφαντος	1	**invisible**
856	ἀφεδρών	2	letrina
857	ἀφειδία	1	duro trato

858	ἀφελότης	1	sencillez
859	ἄφεσις	18	remisión, perdón, libertad
860	ἀφή	2	coyuntura
861	ἀφθαρσία	7	inmortalidad, incorrupción
862	ἄφθαρτος	7	incorruptible, inmortal
862 A	ἀφθορία	1	integridad
863	ἀφίημι	148	dejar, perdonar, despedir, quedar, entregar, permitir, consentir, remitir, abandonar, tolerar
864	ἀφικνέομαι	1	venir a ser notorio
865	ἀφιλάγαθος	1	aborrecedor de lo bueno
866	ἀφιλάργυρος	2	no avaro, sin avaricia
867	ἄφιξις	1	partida
868	ἀφίστημι	16	apartarse, llevar, quitar, apostatar
869	ἄφνω	3	de repente
870	ἀφόβως	4	sin temor, con tranquilidad, impúdicamente
871	ἀφομοιόω	1	hacer semejante
872	ἀφοράω	2	ver, poner los ojos
873	ἀφορίζω	10	apartar, separar
874	ἀφορμή	6	ocasión
875	ἀφρίζω	2	echar espumarajos
876	ἀφρός	1	espuma
877	ἀφροσύνη	4	insensatez, locura
878	ἄφρων	11	necio, indocto, loco, insensato
879	ἀφυπνόω	1	dormir
879 A	ἀφυστερέω	1	no pagar, **defraudar**
880	ἄφωνος	4	mudo, carecer de significado
881	Ἀχάζ	2	Acaz
882	Ἀχαία ο Ἀχαΐα	10	Acaya
883	Ἀχαϊκός	1	de Acaico
884	ἀχάριστος	2	ingratos
885	Ἀχείμ	2	Aquim
886	ἀχειροποίητος	3	hecho sin mano, no hecho de mano
	Ἀχελδαμάχ	véase	184 Ἀκελδαμάχ
887	ἀχλύς	1	oscuridad
888	ἀχρεῖος	2	inútil
889	ἀχρειόω	1	hacer inútil
890	ἄχρηστος	1	inútil
891	ἄχρι(ς)	51	hasta, en, cuando, por, entre tanto
892	ἄχυρον	2	paja
893	ἀψευδής	1	no mentir
894	ἄψωθος	2	ajenjo
895	ἄψυχος	1	cosa inanimada

B

896	Βάαλ	1	Báal
897	Βαβυλών	12	Babilonia
898	βαθμός	1	grado
899	βάθος	9	profundidad, mar adentro, profundo
900	βαθύνω	1	ahondar
901	βαθύς	4	muy de mañana, hondo, profundo, profundidad
902	βαΐον	1	rama de palmera
903	Βαλαάμ	3	Balaam
904	Βαλάκ	1	Balac
905	βαλλάντιον	4	bolsa
906	βάλλω	126	echar, postrar, tender, traer, dar, derramar, acostar, meter, arrojar, abonar, sembrar, poner, lanzar, imponer, deja caer, precipitar, derribar
907	βαπτίζω	50	bautizar, lavar
908	βάπτισμα	22	bautismo
909	βαπτισμός	4	lavamiento, bautismo, ablución
910	Βαπτιστής	14	Bautista
911	βάπτω	4	mojar, teñir
912	Βαραββᾶς	11	Barrabás
913	Βαράκ	1	Barac
914	Βαραχίας	1	Berequías
915	βάρβαρος	6	natural, no griego, extranjero, bárbaro
916	βαρέω	7	cargar, rendir, abrumar, con angustia, gravar
917	βαρέως	2	pesadamente
918	Βαρθολομαῖος	4	Bartolomé

#	Greek	Count	Spanish
919	Βαριησοῦς	1	Barjesús
920	Βαριωνᾶ	1	hijo de Jonás
921	Βαρναβᾶς	29	Bernabé
922	βάρος	6	carga, peso
923	βαρσαββᾶς	2	Barsabás
924	Βαρτιμαῖος	1	Bartimeo
925	βαρύνω	1	cargar
926	βαρύς	6	pesado, importante, rapaz, grave, duro, gravoso
927	βαρύτιμος	1	de gran precio
928	βασανίζω	12	atormentar, azotar, con gran fatiga, afligir, angustia, **angustiado**
929	βασανισμός	6	tormento
930	βασανιστής	1	verdugo
931	βάσανος	3	tormento
932	βασιλεία	165	reino, **imperio**
933-34	βασιλεως	2	palacio de los reyes, real
935	βασιλεύς	120	rey
936	βασιλεύω	21	reinar
937	βασιλικός	5	oficial del rey, del rey, real
938	βασίλισσα	4	reina
939	βάσις	1	pie
940	βασκαίνω	1	fascinar
941	βαστάζω	27	llevar, traer, soportar, tomar, sustraer, sustentar, sobrellevar, llevar en peso
942	βάτος	5	zarza
943	βάτος	1	barril
944	βάτραχος	1	rana
945	βατταλογέω	1	usar vanas repeticiones
946	βδέλυγμα	6	abominación
947	βδελυκτός	1	abominable
948	βδελύσσομαι	2	abominar
949	βέβαιος	9	firme, seguro, confirmar, **válido**
950	βεβαιόω	8	confirmar, afirmar
951	βεβαίωσις	2	confirmación
952	βέβηλος	5	profano
953	βεβηλόω	2	profanar
954	Βεε(λ)ζεβούλ	7	Beelzebú
955	Βελιάρ o Βελιάλ	1	Belial
955 A	βελόνη	1	aguja
956	βέλος	1	dardo
957	βελτίων o βέλτιον	1	mejor
958	Βενιαμίν o Βενιαμείν	4	Benjamín
959	Βερνίκη	3	Berenice
960	Βέροια	2	Berea
961	Βεροιαῖος	1	de Berea
961 A	Βεώρ	1	Beor
962	Βηθαβαρά	1	Betábara
963	Βηθανία	12	Betania
964	Βηθεσδά o Βηθζαθά	1	Betesda
965	Βηθλέεμ	8	Belén
966	Βηθσαιδά(ν)	8	Betsaida
967	Βηθφαγή	3	Betfagé
968	βῆμα	12	tribunal, para asentar, **huella**
969	βήρυλλος	1	berilo
970	βία	4	violencia
971	βιάζω	2	sufrir violencia, esforzar
972	βίαιος	1	recio
973	βιαστής	1	violento
974	βιβλαρίδιον	4	librito
975	βιβλίον	35	carta, libro, pergamino, librito
976	βίβλος	13	libro
977	βιβρώσκω	1	comer
978	Βιθυνία	2	Bitinia
979	βίος	11	sustento, vida, bienes
980	βιόω	1	vivir
981	βίωσις	1	vida
982	βιωτικός	3	de la vida
983	βλαβερός	1	dañoso
984	βλάπτω	2	hacer daño
985	βλαστάνω	4	salir, brotar, reverdecer, producir

986	Βλάστος	1	Blasto
987	βλασφημέω	36	blasfemar, injuriar, calumniar, censurar, vituperar, difamar, ultrajar, decir mal, hablar mal
988	βλασφημία	19	blasfemia, maledicencia, maldición
989	βλάσφημος	5	blasfemo, de maldición
990	βλέμμα	1	ver
991	βλέπω	136	mirar, ver, guardar
992	βλητέος	2	se ha de echar
993	Βοανηργές	1	Boanerges
994	βοάω	14	clamar, dar voces, gritar
995	βοή	1	clamor
996	βοήθεια	2	refuerzo, socorro
997	βοηθέω	8	socorrer, ayudar
998	βοηθός	1	ayudador
999	βόθυνος	3	hoyo
1000	βολή	1	tiro
1001	βολίζω	2	echar la sonda
1002	βολίς	1	dardo
1003	Βοός, Βοές ο Βόοξ	3	Booz
1004	βόρβορος	1	cieno
1005	βορρᾶς	2	norte
1006	βόσκω	9	pacer, apacentar
1007	Βοσόρ	1	**Bosor**
1008	βοτάνη	1	hierba
1009	βότρυς	1	racimo
1010	βουλευτής	2	miembro del concilio
1011	βουλεύω	8	considerar, querer, acordar, proponer, pensar
1012	βουλή	12	designio, acuerdo, consejo, voluntad, intención
1013	βούλημα	3	intento, voluntad, lo que agrada
1014	βούλομαι	37	querer, proponer, de su voluntad
1015	βουνός	2	collado
1016	βοῦς ο βοός	8	buey
1017	βραβεῖον	2	premio
1018	βραβεύω	1	gobernar
1019	βραδύνω	2	tardar, retardar
1020	βραδυπλοέω	1	navegar despacio
1021	βραδύς	3	tarde
1022	βραδύτης	1	tardanza
1023	βραχίων	3	brazo
1024	βραχύς	7	poco, momento, brevemente
1025	βρέφος	8	criatura, niño, niñez
1026	βρέχω	7	llover, regar
1027	βροντή	12	trueno
1028	βροχή	2	lluvia
1029	βρόχος	1	lazo
1030	βρυγμός	7	crujir
1031	βρύχω	1	crujir
1032	βρύω	1	echar
1033	βρῶμα	17	de comer, alimento, comida, vianda
1034	βρώσιμος	1	de comer
1035	βρῶσις	11	orín, comida, vianda
	βρώσκω,	véase	977 βιβρώσκω
1036	βυθίζω	2	hundir
1037	βυθός	1	alta mar
1038	βυρσεύς	3	curtidor
1039	βύσσινος	5	lino fino
1040	βύσσος	2	lino fino
1041	βωμός	1	altar

Γ

1042	Γαββαθᾶ	1	Gabata
1043	Γαβριήλ	2	Gabriel
1044	γάγγραινα	1	gangrena
1045	Γάδ	1	Gad
1046	Γαδαρηνός	4	gadareno
1047	Γάζα	1	Gaza
1048	γάζα	1	tesoro
1049	γαζοφυλακεῖον	5	arca de la ofrenda, lugar de las ofrendas

1050	Γάϊος	5	Gayo
1051	γάλα	5	leche
1052	Γαλάτης	1	gálatas
1053	Γαλατία	4	Galacia
1054	Γαλατικός	2	de Galacia
1055	γαλήνη	3	bonanza
1056	Γαλιλαία	63	Galilea
1057	Γαλιλαῖος	11	galileo
1058	Γαλλίων	3	Galión
1059	Γαμαλιήλ	2	Gamaliel
1060	γαμέω	29	casarse, tomar por mujer, unir en matrimonio
1061 A	γαμίζω	7	dar en casamiento
1061	γαμίσκω	2	dar en casamiento
1062	γάμος	16	boda, matrimonio
1064	γαστήρ	9	vientre, glotón
1065	γέ	32	sin embargo, de cierto, pero, porque, de manera que, aún
	(1) ἄραγε	5	así que, luego, en alguna manera
	(2) εἴ γε, εἴγε	4	en verdad, realmente
	(3) εἰ δέ μήγε	8	de otra manera, pues si lo hace, y si no
	(4) καί γε	2	a lo menos, aunque ciertamente
	(5) μενοῦνγε	3	mas antes, antes bien, y ciertamente
	(6) μήτι γε, μήτιγε	1	cuánto más
1066	Γεδεών	1	Gedeón
1067	γέεννα	12	infierno
1068	Γεθσημανί	2	Getsemaní
1069	γείτων	4	vecino
1070	γελάω	2	reír
1071	γέλως	1	risa
1072	γεμίζω	9	anegar, empapar, llenar
1073	γέμω	11	llenar
1074	γενεά	43	generación, edad, tiempo
1075	γενεαλογέομαι	1	contar la genealogía
1076	γενεαλογία	2	genealogía
1077	γενέσια	2	cumpleaños, fiesta de cumpleaños
1078	γένεσις	5	genealogía, nacimiento, natural, creación
1079	γενετή	1	nacimiento
1081 A	γένημα	5	fruto
1080	γεννάω	97	engendrar, nacer, dar a luz, concebir, salir
1081	γέννημα	9	generación, fruto
1082	Γεννησαρέτ	3	Genesaret
1083	γέννησις	2	nacimiento
1084	γεννητός	2	el que nace, nacido
1085	γένος	21	clase, género, nación, familia, natural, linaje
1086 A	Γερασηνός	4	geraseno
1086	Γεργεσηνός	véase	1086 A Γερασηνός
1087	γερουσία	1	ancianos, senado
1088	γέρων	1	viejo
1089	γεύομαι	15	gustar, probar, sufrir, comer
1090	γεωρέω	1	labrar
1091	γεώργιον	1	labranza
1092	γεωργός	19	labrador
1093	γῆ	255	tierra, terrenal, territorio
1094	γῆρας	1	vejez
1095	γηράσκω	2	ser viejo, envejecer
1096	γίνομαι	672	acontecer, convertir, cumplir, ser, hacerse, llegar, levantarse, venir a ser, venir, tener, pasar, nacer, haber, estar, celebrarse, quedar, suceder, volverse, salir, llenarse, aparecer, ponerse, ir, venir a estar, sobrevenir, venir a parar, tomar, comportarse, producir, resultar, alcanzar, incurrir, efectuarse, acabar, constituir, surgir
	(1) μὴ γένοιτο	13	de ninguna manera
1097	γινώσκω	228	conocer, saber, entender, sentir, reconocer, informar, llegar a conocer, notar, cerciorar
1098	γλεῦκος	1	mosto
1099	γλυκύς	4	dulce
1100	γλῶσσα	50	lengua
1101	γλωσσόκομον	2	bolsa
1102	γναφεύς	1	lavador
1103	γνήσιος	4	sinceridad, fiel, verdadero

1104	γνησίως	1	sinceramente
1105	γνόφος	1	oscuridad
1106	γνώμη	9	decisión, parecer, juicio, consejo, consentimiento, propósito
1107	γνωρίζω	26	manifestar, dar a conocer, hacer conocer, hacer notorio, declarar, saber, hacer saber
1108	γνῶσις	29	conocimiento, ciencia, sabiamente
1109	γνώστης	1	conocer, **conocedor**
1110	γνωστός	15	conocido, notorio
1111	γογγύζω	8	murmurar
1112	γογγυσμός	4	murmullo, murmuración
1113	γογγυστής	1	murmurador
1114	γόης	1	engañador
1115	Γολγοθά	3	Gólgota
1116	Γόμορρα	5	Gomorra
1117	γόμος	3	cargamento, mercadería
1118	γονεύς	20	padre
1119	γόνυ	12	rodilla
1120	γονυπετέω	4	arrodillarse, hincar la rodilla
1121	γράμμα	15	cuenta, letra, escrito, carta, Escritura
1122	γραμματεύς	67	escriba
1123	γραπτός	1	escrito
1124	γραφή	51	Escritura
1125	γράφω	195	escribir
1126	γραώδης	1	de vieja
1127	γρηγορέω	23	velar, vigilante
1128	γυμνάζω	4	ejercitar, habituar
1129	γυμνασία	1	ejercicio
1130	γυμνιτεύω	1	estar desnudo
1131	γυμνός	15	desnudo
1132	γυμνότης	3	desnudez
1133	γυναικάριον	1	mujercilla
1134	γυναικεῖος	1	mujer
1135	γυνή	222	mujer, casada, esposa
1136	Γώγ	1	Gog
1137	γωνία	9	esquina, ángulo, rincón

Δ

1139	δαιμονίζομαι	13	endemoniado, atormentar por un demonio, tener demonio
1140	δαιμόνιον	63	demonio, dios
1141	δαιμονιώδης	1	diabólico
1142	δαίμων	5	demonio
1143	δάκνω	1	morder
1144	δάκρυ ο δάκρυον	11	lágrima
1145	δακρύω	1	llorar
1146	δακτύλιος	1	anillo
1147	δάκτυλος	8	dedo
1148	Δαλμανουθά	1	Dalmanuta
1149	Δαλματία	1	Dalmacia
1150	δαμάζω	4	dominar, domar
1151	δάμαλις	1	becerra
1152	Δάμαρις	1	Dámaris
1153	Δαμασκηνός	1	damasceno
1154	Δαμασκός	15	Damasco
1155	δανίζω ο δανείζω	4	prestar
1158	Δανιήλ	2	Daniel
1156	δάνιον ο δάνειον	1	deuda
1157	δανιστής ο δανειστής	1	acreedor
1159	δαπανάω	6	gastar, malgastar, pagar los gastos
1160	δαπάνη	1	gasto
1138	Δαυίδ ο Δαυείδ ο Δαβίδ	59	David
1162	δέησις	19	oración, ruego, súplica, rogativa
1163	δεῖ	107	es necesario, deber, es conveniente, conviene, es preciso
1164	δεῖγμα	1	ejemplo
1165	δειγματίζω	2	infamar, exhibir
1166	δείκνυμι ο δεικνύω	33	mostrar, declarar, manifestar
1167	δειλία	1	cobardía
1168	δειλιάω	1	tener miedo
1169	δειλός	3	cobarde, amedrentado, temer

#	Griego		Español
1170	δεῖνα	1	cierto hombre
1171	δεινῶς	2	gravemente, en gran manera
1172	δειπνέω	4	cenar
1173	δεῖπνον	16	cena
1175	δεισιδαιμονία	1	religión
1174	δεισιδαίμων	1	religioso
1176	δέκα	27	diez
1177	δεκαδύω	2	doce
1178	δεκαπέντε	3	quince
1179	Δεκάπολις	3	Decápolis
1180	δεκατέσσαρες	5	catorce
1181	δεκάτη	4	diezmo
1182	δέκατος	3	décimo
1183	δεκατόω	2	tomar los diezmos, pagar el diezmo
1184	δεκτός	5	agradable, acepto, aceptable
1185	δελεάζω	3	seducir
1186	δένδρον	27	árbol
1187	δεξιολάβος	1	lancero
1188	δεξιός	35	derecho, diestra
1189	δέομαι	22	rogar, orar, pedir
1189 A	δέος	1	reverencia
1190	Δερβαῖος	1	de Derbe
1191	Δέρβη	3	Derbe
1192	δέρμα	1	piel
1193	δερμάτινος	2	de cuero
1194	δέρω	15	golpear, azotar, recibir azotes, dar bofetadas
1195	δεσμεύω	3	atar, prender
1196	δεσμέω	1	atar
1197	δέσμη	1	manojo
1198	δέσμιος	17	preso, prisionero
1199	δεσμός	20	ligadura, cadena, prisión
1200	δεσμοφύλαξ	3	carcelero
1201	δεσμωτήριον	4	cárcel
1202	δεσμώτης	2	preso
1203	δεσπότης	10	Señor, Soberano Señor, amo
1204	δεῦρω	9	ahora, venir
1205	δεῦτε	13	venid
1206	δευτεραῖος	1	al segundo día
1207	δευτερόπρωτος	1	**segundo del primero**
1208	δεύτερος	44	segundo, otro, después
1209	δέχομαι	60	recibir, tomar, aceptar
1210	δέω	44	atar, encadenar, preso, envolver, prender, sujetar, ligar
1211	δή	7	pues, ciertamente, **ahora, verdaderamente**
1212	δῆλος	4	evidente, sin duda, descubrir, claramente
1213	δηλόω	7	informar, declarar, dar a entender, indicar
1214	Δημᾶς	3	Demas
1215	δημηγορέω	1	arengar
1216	Δημήτριος	3	Demetrio
1217	δημιουργός	1	constructor
1218	δῆμος	4	pueblo
1219	δημόσιος	4	público, públicamente
1220	δηνάριον	16	denario, moneda
1221	δήποτε	1	cualquiera
1222	δήπου	1	ciertamente
1224	διαβαίνω	3	pasar
1225	διαβάλλω	1	acusar
1226	διαβεβαιόομαι	2	afirmar, insistir con firmeza
1227	διαβλέπω	3	ver bien, **mirar fijamente**
1228	διάβολος	38	diablo, calumniador
1229	διαγγέλλω	3	anunciar
1230	διαγίνομαι	3	pasar
1231	διαγινώσκω	2	indagar, acabar de conocer
1232	διαγνωρίζω	1	dar a conocer
1233	διάγνωσις	1	conocimiento
1234	διαγογγύζω	2	murmurar
1235	διαγρηγορέω	1	permanecer despierto
1236	διάγω	2	vivir
1237	διαδέχομαι	1	recibir a la vez
1238	διάδημα	3	diadema

1239	διαδίδωμι	5	repartir, dar, entregar
1240	διάδοχος	1	sucesor
1241	διαζώννυμι	3	ceñir
1242	διαθήκη	33	pacto, testamento
1243	διαίρεσις	3	diversidad
1244	διαιρέω	2	repartir
1245	διακαθαίρω	1	limpiar
1245 A	διακαθαρίζω	2	limpiar
1246	διακατελέγχομαι	1	refutar
1247	διακονέω	36	servir, ministrar, expedir, administrar, ejercer el diaconado, ayudar
1248	διακονία	34	quehacer, ministerio, distribución, socorro, servir, ministración, servicio
1249	διάκονος	30	servidor, siervo, ministro, diaconisa, diácono, sirviente
1250	διακόσιοι	8	doscientos
1251	διακούω	1	oír
1252	διακρίνω	19	distinguir, dudar, disputar, hacer diferencia, juzgar, discernir, examinar
1253	διάκρισις	3	opinión, discernimiento
1254	διακωλύω	1	oponerse
1255	διαλαλέω	2	divulgar, hablar
1256	διαλέγομαι	13	disputar, discutir, enseñar, disertar, dirigir, contender
1257	διαλείπω	1	cesar
1258	διάλεκτος	6	lengua
1259	διαλλάσσομαι	1	reconciliar
1260	διαλογίζομαι	17	pensar, discutir, cavilar, disputar, preguntar
1261	διαλογισμός	14	pensamiento, discusión, razonamiento, opinión, contienda
1262	διαλύω	1	dispersar
1263	διαμαρτύρομαι	15	testificar, dar testimonio, encarecer, exhortar
1264	διαμάχομαι	1	contender
1265	διαμένω	5	permanecer
1266	διαμερίζω	12	repartir, dividir, partir
1267	διαμερισμός	1	disensión
1268	διανέμω	1	divulgar
1269	διανεύω	1	hablar por señas
1270	διανόημα	1	pensamiento
1271	διάνοια	13	mente, pensamiento, entendimiento
1272	διανοίγω	9	abrir, declarar
1273	διανυκτερεύω	1	pasar la noche
1274	διανύω	1	completar
1275	διαπαντός	7	siempre, para siempre, continuamente
3859	διαπαρατριβή	1	disputa
1276	διαπεράω	6	pasar al otro lado, terminar la travesía, pasar
1277	διαπλέω	1	atravesar
1278	διαπονέομαι	2	estar resentido, desagradar
1279	διαπορεύομαι	6	pasar
1280	διαπορέω	5	estar perplejo, dudar
1281	διαπραγματεύομαι	1	negociar
1282	διαπρίω	2	enfurecer
1283	διαρπάζω	4	saquear
1284	δια(ρ)ρήγνυμι ο δια(ρ)ρήσσω	5	rasgar, romper
1285	διασαφέω	2	explicar, referir
1286	διασείω	1	hacer extorsión
1287	διασκορπίζω	9	esparcir, dispersar, desperdiciar, disipador
1288	διασπάω	2	hacer pedazos, despedazar
1289	διασπείρω	3	esparcir
1290	διασπορά	3	disperso, dispersión
1291	διαστέλλομαι	8	mandar, dar orden, ordenar
1292	διάστημα	1	lapso
1293	διαστολή	3	diferencia, distinción
1294	διαστρέφω	7	perverso, pervertir, apartar, trastornar
1295	διασώζω	8	quedar sano, sanar, llevar en salvo, salvar, escapar
1296	διαταγή	2	disposición, lo establecido
1297	διάταγμα	1	decreto
1298	διαταράσσω ο διαταράσσομαι	1	turbar
1299	διατάσσω	16	dar instrucción, ordenar, mandar, determinar, poner en orden
1300	διατελέω	1	permanecer
1301	διατηρέω	2	guardar
1302	διατί	27	¿por qué?

1303	διατίθημι	7	asignar, hacer, testador
1304	διατρίβω	10	estar, quedarse, detenerse, continuar
1305	διατροφή	1	sustento
1306	διαυγάζω	1	esclarecer
1307 A	διαυγής	1	transparente
1307	διαφανής	1	transparente
1308	διαφέρω	14	valer más, atravesar, llevar, difundir, llevar a través, aprobar, ser diferente, importar, diferir, lo mejor
1309	διαφεύγω	1	fugar
1310	διαφημίζω	3	divulgar
1311	διαφθείρω	6	destruir, desgastarse, corrupto
1312	διαφθορά	6	corrupción
1313	διάφορος	4	diferente, más excelente, tanto mejor, diverso
1314	διαφυλάσσω	1	guardar
1315	διαχειρίζω	2	matar
1315 A	διαχλευάζω	1	burlarse
1316	διαχωρίζω	1	apartarse
1317	διδακτικός	2	apto para enseñar
1318	διδακτός	3	enseñar
1319	διδασκαλία	21	doctrina, enseñanza, enseñar
1320	διδάσκαλος	59	maestro, doctor
1321	διδάσκω	96	enseñar, instruir
1322	διδαχή	30	doctrina, enseñanza
1323	δίδραχμον	2	dracma
1324	Δίδυμος	3	Dídimo
1325	δίδωμι	417	dar, tomar, conceder, ofrecer, poner, echar, permitir, presentar, dejar, producir, constituir, entregar, añadir, infundir, recibir
1326	διεγείρω	8	despertar, levantarse
1326 A	διενθυμέομαι	1	pensar
1327	διέξοδος	1	salir
1328	διερμηνευτής	1	intérprete
1329	διερμηνεύω	6	declarar, traducir, interpretar
1330	διέρχομαι	44	andar, pasar, extender, venir, atravesar, ir por, visitar, ir, recorrer, traspasar
1331	διερωτάω	1	preguntar
1332	διετής	1	dos años
1333	διετία	2	dos años
1334	διηγέομαι	8	contar, decir
1335	διήγησις	1	historia
1336	διηνεκής	4	para siempre, continuamente, una vez para siempre
1337	διθάλασσος	1	un lugar de dos aguas
1338	διϊκνέομαι	1	penetrar
1339	διΐστημι	3	después, **transcurrir**, separar, pasar
1340	διϊσχυρίζομαι	2	afirmar, asegurar
1341	δικαιοκρισία	1	justo juicio
1342	δίκαιος	81	justo
1343	δικαιοσύνη	94	justicia, justificación
1344	δικαιόω	40	justificar
1345	δικαίωμα	10	ordenanza, justificación, justicia, juicio, acción justa
1346	δικαίως	5	justamente, debidamente
1347	δικαίωσις	2	justificación
1348	δικαστής	3	juez
1349	δίκη	4	condenación, justicia, pena, castigo
1350	δίκτυον	12	red
1351	δίλογος	1	doblez
1352	διό	57	por lo cual, por lo que, por eso, por tanto, por esta causa, de manera que, a causa de lo cual, así que, por esto
1353	διωδεύω	2	ir, pasar
1354	Διονύσιος	1	Dionisio
1355	διόπερ	3	por lo cual, por tanto
1356	διοπετής	1	venido de Júpiter
1356 A	διόρθωμα	1	**reforma**
1357	διόρθωσις	1	reformar
1358	διορύσσω	4	minar
1359	Διόσκουροι	1	Cástor y Pólux
1360	διότι	27	porque, por eso, por cuanto, por tanto, pues, ya que, por lo cual
1361	Διοτρέφης	1	Diótrefes
1362	διπλοῦς	4	dos veces, doble
1363	διπλόω	1	pagar doble

1364	δίς	7	dos veces, otra vez, dos
1365	διστάζω	2	dudar
1366	δίστομος	3	de dos filos
1367	δισχίλιοι	1	dos mil
1368	διϋλίζω	1	colar
1369	διχάζω	1	poner en disensión
1370	διχοστασία	3	división, disensión
1371	διχοτομέω	2	castigar duramente, partir por la mitad
1372	διψάω	16	tener sed, sediento
1373	δίψος	1	sed
1374	δίψυχος	2	de doble ánimo
1375	διωγμός	10	persecución
1376	διώκτης	1	perseguidor
1377	διώκω	45	perseguir, padecer persecución, seguir, ir tras, practicar, perseguidor, proseguir
1378	δόγμα	5	edicto, ordenanza, decreto
1379	δογματίζω	1	someterse a preceptos
1380	δοκέω	64	pensar, parecer, tener por, considerar, creer, imaginarse, querer, tener (cierta) reputación
1381	δοκιμάζω	23	distinguir, probar, aprobar, comprobar, designar, poner a prueba, someter a prueba, examinar
1381 A	δοκιμασία	1	probar, prueba
1382	δοκιμή	7	prueba, experiencia, mérito
1383	δοκίμιον	2	prueba
1384	δόκιμος	7	aprobado
1385	δοκός	6	viga
1386	δόλιος	1	fraudulento
1387	δολιόω	1	engañar
1388	δόλος	12	engaño, mentira
1389	δολόω	1	adulterar
1390	δόμα	4	dádiva, don
1391	δόξα	167	gloria, glorioso, honroso, potestad superior
1392	δοξάζω	61	glorificar, alabar, dar gloria, honrar, recibir honra, ser glorioso
1393	Δορκάς	2	Dorcas
1394	δόσις	2	dar, dádiva
1395	δότης	1	dador
1396	δουλαγωγέω	1	poner en servidumbre
1397	δουλεία	5	esclavitud, servidumbre
1398	δουλεύω	25	servir, ser esclavo, esclavizar, estar en esclavitud
1399	δούλη	3	sierva
1400	δοῦλος ὁ δοῦλον	2	para servir, siervo
1401	δοῦλος	125	siervo, esclavo
1402	δουλόω	8	reducir a servidumbre, venir a ser siervo, hacer siervo, estar sujeto a servidumbre, esclavitud, esclavo
1403	δοχή	2	banquete
1404	δράκων	13	dragón
1405	δράσσομαι	1	prender
1406	δραχμή	3	dracma
1407	δρέπανον	8	hoz
1408	δρόμος	3	carrera
1409	Δρούσιλλα	1	Drusila
1410	δύναμαι	210	poder, ser capaz, ser poderoso
1411	δύναμις	119	poder, milagro, potencia, capacidad, fuerza, maravilla, señal, valor, eficacia
1412	δυναμόω	2	fortalecer, sacar fuerzas
1413	δυνάστης	3	poderoso, funcionario, soberano
1414	δυνατέω	3	ser poderoso
1415	δυνατός	35	posible, poderoso, poder, fuerte, capaz
1416	δύνω	2	ponerse
1417	δύο	139	dos, ambos
1419	δυσβάστακτος	2	difícil de llevar, que no pueden llevar
1420	δυσεντέριον	1	disentería
1421	δυσερμήνευτος	1	difícil de explicar
1422	δύσκολος	1	difícil
1423	δυσκόλως	3	difícilmente
1424	δυσμή	5	occidente, poniente
1425	δυσνόητος	1	difícil de entender
1425 A	δυσφημέω	1	difamar
1426	δυσφημία	1	mala fama

LEXICO GRIEGO-ESPAÑOL 25 δώδεκα - ἐθνικῶς

1427	δώδεκα	76	doce
1428	δωδέκατος	1	duodécimo
1429	δωδεκάφυλον	1	doce tribus
1430	δῶμα	7	azotea, tejado
1431	δωρεά	11	don
1432	δωρεάν	9	de gracia, sin causa, gratuitamente, de balde
1433	δωρέομαι	3	dar
1434	δώρημα	2	don
1435	δῶρον	19	presente, ofrenda, don, regalo

E

1436	ἔα	2	¡Ah!
1437	ἐάν	300	si, cuando, aunque, sea que, que
	(1) ὅς 'ἐάν, ὅστις ἐάν	51	cualquiera, el que, aquel que, que, lo que, todo aquel, todo el que, si, si alguno, quien, el cual, según, quienquiera, cuando
	(2) ὅσα, ὅσους ἐάν	7	todo el que, cuantos, el que, cualquiera
	(3) ὅπου, οὗ, ὁσάκις ἐάν	11	adondequiera que, dondequiera (que), donde, a donde, cuantas veces, todas las veces
3362	ἐὰν μή	62	si no, el que no, sin que, que no, aquel que no, sino, todo el que no
1437 A	ἐάνπερ	2	con tal que, en verdad
1438	ἑαυτοῦ	358	su, sí, mismo, propio, se, vosotros mismos, os, vosotros, nos, él mismo, nosotros mismos, a sí mismo, a ti mismo, tuyo, suyo, unos a otros, vuestro
1439	ἐάω	13	dejar, permitir, tolerar
1440	ἑβδομήκοντα	5	setenta
1441	ἑβδομηκοντάκις	1	setenta veces
1442	ἕβδομος	9	séptimo
1443	Ἔβερ	1	Heber
1444	Ἑβραϊκός	1	hebreo
1445	Ἑβραῖος	4	hebreo
1446	Ἑβραΐς	3	hebreo
1447	Ἑβραϊστί	7	hebreo
1448	ἐγγίζω	43	acercarse, llegar, llegar cerca, estar cerca, estar próximo
1449	ἐγγράφω ο ἐνγράφω	3	estar escrito
1450	ἔγγυος	1	fiador
1451	ἐγγύς	31	cerca, junto, acercarse, contiguo, cercano, próximo
1453	ἐγείρω	146	despertar, levantar, resucitar, enderezar
1454	ἔγερσις	1	resurrección
1455	ἐγκάθετος	1	espía
1456	ἐγκαίνια	1	la fiesta de la dedicación
1457	ἐγκαινίζω	2	instituir, abrir
1573	ἐγκακέω	6	desmayar, cansar
1458	ἐγκαλέω	7	acusar
1459	ἐγκαταλείπω	10	desamparar, dejar
1460	ἐγκατοικέω	1	morar
1460 A	ἐγκαυχάομαι	1	gloriarse
1461	ἐγκεντρίζω	6	injertar
1462	ἔγκλημα	2	delito, acusación
1463	ἐγκομβόομαι	1	revestirse
1464	ἐγκοπή	1	obstáculo
1465	ἐγκόπτω	5	molestar, impedir, estorbar, tener estorbo
1466	ἐγκράτεια	4	dominio propio, templanza
1467	ἐγκρατεύομαι	2	tener don de continencia, abstener
1468	ἐγκρατής	1	dueño de sí mismo
1469	ἐγκρίνω	1	contar
1470	ἐγκρύπτω	2	esconder
1471	ἔγκυος	1	encinta
1472	ἐγχρίω	1	ungir
1474	ἐδαφίζω	1	derribar
1475	ἔδαφος	1	suelo
1476	ἑδραῖος	3	firme
1477	ἑδραίωμα	1	baluarte
1478	Ἐζεκίας	2	Ezequías
1479	ἐθελοθρησκία	1	culto voluntario
1480	ἐθίζω	1	rito
1481	ἐθνάρχης	1	gobernador de la provincia
1482	ἐθνικός	4	gentil
1483	ἐθνικῶς	1	como los gentiles

1484	ἔθνος	166	gentil, nación, gente
1485	ἔθος	12	costumbre, como solía, rito
1486	ἔθω	véase	εἴωθα después de 1534
1487	εἰ	309	si, aunque
	(1) εἰ καί	15	aunque, si también, si
1508	εἰ μή	110	sino, si no, salvo, solamente, más...que, pero, mas, que no sea
	(1) εἰ δὲ μή, μήγε	14	de otra manera, de lo contrario, si así no fuera, pues si no
	(2) εἰ μήτι	3	a no ser (que), a menos que
	(3) εἰ μὴ ἵνα, ὅτι	3	sino para, sino en que, sino que
	(4) ἐκτὸς εἰ μή	3	a no ser que, si no, sino
1508 A	εἰ οὐ	34	si nunca, si no, aunque, si nada, si ninguna
1512	εἴπερ	7	porque, si es que, aunque, si
1536	εἴ τις	88	si alguno, si...algo, cualquier, si uno, si otra cosa
2397	εἰδέα ο ἰδέα	1	aspecto
1492	εἶδον ο εἴδω	346	ver, mirar, percibir, conocer
1492	οἶδα ο εἴδω	321	saber, conocer, percibir, entender
1491	εἶδος	5	forma, apariencia, aspecto, vista, especie
1493	εἰδωλεῖον ο εἰδώλιον	1	lugar de ídolos
1494	εἰδωλόθυτος	10	lo sacrificado a ídolos, lo que se sacrifica a los ídolos, cosas sacrificadas a los ídolos
1495	εἰδωλολατρία	4	idolatría
1496	εἰδωλολάτρης	7	idólatra
1497	εἴδωλον	11	ídolo, imagen
1500	εἰκῇ	7	sin causa, en vano, vanamente
1501	εἴκοσι	12	veinte
1502	εἴκω	1	acceder
1503	εἴκω	véase	ἔοικα después de 1857
1504	εἰκών	22	imagen
1505	εἰλικρίνεια	3	sinceridad
1506	εἰλικρινής	2	sincero, limpio
1667	εἰλίσσω	véase	ἑλίσσω 1667, pág. 29
1510	εἰμί	142	(yo) soy, (yo) estoy, era, estaré, estuviere, esté
1487	εἶ	92	(tú) eres, (tú) estás
2070	ἐσμέν	55	somos, estamos
2075	ἐστέ	119	sois, estáis, seréis, fueseis
1526	εἰσί(ν)	165	son, están, hay, serán
5600	ὦ	70	sea, es, fuere, estuviere, estuviese, estar, hubiere, está, estoy, esté, sean, eres, haya, ser, hay, etc.
1498	εἴην	13	sería, significa, era, significaría, fuese(s)
2468	ἴσθι	23	permanece, ponte, haz, queda, estén, esté, haya, sean, **está**
1511	εἶναι	128	que es, que soy, ser, que hay, era, estando, que estaba, estar, haber, sería, fuese, de que sea, que habría, que sea, que fuese, que sería, que...será, para ser, que estuviese, que fuera, que esté, de ser, que era, etc.
5607	ὤν	160	como era, siendo, que estaba, como había, que esté, estando, que era, cual estaba, que está, cuando está, al ser, cual era, habiendo estado, cuando estaba, que soy, habiendo sido, cuando...tenía, que había, como estaba, pues somos, que estuviesen, como estuviesen, cuando éramos, hay, cual es, que hay, cuales están, aunque esté, quien es, con ser, aunque es, por cuanto sois, si son, etc.
3801	ὁ ὢν καὶ ὁ ἦν	5	que es y que era, que era, el que es, que eres y que eras
2252	ἤμην	470	fui, estuve, era, estaba, había, hubo, hubiera sido, he sido, estuve, fuera, se quedaba, había sido, había habido, fuese, había estado, hubiese estado, estuviese, estar, sería, haya sido, hubiera sido, etc.
2071	ἔσομαι	191	será, quedará, estará, sed, sea, habrá, acontecerá, he de estar, vendrá, hará, sería, haya, etc.
2071	ἔσεσθαι	4	vendría, que había, haber, ser
2071	ἐσόμενος	1	que había de acontecer
	εὕεκεν	véase	ἕνεκα 1752
2036	εἶπον	1034	decir, responder, hablar, mandar, ordenar, contestar, añadir, referir, llamar
1514	εἰρηνεύω	4	tener paz, estar en paz, vivir en paz
1515	εἰρήνη	92	paz
1516	εἰρηνικός	2	apacible, pacífico
1517	εἰρηνοποιέω	1	hacer la paz
1518	εἰρηνοποιός	1	pacificador
1520	εἷς	353	uno, alguno, otro, primero, sólo, cierto, unidad, un solo, misma cosa, el único, esta sola
1521	εἰσάγω	11	traer, conducir, entrar, introducir, meter

#	Griego	Freq	Español
1522	εἰσακούω	5	oír
1523	εἰσδέχομαι	1	recibir
1524	εἴσειμι	4	entrar
1525	εἰσέρχομαι	202	venir, entrar, pasar, ir, llegar, penetrar, salir
1528	εἰσκαλέω	1	hacer entrar
1529	εἴσοδος	5	entrada, venida
1530	εἰσπηδάω	2	lanzarse entre, precipitarse adentro
1531	εἰσπορεύομαι	18	entrar, venir
1532	εἰστρέχω	1	correr adentro
1533	εἰσφέρω	8	meter, llevar, traer, introducir
1534	εἶτα	15	porque, luego, después, entonces, por otra parte
1535	εἴτε	65	si, o si, o, sea(n), como, ya sea que, o que, ya
1534	εἶτεν	2	luego, después
1486	εἴωθα ο ἔθω	4	acostumbrar, soler, costumbre
1538	ἕκαστος	83	cada, cada uno, cada cual
1539	ἑκάστοτε	1	en todo momento
1540	ἑκατόν	18	ciento
1541	ἑκατονταετής	1	de cien años
1542	ἑκατονταπλασίων	3	cien veces más, ciento por uno
1543	ἑκατοντάρχης	21	centurión
1543 A	ἐκβαίνω	1	salir
1544	ἐκβάλλω	83	sacar, echar fuera, enviar, echar, impulsar, despedir, desechar, excluir, expulsar, dejar
1545	ἔκβασις	2	salida, resultado
1546	ἐκβολή	1	alijar, aligeramiento
1547	ἐκγαμίζω	5	dar en casamiento
1548	ἐκγαμίσκω	2	dar en casamiento
1549	ἔκγονος	1	nieto
1550	ἐκδαπανάω	1	gastar del todo
1551	ἐκδέχομαι	8	esperar
1552	ἔκδηλος	1	manifiesto
1553	ἐκδημέω	3	estar ausente
1554	ἐκδίδωμι ο ἐκδίδομαι	4	arrendar
1555	ἐκδιηγέομαι	2	contar
1556	ἐκδικέω	6	hacer justicia, vengar, castigar
1557	ἐκδίκησις	9	justicia, retribución, venganza, vindicación, castigo
1558	ἔκδικος	2	vengador
1559	ἐκδιώκω	2	perseguir, expulsar
1560	ἔκδοτος	1	entregado
1561	ἐκδοχή	1	expectación
1562	ἐκδύω	5	desnudar, quitar, despojar
1563	ἐκεῖ	100	allá, allí
1564	ἐκεῖθεν	30	de allí, de aquel lugar, de allá, a...otro lado
1565	ἐκεῖνος	259	aquel, él, este, ese, por allí, él mismo, su
1566	ἐκεῖσε	2	allí
1567	ἐκζητέω	7	demandar, buscar, procurar, inquirir
1567 A	ἐκζήτησις	1	disputa
1568	ἐκθαμβέω	4	asombrar, entristecer, espantar, asustar
1569	ἔκθαμβος	1	atónito
1569 A	ἐκθαυμάζω	1	maravillarse
1570	ἔκθετος	1	exponer
1571	ἐκκαθαίρω	2	limpiar
1572	ἐκκαίω	1	encender
1573	ἐκκακέω	véase	ἐγκακέω después de 1457
1574	ἐκκεντέω	2	traspasar
1575	ἐκκλάω	3	desgajar
1576	ἐκκλείω	2	excluir, apartar
1577	ἐκκλησία	115	iglesia, congregación, concurrencia, asamblea
1578	ἐκκλίνω	3	desviarse, apartarse
1579	ἐκκολυμβάω	1	nadar
1580	ἐκκομίζω	1	llevar
	ἐκκοπή	véase	ἐγκοπή 1464
1581	ἐκκόπτω ο ἐγκόπτω	11	cortar, quitar, tener estorbo
1582	ἐκκρεμάννυμι, ἐκκρέμαμαι, ἐκκρέμομαι	1	estar suspenso
1583	ἐκλαλέω	1	decir
1584	ἐκλάμπω	1	resplandecer
1585	ἐκλανθάνομαι	1	olvidar
1586	ἐκλέγομαι	22	escoger, elegir
1587	ἐκλείπω	4	faltar, acabar

1588	ἐκλεκτός	23	escogido, elegido
1589	ἐκλογή	8	escogido, elección
1590	ἐκλύω	6	desamparar, desmayar
1591	ἐκμάσσω	5	enjugar
1592	ἐκμυκτηρίζω	2	burlarse
1593	ἐκνεύω	1	apartarse
1594	ἐκνήφω	1	velar
1595	ἐκούσιος	1	voluntario
1596	ἐκουσίως	2	voluntariamente
1597	ἔκπαλαι	2	de largo tiempo, en el tiempo antiguo
1598	ἐκπειράζω	5	tentar, probar
1599	ἐκπέμπω	2	enviar
1599 A	ἐκπερισσοῦ	1	en mucha estima
1599 B	ἐκπερισσῶς	1	con mayor insistencia
1600	ἐκπετάννυμι	1	extender
1600 A	ἐκπηδάω	1	lanzar
1601	ἐκπίπτω	14	caer, dar, perder, fallar, dejar de ser
1602	ἐκπλέω	3	navegar
1603	ἐκπληρόω	1	cumplir
1604	ἐκπλήρωσις	1	cumplimiento
1605	ἐκπλήσσω	13	admirarse, maravillarse, asombrar, sorprender
1606	ἐκπνέω	3	expirar
1607	ἐκπορεύομαι	35	salir, difundir, proceder, partir, ir
1608	ἐκπορνεύω	1	fornicar
1609	ἐκπτύω	1	desechar
1610	ἐκριζόω	4	arrancar, desarraigar
1611	ἔκστασις	7	asombro, espanto, éxtasis
1612	ἐκστρέφω	1	pervertir
1612 A	ἐκσῴζω	1	traer a salvo
1613	ἐκταράσσω	1	alborotar
1614	ἐκτείνω	16	extender, largar
1615	ἐκτελέω	2	acabar
1616	ἐκτένεια	1	constantemente
1618	ἐκτενής	2	ferviente, sin cesar
1619	ἐκτενῶς	3	más intensamente, sin cesar, entrañablemente
1620	ἐκτίθημι	4	exponer a la muerte, contar, exponer, declarar
1621	ἐκτινάσσω	4	sacudir
1623	ἔκτος	14	sexto
1622	ἐκτός	9	lo de fuera, fuera,
	(1) ἐκτός εἰ μή	3	a no ser que, sino con, si no
1624	ἐκτρέπω	5	apartarse, evitar, volver, salir
1625	ἐκτρέφω	2	sustentar, criar
1626	ἔκτρωμα	1	abortivo
1627	ἐκφέρω	8	sacar, producir
1628	ἐκφεύγω	8	escapar, huír
1629	ἐκφοβέω	1	amedrentar
1630	ἔκφοβος	2	espantado
1631	ἐκφύω	2	brotar
1632	ἐκχέω	19	derramar, esparcir
1632 A	ἐκχύν(ν)ω	11	derramar, lanzar
1633	ἐκχωρέω	1	irse
1634	ἐκψύχω	3	expirar
1635	ἑκών	2	por su propia voluntad, de buena voluntad
1636	ἐλαία	15	Olivos, oliva, aceituna
1637	ἔλαιον	11	aceite, óleo
1638	ἐλαιών	3	de los Olivos, del Olivar
1639	Ἐλαμίτης ο Ἐλαμείτης	1	elamita
1640	ἐλάσσων ο ἐλάττων	4	inferior, menor
1641	ἐλαττονέω	1	tener menos
1642	ἐλαττόω	3	menguar, hacer menor
1643	ἐλαύνω	5	remar, impeler, llevar, empujar
1644	ἐλαφρία	1	ligereza
1645	ἐλαφρός	2	ligero, leve
1646	ἐλάχιστος	14	el más pequeño, muy pequeño, lo que es menos, lo muy poco, lo poco, muy poco
1648	Ἐλεάζαρ	2	Eleazar
	ἐλεάω	véase	ἐλεέω 1653
1648 A	ἐλεγμός	1	redargüir, reprensión
1649	ἔλεγξις	1	reprendido, reprensión

1650	ἔλεγχος	2	redargüir, convicción, **reprensión**
1651	ἐλέγχω	19	reprender, acusar, redargüir, convencer, poner en evidencia, exhortar
1652	ἐλεεινός	2	los más dignos de conmiseración, miserable
1653	ἐλεέω o ἐλεάω	32	tener misericordia, alcanzar misericordia, hacer misericordia, ser recibido a misericordia, recibir misericordia
1654	ἐλεημοσύνη	14	limosna
1655	ἐλεήμων	2	misericordioso
1656	ἔλεος	28	misericordia
1657	ἐλευθερία	11	libertad
1658	ἐλεύθερος	23	libre, exento
1659	ἐλευθερόω	7	hacer libre, libertar
1660	ἔλευσις	1	venida
1661	ἐλεφάντινος	1	de marfil
1662	Ἐλιακίμ o Ἐλιακείμ	3	Eliaquim
3395	ἔλιγμα o μίγμα	1	compuesto
1663	Ἐλιέζερ	1	Eliezer
1664	Ἐλιούδ	2	Eliud
1665	Ἐλισάβετ	9	Elisabet
1666	Ἐλισαῖος	1	Eliseo
1667	ἑλίσσω o εἰλίσσω	2	envolver, enrollar
1668	ἕλκος	3	llaga, úlcera
1669	ἑλκόω	1	lleno de llagas
1670	ἕλκω	8	traer, desenvainar, sacar, arrastrar
1671	Ἑλλάς	1	Grecia
1672	Ἕλλην	28	griego, gentil
1673	Ἑλληνικός	2	griego
1674	Ἑλληνίς	2	griega
1675	Ἑλληνιστής	3	griego, **helenista**
1676	Ἑλληνιστί	2	griego
1677	ἐλλογέω	2	inculpar, poner a la cuenta
1678	Ἐλμαδάμ o Ἐλμωδάμ	1	Elmodam
1679	ἐλπίζω	31	esperar, tener esperanza, poner la esperanza
1680	ἐλπίς	54	esperanza
1681	Ἐλύμας	1	Elimas
1682	ἐλωί	4	Elí, Eloi
1683	ἐμαυτοῦ	37	mí, me, mí mismo, mi propia cuenta, yo, mi propio
1684	ἐμβαίνω	20	entrar, subir, descender
1685	ἐμβάλλω	1	echar
1686	ἐμβάπτω	3	meter, mojar
1687	ἐμβατεύω	1	entremeter
1688	ἐμβιβάζω	1	embarcar
1689	ἐμβλέπω	12	mirar, ver
1690	ἐμβριμάομαι	5	encargar rigurosamente, murmurar, estremecerse, conmover profundamente
1692	ἐμέω	1	vomitar
1693	ἐμμαίνομαι	1	enfurecer
1694	Ἐμμανουήλ	1	Emanuel
1695	Ἐμμαοῦς	1	Emaús
1696	ἐμμένω	4	permanecer
1697	Ἐμμώρ	1	Hamor
1699	ἐμός	78	mi, mío, mi propio
1699 A	ἐμπαιγμονή	1	**burla**
1701	ἐμπαιγμός	1	vituperio
1702	ἐμπαίζω	13	burlarse, escarnecer, hacer burla
1703	ἐμπαίκτης	2	burlador
1704	ἐμπεριπατέω	1	andar
1705	ἐμπί(μ)πλημι o ἐμπιπλάω	5	colmar, saciar, llenar
1714	ἐμπί(μ)πρημι o ἐμπρήθω	1	hinchar
1706	ἐμπίπτω	8	caer
1707	ἐμπλέκω	2	enredar
	ἐμπλήθω	véase	1705 ἐμπί(μ)πλημι
1708	ἐμπλοκή	1	ostentoso, **trenza**
1709	ἐμπνέω	1	respirar
1710	ἐμπορεύομαι	2	traficar, hacer mercadería
1711	ἐμπορία	1	negocio
1712	ἐμπόριον	1	mercado
1713	ἔμπορος	5	mercader
	ἐμπρήθω	véase	ἐμπί(μ)πρημι 1714 después de 1705
1715	ἔμπροσθεν	50	delante (de), antes (de), ante, a

1716	ἐμπτύο	6	escupir
1717	ἐμφανής	2	manifestar, **manifiesto**
1718	ἐμφανίζω	10	aparecer, manifestar, requerir, dar aviso, comparecer, presentar, dar a entender
1719	ἔμφοβος	6	espantado, atemorizado
1720	ἐμφυσάω	1	soplar
1721	ἔμφυτος	1	implantado
1723	ἐναγκαλίζομαι	2	tomar
1724	ἐνάλιος	1	ser del mar
1725	ἔναντι	3	delante
1726	ἐναντίον	6	delante de
1727	ἐνεντίος	8	contrario, frente a, contra, adversario
1728	ἐνάρχομαι	2	comenzar
1766	ἔνατος ο ἔννατος	10	noveno
	ἐγγράφω	véase	1449 ἐγγράφω
1729	ἐνδεής	1	necesitado
1730	ἔνδειγμα	1	demostración
1731	ἐνδείκνυμι	11	mostrar, causar
1732	ἔνδειξις	4	manifestar, prueba, indicio, **manifestación**
1733	ἔνδεκα	6	once
1734	ἐνδέκατος	3	undécimo
1735	ἐνδέχομαι	1	es posible
1736	ἐνδημέω	3	estar, estar presente, presente
1737	ἐνδιδύσκω	3	vestir
1738	ἔνδικος	2	justo
1739	ἐνδόμησις	véase	ἐνδώμησις después de 1746
1740	ἐνδοξάζομαι	2	glorificar
1741	ἔνδοξος	4	precioso, glorioso, honorable
1742	ἔνδυμα	8	vestido
1743	ἐνδυναμόω	8	esforzar, fortalecer, dar fuerzas, sacar fuerzas
1744	ἐνδύνω	1	meter
1745	ἔνδυσις	1	**compostura**
1746	ἐνδύω	29	vestir, poner, investir, revestir
1739	ἐνδώμησις	1	material
1747	ἐνέδρα	2	celada
1748	ἐνεδρεύω	2	acechar
1750	ἐνειλέω	1	envolver
1751	ἔνειμι	1	tener, **estar adentro**
1752	ἕνεκα, ἕνεκεν ο εἵνεκεν 2071, pág. 26	25	por causa de, por, cuanto, para que
1768	ἐνενήκοντα	4	noventa
1769	ἐνεός	1	atónito
1753	ἐνέργεια	8	operación, actividad, poder, potencia, obra
1754	ἐνεργέω	21	actuar, obrar, hacer, operar, producir, estar en acción
1755	ἐνέργημα	2	operación, hacer
1756	ἐνεργής	3	eficaz
1757	ἐνευλογέω	2	bendito
1758	ἐνέχω	3	acechar, estrechar, estar sujeto
1759	ἐνθάδε	8	aquí, acá, allí
1759 A	ἔνθεν	2	de aquí
1760	ἐνθυμέομαι	3	pensar
1761	ἐνθύμησις	4	pensamiento, imaginación
1762	ἔνι	6	haber
1763	ἐνιαυτός	14	año
1764	ἐνίστημι	7	presente, apremiar, estar cerca, venir
1765	ἐνισχύω	2	fortalecer, recobrar fuerza
1766	ἔννατος	véase	ἔνατος después de 1728
1767	ἐννέα	5	nueve
1768	ἐννενήκοντα	véase	ἐνενήκοντα después de 1752
1768 A	ἐννενηκονταεννέα	4	noventa y nueve
1770	ἐννεύω	1	preguntar por señas
1771	ἔννοια	2	intención, pensamiento
1772	ἔννομος	2	legítimo, bajo la ley
1773	ἔννυχος	1	oscuro
1774	ἐνοικέω	6	morar, habitar
1774 A	ἐνορκίζω	1	conjurar
1775	ἑνότης	2	unidad
1776	ἐνοχλέω	2	atormentar, estorbar
1777	ἔνοχος	10	culpable, expuesto, reo, sujeto, digno
	ἐνπεριπατέω	véase	ἐμπεριπατέω 1704

	ἐνπνέω	véase	ἐμπνέω 1709
1778	ἔνταλμα	3	mandamiento
1779	ἐνταφιάζω	2	sepultura, sepultar
1780	ἐνταφιασμός	2	sepultura
1781	ἐντέλλω	17	mandar, dar mandamientos
1782	ἐντεῦθεν	12	de aquí, uno a cada lado, a uno y otro lado
1783	ἔντευξις	2	petición, oración
1784	ἔντιμος	5	distinguido, en estima, precioso
1785	ἐντολή	73	mandamiento, orden
1786	ἐντόπιος	1	de aquel lugar
1787	ἐντός	2	de dentro, entre
1788	ἐντρέπω	9	tener respeto, respetar, avergonzar, venerar
1789	ἐντρέφω	1	nutrido
1790	ἔντρομος	3	temblando
1791	ἐντροπή	2	vergüenza, avergonzar
1792	ἐντρυφάω	1	recrearse
1793	ἐντυγχάνω	5	demandar, interceder, invocar
1794	ἐντυλίσσω	3	envolver, enrollar
1795	ἐντυπόω	1	grabar
1796	ἐνυβρίζω	1	hacer afrenta
1797	ἐνυπνιάζομαι	2	soñar
1798	ἐνύπνιον	1	sueño
1799	ἐνώπιον	96	delante de, en presencia de, contra, a, ante
1800	Ἐνώς	1	Enós
1801	ἐνωτίζομαι	1	oír
1802	Ἐνώχ	3	Enoc
1803	ἕξ	13	seis
1804	ἐξαγγέλλω	1	anunciar
1805	ἐξαγοράζω	4	redimir, aprovechar
1806	ἐξάγω	13	sacar, sacar fuera
1807	ἐξαιρέω	8	sacar, librar
1808	ἐξαίρω	2	quitar
1809	ἐξαιτέω	1	pedir
1810	ἐξαίφνης	5	de repente, repentinamente
1811	ἐξακολουθέω	3	seguir
1812	ἐξακόσιοι	2	seiscientos
1813	ἐξαλείφω	5	borrar, anular, enjugar
1814	ἐξάλλομαι	1	saltar
1815	ἐξανάστασις	1	resurrección
1816	ἐξανατέλλω	2	brotar
1817	ἐξανίστημι	3	levantar
1818	ἐξαπατάω	6	engañar
1819	ἐξάπινα	1	luego
1820	ἐξαπορέω	2	perder la esperanza, desesperar
1821	ἐξαποστέλλω	13	enviar
1822	ἐξαρτίζω	2	cumplir, preparar enteramente
1823	ἐξαστράπτω	1	resplandeciente
1824	ἐξαυτῆς	6	ahora mismo, luego, al punto, luego que
1825	ἐξεγείρω	2	levantar
1826	ἔξειμι	4	salir
1827	ἐξελέγχω	1	dejar convicto
1828	ἐξέλκω	1	atraer
1829	ἐξέραμα	1	vómito
1830	ἐξεραυνάω	1	diligentemente indagar
1831	ἐξέρχομαι	225	salir, difundir, venir, ir(se), promulgar, apartar, extenderse, llegar, escapar, adelantarse, partir, huir, proceder
1832	ἔξεστι	33	es lícito, poderse, permitir, dar
1833	ἐξετάζω	3	averiguar, informar, preguntar
1834	ἐξηγέομαι	6	contar, dar a conocer
1835	ἐξήκοντα	9	sesenta
1836	ἑξῆς	5	después, siguiente
1837	ἐξηχέω	1	divulgar
1838	ἕξις	1	uso
1839	ἐξίστημι	17	estar atónito, asombrarse, estar fuera de sí, maravillarse, engañar, estar loco
1840	ἐξισχύω	1	ser plenamente capaz
1841	ἔξοδος	3	partida, salida
1842	ἐξολεθρεύω	1	desarraigar
1843	ἐξομολογέω	11	confesar, alabar, comprometerse

1844	ἐξορκίζω	1	conjurar
1845	ἐξορκιστής	1	exorcista
1846	ἐξορύσσω	2	hacer una abertura, sacar
1847	ἐξουδενέω ο ἐξουδενόω	1	tener en nada
1848	ἐξουθενέω	11	menospreciar, reprobar, ser de menor estima, tener en poco, menospreciable, despreciar
1849	ἐξουσία	102	autoridad, potestad, poder, jurisdicción, libertad, derecho
1850	ἐξουσιάζω	4	tener autoridad, dejar dominar, tener potestad
1851	ἐξοχή	1	principal, relieve
1852	ἐξυπνίζω	1	despertar
1853	ἔξυπνος	1	despertar
1854	ἔξω	67	fuera, afuera, extranjero, exterior
1855	ἔξωθεν	12	de fuera, fuera, externo
1856	ἐξωθέω	2	arrojar, varar
1857	ἐξώτερος	3	de afuera
1503	ἔοικα ο εἴκω	2	ser semejante
1858	ἑορτάζω	1	celebrar la fiesta
1859	ἑορτή	28	fiesta, día de la fiesta
1860	ἐπαγγελία	53	promesa, prometido, mensaje
1861	ἐπαγγέλλομαι	15	prometer, profesar, hacer promesa
1862	ἐπάγγελμα	2	promesa
1863	ἐπάγω	3	echar, atraer sobre, traer sobre
1864	ἐπαγωνίζομαι	1	contender ardientemente
1865	ἐπαθροίζω	1	apiñarse
1866	Ἐπαίνετος	1	Epeneto
1867	ἐπαινέω	6	alabar, magnificar
1868	ἔπαινος	11	alabanza
1869	ἐπαίρω	19	alzar, levantar, izar, enaltecer
1870	ἐπαισχύνομαι	11	avergonzarse
1871	ἐπαιτέω	2	mendigar
1872	ἐπακολουθέω	4	seguir, practicar
1873	ἐπακούω	1	oír
1874	ἐπακροάομαι	1	oír
1875	ἐπάν	3	cuando
1876	ἐπάναγκες	1	necesario
1877	ἐπανάγω	3	volver, apartar, bogar
1878	ἐπαναμιμνήσκω	1	hacer recordar
1879	ἐπαναπαύομαι	2	reposar, apoyar
1880	ἐπανέρχομαι	2	regresar, volver
1881	ἐπανίστημι	2	levantarse contra
1882	ἐπανόρθωσις	1	corregir, corrección
1883	ἐπάνω	19	sobre, en, más de, hacia, encima
1883 A	ἐπάρατος	1	maldito
1884	ἐπαρκέω	3	socorrer, mantener, haber lo suficiente
1885	ἐπαρχεία	2	provincia
1885 A	ἐπάρχειος	1	provincia
1886	ἔπαυλις	1	habitación
1887	ἐπαύριον	17	el día siguiente, al otro día
1888	ἐπαυτοφώρω	1	en el acto mismo
1889	Ἐπαφρᾶς	3	Epafras
1890	ἐπαφρίζω	1	espumar
1891	Ἐπαφρόδιτος	2	Epafrodito
1892	ἐπεγείρω	2	levantar, excitar
1893	ἐπεί	28	porque, pues, después que, puesto que, por cuanto, de otro modo, de otra manera, pues que
1894	ἐπειδή	12	porque, después que, puesto que, por cuanto, ya que, pues
1895	ἐπειδήπερ	1	puesto que
1896	ἐπεῖδον	2	dignarse, mirar
1966	ἔπειμι	5	siguiente
1897	ἐπείπερ	1	porque
1898	ἐπεισαγωγή	1	introducción
1898 A	ἐπεισέρχομαι	1	venir sobre
1899	ἔπειτα	19	pues, después, luego
1900	ἐπέκεινα	1	más allá
1901	ἐπεκτείνομαι	1	extenderse
1902	ἐπενδύομαι	2	revestir
1903	ἐπενδύτης	1	ropa
1904	ἐπέρχομαι	10	venir sobre, venir, sobrevenir, venidero
1905	ἐπερωτάω	62	preguntar, pedir, hacer una pregunta

1906	ἐπερώτημα	1	aspiración
1907	ἐπέχω	5	observar, estar atento, quedarse, asir, tener cuidado
1908	ἐπηρεάζω	3	ultrajar, calumniar
1910	ἐπιβαίνω	7	sentarse sobre, entrar, embarcarse, subir, llegar
1911	ἐπιβάλλω	18	poner, echar mano, echar, echar sobre, pensar, corresponder, tender
1912	ἐπιβαρέω	3	exagerar, ser gravoso
1913	ἐπιβιβάζω	3	poner, subir
1914	ἐπιβλέπω	3	mirar, ver, mirar con agrado
1915	ἐπίβλημα	4	remiendo, pedazo
1916	ἐπιβοάω	1	dar voces
1917	ἐπιβουλή	4	asechanza
1918	ἐπιγαμβρεύω	1	casarse con
1919	ἐπίγειος	7	terrenal, terrestre, que está en la tierra
1920	ἐπιγίνομαι	1	soplar
1921	ἐπιγινώσκω	44	conocer, reconocer, conocer bien, comprender, saber, informar, cerciorar, entender
1922	ἐπίγνωσις	20	cuenta, conocimiento, ciencia, conocimiento pleno
1923	ἐπιγραφή	5	inscripción, escrito, título
1924	ἐπιγράφω	5	escribir
1925	ἐπιδείκνυμι	9	mostrar, demostrar
1926	ἐπιδέχομαι	2	recibir
1927	ἐπιδημέω	2	aquí residente, residente allí
1928	ἐπιδιατάσσομαι	1	añadir
1929	ἐπιδίδωμι	11	dar, entregar, abandonarse
1930	ἐπιδιορθόω	1	corregir
1931	ἐπιδύω	1	ponerse
1932	ἐπιείκεια	2	equidad, ternura
1933	ἐπιεικής	5	gentileza, amable, afable
1934	ἐπιζητέω	15	buscar, demandar, pedir, desear
1935	ἐπιθανάτιος	1	sentenciado a muerte
1936	ἐπίθεσις	4	imposición
1937	ἐπιθυμέω	16	codiciar, desear, ansiar, anhelar,
1938	ἐπιθυμητής	1	codiciar, **codiciador**
1939	ἐπιθυμία	38	deseo, concupiscencia, codicia, pasión
1940	ἐπικαθίζω	1	sentarse
1941	ἐπικαλέω	33	por sobrenombre, llamar, tener por sobrenombre, invocar, apelar
1942	ἐπικάλυμμα	1	pretexto, **capa**
1943	ἐπικαλύπτω	1	cubrir
1944	ἐπικατάρατος	3	maldito
1945	ἐπίκειμαι	7	agolpar, instar, acosar, imponer
2027	ἐπικέλλω	1	hacer encallar
1946	Ἐπικούρειος	1	epicúreo
1947	ἐπικουρία	1	auxilio
1948	ἐπικρίνω	1	sentenciar
1949	ἐπιλαμβάνομαι	19	asir, tomar, sorprender, prender, apoderar, echar mano, socorrer
1950	ἐπιλανθάνομαι	8	olvidar
1951	ἐπιλέγω	2	llamar, escoger
1952	ἐπιλείπω	1	faltar
1952 A	ἐπιλείχω	1	lamer
1953	ἐπιλησμονή	1	olvidadizo
1954	ἐπίλοιπος	1	que resta
1955	ἐπίλυσις	1	interpretación
1956	ἐπιλύω	2	declarar, decidir, **resolver**
1957	ἐπιμαρτυρέω	1	testificar
1958	ἐπιμέλεια	1	**atención**
1959	ἐπιμελέομαι	3	cuidar
1960	ἐπιμελῶς	1	con diligencia
1961	ἐπιμένω	18	insistir, quedarse, persistir, perseverar, permanecer, estar
1962	ἐπινεύω	1	acceder
1963	ἐπίνοια	1	pensamiento
1964	ἐπιορκέω	1	perjurar
1965	ἐπίορκος	1	perjuro
1966	ἐπιοῦσα	véase	ἔπειμι después de 1896
1967	ἐπιούσιος	2	de cada día
1968	ἐπιπίπτω	14	caer sobre, echar, recostar, descender, sobrevenir, caer, echarse sobre
1969	ἐπιπλήσσω	1	reprender
1971	ἐπιποθέω	9	desear, amar, anhelar, **tener un ardiente afecto, tener deseos**
1972	ἐπιπόθησις	2	gran afecto, ardiente afecto
1973	ἐπιπόθητος	1	deseado

#	Griego	N	Español
1974	ἐπιποθία	1	ardiente deseo
1975	ἐπιπορεύομαι	1	venir
1976	ἐπιράπτω ο ἐπιρράπτω	1	poner remiendo, coser
1977	ἐπιρίπτω ο ἐπιρρίπτω	2	echar
1978	ἐπίσημος	2	famoso, estimado
1979	ἐπισιτισμός	1	alimentos
1980	ἐπισκέπτομαι	11	visitar, buscar
1980 A	ἐπισκευάζομαι	1	hacer los preparativos
1981	ἐπισκηνόω	1	reposar
1982	ἐπισκιάζω	5	cubrir, hacer sombra, caer sobre
1983	ἐπισκοπέω	2	mirar bien, cuidar
1984	ἐπισκοπή	4	visitación, oficio, obispado
1985	ἐπίσκοπος	5	obispo
1986	ἐπισπάομαι	1	disimular la circuncisión
1986 A	ἐπισπείρω	1	sembrar
1987	ἐπίσταμαι	14	saber, conocer
1999	ἐπίστασις	2	tumulto, presión
1988	ἐπιστάτης	7	maestro
1989	ἐπιστέλλω	3	escribir
1990	ἐπιστήμων	1	entendido
1991	ἐπιστηρίζω	4	confirmar
1992	ἐπιστολή	24	carta, epístola
1993	ἐπιστομίζω	1	tapar la boca
1994	ἐπιστρέφω	40	volver, convertir, hacer volver
1995	ἐπιστροφή	1	conversión
1996	ἐπισυνάγω	8	juntar, agolpar, reunir
1997	ἐπισυναγωγή	2	reunión, congregarse
1998	ἐπισυντρέχω	1	agolpar
1999 A	ἐπισύστασις	2	tumulto, presión
2000	ἐπισφαλής	1	peligroso
2001	ἐπισχύω	1	porfiar
2002	ἐπισωρεύω	1	amontonar
2003	ἐπιταγή	7	mandamiento, autoridad, mandato
2004	ἐπιτάσσω	10	mandar, ordenar
2005	ἐπιτελέω	11	hacer, concluir, perfeccionar, acabar, llevar a cabo, cumplir, erigir
2006	ἐπιτήδειος	1	necesario
2007	ἐπιτίθημι	43	poner, poner sobre, untar, imponer, traer, cargar
2008	ἐπιτιμάω	30	reprender, encargar, mandar, reconvenir
2009	ἐπιτιμία	1	reprensión
2010	ἐπιτρέπω	19	permitir, dar permiso, dejar, conceder
2011	ἐπιτροπή	1	comisión
2012	ἐπίτροπος	3	mayordomo, intendente, tutor
2013	ἐπιτυγχάνω	5	alcanzar
2014	ἐπιφαίνω	4	dar luz, aparecer, manifestar
2015	ἐπιφάνεια	6	resplandor, aparición, manifestación
2016	ἐπιφανής	1	manifiesto
2017	ἐπιφαύσκω	1	alumbrar
2018	ἐπιφέρω	5	llevar, presentar, dar, añadir, proferir, infligir
2019	ἐπιφωνέω	4	dar voces, aclamar, gritar, clamar, decir a gritos
2020	ἐπιφώσκω	2	amanecer, rayar
2021	ἐπιχειρέω	3	tratar, procurar, intentar
2022	ἐπιχέω	1	echar
2023	ἐπιχορηγέω	5	da, suministrar, nutrir, añadir, otorgar
2024	ἐπιχορηγία	2	alimento, suministración
2025	ἐπιχρίω	2	untar
2026	ἐποικοδομέω	9	sobreedificar, edificar encima, edificar
2027	ἐποκέλλω ο ἐπικέλλω	1	hacer encallar
2028	ἐπονομάζω	1	tener el sobrenombre
2029	ἐποπτεύω	2	considerar
2030	ἐπόπτης	1	testigo ocular
2031	ἔπος	1	palabra
2032	ἐπουράνιος	20	celestial, que está en los cielos, región celeste
2033	ἑπτά	89	siete
2034	ἑπτάκις	4	siete
2035	ἑπτακισχίλιοι	1	siete mil
2037	Ἔραστος	3	Erasto
2045	ἐραυνάω ο ἐρευνάω	6	escudriñar
2038	ἐργάζομαι	41	hacer, trabajar, negociar, poner en práctica, obrar, producir, cometer, prestar servicio

2039	ἐργασία	6	ganancia, oficio, **práctica, trabajo**	
2040	ἐργάτης	16	obrero, hacedor	
2041	ἔργον	175	obra, hecho, hacer, obrar, acción	
2042	ἐρεθίζω	2	estimular, exasperar	
2043	ἐρείδω	1	hincar	
2044	ἐρεύγομαι	1	declarar	
2047	ἐρημία	4	desierto	
2048	ἔρημος	49	desierto, desolado	
2049	ἐρημόω	5	asolar, desolar	
2050	ἐρήμωσις	3	desolador, destrucción, **asolamiento**	
2051	ἐρίζω	1	contender	
2052	ἐριθεία ο ἐριθία	7	contencioso, contienda, contención	
2053	ἔριον	2	lana	
2054	ἔρις	9	contienda, pleito, contención	
2055	ἐρίφιον	1	cabrito	
2056	ἔριφος	2	cabrito	
2057	Ἑρμᾶς	1	Hermas	
2058	ἑρμηνεία ο ἑρμηνία	2	interpretación	
2059	ἑρμηνεύω	4	traducir, querer decir, significar	
2060	Ἑρμῆς	2	Mercurio, Hermes	
2061	Ἑρμογένης	1	Hermógenes	
2062	ἑρπετόν	4	reptil, serpiente	
2063	ἐρυθρός	2	Rojo	
2064	ἔρχομαι	653	venir, ir, llegar, entrar, traer, salir, volver, andar, arribar, acercarse, regresar, sobrevenir, visitar, seguir, descender, pasar, redundar, caer	
2046	ἐρῶ, εἴρηκα y ἐρρέθην	131	decir, hablar, responder, llamar, mandar	
2065	ἐρωτάω	64	rogar, preguntar, pedir	
2066	ἐσθής	8	ropa, vestidura, vestido	
2068	ἐσθίω	158	comer, devorar	
2069	Ἐσλί, Ἐσλί ο Ἐσλεί	1	Esli	
2072	ἔσοπτρον	2	espejo	
2073	ἑσπέρα	3	tarde	
2074	Ἑσρώμ	3	Esrom	
2077 A	ἑσσόομαι	1	ser menos	
2078	ἔσχατος	54	último, postrero, después, final	
2079	ἐσχάτως	1	**al cabo**	
2080	ἔσω	9	dentro, interior	
2081	ἔσωθεν	14	por dentro, de dentro, desde adentro	
2082	ἐσώτερος	2	adentro, dentro	
2083	ἑταῖρος	4	compañero, amigo	
2084	ἑτερόγλωσσος	1	otra lengua	
2085	ἑτεροδιδασκαλέω	2	enseñar diferente doctrina, enseñar otra cosa	
2086	ἑτεροζυγέω	1	unir en yugo desigual	
2087	ἕτερος	102	otro, uno, diferente, distinto	
2088	ἑτέρως	1	otra cosa	
2089	ἔτι	102	más, aún, todavía, mientras, ya más, ya, además de esto, entre tanto, a más de esto	
2090	ἑτοιμάζω	41	preparar, hacer preparativos, proveer, disponer	
2091	ἑτοιμασία	1	apresto	
2092	ἕτοιμος	17	dispuesto, preparado, presto, listo, pronto	
2093	ἑτοίμως	3	dispuesto, preparado	
2094	ἔτος	49	año	
2095	εὖ	6	bien	
2096	Εὕα ο Εὔα	2	Eva	
2097	εὐαγγελίζω	54	anunciar el evangelio, evangelizar, dar buenas nuevas, dar nuevas, anunciar las buenas nuevas, predicar el evangelio, anunciar, predicar	
2098	εὐαγγέλιον	77	evangelio	
2099	εὐαγγελιστής	3	evangelista	
2100	εὐαρεστέω	3	agradar	
2101	εὐάρεστος	9	agradable, agradar	
2102	εὐαρέστως	1	agradar, **agradablemente**	
2103	Εὔβουλος	1	Eubulo	
2103 A	εὖγε	1	bien	
2104	εὐγενής	3	noble	
2105	εὐδία	1	buen tiempo	
2106	εὐδοκέω	21	tener complacencia, agradar, placer, tener a bien, parecer bueno, querer, gozarse, acordar, complacer	
2107	εὐδοκία	9	agradar, buena voluntad, anhelo, puro afecto, beneplácito, propósito, **agrado**	

2108	εὐεργεσία	2	beneficio, buen servicio
2109	εὐεργετέω	1	hacer bienes
2110	εὐεργέτης	1	bienhechor
2111	εὔθετος	3	apto, útil, provechoso
2112	εὐθέως	81	al instante, pronto, en seguida, al momento, luego, inmediatamente, prontamente, en breve
2113	εὐθυδρομέω	2	venir con rumbo directo, ir con rumbo directo
2114	εὐθυμέω	3	tener buen ánimo, estar alegre
2115	εὔθυμος	1	mejor ánimo
2115 A	εὐθύμως	1	con buen ánimo
2116	εὐθύνω	2	enderezar, gobernar
2117	εὐθύς (adj.)	8	derecho, recto, enderezado
2117	εὐθύς (adv.)	55	luego, al momento, en seguida, muy pronto, inmediatamente, al punto
2118	εὐθύτης	1	equidad
2119	εὐκαιρέω	3	tener tiempo, tener oportunidad, interesarse
2120	εὐκαιρία	2	oportunidad
2121	εὔκαιρος	2	oportuno
2122	εὐκαίρως	2	a tiempo, **oportunamente**
2123	εὔκοπος	7	más fácil
2124	εὐλάβεια	2	temor reverente, reverencia
2125	εὐλαβέομαι	2	tener temor, con temor
2126	εὐλαβής	4	piadoso
2127	εὐλογέω	45	bendecir
2128	εὐλογητός	8	bendito
2129	εὐλογία	15	bendición, lisonja, generosidad, alabanza
2130	εὐμετάδοτος	1	dadivoso
2131	Εὐνίκη	1	Eunice
2132	εὐνοέω	1	de acuerdo
2133	εὔνοια	2	buena voluntad, **benevolencia**
2134	εὐνουχίζω	2	hacer eunuco
2135	εὐνοῦχος	8	eunuco
2136	Εὐοδία	1	Evodia
2137	εὐοδόω	4	tener un próspero viaje, prosperar
2145	εὐπάρεδρος	1	**asidua devoción**
2138	εὐπειθής	1	benigno
2139	εὐπερίστατος	1	que asedia
2140	ευποιία	1	hacer bien
2141	εὐπορέω	1	**prosperar**
2142	εὐπορία	1	riqueza, **prosperidad**
2143	εὐπρέπεια	1	**hermosura**, hermoso
2144	εὐπρόσδεκτος	5	agradable, acepto, aceptable
2145 A	εὐπρόσεδρος	1	**asidua devoción**
2146	εὐπροσωπέω	1	agradar
2146 A	εὐρακύλων	1	**Euraquilo**
2147	εὑρίσκω	178	hallar, encontrar, proveer, obtener
2148	Εὐροκλύδων	1	Euroclidón
2149	εὐρύχωρος	1	espacioso
2150	εὐσέβεια	15	piedad, piadoso
2151	εὐσεβέω	2	adorar, ser piadoso
2152	εὐσεβής	4	piadoso, devoto,
2153	εὐσεβῶς	2	piadosamente
2154	εὔσημος	1	bien comprensible
2155	εὔσπλαγχνος	2	misericordioso
2156	εὐσχημόνως	3	honestamente, decentemente, honradamente
2157	εὐσχημοσύνη	1	decoro, **compostura**
2158	εὐσχήμων	5	noble, distinguido, de distinción, honesto, decoroso
2159	εὐτόνως	2	con gran vehemencia
2160	εὐτραπελία	1	truhanería
2161	Εὔτυχος	1	Eutico
2162	εὐφημία	1	buena fama
2163	εὔφημος	1	de buen nombre
2164	εὐφορέω	1	producir mucho
2165	εὐφραίνω	14	regocijarse, hacer fiesta, gozarse, hacer banquete, alegrarse
2166	Εὐφράτης	2	Eufrates
2167	εὐφροσύνη	2	gozo, alegría
2168	εὐχαριστέω	39	dar gracias
2169	εὐχαριστία	15	gratitud, acción de gracias
2170	εὐχάριστος	1	agradecido

LEXICO GRIEGO-ESPAÑOL 37 εὐχή - ζωγρέω

2171	εὐχή	3	voto, oración
2172	εὔχομαι	7	querer, ansiar, desear, orar
2173	εὔχρηστος	3	útil
2174	εὐψυχέω	1	estar de buen ánimo
2175	εὐωδία	3	grato olor, suavidad
2176	εὐώνυμος	10	izquierdo
2177	ἐφάλλομαι	1	saltar
2178	ἐφάπαξ	5	una vez por todas, a la vez, una vez para siempre
2179	Ἐφεσῖνος	1	en Efeso
2180	Ἐφέσιος	5	efesio, de Efeso
2181	Ἔφεσος	16	Efeso
2182	ἐφευρετής	1	inventor
2183	ἐφημερία	2	clase
2184	ἐφήμερος	1	de cada día
2185	ἐφικνέομαι	2	llegar
2186	ἐφίστημι	21	presentar, inclinar, acercarse, llegar, venir, pararse, venir sobre, arremeter, asaltar, acudir, caer, instar
	ἐφνίδιος	véase	160 αἰφνίδιος
	ἐφοράω	véase	1896 ἐπεῖδον
2187	Ἐφραίμ	1	Efraín
2188	ἐφφαθά	1	Efata
5504	ἐχθές	3	ayer
2189	ἔχθρα	6	enemistado, enemistad
2190	ἐχθρός	32	enemigo
2191	ἔχιδνα	5	víbora
2192	ἔχω	709	tener, contener
	(1) κακῶς ἔχειν, ἐσχάτως ἔχειν	9	tener dolencia, enfermo, estar enfermo, tener enfermedad, agonizar
	(2) ἐν γαστρὶ ἔχειν	7	concebir, estar encinta
	(3) τῇ ἐχομένῃ	2	al día siguiente
	(4) como adverbio	1	ahora
	(5) modismo con ἔχειν	11	vecino, pasado mañana, como están, ser así, conceder libertad, cubierto, estar pronto, estar preparado, tener necesidad, que son, carcomer, pertenecer
2193	ἕως (como conj.)	65	hasta, hasta que, entre tanto que, antes que, entre tanto
2193	ἕως (como prep.)	98	hasta, a, ni siquiera, aún

Z

2194	Ζαβουλών	3	Zabulón
2195	Ζακχαῖος	3	Zaqueo
2196	Ζάρα	1	Zara
2197	Ζαχαρίας	11	Zacarías
2198	ζάω	145	vivir, viviente, vivo, revivir, conservar la vida
2199	Ζεβεδαῖος	12	Zebedeo
2200	ζεστός	3	caliente
2201	ζεῦγος	2	par, yunta
2202	ζευκτηρία	1	amarras
2203	Ζεύς	2	Júpiter
2204	ζέω	2	fervoroso, ferviente
2206 A	ζηλεύω	1	ser celoso
2205	ζῆλος	18	celo, celos, envidia, solicitud, hervor
2206	ζηλόω	12	mover por envidia, tener celos, procurar, tener envidia, celar, tener celo, mostrar celo, arder de envidia, ser celoso
2207	ζηλωτής	6	celoso
2208	Ζηλωτής	2	Zelote
2209	ζημία	4	pérdida
2210	ζημιόω	6	perder, sufrir pérdida, padecer pérdida
2211	Ζηνᾶς	1	Zenas
2212	ζητέω	121	buscar, procurar, querer, pedir, demandar, preocuparse, preguntar
2213	ζήτημα	5	cuestión
2214	ζήτησις	8	discusión, contienda, cuestión, disputa
2215	ζιζάνιον	8	cizaña
2216	Ζοροβαβέλ	3	Zorobabel
2217	ζόφος	5	oscuridad
2218	ζυγός	6	yugo, balanza
2219	ζύμη	11	levadura
2220	ζυμόω	4	leudar, fermentar
2221	ζωγρέω	2	pescador, estar cautivo

2222	ζωή	137	vida, vivo
2223	ζώνη	8	cinto
2224	ζώννυμι ο ζωννύω	3	ceñir
2225	ζωογονέω	3	salvar, propagar, dar vida
2226	ζῷον	23	animal, ser viviente
2227	ζωοποιέω	12	dar vida, vivificar, vivificante

Η

2230	ἡγεμονεύω	2	ser gobernador
2231	ἡγεμονία	1	imperio
2232	ἡγεμών	22	príncipe, gobernador
2233	ἡγέομαι	28	guiar, dirigir, gobernar, llevar, principal, tener por, estimar, creer, pastor, tener entendido
2234	ἡδέως y ἥδιστα	5	de buena gana, con el mayor
2235	ἤδη	61	ya
2236	ἥδιστα	véase	2234 ἡδέως
2237	ἡδονή	5	placer, deleite, pasión, delicia
2238	ἡδύοσμον	2	menta
2239	ἦθος	1	costumbre
2240	ἥκω	27	venir, llegar
2241	ἠλί ο ἠλεί	2	Elí
2242	Ἡλί ο Ἡλεί	1	Elí
2243	Ἡλίας ο Ἡλείας	30	Elías
2244	ἡλικία	8	estatura, edad
2245	ἡλίκος	3	cuán grande, **tan pequeño**
2246	ἥλιος	32	sol
2247	ἧλος	2	clavo
2250	ἡμέρα	393	día
2251	ἡμέτερος	10	nuestro, **de nosotros**
2252	ἤμην	véase	1510 εἰμί, pág 26
2253	ἡμιθανής	1	medio muerto
2255	ἥμισυς	5	mitad, medio
2256	ἡμίωρον ο ἡμιώριον	1	por media hora
2259	ἡνίκα	2	cuando
2260	ἤπερ	1	que
2261	ἤπιος	2	tierno, amable
2262	Ἤρ	1	Er
2263	ἤρεμος	1	quieto
2264	Ἡρῴδης	44	Herodes
2265	Ἡρῳδιανοί	3	herodiano
2266	Ἡρῳδιάς	6	Herodías
2267	Ἡρῳδίων	1	Herodión
2268	Ἡσαΐας	22	Isaías
2269	Ἡσαῦ	3	Esaú
2274	ἡσσάομαι	véase	2274 ἡττάομαι
2276	ἧσσων	2	peor, menos
2270	ἡσυχάζω	5	callar, descansar, desistir, tener tranquilidad
2271	ἡσυχία	4	silencio, sosegadamente
2272	ἡσύχιος	2	reposadamente, apacible, **sosegado**
2273	ἤτοι	1	sea
2274	ἡττάομαι	3	ser menos, vencer
2275	ἥττημα	2	defección, falta
2276	ἧττον	véase	2276 ἧσσων
2278	ἠχέω	2	bramido, resonar, **bramar**
2279	ἦχος	4	fama, bramido, estruendo, sonido

Θ

2280	Θαδδαῖος	2	Tadeo
2281	θάλασσα	92	mar
2282	θάλπω	2	cuidar, cuidar con ternura
2283	Θαμάρ	1	Tamar
2284	θαμβέω	4	asombrar, temeroso
2285	θάμβος	3	asombro, temor
2286	θανάσιμος	1	mortífero
2287	θανατηφόρος	1	mortal
2288	θάνατος	95	muerte, mortal, mortandad
2289	θανατόω	11	morir, entregar a la muerte, matar, hacer morir, muerto

LEXICO GRIEGO-ESPAÑOL 39 θάπτω - θρησκός

2290	θάπτω	11	enterrar, sepultar
2291	Θάρα	1	Taré
2292	θαρρέω	6	confiar, tener confianza, osar, usar de osadía, confiadamente
2293	θαρσέω	8	tener ánimo, tener confianza, confiar
2294	θάρσος	1	aliento
2295	θαῦμα	2	maravilla, asombro
2296	θαυμάζω	46	maravillarse, asombrar, sorprenderse, extrañarse, admirarse, adular
2297	θαυμάσιος	1	maravilla
2298	θαυμαστός	7	maravilloso, maravilla, admirable
2299	θεά	3	diosa
2300	θεάομαι	24	ver, mirar, contemplar
2301	θεατρίζω	1	hacer espectáculo
2302	θέατρον	3	teatro, espectáculo
2303	θεῖον	7	azufre
2304	θεῖος	3	Divinidad, divino
2305	θειότης	1	deidad
2306	θειώδης	1	azufre
2307	θέλημα	64	voluntad
2308	θέλησις	1	voluntad
2309	θέλω	211	querer, desear, gustar, preferir, afectar
2310	θεμέλιος	16	fundamento, cimiento
2311	θεμελιόω	6	fundar, cimentar, establecer
2312	θεοδίδακτος	1	aprendido de Dios, enseñado de Dios
2313	θεομαχέω	1	resistir a Dios
2314	θεομάχος	1	luchando contra Dios
2315	θεόπνευστος	1	inspirado por Dios
2316	θεός ο Θεός	1364	Dios, dios
2317	θεοσέβεια	1	piedad
2318	θεοσεβής	1	temeroso de Dios
2319	θεοστυγής	1	aborrecedor de Dios
2320	θεότης	1	Deidad
2321	Θεόφιλος	2	Teófilo
2322	θεραπεία	4	casa, sanidad, curación
2323	θεραπεύω	44	sanar, curar
2324	θεράπων	1	siervo
2325	θερίζω	21	segar
2326	θερισμός	13	siega, mies
2327	θεριστής	2	segador
2328	θερμαίνω	6	calentar
2329	θέρμη	1	calor
2330	θέρος	3	verano
2331	Θεσσαλονικεύς	4	tesalonicense
2332	Θεσσαλονίκη	5	Tesalónica
2333	Θευδᾶς	1	Teudas
2334	θεωρέω	58	mirar, ver, parecer, observar, considerar
2335	θεωρία	1	espectáculo
2336	θήκη	1	vaina
2337	θηλάζω	6	mamar, criar
2338	θῆλυς	5	hembra, mujer
2339	θήρα	1	red
2340	θηρεύω	1	cazar
2341	θηριωμαχέω	1	batallar contra fieras
2342	θηρίον	46	fiera, víbora, bestia
2343	θησαυρίζω	8	hacer tesoro, atesorar, guardar, reservar
2344	θησαυρός	18	tesoro
2345	θιγγάνω	3	tocar
2346	θλίβω	10	angosto, oprimir, atribular, pasar tribulaciones, afligir, angustiado
2347	θλίψις	45	aflicción, tribulación, angustia, persecución, estrechez
2348	θνῄσκω	13	morir, difunto
2349	θνητός	6	mortal
5182	θορυβάζω	1	turbar
2350	θορυβέω	4	hacer alboroto, alborotar, alarmar
2351	θόρυβος	7	alboroto
2352	θραύω	1	oprimir
2353	θρέμμα	1	ganado
2354	θρηνέω	4	endechar, lamentar
2355	θρῆνος	1	lamentación
2356	θρησκεία	4	religión, culto
2357	θρησκός	1	religioso

2358	θριαμβεύω	2	llevar en triunfo, triunfar sobre	
2359	θρίξ	15	pelo, cabello	
2360	θροέω	3	turbar, conturbar	
2361	θρόμβος	1	grande gota	
2362	θρόνος	63	trono	
2363	Θυάτιρα ο Θυάτειρα	4	Tiatira	
2364	θυγάτηρ	29	hija	
2365	θυγάτριον	2	hija, **hijita**	
2366	θύελλα	1	tempestad	
2367	θύϊνος	1	olorosa	
2368	θυμίαμα	6	incienso	
2369	θυμιατήριον	1	incensario	
2370	θυμιάω	1	ofrecer el incienso	
2371	θυμομαχέω	1	enojar	
2372	θυμός	18	ira, enojo, furor	
2373	θυμόω	1	enojar	
2374	θύρα	40	puerta, entrada	
2375	θυρεός	1	escudo	
2376	θυρίς	2	ventana	
2377	θυρωρός	4	portero, portera	
2378	θυσία	29	sacrificio	
2379	θυσιαστήριον	23	altar	
2380	θύω	14	morir, sacrificar, matar, ofrecer sacrificio	
2381	Θωμᾶς	12	Tomás	
2382	θώραξ	5	coraza	
2383	Ἰάϊρος ο Ἰάειρος	2	Jairo	
2384	Ἰακώβ	27	Jacob	
2385	Ἰάκωβος	40	Jacobo	
2386	ἴαμα	3	sanidad, los que sanan	
2387	Ἰαμβρῆς	1	Jambres	
2388	Ἰανναί ο Ἰαννά	1	Jana	
2389	Ἰάννης	1	Janes	
2390	ἰάομαι	28	sanar	
2391	Ἰάρετ ο Ἰάρες	1	Jared	
2392	ἴασις	3	curación, sanidad	
2393	ἴασπις	4	jaspe	
2394.	Ἰάσων	5	Jasón	
2395	ἰατρός	7	médico	
2396	ἴδε	31	aquí tienes, he aquí, mirar, he ahí	
2397	ἰδέα	véase	εἰδέα 2397, pág. 26	
2398	ἴδιος	120	su, propio, suyo, en particular, debido, vuestro, privado	
	(1) ἰδία, κατ᾽ ἰδίαν	17	apartado, aparte, en particular, solo, en privado	
2399	ἰδιώτης	5	simple, indocto, tosco	
2400	ἰδού	214	he aquí, mirar, ver, helo, he ahí, heme aquí	
2401	Ἰδουμαία	1	Idumea	
2402	ἱδρώς	1	sudor	
2403	Ἰεζάβελ ο Ἰεζαβέλ	1	Jezabel	
2404	Ἱεράπολις	1	Hierápolis	
2405	ἱερατεία	2	sacerdocio	
2406	ἱεράτευμα	2	sacerdocio	
2407	ἱερατεύω	1	ejercer el sacerdocio	
2408	Ἰερεμίας	3	Jeremías	
2409	ἱερεύς	32	sacerdote	
2410	Ἰεριχώ	7	Jericó	
2410 A	ἱερόθυτος	1	sacrificado a los ídolos	
2411	ἱερόν	70	templo	
2412	ἱεροπρεπής	1	reverente	
2413	ἱερός	2	sagrado	
2414	Ἱεροσόλυμα	68	Jerusalén	
2415	Ἱεροσολυμίτης	2	de Jerusalén	
2416	ἱεροσυλέω	1	cometer sacrilegio, **robar templos**	
2417	ἱερόσυλος	1	sacrílego, **robador de templos**	
2418	ἱερουργέω	1	ministrar	
2419	Ἰερουσαλήμ	86	Jerusalén	
2420	ἱερωσύνη	4	sacerdocio	
2421	Ἰεσσαί	5	Isaí	

2422	Ἰεφθάε	1	Jefté
2423	Ἰεχονίας	2	Jeconías
2424	Ἰησοῦς	990	Jesús
2424	Ἰησοῦς	4	Josué, Jesús
2425	ἱκανός	42	digno, mucho, grande, fianza, suficiente, competente, idóneo, largo
2426	ἱκανότης	1	competencia
2427	ἱκανόω	2	hacer competente, hacer apto
2428	ἱκετηρία	1	súplica
2429	ἰκμάς	1	humedad
2430	Ἰκόνιον	6	Iconio
2431	ἱλαρός	1	alegre
2432	ἱλαρότης	1	alegría
2433	ἱλάσκομαι	2	ser propicio, expiar
2434	ἱλασμός	2	propiciación
2435	ἱλαστήριον	2	propiciación, propiciatorio
2436	ἵλεως	2	compasión, propicio
2437	Ἰλλυρικόν	1	Ilírico
2438	ἱμάς	4	correa
2439	ἱματίζω	2	vestir
2440	ἱμάτιον	63	capa, vestido, manto, vestidura, ropa
2441	ἱματισμός	7	ropa, vestidura, vestido
2442	ἱμείρομαι	1	afecto
2443	ἵνα	669	para que, que, para, a que, a fin de (que), de modo que, a, de que, por, de tal manera que
3363	ἵνα μή	110	no que, para que no, que no, para no, no sea que, a fin de (que) no, por no, ni
2444	ἱνατί	6	¿Por qué?, ¿para qué?
2445	Ἰόππη	10	Jope
2446	Ἰορδάνης	15	Jordán
2447	ἰός	3	veneno, moho
2448	Ἰούδα	véase	Ἰούδας 2455
2449	Ἰουδαία	44	Judea
2450	ἰουδαΐζω	1	judaizar
2451	Ἰουδαϊκός	1	judaico
2452	Ἰουδαϊκῶς	1	como judío
2453	Ἰουδαῖος	198	judío, de Judea
2454	ἰουδαϊσμός	2	judaísmo
2455	Ἰούδας ὁ Ἰούδα	11	Judá
2455	Ἰούδας	22	Judas (Iscariote)
2455	Ἰούδας	12	Judas
2456	Ἰουλία	1	Julia
2457	Ἰούλιος	2	Julio
2458	Ἰουνιᾶς	1	Junias
2459	Ἰοῦστος	3	Justo
2460	ἱππεύς	2	jinete
2461	ἱππικος	1	jinete
2462	ἵππος	17	caballo
2463	ἶρις	2	arco iris
2464	Ἰσαάκ	20	Isaac
2465	ἰσάγγελος	1	igual a los ángeles
2466	Ἰσαχάρ	véase	Ἰσσαχάρ despues de 2475
2469 A	Ἰσκαριώθ	3	Iscariote
2469	Ἰσκαριώτης	8	Iscariote
2470	ἴσος	8	igual, concordar, otro tanto, mismo
2471	ἰσότης	3	igualdad, recto
2472	ἰσότιμος	1	igualmente precioso
2473	ἰσόψυχος	1	del mismo ánimo
2474	Ἰσραήλ	70	Israel
2475	Ἰσραηλίτης	9	israelita
2466	Ἰσσαχάρ ὁ Ἰσαχάρ	1	Isacar
2476	ἵστημι ὁ ἱστάνω	157	detener, poner, en pie, permanecer, estar, constar, asignar, estar en pie, quedarse, guardar, llevar, poner en pie, pararse, presentarse, señalar, tomar en cuenta, establecer, comparecer, estar presente, perseverar, confirmar, estar firme, decidir, sostenerse en pie, levantarse
2477	ἱστορέω	1	ver, conocer
2478	ἰσχυρός	29	poderoso, fuerte, grande, potente
2479	ἰσχύς	11	fuerza, poder, fortaleza, potente
2480	ἰσχύω	20	servir, poder, sano, prevalecer, valer

2481	ἴσως	1	quizás
2482	Ἰταλία	4	Italia
2483	Ἰταλικός	1	italiano
2484	Ἰτουραίος	1	!turea
2485	ἰχθύδιον	2	pececillo
2486	ἰχθύς	20	pez, pescado
2487	ἴχνος	3	pisada
2488	Ἰωαθάμ	3	Jotam
2489	Ἰωάν(ν)α	2	Juana
2490	Ἰωανάν ο Ἰωαννᾶς	1	Joana
2491	Ἰωάν(ν)ης	92	Juan (el Bautista)
2491	Ἰωάν(ν)ης	35	Juan (el Apóstol)
2491	Ἰωάν(ν)ης	9	Juan (Marcos), **Juan** (padre de Simón)
2491	Ἰωάν(ν)ης	1	Juan (sumo sacerdote)
2492	Ἰώβ	1	Job
5601	Ἰωβήδ ο Ὠβήδ	3	Obed
2455	Ἰωδά ο Ἰούδα	1	Judá
2493	Ἰωήλ	1	Joel
2494	Ἰωνάμ	1	Jonán
2495	Ἰωνᾶς	9	Jonás
2496	Ἰωράμ	2	Joram
2497	Ἰωρίμ ο Ἰωρείμ	1	Jorim
2498	Ἰωσαφάτ	2	Josafat
2500	Ἰωσῆς	7	José, Josué
2501	Ἰωσήφ	9	José (hijo de Israel)
2501	Ἰωσήφ	14	José (esposo de María
2501	Ἰωσήφ	6	José (de Arimatea)
2501	Ἰωσήψ	6	José
2502 A	Ἰωσήχ	1	José, **Josec**
25C2	Ἰωσίας	2	Josías
2503	ἰῶτα	1	jota

K

2504	κἀγώ	88	yo también, y yo, pues yo, de manera que yo
2505	καθά	1	como
2506	καθαίρεσις	3	destrucción
2507	καθαιρέω	9	bajar, quitar, derribar, destruir, refutar
2508	καθαίρω	2	limpiar, limpio
2509	καθάπερ	18	como, de la manera, así como
2510	καθάπτω	1	prender
2511	καθαρίζω	31	limpiar, quedar limpio, hacer limpio, purificar
2512	καθαρισμός	7	purificación, rito de la purificación
2513	καθαρός	28	limpio, puro
2514	καθαρότης	1	purificación
2515	καθέδρα	3	silla, cátedra
2516	καθέζομαι	8	sentarse, sentado, quedarse
2517	καθεξῆς	5	por orden, después, en adelante
2518	καθεύδω	22	dormir
2519	καθηγητής	3	maestro
2520	καθήκω	2	convenir
2521	κάθημαι	92	asentar, sentarse, habitar, montar, morador
2522	καθημερινός	1	diario
2523	καθίζω	48	sentarse, montar, quedarse, asentar, detenerse, poner
2524	καθίημι	4	bajar
2525	καθίστημι ο καθιστάνω	22	poner, encargar, encargar de conducir, constituir, establecer, dejar
2526	καθό	4	como, según, por cuanto
2527	καθόλου (καθόλου μή)	1	en ninguna manera
2528	καθοπλίζω	1	armado
2529	καθοράω	1	se hace claramente visible
2530	καθότι	6	porque, por cuanto, según
2531	καθώς	186	como, según, conforme a, tal como, de la cual, así como, cuando, lo mismo, de la manera que, así
2531 A	καθώσπερ	1	como
2533	Καιάφας	9	Caifás
2535	Κάϊν	3	Caín
2536	Καϊνάμ ο Καϊνάν	2	Cainán
2537	καινός	44	nuevo
2538	καινότης	2	nuevo, **novedad**

2539	καίπερ	6	aunque	
2540	καιρός	87	tiempo, sazón, oportunidad, ocasión	
2541	Καῖσαρ	30	César	
2542	Καισάρεια ο Καισαρία	17	Cesarea	
2543	καίτοι	2	si bien, aunque	
2544	καίτοιγε	2	aunque, aunque ciertamente	
2545	καίω	12	encender, arder, quemar	
2546	κἀκεῖ	11	y allí, también allí, y allá	
2547	κἀκεῖθεν	12	y de allí, y desde allí, de donde	
2548	κἀκεῖνος	24	y este, y aquel, éste también, él también, aquel también, de igual modo, y aun él	
2549	κακία	11	mal, maldad, malicia, malo	
2550	κακοήθεια	1	malignidad	
2551	κακολογέω	4	maldecir, decir mal	
2552	κακοπάθεια	1	aflicción	
2553	κακοπαθέω	4	sufrir penalidades, soportar las aflicciones, afligir	
2554	κακοποιέω	4	hacer mal	
2555	κακοποιός	5	malhechor	
2556	κακός	52	malo, mal, daño, maligno	
2557	κακοῦργος	4	malhechor	
2558	κακουχέω	2	maltratado	
2559	κακόω	6	maltratar, corromper, hacer mal, hacer daño	
2560	κακῶς	16	gravemente, muchísimo, sin misericordia, mal	
	(1) κακῶς ἔχειν	11	afligido, enfermo, estar enfermo, tener enfermedad	
2561	κάκωσις	1	aflicción	
2562	καλάμη	1	hojarasca	
2563	κάλαμος	12	caña, pluma	
2564	καλέω	149	llamar, poner, convidar, invitar, decir	
2565	καλλιέλαιος	1	buen olivo	
2566	κάλλιον	véase	2573 καλῶς	
2567	καλοδιδάσκαλος	1	maestro del bien	
2568	Καλοί Λιμένες	1	Buenos Puertos	
2569	καλοποιέω	1	hacer bien	
2570	καλός	101	bueno, bien, mejor, hermoso, honroso	
2571	κάλυμμα	4	velo	
2572	καλύπτω	8	cubrir, encubierto	
2573	καλῶς	38	bien, en buen lugar	
	(1) καλῶς ἔχειν	1	sanar	
2574	κάμηλος	6	camello	
2575	κάμινος	4	horno	
2576	καμμύω	2	cerrar	
2577	κάμνω	3	cansar, enfermo, desmayar	
2578	κάμπτω	4	doblar	
2579	κἄν	19	si, aunque, tan solamente, siquiera, y si, a lo menos, si aun	
2580	Κανά	4	Caná	
2581	Καναναῖος ο Κανανίτης	2	cananita	
2582	Κανδάκη	1	Candace	
2583	κανών	5	regla	
2584	Καπερναούμ	véase	2584 Καφαρναούμ después de 2746	
2585	καπηλεύω	1	medrar falsificando	
2586	καπνός	13	humo	
2587	Καππαδοκία	2	Capadocia	
2588	καρδία	162	corazón	
2589	καρδιογνώστης	2	que conoce los corazones	
2590	καρπός	66	fruto	
2591	Κάρπος	1	Carpo	
2592	καρποφορέω	8	dar fruto, llevar fruto	
2593	καρποφόρος	1	fructífero	
2594	καρτερέω	1	sostener	
2595	κάρφος	6	paja	
2597	καταβαίνω	82	descender, abatir, venir, caer, bajar	
2598	καταβάλλω	3	derribar, echar el fundamento, lanzar fuera	
2599	καταβαρέω	1	ser carga	
2599 A	καταβαρύνω	1	cargar	
2600	κατάβασις	1	bajada	
2601	καταβιβάζω	2	abatir	
2602	καταβολή	11	fundación, principio	
2603	καταβραβεύω	1	privar de un premio	
2604	καταγγαλεύς	1	predicador	

2605	καταγγέλλω	18	anunciar, enseñar, divulgar
2606	καταγελάω	3	burlarse
2607	καταγινώσκω	3	condenar, reprender
2608	κατάγνυμι	4	quebrar
2608 A	καταγράφω	1	escribir
2609	κατάγω	10	traer, llevar, arribar, sacar, traer abajo
2610	καταγωνίζομαι	1	conquistar
2611	καταδέω	1	vendar
2612	κατάδηλος	1	manifiesto
2613	καταδικάζω	4	condenar
2613 A	καταδίκη	1	condenación
2614	καταδιώκω	1	buscar
2615	καταδουλόω	2	esclavizar, reducir a esclavitud
2616	καταδυναστεύω	2	oprimir
2652	κατάθεμα ο κατανάθεμα	1	maldición
2653	καταθεματίζω	1	maldecir
2617	καταισχύνω	13	avergonzar, afrentar
2618	κατακαίω	13	quemar
2619	κατακαλύπτω	3	cubrir
2620	κατακαυχάομαι	4	jactarse contra, jactarse, triunfar
2621	κατάκειμαι	12	acostar, yacer, estar a la mesa, sentado a la mesa, estar en cama
2622	κατακλάω	2	partir
2623	κατακλείω	2	encerrar
2624 A	κατακληροδοτέω	1	dar en herencia
2624	κατακληρονομέω	1	dar en herencia
2625	κατακλίνω	5	sentarse, hacer sentar, estar sentado a la mesa
2626	κατακλύζω	1	anegar
2627	κατακλυσμός	4	diluvio
2628	κατακολουθέω	2	seguir
2629	κατακόπτω	1	herir
2630	κατακρημνίζω	1	despeñar
2631	κατάκριμα	3	condenación
2632	κατακρίνω	19	condenar
2633	κατάκρισις	2	condenación, condenar
2955 A	κατακύπτω	1	inclinar
2634	κατακυριεύω	4	enseñorearse, dominar, tener señorío
2635	καταλαλέω	5	murmurar
2636	καταλαλία	2	maledicencia, detracción
2637	κατάλαλος	1	detractor
2638	καταλαμβάνω	15	tomar, prevalecer, sorprender, saber, comprender, hallar, alcanzar, obtener, asir
2639	καταλέγω	1	poner en la lista
2640	κατάλεμμα	1	remanente
2641	καταλείπω	26	dejar, quedar, reservar, permanecer
2642	καταλιθάζω	1	apedrear
2643	καταλλαγή	4	reconciliación
2644	καταλλάσσω	5	reconciliar
2645	κατάλοιπος	1	resto
2646	κατάλυμα	3	aposento, mesón
2647	καταλύω	17	abrogar, derribar, alojar, posar, destruir, desvanecer, deshacer
2648	καταμανθάνω	1	considerar
2649	καταμαρτυρέω	4	testificar contra, acusar
2650	καταμένω	2	morar, quedarse
2651	καταμόνας	2	solo, aparte
	κατανάθεμα		κατάθεμα
2653 A	καταναθεματίζω	1	maldecir
2654	καταναλίσκω	1	consumir
2655	καταναρκάω	3	ser carga, ser gravoso
2656	κατανεύω	1	hacer señas
2657	κατανοέω	14	echar de ver, considerar, comprender, observar, mirar, ver
2658	καταντάω	13	llegar, arribar, venir, alcanzar
2659	κατάνυξις	1	estupor
2660	κατανύσσομαι	1	compungir
2661	καταξιόω	4	tener por digno
2662	καταπατέω	5	hollar, pisotear, atropellar
2663	κατάπαυσις	9	reposo
2664	καταπαύω	4	impedir, reposar, dar reposo
2665	καταπέτασμα	6	velo
2666	καταπίνω	7	tragar, sorber, consumir, absorber, ahogar, devorar

LEXICO GRIEGO-ESPAÑOL   45   καταπίπτω - κατοικέω

#	Griego		Español
2667	καταπίπτω	3	caer
2668	καταπλέω	1	arribar
2669	καταπονέω	2	oprimir, abrumar
2670	καταποντίζω	2	hundir
2671	κατάρα	6	maldición
2672	καταράομαι	6	maldecir
2673	καταργέω	27	inutilizar, hacer nulo, invalidar, destruir, quedar libre, estar libre, deshacer, perecer, acabar, dejar, suprimir, abolir, quitar, desligar
2674	καταριθμέω	1	contar
2675	καταρτίζω	13	remendar, perfeccionar, preparar, perfectamente unir, restaurar, completar, constituir, hacer apto
2676	κατάρτισις	1	perfección
2677	καταρτισμός	1	perfeccionar, **perfeccionamiento**
2678	κατασείω	4	hacer señal, pedir
2679	κατασκάπτω	2	ruinas, derribar
2680	κατασκευάζω	11	preparar, hacer, disponer, bien dispuesto
2681	κατασκηνόω	4	hacer nido, morar, anidar, descansar
2682	κατασκήνωσις	2	nido
2683	κατασκιάζω	1	cubrir
2684	κατασκοπέω	1	espiar
2685	κατάσκοπος	1	espía
2686	κατασοφίζομαι	1	usar de astucia con
2687	καταστέλλω	2	apaciguar
2688	κατάστημα	1	porte
2689	καταστολή	1	ropa
2690	καταστρέφω	3	volcar, ruinas
2691	καταστρηνιάω	1	rebelarse contra, **venir a ser lascivo**
2692	καταστροφή	2	perdición, destrucción
2693	καταστρώννυμι	1	quedar postrado
2694	κατασύρω	1	arrastrar
2695	· κατασφάζω ο κατασφάττω	1	decapitar
2696	κατασφραγίζω	1	sellar
2697	κατάσχεσις	2	posesión
2698	κατατίθημι	3	poner, congraciarse, **ganar**
2699	κατατομή	1	mutilador del cuerpo, **concisión**
2700	κατατοξεύω	1	pasar
2701	κατατρέχω	1	correr
2702	καταφέρω	4	rendir, vencer, presentar contra, dar
2703	καταφεύγω	2	huir, acudir
2704	καταφθείρω	2	corrupto, perecer
2705	καταφιλέω	6	besar
2706	καταφρονέω	9	menospreciar, tener en poco, tener en menos, despreciar
2707	καταφρονητής	1	menospreciador
2708	καταχέω	2	derramar
2709	καταχθόνιος	1	debajo de la tierra
2710	καταχράομαι	2	disfrutar, abusar, **usar del todo**
2711	καταψύχω	1	refrescar
2712	κατείδωλος	1	entregada a la idolatría, **lleno de ídolos**
2713	κατέναντι	9	enfrente, delante de, de enfrente
2714	κατενώπιον	4	delante de
2715	κατεξουσιάζω	2	ejercer potestad
2716	κατεργάζομαι	24	cometer, hacer, producir, acabar, ocuparse, obrar
2718	κατέρχομαι	15	descender, venir, arribar
2719	κατεσθίω	15	comer, devorar, consumir
2720	κατευθύνω	3	encaminar, dirigir
2720 A	κατευλογέω	1	bendecir
2721	κατεφίσταμαι ο κατεφίστημι	1	levantar
2722	κατέχω	19	apoderar, detener, retener, ocupar, tener, enfilar, estar sujeto, poseer, mantener firme
2723	κατηγορέω	23	acusar
2724	κατηγορία	4	acusar, acusación
2725	κατήγορος	7	acusar, acusador
2725 A	κατήγωρ	1	acusador
2726	κατήφεια	1	tristeza
2727	κατηχέω	8	instruir, informar, enseñar
2728	κατιόω	1	enmonecer
2729	κατισχύω	3	prevalecer, ser tenido por digno
2730	κατοικέω	47	habitar, morar, habitante, morador

2731	κατοίκησις	1	morada
2732	κατοικητήριον	2	morada, habitación
2733	κατοικία	1	habitación
2733 A	κατοικίζω	1	hacer morar
2734	κατοπτρίζω	1	mirar como en un espejo
2735	κατόρθωμα	1	cosas bien gobernadas, prosperidades
2736	κάτω y κατωτέρω	11	abajo, hacia abajo
2737	κατώτερος	1	más bajo
2802	Καῦδα o Κλαῦδα	1	Clauda, **Cauda**
2738	καῦμα	2	calor
2739	καυματίζω	4	quemar
2740	καῦσις	1	ser quemada
2741	καυσόω	2	arder, encender
2743	καυστηριάζω o καυτηριάζω	1	cauterizar
2742	καύσων	3	calor
	καυτηριάζω	véase	καυστηριάζω 2743, arriba
2744	καυχάομαι	39	gloriarse, jactarse
2745	καύχημα	11	gloriarse, jactancia, gloria, motivo de gloriarse
2746	καύχησις	12	jactancia, de qué gloriarse, gloria, gloriarse
2584	Καφαρναούμ o Καπερναούμ	16	Capernaum
2747	Κεγχρεαί o Κενχρεαί	2	Cencrea
2748	Κέδρος o Κεδρών	1	Cedrón
2749	κεῖμαι	26	poner, asentar, acostar, guardar, estar, dar, establecer
2750	κειρία	1	venda
2751	κείρω	4	trasquilar, rapar, cortarse el cabello
2752	κέλευσμα	1	voz de mando
2753	κελεύω	28	mandar, ordenar
2754	κενοδοξία	1	vanagloria
2755	κενόδοξος	1	vanaglorioso
2756	κενός	18	vacío, las manos vacías, vano
2757	κενοφωνία	2	pláticas sobre cosas vanas, vana palabrería
2758	κενόω	5	hacer vano, resultar vanc, desvanecer, ser vano, despojar
2759	κέντρον	5	aguijón
2760	κεντυρίων	3	centurión
2761	κενῶς	1	en vano
2762	κεραία o κεράαια o κερέα	2	tilde
2763	κεραμεύς	2	alfarero
2764	κεραμικός	1	de alfarero
2765	κεράμιον	2	cántaro
2766	κέραμος	1	tejado
2767	κεράννυμι	3	vaciar, preparar bebida, preparar
2768	κέρας	11	cuerno
2769	κεράτιον	1	algarroba
2770	κερδάινω	17	ganar, recibir
2771	κέρδος	3	ganancia
2772	κέρμα	1	moneda
2773	κερματιστής	1	cambista
2774	κεφάλαιον	2	suma, punto principal
2775	κεφαλαιόω	véase	κεφαλιόω después de 2776
2776	κεφαλή	76	cabeza, cabecera
2775	κεφαλιόω	1	herir en la cabeza
2777	κεφαλίς	1	rollo
2777 A	κημόω	1	poner bozal
2778	κῆνσος	4	impuestos, tributo
2779	κῆπος	5	huerto
2780	κηπουρός	1	hortelano
2781	κηρίον	1	panal
2782	κήρυγμα	8	predicación
2783	κῆρυξ	3	predicador, pregonero
2784	κηρύσσω	60	predicar, proclamar, publicar, divulgar, ser heraldo, pregonar
2785	κῆτος	1	gran pez
2786	Κηφᾶς	9	Cefas
2787	κιβωτός	6	arca
2788	κιθάρα	4	cítara, arpa
2789	κιθαρίζω	2	tocar con la cítara, tocar
2790	κιθαρῳδός	2	arpista
2791	Κιλικία	8	Cilicia

LEXICO GRIEGO-ESPAÑOL   47   κινδυνεύω - κολοβόω

2793	κινδυνεύω	4	peligrar, hay peligro
2794	κίνδυνος	9	peligro
2795	κινέω	8	mover, menear, conmoverse, promotor, quitar, remover
2796	κίνησις	1	movimiento
2792	κιννάμωμον	1	canela
2797	Κίς ο Κείς	1	Cis
5531	κίχρημι	1	prestar
2798	κλάδος	11	rama
	κλάζω	véase	κλάω 2806
2799	κλαίω	40	llorar
2800	κλάσις	2	partir, partimiento
2801	κλάσμα	9	pedazo
2802	Κλαῦδα	véase	Καῦδα después de 2737
2803	Κλαυδία	1	Claudia
2804	Κλαύδιος	3	Claudio
2805	κλαυθμός	9	lloro, llanto
2806	κλάω ο κλάζω	15	partir
2807	κλείς	6	llave
2808	κλείω	16	cerrar, encerrar
2809	κλέμμα	1	hurto
2810	Κλεοπᾶς	1	Cleofas
2811	κλέος	1	gloria
2812	κλέπτης	16	ladrón
2813	κλέπτω	12	hurtar
2814	κλῆμα	4	pámpano
2815	Κλήμης	1	Clemente
2816	κληρονομέω	18	recibir por heredad, heredar
2817	κληρονομία	14	heredad, herencia
2818	κληρονόμος	15	heredero
2819	κλῆρος	13	suertes, parte
2820	κληρόω	1	tener herencia
2821	κλῆσις	11	llamamiento, vocación, estado
2822	κλητός	11	llamado
2823	κλίβανος	2	horno
2824	κλίμα	3	región
2825	κλινάριον	1	cama
2825 A	κλίνη	10	cama, lecho
2826	κλινίδιον	2	lecho
2827	κλίνω	7	recostar, declinar, bajar, inclinar, poner en fuga
2828	κλισία	1	grupo
2829	κλοπή	2	hurto
2830	κλύδων	2	ola, onda
2831	κλυδωνίζομαι	1	fluctuante
2832	Κλωπᾶς	1	Cleofas
2833	κνήθω	1	tener comezón
2834	Κνίδος	1	Gnido
2835	κοδράντης	2	cuadrante
2836	κοιλία	23	vientre, seno, interior
2837	κοιμάω	18	dormir
2838	κοίμησις	1	reposar
2839	κοινός	14	inmundo, común
2840	κοινόω	15	contaminar, llamar común, profanar, inmundo
2841	κοινωνέω	8	compartir, hacer participante, participar, ser participante
2842	κοινωνία	20	comunión, ofrenda, participar, contribución, señal de compañerismo, participación, ayuda mutua
2843	κοινωνικός	1	generoso
2844	κοινωνός	10	cómplice, compañero, partícipe, participante
2845	κοίτη	4	cama, concebir, concepción, lujuria, lecho
2846	κοιτών	1	camarero mayor, alcoba
2847	κόκκινος	6	escarlata
2848	κόκκος	7	grano
2849	κολάζω	2	castigar
2850	κολακεία	1	lisonjero, lisonja
2851	κόλασις	2	castigo
2852	κολαφίζω	5	abofetear, dar de puñetazo
2853	κολλάω	12	unir, pegarse, arrimar, juntar, seguir, llegar
2854	κολλούριον	1	colirio
2855	κολλυβιστής	3	cambista
2856	κολοβόω	4	acortar

2857	Κολοσσαί	1	Colosas
2859	κόλπος	6	regazo, seno, ensenada
2860	κολυμβάω	1	nadar
2861	κολυμβήθρα	5	estanque
2862	κολωνία	1	colonia
2863	κομάω	2	dejar crecer el cabello
2864	κόμη	1	cabello
2865	κομίζω	12	recibir, traer, obtener
2866	κομψότερον	1	mejor
2867	κονιάω	2	blanquear
2868	κονιορτός	5	polvo
2869	κοπάζω	3	calmar, cesar
2870	κοπετός	1	llanto
2871	κοπή	1	derrota
2872	κοπιάω	23	trabajar, cansar, labrar, fatigar, trabajar arduamente
2873	κόπος	19	labor, trabajo, molestia, afán, arduo trabajo
	(1) παρέχειν κόπον,		
	παρέχειν κόπους	5	molestar, ser molesto, causar molestias
2874	κοπρία	2	abonar, muladar, **abono**
2874 A	κόπριον	1	abonar, **abono**
2875	κόπτω	8	lamentar, cortar, hacer lamentación
2876	κόραξ	1	cuervo
2877	κοράσιον	8	niña, muchacha
2878	Κορβᾶν	1	Corbán
2878 A	κορβανᾶς	1	tesoro de las ofrendas
2879	Κόρε	1	Coré
2880	κορέννυμι	2	satisfacer, saciar
2881	Κορίνθιος	2	corintios
2882	Κόρινθος	6	Corinto
2883	Κορνήλιος	9	Cornelio
2884	κόρος	1	medida
2885	κοσμέω	10	adornar, arreglar, ataviar
2886	κοσμικός	2	mundano, terrenal
2887	κόσμιος	2	decoroso
2888	κοσμοκράτωρ	1	gobernador
2889	κόσμος	187	mundo, atavío
2890	Κούαρτος	1	Cuarto
2891	κοῦμ ο κοῦμι	1	cumi
2892	κουστωδία	3	guardia
2893	κουφίζω	1	aligerar
2894	κόφινος	6	cesta
2895	κράββατος	12	lecho, cama
2896	κράζω	60	clamar, dar voces, aclamar, gritar, alzar la voz, prorrumpir
2897	κραιπάλη	1	glotonería
2898	κρανίον	4	Calavera
2899	κράσπεδον	5	borde, fleco
2900	κραταιός	1	poderoso
2901	κραταιόω	4	fortalecer, esforzar
2902	κρατέω	47	tomar, echar mano, prender, asir, abrazar, aferrar, guardar, velar, retener, tener, detener
2903	κράτιστος	4	excelentísimo
2904	κράτος	12	proeza, poder, potencia, imperio
2905	κραυγάζω	10	vocear, clamar, dar voces, gritar
2906	κραυγή	7	clamor, voz, vocerío, gritería
2907	κρέας	2	carne
2909	κρείττων ο κρείσσων	20	mejor, más excelente, superior, mayor
2910	κρεμάννυμι ο κρέμαμαι	7	colgar, depender
	κρεπάλη	véase	2897 κραιπάλη
2911	κρημνός	3	despeñadero
2912	Κρής	2	cretense
2913	Κρήσκης	1	Crescente
2914	Κρήτη	5	Creta
2915	κριθή	1	cebada
2916	κρίθινος	2	de cebada
2917	κρίμα	28	juicio, condenación, sentencia, pleito, facultad de juzgar
2918	κρίνον	2	lirio
2919	κρίνω	115	poner a pleito, juzgar, condenar, resolver, acordar, proponer, determinar, llamar a juicio, decidir, hacer diferencia, ir a juicio, pleitear en juicio, pensar, hacer justicia

2920	κρίσις	49	juicio, justicia, condenación
2921	Κρίσπος	2	Crispo
2922	κριτήριον	3	juzgar, juicio, tribunal
2923	κριτής	19	juez
2924	κριτικός	1	discernir
2925	κρούω	9	llamar
2926	κρύπτη	1	oculto
2927	κρυπτός	20	secreto, oculto, interior, interno
2928	κρύπτω	19	esconder, encubrir, ocultar, secretamente, permanecer oculto
2929	κρυσταλλίζω	1	diáfano como el cristal
2930	κρύσταλλος	2	cristal
2931 A	κρυφαῖος	2	secreto
2931	κρυφῇ	1	en secreto
2932	κτάομαι	7	proveer, ganar, adquirir, obtener, tener
2933	κτῆμα	4	posesión, propiedad, heredad
2934	κτῆνος	4	cabalgadura, bestia
2935	κτήτωρ	1	poseer heredad, dueño
2936	κτίζω	15	hacer, crear, Creador
2937	κτίσις	19	creación, criatura, cosa creada, institución
2938	κτίσμα	4	lo que creó, criatura, creado, ser
2939	κτίστης	1	Creador
2940	κυβεία	1	estratagema
2941	κυβέρνησις	1	el que administra
2942	κυβερνήτης	2	piloto
	κυβία	véase	κυβεία 2940
2944 A	κυκλεύω	1	rodear
2943	κυκλόθεν	4	alrededor
2944	κυκλόω	5	rodear
2945	κύκλῳ	8	alrededor, de alrededor, por los alrededores
2946	κυλισμός	1	revolcar, **revolcadura**
2947	κυλίω	1	revolcar
2948	κυλλός	4	manco
2949	κῦμα	5	ola, mar, onda
2950	κύμβαλον	1	címbalo
2951	κύμινον	1	comino
2952	κυνάριον	4	perrillo
2953	Κύπριος	3	de Chipre
2954	Κύπρος	5	Chipre
2955	κύπτω	3	encorvar, inclinar
	Κυρεῖνος	véase	Κυρήνιος 2958
2956	Κυρηναῖος	6	de Cirene
2957	Κυρήνη	1	Cirene
2958	Κυρήνιος	1	Cirenio
2959	κυρία	2	señora
2960	κυριακός	2	del Señor
2961	κυριεύω	7	enseñorearse, ser Señor, de señores
2962	κύριος	766	Señor, amo
2963	κυριότης	4	señorío, dominio, autoridad
2964	κυρόω	2	confirmar, ratificar
2965	κύων	5	perro
2966	κῶλον	1	cuerpo
2967	κωλύω	23	impedir, prohibir, negar, estorbar, no poder, refrenar
2968	κώμη	28	aldea, población
2969	κωμόπολις	1	lugar, **villa**
2970	κῶμος	3	glotonería, orgía
2971	κώνωψ	1	mosquito
2972	Κώς	1	Cos
2973	Κωσάμ	1	Cosam
2974	κωφός	14	mudo, sordo

Λ

2975	λαγχάνω	4	tocar en suerte, echar suertes, tener parte, alcanzar
2976	Λάζαρος	15	Lázaro
2977	λάθρᾳ	4	secretamente, en secreto, encubiertamente
2978	λαῖλαψ	3	tempestad, tormenta
2978 A	λακάω	1	reventar
2979	λακτίζω	2	dar coces
2980	λαλέω	302	decir, hablar, contar, predicar, dar a conocer, anunciar, emitir

2981	λαλιά	4	manera de hablar, dicho, lenguaje
2982	λαμά	2	lama
2983	λαμβάνω	267	recibir, tomar, tener, entrar, cobrar, quitar, recoger, traer, pescar, sobrecoger, casarse, prender, dar, obtener, acarrear, llevar, sobrevenir, alcanzar, hacer acepción, aceptar
2984	Λάμεχ	1	Lamec
2985	λαμπάς	9	lámpara, antorcha
2986	λαμπρός	9	espléndido, resplandeciente
2987	λαμπρότης	1	resplandor
2988	λαμπρῶς	1	esplendidez
2989	λάμπω	8	alumbrar, resplandecer
2990	λανθάνω	6	esconder, ocultar, ignorar, sin saber
2991	λαξευτός	1	abierto en una peña
2993	Λαοδίκεια ο Λαοδικία	6	Laodicea
2994	Λαοδικεύς	2	laodicense
2992	λαός	145	pueblo
2995	λάρυγξ	1	garganta
2996	Λασαία	1	Lasea
2997	λάσκω	1	reventar
2998	λατομέω	2	labrar, cavar
2999	λατρεία	5	servicio, culto, oficio del culto
3000	λατρεύω	21	servir, rendir culto, dar culto, practicar el culto, tributar culto
3001	λάχανον	4	hortaliza, legumbre
3002	Λεββαῖος	1	Lebeo
3003	λεγιών	4	legión
3004	λέγω	1371	llamar, decir, preguntar, hablar, significar, referir, responder, añadir, explicar, mandar, repetir
3005	λεῖμμα ο λίμμα	1	remanente
3006	λεῖος	1	allanado
3007	λείπω	6	faltar, deficiente, tener falta, tener necesidad
3008	λειτουργέω	3	ministrar
3009	λειτουργία	6	ministerio, servicio
3010	λειτουργικός	1	ministrador
3011	λειτουργός	5	servidor, ministro, ministrador
2982	λεμά ο λαμά	2	lama
3012	λέντιον	2	toalla
3013	λεπίς	1	escama
3014	λέπρα	4	lepra
3015	λεπρός	9	leproso
3016	λεπτόν	3	blanca
3017	Λευί, Λευεί, Λευείς ο Λευίς	8	Leví
3019	Λευίτης	3	levita
3020	Λευιτικός	1	levítico
3021	λευκαίνω	2	hacer blanco, emblanquecer
3022	λευκός	25	blanco, vestidura blanca
3023	λέων	9	león
3024	λήθη	1	olvidar, **olvido**
3028	λῆμψις	1	recibir
3025	ληνός	5	lagar
3026	λῆρος	1	locura
3027	λῃστής	15	ladrón, salteador
3028	λῆμψις	véase	λῆμψις después de 3024
3029	λίαν	14	mucho, muy, en gran manera, grande
3030	λίβανος	2	incienso, olíbano
3031	λιβανωτός	2	incensario
3032	Λιβερτῖνος	1	liberto
3033	Λιβύη	1	Africa, **Libia**
3034	λιθάζω	9	apedrear
3035	λίθινος	3	de piedra
3036	λιθοβολέω	9	apedrear
3037	λίθος	62	piedra
3038	Λιθόστρωτος	1	Enlosado
3039	λικμάω	2	desmenuzar
3040	λιμήν	3	puerto
	λίμμα	véase	λεῖμμα 3005
3041	λίμνη	11	lago
3042	λιμός	12	hambre
3043	λίνον	2	pábilo, lino

3044	Λῖνος	1	Lino
3045	λιπαρός	1	exquisito
3046	λίτρα	2	libra
3047	λίψ	1	sudeste
3048	λογία ὁ λογεία	2	ofrenda
3049	λογίζομαι	42	discutir, contar, pensar, estimar, concluir, atribuir, inculpar, considerar, tener por cierto, juzgar, tomar en cuenta, disponer, pretender
3050	λογικός	2	racional, espiritual
3051	λόγιον	4	palabra
3052	λόγιος	1	elocuente
3053	λογισμός	2	razonamiento, argumento
3054	λογομαχέω	1	contender sobre palabras
3055	λογομαχία	1	contienda de palabra
3056	λόγος	334	causa, hablar, palabra, cuenta, mandamiento, pregunta, dicho, hecho lo que se dice, cosa, fama, plática, Verbo, tratado, propuesta, asunto, mensaje, discurso, noticia, derecho, pleito, razón, sentencia, reputación, predicar, rudimento
3057	λόγχη	2	lanza
3058	λοιδορέω	3	injuriar, maldecir
3059	λοιδορία	3	maldición, maledicencia
3060	λοίδορος	2	maldiciente
3061	λοιμός	3	peste, pestilencia, plaga
3062	λοιπός	56	otro, demás, resto
	(1) τοῦ λοιποῦ	2	de aquí en adelante, por lo demás
	(2) τὸ λοιπόν, λι τόν	13	ya, lo que resta, resta, de los demás, por lo demás, de ahí en adelante
3065	Λουκᾶς	3	Lucas
3066	Λούκιος	2	Lucio
3067	λουτρόν	2	lavamiento
3068	λούω	6	lavar
3069	Λύδδα	3	Lida
3070	Λυδία	2	Lidia
3071	Λυκαονία	1	Licaonia
3072	Λυκαονιστί	1	en lengua licaónica
3073	Λυκία	1	Licia
3074	λύκος	6	lobo
3075	λυμαίνω	1	arrastrar
3076	λυπέω	26	entristecer, triste, estar triste, contristar, causar tristeza, afligir
3077	λύπη	16	tristeza, dolor, molestia
3078	Λυσανίας	1	Lisanias
3079	Λυσίας	3	Lisias
3080	λύσις	1	soltar, **separación**
3081	λυσιτελέω	1	ser mejor
3082	Λύστρα	6	Listra
3083	λύτρον	2	rescate
3084	λυτρόω	3	redimir, rescatar
3085	λύτρωσις	3	redimir, redención
3086	λυτρωτής	1	libertador
3087	λυχνία	12	candelero, candelabro
3088	λύχνος	14	luz, lámpara, antorcha, lumbrera
3089	λύω	44	quebrantar, desatar, destruir, soltar, quitar, despedir, abrirse, estar libre, derribar, deshacer
3090	Λωΐς	1	Loida
3091	Λώτ	4	Lot

M

3092	Μάαθ	1	Maat
3093	Μαγδαλά	1	Magdala
3093 A	Μαγαδάν	1	**Magadán**
3094	Μαγδαληνή	12	Magdalena
3094 A	Μαγεδών	1	**Magedón**
3095	μαγεία	1	mágico
3096	μαγεύω	1	ejercer la magia
3097	μάγος	6	mago
3098	Μαγώγ	1	Magog
3099	Μαδιάμ	1	Madián
3100	μαθητεύω	4	docto, ser discípulo, hacer discípulo
3101	μαθητής	270	discípulo

3102	μαθήτρια	1	discípula
	Μαθθαῖος	véase	Ματθαῖος 3156
	Μαθθάν	véase	Ματθάν 3157
	Μαθθάθ	véase	Ματθάτ 3158
	Μαθθίας	véase	Ματθίας 3159
3103	Μαθουσάλα	1	Matusalén
	Μαϊνάν	véase	Μεννά 3104 después de 3202
3105	μαίνομαι	5	estar fuera de sí, estar loco
3106	μακαρίζω	2	decir bienaventurado, tener por bienaventurado
3107	μακάριος	51	bienaventurado, dichoso, bendito
3108	μακαρισμός	3	bienaventuranza, satisfacción
3109	Μακεδονία	22	Macedonia
3110	Μακεδών	5	macedonio
3111	μάκελλον	1	carnicería
3112	μακράν	10	lejos
3113	μακρόθεν	14	lejos, de lejos
3114	μακροθυμέω	10	tener paciencia, tardar, ser sufrido, ser paciente, esperar con paciencia, aguardar con paciencia
3115	μακροθυμία	14	longanimidad, paciencia, clemencia
3116	μακροθύμως	1	con paciencia
3117	μακρός	5	largo, lejos, lejano
3118	μακροχρόνιος	1	de larga vida
3119	μαλακία	3	dolencia
3120	μαλακός	4	delicado, afeminado
3121	Μαλαλεήλ	1	Mahalaleel
3122	μάλιστα	12	en gran manera, mayormente, especialmente
3123	μᾶλλον	83	más, antes, más bien, más y más, mejor, mayor, aun más, mucho más, más aun, antes bien, sobre todo, menos, tanto más
3124	Μάλχος	1	Malco
3125	μάμμη	1	abuela
3126	μαμωνᾶς	4	riqueza
3127	Μαναήν	1	Manaén
3128	Μανασσῆς	3	Manasés
3129	μανθάνω	25	aprender, estudiar, saber
3130	μανία	1	loco, **locura**
3131	μάννα	5	maná
3132	μαντεύομαι	1	adivinar
3133	μαραίνω	1	marchitar
3134	μαρὰν ἀθᾶ	1	El Señor viene
3135	μαργαρίτης	9	perla
3136	Μάρθα	13	Marta
3137	Μαρία ο Μαριάμ	19	María (madre de Jesucristo)
3137	Μαρία	8	María (madre de Jacobo)
3137	Μαρία ἡ Μαγδαληνή	14	María (María Magdalena)
3137	Μαρία ο Μαριάμ	11	María (hermana de Lázaro)
3137	Μαρία ο Μαριάμ	2	María
3138	Μᾶρκος	8	Marcos
3139	μάρμαρος	1	mármol
	μαρτύρ	véase	μάρτυς 3144
3140	μαρτυρέω	80	dar testimonio, ser testigo, testificar, declarar, atestiguar
	(1) μαρτυροῦμαι	15	de buen testimonio, tener (buen) testimonio, dar buen testimonio, testificado, encargar, darse testimonio de uno, alcanzar (buen) testimonio
3141	μαρτυρία	37	testimonio
3142	μαρτύριον	20	testimonio, testificar
3143	μαρτύρομαι	5	protestar, dar testimonio, testificar, requerir, encargar
3144	μάρτυς ο μάρτυρος	35	testigo
3145	μασάομαι	1	morder
	μασθός	véase	μαστός 3149
3146	μαστιγόω	7	azotar
3147	μαστίζω	1	azotar
3148	μάστιξ	6	plaga, azote
3149	μαστός	3	seno, pecho
3150	ματαιολογία	1	vana palabrería
3151	ματαιολόγος	1	hablador de vanidades
3152	μάταιος	6	vanidad, vano
3153	ματαιότης	3	vanidad, vano
3154	ματαιόω	1	envanecer
3155	μάτην	2	en vano

3156	Ματθαῖος ὁ Μαθθαῖως	5	Mateo
3157	Ματθάν ὁ Μαθθάν	2	Matán
3158	Ματθατ ὁ Μαθθάτ ὁ Μαθθάθ	2	Matat
3159	Ματθίας ὁ Μαθθίας	2	Matías
3160	Ματταθά	1	Matata
3161	Ματταθίας	2	Matatías
3162	μάχαιρα	29	espada
3163	μάχη	4	conflicto, contienda, discusión, pleito
3164	μάχομαι	4	contender, reñir, ser contencioso, combatir
3166 A	μεγαλαυχέω	1	jactarse de grandes cosas
3167	μεγαλεῖος	2	grande, maravilla
3168	μεγαλειότης	3	grandeza, majestad
3169	μεγαλοπρεπής	1	magnífico
3170	μεγαλύνω	8	extender, engrandecer, alabar, magnificar
3171	μεγάλως	1	en gran manera
3172	μεγαλωσύνη	3	majestad
3173	μέγας	186	grande, abundante, grandemente, mucho, mayor, fuerte, enorme
3174	μέγεθος	1	grandeza
3175	μεγιστάν	3	príncipe, grande
3176	μέγιστος	1	grandísimo
3177	μεθερμηνεύω	8	traducir
3178	μέθη	3	embriaguez, borrachera
3179	μεθίστημι	5	quitar, apartar, trasladar
3180	μεθοδεία	2	artimaña, asechanza
3181	μεθόριον	1	región, **término**
3182	μεθύσκω	3	embriagar
3183	μέθυσος	2	borracho
3184	μεθύω	7	borracho, beber, estar ebrio, embriagar
3396	μείγνυμι ὁ μίγνυμι	4	mezclar
3187	μείζων	48	mayor, más, mejor, más amplio
3188	μέλαν	véase	μέλας 3189
3189	μέλας	6	negro, tinta
3190	Μελεά	1	Melea
3199	μέλει	10	cuidar, tener cuidado, dar cuidado, importar, dársele
3191	μελετάω	3	pensar, practicar
3192	μέλι	4	miel
3193	μελίσσιος	1	de miel, **de abeja**
3194	Μελίτη	1	Malta, **Melita**
3195	μέλλω	112	ir a, haber de, venidero, estar a punto, para, comenzar, querer, detenerse, por venir
	(1) εἰς τὸ μέλλον	2	en adelante, después
3196	μέλος	34	miembro
3197	Μελχί ὁ Μελχεί	2	Melqui
3198	Μελχισέδεκ	9	Melquisedec
3200	μεμβράνα	1	pergamino
3201	μέμφομαι	3	condenar, inculpar, reprender
3202	μεμψίμοιρος	1	querelloso
3104	Μεννά ὁ Μαϊνάν	1	Mainán
3304 A	μενοῦν	4	antes, mas antes, antes bien, ciertamente
3304	μενοῦνγε	3	mas antes, antes bien, ciertamente
3305	μέντοι	8	sin embargo, pero, mas, en verdad, no obstante
	(1) ὅμως μέντοι	1	con todos eso
3306	μένω	120	posar, permanecer, quedarse, morar, estar, esperar, hacer escala, vivir, persistir, perdurable, permanente, perseverar, durar, retener
3307	μερίζω	14	dividir, repartir, partir, haber diferencia, dar
3308	μέριμνα	6	afán, preocupación, ansiedad
3300	μερμνάω	19	afanarse, traer afán, preocuparse, tener cuidado, interesarse, estar afanoso
3310	μερίς	5	parte, provincia, participar, **participación**
3311	μερισμός	2	**división**, repartimiento, partir
3312	μεριστής	1	partidor
3313	μέρος	43	región, parte, uno, negocio, en particular, turno, cierto modo, respecto, detalle, **suerte, lado**
3314	μεσημβρία	2	sur, mediodía
3315	μεσιτεύω	1	interponer
3316	μεσίτης	6	mediador
3317	μεσονύκτιον	4	medianoche
3318	Μεσοποταμία	2	Mesopotamia

#	Griego		Español
3319	μέσος	61	medio, entre, en medio, por, mitad
3320	μεσότοιχον	1	pared intermedia
3321	μεσουράνημα	3	en medio del cielo
3322	μεσόω	1	a la mitad, estar a mediado
3323	Μεσσίας	2	Mesías
3324	μεστός	8	lleno, empapar
3325	μεστόω	1	estar lleno
3327	μεταβαίνω	11	ir, pasar, salir
3328	μεταβάλλω	1	cambiar de parecer
3329	μετάγω	2	dirigir, gobernar
3330	μεταδίδωμι	5	dar, comunicar, repartir, compartir, entregar
3331	μετάθεσις	3	cambio, trasponer, remoción, traslación
3332	μεταίρω	2	irse, alejarse
3333	μετακαλέω	4	hacer venir, hacer llamar, llamar
3334	μετακινέω	1	moverse
3335	μεταλαμβάνω	7	comer, tener, participar, recibir, tomar
3336	μετάλημψις	1	participar, recepción
3337	μεταλλάσσω ο μεταλλάττω	2	cambiar
3338	μεταμέλομαι	6	arrepentirse, pesar, lamentar
3339	μεταμορφόω	4	transformar, transfigurar
3340	μετανοέω	34	arrepentirse
3341	μετάνοια	25	arrepentimiento
3342	μεταξύ	9	entre, siguiente, con
	(1) ἐν τῷ μεταξύ	1	entre tanto
3343	μεταπέμπω	9	hacer venir, llamar, hacer traer
3344	μεταστρέφω	3	convertir, pervertir
3345	μετασχηματίζω	5	presentar como ejemplo, disfrazar, transformar
3346	μετατίθημι	6	trasladar, alejarse, cambiar, trasponer, convertir
3346 A	μετατρέπω	1	convertir
3347	μετέπειτα	1	después
3348	μετέχω	8	recibir, participar, pertenecer
3349	μετεωρίζομαι	1	estar en ansiosa inquietud
3350	μετοικεσία	4	deportación
3351	μετοικίζω	2	trasladar, transportar
3352	μετοχή	1	compañerismo
3353	μέτοχος	6	compañero, participante, partícipe
3354	μετρέω	11	medir
3355	μετρητής	1	cántaro
3356	μετριοπαθέω	1	mostrarse paciente, llevar con paciencia
3357	μετρίως	1	grandemente
3358	μέτρον	14	medida, medir, límite
3359	μέτωπον	8	frente
3360	μέχρι	19	hasta, que, a
3361	μή		no
3362	ἐὰν μή	véase	bajo 1437 ἐάν
3363	ἵνα μή	véase	bajo 3363 ἵνα μή, después de 2443 ἵνα
3364	οὐ μή	99	ni, no, en ninguna manera, de ninguna manera, nada, acaso no, de ningún modo, nunca, en modo alguno, ninguno
3365	μηδαμῶς	2	no, de ningún modo
3366	μηδέ	63	ni, ni aun, ni tampoco, ni aún, tampoco
3367	μηδείς	93	nadie, nada, ninguno, alguno, no...alguno, sin, cosa alguna
3368	μηδέποτε	1	nunca
3369	μηδέπω	1	aún
3370	Μῆδος	1	medo
3370 A	μηθείς	1	nada
3371	μηκέτι	22	ya no, no más, nunca, no
	(1) οὐ μηκέτι	1	nunca jamás
3372	μῆκος	3	longitud
3373	μηκύνω	1	crecer
3374	μηλωτή	1	piel de ovejas
3375	μήν	18	mes
3376	μήν, εἰ μήν, ο ἦ μήν	1	de cierto
3377	μηνύω	4	enseñar, manifestar, avisar, declarar
3379	μήποτε	25	para que no, no sea que, si acaso, que no, no tal vez, por si quizá, nunca
3380	μήπω	2	no aún
3381	μήπως ο μή πως	11	que, no sea que, para que no, que de alguna manera, para no, que tal vez,

3382	μηρός	1	muslo
3383	μήτε	38	ni
3384	μήτηρ	83	madre
3385	μήτι	18	acaso, verdad, no, cuánto más, quizá, por ventura
3386	μήτιγε	1	cuánto más
3388	μήτρα	2	matriz
3389	μητραλῴας ο μητρολῴας	1	matricida
3392	μιαίνω	5	contaminar, corromper, mancillar
3393	μίασμα	1	contaminación
3394	μιασμός	1	inmundicia
3395	μίγμα	1	compuesto
3396	μίγνυμι	véase	bajo 3396 μείγνυμι después de 3184
3397	μικρόν	16	un poco, poquito
3398	μικρός	30	pequeño, pequeñito, menor, un poco, poco
	(1) μικρότερος	5	más pequeño
3399	Μίλητος	3	Mileto
3400	μίλιον	1	milla
3401	μιμέομαι	4	imitar
3402	μιμητής	7	imitador, imitar
3403	μιμνῄσκομαι	23	acordarse, recordar, tener memoria, venir en memoria
3404	μισέω	42	aborrecer
3405	μισθαποδοσία	3	retribución, galardón
3406	μισθαποδότης	1	galardonador
3407	μίσθιος	3	jornalero
3408	μισθός	28	galardón, recompensa, salario, premio, lucro
3409	μισθόω	2	contratar
3410	μίσθωμα	1	casa alquilada
3411	μισθωτός	4	jornalero, asalariado
3412	Μιτυλήνη	1	Mitilene
3413	Μιχαήλ	2	Miguel
3414	μνᾶ	7	mina
3416	Μνάσων	1	Mnasón
3417	μνεία	7	mención, memoria, acordarse, recordar
3418	μνῆμα	10	sepulcro
3419	μνημεῖον	42	sepulcro, monumento
3420	μνήμη	1	memoria
3421	μνημονεύω	21	acordarse, recordar, pensar, mencionar
3422	μνημόσυνον	3	memoria
3423	μνηστεύω	3	desposado
3424	μογιλάλος	1	tartamudo
3425	μόγις	1	a duras penas, apenas
3426	μόδιος	3	almud
3428	μοιχαλίς	8	adúltera, adulterio
3429	μοιχάω	6	adulterar, cometer adulterio
3430	μοιχεία	4	adulterio
3431	μοιχεύω	15	cometer adulterio, adulterar
3432	μοιχός	4	adúltero
3433	μόλις	7	a duras penas, difícilmente, con dificultad, apenas
3434	Μολόχ	1	Moloc
3435	μολύνω	3	contaminar, manchar
3436	μολυσμός	1	contaminación
3437	μομφή	1	queja
3438	μονή	2	morada
3439	μονογενής	9	único, unigénito
3440	μόνον	66	solamente, sólo, solo, con tal que
3441	μόνος	49	sólo, solamente, solo, aparte, único
3442	μονόφθαλμος	2	con un (solo) ojo
3443	μονόω	1	quedar solo
3444	μορφή	3	forma
3445	μορφόω	1	formar
3446	μόρφωσις	2	forma, apariencia
3447	μοσχοποιέω	1	hacer un becerro
3448	μόσχος	6	becerro
3451	μουσικός	1	músico
3449	μόχθος	3	fatiga
3452	μυελός	1	tuétano
3453	μυέω	1	enseñar
3454	μῦθος	5	fábula
3455	μυκάομαι	1	rugir

3456	μυκτηρίζω	1	burlar
3457	μυλικός	2	de molino
3458	μύλωος	1	piedra de molino
3458	μύλος	6	piedra de molino, molino
3459	μυλών	1	molino
3460	Μύρα ο Μύρρα	1	Mira
3461	μυριάς	9	millar, decena de millares, muchos millares, miríada, **diez mil**
3462	μυρίζω	1	ungir
3463	μύριοι	3	diez mil
3464	μύρον	15	perfume, ungüento, mirra
3465	Μυσία	2	Misia
3466	μυστήριον	28	misterio
3467	μυωπάζω	1	tener la vista muy corta
3468	μώλωψ	1	herida
3469	μωμάομαι	2	vituperar, censurar
3470	μῶμος	1	mancha
3471	μωραίνω	4	desvanecer, hacer insípido, hacer necio, enloquecer
3472	μωρία	5	locura, insensatez
3473	μωρολογία	1	necedad
3474	μωρός	13	necio, insensato, ignorante
3475	Μωϋσῆς, Μωσῆς, ο Μωσεύς	79	Moisés

N

3476	Ναασσών	3	Naasón
3477	Ναγγαί	1	Nagai
3478	Ναζαρά, Ναζαρέτ ο Ναζαρέθ	12	Nazaret
3479	Ναζαρηνός	6	nazareno
3480	Ναζωραῖος	15	nazareno, de Nazaret
3481	Ναθάμ ο Ναθάν	1	Natán
3482	Ναραναήλ	6	Natanael
3483	ναί	35	sí, ciertamente, asimismo
3497	Ναιμάν ο Νεεμάν	1	Naamán
3484	Ναϊν	1	Naín
3485	ναός	46	templo, santuario, templecillo
3486	Ναούμ	1	Nahum
3487	νάρδος	2	nardo
3488	Νάρκισσος	1	Narciso
3489	ναυαγέω	2	padecer naufragio, naufragar
3490	ναύκληρος	1	patrón de la nave
3491	ναῦς	1	nave
3492	ναύτης	4	marinero
3493	Ναχώρ	1	Nacor
3494	νεανίας	5	joven
3495	νεανίσκος	11	joven
3496	Νεάπολις	1	Neápolis
3497	Νεεμάν	véase	Ναιμάν después de 3483
3498	νεκρός	132	muerto
3499	νεκρόω	3	estar como muerto, hacer morir, casi muerto, **amortiguado**
3500	νέκρωσις	2	esterilidad, muerte, **amortecimiento**
3561	νεομηνία	1	luna nueva
3501	νέος	23	nuevo
	(1) νεώτερος	11	menor, más joven, joven, joven, jovencita
3502	νοσσός	véase	νοσσός después de 3556
3503	νεότης	5	juventud
3504	νεόφυτος	1	neófito
3506	νεύω	2	hacer seña, hacer señal
3507	νεφέλη	25	nube
3508	Νεφθαλίμ ο Νεφθαλείμ	3	Neftalí
3509	νέφος	1	nube
3510	νεφρός	1	mente, **riñones**
3511	νεωκόρος	1	guardiana del templo
3512	νεωτερικός	1	juvenil
3513	νή	1	por
3514	νήθω	2	hilar
3515	νηπιάζω	1	ser niño
3516	νήπιος	15	niño, pequeñuelo

3517	Νηρεύς	1	Nereo
3518	Νηρί ο Νερεί	1	Neri
3519	νησίον	1	una pequeña isla
3520	νῆσος	9	isla
3521	νηστεία	8	ayuno
3522	νηστεύω	21	ayunar
3523	νῆστις	2	en ayunas
3524	νηφάλιος	3	sobrio
3525	νήφω	6	ser sobrio, velar
3526	Νίγερ	1	Niger
3527	Νικάνωρ	1	Nicanor
3528	νικάω	27	vencer, alcanzar la victoria
3529	νίκη	1	victoria
3530	Νικόδημος	5	Nicodemo
3531	Νικολαΐτης	2	nicolaíta
3532	Νικόλαος	1	Nicolás
3533	Νικόπολις	1	Nicópolis
3534	νῖκος	4	victoria
3535	Νινευή	1	Nínive
3536	Νινευίτης	3	de Nínive, ninivita
3537	νιπτήρ	1	lebrillo
3538	νίπτω	17	lavar
3539	νοέω	14	entender, considerar
3540	νόημα	6	maquinación, entendimiento, pensamiento, sentido
3541	νόθος	1	bastardo
3542	νομή	2	pasto
3543	νομίζω	15	pensar, creer, soler, tomar, **suponer**
3544	νομικός	9	intérprete de la ley, acerca de la ley
3545	νομίμως	2	legítimamente
3546	νόμισμα	1	moneda
3547	νομοδιδάσκαλος	3	doctor de la ley
3548	νομοθεσία	1	promulgación de la ley
3549	νομοθετέω	2	recibir la ley, establecer
3550	νομοθέτης	1	dador de la ley
3551	νόμος	194	ley
3552	νοσέω	1	delirar, **tener un enfermizo afecto**
3553	νόσημα	1	enfermedad
3554	νόσος	12	enfermedad, dolencia
3555	νοσσία	1	pollueios, **pollada**
3556	νοσσίον	1	polluelo
3502	νοσσός ο νεοσσός	1	**pichón**
3557	νοσφίζω	3	sustraer, defraudar
3558	νότος	7	sur, el viento del sur, el viento sur
3559	νουθεσία	3	amonestar, amonestación
3560	νουθετέω	8	amonestar, exhortar
3561	νουμηνία	véase	*neομηνία* después de 3500
3562	νουνεχῶς	1	sabiamente
3563	νοῦς	24	entendimiento, mente, modo de pensar
3564	Νύμφαν	1	Ninfas
3565	νύμφη	8	nuera, esposa, desposada
3566	νυμφίος	16	esposo
3567	νυμφών	4	bodas, **sala nupcial, sala de bodas**
3568	νῦν	153	ahora, ahora mismo, ya, actual, presente, por ahora,
3570	νυνί	24	ahora
3571	νύξ	65	noche
3572	νύσσω	2	clavar, abrir
3573	νυστάζω	2	cabecear, dormir
3574	νυχθήμερον	1	una noche y un día
3575	Νῶε	8	Noé
3576	νωθρός	2	tardo, perezoso, **torpe**
3377	νῶτος	1	espalda

Ξ

3578	ξενία	2	posada, alojamiento
3579	ξενίζω	10	posar, morar, hospedar, extraño, parecer cosa extraña, sorprender
3580	ξενοδοχέω	1	practicar la hospitalidad
3581	ξένος	15	forastero, extranjero, nuevo, extraño, hospedador, ajeno, desconocido

3582	ξέστης	2	jarro
3583	ξηραίνω	16	secar, estar maduro
3584	ξηρός	8	seco, tierra, paralítico
3585	ξύλινος	2	de madera
3586	ξύλον	20	palo, árbol, madero, cepo, madera
3587	ξυράω	3	rasurarse

O

3589	ὀγδοήκοντα	2	ochenta
3590	ὄγδοος	5	octavo
3591	ὄγκος	1	peso
3592	ὅδε	12	este, esto, tal, así
3593	ὁδεύω	1	ir de camino
3594	ὁδηγέω	5	guiar, enseñar
3595	ὁδηγός	5	guía
3596	ὁδοιπορέω	1	ir por el camino
3597	ὁδοιπορία	2	camino, viaje
3598	ὁδός	102	camino, viaje, proceder
3599	ὀδούς	12	diente
3600	ὀδυνάω	4	con angustia, atormentar, doler, angustiado,
3601	ὀδύνη	2	dolor
3602	ὀδυρμός	2	gemido, llanto
3604	Ὀζίας ὁ Ὀζείας	2	Uzías
3605	ὄζω	1	heder
3606	ὅθεν	15	de donde, por lo cual, donde, desde donde, de allí, por tanto, por esto
3607	ὀθόνη	2	lienzo
3608	ὀθόνιον	5	lienzo
	οἶδα	véase	εἴδω 1492, pág. 26
3609	οἰκεῖος	3	de la familia, de la casa, miembro de la familia
3609 A	οἰκετεία	1	servidumbre
3610	οἰκέτης	4	siervo, criado
3611	οἰκέω	9	morar, vivir, habitar
3612	οἴκημα	1	cárcel
3613	οἰκητήριον	2	habitación, morada
3614	οἰκία	97	casa, morada, familia
3615	οἰκιακός	2	el de la casa
3616	οἰκοδεσποτέω	1	gobernar una casa
3617	οἰκοδεσπότης	12	padre de familia, señor de la casa
3618 A	οἰκοδομέω	41	edificar, reedificar, fundar, sobreedificar,
3619	οἰκοδομή	19	edificio, edificación
3620	οἰκοδομία	1	edificación
3618	οἰκοδόμος	1	edificador
3621	οἰκονομέω	1	mayordomo
3622	οἰκονομία	9	mayordomía, comisión, dispensación, administración
3623	οἰκονόμος	10	mayordomo, tesorero, administrador, curador
3624	οἶκος	116	casa, templo, familia
3625	οἰκουμένη	15	mundo, tierra, tierra habitada, mundo entero, todo el mundo
3626 A	οἰκουργός	1	cuidadoso de su casa, trabajador en la casa
3626	οἰκουρός	1	cuidadoso de su casa
3627	οἰκτείρω	véase	οἰκτίρω después de 3629
3628	οἰκτιρμός	5	misericordia
3629	οἰκτίρμων	3	misericordioso, compasivo
3627	οἰκτίρω	1	compadecerse
3633	οἶμαι	véase	οἴομαι después de 3632
3630	οἰνοπότης	2	bebedor de vino
3631	οἶνος	34	vino
3632	οἰνοφλυγία	1	embriaguez
3633	οἴομαι	3	pensar
3634	οἷος	15	cual, tanto que, de qué, así como, tal como, como el que
	οἴσω	véase	5342 φέρω
3635	ὀκνέω	1	tardar
3636	ὀκνηρός	3	negligente, perezoso, molesto
3637	ὀκταήμερος	1	al octavo día
3638	ὀκτώ	10	ocho
3639	ὄλεθρος	4	destrucción, perdición
3640	ὀλιγοπιστία	1	poca fe
3640 A	ὀλιγόπιστος	5	hombre de poca fe

LEXICO GRIEGO-ESPAÑOL 59 ὀλίγος - ὀπτασία

3641	ὀλίγος	44	poco, pequeño, brevemente, un poco de tiempo, breve tiempo
3642	ὀλιγόψυχος	1	de poco ánimo
3643	ὀλιγωρέω	1	menospreciar
3641 A	ὀλίγως	1	apenas
3644	ὀλοθρευτής	1	destructor
3645	ὀλοθρεύω	1	destruir
3646	ὁλοκαύτωμα	3	holocausto
3647	ὁλοκληρία	1	completa sanidad
3648	ὁλόκληρος	2	todo, cabal, todo entero
3649	ὀλολύζω	1	aullar
3650	ὅλος	113	todo, completamente, entero
3651	ὁλοτελής	1	por completo
3652	Ὀλυμπᾶς	1	Olimpas
3653	ὄλυνθος	1	higo, higo tardío
3654	ὅλως	4	en ninguna manera, de cierto, por cierto
3655	ὄμβρος	1	agua, tempestad
3655 A	ὀμείρομαι ο ἱμείρομαι	1	solícito
3656	ὁμιλέω	4	hablar
3657	ὁμιλία	1	conversación
3658	ὅμιλος	1	compañía
3658 A	ὁμίχλη	1	nube, niebla
3659	ὄμμα	2	ojo
3660	ὀμνύω	27	jurar
3661	ὁμοθυμαδόν	12	unánime, a una, de acuerdo, a un acuerdo, de común acuerdo
3662	ὁμοιάζω	1	ser semejante
3663	ὁμοιοπαθής	2	semejante, sujeto a pasiones semejantes
3664	ὅμοιος	47	semejante, como, parecerse, a manera de, mismo
3665	ὁμοιότης	2	semejanza
3666	ὁμοιόω	15	hacer semejante, comparar, ser semejante, bajo la semejanza, asemejarse, hacerse como
3667	ὁμοίωμα	6	semejanza, manera
3668	ὁμοίως	32	de la misma manera, lo mismo, de esta manera, asimismo, así, igualmente, también, de igual modo
3669	ὁμοίωσις	1	semejanza
3670	ὁμολογέω	26	declarar, confesar, prometer, afirmar, hacer profesión, profesar, asegurar
3671	ὁμολογία	6	profesar, profesión, confesión
3672	ὁμολογουμένως	1	indiscutiblemente
3673	ὁμότεχνος	1	del mismo oficio
3674	ὁμοῦ	4	juntamente, juntos
3675	ὁμόφρων	1	de un mismo sentir
3676	ὅμως	3	con todo eso, ciertamente, aunque
3677	ὄναρ	6	sueño
3678	ὀνάριον	1	asnillo
3679	ὀνειδίζω	10	vituperar, reconvenir, injuriar, reprochar, sufrir oprobio, sin reproche, zaherir
3680	ὀνειδισμός	5	vituperio, descrédito
3681	ὄνειδος	1	afrenta
3682	Ὀνήσιμος	2	Onésimo
3683	Ὀνησίφορος	2	Onesíforo
3684	ὀνικός	3	de asno
3685	ὀνίνημι	1	tener algún provecho
3686	ὄνομα	232	nombre, llamar
3687	ὀνομάζω	11	llamar, invocar, nombrar, tomar nombre
3688	ὄνος	6	asno
3689	ὄντως	11	verdadero, verdaderamente, en verdad
3690	ὄξος	7	vinagre
3691	ὀξύς	8	agudo, apresurar, ligero
3692	ὀπή	2	caverna, abertura
3693	ὄπισθεν	7	por detrás, tras, detrás, por fuera
3694	ὀπίσω	36	tras, en pos de, de delante de, atrás, detrás de, después de
3695	ὁπλίζω	1	armar
3696	ὅπλον	6	arma, instrumento
3697	ὁποῖος	5	cual, cómo
3698	ὁπότε	1	cuando
3699	ὅπου	84	donde, adondequiera, dondequiera, mientras (que) por donde, por dondequiera
3700	ὀπτάνομαι	1	aparecerse
3701	ὀπτασία	4	visión

3702	ὀπτός	1	asado
3703	ὀπώρα	1	fruto, **fruto maduro**
3704	ὅπως	56	para, para que, que, cómo, de manera que, a fin de que
3705	ὅραμα	12	visión
3706	ὅρασις	4	visión, aspecto
3707	ὁρατός	1	visible
3708	ὁράω	119	ver, mirar, aparecer, presentar, mostrar
3709	ὀργή	36	ira, enojo
3710	ὀργίζω	8	enojarse, airarse, llenarse de ira
3711	ὀργίλος	1	iracundo
3712	ὀργυιά	2	braza
3713	ὀρέγω	3	anhelar, codiciar
3714	ὀρεινός	2	montaña
3715	ὄρεξις	1	lascivia
3716	ὀρθοποδέω	1	andar rectamente
3717	ὀρθός	2	derecho
3718	ὀρθοτομέω	1	usar bien, **trazar bien**
3719	ὀρθρίζω	1	**madrugar para acudir**, venir por la mañana
3720	ὀρθινός	1	de la mañana
3721	ὄρθριος	1	antes del día
3722	ὄρθρος	3	de mañana
3723	ὀρθῶς	4	bien, rectamente
3724	ὁρίζω	8	determinar, poner, prefijar, designar, declarar
3725	ὅριον	12	alrededor, región, contorno, límite
3726	ὁρκίζω	3	conjurar
3727	ὅρκος	10	juramento
3728	ὁρκωμοσία	4	juramento
3729	ὁρμάω	5	precipitar, arremeter, lanzar
3730	ὁρμή	2	**tumulto, impulso**
3731	ὅρμημα	1	ímpetu
3732	ὄρνεον	3	ave
3733	ὄρνις	2	gallina
3734	ὁροθεσία	1	límite
3735	ὄρος	60	monte, montaña
3736	ὀρύσσω	3	cavar
3737	ὀρφανός	2	huérfano
3738	ὀρχέομαι	4	bailar, danzar
3740	ὁσάκις	3	todas las veces, cuantas veces
3741	ὅσιος	8	santo, misericordia
3742	ὁσιότης	2	santidad
3743	ὁσίως	1	santamente
3744	ὀσμή	6	olor
3745	ὅσος	116	todo el que, todas las cosas, en cuanto, mientras, cuán grande, cualquiera, cuanto(s), que, todo cuanto, entre tanto
3747	ὀστέον	5	hueso
3748	ὅστις	165	que, cualquiera, cual, alguno, todo lo que, este, quien, él, según, tal cosa, quienquiera
	(2) ἕως ὅτου	6	entre tanto que, hasta que
3749	ὀστράκινος	2	de barro
3750	ὄσφρησις	1	olfato
3751	ὀσφῦς	8	lomos, descendencia
3752	ὅταν	123	cuando, al, después que, entre tanto que, luego que, siempre que, tan pronto como
3753	ὅτε	108	cuando, al, después, en que, el tiempo en que, mientras, entre tanto
3757	οὗ	27	donde, cuando, de donde, adonde
3756	οὔ	18	no
3758	οὐά	1	¡Bah!
3759	οὐαί	47	¡Ay!
3760	οὐδαμῶς	1	no, **de ningún modo**
3761	οὐδέ	150	ni, tampoco, ni aun, ni aún, ni siquiera
3762	οὐδείς	239	nadie, nada, ninguno
3763	οὐδέποτε	16	nunca, jamás
3764	οὐδέπω	6	aún no
3762 A	οὐθείς	7	nada, ninguno, no...alguno
3765	οὐκέτι	50	no...ya más, ni...más, no...más, ni aun, ya no, no...todavía, nunca más
3766	οὐκοῦν	1	luego
3768	οὔπω	31	no...aún, aún no, no...todavía, no...ya, todavía no
3769	οὐρά	5	cola
3770	οὐράνιος	9	celestial

LEXICO GRIEGO-ESPAÑOL   61   οὐρανόθεν - πανουργία

3771	οὐρανόθεν	2	del cielo
3772	οὐρανός	281	cielo
3773	Οὐρβανός	1	Urbano
3774	Οὐρίας	1	Urías
3775	οὖς	36	oído, oreja
3776	οὐσία	2	bienes
3777	οὔτε	104	ni, ni aun, no, sin
3779	οὕτως ο οὕτω	214	así, cosa semejante, así que, de esta manera, tal cosa, de tal manera, de la misma manera, luego, así pues, de un modo...de otro, asimismo, como, tan, tan grande, tanto
3780	οὐχί	62	no
3781	ὀφειλέτης	7	deudor, deber, culpable, obligado
3782	ὀφειλή	3	deuda, deber
3783	ὀφείλημα	2	deuda
3784	ὀφείλω	36	deber, ser deudor, ser necesario
3785	ὄφελον	4	ojalá
3786	ὄφελος	3	aprovechar, **provecho**
3787	ὀφθαλμοδουλία	2	servir al ojo, **servicio al ojo**
3788	ὀφθαλμός	102	ojo
3789	ὄφις	14	serpiente
3790	ὀφρῦς	1	cumbre
3791	ὀχλέω	2	atormentar
3792	ὀχλοποιέω	1	juntar una turba
3793	ὄχλος	176	gente, multitud, compañía, pueblo, turba, gentío, multitud del pueblo, muchedumbre, **grupo**
3794	ὀχύρωμα	1	fortaleza
3795	ὀψάριον	5	pececillo, pez, pescado
3796	ὀψέ	4	pasado, anochecer, **tardío**, tarde
3798	ὀψία	15	noche, **tarde, tardío**
3797	ὄψιμος	1	tardío
3799	ὄψις	3	apariencia, rostro
3800	ὀψώνιον	4	salario, paga, expensa

Π

3802	παγιδεύω	1	sorprender
3803	παγίς	5	lazo, trampa
3804	πάθημα	16	pasión, aflicción, padecimiento, sufrimiento
3805	παθητός	1	que había de padecer
3806	πάθος	3	pasión
3807	παιδαγωγός	3	ayo
3808	παιδάριον	2	muchacho
3809	παιδεία ο παιδία	6	disciplina, instruir, **instrucción**
3810	παιδευτής	2	instructor, disciplinar, **corrector**
3811	παιδεύω	13	castigar, enseñar, instruir, aprender, corregir, disciplinar
3812	παιδιόθεν	1	desde niño
3813	παιδίον	53	niño, muchacho, niña, hijo, hija, hijito
3814	παιδίσκη	13	criada, muchacha
3815	παίζω	1	jugar
3816	παῖς	24	niño, criado, siervo, muchacho, hijo, niña, joven, muchacha
3817	παίω	5	golpear, herir
3819	πάλαι	7	tiempo ha, ya, hacía mucho que, aún, en otro tiempo, antiguo, desde antes
3820	παλαιός	19	viejo, añejo, antiguo
3821	παλαιότης	1	viejo, **vejez**
3822	παλαιόω	4	envejecer, dar por viejo
3823	πάλη	1	lucha
3824	παλιγγενεσία	2	regeneración
3825	πάλιν	146	también, otra vez, además, asimismo, de nuevo, volver a, tampoco
	παλωγενεσία	véase	3824 παλιγγενεσία
3826	παμπληθεί	1	toda la multitud a una
3827	πάμπολυς	1	grande
3828	Παμφυλία	5	Panfilia
3829	πανδοχεῖον ο πανδοκεῖον	1	mesón
3830	πανδοχεύς ο πανδοκεύς	1	mesonero
3831	πανήγυρις	1	compañía, **festiva asamblea**
3832	πανοικεί ο πανοικί	1	toda la casa
3833	πανοπλία	3	todas las armas, toda la armadura
3834	πανουργία	5	astucia

#	Griego	Frec.	Español
3835	πανοῦργος	1	astuto
3837	πανταχῇ	1	por todas partes
3836	πανταχόθεν	1	de todas partes
3837 A	πανταχοῦ	8	en todas partes, por todas partes, en todo lugar, **por doquiera**
3838	παντελής	2	en ninguna manera, perpetuamente
3839	πάντῃ	1	en todo tiempo
3840	πάντοθεν	4	de todas partes, por todas partes
3841	παντοκράτωρ	11	Todopoderoso
3842	πάντοτε	43	siempre
3843	πάντως	9	sin duda, en todo caso, de cierto, ciertamente, absolutamente, enteramente, de todos modos, **decididamente**
3845	παραβαίνω	4	quebrantar, caer por transgresión, extraviarse
3846	παραβάλλω	2	comparar, tomar puerto
3847	παράβασις	7	infracción, transgresión
3848	παραβάτης	5	transgresor
3849	παραβιάζομαι	2	obligar a quedarse
3851	παραβολεύομαι	1	exponer
3850	παραβολή	50	parábola, símbolo, sentido figurado
3851 A	παραβουλεύομαι	1	exponer
3852	παραγγελία	5	mandato, instrucción, mandamiento
3853	παραγγέλλω	31	dar instrucciones, mandar, intimar, anunciar, ordenar
3854	παραγίνομαι	38	venir, volver, llegar, hallarse, reunidos, ir, estar al lado, estar ya presente
3855	παράγω	11	pasar, andar, irse
3856	παραδειγματίζω	2	infamar, exponer a vituperio
3857	παράδεισος	3	paraíso
3858	παραδέχομαι	6	recibir, admitir
3859 A	παραδιατριβή	1	disputa necia, porfía
3860	παραδίδωμι	119	estar preso, entregar, encarcelar, estar maduro, transmitir, enseñar, dar, encomendar, exponer
3861	παράδοξος	1	maravilla
3862	παράδοσις	13	tradición, instrucción, doctrina, enseñanza
3863	παραζηλόω	4	provocar a celos
3864	παραθαλάσσιος	1	marítima
3865	παραθεωρέω	1	desatender
3866	παραθήκη	3	depósito, lo que se ha encomendado
3867	παραινέω	2	amonestar, exhortar
3868	παραιτέομαι	12	pedir, excusar, rehusar, desechar, admitir, rogar
3869	παρακαθέζομαι	1	sentarse
3869 A	παρακαθίζω	1	sentarse
3870	παρακαλέω	108	consolar, recibir consolación, rogar, orar, exhortar, llamar, confortar, alentar, animar, amonestar
3871	παρακαλύπτω	1	velar
3872	παρακαταθήκη	2	depósito, lo que se ha encomendado
3873	παράκειμαι	2	estar, estar presente
3874	παράκλησις	29	consolación, consuelo, fortalecer, exhortación, ruego
3875	παράκλητος	5	Consolador, abogado
3876	παρακοή	3	desobediencia
3877	παρακολουθέω	4	seguir, investigar
3878	παρακούω	3	oir, **entreoir**
3879	παρακύπτω	5	mirar dentro, bajarse a mirar, inclinarse para mirar, mirar, mirar atentamente
3880	παραλαμβάνω	49	recibir, tomar, llevar, aprender
3881	παραλέγομαι	2	costear
3882	παράλιος	1	costa
3883	παραλλαγή	1	mudanza
3884	παραλογίζομαι	2	engañar
3885	παραλυτικός	10	paralítico
3886	παραλύω	5	paralítico, paralizar
3887	παραμένω	4	quedarse, permanecer, continuar, perseverar
3888	παραμυθέομαι	4	consolar, alentar
3889	παραμυθία	1	consolación
3890	παραμύθιον	1	consuelo
3891	παρανομέω	1	quebrantar la ley
3892	παρανομία	1	iniquidad
3893	παραπικραίνω	1	provocar
3894	παραπικρασμός	2	provocación
3895	παραπίπτω	1	recaer
3896	παραπλέω	1	pasar de largo

LEXICO GRIEGO-ESPAÑOL 63 παραπλήσιος - παρρησία

#	Greek	Count	Spanish
3897	παραπλήσιος	1	a punto de
3898	παραπλησίως	1	también, **igualmente**
3899	παραπορεύομαι	5	pasar, caminar por
3900	παράπτωμα	22	ofensa, transgresión, pecado, falta, delito
3901	παραρρέω, παραρέω ο παραρρυέω	1	deslizar
3902	παράσημος	1	la que tiene por enseña
3903	παρασκευάζω	4	preparar
3904	παρασκευή	6	preparación, víspera de la pascua, preparación de la pascua
3905	παρατείνω	1	alargar
3906	παρατηρέω	6	acechar, guardar
3907	παρατήρησις	1	advertencia, **observación**
3908	παρατίθημι	19	referir, poner delante, confiar, encomendar, poner, exponer, encargar
3909	παρατυγχάνω	1	concurrir
3910	παραυτίκα	1	momentáneo
3911	παραφέρω	4	apartar, pasar, dejar llevar, llevar de acá para allá
3912	παραφρονέω	1	estar loco
3913	παραφρονία	1	locura
3914	παραχειμάζω	4	invernar, pasar el invierno
3915	παραχειμασία	1	invernar
3916	παραχρῆμα	19	luego, en seguida, al momento, al instante, inmediatamente
3917	πάρδαλις	1	leopardo
3917 A	παρεδρεύω	1	servir
3918	πάρειμι	24	venir, estar allí, estar aquí, llegar, comparecer, estar presente, estar, tener ahora, presente, ser
	(1) πρὸς τὸ παρόν	1	al presente
3919	παρεισάγω	1	introducir encubiertamente
3920	παρείσακτος	1	introducido a escondidas
3921	παρεισδύω	1	entrar encubiertamente
3922	παρεισέρχομαι	2	introducir, entrar
3923	παρεισφέρω	1	poner
3924	παρεκτός	3	a no ser, excepto, **externo**
3925 A	παρεμβάλλω	1	rodear
3925	παρεμβολή	10	fortaleza, ejército, campamento
3926	παρενοχλέω	1	inquietar
3927	παρεπίδημος	3	peregrino, expatriado
3928	παρέρχομαι	31	pasar, adelantar, pasar por alto, venir, pasar junto, intervenir, traspasar
3929	πάρεσις	1	haber pasado por alto
3930	παρέχω	16	dar, presentar, conceder, causar, guardar, tratar, hacer, acarrear
3931	παρηγορία	1	consuelo
3932	παρθενία	1	virginidad
3933	παρθένος	16	virgen, doncella, hija virgen
3934	Πάρθοι	1	Partos
3935	παρίημι	2	dejar, pasar
3936	παρίστημι	41	dar, llegar, estar allí, estar frente, estar delante, presentar, poner junto, reunirse, preparar, probar, estar con, comparecer ante, someter, ayudar, hacer acepto, estar a un lado
3937	Παρμενᾶς	1	Parmenas
3938	πάροδος	1	paso
3939	παροικέω	2	forastero, habitar como extranjero
3940	παροικία	2	extranjero, peregrinación
3941	πάροικος	4	extranjero, advenedizo
3942	παροιμία	5	alegoría, proverbio
3943	πάροινος	2	dado al vino
3944	παροίχομαι	1	pasado
3945	παρομοιάζω	1	ser semejante
3946	παρόμοιος	2	semejante
3947	παροξύνω	2	enardecer, irritar
3948	παροξυσμός	2	desacuerdo, estimular, **estímulo**
3949	παροργίζω	2	provocar a celos, provocar a ira
3950	παροργισμός	1	enojo
3951	παροτρύνω	1	instigar
3952	παρουσία	24	venida, presencia, advenimiento
3953	παροψίς	2	plato
3954	παρρησία	31	denuedo, franqueza, seguridad, libertad, confianza
	(1) παρρησίᾳ	9	claramente, abiertamente, públicamente
	(2) ἐν παρρησίᾳ	5	claramente, con denuedo, con confianza, públicamente
	(3) μετὰ παρρησίας	5	libremente, con denuedo, abiertamente, confiadamente

3955	παρρησιάζομαι	9	hablar valerosamente, hablar con denuedo, con toda confianza, tener denuedo
3956	πᾶς	1277	todo, toda clase, cualquiera, nadie, nada, ninguno, todos ellos, todo aquel, todas las cosas, alguno, cada cual, todo esto, sumo
	(6) διὰ παντός πρὸ πάντων	14	siempre, durante toda, continuamente, sobre todo, ante todo
3957	Πάσχα	29	pascua
3958	πάσχω	42	padecer, sufrir
3959	Πάταρα	1	Pátara
3960	πατάσσω	10	herir, tocar, golpear
3961	πατέω	5	hollar, pisar
3962	πατήρ	424	padre, Padre, patriarca
3963	Πάτμος	1	Patmos
3964	πατραλῴας, πατραλῴης	véase	πατρολῴας después de 3969
3965	πατριά	3	familia
3966	πατριάρχης	4	patriarca
3967	πατρικός	1	de los padres
3968	πατρίς	8	tierra, propia tierra
3969	Πατροβᾶς	1	Patrobas
3964	πατρολῴας, πατραλῴης ὁ πατραλῴας	1	parricida
3970	πατροπαράδοτος	1	lo recibido de los padres
3971	πατρῷος	3	de los padres
3972	Παῦλος	164	Pablo
3973	παύω	15	terminar, cesar, dejar, refrenar
3974	Πάφος	2	Pafos
3975	παχύνω	2	engrosar
3976	πέδη	3	grillo
3977	πεδινός	1	llano
3978	πεζεύω	1	ir por tierra
3979	πεζῇ	2	a pie
3980	πειθαρχέω	4	obedecer, oir
3981	πειθός	1	persuasivo
3982	πείθω	55	persuadir, confiar, sobornar, buscar favor, cobrar ánimo, tener confianza, asegurar
	(1) πείθομαι	23	persuadirse, obedecer, dar crédito, asentir, estar seguro, confiar, creer
	Πειλᾶτος	véase	4091 Πιλᾶτος
	πιθός	véase	3981 πειθός
3983	πεινάω	23	tener hambre, hambriento, sentir hambre, padecer hambre
3984	πεῖρα	2	intentar, experimentar, prueba
3985	πειράζω	40	tentar, tentador, probar, tratar, intentar, poner a prueba
3986	πειρασμός	21	tentación, prueba
3987	πειράω	2	tratar, intentar
3988	πεισμονή	1	persuasión
3989	πέλαγος	2	profundo, mar
3990	πελεκίζω	1	decapitar
3991	πέμπτος	4	quinto
3992	πέμπω	81	enviar
3993	πένης	1	pobre
3994	πενθερά	6	suegra
3995	πενθερός	1	suegro
3996	πενθέω	11	llorar, tener luto, estar triste, lamentar, lloro, hacer lamentación
3997	πένθος	5	lloro, llanto
3998	πενιχρός	1	muy pobre
3999	πεντάκις	1	cinco veces
4000	πεντακισχίλιοι	6	cinco mil
4001	πεντακόσιοι	2	quinientos
4002	πέντε	37	cinco
4003	πεντεκαιδέκατος	1	decimoquinto
4004	πεντήκοντα	7	cincuenta
4005	πεντηκοστή	3	Pentecostés
4006	πεποίθησις	6	confianza, osadía, de qué confiar
4007	περαιτέρω	1	alguna otra cosa
4008	πέραν	23	al otro lado, del otro lado, a la otra orilla, en la otra ribera
4009	πέρας	4	fin
4010	Πέργαμος	2	Pérgamo
4011	Πέργη	3	Perge
4013	περιάγω	6	recorrer, andar alrededor, traer con
4014	περιαιρέω	5	perder, cortar, quitar, zarpar

4015	περιαστράπτω	2	rodear un resplandor
4016	περιβάλλω	24	vestir, cubrir, rodear, envolver
4017	περιβλέπω	7	mirar alrededor, mirar
4018	περιβόλαιον	2	velo, vestido
4019	περιδέω	1	envolver
4020	περιεργάζομαι	1	entretenerse en lo ajeno
4021	περίεργος	2	magia, entremetido
4022	περιέρχομαι	4	ambulante, costear alrededor, andar, andar de acá para allá
4023	περιέχω	3	apoderar, contener, **tener**
4024	περιζώννυμι ο περιζωννύω	7	ceñir
4025	περίθεσις	1	**ataviarse, adorno**
4026	περιίστημι	4	estar alrededor, rodear, evitar
4027	περικάθαρμα	1	escoria
4028	περικαλύπτω	3	cubrir, vendar
4029	περίκειμαι	5	atar, estar sujeto, rodear, en derredor
4030	περικεφαλαία	2	yelmo
4031	περικρατής	1	**dueño**
4032	περικρύβω ο περικρύπτω	1	recluir
4033	περικυκλόω	1	sitiar
4034	περιλάμπω	2	rodear de resplandor, rodear
4035	περιλείπομαι	2	quedar
4036	περίλυπος	5	muy triste
4037	περιμένω	1	esperar
4038	πέριξ	1	vecino, **alrededor**
4039	περιοικέω	1	**morar en derredor**, vecino
4040	περίοικος	1	vecino
4041	περιούσιος	1	propio
4042	περιοχή	1	pasaje
4043	περιπατέω	97	andar, ir de camino, caminar, ir, hacer, observar, conducir, andar alrededor
4044	περιπείρω	1	traspasar
4045	περιπίπτω	3	caer, dar, hallarse
4046	περιποιέω	3	salvar, ganar
4047	περιποίησις	5	posesión adquirida, alcanzar, preservación, adquirido, **adquisición**
4048	περι(ρ)ρήγνυμι	1	rasgar
4049	περισπάω	1	preocuparse
4050	περισσεία	4	abundancia, muy, **aún más**
4051	περίσσευμα	5	**sobra**, abundancia, que ha sobrado
4052	περισσεύω	39	ser mayor, tener más, sobrar, abundancia, tener abundancia, aumentar, abundar, ser más, crecer, sobreabundar
4053	περισσός	8	más, de más, abundancia, ventaja, por demás
	(1) ἐκ περισσοῦ	3	en gran manera, con mayor insistencia, más abundantemente
4055	περισσότερος	17	más mayor, más y más, más abundante, demasiado, más todavía, más abundantemente, aun más
4056	περισσοτέρως	13	aun más, mucho más, (aun) más abundantemente, tanto más, con más diligencia
4057	περισσῶς	4	aún más, aun más, sobremanera
4058	περιστερά	10	paloma, palomino
4059	περιτέμνω	18	circuncidar
4060	περιτίθημι	8	cercar, echar, poner, vestir
4061	περιτομή	36	circuncisión, circuncidar
4062	περιτρέπω	1	volver
4063	περιτρέχω	1	recorrer
4064	περιφέρω	5	traer, llevar, llevar de acá para allá
4065	περιφρονέω	1	menospreciar
4066	περίχωρος	10	provincia (de) alrededor, tierra (de) alrededor, región contigua, contorno, región circunvecina
4067	περίψημα	1	desecho
4068	περπερεύομαι	1	ser jactancioso
4069	Περσίς	1	Pérsida
4070	πέρυσι	2	el año pasado
	πετάομαι	véase	4072 πέτομαι
4071	πετεινόν	14	ave
4072	πέτομαι	5	volar
4073	πέτρα	16	roca, piedra, peña
4074	Πέτρος	161	Pedro
4075	πετρώδης	4	pedregal
4076	πήγανον	1	ruda
4077	πηγή	12	fuente, pozo

4078	πήγνυμι	1	levantar
4079	πηδάλιον	2	timón
4080	πηλίκος	2	cuán grande
4081	πηλός	6	lodo, barro
4082	πήρα	6	alforja
4083	πῆχυς	4	codo
4084	πιάζω	12	prender, tomar, tomar preso, pescar, apresar
4085	πιέζω	1	apretar
4086	πιθανολογία	1	palabras persuasivas, **persuasivas elocuencia**
4087	πικραίνω	4	ser áspero, hacer amargo, amargar
4088	πικρία	4	amargura
4089	πικρός	2	amargo
4090	πικρῶς	2	amargamente
4091	Πιλᾶτος ο Πειλᾶτος	55	Pilato
4130	πίμπλημι ο πλήθω	25	llenar, cumplir, empapar, lleno
4092	πίμπρημι ο πίμπραμαι	1	hinchar
4093	πινακίδιον	1	tablilla
4094	πίναξ	5	plato
4095	πίνω	74	beber
4096	πιότης	1	rica savia, **grosura**
4097	πιπράσκω	9	vender
4098	πίπτω	96	postrar, caer, frustar
4099	Πισιδία	2	Pisidia
4099 A	Πισίδιος	1	de Pisidia
4100	πιστεύω	248	creer, confiar, fiar, encomendar, creyente
4101	πιστικός	2	puro
4102	πίστις	245	fe, fidelidad, fiel
4103	πιστός	68	fiel, creyente
4104	πιστόω	1	persuadirse
4105	πλανάω	39	descarriarse, errar, engañar, extraviar, andar vagando, seducir
4106	πλάνη	10	error, extravío
4107	πλανήτης	1	errante
4108	πλάνος	5	engañador
4109	πλάξ	3	tabla
4110	πλάσμα	1	vaso de barro
4111	πλάσσω	2	formar
4112	πλαστός	1	fingido
4113	πλατεῖα	9	calle, plaza
4114	πλάτος	4	anchura
4115	πλατύνω	3	ensanchar
4116	πλατύς	1	ancho
4117	πλέγμα	1	**trenzas de cabello**
4118	πλεῖστος	4	**mayor parte**, mucho, muy numeroso, más
4119	πλείων	56	mayor, más, mucho, largamente, algunos, más largamente, mayoría, tanto mayor, más y más, más excelente
4120	πλέκω	3	tejer, entretejer
4121	πλεονάζω	9	abundar, tener más, hacer crecer
4122	πλεονεκτέω	5	ganar ventaja, engañar, **explotar, trampear**
4123	πλεονέκτης	4	avaro
4124	πλεονεξία	10	avaricia, exigencia, avidez, codicia
4125	πλευρά	6	costado
4126	πλέω	6	navegar, zarpar
4127	πληγή	22	azote, herida, plaga
4128	πλῆθος	32	multitud, cantidad, muchedumbre, gran número, gente, congregación, asamblea
4129	πληθύνω	12	multiplicar, crecer el número, acrecentar
	πλήθω	véase	4130 πίμπλημι después de 4091
4131	πλήκτης	2	pendenciero
4132	πλήμμυρα	1	inundación
4133	πλήν	32	por tanto, pero, además, fuera de, mas, pues, sin embargo, también, sino, salvo, sino solamente, por lo demás, no obstante
4134	πλήρης	17	lleno, llenar, abundar, completo
4135	πληροφορέω	6	ser ciertísimo, convencer plenamente, completo, cumplir
4136	πληροφορία	4	pleno entendimiento, plena certidumbre, plena certeza, **plena seguridad**
4137	πληρόω	90	cumplir, estar lleno, llenar, rellenar, terminar, pasar, atestar, ser perfecto, completar, suplir, anunciar cumplidamente, estar completo, perfecto
4138	πλήρωμα	18	plenitud, cumplimiento, abundancia, plena restauración, lleno, llenura, integridad, entereza

4139	πλησίον	18	prójimo, junto, otro
4140	πλησμονή	1	apetito, **satisfacción**
4141	πλήσσω	1	herir
4142	πλοιάριον	8	barca
4143	πλοῖον	71	barca, barco, nave
4144	πλόος	3	navegación
4145	πλούσιος	28	rico
4146	πλουσίως	4	en abundancia, abundantemente
4147	πλουτέω	12	ser rico, estar rico, enriquecer
4148	πλουτίζω	3	enriquecer
4149	πλοῦτος	22	riqueza(s)
4150	πλύνω	3	lavar
4151	πνεῦμα	391	espíritu, Espíritu, demonio, viento, don espiritual
4152	πνευματικός	26	espiritual
4153	πνευματικῶς	2	espiritualmente, en sentido espiritual
4154	πνέω	7	soplar, viento
4155	πνίγω	3	ahogar
4156	πνικτός	3	ahogado
4157	πνοή	2	viento, aliento
4158	ποδήρης	1	una ropa que llegaba hasta los pies
4159	πόθεν	29	De dónde, cómo, Por qué
4160	ποιέω	541	hacer, dar, poner, producir, trabajar, celebrar, tomar, establecer, constituir, echar, cometer, llevar, usar, practicar, convertir, cumplir, causar, pasar, guardar, estar, tramar, preparar, ejecutar, efectuar, conducir, actuar, ejercer
4161	ποίημα	2	cosa hecha, hechura
4162	ποίησις	1	lo que hace, **obra**
4163	ποιητής	6	poeta, hacedor
4164	ποικίλος	10	diverso, multiforme
4165	ποιμαίνω	11	apacentar, pastorear, regir
4166	ποιμήν	18	pastor
4167	ποίμνη	5	rebaño
4168	ποίμνιον	5	manada, rebaño, grey
4169	ποῖος	27	cuál, qué, cómo
4170	πολεμέω	7	luchar, pelear
4171	πόλεμος	17	guerra, batalla
4172	πόλις	167	ciudad
4173	πολιτάρχης	2	autoridad de la ciudad
4174	πολιτεία	2	ciudadanía
4175	πολίτευμα	1	ciudadanía
4176	πολιτεύομαι	2	vivir, comportarse
4177	πολίτης	4	ciudadano, conciudadano, prójimo
4178	πολλάκις	18	muchas veces, repetidas veces
4179	πολλαπλασίων	2	mucho más, cien veces más, **muchas veces más**
4180	πολυλογία	1	palabrería
4181	πολυμερῶς	1	muchas veces
4182	πολυποίκιλος	1	multiforme
4183	πολυς	370	grande, mucho(s), muy avanzado, lo más, abundancia, muchas veces, más, pleno, **largo**
4184	πολύσπλαγχνος	1	muy misericordioso
4185	πολυτελής	3	de mucho precio, costoso, de grande estima
4186	πολύτιμος	3	precioso, de mucho precio, mucho más precioso
4187	πολυτρόπως	1	de muchas maneras
4188	πόμα	2	bebida
4189	πονηρία	7	malicia, maldad, perversidad
4190	πονηρός	79	mal, malo, maligno, malvado, peor, maldad, pestilente, perverso
4192	πόνος	4	dolor, **labor**
4193	Ποντικός	1	del Ponto
4194	Πόντιος	4	Poncio
4195	Πόντος	2	el Ponto
4196	Πόπλιος	2	Publio
4197	πορεία	2	empresa, **camino**
4198	πορεύω	155	ir(se), apartarse, caminar, andar, ir de camino, seguir un camino, marchar, salir, seguir, **ponerse en camino**
4199	πορθέω	3	asolar
4200	πορισμός	2	fuente de ganancia, ganancia
4201	Πόρκιος	1	Porcio
4202	πορνεία	26	fornicación
4203	πορνεύω	8	fornicar, cometer fornicación

4204	πόρνη	12	ramera
4205	πόρνος	10	fornicario
4206	πόρρω	4	lejos, más lejos
4207	πόρρωθεν	2	de lejos
4209	πορφύρα	5	púrpura
4211	πορφυρόπωλις	1	vendedora de púrpura
4210	πορφυροῦς ο πορφύρεος	4	de púrpura
4212	ποσάκις	3	cuántas veces
4213	πόσις	3	bebida
4214	πόσος	27	cuánto(s), qué
4215	ποταμός	17	río
4216	ποταμοφόρητος	1	arrastrado por el río
4217	ποταπός	7	qué, qué clase, cómo, qué manera de personas, cuál
4218	ποτέ	29	una vez, antes, al fin, en un tiempo, en otro tiempo, jamás, nunca
4219	πότε	19	cuándo, cuando
4220	πότερος	1	si
4221	ποτήριον	33	copa, vaso, vaso de beber, cáliz
4222	ποτίζω	15	dar de beber, regar, hacer beber, llevar a beber
4223	Ποτίολοι	1	Puteoli
4224	πότος	1	disipación
4225	πού	5	en alguna parte, casi, en cierto lugar, ciertamente
4226	ποῦ	48	dónde, adónde, donde, a dónde
4227	Πούδης	1	Pudente
4228	πούς	94	pie
4229	πρᾶγμα	11	cosa, asunto, algo, obra
4230	πραγματεία	1	negocio
4231	πραγματεύομαι	1	negociar
4232	πραιτώριον	8	pretorio
4233	πράκτωρ	2	alguacil
4234	πρᾶξις	6	obra, hecho, función
4235	πρᾶος	véase	bajo 4239 πραΰς
4236	πραότης	véase	bajo 4240 πραΰτης
4237	πρασιά	2	grupo
4238	πράσσω	39	exigir, recibir, hacer, hecho, practicar, guardar, cometer, ocupar, obrar, demandar
4239 A	πραϋπάθεια	1	mansedumbre
4239	πραΰς ο πρᾶος	4	manso, afable
4240	πραΰτης ο πραότης	12	mansedumbre
4241	πρέπω	7	propio, convenir, corresponde, estar de acuerdo
4242	πρεσβεία	2	embajada
4243	πρεσβεύω	2	ser embajador
4244	πρεσβυτέριον	3	ancianos, presbiterio, senado, el consejo de ancianos
4245	πρεσβύτερος	67	anciano, mayor, más viejo
4246	πρεσβύτης	3	viejo, anciano
4247	πρεσβῦτις	1	anciana
4248	πρηνής	1	boca abajo
4249	πρίζω	1	aserrar
4250	πρίν	14	antes, antes que
4251	Πρίσκα ο 4252 Πρίσκιλλα	6	Priscila, Prisca
4254	προάγω	20	ir delante, sacar, traer ante, hacer antes, venir, anterior, extraviar
4255	προαιρέω	1	proponer
4256	προαιτιάομαι	1	acusar
4257	προακούω	1	oír ya
4258	προαμαρτάνω	2	antes pecar
4259	προαύλιον	1	entrada
4260	προβαίνω	5	pasar, avanzar
4261	προβάλλω	2	brotar, empujar
4262	προβατικός	1	puerta de las ovejas
4263 A	προβάτιον	2	oveja
4263	πρόβατον	41	oveja
4264	προβιβάζω	2	instruir primero, sacar
4265	προβλέπω	1	proveer
4266	προγίνομαι	1	pasados, cometidos anteriormente
4267	προγινώσκω	5	saber, antes conocer, desde antes conocer, ya destinar, saber de antemano
4268	πρόγνωσις	2	anticipado conocimiento, presciencia
4269	πρόγονος	2	padre, mayor
4270	προγράφω	5	escribir antes, escribir, presentar claramente, destinar
4271	πρόδηλος	3	patente, manifiesto

4272	προδίδωμι	1	dar primero
4273	προδότης	3	traidor, entregador
4274	πρόδρομος	1	precursor
4275	προεῖδον, προειδέω	véase	4308 προοράω
4277	προεῖπον	13	decir, decir antes, ya decir
4276	προελπίζω	1	primeramente esperar
4277	προεῖπον	13	decir, decir antes, ya decir
4276	προελπίζω	1	primeramente esperar
4278	προενάρχομαι	2	comenzar antes
4279	προεπαγγέλλω	2	prometer antes
4281	προέρχομαι	9	ir un poco adelante, llegar, ir delante, ir al frente, pasar, adelantar, ir primero
4280	προϵρῶ	véase	bajo 4277 προεῖπον
4282	προετοιμάζω	2	preparar de antemano
4283	προευαγγελίζομαι	1	dar de antemano la buena nueva
4284	προέχω	1	ser mejor
4285	προηγέομαι	1	preferir
4286	πρόθεσις	12	proposición, propósito, **intento**
4287	προθεσμία	1	tiempo señalado
4288	προθυμία	5	solicitud, pronto, **prontitud**, voluntad, buena voluntad
4289	πρόθυμος	3	dispuesto, pronto
4290	προθύμως	1	con ánimo pronto
4406	πρόϊμος	1	temprano
4291	προΐστημι	8	presidir, gobernar, ocuparse
4292	προκαλέω	1	irritar
4293	προκαταγγέλλω	4	anunciar antes, anunciar, anunciar de antemano, prometer antes
4294	προκαταρτίζω	1	preparar primero
4295	πρόκειμαι	5	haber dispuesto primero, poner delante, tener por delante, poner
4296	προκηρύσσω	2	anunciar antes, predicar, **predicar primero**
4297	προκοπή	3	progreso, provecho, aprovechamiento
4298	προκόπτω	6	crecer, avanzar, aventajar, conducir, ir, ir adelante
4299	πρόκριμα	1	prejuicio
4300	προκυρόω	1	ratificar previamente
4301	προλαμβάνω	3	anticipar, adelantarse a tomar, sorprender
4302	προλέγω	3	decir, amonestar, predecir, **decir de antemano**
4303	προμαρτύρομαι	1	anunciar de antemano
4304	προμελετάω	1	pensar antes
4305	προμεριμνάω	1	preocuparse
4306	προνοέω	3	procurar, proveer
4307	πρόνοια	2	prudencia, proveer, **provisión**
4308	προοράω	4	ver, ver antes, prever
4309	προορίζω	6	determinar, predestinar
4310	προπάσχω	1	padecer antes
4310 A	προπάτωρ	1	padre, **progenitor**
4311	προπέμπω	9	encaminar, acompañar
4312	προπετής	2	precipitadamente, impetuoso
4313	προπορεύομαι	2	ir delante
4315	προσάββατον	1	víspera de reposo
4316	προσαγορεύω	1	declarar
4317	προσάγω	6	presentar, traer, sacar, estar cerca, llevar
4318	προσαγωγή	3	entrada, acceso
4319	προσαιτέω	3	mendigar
4319 A	προσαίτης	2	**mendigo**
4320	προσαναβαίνω	1	subir
4321	προσαναλίσκω ο προσαναλόω	1	gastar
4322	προσαναπληρόω	2	suplir
4323	προσανατίθημι ο προσανατίθεμαι	2	consultar, comunicar
4324	προσαπειλέω	1	amenazar
4325	προσδαπανάω	1	gastar de más
4326	προσδέομαι	1	necesitar
4327	προσδέχομαι	14	esperar, aguardar, recibir, abrigar, sufrir, aceptar
4328	προσδοκάω	16	esperar, estar en expectativa, velar, estar en espera
4329	προσδοκία	2	expectación
	προσδραμών	véase	4370 προστρέχω
4330	προσεάω	1	dejar
4331	προσεγγίζω	1	acercarse
4332	προσεδρεύω	1	servir

4333	προσεργάζομαι	1	ganar
4334	προσέρχομαι	89	venir, acercarse, presentar, ir, llegar, salir, adelantar, conformar
4335	προσευχή	37	oración, orar
4336	προσεύχομαι	88	orar, hacer oración, pedir en oración, pedir
4337	προσέχω	24	guardar, mirar, escuchar atentamente, oir atentamente, estar atento, prestar atención, dar, escuchar, atender, servir
4338	προσηλόω	1	clavar
4339	προσήλυτος	4	prosélito
4340	πρόσκαιρος	4	corta duración, temporal
4341	προσκαλέω	30	llamar, hacer venir, convocar
4342	προσκαρτερέω	10	tener listo, perseverar, persistir, estar siempre, asistir, constante, atender continuamente
4343	προσκαρτέρησις	1	perseverancia
4344	προσκεφάλαιον	1	cabezal
4345	προσκληρόω	1	juntar
4346 A	προσκλίνω	1	unir
4346	πρόσκλισις	1	parcialidad
4347	προσκολλάω	4	unir
4348	πρόσκομμα	6	tropiezo, tropezadero
4349	προσκοπή	1	ocasión de tropiezo
4350	προσκόπτω	8	tropezar, dar con ímpetu
4351	προσκυλίω	2	hacer rodar
4352	προσκυνέω	60	adorar, postrar(se), suplicar, arrodillar(se), hacer reverencia
4353	προσκυνητής	1	adorador
4354	προσλαλέω	2	hablar
4355	προσλαμβάνω	14	tomar aparte, tomar con, comer, recibir
4356	πρόσλημψις ο πρόσληψις	1	admisión
4357	προσμένω	7	estar con, permanecer, perseverar, detener, quedarse, ser diligente
4358	προσορμίζω	1	arribar a la orilla
4359	προσοφείλω	1	deber
4360	προσοχθίζω	2	disgustar
4361	πρόσπεινος	1	hambriento
4362	προσπήγνυμι	1	crucificar
4363	προσπίπτω	8	golpear, postrarse delante, postrarse, caer
4364	προσποιέω	1	hacer como que
4365	προσπορεύομαι	1	acercarse
4366	προσρήσσω ο προσρήγνυμι	2	dar con ímpetu contra
4367	προστάσσω	8	mandar, ordenar
4368	προστάτις	1	auxiliadora
4369	προστίθημι	18	añadir, aumentar, proseguir, volver, agregar, proceder, reunir
4370	προστρέχω	3	correr
4371	προσφάγιον	1	algo de comer
4372	πρόσφατος	1	nuevo
4373	προσφάτως	1	recién
4374	προσφέρω	49	ofrecer, traer, presentar, acercar, rendir, tratar
4375	προσφιλής	1	amable
4376	προσφορά	9	ofrenda
4377	προσφωνέω	7	dar voces, llamar, hablar
4378	πρόσχυσις	1	aspersión
4379	προσψαύω	1	tocar
4380	προσωπολημπτέω	1	hacer acepción de personas
4381	προσωπολήμπτης	1	hacer acepción de personas, **aceptador de personas**
4382	προσωπολημψία	4	acepción de personas
4383	πρόσωπον	78	rostro, faz, aspecto, apariencia, persona, presencia, vista
4384	προτάσσω	1	señalar
4385	προτείνω	1	atar
4386-87	πρότερος	13	primero, antes, al principio, pasado
4388	προτίθημι	3	proponer, poner
4389	προτρέπω	1	animar
4390	προτρέχω	2	correr
4391	προϋπάρχω	2	estar antes
4392	πρόφασις	7	pretexto, excusa, aparentar, **antifaz**
4393	προφέρω	2	sacar
4394	προφητεία	19	profecía
4395	προφητεύω	28	profetizar
4396	προφήτης	149	profeta
4397	προφητικός	2	de los profetas, profético
4398	προφήτις	2	profetisa
4399	προφθάνω	1	hablar primero

4400	προχειρίζω	3	anunciar antes, escoger, poner, designar antes
4401	προχειροτονέω	1	escoger antes, ordenar de antemano
4402	Πρόχορος	1	Prócoro
4403	πρύμνα	3	popa
4404	πρωί	12	por la mañana, de mañana, a la mañana, mañana
4405	πρωία	4	por la mañana, mañana
4406	πρώϊμος	véase	πρόϊμος después de 4290
4407	πρωϊνός	2	de la mañana
4408	πρῷρα	2	proa
4409	πρωτεύω	1	tener preeminencia
4410	πρωτοκαθεδρία	4	primera silla
4411	πρωτοκλισία	5	primer asiento, primer lugar
4412	πρῶτον	63	primero, primeramente, al principio, antes, la primera vez, por primera vez, en primer lugar
4413	πρῶτος	101	primero, príncipe, principal, mejor, noble, más influyente, hombre principal, la primera parte
4414	πρωτοστάτης	1	cabecilla
4415	πρωτοτόκια	1	primogenitura
4416	πρωτότοκος	9	primogénito
4416 A	πρώτως	1	por primera vez
4417	πταίω	5	tropezar, ofender, caer
4418	πτέρνα	1	calcañar
4419	πτερύγιον	2	pináculo
4420	πτέρυξ	5	ala
4421	πτηνός	1	ave
4422	πτοέω	2	alarmar, espantar
4423	πτόησις	1	temer, temor
4424	Πτολεμαΐς	1	Tolemaida
4425	πτύον	2	aventador
4426	πτύρω	1	intimidar
4427	πτύσμα	1	saliva
4428	πτύσσω	1	enrollar
4429	πτύω	3	escupir
4430	πτῶμα	7	cuerpo, cadáver
4431	πτῶσις	2	ruina, caída
4432	πτωχεία	3	pobreza
4433	πτωχεύω	1	hacerse pobre
4434	πτωχός	24	pobre, mendigo
4435	πυγμή	1	muchas veces, con el puño
4436	πύθων	1	adivinación
4437	πυκνός	4	muchas veces, frecuente
4438	πυκτεύω	1	pelear
4439	πύλη	11	puerta
4440	πυλών	18	puerta, patio
4441	πυνθάνομαι	12	preguntar, inquirir, entender
4442	πῦρ	75	fuego, llama
4443	πυρά	2	fuego
4444	πύργος	4	torre
4445	πυρέσσω	2	estar con fiebre
4446	πυρετός	6	fiebre
4447	πύρινος	1	de fuego
4448	πυρόω	6	quemar, indignar, encender, de fuego, refulgente, refinar
4449	πυρράζω	2	tener arreboles
4450 A	Πύρρος	1	Pirro
4450	πυρρός	2	bermejo, escarlata
4451	πύρωσις	3	fuego, incendio
4453	πωλέω	22	vender
4454	πῶλος	12	pollino
4455	πώποτε	6	jamás, nunca
4456	πωρόω	5	endurecer, embotar
4457	πώρωσις	3	dureza, endurecimiento
4458	πώς	14	de alguna manera, en alguna manera, sea que, acaso, de algún modo, quizás, tal vez
4459	πῶς	106	cómo, cuán, de qué manera

P

4460	Ῥαάβ	2	Rahab
4461	ῥαββί o ῥαββεί	17	Rabí, Maestro

	ῥαββουνί - Σαδώκ		
4462	ῥαββουνί, ῥάββουνεί		
	ῥαββονί, ῥαββονεί	2	Maestro, Raboni
4463	ῥαβδίζω	2	azotar con varas
4464	ῥάβδος	12	bordón, vara, cetro
4465	ῥαβδοῦχος	2	alguacil
4466	Ῥαγαύ	1	Ragau
4467	ῥᾳδιούργημα	1	crimen
4468	ῥᾳδιουργία	1	maldad
4469	ῥακά	1	necio
4470	ῥάκος	2	remiendo
4471	Ῥαμά	1	Ramá
4472	ῥαντίζω	6	rociar, purificar, **salpicar**
4473	ῥαντισμός	2	rociar, rociamiento, aspersión
4474	ῥαπίζω	2	herir, abofetear
4475	ῥάπισμα	3	bofetada
4476	ῥαφίς	3	aguja
	ῥαχά	véase	4469 ῥακά
4477	Ῥαχάβ	1	Rahab
4478	Ῥαχήλ	1	Raquel
4479	Ῥεβέκκα	1	Rebeca
4480	ῥέδη	1	carro
4482	ῥέω	1	correr
4483	ῥέω	véase	2046 ἐρῶ, tiempo futuro de λεγω, εἶπον después de 2064
4484	Ῥήγιον	1	Regio
4485	ῥῆγμα	1	ruina
4486	ῥήγνυμι	7	despedazar, romper. sacudir, derribar, prorrumpir
4487	ῥῆμα	71	palabra, nada, cosa, dicho, asunto
4488	Ῥησά	1	Resa
	ῥήσσω	véase	4486 ῥήγνυμι
4489	ῥήτωρ	1	orador
4490	ῥητῶς	1	claramente
4491	ῥίζα	17	raíz
4492	ῥιζόω	2	arraigar
4493	ῥιπή	1	un abrir y cerrar, **pestañeo**
4494	ῥιπίζω	1	echar de una parte a otra
4495	ῥίπτω ο ῥιπτέω	8	dispersar, poner, arrojar, derribar, echar
4497	Ῥοβοάμ	2	Roboam
4498	Ῥόδη	1	Rode
4499	Ῥόδος	1	Rodas
4500	ῥοιζηδόν	1	con grande estruendo
4481	Ῥομφά Ῥεμφαν ο Ῥεφάν	1	Renfán, **Ronfán**
4501	ῥομφαία	7	espada
4502	Ῥουβήν	1	Rubén
4503	Ῥούθ	1	Rut
4504	Ῥοῦφος	2	Rufo
4505	ῥύμη	4	calle
4506	ῥύομαι	18	librar, libertador
4510	ῥυπαίνω	1	ser inmundo
4507	ῥυπαρία	1	inmundicia
4508	ῥυπαρός	2	andrajoso, inmundo, **mugriento**
4509	ῥύπος	1	inmundicia
4510 A	ῥυπόω	2	ser inmundo
4511	ῥύσις	3	flujo
4512	ῥυτίς	1	arruga
4513	Ῥωμαϊκός	1	latino
4514	Ῥωμαῖος	12	romano, ciudadano romano
4515	Ῥωμαϊστί	1	en latín
4516	Ῥώμη	8	Roma
4517	ῥώννυμι ο ῥώννυμαι	2	pasarlo bien

Σ

4518	σαβαχθάνι ο σαβαχθανεί	2	sabactani
4519	Σαβαώθ	2	de los ejércitos
4520	σαββατισμός	1	reposo
4521	σάββατον	68	día de reposo, reposo, semana
4522	σαγήνη	1	red
4523	Σαδδουκαῖος	14	saduceo
4524	Σαδώκ	2	Sadoc

4525	σαίνω	1	inquietar
4526	σάκκος	4	cilicio
4527	Σαλά	2	Sala
4528	Σαλαθιήλ	3	Salatiel
4529	Σαλαμίς	1	Salamina
4531	σαλεύω	14	sacudir, conmover, remecer, mover, temblar, alborotar, dejar mover, cosa movible
4532	Σαλήμ	2	Salem
4530	Σαλίμ ο Σαλείμ	1	Salim
4533	Σαλμών	3	Salmón
4534	Σαλμώνη	1	Salmón
4535	σάλος	1	ola, oleaje
4536	σάλπιγξ	11	trompeta
4537	σαλπίζω	12	tocar trompeta, tocar, sonar
4538	σαλπιστής	1	trompetero
4539	Σαλωμή	2	Salomé
4540	Σαμάρεια ο Σαμαρία	11	Samaria
4541	Σαμαρίτης ο Σαμαρείτης	9	samaritano
4542	Σαμαρῖτις	2	samaritana
4543	Σαμοθράκη	1	Samotracia
4544	Σάμος	1	Samos
4545	Σαμουήλ	3	Samuel
4546	Σαμψών	1	Sansón
4547	σανδάλιον	2	sandalia
4548	σανίς	1	tabla
4549	Σαούλ	9	Saulo, Saúl
4550	σαπρός	8	malo, corrompido
4551	Σάπφιρα	1	Safira
4552	σάπφιρος	1	zafiro
4553	σαργάνη	1	canasto
4554	Σάρδεις	3	Sardis
4555	σάρδιον ο σάρδινος	2	cornalina
4557	σαρδόνυξ	1	ónice
4558	Σάρεπτα	1	Sarepta
4559	σαρκικός	11	carnal, material, humano, descendencia
4560	σάρκινος	4	carnal, de carne, descendencia
4561	σάρξ	152	carne, humano, cuerpo, nadie, terrenal, carnal
4562	Σαρούχ	véase	Σερούχ después de 4588
4563	σαρόω	3	barrer
4564	Σάρρα	4	Sara
4565	Σαρών	1	Sarón
4566	Σατάν ο Σατανᾶς	37	Satanás
4568	σάτον	2	medida
4569	Σαῦλος	17	Saulo
4570	σβέννυμι	8	apagar
4572	σεαυτοῦ	43	ti, ti mismo
4573	σεβάζομαι	1	honrar, adorar
4574	σέβασμα	2	santuario, objeto de culto
4575	Σεβαστός	3	Augusto
4576	σέβω	10	honrar, piadoso, adorar, temeroso, venerar
4577 A	σειρά	1	prisión
4577	σειρός	véase	σιρός antes de 4618
4578	σεισμός	14	tempestad, terremoto, temblor de tierra
4579	σείω	5	conmover, temblar, sacudir
4580	Σεκοῦνδος	1	Segundo
4581	Σελεύκεια ο Σελευκία	1	Seleucia
4582	σελήνη	9	luna
4583	σεληνιάζομαι	2	lunático
4584	Σεμεΐν Σεμεείν ο Σεμεΐ	1	Semei
4585	σεμίδαλις	1	flor de harina
4586	σεμνός	4	honesto, serio
4587	σεμνότης	3	honestidad, seriedad
4588	Σέργιος	1	Sergio
4562	Σερούχ ο Σαρούχ	1	Serug
4589	Σήθ	1	Set
4590	Σημ	1	Sem
4591	σημαίνω	6	dar a entender, informar, declarar
4592	σημεῖον	77	señal, milagro, signo
4593	σημειόω	1	señalar

4594	σήμερον	42	hoy
	(1) ἡ σήμερον	7	el día de hoy, hoy
	σημικίνθιον	véase	4612 σιμικίνθιον
4595	σήπω	1	hacer podrir
4596	σηρικός	véase	σιρικός despues de 4617
4597	σής	3	polilla
4598	σητόβρωτος	1	comido de polilla
4599	σθενόω	1	fortalecer
4600	σιαγών	2	mejilla
4601	σιγάω	10	callar, mantener oculto
4602	σιγή	2	silencio
4604	σίδηρος	1	hierro
4603	σιδηροῦς	5	de hierro
4605	Σιδών	11	Sidón
4606	Σιδώνιος	2	de Sidón
4607	σικάριος	1	sicario
4608	σίκερα	1	sidra
4609	Σίλας ο Σιλᾶς	13	Silas
4610	Σιλουανός	4	Silvano
4611	Σιλωάμ	3	Siloé
4612	σιμικίνθιον	1	paño
4613	Σίμων	49	Simón (Pedro)
4613	Σίμων	26	Simón (otros de este nombre)
4614	Σινά	4	Sinaï
4615	σίναπι	5	mostaza
4616	σῶδών	6	sábana
4617	σινιάζω	1	zarandear
4596	σιρικός ο σηρικός	1	de seda
4577	σιρός ο σειρός	1	prisión, **caverna**
4618	σιτευτός	3	gordo
4618 A	σιτίον	1	trigo
4619	σιτιστός	1	animal engordado
4620	σιτομέτριον	1	ración
4621	(ῖτος	15	trigo, grano
4622	Σιών	7	Sion
4623	σιωπάω	11	callar, mudo
4624	σκανδαλίζω	30	ser ocasión de caer, hallar tropiezo, tropezar, escandalizar, hacer tropezar, ofender, poner tropiezo
4625	σκάνδαλον	15	servir de tropiezo, tropiezo, tropezadero, ocasión de caer, que hacer caer
4626	σκάπτω	3	cavar
4627	σκάφη	3	esquife
4628	σκέλος	3	pierna
4629	σκέπασμα	1	abrigo
4630	Σκευᾶς	1	Esceva
4631	σκευή	1	aparejo
4632	σκεῦος	24	bien, bienes, utensilio, vasija, instrumento, vaso, esposa, objeto, **receptáculo, equipo**
4633	σκηνή	21	enramada, morada, tabernáculo, parte del tabernáculo, tienda
4634	σκηνοπηγία	1	fiesta de los tabernáculos
4635	σκηνοποιός	1	hacer tiendas, **fabricantes de tiendas de campaña**
4636	σκῆνος	2	tabernáculo
4637	σκηνόω	5	habitar, extender un tabernáculo, morar
4638	σκήνωμα	3	tabernáculo, cuerpo, **tienda**
4639	σκιά	7	sombra
4640	σκιρτάω	3	saltar, saltar de alegría, alegrarse
4641	σκληροκαρδία	3	dureza de corazón
4642	σκληρός	6	duro, impetuoso
4643	σκληρότης	1	dureza
4644	σκληροτράχηλος	1	duro de cerviz
4645	σκληρύνω	6	endurecer
4646	σκολιός	4	torcido, perverso, maligno, difícil de soportar
4647	σκόλοψ	1	aguijón
4648	σκοπέω	6	mirar, fijarse, considerar
4649	σκοπός	1	meta
4650	σκορπίζω	5	desparramar, dispersar, esparcir, repartir
4651	σκορπίος	5	escorpión
4652	σκοτεινός	3	en tinieblas, de tinieblas
4653	σκοτία	17	tinieblas, oscuro, **oscuridad**

#	Griego		Español
4654	σκοτίζω	8	oscurecerse, entenebrecer
4655	σκότος	32	tinieblas, oscuridad
4656	σκοτόω	3	entenebrecer, oscurecerse, cubrirse
4657	σκύβαλον	1	basura
4658	Σκύθης	1	escita
4659	σκυθρωπός	2	austero, triste
4660	σκύλλω	4	molestar, **vejar**
4661	σκῦλον	1	botín
4662	σκωληκόβρωτος	1	comido de gusanos
4663	σκώληξ	3	gusano
4664	σμαράγδινος	1	esmeralda
4665	σμάραγδος	1	esmeralda
4666	σμύρνα	2	mirra
4667	Σμύρνα	2	Esmirna
4668	Σμυρναῖος	1	Esmirna
4669	σμυρνίζω	1	mezclar con mirra
4670	Σόδομα	10	Sodoma
4672	Σολομών	12	Salomón
4673	σορός	1	féretro
4674	σός	27	tu, tuyo
4676	σουδάριον	4	pañuelo, sudario, paño
4677	Σουσάννα	1	Susana
4678	σοφία	51	sabiduría, sabio
4679	σοφίζω	2	hacer sabio, artificioso, **ingeniosamente inventado**
4680	σοφός	23	sabio, más sabio, perito
4681	Σπανία	2	España
4682	σπαράσσω	4	sacudir con violencia
4683	σπαργανόω	2	envolver en pañales
4684	σπαταλάω	2	entregarse a los placeres, ser disoluto
4685	σπάω	2	sacar
4686	σπεῖρα	7	compañía, compañía de soldados
4687	σπείρω	52	sembrar, sembrador
4688	σπεκουλάτωρ	1	uno de la guardia
4689	σπένδω	2	derramar en libación, ser sacrificado, **ofrecer en libación**
4690	σπέρμα	44	semilla, descendencia, linaje, simiente, descendientes
4691	σπερμολόγος	1	palabrero
4692	σπεύδω	6	apresurar, darse prisa, aprisa
4693	σπήλαιον	6	cueva
4694	σπιλάς	1	mancha
4696	σπίλος	2	mancha, inmundicia
4695	σπιλόω	2	contaminar
4697	σπλαγχνίζομαι	12	tener compasión, mover a misericordia, compadecer, tener misericordia
4698	σπλάγχνον	11	entrañable, entrañas, cariño, corazón
4699	σπόγγος	3	esponja
4700	σποδός	3	ceniza
4701	σπορά	1	simiente
4702	σπόριμος	3	sembrado
4703	σπόρος	5	semilla, sementera
4704	σπουδάζω	11	procurar con diligencia, ser solícito, procurar con mucho deseo, procurar, apresurar
4705	σπουδαῖος	3	solícito, diligente, diligencia
4709	σπουδαίως	4	con solicitud, con mayor solicitud, solícitamente
4710	σπουδή	12	prontamente, prisa, solicitud, diligencia, **presteza**
4711	σπυρίς ο σφυρίς	5	canasta
4712	στάδιον	7	estadio
4713	στάμνος	1	urna
4955	στασιαστής	1	**sedicioso**
4714	στάσις	9	existencia, revuelta, sedición, discusión, disensión, estar en pie
4715	στατήρ	1	estatero
4716	σταυρός	28	cruz
4717	σταυρόω	46	crucificar
4718	σταφυλή	3	uva
4719	στάχυς	5	espiga
4720	Στάχυς	1	Estaquis
4721	στέγη	3	techo
4722	στέγω	4	soportar
4723	στεῖρα	4	estéril
4724	στέλλω	2	evitar, apartar

στέμμα - συγκαταψηφίζομαι

4725	στέμμα	1	guirnalda
4726	στεναγμός	2	gemido
4727	στενάζω	6	gemir, quejarse
4728	στενός	3	estrecho, angosto
4729	στενοχωρέω	3	angustiar, estar estrecho, ser estrecho
4730	στενοχωρία	4	angustia
4731	στερεός	4	firme, sólido
4732	στερεόω	3	afirmar, confirmar
4733	στερέωμα	1	firmeza
4734	Στεφανᾶς	3	Estéfanas
4736	Στέφανος	7	Esteban
4735	στέφανος	19	corona
4737	στεφανόω	3	coronar
4738	στῆθος	5	pecho
4739	στήκω	12	quedarse, estar, permanecer, estar en pie, estar firme, pararse
4740	στηριγμός	1	firmeza
4741	στηρίζω	14	afirmar, estar puesto, confirmar
4746	στιβάς ο στοιβάς	1	rama
4742	στίγμα	1	marca
4743	στιγμή	1	momento
4744	στίλβω	1	resplandeciente, resplandecer
4745	στοά	4	pórtico
4746	στοιβάς	véase	4746 στιβάς después de 4741
4770	Στοϊκός	1	estoico
4747	στοιχεῖον	7	rudimento, elemento
4748	στοιχέω	5	andar ordenadamente, seguir, andar
4749	στολή	9	larga ropa, mejor vestido, vestidura, ropa
4750	στόμα	79	boca, filo, voz
4751	στόμαχος	1	estómago
4752	στρατεία	2	milicia
4753	στράτευμα	8	ejército, soldados, tropa
4754	στρατεύω	7	ser soldado, soldado, militar, combatir, batallar
4755	στρατηγός	10	jefe de la guardia, magistrado
4756	στρατιά	2	hueste, ejército
4757	στρατιώτης	26	soldado
4758	στρατολογέω	1	tomar por soldado
4759	στρατοπεδάρχης	1	prefecto militar
4760	στρατόπεδον	1	ejército
4761	στρεβλόω	1	torcer
4762	στρέφω	22	volver, convertir, apartar, devolver
4763	στρηνιάω	2	vivir en deleites
4764	στρῆνος	1	deleite
4765	στρουθίον	4	pajarillo
4766	στρωννύω ο στρώννυμι	7	tender, disponer, hacer la cama
4767	στυγητός	1	aborrecible
4768	στυγνάζω	2	estar afligido, estar nublado
4769	στῦλος	4	columna
4770	Στωϊκός	véase	Στοϊκός después de 4746
4772	συγγένεια	3	parentela
4773	συγγενής ο συγγενεύς	12	pariente, parienta
4773 A	συγγενίς	1	parienta
4774	συγγνώμη	1	concesión
4775	συγκάθημαι ο συνκάθημαι	2	sentarse con
4776	συγκαθίζω ο συνκαθίζω	2	sentarse alrededor, hacer sentar (con), sentarse juntos
4777	συγκακοπαθέω ο συνκακοπαθέω	2	participar de las aflicciones, sufrir penalidades
4778	συγκακουχέομαι ο συνκακουχέομαι	1	ser maltratado con
4779	συγκαλέω ο συνκαλέω	8	convocar, reunir
4780	συγκαλύπτω ο συνκαλύπτω	1	encubrir
4781	συγκάμπτω ο συνκάμπτω	1	agobiar
4782	συγκαταβαίνω ο συνκαταβαίνω	1	descender con
4784	συγκατάθεσις	1	acuerdo
4783	συγκατατίθημι, συνκατατίθημι ο συνκατατίθεμαι	1	consentir
4785	συγκαταψηφίζομαι ο συνκαταψηφίζομαι	1	ser contado con

4786	συγκεράννυμι ο συνκεράννυμι	2	ordenar, ir acompañado, **mezclar, unir**
4787	συγκινέω ο συνκινέω	1	soliviantar
4788	συγκλείω ο συνκλείω	4	encerrar, sujetar
4789	συγκληρονόμος ο συνκληρονόμος	4	coheredero
4790	συγκοινωνέω ο συνκοινωνέω	3	participar (con)
4791	συγκοινωνός ο συνκοινωνός	4	participante, copartícipe
4792	συγκομίζω ο συνκομίζω	1	llevar a enterrar
4793	συγκρίνω ο συνκρίνω	3	acomodar, comparar, **interpretar**
4794	συγκύπτω ο συνκύπτω	1	encorvar
4795	συγκυρία	1	acontecer, **casualidad**
4796	συγχαίρω ο συνχαίρω	7	regocijarse con, gozarse con
4797	συγχέω συνχέω ο συνχύν(ν)ω	5	confundir, confuso, alborotar
4798	συγχράομαι	1	tratarse entre
4799	σύγχυσις	1	confusión
4800	συζάω ο συνζάω	3	vivir con, vivir juntamente
4801	συζεύγνυμι ο συνζεύγνυμι	2	juntar
4802	συζητέω ο ζυνζητέω	10	disputar, discutir
4803	συζήτησις ο συνζήτησις	3	contienda, discusión
4804	συζητητής ο συνζητητής	1	disputador
4805	σύζυγος	1	compañero
4806	συζωοποιέω ο συνζωοποιέω	2	dar vida juntamente (con)
4807	συκάμινος	1	sicómoro
4808	συκῆ	16	higuera
4809	συκομωρέα	1	árbol sicómoro
4810	σῦκον	4	higo
4811	συκοφαντέω	2	calumniar, defraudar
4812	συλαγωγέω	1	engañar, **coger como presa**
4813	συλάω	1	despojar
4814	συλλαλέω ο συνλαλέω	6	hablar, **conversar**
4815	συλλαμβάνω ο συνλαμβάνω	16	prender, concebir, ayudar, aprehender, **coger**
4816	συλλέγω	8	recoger, arrancar, cosechar
4817	συλλογίζομαι	1	discutir
4818	συλλυπέω ο συνλυπέω	1	entristecer
4819	συμβαίνω	8	acontecer, suceder, venir, sobrevenir
4820	συμβάλλω ο συνβάλλω	6	meditar, guerra, conferenciar, disputar, ser de gran provecho, reunirse con, **guerrear**
4821	συμβασιλεύω ο συνβασιλεύω	2	reinar juntamente con
4822	συμβιβάζω ο συνβιβάζω	7	demostrar, dar por cierto, instruir, unir, unir entre sí, **dar instrucciones**
4823	συμβουλεύω	5	tener consejo, acordar, dar consejo, aconsejar, resolver en consejo
4824	συμβούλιον	8	consejo, consultar
4825	σύμβουλος	1	consejero
4826	Συμεών	7	Simeón, Simón
4827	συμμαθητής ο συνμαθητής	1	condiscípulo
4828	συμμαρτυρέω ο συνμαρτυρέω	4	dar testimonio, testifico
4829	συμμερίζω ο συνμερίζω	1	participar
4830	συμμέτοχος ο συνμέτοχος	2	copartícipe, partícipe
4831	συμμιμητής ο συνμιμητής	1	imitador
4832	συμμορφίζω	1	llegar a ser semejante
4833	σύμμορφος	2	conforme, semejante
4834	συμπαθέω ο συνπαθέω	2	compadecer
4835	συμπαθής	1	compasivo
4836	συμπαραγίνομαι ο συνπαραγίνομαι	2	estar presente, estar al lado
4837	συμπαρακαλέω ο συνπαρακαλέω	1	confortar mutuamente
4838	συμπαραλαμβάνω ο συνπαραλαμβάνω	4	llevar con
4839	συμπαραμένω ο συνπαραμένω	1	permanecer
4840	συμπάρειμι ο συνπάρειμι	1	estar junto con

4841	συμπάσχω ο συνπάσχω	2	padecer juntamente con, dolor con
4842	συμπέμπω ο συνπέμπω	2	enviar (juntamente)
4843	συμπεριλαμβάνω ο συνπεριλαμβάνω	1	abrazar
4844	συμπίνω ο συνπίνω	1	beber con
4844 A	συμπίπτω ο συνπίπτω	1	caer
4845	συμπληρόω ο συνπληρόω	3	anegar, cumplir, llegar
4846	συμπνίγω ο συνπνίγω	5	ahogar, oprimir
4847	συμπολίτης ο συνπολίτης	1	conciudadano
4848	συμπορεύομαι ο συνπορεύομαι	4	juntar, ir con, caminar con
4849	συμπόσιον	1	grupo
4850	συμπρεσβύτερος ο συνπρεσβύτερος	1	anciano con
4851	συμφέρω	17	ser mejor, convenir, traer, ser útil, provecho, beneficio, ser provechoso
4852	σύμφημι	1	aprobar
4852 A	σύμφορος	2	provecho, beneficio
4853	συμφυλέτης	1	de la nación de uno
4854	σύμφυτος	1	plantado juntamente
4855	συμφύω ο συνφύω	1	nacer juntamente
4856	συμφωνέω	6	ponerse de acuerdo, convenir, armonizar, concordar
4857	συμφώνησις	1	concordia
4858	συμφωνία	1	música
4859	σύμφωνος	1	mutuo consentimiento
4860	συμψηφίζω	1	hacer la cuenta, contar
4861	σύμψυχος	1	unánime
4863	συνάγω	62	convocar, recoger, juntar, congregar, reunir, guardar, llevar
4864	συναγωγή	57	sinagoga, congregación
4865	συναγωνίζομαι	1	ayudar, esforzarse con
4866	συναθλέω	2	combatir unánimes, combatir juntamente con
4867	συναθροίζω	3	reunir
4868	συναίρω	3	hacer, arreglar, ajustar
4869	συναιχμάλωτος	3	compañero de prisiones
4870	συνακολουθέω	3	seguir
4871	σιναλίζω	1	juntar
4900	συναλλάσσω	1	poner, reconciliar
4872	συναναβαίνω	2	subir (juntamente) con
4873	συνανάκειμαι	9	sentarse juntamente a la mesa con, estar a la mesa (juntamente) con
4874	συναναμείγνυμι ο συναναμίγνυμαι	3	juntarse con
4875	συναναπαύομαι	1	ser recreado juntamente con
4876	συναντάω	6	salir al encuentro, salir a recibir, acontecer
4877	συνάντησις	1	encuentro
4878	συναντιλαμβάνομαι	2	ayudar
4879	συναπάγω	3	asociar, arrastrar
4880	συναποθνήσκω	3	morir con, morir juntamente
4881	συναπόλλυμι ο συναπόλλυμαι	1	perecer juntamente
4882	συναποστέλλω	1	enviar con
4883	συναρμολογέω	2	bien coordinar, bien concertar
4884	συναρπάζω	4	apoderar, arrebatar
4885	συναυξάνω	1	crecer juntamente
4886	σύνδεσμος ο σύνδεσμον	4	prisión, vínculo, ligamento
4887	συνδέω	1	estar preso juntamente con
4888	συνδοξάζω	1	glorificar juntamente con
4889	σύνδουλος	10	consiervo
4890	συνδρομή	1	agolpar, concurso
4891	συνεγείρω	3	resucitar (juntamente) con
4892	συνέδριον	22	concilio, sanhedrín
4893	συνείδησις	32	conciencia
4894	συνείδον	véase	σύνοιδα y συνοράω 4894A después de 4923 y 4927
4895	σύνειμι	1	juntar
4896	σύνειμι	2	estar con
4897	συνεισέρχομαι	2	entrar con
4898	συνέκδημος	2	compañero (de peregrinación)
4899	συνεκλεκτός	1	elegido juntamente con
4900 A	συνελαύνω	1	poner
4901	συνεπιμαρτυρέω	1	testificar juntamente con

LEXICO GRIEGO-ESPAÑOL　　　　79　　　　συνεπιτίθημι - συστενάζω

4901 A	συνεπιτίθημι ο		
	συνεπιτίθεμαι	1	tomar parte en la acusación
4902	συνέπομαι	1	acompañar
4903	συνεργέω	5	ayudar, colaborador, actuar juntamente con
4904	συνεργός	13	colaborador, colaborar, ayudar, cooperar, **ayudador**
4905	συνέρχομαι	33	juntar, agolpar, reunir, venir con, acompañar, estar juntos, venir juntos, congregar, venir, ir
4906	συνεσθίω	5	comer con
4907	σύνεσις	7	entendimiento, inteligencia, conocimiento
4908	συνετός	4	entendido, prudente
4909	συνευδοκέω	6	consentir, complacer, **aprobar**
4910	συνευωχέομαι	2	comer con
	συνέφαγον	véase	4906 συνεσθίω
4911	συνεφίστημι	1	agolpar
4912	συνέχω	12	afligir, tomar, estar poseído, apretar, angustiar, estrechar, custodiar, tapar, entregar por entero, constreñir, estar enfermo, poner en estrecho
4913	συνήδομαι	1	deleitar
4914	συνήθεια	3	costumbre, habituar
4915	συνηλικιώτης	1	contemporáneo
4916	συνθάπτω	2	sepultar (juntamente) con
4917	συνθλάω	2	quebrantar
4918	συνθλίβω	2	apretar
4919	συνθρύπτω	1	quebrantar
4920	συνίημι ο συνίω	26	entender, comprender, ser juicioso
4921	συνίστημι, συνιστάνω ο συνιστάω	16	estar con, hacer resaltar, mostrar, recomendar, alabar, hacer, subsistir
4922	συνοδεύω	1	ir con
4923	συνοδία	1	compañía
4894 A	σύνοιδα	2	saber (contra)
4924	συνοικέω	1	vivir con
4925	συνοικοδομέω	1	edificar juntamente
4926	συνομιλέω	1	hablar con
4927	συνομορέω	1	estar junto
4894 A	συνοράω ο συνεῖδον	2	considerar, saber
4928	συνοχή	2	angustia
4929	συντάσσω	3	mandar, ordenar
4930	συντέλεια	6	fin, consumación
4931	συντελέω	7	terminar, cumplir, pasar, acabar, establecer
4932	συντέμνω	2	**abreviar, acortar**
4933	συντηρέω	3	conservar juntamente, guardar, guardar a salvo, conservarse
4934	συντίθημι ο συντίθεμαι	4	convenir, acordar, confirmar
4935	συντόμως	1	brevemente
4936	συντρέχω	3	ir, concurrir, correr con
4937	συντρίβω	8	cascar, desmenuzar, quebrar, quebrantar, estropear, aplastar
4938	σύντριμμα	1	quebranto
4939	σύντροφος	1	el que es criado junto
4940	συντυγχάνω	1	llegar
4941	Συντύχη	1	Síntique
4942	συνυποκρίνομαι	1	participar en la simulación (**disimular juntamente**)
4943	συνυπουργέω	1	cooperar
4944	συνωδίνω	1	estar con dolores de parto
4945	συνωμοσία	1	conjuración
4946	Συράκουσαι	1	Siracusa
4947	Συρία	8	Siria
4948	Σύρος	1	sirio
4949	Συροφοινίκισσα ο Συροφοίνισσα	1	sirofenicio
4950	Σύρτις	1	Sirte
4951	σύρω	5	arrastrar, traer
4952	συσπαράσσω	2	sacudir con violencia
4953	σύσσημον	1	señal
4954	σύσσωμος, σύνσωμος ο σύσσωμα		miembro del mismo cuerpo
4955 A	συστασιαστής	1	compañero de motín
4956	συστατικός	1	recomendación
4957	συσταυρόω	5	crucificar (juntamente) con
4958	συστέλλω ο συνστέλλω	2	envolver, corto
4959	συστενάζω ο συνστενάζω	1	gemir a una

4960	συστοιχέω ὁ συνστοιχέω	1	corresponder
4961	συστρατιώτης ὁ συνστρατιώτης	2	compañero de milicia
4962	συστρέφω	2	estar, recoger, **reunirse**
4963	συστροφή	2	concurso, complot
4964	συσχηματίζω ὁ συνσχηματίζω	2	conformar
4965	Συχάρ	1	Sicar
4966	Συχέμ	2	Siquem
4967	σφαγή	3	muerte, matadero, matanza
4968	σφάγιον	1	víctima
4969	σφάξω	10	matar, inmolar, morirse, herir
4970	σφόδρα	11	muy, gran, en gran manera, mucho, grandemente, sobremanera
4971	σφοδρῶς	1	furioso, **furiosamente**
4972	σφραγίζω	26	sellar, atestiguar, señalar, impedir, entregar, poner el sello, **asegurar**
4973	σφραγίς	16	sello
4974	σφυδρόν	1	tobillo
4975	σχεδόν	3	casi
4976	σχῆμα	2	apariencia, condición, **forma**
4977	σχίζω	11	rasgar, partir, abrir, cortar, romper, dividir
4978	σχίσμα	8	rotura, disensión, división, desavenencia
4979	σχοινίον	2	cuerda, amarra
4980	σχολάζω	3	desocupar, ocuparse sosegadamente
4981	σχολή	1	escuela
4982	σῴζω	110	salvar, librar, quedar sano, sanar, preservar
4983	σῶμα	146	cuerpo
4984	σωματικός	2	corporal
4985	σωματικῶς	1	corporalmente
4986	Σώπατρος	1	Sópater
4987	σωρεύω	2	amontonar, cargar
4988	Ζωσθένης	2	Sóstenes
4989	Σωσίπατρος	1	Sosípater
4990	σωτήρ	24	Salvador
4991	σωτηρία	46	salvación, Salvador, libertad, salud, liberación, salvar
4992	σωτήριος	5	salvación
4993	σωφρονέω	6	estar en el cabal juicio, pensar con cordura, ser cuerdo, ser prudente, ser sobrio
4994	σωφρονίζω	1	enseñar
4995	σωφρονισμός	1	dominio propio
4996	σωφρόνως	1	sobriamente
4997	σωφροσύνη	3	cordura, modestia
4998	σώφρων	4	prudente, sobrio

Τ

4999	ταβέρναι	1	Taberna
5000	Ταβιθά ὁ Ταβειθά	2	Tabita
5001	τάγμα	1	orden
5002	τακτός	1	señalado
5003	ταλαιπωρέω	1	afligir
5004	ταλαιπωρία	2	desventura, miseria
5005	ταλαίπωρος	2	miserable, desventurado
5006	ταλαντιαῖος	1	del peso de un talento
5007	τάλαντον	15	talento
5008	ταλιθά ὁ ταλειθά	1	talita
5009	ταμεῖον	4	aposento, despensa
3569	τανῦν	2	ahora
5010	τάξις	10	orden, buen orden
5011	ταπεινός	8	humilde, de humilde condición
5012	ταπεινοφροσύνη	7	humildad
5012 A	ταπεινόφρων	1	**humilde**
5013	ταπεινόω	14	humillar, bajar, vivir humildemente
5014	ταπείνωσις	4	bajeza, humillación
5015	ταράσσω	18	turbar, agitar, conmover, inquietar, alborotar, perturbar, conturbar
5016	ταραχή	2	alboroto, movimiento
5017	τάραχος	2	alboroto, disturbio
5018	Ταρσεύς	2	de Tarso
5019	Ταρσός	3	Tarso
5020	ταρταρόω	1	arrojar al infierno

LEXICO GRIEGO-ESPAÑOL 81 τάσσω - τίκτω

5021	τάσσω	9	poner, ordenar, disponer, señalar, establecer, dedicar
5022	ταῦρος	4	toro
5027	ταφή	1	sepultura
5028	τάφος	7	sepulcro
5029	τάχα	2	pudiera ser que, quizás
5030	ταχέως	10	pronto, de prisa, fácilmente, con ligereza
5031	ταχινός	2	en breve, repentino
5032	τάχιον ο τάχειον	5	más pronto, más aprisa, pronto
5033	τάχιστα	1	más pronto
5034	τάχος	9	pronto, prontamente, en breve
5035-36	ταχύς	15	**aprisa,** pronto, luego, de prisa, en breve
5038	τεῖχος	9	muro
5039	τεκμήριον	1	prueba indubitable
5040	τεκνίον	9	hijito
5041	τεκνογονέω	1	criar hijos
5042	τεκνογονία	1	engendrar hijos, **crianza de hijos**
5043	τέκνον	100	hijo, descendencia, hija
5044	τεκνοτροφέω	1	criar hijos
5045	τέκτων	2	carpintero
5046	τέλειος	19	perfecto, madurez, maduro, completo
5047	τελειότης	2	perfecto, perfección
5048	τελειόω	24	acabar, terminar, cumplir, ser perfecto, perfeccionar, hacer perfecto
5049	τελείως	1	por completo, **cumplidamente**
5050	τελείωσις	2	**cumplimiento,** cumplir, perfección
5051	τελειωτής	1	consumador
5052	τελεσφορέω	1	madurar fruto, llevar fruto
5053	τελευτάω	13	morir
5054	τελευτή	1	muerte
5055	τελέω	28	terminar, acabar, pagar, cumplir, consumar, guardar perfectamente, perfeccionar
5056	τέλος	42	fin, tributo, cumplimiento, extremo, propósito
	(1) τὸ τέλος	1	finalmente
5057	τελώνης	22	publicano
5058	τελώνιον	3	banco de los tributos públicos
5059	τέρας	16	prodigio, maravilla
5060	Τέρτιος	2	Tercio
5061	Τέρτυλλος	2	Tértulo
5062	τεσσαράκοντα ο τεσσεράκοντα	22	cuarenta
5063	τεσσαρακονταετής ο τεσσερακονταετής	2	de cuarenta años
5064	τέσσαρες	42	cuatro
5065	τεσσαρεσκαιδέκατος	2	decimocuarto
5066	τεταρταῖος	1	de cuatro días
5067	τέταρτος	10	cuarto, cuatro, cuarta parte
	τετρααρχέω	véase	5075 τετραρχέω
	τετρααρχής	véase	5076 τετράρχης
5068	τετράγωνος	1	en cuadro
5069	τετράδιον	1	grupo de cuatro
5070	τετρακισχίλιοι	5	cuatro mil
5071	τετρακόσιοι	4	cuatrocientos
5072	τετράμηνος	1	cuatro meses
5073	τετραπλοῦς ο τετραπλόος	2	cuadruplicado
5074	τετράπους	3	cuadrúpedo
5075	τετραρχέω ο τετρααρχέω	3	ser tetrarca
5076	τετράρχης ο τετραάρχης	4	tetrarca
5077	τεφρόω	1	reducir a ceniza
5078	τέχνη	3	arte, oficio
5079	τεχνίτης	4	artífice, arquitecto
5080	τήκω	1	fundir
5081	τηλαυγῶς	1	de lejos y claramente
5082	τηλικοῦτος	4	tan grande
5083	τηρέω	75	guardar, reservar, custodiar, conservar
5084	τήρησις	3	cárcel, guardar, **observancia**
5085	Τιβεριάς	3	Tiberias
5086	Τιβέριος	1	Tiberio
5087	τίθημι	102	poner, meter, comparar, guardar, proponer, servir, dar, quitar, presentar, colocar, encargar, constituir, destinar
5088	τίκτω	19	dar a luz, nacer, alumbramiento, producir

5089	τίλλω	3	arrancar
5090	Τιμαῖος	1	Timeo
5091	τιμάω	21	honrar, apreciar, poner precio
5092	τιμή	43	precio, honra, atención, valor, honor, precioso
5093	τίμιος	14	venerado, precioso, honroso
5094	τιμιότης	1	riqueza
5095	Τιμόθεος	24	Timoteo
5096	Τίμων	1	Timón
5097	τιμωρέω	2	castigar
5098	τιμωρία	1	castigo
5099	τίνω ο τίω	1	sufrir, pagar
5103 A	Τίτιος	1	Ticio, Tito
5102	τίτλος	2	título
5103	Τίτος	13	Tito
5105	τοιγαροῦν	2	así que, por tanto
5106	τοίνυν	4	pues, así que
5107	τοιόσδε	1	una, una tal
5108	τοιοῦτος	61	tal, como este, este, semejante, mismo, tal persona, tal hombre, tal cosa
5109	τοῖχος	1	pared
5110	τόκος	2	interés
5111	τολμάω	16	osar, atreverse, tener osadía
5112	τολμηροτέρως ο τολμηρότερον		con más atrevimiento, en parte con atrevimiento
5113	τολμητής	1	atrevido
5114	τομός	1	cortante
5115	τόξον	1	arco
5116	τοπάζιον	1	topacio
5117	τόπος	96	lugar, campo, oportunidad, rumbo
5118	τοσοῦτος	21	tanto, tan grande
5119	τότε	162	entonces, así, en otro tiempo, nunca
5121	τουναντίον	3	al contrario, por el contrario
5122	τοὔνομα	1	llamado
5131	τράγος	4	macho cabrío
5132	τράπεζα	15	mesa, convite
5133	τραπεζίτης ο τραπεζείτης	1	banquero
5134	τραῦμα	1	herida
5135	τραυματίζω	2	herir
5136	τραχηλίζω	1	abrir
5137	τράχηλος	7	cuello, cerviz
5138	τραχύς	2	áspero, escabroso
5139	Τραχωνῖτις	1	Traconite
5140	τρεῖς	71	tres, tercero
5141	τρέμω	4	temblar, temer
5142	τρέφω	9	alimentar, sustentar, criar, abastecer, engordar
5143	τρέχω	20	correr
5169	τρῆμα	2	ojo
5144	τριάκοντα	11	treinta
5145	τριακόσιοι	2	trescientos
5146	τρίβολος	2	abrojo
5147	τρίβος	3	senda
5148	τριετία	1	tres años
5149	τρίζω	1	crujir
5150	τρίμηνος	1	tres meses
5151	τρίς	12	tres veces
5152	τρίστεγον	1	tercer piso
5153	τρισχίλιοι	1	tres mil
5154 A	τρίτον	8	tercero, tercera vez
5154	τρίτος	50	tercero, tercera vez, tercera parte
5155	τρίχινος	1	de cilicio
5156	τρόμος	5	temblor
5157	τροπή	1	variación
5158	τρόπος	14	manera, costumbre
	(1) ὄν τρόπον	7	como, modo, manera
5159	τροποφορέω	1	soportar
5160	τροφή	16	comida, alimento, sustento, mantenimiento
5161	Τρόφιμος	3	Trófimo
5162	τροφός	1	nodriza
5159 A	τροφοφορέω	1	soportar

5163	τροχιά	1	senda
5164	τροχός	1	rueda, curso
5165	τρύβλιον	2	plato
5166	τρυγάω	3	vendimiar
5167	τρυγών	1	tórtola
5168	τρυμαλιά	2	ojo
5169 A	τρύπημα	1	ojo
5170	Τρύφαινα	1	Trifena
5171	τρυφάω	1	vivir en deleites
5172	τρυφή	2	deleite, gozar de deleites, lujo
5173	Τρυφῶσα	1	Trifosa
5174	Τρῳάς	6	Troas
5175	Τρωγύλλιον	1	Trogilio
5176	τρώγω	6	comer
5177	τυγχάνω	13	estar, vulgar, disfrutar, común, probablemente, quizá, ya sea, alcanzar, gozar, obtener, seguramente
5178	τυμπανίζω	1	atormentar
5179 A	τυπικῶς	1	como ejemplo, típicamente
5179	τύπος	16	señal, lugar, figura, modelo, forma, ejemplo
5180	τύπτω	14	golpear, herir
5181	Τύραννος	1	Tiranno
5182 A	τυρβάζω	1	turbar
5183	Τύριος	1	de Tiro
5184	Τύρος	11	Tiro
5185	τυφλός	53	ciego, cegar
5186	τυφλόω	3	cegar
5187	τυφόω	3	envanecer, infatuado
5188	τύφω	1	humear
5189	τυφωνικός	1	huracanado
5190	Τυχικός	5	Tíquico

Υ

5191	ὑακίνθινος	1	de color de jacinto, de zafiro
5192	ὑάκινθος	1	jacinto
5193	ὑάλινος	3	de vidrio
5194	ὕαλος	2	vidrio
5195	ὑβρίζω	5	afrentar, ultrajar
5196	ὕβρις	3	perjuicio, afrenta
5197	ὑβριστής	2	injurioso, injuriador
5198	ὑγιαίνω	12	estar sano, tener salud
5199	ὑγιής	14	sano, sanado, sanar
5200	ὑγρός	1	verde
5201	ὑδρία	3	tinaja para agua, tinaja, cántaro
5202	ὑδροποτέω	1	beber agua
5203	ὑδρωπικός	1	hidrópico
5204	ὕδωρ	80	agua
5205	ὑετός	6	lluvia
5206	υἱοθεσία	5	adopción, adoptar
5207	υἱός	385	hijo
5208	ὕλη	1	bosque
5211	Ὑμέναιος	1	Himeneo
5212	ὑμέτερος	11	vuestro, de vosotros, a vosotros
5214	ὑμνέω	4	cantar himnos, alabar
5215	ὕμνος	2	himno
5217	ὑπάγω	82	ir(se), andar, quitar(se), venir, apartarse
5218	ὑπακοή	15	obediencia, obedecer, obediente
5219	ὑπακούω	21	obedecer, escuchar
5220	ὕπανδρος	1	casada
5221	ὑπαντάω	10	venir al encuentro, salir al encuentro, hacer frente, salir a recibir, encontrar, venir a recibir
5222	ὑπάντησις	3	encuentro, recibir
5223	ὕπαρξις	2	bienes, herencia
5224	ὑπάρχοντα	14	hacienda, bienes, lo que tiene uno, lo que uno posee,
5225	ὑπάρχω	48	ser, estar, haber, heredad
5226	ὑπείκω	1	sujetarse
5227	ὑπεναντίος	2	contra, adversario
5228	ὑπέρ (con el genitivo)	141	por, de, para, por causa de, por amor de, con respecto a, tocante a, a favor de, en favor de, acerca de, en nombre de, (con) respecto de,

	(1) ὑπὲρ ἐκπερισσοῦ	3	en cuanto a, a causa de, en lugar de abundantemente, con gran insistencia, en mucha estima
5228	ὑπέρ (con el acusativo)	21	más que, superior a, más, más de, más allá, grande, que, sobre, mucho más
5228	ὑπέρ (como adverbio)	1	más
5229	ὑπεραίρω	3	exaltar desmedidamente, enaltecer sobremanera, levantar
5230	ὑπέρακμος	1	que pasa ya de edad
5231	ὑπεράνω	3	sobre, por encima de
5232	ὑπεραυξάνω	1	crecer
5233	ὑπερβαίνω	1	agraviar, **transgresar**
5234	ὑπερβαλλόντως	1	sin número
5235	ὑπερβάλλω	5	más eminente, superabundante, supereminente, abundante, exceder
5236	ὑπερβολή	7	excelencia, grandeza
	(1) καθ' ὑπερβολήν	5	sobremanera, más excelente, cada vez más excelente
5237	ὑπερεῖδον	véase	ὑπεροράω después de 5246
5238	ὑπερέκεινα	1	lugares más allá
5238 A	ὑπερεκπερισσοῦ	3	abundantemente, con gran insistencia, mucho
5238 B	ὑπερεκπερισσῶς	1	mucho
5239	ὑπερεκτείνω	1	extralimitar
5240	ὑπερεκχύν(ν)ω	1	rebosar
5241	ὑπερεντυγχάνω	1	interceder
5242	ὑπερέχω	5	ser superior, excelencia, sobrepasar
5243	ὑπερηφανία	1	soberbia
5244	ὑπερήφανος	5	soberbio
5244 A	ὑπερλίαν	2	grande
5245	ὑπερνικάω	1	ser más que vencedor
5246	ὑπέρογκος	2	inflado
5237	ὑπεροράω	1	pasar por alto
5247	ὑπεροχή	2	excelencia, eminencia
5248	ὑπερπερισσεύω	2	sobreabundar
5249	ὑπερπερισσῶς	1	en gran manera
5250	ὑπερπλεονάζω	1	ser más abundante
5251	ὑπερυψόω	1	exaltar hasta lo sumo
5252	ὑπερφρονέω	1	tener más alto concepto
5253	ὑπερῷον	4	aposento alto, sala
5254	ὑπέχω	1	sufrir
5255	ὑπήκοος	3	obediente
5256	ὑπηρετέω	3	servir
5257	ὑπηρέτης	20	alguacil, ministro, servidor, ayudante
5258	ὕπνος	6	sueño
5260	ὑποβάλλω	1	sobornar
5261	ὑπογραμμός	1	ejemplo
5262	ὑπόδειγμα	6	ejemplo, figura
5263	ὑποδείκνυμι	6	enseñar, indicar, mostrar
5264	ὑποδέχομαι	4	recibir
5265	ὑποδέω	3	calzar, atar
5266	ὑπόδημα	10	**zapatos, sandalias**, calzado
5267	ὑπόδικος	1	bajo el juicio, reo
	ὑποδραμών	véase	5295 ὑποτρέχω
5268	ὑποζύγιον	2	animal de carga, bestia de carga
5269	ὑποζώννυμι	1	ceñir
5270	ὑποκάτω	11	debajo de, bajo
5271	ὑποκρίνομαι	1	simular
5272	ὑπόκρισις	7	hipocresía
5273	ὑποκριτής	20	hipócrita
5274	ὑπολαμβάνω	5	pensar, responder, recibir, suponer, acoger
5275 A	ὑπόλειμμα ο ὑπόλιμμα	1	remanente
5275	ὑπολείπω	1	quedar
5276	ὑπολήνιον	1	lagar
5277	ὑπολιμπάνω	1	dejar
5278	ὑπομένω	17	perseverar, quedarse, sufrir, soportar, sostener
5279	ὑπομιμνῄσκω	7	acordarse, recordar
5280	ὑπόμνησις	3	memoria, amonestación, exhortación
5281	ὑπομονή	32	perseverancia, paciencia, perseverar, constancia
5282	ὑπονοέω	3	pensar, sospechar
5283	ὑπόνοια	1	sospecha
5284	ὑποπλέω	2	navegar a sotavento
5285	ὑποπνέω	1	soplar
5286	ὑποπόδιον	9	estrado

5287	ὑπόστασις	5	confianza, sustancia, certeza
5288	ὑποστέλλω	4	rehuir, retraer, retroceder
5289	ὑποστολή	1	retroceder, **retraimiento**
5290	ὑποστρέφω	37	volver, regresar
5291	ὑποστρωννύω	1	tender
5292	ὑποταγή	4	**sumisión**, obediencia, someterse, sujeción
5293	ὑποτάσσω	40	sujetar, someter, obedecer, estar sujeto, estar sumiso
5294	ὑποτίθημι	2	exponer, enseñar
5295	ὑποτρέχω	1	correr a sotavento
5296	ὑποτύπωσις	2	ejemplo, forma
5297	ὑποφέρω	3	soportar, sufrir
5298	ὑποχωρέω	2	apartarse, retirarse
5299	ὑπωπιάζω	2	agotarse la paciencia, golpear, **moler**
5300	ὗς ο ὑός	1	puerca
5301	ὕσσωπος ο ὕσσωπον	2	hisopo
5302	ὑστερέω	16	faltar, estar destituido, ser menos, ser inferior, tener necesidad, padecer necesidad, no alcanzar, pobre, dejar de alcanzar, **carecer**
5303	ὑστέρημα	9	pobreza, ausencia, escasez, necesidad, lo que falta, **deficiencia**
5304	ὑστέρησις	2	pobreza, escasez, **necesidad**
5305	ὕστερον	12	después, finalmente, al fin
5306	ὕστερος	2	postrero, **segundo**
5307 A	ὑφαίνω	1	**tejer**
5307	ὑφαντός	1	tejido
5308	ὑψηλός	12	alto, sublime, levantado, altivo, altura
5309	ὑψηλοφρονέω	2	ensoberbecerse, ser altivo
5310	ὕψιστος	13	altura, Altísimo
5311	ὕψος	6	lo alto, altura, exaltación
5312	ὑψόω	20	levantar, enaltecer, exaltar
5313	ὕψωμα	2	lo alto, altivez

Φ

5314	φάγος	2	comilón
5315	φάγω	véase	2068 ἐσθίω
5341	φαιλόνης	1	capote
5316	φαίνω	31	aparecer, aparición, verse, mostrar, parecer, resplandecer, alumbrar, brillar
5317	Φάλεκ	1	Peleg
5318	φανερός	21	descubrir, manifiesto, notorio, manifestado, patente, manifestar
	(1) ἐν τῷ φανερῷ	5	en público, exteriormente
	(2) εἰς φανερόν	2	a luz
5319	φανερόω	49	manifestar, aparecer, comparecer, hacer manifiesto, demostrar presentarse, mostrarse, descubrirse
5320	φανερῶς	3	abiertamente, claramente
5321	φανέρωσις	2	manifestación
5322	φανός	1	linterna
5323	Φανουήλ	1	Fanuel
5324	φαντάζω	1	verse
5325	φαντασία	1	pompa
5326	φάντασμα	2	fantasma
5327	φάραγξ	1	valle
5328	Φαραώ	5	Faraón
5329	Φαρές	3	Fares
5330	Φαρισαῖος	100	fariseo
5331	φαρμακεία ο φαρμακία	3	hechicería
5332	φαρμακεύς	1	hechicero
5332 A	φάρμακον	1	hechicería
5333	φάρμακος	2	hechicero
5334	φάσις	1	**denuncia**
5335	φάσκω	4	decir, afirmar, profesar
5336	φάτνη	4	pesebre
5337	φαῦλος	6	malo, mal, perverso
5338	φέγγος	3	resplandor, luz
5339	φείδομαι	10	perdonar, escatimar, ser indulgente, dejar, evitar
5340	φειδομένως	2	escasamente
5341	φελόνης	véase	φαιλόνης después de 5315
5342	φέρω	69	dar, traer, presentar, producir, llevar, poner, acercar, soplar, quedar a la deriva, soportar, sustentar, ir adelante, intervenir, enviar, inspirar, pronunciar

5343	φεύγω	31	huir, escapar, evitar
5344	Φῆλιξ	9	Félix
5345	φήμη	2	fama
5346	φημί	69	decir, afirmar
5347	Ψῆστος	13	Festo
5348	φθάνω	7	llegar, alcanzar, venir, preceder
5349	φθαρτός	6	corruptible
5350	φθέγγομαι	3	hablar
5351	φθείρω	9	destruir, corromper, extraviar, viciar, perecer
5352	φθινοπωρινός	1	otoñal
5353	φθόγγος	2	voz
5354	φθονέω	1	envidiar
5355	φθόνος	9	envidia
5356	φθορά	9	corrupción, destruir, destrucción, perdición
5357	φιάλη	12	copa
5358	φιλάγαθος	1	amante de lo bueno
5359	Φιλαδέλφεια ο ψιλαδελφία	2	Filadelfia
5360	φιλαδελφία	6	amor fraternal, afecto fraternal
5361	φιλάδελφος	1	amando fraternalmente
5362	φίλανδρος	1	que ama a su marido, **amante de su marido**
5363	φιλανθρωπία	2	humanidad, amor para con los hombres
5364	φιλανθρώπως	1	humanamente
5365	φιλαργυρία	1	amor al dinero
5366	φιλάργυρος	2	avaro
5367	φίλαυτος	1	amador de sí mismo
5368	φιλέω	25	amar, besar
5369	φιλήδονος	1	amador de los deleites
5370	φίλημα	7	beso, ósculo
5371	Φιλήμων	1	Filemón
5372	Φίλητος	1	Fileto
5373	φιλία	1	amistad
5374	Φιλιππήσιος	1	filipenses
5375	Φίλιπποι	4	Filipos
5376	Φίλιππος	35	Felipe, Felipo
5377	φιλόθεος	1	amador de Dios
5378	Φιλόλογος	1	Filólogo
5379	φιλον(ε)ικία	1	disputa
5380	φιλόν(ε)ικος	1	contencioso
5381	φιλοξενία	2	hospitalidad
5382	φιλόξενος	3	hospedador, hospedarse, **usando de hospitalidad**
5383	φιλοπρωτεύω	1	gustar tener el primer lugar
5384	φίλος	29	amigo
5385	φιλοσοφία	1	filosofía
5386	φιλόσοφος	1	filósofo
5387	φιλόστοργος	1	**afectuoso**
5388	φιλότεκνος	1	**amante de sus hijos**, que ama a sus hijos
5389	φιλοτιμέομαι	3	**tener ambición**, esforzarse, procurar
5390	φιλοφρόνως	1	solícitamente
5391	φιλόφρων	1	amigable
5392	φιμόω	8	enmudecer, hacer callar, callarse, poner bozal
5393	Φλέγων	1	Flegonte
5394	φλογίζω	2	inflamar
5395	φλόξ	7	llama
5396	φλυαρέω	1	parlotear contra
5397	φλύαρος	1	chismoso
5398	φοβερός	3	horrenda, terrible
5399	φοβέω	95	temer, tener temor, tener miedo, atemorizar, ser temeroso, respetar, amedrentar
5400	φόβητρον ο φόβηθρον	1	cosa espantosa, terror
5401	φόβος	47	miedo, temor, respeto, reverencia
5402	Φοίβη	1	Febe
5403	Φοινίκη	3	Fenicia
5405	φοῖνιξ	1	Fenice
5404	φοῖνιξ	2	palmera, palma
5406	φονεύς	7	homicida, matador
5407	φονεύω	12	matar, dar muerte
5408	φόνος	10	homicidio, muerte
5409	φορέω	6	llevar, traer
5410	φόρον	1	Foro

5411	φόρος	5	tributo
5412	φορτίζω	2	cargar
5413	φορτίον	6	carga, cargamento
5414	φόρτος	1	cargamento
5415	Φορτουνᾶτος	1	Fortunato
5416	φραγέλλιον	1	azote
5417	φραγελλόω	2	azotar
5418	φραγμός	4	vallado, separación, valla
5419	φράζω	2	explicar
5420	φράσσω	3	cerrar, impedir, tapar
5421	φρέαρ	7	pozo
5422	φρεναπατάω	1	engañar
5423	φρεναπάτης	1	engañador
5424	φρήν	2	modo de pensar, mientes
5425	φρίσσω	1	temblar
5426	φρονέω	30	poner la mira, pensar, hacer caso, sentir, estar solícito
5427	φρόνημα	4	ocuparse, mente, intención
5428	φρόνησις	2	prudencia, inteligencia
5429	φρόνιμος	14	prudente, sagaz, arrogante, sabio, sensato, cuerdo
5430	φρονίμως	1	sagazmente
5431	φροντίζω	1	procurar
5432	φρουρέω	4	guardar, confinar
5433	φρυάσσω	1	amotinarse
5434	φρύγανον	1	rama seca
5435	Φρυγία	3	Frigia
5436	Φύγελος ο Φύγελλος	1	Figelo
5437	φυγή	2	huida
5438	φυλακή	47	cárcel, vigilia, guardia, calabozo, guarida, prisión, albergue
5439	φυλακίζω	1	encarcelar
5440	φυλακτήριον	1	filacteria
5441	φύλαξ	3	guarda
5442	φυλάσσω	31	guardar, custodiar
5443	φυλή	31	tribu, linaje
5444	φύλλον	6	hoja
5445	φύραμα	5	masa
5446	φυσικός	3	natural
5447	φυσικῶς	1	naturaleza
5448	φυσιόω	7	envanecer, hinchar
5449	φύσις	14	naturaleza, natural, nacimiento
5450	φυσίωσις	1	soberbia
5451	φυτεία	1	planta
5452	φυτεύω	11	plantar
5453	φύω	3	nacer, brotar
5454	φωλεός	2	guarida
5455	φωνέω	44	llamar, cantar, clamar, decir a gran voz, dar voces
5456	φωνή	142	voz, sonido, estruendo, palabra, idioma, tono, toque, ruido
5457	φῶς	72	luz, fuego
5458	φωστήρ	2	luminar, fulgor
5459	φωσφόρος	1	lucero de la mañana
5460	φωτεινός	5	lleno de luz, de luz, luminoso
5461	φωτίζω	11	alumbrar, aclarar, sacar a luz, iluminar
5462	φωτισμός	2	luz, iluminación

X

5463	χαίρω	72	regocijarse, gozarse, Salve, alegrarse, salud, tener gozo, estar gozoso, bienvenido
5464	χάλαζα	4	granizo
5465	χαλάω	7	bajar, echar, descolgar, arriar
5466	Χαλδαῖος	1	de los caldeos
5467	χαλεπός	2	feroz, peligroso
5468	χαλιναγωγέω	2	refrenar
5469	χαλινός	2	freno
5470	χάλκεος	1	de bronce
5471	χαλκεύς	1	calderero
5472	χαλκηδών	1	ágata
5473	χαλκίον	1	utensilio de metal
5474	χαλκολίβανον	2	bronce bruñido
5475	χαλκός	5	cobre, dinero, metal

5470 A	χαλκοῦς	1	de bronce
5476	χαμαί	2	en tierra, a tierra
5477	Χανάαν	2	tierra de Canaán, Canaán
5478	Χαναναῖος	1	cananeo
5479	χαρά	61	gozo, gozoso, gracia
5480	χάραγμα	9	escultura, marca
5481	χαρακτήρ	1	imagen misma
5482	χάραξ	1	vallado
5483	χαρίζομαι	23	dar, perdonar, entregar, conceder, dar gratuitamente
5484	χάριν	9	por, a causa de, por causa de
5485	χάρις	158	gracia, mérito, gracias, gratitud, favor, agradecimiento, donativo, aprobación, aprobado
5486	χάρισμα	17	don, dádiva
5487	χαριτόω	2	favorecer, hacer acepto, **agraciar**
5488	Χαρράν	2	Harán
5489	χάρτης	1	papel
5490	χάσμα	1	sima
5491	χεῖλος	7	labio, orilla
5492	χειμάζω	1	ser combatido por una tempestad
5493	χείμαρρος ο χειμάρρους	1	torrente
5494	χειμών	6	tempestad, invierno
5495	χείρ	179	mano, conducto
5496	χειραγωγέω	2	llevar por la mano, llevar de la mano
5497	χειραγωγός	1	conducir de la mano
5498	χειρόγραφον	1	acta
5499	χειροποίητος	6	hecho a mano, hecho de mano, hecho por manos, hecho con mano
5500	χειροτονέω	2	constituir, designar
5501	χείρων	11	peor, mayor
5502	Χερούβ ο Χερουβείν	1	querubín
5503	χήρα	27	viuda
5504	χθές	véase	ἐχθές *después de* 2188
5506	χιλίαρχος	22	tribuno, capitán
5505	χιλιάς	23	mil, millar
5507	χίλιοι	11	mil
5508	Χίος	1	Quío
5509	χιτών	11	túnica, vestidura, ropa
5510	χιών	3	nieve
5511	χλαμύς	2	manto
5512	χλευάζω	2	burlarse
5513	χλιαρός	1	tibio
5514	Χλόη	1	Cloé
5515	χλωρός	4	verde, amarillo
5516	χξς	1	seiscientos sesenta y seis
5517	χοϊκός	4	terrenal
5518	χοῦνιξ	2	dos libras, **cuarto de celemín**
5519	χοῖρος	14	cerdo
5520	χολάω	1	enojar
5521	χολή	2	hiel
5522	χοός	véase	χοῦς *después de* 5529
5523	Χοραζίν ο Χοραζείν	2	Corazín
5524	χορηγέω	2	proveer, dar
5525	χορός	1	danza
5526	χορτάζω	16	saciar, **hartarse**
5527	χόρτασμα	1	alimento
5528	χόρτος	15	hierba, hojarasca
5529	Χουζᾶς	1	Chuza
5522	χοῦς ο χοός	2	polvo
5530	χράομαι	12	tratar, usar, procurar, disfrutar, aprovecharse
5531	χράω	véase	κίχρημι *después de* 2797
5532	χρεία	50	necesidad, necesitar, necesario, trabajo, lo que falta
5533	χρεοφειλέτης	2	deudor
5534	χρή		**conviene**, debe ser,
5535	χρῄζω	5	tener necesidad, necesitar
5536	χρῆμα	7	riqueza(s), precio, dinero
5537	χρηματίζω	9	avisar por revelación, revelar, recibir instrucciones, llamar, advertir, amonestar
5538	χρηματισμός	1	divina respuesta
5539	χρήσιμος	1	aprovechar, **provechoso**
5540	χρῆσις	2	uso

#	Griego	Frec.	Español
5541	χρηστεύομαι	1	ser benigno
5542	χρηστολογία	1	suaves palabras, **discurso suave**
5543	χρηστός	7	fácil, mejor, benigno, benignidad, bueno
5544	χρηστότης	10	benignidad, lo bueno, bondad
5545	χρῖσμα	3	unción
5546	Χριστιανός	3	cristiano
5547	Χριστός	514	Cristo, Ungido, Mesías
5548	χρίω	5	ungir
5549	χρονίζω	5	tardar, demorar
5550	χρόνος	54	tiempo, un poco, edad
	(1) ἐφ ὅσον χρόνον	3	entre tanto, mientras
5551	χρονοτριβέω	1	detenerse
	χρύσεος	véase	5552 χρυσοῦς después de 5557
5553	χρυσίον	13	oro
5554	χρυσοδακτύλιος	1	anillo de oro
5555	χρυσόλιθος	1	crisólito
5556	χρυσόπρασος	1	crisopraso
5557	χρυσός	13	oro
5552	χρυσοῦς ο χρύσεος	19	de oro
5558	χρυσόω	2	adornar
5559	χρώς	1	cuerpo
5560	χωλός	15	cojo
5561	χώρα	28	tierra, región, provincia, heredad, país, campo, territorio
5562	χωρέω	10	ir, ser capaz de recibir, recibir, caber, admitir, proceder
5563	χωρίζω	13	separar, irse, salir, apartar
5564	χωρίον	10	lugar, heredad, campo, propiedad
5565	χωρίς	40	sin, separado, aparte, además, fuera de
5566	χῶρος	1	sudeste

ψ

#	Griego	Frec.	Español
5567	ψάλλω	5	cantar, alabar, cantar alabanzas
5568	ψαλμός	7	salmo, los Salmos
5569	ψευδάδελφος	2	falso hermano
5570	ψευδαπόστολος	1	falso apóstol
5571	ψευδής	3	falso, mentiroso
5572	ψευδοδιδάσκαλος	1	falso maestro
5573	ψευδολόγος	1	mentiroso
5574	ψεύδομαι	12	mentir
5576	ψευδομαρτυρέω	6	decir falso testimonio, dar falso testimonio
5577	ψευδομαρτυρία	2	falso testimonio
5575	ψευδόμαρτυς	2	testigo falso
5578	ψευδοπροφήτης	11	falso profeta, profeta falso
5579	ψεῦδος	10	mentira, mentiroso
5580	ψευδόχριστος	2	falso Cristo
5581	ψευδώνυμος	1	falsamente llamado
5582	ψεῦσμα	1	mentira
5583	ψεύστης	10	mentiroso
5584	ψηλαφάω	4	**buscar a tientas**, palpar
5585	ψηφίζω	2	calcular, contar
5586	ψῆφος	2	voto, piedrecita
5587	ψιθυρισμός	1	murmuración
5588	ψιθυριστής	1	murmurador
5589	ψιχίον	3	migaja
5590	ψυχή	52	vida, alma, persona, ánimo, ser
5591	ψυχικός	6	natural, animal, sensual
5592	ψῦχος	3	frío
5593	ψυχρός	4	agua fría, frío
5594	ψύχω	1	enfriar
5595	ψωμίζω	3	dar de comer, repartir para dar de comer
5596	ψωμίον	4	pan, bocado
5597	ψώχω	1	restregar

Ω

#	Griego	Frec.	Español
5598	Ὦ	4	Omega
5599	ὦ	17	Oh
5601	Ὠβήδ	véase	Ἰωβήδ después de 2492
5602	ὧδε	65	acá, aquí, en este lugar, allí

5603	ᾠδή	7	cántico
5604	ὠδίν	4	dolor
5605	ὠδίνω	3	estar en dolores de parto, tener dolores de parto
5606	ὦμος	2	hombro
5608	ὠνέομαι	1	comprar
5609	ᾠόν	1	huevo
5610	ὥρα	108	hora, tiempo, momento
5611	ὡραῖος	4	hermoso
5612	ὠρύομαι	1	rugiente
5613	ὡς (como adverbio o partícula de comparación)	434	como, así como, mientras, por, como cuando, según, semejante, que, hacia, casi, porque, cuán, lo mismo que, a modo que, por tanto, conforme a, a manera de
5613	ὡς (como conjunción)	94	que, como, cuando, tan pronto como, de manera que, para, mientras, después que, entre tanto que, cuán, según, con tal que, luego que, de qué modo, en el sentido, así
5613 A	ὡσάν	1	como que
5614	ὡσαννά	6	Hosanna
5615	ὡσαύτως	18	lo mismo, de la misma manera, asimismo, de igual manera
5616	ὡσεί	38	como, casi
5617	Ὡσηέ ο Ὡσῆε	1	Oseas
5618	ὥσπερ	42	como, por, así como, según, de la manera que
5619	ὡσπερεί	1	como
5620	ὥστε	86	tan...que, tanto que, para que, por consiguiente, de manera que, de suerte que, de tal manera que, así que, por tanto, de modo que, de tal modo, pues, por esto, que, así
5621 A	ὠτάριον	2	oreja
5621	ὠτίον	5	oreja
5622	ὠφέλεια ο ὠφελία	2	provecho, **beneficio**
5623	ὠφελέω	15	ayudar, **recibir beneficio, sacar provecho,** aprovechar, adelantar, conseguir, servir
5624	ὠφέλιμος	4	provechoso, aprovechar, útil

NOTA: Los siguientes números están fuera de orden numérico en el léxico. La lista abajo facilitará su ubicación.

Número	Página	Número	Página
1	6	2652	44 después de 2616
138	5 después de 141	2653	44 después de 2616
157	5 después de 159	2792	47 después de 2796
729	13 después de 689	2955A	44 después de 2633
1138	20 después de 1160	2982	50 después de 3011
1508	26	2992	50 después de 2994
1508A	26	3199	53 después de 3190
1510	26	3362	25 después de 1437
1511	26	3363	41 después de 2443
1512	26	3395	29 después de 1662
1526	26	3569	80 después de 5009
1536	26	3618	58 después de 3620
1769	30 después de 1752	3801	26
1999	34 después de 1987	3859	22 después de 1275
2027	33 después de 1945	4481	72 después de 4500
2036	26	4894A	79 después de 4923 y 4927
2045	34 después de 2037		
2046	35 después de 2064	4900	78 después de 4871
2070	26	4955	75 después de 4713
2071	26	5159A	82 después de 5162
2075	26	5169	82 después de 5143
2145	36 después de 2137	5182	39 después de 2349
2252	26	5470A	88 antes de 5476
2397	26	5600	26
2455	42 antes de 2493	5607	26
2468	26		

CONCORDANCIA

Αα

1 Vease pag 128
2 Ἀαρών — Aarón
Lc 1:5 su mujer era de las hijas de Aarón
Hch 7:40 cuando dijeron a Aarón
He 5:4 como lo fue Aarón
   7:11 según el orden de Aarón?
   9:4 la vara de Aarón que reverdeció
3 Ἀβαδδών — Abaddón
Ap 9:11 cuyo nombre en hebreo es Abadón
4 ἀβαρής* — abarés
2 Co 11:9 me guardé...de seros gravoso
5 Ἀββά* — Abbá
Mr 14:36 decía: Abba, Padre
Ro 8:15 por el cual clamamos: ¡Abba, Padre!
Gá 4:6 el cual clama: ¡Abba, Padre!
6 Ἄβελ — Abel (Jábel)
Mt 23:35 desde la sangre de Abel el justo
Lc 11:51 desde la sangre de Abel
He 11:4 Por la fe Abel ofreció a Dios
   12:24 que habla mejor que la de Abel.
7 Ἀβιά — Abiá
Mt 1:7 Roboam a Abías, (Roboam engendró a Abías, VHA)
         Abías a Asa (Abías engendró a Asaí, VHA)
Lc 1:5 Zacarías, de la clase de Abías
8 Ἀβιαθάρ — Abiathár
Mr 2:26 siendo Abiatar sumo sacerdote
9 Ἀβιληνή — Abilené
Lc 3:1 Lisanias tetrarca de Abilinia,
10 Ἀβιούδ — Abioud
Mt 1:13 Zorobabel engendró a Abiud,
         Abiud a Eliaquim, (Abiud engendró...VHA)
11 Ἀβραάμ — Abraám
Mt 1:1 hijo de David, hijo de Abraham
   2 Abraham engendró a Isaac,
   17 todas las generaciones desde Abraham
   3:9 A Abraham tenemos por padre
         levantar hijos a Abraham
   8:11 del occidente, y se sentarán con Abraham
   22:32 Yo soy el Dios de Abraham
Mr 12:26 Yo soy el Dios de Abraham
Lc 1:55 para con Abraham y su descendencia
   73 Del juramento que hizo a Abraham
   3:8 Tenemos a Abraham por padre
         Dios puede levantar hijos a Abraham
   34 hijo de Isaac, hijo de Abraham
   13:16 Y a esta hija de Abraham
   28 cuando veáis a Abraham
   16:22 por los ángeles al seno de Abraham
   23 vio de lejos a Abraham
   24 dando voces, dijo: Padre Abraham,
   25 Pero Abraham le dijo
   29 Y Abraham le dijo
   30 El entonces dijo: No, padre Abraham
   19:9 por cuanto él también es hijo de Abraham
   20:37 cuando llama el Señor, Dios de Abraham

Jn 8:33 Linaje de Abraham somos
   37 Sé que sois descendientes de Abraham
   39 Nuestro padre es Abraham
      Si fueseis hijos de Abraham
      las obras de Abraham haríais
   40 no hizo esto Abraham
   52 Abraham murió, y los profetas
   53 mayor que nuestro padre Abraham
   56 Abraham vuestro padre se gozó
   57 ¿y has visto a Abraham?
   58 Antes que Abraham fuese, yo soy.
Hch 3:13 El Dios de Abraham,
   25 con nuestros padres, diciendo a Abraham
   7:2 apareció a nuestro padre Abraham
   16 a precio de dinero compró Abraham
   17 que Dios había jurado a Abraham
   32 el Dios de tus padres, el Dios de Abraham
   13:26 hijos del linaje de Abraham,
Ro 4:1 ¿Qué, pues, diremos que halló Abraham,
   2 Porque si Abraham fue justificado
   3 Creyó Abraham a Dios,
   9 decimos que a Abraham le fue contada
   12 de la fe que tuvo nuestro padre Abraham
   13 Porque no por la ley fue dada a Abraham
   16 para la que es de la fe de Abraham
   9:7 por ser descendientes de Abraham
   11:1 de la descendencia de Abraham
2 Co 11:22 ¿Son descendientes de Abraham?
Gá 3:6 Así Abraham creyó a Dios
   7 éstos son hijos de Abraham
   8 dio de antemano la buena nueva a Abraham
   9 son bendecidos con el creyente Abraham
   14 para que...la bendición de Abraham
   16 a Abraham fueron hechas las promesas,
   18 pero Dios la concedió a Abraham
   29 ciertamente linaje de Abraham sois
   4:22 está escrito que Abraham tuvo dos hijos
He 2:16 socorrió a la descendencia de Abraham
   6:13 Dios hizo la promesa a Abraham
   7:1 que salió a recibir a Abraham
   2 dio Abraham los diezmos de todo
   4 a quien aun Abraham el patriarca
   5 hayan salido de los lomos de Abraham
   6 tomó de Abraham los diezmos,
   9 en Abraham pagó el diezmo también Leví
   11:8 Por la fe Abraham, siendo llamado
   17 Por la fe Abraham, cuando fue probado
Stg 2:21 ¿No fue justificado por las obras Abraham
   23 Abraham creyó a Dios,
1 P 3:6 como Sara obedecía a Abraham
12 ἄβυσσος — abussos
Lc 8:31 que no los mandase ir al abismo
Ro 10:7 ¿quién descenderá al abismo?
Ap 9:1 y se le dio la llave del pozo del abismo
   2 abrió el pozo del abismo
   11 sobre ellos al ángel del abismo
   11:7 la bestia que sube del abismo
   17:8 está para subir del abismo
   20:1 con la llave del abismo
   3 y lo arrojó al abismo
13 Ἄγαβος — Agabos
Hch 11:28 uno de ellos, llamado Agabo
   21:10 un profeta llamado Agabo.
14 ἀγαθοεργέω*† — agathoergéo
      (agathoerguéo)
1 Ti 6:18 Que hagan bien

ἀγαθοποιέω 15

15   ἀγαθοποιέω† — agathopoiéo
- Mr 3:4   ¿Es lícito en los días de reposo hacer bien, (WH, TR)
- Lc 6:9   ¿Es lícito en días de reposo hacer bien,
-      33   si hacéis bien a los que os hacen bien,
-      35   Amad, pues, a..., y haced bien,
- Hch 14:17   haciendo bien, dándonos lluvias (TR)
- 1 P 2:15   la voluntad de Dios: que haciendo bien,
-      20   Mas si haciendo lo bueno
-      3:6   habéis venido a ser hijas, si hacéis el bien
-      17   que padezcáis haciendo el bien,
- 3 Jn 11   El que hace lo bueno

16   ἀγαθοποιΐα*† — agathopoiía
- 1 P 4:19   al fiel Creador, y hagan el bien.

17   ἀγαθοποιός** — agathopoiós
- 1 P 2:14   de los que hacen bien

18   ἀγαθός — agathós
- Mt 5:45   su sol sobre malos y buenos
-      7:11   sabéis dar buenas dádivas vuestro Padre...dará buenas cosas
-      17   Así, todo buen árbol da buenos frutos
-      18   no puede el buen árbol dar malos
-      12:34   ¿Cómo podéis hablar lo bueno,
-      35   El hombre bueno, del buen tesoro...saca buenas cosas
-      19:16   y le dijo: Maestro bueno (TR, VM) ¿qué bien haré
-      17   ¿Por qué me llamas bueno? (TR, VM); (¿Por qué me preguntas acerca de lo bueno, VHA, WH, N, ABMW, NC, BC, BA) Ninguno hay bueno sino uno: Dios (TR, VM); (Uno solo es el bueno, VHA, WH, N, ABMW, NC, BC, BA)
-      20:15   porque yo soy bueno?
-      22:10   juntamente malos y buenos
-      25:21   Bien, buen siervo y fiel
-      23   Bien, buen siervo y fiel
- Mr 3:4   en los días de reposo hacer bien, (N, ABMW)
-      10:17   le preguntó: Maestro bueno
-      18   Jesús le dijo: ¿Por qué me llamas bueno? Ninguno hay bueno, sino sólo uno,
- Lc 1:53   A los hambrientos colmó de bienes
-      6:45   El hombre bueno, del buen tesoro de su corazón saca lo bueno
-      8:8   Y otra parte cayó en buena tierra,
-      15   los que con corazón bueno y recto
-      10:42   María ha escogido la buena parte
-      11:13   sabéis dar buenas dádivas
-      12:18   guardaré todos mis frutos y mis bienes
-      19   Alma, muchos bienes tienes
-      16:25   que recibiste tus bienes en tu vida
-      18:18   Maestro bueno, ¿qué haré para heredar
-      19   ¿Por qué me llamas bueno?
-      19:17   El le dijo: Está bien, buen siervo
-      23:50   era miembro del concilio, varón bueno
- Jn 1:46   ¿De Nazaret puede salir algo de bueno?
-      5:29   y los que hicieron lo bueno, saldrán
-      7:12   pues unos decían: Es bueno
- Hch 9:36   Esta abundaba en buenas obras
-      11:24   era varón bueno, y lleno del Espíritu Santo
-      23:1   yo con toda buena conciencia he vivido
- Ro 2:7   perseverando en bien hacer (lit., con la perseverancia en la buena obra)

18 ἀγαθός

- Ro 2:10   a todo el que hace lo bueno,
-      3:8   Hagamos males para que vengan bienes?
-      5:7   osara morir por el bueno.
-      7:12   y el mandamiento santo, justo y bueno
-      13   ¿Luego lo que es bueno, vino a ser muerte por medio de lo que es bueno,
-      18   esto es, en mi carne, no mora el bien
-      19   Porque no hago el bien que quiero, sino
-      8:28   todas las cosas les ayudan a bien
-      9:11   ni habían hecho aún ni bien ni mal
-      10:15   de los que anuncian buenas nuevas
-      12:2   cuál sea la buena voluntad de Dios,
-      9   Aborreced lo malo, seguid lo bueno
-      21   sino vence con el bien el mal
-      13:3   al que hace el bien, sino al malo. ¿Quieres, pues, no temer...? Haz lo bueno
-      4   porque es servidor de Dios para tu bien
-      14:16   No sea, pues, vituperado vuestro bien
-      15:2   agrade a su prójimo en lo que es bueno
-      16:19   pero quiero que seáis sabios para el bien
- 2 Co 5:10   mientras estaba en el cuerpo, sea bueno
-      9:8   abundéis para toda buena obra
- Gá 6:6   haga partícipe de toda cosa buena
-      10   hagamos bien a todos,
- Ef 2:10   creados...para buenas obras,
-      4:28   haciendo con sus manos lo que es bueno,
-      29   sino la que sea buena
-      6:8   sabiendo que el bien que cada uno hiciere
- Fil 1:6   que el que comenzó en vosotros la buena
- Col 1:10   llevando fruto en toda buena obra,
- 1 Ts 3:6   siempre nos recordáis con cariño (que conserváis siempre buena memoria de nosotros, VM)
-      5:15   antes seguid siempre lo bueno
- 2 Ts 2:16   consolación eterna y buena esperanza
-      17   os confirme en toda buena palabra
- 1 Ti 1:5   corazón limpio, y de buena conciencia
-      19   manteniendo la fe y buena conciencia
-      2:10   sino con buenas obras
-      5:10   si ha practicado toda buena obra
- 2 Ti 2:21   y dispuesto para toda buena obra
-      3:17   enteramente preparado para toda buena
- Tit 1:16   reprobados en cuanto a toda buena obra
-      2:5   buenas, sujetas a sus maridos,
-      10   mostrándose fieles en todo (mostrando toda buena fidelidad, VM)
-      3:1   que estén dispuestos a toda buena obra
- Flm 6   en el conocimiento de todo el bien
-      14   para que tu favor no fuese como
- He 9:11   sumo sacerdote de los bienes venideros
-      10:1   teniendo la sombra de los bienes venideros
-      13:21   os haga aptos en toda obra buena (TR, BA); (os perfeccione en todo bien, VHA, WH, N, ABMW, VM, NC, BC)
- Stg 1:17   Toda buena dádiva y todo don perfecto
-      3:17   llena de misericordia y de buenos frutos
- 1 P 2:18   no solamente a los buenos
-      3:10   El que quiere amar la vida y ver días buenos
-      11   Apártese del mal, y haga el bien
-      13   si vosotros seguís el bien
-      16   teniendo buena conciencia los que calumnian vuestra buena conducta
-      21   la aspiración de una buena conciencia
- 3 Jn 11   no imites lo malo, sino lo bueno.

		18A	ἀγαθουργέω*† — agathourgéo (agathourguéo)	Lc	6:27	**Amad** a vuestros enemigos,

18 A   ἀγαθουργέω*† — agathourgéo (agathourguéo)

Hch 14:17 no se dejó a sí mismo sin testimonio, haciendo **bien** (T, WH)

19   ἀγαθωσύνη† — agathosúne

Ro 15:14 estáis llenos de **bondad**
Gá 5:22 paciencia, benignidad, **bondad**
Ef 5:9 el fruto del Espíritu es en toda **bondad**
2 Ts 1:11 cumpla todo propósito de **bondad**

20   ἀγαλλίασις† — agallíasis (agalíasis)

Lc 1:14 Y tendrás gozo y **alegría**
    44 la criatura saltó de **alegría** en mi vientre
Hch 2:46 comían juntos con **alegría**
He 1:9 Con óleo de **alegría**
Jud 24 delante de su gloria con gran **alegría**

21   ἀγαλλιάω† — agalliáo (agaliáo)

Mt 5:12 Gozaos y **alegraos**, porque vuestro galardón
Lc 1:47 mi espíritu **se regocija** en Dios
   10:21 En aquella misma hora Jesús **se regocijó**
Jn 5:35 quisisteis **regocijaros** por un tiempo
   8:56 Abraham vuestro padre **se gozó**
Hch 2:26 **se gozó** mi lengua
   16:34 **se regocijó** con toda su casa
1 P 1:6 En lo cual vosotros **os alegráis**
     8 aunque ahora no lo veáis, **os alegráis**
   4:13 os gocéis **con gran alegría**
Ap 19:7 Gocémonos y **alegrémonos**

22   ἄγαμος** — ágamos

1 Co 7:8 Digo, pues, a los **solteros** y a las viudas
     11 si se separa, quédese **sin casar**
     32 El **soltero** tiene cuidado de las cosas
     34 La **doncella** tiene cuidado (TR, VM); (Tanto la mujer **no casada** como la virgen se afanan, VHA, WH, N, ABMW, NC, BC, BA)

23   ἀγανακτέω** — aganaktéo

Mt 20:24 Cuando los diez oyeron esto, **se enojaron**
   21:15 ¡Hosanna al Hijo de David! **se indignaron**
   26:8 Al ver esto, los discípulos **se enojaron**
Mr 10:14 Viéndolo Jesús, **se indignó**, y les dijo
     41 comenzaron a **enojarse**
   14:4 hubo algunos que **se enojaron** dentro de sí
Lc 13:14 el principal de la sinagoga, **enojado**

24   ἀγανάκτησις — aganáktesis

2 Co 7:11 qué defensa, qué **indignación**, qué temor,

25   ἀγαπάω — agapáo

Mt 5:43 **Amarás** a tu prójimo
     44 **Amad** a vuestros enemigos
     46 si **amáis** a los que **os aman**,
   6:24 Porque o aborrecerá al uno y **amará** al otro
   19:19 y, **Amarás** a tu prójimo como a ti mismo.
   22:37 Jesús le dijo: **Amarás** al Señor tu Dios
     39 Y el segundo es semejante: **Amarás**
Mr 10:21 Jesús, mirándole, le **amó**
   12:30 **amarás** al Señor tu Dios
     31 **Amarás** a tu prójimo como a ti mismo
     33 y el **amarle** con todo el corazón, **amar** al prójimo como a uno mismo

Lc 6:27 **Amad** a vuestros enemigos,
     32 si **amáis** a los que os **aman** los pecadores **aman** a los que los **aman**.
     35 **Amad**, pues, a vuestros enemigos,
   7:5 porque **ama** a nuestra nación
     42 ¿cuál de ellos le **amará** más?
     47 porque **amó** mucho a quien se le perdona poco, poco **ama**
   10:27 **Amarás** al Señor tu Dios
   11:43 que **amáis** las primeras sillas
   16:13 porque o aborrecerá al uno y **amará** al otro
Jn 3:16 Porque de tal manera **amó** Dios al mundo
     19 los hombres **amaron** más las tinieblas
     35 El Padre **ama** al Hijo,
   8:42 ciertamente me **amaríais**
   10:17 Por eso me **ama** el Padre
   11:5 Y **amaba** Jesús a Marta,
   12:43 Porque **amaba** más la gloria de los hombres
   13:1 como había **amado** a los suyos los **amó** hasta el fin
     23 al cual Jesús **amaba**,
     34 Que os **améis** unos a otros como yo os **he amado** que también os **améis**
   14:15 Si me **amáis**, guardad mis mandamientos
     21 ése es el que **me ama** el que **me ama**, será **amado** y yo le **amaré**
     23 El que **me ama**, mi palabra guardará mi Padre le **amará**
     24 El **que** no me **ama**, no guarda mis palabras
     28 Si me **amarais**, os habríais regocijado,
     31 Mas para que el mundo conozca que **amo**
   15:9 Como el Padre me **ha amado** así también yo os **he amado**
     12 Que os **améis** unos a otros, como yo os **he amado**
     17 Que os **améis** unos a otros
   17:23 que los **has amado** a ellos como también a mí me **has amado**
     24 porque me **has amado**
     26 para que el amor con que me **has amado**,
   19:26 al discípulo a quien él **amaba**
   21:7 aquel discípulo a quien Jesús **amaba**
     15 ¿me **amas** más que éstos?
     16 Simón, hijo de Jonás, ¿me **amas**?
     20 el discípulo a quien **amaba**
Ro 8:28 Y sabemos que a los que **aman** a Dios
     37 por medio de aquel que nos **amó**
   9:13 Como está escrito: A Jacob **amé**
     25 Y a la no **amada**, **amada**.
   13:8 No debáis a nadie nada, sino el **amaros** el que **ama** al prójimo
     9 **Amarás** a tu prójimo
1 Co 2:9 para los que le **aman**
   8:3 Pero si alguno **ama** a Dios,
2 Co 9:7 porque Dios **ama** al dador alegre
   11:11 ¿Porque no os **amo**? Dios lo sabe.
   12:15 aunque **amándoos** más, sea **amado** menos.
Gá 2:20 el cual me **amó** y se entregó
   5:14 **Amarás** a tu prójimo como a ti mismo.
Ef 1:6 nos hizo aceptos en el **Amado**,
   2:4 por su gran amor con que nos **amó**,
   5:2 como también Cristo nos **amó**,
     25 Maridos, **amad** a vuestras mujeres como Cristo **amó** a la iglesia
     28 los maridos deben **amar** a sus mujeres

ἀγάπη 26

Ef	5:28	El que ama a su mujer, a sí mismo se ama
	33	ame también a su mujer
	6:24	sea con todos los que aman
Col	3:12	como escogidos de Dios, santos y amados
	19	Maridos, amad a vuestras mujeres,
1 Ts	1:4	hermanos amados de Dios,
	4:9	que os améis unos a otros
2 Ts	2:13	hermanos amados por el Señor
	16	Dios nuestro Padre, el cual nos amó
2 Ti	4:8	a todos los que aman su venida.
	10	me ha desamparado, amando este mundo
He	1:9	Has amado la justicia,
	12:6	el Señor al que ama, disciplina
Stg	1:12	que Dios ha prometido a los que le aman
	2:5	que ha prometido a los que le aman
	8	Amarás a tu prójimo
1 P	1:8	a quien amáis sin haberle visto,
	22	amaos unos a otros
	2:17	Amad a los hermanos
	3:10	El que quiere amar la vida
2 P	2:15	el cual amó el premio de la maldad
1 Jn	2:10	El que ama a su hermano
	15	No améis al mundo, ni las cosas
		Si alguno ama al mundo
	3:10	y que no ama a su hermano, no es de Dios.
	11	Que nos amemos unos a otros
	14	en que amamos a los hermanos
		El que no ama a su hermano
	18	no amemos de palabra ni de lengua
	23	y nos amemos unos a otros
	4:7	Amados, amémonos unos a otros
		Todo aquel que ama, es nacido de Dios
	8	El que no ama, no ha conocido a Dios
	10	hayamos amado a Dios,
		sino en que él nos amó a nosotros,
	11	Amados, si Dios nos ha amado
		debemos también nosotros amarnos
	12	Si nos amamos unos a otros,
	19	Nosotros le amamos a él
		porque él nos amó primero
	20	Si alguno dice: Yo amo a Dios
		el que no ama a su hermano
		¿cómo puede amar a Dios
	21	El que ama a Dios, ame también
	5:1	que ama al que engendró
		ama también al que ha sido engendrado
	2.	que amamos a los hijos de Dios,
		cuando amamos a Dios,
2 Jn	1	a quienes yo amo en la verdad
	5	que nos amemos unos a otros
3 Jn	1	a quien amo en la verdad.
Jud	1	a los...santificados en Dios Padre (TR);
		(a los...amados..., VHA, N, WH, ABMW, VM, NC, BC, BA)
Ap	1:5	Al que nos amó, y nos lavó
	3:9	y reconozcan que yo te he amado
	12:11	y menospreciaron sus vidas hasta la muerte (no amaron sus vidas, VM)
	20:9	de los santos y la ciudad amada;

26   ἀγάπη – agápe

Mt	24:12	el amor de muchos se enfriará
Lc	11:42	y el amor de Dios.
Jn	5:42	que no tenéis amor de Dios en vosotros
	13:35	si tuviereis amor los unos con los otros
	15:9	permaneced en mi amor
	10	permaneceréis en mi amor
		y permanezco en su amor

Jn	15:13	Nadie tiene mayor amor que este
	17:26	para que el amor con que me has amado
Ro	5:5	porque el amor de Dios ha sido derramado
	8	Dios muestra su amor para con nosotros
	8:35	¿Quién nos separará del amor de Cristo?
	39	nos podrá separar del amor de Dios,
	12:9	El amor sea sin fingimiento
	13:10	El amor no hace mal al prójimo
		el cumplimiento de la ley es el amor
	14:15	ya no andas conforme al amor.
	15:30	y por el amor del Espíritu
1 Co	4:21	¿Iré a vosotros con vara, o con amor
	8:1	pero el amor edifica.
	13:1	Si yo hablase lenguas..., y no tengo amor,
	2	y no tengo amor, nada soy.
	3	y no tengo amor,
	4	El amor es sufrido...el amor
		el amor no es jactancioso (TR, N)
	8	El amor nunca deja de ser
	13	permanecen la fe, la esperanza y el amor
		el mayor de ellos es el amor
	14:1	Seguid el amor;
	16:14	sean hechas con amor
	24	Mi amor en Cristo Jesús
2 Co	2:4	cuán grande es el amor que os tengo.
	8	que confirméis el amor para con él
	5:14	el amor de Cristo nos constriñe,
	6:6	en el Espíritu Santo, en amor sincero
	8:7	en vuestro amor para con nosotros
	8	también la sinceridad del amor vuestro.
	24	la prueba de vuestro amor,
	13:11	y el Dios de paz y de amor
	14	La gracia del Señor Jesucristo, el amor
Gá	5:6	sino la fe que obra por el amor.
	13	servíos por amor
	22	el fruto del Espíritu es amor
Ef	1:4	(5) en amor habiéndonos predestinado
	15	de vuestro amor para con todos los santos.
	2:4	por su gran amor con que nos amó
	3:17	arraigados y cimentados en amor
	19	de conocer el amor de Cristo
	4:2	con paciencia los unos a los otros en amor
	15	sino que siguiendo la verdad en amor
	16	para ir edificándose en amor
	5:2	Y andad en amor,
	6:23	paz sea a los hermanos, y amor con fe
Fil	1:9	que vuestro amor abunde
	16 (17)	pero los otros por amor,
	2:1	si algún consuelo de amor,
	2	teniendo el mismo amor, unánimes,
Col	1:4	del amor que tenéis a todos los santos
	8	vuestro amor en el Espíritu
	13	al reino de su amado Hijo (...del Hijo de su amor, VHA)
	2:2	unidos en amor, hasta alcanzar
	3:14	Y sobre todas estas cosas vestíos de amor,
1 Ts	1:3	del trabajo de vuestro amor
	3:6	buenas noticias de vuestra fe y amor
	12	os haga crecer y abundar en amor
	5:8	con la coraza de fe y de amor
	13	que los tengáis en mucha estima y amor (que los estiméis grandemente en amor, VHA)
2 Ts	1:3	el amor de todos y cada uno de vosotros
	2:10	no recibieron el amor de la verdad
	3:5	encamine vuestros corazones al amor
1 Ti	1:5	es el amor nacido de corazón limpio,
	14	con la fe y el amor que es en Cristo Jesús

ἀγαπητός 27					32 ἄγγελος	
1 Ti	2:15	si permaneciere en fe, amor y santificación	2 Co	7:1	Así que, amados, puesto que tenemos	
	4:12	en palabra, conducta, amor,		12:19	muy amados, para vuestra edificación	
	6:11	sigue...la fe, el amor, la paciencia	Ef	5:1	imitadores de Dios como hijos amados	
2 Ti	1:7	de poder, de amor y de dominio propio		6:21	hermano amado y fiel ministro	
	13	en la fe y amor que es en Cristo Jesús	Fil	2:12	Por tanto, amados míos, como siempre	
	2:22	la fe, el amor y la paz,		4:1	Así que, hermanos míos amados y	
	3:10	fe, longanimidad, amor, paciencia			deseados	
Tit	2:2	sanos en la fe, en el amor, en la paciencia			firmes en el Señor, amados	
Flm	5	porque oigo del amor y de la fe	Col	1:7	nuestro consiervo amado, que es un fiel	
	7	gran gozo y consolación en tu amor		4:7	os lo hará saber Tíquico, amado hermano	
	9	te ruego por amor, siendo como soy		9	amado y fiel hermano, que es uno	
He	6:10	el trabajo de amor que habéis mostrado		14	Os saluda Lucas el médico amado, y	
	10:24	para estimularnos al amor			Demas	
1 P	4:8	tened entre vosotros ferviente amor	1 Ts	2:8	habéis llegado a sernos muy queridos	
		porque el amor cubrirá multitud	1 Ti	6:2	por cuanto son creyentes y amados	
	5:14	Saludaos unos a otros con ósculo de amor	2 Ti	1:2	a Timoteo, amado hijo: Gracia,	
2 P	1:7	y al afecto fraternal, amor	Flm	1	al amado Filemón	
	2:13	se recrean en sus errores (TR, WH, N,		2	a la amada hermana Apia (V60, VM); (lit.,	
		ABMW, VHA, VM, NC, BC, BA); (lit.,			a la amada Apia,TR)	
		en las comidas de amor, B)		16	como hermano amado, mayormente para mí	
1 Jn	2:5	el amor de Dios se ha perfeccionado;	He	6:9	oh amados, estamos persuadidos	
	15	Si alguno ama al mundo, el amor del Padre	Stg	1:16	Amados hermanos míos, no erréis.	
	3:1	Mirad cuál amor nos ha dado el Padre,		19	mis amados hermanos, todo hombre	
	16	En esto hemos conocido el amor,		2:5	Hermanos míos amados, oíd	
	17	¿cómo mora el amor de Dios en él?	1 P	2:11	Amados, yo os ruego como a extranjeros	
	4:7	porque el amor es de Dios		4:12	Amados, no os sorprendáis del fuego	
	8	porque Dios es amor.	2 P	1:17	Este es mi Hijo amado, en el cual	
	9	En esto se mostró el amor de Dios		3:1	Amados, esta es la segunda carta	
	10	En esto consiste el amor		8	Mas, oh amados, no ignoréis esto: que para	
	12	y su amor se ha perfeccionado en nosotros		14	oh amados, estando en espera de estas cosas	
	16	y creído el amor que Dios tiene		15	nuestro amado hermano Pablo,	
		Dios es amor		17	oh amados, sabiéndolo de antemano,	
		y el que permanece en amor	1 Jn	2:7	Hermanos, no os escribo (TR); (Amados, no	
	17	se ha perfeccionado el amor en nosotros			os estoy escribiendo, BA, WH, N, ABMW,	
	18	En el amor no hay temor			VHA, VM, NC, BC)	
		sino que el perfecto amor		3:2	Amados, ahora somos hijos de Dios	
		no ha sido perfeccionado en el amor		21	Amados, si nuestro corazón no nos reprende	
	5:3	Pues este es el amor a Dios		4:1	Amados, no creáis a todo espíritu	
2 Jn	3	Hijo del Padre, en verdad y en amor.		7	Amados, amémonos unos a otros; porque	
	6	Y este es el amor, que andemos		11	Amados, si Dios nos ha amado así, debemos	
3 Jn	6	testimonio de tu amor	3 Jn	1	el amado, a quien amo en la verdad.	
Jud	2	Misericordia y paz y amor os sean		2	Amado, yo deseo que tú seas prosperado	
	12	en vuestros ágapes, que comiendo		5	Amado, fielmente te conduces cuando	
	21	conservaos en el amor de Dios		11	Amado, no imites lo malo, sino lo bueno	
Ap	2:4	que has dejado tu primer amor	Jud	3	Amados, por la gran solicitud que tenía	
	19	Yo conozco tus obras, y amor, y fe.		17	vosotros, amados, tened memoria	
				20	vosotros, amados, edificándoos	
27		ἀγαπητός — agapetós	28		Ἀγάρ — Agár (Jagár)	
Mt	3:17	Este es mi Hijo amado, en quien	Gá	4:24	hijos para esclavitud; éste es Agar	
	12:18	Mi Amado, en quien se agrada mi alma;		25	Porque Agar es el monte Sinaí	
	17:5	Este es mi Hijo amado,				
Mr	1:11	Tu eres mi Hijo amado; en ti	29		ἀγγαρεύω* — aggaréuo (angaréuo)	
	9:7	Este es mi Hijo amado; a él oíd.	Mt	5:41	a cualquiera que te obligue a llevar carga	
	12:6	un hijo suyo, amado, lo envió		27:32	a éste obligaron a que llevase la cruz	
Lc	3:22	Tú eres mi Hijo amado; en ti	Mr	15:21	obligaron a uno que pasaba	
	9:35	Este es mi Hijo amado; a él oíd (TR, VM)				
	20:13	Enviaré a mi hijo amado; quizás	30			
Hch	15:25	con nuestros amados Bernabé y Pablo	Mt	13:48	recogen lo bueno en cestas (TR)	
Ro	1:7	los que estáis en Roma, amados de Dios		25:4	tomaron aceite en sus vasijas	
	11:28	en cuanto a la elección, son amados por	30A		Véase pág. 101	
	12:19	vosotros mismos, amados míos	31		ἀγγελία — aggelía (anguelía)	
	16:5	Saludad a Epeneto amado mío	1 Jn	1:5	Este es el mensaje (WH, N, ABMW)	
	8	Amplias, amado mío, en el Señor.		3:11	este es el mensaje que habéis oído	
	9	y a Estaquis, amado mío	31A		Véase pág. 101	
	12	Saludad a la amada Pérsida,	32		ἄγγελος — ággelos (ángelos)	
1 Co	4:14	como a hijos míos amados	Mt	1:20	he aquí un ángel del Señor le apareció	
	17	que es mi hijo amado y fiel en el Señor,				
	10:14	Por tanto, amados míos				
	15:58	hermanos míos amados, estad firmes				

Mt	1:24	hizo como el **ángel** del Señor le había
	2:13	he aquí un **ángel** del Señor apareció
	19	he aquí un **ángel** del Señor apareció
	4:6	A sus **ángeles** mandará acerca de ti,
	11	y he aquí vinieron **ángeles** y le servían
	11:10	He aquí, yo envió mi **mensajero** delante
	13:39	los segadores son los **ángeles**
	41	a sus **ángeles**, y recogerán de su reino
	49	saldrán los **ángeles**, y apartarán a los
	16:27	en la gloria de su Padre con sus **ángeles**
	18:10	porque os digo que sus **ángeles**
	22:30	serán como los **ángeles**
	24:31	Y enviará sus **ángeles** con gran voz
	36	ni aun los **ángeles** de los cielos,
	25:31	y todos los santos **ángeles** con él
	41	para el diablo y sus **ángeles**
	26:53	más de doce legiones de **ángeles**
	28:2	porque un **ángel** del Señor, descendiendo
	5	Mas el **ángel**, respondiendo,
Mr	1:2	He aquí yo envío mi **mensajero**
	13	los **ángeles** le servían
	8:38	de su Padre con los santos **ángeles**
	12:25	serán como los **ángeles** que están
	13:27	Y entonces enviará sus **ángeles**
	32	ni aun los **ángeles** que están en el cielo
Lc	1:11	Y se le apareció un **ángel** del Señor
	13	Pero el **ángel** le dijo: Zacarías
	18	Dijo Zacarías al **ángel**
	19	el **ángel**, le dijo: Yo soy Gabriel,
	26	Al sexto mes el **ángel** Gabriel
	28	Y entrando el **ángel** en donde ella estaba
	30	Entonces el **ángel** le dijo
	34	María dijo al **ángel**: ¿Cómo será esto?
	35	Respondiendo el **ángel**, le dijo
	38	Y el **ángel** se fue de su presencia
	2:9	un **ángel** del Señor, y la gloria
	10	Pero el **ángel** les dijo: No temáis
	13	apareció con el **ángel** una multitud
	15	que cuando los **ángeles** se fueron de
	21	el cual le había sido puesto por el **ángel**
	4:10	A sus **ángeles** mandará acerca de ti,
	7:24	los mensajeros de Juan, comenzó
	27	He aquí, envío mi **mensajero** delante
	9:26	en la del Padre, y de los santos **ángeles**
	52	Y envió **mensajeros** delante de él,
	12:8	le confesará delante de los **ángeles**
	9	será negado delante de los **ángeles** de Dios
	15:10	delante de los **ángeles** de Dios
	16:22	y fue llevado por los **ángeles** al seno
	22:43	se le apareció un **ángel** del cielo (TR, [WH], [N], VHA, VM, NC, BC, BA)
	24:23	habían visto visión de **ángeles**
Jn	1:51	a los **ángeles** de Dios que suben
	5:4	un **ángel** descendía (TR, [VHA], VM, NC, BC, [BA])
	12:29	Un **ángel** le ha hablado
	20:12	y vio a dos **ángeles** con vestiduras
Hch	5:19	Mas un **ángel** del Señor, abriendo
	6:15	vieron su rostro como el rostro de un **ángel**
	7:30	un **ángel** se le apareció
	35	por mano del **ángel** que se le apareció
	38	con el **ángel** que le hablaba
	53	por disposición de **ángeles**
	8:26	Un **ángel** del Señor habló a Felipe
	10:3	que un **ángel** de Dios entraba
	7	Ido el **ángel** que hablaba con Cornelio
	22	de un santo **ángel**, de hacerte venir
	11:13	en su casa un **ángel**, que se puso
	12:7	que se presentó un **ángel** del Señor.

Hch	12:8	Le dijo el **ángel**: Cíñete, y átate
	9	lo que hacía el **ángel**, sino que pensaba
	10	y luego el **ángel** se apartó de él.
	11	el Señor ha enviado su **ángel**
	15	Entonces ellos decían: ¡Es su **ángel**!
	23	Al momento un **ángel** del Señor le hirió
	23:8	que no hay resurrección, ni **ángel**
	9	o un **ángel**, no resistamos a Dios.
	27:23	el **ángel** del Dios de quien soy
Ro	8:38	ni la vida, ni **ángeles**, ni principados,
1 Co	4:9	al mundo, a los **ángeles** y a los hombres
	6:3	que hemos de juzgar a los **ángeles**
	11:10	sobre su cabeza, por causa de los **ángeles**.
	13:1	lenguas humanas y **angélicas**, (de los hombres y de los **ángeles**, VHA)
2 Co	11:14	se disfraza como **ángel** de luz
	12:7	un **mensajero** de Satanás que me abofetee
Gá	1:8	o un **ángel** del cielo, os anunciare
	3:19	por medio de **ángeles** en mano
	4:14	como a un **ángel** de Dios
Col	2:18	culto a los **ángeles**, entremetiéndose
2 Ts	1:7	con los **ángeles** de su poder,
1 Ti	3:16	fue... Visto de los **ángeles**, Predicado
	5:21	de sus **ángeles** escogidos,
He	1:4	hecho tanto superior a los **ángeles**,
	5	¿a cuál de los **ángeles** dijo Dios jamás
	6	todos los **ángeles** de Dios
	7	Ciertamente de los **ángeles** dice El que hace a sus **ángeles** espíritus
	13	¿a cuál de los **ángeles** dijo Dios jamás
	2:2	dicha por medio de los **ángeles**
	5	no sujetó a los **ángeles** el mundo
	7	La hiciste un poco menor que los **ángeles**
	9	un poco menor que los **ángeles**, a Jesús
	16	no socorrió a los **ángeles**
	12:22	de muchos millares de **ángeles**
	13:2	sin saberlo, hospedaron **ángeles**
Stg	2:25	cuando recibió a los **mensajeros**
1 P	1:12	en las cuales anhelan mirar los **ángeles**
	3:22	a él están sujetos **ángeles**
2 P	2:4	no perdonó a los **ángeles** que pecaron
	11	mientras que los **ángeles**, que son mayores
Jud	6	a los **ángeles** que no guardaron
Ap	1:1	por medio de su **ángel**
	20	las siete estrellas son los **ángeles**
	2:1	Escribe al **ángel** de la iglesia en Efeso
	8	escribe al **ángel** de la iglesia en Esmirna
	12	escribe al **ángel** de la iglesia en Pérgamo
	18	escribe al **ángel** de la iglesia en Tiatira
	3:1	Escribe al **ángel** de la iglesia en Sardis
	5	delante de sus **ángeles**
	7	Escribe al **ángel** de la iglesia en Filadelfia
	14	escribe al **ángel** de la iglesia en Laodicea
	5:2	vi a un **ángel** fuerte que pregonaba
	11	oí la voz de muchos **ángeles** alrededor
	7:1	vi a cuatro **ángeles** en pie
	2	Vi también a otro **ángel** que subía clamó a gran voz a los cuatro **ángeles**
	11	todos los **ángeles** estaban en pie
	8:2	vi a los siete **ángeles** que estaban
	3	Otro **ángel** vino entonces y se paró
	4	de la mano del **ángel** subió
	5	el **ángel** tomó el incensario
	6	los siete **ángeles** que tenían
	7	El primer **ángel** tocó la trompeta (TR, VHA, VM)
	8	El segundo **ángel** tocó la trompeta
	10	El tercer **ángel** tocó la trompeta
	12	El cuarto **ángel** tocó la trompeta

ἀγγέλλω 31A   101   39 y 40 ἅγιος

Ap	8:13	oí a un **ángel** volar (TR)
		que están para sonar los tres **ángeles**
	9:1	El quinto **ángel** tocó la trompeta
	11	sobre ellos al **ángel** del abismo
	13	El sexto **ángel** tocó la trometa,
	14	diciendo al sexto **ángel** que tenía
		Desata a los cuatro **ángeles**
	15	fueron desatados los cuatro **ángeles**
	10:1	Vi descender del cielo a otro **ángel**
	5	el **ángel** que vi en pie sobre el mar
	7	en los días de la voz del séptimo **ángel**
	8	En la mano del **ángel** que está en pie
	9	Y fui al **ángel**, diciéndole
	10	el librito de la mano del **ángel**
	11:15	El séptimo **ángel** tocó la trompeta
	12:7	Miguel y sus **ángeles** luchaban
		luchaban el dragón y sus **ángeles**
	9	sus **ángeles** fueron arrojados con él
	14:6	por en medio del cielo a otro **ángel**,
	8	Otro **ángel** le siguió, diciendo
	9	Y el tercer **ángel** los siguió, diciendo
	10	delante de los santos **ángeles** y del Cordero
	15	salió otro **ángel**, clamando a gran voz
	17	Salió otro **ángel** del templo que
	18	Y salió del altar otro **ángel**, que
	19	Y el **ángel** arrojó su hoz en la tierra,
	15:1	siete **ángeles** que tenían las siete
	6	salieron los siete **ángeles** que tenían
	7	dio a los siete **ángeles** siete copas
	8	las siete plagas de los siete **ángeles**
	16:1	desde el templo a los siete **ángeles**
	3	El segundo **ángel** (TR)
	4	El tercer **ángel** (TR)
	5	Y oí al **ángel** de las aguas, que decía:
	8	El cuarto **ángel** (TR)
	10	El quinto **ángel** (TR)
	12	El sexto **ángel** (TR)
	17	El séptimo **ángel** (TR)
	17:1	uno de los siete **ángeles** que tenían
	7	Y el **ángel** me dijo: ¿Por qué te asombras?
	18:1	vi a otro **ángel** descender
	21	Y un **ángel** poderoso tomó una piedra,
	19:17	Y vi a un **ángel** que estaba en pie
	20:1	Vi a un **ángel** que descendía del cielo,
	21:9	uno de los siete **ángeles** que tenían
	12	y en las puertas, doce **ángeles**
	17	de medida de hombre, la cual es de **ángel**
	22:6	ha enviado su **ángel**,
	8	para adorar a los pies del **ángel**
	16	Yo Jesús he enviado mi **ángel**

31 A		ἀγγέλλω – aggéllo (anguélo)
Jn	20:18	para dar a los discípulos **las nuevas**

30 A		ἄγγος – ággos (ángos)
Mt	13:48	recogen lo bueno en **cestas**, (WH, N, ABMW)

33		ἄγε – áge (águe)
Stg	4:13	¡**Vamos ahora**! los que decís
	5:1	¡**Vamos ahora**, ricos! Llorad y aullad

34		ἀγέλη – agéle (aguéle)
Mt	8:30	lejos de ellos un **hato** de muchos cerdos
	31	permítenos ir a aquel **hato** de cerdos.
	32	se fueron a aquel **hato** de cerdos; (TR)
		todo el **hato** de cerdos se precipitó

Mr	5:11	un gran **hato** de cerdos paciendo
	13	y el **hato** se precipitó
Lc	8:32	Había allí un **hato** de muchos cerdos
	33	y el **hato** se precipitó

35		ἀγενεαλόγητος – agenealógetos (aguenealóguetos)
He	7:3	**sin genealogía**; que ni tiene

36		ἀγενής – agenés (aguenés)
1 Co	1:28	y lo **vil** del mundo y lo menospreciado

37		ἁγιάζω – agiázo (jaguiádzo)
Mt	6:9	**santificado** sea tu nombre.
	23:17	o el templo que **santifica** al oro?
	19	o el altar que **santifica** la ofrenda
Lc	11:2	**santificado** sea tu nombre
Jn	10:36	¿al que el Padre **santificó**
	17:17	**Santifícalos** en tu verdad
	19	yo me **santifico** a mí mismo
		para que también ellos sean **santificados**
Hch	20:32	con todos los **santificados**.
	26:18	y herencia entre los **santificados**.
Ro	15:16	**santificada** por el Espíritu Santo
1 Co	1:2	a los **santificados** en Cristo Jesús
	6:11	ya habéis sido **santificados**,
	7:14	es **santificado** en la mujer
		la mujer incrédula en el marido (la mujer no creyente **es santificada**..., VM)
Ef	5:26	para **santificarla**, habiéndola
1 Ts	5:23	Dios de paz os **santifique** por completo
1 Ti	4:5	y por la oración **es santificado**
2 Ti	2:21	para honra, **santificado**, útil al Señor,
He	2:11	el que **santifica** y los que son **santificados**,
	9:13	**santifican** para la purificación de la carne
	10:10	somos **santificados** mediante la ofrenda
	14	para siempre a los **santificados**.
	29	en la cual **fue santificado**, e hiciere
	13:12	para **santificar** al pueblo
1 P	3:15	sino **santificad** a Dios el Señor
Jud	1	**santificados** en Dios Padre (TR)
Ap	22:11	y el que es santo, **santifíquese** todavía

38		ἁγιασμός† – agiasmós (jaguiasmós)
Ro	6:19	para **santificación** presentad
	22	por vuestro fruto la **santificación**
1 Co	1:30	**santificación** y redención
1 Ts	4:3	es vuestra **santificación**; que os apartéis
	4	en **santidad** y honor
	7	a inmundicia, sino a **santificación**
2 Ts	2:13	mediante la **santificación** por el Espíritu
1 Ti	2:15	en fe, amor y **santificación**
He	12:14	con todos, y la **santidad**
1 P	1:2	de Dios Padre en **santificación** del Espíritu

39 y 40		ἅγιος – ágios (jáguios)
Mt	1:18	que había concebido del Espíritu **Santo**
	20	del Espíritu **Santo** es.
	3:11	él os bautizará en Espíritu **Santo** y fuego
	4:5	le llevó a la **santa** ciudad,
	7:6	No deis lo **santo** a los perros
	12:32	al que hable contra el Espíritu **Santo**
	24:15	cuando veáis en el lugar **santo**
	25:31	todos los **santos** ángeles con él (TR)
	27:52	cuerpos de **santos** que habían dormido
	53	vinieron a la **santa** ciudad
	28:19	del Padre, y del Hijo, y del Espíritu **Santo**

Mr	1:8	pero el os bautizará con Espíritu Santo	Hch	9:32	a los santos que habitaban en Lida,
	24	Sé quién eres, el Santo de Dios,		41	llamando a los santos y a las viudas,
	3:29	que blasfeme contra el Espíritu Santo		10:22	instrucciones de un santo ángel,
	6:20	sabiendo que era varón justo y santo		38	con el Espíritu Santo y con poder
	8:38	en la gloria de su Padre con los santos		44	el Espíritu Santo cayó sobre
	12:36	David dijo por el Espíritu Santo		45	el don del Espíritu Santo.
	13:11	los que habláis, sino el Espíritu Santo		47	el Espíritu Santo también como nosotros?
Lc	1:15	y será lleno del Espíritu Santo		11:15	cayó el Espíritu Santo sobre ellos
	35	El Espíritu Santo vendrá sobre ti		16	seréis bautizados con el Espíritu Santo
		por lo cual también el Santo Ser que		24	y lleno del Espíritu Santo y de fe.
	41	fue llena del Espíritu Santo		13:2	dijo el Espíritu Santo: Apartadme
	49	Santo es su nombre,		4	enviados por el Espíritu Santo
	67	fue lleno del Espíritu Santo		9	lleno del Espíritu Santo, fijando en él
	70	por boca de sus santos profetas		52	llenos de gozo y del Espíritu Santo.
	72	Y acordarse de su santo pacto		15:8	dándoles el Espíritu Santo lo mismo
	2:23	será llamado santo al Señor),		28	al Espíritu Santo, y a nosotros,
	25	y el Espíritu Santo estaba sobre él		16:6	por el Espíritu Santo hablar la palabra
	26	por el Espíritu Santo, que no vería		19:2	¿Recibisteis el Espíritu Santo cuando
	3:16	en Espíritu Santo y fuego			si hay Espíritu Santo
	22	y descendió el Espíritu Santo sobre él		6	vino sobre ellos el Espíritu Santo
	4:1	lleno del Espíritu Santo, volvió del Jordán		20:23	salvo que el Espíritu Santo por todas
	34	quién eres, el Santo de Dios		28	en que el Espíritu Santo os ha puesto
	9:26	en la del Padre, y de los santos ángeles		21:11	dice el Espíritu Santo: Así atarán
	10:21	regocijó en el Espíritu (TR); (en el Espíritu		28	y ha profanado este santo lugar
		Santo, VHA, VM, N, ABMW, WH)		26:10	en cárceles a muchos de los santos,
	11:13	dará el Espíritu Santo a los que se lo		28:25	Bien habló el Espíritu Santo
	12:10	contra el Espíritu Santo, no le	Ro	1:2	por sus profetas en las santas Escrituras
	12	porque el Espíritu Santo os enseñará		7	llamados a ser santos: Gracia y paz
Jn	1:33	ése es el que bautiza con el Espíritu Santo		5:5	por el Espíritu Santo que nos fue dado
	6:69	tú eres el Cristo, el Hijo del Dios viviente.		7:12	la ley a la verdad es santa
		(TR); (que tú eres el Santo de Dios,			y el mandamiento santo, justo y bueno
		VHA, WH, N, ABMW, BA)		8:27	de Dios intercede por los santos
	7:39	aún no había venido el Espíritu Santo (TR,		9:1	me da testimonio en el Espíritu Santo,
		VM); (...el Espíritu, VHA, WH, N,		11:16	Si las primicias son santas
		ABMW, NC, BC, BA)			si la raíz es santa
	14:26	el Consolador, el Espíritu Santo, a quien		12:1	en sacrificio vivo, santo agradable
	17:11	Padre santo, a los que me has dado,		13	para las necesidades de los santos
	20:22	Recibid el Espíritu Santo		14:17	y gozo en el Espíritu Santo.
Hch	1:2	por el Espíritu Santo a los apóstoles		15:13	por el poder del Espíritu Santo
	5	con el Espíritu Santo dentro de no		16	santificada por el Espíritu Santo
	8	el Espíritu Santo, y me seréis testigos		19	del Espíritu de Dios (TR); (del Espíritu
	16	en que el Espíritu Santo habló			Santo, VHA, [WH], VM, NC, BC)
	2:4	llenos del Espíritu Santo, y comenzaron		25	para ministrar a los santos
	33	la promesa del Espíritu Santo		26	entre los santos que están en Jerusalén
	38	el don del Espíritu Santo		31	de mi servicio a los santos en Jerusalén
	3:14	negasteis al Santo y al Justo		16:2	como es digno de los santos,
	21	habló Dios por boca de sus santos profetas		15	y a todos los santos que están con ellos
	4:8	lleno del Espíritu Santo, les dijo		16	los unos a los otros con ósculo santo
	25	por boca de Davi...dijiste (TR, VM, NC);	1 Co	1:2	llamados a ser santos
		(por el Espíritu Santo dijiste por boca...,		2:13	las que enseña el Espíritu, (V60, WH, N,
		VHA, WH, N, ABMW, BC, BA)			ABMW, NC, BC, BA); (...el Espíritu
	27	contra tu santo Hijo Jesús			Santo, VM, TR)
	30	el nombre de tu santo Hijo Jesús		3:17	el cual sois vosotros, santo es.
	31	fueron llenos del Espíritu Santo		6:1	y no delante de los santos?
	5:3	para que mintiese al Espíritu Santo		2	¿o no sabéis que los santos han de juzgar
	32	y también el Espíritu Santo		19	es templo del Espíritu Santo,
	6:3	llenos del Espíritu Santo (TR, BA)		7:14	mientras que ahora son santos.
	5	lleno de fe y del Espíritu Santo		34	para ser santa así en cuerpo
	13	contra este lugar santo y contra la ley		12:3	sino por el Espíritu Santo
	7:33	el lugar en que estás es tierra santa		14:33	Como en todas las Iglesias de los santos,
	51	resistís siempre al Espíritu Santo		16:1	En cuanto a la ofrenda para los santos
	55	Esteban, lleno del Espíritu Santo		15	al servicio de los santos
	8:15	para que recibiesen el Espíritu Santo		20	los unos a los otros con ósculo santo
	17	recibían el Espíritu Santo	2 Co	1:1	con todos los santos que están
	18	se daba el Espíritu Santo (TR, VM)		6:6	en el Espíritu Santo, en amor
	19	reciba el Espíritu Santo		8:4	en este servicio para los santos
	9:13	cuántos males ha hecho a tus santos		9:1	Cuanto a la ministración para los santos
	17	y seas lleno del Espíritu Santo		12	suple lo que a los santos
	31	fortalecidas por el Espíritu Santo		13:12	con ósculo santo.

ἁγιότης 41

2 Co	13:12 (12) (13)	Todos los **santos** os saludan	2 P	1:21	siendo inspirados por el Espíritu **Santo**.
	13 (14)	la comunión del Espíritu **Santo**		2:21	del **santo** mandamiento que les fue dado
Ef	1:1	a los **santos** y fieles en Cristo		3:2	han sido dichas por los **santos** profetas
	4	para que fuésemos **santos** y sin mancha		11	andar en **santa** y piadosa manera de vivir
	13	con el Espíritu **Santo** de la promesa	1 Jn	2:20	tenéis la unción del **Santo**,
	15	para con todos los **santos**		5:7	el Padre, el Verbo y el Espíritu **Santo** (TR,
	18	de la gloria de su herencia en los **santos**			(VM), (BA))
	2:19	sino conciudadanos de los **santos**	Jud	3	que ha sido una vez dada a los **santos**.
	21	para ser un templo **santo** en el Señor		14	vino el Señor con sus **santas** decenas
	3:5	ahora es revelado a sus **santos** apóstoles		20	edificándoos sobre vuestra **santísima** fe
	8	que el más pequeño de todos los **santos**			orando en el Espíritu **Santo**
	18	comprender con todos los **santos**	Ap	3:7	Esto dice el **Santo**, el Verdadero
	4:12	a fin de perfeccionar a los **santos**		4:8	**Santo, santo, santo** es el Señor
	30	Y no contristéis al Espíritu **Santo** de Dios		5:8	son las oraciones de los **santos**
	5:3	entre vosotros, como conviene a **santos**		6:10	¿Hasta cuándo, Señor, **santo** y verdadero
	27	sino que fuese **santa** y sin mancha		8:3	a las oraciones de todos los **santos**
	6:18	y súplica por todos los **santos**		4	con las oraciones de los **santos**
Fil	1:1	a todos los **santos** en Cristo Jesús		11:2	y ellos hollarán la ciudad **santa**
	4:21	a todos los **santos** (lit.,...a cada **santo**)		18	a los **santos**, y a los que temen tu nombre
	22	Todos los **santos** os saludan		13:7	hacer guerra contra los **santos**
Col	1:2	a los **santos** y fieles hermanos en Cristo		10	Aquí está la paciencia y la fe de los **santos**.
	4	del amor que tenéis a todos los **santos**		14:10	delante de los **santos** ángeles y del Cordero
	12	de la herencia de los **santos** en luz		12	Aquí está la paciencia de los **santos**
	22	para presentaros **santos** y sin mancha		15:3	Rey de los **santos** (TR)
	26	ha sido manifestado a sus **santos**,		16:6	derramaron la sangre de los **santos**
	3:12	como escogidos de Dios, **santos** y amados		17:6	Vi a la mujer ebria de la sangre de los **santos**
1 Ts	1:5	sino también en poder, en el Espíritu **Santo**		18:20	y vosotros, **santos**, apóstoles y profetas
	6	con gozo del Espíritu **Santo**		24	la sangre de los profetas y de los **santos**,
	3:13	Jesucristo con todos sus **santos**		19:8	es las acciones justas de los **santos**
	4:8	que también nos dió su Espíritu **Santo**		20:6	Bienaventurado y **santo** el que tiene parte
	5:26	Saludad a todos...con ósculo **santo**		9	y rodearon el campamento de los **santos**
	27	que esta carta se lea a todos los **santos**		21:2	yo Juan vi la **santa** ciudad, la nueva
2 Ts	1:10	para ser glorificado en sus **santos**		10	me mostró la gran ciudad **santa** de Jerusalén
1 Ti	5:10	si ha lavado los pies de los **santos**		22:6	el Dios de los espíritus de los profetas (V60,
2 Ti	1:9	y llamó con llamamiento **santo**,			WH, N, ABMW, VHA, VM, NC, BC, BA);
	14	por el Espíritu **Santo** que mora en nosotros			(lit., el Dios de los **santos** profetas, TR)
Tit	3:5	por la renovación en el Espíritu **Santo**		11	el que es **santo**, santifíquese todavía
Flm	5	y para con todos los **santos**		19	quitará su parte...de la **santa** ciudad
	7	los corazones de los **santos**		21	sea con todos vosotros (S); (lit., sea con
He	2:4	repartimientos del Espíritu **Santo**			los **santos**, WH); (sea con todos los
	3:1	hermanos **santos**, participantes			**santos**, VM, E)
	7	como dice el Espíritu **Santo**			
	6:4	fueron hechos partícipes del Espíritu **Santo**	**41**		ἁγιότης**† – agiótes (jagiótes)
	10	habiendo servido a los **santos** y sirviéndoles	2 Co	1:12	con sencillez y sinceridad de Dios (TR,
	8:2	ministro del santuario			ABMW); (con **santidad** y sinceridad de
	9:1	de culto y un santuario terrenal.			Dios, VHA, WH, N, VM, NC, BC, BA)
	2	llamada el Lugar **Santo**, estaba	He	12:10	para que participemos de su **santidad**.
	3	llamada el Lugar **Santísimo** (el **santo** de los			
		santos, NC)	**42**		ἁγιωσύνη† – agiosúne (jagiosúne)
	8	dando el Espíritu **Santo** a entender con esto			
		manifestado el camino al Lugar **Santísimo**	Ro	1:4	según el espíritu de **santidad**,
		(el camino del santuario, NC)	2 Co	7:1	perfeccionando la **santidad** en el temor
	12	en el Lugar **Santísimo** (en el santuario, NC)	1 Ts	3:13	irreprensibles en **santidad** delante de Dios
	24	Porque no entró Cristo en el santuario			
	25	en el Lugar **Santísimo** (en el santuario, NC)	**43**		ἀγκάλη – agkále (ankále)
	10:15	nos atestigua lo mismo el Espíritu **Santo**	Lc	2:28	él le tomó en sus **brazos**, y bendijo
	19	para entrar en el Lugar **Santísimo** (...en el			
		santuario, NC)	**44**		ἄγκιστρον – ágkistron (ánkistron)
	13:11	es introducida en el santuario por el sumo	Mt	17:27	vé al mar, y hecha el **anzuelo**,
	24	y a todos los **santos**			
1 P	1:12	por el Espíritu **Santo** enviado del cielo,	**45**		ἄγκυρα** – ágkura (ánkura)
	15	es **santo**, sed también vosotros **santos**	Hch	27:29	echaron cuatro **anclas** por la popa
	16	Sed **santos**, porque yo soy **santo**		30	como que querían largar las **anclas** de proa
	2:5	como casa espiritual y sacerdocio **santo**		40	Cortando, pues, las **anclas**, las dejaron
	9	nación **santa**, pueblo adquirido por Dios,	He	6:19	como segura y firme **ancla** del alma,
	3:5	aquellas **santas** mujeres que esperaban			
2 P	1:18	con él en el monte **santo**	**46**		ἄγναφος*† – ágnafos
	21	los **santos** hombres de Dios hablaron (TR,			
		VM)	Mt	9:16	de paño **nuevo** en vestido viejo

Mr	2:21	remiendo de paño **nuevo** en vestido viejo				de la **pureza**, VHA, [WH], [N], [ABMW], VM, NC, BC, BA)

47 ἁγνεία – agnéia (jagnéia)

1 Ti	4:12	sé ejemplo...amor, espíritu, fe y **pureza**
	5:2	como a hermanas, con toda **pureza**.

48 ἁγνίζω – agnízo (jagnídzo)

Jn	11:55	antes de la pascua, para **purificarse**
Hch	21:24	Tómalos contigo, **purifícate** con ellos,
	26	habiéndose **purificado** con ellos
	24:18	me hallaron **purificado** en el templo
Stg	4:8	**purificad** vuestros corazones
1 P	1:22	Habiendo **purificado** vuestras almas
1 Jn	3:3	en él, se **purifica** a sí mismo, así

49 ἁγνισμός – agnismós (jagnismós)

Hch	21:26	de los días de la **purificación**

50 ἀγνοέω – agnoéo

Mr	9:32	Pero ellos **no entendían** esta
Lc	9:45	Mas ellos **no entendían** estas palabras
Hch	13:27	**no conociendo** a Jesús, ni las palabras
	17:23	Al que vosotros adoráis, pues, **sin conocerle**
Ro	1:13	no quiero, hermanos, que **ignoréis**
	2:4	**ignorando** que su benignidad
	6:3	¿O **no sabéis** que todos los que
	7:1	¿Acaso **ignoráis**, hermanos
	10:3	**ignorando** la justicia de Dios,
	11:25	no quiero, hermanos, que **ignoréis**
1 Co	10:1	no quiero, hermanos, que **ignoréis**
	12:1	No quiero, hermanos, que **ignoréis**
	14:38	el que **ignora**, **ignore** (TR, VM, BC); (si alguno lo **desconoce**, él **será desconocido**, VHA, WH, N, ABMW, NC, BA)
2 Co	1:8	no queremos que **ignoréis**
	2:11	no **ignoramos** sus maquinaciones.
	6:9	como **desconocidos**, pero bien conocidos
Gá	1:22	**no era conocido** de vista
1 Ts	4:13	que **ignoréis** acerca de los que duermen
1 Ti	1:13	lo hice **por ignorancia**,
He	5:2	con los **ignorantes** y extraviados
2 P	2:12	hablando mal de cosas que **no entienden**

51 ἀγνόημα – agnóema

He	9:7	por los **pecados de ignorancia** del pueblo

52 ἄγνοια – ágnoia

Hch	3:17	sé que por **ignorancia** lo habéis hecho,
	17:30	los tiempos de esta **ignorancia**
Ef	4:18	por la **ignorancia** que en ellos hay
1 P	1:14	estando en vuestra **ignorancia**;

53 ἁγνός – agnós (jagnós)

2 Co	7:11	os habéis mostrado **limpios** en el asunto
	11:2	como una virgen **pura** a Cristo
Fil	4:8	todo lo **puro**, todo lo amable,
1 Ti	5:22	Consérvate **puro**.
Tit	2:5	a ser prudentes, **castas**, cuidadosas
Stg	3:17	es primeramente **pura**, después pacífica,
1 P	3:2	vuestra conducta **casta** y respetuosa.
1 Jn	3:3	así como él es **puro**.

54 ἁγνότης *† – agnótes (jagnótes)

2 Co	6:6	en **pureza**, en ciencia, en longanimidad
	11:3	sean...extraviados de la sincera fidelidad (TR); (sean corrompidas de la sencillez y

55 ἁγνῶς – agnós (jagnós)

Fil	1:17 (16)	no **sinceramente**, pensando añadir

56 ἀγνωσία – agnosía

1 Co	15:34	no conocen a Dios (viven en la **ignorancia** de Dios, NC)
1 P	2:15	hagáis callar la **ignorancia** de los hombres

57 ἄγνωστος** – ágnostos

Hch	17:23	AL DIOS **NO CONOCIDO**

58 ἀγορά – agorá

Mt	11:16	en las **plazas**, y dan voces
	20:3	que estaban en la **plaza** desocupados;
	23:7	y las salutaciones en las **plazas**,
Mr	6:56	ponían en las **calles** (...**plazas**, VHA)
	7:4	volviendo de la **plaza**, si no se lavan
	12:38	aman las salutaciones en las **plazas**
Lc	7:32	sentados en la **plaza**, que dan voces
	11:43	las salutaciones en las **plazas**
	20:46	aman las salutaciones en las **plazas**,
Hch	16:19	al **foro**, ante las autoridades
	17:17	y en la **plaza** cada día con los

59 ἀγοράζω – agorázo (agorádzo)

Mt	13:44	**compra** aquel campo.
	46	vendió todo lo que tenía, y la **compró**
	14:15	que vayan...y **compren** de comer
	21:12	los que vendían y **compraban**
	25:9	**comprad** para vosotras mismas.
	10	mientras ellas iban a **comprar**, vino
	27:7	**compraron** con ellas el campo del alfarero
Mr	6:36	**compren** pan, pues no tienen qué comer
	37	¿Que vayamos y **compremos** pan
	11:15	a los que...**compraban** en el templo
	15:46	el cual **compró** una sábana,
	16:1	**compraron** especias aromáticas
Lc	9:13	que vayamos nosotros a **comprar** alimentos
	14:18	**He comprado** una hacienda
	19	**He comprado** cinco yuntas de bueyes,
	17:28	**compraban**, vendían, plantaban,
	19:45	a todos los que...**compraban** (TR, VM)
	22:36	venda su capa y **compre** una.
Jn	4:8	habían ido a la ciudad a **comprar** de comer
	6:5	¿De dónde **compraremos** pan
	13:29	**Compra** lo que necesitamos para la fiesta
1 Co	6:20	habéis sido **comprados** por precio
	7:23	Por precio fuisteis **comprados**
	30	los que **compran**, como si no poseyesen
2 P	2:1	al Señor que los **rescató**, atrayendo
Ap	3:18	que de mí **compres** oro refinado
	5:9	y con tu sangre nos **has redimido**
	13:17	pudiese **comprar** ni vender, sino el que
	14:3	que fueron **redimidos** de entre los de la
	4	Estos fueron **redimidos** de entre los
	18:11	ninguno **compra** más sus mercaderías

60 ἀγοραῖος* – agoráios

Hch	17:5	tomaron consigo a algunos **ociosos**,
	19:38	contra alguno, **audiencias** se conceden,

61 ἄγρα* – ágra

Lc	5:4	echad vuestras redes para **pescar**
	9	por la **pesca** que habían hecho

62		ἀγράμματος — agrámmatos	Lc	15:15	le envió a su **hacienda**
Hch	4:13	sabiendo que eran hombres sin **letras**		25	estaba en el **campo**; cuando vino
				17:7	al volver él del **campo**, luego le dice:
63		ἀγραυλέω* — agrauléo		31	el que en el **campo**, asimismo no
Lc	2:8	Que velaban y guardaban las vigilias		36	Dos estarán en el **campo**;(TR)
				23:26	que venía del **campo**, y le pusieron
64		ἀγρεύω — agréuo	Hch	4:37	como tenía una **heredad**,
Mr	12:13	para que le **sorprendiesen** (...**entrampasen**, VM)	**69**		ἀγρυπνέω — agrupnéo
			Mr	13:33	Mirad, **velad** y orad
65		ἀγριέλαιος* — agriélaios	Lc	21:36	**Velad**, pues, en todo tiempo orando
Ro	11:17	tú, siendo **olivo silvestre**	Ef	6:18	**velando** en ello con toda perseverancia
	24	del que por naturaleza es **olivo silvestre**	He	13:17	ellos **velan** por vuestras almas,
66		ἄγριος — ágrios	**70**		ἀγρυπνία — agrupnía
Mt	3:4	era langostas y miel **silvestre**	2 Co	6:5	en **desvelos**, en ayunos
Mr	1:6	comía langostas y miel **silvestre**		11:27	en muchos **desvelos**, en hambre y sed
Jud	13	**fieras** ondas del mar	**71**		ἄγω — ágo
67		Ἀγρίππας — Agríppas	Mt	10:18	seréis **llevados** por causa de mí
				14:6	cuando se celebraba el cumpleaños (TR)
Hch	25:13	el rey **Agripa** y Berenice vinieron		21:2	desatadla, y **traédmelos**.
	22	Entonces **Agripa** dijo a Festo		7	y **trajeron** el asna y el pollino
	23	viniendo **Agripa** y Berenice con mucha		26:46	Levantaos, **vamos**
	24	Festo dijo: Rey **Agripa**, y todos	Mr	1:38	**Vamos** a los lugares vecinos
	26	oh rey **Agripa**, para que después		11:2	desatadlo y **traedlo** (TR)
	26:1	Entonces **Agripa** dijo a Pablo		7	**trajeron** el pollino a Jesús (TR)
	2	oh rey **Agripa**, de que haya de defenderme		13:11	Pero cuando os **trajeren** para entregaros,
	7	oh rey **Agripa**, soy acusado (TR)		14:42	Levantaos, **vamos**; he aquí
	19	Por lo cual, oh rey **Agripa**, no fui	Lc	4:1	fue **llevado** por el Espíritu al desierto
	27	¿Crees, oh rey **Agripa**, a los profetas?		9	le **llevó** a Jerusalén
	28	Entonces **Agripa** dijo a Pablo		29	le **llevaron** hasta la cumbre del monte
	32	Y **Agripa** dijo a Festo: Podía este		40	los **traían** a él; y él, poniendo
				10:34	lo **llevó** al mesón, y cuidó de él.
68		ἀγρός — agrós		18:40	mandó **traerle** a su presencia
Mt	6:28	Considerad los lirios del **campo**, cómo		19:27	**traedlos** acá, y decapitadlos
	30	si la hierba del **campo** que hoy		30	desatadlo, y **traedlo**
	13:24	que sembró buena semilla en su **campo**		35	lo **trajeron** a Jesús
	27	¿no sembraste buena semilla en tu **campo**?		21:12	seréis **llevados** ante reyes (TR)
	31	que un hombre tomó y sembró en su **campo**		22:54	prendiéndole, le **llevaron**
	36	la parábola de la cizaña del **campo**		23:1	**llevaron** a Jesús a Pilato
	38	El **campo** es el mundo		32	**Llevaban** también con él a otros dos
	44	a un tesoro escondido en un **campo**		24:21	hoy es **ya** el tercer día que esto
		y compra aquel **campo**	Jn	1:42	le **trajo** a Jesús
	19:29	o hijos, o **tierras**, por mi nombre		7:45	¿Por qué no le **habéis traído**?
	22:5	uno a su **labranza**, y otro a sus negocios		8:3	[los fariseos le **trajeron** una mujer]
	24:18	y el que esté en el **campo**		9:13	**Llevaron** ante los fariseos
	40	Entonces estarán dos en el **campo**		10:16	aquéllas también debo **traer**, y oirán
	27:7	compraron con ellas el **campo** del alfarero		11:7	**Vamos** a Judea otra vez
	8	aquel **campo** se llama...**Campo** de Sangre		15	para que creáis; mas **vamos** a él
	10	las dieron para el **campo** del alfarero,		16	**Vamos** también nosotros
Mr	5:14	dieron aviso en la ciudad y en los **campos**		14:31	Levantaos, **vamos** de aquí
	6:36	Despídelos para que vayan a los **campos**		18:13	le **llevaron**...a Anás; (WH, N, ABMW)
	56	en aldeas, ciudades o **campos**, ponían		28	**Llevaron** a Jesús de casa de Caifás
	10:29	o **tierras**, por causa de mí		19:4	Mirad, os lo **traigo** fuera
	30	hermanas, madres, hijos, y **tierras**		13	Pilato, oyendo esto, **llevó** fuera
	11:8	cortaban ramas de los árboles (TR, VM);	Hch	5:21	a la cárcel para que **fuesen traídos**
		(echaron follaje que cortaron en los		26	los **trajo** sin violencia
		campos,VHA, WH, N, ABMW, NC, BC, BA)		27	Cuando los **trajeron**, los presentaron
	13:16	el que esté en el **campo**, no		6:12	le **trajeron** al concilio
	15:21	que venía del **campo**, a que le llevase la cruz		8:32	Como oveja a la muerte fue **llevado**
	16:12	[que iban de camino, yendo al **campo**]		9:2	los **trajese** presos a Jerusalén
Lc	8:34	dieron aviso en la ciudad y por los **campos**		21	para **llevarlos** presos ante los
	9:12	para que vayan a las aldeas y **campos**		27	Bernabé, tomándolo, le **trajo** a los apóstoles
	12:28	la hierba que hoy está en el **campo**		11:26 (25)	le **trajo** a Antioquía
	14:18	He comprado una **hacienda**, y necesito		13:23	Dios levantó a Jesús por Salvador (TR, VM, NC); (**trajo** Dios...un Salvador, Jesús, VHA, WH, N, ABMW)

ἀγωγή 72

Hch	17:5	procuraban sacarlos al pueblo (TR)
	15	le llevaron a Atenas;
	19	tomándole, le trajeron al Areópago
	18:12	le llevaron al tribunal
	19:37	habéis traído a estos hombres
	38	audiencias se conceden
	20:12	llevaron al joven vivo,
	21:16	trayendo consigo a uno llamado Mnasón
	34	le mandó llevar a la fortaleza
	22:5	para traer presos a Jerusalén también
	24	que le metiesen en la fortaleza (TR)
	23:10	le llevasen a la fortaleza
	18	tomándole, le llevó al tribuno
		me rogó que trajese ante ti a este
	31	le llevaron de noche a Antípatris
	25:6	mandó que fuese traído Pablo.
	17	mandé traer al hombre
	23	por mandato de Festo fue traído Pablo
Ro	2:4	te guía al arrepentimiento
	8:14	todos los que son guiados
1 Co	12:2	como se os llevaba, a los ídolos mudos
Gá	5:18	si sois guiados por el Espíritu
1 Ts	4:14	así también traerá Dios con Jesús
2 Ti	3:6	arrastradas por diversas concupiscencias
	4:11	Toma a Marcos y tráele contigo
He	2:10	que habiendo de llevar muchos hijos

72   ἀγωγή – agogé (agogué)

| 2 Ti | 3:10 | mi doctrina, conducta, propósito, |

73   ἀγών – agón

Fil	1:30	teniendo el mismo conflicto
Col	2:1	cuán gran lucha sostengo por vosotros
1 Ts	2:2	en medio de gran oposición. (...gran lucha, VHA)
1 Ti	6:12	Pelea la buena batalla
2 Ti	4:7	He peleado la buena batalla
He	12:1	corramos con paciencia la carrera

74   ἀγωνία – agonía

| Lc | 22:44 | estando en agonía, oraba (TR, [N], [WH], VHA, VM, NC, BC, BA) |

75   ἀγωνίζομαι – agonizomai (agonídzomai)

Lc	13:24	Esforzaos a entrar por la puerta
Jn	18:36	mis servidores pelearían para
1 Co	9:25	Todo aquel que lucha, de todo
Col	1:29	también trabajo, luchando según la potencia
	4:12	rogando encarecidamente por vosotros (lucha por vosotros, VHA)
1 Ti	4:10	trabajamos y sufrimos oprobios (TR); (trabajamos y luchamos, VHA, WH, N, ABMW, VM, BC, NC, BA)
	6:12	Pelea la buena batalla
2 Ti	4:7	He peleado la buena batalla

76   Ἀδάμ – Adám

Lc	3:38	hijo de Adán, hijo de Dios
Ro	5:14	desde Adán hasta Moisés a la manera de la transgresión de Adán
1 Co	15:22	así como en Adán todos
	45	Fue hecho el primer hombre Adán el postrer Adán, espíritu vivificante
1 Ti	2:13	Adán fue formado
	14	Adán no fue engañado, sino
Jud	14	séptimo desde Adán, diciendo

77   ἀδάπανος – adápanos

| 1 Co | 9:18 | presente gratuitamente el evangelio |

78   Ἀδδεί – Addéi o Ἀδδί

| Lc | 3:28 | hijo de Melqui, hijo de Adi |

79   ἀδελφή – adelfé

Mt	12:50	ése es mi hermano, y hermana
	13:56	¿No están todas sus hermanas con nosotros
	19:29	dejado casas, o hermanos, o hermanas,
Mr	3:32	tus hermanos están afuera (TR, WH, ABMW, VM, NC, BA); (tus hermanos y tus hermanas están fuera, VHA, N, BC)
	35	ése es mi hermano, y mi hermana,
	6:3	aquí con nosotros sus hermanas?
	10:29	casa, o hermanos, o hermanas,
	30	casas, hermanos, hermanas, madres,
Lc	10:39	Esta tenía una hermana
	40	¿no te da cuidado que mi hermana
	14:26	y hermanos, y hermanas y aún también
Jn	11:1	de María y de Marta su hermana.
	3	Enviaron, pues, las hermanas para decir
	5	amaba Jesús a Marta, a su hermana
	28	fue y llamó a María su hermana,
	39	Marta, la hermana del que había muerto,
	19:25	su madre, y la hermana de su madre
Hch	23:16	el hijo de la hermana de Pablo,
Ro	16:1	Os recomiendo además nuestra hermana
	15	a Julia, a Nereo y a su hermana
1 Co	7:15	no está el hermano o la hermana
	9:5	de traer con nosotros una hermana
1 Ti	5:2	a las jovencitas, como a hermanas,
Flm	2	a la amada hermana Apia (V60, VM); (a nuestra hermana Apia, VHA, WH, N, ABMW, NC, BC, BA); (lit., a Apia la amada,TR)
2 Jn	13	Los hijos de tu hermana, la elegida

80   ἀδελφός – adelfós

Mt	1:2	Jacob a Judá y a sus hermanos
	11	engendró a Jeconías y a sus hermanos,
	4:18	vio a dos hermanos, Simón llamado y Andrés su hermano
	21	vio a otros dos hermanos, Jacobo hijo y Juan su hermano
	5:22	cualquiera que se enoje contra su hermano que diga: Necio, a su hermano,
	23	de que tu hermano tiene algo contra ti
	24	reconcíliate primero con tu hermano,
	47	si saludáis a vuestros hermanos solamente
	7:3	la paja que está en el ojo de tu hermano
	4	¿O cómo dirás a tu hermano
	5	para sacar la paja del ojo de tu hermano
	10:2	Pedro, y Andrés su hermano y Juan su hermano
	21	El hermano entregará a la muerte al hermano
	12:46	he aquí tu madre y sus hermanos estaban
	47	He aquí tu madre y tus hermanos (TR, [N], [ABMW], VHA, VM, NC, BC)
	48	quiénes son mis hermanos?
	49	He aquí mi madre y mis hermanos
	50	ése es mi hermano
	13:55	su madre María, y sus hermanos
	14:3	Herodías, mujer de Felipe su hermano
	17:1	a Jacob y a Juan su hermano

ἀδελφός

Mt	18:15	Por tanto, si tu **hermano** peca contra ti has ganado a tu **hermano**
	21	¿cuántas veces perdonaré a mi **hermano**
	35	si no perdonáis...cada uno a su **hermano**
	19:29	cualquiera que haya dejado... **hermanos**
	20:24	se enojaron contra los dos **hermanos**
	22:24	Si alguno muriere sin hijos, su **hermano** levantará descendencia a su **hermano**
	25	entre vosotros siete **hermanos** dejó su mujer a su **hermano**.
	23:8	todos vosotros sois **hermanos**.
	25:40	a uno de estos mis **hermanos** más pequeños
	28:10	id, a dad las nuevas a mis **hermanos**
Mr	1:16	vio a Simón y a Andrés su **hermano**
	19	Hijo de Zebedeo, y a Juan su **hermano**,
	3:17	a Juan **hermano** de Jacobo,
	31	Vienen después sus **hermanos** y su madre
	32	Tu madre y tus **hermanos** están afuera
	33	¿Quién es mi madre y mis **hermanos**?
	34	He aquí mi madre y mis **hermanos**
	35	ése es mi **hermano**, y mi hermana
	5:37	y Juan **hermano** de Jacobo
	6:3	hijo de María, **hermano** de Jacobo,
	6:17	mujer de Felipe su **hermano**
	18	No te es lícito tener la mujer de tu **hermano**
	10:29	que haya dejado casa, o **hermanos**
	30	que no reciba..., casas, **hermanos**,
	12:19	Moisés nos escribió que si el **hermano** que su **hermano** se case con ella levante descendencia a su **hermano**
	20	hubo siete **hermanos**
	13:12	el **hermano** entregará a la muerte al **hermano**
Lc	3:1	su **hermano** Felipe tetrarca de Iturea
	19	mujer de Felipe su **hermano**
	6:14	a Andrés su **hermano**,
	41	en el ojo de tu **hermano**,
	42	¿O cómo puedes decir a tu **hermano** **Hermano**, déjame sacar la paja en el ojo de tu **hermano**
	8:19	Entonces su madre y sus **hermanos**
	20	Tu madre y tus **hermanos** están fuera
	21	Mi madre y mis **hermanos** son
	12:13	Maestro, dí a mi **hermano**
	14:12	no llames a tus amigos, ni a tus **hermanos**
	26	y **hermanos**, y hermanas
	15:27	Tu **hermano** ha venido
	32	este tu **hermano** era muerto
	16:28	tengo cinco **hermanos**,
	17:3	Si tu **hermano** pecare contra tí
	18:29	o padres, o **hermanos**, o mujer,
	20:28	Si el **hermano** de alguno muriere teniendo que su **hermano** se case con ella y levante descendencia a su **hermano**
	29	Hubo, pues, siete **hermanos**
	21:16	por vuestros padres, y **hermanos**
	22:32	confirma a tus **hermanos**
Jn	1:40	Andrés, **hermano** de Simón Pedro
	41	Este halló primero a su **hermano** Simón
	2:12	él, su madre, sus **hermanos** y sus discípulos
	6:8	Andrés, **hermano** de Simón Pedro,
	7:3	le dijeron sus **hermanos**: Sal de aquí
	5	ni aun sus **hermanos**
	10	después que sus **hermanos** habían subido
	11:2	María, cuyo **hermano** Lázaro
	19	para consolarlas por su **hermano**
	21	mi **hermano** no habría muerto
	23	Jesus le dijo: Tu **hermano** resucitará
	32	no habría muerto mi **hermano**
	20:17	mas vé a mis **hermanos**, y diles
Jn	21:23	se extendió entonces entre los **hermanos**
Hch	1:14	con María...y con sus **hermanos**.
	15	en medio de los **hermanos** (V60, WH, N, ABMW, VHA, VM, NC, BC, BA)
	16	Varones **hermanos**, era necesario
	2:29	Varones **hermanos**, se os puede decir
	37	Varones **hermanos**, ¿qué haremos?
	3:17	Mas ahora, **hermanos**, sé que
	22	profeta de entre vuestros **hermanos**
	6:3	Buscad, **hermanos**, de entre vosotros
	7:2	él dijo: Varones **hermanos** y padres,
	13	José se dio a conocer a sus **hermanos**
	23	le vino al corazón el visitar a sus **hermanos**
	25	pensaba que sus **hermanos** comprendían
	26	los ponía en paz, diciendo: Varones, **hermanos** sois
	37	de entre vuestros **hermanos**, como a mí
	9:17	**Hermano** Saulo, el Señor Jesús
	30	Cuando supieron esto los **hermanos**,
	10:23	algunos de los **hermanos** de Jope
	11:1	Oyeron los apóstoles y los **hermanos** que
	12	Fueron...estos seis **hermanos**
	29	determinaron enviar socorro a los **hermanos**
	12:2	mató a espada a Jacobo, **hermano** de Juan
	17	Haced saber esto a Jacobo y a los **hermanos**
	13:15	Varones **hermanos**, si tenéis alguna
	26	Varones **hermanos**, hijos del linaje
	38	Sabed, pues, esto, varones **hermanos**
	14:2	de los gentiles contra los **hermanos**
	15:1	enseñaban a los **hermanos**
	3	causaban gran gozo a todos los **hermanos**
	7	Varones **hermanos**, vosotros sabéis
	13	Varones **hermanos**, oídme.
	22	varones principales entre los **hermanos**
	23	Los apóstoles y los ancianos y los **hermanos**, a los **hermanos**
	32	consolaron y confirmaron a los **hermanos**
	33	fueron despedidos en paz por los **hermanos**
	36	Volvamos a visitar a los **hermanos**
	40	salió encomendado por los **hermanos**
	16:2	daban testimonio de él los **hermanos**
	40	habiendo visto a los **hermanos**, los
	17:6	trajeron a Jasón y a algunos **hermanos**
	10	los **hermanos** enviaron de noche a Pablo
	14	inmediatamente los **hermanos** enviaron
	18:18	se despidió de los **hermanos** y navegó
	27	los **hermanos** le animaron, y escribieron
	20:32	ahora, **hermanos**, os encomiendo (TR)
	21:7	habiendo saludado a los **hermanos**,
	17	los **hermanos** nos recibieron con gozo
	20	Ya ves, **hermanos**, cuántos millares
	22:1	Varones **hermanos** y padres, oíd ahora
	5	también recibí carta para los **hermanos**,
	13	**Hermano** Saulo, recibe la vista
	23:1	Varones **hermanos**, yo con toda buena
	5	No sabía, **hermanos**, que era
	6	Varones **hermanos**, yo soy fariseo, hijo
	28:14	donde habiendo hallado **hermanos**,
	15	oyendo de nosotros los **hermanos**,
	17	Yo, varones, **hermanos**, no habiendo hecho
	21	ni ha venido alguno de los **hermanos**
Ro	1:13	no quiero, **hermanos**, que ignoréis
	7:1	¿Acaso ignoráis, **hermanos**...?
	4	Así también vosotros, **hermanos** míos
	8:12	Así que, **hermanos**, deudores somos,
	29	el primogénito entre muchos **hermanos**
	9:3	por amor a mis **hermanos**,
	10:1	**Hermanos**, ciertamente el anhelo
	11:25	no quiero, **hermanos**, que ignoréis

ἀδελφός

Ro	12:1	Así que, hermanos, os ruego
	14:10	tú, ¿por qué juzgas a tu hermano?
		¿por qué menosprecias a tu hermano?
	13	u ocasión de caer al hermano
	15	si por causa de la comida tu hermano es
	21	en que tu hermano tropiece
	15:14	estoy seguro de vosotros, hermanos míos
	15	os he escrito, hermanos (TR)
	30	os ruego, hermanos, (TR, [N], [ABMW], VHA, VM, NC, BA)
	16:14	a los hermanos que están con ellos
	17	os ruego, hermanos, que os fijéis
	23	tesorero de la ciudad, y el hermano Cuarto
1 Co	1:1	y el hermano Sóstenes,
	10	Os ruego, pues, hermanos,
	11	acerca de vosotros, hermanos míos,
	26	mirad, hermanos, vuestra vocación
	2:1	Así que, hermanos, cuando fui a vosotros
	3:1	De manera que yo, hermanos, no pude
	4:6	esto, hermanos, lo he presentado
	5:11	que, llamándose hermano, fuere
	6:5	que pueda juzgar entre sus hermanos
	6	sino que el hermano con el hermano
	8	y esto a los hermanos.
	7:12	Si algún hermano tiene mujer
	14	la mujer incrédula en el marido (TR, VM); (se santifica la mujer infiel para el hermano, NC, WH, N, ABMW, VHA, BC, BA)
	15	no está el hermano o la hermana sujeto
	24	Cada uno, hermanos, en el estado
	29	esto digo, hermanos: que el tiempo
	8:11	se perderá el hermano débil
	12	pecando contra los hermanos e hiriendo
	13	si la comida le es a mi hermano ocasión para no poner tropiezo a mi hermano
	9:5	y los hermanos del Señor, y Cefas?
	10:1	no quiero, hermanos, que
	11:2	Os alabo, hermanos, (TR)
	33	Así que, hermanos míos cuando os reunís
	12:1	No quiero, hermanos, que ignoréis
	14:6	Ahora pues, hermanos, si yo voy
	20	Hermanos, no seáis niños
	26	¿Qué hay, pues, hermanos?
	39	Así que, hermanos, procurad profetizar
	15:1	Además os declaro, hermanos, el evangelio
	6	apareció a más de quinientos hermanos
	31	hermanos, por la gloria que de vosotros tengo (V60, WH, N, ABMW, VHA, VM, NC, BC, BA)
	50	Pero esto digo hermanos:
	58	Así que, hermanos míos amados,
	16:11	porque le espero con los hermanos
	12	Acerca del hermano Apolos, que fuese a vosotros con los hermanos
	15	Hermanos, ya sabéis que la familia
	20	Os saludan todos los hermanos
2 Co	1:1	y el hermano Timoteo, a la iglesia
	8	hermanos, no queremos que ignoréis
	2:13	por no haber hallado a mi hermano Tito;
	8:1	Asimismo, hermanos, os hacemos saber
	18	enviamos juntamente con él al hermano
	22	a nuestro hermano, cuya diligencia
	23	en cuanto a nuestros hermanos, son
	9:3	he enviado a los hermanos, para que
	5	tuve por necesario exhortar a los hermanos
	11:9	lo que me faltaba, lo suplieron los hermanos
	12:18	envié con él al hermano

2 Co	13:11	Por lo demás, hermanos, tened gozo
Gá	1:2	todos los hermanos que están conmigo
	11	os hago saber, hermanos,
	19	sino a Jacobo el hermano del Señor
	3:15	Hermanos, hablo en términos humanos:
	4:12	Os ruego, hermanos, que os hagáis como yo
	28	Así que, hermanos, nosotros, como Isaac
	31	hermanos, que no somos hijos de la esclava
	5:11	yo, hermanos, si aún predico la circuncisión
	13	vosotros, hermanos, a libertad
	6:1	Hermanos, si alguno fuere sorprendido
	18	Hermanos, la gracia de nuestro Señor
Ef	6:10	Por lo demás, hermanos míos (TR, VM)
	21	Tíquico, hermano amado
	23	Paz sea a los hermanos,
Fil	1:12	Quiero que sepáis, hermanos,
	14	la mayoría de los hermanos
	2:25	enviaros a Epafrodito, mi hermano
	3:1	Por lo demás, hermanos, gozaos en el Señor.
	13	Hermanos, yo mismo no pretendo
	17	Hermanos, sed imitadores de mí,
	4:1	Así que, hermanos míos amados y deseados
	8	Por lo demás, hermanos, todo lo que es
	21	Los hermanos que están conmigo os saludan
Col	1:1	y el hermano Timoteo
	2	a los santos y fieles hermanos en Cristo
	4:7	amado hermano y fiel ministro
	9	amado y fiel hermano
	15	a los hermanos que están en Laodicea
1 Ts	1:4	conocemos, hermanos amados de Dios,
	2:1	vosotros mismos sabéis, hermanos,
	9	os acordáis, hermanos, de nuestro trabajo
	14	hermanos, vinisteis a ser imitadores
	17	nosotros, hermanos, separados de vosotros
	3:2	enviamos a Timoteo nuestro hermano
	7	hermanos, en medio de toda nuestra
	4:1	Por lo demás, hermanos, os rogamos
	6	ni engañe en nada a su hermano
	10	con todos los hermanos que están os rogamos
	13	Tampoco queremos, hermanos, que ignoréis
	5:1	no tenéis necesidad, hermanos
	4	hermanos, no estáis en tinieblas
	12	Os rogamos, hermanos, que reconozcáis
	14	También os rogamos, hermanos
	25	Hermanos, orad por nosotros.
	26	Saludad a todos los santos hermanos
	27	se lea a todos los santos hermanos
2 Ts	1:3	dar gracias a Dios por vosotros, hermanos
	2:1	os rogamos, hermanos,
	13	respecto a vosotros, hermanos amados
	15	Así que, hermanos, estad firmes,
	3:1	Por lo demás, hermanos, orad por nosotros
	6	os ordenamos, hermanos
	13	de todo hermano que ande
	15	amonestadle como a hermano
1 Ti	4:6	Si esto enseñas a los hermanos
	5:1	a los más jóvenes, como a hermanos
	6:2	no les tengan en menos por ser hermanos
2 Ti	4:21	Lino, Claudia y todos los hermanos
Flm	1	y el hermano Timoteo, al amado
	7	por tí, oh hermano han sido confortados
	16	como hermano amado, mayormente
	20	Sí, hermano, tenga yo algún provecho
He	2:11	no se avergüenza de llamarlos hermanos
	12	Anunciaré a mis hermanos tu nombre,
	17	debía ser en todo semejante a sus hermanos
	3:1	Por tanto, hermanos santos, participantes

	ἀδελφότης 81				91 ἀδικέω

He	3:12	Mirad, **hermanos**, que no haya en ninguno
	7:5	es decir, de sus **hermanos**, aunque éstos
	8:11	Ni ninguno a su **hermano**, diciendo
	10:19	Así que, **hermanos**, teniendo libertad
	13:22	Os ruego, **hermanos**, que soportéis
	23	que está en libertad nuestro **hermano**
Stg	1:2	**Hermanos** míos, tened por sumo gozo
	9	El **hermano** que es de humilde condición
	16	Amados **hermanos** míos, no erréis
	19	Por esto, mis amados **hermanos**
	2:1	**Hermanos** míos, que vuestra fe
	5	**Hermanos** míos amados, oíd
	14	**Hermanos** míos, ¿de que aprovechará
	15	Y si un **hermano** o una hermana
	3:1	**Hermanos** míos, no os hagáis maestros
	10	**Hermanos** míos, esto no debe ser así
	12	**Hermanos** míos, ¿puede acaso la higuera
	4:11	**Hermanos**, no murmuréis
		El que murmura del **hermano** y juzga a su **hermano**
	5:7	Por tanto, **hermanos**, tened paciencia
	9	**Hermanos**, no os quejéis unos
	10	**Hermanos** míos, tomad como ejemplo
	12	sobre todo, **hermanos** míos,
	19	**Hermanos**, si alguno de entre
1 P	5:12	a quien tengo por **hermano** fiel,
2 P	1:10	Por lo cual, **hermanos**, tanto más procurad
	3:15	nuestro amado **hermano** Pablo,
1 Jn	2:7	**Hermanos**, no os escribo (TR)
	9	y aborrece a su **hermano**
	10	El que ama a su **hermano**, permanece
	11	el que aborrece a su **hermano** está
	3:10	y que no ama a su **hermano**, no es de Dios
	12	que era del maligno y mató a su **hermano** y las de su **hermano** justas.
	13	**Hermanos** míos, no os extrañéis
	14	en que amamos a los **hermanos**.
		el que no ama a su **hermano** (TR)
	15	Todo aquel que aborrece a su **hermano**
	16	poner nuestras vidas por los **hermanos**.
	17	ve a su **hermano** tener necesidad,
	4:20	Yo amo a Dios, y aborrece a su **hermano**, el que no ama a su **hermano**
	21	ame también a su **hermano**,
	5:16	Si alguno viere a su **hermano** cometer
3 Jn	3	cuando vinieron los **hermanos**,
	5	prestas algún servicio a los **hermanos**
	10	no recibe a los **hermanos**,
Jud	1	y **hermano** de Jacobo
Ap	1:9	Yo Juan, vuestro **hermano**,
	6:11	sus **hermanos**, que también habían de ser muertos
	12:10	el acusador de nuestros **hermanos**,
	19:10	yo soy consiervo tuyo, y de tus **hermanos**
	22:9	de tus **hermanos** los profetas

81		ἀδελφότης** † – adelfótes
1 P	2:17	Amad a los hermanos. (Amad la **hermandad** VHA)
	5:9	se van cumpliendo en vuestros **hermanos** (lit.,...en vuestra fraternidad)

82		ἄδηλος – ádelos
Lc	11:44	que sois como sepulcros que **no se ven**
1 Co	14:8	diere sonido incierto,

83		ἀδηλότης* – adelótes
1 Ti	6:17	en las riquezas, las cuales son inciertas (en la **incertidumbre** de las riquezas, VHA)

84		ἀδήλως – adélos
1 Co	9:26	corro, no como **a la ventura**

85		ἀδημονέω – ademonéo
Mt	26:37	y a **angustiarse** en gran manera
Mr	14:33	comenzó a entristecerse y a **angustiarse**
Fil	2:26	se angustió, (estaba **angustiado**, BA)

86		ᾅδης – ádes (jádes)
Mt	11:23	hasta el **Hades** serás abatida
	16:18	y las puertas del **Hades** no prevalecerán
Lc	10:15	hasta el **Hades** serás abatida.
	16:23	y en el **Hades** alzó sus ojos,
Hch	2:27	Porque no dejarás mi alma en el **Hades**,
	31	dejada en el **Hades**
1 Co	15:55	¿Dónde, oh sepulcro, tu victoria? (TR, VM)
Ap	1:18	tengo las llaves de la muerte y del **Hades**
	6:8	y el **Hades** le seguía
	20:13	y la muerte y el **Hades** entregaron
	14	Y la muerte y el **Hades** fueron lanzados

87		ἀδιάκριτος – adiákritos
Stg	3:17	sin **incertidumbre** ni hipocresía. (imparcial, no fingida, VHA)

88		ἀδιάλειπτος* – adiáleiptos
Ro	9:2	contínuo dolor en mi corazón
2 Ti	1:3	de que **sin cesar** me acuerdo de ti

89		ἀδιαλείπτως** – adialéiptos
Ro	1:9	De que **sin cesar** hago mención
1 Ts	1:3	acordándonos **sin cesar** delante de Dios
	2:13	**sin cesar** damos gracias a Dios
	5:17	Orad **sin cesar**.

90		ἀδιαφθορία**† – adiafthoría
Tit	2:7	en la enseñanza mostrando **integridad** (TR)

91		ἀδικέω – adikéo
Mt	20:13	Amigo, no te **hago agravio**
Lc	10:19	nada os **dañará**.
Hch	7:24	al ver a uno que **era maltratado**
	26	¿Por qué os **maltratáis** el uno al otro?
	27	Entonces el que **maltrataba** a su prójimo
	25:10	no les **he hecho** ningún **agravio**,
	11	Porque si algún **agravio**...he hecho
1 Co	6:7	¿Por qué no **sufrís** más bien el **agravio**?
	8	Pero vosotros **cometéis el agravio**
2 Co	7:2	a nadie hemos **agraviado**, a nadie hemos
	12	no fue por causa del que cometió el **agravio** (ni por causa del agraviado, VHA)
Gá	4:12	Ningún **agravio** me habéis hecho.
Col	3:25	Mas al que **hace injusticia**, recibirá la **injusticia** que hiciere
Flm	18	Y si en algo te **dañó**, o te debe,
2 P	2:13	recibiendo el galardón de su **injusticia** (TR, NC); (**sufriendo injusticia** como pago de la injusticia, VHA, N, ABMW, WH, VM, BC, BA)
Ap	2:11	El que venciere, no **sufrirá daño**
	6:6	pero no **dañes** el aceite ni el vino
	7:2	el poder de **hacer daño** a la tierra y al mar
	3	No **hagáis daño** a la tierra
	9:4	se les mandó que no **dañasen**

Ap	9:10	en sus colas tenían poder para dañar
	19	tenían cabezas, y con ellas dañaban.
	11:5	Si alguno quiere dañarlos
		y si alguno quiere hacerles daño
	22:11	El que es injusto, sea injusto (...haga
		injusticia, VHA)

92 ἀδίκημα — adíkema

Hch	18:14	Si fuera algún agravio
		si hallaron en mí alguna cosa mal hecha
	24:20	si hallaron en mí alguna cosa mal hecha
		(qué delito hallaron en mí, VHA)
Ap	18:5	Dios se ha acordado de sus maldades.

93 ἀδικία — adikía

Mt	23:25	llenos de robo y de injusticia (TR)
Lc	13:27	todos vosotros, hacedores de maldad.
	16:8	alabó el amo al mayordomo malo
		(lit.,...al mayordomo de maldad)
	9	por medio de las riquezas injustas (...de
		injusticia, VHA)
	18:6	Oíd lo que dijo el juez injusto (lit.,...de
		injusticia)
Jn	7:18	no hay en él injusticia
Hch	1:18	con el salario de su iniquidad
	8:23	y en prisión de maldad veo que estás
Ro	1:18	toda impiedad e injusticia de los hombres
		que detienen con injusticia la verdad
	29	de toda injusticia, fornicación,
	2:8	sino que obedecen a la injusticia
	3:5	si nuestra injusticia hace resaltar
	6:13	como instrumentos de iniquidad,
	9:14	¿Qué hay injusticia en Dios?
1 Co	13:6	no se goza de la injusticia
2 Co	12:13	¡Perdonadme este agravio! (perdonadme
		esta injusticia, VHA)
2 Ts	2:10	y con todo engaño de iniquidad
	12	se complacieron en la injusticia
2 Ti	2:19	Apártese de iniquidad todo aquel
He	1:9	aborrecido la maldad (T)
	8:12	seré propicio a sus injusticias
Stg	3:6	es un fuego, un mundo de maldad
2 P	2:13	el galardón de su injusticia
	15	el cual amó el premio de la maldad
1 Jn	1:9	y limpiarnos de toda maldad
	5:17	Toda injusticia es pecado

94 ἄδικος — ádikos

Mt	5:45	hace llover sobre justos e injustos
Lc	16:10	en lo muy poco es injusto
		también en lo más es injusto
	11	si en las riquezas injustas
	18:11	no soy como los otros hombres,...injustos
Hch	24:15	así de justos como de injustos
Ro	3:5	¿Será injusto Dios que da castigo?
1 Co	6:1	ir a juicio delante de los injustos
	9	¿No sabéis que los injustos no heredarán
He	6:10	Porque Dios no es injusto para olvidar
1 P	3:18	el justo por los injustos, para llevarnos
2 P	2:9	reservar a los injustos para ser castigados

95 ἀδίκως — adíkos

1 P	2:19	sufre molestias padeciendo injustamente

95 A Ἀδμείν — Adméin o Ἀδμύ

Lc	3:33	hijo de Admín (VHA, N, ABMW, WH)

96 ἀδόκιμος — adókimos

Ro	1:28	Dios los entregó a una mente reprobada,
1 Co	9:27	yo mismo venga a ser eliminado
		(...rechazado, VHA)
2 Co	13:5	a menos que estéis reprobados?
	6	que nosotros no estamos reprobados.
	7	seamos como reprobados
2 Ti	3:8	réprobos en cuanto a la fe
Tit	1:16	reprobados en cuanto a toda buena obra
He	6:8	espinos y abrojos es reprobada,

97 ἄδολος* — ádolos

1 P	2:2	la leche espiritual no adulterada

98 Ἀδραμυττηνός — Adramuttenós o Ἀδραμυντηνός — Jadramuntenós

Hch	27:2	en una nave adramitena

99 Ἀδρίας — Adrías o Ἀδρίας

Hch	27:27	a través del mar Adriático

100 ἁδρότης — adrótes (jadrótes)

2 Co	8:20	en cuanto a esta ofrenda abundante
		(de esta munificencia, VHA)

101 ἀδυνατέω — adunatéo

Mt	17:20	y nada os será imposible
Lc	1:37	Porque nada hay imposible

102 ἀδύνατος — adúnatos

Mt	19:26	Para los hombres esto es imposible
Mr	10:27	Para los hombres es imposible
Lc	18:27	Lo que es imposible para los hombres
Hch	14:8	estaba sentado, imposibilitado
Ro	8:3	Porque lo que era imposible
	15:1	las flaquezas de los débiles
He	6:4	Porque es imposible que los que una
	18	en las cuales es imposible que Dios mienta,
	10:4	la sangre de los toros...no puede quitar (es
		imposible que la sangre de toros..., VHA)
	11:6	Pero sin fe es imposible agradar

103 ᾄδω — ádo

Ef	5:19	cantando y alabando al Señor
Col	3:16	cantando con gracia en vuestros corazones
Ap	5:9	cantaban un nuevo cántico
	14:3	cantaban un cántico nuevo
	15:3	cantan el cántico de Moisés

104 ἀεί — aeí

Mr	15:8	pedir que hiciese como siempre (TR, BA)
Hch	7:51	Vosotros resistís siempre al Espíritu
2 Co	4:11	siempre estamos entregados a muerte
	6:10	mas siempre gozosos
Tit	1:12	Los cretenses, siempre mentirosos,
He	3:10	Siempre andan vagando en su corazón
1 P	3:15	estad siempre preparados para
2 P	1:12	yo no dejaré de recordaros siempre

105 ἀετός — aetós

Mt	24:28	allí se juntarán las águilas
Lc	17:37	allí se juntarán también las águilas
Ap	4:7	semejante a un águila volando
	8:13	oí a un ángel volar (TR); (oí un águila
		volando, VHA, N, ABMW, WH, VM,
		NC, BC, BG)

ἄζυμος 106   111   125 Αἴγυπτος

Ap	12:14	las dos alas de la gran águila

106   ἄζυμος – ázumos (ádzumos)

Mt	26:17	El primer día de la fiesta de los panes sin levadura,
Mr	14:1	la fiesta de los panes sin levadura
	12	El primer día de la fiesta de los panes sin levadura
Lc	22:1	la fiesta de los panes sin levadura,
	7	el día de los panes sin levadura
Hch	12:3	los días de los panes sin levadura
	20:6	pasados los días de los panes sin levadura
1 Co	5:7	nueva masa, sin levadura como sois
	8	con panes sin levadura, de sinceridad

107   Ἀζώρ – Azór (Adzór)

Mt	1:13	y Eliaquim a Azor
	14	Azor engendró a Sadoc

108   Ἄζωτος – Azotos (Adzotos)

Hch	8:40	Felipe se encontró en Azoto

109   ἀήρ – aér

Hch	22:23	y lanzaban polvo al aire,
1 Co	9:26	no como quien golpea el aire,
	14:9	Porque hablaréis al aire
Ef	2:2	al príncipe de la potestad del aire
1 Ts	4:17	para recibir al Señor en el aire
Ap	9:2	y se oscureció el sol y el aire
	16:17	derramó su copa por el aire

110   ἀθανασία** – athanasía

1 Co	15:53	se vista de inmortalidad.
	54	se haya vestido de inmortalidad
1 Ti	6:16	el único que tiene inmortalidad,

111   ἀθέμιτος** – athémitos

Hch	10:28	Vosotros sabéis cuán abominable
1P	4:3	y abominables idolatrías

112   ἄθεος* – átheos

Ef	2:12	sin esperanza y sin Dios en el mundo

113   ἄθεσμος** – áthesmos

2 P	2:7	conducta de los malvados
	3:17	por el error de los inicuos

114   ἀθετέω – athetéo

Mr	6:26	no quiso desecharla
	7:9	Bien invalidáis el mandamiento de Dios
Lc	7:30	desecharon los designios de Dios
	10:16	y el que a vosotros desecha, a mi me desecha el que me desecha a mí, desecha al que me
Jn	12:48	El que me rechaza, y no recibe
1 Co	1:19	Y desecharé el entendimiento
Gá	2:21	No desecho la gracia de Dios;
	3:15	nadie lo invalida, ni le añade.
1 Ts	4:8	el que desecha esto, no desecha a hombre
1 Ti	5:12	por haber quebrantado su primera
He	10:28	El que viola la ley de Moisés
Jud	8	rechazan la autoridad y blasfeman

115   ἀθέτησις – athétesis

He	7:18	Queda, pues, abrogado el mandamiento (resulta...la abrogación del mandamiento, VHA)

He	9:26	para quitar de en medio el pecado

116   Ἀθῆναι – Athénai

Hch	17:15	le llevaron a Atenas
	16	Mientras Pablo los esperaba en Atenas
	18:1	Pablo salió de Atenas
1 Ts	3:1	quedarnos solos en Atenas

117   Ἀθηναῖος – Athenáios

Hch	17:21	todos los atenienses y los extranjeros
Hch	17:22	Varones atenienses,

118   ἀθλέω* – athléo

2 Ti	2:5	el que lucha como atleta, (si alguno..., VM) si no lucha legítimamente

119   ἄθλησις* – áthlesis

He	10:32	gran combate de padecimientos;

119 A   ἀθροίζω – athróizo (athróidzo)

Lc	24:33	y hallaron a los once reunidos,

120   ἀθυμέω – athuméo

Col	3:21	para que no se desalienten.

121   ἄθῳος – athóos

Mt	27:4	Yo he pecado entregando sangre inocente
	24	Inocente soy yo de la sangre

122   αἴγειος – áigeios (áigueios)

He	11:37	de pieles de ovejas y de cabras,

123   αἰγιαλός – aigialós (aiguialós)

Mt	13:2	y toda la gente estaba en la playa
	48	la sacan a la orilla
Jn	21:4	se presentó Jesús en la playa
Hch	21:5	y puestos de rodillas en la playa, oramos.
	27:39	veían una ensenada que tenía playa
	40	enfilaron hacia la playa

124   Αἰγύπτιος – Aigúptios

Hch	7:22	en toda la sabiduría de los egipcios
	24	e hiriendo al egipcio
	28	como mataste ayer al egipcio?
	21:38	¿No eres tú aquel egipcio
He	11:29	e intentando los egipcios hacer

125   Αἴγυπτος – Aiguptos

Mt	2:13	huye a Egipto,
	14	y se fue a Egipto
	15	De Egipto llamé a mi Hijo.
	19	apareció en sueños a José en Egipto
Hch	2:10	en Frigia y Panfilia, en Egipto
	7:9	vendieron a José para Egipto
	10	delante de Faraón rey de Egipto por gobernador sobre Egipto
	11	en toda la tierra de Egipto
	12	oyó Jacob que había trigo en Egipto
	15	Así descendió Jacob a Egipto
	17	y se multiplicó en Egipto
	18	hasta que se levantó en Egipto (V60, WH, N, [ABMW], VHA, VM, NC, BC, BA)
	34	de mi pueblo que está en Egipto, ven, te enviaré a Egipto.

ἀΐδιος 126

Hch	7:36	en tierra de **Egipto**, y en el Mar Rojo
	39	en sus corazones se volvieron a **Egipto**
	13:17	siendo ellos extranjeros en tierra de **Egipto**
He	3:16	los que salieron de **Egipto**
	8:9	para sacarlos de la tierra de **Egipto**
	11:26	que los tesoros de los egipcios (...de **Egipto**, VHA)
	27	Por la fe dejó a **Egipto**
Jud	5	sacándolo de **Egipto**, después destruyó
Ap	11:8	se llama Sodoma y **Egipto**

126   ἀΐδιος — aídios

Ro	1:20	su **eterno** poder y deidad
Jud	6	en prisiones **eternas**, para el juicio

127   αἰδώς** — aidós

1 Ti	2:9	con **pudor** y modestia
He	12:28	con **temor** y reverencia (TR)

128   Αἰθίωψ — Aithíops

Hch	8:27	sucedió que un **etíope**, de Candace reina de los **etíopes**

129   αἷμα — aíma (jáima)

Mt	16:17	no te lo reveló carne ni **sangre**
	23:30	en la **sangre** de los profetas
	35	toda la **sangre** justa que se ha derramado desde la **sangre** de Abel hasta la **sangre** de Zacarías
	26:28	esto es mi **sangre**
	27:4	Yo he pecado entregando **sangre** inocente
	6	es precio de **sangre**
	8	Campo de **Sangre**
	24	Inocente soy yo de la **sangre**
	25	Su **sangre** sea sobre nosotros,
	49	Lit., salió **sangre** y agua ([WH], T) (no se encuentra en V60)
Mr	5:25	padecía de flujo de **sangre**
	29	la fuente de su **sangre** se secó
	14:24	Esto es mi **sangre** del nuevo pacto
Lc	8:43	que padecía de flujo de **sangre**
	44	se detuvo el flujo de su **sangre**
	11:50	la **sangre** de todos los profetas
	51	desde la **sangre** de Abel hasta la
	13:1	cuya **sangre** Pilato había mezclado
	22:20	Esta copa es el nuevo pacto en mi **sangre** (TR, [WH], [N], [ABMW], VHA, VM, NC, BC, BA)
	44	como grandes gotas de **sangre** (TR, [N], [WH], VHA, VM, NC, BC, BA)
Jn	1:13	no son engendrados de **sangre**
	6:53	bebéis su **sangre**, no tenéis
	54	bebe mi **sangre**, tiene vida
	55	mi **sangre** es verdadera bebida
	56	bebe mi **sangre**, en mí
	19:34	al instante salió **sangre** y agua
Hch	1:19	Campo de **sangre**
	2:19	**Sangre** y fuego y vapor de humo
	20	Y la luna en **sangre**
	5:28	la **sangre** de ese hombre
	15:20	de ahogado y de **sangre**
	29	de **sangre**, de ahogado
	17:26	de una **sangre** ha hecho (TR, VM)
	18:6	Vuestra **sangre** sea sobre vuestra propia
	20:26	que estoy limpio de la **sangre** de todos
	28	la cual él ganó por su propia **sangre**
	21:25	de **sangre**, de ahogado y de fornicación
	22:20	cuando se derramaba la **sangre** de Esteban
Ro	3:15	Sus pies se apresuran para derramar **sangre**
	25	por medio de la fe en su **sangre**
	5:9	estando ya justificados en su **sangre**
1 Co	10:16	¿no es la comunión de la **sangre** de Cristo?
	11:25	es el nuevo pacto en mi **sangre**
	27	y de la **sangre** del Señor
	15:50	la carne y la **sangre** no pueden heredar
Gá	1:16	no consulté en seguida con carne y **sangre**
Ef	1:7	tenemos redención por su **sangre**
	2:13	por la **sangre** de Cristo
	6:12	no tenemos lucha contra **sangre** y carne
Col	1:14	tenemos redención por su **sangre** (TR, VM)
	20	mediante la **sangre** de su cruz
He	2:14	los hijos participaron de carne y **sangre**
	9:7	no sin **sangre**, la cual ofrece
	12	no por **sangre** de machos cabríos sino por su propia **sangre**
	13	Porque si la **sangre** de los toros
	14	¿cuánto más la **sangre** de Cristo
	18	fue instituido sin **sangre**
	19	tomó la **sangre** de los becerros
	20	Esta es la **sangre** del pacto
	21	roció también con la **sangre**
	22	es purificado, según la ley, con **sangre**
	25	cada año con **sangre** ajena
	10:4	porque la **sangre** de los toros
	19	por la **sangre** de Jesucristo
	29	y tuviere por inmunda la **sangre**
	11:28	la aspersión de la **sangre**
	12:4	no habéis resistido hasta la **sangre**
	24	y a la **sangre** rociada
	13:11	cuya **sangre** a causa del pecado
	12	mediante su propia **sangre**
	20	por la **sangre** del pacto
1 P	1:2	ser rociados con la **sangre**
	19	sino con la **sangre** preciosa de Cristo,
1 Jn	1:7	y la **sangre** de Jesucristo su Hijo nos limpia
	5:6	mediante agua y **sangre** sino mediante agua y **sangre**
	8	El Espíritu, el agua y la **sangre**
Ap	1:5	nos lavó de nuestros pecados con su **sangre**
	5:9	con tu **sangre** nos has redimido
	6:10	no juzgas y vengas nuestra **sangre**
	12	se volvió toda como **sangre**
	7:14	las han emblanquecido con la **sangre**
	8:7	mezclados con **sangre**
	8	se convirtió en **sangre**
	11:6	para convertirlas en **sangre**
	12:11	por medio de la **sangre** del Cordero
	14:20	del lagar salió **sangre**
	16:3	éste se convirtió en **sangre**
	4	se convirtieron en **sangre**
	6	derramaron la **sangre** de los santos les has dado a beber **sangre**
	17:6	Vi a la mujer ebria de la **sangre** de la **sangre** de los mártires
	18:24	en ella se halló la **sangre** de los profetas;
	19:2	ha vengado la **sangre** de sus siervos
	13	de una ropa teñida en **sangre** (TR, N, ABMW, VHA, NC, BA); (...salpicando de **sangre**, BC, WH, VM)

130   αἱματεκχυσία*† — aimatekcusía (jaimatenjusía)

He	9:22	sin derramamiento de **sangre**

131   αἱμορροέω — aimorroéo (jaimoroéo)

Mt	9:20	enferma de flujo de **sangre**

132 Αἰνέας — Ainéas
Hch	9:33	a uno que se llamaba **Eneas**,
	34	**Eneas**, Jesucristo te sana

133 αἴνεσις† — áinesis
He	13:15	sacrificio de **alabanza**,

134 αἰνέω — ainéo
Lc	2:13	que **alababan** a Dios, y decían
	20	glorificando y **alabando** a Dios
	19:37	comenzó a **alabar** a Dios a grandes
	24:53	**alabando** y bendiciendo a Dios (TR, VM)
Hch	2:47	**alabando** a Dios, y teniendo
	3:8	**alabando** a Dios.
	9	le vio andar y **alabar** a Dios.
Ro	15:11	**Alabad** al Señor todos los gentiles
Ap	19:5	**Alabad** a nuestro Dios todos

135 αἴνιγμα — áinigma
1 Co	13:12	vemos por espejo, **oscuramente**

136 αἶνος — áinos
Mt	21:16	Perfeccionaste la **alabanza**?
Lc	18:43	dio **alabanza** a Dios

137 Αἰνών — Ainón
Jn	3:23	bautizaba también en **Enón**,

138 αἱρέω — airéo (jairéo)
Fil	1:22	no sé entonces qué **escoger**
2 Ts	2:13	de que Dios os **haya escogido**
He	11:25	**escogiendo** antes ser maltratado

139 αἵρεσις — áiresis (jáiresis)
Hch	5:17	la **secta** de los saduceos,
	15:5	algunos de la **secta** de los fariseos,
	24:5	cabecilla de la **secta** de los nazarenos
	14	que ellos llaman **herejía**, así sirvo
	26:5	conforme a la más rigurosa **secta**
	28:22	porque de esta **secta** nos es notorio
1 Co	11:19	haya **disensiones**,
Gá	5:20	disensiones, **herejías**
2 P	2:1	**herejías** destructoras, y aun negarán

140 αἱρετίζω — airetízo (jairetídzo)
Mt	12:18	a quien **he escogido**

141 αἱρετικός — airetikós (jairetikós)
Tit	3:10	Al hombre **que cause divisiones**

142 αἴρω — áiro
Mt	4:6	En sus manos te **sostendrán**
	9:6	**toma** tu cama, y vete a tu casa
	16	tal remiendo **tira** del vestido
	11:29	**Llevad** mi yugo sobre vosotros
	13:12	aun lo que tiene le será **quitado**
	14:12	**tomaron** el cuerpo
	20	**recogieron** lo que sobró
	15:37	**recogieron** lo que sobró
	16:24	y **tome** su cruz, y sígame
	17:27	**tómalo**, y al abrirle la boca,
	20:14	**Toma** lo que es tuyo, y vete
	21:21	**Quítate** y échate en el mar
	43	será **quitado** de vosotros
	22:13	**echadle** en las tinieblas (V60, WH, N,

ABMW, VHA, VM, NC, BC, BA); (lit., **llevadle** y echadle..., TR)
Mt	24:17	para **tomar** algo de su casa
	18	para **tomar** su capa.
	39	se los **llevó** a todos,
	25:28	**Quitadle**, pues, el talento,
	29	aun lo que tiene le **será quitado**
	27:32	a éste obligaron a que **llevase** la cruz
Mr	2:3	que era cargado por cuatro
	9	**Levántate, toma** tu lecho
	11	**Levántate, toma** tu lecho,
	12	**tomando** su lecho,
	21	el mismo remiendo nuevo **tira** de lo viejo
	4:15	**quita** la palabra que se sembró
	25	aun lo que tiene se le **quitará**
	6:8	que no **llevasen** nada para el camino,
	29	**tomaron** su cuerpo,
	43	**recogieron** de los pedazos
	8:8	**recogieron** de los pedazos
	19	llenas de los pedazos **recogisteis**?
	20	de los pedazos **recogisteis**?
	34	**tome** su cruz, y sígame
	10:21	**tomando** tu cruz (TR, BC)
	11:23	**Quítate** y échate en él mar,
	13:15	ni entre para **tomar** algo de su casa
	16	no vuelva atrás a **tomar** su capa
	15:21	a que le **llevase** la cruz
	24	para ver qué se **llevaría** cada uno.
	16:18	[**tomarán** en las manos serpientes]
Lc	4:11	En las manos te **sostendrán**,
	5:24	**Levántate, toma** tu lecho,
	25	**tomando** el lecho en que estaba
	6:29	al que te **quite** la capa,
	30	al que **tome** lo que es tuyo,
	8:12	**quita** de su corazón
	18	lo que piensa tener se le **quitará**
	9:3	No **toméis** nada para el camino,
	17	**recogieron** lo que les sobró
	23	**tome** su cruz cada día, y sígame.
	11:22	le **quita** todas sus armas
	52	porque habéis **quitado** la llave
	17:13	**alzaron** la voz, diciendo:
	31	no descienda a **tomarlos**
	19:21	que **tomas** lo que no pusiste
	22	que **tomo** lo que no puse
	24	**Quitadle** la mina, y dadla
	26	aun lo que tiene se le **quitará**
	22:36	el que tiene bolsa, **tómela**
	23:18	¡**Fuera** con éste, y suéltanos
Jn	1:29	que **quita** el pecado del mundo.
	2:16	**Quitad** de aquí esto,
	5:8	**toma** tu lecho, y anda
	9	fue sanado, y **tomó** su lecho
	10	no te es lícito **llevar** tu lecho
	11	**Toma** tu lecho y anda
	12	**Toma** tu lecho y anda?
	8:59	**Tomaron** entonces piedras
	10:18	Nadie me la **quita** (TR, ABMW, VM, NC, BC); (...**quitó**, VHA, WH, N, BA)
	24	¿Hasta cuando nos **turbarás** el alma?
	11:39	Dijo Jesús: **Quitad** la piedra
	41	Entonces **quitaron** la piedra de donde Jesús, alzando los ojos
	48	destruirán nuestro lugar
	15:2	que en mí no lleva fruto, lo **quitará**
	16:22	nadie os **quitará** vuestro gozo
	17:15	No ruego que los **quites** del mundo,
	19:15	Pero ellos gritaron: ¡**Fuera, fuera**,
	31	fuesen **quitados** de allí

143

Jn 19:38 que le permitiese **llevarse** el cuerpo
Entonces vino, y **se llevó** el cuerpo de Jesús
20:1 y vio **quitada** la piedra del sepulcro
2 **Se han llevado** del sepulcro al Señor
13 Porque **se han llevado** a mi Señor,
15 yo lo **llevaré**
Hch 4:24 **alzaron** unánimes la voz a Dios,
8:33 no se le hizo justicia (le **es quitado** su derecho, VM)
Porque **fue quitada** de la tierra su vida.
20:9 y **fue levantado** muerto
21:11 **tomó** el cinto de Pablo,
36 gritando: ¡**Muera**! (gritando: ¡**Quítale**! VM)
22:22 **Quita** de la tierra a tal hombre,
27:13 **levaron anclas** e iban
17 una vez **subido** a bordo
1 Co 5:2 para que **fuese quitado** de en medio (WH, N, ABMW)
6:15 ¿**Quitaré**, pues, los miembros de Cristo
Ef 4:31 **Quítense** de vosotros toda amargura
Col 2:14 **quitándola** de en medio y clavándola (la ha quitado de en medio, VHA)
1 Jn 3:5 para **quitar** nuestros pecados
Ap 10:5 **levantó** su mano al cielo,
18:21 un ángel poderoso **tomó** una piedra

143
αἰσθάνομαι – aisthánomai

Lc 9:45 veladas para que no las **entendiesen**

144
αἴσθησις – áisthesis

Fil 1:9 y en todo **conocimiento**,

145
αἰσθητήριον – aisthetérion

He 5:14 tienen los **sentidos** ejercitados

146
αἰσχροκερδής* – aischrokerdés (aisjrokerdés)

1 Ti 3:3 no **codicioso de ganancias deshonestas**
8 no **codicioso de ganancias deshonestas**
Tit 1:7 no **codicioso de ganancias deshonestas**

147
αἰσχροκερδῶς*† – aischrokerdós (aisjrokerdós)

1 P 5:2 no **por ganancia deshonesta**,

148
αἰσχρολογία* – aiscrología (aisjrologuía)

Col 3:8 **palabras deshonestas** de vuestra boca

150
αἰσχρός – aiscrós (aisjrós)

1 Co 11:6 si le es **vergonzoso** a la mujer cortarse
14:35 porque es **indecoroso** que una mujer
Ef 5:12 porque **vergonzoso** es aun hablar
Tit 1:11 enseñando por **ganancia deshonesta**

151
αἰσχρότης* – aischrótes (aisjrótes)

Ef 5:4 ni **palabras deshonestas**, ni necedades,

152
αἰσχύνη – aiscúne (aisjúne)

Lc 14:9 entonces comiences con **vergüenza**
2 Co 4:2 renunciamos a lo oculto y **vergonzoso**, (...a las cosas ocultas de la **vergüenza**, VHA)
Fil 3:19 cuya gloria es su **vergüenza**
He 12:2 menospreciando el **oprobio**
Jud 13 que espuman su propia **vergüenza**
Ap 3:18 la **vergüenza** de tu desnudez

153
αἰσχύνω – aiscúno (aisjúno)

Lc 16:3 mendigar, **me da vergüenza**
2 Co 10:8 no **me avergonzaré**
Fil 1:20 de que en nada **seré avergonzado**
1 P 4:16 no **se avergüence**, sino glorifique
1 Jn 2:28 no **nos alejemos** de él **avergonzados**

154
αἰτέω – aitéo

Mt 5:42 Al que te **pida**, dale
6:8 antes que vosotros le **pidáis**
7:7 **Pedid**, y se os dará
8 Porque todo aquel **que pide**, recibe
9 si su hijo le **pide** pan, le
10 ¿O si le **pide** un pescado
11 dará buenas cosas a los **que le pidan**?
14:7 darle todo lo que **pidiese**
18:19 acerca de cualquier cosa que **pidieren**
20:20 postrándose ante él y **pidiéndole** algo
22 No sabéis lo que **pedís**.
21:22 Y todo lo que **pidiereis** en oración
27:20 que **pidiese** a Barrabás
58 y **pidió** el cuerpo de Jesús
Mr 6:22 **Pídeme** lo que quieras
23 Todo lo que **me pidas** te dará
24 dijo a su madre: ¿Qué **pediré**
25 entró prontamente al rey, y **pidió** diciendo
10:35 querríamos que nos hagas lo que **pidiéremos**
38 No sabéis lo que **pedís**
11:24 todo lo que **pidiereis**, orando
15:6 cualquiera que **pidiesen** (TR)
8 comenzó a **pedir** que hiciese
43 **pidió** el cuerpo de Jesús
Lc 1:63 Y **pidiendo** una tablilla
6:30 A cualquiera que te **pida**, dale
11:9 **Pedid**, y se os dará
10 Porque todo aquel **que pide**,
11 si su hijo le **pide** pan, le dará
12 ¿O si le **pide** un huevo
13 dará el Espíritu Santo a los **que se lo pidan**?
12:20 vienen a **pedirte** tu alma (WH)
48 más se le **pedirá**
23:23 **pidiendo** que fuese crucificado.
25 a quien **habían pedido**
52 y **pidió** el cuerpo de Jesús.
Jn 4:9 me **pides** a mí de beber,
10 tú le **pedirías**, y él te daría
11:22 que todo lo que **pidas** a Dios
14:13 Y todo lo que **pidiereis** al Padre
14 Si algo **pidiereis** en mi nombre
15:7 **pedid** todo lo que queréis,
16 para que todo lo que **pidiereis** al Padre
16:23 que todo cuanto **pidiereis** al Padre
24 nada **habéis pedido** en mi nombre **pedid**, y recibiréis
26 En aquel día **pediréis** en mi nombre
Hch 3:2 para que **pidiese** limosna
14 y **pedisteis** que se os diese un homicida
7:46 y **pidió** proveer tabernáculo
9:2 y le **pidió** cartas para las sinagogas
12:20 **pedían** paz, porque su territorio
13:21 Luego **pidieron** rey, y Dios
28 **pidieron** a Pilato que se le matase.
16:29 Él entonces, **pidiendo** luz
25:3 **pidiendo** contra él, como gracia,
15 **pidiendo** condenación contra él.
1 Co 1:22 Porque los judíos **piden** señales
Ef 3:13 por lo cual **pido** que no desmayéis
20 mucho más abundantemente...**pedimos**

αἴτημα 155 115 165 αἰών

Col	1:9	y de pedir que seáis llenos
Stg	1:5	pídala a Dios,
	6	Pero pida con fe,
	4:2	no tenéis lo que deseáis, porque no pedís
	3	Pedís, y no recibís, porque pedís mal
1 P	3:15	ante todo el que os demande razón
1 Jn	3:22	y cualquiera cosa que pidiéremos
	5:14	si pedimos alguna cosa
	15	cualquiera cosa que pidamos las peticiones que le hayamos hecho
	16	pedirá, y Dios le dará vida

155 αἴτημα – áitema

Lc	23:24	lo que ellos pedían
Fil	4:6	sean conocidas vuestras peticiones
1 Jn	5:15	sabemos que tenemos las peticiones

156 αἰτία – aitía
(1) δι' ἥν αἰτίαν

M.	19:3	¿Es lícito...por cualquier causa?
	10	Si así es la condición del hombre
	27:37	Y pusieron sobre...su causa escrita
Mr	15:26	Y el título escrito de su causa era:
Lc	8:47	por qué causa le había tocado,
Jn	18:38	Yo no hallo en él ningún delito
	19:4	que ningún delito hallo en él
	6	porque yo no hallo delito en él
Hch	10:21	¿cuál es la causa por la que habéis
	13:28	Y sin hallar en él causa digna
	22:24	por qué causa clamaban así contra él
	23:28	Y queriendo saber la causa
	25:18	ningún cargo presentaron de los
	27	no informar de los cargos que haya
	28:18	no haber en mí ninguna causa de muerte
	20	por esta causa os he llamado
2 Ti	1:6	(1) Por lo cual te aconsejo (Por esta causa, VHA)
	12	(1) Por lo cual asimismo (Por esta causa, VHA)
Tit	1:13	(1) por tanto, repréndelos
He	2:11	(1) por lo cual no se avergüenza (por cuya causa..., VM)
157		Véase abajo

157 A αἰτίαμα**† – aitíama

Hch 25:7 muchas y graves acusaciones (TR)

158 αἴτιον* – áition

Lc	23:4	Ningún delito hallo en este
	14	no he hallado en este hombre delito
	22	Ningún delito digno de muerte
Hch	19:40	no habiendo ninguna causa

159 αἴτιος – áitios

He 5:9 vino a ser autor (vino a ser la causa, VHA)

157 αἰτίωμα*† – aitíoma

Hch 25:7 presentando...graves acusaciones (WH, N, ABMW)

160 αἰφνίδιος** – aifnídios

Lc	21:34	y venga de repente sobre vosotros
1 Ts	5:3	vendrá...destrucción repentina,

161 αἰχμαλωσία – aicmalosía (aijmalosía)

Ef	4:8	llevó cautiva la cautividad
Ap	13:10	lleva en cautividad, va en cautividad

162		αἰχμαλωτεύω – aicmalotéuo
Ef	4:8	llevó cautiva la cautividad,
2 Ti	3:6	llevan cautivas a las mujercillas (TR)

163 αἰχμαλωτίζω – aicmalotízo (aijmalotídzo)

Lc	21:24	serán llevados cautivos a todas las naciones
Ro	7:23	que me lleva cautivo a la ley
2 Co	10:5	llevando cautivo todo pensamiento
2 Ti	3:6	llevan cautivas a las mujercillas (WH, N, ABMW)

164 αἰχμάλωτος – aicmálotos (aijmálotos)

Lc 4:18 A pregonar libertad a los cautivos

165 αἰών – aión
(1) εἰς τὸν αἰῶνα;
(2) εἰς τοὺς αἰῶνας;
(3) εἰς τὸν αἰῶνα τοῦ αἰῶνος;
   εἰς τοὺς αἰῶνας τῶν αἰώνων;
(4) ἀπ' αἰῶνος

Mt	6:13	(2) la gloria, por todos los siglos (TR, VM)
	12:32	ni en este siglo ni en el venidero
	13:22	pero el afán de este siglo
	39	la siega es el fin del siglo
	40	así será en el fin de este siglo
	49	Así será al fin del siglo
	21:19	(1) Nunca jamás nazca de ti fruto. (Nunca nazca de ti fruto para siempre, VM)
	24:3	y qué señal habrá...y del fin del siglo?
	28:20	hasta el fin del mundo. (la consumación del siglo, VHA)
Mr	3:29	(1) no tiene jamás perdón
	4:19	pero los afanes de este siglo
	10:30	y en el siglo venidero la vida eterna
	11:14	(1) Nunca jamás coma nadie fruto (nadie coma fruto de ti para siempre, VM)
Lc	1:33	(1) reinará...para siempre
	55	(1) su descendencia para siempre
	70	que fueron desde el principio
	16:8	porque los hijos de este siglo
	18:30	y en el siglo venidero la vida eterna.
	20:34	Los hijos de este siglo se casan,
	35	por dignos de alcanzar aquel siglo
Jn	4:14	(1) no tendrá sed jamás
	6:51	(1) vivirá para siempre
	58	(1) vivirá eternamente
	8:35	(1) no queda en la casa para siempre (1) sí queda para siempre
	51	(1) nunca verá muerte
	52	(1) nunca sufrirá muerte
	9:32	Desde el principio (Desde el siglo, VHA)
	10:28	(1) no perecerán jamás,
	11:26	(1) no morirá eternamente
	12:34	(1) que el Cristo permanece para siempre
	13:8	(1) No me lavarás los pies jamás
	14:16	(1) para que esté con vosotros para siempre
Hch	3:21	(4) que han sido desde tiempo antiguo
	15:18	(4) todo esto desde tiempos antiguos
Ro	1:25	(2) el cual es bendito por los siglos
	9:5	(2) bendito por los siglos. Amén
	11:36	(2) A él sea la gloria por los siglos
	12:2	No os conforméis a este siglo
	16:27	(2) mediante Jesucristo para siempre. (TR, ABMW, BA); (3) por los siglos de los siglos, VHA, VM, N, NC, BC)
1 Co	1:20	¿Dónde está el disputador de este siglo?

αἰώνιος 166

1 Co	2:6	no de este siglo, ni de los príncipes de este siglo,
	7	Dios predestinó antes de los siglos
	8	los príncipes de este siglo conoció
	3:18	se cree sabio en este siglo
	8:13	(1) no comeré carne jamás
	10:11	han alcanzado los fines de los siglos
2 Co	4:4	el dios de este siglo
	9:9	(1) Su justicia permanece para siempre
	11:31	(2) quien es bendito por los siglos
Gá	1:4	del presente siglo malo,
	5	(3) sea la gloria por los siglos de los siglos
Ef	1:21	no sólo en este siglo,
	2:2	siguiendo la corriente de este mundo,
	7	para mostrar en los siglos
	3:9	desde los siglos en Dios,
	11	conforme al própósito eterno (lit.,... de los siglos)
	21	por los siglos de los siglos
	6:12	los gobernadores de las tinieblas de este siglo (TR)
Fil	4:20	(3) por los siglos de los siglos
Col	1:26	que había estado oculto desde los siglos
1 Ti	1:17	al Rey de los siglos (3) honor y gloria por los siglos de los siglos
	6:17	A los ricos de este siglo
2 Ti	4:10	amando este mundo
	18	(3) por los siglos de los siglos.
Tit	2:12	vivamos en este siglo
He	1:2	por quien asimismo hizo el universo
	8	(3) oh Dios, por el siglo del siglo
	5:6	(1) Tú eres sacerdote para siempre
	6:5	y los poderes del siglo
	20	(1) hecho sumo sacerdote para siempre
	7:17	(1) Tú eres sacerdote para siempre
	21	(1) Tú eres sacerdote para siempre
	24	(1) por cuanto permanece para siempre,
	28	(1) hecho perfecto para siempre
	9:26	en la consumación de los siglos
	11:3	haber sido constituído el universo (los siglos han sido constituídos, VM)
	13:8	(2) Jesucristo...hoy, y por los siglos
	21	(3) por los siglos de los siglos. Amén.
1 P	1:23	(1) que vive...para siempre (TR, VM)
	25	(1) permanece para siempre
	4:11	(3) el imperio por los siglos de los siglos
	5:11	por los siglos de los siglos (TR, N); ((2) lit., por los siglos, WH, ABMW)
2 P	2:17	(1) está reservada para siempre (TR)
	3:18	ahora y hasta el día de la eternidad
1 Jn	2:17	(1) permanece para siempre
2 Jn	2	(1) estará para siempre con nosotros
Jud	13	(1) está reservada eternamente la oscuridad
	25	potencia, ahora y por todos los siglos (TR, VM); (potestad, antes de todo siglo, v ahora y por todos los siglos, VHA, WH, N, ABMW, NC, BC, BA)
Ap	1:6	(3) por los siglos de los siglos
	18	(3) vivo por los siglos de los siglos
	4:9	(3) al que vive por los siglos de los siglos
	10	(3) por los siglos de los siglos
	5:13	(3) por los siglos de los siglos
	14	(3) al que vive por los siglos de los siglos (TR)
	7:12	(3) por los siglos de los siglos
	10:6	(3) por los siglos de los siglos,
	11:15	(3) él reinará por los siglos de los siglos
	14:11	sube por los siglos de los siglos
	15:3	Rey de los santos (TR); (Oh Rey de los siglos, VM, WH, BC); (Oh Rey de las naciones, VHA, N, ABMW, NC, BA)
	7	(3) que vive por los siglos de los siglos.
	19:3	(3) sube por los siglos de los siglos.
Ap	20:10	(3) serán atromentados...por los siglos de los siglos
	22:5	(3) reinarán por los siglos de los siglos

166   αἰώνιος – aiónios

Mt	18:8	ser echado en el fuego eterno
	19:16	¿qué bien haré para tener la vida eterna?
	29	heredará la vida eterna
	25:41	malditos, al fuego eterno
	46	al castigo eterno, y los justos a la vida eterna
Mr	3:29	sino que es reo de juicio eterno
	10:17	¿qué haré para heredar la vida eterna?
	30	y en el siglo venidero la vida eterna
Lc	10:25	¿haciendo qué cosa heredaré la vida eterna
	16:9	os reciban en las moradas eternas
	18:18	¿qué haré para heredar la vida eterna?
	30	y en el siglo venidero la vida eterna
Jn	3:15	mas tenga vida eterna
	16	mas tenga vida eterna
	36	El que cree en el Hijo tiene vida eterna
	4:14	que salte para vida eterna
	36	recoge fruto para vida eterna
	5:24	tiene vida eterna; y no vendrá
	39	os parece que en ellas tenéis la vida eterna
	6:27	que a vida eterna permanece
	40	cree en él, tenga vida eterna
	47	El que cree en mí, tiene vida eterna
	54	tiene vida eterna
	68	Tú tienes palabras de vida eterna
	10:28	yo les doy vida eterna
	12:25	para vida eterna la guardará.
	17:2	para que dé vida eterna a todos
	3	esta es la vida eterna
Hch	13:46	no os juzgáis dignos de la vida eterna
	48	estaban ordenados para vida eterna
Ro	2:7	vida eterna a los que, perseverando
	5:21	para vida eterna mediante Jesucristo
	6:22	y como fin, la vida eterna
	23	mas la dádiva de Dios es vida eterna
	16:25	oculto desde tiempos eternos
	26	según el mandamiento del Dios eterno
2 Co	4:17	más excelente y eterno peso de gloria
	18	pero las que no se ven son eternas
	5:1	una casa no hecha de manos, eternas
Gá	6:8	del Espíritu segará vida eterna
2 Ts	1:9	los cuales sufrirán pena de eterna perdición
	2:16	y nos dio consolación eterna
1 Ti	1:16	habrían de creer en él para vida eterna
	6:12	echa mano de la vida eterna
	16	y el imperio sempiterno. Amén
	19	que echen mano de la vida eterna (TR)
2 Ti	1:9	antes de los tiempos de los siglos, (...tiempos eternos, VHA)
	2:10	con gloria eterna.
Tit	1:2	en la esperanza de la vida eterna desde antes del principio de los siglos (antes de los tiempos eternos, VHA)
	3:7	a la esperanza de la vida eterna
Flm	15	para que le recibieses para siempre
He	5:9	vino a ser autor de eterna salvación
	6:2	y del juicio eterno
	9:12	habiendo obtenido eterna redención
	14	mediante el Espíritu eterno
	15	la promesa del la herencia eterna
	13:20	por la sangre del pacto eterno,

ἀκαθαρσία 167		

1 P	5:10	que nos llamó a su gloria **eterna**
2 P	1:11	en el reino **eterno** de nuestro Señor
1 Jn	1:2	os anunciamos la vida **eterna**
	2:25	que él nos hizo, la vida **eterna**
	3:15	ningún homicida tiene vida **eterna**
	5:11	que Dios nos ha dado vida **eterna**
	13	para que sepáis que tenéis vida **eterna**
	20	Este es el verdadero Dios, y la vida **eterna**
Jud	7	sufriendo el castigo del fuego **eterno**
	21	para vida **eterna**
Ap	14:6	que tenía el evangelio **eterno**

167 ἀκαθαρσία – akatharsía

Mt	23:27	y de toda **inmundicia**
Ro	1:24	Dios los entregó a la **inmundicia**
	6:19	para servir a la **inmundicia**
2 Co	12:21	y no se han arrepentido de la **inmundicia**
Gá	5:19	adulterio, fornicación, **inmundicia**,
Ef	4:19	toda clase de **impureza**.
	5:3	Pero fornicación y toda **inmundicia**,
Col	3:5	fornicación, **impureza**, pasiones
1 Ts	2:3	no procedió de error ni de **impureza**,
	4:7	no nos ha llamado Dios a **inmundicia**,

168 ἀκαθάρτης****†** – akathártes

Ap	17:4	la **inmundicia** de su fornicación (TR)

169 ἀκάθαρτος – akáthartos

Mt	10:1	autoridad sobre los espíritus **inmundos**
	12:43	Cuando el espíritu **inmundo** sale
Mr	1:23	un hombre con espíritu **inmundo**
	26	Y el espíritu **inmundo**, sacudiéndole
	27	manda aun a los espíritus **inmundos**
	3:11	Y los espíritus **inmundos**, al verle
	30	Tiene espíritu **inmundo**
	5:2	un hombre con un espíritu **inmundo**
	8	Sal de este hombre, espíritu **inmundo**
	13	Y saliendo aquellos espíritus **inmundos**
	6:7	sobre los espíritus **inmundos**
	7:25	tenía un espíritu **inmundo**
	9:25	reprendió al espíritu **inmundo**
Lc	4:33	tenía un espíritu de demonio **inmundo**
	36	manda a los espíritus **inmundos**
	6:18	atormentados de espíritus **inmundos**
	8:29	mandaba al espíritu **inmundo**
	9:42	Jesús reprendió al espíritu **inmundo**
	11:24	Cuando el espíritu **inmundo**
Hch	5:16	y atormentados de espíritus **inmundos**
	8:7	tenían espíritus **inmundos**
	10:14	ninguna cosa común o **inmunda**
	28	llame común o **inmundo**
	11:8	ninguna cosa común o **inmunda**
1 Co	7:14	vuestros hijos serían **inmundos**
2 Co	6:17	Y no toquéis lo **inmundo**
Ef	5:5	ningún fornicario, o **inmundo**
Ap	16:13	tres espíritus **inmundos**
	17:4	de la **inmundicia** de su fornicación (WH, N, ABMW)
	18:2	y guarida de todo espíritu **inmundo** albergue de toda ave **inmunda**

170 ἀκαιρέομαι* – akairéomai

Fil	4:10	pero **os faltaba la oportunidad**

171 ἀκαίρως** – akaíros

2 Ti	4:2	que instes a tiempo y **fuera de tiempo**

172 ἄκακος – ákakos

Ro	16:18	engañan los corazones de los **ingenuos**.
He	7:26	santo, **inocente**, sin mancha

173 ἄκανθα – ákantha

Mt	7:16	se recogen uvas de los **espinos**
	13:7	cayó entre **espinos**; y los **espinos** crecieron
	22	fue sembrado entre **espinos**
	27:29	una corona tejida de **espinas**,
Mr	4:7	Otra parte cayó entre **espinos**; y los **espinos** crecieron
	18	fueron sembrados entre **espinos**
Lc	6:44	no se cosechan higos de los **espinos**
	8:7	cayó entre **espinos**; y los **espinos** que nacieron
	14	La que cayó entre **espinos**
Jn	19:2	una corona de **espinas**
He	6:8	pero la que produce **espinos**

174 ἀκάνθινος – akánthinos

Mr	15:17	corona tejida de **espinas**
Jn	19:5	llevando la corona de **espinas**

175 ἄκαρπος – ákarpos

Mt	13:22	y se hace **infructuosa**
Mr	4:19	y se hace **infructosa**.
1 Co	14:14	mi entendimiento queda sin fruto
Ef	5:11	Y no participéis en las obras **infructuosas**
Tit	3:14	para que no sean sin fruto.
2 P	1:8	no os dejarán estar ociosos ni sin fruto
Jud	12	árboles otoñales, sin fruto

176 ἀκατάγνωστος**† – akatágnostos

Tit	2:8	palabra sana e **irreprochable**,

177 ἀκατακάλυπτος – akatakáluptos

1 Co	11:5	o profetiza con la cabeza **descubierta**,
	13	ore a Dios sin cubrirse la cabeza?

178 ἀκατάκριτος*† – akatákritos

Hch	16:37	sin sentencia judicial
	22:25	sin haber sido condenado?

179 ἀκατάλυτος** – akatálutos

He	7:16	según el poder de una vida **indestructible**

180 A ἀκατάπαστος*† – ákatápastos

2 P	2:14	**no se sacian** de pecar, (TR, WH, NC, BC)

180 ἀκατάπαυστος* – akatápaustos

2 P	2:14	no se sacian de pecar (TR, WH, NC, BC); (no cesando de pecar, VHA, N, ABMW, VM, BA)

181 ἀκαταστασία – akatastasía

Lc	21:9	oigáis de guerras y de **sediciones**,
1 Co	14:33	pues Dios no es Dios de **confusión**
2 Co	6:5	en cárceles, en **tumultos**,
	12:20	soberbias, **desórdenes**
Stg	3:16	allí hay **perturbación** y toda obra perversa

182 ἀκατάστατος – akatástatos

Stg	1:8	es **inconstante** en todos sus caminos

Stg	3:8	es un mal que no puede ser refrenado (TR, NC); (es un mal **turbulento,** VHA, WH, N, ABMW, VM, BC, BA)	Mt	9:27	le **siguieron** dos ciegos
				10:38	el que no toma su cruz y **sigue**
				12:15	le **siguió** mucha gente (le **siguieron** muchos, VHA)
183		ἀκατάσχετος — akatáscetos (akatásjetos)		14:13	le **siguió** a pie (**siguiéronle** por tierra, VHA)
Stg	3:8	un mal **que no puede ser refrenado** (TR, NC); (un mal turbulento, VHA, WH, N, ABMW, VM, BC, BA)		16:24	tome su cruz, y **sígame.**
				19:2	le **siguieron** grandes multitudes
				21	ven y **sígueme.**
				27	te **hemos seguido**
184		Ἀκελδαμάχ — Akeldamác (Jakeldamáj) ὁ Ἀκελδαμά, Ἀκελδαμάχ		28	vosotros que me **habéis seguido**
				20:29	le **seguía** una gran multitud.
				34	recibieron la vista; y le **siguieron**
Hch	1:19	**Acéldama,** que quiere decir		21:9	la gente...que iba detrás
				26:58	Mas Pedro le **seguía** de lejos
185		ἀκέραιος** — akéraios		27:55	las cuales **habían seguido** a Jesús
Mt	10:16	y **sencillos** como palomas.	Mr	1:18	dejando luego...le **siguieron**
Ro	16:19	sabios para el bien, e **ingenuos** para el mal		2:14	**Sígueme.** Y levantándose, le **siguió**
Fil	2:15	irreprensibles y **sencillos,** hijos de Dios		15	le **habían seguido**
				3:7	le **siguió** gran multitud de Galilea
186		ἀκλινής** — aklinés		5:24	le **seguía** una gran multitud
He	10:23	Mantengamos firme, **sin fluctuar,**		6:1	le **seguían** sus discípulos.
				8:34	tome su cruz, y **sígame**
187		ἀκμάζω — akmázo (akmádzo)		9:38	pero él no nos **sigue,** (TR, N, VHA, NC, BC) porque no nos **seguía** (TR, WH, N, ABMW, VHA, VM, BA)
Ap	14:18	porque sus uvas **están maduras.**			
				10:21	**sígueme,** tomando tu cruz
188		ἀκμήν* — akmén		28	te **hemos seguido**
Mt	15:16	¿También vosotros sois **aún**		32	le **seguían** con miedo (lit.,**siguiéndole,** tenían miedo) (TR, VM, NC, BC); (los que **seguían** tenían miedo, VHA, WH, N, ABMW, BA)
189		ἀκοή — akoé			
Mt	4:24	se difundió su **fama** por toda Siria;		52	**seguía** a Jesús en el camino
	13:14	De **oído** oiréis, y no entenderéis;		11:9	los que **venían detrás** daban voces,
	14:1	Herodes el tetrarca oyó la **fama**		14:13	y os saldrá...**seguidle,**
	24:6	oiréis de guerras y **rumores**		51	cierto joven le **seguía,** (TR)
Mr	1:28	muy pronto se difundió su **fama**		54	Pedro le **siguió** de lejos
	7:35	fueron abiertos sus **oídos**		15:41	le **seguían** y le **servían**
	13:7	de guerras y de **rumores** de guerras		16:17	[estas señales **seguirán**]
Lc	7:1	al pueblo que le **oía,** (sus dichos a **oídos** del pueblo, VM)	Lc	5:11	dejándolo todo, le **siguieron**
				27	le dijo: **Sígueme**
Jn	12:38	¿quién ha creído a nuestro **anuncio?**		28	se levantó y le **siguió**
Hch	17:20	traes a nuestros **oídos** cosas		7:9	dijo a la gente **que le seguía**
	28:26	De **oído** oiréis, y no entenderéis		9:11	cuando la gente lo supo, le **siguió**
Ro	10:16	¿quién ha creído a nuestro **anuncio?**		23	tome su cruz cada día, y **sígame**
	17	Así que la fe es por el **oir,** y el **oir**		49	porque no **sigue** con nosotros
1 Co	12:17	¿dónde estaría el **oído?** Si todo fuese **oído,**		57	Señor, te **seguiré** adondequiera
Gá	3:2	¿Recibisteis...o por el **oir** con fe?		59	**Sígueme.**
	5	¿lo hace...o por el **oir** con fe?		61	Te **seguiré,** Señor
1 Ts	2:13	la palabra de Dios que **oísteis** de nosotros (la palabra del **mensaje** de Dios, VHA)		18:22	ven, **sígueme.**
				28	y te **hemos seguido**
2 Ti	4:3	teniendo comezón de **oir,**		43	le **seguía,** glorificando a Dios
	4	apartarán de la verdad el **oído**		22:10	**seguidle** hasta la casa
He	4:2	pero no les aprovechó **el oir** la palabra		39	sus discípulos también le **siguieron**
	5:11	por cuanto os habéis hecho tardos para **oir**		54	Pedro le **seguía** de lejos.
2 P	2:8	viendo y **oyendo** los hechos inicuos		23:27	le **seguía** gran multitud del pueblo,
			Jn	1:37	**siguieron** a Jesús
190		ἀκολουθέω — akolouthéo		38	viendo que le **seguían,** les dijo:
Mt	4:20	dejando al instante las redes, le **siguieron**		40	**habían seguido** a Jesús
	22	dejando...y a su padre, le **siguieron**		43	halló a Felipe, y le dijo: **Sígueme**
	25	le **siguió** muchas gente (le **siguieron** grandes multitudes, VHA)		6:2	le **seguía** gran multitud
				8:12	el que me **sigue,** no andará
	8:1	le **seguía** mucha gente (le **siguieron** grandes multitudes, VHA)		10:4	las ovejas le **siguen,**
	10	dijo a los que le **seguían**		5	al extraño no **seguirán**
	19	Maestro, te **seguiré** adondequiera		27	yo las conozco, y me **siguen**
	22	**Sígueme;** deja que los muertos		11:31	la **siguieron,** diciendo: Va al sepulcro
	23	sus discípulos le **siguieron**		12:26	Si alguno me sirve, **sígame**
	9:9	**Sígueme.** Y se levantó y le **siguió**		13:36	no me puedes **seguir** ahora mas me **seguirás** después
	19	le **siguió** con sus discípulos.		37	¿por qué no te puedo **seguir** ahora?

ἀκούω 191   119   191 ἀκούω

Jn	18:15	Y seguían a Jesús Simón Pedro
	20:6	llegó Simón Pedro tras él (Llegó...Simón
		Pedro que le seguía, VHA)
	21:19	dicho esto, añadió: Sígueme.
	20	vio que les seguía el discípulo
	22	¿qué a ti? Sígueme tú
Hch	12:8	Envuélvete en tu manto, y sígueme
	9	saliendo, le seguía
	13:43	siguieron a Pablo y a Bernabé
	21:36	la muchedumbre del pueblo venía detrás,
1 Co	10:4	bebían de la roca espiritual que los seguía
Ap	6:8	el Hades le seguía
	14:4	Estos son los que siguen al Cordero
	8	Otro ángel le siguió, diciendo
	9	el tercer ángel los siguió
	13	porque sus obras con ellos siguen
	18:5	sus pecados han llegado hasta el cielo (TR)
	19:14	le seguían en caballos blancos.

191   ἀκούω — akoúo (akúo)

Mt	2:3	Oyendo esto, el rey Herodes se turbó
	9	Ellos, habiendo oído al rey, se fueron
	18	Voz fue oída en Ramá,
	22	oyendo que Arquelao reinaba
	4:12	Cuando Jesús oyó (TR, VHA); (Habiendo
		oído, NC, WH, N, ABMW, VM, NC, BC,
		BA)
	5:21	Oísteis que fue dicho a los antiguos
	27	Oísteis que fue dicho: No cometerás
	33	Además habéis oído que fue dicho
	38	Oísteis que fue dicho: Ojo por ojo
	43	Oísteis que fue dicho: Amarás
	7:24	Cualquiera, pues, que me oye
	26	cualquiera que me oye
	8:10	Al oírlo Jesús, se maravilló
	9:12	Al oír esto
	10:14	ni oyere vuestras palabras
	27	lo que oís al oído, proclamadlo
	11:2	al oír Juan, en la cárcel,
	4	haced saber a Juan las cosas que oís y veis
	5	los sordos oyen
	15	El que tiene oídos para oir, oiga (TR, VM,
		BA); (El que tiene oídos, oiga, VHA, N,
		ABMW, WH, NC, BC)
	12:19	Ni nadie oirá en las calles su voz
	24	los fariseos, al oírlo, decían
	42	para oir la sabiduría de Salomón
	13:9	El que tiene oídos para oir, oiga (TR, BC);
		(El que tiene oídos, oiga, VHA, N,
		ABMW, WH, VM, NC, BA)
	13	oyendo no oyen, ni entienden.
	14	De oído oiréis, y no entenderéis;
	15	con los oídos oyen pesadamente,
		oigan con los oídos
	16	vuestros oídos, porque oyen
	17	oir lo que oís, y no lo oyeron
	18	Oíd, pues, vosotros la parábola
	19	Cuando alguno oye la palabra
	20	éste es el que oye la palabra,
	22	éste es el que oye la palabra,
	23	éste es el que oye y entiende la palabra,
	43	El que tiene oídos para oir, oiga, (TR); (El
		que tiene oídos, oiga, VHA, N, ABMW,
		WH, VM, NC, BC, BA)
	14:1	Herodes el tetrarca oyó la fama
	13	Oyéndolo Jesús, se apartó de allí
		cuando la gente lo oyó, (cuando las gentes
		oyeron, VM)
	15:10	les dijo: Oíd, y entended:

Mt	15:12	se ofendieron cuando oyeron esta palabra?
	17:5	Este es mi Hijo amado,...a él oíd
	6	Al oír esto los discípulos, se postraron
	18:15	si te oyere, has ganado a tu hermano.
	16	si no te oyere,
	19:22	Oyendo el joven esta palabra, se fue
	25	Sus discípulos, oyendo esto,
	20:24	Cuando los diez oyeron esto, se enojaron
	30	cuando oyeron que Jesús pasaba
	21:16	¿Oyes lo que éstos dicen?
	33	Oíd otra parábola
	45	oyendo sus parábolas los principales
	22:7	Al oírlo el rey (TR)
	22	Oyendo esto, se maravillaron,
	33	Oyendo esto la gente, (...las gentes, VHA)
	34	Entonces los fariseos, oyendo
	24:6	oiréis de guerras
	26:65	ahora mismo habéis oído su blasfemia
	27:13	¿No oyes cuántas cosas testifican
	47	Algunos...decían, al oírlo
	28:14	si esto lo oyeres el gobernador,
Mr	2:1	se oyó que estaba en casa
	17	Al oir esto Jesús, les dijo:
	3:8	oyendo cuán grandes cosas hacía
	21	Cuando lo oyeron los suyos
	4:3	Oíd: He aquí, el sembrador salió
	9	El que tiene oídos para oir, oiga
	12	oyendo, oigan y no entiendan
	15	después que la oyen, en seguida viene
	16	los que cuando han oído la palabra
	18	los que oyen la palabra
	20	los que oyen la palabra y la reciben
	23	Si alguno tiene oídos para oir, oiga.
	24	Mirad lo que oís
		a vosotros los que oís (TR, VM)
	33	conforme a lo que podían oir
	5:27	cuando oyó hablar de Jesús, vino
	36	Jesús, luego que oyó (TR)
	6:2	oyéndole, se admiraban, y decían
	11	ni os oyeren, salid de allí,
	14	Oyó el rey Herodes la fama
	16	Al oir esto Herodes, dijo:
	20	y oyéndole, se quedaba muy perplejo,
		le escuchaba de buena gana
	29	Cuando oyeron esto sus discípulos,
	55	a donde oían que estaba.
	7:14	Oídme todos, y entended
	16	Si alguno tiene oídos para oir, oiga. (TR,
		VM, NC, BC, [BA])
	25	luego que oyó de él,
	37	hace a los sordos oir
	8:18	teniendo oídos no oís?
	9:7	Este es mi Hijo amado; a él oíd
	10:41	Cuando lo oyeron los diez
	47	oyendo que era Jesús
	11:14	lo oyeron sus discípulos.
	18	lo oyeron los escribas
	12:28	que los había oído disputar,
	29	Oye, Israel; el Señor nuestro Dios,
	37	le oía de buena gana
	13:7	Mas cuando oigáis de guerras
	14:11	Ellos, al oírlo, se alegraron,
	58	Nosotros le hemos oído decir
	64	Habéis oído la blasfemia
	15:35	decían, al oírlo: Mirad, llama a Elías
	16:11	[cuando oyeron que vivía]
Lc	1:41	cuando oyó Elisabet la salutación
	58	cuando oyeron los vecinos
	66	todos los que las oían

Lc	2:18	todos los que oyeron, se maravillaron
	20	por todas las cosas que habían oído
	46	oyéndoles y preguntándoles,
	47	todos los que le oían
	4:23	de tantas cosas que hemos oído
	28	Al oir estas cosas, todos
	5:1	para oir la palabra de Dios,
	15	se reunía mucha gente para oirle
	6:17	que había venido para oirle,
	27	a vosotros los que oís
	47	oye mis palabras y las hace
	49	el que oyó y no hizo
	7:3	Cuando...oyó hablar de Jesús,
	9	Al oir esto, Jesús se maravilló de él,
	22	lo que habéis visto y oído
		los sordos oyen
	29	cuando lo oyeron, justificaron a Dios,
	8:8	El que tiene oídos para oir, oiga.
	10	oyendo no entiendan.
	12	son los que oyen, y luego viene el diablo
	13	son los que habiendo oído, (cuando oyen, VM)
	14	éstos son los que oyen, pero yéndose,
	15	retienen la palabra oída, (habiendo oído la Palabra, la retienen, VHA)
	18	Mirad, pues, cómo oís;
	21	Mi madre y mis hermanos son los que oyen
	50	Oyéndole Jesús, le respondió:
	9:7	Herodes el tetrarca oyó de todas las cosas
	9	de quien oigo tales cosas?
	35	Este es mi Hijo amado; a él oíd
	10:16	El que a vosotros oye, a mí me oye
	24	y oir lo que oís, y no lo oyeron
	39	sentándose..., oía su palabra
	11:28	bienaventurados los que oyen la palabra
	31	para oir la sabiduría de Salomón,
	12:3	a la luz se oirá; y lo que habéis
	14:15	Oyendo esto uno
	35	El que tiene oídos para oir, oiga.
	15:1	todos los publicanos y pecadores para oirle
	25	oyó la música y las danzas
	16:2	¿Qué es esto que oigo acerca de ti?
	14	oían también todas estas cosas
	29	A Moisés y a los profetas tienen; oíganlos
	31	Si no oyen a Moisés y a los profetas
	18:6	Oíd lo que dijo el juez injusto.
	22	Jesús, oyendo esto, le dijo
	23	Entonces él, oyendo esto, se puso
	26	los que oyeron esto dijeron
	36	al oir a la multitud que pasaba,
	19:11	Oyendo ellos estas cosas,
	48	todo el pueblo estaba suspenso oyéndole
	20:16	Cuando ellos oyeron esto,
	45	oyéndole todo el pueblo,
	21:9	cuando oigáis de guerras
	38	para oirle en el templo
	22:71	nosotros mismos lo hemos oído de su boca
	23:6	Entonces Pilato, oyendo decir,
	8	había oído muchas cosas
Jn	1:37	Le oyeron hablar los dos discípulos
	40	era uno de los dos que habían oído a Juan,
	3:8	oyes su sonido; mas ni sabe
	29	que está a su lado y le oye
	32	Y lo que vio y oyó, esto testifica
	4:1	que los fariseos habían oído decir
	42	porque nosotros mismos hemos oído
	47	Este, cuando oyó que Jesús
	5:24	El que oye mi palabra
	25	oirán la voz del Hijo de Dios;

Jn	5:25	los que la oyeren vivirán
	28	todos...oirán su voz
	30	según oigo, así juzgo
	37	Nunca habéis oído su voz,
	6:45	Así que, todo aquel que oyó al Padre,
	60	Al oirlas, muchos de sus discípulos ¿quién la puede oir?
	7:32	Los fariseos oyeron a la gente
	40	oyendo estas palabras, decían
	51	si primero no le oye
	8:9	[Pero ellos, al oir esto]
	26	yo, lo que he oído de él
	38	lo que habéis oído (V60, WH, N, ABMW, VHA, NC, BC, BA)
	40	la cual he oído de Dios;
	43	no podéis escuchar mi palabra
	47	las palabras de Dios oye por esto no las oís vosotros
	9:27	no habéis querido oir (no me oísteis; VHA) ¿por qué lo queréis oír otra vez?
	31	sabemos que Dios no oye a los pecadores; a ése oye
	32	Desde el principio no se ha oído
	35	Oyó Jesús que le habían expulsado;
	40	al oir esto, le dijeron: (oyeron esto, y...VM)
	10:3	las ovejas oyen su voz
	8	pero no los oyeron las ovejas.
	16	oirán mi voz
	20	¿por qué le oís?
	27	Mis ovejas oyen mi voz
	11:4	Oyéndolo Jesús, dijo
	6	Cuando oyó, pues, que estaba enfermo,
	20	cuando oyó que Jesús venía,
	29	Ella, cuando lo oyó, se levantó de prisa
	41	gracias te doy por haberme oído
	42	Yo sabía que siempre me oyes
	12:12	al oir que Jesús venía a Jerusalén,
	18	porque había oído que él
	29	había oído la voz,
	34	Nosotros hemos oído de la ley,
	47	Al que oye mis palabras,
	14:24	la palabra que habéis oído no es mía
	28	Habéis oído que yo he dicho
	15:15	todas las cosas que oí de mi Padre,
	16:13	hablará todo lo que oyere
	18:21	Pregunta a los que han oído
	37	Todo aquel que es de la verdad, oye mi voz
	19:8	Cuando Pilato oyó decir esto,
	13	Entonces Pilato, oyendo esto,
	21:7	cuando oyó que era el Señor
Hch	1:4	la cual, les dijo, oísteis de mí
	2:6	cada uno les oía hablar en su
	8	¿Cómo, pues, les oímos nosotros hablar
	11	les oímos hablar en nuestras lenguas
	22	oíd estas palabras
	33	ha derramado esto que vosotros veis y oís
	37	Al oir esto, se compungieron
	3:22	a él oiréis en todas las cosas
	23	toda alma que no oiga a aquel profeta
	4:4	muchos de los que habían oído la palabra
	19	obedecer a vosotros antes que a Dios
	20	lo que hemos visto y oído
	24	Y ellos, habiéndolo oído, alzaron
	5:5	Al oir Ananías estas palabras sobre todos los que lo oyeron
	11	y sobre todos los que oyeron estas cosas
	21	Habiendo oído, entraron
	24	Cuando oyeron estas palabras
	33	Ellos, oyendo esto, se enfurecían

ἀκούω 191 121 191 ἀκούω

Hch	6:11	para que dijesen que le habían oído hablar (que dijesen: Le hemos oído proferir, VHA)
	14	pues le hemos oído decir
	7:2	Varones hermanos y padres, oíd
	12	Cuando oyó Jacobo que había trigo
	34	he oído su gemido,
	37	a él oiréis (TR, VM)
	54	Oyendo estas cosas, se enfurecían
	8:6	oyendo y viendo las señales que hacía
	14	oyeron que Samaria había recibido
	30	Acudiendo Felipe, le oyó que leía
	9:4	cayendo en tierra, oyó una voz
	7	oyendo a la verdad la voz, mas sin ver
	13	he oído de muchos acerca de este hombre,
	21	todos los que le oían estaban atónitos
	38	oyendo que Pedro estaba allí
	10:22	para oir tus palabras
	33	para oir todo lo que Dios te ha mandado
	44	sobre...los que oían el discurso
	46	los oían que hablaban en lenguas
	11:1	Oyeron los apóstoles y los hermanos
	7	oí una voz que me decía
	18	Entonces, oídas estas cosas, callaron
	22	Llegó la noticia de estas cosas a oídos.
	13:7	deseaba oir la palabra de Dios.
	16	teméis a Dios, oíd
	44	para oir la palabra de Dios
	48	Los gentiles, oyendo esto
	14:9	Este oyó hablar a Pablo,
	14	Cuando lo oyeron los apóstoles
	15:7	que los gentiles oyesen por mi boca
	12	oyeron a Bernabé y a Pablo
	13	Varones hermanos, oídme.
	24	Por cuanto hemos oído que algunos
	16:14	estaba oyendo; y el Señor
	38	al oir que eran romanos.
	17:8	oyendo estas cosas
	21	sino en decir o en oir algo nuevo
	32	cuando oyeron lo de la resurrección Ya te oiremos acerca de esto otra vez
	18:8	oyendo, creían y eran bautizados.
	26	cuando le oyeron
	19:2	Ni siquiera hemos oído si hay Espíritu
	5	Cuando oyeron esto, fueron bautizados
	10	oyeron la palabra del Señor Jesús
	26	veis y oís que este Pablo
	28	Cuando oyeron estas cosas,
	21:12	Al oir esto, le rogamos nosotros
	20	Cuando ellos lo oyeron
	22	porque oirán que has venido.
	22:1	oíd ahora mi defensa ante vosotros
	2	al oir que les hablaba
	7	oí una voz que me decía
	9	no entendieron la voz (mas no oyeron la voz, VM)
	14	oigas la voz de su boca
	15	de lo que has visto y oído.
	22	le oyeron hasta esta palabra
	26	Cuando el centurión oyó esto,
	23:16	oyendo hablar de la celada
	24:4	te ruego que nos oigas brevemente
	22	Félix, oídas estas cosas (TR)
	24	le oyó acerca de la fe en Jesucristo
	25:22	Yo también quisiera oir a ese hombre Mañana le oirás
	26:3	que me oigas con paciencia
	14	oí una voz que me hablaba,
	29	todos los que hoy me oyen,

Hch	28:15	de donde, oyendo de nosotros los hermanos
	22	querríamos oir de ti
	26	De oído oiréis, y no entenderéis
	27	con los oídos oyeron pesadamente, oigan con los oídos
	28	ellos oirán
Ro	10:14	en aquel de quien no han oído? ¿Y cómo oirán
	18	¿No han oído?
	11:8	oídos con que no oigan
	15:21	los que nunca han oído de él, entenderán.
1 Co	2:9	Cosas que ojo no vió, ni oído oyó
	5:1	De cierto se oye que hay entre vosotros
	11:18	oigo que hay entre vosotros divisiones
	14:2	nadie le entiende (lit., nadie le oye)
2 Co	12:4	donde oyó palabras inefables
	6	u oye de mí
Gá	1:13	habéis oído acerca de mi conducta
	23	solamente oían decir
	4:21	¿no habéis oído la ley? (¿no oís la Ley? VHA)
Ef	1:13	habiendo oído la palabra de verdad
	15	también yo, habiendo oído de vuestra fe
	3:2	es que habéis oído de la administración
	4:21	si en verdad le habéis oído
	29	a fin de dar gracias a los oyentes (a los que oyen, VM)
Fil	1:27	oiga de vosotros que estáis firmes
	30	ahora oís que hay en mí
	2:26	habíais oído que había enfermado
	4:9	y oísteis y visteis en mí,
Col	1:4	habiendo oído de vuestra fe
	6	desde el día que oísteis y conocisteis
	9	desde el día que lo oímos,
	23	la esperanza del evangelio que habéis oído
2 Ts	3:11	Porque oímos que algunos de entre vosotros
1 Ti	4:16	te salvarás a ti mismo y a los que te oyeren
2 Ti	1:13	las sanas palabras que de mí oíste
	2:2	Lo que has oído de mí ante muchos
	14	es para perdición de los oyentes.
	4:17	que todos los gentiles oyesen.
Flm	5	oigo del amor y de la fe
He	2:1	atendamos a las cosas que hemos oído
	3	nos fue confirmada por los que oyeron
	3:7	Si oyereis hoy su voz,
	15	Si oyereis hoy su voz
	16	habiendo oído, le provocaron?
	4:2	en los que la oyeron
	7	Si oyereis hoy su voz
	12:19	la cual los que la oyeron rogaron
Stg	1:19	todo hombre sea pronto para oir
	2:5	Hermanos míos amados, oíd
	5:11	Habéis oído de la paciencia de Job,
2 P	1:18	nosotros oímos esta voz
1 Jn	1:1	lo que hemos oído
	3	lo que hemos visto y oído
	5	Este es el mensaje que hemos oído
	2:7	es la palabra que habéis oído
	18	según vosotros oísteis que el anticristo
	24	Lo que habéis oído desde el principio lo que habéis oído desde el principio
	3:11	que habéis oído desde el principio
	4:3	el cual vosotros habéis oído
	5	el mundo los oye.
	6	el que conoce a Dios, nos oye el que no es de Dios, no nos oye
	5:14	conforme a su voluntad, él nos oye
	15	si sabemos que él nos oye

ἀκρασία 192

2 Jn	6	como vosotros **habéis oído** desde el principio
3 Jn	4	el **oir** que mis hijos andan
Ap	1:3	y los **que oyen** las palabras de esta profecía
	10	y **oí** detrás de mí una gran voz
	2:7	El que tiene oído, **oiga** (también 2:11, 17, 29; 3:6, 13)
	3:3	de lo que **has** recibido y **oído**
	20	si alguno **oye** mi voz
	22	El que tiene oído, **oiga**
	4:1	la primera voz que **oí**, como de trompeta
	5:11	**oí** la voz de muchos ángeles
	13	**oí** decir: Al que está sentado
	6:1	**oí** a uno de los cuatro seres vivientes
	3	**oí** al segundo ser viviente
	5	**oí** al tercer ser viviente
	6	**oí** una voz de en medio de los cuatro
	7	**oí** la voz del cuarto ser viviente
	7:4	**oí** el número de los sellados
	8:13	**oí** a un ángel
	9:13	**oí** una voz de entre los cuatro
	16	Yo **oí** su número
	20	no pueden ver, ni **oir**, ni andar
	10:4	**oí** una voz del cielo
	8	La voz que **oí** del cielo
	11:12	**oyeron** una gran voz del cielo
	12:10	Entonces **oí** una gran voz
	13:9	Si alguno tiene oído, **oiga**
	14:2	**oí** una voz del cielo la voz que **oí** era como de arpistas
	13	**Oí** una voz que desde el cielo
	16:1	**Oí** una gran voz que decía
	5	**oí** al ángel de las aguas,
	7	También **oí** a otro, que desde el altar
	18:4	**oí** otra voz del cielo,
	22	no **se oirá** más en ti ni ruido de molino **se oirá** más en tí
	23	ni voz de esposo y de esposa **se oirá**
	19:1	Después de esto **oí** una gran voz
	6	**oí** como la voz de una gran multitud
	21:3	**oí** una gran voz del cielo
	22:8	el que **oyó** y vio estas cosas después que las **hube oído** y visto
	17	el que **oye**, diga
	18	Yo testifico a todo aquel **que oye**

192   ἀκρασία** – akrasía

Mt	23:25	llenos de robo y de injusticia (V60, E); (llenos de rapiña y **desenfreno**, VHA, S, WH, N, ABMV, VM, BC, BA)
1 Co	7:5	a causa de vuestra **incontinencia**.

193   ἀκρατής – akratés

2 Ti	3:3	calumniadores, **intemperantes**, crueles

194   ἄκρατος – ákratos

Ap	14:10	que ha sido vaciado **puro** en el cáliz

195   ἀκρίβεια – akríbeia

Hch	22:3	**estrictamente** conforme a la ley (conforme al rigor de la ley, VHA)

196   ἀκριβής – akribés

Hch	26:5	conforme a la **más rigurosa** secta

198   ἀκριβόω** – akribóo

Mt	2:7	**indagó** de ellos **diligentemente**

203 ἀκροβυστία

Mt	2:16	conforme al tiempo que había **inquirido**

199   ἀκριβῶς – akribōs

(1) ἀκριβέστερον

Mt	2:8	Id allá y averiguad **con diligencia**
Lc	1:3	después de haber investigado **con diligencia**
Hch	18:25	hablaba y enseñaba **diligentemente**
	26 (1)	le expusieron **más exactamente** el camino
	23:15 (1)	indagar alguna cosa **más cierta**
	20 (1)	inquirir alguna cosa **más cierta**
	24:22 (1)	estando bien informado de este Camino (conocía **con bastante exactitud** el Camino, VHA)
Ef	5:15	Mirad, pues, **con diligencia** cómo andéis
1 Ts	5:2	sabéis **perfectamente** que el día del Señor

200   ἀκρίς – akrís

Mt	3:4	su comida era **langostas** y miel silvestre
Mr	1:6	comía **langostas** y miel silvestre
Ap	9:3	del humo salieron **langostas**
	7	El aspecto de las **langostas** era

201   ἀκροατήριον* – akroatérion

Hch	25:23	entrando en la **audiencia** con los tribunos

202   ἀκροατής – akroatés

Ro	2:13	no son los **oidores** de la ley
Stg	1:22	no tan solamente **oidores**,
	23	si alguno es **oidor** de la palabra
	25	no siendo **oidor** olvidadizo, sino hacedor

203   ἀκροβυστία† – akrobustía

Hch	11:3	has entrado en casa de hombres **incircuncisos** (lit.,...de hombres teniendo **prepucio**)
Ro	2:25	tu circuncisión viene a ser **incircuncisión** 26 Si, pues, el **incircunciso** guardare (Si, pues, la **incircuncisión** guardare, BC) ¿no será tenida su **incircuncisión**
	27	el que físicamente es **incircunciso** (la que por naturaleza es **incircuncisión**, BC)
	3:30	por medio de la fe a los de la **incircuncisión** (la **incircuncisión** por medio de la fe, BC)
	4:9	o también para los de la **incircuncisión**? (o también sobre la **incircuncisión**, BC)
	10	o en la **incircuncisión**? sino en la **incircuncisión**
	11	estando aún **incircunciso** (en el estado de **incircuncisión**, BC) de todos los creyentes **no circuncidados**, (de todos los que creyesen en el estado de **incircuncisión**, BC)
	12	antes de ser circuncidado. (estando en **incircuncisión**, VM)
1 Co	7:18	¿Fue llamado alguno siendo **incircunciso**? (¿En **incircuncisión** ha sido llamado alguno?, VM)
	19	la **incircuncisión** nada es
Gá	2:7	el evangelio de la **incircuncisión**
	5:6	ni la circuncisión vale algo, ni la **incircuncisión**,
	6:15	ni la **incircuncisión**, sino una nueva creación
Ef	2:11	erais llamados **incircuncisión** por la llamada
Col	2:13	en la **incircuncisión** de vuestra carne
	3:11	ni judío, circuncisión ni **incircuncisión**

204	ἀκρογωνιαῖος† – akrogoniáios
Ef	2:20 siendo la principal piedra del ángulo (...la piedra angular, VHA)
1 P	2:6 la principal piedra del ángulo, (una piedra angular, VHA)

205	ἀκροθίνιον* – akrothínion
He	7:4 dio diezmos del botín. (...de los despojos, VHA)

206	ἄκρον – ákron
Mt	24:31 desde un extremo del cielo hasta el otro (lit., desde los extremos del cielo hasta sus extremos)
Mr	13:27 desde el extremo de la tierra hasta el extremo del cielo
Lc	16:24 para que moje la punta de su dedo en agua,
He	11:21 apoyado sobre el extremo de su bordón

207	Ἀκύλας – Akúlas
Hch	18:2 un judío llamado Aquila
	18 y con él Priscila y Aquila
	26 cuando le oyeron Priscila y Aquila
Ro	16:3 Saludad a Priscila y a Aquila
1 Co	16:19 Aquila y Priscila, con la iglesia
2 Ti	4:19 Saluda a Prisca y a Aquila,

208	ἀκυρόω** – akuróo
Mt	15:6 Así habéis invalidado el mandamiento
Mr	7:13 invalidando la palabra de Dios
Gá	3:17 no lo abroga, para invalidar la promesa.

209	ἀκωλύτως** – akolútos
Hch	28:31 abiertamente y sin impedimento

210	ἄκων – ákon
1 Co	9:17 pero si de mala voluntad,

211	ἀλάβαστρος – alábastros o ἀλάβαστρον
Mt	26:7 con un vaso de alabastro de perfume
Mr	14:3 vino una mujer con un vaso de alabastro quebrando el vaso de alabastro
Lc	7:37 trajo un frasco de alabastro

212	ἀλαζονεία** – alazonéia (aladzonéia)
Stg	4:16 os jactáis en vuestras soberbias
1 Jn	2:16 la vanagloria de la vida

213	ἀλαζών – alazón (aladzón)
Ro	1:30 altivos, inventores de males,
2 Ti	3:2 vanagloriosos, soberbios, blasfemos,

214	ἀλαλάζω – alalázo (alaládzo)
Mr	5:38 a los que lloraban y lamentaban mucho
1 Co	13:1 o címbalo que retiñe

215	ἀλάλητος*† – aláletos
Ro	8:26 el Espíritu mismo...con gemidos indecibles

216	ἄλαλος – álalos
Mr	7:37 a los mudos hablar
	9:17 que tiene un espíritu mudo
	25 Espíritu mudo y sordo

217	ἅλας – álas (jálas)
Mt	5:13 Vosotros sois la sal de la tierra si la sal se desvaneciere
Mr	9:50 Buena es la sal; mas si la sal se hace Tened sal en vosotros mismos
Lc	14:34 Buena es la sal; mas si la sal
Col	4:6 sazonada con sal, para que sepáis

218	ἀλείφω – aléifo
Mt	6:17 unge tu cabeza y lava tu rostro,
Mr	6:13 ungían con aceite a muchos enfermos
	16:1 para ir a ungirle
Lc	7:38 los ungía con el perfume
	46 No ungiste mi cabeza con aceite ésta ha ungido con perfume
Jn	11:2 fue la que ungió al Señor con perfume
	12:3 ungió los pies de Jesús
Stg	5:14 ungiéndole con aceite en el nombre

219	ἀλεκτοροφωνία*† – alektorofonía
Mr	13:35 o al canto del gallo, o a la mañana

220	ἀλέκτωρ – aléktor
Mt	26:34 antes que el gallo cante,
	74 Y en seguida cantó el gallo.
	75 Antes que cante el gallo, me negarás
Mr	14:30 antes que el gallo haya cantado dos veces
	68 cantó el gallo. (TR, [ABMW], VM, NC, BC)
	72 el gallo cantó la segunda vez.
Lc	22:34 Antes que el gallo cante dos veces el gallo no cantará hoy antes
	60 el gallo cantó
	61 Antes que el gallo cante,
Jn	13:38 No cantará el gallo, sin que
	18:27 en seguida cantó el gallo.

221	Ἀλεξανδρεύς – Alexandréus
Hch	6:9 y de los de Cirene, de Alejandría,
	18:24 llamado Apolos, natural de Alejandría,

222	Ἀλεξανδρῖνος – Alexandrínos
Hch	27:6 una nave alejandrina que zarpaba
	28:11 nos hicimos a la vela en una nave alejandrina

223	Ἀλέξανδρος – Aléxandros
Mr	15:21 padre de Alejandro y de Rufo
Hch	4:6 y Juan y Alejandro, y todos
	19:33 Y sacaron de entre la multitud a Alejandro, Entonces Alejandro, pedido silencio
1 Ti	1:20 de los cuales son Himeneo y Alejandro,
2 Ti	4:14 Alejandro el calderero me ha causado

224	ἄλευρον – áleuron
Mt	13:33 escondió en tres medidas de harina,
Lc	13:21 escondió en tres medidas de harina

225	ἀλήθεια – alétheia
Mt	22:16 que enseñas con verdad el camino de Dios
Mr	5:33 le dijo toda la verdad
	12:14 con verdad enseñas el camino de Dios
	32 Bien, Maestro, verdad has dicho,
Lc	4:25 en verdad os digo que muchas viudas
	20:21 enseñas el camino de Dios con verdad
	22:59 Verdaderamente también éste estaba (De verdad que éste estaba, VM)
Jn	1:14 lleno de gracia y de verdad

ἀληθεύω 226

Jn	1:17	pero la gracia y la **verdad**
	3:21	el que practica la **verdad**
	4:23	adorarán al Padre en espíritu y en **verdad**
	24	los que le adoran, en espíritu y en **verdad**
	5:33	él dio testimonio de la **verdad**
	8:32	conoceréis la **verdad**, y la **verdad**
	40	hombre que os he hablado la **verdad**
	44	no ha permanecido en la **verdad**
		no hay **verdad** en él
	45	Y a mí, porque digo la **verdad**
	46	Pues si digo la **verdad**
	14:6	Yo soy el camino, y la **verdad**
	17	el Espíritu de **verdad**
	15:26	el Espíritu de **verdad**, el cual procede
	16:7	yo os digo la **verdad**
	13	cuando venga el Espíritu de **verdad**
		él os guiará a toda la **verdad**
	17:17	Santifícalos en tu **verdad**; tu palabra es **verdad**
	19	sean santificados en la **verdad**
	18:37	para dar testimonio a la **verdad**
		Todo aquel que es de la **verdad**
	38	Le dijo Pilato: ¿Qué es la **verdad**?
Hch	4:27	**verdaderamente** se unieron (a la **verdad** se juntaron, VM)
	10:34	En **verdad** comprendo que Dios
	26:25	hablo palabras de **verdad**
Ro	1:18	que detienen con injusticia la **verdad**
	25	ya que cambiaron la **verdad** de Dios
	2:2	el juicio de Dios...es según **verdad**
	8	no obedecen a la **verdad**
	20	la forma de la ciencia y de la **verdad**
	3:7	si por mi mentira la **verdad** de Dios
	9:1	**Verdad** digo en Cristo,
	15:8	para mostrar la **verdad** de Dios,
1 Co	5:8	de sinceridad y de **verdad**
	13:6	mas se goza de la **verdad**
2 Co	4:2	sino por la manifestación de la **verdad**
	6:7	en palabra de **verdad**
	7:14	os hemos hablado con **verdad**
		nuestro gloriarnos con Tito resultó **verdad**
	11:10	Por la **verdad** de Cristo
	12:6	porque diría la **verdad**
	13:8	nada podemos contra la **verdad**, sino por la **verdad**
Gá	2:5	para que la **verdad** del evangelio
	14	conforme a la **verdad** del evangelio
	3:1	para no obedecer a la **verdad** (TR)
	5:7	para no obedecer a la **verdad**?
Ef	1:13	habiendo oído la palabra de **verdad**
	4:21	enseñados, conforme a la **verdad**
	24	en la justicia y santidad de la **verdad**
	25	desechando la mentira, hablad **verdad**
	5:9	es en toda bondad, justicia y **verdad**
	6:14	ceñidos vuestros lomos con la **verdad**
Fil	1:18	o por pretexto o por **verdad**
Col	1:5	por la palabra **verdadera** del evangelio (en el mensaje de la **verdad** del evangelio, VHA)
	6	conocisteis la gracia de Dios en **verdad**
2 Ts	2:10	no recibieron el amor de la **verdad**
	12	todos los que no creyeron a la **verdad**
	13	por el Espíritu y la fe en la **verdad** (...y creencia de la **verdad**, VHA)
1 Ti	2:4	vengan al conocimiento de la **verdad**
	7	(digo **verdad** en Cristo, en fe y **verdad**
	3:15	columna y baluarte de la **verdad**
	4:3	los que han conocido la **verdad**
	6:5	privados de la **verdad**

2 Ti	2:15	que usa bien la palabra de **verdad**
	18	que se desviaron de la **verdad**
	25	para conocer la **verdad**
	3:7	llegar al conocimiento de la **verdad**
	8	así también éstos resisten a la **verdad**
	4:4	apartarán de la **verdad** el oído
Tit	1:1	el conocimiento de la **verdad**
	14	que se apartan de la **verdad**
He	10:26	el conocimiento de la **verdad**
Stg	1:18	por la palabra de **verdad**
	3:14	ni mintáis contra la **verdad**
	5:19	se ha extraviado de la **verdad**
1 P	1:22	por la obediencia a la **verdad**
2 P	1:12	estéis confirmados en la **verdad** presente
	2:2	el camino de la **verdad** será blasfemado,
1 Jn	1:6	mentimos, y no practicamos la **verdad**
	8	la **verdad** no está en nosotros
	2:4	la **verdad** no está en él;
	21	como si ignoraseis la **verdad**
		ninguna mentira procede de la **verdad**
	3:18	sino de hecho y en **verdad**
	19	conocemos que somos de la **verdad**
	4:6	En esto conocemos el espíritu de **verdad**
	5:6	porque el Espíritu es la **verdad**
2 Jn	1	a quienes yo amo en la **verdad** (...en **verdad**, VHA)
		todos los que han conocido la **verdad**
	2	a causa de la **verdad** que permanece
	3	Hijo del Padre, en **verdad** y en amor.
	4	andando en la **verdad**, conforme
3 Jn	1	el amado, a quien amo en la **verdad**. (...en **verdad**, VHA)
	3	dieron testimonio de tu **verdad**
		cómo andas en la **verdad**
	4	el oír que mis hijos andan en la **verdad**
	8	para que cooperemos con la **verdad**
	12	y aun la **verdad** misma;

226 ἀληθεύω – alethéuo

| Gá | 4:16 | por deciros la **verdad**? |
| Ef | 4:15 | sino que siguiendo la **verdad** en amor, (...manteniendo la **verdad**,...VHA) |

227 ἀληθής – alethés

Mt	22:16	sabemos que eres **amante de la verdad**,
Mr	12:14	Maestro, sabemos que eres **hombre veraz**
Jn	3:33	éste atestigua que Dios es **veraz**
	4:18	esto has dicho con **verdad**
	5:31	mi testimonio no es **verdadero**
	32	el testimonio que da de mí es **verdadero**
	6:55	Porque mi carne es **verdadera**...y mi sangre es **verdadera** (WH, N, ABMW)
	7:18	éste es **verdadero**,
	8:13	tu testimonio no es **verdadero**
	14	mi testimonio es **verdadero**
	16	mi juicio es **verdadero** (TR)
	17	el testimonio de dos hombres es **verdadero**
	26	el que me envió es **verdadero**
	10:41	todo lo que Juan dijo de éste, era **verdad**
	19:35	él sabe que dice **verdad**
	21:24	sabemos que su testimonio es **verdadero**
Hch	12:9	no sabía que era **verdad** lo que hacía
Ro	3:4	antes bien sea Dios **veraz**
2 Co	6:8	como engañadores, pero **veraces**
Fil	4:8	todo lo que es **verdadero**, todo lo honesto
Tit	1:13	Este testimonio es **verdadero**
1 P	5:12	que ésta es la **verdadera** gracia de Dios
2 P	2:22	les ha acontecido lo del **verdadero** proverbio

| ἀληθινός 228 | 125 | 240 ἀλλήλων |

1 Jn	2:8	que es **verdadero** en él y en vosotros,
	27	es **verdadera**, y no es mentira,
3 Jn	12	sabéis que nuestro testimonio es **verdadero**

228   ἀληθινός – alethinós

Lc	16:11	¿quién os confiará lo **verdadero**?
Jn	1:9	Aquella luz **verdadera**, que alumbra
	4:23	cuando los **verdaderos** adoradores adorarán
	37	en esto es **verdadero** el dicho
	6:32	os da el **verdadero** pan del cielo
	7:28	el que me envió es **verdadero**
	8:16	mi juicio es **verdadero** (WH, N, ABMW)
	15:1	Yo soy la vid **verdadera**
	17:3	el único Dios **verdadero**
	19:35	su testimonio es **verdadero**
1 Ts	1:9	para servir al Dios vivo y **verdadero**
He	8:2	y de aquel **verdadero** tabernáculo
	9:24	en el santuario...figura del **verdadero**,
	10:22	acerquémonos con corazón sincero (lit.,...**verdadero**)
1 Jn	2:8	la luz **verdadera** ya
	5:20	para conocer al que es **verdadero** Este es el **verdadero** Dios estamos en el **verdadero**,
Ap	3:7	Esto dice el Santo, el **Verdadero**,
	14	el testigo fiel y **verdadero**,
	6:10	Señor, santo y **verdadero**
	15:3	justos y **verdaderos** son tus caminos,
	16:7	tus juicios son **verdaderos** y justos
	19:2	porque sus juicios son **verdaderos** y justos
	9	Estas son palabras **verdaderas** de Dios
	11	se llamaba Fiel y **Verdadero**
	21:5	estas palabras son fieles y **verdaderas**
	22:6	Estas palabras son fieles y **verdaderas**.

229   ἀλήθω – alétho

Mt	24:41	Dos mujeres **estarán moliendo**
Lc	17:35	Dos mujeres **estarán moliendo**

230   ἀληθῶς – alethós

Mt	14:33	**Verdaderamente** eres Hijo de Dios.
	26:73	**Verdaderamente** también tú eres de ellos,
	27:54	**Verdaderamente** éste era Hijo de Dios.
Mr	14:70	**Verdaderamente** tú eres de ellos
	15:39	**Verdaderamente** este hombre era
Lc	9:27	os digo en **verdad**, que hay algunos
	12:44	En **verdad** os digo que le pondrá
	21:3	dijo: En **verdad** os digo, que esta
Jn	1:47	He aquí un **verdadero** israelita
	4:42	sabemos que **verdaderamente** éste
	6:14	Este **verdaderamente** es el profeta
	55	mi carne es **verdadera**...y mi sangre es **verdadera** (TR)
	7:26	¿Habrán reconocido en **verdad** que éste es el Cristo? (V60, WH, N, ABMW VHA, VM, NC, BC): (...que **verdaderamente** El es el Cristo?, BA, TR
	40	**Verdaderamente** éste es el profeta.
	8:31	seréis **verdaderamente** mis discípulos
	17:8	han conocido **verdaderamente** que salí de ti,
Hch	12:11	Ahora entiendo **verdaderamente**
1 Ts	2:13	según es en **verdad**, la palabra de Dios
1 Jn	2:5	en éste **verdaderamente** el amor de Dios

231   ἀλεεύς – aleéus (jaleéus) o ἀλιεύς

Mt	4:18	eran **pescadores**.
	19	os haré **pescadores** de hombres
Mr	1:16	eran **pescadores**
	17	haré que seáis **pescadores** de hombres
Lc	5:2	los **pescadores**, habiendo descendido

232   ἀλιεύω – alieúo (jaliéuo)

Jn	21:3	Simón Pedro les dijo: Voy a **pescar**

233   ἁλίζω – alízo (jalídzo)

Mt	5:13	¿con qué **será salada**?
Mr	9:49	todos **serán salados** (cada uno **será salado**, VM) todo sacrificio **será salado** con sal (TR, VM)

234   ἀλίσγημα*† – alísgema (alísguema)

Hch	15:20	que se aparten de las **contaminaciones**

236   ἀλλάσσω – allásso (aláso) o ἀλλάττω

Hch	6:14	**cambiará** las costumbres que nos dio Moisés
Ro	1:23	**cambiaron** la gloria del Dios incorruptible
1 Co	15:51	todos **seremos transformados**
	52	nosotros **seremos transformados**.
Gá	4:20	quisiera estar...y **cambiar** de tono,
He	1:12	como un vestido...y **serán mudados**

237   ἀλλαχόθεν** – allacóthen (alajóthen)

Jn	10:1	sino que sube **por otra parte**

237 A   ἀλλαχοῦ* – allacóu (alajú)

Mr	1:38	Vamos a los lugares vecinos (TR); (Vamos **a otras partes**, a las villa cercanas, VHA, WH, N, ABMW, VM, NC, BC, BA)

238   ἀλληγορέω* – allegoréo (alegoréo)

Gá	4:24	Lo cual es una **alegoría**, (las cuales cosas son **dichas alegóricamente**, VM)

239   ἀλληλουϊά – allelouïá (jaleluïá)

Ap	19:1	¡**Aleluya**! Salvación y honra y gloria
	3	¡**Aleluya**! Y el humo de ella
	4	decían: ¡Amén! ¡**Aleluya**!
	6	¡**Aleluya**, porque el Señor nuestro Dios

240   ἀλλήλων – allélon (alélon)

Mt	24:10	se entregarán **unos a otros**, **unos a otros** se aborrecerán
	25:32	apartará **los unos de los otros**,
Mr	4:41	se decían **el uno al otro**:
	8:16	discutían **entre sí**, diciendo
	9:34	habían disputado **entre sí**
	50	tened paz **los unos con los otros**
	15:31	se decían **unos a otros**,
Lc	2:15	los pastores se dijeron **unos a otros**
	4:36	hablaban **unos a otros**, diciendo
	6:11	hablaban **entre sí** qué podrían hacer
	7:32	que dan voces **unos a otros** y dicen:
	8:25	se decían **unos a otros**
	12:1	tanto que **unos a otros** se atropellaban,
	20:14	al verle, discutían **entre sí** (WH, N, ABMW)
	23:12	se hicieron amigos Pilato y Herodes (se hicieron amigos **uno del otro** Herodes y Pilato, NC)
	24:14	iban hablando **entre sí**
	17	son estas que tenéis **entre vosotros**
	32	se decían **el uno al otro**
Jn	4:33	los discípulos decían **unos a otros**
	5:44	pues recibís gloria **los unos de los otros**

ἀλλογενής 241

Jn	6:43	No murmuréis entre vosotros
	52	los judíos contendían entre sí, diciendo
	11:56	se preguntaban unos a otros
	13:14	lavaros los pies los unos a los otros
	22	los discípulos se miraban unos a otros,
	34	Que os améis unos a otros
		que también os améis unos a otros
	35	si tuviereis amor los unos con los otros.
	15:12	Que os améis unos a otros
	17	Que os améis unos a otros.
	16:17	se dijeron algunos...unos a otros
	19	¿Preguntáis entre vosotros acerca de esto
	19:24	dijeron entre sí:
Hch	2:7	maravillados, diciendo (V60, WH, N, ABMW, VHA, VM, NC, BC, BA); (lit.,...
		diciéndose unos a otros, TR)
	4:15	conferenciaban entre sí
	7:26	¿por qué os maltratáis el uno al otro?
	15:39	que se separaron el uno del otro
	19:38	acúsense los unos a los otros,
	21:6	abrazándonos los unos a los otros, (TR, VHA); (nos despedimos..., VM, WH, N, ABMW, NC, BC, BA)
	26:31	hablaban entre sí, diciendo:
	28:4	se decían unos a otros:
	25	como no estuviesen de acuerdo entre sí
Ro	1:12	por la fe que nos es común a vosotros y mi (cada cual por la fe del otro, VM)
	27	se encendieron en su lascivia unos con otros,
	2:15	acusándoles o defendiéndoles sus razonamientos, (sus pensamientos mutuamente los acusan..., VHA)
	12:5	todos miembros los unos de los otros.
	10	Amaos los unos a los otros prefiriéndoos los unos a los otros
	16	Unánimes entre vosotros; (unos con otros, VHA)
	13:8	sino el amaros unos a otros;
	14:13	ya no nos juzguemos más los unos a los otros
	19	a la mutua edificación
	15:5	os dé entre vosotros un mismo sentir
	7	recibíos los unos a los otros,
	14	podéis amonestaros los unos a los otros
	16:16	Saludaos los unos a los otros
1 Co	7:5	No os neguéis el uno al otro
	11:33	esperaos unos a otros
	12:25	todos se preocupen los unos por los otros
	16:20	Saludaos los unos a otros
2 Co	13:12	Saludaos unos a otros
Gá	5:13	servíos por amor los unos a los otros
	15	os coméis unos a otros que también no os consumáis unos a otros
	17	éstos se oponen entre sí
	26	irritándonos unos a otros, envidiándonos unos a otros.
Ef	6:2	Sobrellevad los unos las cargas de los otros
	4:2	soportándoos con paciencia los unos a los otros
	25	somos miembros los unos de los otros.
	32	sed benignos unos con otros,
	5:21	Someteos unos a otros
Fil	2:3	estimando cada uno a los demás
Col	3:9	No mintáis los unos a los otros
	13	soportándoos unos a otros,
1 Ts	3:12	en amor unos para con otros
	4:9	que os améis unos a otros
	18	alentaos los unos a los otros
	5:11	animaos unos a otros
	15	seguid siempre lo bueno unos para con otros
2 Ts	1:3	el amor de todos y cada uno...para con los demás
Tit	3:3	aborreciéndonos unos a otros
He	10:24	considerémonos unos a otros
Stg	4:11	no murmuréis los unos de los otros
	5:9	no os quejéis unos contra otros
	16	Confesaos vuestras ofensas unos a otros orad unos por otros
1 P	1:22	amaos unos a otros
	4:9	Hospedaos los unos a los otros
	5:5	y todos, sumisos unos a otros,
	14	Saludaos unos a otros
1 Jn	1:7	tenemos comunión unos con otros
	3:11	Que nos amemos unos a otros
	23	nos amemos unos a otros
	4:7	amémonos unos a otros
	11	debemos...amarnos unos a otros
	12	Si nos amamos unos a otros,
2 Jn	5	que nos amemos unos a otros
Ap	6:4	que se matasen unos a otros;
	11:10	se enviarán regalos unos a otros

241 ἀλλογενής† — allogenés (aloguenés)

Lc	17:18	sino este extranjero?

242 ἄλλομαι — állomai (jálomai)

Jn	4:14	que salte para vida eterna
Hch	3:8	andando, y saltando, y alabando
	14:10	él saltó, y anduvo

243 ἄλλος — állos (álos)

Mt	2:12	regresaron a su tierra por otro camino.
	4:21	vio a otros dos hermanos,
	5:39	vuélvele también la otra
	8:9	y al otro: Ven, y viene;
	10:23	huid a la otra (TR)
	12:13	sana como la otra
	13:5	Parte cayó en pedregales (Otra parte..., VHA)
	7	parte cayó entre espinos (otra parte..., VHA)
	8	parte cayó (otra parte..., VHA)
	24	Les refirió otra parábola.
	31	Otra parábola les refirió,
	33	Otra parábola les dijo:
	16:14	Unos, Juan el Bautista; otros, Elías
	19:9	se casa con otra
	20:3	vio a otros que estaban en la plaza
	6	halló a otros
	21:8	otros cortaban ramas
	33	Oíd otra parábola.
	36	Envió de nuevo otros siervos,
	41	arrendará su viña a otros labradores
	22:4	Volvió a enviar otros siervos
	25:16	ganó otros cinco talentos.
	17	ganó también otros dos
	20	trajo otros cinco talentos, he ganado otros cinco talentos
	22	he ganado otros dos talentos
	26:71	le vio otra, y dijo a los que estaban
	27:42	A otros salvó,
	49	Lit., otro tomando su lanza ([WH])
	61	Y la otra María,
	28:1	y la otra María, a ver el sepulcro.
Mr	3:5	le fue restaurada (V60, WH, N, ABMW, VHA, VM, NC, BC, BA); (lit.,...sana como la otra, TR)
	4:5	Otra parte cayó en pedregales.

ἀλλοτριεπίσκοπος

Mr	4:7	Otra parte cayó entre espinos
	8	Pero otra parte cayó en buena tierra
	18	Estos son los que fueron sembrados (TR, VM); (Otros son los sembrados, VHA, WH, N, ABMW, NC, BC, BA)
	36	había también con él otras barcas
	6:15	Otros decían: Es Elías
		otros decían: Es un profeta
	7:4	otras muchas cosas
	8	hacéis otras muchas cosas semejantes (TR, VM)
	8:28	otros, Elías; y otros, alguno de los profetas
	10:11	se casa con otra
	12	se casa con otro
	11:8	otros cortaban ramas
	12:4	Volvió a enviarles otro siervo
	5	Volvió a enviar otro, y a otros muchos
	9	dará su viña a otros
	31	No hay otro mandamiento
	32	no hay otro fuera de él
	14:19	Y el otro: ¿Seré yo? (TR)
	58	en tres días edificaré otro
	15:31	A otros salvó
	41	otras muchas que habían subido
Lc	5:29	y de otros que estaban a la mesa
	6:10	su mano fue restaurada (V60, WH, N, ABMW, VHA, VM, NC, BC, BA); (lit.,... fue restaurada sana como la otra, TR)
	29	preséntale también la otra
	7:8	y al otro: Ven, y viene
	19	o esperaremos a otro? (TR, N, ABMW)
	20	o esperaremos a otro?
	9:8	y otros: Algún profeta
	19	otros, Elías; y otros, que algún profeta
	20:16	dará su viña a otros
	22:59	otro afirmaba, diciendo
	23:35	A otros salvó; sálvese a sí mismo,
Jn	4:37	Uno es el que siembra, y otro es el que siega
	38	otros labraron, y vosotros
	5:7	otro desciende antes que yo
	32	Otro es el que da testimonio
	43	si otro viniere en su propio nombre
	6:22	más que una sola barca (lit., otra barca menos una)
	23	otras barcas habían arribado
	7:12	pero otros decían
	41	Otros decían: Este es el Cristo
		Pero algunos decían: ¿De Galilea (TR)
	9:9	Unos decían: El es; y otros: A él se parece
	16	Otros decían
	10:16	También tengo otras ovejas
	21	Decían otros
	12:29	Otros decían
	14:16	os dará otro Consolador
	15:24	obras que ningún otro ha hecho
	18:15	Simón Pedro y otro discípulo.
	16	el discípulo que era conocido (V60); (el otro discípulo, el conocido, VHA, TR, VM, ABMW, N, WH)
	34	o te lo han dicho otros de mí?
	19:18	con él a otros dos,
	32	asimismo al otro que había sido crucificado
	20:2	fue a Simón Pedro y al otro discípulo,
	3	Pedro y el otro discípulo
	4	pero el otro discípulo corrió más aprisa
	8	entró también el otro discípulo
	25	Le dijeron, pues, los otros discípulos

Jn	20:30	muchas otras señales
	21:2	y otros dos de sus discípulos.
	8	los otros discípulos vinieron
	18	te ceñirá otro
	25	hay también otras muchas cosas
Hch	2:12	diciéndose unos a otros (...el uno al otro, VHA)
	4:12	en ningún otro hay salvación
	15:2	algunos otros de ellos,
	19:32	Unos...gritaban una cosa, y otros otra
	21:34	unos gritaban una cosa, y otros otra
1 Co	1:16	no sé si he bautizado a algún otro
	3:10	otro edifica encima;
	11	nadie puede poner otro fundamento
	9:2	Si para otros no soy apóstol
	12	Si otros participan
	27	habiendo sido heraldo para otros
	10:29	por la conciencia de otro? (por otra conciencia?, VHA)
	12:8	a otro, palabra de ciencia
	9	a otro, dones de sanidades
	10	A otro, el hacer milagros; a otro, profecía; a otro, discernimiento a otro, interpretación de lenguas,
	14:19	para enseñar también a otros,
	29	los demás juzguen (juzguen los otros, VM)
	30	le fuere revelado a otro
	15:39	otra la de los peces, y otra la de las aves
	41	Una es la gloria del sol, otra la gloria de la luna, y otra la gloria
2 Co	1:13	no os escribimos otras cosas
	8:13	para que haya para otros holgura
	11:4	predicando a otro Jesús
	8	He despojado a otras iglesias
Gá	1:7	No que haya otro
	5:10	que no pensaréis de otro modo;
Fil	3:4	Si alguno piensa (Si algún otro...VHA)
1 Ts	2:6	ni de vosotros, ni de otros
He	4:8	no hablaría después de otro día
	11:35	mas otros fueron atormentados,
Stg	5:12	ni por ningún otro juramento;
Ap	2:24	No os impondré otra carga
	6:4	salió otro caballo
	7:2	Vi también a otro ángel
	8:3	Otro ángel vino entonces
	10:1	a otro ángel fuerte,
	12:3	apareció otra señal
	13:11	Después vi a otra bestia
	14:6	Vi volar...a otro ángel,
	8	Otro ángel le siguió,
	9	el tercer ángel los siguió (TR, VHA, NC); (otro ángel, el tercero,...VM, WH, N ABMW, BC, BA)
	15	salió otro ángel, clamando
	17	Salió otro ángel
	18	salió del altar otro ángel
	15:1	Vi en el cielo otra señal
	16:7	También oí a otro, (TR, VM)
	17:10	el otro aún no ha venido
	18:1	vi a otro ángel descender
	4	oí otra voz del cielo
	20:12	otro libro fue abierto

244		ἀλλοτριεπίσκοπος*† — allotriepískopos (alotriepískopos)
1 P	4:15	o por entrometerse en lo ajeno
245		ἀλλότριος — allótrios (alótrios)

ἀλλόφυλος 246   128   264 ἁμαρτάνω

Mt	17:25	¿De sus hijos, o de los **extraños**?
	26	Pedro le respondió: De los **extraños**
Lc	16:12	Y si en lo **ajeno** no fuisteis
Jn	10:5	Mas al **extraño** no seguirán,
		no conocen la voz de los **extraños**
Hch	7:6	sería extranjera en tierra **ajena**
Ro	14:4	que juzgas al criado **ajeno**?
	15:20	para no edificar sobre fundamento **ajeno**
2 Co	10:15	en trabajos **ajenos**
	16	sin entrar en la obra de otra para gloriarnos (no gloriarnos en provincia **ajena**, VM)
1 Ti	5:22	ni participes en pecados **ajenos**
He	9:25	cada año con sangre **ajena**
	11:9	como en tierra **ajena**,
	34	pusieron en fuga ejércitos **extranjeros**.

246   ἀλλόφυλος — allófulos (alófulos)

Hch	10:28	juntarse o acercarse a un **extranjero**

247   ἄλλως — állos (álos)

1 Ti	5:25	y las que son **de otra manera**

248   ἀλοάω — aloáo

1 Co	9:9	No pondrás bozal al buey **que trilla**
	10	el **que trilla**, con esperanza de recibir
1 Ti	5:18	No pondrás bozal al buey **que trilla**

249   ἄλογος — álogos

Hch	25:27	porque me parece **fuera de razón**
2 P	2:12	como animales **irracionales**, nacidos
Jud	10	como animales **irracionales**.

250   ἀλόη — alóe

Jn	19:39	trayendo un compuesto de mirra y de **áloes**

251   ἅλς — áls (jáls)

Mr	9:49	todo sacrificio será salado **con sal** (TR, VM)

252   ἁλυκός — alukós (jalukós)

Stg	3:12	puede dar agua **salada** (TR, VM); (puede el agua **salada** producir, BA, WH, N, ABMW, VHA, NC, BC)

253   ἄλυπος* — álupos, ὁ ἀλυπότερος

Fil	2:28	y yo esté **con menos tristeza**.

254   ἅλυσις** — álusis (jálusis)

Mr	5:3	ni aun con **cadenas**
	4	atado con grillos y **cadenas** mas las **cadenas** habían sido hechas pedazos
Lc	8:29	le ataban con **cadenas** y grillos
Hch	12:6	sujeto con dos **cadenas**
	7	las **cadenas** se le cayeron de las manos
	21:33	le mandó atar con dos **cadenas**
	28:20	estoy sujeto con esta **cadena**
Ef	6:20	por el cual soy embajador en **cadenas**
2 Ti	1:16	no se avergonzó de mis **cadenas**
Ap	20:1	una gran **cadena** en la mano.

255   ἀλυσιτελής* — alusitelés

He	13:17	porque esto **no os es provechoso**.

1   ἄλφα — álfa

Ap	1:8	Yo soy el **Alfa** y la Omega,
	11	Yo soy el **Alfa** y la Omega (TR)
	21:6	Yo soy el **Alfa** y la Omega,
	22:13	Yo soy el **Alfa** y la Omega

256   Ἀλφαῖος — Alfáios (Jalfáios) o Ἀλφαῖος

Mt	10:3	Jacobo hijo de **Alfeo**,
Mr	2:14	vio a Leví hijo de **Alfeo**,
	3:18	Jacobo hijo de **Alfeo**,
Lc	6:15	Jacobo hijo de **Alfeo**,
Hch	1:13	Jacobo hijo de **Alfeo**,

257   ἅλων — álon (jálon)

Mt	3:12	limpiará su **era**;
Lc	3:17	limpiará su **era** (TR); (para limpiar bien su **era**, VHA, WH, N, ABMW)

258   ἀλώπηξ — alópex

Mt	8:20	Las **zorras** tienen guaridas,
Lc	9:58	Las **zorras** tienen guaridas,
	13:32	Id, y decid a aquella **zorra**:

259   ἅλωσις — álosis (jálosis)

2 P	2:12	nacidos para **presa** y destrucción

260   ἅμα — áma (jáma)

Mt	13:29	arranquéis **también** con ella el trigo
	20:1	salió **por** la mañana a contratar
Hch	24:26	Esperaba **también** con esto (Al mismo tiempo esperaba, VHA)
	27:40	largando **también** las amarras
Ro	3:12	**a una** se hicieron inútiles
Col	4:3	orando también **al mismo tiempo**
1 Ts	4:17	seremos arrebatados **juntamente** con
	5:10	vivamos **juntamente** con él.
1 Ti	5:13	**también** aprenden a ser ociosas
Flm	22	Prepárame **también** alojamiento

261   ἀμαθής** — amathés

2 P	3:16	las cuales los **indoctos** e inconstantes

262   ἀμαράντινος* — amarántinos

1 P	5:4	recibiréis la corona **incorruptible**

263   ἀμάραντος** — amárantos

1 P	1:4	para una herencia...**inmarcesible**

264   ἁμαρτάνω — amartáno (jamartáno)

Mt	18:15	si tu hermano **peca**
	21	a mi hermano que **peque** contra mí? (**pecará** mi hermano contra mí, VM)
	27:4	Yo **he pecado** entregando sangre inocente
Lc	15:18	Padre, **he pecado** contra el cielo y contra ti
	21	Padre, **he pecado** contra el cielo y contra ti
	17:3	Si tu hermano **pecare** contra ti,
	4	**pecare** contra ti,
Jn	5:14	no **peques** más,
	8:11	[vete, y no **peques** más]
	9:2	quién **pecó**, éste o sus padres,
	3	No es que **pecó** éste, ni sus padres,
Hch	25:8	ni contra César **he pecado** en nada,
Ro	2:12	todos los que sin ley **han pecado** todos los que bajo la ley **han pecado**
	3:23	por cuanto todos **pecaron**
	5:12	por cuanto todos **pecaron**
	14	aun en los que no **pecaron**
	16	como en el caso de aquel uno **que pecó**
	6:15	¿**Pecaremos**, porque no estamos bajo la ley

1 Co	6:18	contra su propio cuerpo peca
	7:28	si te casas, no pecas
		si la doncella se casa, no peca
	36	no peca; que se case.
	8:12	pecando contra los hermanos contra Cristo pecáis.
	15:34	Velad debidamente, y no pequéis
Ef	4:26	Airaos, pero no pequéis
1 Ti	5:20	A los que persisten en pecar
Tit	3:11	el tal se ha pervertido, y peca
He	3:17	¿No fue con los que pecaron
	10:26	Porque si pecáremos voluntariamente
1 P	2:20	si pecando sois abofeteados,
2 P	2:4	no perdonó a los ángeles que pecaron
1 Jn	1:10	Si decimos que no hemos pecado
	2:1	para que no pequéis si alguno hubiere pecado
	3:6	Todo aquel que permanece en él, no peca todo aquel que peca
	8	el diablo peca desde el principio
	9	no puede pecar
	5:16	Si alguno viere a su hermano cometer para los que cometen pecado que no sea
	18	no practica el pecado,

265 ἁμάρτημα — amártema (jamártema)

Mr	3:28	todos los pecados serán perdonados
	29	es reo de juicio eterno (TR, VM); (...de eterno pecado, VHA, N, WH, ABMW, NC, BC, BA)
	4:12	les sean perdonados los pecados (TR, VM)
Ro	3:25	los pecados pasados,
1 Co	6:18	Cualquier otro pecado que el hombre
2 P	1:9	la purificación de sus antiguos pecados.(T)

266 ἁμαρτία — amartía (jamartía)

Mt	1:21	él salvará a su pueblo de sus pecados
	3:6	confesando sus pecados
	9:2	tus pecados te son perdonados
	5	Los pecados te son perdonados
	6	para perdonar pecados
	12:31	Todo pecado y blasfemia
	26:28	para remisión de los pecados
Mr	1:4	para perdón de pecados
	5	confesando sus pecados
	2:5	Hijo, tus pecados te son perdonados.
	7	¿Quién puede perdonar pecados
	9	Tus pecados te son perdonados,
	10	para perdonar pecados
Lc	1:77	Para perdón de sus pecados
	3:3	para perdón de pecados
	5:20	tus pecados te son perdonados
	21	¿Quién puede perdonar pecados
	23	Tus pecados te son perdonados,
	24	para perdonar pecados
	7:47	que sus muchos pecados
	48	Tus pecados te son perdonados
	49	que también perdona pecados?
	11:4	Y perdónanos nuestros pecados
	24:47	y el perdón de pecados
Jn	1:29	que quita el pecado del mundo
	8:21	en vuestro pecado moriréis
	24	que moriréis en vuestros pecados en vuestros pecados moriréis.
	34	todo aquel que hace pecado, esclavo es del pecado
	46	¿Quién de vosotros me redarguye de pecado
	9:34	Tú naciste del todo en pecado, (...en

		pecados!, VM)
	41	Si fuerais ciegos, no tendríais pecado Vemos, vuestro pecado permanece
	15:22	no tendrían pecado no tienen excusa por su pecado
	24	no tendrían pecado
	16:8	convencerá al mundo de pecado
	9	De pecado, por cuanto no creen
	19:11	mayor pecado tiene.
	20:23	A quienes remitiereis los pecados
Hch	2:38	para perdón de los pecados
	3:19	para que sean borrados vuestros pecados
	5:31	arrepentimiento y perdón de pecados
	7:60	no les tomes en cuenta este pecado
	10:43	recibirán perdón de pecados
	13:38	se os anuncia perdón de pecados
	22:16	lava tus pecados
	26:18	para que reciban,...perdón de pecados
Ro	3:9	que todos están bajo pecado
	20	es el conocimiento del pecado
	4:7	cuyos pecados son cubiertos.
	8	el Señor no inculpa de pecado
	5:12	como el pecado entró en el mundo
	13	había pecado en el mundo no se inculpa de pecado
	20	para que el pecado abundase
	21	como el pecado reinó
	6:1	¿Perseveraremos en el pecado
	2	Porque los que hemos muerto al pecado
	6	para que el cuerpo del pecado no sirvamos más al pecado
	7	ha sido justificado del pecado
	10	en cuanto murió al pecado murió
	11	consideraos muertos al pecado
	12	No reine, pues, el pecado
	13	vuestros miembros al pecado
	14	el pecado no se enseñoreará
	16	sea del pecado para muerte,
	17	que aunque erais esclavos del pecado
	18	libertados del pecado
	20	erais esclavos del pecado
	22	habéis sido libertados del pecado
	23	Porque la paga del pecado
	7:5	las pasiones pecaminosas (las pasiones de los pecados, NC)
	7	¿La ley es pecado? no conocí el pecado
	8	Mas el pecado sin la ley el pecado está muerto.
	9	venido el mandamiento, el pecado revivió
	11	el pecado, tomando ocasión
	13	el pecado, para mostrarse el pecado llegase a ser
	14	yo soy carnal, vendido al pecado.
	17	sino el pecado que mora en mí.
	20	sino el pecado que mora en mí
	23	que me lleva cautivo a la ley del pecado
	25	mas con la carne a la ley del pecado
	8:2	me ha librado de la ley del pecado
	3	en semejanza de carne de pecado, y a causa del pecado condenó el pecado en la carne
	10	está muerto a causa del pecado
	11:27	Cuando yo quite sus pecados
	14:23	todo lo que no proviene de fe, es pecado
1 Co	15:3	Que Cristo murió por nuestros pecados
	17	aún estáis en vuestros pecados
	56	el aguijón de la muerte es el pecado el poder del pecado, la ley.

2 Co	5:21	Al que no conoció pecado
		por nosotros lo hizo pecado,
	11:7	¿Pequé yo humillándome (¿cometí un pecado, humillándome, VHA)
Gá	1:4	se dio a sí mismo por nuestros pecados
	2:17	¿es por eso Cristo ministro de pecado?
	3:22	lo encerró todo bajo pecado
Ef	2:1	en vuestros delitos y pecados
Col	1:14	por su sangre, el perdón de pecados
	2:11	el cuerpo pecaminoso carnal (lit., el cuerpo de los pecados de la carne) (TR)
1 Ts	2:16	la medida de sus pecados,
2 Ts	2:3	se manifieste el hombre de pecado, (TR, VM)
1 Ti	5:22	ni participes en pecados ajenos.
	24	Los pecados de algunos hombres
2 Ti	3:6	a las mujercillas cargadas de pecados
He	1:3	la purificación de nuestros pecados
	2:17	para expiar los pecados del pueblo.
	3:13	se endurezca por el engaño del pecado.
	4:15	pero sin pecado
	5:1	ofrendas y sacrificios por los pecados
	3	debe ofrecer por los pecados
	7:27	sacrificios por sus propios pecados
	8:12	nunca más me acordaré de sus pecados
	9:26	para quitar de en medio el pecado
	28	para llevar los pecados de muchos sin relación con el pecado
	10:2	no tendrían ya más conciencia de pecado (...de pecados, VHA)
	3	se hace memoria de los pecados
	4	no puede quitar los pecados
	6	Holocaustos...por el pecado
	8	y expiaciones por el pecado
	11	que nunca pueden quitar los pecados
	12	un solo sacrificio por los pecados
	17	nunca más me acordaré de sus pecados
	18	no hay más ofrenda por el pecado
	26	ya no queda más sacrificio por los pecados
	11:25	los deleites temporales del pecado
	12:1	despojémonos de todo peso y del pecado
	4	combatiendo contra el pecado
	13:11	cuya sangre a causa del pecado
Stg	1:15	da a luz el pecado; y el
	2:9	acepción de personas, cometéis pecado
	4:17	le es pecado
	5:15	si hubiere cometido pecados,
	16	confesaos vuestras ofensas (TR, VHA, NC); (confesad pues vuestros pecados, VM, WH, N, ABMW, BC, BA)
	20	cubrirá multitud de pecados.
1 P	2:22	el cual no hizo pecado
	24	quien llevó él mismo nuestros pecados estando muertos a los pecados
	3:18	padeció una sola vez por los pecados
	4:1	terminó con el pecado
	8	el amor cubrirá multitud de pecados
2 P	1:9	la purificación de sus antiguos pecados
	2:14	no se sacian de pecar (...de pecado, NC)
1 Jn	1:7	nos limpia de todo pecado
	8	Si decimos que no tenemos pecado
	9	Si confesamos nuestros pecados para perdonar nuestros pecados
	2:2	por nuestros pecados
	12	vuestros pecados os han sido perdonados
	3:4	Todo aquel que comete pecado el pecado es infracción de la ley
	5	para quitar nuestros pecados no hay pecado en él

1 Jn	3:8	El que practica el pecado
	9	no practica el pecado
	4:10	en propiciación por nuestros pecados
	5:16	Si alguno viere a su hermano cometer pecado
		que cometen pecado que no sea de muerte
	17	Toda injusticia es pecado hay pecado no de muerte
Ap	1:5	nos lavó de nuestros pecados
	18:4	para que no seáis partícipes de sus pecados
	5	porque sus pecados han llegado

267 ἀμάρτυρος* — amárturos

Hch 14:17 no se dejó a sí mismo sin testimonio,

268 ἁμαρτωλός — amartolós (jamartolós)

Mt	9:10	muchos publicanos y pecadores
	11	con los publicanos y pecadores?
	13	sino a pecadores, al arrepentimiento.
	11:19	amigo de publicanos y de pecadores
	26:45	es entregado en manos de pecadores
Mr	2:15	muchos publicanos y pecadores
	16	comer con los publicanos y con los pecadores con los publicanos y pecadores?
	17	sino a pecadores
	8:38	en esta generación adúltera y pecadora
	14:41	es entregado en manos de los pecadores
Lc	5:8	soy hombre pecador
	30	bebéis con publicanos y pecadores?
	32	llamar a justos, sino a pecadores
	6:32	también los pecadores aman.
	33	también los pecadores hacen lo mismo.
	34	los pecadores prestan a los pecadores
	7:34	amigo de publicanos y de pecadores
	37	que era pecadora
	39	que es pecadora.
	13:2	eran más pecadores que todos los galileos?
	15:1	todos los publicanos y pecadores
	2	Este a los pecadores recibe
	7	por un pecador que se arrepiente,
	10	por un pecador que se arrepiente.
	18:13	sé propicio a mí pecador
	19:7	posar con un hombre pecador
	24:7	en manos de hombres pecadores
Jn	9:16	¿Cómo puede un hombre pecador
	24	sabemos que ese hombre es pecador
	25	Si es pecador, no lo sé
	31	sabemos que Dios no oye a los pecadores
Ro	3:7	¿por qué aún soy juzgado como pecador?
	5:8	en que siendo aún pecadores
	19	los muchos fueron constituidos pecadores
	7:13	llegase a ser sobremanera pecaminoso
Gá	2:15	no pecadores de entre los gentiles.
	17	también nosotros somos hallados pecadores
1 Ti	1:9	para los impíos y pecadores
	15	para salvar a los pecadores
He	7:26	apartado de los pecadores
	12:3	tal contradicción de pecadores contra sí
Stg	4:8	Pecadores, limpiad las manos
	5:20	el que haga volver al pecador
1 P	4:18	¿En dónde aparecerá el impío y el pecador?
Jud	15	las cosas duras que los pecadores impíos

269 ἄμαχος* — ámacos (ámajos)

| 1 Ti | 3:3 | no pendenciero, no codicioso |
| Tit | 3:2 | que no sean pendencieros, sino amables, |

270 ἀμάω — amáo
- Stg 5:4 los obreros que han cosechado

271 ἀμέθυστος — améthustos
- Ap 21:20 el duodécimo, amatista

272 ἀμελέω — ameléo
- Mt 22:5 Mas ellos, sin hacer caso, se fueron
- 1 Ti 4:14 No descuides el don que hay en ti,
- He 2:3 si descuidamos una salvación tan grande?
- 8:9 yo me desentendí de ellos,
- 2 P 1:12 yo no dejaré de recordaros (TR, NC)

273 ἄμεμπτος — ámemptos
- Lc 1:6 andaban irreprensibles en todos
- Fil 2:15 para que seáis irreprensibles y sencillos
- 3:6 la justicia que es en la ley, irreprensible
- 1 Ts 3:13 vuestros corazones, irreprensibles
- He 8:7 hubiera sido sin defecto

274 ἀμέμπτως — amémptos
- 1 Ts 2:10 de cuán santa, justa e irreprensiblemente
- 5:23 sea guardado irreprensible

275 ἀμέριμνος** — amérimnos
- Mt 28:14 os pondremos a salvo (haremos que estéis sin cuidado, VHA)
- 1 Co 7:32 Quisiera, pues, que estuvieseis sin congoja

276 ἀμετάθετος** — ametáthetos
- He 6:17 la inmutabilidad de su consejo,
- 18 para que por dos cosas inmutables,

277 ἀμετακίνητος* — ametakínetos
- 1 Co 15:58 estad firmes y constantes,

278 ἀμεταμέλητος* — ametaméletos
- Ro 11:29 irrevocables son los dones
- 2 Co 7:10 para salvación, de que no hay que arrepentirse

279 ἀμετανόητος*† — ametanóetos
- Ro 2:5 por tu corazón no arrepentido,

280 ἄμετρος* — ámetros
- 2 Co 10:13 No nos gloriaremos desmedidamente
- 15 No nos gloriamos desmedidamente

281 ἀμήν — amén
- Mt 5:18 de cierto os digo
  también en 6:2,5,16; 8:10; 10:15,23,42; 11:11; 13:17; 16:28; 17:20; 18:3, 13,18; 19:23,28; 21:21,31; 23:36; 24:2,34,47; 25:12,40,45; 26:13,21
- Mt 5:26 De cierto te digo
- 6:13 por todos los siglos. Amén (TR, VM)
- 18:19 Otra vez os digo (TR, VM, BA); (De cierto os digo también, VHA, [WH], [N], NC, BC)
- 26:34 De cierto te digo
- 28:20 hasta el fin del mundo. Amén (TR)
- Mr 6:11 De cierto os digo (TR, VM)
  también en 3:28; 8:12; 9:1,41; 10:15,29; 11:23; 12:43; 13:30; 14:9,18,25;
- 14:30 De cierto te digo
- Mr 16:20 [con las señales que la seguían. Amén] (Amén, TR, V60, VM)
- Lc 13:35 os digo que no me veréis (V60, WH, N, ABMW, VHA, VM, NC, BC, BA); (lit., de cierto os digo..., TR)
- 23:43 De cierto te digo
- 24:53 bendiciendo a Dios. Amén. (TR)
  también en 4:24; 12:37; 18:17, 29; 21:32
- Jn 1:51 De cierto, de cierto os digo: También en 5:19, 24, 25; 6:26, 32, 47, 53; 8:34, 51, 58; 10:1, 7; 12:24; 13:16, 20, 21; 14:12; 16:20, 23
- 3:3 De cierto, de cierto te digo, también en 3:5, 11; 13:38; 21:18
- 21:25 que se habrían de escribir. Amén. (TR)
- Ro 1:25 el cual es bendito por los siglos. Amén.
- 9:5 bendito por los siglos. Amén
- 11:36 A él sea la gloria por los siglos. Amén
- 15:33 sea con todos vosotros. Amén
- 16:24 sea con todos vosotros. Amén (TR, [VM])
- 27 mediante Jesucristo para siempre. Amén
- 1 Co 14:16 ¿cómo dirá el Amén a tu acción de gracias?
- 16:24 esté con todos vosotros. Amén (TR, VM)
- 2 Co 1:20 en él Amén, por medio de nosotros
- 13:14 (13) sean con todos vosotros. Amén. (TR, VM)
- Gá 1:5 por los siglos de los siglos. Amén
- 6:18 sea con vuestro espíritu. Amén
- Ef 3:21 por los siglos de los siglos. Amén
- 6:24 con amor inalterable. Amén. (TR, VM)
- Fil 4:20 por los siglos de los siglos. Amén
- 23 sea con todos vosotros. Amén. (TR, VM)
- Col 4:18 La gracia sea con vosotros. Amén (TR)
- 1 Ts 5:28 sea con vosotros. Amén (TR)
- 2 Ts 3:18 sea con vosotros. Amén. (TR, VM)
- 1 Ti 1:17 por los siglos de los siglos. Amén
- 6:16 el imperio sempiterno. Amén
- 21 La gracia sea contigo. Amén (TR)
- 2 Ti 4:18 La gracia sea con vosotros. Amén (TR, VM)
- Tit 3:15 con todos vosotros. Amén (TR, NC)
- Flm 25 sea con vuestro espíritu. Amén. (TR, VM)
- He 13:21 por los siglos de los siglos. Amén
- 25 La gracia sea con todos vosotros. Amén (TR, VM)
- 1 P 4:11 por los siglos de los siglos. Amén
- 5:11 por los siglos de los siglos. Amén
- 14 en Jesucristo. Amén (TR)
- 2 P 3:18 ahora y hasta el día de la eternidad. Amén. (TR, VM, [ABMW], BA, BC)
- 1 Jn 5:21 guardaos de los ídolos. Amén. (TR)
- 2 Jn 13 te saludan. Amén (TR)
- Jud 25 ahora y por todos los siglos. Amén
- Ap 1:6 por los siglos de los siglos. Amén
- 7 harán lamentación por él. Sí, amén
- 18 vivo por los siglos de los siglos, amén (TR)
- 3:14 el Amén
- 5:14 decían: Amén
- 7:12 diciendo: Amén
  por los siglos de los siglos. Amén
- 19:4 ¡Amén! ¡Aleluya!
- 22:20 vengo en breve. Amén
- 21 sea con vosotros. Amén. (TR, VM, NC, BA)

282 ἀμήτωρ* — amétor
- He 7:3 sin padre, sin madre

283   ἀμίαντος** — amíantos

He	7:26	santo, inocente, **sin mancha**
	13:4	el lecho **sin mancilla**
Stg	1:27	La religión pura y **sin mácula**
1 P	1:4	para una herencia incorruptible, incontaminada

284   Ἀμιναδάβ — Aminadáb

Mt	1:4	Aram engendró a **Aminadab** Aminadab a Naasón, (**Aminadab** engendró.. VHA)
Lc	3:33	hijo de **Aminadab**,

285   ἄμμος — ámmos

Mt	7:26	edificó su casa sobre la **arena**
Ro	9:27	los hijos de Israel como la **arena**
He	11:12	como la **arena** innumerable
Ap	12:18 (13:1)	sobre la **arena** del mar
	20:8	es como la **arena** del mar

286   ἀμνός — amnós

Jn	1:29	He aquí el **Cordero** de Dios,
	36	He aquí el **Cordero** de Dios
Hch	8:32	como **cordero** mudo
1 P	1:19	como de un **cordero** sin mancha

287   ἀμοιβή** — amoibé

1 Ti	5:4	**recompensar** a sus padres (de volver la debida **recompensa** a sus padres, VM)

288   ἄμπελος — ámpelos

Mt	26:29	de este fruto de la **vid**,
Mr	14:25	no beberé más del fruto de la **vid**,
Lc	22:18	no beberé más del fruto de la **vid**,
Jn	15:1	Yo soy la **vid** verdadera,
	4	sino permanece en la **vid**
	5	Yo soy la **vid**
Stg	3:12	o la **vid** higos?
Ap	14:18	vendimia los racimos de la tierra (S); (...los racimos de la **viña** de la tierra, VM, E, WH, N, ABMW, VHA, NC, BC, BA)
	19	vendimió la **viña** de la tierra,

289   ἀμπελουργός — ampelourgós

Lc	13:7	Y dijo al **viñador**

290   ἀμπελών — ampelón

Mt	20:1	contratar obreros para su **viña**
	2	los envió a su **viña**
	4	Id también vosotros a mi **viña**
	7	Id también vosotros a la **viña**
	8	el señor de la **viña** dijo
	21:28	vé hoy a trabajar en mi **viña**
	33	el cual plantó una **viña**
	39	le echaron fuera de la **viña**
	40	el señor de la **viña**,
	41	arrendará su **viña** a otros labradores,
Mr	12:1	Un hombre plantó una **viña**
	2	del fruto de la **viña**. (de los frutos..., VHA)
	8	le echaron fuera de la **viña**
	9	¿Qué, pues, hará el Señor de la **viña**? dará su **viña** a otros
Lc	13:6	plantada en su **viña**
	20:9	Un hombre plantó una **viña**
	10	para que le diesen del fruto de la **viña**
	13	el señor de la **viña** dijo:
Lc	20:15	le echaron fuera de la **viña** ¿Qué, pues, le hará el señor de la **viña**?
	16	dará su **viña** a otros
1 Co	9:7	¿Quién planta **viña** y no come de su fruto?

291   Ἀμπλιᾶτος — Ampliátos o Ἀμπλίας

Ro	16:8	Saludad a **Amplias**,

292   ἀμύνομαι — amúnomai

Hch	7:24	lo **defendió**, e hiriendo

292 A   ἀμφιάζω — amfiázo (amfiádzo)

Lc	12:28	Y si así **viste** Dios la hierba (WH, N, ABMW)

292 B   ἀμφιβάλλω — amfibállo (amfibálo)

Mr	1:16	que **echaban la red** en el mar (WH, N, ABMW)

293   ἀμφίβληστρον — amfíblestron

Mt	4:18	que echaban **la red** en el mar
Mr	1:16	la **red** en el mar (TR)

294   ἀμφιέννυμι* — amfiénnumi

Mt	6:30	Dios la **viste** así
	11:8	**cubierto** de vestiduras delicadas?
Lc	7:25	¿A un hombre **cubierto** de vestiduras
	12:28	si así **viste** Dios la hierba (TR)

295   Ἀμφίπολις — Amfípolis

Hch	17:1	Pasando por **Anfípolis**

296   ἄμφοδον — ámfodon

Mr	11:4	en el **recodo del camino**,

297   ἀμφότεροι — amfóteroi

Mt	9:17	**lo uno y lo otro** se conservan juntamente
	13:30	Dejad crecer juntamente **lo uno y lo otro**
	15:14	**ambos** caerán en el hoyo
Lc	1:6	**Ambos** eran justos delante de Dios,
	7	**ambos** eran ya de edad avanzada
	5:7	llenaron **ambas** barcas,
	38	y **lo uno y lo otro** se conservan. (TR, [BA])
	6:39	¿No caerán **ambos** en el hoyo?
	7:42	perdonó a **ambos**
Hch	8:38	descendieron **ambos** al agua,
	19:16	dominándolos (TR, VM, BA); (se apoderó de los dos, NC, WH, N, ABMW, VHA, BC)
	23:8	los fariseos afirman estas cosas. (... **ambas** cosas, VHA)
Ef	2:14	que de **ambos** pueblos hizo uno,
	16	a **ambos** en un solo cuerpo
	18	los unos y los otros tenemos entrada

298   ἀμώμητος* — amómetos

Fil	2:15	hijos de Dios **sin mancha** (TR)
2 P	3:14	sin mancha e **irreprensibles**, en paz.

298 A   ἄμωμον* — ámomon

Ap	18:13	canela, **especias aromáticas**, incienso (V60, WH, N, ABMW, VHA, VM, NC, BC, BA)

299   ἄμωμος — ámomos

Ef	1:4	para que fuésemos santos y **sin mancha**
	5:27	que fuese santa y **sin mancha**

Fil	2:15	hijos de Dios sin mancha (WH, N, ABMW)
Col	1:22	para presentaros santos y sin mancha
He	9:14	se ofreció a sí mismo sin mancha a Dios
1 P	1:19	como de un cordero sin mancha
Jud	24	presentaros sin mancha delante de su gloria
Ap	14:5	pues son sin mancha

300 Ἀμών — Amón

Mt	1:10	Manasés a Amón, y Amón a Josías (Manasés engendró a Amón; y Amón engendró a Josías, VM) (TR, NC, BC, BA)

301 Ἀμώς — Amós

Mt	1:10	Manasés a Amón, y Amón a Josías (Manasés engendró a Amón; y Amón engendró a Josías, VM) (TR, NC, BC, BA); (...a Amós, Amós..., VHA, WH, N, ABMW)
Lc	3:25	hijo de Amós

303 ἀνά — aná

Mt	13:25	sembró cizaña entre el trigo,
	20:9	recibieron cada uno un denario
	10	recibieron cada uno un denario
Mr	7:31	vino...por la región de Decápolis
Lc	9:3	ni llevéis dos túnicas (lit.,...túnicas cada uno) (TR, N, [ABMW])
	14	en grupos, de cincuenta en cincuenta
	10:1	a quienes envió de dos en dos
Jn	2:6	en cada una de las cuales
1 Co	6:5	que pueda juzgar entre sus hermanos,
	14:27	por dos, o a lo más tres, y por turno;
Ap	4:8	tenían cada uno seis alas
	7:17	el Cordero que está en medio del trono
	21:21	cada una de las puertas

304 ἀναβαθμός — anabathmós

Hch	21:35	Al llegar a las gradas
	40	estando en pie en las gradas

305 ἀναβαίνω — anabáino

Mt	3:16	subió luego del agua
	5:1	Viendo la multitud, subió al monte
	13:7	los espinos crecieron
	14:23	Despedida la multitud, subió al monte
	32	cuando ellos subieron (WH, N, ABMW)
	15:29	subiendo al monte,
	17:27	el primer pez que saques, (el primer pez que subiere, VHA)
	20:17	Subiendo Jesús a Jerusalén, (TR, ABMW, VM, NC); (Estando Jesús para subir a Jerusalén, VHA, WH, N, BA)
	18	He aquí subimos a Jerusalén,
Mr	1:10	cuando subía del agua,
	3:13	Después subió al monte,
	4:7	los espinos crecieron
	8	brotó y creció, (creciendo y desarrollándose, VHA)
	32	después de sembrado, crece
	6:51	subió a ellos en la barca
	10:32	subiendo a Jerusalén
	33	He aquí subimos a Jerusalén
	15:8	viniendo la multitud (subiendo... la multitud, VHA) (WH, N, ABMW, VM, NC, BC, BA)
Lc	2:4	José subió de Galilea,
	42	subieron a Jerusalén
	5:19	subieron encima de la casa,
	9:28	subió al monte a orar.
Lc	18:10	Dos hombres subieron al templo
	31	He aquí subimos a Jerusalén
	19:4	subió a un árbol
	28	iba delante subiendo a Jerusalén
	24:38	¿Por qué...vienen a vuestro corazón (¿Por qué surgen pensamientos..., VHA)
Jn	1:51	a los ángeles de Dios que suben
	2:13	subió Jesús a Jerusalén
	3:13	Nadie subió al cielo
	5:1	subió Jesús a Jerusalén
	6:62	subir adonde estaba primero?
	7:8	Subid vosotros a la fiesta yo no subo todavía
	10	después que sus hermanos habían subido.
	14	él también subió a la fiesta
		subió Jesús al templo
	10:1	sino que sube por otra parte
	11:55	muchos subieron de aquella región
	12:20	entre los que habían subido
	20:17	porque aún no he subido Subo a mi Padre
	21:3	entraron en una barca (TR)
	11	Subió Simón Pedro,
Hch	1:13	entrados, subieron al aposento
	2:34	Porque David no subió a los cielos
	3:1	Pedro y Juan subían
	7:23	le vino al corazón el visitar
	8:31	que subiese y se sentara (que, subiendo se sentara, BC)
	39	Cuando subieron del agua,
	10:4	Tus oraciones y tus limosnas han subido
	9	Pedro subió a la azotea
	11:2	cuando Pedro subió a Jerusalén
	15:2	se dispuso que subiesen Pablo
	18:22	subió para saludar a la iglesia
	20:11	Después de haber subido, y partido el pan
	21:4	que no subiese a Jerusalén (TR)
		subimos al barco, (T)
	12	que no subiese a Jerusalén
	15	subimos a Jerusalén
	31	se le avisó al tribuno (llegó la noticia al tribuno, VHA)
	24:11	subí a adorar a Jerusalén
	25:1	subió de Cesarea a Jerusalén
	9	¿Quieres subir a Jerusalén
Ro	10:6	¿Quién subirá al cielo?
1 Co	2:9	Ni han subido en corazón de hombre
Gá	2:1	subí otra vez a Jerusalén
	2	Pero subí según una revelación
Ef	4:8	Subiendo a lo alto,
	9	Y eso de que subió
	10	es el mismo que también subió
Ap	4:1	Sube acá, y yo te mostraré
	7:2	que subía de donde sale el sol,
	8:4	de la mano del ángel subió
	9:2	subió humo del pozo
	11:7	la bestia que sube del abismo
	12	Subid acá subieron al cielo
	13:1	vi subir del mar una bestia
	11	que subía de la tierra;
	14:11	el humo de su tormento sube
	17:8	está para subir del abismo
	19:3	el humo de ella sube por los siglos
	20:9	subieron sobre la anchura

306 ἀναβάλλω — anabállo (anabálo)

Hch	24:22	les aplazó, diciendo

307	ἀναβιβάζω	– anabibázo (anabibádzo)
Mt 13:48	la sacan a la orilla	
308	ἀναβλέπω	– anablépo
Mt 11:5	Los ciegos ven,	
14:19	levantando los ojos al cielo	
20:34	en seguida recibieron la vista	
Mr 6:41	levantando los ojos al cielo,	
7:34	levantando los ojos al cielo	
8:24	El, mirando, dijo	
25	le hizo que mirase; (TR)	
10:51	Maestro, que recobre la vista	
52	en seguida recobró la vista,	
16:4	cuando miraron, vieron removida	
Lc 7:22	los ciegos ven	
9:16	levantando los ojos al cielo	
18:41	que reciba la vista	
42	le dijo: Recíbela (Recibe la vista, VM)	
43	vio, y le seguía, (recibió la vista..., VHA)	
19:5	mirando hacia arriba, le vio,	
21:1	Levantando los ojos, vio a los ricos	
Jn 9:11	me lavé, y recibí la vista	
15	cómo había recibido la vista	
18	que había recibido la vista,	
	los padres del que había recibido la vista	
Hch 9:12	para que recobre la vista	
17	para que recibas la vista	
18	recibió al instante la vista	
22:13	Hermano Saulo, recibe la vista	
	recobré la vista	

309	ἀνάβλεψις†	– anáblepsis
Lc 4:18	vista a los ciegos (a los ciegos, recobro de la vista, VHA)	

310	ἀναβοάω	– anaboáo
Mt 27:46	Jesús clamó a gran voz, (N, ABMW)	
Mr 15:8	viniendo la multitud (V60) (subiendo...la multitud, VHA, WH, N, ABMW, VM, NC, BC, BA); (lit., clamando la multitud, TR)	
Lc 9:38	un hombre de la multitud clamó (TR)	

311	ἀναβολή	– anabolé
Hch 25:17	sin ninguna dilación, al día siguiente	

508	ἀνάγαιον*	– anágaion o ἀνώγεον
Mr 14:15	él os mostrará un gran aposento alto	
Lc 22:12	él os mostrará un gran aposento alto	

312	ἀναγγέλλω	– anaggéllo (ananguélo)
Mt 28:11	dieron aviso a los principales (T)	
Mr 5:14	dieron aviso en la ciudad (TR)	
19	cuéntales cuán grandes cosas (TR)	
Jn 4:25	nos declarará todas las cosas	
5:15	dio aviso a los judíos, (TR, ABMW)	
16:13	os hará saber las cosas que habrán	
14	os lo hará saber	
15	os lo hará saber	
25	os anunciaré acerca del Padre (TR)	
Hch 14:27	refirieron cuán grandes cosas	
15:4	refirieron todas las cosas	
16:38	los alguaciles hicieron saber estas palabras (TR)	
19:18	confesando y dando cuenta de sus hechos	
20:20	he rehuido de anunciaros, y enseñaros	
27	no he rehuido anunciaros	

Ro 15:21	a quienes nunca les fue anunciado	
2 Co 7:7	haciéndonos saber vuestro gran afecto	
1 P 1:12	que ahora os son anunciadas	
1 Jn 1:5	os anunciamos: Dios es luz	

313	ἀναγεννάω**†	– anagennáo (anaguenáo)
1 P 1:3	que...nos hizo renacer para una esperanza	
23	siendo renacidos, no de simiente	

314	ἀναγινώσκω	– anaginósko (anaguinósko)
Mt 12:3	¿No habéis leído lo que hizo David,	
5	¿O no habéis leído en la ley,	
19:4	¿No habéis leído que el que los hizo	
21:16	¿nunca leísteis	
42	¿Nunca leístes en las Escrituras	
22:31	¿no habéis leído lo que fue dicho	
24:15	el que lee, entienda	
Mr 2:25	¿Nunca leísteis lo que hizo David	
12:10	¿Ni aun esta Escritura habéis leído	
26	¿no habéis leído en el libro	
13:14	(el que lee, entienda)	
Lc 4:16	se levantó a leer.	
6:3	¿Ni aun esto habéis leído	
10:26	¿Cómo lees?	
Jn 19:20	muchos de los judíos leyeron	
Hch 8:28	leyendo al profeta Isaías	
30	le oyó que leía al profeta	
	¿entiendes lo que lees?	
32	El pasaje de la Escritura que leía	
13:27	ni las palabras de los profetas que se leen	
15:21	donde es leído cada día de reposo (siendo leído todos los sábados, VHA)	
31	habiendo leído la cual,	
23:34	leída la carta, preguntó	
2 Co 1:13	otras cosas de las que leéis,	
3:2	conocidas y leídas por todos los hombres	
15	cuando se lee a Moisés,	
Ef 3:4	leyendo lo cual podéis entender	
Col 4:16	Cuando esta carta haya sido leída	
	haced que también se lea	
	que la de Laodicea la leáis	
1 Ts 5:27	que esta carta se lea a todos	
Ap 1:3	Bienaventurado el que lee,	
5:4	de abrir el libro, ni de leerlo, (TR)	

315	ἀναγκάζω	– anagkázo (anankádzo)
Mt 14:22	Jesús hizo a sus discípulos (obligó Jesús a los discípulos, VHA)	
Mr 6:45	En seguida hizo a sus discípulos (en seguida obligó Jesús, VHA)	
Lc 14:23	fuérzalos a entrar	
Hch 26:11	los forcé a blasfemar	
28:19	me vi obligado a apelar a César	
2 Co 12:11	vosotros me obligasteis a ello,	
Gá 2:3	fue obligado a circuncidarse	
14	¿por qué obligas a los gentiles a judaizar?	
6:12	éstos os obligan a que os circuncidéis	

316	ἀναγκαῖος**	– anagkaíos (anankáios)
Hch 10:24	a sus parientes y amigos más íntimos.	
13:46	A vosotros la verdad era necesario	
1 Co 12:22	son los más necesarios;	
2 Co 9:5	Por tanto, tuve por necesario	
Fil 1:24	es más necesario por causa de vosotros	
2:25	Mas tuve por necesario	
Tit 3:14	para los casos de necesidad, (para los usos necesarios, VM)	

άναγκαστῶς 317   135   336 ἀναίρεσις

He	8:3	por lo cual es **necesario** que también

317   ἀναγκαστῶς* — anagkastós (anankastós)

1 P	5:2	no por fuerza, sino voluntariamente

318   ἀνάγκη — anágke (anánke)

Mt	18:7	es **necesario** que vengan
Lc	14:18	**necesito** ir a verla (lit., tengo **necesidad**...)
	21:23	habrá gran **calamidad** (...**apretura**, VHA)
	23:17	tenía **necesidad** de soltarles (TR, VM, NC, BA, BC)
Ro	13:5	Por lo cual es **necesario**
1 Co	7:26	a causa de la **necesidad** que apremia
	37	sin tener **necesidad**
	9:16	porque me es impuesta **necesidad**
2 Co	6:4	en **necesidades**, en angustias
	9:7	no con tristeza, ni por **necesidad**,
	12:10	en afrentas, en **necesidades**
1 Ts	3:7	en medio de toda nuestra **necesidad**
Flm	14	no fuese como de **necesidad**, sino
He	7:12	**necesario** es que haya también cambio
	27	que no tiene **necesidad** cada día
	9:16	es **necesario** que intervenga muerte
	23	Fue, pues, **necesario** que las figuras
Jud	3	me ha sido **necesario** escribiros

319   ἀναγνωρίζω — anagnorízo (anagnorídzo)

Hch	7:13	José se dió a **conocer** a sus hermanos, (TR, ABMW)

320   ἀνάγνωσις — anágnosis

Hch	13:15	Y después de la **lectura** de la ley
2 Co	3:14	cuando **leen** el antiguo pacto, (en la **lectura**...del antiguo pacto, VHA)
1 Ti	4:13	ocúpate en la **lectura**,

321   ἀνάγω — anágo

Mt	4:1	Entonces Jesús **fue llevado** por el Espíritu
Lc	2:22	le **trajeron** a Jerusalén para
	4:5	le **llevó**...y le mostró (**subiéndole**...le mostró, VM)
	8:22	Y **partieron** (Y se hicieron a la vela, VHA)
	22:66	le **trajeron** al concilio (TR)
Hch	7:41	**ofrecieron** sacrificio al ídolo,
	9:39	le **llevaron** a la sala,
	12:4	se proponía **sacarle** al pueblo
	13:13	**Habiendo zarpado** de Pafos
	16:11	**Zarpado**, pues, de Troas
	34	**llevándolos** a su casa,
	18:21	**zarpó** de Efeso
	20:3	para cuando **se embarcase** para Siria,
	13	**navegamos** a Asón
	21:1	**zarpamos** y fuimos con rumbo
	2	nos embarcamos, y **zarpamos**
	27:2	**zarpamos**, estando con nosotros
	4	desde allí, **navegamos** a sotavento
	12	la mayoría acordó **zarpar**
	21	no **zarpar** de Creta
	28:10	cuando **zarpamos**, nos cargaron
	11	nos hicimos a la vela en una nave
Ro	10:7	para hacer **subir** a Cristo de entre
He	13:20	que **resucitó** de los muertos a nuestro Señor

322   ἀναδείκνυμι — anadéiknumi

Lc	10:1	**designó** el Señor también
Hch	1:24	**muestra** cuál de estos dos

323   ἀνάδειξις** — anádeixis

Lc	1:80	hasta el día de su **manifestación**

324   ἀναδέχομαι** — anadécomai (anadéjomai)

Hch	28:7	quien nos **recibió** y hospedó
He	11:17	el que había **recibido** las promesas

325   ἀναδίδωμι** — anadídomi

Hch	23:33	Cuando...**dieron** la carta al gobernador

326   ἀναζάω**† — anazáo (anadzáo)

Lc	15:24	muerto era, y **ha revivido**
	32	era muerto, y **ha revivido** (TR)
Ro	7:9	el pecado **revivió**
	14:9	murió y resucitó, y **volvió a vivir** (TR)
Ap	20:5	los otros muertos no **volvieron a vivir** (TR, VHA, VM)

327   ἀναζητέω — anazetéo (anadzetéo)

Lc	2:44	le **buscaban** entre los parientes
	45	volvieron a Jerusalén **buscándole**. (WH, N, ABMW)
Hch	11:25	para **buscar** a Saulo

328   ἀναζώννυμι — anazónnumi (anadzónnumi)

1 P	1:13	Por tanto, **ceñid** los lomos

329   ἀναζωπυρέω** — anazopuréo (anadzopuréo)

2 Ti	1:6	Por lo cual te aconsejo que **avives**

330   ἀναθάλλω — anathállo (anathálo)

Fil	4:10	**habéis revivido** vuestro cuidado

331   ἀνάθεμα — anáthema

Lc	21:5	adornado de...**ofrendas votivas**, (T)
Hch	23:14	nos hemos juramentado **bajo maldición**,
Ro	9:3	desearía yo mismo ser **anatema**,
1 Co	12:3	llama **anatema** a Jesús
	16:22	sea **anatema**
Gá	1:8	sea **anatema**
	9	sea **anatema**.

332   ἀναθεματίζω† — anathematízo (anathematídzo)

Mr	14:71	comenzó a **maldecir**, y a jurar:
Hch	23:12	se **juramentaron** bajo maldición
	14	nos hemos **juramentado** bajo maldición
	21	se **han juramentado** bajo maldición,

333   ἀναθεωρέω* — anatheoréo

Hch	17:23	**mirando** vuestros santuarios
He	13:7	**considerad** cuál haya sido

334   ἀνάθημα** — anáthema

Lc	21:5	adornado de ...**ofrendas votivas**,

335   ἀναιδία** — anaidía o ἀναιδεια

Lc	11:8	por su **importunidad** se levantará

336   ἀναίρεσις — anáiresis

Hch	8:1	Saulo consentía en su **muerte**
	22:20	consentía en su **muerte**, (TR)

337   ἀναιρέω – anairéo

Mt	2:16	mandó **matar** a todos los niños
Lc	22:2	buscaban cómo **matarle**;
	23:32	para ser muertos
Hch	2:23	**matasteis** por manos de inicuos
	5:33	se enfurecían y querían **matarlos**
	36	pero él fue muerto,
	7:21	la hija de Faraón le recogió
	28	¿Quieres tú **matarme**, como **mataste** ayer
	9:23	los judíos resolvieron en consejo **matarle**
	24	guardaban las puertas...para **matarle**.
	29	pero éstos procuraban **matarle**.
	10:39	a quien **mataron** colgándole
	12:2	**mató** a espada a Jacobo,
	13:28	que se le **matase**.
	16:27	se iba a matar,
	22:20	guardaba las ropas de los **que** le **mataban**
	23:15	estaremos listos para **matarle**
	21	hasta que le **hayan dado muerte**;
	27	que iban ellos a matar, (a punto de ser muerto por ellos, VHA)
	25:3	para **matarle** en el camino.
	26:10	cuando los **mataron**,
2 Ts	2:8	a quien el Señor **matará** (WH, N, ABMW)
He	10:9	quita lo primero, para establecer

338   ἀναίτιος – anáitios

Mt	12:5	profanan el día de reposo, y son **sin culpa**?
	7	no condenaríais a los **inocentes**

339   ἀνακαθίζω* – anakathízo (anakathídzo)

Lc	7:15	Entonces **se incorporó** el que había muerto
Hch	9:40	al ver a Pedro, **se incorporó**

340   ἀνακαινίζω – anakainízo (anakainídzo)

He	6:6	sean otra vez **renovados** (renovarlos otra vez, VM)

341   ἀνακαινόω*† – anakainóo

2 Co	4:16	no obstante **se renueva** de día en día
Col	3:10	**se va renovando** hasta

342   ἀνακαίνωσις*† – anakáinosis

Ro	12:2	por medio de la **renovación**
Tit	3:5	por la **renovación** en el Espíritu Santo,

343   ἀνακαλύπτω – anakalúpto

2 Co	3:14	les queda el mismo velo no **descubierto**
	18	mirando a cara **descubierta**

344   ἀνακάμπτω – anakámpto

Mt	2:12	que no **volviesen** a Herodes,
Lc	10:6	si no, **se volverá** a vosotros
Hch	18:21	otra vez **volveré** a vosotros,
He	11:15	ciertamente tenían tiempo de **volver**

345   ἀνάκειμαι** – anákeimai

Mt	9:10	**estando** él **sentado** a la mesa en la casa,
	22:10	las bodas fueron llenas de **convidados**
	11	para ver a los **convidados**,
	26:7	**estando sentado** a la mesa.
	20	se sentó a la mesa con los doce
Mr	5:40	donde estaba la niña (V60, WH, N, ABMW, VHA, VM, NC, BC, BA); (lit.,...la niña acostada, TR)
	6:26	de los **que estaban con él** a la mesa,
	14:18	cuando **se sentaron a la mesa**
	16:14	[**estando** ellos **sentados** a la mesa]
Lc	7:37	que Jesús **estaba a la mesa** (TR)
	22:27	el que **se sienta a la mesa** ¿No es el que **se sienta a la mesa?**
Jn	6:11	entre los que **estaban recostados**
	12:2	era uno de los que **estaban sentados a la mesa** con él (WH, N, ABMW)
	13:23	**estaba recostado** al lado de Jesús
	28	ninguno de los que **estaban a la mesa**

346   ἀνακεφαλαιόω** – anakefalaióo

Ro	13:9	en esta sentencia **se resume:**
Ef	1:10	de **reunir** todas las cosas en Cristo

347   ἀνακλίνω** – anaklíno

Mt	8:11	**se sentarán** con Abram
	14:19	mandó a la gente **recostarse**
Mr	6:39	les mandó que **hiciesen recostar**
Lc	2:7	lo **acostó** en un pesebre
	7:36	**se sentó** a la mesa (TR)
	9:15	**haciéndolos sentar** a todos (TR)
	12:37	hará que **se sienten** a la mesa,
	13:29	**se sentarán a la mesa** en el reino de Dios

348   ἀνακόπτω – anakópto

Gá	5:7	¿quién os **estorbó** (TR)

349   ἀνακράζω – anakrázo (anakrádzo)

Mr	1:23	que **dio voces**,
	6:49	pensaron que era un fantasma, y **gritaron**
Lc	4:33	el cual **exclamó a gran voz**
	8:28	al ver a Jesús, **lanzó un gran grito**
	23:18	Mas toda la multitud **dio voces**

350   ἀνακρίνω – anakríno

Lc	23:14	habiéndole **interrogado** yo
Hch	4:9	puesto que hoy **se nos interroga**
	12:19	después de **interrogar** a los guardas
	17:11	**escudriñando** cada día las Escrituras
	24:8	Tú mismo, pues, **al juzgarle**,
	28:18	los cuales, **habiéndome examinado**,
1 Co	2:14	**se han de discernir** espiritualmente
	15	el espiritual **juzga** todas las cosas él no es **juzgado** de nada
	4:3	en muy poco tengo el **ser juzgado** ni aun yo me **juzgo** a mí mismo.
	4	el que me **juzga** es el Señor.
	9:3	Contra los **que** me **acusan**, esta (contra los que me examinan, BA)
	10:25	comed, sin **preguntar** nada
	27	comed, sin **preguntar** nada
	14:24	por todos **es juzgado**

351   ἀνάκρισις** – anákrisis

Hch	25:26	después de **examinarle** (cuando se haya hecho **examen**, VM)

351A   ἀνακυλίω – anakulío

Mr	16:4	**removida** la piedra, (TR, ABMW); (que la piedra,...había sido removida, VHA, WH, N)

352   ἀνακύπτω – anakúpto

Lc	13:11	en ninguna manera **se podía enderezar**
	21:28	**erguíos** y levantad vuestra cabeza,

		ἀναλαμβάνω 353			374 ἀναπείθω
Jn	8:7	[se enderezó y les dijo:]	1 Co	11:24	haced esto en memoria de mí
	10	[Enderezándose Jesús, y no viendo]		25	haced esto...en memoria de mí
			He	10:3	cada año se hace memoria de los pecados

353   ἀναλαμβάνω — analambáno

365   ἀνανεόω — ananeóo

Mr	16:19	[fue recibido arriba en el cielo]
Hch	1:2	hasta el día en que fue recibido arriba,
	11	Este mismo Jesús, que ha sido tomado
	22	de entre nosotros fue recibido arriba,
	7:43	llevasteis el tabernáculo de Moloc,
	10:16	volvió a ser recogido en el cielo. (TR);
		(fue recibido arriba en el cielo, VM, WH, N, ABMW, VHA, NC, BC, BA)
	20:13	para recoger allí a Pablo, (habíamos de recoger a Pablo, VHA)
	14	tomándole a bordo,
	23:31	tomando a Pablo como se les ordenó,
Ef	6:13	tomad toda la armadura de Dios,
	16	tomad el escudo de la fe, (habiendo tomado...el escudo de la fe, VHA)
1 Ti	3:16	fue...Recibido arriba en gloria
2 Ti	4:11	Toma a Marcos y tráele

Ef	4:23	y renovaos en el espíritu

366   ἀνανήφω* — ananéfo

2 Ti	2:26	y escapen del lazo del diablo,

367   Ἀνανίας — Ananías (Jananías) o Ἀνανίας

Hch	5:1	cierto hombre llamado Ananías
	3	Y dijo Pedro: Ananías, ¿por qué llenó
	5	Al oir Ananías estas palabras, cayó
	9:10	llamado Ananías, a quien el Señor
	12	el Señor, dijo en visión: Ananías
	13	a un varón llamado Ananías, que entra
	17	Entonces Ananías respondió:
	22:12	Fue entonces Ananías y entró
	23:2	Entonces uno llamado Ananías,
	24:1	El sumo sacerdote Ananías ordenó
		descendió el sumo sacerdote Ananías

354   ἀνάλημψις* — análempsis

Lc	9:51	el tiempo en que él había de ser recibido arriba, (los días de su ascención, BA)

368   ἀναντίρρητος** — anantírretos (anantíretos)

355   ἀναλίσκω — analísko

Hch	19:36	Puesto que esto no puede contradecirse,

Lc	9:54	como hizo Elías, y los consuma?
Gá	5:15	que también no os consumáis (que no seáis...consumidos, VHA)
2 Ts	2:8	a quien el Señor matará con el espíritu (TR)

369   ἀναντιρρήτως* — anantirrétos (anantirétos)

Hch	10:29	por lo cual, al ser llamado, vine sin replicar

356   ἀναλογία** — analogía (analoguía)

370   ἀνάξιος — anáxios

Ro	12:6	úsese conforme a la medida de la fe

1 Co	6:2	¿sois indignos de juzgar cosas muy pequeñas?

357   ἀναλογίζομαι** — analogízomai (analoguídzomai)

371   ἀναξίως** — anaxíos

He	12:3	Considerad a aquel que sufrió

1 Co	11:27	bebiere esta copa del Señor indignamente,
	29	el que come y bebe indignamente (TR, VM)

358   ἄναλος** — ánalos

372   ἀνάπαυσις — anápausis

Mr	9:50	si la sal se hace insípida,

Mt	11:29	hallaréis descanso para vuestras almas
	12:43	buscando reposo, y no lo halla.
Lc	11:24	buscando reposo; y no hallándolo
Ap	4:8	y no cesaban día y noche de decir: (Lit., no tienen descanso)
	14:11	Y no tienen reposo de día ni de noche

359   ἀνάλυσις* — análusis

2 Ti	4:6	el tiempo de mi partida está cercano

360   ἀναλύω — analúo

373   ἀναπαύω — anapáuo

Lc	12:36	a que su señor regrese de las bodas
Fil	1:23	teniendo deseo de partir y estar con Cristo

Mt	11:28	y yo os haré descansar
	26:45	Dormid ya, y descansad
Mr	6:31	Venid vosotros...y descansad un poco
	14:41	Dormid ya, y descansad
Lc	12:19	repósate, come, bebe, (TR, [WH], N, ABMW, VHA, VM, NC, BC, BA)
1 Co	16:18	confortaron mi espíritu (recrearon mi espíritu, VHA)
2 Co	7:13	que haya sido confortado su espíritu (su espíritu ha sido recreado, VM)
Flm	7	han sido confortados los corazones (los corazones ... han sido recreados, VM)
	20	conforta mi corazón en el Señor. (refresca mi corazón, VM)
1 P	4:14	Espíritu de Dios reposa sobre vosotros
Ap	6:11	se les dijo que descansasen todavía
	14:13	descansarán de sus trabajos

361   ἀναμάρτητος — anamártetos

Jn	8:7	[El que de vosotros esté sin pecado]

362   ἀναμένω — anaméno

1 Ts	1:10	esperar de los cielos a su Hijo,

363   ἀναμιμνῄσκω — anamimnésko

Mr	11:21	Pedro, acordándose, le dijo
	14:72	Pedro se acordó de las palabras
1 Co	4:17	el cual os recordará mi proceder en Cristo
2 Co	7:15	cuando se acuerda de la obediencia
2 Ti	1:6	Por lo cual te aconsejo que avives
He	10:32	traed a la memoria los días pasados,

364   ἀνάμνησις — anámnesis

374   ἀναπείθω — anapéitho

Lc	22:19	haced esto en memoria de mí

ἀνάπειρος 376 — 390 ἀναστρέφω

Hch	18:13	Este **persuade** a los hombres		

375 Vease abajo

376 ἀνάπειρος*† — anápeiros

Lc	14:13	llama a los pobres, los **mancos**, los cojos,
	21	trae acá a los pobres, los **mancos**,

375 ἀναπέμπω* — anapémpo

Lc	23:7	le **remitió** a Herodes,
	11	y **volvió a enviar**le a Pilato
	15	os **remití** a él; (TR); (porque nos lo ha devuelto, VHA, WH, N, ABMW, VM, NC, BA)
Hch	25:21	hasta que le **enviara** yo (WH, N, ABMW)
Flm	11 (12)	el cual **vuelvo a enviar**te

375 A ἀναπηδάω — anapedáo

Mr	10:50	**se levantó** (TR); (**se puso en pie de un salto**, VHA, WH, N, ABMW, VM, NC, BC, BA)

376 ἀνάπηρος** — anáperos véase
            ἀνάπειρος, arriba

377 ἀναπίπτω — anapípto

Mt	15:35	que **se recostase** en tierra
Mr	6:40	Y **se recostaron** por grupos
	8:6	que **se recostase** en tierra
Lc	11:37	en la casa, **se sentó a la mesa**
	14:10	**siéntate** en el último lugar
	17:7	Pasa, **siéntate a la mesa**
	22:14	**se sentó a la mesa**, y con él
Jn	6:10	Haced **recostar** la gente. y **se recostaron** como en número
	13:12	**volvió a la mesa**, (sentándose a la mesa otra vez, BA)
	25	**recostado** cerca del pecho (WH, N, ABMW)
	21:20	el mismo que en la cena **se había recostado**

378 ἀναπληρόω — anapleróo

Mt	13:14	De manera que **se cumple** en ellos
1 Co	14:16	el **que ocupa** lugar de simple oyente
	16:17	pues ellos **han suplido** vuestra ausencia
Gá	6:2	**cumplid** así la ley de Cristo
Fil	2:30	para **suplir** lo que faltaba
1 Ts	2:16	así **colman** ellos siempre **la medida**

379 ἀναπολόγητος* — anapológetos
            (anapológuetos)

Ro	1:20	de modo que no tienen **excusa**. (De manera que son **inexcusables**, NC)
	2:1	Por lo cual eres **inexcusable**,

380 ἀναπτύσσω — anaptússo

Lc	4:17	y **habiendo abierto** el libro, (TR, ABMW)

381 ἀνάπτω — anápto

Lc	12:49	¿y qué quiero, si ya **se ha encendido**?
Hch	28:2	**encendiendo** un fuego (TR)
Stg	3:5	¡cuán grande bosque **enciende** un pequeño

382 ἀναρίθμητος — anaríthmetos

He	11:12	como la arena **innumerable** que está

383 ἀνασείω** — anaséio

Mr	15:11	**incitaron** a la multitud
Lc	23:5	ellos porfíaban, diciendo: **Alborota**

384 ἀνασκευάζω* — anaskeuázo
            (anaskeuádzo)

Hch	15:24	**perturbando** vuestras almas

385 ἀνασπάω — anaspáo

Lc	14:5	no lo **sacará** inmediatamente,
Hch	11:10	y volvió...**a ser llevado arriba** al cielo

386 ἀνάστασις — anástasis

Mt	22:23	que dicen que no hay **resurrección**
	28	En la **resurrección**, pues, ¿de cuál
	30	Porque en la **resurrección** ni se casarán
	31	Pero respecto a la **resurrección**
Mr	12:18	que dicen que no hay **resurrección**
	23	En la **resurrección**, pues,
Lc	2:34	para caída y para **levantamiento**
	14:14	pero te será recompensado en la **resurrección**
	20:27	los cuales niegan haber **resurrección**
	33	En la **resurrección**, pues
	35	y la **resurrección** de entre los muertos
	36	al ser hijos de la **resurrección**
Jn	5:29	saldrán a **resurrección** de vida; a **resurrección** de condenación
	11:24	Yo sé que resucitará en la **resurrección**
	25	Yo soy la **resurrección** y la vida
Hch	1:22	uno sea hecho testigo...de su **resurrección**
	2:31	habló de la **resurrección** de Cristo
	4:2	en Jesús la **resurrección** de entre los muertos
	33	daban testimonio de la **resurrección**
	17:18	les predicaba...y de la **resurrección**
	32	Pero cuando oyeron lo de la **resurrección**
	23:6	acerca de la esperanza y de la **resurrección**
	8	dicen que no hay **resurrección**
	24:15	de que ha de haber **resurrección**
	21	Acerca de la **resurrección** de los muertos
	26:23	y ser el primero de la **resurrección**
Ro	1:4	por la **resurrección** de entre los muertos
	6:5	lo seremos en la de su **resurrección**
1 Co	15:12	que no hay **resurrección** de muertos?
	13	Porque si no hay **resurrección** de muertos
	21	también por un hombre la **resurrección**
	42	Así también es la **resurrección**
Fil	3:10	y el poder de su **resurrección**
2 Ti	2:18	diciendo que la **resurrección** ya se efectuó
He	6:2	de la **resurrección** de los muertos
	11:35	recibieron...mediante **resurrección** a fin de obtener mejor **resurrección**.
1 P	1:3	por la **resurrección** de Jesucristo
	3:21	por la **resurrección** de Jesucristo
Ap	20:5	Esta es la primera **resurrección**
	6	el que tiene parte en la primera **resurrección**

387 ἀναστατόω† — anastatóo

Hch	17:6	Estos **que trastornan** el mundo entero
	21:38	que **levantó una sedición** antes de estos días,
Gá	5:12	los que os **perturban**

388 ἀνασταυρόω* — anastauróo

He	6:6	**crucificando de nuevo** para sí mismos

389 ἀναστενάζω — anasténazo (anastenádzo)

Mr	8:12	Y **gimiendo** en su espíritu,

390 ἀναστρέφω — anastréfo

Mt	17:22	**Estando** ellos en Galilea, (TR, VM, BC);

ἀναστροφή 391　　　　　　　　　　139　　　　　　　　　　406 Ἀνδρέας

		(reuniéndose ellos en Galilea, VHA, WH, N, ABMW, NC, BA)	Hch	7:20	y fue criado tres meses
				21	le recogió y le crió como a hijo suyo.
Jn	2:15	y volcó las mesas (TR)		22:3	pero criado en esta ciudad,
Hch	5:22	entonces volvieron y dieron aviso			
	15:16	Después de esto volveré	**398**		ἀναφαύω — anafáino
2 Co	1:12	nos hemos conducido en el mundo,			
Ef	2:3	todos nosotros vivimos en otro tiempo	Lc	19:11	que el reino de Dios se manifestaría
1 Ti	3:15	debes conducirte en la casa de Dios	Hch	21:3	Al avistar Chipre, dejándola
He	10:33	compañeros de los que estaban en una situación semejante.	**399**		ἀναφέρω — anaféro
	13:18	deseando conducirnos bien en todo	Mt	17:1	los llevó aparte a un monte alto
1 P	1:17	conducíos en temor todo el tiempo	Mr	9:2	los llevó aparte solos a un monte alto
2 P	2:18	habían huído de los que viven en error	Lc	24:51	fue llevado arriba al cielo (TR, [WH], [ABMW], VHA, VM, NC, BC)
391		ἀναστροφή** — anastrofé	He	7:27	de ofrecer primero sacrificios ofreciéndose a sí mismo
Gá	1:13	Porque ya habéis oído acerca de mi conducta		9:28	para llevar los pecados de muchos
Ef	4:22	En cuanto a la pasada manera de vivir,		13:15	Así que, ofrezcamos siempre
1 Ti	4:12	en palabra, conducta, amor	Stg	2:21	cuando ofreció a su hijo Isaac
He	13:7	cuál haya sido el resultado de su conducta	1 P	2:5	para ofrecer sacrificios espirituales
Stg	3:13	Muestre por la buena conducta sus obras		24	quien llevó él mismo nuestros pecados
1 P	1:15	santos en toda vuestra manera de vivir			
	18	rescatados de vuestra vana manera de vivir	**400**		ἀναφωνέω — anafonéo
	2:12	manteniendo buena vuestra manera de vivir			
	3:1	por la conducta de sus esposas	Lc	1:42	exclamó a gran voz, y dijo
	2	considerando vuestra conducta casta			
	16	los que calumnian vuestra buena conducta	**401**		ἀνάχυσις* — anácusis (anájusis)
2 P	2:7	abrumado por la nefanda conducta	1 P	4:4	en el mismo desenfreno de disolución
	3:11	piadosa manera de vivir,			
			402		ἀναχωρέω — anacoréo (anajoréo)
392		ἀνατάσσομαι* — anatássomai	Mt	2:12	regresaron a su tierra (partieron..., BA)
Lc	1:1	han tratado de poner en orden la historia		13	Después que partieron ellos,
				14	se fue a Egipto, (se retiró,... VHA)
393		ἀνατέλλω — anatéllo (anatélo)		22	se fue a la región de Galilea (se retiró, VHA)
Mt	4:16	Luz les resplandeció		4:12	volvió a Galilea (se retiró,...VHA)
	5:45	que hace salir su sol sobre		9:24	les dijo: Apartaos, porque la niña
	13:6	pero salido el sol, se quemó		12:15	sabiendo Jesús, se apartó de allí
Mr	4:6	Pero salido el sol, se quemó		14:13	Oyéndolo Jesús, se apartó de allí
	16:2	ya salido el sol,		15:21	Saliendo Jesús de allí, se fue (...se retiró, VHA)
Lc	12:54	Cuando veis la nube que sale del poniente		27:5	salió, y fue se y ahorcó.
He	7:14	vino de la tribu (ha nacido de la tribu, VHA	Mr	3:7	Mas Jesús se retiró al mar con sus discípulos
Stg	1:11	Porque cuando sale el sol con calor	Jn	6:15	volvió a retirarse al monte él solo
2 P	1:19	el lucero de la mañana salga	Hch	23:19	retirándose aparte, le preguntó
				26:31	cuando se retiraron aparte, hablaban
394		ἀνατίθημι — anatíthemi o ἀνατίθεμαι			
			403		ἀνάψυξις — anápsuxis
Hch	25:14	Festo expuso al rey la causa			
Gá	2:2	expuse en privado	Hch	3:19	para que vengan...tiempos de refrigerio,
			404		ἀναψύχω — anapsúco (anapsújo)
395		ἀνατολή — anatolé			
Mt	2:1	vinieron del oriente a Jerusalén	2 Ti	1:16	muchas veces me confortó, (...me dio refrigerio, BA)
	2	su estrella hemos visto en el oriente			
	9	la estrella que habían visto en el oriente	**405**		ἀνδραποδιστής* — andrapodistés
	8:11	vendrán muchos del oriente			
	24:27	el relámpago que sale del oriente	1 Ti	1:10	para los sodomitas, para los secuestradores
Lc	1:78	nos visitó desde lo alto la aurora			
	13:29	Porque vendrán del oriente	**406**		Ἀνδρέας — Andréas
Ap	7:2	que subía de donde sale el sol			
	16:12	el camino a los reyes del oriente	Mt	4:18	Simón, llamado Pedro, y Andrés su hermano
	21:13	al oriente tres puertas		10:2	Simón, llamado Pedro, y Andrés su hermano
			Mr	1:16	vio a Simón y a Andrés su hermano
396		ἀνατρέπω — anatrépo		29	vinieron a casa de Simón y Andrés
Jn	2:15	y volcó las mesas (WH, N, ABMW)		3:18	a Andrés, Felipe, Bartolomé
2 Ti	2:18	y trastornan la fe de algunos		13:3	Y Pedro, Jacobo, Juan y Andrés
Tit	1:11	que trastornan casas enteras	Lc	6:14	a Andrés su hermano,
			Jn	1:40	Andrés, hermano de Simón Pedro
397		ἀνατρέφω** — anatréfo		44	la ciudad de Andrés y Pedro.
Lc	4:16	Vino a Nazaret, donde se había criado (T)		6:8	Andrés, hermano de Simón Pedro
				12:22	lo dijo a Andrés; entonces Andrés y Felipe

ἀνδρίζομαι 407

Hch	1:13	Jacobo, Juan, **Andrés**, Felipe,

407   ἀνδρίζομαι — andrízomai (andrídzomai)

1 Co	16:13	portaos varonilmente, y esforzaos.

408   Ἀνδρόνικος — Andrónikos

Ro	16:7	Saludad a **Andrónico** y a Junias,

409   ἀνδροφόνος** — androfónos

1 Ti	1:9	para los parricidas y matricidas, para los homicidas,

410   ἀνέγκλητος** — anégkletos (anénkletos)

1 Co	1:8	para que seáis **irreprensibles** en el día
Col	1:22	santos y sin mancha e **irreprensibles**.
1 Ti	3:10	si son **irreprensibles**.
Tit	1:6	el que fuere **irreprensible**, marido
	7	que el obispo sea **irreprensible**,

411   ἀνεκδιήγητος*† — anekdiégetos (anekdiéguetos)

2 Co	9:15	¡Gracias a Dios por su don **inefable**!

412   ἀνεκλάλητος*† — anekláletos

1 P	1:8	os alegráis con gozo **inefable**

413   ἀνέκλειπτος* — anékleiptos

Lc	12:33	tesoro en los cielos **que no se agote**,

414   ἀνεκτός* — anektós o ἀνεκτότερος

Mt	10:15	será **más tolerable** el castigo para la tierra
	11:22	será **más tolerable** el castigo para Tiro
	24	será **más tolerable** el castigo para la tierra
Mr	6:11	será **más tolerable** el castigo (TR, VM)
Lc	10:12	será **más tolerable** el castigo para Sodoma,
	14	será **más tolerable** el castigo para Tiro

415   ἀνελεήμων — aneleémon

Ro	1:31	sin afecto natural, implacables, **sin misericordia**;

448   ἀνέλεος † — anéleos o ἀνιλεως. pág. 148

Stg	2:13	Porque juicio **sin misericordia**

416   ἀνεμίζω*† — anemízo (anemídzo)

Stg	1:6	semejante a la onda del mar, **que es arrastrada por el viento**

417   ἄνεμος — ánemos

Mt	7:25	soplaron **vientos**, y golpearon contra
	27	soplaron **vientos**, y dieron con ímpetu
	8:26	reprendió a los **vientos**
	27	¿Qué hombre es éste, que aun los **vientos**
	11:7	¿Una caña sacudida por el **viento**?
	14:24	porque el **viento** era contrario
	30	Pero al ver el fuerte **viento**
	32	se calmó el **viento**
	24:31	a sus escogidos, de los cuatro **vientos**,
Mr	4:37	se levantó una gran tempestad de **viento**
	39	Y levantándose, reprendió al **viento**, cesó el **viento**,
	41	¿Quién es éste, que aun el **viento**
	6:48	porque el **viento** les era contrario,
	51	se calmó el **viento**;
	13:27	juntará a sus escogidos de los cuatro **vientos**
Lc	7:24	¿Una caña sacudida por el **viento**?
Lc	8:23	Y se desencadenó una tempestad de **viento**
	24	Despertando él, reprendió al **viento**
	25	¿Quién es éste, que aun a los **vientos**
Jn	6:18	con un gran **viento** que soplaba.
Hch	27:4	porque los **vientos** eran contrarios.
	7	porque nos impedía el **viento**, navegamos
	14	dio contra la nave un **viento** huracanado
	15	no pudiendo poner proa al **viento**
Ef	4:14	llevados por doquiera de todo **viento**
Stg	3:4	llevadas de impetuosos **vientos**
Jud	12	llevadas de acá para allá por los **vientos**
Ap	6:13	cuando es sacudida por un fuerte **viento**
	7:1	que detenían los cuatro **vientos** de la tierra para que no soplase **viento** alguno

428 ἀνεύθετος

418   ἀνένδεκτος* — anéndektos

Lc	17:1	**Imposible** es que no vengan tropiezos

419   ἀνεξεραύνητος** — anexeráunetos o ἀνεξερεύνητος

Ro	11:33	¡Cuán **insondables** son sus juicios

420   ἀνεξίκακος* — anexíkakos

2 Ti	2:24	apto para enseñar, **sufrido**

421   ἀνεξιχνίαστος† — anexicníastos (anexijníastos)

Ro	11:33	¡Cuán insondables son sus juicios, e **inescrutables**
Ef	3:8	de las **inescrutables** riquezas de Cristo

422   ἀνεπαίσχυντος*† — anepáiscuntos (anepáisjuntos)

2 Ti	2:15	como obrero **que no tiene de qué avergonzarse**, que usa

423   ἀνεπίλημπτος* — anepílemptos

1 Ti	3:2	es necesario que el obispo sea **irreprensible**
	5:7	para que sean **irreprensibles**;
	6:14	**sin mácula ni reprensión**, hasta la aparición

424   ἀνέρχομαι — anércomai (anérjomai)

Jn	6:3	Entonces **subió** Jesús a un monte
Gá	1:17	ni **subí** a Jerusalén
	18	**subí** a Jerusalén para ver a Pedro,

425   ἄνεσις — ánesis

Hch	24:23	pero que se le concediese alguna **libertad** (se le tratase con **indulgencia**, VHA)
2 Co	2:13	no tuve **reposo** en mi espíritu,
	7:5	ningún **reposo** tuvo nuestro cuerpo
	8:13	para que haya para otros **holgura**
2 Ts	1:7	daros **reposo** con nosotros,

426   ἀνετάζω† — anetázo (anetádzo)

Hch	22:24	ordenó **que fuese examinado** con azotes
	29	los que le iban a **dar tormento**

427   ἄνευ — áneu

Mt	10:29	ni uno de ellos cae a tierra **sin** vuestro Padre
1 P	3:1	sean ganados sin palabra por la conducta
	4:9	los unos a los otros **sin** murmuraciones

428   ἀνεύθετος — anéuthetos

Hch	27:12	siendo **incómodo** el puerto

429		ἀνευρίσκω** — aneurísko		Lc	14:24	ninguno de aquellos **hombres**
Lc	2:16	**hallaron** a María y a José			16:18	Y el que se casa con la repudiada del **marido**
Hch	21:4	**hallados** los discípulos, nos quedamos allí			17:12	le salieron al encuentro diez **hombres**
					19:2	Y sucedió que un **varón** llamado Zaqueo,
430		ἀνέχομαι — anécomai (anéjomai) o			7	entrado a posar con un **hombre** pecador
		ἀνέχω			22:63	Y los **hombres** que custodiaban a Jesús
Mt	17:17	¿Hasta cuándo os **he de soportar**?			23:50	Había un **varón** llamado José
Mr	9:19	¿Hasta cuándo os **he de soportar**?				**varón** bueno y justo
Lc	9:41	¿Hasta cuándo...os **he de soportar**?			24:4	se pararon junto a ellas dos **varones**
Hch	18:14	conforme a derecho yo os **toleraría**			19	que fue **varón** profeta, poderoso en obra
1 Co	4:12	padecemos persecución, y la **soportamos**.		Jn	1:13	ni de voluntad de **varón**, sino de Dios.
2 Co	11:1	¡Ojalá me **toleraseis** un poco de locura!			30	Después de mí viene un **varón**,
		Sí, **toleradme**			4:16	Vé, llama a tu **marido**, y ven acá
	4	bien lo **toleráis**;			17	No tengo **marido**
	19	de buena gana **toleráis**				Bien has dicho: No tengo **marido**
	20	Pues **toleráis** si alguno os esclaviza,			18	porque cinco **maridos** has tenido
Ef	4:2	**soportándoos** con paciencia				no es tu **marido**
Col	3:13	**soportándoos** unos a otros, y perdonándoos			6:10	y se recostaron como en número de
2 Ts	1:4	tribulaciones que **soportáis**				cinco mil **varones**
2 Ti	4:3	cuando no **sufrirán** la sana doctrina		Hch	1:10	se pusieron junto a ellos dos **varones**
He	13:22	Os ruego, hermanos, que **soportéis**			11	**Varones** Galileos, ¿por qué estáis mirando
					16	**Varones** hermanos, era necesario
431		ἀνεψιός — anepsiós			21	Es necesario, pues, que de estos **hombres**
Col	4:10	Marcos el **sobrino** de Bernabé (primo,...,			2:5	judíos, **varones** piadosos, de todas
		VHA)			14	**Varones** judíos, y todos los que habitáis
					22	**Varones** israelitas, oíd estas palabras
432		ἄνηθον* — ánethon				**varón** aprobado por Dios
Mt	23:23	porque diezmáis la mente y el **eneldo**			29	**Varones** hermanos, se os puede
					37	**Varones** hermanos, ¿qué haremos?
433		ἀνήκω — anéko			3:2	Y era traído un **hombre** cojo de nacimiento
Ef	5:4	ni truhanerías, que no **convienen**,			12	**Varones** israelitas, ¿por qué os maravilláis
Col	3:18	como **conviene** en el Señor			14	que se os diese un homicida, (un **hombre**
Flm	8	para mandarte lo que **conviene**.				homicida, VM)
					4:4	Y el número de los **varones**
434		ἀνήμερος* — anémeros			5:1	Pero cierto **hombre** llamado Ananías,
2 Ti	3:3	intemperantes, **crueles**,			9	de los que han sepultado a tu **marido**
					10	y la sepultaron junto a su **marido**
435		ἀνήρ — anér			14	así de **hombres** como de mujeres
Mt	1:16	José, **marido** de María			25	He aquí, los **varones** que pusisteis
	19	José su **marido**, como era justo,			35	**Varones** israelitas, mirad por vosotros
	7:24	le compararé **a un hombre** prudente			36	un número como de cuatrocientos **hombres**
	26	le compararé **a un hombre** insensato,			6:3	a siete **varones** de buen testimonio,
	12:41	Los **hombres** de Nínive se levantarán			5	eligieron a Esteban, **varón** lleno de fe
	14:21	fueron como cinco mil **hombres**			11	sobornaron a unos (sobornaron **hombres**,
	35	cuando le conocieron los **hombres**				VHA)
	15:38	que habían comido, cuatro mil **hombres**			7:2	**Varones** hermanos y padres, oíd:
Mr	6:20	sabiendo que era **varón** justo y santo,			26	**Varones**, hermanos sois,
	44	Y los que comieron eran cinco mil **hombres**			8:2	Y **hombres** piadosos llevaron a enterrar
	10:2	si era lícito **al marido** repudiar a su mujer.			3	arrastaba **a hombres** y a mujeres
	12	si la mujer repudia a su **marido**			9	Pero había un **hombre** llamado Simón
Lc	1:27	a una virgen desposada **con un varón**			12	se bautizaban **hombres** y mujeres
	34	¿Cómo será esto? pues no conozco **varón**			27	sucedió que un etíope, (un **hombre** de
	2:36	pues había vivido con su **marido** siete años				Etiopía, VM)
	5:8	porque soy **hombre** pecador			9:2	si hallase algunos **hombres** o mujeres
	12	se presentó un **hombre** lleno de lepra,			7	los **hombres** que iban con Saulo
	18	Y sucedió que unos **hombres** que traían			12	y ha visto en visión a un **varón** llamado
	6:8	dijo al **hombre** (WH, N, ABMW)			13	he oído de muchos acerca de este **hombre**
	7:20	Cuando, pues, los **hombres** vinieron a él,			38	le enviaron dos **hombres**
	8:27	vino a su encuentro un **hombre** de la ciudad			10:1	Había en Cesarea un **hombre** llamado
	38	Y el **hombre** de quien habían salido			5	Envía, pues, ahora **hombres** a Jope,
	41	Entonces vino un **varón** llamado Jairo			17	los **hombres** que habían sido enviados
	9:14	Y eran como cinco mil **hombres**			19	He aquí, tres **hombres** te buscan.
	30	Y he aquí dos **varones** que hablaban			21	descendiendo adonde estaban los **hombres**
	32	vieron la gloria de Jesús, y a los dos **varones**			22	Cornelio el centurión, **varón** justo
	38	Y he aquí, un **hombre** de la multitud			28	cuán abominable es para un **varón** judío
	11:31	se levantará en el juicio con los **hombres**			30	vi que se puso delante de mí **un varón**
	32	Los **hombres** de Nínive se levantarán			11:3	en casa de **hombres** incircuncisos,
					11	llegaron tres **hombres** a la casa
					12	y entramos en casa de un **varón**

ἀνθίστημι 436

Hch	11:13	Envía **hombres** a Jope (TR)
	20	había entre ellos unos **varones** de Chipre
	24	Porque era **varón** bueno,
	13:6	hallaron a cierto mago, (TR); (...a cierto **hombre** mago, BC) (WH, N, ABMW)
	7	con el procónsul...**varón** prudente
	15	**Varones** hermanos, si tenéis alguna palabra
	16	**Varones** israelitas, y los que teméis a Dios
	21	descendiendo a donde estaban los **hombres**
	22	Cornelio el centurión, **varón** justo
	26	**Varones** hermanos, hijos del linaje
	38	Sabed, pues, esto, **varones** hermanos:
	14:8	Y cierto **hombre** de Listra estaba sentado
	15	**Varones**, ¿por qué hacéis esto?
	15:7	**Varones** hermanos, vosotros sabéis
	13	**Varones** hermanos, oídme.
	22	elegir de entre ellos **varones** y enviarlos **varones** principales entre los hermanos
	25	elegir **varones** y enviarlos (V60) (lit., habiendo elegido a **varones**, enviarlos) (WH, VHA, VM, BA); (enviarnos **varones** escogidos, NC, TR, N, ABMW, BC)
	16:9	un **varón** macedonio estaba en pie,
	17:5	a algunos ociosos, **hombres** malos,
	12	y no pocos **hombres**
	22	**Varones** atenienses, en todo observo
	31	por aquel **varón** a quien designó,
	34	Mas algunos creyeron, (Pero algunos **varones**..., VHA)
	18:24	**varón** elocuente, poderoso en las Escrituras
	19:7	Eran por todos unos doce **hombres**
	25	**Varones**, sabéis que de este oficio
	35	**Varones** efesios, ¿y quién es el **hombre**
	37	habéis traído a estos **hombres**,
	20:30	de vosotros mismos se levantarán **hombres**
	21:11	al **varón** de quien es este cinto,
	23	Hay entre nosotros cuatro **hombres**
	26	Pablo tomó consigo a aquellos **hombres**
	28	¡**Varones** israelitas, ayudad!
	38	los cuatro mil sicarios? (...**hombres** de los asesinos, VM)
	22:1	**Varones** hermanos y padres, oíd
	3	Yo...soy judío, (lit., yo soy **hombre** judío)
	4	entregando en cárceles a **hombres** y mujeres
	12	Ananías, **varón** piadoso según la ley
	23:1	**Varones** hermanos, yo con toda buena
	6	**Varones** hermanos, yo soy fariseo
	21	más de cuarenta **hombres** de ellos
	27	A este **hombre**, aprehendido por los judíos,
	30	asechanzas...contra este **hombre**,
	24:5	este **hombre** es una plaga,
	25:5	si hay algún crimen en este **hombre**
	14	Un **hombre** ha sido dejado preso por Félix
	17	mandé traer al **hombre**
	23	con los tribunos y principales **hombres**
	24	todos los **varones** que estáis aquí
	27:10	**Varones**, veo que la navegación va a ser
	21	oh **varones**, haberme oído
	25	Por tanto, oh **varones**, tened ánimo
	28:17	Yo, **varones** hermanos, no habiendo hecho
Ro	4:8	Bienaventurado el **varón** a quien el Señor
	7:2	por la ley al **marido** si el **marido** muere,...libre de la ley del **marido**
	3	Así que, si en vida del **marido** se uniere a otro **varón** pero si su **marido** muriere de tal manera que si se uniere a otro **marido**
	11:4	Me he reservado siete mil **hombres**,
1 Co	7:2	cada una tenga su propio **marido**
	3	El **marido** cumpla con la mujer y asimismo la mujer con el **marido**
	4	no tiene potestad...sino el **marido** ni tampoco tiene el **marido** potestad
	10	Que la mujer no se separe del **marido**
	11	o reconcíliese con su **marido** y que el **marido** no abandone
	13	**marido** que no sea creyente, no lo abandone (no deje al **marido**, VHA)
	14	Porque el **marido** incrédulo es santificado la mujer...en el **marido** (TR, VM)
	16	si quizá harás salvo a tu **marido**? ¿O qué sabes tú, oh **marido**, si quizá
	34	de cómo agradar a su **marido**
	39	La mujer casada...mientras su **marido** vive pero si su **marido** muriere
	11:3	que Cristo es la cabeza de todo **varón**, y el **varón** es cabeza de la mujer
	4	Todo **varón** que ora o profetiza
	7	Porque el **varón** no debe cubrirse la cabeza pero la mujer es gloria del **varón**
	8	Porque el **varón** no procede de la mujer sino la mujer del **varón**
	9	tampoco el **varón** fue creado por causa sino la mujer por causa del **varón**
	11	ni el **varón** es sin la mujer ni la mujer sin el **varón**
	12	así como la mujer procede del **varón** también el **varón** nace de la mujer
	14	al **varón** le es deshonroso dejarse crecer el cabello? (si el **hombre** lleva la cabellera larga,..., VM)
	13:11	mas cuando ya fui **hombre**, dejé lo que era
	14:35	pregunten en casa a sus **maridos**;
2 Co	11:2	pues os he desposado con un solo **esposo**
Gá	4:27	que de la que tiene **marido**
Ef	4:13	a un **varón** perfecto, a la medida
	5:22	estén sujetas a sus propios **maridos**
	23	porque el **marido** es cabeza de la mujer
	24	así también las casadas lo estén a sus **maridos**
	25	**Maridos**, amad a vuestras mujeres,
	28	Así también los **maridos** deben amar
	33	y la mujer respete a su **marido**
Col	3:18	Casadas, estad sujetas a vuestros **maridos**
	19	**Maridos**, amad a vuestras mujeres
1 Ti	2:8	Quiero, pues, que los **hombres** oren
	12	ni ejercer dominio sobre el **hombre**
	3:2	**marido** de una sola mujer
	12	Los diáconos sean **maridos** de una sola mujer
	5:9	que haya sido esposa de un solo **marido**
Tit	1:6	**marido** de una sola mujer
	2:5	sujetas a sus **maridos**
Stg	1:8	El **hombre** de doble ánimo
	12	Bienaventurado el **varón** que soporta
	20	la ira del **hombre** no obra
	23	éste es semejante al **hombre** que considera
	2:2	si en vuestra congregación entra un **hombre**
	3:2	éste es **varón** perfecto
1 P	3:1	estad sujetas a vuestros **maridos**
	5	estaban sujetas a sus **maridos**
	7	Vosotros, **maridos**, igualmente, vivid
Ap	21:2	como una esposa ataviada para su **marido**

436   ἀνθίστημι – anthístemi

| Mt | 5:39 | No resistáis al que es malo |
| Lc | 21:15 | la cual no podrán resistir |

ἀνθομολογέομαι 437　　　　143　　　　444 ἄνθρωπος

Hch	6:10	Pero no podían **resistir** a la sabiduría
	13:8	Pero les **resistía** Elimas, el mago
Ro	9:19	¿quién ha **resistido** a su voluntad?
	13:2	a lo establecido por Dios **resiste**
		los que **resisten** acarrean condenación
Gá	2:11	le **resistí** cara a cara,
Ef	6:13	para que podáis **resistir** en el día malo
2 Ti	3:8	Y de la manera que...**resistieron** a Moisés
		éstos **resisten** a la verdad
	4:15	pues en gran manera **se ha opuesto**
Stg	4:7	**resistid** al diablo, y huirá de vosotros
1 P	5:9	al cual **resistid** firmes en la fe

437　　ἀνθομολογέομαι — anthomologéomai
(anthomologuéomai)

| Lc | 2:38 | **daba gracias a** Dios, y hablaba |

438　　ἄνθος — ánthos

Stg	1:10	porque él pasará como la **flor** de la hierba
	11	la hierba se seca, su **flor** se cae
1 P	1:24	toda la gloria del hombre como **flor**

439　　ἀνθρακιά** — anthrakiá

| Jn | 18:18 | que habían encendido un **fuego** |
| | 21:9 | Al descender a tierra, vieron **brasas** puestas |

440　　ἄνθραξ — ánthrax

| Ro | 12:20 | **ascuas** de fuego amontonarás |

441　　ἀνθρωπάρεσκος† — anthropáreskos

| Ef | 6:6 | como **los que quieren agradar a los hombres** |
| Col | 3:22 | como **los que quieren agradar a los hombres** |

442　　ἀνθρώπινος — anthrópinos

Hch	17:25	ni es honrado por manos de hombres (TR, VM, BA); (...por manos **humanas**, NC, WH, N, ABMW, VHA, BC)
Ro	6:19	Hablo **como humano**,
1 Co	2:4	con palabras persuasivas de **humana** sabiduría, (TR, NC)
	13	palabras enseñadas por sabiduría **humana**,
	4:3	por vosotros, o por tribunal **humano**
	10:13	ninguna tentación que no sea **humana**
Stg	3:7	ha sido domada por la naturaleza **humana**
1 P	2:13	someteos a toda institución **humana**,

443　　ἀνθρωποκτόνος* — anthropoktónos

Jn	8:44	El ha sido **homicida** desde el principio
1 Jn	3:15	que aborrece a su hermano es **homicida**
		sabéis que ningún **homicida**

444　　ἄνθρωπος — ánthropos

Mt	4:4	No sólo de pan vivirá el **hombre**,
	19	os haré pescadores de **hombres**
	5:13	hollada por los **hombres**.
	16	vuestra luz delante de los **hombres**
	19	así enseñe a los **hombres**,
	6:1	hacer vuestra justicia delante de los **hombres**
	2	para ser alabados por los **hombres**
	5	para ser vistos de los **hombres**
	14	Porque si perdonáis a los **hombres**
	15	mas si no perdonáis a los **hombres**
	16	para mostrar a los **hombres** que ayunan
	18	para no mostrar a los **hombres** que ayunas,
	7:9	¿Qué **hombre** hay de vosotros
	12	que queráis que los **hombres** hagan
Mt	8:9	yo soy **hombre** bajo autoridad
	20	el Hijo del **Hombre** no tiene donde
	27	los **hombres** se maravillaron, diciendo
	9:6	Pues para que sepáis que el Hijo del **Hombre**
	8	que había dado tal potestad a los **hombres**
	9	vio a un **hombre** llamado Mateo
	32	le trajeron un mudo, (un **hombre** mudo, VM) (TR, ABMW, NC)
	10:17	Y guardaos de los **hombres**, porque os
	23	antes que venga el Hijo del **Hombre**
	32	que me confiese delante de los **hombres**
	33	que me niegue delante de los **hombres**
	35	al **hombre** contra su padre
	36	que los enemigos del **hombre** serán
	11:8	¿A un **hombre** cubierto de vestiduras
	19	Vino el Hijo del **Hombre**, que come y bebe un **hombre** comilón, y bebedor de vino
	12:8	porque el Hijo del **Hombre** es Señor
	10	había allí uno (...un **hombre**, VHA)
	11	¿Qué **hombre** habrá de vosotros,
	12	¿cuánto más vale un **hombre** que una oveja
	13	Entonces dijo a aquel **hombre**
	31	será perdonado a los **hombres** no les será perdonada (V60, WH, N, VHA, VM, NC, BC, BA); (lit.,...a los **hombres**, TR)
	32	contra el Hijo del **Hombre**,
	35	El **hombre** bueno, del buen tesoro el **hombre** malo, del mal tesoro
	36	toda palabra ociosa que hablen los **hombres**
	40	así estará el Hijo del **Hombre** en el corazón
	43	Cuando el espíritu inmundo sale del **hombre**
	45	el postrer estado de aquel **hombre** viene
	13:24	es semejante a un **hombre**
	25	mientras dormían los **hombres**
	28	Un enemigo ha hecho esto. (lit., un **hombre** enemigo...)
	31	que un **hombre** tomó y sembró en su campo
	37	es el Hijo del **Hombre**
	41	Enviará el Hijo del **Hombre**
	44	el cual un **hombre** halla,
	45	es semejante a un mercader (lit., a un **hombre** mercader) (TR, ABMW)
	52	es semejante a un padre de familia (a un **hombre** padre de familia, VHA)
	15:9	como doctrinas, mandamientos de **hombres**
	11	en la boca contamina al **hombre** esto contamina al **hombre**
	18	esto contamina al **hombre**
	20	son las que contaminan al **hombre** no contamina al **hombre**.
	16:13	¿Quién dicen los **hombres** que es el Hijo del **Hombre**?
	23	sino en la de los **hombres**
	26	¿qué aprovechará al **hombre** dará el **hombre** por su alma?
	27	Porque el Hijo del **Hombre** vendrá
	28	hasta que hayan visto al Hijo del **Hombre**
	17:9	hasta que el Hijo del **Hombre**
	12	así también el Hijo del **Hombre** padecerá
	14	vino a él un **hombre**
	22	El Hijo del **Hombre** será entregado en manos de **hombres**
	18:7	¡ay de aquel **hombre**
	11	el Hijo del **Hombre** (TR, VM, NC, BC, BA)
	12	Si un **hombre** tiene cien ovejas
	23	es semejante a un rey (lit., a un **hombre** rey)
	19:3	¿Es lícito al **hombre** repudiar a su mujer (TR, ABMW, VHA, VM)

ἄνθρωπος 444

Mt	19:5	Por esto el **hombre** dejará	Mr	7:23	de dentro salen, y contaminan al **hombre**

Mt 19:5 Por esto el **hombre** dejará
 6 no lo separe **el hombre**.
 10 Si así es la condición del **hombre**
 12 son hechos eunucos por los **hombres**
 26 Para **los hombres** esto es imposible
 28 cuando el Hijo del **Hombre** se siente
 20:1 es semejante a un **hombre**, padre de familia
 18 el Hijo del **Hombre** será entregado
 28 como el Hijo del **Hombre** no vino
 21:25 ¿Del cielo o de **los hombres**?
 26 Y si decimos, de **los hombres**
 28 Un **hombre** tenía dos hijos
 33 Hubo un **hombre**, padre de familia
 22:2 es semejante a un rey (lit.,...a un **hombre**...)
 11 y vio a allí **a un hombre**
 16 porque no miras la apariencia **de los hombres**
 23:4 las ponen sobre los hombros **de los hombres**
 5 para ser vistos por los **hombres**.
 7 que los **hombres** los llamen: (el ser llamados de los **hombres**, VHA)
 13 (14) cerráis...delante de los **hombres**
 28 os mostráis justos a los **hombres**
 24:27 la venida del Hijo del **Hombre**
 30 la señal del Hijo del **Hombre** y verán al Hijo del **Hombre**
 37 así será la venida del Hijo del **Hombre**
 39 la venida del Hijo del **Hombre**
 44 porque el Hijo del **Hombre** vendrá
 25:13 en que el Hijo del **Hombre**, (TR, VM)
 14 es como un **hombre** que yéndose lejos,
 24 Señor, te conocía que eres **hombre**
 31 Cuando el Hijo del **Hombre** venga
 26:2 el Hijo del **Hombre** será entregado
 24 A la verdad el Hijo del **Hombre** va, iay de aquel **hombre** por quien el Hijo del **Hombre**
 Bueno le fuera a ese **hombre**
 45 y el Hijo del **Hombre** es entregado
 64 desde ahora veréis al Hijo del **Hombre**
 72 No conozco al **hombre**
 74 No conozco al **Hombre**
 27:32 hallaron **a un hombre** de Cirene
 57 vino **un hombre** rico de Arimatea,
Mr 1:17 haré que seáis pescadores de **hombres**
 23 en la sinagoga de ellos un **hombre**
 2:10 Pues para que sepáis que el Hijo del **Hombre**
 27 fue hecho por causa del **hombre**
 y no el **hombre** por causa del día de reposo
 28 Por tanto, el Hijo del **Hombre** es Señor
 3:1 y había allí un **hombre** que tenía
 3 Entonces dijo al **hombre** que tenía
 5 dijo al **hombre**: Extiende tu mano.
 28 serán perdonados a los hijos de los **hombres**
 4:26 como cuando un **hombre** echa
 5:2 un **hombre** con un espíritu inmundo,
 8 Sal de este **hombre**, espíritu inmundo
 7:7 mandamientos de **hombres**
 8 os aferráis a la tradición de los **hombres**
 11 Basta que diga un **hombre** al padre (Si un **hombre** dice a su padre, VHA)
 15 Nada hay fuera del **hombre** que entre lo que sale de él (lo que sale del **hombre**, VHA)
 eso es lo que contamina al **hombre**
 18 todo lo de fuera que entra en el **hombre**,
 20 que lo que del **hombre** sale eso contamina al **hombre**.
 21 de dentro, del corazón de los **hombres**

444 ἄνθρωπος

 7:23 de dentro salen, y contaminan al **hombre**
 8:24 Veo los **hombres** como árboles
 27 ¿Quién dicen los **hombres** que soy yo?
 31 que le era necesario al Hijo del **Hombre**
 33 sino en la de los **hombres**
 36 ¿qué aprovechará el **hombre** si ganare
 37 ¿O qué recompensa dará **el hombre**
 38 el Hijo del **Hombre** se avergonzará
 9:9 cuando el Hijo del **Hombre**
 12 ¿y cómo está escrito del Hijo del **Hombre**
 31 El Hijo del **Hombre** será entregado
 10:7 Por esto dejará **el hombre**
 9 no lo separe el **hombre**
 27 Para **los hombres es** imposible,
 33 y el Hijo del **Hombre** será entregado
 45 Porque el Hijo del **Hombre** no vino
 11:2 en el cual ningún **hombre** ha montado
 30 ¿era del cielo o de **los hombres**?
 32 ¿Y si decimos, de **los hombres**
 12:1 Un **hombre** plantó una viña
 14 no miras la apariencia **de los hombres**
 13:26 Entonces verán al Hijo del **Hombre**
 34 Es como **el hombre** que yéndose
 14:13 os saldrá al encuentro **un hombre**
 21 A la verdad el Hijo del **Hombre** va, mas iay de aquel **hombre** por quien el Hijo del **Hombre** es entregado!
 Bueno le fuera a ese **hombre**
 41 he aquí el Hijo del **Hombre** es entregado
 62 y veréis al Hijo del **Hombre**
 71 No conozco a este **hombre** de quien habláis
 15:39 este **hombre** era Hijo de Dios
Lc 1:25 quitar mi afrenta entre **los hombres**
 2:14 buena voluntad para con **los hombres**! (V60, VM); (a los **hombres** de buena voluntad, NC, WH, N, ABMW, VHA, BC, BA)
 15 los pastores se dijeron (lit., los **hombres** los pastores)
 25 había en Jerusalén un **hombre** y este **hombre**, justo y piadoso,
 52 y en gracia para con Dios y los **hombres**
 4:4 No sólo de pan vivirá el **hombre**
 33 Estaba en la sinagoga un **hombre**
 5:10 desde ahora serás pescador de **hombres**
 18 traían en un lecho **a un hombre**
 20 le dijo: **Hombre**, tus pecados
 24 Pues para que sepáis que el Hijo del **Hombre**
 6:5 El Hijo del **Hombre** es Señor aun
 6 y estaba allí un **hombre** que tenía
 8 dijo al **hombre** que tenía (TR)
 10 dijo al **hombre** (TR)
 22 Bienaventurados seréis cuando los **hombres** por causa del Hijo del **Hombre**.
 26 cuando todos los **hombres** hablen
 31 como queréis que hagan los **hombres**
 45 El **hombre** bueno, del buen tesoro y el **hombre** malo, del mal tesoro (TR)
 48 Semejante es al **hombre** que al edificar
 49 semejante es al **hombre** que edificó
 7:8 Porque también yo soy **hombre**
 25 ¿A un **hombre** cubierto de vestiduras
 31 ¿A qué, pues, comparare los **hombres**
 34 Vino el Hijo del **Hombre**, que come Este es un **hombre** comilón y bebedor que saliese del **hombre**,
 8:29 que saliese del **hombre**,
 33 Y los demonios, salidos del **hombre**,
 35 y hallaron al **hombre** de quien
 9:22 Es necesario que el Hijo del **hombre**

Lc	9:25	¿qué aprovecha al hombre, si gana	Lc	24:7	Es necesario que el Hijo del **Hombre**

Lc 9:25 ¿qué aprovecha al hombre, si gana
  26 de éste se avergonzará el Hijo del **Hombre**
  44 el Hijo del **Hombre** será entregado en manos **de hombres**
  56 el Hijo del **Hombre** no ha venido (TR, VM, BC) para perder las almas **de los hombres** (TR, VM, BC)
  58 mas el Hijo del **Hombre** no tiene
 10:30 Un **hombre** descendía de Jerusalén
 11:24 sale del **hombre**, anda por lugares secos,
  26 y el postrer estado de aquel **hombre**
  30 también lo será el Hijo del **Hombre**
  44 los **hombres** que andan encima no lo saben
  46 porque cargáis a los **hombres** con cargas
 12:8 que me confesare delante de los **hombres** también el Hijo del **Hombre** le confesará
  9 mas el que me negare delante de los **hombres**
  10 contra el Hijo del **Hombre**, le será
  14 Mas él le dijo: **Hombre**,
  16 La heredad de un **hombre** rico
  36 y vosotros sed semejantes **a hombres**
  40 el Hijo del **Hombre** vendrá
 13:4 más culpables que todos los **hombres**
  19 que un **hombre** tomó y sembró
 14:2 estaba delante de él un **hombre**
  16 Un **hombre** hizo una gran cena, y convidó
  30 Este **hombre** comenzó a edificar
 15:4 ¿Qué **hombre** de vosotros,
  11 Un **hombre** tenía dos hijos
 16:1 Había un **hombre** rico que tenía
  15 os justificáis...delante de los **hombres** lo que **los hombres** tienen por sublime,
  19 Había un **hombre** rico, que se vestía
 17:22 uno de los días del Hijo del **Hombre**
  24 así también será el Hijo del **Hombre**
  26 en los días del Hijo del **Hombre**.
  30 Así será el día en que el Hijo del **Hombre**
 18:2 que ni temía a Dios, ni respetaba **a hombre**
  4 ni tengo respeto **a hombre**
  8 cuando venga el Hijo del **Hombre**
  10 Dos **hombres** subieron al templo a orar
  11 porque no soy como los otros **hombres**
  27 Lo que es imposible para **los hombres**
  31 acerca del Hijo del **Hombre**
 19:10 Porque el Hijo del **Hombre** vino
  12 Un **hombre** noble se fue
  21 por cuanto eres **hombre** severo
  22 Sabías que yo era **hombre** severo
  30 en el cual ningún **hombre** ha montado
 20:4 ¿era del cielo, o de **los hombres**?
  6 si decimos, de **los hombres**
  9 Un **hombre** plantó una viña
 21:26 desfalleciendo **los hombres** por el temor
  27 Entonces verán al Hijo del **Hombre**,
  36 delante del Hijo del **Hombre**.
 22:10 os saldrá al encuentro **un hombre**
  22 A la verdad el Hijo del **Hombre** va iay de aquel **hombre**
  48 ¿con un beso entregas al Hijo del **Hombre**?
  58 **Hombre**, no lo soy.
  60 **Hombre**, no sé lo que dices.
  69 el Hijo del **Hombre** se sentará
 23:4 Ningún delito hallo en este **hombre**
  6 preguntó si el **hombre** era galileo
  14 Me habéis presentado a éste como un **hombre** no he hallado en este **hombre** delito
  47 Verdaderamente este **hombre** era justo.

Lc 24:7 Es necesario que el Hijo del **Hombre** en manos **de hombres** pescadores,
Jn 1:4 la vida era la luz de los **hombres**
  6 Hubo un **hombre** enviado de Dios,
  9 que alumbra a todo **hombre**, venía
  51 sobre el Hijo del **Hombre**
 2:10 Todo **hombre** sirve primero el buen vino
  25 le diese testimonio del **hombre** sabía lo que había en el **hombre**
 3:1 Había un **hombre** de los fariseos
  4 ¿Cómo puede un **hombre** nacer siendo viejo
  13 el Hijo del **Hombre**, que está en el cielo
  14 así es necesario que el Hijo del **Hombre**
  19 los **hombres** amaron más las tinieblas
  27 No puede el **hombre** recibir nada,
 4:28 fue a la ciudad, y dijo a los **hombres**;
  29 Venid, ved **a un hombre** que me ha dicho
  50 el **hombre** creyó la palabra que Jesús
 5:5 Y había allí un **hombre** que hacía
  7 no tengo quien (lit., no tengo ningún **hombre**)
  9 Y al instante aquel **hombre** fue sanado
  12 ¿Quién es el que te dijo (¿Quién es ese **hombre**, VM)
  15 El **hombre** se fue, y dio aviso
  27 por cuanto es el Hijo del **Hombre**
  34 yo no recibo testimonio de **hombre** alguno
  41 Gloria de **los hombres** no recibo
 6:10 Haced recostar la gente (Haced que los **hombres** se recuesten, VM)
  14 Aquellos **hombres** entonces, viendo la señal
  27 la cual el Hijo del **Hombre** os dará
  53 Si no coméis la carne del Hijo del **Hombre**
  62 ¿Pues qué, si viereis al Hijo del **Hombre**
 7:22 en el día de reposo circuncidáis **al hombre**
  23 Si recibe el **hombre** la circuncisión sané completamente **a un hombre**?
  46 Jamás **hombre** alguno ha hablado como este **hombre** (TR, BC, BA); (como éste, NC); (como este **hombre** habla, VHA, N, VM)
  51 ¿Juzga acaso nuestra ley a un **hombre**
 8:17 que el testimonio de dos **hombres**
  28 Cuando hayáis levantado al Hijo del **Hombre**
  40 **hombre** que os he hablado la verdad
 9:1 vio a un **hombre** ciego de nacimiento
  11 Aquel **hombre** que se llama Jesús
  16 Ese **hombre** no procede de Dios, ¿Cómo puede **un hombre** pecador hacer
  24 volvieron a llamar al **hombre** que ese **hombre** es pecador.
  30 Respondió el **hombre** y les dijo:
  35 ¿Crees tú en el Hijo de Dios?, (TR, VM, BC); (¿Crees tú en el Hijo del **Hombre**?, VHA, WH, N, ABMW, NC, BA)
 10:33 porque tú, siendo **hombre**, te haces Dios.
 11:47 Porque este **hombre** hace muchas señales
  50 nos conviene que un **hombre** muera
Jn 12:23 para que el Hijo del **Hombre** sea
  34 es necesario que el Hijo del **Hombre** ¿Quién es este Hijo del **Hombre**?
  43 amaban más la gloria de los **hombres**
 13:31 Ahora es glorificado el Hijo del **Hombre**
 16:21 por el gozo de que halla nacido **un hombre**
 17:6 He manifestado tu nombre a los **hombres**
 18:14 que un solo **hombre** muriese
  17 de los discípulos de este **hombre**?
  29 ¿Qué acusación traéis contra este **hombre**?
 19:5 ¡He aquí el **hombre**!

ἄνθρωπος

Hch	4:9	beneficio hecho a un hombre enfermo	
	12	bajo el cielo, dado a los hombres	
	13	sabiendo que eran hombres sin letras	
	14	viendo al hombre que había sido sanado	
	16	¿Qué haremos con estos hombres?	
	17	para que no hablen...a hombre alguno	
	22	el hombre en quien se había hecho	
	5:4	No has mentido a los hombres,	
	28	la sangre de ese hombre	
	29	obedecer a Dios antes que a los hombres	
	34	los apóstoles, (TR); (a aquellos hombres, VHA, WH, N, ABMW, VM, NC, BC, BA)	
	35	lo que vais a hacer respecto a estos hombres	
	38	Apartaos de estos hombres, y dejadlos; es de los hombres, se desvanecerá	
	6:13	Este hombre no cesa de hablar	
	7:56	al Hijo del Hombre que está a la diestra	
	9:33	halló allí a uno (halló a cierto hombre, VHA)	
	10:26	yo mismo también soy hombre	
	28	me ha mostrado Dios que a ningún hombre	
	12:22	¡Voz de Dios, y no de hombre!	
	14:11	Dioses bajo la semejanza de hombres	
	15	Nosotros también somos hombres	
	15:17	Para que el resto de los hombres	
	26	hombres que han expuesto su vida	
	16:17	Estos hombres son siervos del Dios Altísimo	
	20	Estos hombres, siendo judíos	
	35	Suelta a aquellos hombres.	
	37	siendo ciudadanos romanos (lit., siendo hombres romanos)	
	17:25	ni es honrado por manos de hombres (TR)	
	26	ha hecho todo el linaje de los hombres	
	29	de imaginación de hombres. (del hombre, VM)	
	30	ahora manda a todos los hombres	
	18:13	Este persuade a los hombres	
	19:16	el hombre en quien estaba el espíritu	
	35	¿quién es el hombre (¿quién hay de los hombres, VM)	
	21:28	Este es el hombre que por todas partes	
	39	Yo de cierto soy hombre judío de Tarso	
	22:15	serás testigo suyo a todos los hombres	
	25	lícito azotar a un ciudadano romano (lit., a un hombre romano)	
	26	Porque este hombre es ciudadano romano.	
	23:9	Ningún mal hallamos en este hombre	
	24:16	ante Dios y ante los hombres	
	25:16	no es costumbre de los romanos entregar alguno (entregar a ningún hombre, VM)	
	22	Yo también quisiera oir a ese hombre.	
	26:31	ha hecho este hombre.	
	32	Podía este hombre ser puesto en libertad,	
	28:4	Ciertamente este hombre es homicida,	
Ro	1:18	injusticia de los hombres que detienen	
	23	en semejanza de imagen de hombre	
	2:1	oh hombre, quienquiera que seas tú	
	3	piensas esto, oh hombre,	
	9	todo ser humano que hace (lit., toda alma de hombre...)	
	16	los secretos de los hombres,	
	29	no viene de los hombres, sino de Dios	
	3:4	y todo hombre mentiroso	
	5	Hablo como hombre.	
	28	que el hombre es justificado	
	4:6	habla de la bienaventuranza del hombre	
	5:12	entró en el mundo por un hombre	
Ro	5:12	así la muerte pasó a todos los hombres	
	15	por la gracia de un hombre, Jesucristo.	
	18	vino la condenación a todos los hombres vino a todos los hombres la justificación	
	19	por la desobediencia de un hombre	
	6:6	nuestro viejo hombre fue crucificado	
	7:1	la ley se enseñorea del hombre	
	22	Porque según el hombre interior	
	24	¡Miserable de mí! (¡Oh hombre infeliz que soy!, VM)	
	9:20	Mas antes, oh hombre, ¿quién eres tú,	
	10:5	El hombre que haga estas cosas,	
	12:17	lo bueno delante de todos los hombres.	
	18	estad en paz con todos los hombres	
	14:18	y es aprobado por los hombres.	
	20	es malo que el hombre haga tropezar (es malo para el hombre...para tropiezo, VHA)	
1 Co	1:25	es más sabio que los hombres, más fuerte que los hombres.	
	2:5	en la sabiduría de los hombres,	
	9	Ni han subido en corazón de hombre,	
	11	Porque ¿quién de los hombres sabe las cosas sino el espíritu del hombre	
	14	Pero el hombre natural no percibe	
	3:3	¿no sois carnales, y andáis como hombres? (lit., como hombre?)	
	4	¿no sois carnales? (TR); (¿no sois hombres?, VHA, WH, N, ABMW, VM, NC, BC, BA)	
	21	Así que, ninguno se gloríe en los hombres	
	4:1	Así, pues, téngannos los hombres	
	9	al mundo, a los ángeles y a los hombres.	
	6:18	Cualquier otro pecado que el hombre	
	7:1	bueno le sería al hombre no tocar mujer	
	7	Quisiera más bien que todos los hombres	
	23	no os hagáis esclavos de los hombres	
	26	que hará bien el hombre en quedarse	
	9:8	¿Digo esto sólo como hombre?	
	11:28	pruébese cada uno a sí mismo, (Examínese, pues, el hombre, a sí mismo, NC)	
	13:1	Si yo hablase lenguas humanas (las lenguas de los hombres, VHA)	
	14:2	no habla a los hombres, sino a Dios;	
	3	Pero el que profetiza habla a los hombres	
	15:19	somos los más dignos de conmiseración de todos los hombres	
	21	la muerte entró por un hombre también por un hombre la resurrección	
	32	Si como hombre batallé en Efeso	
	39	una carne es la de los hombres,	
	45	Fue hecho el primer hombre Adán El primer hombre es de la tierra, el segundo hombre, que es el Señor	
	47	conocidas y leídas por todos los hombres	
2 Co	3:2	recomendándonos a toda conciencia humana (lit., a toda conciencia de los hombres)	
	4:2	aunque este nuestro hombre exterior	
	16	persuadimos a los hombres	
	5:11	sino también delante de los hombres	
	8:21	Conozco a un hombre en Cristo,	
	12:2	Y conozco a tal hombre	
	3	que no le es dado al hombre expresar	
Gá	1:1	no de hombres ni por hombre,	
	10	¿busco ahora el favor de los hombres (lit., ahora pues, estoy persuadiendo a los hombres) ¿O trato de agradar a los hombres?	

Gá	1:10	si todavía agradara a los hombres,	He	7:28	constituye sumos sacerdotes a débiles hombres;
	11	no es según hombre		8:2	que levantó el Señor, y no el hombre
	12	ni lo recibí ni lo aprendí de hombre		9:27	está establecido para los hombres
	2:6	Dios no hace acepción de personas (lit., no acepta el rostro de hombre)		13:6	Lo que me pueda hacer el hombre
	16	sabiendo que el hombre no es justificado	Stg	1:7	No piense, pues, quien (no piense ese hombre, VHA)
	3:12	El que hiciere estas cosas (lit., el hombre que hiciere) (TR)		19	todo hombre sea pronto para oir,
	15	hablo en términos humanos (lit., habló según el hombre)		2:20	¿Más quieres saber, hombre vano,
		aunque sea de hombre,		24	el hombre es justificado por las obras
	5:3	Y otra vez testifico a todo hombre		3:8	pero ningún hombre puede domar (lit.,...ninguno de los hombres...)
	6:1	Hermanos, si alguno fuere sorprendido (...si un hombre..., VHA)		9	y con ella maldecimos a los hombres,
	7	pues todo lo que el hombre sembrare		5:17	Elías era hombre sujeto a pasiones
Ef	2:15	un solo y nuevo hombre, haciendo la paz	1 P	1:24	Y toda la gloria del hombre (TR)
	3:5	a los hijos de los hombres,		2:4	desechada ciertamente por los hombres
	16	con poder en el hombre interior		15	la ignorancia de los hombres insensatos
	4:8	Y dio dones a los hombres.		3:4	el interno, el del corazón (el hombre, interior del corazón, VM)
	14	por estratagema de hombres		4:2	las concupiscencias de los hombres,
	22	despojaos del viejo hombre,		6	para que sean juzgados...según los hombres
	24	vestíos del nuevo hombre, creado	2 P	1:21	fue traída por voluntad humana, (de la voluntad del hombre, VM)
	5:31	Por esto dejará el hombre a su padre			sino que los santos hombres de Dios
	6:7	como al Señor y no a los hombres,			hablaron (TR, VM); (algunos hombres
Fil	2:7	hecho semejante a los hombres;			hablaron de parte de Dios, VHA, WH, N,
	8	estando en la condición de hombre (hallado en forma de hombre, BA)			ABMW, NC, BC, BA)
	4:5	sea conocida de todos los hombres		2:16	hablando con voz de hombre, refrenó
Col	1:28	amonestando a todo hombre, y enseñando a todo hombre		3:7	de la perdición de los hombres impíos
		perfecto en Cristo Jesús a todo hombre	1 Jn	5:9	Si recibimos el testimonio de los hombres
	2:8	según las tradiciones de los hombres	Jud	4	algunos hombres...impíos
	22	doctrinas de hombres	Ap	1:13	a uno semejante al Hijo del Hombre,
	3:9	despojado del viejo hombre con sus hechos		4:7	el tercero tenía rostro como de hombre
	23	como para el Señor y no para los hombres		8:11	muchos hombres murieron
1 Ts	2:4	no como para agradar a los hombres		9:4	sino solamente a los hombres
	6	ni buscamos gloria de los hombres		5	cuando hiere al hombre
	13	no como palabra de hombres,		6	los hombres buscarán la muerte,
	15	y se oponen a todos los hombres		7	sus caras eran como caras humanas (...como caras de hombres, VHA)
	4:8	no desecha al hombre, sino a Dios		10	tenían poder para dañar a los hombres
2 Ts	2:3	se manifieste el hombre de pecado,		15	matar a la tercera parte de los hombres
	3:2	para que seamos librados de hombres		18	fue muerta la tercera parte de los hombres
1 Ti	2:1	por todos los hombres		20	Y los otros hombres que no fueron (el resto de hombres..., VHA)
	4	el cual quiere que todos los hombres		11:13	murieron en número de siete mil hombres
	5	entre Dios y los hombres, Jesucristo hombre,		13:13	a la tierra delante de los hombres
	4:10	que es el Salvador de todos los hombres		18	pues es número de hombre.
	5:24	Los pecados de algunos hombres		14:4	Estos fueron redimidos de entre los hombres
	6:5	disputas necias de hombres		14	semejante al Hijo del Hombre
	9	que hunden a los hombres en destrucción		16:2	una úlcera maligna...sobre los hombres
	11	Mas tu, oh hombre de Dios,		8	al cual fue dado quemar a los hombres
	16	a quien ninguno de los hombres ha visto		9	Y los hombres se quemaron
2 Ti	2:2	esto encarga a hombres fieles		18	desde que los hombres han estado (TR, WH, VM, NC, BC); (desde que fué el hombre, VHA, N, ABMW, BA)
	3:2	habrá hombres amadores de sí mismos			
	8	hombres corruptos de entendimiento,		21	Y cayó del cielo sobre los hombres
	13	mas los malos hombres y los engañadores			y los hombres blasfemaron contra Dios
	17	a fin de que el hombre de Dios sea perfecto		18:13	almas de hombres.
Tit	1:14	ni a mandamientos de hombres		21:3	el tabernáculo de Dios con los hombres,
	2:11	para salvación a todos los hombres		17	de medida de hombre, la cual es de ángel
	3:2	para con todos los hombres			
	8	Estas cosas son buenas y útiles a los hombres	445		ἀνθυπατεύω** — anthupatéuo
	10	Al hombre que cause divisiones,	Hch	18:12	Siendo Galión procóncul (TR)
He	2:6	¿Qué es el hombre o el hijo del hombre, para que le visites?	446		ἀνθύπατος* — anthúpatos
	5:1	tomado de entre los hombres	Hch	13:7	que estaba con el procónsul Sergio
		es constituido a favor de los hombres		8	procurando apartar de la fe al procónsul
	6:16	Porque los hombres ciertamente		12	Entonces el procónsul, viendo
	7:8	reciben los diezmos hombres mortales			

Hch	18:12	siendo Galión **procónsul** (WH, N, ABMW)
Hch	19:38	audiencias se conceden, y **procónsules** hay

447   ἀνίημι – aníemi

Hch	16:26	y las cadenas de todos se **soltaron**
	27:40	**largando** también las amarras del timón
Ef	6:9	**dejando** las amenazas, sabiendo que
He	13:5	No te **desampararé**, ni te dejaré

448   ἀνίλεως, véase ἀνέλεος. pág. 140

449   ἄνιπτος* – ániptos

Mt	15:20	pero el comer con las manos **sin lavar**
Mr	7:2	esto es, **no lavadas**, los condenaban.
	5	comen pan con manos **inmundas**? (lit., con manos **no lavadas**, TR)

450   ἀνίστημι – anístemi
           Transitivo: futuro, aoristo 1o.

Mt	22:24	**levantará** descendencia a su hermano.
Jn	6:39	sino que lo **resucite** en el día postrero.
	40	yo le **resucitaré** en el día postrero.
	44	yo le **resucitaré** en el día postrero.
	54	yo le **resucitaré** en el día postrero.
Hch	2:24	al cual Dios **levantó**
	30	**levantaría** al Cristo (TR)
	32	A este Jesús **resucitó** Dios,
	3:22	El Señor vuestro Dios os **levantará**
	26	Dios, habiendo **levantado** a su Hijo,
	7:37	Profeta os **levantará** el Señor
	9:41	Y él, dándole la mano, la **levantó**
	13:33	(32) **resucitando** a Jesús; como está escrito
	34	Y en cuanto a que le **levantó** de los muertos
	17:31	con haberle **levantado** de los muertos

           Intransitivo: aoristo 2o. medio

Mt	9:9	Y **se levantó** y le siguió
	12:41	Los hombres de Nínive **se levantarán**
	17:9	hasta que...**resucite** de los muertos (TR)
	20:19	mas al tercer día **resucitará**. (TR)
	26:62	Y **levantándose** el sumo sacerdote, le dijo
Mr	1:35	**Levantándose** muy de mañana
	2:14	Y **levantándose**, le siguió
	3:26	Y si Satanás **se levanta** contra sí mismo
	5:42	Y luego la niña **se levantó** y andaba
	7:24	**Levantándose** de allí, se fue
	8:31	ser muerto, y **resucitar** después de tres días.
	9:9	**hubiese resucitado** de los muertos
	10	qué sería aquello de **resucitar** de los muertos
	27	le enderezó; y **se levantó**
	31	**resucitará** al tercer día
	10:1	**Levantándose** de allí, vino
	34	mas al tercer día **resucitará**
	50	se levantó y vino (lit., **levantándose**, vino) (TR)
	12:23	pues, cuando **resuciten**, (TR, N, [ABMW], VHA, NC, BC, BA)
	25	Porque cuando **resuciten** de los muertos
	14:57	Entonces **levantándose** unos,
	60	**levantándose** en medio, preguntó
	16:9	[Habiendo, pues, **resucitado** Jesús]
Lc	1:39	**levantándose** María, fue de prisa
	4:16	**se levantó** a leer
	29	**levantándose**, le echaron fuera
	38	Entonces Jesús **se levantó**
	39	**levantándose** ella al instante,
	5:25	**levantándose** en presencia de ellos,
	28	**se levantó** y le siguió

Lc	6:8	**Levántate**, y ponte en medio
	8:55	inmediatamente **se levantó**
	9:8	Algún profeta de los antiguos **ha resucitado**
	19	algún profeta de los antiguos **ha resucitado**
	10:25	un intérprete de la ley **se levantó**
	11:7	no puedo **levantarme**, y dártelos?
	8	aunque no **se levante**
	32	Los hombres de Nínive **se levantarán**
	15:18	Me **levantaré** e iré a mi padre,
	20	Y **levantándose**, vino a su padre
	16:31	aunque alguno **se levantare** de los muertos
	17:12	los cuales **se pararon** de lejos (WH)
	19	Y le dijo: **Levántate**, vete
	18:33	mas al tercer día **resucitará**
	22:45	Cuando **se levantó** de la oración
	46	**Levantaos**, y orad
	23:1	**Levantándose** entonces toda
	24:7	y **resucite** al tercer día.
	12	Pero **levantándose** Pedro, corrió (TR, [WH], [ABMW], VHA, VM, NC, BC, [BA])
	33	Y **levantándose** en la misma hora,
	46	y **resucitase** de los muertos al tercer día
Jn	11:23	Jesús le dijo: Tu hermano **resucitará**
	24	Yo sé que **resucitará** en la resurrección
	31	cuando vieron que María **se había levantado**
	20:9	que era necesario que él **resucitase**
Hch	1:15	En aquellos días Pedro **se levantó**
	5:6	**levantándose** los jóvenes,
	17	Entonces **levantándose** el sumo sacerdote
	34	Entonces **levantándose** en el concilio
	36	antes de estos días **se levantó** Teudas
	37	Después de éste, **se levantó** Judas el Galileo,
	6:9	Entonces **se levantaron** unos
	7:18	hasta que **se levantó** en Egipto
	8:26	**Levántate** y vé hacia el sur,
	27	Entonces él **se levantó** y fue
	9:6	**Levántate**, y vé a la ciudad
	11	**Levántate**, y vé a la calle
	18	**levantándose**, fue bautizado
	34	**levántate**, y haz tu cama en seguida **se levantó**
	39	**Levantándose** entonces Pedro,
	40	Tabita, **levántate**.
	10:13	**Levántate**, Pedro, mata y come
	20	**Levántate**, pues, y desciende,
	23	al día siguiente, **levantándose**, (V60, WH, N, ABMW, VHA, VM, BC, BA)
	26	**Levántate**, pues yo mismo
	41	después que **resucitó** de los muertos.
	11:7	**Levántate**, Pedro, mata y come.
	28	Y **levantándose** uno de ellos,
	12:7	**Levántate** pronto.
	13:16	Entonces Pablo, **levantándose**,
	14:10	**Levántate** derecho sobre tus pies.
	20	**se levantó** y entró en la ciudad
	15:7	Pedro **se levantó** y les dijo
	17:3	y **resucitase** de los muertos
	20:30	Y de vosotros mismos **se levantarán** hombres
	22:10	**Levántate**, y vé a Damasco,
	16	**Levántate** y bautízate,
	23:9	Y **levantándose** los escribas de la parte
	26:16	Pero **levántate**, y ponte sobre tus pies
	30	**se levantó** el rey, y el gobernador
Ro	14:9	**resucitó**, y volvió a vivir, (TR)
	15:12	el que **se levantará** a regir los gentiles
1 Co	10:7	y **se levantó** a jugar
Ef	5:14	Y **levántate** de los muertos,
1 Ts	4:14	si creemos que Jesús murió y **resucitó**
	16	los muertos en Cristo **resucitarán** primero

He	7:11	de que se levantase otro sacerdote	Hch	12:14	de gozo no abrió la puerta,
	15	se levanta un sacerdote distinto.		16	cuando abrieron y le vieron
				14:27	cómo había abierto la puerta de la fe
451		Ἄννα — Anna o Ἄννα		16:26	al instante se abrieron todas las puertas
Lc	2:36	Estaba también allí Ana,		27	viendo abiertas las puertas de la cárcel,
				18:14	al comenzar Pablo a hablar, (cuando Pablo
452		Ἄννας — Annas o Ἄννας			iba a abrir la boca, VHA)
				26:18	para que abras sus ojos,
Lc	3:2	y siendo sumos sacerdotes Anás y Caifás	Ro	3:13	Sepulcro abierto es su garganta
Jn	18:13	le llevaron primeramente a Anás	1 Co	16:9	porque se me ha abierto puerta
	24	Anás entonces le envió atado	2 Co	2:12	aunque se me abrió puerta en el Señor,
Hch	4:6	y el sumo sacerdote Anás y Caifás		6:11	Nuestra boca se ha abierto a vosotros
			Col	4:3	para que el Señor nos abra puerta
453		ἀνόητος — anóetos	Ap	3:7	el que abre y ninguno cierra,
Lc	24:25	¡Oh insensatos, y tardos de corazón			y cierra y ninguno abre
Ro	1:14	a sabios y a no sabios soy deudor		8	he puesto delante de ti una puerta abierta
Gá	3:1	¡Oh gálatas insensatos!		20	si alguno oye mi voz y abre la puerta
	3	¿Tan necios sois?		4:1	y he aquí una puerta abierta en el cielo;
1 Ti	6:9	en muchas codicias necias y dañosas		5:2	digno de abrir el libro
Tit	3:3	éramos en otro tiempo insensatos,		3	podía abrir el libro,
				4	a ninguno digno de abrir el libro
454		ἄνοια — ánoia		5	ha vencido para abrir el libro
Lc	6:11	Y ellos se llenaron de furor		9	de tomar el libro y de abrir sus sellos
2 Ti	3:9	porque su insensatez será manifiesta		6:1	Vi cuando el Cordero abrió uno de los sellos
				3	Cuando abrió el segundo sello.
455		ἀνοίγω — anóigo		5	Cuando abrió el tercer sello,
Mt	2:11	abriendo sus tesoros, le ofrecieron presentes		7	Cuando abrió el cuarto sello
	3:16	Y he aquí los cielos le fueron abiertos		9	Cuando abrió el quinto sello,
	5:2	Y abriendo su boca les enseñaba		12	cuando abrió el sexto sello,
	7:7	llamad, y se os abrirá		8:1	Cuando abrió el séptimo sello,
	8	y al que llama, se le abrirá		9:2	Y abrió el pozo del abismo,
	9:30	Y los ojos de ellos fueron abiertos		10:2	Tenía en su mano un librito abierto
	13:35	Abriré en parábolas mi boca;		8	Vé y toma el librito que está abierto
	17:27	al abrirle la boca, hallarás un estatero		11:19	Y el templo de Dios fue abierto en el cielo
	20:33	Señor, que sean abiertos nuestros ojos		12:16	pues la tierra abrió su boca
	25:11	¡Señor, señor, ábrenos!		13:6	abrió su boca en blasfemias
	27:52	se abrieron los sepulcros,		15:5	he aquí fue abierto en el cielo
Mr	7:35	fueron abiertos sus oídos, (WH, N, ABMW)		19:11	Entonces vi el cielo abierto; y he aquí
Lc	1:64	Al momento fue abierta su boca		20:12	los libros fueron abiertos
	3:21	y orando, el cielo se abrió,			otro libro fue abierto
	4:17	y habiendo abierto el libro, (WH, N)			
	11:9	llamad, y se os abrirá	**456**		ἀνοικοδομέω — anoikodoméo
	10	y al que llama, se le abrirá (V60, ABMW,	Hch	15:16	reedificaré el tabernáculo
		NC, BC); (se le abrirá, TR, VHA, WH,			repararé sus ruinas
		N, VM, BA)			
	12:36	le abran en seguida.	**457**		ἄνοιξις* — ánoixis
	13:25	Señor, Señor, ábrenos,	Ef	6:19	al abrir mi boca
Jn	1:51	veréis el cielo abierto,			
	9:10	¿Cómo te fueron abiertos los ojos?	**458**		ἀνομία — anomía
	14	y le había abierto los ojos	Mt	7:23	apartaos de mí, hacedores de maldad
	17	¿Qué dices tú del que te abrió los ojos?		13:41	a los que hacen iniquidad,
	21	o quién le haya abierto los ojos,		23:28	estáis llenos de hipocresía e iniquidad
	26	¿Cómo te abrió los ojos?		24:12	por haberse multiplicado la maldad
	30	y a mí me abrió los ojos.	Ro	4:7	Bienaventurados aquellos cuyas iniquidades
	32	no se ha oído decir que alguno abriese		6:19	así como para iniquidad (TR, [WH], N,
	10:3	A éste abre el portero,			ABMW, VM, NC, BC, BA)
	21	¿Puede acaso el demonio abrir los ojos			para servir..., a la iniquidad
	11:37	que abrió los ojos al ciego,	2 Co	6:14	¿qué compañerismo tiene la justicia con
Hch	5:19	abriendo de noche (abrió de noche, VHA)			la injusticia? ...(la iniquidad, VHA)
	23	mas cuando abrimos, a nadie	2 Ts	2:3	el hombre de pecado, (TR, VM, BC); (se
	7:56	He aquí, veo los cielos abiertos , (TR)			manifieste el hombre de iniquidad ,
	8:32	Así no abrió su boca.			VHA, WH, N, ABMW, NC)
	35	Entonces Felipe, abriendo su boca,		7	El misterio de la iniquidad;
	9:8	abriendo los ojos, no veía a nadie	Tit	2:14	para redimirnos de toda iniquidad
	40	ella abrió los ojos,	He	1:9	Has...aborrecido la maldad
	10:11	y vio el cielo abierto, y que descendía		8:12	de sus pecados y de sus iniquidades (TR)
	34	Entonces Pedro, abriendo la boca, dijo:		10:17	nunca más...de sus...transgresiones
	12:10	la cual se les abrió por sí misma	1 Jn	3:4	infringe también la ley. (practica también

ἄνομος 459		150		479 ἀντικαλέω

1 Jn	3:4	la **infracción de la ley**, BA)
		el pecado es **infracción de la ley**

459   ἄνομος — ánomos

Mr	15:28	fue contado con los **inicuos** (TR, VM, NC, BC, [BA])
Lc	22:37	fue contado con los **inicuos**
Hch	2:23	matasteis por manos **de inicuos**
1 Co	9:21	a los que están **sin ley**, como si yo estuviera **sin ley** no estando yo **sin ley** de Dios, para ganar a los que están **sin ley**.
2 Ts	2:8	se manifestará aquel **inicuo**,
1 Ti	1:9	para los **transgresores** (para los **inicuos**, VHA)
2 P	2:8	viendo y oyendo los hechos **inicuos** de ellos

460   ἀνόμως** — anómos

Ro	2:12	todos los que **sin ley** han pecado **sin ley** también perecerán

461   ἀνορθόω — anorthóo

Lc	13:13	ella **se enderezó** luego,
Hch	15:16	lo **volveré a levantar**
He	12:12	Por lo cual, **levantad** las manos caídas (...**fortaleced**..., VHA)

462   ἀνόσιος — anósios

1 Ti	1:9	para los **irreverentes** y profanos,
2 Ti	3:2	ingratos, **impíos**,

463   ἀνοχή** — anocé (anojé)

Ro	2:4	de su benignidad, **paciencia** y longanimidad
	3:26 (25)	en su **paciencia**, (en la **paciencia** de Dios, VM)

464   ἀνταγωνίζομαι** — antagonízomai (antagonídzomai)

He	12:4	**combatiendo** contra el pecado

465   ἀντάλλαγμα — antállagma (antálagma)

Mt	16:26	¿O qué **recompensa** dará el hombre
Mr	8:37	¿O qué **recompensa** dará el hombre

466   ἀνταναπληρόω* — antanapleróo

Col	1:24	**cumplo** en mi carne lo que falta

467   ἀνταποδίδωμι — antapodídomi

Lc	14:14	ellos no te pueden **recompensar**, pero te será **recompensado**
Ro	11:35	para que le **fuese recompensado**?
	12:19	yo **pagaré**, dice el Señor.
1 Ts	3:9	¿qué acción de gracias podremos **dar**
2 Ts	1:6	justo delante de Dios **pagar** con tribulación
He	10:30	yo **daré el pago**, dice el Señor

468   ἀνταπόδομα† — antapódoma

Lc	14:12	seas **recompensado**. (te sea hecha **recompensa**, VM)
Ro	11:9	En tropezadero y en **retribución**

469   ἀνταπόδοσις — antapódosis

Col	3:24	recibiréis la **recompensa** de la herencia

470   ἀνταποκρίνομαι† — antapokrínomai

Lc	14:6	no le podían **replicar** a estas cosas.
Ro	9:20	¿quién eres tú, para que **alterques** con Dios

471   ἀντεῖπον — antéipon

Lc	21:15	la cual no podrán resistir ni **contradecir**
Hch	4:14	no podían **decir** nada **en contra**

472   ἀντέχω — (antéco (antéjo)

Mt	6:24	o **estimará** al uno (o **será adicto** al uno, VHA)
Lc	16:13	o **estimará** al uno y menospreciará (o **será adicto** al uno, VHA)
1 Ts	5:14	que **sostengáis** a los débiles
Tit	1:9	**retenedor** de la palabra fiel

473   ἀντί — antí

Mt	2:22	reinaba...**en lugar de** Herodes
	5:38	Ojo **por** ojo, y diente **por** diente.
	17:27	y dáselo **por** mí y **por** ti
	20:28	para dar su vida en rescate **por** muchos
Mr	10:45	para dar su vida en rescate **por** muchos
Lc	1:20	**por cuanto** no creíste mis palabras,
	11:11	**en lugar de** pescado, le dará una serpiente
	12:3	**Por tanto**, todo lo que habéis dicho
	19:44	**por cuanto** no conociste el tiempo
Jn	1:16	gracia **sobre** gracia. (gracia **por** gracia, VM)
Hch	12:23	**por cuanto** no dio la gloria a Dios;
Ro	12:17	No paguéis a nadie mal **por** mal
1 Co	11:15	**en lugar de** velo le es dado
Ef	5:31	**Por** esto dejará el hombre
1 Ts	5:15	que ninguno pague a otro mal **por** mal
2 Ts	2:10	**por cuanto** no recibieron el amor
He	12:2	el cual **por** el gozo puesto
	16	que **por** una sola comida
Stg	4:15	**En lugar de** lo cual deberías decir (en vez de decir, VHA)
1 P	3:9	no devolviendo mal **por** mal, ni maldición **por** maldición

474   ἀντιβάλλω** — antibállo (antibálo)

Lc	24:17	¿Qué pláticas son estas...? (¿Qué palabras son éstas que **tratáis**, VHA)

475   ἀντιδιατίθημι* — antidiatíthemi

2 Ti	2:25	corrija a los **que se oponen**

476   ἀντίδικος — antídikos

Mt	5:25	Ponte de acuerdo con tu **adversario** no sea que el **adversario**
Lc	12:58	Cuando vayas al magistrado con tu **adversario**
	18:3	Hazme justicia de mi **adversario**
1 P	5:8	vuestro **adversario** el diablo

477   ἀντίθεσις* — antíthesis

1 Ti	6:20	los argumentos de la falsamente llamada

478   ἀντικαθίστημι — antikathístemi

He	12:4	aún no **habéis resistido** hasta

479   ἀντικαλέω* — antikaléo

Lc	14:12	te **vuelvan a convidar**

480		ἀντίκειμαι – antíkeimai
Lc	13:17	se avergonzaban todos sus **adversarios**
	21:15	todos los **que se opongan**
1 Co	16:9	muchos son **los adversarios**
Gá	5:17	**éstos se oponen** entre sí
Fil	1:28	en nada intimidados por los **que se oponen**
2 Ts	2:4	el cual **se opone** y se levanta
1 Ti	1:10	para cuanto **se oponga** a la sana doctrina
	5:14	que no den al **adversario** ninguna ocasión

481   ἄντικρυς** – ántikrus

Hch 20:15 al día siguiente llegamos **delante de** Quío

482   ἀντιλαμβάνομαι – antilambánomai

Lc	1:54	**Socorrió** a Israel su siervo
Hch	20:35	se debe **ayudar** a los necesitados
1 Ti	6:2	**los que se benefician** (los que participan, VHA)

483   ἀντιλέγω – antilégo

Lc	2:34	y para señal **que será contradicha**
	20:27	**los cuales niegan** haber resurrección (TR, N, ABMW, NC, BC)
Jn	19:12	todo el que se hace rey, a César **se opone**
Hch	13:45	**rebatían** lo que Pablo decía, (...las cosas dichas por Pablo, VM)
	28:19	Pero **oponiéndose** los judíos,
	22	en todas partes **se habla contra** ella (...se la **contradice**, NC)
Ro	10:21	a un pueblo rebelde y **contradictor**.
Tit	1:9	convencer a los **que contradicen**
	2:9	que no sean **respondones;** (sin **contradecir,** BA)

484   ἀντίλημψις – antílempsis

1 Co 12:28 los que ayudan, (**ayudas,** BA)

485   ἀντιλογία – antilogía (antiloguía)

He	6:16	para ellos el fin de toda **controversia**
	7:7	Y sin **discusión** alguna,
	12:3	a aquel que sufrió tal **contradicción**
Jud	11	perecieron en la **contradicción** de Coré

486   ἀντιλοιδορέω* – antiloidoréo

1 P 2:23 no **respondía con maldición**

487   ἀντίλυτρον**† – antílutron

1 Ti 2:6 el cual se dio a sí mismo **en rescate**

488   ἀντιμετρέω*† – antimetréo

Mt	7:2	**os será medido.** (TR)
Lc	6:38	**os volverán a medir.**

489   ἀντιμισθία*† – antimisthía

Ro	1:27	y recibiendo en sí mismos la **retribución**
2 Co	6:13	**para corresponder del mismo modo** (para recompensa de lo mismo, VM)

490   Ἀντιόχεια – Antióceia (Antiójeia)

Hch	11:19	hasta Fenicia, Chipre y **Antioquía**
	20	los cuales, cuando entraron en **Antioquía**
	22	que fuese hasta **Antioquía**
	25 (26)	hallándole, le trajo a **Antioquía**
	26	se les llamó cristianos...en **Antioquía**
Hch	11:27	descendieron de Jerusalén a **Antioquía**
	13:1	en la iglesia que estaba en **Antioquía**
	14	llegaron a **Antioquía** de Pisidia
	14:19	vinieron unos judíos de **Antioquía**
	21	volvieron a Listra, a Iconio y a **Antioquía**
	26	De allí navegaron a **Antioquía**
	15:22	enviarlos a **Antioquía** con Pablo
	23	que están en **Antioquía**, en Siria
	30	descendieron a **Antioquía,**
	35	continuaron en **Antioquía**
	18:22	luego descendió a **Antioquía.**
Gá	2:11	Pero cuando Pedro vino a **Antioquía**
2 Ti	3:11	los que me sobrevinieron en **Antioquía**

491   Ἀντιοχεύς – Antiocéus (Antiojéus)

Hch 6:5 y a Nicolás prosélito **de Antioquía**

492   ἀντιπαρέρχομαι**† – antiparércomai (antiparérjomai)

Lc	10:31	viéndole, **pasó de largo**
	32	viéndole, **pasó de largo**

493   Ἀντιπᾶς – Antipás

Ap 2:13 los días en que **Antipas** mi testigo fiel

494   Ἀντιπατρίς – Antipatrís

Hch 23:31 le llevaron de noche a **Antípatris.**

495   ἀντιπέρα* – antipéra

Lc 8:26 que está **en la ribera opuesta** a Galilea.

496   ἀντιπίπτω – antipípto

Hch 7:51 **resistís** siempre al Espíritu Santo

497   ἀντιστρατεύομαι* – antistratéuomai

Ro 7:23 **que se rebela** contra la ley de mi mente,

498   ἀντιτάσσομαι – antitássomai

Hch	18:6	Pero **oponiéndose** y blasfemando
Ro	13:2	De modo que **quien se opone**
Stg	4:6	Dios **resiste** a los soberbios
	5:6	y él no os **hace resistencia**
1 P	5:5	Dios **resiste** a los soberbios,

499   ἀντίτυπος** – antítupos

He	9:24	**figura** del verdadero, sino en el cielo
1 P	3:21	El bautismo **que corresponde** a esto (como **antitipo** en el bautismo, NC)

500   ἀντίχριστος*† – antícristos

1 Jn	2:18	vosotros oísteis que el **anticristo** así ahora han surgido muchos **anticristos**
	22	Este es **anticristo,** el que niega
	4:3	este es el espíritu del **anticristo,**
2 Jn	7	es el engañador y el **anticristo.**

501   ἀντλέω – antléo

Jn	2:8	**Sacad** ahora, y llevadlo al maestresala.
	9	los sirvientes que **habían sacado** el agua
	4:7	Vino una mujer de Samaria a **sacar** agua
	15	ni venga aquí a **sacarla**

502   ἄντλημα* – ántlema

Jn 4:11 Señor, no tienes **con qué sacarla**

ἀντοφθαλμέω 503			152			516 ἀξίως

503 ἀντοφθαλμέω** – antofthalméo
Hch 27:15 no pudiendo poner proa al viento

504 ἄνυδρος – ánudros
Mt 12:43 anda por lugares secos, buscando reposo
Lc 11:24 anda por lugares secos, buscando reposo
2 P 2:17 Estos son fuentes sin agua,
Jud 12 nubes sin agua, llevadas de acá

505 ἀνυπόκριτος**† – anupókritos
Ro 12:9 El amor sea sin fingimiento
2 Co 6:6 en amor sincero, (en amor no fingido, VHA)
1 Ti 1:5 de fe no fingida
2 Ti 1:5 Trayendo a la memoria la fe no fingida
Stg 3:17 sin incertidumbre ni hipocresía.
 (...no fingida, VHA)
1 P 1:22 para el amor fraternal no fingido

506 ἀνυπότακτος** – anupótaktos
1 Ti 1:9 para los transgresores y desobedientes,
Tit 1:6 ni de rebeldía.
 10 Porque hay aún muchos contumaces,
He 2:8 nada dejó que no sea sujeto a él

507 ἄνω – áno
Jn 2:7 las llenaron hasta arriba.
 8:23 Vosotros sois de abajo, yo soy de arriba
 11:41 Jesús, alzando los ojos a lo alto
Hch 2:19 daré prodigios arriba en el cielo,
Gá 4:26 Mas la Jerusalén de arriba
Fil 3:14 al premio del supremo llamamiento
Col 3:1 buscad las cosas de arriba
 2 Poned la mira en las cosas de arriba,
He 12:15 brotando alguna raíz de amargura (lit.,
 creciendo para arriba...)

508 ἀνώγεον, véase ἀνάγαιον, pág. 134

509 ἄνωθεν – ánothen
Mt 27:51 se rasgó en dos, de arriba abajo
Mr 15:38 se rasgó en dos, de arriba abajo
Lc 1:3 todas las cosas desde su origen
 (...desde su principio, VHA)
Jn 3:3 que el que no naciere de nuevo
 7 Os es necesario nacer de nuevo
 31 El que de arriba viene
 19:11 si no te fuese dada de arriba
 23 de un solo tejido de arriba abajo
Hch 26:5 saben que yo desde el principio
Gá 4:9 os queréis volver a esclavizar (otra vez os
 queréis esclavizar, VHA)
Stg 1:17 desciende de lo alto, del Padre de las luces,
 3:15 no es la que desciende de lo alto
 17 Pero la sabiduría que es de lo alto

510 ἀνωτερικός* – anoterikós
Hch 19:1 después de recorrer las regiones superiores

511 ἀνώτερον – anóteron
Lc 14:10 Amigo, sube más arriba;
He 10:8 Diciendo primero (Al decir más arriba, VM)

512 ἀνωφελής – anofelés
Tit 3:9 porque son vanas y sin provecho.
He 7:18 a causa de su debilidad e ineficacia

 (...inutilidad, VM)

513 ἀξίνη – axíne
Mt 3:10 ya también el hacha está puesta
Lc 3:9 ya también el hacha está puesta

514 ἄξιος – áxios
Mt 3:8 dignos de arrepentimiento
 10:10 el obrero es digno de su alimento
 11 informaos quién en ella sea digno,
 13 Y si la casa fuere digna
 mas si no fuere digna
 37 no es digno de mí
 no es digno de mí
 38 no es digno de mí
 22:8 los que fueron convidados no eran dignos
Lc 3:8 frutos dignos de arrepentimiento,
 7:4 Es digno de que le concedas esto
 10:7 porque el obrero es digno de su salario
 12:48 hizo cosas dignas de azotes,
 15:19 Ya no soy digno de ser llamado tu hijo
 21 Y ya no soy digno de ser llamado tu hijo
 23:15 nada digno de muerte ha hecho este hombre
 41 lo que merecieron nuestros hechos (lit.,
 cosas dignas de lo que hemos hecho)
Jn 1:27 del cual yo no soy digno de desatar
Hch 13:25 de quien no soy digno de desatar
 46 y no os juzgáis dignos de la vida eterna,
 23:29 ningún delito tenía digno de muerte
 25:11 cosa alguna digna de muerte
 25 ninguna cosa digna de muerte
 26:20 haciendo obras dignas de arrepentimiento
 31 Ninguna cosa digna ni de muerte
Ro 1:32 son dignos de muerte
 8:18 no son comparables con la gloria (no son
 dignos de ser comparados..., VHA)
1 Co 16:4 si fuere propio que yo también (lit., si fuere
 digno...)
2 Ts 1:3 como es digno, por cuanto vuestra fe
1 Ti 1:15 Palabra fiel y digna de ser recibida
 4:9 Palabra fiel es esta, y digna
 5:18 Digno es el obrero de su salario.
 6:1 tengan a sus amos por dignos
He 11:38 de los cuales el mundo no era digno
Ap 3:4 porque son dignas
 4:11 Señor, digno eres de recibir la gloria
 5:2 ¿Quién es digno de abrir el libro
 4 no se había hallado a ninguno digno
 9 Digno eres de tomar el libro
 12 El Cordero que fue inmolado es digno
 16:6 pues lo merecen (dignos son, BC)

515 ἀξιόω – axióo
Lc 7:7 por lo que ni aun me tuve por digno
Hch 15:38 no le parecía bien (no creía conveniente, VHA)
 28:22 querríamos oír de ti lo que piensas
 (nos parece conveniente..., VHA)
2 Ts 1:11 para que nuestro Dios os tenga por dignos
1 Ti 5:17 sean tenidos por dignos de doble
He 3:3 es estimado digno éste
 10:29 ¿Cuánto mayor castigo...merecerá

516 ἀξίως** – axíos
Ro 16:2 que la recibáis en el Señor, como es digno
Ef 4:1 os ruego que andéis como es digno
Fil 1:27 que os comportéis como es digno
Col 1:10 para que andéis como es digno del Señor

ἀόρατος 517			153		529 ἀπάντησις

1 Ts 2:12 que anduvieseis como es digno
3 Jn 6 harás bien en encaminarlos como es digno

517 ἀόρατος — aóratos

Ro 1:20 Porque las cosas **invisibles** de él,
Col 1:15 El es la imagen del Dios **invisible**
  16 visibles e **invisibles**; sean tronos
1 Ti 1:17 al Rey de los siglos, inmortal, **invisible**
He 11:27 porque se sostuvo como viendo al **Invisible**

518 ἀπαγγέλλω — apaggéllo (apanguélo)

Mt 2:8 **hacéd**melo **saber,**
  8:33 viniendo a la ciudad, **contaron** todas
  11:4 Id, y **haced saber** a Juan las cosas
  12:18 a los gentiles **anunciará** juicio
  14:12 fueron y **dieron las nuevas** a Jesús
  28:8 a **dar las nuevas** a sus discípulos
  8 (9) mientras iban a **dar las nuevas** (TR)
  10 No temáis; id, **dad las nuevas**
  11 **dieron aviso** a los principales sacerdotes
Mr 5:14 **dieron aviso** en la ciudad (WH, N, ABMW)
  19 **cuéntales** cuán grandes cosas (WH, N, ABMW)
  6:30 le **contaron** todo lo que habían hecho
  16:10 [Yendo ella, lo **hizo saber**]
  13 [Ellos fueron y lo **hicieron saber**]
Lc 7:18 Los discípulos de Juan le **dieron las nuevas** a Juan
  22 Id, **haced saber** a Juan
  8:20 Y **se le avisó**, diciendo: Tu madre
  34 huyeron, y yendo **dieron aviso** en la ciudad
  36 les **contaron** cómo había sido salvado
  47 postrándose a sus pies, le **declaró**
  9:36 por aquellos días no **dijeron** nada a nadie
  13:1 estaban allí algunos que le **contaban**
  14:21 Vuelto el siervo, **hizo saber** estas cosas
  18:37 Y le **dijeron** que pasaba
  24:9 **dieron nuevas** de todas estas cosas
Jn 4:51 le **dieron nuevas,** diciendo: (TR)
  16:25 claramente os **anunciaré** (WH, N, ABMW)
  20:18 para **dar** a los discípulos **las nuevas** (TR)
Hch 4:23 vinieron a los suyos y **contaron** todo
  5:22 entonces volvieron y **dieron aviso,**
  25 Pero viniendo uno, les **dio esta noticia**
  11:13 quien nos **contó cómo** había visto
  12:14 **dio la nueva de que** Pedro estaba
  17 **Haced saber** esto a Jacobo
  15:27 los **cuales** también de palabra os **harán saber**
  16:36 el carcelero **hizo saber** estas palabras
  38 los alguaciles **hicieron saber** estas (WH, N, ABMW)
  17:30 ahora manda a todos los hombres (TR, ABMW, VM, NC, BC); (ahora **anuncia...**, VHA, WH, N, BA)
  22:26 fue y **dio aviso** al tribuno,
  23:16 entró en la fortaleza, y **dio aviso** a Pablo
  17 porque tiene cierto **aviso** que darle
  19 ¿Qué es lo que tienes que decirme?
  26:20 sino que **anuncié** primeramente
  28:21 que **haya denunciado** o hablado
1 Co 14:25 declarando que verdaderamente Dios
1 Ts 1:9 ellos mismos cuentan de nosotros
He 2:12 **Anunciaré** a mis hermanos tu nombre,
1 Jn 1:2 os **anunciamos** la vida eterna
  3 eso os **anunciamos,**

519 ἀπάγχω — apágco (apánjo)

Mt 27:5 salió, y fue y **se ahorcó**

520 ἀπάγω — apágo

Mt 7:13 el camino **que lleva** a la perdición,
  14 el camino **que lleva** a la vida,
  26:57 le **llevaron** al sumo sacerdote
  27:2 le **llevaron** atado,
  31 le **llevaron** para crucificarle
Mr 14:44 prendedle, y **llevad**le con seguridad
  53 **Trajeron,** pues, a Jesús al sumo sacerdote
  15:16 Entonces los soldados le **llevaron**
Lc 13:15 y lo **lleva** a beber?
  21:12 seréis **llevados** ante reyes (**llevándoos...**, BC) (WH, N, ABMW)
  22:66 le **trajeron** al concilio (WH, N, ABMW)
  23:26 **llevándole,** tomaron a cierto Simón
Jn 18:13 y le **llevaron** primeramente (TR)
  19:16 Tomaron...a Jesús, y le **llevaron** (TR, VM)
Hch 12:19 ordenó **llevar**los a la muerte
  23:17 **Lleva** a este joven ante el tribuno
  24:7 le quitó de nuestras manos (TR, VM, NC, BA)
1 Co 12:2 **llevándoos...**a los ídolos (**conducidos** en pos de aquellos ídolos, VM)

521 ἀπαίδευτος — apáideutos

2 Ti 2:23 desecha las cuestiones necias e **insensatas,** (...**nacidas de la ignorancia,** VHA)

522 ἀπαίρω — apáiro

Mt 9:15 cuando el esposo les **será quitado,**
Mr 2:20 cuando el esposo les **será quitado,**
Lc 5:35 cuando el esposo les **será quitado**

523 ἀπαιτέω — apaitéo

Lc 6:30 no pidas que te lo **devuelva.** (no se lo vuelvas a pedir, VM)
  12:20 vienen a **pedir**te tu alma; (TR, N, ABMW)

524 ἀπαλγέω* — apalgéo (apalguéo)

Ef 4:19 los cuales, **después que perdieron toda sensibilidad,**

525 ἀπαλλάσσω — apallásso (apaláso)

Lc 12:58 procura en el camino **arreglarte** con él (...**librarte...**VHA)
Hch 19:12 las enfermedades **se iban** de ellos,
He 2:15 **librar** a todos los que por el temor

526 ἀπαλλοτριόω — apallotrióo (apalotrióo)

Ef 2:12 **alejados** de la ciudadanía de Israel
  4:18 **ajenos** de la vida de Dios
Col 1:21 erais en otro tiempo **extraños** y enemigos

527 ἀπαλός — apalós (japalós)

Mt 24:32 Cuando ya su rama está **tierna**
Mr 13:28 Cuando ya su rama está **tierna**

528 ἀπαντάω — apantáo

Mt 28:9 Jesús les **salió al encuentro** (TR)
Mr 5:2 en seguida **vino a su encuentro** (TR)
  14:13 os **saldrá al encuentro** un hombre
Lc 14:31 si puede **hacer frente** (TR)
  17:12 le **salieron al encuentro** diez hombres
Jn 4:51 sus siervos **salieron a recibirle** (TR)
Hch 16:16 **salió al encuentro** una muchacha (TR)

529 ἀπάντησις — apántesis

ἅπαξ	530		154		537A ἀπασπάζομαι

Mt 25:1 salieron a recibir al esposo (salieron al encuentro del esposo, BC) (TR)
     6 salid a recibirle! (salid al encuentro, BC)
Hch 28:15 salieron a recibirnos (vinieron a nuestro encuentro, BC)
1 Ts 4:17 para recibir al Señor (al encuentro del Señor, VM)

530   ἅπαξ — ápax (jápax)

2 Co 11:25 una vez apedreado;
Fil 4:16 una y otra vez para mis necesidades.
1 Ts 2:18 yo Pablo ciertamente una y otra vez
He 6:4 es imposible que los que una vez
    9:7 sólo el sumo sacerdote una vez al año,
    26 se presentó una vez para siempre
    27 que mueran una sola vez, y después
    28 Cristo fue ofrecido una sola vez
   10:2 limpios una vez, no tendrían ya más
   12:26 Aún una vez, y conmoveré no solamente
    27 Aún una vez, indica la remoción
1 P 3:18 también Cristo padeció una sola vez
    20 cuando una vez esperaba la paciencia (TR)
Jud 3 que ha sido una vez dada a los santos.
    5 ya que una vez lo habéis sabido

531   ἀπαράβατος* — aparábatos
He 7:24 tiene un sacerdocio inmutable

532   ἀπαρασκεύαστος* — aparaskéuastos
2 Co 9:4 os hallaren desprevenidos,

533   ἀπαρνέομαι — aparnéomai
Mt 16:24 niéguese a sí mismo, y tome su cruz
   26:34 me negarás tres veces.
    35 no te negaré
    75 me negarás tres veces.
Mr 8:34 niéguese a sí mismo, y tome su cruz
   14:30 me negarás tres veces.
    31 no te negaré.
    72 Antes que el gallo cante..., me negarás
Lc 9:23 niéguese a sí mismo, (TR)
   12:9 será negado delante de los ángeles
   22:34 antes que tú niegues tres veces
    61 me negarás tres veces.
Jn 13:38 sin que me hayas negado tres veces (TR)

534   ἀπαρτί — apartí o ἀπ' ἄρτι
Jn 13:19 Desde ahora os lo digo
   14:7 desde ahora le conocéis
Ap 14:13 Bienaventurados de aquí en adelante

535   ἀπαρτισμός* — apartismós
Lc 14:28 a ver si tiene lo que necesita para acabarla?

536   ἀπαρχή — aparcé (aparjé)
Ro 8:23 que tenemos las primicias del Espíritu
   11:16 Si las primicias son santas,
   16:5 que es el primer fruto de Acaya
1 Co 15:20 primicias de los que durmieron
    23 Cristo, las primicias; luego los que
   16:15 la familia de Estéfanas es las primicias
2 Ts 2:13 os haya escogido desde el principio (TR, WH, VHA, VM, NC, BA); (os escogió Dios como primicias, BC, N, ABMW)
Stg 1:18 para que seamos primicias de sus criaturas
Ap 14:4 como primicias para Dios

537   ἅπας — ápas (jápas)
Mt 6:32 sabe que tenéis necesidad de todas
   24:39 y se los llevó a todos,
   28:11 de todas las cosas que habían acontecido
Mr 1:27 todos se asombraron, (WH, N, ABMW)
   5:40 Mas él, echando fuera a todos, (TR)
   8:25 vio de lejos y claramente a todos (TR); (todo lo distinguía, VHA, WH, N, ABMW, NC, BC, BA)
   11:32 pues todos tenían a Juan como
   16:15 [Id por todo el mundo y predicad]
Lc 2:39 Después de haber cumplido con todo lo prescrito (TR)
   3:16 respondió Juan, diciendo a todos, (TR)
   21 Aconteció que cuando todo el pueblo
   4:6 A ti te dará toda esta potestad,
   40 Al ponerse el sol, todos los que tenían (WH, N, ABMW)
   5:11 dejándolo todo, le siguieron (TR)
   26 Y todos, sobrecogidos de asombro
   28 Y dejándolo todo, se levantó (TR)
   7:16 Y todos tuvieron miedo, (TR)
   8:37 Entonces toda la multitud
   9:15 haciéndolos sentar a todos
   15:13 juntándolo todo el hijo menor, (TR)
   17:27 el diluvio y los destruyó a todos (TR)
   29 los destruyó a todos (TR)
   19:7 todos murmuraban, diciendo (TR)
   37 toda la multitud de los discípulos
   48 porque todo el pueblo estaba
   20:6 todo el pueblo nos apedreará; (TR)
   21:4 todos aquéllos echaron para las ofrendas (TR)
   de su pobreza echó todo el sustento
   12 antes de todas estas cosas (TR)
   15 todos los que se opongan. (WH, N, ABMW)
   23:1 Levantándose...toda la muchedumbre
Jn 4:25 nos declarará todas las cosas (WH, N, ABMW)
Hch 2:1 estaban todos unánimes (TR)
   4 fueron todos llenos del Espíritu (TR)
   7 ¿no son galileos todos (ABMW)
   14 todos los que habitáis (TR)
   44 Tenían en común todas las cosas
   4:31 todos fueron llenos del Espíritu
   32 tenían todas las cosas en común (TR)
   5:12 estaban todos unánimes (TR, ABMW)
   16 y todos eran sanados
   6:15 Entonces todos los que estaban (TR)
   10:8 después de haberles contado todo
   11:10 volvió todo a ser llevado
   13:29 habiendo cumplido todas las cosas (TR)
   16:3 porque todos sabían
   28 pues todos estamos aquí.
   33 se bautizó él con todos los suyos. (WH, N)
   25:24 toda la multitud de los judíos (WH, N, ABMW)
   27:33 Pablo exhortaba a todos
Gá 3:28 todos vosotros sois uno (T)
Ef 6:13 habiendo acabado todo
2 Ts 2:12 a fin de que sean condenados todos (T)
1 Ti 1:16 en mí el primero toda su clemencia (WH, N, ABMW)
Stg 3:2 Porque todos ofendemos muchas veces

537 A   ἀπασπάζομαι** — apaspázomai (apaspádzomai)
Hch 21:6 oramos. Y abrazándonos los unos a los

ἀπατάω 538

538   ἀπατάω – apatáo
Ef   5:6   Nadie os **engañe** con palabras vanas,
1 Ti   2:14   Adán no **fue engañado**
Stg   1:26   sino que **engaña** su corazón

539   ἀπάτη – apáte
Mt   13:22   pero el afán de este siglo y el **engaño**
Mr   4:19   y el **engaño** de las riquezas
Ef   4:22   conforme a los deseos **engañosos** (los deseos del **engaño**, VHA)
Col   2:8   filosofías y huecas **sutilezas,**
2 Ts   2:10   y con todo **engaño** de iniquidad
He   3:13   por el **engaño** del pecado
2 P   2:13   se recrean en sus **errores.** (...sus **engaños,** VHA, TR, WH, N, ABMW, VM, NC, BC, BA)

540   ἀπάτωρ* – apátor
He   7:3   **sin padre,** sin madre,

541   ἀπαύγασμα** – apáugasma
He   1:3   el cual, siendo el **resplandor** de su gloria,

543   ἀπείθεια** – apéitheia
Ro   11:30   misericordia por la **desobediencia** de ellos,
         32   Dios sujetó a todos en **desobediencia**
Ef   2:2   en los hijos de **desobediencia**
       5:6   sobre los hijos de **desobediencia.**
Col   3:6   sobre los hijos de **desobediencia** (TR, [ABMW], VM, [BA])
He   4:6   no entraron por causa de **desobediencia**
       11   en semejante ejemplo de **desobediencia,**

544   ἀπειθέω – apeithéo
Jn   3:36   pero el que **desobedece al Hijo** no verá
Hch   14:2   Mas los judíos **que no creían**
     17:5   los judíos **que no creían** (TR)
     19:9   endureciendose algunos y **no creyendo**
Ro   2:8   a los que**...no obedecen** a la verdad
    10:21   a un pueblo **rebelde** y contradictor. (...**desobediente**..., VHA)
    11:30   erais **desobedientes** a Dios,
       31   éstos ahora han sido **desobedientes**
    15:31   para que sea librado de los **rebeldes** (...**desobedientes,** VHA)
He   3:18   sino a aquellos **que desobedecieron?**
    11:31   no pereció juntamente con los **desobedientes**
1 P   2:7   para los **que no creen,** (TR)
        8   tropiezan**...siendo desobedientes**
    3:1   **los que no creen** en la palabra, (si algunos **son desobedientes,** VHA)
       20   los que en otro tiempo **desobedecieron**
    4:17   el fin de aquellos **que no obedecen**

545   ἀπειθής – apeithés
Lc   1:17   de los **rebeldes** a la prudencia (...**los desobedientes** ..., VHA)
Hch   26:19   no fui **rebelde** (...**desobediente,** VHA)
Ro   1:30   **desobedientes** a los padres
2 Ti   3:2   **desobedientes** a los padres, ingratos
Tit   1:16   siendo abominables y **rebeldes**
    3:3   insensatos, **rebeldes,** extraviados,

558 ἀπελεύθερος

543   ἀπειθία, véase ἀπείθεια, esta página

546   ἀπειλέω – apeiléo
Hch   4:17   **amenacémosles** para que no hablen
1 P   2:23   cuando padecía, no **amenazaba,**

547   ἀπειλή – apeilé
Hch   4:17   **amenacémosles** (V60, WH, N, ABMW, VHA, VM, NC, BA); (**amenacémosles severamente,** BC) (lit., **amenacémosles con una amenaza**)(TR)
       29   mira sus **amenazas,** y concede a tus siervos
     9:1   Saulo, respirando aún **amenazas**
Ef   6:9   dejando las **amenazas** (lit.,...la **amenaza**)

548   ἄπειμι – ápeimi
1 Co   5:3   Ciertamente yo, **como ausente** en cuerpo
2 Co   10:1   mas **ausente** soy osado para con vosotros
       11   **estando ausentes,** lo seremos
     13:2   ahora **ausente** lo escribo
       10   Por esto os escribo **estando ausente,**
Fil   1:27   o **que esté ausente** , oiga de vosotros
Col   2:5   aunque **estoy ausente** en cuerpo

549   ἄπειμι – ápeimi
Hch   17:10   ellos, habiendo llegado, **entraron**

550   ἀπεῖπον – apéipon
2 Co   4:2   Antes bien **renunciamos** a lo oculto

551   ἀπείραστος*† – apéirastos
Stg   1:13   Dios **no puede ser tentado** por el mal,

552   ἄπειρος – ápeiros
He   5:13   es **inexperto** en la palabra de justicia .

553   ἀπεκδέχομαι* – apekdécomai (apekdéjomai)
Ro   8:19   **es el aguardar** la manifestación (**aguarda** la manifestación, VHA)
       23   **esperando** la adopción, la redención
       25   con paciencia lo **aguardamos**
1 Co   1:7   **esperando** la manifestación de nuestro
Gá   5:5   **aguardamos** por la fe la esperanza
Fil   3:20   de donde también **esperamos** al Salvador
He   9:28   para salvar a los **que le esperan**
1 P   3:20   **esperaba** la paciencia de Dios (WH, N, ABMW)

554   ἀπεκδύομαι*†– apekdúomai
Col   2:15   **despojando** a los principados
    3:9   **habiéndoos despojado** del viejo hombre

555   ἀπέκδυσις*† – apékdusis
Col   2:11   al **echar** de vosotros el cuerpo (en el **despojamiento** del cuerpo, VHA)

556   ἀπελαύνω – apeláuno
Hch   18:16   los **echó** del tribunal.

557   ἀπελεγμός*† – apelegmós
Hch   19:27   nuestro negocio venga a **desacreditarse,** (...**en descrédito,** VHA)

558   ἀπελεύθερος* – apeléutheros

1 Co	7:22	**liberto** es del Señor

559 Ἀπελλῆς — Apellés (Apelés)
Ro 16:10 Saludad a **Apeles**

560 ἀπελπίζω — apelpízo (apelpídzo)
Lc 6:35 no **esperando** de ello nada

561 ἀπέναντι — apénanti
Mt 21:2 la aldea que está **enfrente de** vosotros (TR)
    27:24 se lavó las manos **delante del** pueblo, (TR, ABMW)
    61 sentadas **delante del** sepulcro
Hch 3:16 **en presencia de** todos vosotros
    17:7 todos éstos contravienen los decretos
      (actúan **en contra de** los decretos, BA)
Ro 3:18 No hay temor de Dios **delante de** sus ojos

562 ἀπέραντος — apérantos
1 Ti 1:4 a fábulas y genealogías **interminables**

563 ἀπερισπάστως* — aperispástos
1 Co 7:35 para que **sin impedimento** os acerquéis

564 ἀπερίτμητος — aperítmetos
Hch 7:51 **incircuncisos** de corazón y de oídos!

565 ἀπέρχομαι — apércomai (apérjomai)
Mt 2:22 tuvo temor de **ir** allá
    4:24 **se difundió** su fama
    5:30 todo tu cuerpo sea echado al infierno (TR, NC); (...**vaya** al infierno, VHA, WH, N, ABMW, VM, BC, BA)
    8:18 mandó **pasar** al otro lado
    19 te seguiré adondequiera que **vayas**.
    21 permíteme que **vaya** primero y entierre
    31 permítenos **ir** a aquel hato de cerdos (TR)
    32 ellos salieron, y **se fueron**
    33 **viniendo** a la ciudad, contaron
    9:7 Entonces él se levantó y **se fue** a su casa.
    10:5 Por camino de gentiles no **vayáis**,
    13:25 y sembró cizaña entre el trigo, y **se fue**
    28 que **vayamos** y la arranquemos?
    46 **fue** y vendió todo lo que tenía
    14:15 para que **vayan** por las aldeas
    16 No tienen necesidad de **irse**
    25 Jesús **vino** a ellos (TR)
    16:4 dejándolos, **se fue**
    21 le era necesario **ir** a Jerusalén
    18:30 Mas él no quiso, sino **fue** y le echó
    19:22 Oyendo el joven esta palabra, **se fue** triste,
    20:4 (5) ellos **fueron**
    21:29 (30) después, arrepentido, **fue**.
    30 (29) Sí, Señor, voy. Y no **fue**.
    22:5 **se fueron**, uno a su labranza
    22 y dejándole, **se fueron**
    25:10 Pero mientras ellas **iban** a comprar,
    18 Pero el que había recibido uno **fue** y cavó
    25 **fui** y escondí tu talento
    46 E **irán** éstos al castigo eterno
    26:36 entre tanto que **voy** allí y oro
    42 Otra vez **fue**, y oró
    44 Y dejándolos, **se fue** de nuevo,
    27:5 salió, y **fue** y se ahorcó
    60 la entrada del sepulcro, **se fue**
    28:8 **saliendo** del sepulcro (WH, N, ABMW)
    10 para que **vayan** a Galilea,

Mr 1:20 **le siguieron**. (**fuéronse** en pos de él, VHA)
    35 salió y **se fue** a un lugar desierto, (TR, [WH], N, ABMW)
    42 al instante la lepra **se fue** de aquél,
    3:13 **vinieron** a él,
    5:17 Y comenzaron a rogarle que **se fuera**
    20 **se fue**, y comenzó a publicar
    24 **Fue**, pues, con él
    6:27 (28) El guarda **fue**, le decapitó en la cárcel
    32 **se fueron** solos en una barca
    36 Despídelos para que **vayan** a los campos
    37 ¿Que **vayamos** y compremos pan
    46 **se fue** al monte a orar
    7:24 **se fue** a la región de Tiro
    30 cuando **llegó** ella a su casa, (**yéndose** a su casa, VHA)
    8:13 **se fue** a la otra ribera
    9:43 teniendo dos manos **ir** al infierno
    10:22 afligido por esta palabra, **se fue** triste
    11:4 **Fueron**, y hallaron el pollino atado
    12:12 dejándole, **se fueron**
    14:10 **fue** a los principales sacerdotes
    12 ¿Dónde quieres que **vayamos** a preparar
    39 Otra vez **fue** y oró
    16:13 [Ellos **fueron** y lo hicieron saber]

Lc 1:23 **se fue** a su casa
    38 el ángel **se fue** de su presencia
    2:15 Sucedió que cuando los ángeles **se fueron**
    5:13 al instante la lepra **se fue** de él.
    14 sino **vé**, le dijo, muéstrate
    25 **se fue** a su casa, glorificando a Dios.
    7:24 Cuando **se fueron** los mensajeros
    8:31 Y le rogaban que no los mandase **ir** al abismo
    34 huyeron, y **yendo** dieron aviso (TR)
    37 le rogó que **se marchase** de ellos,
    39 Y él **se fue**, publicando por toda la ciudad
    9:12 para que **vayan** a las aldeas (TR)
    57 Señor, te seguiré adondequiera que **vayas**
    59 déjame que primero **vaya** y entierre
    60 y tú **vé**, y anuncia el reino de Dios
    10:30 e hiriéndole, **se fueron**
    17:23 No **vayáis**, ni los sigáis
    19:32 **Fueron** los que habían sido enviados
    22:4 éste **fue** y habló con los principales
    13 **Fueron**, pues, y hallaron
    23:33 cuando **llegaron** al lugar (TR)
    24:12 **se fue** a casa maravillándose (TR, [WH], [ABMW], VHA, VM, NC, BC, [BA])
    24 **fueron** algunos de los nuestros

Jn 4:3 **se fue** otra vez a Galilea.
    8 Pues sus discípulos **habían ido** a la ciudad
    28 **fue** a la ciudad, y dijo a los hombres
    43 salió de allí y **fue** a Galilea (TR)
    47 **vino** a él y le rogó que descendiese
    5:15 El hombre **se fue**, y dio aviso
    6:1 Jesús **fue** al otro lado del mar de Galilea,
    22 sino que éstos **se habían ido** solos.
    66 muchos de sus discípulos **volvieron** atrás
    68 Señor, ¿a quién **iremos**?
    9:7 **Fue** entonces, y se lavó
    11 **fui**, y me lavé
    10:40 **se fue** de nuevo al otro lado
    11:28 Habiendo dicho esto, **fue** y llamó
    46 algunos de ellos **fueron**
    54 sino que **se alejó** de allí
    12:19 Mirad, el mundo **se va** tras él.
    36 **se fue** y se ocultó de ellos.
    16:7 Os conviene que yo **me vaya** si no **me fuere**

ἀπέχω 568					
Jn	18:6	retrocedieron (lit., se fueron para atrás)	Ro	4:20	Tampoco dudó, por incredulidad
	20:10	volvieron los discípulos a los suyos		11:20	Bien; por su incredulidad fueron desgajadas
Hch	4:15	les ordenaron que saliesen del concilio		23	si no permanecieren en incredulidad,
	5:26	fue el jefe de la guardia	1 Ti	1:13	lo hice por ignorancia, en incredulidad
	9:17	Fue entonces Ananías y entró	He	3:12	corazón malo de incredulidad
	10:7	Ido el ángel (en cuanto se fué el ángel, VHA		19	a causa de incredulidad.
	16:39	que salieran de la ciudad. (WH, N, ABMW)			
	23:32	dejando a los jinetes que fuesen (WH, N, ABMW)	571		ἄπιστος – ápistos
	28:29	los judíos se fueron, (TR, [VM], NC, [BA])	Mt	17:17	¡Oh generación incrédula y perversa!
Ro	15:28	pasaré entre vosotros rumbo a España.	Mr	9:19	¡Oh generación incrédula!
Gá	1:17	sino que fui a Arabia,	Lc	9:41	¡Oh generación incrédula y perversa!
Stg	1:24	él se considera a sí mismo, y se va		12:46	le pondrá con los infieles
Jud	7	habiendo fornicado e ido en pos de vicios	Jn	20:27	no seas incrédulo, sino creyente
Ap	9:12	El primer ay pasó	Hch	26:8	cosa increíble que Dios resucite
	10:9	fui al ángel, diciéndole	1 Co	6:6	y esto ante los incrédulos
	11:14	El segundo ay pasó		7:12	tiene mujer que no sea creyente
	12:17	se fue a hacer guerra		13	tiene marido que no sea creyente
	16:2	Fue el primero, y derramó su copa		14	el marido incrédulo es santificado
	18:14	Los frutos codiciados...se apartaron de ti			la mujer incrédula en el marido
		todas las cosas...espléndidas te han faltado		15	si el incrédulo se separa
		(TR, VM)		10:27	Si algún incrédulo os invita
	21:1	y la primera tierra pasaron, (WH, N, ABMW		14:22	las lenguas son por señal...a los incrédulos
	4	porque las primeras cosas pasaron			pero la profecía, no a los incrédulos
				23	entran indoctos o incrédulos
568		ἀπέχω – apéco (apéjo)		24	entra algún incrédulo o indocto
Mt	6:2	ya tienen su recompensa.	2 Co	4:4	cegó el entendimiento de los incrédulos
	5	ya tienen su recompensa.		6:14	en yugo desigual con los incrédulos
	16	ya tienen su recompensa.		15	¿O qué parte el creyente con el incrédulo?
	14:24	estaba en medio del mar (TR, VM, NC);	1 Ti	5:8	es peor que un incrédulo
		(distaba ya de tierra, VHA, WH, N,	Tit	1:15	para los corrompidos e incrédulos
		ABMW, BA)	Ap	21:8	los cobardes e incrédulos,
	15:8	su corazón está lejos de mí			
Mr	7:6	su corazón está lejos de mí	572		ἀπλότης – aplótes (japlótes)
	14:41	Basta, la hora ha venido	Ro	12:8	el que reparte, con liberalidad
Lc	6:24	ya tenéis vuestro consuelo.	2 Co	1:12	con sencillez y sinceridad de Dios (TR, ABMW)
	7:6	cuando ya no estaban lejos de la casa		8:2	abundaron en riquezas de su generosidad
	15:20	cuando aún estaba lejos		9:11	para toda liberalidad
	24:13	que estaba a sesenta estadios de Jerusalén		13	y por la liberalidad de vuestra contribución
Hch	15:20	que se aparten de las contaminaciones		11:3	de la sincera fidelidad de la sencillez y de
	29	que os abstengáis de lo sacrificado a ídolos			la pureza, VHA) (WH, N, ABMW, VM,
Fil	4:18	Pero todo lo he recibido			NC, BC, BA); (lit., de la sencillez, TR)
1 Ts	4:3	que os apartéis de fornicación	Ef	6:5	con sencillez de vuestro corazón, como
	5:22	Absteneos de toda especie de mal.	Col	3:22	sino con corazón sincero, (sino con sencillez
1 Ti	4:3	y mandarán abstenerse de alimentos			de corazón, VHA)
Flm	15	para que le recibieses para siempre;			
1 P	2:11	que os abstengáis de los deseos carnales	573		ἁπλοῦς – aploús (japlús)
			Mt	6:22	si tu ojo es bueno (tu ojo fuere sencillo, VM)
569		ἀπιστέω** – apistéo	Lc	11:34	cuando tu ojo es bueno (...sea sencillo, VM)
Mr	16:11	[no lo creyeron]			
	16	[mas el que no creyere, será condenado]	574		ἁπλῶς – aplós (japlós)
Lc	24:11	no las creían	Stg	1:5	el cual da a todos abundantemente
	41	como todavía ellos, de gozo, no lo creían			
Hch	28:24	pero otros no creían	576		ἀποβαίνω – apobáino
Ro	3:3	si algunos de ellos han sido incrédulos	Lc	5:2	los pescadores, habiendo descendido
		(si algunos no creyeron, VHA)		21:13	esto os será ocasión para dar testimonio.
2 Ti	2:13	Si fuéremos infieles, él permanece fiel;	Jn	21:9	Al descender a tierra, vieron
1 P	2:7	para los que no creen, (WH, N, ABMW)	Fil	1:19	esto resultará en mi liberación
570		ἀπιστία** – apistía	577		ἀποβάλλω – apobállo (apobálo)
Mt	13:58	a causa de la incredulidad de ellos	Mr	10:50	El entonces, arrojando su capa,
	17:20	Por vuestra poca fe (V60, WH, N, ABMW,	He	10:35	No perdáis, pues, vuestra confianza, (No
		VHA, VM, NC, BC, BA); (lit.,...			desechéis...VHA)
		incredulidad, TR)			
Mr	6:6	Y estaba asombrado de la incredulidad	578		ἀποβλέπω – apobjépo
	9:24	Creo; ayuda mi incredulidad	He	11:26	tenía puesta la mirada en el galardón
	16:14	[les reprochó su incredulidad]			
Ro	3:3	¿Su incredulidad habrá hecho nula			

579 ἀπόβλητος

579 ἀπόβλητος** — apóbletos
- 1 Ti 4:4 y nada es de desecharse, si se toma

580 ἀποβολή* — apobolé
- Hch 27:22 no habrá ninguna pérdida de vida
- Ro 11:15 si su exclusión es la reconciliación

581 ἀπογίνομαι** — apogínomai (apoguínomai)
- 1 P 2:24 para que nosotros, estando muertos

582 ἀπογραφή — apografé
- Lc 2:2 Este primer censo se hizo (...empadronamiento..., VHA)
- Hch 5:37 en los días del censo, (empadronamiento..., VHA)

583 ἀπογράφω — apográfo
- Lc 2:1 que todo el mundo fuese empadronado
- 3 iban todos para ser empadronados
- 5 para ser empadronado con María
- He 12:23 que están inscritos en los cielos,

584 ἀποδείκνυμι — apodéiknumi
- Hch 2:22 Jesús nazareno, varón aprobado
- 25:7 las cuales no podían probar
- 1 Co 4:9 Dios nos ha exhibido a nosotros
- 2 Ts 2:4 haciéndose pasar por Dios (proclamando de sí mismo que es Dios, VHA)

585 ἀπόδειξις** — apódeixis
- 1 Co 2:4 con demostración del Espíritu y de poder

586 ἀποδεκατεύω*† — apodekatéuo
- Lc 18:12 doy diezmos de todo (WH, N)

586 A ἀποδεκατόω† — apodekatóo
- Mt 23:23 diezmáis la menta y el eneldo
- Lc 11:42 que diezmáis la menta, y la ruda
- 18:12 doy diezmos de todo (TR, ABMW)
- He 7:5 de tomar del pueblo los diezmos

587 ἀπόδεκτος — apódektos
- 1 Ti 2:3 esto es bueno y agradable
- 5:4 esto es lo bueno y agradable

588 ἀποδέχομαι** — apodécomai (apodéjomai)
- Lc 8:40 le recibió la multitud con gozo
- 9:11 les recibió, y les hablaba (acogiéndolos, les hablaba, BC) (WH, N, ABMW)
- Hch 2:41 Así que, los que recibieron su palabra
- 15:4 fueron recibidos por la iglesia, (TR)
- 18:27 escribieron...que le recibiesen
- 21:17 los hermanos nos recibieron con gozo. (WH N, ABMW)
- 24:3 lo recibimos en todo tiempo
- 28:30 recibía a todos los que a él venían

589 ἀποδημέω — apodeméo
- Mt 21:33 se fue lejos.
- 25:14 es como un hombre que yéndose lejos.
- 15 luego se fue lejos.
- Mr 12:1 se fue lejos.
- Lc 15:13 se fue lejos a una provincia apartada

590 ἀπόδημος* — apódemos
- Mr 13:34 Es como el hombre que yéndose lejos, (...ausente de su país, VHA)

591 ἀποδίδωμι — apodídomi
- Mt 5:26 hasta que pagues el último cuadrante
- 33 sino cumplirás al Señor
- 6:4 tu Padre...te recompensará
- 6 tu Padre...te recompensará
- 18 tu Padre...te recompensará
- 12:36 de ella darán cuenta en el día del juicio
- 16:27 entonces pagará a cada uno
- 18:25 A éste, como no pudo pagar para que se le pagase la deuda
- 26 y yo te lo pagaré todo
- 28 Págame lo que me debes.
- 29 yo te lo pagaré todo.
- 30 hasta que pagase la deuda
- 34 hasta que pagase todo lo que le debía
- 20:8 Llama a los obreros y págales el jornal
- 21:41 que le paguen el fruto a su tiempo
- 22:21 Dad... a César, (Pagad..., VHA)
- 27:58 mandó que se le diese el cuerpo
- Mr 12:17 Dad a César, (Pagad a César, VHA)
- Lc 4:20 enrollando el libro, lo dio al ministro,
- 7:42 no teniendo ellos con qué pagar
- 9:42 y se lo devolvió a su padre
- 10:35 yo te lo pagaré cuando regrese
- 12:59 hasta que hayas pagado aun la última blanca
- 16:2 Da cuenta de tu mayordomía
- 19:8 se lo devuelvo cuadruplicado.
- 20:25 dad a César (pagad a César, VHA)
- Hch 4:33 daban testimonio de la resurrección
- 5:8 ¿vendisteis en tanto la heredad?
- 7:9 vendieron a José para Egipto
- 19:40 podamos dar razón de este concurso
- Ro 2:6 el cual pagará a cada uno
- 12:17 No paguéis a nadie mal por mal
- 13:7 Pagad a todos lo que debéis
- 1 Co 7:3 El marido cumpla con la mujer (marido pague a su mujer, VHA)
- 1 Ts 5:15 Mirad que ninguno pague a otro
- 1 Ti 5:4 recompensar a sus padres (devolver la debida recompensa..., VM)
- 2 Ti 4:8 la cual me dará el Señor, juez justo,
- 14 el Señor le pague (TR) (...le pagará, VHA, WH, N, ABMW, VM, NC, BC, BA)
- He 12:11 después da fruto apacible de justicia
- 16 que por una sola comida vendió
- 13:17 como quienes han de dar cuenta
- 1 P 3:9 no devolviendo mal por mal
- 4:5 pero ellos darán cuenta
- Ap 18:6 y pagadle doble según sus obras
- 22:2 dando cada mes su fruto
- 12 para recompensar a cada uno

592 ἀποδιορίζω* — apodiorízo (apodiorídzo)
- Jud 19 Estos son los que causan divisiones

593 ἀποδοκιμάζω — apodokimázo (apodokimádzo)
- Mt 21:42 La piedra que desecharon los edificadores
- Mr 8:31 ser desechado por los ancianos
- 12:10 La piedra que desecharon los edificadores
- Lc 9:22 sea desechado por los ancianos,
- 17:25 sea desechado por esta generación.

Lc	20:17	La piedra que desecharon los edificadores	Jn	6:50	para que el que de él come, no **muera**
He	12:17	fue **desechado**, y no hubo oportunidad		58	comieron el maná, y **murieron**
1 P	2:4	**desechada** ciertamente por los hombres,		8:21	en vuestro pecado **moriréis**
	7	La piedra que los edificadores **desecharon**		24	Por eso os dije que **moriréis** en vuestros pecados **moriréis**

594   ἀποδοχή — apodocé (apodojé)

1 Ti	1:15	digna de ser **recibida** por todos (digna de toda **aceptación**..., VHA)		52	Abraham murió, y los profetas
				53	el cual murió?
					¡Y los profetas **murieron**!
	4:9	digna de ser recibida por todos (digna de toda **aceptación**, VHA)		11:14	Lázaro **ha muerto**
				16	para que **muramos** con él
				21	mi hermano no habría muerto (WH, N, ABMW)

595   ἀπόθεσις * — apóthesis

				25	aunque **esté muerto**, vivirá. (aunque muriere..., VHA)
1 P	3:21	no quitando las inmundicias, (no la purificación de la inmundicia, VHA)		26	no morirá eternamente
2 P	1:14	debo abandonar el cuerpo (lit., pronto es el abandono de mi tienda		32	no habría muerto mi hermano
				37	que Lázaro no muriera? (que éste..., VM)
				50	que un hombre **muera**

596   ἀποθήκη — apothéke

				51	que Jesús había de **morir** por la nación
Mt	3:12	recogerá su trigo en el **granero**	12:24	no cae en la tierra y **muere**
	6:26	ni siegan, ni recogen en **graneros**		si **muere**, lleva mucho fruto
	13:30	pero recoged el trigo en mi granero		33	de qué muerte iba a **morir**
Lc	3:17	recogerá el trigo en su **granero**	18:14	que un solo hombre muriese (WH, N, ABMW)
	12:18	derribaré mis **graneros**		
	24	ni tienen despensa, ni **granero**,		32	de qué muerte iba a **morir**
				19:7	según nuestra ley debe **morir**

597   ἀποθησαυρίζω** — apothesaurízo (apothesaurídzo)

				21:23	que aquel discípulo no **moriría**
					Jesús no le dijo que no **moriría**
1 Ti	6:19	atesorando para sí buen fundamento	Hch	7:4	de allí, **muerto** su padre,
				9:37	enfermó y **murió**.

598   ἀποθλίβω — apothlíbo

				21:13	mas aun a **morir** en Jerusalén
				25:11	no rehúso **morir**
Lc	8:45	la multitud te aprieta y **oprime**	Ro	5:6	a su tiempo **murió** por los impíos
				7	Ciertamente, apenas **morirá** pudiera ser que alguno osara **morir**

599   ἀποθνήσκω — apothnésko

Mt	8:32	perecieron en las aguas		8	Cristo **murió** por nosotros
	9:24	la niña no **está muerta**, (...no murió, VM)		15	por la transgresión de aquel uno **murieron**
	22:24	Si alguno **muriere** sin hijos,		6:2	los que hemos **muerto** al pecado
	27	después de todos **murió** también la mujer		7	el que **ha muerto**
	26:35	Aunque me sea necesario **morir** contigo		8	si **morimos** con Cristo
Mr	5:35	Tu hija **ha muerto**		9	habiendo resucitado..., ya no **muere**
	39	La niña no **está muerta**, (...no **ha muerto**..., VM)		10	Porque en cuanto **murió** murió una vez por todas
	9:26	de modo que muchos decían: Está **muerto**	7:2	si el marido **muere**
	12:19	si el hermano de alguno **muriere**		3	si su marido **muriere**
	20	y **murió** sin dejar descendencia		6	por haber **muerto** para aquella
	21	**murió**, y tampoco dejó		10 (9)	el pecado revivió y yo **morí**
	22	después de todos **murió** también la mujer	8:13	si vivís conforme a la carne, **moriréis** (... habréis de morir, BA)
	15:44	de que ya **hubiese muerto** le preguntó si ya **estaba muerto**. (...había **muerto**, VHA)		34	Cristo es el que **murió**
			14:7	ninguno **muere** para sí
Lc	8:42	que se **estaba muriendo**		8	si **morimos**, para el Señor **morimos** Así pues, sea que vivamos, o que **muramos**,
	52	no **está muerta**, sino que duerme. (no **ha muerto**..., VM)		9	Cristo para esto **murió**
	53	sabiendo que **estaba muerta**. (...había **muerto**, BA)		15	se pierda aquel por quien Cristo **murió**
	16:22	Aconteció que **murió** el mendigo **murió** también el rico	1 Co	8:11	por quien Cristo **murió**
	20:28	Si el hermano de alguno **muriere** y no dejare hijos (lit., y éste **muriere** sin hijos, TR)		9:15	prefiero **morir**
				15:3	Que Cristo **murió** por nuestros pecados,
				22	así como en Adán todos **mueren**
	29	**murió** sin hijos		31	que cada día **muero**
	30	también **murió** sin hijos (TR)		32	porque mañana **moriremos**
	31	**murieron** sin dejar descendencia.		36	si no **muere** antes.
	32	Finalmente **murió** también la mujer	2 Co	5:14	uno **murió** por todos, luego todos **murieron**
	36	no pueden ya más **morir**		15	por todos **murió**,...sino para aquel que **murió**
Jn	4:47	que estaba a punto de **morir**		6:9	como **moribundos**, mas he aquí vivimos
	49	desciende antes que mi hijo **muera**	Gá	2:19	yo por la ley soy **muerto** (...morí, VHA)
	6:49	comieron el maná en el desierto, y **murieron**		21	entonces por demás **murió** Cristo
			Fil	1:21	el **morir** es ganancia

		ἀποκαθίστημι 600			611 ἀποκρίνομαι
Col	2:20	si habéis muerto con Cristo	1 Co	1:7	esperando la manifestación
	3:3	Porque habéis muerto,		14:6	sino os hablare con revelación
1 Ts	4:14	si creemos que Jesús murió		26	tiene revelación
	5:10	quien murió por nosotros	2 Co	12:1	y a las revelaciones del Señor.
He	7:8	reciben los diezmos hombres mortales		7	para que la grandeza de las revelaciones
		(...hombres que mueren, VHA)	Gá	1:12	sino por revelación de Jesucristo
	9:27	que mueran una sola vez,		2:2	subí según una revelación
	10:28	muere irremisiblemente.	Ef	1:17	de revelación en el conocimiento de él
	11:4	y muerto, aún habla por ella.		3:3	que por revelación me fue declarado
	13	Conforme a la fe murieron todos	2 Ts	1:7	cuando se manifieste el Señor Jesús (en la
	21	Por la fe Jacob, al morir			revelación del Señor Jesús, VHA)
	37	Fueron...muertos a filo de espada	1 P	1:7	cuando sea manifestado Jesucristo, (en
1 P	3:18	Cristo padeció una sola vez (TR, VM);			la revelación de Jesucristo, BA)
		(Cristo murió una sola vez, VHA, WH,		13	cuando Jesucristo sea manifestado (en la
		N, ABMW, NC, BC, BA)			revelación de Jesucristo, BA)
Jud	12	dos veces muertos y desarraigados;		4:13	para que también en la revelación
Ap	3:2	las otras cosas que están para morir	Ap	1:1	La revelación de Jesucristo
	8:9	murió la tercera parte de los seres			
	11	muchos hombres murieron	603		ἀποκαραδοκία*† – apokaradokía
	9:6	ansiarán morir, pero la muerte	Ro	8:19	el anhelo ardiente de la creación
	14:13	los muertos que mueren en el Señor	Fil	1:20	conforme a mi anhelo
	16:3	murió todo ser vivo			
			604		ἀποκαταλλάσσω*† – apokatallásso
600		ἀποκαθίστημι – apokathístemi o			(apokataláso)
		ἀποκαθιστάνω	Ef	2:16	mediante la cruz reconciliar con Dios
Mt	12:13	le fue restaurada sana	Col	1:20	por medio de él reconciliar consigo
	17:11	restaurará todas las cosas		22 (21)	os ha reconciliado en su cuerpo (TR,
Mr	3:5	la mano le fue restaurada sana.			WH, N, VHA, VM, BC, BA); (lit., fuisteis
	8:25	fue restablecido, y vio de lejos			reconciliados..., ABMW, NC)
	9:12	y restaurará todas las cosas			
Lc	6:10	y su mano fue restaurada.	605		ἀποκατάστασις* – apokatástasis
Hch	1:6	¿restaurarás el reino a Israel en este tiempo	Hch	3:21	hasta los tiempos de la restauración
He	13:19	para que yo os sea restituido más pronto			
			606		ἀπόκειμαι – apókeimai
601		ἀποκαλύπτω – apokalúpto	Lc	19:20	la cual he tenido guardada en un pañuelo
Mt	10:26	que no haya de ser manifestado	Col	1:5	que os está guardada en los cielos
	11:25	las revelaste a los niños.	2 Ti	4:8	Por lo demás, me está guardada
	27	aquel a quien el Hijo lo quiera revelar	He	9:27	de la manera que está establecido
	16:17	porque no te lo reveló carne ni sangre			(...está reservado, VHA)
Lc	2:35	para que sean revelados los pensamientos			
	10:21	las has revelado a los niños	607		ἀποκεφαλίζω – apokefalízo
	22	aquel a quien el Hijo lo quiera revelar			(apokefalídzo)
	12:2	que no haya de descubrirse	Mt	14:10	ordenó decapitar a Juan
Lc	17:30	en que el Hijo del Hombre se manifieste	Mr	6:16	Este es Juan, el que yo decapité
Jn	12:38	se ha revelado el brazo del Señor?		27 (28)	le decapitó en la cárcel,
Ro	1:17	se revela por fe y para fe	Lc	9:9	A Juan yo le hice decapitar
	18	se revela desde el cielo			
	8:18	que en nosotros ha de manifestarse.	608		ἀποκλείω – apokléio
1 Co	2:10	Pero Dios nos las reveló a nosotros	Lc	13:25	se haya...cerrado la puerta
	3:13	por el fuego será revelada			
	14:30	Y si algo le fuere revelado	609		ἀποκόπτω – apokópto
Gá	1:16	revelar a su Hijo en mí	Mr	9:43	Si tu mano te fuere ocasión de caer, córtala
	3:23	fe que iba a ser revelada		45	si tu pie te fuere ocasión de caer, córtalo
Ef	3:5	como ahora es revelado a sus santos	Jn	18:10	le cortó la oreja derecha.
		(ha sido revelado, VHA)		26	a quien Pedro había cortado la oreja
Fil	3:15	esto también os lo revelará Dios	Hch	27:32	Entonces los soldados cortaron las amarras
2 Ts	2:3	se manifieste el hombre de pecado,	Gá	5:12	¡Ojalá se mutilasen los que os perturban
	6	a su debido tiempo se manifieste			
	8	entonces se manifestará	610		ἀπόκριμα* – apókrima
1 P	1:5	para ser manifestada en el tiempo postrero	2 Co	1:9	tuvimos en nosotros mismos sentencia
	12	A éstos se les reveló que no para sí mismos			de muerte
	5:1	de la gloria que será revelada			
			611		ἀποκρίνομαι – apokrínomai
602		ἀποκάλυψις – apokálupsis	Mt	3:15	Jesús le respondió
Lc	2:32	Luz para revelación a los gentiles		4:4	Él respondió y dijo
Ro	2:5	de la revelación del justo juicio de Dios		8:8	Respondió el centurión y dijo
	8:19	es el aguardar la manifestación			
	16:25	según la revelación del misterio			

ἀποκρίνομαι 611   161   611 ἀποκρίνομαι

Mt	11:4	Respondiendo Jesús, les dijo			dice a Jesús, VHA)
	25	En aquel tiempo, respondiendo Jesús	Mr	9:6	no sabía lo que hablaba (TR, VM, NC, BC);
	12:38	Entonces respondieron algunos			(no sabía qué responder, BA, WH, N,
	,39	El respondió y les dijo			ABMW, VHA)
	48	Respondiendo él al que le decía		12	Respondiendo él, les dijo (TR)
	13:11	El respondiendo, les diio		17	respondiendo uno de la multitud
	37	Respondiendo él, les dijo		19	respondiendo él, les dijo
	14:28	Entonces le respondió Pedro,		38	Juan le respondio diciendo (TR)
	15:3	Respondiendo él, les dijo		10:3	El, respondiendo, les dijo
	13	Pero respondiendo él, dijo		5	respondiendo Jesús, les dijo (TR)
	15	Respondiendo Pedro, le dijo		20	El entonces, respondiendo, le dijo (TR, BC)
	23	Pero Jesús no le respondió palabra		24	pero Jesús, respondiendo, volvió a decirles
	24	El respondiendo, dijo		29	Respondió Jesús y dijo: (TR, VM)
	26	Respondiendo él, dijo		51	Respondiendo Jesús, le dijo
	28	Entonces respondiendo Jesús		11:14	dijo a la higuera (lit., respondiendo, le dijo)
	16:2	Más él respondiendo, les dijo		22	Respondiendo Jesús, les dijo
	16	Respondiendo Simón Pedro, dijo:		29	Jesús, respondiendo, les dijo (TR)
	17	Entonces le respondió Jesús			respondedme
	17:4	Pedro dijo a Jesús (V60); (respondiendo		30	Respondedme
		Pedro..., VHA, TR, WH, N, ABMW,		33	Así que, respondiendo, dijeron a Jesús
		VM, NC, BC, BA)			Entonces respondiendo Jesús, (TR)
	11	Respondiendo Jesús, les dijo		12:17	Respondiendo Jesús, les dijo (TR, VM)
	17	Respondiendo Jesús, dijo		24	Entonces respondiendo Jesús (TR)
	19:4	El, respondiendo, les dijo		28	sabía que les había respondido bien,
	27	Entonces respondiendo Pedro		29	Jesús le respondió
	20:13	El, respondiendo, dijo a uno de ellos		34	viendo que había respondido sabiamente,
	22	Entonces Jesús respondiendo, dijo		35	Enseñando Jesús en el templo, decía
	21:21	Respondiendo Jesús, les dijo			(respondiendo Jesús, decía,enseñando, ...,
	24	Respondiendo Jesús, les dijo			VHA)
	27	respondiendo a Jesús, dijeron		13:2	respondiendo, le dijo (TR)
	29	Respondiendo él, dijo		5	Jesús, respondiéndoles (TR)
	30	respondiendo él, dijo		14:20	El respondiendo, les dijo: (TR)
	22:1	Respondiendo Jesús, les volvió a hablar		40	y no sabían qué responderle.
	29	Entonces respondiendo Jesús, les dijo		48	Y respondiendo Jesús, les dijo:
	46	nadie le podía responder palabra		60	¿No respondes nada?
	24:2	Respondiendo él, les dijo (V60, WH, N,		61	Mas él callaba, y nada respondía.
		ABMW, VHA, VM, BC, BA)		15:2	Respondiendo él, le dijo:
	4	Respondiendo Jesús, les dijo		4	¿Nada respondes?
	25:9	las prudentes respondieron diciendo		5	Mas Jesús ni aun con eso respondió;
	12	Mas él, respondiendo, dijo		9	Y Pilato les respondió diciendo:
	26	Respondiendo su señor, le dijo		12	Respondiendo Pilato, les dijo otra vez:
	37	Entonces los justos le responderán	Lc	1:19	Respondiendo el ángel
	40	Y respondiendo el Rey, les dirá		35	Respondiendo el ángel,
	44	también ellos le responderán diciendo		60	pero respondiendo su madre,
	45	Entonces les responderá diciendo		3:11	Y respondiendo, les dijo:
	26:23	Entonces él respondiendo, dijo		16	respondió Juan, diciendo a todos:
	25	Entonces respondiendo Judas,		4:4	Jesús, respondiéndole, dijo:
	33	Respondiendo Pedro, le dijo		8	Respondiendo Jesús, le dijo:
	62	¿No respondes nada?		12	Respondiendo Jesús, le dijo:
	63	el sumo sacerdote le dijo (V60, WH, N,		5:5	Respondiendo Simón, le dijo:
		ABMW, VHA, VM, NC, BC, BA); (lit.,		22	respondiendo les dijo:
		el sumo sacerdote contestando le dijo,		31	Respondiendo Jesús, les dijo:
		TR)		6:3	Respondiendo Jesús, les dijo:
	66	respondiendo ellos, dijeron		7:22	Y respondiendo Jesús, les dijo:
	27:12	por los ancianos, nada respondió		40	Entonces respondiendo Jesús,
	14	Jesús no le respondió		43	Respondiendo Simón, dijo:
	21	respondiendo el gobernador		8:21	El entonces respondiendo, les dijo:
	25	respondiendo todo el pueblo		50	Oyéndolo Jesús, le respondió
	28:5	el ángel, respondiendo, dijo		9:19	Ellos respondieron: Unos, Juan el Bautista;
Mr	3:33	El les respondió diciendo		20	Entonces respondiendo Pedro, dijo:
	5:9	respondió diciendo (TR)		41	Respondiendo Jesús, dijo:
	6:37	Respondiendo él, les dijo		49	Entonces respondiendo Juan, dijo:
	7:6	Respondiendo él, les dijo (TR)		10:27	Aquél, respondiendo, dijo:
	28	Respondió ella y le dijo:		28	Bien has respondido; haz esto,
	8:4	Sus discípulos le respondieron		41	Respondiendo Jesús, le dijo:
	28	Ellos respondieron: Unos, Juan (TR, VHA,		11:7	respondiendo desde adentro
		VM, NC, BC, BA)		45	Respondiendo...de los intérpretes de la ley,
	29	Respondiendo Pedro, le dijo		13:2	Respondiendo Jesús, les dijo
	9:5	Pedro dijo a Jesús (respondiendo Pedro,		8	El entonces, respondiendo, le dijo

Lc	13:14	dijo a la gente (**respondiendo**...dijo a la compañía, VA)	Jn	9:30	**Respondió** el hombre, y les dijo;
	15	Entonces el Señor le **respondió** y dijo:		34	**Respondieron** y le dijo:
	25	él **respondiendo** os dirá		36	**Respondió** él y dijo:
	14:3	Entonces Jesús habló (**respondiendo** Jesús, habló, VM)		10:25	Jesús les **respondió**: Os lo he dicho,
				32	Jesús les **respondió**: Muchas buenas obras
	5	dirigiéndose a ellos, dijo: (TR)		33	Le **respondieron** los judíos, diciendo:
	15:29	Mas él, **respondiendo**, dijo al padre:		34	Jesús les **respondió**:
	17:17	**Respondiendo** Jesús, dijo:		11:9	**Respondió** Jesús:
	20	les **respondió** y dijo:		12:23	Jesús les **respondió** diciendo:
	37	Y **respondiendo**, le dijeron:		30	**Respondió** Jesús y dijo:
	19:40	El, **respondiendo**, les dijo:		34	Le **respondió** la gente:
	20:3	**Respondiendo** Jesús, les dijo		13:7	**Respondió** Jesús y le dijo:
	7	Y **respondieron** que no sabían		8	Jesús le **respondió**: Si no te lavare,
	24	Y **respondiendo** dijeron: (TR)		26	**Respondió** Jesús: A quien yo diere
	34	Entonces **respondiendo** Jesús (TR)		36	Jesús le **respondió**: A donde yo voy,
	39	**Respondiéndole** algunos de los escribas,		38	Jesús le **respondió**
	22:51	Entonces **respondiendo** Jesús, dijo:		14:23	**Respondió** Jesús y le dijo:
	68	no me **responderéis**, ni me soltaréis.		16:31	Jesús les **respondió**: ¿Ahora creéis?
	23:3	**respondiéndole** el, dijo:		18:5	Le **respondieron**: A Jesús nazareno.
	9	pero él nada le **respondió**.		8	**Respondió** Jesús: Os he dicho
	40	**Respondiendo** el otro, le reprendió		20	Jesús le **respondió**: Yo públicamente
	24:18	**Respondiendo** uno de ellos,		22	¿Así **respondes** al sumo sacerdote?
Jn	1:21	Y **respondió**: No.		23	Jesús le **respondió**: Si he hablado
	26	Juan les **respondió** diciendo:		30	**Respondieron** y le dijeron:
	48	**Respondió** Jesús y le dijo:		34	Jesús le **respondió**:
	49	**Respondió** Natanael y le dijo:		35	Pilato le **respondió**:
	50	**Respondió** Jesús y le dijo:		36	**Respondió** Jesús: Mi reino
	2:18	Y los judíos **respondieron** y le dijeron:		37	**Respondió** Jesús: Tú dices que yo soy rey.
	19	**Respondió** Jesús y les dijo:		19:7	Los judíos le **respondieron**:
	3:3	**Respondió** Jesús y le dijo:		11	**Respondió** Jesús: Ninguna autoridad
	5	**Respondió** Jesús: De cierto, de cierto		15	**Respondieron** los principales sacerdotes:
	9	**Respondió** Nicodemo y le dijo:		22	**Respondió** Pilato: Lo que he escrito
	10	**Respondió** Jesús y le dijo:		20:28	Entonces Tomás **respondió** y le dijo:
	27	**Respondió** Juan y dijo:		21:5	Le **respondieron**: No.
	4:10	**Respondió** Jesús y le dijo:	Hch	3:12	Viendo esto Pedro, **respondió** al pueblo
	13	**Respondió** Jesús y le dijo:		4:19	Pedro y Juan **respondieron** (...**respondiendo**, BC)
	17	**Respondió** la mujer y dijo:		5:8	Entonces Pedro le dijo: (y **respondióle** Pedro, VHA)
	5:7	le **respondió** el enfermo, no tengo			
	11	El les **respondió**: El que me sanó		29	**Respondiendo** Pedro y los apóstoles,
	17	Y Jesús les **respondió**:		8:24	**Respondiendo** entonces Simón,
	19	**Respondió** entonces Jesús,		34	**Respondiendo** el eunuco,
	6:7	Felipe le **respondió**:		37	Y **respondiendo** dijo: Creo que Jesucristo (TR, [VM], NC, BC, BA)
	26	**Respondió** Jesús y les dijo:			
	29	**Respondió** Jesús y les dijo:		9:13	Entonces Ananías **respondió**:
	43	Jesús **respondió** y les dijo:		10:46(47)	Entonces **respondió** Pedro:
	68	Le **respondió** Simón Pedro:		11:9	**Respondió** la voz me **respondió** del cielo
	70	Jesús les **respondió**:		15:13	Jacobo **respondió** diciendo:
	7:16	Jesús les **respondió** y dijo:		19:15	Pero **respondiendo** el espíritu malo,
	20	**Respondió** la multitud y dijo:		21:13	Entonces Pablo **respondió**:
	21	Jesús **respondió**:		22:8	Yo entonces **respondí**:
	46	Los alguaciles **respondieron**:		28	**Respondió** el tribuno
	47	Entonces los fariseos les **respondieron**:		24:10	éste **respondió**: Porque sé que
	52	**Respondieron** y les dijeron:		25	Félix se espantó, y dijo: (espantado Félix, **respondió**, VHA)
	8:14	**Respondió** Jesús y les dijo:			
	19	**Respondió** Jesús: Ni a mí me conocéis		25:4	Festo **respondió** que Pablo
	33	Le **respondieron**: Linaje de Abraham		9	**respondiendo** a Pablo dijo:
	34	Jesús les **respondió**: De cierto, de cierto		12	habiendo hablado con el consejo, **respondió**
	39	**Respondieron** y le dijeron:		16	A éstos **respondí** que no es costumbre
	48	**Respondieron** entonces los judíos,	Col	4:6	para que sepáis cómo debéis **responder**
	49	**Respondió** Jesús: Yo no tengo demonio	Ap	7:13	uno de los ancianos habló, (**respondió** uno de los ancianos, VHA)
	54	**Respondió** Jesús: Si yo me glorifico			
	9:3	**Respondió** Jesús: No es que pecó		612	ἀπόκρισις — apókrisis
	11	**Respondió** él y dijo:	Lc	2:47	de su inteligencia y de sus **respuestas**
	20	Sus padres **respondieron** y les dijeron		20:26	maravillados de su **respuesta**, callaron
	25	Entonces él **respondió** y dijo	Jn	1:22	para que demos **respuesta**
	27	El les **respondió**: Ya os lo he dicho,		19:9	Jesús no le dio **respuesta**.

613		ἀποκρύπτω — apokrúpto		Hch	23:14	hasta que **hayamos dado muerte** a Pablo
Mt	11:25	**esconditse** estas cosas (TR)			27:42	acordaron **matar** a los presos,
	25:18	**escondió** el dinero (TR)		Ro	7:11	por él me **mató**
Lc	10:21	**esconditse** estas cosas de los sabios			11:3	Señor, a tus profetas **han dado muerte**
1 Co	2:7	la sabiduría **oculta**, la cual Dios		2 Co	3:6	la letra **mata**
Ef	3:9	del misterio **escondido** desde los siglos		Ef	2:16	**matando** en ella las enemistades
Col	1:26	el misterio **que había estado oculto**		1 Ts	2:15	los cuales **mataron** al Señor Jesús
				Ap	2:13	**fue muerto** entre vosotros
614		ἀπόκρυφος — apókrufos			23	a sus hijos **heriré** de muerte (...**mataré**, VM)
Mr	4:22	no hay nada **oculto**			6:8	para **matar** con espada, con hambre
Lc	8:17	nada hay **oculto**			11	que también habían de **ser muertos**
Col	2:3	en quien están **escondidos** todos los tesoros			9:5	les fue dado, no que los **matasen**,
					15	a fin de **matar** a la tercera parte
615		ἀποκτείνω — apoktéino			18	Por estas tres plagas **fue muerta** la tercera
					20	los otros hombres que no **fueron muertos**
Mt	10:28	no temáis a los **que matan**			11:5	debe **morir** él de la misma manera
		el alma no pueden **matar**			7	los vencerá y los **matará**
	14:5	Herodes quería **matarle**,			13	por el terremoto **murieron** en número
	16:21	**ser muerto**, y resucitar al tercer día.			13:10	si alguno **mata** a espada, a espada debe
	17:23	**le matarán**; mas al tercer día resucitará				**ser muerto**
	21:35	a uno golpearon, a otro **mataron**			15	hiciese **matar** a todo el que no la adorase
	38	venid, **matémosle**, y apoderémonos				(hiciese que cuantos no adoraran...
	39	le echaron fuera de la viña, y le **mataron**				**fuesen muertos**, VM)
	22:6	los afrentaron y los **mataron**.			19:21	los demás **fueron muertos** con la espada
	23:34	a unos **mataréis** y crucificaréis				
	37	Jerusalén, **que matas** a los		**616**		ἀποκυέω** — apokuéo
	24:9	os **matarán**, y seréis aborrecidos		Stg	1:15	siendo consumado, **da a luz** la muerte.
	26:4	con engaño a Jesús, y **matarle**			18	El, de su voluntad, nos **hizo nacer**
Mr	3:4	salvar..., o quitarla? (...o matar?, VHA)				
	6:19	deseaba **matarle**, y no podía		**617**		ἀποκυλίω† — apokulío
	8:31	**ser muerto**, y resucitar después				
	9:31	**le matarán**; pero **después de muerto**		Mt	28:2	llegando, **removió** la piedra,
	10:34	**le matarán**; mas al tercer día resucitará		Mr	16:3	¿Quién nos **removerá** la piedra
	12:5	a éste **mataron**			4	vieron **removida** (TR, ABMW)
		golpeando a unos y **matando** a otros		Lc	24:2	Y hallaron **removida** la piedra del sepulcro
	7	venid, **matémosle**, y la heredad será nuestra.				
	8	tomándole, le **mataron**		**618**		ἀπολαμβάνω — apolambáno
	14:1	cómo prenderle por engaño y **matarle**		Mr	7:33	**tomándole** aparte de la gente
Lc	9:22	que **sea muerto**, y resucite al tercer día		Lc	6:34	de quienes esparáis **recibir** (TR)
	11:47	a quienes **mataron** vuestros padres!				para **recibir** otro tanto
	48	a la verdad ellos los **mataron**			15:27	por haberle **recibido** bueno y sano
	49	de ellos a unos **matarán**			16:25	acuérdate que **recibiste** tus bienes
	12:4	No temáis a los **que matan** el cuerpo,			18:30	que no **haya de recibir** (TR, ABMW)
	5	que después de **haber quitado la vida**,			23:41	porque **recibimos** lo que merecieron
		(...**haber matado**, VHA)		Ro	1:27	**recibiendo** en sí mismos
	13:4	cayó la torre en Siloé, y los **mató**		Gá	4:5	a fin de que **recibiésemos** la adopción
	31	Herodes te quiere **matar**		Col	3:24	del Señor **recibiréis** la recompensa
	34	Jerusalén, que **matas** a los profetas		2 Jn	8	**recibáis** galardón completo
	18:33	después que le hayan azotado, **le matarán**		3 Jn	8	debemos **acoger** a tales personas, (TR)
	20:14	**matémosle**, para que la heredad				
	15	le echaron fuera de la viña, y le **mataron**		**619**		ἀπόλαυσις** — apólausis
Jn	5:16	procuraban **matarle**, (TR, VM)		1 Ti	6:17	todas las cosas en abundancia **para que las**
	18	aun más procuraban **matarle**,				**disfrutemos** (...para nuestro **goce**, VHA)
	7:1	los judíos procuraban **matarle**		He	11:25	que gozar de **los deleites** temporales (que
	19	¿Por qué procuráis **matarme**?				tener el **goce** pasajero, BC)
	20	¿quién procura **matarte**?				
	25	¿No es éste a quien buscan para **matarle**?		**620**		ἀπολείπω — apoléipo
	8:22	¿Acaso se **matará** a sí mismo,		2 Ti	4:13	el capote que **dejé** en Troas
	37	procuráis **matarme**, porque mi palabra			20	y a Trófimo **dejé** en Mileto enfermo
	40	ahora procuráis **matarme**		Tit	1:5	te **dejé** en Creta (WH, N, ABMW)
	11:53	desde aquel día acordaron **matarle**		He	4:6	Por lo tanto, puesto que **falta** que algunos
	12:10	acordaron **dar muerte** también a Lázaro,			9	Por tanto, **queda** un reposo para
	16:2	cuando cualquiera **que os mate**, pensará			10:26	ya no **queda** más sacrificio por los pecados
	18:31	no nos está permitido **dar muerte** a nadie		Jud	6	sino que **abandonaron** su propia morada,
Hch	3:15	**matasteis** al Autor de la vida				
	7:52	**mataron** a los que anunciaron de antemano		**621**		ἀπολείχω — apoléico (apoléijo)
	21:31	procurando ellos **matarle**,		Lc	16:21	**le lamían** las llagas (TR)
	23:12	hasta que **hubiesen dado muerte** a Pablo				

622 ἀπόλλυμι – apóllumi (apólumi)

Mt	2:13	buscará al niño para matarlo,
	5:29	mejor te es que se te pierda
	30	mejor te es que se pierda
	8:25	¡Señor, sálvanos, que perecemos!
	9:17	los odres se pierden;
	10:6	sino id antes a las ovejas perdidas
	28	que puede destruir el alma y el cuerpo
	39	El que halla su vida, la perderá
		el que pierde su vida por causa de mí
	42	os digo que no perderá su recompensa
	12:14	contra Jesús para destruirle
	15:24	sino a las ovejas perdidas de la casa
	16:25	todo el que quiera salvar su vida, la perderá;
		el que pierda su vida por causa de mí
	18:11	para salvar lo que se había perdido (TR, VM NC, BC, BA)
	14	que se pierda uno de estos pequeños.
	21:41	A los malos destruirá sin misericordia,
	22:7	destruyó a aquellos homicidas,
	26:52	a espada perecerán
	27:20	y que Jesús fuese muerto
Mr	1:24	¿Has venido para destruirnos?
	2:22	y los odres se pierden;
	3:6	contra él para destruirle
	4:38	¿no tienes cuidado que perecemos?
	8:35	todo el que quiera salvar su vida, la perderá
		el que pierda su vida por causa de mí
	9:22	en el agua, para matarle
	41	os digo que no perderá su recompensa.
	11:18	y buscaban cómo matarle;
	12:9	destruirá a los labradores,
Lc	4:34	¿Has venido para destruirnos?
	5:37	se derramará, y los odres se perderán.
	6:9	¿salvar la vida, o quitarla? (... destruirla, VM)
	8:24	¡Maestro, Maestro que perecemos!
	9:24	todo el que quiera salvar su vida, la perderá
		el que pierda su vida por causa de mí,
	25	y se destruye o se pierde a sí mismo?
	56	no ha venido para perder las almas (TR, VM, BC)
	11:51	que murió entre el altar (que pereció entre el altar, VHA)
	13:3	todos pereceréis igualmente.
	5	todos pereceréis igualmente.
	33	no es posible que un profeta muera
	15:4	si pierde una de ellas,
		va tras la que se perdió,
	6	he encontrado mi oveja que se había perdido
	8	si pierde una dracma,
	9	la dracma que había perdido
	17	y yo aquí perezco de hambre!
	24	se había perdido, y es hallado,
	32	se había perdido, y es hallado
	17:27	los destruyó a todos.
	29	los destruyó a todos
	33	el que procure salvar su vida, la perderá todo el que la pierda,
	19:10	y a salvar lo que se había perdido.
	47	procuraban matarle
	20:16	vendrá y destruirá a estos
	21:18	ni un cabello de vuestra cabeza perecerá
Jn	3:15	no se pierda, mas tenga vida eterna. (TR)
	16	no se pierda, mas tenga vida eterna.
	6:12	para que no se pierda nada
	27	no por la comida que perece,
	39	no pierda yo nada,

Jn	10:10	sino para hurtar y matar y destruir;
	28	y no perecerán jamás,
	11:50	y no que toda la nación perezca.
	12:25	El que ama su vida, la perderá,
	17:12	ninguno de ellos se perdió,
	18:9	De los que me diste, no perdí ninguno
	14	que un solo hombre muriese (TR)
Hch	5:37	Pereció también él,
	27:34	de ninguno de vosotros perecerá. (V60, WH, N, ABMW, VHA, VM, NC, BC, BA); (lit.,...caerá, TR)
Ro	2:12	sin ley también perecerán
	14:15	No hagas que...se pierda aquel
1 Co	1:18	es locura a los que se pierden
	19	Destruiré la sabiduría de los sabios
	8:11	se perderá el hermano débil por quien
	10:9	perecieron por las serpientes.
	10	perecieron por el destructor
	15:18	los que durmieron en Cristo perecieron
2 Co	2:15	en los que se pierden
	4:3	entre los que se pierden
	9	derribados, pero no destruidos
2 Ts	2:10	para los que se pierden,
He	1:11	Ellos perecerán, mas tú permaneces
Stg	1:11	y perece su hermosa apariencia
	4:12	que pueda salvar y perder
1 P	1:7	el oro el cual aunque perecedero (el oro que perece, VHA)
2 P	3:6	el mundo de entonces pereció
	9	no queriendo que ninguno perezca
2 Jn	8	para que no perdáis el fruto (V60, WH, N, ABMW, VHA, VM, NC, BC, BA); (lit.,...para que no perdamos..., TR)
Jud	5	después destruyó a los que no creyeron
	11	y perecieron en la contradicción de Coré
Ap	18:14	todas las cosas exquisitas...han faltado (...se han apartado, VM, TR); (perecieron, VHA, WH, N, ABMW, NC, BC, BA)

623 Ἀπολλύων – Apollúon (Apolúon)

Ap	9:11	y en griego, Apolión

624 Ἀπολλωνία – Apollonía (Apolonía)

Hch	17:1	Pasando por Anfípolis y Apolonia,

625 Ἀπολλώς – Apollós (Apolós)

Hch	18:24	un judío llamado Apolos,
	19:1	entre tanto que Apolos estaba
1 Co	1:12	y yo de Apolos
	3:4	Yo soy de Apolos,
	5	y qué es Apolos?
	6	Yo planté, Apolos regó
	22	sea Pablo, sea Apolos,
	4:6	como ejemplo en mí y en Apolos
	16:12	Acerca del hermano Apolos,
Tit	3:13	y a Apolos, encamínales

626 ἀπολογέομαι – apologéomai (apologuéomai)

Lc	12:11	o qué habréis de responder,
	21:14	como habéis de responder
Hch	19:33	quería hablar en su defensa ante el pueblo
	24:10	con buen ánimo haré mi defensa.
	25:8	alegando Pablo en su defensa:
	26:1	comenzó así su defensa:
	2	de que haya de defenderme hoy
	24	Diciendo él estas cosas en su defensa

Ro	2:15	acusándoles o defendiéndoles	Lc	8:38	pero Jesús le despidió, diciendo:
2 Co	12:19	¿Pensáis aún que nos disculpamos		9:12	Despide a la gente, para que vayan
				13:12	eres libre de tu enfermedad.

627 ἀπολογία** – apologia (apologuía)

Hch	22:1	oíd ahora mi defensa ante vosotros
	25:16	pueda defenderse de la acusación. (lit., que reciba lugar de defensa)
1 Co	9:3	esta es mi defensa:
2 Co	7:11	qué defensa, qué indignación,
Fil	1:7	y en la defensa y confirmación
	16 (17)	estoy puesto para la defensa
2 Ti	4:16	En mi primera defensa ninguno
1 P	3:15	para presentar defensa

628 ἀπολούω – apoloúo (apolúo)

Hch	22:16	y lava tus pecados, invocando su nombre.
1 Co	6:11	mas ya habéis sido lavados,

629 ἀπολύτρωσις – apolútrosis

Lc	21:28	porque vuestra redención está cerca.
Ro	3:24	mediante la redención que es en Cristo
	8:23	la redención de nuestro cuerpo
1 Co	1:30	justificación, santificación y redención;
Ef	1:7	en quien tenemos redención por su sangre
	14	hasta la redención de la posesión
	4:30	para el día de la redención.
Col	1:14	en quien tenemos redención por su sangre,
He	9:15	para la remisión de las transgresiones (... la redención ... VHA)
	11:35	aceptando el rescate, (lit.,..... la redención)

630 ἀπολύω – apolúo ·

Mt	1:19	quiso dejarla secretamente, (se propuso repudiarla secretamente, VHA)
	5:31	cualquiera que repudie a su mujer,
	32	el que repudia a su mujer, y el que se casa con la repudiada
	14:15	despide a la multitud,
	22	entre tanto que él despedía a la multitud
	23 (22)	Despedida la multitud,
	15:23	Despídela, pues da voces tras nosotros
	32	enviarlos en ayunas no quiero,
	39	Entonces, despedida la gente,
	18:27	le soltó y le perdonó la deuda.
	19:3	¿Es lícito al hombre repudiar a su mujer
	7	dar carta de divorcio, y repudiarla?
	8	Moisés os permitió repudiar a vuestras mujeres
	9	cualquiera que repudia a su mujer y el que se casa con la repudiada, (TR,VM)
	27:15	acostumbraba el gobernador soltar
	17	¿A quién queréis que os suelte:
	21	¿A cuál de los dos queréis que os suelte?
	26	Entonces les soltó a Barrabás
Mr	6:36	Despídelos para que vayan
	45	entre tanto que él despedía a la multitud
	8:3	y si los enviare en ayunas
	9	y los despidió
	10:2	si era lícito al marido repudiar a su mujer
	4	permitió dar carta de divorcio, y repudiarla
	11	Cualquiera que repudia a su mujer
	12	y si la mujer repudia a su marido
	15:6	en el día de la fiesta les soltaba un preso,
	9	¿Queréis que os suelte al Rey de los judíos?
	11	para que les soltase más bien a Barrabás
	15	les soltó a Barrabás,
Lc	2:29	Ahora, Señor, despides a tu siervo en paz,
	6:37	perdonad, y seréis perdonados
	14:4	le sanó, y le despidió.
	16:18	Todo el que repudia a su mujer y el que se casa con la repudiada
	22:68	no me responderéis, ni me soltaréis (TR, VM)
	23:16	Le soltaré, pues, después de castigarle.
	17	tenía necesidad de soltarles uno (TR, VM, NC, BC, [BA])
	18	y suéltanos a Barrabás!
	20	queriendo soltar a Jesús;
	22	le castigaré, pues, y le soltaré
	25	y les soltó a aquel que había sido
Jn	18:39	de que os suelte uno en la pascua ¿Queréis, pues, que os suelte al Rey
	19:10	y que tengo autoridad para soltarte?
	12	procuraba Pilato soltarle; Si a éste sueltas, no eres amigo
Hch	3:13	éste había resuelto ponerle en libertad.
	4:21	les soltaron, no hallando
	23	puestos en libertad, vinieron a los suyos
	5:40	y los pusieron en libertad
	13:3	les impusieron las manos y los despidieron
	15:30	los que fueron enviados
	33	fueron despedidos en paz por los hermanos
	16:35	Suelta a aquellos hombres
	36	han mandado a decir que se os suelte
	17:9	los soltaron
	19:40 (41)	despidió la asamblea
	23:22	el tribuno despidió al joven
	26:32	Podía este hombre ser puesto en libertad
	28:18	me querían soltar,
	25	al retirarse, (ya se retiraban, VHA)
He	13:23	que está en libertad nuestro hermano Timoteo,

631 ἀπομάσσομαι** – apomássomai

Lc	10:11	lo sacudimos contra vosotros

632 ἀπονέμω – aponémo

1 P	3:7	dando honor a la mujer

633 ἀπονίπτω – aponípto

Mt	27:24	tomó agua y se lavó las manos

634 ἀποπίπτω – apopípto

Hch	9:18	Y al momento le cayeron de los ojos

635 ἀποπλανάω – apoplanáo

Mr	13:22	para engañar, si fuese posible,
1 Ti	6:10	se extraviaron de la fe,

636 ἀποπλέω* – apopléo

Hch	13:4	y de allí navegaron a Chipre.
	14:26	De allí navegaron a Antioquía,
	20:15	Navegando de allí, al día siguiente
	27:1	que habíamos de navegar para Italia,

637 ἀποπλύνω – apoplúno

Lc	5:2	lavaban sus redes (TR)

638 ἀποπνίγω – apopnígo

Mt	13:7	los espinos...la ahogaron. (TR, WH, N)
Lc	8:7	juntamente con ella, la ahogaron

ἀπορέω	639		166			649 ἀποστέλλω

Lc	8:33	al lago, y se ahogó.

639   ἀπορέω – aporéo

Mr	6:20	oyéndole, se quedaba muy perplejo, (V60, WH, N, VHA, NC, BC, BA)
Lc	24:4	estando ellas perplejas (WH, N, ABMW)
Jn	13:22	dudando de quién hablaba
Hch	25:20	Yo, dudando en cuestión semejante,
2 Co	4:8	en apuros, mas no desesperados;
Gá	4:20	pues estoy perplejo en cuanto a vosotros

640   ἀπορία – aporía

Lc	21:25	angustia de las gentes, confundidas (angustia de naciones, en perplejidad, VM)

641   ἀπορίπτω – aporípto o ἀπορρίπτω

Hch	27:43	mandó que...se echasen los primeros,

642   ἀπορφανίζω* – aporfanízo (aporfanídzo)

1 Ts	2:17	separados de vosotros

643   ἀποσκευάζω – aposkeuázo (aposkeuádzo)

Hch	21:15	hechos ya los preparativos, subimos a Jerusalén (TR)

644   ἀποσκίασμα*† – aposkíasma

Stg	1:17	ni sombra de variación.

645   ἀποσπάω – apospáo

Mt	26:51	extendiendo la mano, sacó su espada,
Lc	22:41	se apartó de ellos
Hch	20:30	para arrastrar tras sí a los discípulos.
	21:1	Después de separarnos de ellos,

646   ἀποστασία – apostasía

Hch	21:21	que enseñas...a apostatar de Moisés, (...la apostasía de Moisés, BC)
2 Ts	2:3	sin que antes venga la apostasía

647   ἀποστάσιον – apostásion

Mt	5:31	dele carta de divorcio.
	19:7	mandó Moisés dar carta de divorcio,
Mr	10:4	Moisés permitió dar carta de divorcio

648   ἀποστεγάζω** – apostegázo (apostegádzo)

Mr	2:4	descubrieron el techo de donde estaba,

649   ἀποστέλλω – apostéllo (apostélo)

Mt	2:16	mandó matar a todos los niños
	8:31	permítenos ir a aquel hato (TR); (envíanos a..., VHA, WH, N, ABMW, VM, NC, BC, BA)
	10:5	A estos doce envió Jesús,
	16	He aquí, yo os envío como a ovejas
	40	recibe al que me envió
	11:10	He aquí, yo envío mi mensajero
	13:41	Enviará el Hijo del Hombre a sus ángeles,
	14:35	enviaron noticias por toda aquella tierra
	15:24	No soy enviado sino a las ovejas (No fui enviado, ... VHA)
	20:2	los envió a su viña.
	21:1	Jesús envió dos disípulos,
	3	luego los enviará

	3:34	envió sus siervos a los labradores,
	36	Envió de nuevo otros siervos
	37	Finalmente les envió su hijo,
	22:3	y envió a sus siervos a llamar
	4	Volvió a enviar otros siervos,
	16	Y le enviaron los discípulos
	23:34	he aquí yo os envío profetas y sabios
	37	y apedreas a los que son enviados!
	24:31	Y enviará sus ángeles con gran voz
	27:19	su mujer le mandó decir:
Mr	1:2	He aquí yo envío mi mensajero
	3:14	para enviarlos a predicar,
	31	quedándose afuera, enviaron a llamarle
	4:29	se mete la hoz,
	5:10	Y le rogaba mucho que no los enviase fuera
	6:7	y comenzó a enviarlos de dos en dos
	17	había enviado y prendido a Juan,
	27	enviando a uno de la guardia,
	8:26	Y lo envió a su casa,
	9:37	sino al que me envió.
	11:1	Jesús envió dos de sus discípulos,
	3	que luego lo devolverá. (en seguida lo enviará de nuevo, VHA)
	12:2	a su tiempo envió un siervo
	3	le enviaron con las manos vacías
	4	Volvió a enviarles otro siervo también le enviaron afrentado (TR)
	5	Volvió a enviar otro,
	6	lo envió también a ellos,
	13	le enviaron algunos de los fariseos
	13:27	entonces enviará sus ángeles,
	14:13	envió dos de sus discípulos,
Lc	1:19	he sido enviado a hablarte,
	1:26	el ángel Gabriel fue enviado
	4:18	Me ha enviado a sanar a los quebrantados de corazón (TR, V60); (me ha enviado a proclamar libertad a los cautivos, VHA, WH, N, ABMW, VM, NC, BC, BA) poner en libertad a los oprimidos (para enviar con libertad a los oprimidos, BC)
	43	porque para esto he sido enviado.
	7:3	le envió unos ancianos de los judíos
	20	Juan el Bautista nos ha enviado
	27	He aquí, envío mi mensajero
	9:2	los envió a predicar el reino
	48	recibe al que me envió
	52	envió mensajeros delante de él
	10:1	a quienes envió de dos en dos
	3	Id; he aquí yo os envío como corderos
	16	desecha al que me envió.
	11:49	Les enviaré profetas y apóstoles
	13:34	apedreas a los que son enviados
	14:17	envió a su siervo a decir
	32	le envía una embajada y le pide
	19:14	enviaron tras él una embajada,
	29	envió dos de sus discípulos,
	32	Fueron los que habían sido enviados,
	20:10	a su tiempo envió un siervo
	20	acechándole enviaron espías
	22:8	Jesús envió a Pedro
	35	Cuando os envié sin bolsa,
	24:49	He aquí, yo enviaré la promesa (TR)
	19	cuando los judíos enviaron de Jerusalén
	24	Y los que habían sido enviados eran (TR, NC); (ellos habían sido enviados, VM, WH, N, ABMW, VHA, BA, BC)
Jn	1:6	Hubo un hombre enviado de Dios,
	3:17	Porque no envió Dios a su Hijo
	28	sino que soy enviado delante de él. (...he

ἀποστερέω 650   652 ἀπόστολος

		650 sido enviado ...VHA)
Jn	3:34	Porque el que Dios **envió**, las palabras
	4:38	Yo os he **enviado** a segar
	5:33	Vosotros **enviasteis** mensajeros
	36	que el Padre me ha **enviado**,
	38	porque a quien él **envió**,
	6:29	que creáis en el que él ha **enviado**
	57	Como me **envió** el Padre viviente
	7:29	porque de él precede y él me **envió**
	32	**enviaron** alguaciles para que le prendieran
	8:42	sino que él me **envió**.
	9:7	Siloé (que traducido es, **Enviado**)
	10:36	¿al que el Padre santificó y **envió**,
	11:3	**Enviaron**, pues, las hermanas
	42	para que crean que tú me has **enviado**
	17:3	a Jesucristo, a quien has **enviado**.
	8	han creído que tú me **enviaste**.
	18	Como tú me **enviaste** al mundo, así yo los he **enviado** al mundo.
	21	para que el mundo crea que tú me **enviaste**
	23	para que...conozca que tú me **enviaste**
	25	éstos han conocido que tú me **enviaste**
	18:24	Anás entonces le **envió** atado
	20:21	Como me **envió** el Padre,
Hch	3:20	él **envíe** a Jesucristo, que os fue
	26	lo **envió** para que os bendijese,
	5:21	**enviaron** a la cárcel para que fuesen
	7:14	**enviando** José, hizo venir
	34	Ahora, pues, ven, te **enviaré** a Egipto
	35	a éste lo **envió** Dios como gobernante
	8:14	**enviaron** allá a Pedro y a Juan
	9:17	me ha **enviado** para que recibas la vista
	38	le **enviaron** dos hombres, a rogarle
	10:8	a los cuales **envió** a Jope
	17	los hombres que habían sido **enviados**
	20	porque yo los he **enviado**.
	21	los hombres que fueron **enviados** (TR)
	36	Dios **envió** mensaje a los hijos (TR, WH, NC); (la palabra que él **envió**..., VM, N, ABMW, VHA, BA, BC)
	11:11	**enviados** a mí desde Cesarea.
	13	**Envía** hombre a Jope, y has venir a Simón
	30	**enviándolo** a los ancianos
	13:15	mandaron a decirles
	26	a vosotros es **enviada** la palabra (TR)
	15:27	Así que **enviamos** a Judas y a Silas
	33	para volver a aquellos que los habían **enviado**. (V60, WH, N, ABMW, VHA, VM NC, BC, BA); (lit.,..., a los apóstoles, TR)
	16:35	los magistrados **enviaron** alguaciles a decir
	36	Los magistrados han **mandado** a decir
	19:22	**enviando** a Macedonia a dos de los que
	21:25	nosotros les hemos escrito (TR, N, ABMW, VHA, VM, NC, BC, BA); (lit.,...hemos **enviado**, WH)
	26:17	a quienes ahora te **envío**
	20:20	Sabed, pues, que a los gentiles es **enviada**
Ro	10:15	¿Y cómo predicarán si no **fueren enviados**?
1 Co	1:17	Pues no me **envió** Cristo a bautizar,
2 Co	12:17	por alguno de los que he **enviado** a vosotros
2 Ti	4:12	A Tíquico lo **envié** a Efeso
He	1:14	**enviados** para servicio a favor
1 P	1:12	por el Espíritu Santo **enviado** del cielo
1 Jn	4:9	en que Dios **envió** a su Hijo unigénito
	10	**envió** a su Hijo en propiciación
	14	que el Padre ha **enviado** al Hijo
Ap	1:1	la declaró **enviándola** por medio
	5:6	son los siete espíritus de Dios **enviados**
	22:6	ha **enviado** su ángel, para mostrar

		650 ἀποστερέω — aposteréo
Mr	10:19	No **defraudes**. Honra a tu padre
1 Co	6:7	¿Por qué no **sufrís** más bien el ser **defraudados**? (¿Por qué mejor no ser **defraudados**?, BA)
	8	vosotros cometéis el agravio, y **defraudáis**,
	7:5	No os **neguéis** el uno al otro, (No os **defraudéis**..., VHA)
1 Ti	6:5	**privados** de la verdad, que toman
Stg	5:4	el cual por engaño no les ha sido **pagado** (el cual les ha sido **defraudado**, VHA) (TR)

		651 ἀποστολή — apostolé
Hch	1:25	de este ministerio y **apostolado**,
Ro	1:5	recibimos la gracia y el **apostolado**,
1 Co	9:2	el sello de mi **apostolado**
Gá	2:8	para el **apostolado** de la circuncisión,

		652 ἀπόστολος — apóstolos
Mt	10:2	Los nombres de los doce **apóstoles**
Mr	3:14	Lit., a quienes llamó **apóstoles** (WH, [ABMW])
	6:30	Entonces los **apóstoles** se juntaron
Lc	6:13	a los cuales también llamó **apóstoles**:
	9:10	Vueltos los **apóstoles**, le contaron
	11:49	les enviaré profetas y **apóstoles**;
	17:5	Dijeron los **apóstoles** al Señor:
	22:14	y con él los **apóstoles**
	24:10	quienes dijeron estas cosas a los **apóstoles**
Jn	13:16	ni el **enviado** es mayor
Hch	1:2	a los **apóstoles** que había escogido;
	26	fue contado con los once **apóstoles**
	2:37	dijeron a Pedro y a los otros **apóstoles**
	42	perseveraban en la doctrina de los **apóstoles**
	43	eran hechos por los **apóstoles**
	4:33	con gran poder los **apóstoles** daban testimonio
	35	lo ponían a los pies de los **apóstoles**;
	36	José, a quien los **apóstoles** pusieron por sobrenombre (José, que por los **apóstoles** fue apellidado, VM)
	37	y lo puso a los pies de los **apóstoles**.
	5:2	la puso a los pies de los **apóstoles**
	12	Y por la mano de los **apóstoles** (las manos ....VHA)
	18	y echaron mano de los **apóstoles**
	29	Respondiendo Pedro y los **apóstoles**,
	34	por un momento a los **apóstoles**, (TR, NC)
	40	llamando a los **apóstoles**
	6:6	a los cuales presentaron ante los **apóstoles**
	8:1	salvo los **apóstoles**
	14	Cuando los **apóstoles** que estaban
	18	por la imposición de las manos de los **apóstoles**
	9:27	lo trajo a los **apóstoles**,
	11:1	Oyeron los **apóstoles**
	14:4	otros con los **apóstoles**
	14	Cuando lo oyeron los **apóstoles**
	15:2	a los **apóstoles** y los ancianos
	4	los **apóstoles** y los ancianos
	6	se reunieron los **apóstoles**
	22	pareció bien a los **apóstoles**
	23	Los **apóstoles** y los ancianos
	33	a aquellos que los habían **enviado** (V60, WH, N, ABMW, VHA, VM, NC, BC, BA); (lit., a los **apóstoles**, TR)
	16:4	que habían acordado los **apóstoles**

ἀποστοματίζω 653		
Ro	1:1	llamado a ser **apóstol**
	11:13	yo soy **apóstol** a los gentiles
	16:7	son muy estimados entre los **apóstoles**
1 Co	1:1	Pablo, llamado a ser **apóstol**
	4:9	a nosotros los **apóstoles** como postreros
	9:1	¿No soy **apóstol**?
	2	Si para otros no soy **apóstol**,
	5	como también los otros **apóstoles**,
	12:28	primeramente **apóstoles**, luego profetas
	29	¿Son todos **apóstoles**? (¿Acaso todos son apóstoles?, BA)
	15:7	después a todos los **apóstoles**;
	9	yo soy el más pequeño de los **apóstoles** digno de ser llamado **apóstol**
2 Co	1:1	Pablo, **apóstol** de Jesucristo
	8:23	son **mensajeros** de las iglesias
	11:5	inferior a aquellos grandes **apóstoles**,
	13	se disfrazan como **apóstoles** de Cristo
	12:11	que aquellos grandes **apóstoles**,
	12	las señales de **apóstol** han sido hechas
Gá	1:1	Pablo, **apóstol** (no de hombres
	17	a los que eran **apóstoles** antes que yo
	19	pero no vi a ningún otro de los **apóstoles**
Ef	1:1	Pablo, **apóstol** de Jesucristo
	2:20	sobre el fundamento de los **apóstoles**
	3:5	es revelado a sus santos **apóstoles**
	4:11	constituyó a unos, **apóstoles**
Fil	2:25	Epafrodito,...vuestro **mensajero**
Col	1:1	Pablo, **apóstol** de Jesucristo
1 Ts	2:6	como **apóstoles** de Cristo
1 Ti	1:1	Pablo, **apóstol** de Jesucristo
	2:7	fui constituido predicador y **apóstol**
2 Ti	1:1	Pablo, **apóstol** de Jesucristo
	11	fui constituido predicador, **apóstol**
Tit	1:1	**apóstol** de Jesucristo
He	3:1	considerad al **apóstol** y sumo sacerdote
1 P	1:1	Pedro, **apóstol** de Jesucristo,
2 P	1:1	Simón Pedro, siervo y **apóstol**
	3:2	mandamiento...dado por vuestros **apóstoles**
Jud	17	que antes fueron dichas por los **apóstoles**
Ap	2:2	a los que se dicen ser **apóstoles**,
	18:20	y vosotros, santos, **apóstoles**
	21:14	doce nombres de los doce **apóstoles**

653		ἀποστοματίζω* – apostomatízo (apostomatídzo)
Lc	11:53	a **provocarle a que hablase**

654		ἀποστρέφω – apostréfo
Mt	5:42	no se lo **rehúses**.
	26:52	**Vuelve** tu espada a su lugar
	27:3	**devolvió**...las treinta piezas (TR)
Lc	23:14	como un hombre **que perturba** al pueblo
Hch	3:26	a fin de que cada uno **se convierta** de su
Ro	11:26	Que **apartará** de Jacob la impiedad.
2 Ti	1:15	que me **abandonaron** todos
	4:4	**apartarán** de la verdad el oído
Tit	1:14	que **se apartan** de la verdad.
He	12:25	si **desecháremos** al que amonesta

655		ἀποστυγέω* – apostugéo (apostuguéo)
Ro	12:9	**Aborreced** lo malo, seguid lo bueno.

656		ἀποσυνάγωγος*† – aposunágogos
Jn	9:22	fuera **expulsado de la sinagoga**
	12:42	para no ser **expulsado de la sinagoga**

		668 ἀποφεύγω
Jn	16:2	Os **expulsarán de las sinagogas**; (lit., os harán unos **expulsados de la sinagoga**)

657		ἀποτάσσομαι – apotássomai
Mr	6:46	después que los **hubo despedido**,
Lc	9:61	pero déjame que **me despida** primero
	14:33	cualquiera de vosotros que no **renuncia**
Hch	18:18	después **se despidió** de los hermanos
	21	sino que **se despidió** de ellos,
2 Co	2:13	**despidiéndome** de ellos, partí

658		ἀποτελέω** – apoteléo
Lc	13:32	**hago** curaciones hoy y mañana, (WH, N, ABMW)
Stg	1:15	después que ha concebido, **da a luz**

659		ἀποτίθεμαι – apotíthemai o ἀποτίθημι
Mt	14:3	y le había...**metido** en la cárcel, (WH, N, ABMW)
Hch	7:58	los testigos **pusieron** sus ropas a los pies
Ro	13:12	**Desechemos**, pues, las obras de las tinieblas
Ef	4:22	**despojaos** del viejo hombre,
	25	Por lo cual, **desechando** la mentira,
Col	3:8	pero ahora **dejad** también vosotros
He	12:1	**despojémonos** de todo peso y del pecado
Stg	1:21	Por lo cual, **desechando** toda inmundicia
1 P	2:1	**Desechando**, pues, toda malicia,

660		ἀποτινάσσω – apotinásso
Lc	9:5	**sacudid** el polvo de vuestros pies
Hch	28:5	Pero él, **sacudiendo** la víbora

661		ἀποτίνω – apotíno
Flm	19	yo lo **pagaré**; por no decirte

662		ἀποτολμάω* – apotolmáo
Ro	10:20	Isaías **dice resueltamente** (Isaías **prorrumpe osadamente**, VHA)

663		ἀποτομία** – apotomía
Ro	11:22	Mira, pues, la bondad y la **severidad** de Dios la **severidad**...para con los que cayeron

664		ἀποτόμως** – apotómos
2 Co	13:10	para no usar **de severidad**
Tit	1:13	repréndelos **duramente**,

665		ἀποτρέπομαι** – apotrépomai
2 Ti	3:5	a éstos **evita**

666		ἀπουσία* – apousía
Fil	2:12	sino mucho más ahora en mi **ausencia**

667		ἀποφέρω – apoféro
Mr	15:1	**llevaron** a Jesús atado,
Lc	16:22	**fue llevado** por los ángeles
Hch	19:12	de tal manera **que aun se llevaban** (WH, N, ABMW)
1 Co	16:3	para que **lleven** vuestro donativo
Ap	17:3	me **llevó** en el Espíritu
	21:10	me **llevó** en el Espíritu

668		ἀποφεύγω** – apoféugo
2 P	1:4	habiendo **huido** de la corrupción
	2:18	a los que verdaderamente **habían huido**

2 P	2:20	si habiéndose ellos escapado
669		ἀποφθέγγομαι — apofthéggomai (apofthéngomai)
Hch	2:4	según el Espíritu les daba que **hablasen**
	14	alzó la voz y les **habló** diciendo
	26:25	sino que **hablo** palabras de verdad
670		ἀποφορτίζομαι* — apofortízomai (apofortídzomai)
Hch	21:3	porque el barco había de **descargar** allí.
671		ἀπόχρησις* — apócresis (apojresis)
Col	2:22	cosas que todas se destruyen con el **uso**?
672		ἀποχωρέω — apocoréo (apojoréo)
Mt	7:23	**apartaos** de mí, hacedores de maldad.
Lc	9:39	a duras penas **se aparta** de él.
Hch	13:13	pero Juan, **apartándose** de ellos,
673		ἀποχωρίζομαι — apocorízomai (apojorídzomai)
Hch	15:39	que **se separaron** el uno del otro
Ap	6:14	el cielo **se desvaneció** como un pergamino
674		ἀποψύχω** — apopsúco (apopsújo)
Lc	21:26	**desfalleciendo** los hombres por el temor
675		Ἄππιος — Appios
Hch	28:15	hasta el Foro de **Apio**
676		ἀπρόσιτος* — aprósitos
1 Ti	6:16	que habita en luz **inaccesible**;
677		ἀπρόσκοπος**† — apróskopos
Hch	24:16	una conciencia **sin ofensa** ante Dios
1 Co	10:32	**No** seáis **tropiezo** ni a judíos,
Fil	1:10	a fin de que seáis sinceros e **irreprensibles** (...sin ofensa, VHA)
678		ἀπροσωπολήμπτως*†— aprosopolémptos
1 P	1:17	a aquel que **sin acepción de personas** juzga
679		ἄπταιστος** — áptaistos
Jud	24	para guardaros **sin caída**, y presentaros
680		ἅπτω — ápto (jápto)
Mt	8:3	le **tocó**, diciendo: Quiero; sé limpio
	15	**tocó** su mano, y la fiebre la dejó
	9:20	y **tocó** el borde de su manto
	21	Si **tocare** solamente su manto, seré salva
	29	Entonces les **tocó** los ojos,
	14:36	que les dejase **tocar** solamente todos los que lo tocaron
	17:7	Entonces Jesús se acercó y los **tocó**
	20:34	les **tocó** los ojos
Mr	1:41	extendió la mano y le **tocó**
	3:10	de manera que por **tocarle**
	5:27	**tocó** su manto
	28	Si **tocare** tan solamente su manto,
	30	¿Quién **ha tocado** mis vestidos?
	31	¿Quién me **ha tocado**?
	6:56	le rogaban que les dejase **tocar** todos los que le **tocaban** quedaban
Mr	7:33	escupiendo, **tocó** su lengua;
	8:22	le rogaron que le **tocase**
	10:13	le presentaban niños para que los **tocase**
Lc	5:13	extendiendo él la mano, le **tocó**
	6:19	toda la gente procuraba **tocarle**
	7:14	acércandose, **tocó** el féretro;
	39	qué clase de mujer es la que le **toca**,
	8:16	Nadie **que enciende** una luz la cubre
	44	**tocó** el borde de su manto
	45	¿Quién es el que **me ha tocado**? ¿Quién es el que **me ha tocado**?
	46	Alguien me **ha tocado**
	47	por qué causa le había **tocado**,
	11:33	Nadie pone en oculto la luz **encendida**
	15:8	no **enciende** lámpara, y barre la casa,
	18:15	Traían a él los niños para que los **tocase**
	22:51	**tocando** su oreja, le sanó.
Jn	20:17	No me **toques**, porque aún no he subido
Hch	28:2	**encendiendo** un fuego (WH, N, ABMW)
1 Co	7:1	bueno le sería al hombre no **tocar** mujer
2 Co	6:17	Y no **toquéis** lo inmundo
Col	2:21	No **manejes**, ni gustes, ni aun toques
1 Jn	5:18	el maligno no **le toca**.
681		*Véase* después de 4014, pág. 645
682		Ἀπφία — Apfía
Flm	2	a la amada hermana **Apia**,
683		ἀπωθέομαι — apothéomai
Hch	7:27	el que maltrataba a su prójimo le **rechazó**
	39	sino que le **desecharon**, y en sus corazones
	13:46	mas puesto que la **desecháis**,
Ro	11:1	¿**Ha desechado** Dios a su pueblo?
	2	No **ha desechado** Dios a su pueblo
1 Ti	1:19	**desechando** la cual naufragaron
684		ἀπώλεια — apóleia
Mt	7:13	el camino que lleva a la **perdición**
	26:8	¿Para qué este **desperdicio**?
Mr	14:4	¿Para qué se ha hecho este **desperdicio**
Jn	17:12	sino el hijo de **perdición**
Hch	8:20	Tu dinero **perezca** contigo, (Sea ése tu dinero para **perdición**, NC)
	25:16	entregar alguno a la **muerte** (TR)
Ro	9:22	los vasos de ira preparados para **destrucción**
Fil	1:28	ciertamente es indicio de **perdición**
	3:19	el fin de los cuales será **perdición**,
2 Ts	2:3	el hijo de **perdición**,
1 Ti	6:9	en destrucción y **perdición**
He	10:39	los que retroceden para **perdición**,
2 P	2:1	herejías **destructoras**, (sectas de perdición, BC) atrayendo sobre sí mismos **destrucción**
	2	muchos seguirán sus disoluciones (V60, WH, N, ABMW, VHA, VM, NC, BC, BA); (lit.,...sus **prácticas destructivas**, TR)
	3	su **perdición** no se duerme.
	3:7	de la **perdición** de los hombres impíos.
	16	para su propia **perdición**.
Ap	17:8	ir a **perdición**
	11	va a la **perdición**

Ἀρ *véase* Ἀρμαγεδών, 717

685 ἀρά — ará

Ro	3:14	Su boca está llena **de maldición**

686 ἄρα – ápa

Mt	7:20	**Así que,** por sus frutos
	12:28	**ciertamente** ha llegado a vosotros
	17:26	**Luego** los hijos están exentos.
	18:1	¿Quién, es el mayor (¿Quién, **pues,** es mayor, BC)
	19:25	¿Quién, **pues,** podrá ser salvo?
	27	¿qué, **pues,** tendremos?
	24:45	¿Quién es, **pues,** el siervo fiel
Mr	4:41	¿Quién es éste (¿Quién, **pues,** será éste, BC)
	11:13	fue a ver si **tal vez** hallaba en ella
Lc	1:66	¿Quién, **pues,** será este niño?
	8:25	¿Quién es éste (¿Quién, **pues,** es éste, VHA)
	11:20	**ciertamente** el reino de Dios
	48	**De modo que** sois testigos
	12:42	¿Quién es el mayordomo (¿Quién es, **pues,** el mayordomo, VHA)
	22:23	quién de ellos sería (lit., quién, **pues,** de ellos sería)
Hch	7:1	¿Es esto así? (lit., ¿**Pues,** es esto así?) (TR)
	8:22	si **quizás** te sea perdonado
	11:18	¡**De manera que** también a los gentiles
	12:18	sobre qué había sido de Pedro (lit., sobre qué, **pues,** había sido...)
	17:27	si **en alguna manera,** palpando
	21:38	¿No eres tú aquel egipcio (¿No eres tú **acaso** el egipcio, VHA)
Ro	5:18	**Así que,** como por la transgresión (**Así,** pues, como por una ofensa, VHA)
	7:3	**Así que,** si en vida del marido
	21	**Así que,** queriendo yo hacer el bien
	25	**Así que,** yo mismo con la mente
	8:1	Ahora, **pues,** ninguna condenación
	12	**Así que,** hermanos, deudores somos
	9:16	**Así que** no depende del que quiere
	18	**De manera que** de quien quiere
	10:17	**Así que** la fe es por el oír
	14:12	**De manera que** cada uno de nosotros
	19	**Así que,** sigamos lo que contribuye
1 Co	5:10	pues **en tal caso** os sería
	7:14	pues **de otra manera** vuestros hijos
	15:14	vana es **entonces** nuestra predicación
	15	si **en verdad** los muertos no resucitan.
	18	**Entonces** también los que durmieron
2 Co	1:17	¿usé **quizá** de ligereza?
	5:14	**luego** todos murieron
	7:12	**Así que,** aunque os escribí,
Gá	2:21	**entonces** por demás murió Cristo
	3:7	Sabed, **por tanto,** que los que son de fe,
	29	**ciertamente** linaje de Abraham sois,
	4:31	**De manera,** hermanos, **que** no somos (TR)
	5:11	**En tal caso** se ha quitado el tropiezo
	6:10	**Así que,** según tengamos oportunidad
Ef	2:19	**Así que** ya no sois extranjeros
1 Ts	5:6	**Por tanto,** no durmamos como los demás
2 Ts	2:15	**Así que,** hermanos, estad firmes,
He	4:9	**Por tanto,** queda un reposo
	12:8	**entonces** sois bastardos, y no hijos.

687 ἄρα – ára

Lc	18:8	¿hallará fe en la tierra? (**por ventura** hallará tal fe..., BC)
Hch	8:30	**Pero** ¿entiendes lo que lees? (lit., **acaso** entiendes lo que lees)

Gá	2:17	¿es **por eso** Cristo ministro (¿es **acaso** Cristo ministro, VHA)

688 Ἀραβία – Arabia

Gá	1:17	sino que fui a **Arabia,**
	4:25	Porque Agar es el monte Sinaí en **Arabia,**

689 Ἀράμ – Arám

Mt	1:3	Esrom a **Aram.** (Esrom engendró..., VHA)
	4	**Aram** engendró a Aminadab,
Lc	3:33	hijo de **Aram,** (TR, VM, BA)

729 ἄραφος* † – árafos o ἄρραφος

Jn	19:23	la cual era **sin costura,**

690 Ἄραψ – Araps

Hch	2:11	cretenses y **árabes,** les oímos

691 ἀργέω – argéo (arguéo)

2 P	2:3	la condenación no **se tarda,**

692 ἀργός – argós

Mt	12:36	toda palabra **ociosa** que hablen
	20:3	estaban en la plaza **desocupados;**
	6	que estaban **desocupados;** todo el día **desocupados**
1 Ti	5:13	también aprenden a ser **ociosas,** no solamente **ociosas,**
Tit	1:12	malas bestias, glotones **ociosos.**
Stg	2:20	la fe sin obras es muerta? (TR) (...es **ociosa,** VHA, WH, N, ABMW, VM, NC, BC, BA)
2 P	1:8	no os dejarán estar **ociosos**

693 ἀργύρεος – argúreos o ἀργυροῦς

Hch	19:24	que hacía **de plata** templecillos
2 Ti	2:20	hay utensilios de oro y **de plata**
Ap	9:20	a las imágenes de oro, **de plata,**

694 ἀργύριον – argúrion

Mt	25:18	escondió el **dinero** de su señor.
	27	debías haber dado mi **dinero**
	26:15	ellos le asignaron treinta **piezas de plata**
	27:3	devolvió...las treinta **piezas de plata**
	5	arrojando las **piezas de plata**
	6	tomando las **piezas de plata,**
	9	tomaron las treinta **piezas de plata,**
	28:12	dieron mucho **dinero** a los soldados,
	15	ellos, tomando el **dinero**
Mr	14:11	prometieron darle **dinero**
Lc	9:3	ni pan, ni **dinero;** ni llevéis
	19:15	a los cuales había dado el **dinero**
	23	¿por qué, pues, no pusiste mi **dinero**
	22:5	convinieron en darle **dinero**
Hch	3:6	No tengo **plata** ni oro,
	7:16	que a precio de **dinero** compró
	8:20	Tu **dinero** perezca contigo,
	19:19	era cincuenta mil **piezas de plata**
	20:33	Ni **plata** ni oro ni vestido
1 Co	3:12	alguno edificare oro, **plata,** (WH, N)
1 P	1:18	como oro o **plata,**

695 ἀργυροκόπος – argurokópos

Hch	19:24	Porque un **platero** llamado Demetrio

696 ἄργυρος – árguros

Mt	10:9	No os proveáis de oro, ni **plata,**
Hch	17:29	sea semejante a oro, o **plata,**
1 Co	3:12	alguno edificare, oro, **plata,** (TR, ABMW)
Stg	5:3	Vuestro oro y **plata** están enmohecidos;
Ap	18:12	mercadería de oro, de **plata**

697 Ἄρειος Πάγος – Areios Págos

Hch	17:19	le trajeron al **Areópago,** diciendo
	22	puesto en pie en medio del **Areópago,**

698 Ἀρεοπαγίτης – Areopagítes (Areopaguítes)

Hch	17:34	estaba Dionisio el **areopagita,**

699 ἀρεσκία – areskía o ἀρεσκεία

Col	1:10	**agradándole** en todo, llevando fruto (lit., a todo agradar...,)

700 ἀρέσκω – arésko

Mt	14:6	y **agradó** a Herodes
Mr	6:22	danzó, y **agradó** a Herodes
Hch	6:5	**Agradó** la propuesta a toda la multitud
Ro	8:8	no pueden **agradar** a Dios
	15:1	y no **agradarnos** a nosotros mismos
	2	Cada uno de nosotros **agrade** a su prójimo
	3	Porque ni aun Cristo se **agradó**
1 Co	7:32	de cómo **agradar** al Señor;
	33	de cómo **agradar** a su mujer
	34	de cómo **agradar** a su marido
	10:33	como también yo en todas las cosas **agrado**
Gá	1:10	¿O trato de **agradar** a los hombres?
		si todavía **agradara** a los hombres
1 Ts	2:4	no como para **agradar** a los hombres
	15	no **agradan** a Dios,
	4:1	cómo os conviene conduciros y **agradar** a Dios
2 Ti	2:4	a fin de **agradar** a aquel que lo tomó

701 ἀρεστός – arestós

Jn	8:29	yo hago siempre **lo que le agrada**
Hch	6:2	No es **justo** que nosotros dejemos (No es conveniente..., BA)
	12:3	viendo que esto había **agradado** (...era grato, NC)
1 Jn	3:22	y hacemos las cosas que son **agradables**

702 Ἀρέτας – Arétas o Ἀρέτας

2 Co	11:32	del rey **Aretas**

703 ἀρετή – areté

Fil	4:8	si hay **virtud** alguna,
1 P	2:9	para que anunciéis las **virtudes**
2 P	1:3	por su gloria y **excelencia,** (por su...gloria y virtud, VHA)
	5	añadid a vuestra fe **virtud** a la **virtud,** conocimiento;

704 ἀρήν – arén

Lc	10:3	yo os envío como **corderos**

705 ἀριθμέω – arithméo

Mt	10:30	Pues aun vuestros cabellos están...**contados**
Lc	12:7	los cabellos de vuestra cabeza están todos **contados**
Ap	7:9	la cual nadie podía **contar,**

706 ἀριθμός – arithmós

Lc	22:3	el cual era uno del **número** de los doce
Jn	6:10	y se recostaron como en **número**
Hch	4:4	el **número** de los varones
	5:36	A éste se unió un **número** como
	6:7	el **número** de los discípulos
	11:21	gran **número** creyó y se convirtió al Señor
	16:5	aumentaban en **número** cada día
Ro	9:27	Si fuere el **número** de los hijos
Ap	5:11	su **número** era millones de millones
	7:4	oí el **número** de los sellados:
	9:16	Y el **número** de los ejércitos Yo oí su **número**
	13:17	o el **número** de su nombre
	18	cuente el **número** de la bestia, pues es **número** de hombre su **número** es
	15:2	y el **número** de su nombre
	20:8	el **número** de los cuales es como la arena

707 Ἀριμαθαία – Arimatháia o Ἀριμαθαία

Mt	27:57	vino un hombre rico de **Arimatea,**
Mr	15:43	José de **Arimatea,** miembro noble
Lc	23:51	(50) llamado José, de **Arimatea,**
Jn	19:38	José de **Arimatea,** que era discípulo

708 Ἀρίσταρχος – Arístarcos (Arístarjos)

Hch	19:29	arrebatando a Gayo y a **Aristarco,**
	20:4	**Aristarco** y Segundo de Tesalónica,
	27:2	estando con nosotros **Aristarco,**
Col	4:10	**Aristarco,** mi compañero de prisiones
Flm	24	Marcos, **Aristarco,** Demas

709 ἀριστάω – aristáo

Lc	11:37	le rogó un fariseo que **comiese** con él;
Jn	21:12	Les dijo Jesús: Venid, **comed.**
	15	Cuando hubieron **comido,**

710 ἀριστερός – aristerós

Mt	6:3	no sepa tu **izquierda** lo que hace tu derecha
Mr	10:37	y el otro a tu **izquierda.** (WH, N, ABMW)
Lc	23:33	uno a la derecha y otro a la **izquierda**
2 Co	6:7	a diestra y a **siniestra**

711 Ἀριστόβουλος – Aristóboulos

Ro	16:10	Saludad a los de la casa de **Aristóbulo**

712 ἄριστον – áriston

Mt	22:4	He aquí, he preparado mi **comida;**
Lc	11:38	de que no se hubiese lavado antes de comer
	14:12	Cuando hagas **comida** o cena,

713 ἀρκετός** – arketós

Mt	6:34	**Basta** a cada día su propio mal
	10:25	**Bástale** al discípulo ser como su maestro
1 P	4:3	**Baste** ya al tiempo pasado

714 ἀρκέω – arkéo

Mt	25:9	Para que no nos falte a nosotras (que no haya lo suficiente..., VM)
Lc	3:14	y **contentaos** con vuestro salario
Jn	6:7	no **bastarían** para que cada uno
	14:8	Señor, muéstranos al Padre, y nos **basta**
2 Co	12:9	me ha dicho: **Bástate** mi gracia;
1 Ti	6:8	**estemos contentos** con esto

ἄρκος 715

He 13:5 Sean...contentos con lo que tenéis
3 Jn 10 y no contento con estas cosas

715 ἄρκος – árkos o ἄρκτος – árktos
Ap 13:2 sus pies como de oso

716 ἅρμα – árma (járma)
Hch 8:28 volvía sentado en su carro,
   29 Acércate y júntate a ese carro
   38 Y mandó parar el carro
Ap 9:9 era como el estruendo de muchos carros

717 Ἀρμαγεδών – Armagedón
   (Jarmaguedón)
Ap 16:16 que en hebreo se llama **Armagedón**

718 ἁρμόζομαι – armózomai (jarmódzomai)
2 Co 11:2 pues os he **desposado** con un solo

719 ἁρμός** – armós (jarmós)
He 4:12 las **coyunturas** y los tuétanos,

719 A Ἀρνί – Arní
Lc 3:33 hijo de Aram (TR, VM, BA); (...**de Arni**, VHA, WH, N, ABMW, NC)

720 ἀρνέομαι – arnéomai
Mt 10:33 a cualquiera que me **niegue** yo también le **negaré**
   26:70 él **negó** delante de todos,
   72 él **negó** otra vez
Mr 14:68 él **negó** diciendo
   70 él **negó** otra vez
Lc 8:45 **negando** todos, dijo Pedro
   9:23 **niéguese** a sí mismo (WH, N, ABMW)
   12:9 el que me **negare** delante de los hombres,
   22:57 él lo **negó**, diciendo
Jn 1:20 Confesó, y no **negó**
   13:38 sin que me **hayas negado** tres veces. (WH, N, ABMW)
   18:25 Él **negó**, y dijo: No lo soy
   27 **Negó** Pedro otra vez
Hch 3:13 **negasteis** delante de Pilato
   14 Mas vosotros **negasteis** al Santo
   4:16 no lo podemos **negar**
   7:35 a quien habían rechazado
1 Ti 5:8 ha **negado** la fe, y es peor que un incrédulo.
2 Ti 2:12 Si le **negáremos**, él también nos **negará**.
   13 Él no puede **negarse** a sí mismo.
   3:5 **negarán** la eficacia de ella; (habiendo negado..., VHA)
Tit 1:16 con los hechos lo **niegan**
   2:12 enseñándonos que, **renunciando**
He 11:24 rehusó llamarse hijo
2 P 2:1 aun **negarán** al Señor que los rescató
1 Jn 2:22 sino el que **niega** que Jesús el que **niega** al Padre y al Hijo.
   23 Todo aquel que **niega** al Hijo
Jud 4 **niega** a Dios el único soberano, (lit., negando...)
Ap 2:13 no **has negado** mi fe
   3:8 no **has negado** mi nombre

721 ἀρνίον – arníon
Jn 21:15 Apacienta mis **corderos**
Ap 5:6 estaba en pie un **Cordero**

727 ἅρπαξ

Ap 5:8 se postraron delante del **Cordero**
   12 El **Cordero** que fue inmolado
   13 al **Cordero**, sea la alabanza,
6:1 Vi cuando el **Cordero** abrió
   16 de la ira del **Cordero**;
7:9 en la presencia del **Cordero**,
   10 que está sentado en el trono, y al **Cordero**
   14 en la sangre del **Cordero**
   17 el **Cordero** que está
12:11 por medio de la sangre del **Cordero**
13:8 del **Cordero** que fue inmolado
   11 semejantes a los de un **cordero**
14:1 he aquí el **Cordero** estaba
   4 Estos son los que siguen al **Cordero** para Dios y para el **Cordero**;
   10 delante de los santos ángeles y del **Cordero**
15:3 el cántico del **Cordero**, diciendo
17:14 Pelearán contra el **Cordero**, y el **Cordero** los vencerá
19:7 porque han llegado las bodas del **Cordero**
   9 a la cena de las bodas del **Cordero**
21:9 la esposa del **Cordero**
   14 de los doce apóstoles del **Cordero**
   22 es el templo de ella, y el **Cordero**
   23 y el **Cordero** es su lumbrera
   27 en el libro de la vida del **Cordero**
22:1 que salía del trono de Dios y del **Cordero**
   3 y el trono de Dios y del **Cordero**

722 ἀροτριάω – arotriáo
Lc 17:7 teniendo un siervo que **ara**
1 Co 9:10 con esperanza debe arar el que **ara**,

723 ἄροτρον – árotron
Lc 9:62 poniendo su mano en el **arado**

724 ἁρπαγή – arpagé (jarpagué)
Mt 23:25 pero por dentro estáis llenos de **robo**
Lc 11:39 estáis llenos de **rapacidad**
He 10:34 el despojo de vuestros bienes (la **rapiña**..., VM)

725 ἁρπαγμός* – arpagmós (jarpagmós)
Fil 2:6 como **cosa a que aferrarse**,

726 ἁρπάζω – arpázo (jarpádzo)
Mt 11:12 los violentos lo **arrebatan**.
   12:29 **saquear** sus bienes, (WH, N, ABMW)
   13:19 **arrebata** lo que fue sembrado
Jn 6:15 que iban a venir para apoderarse de él
   10:12 el lobo **arrebata** las ovejas
   28 ni nadie las **arrebatará** de mi mano
   29 nadie las puede **arrebatar**
Hch 8:39 el Espíritu del Señor **arrebató**
   23:10 y le **arrebatasen** de en medio
2 Co 12:2 fue **arrebatado** hasta el tercer cielo
   4 que fue **arrebatado** al paraíso
1 Ts 4:17 seremos **arrebatados** juntamente
Jud 23 A otros salvad, **arrebatándolos**
Ap 12:5 su hijo fue **arrebatado**

727 ἅρπαξ – árpax (járpax)
Mt 7:15 pero por dentro son lobos **rapaces**
Lc 18:11 no soy como los otros hombres, **ladrones**
1 Co 5:10 o con los **ladrones**, o con los idólatras
   11 o borracho, o **ladrón**;
6:10 ni los **ladrones**, ni los avaros,

ἀρραβών 728				740 ἄρτος		
728		ἀρραβών – arrabón (arabón)	Jn	13:7	tú no lo comprendes ahora	
2 Co	1:22	nos ha dado las arras del Espíritu		19	Desde ahora os lo digo	
	5:5	quien nos ha dado las arras del Espíritu		33	así os digo ahora	
Ef	1:14	que es las arras de nuestra herencia		37	¿por qué no te puedo seguir ahora?	
				14:7	desde ahora le conocéis,	
729		ἄραφος*† – árafos o ἄρραφος, pág. 170		16:12	pero ahora no las podéis sobrellevar	
Jn	19:23	la cual era sin costura,		24	Hasta ahora nada habéis pedido	
				31	¿Ahora creéis?	
730		ἄρρην, véase ἄρσην, abajo	1 Co	4:11	Hasta esta hora padecemos (Hasta la hora presente..., VHA)	
731		ἄρρητος** – árretos (áretos)		13	hemos venido a ser hasta ahora como la escoria	
2 Co	12:4	donde oyó palabras inefables		8:7	habituados hasta aquí a los ídolos (lit., con la costumbre hasta ahora del ídolo) (WH, N, ABMW, VHA, VM, NC, BC, BA); (lit., con la conciencia hasta ahora..., TR)	
732		ἄρρωστος – árrostos (árostos)				
Mt	14:14	sanó a los que de ellos estaban enfermos		13:12	Ahora vemos por espejo	
Mr	6:5	salvó que sanó a unos pocos enfermos			Ahora conozco en parte	
	13	ungían con aceite a muchos enfermos,		15:6	de los cuales muchos viven aún, (...	
	16:18	[sobre los enfermos pondrán]			permanecen hasta ahora VM)	
1 Co	11:30	hay muchos enfermos y debilitados		16:7	Porque no quiero veros ahora	
			Gá	1:9	también ahora lo repito	
733		ἀρσενοκοίτης*† – arsenokoítes		10	Pues, ¿busco ahora el favor de los hombres	
1 Co	6:9	ni los que se echan con varones, (ni los sodomitas, VHA)		4:20	quisiera estar con vosotros ahora	
1 Ti	1:10	para los sodomitas, para los secuestradores,	1 Ts	3:6	Pero cuando Timoteo volvió (Mas ahora que Timoteo ha llegado, VHA)	
			2 Ts	2:7	sólo que hay quien al presente	
730		ἄρσην – ársen	1 P	1:6	aunque ahora por un poco	
Mt	19:4	varón y hembra los hizo,		8	aunque ahora no lo veáis	
Mr	10:6	varón y hembra los hizo	1 Jn	2:9	está todavía en tinieblas (está en las tinieblas hasta ahora, VHA)	
Lc	2:23	Todo varón que abriere la matriz				
Ro	1:27	también los hombres, dejando hechos vergonzosos hombres con hombres	Ap	12:10	Ahora ha venido la salvación	
				14:13	Bienaventurados de aquí en adelante los muertos (...ya desde ahora, BC) (WH, N, ABMW)	
Gá	3:28	no hay varón ni mujer				
Ap	12:5	Y ella dio a luz un hijo varón				
	13	que había dado a luz al hijo varón				
734		Ἀρτεμᾶς – Artemás	738		ἀρτιγέννητος*† – artigénnetos (artiguénetos)	
Tit	3:12	Cuando envíe a ti a Artemas	1 P	2:2	desead, como niños recién nacidos	
735		Ἄρτεμις – Artemis	739		ἄρτιος* – ártios	
Hch	19:24	que hacía de plata templecillos de Diana	2 Ti	3:17	el hombre de Dios sea perfecto,	
	27	que el templo de la gran diosa Diana				
	28	¡Grande es Diana de los efesios!	740		ἄρτος – ártos	
	34	¡Grande es Diana de los efesios!	Mt	4:3	di que estas piedras se conviertan en pan	
	35	del templo de la gran diosa Diana		4	No sólo de pan vivirá el hombre,	
				6:11	El pan nuestro de cada día,	
736		ἀρτέμων*† – artémon		7:9	que si su hijo le pide pan,	
Hch	27:40	e izada al viento la vela		12:4	comió los panes de la proposición,	
				14:17	No tenemos aquí sino cinco panes	
737		ἄρτι – árti		19	tomando los cinco panes	
Mt	3:15	Deja ahora, porque así conviene			partió y dio los panes	
	9:18	Mi hija acaba de morir (...acaba ahora de morir; VM)		15:2	cuando comen pan.	
				26	No está bien tomar el pan	
	11:12	hasta ahora, el reino de los cielos		33	¿De dónde tenemos nosotros tantos panes	
	23:39	Porque os digo que desde ahora		34	¿Cuántos panes tenéis?	
	26:29	Y os digo que desde ahora no beberé		36	Y tomando los siete panes	
	53	que no puedo ahora orar (TR)		16:5	se habían olvidado de traer pan	
		que él no me daría (TR); (él pondría ahora a mi lado, VHA, WH, N, ABMW, VM, NC, BC, BA)		7	Esto dice porque no trajimos pan	
				8	hombres de poca fe, que no tenéis pan?	
				9	ni os acordáis de los cinco panes	
	64	desde ahora veréis al Hijo del Hombre		10	¿Ni de los siete panes entre cuatro mil	
Jn	1:51 (52)	De aquí en adelante veréis (TR, VM)		11	que no fue por el pan	
	2:10	tú has reservado el buen vino hasta ahora.		12	de la levadura del pan, (TR, [WH], [N], [ABMW])	
	5:17	Mi Padre hasta ahora trabaja				
	9:19	¿Cómo, pues, ve ahora?		26:26	tomó Jesús el pan,	
	25	habiendo yo sido ciego, ahora veo	Mr	2:26	y comió los panes de la proposición	

Mr	3:20	ni aun podían comer pan	Hch	27:35	tomó el pan y dio gracias a Dios
	6:8	ni alforja, ni pan, ni dinero	1 Co	10:16	El pan que partimos,
	36	para que...compren pan (TR)		17	Siendo uno solo el pan,
	37	¿Que vayamos y compremos pan			todos participamos de aquel mismo pan
	38	¿Cuántos panes tenéis?		11:23	la noche que fue entregado tomó pan
	41	Entonces tomó los cinco panes		26	todas las veces que comiereis este pan
		bendijo, y partió los panes,		27	cualquiera que comiere este pan
	44	Y los que comieron (V60); (Los que		28	y coma así del pan,
		comieron de los panes, VHA, TR, WH, N	2 Co	9:10	y pan al que come, proveerá
		[ABMW], VM, NC, BC, BA)	2 Ts	3:8	ni comimos de balde el pan de nadie,
	52	no habían entendido de los panes		12	coman su propio pan
	7:2	comer pan con manos inmundas	He	9:2	la mesa y los panes de la proposición
	5	sino que comen pan con manos inmundas			
	27	no está bien tomar el pan de los hijos		741	ἀρτύω** – artúo
	8:4	¿De dónde podrá alguien saciar de pan	Mr	9:50	¿con qué la sazonaréis?
	5	¿Cuántos panes tenéis?	Lc	14:34	¿con qué se sazonará?
	6	y tomando los siete panes,	Col	4:6	con gracia, sazonada con sal,
	14	Habían olvidado de traer pan,			
		y no tenían sino un pan consigo		742	Ἀρφαξάδ – Arfaxád
	8:16	Es porque no trajimos pan	Lc	3:36	hijo de Arfaxad, hijo de Sem,
	17	¿Qué discutís, porque no tenéis pan?			
	19	Cuando partí los cinco panes		743	ἀρχάγγελος*† – arcággelos
	14:22	Jesús tomó pan y bendijo,			(arjánguelos)
Lc	4:3	dí a esta piedra que se convierta en pan	1 Ts	4:16	con voz de arcángel,
	4	No sólo de pan vivirá el hombre,	Jud	9	cuando el arcángel Miguel
	6:4	tomó los panes de la proposición,			
	7:33	que ni comía pan ni bebía vino,		744	ἀρχαῖος – arcáios (arjáios)
	9:3	ni pan, ni dinero;	Mt	5:21	Oísteis que fue dicho a los antiguos:
	13	No tenemos más que cinco panes		27	fue dicho (V60, WH, N, ABMW, VHA,
	16	tomando los cinco panes			NC, BC, BA); (fue dicho a los de
	11:3	El pan nuestro de cada día			antiguo tiempo, VM, TR)
	5	Amigo, préstame tres panes		33	habéis oído que fue dicho a los antiguos
	11	si su hijo le pide pan (TR, VM, NC, BC,	Lc	9:8	Algún profeta de los antiguos
		[BA])		19	algún profeta de los antiguos ha resucitado
	14:1	habiendo entrado para comer en casa (para	Hch	15:7	cómo ya hace algún tiempo (desde los
		comer pan, BA)			primeros días VHA)
	15	Bienaventurado el que coma pan		21	Porque Moisés desde tiempos antiguos
	15:17	tienen abundancia de pan,		21:16	discípulo antiguo, con quien
	22:19	tomó el pan y dio gracias,	2 Co	5:17	las cosas viejas pasaron
	24:30	tomó el pan y lo bendijo,	2 P	2:5	si no perdonó al mundo antiguo
	35	cómo le habían reconocido al partir el pan	Ap	12:9	la serpiente antigua, que se llama
Jn	6:5	¿De dónde compraremos pan		20:2	la serpiente antigua, que es el diablo
	7	Doscientos denarios de pan			
	9	que tiene cinco panes		745	Ἀρχέλαος – Arcélaos (Arjélaos)
	11	Y tomó Jesús aquellos panes,	Mt	2:22	oyendo que Arquelao reinaba
	13	que de los cinco panes de cebada			
	23	donde habían comido el pan		746	ἀρχή – arcé (arjé)
	26	sino porque comisteis el pan	Mt	19:4	que el que los hizo al principio
	31	Pan del cielo les dio a comer		8	mas al principio no fue así
	32	No os dio Moisés el pan del cielo		24:8	Y todo esto será principio de dolores
		mi Padre os da el verdadero pan		21	cual no la ha habido desde el principio
	33	Porque el pan de Dios	Mr	1:1	Principio del evangelio de Jesucristo,
	34	danos siempre este pan,		10:6	pero al principio de la creación
	35	Yo soy el pan de vida		13:8	(9) principios de dolores son estos (TR);
	41	Yo soy el pan que descendió del cielo			(principio..., VHA, WH, N, ABMW, VM,
	48	Yo soy el pan de vida			NC, BC, BA)
	50	Este es el pan que desciende del cielo		19	desde el principio de la creación
	51	Yo soy el pan vivo	Lc	1:2	los que desde el principio lo vieron
		si alguno comiere de este pan		12:11	y ante los magistrados y las autoridades
		y el pan que yo daré es mi carne		20:20	para entregarle al poder y autoridad
	58	Este es el pan que descendió del cielo;	Jn	1:1	En el principio era el Verbo
		el que coma de este pan,		2	Este era en el principio con Dios.
	13:18	El que come pan conmigo,		2:11	Este principio de señales (Esto, como
	21:9	un pez encima de ellas, y pan			principio de sus señales, VHA)
	13	tomó el pan y les dio,		6:64	Porque Jesús sabía desde el principio
Hch	2:42	en el partimiento del pan		8:25	Lo que desde el principio os he dicho
	46	partiendo el pan en las casas		44	El ha sido homicida desde el principio
	20:7	reunidos los discípulos para partir el pan			
	11	partido el pan y comido			

ἀρχηγός 747 175 749 ἀρχιερεύς

Jn	15:27	habéis estado conmigo desde el principio	Mt	26:3	en el patio del sumo sacerdote
	16:4	Esto no os lo dije al principio,		14	fue a los principales sacerdotes,
Hch	10:11	que atado de las cuatro puntas		47	de parte de los principales sacerdotes
	11:5	que por las cuatro puntas era bajado		51	a un siervo del sumo sacerdote,
	15	como sobre nosotros al principio		57	le llevaron al sumo sacerdote
	26:4	la cual desde el principio		58	hasta el patio del sumo sacerdote
Ro	8:38	ni ángeles, ni principados		59	los principales sacerdotes...buscaban
1 Co	15:24	cuando haya suprimido todo dominio		62	Y levantándose el sumo sacerdote
Ef	1:21	sobre todo principado y autoridad		63	Entonces el sumo sacerdote le dijo:
	3:10	por medio de la iglesia a los principados		65	Entonces el sumo sacerdote rasgó sus
	6:12	sino contra principados, contra potestades			vestiduras
Fil	4:15	que al principio de la predicación		27:1	Todos los principales sacerdotes ...entraron
Col	1:16	sean dominios, sean principados			en consejo
	18	él que es el principio, el primogénito		3	a los principales sacerdotes y a los ancianos
	2:10	que es la cabeza de todo principado		6	Los principales sacerdotes, tomando
	15	despojando a los principados		12	Y siendo acusado por los principales
2 Ts	2:13	os haya escogido desde el principio (TR,			sacerdotes
		WH, VHA, VM, BA, NC)		20	Pero los principales sacerdotes y los
Tit	3:1	que se sujeten a los gobernantes			ancianos persuadieron
He	1:10	Tú, oh Señor, en el principio		41	también los principales sacerdotes,
	2:3	habiendo sido anunciada primeramente			escarneciéndole
		(lit., habiendo recibido principio de		62	se reunieron los principales sacerdotes
		ser hablado)		28:11	dieron aviso a los principales sacerdotes
	3:14	nuestra confianza del principio (el principio	Mr	2:26	siendo Abiatar sumo sacerdote
		de nuestra confianza, VM)		8:31	por los principales sacerdotes
	5:12	cuáles son los primeros rudimentos		10:33	a los principales sacerdotes y a los escribas
		(lit.,...los elementos del principio)		11:18	y los principales sacerdotes, y buscaban
	6:1	dejando ya los rudimentos de la doctrina			cómo matarle;
		(lit.,...la palabra del principio)		27	vinieron a él los principales sacerdotes
	7:3	que ni tiene principio de días,		14:1	y buscaban los principales sacerdotes...
2 P	3:4	así como desde el principio			cómo prenderle
1 Jn	1:1	Lo que era desde el principio	Mr	14:10	fue a los principales sacerdotes
	2:7	que habéis tenido desde el principio		43	de parte de los principales sacerdotes
		que habéis oído desde el principio (TR)		47	hirió al siervo del sumo sacerdote
	13	al que es desde el principio		53	Trajeron, pues,...al sumo sacerdote
	14	al que es desde el principio.			se reunieron todos los principales sacerdotes
	24	Lo que habéis oído desde el principio,		54	dentro del patio del sumo sacerdote
		Si lo que habéis oído desde el principio		55	los principales sacerdotes y todo el concilio
	3:8	el diablo peca desde el principio		60	el sumo sacerdote, levantándose en medio
	11	que habéis oído desde el principio		61	El sumo sacerdote le volvió a preguntar,
2 Jn	5	el que hemos tenido desde el principio		63	el sumo sacerdote, rasgando su vestidura,
	6	habéis oído desde el principio		66	vino una de las criadas del sumo sacerdote
Jud	6	que no guardaron su dignidad, (...su		15:1	habiendo tenido consejo los principales
		principado, VHA)			sacerdotes
Ap	1:8	principio y fin, dice el Señor (TR,VM)		3	los principales sacerdotes le acusaban
	3:14	el principio de la creación de Dios,		10	le habían entregado los principales
	21:6	el principio y el fin			sacerdotes
	22:13	el principio y el fin, el primero		11	Mas los principales sacerdotes incitaron
				31	también los principales sacerdotes
747		ἀρχηγός – arcegós (arjegós)			escarneciendo
			Lc	3:2	siendo sumos sacerdotes
Hch	3:15	y matasteis al Autor de la vida		9:22	por los principales sacerdotes y por los
	5:31	por Príncipe y Salvador para dar a Israel			escribas,
He	2:10	perfeccionase por aflicciones al autor		19:47	pero los principales sacerdotes,...
	12:2	el autor y consumador de la fe,			procuraban matarle
				20:1	llegaron los principales sacerdotes
748		ἀρχιερατικός *† – arcieratikós		19	Procuraban los principales sacerdotes
		(ar]ieratikós)		22:2	los principales sacerdotes y los escribas
Hch	4:6	de la familia de los sumos sacerdotes (del		4	habló con los principales sacerdotes
		linaje pontifical, NC)		50	hirió a un siervo del sumo sacerdote
				52	dijo a los principales sacerdotes
749		ἀρχιερεύς – arcieréus (arjieréus)		54	le condujeron a casa del sumo sacerdote
Mt	2:4	todos los principales sacerdotes		66	los principales sacerdotes y los escribas
	16:21	de los principales sacerdotes		23:4	dijo a los principales sacerdotes
	20:18	será entregado a los principales sacerdotes		10	estaban los principales sacerdotes
	21:15	los principales sacerdotes y los escribas		13	convocando a los principales sacerdotes
	23	los principales sacerdotes y los ancianos		23	las voces...de los principales sacerdotes
	45	los principales sacerdotes y los fariseos			(TR, VM)
	26:3	los principales sacerdotes, los escribas,		24:20	le entregaron los principales sacerdotes

Jn	7:32	los principales sacerdotes	751		Ἄρχιππος — Arcippos (Arjipos)
	45	vinieron a los principales sacerdotes	Col	4:17	Decid a Arquipo
	11:47	los principales sacerdotes y los fariseos	Flm	2	a Arquipo nuestro compañero
	49	uno de ellos, sumo sacerdote			
	51	sino que como era el sumo sacerdote	752		ἀρχισυνάγωγος* — arcisunágogos
	57	los principales sacerdotes y los fariseos			(arjisunágogos)
	12:10	Pero los principales sacerdotes acordaron			
	18:3	de los principales sacerdotes y de los fariseos	Mr	5:22	Y vino uno de los principales de la sinagoga
				35	la casa del principal de la sinagoga,
	10	e hirió al siervo del sumo sacerdote		36	dijo al principal de la sinagoga
	13	que era sumo sacerdote aquel año.		38	Y vino a casa del principal de la sinagoga
	15	era conocido del sumo sacerdote,	Lc	8:49	la casa del principal de la sinagoga
		al patio del sumo sacerdote		13:14	el principal de la sinagoga
	16	que era conocido del sumo sacerdote	Hch	13:15	los principales de la sinagoga
	19	Y el sumo sacerdote preguntó		18:8	Crispo, el principal de la sinagoga
	22	¿Así respondes al sumo sacerdote?		17	Sóstenes principal de la sinagoga,
	24	atado a Caifás, el sumo sacerdote			
	26	Uno de los siervos del sumo sacerdote	753		ἀρχιτέκτων — arcitékton (arjitékton)
	35	Tu nación y los principales sacerdotes,	1 Co	3:10	yo como perito arquitecto
	19:6	Cuando le vieron los principales sacerdotes			
	15	Respondieron los principales sacerdotes	754		ἀρχιτελώνης*† — arcitelónes
	21	los principales sacerdotes de los judíos			(arjitelónes)
Hch	4:6	el sumo sacerdote Anás	Lc	19:2	que era jefe de los publicanos,
	23	todo lo que los principales sacerdotes			
	5:17	levantándose el sumo sacerdote	755		ἀρχιτρίκλινος*† — arcitríklinos
	21	vinieron el sumo sacerdote			(arjitríklinos)
	24	los principales sacerdotes, dudaban			
	27	y el sumo sacerdote les preguntó	Jn	2:8	llevadlo al maestresala
	7:1	El sumo sacerdote dijo entonces		9	Cuando el maestresala probó el agua
	9:1	vino al sumo sacerdote			llamó al esposo (el maestresala llama al
	14	de los principales sacerdotes			esposo, VM)
	21	ante los principales sacerdotes?			
	19:14	judío, jefe de los sacerdotes, (de un judío,	756 y 757		ἄρχω — árco (árjo)
		sumo sacerdote, VHA)	Mt	4:17	Desde entonces comenzó Jesús
	22:5	como el sumo sacerdote también		11:7	comenzó Jesús a decir de Juan a la gente
	30	mandó venir a los principales sacerdotes		20	Entonces comenzó a reconvenir
	23:2	El sumo sacerdote Ananías		12:1	comenzaron a arrancar espigas
	4	¿Al sumo sacerdote de Dios injurias?		14:30	comenzando a hundirse, dio voces
	5	No sabía,..., que era el sumo sacerdote		16:21	Desde entonces comenzó Jesús
	14	fueron a los principales sacerdotes		22	comenzó a reconvenirle, diciendo:
	24:1	descendió el sumo sacerdote		18:24	comenzando a hacer cuentas,
	25:2	los principales sacerdotes y los más		20:8	comenzando desde los postreros
		influyentes (V60, WH, N, ABMW, VHA,		24:49	y comenzare a golpear a sus consiervos
		VM, NC, BC, BA); (lit., el sumo		26:22	comenzó cada uno de ellos a decirle
		sacerdote..., TR)		37	comenzó a entristecerse
	15	se me presentaron los principales sacerdotes		74	Entonces él comenzó a maldecir
	26:10	poderes de los principales sacerdotes			
	12	en comisión de los principales sacerdotes	Mr	1:45	Pero ido él, comenzó a publicarlo
He	2:17	y fiel sumo sacerdote		2:23	comenzaron a arrancar espigas.
	3:1	al apóstol y sumo sacerdote		4:1	Otra vez comenzó Jesús
	4:14	teniendo un gran sumo sacerdote		5:17	Y comenzaron a rogarle que se fuera
	15	no tenemos un sumo sacerdote		20	Y se fue, y comenzó a publicar
	5:1	Porque todo sumo sacerdote		6:2	comenzó a enseñar en la sinagoga;
	5	haciéndose sumo sacerdote		7	y comenzó a enviarlos de dos en dos;
	10	fue declarado por Dios sumo sacerdote		34	y comenzó a enseñarles muchas cosas
	6:20	hecho sumo sacerdote para siempre		55	comenzaron a traer de todas
	7:26	Porque tal sumo sacerdote		8:11	y comenzaron a discutir
	27	como aquellos sumos sacerdotes		31	Y comenzó a enseñarles que le era
	28	constituye sumos sacerdotes a débiles		32	y comenzó a reconvenirle
	8:1	es que tenemos tal sumo sacerdote		10:28	Entonces Pedro comenzó a decirle:
	3	Porque todo sumo sacerdote		32	les comenzó a decir las cosas
	9:7	sólo el sumo sacerdote una vez al año		41	comenzaron a enojarse contra Jacobo
	11	Cristo, sumo sacerdote de los bienes		42	los que son tenidos por gobernantes
	25	como entra el sumo sacerdote en el Lugar		47	comenzó a dar voces y a decir:
	13:11	por el sumo sacerdote, son quemados		11:15	y entrando Jesús en el templo comenzó
				12:1	Entonces comenzó Jesús
750		ἀρχιποίμην**† — arcipóimen (arjipóimen)		13:5	Jesús, respondiéndoles, comenzó a decir
1 P	5:4	cuando aparezca el Príncipe de los pastores			

Mr	14:19	Entonces ellos comenzaron
	33	y comenzó a entristecerse y a angustiarse
	65	Y algunos comenzaron a escupirle,
	69	comenzó a decir a los que estaban
	71	Entonces él comenzó a maldecir
	15:8	Y viniendo la multitud, comenzó a pedir
	18	comenzaron luego a saludarle:
Lc	3:8	y no comencéis a decir dentro de vosotros
	23	Jesús mismo al comenzar su ministerio
	4:21	comenzó a decirles:
	5:21	los fariseos comenzaron a cavilar,
	7:15	comenzó a hablar. Y lo dio a su madre
	24	comenzó a decir de Juan a la gente
	38	comenzó a regar con lágrimas sus pies
	49	comenzaron a decir entre sí
	9:12	Pero el día comenzaba a declinar
	11:29	Y apiñándose las multitudes, comenzó a decir
	53	comenzaron a estrecharle en gran manera
	12:1	comenzó a decir a sus discípulos,
	45	y comenzare a golpear a los criados
	13:25	y estando fuera empecéis a llamar (comenzareis a estar fuera, y a llamar, VHA)
	26	Entonces comenzaréis a decir
	14:9	y entonces comiences con vergüenza
	18	Y todos a una comenzaron
	29	comiencen a hacer burla de él,
	30	Este hombre comenzó a edificar,
	15:14	y comenzó a faltarle.
	24	Y comenzaron a regocijarse
	19:37	comenzó a alabar a Dios
	45	comenzó a echar fuera a todos
	20:9	Comenzó luego a decir al pueblo
	21:28	Cuando estas cosas comiencen a suceder,
	22:23	Entonces ellos comenzaron a discutir
	23:2	Y comenzaron a acusarle, diciendo
	5	comenzando desde Galilea hasta aquí
	30	Entonces comenzarán a decir
	24:27	Y comenzando desde Moisés
	47	comenzando desde Jerusalén
Jn	8:9	[comenzando desde los más viejos]
	13:5	y comenzó a lavar los pies
Hch	1:1	que Jesús comenzó a hacer y a enseñar
	22	comenzando desde el bautismo
	2:4	y comenzaron a hablar en otras lenguas,
	8:35	y comenzando desde esta escritura
	10:37	comenzando desde Galilea,
	11:4	Entonces comenzó Pedro
	15	Y cuando comencé a hablar,
	18:26	Y comenzó a hablar con denuedo
	24:2	Tértulo comenzó a acusarle,
	27:35	y partiéndolo, comenzó a comer
Ro	15:12	Y el que se levantará a regir los gentiles
2 Co	3:1	¿Comenzamos otra vez a recomendarnos
1 P	4:17	comience por la casa de Dios;

758 ἄρχων — árcon (árjon)

Mt	9:18	vino un hombre principal
	23	Al entrar Jesús en la casa del principal
	34	Por el príncipe de los demonios
	12:24	príncipe de los demonios
	20:25	Sabéis que los gobernantes de las naciones
Mr	3:22	y que por el príncipe de los demonios
Lc	8:41	que era principal de la sinagoga
	11:15	príncipe de los demonios
	12:58	Cuando vayas al magistrado
	14:1	en casa de un gobernante (en casa de uno de los principales de los fariseos, VM)
	18:18	Un hombre principal le preguntó,
	23:13	convocando...a los gobernantes
	35	y aun los gobernantes se burlaban de él
	24:20	y nuestros gobernantes a sentencia de muerte,
Jn	3:1	un principal entre los judíos.
	7:26	¿Habrán reconocido en verdad los gobernantes
	48	alguno de los gobernantes,
	12:31	ahora el príncipe de este mundo
	42	aun de los gobernantes, muchos
	14:30	porque viene el príncipe de este mundo,
	16:11	por cuanto el príncipe de este mundo
Hch	3:17	como también vuestros gobernantes
	4:5	los gobernantes, los ancianos y los escribas
	8	Gobernantes del pueblo,
	26	Y los príncipes se juntaron en uno
	7:27	¿Quién te ha puesto por gobernante
	35	¿Quién ta ha puesto por gobernante y juez? lo envió Dios como gobernante y libertador
	13:27	los habitantes de Jerusalén y sus gobernantes
	14:5	juntamente con sus gobernantes
	16:19	ante las autoridades; (ante los magistrados, VM)
	23:5	No maldecirás a un príncipe
Ro	13:3	Porque los magistrados no están
1 Co	2:6	ni de los príncipes de este siglo
	8	La que ninguno de los príncipes
Ef	2:2	conforme al príncipe de la potestad
Ap	1:5	el soberano de los reyes (el príncipe de los reyes, VHA)

759 ἄρωμα — ároma

Mr	16:1	compraron especias aromáticas
Lc	23:56	prepararon especias aromáticas
	24:1	trayendo las especias aromáticas
Jn	19:40	con especias aromáticas,

761 ἀσάλευτος — asáleutos

Hch	27:41	y la proa, hincada, quedó inmóvil,
He	12:28	recibiendo nosotros un reino inconmovible

760 Ἀσάφ — Asáf o Ἀσά — Asá

Mt	1:7	Abías a Asa. (...engendró a Asaf, VHA)
	8	Asa engendró a Josafat,

762 ἄσβεστος — ásbestos

Mt	3:12	la paja en fuego que nunca se apagará
Mr	9:43	al fuego que no puede ser apagado
	45	al fuego que no puede ser apagado (TR, VM)
Lc	3:17	la paja en fuego que nunca se apagará.

763 ἀσέβεια — asébeia

Ro	1:18	contra toda impiedad e injusticia
	11:26	Que apartará de Jacob la impiedad
2 Ti	2:16	porque conducirán más y más a la impiedad
Tit	2:12	renunciando a la impiedad
Jud	15	de todas sus obras impías (...obras de impiedad, BC)
	18	que andarán según sus malvados deseos (lit.,...sus deseos de impiedades)

764 ἀσεβέω — asebéo

2 P	2:6	a los que habían de vivir impíamente, (TR, N, VHA, VM, BA)
Jud	15	sus obras impías que han hecho impíamente

765   ἀσεβής — asebés

Ro	4:5	sino cree en aquel que justifica al impío,
	5:6	a su tiempo murió por los impíos.
1 Ti	1:9	para los impíos y pecadores,
1 P	4:18	¿En dónde aparecerá el impío
2 P	2:5	sobre el mundo de los impíos
	6	ejemplo a los que habían de vivir impíamente (TR, N, VHA, VM, BA); (lit., ejemplo, para los impíos, de las cosas que vienen, WH, ABMW, NC, BC)
	3:7	de la perdición de los hombres impíos
Jud	4	hombres impíos, que convierten en libertinaje
	15	a todos los impíos que los pecadores impíos

766   ἀσέλγεια** — asélgeia (asélgueia)

Mr	7:22	el engaño, la lascivia, la envidia,
Ro	13:13	no en lujurias y lascivias
2 Co	12:21	fornicación y lascivia que han cometido
Gá	5:19	inmundicia, lascivia
Ef	4:19	se entregaron a la lascivia
1 P	4:3	andando en lascivias, concupiscencias
2 P	2:2	muchos seguirán sus disoluciones, (V60 WH, N, ABMW, VHA, VM, NC, BC, BA)
	7	por la nefanda conducta (por la conducta... en su lascivia, NC)
	18	con concupiscencias...y disoluciones
Jud	4	que convierten en libertinaje la gracia

767   ἄσημος — ásemos

Hch	21:39	de una ciudad no insignificante

768   Ἀσήρ — Asér

Lc	2:36	de la tribu de Aser
Ap	7:6	De la tribu de Aser

769   ἀσθένεια — asthéneia

Mt	8:17	El mismo tomó nuestras enfermedades
Lc	5:15	y para que les sanase de sus enfermedades
	8:2	y de enfermedades:
	13:11	tenía espíritu de enfermedad
	12	eres libre de tu enfermedad.
Jn	5:5	estaba enfermo (en su enfermedad, BC)
	11:4	Esta enfermedad no es para muerte,
Hch	28:9	que en la isla tenían enfermedades
Ro	6:19	por vuestra humana debilidad
	8:26	nos ayuda en nuestra debilidad
1 Co	2:3	con debilidad y mucho temor
	15:43	se siembra en debilidad,
2 Co	11:30	en lo que es de mi debilidad
	12:5	sino en mis debilidades.
	9	mi poder se perfecciona en la debilidad más bien en mis debilidades,
	10	me gozo en las debilidades,
Gá	13:4	aunque fue crucificado en debilidad,
	4:13	que a causa de una enfermedad
1 Ti	5:23	y de tus frecuentes enfermedades
He	4:15	de nuestras debilidades
	5:2	está rodeado de debilidad;
	7:28	sumos sacerdotes a débiles hombres (...a hombres que tienen flaquezas, VHA)
	11:34	sacaron fuerzas de debilidad

770   ἀσθενέω — asthenéo

Mt	10:8	Sanad enfermos, limpiad leprosos,
	25:36	estuve...enfermo, y me visitasteis;
Mt	25:39	¿cuándo te vimos enfermo, (WH, N, ABMW)
Mr	6:56	a los que estaban enfermos
Lc	4:40	todos los que tenían enfermos
	7:10	que había estado enfermo. (TR)
	9:2	y a sanar a los enfermos. (TR, VM, BC)
Jn	4:46	cuyo hijo estaba enfermo
	5:3	una multitud de enfermos, ciegos,
	7	Señor, le respondió el enfermo
	6:2	las señales que hacía en los enfermos
	11:1	Estaba entonces enfermo
	2	cuyo hermano Lázaro estaba enfermo
	3	He aquí, el que amas está enfermo
	6	Cuando oyó, pues, que estaba enfermo
Hch	9:37	en aquellos días enfermó y murió
	19:12	que aun se llevaban a los enfermos
	20:35	se debe ayudar a los necesitados, (debáis soportar a los débiles, VM)
Ro	4:19	Y no se debilitó en la fe
	8:3	por cuanto era débil por la carne,
	14:1	Recibid al débil en la fe
	2	otro, que es débil, como legumbres.
	21	o se ofenda, o se debilite (TR, VM, NC, BC)
1 Co	8:9	tropezadero para los débiles (TR)
	11	se perderá el hermano débil
	12	e hiriendo su débil conciencia,
2 Co	11:21	para eso fuimos demasiado débiles (como si nosotros hubiéramos sido débiles, VHA)
	29	¿Quién enferma, y yo no enfermo?
	12:10	Cuando soy débil, entonces soy fuerte
	13:3	el cual no es débil para con vosotros,
	4	también nosotros somos débiles
	9	de que seamos nosotros débiles
Fil	2:26	habíais oído que había enfermado
	27	Pues en verdad estuvo enfermo
2 Ti	4:20	y a Trófimo dejé en Mileto enfermo
Stg	5:14	¿Está alguno enfermo entre vosotros?

771   ἀσθένημα* — asthénema

Ro	15:1	debemos soportar las flaquezas

772   ἀσθενής — asthenés

Mt	25:39	¿O cuándo te vimos enfermo, (TR)
	43	enfermo, y en la cárcel,
	44	enfermo, o en la cárcel,
	26:41	pero la carne es débil,
Mr	14:38	pero la carne es débil
Lc	9:2	sanar a los enfermos (ǀABMWǀ)
	10:9	y sanad a los enfermos que en ella
Hch	4:9	hecho a un hombre enfermo
	5:15	tanto que sacaban los enfermos
	16	trayendo enfermos y atormentados
Ro	5:6	cuando aún éramos débiles,
1 Co	1:25	y lo débil de Dios es más fuerte
	27	y lo débil del mundo escogió Dios
	4:10	nosotros débiles, mas vosotros fuertes
	8:7	y su conciencia, siendo débil
	9	tropezadero para los débiles. (WH, N, ABMW)
	10	la conciencia de aquel que es débil,
	9:22	Me he hecho débil a los débiles, para ganar a los débiles
	11:30	Por lo cual hay muchos enfermos
	12:22	que parecen más débiles
2 Co	10:10	mas la presencia corporal débil,
Gá	4:9	os volvéis de nuevo a los débiles
1 Ts	5:14	que sostengáis a los débiles
He	7:18	a causa de su debilidad e ineficacia

Ασία 773						783 ἀσπασμός

773   Ἀσία — Asía

1 P	3:7	como a vaso más frágil
Hch	2:9	en el Ponto y en Asia,
	6:9	de Cilicia y de Asia,
	16:6	hablar la palabra en Asia
	19:10	todos los que habitaban en Asia,
	22	se quedó por algún tiempo en Asia,
	26	sino en casi toda Asia,
	27	a quien venera toda Asia,
	20:4	le acompañaron hasta Asia, (TR, VM, BC)
	16	para no detenerse en Asia,
	18	desde el primer día que entré en Asia
	21:27	unos judíos de Asia,
	24:19(18)	cuando unos judíos de Asia
	27:2	que iba a tocar los puertos de Asia
Ro	16:5	el primer fruto de Acaya (TR, V60); (es primicias del Asia, VHA, WH, N, ABMW, VM, NC, BC, BA)
1 Co	16:19	Las iglesias de Asia os saludan
2 Co	1:8	que nos sobrevino en Asia
2 Ti	1:15	todos los que están en Asia,
1 P	1:1	Asia y Bitinia
Ap	1:4	a las siete iglesias que están en Asia
	11	que están en Asia (TR)

774   Ἀσιανός — Asianós

Hch 20:4   de Asia, Tíquico y Trófimo.

775   Ἀσιάρχης* — Asiárces (Asiárjes)

Hch 19:31   También algunas de las autoridades de Asia

776   ἀσιτία* asitía

Hch 27:21   hacía ya mucho que no comíamos, (...sin comer, NC)

777   ἄσιτος* — ásitos

Hch 27:33   y permanecéis en ayunas,

778   ἀσκέω** — askéo

Hch 24:16   Y por esto procuro tener siempre

779   ἀσκός — askós

Mt	9:17	Ni echan vino nuevo en odres viejos; de otra manera los odres y los odres se pierden pero echan el vino nuevo en odres nuevos,
Mr	2:22	Y nadie echa vino nuevo en odres viejos el vino nuevo rompe los odres y los odres se pierden; pero el vino nuevo en odres nuevos (TR, [WH], [N], ABMW, VHA, VM, NC, BC, BA)
Lc	5:37	Y nadie echa vino nuevo en odres el vino nuevo romperá los odres y los odres se perderán
	38	Mas el vino nuevo en odres nuevos

780   ἀσμένως** — asménos

Hch	2:41	los que recibieron su palabra, (V60, VM, WH, N, ABMW, NC, BC, BA); (recibieron de buen grado: ..., VHA, TR)
	21:17	los hermanos nos recibieron con gozo

781   ἄσοφος — ásofos

Ef 5:15   no como necios sino como sabios,

782   ἀσπάζομαι — aspázomai (aspádzomai)

Mt	5:47	Y si saludáis a vuestros hermanos
	10:12	Y al entrar en la casa, saludadla
Mr	9:15	y corriendo a él, le saludaron
	15:18	comenzaron luego a saludarle
Lc	1:40	y saludó a Elizabet
	10:4	y a nadie saludéis por el camino
Hch	18:22	subió para saludar a la iglesia
	20:1	habiéndolos exhortado y abrazado
	21:6	Y abrazándonos los unos (TR)
	7	y habiendo saludado a los hermanos,
	19	después de haberles saludado
	25:13	para saludar a Festo
Ro	16:3	Saludad a Priscila
	5	Saludad a Epeneto
	6	Saludad a María, la cual
	7	Saludad a Andrónico
	8	Saludad a Amplias,
	9	Saludad a Urbano
	10	Saludad a Apeles Saludad a los de la casa de Aristóbulo
	11	Saludad a Herodión Saludad a los de la casa de Narciso,
	12	Saludad a Trifena Saludad a la amada Pérsida
	13	Saludad a Rufo
	14	Saludad a Asíncrito,
	15	Saludad a Filólogo,
	16	Saludaos los unos a los otros Os saludan todas las iglesias
	21	Os saludan Timoteo
	22	os saludo en el Señor
	23	Os saluda Gayo, hospedador mío Os saluda Erasto, tesorero
1 Co	16:19	Las iglesias de Asia os saludan os saludan mucho en el Señor
	20	Os saludan todos los hermanos Saludaos los unos a los otros
2 Co	13:12	Saludaos unos a otros
	13(12)	Todos los santos os saludan
Fil	4:21	Saludad a todos los santos Los hermanos que están conmigo os saludan
	22	Todos los santos os saludan
Col	4:10	mi compañero de prisiones, os saluda
	12	Os saluda Epafras,
	14	Os saluda Lucas el médico
	15	Saludad a los hermanos
1 Ts	5:26	Saludad a todos los hermanos
2 Ti	4:19	Saludad a Prisca y a Aquila,
	21	Eubulo te saluda,
Tit	3:15	Todos los que están conmigo te saludan Saluda a los que nos aman en la fe.
Flm	23	Te saludan Epafras,
He	11:13	y saludándolo, y confesando
	13:24	Saludad a todos vuestros pastores Los de Italia os saludan
1 P	5:13	y Marcos mi hijo os saludan
	14	Saludaos unos a otros
2 Jn	13	la elegida, te saludan. Amén
3 Jn	15	Los amigos te saludan Saluda tú a los amigos,

783   ἀσπασμός* — aspasmós

Mt	23:7	y las salutaciones en las plazas,
Mr	12:38	y aman las salutaciones en las plazas,
Lc	1:29	qué salutación sería esta.
	41	la salutación de María,
	44	la voz de tu salutación

ἄσπιλος 784

Lc	11:43	las **salutaciones** en las plazas
	20:46	y aman las **salutaciones** en las plazas
1 Co	16:21	os escribo esta **salutación** de mi propia mano
Col	4:18	La **salutación** de mi propia mano
2 Ts	3:17	La **salutación** es de mi propia mano

784   ἄσπιλος**† — áspilos

1 Ti	6:14	que guardes el mandamiento sin **mácula**
Stg	1:27	guardarse sin **mancha** del mundo.
1 P	1:19	un cordero...sin **contaminación**
2 P	3:14	sin **mancha** e irreprensibles, en paz

785   ἀσπίς — aspís

Ro   3:13   Veneno de **áspides** hay debajo de sus labio

786   ἄσπονδος* — áspondos

Ro	1:31	sin afecto natural, **implacables** (TR)
2 Ti	3:3	sin afecto natural, **implacables**,

787   ἀσσάριον* — assárion

Mt	10:29	¿No se venden dos pajarillos **por un cuarto**?
Lc	12:6	cinco pajarillos **por dos cuartos**?

788   ἆσσον* — ásson

Hch 27:13   levaron anclas e iban costeando Creta.
             (costeaban **más de cerca** la isla de Creta, VHA)

789   Ἄσσος — Assos

Hch	20:13	navegamos a **Asón**
	14	se reunió con nosotros en **Asón**,

790   ἀστατέω**† — astatéo

1 Co   4:11   y **no tenemos morada fija**

791   ἀστεῖος — astéios

Hch	7:20	y fue **agradable a Dios**; (era **hermoso** en extremo, VHA)
He	11:23	porque le vieron niño **hermoso**

792   ἀστήρ — astér

Mt	2:2	Porque su **estrella** hemos visto
	7	el tiempo de la aparición de la **estrella**
	9	y he aquí la **estrella** que habían visto
	10	Y al ver la **estrella**,
	24:29	y las **estrellas** caerán del cielo
Mr	13:25	Y las **estrellas** caerán del cielo,
1 Co	15:41	y otra la gloria **de las estrellas** una **estrella** es diferente de otra (se diferencia **estrella** de **estrella**, VM)
Jud	13	**estrellas** errantes, para las cuales
Ap	1:16	Tenía en su diestra siete **estrellas**;
	20	El misterio de las siete **estrellas** las siete **estrellas** son los ángeles
	2:1	El que tiene las siete **estrellas**
	28	y le daré la **estrella** de la mañana
	3:1	y las siete **estrellas**, dice esto
	6:13	y las **estrellas** del cielo cayeron
	8:10	y cayó del cielo una gran **estrella**
	11	Y el nombre de la **estrella**
	12	y la tercera parte de las **estrellas**
	9:1	y vi una **estrella** que cayó del cielo
	12:1	una corona de doce **estrellas**
	4	arrastraba la tercera parte de las **estrellas**
	22:16	la **estrella** resplandeciente de la mañana

804 ἀσφαλής

793   ἀστήρικτος* — astériktos

2 P	2:14	seducen a las almas **inconstantes**,
	3:16	las cuales los indoctos e **inconstantes**

794   ἄστοργος* — ástorgos

Ro	1:31	**sin afecto natural**, implacables,
2 Ti	3:3	**sin afecto natural**, implacables,

795   ἀστοχέω** — astocéo (astojéo)

1 Ti	1:6	**desviándose** algunos,
	6:21	la cual profesando algunos, **se desviaron** de la fe
2 Ti	2:18	que **se desviaron** de la verdad

796   ἀστραπή — astrapé

Mt	24:27	Porque como el **relámpago**
	28:3	Su aspecto era como **un relámpago**,
Lc	10:18	caer del cielo como **un rayo**.
	11:36	te alumbra con su **resplandor**.
	17:24	Porque como el **relámpago**
Ap	4:5	Y del trono salían **relámpagos**
	8:5	y hubo truenos, y voces, y **relámpagos**,
	11:19	Y hubo **relámpagos**
	16:18	Entonces hubo **relámpagos**

797   ἀστράπτω — astrápto

Lc	17:24	como el relámpago que **al fulgurar**
	24:4	dos varones con vestiduras **resplandecientes**

798   ἄστρον — ástron

Lc	21:25	en el sol, en la luna y en las **estrellas**
Hch	7:43	Y la **estrella** de vuestro dios Renfán
	27:20	Y no apareciendo ni sol ni **estrellas**
He	11:12	salieron como las **estrellas** del cielo
799		Véase abajo

800   ἀσύμφωνος** — asúmfonos

Hch 28:25   Y como no estuviesen **de acuerdo**

801   ἀσύνετος — asúnetos

Mt	15:16	¿También vosotros sois aún **sin entendimiento**?
Mr	7:18	¿También vosotros estáis así **sin entendimiento**?
Ro	1:21	y su **necio** corazón fue entenebrecido
	31	**necios**, desleales, sin afecto natural,
	10:19	Con pueblo **insensato** os provocaré a ira.

802   ἀσύνθετος — asúnthetos

Ro   1:31   necios, **desleales**, sin afecto natural,

799   Ἀσύγκριτος — Asúnkritos o Ἀσύγκριτος

Ro 16:14   Saludad a **Asíncrito**,

803   ἀσφάλεια — asfáleia

Lc	1:4	la verdad de las cosas (...la **certeza**,...VHA)
Hch	5:23	cerrada con toda **seguridad**
1 Ts	5:3	cuando digan: Paz y **seguridad**

804   ἀσφαλής — asfalés

Hch	21:34	no podía entender nada **de cierto**
	22:30	queriendo saber **de cierto** la causa
	25:26	no tengo cosa **cierta** que escribir
Fil	3:1	y para vosotros es **seguro**
He	6:19	La cual tenemos como **segura**

805	ἀσφαλίζω – asfalízo (asfalídzo) o
	ἀσφαλίζομαι
Mt 27:64	Manda, pues, que se asegure
65	id, aseguradlo como sabéis.
66	ellos fueron y aseguraron el sepulcro
Hch 16:24	y les aseguró los pies en el cepo

806	ἀσφαλῶς – asfalós
Mr 14:44	y llevadle con seguridad
Hch 2:36	Sepa, pues, ciertísimamente
16:23	que los guardase con seguridad

807	ἀσχημονέω – ascemonéo (asjemonéo)
1 Co 7:36	Pero si alguno piensa que es impropio (...que se comporta indecorosamente, VHA)
13:5	no es indecoroso, no busca lo suyo,

808	ἀσχημοσύνη – ascemosúne (asjemosúne)
Ro 1:27	cometiendo hechos vergonzosos
Ap 16:15	para que...vean su vergüenza su

| 809 | ἀσχήμων – ascémon (asjémon) |
| 1 Co 12:23 | y los que en nosotros son menos decorosos |

810	ἀσωτία – asotía
Ef 5:18	en lo cual hay disolución
Tit 1:6	que no estén acusados de disolución
1 P 4:4	en el mismo desenfeno de disolución

| 811 | ἀσώτως* – asótos |
| Lc 15:13 | viviendo perdidamente |

| 812 | ἀτακτέω* – ataktéo |
| 2 Ts 3:7 | nosotros no anduvimos desordenadamente |

| 813 | ἄτακτος** – átaktos |
| 1 Ts 5:14 | que amonestéis a los ociosos (...a los desordenados, VHA) |

814	ἀτάκτως** – atáktos
2 Ts 3:6	de todo hermano que ande desordenadamente,
11	algunos de entre vosotros andan desordenadamente,

815	ἄτεκνος – ateknos
Lc 20:28	no dejare hijos (muriere sin hijos, VA); (lit., fuere sin hijos, WH, N, ABMW, VHA, VM, NC, BC, BA)
29	tomó esposa, y murió sin hijos
30	el cual también murió sin hijos. (TR)

816	ἀτενίζω** – atenizó (atenídzo)
Lc 4:20	estaban fijos en el.
22:56	al verle sentado al fuego, se fijó en él
Hch 1:10	Y estando ellos con los ojos puestos en el cielo, (...mirando fijamente,...VHA)
3:4	fijando en él los ojos, le dijo:
12	¿o por qué ponéis los ojos en nosotros (...os fijáis,... VHA)
6:15	al fijar los ojos en él, vieron su rostro
7:55	puestos los ojos en el cielo, vio la gloria
10:4	El, mirándole fijamente,
11:6	Cuando fijé en él los ojos

Hch 13:9	fijando en él los ojos
14:9	el cual fijando en él sus ojos, y viendo
23:1	mirando fijamente al concilio, dijo:
2 Co 3:7	no pudieron fijar la vista en el rostro
13	no fijaran la vista en el fin de aquello

817	ἄτερ** – áter
Lc 22:6	a espaldas del pueblo (sin estar presente la multitud..., VHA)
35	Cuando os envié sin bolsa,

818	ἀτιμάζω – atimázo (atimádzo)
Mr 12:4	también le enviaron afrentado. (TR); (le afrentaron, VHA, WH, N, ABMW, VM, NC, BC, BA)
Lc 20:11	golpeado y afrentado, le enviaron
Jn 8:49	y vosotros me deshonráis
Hch 5:41	por dignos de padecer afrenta
Ro 1:24	de modo que deshonraron entre sí
2:23	¿con infracción de la ley deshonras a Dios?
Stg 2:6	Pero vosotros habéis afrentado

819	ἀτιμία – atimía
Ro 1:26	Dios los entregó a pasiones vergonzosas; (lit,...pasiones de vergüenza)
9:21	y otro para deshonra?
1 Co 11:14	al varón le es deshonroso dejarse crecer (...le es una deshonra, VM)
15:43	Se siembra en deshonra
2 Co 6:8	por honra y por deshonra
11:21	Para vergüenza mía lo digo
2 Ti 2:20	y otros para usos viles. (y otros para deshonra, BA)

820	ἄτιμος – átimos
Mt 13:57	No hay profeta sin honra, sino en su propia
Mr 6:4	No hay profeta sin honra sino en su propia
1 Co 4:10	vosotros honorables, mas nosotros despreciados. (...somos sin honra BA)
12:23	que nos parecen menos dignos,

| 821 | ἀτιμόω – atimóo |
| Mr 12:4 | le enviaron afrentado (TR) |

822	ἀτμίς – atmís
Hch 2:19	Sangre y fuego y vapor de humo;
Stg 4:14	Ciertamente es neblina que se aparece (TR, VM); (sois como un vapor, VHA, WH, N, ABMW, NC, BC, BA)

| 823 | ἄτομος** – átomos |
| 1 Co 15:52 | en un momento, en un abrir y cerrar |

824	ἄτοπος – átopos
Lc 23:41	mas éste ningún mal hizo.
Hch 25:5	si hay algún crimen en este hombre (V60, WH, N, ABMW, VHA, VM, BC, BA); (lit., si hay algo en este hombre, TR)
28:6	viendo que ningún mal le venía,
2 Ts 3:2	seamos librados de hombres perversos

| 825 | Ἀτταλία – Attalía o Ἀττάλεια |
| Hch 14:25 | descendieron a Atalia. |

826		αὐγάζω – augázo (augádzo)		Hch	6:7	Y crecía la palabra del Señor,
2 Co	4:4	para que no les resplandezca			7:17	el pueblo creció y se multiplicó
					12:24	Pero la palabra del Señor crecía
827		αὐγή – augé (augué)			19:20	Así crecía y prevalecía
Hch	20:11	habló largamente hasta el alba		1 Co	3:6	pero el crecimiento lo ha dado Dios
					7	sino Dios, que da el crecimiento
828		Αὔγουστος – Augoustos (Augustos)		2 Co	9:10	aumentará los frutos
					10:15	que conforme crezca vuestra fe
Lc	2:1	un edicto de parte de Augusto César,		Ef	2:21	va creciendo para ser un templo
					4:15	crezcamos en todo en aquel
829		αὐθάδης – authádes		Col	1:6	lleva fruto y crece también (V60, WH, N,
Tit	1:7	no soberbio, no iracundo,				ABMW, VHA, BC, BA); (lit., lleva
2 P	2:10	Atrevidos y contumaces, no temen				fruto, como también, TR)
					10	y creciendo en el conocimiento de Dios
830		αὐθαίρετος** – autháiretos			2:19	crece con el crecimiento que da Dios
				1 P	2:2	para que por ella crezcáis
2 Co	8:3	Pues doy testimonio de que con agrado		2 P	3:18	creced en la gracia y el conocimiento
	17	por su propia voluntad partió para ir				
				838		αὔξησις** – áuxesis
831		αὐθεντέω* – authentéo		Ef	4:16	recibe su crecimiento (efectúa el aumento,
1 Ti	2:12	ni ejercer dominio sobre el hombre,				VM)
				Col	2:19	crece con el crecimiento que da Dios
832		αὐλέω** – auléo				
Mt	11:17	Os tocamos flauta, y no bailasteis;		839		αὔριον – áurion
Lc	7:32	Os tocamos flauta, y no bailasteis;		Mt	6:30	y mañana se echa en el horno,
1 Co	14:7	¿cómo se sabrá lo que se toca con la flauta			34	no os afanéis por el día de mañana
						el día de mañana traerá su afán
833		αὐλή – aulé		Lc	10:35	Otro día al partir, sacó dos denarios
Mt	26:3	se reunieron en el patio			12:28	y mañana es echada al horno
	58	Mas Pedro le seguía de lejos hasta el patio			13:32	y hago curaciones hoy y mañana
	69	Pedro estaba sentado...en el patio			33	es necesario que hoy y mañana
Mr	14:54	hasta dentro del patio		Hch	4:3	hasta el día siguiente, porque
	66	Estando Pedro abajo, en el patio			5	Aconteció al día siguiente,
	15:16	los soldados le llevaron dentro del atrio			23:15	que le traiga mañana (TR)
Lc	11:21	armado guarda su palacio			20	que mañana lleves a Pablo
	22:55	fuego en medio del patio			25:22	Y él le dijo: Mañana le oirás.
Jn	10:1	en el redil de las ovejas,		1 Co	15:32	porque mañana moriremos
	16	que no son de este redil		Stg	4:13	Hoy y mañana iremos a tal ciudad
	18:15	al patio del sumo sacerdote			14	cuando no sabéis lo que será mañana
Ap	11:2	Pero el patio que está fuera				
				840		αὐστηρός** – austerós
834		αὐλητής* – auletés		Lc	19:21	por cuanto eres hombre severo
Mt	9:23	viendo a los que tocaban flautas			22	Sabías que yo era hombre severo
Ap	18:22	de músicos, de flautistas				
				841		αὐτάρκεια* – autárkeia
835		αὐλίζομαι – aulízomai (aulídzomai)		2 Co	9:8	teniendo siempre en todas las cosas todo
Mt	21:17	de la ciudad, a Betania, y posó allí				lo suficiente
Lc	21:37	saliendo, se estaba en el monte (salía, y		1 Ti	6:6	acompañada de contentamiento
		posaba en el monte, VM)				
				842		αὐτάρκης – autárkes
836		αὐλός – aulós		Fil	4:11	he aprendido a contentarme, (he aprendido
1 Co	14:7	como la flauta o la cítara				a estar contento, VM)
				843		αὐτοκατάκριτος*† – autokatákritos
837		αὐξάνω – auxáno o αὔξω – áuxo		Tit	3:11	y está condenado por su propio juicio
Mt	6:28	cómo crecen: no trabajan ni hilan		844		αὐτόματος – autómatos
	13:32	pero cuando ha crecido		Mr	4:28	Porque de suyo lleva fruto
Mr	4:8	pues brotó y creció, y produjo a treinta		Hch	12:10	la cual se les abrió por sí misma (se les
Lc	1:80	Y el niño crecía, y se fortalecía				abrió de suyo, VM)
	2:40	Y el niño crecía,				
	12:27	Considerad los lirios, cómo crecen, (TR,		845		αὐτόπτης* – autóptes
		WH, ABMW, VM, NC, BC, BA)		Lc	1:2	lo vieron con sus ojos, (fueron testigos
	13:19	y creció, y se hizo árbol				oculares, VHA)
Jn	3:30	Es necesario que él crezca,				

αὐτοῦ 847   183   862 ἄφθαρτος

847　　　　　αὐτοῦ — autoú (autú)
Mt　26:36　Sentaos aquí, entre tanto
Lc　　9:27　de los que están aquí (WH, N, ABMW)
Hch 15:34　le pareció bien el quedarse allí (TR, [VM],
　　　　　　NC, BA)
　　18:19　y los dejó allí
　　21:4　nos quedamos allí siete días

848　　　　　αὐτοῦ — autóu (jautú)
Mt　　6:34　el día de mañana traerá su afán (ABMW);
　　　　　　(se afanará por sí mismo VHA, TR, N,
　　　　　　WH)
Lc　12:17　Y él pensaba dentro de sí, (T, WH, TR)
　　21　para sí tesoro, ([WH], N)
　　23:12　estaban enemistados entre sí. (WH, N,
　　　　　　ABMW)
　　24:12　se fue a casa maravillándose ([WH], TR)
Jn　　2:24　no se fiaba de ellos,
　　13:32　le glorificará en sí mismo, (WH, VHA, VM,
　　　　　　BA, BC)
　　19:17　cargando su cruz, (lit., llevando la cruz por
　　　　　　sí mismo (WH, ABMW)
　　20:10　volvieron los discípulos a los suyos
Hch 14:17　no se dejó a sí mismo (WH, N, ABMW)
Ro　　1:27　recibiendo en sí mismos la retribución (WH)
2 Co　3:5　para pensar algo como de nosotros mismos,
　　　　　　(WH)
Ef　　2:15　para crear en sí mismo (WH, N, ABMW)
Fil　　3:21　sujetar a sí mismo todas las cosas (WH, N,
　　　　　　ABMW)
1 Jn　5:10　tiene el testimonio en sí mismo (WH,
　　　　　　ABMW)
Ap　　8:6　se dispusieron a tocarlas. (WH, N, ABMW)
　　18:7　Cuanto ella se ha glorificado (WH, ABMW)

848A　　　　αὐτόφωρος** — autóforos
Jn　　8:4　[en el acto mismo de adulterio.]

849　　　　　αὐτόχειρ* — autóceir (autójeir)
Hch 27:19　y al tercer día con nuestras propias manos

849A　　　　αὐχέω* — aucéo (aujéo)
Stg　3:5　pero se jacta de grandes cosas; (WH, N,
　　　　　　ABMW)

850　　　　　αὐχμηρός* — aucmerós (aujmerós)
2 P　1:19　que alumbra en lugar oscuro,

851　　　　　ἀφαιρέω — afairéo
Mt　26:51　le quitó la oreja
Mr　14:47　cortándole la oreja
Lc　　1:25　en que se dignó quitar mi afrenta
　　10:42　la cual no le será quitada
　　16:3　Porque mi amo me quita la mayordomía
　　22:50　y le cortó la oreja derecha
Ro　11:27　Cuando yo quite sus pecados
He　10:4　no puede quitar los pecados
Ap　22:19　Y si alguno quitare
　　　　　　Dios quitará su parte

852　　　　　ἀφανής — afanés
He　4:13　Y no hay cosa creada que no sea manifiesta

853　　　　　ἀφανίζω — afanízo (afanídzo)
Mt　6:16　porque ellos demudan sus rostros
　　19　donde la polilla y el orín corrompen

Mt　6:20　ni la polilla ni el orín corrompen
Hch 13:41　asombraos, y pereced;
Stg　4:14　y luego se desvanece

854　　　　　ἀφανισμός — afanismós
He　8:13　está próximo a desaparecer

855　　　　　ἄφαντος* — áfantos
Lc　24:31　él se desapareció (él se hizo invisible a ellos,
　　　　　　VM)

856　　　　　ἀφεδρών*† — afedrón
Mt　15:17　y es echado en la letrina?
Mr　　7:19　y sale a la letrina?

857　　　　　ἀφειδία* — afeidía
Col　2:23　y en duro trato del cuerpo

858　　　　　ἀφελότης*† — afelótes
Hch　2:46　con alegría y sencillez de corazón

859　　　　　ἄφεσις — áfesis
Mt　26:28　para remisión de los pecados
Mr　　1:4　para perdón de pecados
　　　3:29　no tiene jamás perdón
Lc　　1:77　Para perdón de sus pecados,
　　　3:3　para perdón de pecados
　　　4:18　A pregonar libertad a los cautivos
　　　　　　A poner en libertad a los oprimidos
　　24:47　el arrepentimiento, y el perdón de pecados
　　　　　　(TR, ABMW, VM, BC); (el
　　　　　　arrepentimiento para remisión de pecados,
　　　　　　VHA, WH, N, BA, NC)
Hch　2:38　para perdón de los pecados
　　　5:31　arrepentimiento y perdón de pecados
　　10:43　recibirán perdón de pecados
　　13:38　se os anuncia perdón de pecados,
　　26:18　perdón de pecados y herencia
Ef　　1:7　el perdón de pecados
Col　1:14　el perdón de pecados.
He　　9:22　no se hace remisión
　　10:18　Pues donde hay remisión de éstos

860　　　　　ἀφή — afé (jafé)
Ef　　4:16　por todas las coyunturas (por toda
　　　　　　coyuntura, VHA)
Col　2:19　y uniéndose por las coyunturas

861　　　　　ἀφθαρσία** — aftharsía
Ro　　2:7　gloria y honra e inmortalidad
1 Co 15:42　resucitará en incorrupción
　　50　ni la corrupción hereda la incorrupción
　　53　se vista de incorrupción
　　54　se haya vestido de incorrupción
Ef　　6:24　con amor inalterable (en la incorrupción,
　　　　　　NC)
2 Ti　1:10　la vida y la inmortalidad
Tit　2:7　mostrando integridad, seriedad (E, WH, N,
　　　　　　ABMW, VHA, VM, NC, BC, BA); (lit.,...
　　　　　　seriedad, incorrupción, S)

862　　　　　ἄφθαρτος** — áfthartos
Ro　　1:23　la gloria del Dios incorruptible
1 Co　9:25　pero nosotros, una incorruptible
　　15:52　serán resucitados incorruptibles,
1 Ti　1:17　al Rey de los siglos, inmortal

ἀφθορία 862A   863 ἀφίημι

1 P	1:4	para una herencia **incorruptible**	Mr	5:19	Jesús no se lo **permitió**,
	23	sino de **incorruptible**		37	Y no **permitió** que le siguiese
	3:4	en el **incorruptible** ornato		7:8	Porque **dejando** el mandamiento
				12	y no le **dejáis** hacer más
862A		ἀφθορία† — afthoria		27	**Deja** primero que se sacien
Tit	2:7	mostrando **integridad**, (WH, N, ABMW)		8:13	Y **dejándolos**, volvió
				10:14	**Dejad** a los niños venir
863		ἀφίημι — afíemi		28	nosotros lo **hemos dejado** todo
				29	que **haya dejado** casa
Mt	3:15	**Deja** ahora, porque		11:6	y los **dejaron**
		Entonces le **dejó**		16	y no **consentía** que nadie
	4:11	El diablo entonces le **dejó**		25	**perdonad** si tenéis algo contra
	20	Ellos entonces, **dejando** al instante las redes			os **perdone** a vosotros
	22	**dejando** al instante la barca		26	Porque si vosotros no **perdonáis** (TR, VM,
	5:24	**deja** allí tu ofrenda			[BA], BC, NC)
	40	**déjale** también la capa;			os **perdonará** vuestras ofensas (TR, VM,
	6:12	Y **perdónanos** nuestras deudas			[BA], BC, NC)
		como también nosotros **perdonamos**		12:12	y **dejándole**, se fueron
	14	si **perdonáis** a los hombres		19	pero no **dejare** hijos,
		os **perdonará** también		20	y murió sin **dejar** descendencia
	15	mas si no **perdonáis** a los hombres		21	y tampoco **dejó** descendencia (TR)
		tampoco vuestro Padre os **perdonará**		22	y no **dejaron** descendencia
	7:4	**Déjame** sacar la paja		13:2	No quedará piedra (no se **dejará** piedra,
	8:15	la fiebre la **dejó**			VHA)
	22	**deja** que los muertos entierren		34	**dejó** su casa,
	9:2	tus pecados te son **perdonados**		14:6	**Dejadla**; ¿por qué la molestáis?
	5	Los pecados te son **perdonados**		50	**dejándole**, huyeron
	6	para **perdonar** pecados		15:36	**Dejad**, veamos si viene
	12:31	será **perdonado** a los hombres;		37	dando una gran voz, expiró
		no les **será perdonado**	Lc	4:39	y la fiebre la **dejó**
	32	le **será perdonado**		5:11	**dejándolo** todo, le siguieron
		no le **será perdonado**		20	tus pecados te **son perdonados**
	13:30	**Dejad** crecer juntamente		21	¿Quién puede **perdonar** pecados
	36	**despedida** la gente		23	Tus pecados te **son perdonados**
	15:14	**Dejadlos**; son ciegos guías de ciegos		24	para **perdonar** pecados
	18:12	¿no **deja** las noventa y nueve		6:42	**déjame** sacar la paja
	21	¿cuántas veces **perdonaré** a mi hermano		7:47	sus muchos pecados le **son perdonados**
	27	le soltó y le **perdonó**			aquel a quien **se le perdona**
	32	toda aquella deuda te **perdoné**		48	Tus pecados te **son perdonados**
	35	si no **perdonáis** de todo corazón		49	que también **perdona** pecados?
	19:14	**Dejad** a los niños		8:51	no **dejó** entrar a nadie
	27	nosotros lo **hemos dejado** todo		9:60	**Deja** que los muertos entierren
	29	Y cualquiera que **haya dejado**		10:30	**dejándole** medio muerto
	22:22	y **dejándole**, se fueron		11:4	Y **perdónanos** nuestros pecados
	25	**dejó** su mujer a su hermano			porque también nosotros **perdonamos**
	23:13	ni **dejáis** entrar a los que están		42	sin **dejar** aquello (lit., y no **dejar** aquellas
	23	**dejáis** lo más importante (**habéis dejado**...,			cosas) (TR)
		VHA)		12:10	le **será perdonado**
		sin **dejar** de hacer aquello			no le **será perdonado**
	38	os **es dejada** desierta		39	y no **dejaría** minar su casa
	24:2	no quedará aquí piedra (no **se dejará** aquí		13:8	**déjala** todavía este año
		piedra, VHA)		35	vuestra casa os **es dejada**
	40	el otro **será dejado**		17:3	y si se arrepintiere, **perdónale**
	41	la otra **será dejada**		4	Me arrepiento; **perdónale**
	26:44	**dejándolos**, se fue de nuevo		34	y el otro **será dejado**
	56	**dejándole**, huyeron		35	y la otra **será dejada**
	27:49	**Deja**, veamos si viene Elías		36	y el otro **dejado** (V60, E, VM, [BA])
	50	**entregó** el espíritu		18:16	**Dejad** a los niños venir a mí,
Mr	1:18	**dejando** luego sus redes		28	He aquí, nosotros **hemos dejado**
	20	**dejando** a su padre		29	no hay nadie que **haya dejado**
	31	inmediatamente le **dejó** la fiebre		19:44	y no **dejarán** en ti piedra
	34	no **dejaba** hablar a los demonios		21:6	en que no quedará piedra (en que no **será**
	2:5	tus pecados te **son perdonados**			**dejada** piedra, VHA)
	7	¿Quién puede **perdonar** pecados,		23:34	Padre, **perdónalos** (TR, T, [WH], [N],
	9	Tus pecados te **son perdonados**			[ABMW], VHA, VM, NC, BC, BA)
	10	para **perdonar** pecados	Jn	4:3	salió de Judea, (**dejó** a Judea, VHA)
	3:28	todos los pecados **serán perdonados**		28	la mujer **dejó** su cántaro,
	4:12	y les **sean perdonados** los pecados		52	Ayer a las siete le **dejó** la fiebre
	36	Y **despidiendo** a la multitud		8:29	no me **ha dejado** solo el Padre

ἀφικνέομαι 864			185			879A ἀφυστερέω
Jn	10:12	y deja las ovejas,				con vosotros sin temor VHA)
	11:44	Desatadle, y dejadle ir.		Fil	1:14	a hablar la palabra sin temor
	48	Si le dejamos así		Jud	12	comiendo impúdicamente (banquetean sin
	12:7	Déjala; para el día de mi sepultura				miramiento, VHA)
	14:18	No os dejaré huérfanos;				
	27	La paz os dejo		871		ἀφομοιόω** — afomoióo
	16:28	otra vez dejo el mundo,				
	32	y me dejaréis solo		He	7:3	sino hecho semejante al Hijo
	18:8	dejad ir a éstos;		872		ἀφοράω — aforáo
	20:23	A quienes remitiereis los pecados, les son				
		remitidos;		Fil	2:23	luego que yo vea cómo van
Hch	5:38	Apartaos de estos hombres, y dejadlos;		He	12:2	puestos los ojos en Jesús
		(WH, N, ABMW)				
	8:22	si quizás te sea perdonado		873		ἀφορίζω — aforízo (aforidzo)
	14:17	si bien no se dejó a sí mismo		Mt	13:49	y apartarán a los malos
Ro	1:27	dejando el uso natural			25:32	apartará los unos de los otros
	4:7	cuyas iniquidades son perdonadas				como aparta el pastor
1 Co	7:11	el marido no abandone a su mujer		Lc	6:22	y cuando os aparten de sí
	12	no la abandone		Hch	13:2	Apartadme a Bernabé
	13	no lo abandone			19:9	y separó a los discípulos,
He	2:8	nada dejó que no sea sujeto a él		Ro	1:1	apartado para el evangelio de Dios,
	6:1	Por tanto, dejando ya los rudimentos		2 Co	6:17	y apartaos, dice el Señor,
Stg	5:15	le serán perdonados		Gá	1:15	que me apartó desde el vientre
1 Jn	1:9	para perdonar nuestros pecados			2:12	se retraía y se apartaba
	2:12	vuestros pecados os han sido perdonados				
Ap	2:4	que has dejado tu primer amor		874		ἀφορμή — aformé
	20	toleras a esa mujer (WH, N, ABMW)		Ro	7:8	tomando ocasión por el mandamiento
	11:9	y no permitirán que sean sepultados			11	tomando ocasión por el mandamiento
				2 Co	5:12	sino os damos ocasión
864		ἀφικνέομαι — afiknéomai			11:12	para quitar la ocasión a aquellos que la
Ro	16:19	ha venido a ser notoria a todos				desean, (para cortar ocasión... a los que
						desean ocasión VM)
865		ἀφιλάγαθος*† — afilágathos		Gá	5:13	como ocasión para la carne,
2 Ti	3:3	crueles aborrecedores de lo bueno,		1 Ti	5:14	que no den al adversario ninguna ocasión
866		ἀφιλάργυρος*† — afilárguros		875		ἀφρίζω* — afrízo (afrídzo)
1 Ti	3:3	sino amable, apacible, no avaro		Mr	9:18	le sacude; y echa espumarajos,
He	13:5	Sean vuestras costumbres sin avaricia			20	se revolcaba, echando espumarajos
867		ἄφιξις** — áfixis		876		ἀφρός* — afrós
Hch	20:29	Porque yo sé que después de mi partida		Lc	9:39	y le hace echar espuma (entre espumarajos, BC,)
868		ἀφίστημι — afístemi		877		ἀφροσύνη — afrosúne
Lc	2:37	no se apartaba del templo		Mr	7:22	la soberbia, la insensatez
	4:13	se apartó de él por un tiempo		2 Co	11:1	¡Ojalá me toleraseis un poco de locura!
	8:13	en el tiempo de la prueba se apartan			17	sino como en locura,
	13:27	apartaos de mí todos vosotros			21	(hablo con locura
Hch	5:37	llevó en pos de sí a mucho pueblo				
	38	Apartaos de estos hombres		878		ἄφρων — áfron
	12:10	el ángel se apartó de él		Lc	11:40	Necios, ¿el que hizo lo de fuera
	15:38	al que se había apartado de ellos			12:20	Necio, esta noche
	19:9	se apartó Pablo de ellos		Ro	2:20	instructor de los indoctos,
	22:29	Así que, luego se apartaron de él		1 Co	15:36	Necio, lo que tú siembras
2 Co	12:8	que lo quite de mí.		2 Co	11:16	Que nadie me tenga por loco
1 Ti	4:1	algunos apostatarán de la fe				recibidme como a loco
	6:5	apártate de los tales (TR, [BΛ])			19	toleráis a los necios
2 Ti	2:19	Apártese de iniquidad todo aquel			12:6	no sería insensato
He	3:12	para apartarse del Dios vivo			11	Me he hecho un necio
				Ef	5:17	no seáis insensatos
869		ἄφνω — áfno		1 P	2:15	de los hombres insensatos
Hch	2:2	Y de repente vino del cielo				
	16:26	sobrevino de repente un gran terremoto		879		ἀφυπνόω**† — afupnóo
	28:6	o cayese muerto de repente		Lc	8:23	mientras navegaban él se durmió
870		ἀφόβως — afóbos		879A		ἀφυστερέω — afusteréo
Lc	1:74	Sin temor le serviríamos		Stg	5:4	el cual... no les ha sido pagado (el cual
1 Co	16:10	mirad que esté...con tranquilidad, (que esté				

	les ha sido defraudado, VHA) (WH, N, ABMW)
880	ἄφωνος – áfonos
Hch 8:32	Y como cordero mudo
1 Co 12:2	como se os llevaba, a los ídolos mudos
14:10	ninguno de ellos carece de significado
2 P 2:16	pues una muda bestia
881	Ἀχάζ – Acáz (Ajádz) o Ἄχας
Mt 1:9	Jotám a Acaz, (Joatam engendró a Acaz, VHA) Acaz a Ezequías (Acaz engendró..., VHA)
882	Ἀχαΐα – Acáia (Ajáia) o Ἀχαΐα
Hch 18:12	procónsul de Acaya
27	queriendo él pasar a Acaya,
19:21	de recorrer Macedonia y Acaya,
Ro 15:26	Porque Macedonia y Acaya tuvieron a bien
16:5	el primer fruto de Acaya (TR)
1 Co 16:15	es las primicias de Acaya
885	Ἀχείμ – Acéim (Ajéim)
Mt 1:14	Sadoc a Aquim, (...engendró a Aquim, VHA 14(15) y Aquim a Eliud. (Aquim engendró..., VHA)
886	ἀχειροποίητος *† – aceiropóietos (ajeiropóietos)
Mr 14:58	edificaré otro hecho sin mano.
2 Co 5:1	una casa no hecha de manos
Col 2:11	con circuncisión no hecha a mano
	Ἀχελδαμάχ, véase Ἀκελδαμάχ, 184, pág. 118
887	ἀχλύς** – aclús (ajlús)
Hch 13:11	cayeron sobre él oscuridad y tinieblas
888	ἀχρεῖος – acréios (ajréios)
Mt 25:30	Y al siervo inútil
Lc 17:10	Siervos inútiles somos
889	ἀχρειόω – acreióo (ajreióo)
Ro 3:12	se hicieron inútiles
890	ἄχρηστος – ácrestos (ájrestos)
Flm 11	el cual en otro tiempo te fue inútil
891	ἄχρι – ácri (ájri) o ἄχρις – ácris (ájris)
Mt 24:38	hasta el día en que Noé
Lc 1:20	hasta el día en que esto se haga
4:13	se apartó de él por un tiempo. (...hasta nueva oportunidad, VHA)
17:27	hasta el día en que entró Noé
21:24	hasta que los tiempos de los gentiles
Hch 1:2	hasta el día en que fue recibido
22	hasta el día en que de entre nosotros (T)
2:29	hasta el día de hoy
3:21	hasta los tiempos de la restauración
7:18	hasta que levantó en Egipto
11:5	y venía hasta mí
13:6	toda la isla hasta Pafos
11	y no verás el sol por algún tiempo
Hch 20:4	Y le acompañaron hasta Asia (TR, VM, BC)
6	en cinco días nos reuniremos con ellos
11	hasta el alba; y así salió
Hch 22:4	hasta la muerte, prendiendo
22	Y le oyeron hasta esta palabra
23:1	hasta el día de hoy
26:22	persevero hasta el día de hoy,
27:33	Cuando comenzó a amanecer (hasta que estaba para amanecer, BA)
28:15	hasta el Foro de Apio
Ro 1:13	(pero hasta ahora he sido estorbado
5:13	Pues antes de la ley (Pues hasta la Ley, VM)
8:22	está con dolores de parto hasta ahora
11:25	hasta que haya entrado la plenitud
1 Co 4:11	Hasta esta hora
11:26	hasta que él venga
15:25	hasta que haya puesto a todos
2 Co 3:14	porque hasta el día de hoy,
10:13	para llegar también hasta vosotros
14	como si no llegásemos hasta vosotros
Gá 3:19	hasta que viniese la simiente
4:2	hasta el tiempo señalado por el padre
19	hasta que Cristo sea formado (TR)
Fil 1:5	desde el primer día hasta ahora
6	hasta el día de Jesucristo
He 3:13	entre tanto que se dice: Hoy;
4:12	y penetra hasta partir el alma
6:11	hasta el fin, para plena certeza
Ap 2:10	Sé fiel hasta la muerte,
25	retenedlo hasta que yo venga
26	y guardare mis obras hasta el fin
7:3	hasta que hayamos sellado
12:11	menospreciaron sus vidas hasta la muerte
14:20	hasta los frenos de los caballos
15:8	hasta que se hubiesen cumplido
17:17	hasta que se cumplan las palabras de Dios
18:5	sus pecados han llegado hasta el cielo
20:3	hasta que fuesen cumplidos mil años
5	hasta que se cumplieron mil años. (WH, N, ABMW)
892	ἄχυρον – ácuron (ájuron)
Mt 3:12	y quemará la paja en fuego
Lc 3:17	y quemará la paja en fuego
893	ἀψευδής** – apseudés
Tit 1:2	la cual Dios, que no miente,
894	ἄψινθος *† – ápsinthos
Ap 8:11	Y el nombre de la estrella es Ajenjo la tercera parte de las aguas se convirtió en ajenjo
895	ἄψυχος** – ápsucos (ápsujos)
1 Co 14:7	Ciertamente las cosas inanimadas

Bβ

896	Βάαλ – Báal
Ro 11:4	no han doblado la rodilla delante de Baal
897	Βαβυλών – Babulón
Mt 1:11	en el tiempo de la deportación a Babilonia
12	Después de la deportación a Babilonia
17	hasta la deportación a Babilonia la deportación a Babilonia hasta Cristo
Hch 7:43	Os transportaré, pues, más allá de Babilonia

		βαθμός 898	187	906 Βάλλω	

1 P 5:13 La iglesia que está en Babilonia
Ap 14:8 Ha caído, ha caído Babilonia
  16:19 y la gran Babilonia vino en memoria
  17:5 BABILONIA LA GRANDE, LA MADRE
  18:2 Ha caído, ha caído la gran Babilonia
     10 ¡Ay, ay, de la gran ciudad de Babilonia
     21 será derribada Babilonia,

898 βαθμός — bathmós
1 Ti 3:13 ganan para sí un grado honroso

899 βάθος — báthos
Mt 13:5 porque no tenía profundidad de tierra
Mr 4:5 porque no tenía profundidad de tierra
Lc 5:4 Boga mar adentro,
Ro 8:39 ni lo alto, ni lo profundo
  11:33 ¡Oh profundidad de las riquezas
1 Co 2:10 todo lo escudriña, aun lo profundo de Dios
2 Co 8:2 su profunda pobreza (su pobreza desde su fondo, BC)
Ef 3:18 la anchura, la longitud, la profundidad
Ap 2:24 las profundidades de Satanás (TR)

900 βαθύνω — bathúno
Lc 6:48 cavó y ahondó y puso el fundamento

901 βαθύς — bathús
Lc 24:1 El primer día de la semana, muy de mañana
Jn 4:11 y el pozo es hondo
Hch 20:9 rendido de un sueño profundo
Ap 2:24 lo que ellos llaman las profundidades (WH, N, ABMW)

902 βαΐον**† — baíon
Jn 12:13 tomaron ramas de palmera y salieron

903 Βαλαάμ — Balaám
2 P 2:15 siguiendo el camino de Balaam hijo de Beor
Jud   11 se lanzaron por lucro en el error de Balaam,
Ap 2:14 que retienen la doctrina de Balaam

904 Βαλάκ — Balák
Ap 2:14 que enseñaba a Balac a poner tropiezo

905 βαλλάντιον — ballántion (balántion)
Lc 10:4 No llevéis bolsa, ni alforja, ni calzado;
  12:33 haceos bolsas que no se envejezcan,
  22:35 Cuando os envié sin bolsa, sin alforja
     36 Pues ahora, el que tiene bolsa, tómela

906 βάλλω — bállo (bálo)
Mt 3:10 es cortado y echado en el fuego
  4:6 Si eres Hijo de Dios, échate abajo
   18 y Andrés su hermano, que echaban la red
  5:13 sino para ser echada fuera
     25 y seas echado en la cárcel
     29 sácalo, y échalo de ti
        que todo tu cuerpo sea echado al infierno
     30 córtale, y échala de ti
        todo tu cuerpo sea echado (TR, NC)
  6:30 y mañana se echa en el horno
  7:6 ni echéis vuestras perlas
     19 es cortado y echado en el fuego
  8:6 Señor, mi criado está postrado en casa,
     14 y vio a la suegra de éste postrada en cama
  9:2 le trajeron un paralítico, tendido

Mt 9:17 Ni echan vino nuevo en odres viejos
         pero echan el vino nuevo en odres nuevos
  10:34 para traer paz a la tierra
         para traer paz, sino espada
  13:42 los echarán en el horno de fuego
     47 semejante a una red, que echada en el mar,
     48 y lo malo echan fuera
     50 y los echarán en el horno de fuego
  15:26 echarlo a los perrillos
  17:27 ve al mar, y echa el anzuelo
  18:8 córtalo y échalo de ti
         ser echado en el fuego eterno
     9 sácalo y échalo de ti
         ser echado en el infierno de fuego
     30 sino fue y le echó en la cárcel
  21:21 Quítate y échate en el mar
  25:27 debías haber dado mi dinero a los banqueros
  26:12 al derramar este perfume sobre mi cuerpo
  27:6 No es lícito echarlas en el tesoro
     35 repartieron...sus vestidos, echando suertes
         sobre mi ropa echaron suertes (TR, VM)
Mr 1:16 echaban la red en el mar (TR)
  2:22 Y nadie echa vino nuevo en odres viejos
  4:26 como cuando un hombre echa semilla
  7:27 y echarlo a los perrillos
     30 y a la hija acostada en la cama
     33 metió los dedos en las orejas de él
  9:22 Y muchas veces le echa en el fuego
     42 mejor le fuera si...le arrojase en el mar
     45 teniendo dos pies ser echado en el infierno
     47 que teniendo dos ojos ser echado al infierno
  11:23 Quítate y échate en el mar
  12:41 el pueblo echaba dinero en el arca
         muchos ricos echaban mucho
     42 vino una viuda pobre, y echó dos blancas,
     43 esta viuda pobre echó más que todos los que han echado
     44 porque todos han echado de lo que les sobra
         ésta, de su pobreza echó todo el sustento
  14:65 le daban de bofetadas (TR) (lit., le echaban)
  15:24 echando suertes sobre ellos
Lc 3:9 se corta y se echa en el fuego
  4:9 Si eres Hijo de Dios, échate de aquí abajo
  5:37 Y nadie echa vino nuevo en odres viejos
  12:28 y mañana es echada al horno
     49 Fuego vine a echar en la tierra
     58 y el alguacil te meta en la cárcel
  13:8 hasta que yo...la abone
     19 un hombre tomó y sembró
  14:35 ni para el muladar es útil; la arrojan fuera
  16:20 que estaba echado a la puerta
  21:1 vio a los ricos que echaban sus ofrendas
     2 que echaba allí dos blancas
     3 esta viuda pobre echó más que todos
     4 todos aquéllos echaron para las ofrendas
         de su pobreza echó todo el sustento
  23:19 Este había sido echado en la cárcel
     25 aquel que había sido echado en la cárcel
     34 entre sí sus vestidos, echando suertes.
Jn 3:24 No había sido aún encarcelado
         (...echado en la cárcel, VM)
  5:7 no tengo quien me meta en el estanque
  7:44 pero ninguno le echó mano (WH)
  8:7 [sea el primero en arrojar la piedra]
     59 Tomaron entonces piedras para arrojárselas
  12:6 sustraía de lo que se echaba en ella
  13:2 el diablo ya había puesto en el corazón
     5 Luego puso agua en un lebrillo,
  15:6 será echado fuera como pámpano

βαπτίζω 907

Jn	15:6	y los recogen, y los echan en el fuego
	18:11	Mete tu espada en la vaina
	19:24	sobre mi ropa echaron suertes
	20:25	metiere mi dedo en el lugar de los clavos
		metiere mi mano, en su costado
	27	acerca tu mano, y métela en mi costado
	21:6	Echad la red a la derecha
		Entonces la echaron
	7	y se echó al mar
Hch	16:23	azotado mucho, los echaron en la cárcel
	24	los metió en el calabozo
	37	nos echaron en la cárcel
	22:23	lanzaban polvo al aire
	27:14	no mucho después dio contra la nave
Stg	3:3	nosotros ponemos freno en la boca
1 Jn	4:18	el perfecto amor echa fuera el temor
Ap	2:10	el diablo echará a algunos de vosotros
	14	enseñaba a Balac a poner tropiezo
	22	He aquí, yo la arrojo en cama
	24	No os impondré otra carga
	4:10	echan sus coronas delante del trono
	6:13	como la higuera deja caer sus higos
	8:5	lo arrojó a la tierra
	7	que fueron lanzados sobre la tierra
	8	fue precipitada en el mar
	12:4	y las arrojó sobre la tierra
	9	Y fue lanzado fuera el gran dragón
		fue arrojado a la tierra,
		sus ángeles fueron arrojados con él
	10	porque ha sido lanzado fuera el acusador (WH, N, ABMW)
	13	el dragón que había sido arrojado a la tierra
	15	Y la serpiente arrojó de su boca,
	16	que el dragón había echado de su boca
	14:16	metió su hoz en la tierra
	19	Y el ángel arrojó su hoz en la tierra
		y echó las uvas en el gran lagar
	18:19	Y echaron polvo sobre sus cabezas
	21	y la arrojó en el mar
		será derribada Babilonia
	19:20	Estos dos fueron lanzados vivos
	20:3	y lo arrojó al abismo
	10	fue lanzado en el lago de fuego
	14	fueron lanzados al lago de fuego
	15	vida fue lanzado al lago de fuego

907   βαπτίζω – baptízo (baptídzo)

Mt	3:6	y eran bautizados por él
	11	Yo a la verdad os bautizo en agua
		él os bautizará en Espíritu Santo
	13	para ser bautizado por él
	14	Yo necesito ser bautizado por ti
	16	después que fue bautizado, subió
	20:22	ser bautizados con el bautismo (TR)
		con que yo soy bautizado? (TR)
	23	con que yo soy bautizado, seréis bautizados; (TR)
	28:19	bautizándolos en el nombre del Padre
Mr	1:4	Bautizaba Juan (TR, WH, ABMW) (vino Juan bautizando, VM); (vino Juan, el que bautizaba, VHA, N, NC, BC, BA)
	5	eran bautizados por él en el río
	8	Yo a la verdad os he bautizado con agua él os bautizará con Espíritu Santo
	9	y fue bautizado por Juan
	6:14	Juan el Bautista ha resucitado
	24	La cabeza de Juan el Bautista (WH, N, ABMW)
	7:4	Y volviendo de la plaza, si no se lavan,

908 βάπτισμα

Mr	10:38	¿Podéis... ser bautizados con el bautismo con que yo soy bautizado?
	39	con el bautismo con que yo soy bautizado, seréis bautizados;
	16:16	[El que creyere y fuere bautizado, será salvo]
Lc	3:7	las multitudes que salían para ser bautizadas
	12	unos publicanos para ser bautizados
	16	Yo a la verdad os bautizo en agua él os bautizará en Espíritu Santo y fuego
	21	cuando todo el pueblo se bautizaba Jesús fue bautizado; (siendo...bautizado, VM)
	7:29	bautizándose con el bautismo de Juan
	30	no siendo bautizados por Juan.
	11:38	de que no se hubiese lavado antes de comer
	12:50	De un bautismo tengo que ser bautizado
Jn	1:25	¿Por qué, pues, bautizas, si tú no eres
	26	Yo bautizo con agua
	28	donde Juan estaba bautizando
	31	por esto vine yo bautizando con agua
	33	pero el que me envió a bautizar con agua ése es el que bautiza con el Espíritu Santo
	3:22	y estuvo allí con ellos, y bautizaba
	23	Juan bautizaba también en Enón y venían, y eran bautizados
	26	de quien tú diste testimonio, bautiza,
	4:1	Jesús hace y bautiza más discípulos
	2	aunque Jesús no bautizaba, sino
	10:40	primero había estado bautizando Juan
Hch	1:5	Juan ciertamente bautizó con agua seréis bautizados con el Espíritu Santo
	2:38	Arrepentíos, y bautícese cada uno
	41	los que recibieron...fueron bautizados
	8:12	se bautizaban hombres y mujeres
	13	habiéndose bautizado, estaba siempre
	16	solamente habían sido bautizados
	36	¿qué impide que yo sea bautizado?
	38	y le bautizó
	9:18	y levantándose, fue bautizado
	10:47	para que no sean bautizados estos
	48	Y mandó bautizarles (mandó que fuesen bautizados, VHA)
	11:16	Juan ciertamente bautizó en agua, seréis bautizados con el Espíritu Santo.
	16:15	Y cuando fue bautizada, y su familia
	33	se bautizó él con todos los suyos
	18:8	oyendo, creían y eran bautizados
	19:3	¿En qué, pues, fuisteis bautizados?
	4	Juan bautizó con bautismo
	5	Cuando oyeron esto, fueron bautizados
	22:16	Levántate y bautízate
Ro	6:3	hemos sido bautizados en Cristo Jesús, hemos sido bautizados en su muerte?
1 Co	1:13	¿O fuisteis bautizados en el nombre de...?
	14	a ninguno de vosotros he bautizado
	15	que fuisteis bautizados en mi nombre
	16	También bauticé a la familia de Estéfanas no sé si he bautizado a algún otro
	17	no me envió Cristo a bautizar
	10:2	todos...fueron bautizados en la nube
	12:13	por un solo Espíritu fuimos todos bautizados
	15:29	¿qué harán los que se bautizan ¿Por qué, pues, se bautizan por los muertos
Gá	3:27	los que habéis sido bautizados en Cristo

908   βάπτισμα*† – báptisma

Mt	3:7	de los fariseos y de los saduceos venían a su bautismo
	20:22	ser bautizados con el bautismo (TR)

Βαπτισμός 909

Mt	20:23	con el bautismo con que soy bautizado (TR
	21:25	El bautismo de Juan, ¿de dónde era?
Mr	1:4	predicaba el bautismo de arrepentimiento
	10:38	el bautismo con que yo soy bautizado?
	39	con el bautismo con que yo soy bautizado,
	11:30	El bautismo de Juan, ¿era del cielo
Lc	3:3	predicando el bautismo del arrepentimiento
	7:29	bautizándose con el bautismo de Juan
	12:50	De un bautismo tengo que ser bautizado;
	20:4	El bautismo de Juan, ¿era del...?
Hch	1:22	comenzando desde el bautismo de Juan
	10:37	después del bautismo que predicó Juan
	13:24	predicó Juan el bautismo
	18:25	solamente conocía el bautismo de Juan.
	19:3	Ellos dijeron: En el bautismo de Juan.
	4	bautizó con bautismo de arrepentimiento
Ro	6:4	con él para muerte por el bautismo
Ef	4:5	un Señor, una fe, un bautismo
Col	2:12	sepultados con él en el bautismo
1 P	3:21	El bautismo que corresponde

909   βαπτισμός *† — baptismós

Mr	7:4	los lavamientos de los vasos de beber
	8	los lavamientos de los jarros (TR, VM)
He	6:2	de la doctrina de bautismos,
	9:10	de diversas abluciones y ordenanzas

910   Βαπτιστής *† — Baptistés

Mt	3:1	vino Juan el Bautista predicando
	11:11	otro mayor que Juan el Bautista
	12	Desde los días de Juan el Bautista
	14:2	Este es Juan el Bautista
	8	en un plato la cabeza de Juan el Bautista
	16:14	Unos, Juan el Bautista
	17:13	que les había hablado de Juan el Bautista
Mr	6:24	La cabeza de Juan el Bautista (TR)
	25	la cabeza de Juan el Bautista
	8:28	Unos, Juan el Bautista;
Lc	7:20	Juan el Bautista nos ha enviado a ti
	28	mayor profeta que Juan el Bautista (TR)
	33	Porque vino Juan el Bautista
	9:19	Unos, Juan el Bautista

911   βάπτω — bápto

Lc	16:24	para que moje la punta de su dedo
Jn	13:26	A quien yo diere el pan mojado (Para quien yo moje el bocado de pan, VHA)
		y mojando el pan, lo dio a Judas (WH, N, ABMW)
Ap	19:13	vestido de una ropa teñida en sangre, (TR, N, ABMW, VHA, NC, BA)

912   Βαραββᾶς — Barabbás

Mt	27:16	un preso famoso llamado Barrabás
	17	a Barrabás, o a Jesús
	20	que pidiese a Barrabás
	21	Y ellos dijeron: A Barrabás
	26	Entonces les soltó a Barrabás
Mr	15:7	Y había uno que se llamaba Barrabás
	11	que les soltase más bien a Barrabás
	15	les soltó a Barrabás
Lc	23:18	¡Fuera con éste, y suéltanos a Barrabás
Jn	18:40	No a éste, sino a Barrabás
		Barrabás era ladrón

913   Βαράκ — Barák

He	11:32	de Gedeón, de Barac, de Sansón

914   Βαραχίας — Baracías (Barajías)

Mt	23:35	la sangre de Zacarías hijo de Berequías

915   βάρβαρος — bárbaros

Hch	28:2	los naturales nos trataron
	4	Cuando los naturales vieron la víbora
Ro	1:14	A griegos y a no griegos (... a bárbaros, VHA)
1 Co	14:11	seré como extranjero
		el que habla será como extranjero
Col	3:11	donde no hay griego...bárbaro ni escita

916   βαρέω — baréo

Mt	26:43	estaban cargados de sueño
Mr	14:40	estaban cargados de sueño (TR)
Lc	9:32	estaban rendidos de sueño
	21:34	no se carguen de glotonería (WH, N, ABMW)
2 Co	1:8	Pues fuimos abrumados sobremanera
	5:4	gemimos con angustia (...agravados, VHA)
1 Ti	5:16	no sea gravada la iglesia,

917   βαρέως — baréos

Mt	13:15	con los oídos oyen pesadamente
Hch	28:27	con los oídos oyeron pesadamente

918   Βαρθολομαῖος — Bartholomáios

Mt	10:3	Felipe, Bartolomé
Mr	3:18	Andrés, Felipe, Bartolomé
Lc	6:14	Felipe y Bartolomé
Hch	1:13	Tomás, Bartolomé

919   Βαριησοῦς — Bariesóus

Hch	13:6	falso profeta, judío, llamado Barjesús

920   Βαριωνᾶ — Barioná

Mt	16:17	Simón, hijo de Jonás

921   Βαρναβᾶς — Barnabás o Βαρνάβας

Hch	4:36	Entonces José,...por sobrenombre Bernabé
	9:27	Entonces Bernabé, tomándole,
	11:22	enviaron a Bernabé
	25	fue Bernabé a Tarso (TR, VHA, NC, BA)
	30	por mano de Bernabé y de Saulo
	12:25	Bernabé y Saulo, cumplido su servicio
	13:1	profetas y maestros; Bernabé, Simón
	2	Apartadme a Bernabé y a Saulo
	7	Este, llamando a Bernabé y a Saulo
	43	siguieron a Pablo y a Bernabé
	46	Entonces Pablo y Bernabé, hablando
	50	persecución contra Pablo y Bernabé
	14:12	Y a Bernabé llamaban Júpiter,
	14	lo oyeron los apóstoles Bernabé y Pablo,
	20	salió con Bernabé para Derbe.
	15:2	Como Pablo y Bernabé tuviesen
		se dispuso que subiesen Pablo y Bernabé
	12	oyeron a Bernabé y a Pablo,
	22	enviarlos a Antioquía con Pablo y Bernabé
	25	con nuestros amados Bernabé y Pablo,
	35	Pablo y Bernabé continuaron
	36	Pablo dijo a Bernabé
	37	Bernabé quería que llevasen
	39	Bernabé, tomando a Marcos
1 Co	9:6	¿O sólo yo y Bernabé no tenemos
Gá	2:1	subí otra vez a Jerusalén con Bernabé
	9	nos dieron a mí y a Bernabé la diestra
	13	de tal manera que aun Bernabé fue
Col	4:10	Marcos el sobrino de Bernabé,

922 βάρος — báros

Mt	20:12	que hemos soportado la **carga**
Hch	15:28	no imponeros ninguna **carga** más que
2 Co	4:17	más excelente y eterno **peso** de gloria;
Gá	6:2	Sobrellevad los unos las **cargas**
1 Ts	2:6	aunque podíamos seros **carga**
Ap	2:24	No os impondré otra **carga**

923 Βαρσαββᾶς — Barsabbás

Hch	1:23	a José, llamado **Barsabás**
	15:22	por sobrenombre **Barsabás**

924 Βαρτιμαῖος — Bartimáios

Mr	10:46	una gran multitud, **Bartimeo** el ciego,

925 βαρύνω — barúno

Lc	21:34	que vuestros corazones no **se carguen** (TR)

926 βαρύς — barús

Mt	23:4	Porque atan cargas **pesadas**
	23	dejáis **lo más importante** de la ley
Hch	20:29	en medio de vosotros lobos **rapaces**
	25:7	contra él muchas y **graves** acusaciones
2 Co	10:10	las cartas son **duras y fuertes**;
1 Jn	5:3	sus mandamientos no son **gravosos**.

927 βαρύτιμος* — barútimos

Mt	26:7	alabastro de perfume **de gran precio**

928 βασανίζω — basanízo (basanídzo)

Mt	8:6	paralítico, gravemente **atormentado**
	29	¿Has venido acá para **atormentarnos**
	14:24	**azotado** por las olas
Mr	5:7	Te conjuro por Dios que no me **atormentes**
	6:48	viéndoles remar **con gran fatiga** (lit,...
		atormentados en el remar)
Lc	8:28	Te ruego que no me **atormentes**
2 P	2:8	**afligía** cada día su alma justa
Ap	9:5	sino que los **atormentasen** cinco meses
	11:10	habían **atormentado** a los moradores
	12:2	en la **angustia** del alumbramiento
		(**angustiada** para dar a luz, VM)
	14:10	será **atormentado** con fuego
	20:10	serán **atormentados** día y noche

929 βασανισμός** — basanismós

Ap	9:5	su **tormento** era como **tormento** de escorpión
	14:11	el humo de su **tormento** sube
	18:7	tanto dadle de **tormento** y llanto
	10	por el temor de su **tormento**
	15	por el temor de su **tormento**

930 βασανιστής* — basanistés

Mt	18:34	le entregó a los **verdugos**

931 βάσανος — básanos

Mt	4:24	por diversas enfermedades y **tormentos**
Lc	16:23	estando en **tormentos**
	28	también a este lugar **de tormento**

932 βασιλεία — basiléia

Mt	3:2	el **reino** de los cielos
	4:8	le mostró todos los **reinos** del mundo
	4:17	el **reino** de los cielos se ha acercado
	4:23	predicando el evangelio del **reino**
	5:3	de ellos es el **reino** de los cielos
	10	de ellos es el **reino** de los cielos
	19	pequeño será llamado en el **reino**
		será llamado grande en el **reino**
	20	no entraréis en el **reino**
	6:10	Venga tu **reino**
	13	porque tuyo es el **reino**, (TR, VM)
	33	buscad primeramente el **reino**
	7:21	entrará en el **reino** de los cielos
	8:11	se sentarán...en el **reino**
	12	los hijos del **reino** serán echados
	9:35	predicando el evangelio del **reino**
	10:7	El **reino** de los cielos se ha acercado
	11:11	el más pequeño en el **reino**
	12	el **reino** de los cielos sufre
	12:25	Todo **reino** dividido contra sí mismo
	26	¿cómo, pues, permanecerá su **reino**?
	28	ha llegado a vosotros el **reino** de Dios
	13:11	saber los misterios del **reino**
	19	oye la palabra del **reino**
	24	El **reino** de los cielos es
	31	El **reino** de los cielos es
	33	El **reino** de los cielos es
	38	la buena semilla son los hijos del **reino**,
	41	y recogerán de su **reino** a todos
	43	como el sol en el **reino** de su Padre
	44	el **reino** de los cielos es
	45	También el **reino** de los cielos
	47	Asimismo el **reino** de los cielos
	52	todo escriba docto en el **reino**
	16:19	las llaves del **reino** de los cielos;
	28	al Hijo del Hombre viniendo en su **reino**
	18:1	¿Quién es el mayor en el **reino**
	3	no entraréis en el **reino**
	4	ése es el mayor en el **reino**
	23	el **reino** de los cielos es semejante
	19:12	por causa del **reino**
	14	de los tales es el **reino**
	23	un rico en el **reino** de los cielos
	24	un rico en el **reino**
	20:1	Porque el **reino** de los cielos es
	21	Ordena que en tu **reino**
	21:31	van delante de vosotros al **reino** de Dios
	43	el **reino** de Dios será quitado
	22:2	El **reino** de los cielos es semejante
	23:13	porque cerráis el **reino**
	24:7	y **reino** contra **reino**
	14	este evangelio del **reino**
	25:1	Entonces el **reino** de los cielos
	34	heredad el **reino** preparado
	26:29	con vosotros en el **reino** de mi Padre
Mr	1:14	el evangelio del **reino** de Dios (TR)
	15	el **reino** de Dios se ha acercado
	3:24	Si un **reino** está dividido
		tal **reino** no puede permanecer
	4:11	el misterio del **reino** de Dios
	26	Así es el **reino** de Dios
	30	¿A qué haremos semejante el **reino**
	6:23	hasta la mitad de mi **reino**
	9:1	hayan visto el **reino** de Dios
	47	mejor te es entrar en el **reino** de Dios
	10:14	de los tales es el **reino** de Dios.
	15	el que no reciba el **reino** de Dios
	23	entrarán en el **reino** de Dios
	24	les es entrar en el **reino** de Dios
	25	que entrar un rico en el **reino**
	11:10	¡Bendito el **reino** de nuestro padre
	12:34	lejos del **reino** de Dios

βασίλειος 933 y 934

Mr	13:8	y reino contra reino
	14:25	lo beba nuevo en el reino de Dios
	15:43	esperaba el reino de Dios,
Lc	1:33	y su reino no tendrá fin.
	4:5	todos los reinos de la tierra
	43	el evangelio del reino de Dios
	6:20	vuestro es el reino de Dios.
	7:28	el más pequeño en el reino de Dios
	8:1	anunciando el evangelio del reino
	10	los misterios del reino de Dios
	9:2	a predicar el reino de Dios
	11	les hablaba del reino de Dios,
	27	hasta que vean el reino de Dios.
	60	anuncia el reino de Dios.
	62	es apto para el reino de Dios.
	10:9	a vosotros el reino de Dios
	11	el reino de Dios se ha acercado
	11:2	Venga tu reino
	17	Todo reino dividido
	18	¿cómo permanecerá su reino?
	20	el reino de Dios ha llegado
	12:31	Mas buscad el reino
	32	le ha placido daros el reino
	13:18	¿A qué es semejante el reino de Dios,
	20	¿A qué compararé el reino de Dios?
	28	los profetas en el reino de Dios
	29	a la mesa en el reino de Dios
	14:15	el que coma pan en el reino de Dios
	16:16	desde entonces el reino de Dios
	17:20	había de venir el reino de Dios, El reino de Dios no vendrá
	21	el reino de Dios está entre vosotros
	18:16	de los tales es el reino de Dios
	17	el que no recibe el reino de Dios
	24	entrarán en el reino de Dios
	25	un rico en el reino de Dios
	29	o mujer, o hijos, por el reino de Dios
	19:11	ellos pensaban que el reino de Dios
	12	para recibir un reino y volver
	15	después de recibir el reino
	21:10	y reino contra reino
	31	que está cerca el reino de Dios
	22:16	que se cumpla en el reino de Dios
	18	hasta que el reino de Dios venga
	29	os asigno un reino
	30	y bebáis a mi mesa en mi reino
	23:42	cuando vengas en tu reino
	51	esperaba el reino de Dios
Jn	3:3	no puede ver el reino de Dios
	5	no puede entrar en el reino de Dios
	18:36	Mi reino no es de este mundo si mi reino fuera de este mundo pero mi reino no es de aquí (mas ahora mi reino..VHA)
Hch	1:3	hablándoles acerca del reino de Dios
	6	Señor, ¿restaurarás el reino a Israel
	8:12	el evangelio del reino de Dios
	14:22	entremos en el reino de Dios
	19:8	acerca del reino de Dios
	20:25	predicando el reino de Dios
	28:23	les testificaba el reino de Dios
	31	predicando el reino de Dios
Ro	14:17	porque el reino de Dios no es comida
1 Co	4:20	Porque el reino de Dios no consiste
	6:9	no heredarán el reino de Dios
	10	heredarán el reino de Dios
	15:24	cuando entregue el reino al Dios
	50	no pueden heredar el reino de Dios
Gá	5:21	no heredarán el reino de Dios

191

935 βασιλεύς

Ef	5:5	herencia en el reino de Cristo
Col	1:13	trasladado al reino
	4:11	me ayudan en el reino de Dios,
1 Ts	2:12	que os llamó a su reino y gloria
2 Ts	1:5	por dignos del reino de Dios,
2 Ti	4:1	en su manifestación y en su reino
	18	me preservará para su reino celestial
He	1:8	es el cetro de tu reino
	11:33	por fe conquistaron reinos
	12:28	nosotros un reino inconmovible
Stg	2:5	herederos del reino
2 P	1:11	entrada en el reino eterno
Ap	1:6	nos hizo reyes, (TR, V60, VM, NC); (hizo de nosotros un reino , VHA, WH, N, ABMW, BC, BA)
	9	en el reino y en la paciencia
	5:10	nos has hecho...reyes (TR, VM, BC); (hiciste de ellos un reino, VHA, WH, N, ABMW, NC, BA)
	11:15	Los reinos del mundo han venido (TR); (El reino del mundo ha venido, VHA, WH, N, ABMW, VM, NC, BC, BA)
	12:10	el reino de nuestro Dios,
	16:10	su reino se cubrió de tinieblas
	17:12	que aún no han recibido reino
	17	dar su reino a la bestia
	18	la gran ciudad que reina (gran ciudad, la cual tiene el imperio, VM)

933 y 934   βασιλεως — basíleios

Lc	7:25	en los palacios de los reyes están
1 P	2:9	sois linaje escogido, real sacerdocio

935   βασιλεύς — basiléus

Mt	1:6	Isaí engendró al rey David, y el rey David (TR)
	2:1	en días del rey Herodes
	2	¿Dónde está el rey
	3	el rey Herodes se turbó
	9	habiendo oído al rey, se fueron
	5:35	es la ciudad del gran Rey
	10:18	ante gobernadores y reyes
	11:8	en las casas de los reyes están
	14:9	Entonces el rey se entristeció
	17:25	Los reyes de la tierra
	18:23	semejante a un rey que quiso
	21:5	He aquí, tu Rey viene a ti,
	22:2	semejante a un rey que hizo fiesta
	7	Al oírlo el rey, se enojó
	11	Y entró el rey para ver
	13	Entonces el rey dijo
	25:34	Entonces el Rey dirá
	40	Y respondiendo el Rey
	27:11	¿Eres tú el Rey de los Judíos?
	29	¡Salve, Rey de los judíos!
	37	JESUS, EL REY DE LOS JUDIOS
	42	si es el Rey de Israel,
Mr	6:14	Oyó el rey Herodes la fama
	22	y el rey dijo a la muchacha
	25	entró prontamente al rey, y pidió
	26	el rey se entristeció
	27	en seguida el rey, enviando a uno
	13:9	delante de gobernadores y de reyes
	15:2	¿Eres tú el Rey de los judíos?
	9	¿Queréis que os suelte al Rey
	12	del que llamáis Rey de los judíos?
	18	¡Salve, Rey de los judíos!
	26	EL REY DE LOS JUDIOS

Mr	15:32	El Cristo, Rey de Israel,	Ap	16:12	el camino a los reyes del oriente.
Lc	1:5	días de Herodes, rey de Judea		14	van a los reyes de la tierra
	10:24	muchos profetas y reyes desearon		17:2	han fornicado los reyes
	14:31	¿O qué rey, al...contra otro rey		10	y son siete reyes
	19:38	¡Bendito el rey que viene		12	son diez reyes
	21:12	ante reyes y ante gobernadores			como reyes juntamente
	22:25	Los reyes de las naciones		14	Señor de señores y Rey de reyes;
	23:2	es el Cristo, un rey		18	sobre los reyes de la tierra
	3	¿Eres tú el Rey de los judíos?		18:3	y los reyes de la tierra
	37	Si tú eres el Rey de los judíos		9	Y los reyes de la tierra
	38	ESTE ES EL REY DE LOS JUDIOS		19:16	REY DE REYES Y SEÑOR
Jn	1:49	tú eres el Rey de Israel		18	carnes de reyes
	6:15	hacerle rey, volvió		19	a los reyes de la tierra
	12:13	el nombre del Señor, el Rey de Israel		21:24	los reyes de la tierra
	15	He aquí tu Rey viene			
	18:33	¿Eres tú el Rey de los judíos?	936		βασιλεύω — basiléuo
	37	¿Luego, eres tú rey?	Mt	2:22	Arquelao reinaba en Judea
		Tú dices que yo soy rey	Lc	1:33	reinará sobre la casa de Jacob
	39	que os suelte al Rey de los...?		19:14	que éste reine sobre nosotros
	19:3	¡Salve, Rey de los judíos!		27	que yo reinase sobre
	12	el que se hace rey, a César se opone	Ro	5:14	reinó la muerte
	14	¡He aquí vuestro Rey!		17	solo reinó la muerte
	15	¿A vuestro Rey he de crucificar?			reinarán en vida
		No tenemos más rey que César.		21	el pecado reinó para muerte
	19	REY DE LOS JUDIOS			así también la gracia reine
	21	Rey de los judíos; sino, que él dijo: Soy Rey		6:12	No reine, pues, el pecado
Hch	4:26	Se reunieron los reyes de la tierra	1 Co	4:8	sin nosotros reináis. ¡Y ojalá reinaseis
	7:10	Faraón rey de Egipto		15:25	que él reine hasta que haya puesto
	18	en Egipto otro rey	1 Ti	6:15	Rey de reyes, (...de los que reinan, BC)
	9:15	de los gentiles, y de reyes	Ap	5:10	y reinaremos sobre la tierra (TR)
	12:1	el rey Herodes echó mano		11:15	y él reinará por los siglos
	20	camarero mayor del rey		17	y has reinado
	13:21	Luego pidieron rey		19:6	nuestro Dios Todopoderoso reina
	22	por rey a David,		20:4	reinaron con Cristo
	17:7	que hay otro rey, Jesús		6	y reinarán con él
	25:13	el rey Agripa		22:5	y reinarán por los siglos
	14	Festo expuso al rey la causa			
	24	Rey Agripa,	937		βασιλικός — basilikós
	26	oh rey Agripa,	Jn	4:46	un oficial del rey,
	26:2	oh rey Agripa,		49	El oficial del rey le dijo
	7	oh rey Agripa,	Hch	12:20	abastecido por el del rey
	13	oh rey, yendo por el camino		21	de ropas reales, se sentó
	19	oh rey Agripa, no fui rebelde	Stg	2:8	cumplís la ley real
	26	Pues el rey sabe estas cosas			
	27	¿Crees, oh rey Agripa	938		βασίλισσα — basílissa
	30	se levantó el rey	Mt	12:42	La reina del Sur
2 Co	11:32	provincia del rey Aretas	Lc	11:31	La reina del Sur
1 Ti	1:17	al Rey de los siglos	Hch	8:27	reina de los etíopes,
	2:2	por los reyes y por todos	Ap	18:7	estoy sentada como reina
	6:15	solo Soberano, Rey de reyes,			
He	7:1	rey de Salem,	939		βάσις — básis
		de la derrota de los reyes	Hch	3:7	se le afirmaron los pies
	2	primeramente Rey de justicia, y también			
		Rey de Salem, esto es, Rey de paz	940		βασκαίνω — baskáino
	11:23	el decreto del rey	Gá	3:1	¿quién os fascinó
	27	la ira del rey			
1 P	2:13	ya sea al rey	941		βαστάζω — bastázo (bastádzo)
	17	Honrad al rey	Mt	3:11	no soy digno de llevar
Ap	1:5	soberano de los reyes de la tierra		8:17	llevó nuestras dolencias
	6	nos hizo reyes y sacerdotes (TR, VM, NC)		20:12	que hemos soportado la carga
	5:10	nos has hecho...reyes (TR, VM, BC)	Mr	14:13	un hombre que lleva un cántaro
	6:15	los reyes de la tierra	Lc	7:14	los que lo llevaban se detuvieron
	9:11	tienen por rey sobre ellos		10:4	No llevéis bolsa,
	10:11	naciones, lenguas y reyes		11:27	el vientre que te trajo
	15:3	Rey de los santos (TR, V60); (Rey de las naciones, VHA, N, ABMW, NC, BA); (Rey de los siglos, WH, VM, BC)			

βάτος 942 — 960 Βέροια

Lc	14:27	el que no lleva su cruz
	22:10	un hombre que lleva un cántaro
Jn	10:31	volvieron a tomar piedras
	12:6	sustraía de lo que se echaba (se llevaba lo que se echaba, VM)
	16:12	no las podéis sobrellevar
	19:17	Y él, cargando su cruz,
	20:15	si tú lo has llevado
Hch	3:2	era traído un hombre
	9:15	para llevar mi nombre
	15:10	hemos podido llevar?
	21:35	que era llevado en peso por los soldados
Ro	11:18	sabe que no sustentas tú a la raíz,
	15:1	debemos soportar las flaquezas
Gá	5:10	el que os perturba llevará la sentencia
	6:2	Sobrellevad los unos las cargas
	5	cada uno llevará su propia carga
	17	porque yo traigo en mi cuerpo
Ap	2:2	que no puedes soportar
	3	has trabajado arduamente por amor de mi nombre
	17:7	de la bestia que la trae

942 βάτος — bátos

Mr	12:26	le habló Dios en la zarza
Lc	6:44	ni de las zarzas se vendimian
	20:37	en el pasaje de la zarza,
Hch	7:30	en la llama de fuego de una zarza
	35	que se le apareció en la zarza

943 βάτος† — bátos

Lc	16:6	Cien barriles de aceite

944 βάτραχος — bátracos (bátrajos)

Ap	16:13	tres espíritus inmundos a manera de ranas

945 βατταλογέω*† — battalogéo (bataloguéo)

Mt	6:7	no uséis vanas repeticiones

946 βδέλυγμα† — bdélugma

Mt	24:15	en el lugar santo la abominación desoladora
Mr	13:14	cuando veáis la abominación desoladora
Lc	16:15	delante de Dios es abominación
Ap	17:4	lleno de abominaciones
	5	Y DE LAS ABOMINACIONES DE LA TIERRA
	21:27	o que hace abominación y mentira

947 βδελυκτός† — bdeluktós

Tit	1:16	siendo abominables y rebeldes,

948 βδελύσσομαι — bdelússomai

Ro	2:22	Tú que abominas de los ídolos
Ap	21:8	e incrédulos, los abominables y homicidas

949 βέβαιος** — bébaios

Ro	4:16	que la promesa sea firme
2 Co	1:7	respecto de vosotros es firme
He	2:2	la palabra dicha...fue firme,
	3:6	si retenemos firme hasta el fin (TR, [WH], [N], VHA, VM, NC, BC, BA)
	14	retengamos firme hasta el fin
	6:19	segura y firme ancla del alma,
	9:17	con la muerte se confirma (es válido en caso de muerte, VHA)
2 P	1:10	procurad hacer firme

2 P	1:19	la palabra profética más segura

950 βεβαιόω — bebaióo

Mr	16:20	(confirmando la palabra con las señales)
Ro	15:8	para confirmar las promesas
1 Co	1:6	ha sido confirmado en vosotros,
	8	también os confirmará hasta el fin,
2 Co	1:21	Y el que nos confirma con vosotros
Col	2:7	confirmados en la fe
He	2:3	nos fue confirmada por los que oyeron
	13:9	buena cosa es afirmar el corazón (bueno es que el corazón se afirme, VHA)

951 βεβαίωσις — bebáiosis

Fil	1:7	en la defensa y confirmación
He	6:16	juramento para confirmación

952 βέβηλος — bébelos

1 Ti	1:9	para los irreverentes y profanos,
	4:7	Desecha las fábulas profanas
	6:20	evitando las profanas pláticas
2 Ti	2:16	Mas evita profanas y vanas palabrerías
He	12:16	algún fornicario, o profano,

953 βεβηλόω — bebelóo

Mt	12:5	en el templo profanan el día de reposo
Hch	24:6	Intentó también profanar el templo

954 Βεε(λ)ζεβούλ — Bee(l)zebóul (Bee(l)dzebúl)

Mt	10:25	llamaron Beelzebú
	12:24	sino por Beelzebú, príncipe
	27	echo fuera los demonios por Beelzebú
Mr	3:22	que tenía a Beelzebú
Lc	11:15	Por Beelzebú, príncipe
	18	que por Beelzebú echo yo fuera
	19	echo fuera los demonios por Beelzebú

955 Βελιάρ — Beliár o Βελιάλ

2 Co	6:15	Cristo con Belial?

955 A βελόνη* — belóne

Lc	18:25	por el ojo de una aguja, (WH, N, ABMW)

956 βέλος — bélos

Ef	6:16	podáis apagar todos los dardos

957 βελτίων — beltíon o βέλτιον

2 Ti	1:18	tú lo sabes mejor

958 Βενιαμίν — Beniamín o Βενιαμείν

Hch	13:21	de la tribu de Benjamín,
Ro	11:1	de la tribu de Benjamín.
Fil	3:5	de la tribu de Benjamín
Ap	7:8	De la tribu de Benjamín, doce mil sellados

959 Βερνίκη — Berníke

Hch	25:13	el rey Agripa y Berenice vinieron
	23	viniendo Agripa y Berenice
	26:30	y el gobernador, y Berenice

960 Βέροια — Béroia

Hch	17:10	y a Silas hasta Berea
	13	que también en Berea era anunciada

961		Βεροιαιος – Beroiáios
Hch	20:4	Sópater de Berea, Aristarco y Segundo

961A		Βεώρ – Beór
2 P	2:15	de Balaam hijo de **Beor**, (V60, WH, N, VHA VM, NC, BA); (de Balaán, el hijo de Bosor, BC, TR, ABMW)

962		Βηθαβαρά – Bethabará
Jn	1:28	sucedieron en **Betábara** (TR, V60); (Betania, VHA, WH, N, ABMW, VM, NC, BC, BA)

963		Βηθανία – Bethanía
Mt	21:17	fuera de la ciudad, a **Betania**,
	26:6	Jesús en **Betania**, en casa
Mr	11:1	junto a Betfagé y a **Betania**,
	11	se fue a **Betania** con los doce
	12	cuando salieron de **Betania**
	14:3	Pero estando él en **Betania**,
Lc	19:29	cerca de Betfagé y de **Betania**
	24:50	fuera hasta **Betania**, y alzando
Jn	1:28	sucedieron en Betábara (TR); (...en **Betania**, VHA, WH, N, ABMW, VM, NC, BC, BA)
	11:1	uno llamado Lázaro, de **Betania**,
	18	**Betania** estaba cerca de Jerusalén
	12:1	vino Jesús a **Betania**, donde

964		Βηθεσδά – Bethesdá o Βηθζαθά o Βηθζεθά
Jn	5:2	llamado en hebreo **Betesda**, (TR, VM, BC, BA); (...**Betsata**, VHA, WH, N, ABMW, NC); (lit.,...Betsaida, B)

965		Βηθλεέμ – Bethleém
Mt	2:1	Jesús nació en **Belén** de Judea
	5	En **Belén** de Judea;
	6	Y tú, **Belén**, de la tierra
	8	y enviándolos a **Belén**, dijo:
	16	que había en **Belén**
Lc	2:4	que se llama **Belén**,
	15	Pasemos, pues, hasta **Belén**,
Jn	7:42	de la aldea de **Belén**

966		Βηθσαιδά(ν) – Bethsaidá(n)
Mt	11:21	¡Ay de ti, **Betsaida**!
Mr	6:45	e ir delante de él a **Betsaida**,
	8:22	Vino luego a **Betsaida**;
Lc	9:10	de la ciudad llamada **Betsaida**
	10:13	¡Ay de ti, **Betsaida**!
Jn	1:44	Felipe era de **Betsaida**,
	5:2	llamado en hebreo Betesda (TR, VM, BC, BA); (lit.,...**Betsaida**, B); (...Betsata, VHA, WH, N, ABMW, NC)
	12:21	Felipe, que era de **Betsaida**

967		Βηθφαγή – Bethfagé (Bethfagué)
Mt	21:1	vinieron a **Betfagé**, al monte
Mr	11:1	junto a **Betfagé** y a Betania,
Lc	19:29	llegando cerca de **Betfagé**

968		βῆμα – béma
Mt	27:19	sentado en el **tribunal**,
Jn	19:13	se sentó en el **tribunal**
Hch	7:5	ni aun para asentar un pie; (ni aun la huella de un pie, VM)
	12:21	se sentó en el **tribunal**
	18:12	le llevaron al **tribunal**
	16	Y los echó del **tribunal**
	17	le golpeaban delante del **tribunal**
	25:6	se sentó en el **tribunal**
	10	Ante el **tribunal** de César estoy,
	17	sentado en el **tribunal**,
Ro	14:10	compareceremos ante el **tribunal** de Cristo
2 Co	5:10	comparezcamos ante el **tribunal** de Cristo

969		βήρυλλος** – bérullos (bérulos)
Ap	21:20	el octavo, **berilo**;

970		βία – bía
Hch	5:26	los trajo sin **violencia**,
	21:35	a causa de la **violencia** de la multitud
	24:7	con gran **violencia** le quitó (TR, VM, NC)
	27:41	se abría con la **violencia** del mar

971		βιάζω – biázo (biádzo)
Mt	11:12	el reino de los cielos sufre **violencia**
Lc	16:16	todos se **esfuerzan** por entrar

972		βίαιος – bíaios
Hch	2:2	como de un viento **recio** que soplaba,

973		βιαστής*† – biastés
Mt	11:12	los **violentos** lo arrebatan

974		βιβλαρίδιον*† – biblarídion
Ap	10:2	en su mano un **librito** abierto;
	8	Vé y toma el **librito** (T)
	9	diciéndole que me diese el **librito**
	10	Entonces tomé el **librito** de la mano

975		βιβλίον – biblíon
Mt	19:7	mandó Moisés dar **carta** de divorcio
Mr	10:4	Moisés permitió dar **carta** de divorcio
Lc	4:17	se le dio el **libro** del profeta Isaías habiendo abierto el **libro**, halló
	20	enrollando el **libro**
Jn	20:30	no están escritas en este **libro**
	21:25	ni aun en el mundo cabrían los **libros**
Gá	3:10	escritas en el **libro** de la ley,
2 Ti	4:13	en casa de Carpo, y los **libros**
He	9:19	roció el mismo **libro**
	10:7	Como en el rollo del **libro** está
Ap	1:11	Escribe en un **libro** lo que ves,
	5:1	en el trono un **libro** escrito por dentro
	2	¿Quién es digno de abrir el **libro**...?
	3	podía abrir el **libro**
	4	ninguno digno de abrir el **libro**
	5	ha vencido para abrir el **libro**
	7	tomó el **libro** (TR, VM, NC, [BC]) NC,
	8	Y cuando hubo tomado el **libro**,
	9	Digno eres de tomar el **libro**
	6:14	se desvaneció como un **pergamino**
	10:8	Vé y toma el **librito** (WH, N, ABMW)
	13:8	en el **libro** de la vida (WH, N, ABMW)
	17:8	del mundo en el **libro** de la vida
	20:12	los **libros** fueron abiertos, y otro **libro** fue abierto; que estaban escritas en los **libros**

βίβλος 976			195			988 βλασφημία

Ap 21:27 inscritos en el libro de la vida
    22:7 de la profecía de este libro
       9 que guardan las palabras de este libro
      10 las palabras de la profecía de este libro
      18 de la profecía de este libro
           que están escritas en este libro
      19 quitare de las palabras del libro de esta profecía, (WH, N, ABMV,)
           que están escritas en este libro

976   βίβλος — bíblos

Mt 1:1 Libro de la genealogía
Mr 12:26 ¿no habéis leído en el libro de Moisés
Lc 3:4 como está escrito en el libro
   20:42 David dice en el libro de los Salmos:
Hch 1:20 está escrito en el libro de los Salmos
    7:42 como está escrito en el libro de los profetas
   19:19 trajeron los libros
Fil 4:3 están en el libro de la vida
Ap 3:5 no borraré su nombre del libro
   13:8 escritos en el libro de la vida (TR)
   20:15 no se halló inscrito en el libro
Ap 22:19 quitare de las palabras del libro (TR)
          su parte del libro de la vida (TR, VM)

977   βιβρώσκω — bibrósko ο βρώσκω

Jn 6:13 sobraron a los que habían comido

978   Βιθυνία — Bithunía

Hch 16:7 intentaron ir a Bitinia, pero
1 P 1:1 Capadocia, Asia y Bitinia,

979   βίος — bíos

Mr 12:44 todo lo que tenía, todo su sustento
Lc 8:14 los placeres de la vida
      43 había gastado en médicos todo cuanto tenía (TR, [ABMW], VM, NC, BC, [BA])
   15:12 les repartió los bienes
      30 que ha consumido tus bienes con rameras
   21:4 echó todo el sustento que tenía.
1 Ti 2:2 para que vivamos quieta (para que... pasemos una vida tranquila, VM)
2 Ti 2:4 en los negocios de la vida,
1 P 4:3 el tiempo pasado para haber hecho (V60, WH, N, ABMW, VHA, VM, NC, BC, BA); (lit., el tiempo pasado de la vida..., TR)
1 Jn 2:16 y la vanagloria de la vida,
    3:17 Pero el que tiene bienes de este mundo

980   βιόω — bióo

1 P 4:2 para no vivir el tiempo que resta

981   βίωσις**† — bíosis

Hch 26:4 Mi vida, pues, desde mi juventud,

982   βιωτικός — biotikós

Lc 21:34 y de los afanes de esta vida,
1 Co 6:3 ¿Cuánto más las cosas de esta vida?
       4 sobre cosas de esta vida,

983   βλαβερός — blaberós

1 Ti 6:9 en muchas codicias necias y dañosas,

984   βλάπτω — blápto

Mr 16:18 [no les hará daño]
Lc 4:35 y no le hizo daño alguno

985   βλαστάνω — blastáno ο βλαστάω

Mt 13:26 Y cuando salió la hierba
Mr 4:27 y la semilla brota y crece
He 9:4 la vara de Aarón que reverdeció
Stg 5:18 y la tierra produjo su fruto

986   Βλάστος — Blástos

Hch 12:20 y sobornado Blasto, que era camarero

987   βλασφημέω — blasfeméo

Mt 9:3 Este blasfema
   26:65 ¡Ha blasfemado!
   27:39 le injuriaban, meneando la cabeza
Mr 2:7 Blasfemias dice (TR); (blasfema, VHA, WH, N, ABMW, VM, NC, BC, BA)
    3:28 las blasfemias cualesquiera que sean (las blasfemias que profieren, VHA)
      29 cualquiera que blasfeme contra el Espíritu
   15:29 le injuriaban, meneando la cabeza
Lc 12:10 pero al que blasfemare contra el Espíritu
   22:65 otras muchas cosas injuriándole
   23:39 que estaban colgados le injuriaba,
Jn 10:36 Tú blasfemas, porque dije
Hch 13:45 contradiciendo y blasfemando
   18:6 oponiéndose y blasfemando éstos,
   19:37 sin ser sacrílegos ni blasfemadores
   26:11 los forcé a blasfemar
Ro 2:24 el nombre de Dios es blasfemado
    3:8 decir (como se nos calumnia,
   14:16 No sea, pues, vituperado vuestro bien;
1 Co 4:13 Nos difaman, y rogamos (siendo infamados, rogamos, VM) (TR)
   10:30 ¿por qué he de ser censurado por aquello
1 Ti 1:20 para que aprendan a no blasfemar
    6:1 para que no sea blasfemado el nombre
Tit 2:5 para que la palabra de Dios no sea blasfemada
    3:2 Que a nadie difamen,
Stg 2:7 ¿No blasfeman ellos el buen
1 P 4:4 desenfreno de disolución, y os ultrajan
      14 él es blasfemado TR, [BA],
2 P 2:2 el camino de la verdad será blasfemado
      10 no temen decir mal
      12 hablando mal de cosas que no entienden
Jud   8 blasfeman de las potestades superiores
     10 éstos blasfeman de cuantas cosas
Ap 13:6 para blasfemar de su nombre,
   16:9 blasfemaron el nombre de Dios,
     11 blasfemaron contra el Dios del cielo
     21 los hombres blasfemaron contra Dios

988   βλασφημία — blasfemía

Mt 12:31 Todo pecado y blasfemia será perdonado, mas la blasfemia contra el Espíritu
   15:19 los falsos testimonios, las blasfemias.
   26:05 habéis oído su blasfemia.
Mr 2:7 Blasfemias dice (TR)
    3:28 y las blasfemias cualesquiera que sean
    7:22 la envidia, la maledicencia, la soberbia,
   14:64 Habéis oído la blasfemia
Lc 5:21 ¿Quién es éste que habla blasfemias?
Jn 10:33 sino por la blasfemia;
Ef 4:31 gritería y maledicencia, y toda
Col 3:8 malicia, blasfemia, palabras deshonestas,
1 Ti 6:4 pleitos, blasfemias, malas sospechas
Jud   9 proferir juicio de maldición contra él
Ap 2:9 la blasfemia de los que se dicen ser judíos

βλάσφημος 989				991 βλέπω	
Ap	13:1	sobre sus cabezas, un nombre blasfemo			VHA, VM, NC, BC, [BA])
	5	hablaba grandes cosas y blasfemias	Jn	1:29	El siguiente día vio Juan a Jesús
	6	Y abrió su boca en blasfemias		5:19	sino lo que ve hacer al Padre
	17:3	llena de nombres de blasfemia,		9:7	se lavó, y regresó viendo
				15	y me lavé, y veo
989		βλάσφημος – blásfemos		19	¿Cómo, pues, ve ahora?
				21	cómo vea ahora, no lo sabemos
Hch	6:11	hablar palabras blasfemas contra Moisés		25	habiendo yo sido ciego, ahora veo
	13	no cesa de hablar palabras blasfemas (TR, VM)		39	para que los que no ven, vean, y los que ven
1 Ti	1:13	habiendo yo sido antes blasfemo, perseguidor		41	Vemos, vuestro pecado permanece.
				11:9	porque ve la luz de este mundo
2 Ti	3:2	soberbios, blasfemos, desobedientes		13:22	los discípulos se miraban unos a otros,
2 P	2:11	juicio de maldición contra ellas		20:1	vio quitada la piedra
				5	Y bajándose a mirar, vio los lienzos
990		βλέμμα* – blémma		21:9	Al descender a tierra, vieron brasas
2 P	2:8	viendo y oyendo los hechos inicuos		20	Volviéndose Pedro, vio
			Hch	1:9	dicho estas cosas, viéndolo ellos, fue
991		βλέπω – blépo		11	¿por qué estáis mirando al cielo? (WH, N, ABMW)
Mt	5:28	cualquiera que mira a una mujer		2:33	esto que vosotros veis y oís.
	6:4	y tu Padre que ve en lo secreto		3:4	fijando en él los ojos, le dijo: Míranos
	6	y tu Padre que ve en lo secreto		4:14	viendo al hombre que había sido
	18	y tu Padre que ve en lo secreto		8:6	oyendo y viendo las señales que hacía
	7:3	¿Y por qué miras la paja que		9:8	abriendo los ojos, no veía a nadie
	11:4	las cosas que oís y veis		9	estuvo tres días sin ver
	12:22	el ciego y mudo veía y hablaba		12:9	pensaba que veía una visión
	13:13	porque viendo no ven		13:11	serás ciego, y no verás el sol
	14	viendo veréis, y no percibiréis		40	Mirad, pues, que no venga
	16	bienaventurados vuestros ojos, porque ven		27:12	puerto de Creta que mira al norte este
	17	desearon ver lo que veis, y no lo vieron		28:26	Y viendo veréis, y no percibiréis;
	14:30	al ver el fuerte viento,	Ro	7:23	pero veo otra ley en mis miembros
	15:31	viendo a los mudos hablar y a los ciegos ver		8:24	la esperanza que se ve porque lo que alguno ve
	18:10	sus ángeles en los cielos ven siempre		25	si esperamos lo que no vemos
	22:16	porque no miras la apariencia		11:8	ojos con que no vean
	24:2	¿Veis todo esto?		10	sus ojos para que no vean
	4	Mirad que nadie os engañe	1 Co	1:26	mirad, hermanos, vuestra vocación
Mr	4:12	para que viendo, vean y no perciban		3:10	pero cada uno mire cómo sobreedifica
	24	Mirad lo que oís		8:9	Pero mirad que esta libertad vuestra
	5:31	Ves que la multitud te aprieta,		10:12	mire que no caiga
	8:15	Mirad, guardaos de la levadura		18	Mirad a Israel según la carne
	18	¿Teniendo ojos no veis, y teniendo		13:12	Ahora vemos por espejo,
	23	le preguntó si veía algo (TR); (le preguntó: Ves algo?, VHA, WH, N, ABMW, NC, BC, BA, VM)		16:10	si llega Timoteo, mirad que esté
			2 Co	4:18	no mirando nosotros las cosas que se ven sino las que no se ven; pues las cosas que se ven son temporales, pero las que no se ven son eternas.
	24	Veo los hombres			
	12:14	porque no miras la apariencia			
	38	Guardaos de los escribas		7:8	porque veo que aquella carta,
	13:2	¿Ves estos grandes edificios?		10:7	Miráis las cosas
	5	Mirad que nadie os engañe		12:6	más de lo que en mí ve
	9	Pero mirad por vosotros mismos	Gá	5:15	mirad que también no os consumáis
	23	Mas vosotros mirad; os lo he dicho	Ef	5:15	Mirad, pues,...cómo andéis
	33	Mirad, velad y orad	Fil	3:2	Guardaos de los perros, guardaos de los malos obreros guardaos de los mutiladores
Lc	6:41	¿Por qué miras la paja que está			
	42	no mirando tú la viga que está			
	7:21	a muchos ciegos les dio la vista (a muchos ciegos hizo merced de ver, BC)	Col	2:5	gozándome y mirando vuestro buen orden
				8	Mirad que nadie os engañe
	44	¿Ves esta mujer		4:17	Mira que cumplas el ministerio
	8:10	para que viendo no vean	He	2:9	vemos a aquel que fue hecho
	16	para que los que entran vean la luz		3:12	Mirad, hermanos, que no haya
	18	Mirad, pues, cómo oís		19	vemos que no pudieron entrar
	9:62	su mano en el arado mira hacia atrás		10:25	cuanto veis que aquel día
	10:23	Bienaventurados los ojos que ven lo que vosotros veis		11:1	de lo que no se ve (de cosas que no se ven, VHA)
	24	reyes desearon ver lo que vosotros veis,		3	lo que se ve fue hecho
	11:33	para que los que entran vean la luz		7	cosas que aún no se veían,
	21:8	Mirad que no seáis engañados		12:25	Mirad que no desechéis
	30	Cuando ya brotan, viéndolo, sabéis	Stg	2:22	¿No ves que la fe actuó juntamente
	24:12	vio los lienzos solos, (TR, [WH], [ABMW],	2 Jn	8	Mirad por vosotros mismos,

βλητέος 992

Ap	1:11	Escribe en un libro lo que ves
	12	me volví para ver la voz
	3:18	para que veas
	5:3	podía abrir el libro, ni aun mirarlo
	4	ni de leerlo, ni de mirarlo
	6:1	Ven y mira (TR)
	3	Ven y mira (TR)
	5	Ven y mira (TR)
	7	Ven y mira (TR)
	9:20	las cuales no pueden ver,
	11:9	tribus, lenguas y naciones verán
	16:15	para que no...vean su vergüenza
	17:8	viendo la bestia que era y no es
	18:9	cuando vean el humo
	18	viendo el humo de su incendio (WH, N, ABMW)
	22:8	el que oyó y vio estas cosas. después que las hube oído y visto

992 βλητέος*† – bletéos

Mr	2:22	en odres nuevos se ha de echar (TR, NC)
Lc	5:38	en odres nuevos se ha de echar

993 Βοανηργές – Boanergés (Boanergués)

Mr	3:17	a quienes apellidó Boanerges,

994 βοάω – boáo

Mt	3:3	Voz del que clama en el desierto:
	27:46	Jesús clamó a gran voz diciendo (WH)
Mr	1:3	Voz del que clama en el desierto
	15:34	Jesús clamó a gran voz, diciendo
Lc	3:4	Voz del que clama en el desierto
	9:38	un hombre de la multitud clamó (WH, N, ABMW)
	18:7	a sus escogidos, que claman a él día
	38	Entonces dio voces, diciendo
Jn	1:23	Yo soy la voz de uno que clama
Hch	8:7	salían éstos dando grandes voces, (...clamando a gran voz, VM)
	17:6	ante las autoridades de la ciudad, gritando
	21:34	unos gritaban una cosa, y otros otra (TR)
	25:24	dando voces que no debe vivir más (WH, N, ABMW)
Gá	4:27	Prorrumpe en júbilo y clama

995 βοή – boé

Stg	5:4	los clamores de los que habían segado

996 βοήθεια – boétheia

Hch	27:17	usaron de refuerzos para ceñir la nave
He	4:16	y hallar gracia para el oportuno socorro

997 βοηθέω – boethéo

Mt	15:25	¡Señor, socórreme!
Mr	9:22	ten misericordia de nosotros, y ayúdanos
	24	Creo; ayuda mi incredulidad.
Hch	16:9	Pasa a Macedonia y ayúdanos
	21:28	¡Varones israelitas, ayudad!
2 Co	6:2	Y en día de salvación te he socorrido
He	2:18	es poderoso para socorrer
Ap	12:16	Pero la tierra ayudó a la mujer,

998 βοηθός – boethós

He	13:6	El Señor es mi ayudador

999 βόθυνος – bóthunos

1012 βουλή

Mt	12:11	y si ésta cayere en un hoyo
	15:14	ambos caerán en el hoyo
Lc	6:39	No caerán ambos en el hoyo?

1000 βολή – bolé

Lc	22:41	como de un tiro de piedra;

1001 βολίζω*† – bolízo (bolídzo)

Hch	27:28	y echando la sonda, hallaron veinte volviendo a echar la sonda

1002 βολίς – bolís

He	12:20	será...pasada con dardo (TR)

1003 Βοός – Boós o Boés o Boóz

Mt	1:5	engendró de Rahab a Booz, Booz engendró
Lc	3:32	hijo de Obed, hijo de Booz

1004 βόρβορος – bórboros

2 P	2:22	la puerca lavada a revolcarse en el cieno.

1005 βορρᾶς – borrás

Lc	13:29	del occidente, del norte y del sur,
Ap	21:13	al norte tres puertas

1006 βόσκω – bósko

Mt	8:30	Estaba paciendo lejos de ellos
	33	los que los apacentaban huyeron
Mr	5:11	un gran hato de cerdos paciendo
	14	los que apacentaban los cerdos
Lc	8:32	un hato de muchos cerdos que pacían
	34	los que apacentaban los cerdos,
	15:15	para que apacentase cerdos.
Jn	21:15	El le dijo: Apacienta mis corderos
	17	Jesús le dijo: Apacienta mis ovejas.

1007 Βοσόρ – Bosór

2 P	2:15	el camino de Balaam hijo de Beor (V60, WH, N, VHA, VM, NC, BA); (...Bosor, BC, ABMW, TR)

1008 βοτάνη – botáne

He	6:7	produce hierba provechosa

1009 βότρυς – bótrus

Ap	14:18	y vendimia los racimos de la tierra

1010 βουλευτής – bouleutés

Mr	15:43	miembro noble del concilio
Lc	23:50	el cual era miembro del concilio,

1011 βουλεύω – bouléuo

Lc	14:31	no se sienta primero y considera
Jn	11:53	desde aquel día acordaron matarle (WH, N, ABMW)
	12:10	los principales sacerdotes acordaron dar
Hch	5:33	se enfurecían y querían matarlos. (TR, ABMW)
	15:37	Bernabé quería que llevasen consigo (TR)
	27:39	en la cual acordaron varar
2 Co	1:17	Así que, al proponerme esto, (TR) lo que pienso hacer, lo pienso según

1012 βουλή – boulé

Lc	7:30	desecharon los designios de Dios

		(...el consejo de Dios, VHA)
Lc	23:51	no había consentido en el acuerdo
Hch	2:23	entregado por el determinado consejo
	4:28	y tu consejo habían antes
	5:38	porque si este consejo o esta obra
	13:36	según la voluntad de Dios,
	20:27	no he rehuido anunciaros todo el consejo
	27:12	la mayoría acordó zarpar también (tomó la decisión...BA)
	42	los soldados acordaron matar (el consejo de los soldados era matar, VHA)
1 Co	4:5	manifestará las intenciones (...los consejos...VHA)
Ef	1:11	según el designio de su voluntad,
He	6:17	la inmutabilidad de su consejo

1013 βούλημα — boúlema

Hch	27:43	les impidió este intento, y mandó
Ro	9:19	¿quién ha resisitido a su voluntad?
1 P	4:3	lo que agrada a los gentiles (la voluntad de los gentiles, VHA) (WH, N, ABMW)

1014 βούλομαι — boúlomai

Mt	1:19	quiso dejarla
"	11:27	a quien el Hijo lo quiera revelar
Mr	15:15	Pilato, queriendo satisfacer al
Lc	10:22	aquel a quien el Hijo lo quiera revelar
	22:42	Padre, si quieres, pasa de mí esta copa
Jn	18:39	¿Queréis, pues, que os suelte al Rey
Hch	5:28	de vuestra doctrina, y queréis echar
	33	se enfurecían y querían matarlos. (WH, N)
	12:4	se proponía sacarle al pueblo
	15:37	Y Bernabé quería que llevasen (WH, N, ABMW)
	17:20	Queremos, pues, saber qué
	18:15	porque yo no quiero ser juez
	27	queriendo él pasar a Acaya,
	19:30	queriendo Pablo salir al pueblo
	22:30	queriendo saber de cierto la causa
	23:28	queriendo saber la causa
	25:20	le preguntó si quería ir a Jerusalén
	22	Yo también quisiera oir a ese hombre
	27:43	el centurión, queriendo salvar a Pablo,
	28:18	me querían soltar, por no haber
1 Co	12:11	a cada uno en particular como él quiere
2 Co	1:15	Con esta confianza quise ir primero
	17	Así que, al proponerme esto, (WH, N ABMW)
Fil	1:12	Quiero que sepáis, hermanos
1 Ti	2:8	Quiero, pues, que los hombres
	5:14	Quiero, pues, que las viudas
	6:9	Porque los que quieren enriquecerse
Tit	3:8	en estas cosas quiero que insistas
Flm	13	Yo quisiera retenerle conmigo,
He	6:17	queriendo Dios mostrar
Stg	1:18	El, de su voluntad, nos hizo nacer
	3:4	por donde el que las gobierna quiere
	4:4	Cualquiera, pues, que quiera ser amigo
2 P	3:9	no queriendo que ninguno perezca,
2 Jn	12	pero no he querido hacerlo
3 Jn	10	y a los que quieren recibirlos
Jud	5	Mas quiero recordaros, ya que una vez

1015 βουνός — bounós

Lc	3:5	se bajará todo monte y collado
	23:30	a los collados: Cubridnos.

1016 βοῦς — boús o βοός — boós

Lc	13:15	...en el día de reposo su buey
	14:5	si su asno o su buey cae en algún
	19	He comprado cinco yuntas de bueyes,
Jn	2:14	a los que vendían bueyes, ovejas
	15	y las ovejas y los bueyes; y esparció
1 Co	9:9	No pondrás bozal al buey que trilla.
		¿Tiene Dios cuidado de los bueyes,
1 Ti	5:18	No pondrás bozal al buey que trilla

1017 βραβεῖον* — brabéion

1 Co	9:24	uno sólo se lleva el premio?
Fil	3:14	a la meta, al premio del supremo

1018 βραβεύω** — brabéuo

Col	3:15	la paz de Dios gobierne

1019 βραδύνω — bradúno

1 Ti	3:15	para que si tardo, sepas cómo debes
2 P	3:9	El Señor no retarda su promesa

1020 βραδυπλοέω*† — braduploéo

Hch	27:7	Navegando muchos días despacio

1021 βραδύς* — bradús

Lc	24:25	¡Oh insensatos, y tardos de corazón..!
Stg	1:19	tardo para hablar, tardo para airarse

1022 βραδύτης* — bradútes

2 P	3:9	según alguno la tiene por tardanza

1023 βραχίων — bración (brajíon)

Lc	1:51	Hizo proezas con su brazo;
Jn	12:38	se ha revelado el brazo del Señor?
Hch	13:17	en tierra de Egipto, y con brazo levantado

1024 βραχύς — bracús (brajús)

Lc	22:58	Un poco después, viéndole otro,
Jn	6:7	para que cada uno de ellos tomase un poco
Hch	5:34	que sacasen fuera por un momento (que sacaran un poco, VHA)
	27:28	pasando un poco más adelante,
He	2:7	Le hiciste un poco menor que los
	9	que fue hecho un poco menor que
	13:22	pues os he escrito brevemente

1025 βρέφος** — bréfos

Lc	1:41	la criatura saltó en su vientre:
	44	la criatura saltó de alegría
	2:12	Hallaréis al niño envuelto
	16	al niño acostado en el pesebre
	18:15	Traían a él los niños
Hch	7:19	expusiesen a la muerte a sus niños
2 Ti	3:15	y que desde la niñez has sabido
1 P	2:2	desead, como niños recién nacidos

1026 βρέχω — bréco (bréjo)

Mt	5:45	que hace llover sobre justos
Lc	7:38	comenzó a regar con lágrimas
	44	mas ésta ha regado mis pies
	17:29	llovió del cielo fuego
Stg	5:17	oró ... para que no lloviese no llovió sobre la tierra
Ap	11:6	a fin de que no llueva

1027 βροντή — bronté

Mr	3:17	esto es, hijos del trueno

βροχή 1028

Jn	12:29	decía que había sido un trueno
Ap	4:5	salían relámpagos y truenos y voces
	6:1	decir como con voz de trueno
	8:5	y hubo truenos, y voces
	10:3	siete truenos emitieron (...los siete truenos.. VHA)
	4	Cuando los siete truenos hubieron emitido Sella las cosas que los siete truenos
	11:19	Y hubo relámpagos, voces, truenos
	14:2	y como sonido de un gran trueno
	16:18	hubo relámpagos y voces y truenos
	19:6	y como la voz de grandes truenos

1028   βροχή† — brocé (brojé)

Mt 7:25 Descendió lluvia
     27 descendió lluvia,

1029   βρόχος — brócos (brójos)

1 Co 7:35 no para tenderos lazo,

1030   βρυγμός — brugmós

Mt	8:12	el lloro y el crujir de dientes
	13:42	el lloro y el crujir de dientes
	50	el lloro y el crujir de dientes
	22:13	el lloro y el crujir de dientes
	24:51	el lloro y el crujir de dientes
	25:30	el lloro y el crujir de dientes
Lc	13:28	el lloro y el crujir de dientes

1031   βρύχω — brúco (brújo)

Hch 7:54 crujían los dientes contra él

1032   βρύω* — brúo

Stg 3:11 ¿Acaso alguna fuente echa

1033   βρῶμα — bróma

Mt	14:15	por las aldeas y compren de comer (...alimentos, VM)
Mr	7:19	haciendo limpios todos los alimentos
Lc	3:11	el que tiene qué comer, (...alimento, VHA)
	9:13	que vayamos nosotros a comprar alimentos
Jn	4:34	Mi comida es que haga la voluntad
Ro	14:15	si por causa de la comida
		No hagas que por la comida tuya
	20	la obra de Dios por causa de la comida
1 Co	3:2	Os di a beber leche y no vianda
	6:13	Las viandas para el vientre, el vientre para las viandas
	8:8	Si bien la vianda no nos hace más
	13	si la comida le es a mi hermano
	10:3	todos comieron el mismo alimento
1 Ti	4:3	mandarán abstenerse de alimentos
He	9:10	ya que consiste sólo de comidas
	13:9	afirma el corazón...no con viandas

1034   βρώσιμος — brósimos

Lc 24:41 ¿Tenéis aquí algo de comer?

1035   βρῶσις — brósis

Mt	6:19	la polilla y el orín corrompen,
	20	ni la polilla ni el orín corrompen,
Jn	4:32	Yo tengo una comida que comer,
	6:27	no por la comida que perece sino por la comida que a vida
	55	mi carne es verdadera comida,
Ro	14:17	el reino de Dios no es comida

1046 Γαδαρηνός

1 Co	8:4	Acerca, pues, de las viandas
2 Co	9:10	pan al que come, (pan para alimento, VHA)
Col	2:16	nadie os juzgue en comida
He	12:16	que por una sola comida vendió

βρώσκω — brósko, véase βιβρώσκω, 977, pág. 195

1036   βυθίζω** — buthízo (buthídzo)

| Lc | 5:7 | de tal manera que se hundían |
| 1 Ti | 6:9 | que hunden a los hombres en |

1037   βυθός — buthós

2 Co 11:25 he estado como náufrago en alta mar
(...en lo profundo, BA)

1038   βυρσεύς*† — burséus

Hch	9:43	un cierto Simón, curtidor
	10:6	cierto Simón curtidor
	32	en casa de Simón, un curtidor

1039   βύσσινος — bússinos

Ap	18:12	de perlas, de lino fino, de púrpura, (WH, N, ABMW)
	16	que estaba vestida de lino fino,
	19:8	que se vista de lino fino, el lino fino es las acciones justas
	14	vestidos de lino finísimo,

1040   βύσσος — bússos

| Lc | 16:19 | se vestía de púrpura y de lino fino |
| Ap | 18:12 | de perlas, de lino fino, de púrpura (TR) |

1041   βωμός — bomós

Hch 17:23 hallé también un altar

Γγ

1042   Γαββαθά — Gabbathá

Jn 19:13 llamado el Enlosado, y en hebreo Gabata

1043   Γαβριήλ — Gabriél

| Lc | 1:19 | El ángel, le dijo: Yo soy Gabriel, |
| | 26 | Al sexto mes el ángel Gabriel fue enviado |

1044   γάγγραινα* — gággraina (gángraina)

2 Ti 2:17 Y su palabra carcomerá como gangrena

1045   Γάδ — Gád

Ap 7:5 De la tribu de Gad, doce mil

1046   Γαδαρηνός — Gadarenós

Mt	8:28	a la tierra de los gadarenos, vinieron (WH, N, ABMW, VHA, VM, BC, BA)
Mr	5:1	a la región de los gadarenos (TR, VM, BA) (...gerasenos, VHA, WH, N, ABMW, NC, BC)
Lc	8:26	a la tierra de los gadarenos (TR, V60, VM, BA); (...gerasenos, VHA, WH, N, NC, BC); (gergesenos, ABMW)
	37	de la región alrededor de los gadarenos (TR, V60, VM, BA); (...gerasenos, VHA, WH, N, NC, BC); (...gergesenos, ABMW)

1047 Γάζα – Gáza (Gádza)
Hch 8:26 camino que desciende de Jerusalén a **Gaza**,

1048 γάζα – gáza (gádza)
Hch 8:27 estaba sobre todos sus **tesoros**,

1049 γαζοφυλακεῖον – gazofulakéion
(gadzofulakéion) o γαζοφυλάκιον
Mr 12:41 Jesús sentado delante del **arca de la ofrenda**
el pueblo echaba dinero en el **arca**
43 más que todos los que han echado en el **arca**
Lc 21:1 sus ofrendas en el **arca de las ofrendas**
Jn 8:20 habló Jesús en el **lugar de las ofrendas**

1050 Γάϊος – Gáios
Hch 19:29 arrebatando a **Gayo** y a Aristarco,
20:4 **Gayo** de Derbe, y Timoteo
Ro 16:23 Os saluda **Gayo**, hospedador mío
1 Co 1:14 sino a Crispo y a **Gayo**,
3 Jn 1 El anciano a **Gayo**, el amado,

1051 γάλα – gála
1 Co 3:2 Os di a beber **leche**, y no vianda
9:7 y no toma de la **leche** del rebaño?
He 5:12 que tenéis necesidad de **leche**,
13 que participa de la **leche** es inexperto
1 P 2:2 como niños recién nacidos, la **leche** espiritual

1052 Γαλάτης – Galátes
Gá 3:1 ¡Oh **gálatas** insensatos!

1053 Γαλατία – Galatía
1 Co 16:1 en las iglesias de **Galacia**.
Gá 1:2 que están conmigo, a las iglesias de **Galacia**
2 Ti 4:10 Crescente fue a **Galacia**,
1 P 1:1 en el Ponto, **Galacia**, Capadocia,

1054 Γαλατικός – Galatikós
Hch 16:6 y la provincia de **Galacia**,
18:23 la región de **Galacia** y de Frigia

1055 γαλήνη** – galéne
Mt 8:26 y se hizo grande **bonanza**
Mr 4:39 y se hizo grande **bonanza**
Lc 8:24 y cesaron, y se hizo grande **bonanza**

1056 Γαλιλαία – Galiláia
Mt 2:22 se fue a la región de **Galilea**,
3:13 Entonces Jesús vino de **Galilea** a Juan
4:12 volvió a **Galilea**; (se retiró a **Galilea**, VHA)
15 al otro lado..., **Galilea** de los gentiles
18 junto al mar de **Galilea**, vió a dos
23 Y recorrió Jesús toda **Galilea**, enseñando
25 Y le siguió mucha gente de **Galilea**,
15:29 vino junto al mar de **Galilea**;
17:22 Estando ellos en **Galilea**, Jesús les dijo:
19:1 se alejó de **Galilea**, y fue a las regiones
21:11 Jesús el profeta, de Nazaret de **Galilea**,
26:32 iré delante de vosotros a **Galilea**.
27:55 habían seguido a Jesús desde **Galilea**,
28:7 y he aquí va delante de vosotros a **Galilea**
10 para que vayan a **Galilea**, y allí me verán
16 Pero los once discípulos se fueron a **Galilea**
Mr 1:9 que Jesús vino de Nazaret de **Galilea**,
14 Jesús vino a **Galilea** predicando
16 Andando junto al mar de **Galilea**,

Mr 1:28 por toda la provincia alrededor de **Galilea**
39 en las sinagogas de ellos en toda **Galilea**,
3:7 le siguió gran multitud de **Galilea**,
6:21 y tribunos y a los principales de **Galilea**,
7:31 vino por Sidón al mar de **Galilea**,
9:30 caminaron por **Galilea**; y no quería
14:28 iré delante de vosotros a **Galilea**.
15:41 cuando él estaba en **Galilea**, le seguían
16:7 que él va delante de vosotros a **Galilea**
Lc 1:26 enviado por Dios a una ciudad de **Galilea**
2:4 Y José subió de **Galilea**, de la ciudad
39 volvieron a **Galilea**, a su ciudad de Nazaret
3:1 y Herodes tetrarca de **Galilea**,
4:14 volvió en el poder del Espíritu a **Galilea**,
31 Capernaum, ciudad de **Galilea**
44 Y predicaba en las sinagogas de **Galilea**.
(TR, VM, BC); (...de Judea, VHA, WH,
N, ABMW, NC, BA)
5:17 de todas las aldeas de **Galilea**,
8:26 que está en la ribera opuesta a **Galilea**
17:11 pasaba entre Samaria y **Galilea**
23:5 comenzando desde **Galilea** hasta aquí
6 Pilato, oyendo decir, **Galilea** (TR)
49 que le habían seguido desde **Galilea**
55 que habían venido con él desde **Galilea**
24:6 cuando aún estaba en **Galilea**,
Jn 1:43 (44) quiso Jesús ir a **Galilea**
2:1 se hicieron unas bodas en Caná de **Galilea**,
11 hizo Jesús en Caná de **Galilea**,
4:3 se fue otra vez a **Galilea**
43 salió de allí y fue a **Galilea**
45 Cuando vino a **Galilea**, los galileos
46 Jesús otra vez a Caná de **Galilea**,
47 que Jesús había llegado de Judea a **Galilea**
54 cuando fue de Judea a **Galilea**
6:1 Jesús fue al otro lado del mar de **Galilea**,
7:1 andaba Jesús en **Galilea**;
9 se quedó en **Galilea**
41 ¿De **Galilea** ha de venir el Cristo?
52 ¿Eres tú también galileo? (...de **Galilea**, VHA)
Escudriña y ve que de **Galilea** nunca
12:21 que era de Betsaida de **Galilea**,
21:2 Natanael el de Caná de **Galilea**,
Hch 9:31 las iglesias tenían paz por ... **Galilea**
10:37 comenzando desde **Galilea**,
13:31 juntamente con él de **Galilea** a Jerusalén

1057 Γαλιλαῖος – Galiláios
Mt 26:69 Tú también estabas con Jesús el **galileo**
Mr 14:70 porque eres **galileo**
Lc 13:1 le contaba acerca de los **galileos**
2 ¿Pensáis que estos **galileos**,
más pecadores que todos los **galileos**?
22:59 éste estaba con él, porque es **galileo**
23:6 preguntó si el hombre era **galileo**
Jn 4:45 los **galileos** le recibieron
Hch 1:11 Varones **galileos**, ¿por qué
2:7 Mirad, ¿no son **galileos** todos
5:37 se levantó Judas el **galileo**,

1058 Γαλλίων – Gallíon (Galíon)
Hch 18:12 Pero siendo **Galión** procónsul de Acaya
14 Y al comenzar Pablo a hablar, **Galión** dijo
17 pero a **Galión** nada se le daba

1059 Γαμαλιήλ – Gamaliél
Hch 5:34 un fariseo llamado **Gamaliel**,
22:3 instruido a los pies de **Gamaliel**,

1060 γαμέω** — gaméo

Mt 5:32 y el que se casa con la repudiada,
19:9 y se casa con otra, adultera;
que se casa con la repudiada (TR, VM, BC)
10 no conviene casarse
22:25 el primero se casó, y murió
30 ni se casarán ni se darán en casamiento
24:38 casándose y dando en casamiento,
Mr 6:17 pues la había tomado por mujer
10:11 Cualquiera que repudia a su mujer y se casa
12 repudia a su marido y se casa con otro,
12:25 ni se casarán ni se darán en casamiento
Lc 14:20 Acabo de casarme, y por tanto
16:18 el que repudia a su mujer, y se casa con otra
el que se casa con la repudiada
17:27 se casaban y se daban en casamiento
20:34 Los hijos de este siglo se casan,
35 ni se casan, ni se dan en casamiento
1 Co 7:9 si no tienen don de continencia, cásense
pues mejor es casarse
10 Pero a los que están unidos en matrimonio
28 Mas también si te casas, no pecas;
y si la doncella se casa, no peca
33 pero el casado tiene cuidado
34 pero la casada tiene cuidado
36 no peca; que se case. (...cásense, VHA)
39 si su marido muriere, libre es para casarse
1 Ti 4:3 prohibirán casarse, y mandarán
5:11 se rebelan contra Cristo, quieren casarse
14 Quiero, pues, que las viudas jóvenes se casen

1061 A γαμίζω*† — gamízo (gamídzo)

Mt 22:30 ni se casarán ni se darán en casamiento,
(WH, N, ABMW)
24:38 casándose y dando en casamiento, (WH, N, ABMW)
Mr 12:25 ni se casarán ni se darán en casamiento,
(WH, N, ABMW)
Lc 17:27 se casaban y se daban en casamiento,
(WH, N, ABMW)
20:35 ni se casan, ni se dan en casamiento,
(WH, N, ABMW)
1 Co 7:38 el que la da en casamiento (TR, VHA);
(el que casa su hija doncella, BC, WH, N, ABMW, VM, NC, BA)
el que no la da en casamiento (WH, N, ABMW)

1061 γαμίσκομαι* — gamískomai o γαμίσκω

Mr 12:25 ni se casarán ni se darán en casamiento (TR)
Lc 20:34 se casan, y se dan en casamiento; (WH, N, ABMW)

1062 γάμος — gámos

Mt 22:2 a un rey que hizo fiesta de bodas a su hijo
3 a llamar a los convidados a las bodas
4 venid a las bodas
8 Las bodas a la verdad están preparadas
9 llamad a las bodas a cuantos halléis
10 y las bodas fueron llenas de convidados
11 que no estaba vestido de boda
12 sin estar vestido de boda?
25:10 entraron con él a las bodas
Lc 12:36 a que su señor regrese de las bodas
14:8 convidado por alguno a bodas
Jn 2:1 se hicieron unas bodas en Caná de Galilea
2 fueron también invitados a las bodas
He 13:4 Honroso sea en todos el matrimonio

Ap 19:7 porque han llegado las bodas del Cordero
9 los que son llamados a la cena de las bodas

1064 γαστήρ — gastér

Mt 1:18 había concebido (lit., teniendo en el vientre)
23 una vírgen concebirá (lit.,...tendrá en el vientre)
24:19 las que estén encintas, (lit., las que tienen en el vientre)
Mr 13:17 las que estén encintas, (lit., las que tienen en el vientre)
Lc 1:31 Y ahora, concebirás en tu vientre,
21:23 las que estén encintas, (lit., las que tienen en el vientre)
1 Ts 5:3 a la mujer encinta, (lit., a la que tiene en el vientre)
Tit 1:12 malas bestias, glotones ociosos.
Ap 12:2 estando encinta, (lit., teniendo en el vientre)

1065 γέ — gé (gué)

(1) ἄραγε; (2) εἴγε, εἶγε;
(3) εἰ δέ μήγε; (4) καί γε;
(5) μενοῦνγε; (6) μήτι γε, μήτιγε;
(7) La palabra no se puede traducir al español.

Mt 6:1 (3) de otra manera no tendréis
7:20 (1) Así que, por sus frutos
9:17 (3) de otra manera los odres se rompen
17:26 (1) le dijo: Luego los hijos
Lc 5:36 (3) pues si lo hace, no solamente
37 (3) de otra manera, el vino nuevo
10:6 (3) y si no, se volverá a vosotros
11:8 sin embargo por su importunidad
13:9 (3) y si no, la cortarás después.
14:32 (3) Y si no puede, cuando el otro está
18:5 sin embargo, porque esta viuda
19:42 (4) a lo menos en este tu día, (TR, VHA, VM, NC)
24:21 (7) ahora, además de todo esto
Jn 4:2 (7) aunque Jesús no bautizaba
Hch 2:18 Y de cierto sobre mis siervos
8:30 Pero ¿entiendes lo que lees?
11:18 (1) De manera que también a los gentiles, (TR)
17:27 (1) si en alguna manera, palpando,
Ro 5:6 Porque...cuando éramos (WH, N, ABMW)
8:32 El que no escatimó (El que aún..., VHA)
9:20 (5) Mas antes, oh hombre, ¿quién eres tú
10:18 (5) ¿No han oído? Antes bien, Por toda la
1 Co 4:8 ¡Y ojalá reinaseis, (ojalá en verdad..., BA)
6:3 (6) ¿Cuánto más las cosas de esta vida?
9:2 para vosotros ciertamente lo soy
2 Co 5:3 pues así seremos hallados vestidos (si en verdad fuéremos hallados, VM)
11:16 (3) de otra manera, recibidme como a
Gá 3:4 (2) si es que realmente fue en vano
Ef 3:2 (2) si es que habéis oído (si en verdad habéis oído, VHA)
4:21 (2) si en verdad le habéis oído,
Fil 3:8 (5) Y ciertamente, aun estimo todas
Col 1:23 (2) si en verdad permanecéis fundados

1066 Γεδεών — Gedeón (Guedeón)

He 11:32 me faltaría contando de Gedeón

1067 γέεννα — géenna (guéena)

Mt 5:22 quedará expuesto al infierno de fuego
29 sea echado al infierno

Mt	5:30	sea echado al infierno	Mt	24:34	no pasará esta **generación** hasta
	10:28	y el cuerpo en el **infierno**	Mr	8:12	¿Por qué pide señal esta **generación**?
	18:9	ser echado en el **infierno** de fuego			no se dará señal a esta **generación**
	23:15	le hacéis dos veces más hijo del **infierno**		38	de mis palabras en esta **generación** adúltera
	33	de la condenación del **infierno**?		9:19	¡Oh **generación** incrédula!
Mr	9:43	que teniendo dos manos ir al **infierno**		13:30	que no pasará esta **generación**
	45	ser echado en el **infierno**	Lc	1:48	bienaventurada todas las **generaciones**
	47	que teniendo dos ojos ser echado al **infierno**		50	Y su misericordia es de **generación**
Lc	12:5	tiene poder de echar en el **infierno**			en **generación**
Stg	3:6	y ella misma es inflamada por el **infierno**		7:31	los hombres de esta **generación**
				9:41	¡Oh **generación** incrédula y perversa
1068		Γεθσημανί – Gethsemaní (Guethsemaní)		11:29	Esta **generación** es mala; (TR, VHA, VM);
					(Esta **generación** es **generación** perversa,
Mt	26:36	a un lugar que se llama **Getsemaní**			BC, WH, N, ABMW, NC, BA)
Mr	14:32	a un lugar que se llama **Getsemaní**		30	el Hijo del Hombre a esta **generación**
				31	con los hombres de esta **generación**
1069		γείτων – géiton (guéiton)		32	se levantarán en el juicio con esta **generación**
Lc	14:12	ni a tus parientes, ni a **vecinos** ricos		50	se demande de esta **generación** la sangre
	15:6	reúne a sus amigos y **vecinos**, diciéndoles		51	será demandada de esta **generación**
	9	reúne a sus amigas y **vecinas**, diciendo:		16:8	en el trato con sus semejantes (en lo
Jn	9:8	Entonces los **vecinos**,			relativo a su propia **generación**, VM)
				17:25	y sea desechado por esta **generación**
1070		γελάω – geláo (gueláo)		21:32	que no pasará esta **generación**
Lc	6:21	los que ahora lloráis, porque reiréis	Hch	2:40	Sed salvos de esta perversa **generación**
	25	¡Ay de vosotros, los que ahora reís!		8:33	Mas su **generación**, ¿quién la contará?
				13:36	habiendo servido a su propia **generación**
1071		γέλως – gélos (guélos)		14:16	En las **edades** pasadas él ha dejado
Stg	4:9	Vuestra **risa** se convierta en lloro		15:21	Porque Moisés desde **tiempos** antiguos
			Ef	3:5	misterio que en otras **generaciones**
1072		γεμίζω – gemízo (guemídzo)		21	en Cristo Jesús por todas las **edades**
Mr	4:37	de tal manera que ya **se anegaba**	Fil	2:15	en medio de una **generación** maligna
	15:36	Y corrió uno, y **empapando** una esponja	Col	1:26	desde los siglos y **edades**
Lc	14:23	para que **se llene** mi casa.	He	3:10	me disgusté contra esa **generación**
	15:16	Y deseaba **llenar** su vientre (TR, N)			
Jn	2:7	**Llenad** estas tinajas de agua	**1075**		γενεαλογέομαι – genealógeomai
		Y las **llenaron** hasta arriba			(guenealoguéomai)
	6:13	Recogieron, pues, y **llenaron** doce	He	7:6	Pero aquel cuya **genealogía** no es contada
Ap	8:5	lo **llenó** del fuego			
	15:8	Y el templo se **llenó** de humo	**1076**		γενεαλογία* – genealogía (guenealoguía)
			1 Ti	1:4	a fábulas y **genealogías** interminables,
1073		γέμω – gémo (guémo)	Tit	3:9	las cuestiones necias, y **genealogías**,
Mt	23:25	pero por dentro **estáis llenos** de robo	**1077**		γενέσια* – genésia (guenésia)
	27	mas por dentro **están llenos** de huesos			
Lc	11:39	pero por dentro **estáis llenos**	Mt	14:6	se celebraba el **cumpleaños**
Ro	3:14	Su boca **está llena** de maldición	Mr	6:21	en la **fiesta de su cumpleaños**
Ap	4:6	cuatro seres vivientes **llenos** de ojos			
	8	y por dentro estaban **llenos** de ojos	**1078**		γένεσις – génesis (guénesis)
	5:8	y copas de oro **llenas** de incienso	Mt	1:1	Libro **de la genealogía** de Jesucristo
	15:7	siete copas de oro, **llenas** de la ira		18	El **nacimiento** de Jesucristo fue así: (WH, N,
	17:3	sobre una bestia escarlata **llena** de nombres			ABMW)
	4	un cáliz de oro **lleno** de abominaciones	Lc	1:14	se regocijarán de su **nacimiento**; (WH, N,
	21:9	que tenían las siete copas **llenas**			ABMW)
			Stg	1:23	que considera en un espejo su rostro **natural**
1074		γενεά – geneá (gueneá)			(lit.,...,el rostro de su **nacimiento**)
Mt	1:17	todas las **generaciones** desde Abraham		3:6	e inflama la rueda de la **creación**,
		son catorce (son catorce **generaciones**, VM)			
		a Babilonia, catorce (...catorce **generaciones**,	**1079**		γενετή – genetḗ (guenetḗ)
		VM)	Jn	9:1	a un hombre ciego de **nacimiento**.
		hasta Cristo, catorce (...catorce	**1080**		Vease pag. 203
		generaciones, VM)	**1081 A**		γέννημα† – génema (guénema)
	11:16	Mas ¿a qué comparará esta **generación**			
	12:39	La **generación** mala y adúltera	Mt	26:29	no beberé más de este **fruto** de la vid (WH,
	41	se levantarán en el juicio con esta **generación**			N, ABMW)
	42	se levantará en el juicio con esta **generación**	Mr	14:25	no beberé más del **fruto** de la vid, (WH, N,
	45	acontecerá a esta mala **generación**			ABMW)
	16:4	La **generación** mala y adúltera	Lc	12:18	allí guardaré todos mis **frutos** (S, VM, BC)
	17:17	¡Oh **generación** incrédula y perversa		22:18	no beberé más del **fruto** de la vid (WH, N,
	23:36	todo esto vendrá sobre esta **generación**			ABMW)

γεννάω 1080　　　　　　　　　　　　　203　　　　　　　　　　　　　1085 γένος

1080 γεννάω – gennáo (guenáo)

2 Co	9:10	y aumentará los **frutos** de vuestra justicia (WH, N, ABMW)
Mt	1:2	Abraham **engendró** a Isaac,
		Isaac a Jacob (Isaac **engendró** a Jacob, VHA
		Jacob a Judá (Jacob **engendró**..., VHA)
	3	Judá **engendró** de Tamar
		Fares a Esrom (Fares **engendró**..., VHA)
		Esrom a Aram (Esrom **engendró**..., VHA)
	4	Aram **engendró** a Aminadab
		Aminadab a Naasón (Aminadab **engendró** a Naasón, VHA)
		Naasón a Salmón (Naasón **engendró**..., VHA
	5	Salmón **engendró** de Rahab a Booz
		Booz, **engendró** de Rut, a Obed,
		Obed a Isaí (Obed **engendró** a Jesé, VHA)
	6	Isaí **engendró** al rey David,
		David **engendró** a Salomón
	7	Salomón **engendró** a Roboam,
		Roboam a Abías (Roboam **engendró**..., VHA)
		Abías a Asa (Abías **engendró** a Asai, VHA)
	8	Asa **engendró** a Josafat.
		Josafat a Joram (Josafat **engendró**..., VHA)
		Joram a Uzías (Joram **engendró** a Ozías, VHA)
	9	Uzías **engendró** a Jotam
		Jotam a Acaz (Joatam **engendró**..., VHA)
		Acaz a Ezequías (Acaz **engendró**..., VHA)
	10	Ezequías **engendró** a Manasés,
		Manasés a Amón (Manasés **engendró** a Amós, VHA)
		Amón a Josías (Amós **engendró**..., VHA)
	11	Josías **engendró** a Jeconías
	12	Jeconías **engendró** a Salatiel,
		Salatiel a Zorobabel (Salatiel **engendró** a Zorobabel, VHA)
	13	Zorobabel **engendró** a Abiud
		Abiud a Eliaquim (Abiud **engendró**..., VHA
		Eliaquim a Azor (Eliaquim **engendró** a Azor, VHA)
	14	Azor **engendró** a Sadoc,
		Sadoc a Aquim (Sadoc **engendró**..., VHA)
		Aquim a Eliud (Aquim **engendró**..., VHA)
	15	Eliud **engendró** a Eleazar,
		Eleazar a Matán (Eleazar **engendró**..., VHA)
		Matán a Jacob (Matán **engendró**..., VHA)
	16	Jacob **engendró** a José, marido de María, de la cual **nació** Jesús, llamado el Cristo
	20	porque lo **que** en ella **es engendrado**,
	2:1	Cuando Jesús **nació** en Belén de Judea
	4	dónde **había de nacer** el Cristo
	19:12	Pues hay eunucos que **nacieron** así
	26:24	Bueno le fuera...no **haber nacido**
Mr	14:21	Bueno le fuera...no **haber nacido**
Lc	1:13	Elisabet te **dará a luz** un hijo, y llamarás
	35	el Santo Ser que nacerá, será llamado
	57	el tiempo de su alumbramiento, **dio a luz**
	23:29	y los vientres que no **concibieron**
Jn	1:13	los cuales no **son engendrados** de sangre
	3:3	que el que no **naciere** de nuevo,
	4	¿Cómo puede un hombre **nacer** siendo viejo en el vientre de su madre, y **nacer**?
	5	que el que no **naciere** de agua
	6	Lo que **es nacido** de la carne, carne es; y lo que **es nacido** del Espíritu, Espíritu es
	7	Os es necesario **nacer** de nuevo
	8	así es todo aquel **que es nacido** del Espíritu
	8:41	Nosotros no **somos nacidos** de fornicación
Jn	9:2	para que **haya nacido** ciego?
	19	el que vosotros decís que **nació** ciego?
	20	que **nació** ciego;
	32	abriese los ojos a uno **que nació** ciego
	34	Tú **naciste** del todo en pecado,
	16:21	pero después que **ha dado a luz** un niño por el gozo de que **haya nacido**
	18:37	Yo para esto **he nacido**
Hch	2:8	en nuestra lengua en la que **hemos nacido**?
	7:8	y así Abraham **engendró** a Isaac,
	20	En aquel mismo tiempo **nació** Moisés
	29	donde **engendró** dos hijos
	13:33	Mi hijo eres tú, yo te **he engendrado** hoy
	22:3	Yo de cierto soy judío, **nacido** en Tarso
	28	Pero yo lo **soy de nacimiento**
Ro	9:11	pues no habían aún **nacido**, ni habían
1 Co	4:15	en Cristo Jesús yo os **engendré**
Gá	4:23	Pero el de la esclava **nació** según la carne
	24	**el cual da hijos** para esclavitud
	29	el que había **nacido** según la carne
2 Ti	2:23	sabiendo que **engendran** contiendas
Flm	10	a quien **engendré** en mis prisiones
He	1:5	Yo te **he engendrado** hoy
	5:5	Yo te **he engendrado** hoy
	11:12	Salieron como las estrellas (TR, WH, ABMW)
	23	Por la fe Moisés, **cuando nació**
2 P	2:12	**nacidos** para presa (E, WH, N, ABMW)
1 Jn	2:29	todo el que hace justicia **es nacido** de él
	3:9	Todo aquel que **es nacido** de Dios no puede pecar, porque **es nacido** de Dios
	4:7	Todo aquel que ama, **es nacido** de Dios
	5:1	que Jesús es el Cristo, **es nacido** de Dios y todo aquel que ama al **que engendró**, ama también al que **ha sido engendrado** por él
	4	Porque todo lo **que es nacido** de Dios
	18	todo aquel que **ha nacido** de Dios Aquel **que fue engendrado**

1081 γέννημα – génnema (guénema)

Mt	3:7	¡**Generación** de víboras!
	12:34	¡**Generación** de víboras!
	23:33	¡Serpientes, **generación** de víboras
	26:29	de este **fruto** de la vid (TR)
Mr	14:25	del **fruto** de la vid (TR)
Lc	3:7	¡Oh **generación** de víboras!
	12:18	guardaré todos mis **frutos** (E)
	22:18	no beberé más del **fruto** de la vid (TR)
2 Co	9:10	los **frutos** de vuestra justicia. (TR)
1081A		*Véase pág. 202*

1082 Γεννησαρέτ – Gennesarét (Guenesarét)

Mt	14:34	vinieron a tierra de **Genesaret**
Mr	6:53	vinieron a tierra de **Genesaret**
Lc	5:1	estando Jesús junto al lago de **Genesaret**,

1083 γέννησις – génnesis (guénnesis)

Mt	1:18	El **nacimiento** de Jesucristo (TR)
Lc	1:14	se regocijarán de su **nacimiento** (TR)

1084 γεννητός – gennetós (guenetós)

Mt	11:11	Entre **los que nacen** de mujer
Lc	7:28	Os digo que entre **los nacidos** de

1085 γένος – génos (guénos)

Mt	13:47	recoge toda **clase** de peces
	17:21	Pero este **género** no sale (TR, VM, NC, BC, BA)
Mr	7:26	y sirofenicia de **nación**

			1092		γεωργός – georgós (gueorgós)
Mr	9:29	Este **género** con nada puede salir,	Mt	21:33	y la arrendó a unos **labradores**
Hch	4:6	y todos los que eran **de la familia**		34	envió sus siervos a los **labradores**
	36	levita, **natural** de Chipre		35	Mas los **labradores**, tomando
	7:13	a Faraón el **linaje** de José		38	Mas los **labradores**, cuando vieron
	19	usando de astucia con nuestro **pueblo**		40	que hará a aquellos **labradores**?
	13:26	hijos del **linaje** de Abraham		41	y arrendará su viña a otros **labradores**,
	17:28	Porque **linaje** suyo somos	Mr	12:1	y la arrendó a unos **labradores**,
	29	Siendo, pues, **linaje** de Dios,		2	envió un siervo a los **labradores**,
	18:2	Aquila, **natural** del Ponto			para que recibiese de éstos del fruto (...de
	24	llamado Apolos, **natural** de Alejandría			los **labradores**, VM)
1 Co	12:10	a otro, diversos **géneros** de lenguas		7	Mas aquellos **labradores** dijeron
	28	los que tienen don de lenguas (diversas		9	Vendrá, y destruirá a los **labradores**
		clases de lenguas, BA)	Lc	20:9	la arrendó a **labradores**
	14:10	Tantas **clases** de idiomas		10	envió un siervo a los **labradores**
2 Co	11:26	peligros de los de mi **nación**			pero los **labradores** le golpearon,
Gá	1:14	de mis contemporáneos en mi **nación**		14	Mas los **labradores**, al verle,
Fil	3:5	del **linaje** de Israel		16	Vendrá, y destruirá a estos **labradores**
1 P	2:9	Mas vosotros sois **linaje** escogido	Jn	15:1	y mi Padre es el **labrador**
Ap	22:16	Yo soy la raíz y el **linaje** de David,	2 Ti	2:6	El **labrador**, para participar
1086		Véase abajo	Stg	5:7	Mirad cómo el **labrador** espera
1086 A		Γερασηνός – Gerasenós (Guerasenós)			
Mt	8:28	a la tierra de los gadarenos (V60, WH, N, ABMW, VHA, VM, BC, BA); (...**gerasenos** BC); (...gergesenos, TR)	1093		γῆ – gé (gué)
			Mt	2:6	Y tú, Belén, de la **tierra** de Judá
Mr	5:1	a la región de los gadarenos (TR, VM, BA); (...**gerasenos**, VHA, WH, N, ABMW, NC, BC)		20	y vete a **tierra** de Israel,
				21	y vino a **tierra** de Israel
Lc	8:26	a la tierra de los gadarenos (TR, VM, BA); (...**gerasenos**, VHA, WH, N, NC, BC); (...gergesenos, ABMW)		4:15	**Tierra** de Zabulón y **tierra** de Neftalí
				5:5	ellos recibirán la **tierra** por heredad
				13	Vosotros sois la sal de la **tierra**
	37	de la región alrededor de los gadarenos (TR, VM, BA); (...**gerasenos**, VHA, WH, N, NC, BC); (...gergesenos, ABMW)		18	hasta que pasen el cielo y la **tierra**
				35	ni por la **tierra**
				6:10	así también en la **tierra**
				19	No os hagáis tesoros en la **tierra**
1086		Γεργεσηνός – Gergesenós (Guerguesenós) véase Γερασηνός, 1086A arriba		9:6	tiene potestad en la **tierra** para perdonar
				26	de esto por toda aquella **tierra**
				31	de él por toda aquella **tierra**.
1087		γερουσία – gerousía (guerousía)		10:15	el castigo para la **tierra** de Sodoma
Hch	5:21	a todos los **ancianos** (todo el **senado**, VHA)		29	Con todo, ni uno de ellos cae a **tierra**
				34	para traer paz a la **tierra**
1088		γέρων – géron (guéron)		11:24	será más tolerable el castigo para la **tierra**
Jn	3:4	¿Cómo puede un hombre nacer siendo **viejo**		25	Padre, Señor del cielo y de la **tierra**
				12:40	en el corazón de la **tierra** tres días
1089		γεύομαι – géuomai (guéuomai)		42	vino de los fines de la **tierra**
Mt	16:28	que no **gustarán** la muerte		13:5	donde no había mucha **tierra**
	27:34	pero **después de haberlo probado**,			no tenía profundidad de **tierra**
Mr	9:1	que no **gustarán** la muerte		8	parte cayó en buena **tierra**
Lc	9:27	que no **gustarán** la muerte		23	sembrado en buena **tierra**, éste es
	14:24	que fueron convidados, **gustará** mi cena		14:24	la barca estaba en medio del mar, (TR, V60, VM, NC, BC); (la barca distaba ya de **tierra**, VHA, WH, N, ABMW, BA)
Jn	2:9	Cuando el maestresala probó el agua			
	8:52	El que guarda mi palabra, nunca **sufrirá**		34	vinieron a **tierra** de Genesaret
Hch	10:10	Y tuvo gran hambre, y quiso **comer**		15:35	que se recostase en **tierra**
	20:11	y partido el pan y **comido**		16:19	y todo lo que atares en la **tierra** será
	23:14	a no **gustar** nada hasta que			y todo lo que desatares en la **tierra** será
Col	2:21	No manejes, ni **gustes**,		17:25	Los reyes de la **tierra**
He	2:9	por la gracia de Dios **gustase** la muerte		18:18	todo lo que atéis en la **tierra**, será
	6:4	**gustaron** del don celestial,			y todo lo que desatéis en la **tierra**,
	5	y asimismo **gustaron** de la buena palabra		19	se pusieren de acuerdo en la **tierra**
1 P	2:3	si es que habéis **gustado** la benignidad		23:9	a nadie en la **tierra**; porque uno es
				35	que se ha derramado sobre la **tierra**
1090		γεωργέομαι – georgéomai (gueorguéomai)		24:30	todas las tribus de la **tierra**
				35	El cielo y la **tierra** pasarán
He	6:7	a aquellos por los cuales **es labrada**		25:18	uno fue y cavó en la **tierra**
				25	y escondí tu talento en la **tierra**
1091		γεώργιον – geórgion (gueórguion)		27:45	hubo tinieblas sobre toda la **tierra**
				51	y la **tierra** tembló
1 Co	3:9	y vosotros sois **labranza** de Dios,		28:18	me es dada en el cielo y en la **tierra**
			Mr	2:10	tiene potestad en la **tierra** para perdonar

Mr	4:1	estaba en tierra junto al mar
	5	donde no tenía mucha tierra
		no tenía profundidad de tierra
	8	cayó en buena tierra
	20	sembrados en buena tierra
	26	echa semilla en la tierra
	28	lleva fruto la tierra, primero hierba,
	31	que cuando se siembra en tierra,
		las semillas que hay en la tierra
	6:47	y él solo en tierra
	53	vinieron a tierra de Genesaret,
	8:6	que se recostase en tierra
	9:3	tanto que ningún lavador en la tierra
	20	quien cayendo en tierra se revolcaba,
	13:27	desde el extremo de la tierra hasta
	31	El cielo y la tierra pasarán
	14:35	se postró en tierra, y oró
	15:33	hubo tinieblas sobre toda la tierra
Lc	2:14	Y en la tierra paz,
	4:25	y hubo una gran hambre en toda la tierra
	5:3	le rogó que la apartase de tierra un poco
	11	Y cuando trajeron a tierra las barcas,
	24	tiene potestad en la tierra
	6:49	que edificó su casa sobre tierra
	8:8	Y otra parte cayó en buena tierra,
	15	Mas la que cayó en buena tierra
	27	Al llegar él a tierra, vino a su encuentro
	10:21	Señor del cielo y de la tierra
	11:2	como en el cielo, así también en la tierra,
		(TR, VM, [BA])
	31	porque ella vino de los fines de la tierra
	12:49	Fuego vine a echar en la tierra
	51	¿Pensáis que...dar paz en la tierra?
	56	el aspecto del cielo y de la tierra
	13:7	¿para qué inutiliza también la tierra?
	14:35	Ni para la tierra ni para el muladar
	16:17	que pasen el cielo y la tierra
	18:8	¿hallará fe en la tierra?
	21:23	habrá gran calamidad en la tierra,
	25	y en la tierra angustia de las gentes
	33	El cielo y la tierra pasarán,
	35	los que habitan sobre la faz de toda la tierra
	22:44	gotas de sangre que caían hasta la tierra
		(TR, [WH], [N], VHA, VM, NC, BC, BA)
	23:44	hubo tinieblas sobre toda la tierra
	24:5	y bajaron el rostro a tierra, les
Jn	3:22	con sus discípulos a la tierra de Judea,
	31	el que es de la tierra, es terrenal, (...de la
		tierra es, VM)
		y cosas terrenales habla; (y de la tierra
		habla, VM)
	6:21	la cual llegó en seguida a la tierra
	8:6	[escribía en tierra con el dedo]
	8	[siguió escribiendo en tierra]
	12:24	no cae en la tierra y muere,
	32	si fuere levantado de la tierra
	17:4	Yo te he glorificado en la tierra
	21:8	pues no distaban de tierra sino como
	9	Al descender a tierra, vieron
	11	y sacó la red a tierra, llena
Hch	1:8	y hasta lo último de la tierra
	2:19	Y señales abajo en la tierra
	3:25	todas las familias de la tierra
	4:24	que hiciste el cielo y la tierra
	26	Se reunieron los reyes de la tierra
	7:3	Sal de tu tierra y de tu parentela,
		y ven a la tierra que yo te mostraré
	4	Entonces salió de la tierra
		Dios le trasladó a esta tierra

Hch	7:6	sería extranjera en tierra ajena,
	11	hambre en toda la tierra de Egipto (TR, NC)
	29	y vivió como extranjero en tierra de Madián,
	33	el lugar en que estás es tierra santa.
	36	prodigios y señales en tierra de Egipto, (TR,
		N, ABMW, VHA, NC, BC, BA)
	40	que nos sacó de la tierra de Egipto,
	49	Y la tierra el estrado de mis pies
	8:33	Porque fue quitada de la tierra su vida
	9:4	y cayendo en tierra, oyó una voz
	8	Entonces Saulo se levantó de tierra
	10:11	de las cuatro puntas era bajado a la tierra
	12	los cuadrúpedos terrestres y reptiles (lit.,...
		de la tierra..., TR); (cuadrúpedos, y
		reptiles de la tierra, VHA, WH, N,
		ABMW, VM, NC, BC, BA)
	11:6	vi cuadúpedos terrestres,
		(...de la tierra, VHA)
	13:17	siendo ellos extranjeros en tierra de Egipto
	19	siete naciones en la tierra de Canaán
		les dio en herencia su territorio
	47	hasta lo último de la tierra
	14:15	que hizo el cielo y la tierra, el mar
	17:24	siendo Señor del cielo y de la tierra
	26	para que habiten...de la tierra
	22:22	Quita de la tierra a tal hombre
	26:14	Y habiendo caído todos nosotros en tierra
	27:39	no reconocían la tierra
	43	se echasen los primeros, y saliesen a tierra
	44	se salvaron saliendo a tierra (escaparon
		salvos a tierra, VM)
Ro	9:17	mi nombre sea anunciado por toda la tierra
	28	ejecutará su sentencia sobre la tierra
	10:18	Por toda la tierra ha salido
1 Co	8:5	sea en el cielo, o en la tierra
	10:26	porque del Señor es la tierra y su plenitud
	28	del Señor es la tierra (TR, [BA])
	15:47	El primer hombre es de la tierra,
Ef	1:10	como las que están en la tierra
	3:15	en los cielos y en la tierra
	4:9	¿qué es,...a las partes más bajas de la tierra?
	6:3	y seas de larga vida sobre la tierra
Col	1:16	y las que hay en la tierra
	20	así las que están en la tierra como
	3:2	no en las de la tierra
	5	lo terrenal en vosotros: (vuestros miembros
		que están sobre la tierra, VHA)
He	1:10	en el principio fundaste la tierra,
	6:7	Porque la tierra que bebe
	8:4	si estuviese sobre la tierra
	9	para sacarlos de la tierra de Egipto
	11:9	como extranjero en la tierra prometida
	13	y peregrinos sobre la tierra
	29	pasaron el Mar Rojo como por tierra seca
		(WH, N, ABMW)
	38	y por las cavernas de la tierra
	12:25	al que los amonestaba en la tierra
	26	conmovió entonces la tierra
		conmoveré no solamente la tierra
Stg	5:5	en deleites sobre la tierra
	7	espera el precioso fruto de la tierra
	12	ni por la tierra, ni por ningún otro
	17	y no llovió sobre la tierra por
	18	y la tierra produjo su fruto
2 P	3:5	y también la tierra, que proviene del agua
	7	pero los cielos y la tierra que existen
	10	y la tierra y las obras que en ella hay
	13	cielos nuevos y tierra nueva
1 Jn	5:8	los que dan testimonio en la tierra (TR,

γῆρας 1094

		[VM], [BA])
Jud	5	salvado al pueblo sacándolo de Egipto,
		(...de tierra de Egipto, VHA)
Ap	1:5	y el soberano de los reyes de la tierra
	7	y todos los linajes de la tierra harán
	3:10	para probar a los que moran sobre la tierra
	5:3	ni en la tierra ni debajo de la tierra, podía
	6	de Dios enviados por toda la tierra
	10	y reinaremos sobre la tierra
	13	y sobre la tierra, y debajo de la tierra
	6:4	le fue dado poder de quitar de la tierra
	8	sobre la cuarta parte de la tierra
		con mortandad, y con las fieras de la tierra
	10	en los que moran en la tierra?
	13	del cielo cayeron sobre la tierra,
	15	Y los reyes de la tierra
	7:1	sobre los cuatro ángulos de la tierra,
		que detenían los cuatro vientos de la tierra
		para que no soplase...sobre la tierra,
	2	de hacer daño a la tierra y al mar,
	3	No hagáis daño a la tierra
	8:5	y lo arrojó a la tierra
	7	que fueron lanzados sobre la tierra
		la tercera parte de la tierra fue quemada
		(VM, WH, N, ABMW, VHA, NC, BC, BA)
		(No aparece en V60, TR)
	13	¡Ay, ay, ay, de los que moran en la tierra
	9:1	y vi una estrella que cayó del cielo a la tierra
	3	salieron langostas sobre la tierra
		tienen poder los escorpiones de la tierra
	4	que no dañasen a la hierba de la tierra,
	10:2	y el izquierdo sobre la tierra
	5	en pie sobre el mar y sobre la tierra
	6	y la tierra y las cosas que están
	8	en pie sobre el mar y sobre la tierra
	11:4	delante del Dios de la tierra
	6	y para herir la tierra con toda plaga,
	0	Y los moradores de la tierra se regocijarán
		atormentado a los moradores de la tierra
	18	y de destruir a los que destruyen la tierra
	12:4	y las arrojó sobre la tierra
	9	fue arrojado a la tierra
	12	¡Ay de los moradores de la tierra y del mar
		(TR); (ay de la tierra y del mar; VM, WH,
		N, ABMW, VHA, NC, BC, BA)
	13	que había sido arrojado a la tierra
	16	Pero la tierra ayudó a la mujer, pues la tierra
	13:3	y se maravilló toda la tierra
	8	todos los moradores de la tierra
	11	otra bestia que subía de la tierra
	12	y hace que la tierra
	13	hace descender fuego del cielo a la tierra
	14	engaña a los moradores de la tierra
		mandando a los moradores de la tierra
	14:3	fueron redimidos de entre los de la tierra
	6	para predicarlo a los moradores de la tierra,
	7	a aquel que hizo el cielo y la tierra,
	15	pues la mies de la tierra está madura
	16	metió su hoz en la tierra
		y la tierra fue segada
	18	y vendimia los racimos de la tierra
	19	arrojó su hoz en la tierra, y vendimió
		la viña de la tierra
	16:1	Id y derramad sobre la tierra las siete copas
	2	y derramó su copa sobre la tierra
	14	van a los reyes de la tierra (TR)
	18	han estado sobre la tierra
	17:2	han fornicado los reyes de la tierra
		y los moradores de la tierra

1096 γίνομαι

Ap	17:5	LAS ABOMINACIONES DE LA TIERRA
	8	y los moradores de la tierra
	18	que reina sobre los reyes de la tierra.
	18:1	y la tierra fue alumbrada
	3	y los reyes de la tierra han fornicado
		y los mercaderes de la tierra
	9	Y los reyes de la tierra que han fornicado
	11	Y los mercaderes de la tierra lloran
	23	tus mercaderes eran los grandes de la tierra
	24	han sido muertos en la tierra
	19:2	que ha corrompido a la tierra
	19	a los reyes de la tierra
	20:8	en los cuatro ángulos de la tierra
	9	sobre la anchura de la tierra
	11	de delante del cual huyeron la tierra
	21:1	Vi un cielo nuevo y una tierra nueva
		el primer cielo y la primera tierra pasaron
	24	y los reyes de la tierra traerán

1094		γῆρας — géras (guéras)
Lc	1:36	ha concebido hijo en su vejez

1095		γηράσκω — gerásko (guerásko)
Jn	21:18	mas cuando ya seas viejo, extenderás
He	8:13	lo que se da por viejo y se envejece,

1096		γίνομαι — gínomai (guínomai)
		(1) μὴ γένοιτο
Mt	1:22	Todo esto aconteció para que se cumpliese
	4:3	dí que estas piedras se conviertan en pan.
	5:18	hasta que todo se haya cumplido
	45	para que seáis hijos de vuestro Padre
	6:10	Hágase tu voluntad,
	16	Cuando ayunéis, no seáis austeros,
	7:28	cuando terminó Jesús (sucedió que cuando
		Jesús hubo acabado, VM)
	8:13	Vé, y como creíste, te sea hecho
	16	Y cuando llegó la noche,
	24	Y he aquí que se levantó en el mar
	26	y se hizo grande bonanza
	9:10	Y aconteció que estando
	16	y se hace peor la rotura
	29	Conforme a vuestra fe os sea hecho
	10:16	sed, pues, prudentes como serpientes
	25	Bástale al discípulo ser como su maestro
	11:1	Cuando Jesús terminó (aconteció que
		cuando Jesús hubo acabado, VM)
	20	había hecho mucho de sus milagros
	21	y en Sidón se hubieran hecho los milagros
		que han sido hechos en vosotras
	23	porque si en Sodoma se hubieran hecho
		los milagros que han sido hechos en ti
	26	porque así te agradó. (porque así fue de tu
		agrado, VHA)
	12:45	el postrer estado...viene a ser peor
	13:21	pues al venir la aflicción
	22	ahogan la palabra, y se hace infructuosa
	32	y se hace árbol,
	53	Acontecio que cuando terminó Jesús
	14:6	cuando se celebraba el cumpleaños, (TR);
		(llegado el cumpleaños, VHA, WH, N,
		ABMW, VM, NC, BC, BA)
	15	cuando anochecía (Llegada la tarde, VHA)
	23	y cuando llegó la noche
	15:28	hágase contigo como quieres
	16:2	Cuando anochece, decís (Al caer la tarde...
		BA) (TR, [WH], [N], [ABMW], VHA,
		VM, NC, BC, BA)

Mt	17:2	sus vestidos se hicieron blancos	Mr	4:39	y se hizo grande bonanza
	18:3	que si no os volvéis y os hacéis como niños		5:14	que era aquello que había sucedido
	12	Si un hombre tiene cien ovejas, (lit., si hay para cierto hombre...)		16	como le había acontecido
				33	sabiendo lo que en ella había sido hecho
	13	Y si acontece que la encuentra		6:2	Y llegado el día de reposo
	19	acerca de cualquiera cosa..., les será hecho			¿Y qué...que por sus manos son hechos?
	31	Viendo sus consiervos lo que pasaba a su señor todo lo que había pasado		14	porque su nombre se había hecho notorio
				21	Pero venido un día oportuno,
	19:1	Aconteció que cuando Jesús terminó		26	Y el rey se entristeció mucho; (el rey se puso muy triste, VM)
	8	mas al principio no fue así			
	20:8	Cuando llegó la noche, el		35	Cuando ya era muy avanzada la hora,
	26	el que quiera hacerse grande entre vosotros		47	y al venir la noche, la barca estaba
	21:4	Todo esto aconteció para que se cumpliese		9:3	Y sus vestidos se volvieron resplandecientes
	19	Nunca jamás nazca de ti fruto. (ya no habrá jamás fruto de ti, BA)		6	pues estaban espantados. (WH, N, ABMW)
				7	Entonces vino una nube que les hizo sombra desde la nube una voz (salió de la nube una voz, VHA) (WH, N, ABMW)
	21	Quítate y échate en el mar, será hecho			
	42	Ha venido a ser cabeza del ángulo El Señor ha hecho esto (por el Señor ha sido hecho esto, VHA)			
				21	¿Cuánto tiempo hace que le sucede esto?
	23:15	y una vez hecho, le hacéis dos veces		26	y él quedó como muerto,
	26	para que también lo de fuera sea limpio		33	y cuando estuvo en casa
	24:6	es necesario que todo esto acontezca		50	mas si la sal se hace insípida
	20	que vuestra huida no sea en invierno		10:43	sino que el que quiera hacerse grande
	21	cual no la ha habido desde el principio del mundo hasta ahora, ni la habrá		44	quiera ser el primero, (TR)
				11:19	Pero al llegar la noche
	32	Cuando ya su rama está tierna		23	sino creyere que será hecho lo que dice
	34	hasta que todo esto acontezca.		12:10	Ha venido a ser cabeza del ángulo
	44	también vosotros estad preparados		11	El Señor ha hecho esto, (por el Señor fue hecho esto, VM)
	25:6	se oyó un clamor (lit., ha venido un clamor)		13:7	porque es necesario que suceda así
	26:1	Cuando hubo acabado Jesús (Y sucedió que cuando Jesús hubo acabado, VM)		18	que vuestra huida no sea en invierno
				19	cual nunca ha habido desde el principio hasta este tiempo, ni la habrá
	2	dentro de dos días se celebra la pascua (dentro de dos días es la Pascua, VHA)		28	está tierna, y brotan las hojas,
	5	para que no se haga alboroto en el pueblo		29	cuando veáis que suceden estas
	6	Y estando Jesús en Betania,		30	hasta que todo esto acontezca
	20	Cuando llegó la noche, se sentó		14:4	¿Para qué se ha hecho este desperdicio
	42	hágase tu voluntad.		17	Y cuando llegó la noche
	54	de que es necesario que así se haga?		15:33	Cuando vino la hora sexta, hubo tinieblas
	56	Mas todo esto sucede, para que se cumplan		42	Cuando llegó la noche,
	27:1	Venida la mañana		16:10	[lo hizo saber a los que habían estado con él]
	24	sino que se hacía más alboroto	Lc	1:2	lo vieron con sus ojos, y fueron ministros
	45	Y desde la hora sexta hubo tinieblas		5	Hubo en los días de Herodes,
	54	y las cosas que habían sido hechas		8	Aconteció que ejerciendo Zacarías
	57	Cuando llegó la noche		20	hasta el día en que esto se haga
	28:2	Y hubo un gran terremoto		23	Y cumplidos los días (sucedió que cuando se cumplieron los días, VM)
	4	y se quedaron como muertos			
	11	de todas las cosas que habían acontecido		38	hágase conmigo conforme a tu palabra
Mr	1:4	Bautizaba Juan en el desierto (TR); (vino Juan, el que bautizaba, VHA, WH, N, ABMW, VM, NC, BC, BA)		41	Y aconteció que cuando oyó Elisabet
				44	Porque tan pronto como llegó la voz
				59	Aconteció al octavo día
	9	Aconteció en aquellos días,		65	Y se llenaron de temor todos sus vecinos
	11	Y vino una voz de los cielos (TR, [WH], [N] ABMW)		2:1	Aconteció en aquellos días,
				2	Este primer censo se hizo siendo Cirenio
	17	y haré que seáis pescadores de hombres		6	Y aconteció que estando ellos allí,
	32	Cuando llegó la noche,		13	Y repentinamente apareció con el ángel
	2:15	Aconteció que estando Jesús a la mesa		15	Sucedió que cuando los ángeles se fueron v veamos esto que ha sucedido
	21	y se hace peor la rotura			
	23	Aconteció que al pasar él		42	y cuando tuvo doce años
	27	fue hecho por causa del hombre,		46	Y aconteció que tres días después
	4:4	y al sembrar, aconteció que una parte		3:2	vino palabra de Dios a Juan
	10	Cuando estuvo solo		21	Aconteció que cuando todo el pueblo
	11	por parábolas todas las cosas (lit., todas las cosas se hacen)		22	y vino una voz del cielo que decía
				4:3	di a esta piedra que se convierta en pan
	17	porque cuando viene la tribulación		23	que hemos oído que se han hecho
	19	y ahogan la palabra, y se hace infructuosa		25	y hubo una gran hambre en toda la tierra
	22	que no haya de ser manifestado		36	y estaban todos maravillados,
	32	crece, y se hace la mayor de todas		42	Cuando ya era de día,
	35	Aquel día, cuando llegó la noche,		5:1	Aconteció que estando Jesús
	37	Pero se levantó una gran tempestad		12	Sucedió que estando él en una

γίνομαι 1096 | | | 1096 γίνομαι

Lc	5:17	Aconteció un día, que él estaba
	6:1	Aconteció en un día de reposo
	6	Aconteció también en otro día de reposo
	12	En aquellos días él fue (sucedió en aquellos días..., VM)
	13	Y cuando era de día, llamó a sus
	16	y Judas Iscariote, que llegó a ser el traidor
	36	Sed, pues, misericordiosos,
	48	y cuando vino una inundación, el río dio
	49	y luego cayó, y fue grande la ruina
	7:11	Aconteció después, que él iba a la
	8:1	Aconteció después, que Jesús iba
	17	que no haya de ser manifestado
	22	Aconteció un día
	24	y cesaron, y se hizo bonanza
	34	cuando vieron lo que había acontecido
	35	Y salieron a ver lo que había sucedido
	40	Cuando volvió Jesús (aconteció que al volver Jesús, BC)
	56	que a nadie dijesen lo que había sucedido
	9:7	oyó de todas las cosas que hacía Jesús
	18	Aconteció que mientras Jesús
	28	Aconteció como ocho días después
	29	entre tanto que oraba (lit., aconteció que entre tanto que oraba)
	33	Y sucedió que apartándose ellos de él
	34	vino una nube que los cubrió
	35	Y vino una voz desde la nube
	36	cuando cesó la voz (pasada la voz, VM)
	37	Al día siguiente (sucedió al día siguiente, VM)
	51	cuando se cumplió el tiempo (Sucedió que como se cumplía el tiempo, VHA)
	57	Yendo ellos, uno le dijo (Y aconteció que yendo ellos, uno le dijo, VA)
	10:13	y en Sidón se hubieran hecho los milagros que se han hecho en vosotras,
	21	así te agradó (así fue de tu agrado)
	32	Asimismo un levita, llegando cerca (TR, [ABMW]) (lit., Asimismo estando un levita cerca...viniendo y viéndole)
	36	¿Quién,...te parece que fue
	38	Aconteció que yendo de camino, (TR)
	11:1	Aconteció que estaba Jesús orando
	2	Hágase tu voluntad, como en el cielo, (TR, VM, [BA])
	14	aconteció que salido el demonio
	26	el postrer estado...viene a ser peor
	27	mientras él decía, (sucedió que mientras decía BA)
	30	Porque así como Jonás fue señal
	12:40	Vosotros, pues, también estad preparados
	54	Agua viene; y así sucede
	55	Hará calor; y lo hace
	13:2	padecieron tales cosas, eran más
	4	¿pensáis que eran más culpables que
	17	las cosas gloriosas hechas por él
	19	y creció, y se hizo árbol grande,
	14:1	Aconteció un día de reposo, que
	12	y seas recompensado. (te sea hecha recompensa, VM)
	22	Señor, se ha hecho como mandaste
	15:10	Así os digo que hay gozo delante
	14	vino una gran hambre en
	16:11	en las riquezas injustas no fuisteis fieles
	12	Y si en lo ajeno no fuisteis fieles
	22	Aconteció que murió el mendigo
	17:11	Yendo Jesús a Jerusalén (aconteció que siguiendo Jesús su camino..., VHA)

Lc	17:14	Y aconteció que mientras iban,
	26	Como fue en los días de Noé,
	28	Asimismo como sucedió en los días de Lot
	18:23	oyendo esto, se puso muy triste
	24	Al ver Jesús que se había entristecido mucho (se puso triste, VM, TR, [ABMW])
	35	Aconteció que acercándose Jesús
	19:9	Hoy ha venido la salvación
	15	Aconteció que vuelto él
	17	por cuanto en lo poco has sido fiel
	19	Tú también sé sobre cinco ciudades
	29	Y aconteció que llegando cerca de Betfagé
	20:1	Sucedió un día
	14	para que la heredad sea nuestra
	16	dijeron: ¡Dios nos libre! (dijeron: ¡Nunca tal suceda!, VHA)
	17	Ha venido a ser cabeza del ángulo?
	33	¿de cuál de ellos será mujer,
	21:7	cuando estas cosas estén para suceder?
	9	es necesario que estas cosas acontezcan
	28	comiencen a suceder, erguíos
	31	cuando veáis que suceden estas cosas,
	32	hasta que todo esto acontezca
	36	de todas estas cosas que vendrán (de todas estas cosas que han de suceder, VHA)
	22:14	Cuando era la hora,
	24	Hubo también entre ellos
	26	sino sea el mayor entre vosotros
	40	Cuando llegó a aquel lugar,
	42	pero no se haga mi voluntad
	44	Y estando en agonía, (TR, [WH], [N], VHA, VM, NC, BC, BA)
		y era su sudor como (TR, [WH], [N], VHA VM, NC, BC, BA)
	66	Cuando era de día
	23:8	esperaba verle hacer alguna señal. (esperaba ver algún milagro hecho por él VM)
	12	Y se hicieron amigos Pilato y
	19	echado en la cárcel por sedición en la ciudad (...por una sedición ocurrida en la ciudad, VHA)
	24	sentenció que se hiciese lo que ellos pedían
	31	¿en el seco, qué no se hará?
	44	hubo tinieblas sobre toda la tierra
	47	vio lo que había acontecido
	48	viendo lo que había acontecido,
	24:4	Aconteció que estando ellas
	5	y como tuvieron temor, (estando ellas espantadas, VM)
	12	de lo que había sucedido. (TR, [WH], [ABMW], VHA, VM, NC, BC, [BA])
	15	Sucedió que mientras hablaban
	18	que en ella han acontecido en estos días?
	19	De Jesús nazareno, que fue varón profeta
	21	el tercer día que esto ha acontecido
	22	las que antes del día fueron al sepulcro (al amanecer estaban junto al sepulcro, VM)
	30	Y aconteció que estando sentado
	31	él se desapareció de su vista. (él se hizo invisible, VM)
	37	y atemorizados, (lit., y habiendo llegado a ser atemorizados)
	51	Y aconteció que bendiciéndolos,
Jn	1:3	Todas las cosas por él fueron hechas, y sin él nada de lo que ha sido hecho,
	4 (3)	fue hecho. En él estaba la vida (TR, N, VHA, VM, NC, BC, BA); (lit., Lo que ha llegado a ser era vida en él, WH, ABMW)

γίνομαι 1096   209   1096 γίνομαι

Jn	1:6	Hubo un hombre enviado de Dios,
	10	y el mundo por él fue hecho
	12	les dio potestad de ser hechos hijos
	14	Y aquel Verbo fue hecho carne
	15	El que viene después de mí, es antes de mí (Lit., el que viene después de mí ha llegado a ser delante de mí)
	17	pero la gracia y la verdad vinieron
	27	el que es antes de mí (TR)
	28	Estas cosas sucedieron
	30	el cual es antes de mí (que ha sido antepuesto a mí, VHA)
	2:1	Al tercer día se hicieron unas bodas
	9	probó el agua hecha vino
	3:9	¿Cómo puede hacerse esto?
	25	Entonces hubo discusión
	4:14	sino que el agua que yo le daré será en él
	5:4	quedaba sano (TR, [VHA], [VM], NC, BC, [BA])
	6	¿Quieres ser sano?
	9	Y al instante aquel hombre fue sanado
	14	Mira, has sido sanado; no peques más para que no te venga alguna cosa peor
	6:16	al anochecer (cuando se hizo de noche, BA)
	17	Estaba ya oscuro,
	19	se acercaba a la barca; (lit., llegando cerca de la barca
	21	la cual llegó en seguida
	25	Rabí, ¿cuándo llegaste acá?
	7:43	Hubo entonces disensión entre
	8:33	¿Cómo dices tú: Seréis libres?
	58	Antes que Abraham fuese, yo soy
	9:22	fuera expulsado de la sinagoga
	27	Queréis...haceros sus discípulos?
	39	los que ven, sean cegados.
	10:16	y habrá un rebaño, y un pastor.
	19	Volvió a haber disensión (Hubo de nuevo disensión, VHA)
	22	Celebrábase...la fiesta de la dedicación.
	35	a aquellos a quienes vino la palabra
	12:29	decía que había sido un trueno
	30	No ha venido esta voz
	36	para que seáis hijos de luz.
	42	para no ser expulsados de la sinagoga
	13:2	Y cuando cenaban, (lit., viniendo la cena, o llevando a cabo la cena)
	19	Desde ahora os lo digo antes que suceda, para que cuando suceda, creáis que yo soy
	14:22	Señor, ¿cómo es que te manifestarás
	29	lo he dicho antes que suceda para que cuando suceda, creáis
	15:7	pedid todo lo que queréis, y os será hecho
	8	y seáis así mis discípulos (V60, VHA, ABMW, BA); (y así seréis discípulos míos VM, TR, WH, N, NC, BC)
	16:20	vuestra tristeza se convertirá en gozo
	19:36	Porque estas cosas sucedieron para que
	20:27	y no seas incrédulo, sino creyente
	21:4	Cuando ya iba amaneciendo, (siendo ya de mañana, BC)
Hch	1:16	acerca de Judas, que fue guía
	18	y cayendo de cabeza, se reventó (lit., habiendo venido a estar boca abajo...)
	19	Y fue notorio a todos los habitantes
	20	Sea hecha desierta su habitación
	22	uno sea hecho testigo con nosotros
	2:2	Y de repente vino del cielo
	6	Y hecho este estruendo
	43	Y sobrevino temor a toda persona

Hch	2:43	y señales eran hechas por los apóstoles
	4:4	el número de los varones era como
	5	Aconteció al día siguiente,
	11	la cual ha venido a ser cabeza del ángulo
	16	señal manifiesta ha sido hecha por ellos
	21	A Dios por lo que se había hecho
	22	en quien se había hecho este milagro
	28	antes determinado que sucediera
	30	mientras extiendes tu mano para que se hagan sanidades
	5:5	Y vino un gran temor sobre todos
	7	Pasado un lapso como de tres horas, (Hubo un intervalo como de tres horas, BC) no sabiendo lo que había acontecido
	11	Y vino gran temor
	12	se hacían muchas señales y prodigios
	24	dudaban en qué vendría a parar aquello
	36	fueron dispersados y reducidos a nada (fueron dispersados, y vinieron a nada, VM)
	6:1	hubo murmuración de los griegos
	7:13	fue manifestado a Faraón
	29	vivió como extranjero en tierra (vino a ser extranjero en la tierra, VM)
	31	vino a él la voz del Señor:
	32	temblando, no se atrevía a mirar (lit., llegando a estar temoroso,...)
	38	que estuvo en la congregación en el desierto
	39	no quisieron obedecer (no quisieron...ser obedientes, VM)
	40	no sabemos qué le haya acontecido.
	52	ahora habéis sido entregadores
	8:1	En aquel día hubo una gran persecución
	8	así que había gran gozo en aquella ciudad
	13	y grandes milagros que se hacían,
	9:3	yendo por el camino, aconteció que al llegar
	19	estuvo Saulo por algunos días
	32	Aconteció que Pedro,
	37	Y aconteció que en aquellos días
	42	Esto fue notorio en toda Jope, (Esto se hizo notorio por toda Jope, VHA)
	43	Y aconteció que se quedó
	10:4	atemorizado, dijo: (estando sobrecogido de temor, ...VM)
	10	tuvo gran hambre, y quiso comer; le sobrevino un éxtasis (WH, N, ABMW)
	13	Y le vino una voz
	16	Esto se hizo tres veces
	25	Cuando Pedro entró (Y sucedió que estando Pedro para entrar VM)
	37	Vosotros sabéis lo que se divulgó por toda Judea (...lo que ocurrió, BA)
	40	hizo que se manifestase; (hizo que fuese manifestado, VM)
	11:10	Y esto se hizo tres veces,
	19	a causa de la persecución que hubo
	26	se congregaron allí todo un año (sucedió que por espacio de un año entero, VM)
	28	la cual sucedió en tiempo de Claudio.
	12:5	la iglesia hacía sin cesar oración (fue hecha oración continua..., VM)
	9	no sabía que era verdad lo que hacía el ángel
	11	Entonces Pedro, volviendo en sí
	18	Luego que fue de día sobre qué había sido de Pedro.
	23	expiró comido de gusanos (lit.,...habiendo sido comido de gusanos)
	13:5	Y llegados a Salamina
	12	viendo lo que había sucedido
	32	de aquella promesa hecha a nuestros padres

Hch	14:1	Aconteció en Iconio que	Hch	26:29 fueseis hechos tales cual yo soy

Hch 14:1 Aconteció en Iconio que
 3 concediendo que se hiciesen por las manos
 5 cuando...se lanzaron... (como se iniciara un movimiento, VHA)
 15:2 tuviesen una discusión (habiéndose producido un altercado, BC)
 7 después de mucha discusión (cuando había habido mucha discusión, VM)
 25 habiendo llegado a un acuerdo
 39 Y hubo tal desacuerdo entre ellos,
 16:16 Aconteció que mientras íbamos a la oración
 26 sobrevino de repente un gran terremoto
 27 Despertando el carcelero, (lit., llegándose a despertar...)
 29 temblando se postró (lit., habiendo sido sobrecogido de terror,...)
 35 Cuando fue de día
 19:1 Aconteció que entre tanto que
 10 Así continuó por espacio de dos años (esto sucedió..., VM)
 17 Y esto fue notorio a todos los que habitaban
 21 Después que haya estado allí
 23 Hubo por aquel tiempo un disturbio
 26 los que se hacen con las manos
 28 Cuando oyeron estas cosas, se llenaron de ira (lit., ...habiéndose puesto llenos de ira)
 34 todos a una voz gritaron (un clamor unánime se levantó de todos, BA)
 20:3 siéndole puestas asechanzas tomó la decisión de volver (lit., vino...)
 16 para no detenerse en Asia, (para no verse en la precisión de gastar tiempo..., BC) por estar el día de Pentecostés
 18 cómo me he comportado entre vosotros (cómo he sido con vosotros, BA)
 37 Entonces hubo gran llanto de todos
 21:1 zarpamos (cuando aconteció que nos hicimos a la vela, VM)
 5 Cumplidos aquellos días (cuando fueron así cumplidos aquellos...días, VM)
 14 Hágase la voluntad del Señor
 17 Cuando llegamos a Jerusalén
 30 se agolpó el pueblo (hubo concurso del pueblo, VM)
 35 Al llegar a las gradas (cuando llegó..., BA)
 40 Y hecho gran silencio,
 22:6 Pero aconteció que yendo yo,
 9 se espantaron (TR) (lit., llegaron a estar espantados)
 17 Y me aconteció, vuelto a Jerusalén me sobrevino un éxtasis
 23:7 Cuando dijo esto, se produjo disensión
 9 Y hubo un gran vocerío
 10 Y habiendo grande disensión
 12 Venido el día
 24:2 (3) muchas cosas son bien gobernadas (reformas son efectuadas, VM)
 25 Félix se espantó, (lit., Félix llegando a espantarse)
 25:15 cuando fui a Jerusalén (estando yo en Jerusalén, VM)
 26 después de examinarle (cuando se haya hecho examen, VM)
 26:4 la cual desde el principio pasé en mi nación
 6 la promesa que hizo Dios (la promesa hecha por Dios, BA)
 19 no fui rebelde a la visión celestial
 22 dijeron que habían de suceder
 28 Por poco me persuades a ser cristiano (TR)

Hch 26:29 fueseis hechos tales cual yo soy
 27:7 llegando a duras penas frente a Gnido,
 16 recoger el esquife (hacernos dueños del bote, BC)
 27 Venida la decimacuarta noche (cuando hubo llegado..., VM)
 29 ansiaban que se hiciese de día
 33 cuando comenzó a amanecer (mientras estaba para hacerse de día, BC)
 36 Entonces todos, teniendo ya mejor ánimo
 39 Cuando se hizo de día
 42 los soldados acordaron (hubo el propósito de parte de los soldados, VM)
 44 Y así aconteció que todos se salvaron
 28:6 viendo que ningún mal le venía
 8 Y aconteció que el padre de Publio
 9 Hecho esto, también los otros
 17 Aconteció que tres días después
Ro 1:3 que era del linaje de David
 2:25 tu circuncisión viene a ser incircuncisión (tu circuncisión se ha vuelto..., BA)
 3:4 (1) De ninguna manera; antes bien sea Dios veraz,
 6 (1) En ninguna manera; de otro modo
 19 para que...todo el mundo quede bajo el juicio de Dios
 31 (1) En ninguna manera
 4:18 para llegar a ser padre de muchas gentes
 6:2 (1) En ninguna manera
 5 Porque si fuimos plantados...con él
 15 (1) En ninguna manera
 7:3 se uniere a otro varón (viniere a ser de otro marido, VM) si se uniere a otro marido (lit., si viniere a ser de otro marido
 4 para que seáis de otro, del que resucitó
 7 (1) En ninguna manera. Pero yo no conocí
 13 ¿Luego lo que es bueno, vino a ser muerte (1) En ninguna manera a fin de que...el pecado llegase a ser sobremanera pecaminoso
 9:14 (1) En ninguna manera
 29 como Sodoma habríamos venido a ser,
 10:20 Me manifesté a los que no preguntaban (vine a ser manifiesto..., VHA)
 11:1 (1) En ninguna manera
 5 ha quedado un remanente (ha llegado a haber un residuo, VHA)
 6 la gracia ya no es gracia
 9 Sea vuelto su convite en trampa
 11 (1) En ninguna manera
 17 has sido hecho participante de la raíz
 25 que ha acontecido a Israel endurecimiento
 34 ¿O quién fue su consejero?
 12:16 No seáis sabios en vuestra propia opinión
 15:8 Cristo Jesús vino a ser siervo
 16 para que los gentiles le sean ofrenda
 31 que la ofrenda de mi servicio...sea acepta
 16:2 ella ha ayudado a muchos (ella...ha sido protectora de muchos, VHA)
 7 que también fueron antes de mí
1 Co 1:30 el cual nos ha sido hecho por Dios
 2:3 Y estuve entre vosotros
 3:13 la obra de cada uno se hará manifiesta
 18 hágase ignorante, para que llegue a ser sabio
 4:5 cada uno recibirá su alabanza (le vendrá a cada uno la alabanza, BC)
 9 pues hemos llegado a ser espectáculo
 13 hemos venido a ser hasta ahora como

1 Co	4:16	os ruego que me imitéis (...sed imitadores míos, BC)
	6:15	(1) De ningún modo
	7:21	si puedes hacerte libre, procúralo más
	23	no os hagáis esclavos de los hombres
	36	es necesario que así sea
	8:9	que...no venga a ser
	9:15	para que se haga así conmigo
	20	Me he hecho a los judíos como judío
	22	Me he hecho débil a los débiles, a todos me he hecho de todo,
	23	para hacerme copartícipe de él
	27	yo mismo venga a ser eliminado
	10:6	Mas estas cosas sucedieron como ejemplos
	7	Ni seáis idólatras,
	20	que vosotros os hagáis partícipes
	32	No seáis tropiezo ni a judíos,
	11:1	Sed imitadores de mí,
	19	para que se hagan manifiestos
	13:1	y no tengo amor, vengo a ser como metal
	11	cuando ya fui hombre (pero al llegar a ser hombre, BA)
	14:20	no seáis niños en el modo de pensar maduros en el modo de pensar (en vuestra manera de pensar sed maduros, BA)
	25	lo oculto de su corazón se hace manifiesto;
	26	Hágase todo para edificación
	40	pero hágase todo decentemente
	15:10	y su gracia no ha sido en vano
	20	primicias de los que duermen es hecho (TR)
	37	no es el cuerpo que ha de salir,
	45	Fue hecho el primer hombre Adán
	54	entonces se cumplirá la palabra
	58	estad firmes y constantes, creciendo
	16:2	no se recojan entonces ofrendas (entonces no se hagan colectas, VHA)
	10	mirad que esté con vosotros
	14	Todas vuestras cosas sean hechas con amor
2 Co	1:8	de nuestra tribulación que nos sobrevino
	18	no es Sí, y No (TR)
	19	no ha sido Sí y No mas ha sido Sí en él;
	3:7	grabado con letras en piedras fue con gloria
	5:17	he aquí todas son hechas
	21	para que nosotros fuésemos hechos justicia
	6:14	No os unáis en yugo desigual (No seáis unidos en yugo desigual, VM)
	7:14	nuestro gloriarnos con Tito resultó verdad
	8:14	para que...supla la necesidad vuestra (para que...sea para...vuestra necesidad, VM) para que haya igualdad
	12:11	Me he hecho un necio
Gá	2:17	(1) En ninguna manera
	3:13	hecho por nosotros maldición
	14	la bendición de Abraham alcanzase
	17	la ley, que vino cuatrocientos
	21	(1) En ninguna manera
	24	la ley ha sido nuestro ayo,
	4:4	nacido de mujer y nacido bajo la ley,
	12	que os hagáis como yo,
	16	¿Me he hecho, pues, vuestro enemigo
	5:26	No nos hagamos vanagloriosos
	6:14	Pero lejos esté de mí gloriarme
Ef	2:13	habéis sido hechos cercanos por la sangre
	3:7	del cual yo fui hecho ministro
	4:32	Antes sed benignos unos con otros,
	5:1	Sed, pues, imitadores de Dios
	7	No seáis, pues, partícipes con ellos
	12	de lo que ellos hacen en secreto (las cosas hechas por ellos en secreto, VM)
Ef	5:17	Por tanto, no seáis insensatos,
	6:3	para que te vaya bien
Fil	1:13	mis prisiones se han hecho patentes
	2:7	hecho semejante a los hombres
	8	haciéndose obediente hasta la muerte
	15	para que seáis irreprensibles
	3:6	en cuanto a la justicia que es en la ley
	17	Hermanos, sed imitadores de mí
	21	para que sea semejante al cuerpo (TR)
Col	1:18	para que...tenga la preeminencia (lit., para que él llegue a ser el que tenga el primado)
	23	del cual yo Pablo fui hecho ministro.
	25	de la cual fui hecho ministro,
	3:15	sed agradecidos
	4:11	y han sido para mí un consuelo.
1 Ts	1:5	nuestro evangelio no llegó a vosotros sabéis cuáles fuimos entre vosotros
	6	Y vosotros vinisteis a ser imitadores
	7	de tal manera que habéis sido ejemplo
	2:1	que nuestra visita a vosotros no resultó vana
	5	nunca usamos de palabras lisonjeras (jamás fuimos en hablar lisonjas, BC)
	7	Antes fuimos tiernos entre vosotros,
	8	habéis llegado a sernos muy queridos.
	10	irreprensiblemente nos comportamos con vosotros (lit., irreprensiblemente fuimos para con vosotros)
	14	Porque vosotros, hermanos, vinisteis a ser
	3:4	como ha acontecido y sabéis
	5	no sea...que nuestro trabajo resultase
2 Ts	2:7	hasta que él a su vez sea quitado
1 Ti	2:14	siendo engañada, incurrió en transgresión
	4:12	sino sé ejemplo de los creyentes
	5:9	la viuda no menor de sesenta años (viuda, siendo de menos de sesenta años, VM)
	6:4	de las cuales nacen envidias, pleitos
2 Ti	1:17	sino que cuando estuvo en Roma,
	2:18	diciendo que la resurrección ya se efectuó
	3:9	como también lo fue la de aquéllos
	11	como los que me sobrevinieron
Tit	3:7	justificados..., viniésemos a ser herederos
Flm	6	la participación de tu fe sea eficaz
He	1:4	hecho tanto superior a los ángeles,
	2:2	la palabra dicha por medio de los ángeles fue firme,
	17	para venir a ser misericordioso
	3:14	somos hechos participantes de Cristo
	4:3	aunque las obras suyas estaban acabadas
	5:5	se glorificó...haciéndose sumo sacerdote,
	9	habiendo sido perfeccionado, vino a ser
	11	por cuanto os habéis hecho tardos para oir
	12	habéis llegado a ser tales que tenéis
	6:4	fueron hechos partícipes del Espíritu Santo
	12	a fin de que no os hagáis perezosos,
	20	hecho sumo sacerdote para siempre
	7:12	necesario es que haya también cambio
	16	no constituido conforme a la ley (no ha sido hecho..., VHA)
	18	Queda...abrogado el mandamiento (Hay..., la abrogación del mandamiento, VM)
	20	(21) sin juramento fueron hechos sacerdotes
	22	Por tanto, Jesús es hecho fiador de
	23	Y los otros sacerdotes llegaron a ser muchos
	26	y hecho más sublime que los cielos
	9:11	sacerdote de los bienes venideros (WH, N, ABMW)
	15	para que interviniendo muerte (para que habiendo tenido lugar una muerte, VHA)

He	9:22	y sin derramamiento...no se hace remisión
	10:33	llegasteis a ser compañeros (llegando a ser compañeros, VHA)
	11:3	lo que se ve fue hecho de lo que no se veía
	6	que es galardonador (se ha constituido, remunerador, VM)
	7	fue hecho heredero de la justicia que viene
	12	de uno, y ése ya casi muerto, salieron (V60, N, VHA, BC)
	24	Por la fe Moisés, hecho ya grande
	34	sacaron fuerzas de debilidad, se hicieron fuertes
	12:8	de la cual todos han sido participantes
Stg	1:12	porque cuando haya resistido la prueba (porque habiendo sido aprobado, BA)
	22	Pero sed hacedores de la palabra
	25	no siendo oidor olvidadizo, sino hacedor
	2:4	venís a ser jueces con malos
	10	se hace culpable de todos (se ha hecho reo de todos, VHA)
	11	ya te has hecho transgresor
	3:1	no os hagáis maestros muchos de vosotros
	9	que están hechos a la semejanza de Dios
	10	Hermanos míos, ésto no debe ser así
	5:2	y vuestras ropas están comidas de polilla
1 P	1:15	sed también vosotros santos
	16	sed santos (TR, VHA, NC); (santos seréis, BA, WH, N, ABMW, VM, NC)
	2:7	Ha venido a ser la cabeza del ángulo
	3:6	vosotras habéis venido a ser hijas
	13	si vosotros seguís el bien? (si sois celosos para el bien, VHA)
	4:12	del fuego de prueba que os ha sobrevenido,
	5:3	sino siendo ejemplos de la grey.
2 P	1:4	para que por ellas llegaseis a ser
	16	sino como habiendo visto con nuestros propios ojos (sino que fuimos testigos oculares, BA)
	20	ninguna profecía de la Escritura es
	2:1	Pero hubo también falsos profetas
	12	como animales irracionales, nacidos para presa (S)
	20	su postrer estado viene a ser peor
1 Jn	2:18	así ahora han surgido muchos anticristos
2 Jn	12	pues espero ir a vosotros y hablar (WH, N, ABMW)
3 Jn	8	para que cooperemos (para que seamos colaboradores, BA)
Ap	1:1	las cosas, que deben suceder pronto
	9	estaba en la isla llamada Patmos,
	10	Yo estaba en el Espíritu
	18	y estuve muerto
	19	y las que han de ser después de estas
	2:8	el que estuvo muerto y vivió
	10	Sé fiel hasta la muerte
	3:2	Sé vigilante,
	4:1	las cosas que sucederán después de estas (las cosas que tienen que suceder después de éstas, VHA)
	2	al instante yo estaba en el Espíritu
	6:12	y he aquí hubo un gran terremoto; y el sol se puso negro como tela de cilicio, y la luna se volvió toda como sangre
	8:1	se hizo silencio en el cielo
	5	y hubo truenos, y voces,
	7	y hubo granizo y fuego mezclado
	8	la tercera parte del mar se convirtió
	11	la tercera parte de las aguas se convirtió
	11:13	En aquella hora hubo un gran terremoto
Ap	11:13	los demás se aterrorizaron, (los demás fueron atemorizados, VHA)
	15	y hubo grandes voces en el cielo, Los reinos del mundo han venido a ser de nuestro Señor (TR); (el reino del mundo ha venido a ser..., VHA, WH, N, ABMW, VM, BA)
	19	Y hubo relámpagos, voces, truenos,
	12:7	Después hubo una gran batalla en el cielo
	10	Ahora ha venido la salvación
	16:2	vino una úlcera maligna y pestilente
	3	éste se convirtió en sangre como de muerto
	4	y se convirtieron en sangre
	10	y su reino se cubrió de tinieblas, (su reino fue entenebrecido, VHA)
	17	del trono, diciendo: Hecho está
	18	Entonces hubo relámpagos y voces y un gran temblor de tierra (y sucedió un gran terremoto, VM) cual no lo hubo jamás desde que los hombres han estado (TR, WH, VM, NC, BC); (desde que fue el hombre, VHA, N, ABMW, BA)
	19	Y la gran ciudad fue dividida en tres partes (...se hizo tres partes, VHA)
	18:2	y se ha hecho habitación de demonios
	21:6	Y me dijo: Hecho está
	22:6	las cosas que deben suceder pronto
1097		γνώσκω – ginósko (guinósko)
Mt	1:25	Pero no la conoció hasta que dio a luz
	6:3	cuando tú des limosna, no sepa tu izquierda
	7:23	Nunca os conocí
	9:30	Mirad que nadie lo sepa
	10:26	ni oculto, que no haya de saberse
	12:7	Y si supieseis qué significa
	15	Sabiendo esto Jesús, se apartó de allí
	33	porque por el fruto se conoce el árbol
	13:11	a vosotros os es dado saber los misterios
	16:3	sabéis distinguir el aspecto del cielo
	8	Y entendiéndolo Jesús, les dijo
	21:45	entendieron que hablaba de ellos
	22:18	Pero Jesús, conociendo la malicia de ellos
	24:32	sabéis que el verano está cerca
	33	conoced que está cerca
	39	y no entendieron hasta que vino
	43	Pero sabed esto, que si el padre
	50	y a la hora que no sabe
	25:24	Señor, te conocía que eres hombre duro
	26:10	Y entendiéndolo Jesús, les dijo
Mr	4:11	os es dado saber el misterio (TR, VM, NC)
	13	¿Cómo pues, entenderéis todas
	5:29	y sintió en el cuerpo que estaba sana
	43	él les mandó mucho que nadie lo supiese
	6:33	y le reconocieron; (WH)
	38	Y al saberlo, dijeron
	7:24	no quiso que nadie lo supiese
	8:17	Y entendiéndolo Jesús, les dijo
	9:30	y no quería que nadie lo supiese
	12:12	porque entendían que decía contra ellos
	13:28	sabéis que el verano está cerca
	29	conoced que está
	15:10	Porque conocía que por envidia
	45	E informado por el centurión,
Lc	1:18	¿En qué conoceré esto?
	34	¿Cómo será esto? pues no conozco varón
	2:43	sin que lo supiesen José y su madre.
	6:44	Porque cada árbol se conoce por su fruto
	7:39	Este, si fuera profeta, conocería quién y qué

Lc	8:10	A vosotros os es dado conocer los misterios	Jn	16:3	Y harán esto porque no conocen al Padre
	17	ni escondido, que no haya de ser conocido,		19	Jesús conoció que querían preguntarle
	46	yo he conocido que ha salido poder		17:3	que te conozcan a ti,
	9:11	Y cuando la gente lo supo, le siguió		7	Ahora han conocido que todas
	10:11	Pero esto sabed, que el reino de Dios		8	ellos las recibieron, y han conocido
	22	nadie conoce quién es el Hijo sino		23	para que el mundo conozca
	12:2	ni oculto, que no haya de saberse,		25	el mundo no te ha conocido,
	39	Pero sabed esto, que si supiese			pero yo te he conocido,
	46	a la hora que no sabe,			y éstos han conocido que tú me enviaste.
	47	Aquel siervo que conociendo la voluntad		19:4	para que entendáis que ningún delito hallo
	48	Mas el que sin conocerla hizo cosas		21:17	tú sabes que te amo
	16:4	Ya sé lo que haré	Hch	1:7	No os toca a vosotros saber los tiempos
	15	mas Dios conoce vuestros corazones		2:36	Sepa, pues, ciertísimamente toda
	18:34	no entendían lo que se les decía		8:30	Pero ¿entiendes lo que lees?
	19:15	para saber lo que había negociado cada uno		9:24	sus asechanzas llegaron a conocimiento
	42	¡Oh, si también tú conocieses, a lo menos		17:13	Cuando los judíos de Tesalónica supieron
	44	no conociste el tiempo de tu visitación		19	¿Podremos saber qué es esta nueva
	20:19	porque comprendieron que contra ellos		20	Queremos, pues, saber qué quiere decir esto.
	21:20	sabed entonces que su destrucción		19:15	A Jesús conozco, y sé quién es Pablo
	30	sabéis por vosotros mismos que el verano		35	¿y quién es el hombre que no sabe
	31	sabed que está cerca el reino		20:34	sabéis que para lo que me ha sido necesario
	24:18	que no has sabido las cosas			(...a mis necesidades, VM)
	35	cómo le habían reconocido (cómo fue reconocido por ellos, VHA)		21:24	y todos comprenderán que no hay nada
				34	y como no podía entender nada de cierto
Jn	1:10	pero el mundo no le conoció		37	Y él dijo: ¿Sabes griego?
	48	¿De dónde me conoces?		22:14	para que conozcas su voluntad
	2:24	porque conocía a todos,		30	queriendo saber de cierto la causa
	25	pues él sabía lo que había en el hombre		23:6	Entonces Pablo, notando que una parte era
	3:10	no sabes esto?		28	queriendo saber la causa (TR)
	4:1	Cuando, pues, el Señor entendió		24:11	Como tú puedes cerciorarte (TR)
	53	entendió que aquella era la hora	Ro	1:21	Pues habiendo conocido a Dios,
	5:6	supo que llevaba ya mucho tiempo		2:18	y conoces su voluntad
	42	Mas yo os conozco, que no tenéis amor		3:17	Y no conocieron camino de paz.
	6:15	Pero entendiendo Jesús que iban		6:6	sabiendo esto, que nuestro viejo
	69	conocemos que tú eres el Cristo		7:1	(pues hablo con los que conocen la ley)
	7:17	El que quiera hacer...conocerá si la doctrina		7	Pero yo no conocí el pecado sino por la ley
	26	¿Habrán reconocido en verdad		15	Porque lo que hago, no lo entiendo
	27	nadie sabrá de dónde sea		10:19	¿No ha conocido esto Israel?
	49	Mas esta gente que no sabe la ley, maldita es		11:34	Porque ¿quién entendió la mente del Señor?
	51	si primero no...sabe lo que ha hecho?	1 Co	1:21	el mundo no conoció a Dios
	8:27	no entendieron que les hablaba del Padre		2:8	ninguno de los príncipes...conoció
	28	entonces conoceréis que yo soy,			porque si la hubieran conocido, nunca
	32	conoceréis la verdad,		11	nadie conoció las cosas de Dios (V60, WH,
	43	¿Por qué no entendéis mi lenguaje?			N, ABMW, VHA); (...nadie las conoce,
	52	Ahora conocemos que tienes demonio			VM, TR, NC, BC, BA)
	55	Pero vosotros no le conocéis		14	y no las puede entender,
	10:6	pero ellos no entendieron qué era		16	Porque ¿quién conoció la mente del Señor?
	14	conozco mis ovejas, y las mías me conocen		3:20	El Señor conoce los pensamientos
	15	así como el Padre me conoce, y yo conozco		4:19	conoceré, no las palabras, sino el poder
	27	y yo las conozco, y me siguen,		8:2	se imagina que sabe algo, (WH, N, ABMW)
	38	para que conozcáis y creáis (TR, VM); (lit., para que sepáis y sigáis sabiendo, WH, N, ABMW, VHA, NC, BC, BA)			aún no sabe nada como debe saberlo
				3	si alguno ama a Dios, es conocido por él.
				13:9	Porque en parte conocemos, y en parte
	11:57	de que si alguno supiese donde estaba,		12	Ahora conozco en parte
	12:9	Gran multitud de los judíos supieron		14:7	¿cómo se sabrá lo que se toca
	16	Estas cosas no las entendieron		9	¿cómo se entenderá lo que decís?
	13:7	mas lo entenderás después,	2 Co	2:4	para que supieseis cuán grande es el amor
	12	¿Sabéis lo que os he hecho?		9	para tener la prueba de si vosotros (para
	28	ninguno de los que estaban...entendió			conocer la prueba de vosotros, VM)
	35	En esto conocerán todos que sois		3:2	conocidas y leídas (conocida y leída, VM)
	14:7	Si me conocieseis, también a mi Padre conoceríais (TR, ABMW) y desde ahora le conocéis,		5:16	si a Cristo conocemos según la carne ya no lo conocemos así
				21	Al que no conoció pecado,
	9	y no me has conocido, Felipe?		8:9	Porque ya conocéis la gracia
	17	porque no le ve, ni le conoce pero vosotros le conocéis,		13:6	Mas espero que conoceréis que nosotros
			Gá	2:9	reconociendo la gracia que me
	20	En aquel día vosotros conoceréis		3:7	Sabed, por tanto, que los que son de fe
	31	Mas para que el mundo conozca		4:9	mas ahora, conociendo a Dios,
	15:18	Si el mundo os aborrece, sabed que a mí			o más bien, siendo conocidos por Dios

γλεῦκος 1098

Ef	3:19	y de conocer el amor de Cristo,
	5:5	sabéis esto (lit., estáis sabiendo esto, TR, NC); (lit., sabed, entendiendo esto, WH, N, ABMW, VHA, VM, BC, BA)
	6:22	para que sepáis lo tocante a nosotros
Fil	1:12	Quiero que sepáis, hermanos,
	2:19	de buen ánimo al saber de vuestro estado
	22	Pero ya conocéis los méritos de él,
	3:10	a fin de conocerle, y el poder
	4:5	Vuestra gentileza sea conocida de todos
Col	4:8	para que conozca lo que a vosotros se refiere (TR); (para que sepáis de nuestras circunstancias, BA, WH, N, ABMW, VM, NC, BC, VHA)
1 Ts	3:5	envié para informarme de vuestra fe,
2 Ti	1:18	tú lo sabes mejor.
	2:19	Conoce el Señor a los que son suyos
	3:1	También debes saber esto: (ten conocimiento de esto, VHA)
He	3:10	Y no han conocido mis caminos
	8:11	diciendo: Conoce al Señor;
	10:34	sabiendo que tenéis en vosotros una mejor
	13:23	Sabed que está en libertad
Stg	1:3	sabiendo que la prueba de vuestra fe
	2:20	¿Mas quieres saber, hombre vano,
	5:20	sepa que el que haga volver (TR, VM, NC, BC, BA); (sabed que el que hace volver, VHA, WH, N, ABMW)
2 P	1:20	entendiendo primero esto,
	3:3	sabiendo primero esto,
1 Jn	2:3	en esto sabemos que nosotros le conocemos (en esto sabemos que hemos llegado a conocerle, VHA)
	4	El que dice: Yo le conozco
	5	por esto sabemos que estamos en él
	13	padres, porque conocéis al que es porque habéis conocido al Padre
	14	porque habéis conocido al que es desde
	18	por esto conocemos que es el último tiempo
	29	sabed también que todo aquel que hace
	3:1	por esto el mundo no nos conoce porque no le conoció a él
	6	no le ha visto, ni le ha conocido
	16	En esto hemos conocido el amor
	19	en esto conocemos que somos de la verdad
	20	y él sabe todas las cosas
	24	Y en esto sabemos que él permanece
	4:2	En esto conoced el Espíritu de Dios
	6	el que conoce a Dios, nos oye En esto conocemos el espíritu de verdad
	7	es nacido de Dios, y conoce a Dios
	8	El que no ama, no ha conocido a Dios
	13	En esto conocemos que permanecemos en él
	16	nosotros hemos conocido y creído el amor
	5:2	En esto conocemos que amamos a los hijos
	20	para conocer al que es verdadero
2 Jn	1	todos los que han conocido la verdad
Ap	2:17	el cual ninguno conoce sino (TR)
	23	y todas las iglesias sabrán
	24	no han conocido lo que ellos llaman
	3:3	y no sabrás a que hora vendré sobre ti
	9	y reconozcan que yo te he amado

1098   γλεῦκος — gléukos

Hch	2:13	Están llenos de mosto

1099   γλυκύς — glukús

Stg	3:11	dar agua salada y dulce (TR, VM); (el agua salada producir agua dulce, BA, WH, N, ABMW, VHA, NC, BC)
	12	dar agua salada y dulce. (TR, VM); (el agua salada producir agua dulce, BA, WH, N, ABMW, VHA, NC, BC)
Ap	10:9	en tu boca será dulce como la miel.
	10	era dulce en mi boca como miel,

1100   γλῶσσα — glóssa

Mr	7:33	y escupiendo, tocó su lengua
	35	y se desató la ligadura de su lengua
	16:17	[hablarán nuevas lenguas]
Lc	1:64	fue abierta su boca y suelta su lengua
	16:24	y refresque mi lengua
Hch	2:3	y se les aparecieron lenguas repartidas,
	4	y comenzaron a hablar en otras lenguas,
	11	les oímos hablar en nuestras lenguas
	26	se gozó mi lengua
	10:46	Porque los oían que hablaban en lenguas
	19:6	y hablaban en lenguas, y profetizaban
Ro	3:13	Con su lengua engañan (...lenguas...VHA)
	14:11	Y toda lengua confesará a Dios
1 Co	12:10	a otro, diversos géneros de lenguas y a otro, interpretación de lenguas
	28	los que tienen don de lenguas (y diversos géneros de lenguas, VM)
	30	¿hablan todos lenguas?
	13:1	Si yo hablase lenguas humanas
	8	y cesarán las lenguas, y la ciencia
	14:2	el que habla en lenguas (...lengua, BA)
	4	El que habla en lengua extraña
	5	que todos vosotros hablaseis en lenguas, que el que habla en lenguas,
	6	si yo voy a vosotros hablando en lenguas
	9	si por la lengua no diereis palabra bien
	13	el que habla en lengua
	14	Porque si yo oro en lengua
	18	Doy gracias a Dios que hablo en lenguas
	19	que diez mil palabras en lengua desconocida
	22	Así que, las lenguas son por señal
	23	y todos hablan en lenguas, y entran
	26	tiene doctrina, tiene lengua, tiene revelación
	27	Si habla alguno en lengua extraña
	39	y no impidáis el hablar lenguas
Fil	2:11	y toda lengua confiese que Jesucristo
Stg	1:26	y no refrena su lengua
	3:5	Así también la lengua es un miembro
	6	Y la lengua es un fuego, un mundo La lengua está puesta entre nuestros
	8	pero ningún hombre puede domar la lengua
1 P	3:10	Refrene su lengua de mal
1 Jn	3:18	no amemos de palabra ni de lengua
Ap	5:9	de todo linaje y lengua
	7:9	y tribus y pueblos y lenguas
	10:11	sobre muchos pueblos, naciones, lenguas
	11:9	los de los pueblos, tribus, lenguas
	13:7	sobre toda tribu, pueblo, lengua y nación
	14:6	a toda nación, tribu, lengua
	16:10	y mordían de dolor sus lenguas
	17:15	muchedumbres, naciones y lenguas

1101   γλωσσόκομον† — glossókomon

Jn	12:6	teniendo la bolsa, sustraía
	13:29	Judas tenía la bolsa

γναφεύς 1102			215			1112 γογγυσμός	
1102		γναφεύς — gnaféus	1 Co	8:1	El **conocimiento** envanece		
Mr	9:3	tanto que ningún **lavador**		7	Pero no en todos hay este **conocimiento**		
				10	que tienes **conocimiento**, sentado a la mesa		
1103		γνήσιος** — gnésios		11	por el **conocimiento** tuyo, se perderá		
				12:8	a otro, palabra de **ciencia**		
2 Co	8:8	la **sinceridad** del amor vuestro		13:2	todos los misterios y toda **ciencia**		
Fil	4:3	compañero **fiel**, que ayudes		8	la **ciencia** acabará		
1 Ti	1:2	a Timoteo, **verdadero** hijo en la fe;		14:6	con revelación, o con **ciencia**		
Tit	1:4	a Tito, **verdadero** hijo en la común fe	2 Co	2:14	el olor de su **conocimiento**.		
				4:6	para iluminación del **conocimiento**		
1104		γνησίως** — gnesíos		6:6	en pureza, en **ciencia** en longanimidad		
Fil	2:20	tan **sinceramente** se interese por vosotros		8:7	en palabra, en **ciencia**, en toda solicitud		
				10:5	que se levanta contra el **conocimiento**		
1105		γνόφος — gnófos		11:6	no lo soy en el **conocimiento**		
He	12:18	que ardía en fuego, a la **oscuridad**, a las	Ef	3:19	que excede a todo **conocimiento**		
		tinieblas	Fil	3:8	por la excelencia del **conocimiento** de Cristo		
			Col	2:3	de la sabiduría y del **conocimiento**.		
1106		γνώμη — gnóme	1 Ti	6:20	de la falsamente llamada **ciencia**		
Hch	20:3	tomó la **decisión** de volver	1 P	3:7	vivid con ellas **sabiamente** (habitad con		
1 Co	1:10	en una misma mente y en un mismo **parecer**			ellas según **inteligencia**, VM)		
	7:25	mas doy mi **parecer**, como quien	2 P	1:5	a la virtud, **conocimiento**		
	40	Pero a mi **juicio**, más dichosa será si		6	al **conocimiento**, dominio propio		
2 Co	8:10	Y en esto doy mi **consejo**		3:18	creced en la gracia y el **conocimiento**		
Flm	14	pero nada quise hacer sin tu **consentimiento**					
Ap	17:13	Estos tienen un mismo **propósito**,	**1109**		γνώστης† — gnóstes		
	17	en sus corazones el ejecutar **lo que él quiso**	Hch	26:3	porque tú conoces todas las costumbres		
		(en sus corazones el que ejecutasen su			(siendo tú **conocedor**,... VHA)		
		designio, BC)					
		darse de acuerdo (llevar a efecto un mismo	**1110**		γνωστός — gnostós		
		propósito, VHA)	Lc	2:44	entre los parientes y los **conocidos**		
				23:49	Pero todos sus **conocidos**,... estaban lejos		
1107		γνωρίζω — gnorízo (gnorídzo)	Jn	18:15	Y este discípulo era **conocido**		
Lc	2:15	y que el Señor nos **ha manifestado**		16	el discípulo que era **conocido** (el otro		
	17	dieron **a conocer** lo que se les había dicho			discípulo, el **conocido**, VHA)		
		(WH, N, ABMW)	Hch	1:19	Y fue **notorio** a todos los habitantes		
Jn	15:15	os las **he dado a conocer**		2:14	esto os sea **notorio**		
	17:26	y lo **daré a conocer** aún		4:10	sea **notorio** a todos vosotros,		
Hch	2:28	Me hiciste conocer los caminos de la vida		16	**notoria** a todos los que moran en Jerusalén		
	7:13	José **se dio a conocer** a sus hermanos (WH,		9:42	Esto fue **notorio** en toda Jope		
		N, ABMW)		13:38	Sabed, pues, esto, (Séaos, pues,		
Ro	9:22	queriendo...**hacer notorio** su poder			**notorio**, VHA)		
	23	y para **hacer notorias** las riquezas		15:18	que hace **conocer** todo esto (que obra estas		
	16:26	**se ha dado a conocer** a todas las gentes			cosas, **conocidas**, NC) (WH, N, ABMW,		
1 Co	12:3	Por tanto, os **hago saber** que nadie			VHA, VM, BC, BA); (que hace todas		
	15:1	Además os **declaro**, hermanos,			estas cosas. **Conocidas**..., VA, TR)		
2 Co	8:1	os **hacemos saber** la gracia		19:17	Y esto fue **notorio** a todos		
Gá	1:11	Mas os **hago saber**, hermanos,		28:22	porque de esta secta nos es **notorio**		
Ef	1:9	**dándonos a conocer** el misterio		28	Sabed, pues, que los gentiles (Séaos pues		
	3:3	que por revelación me **fue declarado**			**notorio**, que a los gentiles, VHA)		
	5	en otras generaciones no **se dio a conocer**	Ro	1:19	porque lo **que** de Dios **se conoce** les es		
	10	sea ahora **dada a conocer** por medio de					
	6:19	para **dar a conocer** con denuedo el misterio	**1111**		γογγύζω† — goggúzo (gongúdzo)		
	21	todo os **lo hará saber** Tíquico,	Mt	20:11	al recibirlo, **murmuraban** contra		
Fil	1:22	no **sé** entonces qué escoger	Lc	5:30	los escribas y los fariseos **murmuraban**		
	6	sino sean **conocidas** vuestras peticiones	Jn	6:41	**Murmuraban** entonces de él los judíos		
Col	1:27	Dios quiso **dar a conocer** las riquezas		43	No **murmuréis** entre vosotros.		
	4:7	os lo hará saber Tíquico,		61	que sus discípulos **murmuraban** de esto		
	9	Todo lo que acá pasa, os lo **harán saber**		7:32	oyeron a la gente **que murmuraba** de él		
2 P	1:16	no os **hemos dado a conocer** el poder	1 Co	10:10	Ni **murmuréis**, como algunos de ellos		
					murmuraron,		
1108		γνῶσις — gnósis					
Lc	1:77	Para dar **conocimiento** de salvación	**1112**		γογγυσμός† — goggusmós (gongusmós)		
	11:52	porque habéis quitado la llave de la **ciencia**	Jn	7:12	Y había gran **murmullo** acerca de él		
Ro	2:20	tienes en la ley la forma de la **ciencia**	Hch	6:1	hubo **murmuración** de los griegos contra		
	11:33	de la sabiduría y de la **ciencia** de Dios	Fil	2:14	Haced todo sin **murmuraciones** y contiendas		
	15:14	llenos de todo **conocimiento**	1 P	4:9	Hospedaos...sin **murmuraciones**.		
1 Co	1:5	en toda palabra y en toda **ciencia**					
	8:1	sabemos que todos tenemos **conocimiento**					

1113	γογγυστής** † — goggustés (gongustés)
Jud 16	Estos son **murmuradores**, querellosos,

1114	γόης* — goés
2 Ti 3:13	mas los malos hombres y los **engañadores**

1115	Γολγοθά — Golgothá
Mt 27:33	cuando llegaron a un lugar llamado **Gólgota**
Mr 15:22	le llevaron a un lugar llamado **Gólgota**
Jn 19:17	de la Calavera, y en hebreo, **Gólgota**;

1116	Γόμορρα — Gómorra (Gómora)
Mt 10:15	para la tierra de Sodoma y de **Gomorra**
Mr 6:11	para los de Sodoma y **Gomorra**, (TR, VM)
Ro 9:29	y a **Gomorra** seríamos semejantes.
2 P 2:6	a las ciudades de Sodoma y de **Gomorra**,
Jud 7	como Sodoma y **Gomorra** y las ciudades

1117	γόμος — gómos
Hch 21:3	el barco había de descargar allí, (el barco tenía que dejar su **cargamento**, VHA)
Ap 18:11	porque ninguno compra más sus **mercaderías** (su **cargamento** nadie lo compra ya, BC)
12	**mercadería** de oro, (**cargamento** de oro, BC)

1118	γονεύς — gonéus
Mt 10:21	los hijos se levantarán contra **los padres**
Mr 13:12	se levantarán los hijos contra **los padres**
Lc 2:27	Y cuando los **padres** del niño Jesús
41	Iban sus **padres** todos los años
43	sin que lo supiesen José y su madre (TR); (Y sus **padres** no se dieron cuenta de ello BA, WH, N, ABMW, VHA, VM, NC, BC)
8:56	Y sus **padres** estaban atónitos
18:29	que haya dejado casa, o **padres**, o hermanos
21:16	seréis entregados aun por **vuestros padres**
Jn 9:2	Rabí, ¿quién pecó, éste o sus **padres**
3	No es que pecó éste, ni sus **padres**
18	hasta que llamaron a los **padres** del que
20	Sus **padres** respondieron y les dijeron
22	Esto dijeron sus **padres**
23	Por eso dijeron sus **padres**
Ro 1:30	desobedientes a **los padres**
2 Co 12:14	no deben atesorar los hijos para sus **padres** sino los **padres**
Ef 6:1	obedeced en el Señor a vuestros **padres**
Col 3:20	Hijos, obedeced a vuestros **padres** en todo,
2 Ti 3:2	desobedientes a **los padres**

1119	γόνυ — gónu
Mr 15:19	puesto de **rodillas**
Lc 5:8	cayó de **rodillas** ante Jesús
22:41	puesto de **rodillas** oró
Hch 7:60	puesto de **rodillas**, clamó
9:40	Pedro se puso de **rodillas** y oró
20:36	se puso de **rodillas**, y oró
21:5	puestos de **rodillas** en la playa
Ro 11:4	no han doblado la **rodilla** delante de Baal
14:11	ante mí se doblará toda **rodilla**
Ef 3:14	doblo mis **rodillas**
Fil 2:10	para que en el nombre de Jesús se doble toda **rodilla**
He 12:12	las manos caídas y las **rodillas** paralizadas

1120	γονυπετέω* — gonupetéo
Mt 17:14	un hombre que **se arrodilló** delante de él
27:29	e **hincando la rodilla** delante de él,
Mr 1:40	rogándole; e **hincada la rodilla**, (TR, [WH], N, [ABMW], VHA, VM, NC, BC, BA)
10:17	vino uno corriendo, e **hincando la rodilla**

1121	γράμμα — grámma (gráma)
Lc 16:6	Toma tu **cuenta**,
7	Toma tu **cuenta**,
23:38	escrito con **letras** griegas, (TR, BC, [BA])
Jn 5:47	Pero si no creéis a sus **escritos**,
7:15	¿Cómo sabe éste **letras**, sin haber estudiado
Hch 26:24	las muchas **letras** te vuelven loco.
28:21	ni hemos recibido de Judea **cartas**
Ro 2:27	te condenará a ti, que con la **letra** de la ley
29	en espíritu, no en **letra**;
7:6	no bajo el régimen viejo de **la letra**
2 Co 3:6	no de **la letra**, sino del espíritu la **letra** mata, mas el espíritu vivifica
7	el ministerio de muerte grabado con **letras**
Gá 6:11	Mirad con cuán grandes **letras** os escribo
2 Ti 3:15	desde la niñez has sabido las Sagradas Escrituras

1122	γραμματεύς — grammatéus (gramatéus)
Mt 2:4	y los **escribas** del pueblo,
5:20	no fuere mayor que la de los **escribas**
7:29	y no como los **escribas**
8:19	Y vino un **escriba** y le dijo:
9:3	los **escribas** decían dentro de sí
12:38	respondieron algunos de los **escribas**
13:52	todo **escriba** docto en el reino
15:1	se acercaron a Jesús ciertos **escribas**
16:21	padecer mucho...de los **escribas**
17:10	¿Por qué, pues, dicen los **escribas**
20:18	a los principales sacerdotes y **a los escribas**
21:15	Pero los principales sacerdotes y los **escribas**
23:2	se sientan los **escribas** y los fariseos.
13	Mas iay de vosotros, **escribas** y fariseos
14 (13)	iAy de vosotros, **escribas** y fariseos, (TR, VM, BA)
15	iAy de vosotros, **escribas** y fariseos, También en 23, 25, 27, 29
34	yo os envío profetas y sabios y **escribas**
26:3	los principales sacerdotes, los **escribas** (TR)
57	estaban reunidos los **escribas**
27:41	escarneciéndole con los **escribas**
Mr 1:22	no como los **escribas**
2:6	Estaban allí sentados algunos de los **escribas**
16	los **escribas** y los fariseos, viéndole (TR); (los **escribas** de los fariseos..., BA, WH, N, ABMW, VHA, VM, NC, BC)
3:22	Pero los **escribas** que habían venido
7:1	y algunos de los **escribas**, que habían venido
5	Le preguntaron, pues,...los **escribas**
8:31	por los principales sacerdotes y por los **escribas**
9:11	¿Por qué dicen los **escribas** que es necesario
14	y **escribas** que disputaban con ellos
16	El les preguntó (V60, WH, N, ABMW, VHA, VM, NC, BC, BA); (lit., ...a los **escribas**, TR)
10:33	a los principales sacerdotes y los **escribas**
11:18	lo oyeron los **escribas** y los principales
27	los principales sacerdotes, los **escribas**
12:28	Acercándose uno de los **escribas**
32	Entonces el **escriba** le dijo

γραπτός 1123   217   1125 γράφω

Mr	12:35	¿Cómo dicen los escribas que el Cristo	Ro	4:3	¿qué dice la Escritura?
	38	Guardaos de los escribas,		9:17	Porque la Escritura dice a Faraón
	14:1	los principales sacerdotes y los escribas		10:11	Pues la Escritura dice:
	43	y de los escribas y de los ancianos		11:2	¿O no sabéis qué dice de Elías la Escritura
	53	y los ancianos y los escribas		15:4	la consolación de las Escrituras,
	15:1	con los ancianos, con los escribas		16:26	y que por las Escrituras de los profetas
	31	se decían unos a otros, con los escribas	1 Co	15:3	conforme a las Escrituras
Lc	5:21	Entonces los escribas y los fariseos		4	conforme a las Escrituras
	30	los escribas y los fariseos murmuraban	Gá	3:8	Y la Escritura, previendo que Dios
	6:7	le acechaban los escribas y los fariseos,		22	Mas la Escritura lo encerró todo
	9:22	por los escribas, y que sea muerto		4:30	Mas ¿qué dice la Escritura?
	11:44	¡Ay de vosotros, escribas y fariseos (TR)	1 Ti	5:18	Pues la Escritura dice
	53	los escribas y los fariseos comenzaron	2 Ti	3:16	Toda la Escritura es inspirada por Dios
	15:2	los fariseos y los escribas murmuraban	Stg	2:8	la ley real, conforme a la Escritura
	19:47	los escribas y los principales del pueblo		23	Y se cumplió la Escritura que dice:
	20:1	los principales sacerdotes y los escribas		4:5	¿O pensáis que la Escritura dice en vano
	19	los principales sacerdotes y los escribas	1 P	2:6	también contiene la Escritura (esto está
	39	Respondiéndole algunos de los escribas			contenido en la Escritura, VM)
	46	Guardaos de los escribas	2 P	1:20	que ninguna profecía de la Escritura es
	22:2	los principales sacerdotes y los escribas		3:16	como también las otras Escrituras
	66	los principales sacerdotes y los escribas	**1125**		γράφω — grafó
	23:10	los principales sacerdotes y los escribas			
Jn	8:3	[los escribas y los fariseos le trajeron]	Mt	2:5	porque así está escrito por el profeta
Hch	4:5	los gobernantes, los ancianos y los escribas		4:4	Escrito está: No sólo de pan
	6:12	a los ancianos y a los escribas		6	porque escrito está: A sus ángeles mandará
	19:35	el escribano, cuando había apaciguado		7	Escrito está también: No tentarás
	23:9	levantándose los escribas (TR);		10	porque escrito está: Al Señor tu Dios
		(levantándose algunos de los escribas,		11:10	Porque éste es de quien está escrito
		VHA, WH, N, ABMW, VM, NC, BC, BA)		21:13	Escrito está: Mi casa
1 Co	1:20	¿Dónde está el escriba?		26:24	según está escrito de él
				31	porque escrito está
1123		γραπτός — graptós		27:37	sobre su cabeza su causa escrita
Ro	2:15	mostrando la obra de la ley escrita	Mr	1:2	Como está escrito en Isaías
				7:6	Escrito está: Este pueblo de labios
1124		γραφή — grafé		9:12	¿y cómo está escrito del Hijo del Hombre
Mt	21:42	¿Nunca leísteis en las Escrituras		13	como está escrito de él
	22:29	Erráis, ignorando las Escrituras		10:4	Moisés permitió dar carta de divorcio,
	26:54	se cumplirían las Escrituras			(...escribir carta de divorcio, VM)
	56	para que se cumplan las Escrituras		5	Por la dureza de vuestro corazón os escribió
Mr	12:10	¿Ni aun esta escritura habéis leído		11:17	¿No está escrito: Mi casa será llamada
	24	porque ignoráis las Escrituras,		12:19	Maestro, Moisés nos escribió que
	14:49	para que se cumplan las Escrituras		14:21	según está escrito de él
	15:28	se cumplió la Escritura que dice: (TR, VM,		27	porque escrito está: Heriré al pastor,
		NC, BC, [BA])	Lc	1:3	escribírtelas por orden
Lc	4:21	Hoy se ha cumplido esta Escritura		63	Y pidiendo una tablilla, escribió
	24:27	les declaraba en todas las Escrituras		2:23	(como está escrito en la ley
	32	cuando nos abría las Escrituras		3:4	como está escrito en el libro
	45	para que comprendiesen las Escrituras		4:4	Escrito está: No sólo de pan
Jn	2:22	creyeron la Escritura y la palabra que		8	porque escrito está: Al Señor tu Dios
	5:39	Escudriñad las Escrituras		10	porque escrito está: A sus ángeles mandará
	7:38	como dice la Escritura		17	halló el lugar donde estaba escrito
	42	¿No dice la Escritura que del linaje		7:27	Este es de quien está escrito:
	10:35	(y la Escritura no puede ser quebrantada)		10:20	vuestros nombres están escritos (TR)
	13:18	mas para que se cumpla la Escritura		26	¿Qué está escrito en la ley?
	17:12	para que la Escritura se cumpliese.		16:6	siéntate pronto, y escribe cincuenta
	19:24	para que se cumpliese la Escritura,		7	Toma tu cuenta, y escribe ochenta
	28	para que la Escritura se cumpliese		18:31	se cumplirán todas las cosas escritas por
	36	para que se cumpliese la Escritura		19:46	Escrito está: Mi casa es casa
	37	también otra Escritura dice		20:17	¿Qué, pues, es lo que está escrito
	20:9	aún no habían entendido la Escritura		28	Maestro, Moisés nos escribió
Hch	1:16	era necesario que se cumpliese la Escritura		21:22	todas las cosas que están escritas
	8:32	El pasaje de la Escritura que leía		22:37	aquello que está escrito
	35	comenzando desde esta escritura		23:38	escrito en letras griegas (TR, BC, [BA])
	17:2	(3) exponiendo por medio de las Escrituras		24:44	que se cumpliese todo lo que está escrito
	11	escudriñando cada día las Escrituras		46	Así está escrito, y así fue necesario
	18:24	poderoso en las Escrituras	Jn	1:45	a aquel de quien escribió Moisés
	28	demostrando por las Escrituras que Jesús		2:17	que está escrito: El celo de tu casa
Ro	1:2	por sus profetas en las santas Escrituras		5:46	porque de mí escribió él
				6:31	como está escrito: Pan del cielo

Jn	6:45	Escrito está en los profetas	1 Co	14:37	lo que os escribo son mandamientos
	8:6	[escribía en tierra con el dedo]		15:45	Así también está escrito
	8	[siguió escribiendo en tierra]		54	se cumplirá la palabra que está escrita
	17	Y en vuestra ley está escrito	2 Co	1:13	Porque no os escribimos otras
	10:34	¿No está escrito en vuestra ley		2:3	Y esto mismo os escribí
	12:14	montó sobre él, como está escrito		4	os escribí con muchas lágrimas
	16	estas cosas estaban escritas		9	para este fin os escribí
	15:25	la palabra que está escrita		4:13	conforme a lo que está escrito
	19:19	Escribió también Pilato		7:12	Así que, aunque os escribí
		el cual decía (y quedó escrito, BA)		8:15	como está escrito: El que recogió
	20	y el título estaba escrito en hebreo,		9:1	es por demás que yo os escriba
	21	No escribas: Rey de los judíos		9	como está escrito: Repartió
	22	Lo que he escrito, he escrito.		13:2	ahora ausente lo escribo (TR)
	20:30	las cuales no están escritas en este libro		10	Por esto os escribo estando ausente
	31	Pero éstas se han escrito para que creáis	Gá	1:20	En esto que os escribo
	21:24	Este es el discípulo que...escribió estas cosas		3:10	escrito está: Maldito todo aquel
	25	las cuales si se escribieran una por una			que no permaneciere en todas las cosas
		los libros que se habrían de escribir			escritas
Hch	1:20	Porque está escrito en el libro		13	está escrito: Maldito todo el que
	7:42	como está escrito en el libro de los profetas		4:22	está escrito que Abraham tuvo dos hijos
	13:29	todas las cosas que de él estaban escritas		27	está escrito: Regocíjate
	33	como está escrito también en el salmo		6:11	con cuán grandes letras os escribo
	15:15	como está escrito	Fil	3:1	A mí no me es molesto el escribiros
	23	escribir por conducto de ellos (escribiendo..	1 Ts	4:9	no tenéis necesidad de que os escriba
		por mano de ellos, VM)		5:1	de que yo os escriba
	18:27	escribieron a los discípulos	2 Ts	3:1	así escribo
	23:5	escrito está: No maldecirás a un príncipe	1 Ti	3:14	Esto te escribo
	25	escribió una carta en estos términos	Flm	19	Yo Pablo lo escribo de mi mano,
	24:14	que en la ley y en los profetas están escritas		21	Te he escrito confiando en tu obediencia
	25:26	no tengo cosa cierta que escribir a mi señor	He	10:7	en el rollo del libro está escrito de mí
		tenga yo que escribir	1 P	1:16	escrito está: Sed santos
Ro	1:17	como está escrito: Mas el justo	1 P	5:12	os he escrito brevemente
	2:24	Porque como está escrito,	2 P	3:1	esta es la segunda carta que os escribo
	3:4	como está escrito: Para que seas justificado		15	os ha escrito
	10	Como está escrito: No hay justo	1 Jn	1:4	Estas cosas os escribimos
	4:17	como está escrito: Te he puesto por padre		2:1	estas cosas os escribo para
	23	no solamente con respecto a él se escribió		7	no os escribo mandamiento nuevo
	8:36	Como está escrito: Por causa de ti		8	os escribo un mandamiento nuevo,
	9:13	Como está escrito: A Jacob amé		12	Os escribo a vosotros, hijitos
	33	como está escrito: He aquí pongo en Sión		13	Os escribo a vosotros, padres
	10:5	la justicia que es por la ley Moisés escribe			Os escribo a vosotros, jóvenes
	15	Como está escrito: ¡Cuán hermosos son			Os escribo a vosotros, hijitos
	11:8	como está escrito: Dios les dio		14	Os he escrito a vosotros, padres
	26	como está escrito: Vendrá de Sión			Os he escrito a vosotros, jóvenes
	12:19	porque escrito está: Mía es la venganza		21	No os he escrito como si ignoraseis
	14:11	Porque escrito está: Vivo yo		26	Os he escrito esto sobre los que os engañan
	15:3	como está escrito: Los vituperios		5:13	Estas cosas os he escrito a vosotros
	4	para nuestra enseñanza se escribieron	2 Jn	5	escribiéndote un nuevo mandamiento
		(WH, N, ABMW)		12	Tengo muchas cosas que escribiros
	9	como está escrito	3 Jn	9	Yo he escrito a la iglesia;
	15	Mas os he escrito, hermanos,		13	Yo tenía muchas cosas que escribirte
	21	como está escrito: Aquellos a quienes			pero no quiero escribírtelas con tinta
	16:22	que escribí la epístola,	Jud	3	por la gran solicitud que tenía de escribiros
1 Co	1:19	Pues está escrito: Destruiré la sabiduría			me ha sido necesario escribiros
	31	como está escrito: El que se gloría	Ap	1:3	y guardan las cosas en ella escritas
	2:9	como está escrito: Cosas que ojo		11	Escribe en un libro lo que ves,
	3:19	pues está escrito: El prende a los sabios		19	Escribe las cosas que has visto
	4:6	a no pensar más de lo que está escrito		2:1	escribe al ángel de la iglesia en Efeso
	14	No escribo esto para		8	escribe al ángel de la iglesia en Esmirna
	5:9	Os he escrito por carta,		12	Y escribe al ángel de la iglesia en Pérgamo
	11	Más bien os escribí que no os juntéis		17	y en la piedrecita escrito un nombre nuevo,
	7:1	a las cosas de que me escribisteis		18	Y escribe al ángel de la iglesia en Tiatira
	9:9	en la ley de Moisés está escrito		3:1	Escribe al ángel de la iglesia en Sardis
	10	Pues por nosotros se escribió		7	Escribe al ángel de la iglesia en Filadelfia
	15	ni tampoco he escrito esto para		12	y escribiré sobre él el nombre
	10:7	según está escrito		14	Y escribe al ángel de la iglesia en Laodicea
	11	están escritas para amonestarnos		5:1	un libro escrito por dentro y por fuera
		(fueron escritas..., VHA)		10:4	yo iba a escribir
	14:21	En la ley está escrito: En otras lenguas			y no las escribas.

γραώδης 1126			219			1135 γυνή

Ap	13:8	cuyos nombres no **estaban escritos**
	14:1	el nombre de él y el de su Padre **escrito**
	13	**Escribe:** Bienaventurados de aquí
	17:5	en su frente un nombre **escrito**
	8	aquellos cuyos nombres no **están escritos**
	19:9	**Escribe:** Bienaventurados
	12	tenía un nombre **escrito**
	16	y en su muslo tiene **escrito** este nombre
	20:12	por las **cosas que estaban escritas**
	15	el que no se halló **inscrito** en el libro
	21:5	**Escribe;** porque estas palabras
	27	los **que están inscritos** en el libro
	22:18	las plagas que **están escritas** en este libro
	19	de las **cosas que están escritas**

1126 γραώδης* — graódes

1 Ti 4:7 Desecha las fábulas profanas y **de viejas.**

1127 γρηγορέω† — gregoréo

Mt	24:42	**Velad,** pues, porque no sabéis a qué hora
	43	**velaría,** y no dejaría minar su casa
	25:13	**Velad,** pues, porque no sabéis
	26:38	y **velad** conmigo
	40	¿Así que no habéis podido **velar**
	41	**Velad** y orad, para que no entréis
Mr	13:34	y al portero mandó que **velase**
	35	**Velad,** pues, porque no sabéis
	37	a todos lo digo: **Velad**
	14:34	quedaos aquí y **velad**
	37	¿No has podido **velar** una hora?
	38	**Velad** y orad, para que no entréis
Lc	12:37	cuando venga, halle **velando**
	39	**velaría** ciertamente,
Hch	20:31	Por tanto, **velad,** acordándoos
1 Co	16:13	**Velad,** estad firmes en la fe
Col	4:2	**velando** en ella con acción de gracias
1 Ts	5:6	sino **velemos** y seamos sobrios
	10	para que ya sea que **velemos**
1 P	5:8	Sed sobrios, y **velad**
Ap	3:2	Sé **vigilante,** y afirma las otras
	3	Pues si no **velas,** vendré sobre ti
	16:15	Bienaventurado el que **vela**

1128 γυμνάζω** — gumnázo (gumnádzo)

1 Ti	4:7	**Ejercítate** para la piedad
He	5:14	tienen los sentidos **ejercitados**
	12:11	a los **que** en ella **han sido ejercitados**
2 P	2:14	tienen el corazón habituado a la codicia (teniendo un corazón **ejercitado** en la avaricia, VM)

1129 γυμνασία** — gumnasía

1 Ti 4:8 porque el **ejercicio** corporal para

1130 γυμνιτεύω*† — gumnitéuo o γυμνητεύω

1 Co 4:11 tenemos sed, estamos desnudos,

1131 γυμνός — gumnós

Mt	25:36	estuve **desnudo,** y me cubristeis
	38	o **desnudo,** y te cubrimos?
	43	me recogisteis; estuve **desnudo**
	44	¿cuándo te vimos ...**desnudo,**
Mr	14:51	cubierto el cuerpo con una sábana; (vestido sólo con una sábana sobre su cuerpo **desnudo,** BA)
	52	dejando la sábana, huyó **desnudo**

Jn	21:7	se había despojado de ella), (estaba **desnudo,** VM)
Hch	19:16	huyeron de aquella casa **desnudos**
1 Co	15:37	sino el grano **desnudo,** ya sea de trigo
2 Co	5:3	vestidos, y no **desnudos**
He	4:13	todas las cosas están **desnudas**
Stg	2:15	si un hermano...están **desnudos,**
Ap	3:17	tú eres...**desnudo**
	16:15	para que no ande **desnudo,** y vean
	17:16	y la dejarán desolada y **desnuda**

1132 γυμνότης† — gumnótes

Ro	8:35	¿Tribulación,...o **desnudez,**
2 Co	11:27	en frío y en **desnudez**
Ap	3:18	no se descubra la vergüenza de tu **desnudez**

1133 γυναικάριον* — gunaikárion

2 Ti 3:6 y llevan cautivas a las **mujercillas**

1134 γυναικεῖος — gunaikéios

1 P 3:7 dando honor a la **mujer** como a vaso

1135 γυνή — guné

Mt	1:20	no temas recibir a María tu **mujer**
	24	y recibió a su **mujer**
	5:28	cualquiera que mira a una **mujer** para
	31	Cualquiera que repudie a su **mujer**
	32	el que repudia a su **mujer,** a no ser
	9:20	Y he aquí una **mujer** enferma de flujo
	22	Y la **mujer** fue salva desde aquella hora
	11:11	Entre los que nacen de **mujer** no
	13:33	levadura que tomó una **mujer**
	14:3	por causa de Herodías, **mujer** de Felipe
	21	sin contar **las mujeres** y los niños
	15:22	Y he aquí una **mujer** cananea
	28	Oh **mujer,** grande es tu fe
	38	sin contar **las mujeres** y los niños
	18:25	venderle, y a su **mujer** e hijos,
	19:3	¿Es lícito... repudiar a su **mujer** por
	5	y se unirá a su **mujer,** y los dos
	8	os permitió repudiar a vuestras **mujeres**
	9	cualquiera que repudia a su **mujer**
	10	la condición del hombre con su **mujer**
	29	cualquiera que haya dejado...o madre, o **mujer,** o hijos (TR, VM)
	22:24	su hermano se casará con su **mujer**
	25	dejó su **mujer** a su hermano
	27	murió también la **mujer**
	28	¿de cuál de los siete será ella **mujer**
	26:7	vino a él una **mujer,** con un vaso
	10	¿Por qué molestáis a esta **mujer**
	27:19	su **mujer** le mandó decir: No tengas
	55	Estaban allí muchas **mujeres**
	28:5	dijo a las **mujeres:** No temáis
Mr	5:25	Pero **una mujer** que desde hacía
	33	la **mujer,** temiendo y temblando,
	6:17	**mujer** de Felipe su hermano
	18	No te es lícito tener la **mujer** de tu hermano
	7:25	una **mujer,**...luego que oyó
	26	la **mujer** era griega, y sirofenicia de nación
	10:2	repudiar a su **mujer.**
	7	se unirá a su **mujer** (TR, [ABMW], VM)
	11	Cualquiera que repudia a su **mujer**
	12	si la **mujer** repudia a su marido (TR, NC, BC)
	29	que haya dejado...**mujer** (TR, VM)
	12:19	muriere y dejare **esposa** su hermano se case con ella, (su hermano

		tome la **mujer**, VHA)	Jn	8:4	[esta **mujer** ha sido sorprendida en el acto]
Mr	12:20	el primero tomó **esposa**, y murió		9	[quedó solo Jesús, y la **mujer**]
	22	murió también la **mujer**		10	[no viendo a nadie sino a la **mujer**] (TR)
	23	¿de cuál de ellos será ella **mujer**			[le dijo: **Mujer**: ¿dónde están...?]
		los siete la tuvieron por **mujer**		16:21	La **mujer** cuando da a luz
	14:3	vino una **mujer** con un vaso		19:26	**Mujer**, he ahí tu hijo,
	15:40	había algunas **mujeres** mirando		20:13	**Mujer**, ¿por qué lloras?
Lc	1:5	Abías; su **mujer** era de las hijas de		15	**Mujer**, ¿por qué lloras?
	13	y tu **mujer** Elisabet te dará	Hch	1:14	con las **mujeres**, y con María
	18	y mi **mujer** es de edad avanzada.		5:1	Ananías, con Safira su **mujer**
	24	concibió su **mujer** Elisabet,		2	sabiéndolo también su **mujer**
	28	bendita tú entre **las mujeres** (TR, VM, BC,		7	sucedió que entró su **mujer**, no sabiendo
		[BA]); (la frase no se encuentra en VHA,		14	así de hombres como **de mujeres**
		WH, N, ABMW, NC)		8:3	arrastraba a hombres y a **mujeres**
	42	Bendita tú entre **las mujeres**		12	se bautizaban hombres y **mujeres**
	2:5	con María su **mujer**, desposada con él		9:2	si hallase algunos hombres o **mujeres**
		(TR, VM, NC, BC)		13:50	los judíos instigaron a **mujeres**
	3:19	a causa de Herodías, **mujer** de Felipe		16:1	Timoteo, hijo de una **mujer** judía
	4:26	sino a una **mujer** viuda en Sarepta		13	hablamos a las **mujeres**
	7:28	entre los nacidos **de mujeres**		14	Entonces una **mujer** llamada Lidia,
	37	Entonces una **mujer** de la ciudad		17:4	y **mujeres** nobles no pocas
	39	conocería quién y qué clase de **mujer**		12	creyeron...**mujeres** griegas de distinción
	44	Y vuelto a la **mujer**, dijo a Simón		34	una **mujer** llamada Dámaris,
		¿Ves esta **mujer**?		18:2	recién venido de Italia con Priscila su **mujer**
	50	él dijo a la **mujer**: Tu fe te		21:5	acompañándonos todos, con sus **mujeres**
	8:2	y algunas **mujeres** que habían sido sanadas		22:4	entregando en cárceles a hombres y **mujeres**
	3	Juana, **mujer** de Chuza		24:24	viniendo Félix con Drusila su **mujer**
	43	Pero una **mujer** que padecía de flujo	Ro	7:2	Porque la **mujer** casada está sujeta
	47	cuando la **mujer** vio que no	1 Co	5:1	alguno tiene la **mujer** de su padre
	10:38	y una **mujer** llamada Marta		7:1	bueno le sería al hombre no tocar **mujer**
	11:27	una **mujer** de entre la multitud levantó		2	cada uno tenga su propia **mujer**
	13:11	había allí una **mujer** que desde hacía		3	El marido cumpla con la **mujer** el deber
	12	le dijo: **Mujer**, eres libre de tu enfermedad			asimismo la **mujer** con el marido
	21	levadura, que una **mujer** tomó		4	La **mujer** no tiene potestad sobre su propio
	14:20	Acabo de casarme, (He tomado **mujer**, BC)			su propio cuerpo, sino la **mujer**
	26	y no aborrece...**mujer**,		10	Que la **mujer** no se separe del marido
	15:8	¿O qué **mujer** que tiene diez		11	el marido no abandone a su **mujer**
	16:18	el que repudia a su **mujer**		12	Si algún hermano tiene **mujer**
	17:32	Acordaos de la **mujer** de Lot.		13	Y si una **mujer** tiene marido
	18:29	nadie que haya dejado...**mujer**,		14	es santificado en la **mujer**,
	20:28	muriere teniendo **mujer**, y no dejare			y la **mujer** incrédula en el marido
		se case con ella (tome su **mujer**, VHA)		16	¿qué sabes tú, oh **mujer**, si quizá
	20:29	el primero tomó **esposa**,			si quizá harás salva a tu **mujer**?
	30	la tomó (V60, WH, N, ABMW, VHA, VM,		27	¿Estás ligado a **mujer**?
		BC, BA); (tomaron la **mujer**, NC, TR)			¿Estás libre de **mujer**?
	32	murió también la **mujer**			No procures casarte (no busques **mujer**, VM)
	33	¿de cuál de ellos será **mujer**		29	que los que tienen **esposa** (que los que
		ya que los siete la tuvieron por **mujer**?			tienen **mujeres**, VHA)
	22:57	**Mujer**, no lo conozco		33	de cómo agradar a su **mujer**
	23:27	y de **mujeres** que lloraban		34	Hay asimismo diferencia entre la **casada** y
	49	las **mujeres** que le habían seguido			la doncella (TR, VM); (está dividida.
	55	Y las **mujeres** que habían venido con él			Tanto la **mujer** no casada como la virgen
	24:22	nos han asombrado unas **mujeres**			VHA, WH, N, ABMW, NC, BC, BA)
	24	hallaron así como las **mujeres** habían dicho,		39	La **mujer** casada está ligada por la ley
Jn	2:4	¿Qué tienes conmigo, **mujer**?		9:5	traer con nosotros una hermana por **mujer**?
	4:7	Vino una **mujer** de Samaria a sacar		11:3	el varón es la cabeza de la **mujer**,
	9	La **mujer** samaritana le dijo:		5	Pero toda **mujer** que ora
		que soy **mujer** samaritana?		6	si la **mujer** no se cubre, que se corte
	11	La **mujer** le dijo: (TR, ABMW, VM, BC)			si le es vergonzoso a la **mujer** cortarse
	15	La **mujer** le dijo: Señor,		7	pero la **mujer** es gloria del varón
	17	Respondió la **mujer** y dijo:		8	el varón no procede de la **mujer**
	19	Le dijo la **mujer**: Señor,			sino la **mujer** del varón
	21	**Mujer**, créeme, que la hora viene		9	tampoco... fue creado por causa de la **mujer**
	25	Le dijo la **mujer**: Sé que ha de venir			sino por causa del varón
	27	de que hablaba con una **mujer**		10	Por lo cual la **mujer** debe tener
	28	Entonces la **mujer** dejó su cántaro		11	ni el varón es sin la **mujer**,
	39	creyeron en él por la palabra de la **mujer**			ni la **mujer** sin el varón
	42	y decían a la **mujer**: Ya no		12	así como la **mujer** procede del varón
	8:3	[trajeron una **mujer** sorprendida]			

Γώγ 1136			221		1140 δαιμόνιον

1 Co	11:12	el varón nace de la mujer; (el varón es por medio de la mujer, VHA)
	13	¿Es propio que la mujer ore a Dios sin
	15	a la mujer dejarse crecer el cabello (si la mujer tiene cabellera larga, VM)
	14:34	vuestras mujeres callen
	35	es indecoroso que una mujer hable en la
Gá	4:4	Dios envió a su Hijo, nacido de mujer
Ef	5:22	Las casadas estén sujetas a sus propios
	23	el marido es cabeza de la mujer,
	24	así también las casadas lo estén
	25	Maridos, amad a vuestras mujeres,
	28	los maridos deben amar a sus mujeres El que ama a su mujer, a sí mismo se ama
	31	y se unirá a su mujer
	33	ame también a su mujer como a sí mismo; y la mujer respete a su marido
Col	3:18	Casadas, estad sujetas a vuestros maridos
	19	amad a vuestras mujeres
1 Ti	2:9	que las mujeres se atavíen de ropa decorosa
	10	como corresponde a mujeres que profesan
	11	La mujer aprenda en silencio
	12	no permito a la mujer enseñar
	14	la mujer, siendo engañada, incurrió
	3:2	marido de una sola mujer
	11	Las mujeres asimismo sean honestas,
	12	sean maridos de una sola mujer,
	5:9	que haya sido esposa de un solo marido,
Tit	1:6	marido de una sola mujer
He	11:35	Las mujeres recibieron sus muertos
1 P	3:1	mujeres, estad sujetas a vuestros por la conducta de sus esposas,
	5	aquellas santas mujeres que esperaban
Ap	2:20	toleras que esa mujer Jezabel (TR, WH, N, ABMW, VHA, VM, NC, BA); (dejas hacer a tu mujer Jezabel, BC, MSS)
	9:8	como cabello de mujer (...mujeres, VHA)
	12:1	una mujer vestida del sol,
	4	el dragón se paró frente a la mujer
	6	Y la mujer huyó al desierto,
	13	persiguió a la mujer que había dado a luz
	14	Y se le dieron a la mujer las dos alas
	15	arrojó de su boca, tras la mujer, agua
	16	la tierra ayudó a la mujer
	17	el dragón se llenó de ira contra la mujer
	14:4	son los que no se contaminaron con mujeres
	17:3	y vi a una mujer sentada sobre una bestia
	4	Y la mujer estaba vestida de púrpura
	6	la mujer ebria de la sangre de los santos
	7	te diré el misterio de la mujer,
	9	se sienta la mujer
	18	Y la mujer que has visto es la gran ciudad
	19:7	y su esposa se ha preparado
	21:9	te mostraré...la esposa del Cordero

1136   Γώγ – Góg

Ap	20:8	en los cuatro ángulos de la tierra, a Gog y a Magog

1137   γωνία – gonía

Mt	6:5	y en las esquinas de las calles,
	21:42	Ha venido a ser cabeza del ángulo
Mr	12:10	Ha venido a ser cabeza del ángulo?
Lc	20:17	Ha venido a ser cabeza del ángulo?
Hch	4:11	Ha venido a ser cabeza del ángulo
	26:26	no se ha hecho esto en algún rincón
1 P	2:7	Ha venido a ser la cabeza del ángulo
Ap	7:1	los cuatro ángulos de la tierra

Ap	20:8	los cuatro ángulos de la tierra,

Δ δ

1138		Véase pág. 223

1139   δαιμονίζομαι** – daimonízomai (daimonídzomai)

Mt	4:24	le trajeron todos los...endemoniados
	8:16	trajeron a él muchos endemoniados
	28	vinieron a su encuentro dos endemoniados
	33	había pasado con los endemoniados
	9:32	le trajeron un mudo, endemoniado
	12:22	fue traído a él un endemoniado, (TR, N ABMW, VHA, VM, BC); (le trajeron un endemoniado, BA, WH)
	15:22	Mi hija es...atormentada por un demonio
Mr	1:32	le trajeron todos los...endemoniados
	5:15	ven al que había sido atormentado
	16	acontecido al que había tenido el demonio
	18	el que había estado endemoniado le rogaba
Lc	8:36	cómo había sido salvado el endemoniado
Jn	10:21	Estas palabras no son de endemoniado

1140   δαιμόνιον – daimónion

Mt	7:22	en tu nombre echamos fuera demonios
	9:33	echado fuera el demonio,
	34	Por el príncipe de los demonios echa fuera los demonios
	10:8	echad fuera demonios
	11:18	dicen: Demonio tiene
	12:24	Este no echa fuera los demonios príncipe de los demonios
	27	si yo echo fuera los demonios por Beelzebú
	28	echo fuera los demonios
	17:18	reprendió...al demonio, el cual salió (...lo reprendió y el demonio salió, BA)
Mr	1:34	echó fuera muchos demonios no dejaba hablar a los demonios
	39	echaba fuera los demonios
	3:15	autoridad para echar fuera demonios
	22	por el príncipe de los demonios echaba fuera los demonios
	6:13	echaban fuera muchos demonios
	7:26	que echase fuera de su hija al demonio
	29	el demonio ha salido de tu hija
	30	halló que el demonio había salido,
	9:38	en tu nombre echaba fuera demonios
	16:9	[de quien había echado siete demonios]
	17	[En mi nombre echarán fuera demonios]
Lc	4:33	tenía un espíritu de demonio inmundo,
	35	Entonces el demonio, derribándole
	41	También salían demonios de muchos
	7:33	y decís: Demonio tiene
	8:2	salido siete demonios
	27	vino a su encuentro un hombre... endemoniado (vino al encuentro cierto hombre...que tenía demonios, VM)
	29	era impelido por el demonio, (WH, N, ABMW)
	30	muchos demonios habían entrado en él
	33	los demonios, salidos del hombre
	35	de quien habían salido los demonios
	38	de quien habían salido los demonios
	9:1	poder y autoridad sobre todos los demonios
	42	el demonio le derribó
	49	echaba fuera demonios en tu nombre

δαιμονιώδης 1141　　　　　　　　222　　　　　　　　1157 δανιστής

Lc	10:17	Señor, aun los **demonios** se nos sujetan
	11:14	echando fuera un **demonio**,
		aconteció que salido el **demonio**
	15	Por Beelzebú, príncipe de los **demonios**,
		echa fuera los **demonios**
	18	por Beelzebú echo yo fuera los **demonios**
	19	si yo echo fuera los **demonios**
	20	echo yo fuera los **demonios**
	13:32	echo fuera **demonios** y hago curaciones
Jn	7:20	Respondió la multitud...: **Demonio** tienes
	8:48	¿No decimos...que tienes **demonio**?
	49	Yo no tengo **demonio**
	52	Ahora conocemos que tienes **demonio**
	10:20	decían: **Demonio** tiene,
	21	¿Puede acaso el **demonio** abrir los ojos
Hch	17:18	es predicador de nuevos **dioses**
1 Co	10:20	lo que los gentiles sacrifican, a los **demonios**
		os hagáis partícipes con los **demonios**
	21	la copa de los **demonios**
		la mesa de los **demonios**
1 Ti	4:1	escuchando...a doctrinas de **demonios**
Stg	2:19	También los **demonios** creen,
Ap	9:20	ni dejaron de adorar a los **demonios**
	16:14	pues son espíritus de **demonios**,
		(WH, N, ABMW)
	18:2	se ha hecho habitación de **demonios**
		(WH, N, ABMW)

1141　　　δαιμονιώδης ** † – daimoniódes
Stg 3:15　esta sabiduría...es...diabólica.

1142　　　δαίμων – dáimon

Mt	8:31	Y los **demonios** le rogaron diciendo
Mr	5:12	le rogaron todos los **demonios** (TR)
Lc	8:29	era impelido por el **demonio** (TR)
Ap	16:14	son espíritus de **demonios** (TR)
	18:2	se ha hecho habitación de **demonios** (TR)

1143　　　δάκνω – dákno
Gá 5:15　si os **mordéis** y os coméis unos a otros,

1144　　　δάκρυ – dákru o δάκρυον

Mr	9:24	el padre del muchacho clamó y dijo
		(V60, WH, N, ABMW, VHA, NC, BC,
		BA); (el padre del muchacho, clamando,
		dijo con **lágrimas**, VM, TR)
Lc	7:38	comenzó a regar con **lágrimas** sus pies,
	44	ésta ha regado mis pies con **lágrimas**
Hch	20:19	sirviendo al Señor...con muchas **lágrimas**
	31	no he cesado de amonestar con **lágrimas**,
2 Co	2:4	os escribí con muchas **lágrimas**
2 Ti	1:4	deseando verte, al acordarme de tus **lágrimas**
He	5:7	ofreciendo ruegos...con gran clamor y
		lágrimas
	12:17	aunque la procuró con **lágrimas**
Ap	7:17	Dios enjugará toda **lágrima**
	21:4	Enjugará Dios toda **lágrima**

1145　　　δακρύω – dakrúo
Jn 11:35　Jesús **lloró**

1146　　　δακτύλιος – daktúlios
Lc 15:22　y poned un **anillo** en su mano,

1147　　　δάκτυλος – dáktulos
Mt 23:4　ni con un **dedo** quieren moverlas
Mr 7:33　metió los **dedos** en las orejas de él

Lc	11:20	si por el **dedo** de Dios echo yo fuera
	46	ni aun con un **dedo** las tocáis
	16:24	para que moje la punta de su **dedo** en agua
Jn	8:6	[Jesús,...escribía en tierra con el **dedo**]
	20:25	metiere mi **dedo** en el lugar de los clavos
	27	Pon aquí tu **dedo**, y mira mis manos

1148　　　Δαλμανουθά – Dalmanouthá
　　　　　　　(Dalmanuthá)
Mr 8:10　vino a la región de **Dalmanuta**

1149　　　Δαλματία – Dalmatía
2 Ti 4:10　Crescente fue a Galacia, y Tito a **Dalmacia**

1150　　　δαμάζω – damázo (damádzo)

Mr	5:4	nadie le podía **dominar**
Stg	3:7	toda naturaleza de bestias,...se **doma** y ha
		sido domada
	8	ningún hombre puede **domar** la lengua

1151　　　δάμαλις – dámalis
He 9:13　las cenizas de la **becerra** rociadas

1152　　　Δάμαρις – Dámaris
Hch 17:34　una mujer llamada **Dámaris**

1153　　　Δαμασκηνός – Damaskenós
2 Co 11:32　guardaba la ciudad de los **damascenos**

1154　　　Δαμασκός – Damaskós

Hch	9:2	cartas para las sinagogas de **Damasco**,
		(cartas para **Damasco**, VM)
	3	al llegar cerca de **Damasco**,
	8	le metieron en **Damasco**,
	10	Había entonces en **Damasco** un discípulo
	19	los discípulos que estaban en **Damasco**
	22	los iudíos que moraban en **Damasco**
	27	como en **Damasco** había hablado
	22:5	fui a **Damasco** para traer presos
	6	al llegar cerca de **Damasco**,
	10	Levántate, y vé a **Damasco**,
	11	llegué a **Damasco**
	26:12	iba yo a **Damasco** con poderes
	20	anuncié primeramente...están en **Damasco**
2 Co	11:32	En **Damasco**, el gobernador de la provincia
Gá	1:17	volví de nuevo a **Damasco**.

1155　　　δανίζω – danízo (danídzo) o δανείζω

Mt	5:42	al que quiera tomar de ti **prestado**
Lc	6:34	si **prestáis** a aquellos de quienes esperáis
		los pecadores **prestan** a los pecadores,
	35	**prestad**, no esperando de ello nada;

1158　　　Δανιήλ – Daniel
Mt 24:15　de que habló el profeta **Daniel**
Mr 13:14　que habló el profeta **Daniel** (TR, VM)

1156　　　δάνιον – dánion o δάνειον
Mt 18:27　le soltó y le perdonó la **deuda**

1157　　　δανιστής – danistés o δανειστής
Lc 7:41　Un **acreedor** tenía dos deudores: (lit., había
　　　　　dos deudores a cierto **acreedor**)
1158　Véase arriba

δαπανάω 1159			223		1163 δεῖ

1159 δαπανάω** — dapanáo
Mr 5:26 y había...gastado todo lo que tenía,
Lc 15:14 cuando todo lo hubo malgastado,
Hch 21:24 paga sus gastos para que se rasuren
2 Co 12:15 con el mayor placer gastaré lo mío, yo mismo me gastaré del todo
Stg 4:3 pedís mal, para gastar en vuestros deleites

1160 δαπάνη — dapáne
Lc 14:28 calcula los gastos,

1138 Δαυιδ — Dauid o Δανείδ o Δαβίδ
Mt 1:1 Jesucristo, hijo de David
6 Isaí engendró al rey David David engendró a Salomón
17 las generaciones desde Abraham hasta David desde David hasta la deportación
20 José, hijo de David, no temas
9:27 ¡Ten misericordia..., Hijo de David!
12:3 ¿No habéis leído lo que hizo David,
23 ¿Será éste aquel Hijo de David?
15:22 ¡Señor, Hijo de David, ten misericordia
Mt 20:30 ¡Señor, Hijo de David, ten misericordia
31 ¡Señor, Hijo de David, ten misericordia
21:9 ¡Hosanna al Hijo de David!
15 ¡Hosanna al Hijo de David!
22:42 le dijeron: De David
43 ¿Pues cómo David en el Espíritu
45 Pues si David le llama Señor,
Mr 2:25 ¿Nunca leísteis lo que hizo David
10:47 ¡Jesús, Hijo de David, ten misericordia
48 ¡Hijo de David, ten misericordia de mí!
11:10 el reino de nuestro padre David
12:35 que el Cristo es hijo de David?
36 el mismo David dijo por el Espíritu Santo
37 David mismo le llama Señor;
Lc 1:27 José, de la casa de David
32 Dios le dará el trono de David su padre;
69 En la casa de David su siervo
2:4 José subió...a Judea, a la ciudad de David era de la casa y familia de David
11 os ha nacido hoy, en la ciudad de David
3:31 (32) Natán, hijo de David
6:3 lo que hizo David
18:38 ¡Jesús, Hijo de David, ten misericordia
39 ¡Hijo de David, ten misericordia de mí!
20:41 ¿...el Cristo es hijo de David?
42 Pues el mismo David dice
44 David, pues, le llama Señor;
Jn 7:42 ¿No dice la Escritura que del linaje de David de la aldea de Belén, de donde era David
Hch 1:16 habló antes por boca de David
2:25 Porque David dice de él: Veía al Señor
29 del patriarca David, que murió
34 Porque David no subió a los cielos;
4:25 que por boca de David tu siervo dijiste
7:45 hasta los días de David
13:22 les levantó por rey a David, He hallado a David hijo de Isaí,
34 Os daré las misericordias fieles de David
36 a la verdad David, habiendo servido
15:16 reedificaré el tabernáculo de David
Ro 1:3 era del linaje de David según la carne,
4:6 David habla de la bienaventuranza
11:9 David dice: Sea vuelto su convite
2 Ti 2:8 Acuérdate de Jesucristo, del linaje de David
He 4:7 por medio de David, como se dijo:
11:32 ¿Y qué más digo? ...de Jefté, de David

Ap 3:7 el que tiene la llave de David
5:5 la raíz de David, ha vencido
22:16 Yo soy la raíz y el linaje de David,

1162 δέησις — déesis
Lc 1:13 porque tu oración ha sido oída,
2:37 de noche y de día con ayunos y oraciones
5:33 los discípulos de Juan ayunan... y hacen oraciones
Hch 1:14 perseveraban unánimes en oración y ruego (TR)
Ro 10:1 mi oración a Dios por Israel,
2 Co 1:11 cooperando...con la oración
9:14 en la oración de ellos por vosotros,
Ef 6:18 con toda oración y súplica con toda perseverancia y súplica
Fil 1:4 en todas mis oraciones rogando con gozo (en toda súplica mía a favor de vosotros todos, haciendo la súplica con gozo, VHA)
19 sé que por vuestra oración
4:6 delante de Dios en toda oración y ruego
1 Ti 2:1 Exhorto...a que se hagan rogativas,
5:5 la...viuda...es diligente en súplicas
2 Ti 1:3 me acuerdo de ti en mis oraciones
He 5:7 ofreciendo ruegos y súplicas con gran
Stg 5:16 La oración eficaz del justo puede mucho
1 P 3:12 sus oídos atentos a sus oraciones

1163 δεῖ — déi
Mt 16:21 le era necesario ir a Jerusalén
17:10 ¿Por qué,...es necesario que Elías venga
18:33 ¿No debías tú también tener misericordia
23:23 Esto era necesario hacer, sin dejar de
24:6 es necesario que todo esto acontezca;
25:27 debías haber dado mi dinero a los banqueros
26:35 me sea necesario morir contigo,
54 ¿cómo pues se haga?
Mr 8:31 comenzó a enseñarles que le era necesario
9:11 dicen los escribas que es necesario que Elías
13:7 es necesario que suceda así;
10 es necesario que el evangelio sea predicado
14 puesta donde no debe estar
14:31 Si me fuere necesario morir contigo,
Lc 2:49 en los negocios de mi Padre me es necesario
4:43 Es necesario que también a otras ciudades
9:22 Es necesario que el Hijo del Hombre
11:42 Esto os era necesario hacer,
12:12 os enseñará ...lo que debáis decir.
13:14 Seis días hay en que se debe trabajar
16 ¿no se le debía desatar de esta ligadura
33 es necesario que hoy y mañana
15:32 era necesario hacer fiesta y regocijarnos
17:25 primero es necesario que padezca mucho,
18:1 sobre la necesidad de orar (sobre lo necesario que es orar, VM)
19:5 porque hoy es necesario que pose yo
21:9 es necesario que estas cosas acontezcan
22:7 era necesario sacrificar el cordero
37 es necesario que se cumpla todavía en mí
24:7 Es necesario que el Hijo del Hombre
26 ¿No era necesario que el Cristo padeciera
44 era necesario que se cumpliese todo lo que
46 así fue necesario que el Cristo padeciese (TR, VM, BA)
Jn 3:7 Os es necesario nacer de nuevo.
14 así es necesario que el Hijo del Hombre
30 Es necesario que él crezca, pero que yo
4:4 le era necesario pasar por Samaria

δεῖγμα 1164   224   1169 δειλός

Jn	4:20	Jerusalén es el lugar donde se debe adorar	He	11:6	es necesario que el que se acerca a Dios
	24	en espíritu y en verdad es necesario que	1 P	1:6	si es necesario, tengáis que ser afligidos
	9:4	Me es necesario hacer las obras del que me	2 P	3:11	icómo no debéis vosotros andar
	10:16	aquellas también debo traer, y oirán mi voz	Ap	1:1	las cosas que deben suceder pronto
	12:34	¿Cómo, pues, dices tú que es necesario		4:1	las cosas que sucederán después de estas.
	20:9	era necesario que él resucitase			(las cosas que tienen que suceder después
Hch	1:16	era necesario que se cumpliese la Escritura			de estas, VHA)
	22 (21)	Es necesario, pues, que de estos		10:11	Es necesario que profetices otra vez
	3:21	es necesario que el cielo reciba hasta		11:5	debe morir él de la misma manera
	4:12	en que podamos ser salvos. (lit., en el		13:10	a espada debe ser muerto
		cual es necesario ser salvos)		17:10	es necesario que dure breve tiempo
	5:29	Es necesario obedecer a Dios		20:3	después de esto debe ser desatado
	9:6	se te dirá lo que debes hacer		22:6	las cosas que deben suceder pronto
	16	le mostraré cuanto le es necesario padecer			
	10:6	te dirá lo que es necesario que hagas	1164		δεῖγμα* — deigma
	14:22	Es necesario que a través de muchas	Jud	7	fueron puestas por ejemplo
	15:5	Es necesario circuncidarlos,			
	16:30	¿qué debo hacer para ser salvo?	1165		δειγματίζω*† — deigmatízo
	17:3	era necesario que el Cristo padeciese,			(deigmatídzo)
	18:21	Es necesario que en todo caso yo guarde	Mt	1:19	era justo, y no quería infamarla, (WH, N,
		(TR, VM, [BA])			ABMW)
	19:21	me será necesario ver también a Roma	Col	2:15	los exhibió públicamente,
	36	es necesario que os apacigüéis,			
	20:35	se debe ayudar a los necesitados,	1166		δεικνύω — deiknúo o δείκνυμι
	21:22	La multitud se reunirá de cierto (lit., es	Mt	4:8	le mostró todos los reinos del mundo
		necesario que la multitud se reuna de		8:4	sino vé, muéstrate al sacerdote,
		cierto, TR, VM, [BA])		16:21	comenzó Jesús a declarar a sus discípulos
	23:11	así es necesario que testifiques también	Mr	1:44	sino vé, muéstrate al sacerdote
	24:19	Ellos debieran comparecer ante ti		14:15	os mostrará un gran aposento alto
	25:10	Ante...César estoy, donde debo ser juzgado	Lc	4:5	le mostró en un momento todos los reinos
	24	dando voces que no debe vivir más		5:14	sino vé, le dijo, muéstrate al sacerdote
	26:9	había creído mi deber hacer muchas cosas		20:24	Mostradme la moneda. (WH, N, ABMW)
	27:21	Habría sido por cierto conveniente,...	Lc	22:12	él os mostrará un gran aposento alto
		haberme oído,		24:40	les mostró las manos y los pies. ([WH],
	24	es necesario que comparezcas ante			[ABMW], VHA, VM, NC, BC, [BA])
	26	es necesario que demos en alguna isla	Jn	2:18	¿Qué señal nos muestras, ya que haces esto?
Ro	1:27	la retribución debida a su extravío. (lit., la		5:20	le muestra todas las cosas que él hace
		retribución que era necesario...)			mayores obras que estas le mostrará
	8:26	qué hemos de pedir como conviene,		10:32	Muchas buenas obras os he mostrado
	12:3	más alto concepto de sí que el que debe		14:8	muéstranos el Padre, y nos basta
1 Co	8:2	aún no sabe nada como debe saberlo		9	Muéstranos el Padre?
	11:19	es preciso que entre vosotros haya		20:20	les mostró las manos y el costado
		disensiones	Hch	7:3	ven a la tierra que yo te mostraré
	15:25	preciso es que él reine hasta que		10:28	a mí me ha mostrado Dios que a ningún
	53	es necesario que esto corruptible	1 Co	12:31	Mas yo os muestro un camino aun más
2 Co	2:3	aquellos de quienes me debiera gozar	1 Ti	6:15	la cual a su tiempo mostrará
	5:10	es necesario que todos nosotros	He	8:5	conforme al modelo que se te ha mostrado
2 Co	11:30	Si es necesario gloriarse, me gloriaré	Stg	2:18	Muéstrame tu fe sin tus obras
	12:1	Ciertamente no me conviene gloriarme;			yo te mostraré mi fe por mis obras
		(TR); (necesario es que me glorié, VHA,		3:13	Muestre por la buena conducta sus obras
		WH, N, ABMW, VM, NC, BC, BA)	Ap	1:1	para manifestar a sus siervos las cosas
Ef	6:20	hable de él, como debo hablar		4:1	yo te mostraré las cosas que sucederán
Col	4:4	que lo manifieste como debo hablar		17:1	te mostraré la sentencia contra la gran
	6	para que sepáis cómo debéis responder		21:9	yo te mostraré la desposada,
1 Ts	4:1	cómo os conviene conduciros		10	me mostró la gran ciudad santa de Jerusalén
2 Ts	3:7	sabéis de qué manera debéis imitarnos		22:1	me mostró un río limpio de agua de vida
1 Ti	3:2	es necesario que el obispo sea irreprensible		6	ha enviado su ángel, para mostrar a sus
	7	es necesario que tenga buen testimonio		8	a los pies del ángel que me mostraba estas
	15	sepas cómo debes conducirte en la casa de			
		Dios,	1167		δειλία — deilía
	5:13	hablando lo que no debieran. (hablando	2 Ti	1:7	no nos ha dado Dios espíritu de cobardía
		cosas que no deben, VM)			
2 Ti	2:6	El labrador...debe trabajar primero	1168		δειλιάω — deiliáo
	24	el siervo del Señor no debe ser contencioso	Jn	14:27	ni tenga miedo
Tit	1:7	es necesario que el obispo sea irreprensible			
	11	a los cuales es preciso tapar la boca	1169		δειλός — deilós
		por ganancia deshonesta lo que no conviene	Mt	8:26	¿Por qué teméis, ...? (¿Por qué sois
He	2:1	es necesario que con más diligencia			
	9:26	le hubiera sido necesario padecer			

δεῖνα 1170   225   1186 δένδρον

	cobardes,...? VM)		Ap	13:1	en sus cuernos diez diademas	
Mr	4:40	¿Por qué estáis así amedrentados?		17:3	una bestia...que tenía...diez cuernos	
Ap	21:8	Pero los cobardes e incrédulos		7	la cual tiene...diez cuernos	
				12	los diez cuernos que has visto, son diez reyes	
1170		δεῖνα** — deína				
Mt	26:18	Id a la ciudad a cierto hombre		16	los diez cuernos que viste en la bestia	

1171 δεινῶς — deinós
1177 δεκαδύω — dekadúo

Mt 8:6 mi criado está... gravemente atormentado
Hch 19:7 Eran por todos unos doce hombres (TR)
Lc 11:53 comenzaron a estrecharle en gran manera
24:11 No hace más que doce días que subí (TR)

1172 δειπνέω — deipnéo

1178 δεκαπέντε — dekapénte

Lc 17:8 Prepárame la cena, (lit., prepara algo que
Jn 11:18 cerca de Jerusalén, como a quince estadios
cene yo)
Hch 27:28 hallaron quince brazas
22:20 después que hubo cenado, tomó la copa,
Gá 1:18 permanecí con él quince días;
(TR, [WH], [N], [ABMW], VHA, VM,
NC, BC, BA)
1179 Δεκάπολις — Dekápolis
1 Co 11:25 tomó también la copa, después de haber
Mt 4:25 mucha gente de Galilea, de Decápolis,
cenado,
Mr 5:20 comenzó a publicar en Decápolis
Ap 3:20 entraré a él, y cenaré con él
7:31 pasando por la región de Decápolis

1180 δεκατέσσαρες — dekatéssares

1173 δεῖπνον — déipnon

Mt 1:17 las generaciones desde Abraham hasta David
Mt 23:6 aman los primeros asientos en las cenas
son catorce
Mr 6:21 Herodes...daba una cena a sus príncipes
desde David hasta la deportación a
12:39 los primeros asientos en las cenas
Babilonia, catorce
Lc 14:12 Cuando hagas comida o cena
desde la deportación a Babilonia hasta
16 Un hombre hizo una gran cena
Cristo, catorce
17 a la hora de la cena envió
2 Co 12:2 un hombre en Cristo, que hace catorce años
24 gustará mi cena
Gá 2:1 Después, pasados catorce años, subí
20:46 aman...los primeros asientos en las cenas
Jn 12:2 Y le hicieron allí una cena
1181 δεκάτη — dekáte
13:2 cuando cenaban, (durante la cena, VHA)
He 7:2 a quien asimismo dio Abraham los diezmos
4 se levantó de la cena, y se quitó su manto
de todo
21:20 que en la cena se había recostado
4 aun Abraham el patriarca dio diezmo
1 Co 11:20 esto no es comer la cena del Señor
8 aquí ciertamente reciben los diezmos
21 cada uno se adelanta a tomar su propia cena
9 Leví, que recibe los diezmos
Ap 19:9 los que son llamados a la cena
17 congregaos a la gran cena de Dios
1182 δέκατος — dékatos

1175 δεισιδαιμονία* — deisidaimonía
Jn 1:39 (40) porque era como la hora décima
Hch 25:19 ciertas cuestiones acerca de su religión
Ap 11:13 y la décima parte de la ciudad se derrumbó
21:20 el décimo, crisopraso

1174 δεισιδαίμων* — deisidáimon

1183 δεκατόω† — dekatóo

Hch 17:22 en todo observo que sois muy religiosos
He 7:6 tomó de Abraham los diezmos,
9 en Abraham pagó el diezmo Leví

1176 δέκα — déka

1184 δεκτός† — dektós

Mt 20:24 Cuando los diez oyeron esto, se enojaron
25:1 semejante a diez vírgenes
Lc 4:19 A predicar el año agradable del Señor,
28 dadlo al que tiene diez talentos
24 ningún profeta es acepto en su propia tierra
Mr 10:41 Cuando lo oyeron los diez
Hch 10:35 en toda nación se agrada del que le teme
Lc 13:4 O aquellos dieciocho sobre los cuales
(en toda nación, el que le teme...le es
11 una mujer que desde hacía dieciocho años
acepto, VHA)
16 Satanás había atado dieciocho años
2 Co 6:2 En tiempo aceptable te he oído,
14:31 si puede hacer frente con diez mil
Fil 4:18 sacrificio acepto, agradable a Dios
15:8 ¿O qué mujer que tiene diez dracmas
17:12 le salieron al encuentro diez hombres
1185 δελεάζω* — deleázo (deleádzo)
17 ¿No son diez los que fueron limpiados?
19:13 llamando a diez..., les dio diez minas
Stg 1:14 su propia concupiscencia es...seducido
16 tu mina ha ganado diez minas
2 P 2:14 seducen a las almas inconstantes
17 tendrás autoridad sobre diez ciudades
18 seducen con concupiscencias de la carne
24 dadla al que tiene las diez minas
25 Señor, tiene diez minas
1186 δένδρον — déndron
Hch 25:6 no más de ocho o diez días,
Ap 2:10 tendréis tribulación por diez días
Mt 3:10 el hacha está puesta a la raíz de los árboles;
12:3 que tenía siete cabezas y diez cuernos
todo árbol, que no da buen fruto
13:1 que tenía siete cabezas y diez cuernos
7:17 todo buen árbol da buenos frutos,
pero el árbol malo da frutos malos

		δεξιολάβος 1187			1194 δέρω
Mt	7:18	No puede el buen árbol dar malos frutos	He	1:13	Siéntate a mi **diestra**,
		ni el **árbol** malo dar frutos buenos		8:1	el cual se sentó a la **diestra** del trono
	19	Todo **árbol** que no da buen fruto		10:12	se ha sentado a la **diestra** de Dios
	12:33	O haced el **árbol** bueno,		12:2	y se sentó a la **diestra** del trono de Dios
		o haced el **árbol** malo,	1 P	3:22	habiendo subido al cielo está a la **diestra**
		porque por el fruto se conoce el **árbol**	Ap	1:16	Tenía en su **diestra** siete estrellas
	13:32	se hace **árbol**,		17	Y el puso su **diestra** sobre mí, diciéndome
	21:8	otros cortaban ramas de los árboles,		20	las siete estrellas que has visto en mi **diestra**
Mr	8:24	Veo los hombres como **árboles**, pero los veo		2:1	El que tiene las siete estrellas en su **diestra**
	11:8	cortaban ramas de los **árboles** (TR, VM)		5:1	vi en la mano **derecha**
Lc	3:9	el hacha está puesta a la raíz de los **árboles**		7	tomó el libro de la mano **derecha**
		todo **árbol** que no da buen fruto		10:2	puso su pie **derecho** sobre el mar,
	6:43	No es buen **árbol** el que da malos frutos		5	levantó su mano al cielo (TR); (levantó al
		ni **árbol** malo el que da buen fruto			cielo su mano **derecha**, VHA, WH, N,
	44	Porque cada **árbol** se conoce por su fruto			ABMW, VM, NC, BC, BA)
	13:19	y creció, y se hizo **árbol** grande		13:16	se les pusiese una marca en la mano **derecha**
	21:29	Mirad la higuera y todos los **árboles**			
Jud	12	**árboles** otoñales, sin fruto,...desarraigados	1189		δέομαι — déomai
Ap	7:1	viento alguno sobre...ningún **árbol**	Mt	9:38	**Rogad**, pues, al Señor de la mies
	3	No hagáis daño...ni a los **árboles**	Lc	5:12	le **rogó**, diciendo: Señor, si quieres
	8:7	la tercera parte de los **árboles** se quemó		8:28	Te **ruego** que no me atormentes
	9:4	que no dañasen...ni a ningún **árbol**		38	le **rogaba** que le dejase estar con él
				9:38	Maestro, te **ruego** que veas a mi hijo,
1187		δεξιολάβος *† — dexiolábos		40	Y **rogué** a tus discípulos que le echasen
Hch	23:23	mandó que preparasen...doscientos lanceros		10:2	**rogad** al Señor de la mies que envíe
				21:36	Velad, pues, en todo tiempo **orando**
1188		δεξιός — dexiós		22:32	pero yo he **rogado** por ti
Mt	5:29	si tu ojo **derecho** te es ocasión de caer,	Hch	4:31	Cuando hubieron **orado**, el lugar en que
	30	Y si tu mano **derecha** te es ocasión de caer		8:22	**ruega** a Dios, si quizás te sea perdonado
	39	que te hiera en la mejilla **derecha**		24	**Rogad** vosotros por mí al Señor
	6:3	no sepa tu izquierda lo que hace tu **derecha**		34	Te **ruego** que me digas
	20:21	el uno a tu **derecha**, y el otro a tu izquierda		10:2	**oraba** a Dios siempre, (lit., **orando** a Dios
	23	pero el sentaros a mi **derecha**...no es mío			siempre)
	22:44	Siéntate a mi **derecha**, hasta que ponga		21:39	pero te **ruego** que me permitas hablar al
	25:33	Y pondrá las ovejas a su **derecha**		26:3	te **ruego** que me oigas con paciencia
	34	el Rey dirá a los de su **derecha**	Ro	1:10	**rogando** de alguna manera tenga al fin
	26:64	al Hijo del Hombre sentado a la **diestra**	2 Co	5:20	os **rogamos** en nombre de Cristo
	27:29	pusieron...una caña en su mano **derecha**		8:4	pidiéndo**nos** con muchos ruegos que les
	28	dos ladrones, uno a la **derecha**, y otro	Gá	4:12	Os **ruego**, hermanos, que os hagáis como yo
Mr	10:37	nos sentemos el uno a tu **derecha**, y el otro	1 Ts	3:10	**orando** de noche y de día con gran
	40	pero el sentaros a mi **derecha** y a mi			
	12:36	Siéntate a mi **diestra**, hasta que ponga	1189A		δέος ** — déos
	14:62	al Hijo del Hombre sentado a la **diestra**	He	12:28	sirvamos a Dios agradándole con temor y
	15:27	a dos ladrones, uno a su **derecha**			reverencia; (WH, N, ABMW)
	16:5	vieron a un joven sentado al lado **derecho**			
	19	[y se sentó a la **diestra** de Dios]	1190		Δερβαῖος — Derbáios
Lc	1:11	un ángel del Señor puesto en pie a la	Hch	20:4	Gayo de **Derbe**
		derecha del altar			
	6:6	un hombre que tenía seca la mano **derecha**	1191		Δέρβη — Derbe
	20:42	Siéntate a mi **diestra**	Hch	14:6	huyeron a Listra y **Derbe**
	22:50	y le cortó la oreja **derecha**		20	salió con Bernabé para **Derbe**
	69	el Hijo del Hombre se sentará a la **diestra**		16:1	Después llegó a **Derbe** y a Listra
	23:33	a los malhechores, uno a la **derecha** y otro			
Jn	18:10	le cortó la oreja **derecha**	1192		δέρμα — dérma
	21:6	Echad la red a la **derecha** de la barca,	He	11:37	cubiertos con **pieles** de ovejas
Hch	2:25	Porque está a mi **diestra**, no seré conmovido			
	33	exaltado por la **diestra** de Dios,	1193		δερμάτινος — dermátinos
	34	Siéntate a mi **diestra**,	Mt	3:4	tenía un cinto **de cuero**
	3:7	Y tomándole por la mano **derecha**	Mr	1:6	tenía un cinto **de cuero**
	5:31	A éste, Dios ha exaltado con su **diestra**			
	7:55	a Jesús que estaba a la **diestra** de Dios,	1194		δέρω — déro
	56	al Hijo del Hombre que está a la **diestra**	Mt	21:35	tomando a los siervos, a uno **golpearon**
Ro	8:34	el que además está a la **diestra** de Dios	Mr	12:3	Mas ellos, tomándole, le **golpearon**
2 Co	6:7	con armas de justicia a **diestra** y a siniestra		5	**golpeando** a unos y matando a otros
Gá	2:9	nos dieron a mí y a Bernabé la **diestra**		13:9	y en las sinagogas os **azotarán**
Ef	1:20	sentándole a su **diestra** en los lugares			
Col	3:1	donde está Cristo sentado a la **diestra**			
He	1:3	se sentó a la **diestra** de la Majestad			

Lc	12:47	Aquel siervo...recibirá muchos azotes		Col	4:18	Acordaos de mis prisiones
	48	será azotado poco		2 Ti	2:9	sufro penalidades, hasta prisiones
	20:10	pero los labradores le golpearon,		Flm	10	a quien engendré en mis prisiones
	11	mas ellos a éste también, golpeado			13	en lugar tuyo me sirviese en mis prisiones
	22:63	los hombres...a Jesús...golpeaban		He	10:34	de los presos también os compadecisteis
		(...golpeándole, VM)				(V60, WH, N, ABMW, VHA, VM, NC,
Jn	18:23	y si bien, ¿por qué me golpeas?				BC, BA); de mis prisiones también os
Hch	5:40	después de azotarlos, les intimaron				resentisteis, VA, TR)
	16:37	después de azotarnos públicamente			11:36	y a más de esto prisiones y cárceles
	22:19	ellos saben que yo encarcelaba y azotaba		Jud	6	los ha guardado bajo oscuridad, en prisiones
1 Co	9:26	no como quien golpea el aire,				eternas
2 Co	11:20	si alguno os da de bofetadas, (si os hiere				
		en la cara, VHA)		1200		δεσμοφύλαξ*† — desmofúlax

1195 δεσμεύω — desméuo

Mt	23:4	Porque atan cargas pesadas y
Lc	8:29	y le ataban con cadenas y grillos, (WH, N, ABMW)
Hch	22:4	prendiendo y entregando en cárceles

1196 δεσμέω — desméo

Lc	8:29	le ataban con cadenas (TR)

1197 δέσμη — désme

Mt	13:30	Recoged primero la cizaña, y atadla en manojos

1198 δέσμιος — désmios

Mt	27:15	el gobernador soltar al pueblo un preso,
	16	Y tenían entonces un preso famoso
Mr	15:6	en el día de la fiesta les soltaba un preso
Hch	16:25	y los presos los oían
	27	pensando que los presos habían huído
	23:18	El preso Pablo me llamó y me rogó que
	25:14	Un hombre ha sido dejado preso por Félix
	27	me parece fuera de razón enviar un preso
	28:16	el centurión entregó los presos al prefecto (TR, VM, [BA])
	17	he sido entregado preso desde Jerusalén
Ef	3:1	yo Pablo, prisionero de Cristo Jesús por
	4:1	Yo pues, preso en el Señor, os ruego
2 Ti	1:8	ni de mí, preso suyo, sino participa
Flm	1	Pablo, prisionero de Jesucristo
	9	además, prisionero de Jesucristo
He	10:34	de los presos también os compadecisteis (V60, WH, N, ABMW, VHA, VM, NC, BC, BA); (de mis prisiones también os resentisteis, VA, TR)
	13:3	Acordaos de los presos

1199 δεσμός — desmós

Mr	7:35	y se desató la ligadura de su lengua
Lc	8:29	rompiendo las cadenas
	13:16	¿no se le debía desatar de esta ligadura
Hch	16:26	y las cadenas de todos se soltaron
	20:23	diciendo que me esperan prisiones y
	22:30	le soltó de las cadenas, (TR, VM)
	23:29	digno de muerte o de prision (digno de muerte o de prisiones, VM)
	26:29	tales cual yo soy, excepto estas cadenas!
	31	digna ni de muerte ni prisión (digno de muerte o de prisiones, VM)
Fil	1:7	os tengo en el corazón; y en mis prisiones
	13	mis prisiones se han hecho patentes
	14	cobrando ánimo...con mis prisiones
	16 (17)	añadir aflicción a mis prisiones

1201 δεσμωτήριον — desmotérion

Mt	11:2	al oir Juan, en la cárcel, los hechos
Hch	5:21	y enviaron a la cárcel para que fuesen
	23	Por cierto, la cárcel hemos hallado
	16:26	los cimientos de la cárcel se sacudían

1202 δεσμώτης — desmótes

Hch	27:1	entregaron a Pablo y a algunos otros presos
	42	los soldados acordaron matar a los presos

1203 δεσπότης — despótes

Lc	2:29	Ahora, Señor, despides a tu siervo en paz,
Hch	4:24	Soberano Señor, tú eres el Dios que hiciste
1 Ti	6:1	Tengan a sus amos por dignos de todo
	2	Los que tienen amos creyentes,
2 Ti	2:21	útil al Señor, y dispuesto para toda buena
Tit	2:9	Exhorta a los siervos a que se sujeten a sus amos
1 P	2:18	estad sujetos con todo respeto a vuestros amos; (lit., sujetándoos...)
2 P	2:1	aun negarán al Señor que los rescató (negando aún al Señor que los rescató, VHA)
Jud	4	niegan...a nuestro Señor (lit., negando...)
Ap	6:10	¿Hasta cuándo, Señor, santo y verdadero,

1204 δεῦρο — déuro

Mt	19:21	y ven y sígueme
Mr	10:21	y ven, sígueme, tomando tu cruz
Lc	18:22	y ven, sígueme
Jn	11:43	¡Lázaro, ven fuera!
Hch	7:3	y ven a la tierra que yo te mostraré
	34	ven, te enviaré a Egipto.
Ro	1:13	hasta ahora he sido estorbado
Ap	17:1	Ven acá, y te mostraré la sentencia
	21:9	Ven acá, yo te mostraré la desposada

1205 δεῦτε — déute

Mt	4:19	Venid en pos de mí
	11:28	Venid a mí todos los que estáis trabajados
	21:38	venid, matémosle,
	22:4	venid a las bodas
	25:34	Venid, benditos de mi Padre,
	28:6	Venid, ved el lugar donde fue puesto
Mr	1:17	Venid en pos de mí
	6:31	Venid vosotros aparte a un lugar desierto
	12:7	venid, matémosle,
Lc	20:14	venid, matémosle (TR)
Jn	4:29	venid, ved a un hombre que ha dicho

Jn	21:12	venid, comed	Ap	20:6	la segunda muerte no tiene potestad sobre
Ap	19:17	Venid, y congregaos a la gran cena de Dios		14	Esta es la muerte segunda
				21:8	que es la muerte segunda
1206		δευτεραῖος * — deuteráios		19	el segundo, Zafiro
Hch	28:13	llegamos al segundo día a Puteoli			
			1209		δέχομαι — décomai (déjomai)
1207		δευτερόπρωτος *† — deuteróprotos	Mt	10:14	si alguno no os recibiere, ni oyere
Lc	6:1	Aconteció en un día de reposo (V60, WH, N, ABMW, VHA, VM, NC, BA); (aconteció...en un sábado segundo del primero, VA, TR, BC)		40	El que a vosotros recibe, a mí me recibe el que me recibe a mí, recibe al que me
				41	El que recibe a un profeta y el que recibe a un justo,
				11:14	Y si queréis recibirlo, él es aquel Elías
1208		δεύτερος — déuteros		18:5	cualquiera que reciba en mi nombre a un niño como este, a mí me recibe
Mt	21:30	acercándose al otro, le dijo (TR, ABMW, VM, BC); (llegándose al segundo,... VHA WH, N, NC, BA)	Mr	6:11	si en algún lugar no os recibieren
				9:37	El que reciba en mi nombre a un niño como este, me recibe a mí;
	22:26	también el segundo, y el tercero,			el que a mí me recibe, no me recibe
	39	Y el segundo es semejante		10:15	el que no reciba el reino de Dios como un
	26:42	oró por segunda vez, diciendo: Padre	Lc	2:28	él le tomó en sus brazos,
Mr	12:21	Y el segundo se casó con ella, y murió		8:13	los que habiendo oído, reciben la palabra
	31	Y el segundo es semejante: Amarás		9:5	dondequiera que no os recibieren, (en cuanto a los que no os reciban, BA)
	14:72	Y el gallo cantó la segunda vez			
Lc	12:38	aunque venga a la segunda vigilia		11	les recibió, y les hablaba (acogiéndolos, les hablaba, BC) (TR)
	19:18	vino otro, diciendo: (vino el segundo, diciendo:, VHA)		48	Cualquiera que reciba a este niño a mí me recibe; y cualquiera que me recibe recibe al que me envió
	20:30	la tomó el segundo, el cual también murió			
Jn	3:4	¿Puede acaso entrar por segunda vez		53	Mas no le recibieron, porque su aspecto
	4:54	Esta segunda señal hizo Jesús		10:8	y os reciban, comed lo que os pongan
	9:24	volvieron a llamar (llamaron por segunda vez, VHA)		10	y no os reciban, saliendo por sus
				16:4	me reciban en sus casas
	21:16	Volvió a decirle la segunda vez: Simón		6	Toma tu cuenta, siéntate pronto
Hch	7:13	Y en la segunda, José se dio a conocer a sus		7	Toma tu cuenta, y escribe ochenta
	10:15	Volvió la voz a él la segunda vez		9	os reciban en las moradas eternas
	11:9	me respondió del cielo por segunda vez		18:17	el que no recibe el reino de Dios como un
	12:10	Habiendo pasado la primera y la segunda		22:17	habiendo tomado la copa
	13:33	está escrito...en el salmo segundo	Jn	4:45	los galileos le recibieron, habiendo visto
1 Co	12:28	luego profetas (en segundo lugar profetas, VHA)	Hch	3:21	es necesario que el cielo reciba hasta
				7:38	recibió palabras de vida que darnos
	15:47	el segundo hombre,		59	Señor Jesús, recibe mi espíritu
2 Cc	1:15	para que tuvieseis una segunda gracia,		8:14	oyeron que Samaria había recibido
	13:2	otra vez como si estuviera presente (cuando estaba presente la segunda vez, VM)		11:1	que también los gentiles habían recibido
				17:11	pues recibieron la palabra con toda solicitud
Tit	3:10	después de una y otra amonestación (después de ser amonestado por primera y segunda vez, VHA)		21:17	los hermanos nos recibieron con gozo (TR)
				22:5	de quienes también recibí cartas (de quienes además habiendo recibido cartas, BC)
He	8:7	no se hubiera procurado lugar para el segundo		28:21	Nosotros ni hemos recibido de Judea cartas
	9:3	Tras el segundo velo estaba la parte	1 Co	2:14	el hombre natural no percibe las cosas (el hombre carnal no recibe las cosas, VHA)
	7	pero en la segunda parte, sólo el sumo			
	28	aparecerá por segunda vez, sin relación con	2 Co	6:1	a que no recibáis en vano la gracia de Dios
	10:9	para establecer esto último (para establecer lo segundo, VHA)		7:15	cómo lo recibisteis con temor y temblor
				8:4	pidiéndonos con muchos ruegos que les concediésemos el privilegio de participar en este servicio (pidiéndonos con muchos ruegos, que aceptásemos la gracia y la comunicación del servicio, VA, TR)
2 P	3:1	esta es la segunda carta que os escribo,			
Jud	5	después destruyó a los que no creyeron (lit., la segunda vez destruyó...)			
Ap	2:11	no sufrirá daño de la segunda muerte		17	recibí la exhortación
	4:7	el segundo era semejante a un becerro		11:4	otro evangelio que el que habéis aceptado (otro evangelio que no aceptasteis, VM)
	6:3	cuando abrió el segundo sello			
		oí al segundo ser viviente		16	recibidme como a loco
	8:8	El segundo ángel tocó la trompeta	Gá	4:14	me recibisteis como a un ángel de Dios,
	11:14	El segundo ay pasó	Ef	6:17	Y tomad el yelmo de la salvación
	14:8	Otro ángel le siguió (TR); (siguió un segundo ángel, VHA, NC); (otro ángel, el segundo, le siguió, VM, WH, N, ABMW, BA); (otro segundo le siguió, BC)	Fil	4:18	habiendo recibido de Epafrodito lo que
			Col	4:10	si fuere a vosotros, recibidle
			1 Ts	1:6	recibiendo la palabra en medio de gran
	16:3	El segundo ángel derramó su copa sobre el		2:13	la recibisteis no como palabra de hombres
	19:3	Otra vez dijeron: ¡Aleluya! (Y por segunda vez dijeron: ¡Aleluya!, VHA)	2 Ts	2:10	por cuanto no recibieron el amor

δέω 1210   229   1220 δηνάριον

He	11:31	habiendo recibido a los espías en paz
Stg	1:21	recibid con mansedumbre la palabra

1210 δέω – déo

Mt	12:29	si primero no le ata?
	13:30	Recoged primero la cizaña, y atadla en manojos
	14:3	Herodes...le había encadenado (Herodes... lo había atado, BA)
	16:19	todo lo que atares en la tierra será atado en los cielos (todo lo que ates en la tierra habrá sido atado en los cielos, BA)
	18:18	todo lo que atéis en la tierra, será atado en el cielo; (todo lo que atéis en la tierra habrá sido atado en los cielos, BA)
	21:2	luego hallaréis una asna atada
	22:13	Atadle de pies y manos, y echadle (lit., habiéndole atado...)
	27:2	le llevaron atado, y le entregaron (habiéndole atado, le llevaron, VHA)
Mr	3:27	si antes no le ata, (si primero no ata al fuerte, NC)
	5:3	nadie podía atarle, ni aun con cadenas
	4	muchas veces había sido atado con grillos
	6:17	y le había encadenado en la cárcel
	11:2	hallaréis un pollino atado
	4	Fueron, y hallaron el pollino atado
	15:1	llevaron a Jesús atado, (habiendo atado a Jesús, le llevaron, VHA)
	7	Barrabás, preso con sus compañeros
Lc	13:16	que Satanás había atado
	19:30	hallaréis un pollino atado
Jn	11:44	salió, atadas las manos y los pies
	18:12	prendieron a Jesús y le ataron
	24	Anás entonces le envió atado a Caifás
	19:40	lo envolvieron en lienzos con especias
Hch	9:2	los trajese presos a Jerusalén
	14	para prender a todos los que invocan
	21	para llevarlos presos ante los principales
	10:11	atado de las cuatro puntas (TR, NC, BC)
	12:6	sujeto con dos cadenas,
	20:22	ligado yo en espíritu
	21:11	atándose los pies y las manos, dijo Así atarán los judíos en Jerusalén
	13	estoy dispuesto no sólo a ser atado
	33	le prendió y le mandó atar
	22:5	para traer presos a Jerusalén
	29	tuvo temor por haberlo atado
	24:27	dejó preso a Pablo
Ro	7:2	la mujer casada está sujeta por la ley
1 Co	7:27	¿Estás ligado a mujer?
	39	La mujer casada está ligada por la ley
Col	4:3	por el cual también estoy preso
2 Ti	2:9	mas la palabra de Dios no está presa
Ap	9:14	los cuatro ángeles que están atados
	20:2	lo ató por mil años

1211 δή – dé

Mt	13:23	y da fruto; (el que verdaderamente lleva fruto, VHA)
Lc	2:15	Pasemos, pues, hasta Belén
Hch	13:2	Apartadme a Bernabé (apartadme ahora..., VHA)
	15:36	Volvamos a visitar (Volvamos ahora y visitemos, VHA)
1 Co	6:20	glorificad, pues, a Dios en vuestro cuerpo
2 Co	12:1	Ciertamente no me conviene (TR, BC)

He	2:16	ciertamente no socorrió a los ángeles (WH)

1212 δῆλος – délos

Mt	26:73	tu manera de hablar te descubre (tu dialecto te pone de manifiesto, VM)
1 Co	15:27	claramente se exceptúa aquel (es evidente que está exceptuado aquel, VHA)
Gá	3:11	por la ley ninguno se justifica para con Dios, es evidente,
1 Ti	6:7	sin duda nada podremos sacar (TR)

1213 δηλόω – delóo

1 Co	1:11	he sido informado acerca de vosotros (se me ha hecho saber acerca de vosotros, VHA)
	3:13	porque el día la declarará
Col	1:8	ha declarado vuestro amor en el Espíritu
He	9:8	dando el Espíritu Santo a entender
He	12:27	esta frase: Aún una vez, indica
1 P	1:11	qué tiempo indicaba el Espíritu
2 P	1:14	nuestro Señor Jesucristo me ha declarado

1214 Δημᾶς – Demás

Col	4:14	Os saluda...Demas
2 Ti	4:10	Demas me ha desamparado
Flm	24	Te saludan... Demas y Lucas,

1215 δημηγορέω – demegoréo

Hch	12:21	se sentó en el tribunal y les arengó

1216 Δημήτριος – Demétrios

Hch	19:24	un platero llamado Demetrio,
	38	Que si Demetrio y los artífices que
3 Jn	12	Todos dan testimonio de Demetrio, (a Demetrio le abona el testimonio de todos, BC)

1217 δημιουργός** – demiourgós

He	11:10	cuyo arquitecto y constructor es Dios

1218 δῆμος – démos

Hch	12:22	Y el pueblo aclamaba gritando
	17:5	procuraban sacarlos al pueblo
	19:30	queriendo Pablo salir al pueblo
	33	quería hablar en su defensa ante el pueblo

1219 δημόσιος** – demósios

Hch	5:18	los pusieron en la cárcel pública
	16:37	Después de azotarnos públicamente
	18:28	refutaba públicamente a los judíos
	20:20	he rehuido de anunciaros y enseñaros, públicamente

1220 δηνάριον* – denárion

Mt	18:28	que le debía cien denarios
	20:2	convenido con los obreros en un denario
	9	recibieron cada uno un denario
	10	recibieron cada uno un denario
	13	no conviniste conmigo en un denario?
	22:19	Y ellos le presentaron un denario
Mr	6:37	compremos pan por doscientos denarios
	12:15	Traedme la moneda (Traedme un denario, VHA)
	14:5	vendido por más de trescientos denarios
Lc	7:41	el uno le debía quinientos denarios
	10:35	sacó dos denarios, y los dio al mesonero

δήποτε 1221   230   1241 διαζώννυμι

Lc	20:24	Mostradme la moneda. (Mostradme un denario, VHA)		1 Jn	3:8	para deshacer las obras del diablo
					10	los hijos de Dios, y los hijos del diablo
Jn	6:7	Doscientos denarios de pan no bastarían		Jud	9	cuando....contendía con el diablo
	12:5	vendido por trescientos denarios		Ap	2:10	He aquí, el diablo echará a algunos
Ap	6:6	Dos libras de trigo por un denario			12:9	que se llama diablo y Satanás
		seis libras de cebada por un denario			12	porque el diablo ha descendido a vosotros
					20:2	la serpiente antigua, que es el diablo
1221		δήποτε – dépote			10	Y el diablo que los engañaba
Jn	5:4	quedaba sano de cualquier enfermedad		**1229**		διαγγέλλω – diaggéllo (dianguélo)
1222		δήπου – dépou		Lc	9:60	y tú vé, y anuncia el reino de Dios
				Hch	21:26	para anunciar el cumplimiento de los días
He	2:16	ciertamente no socorrió a los ángeles (TR, N, ABMW)		Ro	9:17	para que mi nombre sea anunciado
				1230		διαγίνομαι** – diagínomai (diaguínomai)
				Mr	16:1	Cuando pasó el día de reposo,
1224		διαβαίνω – diabáino		Hch	25:13	Pasados algunos días, el rey Agripa
Lc	16:26	los que quisieren pasar de aquí			27:9	habiendo pasado mucho tiempo
Hch	16:9	Pasa a Macedonia y ayúdanos				
He	11:29	Por la fe pasaron el Mar Rojo		**1231**		διαγινώσκω – diaginósko (diaguinósko)
				Hch	23:15	como que queréis indagar alguna cosa
1225		διαβάλλω – diabállo (diabálo)			24:22	acabaré de conocer de vuestro asunto
Lc	16:1	éste fue acusado ante él				
				1232		διαγνωρίζω – diagnorízo (diagnorídzo)
1226		διαβεβαιόομαι* – diabebaióomai		Lc	2:17	al verlo, dieron a conocer lo que (TR)
1 Ti	1:7	ni lo que hablan ni lo que afirman				
Tit	3:8	quiero que insistas con firmeza		**1233**		διάγνωσις** – diágnosis
				Hch	25:21	para que se le reservase para el conocimiento
1227		διαβλέπω* – diablépo				
Mt	7:5	y entonces verás bien para sacar la paja		**1234**		διαγογγύζω† – diagoggúzo (diagongúdzo)
Mr	8:25	le hizo que mirase (TR); (el hombre miró fijamente, VHA, WH, N, ABMW, VM, NC, BC, BA)		Lc	15:2	los fariseos y los escribas murmuraban
					19:7	murmuraban, diciendo que había entrado
Lc	6:42	y entonces verás bien para sacar la paja				
				1235		διαγρηγορέω*† – diagregoréo
1228		διάβολος – diábolos		Lc	9:32	mas permaneciendo despiertos, (pero cuando estuvieron bien despiertos, BA)
Mt	4:1	para ser tentado por el diablo				
	5	Entonces el diablo le llevó a la santa		**1236**		διάγω – diágo
	8	le llevó el diablo a un monte muy alto		1 Ti	2:2	para que vivamos quieta y reposadamente
	11	El diablo entonces le dejó		Tit	3:3	viviendo en malicia y envidia
	13:39	El enemigo que la sembró es el diablo				
	25:41	preparado para el diablo y sus ángeles		**1237**		διαδέχομαι – diadécomai (diadéjomai)
Lc	4:2	y era tentado por el diablo		Hch	7:45	El cual, recibido a su vez por nuestros
	3	Entonces el diablo le dijo: Si eres				
	5	le llevó el diablo a un monte alto (lit., habiéndole llevado...) (TR, VHA)		**1238**		διάδημα – diádema
				Ap	12:3	y en sus cabezas siete diademas
	6	le dijo el diablo: A ti te daré			13:1	y en sus cuernos diez diademas
	13	cuando el diablo hubo acabado toda			19:12	y había en su cabeza muchas diademas
	8:12	luego viene el diablo y quita				
Jn	6:70	uno de vosotros es diablo?		**1239**		διαδίδωμι – diadídomi
	8:44	sois de vuestro padre el diablo		Lc	11:22	le vence,...y reparte el botín
	13:2	como el diablo ya había puesto			18:22	vende todo lo que tienes, y dalo a los
Hch	10:38	sanando a todos los oprimidos por el diablo		Jn	6:11	los repartió entre los discípulos
	13:10	engaño y de toda maldad, hijo del diablo		Hch	4:35	se repartía a cada uno según su necesidad
Ef	4:27	ni deis lugar al diablo		Ap	17:13	entregarán su poder (TR)
	6:11	firmes contra las asechanzas del diablo				
1 Ti	3:6	caiga en la condenación del diablo		**1240**		διάδοχος – diádocos (diádojos)
	7	para que no caiga.. en lazo del diablo		Hch	24:27	recibió Félix por sucesor a Porcio
	11	Las mujeres.. sean...no calumniadoras				
2 Ti	2:26	y escapen del lazo del diablo		**1241**		διαζώννυμι – diazónnumi (diadzónnumi)
	3:3	sin afecto natural,. .calumniadoras		Jn	13:4	tomando una toalla, se la ciñó
Tit	2:3	Las ancianas...no calumniadoras			5	con la toalla con que estaba ceñido
He	2:14	esto es, al diablo			21:7	Simón Pedro,...se ciñó la ropa
Stg	4:7	resistid al diablo				
1 P	5:8	vuestro adversario el diablo, como león				
1 Jn	3:8	El que practica el pecado es del diablo porque el diablo peca desde				

διαθήκη 1242		1248 διακονία

1242 διαθήκη — diathéke
- Mt 26:28 esto es mi sangre del nuevo pacto
- Mr 14:24 Esto es mi sangre del nuevo pacto
- Lc 1:72 acordarse de su santo pacto
- 22:20 Esta copa es el nuevo pacto
- Hch 3:25 del pacto que Dios hizo
- 7:8 Y le dio el pacto de la circuncisión
- Ro 9:4 de los cuales son...el pacto (B); (...los pactos, VHA, TR, WH, N, ABMW, VM, NC, BC, BA)
- 11:27 Y este será mi pacto con ellos
- 1 Co 11:25 Esta copa es el nuevo pacto
- 2 Co 3:6 ministros competentes de un nuevo pacto
- 14 cuando leen el antiguo pacto, (en la lectura del antiguo testamento, BC)
- Gá 3:15 Un pacto, aunque sea de hombre, una vez
- 17 el pacto previamente ratificado
- 4:24 pues estas mujeres son los dos pactos
- Ef 2:12 ajenos a los pactos de la promesa
- He 7:22 Jesús es hecho fiador de un mejor pacto
- 8:6 es mediador de un mejor pacto
- 8 estableceré...un nuevo pacto
- 9 No como el pacto que hice con sus padres ellos no permanecieron en mi pacto
- 10 este es el pacto que haré con la casa
- 9:4 el cual tenía...el arca del pacto y las tablas del pacto
- 15 por eso es mediador de un nuevo pacto que había bajo el primer pacto
- 16 donde hay testamento, es necesario
- 17 el testamento con la muerte se confirma
- 20 Esta es la sangre del pacto
- 10:16 Este es el pacto que haré con ellos
- 29 tuviere por inmunda la sangre del pacto
- 12:24 Jesús el Mediador del nuevo pacto
- 13:20 por la sangre del pacto eterno, os haga
- Ap 11:19 y el arca de su pacto se veía en el templo

1243 διαίρεσις — diáiresis
- 1 Co 12:4 hay diversidad de dones
- 5 hay diversidad de ministerios
- 6 hay diversidad de operaciones,

1244 διαιρέω — diairéo
- Lc 15:12 y les repartió los bienes
- 1 Co 12:11 el mismo Espíritu, repartiendo a cada uno

1245 διακαθαίρω* — diakatháiro
- Lc 3:17 limpiará su era, (WH, N, ABMW)

1245 A διακαθαρίζω*† — diakatharízo (diakatharídzo)
- Mt 3:12 y limpiará su era;
- Lc 3:17 limpiará su era (TR)

1246 διακατελέγχομαι*† — diakatelégcomai (diakatelénjomai)
- Hch 18:28 con gran vehemencia refutaba públicamente

1247 διακονέω* — diakonéo
- Mt 4:11 vinieron ángeles y le servían
- 8:15 ella se levantó, y les servía
- 20:28 no vino para ser servido, sino para servir
- 25:44 y no te servimos?
- 27:55 las cuales habían seguido...sirviéndole
- Mr 1:13 los ángeles le servían
- 1:31 la dejó la fiebre, y ella les servía
- 10:45 no vino para ser servido, sino para servir
- 15:41 le seguían y le servían
- Lc 4:39 levantándose ella al instante, les servía
- 8:3 otras muchas que le servían de sus bienes
- 10:40 mi hermana me deje servir sola?
- 12:37 vendrá a servirles. (llegándose, les servirá, VHA)
- 17:8 Prepárame la cena, cíñete, y sírveme
- 22:26 y el que dirige, como el que sirve
- 27 ¿cuál es mayor,...o el que sirve? estoy entre vosotros como el que sirve
- Jn 12:2 Marta servía, y Lázaro era uno
- 26 Si alguno me sirve, sígame Si alguno me sirviere, mi Padre le honrará
- Hch 6:2 dejemos la palabra de Dios, para servir
- 19:22 dos de los que le ayudaban
- Ro 15:25 voy a Jerusalén para ministrar
- 2 Co 3:3 sois carta de Cristo expedida por nosotros
- 8:19 donativo, que es administrado por nosotros
- 20 ofrenda abundante que administramos (caudal administrado por nosotros, VM)
- 1 Ti 3:10 entonces ejerzan el diaconado
- 13 los que ejerzan bien el diaconado
- 2 Ti 1:18 Y cuánto nos ayudó en Efeso
- Flm 13 para que en lugar tuyo me sirviese
- He 6:10 habiendo servido a los santos y sirviéndoles
- 1 P 1:12 sino para nosotros, administraban las cosas
- 4:10 cada uno según el don que ha recibido, minístrelo (ministrando cada uno a los otros según el don que haya recibido, VHA)
- 11 si alguno ministra, ministre

1248 διακονία* — diakonía
- Lc 10:40 Marta se preocupaba con muchos quehaceres (Marta se afanaba en mucho servicio, VHA)
- Hch 1:17 tenía parte en este ministerio
- 25 para que tome la parte de este ministerio
- 6:1 eran desatendidas en la distribución (eran mal atendidas en el servicio cotidiano, NC)
- 4 en la oración y en el ministerio
- 11:29 determinaron enviar socorro a los hermanos (determinaron enviar una contribución para el socorro de los hermanos, BA)
- 12:25 Bernabé y Saulo, cumplido su servicio
- 20:24 el ministerio que recibí del Señor Jesús,
- 21:19 había hecho entre los gentiles por su ministerio
- Ro 11:13 honro mi ministerio
- 12:7 si de servicio, en servir; (si ministerio, en el ministerio, BC)
- 15:31 la ofrenda de mi servicio a los santos en Jerusalén (mi servicio a Jerusalén..BA)
- 1 Co 12:5 hay diversidad de ministerios,
- 16:15 se han dedicado al servicio de los santos
- 2 Co 3:7 si el ministerio de muerte grabado con letras
- 8 no será más bien con gloria el ministerio
- 9 el ministerio de condenación fue con gloria mucho más abundará en gloria el ministerio
- 4:1 teniendo nosotros este ministerio
- 5:18 nos dio el ministerio de la reconciliación
- 6:3 para que nuestro ministerio no sea
- 8:4 en este servicio para los santos
- 9:1 Cuanto a la ministración para los santos
- 12 la ministración de este servicio no solamente

2 Co	9:13	por la experiencia de esta ministración	Mr	11:23	no dudare en su corazón,
	11:8	salario para serviros a vosotros (socorros	Hch	10:20	desciende, y no dudes de ir con ellos
		para vuestro servicio, BC)		11:2	disputaban con él
Ef	4:12	perfeccionar...para la obra del ministerio		12	que fuese con ellos sin dudar
Col	4:17	Mira que cumplas el ministerio (...atiendas		15:9	ninguna diferencia hizo entre nosotros
		al ministerio, VHA)	Ro	4:20	Tampoco dudó por incredulidad
1 Ti	1:12	poniéndome en el ministerio,		14:23	Pero el que duda sobre lo que come,
2 Ti	4:5	cumple tu ministerio	1 Co	4:7	porque ¿quién te distingue
	11	porque me es útil para el ministerio		6:5	uno, que pueda juzgar
He	1:14	enviados para servicio		11:29	sin discernir el cuerpo
Ap	2:19	Yo conozco tus obras...y servicio		31	Si, pues, nos examinásemos
				14:29	hablen dos o tres, y los demás juzguen
1249		διάκονος — diákonos	Stg	1:6	Pero pida con fe, no dudando nada; porque
Mt	20:26	será vuestro servidor			el que duda
	22:13	el rey dijo a los que servían: (dijo el rey a		2:4	¿no hacéis distinciones entre vosotros
		los servidores, VHA)	Jud	9	disputando con él por el cuerpo de Moisés
	23:11	el mayor de vosotros, sea vuestro siervo		22	A algunos que dudan, convencedlos (V60,
		(el mayor entre vosotros será vuestro			MSS, VM, NC, BC); (de algunos que
		siervo, VHA)			fluctúan, tened misericordia, VHA, WH,
Mr	9:35	será... el servidor de todos			N, ABMW, BA); (lit., de algunos tened
	10:43	será vuestro servidor			misericordia, haciendo una distinción, TR)
Jn	2:5	Su madre dijo a los que servían (Dice su			
		madre a los sirvientes, VM)	**1253**		διάκρισις — diákrisis
	9	aunque lo sabían los sirvientes	Ro	14:1	pero no para contender sobre opiniones
	12:26	allí también estará mi servidor	1 Co	12:10	a otro, discernimiento de espíritus
Ro	13:4	porque es servidor de Dios para tu bien	He	5:14	en el discernimiento del bien y del mal
		pues es servidor de Dios, vengador			
	15:8	Cristo Jesús vino a ser siervo	**1254**		διακωλύω** — diakolúo
	16:1	Febe, la cual es diaconisa	Mt	3:14	Mas Juan se le oponía, diciendo
1 Co	3:5	Servidores por medio de los cuales habéis			
2 Co	3:6	nos hizo ministros competentes	**1255**		διαλαλέω** — dialaléo
	6:4	nos recomendamos en todo como ministros	Lc	1:65	en todas las montañas de Judea se divulgaron
	11:15	no es extraño si también sus ministros		6:11	hablaban entre sí qué podrían hacer
		se disfrazan como ministros de justicia			
	23	¿Son ministros de Cristo?	**1256**		διαλέγομαι — dialégomai
Gá	2:17	¿es por eso Cristo ministro de pecado?	Mr	9:34	habían disputado entre sí
Ef	3:7	del cual yo fui hecho ministro por el don	Hch	17:2	por tres días de reposo discutió con ellos
	6:21	hermano amado y fiel ministro en el Señor		17	discutía en la sinagoga
Fil	1:1	con los obispos y diáconos		18:4	discutía en la sinagoga
Col	1:7	Epafras,...que es un fiel ministro		19	discutía con los judíos
	23	del cual yo Pablo fui hecho ministro		19:8	discutiendo y persuadiendo acerca del
	25	de la cual fui hecho ministro		9	discutiendo cada día en la escuela
	4:7	Tíquico, amado hermano y fiel ministro		20:7	Pablo les enseñaba, (Pablo...disertaba con
1 Ts	3:2	Timoteo...servidor de Dios (TR, WH, VHA,			ellos, VHA)
		VM, NC, BC)		9	por cuanto Pablo disertaba largamente
1 Ti	3:8	Los diáconos asimismo deben ser honestos		24:12	y no me hallaron disputando con ninguno
	12	Los diáconos sean maridos de una sola		25	al disertar Pablo acerca de la justicia,
	4:6	serás buen ministro de Jesucristo	He	12:5	como a hijos se os dirige
			Jud	9	contendía con el diablo
1250		διακόσιοι — diakósioi			
Mr	6:37	¿Que...compremos pan por doscientos	**1257**		διαλείπω — dialéipo
Jn	6:7	Doscientos denarios de pan no bastarían	Lc	7:45	no ha cesado de besar mis pies
	21:8	no distaban de tierra sino como doscientos			
Hch	23:23	que preparasen...doscientos soldados	**1258**		διάλεκτος — diálektos
		y doscientos lanceros,	Hch	1:19	se llama en su propia lengua, Acéldama
	27:37	todas las personas en la nave doscientas		2:6	cada uno les oía hablar en su propia lengua
		setenta y seis (TR, N, ABMW, VHA, VM,		8	hablar cada uno en nuestra lengua
		NC, BC, BA)		21:40	habló en lengua hebrea, diciendo
Ap	11:3	que profeticen por mil doscientos sesenta		22:2	al oír que les hablaba en lengua hebrea
	12:6	para que allí la sustenten por mil doscientos		26:14	decía en lengua hebrea
1251		διακούω — diakóuo (diakúo)	**1259**		διαλλάσσομαι — diallássomai (dialásomai)
Hch	23:35	Te oiré cuando vengan tus acusadores	Mt	5:24	reconcíliate primero con tu hermano
1252		διακρίνω — diakríno	**1260**		διαλογίζομαι — dialogízomai
Mt	16:3	sabéis distinguir el aspecto del cielo			(dialoguídzomai)
	21:21	si tuviereis fe, y no dudareis	Mt	16:7	Ellos pensaban dentro de sí, diciendo

διαλογισμός 1261		233		1273 διανυκτερεύω
Mt	16:8	¿Por qué pensáis dentro de vosotros,	Gá 2:5	la verdad del evangelio permaneciese con
	21:25	Ellos entonces discutían entre sí, diciendo:	He 1:11	Ellos perecerán, mas tú permaneces
Mr	2:6	cavilaban en sus corazones (razonando en sus corazones, BA)	2 P 3:4	todas las cosas permanecen
	8	conociendo...que cavilaban de esta manera ¿Por qué caviláis así en vuestros corazones	1266	διαμερίζω — diamerízo (diamerídzo)
	8:16	discutían entre sí, diciendo:	Mt 27:35	repartieron entre sí sus vestidos
	17	¿Qué discutís, porque no tenéis pan?		Partieron entre sí mis vestidos (TR, VM)
	9:33	¿Qué disputabais entre vosotros	Mr 15:24	repartieron entre sí sus vestidos,
	11:31	discutían entre sí, diciendo: (WH, N, ABMW)	Lc 11:17	Todo reino dividido contra sí mismo,
			18	si también Satanás está dividido contra sí
Lc	1:29	pensaba qué salutación sería esta.	12:52	cinco en una familia estarán divididos
	3:15	preguntándose todos en sus corazones	53	Estará dividido el padre contra el hijo,
	5:21	los fariseos comenzaron a cavilar	22:17	Tomad esto, y repartidlo entre vosotros
	22	¿Qué caviláis en vuestros corazones?	23:34	Y repartieron entre sí sus vestidos
	12:17	Y él pensaba dentro de sí, diciendo:	Jn 19:24	Repartieron entre sí mis vestidos
	20:14	discutían entre sí, diciendo	Hch 2:3	se le aparecieron lenguas repartidas, (vieron
Jn	11:50	ni pensáis que nos conviene (TR)		aparecer lenguas...repartiéndose, BC)
			45	y lo repartían a todos según la necesidad
1261		διαλογισμός — dialogismós (dialoguismós	1267	διαμερισμός — diamerismós
Mt	15:19	del corazón salen los malos pensamientos	Lc 12:51	Os digo: No, sino disensión
Mr	7:21	salen los malos pensamientos		
Lc	2:35	para que sean revelados los pensamientos	1268	διανέμομαι — dianémomai
	5:22	conociendo los pensamientos de ellos	Hch 4:17	para que no se divulgue más entre el pueblo
	6:8	Mas él conocía los pensamientos de ellos,		
	9:46	entraron en discusión (entró en ellos un pensamiento, BC)	1269	διανεύω — dianéuo
	47	percibiendo los pensamientos de sus corazones, (conociendo el pensamiento de su corazón, BC)	Lc 1:22	El les hablaba por señas, (lit., El les estaba hablando por señas)
	24:38	vienen a vuestro corazón estos pensamientos	1270	διανόημα — dianóema
Ro	1:21	se envanecieron en sus razonamientos,	Lc 11:17	Mas él, conociendo los pensamientos
	14:1	pero no para contender sobre opiniones		
1 Co	3:20	El Señor conoce los pensamientos de los	1271	διάνοια — diánoia
Fil	2:14	sin murmuraciones y contiendas	Mt 22:37	con toda tu alma, y con toda tu mente
1 Ti	2:8	manos santas, sin ira ni contienda	Mr 12:30	con toda tu mente y con todas tus fuerzas
Stg	2:4	venís a ser jueces con malos pensamientos?	Lc 1:51	en el pensamiento de sus corazones
			10:27	con todas tus fuerzas, y con toda tu mente
1262		διαλύομαι — dialúomai	Ef 1:18	alumbrando los ojos de vuestro entendimiento (TR, VM)
Hch	5:36	todos los que le obedecían fueron dispersados	2:3	haciendo la voluntad de la carne y de los pensamientos
1263		διαμαρτύρομαι — diamartúromai	4:18	teniendo el entendimiento entenebrecido, (entenebrecidos en su entendimiento, BA)
Lc	16:28	para que les testifique		
Hch	2:40	testificaba y les exhortaba,	Col 1:21	erais...enemigos en vuestra mente
	8:25	habiendo testificado y hablado la palabra	He 8:10	Pondré mis leyes en la mente de ellos
	10:42	testificásemos que él es el que Dios	10:16	en sus mentes las escribiré, (en su mente.. VHA)
	18:5	testificando a los judíos, que Jesús era		
	20:21	testificando a judíos y a gentiles	1 P 1:13	ceñid los lomos de vuestro entendimiento
	23	por todas las ciudades me da testimonio	2 P 3:1	despierto con exhortación vuestro limpio entendimiento
	24	para dar testimonio del evangelio		
	23:11	como has testificado de mí en Jerusalén	1 Jn 5:20	nos ha dado entendimiento para conocer
	28:23	y les testificaba el reino de Dios (exponía el reino de Dios, dando solemne testimonio , VHA)	1272	διανοίγω — dianóigo
1 Ts	4.8	ya os hemos dicho y testificado	Mi 7:34	Éfata, es decir: Sé abierto
1 Ti	5:21	Te encarezco delante de Dios	35	fueron abiertos sus oídos (TR)
2 Ti	2:14	Recuérdales esto, exhortándoles	Lc 2:23	Todo varón que abriere la matriz
	4:1	Te encarezco delante de Dios y del Señor	24:31	entonces les fueron abiertos
He	2:6	alguien testificó en cierto lugar,	32	¿y cuando nos abría las Escrituras?
			45	Entonces les abrió el entendimiento
1264		διαμάχομαι — diamácomai (diamájomai)	Hch 7:56	He aquí, veo los cielos abiertos (WH, N, ABMW)
Hch	23:9	levantándose...los fariseos, contendían,	16:14	el Señor abrió el corazón de ella
1265		διαμένω — diaméno	17:3	declarando y exponiendo por medio
Lc	1:22	les hablaba por señas, y permaneció mudo		
	22:28	los que habéis permanecido conmigo en	1273	διανυκτερεύω — dianukteréuo

1274 διανύω

Hch 21:7 completamos la navegación, saliendo de Tiro (habiendo acabado el viaje desde Tiro, VM)

1275 διαπαντός – diapantós

Mr 5:5	siempre, de día y de noche, andaba (TR)
Lc 24:53	estaban siempre en el templo, (TR)
Hch 10:2	oraba a Dios siempre (TR)
24:16	procuro tener siempre una conciencia (TR)
Ro 11:10	agóbiales la espalda para siempre (TR)
He 9:6	entran los sacerdotes continuamente (TR)
13:15	ofrezcamos siempre a Dios, (TR)

3859 διαπαρατριβή *† – diaparatribé

1 Ti 6:5 disputas necias de hombres corruptos (WH, N, ABMW)

1276 διαπεράω – diaperáo

Mt 9:1	pasó al otro lado y vino a su ciudad
14:34	terminada la travesía vinieron
Mr 5:21	Pasando otra vez Jesús en una barca
6:53	Terminada la travesía, vinieron a tierra
Lc 16:26	ni de allá pasar acá
Hch 21:2	hallando un barco que pasaba a Fenicia

1277 διαπλέω* – diapléo

Hch 27:5 Habiendo atravesado el mar frente a Cilicia

1278 διαπονέομαι – diaponéomai

Hch 4:2	resentidos de que enseñasen al pueblo
16:18	desagradando a Pablo, (indignado Pablo, VHA)

1279 διαπορεύομαι – diaporéuomai

Mr 2:23	Aconteció que al pasar él por los sembrados (WH)
Lc 6:1	pasando Jesús por los sembrados
13:22	Pasaba Jesús por ciudades y aldeas
18:36	al oír a la multitud que pasaba
Hch 16:4	al pasar por las ciudades, (conforme iban pasando por las ciudades, VHA)
Ro 15:24	espero veros al pasar

1280 διαπορέω** – diaporéo

Lc 9:7	Herodes...estaba perplejo, porque decían
24:4	estando ellas perplejas por esto (TR)
Hch 2:12	estaban todos atónitos y perplejos,
5:24	los principales sacerdotes, dudaban
10:17	mientras Pedro estaba perplejo dentro de sí

1281 διαπραγματεύομαι* – diapragmatéuomai

Lc 19:15 para saber lo que había negociado cada uno (TR, N, VHA, VM); (para saber lo que habían ganado negociando, BA, WH, ABMW, NC, BC)

1282 διαπρίω – diaprío

Hch 5:33	oyendo esto, se enfurecían
7:54	Oyendo estas cosas, se enfurecían

1283 διαρπάζω – diarpázo (diarpádzo)

Mt 12:29 saquear sus bienes (TR)

Mt 12:29	entonces podrá saquear su casa
Mr 3:27	Ninguno puede...saquear sus bienes y entonces podrá saquear su casa

1284 δια(ρ)ρήγνυμι – dia(r)régnumi o δια(ρ)ρήσσω

Mt 26:65	el sumo sacerdote rasgó sus vestiduras,
Mr 14:63	el sumo sacerdote, rasgando su vestidura
Lc 5:6	su red se rompía
8:29	rompiendo las cadenas
Hch 14:14	Bernabé y Pablo, rasgaron sus ropas

1285 διασαφέω – diasaféo

Mt 13:36	Explícanos la parábola de la cizaña (WH, N, ABMW)
18:31	refirieron a su señor todo

1286 διασείω – diaséio

Lc 3:14 No hagáis extorsión a nadie

1287 διασκορπίζω – diaskorpízo (diaskorpidzo)

Mt 25:24	recoges donde no esparciste
26	que recojo donde no esparcí
26:31	las ovejas del rebaño serán dispersadas
Mr 14:27	las ovejas serán dispersadas
Lc 1:51	Esparció a los soberbios en el pensamiento
15:13	allí desperdició sus bienes viviendo
16:1	acusado ante él como disipador de sus
Jn 11:52	los hijos de Dios que estaban dispersos
Hch 5:37	los que le obedecían fueron dispersados

1288 διασπάω – diaspáo

Mr 5:4	las cadenas habían sido hechas pedazos
Hch 23:10	teniendo temor de que Pablo fuese despedazado

1289 διασπείρω – diaspéiro

Hch 8:1	todos fueron esparcidos por las tierras
4	los que fueron esparcidos iban por todas
11:19	los que habían sido esparcidos a causa de la persecución

1290 διασπορά – diasporá

Jn 7:35	¿Se irá a los dispersos entre los griegos (...a la dispersión..., BA)
Stg 1:1	a las doce tribus que están en la dispersión
1 P 1:1	Pedro,...a los expatriados de la dispersión

1291 διαστέλλομαι – diastéllomai (diastélomai)

Mt 16:20	Entonces mandó a sus discípulos (TR, ABMW)
Mr 5:43	él les mandó mucho que nadie lo supiese
7:36	les mandó que no lo dijesen a nadie cuanto más les mandaba
8:15	él les mandó, diciendo: Mirad
9:9	les mandó que a nadie dijesen
Hch 15:24	a los cuales no dimos orden
He 12:20	no podían soportar lo que se ordenaba

1292 διάστημα – diástema

Hch 5:7 Pasado un lapso como de tres horas

1293 διαστολή – diastolé

Ro 3:22	no hay diferencia, por cuanto todos
10:12	no hay diferencia entre judío y griego

διαστρέφω 1294

1 Co 14:7 si no dieren **distinción** de voces,

1294 διαστρέφω – diastréfo

Mt	17:17	¡Oh generación incrédula y **perversa**!
Lc	9:41	¡Oh generación incrédula y **perversa**!
	23:2	A éste hemos hallado que **pervierte**
Hch	13:8	procurando **apartar** de la fe al procónsul
	10	¿No cesarás de **trastornar**
	20:30	hombres que hablen **cosas perversas**
Fil	2:15	de una generación maligna y **perversa**

1295 διασώζω – diasózo (diasódzo)

Mt	14:36	todos los que lo tocaron, **quedaron sanos**
Lc	7:3	Y rogándole que viniese y **sanase**
Hch	23:24	le **llevasen en salvo** a Félix
	27:43	el centurión, queriendo **salvar** a Pablo
	44	Y así aconteció que todos **se salvaron**
	28:1	**Estando ya a salvo**, supimos que la isla
	4	**escapado** del mar, la justicia no deja vivir
1 P	3:20	ocho, **fueron salvadas** por agua

1296 διαταγή† – diatagé (diatagué)

Hch	7:53	recibisteis la ley por **disposición** de ángeles
Ro	13:2	a **lo establecido** por Dios resiste; (a la **ordenación** de Dios resiste, VHA)

1297 διάταγμα – diátagma

He	11:23	no temieron el **decreto** del rey

1298 διαταράσσομαι** – diatarássomai o διαταράσσω

Lc	1:29	cuando le vió, **se turbó** por sus palabras

1299 διατάσσω – diatásso

Mt	11:1	Cuando Jesús terminó de **dar instrucciones**
Lc	3:13	No exijáis más de lo que os **está ordenado**
	8:55	él **mandó** que se le diese de comer
	17:9	hizo lo que se le **había mandado**?
	10	todo lo que os ha sido **ordenado**
Hch	7:44	como **había ordenado** Dios
	18:2	Claudio **había mandado** que todos
	20:13	ya que así lo había **determinado**
	23:31	tomando a Pablo como se les **ordenó**
	24:23	**mandó** al centurión que se custodiase
1 Co	7:17	esto **ordeno** en todas las iglesias
	9:14	Así también **ordenó** el Señor
	11:34	Las demás cosas las **pondré en orden**
	16:1	haced vosotros también de la manera que **ordené**
Gá	3:19	fue **ordenada** por medio de ángeles
Tit	1:5	así como yo te **mandé**

1300 διατελέω – diateléo

Hch	27:33	**permanecéis** en ayunas, sin comer nada

1301 διατηρέω – diateréo

Lc	2:51	su madre **guardaba** todas estas cosas
Hch	15:29	de las cuales si os **guardareis**, (**Guardándoos** cuidadosamente de estas cosas, VHA)

1302 διατί – diatí

Mt	9:11	¿**Por qué** come vuestro Maestro (TR)
	14	¿**Por qué** nosotros y los fariseos (TR)
	13:10	¿**Por qué** les hablas por parábolas? (TR)
	15:2	¿**Por qué** tus discípulos quebrantan (TR)

1308 διαφέρω

Mt	15:3	¿**Por qué** también vosotros quebrantáis (TR)
	17:19	**Por qué** nosotros no pudimos (TR)
	21:25	¿**Por qué**...no le creísteis? (TR)
Mr	2:18	¿**Por qué** los discípulos de Juan (TR)
	7:5	¿**Por qué** tus discípulos no andan (TR)
	11:31	¿**Por qué**...no le creísteis? (TR)
Lc	5:30	¿**Por qué** coméis y bebéis (TR)
	33	¿**Por qué** los discípulos de Juan (TR)
	19:23	**por qué**...no pusiste mi dinero (TR)
	31	¿**Por qué** lo desatáis? (TR)
	20:5	¿**Por qué**...no le creísteis? (S)
	24:38	¿**Por qué**...vienen a vuestro corazón (TR)
Jn	7:45	¿**Por qué** no le habéis traído? (TR)
	8:43	¿**Por qué** no entendéis (TR)
	46	¿**por qué** vosotros no me creéis? (TR)
	12:5	¿**Por qué** no fue este perfume vendido
	13:37	¿**por qué** no te puedo seguir (TR)
Hch	5:3	¿**por qué** llenó Satanás tu corazón (TR)
Ro	9:32	¿**Por qué**? Porque iban tras ella (TR)
1 Co	6:7	¿**Por qué** no sufrís más bien el agravio? (TR) ¿**Por qué** no sufrís más bien el ser defraudados? (TR)
2 Co	11:11	¿**Por qué**? ¿Porque no os amo? (TR)
Ap	17:7	¿**Por qué** te asombras (TR)

1303 διατίθημι – diatíthemi o διατίθεμαι

Lc	22:29	Yo, pues, os **asigno** un reino. como mi Padre me lo **asignó** a mí,
Hch	3:25	del pacto que Dios **hizo**
He	8:10	el pacto que **haré** con la casa de Israel
	9:16	que intervenga muerte del **testador**
	17	entre tanto que el **testador** vive
	10:16	Este es el pacto que **haré** con ellos

1304 διατρίβω – diatríbo

Jn	3:22	**estuvo** allí con ellos,
	11:54	se **quedó** allí con sus discípulos (TR, ABMW)
Hch	12:19	descendió de Judea a Cesarea y **se quedó**
	14:3	Por tanto, **se detuvieron** allí mucho tiempo
	28	**se quedaron** allí mucho tiempo
	15:35	Bernabé **continuaron** en Antioquía
	16:12	**estuvimos** en aquella ciudad algunos días (lit., estuvimos...**quedándonos**)
	20:6	en Troas, donde **nos quedamos** siete días
	25:6	**deteniéndose** entre ellos
	14	como **estuvieron** allí muchos días, (como se **detuviesen**..., VHA)

1305 διατροφή** – diatrofé

1 Ti	6:8	teniendo **sustento** y abrigo,

1306 διαυγάζω** – diaugázo (diaugádzo)

2 P	1:19	hasta que el día **esclarezca**

1307 A διαυγής** – diaugés (diaugués)

Ap	21:21	**transparente** como vidrio (WH, N, ABMW)

1307 διαφανής – diafanés

Ap	21:21	**transparente** como vidrio (TR)

1308 διαφέρω – diaféro

Mt	6:26	No **valéis** vosotros mucho **más que ellas**?
	10:31	**más valéis** vosotros que muchos pajarillos
	12:12	¿cuánto **más vale** un hombre que una oveja
Mr	11:16	que nadie **atravesase** el templo llevando utensilio alguno (que nadie **llevase**

διαφεύγω 1309

		a través del Templo utensilio alguno, VHA)
Lc	12:7	más valéis vosotros que muchos pajarillos
	24	¿No valéis vosotros mucho más que las
Hch	13:49	la palabra del Señor se difundía
	27:27	siendo llevados a través del mar Adriático
Ro	2:18	instruido por la ley apruebas lo mejor
1 Co	15:41	pues una estrella es diferente de otra
Gá	2:6	nada me importa
	4:1	en nada difiere del esclavo,
Fil	1:10	para que aprobéis lo mejor, (de modo que podáis aprobar las cosas que son excelentes, VM)

1309 διαφεύγω – diaféugo

Hch	27:42	para que ninguno se fugase nadando

1310 διαφημίζω* – diafemízo (diafemídzo)

Mt	9:31	divulgaron la fama de él por toda aquella
	28:15	Este dicho se ha divulgado entre los judíos
Mr	1:45	comenzó... a divulgar el hecho

1311 διαφθείρω – diaftheíro

Lc	12:33	donde ladrón no llega, ni polilla destruye
2 Co	4:16	este nuestro hombre exterior se va desgastando
1 Ti	6:5	de hombres corruptos de entendimiento
Ap	8:9	la tercera parte de las naves fue destruida
	11:18	de destruir a los que destruyen la tierra

1312 διαφθορά – diafthorá

Hch	2:27	Ni permitirás que tu Santo vea corrupción
	31	ni su carne vio corrupción
	13:34	para nunca más volver a corrupción
	35	No permitirás que tu Santo vea corrupción
	36	David,...vio corrupción
	37	aquel...no vio corrupción

1313 διάφορος – diáforos

Ro	12:6	teniendo diferentes dones
He	1:4	heredó más excelente nombre que ellos
	8:6	tanto mejor ministerio es el suyo (ha obtenido tanto mejor ministerio, VHA)
	9:10	de diversas abluciones, y ordenanzas

1314 διαφυλάσσω – diafulásso

Lc	4:10	mandará acerca de ti, que te guarden

1315 διαχειρίζω* – diaceirízo (diajeirídzo) o διαχειρίζομαι

Hch	5:30	Jesús, a quien vosotros matasteis
	26:21	prendiéndome...intentaron matarme

1315A διαχλευάζω* – diacleuázo (diajleuádzo)

Hch	2:13	Mas otros, burlándose, decían (WH, N, ABMW)

1316 διαχωρίζομαι – diacorízomai (diajorídzomai)

Lc	9:33	sucedió que apartándose ellos de él

1317 διδακτικός*† – didaktikós

1 Ti	3:2	que el obispo sea...apto para enseñar
2 Ti	2:24	debe ser...apto para enseñar

1318 διδακτός – didaktós

1320 διδάσκαλος

Jn	6:45	serán todos enseñados por Dios
1 Co	2:13	no con palabras enseñadas por sabiduría sino con las que enseña el Espíritu, (sino con las enseñadas por el Espíritu, VHA)

1319 διδασκαλία – didaskalía

Mt	15:9	Enseñando como doctrinas, mandamientos
Mr	7:7	Enseñando como doctrinas mandamientos
Ro	12:7	el que enseña, en la enseñanza
	15:4	para nuestra enseñanza se escribieron
Ef	4:14	por doquiera de todo viento de doctrina,
Col	2:22	mandamientos y doctrinas de hombres
1 Ti	1:10	para cuanto se oponga a la sana doctrina
	4:1	escuchando...doctrinas de demonios
	6	nutrido con...la buena doctrina
	13	ocúpate en ...la enseñanza
	16	Ten cuidado de ti mismo y de la doctrina
	5:17	en predicar y enseñar (...la enseñanza, NC)
	6:1	el nombre de Dios y la doctrina
	3	y a la doctrina que es conforme a la piedad
2 Ti	3:10	Pero tú has seguido mi doctrina,
	16	útil para enseñar, (...para enseñanza, VM)
	4:3	no sufrirán la sana doctrina
Tit	1:9	exhortar con sana enseñanza
	2:1	de acuerdo con la sana doctrina
	7	en la enseñanza mostrando integridad
	10	para que en todo adornen la doctrina

1320 διδάσκαλος** – didáskalos

Mt	8:19	Maestro, te seguiré
	9:11	¿Por qué come vuestro Maestro
	10:24	El discípulo no es más que su maestro
	25	Bástale al discípulo ser como su maestro
	12:38	Maestro, deseamos ver de ti señal
	17:24	¿Vuestro Maestro no paga las dos dracmas?
	19:16	Maestro bueno, ¿qué debo hacer
	22:16	Maestro, sabemos que eres amante
	24	Maestro, Moisés dijo: Si alguno muriere
	36	Maestro, ¿cuál es el gran mandamiento
	23:8	uno es vuestro Maestro (WH, N, ABMW)
	26:18	El maestro dice: Mi tiempo está cerca:
Mr	4:38	Maestro, ¿no tienes cuidado que
	5:35	¿para qué molestas más al Maestro?
	9:17	Maestro, traje a ti mi hijo
	38	Maestro, hemos visto a uno que en tu
	10:17	Maestro bueno, ¿qué haré para heredar la
	20	Maestro, todo esto lo he guardado desde
	35	Maestro, querríamos que nos hagas
	12:14	Maestro, sabemos que eres hombre veraz
	19	Maestro, Moisés nos escribió
	32	Bien, Maestro, verdad has dicho
	13:1	Maestro, mira qué piedras,
	14:14	El Maestro dice:
Lc	2:46	sentado en medio de los doctores
	3:12	Maestro, ¿qué haremos?
	6:40	El discípulo no es superior a su maestro será como su maestro
	7:40	Y él le dijo: Di, Maestro
	8:49	no molestes más al Maestro.
	9:38	Maestro, te ruego que veas a mi hijo
	10:25	Maestro, ¿haciendo qué cosa
	11:45	Maestro, cuando dices esto,
	12:13	Maestro, di a mi hermano que parta
	18:18	Maestro bueno, ¿qué haré para
	19:39	Maestro, reprende a tus discípulos
	20:21	Maestro, sabemos que dices y enseñas
	28	Maestro, Moisés nos escribió
	39	Maestro, bien has dicho

διδάσκω 1321   237   1322 διδαχή

Lc	21:7	**Maestro**, ¿cuándo será esto?
	22:11	El **Maestro** te dice:
Jn	1:38	Rabí (que traducido es, **Maestro**)
	3:2	has venido de Dios como **maestro**
	10	¿Eres tú **maestro** de Israel, y no sabes esto?
	8:4	[**Maestro**, esta mujer ha sido sorprendida]
	11:28	El **Maestro** está aquí y te llama
	13:13	Vosotros me llamáis **Maestro**,
	14	Pues si yo, el Señor y el **Maestro**
	20:16	¡Raboní! (que quiere decir, **Maestro**)
Hch	13:1	profetas y **maestros**: Bernabé, Simón
Ro	2:20	**maestro** de niños, que tienes en la ley
1 Co	12:28	lo tercero **maestros**,
	29	¿todos **maestros**?
Ef	4:11	él mismo constituyó...pastores y **maestros**
1 Ti	2:7	yo fui constituido...**maestro** de los gentiles
2 Ti	1:11	yo fui constituido...**maestro** de los gentiles
	4:3	se amontonarán **maestros**
He	5:12	debiendo ser ya **maestros**
Stg	3:1	no os hagáis **maestros** muchos de vosotros

1321   διδάσκω – didásko

Mt	4:23	**enseñando** en las sinagogas de ellos
	5:2	abriendo su boca les **enseñaba**
	19	y así **enseñe** a los hombres, cualquiera que los haga y los **enseñe**
	7:29	les **enseñaba** como quien tiene (lit., les estaba **enseñando**...)
	9:35	**enseñando** en las sinagogas de ellos
	11:1	se fue de allí a **enseñar** y a predicar
	13:54	les **enseñaba** en la sinagoga de ellos
	15:9	**Enseñando** como doctrinas, mandamientos
	21:23	se acercaron a él mientras **enseñaba**
	22:16	que **enseñas** con verdad el camino de Dios
	26:55	me sentaba con vosotros **enseñando**
	28:15	hicieron como se les había instruido
	20	**enseñándo**les que guarden todas las cosas
Mr	1:21	entrando en la sinagoga, **enseñaba**
	22	les **enseñaba** como quien tiene autoridad, (les estaba **enseñando**...BC)
	2:13	toda la gente venía a él, y les **enseñaba**
	4:1	Otra vez comenzó Jesús a **enseñar**
	2	les **enseñaba** por parábolas
	6:2	comenzó a **enseñar** en la sinagoga
	6	recorría las aldeas de alrededor, **enseñando**
	30	lo que habían **enseñado**
	34	comenzó a **enseñar**les muchas cosas
	7:7	**Enseñando** como doctrinas mandamientos
	8:31	comenzó a **enseñar**les
	9:31	Porque **enseñaba** a sus discípulos
	10:1	de nuevo les **enseñaba** como solía
	11:17	les **enseñaba**, diciendo
	12:14	con verdad **enseñas** el camino
	35	**Enseñando** Jesús en el templo
	14:49	Cada día estaba con vosotros **enseñando**
Lc	4:15	**enseñaba** en las sinagogas de ellos
	31	les **enseñaba** en los días de reposo. (lit., (lit., estaba **enseñándo**les...)
	5:3	**enseñaba** desde la barca
	17	Aconteció un día, que él estaba **enseñando**
	6:6	Aconteció...que él...**enseñaba**
	11:1	Señor, **enséñanos** a orar, como también Juan **enseñó**
	12:12	el Espíritu Santo os **enseñará**
	13:10	**Enseñaba** Jesús (estaba **enseñando**..., VM)
	22	Pasaba Jesús...**enseñando**,
	26	y en nuestras plazas **enseñaste**
	19:47	**enseñaba** cada día (lit., estaba **enseñando**...)
	20:1	**enseñando** Jesús al pueblo en el templo

Lc	20:21	sabemos que dices y **enseñas** rectamente **enseñas** el camino de Dios con verdad
	21:37	**enseñaba** de día (estaba...**enseñando**, VHA)
	23:5	Alborota al pueblo, **enseñando** por toda
Jn	6:59	**enseñando** en Capernaum.
	7:14	subió Jesús al templo, y **enseñaba**.
	28	Jesús entonces, **enseñando** en el templo
	35	**enseñará** a los griegos?
	8:2	¡y sentado él, les **enseñaba**]
	20	**enseñando** en el templo
	28	sino que según me **enseñó** el Padre,
	9:34	¿y nos **enseñas** a nosotros?
	14:26	él os **enseñará** todas las cosas,
	18:20	siempre he **enseñado** en la sinagoga
Hch	1:1	que Jesús comenzó a hacer y a **enseñar**
	4:2	resentidos de que **enseñasen** al pueblo
	18	ni **enseñasen** en el nombre de Jesús
	5:21	entraron de mañana...y **enseñaban**
	25	están en el templo, y **enseñan** al pueblo
	28	¿No os mandamos...que no **enseñaseis**
	42	no cesaban de **enseñar**
	11:26	**enseñaron** a mucha gente
	15:1	algunos...**enseñaban** a los hermanos
	35	Pablo y Bernabé continuaron...**enseñando**
	18:11	se detuvo allí...**enseñándo**les la palabra
	25	**enseñaba** diligentemente lo concerniente
	20:20	he rehuido de anunciaros y **enseñar**os
	21:21	que enseñas a todos los judíos
	28	que por todas partes **enseña**
	28:31	**enseñando** acerca del Señor
Ro	2:21	Tú, pues, que **enseñas** a otro, ¿no te **enseñas**
	12:7	el que **enseña**, en la **enseñanza**
1 Co	4:17	de la manera que **enseño** en todas partes
	11:14	La naturaleza misma ¿no os **enseña** que
Gá	1:12	ni lo aprendí de hombre (ni tampoco me fue **enseñado**, VM)
Ef	4:21	si en verdad...habéis sido por él **enseñados**
Col	1:28	**enseñando** a todo hombre en toda sabiduría
	2:7	así como habéis sido **enseñados**
	3:16	**enseñándoos** y exhortándoos unos a otros
2 Ts	2:15	retened la doctrina que habéis aprendido (retened las tradiciones que os fueron **enseñadas**, VM)
1 Ti	2:12	no permito a la mujer **enseñar**
	4:11	Esto manda y **enseña**
	6:2	Esto **enseña** y exhorta
2 Ti	2:2	que sean idóneos para **enseñar**
Tit	1:11	**enseñando** por ganancia deshonesta
He	5:12	de que se os vuelva a **enseñar**
	8:11	ninguno **enseñará** a su prójimo
1 Jn	2:27	no tenéis necesidad de que nadie os **enseñe** la unción misma os **enseña** todas las cosas
Ap	2:14	que **enseñaba** a Balac
	20	que...**enseñe** y seduzca (TR, NC); (**enseña** y seduce, VHA, WH, N, ABMW, VM, NC, BC, BA)

1322   διδαχή – didaché (didajé)

Mt	7:28	la gente se admiraba de su **doctrina**
	16:12	sino de la **doctrina** de los fariseos
	22:33	la gente, se admiraba de su **doctrina**
Mr	1:22	Y se admiraban de su **doctrina**
	27	¿Qué nueva **doctrina** es esta, que con autoridad (¿Qué es esto? ¡Una **enseñanza** nueva con autoridad! , BA)
	4:2	les decía en su **doctrina**
	11:18	estaba admirado de su **doctrina**
	12:38	les decía en su **doctrina**
Lc	4:32	Y se admiraban de su **doctrina**

δίδραχμον 1323   1325 δίδωμι

Jn	7:16	Mi doctrina no es mía	Mt	20:14	pero quiero dar a este postrero
	17	conocerá si la doctrina (conocerá de mi enseñanza, VM)		23	no es mío darlo
				28	para dar su vida en rescate por muchos
	18:19	preguntó...acerca de...su doctrina		21:23	¿y quién te dio esta autoridad?
Hch	2:42	perseveraban en la doctrina		43	el reino...será dado a gente que produzca
	5:28	habéis llenado a Jerusalén de vuestra doctrina		22:17	¿Es lícito dar tributo a César, o no?
				24:24	harán grandes señales y prodigios
	13:12	maravillado de la doctrina del Señor		29	la luna no dará su resplandor,
	17:19	esta nueva enseñanza de que hablas?		45	para que les dé el alimento a tiempo?
Ro	6:17	obedecido...a aquella forma de doctrina		25:8	Dadnos de vuestro aceite
	16:17	en contra de la doctrina		15	A uno dio cinco talentos
1 Co	14:6	si no os hablare...con doctrina?		28	dadlo al que tiene diez talentos
	26	tiene salmo, tiene doctrina,		29	al que tiene, le será dado
2 Ti	4:2	exhorta con toda paciencia y doctrina.		35	tuve hambre, y me disteis de comer
Tit	1:9	la palabra fiel como ha sido enseñada (la fiel palabra que es conforme a la enseñanza, VHA)		42	tuve hambre, y no me disteis de comer
				26:9	haberse dado a los pobres
				15	¿Qué me queréis dar, yo os lo entregaré?
He	6:2	de la doctrina de bautismos,		26	dio a sus discípulos, (dándoselo a los discípulos, NC)
	13:9	No os dejéis llevar de doctrinas diversas			
2 Jn	9	no persevera en la doctrina de Cristo		27	habiendo dado gracias, les dio, diciendo
		el que persevera en la doctrina de Cristo		48	el que le entregaba les había dado señal
	10	no trae esta doctrina		27:10	las dieron para el campo del alfarero
Ap	2:14	los que retienen la doctrina de Balaam,		34	le dieron a beber vinagre
	15	los que retienen la doctrina de los nicolaítas,		28:12	dieron mucho dinero a los soldados
	24	a cuantos no tienen esa doctrina,		18	Toda potestad me es dada
			Mr	2:26	aun dio a los que con él estaban
1323		δίδραχμον — dídracmon (dídrajmon)		3:6	tomaron consejo con los herodianos (WH, N, ABMW)
Mt	17:24	los que cobraban las dos dracmas			
		no paga las dos dracmas?		4:7	no dio fruto
				8	dio fruto, pues brotó
1324		Δίδυμος — Dídumos		11	A vosotros os es dado saber el misterio
Jn	11:16	Tomás, llamado Dídimo,		25	Porque al que tiene, se le dará
	20:24	Tomás, uno de los doce, llamado Dídimo		5:43	dijo que se le diese de comer
	21:2	Estaban juntos...Tomás llamado el Dídimo		6:2	¿Y qué sabiduría es esta que le es dada,
				7	les dio autoridad sobre los espíritus
1325		δίδωμι — dídomi		22	Pídeme lo que quieras, y yo te lo daré
Mt	4:9	Todo esto te daré, si postrado		23	Todo lo que me pidas te daré
	5:31	dele carta de divorcio.		25	Quiero que ahora mismo me des en un plato
	42	Al que te pida, dale		28	la dio a la muchacha
	6:11	El pan...dánoslo hoy.			la muchacha la dio a su madre
	7:6	No deis lo santo a los perros		37	Dadles vosotros de comer
	7	Pedid, y se os dará			y les demos de comer
	11	si vosotros, siendo malos, sabéis dar dará buenas cosas a los que le pidan?		41	dio a sus discípulos
				8:6	los partió, y dio a sus discípulos
	9:8	glorificó a Dios, que había dado		12	no se dará señal a esta generación
	10:1	les dio autoridad sobre los espíritus		37	¿O qué recompensa dará el hombre
	8	de gracia recibisteis, dad de gracia.		10:21	vende todo lo que tienes, y dalo a los pobres
	19	en aquella hora os será dado		37	Concédenos que en tu gloria nos sentemos
	12:39	señal no le será dada		40	no es mío darlo, sino a aquellos
	13:8	dio fruto, cuál a ciento,		45	para dar su vida en rescate
	11	a vosotros os es dado saber los misterios mas a ellos no les es dado		11:28	quién te dio autoridad para hacer estas
				12:9	dará su viña a otros
	12	a cualquiera que tiene, se le dará		14	¿Es lícito dar tributo a César, o no?
	14:7	éste le prometió con juramento darle		15 (14)	¿Daremos, o no daremos?
	8	Dame aquí en un plato la cabeza de Juan		13:11	sino lo que os fuere dado en aquella hora,
	9	mandó que se la diesen		22	harán señales y prodigios, (TR, WH, ABMW) (darán señales..., VM)
	11	fue traída su cabeza en un plato, y dada			
	16	dadles vosotros de comer		24	la luna no dará su resplandor
	19	partió y dio los panes a los discípulos,		34	dio autoridad a sus siervos
	15:36	los partió y dio a sus discípulos		14:5	y haberse dado a los pobres
	16:4	pero señal no le será dada		11	se alegraron, y prometieron darle dinero
	19	a ti te daré las llaves del reino		22	lo partió y les dio, diciendo:
	26	¿O qué recompensa dará el hombre		23	habiendo dado gracias, les dic
	17:27	dáselo por mí y por ti.		44	el que le entregaba les había dado señal
	19:7	¿Por qué, pues, mandó Moisés dar carta		15:23	le dieron a beber vino mezclado con mirra
	11	sino aquellos a quienes es dado.	Lc	1:32	el Señor Dios le dará el trono de David
	21	vende lo que tienes, y dalo a los pobres		74 (73)	Que nos había de conceder
	20:4	os daré lo que sea justo		77	Para dar conocimiento de salvación
				2:24	para ofrecer conforme a lo que se dice

δίδωμι 1325   239   1325 δίδωμι

Lc	4:6	A ti te daré toda esta potestad
		a quien quiero la doy
	6:4	comió, y dio también
	30	A cualquiera que te pida, dale
	38	Dad, y se os dará
		darán en vuestro regazo
	7:15	Y lo dio a su madre.
	44	y no me diste agua para mis pies
	45	No me diste beso
	8:10	os es dado conocer los misterios del reino
	18	a todo el que tiene, se le dará
	55	él mandó que se le diese de comer
	9:1	les dio poder y autoridad
	13	Dadles vosotros de comer
	16	dio a sus discípulos para que los pusiesen
	10:19	os doy potestad de hollar serpientes,
	35	los dio al mesonero
	11:3	El pan...dánoslo hoy
	7	no puedo levantarme, y dártelos?
	8	aunque no se levante a dárselos por ser
		por su importunidad se levantará y le dará
	9	Pedid, y se os dará
	13	vosotros,...sabéis dar buenas dádivas
		¿cuánto más vuestro Padre celestial dará
	29	pero señal no le será dada
	41	Pero dad limosna de lo que tenéis
	12:32	a vuestro Padre le ha placido daros el reino
	33	dad limosna; haceos bolsas
	42	para que a tiempo les dé su ración?
	48	a todo aquel a quien se haya dado mucho
	51	¿Pensáis que he venido para dar paz
	58	procura en el camino arreglarte con él
		(lit., da esfuerzo...)
	14:9	te diga: Da lugar a éste
	15:12	Padre, dame la parte de los bienes
	16	pero nadie le daba
	22	poned un anillo en su mano
	29	nunca me has dado ni un cabrito
	16:12	¿quién os dará lo que es vuestro?
	17:18	quien volviese y diese gloria a Dios (que
		volviese a dar gracias, VM)
	18:43	el pueblo,...dio alabanza a Dios.
	19:8	la mitad de mis bienes doy a los pobres
	13	les dio diez minas,
	15	a aquellos siervos a los cuales había dado
	23	¿por qué, pues, no pusiste mi dinero
	24	Quitadle la mina, y dadla al que tiene
	26	a todo el que tiene, se le dará
	20:2	¿o quién es el que te ha dado
	10	para que le diesen del fruto de la viña
	16	dará su viña a otros
	22	¿Nos es lícito dar tributo a César, o no?
	21:15	yo os daré palabra y sabiduría,
	22:5	y convinieron en darle dinero
	19	lo partió y les dio, diciendo
		que por vosotros es dado
	23:2	que prohíbe dar tributo a César,
Jn	1:12	les dio potestad de ser hechos hijos
	17	la ley por medio de Moisés fue dada
	22	para que demos respuesta a los que nos
	3:16	que ha dado a su Hijo unigénito,
	27	si no le fuere dado del cielo.
	34	Dios no da el Espíritu por medida
	35	todas las cosas ha entregado en su mano
	4:6 (5)	la heredad que Jacob dio a su hijo José
	7	Jesús le dijo: Dame de beber
	10	quién es el que te dice: Dame de beber
		él te daría agua viva. (él te hubiera dado...,
		VHA)

Jn	4:12	que nos dio este pozo
	14	del agua que yo le daré
		el agua que yo le daré
	15	Señor, dame esa agua
	5:22	todo el juicio dio al Hijo
	26	así también ha dado al Hijo el tener vida
	27	también le dio autoridad de hacer juicio,
	36	porque las obras que el Padre me dio
	6:11	los repartió entre los discípulos, y los
		discípulos entre los que estaban
		recostados; (TR); (los repartió entre los
		que estaban sentados, VHA, WH, N,
		ABMW, VM, BC, BA); (dio a los que
		estaban recostados, NC, T)
	27	la cual el Hijo del Hombre os dará
	31	Pan del cielo les dio a comer
	32	No os dio Moisés el pan del cielo
		mas mi Padre os da el verdadero
	33	el pan de Dios es aquel que...da vida
	34	Señor, danos siempre este pan
	37	lo que el Padre me da, vendrá a mí
	39	Que de todo lo que me diere (...lo que me
		ha dado, VHA)
	51	el pan que yo daré es mi carne
		la cual yo daré (TR)
	52	¿Cómo puede éste darnos a comer
	65	si no le fuere dado del Padre.
	7:19	¿No os dio Moisés la ley
	22	Moisés os dio la circuncisión
	39	aún no había venido el Espíritu Santo (aún
		no había sido dado el Espíritu, NC, B)
		(no se encuentra en TR, WH, N, ABMW)
	9:24	Da gloria a Dios
	10:28	yo les doy vida eterna
	29	Mi Padre que me las dio, es mayor
	11:22	todo lo que pidas a Dios, Dios te lo dará
	57	los fariseos habían dado orden de que
	12:5	¿Por qué no fue...dado a los pobres?
	49	él me dio mandamiento
	13:3	sabiendo Jesús que el Padre le había dado
	15	Por que ejemplo os he dado
	26	A quien yo diere el pan mojado, (WH, N,
		ABMW); (para quien yo moje el bocado
		de pan y se lo de, VHA)
	29	o que diese algo a los pobres
	34	Un mandamiento nuevo os doy
	14:16	y os dará otro Consolador
	27	mi paz os doy
		yo no os la doy como el mundo la da
	31	como el Padre me mandó, (TR, N, ABMW,
		VHA, BC, BA); (según el Padre me
		ha dado mandamiento, VM, WH, NC)
	15:16	él os lo dé
	16:23	os lo dará
	17:2	como le has dado potestad
		para que dé vida eterna
		a todos los que le diste
	4	he acabado la obra que me diste que hiciese
	6	a los hombres que del mundo me diste
		y me los diste
	7	todas las cosas que me has dado
	8	las palabras que me diste, les he dado
	9	Yo ruego por...los que me diste
	11	a los que me has dado, guárdalos
	12	yo los guardaba...a los que me diste
	14	Yo les he dado tu palabra
	22	La gloria que me diste, yo les he dado
	24	aquellos que me has dado,
		mi gloria que me has dado

δίδωμι 1325

Jn	18:9	De los que me diste, no perdí ninguno
	11	la copa que el Padre me ha dado
	22	uno de los alguaciles,...le dio una bofetada
	19:3	le daban de bofetadas
	9	Mas Jesús no le dio respuesta
	11	si no te fuese dada de arriba
	21:13	tomó el pan y les dio
Hch	1:26	les echaron suertes, (lit., les dieron suertes)
	2:4	según el Espíritu les daba que hablasen
	19	daré prodigios arriba en el cielo
	27	Ni permitirás que tu Santo vea (lit., ni darás...)
	3:6	pero lo que tengo te doy
	16	ha dado a éste esta completa sanidad
	4:12	bajo el cielo, dado a los hombres
	29	concede a tus siervos que
	5:31	para dar a Israel arrepentimiento
	32	el Espíritu Santo, el cual ha dado Dios
	7:5	no le dio herencia en ella pero le prometió que se la daría
	8	le dio el pacto de la circuncisión
	10	le dio gracia y sabiduría delante de Faraón
	25	Dios les daría libertad por mano suya
	38	que recibió palabras de vida que darnos
	8:18	se daba el Espíritu Santo
	19	Dadme también a mí este poder,
	9:41	él, dándole la mano, la levantó
	10:40	hizo que se manifestase (le dio manifestarse NC)
	11:17	les concedió también el mismo don
	18	también a los gentiles ha dado Dios
	12:23	por cuanto no dio la gloria a Dios
	13:20	les dio jueces hasta el profeta Samuel
	21	Dios les dio a Saúl hijo de Cis
	34	Os daré las misericordias fieles de David
	35	No permitirás que tu Santo vea (lit., no darás...)
	14:3	concediendo que se hiciesen por las manos
	17	dándonos lluvias del cielo y tiempos
	15:8	dándoles el Espíritu Santo lo mismo
	17:25	él es quien da a todos vida y aliento
	19:31	rogándole que no se presentase en el teatro (lit.,...que no se diera...)
Hch	20:32	es poderosa para...daros herencia
	35	Más bienaventurado es dar que recibir
	24:26	que Pablo le diera dinero (...que se le diese dinero por parte de Pablo, VM)
Ro	4:20	se fortaleció en fe, dando gloria a Dios
	5:5	por el Espíritu Santo que nos fue dado.
	11:8	Dios les dio espíritu de estupor
	12:3	Digo, pues, por la gracia que me es dada
	6	según la gracia que nos es dada
	19	dejad lugar a la ira (dad lugar a la ira, VM)
	14:12	cada uno de nosotros dará a Dios cuenta
	15:5	os dé entre vosotros un mismo sentir
	15	por la gracia que de Dios me es dada
1 Co	1:4	por la gracia de Dios que os fue dada
	3:5	según lo que a cada uno concedió el Señor
	10	a la gracia de Dios que me ha sido dada
	7:25	mas doy mi parecer, como quien
	9:12	por no poner ningún obstáculo al evangelio (lit., por no dar...)
	11:15	en lugar de velo le es dado el cabello.
	12:7	Pero a cada uno le es dada la manifestación
	8	Porque a éste es dada por el Espíritu
	24	Dios ordenó el cuerpo, dando más
	14:7	las cosas inanimadas que producen sonidos, (...que dan sonido, VM) si no dieron distinción de voces,

1325 δίδωμι

1 Co	14:8	si la trompeta diere sonido incierto
	9	si por la lengua no diereis palabra
	15:38	Dios le da el cuerpo como él quiso,
	57	Dios, que nos da la victoria
2 Co	1:22	nos ha dado las arras del Espíritu
	5:5	Dios, quien nos ha dado las arras
	12	os damos ocasión de gloriaros (estamos dándoos..., VHA)
	18	nos dio el ministerio de la reconciliación
	6:3	No damos a nadie ninguna ocasión de tropiezo (no dando en nada..., BC)
	8:1	la gracia de Dios que se ha dado
	5	a sí mismos se dieron primeramente
	10	en esto doy mi consejo
	16	que puso en el corazón (lit., que da...)
	9:9	Repartió, dio a los pobres
	10:8	la cual el Señor nos dio para edificación
	12:7	me fue dado un aguijón en mi carne
	13:10	la autoridad que el Señor me ha dado
Gá	1:4	el cual se dio a sí mismo
	2:9	la gracia que me había sido dada nos dieron a mí y a Bernabé la diestra
	3:21	si la ley dada pudiera vivificar, (si se hubiese dado una ley..., VHA)
	22	la promesa...fuese dada a los creyentes
	4:15	os hubierais sacado vuestros propios ojos... dármelos. (...y me los hubierais dado, VHA)
Ef	1:17	Dios...os dé espíritu de sabiduría
	22	y lo dio por cabeza sobre todas las cosas
	3:2	la gracia de Dios que me fue dada
	7	la gracia de Dios que me ha sido dado
	8	me fue dada esta gracia de anunciar
	16	para que os dé, conforme a las riquezas
	4:7	a cada uno de nosotros fue dada la gracia
	8	dio dones a los hombres
	11	él mismo constituyó a unos, apóstoles; (...dio a unos, como apóstoles, VHA)
	27	ni deis lugar al diablo
	29	a fin de dar gracia a los oyentes
	6:19	a fin de que al abrir mi boca me sea dada
Col	1:25	la administración de Dios que me fue dada
1 Ts	4:2	sabéis qué instrucciones os dimos
	8	Dios, que también nos dio su Espíritu Santo
2 Ts	1:8	para dar retribución a los que no conocieron (dando castigo..., VHA)
	2:16	el cual...nos dio consolación eterna
	3:9	sino por daros nosotros mismos ejemplo
	16	el...Señor de paz os dé siempre paz
1 Ti	2:6	el cual se dio a sí mismo en rescate
	4:14	el don que hay en ti, que te fue dado
	5:14	que no den al adversario ninguna ocasión
2 Ti	1:7	no nos ha dado Dios espíritu de cobardía
	9	la gracia que nos fue dada en Cristo
	16	Tenga el Señor misericordia (Dé..., VHA)
	18	Concédale el Señor que halle misericordia
	2:7	el Señor te dé entendimiento en todo (TR); (el Señor te dará..., VHA, WH, N, ABMW, VM, NC, BA)
	25	por si quizá Dios les conceda
Tit	2:14	(13) Jesucristo, quien se dio a sí mismo
He	2:13	yo y los hijos que Dios me dio
	7:4	aun Abraham el patriarca dio diezmos
	8:10	Pondré mis leyes en la mente de ellos, (lit., dando mis leyes...)
	10:16	Pondré mis leyes en sus corazones (lit., dando mis leyes...)
Stg	1:5	el cual da a todos abundantemente sin reproche, y le será dada

Stg	2:16	no les dais las cosas que son necesarias
	4:6	Pero él da mayor gracia
		da gracia a los humildes
	5:18	el cielo dio lluvia
1 P	1:21	Dios, quien...le ha dado gloria
	5:5	da gracia a los humildes
2 P	3:15	según la sabiduría que le ha sido dada
1 Jn	3:1	Mirad cual amor nos ha dado el Padre
	23	como nos lo ha mandado (conforme él nos ha dado mandamiento, VM)
	24	por el Espíritu que nos ha dado
	4:13	nos ha dado de su Espíritu
	5:11	Dios nos ha dado vida eterna
	16	pedirá, y Dios le dará vida
	20	nos ha dado entendimiento
Ap	1:1	La revelación de Jesucristo, que Dios le dio
	2:7	le daré a comer del árbol de vida
	10	yo te daré la corona de la vida
	17	daré a comer del maná le daré una piedrecita blanca,
	21	le he dado tiempo para que
	23	os daré a cada uno según vuestras obras
	26	yo le daré autoridad sobre las naciones
	28	le daré la estrella de la mañana
	3:8	he puesto delante de ti una puerta abierta, (he dado..., VHA)
	9	yo entrego de la sinagoga de Satanás
	21	Al que venciere, le daré que se siente
	4:9	aquellos seres vivientes dan gloria y honra
	6:2	le fue dada una corona
	4	al que lo montaba le fue dado poder se le dio una gran espada
	8	le fue dada potestad (les fue dada..., VHA)
	11	se les dieron vestiduras blancas
	7:2	a quienes se les había dado el poder
	8:2	se les dieron siete trompetas.
	3	se le dio mucho incienso para añadirlo a las oraciones (lit., para que lo diera...)
	9:1	se le dio la llave del pozo
	3	se les dio poder
	5	les fue dado, no que los matasen
	10:9	diciéndole que me diese el librito
	11:1	me fue dada una caña
	2	ha sido entregado a los gentiles
	3	daré a mis dos testigos
	13	dieron gloria al Dios del cielo
	18	el tiempo...de dar el galardón
	12:14	se le dieron a la mujer las dos alas
	13:2	Y el dragón le dio su poder
	4	al dragón que había dado autoridad (TR, VM); (al dragón, porque había dado su autoridad, VHA, WH, N, ABMW, NC, BC, BA)
	5	se le dio boca que hablaba grandes cosas se le dio autoridad para actuar cuarenta
	7	se le permitió hacer guerra (lo fue dado..., BA) También se le dio autoridad sobre toda
	14	las señales que se le ha permitido hacer (...le ha sido dado..., VHA)
	15	se le permitió infundir aliento a la imagen (le fue dado dar espíritu a la imagen, BC)
	16	se les pusiese una marca (lit., les den...)
	14:7	Temed a Dios, y dadle gloria,
	15:7	dio a los siete ángeles
	16:6	tú les has dado a beber sangre
	8	el sol, al cual fue dado quemar
	9	no se arrepintieron para darle gloria
Ap	16:19	para darle el caliz del vino
	17:13	entregarán su poder y autoridad a la bestia (WH, N, ABMW)
	17	Dios ha puesto en sus corazones (lit.,Dios ha dado...) dar su reino a la bestia
	18:7	dadle de tormento y llanto
	19:7	alegrémonos y démosle gloria
	8	se le ha concedido que se vista
	20:4	sobre ellos los que recibieron la facultad de juzgar (les fue dada facultad de juzgar...VHA)
	13	el mar entregó los muertos la muerte y el Hades entregaron los muertos
	21:6	yo le daré gratuitamente de la fuente

1326		διεγείρω** — diegéiro (dieguéiro)
Mt	1:24	despertando José del sueño (TR)
Mr	4:38	le despertaron (TR)
	39	levantándose, reprendió al viento
Lc	8:24	vinieron a él y le despertaron Despertando él, reprendió al viento (WH, N, ABMW)
Jn	6:18	se levantaba el mar con un gran viento
2 P	1:13	el despertaros con amonestación
	3:1	en ambas despierto con exhortación

1326 A		διενθυμέομαι*† — dienthuméomai
Hch	10:19	mientras Pedro pensaba en la visión, (WH, N, ABMW)

1327		διέξοδος — diéxodos
Mt	22:9	Id, pues, a las salidas de los caminos

1328		διερμηνευτής*† — diermeneutés
1 Co	14:28	Y si no hay intérprete, calle en la iglesia

1329		διερμηνεύω**† — diermenéuo
Lc	24:27	les declaraba en todas las Escrituras
Hch	9:36	Tabita, que traducido quiere decir, Dorcas
1 Co	12:30	¿interpretan todos?
	14:5	que las interprete para que la iglesia
	13	pida en oración poder interpretarla
	27	y uno interprete.

1330		διέρχομαι — diércomai (diérjomai)
Mt	12:43	anda por lugares secos,
	19:24	es más fácil pasar un camello (TR, ABMW)
Mr	4:35	Pasemos al otro lado
	10:25	Más fácil es pasar
Lc	2:15	Pasemos, pues, hasta Belén
	35	una espada traspasará tu misma alma
	4:30	pasó por en medio de ellos (pasando..., VM)
	5:15	su fama se extendía más y más
	8:22	Pasemos al otro lado del lago
	9:6	pasaban por todas las aldeas
	11:24	anda por lugares secos,
	17:11	pasaba entre Samaria y Galilea.
	19:1	iba pasando por la ciudad. (iba pasando por Jericó, VM)
	4	porque había de pasar por allí
Jn	4:4	le era necesario pasar por Samaria
	15	para que...no venga aquí (WH, N, ABMW)
	8:59	atravesando por en medio (TR, VM)
Hch	8:4	los que fueron esparcidos iban por todas
	40	pasando, anunciaba el evangelio en todas
	9:32	Pedro, visitando a todos, (Pedro viajaba

διερωτάω 1331　　　　　　　　　　　242　　　　　　　　　　1342 δίκαιος

　　　　　　por..., BA)
Hch　9:38　No tardes en venir a nosotros
　　10:38　éste anduvo haciendo bienes
　　11:19　los...esparcidos...pasaron hasta Fenicia
　　　22　enviaron a Bernabé que fuese hasta (TR)
　　12:10　Habiendo pasado la primera y la segunda
　　13:6　habiendo atravesado toda la isla
　　　14　Ellos, pasando de Perge,
　　14:24　Pasando luego por Pisidia,
　　15:3　pasaron por Fenicia y Samaria
　　　41　y pasó por Siria y Cilicia,
　　16:6　atravesando Frigia (TR, NC); (atravesaron...
　　　　　VHA, WH, N, ABMW, VM, BC, BA)
　　17:23　pasando y mirando vuestros santuarios
　　18:23　recorriendo por orden la región de Galacia
　　　27　Y queriendo él pasar a Acaya
　　19:1　después de recorrer las regiones superiores
　　　21　después de recorrer Macedonia
　　20:2　después de recorrer aquellas regiones
　　　25　entre quienes he pasado predicando el reino
Ro　5:12　así la muerte pasó a todos los hombres
1 Co 10:1　y todos pasaron el mar
　　16:5　Iré a vosotros, cuando haya pasado
　　　　　por Macedonia tengo que pasar
2 Co　1:16　por vosotros pasar a Macedonia
He　4:14　un gran sumo sacerdote que traspasó

1331　　　　　διερωτάω* – dierotáo
Hch 10:18　preguntaron si moraba allí (preguntando
　　　　　por la casa..., VHA)

1332　　　　　διετής** – dietés
Mt　2:16　todos los niños menores de dos años

1333　　　　　διετία*† – dietía
Hch 24:27　Pero al cabo de dos años recibió Félix
　　28:30　Pablo permaneció dos años enteros

1334　　　　　διηγέομαι – diegéomai (diegüéomai)
Mr　5:16　les contaron los que lo habían visto,
　　　9:9　les mandó que a nadie dijesen lo que
Lc　8:39　cuenta cuán grandes cosas ha hecho Dios
　　9:10　le contaron todo lo que habían hecho
Hch　8:33　su generación, ¿quién la contará?
　　9:27　les contó cómo Saulo había visto
　　12:17　les contó cómo el Señor le había sacado
He　11:32　el tiempo me faltaría contando de Gedeón

1335　　　　　διήγησις – diégesis (diéguesis)
Lc　1:1　poner en orden la historia de las cosas

1336　　　　　διηνεκής** – dienekés
　　　　　εἰς τό διηνεκές
He　7:3　permanece sacerdote para siempre
　　10:1　sacrificios que se ofrecen continuamente
　　　12　habiendo ofrecido una vez para siempre
　　　14　hizo perfectos para siempre a los

1337　　　　　διθάλασσος* – dithálassos
Hch 27:41　dando en un lugar de dos aguas

1338　　　　　δικνέομαι – diiknéomai
He　4:12　penetra hasta partir el alma (que penetra..,
　　　　　VHA)

1339　　　　　δίιστημι – diístemi

Lc　22:59　Como una hora después, otro afirmaba,
　　　　　(Transcurrida como una hora..., VHA)
　　24:51　bendiciéndolos, se separó de ellos
Hch 27:28　y pasando un poco más adelante

1340　　　　　διισχυρίζομαι* – diiscurízomai
　　　　　(diisjurídzomai)
Lc　22:59　una hora después, otro afirmaba
Hch 12:15　Pero ella aseguraba que así era

1341　　　　　δικαιοκρισία*† – dikaiokrisía
Ro　2:5　la revelación del justo juicio de Dios,

1342　　　　　δίκαιος – díkaios
Mt　1:19　José su marido, como era justo
　　5:45　hace llover sobre justos e injustos
　　9:13　no he venido a llamar a justos
　　10:41　el que recibe a un justo
　　　　　por cuanto es justo (en nombre de justo,
　　　　　　VM)
　　　　　recompensa de justo recibirá
　　13:17　muchos profetas y justos desearon ver
　　　43　Entonces los justos resplandecerán
　　　49　apartarán a los malos de entre los justos
　　20:4　os daré lo que sea justo
　　　7　recibiréis lo que sea justo (TR)
　　23:28　os mostráis justos a los hombres
　　　29　adornáis los monumentos de los justos
　　　35　la sangre justa que se ha derramado
　　　　　desde la sangre de Abel el justo
　　25:37　Entonces los justos le responderán
　　　46　y los justos a la vida eterna
　　27:19　No tengas nada que ver con ese justo
　　　24　de la sangre de este justo; (TR, VM, BC)
Mr　2:17　No he venido a llamar a justos
　　6:20　sabiendo que era varón justo
Lc　1:6　Ambos eran justos delante de Dios
　　　17　a la prudencia de los justos
　　2:25　Simeón,...hombre, justo
　　5:32　No he venido a llamar a justos
　　12:57　por vosotros mismos lo que es justo?
　　14:14　en la resurrección de los justos
　　15:7　que por noventa y nueve justos
　　18:9　confiaban en sí mismos como justos, (...en
　　　　　sí mismos que ellos eran justos, VM)
　　20:20　espías que se simulasen justos
　　23:47　este hombre era justo
　　　50　José,...varón bueno y justo
Jn　5:30　mi juicio es justo
　　7:24　juzgad con justo juicio
　　17:25　Padre justo, el mundo no te ha conocido
Hch　3:14　negasteis al Santo y al Justo
　　4:19　Juzgad si es justo delante de Dios
　　7:52　anunciaron de antemano la venida del Justo
　　10:22　Cornelio...varón justo
　　22:14　y veas al Justo,
　　24:16 (15) resurrección...de justos
Ro　1:17　el justo por la fe vivirá
　　2:13　los justos ante Dios,
　　3:10　No hay justo, ni aun uno
　　　26　a fin de que él sea el justo
　　5:7　apenas morirá alguno por un justo
　　　19　los muchos serán constituidos justos
　　7:12　el mandamiento santo, justo y bueno
Gá　3:11　El justo por la fe vivirá
Ef　6:1　porque esto es justo
Fil　1:7　como me es justo sentir esto
　　4:8　todo lo justo...en esto pensad

δικαιοσύνη 1343			1343 δικαιοσύνη		
Col	4:1	haced lo que es justo y recto	Ro	8:10	vive a causa de la justicia
2 Ts	1:5	es demostración del justo juicio		9:28	sobre la tierra en justicia (TR)
	6	es justo delante de Dios pagar		30	los gentiles, que no iban tras la justicia
1 Ti	1:9	la ley no fue dada para el justo			han alcanzado la justicia
2 Ti	4:8	el Señor, juez justo			la justicia que es por fe
Tit	1:8	sobrio, justo, santo		31	iba tras una ley de justicia
He	10:38	Mas el justo vivirá por fe			no la alcanzó (V60, VHA); (no alcanzó
	11:4	alcanzó testimonio de que era justo			esa ley, BA, WH, N, ABMW, VHA, VM,
	12:23	los espíritus de los justos			NC, BC); (lit., no alcanzó la ley de
Stg	5:6	Habéis...dado muerte al justo			justicia, TR)
	16	La oración eficaz del justo puede mucho.		10:3	ignorando la justicia de Dios
1 P	3:12	los ojos del Señor están sobre los justos			procurando establecer la suya propia (V60,
	18	el justo por los injustos, para llevarnos			WH, N, ABMW, VHA, VM, NC, BA);
	4:18	Si el justo con dificultad se salva			(empeñándose en mantener los fueros
2 P	1:13	tengo por justo, en tanto que estoy			de su propia justicia, BC, TR)
	2:7	y libró al justo Lot,			no se han sujetado a la justicia de Dios
	8	porque este justo, que moraba		4	para justicia a todo aquel que cree
		afligía cada día su alma justa		5	de la justicia que es por la ley
1 Jn	1:9	él es fiel y justo para perdonar		6	la justicia que es por la fe
	2:1	abogado tenemos...a Jesucristo el justo		10	con el corazón se cree para justicia
	29	Si sabéis que él es justo		14:17	el reino de Dios no es...sino justicia
	3:7	el que hace justicia es justo	1 Co	1:30	nos ha sido hecho...justificación, (...justicia,
		como él es justo			VHA)
	12	y las de su hermano justas	2 Co	3:9	el ministerio de justificación. (...de justicia,
Ap	15:3	justos y verdaderos son tus caminos			VHA)
	16:5	Justo eres tú, oh Señor		5:21	para que nosotros fuésemos hechos justicia
	7	tus juicios son verdaderos y justos		6:7	con armas de justicia a diestra
	19:2	sus juicios son verdaderos y justos		14	¿qué compañerismo tiene la justicia
	22:11	el que es justo, practique la justicia	2 Co	9:9	Su justicia permanece para siempre
				10	aumentará los frutos de vuestra justicia
1343		δικαιοσύνη — dikaiosúne		11:15	se disfrazan como ministros de justicia
Mt	3:15	conviene que cumplamos toda justicia	Gá	2:21	pues si por la ley fuese la justicia
	5:6	los que tienen hambre y sed de justicia		3:6	y le fue contado por justicia
	10	padecen persecución por causa de la justicia		21	la justicia fuera verdaderamente por la ley.
	20	si vuestra justicia no fuere mayor		5:5	aguardamos por fe la esperanza de la justicia
	6:1	Guardaos de hacer vuestra justicia (V60,	Ef	4:24	creado según Dios en la justicia y santidad
		WH, N, ABMW, VHA, VM, NC, BC, BA)		5:9	es en toda bondad, justicia
		(lit.,...de hacer limosna..., TR)		6:14	vestidos con la coraza de justicia
	33	buscad...el reino de Dios y su justicia,	Fil	1:11	llenos de frutos de justicia
	21:32	vino...Juan en camino de justicia		3:6	la justicia que es en la ley
Lc	1:75	en justicia delante de él		9	no teniendo mi propia justicia
Jn	16:8	convencerá...de justicia			la justicia que es de Dios
	10	de justicia, por cuanto voy al Padre	1 Ti	6:11	sigue la justicia, la piedad
Hch	10:35	del que le teme y hace justicia	2 Ti	2:22	sigue la justicia, la fe,
	13:10	enemigo de toda justicia		3:16	para instruir en justicia,
	17:31	juzgará al mundo con justicia		4:8	me está guardada la corona de justicia
	24:25	al disertar Pablo acerca de la justicia	Tit	3:5	no por obras de justicia que nosotros
Ro	1:17	en el evangelio la justicia de Dios	He	1:9	Has amado la justicia
	3:5	hace resaltar la justicia de Dios		5:13	inexperto en la palabra de justicia
	21	se ha manifestado la justicia de Dios		7:2	significa primeramente Rey de justicia,
	22	la justicia de Dios por medio de la fe		11:7	fue hecho heredero de la justicia
	25	para manifestar su justicia		33	conquistaron reinos, hicieron justicia
	26	manifestar en este tiempo su justicia		12:11	después da fruto apacible de justicia
	4:3	le fue contado por justicia	Stg	1:20	no obra la justicia de Dios.
	5	su fe le es contada por justicia		2:23	le fue contado por justicia
	6	Dios atribuye justicia sin obras		3:18	fruto de justicia se siembra en paz
	9	le fue contada la fe por justicia	1 P	2:24	estando muertos...vivamos a la justicia
	11	como sello de la justicia de la fe		3:14	padeceis por causa de la justicia,
		a ellos la fe les sea contada por justicia	2 P	1:1	por la justicia de nuestro Dios (en la
	13	sino por la justicia de la fe			justicia..., VHA)
	22	su fe le fue contada por justicia		2:5	Noé, pregonero de justicia,
	5:17	los que reciben...del don de la justicia		21	no haber conocido el camino de la justicia
	21	también la gracia reine por la justicia		3:13	en los cuales mora la justicia
	6:13	como instrumentos de justicia	1 Jn	2:29	todo el que hace justicia es
	16	sea de la obediencia para justicia		3:7	el que hace justicia es justo
	18	vinisteis a ser siervos de la justicia		10	todo aquel que no hace justicia
	19	para servir a la justicia. (como esclavos a la	Ap	19:11	con justicia juzga y pelea
		justicia, BA)		22:11	practique la justicia todavía; (WH, N,
	20	erais libres acerca de la justicia			ABMW)

1344 δικαιόω – dikaióo

Mt	11:19	la sabiduría es justificada por sus hijos
	12:37	por tus palabras serás justificado
Lc	7:29	cuando lo oyeron, justificaron a Dios
	35	Mas la sabiduría es justificada por todos
	10:29	queriendo justificarse a sí mismo, dijo:
	16:15	los que os justificáis a vosotros mismos
	18:14	éste descendió a su casa justificado
Hch	13:38	(39) por la ley...no pudiste ser justificados
	39	es justificado todo aquel que cree
Ro	2:13	los hacedores de la ley serán justificados
	3:4	Para que seas justificado en tus palabras,
	20	ningún ser humano será justificado
	24	siendo justificados gratuitamente
	26	a fin de que él sea...el que justifica
	28	el hombre es justificado por fe
	30	él justificará por la fe a los de la circuncisión
	4:2	Abraham fue justificado por las obras
	5	sino cree en aquel que justifica al impío
	5:1	Justificados, pues, por la fe
	9	estando ya justificados en su sangre (habiendo sido justificados...,BA)
	6:7	ha sido justificado del pecado
	8:30	a los que llamó, a éstos también justificó a los que justificó,
	33	Dios es el que justifica
1 Co	4:4	no por eso soy justificado
	6:11	ya habéis sido justificados en el nombre
Gá	2:16	el hombre no es justificado por las obras para ser justificados por la fe por las obras de la ley nadie será justificado
	17	si buscando ser justificados en Cristo
	3:8	previendo que Dios había de justificar
	11	por la ley ninguno se justifica para con Dios
	24	a fin de que fuésemos justificados por la fe
	5:4	los que por la ley os justificáis
1 Ti	3:16	fue...Justificado en el Espíritu
Tit	3:7	para que justificados por su gracia
Stg	2:21	¿No fue justificado por las obras Abraham
	24	el hombre es justificado por las obras
	25	¿no fue justificada por obras,
Ap	22:11	practique la justicia todavía; (TR)

1345 δικαίωμα – dikáioma

Lc	1:6	en todos los mandamientos y ordenanzas
Ro	1:32	habiendo entendido el juicio de Dios,
	2:26	el incircunciso guardare las ordenanzas
	5:16	a causa de muchas transgresiones para justificación
	18	por la justicia de uno vino (por medio de un solo acto de justicia, VM)
	8:4	para que la justicia de la ley se cumpliese
He	9:1	aun el primer pacto tenía ordenanzas
	10	ordenanzas acerca de la carne, impuestas
Ap	15:4	porque tus juicios se han manifestado.
	19:8	porque el lino fino es las acciones justas

1346 δικαίως – dikáios

Lc	23:41	a la verdad, justamente padecemos,
1 Co	15:34	Velad debidamente, y no pequéis;
1 Ts	2:10	de cuán santa, justa e irreprensiblemente
Tit	2:12	vivamos...sobria, justa y piadosamente
1 P	2:23	la causa al que juzga justamente

1347 δικαίωσις – dikáiosis

Ro	4:25	resucitado para nuestra justificación
	5:18	vino a todos los hombres la justificación

1348 δικαστής – dikastés

Lc	12:14	sobre vosotros como juez (TR)
Hch	7:27	¿Quién te ha puesto por...juez sobre
	35	¿Quién te ha puesto por...juez?

1349 δίκη – díke

Hch	25:15	pidiendo condenación contra él (TR)
	28:4	la justicia no deja vivir.
2 Ts	1:9	sufrirán pena de eterna perdición,
Jud	7	sufriendo el castigo del fuego eterno

1350 δίκτυον – díktuon

Mt	4:20	dejando al instante las redes,
	21	que remendaban sus redes
Mr	1:18	dejando luego sus redes, le siguieron
	19	que remendaban las redes
Lc	5:2	los pescadores,...lavaban sus redes
	4	echad vuestras redes para pescar
	5	echaré la red. (...las redes, VHA)
	6	su red se rompía. (sus redes..., VHA)
Jn	21:6	Echad la red a la derecha de la barca
	8	vinieron...arrastrando la red de peces,
	11	Pedro,...sacó la red a tierra aun siendo tantos, la red no se rompió

1351 δίλογος*† – dílogos

1 Ti	3:8	deben ser honestos, sin doblez, (...no dobles en palabras, VHA)

1352 διό – dio

Mt	27:8	Por lo cual aquel campo se llama
Lc	1:35	por lo cual también el Santo Ser que nacerá
	7:7	por lo que ni aun me tuve por digno
Hch	10:29	por lo cual, al ser llamado, vine sin replicar
	13:35	Por eso dice también en otro salmo (TR)
	15:19	Por lo cual yo juzgo que no se inquiete
	20:26	Por tanto, yo os protesto en el día (TR)
	31	Por tanto, velad, acordándoos
	24:26	por lo cual muchas veces lo hacía venir (por lo cual también, enviando por él con mayor frecuencia, VM)
	25:26	le he traído (Por eso le he traído, VHA)
	26:3	por lo cual te ruego que me oigas
	27:25	Por tanto, oh varones, tened buen ánimo
	34	Por tanto, os ruego que comáis
Ro	1:24	Por lo cual también Dios los entregó
	2:1	Por lo cual eres inexcusable, oh hombre
	4:22	por lo cual también su fe le fue contada
	13:5	Por lo cual es necesario estarle sujetos
	15:7	Por tanto, recibíos los unos a los otros,
	22	Por esta causa me he visto impedido
1 Co	12:3	Por tanto, os hago saber que nadie
	14:13	Por lo cual, el que habla en lengua (WH, N, ABMW)
2 Co	1:20	son en él Sí, y en él Amén (TR, VM, NC); (en él está el Sí; por lo cual también mediante él es el Amén, VHA, WH, N, ABMW, BC, BA)
	2:8	Por lo cual os ruego que confirméis
	4:13	Creí, por lo cual hablé creemos, por lo cual también hablamos
	16	Por tanto, no desmayamos
	5:9	Por tanto procuramos también
	6:17	Por lo cual, Salid de en medio de ellos
	12:7	para que la grandeza de las revelaciones no me exaltase (TR, VM); (...Por lo cual, para que no me elevase, VHA, WH, N, ABMW, NC, BC, BA)

διοδεύω 1353   245   1368 διυλίζω

2 Co	12:10	Por lo cual, por amor a Cristo me gozo
Gá	4:31	De manera,..., que no somos hijos (WH, N, ABMW)
Ef	2:11	Por tanto, acordaos de que en otro tiempo
	3:13	por lo cual pido que no desmayéis
	4:8	Por lo cual dice: Subiendo a lo alto
	25	Por lo cual, desechando la mentira
	5:14	Por lo cual dice: Despiértate,
Fil	2:9	Por lo cual Dios también le exaltó
1 Ts	2:18	por lo cual quisimos ir a vosotros, (TR)
	3:1	Por lo cual, no pudiendo soportarlo más
	5:11	Por lo cual, animaos unos a otros
Flm	8	Por lo cual, aunque tengo mucha libertad
He	3:7	Por lo cual, como dice el Espíritu Santo
	10	A causa de lo cual me disgusté contra esa
	6:1	Por tanto, dejando ya los rudimentos
	10:5	Por lo cual, entrando en el mundo dice
	11:12	Por lo cual también, de uno, y ése ya casi
	16	por lo cual Dios no se avergüenza
	12:12	Por lo cual, levantad las manos caídas
	28	Así que, recibiendo nosotros un reino
	13:12	Por lo cual también Jesús para santificar
Stg	1:21	Por lo cual, desechando toda inmundicia
	4:6	Por esto dice: Dios resiste
1 P	1:13	Por tanto, ceñid los lomos
	2:6	Por lo cual tambiéncontiene la Escritura (TR)
2 P	1:10	Por lo cual, hermanos, tanto más procurad
	12	Por esto, yo no dejaré de recordaros
	3:14	Por lo cual, oh amados, estando en espera

Lc	2:7	porque no había lugar para ellos en el mesón
	21:28	porque vuestra redención está cerca
Hch	10:20	porque yo los he enviado (TR)
	13:35	Por eso dice también en otro salmo: (WH, N, ABMW)
	17:31	por cuanto ha establecido un día (TR)
	18:10	porque yo estoy contigo, y ninguno podrá porque yo tengo mucho pueblo en esta
	20:26	Por tanto, yo os protesto en el día de hoy (WH, N, ABMW)
	22:18	porque no recibirán tu testimonio
Ro	1:19	porque lo que de Dios se conoce
	21	Pues habiendo conocido a Dios
	3:20	ya que por las obras de la ley ningún ser
	8:7	Por cuanto la mente carnal es enemistad
	21	porque también la creación misma será (N)
1 Co	15:9	porque perseguí a la iglesia
Gá	2:16	por cuanto por las obras de la ley (TR)
Fil	2:26	porque habíais oído que había enfermado
1 Ts	2:8	porque habéis llegado a sernos muy
	18	por lo cual quisimos ir a vosotros, (WH, N, ABMW)
	4:6	porque el Señor es vengador de todo esto
He	11:5	porque lo traspuso Dios
	23	porque le vieron niño hermoso
Stg	4:3	porque pedís mal, para gastar
1 P	1:16	porque escrito está: Sed santos
	24	Porque: Toda carne es como hierba
	2:6	Por lo cual también contiene la Escritura

1353   διοδεύω – diodéuo

Lc 8:1   Jesús iba por todas las ciudades
Hch 17:1 Pasando por Anfípolis y Apolonia,

1354   Διονύσιος – Dionúsios

Hch 17:34 estaba Dionisio el areopagita

1355   διόπερ** – dióper

1 Co 8:13 Por lo cual, si la comida le es a mi hermano
    10:14 Por tanto, amados mios, huid de la idolatría
    14:13 Por lo cual, el que habla en lengua (TR)

1356   διοπετής* – diopetés

Hch 19:35 y de la imagen venida de Júpiter?

1356A   διόρθωμα* – diórthoma

Hch 24:2 muchas cosas son bien gobernadas...por tu
          prudencia (TR); (por providencia tuya se
          están efectuando reformas, VHA, WH, N,
          ABMW, VM, NC, BC, BA)

1357   διόρθωσις* – diórthosis

He 9:10   hasta el tiempo de reformar las cosas

1358   διορύσσω – diorússo

Mt 6:19   donde ladrones minan y hurtan;
   20   donde ladrones no minan ni hurtan
   24:43 no dejaría minar su casa
Lc 12:39 no dejaría minar su casa

1359   Διόσκουροι – Dióskouroi

Hch 28:11 tenía por enseña a Cástor y Pólux

1360   διότι – dióti

Lc 1:13   porque tu oración ha sido oída

1361   Διοτρέφης – Diotréfes

3 Jn 9   pero Diótrefes, al cual le gusta tener

1362   διπλοῦς – diploús

Mt 23:15 le hacéis dos veces más hijo del infierno
1 Ti 5:17 tenidos por dignos de doble honor
Ap 18:6   pagadle doble según sus obras
          preparadle a ella el doble

1363   διπλόω* – diplóo

Ap 18:6   pagadle doble según sus obras

1364   δίς – dis

Mr 14:30 antes que el gallo haya cantado dos veces
   72   Antes que el gallo cante dos veces
Lc 18:12 ayuno dos veces a la semana
Fil 4:16 me enviasteis una y otra vez para
1 Ts 2:18 yo Pablo ciertamente una y otra vez
Jud 2   árboles...dos veces muertos
Ap 9:16   el número...de los jinetes era doscientos
          millones (WH)

1365   διστάζω* – distázo (distádzo)

Mt 14:31 ¿Por qué dudaste?
   28:17 pero algunos dudaban

1366   δίστομος – dístomos

He 4:12   toda espada de dos filos
Ap 1:16   salía una espada aguda de dos filos
   2:12   El que tiene la espada aguda de dos filos

1367   δισχίλιοι – discílioi (disjílioi)

Mr 5:13   cerdos, los cuales eran como dos mil

1368   διϋλίζω† – diulízo (diulídzo)

Mt 23:24 que coláis el mosquito,

1369 διχάζω** — dicázo (dijádzo)

Mt 10:35 he venido **para poner en disensión**

1370 διχοστασία** — dicostasía (dijostasía)

Ro 16:17 que os fijéis en los que causan **divisiones**
1 Co 3:3 celos, contiendas y **disensiones** (TR)
Gá 5:20 contiendas, **disensiones**,

1371 διχοτομέω — dicotoméo (dijotoméo)

Mt 24:51 lo **castigará duramente**, (le **partirá por la mitad**, VHA)
Lc 12:46 le **castigará duramente**, (le **partirá por la mitad**, VHA)

1372 διψάω — dipsáo

Mt 5:6 los **que tienen** hambre y **sed** de justicia
25:35 **tuve sed**, y me diste de beber
37 ¿...**sediento**, y te dimos de beber?
42 **tuve sed**, y no me disteis de beber
44 ¿...**sediento**, forastero
Jn 4:13 volverá a tener sed; (**tendrá sed** otra vez, VM)
14 no **tendrá sed** jamás
15 para que no **tenga yo sed**, ni venga
6:35 no **tendrá sed** jamás
7:37 Si alguno **tiene sed**,
19:28 la Escritura se cumpliese: **Tengo sed**
Ro 12:20 si **tuviere sed**, dale de beber
1 Co 4:11 Hasta esta hora...**tenemos sed**,
Ap 7:16 Ya no **tendrán** hambre ni **sed**,
21:6 Al **que tuviere sed**, yo le daré gratuitamente
22:17 el **que tiene sed**, venga

1373 δίψος — dípsos

2 Co 11:27 en hambre y **sed**, en muchos ayunos

1374 δίψυχος*† — dípsucos (dípsujos)

Stg 1:8 El hombre **de doble ánimo** es inconstante
4:8 vosotros **los de doble ánimo**, purificad

1375 διωγμός — diogmós

Mt 13:21 pues al venir la aflicción o **la persecución**
Mr 4:17 cuando viene la tribulación o **la persecución**
10:30 y tierras, con **persecuciones**
Hch 8:1 En aquel día hubo una gran **persecución**
13:50 los judíos.. levantaron **persecución**
Ro 8:35 angustia, o **persecución**,
2 Co 12:10 me gozo en las...**persecuciones**
2 Ts 1:4 en todas vuestras **persecuciones**
2 Ti 3:11 **persecuciones**, padecimientos, como **persecuciones** que he sufrido

1376 διώκτης*† — dióktes

1 Ti 1:13 habiendo yo sido antes...**perseguidor**

1377 διώκω — dióko

Mt 5:10 los **que padecen persecución**
11 por mi causa os...**persigan**
12 porque así **persiguieron** a los profetas
44 orad por los que os ultrajan y os **persiguen**
10:23 Cuando os **persigan** en esta ciudad,
23:34 y **perseguiréis** de ciudad en ciudad
Lc 11:49 a unos matarán y a otros **perseguirán** (WH, N, ABMW)
17:23 No vayáis, ni los **sigáis**.
21:12 os **perseguirán**, y os entregarán

Jn 5:16 los judíos **perseguían** a Jesús
15:20 Si a mí me **han perseguido**, también a vosotros **perseguirán**
Hch 7:52 ¿A cuál de los profetas no **persiguieron**
9:4 ¿por qué me **persigues**?
5 Yo soy Jesús, a quien tú **persigues**
22:4 **Perseguía** yo este Camino hasta la muerte
7 ¿por qué me **persigues**?
8 Yo soy Jesús...a quien tú **persigues**
26:11 los **perseguí** hasta en las ciudades extranjeras
14 ¿por qué me **persigues**?
15 Yo soy Jesús, a quien tú **persigues**.
Ro 9:30 que no iban tras la justicia
31 mas Israel, **que iba tras** una ley de justicia,
12:13 practicando la hospitalidad (lit., siguiendo la hospitalidad)
14 Bendecid a los **que** os **persiguen**
14:19 **sigamos** lo que contribuye a la paz (TR, WH, N, ABMW, VM, NC, BC, BA); (**seguimos** las cosas..., VHA, T)
1 Co 4:12 **padecemos persecución**, y la soportamos (siendo **perseguidos**..., VHA)
14:1 **Seguid** el amor
15:9 porque **perseguí** a la iglesia de Dios
2 Co 4:9 **perseguidos**, mas no desamparados
Gá 1:13 que **perseguía** sobremanera a la iglesia
23 Aquel **que** en otro tiempo nos **perseguía**
4:29 **perseguía** al que había nacido
5:11 ¿por qué **padezco persecución** todavía?
6:12 para no **padecer persecución**
Fil 3:6 **perseguidor** de la iglesia
12 sino que **prosigo**, por ver si logro
14 **prosigo** a la meta, al premio
1 Ts 5:15 **seguid** siempre lo bueno
1 Ti 6:11 **sigue** la justicia
2 Ti 2:22 **sigue** la justicia
3:12 vivir piadosamente...**padecerán persecución**
He 12:14 **Seguid** la paz con todos,
1 P 3:11 Busque la paz, y **sígala**
Ap 12:13 **persiguió** a la mujer que había dado

1378 δόγμα — dógma

Lc 2:1 se promulgó **un edicto** de parte de Augusto
Hch 16:4 les entregaban las **ordenanzas**
17:7 éstos contravienen los **decretos** de César
Ef 2:15 los mandamientos expresados en **ordenanzas**
Col 2:14 anulando el acta de los **decretos** que había

1379 δογματίζω — dogmatízo (dogmatídzo)

Col 2:20 ¿por qué ...**os sometéis a preceptos**

1380 δοκέω — dokéo

Mt 3:9 no **penséis** decir dentro de vosotros mismos
6:7 que **piensan** que por su palabrería serán
17:25 ¿Qué **te parece**, Simón?
18:12 ¿Qué **os parece**?
21:28 ¿qué **os parece**?
22:17 qué **te parece**
42 ¿Qué **pensáis** del Cristo? (¿Que os **parece** del Cristo?, VHA)
24:44 vendrá a la hora que no **pensáis**
26:53 ¿Acaso **piensas** que no puedo ahora orar
66 ¿Qué **os parece**?
Mr 6:49 **pensaron** que era un fantasma
10:42 los que son tenidos por gobernantes
Lc 1:3 me **ha parecido** también a mí
8:18 aun lo que **piensa** tener se le quitará
10:36 ¿Quién...**te parece** que fue el prójimo

δοκιμάζω 1381   1388 δόλος

Lc	12:40	porque a la hora que no penséis
	51	¿Penséis que he venido para dar paz
	13:2	¿Penséis que estos galileos
	4	¿penséis que eran más culpables
	17:9	Pienso que no (TR)
	19:11	pensaban que el reino de Dios
	22:24	quién de ellos sería el mayor (quién de ellos había de ser considerado el mayor, VHA)
	24:37	pensaban que veían espíritu
Jn	5:39	porque a vosotros os parece que en ellas
	45	No penséis que yo voy a acusaros delante
	11:13	ellos pensaron que hablaba del reposar del
	31	diciendo: Va al sepulcro a llorar (TR, VM); (pensando que iba al sepulcro..., VHA, WH, N, ABMW, NC, BC, BA)
	56	¿Qué os parece? ¿No vendrá a la fiesta?
	13:29	algunos pensaban, puesto que Judas tenía
	16:2	pensará que rinde servicio a Dios
	20:15	Ella, pensando que era el hortelano,
Hch	12:9	pensaba que veía una visión
	15:22	Entonces pareció bien a los apóstoles
	25	nos ha parecido bien, habiendo llegado
	28	ha parecido bien al Espíritu Santo
	34	a Silas le pareció bien el quedarse allí (TR, VM, NC, BC, BA)
	17:18	Parece que es predicador de nuevos dioses
	25:27	me parece fuera de razón enviar un preso
	26:9	Yo...había creído mi deber hacer muchas cosas (pensaba conmigo mismo que debía...VM)
	27:13	pareciéndoles que ya tenían lo que deseaban
1 Co	3:18	si alguno entre vosotros se cree sabio
	4:9	según pienso, Dios nos ha exhibido
	7:40	pienso que también yo tengo el Espíritu
	8:2	si alguno se imagina que sabe algo
	10:12	el que piensa estar firme, mire
	11:16	si alguno quiere ser contencioso
	12:22	los miembros del cuerpo que parecen más
	23	aquellos del cuerpo que nos parecen
	14:37	Si alguno se cree profeta
2 Co	10:9	para que no parezca como que os quiero
	11:16	Que nadie me tenga por loco
	12:19	¿Penséis aún que nos disculpamos
Gá	2:2	a los que tenían cierta reputación
	6	de los que tenían reputación de ser algo los de reputación nada nuevo
	9	Jacobo, y Cefas y Juan, que eran considerados como columnas
	6:3	Porque si se cree ser algo, no siendo
Fil	3:4	si alguno piensa que tiene de qué confiar
He	4:1	alguno de vosotros parezca no haberlo
	10:29	¿Cuánto mayor castigo penséis que
	12:10	nos disciplinaban como a ellos les parecía
	11	ninguna disciplina al presente parece ser
Stg	1:26	Si alguno se cree religioso entre vosotros
	4:5	¿O penséis que la Escritura dice

1381   δοκιμάζω – dokimázō (dokimádzō)

Lc	12:56	Sabéis distinguir el aspecto del cielo ¿y cómo no distinguís este tiempo? (TR, WH, N, VHA, NC, BC, BA); (¿pues cómo no sabéis interpretar..., VM, ABMW)
	14:19	y voy a probarlos
Ro	1:28	como ellos no aprobaron tener
	2:18	instruido por la ley apruebas lo mejor
	12:2	para que comprobéis cuál sea la buena
	14:22	no se condena a sí mismo en lo que aprueba
1 Co	3:13	el fuego la probará
	11:28	pruébese cada uno a sí mismo

1 Co	16:3	a quienes hubiereis designado por carta
2 Co	8:8	sino para poner a prueba
	22	cuya diligencia hemos comprobado
	13:5	probaos a vosotros mismos
Ga	6:4	cada uno someta a prueba su propia obra,
Ef	5:10	comprobando lo que es agradable
Fil	1:10	para que aprobéis lo mejor
1 Ts	2:4	según fuimos aprobados por Dios
	5:21	Dios, que prueba nuestros corazones Examinadlo todo; retened lo bueno
1 Ti	3:10	éstos también sean sometidos a prueba
He	3:9	me tentaron vuestros padres; me probaron (TR, NC)
1 P	1:7	aunque pereciere se prueba con fuego
1 Jn	4:1	sino probad los espíritus

1381 A   δοκιμασία** – dokimasía

He	3:9	me tentaron vuestros padres; me probaron, (TR, NC); (me tentaron...probándome, VHA, WH, N, ABMW, VM, BC, BA) (lit.,...en prueba)

1382   δοκιμή** – dokimé

Ro	5:4	y la paciencia, prueba y la prueba, esperanza
2 Co	2:9	para tener la prueba (para conocer la prueba, VM)
	8:2	en grande prueba de tribulación
	9:13	pues por la experiencia de esta ministración
	13:3	buscáis una prueba de que habla Cristo
Fil	2:22	conocéis los méritos de él (sabéis la prueba que de sí, VHA)

1383   δοκίμιον – dokímion

Stg	1:3	sabiendo que la prueba de vuestra fe
1 P	1:7	sometida a prueba vuestra fe, (la parte depurada de vuestra fe, VHA)

1384   δόκιμος – dókimos

Ro	14:18	es aprobado por los hombres
	16:10	Apeles, aprobado en Cristo
1 Co	11:19	los que son aprobados
2 Co	10:18	no es aprobado el que se alaba a sí mismo
	13:7	no para que...aparezcamos aprobados
2 Ti	2:15	Procura....presentarte a Dios aprobado
Stg	1:12	porque cuando haya resistido la prueba (porque habiendo sido aprobado, BA)

1385   δοκός – dokós

Mt	7:3	y no echas de ver la viga que está
	4	he aquí la viga en el ojo tuyo?
	5	saca primero la viga de tu propio ojo
Lc	6:41	y no echas de ver la viga que está
	42	no mirando tú la viga que está saca primero la viga de tu propio ojo

1386   δόλιος – dólios

2 Co	11:13	obreros fraudulentos, que se disfrazan como

1387   δολιόω† – dolióō

Ro	3:13	Con su lengua engañan

1388   δόλος – dólos

Mt	26:4	para prender con engaño a Jesús
Mr	7:22	las maldades, el engaño, la lascivia
	14:1	buscaban...cómo prenderle por engaño
Jn	1:47	en quien no hay engaño

Hch	13:10	¡Oh, lleno de todo engaño
Ro	1:29	llenos de envidia,...engaños (...engaño, VHA)
2 Co	12:16	os prendí por engaño
1 Ts	2:3	nuestra exhortación...ni fue por engaño
1 P	2:1	Desechando,...todo engaño
	22	ni se halló engaño en su boca
	3:10	Y sus labios no hablen engaño
Ap	14:5	no fue hallada mentira (TR)

1389   δολόω – dolóo

2 Co	4:2	ni adulterando la palabra de Dios

1390   δόμα – dóma

Mt	7:11	sabéis dar buenas dádivas
Lc	11:13	sabéis dar buenas dádivas
Ef	4:8	dio dones a los hombres
Fil	4:17	No es que busque dádivas

1391   δόξα – dóxa

Mt	4:8	le mostró.. la gloria de ellos
	6:13	tuyo es el reino...y la gloria, (TR, VM, [BA]
	29	ni aun Salomón con toda su gloria
	16:27	el Hijo del Hombre vendrá en la gloria
	19:28	se siente en el trono de su gloria
	24:30	viniendo...con poder y gran gloria
	25:31	el Hijo del Hombre venga en su gloria
		se sentará en su trono de gloria
Mr	8:38	cuando venga en la gloria de su Padre
	10:37	Concédenos que en tu gloria nos sentemos
	13:26	en las nubes con gran poder y gloria
Lc	2:9	la gloria del Senor los rodeó
	14	¡Gloria a Dios en las alturas
	32	gloria de tu pueblo Israel
Lc	4:6	te daré...la gloria de ellos
	9:26	cuando venga en su gloria
	31	quienes aparecieron rodeados de gloria
	32	vieron la gloria de Jesús
	12:27	ni aun Salomón con toda su gloria
	14:10	entonces tendrás gloria
	17:18	y diese gloria a Dios sino
	19:38	¡paz en el cielo, y gloria en las alturas!
	21:27	en una nube con poder y gran gloria
	24:26	¿...y que entrara en su gloria?
Jn	1:14	vimos su gloria, gloria como
	2:11	manifestó su gloria
	5:41	Gloria de los hombres no recibo
	44	recibís gloria los unos de los otros
		no buscáis la gloria que viene del Dios
	7:18	su propia gloria busca
		pero el que busca la gloria del que le envió
	8:50	Pero yo no busco mi gloria
	54	mi gloria nada es
	9:24	Da gloria a Dios
	11:4	sino para la gloria de Dios
	40	¿...verás la gloria de Dios?
	12:41	dijo esto cuando vio su gloria
	43	amaban más la gloria de los hombres
		que la gloria de Dios
	17:5	con aquella gloria que tuve contigo
	22	La gloria que me diste, yo les he dado
	24	para que vean mi gloria que me has dado
Hch	7:2	El Dios de la gloria apareció
	55	vio la gloria de Dios, y a Jesús
	12:23	no dio la gloria a Dios
	22:11	a causa de la gloria de la luz
Ro	1:23	cambiaron la gloria del Dios
	2:7	buscan gloria y honra

Ro	2:10	pero gloria y honra y paz
	3:7	la verdad de Dios abundó para su gloria
	23	están destituidos de la gloria de Dios
	4:20	se fortaleció en fe, dando gloria a Dios
	5:2	la esperanza de la gloria de Dios
	6:4	por la gloria del Padre
	8:18	no son comparables con la gloria venidera
	21	a la libertad gloriosa (...de la gloria, VHA)
	9:4	de los cuales son...la gloria
	23	hacer notorias las riquezas de su gloria
		que él preparó de antemano para gloria
	11:36	A él sea la gloria por los siglos
	15:7	nos recibió, para la gloria de Dios
	16:27	al único...Dios, sea gloria mediante
1 Co	2:7	antes de los siglos para nuestra gloria
	8	nunca habrían crucificado al Señor de gloria
	10:31	hacedlo todo para la gloria de Dios
	11:7	él es imagen y gloria de Dios
		la mujer es gloria del varón
	15	dejarse crecer el cabello le es honroso;
		(es gloria dejarse;...VHA)
	15:40	una es la gloria de los celestiales
	41	Una es la gloria del sol
		otra la gloria de la luna
		otra la gloria de las estrellas
		diferente de otra en gloria
	43	resucitará en gloria
2 Co	1:20	para la gloria de Dios.
	3:7	grabado con letras en piedras fue con gloria
		a causa de la gloria de su rostro
	8	no será más bien con gloria
	9	el ministerio de condenación fue con gloria
		mucho más abundará en gloria el ministerio
	3:10	en comparación con la gloria más eminente
	11	tuvo gloria, (fue con gloria, VHA)
		mucho más glorioso será (...será con gloria, VHA)
	18	como en un espejo la gloria del Señor
		somos transformados de gloria en gloria
	4:4	la luz del evangelio de la gloria de Cristo
	6	iluminación del conocimiento de la gloria
	15	la acción de gracias sobreabunde para gloria
	17	eterno peso de gloria
	6:8	por honra y por deshonra
	8:19	administrado por nosotros para gloria
	23	mensajeros de las iglesias, y gloria de Cristo
Gá	1:5	a quien sea la gloria por los siglos
Ef	1:6	para alabanza de la gloria de su gracia
	12	seamos para alabanza de su gloria
	14	para alabanza de su gloria
	17	el Padre de gloria, os dé
	18	las riquezas de la gloria de su herencia
	3:13	las cuales son vuestra gloria
	16	conforme a las riquezas de su gloria
	21	a él sea gloria en la iglesia en Cristo
Fil	1:11	para gloria y alabanza de Dios
	2:11	para gloria de Dios Padre
	3:19	cuya gloria es su vergüenza; (su gloria es en su vergüenza, VM)
	21	semejante al cuerpo de la gloria suya
	4:19	conforme a sus riquezas en gloria en Cristo
	20	Al Dios y Padre nuestro sea gloria
Col	1:11	conforme a la potencia de su gloria
	27	dar a conocer las riquezas de la gloria
		Cristo en vosotros, la esperanza de gloria
	3:4	seréis manifestados con él en gloria
1 Ts	2:6	ni buscamos gloria de los hombres
	12	que os llamó a su reino y gloria
	20	Vosotros sois nuestra gloria y gozo

δοξάζω 1392

2 Ts	1:9	excluidos...de la gloria de su poder
	2:14	para alcanzar la gloria de nuestro Señor (para adquisición de la gloria...,VHA)
1 Ti	1:11	según el glorioso evangelio del Dios (según el evangelio de la gloria..,VHA)
	17	sea honor y gloria por los siglos
	3:16	Recibido arriba en gloria
2 Ti	2:10	en Cristo Jesús con gloria eterna
	4:18	A él sea gloria por los siglos
Tit	2:13	la manifestación gloriosa de nuestro gran Dios (...de la gloria del...,VHA)
He	1:3	siendo el resplandor de su gloria
	2:7	Le coronaste de gloria y de honra
	9	Jesús, coronado de gloria y de honra,
	10	de llevar muchos hijos a la gloria
	3:3	de tanto mayor gloria que Moisés
	9:5	los querubines de gloria que cubrían
	13:21	Jesucristo; al cual sea la gloria
Stg	2:1	vuestra fe en nuestro glorioso Señor Jesucristo (...Jesu-Cristo, Señor de la gloria, BC)
1 P	1:7	sea hallada en alabanza, gloria y honra
	11	las glorias que vendrían tras ellos
	21	le ha dado gloria
	24	toda la gloria del hombre como flor
	4:11	a quien pertenece la gloria y el imperio
	13	en la revelación de su gloria os gocéis
	14	el glorioso Espíritu de Dios reposa (el Espíritu de gloria, aun el de Dios, VHA)
	5:1	soy también participante de la gloria
	4	la corona incorruptible de la gloria
	10	que nos llamó a su gloria (TR); (que os llamó..., VHA, N, ABMW, VM, NC, BC, BA)
	11	A él sea la gloria y el imperio (TR, VM, NC, BC)
2 P	1:3	aquel que nos llamó por su gloria
	17	él recibió de Dios Padre honra y gloria enviada desde la magnífica gloria
	2:10	decir mal de las potestades superiores (de blasfemar las glorias, BC)
	3:18	A él sea gloria ahora y hasta el día
Jud	8	blasfeman de las potestades superiores (blasfeman de las glorias, BC)
	24	presentaros sin mancha delante de su gloria
	25	al único...Dios...sea gloria y majestad
Ap	1:6	a él sea gloria e imperio por los siglos
	4:9	aquellos seres vivientes dan gloria
	11	digno eres de recibir la gloria y la honra
	5:12	es digno de tomar...la gloria
	13	al Cordero, sea...la gloria
	7:12	La bendición y la gloria y la sabiduría
	11:13	y dieron gloria al Dios del cielo
	14:7	Temed a Dios, y dadle gloria
	15:8	se llenó de humo por la gloria de Dios
	16:9	y no se arrepintieron para darle gloria
	18:1	la tierra fue alumbrada con su gloria
	19:1	gloria y poder son del Señor
	7	alegrémonos y démosle gloria
	21:11	teniendo la gloria de Dios
	23	porque la gloria de Dios la ilumina
	24	los reyes de la tierra traerán su gloria
	26	la gloria y la honra de las naciones

1392 δοξάζω – doxázo (doxádzo)

Mt	5:16	y glorifiquen a vuestro Padre
	6:2	para ser alabados por los hombres
	9:8	se maravilló y glorificó a Dios, (...glorificaron a Dios, VHA)

Mt	15:31	y glorificaban al Dios de Israel
Mr	2:12	y glorificaron a Dios, diciendo
Lc	2:20	volvieron los pastores glorificando
	4:15	enseñaba...y era glorificado (...siendo glorificado, VM)
	5:25	se fue a su casa, glorificando a Dios
	26	sobrecogidos de asombro, glorificaban a
	7:16	tuvieron miedo, y glorificaban a Dios
	13:13	ella...glorificaba a Dios
	17:15	volvió, glorificando a Dios
	18:43	y le seguía, glorificando a Dios
	23:47	dio gloria a Dios (...glorificaba..., VHA)
Jn	7:39	Jesús no había sido aún glorificado
	8:54	Si yo me glorifico a mí mismo mi Padre es el que me glorifica
	11:4	el Hijo de Dios sea glorificado
	12:16	cuando Jesús fue glorificado
	23	para que el Hijo del Hombre sea glorificado
	28	Padre, glorifica tu nombre Lo he glorificado, y lo glorificaré otra vez
	13:31	Ahora es glorificado el Hijo del Hombre Dios es glorificado en él
	32	Si Dios es glorificado en él (TR, N, [ABMW], VHA, NC, BC, BA) Dios también le glorificará en sí mismo, en seguida le glorificará
	14:13	para que el Padre sea glorificado
	15:8	En esto es glorificado mi Padre
	16:14	El me glorificará
	17:1	glorifica a tu Hijo para que también tu Hijo te glorifique a ti
	4	Yo te he glorificado en la tierra
	5	glorifícame tú
	10	he sido glorificado en ellos
	21:19	con qué muerte había de glorificar a Dios
Hch	3:13	Dios...ha glorificado a su Hijo Jesús,
	4:21	todos glorificaban a Dios
	11:18	callaron, y glorificaron a Dios
	13:48	Los gentiles,...glorificaban la palabra
	21:20	glorificaron a Dios, y le dijeron
Ro	1:21	no le glorificaron como a Dios
	8:30	a éstos también glorificó
	11:13	honro mi ministerio,
	15:6	unánimes, a una voz, glorifiquéis al Dios
	9	para que los gentiles glorifiquen a Dios
1 Co	6:20	glorificad, pues, a Dios en vuestro cuerpo
	12:26	y si un miembro recibe honra,
2 Co	3:10	aun lo que fue glorioso, no es glorioso (lo glorificado no fue glorificado, BC)
	9:13	por la experiencia...glorifican a Dios (lit.,...glorificando a Dios)
Ga	1:24	glorificaban a Dios en mí
2 Ts	3:1	que la palabra... sea glorificada
He	5:5	tampoco Cristo se glorificó a sí mismo
1 P	1:8	con gozo inefable y glorioso; (lit.,... glorificado)
	2:12	glorifiquen a Dios en el día de la visitación
	4:11	para que en todo sea Dios glorificado
	14	por vosotros es glorificado (TR, [BA])
	16	sino glorifique a Dios
Ap	15:4	¿Quién no,...glorificará tu nombre?
	18:7	se ha glorificado y ha vivido en deleites,

1393 Δορκάς – Dorkás

Hch	9:36	Tabita, que traducido quiere decir, Dorcas
	39	mostrando...los vestidos que Dorcas

1394 δόσις – dósis

Fil	4:15	participó conmigo en razón de **dar** y recibir	Mt	18:28	saliendo aquel **siervo**, halló a uno
Stg	1:17	Toda buena **dádiva**...desciende de lo alto		32	le dijo: **Siervo** malvado
				20:27	será vuestro **siervo**
1395		δότης† – dótes		21:34	envió sus **siervos** a los labradores
				35	tomando a los **siervos**, a uno
2 Co	9:7	Dios ama al **dador** alegre		36	Envió de nuevo otros **siervos**
				22:3	envió a sus **siervos** a llamar a los convidados
1396		δουλαγωγέω* – doulagogéo		4	Volvio a enviar otros **siervos**
		(dulagoguéo)		6	tomando a los **siervos**, los afrentaron
1 Co	9:27	golpeo mi cuerpo, y lo **pongo en**		8	dijo a sus **siervos**: Las bodas
		servidumbre		10	saliendo los **siervos** por los caminos
				24:45	¿Quién es...el **siervo** fiel
1397		δουλεία – douléia		46	Bienaventurado aquel **siervo** al cual
Ro	8:15	no habéis recibido el espíritu de **esclavitud**		48	Pero si aquel **siervo** malo dijere
	21	será libertada de la **esclavitud**		50	vendrá el señor de aquel **siervo**
Gá	4:24	el cual da hijos para **esclavitud**		25:14	llamó a sus **siervos** y les entregó
	5:1	al yugo de **esclavitud**		19	vino el señor de aquellos **siervos**
He	2:15	durante toda la vida sujetos a **servidumbre**		21	Bien, buen **siervo** y fiel
				23	Bien, buen **siervo** y fiel
1398		δουλεύω – douléuo		26	le dijo: **Siervo** malo y negligente
Mt	6:24	Ninguno puede **servir** a dos señores		30	al **siervo** inútil echadle
		No podéis **servir** a Dios y a las riquezas		26:51	hiriendo a un **siervo** del sumo sacerdote
Lc	15:29	tantos años te **sirvo**	Mr	10:44	será **siervo** de todos
	16:13	Ningún **siervo** puede **servir** a dos señores		12:2	envió **un siervo** a los labradores
		No podéis **servir** a Dios y a las riquezas		4	Volvió a enviarles otro **siervo**
Jn	8:33	jamás **hemos sido esclavos** de nadie		13:34	dio autoridad a sus **siervos**, (dado facultad
Hch	7:7	la nación de la cual **serán siervos**			a sus **siervos**, VHA)
	20:19	**sirviendo** al Señor con toda humildad		14:47	hirió al **siervo** del sumo
Ro	6:6	a fin de que no **sirvamos** más al pecado	Lc	2:29	despides a tu **siervo** en paz
	7:6	de modo que **sirvamos** bajo el régimen		7:2	Y el **siervo** de un centurión
	25	yo mismo con la mente **sirvo** a la ley		3	que viniese y sanase a su **siervo**
	9:12	El mayor **servirá** al menor		8	a mi **siervo**: Haz esto
	12:11	**sirviendo** al Señor		10	hallaron sano al **siervo**
	14:18	el **que** en esto **sirve** a Cristo		12:37	Bienaventurados aquellos **siervos**
	16:18	tales personas no **sirven** a nuestro Señor		38	bienaventurados son aquellos **siervos**. (TR,
Gá	4:8	**serviáis** a los que por naturaleza no son			VM, VHA)
	9	¿cómo...os queréis volver a **esclavizar**?		43	Bienaventurado aquel **siervo**
	25	ésta, junto con sus hijos, **está en esclavitud**		45	Mas si aquel **siervo** dijere en su corazón
	5:13	sino **servíos** por amor los unos a los otros		46	vendrá el señor de aquel **siervo**
Ef	6:7	**sirviendo** de buena voluntad		47	Aquel **siervo** que conociendo
Fil	2:22	como hijo a padre **ha servido** conmigo		14:17	envió a su **siervo** a decir a los
Col	3:24	porque a Cristo el Señor **servís**		21	Vuelto el **siervo**, hizo saber estas cosas
1 Ts	1:9	para **servir** al Dios vivo y verdadero			el padre de familia, dijo a su **siervo**
1 Ti	6:2	sino **sírvanles** mejor, por cuanto son		22	Y dijo el **siervo**: Señor
Tit	3:3	éramos.. **esclavos** de concupiscencias (...		23	Dijo el señor al **siervo**: Ve
		sirviendo a diversas concupiscencias, VM)		15:22	Pero el padre dijo a sus **siervos**
				17:7	¿Quién de vosotros, teniendo **un siervo**
1399		δούλη – dóule		9	¿Acaso da gracias al **siervo**
Lc	1:38	He aquí la **sierva** del Señor		10	**Siervos** inútiles somos, pues
	48	ha mirado la bajeza de su **sierva**		19:13	llamando a diez **siervos** suyos
Hch	2:18	sobre mis **siervas** en aquellos días		15	mandó llamar ante él a aquellos **siervos**
				17	Está bien, buen **siervo**
1400		δοῦλος – doúlos o δοῦλον		22	Mal **siervo**, por tu propia boca te juzgo
Ro	6:19	vuestros miembros **para servir** (...como		20:10	envió **un siervo** a los labradores
		siervos, VM)		11	Volvió a enviar otro **siervo**
		vuestros miembros **para servir** a la justicia		22:50	hirió a un **siervo** del sumo sacerdote
		(...como **siervos** de justicia, VM)	Jn	4:51	sus **siervos** salieron a recibirle,
				8:34	**esclavo** es del pecado
1401		δοῦλος – doúlos		35	el **esclavo** no queda en la casa para
Mt	8:9	digo...a mi **siervo**: Haz esto		13:16	El **siervo** no es mayor que su señor
	10:24	ni el **siervo** más que su señor		15:15	Ya no os llamaré **siervos**
	25	Bástale...al **siervo** como su señor		20	El **siervo** no es mayor que su señor
	13:27	los **siervos** del padre de familia y le dijeron		18:10	e hirió al **siervo** del sumo sacerdote
	28	los **siervos** le dijeron: ¿Quieres, (TR, N,			el **siervo** se llamaba Malco
		ABMW, VHA, VM, BC, BA)		18	estaban en pie los **siervos**
	18:23	hacer cuentas con sus **siervos**		26	Uno de los **siervos** del sumo sacerdote
	26	aquel **siervo**, postrado, le suplicaba	Hch	2:18	sobre mis **siervos** y sobre mis **siervas**
	27	El Señor de aquel **siervo**, movido		4:29	concede a tus **siervos** que con todo

δουλόω 1402			251			1410 δύναμαι

Hch	16:17	Estos hombres son siervos del Dios
Ro	1:1	Pablo, siervos de Jesucristo
	6:16	como esclavos para obedecerle
		sois esclavos de aquel a quien obedecéis
	17	aunque erais esclavos del pecado
	20	cuando erais esclavos del pecado
1 Co	7:21	¿Fuiste llamado siendo esclavo?
	22	el que en el Señor fue llamado siendo esclavo
		esclavo es de Cristo
	23	no os hagáis esclavos de los hombres
	12:13	sean esclavos o libres
2 Co	4:5	nosotros como vuestros siervos
Gá	1:10	no sería siervo de Cristo
	3:28	no hay esclavo ni libre
	4:1	en nada difiere del esclavo
	7	Así que ya no eres esclavo
Ef	6:5	Siervos, obedeced a vuestros amos
	6	sino como siervos de Cristo
	8	sea siervo o sea libre
Fil	1:1	Pablo y Timoteo, siervos de Jesucristo
	2:7	tomando forma de siervo
Col	3:11	donde no hay...siervo ni libre
	22	Siervos, obedeced en todo a vuestros amos
	4:1	justo y recto con vuestros siervos
	12	Epáfras...siervo de Cristo
1 Ti	6:1	los que están bajo el yugo de esclavitud,
		(los que son siervos bajo el yugo, VHA)
2 Ti	2:24	Porque el siervo del Señor no debe ser
Tit	1:1	Pablo, siervo de Dios
	2:9	Exhorta a los siervos a que se sujeten
Flm	16	no ya como esclavo,
		sino como más que esclavo
Stg	1:1	Santiago, siervo de Dios
1 P	2:16	sino como siervos de Dios
2 P	1:1	Simón Pedro, siervo y apóstol
	2:19	son ellos mismos esclavos de corrupción
Jud	1	Judas, siervo de Jesucristo
Ap	1:1	para manifestar a sus siervos las cosas
		por medio de su ángel a su siervo Juan
	2:20	seduzca a mis siervos a fornicar
	6:15	todo siervo y todo libre,
	7:3	en sus frentes a los siervos de nuestro Dios
	10:7	como él lo anunció a sus siervos
	11:18	de dar el galardón a tus siervos los profetas
	13:16	libres y esclavos, se les pusiese una marca
	15:3	el cántico de Moisés siervo de Dios,
	19:2	ha vengado la sangre de sus siervos
	5	Alabad a nuestro Dios todos sus siervos
	18	carnes de...libres y esclavos,
	22:3	sus siervos le servirán
	6	para mostrar a sus siervos las cosas

1402		δουλόω – douloo
Hch	7:6	los reducirían a servidumbre (los
		esclavizarían, VHA)
Ro	6:18	vinisteis a ser siervos de la justicia
	22	hechos siervos de Dios
1 Co	7:15	no está el hermano...sujeto a servidumbre
	9:19	me he hecho siervo de todos
Gá	4:3	estábamos en esclavitud bajo los rudimentos
		(esclavizados estábamos..., BC)
Tit	2:3	no esclavas del vino, (no esclavizadas por el
		excesivo vino, BC)
2 P	2:19	es hecho esclavo del que lo venció. (.. queda
		esclavizado, BC)

1403		δοχή – docé (dojé)
Lc	5:29	Leví le hizo gran banquete

Lc	14:13	Mas cuando hagas banquete, llama

1404		δράκων – drákon
Ap	12:3	he aquí un gran dragón escarlata
	4	el dragón se paró frente a la mujer
	7	luchaban contra el dragón
		luchaban el dragón y sus ángeles
	9	fue lanzado fuera el gran dragón
	13	cuando vio el dragón que había
	16	tragó el río que el dragón había echado
	17	Entonces el dragón se llenó de ira
	13:2	el dragón le dio su poder y su trono
	4	adoraron al dragón que había dado
	11	pero hablaba como dragón
	16:13	vi salir de la boca del dragón
	20:2	prendió al dragón, la serpiente

1405		δράσσομαι – drássomai
1 Co	3:19	El prende a los sabios en la astucia de ellos

1406		δραχμή – dracmé (drajmé)
Lc	15:8	¿O qué mujer que tiene diez dracmas
		si pierde una dracma...?
	9	he encontrado la dracma que había perdido

1407		δρέπανον – drépanon
Mr	4:29	en seguida se mete la hoz
Ap	14:14	en la mano una hoz aguda
	15	Mete tu hoz, y siega
	16	metió su hoz en la tierra
	17	teniendo también una hoz aguda
	18	llamó a gran voz al que tenía la hoz aguda
		Mete tu hoz aguda
	19	arrojó su hoz en la tierra

1408		δρόμος – drómos
Hch	13:25	Juan terminaba su carrera, dijo
	20:24	con tal que acabe mi carrera con gozo
2 Ti	4:7	he acabado la carrera

1409		Δρούσιλλα – Dróusila (Drúsila)
Hch	24:24	viniendo Félix con Drusila su mujer

1410		δύναμαι – dúnamai
Mt	3:9	Dios puede levantar hijos a Abraham
	5:14	no se puede esconder
	36	no puedes hacer blanco o negro
	6:24	Ninguno puede servir a dos señores
		No podéis servir a Dios y a las riquezas
	27	¿Y quién de vosotros podrá,
	7:18	No puede el buen árbol dar malos
	8:2	Señor, si quieres, puedes limpiarme
	9:15	¿Acaso pueden los que están de bodas
	28	¿Creéis que puedo hacer esto?
	10:28	mas el alma no pueden matar
		más bien a aquel que puede destruir el alma
	12:29	¿cómo puede alguno entrar en la casa
	34	¿Cómo podéis hablar lo bueno
	16:3	las señales de los tiempos no podéis!
	17:16	pero no le han podido sanar
	19	no pudimos echarlo fuera?
	19:12	El que sea capaz de recibir esto
	25	¿Quién, pues, podrá ser salvo?
	20:22	¿Podéis beber del vaso que yo
		le dijeron: Podemos
	22:46	nadie le podía responder palabra
	26:9	esto podía haberse vendido

δύναμαι 1410   252   1410 δύναμαι

Mt	26:42	si no **puede** pasar de mí esta copa
	53	¿...que no **puedo** ahora orar
	61	**Puedo** derribar el templo de Dios, y en
	27:42	a sí mismo no se **puede** salvar
Mr	1:40	Si quieres, **puedes** limpiarme
	45	Jesús no **podía** entrar abiertamente
	2:4	como no **podían** acercarse a él
	7	¿Quién **puede** perdonar pecados
	19	¿Acaso **pueden** los que están de bodas
		no **pueden** ayunar
	3:20	ni aun **podían** comer pan
	23	¿Cómo **puede** Satanás echar fuera
	24	tal reino no **puede** permanecer
	25	tal casa no **puede** permanecer
	26	no **puede** permanecer, sino que
	27	Ninguno **puede** entrar en la casa
	4:32	**pueden** morar bajo su sombra
	33	conforme a lo que **podían** oír
	5:3	nadie **podía** atarle,
	6:5	Y no **pudo** hacer allí ningún milagro
	19	deseaba matarle, y no **podía**
	7:15	que le **pueda** contaminar
	18	¿...no le **puede** contaminar
	24	pero no **pudo** esconderse
	8:4	¿De dónde **podrá** saciar alguien
	9:3	ningún lavador en la tierra los **puede**
	22	pero si **puedes** hacer algo,
	23	Si **puedes** creer, al que cree
	28	¿...no pudimos echarle fuera?
	29	con nada **puede** salir, sino
	39	que luego **pueda** decir mal de mí
	10:26	¿Quién, pues, **podrá** ser salvo?
	38	¿**Podéis** beber del vaso
	39	Ellos dijeron: **Podemos**
	14:5	**podía** haberse vendido por más
	7	cuando queráis les **podréis** hacer bien
	15:31	a sí mismo no se **puede** salvar
Lc	1:20	y no **podrás** hablar, hasta el
	22	no les **podía** hablar
	3:8	Dios **puede** levantar hijos a Abraham
	5:12	si quieres, **puedes** limpiarme
	21	¿Quién **puede** perdonar
	34	¿**Podéis** acaso hacer que los que están
	6:39	¿Acaso **puede** un ciego guiar a otro ciego?
	42	¿O cómo **puedes** decir a tu hermano:
	8:19	pero no **podían** llegar hasta él
	9:40	y no **pudieron**
	11:7	no **puedo** levantarme, y dártelos?
	12:25	¿...**podrá** con afanarse añadir
	26	Pues si no **podéis** aun lo que es
	13:11	en ninguna manera se **podía** enderezar
	14:20	y por tanto no **puede** ir
	26	no **puede** ser mi discípulo
	27	no **puede** ser mi discípulo
	33	no **puede** ser mi discípulo
	16:2	porque ya no **podrás** más ser mayordomo
	13	Ningún siervo **puede** servir a dos
		No **podéis** servir a Dios y a las riquezas
	26	no **pueden**, ni de allá
	18:26	¿Quién, pues, **podrá** ser salvo?
	19:3	pero no **podía** a causa de la multitud
	20:36	no **pueden** ya más morir
	21:15	la cual no **podrán** resistir ni
Jn	1:46(47)	¿De Nazaret **puede** salir algo de bueno?
	3:2	nadie **puede** hacer estas señales
	3	no **puede** ver el reino de Dios
	4	¿Cómo **puede** un hombre nacer
		¿**Puede** acaso entrar por segunda vez
	5	no **puede** entrar en el reino de Dios
Jn	3:9	¿Cómo **puede** hacerse esto?
	27	No **puede** el hombre recibir nada
	5:19	No **puede** el Hijo hacer nada por sí mismo
	30	No **puedo** yo hacer nada por mí mismo
	44	¿Cómo **podéis** vosotros creer
	6:44	Ninguno **puede** venir a mí
	52	¿Cómo **puede** éste darnos a comer su
	60	¿quién la **puede** oír?
	65	ninguno **puede** venir a mí
Jn	7:7	No **puede** el mundo aborreceros
	34	vosotros no **podréis** venir
	36	vosotros no **podréis** venir?
	8:21	vosotros no **podéis** venir
	22	vosotros no **podéis** venir?
	43	Porque no **podéis** escuchar mi palabra
	9:4	cuando nadie **puede** trabajar
	16	¿Cómo **puede** un hombre pecador hacer
	33	nada **podría** hacer
	10:21	¿**Puede** acaso el demonio abrir los ojos
	29	nadie las **puede** arrebatar de la mano
	35	(y la Escritura no **puede** ser quebrantada)
	11:37	¿No **podía** éste, que abrió los ojos
	12:39	Por esto no **podían** creer,
	13:33	vosotros no **podéis** ir
	36	no me **puedes** seguir ahora
	37	¿por qué no te **puedo** seguir ahora?
	14:5	¿cómo, pues, **podemos** saber el camino?
		(TR, ABMW, VM, NC, BC)
	17	al cual el mundo no **puede** recibir
	15:4	el pámpano no **puede** llevar fruto en sí
	5	separados de mí nada **podéis** hacer
	16:12	pero ahora no las **podéis** sobrellevar
Hch	4:16	no lo **podemos** negar
	20	porque no **podemos** dejar de decir
	5:39	si es de Dios, no la **podréis** destruir
	8:31	¿Y cómo **podré**, si alguno no me enseñare?
	10:47	¿**Puede** acaso alguno impedir el agua,
	13:39	por la ley de Moisés no **pudisteis**
	15:1	no **podéis** ser salvos
	17:19	¿**Podremos** saber qué es esta nueva
	19:40	ninguna causa por la cual **podamos** dar
	20:32	la cual es poderosa para sobreedificaros
	21:34	como no **podía** entender nada de cierto
	24:8	**podrás** informarte de todas estas cosas
	11	Como tú **puedes** cerciorarte
	13	ni te **pueden** probar las cosas
	25:11	nadie **puede** entregarme a ellos
	26:32	**Podía** este hombre ser puesto en libertad
	27:12	por si **pudiesen** arribar a Fenice
	15	no **pudiendo** poner proa al viento
	31	vosotros no **podéis** salvaros
	39	acordaron varar, si **pudiesen**
	43	que los **que pudiesen** nadar se echasen
Ro	8:7	no se sujetan...ni tampoco **pueden**
	8	no **pueden** agradar a Dios.
	39	nos **podrá** separar del amor de Dios
	15:14	**podéis** amonestaros los unos a los otros
		(capaces también de amonestaros..., VM)
		al que **puede** confirmaros según
	16:25	al que **puede** confirmaros según
1 Co	2:14	no las **puede** entender
	3:1	no **pude** hablaros como a espirituales
	2	no **erais** capaces
		ni sois capaces todavía
	11	nadie **puede** poner otro fundamento
	6:5	¿...que **pueda** juzgar entre sus hermanos
	7:21	si **puedes** hacerte libre, procúralo más
	10:13	más de lo que **podéis** resistir
		para que **podáis** soportar
	21	No **podéis** beber la copa del Señor

δύναμις 1411

1 Co	10:21	no **podéis** participar de la mesa
	12:3	nadie **puede** llamar a Jesús Señor
	21	Ni el ojo **puede** decir a la mano
	14:31	Porque **podéis** profetizar todos uno por
	15:50	la sangre no **pueden** heredar el reino
2 Co	1:4	para que **podamos** también nosotros
	3:7	los hijos de Israel no **pudieron** fijar la
	13:8	Porque nada **podemos** contra la verdad
Gá	3:21	si la ley dada **pudiera** vivificar, (si se hubiese dado una ley que **pudiera** vivificar, VHA)
Ef	3:4	leyendo lo cual **podéis** entender cuál
	20	a Aquel **que es poderoso** para hacer
	6:11	para que **podáis** estar firmes
	13	para que **podáis** resistir en el día malo
	16	con que **podáis** apagar todos los dardos
Fil	3:21	por el poder con el cual **puede** también
1 Ts	2:6	aunque **podíamos** seros carga como
	3:9	¿qué acción de gracias **podremos** dar
1 Ti	5:25	no **pueden** permanecer ocultas
	6:7	nada **podremos** sacar
	16	ninguno de los hombres ha visto ni **puede**
2 Ti	2:13	El no **puede** negarse a sí mismo
	3:7	nunca **pueden** llegar al conocimiento (que... nunca **pueden** llegar...,BC)
	15	las **cuales te pueden** hacer sabio para
He	2:18	**es poderoso** para socorrer a los que son
	3:19	no **pudieron** entrar a causa de
	4:15	un sumo sacerdote **que no pueda**
	5:2	para que se muestre paciente (**capaz de** llevar con paciencia, VHA)
	7	al **que** le **podía** librar de la muerte
	7:25	por lo cual **puede** también salvar
	9:9	sacrificios **que** no **pueden** hacer perfecto
	10:1	la ley,...nunca **puede**, por los mismos
	11	nunca **pueden** quitar los pecados
Stg	1:21	la cual **puede** salvar vuestras almas
	2:14	¿**Podrá** la fe salvarle?
	3:8	ningún hombre **puede** domar la lengua,
	12	¿**puede** acaso la higuera producir
	4:2	ardéis..., y no **podéis** alcanzar
	12	que **puede** salvar y perder
1 Jn	3:9	no **puede** pecar, porque es nacido de Dios
	4:20	¿cómo **puede** amar a Dios a quien no
Jud	24	a aquel **que es poderoso** para guardaros sin
Ap	2:2	no **puedes** soportar a los malos
	3:8	la cual nadie **puede** cerrar
	5:3	**podía** abrir el libro,
	6:17	¿y quién **podrá** sostenerse en pie?
	7:9	la cual nadie **podía** contar
	9:20	las cuales no **pueden** ver, ni oir
	13:4	¿..quién **podrá** luchar contra ella?
	17	que ninguno **pudiese** comprar ni vender
	14:3	nadie **podía** aprender el cántico
	15:8	nadie **podía** entrar en el templo

1411 δύναμις – dúnamis

Mt	6:13	el reino, y el **poder**, (TR, VM, [BA])
	7:22	en tu nombre hicimos muchos **milagros**
	11:20	muchos de sus **milagros**, (la mayor parte de sus **milagros**, VHA)
	21	se hubieran hecho los **milagros**
	23	si en Sodoma se hubieran hecho los **milagros**
	13:54	esta sabiduría y estos **milagros**?
	58	no hizo allí muchos **milagros**
	14:2	por eso actúan en él estos **poderes**.
	22:29	ignorando las Escrituras y el **poder** de Dios.
	24:29	las **potencias** de los cielos serán
	30	con **poder** y gran gloria
	25:15	a cada uno conforme a su **capacidad**
	26:64	sentado a la diestra del **poder** de Dios
Mr	5:30	conociendo en sí mismo el **poder**
	6:2	estos **milagros** que por sus manos
	5	no pudo hacer allí ningún **milagro**
	14	por eso actúan en él estos **poderes**
	9:1	el reino de Dios venido con **poder**
	39	ninguno hay que haga **milagro**
	12:24	ignoráis las Escrituras, y el **poder** de Dios?
	13:25	las **potencias** que están en los cielos
	26	con gran **poder** y gloria
	14:62	sentado a la diestra del **poder** de Dios
Lc	1:17	con el espíritu y el **poder** de Elías
	35	el **poder** del Altísimo te cubrirá con
	4:14	en el **poder** del Espíritu a Galilea
	36	que con...**poder** manda a los espíritus
	5:17	el **poder** del Señor estaba con él para sanar
	6:19	**poder** salía de él y sanaba a todos
	8:46	ha salido **poder** de mí
	9:1	les dio **poder** y autoridad
	10:13	se hubieran hecho los **milagros**
	19	sobre toda **fuerza** del enemigo
	19:37	por todas las **maravillas** que habían visto (por todos los **milagros**..., VHA)
	21:26	las **potencias** de los cielos serán
	27	vendrá...con **poder** y gran gloria
	22:69	a la diestra del **poder** de Dios
	24:49	hasta que seáis investidos de **poder**
Hch	1:8	pero recibiréis **poder**
	2:22	con las **maravillas**, prodigios (con los **milagros** y prodigios, VHA)
	3:12	como si por nuestro **poder** o piedad
	4:7	¿Con qué **potestad**, o en qué nombre
	33	con gran **poder** los apóstoles daban
	6:8	Esteban, lleno de gracia y de **poder**
	8:10	Este es el gran **poder** de Dios
	13	viendo las señales y grandes **milagros**
	10:38	Dios ungió con...**poder** a Jesús
	19:11	hacía Dios **milagros** extraordinarios
Ro	1:4	declarado Hijo de Dios con **poder**
	16	porque es **poder** de Dios para salvación
	20	cosas invisibles de él, su eterno **poder**
	8:38	ni principados, ni **potestades**
	9:17	para mostrar en ti mi **poder**
	15:13	abundéis en esperanza por el **poder**
	19	con **potencia** de señales y...en el **poder**
1 Co	1:18	a nosotros, es **poder** de Dios,
	24	Cristo **poder** de Dios, y sabiduría de Dios
	2:4	con demostración del Espíritu y de **poder**
	5	sino en el **poder** de Dios.
	4:19	conoceré,..el **poder** de los que andan
	20	el reino de Dios.. consiste..en **poder**
	5:4	con el **poder** de nuestro Señor Jesucristo
	6:14	a nosotros nos levantará con su **poder**
	12:10	A otro, el hacer **milagros**
	28	luego los que hacen **milagros**
	29	¿hacen todos **milagros**?
	14:11	si yo ignoro el **valor** de las palabras, (...el **significado** de la voz, VHA)
	15:24	toda autoridad y **potencia**
	43	se siembra en debilidad, resucitará en **poder**
	56	el **poder** del pecado, la ley
2 Co	1:8	abrumados ....de nuestras **fuerzas**, (lit,..más allá de capacidad)
	4:7	para que la excelencia del **poder** sea de Dios
	6:7	en **poder** de Dios,
	8:3	conforme a sus **fuerzas**, y aún más allá de sus **fuerzas**, (.. **capacidad**,...**capacidad**, BA)
	12:9	mi **poder** se perfecciona en la debilidad repose sobre mí el **poder** de Cristo

δυναμόω 1412   254   1417 δύο

2 Co	12:12	por señales, prodigios y milagros
	13:4	vive por el poder de Dios
		por el poder de Dios para con vosotros
Ga	3:5	hace maravillas entre vosotros
Ef	1:19	la...grandeza de su poder
	21	sobre todo principado.. poder y señorío
	3:7	según la operación de su poder
	16	el ser fortalecidos con poder
	20	según el poder que actúa
Fil	3:10	conocerle, y el poder de su resurrección
Col	1:11	fortalecidos con todo poder,
	29	la cual actúa poderosamente en mí (la cual obra en mí con poder, VM)
1 Ts	1:5	sino también en poder
2 Ts	1:7	con los ángeles de su poder
	11	cumpla...toda obra de fe con su poder
	2:9	con gran poder y señales y
2 Ti	1:7	sino de poder, de amor y de dominio
	8	según el poder de Dios
	3:5	pero negarán la eficacia de ella
He	1:3	sustenta...con la palabra de su poder
	2:4	prodigios y diversos milagros
	6:5	y los poderes del siglo venidero
	7:16	sino según el poder de una vida
	11:11	Sara,...recibió fuerza para concebir
	34	apagaron fuegos impetuosos (...la violencia del fuego, VHA)
1 P	1:5	guardados por el poder de Dios
	3:22	a él están sujetos...y potestades
2 P	1:3	nos han sido dadas por su divino poder
	16	no os hemos dado a conocer el poder
	2:11	son mayores en fuerza y en potencia
Ap	1:16	el sol cuando resplandece en su fuerza
	3:8	tienes poca fuerza, has guardado
	4:11	digno eres de recibir...el poder
	5:12	es digno de tomar el poder, las riquezas
	7:12	la honra y el poder...sean a nuestro Dios
	11:17	porque has tomado tu gran poder
	12:10	ha venido la salvación, el poder, y el reino
	13:2	el dragón le dio su poder y su trono
	15:8	por la gloria de Dios, y por su poder
	17:13	entregarán su poder y su autoridad
	18:3	se han enriquecido de la potencia
	19:1	Salvación y honra y gloria y poder

1412   δυναμόω† – dunamóo

Col	1:11	fortalecidos con todo poder
He	11:34	sacaron fuerzas de debilidad (convalecieron de la enfermedad, BC) (WH, N, ABMW)

1413   δυνάστης – dunástes

Lc	1:52	Quitó de los tronos a los poderosos
Hch	8:27	un etíope, eunuco, funcionario de Candace
1 Ti	6:15	el bienaventurado y solo Soberano, Rey

1414   δυνατέω*† – dunatéo

Ro	14:4	poderoso es el Señor (WH, N, ABMW)
2 Co	9:8	poderoso es Dios (WH, N, ABMW)
	13:3	sino que es poderoso en vosotros

1415   δυνατός – dunatós

Mt	19:26	mas para Dios todo es posible
	24:24	engañarán, si fuere posible.
	26:39	Padre mío, si es posible
Mr	9:23	al que cree todo le es posible
	10:27	todas las cosas son posibles para Dios
	13:22	si fuese posible, aun a los escogidos
	14:35	oró que si fuese posible, pasase de él

Mr	14:36	todas las cosas son posibles para ti
Lc	1:49	me ha hecho grandes cosas el Poderoso
	14:31	considera si puede hacer frente (lit,...si es posible...)
	18:27	es posible para Dios
	24:19	poderoso en obra y en palabra
Hch	2:24	era imposible que fuese retenido (no era posible...,VM)
	7:22	era poderoso en sus palabras y obras
	11:17	¿quién era yo que pudiese estorbar a Dios?
	18:24	Apolos,...poderoso en las Escrituras
	20:16	si le fuese posible, en Jerusalén
	25:5	Los que de vosotros puedan, dijo, (dijo,... los principales de entre vosotros, VHA)
Ro	4:21	poderoso para hacer
	9:22	¿...hacer notorio su poder
	11:23	pues poderoso es Dios
	12:18	Si es posible, en cuanto dependa
	14:4	poderoso es el Señor (TR)
	15:1	los que somos fuertes debemos soportar
1 Co	1:26	ni muchos poderosos, ni muchos nobles
2 Co	9:8	poderoso es Dios (TR)
	10:4	sino poderosas en Dios para la destrucción
	12:10	cuando soy débil, entonces soy fuerte
	13:9	que vosotros estéis fuertes
Gá	4:15	si hubieseis podido, os hubierais sacado (a ser posible...,VHA)
2 Ti	1:12	es poderoso para guardar
Tit	1:9	para que también pueda exhortar (para que sea capaz..., BC)
He	11:19	Dios es poderoso para levantar
Stg	3:2	capaz también de refrenar todo el cuerpo
Ap	6:15	los ricos, los capitanes, los poderosos (TR)

1416   δύνω – dúno

Mr	1:32	luego que el sol se puso
Lc	4:40	Al ponerse el sol, todos los que tenían

1417   δύο – dúo

Mt	4:18	vio a dos hermanos,
	21	vio a otros dos hermanos,
	5:41	vé con él dos
	6:24	Ninguno puede servir a dos señores
	8:28	vinieron a su encuentro dos endemoniados
	9:27	le siguieron dos ciegos
	10:10	ni de dos túnicas
	29	¿No se venden dos pajarillos
	11:2	dos de sus discípulos (TR, VM)
	14:17	cinco panes y dos peces
	19	tomando los cinco panes y los dos peces
	18:8	que teniendo dos manos o dos pies
	9	que teniendo dos ojos ser echado
	16	a uno o dos, para que en boca de dos
	19	que si dos de vosotros se pusieren
	20	donde están dos o tres congregados
	19:5	los dos serán una sola
	6	no son ya más dos
	20:21	se sienten estos dos hijos míos
	24	se enojaron contra los dos hermanos
	30	dos ciegos que estaban sentados
	21:1	Jesús envió dos discípulos
	28	Un hombre tenía dos hijos
	31	¿Cuál de los dos hizo la voluntad
	22:40	De estos dos mandamientos depende
	24:40	estarán dos en el campo
	41	Dos mujeres estarán moliendo
	25:15	A uno dio cinco talentos, y a otro dos
	17	el que había recibido dos, ganó...dos
	22	el que había recibido dos talentos, dijo:

δυσβαστακτος 1419

Mt	25:22	Señor, **dos** talentos me entregaste
		aquí tienes, he ganado otros **dos**
	26:2	dentro de **dos** días se celebra la pascua
	37	tomando a Pedro, y a los **dos**
	60	al fin vinieron **dos** testigos falsos
	27:21	¿A cuál de los **dos** queréis que
	38	crucificaron con él a **dos** ladrones
	51	el velo del templo se rasgó en **dos**
Mr	6:7	comenzó a enviarlos de **dos** en **dos**
	9	no vistiesen **dos** túnicas
	38	Cinco, y **dos** peces
	41	tomó los cinco panes y los **dos** peces
		repartió los **dos** peces entre todos
	9:43	que teniendo **dos** manos ir al infierno
	45	que teniendo **dos** pies ser echado
	47	que teniendo **dos** ojos ser echado
	10:8	y los **dos** serán una sola carne
		no son ya más **dos**, sino uno
	35	Jacobo y Juan hijos de Zebedeo (TR, VM,
		ABMW, VHA, NC, BC); (...los **dos** hijos
		de Zebedeo, BA [WH], [N])
	11:1	Jesús envió **dos** de sus discípulos
	12:42	echó **dos** blancas
	14:1	**Dos** días después era la pascua
	13	envió **dos** de sus discípulos
	15:27	Crucificaron también con él a **dos** ladrones
	38	el velo del templo se rasgó en **dos**
	16:12	[apareció...a **dos** de ellos que iban de]
Lc	2:24	Un par de tórtolas, o **dos** palominos
	3:11	El que tiene **dos** túnicas
	5:2	vio **dos** barcas que estaban cerca
	7:19	(18) llamó Juan a **dos** de sus discípulos
	41	Un acreedor tenía **dos** deudores
	9:3	ni llevéis **dos** túnicas
	13	No tenemos más que cinco panes y **dos**
	16	tomando los cinco panes y los **dos**
	30	he aquí **dos** varones que hablaban
	32	vieron...a los **dos** varones
	10:1	designó el Señor...setenta (TR, VHA,
		BA); (...setenta y **dos**, BC, [WH], [N],
		[ABMW], NC)
		envió de **dos** en **dos**
	17	Volvieron los setenta con gozo (TR, VHA,
		VM, BA); (Volvieron los setenta y **dos**...,
		BC, [WH], [N], [ABMW], NC)
	35	sacó **dos** denarios, y los dio
	12:6	cinco pajarillos por **dos** cuartos?
	52	tres contra **dos**, y **dos** contra tres
	15:11	Un hombre tenía **dos** hijos
	16:13	Ningún siervo puede servir a **dos** señores
	17:34	estarán **dos** en una cama
	35	**Dos** mujeres estarán moliendo juntas
	36	**Dos** estarán en el campo (E)
	18:10	**Dos** hombres subieron al templo
	19:29	envió **dos** de sus discípulos
	21:2	que echaba allí **dos** blancas
	22:38	Señor, aquí hay **dos** espadas
	23:32	Llevaban también con él a otros **dos**
	24:4	junto a ellas **dos** varones
	13	**dos** de ellos iban el mismo
Jn	1:35	Juan, y **dos** de sus discípulos
	37	Le oyeron hablar los **dos** discípulos
	40 (41)	era uno de los **dos**
	2:6	en cada una...cabían **dos** o tres cántaros
	4:40	se quedó allí **dos** días
	43	**Dos** días después, salió de allí
	6:9	cinco panes de cebada y **dos** pececillos
	8:17	el testimonio de **dos** hombres
	11:6	se quedó **dos** días más

1424 δυσμή

Jn	19:18	le crucificaron, y con él a otros **dos**
	20:4	Corrían los **dos** juntos
	12	vio a **dos** ángeles con vestiduras
	21:2	otros **dos** de sus discípulos
Hch	1:10	se pusieron junto a ellos **dos** varones
	23	señalaron a **dos**
	24	muestra cuál de estos **dos** has escogido
	7:29	Moisés...engendró **dos** hijos
	9:38	le enviaron **dos** hombres, a rogarle
	10:7	este llamó a **dos** de sus criados
	19	tres hombres te buscan. (TR, VM, BA);
		(unos hombres que te buscan, NC, T);
		(**dos** hombres..., VHA, WH, N, [ABMW],
		BC)
	12:6	estaba Pedro durmiendo entre **dos** soldados,
		sujeto con **dos** cadenas
	19:10	continuó por espacio de **dos** años
	22	enviando a Macedonia a **dos**
	34	gritaron casi por **dos** horas (gritando..., BA)
	21:33	le mandó atar con **dos** cadenas
	23:23	llamando a **dos** centuriones (lit., llamando a
		ciertos **dos** de los centuriones)
1 Co	6:16	Los **dos** serán una sola carne
	14:27	sea esto por **dos**, o a lo más tres,
	29	los profetas hablen **dos** o tres
2 Co	13:1	Por boca de **dos** o de tres testigos
Gá	4:22	Abraham tuvo **dos** hijos
	24	estas mujeres son los **dos** pactos
Ef	2:15	para crear en sí mismo de los **dos** un solo
	5:31	los **dos** serán una sola carne
Fil	1:23	de ambas cosas estoy puesto en estrecho
1 Ti	5:19	sino con **dos** o tres testigos
He	6:18	para que por **dos** cosas inmutables
	10:28	por el testimonio de **dos** o de tres testigos
Ap	9:12	aún **dos** ayes después de esto
	16	era doscientos millones (TR)
	11:2	hollarán la ciudad santa cuarenta y **dos**
	3	daré a mis **dos** testigos
	4	son los **dos** olivos, y los **dos** candeleros
	10	estos **dos** profetas habían atormentado
	12:14	las **dos** alas de la gran águila
	13:5	autoridad para actuar cuarenta y **dos** meses
	11	y tenía **dos** cuernos semejantes
	19:20	Estos **dos** fueron lanzados vivos

1419		δυσβάστακτος† — dusbástaktos
Mt	23:4	cargas pesadas y **difíciles de llevar**, (TR, VM, BC)
Lc	11:46	con cargas **que no pueden llevar** (cargas **difíciles de llevar**, VHA)

1420		δυσεντέριον* — dusentérion
Hch	28:8	enfermo de fiebre y de **disentería**

1421		δυσερμήνευτος**† — duserméneutos
He	5:11	mucho que decir, y difícil de **explicar**

1422		δύσκολος — dúskolos
Mr	10:24	¡cuán **difícil** les es entrar...!

1423		δυσκόλως* — duskólos
Mt	19:23	**difícilmente** entrará un rico
Mr	10:23	¡Cuán **difícilmente** entrarán en el reino
Lc	18:24	¡Cuán **difícilmente** entrarán en el reino

1424		δυσμή — dusmé
Mt	8:11	vendrán muchos del oriente y del **occidente**

δυσνόητος 1425			1432 δωρεάν	
Mt	24:27	se muestra hasta el occidente		(Habiendo los Doce convocado..., BC)
Lc	12:54	veis la nube que sale del poniente	Hch 7:8	y Jacob a los doce patriarcas
	13:29	vendrá del oriente y del occidente,	19:7	Eran por todos unos doce hombres (WH, N, ABMW)
Ap	21:13	al occidente tres puertas.	24:11	no hace más de doce días (WH, N, ABMW)
1425		δυσνόητος*† — dusnóetos	1 Co 15:5	apareció...los doce
2 P	3:16	hay algunas difíciles de entender	Stg 1:1	a las doce tribus que están en la
			Ap 7:5	De la tribu de Judá, doce mil
1425A		δυσφημέω** — dusfeméo		De la tribu de Rubén, doce mil
1 Co	4:13	Nos difaman, y rogamos; (siendo difamados ...,VHA) (WH, N, ABMW)	6	De la tribu de Gad, doce mil De la tribu de Aser, doce mil De la tribu de Neftalí, doce mil
1426		δυσφημία** — dusfemía		De la tribu de Manasés, doce mil
2 Co	6:8	por mala fama y por buena fama	7	De la tribu de Simeón, doce mil De la tribu de Leví, doce mil
1427		δώδεκα — dódeka	8	De la tribu de Isacar, doce mil De la tribu de Zabulón, doce mil
Mt	9:20	enferma...desde hacía doce años		De la tribu de José, doce mil
	10:1	llamando a sus doce discípulos		De la tribu de Benjamín, doce mil
	2	Los nombres de los doce apóstoles	12:1	una corona de doce estrellas
	5	A estos doce envió Jesús,	21:12	un muro grande y alto con doce puertas
	11:1	dar instrucciones a sus doce discípulos		en las puertas, doce ángeles
	14:20	lo que sobró...doce cestas llenas		que son los de las doce tribus
	19:28	os sentaréis sobre doce tronos para juzgar a las doce tribus	14	el muro de la ciudad tenía doce doce nombres de los doce apóstoles
	20:17	tomó a sus doce discípulos (TR, [ABMW], NC, BC); (...a los doce, VHA, N, BA)	16 21	midió la ciudad...doce mil estadios Las doce puertas eran doce perlas
	26:14	uno de los doce, que se llamaba Judas	22:2	el árbol...que produce doce frutos
	20	se sentó a la mesa con los doce		
	47	vino Judas, uno de los doce	**1428**	δωδέκατος — dodékatos
	53	¿...me daría más de doce legiones...?	Ap 21:20	el duodécimo, amatista
Mr	3:14	estableció a doce, para que estuviesen		
	16	Constituyó, pues, los doce: (VHA, WH, N, [ABMW], NC, BC, BA)	**1429** Hch 26:7	δωδεκάφυλον*† — dodekáfulon han de alcanzar nuestras doce tribus
	4:10	con los doce le preguntaron sobre		
	5:25	que desde hacía doce años padecía	**1430**	δώμα — dóma
	42	pues tenía doce años	Mt 10:27	proclamadlo desde las azoteas
	6:7	llamó a los doce	24:17	El que esté en la azotea
	43	recogieron de los pedazos doce cestas	Mr 13:15	El que esté en la azotea
	8:19	Y ellos dijeron: Doce	Lc 5:19	por el tejado le bajaron con el lecho
	9:35	se sentó y llamó a los doce, y les dijo	12:3	se proclamará en las azoteas
	10:32	volviendo a tomar a los doce aparte	17:31	el que esté en la azotea
	11:11	se fue a Betania con los doce	Hch 10:9	Pedro subió a la azotea para orar
	14:10	Judas Iscariote, uno de los doce		
	17	vino él con los doce	**1431**	δωρεά — doreá
	20	les dijo: Es uno de los doce	Jn 4:10	Si conocieras el don de Dios
	43	vino Judas, que era uno de los doce	Hch 2:38	recibiréis el don del Espíritu Santo
Lc	2:42	cuando tuvo doce años	8:20	has pensado que el don de Dios
	6:13	y escogió a doce de ellos, (lit., escogiendo..)	10:45	se derramase el don
	8:1	Jesús iba...y los doce con él	11:17	les concedió también el mismo don
	42	hija única, como de doce años	Ro 5:15	el don de Dios por la gracia
	43	padecía...desde hacía doce años	17	los que reciben...del don de la justicia
	9:1	Habiendo reunido a sus doce discípulos	2 Co 9:15	¡Gracias a Dios por su don inefable!
	12	acercándose los doce, le dijeron	Ef 3:7	hecho ministro por el don de la gracia
	17	les sobró, doce cestas de pedazos	4:7	conforme a la medida del don de Cristo
	18:31	Tomando Jesús a los doce	He 6:4	y gustaron el don celestial
	22:3	era uno del número de los doce		
	14	con él los apóstoles (V60, WH, N, ABMW, VHA, NC, BC, BA); (los doce apóstoles con él, VM, TR)	**1432** Mt 10:8	δωρεάν — doreán de gracia recibisteis, dad de gracia
	30	juzgando a las doce tribus de Israel	Jn 15:25	Sin causa me aborrecieron
	47	Judas, uno de los doce, iba al frente	Ro 3:24	siendo justificados gratuitamente
Jn	6:13	llenaron doce cestas de pedazos	2 Co 11:7	os he predicado...de balde?
	67	Dijo entonces Jesús a los doce	Gá 2:21	entonces por demás murió Cristo
	70	¿No os he escogido yo a vosotros los doce	2 Ts 3:8	ni comimos de balde el pan de nadie
	71	era uno de los doce	Ap 21:6	yo le daré gratuitamente de la fuente
	11:9	¿No tiene el día doce horas?	22:17	tome del agua de la vida gratuitamente
	20:24	Tomás, uno de los doce,		
Hch	6:2	los doce convocaron a la multitud		

		δωρέομαι 1433		257	1437 ἐάν

1433   δωρέομαι — doréomai
Mr 15:45   dio el cuerpo a José
2 P 1:3   nos han sido dadas por su divino poder (su divino poder nos **haya otorgado**, VHA)
     4   nos **ha dado** preciosas y grandísimas

1434   δώρημα** — dórema
Ro 5:16   con el **don** no sucede como
Stg 1:17   Toda buena dádiva y todo **don** perfecto

1435   δῶρον — dóron
Mt 2:11   le ofrecieron **presentes**
    5:23   si traes tu **ofrenda** al altar
     24   deja allí tu **ofrenda** delante del altar presenta tu **ofrenda**
    8:4   y presenta la **ofrenda** que ordenó
   15:5   Es mi **ofrenda** a Dios todo aquello
   23:18   pero si alguno jura por la **ofrenda**
     19   ¿cuál es mayor, la **ofrenda** el altar que santifica la **ofrenda**?
Mr 7:11   Corbán (que quiere decir, mi **ofrenda**...)
Lc 21:1   los ricos que echaban sus **ofrendas**
     4   aquéllos echaron para las **ofrendas**
Ef 2:8   esto no de vosotros, pues es **don** de Dios
He 5:1   para que presente **ofrendas** sacrificios
   8:3   para presentar **ofrendas** y sacrificios
     4   sacerdotes que presentan las **ofrendas**
   9:9   se presentan **ofrendas** y sacrificios
   11:4   dando Dios testimonio de sus **ofrendas**
Ap 11:10   se enviarán **regalos** unos a otros

Ε ε

1436   ἔα — éa
Mr 1:24   ¡**Ah**! ¿qué tienes con nosotros, (TR)
Lc 4:34   Déjanos; ¿qué tienes con nosotros, (¡**Ah**! ¿Qué tienes...?, VHA)

1437   ἐάν — eán
     (1) ὅς ἐάν, ὅστις ἐάν;
     (2) ὅσα, ὅσους ἐάν;
     (3) ὅπου, οὗ, ὁσάκις ἐάν;
     (4) con indicativo; (5) ἐάν τις
Mt 4:9   **si** postrado me adorares
   5:13   **si** la sal se desvaneciere
     19 (1) **cualquiera que** quebrante uno
     23   **si** traes tu ofrenda al altar
     32 (1) **el que** se casa con la repudiada
     46   **si** amáis a los que os aman
     47   **si** saludáis a vuestros hermanos
   6:14   **si** perdonáis a los hombres
     22   **si** tu ojo es bueno
     23   **si** tu ojo es maligno
   7:9   **si** su hijo le pide pan (TR, VHA, VM, BA)
     12 (2) todas las cosas **que** queráis
   8:2   **si** quieres, puedes limpiarme
     19 (3) **adondequiera que** vayas
   9:21   **Si** tocare solamente su manto
   10:13   **si** la casa fuere digna,
     42 (1) **cualquiera que** dé a uno (TR, N)
   11:6 (1) **el que** no halle tropiezo en mí (TR, N, ABMW)
     27 (1) **aquel a quien** el Hijo lo quiera
   12:11   **si** ésta cayere en un hoyo

Mt 12:32 (1) A **cualquiera que** dijere alguna palabra (WH, N, ABMW)
     36 (1) de toda palabra ociosa **que** hablen los hombres, (TR)
   14:7 (1) darle todo **lo que** pidiese
   15:5 (1) mi ofrenda a Dios **todo aquello** con **que** pudiera
     14   **si** el ciego guiare al ciego,
   16:19 (1) **todo lo que** atares
     (1) **todo lo que** desatares
     25 (1) **todo el que** quiera salvar (WH, N, ABMW)
     26   **si** ganare todo el mundo
   17:20   **si** tuviereis fe como un grano
   18:5 (1) **cualquiera que** reciba en mi nombre
     12   **Si** un hombre tiene cien ovejas
     13   **si** acontece que la encuentra,
     15   **si** tu hermano peca contra ti **si** te oyere
     17   **Si** no los oyere a ellos **si** no oyere a la iglesia
     18 (2) **todo lo que** atéis
     (2) **todo lo que** desatéis
     19   os digo, **que si** dos de vosotros
     (1) cualquier cosa **que** pidieren
   20:4 (1) os daré **lo que** sea justo
     7 (1) recibiréis **lo que** sea justo (TR)
     26 (1) **el que** quiera hacerse grande (TR, N, ABMW)
     27 (1) **el que** quiera ser el primero (TR)
   21:3 (5) **si alguien** os dijere algo
     21   os digo, **que si** tuvieres fe
     24 (1) **si** me la contestáis
     25   diciendo: **Si** decimos, del cielo,
     26   **si** decimos, de los hombres
   22:9 (2) a las bodas **a cuantos** halléis (WH, N, ABMW)
     24 (5) **Si alguno** muriere sin hijos
   23:3 (2) **todo lo que** os digan que guardéis (WH, N, ABMW)
     18 (1) **Si alguno** jura por el altar, (TR)
   24:23 (5) Entonces, **si alguno** os dijere
     26   Así que, **si** os dijeren
     28 (3) **dondequiera que** estuviere el cuerpo
     48   **si** aquel siervo malo dijere
   26:13 (3) **que dondequiera que** se predique
   28:14   **si** esto lo oyere el gobernador (**si** esto fuere oído del..., VM)
Mr 1:40   **Si** quieres, puedes limpiarme
   3:24   **Si** un reino está dividido
     25   una casa está dividida
     28 (2) y las blasfemias **cualesquiera que** sean
   4:26   como **cuando** un hombre echa (TR)
   5:28   **Si** tocare tan solamente
   6:10 (3) **Dondequiera que** entréis
     22 (1) Pídeme **lo que** quieras
     23 (1) **Todo lo que** me pidas
     56 (3) **dondequiera que** entraba (T)
   7.11   Basta que diga un hombre (**Si** un hombre..., VHA)
     (1) **todo aquello** con que pudiera ayudarte,
   8:3   y **si** los enviare en ayunas
     35 (1) **todo el que** quiera salvar (WH, N, ABMW)
     36   ¿qué aprovechará al hombre **si** ganare (TR)
     38 (1) **el que** se avergonzare de mí (WH, N, ABMW)
   9:18 (3) **dondequiera que** le toma, (WH, N, ABMW)
     37 (1) **El que** reciba en mi nombre (TR)
     (1) **el que** a mí me recibe (TR)

Mr	9:43	Si tu mano te fuere ocasión		
	45	si tu pie te fuere ocasión		
	47	si tu ojo te fuere ocasión		
	50	si la sal se hace insípida		
	10:11	(1) Cualquiera que repudia (TR)		
	12	si la mujer repudia		
	35	(1) que nos hagas lo que pidiéremos		
	43	(1) el que quiera hacerse grande (TR)		
	11:3	(5) si alguien os dijere		
	31	Si decimos, del cielo		
	32	si decimos, de los hombres (TR)		
	12:19	(5) si el hermano de alguno muriere		
	13:11	(1) lo que os fuere dado		
	21	(5) si alguno os dijere		
	14:9	(3) dondequiera que se predique (WH, N, ABMW)		
	14	(3) seguidle, y donde entrare,		
	31	Si me fuere necesario morir		
Lc	4:6	(1) a quien quiero la doy. (TR, N, ABMW)		
	7	Si tú postrado me adorares,		
	5:12	si quieres, puedes limpiarme.		
	6:33	si hacéis bien		
	34	si prestáis a aquellos		
	9:24	(1) todo el que quiera salvar su vida, (N)		
	48	(1) Cualquiera que reciba (TR, N, ABMW)		
	10:6	si hubiere allí algún hijo		
	22	(1) aquel a quien el Hijo lo quiera revelar. (TR, N, ABMW)		
	11:12	¿O si le pide un huevo, (TR)		
	12:38	aunque venga a la segunda (TR)		
	45	si aquel siervo dijere		
	14:34	si la sal se hiciere insípida		
	15:8	si pierde una dracma		
	16:30	(5) si alguno fuere a ellos		
	31	(5) aunque alguno se levantare		
	17:3	Si tu hermano pecare contra ti		
	4	si se arrepintiere		
	4	si siete veces al día pecare		
	33	(1) Todo el que procure salvar		
	19:31	(5) Y si alguien os preguntare		
	40	(4) si éstos callaran		
	20:5	Si decimos, del cielo, dirá		
	6	si decimos, de los hombres,		
	28	(5) Si el hermano de alguno muriere		
	22:67	Si os lo dijere, no creeréis		
	68	si os preguntare, no me responderéis		
Jn	3:12	si os dijere las celestiales?		
	5:31	Si yo doy testimonio		
	43	si otro viniere en su propio nombre		
	6:51	(5) si alguno comiere de este pan		
	62	si viereis al Hijo del Hombre		
	7:17	(5) El que quiera hacer la voluntad		
	37	(5) Si alguno tiene sed		
	8:16	si yo juzgo		
	31	Si vosotros permaneciereis		
	36	si el Hijo os libertare		
	51	(5) que el que guarda mi palabra		
	52	(5) El que guarda mi palabra		
	54	Si yo me glorifico a mí mismo		
	55	si dijere que no le conozco (TR)		
	9:22	(5) que si alguno confesase que Jesús		
	31	(5) si alguno es temeroso de Dios		
	10:9	(5) el que por mí entrare,		
	11:9	(5) El que anda de día		
	10	(5) el que anda de noche, tropieza		
	40	si crees, verás la gloria		
	48	Si le dejamos así		
	57	si alguno supiese dónde estaba		
	12:24	si muere lleva mucho fruto		

Jn	12:26	(5) Si alguno me sirve, sígame
		(5) Si alguno me sirviere,
	32	si fuere levantado de la tierra, (TR, N ABMW)
	47	(5) Al que oye mis palabras
	13:17	bienaventurados seréis si las hiciereis
	20	(5) El que recibe al que yo enviare, (TR)
	35	si tuviereis amor
	14:3	si me fuere y os preparare
	14	(5) Si algo pidiereis en mi nombre
	15	Si me amáis, guardad
	23	(5) El que me ama, mi palabra
	15:7	Si permanecéis en mí
		(1) pedid todo lo que queréis
	10	Si guardareis mis mandamientos
	14	si hacéis lo que yo os mando
	16:7	mas si me fuere,
	19:12	Si a éste sueltas, no eres amigo
	21:22	Si quiero que él quede
	23	Si quiero que él quede
	25	(1) las cuales si se escribieran una
Hch	2:21	(1) todo aquel que invocare el nombre (WH, N, ABMW)
	5:38	si este consejo...es de los hombres
	7:7	(1) de la cual serán siervos; (TR, N, ABMW)
	8:19	(1) cualquiera a quien yo impusiere
	9:2	(5) si hallase algunos hombres
	13:41	(5) si alguien os la contare
	26:5	si quieren testificarlo,
Ro	2:25	si guardas la ley
		si eres transgresor de la ley
	26	Si, pues, el incircunciso guardare
	7:2	si el marido muere, ella queda
	3	Así que, si en vida del marido
		si su marido muriere, es libre
	9:27	Si fuere el número de los hijos
	10:9	si confesares con tu boca
	11:22	si permaneces en esa bondad
	12:20	si tu enemigo tuviere hambre
		si tuviere sed,
	13:4	si haces lo malo, teme
	14:8	si vivimos, para el Señor vivimos
		si morimos, para el Señor morimos
		sea que vivamos, o que muramos
	23	el que duda sobre lo que come, (si lo come VHA)
	15:24	una vez que haya gozado con vosotros. (lit. si de vosotros haya de ser llenado en parte primero)
1 Co	4:15	aunque tengáis diez mil ayos
	19	si el Señor quiere
	5:11	(5) no os juntéis con ninguno que
	6:4	Si, pues, tenéis juicios
	18	(1) Cualquier otro pecado que el hombre
	7:8	bueno les fuera quedarse (Bueno les será si permanecieren, VM)
	11	si se separa,
	28	si te casas, no pecas
		si la doncella se casa
	36	que pase ya de edad, (si ella pasara la flor de su edad, VM)
	39	si su marido muriere
	40	más dichosa será si se quedare así
	8:8	ni porque comamos, seremos más (ni somos mejores si comemos, VM)
		10 (5) si alguno te ve a ti,
	9:16	si anuncio el evangelio
	10:28	(5) Mas si alguien os dijere
	11:14	enseña que al varón le es deshonroso

ἐὰν μή 3362 259 3362 ἐὰν μή

(enseña que si el hombre, VM)
1 Co 11:15 a la mujer dejarse crecer el cabello (si la mujer tiene cabellera larga, VM)
25 (3) **todas las veces que** la bebiereis, (WH, N, ABMW)
26 (3) **todas las veces que** comiereis (WH, N, ABMW)
12:15 Si dijere el pie
16 si dijere la oreja
13:1 Si yo hablase lenguas
2 si tuviese profecía (TR, N, ABMW)
si tuviese toda la fe, (TR)
3 si repartiese todos mis bienes (TR)
si entregase mi cuerpo (TR, N, ABMW)
14:6 si yo voy a vosotros hablando
8 si la trompeta diere sonido incierto
14 si yo oro en lengua
16 si bendices sólo con el espíritu
23 Si, pues, toda la iglesia se reúne
24 si todos profetizan
30 si algo le fuere revelado a otro
16:2 (1) **según** haya prosperado (**aquello en que** haya sido prosperado, VHA) (WH, ABMW)
3 (1) **a quienes** hubiereis designado por carta
4 si fuere propio que yo también
6 (3) me encaminéis **a donde** haya de ir
7 si el Señor lo permite
10 si llega Timoteo
2 Co 3:16 **cuando** se conviertan al Señor, (WH, N, ABMW)
5:1 si nuestra morada terrestre
8:12 (1) según **lo que** uno tiene
9:4 no sea que si vinieren conmigo
10:8 (4) **aunque** me gloríe algo más todavía
12:6 Sin embargo, si quisiera
13:2 si voy otra vez
Gá 1:8 si aun nosotros, o un ángel
5:2 digo que si os circuncidáis
10 (1) **quienquiera que** sea (WH, N, ABMW)
17 (1) para que no hagáis **lo que** quisiereis (WH, N, ABMW).
6:1 si alguno fuere sorprendido
7 (1) **todo lo que** el hombre sembrare
Ef 6:8 (5) el bien **que** cada uno hiciere, (...**cualquier** bien que cada uno hiciere, VHA)
Col 3:13 (5) si alguno tuviere queja
17 (1) **todo lo que** hacéis, (WH, N, ABMW)
23 (1) **todo lo que** hagáis,
4:10 si fuere a vosotros, recibidle
1 Ts 2:7 como la nodriza **que** cuida con ternura (lit., como si una nodriza...)
3:8 (4) si vosotros estáis firmes
1 Ti 1:8 (5) si uno la usa legítimamente
2:15 engendrando hijos, si permaneciere en fe
3:15 para que si tardo, sepas cómo debes
2 Ti 2:5 (5) **el que** lucha como atleta
si no lucha legítimamente
21 (5) si alguno se limpia de estas cosas
He 3:6 si retenemos firme hasta el fin
7 Si oyereis hoy su voz
15 Si oyereis hoy su voz
4:7 Si oyereis hoy su voz
10:38 si retrocediere, no agradará
13:23 si viniere pronto iré a veros
Stg 2:2 si en vuestra congregación
14 (5) **si alguno** dice que tiene fe
15 si un hermano...están desnudos
4:4 (1) **Cualquiera**, pues, que quiera ser amigo

(WH, N, ABMW)
Stg 4:15 Si el Señor quiere, viviremos
5:19 (5) **si alguno** de entre vosotros se ha
1 P 3:13 si vosotros seguís el bien? (¿...**si sois** celosos de lo que es bueno?, VM)
1 Jn 1:6 Si decimos que tenemos comunión
7 si andamos en luz
8 Si decimos que no tenemos pecado
9 Si confesamos nuestros pecados
10 Si decimos que no hemos pecado
2:1 (5) **si alguno** hubiere pecado
3 si guardamos sus mandamientos
15 (5) **Si alguno** ama al mundo,
24 Si lo que habéis oído desde el principio
28 para que cuando se manifieste, (para que, si él apareciere, VHA)
29 Si sabéis que él es justo
3:2 sabemos que cuando él se manifieste, (lit., si él apareciere)
20 (1) si nuestro corazón nos reprende
22 (1) **cualquiera** cosa **que** pidiéremos (TR, N, ABMW)
4:12 Si nos amamos unos a otros
15 (1) Todo **aquel que** confiese que Jesús (WH, N, ABMW)
20 (5) **Si alguno** dice: Yo amo
5:14 (5) si pedimos **alguna cosa** conforme
15 si sabemos que él nos oye
16 (5) **Si alguno** viere a su hermano
3 Jn 5 (1) fielmente te conduces **cuando** prestas (...**en todo cuanto**..., VHA)
3 Jn 10 si yo fuere, recordaré
Ap 3:19 (2) a **todos los que** amo
20 (5) si alguno oye mi voz
11:6 (3) con toda plaga, **cuantas veces** quieran
22:18 (5) **Si alguno** añadiere a estas cosas
19 (5) **si alguno** quitare de las palabras

3362 ἐὰν μή — eán mé
(1) ὅς ἐάν, ὅστις ἐὰν μή; (2) ὅσοι ἐὰν μή; (3) con indicativo; (4) ἐὰν μή τις
Mt 5:20 si vuestra justicia **no** fuere mayor
6:15 si **no** perdonáis a los hombres
10:13 si **no** fuere digna,
11:6 (1) **el que no** halle tropiezo en mí (TR, N, ABMW)
12:29 ¿cómo..., si primero **no** le ata?
18:3 si **no** os volvéis y os hacéis
16 si **no** te oyere, toma aún contigo
35 si **no** perdonáis de todo corazón
21:21 si tuviereis fe, y **no** dudareis
26:42 esta copa **sin que** yo la beba
Mr 3:27 si antes **no** le ata
4:22 **que no** haya de ser manifestado; (...**sino**..., VHA)
7:3 si muchas veces **no** se lavan
4 si **no** se lavan, no comen
10:30 **que no** reciba cien veces más
12:19 si el hermano de alguno muriere...**no** dejare hijos
Lc 7:23 (1) es **aquel que no** halle tropiezo
13:3 si **no** os arrepentís
5 si **no** os arrepentís, todos
Jn 3:2 si **no** está Dios con él
3 (4) **que no** naciere de nuevo
5 (4) **que el que no** naciere de agua
27 si **no** le fuere dado
4:48 Si **no** viereis señales
6:44 si...**no** le trajere

ἐάνπερ 1437A   260   1438 ἑαυτοῦ

Jn	6:53	Si **no** coméis la carne	Mt	21:8	tendían **sus** mantos en el camino
	65	si **no** le fuere dado		25	(3) discutían **entre sí**,
	7:51	un hombre si primero **no** le oye		38	(5) dijeron **entre sí**
	8:24	si **no** creéis que yo soy		23:12	el que **se** enaltece
	12:24	si el grano de trigo **no** cae			el que **se** humilla
	47	(4) Al que oye..., y **no** las guarda		31	(2) dais testimonio contra **vosotros mismos**
	13:8	Si **no** te lavare		25:1	tomando **sus** lámparas, salieron (WH, N, ABMW)
	15:4	si **no** permanece en la vid			
		si **no** permanecéis en mí		3	no tomaron con**sigo** aceite
	6	(4) El que en mí **no** permanece		4	tomaron aceite en **sus** vasijas, (WH, N, ABMW)
	16:7	si **no** me fuere			
	20:25	Si **no** viere en sus manos		7	arreglaron **sus** lámparas (WH, N, ABMW)
Hch	3:23	(1) **que no** oiga a aquel profeta, (N, ABMW)		9	(2) comprad para **vosotras mismas**
	8:31	(4) si **alguno no** me enseñare?		26:11	(2) pobres con **vosotros**
	15:1	Si **no** os circuncidáis		27:35	Partieron **entre sí** mis vestidos, (TR, VM)
	27:31	Si éstos **no** permanecen		42	a **sí mismo** no se puede salvar
Ro	10:15	si **no** fueren enviados?	Mr	1:27	discutían entre sí, diciendo: (TR, ABMW)
	11:23	si **no** permanecieren en incredulidad		2:8	(3) cavilaban...**dentro de sí mismos**
1 Co	8:8	ni porque **no** comamos, seremos menos		3:24	dividido contra **sí mismo**
		(ni somos peores si **no** comemos, VM)		25	dividida contra **sí misma**
	9:16	¡ay de mí **si no** anunciare		26	se levanta contra **sí mismo**
	13:1	Si yo hablase...y **no** tengo amor		4:17	(3) pero no tienen raíz **en sí**
	14:6	si **no** os hablare con revelación		5:5	hiriéndose con piedras
	7	si **no** dieren distinción de voces		26	gastado todo lo que tenía, (lit., gastado
	9	si por la lengua **no** diereis palabra			todo lo que era para **sí misma**) (TR)
	11	si yo ignoro el valor de las palabras, (**si no** conozco...,NC)		30	(3) conociendo **en sí mismo** el poder
				6:4	sino en **su** propia tierra (T)
	28	si **no** hay intérprete, calle		36	compren pan,...qué comer (compren para **sí** que comer, VHA)
	15:36	si **no** muere antes			
Gá	2:16	**sino** por la fe de Jesucristo		51	(3) se asombraron en gran manera (estaban **dentro de sí** atónitos en extremo, VHA)
2 Ts	2:3	no vendrá **sin que** antes venga			
2 Ti	2:5	si **no** lucha legítimamente		8:14	un pan con**sigo** en la barca
Stg	2:14	(4) si alguno dice que tiene fe, y **no**...obras?		34	niéguese **a sí mismo**
	17	si **no** tiene obras		35	el que quiera salvar **su** vida, (WH)
1 Jn	3:21	si nuestro corazón **no** nos reprende		9:8	no vieron más a nadie con**sigo**
Ap	2:5	si **no** te hubieres arrepentido		10	guardaron la palabra entre **sí**
	22	si **no** se arrepienten de las obras		33	¿Qué disputabais entre **vosotros** (TR)
	3:3	si **no** velas, vendré sobre ti		50	(2, 3) Tened sal **en vosotros mismos**
	13:15	(2, 3) hiciese matar a **todo el que no** la adorase		10:26	(5) asombraban aun más, diciendo entre **sí** (TR, N, ABMW, VHA, VM, NC, BC)
				11:31	ellos discutían entre **sí**
1437A		ἐάνπερ — eánper		12:7	(5) dijeron entre **sí**
He	3:14	**con tal que** retengamos firme		33	amar al prójimo como **a uno mismo**
	6:3	si Dios **en verdad** lo permite		13:9	(2) mirad por **vosotros mismos**
				14:4	se enojaron dentro de **sí**
1438		ἑαυτοῦ — eautoú (jeautóu)		7	(2) tendréis a los pobres con **vosotros**
		(1) 1a. pers; (2) 2a. pers;		33	tomó con**sigo** a Pedro (TR)
		(3) ἐν ἑαυτ; (4) ἀφ' ἑαυτ;(5) recíproc		15:31	a **sí mismo** no se puede salvar
				16:3	(5) decían entre **sí**
Mt	3:9	(2, 3) decir **dentro de vosotros mismos**	Lc	1:24	**se** recluyó en casa
	6:34	el día de mañana traerá su afan (el mañana se afanará por **sí mismo**, VHA)		2:3	cada uno a **su** ciudad. (WH, N, ABMW)
				39	a **su** ciudad de Nazaret (WH, N, ABMW)
	8:22	los muertos entierren a **sus** muertos		3:8	(2, 3) no comencéis a decir **dentro de vosotros mismos**
	9:3	(3) escribas decían **dentro de sí**			
	21	(3) decía **dentro de sí**		4:24	profeta es acepto en su propia tierra (T)
	12:25	Todo reino dividido contra **sí mismo** casa dividida contra si **misma**		7:30	designios de Dios respecto de **sí mismos**
				39	(3) el fariseo...dijo **para sí**
	26	contra **si mismo** está dividido		49	(2) comenzaron a decir **entre sí**
	45	toma con**sigo** otros siete		9:23	niéguese **a sí mismo**
	13:21	(3) no tiene raíz **en sí**		25	se destruye o **se** pierde **a sí mismo**?
	14:15	compren de comer (**se** compren de comer VHA)		47	lo puso junto a **sí**
				60	los muertos entierren a **sus** muertos
	15:30	que traía con**sigo** a cojos,		10:29	queriendo justificarse **a sí mismo**
	16:7	(3) Ellos pensaban **dentro de sí**		11:17	dividido contra **sí mismo**
	8	(2, 3) ¿Por qué pensáis **dentro de vosotros**		18	está dividido contra **sí mismo**
	24	niéguese **a sí mismo**		21	hombre fuerte armado guarda **su** palacio
	18:4	cualquiera que **se** humille		26	siete espíritus peores que él
	31	refirieron a **su** señor		12:1	(2) Guardaos de la levadura
	19:12	que **a sí mismos se** hicieron eunucos		17	(3) él pensaba **dentro de sí**: (TR, N, ABMW)

ἑαυτοῦ 1438   261   1438 ἑαυτοῦ

Lc	12:21	el que hace **para sí** tesoro, (TR, ABMW)
	33	(2) haceos bolsas que no se envejezcan,
	36	aguardan a que **su** señor regrese
	47	conociendo la voluntad de **su** señor (TR)
	57	(2) por **vosotros mismos** lo que es justo?
	13:19	sembró en **su** huerto
	34	como la gallina a **sus** polluelos
	14:11	cualquiera que **se** enaltece
		el que **se** humilla
	26	no aborrece a **su** padre, y madre, (TR, WH, ABMW)
		aun también **su propia** vida
	27	el que no lleva **su** cruz (WH, N, ABMW)
	33	no renuncia a todo lo que posee, (...todas **sus** posesiones BA)
	15:5	la pone sobre **sus** hombros gozoso; (TR)
	17	volviendo en **sí**, dijo:
	20	vino a **su** padre
	16:3	(3) el mayordomo dijo **para sí**
	4	me reciban en **sus** casas (WH, N, ABMW)
	5	cada uno de los deudores de **su** amo
	8	en el trato con **sus** semejantes (en lo relativo a **su propia** generación, VM)
	9	(2) Ganad amigos (Haced **para vosotros..** VM)
	15	los que **os** justificáis a vosotros mismos
	17:3	(2) Mirad **por vosotros mismos**
	14	(2) Id, mostra**os** a los sacerdotes
	18:4	(3) dijo **dentro de sí**
	9	unos que confiaban en **sí mismos**
	11	oraba con**sigo mismo** de esta manera
	13	golpeaba el pecho, diciendo: (golpeaba **su** pecho VHA) (WH)
	14	cualquiera que **se** enaltece, el que **se** humilla
	19:12	para recibir un reino y volver (recibir **para sí** un reino, VM)
	13	llamando a diez siervos **suyos**
	35	habiendo echado **sus** mantos (TR)
	36	tendían **sus** mantos por el camino (WH, N)
	20:5	(5) Entonces ellos discutían entre **sí**
	14	(2) discutían entre **sí** (TR)
	20	espías que **se** simulasen justos
	21:30	(2, 4) sabéis por **vosotros mismos**
	34	(2) Mirad también **por vosotros mismos**
	22:17	(2) Tomad...repartidlo entre **vosotros**
	23	(5) comenzaron a discutir entre **sí**
	23:2	que él mismo es el Cristo
	28	(2) sino llorad por **vosotras mismas**
	35	A otros salvó; sálvese **a sí mismo**
	48	se volvían golpeándo**se** el pecho (TR)
	24:12	se fue a casa maravillándo**se** (lit.,...**a lo suyo**) (TR, |ABMW|, VM, VHA, NC, BC, |BA|)
	27	lo que de él decían (las cosas referentes a **él mismo**, VM)
Jn	2:24	Jesús mismo no se fiaba de ellos (TR)
	5:18	haciéndo**se** igual a Dios
	19	(4) el Hijo hacer nada por **sí mismo**
	26	(3) el Padre tiene vida **en sí mismo**
		(3) ha dado al Hijo el tener vida **en sí mismo**
	42	(2, 3) no tenéis amor de Dios **en vosotros**
	6:53	(2) no tenéis vida **en vosotros**
	61	(3) Sabiendo Jesús **en sí mismo**
	7:18	(4) El que habla **por su propia** cuenta
	35	(5) los judíos dijeron **entre sí**
	8:22	¿Acaso se matará **a sí mismo**
	9:21	él hablará **por sí mismo** (WH, N, ABMW)
	11:33	se estremeció...y se conmovió
	38	profundamente conmovido

		(conmoviéndose otra vez **en sí mismo** VHA)
Jn	11:51	(4) no lo dijo **por sí mismo**
	55	antes de la pascua, para purificar**se**
	12:8	(2) pobres siempre los tendréis con **vosotros**
	19	(5) los fariseos dijeron **entre sí**
	13:4	tomando una toalla, **se** la ciñó
	32	(3) también le glorificará **en sí mismo** (TR)
	15:4	(4) pámpano...fruto **por sí mismo**
	16:13	(4) no hablará **por su propia** cuenta, (no hablará de **por sí** VHA)
	17:13	(3) mi gozo cumplido **en sí mismos**. (WH, N)
	18:34	(2, 4) ¿Dices tú esto **por ti mismo** (TR, N)
	19:7	se hizo **a sí mismo** Hijo de Dios
	12	todo el que **se** hace rey, (WH, N, ABMW)
	17	cargando **su** cruz, salió (N) (lit., llevando la cruz **por sí mismo**)
	24	Repartieron **entre sí** mis vestidos
	20:10	volvieron los discípulos a los **suyos** (TR)
	21:1	Jesús se manifestó otra vez
	7	se echó al mar
Hch	1:3	después de haber padecido, **se** presentó vivo
	5:35	(2) mirad por **vosotros** lo que
	36	que era alguien. (que él era alguien VM)
	7:21	le crio como a hijo **suyo**
	8:9	haciéndo**se** pasar por algún grande
	34	¿de quién...de **sí mismo**
	10:17	(3) estaba perplejo **dentro de sí**
	12:11	(3) volviendo **en sí**
	13:46	(2) no os juzgáis dignos de la vida
	14:14	Cuando lo oyeron...rasgaron **sus** ropas (WH, N)
	17	no **se** dejó **a sí mismo** sin testimonio, (TR)
	15:29	(2) **os** guardareis, (Guardándoos...VHA)
	16:27	se iba a matar
	19:31	rogándole que no **se** presentase
	20:28	(2) mirad **por vosotros**
	30	para arrastrar tras **sí** (WH, N)
	21:11	atándose los pies y las manos, (WH, N, ABMW)
	23	que tienen obligación de cumplir voto (que tienen sobre **sí** un voto VM)
	23:12	se juramentaron bajo maldición
	14	(1) Nosotros nos hemos juramentado
	21	los cuales **se** han juramentado
	25:4	adonde él **mismo** partiría
	28:16	a Pablo se le permitió vivir aparte, (...habitar **por sí solo**, VM)
	29	(3) teniendo gran discusión **entre sí** (TR, |VM|, NC, |BA|)
Ro	1:24	deshonraron **entre sí** sus propios cuerpos, (TR)
	27	(3) y recibiendo **en sí mismos** la retribución (TR, N, ABMW)
	2:14	son ley **para sí mismos**
	4:19	al considerar **su** cuerpo (consideró **su propio** cuerpo, VHA)
	5:8	Dios muestra **su** amor
	6:11	(2) vosotros consideraos muertos
	13	(2) presentaos **vosotros mismos** a Dios
	16	(2) si os sometéis a alguien (a quien **os** ofrecéis...VM)
	8:3	enviando a **su** Hijo en semejanza (...**a su propio**....VHA)
	23	(1, 3) gemimos **dentro de nosotros mismos**
	11:25	(2, 3) arrogantes **en cuanto a vosotros mismos**

ἑαυτοῦ

Ro	12:16	(2) No seáis sabios en **vuestra propia opinión** (lit., ...hacia **vosotros mismos**)	Gá	1:4 el cual **se** dio **a sí mismo** por nuestros
	19	(2) No **os** venguéis **vosotros mismos**		2:12 **se** retraía y **se** apartaba
	13:2	condenación **para sí mismos**		20 **se** entregó **a sí mismo** por mí
	9	a tu prójimo como **a ti mismo**		5:14 a tu prójimo como **a ti mismo** (TR)
	14:7	ninguno de nosotros vive **para sí**		6:3 no siendo nada, **a sí mismo se** engaña
		ninguno muere **para sí**		4 someta a prueba **su propia** obra
	12	dará a Dios cuenta de **sí**		sólo respecto de **sí mismo**
	14	inmundo en **sí mismo**		8 que siembra para **su** carne
	22	**se** condena **a sí mismo** en lo que aprueba	Ef	2:15 para crear en **sí mismo** (TR)
	15:1	(1) no agradarnos **a nosotros mismos**		4:16 para ir edificándo**se** en amor (para edificación de **sí mismo** en amor VHA)
	3	ni aun Cristo **se** agradó **a sí mismo**		19 **se** entregaron a la lascivia
	16:4	expusieron **su** vida por mí (pusieron **sus** cuellos por mi vida VHA)		32 (5) perdonándo**os unos a otros**
	18	a **sus propios** vientres		5:2 **se** entregó **a sí mismo** por nosotros
1 Co	3:18	Nadie **se** engañe **a sí mismo**		19 (5) hablando **entre vosotros** con salmos
	6:7	(5) tengáis pleitos entre **vosotros mismos**		25 **se** entregó **a sí mismo** por ella
	19	(2) que no sois **vuestros**?		27 a fin de presentársela **a sí mismo**
	7:2	cada uno tenga **su propia** mujer		28 amar **a sus** mujeres como **a sus mismos** cuerpos
	37	su corazón guardar a **su** hija virgen		El que ama a su mujer, **a sí mismo se** ama
	38	el que la da en casamiento (TR, VHA); (el que da...a **su** hija virgen, BA, WH, N, ABMW, VM, NC, BC)		29 aborreció jamás a **su propia** carne
				33 ame también a su mujer como **a sí mismo**
	10:24	busque **su propio** bien, sino	Fil	2:3 como superiores a él mismo (...a **vosotros mismos**, VHA)
	29	(2) digo, no la **tuya**		4 cada uno por lo **suyo propio**,
	11:5	afrenta **su** cabeza (TR, B)		7 **se** despojó **a sí mismo**
	28	pruébe**se** cada uno **a sí mismo**		8 **se** humilló **a sí mismo**
	29	come y bebe **para sí**		12 (2) en **vuestra** salvación con temor
	31	(1) nos examinásemos **a nosotros mismos**		21 todos buscan lo **suyo propio**
	13:5	no busca lo **suyo**		3:21 sujetar **a sí mismo** todas las cosas (TR)
	14:4	**a sí mismo se** edifica	Col	3:13 (5) perdonándo**os unos a otros**
	28	hable **para sí mismo** y para Dios.		16 (5) exhortándo**os unos a otros**
	16:2	cada uno de vosotros ponga aparte (lit.,...ponga por **sí mismo**)	1 Ts	2:7 cuida con ternura a **sus propios** hijos
				8 (1) entregaros...**nuestras propias** vidas,
	15	**se** han dedicado al servicio		11 como el padre a **sus** hijos
2 Co	1:9	(1, 3) tuvimos en **nosotros mismos** sentencia		12 os llamó a **su** reino y gloria
		(1, 3) para que no confiásemos en **nosotros mismos**		4:4 sepa tener **su propia** esposa en santidad
	3:1	(1) recomendar**nos a nosotros mismos**?		5:13 (3, 5) Tened paz **entre vosotros**
	5	(1, 4) no que seamos competentes **por nosotros mismos**	2 Ts	2:4 haciéndo**se** pasar por Dios, (ostentándo**se a sí mismo** como quien es Dios, BC)
		(1) para pensar algo como de **nosotros mismos** (TR, N, ABMW)		3:9 (1) por daros **nosotros mismos** un ejemplo
	13	un velo sobre **su** rostro, (TR, T)		12 coman **su propio** pan
	4:2	(1) recomendándo**nos** a toda conciencia	1 Ti	2:6 **se** dio **a sí mismo** en rescate
	5	(1) no **nos** predicamos **a nosotros mismos** **a nosotros** como vuestros siervos		9 se atavíen de ropa decorosa,
				3:13 ganan **para sí** un grado honroso
	5:12	(1) No **nos** recomendamos, pues,		6:10 fueron traspasados de muchos dolores (**a sí mismos se** han traspasado..,VM)
	15	ya no vivan **para sí**,		
	18	**nos** reconcilió **consigo mismo**		19 atesorando **para sí** buen fundamento
	19	en Cristo reconciliando **consigo** al mundo	2 Ti	2:13 Él no puede negar**se a sí mismo**
	6:4	(1) **nos** recomendamos en todo como ministros (en todo recomendándo**nos**... VM)		21 si alguno **se** limpia de estas cosas
				4:3 **se** amontonarán maestros conforme
	7:1	(1) limpiémo**nos** de toda contaminación	Tit	2:14 **se** dio **a sí mismo** por nosotros
	11	(2) **os** habéis mostrado limpios	He	1:3 de nuestros pecados por medio de **sí mismo**, (TR, BC)
	8:5	**a sí mismos se** dieron primeramente		
	10:7	está persuadido **en sí mismo**		3:13 (5) antes exhortad**os** los unos a los otros
		(4) piense **por sí mismo**, que como él		5:3 tanto por **sí mismo** como también
	12	(1) ni a compararnos con algunos que **se** alaban **a sí mismos**...		4 nadie toma **para sí** esta honra,
		midiéndo**se a sí mismos**		5 tampoco Cristo **se** glorificó **a sí mismo**
		(3) por **sí mismos** comparándo**se consigo mismos**		6:6 crucificando de nuevo **para sí mismos**
				13 juró por **sí mismo**
	14	(1) no **nos** hemos extralimitado		7:27 ofreciéndo**se a sí mismo**
	18	el que **se** alaba **a sí mismo**		9:7 la cual ofrece por **sí mismo**
	13:5	(2) Examina**os a vosotros mismos**		14 Espíritu eterno **se** ofreció **a sí mismo**
		(2) proba**os a vosotros mismos**		25 no para ofrecer**se** muchas veces,
		(2) ¿O no **os** conocéis a **vosotros mismos**		10:25 (1) no dejando de reunir**nos**,
				34 (2) sabiendo que tenéis en **vosotros** (conociendo que **vosotros mismos** tenéis, VHA)
				12:3 Considerad...de pecadores contra **sí mismo**

		(N, ABMW); (lit., de pecadores contra sí mismos, WH)
He	12:16	vendió su primogenitura (WH, N)
Stg	1:22	(2) engañándoos a vosotros mismos
	24	él se considera a sí mismo
	26	no refrena su lengua, (WH, N) engaña su corazón, (WH, N)
	27	guardarse sin mancha del mundo
	2:4	(2, 3) distinciones entre vosotros mismos
	17	la fe,...es muerta en sí misma
1 P	1:12	se les reveló que no para sí mismos
	3:5	también se ataviaban en otro tiempo
	4:8	(5) tened entre vosotros ferviente amor
	10	(5) minístrelo a los otros, (sirviéndoos los unos a los otros, BA)
	19	encomienden sus almas al fiel Creador, (TR)
2 P	2:1	atrayendo sobre sí mismos destrucción
1 Jn	1:8	(1) nos engañamos a nosotros mismos
	3:3	se purifica a sí mismo
	15	(3) tiene vida eterna permanente en él (TR, WH, N, ABMW, BA); (permanente en sí mismo, VHA, T, VM, NC, BC)
	5:10	(3) tiene el testimonio en sí mismo (TR)
	18	engendrado por Dios le guarda, (V60, WH, N, ABMW, VHA, NC, BA); (...se guarda a sí mismo, BC, TR, VM)
	21	(2) guardaos de los ídolos
2 Jn	8	(2) Mirad por vosotros mismos
Jud	6	ángeles que no guardaron su dignidad
	12	se apacientan a sí mismos;
	13	espuman su propia vergüenza
	18	andarán según sus malvados deseos.
	19	los que causan divisiones (S, WH, N, ABMW, VHA, VM, NC, BC, BA); (lit., los que se separan, E)
	20	(2) edificándoos sobre vuestra santísima fe
	21	(2) conservaos en el amor de Dios
Ap	2:2	se dicen ser apóstoles, (WH, N, ABMW)
	9	se dicen ser judíos
	20	que se dice profetisa
	3:9	se dicen ser judíos
	4:8	tenían cada uno seis alas (TR)(lit., tenían cada uno por sí mismo seis alas)
	6:15	se escondieron en las cuevas
	8:6	se dispusieron a tocarlas. (TR)
	10:3	siete truenos emitieron sus voces
	4	truenos hubieron emitido sus voces, (TR) (truenos hubieron hablado, VHA, WH, N, ABMW, VM, NC, BC, BA)
	7	lo anunció a sus siervos los profetas
	17:13	y su autoridad a la bestia (TR)
	18:7	ella se ha glorificado (TR)
	19:7	su esposa se ha preparado

1439 ἐάω — eáo

Mt	24:43	no dejaría minar su casa
Lc	4:41	no les dejaba hablar
	22:51	Basta ya; dejad. (Sufrid aún esto, VHA)
Hch	5:38	Apartaos de estos hombres, y dejadlos (TR)
	14:16	ha dejado a todas las gentes andar
	16:7	el Espíritu no se lo permitió
	19:30	los discípulos no le dejaron
	23:32	dejando a los jinetes que fuesen
	27:32	lo dejaron perderse
	40	las dejaron en el mar
Hch	28:4	la justicia no deja vivir
1 Co	10:13	que no os dejará ser tentados
Ap	2:20	que toleras que esa mujer (TR)

1440 ἑβδομήκοντα — ebdomékonta (jebdomékonta)

Lc	10:1	Señor también a otros setenta, (TR, VHA, VM, BA); (...setenta y dos, BC, [WH], [N], [ABMW], NC)
	17	Volvieron los setenta con gozo, (TR, VHA, VM, BA); (Volvieron los setenta y dos..., BC, [WH], [N], [ABMW], NC)
Hch	7:14	en número de setenta y cinco personas
	23:23	setenta jinetes y doscientos lanceros,
	27:37	en la nave doscientas setenta y seis. (lit., en la nave como setenta y seis, WH)

1441 ἑβδομηκοντάκις† — ebdomekontákis (jebdomekontákis)

Mt	18:22	hasta setenta veces siete

1442 ἕβδομος — ébdomos (jébdomos)

Jn	4:52	a las siete le dejó la fiebre
He	4:4	dijo así del séptimo día reposó...en el séptimo día
Jud	14	profetizó Enoc, séptimo desde Adán
Ap	8:1	Cuando abrió el séptimo sello
	10:7	la voz del séptimo ángel, cuando
	11:15	El séptimo ángel tocó la trompeta
	16:17	El séptimo ángel derramó su copa
	21:20	el séptimo, crisólito

1443 Ἔβερ – Eber

Lc	3:35	hijo de Heber, hijo de Sala,

1444 Ἑβραϊκός — Ebraïkós (Jebraïkós)

Lc	23:38	con letras griegas, latinas y hebreas (TR, BC, [BA])

1445 Ἑβραῖος — Ebráios (Jebráios)

Hch	6:1	de los griegos contra los hebreos
2 Co	11:22	¿Son hebreos? Yo también
Fil	3:5	hebreo de hebreos

1446 Ἑβραΐς – Ebraïs (Jebraïs)

Hch	21:40	habló en lengua hebrea
	22:2	les hablaba en lengua hebrea
	26:14	decía en lengua hebrea

1447 Ἑβραϊστί – Ebraïstí (Jebraistí)

Jn	5:2	llamado en hebreo Betesda
	19:13	llamado el Enlosado, y en hebreo Gabata
	17	de la Calavera, y en hebreo, Gólgota
	20	estaba escrito en hebreo, en griego
	20:16	Volviéndose ella, le dijo: (TR); (Volviéndose ella, repuso en hebreo, VHA, WH, N, ABMW, VM, NC, BC, BA)
Ap	9:11	cuyo nombre en hebreo es Abadón
	16:16	que en hebreo se llama Armagedón

1448 ἐγγίζω — eggízo (enguídzo)

Mt	3:2	el reino de los cielos se ha acercado
	4:17	el reino...se ha acercado
	10:7	El reino...se ha acercado
	15:8	Este pueblo de labios me honra (V60, WH, N, ABMW, VHA, VM, NC, BC, BA); (lit., este pueblo se acerca a mí con la boca y de labios me honra, TR)
	21:1	Cuando se acercaron a Jerusalén

ἐγγράφω 1449

Mt	21:34	cuando se **acercó** el tiempo
	26:45	He aquí ha **llegado** la hora
	46	se **acerca** el que me entrega
Mr	1:15	el reino de Dios **se ha acercado**
	11:1	Cuando se **acercaban** a Jerusalén
	14:42	se **acerca** el que me entrega
Lc	7:12	Cuando **llegó cerca** de la puerta
	10:9	**Se ha acercado** a vosotros el reino
	11	el reino de Dios **se ha acercado** a vosotros
	12:33	donde ladrón no llega (donde ningún ladrón **se acerca**, BA)
	15:1	Se **acercaban** a Jesús (...**se le iban acercando** VM)
	25	**llegó cerca** de la casa
	18:35	**acercándose** Jesús a Jericó
	40	cuando **llegó**, le preguntó (**cuando estuvo cerca...**, BA)
	19:29	**llegando cerca** de Betfagé (cuando se **acercó...**, BA)
	37	Cuando **llegaban** ya **cerca**
	41	cuando **llegó cerca** de la ciudad
	21:8	El tiempo **está cerca**
	20	que su destrucción **ha llegado**
	28	vuestra redención **está cerca**
	22:1	Estaba **cerca** la fiesta de los panes
	47	se **acercó** hasta Jesús para besarle
	24:15	Jesús mismo **se acercó**
	28	Llegaron a la aldea (**se acercaron...**, VM)
Hch	7:17	cuando **se acercaba** el tiempo
	9:3	que al **llegar cerca** de Damasco
	10:9	**se acercaban** a la ciudad,
	21:33	**llegando** el tribuno,
	22:6	al **llegar cerca** de Damasco
	23:15	para matarle antes que **llegue**
Ro	13:12	y **se acerca** el día
Fil	2:30	por la obra de Cristo **estuvo próximo**
He	7:19	por la cual **nos acercamos** a Dios
	10:25	cuanto veis que aquel día **se acerca**
Stg	4:8	**Acercaos** a Dios, y él **se acercará** a vosotros
	5:8	porque la venida del Señor **se acerca**
1 P	4:7	el fin de todas las cosas **se acerca**

1449   ἐγγράφω – eggráfo (engráfo) o ἐνγράφω

Lc	10:20	vuestros nombres **están escritos** en los cielos (WH, N, ABMW)
2 Co	3:2	**escritas** en nuestros corazones
	3	sois carta...**escrita** no con tinta

1450   ἔγγυος** – égguos (énguos)

He	7:22	fiador de un mejor pacto

1451   ἐγγύς – eggús (engús)

Mt	24:32	el verano **está cerca**
	33	conoced que **está cerca**,
	26:18	Mi tiempo **está cerca**
Mr	13:28	el verano **está cerca**
	29	conoced que **está cerca**
Lc	19:11	estaba **cerca** de Jerusalén
	21:30	el verano **está** ya **cerca**
	31	**está cerca** el reino de Dios
Jn	2:13	Estaba **cerca** la pascua de los judíos
	3:23	Juan bautizaba...**junto** a Salim
	6:4	estaba **cerca** la pascua,
	19	se **acercaba** a la barca; (lit., llegando a estar **cerca** del barco)
	23	arribado de Tiberias **junto** al lugar
	7:2	Estaba **cerca** la fiesta
	11:18	Betania estaba **cerca** de Jerusalén
Jn	11:54	se alejó...a la región **contigua** al desierto
	55	estaba **cerca** la pascua de los judíos
	19:20	donde Jesús fue crucificado estaba **cerca**
	42	aquel sepulcro estaba **cerca**,
Hch	1:12	el cual está **cerca** de Jerusalén
	9:38	Lida estaba **cerca** de Jope
	27:8	**cerca** del cual estaba la ciudad
Ro	10:8	**Cerca** de ti está la palabra
	13:11	está más **cerca** de nosotros
Ef	2:13	habéis sido hechos **cercanos**
	17	a los que estaban **cerca**
Fil	4:5	El Señor está **cerca**
He	6:8	está **próxima** a ser maldecida
	8:13	está **próximo** a desaparecer
Ap	1:3	el tiempo está **cerca**
	22:10	porque el tiempo está **cerca**

1453   ἐγείρω – egeíro (eguéiro)

Mt	1:24	**despertando** José del sueño (WH, N, ABMW)
	2:13	**Levántate**, y toma al niño
	14	**despertando**, tomó de noche al niño
	20	**Levántate**, toma al niño
	21	Entonces él **se levantó**, (**Levantándose**, NC)
	3:9	Dios puede **levantar** hijos a Abraham
	8:15	ella **se levantó**, y les servía
	25	le **despertaron**, diciendo
	26	Entonces, **levantándose**, reprendió a los
	9:5	**Levántate** y anda?
	6	**Levántate**, toma tu cama, y vete
	7	él **se levantó** y se fue (El, **levantándose...**, NC)
	19	**se levantó** Jesús, y le siguió (**levantándose...**, NC)
	25	a la niña, y ella **se levantó**
	10:8	limpiad leprosos, **resucitad** muertos
	11:5	los muertos **son resucitados**
	11	no se **ha levantado** otro
	12:11	no le eche mano, y la **levante**?
	42	La reina del Sur **se levantará**
	14:2	**ha resucitado** de los muertos,
	16:21	**resucitar** al tercer día (...**ser resucitado**, VM)
	17:7	**Levantaos**, y no temáis
	9	del Hombre **resucite** de los muertos. (WH, N, ABMW)
	23	al tercer día **resucitará**
	20:19	al tercer día **resucitará**. (WH, N, ABMW)
	24:7	**se levantará** nación contra nación
	11	muchos falsos profetas **se levantarán**
	24	**se levantarán** falsos Cristos
	25:7	vírgenes **se levantaron**
	26:32	después que **haya resucitado**
	46	**Levantaos**, vamos; ved
	27:52	que habían dormido, **se levantaron**
	63	Después de tres días **resucitaré**
	64	**Resucitó** de entre los muertos
	28:6	**ha resucitado**, como dijo
	7	que **ha resucitado** de los muertos
Mr	1:31	la tomó de la mano y la **levantó**
	2:9	**Levántate**, toma tu lecho y anda?
	11	**Levántate**, toma tu lecho,
	12	él **se levantó** en seguida
	3:3	**Levántate** y ponte en medio
	4:27	duerme y **se levanta**,
	38	le **despertaron**, y le dijeron: (WH, N, ABMW)
	5:41	Niña, a ti te digo, **levántate**
	6:14	**ha resucitado** de los muertos
	16	que **ha resucitado** de los muertos

ἔγερσις 1454   1458 ἐγκαλέω

Mr	9:27	le enderezó; (...le **levantó**, VHA)	Ro	8:34	el que también **resucitó**
	10:49	**levántate**, te llama		10:9	Dios le **levantó** de los muertos
	12:26	respecto a que los muertos **resucitan**		13:11	hora de **levantarnos** del sueño (TR, VM);
	13:8	se **levantará** nación contra nación			(hora de **levantaros**...,NC, WH, N, ABMW
	22	se **levantarán** falsos Cristos			VHA, BC, BA)
	14:28	después que **haya resucitado**	1 Co	6:14	que **levantó** al Señor
	42	**Levantaos**, vamos;		15:4	que **resucitó** al tercer día
	16:6	ha **resucitado**, no está aquí		12	que **resucitó** de los muertos
	14	[a los que le habían visto **resucitado**]		13	tampoco Cristo **resucitó**
Lc	1:69	nos **levantó** un poderoso Salvador (ha		15:14	si Cristo no **resucitó**
		levantado para nosotros un cuerno de		15	de Dios que él **resucitó** a Cristo
		salvación, VM)			al cual no **resucitó**, si en verdad los muertos
	3:8	Dios puede **levantar** hijos			no **resucitan**
	5:23	o decir: **Levántate** y anda?		16	si los muertos no **resucitan**
	24	**Levántate**, toma tu lecho			tampoco Cristo **resucitó**
	6:8	**Levántate**, y ponte en medio		17	si Cristo no **resucitó**
	7:14	a ti te digo, **levántate**		20	Cristo **ha resucitado** de los muertos
	16	profeta **se ha levantado** entre nosotros		29	si en ninguna manera los muertos **resucitan**?
	22	los muertos **son resucitados**		32	Si los muertos no **resucitan**
	8:24	**Despertando** él, reprendió al viento (TR)		35	¿Cómo **resucitarán** los muertos?
	54	Muchacha, **levántate**		42	**resucitará** en incorrupción
	9:7	Juan **ha resucitado** de los muertos		43	**resucitará** en gloria
	22	**resucite** al tercer día			**resucitará** en poder
	11:8	por su importunidad **se levantará**		44	**resucitará** cuerpo espiritual
	31	La reina del Sur **se levantará**		52	los muertos serán **resucitados**
	13:25	**se haya levantado** y cerrado	2 Co	1:9	en Dios que **resucita** a los muertos
	20:37	los muertos **han de resucitar**,		4:14	que el que **resucitó** al Señor Jesús
	21:10	**Se levantará** nación contra nación			a nosotros también nos **resucitará** con Jesús
	24:6	sino que **ha resucitado** (TR, [WH], [N]		5:15	que murió y **resucitó** por ellos
		[ABMW], VHA, VM, NC, BC, BA)	Gá	1:1	el Padre **que lo resucitó**
	34	**Ha resucitado** el Señor verdaderamente	Ef	1:20	en Cristo, **resucitándole** de los muertos
Jn	2:19	en tres días lo **levantaré**		5:14	**Despiértate**, tú que duermes
	20	¿y tú en tres días lo **levantarás**?	Fil	1:17	(16) (pensando **levantar** persecución, VM,
	22	cuando **resucitó** de entre los muertos			WH, N, ABMW, VHA, BC, BA)
	5:8	**Levántate**, toma tu lecho	Col	2:12	que le **levantó** de los muertos
	21	el Padre **levanta** a los muertos	1 Ts	1:10	al cual **resucitó** de los muertos
	7:52	nunca **se ha levantado** profeta	2 Ti	2:8	**resucitado** de los muertos conforme
	11:29	**se levantó** de prisa	He	11:19	Dios es poderoso **para levantar**
	12:1	a quien **había resucitado**	Stg	5:15	el Señor lo **levantará**
	9	a quien **había resucitado**	1 P	1:21	quien le **resucitó** de los muertos
	17	le **resucitó** de los muertos	Ap	11:1	**Levántate**, y mide el templo
	13:4	**se levantó** de la cena			
	14:31	**Levantaos**, vamos de aquí	**1454**		ἔγερσις — égersis (éguersis)
	21:14	después de **haber resucitado** de los muertos	Mt	27:53	después de la **resurrección**
Hch	3:6	Jesucristo de Nazaret, **levántate** y anda.			
		(TR, VM); (Jesucristo el Nazareno, anda,	**1455**		ἐγκάθετος — egkáthetos (énkáthetos)
		VHA, WH, N, ABMW, NC, BC, BA)	Lc	20:20	acechándole enviaron **espías**
	7	por la mano derecha le **levantó**;			
	15	a quien Dios **ha resucitado** de los muertos	**1456**		ἐγκαίνια — egkáinia (enkáinia)
	4:10	a quien Dios **resucitó**	Jn	10:22	Celebrábase en Jerusalén **la fiesta de la**
	5:30	El Dios de nuestros padres **levantó**			**dedicación**
	9:8	Saulo **se levantó** de tierra			
	10:26	Pedro, **le levantó**, diciendo	**1457**		ἐγκαινίζω† — egkainízo (enkainídzo)
	40	A éste **levantó** Dios	He	9:18	ni aun el primer pacto **fue instituido**
	12:7	tocando a Pedro..,le **despertó**		10:20	que él nos abrió (**inauguró**, BC)
	13:22	Quitado éste, les **levantó** por rey			
	23	Dios **levantó** a Jesús por Salvador (TR, VM,	**1573**		ἐγκακέω** — egkakéo (enkakéo)
		NC); (trajo Dios...,VHA, WH, N, ABMW,	Lc	18:1	orar siempre, y no **desmayar**
		BC, BA)	2 Co	4:1	que hemos recibido, no **desmayamos**
	30	Dios le **levantó** de los muertos		16	Por tanto, no **desmayamos**
	37	a quien Dios **levantó**	Gá	6:9	No nos cansemos, pues, de hacer bien
	26:8	cosa increíble que Dios **resucite**	Ef	3:13	pido que no **desmayéis**
Ro	4:24	creemos en el **que levantó** de los muertos	2 Ts	3:13	no **os canséis** de hacer bien
	25	**fue...resucitado** para nuestra justificación			
	6:4	Cristo **resucitó** de los muertos	**1458**		ἐγκαλέω — egkaléo (enkaléo)
	9	Cristo, **habiendo resucitado** de los muertos	Hch	19:38	**acúsense** los unos a los otros
	7:4	del **que resucitó** de los muertos			
	8:11	aquel **que levantó** de los muertos			
		el **que levantó** de los muertos			

ἐγκαταλείπω 1459

1459 ἐγκαταλείπω

Hch	19:40	peligro hay de que seamos acusados
	23:28	saber la causa por qué le acusaban
	29	hallé que le acusaban por cuestiones (hallé que fue acusado..., VM)
	26:2	soy acusado por los judíos
	7	soy acusado por los judíos
Ro	8:33	¿Quién acusará a los escogidos de Dios?

1459 ἐγκαταλείπω — egkataléipo (engkataléipo)

Mt	27:46	¿por qué me has desamparado?
Mr	15:34	¿por qué me has desamparado?
Hch	2:27	no dejarás mi alma en el Hades
	31	su alma no fue dejada en el Hades, (WH, N, ABMW)
Ro	9:29	no nos hubiera dejado descendencia,
2 Co	4:9	mas no desamparados; derribados
2 Ti	4:10	Demas me ha desamparado, amando
	16	todos me desampararon
He	10:25	no dejando de reunirnos
	13:5	No te desampararé, ni te dejaré

1460 ἐγκατοικέω* — egkatoikéo (enkatoikéo)

| 2 P | 2:8 | este justo, que moraba entre ellos |

1460A ἐγκαυχάομαι† — egkaucáomai (enkaujáomai)

| 2 Ts | 1:4 | nos gloriamos de vosotros (WH, N, ABMW) |

1461 ἐγκεντρίζω** — eqkentrízo (enkentrídzo)

Ro	11:17	has sido injertado en lugar de ellas,
	19	para que yo fuese injertado
	23	serán injertados, pues poderoso es Dios para volverlos a injertar. (para injertarlos de nuevo, NC)
	24	contra naturaleza fuiste injertado serán injertados en su propio olivo?

1462 ἔγκλημα* — égklema (énklema)

Hch	23:29	que ningún delito tenía (sin tener en su contra ninguna acusación, VHA)
	25:16	pueda defenderse de la acusación

1463 ἐγκομβόομαι*† — egkombóomai (enkombóomai)

| 1 P | 5:5 | revestíos de humildad |

1464 ἐγκοπή* — egkopé (enkopé) o ἐνκοπή

| 1 Co | 9:12 | por no poner ningún obstáculo |

1465 ἐγκόπτω * — egkópto (enkópto)

Hch	24:4	Pero por no molestarte más largamente
Ro	15:22	me he visto impedido muchas veces (se me ha impedido..., VHA)
Gá	5:7	¿quién os estorbó para no obedecer
1 Ts	2:18	pero Satanás nos estorbó
1 P	3:7	para que vuestras oraciones no tengan estorbo

1466 ἐγκράτεια** egkráteia (enkráteia)

Hch	24:25	del dominio propio y del juicio
Gá	5:23	mansedumbre, templanza
2 P	1:6	al conocimiento, dominio propio al dominio propio, paciencia

1467 ἐγκρατεύομαι — egkratéuomai (enkratéuomai)

1 Co	7:9	si no tienen don de continencia
	9:25	de todo se abstiene

1468 ἐγκρατής** — egkratés (enkratés)

| Tit | 1:8 | justo, santo, dueño de sí mismo |

1469 ἐγκρίνω* — egkríno (enkríno)

| 2 Co | 10:12 | no nos atrevemos a contarnos |

1470 ἐγκρύπτω — egkrúpto (enkrúpto)

Mt	13:33	escondió en tres medidas
Lc	13:21	escondió en tres medidas (TR, ABMW)

1471 ἔγκυος — égkuos (énkuos)

| Lc | 2:5 | María...la cual estaba encinta |

1472 ἐγχρίω — egcrío (enjrío)

| Ap | 3:18 | unge tus ojos con colirio |

1474 ἐδαφίζω — edafízo (edafídzo)

| Lc | 19:44 | te derribarán a tierra |

1475 ἔδαφος — édafos

| Hch | 22:7 | caí al suelo, |

1476 ἑδραῖος** — edráios (jedráios)

1 Co	7:37	el que está firme en su corazón
	15:58	hermanos míos amados, estad firmes
Col	1:23	permanecéis fundados y firmes en la fe

1477 ἑδραίωμα*† — edráioma (jedráioma)

| 1 Ti | 3:15 | columna y baluarte de la verdad |

1478 Ἐζεκίας — Ezekías (Jedzekías)

Mt	1:9	Jotam a Acaz, y Acaz a Ezequías
	10	Ezequías engendró a Manasés

1479 ἐθελοθρησκία*† — ethelothreskía

| Col | 2:23 | reputación de sabiduría en culto voluntario |

1480 ἐθίζω** — ethízo (ethídzo)

| Lc | 2:27 | conforme al rito de la ley |

1481 ἐθνάρχης**† — ethnárces (ethnárjes)

| 2 Co | 11:32 | En Damasco, el gobernador de la provincia |

1482 ἐθνικός** — ethnikós

Mt	5:47	¿No hacen también así los gentiles? (V60, WH, N, ABMW, VHA, VM, NC, BC, BA)
	6:7	vanas repeticiones, como los gentiles
	18:17	oyere a la iglesia, tenle por gentil
3 Jn	7	sin aceptar nada de los gentiles. (WH, N, ABMW)

1483 ἐθνικῶς* — ethnikós

| Gá | 2:14 | vives como los gentiles y no como judío |

1484 ἔθνος — éthnos

Mt	4:15	Galilea de los gentiles; (...las naciones, VM)
	6:32	los gentiles buscan todas estas cosas

ἔθνος 1484   267   1484 ἔθνος

Mt	10:5	Por camino de **gentiles** no vayáis	Hch	18:6	desde ahora me iré a los **gentiles**
	18	testimonio a ellos y a los **gentiles**		21:11	entregarán en manos de los **gentiles**
	12:18	a los **gentiles** anunciará juicio		19	Dios había hecho entre los **gentiles**
	21	en su nombre esperarán los **gentiles**		21	los judíos que están entre los **gentiles**
	20:19	le entregarán a los **gentiles**		25	en cuanto a los **gentiles** que han creído
	25	los gobernantes de las naciones		22:21	yo te enviaré lejos a los **gentiles**
	21:43	será dado a **gente** que produzca		24:2	gobernadas en el pueblo (reformas son
	24:7	se levantará **nación** contra **nación**			efectuadas para esta **nación**, VM)
	9	aborrecidos de todas las **gentes**		10	eres juez de esta **nación**
	14	testimonio a todas las **naciones**		17	vine a hacer limosnas a mi **nación**
	25:32	reunidas delante de él todas las **naciones**		26:4	desde el principio pasé en mi **nación**
	28:19	haced discípulos a todas las **naciones**		17	de los **gentiles**, a quienes ahora te envío
Mr	10:33	le entregarán a los **gentiles**		20	a los **gentiles**, que se arrepintiesen
	42	tenidos por gobernantes de las **naciones**		23	para anunciar luz al pueblo y a los **gentiles**
	11:17	casa de oración para todas las **naciones**?		28:19	tenga de qué acusar a mi **nación**
	13:8	se levantará **nación** contra **nación**		28	a los **gentiles** es enviada esta salvación
	10	predicado antes a todas las **naciones**	Ro	1:5	en todas las **naciones** por amor
Lc	2:32	Luz para revelación a los **gentiles**		13	como entre los demás **gentiles**
		(...iluminación de las **naciones**, VM)		2:14	los **gentiles** que no tienen ley
	7:5	ama a nuestra **nación**		24	es blasfemado entre los **gentiles**
	12:30	estas cosas buscan las **gentes**		3:29	¿No es...de los **gentiles**?
	18:32	será entregado a los **gentiles**			Ciertamente, también de los **gentiles**
	21:10	Se levantará **nación** contra **nación**		4:17	Te he puesto por padre de muchas **gentes**
	24	llevados cautivos a todas las **naciones**		18	llegar a ser padre de muchas **gentes**
		Jerusalén será hollada por los **gentiles**		9:24	sino también de los **gentiles**?
		hasta que los tiempos de los **gentiles**		30	los **gentiles**, que no iban tras la justicia
	25	y en la tierra angustia de las **gentes**		10:19	con un pueblo que no es pueblo
	22:25	Los reyes de las **naciones** se enseñorean			Con **pueblo** insensato os provocaré
	23:2	hallado que pervierte a la **nación**		11:11	vino la salvación a los **gentiles**
	24:47	perdón de pecados en todas las **naciones**		12	su defección la riqueza de los **gentiles**
Jn	11:48	destruirán...nuestra **nación**		13	a vosotros hablo, **gentiles**
	50	no que toda la **nación** perezca			yo soy apóstol a los **gentiles**
	51	Jesús había de morir por la **nación**		25	entrado la plenitud de los **gentiles**
	52	no solamente por la **nación**		15:9	para que los **gentiles** glorifiquen a Dios
	18:35	Tu **nación**, y los principales sacerdotes			yo te confesaré entre los **gentiles**
Hch	2:5	de todas las **naciones** bajo el cielo		10	Alegraos, **gentiles**, con su pueblo
	4:25	¿Por qué se amotinan las **gentes**		11	Alabad al Señor todos los **gentiles**
	27	con los **gentiles** y el pueblo de Israel		12	el que se levantará a regir los **gentiles**
	7:7	a la **nación** de la cual serán siervos			Los **gentiles** esperarán en él
	45	posesión de la tierra de los **gentiles**		16	ministro de Jesucristo a los **gentiles**
	8:9	había engañado a la **gente** de Samaria			para que los **gentiles** le sean ofrenda
	9:15	mi nombre en presencia de los **gentiles**			agradable (para que la presentación de
	10:22	buen testimonio en toda la **nación**			los **gentiles**..., VM)
	35	en toda **nación** se agrada		18	para la obediencia de los **gentiles**
	45	sobre los **gentiles** se derramase		27	si los **gentiles** han sido hechos
	11:1	que también los **gentiles** habían recibido		16:4	todas las iglesias de los **gentiles**
	18	iDe manera que también a los **gentiles**		26	dado a conocer a todas las **gentes**
	13:19	habiendo destruido siete **naciones**	1 Co	1:23	para los **gentiles** locura; (V60, WH, N,
	42	los **gentiles** les rogaron (TR)			ABMW, VHA, VM, NC, BC, BA);
	46	nos volvemos a los **gentiles**			(lit., para los griegos..., TR)
	47	puesto para luz de los **gentiles**		5:1	ni aun se nombra entre los **gentiles**
	48	Los **gentiles**, oyendo esto, se regocijaban		10:20	que lo que los **gentiles** sacrifican, (TR, |WH|,
	14:2	ánimos de los **gentiles** contra los hermanos			|ABMW|, VM, NC, BC, BA)
	5	cuando los judíos y los **gentiles**...se lanzaron		12:2	Sabéis que cuando erais **gentiles**
		a afrentarlos (iba a hacerse una	2 Co	11:26	peligros de los **gentiles**,
		acometida de parte de los **gentiles**..., VM)	Gá	1:16	yo le predicase entre los **gentiles**
	16	él ha dejado a todas las **gentes**		2:2	que predico entre los **gentiles**
	27	la puerta de la fe a los **gentiles**		8	actuó también en mí para con los **gentiles**
	15:3	contando la conversión de los **gentiles**		9	para que nosotros fuésemos a los **gentiles**
	7	Dios escogió que los **gentiles** oyesen		12	comía con los **gentiles**
	12	había hecho Dios...entre los **gentiles**		14	¿por qué obligas a los **gentiles** a judaizar?
	14	visitó...a los **gentiles**, para tomar de ellos (lit.		15	pecadores de entre los **gentiles**
		visitó para tomar de entre los **gentiles**)		3:8	de justificar por la fe a los **gentiles**
	17	los **gentiles**, sobre los cuales es invocado			serán benditas todas las **naciones**
	19	no se inquiete a los **gentiles** (no molestemos		14	de Abraham alcanzase a los **gentiles**
		a los que de entre los **gentiles**, BA)	Ef	2:11	los **gentiles** en cuanto a la carne
	23	a los hermanos de entre los **gentiles**		3:1	prisionero...por vosotros los **gentiles**
	17:26	todo el linaje de los hombres		6	que los **gentiles** son coherederos
				8	esta gracia de anunciar entre los **gentiles**

	ἔθος 1485			1487 εἰ
Ef	4:17	ya no andéis como los otros **gentiles**	Mt 10:25	**Si** al padre de familia llamaron
Col	1:27	de este misterio entre los **gentiles**	11:14	**si** queréis recibirlo,
1 Ts	2:16	impidiéndonos hablar a los **gentiles**	21	**si** en Tiro y en Sidón **se hubieran hecho**
	4:5	como los **gentiles** que no conocen	23	**si** en Sodoma se hubieran hecho
1 Ti	2:7	maestro de los **gentiles**	12:7	**si** supieseis qué significa
	3:16	Predicado a los **gentiles**	10	¿Es lícito sanar en el día de reposo? (lit.,
2 Ti	1:11	apóstol y maestro de los **gentiles** (TR, BC)		**si** sería lícito...)
	4:17	que todos los **gentiles** oyesen	26	**si** Satanás echa fuera a Satanás
1 P	2:9	vosotros sois...**nación** santa	27	**si** yo echo fuera los demonios
	12	vuestra manera de vivir entre los **gentiles**	28	**Si** yo por el Espíritu de Dios echo
	4:3	haber hecho lo que agrada a los **gentiles**,	14:28	**si** eres tú, manda que yo vaya
		(...la voluntad de los **gentiles**, VHA)	17:4	**si** quieres, hagamos aquí tres enramadas
3 Jn	7	sin aceptar nada de los **gentiles** (TR)	18:8	**si** tu mano o tu pie te es ocasión
Ap	2:26	le daré autoridad sobre las **naciones**	9	**si** tu ojo es ocasión
	5:9	linaje y lengua y pueblo y **nación**	19:3	¿Es lícito al hombre (lit., **si** sería...lícito..)
	7:9	de todas **naciones** y tribus y pueblos	10	**Si** así es la condición del hombre
	10:11	pueblos, **naciones**, lenguas y reyes	17	**si** quieres entrar en la vida
	11:2	ha sido entregado a los **gentiles**	21	**Si** quieres ser perfecto,
	9	lenguas y **naciones** verán sus cadáveres	22:45	**si** David le llama Señor,
	18	se airaron las **naciones**, y tu ira	23:30	**Si** hubiésemos vivido en los días
	12:5	con vara de hierro a todas las **naciones**	24:24	**si** fuere posible, aun a los escogidos
	13:7	sobre toda tribu, pueblo, lengua y **nación**	43	**si** el padre de familia supiese
	14:6	a toda **nación**, tribu, lengua y pueblo	26:24	a ese hombre no haber nacido (al tal
	8	ha hecho beber a todas las **naciones**		hombre **si** nunca hubiera nacido, VM)
	15:3	Rey de los santos (TR); (Rey de las	33	**Aunque** todos se escandalicen (lit., **si**...)
		naciones, VHA, N, ABMW, NC, BA);	39	**si** es posible, pase de mí
		(Rey de los siglos, WH, VM, BC)	63	que nos digas **si** eres tú el Cristo
	4	todas las **naciones** vendrán	27:40	**si** eres Hijo de Dios, desciende
	16:19	ciudades de las **naciones** cayeron	42	**si** es el Rey (TR, VM, BC)
	17:15	muchedumbres, **naciones** y lenguas	43	líbrele ahora **si** le quiere
	18:3	todas las **naciones** han bebido	49	**si** viene Elías a librarle
	23	fueron engañadas todas las **naciones**	Mr 3:2	**si** en el día de reposo
	19:15	para herir con ella a las **naciones**	26	**si** Satanás se levanta
	20:3	para que no engañase más a las **naciones**	8:12	que no se dará señal a esta generación
	8	saldrá a engañar a las **naciones**		(lit., **si** le será dada)
	21:24	las **naciones**...andarán a la luz	9:23	**Si** puedes creer, (¡Si tú puedes! , VM)
	26	la honra de las **naciones** a ella	42	**si** se le atase una piedra
	22:2	eran para la sanidad de las **naciones**	10:2	**si** era lícito al marido
			11:13	**si** tal vez hallaba en ella algo
1485		ἔθος** — éthos	25	**si** tenéis algo contra alguno
Lc	1:9	conforme a la **costumbre** del sacerdocio	26	**si** vosotros no perdonáis (TR, VM, NC,
	2:42	conforme a la **costumbre** de la fiesta		BC, [BA])
	22:39	saliendo, se fue, como solía (...según su	13:22	**si** fuese posible,
		costumbre, VM)	14:29	(1) **Aunque** todos se escandalicen,
Jn	19:40	según es **costumbre** sepultar	35	oró que **si** fuese posible
Hch	6:14	cambiará las **costumbres** que nos dio	15:36	**si** viene Elías a bajarle
	15:1	circuncidáis conforme al **rito**	44	se sorprendió de que ya hubiese muerto
	16:21	enseñan **costumbres** que no nos es lícito		(lit., se sorprendió **si**...)
	21:21	ni observen las **costumbres**. (ni andar según		**si** ya estaba muerto
		nuestras **costumbres**, VM)	Lc 4:3	**Si** eres Hijo de Dios
	25:16	no es **costumbre** de los romanos	9	**Si** eres Hijo de Dios
	26:3	tú conoces todas las **costumbres** (siendo tú	6:7	**si** en el día de reposo
		conocedor..., VHA)	9	¿Es lícito en día de reposo hacer bien,
	28:17	ni contra las **costumbres** de nuestros padres		(lit., **si** sería lícito...) (WH, N, ABMW)
He	10:25	como algunos tienen por **costumbre**	32	**si** amáis a los que os aman
			7:39	Este, **si** fuera profeta
1486		ἔθω, véase εἴωθα, pág 307	10:13	**si** en Tiro y en Sidón
1487		εἰ — ei	11:13	**si** vosotros, siendo malos
Véase también pág. 280			18	**si** también Satanás está dividido
		(1) εἰ καί	19	**si** yo echo fuera los demonios
Mt	4:3	**Si** eres Hijo de Dios,	20	**si** por el dedo de Dios echo
	6	**Si** eres Hijo de Dios,	36	**si** todo tu cuerpo está lleno
	5:29	**si** tu ojo derecho te es ocasión	12:26	**si** no podéis ni aun lo que
	30	**si** tu mano derecha te es ocasión	28	**si** así viste Dios la hierba
	6:23	**si** la luz que en ti hay	39	**si** supiese el padre de familia
	30	**si** la hierba del campo	49	**si** ya se ha encendido?
	7:11	**si** vosotros, siendo malos, sabéis	13:23	¿son pocos (lit., **si** son pocos)
	8:31	**Si** nos echas fuera	14:3	¿Es lícito sanar (lit., **si** sería lícito..)
			28	**si** tiene lo que necesita para acabarla?

	εἰ 1487			269			1487 εἰ	

Lc	14:31	y considera si puede hacer frente	Hch	19:2	si hay Espíritu Santo
	17:2	que se le atase al cuello (le sería si le colgaran, BA)		38	si Demetrio y los artífices que
				20:16	si le fuese posible, en Jerusalem
	6	Si tuvierais fe como un grano		21:37	¿Se me permite decirte algo? (lit., ¿Si me es lícito...?)
	18:4	(1) Aunque ni temo a Dios			
	19:42	si también tú conocieses,		22:25	¿Os es lícito azotar (lit., ¿Si os es lícito...?)
	22:42	si quieres, pase de mí		27	¿eres tú ciudadano romano? (lit., ¿si eres tú...) (TR)
	49	¿heriremos a espada? (lit., ¿si heriremos a espada?)			
				23:9	si un espíritu le ha hablado
	67	¿Eres tú el Cristo? (Si tú eres el Cristo, VHA)		25:11	porque si algún agravio...he hecho (si pues soy malhechor, VM)
	23:6	si el hombre era galileo			si nada hay de las cosas
	31	si en el árbol verde		20	le pregunté si quería ir
	35	si éste es el Cristo		26:8	que Dios resucite...? (lit., si Dios...)
	37	Si tú eres el Rey			
	39	Si tú eres el Cristo (TR)		23	Que el Cristo había de padecer, (lit., si el Cristo...)
Jn	3:12	Si os he dicho cosas terrenales			y ser el primero de la resurrección (lit., si como el primero de la resurrección)
	4:10	Si conocieras el don de Dios			
	5:46	si creyeseis a Moisés		27:12	por si pudiesen arribar (WH, N, ABMW)
	7:4	Si estas cosas haces,		39	acordaron varar, si pudiesen, la nave
	23	Si recibe el hombre	Ro	1:10	rogando que de alguna manera tenga (que, si de cualquier..., VM) (WH, N, ABMW)
	8:19	si a mí me conocieseis			
	39	Si fueseis hijos de Abraham		2:17	tú tienes el sobrenombre de judío, (TR, VM); (pero si tú..., BA, WH, N, ABMW, VHA, NC, BC)
	42	Si vuestro padre fuese Dios			
	46	si digo la verdad			
	9:25	Si es pecador		3:3	¿Pues qué, si algunos de ellos
	41	Si fuerais ciegos		5	si nuestra injusticia hace resaltar
	10:24	Si tú eres el Cristo		7	si por mi mentira la verdad de Dios
	35	Si llamó dioses a aquellos		4:2	si Abraham fue justificado
	38	Mas si las hago		14	si los que son de la ley
	11:12	si duerme, sanará		5:6	Porque Cristo, cuando aún éramos débiles, (TR, ABMW, VHA, VM, NC, BC, BA); (lit., si es que Cristo cuando...,WH, N)
	21	si hubieses estado aquí			
	32	si hubieses estado aquí			
	13:14	si yo, el Señor y el Maestro		10	si siendo enemigos
	17	Si sabéis estas cosas		15	si por la transgresión de aquel
	32	Si Dios es glorificado en él (TR, N, [ABMW] VHA, NC, BC, BA)		17	si por la transgresión de uno
				6:5	si fuimos plantados juntamente
	14:7	Si me conocieseis		8	si morimos con Cristo
	28	Si me amarais		7:16	si lo que no quiero,
	15:18	Si el mundo os aborrece,		20	si hago lo que no quiero
	19	Si fuerais del mundo		8:10	si Cristo está en vosotros
	20	Si a mí me han perseguido		11	si el Espíritu de aquel que levantó
		si han guardado mi palabra		13	si vivís conforme a la carne
	18:8	si me buscáis a mi,			mas si por el Espíritu hacéis morir
	23	Si he hablado mal, testifica		17	si hijos, también herederos
		si bien ¿por qué me golpeas?		25	si esperamos lo que no vemos
	36	si mi reino fuera de este mundo		31	Si Dios es por nosotros
	20:15	si tú lo has llevado		9:22	si Dios, queriendo mostrar
Hch	1:6	¿restaurarás el reino a Israel (lit., ¿si restaurarás..)		11:6	si por gracia, ya no es por obras si por obras, ya no es (TR, [BA])
	4:9	puesto que hoy se nos interroga (si nosotros el día de hoy.., VM)		12	si su transgresión es la riqueza
				14	por si en alguna manera pueda
	19	Juzgad si es justo		15	Si su exclusión es la reconciliación
	5:8	¿vendisteis en tanto la heredad? (lit., si vendisteis...)		16	Si las primicias son santas, si la raíz es santa
	39	si es de Dios, no la podréis		17	si algunas de las ramas
	7:1	¿Es esto así? (lit., sí tiene esto así?)		18	si te jactas, sabe que no sustentas
	8:22	si quizás te sea perdonado		24	si tú fuiste cortado
	37	Si crees de todo corazón, (TR, [VM], NC, BC, BA)		12:18	Si es posible, en cuanto dependa de
				14:15	si por causa de la comida
	10:18	si moraba allí un Simón		15:27	si los gentiles han sido hechos
	11:17	Si Dios, pues, les concedió	1 Co	2:8	si la hubieran conocido
	16:15	si habéis juzgado que yo sea fiel		4:7	si lo recibiste
	17:11	para ver si estas cosas eran así		6:2	si el mundo ha de ser juzgado
	27	si en alguna manera, palpando,		7:15	si el incrédulo se separa
	18:14	Si fuera algún agravio		16	si quizá harás salvo a tu marido? si quizá harás salva a tu mujer?
	15	si son cuestiones de palabras			
	19:2	¿Recibisteis el Espíritu Santo (lit., ¿Si recibisteis...)		21	si puedes hacerte libre,
				8:13	si la comida le es a mi hermano

1 Co	9:11	Si nosotros sembramos entre vosotros ¿...si segaremos de vosotros lo material?	
	12	Si otros participan de este derecho	
	17	si lo hago de buena voluntad pero si de mala voluntad	
	10:30	si yo con agradecimiento participo	
	11:6	si le es vergonzoso	
	31	Si, pues, nos examinásemos	
	12:17	Si todo el cuerpo fuese ojo Si todo fuese oído	
	19	si todos fueran un solo miembro	
	14:10	Tantas clases de idiomas hay, seguramente, (Son tantos, si a mano viene,...BC)	
	15:2	si retenéis la palabra	
	12	si se predica de Cristo que resucitó	
	19	Si en esta vida solamente esperamos	
	29	si en ninguna manera los muertos	
	32	Si como hombre batallé	
	37	ya sea de trigo (lit., si sucediere, de trigo)	
	44	Hay cuerpo animal (TR, VM); (Si hay..., VHA, WH, N, ABMW, NC, BC, BA)	
2 Co	2:2	si yo os contristo	
	9	la prueba de si vosotros sois obedientes	
	3:7	si el ministerio de muerte grabado	
	9	si el ministerio de condenación	
	11	si lo que perece tuvo gloria	
	4:3	si nuestro evangelio está aún	
	16	(1) aunque este nuestro hombre exterior	
	5:3	así seremos hallados vestidos (si en verdad fuéremos hallados, VM)	
	14	que si uno murió por todos, (TR, NC)	
	16	(1) aun si a Cristo conocimos	
	7:8	(1) aunque os contristé con la carta	
		(1) aunque entonces lo lamenté	
		(1) aunque por algún tiempo, os contristé	
	12	(1) Así que, aunque os escribí	
	8:12	si primero hay la voluntad	
	11:4	si viene alguno predicando	
	6	(1) aunque sea tosco en la palabra	
	15	(1) no es extraño si también sus ministros	
	30	Si es necesario gloriarse	
	12:11	aunque nada soy	
	15	(1) aunque amándoos más, sea amado menos (TR, VM, NC, BC); (Si os amo más, VHA WH, N, ABMW, BA)	
	13:4	Porque aunque fue crucificado en debilidad (lit., Si él fue...) (TR, NC)	
	5	Examinaos...si estáis	
Gá	1:10	si todavía agradara a los hombres	
	2:14	Si tú, siendo judío vives	
	17	si buscando ser justificado en Cristo	
	18	si las cosas que destruí	
	21	si por la ley fuese la justicia	
	3:4	si es que realmente fue en vano (WH, N, ABMW)	
	18	Porque si la herencia es por la ley	
	21	si la ley dada pudiera vivificar, (si se hubiese dado una ley que pudiera vivificar, VHA)	
	29	si vosotros sois de Cristo	
	4:7	si hijo, también heredero	
	15	si hubieseis podido, (si fuera posible, VM)	
	5:11	si aún predico la circuncisión	
	15	si os mordéis y os coméis	
	18	si sois guiados por el Espíritu	
	25	Si vivimos por el Espíritu	
	6:3	el que se cree ser algo, (Porque si alguno se imagina..., NC)	
Ef	3:2	si es que habéis oído (WH, N, ABMW)	
	4:21	si en verdad le habéis oído (WH, N, ABMW)	
Fil	1:22	si el vivir en la carne	
	2:17	(1) aunque sea derramado en libación	
	3:11	si en alguna manera llegase a la resurrección	
	12	(1) por ver si logro asir aquello	
Col	1:23	si en verdad permanecéis fundados (WH, N, ABMW)	
	2:5	(1) aunque estoy ausente en cuerpo	
	20	si habéis muerto con Cristo	
	3:1	Si, pues, habéis resucitado con Cristo	
1 Ts	4:14	si creemos que Jesús murió	
1 Ti	5:10	si ha criado hijos;	
		si ha practicado la hospitalidad	
		si ha lavado los pies	
		si ha socorrido a los afligidos	
		si ha practicado toda buena obra	
2 Ti	2:11	(12) Si somos muertos con él	
	12	Si sufrimos, también reinaremos Si le negáremos, él también	
	13	Si fuéremos infieles	
Flm	17	si me tienes por compañero	
He	2:2	Porque si la palabra dicha	
	3:11	No entrarán en mi reposo. (¡Si van a entrar en mi reposo!, BC)	
	4:3	No entrarán en mi reposo; (¡Si van a entrar en mi reposo!, BC)	
	5	No entrarán en mi reposo. (¡Si van a entrar en mi reposo!, BC)	
	8	si Josué les hubiera dado	
	6:9	(1) aunque hablamos así	
	14	De cierto te bendeciré (Ciertamente bendiciendo te bendeciré, VM) (TR); (lit., si ciertamente bendiciendo te bendeciré, WH, N, ABMW, VHA, NC, BC, BA)	
	7:11	Si, pues, la perfección fuera	
	15	a semejanza de Melquisedec se levanta	
	8:4	si estuviese sobre la tierra	
	7	si aquel primero hubiera sido	
	9:13	si la sangre de los toros	
	11:15	si hubiesen estado pensando (si tuvieran memoria, VHA)	
	12:7	Si soportáis la disciplina, (TR, VM)	
	8	si se os deja sin disciplina	
Stg	2:8	Si en verdad cumplís la ley real	
	9	si hacéis acepción de personas	
	3:3	He aquí nosotros ponemos freno (TR); (Si a los caballos les ponemos el freno BC, WH, N, ABMW, VHA, BA)	
	14	si tenéis celos amargos	
	4:11	si tú juzgas a la ley	
1 P	1:6	si es necesario, tengáis que ser	
	17	si invocáis por Padre	
	2:3	si es que habéis gustado la benignidad (WH, N, ABMW)	
	19	si alguno a causa de la conciencia	
	20	si pecando sois abofeteados, si haciendo lo bueno sufrís	
	3:14	(1) si alguna cosa padecéis	
	17	si la voluntad de Dios así lo quiere	
	4:14	Si sois vituperados por el nombre	
	16	si alguno padece como cristiano	
	17	si primero comienza por nosotros	
	18	Si el justo con dificultad se salva,	
2 P	2:20	si habiéndose ellos escapado	
1 Jn	2:19	si hubiesen sido de nosotros	
	3:13	si el mundo os aborrece	
	4:1	probad los espíritus si son de Dios	
	11	si Dios nos ha amado así	
	5:9	Si recibimos el testimonio	

1508 εἰ μή

εἰ μή — ei mé
(1) εἰ δὲ μή, μήγε;
(2) εἰ μήτι; (3) εἰ μή ἵνα, ὅτι;
(4) ἐκτός εἰ μή

Mt
- 5:13 sino para ser echada fuera
- 6:1 (1) **de otra manera** no tendréis recompensa
- 9:17 (1) **de otra manera** los odres se rompen,
- 11:27 nadie conoce al Hijo, **sino** el Padre ni al Padre conoce alguno, **sino** el Hijo
- 12:4 **sino** solamente a los sacerdotes?
- 24 echa fuera los demonios **sino** por Beelzebú
- 39 **sino** la señal del profeta Jonás
- 13:57 **sino** en su propia tierra
- 14:17 No tenemos aquí **sino** cinco panes
- 15:24 No soy enviado sino a las ovejas
- 16:4 **sino** la señal del profeta
- 17:8 a nadie vieron **sino** a Jesús solo
- 21 este género no sale **sino** con oración (TR, VM, NC, BC, BA)
- 19:9 repudia a su mujer, **salvo** por causa de fornicación (TR)
- 17 Ninguno hay bueno **sino** uno: Dios. (TR, VM); (Uno solo es bueno, VHA, WH, N, ABMW, NC, BC, BA)
- 21:19 **sino** hojas solamente
- 24:22 si aquellos días **no** fuesen acortados
- 36 nadie sabe,...**sino** sólo mi Padre

Mr
- 2:7 ¿Quién puede perdonar pecados, **sino**
- 2:21 (1) **de otra manera** mismo remiendo nuevo
- 22 (1) **de otra manera,** el vino nuevo rompe
- 26 **sino** a los sacerdotes
- 5:37 nadie **sino** Pedro, Jacobo, y Juan
- 6:4 sin honra **sino** en su propia tierra
- 5 **salvo** que sanó a unos pocos enfermos
- 8 no llevasen nada...**sino** solamente bordón
- 8:14 no tenían **sino** un pan consigo
- 9:8 no vieron más...**sino** a Jesús solo. (WH, N, ABMW)
- 9 **sino** cuando el Hijo del Hombre
- 29 Este género...**sino** con oración
- 10:18 Ninguno hay bueno, **sino** sólo uno
- 11:13 nada halló **sino** hojas,
- 13:20 si el Señor **no** hubiese acortado
- 32 ni el Hijo, **sino** el Padre

Lc
- 4:26 **sino** a una mujer viuda
- 27 sólo Naamán el sirio
- 5:21 perdonar pecados **sino** sólo Dios?
- 36 (1) pues si lo hace, no solamente rompe (**de lo contrario** no sólo rompe, BA) (TR, BC); (...romperá, VHA, WH, N, ABMW, VM, NC)
- 37 (1) **de otra manera,** el vino nuevo romperá
- 6:4 **sino** sólo a los sacerdotes,
- 8:51 **sino** a Pedro, a Jacobo
- 9:13 (2) **a no ser que** vayamos nosotros a comprar (lit., **a no ser que** yendo nosotros compremos)
- 10:6 (1) **si no,** se volverá
- 22 nadie conoce...**sino** el Padre ni quién es el Padre, **sino** el Hijo
- 11:29 **sino** la señal de Jonás
- 13:9 (1) **y si no,** la cortarás
- 14:32 (1) **y si no** puede,...le envía una embajada
- 17:18 diese gloria a Dios **sino** este extranjero?
- 18:19 Ninguno hay bueno, **sino** sólo Dios

Jn
- 3:13 **sino** el que descendió del cielo
- 6:22 no había habido allí más que una sola barca (no había allí otra lancha, **sino** una, BC)
- 46 **sino** aquel que vino de Dios;
- **Jn** 9:33 Si éste **no** viniera de Dios
- 10:10 (3) El ladrón no viene **sino** para hurtar
- 13:10 **sino** lavarse los pies, ([WH], [N], ABMW)
- 14:2 (1) **si así no fuera**
- 6 nadie viene al Padre, **sino** por mí
- 11 (1) **de otra manera,** creedme por las mismas
- 15:22 Si yo **no** hubiera venido
- 24 Si yo **no** hubiese hecho
- 17:12 se perdió, **sino** el hijo de perdición
- 18:30 Si éste **no** fuera malhechor
- 19:11 Ninguna autoridad...**si no** te fuese dada
- 15 No tenemos **más** rey **que** César. (No tenemos rey, **sino** César, BC)

Hch
- 11:19 **sino** sólo a los judíos
- 21:25 **solamente** que se abstengan de lo sacrificado (TR)
- 26:32 **si no** hubiera apelado a César

Ro
- 7:7 no conocí el pecado **sino** por la ley **si** la ley **no** dijera:
- 9:29 Si el Señor de los ejércitos **no**
- 11:15 **sino** vida de entre los muertos?
- 13:1 no hay autoridad **sino** de parte de Dios
- 8 **sino** el amaros unos a otros
- 14:14 mas para el que piensa (**sino**..., BC)

1 Co
- 1:14 a ninguno...he bautizado...**sino** a Crispo
- 2:2 **sino** a Jesucristo
- 11 **sino** el espíritu del hombre cosas de Dios, **sino** el Espíritu de Dios
- 7:5 (2) **a no ser** por algún tiempo de mutuo
- 17 **Pero** cada uno como el Señor le repartió
- 8:4 no hay más que un Dios. (no hay Dios, **sino** uno, BA)
- 10:13 ninguna tentación **que no sea** humana
- 12:3 **sino** por el Espíritu
- 14:5 (4) **a no ser que** las interprete
- 15:2 (4) sois salvos, **si no** creísteis en vano

2 Co
- 2:2 **sino** aquel a quien yo contristé
- 3:1 ¿O tenemos necesidad, como algunos, (V60, VHA, WH, N, ABMW, VM, NC, BC, BA); (lit., **A menos que** tengamos necesidad como algunos, TR)
- 11:16 (1) **de otra manera,** recibidme como a loco
- 12:5 en nada me gloriaré, **sino** en mis debilidades
- 13 (3) **sino en que** yo mismo no os he sido carga
- 13:5 (2) **a menos que** estéis reprobados?

Gá
- 1:7 No que haya otro, **sino** que hay algunos
- 19 no vi a ningún otro...**sino** a Jacobo
- 6:14 gloriarme, **sino** en la cruz

Ef 4:9 (3) **sino que** también había descendido

Fil 4:15 de dar y recibir, **sino** vosotros solos

1 Ti 5:19 (4) admitas acusación **sino** con dos o tres

He 3:18 **sino** a aquellos que desobedecieron?

1 Jn
- 2:22 sino el que niega que Jesús
- 5:5 **sino** el que cree que Jesús

Ap
- 2:5 (1) **pues si no,** vendré
- 16 (1) **pues si no,** vendré
- 17 ninguno conoce **sino** aquel que lo recibe.
- 9:4 **sino** solamente a los hombres
- 13:17 **sino** el que tuviese la marca
- 14:3 aprender el cántico **sino** aquellos
- 19:12 ninguno conocía **sino** él mismo.
- 21:27 **sino** solamente los que están inscritos

1508 A

εἰ οὐ — ei ou

- **Mt** 26:24 no haber nacido (**si nunca** hubiera nacido, VM)
- 42 Padre mío, **si no** puede pasar de mí
- **Mr** 11:26 si vosotros **no** perdonáis, (TR, VM, NC, BC, [BA])

εἴπερ 1512 — 1536 εἴ τις

Mr	14:21	no haber nacido (si nunca hubiera nacido, VM)
Lc	11:8	aunque no se levante (si no se levanta NC)
	16:11	si en las riquezas injustas no fuisteis
	12	si en lo ajeno no fuisteis fieles
	31	Si no oyen a Moisés y a los profetas
	18:4	Aunque ni temo a Dios, ni tengo respeto
Jn	1:25	si tú no eres el Cristo
	5:47	si no creéis a sus escritos
	10:37	Si no hago las obras de mi Padre
Hch	25:11	pero si nada hay de las cosas
Ro	8:9	si alguno no tiene el Espíritu
	11:21	si Dios no perdonó a las ramas
1 Co	7:9	si no tienen don de continencia
	9:2	Si para otros no soy apóstol
	11:6	si la mujer no se cubre
	15:13	si no hay resurrección de muertos
	14	si Cristo no resucitó
	16	si los muertos no resucitan
	17	si Cristo no resucitó
	29	si en ninguna manera los muertos resucitan
	32	Si los muertos no resucitan
	16:22	El que no amare (Si alguno no ama, VM)
2 Ts	3:10	Si alguno no quiere trabajar
	14	Si alguno no obedece
1 Ti	3:5	el que no sabe gobernar su propia (si alguno no,... VM)
	5:8	si alguno no provee
He	12:25	si no escaparon aquellos
Stg	2:11	si no cometes adulterio
	3:2	Si alguno no ofende en palabra
2 P	2:4	si Dios no perdonó a los ángeles
Ap	20:15	el que no se halló inscrito (si alguno no se halló..., VHA)

1512 εἴ περ** — eí per

Ro	3:30	Porque Dios es uno, (WH, N, ABMW)
	8:9	si es que el Espíritu de Dios mora
	17	si es que padecemos juntamente
1 Co	8:5	aunque haya algunos que se llamen
	15:15	si en verdad los muertos no resucitan
2 Ts	1:6	Porque es justo delante de Dios pagar
1 P	2:3	si es que habéis gustado la benignidad (TR)

1536 εἴ τις — eí tis

Mt	16:24	Si alguno quiere venir en pos de mí
	18:28	Págame lo que me debes (TR, VHA, VM, NC, BC, BA); (lit., Paga si debes algo)
Mr	4:23	Si alguno tiene oídos
	7:16	Si alguno tiene oídos (TR, VM, NC, BC, [BA])
	8:23	le preguntó si veía algo
	34	Si algún quiere venir (WH, N, ABMW)
	9:22	si puedes hacer algo
	35	Si alguno quiere ser el primero
	11:25	si tenéis algo contra alguno
Lc	9:23	Si alguno quiere venir en pos de mí
	14:26	Si alguno viene a mí
	19:8	si en algo he defraudado a alguno
Hch	13:15	si tenéis alguna palabra (WH, N, ABMW) (lit., si hay entre vosotros alguna palabra)
	19:39	si demandáis alguna otra cosa
	24:19	si contra mí tienen algo
	20	si hallaron en mí alguna cosa mal hecha, (TR, NC); (qué delito hallaron en mí, VHA, N, ABMW, VM, BC, BA)
	25:5	si hay algún crimen en este hombre
Ro	8:9	si alguno no tiene el Espíritu
	11:17	si algunas de las ramas
	13:9	cualquier otro mandamiento
1 Co	1:16	si he bautizado a algún otro
	3:12	si sobre este fundamento alguno
	14	Si permaneciera la obra de alguno
	15	Si la obra de alguno se quemare
	17	Si alguno destruyere el templo
	18	si alguno entre vosotros se cree sabio
	7:12	Si algún hermano tiene mujer
	13	si una mujer tiene marido (ABMW, NC, BC)
	36	si alguno piensa que es impropio
	8:2	si alguno se imagina que sabe
	3	si alguno ama a Dios
	10:27	Si algún incrédulo os invita
	11:16	si alguno quiere ser contencioso
	34	Si alguno tuviera hambre,
	14:35	si quieren aprender algo, pregunten
	37	Si alguno se cree profeta, o espiritual
	38	el que ignora, ignore. (si alguno lo desconoce, VHA)
	16:22	El que no amare al Señor (Si alguno no ama al Señor, BA)
2 Co	2:5	si alguno me ha causado tristeza
	10	si algo he perdonado
	5:17	si alguno está en Cristo
	7:14	si de algo me he gloriado
	10:7	Si alguno está persuadido
	11:20	toleráis si alguno os esclaviza, si alguno os devora si alguno toma lo vuestro si alguno se enaltece si alguno os da de bofetadas
Gá	1:9	Si alguno os predica diferente evangelio
	6:3	el que se cree ser algo, (si alguno,..., BA)
Ef	4:29	la que sea buena (lit., si algo es bueno)
Fil	2:1	si hay alguna consolación en Cristo, si algún consuelo de amor si alguna comunión del Espíritu si algún afecto entrañable, si alguna misericordia (si alguna ternura y compasión, VHA)
	3:4	Si alguno piensa que tiene
	15	si otra cosa sentís
	4:8	si hay virtud alguna, si algo digno
2 Ts	3:10	Si alguno no quiere trabajar
	14	Si alguno no obedece
1 Ti	1:10	para cuanto se oponga a la sana doctrina (si algún otro hay..., NC)
	3:1	Si alguno anhela obispado
	5	el que no sabe gobernar su propia casa, (si uno no sabe..., BC)
	5:4	si alguna viuda tiene hijos
	8	si alguno no provee para los suyos
	16	Si algún creyente o alguna creyente (TR, VM); (Si alguna fiel, VHA, WH, N, ABMW, NC, BC, BA)
	6:3	Si alguno enseña otra cosa
Tit	1:6	el que fuere irreprensible, (si uno es inculpable, BC)
Flm	18	si en algo te dañó
Stg	1:5	si alguno de vosotros tiene falta
	23	Si alguno es oidor de la palabra
	26	Si alguno se cree religioso
	3:2	Si alguno no ofende en palabra
1 P	3:1	para que también los que no creen (para que si algunos no...BC)
	4:11	Si alguno habla si alguno ministra

εἰδέα 2397　　　　　　　　　　　　　　　　273　　　　　　　　　　　　　　　　1492 εἶδον

2 Jn	10	Si **alguno** viene a vosotros	Mt	24:15	cuando **veáis** en el lugar santo
Ap	11:5	Si **alguno** quiere dañarlos		33	cuando **veáis** todas estas cosas
		si **alguno** quiere hacerles daño		25:37	¿cuándo te **vimos** hambriento
	13:9	Si **alguno** tiene oído, oiga		38	¿Y cuándo te **vimos** forastero
	10	Si **alguno** lleva en cautividad		39	¿O cuándo te **vimos** enfermo
		si **alguno** mata a espada		44	¿cuándo te **vimos** hambriento
	14:9	Si **alguno** adora a la bestia		26:8	**Al ver** esto, los discípulos se enojaron
	11	ni nadie que reciba la marca (si **alguno**		58	se sentó..**para ver** el fin
		recibe la marca, BC)		71	le **vio** otra
	20:15	el que no se halló inscrito (si **alguno** no		27:3	Judas...**viendo** que era condenado
		fue hallado...,BA)		24	**Viendo** Pilato que nada adelantaba
				49	**veamos** si viene Elías
2397		εἰδέα – eidéa o ἰδέα – idéa		54	**visto** el terremoto
Mt	28:3	Su **aspecto** era como un relámpago, (WH,		28:6	Venid,**ved** el lugar
		N, ABMW)		17	cuando le **vieron**, le adoraron
			Mr	1:10	**vio** abrirse los cielos
1492		εἶδον – eídon o εἴδω – éido		16	**vio** a Simón y a Andrés
Mt	2:2	su estrella **hemos visto** en		19	**vio** a Jacobo hijo de Zebedeo
	9	la estrella que **habían visto**		2:5	**Al ver** Jesús la fe de ellos
	10	**al ver** la estrella, se regocijaron		12	Nunca **hemos visto** tal cosa
	11	**vieron** al niño con su madre María, (V60,		14	**vio** a Leví hijo de Alfeo
		WH, N, ABMW, VHA, NC, BC, BA);		16	**viéndole** comer con los publicanos
		(hallaron al niño...,VM, TR)		4:12	viendo, vean y no **perciban**
	16	cuando se **vio** burlado por los magos		5:6	**Cuando vio**, pues, a Jesús
	3:7	**Al ver** él que muchos de los fariseos		14	salieron a **ver** qué era aquello
	16	**vio** al Espíritu de Dios que descendía		16	contaron los **que lo habían visto**
	4:16	**vio** gran luz		22	luego **que le vio**, se postró
	18	**vio** a dos hermanos		32	él miraba alrededor **para ver** quién
	21	Pasando de allí, **vio** a otros dos		6:33	muchos los **vieron** ir
	5:1	**Viendo** la multitud, subió al monte		34	**vio** una gran multitud
	16	para que **vean** vuestras buenas obras		38	Id y **vedlo**
	8:14	**vio** a la suegra de éste postrada		48	**viéndoles** remar con gran fatiga
	18	**Viéndose** Jesús rodeado		49	**Viéndole** ellos andar sobre el mar
	34	cuando le **vieron**, le rogaron		50	todos le **veían**, y se turbaron
	9:2	**al ver** Jesús la fe de ellos		7:2	**viendo** a algunos de los discípulos
	4	conociendo Jesús los pensamientos (V60,		8:33	**mirando** a los discípulos
		WH, N, ABMW, VHA, VM, NC, BA);		9:1	hasta que **hayan visto**
		(viendo Jesús..., BC, TR)		8	no **vieron** más a nadie
	8	la gente, **al verlo**, se maravilló		9	lo que **habían visto**
	9	Pasando Jesús de allí, **vio** a un hombre		14	**vio** una gran multitud
	11	**Cuando vieron** esto los fariseos		15	**viéndole**, se asombró
	22	volviéndose y **mirándola**		20	cuando el espíritu **vio** a Jesús
	23	**viendo** a los que tocaban flautas		25	cuando Jesús **vio** que la multitud
	36	**al ver** las multitudes		38	**hemos visto** a uno que en tu nombre
	11:8	¿O qué salisteis **a ver**?		10:14	**Viéndolo** Jesús, se indignó
	9	¿qué salisteis a **ver**? ¿A un profeta?		11:13	**viendo** de lejos una higuera
		(TR, ABMW, VM, BC); (¿por qué		20	**vieron** que la higuera se había secado
		salisteis? ¿por **ver** un profeta?, VHA,		12:15	Traedme la moneda para que la **vea**
		WH, N, NC, BA)		28	sabía que les había respondido, (TR, WH,
	12:2	**Viéndolo** los fariseos, le dijeron			N, VHA, BA); (**viendo** que les había
	38	deseamos **ver** de ti señal			respondido, VM, ABMW, NC, BA)
	13:14	**viendo** veréis, y no **percibiréis**		34	**viendo** que había respondido
	15	Para que no **vean** con los ojos		13:14	cuando **veáis** la abominación
	17	justos desearon **ver** lo que veis, y no lo		29	cuando **veáis** que suceden
		vieron		14:67	cuando **vio** a Pedro que se calentaba
	14:14	**vio** una gran multitud		69	la criada, **viéndole** otra vez
	26	**viéndole** andar sobre el mar		15:32	para que **veamos** y creamos
	16:28	hasta que **hayan visto** al Hijo del Hombre		36	Dejad, **veamos** si viene Elías
	17:8	a nadie **vieron** sino a Jesús solo		39	**viendo** que...había expirado
	18:31	**Viendo** sus consiervos lo que pasaba		16:5	**vieron** a un joven sentado
	20:3	**vio** a otros que estaban	Lc	1:12	se turbó Zacarías **al verle**
	21:15	**viendo** las maravillas que hacía		29	cuando le **vio**, se turbó (TR)
	19	**viendo** una higuera		2:15	Pasemos, pues, hasta Belén, y **veamos**
	20	**Viendo** esto los discípulos		17	**al verlo**, dieron a conocer
	32	**viendo** esto, no os arrepentisteis		20	las cosas **que habían** oído y visto
	38	**cuando vieron** al hijo		26	que no **vería** la muerte antes que **viese**
	22:11	**vio** allí a un hombre		30	han **visto** mis ojos tu salvación
	23:39	desde ahora no me **veréis**,		48	**Cuando le vieron**, se sorprendieron
				5:2	**vio** dos barcas que estaban cerca

Lc	5:8	Viendo esto Simón Pedro,	Jn	3:3	no puede ver el reino de Dios
	12	viendo a Jesús, se postró		4:29	ved a un hombre
	20	Al ver él la fe de ellos		48	Si no viereis señales y prodigios
	26	Hoy hemos visto maravillas.		5:6	Cuando Jesús lo vio acostado
	7:13	cuando el Señor la vio		6:14	viendo la señal que Jesús había hecho
	22	lo que habéis visto y oído		22	vio que no había habido
	25	¿qué salisteis a ver?		24	Cuando vio, pues, la gente
	26	¿qué salisteis a ver?		26	no porque habéis visto las señales
	39	Cuando vio esto el fariseo		30	para que veamos, y te creamos?
	8:20	Tu madre y tus...quieren verte (...deseando verte, BC)		7:52	Escudriña y ve que de Galilea
				8:56	de que había de ver mi día y lo vio
	28	al ver a Jesús, lanzó		9:1	vio a un hombre ciego
	34	cuando vieron lo que había acontecido		11:31	cuando vieron que María
	35	salieron a ver lo que había sucedido		32	al verle, se postró a sus pies
	36	los que lo habían visto		33	al verla llorando
	47	cuando la mujer vio que no había quedado		34	Le dijeron: Señor, ven y ve
	9:9	procuraba verle		12:9	para ver a Lázaro
	27	no gustarán la muerte hasta que vean		21	quisiéramos ver a Jesús
	32	vieron la gloria de Jesús		40	Para que no vean con los ojos
	47	Jesús, percibiendo los pensamientos (TR, VM)		41	cuando vio su gloria (TR, VM, BC); (porque vio su gloria, VHA, WH, N, ABMW, NC, BA)
	49	hemos visto a uno que echaba			
	54	Viendo esto sus discípulos		18:26	¿No te vi yo en el huerto con él?
	10:24	profetas y reyes desearon ver no lo vieron		19:6	Cuando le vieron los principales sacerdotes
				26	Cuando vio Jesús a su madre
	31	viéndole, pasó de largo		33	como le vieron ya muerto
	32	viéndole, pasó de largo		20:8	vio, y creyó
	33	viéndole, fue movido a misericordia		20	se regocijaron viendo al Señor
	11:38	cuando lo vio, se extrañó		25	Si no viere en sus manos
	12:54	Cuando veis la nube que sale		27	Pon aquí tu dedo, y mira mis manos
	13:12	Cuando Jesús la vio,		29	bienaventurados los que no vieron
	35	os digo que no me veréis		21:21	Cuando Pedro le vio
	14:18	necesito ir a verla	Hch	2:27	Ni permitirás que tu Santo vea corrupción
	15:20	lo vio su padre,		31	ni su carne corrupción
	17:14	Cuando él los vio		3:3	cuando vio a Pedro y a Juan
	15	viendo que había sido sanado		9	todo el pueblo le vio andar
	22	Tiempo vendrá cuando desearéis ver		12	Viendo esto Pedro, respondió al pueblo
	18:15	lo cual viendo los discípulos		4:20	decir lo que hemos visto
	24	Al ver Jesús que se había entristecido		6:15	vieron su rostro como el rostro
	43	cuando vio aquello, dio alabanza a Dios		7:24	al ver a uno que era maltratado
	19:3	procuraba ver quién era Jesús		31	Moisés, mirando, se maravilló
	4	subió a un árbol sicómoro para verle		34	Ciertamente he visto la aflicción (lit., viendo he visto...)
	5	mirando hacia arriba, le vio (TR)			
	7	Al ver esto, todos murmuraban		55	vio la gloria de Dios
	37	por todas las maravillas que habían visto		8:18	Cuando vio Simón que (WH, N, ABMW)
	41	cuando llegó cerca...al verla,		39	el eunuco no le vio más,
	20:13	cuando le vean a él (TR)		9:12	ha visto en visión a un varón
	14	al verle, discutían entre sí,		27	contó cómo Saulo había visto en el camino
	21:1	Levantando los ojos, vio a los ricos		35	le vieron todos los que habitaban
	2	Vio también a una viuda		40	abrió los ojos, y al ver a Pedro
	20	cuando viereis a Jerusalén		10:3	Este vio claramente en una visión
	29	Mirad la higuera		17	la visión que había visto,
	31	cuando veáis que suceden		11:5	vi en éxtasis una visión
	22:49	Viendo los que estaban con él		6	vi cuadrúpedos terrestres
	56	al verle sentado al fuego,		13	cómo había visto en su casa
	58	viéndole otro, dijo: Tú también eres		23	cuando llegó, y vio la gracia de Dios
	23:8	Herodes, viendo a Jesús, se alegró		12:3	viendo que esto había agradado
		hacía tiempo que deseaba verle		16	cuando abrieron y le vieron
		esperaba verle hacer alguna señal		13:12	viendo lo que había sucedido
	47	Cuando el centurión vio		35	No permitirás que tu Santo vea corrupción
	24:24	a él no le vieron		36	y vio corrupción
	39	Mirad mis manos y mis pies palpad, y ved; porque un espíritu		37	no vio corrupción
				41	Mirad, oh menospreciadores,
Jn	1:33	Sobre quien veas descender el Espíritu		45	viendo los judíos la muchedumbre
	39	Fueron, y vieron donde moraba		14:9	viendo que tenía fe para ser sanado
	46	Le dijo Felipe: Ven y ve.		11	visto lo que Pablo había hecho
	47	Cuando Jesús vio a Natanael		15:6	para conocer de este asunto (lit., para ver..)
	48	estabas debajo de la higuera, te vi;		16:10	Cuando vio la visión
	50	Te vi debajo de la higuera, crees?		19	viendo sus amos que había salido

Hch	16:27	viendo abiertas las puertas		Ap	9:1	vi una estrella que cayó
	40	habiendo visto a los hermanos			17	Así vi en visión los caballos
	19:21	me será necesario ver también a Roma			10:1	Vi descender del cielo a otro ángel
	21:32	cuando ellos vieron al tribuno			5	el ángel que vi en pie sobre el mar
	22:14	veas al Justo			12:13	cuando vio el dragón
	18 (17)	le vi que me decía			13:1	vi subir del mar una bestia
	26:13	yendo por el camino, vi una luz			2	la bestia que vi era semejante
	16	testigo de las cosas que has visto, (TR, VM, NC, BA); (...de lo que has visto de mí, VHA, WH, N, ABMW, NC, BC)			11	Después vi otra bestia que subía
					14:1	Después miré, y he aquí el Cordero
					6	Vi volar por en medio del cielo
	28:4	Cuando los naturales vieron la víbora			14	Miré, y he aquí una nube blanca
	15	al verlos, Pablo...cobró aliento			15:1	Vi en el cielo otra señal
	20	os he llamado para veros			2	Vi también como un mar de vidrio
	26	viendo veréis, y no percibiréis			5	Después de estas cosas miré
	27	Para que no vean con los ojos			16:13	vi salir de la boca del dragón
Ro	1:11	deseo veros, para comunicaros			17:3	vi a una mujer sentada
	11:22	Mira, pues, la bondad y la severidad			6	Vi a la mujer ebria de la sangre cuando la vi, quedé asombrado
1 Co	2:9	Cosas que ojo no vio				
	8:10	si alguno te ve a ti			8	La bestia que has visto, era,
	16:7	no quiero veros ahora de paso			12	los diez cuernos que has visto
Gá	1:19	no vi a ningún otro de los apóstoles			15	Las aguas que has visto
	2:7	como vieron que me había sido encomendado			16	los diez cuernos que viste en la bestia, (TR); (...que viste, y la bestia, VHA, WH, N, ABMW, VM, NC, BC, BA)
	14	cuando ví que no andaban rectamente				
	6:11	Mirad con cuán grandes letras			18	la mujer que has visto es
Fil	1:27	sea que vaya a veros			18:1	Después de esto vi a otro ángel
	30	el mismo conflicto que habéis visto			7	no soy viuda, y no veré llanto
	2:26	él tenía gran deseo de veros (V60, |WH|)			19:11	vi el cielo abierto
	28	para que al verle de nuevo			17	vi a un ángel que estaba
	4:9	oísteis y visteis en mí			19	vi a la bestia,
1 Ts	2:17	procuramos...ver vuestro rostro			20:1	Vi a un ángel que descendía
	3:6	nos recordáis con cariño, deseando vernos			4	vi tronos, y se sentaron
	10	para que veamos vuestro rostro,			11	vi un gran trono blanco
1 Ti	6:16	a quien ninguno de los hombres ha visto ni puede ver			12	vi a los muertos,
					21:1	Vi un cielo nuevo
2 Ti	1:4	deseando verte, al acordarme			2	yo Juan vi la santa ciudad
He	3:9	vieron mis obras cuarenta años			22	no vi en ella templo
	11:5	para no ver muerte		**1492**		οἶδα – óida; también εἴδω – éido
	13	mirándolo de lejos, (...viéndolas..., BC)				
	23	le vieron niño hermoso		Mt	6:8	vuestro Padre sabe de qué cosas
Stg	5:11	habéis visto el fin del Señor			32	vuestro Padre celestial sabe
1 P	1:8	a quien amáis sin haberle visto			7:11	si vosotros,...sabéis dar
	3:10	quiere amar la vida Y ver días			9:4	conociendo Jesús los pensamientos (V60, WH, N, ABMW, VHA, VM, NC, BA); (viendo Jesús..., BC, TR)
1 Jn	3:1	Mirad cuál amor nos ha dado				
	5:16	Si alguno viere a su hermano			6	para que sepáis que el Hijo
3 Jn	14	espero verte en breve,			12:25	Sabiendo Jesús los pensamientos
Ap	1:2	de todas las cosas que ha visto			15:12	¿Sabes que los fariseos se ofendieron
		vi siete candeleros de oro			20:22	No sabéis lo que pedís
	17	Cuando le vi, caí			25	Sabéis que los gobernantes de las naciones
	19	las cosas que has visto,			21:27	dijeron: No sabemos
	20	las siete estrellas que has visto			22:16	sabemos que eres amante de la verdad
	4:1	Después de esto miré			29	ignorando las Escrituras (...no conociendo..., VM)
	4	vi sentados en los tronos (TR, NC)				
	5:1	vi en la mano derecha			24:36	el día y la hora nadie sabe
	2	vi a un ángel fuerte			42	no sabéis a qué hora
	6	vi que en medio del trono			43	si el padre de familia supiese
		miré, y oí la voz de muchos ángeles			25:12	que no os conozco
	6:1	Vi cuando el Cordero			13	no sabéis el día ni la hora
	2	miré, y he aquí un caballo blanco			26	sabías que siego donde no sembré
	5	miré, y he aquí un caballo negro			26:2	Sabéis que dentro de dos días
	8	Miré, y he aquí un caballo amarillo			70	No sé lo que dices
	9	vi bajo el altar			72	No conozco al hombre
	12	Miré cuando abrió el sexto sello			74	No conozco al hombre
	7:1	vi a cuatro ángeles			27:18	sabía que por envidia
	2	Vi también a otro ángel			65	aseguradlo como sabéis
	9	miré, y he aquí una gran multitud			28:5	yo sé que buscáis a Jesús
	8:2	vi a los siete ángeles que estaban		Mr	1:24	Sé quién eres, el Santo de Dios
	13	miré, y oí a un ángel volar (TR); (vi, y oí un águila volando, VHA, WH, N, ABMW, VM, NC, BC, BA)				

Mr	1:34	a los demonios, porque le **conocían**
	2:10	para que **sepáis** que el Hijo del Hombre
	4:13	¿No **sabéis** esta parábola?
	27	sin que él **sepa** cómo
	5:33	**sabiendo** lo que en ella
	6:20	**sabiendo** que era varón
	9:6	no **sabía** lo que hablaba
	10:19	Los mandamientos **sabes**
	38	No **sabéis** lo que pedís
	42	**Sabéis** que los que son tenidos
	11:33	dijeron a Jesús: No **sabemos**
	12:14	**sabemos** que eres hombre veraz
	15	**percibiendo** la hipocresía de ellos
	24	porque ignoráis las Escrituras (por no **conocer**..., BC)
	28	**sabía** que les había respondido bien, (**reconociendo**..., BA)
	13:32	de aquel día y de la hora nadie **sabe**
	33	**sabéis** cuándo será el tiempo
	35	no **sabéis** cuándo vendrá el señor
	14:40	y no **sabían** qué responderle
	68	No le **conozco**, ni sé
	71	No **conozco** a este hombre
Lc	2:49	¿No **sabíais** que en los negocios
	4:34	Yo te **conozco** quién eres,
	41	**sabían** que él era el Cristo
	5:24	para que **sepáis** que el Hijo del Hombre
	6:8	él **conocía** los pensamientos de ellos
	8:53	se burlaban de él, **sabiendo**
	9:33	no **sabiendo** lo que decía
	47	Jesús, **percibiendo** los pensamientos (TR, VM); (...**sabiendo**..., VHA, WH, N, ABMW, NC, BC, BA)
	55	no **sabéis** de qué espíritu sois; (TR, VM)
	11:13	**sabéis** dar buenas dádivas
	17	**conociendo** los pensamientos de ellos
	44	hombres que andan encima no lo **saben**
	12:30	**sabe** que tenéis necesidad
	39	sabed esto, que si **supiese** el padre
	56	¡Hipócritas! **Sabéis** distinguir el aspecto ¿y cómo no distinguís este tiempo? (TR, N, VHA, NC, BC, BA); (¿pues cómo no **sabéis** interpretar...?, VM, WH, ABMW)
	13:25	No **sé** de dónde sois
	27	Os digo que no **sé** de dónde
	18:20	Los mandamientos **sabes**
	19:22	**Sabías** que yo era hombre severo
	20:7	respondieron que no **sabían** de dónde
	21	**sabemos** que dices y enseñas rectamente
	22:34	niegues tres veces que me **conoces**
	57	Mujer, no lo **conozco**
	60	no **sé** lo que dices
	23:34	porque no **saben** lo que hacen (TR, [WH], [N], [ABMW], VM, VHA, NC, BC, BA)
Jn	1:26	está uno a quien vosotros no **conocéis**
	31	yo no le **conocía**
	33	no le **conocía**
	2:9	sin **saber** él de dónde era, (y no **sabía**..., BA) aunque lo **sabían** los sirvientes
	3:2	**sabemos** que has venido de Dios
	8	mas ni **sabes** de dónde viene,
	11	que lo que **sabemos** hablamos
	4:10	Si **conocieras** el don de Dios
	22	Vosotros adoráis lo que no **sabéis** adoramos lo que **sabemos**
	25	**Sé** que ha de venir el Mesías
	32	comida..., que vosotros no **sabéis**
	42	**sabemos** que verdaderamente éste es
	5:13	el que había sido sanado no **sabía**
Jn	5:32	**sé** que el testimonio
	6:6	él **sabía** lo que había de hacer
	42	cuyo padre y madre nosotros **conocemos**
	61	**Sabiendo** Jesús en sí mismo
	64	Jesús **sabía** desde el principio
	7:15	¿Cómo **sabe** éste letras,
	27	Pero éste, **sabemos** de dónde es
	28	A mí me **conocéis**, y **sabéis** de dónde soy a quien vosotros no **conocéis**
	29	yo le **conozco**, porque de él procedo
	8:14	**sé** de dónde he venido pero vosotros no **sabéis**
	19	Ni a mí me **conocéis**, ni a mi Padre me **conocieseis**,...a mi Padre **conoceríais**
	37	**Sé** que sois descendientes de Abraham
	55	yo le **conozco**, y si dijere que no le **conozco** pero le **conozco**, y guardo su palabra
	9:12	Él dijo: No **sé**
	20	**Sabemos** que éste es nuestro hijo
	21	cómo vea ahora, no lo **sabemos** nosotros tampoco lo **sabemos**
	24	**sabemos** que ese hombre es pecador
	25	Si es pecador, no lo **sé**; una cosa **sé**
	29	**sabemos** que Dios ha hablado no **sabemos** de dónde sea
	30	maravilloso, que vosotros no **sepáis**
	31	**sabemos** que Dios no oye
	10:4	porque **conocen** su voz
	5	no **conocen** la voz de los extraños
	11:22	también **sé** ahora que todo lo que pidas
	24	Yo **sé** que resucitará
	42	Yo **sabía** que siempre me oyes
	49	Vosotros no **sabéis** nada
	12:35	no **sabe** a dónde va
	50	**sé** que su mandamiento es vida
	13:1	**sabiendo** Jesús que su hora había llegado
	3	**sabiendo** Jesús que el Padre
	7	tú no lo **comprendes** ahora
	11	**sabía** quién le iba a entregar
	17	Si **sabéis** estas cosas,
	18	yo **sé** a quienes he elegido
	14:4	**sabéis** a dónde voy, y **sabéis** el camino. (TR, VM); (Y a dónde yo voy, **sabéis** el camino VHA, WH, N, ABMW, NC, BC, BA)
	5	Señor, no **sabemos** a dónde vas ¿cómo, pues, podemos **saber** el camino?
	7	también a mi Padre **conoceríais**
	15:15	el siervo no **sabe** lo que hace
	21	no **conocen** al que me ha enviado
	16:18	No **entendemos** lo que habla
	30	Ahora **entendemos** que **sabes**
	18:2	**conocía** aquel lugar
	4	Jesús, **sabiendo** todas las cosas
	21	ellos saben lo que yo he dicho
	19:10	¿No **sabes** que tengo autoridad
	28	**sabiendo** Jesús que ya todo
	35	él **sabe** que dice verdad
	20:2	no **sabemos** dónde le han puesto
	9	aún no **habían entendido** la Escritura
	13	no **sé** dónde le han puesto
	14	no **sabía** que era Jesús
	21:4	los discípulos no **sabían** que era Jesús
	12	**sabiendo** que era el Señor
	15	tú **sabes** que te amo
	16	tú **sabes** que te amo
	17	tú lo **sabes** todo;
	24	**sabemos** que su testimonio es verdadero
Hch	2:22	como vosotros mismos **sabéis**
	30	**sabiendo** que con juramento Dios

οἶδα 1492			277		1492 οἶδα

Hch	3:16	que vosotros veis y **conocéis**	2 Co	11:11	¿Porque no os amo? Dios lo **sabe**
	17	**sé** que por ignorancia		31	**sabe** que no miento
	5:7	no **sabiendo** lo que había acontecido		12:2	**Conozco** a un hombre en Cristo
	7:18	otro rey que no **conocía** a José			si en el cuerpo, no lo **sé**
	40	no **sabemos** qué le haya acontecido			si fuera del cuerpo, no lo **sé**
	10:37	Vosotros **sabéis** lo que se divulgó			Dios lo **sabe**
	12:9	no **sabía** que era verdad		3	**conozco** al tal hombre
	11	**entiendo** verdaderamente que el Señor			no lo **sé**; Dios lo **sabe**
	16:3	todos **sabían** que su padre era	Gá	2:16	**sabiendo** que el hombre no es justificado
	19:32	no **sabían** por qué se habían reunido		4:8	no **conociendo** a Dios
	20:22	sin **saber** lo que allá me ha de acontecer		13	**sabéis** que a causa de una enfermedad
	25	yo **sé** que ninguno de todos vosotros	Ef	1:18	para que **sepáis** cuál es la esperanza
	29	yo **sé** que después de mi partida		5:5	**sabéis** esto (lit., estáis sabiendo, TR, VM,
	23:5	No **sabía**, hermanos, que era			NC, BA); (lit., **sabed** reconociendo, WH,
	24:22	estando bien informado de este Camino,			N, ABMW, VHA, BC)
		(**conociendo** con mayor exactitud...BA)		6:8	**sabiendo** el bien que cada uno hiciere
	26:4	la **conocen** todos los judíos		9	**sabiendo** que el Señor
	27	Yo **sé** que crees.		21	**sepáis** mis asuntos,
Ro	2:2	**sabemos** que el juicio de Dios	Fil	1:16	(17) **sabiendo** que estoy puesto
	3:19	**sabemos** que todo lo que la ley dice		19	**sé** que por vuestra oración
	5:3	**sabiendo** que la tribulación produce		25	confiado en esto, **sé** que quedaré
	6:9	**sabiendo** que Cristo, habiendo resucitado		4:12	**Sé** vivir humildemente, y **sé** tener
	16	¿No **sabéis** que si os sometéis		15	**sabéis** también vosotros
	7:7	tampoco **conociera** la codicia	Col	2:1	quiero que **sepáis** cuán gran lucha
	14	**sabemos** que la ley es espiritual		3:24	**sabiendo** que del Señor recibiréis
	18	yo **sé** que en mí		4:1	**sabiendo** que también vosotros tenéis
	8:22	**sabemos** que toda la creación		6	para que **sepáis** cómo debéis responder
	26	qué hemos de pedir...no lo **sabemos**	1 Ts	1:4	**conocemos**, hermanos amados de Dios
	27	que escudriña los corazones **sabe** cuál			como bien **sabéis** cuáles fuimos
	28	**sabemos** que a los que aman a Dios		2:1	Porque vosotros mismos **sabéis**
	11:2	¿O no **sabéis** qué dice de Elías		2	ultrajados en Filipos, como **sabéis**,
	13:11	esto, **conociendo** el tiempo,		5	como **sabéis**, ni encubrimos avaricia
	14:14	Yo **sé**, y confío en el Señor		11	así como también **sabéis** de qué modo
	15:29	**sé** que cuando vaya a vosotros		3:3	vosotros mismos **sabéis**
1 Co	1:16	no **sé** si he bautizado a algún otro		4	como ha acontecido y **sabéis**
	2:2	me propuse no **saber** entre vosotros		4:2	ya **sabéis** qué instrucciones
	11	¿quién de los hombres **sabe** las cosas		5	cada uno de vosotros **sepa** tener
	12	para que **sepamos** lo que Dios		5	como los gentiles que no **conocen** a Dios
	3:16	¿No **sabéis** que sois templo de Dios		5:2	vosotros **sabéis** perfectamente
	5:6	¿No **sabéis** que un poco de levadura		12	que **reconozcáis** a los que trabajan
	6:2	¿O no **sabéis** que los santos	2 Ts	1:8	a los que no **conocieron** a Dios
	3	¿O no **sabéis** que hemos de juzgar		2:6	vosotros **sabéis** lo que lo detiene
	9	¿No **sabéis** que los injustos no heredarán		3:7	vosotros mismos **sabéis** de qué manera
	15	¿No **sabéis** que vuestros cuerpos son	1 Ti	1:8	**sabemos** que la ley es buena
	16	¿O no **sabéis** que el que se une		9	**conociendo** esto, que la ley
	19	¿O ignoráis que vuestro cuerpo		3:5	el qué no **sabe** gobernar
		(¿No **sabéis**..., BA)		15	**sepas** cómo debes conducirte
	7:16	¿qué **sabes** tú, oh mujer si	2 Ti	1:12	yo **sé** a quien he creído
		¿O qué **sabes** tú, oh marido		15	Ya **sabes** esto, que me abandonaron
	8:1	**sabemos** que todos tenemos conocimiento		2:23	**sabiendo** que engendran contiendas
	4	**sabemos** que un ídolo nada es		3:14	**sabiendo** de quién has aprendido
	9:13	¿No **sabéis** que los que trabajan		15	desde la niñez **has sabido** las Sagradas
	24	¿No **sabéis** que los que corren	Tit	1:16	Profesan **conocer** a Dios
	11:3	quiero que **sepáis** que Cristo		3:11	**sabiendo** que el tal se ha pervertido
	12:2	**Sabéis** que cuando erais gentiles	Flm	21	**sabiendo** que harás aún más
	13:2	**entendiese** todos los misterios	He	8:11	todos me **conocerán**
	14:11	si yo ignoro el valor de las palabras, (si yo		10:30	**conocemos** al que dijo
		no **sé**..., BA)		12:17	ya **sabéis** que aún después
	16	no **sabe** lo que ha dicho	Stg	1:19	Por esto mis amados hermanos, (TR); (Esto
	15:58	**sabiendo** que vuestro trabajo en el Señor			ya lo **sabéis**, mis amados hermanos, VHA,
	16:15	ya **sabéis** que la familia de Estéfanas			N, WH, ABMW, VM, NC, BC, BA)
2 Co	1:7	**sabemos** que así como sois compañeros		3:1	**sabiendo** que recibiremos mayor
		(**sabiendo** que..., VM)		4:4	¿No **sabéis** que la amistad del mundo
	4:14	**sabiendo** que el que resucitó al Señor		17	al que **sabe** hacer lo bueno,
	5:1	**sabemos** que si nuestra morada	1 P	1:18	**sabiendo** que fuisteis rescatados
	6	**sabiendo** pues que entre tanto que estamos		5:9	**sabiendo** que los mismos padecimientos
	11	**Conociendo**, pues, el temor del Señor	2 P	1:12	vosotros las **sepáis** (lit., **sabiendo**...)
	16	en adelante a nadie **conocemos** según		14	**sabiendo** que en breve debo abandonar
	9:2	**conozco** vuestra buena voluntad		2:9	**sabe** el Señor librar de tentación

εἶδος 1491		1504 εἰκών	

1 Jn 2:11 no **sabe** a dónde va,
    20 **conocéis** todas las cosas (TR, VM, NC, BC);
        (todos vosotros **sabéis**, BA, WH, N,
        ABMW, VHA, BA)
    21 como si ignoraseis la verdad, (porque no
        conozcáis..., NC)
        porque la **conocéis**
    29 Si **sabéis** que él es justo,
    3:2 **sabemos** que cuando él se manifieste
    5 **sabéis** que él apareció para quitar
    14 Nosotros **sabemos** que hemos pasado
    15 **sabéis** que ningún homicida
    5:13 para que **sepáis** que tenéis vida eterna
    15 si **sabemos** que él nos oye
    18 **Sabemos** que todo aquel que ha nacido
    19 **Sabemos** que somos de Dios
    20 **sabemos** que el Hijo de Dios ha venido
3 Jn 12 vosotros **sabéis** que nuestro testimonio
Jud 5 ya que una vez lo **habéis sabido**, (que ya
        habéis conocido todas las cosas, NC)
    10 de cuantas cosas no **conocen**
Ap 2:2 Yo **conozco** tus obras
    9 Yo **conozco**...tu tribulación
    13 **conozco**...dónde moras
    17 el cual ninguno **conoce** (WH, N, ABMW)
    19 Yo **conozco** tus obras
    3:1 Yo **conozco** tus obras
    8 Yo **conozco** tus obras
    15 Yo **conozco** tus obras
    17 no **sabes** que tú eres un desventurado,
    7:14 Señor, tú lo **sabes**
    12:12 **sabiendo** que tiene poco tiempo
    19:12 escrito que ninguno **conocía**

1491   εἶδος — éidos
Lc 3:22 el Espíritu Santo...**en forma** corporal
    9:29 la **apariencia** de su rostro se hizo otra
Jn 5:37 ni habéis visto su **aspecto**
2 Co 5:7 por fe andamos, no por **vista**
1 Ts 5:22 Absteneos de toda **especie** de mal
1492   Véanse págs. 273 y 275
1493   εἰδωλεῖον† — eidoléion o
         εἰδώλιον — eidólion
1 Co 8:10 sentado a la mesa en un **lugar de ídolos**

1494   εἰδωλόθυτος**† — eidolóthutos
Hch 15:29 que os abstengáis **de lo sacrificado a ídolos**
    21:25 se abstengan **de lo sacrificado a los ídolos**,
1 Co 8:1 En cuanto **a lo sacrificado a los ídolos**
    4 viandas **que se sacrifican a los ídolos**,
    7 comen como **sacrificado a ídolos**
    10 comer **de lo sacrificado a los ídolos**?
    10:19 sea algo **lo que se sacrifica a los ídolos**?
    28 Esto fue **sacrificado a los ídolos** (TR)
Ap 2:14 comer **de cosas sacrificadas a los ídolos**.
    20 comer **cosas sacrificadas a los ídolos**.

1495   εἰδωλολατρία*† — eidololatría
1 Co 10:14 huid de la **idolatría**.
Gá 5:20 **idolatría**, hechicerías, enemistades
Col 3:5 avaricia, que es **idolatría**
1 P 4:3 disipación y abominables **idolatrías**.

1496   εἰδωλολάτρης*† — eidololátres
1 Co 5:10 o con los ladrones, o con **los idólatras**
    11 fuere fornicario, o avaro, o **idólatra**,
    6:9 ni los fornicarios, ni **los idólatras**

1 Co 10:7 Ni seáis **idólatras**
Ef 5:5 o avaro, que es **idólatra**
Ap 21:8 los fornicarios y hechiceros, los **idólatras**
    22:15 los fornicarios, los homicidas, los **idólatras**

1497   εἴδωλον — eídolon
Hch 7:41 ofrecieron sacrificio al **ídolo**
    15:20 las contaminaciones de los **ídolos**
Ro 2:22 Tú que abominas de los **ídolos**
1 Co 8:4 un **ídolo** nada es en el mundo
    7 habituados hasta aquí a los **ídolos** (lit., con
        la costumbre hasta ahora del **ídolo**) (WH,
        N, ABMW, VHA, VM, NC, BC, BA);
        (lit., con la conciencia..., TR)
    10:19 ¿Que el **ídolo** es algo
    12:2 como se os llevaba, a los **ídolos** mudos
2 Co 6:16 el templo de Dios y **los ídolos**?
1 Ts 1:9 os convertisteis de los **ídolos** a Dios
1 Jn 5:21 guardaos de los **ídolos**
Ap 9:20 adorar a los demonios, y a las **imágenes**
1498   Véase pág. 284
1500   εἰκῇ — eiké
Mt 5:22 cualquiera que se enoje (V60, WH, N,
        ABMW, VHA, NC, BA); (todo aquel
        que se aira **sin causa**, VM, TR)
Ro 13:4 no **en vano** lleva la espada
1 Co 15:2 si no creísteis **en vano**
Gá 3:4 habéis padecido **en vano**?
    4:11 que haya trabajado **en vano**
Col 2:18 **vanamente** hinchado por su propia mente

1501   εἴκοσι — eíkosi
Lc 14:31 viene contra él con **veinte** mil?
Jn 6:19 habían remado como **veinticinco**
Hch 1:15 eran como ciento **veinte**
    27:28 hallaron **veinte** brazas
1 Co 10:8 cayeron en un día **veintitrés** mil
Ap 4:4 alrededor del trono había **veinticuatro**
        en los tronos **veinticuatro** ancianos
    10 los **veinticuatro** ancianos se postran
    5:8 los **veinticuatro** ancianos se postraron
    14 los **veinticuatro** ancianos se postraron (TR)
    11:16 los **veinticuatro** ancianos que estaban
    19:4 los **veinticuatro** ancianos y los cuatro seres

1502   εἴκω — éiko
Gá 2:5 ni por un momento **accedimos**

1503   εἴκω — eíko, véase ἔοικα, pág. 336

1504   εἰκών — eikón
Mt 22:20 ¿De quién es esta **imagen**,
Mr 12:16 ¿De quién es esta **imagen**
Lc 20:24 ¿De quién tiene **la imagen**
Ro 1:23 en semejanza de **imagen** de hombre
    8:29 conformes a la **imagen** de su Hijo
1 Co 11:7 él es **imagen** y gloria de Dios
    15:49 como hemos traído la **imagen** del terrenal
2 Co 3:18 somos transformados...en la misma **imagen**
    4:4 el cual es la **imagen** de Dios
Col 1:15 la **imagen** del Dios invisible
    3:10 conforme a la **imagen** del que lo creó
He 10:1 no la **imagen** misma de las cosas
Ap 13:14 a la **imagen** de la bestia, para que la **imagen**
    15 matar a todo el que no la adorase (...no

εἰλικρίνεια 1505   279   1510 εἰμί

adorasen la imagen de la bestia, VHA)
Ap 14:9 adora a la bestia y a su imagen
   11 adoran a la bestia y a su imagen
   15:2 la victoria sobre la bestia y su imagen
   16:2 la bestia, y que adoraban su imagen
   19:20 habían adorado su imagen
   20:4 adorado a la bestia ni a su imagen

1505   εἰλικρίνεια** — eilikríneia
1 Co 5:8 sino con panes...de sinceridad y de verdad.
2 Co 1:12 que con sencillez y sinceridad de Dios
    2:17 sino que con sinceridad
1506   εἰλικρινής** — eilikrinés
Fil 1:10 a fin de que seáis sinceros
2 P 3:1 despierto...vuestro limpio entendimiento,
1508   Véase pag. 271
1508A   Véase pag. 271
1667   ἑλίσσω, véase ἑλίσσω, pág. 320
1510   εἰμί — eimí
Mt 3:11 cuyo calzado yo no soy digno
   8:8 no soy digno de que entres
   9 yo soy hombre bajo autoridad
   11:29 soy manso y humilde de corazón
   14:27 yo soy, no temáis!
   18:20 allí estoy yo en medio
   20:15 porque yo soy bueno?
   22:32 Yo soy el Dios de Abraham
   24:5 Yo soy el Cristo;
   26:22 ¿Soy yo, Señor?
   25 dijo: ¿Soy yo, Maestro?
   27:24 Inocente soy yo de la sangre
   43 ha dicho: Soy Hijo de Dios
   28:20 yo estoy con vosotros todos los días
Mr 1:7 no soy digno de desatar encorvado
   6:50 ¡Tened ánimo; yo soy, no temáis!
   13:6 diciendo: Yo soy el Cristo
   14:62 le dijo: Yo soy
Lc 1:18 yo soy viejo, y mi mujer
   19 Yo soy Gabriel, que estoy
   3:16 no soy digno de desatar la correa
   5:8 porque soy hombre pecador
   7:6 no soy digno de que entres
   8 yo soy hombre puesto bajo autoridad
   15:19 Ya no soy digno de ser llamado
   21 ya no soy digno de ser llamado
   18:11 porque no soy como los otros
   19:22 Sabías que yo era hombre severo
   21:8 diciendo: Yo soy el Cristo
   22:27 yo estoy entre vosotros como
   33 dispuesto estoy a ir contigo
   58 Hombre, no lo soy
   70 Vosotros decís que lo soy
   24:39 que yo mismo soy
Jn 1:20 confesó: Yo no soy el Cristo
   21 ¿Eres tú Elías? Dijo: No soy
   27 yo no soy digno de desatar
   3:28 Yo no soy el Cristo, sino que soy enviado
   4:26 Yo soy, el que habla contigo
   6:20 Yo soy; no temáis
   35 Jesús les dijo: Yo soy el pan de vida
   41 Yo soy el pan que descendió del cielo
   48 Yo soy el pan de vida
   51 Yo soy el pan vivo
   7:28 sabéis de dónde soy
   29 porque de él procedo, (porque de él soy, VM)
   33 estaré con vosotros, (estoy con..., BC)

Jn 7:34 a donde yo estaré, vosotros no podréis
        (donde yo estoy no podéis, BA)
   36 donde yo estaré, vosotros no podréis
        (donde yo estoy..., BA)
   8:12 Yo soy la luz del mundo
   16 porque no soy yo solo
   18 Yo soy el que doy testimonio
   23 yo soy de arriba
        yo no soy de este mundo
   24 si no creéis que yo soy
   28 conoceréis que yo soy
   58 Antes que Abraham fuese, yo soy
   9:5 luz soy del mundo
   9 El decía: Yo soy
   10:7 Yo soy la puerta
   9 Yo soy la puerta
   11 Yo soy el buen pastor
   14 Yo soy el buen pastor
   36 dije: Hijo de Dios soy?
   11:25 Yo soy la resurrección
   12:26 donde yo estuviere
   13:13 decís bien, porque lo soy
   19 para que...creáis que yo soy
   33 estaré con vosotros un poco (estoy con vosotros..., VM)
   14:3 para que donde yo estoy
   6 Yo soy el camino
   9 ¿Tanto tiempo hace que estoy
   15:1 Yo soy la vid verdadera
   5 Yo soy la vid,
   16:32 mas no estoy solo
   17:11 ya no estoy en el mundo
   14 como tampoco yo soy del mundo
   16 como tampoco yo soy del mundo
   24 quiero que donde yo estoy
   18:5 Jesús les dijo: Yo soy
   6 Cuando les dijo: Yo soy
   8 He dicho que yo soy
   17 Dije él: No lo soy
   25 El negó, y dijo: No lo soy
   35 ¿Soy yo acaso judío?
   37 Tú dices que yo soy rey
   19:21 él dijo: Soy Rey de los judíos
Hch 9:5 Yo soy Jesús, a quien tú persigues
   10:21 yo soy el que buscáis
   26 yo mismo también soy hombre
   13:25 No soy yo él
        uno de quien no soy digno de desatar
   18:10 yo estoy contigo,
   20:26 estoy limpio de la sangre
   21:39 soy hombre judío de Tarso
   22:3 Yo de cierto soy judío
   8 Yo soy Jesús de Nazaret,
   23:6 Varones hermanos, yo soy fariseo
   25:10 Ante el tribunal de César estoy
   26:15 Yo soy Jesús
   29 fueseis hechos tales cual yo soy
   27:23 el ángel del Dios de quien soy
Ro 1:14 a sabios y a no sabios soy deudor
   7:14 mas yo soy carnal
   11:1 Porque también yo soy israelita
   13 yo soy apóstol a los gentiles
1 Co 1:12 Yo soy de Pablo; y yo de Apolos
   3:4 Yo ciertamente soy de Pablo
   9:1 ¿No soy apóstol? ¿No soy libre?
   2 Si para otros no soy apóstol...
        ciertamente lo soy
   12:15 no soy mano, no soy del cuerpo
   16 Porque no soy ojo, no soy del cuerpo

		εἰ 1487			2070 ἐσμέν
1 Co	13:2	no tengo amor, nada **soy**	Lc	23:39	Si tú **eres** el Cristo
	15:9	yo **soy** el más pequeño		40	estando en la misma condenación?
		no **soy** digno de ser llamado			(**estás** en la misma condenación, VM)
	10	por la gracia de Dios **soy** lo que **soy**	Jn	1:19	para que le preguntasen: ¿Tú quién **eres**?
2 Co	12:10	cuando **soy** débil, entonces **soy** fuerte		21	¿**Eres** tú Elías?
	11	aunque nada **soy**			¿**Eres** tú el profeta?
Fil	4:11	he aprendido a contentarme, cualquiera		22	Le dijeron: ¿Pues quién **eres**?
		que sea mi situación (lit., he aprendido,		25	si tú no **eres** el Cristo
		en cualquier situación que **esté**, a estar)		42	Tú **eres** Simón, hijo de Jonás
Col	2:5	en espíritu **estoy** con vosotros		49	Tú **eres** el Hijo de Dios
1 Ti	1:15	de los cuales yo **soy** el primero		50 (49)	tú **eres** el rey de Israel
He	12:21	Moisés dijo: **Estoy** espantado		3:10	¿**Eres** tú maestro de Israel,
2 P	1:13	en tanto que **estoy** en este cuerpo		4:12	¿Acaso **eres** tú mayor que
Ap	1:8	Yo **soy** el Alfa y la Omega		19	me parece que tú **eres** profeta
	11	Yo **soy** el Alfa y la Omega (TR)		6:69 (70)	¿**Eres** tú el Cristo, (TR, VM); (...**eres**
	17	yo **soy** el primero y el último			el Santo de Dios, VHA, WH, N, ABMW,
	18	vivo por los siglos (**estoy** vivo..., BC)			NC, BC, BA)
	2:23	yo **soy** el que escudriña		7:52	¿**Eres** tú también Galileo
	3:17	tú dices: Yo **soy** rico		8:25	¿Tú quién **eres**?
	18:7	no **soy** viuda		48	que tú **eres** samaritano
	19:10	yo **soy** consiervo tuyo,		53	¿**Eres** tú acaso mayor que
	21:6	Yo **soy** el Alfa (TR, [ABMW])		9:28	Tú **eres** su discípulo
	22:9	yo **soy** consiervo tuyo		10:24	Si tú **eres** el Cristo
	13	Yo **soy** el Alfa y la Omega (TR)		11:27	yo he creído que tú **eres** el Cristo
	16	Yo **soy** la raíz y el linaje de David		18:17	¿No **eres** tú también de los
1487		εἰ — eí		25	¿No **eres** tú de sus discípulos
Véase también pag. 268				33	¿**Eres** tú el Rey de los judíos?
Mt	2:6	No **eres** la más pequeña		37	¿Luego, **eres** tú rey?
	4:3	Si **eres** Hijo de Dios,		19:9	¿De donde **eres** tú?
	6	Si **eres** Hijo de Dios		12	Si a éste sueltas, no **eres** amigo
	5:25	entre tanto que **estás** con él		21:12	¿Tú, quién **eres**?
	11:3	¿**Eres** tú aquel que había de venir	Hch	9:5	El dijo: ¿Quién **eres** Señor?
	14:28	Señor, si **eres** tú,		13:33	Mi hijo **eres** tú
	33	Verdaderamente **eres** Hijo de Dios		21:38	¿No **eres** tú aquel egipcio
	16:16	Tú **eres** el Cristo		22:8	¿Quién **eres**, Señor?
	17	Bienaventurado **eres**, Simón		27	¿**eres** tú ciudadano romano?
	18	te digo, que tú **eres** Pedro		26:15	dije: ¿Quién **eres**, Señor?
	23	me **eres** tropiezo	Ro	2:1	Por lo cual **eres** inexcusable,
	22:16	**eres** amante de la verdad		9:20	¿quién **eres** tú para que alterques
	25:24	que **eres** hombre duro		14:4	¿Tú quién **eres**, que juzgas al criado
	26:63	si **eres** tú el Cristo	Gá	4:7	Así que ya no **eres** esclavo
	73	también tú **eres** de ellos	He	1:5	Mi Hijo **eres** tú, Yo te he...
	27:11	¿**Eres** tú el Rey de los judíos		12	Pero tú **eres** el mismo
	40	si **eres** Hijo de Dios		5:5	Tú **eres** mi Hijo
Mr	1:11	Tú **eres** mi Hijo amado	Stg	4:11	no **eres** hacedor de la ley
	24	Sé quién **eres**, el Santo de Dios		12	¿quién **eres** para que juzgues a otros?
	3:11	Tú **eres** el Hijo de Dios	Ap	2:9	pero **eres** rico
	8:29	le dijo: Tú **eres** el Cristo		3:1	**estás** muerto
	12:14	sabemos que **eres** hombre veraz		15	ni **eres** frío ni caliente
	34	No **estás** lejos del reino		16	por cuanto **eres** tibio
	14:61	¿**Eres** tú el Cristo		17	no sabes que tú **eres** un desventurado
	70	Verdaderamente tú **eres** de ellos		4:11	digno **eres** de recibir la gloria
		porque **eres** galileo		5:9	Digno **eres** de tomar el libro
	15:2	¿**Eres** tú el Rey de los judíos		16:5	Justo **eres** tú,
Lc	3:22	Tú **eres** mi Hijo amado	**2070**		ἐσμέν — esmén
	4:3	Si **eres** Hijo de Dios,	Mr	5:9	porque **somos** muchos
	9	Si **eres** Hijo de Dios	Lc	9:12	**estamos** en lugar desierto
	34	Yo te conozco quién **eres**		17:10	Siervos inútiles **somos**
	41	Tú **eres** el Hijo de Dios	Jn	8:33	Linaje de Abraham **somos**
	7:19	¿**Eres** tú el que había de venir		9:28	discípulos de Moisés **somos**
	20	¿**Eres** tú el que había de venir		40	¿Acaso nosotros **somos** también
	15:31	siempre **estás** conmigo		10:30	Yo y el Padre uno **somos**
	19:21	por cuanto **eres** hombre severo		17:22	así como nosotros **somos** uno (TR)
	22:58	Tú también **eres** de ellos	Hch	2:32	nosotros **somos** testigos
	67	¿**Eres** tú el Cristo?		3:15	nosotros **somos** testigos
	70	¿Luego **eres** tú el Hijo de Dios?		5:32	nosotros **somos** testigos suyos
	23:3	¿**Eres** tú el Rey de los judíos?		10:39	nosotros **somos** testigos de todas (TR)
	37	Si tú **eres** el Rey de los judíos		14:15	**somos** hombres semejantes a vosotros

Hch	16:28	pues todos **estamos** aquí
	17:28	en el vivimos, y...**somos**
		Porque linaje suyo **somos**
	23:15	**estaremos** listos para matarle
Ro	6:15	no **estamos** bajo la ley
	8:12	deudores **somos**, no a la carne,
	16	de que **somos** hijos de Dios
	12:5	**somos** un cuerpo en Cristo
	14:8	o que muramos, del Señor **somos**
1 Co	3:9	nosotros **somos** colaboradores de Dios
	10:17	con ser muchos, **somos** un cuerpo
	22	¿**Somos** más fuertes que él?
	15:19	en esta vida solamente esperamos en Cristo (lit., en esta vida solamente **estamos** esperanzados en Cristo) **somos** los más dignos de conmiseración
2 Co	1:14	que **somos** vuestra gloria,
	24	colaboramos para vuestro gozo (**somos** ayudadores de vuestro gozo, VM)
	2:15	para Dios **somos** grato olor de Cristo
	17	no **somos** como muchos, que medran
2 Co	3:5	no que **seamos** competentes
	6:16	sois el templo del Dios (TR, NC); (**somos**..., VHA, WH, N, ABMW, VM, BC, BA)
	10:11	así como **somos** en la palabra
	13:6	no **estamos** reprobados
Gá	3:25	ya no **estamos** bajo ayo
	4:28	**somos** hijos de la promesa. (TR, WH, VM); (sois..., VHA, N, ABMW, NC, BC, BA)
	31	no **somos** hijos de la esclava
Ef	2:10	**somos** hechura suya
	4:25	**somos** miembros los unos de los otros
	5:30	**somos** miembros de su cuerpo
Fil	3:3	nosotros **somos** la circuncisión
1 Ts	5:5	no **somos** de la noche
He	3:6	la cual casa **somos** nosotros
	4:2	a nosotros se nos ha anunciado la buena nueva (lit., **somos** los evangelizados)
	10:10	**somos** santificados mediante la ofrenda
	39	no **somos** de los que retroceden
1 Jn	2:5	sabemos que **estamos** en él
	3:1	para que **seamos** llamados hijos de Dios (TR); (que seamos llamados hijos de Dios; y lo **somos**, VHA, WH, N, ABMW, VM, NC, BC, BA)
	2	ahora **somos** hijos de Dios
	19	conocemos que **somos** de la verdad
	4:6	**somos** de Dios
	17	así **somos** nosotros en este mundo
	5:19	Sabemos que **somos** de Dios
	20	**estamos** en el verdadero

2075 ἐστέ — esté

Mt	5:11	Bienaventurados **sois** cuando por mi causa
	13	Vosotros **sois** la sal
	14	Vosotros **sois** la luz
	8:26	¿Por qué teméis (¿Por qué **sois** cobardes, VM)
	10:20	no **sois** vosotros los que habláis
	15:16	**sois** aún sin entendimiento?
	23:8	todos vosotros **sois** hermanos
	28	por dentro **estáis** llenos de hipocresía
	31	de que **sois** hijos de aquellos
Mr	4:40	¿Por qué **estáis** así amedrentados?
	7:18	¿También vosotros **estáis** así
	9:41	porque **sois** de Cristo
	13:11	porque no **sois** vosotros los que habláis
Lc	6:22	Bienaventurados **seréis** cuando los hombres
	9:55	no sabéis de qué espíritu **sois** (TR, VM, BC)
	11:44	que **sois** como sepulcros
	48	**sois** testigos y consentidores (WH, N, ABMW)
	13:25	No sé de dónde **sois**
	27	Os digo que no sé de dónde **sois**
	16:15	**sois** los que os justificáis
	22:28	**sois** los que habéis permanecido
	24:17	por qué **estáis** tristes? (TR); (se detuvieron con los rostros entristecidos, VHA, WH, N, ABMW, NC, BC, BA)
	38	¿Por qué **estáis** turbados,
	48	vosotros **sois** testigos (TR)
Jn	8:23	Vosotros **sois** de abajo, vosotros **sois** de este mundo
	31	**seréis** verdaderamente mis discípulos
	37	Sé que **sois** descendientes de Abraham
	39	Si **fueseis** hijos de Abraham, (WH, N, ABMW)
	44	**sois** de vuestro padre el diablo
	47	porque no **sois** de Dios
	10:26	no **sois** de mis ovejas
	34	Yo dije, dioses **sois**?
	13:10	vosotros limpios **estáis**
	11	No **estáis** limpios todos
	17	bienaventurados **seréis** si las hiciereis
	35	conocerán todos que **sois** mis discípulos
	15:3	**estáis** limpios por la palabra
	14	Vosotros **sois** mis amigos
	19	porque no **sois** del mundo
	27	**habéis estado** conmigo desde el principio
Hch	3:25	**sois** los hijos de los profetas
	7:26	Varones, hermanos **sois**,
	19:15	pero vosotros, ¿quiénes **sois**?
	22:3	como hoy lo **sois** todos vosotros
Ro	1:6	**estáis** también vosotros
	6:14	no **estáis** bajo la ley
	16	**sois** esclavos de aquel a quien
	8:9	vosotros no vivís según la carne, (vosotros no **estáis** en la carne, VHA)
	15:14	vosotros mismos **estáis** llenos de bondad
1 Co	1:30	por él **estáis** vosotros en Cristo
	3:3	aún **sois** carnales ¿no **sois** carnales,..?
	4	¿no **sois** carnales? (TR); (¿no **sois** hombres?, VHA, WH, N, ABMW, VM, NC, BC, BA)
	9	vosotros **sois** labranza de Dios
	16	¿No sabéis que **sois** templo de Dios...?
	17	el cual **sois** vosotros, santo es
	4:8	Ya **estáis** saciados,
	5:2	vosotros **estáis** envanecidos
	7	sin levadura como **sois**
	6:2	¿sois indignos de juzgar cosas
	19	y que no **sois** vuestros?
	9:1	¿No **sois** vosotros mi obra
	2	el sello...**sois** vosotros
	12:27	**sois** el cuerpo de Cristo
	14:12	anheláis dones espirituales, (**sois** codiciosos de dones espirituales, VM)
	15:17	aún **estáis** en vuestros pecados
2 Co	1:7	así como **sois** compañeros en las aflicciones
	2:9	si vosotros **sois** obedientes
	3:2	Nuestras cartas sois vosotros (...nuestra carta..., VHA)
	3	**sois** carta de Cristo
	6:16	vosotros **sois** el templo del Dios viviente (TR, NC)

	εἰσί (ν) 1526			1526 εἰσί (ν)

2 Co	7:3	**estáis** en nuestro corazón
	13:5	vosotros mismos si **estáis** en la fe
		a menos que **estéis** reprobados
Gá	3:3	¿Tan necios **sois**?
	26	todos **sois** hijos de Dios
	28	**sois** uno en Cristo Jesús
	29	linaje de Abraham **sois**
	4:6	por cuanto **sois** hijos
	28	somos hijos de la promesa. (TR, WH, VM); (**sois**..., VHA, N, ABMW, NC, BC, BA)
	5:18	no **estáis** bajo la ley
Ef	2:5	(por gracia **sois** salvos)
	8	por gracia **sois** salvos
	19	ya no **sois** extranjeros sino conciudadanos (TR, VM, NC); (sino que **sois** conciudadanos, VHA, WH, N, ABMW, BC, BA)
	5:5	sabéis esto, (TR) (lit., **sois** conocedores)
Col	2:10	**estáis** completos en él,
1 Ts	2:20	Vosotros **sois** nuestra gloria
	4:9	habéis aprendido de Dios (...**sois** enseñados de Dios, VM)
	5:4	no **estáis** en tinieblas
	5	**sois** hijos de luz
He	12:8	si se os deja sin disciplina, (mas si **estáis** sin corrección, VHA) **sois** bastardos, y no hijos
Stg	4:14	Ciertamente es neblina (TR, VM); (**sois** como un vapor, VHA, WH, N, ABMW, NC, BC, BA)
1 Jn	2:14	**sois** fuertes, y la palabra
	4:4	vosotros **sois** de Dios

1526		εἰσί (ν) – eisí(n)
Mt	2:18	porque perecieron (...porque ya no **son**!, VM)
	7:13	muchos **son** los que entran
	14	pocos **son** los que la hallan
	15	por dentro **son** lobos rapaces
	10:30	vuestros cabellos **están** todos contados
	11:8	en las casas de los reyes **están**. (TR, ABMW)
	12:5	profanan... y **son** sin culpa?
	48	quiénes **son** mis hermanos?
	13:38	la buena semilla **son** los hijos del reino la cizaña **son** los hijos del malo
	39	los segadores **son** los ángeles
	56	¿No **están** todas sus hermanas
	15:14	**son** ciegos guías de ciegos
	16:28	los que **están** aquí, que no gustarán
	17:26	los hijos **están** exentos
	18:20	donde **están** dos o tres
	19:6	no **son** ya más dos,
	12	**hay** eunucos que nacieron así **hay** eunucos que son hechos **hay** eunucos que a sí mismos
	20:16	muchos **son** llamados, mas pocos (TR, NC, BC)
	22:14	muchos **son** llamados, y pocos
	30	serán como los ángeles de Dios
Mr	4:15	éstos **son** los que junto al camino
	16	**son** asimismo los que fueron sembrados
	17	sino que **son** de corta duración
	18	**son** los que fueron sembrados entre espinos los que oyen la palabra, (éstos **son** los que..., BA)
	20	**son** los que fueron sembrados
	6:3	¿No **están** también aquí con nosotros
	8:3	han venido de lejos (TR, ABMW, VM, BC, BA); (...**son** de lejos, VHA, WH, N, NC)
Mr	9:1	los que **están** aquí
	10:8	no **son** ya más dos
	12:25	sino serán como los ángeles
Lc	7:25	en los palacios de los reyes **están**
	31	a qué **son** semejantes?
	32	Semejantes **son** a los muchachos
	8:12	**son** los que oyen
	14	éstos **son** los que oyen
	15	éstos **son** los que con corazón bueno
	21	mis hermanos **son** los que oyen (...**son** éstos: los que oyen, VHA)
	9:13	No tenemos más que cinco (lit., no hay para nosotros más que cinco)
	27	hay algunos de los que **están** aquí
	11:7	mis niños **están** conmigo en cama
	12:38	bienaventurados **son** aquellos
	13:14	Seis días **hay** en que se debe trabajar
	30	**hay** postreros que serán primeros primeros que **serán** postreros. (**hay** primeros..., VM)
	16:8	**son** más sagaces en el trato
	18:9	confiaban en sí mismos como justos (...mismos que ellos **eran** justos, VM)
	20:36	**son** iguales a los ángeles
	21:22	estos **son** días de retribución
Jn	4:35	ya **están** blancos para la siega
	5:39	ellas **son** las que dan testimonio
	6:64	**hay** algunos de vosotros que no creen quiénes **eran** los que no creían
	7:49	maldita es (**son** unos malditos, NC)
	8:10	[¿dónde **están** los que te acusaban?]
	10:8	ladrones **son** y salteadores
	12	de quien no **son** propias las ovejas, (TR)
	11:9	¿No tiene el día doce horas? (¿No **hay** doce horas en el día?, VM)
	14:2	muchas moradas **hay**
	17:7	proceden de ti (lit., **son** de ti) (WH, N, ABMW)
	9	los que me diste,...tuyos **son**
	11	éstos **están** en el mundo
	14	no **son** del mundo, como
	16	No **son** del mundo, como tampoco
Hch	2:7	¿no **son** galileos todos estos
	13	**Están** llenos de mosto
	4:13	sabiendo que **eran** hombres sin letras
	5:25	**están** en el templo
	13:31	ahora **son** sus testigos ante
	16:17	Estos hombres **son** siervos
	38	miedo al oir que **eran** romanos.
	19:26	diciendo que no **son** dioses los que
	38	y procónsules **hay**
	21:20	cuántos millares de judíos **hay**
	23	**Hay** entre nosotros cuatro hombres
	23:21	ahora **están** listos esperando tu promesa
	24:11	no hace más de doce días que subí (lit., no **hay** más de doce desde que subí)
Ro	1:32	**son** dignos de muerte
	2:14	**son** ley para sí mismos
	8:14	éstos **son** hijos de Dios
	9:4	**son** israelitas
	7	ni por ser descendientes de Abraham (ni por cuanto **son**.., VM)
	13:1	por Dios han sido establecidas (ordenadas **son** por Dios, VM)
	3	los magistrados no **están** para infundir temor (los magistrados no **son** objetos de temor, BC)
	6	**son** servidores de Dios

ὦ 5600

Ro	15:27	son deudores a ellos
	16:7	los cuales son muy estimados
1 Co	1:11	que hay entre vosotros contiendas
	3:8	son una misma cosa
	20	los sabios, que son vanos
	8:5	aunque haya algunos que se llamen dioses como hay muchos dioses
	10:18	¿no son partícipes del altar?
	12:4	hay diversidad de dones
	5	hay diversidad de ministerios
	6	hay diversidad de operaciones
	14:10	Tantas clases de idiomas hay (WH, N, ABMW)
	22	las lenguas son por señal
	37	son mandamientos del Señor (TR)
2 Co	11:22	¿Son hebreos? Yo también ¿Son israelitas? Yo también ¿Son descendientes de Abraham? (¿Son linaje...?, VM)
	23	¿Son ministros de Cristo?
Gá	1:7	sino que hay algunos que os perturban
	3:7	los que son de fe, éstos son hijos
	10	los que dependen de las obras (los que son de las obras, BA) están bajo maldición
	4:24	estas mujeres son los dos pactos
Ef	5:16	los días son malos
Col	2:3	en quien están escondidos todos los tesoros
1 Ti	5:24	Los pecados...se hacen patentes (...son ya evidentes, VHA)
	6:1	los que están bajo el yugo (los que son siervos bajo el yugo, VHA)
	2	por ser hermanos (porque son hermanos, BA) por cuanto son creyentes
2 Ti	3:6	de éstos son los que se meten
Tit	1:10	hay aún muchos contumaces
	3:9	son vanas y sin provecho
He	1:10	los cielos son obra de tus manos
	14	¿No son todos espíritus ministradores
	7:20 (21)	sin juramento fueron hechos sacerdotes (...son hechos...,VHA)
	23	los otros sacerdotes llegaron a ser muchos (son hechos sacerdotes muchos en número, VHA)
	11:13	eran extranjeros y peregrinos
2 P	2:17	son fuentes sin agua
	3:7	los cielos y la tierra...están reservados
1 Jn	2:19	no todos son de nosotros
	4:5	Ellos son del mundo
	5:3	sus mandamientos no son gravosos
	7	tres son los que dan testimonio estos tres son uno (TR, [VM], [BA])
	8	tres son los que dan testimonio (TR, [VM], [BA]) estos tres concuerdan (lit., están para una cosa)
Jud	12	son manchas en vuestros ágapes
	16	son murmuradores, querellosos
	19	son los que causan divisiones
Ap	1:19	las son, y las que han de ser
	20	son los ángeles de las siete son las siete iglesias
	2:2	no lo son, y los has hallado
	9	los que se dicen ser judíos, y no lo son
	3:4	andarán conmigo...porque son dignas
	9	se dicen ser judíos y no lo son
	4:5	son los siete espíritus de Dios
	5:6	los cuales son los siete espíritus

Ap	5:8	que son las oraciones de los santos
	7:13	¿quiénes son, y de dónde han venido?
	14	son los que han salido
	15	están delante del trono de Dios
	9:19	estaba en su boca (TR)
	11:4	son los dos olivos
	14:4	son los que no se contaminaron pues son vírgenes Estos son los que siguen al Cordero (TR)
	5	son sin mancha delante del trono
	16:6	pues lo merecen. (dignos son, BC)
	14	son espíritus de demonios
	17:9	Las siete cabezas son siete montes,
	10	son siete reyes
	12	los diez cuernos...son diez reyes
	15	son pueblos, muchedumbres
	19:9	Estas son palabras verdaderas
	21:5	estas palabras son fieles

5600 ὦ – ό

Mt	6:4	para que sea tu limosna en secreto
	22	si tu ojo es bueno, (...fuere sano, VHA)
	23	si tu ojo es maligno
	10:13	si la casa fuere digna, mas si no fuere digna
	20:4	os daré lo que sea justo
	7	lo que sea justo (TR)
	24:28	dondequiera que estuviere el cuerpo
Mr	3:14	para que estuviesen con él,
	5:18	que le dejase estar con él
Lc	10:6	si hubiere allí algún hijo de paz
	11:34	cuando tu ojo es bueno, (...está sano, VHA) cuando tu ojo es maligno
	14:8	Cuando fueres convidado por alguno
	20:28	si...no dejare hijos (lit., si...fuere sin hijos)
Jn	3:2	si no está Dios con él
	27	si no le fuere dado del cielo
	6:65	si no le fuere dado del Padre
	9:5	Entre tanto que estoy en el mundo
	31	si alguno es temeroso de Dios,
	14:3	para que...vosotros también estéis
	16	para que esté con vosotros (V60, WH, N, ABMW, VHA, VM, NC, BC, BA); (lit., para que permanezca..., VM)
	15:11	para que mi gozo esté en vosotros (V60, WH, N, ABMW, VHA, NC, BC, BA); (para que quede..., VM, TR)
	16:24	que vuestro gozo sea cumplido
	17:11	Para que sean uno, así como nosotros
	19	que también ellos sean santificados
	21	que para que todos sean uno que también ellos sean uno
	22	para que sean uno, así como
	23	para que sean perfectos en unidad
	24	también ellos estén conmigo
	26	esté en ellos, y yo en ellos
Hch	5:38	si este consejo... es de los hombres
Ro	2:25	si eres transgresor de la ley
	9:27	Si fuere el número de los hijos
	11:25	para que no seáis arrogantes
1 Co	1:10	para que no haya entre vosotros divisiones sino que estéis perfectamente unidos
	2:5	que vuestra fe no esté fundada
	5:7	para que seáis nueva masa
	11	ninguno que,...fuere fornicario, (si es fornicario, VM)
	7:5	volved a juntaros en uno (lit., juntaos otra vez en uno) (TR, BC, BA); (volváis

εἴην 1498

		después a **estar** juntos, VHA) (lit., otra vez **estad** juntos) (WH, N, ABMW, VM, NC)
1 Co	7:29	**sean** como si no la tuviesen
	34	para **ser** santa así en cuerpo
	36	que pase ya de edad (lit., si **es** que ha pasado la flor de su edad)
	12:25	para que no **haya** desaveniencia
	14:28	si no **hay** intérprete, calle
	15:28	para que Dios **sea** todo en todos
	16:4	si **fuere** propio que yo también vaya
2 Co	1:9	para que no confiásemos en nosotros mismos, (...**estemos** confiados,...VHA)
	17	para que **haya** en mí Sí y No?
	4:7	la excelencia del poder **sea** de Dios
	9:3	para que...**estéis** preparados
	13:7	aunque nosotros **seamos** como reprobados
	9	que vosotros **estéis** fuertes
Gá	5:10	llevará...quienquiera que **sea**
Ef	4:14	que ya no **seamos** niños
	5:27	sino que **fuese** santa y sin mancha
Fil	1:10	a fin de que **seáis** sinceros
	2:28	yo **esté** con menos tristeza
1 Ti	4:15	**sea** manifiesto a todos
	5:7	para que **sean** irreprensibles
2 Ti	3:17	que el hombre de Dios **sea** perfecto
Tit	1:9	para que también pueda (para que **sea** capaz, BC)
	3:14	para que no **sean** sin fruto
Flm	14	no **fuese** como de necesidad
Stg	1:4	para que **seáis** perfectos y cabales
	2:15	tienen necesidad del mantenimiento (lit., **estén** destituidos de comida) (TR)
	5:15	si **hubiere** cometido pecados
1 Jn	1:4	que vuestro gozo **sea** cumplido
2 Jn	12	que nuestro gozo **sea** cumplido

1498 εἴην – éien

Lc	1:29	pensaba qué salutación **sería** esta. (lit., de qué clase **sería** esta salutación)
	3:15	si acaso Juan **sería** el Cristo
	8:9	¿Qué **significa** esta parábola?
	9:46	quién de ellos **sería** el mayor
	15:26	le preguntó qué **era** aquello
	18:36	preguntó qué **era** aquello
	22:23	quién de ellos **sería** el que había de
Jn	13:24	para que preguntase quién **era** aquél (TR, ABMW, VM, NC); (le dijo: Di quién es, VHA, WH, N, NC, BC, BA)
Hch	8:20	Tu dinero perezca contigo, (**Sea** ese tu dinero para perdición tuya, NC)
	10:17	sobre lo que **significaría** la visión
	20:16	si le **fuese** posible, en Jerusalén. (WH, N, ABMW)
	21:33	preguntó quién **era** y qué había hecho
Ap	3:15	¡Ojalá **fueses** frío o caliente! (TR)

2468 ἴσθι – ísthi

Mt	2:13	**permanece** allá hasta que yo te diga
	5:25	**Ponte** de acuerdo con tu adversario
	37	Pero **sea** vuestro hablar: Sí, sí
	18:17	tenle por gentil (**sea** para ti como un gentil VM)
	20:26	será vuestro servidor, (V60, WH, N, ABMW VHA, BC, BA); (**sea** vuestro servidor, NC, TR, VM)
	27	entre vosotros será vuestro siervo (V60, WH, N, ABMW, VHA, BC, BA); (**sea** vuestro siervo, NC, TR, VM)

Mr	5:34	**queda** sana de tu azote
Lc	12:35	**Estén** ceñidos vuestros lomos,
	19:17	tendrás autoridad sobre diez ciudades (lit., **esté** teniendo autoridad...)
Hch	1:20	no **haya** quien more en ella
	2:14	esto os **sea** notorio
	4:10	**sea** notorio a todos vosotros
	13:38	**Sabed**, pues, esto, varones (**Séaos** pues, notorio, varones hermanos, VM)
	28:28	**Sabed**, pues, que a los gentiles (**Séaos** pues notorio que...VM)
1 Co	16:22	El que no amare...**sea** anatema
2 Co	12:16	Pero admitiendo esto (Pero **sea** así, VHA)
Gá	1:8	os anunciare otro...**sea** anatema
	9	del que habéis recibido, **sea** anatema
1 Ti	3:12	Los diáconos **sean** maridos de una
	4:15	ocúpate en ellas, (**está** por entero en ellas, VHA)
Stg	1:19	**sea** pronto para oir, tardo para
	5:12	sino que vuestro sí **sea** sí,
1 P	3:3	Vuestro atavío no **sea** el externo

1511 εἶναι –éinai

Mt	16:13	dicen los hombres **que es** el Hijo
	15	¿quién decís **que soy** yo?
	17:4	bueno es para nosotros **que estemos** aquí
	19:21	Si quieres **ser** perfecto
	20:27	el que quiera **ser** el primero entre
	22:23	dicen **que** no **hay** resurrección
Mr	1:34	a los demonios, porque le conocían. (TR, N, ABMW, VHA, VM, NC, BC, BA); (lit.,...le conocían **que era** el Cristo, WH)
	6:49	pensaron **que era** un fantasma, (TR)
	8:27	¿Quién dicen los hombres **que soy** yo?
	29	¿quién decís **que soy**?
	9:5	bueno es para nosotros **que estemos**
	35	Si alguno quiere **ser** el primero
	10:44	el que de vosotros quiera **ser** el primero, (WH, N, ABMW)
	12:18	que dicen **que** no **hay** resurrección
	14:64	declarándole **ser** digno de muerte
Lc	2:4	por cuanto **era** de la casa y familia
	6	aconteció que **estando** ellos allí
	44	pensando **que estaba** entre la compañía
	49	me es necesario **estar**?
	4:41	sabían **que** él **era** el Cristo
	5:12	**estando** él en una de las ciudades
	8:38	que le dejase **estar** con él
	9:18	Jesús oraba aparte (**estando** Jesús orando, VHA)
	20	¿Y vosotros, quién decís **que soy**
	33	bueno es para nosotros **que estemos** aquí
	11:1	**estaba** Jesús orando en un lugar
	8	por **ser** su amigo, sin embargo
	14:26	no puede **ser** mi discípulo
	27	no puede **ser** mi discípulo
	33	no puede **ser** mi discípulo
	19:11	por cuanto **estaba** cerca de Jerusalén
	20:6	de que Juan **era** profeta
	20	que se simulasen justos, (que pretendían **ser** justos, BA)
	27	niegan **haber** resurrección
	41	que el Cristo **es** hijo de David?
	22:24	quién de ellos **sería** el mayor
	23:2	que él mismo **es** el Cristo
Jn	1:46	¿De Nazaret puede salir algo de bueno? (lit.,...puede **haber** algo...)

ὤν 5607

Jn	7:4	ninguno que procura darse a conocer (lit., él mismo desea **estar** en público)
	17:5	antes que el mundo **fuese**
Hch	2:12	¿Qué quiere decir esto? (¿Qué querrá **ser** esto, BC)
	4:32	ninguno decía **ser** suyo propio nada
	5:36	diciendo que **era** alguien
	8:9	haciéndose pasar por algún grande (diciendo que él **era** un gran personaje, VM)
	37	Creo que Jesucristo **es** el Hijo de Dios (TR, [VM], NC, BC, BA)
	13:25	¿Quién pensáis **que soy**?
	47	A fin **de que seas** para salvación
	16:13	donde solía hacerse la oración; (donde suponíamos que **habría** un lugar de oración, VHA)
	15	**que** yo **sea** fiel al Señor
	17:7	diciendo **que hay** otro rey
	18	Parece **que es** predicador de nuevos
	20	qué quiere decir esto (qué quieren **ser** estas cosas, BC)
	29	**que** la Divinidad **sea** semejante a oro,
	18:3	el oficio de ellos **era** hacer tiendas.
	5	**que** Jesús **era** el Cristo (WH, N, ABMW)
	15	yo no quiero **ser** juez de estas cosas.
	28	**que** Jesús **era** el Cristo
	19:1	**que** Apolos **estaba** en Corinto
	23:8	los saduceos dicen **que no hay**
	27:4	los vientos **eran** contrarios
	28:6	dijeron **que era** un dios
Ro	1:20	de modo que no tienen excusa (de suerte **que son** inexcusables, BC)
	22	Profesando **ser** sabios,
	2:19	confías en que **eres** guía de los ciegos
	3:9	todos **están** bajo pecado
	26	a fin de **que** él **sea** el justo
	4:11	para **que fuese** padre de todos
	13	promesa de **que sería** heredero
	16	a fin de **que** la promesa **sea** firme
	6:11	consideraos muertos al pecado, (haceos cuenta **que estáis** muertos..,BC)
	7:3	de tal manera **que**...no **será** adúltera
	8:29	para que él **sea** el primogénito
	9:3	deseara yo mismo **ser** anatema
	14:14	para el que piensa **que** algo **es** inmundo
	15:16	para **ser** ministro de Jesucristo
	16:19	quiero que **seáis** sabios para el bien
1 Co	3:18	si alguno entre vosotros se cree sabio si alguno piensa **que es** sabio..., VHA)
	7:7	**que** todos los hombres **fuesen** como yo
	25	del Señor **para ser** fiel
	26	hará bien el hombre en quedarse como **está** (es bueno al hombre el **estarse** así, BC)
	32	**que estuvieseis** sin congoja
	10:6	para que no codiciemos cosas malas (a fin de **que** no **fuéramos** codiciadores de lo malo, BC)
	11:16	si alguno quiere **ser** contencioso,
	19	**que** entre vosotros **haya** disensiones
	12:23	que nos parecen menos dignos (que reputamos **ser** menos honrosas, VM)
	14:37	Si alguno se cree profeta (Si alguno piensa **que es** profeta, VHA)
2 Co	5:9	procuramos...**serle** agradables.
	7:11	os habéis mostrado limpios (os acreditasteis **estar** exentos de culpa, BC)
	9:5	para **que esté** lista como de generosidad,
	10:7	está persuadido...**que es** de Cristo

2 Co	11:16	Que nadie me tenga por loco (lit., que ninguno piense **que sea** yo loco)
Gá	2:6	tenían reputación **de ser** algo
	9	eran considerados como columnas (lit., los que parecían **ser** columnas)
	4:21	los que queréis **estar** bajo la ley
	6:3	el que se cree **ser** algo, (si alguno piensa **que es** algo, VHA)
Ef	1:4	para **que fuésemos** santos
	12	a fin de **que seamos** para alabanza
	3:6	**que** los gentiles **son** coherederos
Fil	1:23	deseo de partir y **estar** con Cristo
	2:6	no estimó el **ser** igual a Dios
	3:8	estimo todas las cosas como pérdida (todas las cosas estimo **ser** una pérdida, BC)
	4:11	He aprendido a contentarme (...a **estar** contento, VM)
1 Ts	2:6	podíamos **seros** carga como apóstoles
1 Ti	1:7	queriendo **ser** doctores de la ley
	2:12	sino **estar** en silencio
	3:2	que el obispo **sea** irreprensible
	6:5	que toman la piedad como fuente de ganancia; (que la piedad **es** camino de ganancia VM)
	18	dadivosos, (**que sean** liberales en repartir VM)
2 Ti	2:24	sino amable (sino **ser** manso, BC)
Tit	1:7	**que** el obispo **sea** irreprensible
	2:2	Que los ancianos **sean** sobrios
	4	que enseñen...a amar a sus maridos (lit.,...a **ser** amadoras de sus maridos)
	9	**que** agraden en todo (lit., **que** en todo **sean** complacientes)
	3:1	**que estén** dispuestos a toda buena obra
	2	**que** no **sean** pendencieros, sino amables
He	5:12	debiendo **ser** ya maestros,
	11:4	testimonio de **que era** justo
	12:11	parece **ser** causa de gozo
Stg	1:18	para **que seamos** primicias
	26	Si alguno se cree religioso (Si alguno piensa **que es** religioso, VHA)
	4:4	que quiera **ser** amigo del mundo
1 P	1:21	que vuestra fe...**sean** en Dios.
	5:12	testificando **que** ésta **es** la verdadera
1 Jn	2:9	El que dice **que está** en la luz,
Ap	2:2	los que se dicen **ser** apóstoles, (TR)
	9	los que se dicen **ser** judíos
	3:9	los que se dicen **ser** judíos

5607 ὤν — όν

Mt	1:19	José...como **era** justo
	6:30	si la hierba del campo **que** hoy **es**
	7:11	vosotros, **siendo** malos
	12:30	El que no **es** conmigo
	34	¿Cómo podéis hablar lo bueno, **siendo**..?
Mr	2:26	dio a los **que** con él **estaban**
	4:31	es la más pequeña (TR); (aunque **sea**...VM) (WH, N, ABMW)
	5:25	una mujer que...padecía de flujo de sangre (lit., una mujer **estando** con flujo...)
	8:1	como **había** una gran multitud
	11:11	como ya anochecía (**siendo** ya avanzada la hora, VHA)
	13:16	el que **esté** en el campo (TR)
	14:3	**estando** él en Betania
	43	**que era** uno de los doce (TR)
	66	**Estando** Pedro abajo, en el patio,
Lc	2:5	la cual **estaba** encinta

ὤν 5607

Lc	3:23	de treinta años, hijo, según se creía, (siendo hijo..., VM)
	6:3	él, y los que con él estaban; (TR, N, [ABMW])
	8:43	una mujer que padecía de flujo de sangre (lit., una mujer estando con flujo...)
	11:23	El que no es conmigo, contra mí es
	12:28	la hierba que hoy está
	13:16	a esta hija de Abraham (siendo hija de Abraham, VM)
	14:32	cuando el otro está todavía lejos
	20:36	al ser hijos de la resurrección
	22:3	el cual era del número de los doce;
	53	Habiendo estado con vosotros cada día
	23:7	que...también estaba en Jerusalén
	12	antes estaban enemistados entre sí (lit., antes seguían estando en enemistad entre sí)
	24:6	cuando aún estaba en Galilea
	44	estando aún con vosotros
Jn	1:18	que está en el seno del Padre
	48	cuando estabas debajo de la higuera
	3:4	un hombre nacer siendo viejo?
	13	el Hijo...que está en el cielo. (TR, [ABMW], VM, NC, BC,[BA])
	31	el que es de la tierra
	4:9	¿Cómo tú, siendo judío, mi pides que soy mujer samaritana
	5:13	la gente que estaba en aquel lugar
	6:46	sino aquel que vino de Dios (...aquel que es de Dios, VM)
	71	era uno de los doce (con ser uno de los doce, BC) (TR, [ABMW])
	7:50	el cual era uno de ellos
	8:9	[la mujer que estaba en medio]
	47	El que es de Dios, las palabras de Dios
	9:25	una cosa sé, que habiendo yo sido ciego
	40	de los fariseos que estaban con él
	10:12	que no es el pastor
	33	tú, siendo hombre, te haces Dios
	11:31	los judíos que estaban en casa
	49	Caifás, uno de ellos, sumo sacerdote (...Caifás, siendo sumo sacerdote, VHA)
	51	como era el sumo sacerdote
	12:17	la gente que estaba con él cuando
	18:26	pariente de aquel a quien Pedro (pariente que era de aquel..., BC)
	37	Todo aquel que es de la verdad
	19:38	José de Arimatea, que era discípulo
	20:1	siendo aún oscuro, al sepulcro
	19	Cuando llegó la noche (siendo, pues, tarde, BC)
	21:11	aun siendo tantos, la red no se rompió
Hch	5:17	esto es, la secta de los saduceos (que son la secta..., VHA)
	7:2	estando en Mesopotamia,
	5	cuando él aún no tenía hijo. (lit., no habiendo hijo para él)
	12	oyó Jacob que había trigo en Egipto
	8:23	en prisión de maldad veo que estás
	9:2	si hallase algunos...de este Camino (lit.,...algunos que eran del Camino)
	38	como Lida estaba cerca de Jope,
	39	que Dorcas hacía cuando estaba
	11:1	hermanos que estaban en Judea,
	22	la iglesia que estaba en Jerusalén (WH, N, ABMW)
	13:1	en la iglesia que estaba en Antioquía
	14:13	de Júpiter, cuyo templo estaba frente a la ciudad (del Zeus que estaba delante de la ciudad, BC)
Hch	15:32	como ellos también eran profetas,
	16:3	por causa de los judíos que había
	21	pues somos romanos
	17:16	viendo la ciudad entregada a la idolatría, (como la ciudad estaba llena de ídolos, VHA)
	18:12	siendo Galión procónsul de Acaya, (WH, N, ABMW)
	24	poderoso en las Escrituras (lit., siendo poderoso...)
	19:31	autoridades...que eran sus amigos,
	35	no sabe que la ciudad de los efesios es
	36	Puesto que esto no puede contradecirse (siendo pues innegables estas cosas, VM)
	20:34	a mí y a los que están conmigo,
	21:8	Felipe...que era uno de los siete
	22:5	a los que estuviesen allí
	9	los que estaban conmigo vieron
	24:10	sé que...eres juez de esta nación,
	24	Drusila su mujer, que era judía
	26:3	porque tú conoces todas las costumbres (siendo tú conocedor de..., VHA)
	21	los judíos, prendiéndome en el templo, (...habiéndome prendido, mientras estaba yo en..., BC) (T, [ABMW])
	27:2	estando con nosotros Aristarco,
	9	siendo ya peligrosa la navegación,
	28:17	convocó a los principales de los judíos (...a los que eran principales..., BC)
	25	como no estuviesen de acuerdo entre sí,
Ro	1:7	a todos los que estáis en Roma
	4:10	¿Estando en la circuncisión
	17	llama las cosas que no son, como si fuesen (llama lo que es lo mismo que a lo que no es, NC)
	5:6	cuando aún éramos débiles,
	8	siendo aún pecadores, Cristo murió,
	10	si siendo enemigos, fuimos reconciliados
	13	donde no hay ley (no habiendo ley, VHA)
	7:23	la ley...que está en mis miembros
	8:5	los que son de la carne
	8	los que viven según la carne (los que están en la carne, VHA)
	28	a los que conforme a su propósito son
	9:5	Cristo, el cual es Dios sobre todas las cosas
	11:17	tú, siendo olivo silvestre,
	12:3	a cada cual que está entre vosotros
	13:1	las que hay, por Dios han sido
	16:1	la cual es diaconisa de la iglesia
	11	los cuales están en el Señor
1 Co	1:2	la iglesia de Dios que está en Corinto
	28	lo que no es, para deshacer lo que es
	8:7	su conciencia, siendo débil
	10	la conciencia de aquel que es débil
	9:19	siendo libre de todos, me he hecho
	20	(aunque yo no esté sujeto a la ley) (V60, ABMW, N, WH, VHA, VM, NC, BC, BA); (no está en TR)
	21	no estando yo sin ley de Dios,
	12:12	siendo muchos, son un solo
2 Co	1:1	la iglesia de Dios que está en Corinto los santos que están en toda Acaya
	5:4	los que estamos en este tabernáculo
	8:9	siendo rico, para que vosotros
	22	cuya diligencia hemos comprobado (hemos hallado por experiencia ser solícito, BC)
	11:19	siendo vosotros cuerdos

ὁ ὢν καὶ ὁ ἦν 3801   287   2252 ἤμην

2 Co	11:31	quien es bendito por los siglos	Mt	14:24	la barca **estaba** en medio del mar (TR, VM, NC, BC); (la barca distaba ya de tierra muchos estadios, VHA, WH, N, ABMW, BA)
Gá	2:3	con todo y **ser** griego, fue obligado			
	4:1	aunque **es** señor de todo			
	8	a los **que** por naturaleza no **son** dioses			
	6:3	se cree ser algo, no **siendo** nada,			el viento **era** contrario
Ef	1:1	a los santos...**que están** en Efeso: (TR, [WH] [N], [ABMW], VHA, VM, NC, BC, BA)		15:38	**eran** los que habían comido
				19:22	tenía muchas posesiones. (lit., **era** uno que tenía...)
	2:1	cuando **estabais** muertos en vuestros			
	4	Dios, **que es** rico en misericordia		21:25	¿de dónde **era**?
	5	aun **estando** nosotros muertos		33	**Hubo** un hombre, padre de familia
	13	**que** en otro tiempo **estabais** lejos		22:8	los...convidados no **eran** dignos
	20	**siendo** la principal piedra del ángulo		25	**Hubo**, pues, entre nosotros siete hermanos
	4:18	teniendo el entendimiento entenebrecido, (lit., **siendo** entenebrecidos de la mente) la ignorancia que en ellos hay		23:30	Si hubiésemos vivido, en los días (lit., si hubiéramos existido...)
					no hubiéramos sido sus complices
Fil	1:1	a todos los santos...**que están** en Filipos		24:38	**estaban** comiendo y bebiendo
	7	por cuanto...vosotros **sois** participantes		25:2	Cinco de ellas **eran** prudentes
Col	1:21	**que erais** en otro tiempo extraños		21	sobre poco **has sido** fiel
	2:13	**estando** muertos en pecados		23	sobre poco **has sido** fiel
	4:11	**que son** los únicos de la circuncisión		35	**fui** forastero, y me recogisteis
1 Ts	2:14	de las iglesias...**que están** en Judea		36	**estuve**...en la cárcel
	5:8	nosotros, **que somos** del día		43	**fui** forastero, y no me recogisteis;
2 Ts	2:5	cuando yo **estaba** todavía con vosotros		26:24	Bueno le **fuera** a ese hombre
1 Ti	1:13	habiendo yo sido antes blasfemo		43	los ojos de ellos **estaban** cargados
	2:2	los **que están** en eminencia		69	Tú también **estabas** con Jesús
	3:10	ejerzan el diaconado, **si son** irreprensibles		71	éste **estaba** con Jesús el nazareno
2 Ti	2:19	a los **que son** suyos		27:54	éste **era** Hijo de Dios
Tit	1:16	**siendo** abominables y rebeldes,		55	**Estaban** allí muchas mujeres
	3:11	peca y **está** condenado por su propio juicio (peca, **siendo** condenado..., VHA)		56	entre las cuales **estaban** María
				61	**estaban** allí María Magdalena,
Flm	9	**siendo** como soy, Pablo		28:3	Su aspecto **era** como un rélampago
He	1:3	el cual, **siendo** el resplandor de su gloria	Mr	1:6	Juan **estaba** vestido de pelo
	3:2	el **cual es** fiel al que le constituyó		13	**estuvo** allí en el desierto
	5:8	aunque **era** Hijo, (aun **con ser** Hijo, BC)			**estaba** con las fieras
	8:4	habiendo aún sacerdotes que presentan		16	porque **eran** pescadores
	13:3	como **que** también vosotros mismos **estáis**		22	les enseñaba (les **estaba** enseñando, BC)
Stg	3:4	las naves; aunque tan grandes (...**siendo** tan grandes, VM)		23	**había** en la sinagoga de ellos
				33	la ciudad se agolpó a la puerta. (**estaba** toda la ciudad agolpada..., BC)
2 P	1:18	cuando **estábamos** con él en el monte			
	2:11	**que son** mayores en fuerza		39	predicaba en las sinagogas (lit., **estaba** predicando...) (TR)
Ap	5:5	el León de la tribu de Judá (lit., ..**que es** de la tribu de Judá) (TR)		45	se quedaba fuera en los lugares desiertos
				2:4	el techo de donde **estaba**
3801		ὁ ὢν καί ὁ ἦν — ó ón kaí o én (jó ón kái jó en)		6	**Estaban** allí sentados algunos
				15	**había** muchos que le habían seguido
Ap	1:4	del **que es** y **que era** y que ha de venir		18	los discípulos...ayunaban (...**estaban** ayunando, BA)
	8	el **que es** y **que era** y que ha de venir			
	4:8	el **que era, el que es**, y el que ha de venir		3:1	**había** allí un hombre que tenía
	11:17	el **que eres y que eras** y que has de venir		4:1	la gente **estaba** en tierra
	16:5	el **que eres y que eras**, el Santo		36	le tomaron como **estaba**
					había también con él otras barcas
2252		ἤμην — émen		38	él **estaba** en la popa
Mt	1:18	El nacimiento de Jesucristo **fue** así		5:5	andaba dando voces en los montes (**estaba**...dando voces..., VHA)
	2:9	se detuvo...donde **estaba** el niño			
	15	**estuvo** allá hasta la muerte		11	**Estaba** allí cerca del monte
	3:4	su comida **era** langostas		13	los cuales **eran** como dos mil; (TR)
	4:18	porque eran pescadores		21	él **estaba** junto al mar
	7:27	fue grande su ruina		40	entró donde **estaba** la niña
	29	les enseñaba (lit., les **estaba** enseñando)		42	pues tenía doce años (pues **era** de doce años, VM)
	8:30	**Estaba** paciendo lejos de ellos			
	9:36	**estaban** desamparadas (**estaban** vejadas, VHA)		6:31	Porque **eran** muchos los que iban
				34	**eran** como ovejas que no tenían
	12:4	no les **era** lícito comer		44	**eran** cinco mil hombres
	10	Y he aquí **había** allí uno que tenía (TR, VHA, NC, BC)		47	la barca **estaba** en medio del mar
				48	el viento les **era** contrario
	40	como **estuvo** Jonás en el vientre		52	**estaban** endurecidos sus corazones
	14:21	**fueron** como cinco mil hombres		7:26	La mujer **era** griega
	23	cuando llegó la noche, **estaba** allí solo		8:9	**Eran** los que comieron, como cuatro mil
				9:4	hablaba con Jesús (**estaban** conversando...,

ἤμην 2252   2252 ἤμην

Mr	9:6	VHA) pues **estaban** espantados (TR)
	10:22	tenía muchas posesiones. (lit., **era** uno que tenía...)
	32	Iban por el camino subiendo (**Estaban**, pues, en el camino, subiendo, VHA) Jesús iba delante (lit., Jesús **estaba** tomando la delantera)
	11:13	pues no **era** tiempo de higos
	30	¿**era** del cielo, o de los hombres?
	32	tenían a Juan como un verdadero profeta. (...como que realmente **era** profeta, BC)
	12:20	**Hubo** siete hermanos
	14:1	Dos días después **era** la pascua
	4	**hubo** algunos que se enojaron
	21	¡Bueno le **fuera** a ese hombre (TR)
	40	los ojos de ellos **estaban** cargados
	49	Cada día **estaba** con vosotros
	54	**estaba** sentado con los alguaciles,
	56	sus testimonios no concordaban (los testimonios no **eran** acordes, BC)
	59	ni aun así concordaban en el testimonio (ni aún así **era** acorde..., BC)
	67	Tú también **estabas** con Jesús
	15:7	**había** uno que se llamaba Barrabás, preso (**estaba** en prisiones un tal llamado..., BC)
	25	**Era** la hora tercera cuando le crucificaron
	26	el título escrito de su causa **era**
	39	este hombre **era** Hijo de Dios
	40	**había** algunas mujeres mirando de lejos,
	41	cuando él **estaba** en Galilea
	42	**era** la preparación
	43	esperaba (**estaba** él...esperando, VHA)
	46	un sepulcro que **estaba** cavado en una peña
	16:4	vieron...que **era** muy grande.
Lc	1:6	Ambos **eran** justos delante de Dios,
	7	no tenían hijo, (lit., no **era** hijo para ellos) Elisabet **era** estéril y ambos **eran** ya de edad avanzada
	10	**estaba** fuera orando a la hora
	21	el pueblo **estaba** esperando a Zacarías
	22	Él les hablaba por señas (lit., les **estaba** hablando...)
	66	la mano del Señor **estaba** con él
	80	**estuvo** en lugares desiertos
	2:7	no **había** lugar para ellos en el mesón
	8	**Había** pastores en la misma región
	25	**había** en Jerusalén un hombre el Espíritu Santo **estaba** sobre él
	26	**había** sido revelado por el Espíritu
	33	**estaban** maravillados de todo
	36	**Estaba** también allí Ana
	40	la gracia de Dios **era** sobre él
	51	**estaba** sujeto a ellos
	3:23	Jesús...**era** como de treinta años
	4:16	donde se había criado; (donde **había** sido criado, VM)
	17	el lugar donde **estaba** escrito
	20	los ojos...**estaban** fijos en él
	25	muchas viudas **había** en Israel
	27	leprosos **había** en Israel
	31	les enseñaba en los días de reposo (lit., les **estaba** enseñando...)
	32	su palabra **era** con autoridad
	33	**Estaba** en la sinagoga un hombre
	38	tenía una gran fiebre (**estaba** con una gran calentura, NC)
	44	predicaba en las sinagogas de Galilea (lit., **estaba** predicando...)
Lc	5:1	**estando** Jesús junto al lago
	3	la cual **era** de Simón
	10	**eran** compañeros de Simón
	16	él se apartaba a lugares desiertos, (lit., Pero él se **estaba** retirando...)
	17	un día, que él **estaba** enseñando **estaban** sentados los fariseos **habían** venido de todas las aldeas el poder del Señor **estaba** con él
	18	un hombre que **estaba** paralítico,
	29	**había** mucha compañía de publicanos otros que **estaban** a la mesa
	6:6	**estaba** allí un hombre que tenía seca tenía seca la mano derecha. (su mano derecha **estaba** rígida, BC)
	12	pasó la noche (lit., **estaba** pasando la noche)
	7:2	a quien éste quería mucho (el cual le **era** de mucha estima, BC)
	12	la cual **era** viuda **había** con ella mucha gente
	37	una mujer...que **era** pecadora
	39	si **fuera** profeta, conocería quién
	41	Un acreedor tenía dos deudores (lit., **había** dos deudores para un acreedor)
	8:2	mujeres que **habían** sido sanadas
	32	**Había** allí un hato de muchos cerdos
	40	porque todos le esperaban. (porque todos le **estaban** esperando, VM)
	42	porque tenía una hija única, (lit.,...una hija **era** única de él)
	9:14	**eran** como cinco mil hombres
	30	los cuales **eran** Moisés y Elías
	32	los que estaban con él **estaban** rendidos
	45	les **estaban** veladas
	53	su aspecto **era** como de ir a Jerusalén
	10:39	tenía una hermana (lit., le **era** una hermana)
	11:14	**Estaba** Jesús echando fuera un demonio que **era** mudo (TR, N, [ABMW], VHA, BC)
	13:10	Enseñaba Jesús en una sinagoga (Jesús **estaba** enseñando....BA)
	11	andaba encorvada (**estaba** encorvada, VHA)
	14:1	le acechaban (le **estaban** observando, BC)
	2	**estaba** delante de él un hombre
	15:1	Se acercaban...todos los publicanos (lit., se **estaban** acercando...)
	24	este mi hijo muerto **era**, se había perdido (**estaba** perdido, BA)
	25	su hijo mayor **estaba** en el campo
	32	porque este tu hermano **era** muerto
	16:1	**Había** un hombre rico
	19	**Había** un hombre rico
	20	**Había** también un mendigo (TR)
	17:16	éste **era** samaritano.
	18:2	**Había** en una ciudad un juez
	3	**Había** también...una viuda
	23	porque **era** muy rico
	34	esta palabra les **era** encubierta
	19:2	que **era** jefe de los publicanos y rico (V60) (y **era** rico, BA, TR)
	3	**era** pequeño de estatura
	47	enseñaba cada día (**estábase** caua día enseñando, BC)
	20:4	¿**era** del cielo, o de los hombres?
	29	**Hubo**, pues, siete hermanos;
	21:37	enseñaba de día (Se **estaba** los días... enseñando, BC)
	22:56	También éste **estaba** con él
	59	también éste **estaba** con él
	23:8	hacía tiempo que deseaba verle (...**estaba**

ἤμην 2252 | 289 | 2252 ἤμην

		deseoso de verle, BC)			VHA, WH, N, ABMW, NC, BC, BA)
Lc	23:19	Este había sido echado en la cárcel	Jn	9:14	era día de reposo cuando Jesús
	38	Había también sobre él un título		16	había disensión entre ellos
	44	Cuando era como la hora sexta		18	él había sido ciego
	47	este hombre era justo		24	al hombre que había sido ciego
	51	no había consentido en el acuerdo		33	Si éste no viniera de Dios (...no fuese
	53	no se había puesto a nadie. (...había sido			de Dios, VHA)
		puesto...BA)		41	Si fuerais ciegos, no tendríais pecado
	54	Era día de la víspera de la pascua		10:6	qué era lo que les decía
	55	mujeres que habían venido		22	fiesta de la dedicación. Era invierno
	24:10	Eran María Magdalena, y Juana		40	donde primero había estado bautizando
	13	dos de ellos iban (lit.,...estaban yendo)		41	todo lo que Juan dijo de éste, era verdad
	32	¿No ardía nuestro corazón en nosotros,		11:1	Estaba entonces enfermo uno
		(lit., no estaba ardiendo...)		2	fue la que ungió al Señor
	53	estaban siempre en el templo		6	en el lugar donde estaba
Jn	1:1	En el principio era el Verbo		15	de no haber estado allí (que yo no haya
		el Verbo era con Dios			estado allí, VA)
		el Verbo era Dios		18	Betania estaba cerca de Jerusalén
	2	Este era en el principio con Dios		21	si hubieses estado aquí
	4	En él estaba la vida		30	estaba en el lugar donde
		la vida era la luz de los hombres		32	si hubieses estado aquí
	8	No era él la luz		38	Era una cueva, y tenía una piedra
	9	Aquella luz verdadera...venía (Existía la		41	había sido puesto el muerto. (TR, VM)
		luz...viniendo, BC)		55	estaba cerca la pascua
	10	En el mundo estaba	12:1	donde estaba Lázaro,
	15	Este es de quien yo decía: (Este era el		6	Lázaro era uno de los que estaban
		que dije, BC)		6	sino porque era ladrón
	24	los que habían sido enviados eran de los		16	estas cosas estaban escritas acerca de él
		fariseos (TR, NC, BC); (ellos habían sido		20	Había ciertos griegos
		enviados por parte de los fariseos, VM,	13:5	la toalla con que estaba ceñido
		WH, N, ABMW, VHA, BA)		23	estaba recostado al lado
	28	donde Juan estaba bautizando		30	era ya de noche
	30	porque era primero que yo	15:19	Si fuerais del mundo
	39	porque era como la hora décima	16:4	porque yo estaba con vosotros
	40	Andrés,...era uno de los dos	17:6	tuyos eran, y me los diste
	44	Felipe era de Betsaida		12	Cuando estaba con ellos en el mundo
	2:1	estaba allí la madre de Jesús	18:1	donde había un huerto
	6	estaban allí seis tinajas		10	el siervo se llamaba Malco (el nombre...
	13	Estaba cerca la pascua de los			era Malco, VHA)
	23	Estando en Jerusalén en la fiesta (cuando		13	porque era suegro de Caifás
		estaba...,BA)			que era sumo sacerdote aquel año
	25	él sabía lo que había		14	Era Caifás el que había dado
	3:1	Había un hombre de los fariseos		15	era conocido del sumo sacerdote
	19	porque sus obras eran malas		16	que era conocido del sumo sacerdote,
	23	Juan bautizaba (...estaba bautizando, VHA)			(TR, VM, BA)
		había allí muchas aguas		18	porque hacía frío, y se calentaban;
	24	Juan no había sido aún encarcelado			con ellos estaba Pedro en pie,
	26	el que estaba contigo al otro lado		25	Estaba, pues, Pedro en pie,
	4:6	estaba allí el pozo de Jacob		28	Era de mañana, y ellos no entraron
		era como la hora sexta		30	Si éste no fuera malhechor,
	46	había en Capernaum un oficial		36	si mi reino fuera de este mundo
	5:1	había una fiesta de los judíos		40	Y Barrabás era ladrón
	5	había allí un hombre que hacía	19:11	si no te fuese dada de arriba
	9	era día de reposo aquel día		14	Era la víspera de la pascua
	35	El era antorcha que ardía			como la hora sexta (lit., era como...)
	6:4	estaba cerca la pascua		19	el cual decía: JESUS NAZARENO,
	10	había mucha hierba en aquel lugar			(estaba escrito, BC)
	22	no había habido allí...barca		20	estaba cerca de la ciudad
	62	subir adonde estaba primero?			el título estaba escrito en hebreo
	7:2	Estaba cerca la fiesta de los judíos		23	la cual era sin costura
	12	había gran murmullo acerca de él		31	por cuanto era la víspera de la pascua
	39	aún no había venido el Espíritu (todavía no			aquel día de reposo era de gran solemnidad
		había espíritu, BC)		41	había un huerto
	42	de donde era David			aún no había sido puesto ninguno. (WH, N,
	8:39	Si fueseis hijos de Abraham, (TR)			ABMW)
	42	Si vuestro padre fuese Dios		42	aquel sepulcro estaba cerca
	44	El ha sido homicida desde el principio	20:7	había estado sobre la cabeza
	9:8	que era ciego, (TR, VM); (que era mendigo,		19	estaban reunidos por miedo de los judíos
				24	no estaba con ellos cuando

Jn	20:26	después, **estaban** otra vez	Hch 11:17	¿quién **era** yo que pudiese
	21:2	**Estaban** juntos Simón Pedro	20	**había** entre ellos unos varones
	7	se había despojado de ella (**estaba** desnudo, VM)	21	la mano del Señor **estaba** con ellos,
			24	**era** varón bueno
	8	no distaban de tierra (no **estaban** lejos de tierra, VM)	12:3	**Eran** entonces los días de los panes
			5	la iglesia hacía...la oración (**fue** hecha oración...VM)
	18	Cuando **eras** más joven		
Hch	1:10	estando ellos con los ojos puestos (como ellos **estuviesen** mirando fijamente, VHA)	6	**estaba** Pedro durmiendo
			12	muchos **estaban** reunidos orando
	13	donde moraban Pedro y Jacobo, (donde **estaban** hospedados..., BA)	18	**hubo** no poco alboroto
			20	Herodes **estaba** enojado contra
	14	éstos perseveraban unánimes en oración (...**estaban** de continuo entregados a la oración, BA)	13:1	**Había** entonces en la iglesia
			7	**estaba** con el procónsul Sergio
			46	**era** necesario que se os hablase
	15	los reunidos **eran** como ciento veinte	48	los que **estaban** ordenados para vida eterna
	17	**era** contado con nosotros	14:4	unos **estaban** con los judíos
	2:1	**estaban** todos unánimes juntos	7	allí predicaban el evangelio. (lit.,...**estaban** predicando...)
	2	la casa donde **estaban** sentados		
	5	Moraban entonces en Jerusalén (**estaban** habitando..., VM)	12	éste **era** el que llevaba la palabra
			26	donde **habían sido** encomendados
	24	por cuanto **era** imposible	16:1	**había** allí cierto discípulo
	42	perseveraban en la doctrina (lit., **estaban** perseverando...)	9	**estaba** en pie, rogándole
			12	**estuvimos** en aquella ciudad
	44	los que habían creído **estaban** juntos, (TR, ABMW, VHA, VHA, VM, NC, BC, BA)	17:1	**había** una sinagoga de los judíos
			11	éstos **eran** más nobles que los que
	3:10	**era** el que se sentaba a pedir	18:3	el oficio de ellos **era** hacer tiendas (**eran** de oficio fabricantes..., BC)
	4:3	porque **era** ya tarde		
	6	**eran** de la familia de los sumos	7	la cual **estaba** junto a la sinagoga
	13	reconocían que **habían estado** con Jesús	14	Si **fuera** algún agravio
	22	tenía más de cuarenta años (**era** de más..., BC)	25	Este **había sido** instruido en el camino
			19:7	**Eran** por todos unos doce
	31	el lugar en que **estaban** congregados	14	**Había** siete hijos de un tal Esceva
	32	**era** de un corazón y una alma	16	en quien **estaba** el espíritu malo
	32	**tenían** todas las cosas en común. (para ellos todo **era** común, BC)	32	la concurrencia **estaba** confusa
			20:8	había muchas lámparas...donde **estaban** reunidos (TR, BA); (...**estábamos**, WH, N, ABMW, VHA, VM, NC, BC, BA)
	33	gracia **era** sobre todos ellos		
	34	no **había** entre ellos ningún necesitado (WH, N, ABMW)		
			13	ya que así lo **había** determinado
	5:12	**estaban** todos unánimes	16	pues se apresuraba por **estar** el día de Pentecostés, (TR)
	7:9	pero Dios **estaba** con él		
	20	**fue** agradable a Dios	21:3	el barco **había** de descargar allí
	22	**era** poderoso en sus palabras	9	Este **tenía** cuatro hijas (lit., a éste **había**...)
	44	Tuvieron nuestros padres el tabernáculo (lit., **era** para nuestros padres...)	29	**habían** visto...a Trófimo
			22:19	ellos saben que yo encarcelaba (yo **era** el que encarcelaba, NC)
	8:1	Saulo consentía en su muerte (...**estaba** en completo acuerdo, BA)		
			20	yo mismo también **estaba** presente
	13	**estaba** siempre con Felipe	29	por haberlo atado (porque le **había** atado, BA)
	16	aun no **había** descendido sobre		
	27	el cual **estaba** sobre todos sus tesoros	23:13	**Eran** más de cuarenta
	28	volvía sentado en su carro, (estaba de vuelta..., BC)	27:8	cerca del cual **estaba** la ciudad de Lasea
			37	**éramos** todas las personas en la nave
	32	El pasaje...**era** este	Ro 5:13	antes...**había** pecado en el mundo
	9:9	**estuvo** tres días sin ver,	6:17	**erais** esclavos de pecado
	10	**Había** entonces en Damasco	20	cuando **erais** esclavos del pecado
	28	**estaba** con ellos en Jerusalén		**erais** libres acerca de la justicia
	33	**era** paralítico	7:5	mientras **estábamos** en la carne
	36	**Había** entonces en Jope Esta abundaba en buenas obras (Esta **estaba** llena de buenas obras, BC)	1 Co 6:11	esto **erais** algunos
			10:1	todos **estuvieron** bajo la nube
			4	la roca **era** Cristo
	10:1	**Había** en Cesarea un hombre (TR)	12:2	cuando **erais** gentiles
	24	Cornelio los **estaba** esperando	19	si todos **fueran** un solo miembro
	30	**estaba** en ayunas; y...mientras oraba TR, VM); (**estaba** yo orando, BA, WH, N, ABMW, VHA, NC, BC)	13:11	Cuando **yo era** niño
			16:12	de ninguna manera tuvo voluntad de ir (no **había** voluntad de ir, BC)
	38	porque Dios **estaba** con él	2 Co 5:19	Dios **estaba** en Cristo reconciliando
	11:5	**Estaba** yo en la ciudad de Jope	Gá 1:10	no **sería** siervo de Cristo
	11	la casa donde **yo estaba**, TR, ABMW, BC); (...**estábamos**, WH, N, VHA, NC, BA)	22	no **era** conocido de vista
			23	solamente oían decir: (lit., ..**estaban** oyendo...)

Gá	2:6	lo que **hayan sido** en otro tiempo			quedará expuesto al infierno
	11	porque **era** de condenar	Mt	5:48	**Sed**, pues, vosotros perfectos
	3:21	la justicia **fuera** verdaderamente		6:5	no **seas** como los hipócritas; (TR); (no seáis
	4:3	cuando **éramos** niños			...,VHA, WH, N, ABMW, VM, NC, BC,
		estábamos en esclavitud			BA)
	15	¿Dónde, pues, **está** esa satisfacción		21	allí **estará** también vuestro corazón
		(lit.,... **estaba**...) (TR)		22	tu cuerpo **estará** lleno de luz
Ef	2:3	**éramos** por naturaleza hijos de ira		23	tu cuerpo **estará** en tinieblas
	12	**estabais** sin Cristo		8:12	allí **será** el lloro
	5:8	**erais** tinieblas, mas ahora		10:15	**será** más tolerable el castigo
Fil	2:26	él tenía gran deseo (**estaba** con añoranza,		22	**seréis** aborrecidos de todos
		BC)		11:22	**será** más tolerable el castigo
	3:7	cuantas cosas **eran** para mí ganancia		24	**será** más tolerable el castigo
Col	2:14	que nos **era** contraria,		12:11	¿Qué hombre **habrá** de vosotros,
1 Ts	3:4	Porque también estando con vosotros,		27	ellos **serán** vuestros jueces
		(Porque en verdad, cuando **estábamos**		40	así **estará** el Hijo del Hombre
		con vosotros, VM)		45	Así también **acontecerá** a esta mala
2 Ts	3:10	cuando **estábamos** con vosotros		13:40	así **será** en el fin de este siglo
Tit	3:3	Porque nosotros también **éramos** en otro		42	allí **será** el lloro y el crujir
He	2:15	estaban durante toda la vida		49	así **será** el fin del siglo
	7:10	aún estaba en los lomos de su padre		50	allí **será** el lloro y el crujir
	11	Sí,...**fuera** por el sacerdocio levítico		16:19	**será** atado en los cielos
	8:4	si **estuviese** sobre la tierra			**será** desatado en los cielos
		ni siquiera **sería** sacerdote,		22	en ninguna manera esto te acontezca
	7	si...**hubiera sido** sin defecto			(...te **sucederá** esto, VHA)
	11:38	el mundo no **era** digno;		17:17	¿Hasta cuándo **he de estar** con vosotros?
	12:21	tan terrible **era** lo que se veía		18:18	**será** atado en el cielo;
Stg	1:24	luego olvida cómo **era**			**será** desatado en el cielo
	5:17	Elías **era** hombre sujeto		19:5	los dos **serán** una sola carne?
1 P	2:25	vosotros **erais** como ovejas		27	¿qué, pues, tendremos? (¿qué **habrá**, pues,
2 P	2:21	mejor les **hubiera sido** no haber conocido			para nosotros, BC)
	3:5	fueron hechos los cielos (**existían**...cielos,		30	muchos primeros **serán** postreros,
		VHA)		20:16	los primeros **serán** postreros,
1 Jn	1:1	Lo que **era** desde el principio		26	entre vosotros no **será** así, (TR, ABMW,
	2	la cual **estaba** con el Padre			VM, NC, BC)
	2:19	pero no **eran** de nosotros			**será** vuestro servidor,
		si **hubiesen sido** de nosotros		27	entre vosotros **será** vuestro siervo (V60,
	3:12	Caín, que **era** del maligno			WH, N, ABMW, VHA, BC, BA)
		sus obras **eran** malas,		22:13	allí **será** el lloro
Ap	1:4	del cual es y que **era**		28	¿de cuál de los siete **será** ella...?
	8	el que es y que **era**		23:11	sea vuestro siervo. (**será**...,VHA)
	3:15	¡Ojalá **fueses** frío o caliente! (WH, N,		24:3	¿cuándo **serán** estas cosas
		ABMW)		7	**habrá** pestes, y hambres
	4:3	del que estaba sentado **era** semejante		9	**seréis** aborrecidos de todas
	8	el que **era**, el que es, y el que ha de venir		21	**habrá** entonces gran tribulación
	11	por tu voluntad existen y fueron creadas.		27	así **será** también la venida
		(TR, VM, NC); (...existieron...,		37	así **será** la venida del Hijo
		WH, N, ABMW, VHA); (...no existían...,		39	**será** así también la venida del Hijo
		BC)		40	**estarán** dos en el campo
	5:11	su número **era** millones (omitido sólo en S)		51	allí **será** el lloro y el crujir
	9:8	sus dientes **eran** como de leones		25:30	allí **será** el lloro y el crujir
	10	en sus colas tenían poder (TR) (en sus		27:64	**será** el postrer error peor
		colas **estaba** su poder VHA)	Mr	6:11	**Será** más tolerable el castigo (TR, VM)
	10:10	era dulce en mi boca		9:19	¿Hasta cuándo **he de estar** con vosotros?
	11:17	el que eres y que **eras**		35	**será** el postrero de todos
	13:2	era semejante a un leopardo		10:8	los dos **serán** una sola carne
	16:5	el que eres y que **eras**		31	muchos primeros **serán** postreros
	17:4	la mujer **estaba** vestida (WH, N, ABMW)		43	no **será** así entre vosotros, (TR, VM, NC)
	8	era, y no es; y está para subir			entre vosotros **será** vuestro servidor
		la bestia que **era** y no es,		44	**será** siervo de todos
	11	La bestia que **era**, y no es,		11:23	lo que dice...le será hecho
	18:23	tus mercaderes **eran** los grandes			(lit., ...le **será**)
	21:18	El material de su muro **era** de jaspe (TR)		24	creed...y os vendra (lit., ...**será**)
	21	cada una...**era** una perla		12:7	la heredad **será** nuestra
2071		ἔσομαι — ésomai		23	¿de cuál de ellos **será** ella
Mt	5:21	**será** culpable de juicio		13:4	¿cuándo **serán** estas cosas?
	22	**será** culpable de juicio		8	**habrá** terremotos en muchos lugares
		será culpable ante el concilio			**habrá** hambres y alborotos

ἔσομαι 2071   2071 ἔσομαι

Mr	13:13	seréis aborrecidos de todos	Hch	2:21	todo aquel que invocare (**acontecerá** que todo el que..., VHA)
	19	aquellos días **serán** de tribulación		3:23	toda alma que no oiga (**sucederá** que toda..., VHA)
	25	las estrellas caerán (...**estarán** cayendo, VM)		7:6	Que su descendencia **sería** extranjera
	14:2	para que no se haga alboroto (...no sea que haya...VHA)		13:11	**serás** ciego, y no verás
Lc	1:14	tendrás gozo (**será** para ti de gozo, BC)		22:15	**serás** testigo suyo a todos
	15	**será** grande delante de Dios		27:22	no **habrá** ninguna pérdida
	20	ahora **quedarás** mudo		25	**será** así como se me ha dicho
	32	Este **será** grande	Ro	4:18	Así **será** tu descendencia.
	33	su reino no tendrá fin. (de su reino no habrá fin, VM)		6:5	lo **seremos** en la de su resurrección
	34	¿Cómo **será** esto?		9:9	Sara tendrá un hijo (lit., **habrá** hijo para Sara)
	45	se cumplirá lo que le fue dicho (lit., **habrá** cumplimiento para las cosas dichas a ella)		26	Y en el lugar (Y **será** que en el lugar, VHA)
	66	¿Quién, pues, **será** este niño?		15:12	**Estará** la raíz de Isaí,
	2:10	que **será** para todo el pueblo	1 Co	6:16	Los dos **serán** una sola carne
	3:5	Los caminos torcidos **serán** enderezados		11:27	**será** culpado del cuerpo
	4:7	todos **serán** tuyos		14:9	hablaréis al aire (**estaréis** hablando..., VHA)
	5:10	desde ahora **serás** pescador de hombres		11	**será** como extranjero para mí
	6:35	**será** vuestro galardón grande seréis hijos del Altísimo	2 Co	3:8	¿cómo no **será** más bien con gloria
	40	**será** como su maestro.		6:16	**seré** su Dios
	9:41	¿Hasta cuándo **he de estar** con vosotros,			ellos **serán** mi pueblo
	48	ése es el más grande (V60, WH, N, ABMW, VHA, VM, BC, BA) (ése será..., NC, TR)		18	**seré** para vosotros por Padre vosotros me **seréis** hijos
	10:12	**será** más tolerable el castigo		11:15	cuyo fin **será** conforme a sus obras.
	14	en el juicio **será** más tolerable el castigo		12:6	no **sería** insensato, porque diría
	11:19	ellos **serán** vuestros jueces		13:11	el Dios de paz...**estará** con vosotros
	30	lo **será** el Hijo del Hombre	Ef	5:31	los dos **serán** una sola carne.
	36	**será** todo luminoso, como cuando		6:3	seas de larga vida sobre la tierra.
	12:20	¿de quién **será**?	Fil	4:9	el Dios de paz **estará** con vosotros.
	34	allí **estará** también vuestro corazón	Col	2:8	Mirad que nadie os engañe (Mirad no **haya** alguno que os lleve en despojo, VHA)
	52	cinco en una familia **estarán** divididos	1 Ts	4:17	**estaremos** siempre con el Señor
	55	**Hará** calor; y lo hace	1 Ti	4:6	**serás** buen ministro de Jesucristo,
	13:28	Allí **será** el llanto y el crujir de dientes	2 Ti	2:2	que sean idóneos para enseñar
	30	hay postreros que **serán** primeros y primeros que **serán** postreros		21	**será** instrumento para honra,
				3:2	**habrá** hombres amadores de sí mismos
	14:10	entonces tendrás gloria (lit.,...**habrá** gloria para ti)		9	su insensatez **será** manifiesta a todos,
				4:3	vendrá tiempo (lit., **habrá** tiempo)
	14	**serás** bienaventurado	He	1:5	Yo **seré** a él Padre
	15:7	**habrá** más gozo en el cielo			él me **será** a mí hijo?
	17:24	así también **será** el Hijo		2:13	Yo confiaré en él (lit., Yo **seré** creyente en él)
	26	así también **será** en los días			
	30	Así **será** el día en que el Hijo		3:12	que no **haya** en ninguno de vosotros
	31	el que **esté** en la azotea		8:10	**seré** a ellos por Dios,
	34	en aquella noche **estarán** dos en una cama			ellos me **serán** a mí por pueblo
	35	**estarán** moliendo juntas		12	**seré** propicio a sus injusticias
	36	Dos **estarán** en el campo (E)	Stg	1:25	éste **será** bienaventurado en lo que hace
	19:46	Mi casa es casa de oración (TR); (...**será**..., VHA, WH, N, ABMW, VM, NC, BC, BA)		5:3	testificará contra vosotros, (...os **será** en testimonio, VHA)
	21:7	¿cuándo **será** esto?	1 P	1:16	Sed santos, (TR, VHA, NC); (**seréis** santos, BC, WH, N, ABMW, VM, BA)
	11	**habrá** grandes terremotos habrá terror y grandes señales	2 P	2:1	como **habrá** entre vosotros falsos profetas
	17	**seréis** aborrecidos de todos	1 Jn	3:2	lo que **hemos de ser** seremos semejantes a él
	23	**habrá** gran calamidad			
	24	Jerusalén **será** hollada por	2 Jn	2	**estará** para siempre con nosotros
	25	**habrá** señales en el sol		3	Sea con vosotros gracia
	22:69	el Hijo del Hombre se sentará (...**estará** sentado, VHA)	Jud	18	**habrá** burladores, que andarán
			Ap	10:6	que el tiempo no **sería** más
	23:43	hoy **estarás** conmigo en el paraíso		20:6	sino que **serán** sacerdotes de Dios
Jn	6:45	**serán** todos enseñados por Dios		21:3	ellos **serán** su pueblo
	8:36	**seréis** verdaderamente libres			Dios mismo **estará** con ellos
	55	**sería** mentiroso como vosotros		4	ya no **habrá** muerte
	12:26	allí también **estará** mi servidor			ni más llanto
	14:17	**estará** en vosotros		7	yo **seré** su Dios
	19:24	a ver de quién **será**			él **será** mi hijo
Hch	1:8	me **seréis** testigos en Jerusalén		25	allí no **habrá** noche
	2:17	en los postreros días, (**acontecerá** en los..., VHA)		22:3	no **habrá** más maldición

Ap	22:3	estará en ella
	5	No habrá allí más noche
	12	a cada uno según sea su obra (TR)
	14	para tener derecho al árbol de la vida, (lit., para que el derecho sea de ellos)
2071		ἔσεσθαι – ésesthai
Hch	11:28	que vendría una gran hambre (que había de haber una grande hambre, VM)
	23:30	de asechanzas que...habían tendido (que había un complot, VHA)
	24:15	ha de haber resurrección
	27:10	la navegación va a ser un perjuicio
2071		ἐσόμενος – esómenos
Lc	22:49	Viendo...lo que había de acontecer
		εὕνεκεν, véase ἕνεκα, 1752, pág. 326
2036		εἶπον – éipon (véase, λέγω, ἐρῶ, 3004, pág. 507 y 2046, pág. 358)
Mt	2:5	Ellos le dijeron: En Belén
	8	dijo: Id allá y averiguad
	13	permanece allá hasta que yo te diga
	3:7	les decía: ¡Generación de víboras!
	15	Jesús le respondió: Deja ahora,
	4:3	el tentador, y le dijo: Si eres dí que estas piedras se conviertan
	4	El respondió y dijo
	9	le dijo: Todo esto te daré (WH, N, ABMW)
	5:11	digan toda clase de mal contra
	22	yo os digo que cualquiera que cualquiera que diga: Necio,
	8:4	Jesús le dijo: Mira, no lo digas
	8	solamente dí la palabra
	10	dijo a los que le seguían
	13	Jesús dijo al centurión
	19	vino un escriba y le dijo
	21	Otro de sus discípulos le dijo:
	22	Jesús le dijo: (TR)
	32	El les dijo: Id
	9:2	dijo al paralítico
	3	los escribas decían dentro de sí
	4	conociendo Jesús...dijo
	5	¿qué es más fácil, decir: o decir: Levántate y anda?
	11	dijeron a los discípulos: (TR)
	12	Al oir esto Jesús, les dijo
	15	Jesús les dijo: ¿Acaso pueden
	22	mirándola, dijo: Ten ánimo
	10:27	Lo que os digo en tinieblas, decidlo
	11:3	para preguntarle: ¿Eres tú aquel que había (y le dijo: ¿Eres..., VM)
	4	respondiendo Jesús, les dijo:
	25	respondiendo Jesús, dijo
	12:2	Viéndolo los fariseos, le dijeron
	3	Pero él les dijo
	11	El les dijo: ¿Qué hombre habrá
	24	los fariseos, al oírlo, decían
	25	los pensamientos de ellos, les dijo:
	32	que dijere alguna palabra contra al que hable contra el Espíritu
	39	El respondió y les dijo
	47	le dijo uno: He aquí tu madre (TR,¦N¦, ¦ABMW¦, VHA, VM, NC, BC, BA)
	48	Respondiendo él...dijo:
	49	dijo: He aquí mi madre
	13:10	los discípulos, le dijeron
	11	El respondiendo, les dijo

Mt	13:27	Vinieron...y le dijeron
	37	Respondiendo él, les dijo
	52	El les dijo: Por eso todo
	57	Pero Jesús les dijo
	14:2	dijo a sus criados: Este es Juan
	16	Jesús les dijo: No tienen
	18	El les dijo: Traédmelos acá
	28	Pedro, y dijo: Señor
	29	Y él dijo: Ven
	15:3	Respondiendo él, les dijo
	4	Dios mandó diciendo: (TR, VM); (Dios dijo, VHA, WH, N, ABMW, NC, BC, BA)
	5	Pero vosotros decís: Cualquiera que diga
	10	les dijo: Oíd, y entended:
	12	sus discípulos, le dijeron: (TR)
	15	Respondiendo Pedro, le dijo
	16	Jesús dijo: ¿También vosotros sois
	24	El respondiendo, dijo: No soy
	26	Respondiendo él, dijo:
	27	Y ella dijo: Sí, Señor
	28	respondiendo Jesús, dijo:
	32	llamando a sus discípulos, dijo:
	34	ellos dijeron: Siete
	16:2	Mas él respondiendo, les dijo
	6	Jesús les dijo: Mirad, guardaos
	8	entendiéndolo Jesús, les dijo:
	11	el pan que os dije que os guardaseis
	12	que no les había dicho que os guardasen
	14	Ellos dijeron: Unos, Juan
	16	Respondiendo Simón Pedro, dijo:
	17	le respondió Jesús: (Jesús respondiendo, le dijo, VM)
	20	que a nadie dijesen que él era Jesús
	23	volviéndose, dijo a Pedro
	24	Jesús dijo a sus discípulos
	17:4	Pedro dijo a Jesús:
	7	Jesús...dijo: Levantaos
	9	No digáis a nadie la visión
	11	Respondiendo Jesús, les dijo:
	13	comprendieron que les había hablado
	17	Respondiendo Jesús, dijo:
	19	los discípulos...dijeron
	22	Estando ellos en Galilea, Jesús les dijo:
	24	le dijeron: ¿Vuestro Maestro no paga
	26	le respondió: De los extraños (diciendo él..., VM) (WH, N, ABMW)
	18:3	y dijo: De cierto os digo,
	17	dilo a la iglesia
	21	se le acercó Pedro y le dijo
	19:4	El, respondiendo, le dijo
	5	y dijo: Por esto el hombre
	11	Entonces él les dijo
	14	Pero Jesús dijo: Dejad a los niños
	16	vino uno y le dijo:
	17	El le dijo: ¿Por qué me llamas
	18	Y Jesús dijo: (TR, ABMW)
	23	Jesús dijo a sus discípulos:
	26	mirándolos Jesús, les dijo
	27	Pedro, le dijo: He aquí
	28	Jesús les dijo: De cierto os digo
	20:4	les dijo: Id también vosotros
	13	dijo a uno de ellos
	17	Subiendo Jesús...les dijo
	21	El le dijo: ¿Qué quieres? Ella le dijo: Ordena que en tu reino
	22	Jesús respondiendo, dijo
	25	Jesús, llamándolos, dijo
	32	Jesús, los llamó, y les dijo

Mt	21:3	si alguien os **dijere** algo
	5	**Decid** a la hija de Sion:
	16	y le **dijeron**: ¿Oyes lo que éstos
	21	Respondiendo Jesús, les **dijo**
		si a este monte **dijereis**: Quítate
	24	Respondiendo Jesús, les **dijo**
		si me la **contestáis**, también yo os diré
	25	Si **decimos**, del cielo
	26	si **decimos**, de los hombres
	27	respondiendo a Jesús, **dijeron**
	28	acercándose al primero, le **dijo**
	29	Respondiendo él, **dijo**: No quiero
	30	le **dijo** de la misma manera
		dijo: Si, señor, voy
	38	cuando vieron al hijo, **dijeron** entre sí:
	22:1	les volvió a **hablar** en parábolas, (les **habló**
		otra vez..., VM)
	4	**Decid** a los convidados
	13	el rey **dijo** a los que servían
	17	**Dinos**, pues, qué te parece
	18	Pero Jesús,...les **dijo**:
	24	Maestro, Moisés **dijo**:
	29	respondiendo Jesús, les **dijo**:
	37	Jesús le **dijo**: Amarás (TR)
	44	**Dijo** el Señor a mi Señor
	23:3	Así que, todo lo que os **digan**
	39	hasta que **digáis**: Bendito
	24:2	Respondiendo él, les **dijo**:
	3	**Dinos**, ¿cuándo serán estas cosas,
	4	Respondiendo Jesús, les **dijo**
	23	si alguno os **dijere**:
	26	Así que, si os **dijeren**
	48	**dijere** en su corazón:
	25:8	las insensatas **dijeron** a las prudentes
	12	Mas él, respondiendo, **dijo**:
	22	**dijo**: Señor, dos talentos
	24	**dijo**: Maestro, te conocía que eres
	26	Respondiendo su señor, le **dijo**:
	26:1	**dijo** a sus discípulos:
	10	entendiéndolo Jesús, les **dijo**:
	15	y les,**dijo**: ¿Qué me queréis dar,
	18	él **dijo**: Id a la ciudad
		decidle: El Maestro dice:
	21	mientras comían, **dijo**: De cierto
	23	Entonces él respondiendo, **dijo**:
	25	respondiendo Judas,...**dijo**
		Le **dijo**: Tú lo **has dicho**
	26	dio a sus discípulos, y **dijo**:
	33	Respondiendo Pedro, le **dijo**
	35	**dijeron** lo mismo
	44	**diciendo** las mismas palabras
	49	se acercó a Jesús y **dijo**
	50	Y Jesús le **dijo**: Amigo,
	55	**dijo** Jesús a la gente
	61	que **dijeron**: Este **dijo**: Puedo
	62	el sumo sacerdote, le **dijo**:
	63	el sumo sacerdote le **dijo**:
		que nos **digas** si eres
	64	Jesús le **dijo**: Tú lo **has dicho**
	66	**dijeron**: ¡Es reo de muerte!
	73	**dijeron** a Pedro
	27:4	Mas ellos **dijeron**: ¿Qué nos importa
	6	tomando las piezas de plata, **dijeron**
	17	les **dijo** Pilato: ¿A quién queréis
	21	el gobernador, les **dijo**
		ellos **dijeron**: A Barrabás
	25	todo el pueblo, **dijo**:
	43	porque **ha dicho**: Soy Hijo
	49	los otros **decían**: Deja, veamos (WH, N)

Mt	27:63	aquel engañador **dijo**
	64	y **digan** al pueblo: Resucitó
	28:5	**dijo** a las mujeres: No temáis
	6	ha resucitado, como **dijo**
	7	id pronto y **decid** a sus discípulos
		He aquí, os lo **he dicho**
	13	diciendo: **Decid** vosotros: Sus discípulos
Mr	1:17	les **dijo** Jesús: Venid en pos
	42	Y **así que** él **hubo hablado**, (TR)
	44	le **dijo**: Mira, no **digas** a nadie
	2:8	conociendo luego Jesús..., les **dijo**: (TR)
	9	¿Qué es más fácil, **decir** al paralítico
		o **decirle**: Levántate, toma
	19	Jesús les **dijo**: ¿Acaso pueden
	3:9	**dijo** a sus discípulos
	32	sentada alrededor de él, le **dijo**: (TR)
	4:39	**dijo** al mar: Calla
	40	les **dijo**: ¿Por qué estáis
	5:7	clamando a gran voz, **dijo**: (TR)
	33	le **dijo** toda la verdad
	34	él le **dijo**: Hija, tu fe te
	43	**dijo** que se le diese de comer.
	6:16	Al oír esto Herodes, **dijo**: (TR)
	22	el rey **dijo** a la muchacha
	24	Saliendo ella, **dijo** a su madre
		ella le **dijo**: La cabeza
	31	El les **dijo**: (TR)
	37	Respondiendo él, les **dijo**
	7:6	Respondiendo él, les **dijo**
	10	Porque Moisés **dijo**: Honra
	11	vosotros decís: Basta que **diga**
	27	Pero Jesús le **dijo**: (TR)
	29	le **dijo**: Por esta palabra
	36	les mandó que no lo **dijesen** (TR)
	8:5	Ellos **dijeron**: Siete
	7	**mandó** que también los pusiesen delante
	20	ellos **dijeron**: Siete (TR)
	26	ni lo **digas** a nadie (TR)
	28	Ellos respondieron: Unos, (TR, VM, VHA);
		(le **respondieron**, diciendo, BA, WH, N,
		ABMW, NC, BC)
	34	a sus discípulos, les **dijo**: (TR)
	9:12	Respondiendo él, les **dijo**: (TR)
	17	**dijo**: Maestro, traje a ti (TR)
	18	**dije** a tus discípulos que
	21	él **dijo**: Desde niño
	23	Jesús le **dijo**: Si puedes
	29	les **dijo**: Este género con nada
	36	tomándole en sus brazos, les **dijo**
	39	Jesús **dijo**: No se lo prohibáis
	10:3	El, respondiendo, les **dijo**
	4	Ellos **dijeron**: Moisés permitió
	5	Jesús, les **dijo**: Por la dureza
	14	se indignó, y les **dijo**
	18	Jesús le **dijo**: ¿Por qué me llamas
	20	respondiendo le **dijo** (TR)
	21	Jesús...le amó, y le **dijo**
	29	**dijo**: De cierto os digo (TR)
	36	El les **dijo**: ¿Qué queréis
	37	Ellos le **dijeron**: Concédenos
	38	Entonces Jesús les **dijo**
	39	Ellos **dijeron**: Podemos
		Jesús les **dijo**: A la verdad
	49	**mandó** llamarle (TR); (**dijo**: Llamadle,
		VHA, WH, N, ABMW, VM, NC, BC, BA)
	51	Jesús le **dijo**: ¿Qué quieres
		el ciego le **dijo**: Maestro
	52	Jesús le **dijo**: Vete, tu fe
	11:3	si alguien os **dijere**:

Mr	11:3	decid que el Señor lo necesita
	6	les dijeron como Jesús había
	14	Jesús dijo a la higuera
	23	cualquiera que dijere a este monte
		lo que dice, lo que diga (TR)
	29	Jesús, respondiendo, les dijo
	31	Si decimos, del cielo, dirá
	32	¿Y si decimos, de los hombres
	12:7	aquellos labradores dijeron
	12	entendían que decía contra ellos
	15	les dijo: ¿Por qué me tentáis?
	16	le dijeron: De César
	17	Respondiendo Jesús, les dijo
	24	les dijo: ¿No erráis (TR)
	26	cómo le habló Dios en la zarza
	32	Entonces el escriba le dijo:
		Maestro, verdad has dicho
	34	Jesús...le dijo: No estás lejos
	36	el mismo David dijo por el Espíritu
		Dijo el Señor a mi Señor
	43	llamando a sus discípulos, les dijo (WH, N, ABMW)
	13:2	Jesús, respondiendo, le dijo
	4	Dinos, ¿cuándo serán estas cosas?
	21	si alguno os dijere: allí está
	14:6	Pero Jesús dijo: Dejadla
	14	decid al señor de la casa
	16	hallaron como les había dicho
	18	mientras comían, dijo Jesús
	20	El, respondiendo, les dijo
	22	les dio, diciendo: Tomad
	24	les dijo: Esto es mi sangre
	39	oró, diciendo las mismas palabras (lit.,... la misma palabra)
	48	respondiendo Jesús, les dijo
	62	Jesús le dijo: Yo soy
	72	palabras que Jesús le había dicho
	15:2	Respondiendo él, le dijo: Tú lo dices, (TR)
	12	les dijo otra vez (TR)
	39	dijo: Verdaderamente este hombre era
	16:7	decid a sus discípulos, y a Pedro,
		allí le veréis, como os dijo
	8	ni decían nada a nadie
	15	[les dijo: Id por todo el mundo]
Lc	1:13	Pero el ángel le dijo:
	18	Dijo Zacarías al ángel
	19	Respondiendo el ángel, le dijo:
	28	entrando el ángel...dijo
	30	Entonces el ángel le dijo
	34	María dijo al ángel
	35	Respondiendo el ángel, le dijo
	38	Entonces María dijo: He aquí
	42	exclamó a gran voz, y dijo:
	46	Entonces María dijo:
	60	respondiendo su madre, dijo
	61	Le dijeron: ¿Por qué?
	2:10	Pero el ángel les dijo: No temáis
	15	los pastores se dijeron unos a otros: (TR)
	28	él le...bendijo...diciendo: (...y dijo, VHA)
	34	dijo a su madre María
	48	y le dijo su madre: Hijo
	49	Entonces él les dijo: ¿Por qué me
	3:12	le dijeron: Maestro,
	13	El les dijo: No exijáis más
	14	les dijo: No hagáis extorsión
	4:3	Entonces el diablo le dijo
		dí a esta piedra que se convierta
	6	le dijo el diablo: A ti te daré
	8	Respondiendo Jesús, le dijo: Vete

Lc	4:9	le dijo: Si eres Hijo
	12	Respondiendo Jesús, le dijo
	23	les dijo: Sin duda me diréis
	24	añadió: De cierto os digo, (dijo:, VM)
	43	Pero él les dijo: Es necesario
	5:4	dijo a Simón: Boga
	5	Respondiendo Simón, le dijo
	10	Pero Jesús dijo a Simón
	13	le tocó, diciendo: Quiero; sé limpio. (TR)
	14	que no lo dijese a nadie
	20	le dijo: Hombre, tus pecados te son
	22	respondiendo les dijo: ¿Qué caviláis
	23	¿Qué es más fácil, decir
		o decir: Levántate
	24	(dijo al paralítico): A ti te digo
	27	le dijo: Sígueme.
	31	Respondiendo Jesús, les dijo:
	33	Entonces ellos le dijeron
	34	les dijo: ¿Podéis acaso
	6:2	algunos de los fariseos les dijeron
	3	Respondiendo Jesús, les dijo
	8	dijo al hombre que tenía la mano seca
	9	Entonces Jesús les dijo:
	10	mirándolos...dijo al hombre
	26	cuando todos los hombres hablen bien
	39	les decía una parábola
	7:7	pero dí la palabra
	9	dijo a la gente que le seguía
	13	se compadeció...y le dijo:
	14	Joven, a ti te digo, levántate
	20	dijeron: Juan el Bautista
	22	respondiendo Jesús, les dijo
	31	dijo el Señor: ¿A qué, pues, compararé (TR)
	39	el fariseo...dijo para sí
	40	Jesús, le dijo: Simón
		una cosa tengo que decirte
		le dijo: Dí
	42	Dí, pues, ¿Cuál de ellos le amará más? (TR)
	43	Respondiendo Simón, dijo
		él le dijo: Rectamente has juzgado
	48	a ella le dijo: Tus pecados te
	50	dijo a la mujer:* Tu fe te
	8:4	les dijo por parábola:
	10	él dijo: A vosotros os es dado
	21	respondiendo, les dijo: Mi madre
	22	entró en una barca... y les dijo
	25	les dijo: ¿Dónde está vuestra fe?
	28	exclamó a gran voz: ¿Qué tienes
	30	él dijo: Legión
	45	Jesús dijo: ¿Quién es
		dijo Pedro y los que con él
	46	Jesús dijo: Alguien me ha tocado
	48	él le dijo: Hija, tu fe te ha salvado
	52	Pero él dijo: No lloréis
	56	que a nadie dijesen lo que
	9:3	les dijo: No toméis nada
	9	dijo Herodes: A Juan yo le hice
	12	le dijeron: Despide a la gente
	13	El les dijo: Dadles vosotros de comer
		dijeron ellos; No tenemos
	14	Entonces dijo a sus discípulos
	19	respondieron: Unos, Juan (respondiendo, dijeron..., VM)
	20	El les dijo: ¿Y vosotros, quién
		Pedro dijo: El Cristo de Dios
	21	Pero les mandó que a nadie dijesen (TR)
	22	diciendo: Es necesario que el Hijo

Lc	9:33	Pedro **dijo** a Jesús: Maestro
	41	Respondiendo Jesús, **dijo**
	43	**dijo** a sus discípulos
	48	les **dijo**: Cualquiera que reciba
	49	respondiendo Juan, **dijo**: Maestro,
	50	Jesús le **dijo**: No se lo prohibáis
	54	Jacobo y Juan, **dijeron**
		¿quieres que **mandemos** que descienda
	55	los reprendió, **diciendo**: Vosotros no sabéis
		(les reprendió, y **dijo**..., VM, TR, BC)
	57	uno le **dijo** en el camino
	58	le **dijo** Jesús: Las zorras tienen
	59	**dijo** a otro: Sígueme
		El le **dijo**: Señor, déjame
	60	Jesús le **dijo**: Deja que los muertos
	61	**dijo** otro: Te seguiré, Señor;
	62	Jesús le **dijo**: Ninguno que poniendo
	10:10	saliendo por sus calles, **decid**:
	18	les **dijo**: Yo veía a Satanás caer
	21	Jesús... **dijo**: Yo te alabo
	22	lit., volviéndose a los discípulos **dijo**; (S);
		(no se encuentra en V60, VA, E, WH, N,
		ABMW, VHA, VM, NC, BC, BA)
	23	les **dijo** aparte: Bienaventurados
	26	El le **dijo**: ¿Qué está escrito
	27	respondiendo, **dijo**: Amarás
	28	le **dijo**: Bien has respondido
	29	**dijo** a Jesús: ¿Y quién es mi prójimo?
	30	Respondiendo Jesús, **dijo**:
	35	dio al mesonero, y le **dijo**
	37	El **dijo**: El que usó de misericordia
		Entonces Jesús le **dijo**
	40	**dijo**: Señor, ¿no te da cuidado
		Dile, pues, que me ayude
	41	le **dijo**: Marta, Marta, afanada
	11:1	uno de sus discípulos le **dijo**:
	2	les **dijo**: Cuando oréis, **decid**:
	5	Les **dijo** también: ¿Quién de vosotros
		le **dice**: Amigo, préstame tres panes,
	7	le **dice**: No me molestes; la puerta
	15	algunos de ellos **decían**:
	17	Mas él,... les **dijo**: Todo reino
	27	una mujer... le **dijo**: Bienaventurado
	28	él **dijo**: Antes bienaventurados los
	39	Pero el Señor le **dijo**: Ahora
	46	él **dijo**: ¡Ay de vosotros
	49	la sabiduría de Dios también **dijo**
	12:3	todo lo que **habéis dicho** en tinieblas
	11	o qué **habréis de decir**
	12	lo que **debáis decir**
	13	Le **dijo** uno de la multitud
		dí a mi hermano que parta conmigo
	14	Mas él le **dijo**: Hombre,
	15	les **dijo**: Mirad, y guardaos
	16	les **refirió** una parábola
	18	**dijo**: Esto haré: derribaré mis
	20	Pero Dios le **dijo**: Necio
	22	Dijo luego a sus discípulos
	41	Pedro le **dijo**: Señor, ¿dices
	42	**dijo** el Señor: ¿Quién es
	45	si aquel siervo **dijere** en su corazón,
	13:2	Jesús, les **dijo**: ¿Pensáis
	7	**dijo** al viñador: He aquí
	12	la llamó y le **dijo**: Mujer
	15	el Señor le respondió y **dijo**:
	20	volvió a decir: ¿A qué compararé
		(**dijo** otra vez..., VM)
	23	alguien le **dijo**: Señor
		Y él les **dijo**: Esforzaos
Lc	13:32	les **dijo**: Id
		decid a aquella zorra:
	35	os **digo** que no me veréis
	14:3	**habló** a los intérpretes de la ley
	5	**dijo**: ¿Quién de vosotros,
	10	cuando venga el que te convidó, te **diga** (TR)
	15	le **dijo**: Bienaventurado el que coma
	16	Entonces Jesús le **dijo**
	17	envió a su siervo **a decir**
	18	El primero **dijo**: He comprado
	19	Otro **dijo**: He comprado cinco
	20	otro **dijo**: Acabo de casarme,
	21	**dijo** a su siervo: Vé pronto
	22	**dijo** el siervo: Señor,
	23	**dijo** el señor al siervo: Vé
	25	volviéndose, les **dijo**
	15:3	él les **refirió** esta parábola
	11	También **dijo**: Un hombre tenía
	12	el menor de ellos **dijo** a su padre
	17	volviendo en sí, **dijo** (TR)
	21	el hijo le **dijo**: Padre, he pecado
	22	el padre **dijo** a sus siervos
	27	El le **dijo**: Tu hermano ha venido
	29	**dijo** al padre. He aquí, tantos años
	31	le **dijo**: Hijo, tú siempre estás
	16:2	le llamó, y le **dijo**: ¿Qué es
	3	el mayordomo **dijo** para sí:
	6	El **dijo**: Cien barriles
		le **dijo**: Toma tu cuenta,
	7	Después **dijo** a otro: Y tú
		él **dijo**: Cien medidas de trigo
	15	Entonces les **dijo**: Vosotros sois
	24	dando voces, **dijo**:
	25	Abraham le **dijo**: Hijo, acuérdate
	27	le **dijo**: Te ruego, pues, padre,
	30	El entonces **dijo**: No, padre
	31	le **dijo**: Si no oyen
	17:1	Dijo Jesús a sus discípulos
	5	**Dijeron** los apóstoles al Señor
	6	el Señor **dijo**: Si tuvierais fe
	14	les **dijo**: Id, mostraos
	17	Respondiendo Jesús, **dijo**: ¿No son diez
	19	le **dijo**: Levántate, vete
	20	les respondió y **dijo**
	22	**dijo** a sus discípulos: Tiempo vendrá
	37	le **dijeron**: ¿Dónde, Señor?
	18:4	**dijo** dentro de sí: Aunque ni temo
	6	**dijo** el Señor: Oíd lo que dijo
	9	**dijo** también esta parábola
	16	llamándolos, **dijo** (TR, VM)
	19	Jesús le **dijo**: ¿Por qué me llamas
	21	El **dijo**: Todo esto lo he guardado
	22	**dijo**: Aún te falta una cosa:
	24	**dijo**: ¡Cuán difícilmente entrarán
	26	los que oyeron esto **dijeron**
	27	El les **dijo**: Lo que es imposible
	28	Entonces Pedro **dijo**: He aquí
	29	él les **dijo**: De cierto os digo,
	31	les **dijo**: He aquí subimos
	41	**dijo**: Señor, que reciba la vista
	42	Jesús le **dijo**: Recíbela,
	19:5	le **dijo**: Zaqueo, date prisa
	8	Zaqueo... **dijo** al Señor: He aquí
	9	Jesús le **dijo**: Hoy ha venido
	11	**dijo** una parábola, por cuanto
	12	Dijo, pues: Un hombre noble se fue
	13	les **dijo**: Negociad entre tanto que
	15	**mandó** llamar ante él a aquellos siervos

Lc	19:17	El le **dijo**: Está bien, buen siervo
	19	también a éste **dijo**: Tú también
	24	**dijo** a los que estaban presentes
	25	Ellos le **dijaron**: Señor
	28	**Dicho** esto, iba delante subiendo
	30	**diciendo**: Id a la aldea (TR)
	32	hallaron como les **dijo**
	33	sus dueños les **dijeron**: ¿Por qué
	34	Ellos **dijaron**: Porque el Señor
	39	algunos...le **dijaron**: Maestro
	40	El, respondiendo, les **dijo**
	20:2	le **hablaron** diciendo
		Dinos: ¿con qué autoridad haces
	3	Respondiendo Jesús, les **dijo**
		una pregunta; **respondedme** (decidme..NC)
	5	Si **decimos**, del cielo, dirá
	6	si **decimos**, de los hombres
	8	Entonces Jesús les **dijo**
	13	el señor de la viña **dijo**:
	16	**dijeron**: ¡Dios nos libre!
	17	mirándolos, **dijo**: ¿Qué, pues,
	19	**había dicho** esta parábola
	23	les **dijo**: ¿Por qué me tentáis?
	24	**dijeron**: De César
	25	les **dijo**: Pues dad a César
	34	Jesús, les **dijo**: Los hijos de este
	39	algunos de los escribas, **dijeron**:
		Maestro, bien **has dicho**
	41	Entonces él les **dijo**: ¿Cómo dicen
	42	**Dijo** el Señor a mi Señor:
	45	**dijo** a sus discípulos
	21:3	**dijo**: En verdad os digo
	5	a unos que hablaban...**dijo**
	8	El entonces **dijo**: Mirad que no seáis
	29	les **dijo** una parábola:
	22:8	Jesús envió...**diciendo**: Id
	9	Ellos le **dijeron**: ¿Dónde quieres que
	10	El les **dijo**: He aquí,al entrar
	15	les **dijo**: ¡Cuánto he deseado
	17	dio gracias, y **dijo**: Tomad esto,
	25	él les **dijo**: Los reyes de las naciones
	31	**Dijo** también el Señor: (TR)
	33	le **dijo**: Señor, dispuesto estoy
	34	él le **dijo**: Pedro, te digo que
	35	a ellos **dijo**: Cuando os envié
		Ellos **dijeron**: Nada
	36	les **dijo**: Pues ahora, el que tiene
	38	ellos **dijeron**: Señor, aquí
		él les **dijo**: Basta
	40	Cuando llegó...les **dijo**
	46	les **dijo**: ¿Por qué dormís?
	48	Jesús le **dijo**: Judas,
	49	le **dijeron**: Señor, ¿heriremos a espada?
	51	respondiendo Jesús, **dijo**: Basta
	52	Jesús **dijo** a los principales
	56	se fijó en él, y **dijo**
	68	Pedro **dijo**: Hombre (TR)
	60	Pedro **dijo**: Hombre, no sé
	61	que le **había dicho**: Antes que el
	67	¿Eres tú el Cristo? **Dínoslo**
		les **dijo**: Si os lo dijere, no
	70	**Dijeron** todos: ¿Luego eres tú
	71	ellos **dijeron**: ¿Qué más testimonio
	23:4	Pilato **dijo** a los principales
	14	les **dijo**: Me habéis presentado
	22	El les **dijo** por tercera vez
	28	les **dijo**: Hijas de Jerusalén
	43	Jesús le **dijo**: De cierto te digo
	46	clamando a gran voz, **dijo**: Padre
Lc	23:46	habiendo dicho esto, expiró
	24:5	les **dijeron**: ¿Por qué buscáis
	17	les **dijo**: ¿Qué pláticas son estas
	18	le **dijo**: ¿Eres tú el único
	19	él les **dijo**: ¿Qué cosas?
		ellos le **dijeron**: De Jesús
	24	como las mujeres **habían dicho**
	25	Entonces él les **dijo**: ¡Oh insensatos
	32	se **decían** el uno al otro:
	38	él les **dijo**: ¿Por qué estáis
	40	**diciendo** esto, les mostró (TR, [WH], ABMW, VHA, VM, NC' BC, [BA])
	41	les **dijo**: ¿Tenéis aquí algo
	44	les **dijo**: Estas son las palabras
	46	les **dijo**: Así está escrito
Jn	1:15	Este es de quien yo **decía** (TR, N, ABMW, VHA, VM, NC, BC, BA); (lit., Este es el que dijo, WH)
	22	Le **dijeron**: ¿Pues quién eres?
	23	como **dijo** el profeta Isaías
	25	le **dijeron**: ¿Por qué, pues, bautizas,
	30	es aquel de quien yo **dije**:
	33	aquél me **dijo**: Sobre quien veas
	38 (39)	Ellos le **dijeron**: Rabí
	42 (43)	**dijo**: Tú eres Simón,
	46 (47)	Natanael le **dijo**: ¿De Nazaret
	48 (49)	Respondió Jesús y le **dijo**: Antes
	50 (51)	Respondió Jesús y le **dijo**:
		¿Porque te **dije**: Te vi
	2:16	**dijo** a los que vendían palomas
	18	respondieron y le **dijeron**
	19	Respondió Jesús y le **dijo**
	20	**Dijeron** luego los judíos
	22	se acordaron que **había dicho**
	3:2	le **dijo**: Rabí, sabemos que
	3	Respondió Jesús y le **dijo**: De cierto
	7	No te maravilles de que te **dije**
	9	Respondió Nicodemo y le **dijo**
	10	Respondió Jesús y le **dijo**
	12	Si os **he dicho** cosas terrenales
		¿cómo creeréis si os **dijere**
	26	vinieron a Juan y le **dijeron**
	27	Respondió Juan y **dijo**: No puede
	28	me sois testigos de que **dije**
	4:10	Respondió Jesús y le **dijo**
	17	Respondió la mujer y **dijo**:
		Jesús le **dijo**: Bien **has dicho**
	27	ninguno **dijo**: ¿Qué preguntas?
	29	un hombre que me **ha dicho** todo
	32	El les **dijo**: Yo tengo una comida
	39	daba testimonio diciendo: Me **dijo** todo
	48	Entonces Jesús le **dijo**: Si no viereis
	50	la palabra que Jesús le **dijo**
	52	le **dijeron**: Ayer a las siete
	53	le **había dicho**: Tu hijo vive
	5:11	él mismo me **dijo**: Toma tu lecho
	12	¿Quién es el **que te dijo**: Toma
	14	le **dijo**: Mira, has sido sanado
	15	dio aviso a los judíos, (TR, ABMW, BC); (dijo a los judíos, VHA, WH, N, VM, NC BA)
	19	Respondió entonces Jesús, y les **dijo** (TR)
	6:10	Entonces Jesús **dijo**: Haced recostar
	25	**dijeron**: Rabí, ¿cuándo llegaste acá?
	26	Respondió Jesús y les **dijo**: De cierto
	28	Entonces le **dijeron**: ¿Qué debemos
	29	Respondió Jesús y les **dijo**:
	30	Le **dijeron** entonces: ¿Qué señal,

Jn	6:32	Jesús les **dijo**: De cierto	Jn	9:40 le **dijeron**: ¿Acaso nosotros..?
	34	Le **dijeron**: Señor, danos siempre		41 Jesús les **respondió**: Si fuerais
	35	Jesús les **dijo**: Yo soy el pan		10:6 Esta alegoría les **dijo** Jesús
	36	os **he dicho**, que aunque me habéis visto		7 Volvió, pues, Jesús a decirles: (...les **dijo**
	41	porque **había dicho**: Yo soy el pan		otra vez, VM)
	43	Jesús respondió y les **dijo**		24 **dínoslo** abiertamente
	53	Jesús les **dijo**: De cierto		25 Os lo **he dicho**, y no creéis
	59	Estas cosas **dijo** en la sinagoga		26 como os **he dicho**. (TR)
	60	sus discípulos **dijeron**: Dura es esta		34 Yo **dije**, dioses sois?
	61	Sabiendo Jesús...les **dijo**		35 Si **llamó** dioses a aquellos
	67	**Dijo** entonces Jesús a los doce		36 porque **dije**: Hijo de Dios soy?
	7:3	le **dijeron** sus hermanos		41 todo lo que Juan **dijo** de éste
	9	**habiéndoles dicho** esto, se quedó		11:4 oyéndolo Jesús, **dijo**: Esta enfermedad
	16	Jesús les respondió y **dijo**		11 **Dicho** esto, (Estas cosas **dijo** él, VM)
	20	**Respondió** la multitud y **dijo**: (TR)		12 **Dijeron** entonces sus discípulos:
	21	Jesús respondió y les **dijo**: Una		14 Jesús les **dijo** claramente:
	33	Entonces Jesús **dijo**: Todavía un poco		16 **Dijo** entonces Tomás, llamado
	35	los judíos **dijeron** entre sí		21 Marta **dijo** a Jesús: Señor
	36	¿Qué significa esto que **dijo**:		25 Le **dijo** Jesús: Yo soy la resurrección
	38	como **dice** la Escritura, (como **ha dicho**...		28 **Habiendo dicho** esto, fue y llamó
		BA)		diciéndole en secreto: El Maestro
	39	Esto **dijo** del Espíritu		34 **dijo**: ¿Dónde le pusisteis?
	42	¿No **dice** la Escritura (¿No **ha dicho**...?		37 algunos de ellos **dijeron**
		VHA)		40 Jesús le **dijo**: ¿No te **he dicho**
	45	éstos les **dijeron**: ¿Por qué no		41 Jesús,...**dijo**: Padre, gracias te doy
	52	Respondieron y le **dijeron**: ¿Eres tú		42 pero lo **dije** por causa de la multitud
	8:7	[se enderezó y les **dijo**]		43 **habiendo dicho** esto, clamó a gran voz
	10	[le **dijo**: Mujer, ¿dónde están...?]		46 les **dijeron** lo que Jesús había
	11	[Ella **dijo**: Ninguno, Señor]		49 Caifás,...les **dijo**: Vosotros no sabéis
		[le **dijo**: Ni yo te condeno]		51 Esto no lo **dijo** por sí mismo
	13	los fariseos le **dijeron**: Tú das		12:6 Pero **dijo** esto, no porque se cuidara
	14	Respondió Jesús y les **dijo**:		7 Jesús **dijo**: Déjala; para el día
	21	Otra vez les **dijo** Jesús: Yo me voy		19 los fariseos **dijeron** entre sí:
	23	les **dijo**: Vosotros sois de abajo, (TR)		27 ¿y qué diré? ¿Padre, sálvame...?
	24	os **dije** que moriréis en vuestros		30 Respondió Jesús y **dijo**: No ha venido
	25	Jesús les **dijo**: Lo que desde		35 Entonces Jesús les **dijo**:
	28	Les **dijo**, pues, Jesús: Cuando		38 la palabra...que **dijo**: Señor
	39	Respondieron y le **dijeron**: Nuestro		39 también **dijo** Isaías: Cegó los
	41	le **dijeron**: Nosotros no somos nacidos		41 Isaías **dijo** esto cuando vio
	42	Jesús entonces les **dijo**: Si vuestro		44 Jesús clamó y **dijo**: El que cree
	48	los judíos, y le **dijeron**:		49 de lo que **he de decir**,
	52	los judíos les **dijeron**: Ahora		13:7 Respondió Jesús y le **dijo**:
	55	si **dijere** que no le conozco		11 por eso **dijo**: No estáis limpios
	57	le **dijeron** los judíos: Aún		12 volvió a la mesa, y les **dijo**:
	58	Jesús les **dijo**: De cierto, de cierto		21 **Habiendo dicho** Jesús esto, se conmovió
	9:6	**Dicho** esto, escupió en tierra		declaró y **dijo**: De cierto
	7	**dijo**: Vé a lavarte en		24 para que preguntase quién era (TR, ABMW,
	11	Respondió él y **dijo**: Aquel (TR)		NC); (le **dijo**: Di quién es, VHA, WH,
		me untó los ojos, y me **dijo**: Vé al Siloé		N, VM, BC, BA)
	12	le **dijeron**: ¿Dónde está él?		28 por qué le **dijo** esto
	15	El les **dijo**: Me puso lodo		33 como **dije** a los judíos
	17	él **dijo**: Que es profeta		14:2 yo os lo **hubiera dicho**
	20	**dijeron**: Sabemos que éste es		23 Respondió Jesús y le **dijo**:
	22	Esto **dijeron** sus padres		26 os recordará todo lo que yo os **he dicho**
	23	**dijeron** sus padres: Edad tiene		28 Habéis oído que yo os **he dicho**
	24	le **dijeron**: Da gloria a Dios		**he dicho** que voy al Padre; (TR)
	25	Entonces él respondió y **dijo**: (TR)		15:20 la palabra que yo os **he dicho**
	26	Le volvieron a decir: (le **dijeron** otra vez,		16:4 ya os lo **había dicho**
		VM, TR); (le **dijeron** BA, WH, N, ABMW,		Esto no os lo **dije**
		VHA, NC, BC)		15 por eso **dije** que tomará de lo mío
	27	Ya os lo **he dicho**,		17 se **dijeron** algunos de sus discípulos
	28	le injuriaron, y **dijeron**		19 Jesús...les **dijo**: ¿Preguntáis
	30	Respondió el hombre, y les **dijo**:		acerca de esto que **dije**
	34	le **dijeron**: Tú naciste		17:1 levantando los ojos al cielo, **dijo**:
	35	hallándole, le **dijo**: ¿Crees tú...?		18:1 **Habiendo dicho** Jesús estas cosas
	36	Respondió él y **dijo**: ¿Quién es, (TR, [WH]		4 se adelantó y les **dijo**: (TR)
		N, ABMW, VM, NC, BC, BA)		6 Cuando les **dijo**: Yo soy
	37	Le **dijo** Jesús: Pues le has visto		7 ellos **dijeron**: A Jesús
	39	**Dijo** Jesús: Para juicio he venido		8 Os **he dicho** que yo soy

Jn	18:9	aquello que había dicho
	11	Jesús entonces dijo a Pedro
	16	habló a la portera, e hizo entrar
	21	ellos saben lo que yo he dicho
	22	Cuando Jesús hubo dicho esto,
	25	El negó, y dijo: No lo soy
	30	Respondieron y le dijeron
	31	les dijo Pilato: Tomadle los judíos le dijeron: A nosotros
	32	la palabra que Jesús había dicho
	33	llamó a Jesús y le dijo:
	34	o te lo han dicho
	37	Le dijo entonces Pilato
	38	cuando hubo dicho esto, salió
	19:21	sino, que él dijo: Soy Rey
	24	dijeron entre sí: No la partamos
	30	dijo: Consumado es
	20:14	Cuando había dicho esto
	15	dime dónde lo has puesto
	17	diles: Subo a mi Padre
	18	él le había dicho estas cosas
	20	cuando les hubo dicho esto
	21	Jesús les dijo otra vez
	22	habiendo dicho esto, sopló
	25	El les dijo: Si no viere
	26	se puso en medio y les dijo:
	28	Tomás respondió y le dijo
	21:6	El les dijo: Echad la red a la derecha
	17	que le dijese la tercera vez le respondió: Señor, tú lo sabes (TR, WH, N)
	19	Esto dijo, dando a entender dicho esto, añadió: Sígueme
	20	le había dicho: Señor, ¿quién es
	23	no le dijo que no moriría
Hch	1:7	les dijo: No os toca a vosotros
	9	habiendo dicho estas cosas
	11	también les dijeron
	15	Pedro se levantó...y dijo
	24	orando, dijeron: Tú, Señor, que conoces
	2:29	se os puede decir libremente del
	34	pero él mismo dice: Dijo el Señor
	37	dijeron a Pedro y a los otros
	3:4	fijando en él los ojos, le dijo
	6	Mas Pedro dijo: No tengo
	22	Moisés dijo a los padres
	4:3	Pedro, lleno... les dijo
	19	respondieron diciéndoles: Juzgad si es (...y les dijeron...,VM)
	23	contaron todo lo que...les habían dicho
	24	habiéndolo oído,...dijeron
	25	que por boca de David tu siervo dijiste
	5:3	dijo Pedro: Ananías
	8	Entonces Pedro le dijo: Dime ella dijo: Sí
	9	Y Pedro le dijo: (TR)
	19	un ángel del Señor,...dijo
	29	dijeron: Es necesario obedecer
	35	luego dijo: Varones israelitas
	6:2	los doce...dijeron
	7:1	El sumo sacerdote dijo entonces
	3	le dijo: Sal de tu tierra
	7	Mas yo juzgaré, dijo Dios,
	26	los ponía en paz, diciendo
	27	el que maltrataba...le rechazó, diciendo
	33	le dijo el Señor: Quita el calzado
	35	a quien habían rechazado, diciendo
	37	es el que dijo a los hijos
	40	cuando dijeron a Aarón
Hch	7:56	dijo: He aquí, veo los cielos
	60	habiendo dicho esto
	8:20	Pedro le dijo: Tu dinero perezca
	24	Simón, dijo: Rogad vosotros
	29	el Espíritu dijo a Felipe
	30	dijo: Pero ¿entiendes lo que lees?
	31	El dijo: ¿Y cómo podré, si alguno
	34	el eunuco, dijo a Felipe
	37	Felipe dijo: Si crees de todo corazón, (TR, [VM], NC, BC, BA) respondiendo, dijo: Creo (TR, [VM], NC, BC, BA)
	9:5	El dijo: ¿Quién eres, Señor? le dijo: Yo soy Jesús (TR, VHA)
	6	El, temblando y temeroso, dijo (TR, VM)
	10	a quien el Señor dijo en visión respondió: Heme aquí, Señor. (dijo.., VM)
	15	El Señor le dijo: Vé
	17	poniendo sobre él las manos, dijo:
	34	le dijo Pedro: Eneas
	40	volviéndose al cuerpo, dijo:
	10:3	un ángel de Dios...y le decía (un ángel de Dios, que...le decía, VM)
	4	atemorizado, dijo: ¿Qué es, Señor? le dijo: Tus oraciones
	14	Pedro dijo: Señor, no; porque
	19	le dijo el Espíritu:
	21	les dijo: He aquí, yo soy
	22	Ellos dijeron: Cornelio
	34	Pedro, abriendo la boca, dijo:
	11:8	dije: Señor, no; porque
	12	el Espíritu me dijo que fuese
	13	que se puso en pie y le dijo
	12:8	Le dijo el ángel: Cíñete
	11	volviendo en sí, dijo: Ahora
	15	ellos le dijeron: Estás loca
	17	dijo: Haced saber esto
	13:2	dijo el Espíritu Santo
	10	dijo: ¡Oh, lleno de todo engaño
	16	con la mano, dijo: Varones
	22	dio también testimonio diciendo: (lit., También dijo, dando testimonio)
	46	hablando con denuedo, dijeron
	14:10	dijo a gran voz
	15:7	Pedro se levantó y les dijo:
	36	Pablo dijo a Bernabé:
	16:18	éste se volvió y dijo al espíritu
	20	dijeron: Estos hombres, siendo judíos
	31	Ellos dijeron: Cree en el Señor
	17:32	otros decían: Ya te oiremos
	18:6	oponiéndose...les dijo
	9	el Señor dijo a Pablo en visión
	14	dijo a los judíos: Si fuera
	21	se despidió de ellos, diciendo
	19:2	les dijo: ¿Recibisteis el Espíritu Y ellos le dijeron: (TR)
	3	dijo: ¿En qué, pues, fuisteis Ellos dijeron: En el bautismo
	4	Dijo Pablo: Juan bautizó
	15	el espíritu malo, dijo:
	21	diciendo: Después que haya estado
	25	reunidos...dijo: Varones,
	41	habiendo dicho esto, despidió
	20:10	abrazándole, dijo: No os alarméis,
	18	Cuando vinieron a él, les dijo
	35	dijo: Más bienaventurado es dar
	36	Cuando hubo dicho estas cosas
	21:11	dijo: Esto dice el Espíritu Santo
	14	desistimos, diciendo: Hágase

εἰρηνεύω 1514 — 300 — 1515 εἰρήνη

Hch	21:20	le dijeron: Ya ves, hermano	1 Jn 4:20	Si alguno dice: Yo amo a Dios,
	37	¿Se me permite decirte algo?	Jud 9	Sino que dijo: El Señor te reprenda
	39	dijo Pablo: Yo de cierto soy hombre	Ap 7:14	él me dijo: Estos son
	22:8	me dijo: Yo soy Jesús de Nazaret	17:7	el ángel me dijo: ¿Por qué te asombras?
	10	dije: ¿Qué haré, Señor?	21:5	dijo: He aquí, yo hago nuevas
		el Señor me dijo: Levántate	6	me dijo: Hecho está
	13	vino a mí,..me dijo: Hermano Saulo,	22:6	me dijo: Estas palabras son fieles
	14	él dijo: El Dios de nuestros padres	17	el que oye, diga: Ven
	19	Yo dije: Señor, ellos saben que yo	1510	Véase pág. 279
	21	Pero me dijo: Vé, porque yo te	1511	Véase pág. 284
	24	ordenó que fuese examinado	1512	Véase pág. 272
		(diciendo que ...,VM)	**1514**	εἰρηνεύω – eirenéuo
	25	Pablo dijo al centurion que estaba	Mr 9:50	tened paz
	27	Vino el tribuno y le dijo: Dime	Ro 12:18	estad en paz (lit., teniendo paz)
	23:1	mirando fijamente al concilio, dijo	2 Co 13:11	vivid en paz
	3	Entonces Pablo le dijo:	1 Ts 5:13	Tened paz entre vosotros
	4	Los que estaban presentes dijeron	**1515**	εἰρήνη – eiréne
	11	se le presentó el Señor y le dijo	Mt 10:13	vuestra paz vendrá (venga vuestra paz, VHA)
	14	dijeron: Nosotros nos hemos juramentado		vuestra paz se volverá (vuélvase vuestra paz VHA)
	20	El le dijo: Los judíos han convenido		
	23	llamando a dos centuriones, mandó	34	he venido para traer paz
	24:20	O digan éstos mismos si hallaron		no he venido para traer paz
	22	les aplazó, diciendo: Cuando descendiere	Mr 5:34	vé en paz,
	25:9	respondiendo a Pablo dijo: ¿Quieres	Lc 1:79	nuestros pies por camino de paz
	10	Pablo dijo: Ante el tribunal	2:14	en la tierra paz, buena voluntad
	26:15	Yo entonces dije: ¿Quién eres	29	despides a tu siervo en paz
		el Señor dijo: Yo soy	7:50	Tú fe te ha salvado, vé en paz
	29	Y Pablo dijo: ¡Quisiera Dios...(TR)	8:48	tu fe te ha salvado; vé en paz
	30	Cuando había dicho estas cosas, (TR)	10:5	Paz sea a esta casa
	27:21	puesto en pie en medio de ellos, dijo	6	si hubiere allí algún hijo de paz
	31	Pablo dijo al centurión		vuestra paz reposará sobre él;
	35	habiendo dicho esto, tomó (dicho esto, y tomando, BC)	11:21	en paz está lo que posee
			12:51	¿Pensáis que he venido para dar paz
	28:21	Entonces ellos le dijeron: Nosotros	14:32	le pide condiciones de paz
	25	les dijo Pablo esta palabra: (después que Pablo les hubo dicho una palabra; VM)	19:38	paz en el cielo,
			42	lo que es para tu paz
	26	Vé a este pueblo, y diles:	24:36	les dijo: Paz a vosotros. (TR, [WH], [ABMW], VHA, VM, NC, BC, [BA])
	29	cuando hubo dicho esto, los judíos (TR, [VM], NC, [BA])	Jn 14:27	La paz os dejo, mi paz os doy
Ro	10:6	No digas en tu corazón	16:33	para que en mí tengáis paz
1 Co	1:15	que ninguno diga que fuisteis	20:19	les dijo: Paz a vosotros
	10:28	Mas si alguien os dijere: Esto fue	21	les dijo otra vez: Paz a vosotros
	11:22	¿Qué os diré? ¿Os alabaré?	26	les dijo: Paz a vosotros
	24	lo partió, y dijo: Tomad, comed	Hch 7:26	los ponía en paz, diciendo
	12:3	nadie puede llamar a Jesús Señor	9:31	Entonces las iglesias tenían paz
	15	Si dijere el pie: Porque no soy	10:36	anunciando el evangelio de la paz
	16	si dijere la oreja: Porque no soy	12:20	pedían paz, porque su territorio
	21	Ni el ojo puede decir a la mano	15:33	fueron despedidos en paz,
	15:27	cuando dice que todas las cosas	16:36	marchaos en paz
2 Co	4:6	Dios, que mandó que de las tinieblas	24:2	debido a ti gozamos de gran paz
	6:16	como Dios dijo: Habitaré y andaré	Ro 1:7	Gracia y paz a vosotros, de Dios
Gá	2:14	dije a Pedro (TR); (...a Cefas, VHA, WH, N, ABMW, VM, NC, BC, BA)	2:10	pero gloria y honra y paz
			3:17	Y no conocieron camino de paz
Col	4:17	Decid a Arquipo: Mira que cumplas	5:1	tenemos paz para con Dios (TR, N, ABMW, VHA, VM, NC, BA); (mantengamos la paz..., BC, WH)
Tit	1:12	su propio profeta, dijo:		
He	1:5	¿a cuál de los ángeles dijo Dios jamás		
	3:10	dije: Siempre andan vagando	8:6	el ocuparse del Espíritu es vida y paz
	7:9	por decirlo así, en Abraham pagó	14:17	sino justicia, paz, y gozo
	10:7	Entonces dije: He aquí que vengo,	19	sigamos lo que contribuye a la paz
	30	conocemos al que dijo: Mía es	15:13	os llene de todo gozo y paz
	12:21	Moisés dijo: Estoy espantado	33	el Dios de paz sea con todos
Stg	2:3	le decís: Siéntate tú aquí	16:20	el Dios de paz aplastará en breve
		decís al pobre: Estate tú allí	1 Co 1:3	Gracia y paz a vosotros, de Dios
	11	el que dijo: No cometerás adulterio	7:15	sino que a paz nos llamó Dios
		También ha dicho: No matarás	14:33	no es Dios de confusión, sino de paz
	16	alguno de vosotros les dice: Id	16:11	sino encaminadle en paz
1 Jn	1:6	Si decimos que tenemos comunión	2 Co 1:2	Gracia y paz a vosotros
	8	Si decimos que no tenemos pecado	13:11	el Dios de paz y de amor (...de amor y
	10	Si decimos que no hemos pecado		

εἰρηνικός 1516　　　　　　　　　　　　　　301　　　　　　　　　　　　　　1520 εἰς

		de paz, VM)
Gá	1:3	Gracia y paz sean a vosotros
	5:22	es amor, gozo, paz, paciencia
	6:16	paz y misericordia sea a ellos,
Ef	1:2	Gracia y paz a vosotros
	2:14	Porque él es nuestra paz,
	15	haciendo la paz
	17	anunció las buenas nuevas de paz a los que estaban cerca (TR); (la paz a los que estaban cerca, BA, WH, N, ABMW, VHA, VM, NC, BC)
	4:3	en el vínculo de la paz
	6:15	el apresto del evangelio de la paz
	23	Paz sea a los hermanos
Fil	1:2	Gracia y paz a vosotros, de Dios
	4:7	la paz de Dios, que sobrepasa
	9	el Dios de paz estará con vosotros
Col	1:2	Gracia y paz sean a vosotros
	3:15	la paz de Dios gobierne (TR); (la paz de Cristo..., VHA, WH, N, ABMW, VM, NC, BC, BA)
1 Ts	1:1	Gracia y paz sean a vosotros,
	5:3	cuando digan: Paz y seguridad,
	23	el mismo Dios de paz os santifique
2 Ts	1:2	Gracia y paz a vosotros, de Dios
	3:16	el mismo Señor de paz os dé siempre paz en toda manera
1 Ti	1:2	Gracia, misericordia, y paz
2 Ti	1:2	Gracia, misericordia y paz
	2:22	sigue...el amor y la paz
Tit	1:4	Gracia, misericordia y paz (TR); (Gracia y paz, BA, WH, N, ABMW, VHA, VM, NC, BC)
Flm	3	Gracia y paz a vosotros, de Dios
He	7:2	esto es, Rey de paz
	11:31	habiendo recibido a los espías en paz
	12:14	Seguid la paz con todos
	13:20	el Dios de paz, que resucitó
Stg	2:16	Id en paz, calentaos y saciaos,
	3:18	el fruto de justicia se siembra en paz para aquellos que hacen la paz
1 P	1:2	Gracia y paz os sean multiplicadas
	3:11	Busque la paz, y sígala
	5:14	Paz sea con todos vosotros
2 P	1:2	Gracia y paz os sean multiplicadas,
	3:14	sin mancha e irreprensibles, en paz
2 Jn	3	gracia, misericordia y paz
3 Jn	15	La paz sea contigo,
Jud	2	Misericordia y paz y amor
Ap	1:4	Gracia y paz a vosotros
	6:4	poder de quitar de la tierra la paz

1516 εἰρηνικός – eirenikós
He 12:11 pero después da fruto apacible,
Stg 3:17 es primeramente pura, después pacífica

1517 εἰρηνοποιέω† – eirenopoiéō
Col 1:20 haciendo la paz mediante la sangre

1518 εἰρηνοποιός* – eirenopoiós
Mt 5:9 Bienaventurados los pacificadores

1520 εἷς – éis (jéis)
Mt 5:18 ni una jota ni una tilde pasará
 19 cualquiera que quebrante uno
 29 que se pierda uno de tus miembros
 30 que se pierda uno de tus miembros

Mt	5:36	blanco o negro un solo cabello. (uno de tus cabellos blanco o negro, NC)
	41	a llevar carga por una milla
Mt	6:24	aborrecerá al uno y amará al otro o estimará al uno y menospreciará
	27	añadir a su estatura un codo
	29	se vistió así como uno de ellos
	8:19	vino un escriba y le dijo
	9:18	vino un hombre principal y se postró ([WH], [N], ABMW)
	10:29	Con todo, ni uno de ellos
	42	cualquiera que dé a uno de estos
	12:11	que tenga una oveja,
	13:46	que habiendo hallado una perla
	16:14	Jeremías, o alguno de los profetas
	17:4	una para ti, otra para Moisés, y otra para Elías (una...una...una, BA)
	18:5	a un niño como este, a mí me recibe
	6	que haga tropezar a alguno de estos
	10	que no menospreciéis a uno de estos
	12	se descarría una de ellas,
	14	que se pierda uno de estos pequeños
	16	toma aún contigo a uno o dos
	24	uno que le debía, (...un deudor, BC)
	28	halló a uno de sus consiervos
	19:5	los dos serán una sola carne
	6	sino una sola carne
	16	Entonces vino uno y le dijo
	17	Ninguno hay bueno sino uno: Dios (TR, VM);(Uno solo es el bueno, VHA, WH, N, ABMW, NC, BC, BA)
	20:12	han trabajado una sola hora
	13	dijo a uno de ellos: Amigo
	21	el uno a tu derecha, y el otro a tu izquierda
	21:19	viendo una higuera cerca del camino
	24	Yo también os haré una pregunta
	22:35	Y uno de ellos, intérprete
	23:8	porque uno es vuestro Maestro
	9	porque uno es vuestro Padre
	10	porque uno es vuestro Maestro
	15	para hacer un prosélito
	24:40	el uno será tomado, y el otro
	41	la una será tomada, y la otra
	25:15	a otro dos, y a otro uno
	18	el que había recibido uno
	24	el que había recibido un talento
	40	en cuanto lo hicisteis a uno de estos
	45	en cuanto no lo hicisteis a uno
	26:14	Entonces uno de los doce
	21	os digo, que uno de vosotros me va
	22	comenzó cada uno de ellos, (WH, N, ABMW)
	40	no habéis podido velar conmigo una hora?
	47	Vino Judas, uno de los doce
	51	uno de los que estaban
	69	se le acercó una criada
	27:14	no le respondió ni una palabra
	15	al pueblo le preso, el que quisieren
	38	uno a la derecha, y otro a la izquierda
	48	corriendo uno de ellos
	28:1	al amanecer del primer día de la semana
Mr	2:7	perdonar pecados, sino sólo Dios?
	4:8	produjo a treinta, a sesenta, y a ciento por uno (dando uno treinta, otro sesenta, y otro ciento, NC) (TR, ABMW)
	20	a treinta a sesenta, a ciento por uno (uno treinta, uno sesenta, y uno ciento, BC) (TR, ABMW)
	5:22	vino uno de los principales

Mr	6:15	o **alguno** de los profetas
	8:14	y no tenían sino **un** pan
	28	otros, **alguno** de los profetas
	9:5	**una** para ti, **otra** para Moisés, y **otra** para
	17	respondiendo **uno** de la multitud
	37	El que reciba en mi nombre a **un** niño (...**uno** de semejantes niños, BC)
	42	que haga tropezar a **uno** de estos
	10:8	los dos serán **una** sola carne
		no son ya más dos, sino **uno**
	17	vino **uno** corriendo, e hincando
	18	Ninguno hay bueno, sino sólo **uno**, Dios
	21	**Una cosa** te hace falta:
	37	**el uno** a tu derecha, y **el otro**
	11:29	Os haré yo también **una** pregunta
	12:6	teniendo aún **un** hijo suyo
	28	Acercándose **uno** de los escribas
	29	el Señor nuestro Dios, el Señor **uno** es
	32	verdad has dicho, que **uno** es Dios
	42	vino **una** viuda pobre
	13:1	le dijo **uno** de sus discípulos
	14:10	Judas Iscariote, **uno** de los doce
	18	De cierto os digo que **uno** de vosotros
	19	a decirle **uno** por **uno**
	20	Es **uno** de los doce el que moja conmigo en el plato (lit.,...en el **un** plato) ([WH], [N])
	37	¿No has podido velar **una** hora?
	43	Judas, que era **uno** de los doce
	47	Pero **uno** de los que estaban allí
	51	**cierto** joven le seguía (TR)
	66	vino **una** de las criadas
	15:6	les soltaba **un** preso
	27	**uno** a su derecha, y **el otro**...
	36	Y corrió **uno**, y empapando...(TR)
	16:2	el **primer** día de la semana
Lc	4:40	poniendo las manos sobre cada **uno**
	5:3	entrando en **una** de aquellas barcas
	12	estando él en **una** de las ciudades
	17	Aconteció **un** día, (...en **uno** de aquellos días, VHA)
	7:41	el **uno** le debía quinientos
	8:22	Aconteció **un** día, (...en **uno** de aquellos días, VHA)
	9:8	**Algún** profeta...ha resucitado (TR)
	33	**una** para ti, **una** para Moisés, y **una** para
	10:42	(41) sólo **una cosa** es necesaria; (TR, ABMW, VM, BC); (pocas son necesarias, o más bien **una sola**, NC, WH, N VHA, BA)
	11:46	pero vosotros ni aun con **un** dedo
	12:6	Con todo, ni **uno** de ellos
	25	a su estatura **un** codo? (TR)
	27	se vistió como **uno** de ellos
	52	cinco en **una** familia (...en **una** misma casa, VM)
	13:10	Enseñaba Jesús en **una** sinagoga (...en **una** de las sinagogas, VM)
	14:18	todos a **una** comenzaron
	15:4	si pierde **una** de ellas
	7	por **un** pecador que se arrepiente,
	8	si pierde **una** dracma
	10	por **un** pecador que se arrepiente,
	15	se arrimó a **uno** de los ciudadanos
	19	hazme como a **uno** de tus jornaleros
	21	Lit., hazme como a **uno** de tus jornaleros ([WH]) (no aparece en V60)
	26	llamando a **uno** de los criados
	16:5	llamando a cada **uno** de los deudores

Lc	16:13	porque o aborrecerá al **uno** o estimará al **uno**
	17	que se frustre **una** tilde de la ley
	17:2	hacer tropezar a **uno** de estos
	15	Entonces **uno** de ellos, viendo
	22	desearéis ver **uno** de los días
	34	estarán dos en **una** cama el **uno** será tomado
	35	la **una** será tomada,
	18:10	**uno** era fariseo
	19	Ninguno...sólo Dios. (sino **uno** sólo Dios, VHA)
	22	Aún te falta **una cosa**
	20:1	Sucedió **un** día, (...en **uno** de aquellos días, VM)
	3	Os haré yo también **una** pregunta (TR)
	22:47	Judas, **uno** de los doce, iba
	50	Y **uno** de ellos hirió a un siervo
	59	Como **una** hora después
	23:17	de soltarles **uno** en cada fiesta (TR, VM, NC, BC, [BA])
	39	**uno** de los malhechores, que estaban
	24:1	El primer día de la semana
	18	Respondiendo **uno** de ellos
Jn	1:3	sin él nada de lo que ha sido hecho, (sin él ni **una** sola cosa..., VM)
	40	era **uno** de los dos que habían oído
	6:8	**Uno** de sus discípulos, Andrés
	9	Aquí está **un** muchacho (TR)
	22	más que **una** sola barca,
	70	**uno** de vosotros es diablo?
	71	era **uno** de los doce
	7:21	**Una** obra hice, y todos os maravilláis
	50	el cual era **uno** de ellos
	8:9	[salían **uno** a **uno**, comenzando...]
	41	**un** padre tenemos, que es Dios
	9:25	**una cosa** sé, que habiendo yo sido
	10:16	habrá **un** rebaño, y **un** pastor
	30	Yo y el Padre **uno** somos
	11:49	Entonces Caifás, **uno** de ellos
	50	nos conviene que **un** hombre muera
	52	para congregar en **uno** a los hijos de Dios
	12:2	Lázaro era **uno** de los que estaban
	4	dijo **uno** de sus discípulos, Judas
	13:21	**uno** de vosotros me va a entregar
	23	**uno** de sus discípulos, al cual
	17:11	para que sean **uno**, así como nosotros
	21	para que todos sean **uno** que también ellos sean **uno** en nosotros; (TR, VM, BC)
	22	para que sean **uno**, así como...somos **uno**
	23	para que sean perfectos en **unidad**
	18:14	de que convenía que **un solo** hombre
	22	**uno** de los alguaciles
	26	**uno** de los siervos del sumo sacerdote
	39	de que os suelte **uno** en la pascua
	19:34	Pero **uno** de los soldados
	20:1	El primer día de la semana
	7	sino enrollado en **un** lugar aparte
	12	**el uno** a la cabecera, y **el otro** a los pies
	19	el primero de la semana
	24	Pero Tomás, **uno** de los doce,
	21:25	si se escribieran **una** por **una**
Hch	1:22	**uno** sea hecho testigo con nosotros (**uno** de estos mismos..., VM)
	24	muestra cuál de estos dos (...**uno** de los dos, BC)
	2:3	asentándose sobre cada **uno** de ellos
	6	porque cada **uno** les oía hablar

εἰς 1520   303   1520 εἰς

Hch	4:32	era de un corazón y **un** alma
		ning**uno** decía ser propio
	11:28	levantándose **uno** de ellos
	12:10	salidos, pasaron **una** calle
	17:26	de **una** sangre ha hecho todo el linaje (TR, VM); (de **uno** hizo todas las naciones, BA, WH, N, ABMW, VHA, NC, BC)
	27	no está lejos de cada **uno** de nosotros
	19:34	todos a **una** voz gritaron (lit., vino **una** voz de todos)
	20:7	El **primer** día de la semana
	31	amonestar con lágrimas a cada **uno**
	21:7	nos quedamos con ellos **un** día
	19	les contó **una** por **una** las cosas que Dios
	26	la ofrenda por cada **uno** de ellos
	23:6	notando que **una** parte
	17	Pablo, llamando a **uno** de los centuriones
	24:21	prorrumpí en alta voz (por **esta sola** voz que yo lancé, BC
	28:13	y otro día después soplando (**un** día después sopló, VHA)
	25	les dijo Pablo esta palabra (después que Pablo les hubo dicho **una** palabra más: VM)
Ro	3:10	No hay justo, ni aun **uno**
	12	no hay siquiera **uno**
	30	Porque Dios es **uno**
	5:12	entró en el mundo por **un** hombre,
	15	de aquel **uno** murieron los muchos, por la gracia de **un** hombre
	16	el caso de aquel **uno** que pecó vino a causa de **un** solo pecado (vino de **uno** solo, VHA)
	17	si por la transgresión de **uno** solo reinó la muerte (...la muerte reinó por medio del **uno**, VM) reinarán en vida por **uno** solo
	18	por la transgresión de **uno** vino por la justicia de **uno** vino
	19	Por la desobediencia de **un** hombre así también por la obediencia de **uno**
	9:10	cuando Rebeca concibió de **uno**,
	12:4	de la manera que en **un** cuerpo
	5	siendo muchos, somos **un** cuerpo todos miembros **los unos** de los otros
	15:6	para que unánimes, a **una** voz, (...con **una misma** boca, VM)
1 Co	3:8	el que planta...son **una misma cosa**:
	4:6	no sea que por causa de **uno**, os envanezcáis **unos** contra otros
	6:5	no hay entre vosotros sabio, ni aun **uno** (TR)
	16	el que se une con una remera, es **un** cuerpo Los dos serán **una sola** carne
	17	**un** espíritu es con él
	8:4	no hay más que un Dios (no hay Dios, sino **uno**, BA)
	6	sólo hay **un** Dios, el Padre, **un** Señor, Jesucristo por medio del cual
	9:24	**uno** sólo se lleva el premio
	10:8	cayeron en **un** día veintitres mil
	17	Siendo **uno** solo el pan somos **un** cuerpo participamos de aquel mismo pan (de **un solo** pan participamos BC)
	11:5	porque lo mismo es que si se hubiese rapado. (porque se hace **una** con la que está rapada, BA)

1 Co	12:9	dones de sanidades por el mismo Espíritu (TR, VM, NC); (en **el único** Espíritu dones de sanidades, VHA, WH, N ABMW, BC, BA)
	11	los hace **uno** y el mismo Espíritu
	12	así como el cuerpo es **uno**, los miembros del cuerpo (lit.,...del cuerpo que es **uno**) (TR) siendo muchos, son **un** solo cuerpo
	13	por **un** ...Espíritu...bautizados en **un** cuerpo a todos se nos dio...de **un mismo** Espíritu
	14	el cuerpo no es **un** solo miembro,
	18	cada **uno** de ellos en el cuerpo
	19	si todos fueran **un solo** miembro
	20	el cuerpo es **uno solo**
	26	De manera que si **un** miembro padece si **un** miembro recibe honra, (TR, ABMW)
	14:27	por turno; y **uno** interprete
	31	podéis profetizar todos **uno** por **uno**
	16:2	Cada **primer** día de la semana
2 Co	5:14	(15) que si **uno** murió por todos (TR, NC); (que **uno** murió..., VHA, WH, N, ABMW, VM, BC, BA)
	11:2	os he desposado con **un solo** esposo
	24	cuarenta azotes menos **uno**
Gá	3:16	sino como de **uno**
	20	el mediador no lo es de **uno** pero Dios es **uno**
	28	porque todos vosotros sois **uno**
	4:22	**uno** de la esclava, **el otro** de la libre
	24	**el uno** proviene del monte Sinaí
	5:14	toda la ley en **esta sola** palabra (...en una **sola** palabra, VM)
Ef	2:14	de ambos pueblos hizo **uno**
	15	**un solo** y nuevo hombre
	16	a ambos en **un solo** cuerpo
	18	entrada por **un** mismo Espíritu
	4:4	**un** cuerpo y **un** Espíritu también llamados en **una misma** esperanza
	5	**un** Señor, **una** fe, **un** bautismo
	6	**un** Dios y Padre de todos
	7	a cada **uno** de nosotros
	16	según la actividad propia de cada miembro (según la operación, en la medida debida de **cada una** de sus partes, VHA)
	5:31	los dos serán **una sola** carne.
	33	Por lo demás, cada **uno** de vosotros
Fil	1:27	que estáis firmes en **un mismo** espíritu combatiendo unánimes (luchando junto con **una sola** alma, BC)
	2:2	sintiendo **una misma cosa**
	3:13	**una cosa** hago: olvidando
Col	3:15	fuisteis llamados en **un solo** cuerpo
	4:6	debéis responder a cada **uno**
1 Ts	5:11	consolábamos a cada **uno** de vosotros
	5:11	edificaos **unos a otros**
2 Ts	1:3	el amor de todos y cada **uno**
1 Ti	2:5	hay **un** solo Dios, **un solo** mediador
	3:2	marido **de una sola** mujer
	12	sean maridos **de una sola** mujer
	5:9	que haya sido esposa **de un solo** marido
Tit	1:6	marido **de una sola** mujer
	3:10	después de **una** y otra amonestación
He	2:11	los que son santificados, de **uno** son...
	10:12	habiendo ofrecido,...**un solo** sacrificio
	14	con **una sola** ofrenda
	11:12	Por lo cual también, de **uno**
	12:16	que por **una sola** comida vendió
Stg	2:10	pero ofendiere en **un punto**

εἰσάγω 1521

Stg	2:19	Tú crees que Dios es **uno**
	4:12	**Uno** solo es el dador de la ley
	13	estaremos allá **un** año (TR, VHA, VM, BC, BA)
2 P	3:8	no ignoréis esto (no se os oculte...**una** cosa, VHA)
		un día es como mil años, mil años como **un** día
1 Jn	5:7	y estos tres son **uno**. (TR, [VM], [BA])
	8	estos tres concuerdan (lit., estos tres son para **una cosa**)
Ap	4:8	tenían cada **uno** seis alas
	5:5	**uno** de los ancianos me dijo
	6:1	Vi cuando el Cordero abrió **uno**
		oí a **uno** de los cuatro seres
	7:13	Entonces **uno** de los ancianos
	8:13	oí a **un** ángel volar (TR); (oí **un** águila volando, VHA, WH, N, ABMW, VM, NC, BC, BA)
	9:12	El **primer** ay pasó
	13	oí **una** voz de entre los cuatro
	13:3	Vi **una** de sus cabezas como herida
	15:7	**uno** de los cuatro seres vivientes
	17:1	Vino entonces **uno** de los siete
	10	Cinco de ellos han caído; **uno** es,
	12	por **una** hora recibirán
	13	Estos tienen **un** mismo propósito
	17	ponerse de acuerdo (que ejecutasen **un mismo** designio, BC)
	18:8	por lo cual en **un solo** día
	10	en **una** hora vino tu juicio!
	16 (17)	en **una** hora han sido consumidas
	19	en **una** hora ha sido desolada!
	21	**un** ángel poderoso tomó una piedra
	19:17	vi a **un** ángel que estaba en pie
	21:9	Vino entonces a mí **uno** de los
	21	cada **una** de las puertas era una perla.
	22:2	dando cada mes su fruto (lit., cada **un** mes, TR)

1521   εἰσάγω – eiságo

Lc	2:27	cuando los padres...lo **trajeron**
	14:21	**trae** acá a los pobres, los mancos
	22:54	le **condujeron** a casa del sumo
Jn	18:16	hizo **entrar** a Pedro
Hch	7:45	lo **introdujeron** con Josué
	9:8	le **metieron** en Damasco
	21:28	ha **metido** a griegos en el templo
	29	que Pablo había **metido** en el templo
	37	Cuando comenzaron a **meter** (estando ya para ser **introducido**, VHA)
	22:24	mandó el tribuno que le **metiesen** (...que fuese **llevado** dentro, VM) (WH, N, ABMW)
He	1:6	cuando **introduce** al Primogénito

1522   εἰσακούω – eisakoúo

Mt	6:7	que por su palabrería serán **oídos**
Lc	1:13	porque tu oración **ha sido oída**
Hch	10:31	tu oración **ha sido oída**
1 Co	14:21	ni aun así me **oirán**
He	5:7	fue **oído** a causa de su temor (**habiendo sido oído**..., VHA)

1523   εἰσδέχομαι – eisdécomai (eisdéjomai)

2 Co	6:17	yo os **recibiré**

1524   εἴσειμι – éiseimi

1525 εἰσέρχομαι

Hch	3:3	a Pedro y a Juan que iban a **entrar**
	21:18	Pablo **entró** con nosotros
	26	**entró** en el templo,
He	9:6	**entran** los sacerdotes continuamente

1525   εἰσέρχομαι – cisércomai (eisérjomai)

Mt	2:21	vino a tierra de Israel, (TR, VM, NC, BA); (**entró**..., VHA, WH, N, ABMW, BC)
	5:20	no **entraréis** en el reino
	6:6	**entra** en tu aposento,
	7:13	**Entrad** por la puerta estrecha muchos son los **que entran**
	21	**entrará** en el reino de los cielos
	8:5	**Entrando** Jesús en Capernaum
	8	no soy digno de que **entres** bajo
	9:25	**entró**, y tomó de la mano (**entrando**, tomó..., BC)
	10:5	en ciudad de samaritanos no **entréis**.
	11	cualquier ciudad o aldea donde **entréis**
	12	al **entrar** en la casa
	12:4	cómo **entró** en la casa de Dios
	29	¿cómo puede alguno **entrar** en la casa
	45	**entrados**, moran allí; y el postrer
	15:11	No lo que **entra** en la boca contamina
	17:25	al **entrar** él en casa, (TR)
	18:3	no **entraréis** en el reino
	8	mejor te es **entrar** en la vida
	9	mejor te es **entrar** con un solo
	19:17	sí quieres **entrar** en la vida;
	23	difícilmente **entrará** un rico
	24	es más fácil pasar un camello (TR, ABMW, VM, BC, BA); (más fácil es que un camello **entre**, VHA, WH, N, NC) que **entrar** un rico (TR, VM, NC, BC, BA)
	21:10	Cuando **entró** él en Jerusalén,
	12	**entró** Jesús en el templo de Dios
	22:11	**entró** el rey para ver (**entrando**..., NC)
	12	¿cómo **entrastes** aquí, sin estar
	23:13	pues ni **entráis** vosotros ni dejáis **entrar** a los **que están entrando**
	24:38	hasta el día en que Noé **entró**
	25:10	las que estaban preparadas **entraron**
	21	**entra** en el gozo de tu señor.
	23	**entra** en el gozo de tu señor.
	26:41	para que no **entréis** en tentación
	58	**entrando**, se sentó con los alguaciles,
	27:53	vinieron a la santa ciudad, (**entraron**...,BC)
Mr	1:21	**entrando** en la sinagoga (TR, WH, N, [ABMW], VHA, VM, NC, BA)
	45	de manera que ya Jesús no podía **entrar**
	2:1	**Entró** Jesús otra vez en Capernaum (**Entrando**..., NC)
	26	cómo **entró** en la casa de Dios,
	3:1	Otra vez **entró** Jesús en la sinagoga;
	27	Ninguno puede **entrar** en la casa (nadie puede, **entrando**..., BC)
	5:12	para que **entremos** en ellos,
	13	**entraron** en los cerdos,
	39	**entrando**, les dijo: ¿Por qué
	6:10	Dondequiera que **entréis** en una casa,
	22	**entrando** la hija de Herodías,
	25	Entonces ella **entró** prontamente (**Entrando** luego..., NC)
	7:17	**entró** en casa,
	24	**entrando** en una casa, no quiso
	25	vino y se postró a sus pies. (**viniendo**..., BC) (T)
	8:26	No **entres** en la aldea,

Mr	9:25	no **entres** más en él
	28	Cuando él **entró** en casa
	43	mejor te es **entrar** en la vida
	45	mejor te es **entrar** a la vida
	47	mejor te es **entrar** en el reino
	10:15	como un niño, no **entrará** en él
	23	¡Cuán difícilmente **entrarán**
	24	les es **entrar** en el reino de Dios
	25	Más fácil es pasar un camello (V60, E, WH, N, ABMW, VHA, VM, NC, BC, BA); (lit., Más fácil es que **entre...**, S) que **entrar** un rico en el reino de Dios.
	11:11	**entró** Jesús en Jerusalén
	15	**entrando** Jesús en el templo
	13:15	ni **entre** para tomar algo de su casa
	14:14	donde **entrare**, decid al señor
	38	para que no **entréis** en tentación; (TR)
	15:43	**entró** osadamente a Pilato
	16:5	cuando **entraron** en el sepulcro,
Lc	1:9	**entrando** en el santuario del Señor.
	28	**entrando** el ángel en donde
	40	**entró** en casa de Zacarías
	4:16	**entró** en la sinagoga
	38	**entró** en casa de Simón. La suegra
	6:4	cómo **entró** en la casa de Dios
	6	él **entró** en la sinagoga y enseñaba
	7:1	**entró** en Capernaum
	6	no soy digno de que **entres** bajo mi
	36	habiendo **entrado** en casa del fariseo,
	44	**Entré** en tu casa, y no me diste
	45	desde que **entré**, no ha cesado
	8:30	muchos demonios habían **entrado** en él
	32	le rogaron que los dejase **entrar** en ellos
	33	**entraron** en los cerdos;
	41	le rogaba que **entrase** en su casa
	51	**Entrando** en la casa, (TR, VM) no dejó **entrar**
	9:4	en cualquier casa donde **entréis**,
	34	tuvieron temor al **entrar** en la nube
	46	Entonces **entraron** en discusión
	52	los cuales fueron y **entraron**
	10:5	En cualquier casa donde **entréis**
	8	En cualquier ciudad donde **entréis**
	10	Mas en cualquier ciudad donde **entréis**
	38	**entró** en una aldea;
	11:26	**entrados**, moran allí
	37	**entrando** Jesús en la casa
	52	vosotros mismos no **entrasteis** a los que **entraban** se lo impedisteis
	13:24	Esforzaos a **entrar** por la puerta muchos procurarán **entrar**
	14:23	fuérzalos a **entrar**, para que se llene
	15:28	se enojó, y no quería **entrar**
	17:7	al volver él del campo
	12	al **entrar** en una aldea, le salieron
	27	hasta el día en que **entró** Noé
	18:17	como un niño, no **entrará** en él
	24	¡Cuán difícilmente **entrarán** (TR)
	25	es más fácil pasar un camello (...que **entre...**, VHA) que **entrar** un rico en el reino
	19:1	Habiendo **entrado** Jesús en Jericó
	7	que había **entrado** a posar
	45	**entrando** en el templo, comenzó
	21:21	no **entren** en ella
	22:3	**entró** Satanás en Judas,
	10	al **entrar** en la ciudad os saldrá
	40	Orad que no **entréis** en tentación
	46	orad para que no **entréis** en tentación

Lc	24:3	**entrando**, no hallaron el cuerpo
	26	que **entrara** en su gloria?
	29	**Entró**, pues, a quedarse con ellos
Jn	3:4	¿Puede acaso **entrar** por segunda vez
	5	no puede **entrar** en el reino de Dios
	4:38	vosotros habéis **entrado** en sus labores
	10:1	El que no **entra** por la puerta
	2	el que **entra** por la puerta
	9	el que por mí **entrare**, será salvo **entrará**, y saldrá
	13:27	Satanás **entró** en él
	18:1	en el cual **entró** con sus discípulos
	28	ellos no **entraron** en el pretorio
	33	Pilato volvió a **entrar** (...**entró** otra vez, VM)
	19:9	**entró** otra vez en el pretorio
	20:5	vio los lienzos puestos allí, pero no **entró**
	6	**entró** en el sepulcro,
	8	Entonces **entró** también el otro
Hch	1:13	**entrados**, subieron (así que **entraron**, se subieron, BC)
	21	**entraba** y salía entre nosotros
	3:8	**entró** con ellos en el templo
	5:7	sucedió que **entró** su mujer
	10	cuando **entraron** los jóvenes
	21	Habiendo oído esto, **entraron**
	9:6	Levántate y **entra** en la ciudad
	12	que **entra** y le pone las manos encima
	17	Fue entonces Ananías y **entró**
	10:3	vio...que un ángel de Dios **entraba** (lit.,...**entrando**)
	24	Al otro día **entraron** en Cesarea
	25	Cuando Pedro **entró**, salió
	27	hablando con él, **entró**
	11:3	¿Por qué has **entrado** en casa de hombres (TR, N, ABMW, VHA, VM, NC, BA); (que había **entrado...**, BC, WH)
	8	**entró** jamás en mi boca
	12	**entramos** en casa de un varón
	20	cuando **entraron** en Antioquía, (TR)
	13:14	**entraron** en la sinagoga un día (TR, ABMW, **entrando...**, VM)
	14:1	Aconteció en Iconio que **entraron**
	20	se levantó y **entró** en la ciudad
	22	que...**entremos** en el reino
	16:15	entrad en mi casa, y posad. (lit., **entrando..**)
	40	**entraron** en casa de Lidia
	17:2	fue a ellos, (**entró** en medio de ellos, VM)
	18:7	se fue a la casa (TR, WH, N, VHA, NC, BA); (**entró** en casa, VM, ABMW, BC)
	19	**entrando** en la sinagoga,
	19:8	**entrando** Pablo en la sinagoga
	30	queriendo Pablo salir (queriendo Pablo **entrar** dentro, VM)
	20:29	**entrarán** en medio de vosotros
	21:8	**entrando** en casa de Felipe
	23:16	**entró** en la fortaleza, (**entrando...**, VM)
	33	Cuando aquéllos llegaron a Cesarea (...habiendo **entrado...**, VHA)
	25:23	**entrando** en la audiencia
	28:8	**entró** Pablo a verle, (...habiendo **entrado...**, BC)
	16	Cuando llegamos a Roma, (cuando **entramos** en Roma, VHA)
Ro	5:12	como el pecado **entró** en el mundo
	11:25	hasta que haya **entrado** la plenitud
1 Co	14:23	entran indoctos o incrédulos
	24	**entra** algún incrédulo o indocto
He	3:11	No **entrarán** en mi reposo
	18	¿Y a quiénes juró que no **entrarían**

εἰσκαλέω 1528

He 3:19	vemos que no pudieron **entrar**
4:1	la promesa de **entrar** en su reposo
3	Pero los que hemos creído **entramos**
	No **entrarán** en mi reposo
5	No **entrarán** en mi reposo
6	puesto que falta que algunos **entren**
	no **entraron** por causa de desobediencia
10	el **que ha entrado** en su reposo,
11	Procuremos, pues, **entrar**
6:19	**que penetra** hasta dentro del velo
20	donde Jesús **entró** por nosotros
9:12	**entró** una vez para siempre
24	Porque no **entró** Cristo en el santuario
25	como **entra** el sumo sacerdote
10:5	**entrando** en el mundo dice:
Stg 2:2	**entra** un hombre con anillo de oro
	también **entra** un pobre con vestido
5:4	**han entrado** en los oídos del Señor
2 Jn 7	muchos engañadores han salido por el mundo (WH, N, ABMW, VHA, VM, BC, BA); (lit.,...**han entrado**...,TR)
Ap 3:20	**entraré** a él, y cenaré
11:11	**entró** en ellos el espíritu de vida
15:8	nadie podía **entrar** en el templo
21:27	No **entrará** en ella ninguna cosa
22:14	para **entrar** por las puertas en la ciudad
1526	*Véase pág. 282*

1528 εἰσκαλέομαι* — eiskaléomai o
εἰσκαλέω — eiskaléo

Hch 10:23 Entonces, **haciéndolos entrar**

1529 εἴσοδος — éisodos

Hch 13:24	Antes de su **venida**, predicó Juan (lit., antes del rostro de su **entrada**)
1 Ts 1:9	la manera en que nos recibisteis (cuál **entrada** tuvimos a vosotros VHA)
2:1	nuestra visita a vosotros (que nuestra **entrada** a vosotros, VHA)
He 10:19	teniendo libertad para **entrar** (lit., teniendo confianza para la **entrada**)
2 P 1:11	generosa **entrada** en el reino eterno

1530 εἰσπηδάω — eispedáo

Hch 14:14	**se lanzaron entre** la multitud (TR)
16:29	pidiendo luz, **se precipitó adentro**

1531 εἰσπορεύομαι — eisporéuomai

Mt 15:17	que todo lo **que entra** en la boca
Mr 1:21	**entraron** en Capernaum;
4:19	**entran** y ahogan la palabra, (**entrando**, ahogan...,VM)
5:40	**entró** donde estaba la niña
6:56	dondequiera que **entraba**
7:15	Nada hay fuera del hombre **que entre**
18	todo lo de fuera **que entra** en el hombre
19	porque no **entra** en su corazón
11:2	luego que **entréis** en ella (lit., luego, **entrando** en ella)
Lc 8:16	para que los **que entran** vean la luz
11:33	para que los **que entran** vean la luz
18:24	**entrarán** en el reino de Dios (WH, N, ABMW)
19:30	al **entrar** en ella hallaréis
22:10	hasta la casa donde **entrare**
Hch 3:2	de los **que entraban** en el templo
8:3	**entrando** casa por casa, arrastraba
9:28	estaba con ellos...**entraba** y salía, (...**entrando**..., BA)

1535 εἴτε

Hch 28:30	recibía a todos los **que** a él **venían**.

1532 εἰστρέχω** — eistréco (eistréjo)

Hch 12:14 **corriendo adentro**, dio la nueva

1533 εἰσφέρω — eisféro

Mt 6:13	no nos **metas** en tentación
Lc 5:18	procuraban **llevarle adentro**
19	no hallando cómo hacerlo... (no hallando cómo **meterlo**, VHA)
11:4	no nos **metas** en tentación,
12:11	Cuando os **trajeren** a las sinagogas, (WH, N, ABMW)
Hch 17:20	Pues **traes** a nuestros oídos
1 Ti 6:7	porque nada **hemos traído**
He 13:11	**es introducida** en el santuario

1534 εἶτα — eíta
Véase también pág. 307

Mr 4:17	porque cuando viene la tribulación... (**entonces**, cuando..., BA)
28	primero hierba, **luego** espiga (TR)
8:25	**Luego** le puso otra vez las manos
Lc 8:12	**luego** viene el diablo
Jn 13:5	**Luego** puso agua en un lebrillo
19:27	**Después** dijo al discípulo
20:27	**Luego** dijo a Tomás: Pon aquí
1 Co 12:28	**después** los que sanan (TR) (**después** dones de curar, VM)
15:5	**después** a los doce
7	**Después** apareció a Jacobo;
24	**Luego** el fin, cuando entregue
1 Ti 2:13	Adán fue...**después** Eva;
3:10	**entonces** ejerzan el diaconado,
He 12:9	Por otra parte tuvimos a nuestros padres (**Además**..., VM)
Stg 1:15	después que ha concebido, (**Entonces**..., habiendo concebido, VM)

1535 εἴτε — éite

Ro 12:6	si el de profecía, úsese
7	o si de servicio, en servir
	o el que enseña, en la enseñanza
8	el que exhorta; (lit., o el que exhorta)
1 Co 3:22	**sea** Pablo, **sea** Apolos
	sea Cefas, **sea** el mundo
	sea la vida
	sea la muerte, **sea** lo presente
	sea lo por venir,
8:5	**sean** en el cielo, **o** en la tierra
10:31	Si, pues, coméis **o** bebéis, **o** hacéis
12:13	**sean** judíos **o** griegos
	sean esclavos **o** libres
26	De manera que **si** un miembro y un miembro recibe honra, (**o si**...,VHA)
13:8	pero las profecías se acabarán (mas **si** hay profecías, acabarán, VHA)
	cesarán las lenguas (**si** lenguas, cesarán, VHA)
	la ciencia acabará. (**si** ciencia, acabará VHA)
14:7	como **o** la flauta **o** la cítara, (**sea** flauta, **o** arpa, VM)
27	**Si** habla alguno en lengua
15:11	Porque **o sea** yo **o sean** ellos
2 Co 1:6	**si** somos atribulados
	o si somos consolados
5:9	**o** ausentes, **o** presentes, (**ora** presentes...

εἶτεν 1534 — 1540 ἑκατόν

		o ausentes..., VM)
2 Co	5:10	sea bueno o sea malo
	13	si estamos locos
		y si somos cuerdos,
	8:23	En cuanto a Tito, (lit., ora en cuanto...)
		y en cuanto a nuestros hermanos, (y si de nuestros hermanos, BC)
	12:2	(si en el cuerpo, no lo sé si fuera del cuerpo, no lo sé
	3	(si en el cuerpo, o fuera del cuerpo,
Ef	6:8	sea siervo o sea libre
Fil	1:18	o por pretexto, o por verdad,
	20	o por vida o por muerte
	27	para que o sea que vaya a veros o que esté ausente,
Col	1:16	sean tronos, sean dominios, sean principados, sean potestades
	20	así las que están en la tierra (sea lo que está sobre la tierra, VHA) como las que están en los cielos (sea lo que está en los cielos, VHA)
1 Ts	5:10	para que ya sea que velemos o que
2 Ts	2:15	sea por palabra, o por carta nuestra
1 P	2:13	ya sea al rey, como a superior
	14	ya a los gobernadores,

1534   εἶτεν* — éiten

Mr	4:28	luego espiga, después grano lleno (WH, N, ABMW)
1536		Véase pág. 272

1486   εἴωθα — éiotha o ἔθω

Mt	27:15	acostumbraba el gobernador soltar
Mr	10:1	de nuevo les enseñaba como solía
Lc	4:16	conforme a su costumbre, y se levantó
Hch	17:2	Pablo, como acostumbraba, fue a ellos

1538   ἕκαστος — ékastos (jékastos)

Mt	16:27	pagará a cada uno
	18:35	cada uno a su hermano sus ofensas
	25:15	a cada uno conforme a su capacidad
	26:22	comenzó cada uno de ellos
Mr	13:34	a cada uno su obra
Lc	2:3	cada uno a su ciudad
	4:40	poniendo las manos sobre cada uno
	6:44	Porque cada árbol se conoce
	13:15	Hipócrita, cada uno de vosotros
	16:5	llamando a cada uno de los deudores
Jn	6:7	para que cada uno de ellos tomase
	7:53	[Cada uno se fue a su casa;]
	16:32	seréis esparcidos cada uno
	19:23	una para cada soldado
Hch	2:3	sobre cada uno de ellos
	6	porque cada uno les oía hablar
	8	hablar cada uno en nuestra lengua
	38	bautícese cada uno de vosotros
	3:26	a fin de que cada uno se convierta
	4:35	se repartía a cada uno según
	11:29	cada uno conforme a lo que tenía
	17:27	no está lejos de cada uno de nosotros
	20:31	con lágrimas a cada uno
	21:19	les contó una por una las cosas (lit., les contó las cosas una por cada una)
	26	por cada uno de ellos
Ro	2:6	el cual pagará a cada uno conforme
	12:3	que Dios repartió a cada uno
	14:5	Cada uno esté plenamente convencido
	12	De manera que cada uno de nosotros
	15:2	Cada uno de nosotros agrade

1 Co	1:12	Quiero decir, que cada uno de vosotros
	3:5	eso según lo que a cada uno
	8	aunque cada uno recibirá
	10	cada uno mire cómo
	13	la obra de cada uno se hará la obra de cada uno cuál sea
	4:5	cada uno recibirá (le vendrá a cada uno, BC)
	7:2	cada uno tenga su propia mujer cada una tenga su propio marido
	7	cada uno tiene su propio don
	17	cada uno como el Señor le repartió como Dios llamó a cada uno
	20	Cada uno en el estado en que fue
	24	Cada uno, hermanos, en el estado
	10:24	sino el del otro (V60, WH, N, ABMW, VHA, VM, NC, BC, BA); (lit., sino cada cual el del otro, TR)
	11:21	al comer, cada uno se adelanta
	12:7	a cada uno le es dada
	11	repartiendo a cada uno en particular
	18	cada uno de ellos en el cuerpo
	14:26	cada uno de vosotros tiene salmo,
	15:23	cada uno en su debido orden
	38	a cada semilla su propio cuerpo. (a cada una de las simientes..., VHA)
	16:2	cada uno de vosotros ponga aparte
2 Co	5:10	para que cada uno reciba
	9:7	Cada uno dé como propuso
Gá	6:4	Así que, cada uno someta a prueba
	5	porque cada uno llevará su propia
Ef	4:7	a cada uno de nosotros
	16	según la actividad propia de cada miembro
	25	hablad verdad cada uno
	5:33	cada uno de vosotros ame también
	6:8	el bien que cada uno hiciere,
Fil	2:4	no mirando cada uno por lo suyo cada cual también por lo de los otros
Col	4:6	como debéis responder a cada uno
1 Ts	2:11	consolábamos a cada uno de vosotros
	4:4	que cada uno de vosotros sepa tener
2 Ts	1:3	el amor de todos y cada uno
He	3:13	antes exhortaos los unos a los otros cada día
	6:11	deseamos que cada uno de vosotros
	8:11	ninguno enseñará, (no enseñará cada uno, VHA) Ni ninguno a su hermano (y cada uno a su hermano, VHA)
	11:21	bendijo a cada uno de los hijos
Stg	1:14	cada uno es tentado
1 P	1:17	según la obra de cada uno
	4:10	Cada uno según el don
Ap	2:23	os daré a cada uno según vuestras
	5:8	todos tenían arpas, (teniendo cada uno un arpa, VHA)
	6:11	se le dieron vestiduras blancas (a cada uno de ellos le fue dada una..., VHA)
	20:13	fueron juzgados cada uno
	21:21	cada una de las puertas era una perla
	22:2	dando cada mes su fruto
	12	para recompensar a cada uno

1539   ἑκάστοτε* — ekástote (jekástote)

2 P	1:15	podáis en todo momento tener

1540   ἑκατόν — ekatón (jekatón)

Mt	13:8	cuál a ciento, cuál a sesenta
	23	produce a ciento, a sesenta
	18:12	Si un hombre tiene cien ovejas
	28	que le debía cien denarios

Mr	4:8	a **ciento** por uno	Mt	9:38	que **envíe** obreros a su mies
	20	a **ciento** por uno		10:1	para que los **echasen fuera**
	6:40	por grupos, de **ciento** en **ciento**		8	**echad fuera** demonios; de gracia
Lc	15:4	teniendo **cien** ovejas		12:20	Hasta que **saque** a victoria el juicio
	16:6	El dijo: **Cien** barriles de aceite		24	Este no **echa fuera** a los demonios
	7	**Cien** medidas de trigo		26	si Satanás **echa fuera** a Satanás,
Jn	19:39	como **cien** libras		27	si yo **echo fuera** los demonios
	21:11	**ciento** cincuenta y tres			¿por quién los **echan** vuestros hijos?
Hch	1:15	eran como **ciento** veinte en número		28	**echo fuera** los demonios
Ap	7:4	**ciento** cuarenta y cuatro mil		35	del buen tesoro...**saca** buenas cosas
	14:1	con él **ciento** cuarenta y cuatro mil,			del mal tesoro **saca** malas cosas
	3	**ciento** cuarenta y cuatro mil		13:52	que **saca** de su tesoro cosas nuevas
	21:17	**ciento** cuarenta y cuatro codos		15:17	es **echado** en la letrina?
				17:19	no pudimos **echarlo fuera**?
1541		ἑκατονταετής – ekatontaetés		21:12	**echó fuera** a todos los que vendían
		(jekatontaetés)		39	le **echaron fuera** de la viña
Ro	4:19	(siendo de casi **cien** años)		22:13	**echadle** en las tinieblas de afuera
				25:30	**echadle** en las tinieblas de afuera
1542		ἑκατονταπλασίων – ekatontaplasíon	Mr	1:12	luego el Espíritu le **impulsó**
		(jekatontaplasíon)		34	**echó fuera** muchos demonios
Mt	19:29	recibirá **cien veces más**, (TR, ABMW, VM,		39	**echaba fuera** los demonios. (fué...echando
		NC, BC, BA); (... muchas veces más, VHA,			fuera..., VHA)
		WH, N)		43	le **despidió** luego
Mr	10:30	que no reciba **cien veces más**		3:15	para **echar fuera** demonios
Lc	8:8	llevó fruto **a ciento por uno**		22	**echaba fuera** los demonios
				23	¿Cómo puede Satanás **echar fuera** a Satanás
1543		ἑκατοντάρχης – ekatontárces		5:40	**echando fuera** a todos,
		(jekatontárjes) o ἑκατόνταρχος		6:13	**echaban fuera** muchos demonios
Mt	8:5	vino a él un **centurión**		7:26	que **echase fuera** de su hija
	8	Respondió el **centurión** y dijo		9:18	dije a tus discípulos que lo **echasen fuera**
	13	Entonces Jesús dijo al **centurión**		28	¿Por qué nosotros no pudimos **echarle fuera**
	27:54	El **centurión**, y los que estaban		38	que en tu nombre **echaba fuera** demonios
Lc	7:2	el siervo de un **centurión**		47	**sácalo**; mejor te es entrar
	6	el **centurión** envió a él		11:15	comenzó a **echar fuera** a los que vendían
	23:47	Cuando el **centurión** vio		12:8	le **echaron fuera** de la viña
Hch	10:1	**centurión** de la compañía llamada		16:9	[de quien había **echado** siete demonios]
	22	Cornelio el **centurión**, varón justo		17	[**echarán fuera** demonios;]
	21:32	tomando luego soldados y **centuriones**	Lc	4:29	levantándose, le **echaron fuera**
	22:25	Pablo dijo al **centurión**		6:22	**desechen** vuestro nombre como malo
	26	Cuando el **centurión** oyó esto,		42	déjame **sacar** la paja (deja; **echaré fuera**...,
	23:17	llamando a uno de los **centuriones**			VM)
	23	llamando a dos **centuriones**			**saca** primero la viga
	24:23	mandó al **centurión** que se custodiase			para **sacar** la paja que está
	27:1	a un **centurión** llamado Julio,		8:54	Lit., **echando fuera** a todos (TR)
	6	hallando allí el **centurión**		9:40	rogué a tus discípulos que le **echasen fuera**
	11	el **centurión** daba más crédito		49	hemos visto a uno que **echaba fuera**
	31	Pablo dijo al **centurión**		10:2	que **envíe** obreros a su mies
	43	el **centurión**, queriendo salvar		35	**sacó** dos denarios, (sacando... VM)
	28:16	el **centurión** entregó los presos (TR, VM,		11:14	Estaba Jesús **echando fuera**
		[BA])		15	**echa fuera** los demonios
				18	por Beelzebú **echo yo fuera** los demonios
1543 A		ἐκβαίνω – ekbáino		19	Pues si yo **echo fuera** los demonios
He	11:15	en aquella de donde **salieron**, (WH, N,		20	**echo yo fuera** los demonios,
		ABMW)		13:28	vosotros **estéis excluidos**. (mas a vosotros
					echados fuera, VHA)
1544		ἐκβάλλω – ekbállo (ekbálo)		32	He aquí, **echo fuera** demonios
Mt	7:4	Déjame **sacar** la paja, (Deja, **echaré fuera**...,		19:45	comenzó a **echar fuera** a todos
		VM)		20:12	mas ellos también a éste **echaron fuera**
	5	**saca** primero la viga de tu propio ojo		15	le **echaron fuera** de la viña, (habiéndole
		para sacar la paja del ojo de tu hermano			**echado fuera**..., VHA)
	22	en tu nombre **echamos fuera** demonios	Jn	2:15	**echó fuera** del templo a todos
	8:12	**serán echados** a las tinieblas		6:37	que a mí viene, no le **echo fuera**
	16	**echó fuera** a los demonios,		9:34	Y le **expulsaron**
	31	Si nos **echas fuera**,		35	Oyó Jesús que le **habían expulsado**
	9:25	la gente **había sido echada fuera**		10:4	cuando **ha sacado fuera** todas
	33	**echado fuera** el demonio		12:31	el príncipe de este mundo **será echado** fuera
	34	**echa fuera** los demonios	Hch	7:58	**echándole fuera** de la ciudad
				9:40	Entonces, **sacando** a todos, Pedro

ἔκβασις 1545			309			1563 ἐκεῖ	

1545				1556			ἐκδικέω — ekdikéo
Hch	13:50	los expulsaron de sus límites		Lc	18:3	Hazme justicia de mi adversario
	16:37	nos echaron en la cárcel			5	le haré justicia,
	27:38	echando el trigo al mar		Ro	12:19	No os venguéis (lit., no vengándoos)
Gá	4:30	Echa fuera a la esclava		2 Co	10:6	estando prontos para castigar
Stg	2:25	cuando...los envió por otro camino		Ap	6:10	no juzgas y vengas nuestra sangre
3 Jn	10	los expulsa de la iglesia			19:2	ha vengado la sangre de sus siervos
Ap	11:2	déjalo aparte (exclúyelo, VHA)				

1545   ἔκβασις** — ékbasis

| 1 Co | 10:13 | juntamente con la tentación la salida |
| He | 13:7 | considerad cuál haya sido el resultado (considerando el fin de su vida, NC) |

1557   ἐκδίκησις — ekdíkesis

Lc	18:7	¿Y acaso Dios no hará justicia
	8	Os digo que pronto les hará justicia.
	21:22	estos son días de retribución
Hch	7:24	vengó al oprimido. (lit., hizo venganza...)
Ro	12:19	Mía es la venganza
2 Co	7:11	qué celo, y qué vindicación!
2 Ts	1:8	para dar retribución (dando castigo, VHA)
He	10:30	Mía es la venganza, yo daré
1 P	2:14	como por él enviados para castigo

1546   ἐκβολή — ekbolé

Hch 27:18 empezaron a alijar, (lit., empezaron a hacer un aligeramiento)

1547   ἐκγαμίζω — ekgamízo (ekgamídzo)

Mt	22:30	ni se darán en casamiento (TR)
	24:38	casándose y dando en casamiento (TR)
Lc	17:27	se casaban y se daban en casamiento (TR)
1 Co	7:38	el que la da en casamiento (TR)
		el que no la da en casamiento (TR)

1558   ἔκδικος** — ékdikos

| Ro | 13:4 | vengador, para castigar (lit., vengador en ira) |
| 1 Ts | 4:6 | el Señor es vengador |

1548   ἐκγαμίσκω — ekgamísko

| Lc | 20:34 | se casan, y se dan en casamiento (TR) |
| | 35 | ni se casan, ni se dan en casamiento (TR) |

1559   ἐκδιώκω — ekdióko

| Lc | 11:49 | a unos matarán y a otros perseguirán,(TR) |
| 1 Ts | 2:15 | a nosotros nos expulsaron; (nos persiguieron hasta fuera a nosotros, VHA) |

1549   ἔκγονος — ékgonos

1 Ti 5:4 tiene hijos, o nietos

1560   ἔκδοτος** — ékdotos

Hch 2:23 entregado por el determinado consejo

1550   ἐκδαπανάω* — ekdapanáo

2 Co 12:15 aun yo mismo me gastaré del todo

1561   ἐκδοχή* — ekdocé (ekdojé)

He 10:27 sino una horrenda expectación de juicio

1551   ἐκδέχομαι — ekdécomai (ekdéjomai)

Jn	5:3	que esperaban el movimiento del agua. (TR, [VHA], [VM], NC, BC, [BA])
Hch	17:16	Mientras Pablo los esperaba
1 Co	11:33	esperaos unos a otros
	16:11	espero con los hermanos
He	10:13	esperando hasta que sus enemigos
	11:10	esperaba la ciudad que tiene
Stg	5:7	el labrador espera el precioso
1 P	3:20	cuando una vez esperaba la paciencia (TR)

1562   ἐκδύω — ekdúo

Mt	27:28	desnudándole, le echaron encima
	31	le quitaron el manto, le pusieron
Mr	15:20	le desnudaron la púrpura,
Lc	10:30	los cuales le despojaron; (lit.,...quienes habiéndole despojado)
2 Co	5:4	no quisiéramos ser desnudados,

1552   ἔκδηλος** — ékdelos

2 Ti 3:9 su insensatez será manifiesta

1563   ἐκεῖ — ekéi

Mt	2:13	permanece allá hasta que yo...
	15	estuvo allá hasta la muerte
	22	tuvo temor de ir allá
	5:24	deja allí tu ofrenda
	6:21	allí estará también vuestro corazón
	8:12	allí será el lloro y el crujir
	12:45	entrados, moran allí
	13:42	allí será el lloro y el crujir
	50	allí será el lloro y el crujir
	58	no hizo allí muchos milagros,
	14:23	cuando llegó la noche, estaba allí
	15:29	subiendo al monte, se sentó allí
	17:20	Pásate de aquí allá
	18:20	allí estoy yo en medio de ellos
	19:2	los sanó allí
	21:17	y posó allí
	22:11	vio allí a un hombre que no
	13	allí será el lloro y el crujir
	24:28	allí se juntarán las águilas
	51	allí será el lloro y el crujir
	25:30	allí será el lloro y el crujir
	26:36	entre tanto que voy allí y oro
	71	dijo a los que estaban allí

1553   ἐκδημέω* — ekdeméo

2 Co	5:6	estamos ausentes del Señor
	8	estar ausentes del cuerpo
	9	o ausentes o presentes, serle agradables

1554   ἐκδίδομαι — ekdídomai o ἐκδίδωμι

Mt	21:33	la arrendó a unos labradores
	41	arrendará su viña a otros labradores
Mr	12:1	la arrendó a unos labradores
Lc	20:9	la arrendó a labradores,

1555   ἐκδιηγέομαι — ekdiegéomai (ekdieguéomai)

| Hch | 13:41 | si alguien os la contare |
| | 15:3 | contando la conversión de los gentiles |

ἐκεῖθεν 1564

Mt	27:36	sentados le guardaban **allí**
	47	Algunos de los que estaban **allí**
	55	Estaban **allí** muchas mujeres
	61	estaban **allí** María Magdalena
	28:7	**allí** le veréis,
Mr	1:13	estuvo **allí** en el desierto (TR)
	38	para que predique también **allí** (WH, N, ABMW)
	2:6	Estaban **allí** sentados algunos
	3:1	había **allí** un hombre que tenía
	5:11	Estaba **allí** cerca del monte
	6:5	no pudo hacer **allí** ningún milagro
	10	posad en ella hasta que salgáis (posad **allí**.., VHA)
	33	muchos fueron **allá** a pie
	55	a donde oían que estaba. (TR) (lit., a donde oían que **allí** estaba)
	11:5	unos de los que estaban **allí**
	13:21	o, mirad, **allí** está, no le creáis
	14:15	preparad para nosotros **allí**
	16:7	**allí** le veréis, como os dijo
Lc	2:6	aconteció que estando ellos **allí**
	6:6	estaba **allí** un hombre que tenía
	8:31 (32)	Había **allí** un hato de muchos cerdos
	9:4	en cualquier casa...quedad **allí**
	10:6	si hubiere **allí** algún hijo
	11:26	entrados, moran **allí**
	12:18	**allí** guardaré todos mis frutos
	34	**allí** estará también vuestro corazón
	13:28	**Allí** será el llanto y el crujir
	15:13	**allí** desperdició sus bienes
	17:21	Helo aquí, o helo **allí**
	23	Helo aquí, o helo **allí**
	37	**allí** se juntarán también las águilas
	21:2	que echaba **allí** dos blancas
	22:12	preparad **allí**
	23:33	le crucificaron **allí**
Jn	2:1	estaba **allí** la madre de Jesús
	6	estaban **allí** seis tinajas de piedra
	12	estuvieron **allí** no muchos días
	3:22	estuvo **allí** con ellos, y bautizaba
	23	había **allí** muchas aguas
	4:6	estaba **allí** el pozo de Jacob
	40	se quedó **allí** dos días
	5:5	había **allí** un hombre que hacía
	6:3	se sentó **allí** con sus discípulos
	22	no había habido **allí** más que una sola barca
	24	que Jesús no estaba **allí**
	10:40	bautizando Juan; y se quedó **allí**
	42	muchos creyeron en él **allí**
	11:8	¿y otra vez vas **allá**?
	15	de no haber estado **allí**
	31	Va al sepulcro a llorar **allí**
	12:2	le hicieron **allí** una cena
	9	que él estaba **allí**
	26	**allí** también estará mi servidor
	18:2	se había reunido **allí** con sus discípulos
	3	fue **allí** con linternas y antorchas
	19:42	**Allí**, pues, por causa de la preparación
Hch	9:33	halló **allí** a uno...Eneas
	14:28	se quedaron **allí** (TR, VHA)
	16:1	había **allí** cierto discípulo.
	17:14	Silas y Timoteo se quedaron **allí**
	19:21	Después que haya estado **allí**
	25:9	**allá** ser juzgado de estas cosas
	14	como estuvieron **allí** muchos días
Ro	9:26	**Allí** serán llamados hijos del Dios
	15:24	ser encaminado **allá** por vosotros
2 Co	3:17	**allí** hay libertad (TR)
Tit	3:12	porque **allí** he determinado
He	7:8	**allí**, uno de quien se da testimonio
Stg	2:3	Estate tú **allí** en pie, o siéntate (TR, N, VHA, VM, NC, BC, BA); (lit., Tú quédate o siéntate **ahí**, WH, ABMW)
	3:16	**allí** hay perturbación y toda obra
	4:13	estaremos **allá** un año, (lit., haremos **allá** un año)
Ap	2:14	tienes **ahí** a los que retienen
	12:6	donde tiene lugar preparado (lit., donde tiene **allí** lugar...) para que **allí** la sustenten
	14	donde es sustentada por un tiempo (lit., donde ella es sustentada **allí** un tiempo)
	21:25	pues **allí** no habrá noche
	22:5	No habrá **allí** más noche; (TR, BC)

1564   ἐκεῖθεν – ekeîthen

Mt	4:21	Pasando **de allí**, vio a otros
	5:26	que no saldrás **de allí**
	9:9	Pasando Jesús **de allí**, vio
	27	Pasando Jesús **de allí**, le siguieron
Mt	11:1	se fue **de allí** a enseñar
	12:9	Pasando **de allí**, vino
	15	Jesús, se apartó **de allí**; y le siguió
	13:53	se fue **de allí**
	14:13	Oyéndolo Jesús, se apartó **de allí**
	15:21	Saliendo Jesús **de allí**, se fue
	29	Pasó Jesús **de allí** (partiendo..., VM)
	19:15	fue **de allí**
Mr	1:19	Pasando **de allí** un poco (TR)
	6:1	Salió Jesús **de allí**
	10	hasta que salgáis **de aquel lugar**. (lit.,... **de allí**)
	11	salid **de allí**, (marchándoos **de allí**, VHA)
	7:24	Levantándose **de allí**, se fue
	9:30	Habiendo salido **de allí**, (TR)
	10:1	Levantándose **de allí**, vino
Lc	9:4	quedad allí, y **de allí** salid
	12:59	no saldrás **de allí**
	16:26	no pueden, ni **de allá** pasar acá
Jn	4:43	salió **de allí** y fue a Galilea
	11:54	sino que se alejó **de allí**
Hch	13:4	**de allí** navegaron a Chipre
	16:12	y **de allí** a Filipos, (TR)
	18:7	saliendo **de allí**, se fue a la casa
	20:13	para recoger **allí** a Pablo, (**desde donde** habíamos de recoger..., BC)
	27:12	acordó zarpar también **de allí**, (WH, N, ABMW)
Ap	22:2	a uno y **otro lado** del río (WH, N, ABMW)

1565   ἐκεῖνος – ekeínos

Mt	3:1	En **aquellos** días vino Juan
	7:22	Muchos me dirán en **aquel** día
	25	golpearon contra **aquella** casa
	27	dieron con ímpetu contra **aquella** casa
	8:13	fue sanado en **aquella** misma hora
	28	nadie podía pasar por **aquel** camino
	9:22	fue salva desde **aquella** hora
	26	se difundió...por toda **aquella** tierra
	31	por toda **aquella** tierra
	10:14	salid de **aquella** casa (saliendo..., NC)
	15	que para **aquella** ciudad
	19	porque en **aquella** hora
	11:25	En **aquel** tiempo, respondiendo
	12:1	En **aquel** tiempo iba Jesús
	45	el postrer estado de **aquel** hombre

ἐκεῖνος 1565　　　　　　　　　　　　　311　　　　　　　　　　　　1565 ἐκεῖνος

Mt	13:1	Aquel día salió Jesús de la casa			(TR, NC)
	11	mas a ellos no les es dado. (Pero a ésos,	Mr	7:20	lo que del hombre sale, eso contamina
		no..., NC)		8:1	En aquellos días, como había
	44	compra aquel campo	Mr	12:7	aquellos labradores dijeron
	14:1	En aquel tiempo Herodes		13:11	lo que os fuere dado en aquella hora,
	35	Cuando le conocieron los hombres de		17	de las que críen en aquellos días!
		aquel lugar		19	aquellos días serán de tribulación
		por toda aquella tierra alrededor		24	en aquellos días, después de aquella
	15:22	que había salido de aquella región (salida		32	de aquel día y de la hora
		de aquellos confines, BC)		14:21	iay de aquel hombre por quien
	28	fue sanada desde aquella hora			Bueno le fuera a ese hombre
	17:18	éste quedó sano desde aquella hora		25	hasta aquel día en que lo beba
	27	tómalo, y dáselo (tomando esto..., VM)		16:10	[Yendo ella, lo hizo saber]
	18:1	En aquel tiempo los discípulos		13	[ni aun a ellos creyeron.]
	7	pero iay de aquel hombre (TR, VM, BA)		20	[ellos, saliendo, predicaron]
	26	Entonces aquel siervo, (V60, T, BC); (Por	Lc	2:1	Aconteció en aquellos días,
		tanto el siervo, VM, TR, WH, N, ABMW,		4:2	no comió nada en aquellos días
		VHA, NC, BA)		5:35	entonces, en aquellos días ayunarán
	27	El Señor de aquel siervo,		6:23	Gozaos en aquel día, y alegraos,
	28	saliendo aquel siervo		48	ímpetu contra aquella casa
	32	toda aquella deuda te perdoné		49	fue grande la ruina de aquella casa
	20:4	les dijo: Id también vosotros (Lit., a		7:21	En ésa misma hora sanó (TR, NC, BA);
		aquellos el dijo)			(En aquella hora..., VHA, WH, N, ABMW,
	21:40	¿qué hará a aquellos labradores?			VM, BC)
	22:7	destruyó a aquellos homicidas		8:32	que los dejase entra en ellos
	10	saliendo los siervos por los caminos		9:5	salid de aquella ciudad, (saliendo..., VHA)
		(saliendo aquellos siervos a los caminos		34	al entrar en la nube (cuando ellos entraron...,
		VHA)			VHA) (TR)
	23	Aquel día vinieron a él los saduceos,		36	por aquellos días no dijeron nada
	46	ni osó alguno desde aquel día		10:12	os digo que en aquel día
	24:19	de las que críen en aquellos días!			que para aquella ciudad
	22	si aquellos días no fuesen		31	descendió un sacerdote por aquel camino
		aquellos días serán acortados		11:26	el postrer estado de aquel hombre
	29	después de la tribulación de aquellos días		12:37	Bienaventurados aquellos siervos
	36	Pero del día y la hora nadie sabe, (Más		38	bienaventurados son aquellos siervos
		en cuanto a aquel día y hora, nadie lo		43	Bienaventurado aquel siervo
		sabe, VHA)		45	si aquel siervo dijere
	38	en los días antes del diluvio (TR, ABMW,		46	vendrá el señor de aquel siervo
		VM, NC, BC); (en los días aquellos...,		47	Aquel siervo que conociendo
		VHA, [WH], [N], BA)		13:4	O aquellos dieciocho sobre los cuales
	43	sabed esto, que si el padre		14:21	vuelto el siervo (V60, WH, N, ABMW, VHA,
	46	Bienaventurado aquel siervo			VM, NC, BC, BA); (lit., vuelto aquel
	48	si aquel siervo malo			siervo, TR)
	50	vendrá el señor de aquel siervo		24	os digo que ninguno de aquellos
	25:7	Entonces todas aquellas vírgenes		15:14	una gran hambre en aquella provincia
	19	vino el señor de aquellos siervos		15	uno de los ciudadanos de aquella tierra
	26:24	mas iay de aquel hombre		17:9	¿Acaso da gracias al siervo (V60, WH, N,
		Bueno le fuera a ese hombre			ABMW, VHA, VM, NC, BC, BA);
	29	hasta aquel día en que lo beba nuevo			(lit., ¿no tiene agradecimiento para aquel
	55	En aquella hora dijo Jesús			siervo, TR)
	27:8	Por lo cual aquel campo		31	En aquel día, el que esté en la azotea
	19	No tengas... con ese justo		18:3	Había también en aquella ciudad
	63	nos acordamos que aquel engañador dijo		14	justificado antes que el otro (...más bien
Mr	1:9	Aconteció en aquellos días			que aquél, BC)
	2:20	en aquellos días (...en aquel día, VHA)		19:4	porque había de pasar por allí
	3:24	tal reino no puede permanecer (no puede		27	a aquellos mis enemigos (TR, VHA, VM,
		permanecer aquel reino, VM)			NC, BC)
	25	tal casa no puede permanecer (no podrá		20:1	Sucedió un día, (V60) (aconteció que en
		permanecer aquella casa, VM)			uno de aquellos días, VM, TR, VHA,
	4:11	mas a los que están fuera, (mas a aquellos			NC, BC); (...en uno de los días, BA, WH,
		de fuera, BC)			N, ABMW)
	20	éstos son los que fueron sembrados (TR,		18	Todo el que cayere sobre aquella piedra
		VHA, VM); (aquellos son..., BA, WH, N,		35	por dignos de alcanazar aquel siglo
		ABMW)		21:23	de las que críen en aquellos días
	35	Aquel día, cuando llegó la noche		34	sobre vosotros aquel día
	6:11	que para aquella ciudad (TR, VM)		22:22	iay de aquel hombre por quien
	55	y recorriendo toda la tierra (recorrieron	Jn	1:8	No era él la luz
		toda aquella región, VHA)		18	él le ha dado a conocer
	7:15	eso es lo que contamina (lit., esas cosas...)			

Jn	1:33	**aquél** me dijo: Sobre quien	Jn	19:31	**aquel** día de reposo era de gran solemnidad
	39	se quedaron con él **aquel** día			(era grande el día de **aquel** sábado, BC)
	2:21	él hablaba del templo		35	y **él** sabe que dice verdad, (WH, N, ABMW)
	3:28	soy enviado delante de **él**		20:13	le dijeron (**ellos** le dicen, VM)
	30	Es necesario que **él** crezca		15	**Ella**, pensando que era el hortelano
	4:25	cuando **él** venga nos declarará		16	Volviéndose **ella**, le dijo
	39	los samaritanos de **aquella** ciudad		19	llegó la noche de **aquel** mismo día
	53	entendió que **aquella** era la hora		21:3	**aquella** noche no pescaron nada
	5:9	era día de reposo **aquel** día		7	**aquel** discípulo a quien Jesús amaba
	11	El que me sanó, **él mismo** me dijo		23	que **aquel** discípulo no moriría
	19	todo lo que el Padre hace, (cuanto **éste** hace, VM)	Hch	1:19	de tal manera que **aquel** campo
				2:18	en aquellos días Derramaré de mi Espíritu
	35	El era antorcha (**Aquel** era la lámpara, NC)		41	se añadieron **aquel** mismo día
	37	el Padre...ha dado testimonio (el Padre... **ése** da testimonio, NC) (WH, N, ABMW)		3:13	cuando **éste** había resuelto ponerle
				23	toda alma que no oiga a **aquel** profeta
	38	porque a quien **él** envió, vosotros		7:41	Entonces hicieron un becerro, (hicieron en **aquellos** días un becerro, VHA)
	39	**ellas** son las que dan testimonio de mí			
	43	si otro viniere...nombre, a **ése** recibiréis		8:1	**aquel** día hubo una gran persecución
	46	porque de mí escribió **él**		8	había gran gozo en **aquella** ciudad
	47	si no creéis a sus escritos (lit., si no creéis los escritos de **él**)		9:37	aconteció que en **aquellos** días
				10:9	mientras **ellos** iban por el camino
	6:22	Lit., **aquella** en que habían entrado (TR)		12:1	En **aquel** mismo tiempo
	29	que creáis en el que **él** ha enviado		6	**aquella** misma noche estaba Pedro
	7:11	decían: ¿Dónde está aquél?		14:21	después de anunciar...a **aquella** ciudad
	45	**éstos** les dijeron: ¿Por qué no		16:3	los judíos que había en **aquellos** lugares
	8:10	[los que te acusaban (lit., **aquellos** que...)]		33	tomándoles en **aquella** misma hora
	42	sino que **él** me envió		35	Suelta a **aquellos** hombres
	44	El ha sido homicida		19:16	huyeron de **aquella** casa desnudos
	9:9	El decía: Yo soy.		23	Hubo por **aquel** tiempo un disturbio
	11	Respondió **él**.... Aquel hombre		20:2	después de recorrer **aquellas** regiones
	12	¿Dónde está **él**?		21:6	**ellos** se volvieron a sus casas
	25	Entonces **él** respondió y dijo:		22:11	a causa de la gloria de la luz, (a causa de la gloria de **aquella** luz, VM)
	28	Tú eres su discípulo; (lit., Tú, discípulo de **aquel** eres)			
				28:7	En **aquellos** lugares (en las cercanías de **aquel** lugar, VM)
	36	Respondió **él** y dijo: ¿Quién es,			
	37	el que habla contigo, **él** es	Ro	6:21	el fin de **ellas** es muerte
	10:1	**ése** es ladrón y salteador		11:23	aun **ellos**, si no permanecieren (TR)
	6	pero **ellos** no entendieron		14:14	es inmundo, para **él** lo es. (para **él** inmundo es, VM)
	35	Si llamó dioses **a aquellos**			
	11:13	**ellos** pensaron que hablaba del		15	**aquel** por quien Cristo murió
	29	**Ella**, cuando lo oyó, se levantó	1 Co	9:25	**ellos**, a la verdad, para recibir
	49	sumo sacerdote **aquel** año,		10:11	estas cosas **les** acontecieron (estas cosas **les** sucedieron a **ellos**, VM)
	51	era el sumo sacerdote **aquel** año,			
	53	desde **aquel** día acordaron		28	por causa de **aquel** que lo declaró
	12:48	**ella** le juzgará en el día postrero		15:11	o sea yo o sean **ellos**
	13:6	Pedro le dijo (**éste** le dice, VHA) (TR, NC, BA)	2 Co	7:8	porque veo que **aquella** carta
				8:9	con **su** pobreza fueseis enriquecidos (lit., con la pobreza **de él**...)
	25	El entonces, recostado cerca			
	26	A quien yo diere el pan mojado, **aquél** es.		13 (14)	supla la escasez **de ellos**,
	27	Satanás entró en **él**		14	para que también la abundancia **de ellos**
	30	Cuando **él**, pues, hubo tomado		10:18	no es aprobado el que se alaba (...**quien** está probado, NC)
	14:20	En **aquel** día vosotros conoceréis			
	21	**ése** es el que me ama	Ef	2:12	En **aquel** tiempo estabais
	26	**él** os enseñará todas las cosas	2 Ts	1:10	cuando venga en **aquel** día
	15:26	**él** dará testimonio acerca de mí	2 Ti	1:12	guardar mi depósito para **aquel** día
	16:8	cuando **él** venga convencerá		18	cerca del Señor en **aquel** día
	13	cuando venga el Espíritu, (cuando venga **aquél**, el Espíritu, VHA)		2:13	**él** permanece fiel
				26	en que están cautivos a voluntad de **él**
	14	El me glorificará		3:9	como también lo fue la **de aquéllos**
	23	En **aquel** día no me preguntaréis		4:8	el Señor, juez justo, en **aquel** día
	26	En **aquel** día pediréis	Tit	3:7	justificados por su gracia (lit.,...por la gracia de **él**)
	18:13	era sumo sacerdote **aquel** año			
	15	**este** discípulo era conocido (**Ese** otro discípulo..., BA)	He	3:10	me disgusté contra **esa** generación (TR, VM, BC, BA)
	17	Dijo **él**: No lo soy		4:2	no les aprovechó el oír la palabra (a **aquellos** no **les** aprovechó la palabra, BC)
	25	El negó, y dijo: No lo soy			
	19:15	**ellos** gritaron: ¡Fuera (WH, N, ABMW)		11	entrar en **aquel** reposo,
	21	sino, que **él** dijo: Soy Rey		6:7	hierba provechosa **a aquellos**
	27	desde **aquella** hora el discípulo		8:7	si **aquel** primero hubiera

ἐκεῖσε 1566   313   1577 ἐκκλησία

He   8:10   Después de aquellos días, dice el Señor
     10:16   Después de aquellos días, dice el Señor
     11:15   si hubiésen estado pensando en aquella
             (si tuvieran memoria de aquella, VHA)
     12:25   si no escaparon aquellos
Stg   1:7   No piense, pues quien tal haga, (no
             piense ese hombre, VHA)
      4:15   haremos esto o aquello
2 P   1:16   visto...su majestad. (lit.,.la majestad
             de él)
1 Jn 2:6   debe andar como él anduvo
      3:3   así como él es puro
      5   sabéis que él apareció para quitar
      7   como él es justo
      16   en que él puso su vida
      4:17   pues como él es, así somos
      5:16   yo no digo que se pida, (no respecto de
             éste digo que se ha de pedir, VM)
Ap   9:6   en aquellos días los hombres
     11:13   En aquella hora hubo un gran terremoto,
     16:14   de aquel gran día del Dios Todopoderoso,
             (TR)

1566   ἐκεῖσε – ekéise

Hch 21:3   el barco había de descargar allí
     22:5   también a los que estuviesen allí

1567   ἐκζητέω† -- ekzetéo (ekdzetéo)

Lc   11:50   que se demande de esta generación
     51   será demandada de esta generación
Hch 15:17   Para que....busque al Señor, (...busquen...,
             BC)
Ro   3:11   No hay quien busque a Dios
He   11:6   es galardonador de los que le buscan
     12:17   aunque la procuró con lágrimas
1 P   1:10   inquirieron y diligentemente indagaron

1567 A   ἐκζήτησις*† – ekzétesis (ekdzétesis)

1 Ti 1:4   acarrean disputas más bien que (WH, N,
             ABMW)

1568   ἐκθαμβέομαι**† – ekthambéomai o
             ἐκθαμβέω

Mr   9:15   la gente,... se asombró
     14:33   comenzó a entristecerse (comenzó a
             llenarse de asombro, VHA)
     16:5   vieron a un joven... y se espantaron
      6   No os asustéis

1569   ἔκθαμβος** – ékthambos

Hch   3:11   atónito, concurrió a ellos

1569 A   ἐκθαυμάζω – ekthaumázo
             (ekthaumádzo)

Mr   12:17   se maravillaron de él (WH, N, ABMW)

1570   ἔκθετος** – ékthetos

Hch   7:19   a fin de que expusiesen a la muerte (hasta
             hacerlos exponer a sus hijos, NC)

1571   ἐκκαθαίρω – ekkatháiro

1 Co 5:7   Limpiaos, pues, de la vieja levadura
2 Ti 2:21   si alguno se limpia de estas cosas

1572   ἐκκαίω – ekkáio

Ro   1:27   se encendieron en su lascivia

             ἐκκακέω, véase ἐγκακέω, pág. 265

1574   ἐκκεντέω – ekkentéo

Jn   19:37   Mirarán al que traspasaron
Ap   1:7   los que le traspasaron

1575   ἐκκλάω – ekkláo

Ro   11:17   algunas de las ramas fueron desgajadas
     19   fueron desgajadas para que yo
     20   por su incredulidad fueron desgajadas

1576   ἐκκλείω – ekkléio

Ro   3:27   Queda excluida. ¿Por cuál ley?
Gá   4:17   quieren apartaros de nosotros

1577   ἐκκλησία – ekklesía

Mt   16:18   sobre esta roca edificaré mi iglesia
     18:17   dilo a la iglesia
             si no oyere a la iglesia
Hch   2:47   el Señor añadía cada día a la iglesia (TR,
             VM)
      5:11   vino gran temor sobre toda la iglesia
      7:38   la congregación en el desierto
      8:1   hubo una gran persecución contra la iglesia
             3 Saulo asolaba la iglesia
      9:31   las iglesias tenían paz (TR); (la Iglesia...,
             VHA, WH, N, ABMW, VM, NC, BC, BA)
     11:22   la iglesia que estaba en Jerusalén
     26   se congregaron...con la iglesia
     12:1   echó mano a algunos de la iglesia
      5   la iglesia hacía sin cesar oración (fué hecha
             oración...de parte de la iglesia, VM)
     13:1   la iglesia que estaba en Antioquía
     14:23   constituyeron ancianos en cada iglesia
     27   habiendo...reunido a la iglesia
     15:3   habiendo sido encaminados por la iglesia
      4   fueron recibidos por la iglesia
     22   los ancianos, con toda la iglesia
     41   confirmando a las iglesias
     16:5   las iglesias eran confirmadas en la fe
     18:22   subió para saludar a la iglesia, (después
             de subir...y saludar a la iglesia, VHA)
     19:32   la concurrencia estaba confusa
     39   en legítima asamblea se puede decidir
     41   despidió la asamblea
     20:17   los ancianos de la iglesia
     28   para apacentar la iglesia
Ro   16:1   es diaconisa de la iglesia en Cencrea
      4   todas las iglesias de los gentiles
      5   Saludad... la iglesia de su casa
     16   Os saludan todas las iglesias de Cristo
     23   Gayo, hospedador mío y de toda la iglesia
1 Co 1:2   Pablo,... a la iglesia de Dios
      4:17   enseñó...en todas las iglesias. (...en cada
             iglesia, VHA)
      6:4   son de menor estima en la iglesia?
      7:17   esto ordeno en todas las iglesias
     10:32   No seáis tropiezo...ni a la iglesia de Dios
     11:16   ni las iglesias de Dios
     18   cuando os reunís como iglesia, (al reuniros
             en asamblea, VM)
     22   ¿O menospreciáis la iglesia de Dios
     12:28   a unos puso Dios en la iglesia
     14:4   el que profetiza, edifica a la iglesia
      5   que la iglesia reciba edificación
     12   para edificación de la iglesia
     19   en la iglesia prefiero hablar cinco
     23   toda la iglesia se reúne

1 Co	14:28	calle en la **iglesia**,
	33	en todas las **iglesias** de los santos
	34	mujeres callen en las **congregaciones**
	35	una mujer hable en la **congregación**
	15:9	perseguí a la **iglesia** de Dios
	16:1	la manera que ordené en las **iglesias**
	19	Las **iglesias** de Asia os saludan con la **iglesia** que está en su casa
2 Co	1:1	Pablo,...a la **iglesia** de Dios
	8:1	la gracia...que se ha dado a las **iglesias**
	18	se oye por todas las **iglesias**
	19	fue designado por las **iglesias**
	23	son mensajeros de las **iglesias**
	24	ante las **iglesias** la prueba de vuestro amor (a la faz de las **iglesias**..., VHA)
	11:8	He despojado a otras **iglesias**
	28	la preocupación por todas las **iglesias**
	12:13	menos que las otras **iglesias**
Gá	1:2	Pablo,...a las **iglesias** de Galacia
	13	perseguía...a la **iglesia** de Dios
	22	no era conocido de vista a las **iglesias**
Ef	1:22	por cabeza sobre todas las cosas a la **iglesia**
	3:10	por medio de la **iglesia** a los principados
	21	a él sea gloria en la **iglesia**
	5:23	Cristo es cabeza de la **iglesia**
	24	como la **iglesia** está sujeta a Cristo
	25	así como Cristo amó a la **iglesia**
	27	una **iglesia** gloriosa, que no tuviese mancha
	29	como también Cristo a la **iglesia**
	32	respecto de Cristo y de la **iglesia**
Fil	3:6	perseguidor de la **iglesia**
	4:15	ninguna **iglesia** participó conmigo
Col	1:18	la cabeza del cuerpo que es la **iglesia**
	24	por su cuerpo, que es la **iglesia**
	4:15	la **iglesia** que está en su casa
	16	que también se lea en la **iglesia** de
1 Ts	1:1	Pablo,...a la **iglesia** de los Tesalonicenses
	2:14	imitadores de las **iglesias** de Dios
2 Ts	1:1	Pablo,...a la **iglesia** de los Tesalonicenses
	4	en las **iglesias** de Dios
1 Ti	3:5	¿cómo cuidará de la **iglesia** de Dios?)
	15	es la **iglesia** del Dios viviente
	5:16	no sea gravada la **iglesia**
Flm	2	a la **iglesia** que está en tu casa
He	2:12	En medio de la **congregación** te alabaré
	12:23	a la **congregación** de los primogénitos
Stg	5:14	Llame a los ancianos de la **iglesia**
3 Jn	6	han dado ante la **iglesia** testimonio
	9	Yo he escrito a la **iglesia**
	10	los expulsa de la **iglesia**
Ap	1:4	Juan, a las siete **iglesias**
	11	envíalo a las siete **iglesias**
	20	son los ángeles de las siete **iglesias** son las siete **iglesias**
	2:1	al ángel de la **iglesia** en Efeso
	7	lo que el Espíritu dice a las **iglesias**
	8	al ángel de la **iglesia** en Esmirna
	11	lo que el Espíritu dice a las **iglesias**
	12	al ángel de la **iglesia** en Pérgamo
	17	lo que el Espíritu dice a las **iglesias**
	18	al ángel de la **iglesia** en Tiatira
	23	todas las **iglesias** sabrán que yo soy
	29	lo que el Espíritu dice a las **iglesias**
	3:1	al ángel de la **iglesia** en Sardis
	6	lo que el Espíritu dice a las **iglesias**
	7	al ángel de la **iglesia** en Filadelfia
	13	lo que el Espíritu dice a las **iglesias**
	14	al ángel de la **iglesia** en Laodicea
	22	lo que el Espíritu dice a las **iglesias**
Ap	22:16	daros testimonio...en las **iglesias**

1578 ἐκκλίω – ekklíno

Ro	3:12	Todos **se desviaron**
	16:17	que **os apartéis** de ellos
1 P	3:11	**Apártese** del mal,

1579 ἐκκολυμβάω* – ekkolumbáo

Hch	27:42	que ninguno se fugase **nadando**

1580 ἐκκομίζω* – ekkomízo (ekkomídzo)

Lc	7:12	**llevaban** a enterrar a un difunto

ἐκκοπή véase ἐγκοπή. 1464. pág. 266

1581 ἐκκόπτω – ekkópto o ἐγκόπτω

Mt	3:10	**es cortado** y echado en el fuego
	5:30	**córtala**, y échala de ti
	7:19	Todo árbol...**es cortado** y echado
	18:8	**córtalo** y échalo de ti
Lc	3:9	todo árbol...**se corta** y se echa
	13:7	**córtala**; ¿para qué inutiliza
	9	si no, la **cortarás** después
Ro	11:22	tú también **serás cortado**
	24	si tú fuiste **cortado** del que
2 Co	11:12	para **quitar** la ocasión
1 P	3:7	para que vuestras oraciones no **tengan estorbo**. (TR) (lit., ...sean cortadas)

1582 ἐκκρεμάννυμι – ekkremánnumi o ἐκκρέμαμαι, o ἐκκρέμομαι

Lc	19:48	el pueblo **estaba suspenso** oyéndole.

1583 ἐκλαλέω** – eklaléo

Hch	23:22	que a nadie **dijese** que le

1584 ἐκλάμπω – eklámpo

Mt	13:43	los justos **resplandecerán** como el sol

1585 ἐκλανθάνομαι** – eklanthánomai

He	12:5	habéis ya **olvidado** la exhortación

1586 ἐκλέγομαι – eklégomai

Mr	13:20	por causa de los escogidos que él **escogió**
Lc	6:13	**escogió** a doce de ellos, (lit., habiendo escogido...)
	9:35	Este es mi Hijo amado (TR, VM); (Este es mi Hijo, el **Escogido**; VHA, WH, N, ABMW, NC, BC, BA)
	10:42	María **ha escogido** la buena parte
	14:7	**escogían** los primeros asientos
Jn	6:70	¿No os **he escogido** yo a vosotros
	13:18	yo sé a quienes **he elegido**
	15:16	No me **elegisteis** vosotros a mí sino que yo os **elegí** a vosotros
	19	antes yo os **elegí** del mundo
Hch	1:2	los apóstoles que **había escogido**
	24	muestra cuál de estos dos **has escogido**
	6:5	**eligieron** a Esteban, varón lleno
	13:17	El Dios de este pueblo de Israel **escogió**
	15:7	Dios **escogió** que los gentiles
	22	**elegir** de entre ellos varones (lit., habiendo elegido...)
	25	**elegir** varones y enviarlos (lit., habiendo elegido...)
1 Co	1:27	lo necio del mundo **escogió** Dios

ἐκλείπω 1587			315			1601 ἐκπίπτω

1 Co	1:27	lo débil del mundo **escogió** Dios		Jn	11:2	le **enjugó** los pies con sus cabellos,
	28	lo menospreciado **escogió** Dios				(**enjugado** sus pies..., BC)
Ef	1:4	según nos **escogió** en él antes			12:3	**enjugó** con sus cabellos
Stg	2:5	¿No ha **elegido** Dios a los pobres			13:5	**enjugarlos** con la toalla

1587   ἐκλείπω — ekléipo

Lc	16:9	cuando éstas **falten**, os reciban
	22:32	que tu fe no **falte**
	23:45	el sol se oscureció, (TR, VM, NC);
		(habiendo **faltado** el sol, BC, WH, N, ABMW, VHA, BA)
He	1:12	tus años no **acabarán**

1588   ἐκλεκτός — eklektós

Mt	20:16	mas pocos **escogidos**. (TR, NC, BC)
	22:14	y pocos **escogidos**
	24:22	mas por causa de los **escogidos**
	24	aun a los **escogidos**
	31	juntarán a sus **escogidos**
Mr	13:20	por causa de los **escogidos**
	22	si fuese posible, aun a los **escogidos**
	27	juntará a sus **escogidos**
Lc	18:7	no hará justicia a sus **escogidos**
	23:35	si éste es el Cristo, el **escogido** de Dios
Ro	8:33	¿Quién acusará a los **escogidos** de Dios?
	16:13	**escogido** en el Señor
Col	3:12	Vestíos,...como **escogidos** de Dios
1 Ti	5:21	sus ángeles **escogidos**
2 Ti	2:10	lo soporto por amor de los **escogidos**
Tit	1:1	conforme a la fe de los **escogidos**
1 P	1:1	(2) **elegidos** según la presciencia de Dios
	2:4	mas para Dios **escogida** y preciosa
	6	piedra...**escogida**, preciosa
	9	sois linaje **escogido**
2 Jn	1	El anciano a la señora **elegida**
	13	de tu hermana, la **elegida**
Ap	17:14	son llamados y **elegidos**

1589   ἐκλογή** — eklogé (elogué)

Hch	9:15	instrumento **escogido** me es éste, (vaso de elección..,BC)
Ro	9:11	conforme a la **elección** permaneciese
	11:5	un remanente **escogido** por gracia (un residuo, según la **elección** de gracia, VHA)
	7	los escogidos sí lo han alcanzado, (la **selección** lo alcanzó, BC)
	28	pero en cuanto a la **elección**, son amados
1 Ts	1:4	conocemos,...vuestra **elección**; (sabiendo..., VHA)
2 P	1:10	procurad hacer firme vuestra...**elección**

1590   ἐκλύω — eklúo

Mt	9:36	porque estaban **desamparadas** (...fatigados, NC) (TR)
	15:32	no sea que **desmayen** en el camino
Mr	8:3	se **desmayarán** en el camino
Gá	6:9	segaremos, si no **desmayamos**. (lit.,... no **desmayando**)
He	12:3	que vuestro ánimo no se canse hasta **desmayar**. (Para que no os fatiguéis **desmayando** en vuestros ánimos, VHA)
	5	Ni **desmayes** cuando eres reprendido

1591   ἐκμάσσω** — ekmásso

| Lc | 7:38 | los **enjugaba** con sus cabellos |
| | 44 | los ha **enjugado** con sus cabellos |

1592   ἐκμυκτηρίζω† — ekmukterízo (ekmukterídzo)

| Lc | 16:14 | los fariseos,...**se burlaban** de él |
| | 23:35 | aun los gobernantes **se burlaban** de él |

1593   ἐκνεύω — eknéuo

| Jn | 5:13 | Jesús **se había apartado** de la gente |

1594   ἐκνήφω — eknéfo

| 1 Co | 15:34 | **Velad** debidamente, y no pequéis |

1595   ἐκούσιος — ekóusios (jekóusios)

| Flm | 14 | sino **voluntario** |

1596   ἐκουσίως — ekousíos (jekousíos)

| He | 10:26 | si pecáremos **voluntariamente** |
| 1 P | 5:2 | no por fuerza, sino **voluntariamente** |

1597   ἔκπαλαι* — ékpalai

| 2 P | 2:3 | Sobre los tales ya de **largo tiempo** |
| | 3:5 | en el tiempo antiguo fueron hechos |

1598   ἐκπειράζω† — ekpeirázo (ekpeirádzo)

Mt	4:7	No **tentarás** al Señor tu Dios
Lc	4:12	No **tentarás** al Señor tu Dios
	10:25	dijo, **para probarle** (lit.,...**probándolo**)
1 Co	10:9	Ni **tentemos** al Señor, algunos de ellos **tentaron**, (WH, N, ABMW)

1599   ἐκπέμπω — ekpémpo

| Hch | 13:4 | **enviados** por el Espíritu Santo |
| | 17:10 | los hermanos **enviaron** de noche |

1599 A   ἐκπερισσοῦ — ekperissóu ὑπὲρ ἐκπερισσοῦ

| 1 Ts | 5:13 | que los tengáis **en mucha estima** (TR) |

1599 B   ἐκπερισσῶς*† — ekperissós

| Mr | 14:31 | él **con mayor insistencia** decía: (WH, N, ABMW) |

1600   ἐκπετάννυμι — ekpetánnumi

| Ro | 10:21 | Todo el día **extendí** mis manos |

1600 A   ἐκπηδάω — ekpedáo

| Hch | 14:14 | **se lanzaron** entre la multitud |

1601   ἐκπίπτω — ekpípto

Mr	13:25	las estrellas **caerán** del cielo, (...estarán **cayendo**, VM, TR)
Hch	12:7	las cadenas **se le cayeron**
	27:17	teniendo temor de **dar** en la Sirte, (temiendo **encallar**..., BA)
	26	es necesario que **demos** en alguna isla. (...**encallar**..., BA)
	29	teniendo **dar** en escollos, (lit., temiendo que **fueran a caer** en lugares escabrosos, TR, VHA, VM, NC); (lit., temiendo que **fueramos a caer**,..WH, N, ABMW, BC,

ἐκπλέω 1602

Hch	27:32	y lo dejaron perderse. (...caer, VHA) BA)
Ro	9:6	No que la palabra de Dios haya fallado
1 Co	13:8	El amor nunca deja de ser; (TR)
Gá	5:4	de la gracia habéis caído
Stg	1:11	la hierba se seca, su flor se cae
1 P	1:24	La hierba se seca, y la flor se cae
2 P	3:17	caigáis de vuestra firmeza
Ap	2:5	Recuerda,...de dónde has caído, (TR)

1602 ἐκπλέω* – ekpléo

Hch	15:39	Bernabé,...navegó a Chipre
	18:18	Pablo,...navegó a Siria
	20:6	navegamos de Filipos

1603 ἐκπληρόω** – ekpleróo

Hch 13:33 ha cumplido a los hijos de ellos

1604 ἐκπλήρωσις** – ekplérosis

Hch 21:26 para anunciar el cumplimiento de los días

1605 ἐκπλήσσω – ekplésso

Mt	7:28	se admiraba de su doctrina; (quedaron asombradas..., VM)
	13:54	de tal manera que se maravillaban
	19:25	Sus discípulos,.. se asombraron
	22:33	se admiraba de su doctrina (quedaron asombradas..., VM)
Mr	1:22	se admiraban de su doctrina
	6:2	oyéndole, se admiraban
	7:37	en gran manera se maravillaban
	10:26	se asombraban aun más
	11:18	estaba admirado de su doctrina
Lc	2:48	Cuando le vieron, se sorprendieron
	4:32	se admiraban de su doctrina
	9:43	se admiraban de la grandeza
Hch	13:12	creyó, maravillado de la doctrina

1606 ἐκπνέω* – ekpnéo

Mr	15:37	Mas Jesús,...expiró
	39	había expirado así
Lc	23:46	habiendo dicho esto, expiró

1607 ἐκπορεύομαι – ekporéuomai

Mt	3:5	salía a él Jerusalén
	4:4	toda palabra que sale de la boca de Dios
	15:11	mas lo que sale de la boca
	18	lo que sale de la boca
	17:21	este género no sale sino con oración (TR, VM, NC, BC, BA)
	20:29	Al salir ellos de Jericó
Mr	1:5	salían a él toda la provincia
	6:11	salid de allí, (marchándoos de allí, VHA)
	7:15	lo que sale de él (las cosas que proceden..., BA)
	19	en el vientre, y sale en la letrina?
	20	lo que del hombre sale, eso contamina
	21	salen los malos pensamientos
	23	estas maldades de dentro salen
	10:17	Al salir él para seguir su camino
	46	al salir de Jericó él y sus discípulos
	11:19	salió de la ciudad. (TR, VM, NC, BC); (salieron.., VHA, WH, N, ABMW, BA)
	13:1	Saliendo Jesús del templo
Lc	3:7	decía a las multitudes que salían
	4:22	palabras de gracia que salían de su boca
	37	su fama se difundía por todos

1614 ἐκτείνω

Jn	5:29	saldrán a resurrección de vida
	15:26	el cual procede del Padre
Hch	9:28	entraba y salía, (entrando y saliendo, VHA)
	19:12	y los espíritus malos salían (WH, N, ABMW)
	25:4	adonde él mismo partiría en breve
Ef	4:29	palabra corrompida salga de vuestra boca
Ap	1:16	de su boca salía una espada aguda (lit.,...saliendo..)
	4:5	del trono salían relámpagos
	9:17	de su boca salía fuego,
	18	el azufre que salían de su boca
	11:5	sale fuego de la boca
	16:14	van a los reyes de la tierra
	19:15	De su boca sale una espada aguda
	21	la espada que salía de la boca (TR)
	22:1	que salía del trono de Dios

1608 ἐκπορνεύω† – ekpornéuo

Jud 7 habiendo fornicado e ido en pos

1609 ἐκπτύω* – ekptúo

Gá 4:14 ni desechasteis por la prueba

1610 ἐκριζόω† – ekrizóo (ekridzóo)

Mt	13:29	no sea que...arranquéis también
	15:13	Toda planta...será desarraigada
Lc	17:6	Desarráigate, y plántate en el mar
Jud	12	dos veces muertos y desarraigados

1611 ἔκστασις – ékstasis

Mr	5:42	se espantaron grandemente (se asombraron con grande asombro, VM)
	16:8	les había tomado temblor y espanto
Lc	5:26	sobrecogidos de asombro, (apoderóse espanto de todos, VM)
Hch	3:10	se llenaron de asombro y espanto
	10:10	le sobrevino un éxtasis
	11:5	vi en éxtasis una visión
	22:17	me sobrevino un éxtasis. (lit., que llegué a estar en un éxtasis)

1612 ἐκστρέφω – ekstréfo

Tit 3:11 sabiendo que el tal se ha pervertido

1612 A ἐκσώζω* – eksózo (eksódzo)

Hch 27:39 acordaron varar (TR, N, ABMW, VHA, VM, NC, BC, BA); (lit., decidieron... traer...a salvo, WH)

1613 ἐκταράσσω – ektarásso

Hch 16:20 alborotan nuestra ciudad

1614 ἐκτείνω – ektéino

Mt	8:3	extendió la mano (extendiendo..., VM)
	12:13	Extiende tu mano
	49	Y él la extendió
	14:31	Jesús, extendiendo la mano
	26:51	extendiendo la mano, sacó
Mr	1:41	extendió la mano y le tocó, (extendiendo.., BC)
	3:5	Extiende tu mano
		él la extendió,
Lc	5:13	extendiendo él la mano
	6:10	Extiende tu mano
	22:53	no extendisteis las manos contra

ἐκτελέω 1615			1632 ἐκχέω		
Jn	21:18	**extenderás** tus manos	1 Ti	5:19	(1) **sino con** dos o tres testigos
Hch	4:30	mientras **extiendes** tu mano (con **extender**... BC)	1623		*Véase arriba*
	26:1	Pablo...**extendiendo** la mano	1624		ἐκτρέπω — ektrépo
	27:30	querían **largar** las anclas (iban a **tender**..., BC)	1 Ti	1:6	**se apartaron** a vana palabrería
				5:15	**se han apartado** en pos de Satanás
				6:20	**evitando** las profanas pláticas
1615		ἐκτελέω — ekteléo	2 Ti	4:4	**se volverán** a las fábulas
Lc	14:29	no pueda **acabarla**, (no pudiendo..., VM)	He	12:13	que lo cojo no **se salga** del camino
	30	comenzó a edificar, y no pudo **acabar**	**1625**		ἐκτρέφω — ektréfo
1616		ἐκτένεια** † — ekténeia	Ef	5:29	sino que la **sustenta** y la cuida
Hch	26:7	sirviendo **constantemente** a Dios		6:4	**criadlos** en disciplina y amonestación
			1626		ἔκτρωμα — éktroma
1618		ἐκτενής** — ektenés	1 Co	15:8	como **a un abortivo**, me apareció
Hch	12:5	la iglesia hacía sin cesar oración (lit., por él fue hecha oración **ferviente** por la iglesia) (TR)	**1627**		ἐκφέρω — ekféro
			Mr	8:23	le **sacó** fuera de la aldea; (WH, N, ABMW)
1 P	4:8	tened entre vosotros **ferviente** amor	Lc	15:22	**Sacad** el mejor vestido
			Hch	5:6	**sacándolo**, lo sepultaron
1619		ἐκτενῶς — ektenós		9	y te **sacarán** a ti
Lc	22:44	oraba **más intensamente**; (TR, [WH], [N], VHA, VM, NC, BC, BA)		10	la **sacaron**, y la sepultaron (**sacándola**..., BC)
Hch	12:5	la iglesia hacía **sin cesar** oración (por él se hacía **instantemente** oración...por la Iglesia, BC) (WH, N, ABMW)		15	**sacaban** los enfermos a las calles,
			1 Ti	6:7	sin duda nada podremos **sacar**
			He	6:8	**la que produce** espinos
1 P	1:22	amaos...**entrañablemente**, de corazón	**1628**		ἐκφεύγω — ekféugo
1620		ἐκτίθημι — ektíthemi	Lc	21:36	tenidos por dignos de **escapar** (prevalezcáis para escapar, VHA)
Hch	7:21	siendo **expuesto a la muerte**, la hija	Hch	16:27	que los presos habían **huído**. (lit.,...haber huído
	11:4	comenzó Pedro a **contarles** por orden			
	18:26	le **expusieron** más exactamente		19:16	que huyeron de aquella casa
	28:23	a los cuales les **declaraba**...el reino	Ro	2:3	que tú **escaparás** del juicio de Dios?
			2 Co	11:33	**escapé** de sus manos
1621		ἐκτινάσσω — ektinásso	1 Ts	5:3	sobre ellos...y no **escaparán**
Mt	10:14	**sacudid** el polvo de vuestros pies	He	2:3	cómo **escaparemos** nosotros
Mr	6:11	**sacudid** el polvo que está		12:25	si no **escaparon** aquellos (WH, N, ABMW)
Hch	13:51	**sacudiendo** contra ellos el polvo			
	18:6	les dijo, **sacudiéndose** los vestidos	**1629**		ἐκφοβέω — ekfobéo
1622		*Véase abajo*	2 Co	10:9	que os quiero **amedrentar** por cartas
1623		ἕκτος — éktos (jéktos)	**1630**		ἔκφοβος — ékfobos
Mt	20:5	cerca de las horas **sexta** y novena	Mr	9:6	pues estaban **espantados**
	27:45	desde la hora **sexta** hubo	He	12:21	Estoy **espantado** y temblando
Mr	15:33	Cuando vino la hora **sexta**			
Lc	1:26	Al **sexto** mes el ángel Gabriel	**1631**		ἐκφύω** — ekfúo
	36	este es el **sexto** mes para ella	Mt	24:32	**brotan** las hojas, sabéis
	23:44	Cuando era como la hora **sexta**	Mr	13:28	**brotan** las hojas, sabéis
Jn	4:6	Era como la hora **sexta**			
	19:14	Era la víspera...como la hora **sexta**	**1632**		ἐκχέω — ekcéo (enjéo)
Hch	10:9	subió...cerca de la hora **sexta**	Mt	9:17	el vino **se derrama**, y los odres
Ap	6:12	cuando abrió el **sexto** sello	Mr	2:22	el vino **se derrama**, y los odres (TR)
	9:13	El **sexto** ángel tocó la trompeta	Jn	2:15	**esparció** las monedas
	14	diciendo al **sexto** ángel que tenía	Hch	2:17	**Derramaré** de mi Espíritu
	16:12	El **sexto** ángel derramó su copa		18	**Derramaré** de mi Espíritu
	21:20	el **sexto**, cornalina		33	**ha derramado** esto que vosotros veis
				22:20	cuando **se derramaba** la sangre (TR)
1622		ἐκτός — ektós	Ro	3:15	se apresuran **para derramar** sangre
		(1) ἐκτός εἰ μή	Tit	3:6	el cual **derramó** en nosotros
Mt	23:26	que **también lo de fuera** sea limpio	Ap	16:1	Id y **derramad** sobre la tierra
Hch	26:22	no diciendo nada **fuera** de las cosas		2	**derramó** su copa sobre la tierra
1 Co	6:18	está **fuera** del cuerpo		3	**derramó** su copa sobre el mar
	14:5	(1) **a no ser que** las interprete		4	**derramó** su copa sobre los ríos
	15:2	(1) sois salvos, **si no** creísteis en vano		6	**derramaron** la sangre de los santos
	27	claramente se exceptúa aquel (claro es que **excepto** aquel, BC)		8	**derramó** su copa sobre el sol
2 Co	12:2	si **fuera** del cuerpo, no lo sé			
	3	o **fuera** del cuerpo, no lo sé (TR)			

ἐκχύν(ν)ω 1632A   318   1649 ἔλεγξις

Ap	16:10	derramó su copa sobre el trono de la bestia
	12	derramó su copa sobre el gran río
	17	derramó su copa por el aire

1632 A   ἐκχύν(ν)ω**† – ekcún(n)o (enjúno)

Mt	23:35	que se ha derramado sobre la tierra
	26:28	que por muchos es derramada
Mr	14:24	que por muchos es derramada
Lc	5:37	se derramará, y los odres
	11:50	que se ha derramado desde la fundación (WH, N, ABMW)
	22:20	que por vosotros se derrama.
Hch	1:18	todas sus entrañas se derramaron
	10:45	sobre los gentiles se derramase
	22:20	cuando se derramaba la sangre (WH, N, ABMW)
Ro	5:5	el amor de Dios ha sido derramado
Jud	11	y se lanzaron por lucro

1633   ἐκχωρέω – ekcoréo (enjoréo)

| Lc | 21:21 | los que en medio de ella, váyanse |

1634   ἐκψύχω – ekpsúco (ekpsújo)

Hch	5:5	Al oír Ananías...expiró
	10	ella cayó...y expiró
	12:23	expiró comido de gusanos

1635   ἑκών – ekón (jekón)

| Ro | 8:20 | no por su propia voluntad |
| 1 Co | 9:17 | si lo hago de buena voluntad |

1636   ἐλαία – eláia

Mt	21:1	vinieron...al monte de los Olivos
	24:3	sentado en el monte de los Olivos
	26:30	salieron al monte de los Olivos
Mr	11:1	frente al monte de los Olivos
	13:3	se sentó en el monte de los Olivos
	14:26	salieron al monte de los Olivos
Lc	19:29	al monte que se llama de los Olivos, (TR, WH, ABMW)
	37	la bajada del monte de los Olivos, (TR, WH, ABMW)
	21:37	en el monte que se llama de los Olivos
	22:39	se fue,...al monte de los Olivos
Jn	8:1	[Jesús se fue al monte de los Olivos]
Ro	11:17	de la rica savia del olivo
	24	injertados en su propio olivo?
Stg	3:12	¿puede...la higuera producir aceitunas
Ap	11:4	Estos testigos son los dos olivos

1637   ἔλαιον – élaion

Mt	25:3	no tomaron consigo aceite
	4	las prudentes tomaron aceite
	8	Dadnos de vuestro aceite
Mr	6:13	ungían con aceite a muchos
Lc	7:46	No ungiste mi cabeza con aceite
	10:34	echándoles aceite y vino
	16:6	El dijo: Cien barriles de aceite
He	1:9	Con óleo de alegría más que a tus
Stg	5:14	ungiéndole con aceite
Ap	6:6	pero no dañes el aceite
	18:13	vino, aceite, flor de harina

1638   ἐλαιών† – elaión

| Lc | 19:29 | al monte que se llama de los Olivos (N) |
| | 21:37 | el monte que se llama de los Olivos (N) |

| Hch | 1:12 | el monte que se llama del Olivar |

1639   Ἐλαμίτης – Elamītes o Ἐλαμείτης

| Hch | 2:9 | Partos, medos, elamitas |

1640   ἐλάσσων – elásson o ἐλάττων

Jn	2:10	entonces el inferior
Ro	9:12	El mayor servirá al menor
1 Ti	5:9	la viuda no menor de sesenta
He	7:7	el menor es bendecido por el mayor

1641   ἐλαττονέω† – elattonéo

| 2 Co | 8:15 | el que poco, no tuvo menos |

1642   ἐλαττόω – elattóo

Jn	3:30	Es necesario...que yo mengüe
He	2:7	Le hiciste un poco menor que
	9	que fue hecho un poco menor que

1643   ἐλαύνω – eláuno

Mr	6:48	viéndoles remar con gran fatiga, (Viéndolos fatigados de remar, NC)
Lc	8:29	era impelido por el demonio
Jn	6:19	Cuando habían remado como
Stg	3:4	llevadas de impetuosos vientos
2 P	2:17	nubes empujadas por la tormenta

1644   ἐλαφρία*† – elafría

| 2 Co | 1:17 | ¿usé quizá de ligereza? |

1645   ἐλαφρός – elafrós

| Mt | 11:30 | ligera mi carga |
| 2 Co | 4:17 | esta leve tribulación momentánea (eso momentáneo, ligero, de nuestra tribulación, BC) |

1646   ἐλάχιστος – elácistos (elájistos)

Mt	2:6	No eres la más pequeña entre
	5:19	estos mandamientos muy pequeños muy pequeño será llamado
	25:40	mis hermanos más pequeños
	45	uno de estos más pequeños
Lc	12:26	no podéis ni aun lo que es menos
	16:10	El que es fiel en lo muy poco el que en lo muy poco es injusto
	19:17	en lo poco has sido fiel
1 Co	4:3	Yo en muy poco tengo el ser
	6:2	indignos de juzgar cosas muy pequeñas?
	15:9	yo soy el más pequeño de los apóstoles
Ef	3:8	soy menos que el más pequeño
Stg	3:4	gobernadas con un muy pequeño timón

1648   Ἐλεάζαρ – Eleázar (Eleádzar)

| Mt | 1:15 | Eliud engendró a Eleazar, Eleazar a Matán (...engendró a..., VHA) |

ἐλεάω, véase ἐλεέω, 1653, pág. 319

1648 A   ἐλεγμός† – elegmós

| 2 Ti | 3:16 | útil para enseñar, para redargüir, (... para reprensión, VM, WH, N, ABMW) |

1649   ἔλεγξις – élegxis (élenxis)

| 2 P | 2:16 | fue reprendido por su iniquidad; (halló la reprensión..., NC) |

ἔλεγχος 1650   319   1657 ἐλευθερία

1650 ἔλεγχος – élegcos (élenjos)

2 Ti	3:16	para enseñar, para redargüir (...para reprensión, VM, TR)
He	11:1	la convicción de lo que no se ve

1651 ἐλέγχω – elégco (elénjo)

Mt	18:15	repréndele estando tú y él solos
Lc	3:19	siendo reprendido por Juan (...por él, VM)
Jn	3:20	que sus obras no sean reprendidas
	8:9	[acusados por su conciencia, salían]
	46	¿Quién de vosotros me redarguye de pecado
	16:8	convencerá al mundo de pecado
1 Co	14:24	por todos es convencido
Ef	5:11	sino más bien reprendedlas
	13	cuando son puestas en evidencia por la luz
1 Ti	5:20	repréndelos delante de todos
2 Ti	4:2	redarguye, reprende, exhorta
Tit	1:9	para que también pueda...convencer
	13	repréndelos duramente,
	2:15	exhorta y reprende con toda autoridad
He	12:5	Ni desmayes cuando eres reprendido
Stg	2:9	quedáis convictos por la ley (convencidos..., BC)
Jud	15	para...dejar convictos a todos los impíos
	22	A algunos...convencedlos. (V60, T, VM, NC, BC); (tened misericordia de algunos, BA, TR, WH, N, ABMW, VHA)
Ap	3:19	Yo reprendo y castigo a todos

1652 ἐλεεινός* – eleeinós

1 Co	15:19	somos los más dignos de conmiseración
Ap	3:17	eres un desventurado, miserable

1653 ἐλεέω – eleéo o ἐλεάω

Mt	5:7	ellos alcanzarán misericordia
	9:27	¡Ten misericordia de nosotros
	15:22	ten misericordia de mí
	17:15	ten misericordia de mi hijo
	18:33	¿No debías tú también tener misericordia como yo tuve misericordia de ti?
	20:30	ten misericordia de nosotros
	31	ten misericordia de nosotros!
Mr	5:19	cómo ha tenido misericordia de ti
	10:47	ten misericordia de mí!
	48	ten misericordia de mí!
Lc	16:24	ten misericordia de mí
	17:13	ten misericordia de nosotros!
	18:38	ten misericordia de mí!
	39	ten misericordia de mí
Ro	9:15	Tendré misericordia del que yo tenga misericordia
	16	sino de Dios que tiene misericordia
	18	de quien quiere, tiene misericordia,
	11:30	pero ahora habéis alcanzado misericordia
	31	para que...alcancen misericordia
	32	para tener misericordia de todos
	12:8	el que hace misericordia, con alegría
1 Co	7:25	como quien ha alcanzado misericordia
2 Co	4:1	según la misericordia que hemos recibido
Fil	2:27	Dios tuvo misericordia de él
1 Ti	1:13	fue recibido a misericordia porque
	16	por esto fui recibido a misericordia
1 P	2:10	que en otro tiempo no habíais alcanzado misericordia pero ahora habéis alcanzado misericordia
Jud	22	A algunos.. convencedlos (V60, T, VM, NC, BC); (tened misericordia de algunos, BA, TR, WH, N, ABMW, VHA)
	23	de otros tened misericordia con temor (V60, WH, N, ABMW, VHA, VM, NC, BC, BA); (no se encuentra en TR)

1654 ἐλεημοσύνη – eleemosúne

Mt	6:1	Guardaos de hacer vuestra justicia (V60, WH, N, ABMW, VHA, VM, NC, BC, BA); (lit.,...vuestra limosna, TR)
	2	Cuando, pues, des limosna,
	3	Mas cuando tú des limosna,
	4	para que sea tu limosna en secreto
Lc	11:41	Pero dad limosna de lo que tenéis
	12:33	dad limosna
Hch	3:2	para que pidiese limosna
	3	rogaba que le diesen limosna. (les pidió una limosna, VM)
	10	se sentaba a pedir limosna (estar sentado a la limosna, VM)
	9:36	abundaba...en limosnas (era llena...de limosnas, VM)
	10:2	que hacía muchas limosnas al pueblo
	4	tus limosnas han subido
	31	tus limosnas han sido recordadas
	24:17	vine a hacer limosnas a mi nación

1655 ἐλεήμων – eleémon

Mt	5:7	Bienaventurados los misericordiosos
He	2:17	para venir a ser misericordioso

1656 ἔλεος – éleos

Mt	9:13	Misericordia quiero, y no sacrificio
	12:7	Misericordia quiero, y no sacrificio
	23:23	la misericordia y la fe
Lc	1:50	su misericordia es de generación
	54	Acordándose de la misericordia
	58	engrandecido para con ella su misericordia
	72	Para hacer misericordia con nuestros
	78	la entrañable misericordia (por las entrañas de misericordia, VHA)
	10:37	El que usó de misericordia con él
Ro	9:23	para con los vasos de misericordia
	11:31	para que por la misericordia
	15:9	glorifiquen a Dios por su misericordia
Gá	6:16	paz y misericordia sea a ellos,
Ef	2:4	Dios, que es rico en misericordia
1 Ti	1:2	Gracia, misericordia y paz,
2 Ti	1:2	Gracia, misericordia y paz,
	16	Tenga el Señor misericordia (Dé el Señor..., VHA)
	18	concédale...que halle misericordia
Tit	1:4	Gracia, misericordia y paz, (TR)
	3:5	sino por su misericordia,
He	4:16	para alcanzar misericordia
Stg	2:13	aquel que no hiciere misericordia la misericordia triunfa sobre
	3:17	llena de misericordia y de buenos
1 P	1:3	según su grande misericordia nos hizo
2 Jn	3	Sea con vosotros gracia, misericordia
Jud	2	Misericordia y paz y amor os
	21	esperando la misericordia de nuestro Señor

1657 ἐλευθερία – eleuthería

Ro	8:21	a la libertad gloriosa de los hijos
1 Co	10:29	¿por qué se ha de juzgar mi libertad
2 Co	3:17	allí hay libertad
Gá	2:4	entraban para espiar nuestra libertad
	5:1	Estad,...firmes en la libertad

ἐλεύθερος 1658 | | 1672 Ἕλλην

Gá	5:13	a **libertad** fuisteis llamados
		no uséis la **libertad** como ocasión
Stg	1:25	la perfecta ley, la de la **libertad**
	2:12	juzgados por la ley de la **libertad**
1 P	2:16	no como los que tienen la **libertad** como
2 P	2:19	Les prometen **libertad** (prometiéndoles..., VHA)

1658 ἐλεύθερος – eléutheros

Mt	17:26	los hijos están **exentos**
Jn	8:33	¿Cómo dices tú: Seréis **libres**?
	36	seréis verdaderamente **libres**
Ro	6:20	erais **libres** acerca de la justicia
	7:3	es **libre** de esa ley
1 Co	7:21	si puedes hacerte **libre**, procúralo
	22	el que fue llamado siendo **libre**
	39	**libre** es para casarse con quien
	9:1	¿No soy **libre**?
	19	siendo **libre** de todos, me he hecho siervo
	12:13	sean esclavos o **libres**
Gá	3:28	no hay esclavo ni **libre**
	4:22	el otro de la **libre**
	23	mas el de la **libre**
	26	la Jerusalén de arriba...es **libre**
	30	con el hijo de la **libre**
	31	somos hijos de...la **libre**
Ef	6:8	sea siervo o sea **libre**
Col	3:11	no hay...siervo ni **libre**
1 P	2:16	como **libres**, pero no como los que
Ap	6:15	todo siervo y todo **libre**
	13:16	pobres, **libres** y esclavos
	19:18	carnes de todos, **libres** y esclavos

1659 ἐλευθερόω – eleutheróo

Jn	8:32	la verdad os hará **libres**
	36	si el Hijo os **libertare**
Ro	6:18	**libertados** del pecado, vinisteis
	22	ahora que habéis sido **libertados** del pecado
	8:2	ha **librado** de la ley del pecado
	21	la creación misma será **libertada**
Gá	5:1	con que Cristo nos **hizo libres**

1660 ἔλευσις* – éleusis

Hch	7:52	anunciaron...la **venida** del Justo

1661 ἐλεφάντινος – elefántinos

Ap	18:12	todo objeto **de marfil**

1662 Ἐλιακείμ – Eliakéim o Ἐλιακίμ

Mt	1:13	Abiud a **Eliaquim** (...engendró a..., VHA)
		Eliaquim a Azor (...engendró a..., VHA)
Lc	3:30	hijo de Jonan, hijo de **Eliaquim**,

3395 ἔλιγμα – éligma (jéligma) o μίγμα

Jn	19:39	Vino trayendo **un compuesto** de mirra (WH)

1663 Ἐλιέζερ – Eliézer (Eliédzer)

Lc	3:29	hijo de Josué, hijo de **Eliezer**

1664 Ἐλιούδ – Elioúd (Eliúd)

Mt	1:14	Sadoc a Aquim, y Aquim a **Eliud**
	15	**Eliud** engendró a Eleazar

1665 Ἐλισάβετ – Elisábet

Lc	1:5	su mujer...se llamaba **Elisabet**
	7	**Elisabet** era estéril

Lc	1:13	tu mujer **Elisabet** te dará
	24	concibió su mujer **Elisabet**
	36	tu parienta **Elisabet**, ella
	40	entró...y saludó a **Elisabet**
	41	cuando oyó **Elisabet** la salutación
		Elisabet fue llena del Espíritu Santo
	57	cuando a **Elisabet** se le cumplió el tiempo

1666 Ἐλισαῖος – Elisáios

Lc	4:27	en tiempo del profeta **Eliseo**

1667 ἐλίσσω – elísso (jelíso) o εἰλίσσω

He	1:12	como un vestido los **envolverás**
Ap	6:14	como un pergamino **que se enrolla**

1668 ἕλκος – élkos (jélkos)

Lc	16:21	los perros...le lamían las **llagas**
Ap	16:2	vino una **úlcera** maligna
	11	por sus dolores y por sus **úlceras**

1669 ἑλκόω* – elkóo (jelkóo)

Lc	16:20	estaba echado...**lleno de llagas**

1670 ἕλκω – élko (jélko)

Jn	6:44	si el Padre que me envió no le **trajere**
	12:32	a todos **atraeré** a mí mismo.
	18:10	la **desenvainó**, e hirió al siervo
	21:6	ya no la podían **sacar**
	11	**sacó** la red a tierra,
Hch	16:19	los **trajeron** al foro
	21:30	le **arrastraron** fuera del templo
Stg	2:6	os **arrastran** a los tribunales?

1671 Ἑλλάς* – Ellás (Jelás)

Hch	20:2	después de recorrer...llegó a **Grecia**

1672 Ἕλλην** – Ellen (Jélen)

Jn	7:35	¿Se irá a los dispersos entre los **griegos** y enseñará a los **griegos**?
	12:20	Había ciertos **griegos** entre los
Hch	11:20	hablaron también a los **griegos**, (V60, N, ABMW, VHA, VM, NC, BC, BA); (lit.,... a los helenistas, TR, WH)
	14:1	creyó una gran multitud...de **griegos**
	16:1	hijo...de padre **griego**
	3	sabían que su padre era **griego**
	17:4	los **griegos** piadosos gran número
	18:4	persuadía a judíos y a **griegos**.
	19:10	judíos y **griegos**, oyeron la palabra
	17	así judíos como **griegos**
	20:21	testificando a judíos y a **gentiles**
	21:28	ha metido a **griegos** en el templo
Ro	1:14	A **griegos** y a no **griegos**
	16	también al **griego**
	2:9	el judío...también al **griego**
	10	al judío...y también al **griego**
	3:9	hemos acusado a judíos y a **gentiles**,
	10:12	hay diferencia entre judíos y **griegos**
1 Co	1:22	los **griegos** buscan sabiduría;
	23	para los **gentiles** locura (V60, WH, N, ABMW, VHA, VM, NC, BC, BA); (lit., para los **griegos**..., TR)
	24	los llamados, así judíos como **griegos**,
	10:32	No seáis tropiezo...**a gentiles**,
	12:13	sean judíos o **griegos**
Gá	2:3	con todo y ser **griego**, fue obligado

Gá	3:28	Ya no hay judío ni griego
Col	3:11	donde no hay griego ni judío

1673 Ἑλληνικός* — Ellenikós (Jelenikós)

Lc	23:38	con letras griegas, latinas y hebreas: (TR, BC, [BA])
Ap	9:11	en hebreo es Abadón, y en griego, Apolión

1674 Ἑλληνίς* — Ellenís (Jelenís)

Mr	7:26	La mujer era griega
Hch	17:12	mujeres griegas de distinción

1675 Ἑλληνιστής*† — Ellenistés (Jelenistés)

Hch	6:1	hubo murmuración de los griegos (...los helenistas, VHA)
	9:29	disputaba con los griegos; (...los helenistas, VHA)
	11:20	hablaron también a los griegos, (V60, N, ABMW, VHA, VM, NC, BC, BA); (lit.,... a los helenistas, TR, WH)

1676 Ἑλληνιστί* — Ellenistí (Jelenistí)

Jn	19:20	el título estaba escrito...en griego
Hch	21:37	Y él dijo: ¿Sabes griego?

1677 ἐλλογέω*† — ellogéo (eloguéo)

Ro	5:13	no se inculpa de pecado
Flm	18	si...te debe, ponlo a mi cuenta

1678 Ἐλμαδάμ — Elmadám o Ἐλμωδάμ

Lc	3:28	Cosam, hijo de Elmodam, hijo de Er

1679 ἐλπίζω — elpízo (elpídzo)

Mt	12:21	en su nombre esperarán los gentiles
Lc	6:34	aquellos de quienes esperáis recibir
	23:8	esperaba verle hacer alguna señal
	24:21	nosotros esperábamos que él era
Jn	5:45	en quien tenéis vuestra esperanza
Hch	24:26	Esperaba también con esto, (esperando..., BC)
	26:7	esperan que han de alcanzar
Ro	8:24	lo que alguno ve, ¿a qué esperarlo? (TR, N, NC, BC, BA); (¿...quién espera lo que ya ve?, VM, WH, ABMW, VHA)
	25	si esperamos lo que no vemos
	15:12	Los gentiles esperarán en él
	24	espero veros al pasar
1 Co	13:7	todo lo espera, todo lo soporta
	15:19	solamente esperamos en Cristo, (...hemos esperado...,BA)
	16:7	espero estar con vosotros
2 Co	1:10	en quien esperamos que aún nos
	13	espero que hasta el fin las entenderéis
	5:11	espero que también lo sea
	8:6	no como lo esperábamos
	13:6	espero que conoceréis que nosotros
Fil	2:19	Espero en el Señor Jesús enviaros
	23	a éste espero enviaros,
1 Ti	3:14	aunque tengo la esperanza de ir (esperando ir, VM)
	4:10	esperamos en el Dios viviente
	5:5	espera en Dios, y es diligente
	6:17	ni pongan la esperanza en las riquezas
Flm	22	espero que por vuestras oraciones
He	11:1	la certeza de lo que se espera, (...de cosas que se esperan, VHA)
1 P	1:13	esperad por completo en la gracia
1 P	3:5	mujeres que esperaban en Dios
2 Jn	12	espero ir a vosotros y hablar
3 Jn	14	espero verte en breve

1680 ἐλπίς — elpís

Hch	2:26	mi carne descansará en esperanza
	16:19	que había salido la esperanza
	23:6	acerca de la esperanza y de la resurrección
	24:15	teniendo esperanza en Dios
	26:6	por la esperanza de la promesa
	7	Por esta esperanza, oh rey
	27:20	habíamos perdido toda esperanza (se nos quitó toda esperanza, VM)
	28:20	por la esperanza de Israel estoy
Ro	4:18	El creyó en esperanza contra esperanza
	5:2	nos gloriamos en la esperanza de la gloria
	4	la prueba, esperanza
	5	la esperanza no avergüenza
	8:20	la sujetó en esperanza
	24	en esperanza fuimos salvos la esperanza que se ve, no es esperanza
	12:12	gozaos en la esperanza
	15:4	tengamos esperanza
	13	el Dios de esperanza os llene de todo abundéis en esperanza por el poder
1 Co	9:10	con esperanza debe arar el que ara, con esperanza de recibir del fruto (...de participar, VM) (WH, N, ABMW, VHA, NC, BC, BA); (lit., con esperanza de participar de su esperanza, TR)
	13:13	permanecen la fe, la esperanza
2 Co	1:7	nuestra esperanza respecto de vosotros
	3:12	teniendo tal esperanza, usamos
	10:15	sino que esperamos que conforme crezca (mas teniendo esperanza..., VM)
Gá	5:5	aguardamos por fe la esperanza
Ef	1:18	que sepáis cuál es la esperanza
	2:12	sin esperanza y sin Dios (no teniendo esperanza..., VM)
	4:4	llamados en una misma esperanza
Fil	1:20	conforme a mi anhelo y esperanza
Col	1:5	a causa de la esperanza que os está
	23	sin moveros de la esperanza
	27	Cristo...la esperanza de gloria
1 Ts	1:3	vuestra constancia en la esperanza (la paciencia de vuestra esperanza, VM)
	2:19	¿cuál es nuestra esperanza
	4:13	otros que no tienen esperanza
	5:8	con la esperanza de salvación
2 Ts	2:16	buena esperanza por gracia
1 Ti	1:1	Jesucristo nuestra esperanza
Tit	1:2	en la esperanza de la vida eterna
	2:13	aguardando la esperanza bienaventurada
	3:7	herederos conforme a la esperanza
He	3:6	el gloriarnos en la esperanza
	6:11	plena certeza de la esperanza
	18	para asirnos de la esperanza puesta
	7:19	la introducción de una mejor esperanza
	10:23	la profesión de nuestra esperanza
1 P	1:3	nos hizo renacer para una esperanza viva
	21	vuestra fe y esperanza sean en Dios
	3:15	razón de la esperanza que hay
1 Jn	3:3	aquel que tiene esta esperanza en él

1681 Ἐλύμας — Elúmas

Hch	13:8	les resistía Elimas, el mago

1682 ἐλωί — Eloí

ἐμαυτοῦ 1683

Mt	27:46	Elí, Elí, ¿lama sabactani? (WH)
Mr	15:34	Eloi, Eloi, ¿lama sabactani?

1683 ἐμαυτοῦ – emautoú

Mt	8:9	tengo bajo mis órdenes soldados (bajo mí... NC)
Lc	7:7	ni aun me tuve por digno
	8	tengo soldados bajo mis órdenes (...sujetos a mí, VM)
Jn	5:30	No puedo ya hacer nada por mí mismo
	31	doy testimonio acerca de mí mismo
	7:17	si yo hablo por mi propia cuenta
	28	no he venido de mí mismo
	8:14	doy testimonio acerca de mí mismo
	18	doy testimonio de mí mismo
	28	nada hago por mí mismo
	42	no he venido de mí mismo, sino
	54	Si yo me glorifico a mí mismo
	10:18	yo de mí mismo la pongo
	12:32	a todos atraeré a mí mismo
	49	yo no he hablado por mi propia cuenta
	14:3	y os tomaré a mí mismo
	10	no las hablo por mi propia cuenta
	21	me manifestaré a él
	17:19	yo me santifico a mí mismo
Hch	20:24	preciosa mi vida para mí mismo
	24:10	haré mi defensa (lit., alego en mi defensa las cosas acerca de mi mismo)
	26:2	Me tengo por dichoso, oh rey
	9	había creído mi deber hacer (pensaba conmigo mismo que debía hacer, VM)
Ro	11:4	Me he reservado siete mil hombres
1 Co	4:3	ni aun yo me juzgo a mí mismo
	4	aunque de nada tengo mala conciencia, (porque nada sé contra mí mismo, VHA)
	6	como ejemplo en mí y en Apolos
	7:7	que todos los hombres fuesen como yo
	9:19	me he hecho siervo de todos
	10:33	no procurando mi propio beneficio
2 Co	2:1	determiné para conmigo, no ir
	11:7	humillándome a mí mismo
	9	en todo me guardé y me guardaré
	12:5	pero de mí mismo en nada me
Gá	2:18	transgresor me hago
Fil	3:13	yo mismo no pretendo haberlo ya alcanzado (...no me precio de haberlo..., VHA)
Flm	13	Yo quisiera retenerle conmigo

1684 ἐμβαίνω – embáino

Mt	8:23	entrando él en la barca
	9:1	entrando Jesús en la barca
	13:2	entrando él en la barca
	14:22	hizo...entrar en la barca e ir
	32	cuando ellos subieron en la barca, (TR)
	15:39	entró en la barca,
Mr	4:1	entrando en una barca, se sentó
	5:18	Al entrar él en la barca
	6:45	hizo.... entrar en la barca e ir
	8:10	entrando en la barca con sus
	13	volvió a entrar en la barca, (embarcando de nuevo, BC)
Lc	5:3	entrando en una de aquellas barcas
	8:22	entró en una barca con sus discípulos
	37	entrando en la barca, se volvió
Jn	5:4	el que primero descendía al estanque. (TR, [VHA], [VM], NC, BC, [BA])
	6:17	entrando en una barca, iban

Jn	6:22	Lit., aquélla en la que habían entrado sus discípulos (TR)
	24	entraron en las barcas y fueron
	21:3	entraron en una barca; (WH, N, ABMW)
Hch	21:6	subimos al barco, (WH, N, ABMW)

1685 ἐμβάλλω – embállo (embálo)

Lc	12:5	tiene poder de echar en el infierno

1686 ἐμβάπτω* – embápto

Mt	26:23	El que mete la mano conmigo
Mr	14:20	el que moja conmigo en el
Jn	13:26	mojando el pan, lo dio (TR)

1687 ἐμβατεύω – embatéuo

Col	2:18	entremetiéndose en lo que no ha visto

1688 ἐμβιβάζω – embibázo (embibádzo)

Hch	27:6	nos embarcó en ella

1689 ἐμβλέπω – emblépo

Mt	6:26	Mirad las aves del cielo
	19:26	mirándolos Jesús, les dijo
Mr	8:25	vio de lejos y claramente a todos
	10:21	mirándole, le amó,
	27	Jesús, mirándolos, dijo
	14:67	cuando vio a Pedro...mirándole, dijo:
Lc	20:17	Pero él, mirándolos, dijo
	22:61	el Señor, miró a Pedro
Jn	1:36	mirando a Jesús que andaba
	42	mirándole Jesús, dijo: Tú eres
Hch	1:11	¿por qué estáis mirando al cielo? (TR)
	22:11	como yo no veía a causa de la gloria

1690 ἐμβριμάομαι – embrimáomai

Mt	9:30	les encargó rigurosamente
Mr	1:43	le encargó rigurosamente, (habiéndole amonestado..., VM)
	14:5	murmuraban contra ella (la reprendieron severamente, VM)
Jn	11:33	se estremeció en espíritu
	38	profundamente conmovido otra vez

1692 ἐμέω – eméo

Ap	3:16	te vomitaré de mi boca. (voy a arrojarte..., VHA)

1693 ἐμμαίνομαι*† – emmáinomai

Hch	26:11	enfurecido sobremanera contra ellos,

1694 Ἐμμανουήλ – Emmanouél

Mt	1:23	llamarás su nombre Emanuel

1695 Ἐμμαοῦς – Emmaoús

Lc	24:13	a una aldea llamada Emaús

1696 ἐμμένω – emméno

Hch	14:22	exhortándoles a que permaneciesen en la fe
	28:30	permaneció dos años enteros (WH, N, ABMW)
Gá	3:10	todo aquel que no permaneciere en todas
He	8:9	ellos no permanecieron en mi pacto

1697 Ἐμμώρ – Emmór (Jemór)

Hch	7:16	de los hijos de Hamor en Siquem

| ἐμός 1699 | 323 | 1706 ἐμπίπτω |

1699 ἐμός — emós
Mt 18:20 dos o tres congregados en mi nombre
19:29 que haya dejado...por mi nombre, (WH, N)
20:15 hacer lo que quiero con lo mío?
23 no es mío darlo,
25:27 hubiera recibido lo que es mío
Mr 8:38 el que se avergonzare de...mis palabras
10:40 no es mío darlo
Lc 9:26 el que se avergonzare de mí y de mis
15:31 todas mis cosas son tuyas
22:19 haced esto en memoria de mí
Jn 3:29 este mi gozo está cumplido
4:34 Mi comida es que haga la voluntad
5:30 mi juicio es justo
porque no busco mi voluntad
47 ¿cómo creeréis a mis palabras?
6:38 no para hacer mi voluntad, sino
7:6 Mi tiempo aún no ha llegado
8 mi tiempo aún no se ha cumplido
16 Mi doctrina no es mía
8:16 mi juicio es verdadero
31 Si vosotros permaneciereis en mi palabra
37 mi palabra no halla cabida
43 ¿Por qué no entendéis mi lenguaje?
Porque no podéis escuchar mi palabra
51 el que guarda mi palabra
56 se gozó de que había de ver mi día; (...por
ver mi día, VHA)
10:14 conozco mis ovejas
las mías me conocen (TR)
26 no sois de mis ovejas
27 Mis ovejas oyen mi voz
12:26 allí también estará mi servidor
13:35 conocerán todos que sois mis discípulos
14:15 guardad mis mandamientos
24 la palabra que habéis oído no es mía
27 mi paz os doy
15:8 seáis así mis discípulos
9 permaneced en mi amor
11 para que mi gozo esté en vosotros
12 Este es mi mandamiento
16:14 tomará de lo mío
15 lo que tiene el Padre es mío
tomará de lo mío
17:10 todo lo mío es tuyo, y lo tuyo mío
13 para que tengan mi gozo
24 para que vean mi gloria
18:36 Mi reino no es de este mundo
si mi reino fuera de este mundo
mis servidores pelearían
pero mi reino no es de aquí
Ro 3:7 si por mi mentira la verdad de Dios
10:1 el anhelo de mi corazón
1 Co 1:15 que fuisteis bautizados en mi nombre
5:4 reunidos vosotros y mi espíritu
7:40 Pero a mi juicio (según mi opinión, VM)
9:2 porque el sello de mi apostolado (TR)
3 esta es mi defensa
11:24 haced esto en memoria de mí
25 Esta copa es el nuevo pacto en mi sangre
haced esto...en memoria de mí
16:18 confortaron mi espíritu
21 esta salutación de mi propia mano
2 Co 1:23 Dios por testigo sobre mi alma
2:3 mi gozo es el de todos vosotros
8:23 Tito, es mi compañero y colaborador
Gá 1:13 habéis oído acerca de mi conducta
6:11 os escribo de mi propia mano
Fil 1:26 por mi presencia otra vez

Fil 3:9 no teniendo mi propia justicia
Col 4:18 La salutación de mi propia mano,
2 Ts 3:17 La salutación es de mi propia mano
2 Ti 4:6 el tiempo de mi partida (TR)
Flm 10 te ruego por mi hijo Onésimo
12 recíbele como a mí mismo. (a él, es decir
a mis propias entrañas, BC)
19 lo escribo de mi mano
2 P 1:15 después de mi partida vosotros podáis
3 Jn 4 oir que mis hijos andan en la verdad
Ap 2:20 seduzca a mis siervos a fornicar

1699 A ἐμπαιγμονή *† — empaigmoné
2 P 3:3 vendrán burladores, (TR); (vendrán
burladores con sus burlas, VHA, WH, N,
ABMW, VM, NC, BC, BA)

1701 ἐμπαιγμός † — empaigmós
He 11:36 Otros experimentaron vituperios

1702 ἐμπαίζω — empáizo (empáidzo)
Mt 2:16 cuando se vio burlado por los magos, (...
que había sido burlado..., BA)
20:19 le entregarán...para que le escarnezcan
27:29 le escarnecían, diciendo:
31 Después de haberle escarnecido, (cuando
se hubieron burlado de él, VM)
41 los principales sacerdotes, escarneciéndole
Mr 10:34 le escarnecerán, le azotarán
15:20 Después de haberle escarnecido, (cuando
se hubieron burlado de él, VM)
31 los principales sacerdotes, escarneciendo
Lc 14:29 comiencen a hacer burla de él
18:32 será escarnecido, y afrentado,
22:63 los hombres...se burlaban de él
23:11 le menospreció y escarneció, (lit.,
habiéndole menospreciado y escarnecido)
36 Los soldados también le escarnecían

1703 ἐμπαίκτης † — empáiktes
2 P 3:3 en los postreros días vendrán burladores
Jud 18 En el postrer tiempo habrá burladores

1704 ἐμπεριπατέω† — emperipatéo
2 Co 6:16 Habitaré y andaré entre ellos

1705 ἐμπί(μ)πλημι — empí(m)plemi, o
ἐμπιπλάω — empipláo
Lc 1:53 A los hambrientos colmó de bienes
6:25 los que ahora estáis saciados
Jn 6:12 cuando se hubieron saciado
Hch 14:17 llenando de sustento y de alegría
Ro 15:24 una vez que haya gozado con vosotros.
(lit., si primero esté satisfecho de
vosotros)
1706 Véase abajo

1714 ἐμπί(μ)πρημι — empí(m)premi o
ἐμπρήθω — emprétho
Hch 28:6 esperando que él se hinchase (T)

1706 ἐμπίπτω — empípto
Mt 12:11 si ésta cayere en un hoyo
Lc 6:39 ¿No caerán ambos en el hoyo? (WH, N,
ABMW)
10:36 el prójimo del que cayó en manos de
14:5 o su buey cae en algún pozo (TR)

1 Ti	3:6	envaneciéndose **caiga** en la condenación	Lc	12:8	que me confesare **delante de** los hombres
	7	para que no **caiga** en descrédito			le confesará **delante de** los ángeles
	6:9	**caen** en tentación y lazo		14:2	estaba **delante de** él un hombre
He	10:31	¡Horrenda cosa es **caer** en manos		19:4	(1) corriendo **delante**, subió
				27	decapitadlos **delante de** mí
1707		ἐμπλέκω – **empléko**		28	iba **delante** subiendo a Jerusalén
2 Ti	2:4	**se enreda** en los negocios de la vida		21:36	de estar en pie **delante del** Hijo
2 P	2:20	**enredándose** otra vez en ellas	Jn	1:15	El...es **antes de** mí
				27	el que es **antes de** mí (TR)
		ἐμπλήθω, véase 1705 ἐμπί(μ)πλημι		30	el cual es **antes de** mí
				3:28	soy enviado **delante de** él
1708		ἐμπλοκή* – **emploké**		10:4	va **delante de** ellas
1 P	3:3	no sea el externo de peinados **ostentosos**,		12:37	había hecho tantas señales **delante de** ellos,
		(...de trenzas de cabellos, BC)	Hch	10:4	para memoria **delante de** Dios. (WH, N, ABMW)
1709		ἐμπνέω – **empnéo**		18:17	le golpeaban **delante del** tribunal
Hch	9:1	Saulo, **respirando** aún amenazas y muerte	2 Co	5:10	comparezcamos **ante** el tribunal
			Gá	2:14	dije a Pedro **delante de** todos
1710		ἐμπορεύομαι – **emporéuomai**	Fil	3:13	extendiéndome a lo **que está delante**
Stg	4:13	**traficaremos**, y ganaremos	1 Ts	1:3	acordándonos sin cesar **delante del** Dios
2 P	2:3	por avaricia **harán mercadería** de vosotros		2:19	**delante de** nuestro Señor
				3:9	vosotros **delante de** nuestro Dios
1711		ἐμπορία – **emporía**		13	**delante de** Dios nuestro Padre
Mt	22:5	se fueron... a sus **negocios**	1 Jn	3:19	aseguraremos nuestros corazones **delante de**
			Ap	4:6	llenos de ojos **delante** y detrás
1712		ἐμπόριον – **empórion**		19:10	me postré a sus pies para adorarle
Jn	2:16	no hagáis...**casa de mercado**		22:8	me postré para adorar **a** los pies
1713		ἔμπορος – **émporos**	**1716**		ἐμπτύω – **emptúo**
Mt	13:45	un **mercader** que busca buenas perlas	Mt	26:67	le **escupieron** en el rostro
Ap	18:3	los **mercaderes** de la tierra		27:30	**escupiéndo**le, tomaban la caña
	11	los **mercaderes** de la tierra lloran	Mr	10:34	**escupirán** en él, y le matarán
	15	Los **mercaderes** de estas cosas,		14:65	algunos comenzaron a **escupirle**
	23	tus **mercaderes** eran los grandes		15:19	le **escupían**, y puestos de rodillas
			Lc	18:32	será...afrentado, y **escupido**
1714		ἐμπρήθω, véase 1714 ἐμπί(μ)πρημι. pág. 323	**1717**		ἐμφανής – **emfanés**
1715		ἔμπροσθεν – **émprosthen**	Hch	10:40	hizo que se manifestase; (hizo que fuese **manifestado**, VM)
		(1) εἰς τὸ ἔμπροσθεν	Ro	10:20	Me manifesté a los que no preguntaban (vine a ser **manifiesto**..., VHA)
Mt	5:16	alumbre vuestra luz **delante de** los hombres			
	24	deja allí tu ofrenda **delante del** altar	**1718**		ἐμφανίζω – emfaní̄zo (emfanídzo)
	6:1	hacer vuestra justicia **delante de** los hombres	Mt	27:53	**aparecieron** a muchos
	2	no hagas tocar trompeta **delante de** ti	Jn	14:21	yo le amaré, y **me manifestaré** a él
	7:6	ni echéis vuestras perlas **delante de** los cerdos		22	¿cómo es que te **manifestarás** a nosotros, (...que te hayas de **manifestar**..., VHA)
	10:32	que me confiese **delante de** los hombres			
		le confesaré **delante de** mi Padre	Hch	23:15	requerid al tribuno
	33	que me niegue **delante de** los hombres		22	que le había dado aviso (que me **has comunicado**, VHA)
		le negaré **delante de** mi Padre			
	11:10	El cual preparará tu camino **delante de** ti		24:1	**comparecieron** ante el gobernador
	26	porque así te agradó, (lit.,...así llegó a ser		25:2	**se presentaron** ante él contra Pablo
		agradable **delante de** ti)		15	se me **presentaron** los principales
	17:2	se transfiguró **delante de** ellos,	He	9:24	para **presentarse** ahora por nosotros
	18:14	no es la voluntad de vuestro Padre (lit.,... la voluntad **delante de** vuestro Padre)		11:14	dan a entender que buscan una patria
	23:13	(14) cerráis el reino...**delante de** los	**1719**		ἔμφοβος** – **émfobos**
	25:32	reunidas **delante de** él todas las naciones	Lc	24:5	como tuvieron temor, (estando ellas **espantadas**, VM)
	26:70	él negó **delante de** todos,			
	27:11	estaba en pie **delante del** gobernador		37	**espantados** y atemorizados, pensaban (aterrados y **espantados**,...VM)
	29	hincando la rodilla **delante de** él			
Mr	1:2	preparará tu camino **delante de** ti (TR)	Hch	10:4	El, mirándole fijamente, y **atemorizado**
	2:12	salió **delante de** todos, (WH, N, ABMW)		22:9	vieron a la verdad la luz, y se espantaron; (lit., ... se pusieron **espantados**) (TR)
	9:2	se transfiguró **delante de** ellos.			
Lc	5:19	poniéndole en medio, **delante de** Jesús		24:25	Félix se espantó, y dijo: (**espantado** Félix, respondió, VHA)
	7:27	preparará tu camino **delante de** ti			
	10:21	porque así te agradó, (lit.,...así llegó a ser agradable **delante de** ti)	Ap	11:13	los demás se aterrorizaron, (...fueron **atemorizados**, VHA)

| 1720 | ἐμφυσάω – emfusáo |
| Jn 20:22 | sopló, y les dijo: Recibid |

| 1721 | ἔμφυτος** – émfutos |
| Stg 1:21 | recibid con mansedumbre la palabra implantada |

1723	ἐναγκαλίζομαι† – enagkalízomai (enankalídzomai)
Mr 9:36	tomándole en sus brazos, les dijo
10:16	tomándolos en los brazos, poniendo

| 1724 | ἐνάλιος* – enálios |
| Stg 3:7 | toda naturaleza...de seres del mar |

1725	ἔναντι† – énanti
Lc 1:8	ejerciendo...el sacerdocio delante de Dios
Hch 7:10	le dio gracia y sabiduría delante de Faraón (T)
8:21	tu corazón no es recto delante de Dios. (WH, N, ABMW)

1726	ἐναντίον – enantíon
Mr 2:12	salió delante de todos, (TR)
Lc 1:16	Ambos eran justos delante de Dios (WH, N, ABMW)
20:26	en palabra alguna delante del pueblo
24:19	poderoso...en palabra delante de Dios
Hch 7:10	le dio gracia...delante de Faraón
8:32	cordero mudo delante del que lo trasquila

1727	ἐναντίος – enantíos
	(1) εξ εναντίας
Mt 14:24	porque el viento era contrario
Mr 6:48	el viento les era contrario
15:39	(1) el centurión que estaba frente a él
Hch 26:9	hacer muchas cosas contra el nombre
27:4	los vientos eran contrarios
28:17	no habiendo hecho nada contra el pueblo
1 Ts 2:15	se oponen a todos los hombres, (están en contra de todos..., VHA)
Tit 2:8	(1) de modo que el adversario se avergüence

1728	ἐνάρχομαι – enárcomai (enárjomai)
Gá 3:3	¿Habiendo comenzado por el Espíritu
Fil 1:6	el que comenzó en vosotros la buena obra
1729	Véase abajo
1766	ἔνατος – énatos, también ἔννατος
Mt 20:5	cerca de las horas sexta y novena
27:45	hasta la hora novena
46	Cerca de la hora novena, Jesús clamó
Mr 15:33	hasta la hora novena
34	a la hora novena Jesús clamó
Lc 23:44	hasta la hora novena
Hch 3:1	subían...a la hora novena
10:3	vio...como a la hora novena del día
30	a la hora novena, mientras oraba
Ap 21:20	el octavo, berilo; el noveno, topacio;
	ἐνγράφω, véase 1449 ἐγγράφω

| 1729 | ἐνδεής – endeés |
| Hch 4:34 | no había entre ellos ningún necesitado |

| 1730 | ἔνδειγμα* – éndeigma |

| 2 Ts 1:5 | Esto es demostración del justo juicio |

1731	ἐνδείκνυμι – endéiknumi
Ro 2:15	mostrando la obra de la ley escrita
9:17	para mostrar en ti mi poder, (para que manifestara..., VM)
22	Dios, queriendo mostrar su ira
2 Co 8:24	Mostrad, pues, para con ellos (TR, WH, VHA, VM, NC, BC, BA); (lit., mostrando ..., N, ABMW)
Ef 2:7	para mostrar en los siglos venideros
1 Ti 1:16	para que Jesucristo mostrase en mí
2 Ti 4:14	Alejandro...me ha causado muchos males
Tit 2:10	sino mostrándose fieles en todo
3:2	mostrando toda mansedumbre
He 6:10	el trabajo de amor que habéis mostrado
11	que cada uno de vosotros muestre la misma

1732	ἔνδειξις* – éndeixis
Ro 3:25	para manifestar su justicia, (para manifestación de..., VM)
26	con la mira de manifestar en este tiempo (para manifestación..., VM)
2 Co 8:24	la prueba de vuestro amor
Fil 1:28	es indicio de perdición

1733	ἔνδεκα – endeka (jéndeka)
Mt 28:16	los once discípulos se fueron
Mr 16:14	[Finalmente se apareció a los once]
Lc 24:9	nuevas de todas estas cosas a los once
33	hallaron a los once reunidos
Hch 1:26	fue contado con los once apóstoles
2:14	Pedro, poniéndose en pie con los once

1734	ἐνδέκατος – endékatos (jendékatos)
Mt 20:6	saliendo cerca de la hora undécima
9	los que habían ido cerca de la hora undécima
Ap 21:20	el undécimo, jacinto;

| 1735 | ἐνδέχομαι – endécomai (endéjomai) |
| Lc 13:33 | no es posible que un profeta muera |

1736	ἐνδημέω* – endeméo
2 Co 5:6	entre tanto que estamos en el cuerpo
8	quisiéramos estar...presentes al Señor
9	procuramos...o ausentes o presentes

1737	ἐνδιδύσκω – endidúsko
Mr 15:17	le vistieron de púrpura (WH, N, ABMW)
Lc 8:27	y no vestía ropa, ni moraba en casa, (TR)
16:19	un hombre rico, que se vestía de púrpura

1738	ἔνδικος* – éndikos
Ro 3:8	cuya condenación es justa
He 2:2	toda transgresión...recibió justa retribución
	ἐνδόμησις, véase ἐνδώμησις 1739. pág. 326

1740	ἐνδοξάζομαι† – endoxázomai (endoxádzomai)
2 Ts 1:10	cuando venga...para ser glorificado
12	que el nombre de nuestro Señor...sea glorificado

| 1741 | ἔνδοξος – endoxos |

ἔνδυμα 1742   326   1753 ἐνέργεια

Lc	7:25	los que tienen vestidura **preciosa**
	13:17	**las cosas gloriosas** hechas por él
1 Co	4:10	vosotros **honorables**, mas nosotros despreciados
Ef	5:27	una iglesia **gloriosa**

1742   ἔνδυμα – énduma
Mt	3:4	estaba vestido de pelo de camello, (tenía su **vestido** de..., VM)
	6:25	¿...el cuerpo más que el **vestido**?
	28	por el **vestido**, ¿por qué os afanáis?
	7:15	vienen a vosotros con **vestidos** de ovejas
	22:11	no estaba vestido de boda (que no traía **vestido** de boda, VM)
	12	sin estar vestido de boda? (sin **vestido** de boda?, VHA)
	28:3	su **vestido** blanco como la nieve
Lc	12:23	el cuerpo que el **vestido**

1743   ἐνδυναμόω† – endunamóo
Hch	9:22	Saulo mucho más **se esforzaba**
Ro	4:20	sino que **se fortaleció** en fe
Ef	6:10	**fortaleceos** en el Señor
Fil	4:13	Todo lo puedo en Cristo que me **fortalece**
1 Ti	1:12	Doy gracias al que me **fortaleció**
2 Ti	2:1	**esfuérzate** en la gracia
	4:17	estuvo a mi lado, y me **dio fuerzas**,
He	11:34	**sacaron fuerzas** de debilidad (TR)

1744   ἐνδύνω – endúno
| 2 Ti | 3:6 | éstos son los **que se meten** en las casas |

1745   ἔνδυσις – éndusis
| 1 P | 3:3 | o de vestidos lujosos (o el de la **compostura** de los vestidos, NC) |

1746   ἐνδύω – endúo
Mt	6:25	qué habéis de vestir
	22:11	hombre que no estaba vestido de boda
	27:31	le pusieron sus vestidos
Mr	1:6	Juan estaba vestido de pelo
	6:9	no vistiesen dos túnicas
	15:17	le vistieron de púrpura (TR)
	20	le pusieron sus propios vestidos,
Lc	8:27	no vestía ropa, (WH, N, ABMW)
	12:22	ni por el cuerpo, qué vestiréis
	15:22	Sacad el mejor vestido, y vestidle
	24:49	hasta que seáis investidos
Hch	12:21	vestido de ropas reales,
Ro	13:12	vistámonos las armas de la luz
	14	sino vestíos del Señor Jesucristo
1 Co	15:53	esto corruptible se vista de
		esto mortal se vista de inmortalidad
	54	se haya vestido de incorrupción, (TR, N, ABMW, VHA, VHA, VM, NC, BC, BA)
		se haya vestido de inmortalidad,
2 Co	5:3	así seremos hallados vestidos
Gá	3:27	de Cristo estáis revestidos
Ef	4:24	vestíos del nuevo hombre, (que os revistáis..., VM)
	6:11	Vestíos de toda la armadura
	14	vestidos con la coraza de justicia
Col	3:10	revestido del nuevo,
	12	Vestíos, pues, como escogidos
1 Ts	5:8	habiéndonos vestido con la coraza
Ap	1:13	vestido de una ropa que llegaba
	15:6	siete ángeles...vestidos de lino limpio

| Ap | 19:14 | los ejércitos celestiales, **vestidos** |

1739   ἐνδώμησις*† – endómesis
| Ap | 21:18 | El **material** de su muro era |

1747   ἐνέδρα – enédra
| Hch | 23:16 | oyendo hablar de la **celada** |
| | 25:3 | una **celada** para matarle |

1748   ἐνεδρεύω – enedréuo
| Lc | 11:54 | **acechándole**, y procurando cazar (TR, VHA, VM); (...para coger, BC, WH, N, ABMW, NC, BA) |
| Hch | 23:21 | cuarenta hombres de ellos le **acechan** |

1750   ἐνειλέω – eneiléo
| Mr | 15:46 | lo **envolvió** en la sábana |

1751   ἔνειμι – éneimi
| Lc | 11:41 | dad limosna de **lo que tenéis**, (...lo que está adentro, VHA) |

1752   ἕνεκα – éneka (jéneka) o ἕνεκεν, εἵνεκεν
Mt	5:10	persecución **por causa** de la justicia
	11	cuando **por mi causa** os vituperen
	10:18	seréis llevados **por causa de** mí
	39	el que pierde su vida **por causa de** mí
	16:25	el que pierda su vida **por causa de** mí
	19:5	Por esto el hombre dejará padre y madre
	29	que haya dejado...**por** mi nombre
Mr	8:35	el que pierda su vida **por causa de** mí
	10:7	Por esto dejará el hombre a su padre
	29	ninguno que haya dejado...**por causa de** mí
	13:9	os llevarán **por causa de** mí
Lc	4:18	**Por cuanto** me ha ungido para dar
	6:22	os vituperen,...**por causa del** Hijo
	9:24	el que pierda su vida **por causa de** mí
	18:29	que haya dejado...**por** el reino de Dios
	21:12	seréis llevados...**por causa de** mi nombre
Hch	19:32	no sabían **por qué** se habían reunido
	26:21	**Por causa de** esto los judíos
	28:20	**por** la esperanza de Israel
Ro	8:36	**Por causa de** ti somos muertos
	14:20	No destruyas...**por causa de** la comida
2 Co	3:10	en comparación con la gloria (**por razón de** la gloria, VHA)
	7:12	no fue **por causa del** que cometió ni **por causa del** que lo padeció sino **para que** se os hiciese manifiesta nuestra solicitud

1753   Véase abajo

1768   ἐνενήκοντα – enenékonta
Mt	18:12	¿no deja las **noventa** y nueve...? (WH, N, ABMW)
	13	que por las **noventa** y nueve (WH, N, ABMW)
Lc	15:4	no deja las **noventa** y nueve (WH, N, ABMW)
	7	que por **noventa** y nueve justos (WH, N, ABMW)

1769   ἐνεός – eneós
| Hch | 9:7 | los hombres...se pararon **atónitos**, |

1753   ἐνέργεια** – enérgeia (energueia)
| Ef | 1:19 | según la **operación** del poder de su fuerza |

ἐνεργέω 1754   327   1770 ἐννεύω

Ef	3:7	según la operación de su poder
	4:16	según la actividad (según la operación, VHA)
Fil	3:21	por el poder con el cual puede (según la operación..., VHA)
Col	1:29	luchando según la potencia de él
	2:12	mediante la fe en el poder de Dios
2 Ts	2:9	es por obra de Satanás
	11	Dios les envía un poder engañoso, (...operación de error, VHA)

1754   ἐνεργέω – energéo (energuéo)

Mt	14:2	por eso actúan en él estos poderes
Mr	6:14	por eso actúan en él estos poderes
Ro	7:5	obraban en nuestros miembros
1 Co	12:6	Dios que hace todas las cosas en todos
	11	todas estas cosas las hace uno
2 Co	1:6	la cual se opera en el sufrir
	4:12	la muerte actúa en nosotros
Gá	2:8	(pues el que actúo en Pedro actúo también en mí
	3:5	que...hace maravillas entre vosotros
	5:6	sino la fe que obra por el amor
Ef	1:11	del que hace todas las cosas
	20	la cual operó en Cristo,
	2:2	el espíritu que ahora opera en los hijos
	3:20	según el poder que actúa
Fil	2:13	Dios es el que en vosotros produce...el hacer
Col	1:29	la potencia de él, la cual actúa
1 Ts	2:13	la cual actúa en vosotros
2 Ts	2:7	está en acción el misterio de la iniquidad
Stg	5:16	La oración eficaz del justo puede mucho (lit., la oración del justo, obrando eficazmente...)

1755   ἐνέργημα* – enérgema (enérguema)

1 Co	12:6	hay diversidad de operaciones
	10	A otro, el hacer milagros, (otro, operaciones de milagros; VHA)

1756   ἐνεργής* – energés (energués)

1 Co	16:9	se me ha abierto puerta grande y eficaz
Flm	6	que la participación de tu fe sea eficaz
He	4:12	la palabra de Dios es viva y eficaz

1757   ἐνευλογέω† – eneulogéo (eneuloguéo)

Hch	3:25	serán benditas todas las familias (TR, N, ABMW)
Gá	3:8	serán benditas todas las naciones

1758   ἐνέχω – enéco (enéjo)

Mr	6:19	Pero Herodías le acechaba
Lc	11:53	los fariseos comenzaron a estrecharle
Gá	5:1	no estéis otra vez sujetos al yugo

1759   ἐνθάδε** – entháde

Lc	24:41	¿Tenéis aquí algo de comer?
Jn	4:15	ni venga aquí a sacarla
	16	llama a tu marido, y ven acá
Hch	10:18	preguntaron si moraba allí un Simón
	16:28	pues todos estamos aquí
	17:6	Estos...también han venido acá
	25:17	habiendo venido ellos juntos acá
	24	en Jerusalén y aquí

1759 A   ἔνθεν – énthen

Mt	17:20	Pásate de aquí allá (WH, N, ABMW)
Lc	16:26	los que quisieren pasar de aquí (WH, N, ABMW)

1760   ἐνθυμέομαι – enthuméomai

Mt	1:20	pensando él en esto, he aquí
	9:4	¿Por qué pensáis mal en vuestros corazones
Hch	10:19	mientras Pedro pensaba en la visión, (TR)

1761   ἐνθύμησις** – enthúmesis

Mt	9:4	conociendo Jesús los pensamientos
	12:25	Sabiendo Jesús los pensamientos
Hch	17:29	escultura de arte y de imaginación de hombres (...del hombre, VM)
He	4:12	discierne los pensamientos y las intenciones

1762   ἔνι – éni

1 Co	6:5	¿Pues qué, no hay entre vosotros sabio, (WH, N, ABMW)
Gá	3:28	Ya no hay judío ni griego no hay esclavo ni libre no hay varón ni mujer
Col	3:11	donde no hay griego ni judío
Stg	1:17	en el cual no hay mudanza, ni sombra

1763   ἐνιαυτός – eniautós

Lc	4:19	A predicar el año agradable del Señor
Jn	11:49	Caifás,...sumo sacerdote aquel año
	51	como era el sumo sacerdote aquel año
	18:13	que era sumo sacerdote aquel año
Hch	11:26	se congregaron allí todo un año
	18:11	se detuvo allí un año y seis meses
Gá	4:10	Guardáis...los tiempos y los años
He	9:7	sólo el sumo sacerdote una vez al año
	25	en el Lugar Santísimo cada año
	10:1	se ofrecen continuamente cada año
	3	cada año...memoria de los pecados
Stg	4:13	estaremos allá un año, (lit., haremos...)
	5:17	no llovió...por tres años
Ap	9:15	para la hora, día, mes y año

1764   ἐνίστημι – enístemi

Ro	8:38	ni lo presente, ni lo por venir
1 Co	3:22	sea lo presente, sea lo por venir
	7:26	a causa de la necesidad que apremia
Gá	1:4	para librarnos del presente siglo malo
2 Ts	2:2	el día del Señor está cerca
2 Ti	3:1	en los postreros días vendrán tiempos
He	9:9	es símbolo para el tiempo presente

1765   ἐνισχύω – eniscúo (enisjúo)

Lc	22:43	un ángel del cielo para fortalecerle (TR) [WH], [N], VHA, VM, NC, BC, BA)
Hch	9:19	habiendo tomado alimento, recobró fuerza

ἐνκ, para todas las palabras en ἐνκ véase ἐγκ, pág. 265, comenzando con 1455

1766   ἔννατος, véase ἔνατος, pág. 325

1767   ἐννέα – ennéa

Mt	18:12	¿no deja las noventa y nueve (TR)
	13	que por las noventa y nueve (TR)
Lc	15:4	no deja las noventa y nueve (TR)
	7	que por noventa y nueve justos (TR)
	17:17	Y los nueve, ¿dónde están?

1768-1769. Véanse págs. 326, 328

1770   ἐννεύω – enneúo

ἐννενήκοντα 1768 — 328 — 1785 ἐντολή

| Lc | 1:62 | **preguntaron por señas** a su padre |

1768   ἐννενήκοντα, véase ἐνενήκοντα, pág. 326

1768 A   ἐννενηκονταεννέα — ennenekontaennéa

Mt	18:12	¿no deja las **noventa y nueve** (TR)
	13	que por las **noventa y nueve** (TR)
Lc	15:4	no deja las **noventa y nueve** (TR)
	7	que por **noventa y nueve** justos (TR)
1770		Véase pág. 327

1771   ἔννοια — énnoia

| He | 4:12 | los pensamientos y las **intenciones** |
| 1 P | 4:1 | armaos del mismo **pensamiento** |

1772   ἔννομος** — énnomos

| Hch | 19:39 | en **legítima** asamblea se puede decidir |
| 1 Co | 9:21 | sino **bajo la ley** de Cristo (mas **en la ley**..., VHA) |

1773   ἔννυχος*† — énnucos (énujos)

| Mr | 1:35 | siendo aún muy **oscuro, salió** |

1774   ἐνοικέω — enoikéo

Ro	7:17	sino el pecado **que mora** en mí (WH, N)
	8:11	por su Espíritu **que mora**
2 Co	6:16	**Habitaré** y andaré entre ellos
Col	3:16	La palabra de Cristo **more** en abundancia
2 Ti	1:5	la cual **habitó** primero en tu abuela Loida
	14	el Espíritu Santo **que mora** en nosotros

1774 A   ἐνορκίζω† — enorkízo (enorkídzo)

| 1 Ts | 5:27 | Os **conjuro** por el Señor, (WH, N, ABMW) |

1775   ἑνότης* — enótes (jenótes)

| Ef | 4:3 | solícitos en guardar la **unidad** del Espíritu |
| | 13 | hasta que todos lleguemos a la **unidad** |

1776   ἐνοχλέω — enocléo (enojléo)

| Lc | 6:18 | los **que habían sido atormentados** de espíritus (WH, N, ABMW) |
| He | 12:15 | os **estorbe**, y por ella muchos sean |

1777   ἔνοχος — énocos (énojos)

Mt	5:21	cualquiera que matare será **culpable**
	22	será **culpable** de juicio
		será **culpable** ante el concilio
		quedará **expuesto** al infierno
	26:66	dijeron: ¡Es **reo** de muerte!
Mr	3:29	sino que es **reo** de juicio
	14:64	declarándole ser **digno** de muerte
1 Co	11:27	será **culpado** del cuerpo y de la sangre
He	2:15	durante toda la vida **sujetos** a servidumbre
Stg	2:10	se hace **culpable** de todos

ἐνπεριπατέω, véase ἐμπεριπατέω. 1704, pág. 323
ἐνπνέω, véase ἐμπνέω. 1709, pág. 324

1778   ἔνταλμα† — éntalma

Mt	15:9	Enseñando...**mandamientos** de hombres
Mr	7:7	Enseñando...**mandamientos** de hombres
Col	2:22	en conformidad a **mandamientos**

1779   ἐνταφιάζω† — entafiázo (entafiádzo)

| Mt | 26:12 | a fin de prepararme para la **sepultura** |
| Jn | 19:40 | según es costumbre **sepultar** |

1780   ἐνταφιασμός*† — entafiasmós

| Mr | 14:8 | ungir mi cuerpo para la **sepultura** |
| Jn | 12:7 | para el día de mi **sepultura** ha guardado |

1781   ἐντέλλω — entéllo (entéllo)

Mt	4:6	A sus ángeles **mandará** acerca de ti
	15:4	Dios **mandó** diciendo: Honra (TR, VM)
	17:9	Jesús les **mandó**, diciendo
	19:7	¿Por qué, pues, **mandó** Moisés
	28:20	todas las cosas que os **he mandado**
Mr	10:3	¿Qué os **mandó** Moisés?
	11:6	les dijeron como Jesús **había mandado** (TR)
	13:34	al portero **mandó** que velase
Lc	4:10	A sus ángeles **mandará** acerca de ti
Jn	8:5	[en la ley nos **mandó** Moisés apedrear]
	14:31	como el Padre me **mandó** (TR, N, ABMW, VHA, BC, BA)
	15:14	si hacéis lo que yo os **mando**
	17	Esto os **mando**: Que os améis
Hch	1:2	después de haber dado **mandamientos**
	13:47	así nos **ha mandado** el Señor
He	9:20	del pacto que Dios os **ha mandado**
	11:22	dio **mandamiento** acerca de sus huesos

1782   ἐντεῦθεν — enteúthen

Mt	17:20	Pásate **de aquí** allá, y se pasará (TR)
Lc	4:9	échate **de aquí** abajo
	13:31	Sal, y vete **de aquí**
	16:26	los que quisieren pasar **de aquí** (TR)
Jn	2:16	Quitad **de aquí** esto, y no hagáis
	7:3	Sal **de aquí**, y vete a Judea
	14:31	Levantaos, vamos **de aquí**
	18:36	pero mi reino no es **de aquí**
	19:18	con él a otros dos, **uno a cada lado** (lit.,...**de allí** y **de aquí**)
Stg	4:1	¿No es de vuestras pasiones,...(¿No vienen **de aquí**, a saber, de vuestras pasiones, VM)
Ap	22:2	a uno y otro lado del río

1783   ἔντευξις** — énteuxis

| 1 Ti | 2:1 | rogativas, oraciones, **peticiones** |
| | 4:5 | por la palabra de Dios y por la **oración** |

1784   ἔντιμος — éntimos

Lc	7:2	a quien éste quería mucho, (que le era **muy querido**, NC)
	14:8	no sea que otro **mas distinguido** que tú
Fil	2:29	tened en **estima** a los que son como él
1 P	2:4	mas para Dios escogida y **preciosa**
	6	principal piedra del ángulo,...**preciosa**

1785   ἐντολή — entolé

Mt	5:19	uno de estos **mandamientos** muy pequeños
	15:3	vosotros quebrantáis el **mandamiento**
	6	habéis invalidado el **mandamiento** (TR)
	19:17	guarda los **mandamientos**
	22:36	¿cuál es el gran **mandamiento**
	38	Este es el...grande **mandamiento**
	40	De estos dos **mandamientos** depende
Mr	7:8	dejando el **mandamiento** de Dios
	9	Bien invalidáis el **mandamiento** de Dios
	10:5	os escribió este **mandamiento**
	19	Los **mandamientos** sabes
	12:28	¿Cuál es el primer **mandamiento**
	29	El primer **mandamiento** de todos es (TR) (lit., el primero de todos los **mandamientos**)

		ἐντόπιος 1786				1798 ἐνύπνιον
Mr	12:30	Este es el principal **mandamiento**. (TR)				BC, BA); (..., los que guardan sus
	31	No hay otro **mandamiento** mayor que éstos				**mandamientos**, VA, TR)
Lc	1:6	irreprensibles en todos los **mandamientos**				
	15:29	no habiéndote desobedecido jamás, (lit.,		1786		ἐντόπιος* — entópios
		nunca desobedecí tu **mandamiento**)		Hch	21:12	le rogamos nosotros y los de aquel **lugar**
	18:20	Los **mandamientos** sabes:				
	23:56	descansaron...conforme al **mandamiento**		1787		ἐντός — entós
Jn	10:18	Este **mandamiento** recibí de mi Padre				
	11:57	los fariseos habían dado **orden** (...**órdenes**,		Mt	23:26	Limpia primero **lo de dentro** del vaso
		BA)		Lc	17:21	el reino de Dios está **entre** vosotros
	12:49	él me dio **mandamiento**				
	50	sé que su **mandamiento** es vida eterna		1788		ἐντρέπω — entrépo
	13:34	Un **mandamiento** nuevo os doy		Mt	21:37	**Tendrán respeto** a mi hijo
	14:15	guardad mis **mandamientos**		Mr	12:6	**Tendrán respeto** a mi hijo
	21	El que tiene mis **mandamientos**		Lc	18:2	que ni temía a Dios, ni **respetaba** a hombres
	31	como el Padre me mandó, (TR, N, ABMW,			4	Aunque ni temo a Dios, ni **tengo respeto**
		VHA, BC, BA); (según el Padre me ha			20:13	quizás...le **tendrán respeto**
		dado **mandamiento**, VM, WH, NC)		1 Co	4:14	No escribo esto **para avergonzaros**
	15:10	Si guardareis mis **mandamientos**		2 Ts	3:14	no os juntéis con él, para que **se avergüence**
		yo he guardado los **mandamientos** de mi		Tit	2:8	de modo que el adversario **se avergüence**,
	12	Este es mi **mandamiento**		He	12:9	que nos disciplinaban, y los **venerábamos**
Hch	17:15	habiendo recibido **orden** para Silas				
Ro	7:8	tomando ocasión por el **mandamiento**		1789		ἐντρέφω* — entréfo
	9	pero venido el **mandamiento**		1 Ti	4:6	**nutrido** con las palabras de la fe
	10	hallé que el mismo **mandamiento**				
	11	tomando ocasión por el **mandamiento**		1790		ἔντρομος — éntromos
	12	el **mandamiento** santo, justo y bueno		Hch	7:32	Moisés, temblando, (lit.,...estando
	13	a fin de que por el **mandamiento**				**temblando**)
	13:9	y cualquier otro **mandamiento**			16:29	**temblando**, se postró a los pies
1 Co	7:19	el guardar los **mandamientos** de Dios				(lit., estando **temblando**,...)
	14:37	lo que os escribo son **mandamientos** (TR,		He	12:21	Estoy espantado y **temblando**;
		VM); (...**mandamiento**, VHA, WH, N,				
		ABMW, NC, BC, BA)		1791		ἐντροπή — entropé
Ef	2:15	la ley de los **mandamientos**		1 Co	6:5	Para avergonzaros lo digo. (Os lo digo para
	6:2	es el primer **mandamiento** con promesa				**vergüenza**, VM)
Col	4:10	habéis recibido **mandamientos**			15:34	para **vergüenza** vuestra lo digo
1 Ti	6:14	que guardes el **mandamiento** sin mácula				
Tit	1:14	ni a **mandamientos** de hombres		1792		ἐντρυφάω — entrufáo
He	7:5	tienen **mandamiento** de tomar del pueblo		2 P	2:13	quienes...**se recrean** en sus errores
	16	la ley del **mandamiento**				
	18	abrogado el **mandamiento** anterior		1793		ἐντυγχάνω — entugcáno (entunjáno)
	9:19	todos los **mandamientos** de la ley (cada		Hch	25:24	me **ha demandado** en Jerusalén
		mandamiento..., VM)		Ro	8:27	**intercede** por los santos
2 P	2:21	volverse atrás del santo **mandamiento**			34	el que también **intercede** por nosotros
	3:2	del **mandamiento** del Señor y Salvador			11:2	cómo **invoca** a Dios contra Israel
1 Jn	2:3	si guardamos sus **mandamientos**		He	7:25	viviendo siempre para **interceder**
	4	El que...no guarda sus **mandamientos**				
	7	no os escribo **mandamiento** nuevo		1794		ἐντυλίσσω* — entulísso, o ἐντυλίττω
		sino el **mandamiento** antiguo		Mt	27:59	lo **envolvió** en una sábana limpia,
		este **mandamiento** antiguo es la palabra		Lc	23:53	lo **envolvió** en una sábana
	8	os escribo un **mandamiento** nuevo,		Jn	20:7	sino **enrollado** en un lugar aparte
	3:22	guardamos sus **mandamientos**				
	23	este es su **mandamiento**: Que creamos		1795		ἐντυπόω — entupóo
		como nos lo ha mandado. (conforme él		2 Co	3:7	si el ministerio de muerte **grabado** con letras
		nos ha dado **mandamiento**, VM)				
	24	el que guarda sus **mandamientos**		1796		ἐνυβρίζω** — enubrízo (enubrídzo)
	4:21	tenemos este **mandamiento** de él		He	10:29	que...hiciere afrenta al Espíritu de gracia?
	5:2	guardamos sus **mandamientos**				
	3	que guardemos sus **mandamientos**		1797		ἐνυπνιάζομαι — enupniázomai
		sus **mandamientos** no son gravosos				(enupniadzomai)
2 Jn	4	conforme al **mandamiento** que recibimos				
	5	no como escribiéndote un nuevo			6	que andemos según sus **mandamientos**		Hch	2:17	vuestros ancianos **soñarán** sueños;
		mandamiento		Jud	8	estos **soñadores** mancillan la carne
		Este es el **mandamiento**:				
Ap	12:17	los que guardan los **mandamientos** de Dios		1798		ἐνύπνιον — enúpnion
	14:12	los que guardan los **mandamientos** de Dios				
	22:14	Bienaventurados los que lavan sus ropas		Hch	2:17	vuestros ancianos soñarán **sueños**
		(V60, WH, N, ABMW, VHA, VM, NC,				

1799 ἐνώπιον — enópion

Lc	1:6	Ambos eran justos **delante de** Dios (TR)
	15	grande **delante de** Dios (...**del** Señor, VHA)
	17	irá **delante de** él con el espíritu
	19	Gabriel, que estoy **delante de** Dios
	75	en justicia **delante de** él
	76	irás **delante de** la presencia (WH, N, ABMW)
	4:7	Si tú postrado me adorares, (Si tú, pues, adorares **delante de** mí, VHA)
	5:18	procuraban...ponerle **delante de** él
	25	levantándose en **presencia** de ellos
	8:47	le declaró **delante de** todo el pueblo
	12:6	está olvidado **delante de** Dios
	9	el que me negare **delante de** los hombres será negado **delante de** los ángeles
	13:26	**Delante de** ti hemos comido
	14:10	tendrás gloria **delante de** los que (lit., habrá gloria para ti **delante de**...)
	15:10	hay gozo **delante de** los ángeles
	18	he pecado contra el cielo y contra ti (pequé contra el cielo y **delante de** ti, VHA)
	21	he pecado contra el cielo y contra tí, (pequé contra el cielo y **delante de** ti; VHA)
	16:15	os justificáis a vosotros mismos **delante de delante de** Dios es abominación
	23:14	habiéndole interrogado yo **delante de** vosotros
	24:11	a ellos les parecían locura
	43	comió **delante de** ellos
Jn	20:30	muchas otras señales en **presencia** de sus discípulos
Hch	2:25	Veía al Señor siempre **delante de** mí
	4:10	está en vuestra presencia sano. (...**delante de** vosotros sano, VM)
	19	Juzgad si es justo **delante de** Dios
	6:5	Agradó la propuesta a toda la multitud; (lit., agradó la palabra **delante de** toda...)
	6	presentaron **ante** los apóstoles,
	7:46	Este halló gracia **delante de** Dios
	8:21	tu corazón no es recto **delante de** Dios (TR)
	9:15	llevar mi nombre en **presencia de** los
	10:4	para memoria **delante de** Dios. (TR)
	30	se puso **delante de** mí un varón
	31	han sido recordadas **delante de** Dios
	33	estamos aquí en la **presencia de** Dios
	19:9	maldiciendo el Camino **delante de** la
	19	los quemaron **delante de** todos
	27:35	dio gracias a Dios en **presencia de** todos
Ro	3:20	será justificado **delante de** él
	12:17	procurad lo bueno **delante de** todos
	14:22	Tenla para contigo **delante de** Dios
1 Co	1:29	nadie se jacte en su presencia. (lit., ...**delante de** él, TR); (...**delante de** Dios, VHA, WH, N, ABMW, VM, NC, BC, BA)
2 Co	4:2	a toda conciencia humana **delante de** Dios
	7:12	por vosotros **delante de** Dios
	8:21	no sólo **delante del** Señor sino también **delante de** los hombres
Gá	1:20	he aquí **delante de** Dios que no miento
1 Ti	2:3	es bueno...**delante de** Dios
	5:4	esto es lo...agradable **delante de** Dios
	20	repréndelos **delante de** todos,
	21	Te encarezco **delante de** Dios
	6:12	la buena profesión **delante de** muchos
	13	Te mando **delante de** Dios
2 Ti	2:14	exhortándoles **delante del** Señor (TR, VHA, VM); (...**ante** Dios, NC, WH, N, ABMW, NC, BC, BA)
	4:1	Te encarezco **delante de** Dios
He	4:13	no hay cosa creada que no sea manifiesta en su presencia (lit.,...**delante de** él)
	13:21	lo que es agradable **delante de** él
Stg	4:10	Humillaos **delante del** Señor
1 P	3:4	es de grande estima **delante de** Dios
1 Jn	3:22	las cosas que son agradables **delante de** él
3 Jn	6	han dado **ante** la iglesia testimonio
Ap	1:4	que están **delante de** su trono
	2:14	poner tropiezo **ante** los hijos de Israel
	3:2	tus obras perfectas **delante de** Dios
	5	confesaré su nombre **delante de** mi Padre y **delante de** sus ángeles
	8	he puesto **delante de** tí una puerta
	9	haré que...se postren a tus pies, (los haré... se postren **ante** tus pies, VM)
	4:5	**delante del** trono ardían siete lámparas
	6	**delante del** trono había como un mar
	10	se postran **delante del** que está sentado echan sus coronas **delante del** trono
	5:8	se postraron **delante del** Cordero
	7:9	que estaban **delante del** trono
	11	sobre sus rostros **delante del** trono
	15	están **delante del** trono de Dios
	8:2	ángeles que estaban en pie **ante** Dios
	3	que estaba **delante del** trono
	4	subió a la presencia de Dios (...**delante de** Dios, VHA)
	9:13	que estaba **delante de** Dios
	11:4	están en pie **delante del** Dios (TR) (...**del** Señor, VHA, WH, N, ABMW, VM, NC, BC, BA)
	16	estaban sentados **delante de** Dios
	12:4	se paró **frente a** la mujer
	10	los acusaba **delante de** nuestro Dios
	13:12	ejerce...**en presencia de** ella,
	13	**delante de** los hombres
	14	hacer en **presencia de** la bestia
	14:3	un cántico nuevo **delante del** trono **delante de** los cuatro seres vivientes
	5	sin mancha **delante del** trono (TR)
	10	**delante de** los santos ángeles
	15:4	te adorarán (adorarán **delante de** tí, VHA)
	16:19	vino en memoria **delante de** Dios
	19:20	que había hecho **delante de** ella las señales
	20:12	de pie **ante** Dios; (TR); (en pie **ante** el trono, VHA, WH, N, ABMW, VM, NC, BC, BA)

1800 Ἐνώς — Enós

Lc	3:38	hijo de **Enós**, hijo de Set

1801 ἐνωτίζομαι† — enotízomai (enotídzomai)

Hch	2:14	esto os sea notorio, y **oíd** mis palabras

1802 Ἐνώχ — Enóc (Enój)

Lc	3:37	Matusalén, hijo de **Enoc**
He	11:5	Por la fe **Enoc** fue traspuesto
Jud	14	De éstos también profetizó **Enoc**

1803 ἕξ — éx (jéx)

Mt	17:1	**Seis** días después, Jesús tomó
Mr	9:2	**Seis** días después, Jesús tomó
Lc	4:25	cerrado por tres años y **seis** meses
	13:14	**Seis** días hay en que se debe trabajar
Jn	2:6	estaban allí seis tinajas de piedra
	20	En cuarenta y **seis** años fue edificado
	12:1	**Seis** días antes de la pascua, vino
Hch	11:12	Fueron también conmigo estos **seis**
	18:11	se detuvo allí un año y **seis** meses

Hch	27:37	en la nave doscientas setenta y seis (TR, N, ABMW, VHA, VM, NC, BC, BA); (lit.,... setenta y seis, WH)
Stg	5:17	no llovió por tres años y seis meses,
Ap	4:8	tenían cada uno seis alas, (teniendo..., VM)
	13:18	es seiscientos sesenta y seis

1804 ἐξαγγέλλω — exaggéllo (exanguélo)

1 P 2:9 para que anunciéis las virtudes

1805 ἐξαγοράζω — exagorázo (exagorádzo)

Gá	3:13	Cristo nos redimió de la maldición
	4:5	para que redimiese a los que estaban
Ef	5:16	aprovechando bien el tiempo
Col	4:5	Andad...redimiendo el tiempo

1806 ἐξάγω — exágo

Mr	8:23	le sacó fuera de la aldea (TR)
	15:20	le sacaron para crucificarle
Lc	24:50	los sacó fuera hasta Betania
Jn	10:3	llama por nombre, y las saca
Hch	5:19	y sacándolos, dijo:
	7:36	Este los sacó, habiendo hecho
	40	nos sacó de la tierra de Egipto
	12:17	el Señor le había sacado de la cárcel
	13:17	con brazo levantado los sacó de ella
	16:37	vengan ellos mismos a sacarnos (...vengan y nos saquen, BA)
	39	sacándolos, les pidieron
Hch	21:38	sacó al desierto (lit., habiendo sacado..)
He	8:9	para sacarlos de la tierra de Egipto

1807 ἐξαιρέω — exairéo

Mt	5:29	sácalo, y échalo de ti
	18:9	sácalo y échalo de ti
Hch	7:10	le libró de todas sus tribulaciones
	34	he descendido para librarlos
	12:11	me ha librado de la mano de Herodes
	23:27	lo libré yo acudiendo con la tropa
	26:17	librándote de tu pueblo
Gá	1:4	para librarnos del presente

1808 ἐξαίρω — exaíro

1 Co	5:2	para que fuese quitado de en medio (TR)
	5:13	Quitad, pues, a ese perverso

1809 ἐξαιτέω* — exaitéo

Lc 22:31 Satanás os ha pedido para zarandearos

1810 ἐξαίφνης — exáifnes

Mr	13:36	cuando venga de repente, no os halle
Lc	2:13	repentinamente apareció con el ángel
	9:39	de repente da voces
Hch	9:3	repentinamente le rodeó un resplandor
	22:6	de repente me rodeó mucha luz

1811 ἐξακολουθέω — exakolouthéo

2 P	1:16	siguiendo fábulas artificiosas
	2:2	muchos seguirán sus disoluciones
	15	siguiendo el camino de Balaam

1812 ἐξακόσιοι — exakósioi

Ap	13:18	su número es seiscientos sesenta y seis
	14:20	por mil seiscientos estadios

1813 ἐξαλείφω — exaléifo

Hch	3:19	para que sean borrados vuestros pecados
Col	2:14	anulando el acta de los decretos
Ap	3:5	no borraré su nombre del libro
	7:17	Dios enjugará toda lágrima
	21:4	Enjugará Dios toda lágrima de los ojos

1814 ἐξάλλομαι — exállomai (exálomai)

Hch 3:8 saltando, se puso en pie y anduvo

1815 ἐξανάστασις* — exanástasis

Fil 3:11 la resurrección de entre los muertos

1816 ἐξανατέλλω — exanatéllo (exanatélo)

Mt	13:5	brotó pronto, porque no tenía profundidad
Mr	4:5	brotó pronto, porque no tenía profundidad

1817 ἐξανίστημι — exanístemi

Mr	12:19	levante descendencia a su hermano
Lc	20:28	levante descendencia a su hermano
Hch	15:5	se levantaron diciendo: Es necesario

1818 ἐξαπατάω — exapatáo

Ro	7:11	el pecado,...me engañó
	16:18	engañan los corazones de los ingenuos
1 Co	3:18	Nadie se engañe a sí mismo
2 Co	11:3	la serpiente con su astucia engañó
2 Ts	2:3	Nadie os engañe en ninguna manera
1 Ti	2:14	sino que la mujer, siendo engañada (WH, N, ABMW)

1819 ἐξάπινα† — exápina

Mr 9:8 luego, cuando miraron, (repentinamente,... VHA)

1820 ἐξαπορέω — exaporéo

2 Co	1:8	perdimos la esperanza de conservar la vida
	4:8	en apuros, mas no desesperados;

1821 ἐξαποστέλλω — exapostéllo (exapostélo)

Lc	1:53	a los ricos envió vacíos.
	20:10	le enviaron con las manos vacías. (lit., le enviaron sin nada)
	11	le enviaron con las manos vacías (lit., le enviaron sin nada
	24:49	yo enviaré la promesa de mi Padre (WH, N)
Hch	7:12	envió a nuestros padres la primera vez
	9:30	le enviaron a Tarso
	11:22	enviaron a Bernabé que fuese
	12:11	el Señor ha enviado su ángel
	13:26	a vosotros es enviada la palabra (WH, N, ABMW)
	17:14	los hermanos enviaron a Pablo
	22:21	yo te enviaré lejos a los gentiles
Gá	4:4	Dios envió a su Hijo
	6	Dios envió a vuestros corazones el Espíritu

1822 ἐξαρτίζω† — exartízo (exartídzo)

Hch	21:5	Cumplidos aquellos días
2 Ti	3:17	enteramente preparado para toda buena

1823 ἐξαστράπτω† — exastrápto

Lc 9:29 su vestido blanco y resplandeciente

1824 ἑαυτῆς* — exautés

Mr 6:25 Quiero que ahora mismo me des

έξεγείρω 1825 332 1831 έξέρχομαι

Hch 10:33 **luego** envié por ti
11:11 **luego** llegaron tres hombres a la casa
21:32 tomando **luego** soldados y centuriones
23:30 al punto le he enviado a ti
Fil 2:23 **luego** que yo vea cómo

1825 ἐξεγείρω — exegéiro (exeguéiro)

Ro 9:17 Para esto mismo te **he levantado**,
1 Co 6:14 nos **levantará** con su poder

1826 ἔξειμι — éxeimi

Hch 13:42 Cuando **salieron** ellos
17:15 y habiendo recibido orden para Silas y Timoteo,...**salieron**
20:7 habiendo de **salir** al día siguiente
27:43 **saliesen** a tierra

1827 ἐξελέγχω — exelégco (exelénjo)

Jud 15 **dejar convictos** a todos los impíos (TR)

1828 ἐξέλκω — exélko

Stg 1:14 cuando de su propia concupiscencia **es atraído**

1829 ἐξέραμα*† — exérama

2 P 2:22 El perro vuelve a su **vómito**

1830 ἐξεραυνάω — exeraunáo

1 P 1:10 inquirieron y **diligentemente indagaron**

1831 ἐξέρχομαι — exércomai (exerjomai)

Mt 2:6 de ti **saldrá** un guiador
5:26 te digo que no **saldrás** de allí
8:28 endemoniados que **salían** de los sepulcros
32 ellos **salieron**, y se fueron (**habiendo** ellos **salido**, se fueron, VHA)
34 toda la ciudad **salió** al encuentro
9:26 se **difundió** la fama de esto por toda
31 **salidos** ellos, divulgaron la fama
32 Mientras **salían** ellos, he aquí,...
10:11 posad allí hasta que **salgáis**
14 **salid** de aquella casa (**saliendo** de..., VHA)
11:7 ¿Qué **salisteis** a ver al desierto?
8 ¿O qué **salisteis** a ver?
9 ¿qué **salisteis** a ver?
12:14 **salidos** los fariseos
43 el espíritu inmundo **sale** del hombre
44 Volveré a mi casa de donde **salí**
13:1 **salió** Jesús (**habiendo salido**.., VHA)
3 el sembrador **salió** a sembrar
49 **saldrán** los ángeles, y apartarán
14:14 **saliendo** Jesús, vio una gran multitud
15:18 lo que **sale** de la boca, del corazón **sale**
19 del corazón **salen** los malos pensamientos
21 **Saliendo** Jesús de allí
22 una mujer...que había **salido**
17:18 el cual **salió** del muchacho
18:28 **saliendo** aquel siervo, halló
20:1 **salió** por la mañana a contratar
3 **Saliendo** cerca de la hora tercera
5 **Salió** otra vez cerca (**Habiendo salido**..., BC)
6 **saliendo** cerca de la hora undécima
21:17 **salió** fuera de la ciudad
22:10 **saliendo** los siervos por los caminos,
24:1 Cuando Jesús **salió** del templo
26 no **salgáis**; o mirad, está

Mt 24:27 el relámpago que **sale** del oriente
25:1 **salieron** a recibir al esposo
6 ¡Aquí viene el esposo; **salid** a recibirle!
26:30 **salieron** al monte de los Olivos
55 habéis **salido** con espadas
71 **Saliendo** él a la puerta, le vio otra,
75 **saliendo** fuera, lloró amargamente
27:32 Cuando **salían**, hallaron a un hombre
53 **saliendo** de los sepulcros, después de
Mr 1:25 ¡Cállate, y **sal** de él
26 clamando a gran voz, **salió** de él
28 muy pronto se **difundió** su fama
29 Al **salir** de la sinagoga, vinieron
35 **salió** y se fue a un lugar desierto
38 para esto **he venido** (...**he salido**, VHA)
45 Pero **ido** él, comenzó a publicarlo
2:12 **salió** delante de todos,
13 volvió a **salir** al mar (**Salió**...de nuevo..., VHA)
3:6 **salidos** los fariseos, tomaron consejo
21 **vinieron** para prenderle; (**salieron**..., VHA)
4:3 el sembrador **salió** a sembrar
5:2 cuando **salió** él de la barca
8 **Sal** de este hombre, espíritu
13 **saliendo** aquellos espíritus inmundos
14 **salieron** a ver qué era aquello (TR)
30 el poder que **había salido** de él
6:1 **Salió** Jesús de allí
10 hasta que **salgáis** de aquel lugar
12 **saliendo**, predicaban por los hombres
24 **Saliendo** ella, dijo a su madre
34 **salió**...y vio (Al **salir**..., VHA)
54 **saliendo** ellos de la barca
7:29 el demonio **ha salido** de tu hija
30 halló que el demonio **había salido**
31 Volviendo a **salir** de la región (**partiendo** otra vez..., VM)
8:11 Vinieron entonces los fariseos
27 **Salieron** Jesús y sus discípulos
9:25 te mando, **sal** de él
26 sacudiéndole con violencia, **salió**
29 Este género con nada puede **salir**
30 Habiendo **salido** de allí, caminaron
11:11 se fue a Betania con los doce
12 cuando **salieron** de Betania
14:16 Fueron sus discípulos y entraron
26 **salieron** al monte de los Olivos
48 habéis **salido** con espadas
68 **salió** a la entrada; (...al vestíbulo, VHA)
16:8 ellas **se fueron** huyendo del sepulcro, (**saliendo** ellas, huyeron del sepulcro, VHA)
20 [**saliendo**, predicaron en todas partes]
Lc 1:22 cuando **salió**, no les podía hablar
2:1 se promulgó un edicto (**salió** un edicto, VM)
4:14 se difundió su fama por toda la tierra
35 Cállate, y **sal** de él
el demonio,...**salió** de él
36 manda a los espíritus...y **salen**?
41 También **salían** demonios de muchos
42 **salió** y se fue a un lugar (**saliendo**..., BC)
5:8 Apártate de mí, Señor,
27 **salió**, y vio a un publicano
6:12 él **fue** al monte a orar
19 poder **salía** de él y sanaba
7:17 se extendió la fama de él
24 ¿Qué **salisteis** a ver al desierto?
25 ¿qué **salisteis** a ver?
26 ¿qué **salisteis** a ver?

ἐξέρχομαι 1831 333 1831 ἐξέρχομαι

Lc	8:2	de la que **habían salido** siete demonios
	5	El sembrador **salió** a sembrar
	27	Al **llegar** él a tierra (**habiendo salido** a tierra VM)
	29	mandaba...**que saliese** del hombre
	33	los demonios, **salidos** del hombre
	35	**salieron** a ver lo que había sucedido de quien **habían salido** los demonios
	38	el hombre de quien **habían salido**
	46	he conocido **que ha salido** poder de mí
	9:4	quedad allí, y de allí **salid**
	5	**salid** de aquella ciudad, (**saliendo**..., VHA)
	6	**saliendo**, pasaban por todas las aldeas
	10:10	**saliendo** por sus calles, decid
	35	Otro día **al partir**, sacó dos denarios (TR, VM)
	11:14	aconteció que **salido** el demonio
	24	el espíritu inmundo **sale** del hombre Volveré a mi casa de donde **salí**
	53	Diciéndoles él estas cosas, los escribas... (TR, VM); (**Cuando...salió** de allí, los escribas...VHA, WH, N, ABMW, BC, NC, BA)
	12:59	no **saldrás** de allí, hasta que
	13:31	**Sal**, y vete de aquí,
	14:18	necesito **ir** a verla; (he menester **salir** y verlo: VM)
	21	**Vé** pronto por las plazas
	23	**Vé** por los caminos
	15:28	**Salió** por tanto su padre, (**saliendo**...,VHA)
	17:29	el día en que Lot **salió** de Sodoma,
	21:37	**saliendo**, se estaba en el monte
	22:39	**saliendo**, se fue, como solía
	52	**habéis salido** como espadas
	62	**saliendo** fuera, lloró amargamente
Jn	1:43	(44) quiso Jesús **ir** a Galilea
	4:30	**salieron** de la ciudad
	43	**salió** de allí y fue a Galilea
	8:9	[**salían** uno a uno, comenzando]
	42	yo de Dios **he salido**
	59	**salió** del templo
	10:9	entrará, y **saldrá**, y hallará pastos
	39	pero él **se escapó** de sus manos
	11:31	María...**había salido**, la siguieron
	44	el que había muerto **salió**
	12:13	**salieron** a recibirle,
	13:3	que **había salido** de Dios,
	30	luego **salió**; y era ya de noche
	31	cuando **hubo salido**, dijo
	16:27	habéis creído que yo **salí** de Dios
	28	**Salí** del Padre, y he venido
	30	creemos que **has salido** de Dios
	17:8	han conocido...que **salí** de ti
	18:1	**salió** con sus discípulos
	4	Jesús... **se adelantó** y les dijo
	16	**Salió**, pues, el discípulo
	29	Entonces **salió** Pilato a ellos
	38	**salió** otra vez a los judíos
	19:4	Pilato **salió** otra vez
	5	**salió** Jesús, llevando la corona
	17	**salió** al lugar llamado de la Calavera
	34	al instante **salió** sangre y agua
	20:3	**salieron** Pedro y el otro discípulo
	21:3	**Fueron**, y entraron en una barca;
	23	Este dicho **se extendió** entonces entre
Hch	1:21	el Señor Jesús entraba y **salía**
	7:3	**Sal** de tu tierra
	4	**salió** de la tierra (**saliendo**..., VM)
	7	**saldrán** y me servirán

Hch	8:7	**salían** éstos dando grandes voces;
	10:23	levantándose, se **fue** con ellos
	11:25	**fue** Bernabé a Tarso
	12:9	**saliendo**, le seguía
	10	**salidos**, pasaron una calle
	17	**salió**, y se fue a otro lugar, (**partiendo**..., VM)
	14:20	**salió** con Bernabé para Derbe
	15:24	algunos **que han salido** de nosotros, (TR, [ABMW], VM, NC, BC)
	40	**salió** encomendado por los hermanos
	16:3	Quiso Pablo **que** éste **fuese** con él
	10	procuramos **partir** para Macedonia
	13	**salimos** fuera de la puerta
	18	Te mando...**que salgas** de ella **salió** en aquella misma hora
	19	que **había salido** la esperanza
	36	**salid**, y marchaos en paz. (lit., **habiendo salido**...)
	39	les pidieron **que salieran** (TR)
	40	**saliendo** de la cárcel los consolaron, y **se fueron**
	17:33	**salió** de en medio de ellos
	18:23	**salio**, recorriendo por orden
	19:12	los espíritus malos **salían** (TR)
	20:1	**salió** para ir a Macedonia
	11	habló largamente...y así **salió**
	21:5	Cumplidos aquellos días, salimos (...**saliendo**, VHA)
	8	**saliendo** Pablo y los que con él estábamos
	22:18	**sal** prontamente de Jerusalén
	28:3	una víbora, **huyendo** del calor,
	15	**salieron** a recibirnos (TR)
Ro	10:18	Por toda la tierra **ha salido** la voz
1 Co	5:10	sería necesario **salir** del mundo
	14:36	**ha salido** de vosotros la palabra
2 Co	2:13	**partí** para Macedonia
	6:17	**Salid** de en medio de ellos
	8:17	**partió** para ir a vosotros. (**partió** para vosotros, VM)
Fil	4:15	cuando **partí** de Macedonia
1 Ts	1:8	vuestra fe en Dios **se ha extendido**
He	3:16	los que **salieron** de Egipto
	7:5	aunque...**hayan salido** de los lomos
	11:8	siendo llamado, obedeció **para salir** **salió** sin saber a dónde iba
	15	aquella de donde **salieron**, (TR)
	13:13	**Salgamos**, pues, a él, fuera
Stg	3:10	De una misma boca **proceden** bendición
1 Jn	2:19	**Salieron** de nosotros, pero no eran de
	4:1	falsos profetas han **salido**
2 Jn	7	engañadores **han salido** por el mundo, (WH, N, ABMW)
3 Jn	7	**salieron** por amor del nombre
Ap	3:12	nunca más **saldrá** de allí
	6:2	**salió** venciendo, y para vencer
	4	**salió** otro caballo, bermejo;
	9:3	del humo **salieron** langostas
	14:15	del templo **salió** otro ángel
	17	**Salió** otro ángel del templo
	18	**salió** del altar otro ángel, (TR, [WH], N, VHA, VM, NC, BC, BA)
	20	del lagar **salió** sangre
	15:6	del templo **salieron** los siete ángeles
	16:17	**salió** una gran voz del templo
	18:4	**Salid** de ella, pueblo mío
	19:5	**salió** del trono una voz
	21	muertos con la espada **que salía** (WH, N, ABMW)

ἔξεστι 1832		334	1847 ἐξουδενέω	

Ap	20:8	saldrá a engañar a las naciones

1832 ἔξεστι – éxesti

Mt	12:2	hacen lo que no **es lícito** hacer
	4	que no les **era lícito** comer
	10	¿**Es lícito** sanar en día de reposo?
	12	**es lícito** hacer el bien en los días
	14:4	No te **es lícito** tenerla
	19:3	¿**Es lícito**...repudiar a su mujer
	20:15	¿No me **es lícito** hacer lo que quiero
	22:17	¿**Es lícito** dar tributo a César, o no?
	27:6	No **es lícito** echarlas en el tesoro
Mr	2:24	¿por qué hacen...lo que no **es lícito**
	26	no **es lícito** comer sino a los sacerdotes
	3:4	¿**Es lícito** en los días de reposo
	6:18	No te **es lícito** tener la mujer
	10:2	si **era lícito** al marido repudiar
	12:14	¿**Es lícito** dar tributo a César
Lc	6:2	lo que no **es lícito** hacer
	4	de los cuales no **es lícito** comer
	9	¿**Es lícito** en día de reposo hacer bien
	14:3	¿**Es lícito** sanar en día de reposo
	20:22	¿Nos **es lícito** dar tributo a César
Jn	5:10	no te **es lícito** llevar tu lecho
	18:31	no nos **está permitido** dar muerte
Hch	2:29	se os **puede** decir libremente del patriarca
	8:37	Si crees de todo corazón, **bien puedes**. (TR, [VM], NC, BC, BA)
	16:21	no nos **es lícito** recibir ni hacer
	21:37	¿**Se me permite** decirte algo?
	22:25	¿...**es lícito** azotar a un ciudadano
1 Co	6:12	Todas las cosas me **son lícitas** todas las cosas me **son lícitas**
	10:23	Todo me **es lícito**, (todas las cosas.., VHA) todo me **es lícito**, (todas las cosas.., VHA)
2 Co	12:4	que no le **es dado** al hombre expresar. (que no **es lícito** a un hombre hablarlas, VM)

1833 ἐξετάζω – exetázo (exetádzo)

Mt	2:8	**averiguad** con diligencia acerca del niño
	10:11	**informaos** quién en ella sea digno
Jn	21:12	ninguno...se atrevía a **preguntarle**

1834 ἐξηγέομαι – exegéomai (exeguéomai)

Lc	24:35	**contaban** las cosas que les habían
Jn	1:18	él le **ha dado a conocer**
Hch	10:8	**después de haberles contado** todo
	15:12	que **contaban** cuán grandes señales
	14	Simón **ha contado** cómo Dios visitó
	21:19	les **contó** una por una las cosas

1835 ἐξήκοντα – exékonta (jexékonta)

Mt	13:8	cuál a **sesenta**, y cuál a treinta
	23	produce a ciento, a **sesenta**,
Mr	4:8	produjo a treinta, a **sesenta**
	20	dan fruto a treinta, a **sesenta**
Lc	24:13	que estaba a **sesenta** estadios
1 Ti	5:9	la viuda no menor de **sesenta** años
Ap	11:3	profeticen por mil doscientos **sesenta** días
	12:6	por mil doscientos **sesenta** días
	13:18	su número es seiscientos **sesenta** y seis

1836 ἑξῆς – exés (jexés)

Lc	7:11	Aconteció **después**, que él iba
	9:37	al día **siguiente**, cuando descendieron
Hch	21:1	al día **siguiente** a Rodas,
	25:17	al día **siguiente**, sentado en el tribunal

Hch	27:18	al **siguiente** día empezaron a alijar

1837 ἐξηχέω – execéo (jexejéo)

1 Ts	1:8	**ha sido divulgada** la palabra

1838 ἕξις – éxis (jéxis)

He	5:14	por el **uso** tienen los sentidos ejercitados

1839 ἐξίστημι – exístemi

Mt	12:23	toda la gente **estaba atónita**
Mr	2:12	de manera que todos **se asombraron**
	3:21	porque decían: **Está fuera de sí**
	5:42	**se espantaron** grandemente. (**se asombraron** con grande asombro, VM)
	6:51	**se asombraron** en gran manera
Lc	2:47	**se maravillaban** de su inteligencia
	8:56	sus padres **estaban atónitos**
	24:22	nos **han asombrado** unas mujeres
Hch	2:7	**estaban atónitos** y maravillados
	12	**estaban** todos **atónitos** y perplejos
	8:9	que...**había engañado** a la gente
	11	les **había engañado** mucho tiempo
	13	viendo las señales...**estaba atónito**
	9:21	los que le oían **estaban atónitos**
	10:45	**quedaron atónitos** de que también
	12:16	le vieron, **se quedaron atónitos**
2 Co	5:13	si **estamos locos**, es para Dios

1840 ἐξισχύω** – exiscúo (exisjúo)

Ef	3:18	**seáis plenamente capaces** de comprender

1841 ἔξοδος – éxodos

Lc	9:31	hablaban de su **partida**
He	11:22	la **salida** de los hijos de Israel,
2 P	1:15	después de mi **partida** vosotros podáis

1842 ἐξολεθρεύω† – exolethréuo

Hch	3:23	**será desarraigada** del pueblo. (WH, N, ABMW)

1843 ἐξομολογέω† – exomologéo (exomologuéo)

Mt	3:6	**confesando** sus pecados
	11:25	Te **alabo**, Padre, Señor del cielo
Mr	1:5	**confesando** sus pecados
Lc	10:21	Yo te **alabo**, oh Padre, Señor
	22:6	él **se comprometió**, y buscaba
Hch	19:18	venían, **confesando** y dando cuenta
Ro	14:11	toda lengua **confesará** a Dios
	15:9	yo te **confesaré** entre los gentiles
Fil	2:11	toda lengua **confiese** que Jesucristo es
Stg	5:16	**Confesaos** vuestras ofensas unos a otros
Ap	3:5	**confesaré** su nombre (TR)

1844 ἐξορκίζω – exorkízo (exorkídzo)

Mt	26:63	Te **conjuro** por el Dios viviente

1845 ἐξορκιστής* – exorkistés

Hch	19:13	**exorcistas** ambulantes, intentaron

1846 ἐξορύσσω – exorússo

Mr	2:4	**haciendo una abertura**, bajaron
Gá	4:15	os hubierais sacado vuestros propios ojos

1847 ἐξουδενέω† – exoudenéo o ἐξουδενόω

ἐξουθενέω 1848　　　　　　　　　　　　335　　　　　　　　　　　　1851 ἐξοχή

Mr	9:12	que padezca mucho y sea tenido en nada?	Hch	26:10	habiendo recibido poderes (...autoridad, VHA)
1848		ἐξουθενέωϯ — exouthenéo		12	iba yo a Damasco con poderes (...autoridad, VHA)
Lc	18:9	que...menospreciaban a los otros		18	de la potestad de Satanás a Dios
	23:11	Herodes...le menospreció (...después de tratarle con desprecio, BA)	Ro	9:21	¿O no tiene potestad el alfarero
Hch	4:11	Jesús es la piedra reprobada		13:1	Sométase toda persona a las autoridades
Ro	14:3	no menosprecie al que no come			no hay autoridad sino de parte
	10	¿por qué menosprecias a tu hermano?		2	quien se opone a la autoridad
1 Co	1:28	lo menospreciado escogió Dios		3	¿Quieres, pues, no temer la autoridad?
	6:4	los que son de menor estima en la iglesia?	1 Co	7:37	es dueño de su propia voluntad, (tiene control sobre su propia voluntad BA)
	16:11	nadie le tenga en poco		8:9	mirad que esta libertad vuestra...
2 Co	10:10	y la palabra menospreciable		9:4	¿Acaso no tenemos derecho de comer
Gá	4:14	no me despreciasteis ni desechasteis		5	¿No tenemos derecho de traer con nosotros
1 Ts	5:20	No menospreciéis las profecías		6	no tenemos derecho de no trabajar?
1849		ἐξουσία — exousía		12	Si otros participan de este derecho no hemos usado de este derecho
Mt	7:29	les enseñaba como quien tiene autoridad		18	para no abusar de mi derecho en el
	8:9	yo soy hombre bajo autoridad		11:10	debe tener señal de autoridad
	9:6	el Hijo del Hombre tiene potestad		15:24	cuando haya suprimido...toda autoridad
	8	que había dado tal potestad	2 Co	10:8	más todavía de nuestra autoridad
	10:1	les dio autoridad sobre los espíritus		13:10	conforme a la autoridad que el Señor
	21:23	¿Con qué autoridad haces estas cosas?	Ef	1:21	sobre todo principado y autoridad
		¿y quién te dio esta autoridad?		2:2	al príncipe de la potestad del aire,
	24	os diré con qué autoridad		3:10	potestades en los lugares celestiales
	27	con qué autoridad hago estas cosas		6:12	sino contra principados, contra potestades
	28:18	Toda potestad me es dada	Col	1:13	nos ha librado de la potestad
Mr	1:22	como quien tiene autoridad		16	sean potestades; todo fue creado
	27	con autoridad manda		2:10	la cabeza de todo...potestad
	2:10	el Hijo del Hombre tiene potestad		15	despojando...a las potestades
	3:15	autoridad para...echar fuera	2 Ts	3:9	no porque no tuviésemos derecho
	6:7	les dio autoridad sobre los espíritus	Tit	3:1	que se sujeten a...autoridades
	11:28	¿Con qué autoridad haces	He	13:10	del cual no tienen derecho de comer
		quién te dio autoridad (...esta autoridad, VHA)	1 P	3:22	a él están sujetos ángeles, autoridades
	29	os diré con qué autoridad	Jud	25	imperio y potencia
	33	con qué autoridad hago estas cosas	Ap	2:26	daré autoridad sobre las naciones
	13:34	dio autoridad a sus siervos, (habiendo... dado facultad..., VHA)		6:8	le fue dada potestad
Lc	4:6	A ti te daré toda esta potestad		9:3	se les dio poder como tienen poder los escorpiones
	32	su palabra era con autoridad		10	poder para dañar a los hombres
	36	con autoridad y poder manda		19	el poder de los caballos estaban
	5:24	tiene potestad en la tierra		11:6	tienen poder para cerrar el cielo
	7:8	soy hombre puesto bajo autoridad			tienen poder sobre las aguas
	9:1	les dio poder y autoridad		12:10	la autoridad de su Cristo
	10:19	os doy potestad de hollar (os he dado..., VHA)		13:2	el dragón le dio...grande autoridad
				4	había dado autoridad a la bestia
	12:5	que...tiene poder de echar en el infierno		5	se le dio autoridad para actuar
	11	los magistrados y las autoridades		7	se le dio autoridad sobre toda tribu
	19:17	autoridad sobre diez ciudades		12	toda la autoridad de la primera bestia
	20:2	¿con qué autoridad haces te ha dado esta autoridad?		14:18	que tenía poder sobre el fuego,
				16:9	que tiene poder sobre estas plagas,
	8	con qué autoridad hago estas cosas		17:12	recibirán autoridad como reyes
	20	entregarle al poder y autoridad		13	entregarán su poder y su autoridad
	22:53	la potestad de las tinieblas		18:1	con gran poder; (teniendo grande autoridad, VM)
	23:7	era de la jurisdicción de Herodes		20:6	la segunda muerte no tiene potestad
Jn	1:12	les dio potestad de ser hechos hijos		22:14	derecho al árbol de la vida
	5:27	le dio autoridad de hacer juicio			
	10:18	Tengo poder para ponerla, y poder para volverla a tomar (...tomarla otra vez, BC)	**1850**		ἐξουσιάζω — exousiázo (exousiádzo)
			Lc	22:25	los que sobre ellas tienen autoridad
	17:2	como le has dado potestad	1 Co	6:12	yo no me dejaré dominar de ninguna
	19:10	tengo autoridad para soltarte?		7:4	La mujer no tiene potestad
	11	Ninguna autoridad tendrías contra mí			ni tampoco tiene el marido potestad
Hch	1:7	el Padre puso en su sola potestad	**1851**		ἐξοχή — exocé (exojé)
	5:4	¿no estaba en tu poder?	Hch	25:23	con los...principales hombres (con los... personajes de más relieve, BC)
	8:19	Dadme también a mí este poder			
	9:14	tiene autoridad de los...sacerdotes			

ἐξυπνίζω		1852

1852 ἐξυπνίζω – exupnízo (exupnídzo)
Jn 11:11 mas voy para **despertarle**

1853 ἔξυπνος** – éxupnos
Hch 16:27 **Despertando** el carcelero, (Despertado..., BC)

1854 ἔξω – éxo
Mt 5:13 sino para ser echada **fuera**
10:14 salid de aquella casa (saliendo..., VHA) (TR VM, NC, BA); (saliéndoos **afuera** de aquella casa, BC, WH, N, ABMW)
12:46 sus hermanos estaban **afuera**,
47 tus hermanos están **afuera**, (TR, [N], [ABMW], VHA, VM, NC, BC, BA)
13:48 lo malo echan **fuera**
21:17 dejándolos, salió **fuera de** la ciudad,
39 le echaron **fuera de** la viña,
26:69 Pedro estaba sentado **fuera** en el patio
75 saliendo **fuera**, lloró
Mr 1:45 **fuera** en los lugares desiertos
3:31 sus hermanos...quedándose **afuera**
32 están **afuera**, y te buscan (allá **fuera** te buscan, VM)
4:11 mas a los que están **fuera**, por parábolas
5:10 que no los enviase **fuera de** aquella región
8:23 le sacó **fuera de** la aldea
11:4 hallaron el pollino atado **afuera**
19 salió de la ciudad (salía **fuera de** la ciudad, VM)
12:8 le echaron **fuera de** la viña
14:68 salió a la entrada (se salió **fuera**, al vestíbulo VHA)
Lc 1:10 estaba **fuera** orando
4:29 le echaron **fuera de** la ciudad,
8:20 tus hermanos están **fuera**
54 tomándola de la mano, clamó (V60, WH, N, ABMW, VM, NC, BC, BA); (lit., habiendo echado **fuera** a todos, y tomándolo..., TR)
13:25 estando **fuera** empecéis a llamar
28 vosotros estéis excluidos (a vosotros echados **fuera** VM)
33 que un profeta muera **fuera de** Jerusalén
14:35 la arrojan **fuera**
20:15 le echaron **fuera de** la viña, (habiéndole echado..., VHA)
22:62 Pedro, saliendo **fuera**, lloró
24:50 los sacó **fuera** hasta Betania (TR, [ABMW], VHA, VM, BC, BA)
Jn 6:37 no le echo **fuera**
9:34 le expulsaron (le echaron **fuera** VM)
35 le habían expulsado (que le habían echado **fuera**, VM)
11:43 clamó... ¡Lázaro, ven **fuera**!
12:31 el príncipe...será echado **fuera**
15:6 será echado **fuera** como pámpano
18:16 mas Pedro estaba **fuera**
29 salió Pilato (salió **fuera** Pilatos, VHA) (WH, N, ABMW)
19:4 Pilato salió otra vez (Otra vez salió **fuera** Pilato, NC)
Mirad, os lo traigo **fuera**,
5 y salió Jesús, (Salió, pues, Jesús **afuera**, BC)
13 llevó **fuera** a Jesús
20:11 María estaba **fuera** llorando
Hch 4:15 que saliesen del concilio; (salir **fuera** del consejo, NC)
Hch 5:23 los guardas **afuera** (TR)
34 mandó que sacasen **fuera** por un momento
7:58 echándole **fuera de** la ciudad
9:40 sacando a todos, Pedro (Pedro, echando **fuera** a todos, VHA)
14:19 le arrastran **fuera de** la ciudad
16:13 salimos **fuera de** la puerta
30 sacándolos, les dijo: Señores, (sacándolos **fuera**..., VHA)
21:5 hasta **fuera de** la ciudad
30 le arrastraron **fuera del** templo
26:11 hasta en las ciudades **extranjeras**
1 Co 5:12 juzgar a los que están **fuera**?
13 a los que están **fuera**, Dios juzgará
2 Co 4:16 nuestro hombre **exterior** se va desgastando
Col 4:5 Andad sabiamente para con los de **afuera**
1 Ts 4:12 os conduzcáis honradamente para con los de **afuera**
He 13:11 son quemados **fuera del** campamento
12 padeció **fuera de** la puerta
13 Salgamos, pues, a él, **fuera** del campamento
1 Jn 4:18 el perfecto amor echa **fuera** el temor
Ap 3:12 nunca más saldrá de allí; (jamás saldrá **fuera** VHA)
11:2 el patio que está **fuera del** templo (TR)
14:20 el lagar **fuera de** la ciudad, (TR)
22:15 los perros estarán **fuera**

1855 ἔξωθεν – éxothen
Mt 23:25 limpiáis lo **de fuera** del vaso
27 **por fuera**, a la verdad, se muestran
28 vosotros **por fuera**...os mostráis
Mr 7:15 Nada hay **fuera** del hombre que entre
18 que todo lo **de fuera** que entra
Lc 11:39 limpiáis lo **de fuera** del vaso
40 ¿el que hizo lo **de fuera**,
2 Co 7:5 **de fuera**, conflictos; de dentro, temores
1 Ti 3:7 buen testimonio de los **de afuera**
1 P 3:3 Vuestro atavío no sea el **externo** (cuyo adorno..., VM)
Ap 11:2 el patio que está **fuera del** templo (WH, N, ABMW)
14:20 el lagar **fuera de** la ciudad, (WH, N, ABMW)

1856 ἐξωθέω – exothéo
Hch 7:45 los cuales Dios **arrojó** de la presencia
27:39 en la cual acordaron **varar**

1857 ἐξώτερος† – exóteros
Mt 8:12 echados a las tinieblas **de afuera**;
22:13 echadle en las tinieblas **de afuera**;
25:30 echadle en las tinieblas **de afuera**;

1503 ἔοικα – éoika, ο εἴκω – éiko
Stg 1:6 el que duda **es semejante** a la onda
23 **es semejante** al hombre que considera

1858 ἑορτάζω – eortázo (jeortádzo)
1 Co 5:8 Así que **celebremos la fiesta**

1859 ἑορτή – eorté (jeorté)
Mt 26:5 No durante la **fiesta**,
27:15 en el día de la **fiesta** acostumbraba
Mr 14:2 No durante la **fiesta**
15:6 en el día de la **fiesta** les soltaba
Lc 2:41 a Jerusalén en la **fiesta** de la pascua
42 subieron a...la **fiesta**

Lc	22:1	Estaba cerca la **fiesta** de los panes
	23:17	soltarles uno en cada **fiesta**. (TR, VM, NC, BC, [BA])
Jn	2:23	en Jerusalén en la **fiesta** de la pascua
	4:45	que había hecho..., en la **fiesta**
		habían ido a la **fiesta**
	5:1	había una **fiesta** de los judíos
	6:4	la **fiesta** de los judíos
	7:2	Estaba cerca la **fiesta**
	8	Subid vosotros a la **fiesta**
		yo no subo todavía a esa **fiesta**
	10	sus hermanos habían subido (TR); (... hubieron subido a la **fiesta**, VHA, WH, N ABMW, NC, BC, BA)
		él también subió a la **fiesta**, (TR); (él también subió, VHA, WH, N, ABMW, NC, BC, BA)
	11	le buscaban los judíos en la **fiesta**
	14	a la mitad de la **fiesta** subió Jesús
	37	el último y gran día de la **fiesta**
	11:56	¿No vendrá a la **fiesta**?
	12:12	que habían venido a la **fiesta**
	20	habían subido a adorar en la **fiesta**
	13:1	Antes de la **fiesta** de la pascua
	29	Compra lo que necesitamos para la **fiesta**
Hch	18:21	en Jerusalén la **fiesta** que viene (TR, VM [BA])
Col	2:16	en cuanto a días de **fiesta**, (...día de **fiesta**, VHA)

1860		ἐπαγγελία – epaggelía (epanguelía)
Lc	24:49	yo enviaré la **promesa** de mi Padre
Hch	1:4	que esperasen la **promesa** del Padre,
	2:33	la **promesa** del Espíritu
	39	para vosotros es la **promesa**
	7:17	el tiempo de la **promesa**
	13:23	conforme a la **promesa**, Dios levantó
	32	de aquella **promesa** hecha a nuestros padres,
	23:21	esperando tu **promesa**. (la **promesa** de tu parte, BC)
	26:6	por la esperanza de la **promesa**
Ro	4:13	no por la ley fue dada...la **promesa**
	14	anulada la **promesa**. (anulada es la **promesa**, VHA)
	16	a fin de que la **promesa** sea firme
	20	Tampoco dudó,...de la **promesa** de Dios
	9:4	de los cuales son...las **promesas**
	8	los que son hijos según la **promesa** (los hijos de la **promesa**, VHA)
	9	la palabra **de la promesa** es esta:
	15:8	para confirmar las **promesas**
2 Co	1:20	las **promesas** de Dios son en él Sí.
	7:1	puesto que tenemos tales **promesas**
Gá	3:14	a fin de que...recibiésemos la **promesa**
	16	fueron hechas las **promesas**, (fueron dadas.., VM)
	17	para invalidar la promesa
	18	ya no es por la **promesa**
		pero Dios. .mediante la **promesa**
	21	es contraria a las **promesas**
	22	para que la **promesa** que es por la fe
	29	sois,...herederos según **la promesa**
	4:23	mas el de la libre, por la **promesa**
	28	somos hijos **de la promesa**
Ef	1:13	el Espíritu Santo de la **promesa**
	2:12	ajenos a los pactos de la **promesa**
	3:6	copartícipes de la **promesa**
	6:2	es el primer mandamiento con **promesa**
1 Ti	4:8	**promesa** de esta vida presente

2 Ti	1:1	según **la promesa** de la vida
He	4:1	**la promesa** de entrar en su reposo
	6:12	que...heredan las **promesas**
	15	alcanzó la **promesa**
	17	los herederos de la **promesa**
	7:6	bendijo al que tenía las **promesas**
	8:6	establecido sobre mejores **promesas**
	9:15	los llamados reciban la **promesa**
	10:36	para que...obtengáis la **promesa**
	11:9	como extranjero en la tierra **prometida** (...de la **promesa**, VM)
		coherederos de la misma **promesa**
	13	sin haber recibido lo **prometido**, (...las **promesas**, VM)
	17	el que había recibido las **promesas**
	33	alcanzaron **promesas**
	39	no recibieron lo prometido (...la **promesa**, VM)
2 P	3:4	la **promesa** de su advenimiento?
	9	El Señor no retarda su **promesa**
1 Jn	1:5	el **mensaje** que hemos oído (TR)
	2:25	esta es la **promesa**

1861		ἐπαγγέλλομαι – epaggéllomai (epanguélomai)
Mr	14:11	**prometieron** darle dinero
Hch	7:5	**prometió** que se la daría (**prometió** dársela, VHA)
Ro	4:21	para hacer todo lo que había **prometido**
Gá	3:19	a quien **fue hecha la promesa**
1 Ti	2:10	mujeres **que profesan** piedad
	6:21	la cual **profesando** algunos
Tit	1:2	la cual Dios,...**prometió** desde antes
He	6:13	cuando Dios hizo **la promesa** a Abraham
	10:23	fiel es el **que prometió**
	11:11	creyó que era fiel **quien** lo había **prometido**
	12:26	pero ahora **ha prometido** diciendo
Stg	1:12	Dios **ha prometido** a los que le aman
	2:5	herederos del reino que **ha prometido**
2 P	2:19	Les **prometen** libertad, (**prometiéndoles** libertad, VHA)
1 Jn	2:25	esta es la **promesa** que él nos hizo, (...que él nos ha **prometido**, VM)

1862		ἐπάγγελμα* – epággelma (epánguelma)
2 P	1:4	nos ha dado...grandísimas **promesas**,
	3:13	esperamos, según sus **promesas**, (V60, T); (...según su **promesa**, VHA, TR, WH, N, ABMW, VM, NC, BC, BA)

1863		ἐπάγω – epágo
Hch	5:28	queréis **echar** sobre nosotros la sangre
2 P	2:1	**atrayendo sobre** sí mismos destrucción
	5	**trayendo el** diluvio **sobre** el mundo

1864		ἐπαγωνίζομαι* – epagonízomai (epagonídzomai)
Jud	3	exhortándoos **que contendáis ardientemente**

1865		ἐπαθροίζω* – epathróizo (epathróidzo)
Lc	11:29	**apiñándose** las multitudes

1866		Ἐπαίνετος – Epáinetos
Ro	16:5	Saludad a **Epeneto**,

1867		ἐπαινέω – epainéo

Lc	16:8	**alabó** el amo al mayordomo
Ro	15:11	**magnificad**le todos los pueblos. (TR, VM, NC); (**loen**le los pueblos todos, VHA, WH, N, ABMW, BC, BA)
1 Co	11:2	Os **alabo**, hermanos, porque en todo
	17	al anunciaros esto...no os **alabo**
	22	¿Os **alabaré**? En esto no os **alabo**

1868 ἔπαινος – épainos

Ro	2:29	la **alabanza** del cual no viene de los hombres
	13:3	tendrás **alabanza** de ella
1 Co	4:5	cada uno recibirá su **alabanza** de Dios. (le vendrá a cada uno la **alabanza** de parte de Dios, BC)
2 Co	8:18	cuya **alabanza** en el evangelio
Ef	1:6	para **alabanza** de la gloria de su gracia
	12	a fin de que seamos para **alabanza**
	14	para **alabanza** de su gloria
Fil	1:11	para gloria y **alabanza** de Dios
	4:8	si algo digno de **alabanza**, (si alguna **alabanza**, VHA)
1 P	1:7	sea hallada en **alabanza**
	2:14	**alabanza** de los que hacen bien

1869 ἐπαίρω – epaíro

Mt	17:8	**alzando** ellos los ojos
Lc	6:20	**alzando** los ojos hacia sus discípulos
	11:27	una mujer...**levantó** la voz (...**levantando** la voz, VM)
	16:23	en el Hades **alzó** sus ojos, (lit.,...habiendo **alzado**...)
	18:13	no quería ni aun **alzar** los ojos al cielo
	21:28	**levantad** vuestra cabeza, (...vuestras cabezas, VM)
	24:50	**alzando** sus manos, los bendijo
Jn	4:35	**Alzad** vuestros ojos y mirad
	6:5	Cuando **alzó** Jesús los ojos
	13:18	**levantó** contra mí su calcañar
	17:1	**levantando** los ojos al cielo, dijo:
Hch	1:9	fue **alzado**, y le recibió una nube
	2:14	**alzó** la voz y les habló diciendo:
	14:11	la gente,...**alzó** la voz, (las gentes...**alzaron** voz, VHA)
	22:22	entonces **alzaron** la voz, diciendo:
	27:40	**izada** al viento la vela de proa,
2 Co	10:5	toda altivez que **se levanta**
	11:20	si alguno **se enaltece**,
1 Ti	2:8	**levantando** manos santas

1870 ἐπαισχύνομαι – epaiscúnomai (epaisjúnomai)

Mr	8:38	el que **se avergonzare** de mí y de mis el Hijo...**se avergonzará** también de él
Lc	9:26	el que **se avergonzare** de mí y de mis de éste **se avergonzará** el Hijo
Ro	1:16	no me **avergüenzo** del evangelio
	6:21	de las cuales ahora os **avergonzáis**?
2 Ti	1:8	no **te avergüences** de dar testimonio (...del testimonio, VHA)
	12	pero no me **avergüenzo**, porque yo sé
	16	no **se avergonzó** de mis cadenas
He	2:11	no **se avergüenza** de llamarlos hermanos
	11:16	no **se avergüenza** de llamarse Dios

1871 ἐπαιτέω – epaitéo

Lc	16:3	**mendigar**, me da vergüenza
	18:35	sentado junto al camino **mendigando**; (WH, N, ABMW)

1872		ἐπακολουθέω – epakolouthéo
Mr	16:20	[confirmando la palabra con las señales que la seguían]
1 Ti	5:10	si ha practicado toda buena obra. (si hubiere seguido estrictamente..., VM)
	24	mas a otros se les descubren después. (mas a otros les **siguen**, VHA)
1 P	2:21	para que **sigáis** sus pisadas

1873 ἐπακούω – epakóuo

2 Co	6:2	En tiempo aceptable te **he oído**

1874 ἐπακροάομαι* – epakroáomai

Hch	16:25	cantaban...y los presos los **oían**

1875 ἐπάν – epán

Mt	2:8	**cuando** le halléis, hacédmelo saber,
Lc	11:22	**cuando** viene otro más fuerte que él (lit., **cuando** habiendo venido..)
	34	**cuando** tu ojo es maligno

1876 ἐπάναγκες* – epánagkes (epánankes)

Hch	15:28	más que estas cosas **necesarias**

1877 ἐπανάγω – epanágo

Mt	21:18	**volviendo** a la ciudad, tuvo hambre,
Lc	5:3	le rogó que la **apartase** de tierra
	4	**Boga** mar adentro, y echad

1878 ἐπαναμιμνήσκω* – epanamimnésko

Ro	15:15	como **para hacer**os **recordar**, por la gracia

1879 ἐπαναπαύομαι – epanapáuomai

Lc	10:6	vuestra paz **reposará** sobre él
Ro	2:17	te **apoyas** en la ley,

1880 ἐπανέρχομαι – epanércomai (epanérjomai)

Lc	10:35	te lo pagaré **cuando regrese**
	19:15	Aconteció que **vuelto** él, después

1881 ἐπανίστημι – epanístemi

Mt	10:21	los hijos **se levantarán contra** los padres
Mr	13:12	**se levantarán** los hijos **contra** los padres

1882 ἐπανόρθωσις** – epanórthosis

2 Ti	3:16	útil para...**corregir**, (útil...para corrección, VM)

1883 ἐπάνω – epáno

Mt	2:9	se detuvo **sobre** donde estaba el niño
	5:14	una ciudad asentada **sobre** un monte
	21:7	él se sentó encima (él se sentó **sobre** éstos, VM)
	23:18	la ofrenda que está **sobre** él
	20	por todo lo que está **sobre** él
	22	por aquel que está sentado en él
	27:37	pusieron **sobre** su cabeza su causa
	28:2	llegando,...se sentó **sobre** ella
Mr	14:5	vendido por **más de** trescientos denarios
Lc	4:39	E inclinándose **hacia** ella, (E inclinóse **sobre** ella, VM)
	10:19	He aquí os doy potestad de hollar serpientes (Yo os he dado poder para andar **sobre** serpientes NC)

ἐπάρατος 1883A   339   1896 ἐπεῖδον

Lc   11:44   andan **encima** no lo saben
     19:17   tendrás autoridad **sobre** diez ciudades
        19   Tú también sé **sobre** cinco ciudades
Jn   3:31   El que de arriba viene, es **sobre** todos
             el que viene del cielo, es **sobre** todos.
1 Co 15:6   apareció a **más** de quinientos hermanos
Ap   6:8   el que lo montaba (uno sentado **encima** de
             él, VHA)
     20:3   puso su sello **sobre** él

1883 A   ἐπάρατος* − epáratos
Jn   7:49   esta gente que no sabe la ley, **maldita** es
             (WH, N, ABMW)

1884   ἐπαρκέω** − eparkéo
1 Ti 5:10   si **ha socorrido** a los afligidos;
        16   que las **mantenga**, y no sea gravada
             a fin de que **haya lo suficiente** para (para
             que **socorra** VM)

1885   ἐπαρχεία − eparcéia (eparjéia)
Hch 23:34   preguntó de qué **provincia** era; (lit.,
             habiendo preguntado...)
     25:1   Llegando, pues, Festo a la **provincia**,
             (WH, TR, ABMW)

1885 A   ἐπάρχειος*† − epárceios (epárjeios)
Hch 25:1   Llegado, pues, Festo a la **provinica**, (N)

1886   ἔπαυλις − épaulis
Hch   1:20   Sea hecha desierta su **habitación**

1887   ἐπαύριον† − epáurion
Mt   27:62   **Al día siguiente**, que es después de la
Mr   11:12   **Al día siguiente**, cuando salieron
Jn   1:29   **El siguiente día** vio Juan a Jesús
        35   **El siguiente día** otra vez estaba Juan,
        43   **El siguiente día** quiso Jesús ir a Galilea
      6:22   **El siguiente día**, la gente que estaba
     12:12   **El siguiente día**, grandes multitudes
Hch 10:9   **Al día siguiente**, mientras ellos iban
        23   **al día siguiente**, levantándose
        24   **Al otro día** entraron en Cesarea
     14:20   **al día siguiente** salió con Bernabé
     20:7   habiendo de salir **al día siguiente**
     21:8   **Al otro día**, saliendo...fuimos
     22:30   **Al día siguiente**, queriendo saber
     23:32   **al día siguiente**, dejando a los jinetes
     25:6   **al siguiente día** se sentó en el tribunal,
             (...sentado..., BC)
        23   **Al otro día**, viniendo Agripa

1888   ἐπαυτοφώρω − epautofóro
Jn   8:4   [ha sido sorprendida **en el acto mismo de**]

1889   Ἐπαφρᾶς − Epafrás
Col   1:7   como lo habéis aprendido de **Epafras**
      4:12   Os saluda **Epafras**, el cual es uno
Flm   23   Te saludan **Epafras**, mi compañero

1890   ἐπαφρίζω* − epafrízo (epafrídzo)
Jud   13   **que espuman** su propia vergüenza;

1891   Ἐπαφρόδιτος − Epafróditos

Fil   2:25   tuve por necesario enviaros a **Epafrodito**
      4:18   habiendo recibido de **Epafrodito**

1892   ἐπεγείρω − epegéiro (epeguéiro)
Hch 13:50   **levantaron** persecución contra Pablo
     14:2   **excitaron** y corrompieron los ánimos

1893   ἐπεί − epéi
Mt   18:32   te perdoné, **porque** me rogaste
     21:46   **porque** éste le tenía por profeta
             (WH, N, ABMW)
     27:6   **porque** es precio de sangre
Mr   15:42   **porque** era la preparación,
Lc   1:34   ¿Cómo será esto? **pues** no conozco varón
      7:1   **Después que** hubo terminado todas sus
             palabras (TR)
Jn   13:29   **puesto que** Judas tenía la bolsa
     19:31   **por cuanto** era la víspera de la pascua
Ro   3:6   **de otro modo**, ¿cómo juzgaría Dios
     11:6   **de otra manera** la gracia ya no es gracia
             de otra manera la obra ya no es obra (TR,
             [BA)
        22   **pues de otra manera** tú también
1 Co 5:10   **pues** en tal caso os sería necesario salir
      7:14   **pues de otra manera** vuestros hijos serían
     14:12   **pues** que anheláis dones (**ya que** sois
             codiciosos de dones, VM)
        16   **Porque** si bendices sólo con el espíritu
     15:29   **De otro modo**, ¿qué harán los que
2 Co 11:18   **Puesto que** muchos se gloriaban
He   13:3   **pues** buscáis una prueba de que habla
      2:14   **Así que**, **por cuanto** los hijos participaron
      4:6   **puesto que** falta que algunos entren
      5:2   **puesto que** él también está rodeado
        11   **por cuanto** os habéis hecho tardos para oír
      6:13   no pudiendo jurar por otro mayor (**puesto
             que** no podía jurar..., VM)
      9:17   **pues** no es válido entre tanto que el
        26   **De otra manera** le hubiera sido necesario
     10:2   **De otra manera** cesarían de ofrecerse,
     11:11   **porque**, creyó que era fiel quien lo

1894   ἐπειδή − epeidé
Mt   21:46   **porque** éste le tenía por profeta (TR)
Lc   7:1   **Después que** hubo terminado todas sus
             (WH, N, ABMW)
     11:6   **porque** un amigo mío ha venido
Hch 13:46   **puesto que** la desecháis,
     14:46   **porque** éste era el que llevaba la palabra
     15:24   **Por cuanto** hemos oído que algunos
1 Co 1:21   **Pues ya que** en la sabiduría de Dios
        22   **Porque** los judíos piden señales
     14:16   **pues** no sabe lo que has dicho
     15:21   **Porque por cuanto** la muerte entró
2 Co 5:4   **porque** no quisiéramos ser desnudados,
             (TR)
Fil   2:26   **porque** él tenía gran deseo

1895   ἐπειδήπερ* − epeidéper
Lc   1:1   **Puesto que** ya muchos han tratado de poner

1896   ἐπεῖδον − epeídon
Lc   1:25   en que se dignó quitar (en que me **ha
             mirado** para quitar VM)
Hch   4:29   **mira** sus amenazas, y concede

1966		ἔπειμι – épeimi	Hch	14:19	vinieron unos judíos de Antioquía
		ἐπιούσῃ	Ef	2:7	mostrar en los siglos venideros
Hch	7:26	al día siguiente, se presentó a unos	Stg	5:1	las miserias que os vendrán
	16:11	el día siguiente a Neápolis			
	20:15	al día siguiente llegamos delante de Quío	**1905**		ἐπερωτάω – eperotáo
	21:18	al día siguiente Pablo entró con nosotros	Mt	12:10	preguntaron a Jesús, (le preguntaron,
	23:11	A la noche siguiente se le presentó			diciendo, VM)
				16:1	le pidieron que les mostrase señal
1897		ἐπείπερ – epéiper		17:10	sus discípulos le preguntaron,
Ro	3:30	Porque Dios es uno (TR)		22:23	los saduceos,...le preguntaron
				35	intérprete de la ley, preguntó
1898		ἐπεισαγωγή* – epeisagogé (epeisagogué)		41	Jesús les preguntó
He	7:19	la introducción de una mejor esperanza,		46	ni osó alguno...preguntarle más
				27:11	le preguntó, diciendo
1898 A		ἐπεισέρχομαι** – epeisércomai	Mr	5:9	le preguntó: ¿Cómo te llamas?
		(epeisérjomai)		7:5	Le preguntaron, pues, los fariseos
Lc	21:35	vendrá sobre todos los que habitan (WH, N)		17	le preguntaron sus discípulos
				8:5	El les preguntó: ¿Cuántos panes tenéis?
1899		ἔπειτα – épeita		8:23	le preguntó si veía algo
Mr	7:5	Le preguntaron, pues, los fariseos (TR,		27	preguntó a sus discípulos
		VHA, NC)		29	Entonces él les dijo: (TR, VM); (Y él les
Lc	16:7	Después dijo a otro: Y tú,			preguntaba a ellos, BC, WH, N, ABMW,
Jn	11:7	Luego, después de esto, dijo a los discípulos			VHA, NC, BA)
1 Co	12:28	luego los que hacen milagros (luego		9:11	le preguntaron, diciendo
		milagros, VM)		16	El les preguntó: ¿Qué disputáis
		después los que sanan (después dones de		21	Jesús preguntó al padre
		curar, VM)		28	sus discípulos le preguntaron
	15:5	después a los doce. (T)		32	tenían miedo de preguntarle
	6	Después apareció a más de quinientos		33	cuando estuvo en casa, les preguntó
	7	Después apareció a Jacobo	10:2		le preguntaron, para tentarle,
		después a todos los apóstoles (T)		10	volvieron los discípulos a preguntarle
	23	luego los que son de Cristo			(le preguntaban otra vez..., VHA)
	46	luego lo espiritual		17	le preguntó: Maestro bueno
Gá	1:18	Después, pasados tres años, subí		11:29	Os haré yo también una pregunta
	21	Después fui a las regiones de Siria		12:18	los saduceos,...le preguntaron,
	2:1	Después, pasados catorce años, subí		28	uno de los escribas,...le preguntó
1 Ts	4:17	Luego nosotros los que vivimos		34	ya ninguno osaba preguntarle
He	7:2	también Rey de Salem, esto es (y después	13:3		le preguntaron aparte
		también..., VHA)		14:60	el sumo sacerdote,...preguntó a Jesús
	27	luego por los del pueblo;		61	le volvió a preguntar, (Otra vez...le
Stg	3:17	después pacífica, amable			preguntó, VM)
	4:14	que...luego se desvanece		15:2	Pilato le preguntó: ¿Eres tú
				4	Otra vez le preguntó Pilato
1900		ἐπέκεινα – epékeina		44	le preguntó si ya estaba muerto
Hch	7:43	Os transportaré, pues, más allá de Babilonia	Lc	2:46	oyéndoles y preguntándoles.
				3:10	la gente le preguntaba, (las multitudes le
1901		ἐπεκτείνομαι* – epektéinomai			preguntaban, VHA)
Fil	3:13	extendiéndome a lo que está delante,		14	le preguntaron unos soldados
				6:9	Os preguntaré una cosa
1902		ἐπενδύομαι* – ependúomai		8:9	sus discípulos le preguntaron
2 Co	5:2	deseando ser revestidos de aquella		30	le preguntó Jesús, diciendo
	4	no quisiéramos ser desnudados, sino		9:18	les preguntó, diciendo
		revestidos		17:20	Preguntado por los fariseos,
				18:18	Un hombre principal le preguntó
1903		ἐπενδύτης – ependútes		40	cuando llegó, le preguntó
Jn	21:7	se ciñó la ropa (...su ropa exterior, VHA)		20:21	le preguntaron, diciendo: Maestro
				27	los saduceos,...le preguntaron,
1904		ἐπέρχομαι – epércomai (epérjomai)		40	no osaron preguntarle nada más
Lc	1:35	El Espíritu Santo vendrá sobre ti		21:7	le preguntaron, diciendo: Maestro
	11:22	cuando viene otro más fuerte que él		22:64	le preguntaban diciendo: Profetiza,
	21:26	las cosas que sobrevendrán en la tierra		23:3	Pilato le preguntó, diciendo: (TR)
	35	Porque como un lazo vendrá sobre todos...		6	preguntó si el hombre era galileo
		(TR, ABMW)		9	le hacía muchas preguntas, (le preguntaba
Hch	1:8	cuando haya venido sobre vosotros el			con muchas palabras, VHA)
	8:24	nada de esto que habéis dicho venga sobre	Jn	9:23	Edad tiene, preguntadle a él. (WH, N,
	13:40	que no venga sobre vosotros			ABMW)
				18:7	Volvió, pues, a preguntarles; (les preguntó
					otra vez, VM)
				21	¿Por qué me preguntas a mí?

ἐπερώτημα 1906　　　　　　　　　　341　　　　　　　　　1921 ἐπιγινώσκω

Jn	18:21	**Pregunta** a los que han oído, (TR)
Hch	1:6	los que se habían reunido le **preguntaron** (TR)
	5:27	el sumo sacerdote les **preguntó**,
	23:34	**preguntó** de qué provincia era; (lit., habiendo **preguntado**...)
Ro	10:20	a los que no **preguntaban** por mí
1 Co	14:35	**pregunten** en casa a sus maridos

1906　　ἐπερώτημα** — eperótema

1 P	3:21	sino como la **aspiración** de una buena

1907　　ἐπέχω — epéco (epéjo)

Lc	14:7	**Observando** cómo escogían los primeros
Hch	3:5	Entonces él les **estuvo atento**,
	19:22	él **se quedó** por algún tiempo en Asia
Fil	2:16	**asidos** de la palabra de vida,
1 Ti	4:16	**Ten cuidado** de ti mismo y de la doctrina

1908　　ἐπηρεάζω* — epereázo (epereádzo)

Mt	5:44	orad por los **que os ultrajan** (TR, VM)
Lc	6:28	orad por los **que os calumian**
1 P	3:16	los **que calumnian** vuestra buena conducta

1910　　ἐπιβαίνω — epibáino

Mt	21:5	**sentado sobre** una asna,
Hch	20:18	desde el primer día que **entré** en Asia,
Hch	21:2	nos embarcamos, y zarpamos. (lit., habiéndonos embarcado,...)
	4	ellos decían...que no **subiese** a Jerusalén (WH, N, ABMW)
	6	Y abrazándonos...**subimos** al barco (TR)
	25:1	**Llegado**...a la provincia
	27:2	**embarcándonos** en una nave

1911　　ἐπιβάλλω — epibállo (epibálo)

Mt	9:16	Nadie **pone** remiendo de paño nuevo
	26:50	**echaron mano** a Jesús
Mr	4:37	**echaba** las olas en la barca
	11:7	**echaron sobre** él sus mantos,
	14:46	le **echaron mano**, y le prendieron
	72	**pensando** en esto, lloraba
Lc	5:36	lo **pone** en un vestido viejo
	9:62	Ninguno que **poniendo** su mano en el arado
	15:12	los bienes que me **corresponde**
	20:19	Procuraban...**echarle** mano
	21:12	os **echarán** mano, y os perseguirán
Jn	7:30	ninguno le **echó** mano
	44	pero ninguno le **echó** mano (TR, N, ABMW)
Hch	4:3	les **echaron mano**, y los pusieron
	5:18	**echaron** mano a los apóstoles
	12:1	Herodes **echó** mano a algunos
	21:27	le **echaron mano**, dando voces
1 Co	7:35	no para **tenderos** lazo,

1912　　ἐπιβαρέω" — epibaréo

2 Co	2:5	(por no **exagerar**) a todos vosotros
1 Ts	2:9	para no **ser gravosos** a ninguno
2 Ts	3:8	para no **ser gravosos** a ninguno

1913　　ἐπιβιβάζω — epibibázo (epibibádzo)

Lc	10:34	**poniéndole** en su cabalgadura,
	19:35	**subieron** a Jesús encima
Hch	23:24	cabalgaduras en que **poniendo** a Pablo,

1914　　ἐπιβλέπω — epiblépo

Lc	1:48	**ha mirado** la bajeza de su sierva
	9:38	te ruego **que veas** a mi hijo,
Stg	2:3	**miráis con agrado** al que trae

1915　　ἐπίβλημα — epíblema

Mt	9:16	Nadie pone **remiendo** de paño nuevo
Mr	2:21	Nadie pone **remiendo** de paño nuevo
Lc	5:36	un **pedazo** de un vestido nuevo el **remiendo** sacado de él (...tomado del nuevo, BC)

1916　　ἐπιβοάω — epiboáo

Hch	25:24	**dando voces** que no debe vivir más (TR)

1917　　ἐπιβουλή — epiboulé

Hch	9:24	sus **asechanzas** llegaron a conocimiento (su **complot**..., VHA)
	20:3	siéndole puestas **asechanzas** (...un **complot**, BA)
	19	por las **asechanzas** de los judíos
	23:30	al ser avisado **de asechanzas** (...un **complot**, BA)

1918　　ἐπιγαμβρεύω† — epigambréuo

Mt	22:24	su hermano **se casará** con su mujer

1919　　ἐπίγειος* — epígeios (epígueios)

Jn	3:12	Si os he dicho **cosas terrenales**,
1 Co	15:40	hay...cuerpos **terrenales**; otra la de los **terrenales**
2 Co	5:1	si nuestra morada **terrestre**
Fil	2:10	los **que están**...en la tierra
	3:19	sólo piensan en lo **terrenal**. (...las cosas **terrenas**, NC)
Stg	3:15	esta sabiduría no es...sino **terrenal**

1920　　ἐπιγίνομαι** — epigínomai (epiguínomai)

Hch	28:13	**soplando** el viento sur, llegamos

1921　　ἐπιγινώσκω — epiginósko (epiguinósko)

Mt	7:16	Por sus frutos los **conoceréis**
	20	por sus frutos los **conoceréis**
	11:27	nadie **conoce** al Hijo, ni al Padre **conoce** alguno,
	14:35	Cuando le **conocieron** los hombres
	17:12	Elías ya vino, y no le **conocieron**
Mr	2:8	**conociendo** luego Jesús en su espíritu
	5:30	**conociendo** en sí mismo el poder
	6:33	muchos...le **reconocieron**; (TR, N, ABMW)
	54	en seguida la gente le **conoció**. (como en seguida **reconociesen**, VHA)
Lc	1:4	para que conozcas bien la verdad
	22	**comprendieron** que había visto visión
	5:22	**conociendo** los pensamientos de ellos,
	7:37	al saber que Jesús estaba a la mesa
	23:7	al saber que era de la jurisdicción
	24:16	para que no le **conociesen**
	31	le **reconocieron**;
Hch	3:10	le **reconocían** que era el que se sentaba
	4:13	les **reconocían** que habían estado
	9:30	Cuando supieron esto los hermanos
	12:14	cuando **reconoció** la voz de Pedro,
	19:34	cuando le **conocieron** que era judío
	22:24	para **saber** por qué causa clamaban así
	29	al **saber** que era ciudadano romano
	23:28	queriendo **saber** la causa (WH, N, ABMW)
	24:8	podrás **informarte** de todas estas cosas

ἐπίγνωσις 1922   342   1935 ἐπιθανάτιος

Hch	24:11	Como tú puedes **cerciorarte** (WH, N, ABMW)
	25:10	como tú **sabes** muy bien.
	27:39	no **reconocían** la tierra
	28:1	**supimos** que la isla se llamaba Malta
Ro	1:32	**habiendo entendido** el juicio de Dios,
1 Co	13:12	entonces **conoceré** como fui **conocido**
	14:37	**reconozca** que lo que os escribo
	16:18	**reconoced**, pues, a tales personas
2 Co	1:13	también **entendéis**
		hasta el fin las **entenderéis**
	14	en parte **habéis entendido** que somos
	6:9	como desconocidos, pero **bien conocidos**
	13:5	¿O no os **conocéis** a vosotros mismos,
Col	1:6	desde el día que oísteis y **conocisteis**
1 Ti	4:3	los **que han conocido** la verdad
2 P	2:21	no haber **conocido** el camino de la justicia
		que **después de haberlo conocido**

1922   ἐπίγνωσις – epígnosis

Ro	1:28	ellos no aprobaron tener **en cuenta** a Dios,
		(...tener a Dios en su **conocimiento**, VM)
	3:20	por medio de la ley es el **conocimiento**
	10:2	pero no conforme a **ciencia**
Ef	1:17	de revelación en el **conocimiento** de él
	4:13	del **conocimiento** del Hijo de Dios,
Fil	1:9	en **ciencia** y en todo conocimiento
Col	1:9	llenos del **conocimiento** de su voluntad
	10	en el **conocimiento** de Dios
	2:2	a fin de conocer el misterio (para el
		conocimiento del misterio, VM)
	3:10	se va renovando hasta el **conocimiento**
		pleno
1 Ti	2:4	vengan al **conocimiento** de la verdad
2 Ti	2:25	para conocer la verdad, (para **conocimiento**
		de..., VM)
	3:7	llegar al **conocimiento** de la verdad
Tit	1:1	el **conocimiento** de la verdad
Flm	6	en el **conocimiento** de todo el bien
He	10:26	recibido el **conocimiento** de la verdad
2 P	1:2	en el **conocimiento** de Dios
	3	mediante el **conocimiento** de aquel
	8	en cuanto al **conocimiento** de nuestro Señor
	2:20	por el **conocimiento** del Señor

1923   ἐπιγραφή* – epigrafé

Mt	22:20	¿De quién es esta imagen, y la **inscripción**?
Mr	12:16	¿De quién es esta imagen y la **inscripción**?
	15:26	el **título** escrito de su causa era:
Lc	20:24	¿De quién tiene la imagen y la **inscripción**?
	23:38	sobre él un **título** escrito con letras griegas

1924   ἐπιγράφω – epigráfo

Mr	15:26	el título **escrito** de su causa era:
Hch	17:23	en el cual estaba esta inscripción
		(...estaba escrito, VHA)
He	8:10	sobre su corazón las **escribiré**;
		(...corazones..., BC)
	10:16	en sus mentes las **escribiré**, (...mente..., BC)
Ap	21:12	nombres **inscritos**, que son los de

1925   ἐπιδείκνυμι – epidéiknumi

Mt	16:1	que les **mostrase** señal del cielo
	22:19	**Mostrad**me la moneda del tributo
	24:1	**para mostrarle** los edificios
Lc	17:14	**mostraos** a los sacerdotes
	20:24	**Mostrad**me la moneda (TR)
	24:40	les **mostró** las manos

Hch	9:39	**mostrando** las túnicas y los vestidos
	18:28	**demostrando** por las Escrituras
He	6:17	queriendo Dios **mostrar** más

1926   ἐπιδέχομαι** – epidécomai (epidéjomai)

| 3 Jn | 9 | pero Diótrefes,...no nos **recibe** |
| | 10 | no **recibe** a los hermanos |

1927   ἐπιδημέω* – epideméo

| Hch | 2:10 | romanos **aquí residentes**, |
| | 17:21 | los extranjeros **residentes allí** |

1928   ἐπιδιατάσσομαι*† – epidiatássomai

| Gá | 3:15 | nadie lo invalida, ni le **añade** |

1929   ἐπιδίδωμι – epidídomi

Mt	7:9	le **dará** una piedra?
	10	le **dará** una serpiente?
Lc	4:17	se le **dio** el libro del profeta
	11:11	le **dará** una piedra? (TR, VM, NC, BC,
		[BA])
		le **dará** una serpiente?
	12	le **dará** un escorpión?
	24:30	lo partió, y les **dio**. (partiéndolo, se lo
		dió, VM)
	42	le **dieron** parte de un pez asado
Jn	13:26	A quien yo **diere** el pan (TR)
Hch	15:30	**entregaron** la carta
	27:15	nos **abandonamos** a él (lit., dejándolo)

1930   ἐπιδιορθόω* – epidiorthóo

| Tit | 1:5 | para que **corrigieses** lo deficiente |

1931   ἐπιδύω – epidúo

| Ef | 4:26 | no **se ponga** el sol sobre |

1932   ἐπιείκεια – epiéikeia

| Hch | 24:4 | conforme a tu **equidad** |
| 2 Co | 10:1 | os ruego por la mansedumbre y **ternura** |

1933   ἐπιεικής – epieikés

Fil	4:5	Vuestra **gentileza** sea conocida
1 Ti	3:3	sino **amable**, apacible, no avaro;
Tit	3:2	sino **amables**, mostrando toda
Stg	3:17	después pacífica, **amable**
1 P	2:18	no solamente a los buenos y **afables**,

1934   ἐπιζητέω – epizetéo (epidzetéo)

Mt	6:32	los gentiles **buscan** todas estas cosas
	12:39	La generación...**demanda** señal;
	16:4	La generación...**demanda** señal;
Mr	8:12	¿Por qué **pide** señal esta generación? (TR)
Lc	4:42	la gente le **buscaba**, (WH, N, ABMW)
	11:29	Esta generación es mala; **demanda** señal
		(TR)
	12:30	estas cosas **buscan** las gentes
	12:19	Herodes, habiéndole **buscado**
	13:7	**deseaba** oír la palabra de Dios
	19:39	si **demandáis** alguna otra cosa,
Ro	11:7	Lo que **buscaba** Israel,
Fil	4:17	No es que **busque** dádivas, (...dádiva, VM)
		sino que **busco** fruto
He	11:14	que **buscan** una patria
	13:14	sino que **buscamos** la por venir

1935   ἐπιθανάτιος – epithanátios

ἐπίθεσις 1936   343   1945 ἐπίκειμαι

1 Co	4:9	como a sentenciados a muerte
1936		ἐπίθεσις — epíthesis
Hch	8:18	por la **imposición** de las manos
1 Ti	4:14	con la **imposición** de las manos
2 Ti	1:6	por la **imposición** de mis manos
He	6:2	de la **imposición** de manos,
1937		ἐπιθυμέω — epithuméo
Mt	5:28	mira a una mujer para **codiciarla**
	13:17	**desearon** ver lo que veis,
Lc	15:16	**deseaba** llenar su vientre
	16:21	**ansiaba** saciarse de las migajas (ansiando..., BA)
	17:22	**desearéis** ver uno de los días
	22:15	¡Cuánto **he deseado** comer (Con deseo he deseado..., VM)
Hch	20:33	ni vestido de nadie **he codiciado**
Ro	7:7	No **codiciarás**
	13:9	no **codiciarás**, y cualquier otro
1 Co	10:6	como ellos **codiciaron**
Gá	5:17	el **deseo** de la carne es contra (la carne codicia contra, VM)
1 Ti	3:1	buena obra **desea**
He	6:11	**deseamos** que cada uno de vosotros
Stg	4:2	**Codiciáis**, y no tenéis
1 P	1:12	**anhelan** mirar los ángeles
Ap	9:6	**ansiarán** morir
1938		ἐπιθυμητής — epithumetés
1 Co	10:6	para que no codiciemos cosas malas (a fin de que no fuéramos **codiciadores** de lo malo, BC)
1939		ἐπιθυμία — epithumía
Mr	4:19	las **codicias** de otras cosas
Lc	22:15	¡Cuánto he deseado comer (Con **deseo** he deseado..., VM)
Jn	8:44	los **deseos** de vuestro padre
Ro	1:24	en las **concupiscencias** de sus corazones,
	6:12	lo obedezcáis en sus **concupiscencias**;
	7:7	tampoco conociera la **codicia**
	8	produjo en mi toda **codicia**
	13:14	no proveáis para los **deseos** de la carne
Gá	5:16	los **deseos** de la carne. (el deseo..., VHA)
	24	la carne con sus pasiones y **deseos**
Ef	2:3	en los **deseos** de nuestra carne,
	4:22	conforme a los **deseos** engañosos, (...los deseos del engaño, VHA)
Fil	1:23	teniendo **deseo** de partir
Col	3:5	malos **deseos** y avaricia, (**concupiscencia** mala..., BC)
1 Ts	2:17	procuramos con mucho **deseo** ver
	4:5	no en pasión de **concupiscencia**,
1 Ti	6:9	en muchas **codicias** necias y dañosas,
2 Ti	2:22	Huye también de las **pasiones** juveniles
	3:6	arrastradas por diversas **concupiscencias**,
	4:3	conforme a sus propias **concupiscencias**,
Tit	2:12	renunciando...a los **deseos** mundanos,
	3:3	esclavos de **concupiscencias** (sirviendo a... **concupiscencias**, VM)
Stg	1:14	de su propia **concupiscencia** es atraído (...**concupiscencias**..., NC)
	15	la **concupiscencia**, después que
1 P	1:14	no os conforméis a los **deseos**
	2:11	que os abstengáis de los **deseos** carnales
	4:2	conforme a las **concupiscencias** de los
1 P	4:3	andando en...**concupiscencias**,
2 P	1:4	en el mundo a causa de la **concupiscencia**
	2:10	en **concupiscencia** e inmundicia, (en la concupiscencia de inmundicia, VM)
	18	seducen con **concupiscencias**
	3:3	andando según sus propias **concupiscencias**,
1 Jn	2:16	los **deseos** de la carne, los **deseos** de los ojos, (lit., el deseo...el deseo)
	17	el mundo pasa, y sus **deseos**; (lit.,...su deseo)
Jud	16	que andan según sus propios **deseos**,
	18	según sus malvados **deseos**
Ap	18:14	Los frutos codiciados por tu alma (lit., el fruto del deseo de tu alma)
1940		ἐπικαθίζω — epikathízo (epikathídzo)
Mt	21:7	**se sentó** encima (**se sentó** sobre éstos, VM)
1941		ἐπικαλέω — epikaléo
Mt	10:3	Lebeo, **por sobrenombre** Tadeo, (TR)
	25	Si al padre de familia **llamaron** Beelzebú, (WH, N, ABMW)
Lc	22:3	Judas, **por sobrenombre** Iscariote, (TR)
Hch	1:23	José,...que tenía **por sobrenombre**
	2:21	todo aquel que **invocare** el nombre
	4:36	pusieron **por sobrenombre** Bernabé (que...fué apellidado..., VM)
	7:59	mientras él **invocaba** y decía
	9:14	todos los que **invocan** tu nombre
	21	a los que **invocaban** este nombre,
	10:5	Simón, el que **tiene por sobrenombre** Pedro.
	18	Simón **que tenía por sobrenombre** Pedro.
	32	Simón, el que **tiene por sobrenombre** Pedro
	11:13	Simón, el que **tiene por sobrenombre** Pedro;
	12:12	**que tenía por sobrenombre** Marcos,
	25	Juan, el que **tenía por sobrenombre** Marcos
	15:17	**es invocado** mi nombre
	22	Judas **que tenía por sobrenombre** (TR)
	22:16	lava tus pecados, **invocando** su nombre
	25:11	A César **apelo**
	12	A César **has apelado**
	21	como Pablo **apeló** para que se le reservase
	25	como él mismo **apeló** a Augusto,
	26:32	si no **hubiera apelado** a César
	28:19	me vi obligado a **apelar** a César
Ro	10:12	es rico para con todos los **que le invocan**
	13	todo aquel que **invocare** el nombre
	14	¿Cómo, pues, **invocarán**
1 Co	1:2	los que...**invocan** el nombre
2 Co	1:23	yo **invoco** a Dios por testigo
2 Ti	2:22	los que de corazón limpio **invocan**
He	11:16	no se avergüenza de **llamarse** Dios de ellos
Stg	2:7	**que fue invocado** sobre vosotros?
1 P	1:17	si **invocáis** por Padre a aquel
1942		ἐπικάλυμμα — epikálumma
1 P	2:16	como pretexto para hacer lo malo, (por **capa** de malicia, VM)
1943		ἐπικαλύπτω — epikalúpto
Ro	4:7	Y cuyos pecados **son cubiertos**
1944		ἐπικατάρατος† — epikatáratos
Jn	7:49	esta gente...**maldita** es. (TR)
Gá	3:10	**Maldito** todo aquel que no permaneciere
	13	**Maldito** todo el que es colgado
1945		ἐπίκειμαι — epíkeimai

		ἐπικέλλω 2027		1967 ἐπιούσιος	

Lc	5:1	el gentío se agolpaba sobre él
	23:23	ellos instaban a grandes voces
Jn	11:38	tenía una piedra puesta encima (una piedra estaba recostada contra ella, VM)
	21:9	vieron...un pez encima de ella (un pescado puesto encima, VM)
Hch	27:20	acosados por una tempestad no pequeña
1 Co	9:16	porque me es impuesta necesidad;
He	9:10	impuestas hasta el tiempo de reformar

2027   ἐπικέλλω* – epikéllo (epikélo)

Hch	27:41	hicieron encallar la nave; (WH, N, ABMW)

1946   Ἐπικούρειος – Epikóureios

Hch	17:18	algunos de los filósofos de los epicúreos

1947   ἐπικουρία** – epikouría

Hch	26:22	habiendo obtenido auxilio

1948   ἐπικρίνω** – epikríno

Lc	23:24	Entonces Pilato sentenció que

1949   ἐπιλαμβάνομαι – epilambánomai

Mt	14:31	extendiendo la mano, asió de él
Mr	8:23	tomando la mano del ciego,
Lc	9:47	tomó a un niño (lit., tomando...)
	14:4	tomándole, le sanó
	20:20	a fin de sorprenderle en alguna palabra
	26	no pudieron sorprenderle
	23:26	tomaron a cierto Simón de Cirene, (echando mano..., BC)
Hch	9:27	Bernabé, tomándole, lo trajo
	16:19	prendieron a Pablo (asiendo..., BC)
	17:19	tomándole, le trajeron
	18:17	apoderándose de Sóstenes, principal
	21:30	apoderándose de Pablo, le arrastraron
	33	le prendió y le mandó atar
	23:19	El tribuno, tomándole de la mano
1 Ti	6:12	echa mano de la vida eterna
	19	que echen mano de la vida eterna
He	2:16	ciertamente no socorrió a los ángeles, sino que socorrió a la descendencia
	8:9	El día que los tomé de la mano

1950   ἐπιλανθάνομαι – epilanthánomai

Mt	16:5	se habían olvidado de traer pan,
Mr	8:14	Habían olvidado de traer pan,
Lc	12:6	ni uno de ellos está olvidado
Fil	3:13	olvidando ciertamente lo que queda atrás
He	6:10	no es injusto para olvidar
	13:2	No os olvidéis de la hospitalidad,
	16	de la ayuda mutua no os olvidéis;
Stg	1:24	luego olvida cómo era

1951   ἐπιλέγω – epilégo

Jn	5:2	un estanque, llamado en hebreo
Hch	15:40	Pablo, escogiendo a Silas,

1952   ἐπιλείπω – epileipo

He	11:32	el tiempo me faltaría contando

1952 A   ἐπιλείχω*† – epiléico (epiléiko)

Lc	16:21	los perros...lamían las llagas

1953   ἐπιλησμονή** – epilesmoné

Stg	1:25	no siendo oidor olvidadizo,

1954   ἐπίλοιπος – epíloipos

1 P	4:2	para no vivir el tiempo que resta

1955   ἐπίλυσις** – epílusis

2 P	1:20	es de interpretación privada

1956   ἐπιλύω** – epilúo

Mr	4:34	a sus discípulos...les declaraba todo
Hch	19:39	en legítima asamblea se puede decidir (se resolverá..., VHA)

1957   ἐπιμαρτυρέω* – epimarturéo

1 P	5:12	amonestándoos, y testificando que ésta

1958   ἐπιμέλεια – epiméleia

Hch	27:3	para ser atendido por ellos. (lit., para obtener atención)

1959   ἐπιμελέομαι – epimeléomai

Lc	10:34	lo llevó al mesón, y cuidó de él
	35	Cuídamele; y todo lo que gastes
1 Ti	3:5	¿cómo cuidará de la iglesia de Dios?

1960   ἐπιμελῶς – epimelós

Lc	15:8	busca con diligencia hasta encontrarla?

1961   ἐπιμένω – epiméno

Jn	8:7	[como insistieran en preguntarle]
Hch	10:48	le rogaron que se quedase
	12:16	Mas Pedro persistía en llamar
	13:43	les persuadían a que perseverasen (TR)
	15:34	Mas a Silas...el quedarse allí. (TR, [VM], NC, BC, BA)
	21:4	nos quedamos allí siete días;
	10	permaneciendo nosotros allí
	28:12	estuvimos allí tres días
	14	nos rogaron que nos quedásemos
Ro	6:1	¿Perseveraremos en el pecado
	11:22	si permaneces en esa bondad
	23	si no permanecieren en incredulidad,
1 Co	16:7	espero estar con vosotros (...permanecer..., VHA)
	8	estaré en Efeso (Permaneceré..., VHA)
Gá	1:18	y permanecí con él quince días
Fil	1:24	pero quedar en la carne
Col	1:23	si en verdad permanecéis fundados
1 Ti	4:16	persiste en ello, (...en estas cosas, VM)

1962   ἐπινεύω – epinéuo

Hch	18:20	mas no accedió,

1963   ἐπίνοια – epínoia

Hch	8:22	si quizás te sea perdonado el pensamiento

1964   ἐπιορκέω** – epiorkéo

Mt	5:33	No perjurarás, sino cumplirás

1965   ἐπίορκος – epíorkos

1 Ti	1:10	para los mentirosos perjuros,

1966   ἐπιοῦσα, véase ἔπειμι, pág. 340

1967   ἐπιούσιος*† – epioúsios

Mt	6:11	el pan nuestro de cada día,
Lc	11:3	El pan nuestro de cada día,

1968		ἐπιπίπτω – epipípto	**1980**		ἐπισκέπτομαι – episképtomai

1968 ἐπιπίπτω – epipípto

Mr 3:10 cuantos tenían plagas **caían sobre** él
Lc 1:12 le sobrecogió temor. (**cayó** temor sobre él VHA)
    15:20 se echó sobre su cuello, y le besó
Jn 13:25 recostado cerca del pecho de Jesús, (TR)
Hch 8:16 porque aún no había descendido
    10:10 le sobrevino un éxtasis. (TR)
    44 el Espíritu Santo cayó sobre todos
    11:15 cayó el Espíritu Santo sobre ellos
    13:11 inmediatamente cayeron sobre él (TR)
    19:17 tuvieron temor todos. (cayó pavor sobre todos ellos, VHA)
    20:10 se echó sobre él
    37 echándose al cuello de Pablo,
Ro 15:3 Los vituperios...cayeron sobre mí
Ap 11:11 cayó gran temor sobre (WH, N, ABMW)

1969 ἐπιπλήσσω* epiplésso

1 Ti 5:1 No reprendas al anciano,

1971 ἐπιποθέω – epipothéo

Ro 1:11 Porque deseo veros,
2 Co 5:2 deseando ser revestidos de aquella
    9:14 por vosotros, a quienes aman (en tanto que...por vosotros, os tienen un ardiente afecto, VM)
Fil 1:8 de cómo os amo a todos (de cómo tengo deseos por todos, VHA)
    2:26 él tenía gran deseo de veros (lit., estaba anhelando veros)
1 Ts 3:6 deseando vernos, como también nosotros
2 Ti 1:4 deseando verte, al acordarme
Stg 4:5 El Espíritu...nos anhela
1 P 2:2 desead, como niños recién nacidos

1972 ἐπιπόθησις**† – epipóthesis

2 Co 7:7 haciéndonos saber vuestro gran afecto,
    11 qué ardiente afecto,

1973 ἐπιπόθητος*† – epipóthetos

Fil 4:1 hermanos míos amados y deseados,

1974 ἐπιποθία*† – epipothía

Ro 15:23 deseando...ir (teniendo...ardiente deseo de ir, VM)

1975 ἐπιπορεύομαι – epiporéuomai

Lc 8:4 los que de cada ciudad venían a él,

1976 ἐπιράπτω*† – epirápto o ἐπιρράπτω

Mr 2:21 Nadie pone remiendo, (Nadie cose remiendo, VM)

1977 ἐπιρίπτω – epirípto o ἐπιρρίπτω

Lc 19:35 habiendo echado sus mantos
1 P 5:7 echando toda vuestra ansiedad sobre él

1978 ἐπίσημος – epísemos

Mt 27:16 tenían entonces un preso famoso
Ro 16:7 son muy estimados entre los apóstoles

1979 ἐπισιτισμός – episitismós

Lc 9:12 para que...encuentren alimentos;

1980 ἐπισκέπτομαι – episképtomai

Mt 25:36 enfermo, y me visitasteis;
    43 enfermo...y no me visitasteis
Lc 1:68 Que ha visitado...a su pueblo
    78 Con que nos visitó desde lo alto
    7:16 Dios ha visitado a su pueblo
Hch 6:3 Buscad, pues, hermanos, de entre vosotros
    7:23 vino al corazón el visitar a sus hermanos
    15:14 cómo Dios visitó por primera vez
    36 Volvamos a visitar a los hermanos (lit., volviendo, visitemos...)
He 2:6 el hijo del hombre, para que le visites?
Stg 1:27 Visitar a los huérfanos y a las viudas

1980 A ἐπισκευάζομαι – episkeuázomai (episkeuádzomai)

Hch 21:15 hechos ya los preparativos, subimos (WH, N, ABMW)

1981 ἐπισκηνόω* – episkenóo

2 Co 12:9 para que repose sobre mí el poder

1982 ἐπισκιάζω – episkiázo (episkiádzo)

Mt 17:5 una nube de luz los cubrió; (una nube luminosa..., VHA)
Mr 9:7 vino una nube que les hizo sombra
Lc 1:35 el poder del Altísimo te cubrirá
    9:34 vino una nube que los cubrió; (...nube y les..., VM)
Hch 5:15 su sombra cayese sobre alguno (...sombrease a alguno, BC)

1983 ἐπισκοπέω – episkopéo

He 12:15 Mirad bien, no sea que alguno (mirando bien..., VHA)
1 P 5:2 Apacentad la grey de Dios...cuidando de ella (TR, ABMW, VM, BC)

1984 ἐπισκοπή† – episkopé

Lc 19:44 no conociste el tiempo de tu visitación.
Hch 1:20 Tome otro su oficio, (...obispado, VHA)
1 Ti 3:1 Si alguno anhela obispado,
1 P 2:12 en el día de la visitación

1985 ἐπίσκοπος – epískopos

Hch 20:28 en que el Espíritu Santo...por obispos,
Fil 1:1 con los obispos y diáconos:
1 Ti 3:2 es necesario que el obispo
Tit 1:7 es necesario que el obispo
1 P 2:25 al Pastor y Obispo de vuestras almas

1986 ἐπισπάομαι – epispáomai

1 Co 7:18 Quédese circunciso (No disimule su circuncisión, BC)

1986 A ἐπισπείρω* – epispéiro

Mt 13:25 vino su enemigo y sembró cizaña (WH, N, ABMW)

1987 ἐπίσταμαι – epístamai

Mr 14:68 No le conozco, ni sé lo que dices
Hch 10:28 Vosotros sabéis cuán abominable
    15:7 vosotros sabéis cómo...Dios escogió
    18:25 aunque solamente conocía el bautismo
    19:15 A Jesús conozco, y sé quién es Pablo
    25 sabéis que de este oficio

ἐπίστασις 1999   346   1997 ἐπισυναγωγή

Hch	20:18	Vosotros **sabéis** cómo me he comportado
	22:19	ellos **saben** que yo encarcelaba
	24:10	**sé** que...**eres juez** (**Sabiendo bien**..., VHA)
	26:26	el rey **sabe** estas cosas,
1 Ti	6:4	está envanecido, nada **sabe**, (...no sabiendo nada, VM)
He	11:8	salió sin **saber** a dónde iba
Stg	4:14	no **sabéis** lo que será mañana
Jud	10	en las que por naturaleza **conocen**
1988		*Véase abajo*

1999   ἐπίστασις** – epístasis

Hch	24:12	ni amotinando a la multitud; (WH, N, ABMW) (ni haciendo **tumulto** del pueblo, VM)
2 Co	11:28	lo que sobre mí se agolpa cada día (lit., mi **presión** diaria (WH, N, ABMW)

1988   ἐπιστάτης – epistátes

Lc	5:5	**Maestro**, toda la noche
	8:24	¡**Maestro, Maestro**, que perecemos!
	45	**Maestro**, la multitud te aprieta, (...las turbas..., BC)
	9:33	**Maestro**, bueno es para nosotros
	49	**Maestro**, hemos visto a uno
	17:13	**Maestro**, ten misericordia de nosotros!

1989   ἐπιστέλλω – epistéllo (epistélo)

Hch	15:20	sino que se les **escriba** que se aparten
	21:25	nosotros les **hemos escrito** (TR, N, ABMW)
He	13:22	pues os **he escrito** brevemente.

1990   ἐπιστήμων – epistémon

Stg	3:13	¿Quién es sabio y **entendido** entre vosotros

1991   ἐπιστηρίζω – episterízo (episterídzo)

Hch	14:22	**confirmando** los ánimos de los discípulos
	15:32	consolaron y **confirmaron** a los hermanos
	41	**confirmando** a las iglesias
	18:23	**confirmando** a todos los discípulos. (TR, ABMW)

1992   ἐπιστολή – epistolé

Hch	9:2	le pidió **cartas** para las sinagogas
	15:30	entregaron la **carta**
	22:5	recibí **cartas** (...habiendo recibido..., BC)
	23:25	escribió una **carta** (escribiendo..., BC)
	33	dieron la **carta** (entregado..., BC)
Ro	16:22	Yo Tercio, que escribí la **epístola**,
1 Co	5:9	Os he escrito por **carta**,
	16:3	a quienes hubiereis designado por **carta** (...cartas, BC)
2 Co	3:1	de **cartas** de recomendación para vosotros
	2	Nuestras **cartas** sois vosotros, (Nuestra carta..., BC)
	3	que sois **carta** de Cristo
	7:8	os contristé con la **carta**, porque veo que aquella carta
	10:9	como que os quiero amedrentar por **cartas**
	10	las **cartas** son duras y fuertes
	11	así como somos en la palabra por **cartas**
Col	4:16	Cuando esta **carta** haya sido leída
1 Ts	5:27	que esta **carta** se lea a todos
2 Ts	2:2	ni por palabra, ni por **carta**
	15	sea por palabra, o por **carta** nuestra
	3:14	por medio de esta **carta**,
	17	que es el signo en toda **carta**
2 P	3:1	la segunda **carta** que os escribo,

2 P	3:16	casi en todas sus **epístolas**,

1993   ἐπιστομίζω* – epistomízo (epistomídzo)

Tit	1:11	a los cuales es preciso **tapar la boca**

1994   ἐπιστρέφω – epistréfo

Mt	9:22	Pero Jesús, **volviéndose** (TR)
	10:13	vuestra paz **se volverá** (**vuélvase**..., VHA)
	12:44	**Volveré** a mí casa de donde salí
	13:15	Para que no..., **se conviertan**
	24:18	no vuelva atrás para tomar
Mr	4:12	para que no **se conviertan**,
	5:30	**volviéndose** a la multitud, dijo
	8:33	Pero él, **volviéndose** y mirando
	13:16	no vuelva atrás a tomar su capa
Lc	1:16	hará que muchos...**se conviertan** al Señor (convertirá a muchos..., BC)
	17	para **hacer volver** los corazones
	2:20	volvieron los pastores glorificando (TR)
	39	volvieron a Galilea, a su ciudad de Nazaret (WH, N, ABMW)
	8:55	Entonces su espíritu **volvió**
	17:4	si siete veces al día **volviere** a ti
	31	asimismo no **vuelva** atrás
	22:32	una vez **vuelto**, confirma a tus hermanos
Jn	12:40	**se conviertan**, y yo los sane (TR)
	21:20	**Volviéndose** Pedro, vio que
Hch	3:19	Así que, arrepentíos y **convertíos**,
	9:35	los cuales **se convirtieron** al Señor
	40	**volviéndose** al cuerpo dijo:
	11:21	y gran número...**se convirtió** al Señor
	14:15	**os convirtáis** al Dios vivo,
	15:19	que **se convierten** a Dios
	36	**Volvamos** a visitar a los hermanos (lit., habiendo vuelto visitemos...)
	16:18	éste **se volvió** y dijo (**volviéndose**, dijo, BA)
	26:18	para que **se conviertan** de las tinieblas
	20	que **se arrepintiesen** y **se convirtiesen** a Dios,
	28:27	Y entiendan... Y **se conviertan**,
2 Co	3:16	Pero cuando **se conviertan** al Señor
Gá	4:9	¿cómo es que os **volvéis** de nuevo
1 Ts	1:9	cómo **os convertisteis** de los ídolos
Stg	5:19	alguno le **hace volver**
	20	sepa que el que **haga volver** al pecador
1 P	2:25	pero ahora **habéis vuelto** al Pastor
2 P	2:21	**volverse** atrás del santo mandamiento (TR)
	22	El perro **vuelve** a su vómito, (Perro que vuelve..., BC)
Ap	1:12	me **volví** para ver la voz vuelto, vi siete candeleros de oro,

1995   ἐπιστροφή – epistrofé

Hch	15:3	contando la **conversión** de los gentiles;

1996   ἐπισυνάγω – episunágo

Mt	23:37	¡Cuántas veces quise **juntar** a tus hijos, como la gallina **junta** a sus polluelos
	24:31	**juntarán** a sus escogidos,
Mr	1:33	toda la ciudad se agolpó (...estaba **reunida**, VHA)
	13:27	**juntará** a sus escogidos
Lc	12:1	**juntándose** por millares
	13:34	¡Cuántas veces quise **juntar** a tus hijos,
	17:37	allí **se juntarán** también las águilas. (WH, N, ABMW)

1997   ἐπισυναγωγή**† – episunagogé (epísunagogué)

2 Ts	2:1	y nuestra **reunión** con él,	Mt	19:13	para que **pusiese** las manos
He	10:25	no dejando de congregarnos, (lit.,...la		15	habiendo **puesto** sobre ellos las manos
		reunión de nosotros mismos)		21:7	**pusieron** sobre ellos sus mantos
				23:4	las **ponen** sobre los hombros
1998		ἐπισυντρέχω * † – episuntréco		27:29	**pusieron** sobre su cabeza
		(episuntréjo)		37	**pusieron** sobre su cabeza
Mr	9:25	la multitud **se agolpaba**	Mr	3:16	Simón, a quien **puso** por sobrenombre
1999		*Véase pág. 346*		17	a quienes apellidó Boanerges, (a quienes
1999 A		ἐπισύστασις – episústasis			**puso** por sobrenombre Boanerges, VHA)
Hch	24:12	ni amotinando a la multitud (TR) (ni		4:21	para **ponerla** en el candelero (para que
		haciendo **tumulto** del pueblo, VM)			sea **puesta**..., VM) (TR)
2 Co	11:28	lo que sobre mí se agolpa cada día (lit.,		5:23	**pon** las manos sobre ella
		mi presión diaria) (TR)		6:5	**poniendo** sobre ellos las manos.
				7:32	que le **pusiera** la mano encima
2000		ἐπισφαλής ** – episfalés		8:23	le **puso** las manos encima, (**poniendo**...
Hch	27:9	siendo ya **peligrosa** la navegación			sobre él, VHA)
				25	le **puso** otra vez las manos (TR, N, ABMW)
2001		ἐπισχύω ** – episcúo (episjúo)		16:18	[sobre los enfermos **pondrán** sus manos]
Lc	23:5	Pero ellos **porfiaban**, diciendo	Lc	4:40	**poniendo** las manos **sobre** cada uno
				8:16	sino que la **pone** en un candelero (TR)
2002		ἐπισωρεύω ** – episoréuo		10:30	hiriéndole se fueron, (**después de cargarle**
2 Ti	4:3	se amontonarán maestros			de golpes se marcharon BC)
				13:13	**puso** las manos sobre ella
2003		ἐπιταγή – epitagé (epitagué)		15:5	la **pone** sobre sus hombros
Ro	16:26	según el **mandamiento** de Dios		23:26	y le **pusieron encima** la cruz
1 Co	7:6	Mas esto digo...no por **mandamiento**	Jn	9:6	untó con el lodo los ojos, (WH, N)
	25	no tengo **mandamiento** del Señor		15	Me **puso** lodo sobre los ojos,
2 Co	8:8	No hablo como quien manda, (No lo digo		19:2	la **pusieron sobre** su cabeza
		como **mandato**, VHA)	Hch	6:6	orando, les **impusieron** las manos
1 Ti	1:1	por **mandato** de Dios nuestro Salvador,		8:17	Entonces les **imponían** las manos
Tit	1:3	por **mandato** de Dios nuestro Salvador,		19	para que cualquiera a quien yo **impusiere**
	2:15	reprende con toda **autoridad**		9:12	le **pone** las manos encima (que...**ponía**
					sobre él las manos, BC)
2004		ἐπιτάσσω – epitásso		17	**poniendo** sobre él las manos
Mr	1:27	**manda** aun a los espíritus inmundos		13:3	les **impusieron** las manos y los despidieron
	6:27	**mandó** que fuese traída la cabeza		15:10	**poniendo** sobre la cerviz (con **imponer**
	39	les **mandó** que hiciesen recostar			sobre el cuello, BC)
	9:25	te **mando**, sal de él		28	no **imponeros** ninguna carga
Lc	4:36	con autoridad y poder **manda** a los espíritus		16:23	Después de haberles azotado mucho,
	8:25	aun a los vientos...**manda**			(**después de haberles cargado** de golpes,
	31	le rogaban que no los **mandase**			BC)
	14:22	se ha hecho como **mandaste**, (...lo que		18:10	ninguno **pondrá sobre** ti la mano
		mandaste, VM)		19:6	habiéndoles **impuesto** Pablo las manos
Hch	23:2	**ordenó** entonces a los que estaban		28:3	las echó al fuego (...**puéstolas** en la
Flm	8	aunque tengo...**para mandarte**			hoguera, VHA)
				8	le impuso las manos, (**imponiéndole** las
2005		ἐπιτελέω – epiteléo			manos, BC)
Lc	13:32	**hago** curaciones (TR)		10	nos **cargaron** de las cosas necesarias
Ro	15:28	cuando haya **concluido** esto,	1 Ti	5:22	No **impongas** con ligereza las manos
2 Co	7:1	**perfeccionando** la santidad en el temor	Ap	1:17	él **puso** su diestra sobre mí, (TR)
	8:6	**acabe** también entre vosotros		22:18	Si alguno añadiere a estas cosas, (Si alguno
	11	**llevad** también **a cabo** el hacerlo,			**pusiere** adición a ellas, VM)
		en **cumplir** conforme a lo que tengáis			Dios traerá sobre él las plagas (**Pondrá** Dios
Gá	3:3	ahora **vais a acabar** por la carne? (ahora			sobre él las plagas, VM)
		os perfeccionáis..., VM)			
Fil	1:6	la **perfeccionará** hasta el día de Jesucristo;	**2008**		ἐπιτιμάω – epitimáo
He	8:5	se le advirtió a Moisés cuando iba a **erigir**	Mt	8:26	**reprendió** a los vientos
	9:6	**para cumplir** los oficios del culto		12:16	les **encargaba** rigurosamente
1 P	5:9	los mismos padecimientos **se van**		16:20	Entonces **mandó** a sus discípulos (WH, N)
		cumpliendo		22	comenzó a **reconvenirle**
				17:18	**reprendió** Jesús al demonio
2006		ἐπιτήδειος – epitédeios		19:13	los discípulos les **reprendieron**
Stg	2:16	no les deis **las cosas que son necesarias**		20:31	la gente les **reprendió**
			Mr	1:25	Jesús le **reprendió**, diciendo
2007		ἐπιτίθημι – epitíthemi		3:12	él les **reprendía** mucho
Mt	9:18	**pon** tu mano sobre ella,		4:39	levantándose, **reprendió** al viento
				8:30	él les **mandó** que no dijesen
				32	comenzó a **reconvenirle**
				33	**reprendió** a Pedro, diciendo:

ἐπιτιμία 2009

Mr	9:25	reprendió al espíritu inmundo,
	10:13	los discípulos reprendían
	48	muchos le reprendían
Lc	4:35	Jesús le reprendió, diciendo
	39	reprendió a la fiebre;
	41	él los reprendía y no les dejaba (increpándolos, no les permitía, VHA)
	8:24	reprendió al viento
	9:21	encargándoselo rigurosamente
	42	Jesús reprendió al espíritu
	55	volviéndose él, los reprendió,
	17:3	Si...pecare contra ti, repréndele,
	18:15	lo cual viendo...les reprendieron
	39	los que iban delante le reprendían
	19:39	Maestro, reprende a tus discípulos.
	23:40	le reprendió, diciendo (reprendiéndole, dijo, BA)
2 Ti	4:2	redarguye, reprende, exhorta
Jud	9	El Señor te reprenda.

2009 ἐπιτιμία** — epitimía

2 Co 2:6 Le basta a tal persona esta reprensión

2010 ἐπιτρέπω — epitrépo

Mt	8:21	permíteme que vaya primero
	31	permítenos ir a aquel hato (TR)
	19:8	Moisés os permitió repudiar
Mr	5:13	Jesús les dio permiso
	10:4	Moisés permitió dar carta de divorcio
Lc	8:32	que los dejase entrar y les dio permiso
	9:59	déjame que primero vaya
	61	déjame que me despida
Jn	19:38	Pilato se lo concedió (...permitió, VHA)
Hch	21:39	te ruego que me permitas (lit., te ruego, permíteme)
	40	cuando él se lo permitió
	26:1	Se te permite hablar por ti mismo
	27:3	le permitió que fuese a los amigos,
	28:16	a Pablo se le permitió vivir aparte
1 Co	14:34	no les es permitido hablar
	16:7	si el Señor lo permite
1 Ti	2:12	no permito a la mujer enseñar
He	6:3	si Dios en verdad lo permite

2011 ἐπιτροπή** — epitropé

Hch 26:12 con poderes y en comisión

2012 ἐπίτροπος** — epítropos

Mt	20:8	el señor de la viña dijo a su mayordomo:
Lc	8:3	intendente de Herodes, y Susana,
Gá	4:2	sino que está bajo tutores

2013 ἐπιτυγχάνω — epitugcáno (epitunjáno)

Ro	11:7	Lo que buscaba...no lo ha alcanzado; los escogidos sí lo han alcanzado, (la selección..., BC)
He	6:15	alcanzó la promesa
	11:33	alcanzaron promesas,
Stg	4:2	no podéis alcanzar;

2014 ἐπιφαίνω — epifáino

Lc	1:79	Para dar luz a los que habitan
Hch	27:20	no apareciendo ni sol ni estrella
Tit	2:11	la gracia de Dios se ha manifestado
	3:4	cuando se manifestó la bondad

2015 ἐπιφάνεια — epifáneia

2 Ts	2:8	destruirá con el resplandor de su venida
1 Ti	6:14	hasta la aparición de nuestro Señor
2 Ti	1:10	por la aparición de nuestro Salvador
	4:1	en su manifestación y en su reino
	8	los que aman su venida, (los que han amado su manifestación, VHA)
Tit	2:13	la manifestación gloriosa de nuestro gran Dios (la manifestación de la gloria..., VHA)

2016 ἐπιφανής — epifanés

Hch 2:20 el día del Señor, Grande y manifiesto

2017 ἐπιφαύσκω† — epifáusko

Ef 5:14 te alumbrará Cristo.

2018 ἐπιφέρω — epiféro

Hch	19:12	que aun se llevaban a los enfermos los paños (TR)
	25:18	ningún cargo presentaron (TR)
Ro	3:5	¿Será injusto Dios que da castigo? (lit.,...que inflige su ira?)
Fil	1:16	(17) pensando añadir aflicción a mis prisiones; (TR)
Jud	9	no se atrevió a proferir juicio

2019 ἐπιφωνέω** — epifonéo

Lc	23:21	volvieron a dar voces, (decían a gritos, VHA)
Hch	12:22	el pueblo aclamaba gritando:
	21:34	unos gritaban una cosa, y otros otra; (WH, N, ABMW)
	22:24	clamaban así contra él.

2020 ἐπιφώσκω† — epifósko

| Mt | 28:1 | al amanecer del primer día |
| Lc | 23:54 | estaba para rayar el día de reposo |

2021 ἐπιχειρέω — epiceiréo (epijeiréo)

Lc	1:1	Puesto que ya muchos han tratado
Hch	9:29	pero éstos procuraban matarle
	19:13	intentaron invocar el nombre

2022 ἐπιχέω — epicéo (epijéo)

Lc 10:34 echándole aceite y vino;

2023 ἐπιχορηγέω** — epicoregéo (epijoreguéo)

2 Co	9:10	el que da semilla al que siembra
Gá	3:5	Aquel, pues, que os suministra el Espíritu
Col	2:19	todo el cuerpo, nutriéndose y uniéndose
2 P	1:5	añadid a vuestra fe virtud;
	11	os será otorgada amplia y generosa

2024 ἐπιχορηγία*† — epicoregía (epijoreguía)

| Ef | 4:16 | por todas las coyunturas que se ayudan mutuamente (por todas las junturas de su alimento, VA) |
| Fil | 1:19 | por...la suministración del Espíritu |

2025 ἐπιχρίω** — epicrío (epijrío)

| Jn | 9:6 | untó con el lodo los ojos (TR, ABMW) |
| | 11 | me untó los ojos, |

2026 ἐποικοδομέω* — epoikodoméo

Hch	20:32	la cual es poderosa para **sobreedificaros** (TR)	Mr	12:20	Hubo **siete** hermanos;
1 Co	3:10	otro **edifica** encima		22	los **siete**, y no dejaron descendencia
		cada uno mire cómo **sobreedifica**		23	ya que los **siete** la tuvieron
	12	si...alguno **edificare** oro		16:9	[de quien había echado **siete** demonios]
	14	la obra de alguno que **sobreedificó**	Lc	2:36	**siete** años desde su virginidad
Ef	2:20	**edificados** sobre el fundamento		8:2	de la que habían salido **siete** demonios,
Col	2:7	arraigados y **sobreedificados** en él		11:26	Entonces va, y toma otros **siete**
1 P	2:5	sed **edificados** como casa espiritual (T)		20:29	Hubo, pues, **siete** hermanos;
Jud	20	**edificándoos** sobre vuestra santísima fe		31	los **siete**, y murieron sin dejar
				33	ya que los **siete** la tuvieron
2027		ἐποκέλλω – epokéllo (epokélo) o	Hch	6:3	**siete** varones de buen testimonio
		ἐπικέλλω. pág. 344		13:19	habiendo destruido **siete** naciones
Hch	27:41	hicieron **encallar** la nave; (TR)		19:14	Había **siete** hijos de un tal
				20:6	donde nos quedamos **siete** días
2028		ἐπονομάζω – eponomázo (eponomádzo)		21:4	nos quedamos allí **siete** días;
Ro	2:17	tú tienes el **sobrenombre** de judío		8	que era uno de los **siete**
				27	estaban para cumplirse los **siete** días
2029		ἐποπτεύω – epoptéuo		28:14	que nos quedásemos con ellos **siete** días
1 P	2:12	al **considerar** vuestras buenas obras. (por	He	11:30	después de rodearlos **siete** días
		razón de vuestras buenas obras, al	Ap	1:4	Juan, a las **siete** iglesias
		considerarlas, BA)			de los **siete** espíritus que están
	3:2	**considerando** vuestra conducta		11	a las **siete** iglesias que están (WH, N, ABMW)
				12	y vuelto, vi **siete** candeleros de oro,
2030		ἐπόπτης** – epóptes		13	y en medio de los **siete** candeleros, (TR)
2 P	1:16	habiendo visto con nuestros propios ojos		16	en su diestra **siete** estrellas
		(quienes han sido **testigos oculares**, NC)		20	El misterio de las **siete** estrellas
					y de los **siete** candeleros de oro
2031		ἔπος – épos			las **siete** estrellas son los ángeles
He	7:9	Y por decirlo así, (lit., para decir la			de las **siete** iglesias
		palabra así)			los **siete** candeleros...son las **siete** iglesias
				2:1	El que tiene las **siete** estrellas
2032		ἐπουράνιος – epouránios			en medio de los **siete** candeleros de oro
Mt	18:35	Así también mi Padre **celestial** (TR)		3:1	El que tiene los **siete** espíritus de Dios,
Jn	3:12	¿cómo creeréis si os dijere las **celestiales**?			y las **siete** estrellas
1 Co	15:40	hay cuerpos **celestiales**,		4:5	ardían **siete** lámparas de fuego,
		pero una es la gloria de los **celestiales**			son **siete** espíritus de Dios
	48	cual el **celestial**, tales también los **celestiales**		5:1	sellado con **siete** sellos
	49	traeremos...la imagen del **celestial**		5	para abrir...sus **siete** sellos
Ef	1:3	en los **lugares celestiales** en Cristo		6	que tenía **siete** cuernos, y **siete** ojos,
	20	a su diestra en los **lugares celestiales**			los **siete** espíritus de Dios
	2:6	nos hizo sentar en los **lugares celestiales**		6:1	abrió uno de los sellos (TR); (...los **siete**
	3:10	potestades en los **lugares celestiales**			sellos, VHA, WH, N, ABMW, VM, NC,
	6:12	contra huestes...en las **regiones celestes**.			BC, RA)
Fil	2:10	de los que están en los **cielos**		8:2	vi a los **siete** ángeles
2 Ti	4:18	me preservará para su reino **celestial**,			se les dieron **siete** trompetas.
He	3:1	participantes del llamamiento **celestial**,		6	los **siete** ángeles que tenían
	6:4	gustaron del don **celestial**,			que tenían las **siete** trompetas
	8:5	y sombra de las **cosas celestiales**,		10:3	**siete** truenos emitieron sus voces
	9:23	las **cosas celestiales** mismas, con mejores		4	Cuando los **siete** truenos
	11:16	esto es, **celestial**;			Sella las cosas que los **siete** truenos
	12:22	a la ciudad.., Jerusalén la **celestial**		11:13	murieron en número de **siete** mil hombres
					(lit.,...nombres de hombres, **siete** mil)
2033		ἑπτά – eptá (jeptá)		12:3	que tenía **siete** cabezas y diez cuernos,
Mt	12:45	toma consigo otros **siete** espíritus			y en sus cabezas **siete** diademas;
	15:34	ellos dijeron: **Siete**,		13:1	que tenía **siete** cabezas
	36	tomando los **siete** panes (tomo..., VHA)		15:1	**siete** ángeles que tenían las **siete** plagas
	37	**siete** canastas llenas		6	salieron los **siete** ángeles que tenían las **siete**
	16:10	¿Ni de los **siete** panes entre		7	dio a los **siete** ángeles **siete** copas
	18:22	sino aun hasta setenta veces **siete**		8	las **siete** plagas de los **siete** ángeles
	22:25	Hubo, pues, entre nosotros **siete** hermanos		16:1	desde el templo a los **siete** ángeles:
	26	hasta el séptimo. (hasta los **siete**, BC)			derramad sobre la tierra **siete** copas
	28	¿de cuál de los **siete** será		17:1	uno de los **siete** ángeles que tenían las **siete**
Mr	8:5	Ellos dijeron: **Siete**		3	que tenía **siete** cabezas
	6	tomando los **siete** panes,			la cual tiene **siete** cabezas
	8	recogieron...**siete** canastas.		9	Las **siete** cabezas son **siete** montes
	20	cuando los **siete** panes entre cuatro mil		10	y son **siete** reyes.
		Y ellos dijeron: **Siete**		11	y es de entre los **siete**,
				21:9	uno de los **siete** ángeles
					que tenían las **siete** copas

ἑπτάκις 2034　　　　　　　　　　　350　　　　　　　　　　　2041 ἔργον

Ap	21:9	llenas de las siete plagas

2034　　　ἑπτάκις — eptákis (jeptákis)

Mt	18:21	¿cuántas veces... ¿Hasta siete?
	22	No te digo hasta siete,
Lc	17:4	Y si siete veces al día pecare
		y siete veces al día volviere

2035　　　ἑπτακισχίλιοι — eptakiscīlioi
　　　　　　　(jeptakisjīlioi)

Ro	11:4	Me he reservado siete mil hombres
2036		Véase pág. 293

2037　　　Ἔραστος — Erastos

Hch	19:22	Timoteo y Erasto, él se quedó
Ro	16:23	Os saluda Erasto, tesorero
2 Ti	4:20	Erasto se quedó en Corinto,
2038		Véase abajo
2045		ἐραυνάω — eraunáo o ἐρευνάω
Jn	5:39	Escudriñad las Escrituras,
	7:52	Escudriña y ve que de Galilea
Ro	8:27	Mas el que escudriña los corazones
1 Co	2:10	el Espíritu todo lo escudriña
1 P	1:11	escudriñando qué persona y qué tiempo
Ap	2:23	yo soy el que escudriña la mente

2038　　　ἐργάζομαι — ergázomai (ergádzomai)

Mt	7:23	apartaos de mí, hacedores de maldad.
	21:28	vé hoy a trabajar (vé, trabaja hoy, VM)
	25:16	negoció con ellos,
	26:10	ha hecho conmigo una buena obra.
Mr	14:6	Buena obra me ha hecho
Lc	13:14	Seis días hay en que se debe trabajar;
Jn	3:21	sus obras son hechas en Dios
	5:17	Mi Padre hasta ahora trabaja
		y yo trabajo
	6:27	Trabajad, no por la comida,
	28	para poner en práctica las obras de Dios?
	30	¿Qué obras haces? (¿ qué obras tú?, VM)
	9:4	Me es necesario hacer las obras
		cuando nadie puede trabajar
Hch	10:35	que le teme y hace justicia.
	13:41	Porque yo hago una obra
	18:3	se quedó con ellos, y trabajaban (V60, WH,
		N, VHA, VM, NC, BA); (...trabajaba,
		BC, TR)
Ro	2:10	a todo el que hace lo bueno,
	4:4	Pero al que obra, no se le cuenta
	5	mas al que no obra, sino cree
	13:10	El amor no hace mal al prójimo
1 Co	4:12	trabajando con nuestras propias manos
	9:6	no tenemos derecho de no trabajar?
	13	¿No sabéis que los que trabajan
	16:10	porque él hace la obra del Señor
2 Co	7:10	produce arrepentimiento para salvación,
		(WH, N, ABMW)
Gá	6:10	hagamos bien a todos
Ef	4:28	haciendo con sus manos
Col	3:23	hacedlo de corazón, como para el Señor
1 Ts	2:9	cómo trabajando de noche y de día
	4:11	y trabajar con vuestras manos
2 Ts	3:8	trabajamos con afán (trabajando, VHA)
	10	Si alguno no quiere trabajar
	11	no trabajando en nada, sino
	12	que trabajando sosegadamente
He	11:33	hicieron justicia, alcanzaron
Stg	1:20	la ira del hombre no obra la justicia (WH,
		N, ABMW)

Stg	2:9	cometéis pecado, y quedáis convictos
2 Jn	8	para que no perdáis el fruto de vuestro
		trabajo (V60) (no vayáis a perder lo
		que habéis trabajado, NC, ABMW, BC);
		(lit., lo que hemos trabajado, WH, N,
		TR, VHA, VM, BA)
3 Jn	5	cuando prestas algún servicio
Ap	18:17	todos los que trabajan en el mar,

2039　　　ἐργασία — ergasía

Lc	12:58	procura en el camino, (lit., dáte trabajo)
Hch	16:16	la cual daba gran ganancia
	19	la esperanza de su ganancia,
	19:24	daba no poca ganancia a los artífices;
	25	sabéis que de este oficio
Ef	4:19	para cometer con avidez toda...impureza
		(lit., para la práctica de toda...)

2040　　　ἐργάτης** — ergátes

Mt	9:37	mas los obreros pocos.
	38	que envía obreros a su mies
	10:10	el obrero es digno de su alimento.
	20:1	a contratar obreros para su viña
	2	habiendo convenido con los obreros
	8	Llama a los obreros
Lc	10:2	mas los obreros pocos;
		que envíe obreros a su mies
	7	porque el obrero es digno
	13:27	apartaos de mí...hacedores de maldad.
Hch	19:25	reunidos con los obreros del mismo oficio,
2 Co	11:13	obreros fraudulentos, que se disfrazan
Fil	3:2	guardaos de los malos obreros,
1 Ti	5:18	Digno es el obrero de su salario.
2 Ti	2:15	como obrero que no tiene de qué
Stg	5:4	el jornal de los obreros

2041　　　ἔργον — érgon

Mt	5:16	para que vean vuestras buenas obras,
	11:2	al oir Juan...los hechos de Cristo,
	19	es justificada por sus hijos (TR, VM, BC);
		(es justificada por sus obras, VHA, WH,
		N, ABMW, NC, BA)
	23:3	mas no hagáis conforme a sus obras,
	5	Antes, hacen todas sus obras
	26:10	ha hecho conmigo una buena obra
Mr	13:34	a cada uno su obra,
	14:6	Buena obra me ha hecho.
Lc	11:48	de los hechos de vuestros padres;
	24:19	poderoso en obra y en palabra
Jn	3:19	porque sus obras eran malas
	20	para que sus obras no sean reprendidas.
	21	para que sea manifiesto que sus obras son
		hechas en Dios (para que sus obras sean
		manifiesta, pues, están hechas..., NC)
	4:34	y que acabe su obra
	5:20	y mayores obras que estas
	36	porque las obras que el Padre
		las mismas obras que yo hago
	6:28	para poner en práctica las obras de Dios?
	29	Esta es la obra de Dios
	7:3	tus discípulos vean las obras que haces.
	7	que sus obras son malas.
	21	Una obra hice, y todos os maravilláis
	8:39	las obras de Abraham haríais.
	41	Vosotros hacéis las obras de vuestro
	9:3	para que las obras de Dios se manifiesten
	4	Me es necesario hacer las obras
	10:25	las obras que yo hago en nombre

Jn	10:32	Muchas buenas **obras** os he mostrado ¿por cuál de ellas me apedreáis? (¿Por cuál **obra** de esas..., VA)
	33	Por buena **obra** no te apedreamos,
	37	Si no hago las **obras** de mi Padre
	38	creed a las **obras**,
	14:10	él hace las **obras**
	11	creedme por las mismas **obras**.
	12	las **obras** que yo hago,
	15:24	**obras** que ningún otro ha hecho,
	17:4	he acabado la **obra** que me diste
Hch	5:38	si...esta **obra** es de los hombres,
	7:22	poderoso en sus palabras y **obras**
	41	en las **obras** de sus manos
	9:36	abundaba en buenas **obras** (era llena de buenas **obras**, VM)
	13:2	para la **obra** a que los he llamado
	41	yo hago una **obra** en vuestros días,
	14:26	para la **obra** que habían cumplido
	15:18	(17) Dice el Señor que hace conocer...esto (V60, WH, N, ABMW, VHA, VM, NC, BC, BA); (Dice el Señor que hace todas estas cosas. Conocidas son a Dios...todas sus **obras**, VA, TR)
	38	no había ido con ellos a la **obra**.
	26:20	**obras** dignas de arrepentimiento.
Ro	2:6	a cada uno conforme a sus **obras**:
	7	a los que, perseverando en bien hacer, (...con la perseverancia del bien obrar, BC)
	15	mostrando la **obra** de la ley escrita
	3:20	ya que por las **obras** de la ley
	27	¿Por la de las **obras**?
	28	justificado...sin las **obras** de la ley
	4:2	fue justificado por las **obras**
	6	a quien Dios atribuye...sin **obras**
	9:11	no por las **obras** sino por el que llama
	32	sino como por **obras** de la ley
	11:6	Y si por gracia, ya no es por **obras** Y si por **obras** (TR, [BA]) la **obra** ya no es **obra** (TR, [BA])
	13:3	no están para infundir temor al que hace el bien (no son de temer a la **obra** buena, VM)
	12	Desechemos, pues, las **obras** de las tinieblas
	14:20	No destruyas la **obra** de Dios
	15:18	con la palabra y con las **obras**. (por palabra y por **obra**, VHA)
1 Co	3:13	la **obra** de cada uno se hará la **obra** de cada uno cuál sea,
	14	Si permaneciera la **obra** de alguno
	15	Si la **obra** de alguno se quemare
	5:2	el que cometió tal **acción**?
	9:1	¿No sois vosotros mi **obra**
	15:58	creciendo en la **obra** del Señor
	16:10	él hace la **obra** del Señor
2 Co	9:8	abundéis para toda buena **obra**
	10:11	lo seremos también en hechos, (...en **obra**, VM)
	11:15	cuyo fin será conforme a sus **obras**
Gá	2:16	no es justificado por las **obras** de la ley y no por las **obras** de la ley por cuánto por las **obras** de la ley,
	3:2	¿Recibisteis el Espíritu por las **obras**
	5	¿lo hace por las **obras** de la ley,
	10	los que dependen de las **obras** (los que son de las **obras**, BA)
	5:19	Y manifiestas son las **obras** de la carne
	6:4	cada uno someta a prueba su propia **obra**,
Ef	2:9	no por **obras**, para que nadie
	10	para buenas **obras**, las cuales Dios preparó
	4:12	para la **obra** del ministerio,
	5:11	Y no participéis en las **obras**
Fil	1:6	el que comenzó en vosotros la buena **obra**
	22	...resulta para mí en beneficio de la **obra**, (esto me será para fruto de la **obra**, VA)
	2:30	por la **obra** de Cristo, (TR, N, ABMW, VHA, VM, NC, BC, BA); (lit., ... del Señor, WH)
Col	1:10	llevando fruto en toda buena **obra**,
	21	haciendo malas **obras**, (en vuestras malas **obras**, VHA)
	3:17	sea de palabra o de **hecho**,
1 Ts	1:3	de la **obra** de vuestra fe,
	5:13	por causa de su **obra**.
2 Ts	1:11	y toda **obra** de fe con su poder.
	2:17	en toda buena palabra y **obra**.
1 Ti	2:10	sino con buenas **obras**,
	3:1	buena **obra** desea.
	5:10	que tenga testimonio de buenas **obras**; si ha practicado toda buena **obra**
	25	se hacen manifiestas las buenas **obras**,
	6:18	que sean ricos en buenas **obras**,
2 Ti	1:9	no conforme a nuestras **obras**,
	2:21	dispuesto para toda buena **obra**.
	3:17	preparado para toda buena **obra**.
	4:5	haz **obra** de evangelista,
	14	le pague conforme a sus **hechos**.
	18	me librará de toda **obra** mala,
Tit	1:16	pero con los **hechos** lo niegan, en cuanto a toda buena **obra**.
	2:7	como ejemplo de buenas **obras**;
	14	celoso de buenas **obras**.
	3:1	que estén dispuestos a toda buena **obra**.
	5	no por **obras** de justicia
	8	procuren ocuparse en buenas **obras**.
	14	a ocuparse en buenas **obras**,
He	1:10	los cielos son **obra** de tus manos. (...**obras**..., BC)
	2:7	sobre las **obras** de tus manos (TR, [WH], VM, BA)
	3:9	vieron mis **obras** cuarenta años.
	4:3	aunque las **obras** suyas estaban
	4	reposó Dios de todas sus **obras**
	10	también ha reposado de sus **obras**,
	6:1	el fundamento del arrepentimiento de **obras**
	10	Dios no es...para olvidar vuestra **obra**
	9:14	limpiará...de **obras** muertas
	10:24	al amor y a las buenas **obras**
	13:21	os haga aptos. . **obra** buena (TR, BA)
Stg	1:4	tenga la paciencia su **obra** completa,
	25	sino hacedor de la **obra**,
	2:14	y no tiene **obras**?
	17	la fe, si no tiene **obras**,
	18	Tú tienes fe, y yo tengo **obras** Muéstrame tu fe sin tus **obras**, te mostraré mi fe por mis **obras**
	20	la fe sin **obras** es muerta?
	21	¿No fue justificado por las **obras**
	22	juntamente con sus **obras**, la fe se perfeccionó por las **obras**?
	24	el hombre es justificado por las **obras**,
	25	¿no fue justificada por **obras**,
	26	así también la fe sin **obras**
	3:13	Muestre por la buena conducta sus **obras**
1 P	1:17	juzga según la **obra** de cada uno
2 P	2:8	los **hechos** inicuos de ellos (con las **obras**

ἐρεθίζω 2042

		inicuas..., VM)
2 P	3:10	y las **obras** que en ella hay
1 Jn	3:8	para deshacer las **obras** del diablo.
	12	Porque sus **obras** eran malas,
	18	sino de **hecho** y en verdad.
2 Jn	11	participa en sus malas **obras**.
3 Jn	10	recordaré las **obras** que hace
Jud	15	de todas sus **obras** impías
Ap	2:2	Yo conozco tus **obras**,
	5	haz las primeras **obras**,
	6	que aborreces las **obras** de los nicolaítas
	9	Yo conozco tus **obras**, (TR, VM)
	13	Yo conozco tus **obras**, (TR, VM)
	19	Yo conozco tus **obras**, y amor
		y que tus **obras** postreras son más
	22	si no se arrepienten de las **obras**
	23	daré a cada uno según vuestras **obras**.
	26	guardare mis **obras** hasta el fin
	3:1	Yo conozco tus **obras**,
	2	no he hallado tus **obras**
	8	Yo conozco tus **obras**;
	15	Yo conozco tus **obras**
	9:20	ni aun así se arrepintieron de las **obras**
	14:13	sus **obras** con ellos siguen
	15:3	Grandes y maravillosas son tus **obras**,
	16:11	no se arrepintieron de sus **obras**.
	18:6	y pagadle doble según sus **obras**;
	20:12	estaban escritas...según sus **obras**,
	13	y fueron juzgados...según sus **obras**.
	22:12	a cada uno según sea su **obra**

2042 ἐρεθίζω — erethízo (erethídzo)

| 2 Co | 9:2 | vuestro celo **ha estimulado** a la mayoría |
| Col | 3:21 | no **exasperéis** a vuestros hijos |

2043 ἐρείδω — eréido

Hch 27:41 y la proa, **hincada**, quedó inmóvil,

2044 ἐρεύγομαι — eréugomai

Mt 13:35 **Declararé** cosas escondidas

2045 *Véase pág. 350*
2046 *Véase pág. 358*

2047 ἐρημία — eremía

Mt	15:33	tantos panes en el **desierto**,
Mr	8:4	a éstos aquí en el **desierto**?
2 Co	11:26	peligros en el **desierto**,
He	11:38	errando por los **desiertos**, por los montes

2048 ἔρημος — éremos

Mt	3:1	predicando en el **desierto** de Judea,
	3	Voz del que clama en el **desierto**:
	4:1	fue llevado...al **desierto**
	11:7	¿Qué salisteis a ver al **desierto**?
	14:13	en una barca a un lugar **desierto**
	15	El lugar es **desierto**,
	23:38	vuestra casa os es dejada desierta, (TR, ABMW, VM, NC, BC, BA)
	24:26	Mirad, está en el **desierto**,
Mr	1:3	Voz del que clama en el **desierto**:
	4	Bautizando Juan en el **desierto** (vino Juan, bautizando..., VM)
	12	el Espíritu le impulsó al **desierto**.
	13	estuvo allí en el **desierto**
	35	se fue a un lugar **desierto**
	45	fuera en los lugares **desiertos**
	:31	Venid vosotros...a un lugar **desierto**,
	32	se fueron solos...a un lugar **desierto**.
	35	El lugar es **desierto**,
Lc	1:80	estuvo en lugares **desiertos**

Lc	3:2	palabra de Dios a Juan...en el **desierto**,
	4	Voz del que clama en el **desierto**:
	4:1	fue llevado...al **desierto**.
	42	se fue a un lugar **desierto**:
	5:16	se apartaba a lugares **desiertos**,
	7:24	¿Qué salisteis a ver al **desierto**?
	8:29	era impelido...a los **desiertos**
	9:10	se retiró aparte, a un lugar **desierto** (TR, VM, NC)
	12	aquí estamos en lugar **desierto**.
	15:4	no deja las noventa y nueve en el **desierto**
Jn	1:23	de uno que clama en el **desierto**
	3:14	levantó la serpiente en el **desierto**
	6:31	Nuestros padres...en el **desierto**,
	49	Vuestros padres...en el **desierto**
	11:54	se alejó de allí...contigua al **desierto**
Hch	1:20	Sea hecha **desierta** su habitación,
	7:30	un ángel se le apareció en el **desierto**
	36	en el **desierto** por cuarenta años.
	38	en la congregación en el **desierto**
	42	En el **desierto** por cuarenta años,
	44	el tabernáculo... en el **desierto**
	8:26	por el camino...el cual es **desierto**.
	13:18	los soportó en el **desierto**;
	21:38	y sacó al **desierto** los cuatro mil
1 Co	10:5	quedaron postrados en el **desierto**.
Gá	4:27	Porque más son los hijos de la **desolada**
He	3:8	Como en la provocación...en el **desierto**,
	17	cuyos cuerpos cayeron en el **desierto**?
Ap	12:6	la mujer huyó al **desierto**,
	14	de delante de la serpiente al **desierto**,
	17:3	me llevó en el Espíritu al **desierto**;

2049 ἐρημόω — eremóo

Mt	12:25	Todo reino dividido...**es asolado**,
Lc	11:17	Todo reino dividido...**es asolado**,
Ap	17:16	la dejarán **desolada** (lit., la harán **desolada**),
	18:16 (17)	en una hora han sido consumidas, (...**fue desolada**, VHA)
	19	en una hora **ha sido desolada**

2050 ἐρήμωσις — erémosis

Mt	24:15	la abominación **desoladora** (la abominación del **asolamiento**, VHA)
Mr	13:14	la abominación **desoladora** (...del **asolamiento**, VHA)
Lc	21:20	sabed entonces que su destrucción (...su **asolamiento**, VHA)

2051 ἐρίζω — erízo (erídzo)

Mt 12:19 No **contenderá**, ni voceará,

2052 ἐριθεία** — erithéia o ἐριθία

Ro	2:8	los que son **contenciosos** (lit., a los que son de **contención**)
2 Co	12:20	que haya entre vosotros **contiendas**
Gá	5:20	pleitos, celos, iras, **contiendas**,
Fil	1:16	Los unos anuncian a Cristo por **contención**
	2:3	Nada hagáis por **contienda**
Stg	3:14	celos amargos y **contención**
	16	donde hay celos y **contenciones**,

2053 ἔριον — érion

| He | 9:19 | con agua, **lana** escarlata e hisopo |
| Ap | 1:14 | eran blancos como blanca **lana** |

2054 ἔρις — éris

ἐρίφιον 2055

Ro	1:29	llenos de...contiendas (...contienda, VHA)
	13:13	no en contiendas (no en contención, VHA)
1 Co	1:11	que hay entre vosotros contiendas.
	3:3	entre vosotros...contiendas (...contienda, BC)
2 Co	12:20	contiendas, envidias, iras, (contención..., VHA)
Gá	5:20	pleitos, celos, iras,
Fil	1:15	predican a Cristo por...contienda
1 Ti	6:4	de las cuales nacen...pleitos (...contienda, VHA)
Tit	3:9	evita...contenciones

2055   ἐρίφιον** — erífion

Mt 25:33   y los cabritos a su izquierda.

2056   ἔριφος — érifos

Mt 25:32   como aparta...las ovejas de los cabritos
Lc 15:29   nunca me has dado ni un cabrito

2057   Ἑρμᾶς — Ermás (Jermás)

Ro 16:14   Saludad...a Hermas

2058   ἑρμηνεία — ermenéia (jermenéia) o ἑρμηνία

1 Co 12:10 a otro, interpretación de lenguas
14:26   tiene revelación, tiene interpretación.

2059   ἑρμηνεύω — ermenéuo (jermenéuo)

Jn 1:38   que traducido es, Maestro (TR)
42   que quiere decir, Pedro
9:7   que traducido es, Enviado
He 7:2   cuyo nombre significa primeramente (siendo por interpretación..., VM)

2060   Ἑρμῆς — Ermés (Jermés)

Hch 14:12   llamaban...a Pablo, Mercurio,
Ro 16:14   Saludad...a Hermes

2061   Ἑρμογένης — Ermogénes (Jermoguénes)

2 Ti 1:15   los cuales son Figelo, y Hermógenes.

2062   ἑρπετόν — erpetón (jerpetón)

Hch 10:12   de todos los cuadrúpedos terrestres y reptiles
11:6   vi cuadrúpedos...y reptiles,
Ro 1:23   de cuadrúpedos y de reptiles.
Stg 3:7   de aves, y de serpientes,

2063   ἐρυθρός — eruthrós

Hch 7:36   en tierra de Egipto, y en el Mar Rojo,
He 11:29   Por la fe pasaron el Mar Rojo

2064   ἔρχομαι — érçomai (érjomai)

Mt 2:2   venimos a adorarle
8   para que yo también vaya y le adore. (lit., para que yo también habiendo ido...)
9   hasta que llegando, se detuvo
11   al entrar en la casa, vieron
21   vino a tierra de Israel. (TR)
23   vino y habitó en la ciudad (llegado allá..., BC)
3:7   que...venían a su bautismo,
11   pero el que viene tras mí,
14   ¿y tú vienes a mí?
16   que descendía...y venía sobre él

Mt	4:13	vino y habitó en Capernaum, (lit., habiendo venido...)
	5:17	No penséis que he venido para abrogar no he venido para abrogar
	24	ven y presenta tu ofrenda. (lit., viniendo...)
	6:10	Venga tu reino,
	7:15	que vienen a vosotros con vestidos
	25	vinieron ríos, y soplaron vientos,
	27	vinieron ríos, y soplaron vientos
	8:2	vino un leproso y se postró (viniendo...VM) (TR)
	7	Yo iré y le sanaré. (lit., yo habiendo ido...)
	9	al otro: Ven, y viene
	14	Vino Jesús a casa, (Cuando entró..., VHA)
	28	Cuando llegó a la otra orilla
	29	¿Has venido acá para atormentarnos
	9:1	vino a su ciudad.
	10	que habían venido, se sentaron
	13	Porque no he venido a llamar a justos,
	15	vendrán días cuando el esposo
	18	vino un hombre principal y se postró (viniendo..., VM) (TR, ABMW)
		ven y pon tu mano sobre ella (lit., viniendo pon...)
	23	Al entrar Jesús en la casa
	28	llegando a la casa, vinieron a él
	10:13	vuestra paz vendrá sobre ella (venga ..., VHA)
	23	antes que venga el Hijo del Hombre.
	34	No penséis que he venido para traer no he venido para traer paz
	35	Porque he venido para poner
	11:3	¿Eres tú aquel que había de venir,
	14	él es aquel Elías que había de venir,
	18	Porque vino Juan, que ni comía
	19	Vino el Hijo del Hombre,
	12:9	vino a la sinagoga de ellos.
	42	porque ella vino de los fines
	44	cuando llega, la halla desocupada
	13:4	vinieron las aves y la comieron
	19	viene el malo, y arrebata
	25	vino su enemigo
	32	de tal manera que vienen las aves del cielo
	36	entró Jesús en la casa
	54	venido a su tierra, les enseñaba
	14:12	y fueron y dieron las nuevas (yendo, dieron la noticia, VHA)
	25	vino a ellos andando (WH, N, ABMW)
	28	manda que yo vaya a ti
	29	él dijo: Ven
		andaba sobre las aguas para ir a Jesús (TR, VM, BC); (anduvo...y fue hacia Jesús, VHA, WH, N, ABMW, NC, BA)
	33	vinieron y le adoraron, (TR) (llegándose..., VM)
	34	vinieron a tierra de Genesaret.
	15:25	vino y se postró (llegando..., BC)
	29	vino junto al mar
	39	vino a la región de Magdala
	16:5	Llegando sus discípulos,
	13	Viniendo Jesús a la región
	24	Si alguno quiere venir en pos de mí
	27	el Hijo del Hombre vendrá (...ha de venir, VHA)
	28	viniendo en su reino.
	17:10	es necesario que Elías venga primero?
	11	Elías viene primero,
	12	Elías ya vino,
	14	Cuando llegaron al gentío

ἔρχομαι 2064   354   2064 ἔρχομαι

Mt	17:24	Cuando **llegaron** a Capernaum	Mr 3:8	grandes multitudes **vinieron** a él.
	25	**al entrar** él en casa (WH, N, ABMW)	19 (20)	Y **vinieron** a casa. (TR, VM, NC);
	18:7	es necesario que **vengan** tropiezos,		(Y **vino** a casa; , VHA, WH, N, ABMW,
		por quien **viene** el tropiezo		BC, BA)
	11	el Hijo del Hombre **ha venido** para salvar	31	**Vienen** después sus hermanos y su madre,
		(TR, VM, NC, BC, BA)	4:4	**vinieron** las aves del cielo
	31	fueron y refirieron a su señor (**yendo**...,	15	en seguida **viene** Satanás
		VM)	21	¿Acaso **se trae** la luz
	19:1	**fue** a las regiones de Judea	22	que no haya de salir a luz, (sino para que
	14	Dejad a los niños **venir** a mí		**venga** en plena manifestación, VM)
	20:9	**al venir** los que habían ido	5:1	**Vinieron** al otro lado del mar,
	10	**Al venir** también los primeros	14	**salieron** a ver qué era (WH, N, ABMW)
	28	no **vino** para ser servido,	15	**Vienen** a Jesús,
	21:1	**vinieron** a Betfagé,	22	**vino** uno de los principales
	5	He aquí, tu Rey **viene** a ti,	23	**ven** y pon las manos (lit., para que
	9	¡Bendito el **que viene**		**viniendo** pongas...)
	19	**vino** a ella, y no halló nada	26	antes le **iba** peor (lit., antes **viniendo** a lo
	23	Cuando **vino** al templo,		peor)
	32	Porque **vino** a vosotros Juan	27	**vino** por detrás entre la multitud
	40	Cuando **venga**, pues, el señor		(**viniendo**..., BC)
	22:3	éstos no quisieron **venir**.	33	**vino** y se postró delante de él,
	23:35	para que **venga** sobre vosotros	35	**vinieron** de casa del principal
	39	Bendito el **que viene**	38	**vino** a casa del principal (TR); (**vinieron**...,
	24:5	**vendrán** muchos en mi nombre,		VHA, WH, N, ABMW, VM, NC, BC, BA)
	30	**viniendo** sobre las nubes del cielo,	6:1	**vino** a su tierra,
	39	hasta que **vino** el diluvio	29	**vinieron** y tomaron su cuerpo,
	42	**ha de venir** vuestro Señor	31	eran muchos los **que iban**
	43	a qué hora el ladrón **habría de venir**,	48	**vino** a ellos andando sobre el mar,
	44	**vendrá** a la hora que no pensáis	53	**vinieron** a tierra de Genesaret,
	46	al cual, **cuando** su señor **venga**,	7:1	que habían **venido** de Jerusalén;
	48	Mi señor tarda en **venir**; (TR)	25	**vino** y se postró a sus pies. (**viniendo**.., BC)
	25:6	¡Aquí **viene** el esposo; (TR, VM)	31	**vino** por Sidón al mar de Galilea.
	10	mientras ellas...**vino** el esposo;	8:10	**vino** a la región de Dalmanuta.
	11	Después **vinieron** también las otras	22	**Vino** luego a Betsaida;
	13	en que el Hijo del Hombre **ha de venir** (TR,	34	Si alguno quiere **venir** en pos de mí,
		VM)	38	cuando **venga** en la gloria
	19	**vino** el señor de aquellos siervos,	9:1	el reino de Dios **venido** con Poder.
	27	**al venir** yo, hubiera recibido	7	desde la nube una voz (V60) (**salió** una
	31	Cuando el Hijo del Hombre **venga**		voz de la nube,·VM, TR)
	36	en la cárcel, y **vinisteis** a mí	11	que Elías **venga** primero?
	39	o en la cárcel, y **vinimos** a tí?	12	**vendrá** primero, y restaurará (**viniendo**...,
	26:36	**llegó** Jesús con ellos		BC)
	40	**Vino** luego a sus discípulos,	13	Pero os digo que Elías ya **vino**
	43	**Vino** otra vez, y los halló (**viniendo**..., VM)	14	Cuando **llegó** a...los discípulos (TR, NC,
	45	Entonces **vino** a sus discípulos		BC); (cuando **vinieron**..., VHA, WH, N,
	47	Mientras todavía...**vino** Judas,		ABMW, VM, BA)
	64	**viniendo** en las nubes del cielo	33	**llegó** a Capernaum, (TR); (**Llegaron**...,
	27:33	cuando **llegaron** a un lugar		VHA, WH, N, ABMW, VM, NC, BC, BA)
	49	veamos si **viene** Elías	10:1	**vino** a la región de Judea
	57	**vino** un hombre rico de Arimatea,	14	Dejad a los niños **venir** a mí,
	64	no sea que **vengan** sus discípulos	30	en el siglo **venidero** la vida eterna.
	28:1	**vinieron** María Magdalena (**vino**,...VHA)	45	el Hijo del Hombre no **vino**
	11	fueron a la ciudad, (**yendo**..., VM)	46	Entonces **vinieron** a Jericó;
	13	Sus discípulos **vinieron** de noche,	50	**vino** a Jesús.
		(**viniendo**..., NC)	11:9	¡Bendito el **que viene**
Mr	1:7	**Viene** tras mí el que es más poderoso	10	¡Bendito el reino de...David **que viene**!
	9	Jesús **vino** de Nazaret de Galilea,	13	fue a ver si tal vez hallaba en ella algo;
	14	Jesús **vino** a Galilea predicando		cuando **llegó** a ella
	24	¿Has **venido** para destruirnos?	15	**Vinieron**, pues, a Jerusalén;
	29	**vinieron** a casa de Simón y Andrés,	27	Volvieron entonces a Jerusalén (**vienen**
	39	predicaba en las sinagogas (TR); (**fue**...		otra vez..., VM)
		predicando..., VHA, WH, N, ABMW)		**vinieron** a él los principales
	40	**Vino** a él un leproso,	12:9	**Vendrá**, y destruirá a los labradores.
	45	venían a él de todas partes.	14	**Viniendo** ellos, le dijeron:
	2:3	**vinieron** a él unos trayendo	18	**vinieron** a él los saduceos
	13	toda la gente **venía** a él,	42	**vino** una viuda pobre, (**Llegándose**..., NC)
	17	No **he venido** a llamar a justos,	13:6	**vendrán** muchos en mi nombre
	18	**vinieron**, y le dijeron:	26	**que vendrá** en las nubes
	20	**vendrán** días cuando	35	no sabéis cuándo **vendrá** el señor

ἔρχομαι 2064   355   2064 ἔρχομαι

Mr	13:36	para que cuando venga de repente,
	14:3	vino una mujer con un vaso
	16	entraron en la ciudad
	17	vino él con los doce.
	32	Vinieron, pues, a un lugar
	37	Vino luego y los halló durmiendo;
	38	para que no entréis en tentación (WH, N, ABMW)
	40	volver, otra vez los halló (TR, BC); (Viniendo otra vez..., NC, WH, N, ABMW, VHA, VM, BA)
	41	Vino la tercera vez, y les dijo: Basta, la hora ha venido;
	45	cuando vino, se acercó luego
	62	viniendo en las nubes del cielo.
	66	vino una de las criadas
	15:21	Simón de Cirene...que venía del campo
	36	si viene Elías a bajarle.
	43	vino y entró osadamente (viniendo..., BC)
	16:1	para ir a ungirle.
	2	vinieron al sepulcro, ya salido el sol.
Lc	1:43	que la madre de mi Señor venga a mí?
	59	vinieron para circuncidar al niño;
	2:16	Vinieron, pues, apresuradamente,
	27	vino al templo.
	44	anduvieron camino de un día;
	51	volvió a Nazaret, (fue a Nazaret, VHA)
	3:3	él fue por toda la región
	12	Vinieron también unos publicanos
	16	viene uno más poderoso que yo,
	4:16	Vino a Nazaret,
	34	¿Has venido para destruirnos?
	42	llegando a donde estaba (vinieron a él, VM)
	5:7	para que viniesen a ayudarles; (para que viniendo los ayudasen, BC) vinieron, y llenaron ambas barcas
	17	los cuales habían venido de todas
	32	No he venido a llamar a justos,
	35	vendrán días cuando el esposo
	6:17	que había venido para oírle, (que habían venido..., VHA)
	47	Todo aquel que viene a mí,
	7:3	rogándole que viniese y sanase (lit.,...que viniendo sanase)
	7	me tuve por digno de venir a ti;
	8	al otro: Ven, y viene;
	19	¿Eres tú el que había de venir,
	20	¿Eres tú el que había de venir
	33	Porque vino Juan el Bautista,
	34	Vino el Hijo del Hombre, que come
	8:12	luego viene el diablo y quita
	17	y de salir a luz
	35	y vinieron a Jesús,
	41	vino un varón llamado Jairo
	47	vino temblando, y postrándose
	49	vino uno de casa del principal
	51	Entrando en la casa, (WH, N, ABMW)
	9:23	Si alguno quiere venir en pos de mí,
	26	cuando venga en su gloria,
	56	no ha venido para perder (TR, VM, BC)
	10:1	lugar adonde él había de ir.
	32	llegando cerca de aquel lugar,
	33	vino cerca de él, y viéndole,
	11:2	Venga tu reino.
	25	cuando llega, la halla barrida
	31	vino de los fines de la tierra
	12:36	para que cuando llegue y llame,
	37	a los cuales su señor, cuando venga,
	38	aunque venga a la segunda vigilia, y aunque venga a la tercera vigilia (TR, VHA); (si viniere en la segunda vigilia o en la tercera..., VM, WH, N, ABMW, NC, BC, BA)
Lc	12:39	a qué hora el ladrón había de venir,
	40	el Hijo del Hombre vendrá.
	43	Cuando su señor venga,
	45	Mi señor tarda en venir,
	49	Fuego vine a echar en la tierra;
	54	Agua viene; y así sucede.
	13:6	vino a buscar fruto en ella
	7	hace tres años que vengo a buscar fruto
	14	venid y sed sanados, (lit., viniendo sed sanados)
	35	Bendito el que viene en nombre
	14:1	habiendo entrado para comer
	9	viniendo el que te convidó
	10	para que cuando venga el que te convidó
	17	Venid, que ya todo está preparado.
	20	por tanto no puedo ir.
	26	Si alguno viene a mí,
	27	y viene en pos de mí,
	31	al que viene contra él con veinte mil?
	15:6	al llegar a casa, reúne
	17	volviendo en sí dijo:
	20	levantándose, vino a su padre.
	25	cuando vino, y llegó cerca de la casa, (como al volver llegó..., BC)
	30	cuando vino este tu hijo,
	16:21	los perros venían y le lamían (lit., los perros viniendo le lamían)
	28	a fin de que no vengan ellos también
	17:1	Imposible es que no vengan ¡Ay de aquel por quien vienen!
	20	cuándo había de venir el reino de Dios El reino de Dios no vendrá
	22	Tiempo vendrá cuando (Días vendrán..., VHA)
	27	vino el diluvio
	18:3	la cual venía a él,
	5	no sea que viniendo de continuo
	8	Pero cuando venga el Hijo del Hombre,
	16	Dejad a los niños venir a mí,
	30	en el siglo venidero (lit., en el siglo que viene)
	19:5	Cuando Jesús llegó a aquel lugar,
	10	vino a buscar y a salvar
	13	Negociad entre tanto que vengo.
	18	Vino otro, diciendo: Señor,
	20	Vino otro , diciendo: Señor,
	23	para que al volver yo
	38	¡Bendito el rey que viene en el nombre
	20:16	Vendrá y destruirá a estos labradores
	21:6	días vendrán en que no quedará
	8	vendrán muchos en mi nombre
	27	verán al Hijo del Hombre, que vendrá
	22:7	Llegó el día de los panes
	18	hasta que el reino de Dios venga.
	45	Cuando...vino a sus discípulos
	23:26	Simón...que venía del campo,
	29	Porque he aquí vendrán días
	33	cuando llegaron al lugar (WH, N, ABMW)
	42	cuando vengas en tu reino.
	24:1	vinieron al sepulcro, trayendo
	23	vinieron diciendo que también
Jn	1:7	Este vino por testimonio,
	9	venía a este mundo. (entrando en el mundo, VHA)

ἔρχομαι 2064   356   2064 ἔρχομαι

Jn	1:11	A lo suyo **vino**,	Jn	7:50	Nicodemo el **que vino** a él de noche,
	15	El **que viene** después de mí		8:2	[todo el pueblo **vino** a él;]
	27	Este es el **que viene** después de mí,		14	porque sé de dónde **he venido**
	29	vio Juan a Jesús **que venía** a él,			no sabéis de donde **vengo**,
	30	Después de mí **viene** un varón		20	aún no **había llegado** su hora.
	31	por esto **vine** yo bautizando con agua.		21	vosotros no podéis **venir**.
	39	Les dijo: **Venid**		22	vosotros no podéis **venir?**
		Fueron, y vieron		42	no **he venido** de mí mismo,
	46	Le dijo Felipe: **Ven** y ve.		9:4	la noche **viene**,
	47	Cuando Jesús vio...que se le acercaba,		7	se lavó, y **regresó** viendo
		(Jesús vio a Natanael **que venía** hacia él,		39	Para juicio **he venido** yo
		VM)		10:8	Todos los que antes de mí **vinieron**,
	3:2	Este **vino** a Jesús de noche,		10	El ladrón no **viene** sino para
		sabemos que **has venido** de Dios			yo **he venido** para que tengan vida,
	8	mas ni sabes de dónde **viene**,		12	ve **venir** al lobo
	19	que la luz **vino** al mundo,		41	Y muchos **venían** a él,
	20	no **viene** a la luz,		11:17	**Vino**, pues, Jesús, (**Venido**,... BC)
	21	**viene** a la luz,		19	muchos de los judíos **habían venido**
	22	**vino** Jesús con sus discípulos		20	cuando oyó que Jesús **venía**,
	26	**vinieron** a Juan y le dijeron:		27	el Hijo de Dios, **que has venido** al mundo.
		todos **vienen** a él		29	se levantó de prisa y **vino** a él
	31	El **que** de arriba **viene**,		30	Jesús todavía no **había entrado**
		el **que viene** del cielo,		32	cuando **llegó** a donde estaba Jesús,
	4:5	**Vino**, pues, a una ciudad de Samaria		34	Le dijeron: Señor, **ven** y ve
	7	**Vino** una mujer de Samaria		38	**vino** al sepulcro.
	15	ni **venga** aquí a sacarla. (TR)		45	muchos de los judíos **que habían venido**
	16	**ven** acá.		48	**vendrán** los romanos
	21	la hora **viene** cuando		56	¿No **vendrá** a la fiesta?
	23	la hora **viene**, y ahora es,		12:1	**vino** Jesús a Betania.
	25	Sé que **ha de venir** el Mesías,		9	y **vinieron** no solamente por causa,
		cuando él **venga**, nos declarará		12	**que habían venido** a la fiesta (que había...,
	27	En esto **vinieron** sus discípulos			VM)
	30	**vinieron** a él.			al oir que Jesús **venía** a Jerusalén
	35	para que **llegue** la siega? (**viene**..., VM)		13	¡Bendito el **que viene** en nombre del
	40	Entonces **vinieron** los samaritanos		15	He aquí tu Rey **viene**,
	45	Cuando **vino** a Galilea,		22	Felipe **fue** y se lo dijo a Andrés;
		también ellos **habían ido**			se lo dijeron a Jesús (TR); (**vienen**...y se lo
	46	**Vino**, pues, Jesús otra vez			dicen..., BC, WH, N, ABMW, VHA, VM,
	54	cuando **fue** de Judea a Galilea,			NC, BA)
	5:7	y entre tanto que yo **voy**,		23	**Ha llegado** la hora
	24	no **vendrá** a condenación,		27	para esto **he llegado** a esta hora.
	25	**Viene** la hora, y ahora es,		28	**vino** una voz del cielo:
	28	porque **vendrá** hora cuando todos		46	Yo, la luz, **he venido** al mundo,
	40	no queréis **venir** a mí		47	no me **vino** a juzgar al mundo,
	43	Yo **he venido** en nombre de mi Padre,		13:1	que su hora **había llegado**
		si otro **viniere** en su propio nombre,		6	Entonces **vino** a Simón Pedro;
	6:5	que **había venido** a él gran		33	vosotros no podéis **ir**.
	14	**que había de venir** al mundo.		14:3	**vendré** otra vez,
	15	entendiendo Jesús que iban a **venir**,		6	nadie **viene** al Padre, sino por mí
	17	**iban** cruzando el mar (se **iban** a la otra		18	**vendré** a vosotros.
		banda del mar, BC)		23	**vendremos** a él,
		Jesús no **había venido** a ellos.		28	Voy, y **vengo** a vosotros.
	23	otras barcas **habían arribado**		30	**viene** el príncipe de este mundo,
	24	**fueron** a Capernaum, buscando a Jesús.		15:22	Si yo no **hubiera venido**,
	35	el **que** a mí **viene** nunca tendrá hambre		26	cuando **venga** el Consolador,
	37	al **que** a mí **viene**		16:2	aun **viene** la hora cuando
	44	Ninguno puede **venir** a mí		4	para que cuando **llegue** la hora,
	45	todo aquel que oyó...**viene** a mí.		7	el Consolador no **vendría** (V60, WH, N);
	65	ninguno puede **venir** a mí,			(...no **vendrá**, VHA, TR, ABMW, VM,
	7:27	cuando **venga** el Cristo,			NC, BC, BA)
	28	no **he venido** de mí mismo,		8	cuando él **venga**, convencerá
	30	porque aún no **había llegado** su hora.		13	cuando **venga** el Espíritu (cuando **venga**
	31	El Cristo, cuando **venga**,			aquél, el Espíritu, VHA)
	34	vosotros no podréis **venir**.			os hará saber las cosas **que habrán de venir**
	36	no podréis **venir?**		21	**ha llegado** su hora
	37	Si alguno tiene sed, **venga** a mí		25	la hora **viene** cuando
	41	¿De Galilea **ha de venir** el Cristo?		28	**he venido** al mundo;
	42	**ha de venir** el Cristo.		32	la hora **viene**, y **ha venido**
	45	Los alguaciles **vinieron**		17:1	Padre, la hora **ha llegado**;

Ἔρχομαι · 2064   357   2064 Ἔρχομαι

Jn 17:11	yo **voy** a ti.
13	ahora **voy** a ti,
18:3	**fue** allí con linternas
4	todas las cosas que le **habían** de sobrevenir
37	y para esto he **venido** al mundo,
19:3	le decían: (TR); **(llegándose** ante él le decían, VHA, WH, N, ABMW, VM, NC, BC, BA)
32	**Vinieron**, pues, los soldados,
33	cuando **llegaron** a Jesús
38	**vino**, y se llevó el cuerpo
39	el que antes **había visitado**...de noche vino trayendo un compuesto de mirra
20:1	María Magdalena **fue** de mañana,
2	corrió, y **fue** a Simón,
3	**fueron** al sepulcro.
4	**llegó** primero al sepulcro.
6	Luego **llegó** Simón Pedro
8	el otro discípulo que **había venido**
18	**Fue** entonces María Magdalena
19	**vino** Jesús y puesto en medio, (...púsose..., VHA)
24	no estaba...cuando Jesús **vino**
26	**Llegó** Jesús, estando las puertas cerradas,
21:3	**Vamos** nosotros también
8	los otros discípulos **vinieron**
13	**Vino**, pues, Jesús y tomó el pan
22	Si quiero que él quede hasta que yo **venga**
23	Si quiero que él quede hasta que yo **venga**
Hch 1:11	así **vendrá** como le habéis visto
2:20	Antes que **venga** el día del Señor,
3:19	para que **vengan** de la presencia del Señor
4:23	**vinieron** a los suyos
5:15	para que al **pasar** Pedro,
7:11	**Vino** entonces hambre en toda la tierra
8:27	**había venido** a Jerusalén para adorar,
36	**llegaron** a cierta agua,
40	hasta que **llegó** a Cesarea.
9:17	en el camino por donde **venías**,
21	a eso **vino** acá, para llevarlos
10:29	al ser llamado, **vine** sin replicar.
11:5	bajado del cielo y **venía** hasta mí.
12	**Fueron** también conmigo
20	los cuales, cuando **entraron** en Antioquía (TR); (los cuales, cuando **vinieron** a Antioquía, VM, WH, N, ABMW, VHA, NC, BC, BA)
12:10	**llegaron** a la puerta de hierro
12	**llegó** a casa de María la madre
13:13	**arribaron** a Perge de Panfilia
14	**entraron** en la sinagoga (WH, N) (**entrando**..., VM)
25	he aquí **viene** tras mí
44	el siguiente día de reposo se juntó
51	**llegaron** a Iconio.
14:24	**vinieron** a Panfilia.
15:30	**descendieron** a Antioquía (TR) (lit., **fueron**...)
16:7	cuando **llegaron** a Misia,
37	**vengan** ellos mismos a sacarnos. (lit., **viniendo** ellos mismos, que nos saquen)
39	**viniendo**, les rogaron;
17:1	**llegaron** a Tesalónica,
13	**fueron** allá,
15	de que **viniesen** a él lo más pronto
18:1	**fue** a Corinto.
2	recién **venido** de Italia con Priscila
7	se **fue** a la casa de uno (TR, WH, N)
21	en Jerusalén la fiesta que **viene**; (TR, [BA])
Hch 19:1	Aconteció que...**vino** a Efeso,
4	en aquel que **vendría** después de él,
6	**vino** sobre ellos el Espíritu
18	muchos de los que habían creído **venían**
27	de que este nuestro negocio **venga** a
20:2	**llegó** a Grecia.
6	nos reunimos con ellos en Troas, (**llegamos** a ellos...a Troas, VM)
14	**vinimos** a Mitilene
15	al día siguiente **llegamos** a Mileto.
21:1	**fuimos** con rumbo directo a Cos
8	**fuimos** a Cesarea
11	quien **viniendo** a vernos, (**viniendo** éste a nosotros, VM)
22	porque oirán que **has venido**
22:11	**llegué** a Damasco
13	**vino** a mí, (**viniendo** a mí, BC)
30	mandó **venir** a los principales (TR)
24:8	mandando...que **viniesen** a ti. (TR, [VM], NC, [BA])
25:23	Al otro día, **viniendo** Agripa
27:8	**llegamos** a un lugar que llaman
28:13	**llegamos** al segundo día a Puteoli
14	luego **fuimos** a Roma,
15	**salieron** a recibirnos (WH, N, ABMW)
16	Cuando **llegamos** a Roma, (TR)
23	**vinieron** a él muchos a la posada (WH, N, ABMW)
Ro 1:10	un próspero viaje **para ir** a vosotros.
13	me he propuesto ir a vosotros
3:8	Hagamos males para que **vengan** bienes?
7:9	pero **venido** el mandamiento,
9:9	Por este tiempo **vendré**,
15:22	impedido muchas veces de **ir** a vosotros.
23	desde hace muchos años **ir** a vosotros,
24	Cuando vaya a España, **iré** a vosotros; (TR, VM)
29	sé que **cuando vaya** a vosotros, **llegaré** con abundancia de la bendición
32	para que con gozo **llegue** (TR, VM, BA); (a fin de que **llegando** con gozo, VHA, WH, N, ABMW, NC, BC)
1 Co 2:1	**cuando fui** a vosotros...no **fui** con
4:5	hasta que **venga** el Señor,
18	como si yo nunca **hubiese de ir** a vosotros
19	**iré** pronto a vosotros,
21	¿**Iré** a vosotros con vara,
11:26	hasta que él **venga**
34	Las demás cosas...cuando yo **fuere**,
13:10	cuando **venga** lo perfecto,
14:6	si yo **voy** a vosotros hablando en lenguas
15:35	¿Con qué cuerpo **vendrán**?
16:2	para que cuando yo **llegue**
5	**Iré** a vosotros,
10	si **llega** Timoteo,
11	para que **venga** a mí,
12	le rogué que **fuese** a vosotros de ninguna manera tuvo voluntad de ir (lit.,...voluntad para que **fuera**) **irá** cuando tenga oportunidad
2 Co 1:15	Con esta confianza **quise** ir primero
16	desde Macedonia **venir** otra vez
23	no **he pasado** todavía a Corinto.
2:1	no **ir** otra vez a vosotros con tristeza,
3	para que **cuando llegue** no tenga
12	**Cuando llegué** a Troas,
7:5	cuando **vinimos** a Macedonia,
9:4	no sea que si **vinieren** conmigo
11:4	si viene alguno predicando (si el **que viene**

		predica, VHA)
2 Co	11:9	los hermanos **que vinieron** de Macedonia,
	12:1	pero **vendré** a las visiones
	14	preparado **para ir** a vosotros
	20	Pues me temo que **cuando llegue,**
	21	que cuando **vuelva,** me humille
	13:1	la tercera vez que **voy** a vosotros.
	2	si **voy** otra vez, no seré indulgente;
Gá	1:21	Después **fui** a las regiones
	2:11	cuando Pedro **vino** a Antioquía, (TR);
		(...Cefas..., VHA, WH, N, ABMW, VM, NC, BC, BA)
	12	antes que **viniesen** algunos después que **vinieron,** se retraía
	3:19	hasta que **viniese** la simiente
	23	antes que **viniese** la fe,
	25	Pero **venida** la fe,
	4:4	cuando **vino** el cumplimiento
Ef	2:17	**vino** y anunció las buenas nuevas (**venido,** anunció..., BC)
	5:6	por estas cosas **viene** la ira de Dios
Fil	1:12	**han redundado** más bien para el progreso (lit., **han venido**...)
	27	sea **que vaya** a veros, (sea **que vaya** y os vea, VHA)
	2:24	yo también **iré** pronto
Col	3:6	la ira de Dios **viene** sobre los hijos
	4:10	si **fuere** a vosotros,
1 Ts	1:10	nos libra de la ira **venidera**
	2:18	por lo cual quisimos **ir** a vosotros,
	3:6	**cuando** Timoteo **volvió**
	5:2	que el día del Señor **vendrá**
2 Ts	1:10	cuando **venga**...para ser glorificado
	2:3	sin que antes **venga** la apostasía
1 Ti	1:15	que Cristo Jesús **vino** al mundo
	2:4	que todos los hombres...**vengan**
	3:14	aunque tengo la esperanza de **ir** pronto
	4:13	Entre tanto que **voy,** ocúpate
2 Ti	3:7	y nunca pueden **llegar** al conocimiento
	4:9	Procura **venir** pronto
	13	Trae, **cuando vengas,** el capote
	21	Procura **venir** antes del invierno
Tit	3:12	apresúrate a **venir** a mí
He	6:7	que...**cae** sobre ella, (que...**viene** sobre él, VM)
	8:8	He aquí **vienen** días, dice el Señor,
	10:37	el **que ha de venir** vendrá,
	11:8	salió sin saber a dónde **iba.**
	13:23	si **viniere** pronto, iré a veros.
2 P	3:3	en los postreros días **vendrán** burladores,
1 Jn	2:18	oísteis que el anticristo **viene,**
	4:2	que confiesa **que** Jesucristo **ha venido** en carne (que confiesa a Jesús como Cristo **venido** en carne, BC)
	3	que no confiesa que Jesucristo **ha venido** en carne, (TR) (lit., que no confiesa a Jesús como Cristo **venido** en carne) habéis oído que **viene,**
	5:6	que **vino** mediante agua y sangre;
2 Jn	7	que Jesucristo **ha venido** en carne. (a Jesús como Mesías **venido** en carne, BC)
	10	Si alguno **viene** a vosotros,
	12	espero **ir** a vosotros (TR)
3 Jn	3	**cuando vinieron** los hermanos
	10	Por esta causa, si **yo fuere,**
Jud	14	**vino** el Señor
Ap	1:4	que era y **que ha de venir,**
	7	He aquí que **viene** con las nubes,
	8	que era y **que ha de venir,**

Ap	2:5	pues si no, **vendré**
	16	pues si no, **vendré**
	3:10	la hora de la prueba que ha de venir
	11	He aquí, yo **vengo** pronto;
	4:8	el **que ha de venir**
	5:7	**vino,** y tomó el libro
	6:1	con voz de trueno: **Ven**
	3	que decía: **Ven**
	5	que decía: **Ven**
	7	que decía: **Ven**
	17	el gran día de su ira **ha llegado;**
	7:13	¿quiénes son, y de dónde **han venido?**
	14	Estos son los **que han salido**
	8:3	Otro ángel **vino** entonces
	9:12	he aquí, **vienen** aún dos ayes
	11:14	he aquí, el tercer ay **viene** pronto.
	17	que eras y que **has de venir,** (TR)
	18	tu ira **ha venido,**
	14:7	la hora de su juicio **ha llegado;**
	15	porque la hora de segar **ha llegado**
	16:15	He aquí, yo **vengo** como ladrón.
	17:1	**Vino** entonces uno de los siete
	10	el otro aún no **ha venido;** y cuando **venga**
	18:10	en una hora **vino** tu juicio!
	19:7	**han llegado** las bodas del Cordero,
	21:9	**Vino** entonces a mí uno
	22:7	¡He aquí, **vengo** pronto!
	12	He aquí yo **vengo** pronto,
	17	el Espíritu y la esposa dicen: **Ven,** el que oye, diga: **Ven.** el que tiene sed, **venga;**
	20	Ciertamente **vengo** en breve sí, ven, Señor Jesús.

2046 ἐρῶ – eró
εἴρηκα – éireka
ἐρρέθην – erréthen (eréthen)
véase λέγω, εἶπον. 3004. pág. 507
y 2036, pág. 293

Mt	1:22	**lo dicho** por el Señor
	2:15	lo que dijo el Señor (**lo dicho** por el Señor, VM)
	17	**lo que fue dicho** por el profeta Jeremías
	23	**lo que fue dicho** por los profetas,
	3:3	de quien habló el profeta Isaías (el **que fue anunciado** por el profeta Isaías, VHA)
	4:14	**lo dicho** por el profeta Isaías
	5:21	Oísteis que **fue dicho** a los antiguos
	27	Oísteis que **fue dicho:**
	31	También **fue dicho:** Cualquiera
	33	Además habéis oído que **fue dicho**
	38	Oísteis que **fue dicho:** Ojo por ojo,
	43	Oísteis que **fue dicho:** Amarás
	7:4	¿O cómo **dirás** a tu hermano:
	22	Muchos me **dirán** en aquel día:
	8:17	para que se cumpliese **lo dicho**
	12:17	para que se cumpliese **lo dicho**
	13:30	al tiempo de la siega yo **diré**
	35	para que se cumpliese **lo dicho**
	17:20	**diréis** a este monte:
	21:3	si alguien os dijere algo, **decid** (...le responderéis, VHA)
	4	para que se cumpliese **lo dicho**
	24	también yo os **diré** con qué autoridad
	25	Si decimos, del cielo, nos **dirá**
	22:31	¿no habéis leído lo **que os fue dicho**
	24:15	de **que habló** el profeta Daniel (**anunciada** por el profeta Daniel, VHA)
	25:34	Entonces el Rey **dirá** a los de su derecha:

ἐρωτάω 2065 359 2065 ἐρωτάω

Mt	25:40	respondiendo el Rey, les **dirá**:		He	10:15	después de **haber dicho** (WH, N, ABMW)
	41	**dirá** también a los de la izquierda			13:5	porque él **dijo**:
	26:75	que le **había dicho**: Antes que cante		Stg	2:18	Pero alguno **dirá**: Tú tienes fe,
	27:9	Así se cumplió **lo dicho** por el profeta		Ap	6:11	**se les dijo** que descansasen todavía
	35	para que se cumpliese **lo dicho** (TR, VM)			7:14	Yo le **dije**: Señor, tú lo sabes,
Mr	11:29	os **diré** con qué autoridad			9:4	**se les mandó** que no dañasen
	31	Si decimos, del cielo, **dirá**:			17:7	Yo te **diré** el misterio
Lc	2:24	conforme a lo **que se dice** en la ley del (según lo **prescrito**..., VHA)			19:3	Otra vez **dijeron**: ¡Aleluya!
	4:12	**Dicho está**: No tentarás		2065		ἐρωτάω — erotáo
	23	Sin duda me **diréis** este refrán		Mt	15:23	sus discípulos, le **rogaron**, diciendo:
	12:10	A todo aquel que **dijere** alguna palabra			16:13	**preguntó** a sus discípulos, diciendo:
	19	**diré** a mi alma: Alma,			19:17	¿Por qué me **llamas** bueno? (TR, VM); (Por qué me **preguntas** acerca de lo bueno, VHA, WH, N, ABMW, NC, BC, BA)
	13:25	él respondiendo os **dirá**:				
	27	Pero os **dirá**: Os digo que no sé				
	14:9	viniendo el que...a ti y a él, te **diga**:				
	10	cuando venga...te **diga** (WH, N, ABMW)			21:24	Yo también os **haré** una pregunta
	15:18	Me levantaré...y le **diré**:		Mr	4:10	los que estaban...con los doce le **preguntaron**
	17:7	al volver él del campo, luego le **dice**:			7:26	y le **rogaba** que echase fuera
	8	¿No le **dice** más bien: Prepárame			8:5	El les **preguntó**: ¿Cuántos panes (WH, N, ABMW)
	21	ni **dirán**: Helo aquí,				
	23	Y os **dirán**: Helo aquí,		Lc	4:38	y le **rogaron** por ella.
	19:31	le **responderéis** así:			5:3	le **rogó** que la apartase de tierra
	20:5	Si decimos, del cielo, **dirá**:			7:3	**rogándole** que viniese y sanase
	22:11	**decid** al padre de familia (**diréis**..., VHA)			36	Uno de los fariseos **rogó** a Jesús
	13	hallaron como les **había dicho**:			8:37	le **rogó** que se marchase de ellos,
	23:29	vendrán días en que **dirán**:			9:45	y temían **preguntarle**
Jn	4:18	esto **has dicho** con verdad.			11:37	le **rogó** un fariseo que comiese con él,
	6:65	Y dijo: Por eso os **he dicho**			14:18	te **ruego** que me excuses. (te **ruego** me tengas por excusado, BC)
	11:13	Pero Jesús **decía** esto de la muerte				
	12:50	lo hablo como el Padre me lo **ha dicho**.			19	te **ruego** que me excuses. (**ruégote** que me tengas por excusado, VM)
	14:29	Y ahora os lo **he dicho** antes				
	15:15	pero os **he llamado** amigos,			32	le **pide** condiciones de paz
Hch	2:16	Mas esto es **lo dicho** por el profeta Joel.			16:27	Te **ruego**, pues, padre, que le envíes
	8:24	para que nada...que **habéis dicho**			19:31	si alguien os **preguntare**:
	13:34	lo **dijo** así:			20:3	Os haré yo también una pregunta; (...os **preguntaré**, VHA)
	40	lo **que está dicho** en los profetas:				
	17:28	como algunos...también **han dicho**:			22:68	también si os **preguntare**
	20:38	por la palabra que **dijo**,			23:3	Entonces Pilato le **preguntó**, (WH, N, ABMW)
	23:5	No maldecirás a un príncipe (No **hablarás** mal,..., VM)				
				Jn	1:19	levitas para que le **preguntasen**:
Ro	3:5	¿qué **diremos**?			21	le **preguntaron**: ¿Qué pues,
	4:1	¿Qué, pues, **diremos**			25	le **preguntaron**, y le dijeron:
	18	conforme a lo **que se le había dicho**:			4:31	los discípulos, le **rogaban**,
	6:1	¿Qué, pues, **diremos**? ¿Perseveraremos			40	le **rogaron** que se quedase con ellos;
	7:7	¿Qué **diremos**, pues? ¿La ley es			47	le **rogó** que descendiese
	8:31	¿Qué, pues, **diremos** a esto?			5:12	le **preguntaron**: ¿Quién es
	9:12	se le **dijo**: El mayor servirá			8:7	[como insistieran en **preguntar**le,]
	14	¿Qué, pues, **diremos**? ¿Qué hay injusticia			9:2	le **preguntaron** sus discípulos,
	19	Pero me **dirás**: ¿Por qué, pues			15	Volvieron, pues, a preguntarle (Otra vez, pues,...le **preguntaron**, VM)
	20	¿**Dirá** el vaso de barro al que lo formó:				
	26	Y en el lugar donde **se les dijo**:			19	les **preguntaron**, diciendo:
	30	¿Qué, pues, **diremos**? Que los gentiles,			21	edad tiene, **preguntádle** a él;
	11:19	Pues las ramas, **dirás**, fueron			23	**preguntadle** a él. (TR)
1 Co	14:16	¿cómo **dirá** el Amén a tu acción de gracias?			12:21	le **rogaron**, diciendo: Señor,
	23	¿no **dirán** que estáis locos?			14:16	yo **rogaré** al Padre, y os dará
	15:35	Pero **dirá** alguno: ¿Cómo resucitarán			16:5	ninguno de vosotros me **pregunta**
2 Co	12:6	porque **diría** la verdad;			19	conoció que querían **preguntar**le,
	9	me **ha dicho**: Bástate mi gracia;			23	En aquel día no me **preguntaréis**
Gá	3:16	a Abraham **fueron hechas** las promesas, (lit.,...**fueron dichas**...)			26	que yo **rogaré** al Padre
					30	que nadie te **pregunte**
Fil	4:4	Otra vez **digo**: ¡Regocijaos! (...**diré**..., VHA)			17:9	Yo **ruego** por ellos; no **ruego** por el mundo
					15	No **ruego** que los quites
He	1:13	¿a cuál de los ángeles **dijo** Dios			20	no **ruego** solamente por éstos
	4:3	de la manera que **dijo**:			18:19	el sumo sacerdote **preguntó**
	4	Porque en cierto lugar **dijo** así			21	¿Por qué me **preguntas** a mí? (WH, N, ABMW)
	7	como **se dijo** (TR)				
	10:9	diciendo luego: He aquí que vengo, (entonces **ha dicho**..., VHA)				**Pregunta** a los que han oído, (WH, N, ABMW)

2066 ἐσθής

Jn	19:31	**rogaron** a Pilato que se les quebrasen
	38	**rogó** a Pilato que le permitiese
Hch	1:6	**preguntaron**, diciendo (WH, N, ABMW)
	3:3	les **rogaba** que les diesen limosna. (lit., **rogaba** que recibiera limosna)
	10:48	le **rogaron** que se quedase
	16:39	sacándolos, les **pidieron** que salieran
	18:20	los cuales le **rogaban** que se quedase (como éstos le rogaran..., VHA)
	23:18	me **rogó** que trajese ante ti
	20	Los judíos han convenido en **rogarte**
Fil	4:3	Asimismo te **ruego** también a ti,
1 Ts	4:1	os **rogamos** y exhortamos
	5:12	Os **rogamos**, hermanos, que reconozcáis
2 Ts	2:1	os **rogamos**, hermanos
1 Jn	5:16	por el cual yo no digo que **se pida**,
2 Jn	5	ahora te **ruego**, señora,

2066   ἐσθής** — esthés

Lc	23:11	vistiéndole de una **ropa** espléndida;
	24:4	dos varones con **vestiduras** resplandecientes
Hch	1:10	dos varones con **vestiduras** blancas
	10:30	un varón con **vestido** resplandeciente,
	12:21	vestido de **ropas** reales, (...de **traje** real, VHA)
Stg	2:2	y con **ropa** espléndida, entra un pobre con **vestido** andrajoso,
	3	al que trae la **ropa** espléndida

2068   ἐσθίω — esthío

Mt	6:25	qué **habéis de comer**
	31	¿Qué **comeremos**, o qué beberemos
	9:11	¿Por qué **come** vuestro Maestro
	11:18	vino Juan, que ni **comía**
	19	el Hijo del Hombre que **come**
	12:1	comenzaron...a **comer**.
	4	**comió** los panes de la proposición (TR, VM, BC); (comieron, VHA, WH, N, ABMW, NC, BA) que no les era lícito **comer**
	14:16	dadles vosotros de **comer**.
	20	**comieron** todos, y se saciaron;
	21	los **que comieron** fueron como
	15:2	cuando **comen** pan.
	20	el **comer** con las manos sin lavar
	27	aun los perrillos **comen**
	32	no tienen qué **comer**;
	37	**comieron** todos, y se saciaron;
	38	eran los **que habían comido**,
	24:49	si...comenzare...a **comer** (TR, VM, NC); (si...comenzare...y **comiere**, VHA, WH, N, ABMW, BC, BA)
	25:35	me disteis de **comer**;
	42	no me disteis de **comer**;
	26:17	**para que comas** la pascua? (para **comer**..., VM)
	21	mientras **comían**, dijo: De cierto
	26	mientras **comían**, tomó Jesús Tomad, **comed**; esto es mi cuerpo.
Mr	1:6	**comía** langostas y miel silvestre. (lit., comiendo...)
	2:16	viéndole **comer** (viendo que **comía**, VHA) que él **come** y bebe
	26	**comió** los panes de la proposición de los cuales no es lícito **comer**
	3:20	ellos ni aun podían **comer** pan.
	5:43	dijo que se le diese de **comer**.
	6:31	ni aun tenían tiempo para **comer**.
	36	no tienen qué **comer**. (TR); (compren para sí algo de **comer**, VM, WH, N, ABMW, VHA, NC, BC, BA) (lit., lo que **puedan comer**)
Mr	6:37	Dadles vosotros de **comer**. les demos de **comer**? (les daremos..., BC)
	42	**comieron** todos, y se saciaron,
	44	los **que comieron** eran cinco mil
	7:2	viendo a algunos...**comer** pan (TR, VM, BC); (vieron que algunos...**comían** pan, NC, WH, N, ABMW, VHA, BA)
	3	si muchas veces...no **comen**,
	4	si no se lavan, no **comen**.
	5	sino que **comen** pan
	28	**comen** de las migajas de los hijos
	8:1	no tenían qué **comer**, (no teniendo..., VM)
	2	no tienen qué **comer**.
	8	**comieron**, y se saciaron;
	9	Eran los **que comieron**, como cuatro mil; (TR, VM)
	11:14	Nunca jamás **coma** nadie fruto
	14:12	para que **comas** la pascua?
	14	donde **he de comer** la pascua con mis
	18	mientras **comían**, dijo Jesús: uno de vosotros, **que come** conmigo
	22	mientras **comían**, Jesús tomó pan
Lc	4:2	no **comió** nada en aquellos días
	5:30	¿Por qué **coméis** y bebéis
	33	los tuyos **comen** y beben?
	6:1	arrancaban espigas y **comían**,
	4	de los cuales no es lícito **comer** **comió**, y dio también
	7:33	que ni **comía** pan ni bebía vino,
	34	Vino el Hijo del Hombre, **que come**
	36	que **comiese** con él,
	8:55	y él mandó que se le diese de **comer**.
	9:13	Dadles vosotros de **comer**,
	17	**comieron** todos, y se saciaron,
	10:7	**comiendo** y bebiendo
	8	**comed** lo que os pongan delante;
	12:19	repósate, **come**, bebe,
	22	qué **comeréis**;
	29	por lo que **habéis de comer**,
	45	a **comer** y beber y embriagarse.
	13:26	Delante de ti **hemos comido** y bebido
	14:1	habiendo entrado **para comer**
	15	Bienaventurado el que **coma** pan
	15:16	de las algarrobas que **comían** los cerdos
	23	**comamos** y hagamos fiesta; (lit., comiendo...)
	17:8	hasta que **haya comido** y bebido; después de esto, **come** y bebe tú?
	27	**Comían**, bebían, se casaban
	28	**comían**, bebían, compraban,
	22:8	preparadnos la pascua para que la **comamos**
	11	donde **he de comer** la pascua
	15	¡Cuánto he deseado **comer** con vosotros
	16	os digo que no la **comeré**
	30	para que **comáis** y bebáis a mi mesa
	24:43	**comió** delante de ellos.
Jn	4:31	diciendo: Rabí, **come**
	32	Yo tengo una comida **que comer**,
	33	¿Le habrá traído alguien de **comer**?
	6:5	para que **coman** éstos?
	23	donde **habían comido** el pan
	26	sino porque **comisteis** el pan
	31	Nuestros padres **comieron** el maná Pan del cielo les dio a **comer**.
	49	Vuestros padres **comieron** el maná
	50	para que el que de él **come**.

Ἐολί 2069 — 2078 ἔσχατος

Jn	4:51	si alguno comiere de este pan,
	52	¿Cómo puede éste darnos a comer
	53	Si no coméis la carne
	58	vuestros padres comieron el maná
	18:28	así poder comer la pascua. (sino que pudiesen comer..., VM)
Hch	9:9	no comió ni bebió.
	10:13	Pedro, mata y come
	14	porque ninguna cosa...he comido jamás.
	11:7	Pedro, mata y come.
	23:12	diciendo que no comerían
	21	se han juramentado...a no comer
	27:35	partiéndolo, comenzó a comer:
Ro	14:2	uno cree que se ha de comer otro, que es débil, come legumbres
	3	El que come, no menosprecie al que no come, y el que no come, no juzgue al que come;
	6	El que come, para el Señor come, el que no come, para el Señor no come.
	20	que el hombre haga tropezar a otros con lo que come (para el hombre que coma para tropiezo, VHA)
	23	el que duda sobre lo que come, (el que duda, si come, BA)
1 Co	8:7	comen como sacrificado a ídolos,
	8	ni porque comamos, seremos más (...si comemos, VM) ni porque no comamos, seremos menos. (...si no comemos, VM)
	10	¿no será estimulado a comer de lo
	13	no comeré carne jamás,
	9:4	¿Acaso no tenemos derecho de comer
	7	no come de su fruto? no toma de la leche (no come...VHA)
	13	comen del templo, (comen de las cosas del Templo, VHA)
	10:3	todos comieron el mismo alimento
	7	Se sentó el pueblo a comer
	18	los que comen de los sacrificios,
	25	comed, sin preguntar nada
	27	de todo lo que se os ponga delante comed,
	28	no lo comáis, por causa de aquel
	31	Si, pues, coméis o bebéis
	11:20	esto no es comer la cena del Señor.
	21	Porque al comer, cada uno
	22	¿no tenéis casas en que comáis (...casas para comer, BC)
	26	todas las veces que comiereis este pan
	27	cualquiera que comiere este pan
	28	y coma así del pan,
	29	el que come...juicio come
	33	cuando os reunís a comer,
	34	coma en su casa,
	15:32	comamos y bebamos, porque mañana
2 Ts	3:8	ni comimos de balde el pan
	10	Si alguno no quiere trabajar, tampoco coma
	12	coman su propio pan.
He	10:27	que ha de devorar a los adversarios,
	13:10	del cual no tienen derecho de comer
Stg	5:3	devorará del todo vuestras carnes
Ap	2:7	Al que venciere, le daré a comer
	14	a comer de cosas sacrificadas
	17	daré de comer del maná (TR, VM)
	20	a comer cosas sacrificadas
	10:10	cuando lo hube comido
	17:16	devorarán sus carnes,
	19:18	para que comáis carnes de reyes

2069		Ἐολί — Eslí (Jeslí) o Ἐολεί
Lc	3:25	hijo de Eslí, hijo de Nagai,
2070		Véase pág. 280
2071		Véanse págs. 291, 293
2072		ἔσοπτρον** — ésoptron
1 Co	13:12	vemos por espejo, oscuramente;
Stg	1:23	al hombre que considera en un espejo
2073		ἑσπέρα — espéra (jespéra)
Lc	24:29	porque se hace tarde
Hch	4:3	porque era ya tarde
	28:23	desde la mañana hasta la tarde
2074		Ἑσρώμ — Esróm (Jesróm)
Mt	1:3	Fares a Esrom, y Esrom a Aram.
Lc	3:33	hijo de Esrom, hijo de Fares
2075		Véase pág. 281
2077 A		ἐσσόομαι — essóomai (jesóomai) Véase ἡττάομαι
2 Co	12:13	¿en qué habéis sido menos (WH, N, ABMW)
2078		ἔσχατος — éscatos (ésjatos)
Mt	5:26	hasta que pagues el último cuadrante.
	12:45	el postrer estado de aquel hombre
	19:30	muchos primeros serán postreros, y postreros, primeros
	20:8	comenzando desde los postreros
	12	Estos postreros han trabajado una sola
	14	pero quiero dar a este postrero
	16	Así, los primeros serán postreros, y los postreros primeros
	27:64	será el postrer error peor
Mr	9:35	el postrero de todos,
	10:31	muchos primeros...postreros, y los postreros
	12:6	lo envió también a ellos (a él se los envió al último, BA)
	22	después de todos murió también (V60, WH, N, ABMW, VHA, NC, BC, BA); (Murió la mujer también, la postrera de todos, VM, TR)
Lc	11:26	el postrer estado de aquel hombre
	12:59	hasta que. .aun la última blanca.
	13:30	hay postreros que serán primeros y primeros que serán postreros
	14:9	a ocupar el último lugar.
	10	siéntate en el último lugar.
Jn	6:39	sino que lo resucite en el día postrero
	40	yo le resucitaré en el día postrero.
	44	yo le resucitaré en el día postrero.
	54	yo le resucitaré en el día postrero.
	7:37	En el último y gran día de la fiesta,
	8:9	[desde los más viejos hasta los postreros]
	11:24	que resucitará...en el día postrero
	12:48	le juzgará en el día postrero.
Hch	1:8	hasta lo último de la tierra.
	2:17	en los postreros días dice Dios,
	13:47	hasta lo último de la tierra.
1 Co	4:9	como postreros, como a sentenciados
	15:8	al último de todos, como a un abortivo
	26	el postrer enemigo
	45	el postrer Adán, espíritu vivificante
	52	a la final trompeta;
2 Ti	3:1	en los postreros días vendrán tiempos
He	1:2	en estos postreros días (al fin de estos días, VHA)
Stg	5:3	tesoros para los días postreros. (tesoro en.., VHA)
1 P	1:5	en el tiempo postrero.

ἐσχάτως 2079   362   2087 ἕτερος

1 P	1:20	manifestado en los postreros tiempos (...al fin de los tiempos, VHA)
2 P	2:20	su postrer estado viene a ser peor
	3:3	en los postreros días vendrán burladores,
1 Jn	2:18	Hijitos, ya es el último tiempo; conocemos que es el último tiempo
Jud	18	En el postrer tiempo habrá burladores,
Ap	1:11	el primero y el último. (TR)
	17	yo soy el primero y el último;
	2:8	El primero y el postrero,
	19	tus obras postreras son más que
	15:1	las siete plagas postreras;
	21:9	llenas de las siete plagas postreras
	22:13	el primero y el último.

2079   ἐσχάτως* — escátos (esjátos)
Mr 5:23   Mi hija está agonizando (lit.,...tiene al cabo)

2080   ἔσω — éso
Mt 26:58   entrando, se sentó (pasando adentro..., VHA)
Mr 14:54   hasta dentro del patio
     15:16   le llevaron dentro del atrio,
Jn 20:26   estaban otra vez... dentro,
Hch 5:23   a nadie hallamos dentro.
Ro 7:22   según el hombre interior,
1 Co 5:12   a los que están dentro?
2 Co 4:16   el interior...se renueva (WH,N, ABMW)
Ef 3:16   con poder en el hombre interior

2081   ἔσωθεν — ésothen
Mt 7:15   por dentro son lobos rapaces
     23:25   por dentro estáis llenos de robo
     27   por dentro estáis llenos de huesos
     28   por dentro estáis llenos de hipocresía
Mr 7:21   de dentro, del corazón
     23   Todas estas maldades de dentro
Lc 11:7   y aquél, respondiendo desde adentro
     39   por dentro estáis llenos de rapacidad
     40   no hizo también lo de dentro?
2 Co 4:16   el interior no obstante se renueva (TR)
     7:5   de dentro, temores.
Ap 4:8   por dentro estaban llenos de ojos;
     5:1   un libro escrito por dentro y por fuera,
     11:2   que está fuera del templo (E, WH, N, ABMW, VHA, VM, NC, BC, BA); (lit., que está adentro..., S)

2082   ἐσώτερος — esóteros
Hch 16:24   los metió en el calabozo de más adentro
He 6:19   que penetra hasta dentro del velo,

2083   ἑταῖρος — etáiros (jetáiros)
Mt 11:16   dan voces a sus compañeros. (TR, VHA, VM, BC); (...a los otros, BA, WH, N, ABMW, NC)
     20:13   Amigo, no te hago agravio;
     22:12   Amigo, ¿cómo entraste
     26:50   Amigo, ¿a qué vienes?

2084   ἑτερόγλωσσος** — eteróglossos (jetéroglosos)
1 Co 14:21   En otras lenguas y con otros labios

2085   ἑτεροδιδασκαλέω*† — eterodidaskaléo (jeterodidaskaléo)
1 Ti 1:3   que no enseñen diferente doctrina

1 Ti	6:3	Si alguno enseña otra cosa,

2086   ἑτεροζυγέω*† — eterozugéo (jeterodzuguéo)
2 Co 6:14   No os unáis en yugo desigual (No seáis unidos en yugo desigual, VM)

2087   ἕτερος — éteros (jéteros)
Mt 6:24   amará al otro,
     menospreciará al otro.
     8:21   Otro de sus discípulos le dijo:
     10:23   huid a la otra (WH, N, ABMW)
     11:3   o esperaremos a otro
     16   dan voces a sus compañeros, (TR, VHA, VM, BC); (...a los otros, BA, WH, N, ABMW, NC)
     12:45   toma consigo otros siete espíritus
     15:30   y otros muchos enfermos;
     16:14   otros, Jeremías, o alguno
     21:30   acercándose al otro. (TR, ABMW, VM, BC) (...al segundo, VHA, WH, N, NC, BA)
Mr 16:12   [apareció en otra forma]
Lc 3:18   Con estas y otras muchas exhortaciones (lit., exhortando muchas cosas y otras cosas)
     4:43   también a otras ciudades
     5:7   que estaban en la otra barca,
     6:6   también en otro día de reposo,
     7:19   o esperaremos a otro? (WH)
     41   el otro cincuenta;
     8:3   y otras muchas que le servían
     6   Otra parte cayó sobre la piedra;
     7   Otra parte cayó entre espinos,
     8   otra parte cayó en buena tierra,
     9:29   la apariencia de su rostro se hizo otra,
     56   se fueron a otra aldea.
     59   dijo a otro: Sígueme.
     61   Entonces también dijo otro:
     10:1   designó el Señor también a otros
     11:16   Otros, para tentarle, le pedían
     26   y toma otros siete espíritus
     14:19   Otro dijo: He comprado
     20   otro dijo: Acabo de casarme
     31   al marchar...contra otro rey,
     16:7   Después dijo a otro:
     13   amará al otro
     menospreciará al otro,
     18   Todo el que...se casa con otra,
     17:34   y el otro será dejado
     35   y la otra dejada.
     18:10   uno era fariseo, y el otro publicano.
     19:20   Vino otro, diciendo: Señor,
     20:11   Volvió a enviar otro siervo;
     22:58   Un poco después, viéndole otro,
     65   decían otras muchas cosas
     23:32   Llevaban también con él a otros
     40   Respondiendo el otro, le reprendió
Jn 19:37   también otra Escritura dice:
Hch 1:20   Tome otro su oficio.
     2:4   comenzaron a hablar en otras lenguas,
     13   otros, burlándose, decían:
     40   con otras muchas palabras
     4:12   no hay otro nombre
     7:18   se levantó en Egipto otro rey
     8:34   de sí mismo, o de algún otro?
     12:17   se fue a otro lugar.
     13:35   Por eso dice también en otro

ἑτέρως 2088

Hch	15:35	anunciando el evangelio con **otros** muchos
	17:7	diciendo que hay **otro** rey,
	21	en ninguna **otra** cosa se interesaban
	34	y **otros** con ellos,
	19:39	si demandáis alguna **otra** cosa, (V60, WH, N, ABMW, VHA, NC, BC, BA); (...algo respecto de **otras** materias, VM, TR)
	20:15	al **otro** día tomamos puerto
	23:6	una parte era...y **otra** de fariseos,
	27:1	a Pablo y a algunos **otros** presos
	3	Al **otro** día llegamos a Sidón;
Ro	2:1	en lo que juzgas a **otro**,
	21	Tú, pues, que enseñas a **otro**,
	7:3	se uniere a **otro** varón, (lit., si viene a ser de **otro** marido) si se uniere a **otro** marido (lit., viniendo a ser de **otro** marido)
	4	para que seáis de **otro**,
	23	veo **otra** ley en mis miembros,
	8:39	ni ninguna **otra** cosa creada
	13:8	el que ama al prójimo (...al **otro**, BC)
	9	cualquier **otro** mandamiento
1 Co	3:4	el **otro**: Yo soy de Apolos,
	4:6	os envanezcáis unos contra **otros**. (se engría a favor del uno en contra del **otro**, VHA)
	6:1	cuando tiene algo contra **otro**,
	8:4	no hay más que un Dios (lit., no hay **otro** Dios sino uno) (TR, VHA, VM, NC, BC, BA)
	10:24	sino el del **otro**
	29	no la tuya, sino la del **otro**.
	12:9	a **otro**, fe por el mismo Espíritu;
	10	a **otro**, diversos géneros de lenguas
	14:17	pero el **otro** no es edificado.
	21	con **otros** labios hablaré
	15:40	una es la gloria de los celestiales (diferente..., BC) otra la de los terrenales. (diferente..., BC)
2 Co	8:8	por medio de la diligencia de **otros**,
	11:4	si recibís **otro** espíritu,...u **otro** evangelio
Gá	1:6	para seguir un evangelio diferente. (a un..., BC)
	19	a ningún **otro** de los apóstoles,
	6:4	sólo respecto...y no en **otro**;
Ef	3:5	misterio que en **otras** generaciones
Fil	2:4	sino cada cual...por la de los **otros**
1 Ti	1:10	para cuanto se oponga (para cualquier **otra** cosa..., BC)
2 Ti	2:2	para enseñar también a **otros**.
He	5:6	Como también dice en **otro** lugar:
	7:11	de que se levantase **otro** sacerdote,
	13	es de **otra** tribu,
	15	se levanta un sacerdote distinto,
	11:36	**Otros** experimentaron vituperios
Stg	2:25	los envió por **otro** camino? (haciéndoles salir..., BC)
	4:12	¿quién eres para que juzgues a **otro**? (TR)
Jud	7	en pos de vicios (en pos de **otra** carne, VM)

2088 ἑτέρως* – etéros (jetéros)

Fil	3:15	si **otra cosa** sentís, (si en algo sentís de distinto modo, VHA)

2089 ἔτι – éti

Mt	5:13	No sirve **más** para nada.
	12:46	Mientras él **aún** hablaba
	17:5	Mientras él **aún** hablaba,
	18:16	toma **aún** contigo a uno o dos,
	19:20	¿Qué **más** me falta?
	26:47	Mientras **todavía** hablaba, vino...
	65	¿Qué **más** necesidad tenemos de testigos?
	27:63	dijo, viviendo **aún**:
Mr	5:35	Mientras él **aún** hablaba ¿para qué molestas **más** al Maestro?
	8:17	¿**Aún** tenéis endurecido vuestro corazón? (TR)
	12:6	teniendo **aún** un hijo suyo, (tenía..., BC)
	14:43	hablando él **aún**, vino Judas
	63	¿Qué **más** necesidad tenemos de testigos?
Lc	1:15	**aun** desde el vientre de su madre.
	8:49	Estaba hablando **aún**, (Hablando él **aún**, VHA)
	9:42	mientras se acercaba
	14:22	y **aún** hay lugar.
	26	y **aun** también su propia vida,
	32	cuando el otro está **todavía** lejos,
	15:20	cuando **aún** estaba lejos,
	16:2	porque ya no podrás **más**
	18:22	**Aún** te falta una cosa:
	20:36	no pueden ya **más** morir,
	22:37	que se cumpla **todavía** en mí aquello (TR)
	47	Mientras él **aún** hablaba,
	60	mientras él **todavía** hablaba,
	71	¿Qué **más** testimonio necesitamos? (¿Qué necesidad tenemos ya de testimonio?, VHA)
	24:6	cuando **aún** estaba en Galilea,
	41	como **todavía** ellos, de gozo,
	44	estando **aún** con vosotros:
Jn	4:35	**Aún** faltan cuatro meses (hay todavía..., VM)
	7:33	**Todavía** un poco de tiempo estaré
	11:30	estaba en el lugar (TR, VM); (estaba **todavía** en el lugar, VHA, WH, N, ABMW, NC, BC, BA)
	54	Por tanto Jesús ya no andaba (TR)
	12:35	**Aún** por un poco está la luz
	13:33	Hijitos, **aún** estaré con vosotros
	14:19	**Todavía** un poco, y el mundo
	30	No hablaré ya mucho con vosotros (TR)
	16:10	y no me veréis **más**;
	12	**Aún** tengo muchas cosas que deciros,
	21	ya no se acuerda de la angustia, (TR)
	25	ya no os hablaré por alegorías, (TR)
	17:11	ya no estoy en el mundo; (TR)
	20:1	siendo **aún** oscuro, al sepulcro;
	21:6	ya no la podían sacar, (TR)
Hch	2:26	**aun** mi carne descansará
	9:1	Saulo, respirando **aún** amenazas
	10:44	Mientras **aún** hablaba Pedro
	18:18	habiéndose detenido **aún** muchos días
	21:28	además de esto, ha metido a griegos, (aún ha traído..., BA)
Ro	3:7	¿por qué **aún** soy juzgado como pecador?
	5:6	cuando **aún** éramos débiles,
	8	en siendo **aún** pecadores
	6:2	¿cómo viviremos **aun** en él?
	9:19	¿Por qué, pues, inculpa? (¿Por qué **todavía** inculpa?, VHA)
1 Co	3:2	ni sois capaces **todavía**
	3	porque **aún** sois carnales;
	12:31	un camino **aun** más excelente
	15:17	**aún** estáis en vuestros pecados.
2 Co	1:10	esperamos que **aún** nos librará
Gá	1:10	si **todavía** agradara a los hombres
	5:11	si **aún** predico la circuncisión, padezco persecución **todavía**?

ἑτοιμάζω 2090

Fil	1:9	que vuestro amor abunde **aun** más y más
2 Ts	2:5	cuando yo estaba **todavía** con vosotros,
He	7:10	**aún** estaba en los lomos
	11	¿qué necesidad habría **aún** de que
	15	Y esto es **aun** más manifiesto,
	8:12	Y nunca **más** me acordaré de sus pecados
	9:8	**entre tanto** que la primera parte del
	10:2	no tendrían **ya más** conciencia de pecado.
	17	nunca **más** me acordaré de sus pecados
	37	Porque **aún** un poquito,
	11:4	muerto, **aún** habla por ella.
	32	¿Y qué **más** digo?
	36	a **más** de esto prisiones y cárceles.
	12:26	**Aún** una vez, y conmoveré
	27	**Aún** una vez, indica la remoción
Ap	3:12	nunca **más** saldrá de allí;
	6:11	que descansasen **todavía** un poco
	7:16	**Ya** no tendrán hambre ni sed (**Ya** no tendrán **más** hambre, ni tendrán **ya más** sed, VM)
	9:12	vienen **aún** dos ayes
	10:6	que el tiempo no sería **más** (TR)
	12:8	ni se halló **ya** lugar para ellos
	18:21	nunca **más** será hallada.
	22	no se oirá **más** en ti; ningún artífice...**más** en ti, ni ruido de molino...**más** en ti.
	23	Luz de lámpara no alumbrará **más** en ti, ni voz de esposo...se oirá **más** en ti;
	20:3	para que no engañase **más**
	21:1	el mar **ya** no existía **más**.
	4	**ya** no habrá muerte ni habrá **más** llanto, ni clamor
	22:3	no habrá **más** maldición
	5	No habrá...**más** noche; (WH, N, ABMW, VHA, VM, NC, BA); (Y no habrá allí noche, BC, TR)
	11	sea injusto **todavía**; sea inmundo **todavía**; practique la justicia **todavía**; el que es santo, santifíquese **todavía**.

2090 ἑτοιμάζω — etoimázo (jetoimádzo)

Mt	3:3	**Preparad** el camino del Señor,
	20:23	**está preparado** por mi Padre
	22:4	**he preparado** mi comida;
	25:34	heredad el reino **preparado** para vosotros
	41	al fuego eterno **preparado**
	26:17	¿Dónde quieres que **preparemos**
	19	**prepararon** la pascua.
Mr	1:3	**Preparad** el camino del Señor,
	10:40	para quienes **está preparado**,
	14:12	que vayamos a **preparar** (lit., que yendo **preparemos**)
	15	**preparad** para nosotros allí.
	16	**prepararon** la pascua.
	15:1	habiendo tenido consejo (TR, WH, ABMW, VHA, VM, NC, BC, BA); (lit., habiendo **preparado** consejo, N)
Lc	1:17	para **preparar** al Señor un pueblo
	76	para **preparar** sus caminos;
	2:31	La cual **has preparado** en presencia
	3:4	**Preparad** el camino del Señor,
	9:52	para **hacerle preparativos**.
	12:20	lo que **has provisto**, ¿de quién será?
	47	Aquel siervo que...no **se preparó**,
	17:8	**Prepárame** la cena, (lit., **prepara** algo para que cene yo)
	22:8	**preparadnos** la pascua

Lc	22:9	¿Dónde quieres que la **preparemos**?
	12	**preparad** allí.
	13	**prepararon** la pascua.
	23:56	vueltas, **prepararon** especias
	24:1	que habían **preparado**,
Jn	14:2	voy, pues, a **preparar** lugar para vosotros.
	3	si...os **preparare** lugar,
Hch	23:23	mandó que **preparasen** (dijo: Preparad, BA)
1 Co	2:9	Son las que Dios **ha preparado**
2 Ti	2:21	**dispuesto** para toda buena obra.
Flm	22	**Prepárame** también alojamiento
He	11:16	porque les **ha preparado** una ciudad.
Ap	8:6	se **dispusieron** a tocarlas.
	9:7	era semejante a caballos **preparados**
	15	los cuatro ángeles **que estaban preparados**
	12:6	donde tiene lugar **preparado**
	16:12	para que **estuviese preparado** (para que fuese preparado, VM)
	19:7	su esposa se **ha preparado**.
	21:2	**dispuesta** como una esposa

2091 ἑτοιμασία — etoimasía (jetoimasía)

Ef	6:15	calzados los pies con el **apresto**

2092 ἕτοιμος — étoimos (jétoimos)

Mt	22:4	Todo está **dispuesto**;
	8	Las bodas...están **preparadas**
	24:44	vosotros estad **preparados**;
	25:10	las que estaban **preparadas** entraron
Mr	14:15	un gran aposento alto ya **dispuesto**; (...amueblado y **listo**, VM)
Lc	12:40	también, estad **preparados**,
	14:17	Venid, que ya todo está **preparado**
	22:33	**dispuesto** estoy a ir contigo
Jn	7:6	vuestro tiempo siempre está **presto**.
Hch	23:15	nosotros estaremos **listos**
	21	ahora están **listos** esperando
2 Co	9:5	para que esté **lista** como
	10:6	estando prontos para castigar (lit., teniendo en **prontitud** para...)
	16	en lo **que ya estaba preparado** (de cosas ya preparadas, VHA)
Tit	3:1	que estén **dispuestas** a toda buena obra
1 P	1:5	la salvación que está **preparada**
	3:15	siempre **preparados** para presentar defensa

2093 ἑτοίμως — etoímos (jetoímos)

Hch	21:13	yo estoy **dispuesto** no sólo
2 Co	12:14	por tercera vez estoy **preparado**
1 P	4:5	al que está **preparado** para juzgar

2094 ἔτος — étos

Mt	9:20	desde hacía doce **años**,
Mr	5:25	que desde hacía doce **años**.
	42	pues tenía doce **años**.
Lc	2:36	siete **años** desde su virginidad,
	37	era viuda hacía ochenta y cuatro **años**.
	41	Iban sus padres todos los **años** (...cada año, BC)
	42	cuando tuvo doce **años**
	3:1	En el **año** decimoquinto del imperio
	23	era como de treinta **años**, hijo,
	4:25	el cielo fue cerrado por tres **años**
	8:42	como de doce **años**
	43	desde hacía doce **años**
	12:19	tienes guardados para muchos **años**;
	13:7	hace tres **años** que vengo
	8	déjala todavía este **año**,

εὖ 2095 365 2098 εὐαγγέλιον

		(...este año también, VM)	Hch	8:4	anunciando el evangelio. (evangelizando la Palabra, BC)
Lc	13:11	desde hacía dieciocho años,		12	a Felipe, que anunciaba el evangelio
	16	que Satanás había atado dieciocho años,		25	anunciaron el evangelio
	15:29	tantos años te sirvo,		35	le anunció el evangelio de Jesús
Jn	2:20	En cuarenta y seis años fue edificado		40	pasando, anunciaba el evangelio
	5:5	que hacía treinta y ocho años		10:36	anunciando el evangelio de la paz
	8:57	Aún no tienes cincuenta años		11:20	anunciando el evangelio del Señor Jesús
Hch	4:22	tenía más de cuarenta años.		13:32	también os anunciamos el evangelio
	7:6	los maltratarían, por cuatrocientos años.		14:7	allí predicaban el evangelio.
	30	Pasados cuarenta años, un ángel		15	os anunciamos que de estas vanidades
	36	en el desierto por cuarenta años.			(os predicamos el evangelio para que..., BA)
	42	En el desierto por cuarenta años		21	Y después de anunciar el evangelio
	9:33	que hacía ocho años que estaba		15:35	y anunciando el evangelio con otros
	13:20	como por cuatrocientos cincuenta años		16:10	para que les anunciásemos el evangelio.
	21	les dio a Saúl...por cuarenta años.		17:18	porque les predicaba el evangelio de Jesús,
	19:10	continuó por espacio de dos años,	Ro	1:15	pronto estoy a anunciaros el evangelio
	24:10	desde hace muchos años eres juez		10:15	pronto estoy a anunciaros el evangelio
		(lit.,...siendo tú juez)		15:20	me esforcé a predicar el evangelio
	17	pasados algunos años, (después de muchos años, VM)			(aspirando así..., VHA)
Ro	15:23	deseando desde hace muchos años	1 Co	1:17	sino a predicar el evangelio;
		(teniendo ya por muchos años ardiente deseo, VM)		9:16	si anuncio el evangelio, iay de mí si no anunciare el evangelio!
2 Co	12:2	un hombre en Cristo, que hace catorce años		18	Que predicando el evangelio
Gá	1:18	Después, pasados tres años, subí		15:1	el evangelio que os he predicado, (...que os evangelicé, BC)
	2:1	Después pasados catorce años,		2	la palabra que os he predicado, (...os lo
	3:17	cuatrocientos treinta años después			evangelicé, BC)
1 Ti	5:9	la viuda no menor de sesenta años	2 Co	10:16	que anunciaremos el evangelio (a fin de
He	1:12	tus años no acabarán.			predicar el evangelio, VHA)
	3:9	vieron mis obras cuarenta años.		11:7	por cuanto os he predicado el evangelio
	17	estuvo él disgustado cuarenta años?	Gá	1:8	os anunciare otro evangelio diferente del
2 P	3:8	un día es como mil años			que os hemos anunciado,
		y mil años como un día		9	Si alguno os predica diferente evangelio
Ap	20:2	lo ató por mil años;		11	el evangelio anunciado por mí
	3	hasta que fuesen cumplidos mil años;		16	para que yo le predicase entre los gentiles,
	4	reinaron con Cristo mil años.			(...anunciase la buena nueva de él, VHA)
	5	hasta que se cumplieron mil años		23	ahora predica la fe (...anuncia la buena
	6	reinarán con él mil años			nueva de la fe, VHA)
	7	Cuando los mil años se cumplan,		4:13	os anuncié el evangelio al principio.
			Ef	2:17	anunció las buenas nuevas de paz
2095		εὖ – éu		3:8	de anunciar entre los gentiles (de anunciar... la buena nueva, VHA)
Mt	25:21	Bien, buen siervo y fiel;	1 Ts	3:6	cuando...nos dio buenas noticias
	23	Bien, buen siervo y fiel;	He	4:2	a nosotros se nos ha anunciado la
Mr	14:7	les podréis hacer bien;			buena nueva
Lc	19:17	Está bien, buen siervo; (TR, N)		6	primero se les anunció la buena nueva
Hch	15:29	bien haréis.	1 P	1:12	por los que os han predicado el evangelio
Ef	6:3	para que te vaya bien,		25	que por el evangelio os ha sido anunciada.
				4:6	ha sido predicado el evangelio a los muertos
2096		Εὕα – Eúa (Jéua) o Εὕα	Ap	10:7	como él lo anunció a sus siervos (lit., como él evangelizó...)
2 Co	11:3	con su astucia engañó a Eva,		14:6	el evangelio eterno para predicarlo
1 Ti	2:13	después Eva;			(...para evangelizar, BC)

2097 εὐαγγελίζω – euaggelízo (euanguelídzo)

Mt	11:5	a los pobres es anunciado el evangelio.
		(los pobres son evangelizados, NC)
Lc	1:19	darte estas buenas nuevas
	2:10	os doy nuevas de gran gozo
	3:18	anunciaba las buenas nuevas al pueblo
	4:18	para dar buenas nuevas a los pobres;
	43	a otras ciudades anuncie el evangelio
	7:22	a los pobres es anunciado el evangelio
		(los pobres son evangelizados, NC)
	8:1	anunciando el evangelio del reino
	9:6	anunciando el evangelio y sanado
	16:16	el reino de Dios es anunciado,
	20:1	anunciando el evangelio, llegaron
Hch	5:42	predicar a Jesucristo. (anunciar la buena nueva del..., BC)

2098 εὐαγγέλιον – euaggélion (euanguélion)

Mt	4:23	predicando el evangelio del reino,
	9:35	predicando el evangelio del reino,
	24:14	Y será predicado este evangelio
	26:13	dondequiera que se predique este evangelio
Mr	1:1	Principio del evangelio de Jesucristo,
	14	predicando el evangelio del reino
	15	arrepentíos, y creed en el evangelio
	8:35	por causa de mí y del evangelio
	10:29	por causa de mí y del evangelio,
	13:10	Y es necesario que el evangelio
	14:9	dondequiera que se predique este evangelio,

Mr 16:15	[predicad el **evangelio** a toda]
Hch 15:7	la palabra del **evangelio** y creyesen
20:24	para dar testimonio del **evangelio**
Ro 1:1	apartado para el **evangelio**
9	en el **evangelio** de su Hijo,
16	no me avergüenzo del **evangelio**
2:16	conforme a mi **evangelio**
10:16	no todos obedecieron al **evangelio**;
11:28	Así que en cuanto al **evangelio**,
15:16	ministrando el **evangelio** de Dios,
19	todo lo he llenado del **evangelio**
29	de la bendición del **evangelio** de Cristo (TR); (de la bendición de Cristo, VM, WH, N, ABMW, VHA, NC, BC, BA)
16:25	según mi **evangelio**
1 Co 4:15	yo os engendré por medio del **evangelio**
9:12	al **evangelio** de Cristo
14	a los que anuncian el **evangelio**, que vivan del **evangelio**
18	presente gratuitamente el **evangelio**
	mi derecho en el **evangelio**
23	esto hago por causa del **evangelio**.
15:1	el **evangelio** que os he predicado,
2 Co 2:12	para predicar el **evangelio** de Cristo, (para el **Evangelio**..., BC)
4:3	si nuestro **evangelio** está aún encubierto
4	la luz del **evangelio** de la gloria
8:18	cuya alabanza en el **evangelio**
9:13	al **evangelio** de Cristo
10:14	hasta vosotros con el **evangelio** de Cristo
11:4	u otro **evangelio** que el que habéis aceptado
7	el **evangelio** de Dios de balde?
Gá 1:6	para seguir un **evangelio** diferente. (a un..., BC)
7	quieren pervertir el **evangelio** de Cristo
11	el **evangelio** anunciado por mí
2:2	el **evangelio** que predico entre
5	para que la verdad del **evangelio**
7	me había sido encomendado el **evangelio**
14	conforme a la verdad del **evangelio**
Ef 1:13	el **evangelio** de vuestra salvación,
3:6	en Cristo Jesús por medio del **evangelio**,
6:15	con el apresto del **evangelio** de la paz.
19	el misterio del **evangelio**.
Fil 1:5	vuestra comunión en el **evangelio**,
7	en la defensa y confirmación del **evangelio**
12	para el progreso del **evangelio**.
16 (17)	para la defensa del **evangelio**
27	como es digno del **evangelio** de Cristo, por la fe del **evangelio**,
2:22	ha servido conmigo en el **evangelio**
4:3	juntamente conmigo en el **evangelio**,
15	al principio de la predicación del **evangelio** (en el principio del **evangelio**, VM)
Col 1:5	por la palabra verdadera del **evangelio**, (...de la verdad del **evangelio**, VHA)
23	sin moveros de la esperanza del **evangelio**
1 Ts 1:5	nuestro **evangelio** no llegó
2:2	para anunciaros el **evangelio**
4	para que se nos confiase el **evangelio**
8	entregaros no sólo el **evangelio**
9	os predicamos el **evangelio** de Dios.
3:2	en el **evangelio** de Cristo
2 Ts 1:8	al **evangelio** de nuestro Señor Jesucristo,
2:14	os llamó mediante nuestro **evangelio**,
1 Ti 1:11	según el glorioso **evangelio** (...el **evangelio** de la gloria, VHA)
2 Ti 1:8	participa de las aflicciones por el **evangelio**
10	la inmortalidad por el **evangelio**,
2 Ti 2:8	conforme a mi **evangelio**
Flm 13	en mis prisiones por el **evangelio**;
1 P 4:17	que no obedecen al **evangelio** de Dios?
Ap 14:6	que tenía el **evangelio** eterno

2099 εὐαγγελιστής *† – euaggelistés (euanguelistés)

Hch 21:8	en casa de Felipe el **evangelista**
Ef 4:11	a otros, **evangelistas**;
2 Ti 4:5	haz obra de **evangelista**,

2100 εὐαρεστέω – euarestéo

He 11:5	de **haber agradado** a Dios
6	fe es imposible **agradar** a Dios;
13:16	de tales sacrificios **se agrada** Dios.

2101 εὐάρεστος – euárestos

Ro 12:1	santo, **agradable** a Dios,
2	la buena voluntad de Dios, **agradable**
14:18	agrada a Dios (es grato..., NC)
2 Co 5:9	presentes, serle **agradables**
Ef 5:10	comprobando lo que es **agradable**
Fil 4:18	sacrificio acepto, **agradable** a Dios
Col 3:20	esto agrada al Señor. (es lo **agradable** en el Señor, VHA)
Tit 2:9	que agraden en todo (...que sean **complacientes**, VHA)
He 13:21	lo que es **agradable** delante de él,

2102 εὐαρέστως* – euaréstos

| He 12:28 | sirvamos a Dios agradándole (serviremos **agradablemente**..., NC) |

2103 Εὔβουλος – Euboulos

| 2 Ti 4:21 | **Eubulo** te saluda, |

2103 A εὖγε – éuge (éugue)

| Lc 19:17 | Está **bien**, buen siervo; (WH, N, ABMW) |

2104 εὐγενής – eugenés (euguenés)

Lc 19:12	Un hombre **noble** se fue a un país,
Hch 17:11	éstos eran **más nobles**
1 Co 1:26	ni muchos **nobles**

2105 εὐδία** – eudía

| Mt 16:2 | **Buen tiempo**; porque el cielo |

2106 εὐδοκέω – eudokéo

Mt 3:17	en quien **tengo complacencia**.
12:18	Mi amado, en quien **se agrada** mi alma;
17:5	en quien **tengo complacencia**;
Mr 1:11	en ti **tengo complacencia**
Lc 3:22	en ti **tengo complacencia**
12:32	le **ha placido** daros el reino.
Ro 15:26	**tuvieron a bien** hacer una ofrenda
27	les **pareció bueno**, y son deudores
1 Co 1:21	**agradó** a Dios salvar a los creyentes,
10:5	no se **agradó** Dios;
2 Co 5:8	más **quisiéramos** estar ausentes
12:10	me gozo en las debilidades, (me complazco en flaquezas, VHA)
Gá 1:15	cuando **agradó** a Dios, que me apartó (TR, VM, BC); (cuando **plugo** al que..., NC, WH, N, ABMW, VHA, BA)
Col 1:19	por cuanto **agradó** al Padre (porque... **tuvo complacencia**, VHA)

1 Ts	2:8	**hubiéramos querido** entregaros
	3:1	acordamos quedarnos solos (**nos pareció bien** quedarnos solos, VM)
2 Ts	2:12	sino **que se complacieron** en la injusticia
He	10:6	por el pecado no **te agradaron**. (no te **complaciste**, VM)
	8	ni **te agradaron** (ni **te complaciste**, VM)
	38	no **agradará** a mi alma. (no se complace en él mi alma, VHA)
2 P	1:17	en el cual **tengo complacencia**

2107   εὐδοκία† — eudokía

Mt	11:26	así te agradó. (así **fue de tu agrado**, VHA)
Lc	2:14	**buena voluntad** para con los hombres. (TR, VM); (a los hombres de **buena voluntad**, NC, WH, N, ABMW, VHA, BC, BA)
	10:21	te agradó. (así **fue de tu agrado**, VHA)
Ro	10:1	el **anhelo** de mi corazón
Ef	1:5	según el **puro afecto** de su voluntad. (según el **beneplácito**..., VHA)
	9	según su **beneplácito**, el cual
Fil	1:15	pero otros de **buena voluntad**.
	2:13	como el hacer, por su **buena voluntad**
2 Ts	1:11	cumpla todo **propósito** de bondad ((cumpla...toda **complacencia**..., VM)

2108   εὐεργεσία — euergesía (euerguesía)

Hch	4:9	se nos interroga acerca del **beneficio**
1 Ti	6:2	los que se benefician de su **buen servicio**

2109   εὐεργετέω — euergetéo (euerguetéo)

Hch	10:38	y cómo éste anduvo **haciendo bienes**

2110   εὐεργέτης** — euergétes (euerguétes)

Lc	22:25	son llamados **bienhechores**,

2111   εὔθετος — éuthetos

Lc	9:62	es **apto** para el reino de Dios
	14:35	ni para el muladar es **útil**;
He	6:7	produce hierba **provechosa**

2112   εὐθέως — euthéos

Véase también εὐθύς, 2117, pág. 368

Mt	4:20	dejando **al instante** las redes
	22	dejando **al instante** la barca
	8:3	**al instante** su lepra desapareció
	13:5	brotó **pronto**,
	14:22	**En seguida** Jesús hizo a sus discípulos entrar
	27	Pero **en seguida** Jesús les habló (TR)
	31	Al momento Jesús, extendiendo la mano,
	20:34	**en seguida** recibieron la vista;
	21:2	**luego** hallaréis una asna, (TR, ABMW)
	3	**luego** los enviará. (TR)
	24:29	**inmediatamente** después de la tribulación
	25:15	**luego** se fue lejos (TR, VM)
	16	el que había recibido cinco talentos fue (TR, VM); (**En seguida**, el que..., VHA, WH, N, ABMW, NC, BC, BA)
	26:49	**en seguida** se acercó a Jesús (...acercándose..., NC)
	74	**en seguida** cantó el gallo. (TR, ABMW)
	27:48	**al instante**, corriendo uno
Mr	1:10	**luego**, cuando subía del agua (TR)
	18	dejando **luego** sus redes (TR)
	20	**luego** los llamó (TR)
	21	los días de reposo (V60) (**luego**, el día de sábado, VM, TR, BC)
	1:29	Al salir de la sinagoga (V60) (**luego** habiendo salido..., VM, TR)
	30	**en seguida** le hablaron (TR)
	31	**inmediatamente** le dejó la fiebre (TR)
	42	**al instante** la lepra se fue (TR)
	43	le despidió **luego** (TR)
	2:2	**inmediatamente** se juntaron muchos (TR)
	8	conociendo **luego** Jesús (TR)
	12	se levantó **en seguida** (TR)
	3:6	tomaron consejo (V60, VM) (habido **luego** consejo, BC, TR)
	4:5	brotó **pronto** (TR)
	15	**en seguida** viene Satanás (TR)
	16	**al momento** la reciben (TR)
	17	**luego** tropiezan (TR)
	29	**en seguida** se mete la hoz (TR)
	5:2	**en seguida** vino a su encuentro (TR)
	29	**en seguida** la fuente de su sangre (TR)
	30	**Luego**, Jesús conociendo (TR)
	36	Jesús, **luego que** oyó (TR)
	42	**luego** la niña se levantó (TR)
	6:25	entró **prontamente** (**al instante** entrando apresuradamente, VM) (TR)
	27	**en seguida** el rey, enviando (TR)
	45	**En seguida** hizo a sus discípulos (TR)
	50	**en seguida** habló con ellos (TR)
	54	**en seguida** la gente le conoció (reconociendo **luego**..., BC) (TR)
	7:35	**Al momento** fueron abiertos sus oídos (TR, ABMW)
	8:10	**luego** entrando en la barca (TR)
	9:15	**en seguida** toda la gente (TR)
	20	sacudió con violencia al muchacho (al punto el espíritu le sacudió, BC) (TR)
	24	**inmediatamente** el padre del muchacho (TR)
	10:52	**en seguida** recobró la vista (TR)
	11:2	**luego que** entréis en ella (TR)
	3	**luego** lo devolverá (...lo enviará de nuevo, VHA) (TR)
	14:43	**Luego**, hablando él aún (TR)
	45	se acercó **luego** a él (**luego** acercándose, BC) (TR)
	15:1	Muy de mañana (**luego** por la mañana, VA) (TR)
Lc	5:13	**al instante** la lepra se fue
	39	quiere **luego** el nuevo (TR, VHA)
	6:49	**luego** cayó (TR)
	12:36	para que...le abran **en seguida**
	54	**luego** decís: Agua viene,
	14:5	no lo sacará **inmediatamente**
	17:7	**luego** le dice: Pasa, siéntate (TR, VM); (le dice: Pasa **en seguida**..., NC, WH, N, ABMW, VHA, BC, BA)
	21:9	el fin no será **inmediatamente**.
Jn	5:9	**al instante** aquel hombre fue sanado
	6:21	la cual llegó **en seguida** (llegó **luego** la barca, VM)
	13:30	hubo tomado el bocado, **luego** salió; (TR)
	18:27	**inmediatamente** cantó el gallo.
Hch	9:18	**al momento** le cayeron de los ojos
	20	**En seguida** predicaba a Cristo
	34	**en seguida** se levantó
	12:10	**luego** el ángel se apartó de él.
	16:10	**en seguida** procuramos partir
	17:10	**Inmediatamente**, los hermanos enviaron
	14	**inmediatamente** los hermanos enviaron
	21:30	**inmediatamente** cerraron las puertas.

εὐθυδρομέω 2113   368   2117 εὐθύς

	(...fueron cerradas..., VHA)
Hch 22:29	Así que, **luego** se apartaron de él
Gá 1:16	no consulté **en seguida** con carne
Stg 1:24	**luego** olvida cómo era.
3 Jn 14	porque espero verte **en breve**,
Ap 4:2	**al instante** yo estaba en el Espíritu;

2113   εὐθυδρομέω* − euthudroméo

Hch 16:11	vinimos con **rumbo directo** a Samotracia,
21:1	zarpamos y fuimos con **rumbo directo**
	(...navegando con **rumbo directo**, BC)

2114   εὐθυμέω** − euthuméo

Hch 27:22	os exhorto a tener **buen ánimo**,
25	tened **buen ánimo**; porque yo confío
Stg 5:13	¿Está alguno **alegre**?

2115   εὔθυμος** − éuthumos

| Hch 27:36 | teniendo ya **mejor ánimo**, comieron |

2115 A   εὐθύμως* − euthúmos

| Hch 24:10 | con **buen ánimo** haré mi defensa. (WH, N, ABMW) |

2116   εὐθύνω − euthúno

Jn 1:23	**Enderezad** el camino del Señor,
Stg 3:4	por donde **el que las gobierna** quiere

2117   εὐθύς − euthús (adj)

Mt 3:3	Enderezad sus sendas, (haced **derechas**..., VM)
Mr 1:3	Enderezad sus sendas (haced **derechas**..., VM)
Lc 3:4	Enderezad sus sendas, (haced **derechas**..., VM)
5	Los caminos torcidos...**enderezados**, (...vendrán a ser **rectos**, VHA)
Hch 8:21	porque tu corazón no es **recto**
9:11	la calle que se llama **Derecha**
13:10	trastornar los caminos **rectos** del Señor?
2 P 2:15	Han dejado el camino **recto** (Abandonando..., BC)

2117   εὐθύς − euthús (adv.)
                  Véase también εὐθέως, 2112, pág. 367

Mt 3:16	subió **luego** del agua
13:20	el que...**al momento** la recibe
21	por causa de la palabra, **luego** tropieza
14:27	**en seguida** Jesús les habló
21:2	**luego** hallaréis una asna atada,
3	**luego** los enviará
26:74	**en seguida** cantó el gallo. (WH, N)
Mr 1:10	**luego**, cuando subía del agua, (WH, N, ABMW)
12	**luego** el Espíritu le impulsó
18	dejando **luego** sus redes, (WH, N, ABMW)
20	**luego** los llamó (WH, N, ABMW)
21	los días de reposo (V60) (**luego** el día de sábado, VM, TR, BC); (**luego** en el sábado, VHA, WH, N, ABMW, VHA, NC, BA)
23	había en la sinagoga, (TR, VM); (**de pronto** había..., BC, WH, N, ABMW, VHA, NC, BA)
28	muy pronto se difundió su fama
29	Al salir de la sinagoga (V60) (**luego** habiendo salido de la sinagoga, VM, TR); (**Luego** que salieron..., VHA, WH, N, ABMW, NC, BC, BA)

Mr 1:30	**en seguida** le hablaron (WH, N, ABMW)
42	**al instante** la lepra se fue (WH, N, ABMW)
43	le despidió **luego** (WH, N, ABMW)
2:8	conociendo **luego** Jesús (WH, N, ABMW)
12	se levantó en seguida, y tomando su lecho (TR); (se levantó, y tomando **luego** la camilla, NC, WH, N, ABMW, VHA, VM, BC, BA)
3:6	tomaron consejo (V60, VM) (habido **luego** consejo, BC, TR); (**inmediatamente** consultaban, VHA, WH, N, ABMW, NC, BA)
4:5	brotó **pronto**, (WH, N, ABMW)
15	**en seguida** viene Satanás (WH, N, ABMW)
16	**al momento** la reciben (WH, N, ABMW)
17	**luego** tropiezan (WH, N, ABMW)
29	**en seguida** se mete la hoz (WH, N, ABMW)
5:2	**en seguida** vino a su encuentro (TR, VM, BC); (vino a su encuentro, NC, VHA, BA); (lit., **en seguida** vino a su encuentro [WH], [N], [ABMW])
29	**en seguida** la fuente de su sangre (WH, N, ABMW)
30	**Luego**, Jesús conociendo en sí (WH, N, ABMW)
42	**luego** la niña se levantó (WH, N, ABMW) se espantaron grandemente (TR, VHA, VM, NC); (**al momento** quedaron atónitos..., BA, WH, N, ABMW, BC)
6:25	ella entró prontamente (Ella, pues, al instante entrando apresuradamente, VM, TR); (entrando **luego** apresuradamente, BC, WH, N, ABMW, VHA, NC, BA)
27	**en seguida** el rey, enviando (WH, N, ABMW)
45	**En seguida** hizo a sus discípulos (WH, N, ABMW)
50	Pero **en seguida** habló con ellos, (WH, N, ABMW)
54	**en seguida** la gente le conoció (reconociendo **luego**..., BC) (WH, N, ABMW)
7:25	**luego** que oyó de él (TR, VM); (como oyera **en seguida**..., VHA, WH, N, ABMW, NC, BC, BA)
35	Al momento fueron abiertos sus oídos, (TR, ABMW); (**al punto** se abrieron..., BC, N)
8:10	**luego** entrando en la barca (WH, N, ABMW)
9:15	**en seguida** toda la gente (WH, N, ABMW)
20	sacudió con violencia al muchacho (V60) (**al punto**...le sacudió, BC)
24	**inmediatamente** el padre del muchacho (WH, N, ABMW)
10:52	**en seguida** recobró la vista, (WH, N, ABMW)
11:2	**luego** que entréis en ella, (WH, N, ABMW)
3	**luego** lo devolverá. (...lo enviará de nuevo, VHA) (WH, N, ABMW)
14:43	**Luego**, hablando él aún,
45	se acercó **luego** a él, y le dijo (**luego** acercándose, BC) (WH, N, ABMW)
72	el gallo cantó la segunda vez (TR) (**al instante** cantó..., VHA, WH, N, ABMW, VM, NC, BC, BA)
15:1	Muy de mañana (**luego** por la mañana, VA, TR); (**luego**, a la madrugada, VM, WH, N, ABMW)
Lc 6:49	**luego** cayó, y fue grande (WH, N, ABMW)
Jn 13:30	**luego** salió; (TR); (salió **inmediatamente**, VHA, WH, N, ABMW)
32	**en seguida** le glorificará.

Jn	19:34	al instante salió sangre y agua
	21:3	entraron en una barca (V60, WH, N, ABMW VHA, NC, BA); (entraron luego..., VM, TR)
Hch	10:16	aquel lienzo volvió a ser recogido (lit.,...fue recogido otra vez)(TR); (inmediatamente el lienzo fue recogido, BA, WH, N, ABMW, VHA, VM, NC, BC, BA)

2118 εὐθύτης – euthútes

He	1:8	Cetro de equidad es el cetro de tu reino.

2119 εὐκαιρέω* – eukairéo

Mr	6:31	ni aun tenían tiempo para comer.
Hch	17:21	en ninguna otra cosa se interesaban (no pasaban el tiempo..., BA)
1 Co	16:12	pero irá cuando tenga oportunidad.

2120 εὐκαιρία – eukairía

Mt	26:16	desde entonces buscaba oportunidad
Lc	22:6	buscaba una oportunidad

2121 εὔκαιρος – éukairos

Mr	6:21	venido un día oportuno,
He	4:16	hallar gracia para el oportuno socorro

2122 εὐκαίρως** – eukáiros

Mr	14:11	buscaba oportunidad para entregarle (buscaba cómo le entregaría oportunamente, VHA)
2 Ti	4:2	que instes a tiempo y fuera de tiempo

2123 εὔκοπος** – éukopos

Mt	9:5	¿qué es más fácil, decir:
	19:24	es más fácil pasar un camello
Mr	2:9	¿Qué es más fácil, decir al paralítico
	10:25	Más fácil es pasar un camello
Lc	5:23	¿Qué es más fácil, decir:
	16:17	más fácil es que pasen el cielo
	18:25	es más fácil pasar un camello

2124 εὐλάβεια – eulábeia

He	5:7	a causa de su temor reverente.
	12:28	con temor y reverencia.

2125 εὐλαβέομαι – eulabéomai

Hch	23:10	el tribuno, teniendo temor de que Pablo (TR)
He	11:7	con temor preparó el arca (movido de reverente temor..., VM)

2126 εὐλαβής – eulabés

Lc	2:25	este hombre, justo y piadoso
Hch	2:5	varones piadosos, de todas las naciones
	8:2	hombres piadosos llevaron a enterrar (enterraron..., VHA)
	22:12	varón piadoso según la ley (WH, N, ABMW)

2127 εὐλογέω – eulogéo (euloguéo)

Mt	5:44	bendecid a los que os maldicen, (TR, VM)
	14:19	bendijo, y partió y dio los panes
	21:9	¡Bendito el que viene
	23:39	Bendito el que viene
	25:34	Venid, benditos de mi Padre,
	26:26	tomó Jesús el pan, y bendijo, (tomando..., y habiendo pronunciado la bendición, BC)
Mr	6:41	bendijo, y partió los panes,
	8:7	los bendijo, y mandó (habiéndolos bendecido..., VM)
	10:16	los bendecía (TR)
	11:9	¡Bendito el que viene en el nombre
	10	¡Bendito el reino de nuestro padre
	14:22	bendijo, y lo (habiéndolo bendecido, VM)
Lc	1:28	bendita tú entre las mujeres (TR, VM, BC, |BA|)
	42	Bendita tú entre las mujeres, bendito el fruto de tu vientre.
	64	habló bendiciendo a Dios.
	2:28	bendijo a Dios,
	34	los bendijo Simeón,
	6:28	bendecid a los que os maldicen,
	9:16	los bendijo, y los partió,
	13:35	Bendito el que viene en el nombre...
	19:38	¡Bendito el rey que viene
	24:30	tomó el pan y lo bendijo (tomando..., BC)
	50	alzando sus manos, los bendijo.
	51	aconteció que bendiciéndolos, se separó
	53	bendiciendo a Dios
Jn	12:13	¡Bendito el que viene en el nombre
Hch	3:25	En tu simiente serán benditas (WH)
	26	para que os bendijese, (lit., bendiciéndoos)
Ro	12:14	Bendecid a los que os persiguen bendecid, y no maldigáis
1 Co	4:12	nos maldicen, y bendecimos; (siendo injuriados,..., VHA)
	10:16	La copa de bendicion que bendecimos
	14:16	si bendices sólo con el espíritu,
Gá	3:9	los de la fe son bendecidos
Ef	1:3	que nos bendijo con toda bendición
He	6:14	De cierto te bendeciré (bendiciendo te bendeciré, VHA)
	7:1	que...le bendijo
	6	bendijo al que tenía las promesas
	7	el menor es bendecido por el mayor.
	11:20	Por la fe bendijo Isaac a Jacob
	21	bendijo a cada uno de los hijos
Stg	3:9	Con ella bendecimos al Dios y Padre,
1 P	3:9	bendiciendo, sabiendo que fuisteis llamados

2128 εὐλογητός – eulogetós (eloguetós)

Mr	14:61	el Hijo del Bendito?
Lc	1:68	Bendito el Señor Dios de Israel,
Ro	9:5	el cual es bendito por los siglos
	9:5	Dios... bendito por los siglos
2 Co	1:3	Bendito sea el Dios y Padre
	11:31	quien es bendito por los siglos,
Ef	1:3	Bendito sea el Dios y Padre
1 P	1:3	Bendito el Dios y Padre

2129 εὐλογία – eulogía (euloguía)

Ro	15:29	llegaré con abundancia de la bendición
	16:18	con suaves palabras y lisonjas engañan
1 Co	10:16	La copa de bendición que bendecimos,
2 Co	9:5	preparasen primero vuestra generosidad para que esté lista como de generosidad
	6	el que siembra generosamente, (lit., que siembra con bendiciones) generosamente también segará (lit., con bendiciones también segará)
Gá	3:14	para que en Cristo Jesús la bendición
Ef	1:3	que nos bendijo con toda bendición
He	6:7	recibe bendición de Dios.
	12:17	deseando heredar la bendición,
Stg	3:10	De una misma boca proceden bendicion

1 P	3:9	para que heredaseis bendición
Ap	5:12	la gloria y la alabanza, (gloria, y bendición, VHA)
	13	sea la alabanza, la honra (sea la bendición y la honra, VHA)
	7:12	La bendición y la gloria y la sabiduría

2130 εὐμετάδοτος *† - eumetádotos

| 1 Ti | 6:18 | que sean...dadivosos, generosos |

2131 Εὐνίκη – Euníke

| 2 Ti | 1:5 | en tu madre Eunice, y estoy seguro |

2132 εὐνοέω – eunoéo

| Mt | 5:25 | Ponte de acuerdo con tu adversario |

2133 εὔνοια – éunoia

| 1 Co | 7:3 | cumpla con la mujer el deber conyugal (WH, N, ABMW, VHA, VM, NC, BC, BA); (lit., cumpla...la benevolencia debida, TR) |
| Ef | 6:7 | sirviendo de buena voluntad |

2134 εὐνουχίζω *† – eunoucízo (eunoujídzo)

| Mt | 19:12 | que son hechos eunucos por los hombres y hay eunucos...se hicieron eunucos |

2135 εὐνοῦχος – eunoúcos (eunújos)

Mt	19:12	hay eunucos que nacieron hay eunucos que son hechos eunucos hay eunucos que a sí mismo
Hch	8:27	sucedió que un etíope, eunuco,
	34	Respondiendo el eunuco, dijo
	36	dijo el eunuco: Aquí hay agua;
	38	Felipe y el eunuco, y le bautizó
	39	y el eunuco no le vio más

2136 Εὐοδία – Euodía

| Fil | 4:2 | Ruego a Evodia y a Síntique, |

2137 εὐοδόω – euodóo

Ro	1:10	tenga...un próspero viaje para ir a vosotros
1 Co	16:2	según haya prosperado, guardándolo,
3 Jn	2	yo deseo que tú seas prosperado así como prospera tu alma

2138 εὐπειθής * – eupeithés

| Stg | 3:17 | amable, benigna, llena de misericordia |

2139 εὐπερίστατος *† – euperístatos

| He | 12:1 | de todo peso y del pecado que nos asedia, |

2140 εὐποιΐα *† – eupoiía

| He | 13:16 | de hacer bien y de la ayuda mutua |

2141 εὐπορέω – euporéo

| Hch | 11:29 | conforme a lo que tenían, (lit., según alguien prosperaba) |

2142 εὐπορία – euporía

| Hch | 19:25 | obtenemos nuestra riqueza; (lit., es la prosperidad para nosotros) |

2143 εὐπρέπεια – euprépeia

| Stg | 1:11 | perece su hermosa apariencia (perece la hermosura de su apariencia, VHA) |

2144 εὐπρόσδεκτος * – euprósdektos

Ro	15:16	ofrenda agradable, santificada
	31	la ofrenda de mi servicio...sea acepta;
2 Co	6:2	En tiempo aceptable te he oído,
	8:12	será acepta según lo que uno tiene.
1 P	2:5	sacrificios espirituales aceptables

2145 Véase después de 2137

2145 A εὐπρόσεδρος – euprósedros

| 1 Co | 7:35 | sino...para que sin impedimento os acerquéis al Señor (sino...a vuestra asidua devoción al Señor, sin impedimento, VHA) (TR) |

2146 εὐπροσωπέω *† – euprosopéo

| Gá | 6:12 | los que quieren agradar en la carne |

2146 A εὐρακύλων *† – eurakúlon

| Hch | 27:14 | un viento huracanado llamado Euroclidón (TR, VM, BA); (...Euraquilo, VHA, WH, N, ABMW, NC, BC) |

2147 εὑρίσκω – eurísko (jeurísko)

Mt	1:18	se halló que había concebido
	2:8	y cuando le halléis, hacédmelo saber
	11	vieron al niño (V60, WH, N, ABMW, VHA, NC, BC, BA); (hallaron..., VM, TR)
	7:7	buscad, y hallaréis
	8	y el que busca, halla;
	14	y pocos son los que la hallan.
	8:10	ni aun en Israel he hallado tanta fe.
	10:39	El que halla su vida, el que pierde..., la hallará
	11:29	hallaréis descanso para vuestras almas;
	12:43	buscando reposo, y no lo halla.
	44	la halla desocupada,
	13:44	el cual un hombre halla, (hallándolo..,BC)
	46	que habiendo hallado una perla
	16:25	todo el que pierda...la hallará
	17:27	hallarás un estatero;
	18:13	si acontece que la encuentra,
	28	halló uno de sus consiervos,
	20:6	halló a otros
	21:2	hallaréis una asna atada,
	19	no halló nada en ella,
	22:9	llamad a las bodas a cuantos halléis
	10	juntaron a todos los que hallaron,
	24:46	le halle haciendo así
	26:40	los halló durmiendo,
	43	los halló durmiendo,
	60	no lo hallaron,
	27:32	hallaron a un hombre
Mr	1:37	hallándole, le dijeron: (TR, VM, VHA, NC); (le hallaron y..., BC, WH, N, ABMW, BA)
	7:30	halló que el demonio había salido,
	11:2	hallaréis un pollino atado,
	4	hallaron el pollino
	13	fue a ver si tal vez hallaba en ella algo; nada halló sino hojas,

		εὑρίσκω

Mr	13:36	no os halle durmiendo.
	14:16	hallaron como les había dicho;
	37	los halló durmiendo;
	40	otra vez los halló durmiendo,
	55	no lo hallaban.
Lc	1:30	has hallado gracia delante de Dios.
	2:12	Hallaréis al niño envuelto
	45	como no le hallaron,
	46	le hallaron en el templo,
	4:17	halló el lugar donde
	5:19	no hallando cómo hacerlo
	6:7	a fin de hallar de qué acusarle. (lit., para que hallaran...)
	7:9	ni aun en Israel he hallado tanta fe.
	10	hallaron sano al siervo
	8:35	hallaron al hombre de quien
	9:12	se alojen y encuentren alimentos;
	36	Jesús fue hallado solo;
	11:9	buscad y hallaréis;
	10	el que busca, halla;
	24	no hallándolo, dice:
	25	cuando llega, la halla
	12:37	cuando venga, halle velando;
	38	si los hallare así,
	43	le halle haciendo así,
	13:6	no lo halló
	7	y no lo hallo,
	15:4	hasta encontrarla? (hasta que la halle, VM)
	5	cuando la encuentra,
	6	he encontrado mi oveja
	8	hasta encontrarla? (hasta que la halla?, BC)
	9	cuando la encuentra, he encontrado la dracma
	24	se había perdido, y es hallado.
	32	se había perdido, y es hallado.
	17:18	¿No hubo quien. (No fue hallado ninguno, VM)
	18:8	¿hallará fe en la tierra?
	19:30	hallaréis un pollino atado,
	32	y hallaron como les dijo.
	48	Y no hallaban nada que pudieran
	22:13	hallaron como les había dicho
	45	los halló durmiendo
	23:2	A éste hemos hallado que pervierte
	4	Ningún delito hallo en este hombre.
	14	no he hallado en este hombre delito
	22	Ningún delito...he hallado en él;
	24:2	hallaron removida la piedra
	3	no hallaron el cuerpo del Señor Jesús.
	23	como no hallaron su cuerpo,
	24	hallaron así como las mujeres
	33	hallaron a los once reunidos
Jn	1:41	Este halló primero a su hermano Hemos hallado al Mesías
	43	halló a Felipe,
	45	Felipe halló a Natanael, Hemos hallado a aquel de quien escribió
	2:14	halló en el templo a los que vendían
	5:14	Después le halló Jesús en el templo
	6:25	Hallándole al otro lado del mar,
	7:34	Me buscaréis, y no me hallaréis;
	35	¿Adónde se irá éste, que no le hallemos?
	36	Me buscaréis, y no me hallaréis;
	9:35	hallándole, le dijo:
	10:9	saldrá, y hallará pastos.
	11:17	halló que hacía ya cuatro días
	12:14	halló Jesús un asnillo, (...hallando.., VHA)
	18:38	Yo no hallo en él ningún delito.

Jn	19:4	que ningún delito hallo
	6	yo no hallo delito en él.
	21:6	Echad la red a la derecha...y hallaréis
Hch	4:21	no hallando ningún modo
	5:10	la hallaron muerta;
	22	no los hallaron en la cárcel;
	23	la cárcel hemos hallado cerrada a nadie hallamos dentro.
	39	no seáis tal vez hallados luchando
	7:11	nuestros padres no hallaban alimentos.
	46	Este halló gracia delante de Dios, pidió proveer tabernáculo para el Dios
	8:40	Felipe se encontró en Azoto;
	9:2	a fin de que si hallase algunos
	33	halló allí a uno que se llamaba
	10:27	halló a muchos que se habían reunido
	11:26	hallándole, le trajo a Antioquía
	12:19	habiéndole buscado sin hallarle, (...y no hallándole, VHA)
	13:6	hallaron a cierto mago, (...a cierto hombre mago, BC)
	22	He hallado a David hijo de Isaí,
	28	sin hallar en él causa digna
	17:6	no hallándolos, trajeron
	23	hallé también un altar
	27	si en alguna manera,...puedan hallarle,
	18:2	halló a un judío, (hallando..., VHA)
	19:1	hallando a ciertos discípulos,
	19	hallaron que eran cincuenta mil...
	21:2	hallando un barco que pasaba
	23:9	Ningún mal hallamos en este hombre;
	29	hallé que le acusaban por cuestiones
	24:5	hemos hallado que este hombre (habiendo hallado..., BC)
	12	no me hallaron disputando
	18	me hallaron purificado en el templo
	20	si hallaron en mí alguna cosa mal hecha (TR, BC); (qué delito hallaron, VHA, WH, N, ABMW, VM, NC, BA)
	27:6	hallando allí el centurión
	28	hallaron veinte brazas; hallaron quince brazas.
	28:14	donde habiendo hallado hermanos,
Ro	4:1	¿Qué, pues, diremos que halló Abraham,
	7:10	hallé que el mismo mandamiento, (lit., el mismo mandamiento...para mí fue hallado)
	18	pero no el hacerlo (V60, WH, N, ABMW, VHA, VM, NC, BC, BA); (lit., pero hacer el bien no lo encuentro, TR)
	21	hallo esta ley: que el mal está
	10:20	Fui hallado de los que no me buscaban
1 Co	4:2	que cada uno sea hallado fiel.
	15:15	somos hallados falsos testigos
2 Co	2:13 (12)	por no haber hallado a mi hermano
	5:3	así seremos hallados vestidos,
	9:4	os hallaren desprevenidos,
	11.12	sean hallados semejantes a nosotros.
	12:20	no os halle tales como quiero, y yo sea hallado de vosotros
Gá	2:17	nosotros somos hallados pecadores
Fil	2:8	estando en la condición de hombre, (hallado en la figura como hombre, VHA)
	3:9	para...ser hallado en él, (para que...sea hallado en él, VM)
2 Ti	1:17	me buscó solícitamente y me halló.
	18	que halle misericordia cerca del Señor
He	4:16	para...hallar gracia (para que...hallemos

		gracia, VM)
He	9:12	habiendo obtenido eterna redención (habiendo ya hallado..., VM)
	11:5	no fue hallado, porque lo traspuso
	12:17	no hubo oportunidad (no halló lugar, VHA)
1 P	1:7	sea hallada en alabanza, gloria
	2:22	ni se halló engaño en su boca;
2 P	3:10	serán quemadas (TR, VM, NC, BA); (serán halladas, VHA, WH, N)
	14	procurad con diligencia ser hallados
2 Jn	4	he hallado a algunos de tus hijos
Ap	2:2	los has hallado mentirosos
	3:2	no he hallado tus obras
	5:4	no se había hallado a ninguno digno
	9:6	no la hallarán;
	12:8	ni se halló ya lugar para ellos
	14:5	en sus bocas no fue hallada mentira,
	16:20	los montes no fueron hallados.
	18:14	nunca más las hallarás, (TR); (...se hallarán, BA, WH, N, ABMW, VHA, VM, NC, BC, BA) (lit.,...las hallarán)
	21	nunca más será hallada.
	22	ningún artífice...se hallará más en tí.
	24	en ella se halló la sangre
	20:11	ningún lugar se encontró para ellos.
	15	el que no se halló inscrito (si alguno..., VHA)

2148 Εὑροκλύδων — Euroklúdon

Hch 27:14 un viento huracanado llamado **Euroclidón** (TR, VM, BA); (...Euraquilo, VHA, WH, N, ABMW, NC, BC)

2149 εὐρύχωρος — **eurúcoros (eurújoros)**

Mt 7:13 **espacioso** el camino que lleva

2150 εὐσέβεια — **eusébeia**

Hch	3:12	como si por nuestro poder o **piedad**
1 Ti	2:2	en toda **piedad** y honestidad.
	3:16	grande es el misterio de la **piedad**:
	4:7	Ejercítate para la **piedad**.
	8	la **piedad** para todo aprovecha. (...es provechoso, VM)
	6:3	la doctrina que es conforme a la **piedad**,
	5	que toman la **piedad** como fuente de ganancia (que suponen que la **piedad** es..., VM)
	6	gran ganancia es la **piedad**
	11	sigue la justicia, la **piedad**, la fe,
2 Ti	3:5	que tendrán apariencia **de piedad**,
Tit	1:1	de la verdad que es según la **piedad**,
2 P	1:3	cosas que pertenecen...a la **piedad**
	6	a la paciencia, **piedad**;
	7	a la **piedad**, afecto fraternal;
	3:11	en santa y **piadosa** manera de vivir, (en... santo comportamiento y **piedad**, VM)

2151 εὐσεβέω** — **eusebéo**

Hch 17:23 Al que vosotros **adoráis**,
1 Ti 5:4 aprendan éstos primero **a ser piadosos**

2152 εὐσεβής — **eusebés**

Hch	10:2	**piadoso** y temeroso de Dios
	7	a un **devoto** soldado de los
	22:12	varón **piadoso** según la ley, (TR)
2 P	2:9	librar de tentación **a los piadosos**,

2153 εὐσεβῶς** — eusebós

2 Ti	3:12	todos los que quieren vivir **piadosamente**
Tit	2:12	sobria, justa y **piadosamente**,

2154 εὔσημος — éusemos

1 Co 14:9 si...no diereis palabra **bien comprensible**,

2155 εὔσπλαγχνος* — éusplagcnos (éusplanjnos)

Ef	4:32	**misericordiosos**, perdonándoos unos a otros
1 P	3:8	amándoos fraternalmente, **misericordiosos**,

2156 εὐσχημόνως* — euscemónos (eusjemónos)

Ro	13:13	Andemos como de día, **honestamente**;
1 Co	14:40	hágase todo **decentemente** y con orden.
1 Ts	4:12	a fin de que os conduzcáis **honradamente**

2157 εὐσχημοσύνη** — euscemosúne (eusjemosúne)

1 Co 12:23 se tratan con más decoro. (tienen más abundante **compostura**, VM)

2158 εὐσχήμων — euscémon (eusjémon)

Mr	15:43	miembro **noble** del concilio, (consejero **noble**, VM)
Hch	13:50	a mujeres piadosas y **distinguidas**
	17:12	y mujeres griegas **de distinción**
1 Co	7:35	sino para lo **honesto** y decente,
	12:24	los que en nosotros son más **decorosos**. (nuestras **partes agraciadas**, VM)

2159 εὐτόνως — eutónos

Lc 23:10 acusándole **con gran vehemencia**.
Hch 18:28 **con gran vehemencia** refutaba

2160 εὐτραπελία* — eutrapelía

Ef 5:4 ni necedades, ni **truhanerías**, que no

2161 Εὔτυχος — Eutucos (Eutujos)

Hch 20:9 un joven llamado **Eutico**,

2162 εὐφημία** — eufemía

2 Co 6:8 por mala fama y por **buena fama**;

2163 εὔφημος** — éufemos

Fil 4:8 todo lo que es **de buen nombre**;

2164 εὐφορέω* — euforéo

Lc 12:16 La heredad...**había producido mucho**.

2165 εὐφραίνω — eufráino

Lc	12:19	come, bebe, **regocíjate**
	15:23	comamos y **hagamos fiesta**; (lit., comiendo...)
	24	comenzaron a **regocijarse**.
	29	para **gozarme** con mis amigos.
	32	era necesario **hacer fiesta** y regocijarnos. (...**regocijarnos** y gozarnos, VHA)
	16:19	que...hacía cada día banquete (**viviendo alegremente**... BA)
Hch	2:26	Por lo cual mi corazón **se alegró**,
	7:41	en las obras de sus manos **se regocijaron**.
Ro	15:10	**Alegraos**, gentiles, con su pueblo.
2 Co	2:2	¿quién será luego el **que me alegre**,

| Εὐφράτης 2166 | 373 | 2179 Ἐφεσῖνος |

Gá 4:27	**Regocíjate**, oh estéril,	
Ap 11:10	los moradores de la tierra...**se alegrarán**	
12:12	Por lo cual **alegraos**, cielos	
18:20	**Alégrate** sobre ella, cielo,	

2166 Εὐφράτης – Eufrátes

Ap	9:14	atados junto al gran río **Eufrates**
	16:12	derramó su copa sobre el gran río **Eufrates**;

2167 εὐφροσύνη – eufrosúne

Hch	2:28	Me llenarás **de gozo** con tu presencia.
	14:17	llenando de sustento y **de alegría**

2168 εὐχαριστέω** – eucaristéo (eujaristéo)

Mt	15:36	**dio gracias**, los partió (**habiendo dado gracias**..., VHA)
	26:27	**habiendo dado gracias**, les dio,
Mr	8:6	**habiendo dado gracias**, los partió,
	14:23	**habiendo dado gracias**, les dio;
Lc	17:16	a sus pies, **dándole gracias**;
	18:11	Dios, te **doy gracias**
	22:17	**dio gracias**, (**habiendo dado gracias**, VM)
	19	**dio gracias**, (**habiendo dado gracias**, BC)
Jn	6:11	**habiendo dado gracias**, los repartió
	23	**después de haber dado gracias** al Señor.
	11:41	Padre, **gracias** te **doy** por haberme oído.
Hch	27:35	tomó el pan y **dio gracias** (tomando..., BC)
	28:15	Pablo **dio gracias**. (...**haciendo gracias**, BC)
Ro	1:8	Primeramente **doy gracias** a mi Dios
	21	ni le **dieron gracias**,
	7:25	**Gracias doy** a Dios, (TR, VM); (**Gracias** a Dios, NC, WH, N, ABMW, VHA, BC, BA)
	14:6	**da gracias** a Dios; **da gracias** a Dios.
	16:4	no sólo yo **doy gracias**
1 Co	1:4	**Gracias doy** a mi Dios siempre
	14	**Doy gracias** a Dios de que a ninguno
	10:30	por aquello de que **doy gracias**?
	11:24	**habiendo dado gracias**, lo partió,
	14:17	tú, a la verdad, bien **das gracias**;
	18	**Doy gracias** a Dios que hablo en lenguas
2 Co	1:11	sean dadas **gracias** a favor nuestro
Ef	1:16	no ceso de **dar gracias** por vosotros,
	5:20	dando siempre **gracias** por todo al Dios
Fil	1:3	**Doy gracias** a mi Dios siempre
Col	1:3	**damos gracias** a Dios, Padre de nuestro
	12	con gozo **dando gracias** al Padre
	3:17	**dando gracias** a Dios Padre por medio de él
1 Ts	1:2	**Damos** siempre **gracias** a Dios
	2:13	nosotros sin cesar **damos gracias**
	5:18	**Dad gracias** en todo,
2 Ts	1:3	Debemos siempre **dar gracias** a Dios
	2:13	debemos **dar** siempre **gracias** a Dios
Flm	4	**Doy gracias** a mi Dios,
Ap	11:17	Te **damos gracias**, Señor Dios

2169 εὐχαριστία** – eucaristía (eujaristía)

Hch	24:3	en todo lugar con toda **gratitud**.
1 Co	14:16	¿cómo dirá el Amén a tu **acción de gracias**?
2 Co	4:15	la **acción de gracias** sobreabunde
	9:11	produce por medio de nosotros **acción de gracias**
	12	en muchas **acciones de gracias** a Dios;
Ef	5:4	sino antes bien **acciones de gracias**.
Fil	4:6	en toda oración...con **acción de gracias**
Col	2:7	abundando en **acciones de gracias**

Col	4:2	velando en ella con **acción de gracias**.
1 Ts	3:9	¿qué **acción de gracias** podremos dar
1 Ti	2:1	peticiones y **acciones de gracias**, por todos
	4:3	para que con **acción de gracias** participasen (lit., para participación con...)
	4	si se toma con **acción de gracias**;
Ap	4:9	dan gloria y honra y **acción de gracias**
	7:12	y la **acción de gracias** y la honra

2170 εὐχάριστος – eucáristos (eujáristos)

| Col | 3:15 | sed **agradecidos** |

2171 εὐχή – eucé (eujé)

Hch	18:18	porque tenía hecho **voto**.
	21:23	cuatro hombres que tienen...**voto**
Stg	5:15	la **oración** de fe salvará

2172 εὔχομαι – éucomai (éujomai)

Hch	26:29	¡Quisiera Dios (**Pluguiese** a Dios...!, VHA)
	27:29	**ansiaban** que se hiciese de día.
Ro	9:3	**desear**a yo mismo ser anatema,
2 Co	13:7	**oramos** a Dios que ninguna,
	9	**oramos** por vuestra perfección.
Stg	5:16	**orad** unos por otros (TR, ABMW)
3 Jn	2	yo **deseo** que tú seas prosperado

2173 εὔχρηστος – éucrestos (éujrestos)

2 Ti	2:21	**útil** al Señor, y dispuesto para toda
	4:11	me es **útil** para el ministerio.
Flm	11	ahora a ti y a mí nos es **útil**,

2174 εὐψυχέω*† – eupsucéo (eupsujéo)

| Fil | 2:19 | para que yo también **esté de buen ánimo** |

2175 εὐωδία – euodía

2 Co	2:15	para Dios somos **grato olor**
Ef	5:2	sacrificio...en olor **fragante**. (...para olor de **suavidad**, VHA)
Fil	4:18	olor **fragante**, sacrificio acepto (olor de **suavidad**,... VHA)

2176 εὐώνυμος – euónumos

Mt	20:21	el otro a tu **izquierda**
	23	a mi derecha y a mi **izquierda**
	25:33	los cabritos a su **izquierda**
	41	dirá también a los de la **izquierda**:
	27:38	otro a la **izquierda**.
Mr	10:37	el otro a tu **izquierda**, (TR)
	40	el sentaros... a mi **izquierda**.
	15:27	el otro a su **izquierda**.
Hch	21:3	dejándola a mano **izquierda**,
Ap	10:2	el **izquierdo** sobre la tierra;

2177 ἐφάλλομαι – efállomai (efálomai)

| Hch | 19:16 | **saltando** sobre ellos |

2178 ἐφάπαξ* – efápax

Ro	6:10	murió **una vez por todas**;
1 Co	15:6	más de quinientos hermanos **a la vez**,
He	7:27	lo hizo **una vez para siempre**
	9:12	entró **una vez para siempre** en el Lugar
	10:10	hecha **una vez para siempre**

2179 Ἐφεσῖνος – Efesíno

| Ap | 2:1 | la iglesia **en Efeso** (TR) |

2180		Ἐφέσιος – Efésios
Hch	19:28	¡Grande es Diana de los efesios!
	34	¡Grande es Diana de los efesios!
	35	Varones efesios, ¿y quién es el hombre que la ciudad de los efesios es
	21:29	a Trófimo, de Efeso (a Trófimo, efesio, VM

2181		Ἔφεσος – Efesos
Hch	18:19	llegó a Efeso,
	21	zarpó de Efeso
	24	Llegó entonces a Efeso un judío
	19:1	vino a Efeso,
	17	a todos los que habitaban en Efeso,
	26	no solamente en Efeso,
	20:16	se había propuesto pasar de largo a Efeso,
	17	Enviando, pues, desde Mileto a Efeso,
1 Co	15:32	Si como hombre batallé en Efeso
	16:8	Pero estaré en Efeso hasta Pentecostés
Ef	1:1	a los santos...que están en Efeso: (TR, |WH|, |N|, |ABMW|, VHA, VM, NC, BC, BA)
1 Ti	1:3	que te quedases en Efeso,
2 Ti	1:18	cuánto nos ayudó en Efeso,
	4:12	A Tíquico lo envié a Efeso.
Ap	1:11	a Efeso, Esmirna, Pérgamo
	2:1	al ángel de la Iglesia en Efeso: (WH, N, ABMW)

2182		ἐφευρετής* – efeuretés
Ro	1:30	inventores de males, desobedientes

2183		ἐφημερία† – efemería
Lc	1:5	Zacarías de la clase de Abías;
	8	según el orden de su clase.

2184		ἐφήμερος – efémeros
Stg	2:15	del mantenimiento de cada día,

2185		ἐφικνέομαι** – efiknéomai
2 Co	10:13	para llegar también hasta vosotros:
	14	como si no llegásemos hasta vosotros,

2186		ἐφίστημι – efístemi
Lc	2:9	se les presentó un ángel del Señor,
	38	presentándose en la misma hora,
	4:39	inclinándose hacia ella,
	10:40	acercándose, dijo:
	20:1	llegaron los principales sacerdotes
	21:34	venga de repente sobre vosotros
	24:4	he aquí se pararon junto a ellas
Hch	4:1	vinieron sobre ellos los sacerdotes
	6:12	arremetiendo, le arrebataron,
	10:17	llegaron a la puerta
	11:11	llegaron tres hombres a la casa
	12:7	se presentó un ángel
	17:5	asaltando la casa de Jasón,
	22:13	acercándose, me dijo:
	20	yo mismo también estaba presente,
	23:11	se le presentó el Señor (presentándosele..., BC)
	27	lo libré yo acudiendo con la tropa
	28:2	a causa de la lluvia que caía (...que nos estaba encima, VM)
1 Ts	5:3	vendrá sobre ellos destrucción
2 Ti	4:2	que instes a tiempo (insta a tiempo, BC)

2 Ti	4:6	el tiempo de mi partida está cercano,

		ἐφνίδιος, véase αἰφνίδιος. 160. pág 115
1896		ἐφοράω, véase ἐπεῖδον. pág. 339

2187		Ἐφραίμ – Efraím
Jn	11:54	a una ciudad llamada Efraín;

2188		ἐφφαθά – effathá
Mr	7:34	Efata, es decir: Sé abierto.

5504		ἐχθές – ecthés (ejthés)
Jn	4:52	Ayer a las siete le dejó (WH, ABMW)
Hch	7:28	mataste ayer al egipcio? (WH, ABMW)
He	13:8	Jesucristo es el mismo ayer, (WH, ABMW)

2189		ἔχθρα – écthra (éjthra)
Lc	23:12	antes estaban enemistados (lit., habían estado en enemistad)
Ro	8:7	enemistad contra Dios;
Gá	5:20	enemistades, pleitos, celos, iras,
Ef	2:14	(15) aboliendo en su carne las enemistades, (la enemistad, BC)
	16	matando en ella las enemistades. (... la enemistad, BC)
Stg	4:4	es enemistad contra Dios:

2190		ἐχθρός – ecthrós (ejthrós)
Mt	5:43	aborrecerás a tu enemigo.
	44	Amad a vuestros enemigos,
	10:36	los enemigos del hombre serán
	13:25	vino su enemigo y sembró cizaña
	28	Un enemigo ha hecho esto. (Un hombre enemigo..., BC)
	39	El enemigo que la sembró es
	22:44	Hasta que ponga a tus enemigos
Mr	12:36	Hasta que ponga a tus enemigos
Lc	1:71	Salvación de nuestros enemigos,
	74	librados de nuestros enemigos, (librados de la mano de..., VHA)
	6:27	Amad a vuestros enemigos,
	35	Amad, pues, a vuestros enemigos,
	10:19	sobre toda fuerza del enemigo,
	19:27	a aquellos mis enemigos...traedlos
	43	cuando tus enemigos te rodearán
	20:43	Hasta que ponga a tus enemigos
Hch	2:35	Hasta que ponga a tus enemigos
	13:10	enemigo de toda justicia!
Ro	5:10	si siendo enemigos, fuimos reconciliados
	11:28	en cuanto al evangelio son enemigos
	12:20	si tu enemigo tuviere hambre
1 Co	15:25	hasta que haya puesto...sus enemigos
	26	el postrer enemigo que será destruido
Gá	4:16	¿Me he hecho, pues, vuestro enemigo,
Fil	3:18	son enemigos de la cruz de Cristo;
Col	1:21	en otro tiempo extraños y enemigos
2 Ts	3:15	no lo tengáis por enemigo,
He	1:13	Hasta que ponga a tus enemigos
	10:13	hasta que sus enemigos sean puestos
Stg	4:4	se constituye enemigo de Dios.
Ap	11:5	devora a sus enemigos;
	12	sus enemigos los vieron.

2191		ἔχιδνα** – écidna (éjidna)
Mt	3:7	¡Generación de víboras!
	12:34	¡Generación de víboras!

Mt	23:33	¡Serpientes, generación de víboras!
Lc	3:7	¡Oh generación de víboras!
Hch	28:3	una víbora, huyendo del calor

2192 ἔχω — éco (éjo)
  (1) κακῶς ἔχειν, καλῶς ἔχειν,
      κομψότερον ἔχειν, ἐσχάτως ἔχειν;
  (2) ἐν γαστρὶ ἔχειν;
  (3) τῇ ἐχομένῃ;
  (4) como adverbio;
  (5) modismo con ἔχειν

Mt 1:18 (2) se halló que había concebido
   23 (2) una virgen concebirá,
   3:4 tenía un cinto de cuero alrededor
   9 A Abraham tenemos por padre;
   14 necesito ser bautizado (tengo necesidad..., BC)
   4:24 (1) los que tenían dolencias
   5:23 tu hermano tiene algo contra ti,
   46 ¿qué recompensa tendréis?
   6:1 de otra manera no tendréis recompensa
   8 sabe de qué cosas tenéis necesidad
   7:29 como quien tiene autoridad,
   8:9 tengo bajo mis órdenes soldados
      (lit., teniendo bajo mí...)
   16 sanó a todos los enfermos, (...los que tenían algún mal, VM)
   20 Las zorras tienen guarida,
      el Hijo del Hombre no tiene donde
   9:6 el Hijo del Hombre tiene potestad
   12 Los sanos no tienen necesidad
      (1) sino los enfermos
   36 como ovejas que no tienen pastor
   11:15 El que tiene oídos para oír
   18 dicen: Demonio tiene.
   12:10 uno que tenía seca una mano
      (un hombre..., VM)
   11 ¿Qué hombre habrá...que tenga una oveja,
   13:5 no había mucha tierra; (no tenía mucha tierra, VM)
      porque no tenía profundidad de tierra
      (por no tener la tierra..., VM)
   6 porque no tenía raíz, (por no tener..., BC)
   9 El que tiene oídos
   12 a cualquiera que tiene,
      el que no tiene, aun lo que tiene
   21 no tiene raíz en sí
   27 ¿De dónde, pues, tiene cizaña?
   43 El que tiene oídos
   44 vende todo lo que tiene,
   46 vendió todo lo que tenía,
   14:4 No te es lícito tenerla
   5 tenían a Juan por profeta.
   16 No tienen necesidad de irse;
   17 No tenemos aquí sino cinco panes
   35 (1) trajeron a él todos los enfermos;
   15:30 que traía consigo a cojos (que tenían consigo cojos, VA)
   32 no tienen qué comer;
   34 ¿Cuántos panes tenéis?
   16:8 que no tenéis pan? (WH, N, ABMW);
      (lit., que no trajisteis..., TR)
   17:15 padece muchísimo (TR, ABMW, VHA, VM, NC, BC); ((1) está muy enfermo, BA, WH, N)
   20 si tuviereis fe como un grano
   18:8 teniendo dos manos o dos pies
   9 que teniendo dos ojos ser echado
   25 como no pudo pagar (no teniendo con qué paga', VM)
      todo lo que tenía
Mt 19:16 para tener la vida eterna? (lit., para que tenga...)
   21 tendrás tesoro en el cielo
   22 tenía muchas posesiones. (persona que poseía..., BC)
   21:3 El Señor los necesita; (...tiene necesidad de ellos, BC)
   21 si tuviereis fe, y no dudareis
   26 todos tienen a Juan
   28 Un hombre tenía dos hijos,
   38 apoderémonos de su heredad. (TR, VHA, VM, BA); (tendremos su herencia, NC, WH, N, ABMW, BC)
   46 le tenía por profeta.
   22:12 sin estar vestido de boda? (sin tener vestido de boda, VM)
   24 Si alguno muriere sin hijos, (lit., Si alguno muriere no teniendo hijos)
   25 no teniendo descendencia, dejó
   28 ya que todos la tuvieron?
   24:19 (2) ¡ay de las que estén encintas,...!
   25:25 tienes lo que es tuyo.
   28 dadlo al que tiene diez talentos.
   29 al que tiene, le será dado
      al que no tiene, aun lo que tiene
   26:7 una mujer, con un vaso (una mujer, teniendo un vaso, VA)
   11 siempre tendréis pobres
      a mí no siempre me tendréis
   65 ¿Qué más necesidad tenemos de testigos?
   27:16 tenían entonces un preso famoso
   65 tenéis una guardia;
Mr 1:22 como quien tiene autoridad,
   32 (1) todos los que tenían enfermedades,
   34 (1) muchos que estaban enfermos
   38 (5) Vamos a los lugares vecinos
   2:10 el Hijo del Hombre tiene potestad
   17 Los sanos no tienen necesidad de médicos
      (1) sino los enfermos
   19 Entre tanto que tienen consigo al esposo,
   25 cuando tuvo necesidad,
   3:1 un hombre que tenía seca una mano
   3 dijo al hombre que tenía la mano seca:
   10 cuantos tenían plagas
   15 y que tuviesen autoridad para
   22 decían que tenía a Beelzebú,
   26 sino que ha llegado su fin, (antes tiene fin, VHA)
   29 no tiene jamás perdón,
   30 Tiene espíritu inmundo
   4:5 donde no tenía mucha tierra;
      porque no tenía profundidad de tierra.
      (por no tener..., VM)
   6 porque no tenía raíz, (por no tener..., VHA)
   9 El que tiene oídos para oír
   17 no tiene raíz en sí
   23 Si alguno tiene oídos para oír
   25 al que tiene, se le dará
      al que no tiene, aun lo que tiene
   40 ¿Cómo no tenéis fe?
   5:3 tenía su morada en los sepulcros
   15 se había tenido la legión,
   23 (1) Mi hija está agonizando;
   6:18 No te es lícito tener la mujer
   34 ovejas que no tenían pastor
   36 no tienen qué comer. (TR)
   38 ¿Cuántos panes tenéis?

ἔχω 2192 2192 ἔχω

Mr	6:55	(1) de todas partes **enfermos** en lechos
	7:16	Si alguno **tiene** oídos para oír, (TR, VM, NC, BC, [BA])
	25	cuya hija **tenía** un espíritu
	8:1	no **tenían** qué comer, (no **teniendo**..., VM)
	2	no **tienen** qué comer
	5	¿Cuántos panes **tenéis**?
	7	**Tenían** también unos pocos pececillos
	14	no **tenían** sino un pan consigo
	16	no **trajimos** pan. (no **tenemos**..., VM, TR, ABMW); (no **tenían**..., VHA, WH, N, NC, BC, BA)
	17	porque no **tenéis** pan?
		¿Aún **tenéis** endurecido vuestro corazón?
	18	¿**Teniendo** ojos..., y **teniendo** oídos
	9:17	que **tiene** un espíritu mudo,
	43	que **teniendo** dos manos
	45	que **teniendo** dos pies ser echado
	47	que **teniendo** dos ojos ser echado
	50	**Tened** sal en vosotros mismos;
	10:21	vende todo lo que **tienes**,
	22	**tenía** muchas posesiones. (persona que **poseía**..., BC)
	23	los **que tienen** riquezas.
	11:3	lo necesita, (**tiene** necesidad de él, BC)
	13	una higuera **que tenía** hojas,
	22	**Tened** fe en Dios.
	25	si **tenéis** algo contra alguno,
	32	todos **tenían** a Juan
	12:6	**teniendo** aún un hijo (TR); (Todavía uno **tenía**..., BC, WH, N, ABMW)
	23	los siete la **tuvieron**
	44	echó todo lo que **tenía**,
	13:17	(2) ¡ay de las **que estén encintas**
	14:3	una mujer con un vaso (una mujer **teniendo**..., VA)
	7	Siempre **tendréis** a los pobres
		a mí no siempre me **tendréis**.
	8	ha hecho lo que podía. (Lo que **tuvo**..., hizo, BC)
	63	¿Qué más necesidad **tenemos** de testigos?
	16:8	**tenían** miedo. (lit., temblor y espanto las **tenía**)
	18	[y sanarán (lit., y bien **tendrán**)]
Lc	3:8	**Tenemos** a Abraham por padre
	11	El **que tiene** dos túnicas,
		dé al **que no tiene**
		el **que tiene** qué comer
	4:33	un hombre **que tenía** un espíritu
	40	todos los que **tenían** enfermos
	5:24	el Hijo del Hombre **tiene** potestad
	31	Los...sanos no **tienen** necesidad
	6:8	al hombre **que tenía** la mano seca:
	7:2	(1) **estaba enfermo** y a punto de morir (lit., **estando enfermo**...)
	8	**tengo** soldados (**que tengo**..., BC)
	33	decís: Demonio **tiene**
	40	una cosa **tengo** que decirte.
	42	no **teniendo** ellos con qué pagar,
	8:6	porque no **tenía** humedad. (por no tener humedad, BC)
	8	El **que tiene** oídos
	13	no **tienen** raíces (...raíz, VHA)
	18	a todo el que **tiene**
		todo el que no **tiene**,
		aun lo que piensa tener
	27	un hombre...endemoniado (...que **tenía** demonios, BC)
	9:3	ni llevéis dos túnicas. (no tener..., BC)
Lc	9:11	a los que necesitaban (a los que **tenían** necesidad, BC)
	58	Las zorras **tienen** guaridas,
		el Hijo del Hombre no **tiene** donde
	11:5	¿Quién de vosotros que **tenga** (...**tendrá**, VM)
	6	no **tengo** qué ponerle delante.
	36	no **teniendo** parte alguna
	12:4	nada más pueden hacer (no **teniendo** nada más...)
	5	a aquel que...**tiene** poder de echar
	17	no **tengo** dónde guardar
	19	Alma, muchos bienes **tienes**
	50	De un bautismo **tengo** que ser bautizado
	13:6	**Tenía** un hombre una higuera
	11	que...**tenía** espíritu de enfermedad
	33	(5) hoy y mañana y **pasado mañana**
	14:14	no te pueden recompensar. (ni **tienen** con qué recompensarte, BC)
	18	que me excuses (me **tengas** por excusado, BC)
	19	que me excuses, (que me **tengas** por excusado, VM)
	28	si **tiene**...para acabarla
	35	El que **tiene** oídos
	15:4	¿Qué hombre...**teniendo** cien ovejas
	7	no necesitan de arrepentimiento? (no **tienen** necesidad..., VM)
	8	¿O qué mujer **que tiene** diez dracmas,
	11	Un hombre **tenía** dos hijos;
	16:1	que **tenía** un mayordomo,
	28	**tengo** cinco hermanos,
	29	A Moisés y a los profetas **tienen**;
	17:6	Si **tuvierais** fe como un grano
	7	¿Quién de vosotros, **teniendo** un siervo
	9	¿Acaso da gracias (lit., ¿Acaso **tiene** gratitud...?)
	18:22	vende todo lo que **tienes**,
		tendrás tesoro en el cielo;
	24	entrarán...los **que tienen** riquezas!
	19:17	**tendrás** autoridad sobre diez ciudades. (lit., estad **teniendo**...)
	20	la cual **he tenido** guardada
	24	al **que tiene** las diez minas,
	25	Señor, **tiene** diez minas,
	26	que a todo el **que tiene**,
		al que no **tiene**, aun lo **que tiene**,
	31	lo necesita, (**tiene** necesidad de él, BC)
	34	lo necesita, (**tiene** necesidad de él, BC)
	20:24	¿De quién **tiene** la imagen
	28	Si el hermano de alguno...**teniendo** mujer
	33	los siete la **tuvieron** por mujer?
	21:4	echó todo el sustento que **tenía**.
	23	(2) ¡ay de las **que estén encintas**,
	22:36	el **que tiene** bolsa, tómela,
		y el **que no tiene** espada,
	37	lo que está escrito de mí, **tiene**
	71	¿Qué más testimonio necesitamos? (¿Qué necesidad **tenemos** ya de testigos? NC)
	23:17	**tenía** necesidad de soltarles (TR, VM, NC, BC, [BA])
	24:39	un espíritu no **tiene** carne como veis **que** yo **tengo**
	41	¿**Tenéis** aquí algo de comer?
Jn	2:3	le dijo: No **tienen** vino
	25	no **tenía** necesidad de que nadie
	3:15	**tenga** vida eterna.
	16	**tenga** vida eterna.

Jn	3:29	El **que tiene** la esposa,	Jn	15:13	Nadie **tiene** mayor amor que
	36	**tiene** vida eterna;		22	no **tendrían** pecado;
	4:11	no **tienes** con qué sacarla,			ahora no **tienen** excusa
		¿De dónde, pues, **tienes** el agua viva?		24	no **tendrían** pecado,
	17	no **tengo** marido.		16:12	Aún **tengo** muchas cosas que deciros
		Bien has dicho: No **tengo** marido;		15	Todo lo que **tiene** el Padre es mío
	18	cinco maridos **has tenido,**		21	cuando da a luz **tiene** dolor;
		el que ahora **tienes** no es		22	vosotros ahora **tenéis** tristeza;
	32	**tengo** una comida (**tengo** para comer, VM)		30	no necesitas que nadie, (no **tienes** necesidad..., BC)
	44	el profeta no **tiene** honra			
	52	(1) **había comenzado a estar mejor** (tuvo mejoría, VM)		33	para que en mí **tengáis** paz, En el mundo **tendréis** aflicción
	5:2	el cual **tiene** cinco pórticos.		17:5	con aquella gloria que **tuve** contigo
	5	hacía treinta y ocho años (lit., teniendo treinta y ocho años)		13	para que **tengan** mi gozo cumplido
				18:10	Simón Pedro, **que tenía** una espada,
	6	llevaba ya mucho tiempo (lit., que ya **tenía** mucho tiempo)		19:7	Nosotros **tenemos** una ley,
				10	**tengo** autoridad para crucificarte
	7	no **tengo** quien (no **tengo** un hombre que BC)			**tengo** autoridad para soltarte?
				11	Ninguna autoridad **tendrías** contra mí
	24	**tiene** vida eterna;			mayor pecado **tiene**
	26	como el Padre **tiene** vida ha dado al Hijo **el tener** vida		15	No **tenemos** más rey que César.
				20:31	**tengáis** vida en su nombre
	36	yo **tengo** mayor testimonio		21:5	¿**tenéis** algo de comer? (¿no **tenéis**... nada que comer? NC)
	38	ni **tenéis** su palabra morando en vosotros			
	39	a vosotros os parece que en ellas **tenéis**	Hch	1:12	camino de un día de reposo, (lit., teniendo camino...)
	40	para que **tengáis** vida			
	42	no **tenéis** amor de Dios en vosotros		2:44	**tenían** en común todas las cosas
	6:9	Aquí está un muchacho, que **tiene**		45	según la necesidad (según...**tenía** necesidad, VM)
	40	todo aquel que ve...**tenga** vida eterna;			
	47	El que cree en mí, **tiene** vida eterna.		47	teniendo favor con todo el pueblo
	53	no **tenéis** vida en vosotros.		3:6	lo que **tengo** te doy
	54	**tiene** vida eterna;		4:14	no podían decir nada en contra, (no **tenían** nada que oponer, BC)
	68	Tú **tienes** palabras de vida eterna			
	7:20	Demonio **tienes;**		35	según su necesidad (según que uno **tenía** necesidad, BC)
	8:6	[para poder acusarle. (para que **tuviesen** de qué...VM)]			
				7:1	¿Es esto así? (lit., si esto **tiene** así)
	12	sino que **tendrá** la luz de la vida		8:7	de muchos que **tenían** espíritus (TR, VHA, VM); (muchos de los **que tenían**..., BC WH, N, ABMW, NC, BA)
	26	Muchas cosas **tengo** que decir y juzgar			
	41	un padre **tenemos,** que es Dios.			
	48	que **tienes** demonio?		9:14	**tiene** autoridad de los...sacerdotes
	49	Yo no **tengo** demonio,		31	las iglesias **tenían** paz (TR); (la iglesia tuvo paz, VM, WH, N, ABMW, VHA, NC, BC, BA)
	52	Ahora conocemos que **tienes** demonio			
	57	Aún no **tienes** cincuenta años,			
	9:21	edad **tiene,** preguntadle a él,		11:3	has entrado en casa de hombres incircuncisos, (lit., ...hombres **teniendo** incircuncisión)
	23	Edad **tiene,** preguntadle a él			
	41	Si fuerais ciegos, no **tendríais** pecado;			
	10:10	yo he venido para que **tengan** vida para que la **tengan** en abundancia		12:15	que así era. (lit., tener así)
				13:5	**Tenían** también a Juan de ayudante.
	16	También **tengo** otras ovejas		14:9	que **tenía** fe para ser sanado,
	18	**Tengo** poder para ponerla, **tengo** poder para		15:21	**tiene** en cada ciudad quien lo predique
				36	(5) para ver cómo están. (lit.,...cómo **tienen**)
	20	Demonio **tiene,** y está fuera de sí;		16:16	una muchacha **que tenía** espíritu
	11:17	halló que hacía ya cuatro días (lit., lo halló **teniendo** cuatro días)		17:11	(5) si estas cosas eran así. (lit., si estas cosas tuvieran así)
	12:6	**teniendo** la bolsa, sustraía		18:18	porque **tenía** hecho voto
	8	a los pobres siempre los **tendréis** no siempre me **tendréis**		19:13	sobre los **que tenían** espíritus malos,
				38	si...**tienen** pleito contra alguno,
	35	andad entre tanto que **tenéis** luz,		20:15	(3) **al día siguiente** llegamos
	36	Entre tanto que **tenéis** la luz,		24	ni estimo preciosa mi vida (ni **tengo** a mi misma vida..., VM) (TR, BC)
	48	**tiene** quien le juzgue			
	13:8	no **tendrás** parte conmigo.		21:13	(5) **estoy dispuesto**
	10	El que está lavado, no necesita (...no **tiene** necesidad, VM)		23	cuatro hombres **que tienen** obligación
				26	(3) **al día siguiente,** habiéndose purificado
	29	puesto que Judas **tenía** la bolsa lo que necesitamos (las cosas de que tenemos necesidad, BC)		23:17	**tiene** cierto aviso que darle. (...que decirle, VM)
				18	**tiene** algo que hablarte.
	35	si **tuviereis** amor		19	¿Qué es lo que **tienes** que decirme?
	14:21	El **que tiene** mis mandamientos,		25	una carta en estos términos (lit., una carta **que tenía** esta forma) (WH, N, ABMW)
	30	él nada **tiene** en mí			

Hch	23:29	pero que ningún delito tenía digno
	24:9	(5) diciendo ser así todo (lit., diciendo tener así estas cosas)
	15	teniendo esperanza en Dios
	16	tener siempre una conciencia sin ofensa
	19	si contra mí tienen algo.
	23	(5) que se le concediese alguna libertad (lit., que tuviese holgura)
	25	(4) Ahora vete (lit., en cuanto a lo tenido ahora)
	25:16	antes que el acusado tenga delante
	19	tenían contra él ciertas cuestiones
	26	Como no tengo cosa cierta para que...tenga yo qué escribir
	27:39	una ensenada que tenía playa
	28:9	los otros que en la isla tenían enfermedades
	19	no porque tenga de qué acusar
	29	teniendo gran discusión entre sí (TR, |VM|, NC, |BA|)
Ro	1:13	para tener también entre vosotros (para que tenga...VM)
	28	no aprobaron tener en cuenta a Dios
	2:14	los gentiles que no tienen ley, aunque no tengan ley, son ley
	20	que tienes en la ley la forma
	4:2	tiene de qué gloriarse,
	5:1	tenemos paz para con Dios (TR, N, ABMW, VHA, VM, N, BA); (mantengamos..., BC, WH)
	2	por quien también tenemos entrada (...hemos tenido..., BC)
	6:21	¿Pero qué fruto teníais
	22	tenéis por vuestro fruto la santificación
	8:9	si alguno no tiene el Espíritu
	23	nosotros mismos, que tenemos las primicias
	9:10	cuando Rebeca concibió de uno, (lit.,...teniendo relación...)
	21	¿O no tiene potestad el alfarero
	10:2	tienen celo de Dios
	12:4	en un cuerpo tenemos muchos miembros no...tienen la misma función
	6	De manera que, teniendo diferentes dones
	13:3	Haz lo bueno, y tendrás alabanza
	14:22	¿Tienes tú fe? Tenla (TR, BC); (La fe que tú tienes, tenla, VHA, WH, N, ABMW, VM, NC, BA)
	15:4	tengamos esperanza.
	17	Tengo, pues, de qué gloriarme
	23	ahora, no teniendo más campo
1 Co	2:16	tenemos la mente de Cristo
	4:7	¿o qué tienes que no hayas recibido?
	15	aunque tengáis diez mil ayos
	5:1	tanto que alguno tiene la mujer de su padre
	6:1	cuando tiene algo contra otro,
	4	Si, pues, tenéis juicios sobre cosas
	7	que tengáis pleitos entre vosotros
	19	el cual tenéis de Dios,
	7:2	cada uno tenga su propia mujer, y cada una tenga su propio marido
	7	cada uno tiene su propio don
	12	Si algún hermano tiene mujer
	13	si una mujer tiene marido
	25	no tengo mandamiento del Señor
	28	los tales tendrán aflicción
	29	que los que tienen esposa sean como si no la tuviesen (que los que tienen mujeres sean como si no las tuviesen, VHA)

1 Co	7:37	sin tener necesidad,
		es dueño de su propia voluntad (tiene control..., BA)
	40	también yo tengo el Espíritu de Dios.
	8:1	todos tenemos conocimiento.
	10	a ti, que tienes conocimiento,
	9:4	¿Acaso no tenemos derecho
	5	¿No tenemos derecho de traer con nosotros
	6	no tenemos derecho
	17	recompensa tendré;
	11:4	(5) con la cabeza cubierta (lit., teniendo debajo la cabeza)
	10	la mujer debe tener señal de autoridad
	16	no tenemos tal costumbre,
	22	¿no tenéis casas en que comáis avergonzáis a los que no tienen nada?
	12:12	el cuerpo es uno, y tiene muchos
	21	no te necesito (No tengo necesidad de ti, VM)
		No tengo necesidad de vosotros.
	23	se tratan con más decoro, (tienen más abundante compostura, VM)
	24	no tienen necesidad;
	30	¿Tienen todos dones de sanidad?
	13:1	no tengo amor,
	2	si tuviese profecía, si tuviese toda la fe, no tengo amor, nada soy
	3	y no tengo amor, de nada me sirve
	14:26	tiene salmo, tiene doctrina, tiene lengua tiene revelación, tiene interpretación.
	15:31	por la gloria que de vosotros tengo
	34	no conocen a Dios; (lit., tienen ignorancia de Dios)
2 Co	1:9	tuvimos en nosotros mismos sentencia
	15	para que tuvieseis una segunda gracia,
	2:3	para que cuando llegue no tenga tristeza
	4	cuán grande es el amor que os tengo
	13	no tuve reposo en mi espíritu,
	3:4	tal confianza tenemos mediante Cristo
	12	Así que, teniendo tal esperanza,
	4:1	teniendo nosotros este ministerio
	7	tenemos este tesoro
	13	teniendo el mismo espíritu de fe
	5:1	tenemos de Dios un edificio,
	12	para que tengáis con qué responder
	6:10	como no teniendo nada,
	7:1	puesto que tenemos tales promesas,
	5	ningún reposo tuvo nuestro cuerpo,
	8:11	conforme a lo que tengáis. (lit....al tener)
	12	no según lo que no tiene.
	9:8	teniendo siempre en todas las cosas
	10:6	(5) estando prontos para castigar
	15	sino que esperamos (mas teniendo esperanza, VM)
	12:14	(5) por tercera vez estoy preparado
Gá	2:4	nuestra libertad que tenemos
	4:22	Abraham tuvo dos hijos
	27	que de la que tiene marido
	6:4	entonces tendrá motivo de gloriarse
	10	Así que, según tengamos oportunidad,
Ef	1:7	en quien tenemos redención por su sangre,
	2:12	sin esperanza (no teniendo esperanza, VHA)
	18	tenemos entrada por un mismo Espíritu
	3:12	en quien tenemos seguridad y acceso
	4:28	para que tenga qué compartir con el que padece necesidad (al que tuviere necesidad, VM)
	5:5	tiene herencia en el reino de Cristo

Ef	5:27	que no tuviese mancha ni arruga	He	5:14	para los que...tienen los sentidos
Fil	1:7	por cuanto os tengo en el corazón;		6:9	(5) que pertenecen a la salvación
		(lit., por teneros...)		13	(5) no pudiendo jurar por otro mayor
	23	teniendo deseo de partir			(no tenía ninguno mayor..., NC)
	30	teniendo el mismo conflicto		18	para que...tengamos un fortísimo consuelo
	2:2	teniendo el mismo amor, unánimes,		19	La cual tenemos como segura
	20	a ninguno tengo del mismo ánimo		7:3	que ni tiene principio de días
	27	para que yo no tuviese tristeza		5	tienen mandamiento de tomar
	29	tened en estima a los que son como él		6	bendijo al que tenía las promesas.
	3:4	yo tengo también de qué confiar		24	tiene un sacerdocio inmutable.
		(lit., yo teniendo...)		27	que no tiene necesidad cada día
	9	no teniendo mi propia justicia		28	sumos sacerdotes a débiles hombres
	17	según el ejemplo que tenéis en nosotros			(...a hombres que tienen flaquezas, VHA)
Col	1:4	del amor que tenéis a todos los santos,	8:1	tenemos tal sumo sacerdote,
		(V60, [WH], N, ABMW, no se encuentra		3	también éste tenga algo que ofrecer.
		en TR)		9:1	el primer pacto tenía ordenanzas
	14	tenemos redención por su sangre,		4	el cual tenía un incensario
	2:1	cuán gran lucha sostengo			una urna...que contenía el maná
	23	Tales cosas tienen (lit.,...están teniendo)		8	entre tanto que. .estuviese en pie
	3:13	si alguno tuviere queja contra otro			(lit., entretanto que tenía existencia)
	4:1	tenéis un Amo en los cielos		10:1	teniendo la sombra de los bienes
	13	tiene gran solicitud por vosotros		2	no tendrían ya más conciencia (por no
1 Ts	1:8	(5) no tenemos necesidad de hablar			tener conciencia, NC)
	9	la manera en que nos recibisteis, (qué		19	teniendo libertad para entrar
		manera de entrada tuvimos..., VM)		34	sabiendo que tenéis
	3:6	nos recordáis con cariño (conserváis buena		35	que tiene grande galardón
		memoria de nosotros, BC)		36	os es necesaria. (tenéis necesidad, VM)
	4:9	no tenéis necesidad de que os escriba,		11:10	la ciudad que tiene fundamentos,
	12	no tengáis necesidad de nada		15	tenían tiempo de volver
	13	los otros que no tienen esperanza		25	que gozar de los deleites, (que tener el
	5:1	no tenéis necesidad, hermanos,			goce, BC)
	3	(2) los dolores a la mujer encinta		12:1	teniendo en derredor nuestro tan grande
2 Ts	3:9	no porque no tuviésemos derecho		9	tuvimos a nuestros padres terrenales
1 Ti	1:12	Doy gracias (lit., Tengo gratitud)		28	tengamos gratitud,
	19	manteniendo la fe		13:10	Tenemos un altar, del cual no tienen
	3:4	que tenga sus hijos en sujeción		14	no tenemos aquí ciudad permanente
	7	que tenga buen testimonio		18	tenemos buena conciencia
	9	que guarden el misterio de la fe	Stg	1:4	tenga la paciencia su obra completa
	4:8	pues tiene promesa de esta vida		2:1	que vuestra fe...sea sin acepción de personas
	5:4	si alguna viuda tiene hijos,			(no tengáis la fe..., VM)
	12	incurriendo así en condenación (lit.,		14	si alguno dice que tiene fe, y no tiene obras
		teniendo condenación)		17	la fe, si no tiene obras,
	16	Si algún creyente...tiene viudas,		18	Tú tienes fe , y yo tengo obras.
	20	para que los demás...teman (...tengan		3:14	si tenéis celos amargos,
		temor, VM)		4:2	Codiciáis, y no tenéis;
	25	(5) las que son de otra manera			no tenéis lo que deseáis,
	6:2	los que tienen amos creyentes	1 P	2:12	manteniendo buena vuestra manera de vivir
	8	Así que, teniendo sustento		16	no como los que tienen la libertad
	16	el único que tiene inmortalidad		3:16	teniendo buena conciencia,
2 Ti	1:3	Doy gracias a Dios (lit., Tengo gratitud...)		4:5	(5)cuenta al que está preparado (TR, N,
		sin cesar me acuerdo (...tengo memoria, VM			ABMW)
	13	Retén la forma de las sanas		8	tened...ferviente amor; (teniendo..., VM)
	2:17	(5) su palabra carcomerá (lit.,... tendrá	2 P	1:15	podáis..., tener memoria de estas cosas.
		extensión)			(en que...tengáis...cómo renovar el
	19	teniendo este sello:			recuerdo..., BC)
	3:5	que tendrán apariencia de piedad,		19	Tenemos también la palabra
Tit	1:6	que...tenga hijos creyentes		2:14	Tienen los ojos llenos de adulterio,
	2:8	no tenga nada malo (no teniendo..., VM)			(Teniendo..., VHA)
Flm	5	del amor y de la fe que tienes			tienen el corazón habituado (teniendo...,
	7	tenemos gran gozo (TR); (tuve..., VHA,			VHA)
		WH, N, ABMW, VM, NC, BC, BA)		16	fue reprendido por su iniquidad
	8	aunque tengo mucha libertad			(lit., obtuvo la represión...)
	17	si me tienes por compañero,	1 Jn	1:3	para que...tengáis comunión con nosotros;
He	2:14	al que tenía el imperio de la muerte,		6	Si decimos que tenemos comunión
	3:3	tiene mayor honra que la casa		7	tenemos comunión unos con otros
	4:14	teniendo un gran sumo sacerdote		8	Si decimos que no tenemos pecado,
	15	no tenemos un sumo sacerdote		2:1	abogado tenemos para con el Padre,
	5:12	tenéis necesidad de que		7	el mandamiento antiguo que habéis tenido
		tales que tenéis necesidad		20	vosotros tenéis la unción

1 Jn	2:23	tampoco **tiene** al Padre,		
		tiene también al Padre (V60, WH, N ABMW, VHA, VM, NC, BC, BA) (No se encuentra en TR)		
	27	no **tenéis** necesidad de que nadie,		
	28	para que...**tengamos** confianza,		
	3:3	todo aquel **que tiene** esta esperanza		
	15	ningún homicida **tiene** vida eterna		
	17	el que **tiene** bienes de este mundo ve a su hermano **tener** necesidad		
	21	confianza **tenemos** en Dios;		
	4:16	el amor que Dios **tiene**		
	17	para que **tengamos** confianza en el día		
	18	el temor lleva en sí castigo (...**tiene** en sí..., VM)		
	21	**tenemos** este mandamiento de él:		
	5:10	**tiene** el testimonio en sí mismo		
	12	El **que tiene** al Hijo, **tiene** la vida; el **que** no **tiene** al Hijo...no **tiene**		
	13	para que sepáis que **tenéis** vida		
	14	esta es la confianza que **tenemos**		
	15	sabemos que **tenemos** las peticiones		
2 Jn	5	el que **hemos tenido** desde el principio,		
	9	no **tiene** a Dios ése sí **tiene** al Padre y al Hijo.		
	12	**Tengo** muchas cosas que escribiros, (Aunque **tenía**...VHA)		
3 Jn	4	No **tengo** yo mayor gozo que este,		
	13	Yo **tenía** muchas cosas que escribirte,		
Jud	3	me ha sido necesario (lit., **tuve** la necesidad)		
	19	que no **tienen** al Espíritu.		
Ap	1:16	**Tenía** en su diestra (lit., **teniendo**...)		
	18	**tengo** las llaves de la muerte		
	2:3	**has tenido** paciencia, (**tienes**..., VHA)		
	4	**tengo** contra ti, que has dejado		
	6	**tienes** esto, que aborreces		
	7	El **que tiene** oído, oiga		
	10	**tendréis** tribulación		
	11	El **que tiene** oído, oiga		
	12	El **que tiene** la espada aguda		
	14	**tengo** unas pocas cosas contra ti, que **tienes** ahí a los que retienen		
	15	también **tienes** a los que retienen		
	17	El **que tiene** oído, oiga		
	18	el **que tiene** ojos como llama de fuego		
	20	**tengo** unas pocas cosas contra ti:		
	24	a cuantos no **tienen** esa doctrina		
	25	pero lo que **tenéis**, retenedlo		
	29	El **que tiene** oído, oiga		
	3:1	El **que tiene** los siete espíritus de Dios, que **tienes** nombre de que vives,		
	4	**tienes** unas pocas personas (...algunos pocos nombres, VM)		
	6	El **que tiene** oído, oiga		
	7	el **que tiene** la llave de David,		
	8	aunque **tienes** poca fuerza, (**tienes** un poco de poder, VM)		
	11	retén lo que **tienes**,		
	13	El **que tiene** oído, oiga		
	17	de ninguna cosa **tengo** necesidad,		
	22	El **que tiene** oído, oiga		
	4:4	con coronas de oro en sus cabezas (V60) (lit., y **tenían** coronas..., TR)		
	7	el tercero **tenía** rostro (lit.,...**teniendo** rostro)		
	8	los cuatro seres vivientes **tenían** (... **teniendo**, VM) no cesaban día y noche (lit., no **tienen** descanso...)		
Ap	5:6	que **tenía** siete cuernos,		
	8	**tenían** arpas, (lit., **teniendo**..., TR); (**teniendo** cada cual un arpa, VM, WH, N, ABMW, VHA, NC, BC, BA)		
	6:2	**tenía** un arco, (lit., **teniendo**...)		
	5	**tenía** una balanza (lit., **teniendo**...)		
	9	por el testimonio que **tenían**.		
	7:2	**tenía** el sello (**teniendo**..., VM)		
	8:3	con un incensario; (**teniendo** un incensario, BC)		
	6	que **tenían** las siete trompetas		
	9	la tercera parte de los seres vivientes (la tercera parte de las criaturas... las que **tienen** almas, BC)		
	9:3	como **tienen** poder los escorpiones		
	4	los hombres que no **tuviesen** el sello		
	8	**tenían** cabello como cabello (...cabellos como cabellos, VHA)		
	9	**tenían** corazas como corazas de hierro;		
	10	**tenían** colas como de escorpiones,		
	11	**tienen** por rey sobre ellos y en griego, Apolión (en griego **tiene** el nombre..., VHA)		
	14	diciendo al sexto ángel que **tenía**		
	17	los cuales **tenían** corazas de fuego,		
	19	sus colas...**tenían** cabezas, (lit.,...**teniendo**..)		
	10:2	**Tenía** en su mano un librito (lit., **teniendo**...)		
	11:6	Estos **tienen** poder para cerrar **tienen** poder sobre las aguas		
	12:2	(2) estando encinta		
	3	que **tenía** siete cabezas y diez cuernos		
	6	donde **tiene** lugar preparado		
	12	con gran ira (**teniendo**..., VM) sabiendo que **tiene** poco tiempo.		
	17	que...**tienen** el testimonio		
	13:1	una bestia **que tenía** siete cabezas		
	9	Si alguno **tiene** oído, oiga.		
	11	**tenía** dos cuernos semejantes		
	14	la bestia que **tiene** la herida		
	17	sino el que **tuviese** la marca		
	18	El **que tiene** entendimiento, cuente		
	14:1	que **tenían** el nombre de él		
	6	**que tenía** el evangelio eterno		
	11	no **tienen** reposo de día		
	14	al Hijo del Hombre, **que tenía**		
	17	**teniendo** también una hoz aguda.		
	18	que **tenía** poder sobre el fuego llamó a gran voz al **que tenía**		
	15:1	siete ángeles **que tenían** las siete plagas,		
	2	con las arpas (**teniendo** arpas, VM)		
	6	los siete ángeles **que tenían** las siete		
	16:2	los hombres **que tenían** la marca		
	9	el nombre de Dios, **que tiene** poder		
	17:1	uno de los siete ángeles **que tenían**		
	3	**que tenía** siete cabezas y diez cuernos		
	4	**tenía** en la mano un cáliz (**teniendo**..., VM)		
	7	la cual **tiene** siete cabezas		
	9	para la mente **que tenga** sabiduría; (Aquí está la mente **que tiene**..., BA)		
	13	Estos **tienen** un mismo propósito		
	18	la gran ciudad que reina (...la cual **tiene** el imperio, VM)		
	18:1	con gran poder (**teniendo**.., VM)		
	19	en la cual todos los **que tenían** naves		
	19:10	tus hermanos **que retienen** el testimonio		
	12	**tenía** un nombre escrito (lit., **teniendo**...)		
	16	**tiene** escrito este nombre:		

Ap	20:1	con la llave (**que tenía** la llave, BC)
	6	el **que tiene** parte en la primera...
		la segunda muerte no **tiene** potestad
	21:9	uno de los siete ángeles **que tenían**
	11	**teniendo** la gloria de Dios
	12	**Tenía** un muro grande (lit., **teniendo**..)
		con doce puertas (lit., **teniendo**...)
	14	el muro de la ciudad **tenía** (lit.,..**teniendo**)
	15	**tenía** una caña de medir (lit., **teniendo**...)
	23	La ciudad no **tiene** necesidad de sol
	22:5	no **tienen** necesidad de luz

2193 ἕως – éos (jéos)
Como conjunción
(1) ἕως οὗ, ἕως ὅτου

Mt	1:25	(1) **hasta que** dio a luz
	2:9	**hasta que** llegando, se detuvo sobre donde
	13	permanece allá **hasta que** yo te diga,
	5:18	**hasta que** pasen el cielo y la tierra;
		hasta que todo se haya cumplido.
	25	(1) **entre tanto que** estás con él
	26	**hasta que** pagues el último cuadrante.
	10:11	posad allí **hasta que** salgáis.
	23	antes que venga el Hijo (**hasta que**..., VM)
	12:20	**Hasta que** saque a victoria el juicio.
	13:33	(1) **hasta que** todo fue leudado.
	14:22	(1) **entre tanto que** él despedía
	16:28	**hasta que** hayan visto al Hijo
	17:9	(1) **hasta que** el Hijo del Hombre resucite
	18:30	**hasta que** pagase la deuda
	34	(1) **hasta que** pagase todo
	22:44	(1) **Hasta que** ponga a tus enemigos
	23:39	**hasta que** digáis: Bendito el que viene
	24:34	**hasta que** todo esto acontezca.
	39	**hasta que** vino el diluvio
	26:36	(1) **entre tanto que**...oro,
Mr	6:10	posad en ella **hasta que** salgáis
		(posad allí..., VHA)
	45	**entre tanto que** él despedía a la multitud
	9:1	**hasta que** hayan visto el reino de Dios,
	12:36	**Hasta que** ponga tus enemigos
	14:32	**entre tanto que** yo oro
Lc	9:27	**hasta que** vean el reino de Dios.
	12:50	(1) ¡cómo me angustio **hasta que** se cumpla!
	59	**hasta que** hayas pagado aun la
	13:8	(1) **hasta que** yo cave alrededor
	21	(1) **hasta que** todo hubo fermentado.
	35	**hasta que** llegue el tiempo en que digáis
	15:4	**hasta** encontrarla? (**hasta que** la halle? VHA)
	8	(1) **hasta** encontrarla? (**hasta que** la halla?, BC)
	17:8	sírveme **hasta que** haya comido
	19:13	Negociad **entre tanto que** vengo. (TR)
	20:43	**Hasta que** ponga a tus enemigos
	21:32	**hasta que** todo esto acontezca.
	22:16	(1) **hasta que** se cumpla en el reino
	18	(1) **hasta que** el reino de Dios venga
	34	antes que tú niegues (WH, N, ABMW)
	24:49	(1) **hasta que** seáis investidos de poder
Jn	9:4	**entre tanto que** el día dura
		(mientras es de día, VM)
	18	(1) **hasta que** llamaron a los padres
	12:35	**entre tanto que** tenéis luz (TR)
	36	**Entre tanto que** tenéis la luz
	13:38	(1) sin que me hayas negado (**antes que**... me niegues, NC)
	21:22	**hasta que** yo venga
	23	**hasta que** yo venga,
Hch	2:35	**Hasta que** ponga a tus enemigos
	21:26	(1) cuando había de presentarse (**hasta que** fuese presentada, VM)
	23:12	(1) **hasta que** hubiesen dado muerte a Pablo
	14	(1) **hasta que** hayamos dado muerte a Pablo.
	21	(1) **hasta que** le hayan dado muerte;
	25:21	(1) **hasta que** le enviara yo a César.
1 Co	4:5	**hasta que** venga el Señor,
2 Ts	2:7	**hasta que** él...sea quitado de en medio
1 Ti	4:13	**Entre tanto que** voy, ocúpate
He	1:13	**Hasta que** ponga a tus enemigos
	10:13	esperando **hasta que** sus enemigos
Stg	5:7	**hasta que** reciba la lluvia temprana
2 P	1:19	(1) **hasta que** el día esclarezca
Ap	6:11	**hasta que** se completara el número
	20:5	**hasta que** se cumplieron mil años (TR)

2193 ἕως – éos (jéos)
Como preposición

Mt	1:17	desde Abraham **hasta** David
		desde David **hasta** la deportación
		desde la deportación...**hasta** Cristo,
	2:15	estuvo allá **hasta** la muerte
	11:12	Desde los días de Juan...**hasta** ahora
	13	todos los profetas...**hasta** Juan
	23	que eres levantada **hasta** el cielo, (TR, VM); (¿serás ensalzada **hasta** el cielo?, VHA, NC, BC, BA, WH, N, ABMW)
		hasta el Hades serás abatida.
	13:30	Dejad crecer...**hasta** la siega; (WH, N, ABMW)
	17:17	¿**Hasta** cuándo he de estar...? ¿**Hasta** cuándo os he de soportar?
	18:21	¿**Hasta** siete?
	22	No te digo **hasta** siete, **hasta** setenta veces siete
	20:8	desde los postreros **hasta** los primeros.
	22:26	**hasta** el séptimo. (**hasta** los siete, BC)
	23:35	**hasta** la sangre de Zacarías
	24:21	desde el principio del mundo **hasta** ahora,
	27	se muestra hasta el occidente,
	31	desde un extremo del cielo **hasta** el otro.
	26:29	**hasta** aquel día en que lo beba
	38	muy triste, **hasta** la muerte;
	58	**hasta** el patio del sumo sacerdote;
	27:8	se llama **hasta** el día de hoy
	45	hubo tinieblas...**hasta** la hora novena.
	51	de arriba abajo (de alto a bajo, VM)
	64	**hasta** el tercer día,
	28:20	**hasta** el fin del mundo
Mr	6:23	**hasta** la mitad de mi reino.
	9:19	¿**Hasta** cuándo he de estar con vosotros? ¿**Hasta** cuándo os he de soportar?
	13:19	**hasta** este tiempo, ni la habrá
	27	**hasta** el extremo del cielo.
	14:25	**hasta** aquel día en que lo beba
	34	está muy triste, **hasta** la muerte
	54	**hasta** dentro del patio,
	15:33	**hasta** la hora novena
	38	de arriba abajo (de alto a bajo, VHA)
Lc	1:80	**hasta** el día de su manifestación
	2:15	Pasemos, pues, **hasta** Belén
	37	era viuda hacía ochenta y cuatro años; (.. de **hasta**..., VM) (WH, N, ABMW)
	4:29	y le llevaron **hasta** la cumbre
	42	llegando a donde estaba (vinieron a él, VM)
	9:41	¿**Hasta** cuándo he de estar con vosotros,
	10:15	que **hasta** los cielos eres levantada (TR, VM); (no serás elevada **hasta** los cielos

Ζαβουλών 2194

¿verdad?, BA, WH, N, ABMW, VHA, NC, BC)
Lc 10:15 hasta el Hades serás abatida
   11:51 hasta la sangre de Zacarías
   16:16 eran hasta Juan (TR)
   22:51 Basta ya; dejad (Sufrid aún esto, VM)
   23:5 comenzando desde Galilea hasta aquí
   44 hasta la hora novena
   24:50 los sacó fuera hasta Betania,
         (...hasta enfrente de..., VM)
Jn 2:7 las llenaron hasta arriba.
   10 tú has reservado...hasta ahora
   5:17 Mi Padre hasta ahora trabaja,
   8:9 |hasta los postreros;|
   10:24 ¿Hasta cuándo nos turbarás el alma?
   16:24 Hasta ahora nada habéis pedido
Hch 1:8 hasta lo último de la tierra.
   22 hasta el día en que de entre nosotros
   7:45 hasta los días de David.
   8:10 hasta el más grande, diciendo:
   40 hasta que llegó a Cesarea.
   9:38 No tardes en venir a nosotros.
   11:19 pasaron hasta Fenicia,
   22 enviaron a Bernabé...hasta Antioquía
   13:20 hasta el profeta Samuel.
   47 hasta lo último de la tierra.
   17:14 que fuese hacia el mar (TR, VHA, NC);
         (para que fuese hasta el mar, VM, WH, N, ABMW, BC, BA)
   15 le llevaron a Atenas (...hasta..., VHA)
   21:5 hasta fuera de la ciudad
   23:23 para que fuesen hasta Cesarea
   26:11 los perseguí hasta en las ciudades
   28:23 desde la mañana hasta la tarde
Ro 3:12 no hay ni siquiera uno
   11:18 hasta el día de hoy
1 Co 1:8 os confirmará hasta el fin
   4:13 hasta ahora...el desecho de todos
   8:7 habituados hasta aquí a los ídolos (V60)
       (lit., con la costumbre hasta ahora del ídolo) (WH, N, ABMW, VHA, VM, NC, BC, BA); (con conciencia del ídolo hasta aquí, VA, TR)
   15:6 muchos viven aún (la mayor parte permanecen hasta ahora, VM)
   16:8 estaré en Efeso hasta Pentecostés
2 Co 1:13 espero que hasta el fin las entenderéis
   3:15 aun hasta el día de hoy,
   12:2 que...fue arrebatado hasta el tercer cielo.
He 8:11 Desde el menor hasta el mayor de ellos.
Stg 5:7 hasta la venida del Señor.
1 Jn 2:9 está todavía en tinieblas.
       (...hasta ahora, VHA)
Ap 6:10 ¿Hasta cuándo,...no juzgas

Z ζ

2194   Ζαβουλών – Zaboulón
Mt 4:13 en la región de Zabulón
   15 Tierra de Zabulón y tierra de Neftalí
Ap 7:8 De la tribu de Zabulón, doce mil sellados.

2195   Ζακχαῖος – Zakcáios (Zakjáios)
Lc 19:2 un varón llamado Zaqueo, que era jefe
   5 le dijo: Zaqueo, date prisa,
   8 Entonces Zaqueo, puesto en pie, dijo

2196   Ζάρα – Zára
Mt 1:3 de Tamar a Fares y a Zara

2197   Ζαχαρίας – Zacarías (Zajarías)
Mt 23:35 hasta la sangre de Zacarías
Lc 1:5 un sacerdote llamado Zacarías,
   12 se turbó Zacarías al verle,
   13 Zacarías, no temas;
   18 Dijo Zacarías al ángel:
   21 estaba esperando a Zacarías,
   40 entró en casa de Zacarías,
   59 con el nombre de su padre, Zacarías;
   67 Zacarías su padre fue lleno
   3:2 Juan, hijo de Zacarías, en el desierto.
   11:51 hasta la sangre de Zacarías,

2198   ζάω – záo
Mt 4:4 No sólo de pan vivirá el hombre,
   9:18 pon tu mano sobre ella, y vivirá
   16:16 el Hijo del Dios viviente
   22:32 Dios de muertos, sino de vivos.
   26:63 Te conjuro por el Dios viviente,
   27:63 aquel engañador dijo, viviendo aún;
Mr 5:23 para que sea salva, y vivirá
   12:27 sino Dios de vivos, (TR); (sino de vivos, VHA, WH, N, ABMW, VM, NC, BC, BA)
   16:11 [cuando oyeron que vivía,]
Lc 2:36 pues había vivido con su marido
   4:4 No sólo de pan vivirá el hombre,
   10:28 haz esto, y vivirás
   15:13 desperdició...viviendo perdidamente.
   32 era muerto, y ha revivido; (WH, N, ABMW)
   20:38 Dios de muertos, sino de vivos,
        para él todos viven
   24:5 buscáis entre los muertos al que vive?
   23 quienes dijeron que él vive.
Jn 4:10 él te daría agua viva.
   11 ¿De dónde, pues, tienes el agua viva?
   50 Vé, tu hijo vive.
   51 diciendo: Tu hijo vive.
   53 Tu hijo vive; y creyó
   5:25 los que la oyeren vivirán.
   6:51 Yo soy el pan vivo
   51 (52) vivirá para siempre
   57 yo vivo por el Padre,
       él también vivirá por mí
   58 el que come de este pan, vivirá
   69 el Hijo del Dios viviente. (TR, VM)
   7:38 correrán ríos de agua viva.
   11:25 aunque esté muerto, vivirá
   26 todo aquel que vive y cree en mí,
   14:19 porque yo vivo, vosotros también viviréis
Hch 1:3 se presentó vivo con muchas pruebas
   7:38 recibió palabras de vida (...los oráculos vivos, VM)
   9:41 la presentó viva.
   10:42 Juez de vivos y muertos
   14:15 que...os convirtáis al Dios vivo,
   17:28 en él vivimos, y nos movemos,
   20:12 llevaron al joven vivo,
   22:22 porque no conviene que viva.
   25:19 el que Pablo afirmaba estar vivo.
   24 dando voces que no debe vivir más.
   26:5 viví fariseo.
   28:4 la justicia no deja vivir.
Ro 1:17 el justo por la fe vivirá
   6:2 ¿cómo viviremos aún en él?
   10 en cuanto vive, para Dios vive

Ro	6:11	vivos para Dios en Cristo Jesús,
	13	como vivos de entre los muertos
	7:1	entre tanto que éste vive?
	2	al marido mientras éste vive;
	3	si en vida del marido se uniere
	9	yo sin la ley vivía en un tiempo;
	8:12	para que vivamos conforme a la carne
	13	si vivís conforme a la carne
		si...hacéis morir las obras de la carne, viviréis
	9:26	serán llamados hijos del Dios viviente.
	10:5	vivirá por ellas. (TR, VM); (...por ella,
		VHA, WH, N, ABMW, NC, BC, BA)
	12:1	vuestros cuerpos en sacrificio vivo,
	14:7	ninguno de nosotros vive para sí,
	8	si vivimos, para el Señor vivimos
		sea que vivamos, o que muramos,
	9	Cristo...murió...y volvió a vivir, (WH, N, ABMW)
		para ser Señor...de los que viven
	11	Vivo yo, dice el Señor,
1 Co	7:39	mientras su marido vive
	9:14	que vivan del evangelio.
	15:45	el primer hombre Adán alma viviente;
2 Co	1:8	perdimos la esperanza de conservar la vida.
	3:3	con el Espíritu del Dios vivo
	4:11	nosotros que vivimos, siempre
	5:15	para que los que viven, ya no vivan para sí,
	6:9	como moribundos, mas he aquí vivimos
	16	sois el templo del Dios viviente,
	13:4	vive por el poder de Dios.
		pero viviremos con él
Gá	2:14	vives como los gentiles
	19	a fin de vivir para Dios.
		(a fin de que viva..., VM)
	20	ya no vivo yo, mas vive Cristo en mí
		lo que ahora vivo en la carne, lo vivo
	3:11	El justo por la fe vivirá;
	12	El que hiciere estas cosas vivirá por ellas.
	5:25	Si vivimos por el Espíritu, andemos
Fil	1:21	para mí el vivir es Cristo,
	22	si el vivir en la carne resulta
Col	2:20	¿por qué, como si vivieseis en el mundo
	3:7	cuando vivíais en ellas.
1 Ts	1:9	para servir al Dios vivo
	3:8	ahora vivimos, si vosotros estáis firmes
	4:15	nosotros que vivimos
	17	nosotros los que vivimos
	5:10	para que...vivamos juntamente con él
1 Ti	3:15	es la iglesia del Dios viviente,
	4:10	esperamos en el Dios viviente,
	5:6	viviendo está muerta
	6:17	sino en el Dios vivo (TR)
2 Ti	3:12	los que quieren vivir piadosamente
	4:1	que juzgará a los vivos y a los muertos
Tit	2:12	vivamos en este siglo sobria,
He	2:15	estaban durante toda la vida sujetos a
	3:12	para apartarse del Dios vivo;
	4:12	la palabra de Dios es viva y eficaz,
	7:8	se da testimonio de que vive
	25	viviendo siempre para interceder por ellos.
	9:14	para que sirváis al Dios vivo?
	17	entre tanto que el testador vive.
	10:20	por el camino nuevo y vivo
	31	es caer en manos del Dios vivo!
	38	el justo vivirá por fe;
	12:9	al Padre de los espíritus, y viviremos?
	22	a la ciudad del Dios vivo, Jerusalén
Stg	4:15	Si el Señor quiere, viviremos
1 P	1:3	nos hizo renacer para una esperanza viva.

1 P	1:23	la palabra de Dios que vive y permanece
	2:4	Acercándoos a él, piedra viva,
	5	vosotros también, como piedras vivas,
	24	para que...vivamos a la justicia;
	4:5	para juzgar a los vivos
	6	para que...vivan en espíritu según Dios
1 Jn	4:9	para que vivamos por él.
Ap	1:18	el que vivo, y estuve muerto;
		vivo por los siglos (estoy vivo..., BC)
	2:8	el que estuvo muerto y vivió,
	3:1	tienes nombre de que vives,
	4:9	al que vive por los siglos
	10	adoran al que vive por los siglos
	5:14	al que vive por los siglos (TR)
	7:2	tenía el sello del Dios vivo;
	17	a fuentes de aguas de vida; (TR)
		(lit.,...vivas)
	10:6	juró por el que vive por los siglos
	13:14	tiene la herida de espada, y vivió
	15:7	que vive por los siglos
	16:3	murió todo ser vivo (TR)
	19:20	Estos dos fueron lanzados vivos
	20:4	vivieron y reinaron con Cristo
	5	los otros muertos no volvieron a vivir (WH, N, ABMW)

2199 Ζεβεδαῖος — Zebedaíos

Mt	4:21	Jacobo hijo de Zebedeo,
		en la barca con Zebedeo su padre,
	10:2	Jacobo hijo de Zebedeo,
	20:20	la madre de los hijos de Zebedeo
	26:37	a los dos hijos de Zebedeo,
	27:56	la madre de los hijos de Zebedeo.
Mr	1:19	Jacobo hijo de Zebedeo,
	20	dejando a su padre Zebedeo en la barca
	3:17	Jacobo hijo de Zebedeo,
	10:35	hijos de Zebedeo, se le acercaron,
Lc	5:10	Jacobo y Juan, hijos de Zebedeo,
Jn	21:2	los hijos de Zebedeo,

2200 ζεστός** — zestós

Ap	3:15	ni eres frío ni caliente.
		¡Ojalá fueses frío o caliente!
	16	no frío ni caliente,

2201 ζεῦγος — zeúgos

Lc	2:24	Un par de tórtolas, o dos palominos.
	14:19	He comprado cinco yuntas de bueyes,

2202 ζευκτηρία*† — zeuktería

Hch	27:40	largando también las amarras del timón;

2203 Ζεύς — Zéus

Hch	14:12	a Bernabé llamaban Júpiter,
	13	Y el sacerdote de Júpiter, cuyo templo

2204 ζέω — zéo

Hch	18:25	siendo de espíritu fervoroso,
		(siendo fervoroso de espíritu, VHA)
Ro	12:11	fervientes en espíritu,

2205 Véase abajo

2206 A ζηλεύω* — zeléuo

Ap	3:19	sé, pues, celoso, (WH, N, ABMW)

2205 ζῆλος — zélos

Jn	2:17	El celo de tu casa

ζηλόω 2206   2212 ζητέω

Hch	5:17	los saduceos, se llenaron de **celos**;
	13:45	los judíos...se llenaron de **celos**,
Ro	10:2	tienen **celo** de Dios,
	13:13	en contiendas y **envidia**,
1 Co	3:3	habiendo entre vosotros **celos**,
2 Co	7:7	vuestra **solicitud** por mí
		(vuestro **celo** por mí, VHA)
	11	qué **celo**, y qué vindicación!
	9:2	vuestro **celo** ha estimulado a la mayoría
	11:2	os celo **con celo** de Dios;
	12:20	que haya entre vosotros...**envidias**
Gá	5:20	enemistades, pleitos, **celos**,
Fil	3:6	en cuanto a **celo**, perseguidor de la iglesia
Col	4:13	tiene gran **solicitud**, (TR)
He	10:27	**hervor** de fuego que ha de devorar
Stg	3:14	si tenéis **celos** amargos y contención
	16	donde hay **celos** y contención,

2206		ζηλόω – zelóo
Hch	7:9	Los patriarcas, **movidos por envidia**
	17:5	los judíos...**teniendo celos**, tomaron
1 Co	12:31	**Procurad**, pues, los dones mejores.
		(anhelad..., VHA)
	13:4	el amor no **tiene envidia**,
	14:1	**procurad** los dones espirituales,
		(anhelad..., VHA)
	39	**procurad** profetizar, (anhelad..., VHA)
2 Co	11:2	os celo **con celo** de Dios;
Gá	4:17	**Tienen celo** por vosotros,
		que vosotros **tengáis celo**.
	18	Bueno es **mostrar celo** en lo bueno siempre,
Stg	4:2	matáis y **ardéis de envidia**
Ap	3:19	**sé**, pues, **celoso** (TR)
2206A		*Véase pág. 383*

2207 y 2208   ζηλωτής, y Ζηλωτής – zelotés

Lc	6:15	Simón llamado **Zelote**,
Hch	1:13	Simón el **Zelote** y Judas
	21:20	todos son **celosos** por la ley.
	22:3	**celoso** de Dios,
1 Co	14:12	anheláis dones espirituales, (sois **codiciosos** de dones espirituales, VM)
Gá	1:14	siendo mucho más **celoso** de las tradiciones
Tit	2:14	un pueblo propio, **celoso** de buenas obras.
1 P	3:13	si...seguís el bien (TR); (si sois **celosos** para el bien?, VHA, WH, N, ABMW, VM, NC, BC, BA)

2209		ζημία – zemía
Hch	27:10	va a ser con...mucha **pérdida**
	21	para recibir este perjuicio y **pérdida**.
Fil	3:7	las he estimado como **pérdida**
	8	estimo todas las cosas como **pérdida**

2210		ζημιόω – zemióo
Mt	16:26	y **perdiere** su alma?
Mr	8:36	si...**perdiere** su alma? (TR, BA); (perder..., VHA, WH, N, ABMW, VM, NC, BC)
Lc	9:25	si...se destruye o se **pierde** a sí mismo?
1 Co	3:15	él **sufrirá pérdida**,
2 Co	7:9	para que ninguna **pérdida padecieseis**
Fil	3:8	del cual la **he perdido** todo,

2211		Ζηνᾶς – Zenás
Tit	3:13	A **Zenas** intérprete de la ley,

2212   ζητέω – zetéo

Mt	2:13	**buscará** al niño (va a **buscar**..., VHA)
	20	los que **procuraban** la muerte (los que atentaban a la vida, VHA)
	6:33	**buscad** primeramente el reino
	7:7	**buscad**, y hallaréis;
	8	el **que busca**, halla;
	12:43	anda...**buscando** reposo,
	46	querían hablar. (**buscando** medio de hablar, VM)
	47	quieren hablar. (**buscando** medio de hablar, VM) (TR, [N], [ABMW], VHA, NC, BC, BA)
	13:45	un mercader **que busca** buenas perlas,
	18:12	va por los montes a **buscar** (lit., yendo...**busca**)
	21:46	al **buscar** cómo echarle mano,
	26:16	**buscaba** oportunidad para entregarle.
	59	**buscaban** falso testimonio contra Jesús
	28:5	yo sé que **buscáis** a Jesús,
Mr	1:37	Todos te **buscan**.
	3:32	tus hermanos están afuera, y te **buscan**.
	8:11	**pidiéndole** señal del cielo,
	12	¿Por qué **pide** señal esta generación? (WH, N, ABMW)
	11:18	**buscaban** cómo matarle;
	12:12	**procuraban** prenderle,
	14:1	**buscaban** los principales sacerdotes
	11	Judas **buscaba** oportunidad para entregarle
	55	**buscaban** testimonio contra Jesús
	16:6	**buscáis** a Jesús nazareno,
Lc	2:45	volvieron a Jerusalén **buscándole** (TR)
	48	te **hemos buscado** con angustia
	49	¿Por qué me **buscabais**?
	4:42	la gente le **buscaba** (TR)
	5:18	**procuraban** llevarle adentro
	6:19	la gente **procuraba** tocarle,
	9:9	**procuraba** verle,
	11:9	**buscad**, y hallaréis;
	10	el **que busca**, halla;
	16	le **pedían** señal del cielo,
	24	anda...**buscando** reposo;
	29	**demanda** señal, (WH, N, ABMW)
	54	**procurando** cazar alguna (TR, VHA, VM)
	12:29	no **os preocupéis** por lo que (no andéis **buscando**..., VM)
	31	**buscad** el reino de Dios
	48	mucho se le **demandará**
	13:6	vino **a buscar** fruto en ella,
	7	hace tres años que vengo a **buscar**
	24	muchos **procurarán** entrar,
	15:8	**busca** con diligencia hasta
	17:33	Todo el que **procure** salvar su vida,
	19:3	**procuraba** ver quién era Jesús;
	10	vino a **buscar** y a salvar
	47	los principales del pueblo **procuraban**
	20:19	**Procuraban** los principales sacerdotes
	22:2	**buscaban** cómo matarle;
	6	**buscaba** una oportunidad para
	24:5	¿Por qué **buscáis** entre los...?
Jn	1:38	¿Qué **buscáis**?
	4:23	tales adoradores **busca** que le adoren
	27	¿Qué preguntas? (¿Qué **buscas**?, VM)
	5:16	**procuraban** matarle (TR, VM)
	18	aun más **procuraban** matarle,
	30	no **busco** mi voluntad,
	44	no **buscáis** la gloria que viene
	6:24	fueron...**buscando** a Jesús.
	26	me **buscáis**, no porque habéis visto
	7:1	los judíos **procuraban** matarle

Jn	7:4	ninguno que **procura** darse a conocer (lit., y **busca** estar en público)	**2213**		ζήτημα — zétema
	11	le **buscaban** los judíos	Hch	15:2	para tratar esta **cuestión** (acerca de esta **cuestión**, VM)
	18	su propia gloria **busca**; el que **busca** la gloria del que		18:15	si son **cuestiones** de palabras
	19	¿Por qué **procuráis** matarme?		23:29	por **cuestiones** de la ley de ellos
	20	¿quién **procura** matarte?		25:19	tenían contra él ciertas **cuestiones**
	25	¿No es éste a quien **buscan** para matarle?		26:3	todas las costumbres y **cuestiones**
	30	**procuraban** prenderle;	**2214**		ζήτησις* — zétesis
	34	Me **buscaréis**, y no me hallaréis;	Jn	3:25	hubo **discusión** entre los discípulos
	36	Me **buscaréis**, y no me hallaréis;	Hch	15:2	una discusión y **contienda** no pequeña (WH, N, ABMW)
	8:21	Yo me voy, y me **buscaréis**			
	37	**procuráis** matarme,		7	después de mucha **discusión**, (WH, N, ABMW)
	40	ahora **procuráis** matarme a mí,			
	50	yo no **busco** mi gloria; hay **quien** la **busca**		25:20	dudando en **cuestión** semejante,
	10:39	**Procuraron** otra vez prenderle,	1 Ti	1:4	acarrean **disputas** (TR)
	11:8	ahora **procuraban** los judíos apedrearte,		6:4	acerca de **cuestiones** y contiendas
	56	**buscaban** a Jesús,	2 Ti	2:23	desecha las **cuestiones** necias e insensatas
	13:33	Me **buscaréis**	Tit	3:9	evita las **cuestiones** necias,
	16:19	¿**Preguntáis** entre vosotros			
	18:4	¿A quién **buscáis**?	**2215**		ζιζάνιον*† — zizánion (zidzánion)
	7	¿A quién **buscáis**?	Mt	13:25	sembró **cizaña** entre el trigo
	8	si me **buscáis** a mí, dejad		26	apareció también la **cizaña**.
	19:12	**procuraba** Pilato soltarle;		27	¿De dónde, pues, tiene **cizaña**?
	20:15	¿A quién **buscas**?		29	no sea que al arrancar la **cizaña**,
Hch	9:11	**busca** en casa de Judas		30	Recoged primero la **cizaña**,
	10:19	hombres te **buscan**. (TR, ABMW, VM, BC, BA); (hombres que te **buscan**, NC, WH, N)		36	Explícanos la parábola de la **cizaña**
				38	la **cizaña** son los hijos del malo.
				40	se arranca la **cizaña**,
	21	yo soy el que **buscáis**;			
	13:8	**procurando** apartar de la fe	**2216**		Ζοροβαβέλ — Zorobabél
	11	**buscaba** quien le condujese de la mano.	Mt	1:12	Salatiel a **Zorobabel**. (Salatiel engendró a..., VM)
	16:10	**procuramos** partir para Macedonia,		13	**Zorobabel** engendró a Abiud
	17:5	**procuraban** sacarlos al pueblo.	Lc	3:27	hijo de **Zorobabel**, hijo de Salatiel
	27	para que **busquen** a Dios (WH, N, ABMW, VHA, VM, NC, BC, BA); (lit.,...al Señor, TR)	**2217**		ζόφος** — zófos
			He	12:18	a la **oscuridad**, a las tinieblas (WH, N, ABMW)
	21:31	**procurando** ellos matarle,			
	27:30	los marineros **procuraron** huir (como...intentaron fugarse, VHA)	2 P	2:4	los entregó a prisiones **de oscuridad**, (TR, ABMW, NC); (...en cavernas de **tinieblas**, BC, WH, N, VHA, VM, BA)
Ro	2:7	a los que...**buscan** gloria y honra			
	10:3	**procuraban** establecer la suya propia,		17	la más densa **oscuridad** está reservada (...la **lobreguez** de las tinieblas, VHA)
	20	Fui hallado de los que no me **buscaban**;			
	11:3	**procuran** matarme? (atentan a mi vida, VHA)	Jud	6	los ha guardado bajo **oscuridad**,
				13	eternamente la **oscuridad** de las tinieblas
1 Co	1:22	los griegos **buscan** sabiduría.			
	4:2	se requiere de los administradores,	**2218**		ζυγός — zugós
	7:27	No **procures** soltarte. (no **busques** la separación, NC)	Mt	11:29	Llevad mi **yugo** sobre vosotros,
		No **procures** casarte (No te **procures** mujer, VHA)		30	mi **yugo** es fácil,
			Hch	15:10	un **yugo** que ni nuestros padres
	10:24	Ninguno **busque** su propio bien,	Gá	5:1	sujetos al **yugo** de esclavitud
	33	no **procurando** mi propio beneficio	1 Ti	6:1	están bajo el **yugo** de esclavitud, (son siervos bajo el **yugo**, VHA)
	13:5	no **busca** lo suyo,			
	14:12	**procurad** abundar	Ap	6:5	tenía una **balanza** en la mano. (lit., teniendo...)
2 Co	12:14	no **busco** lo vuestro, sino a vosotros,			
	13:3	**buscáis** una prueba de que	**2219**		ζύμη — zúme
Gá	1:10	¿**busco** ahora el favor de los hombres	Mt	13:33	es semejante a **la levadura**
	2:17	si **buscando** ser justificados en Cristo,		16:6	guardaos de la **levadura** de los fariseos
Fil	2:21	todos **buscan** lo suyo propio		11	os guardasen de la **levadura**
Col	3:1	**buscad** las cosas de arriba,		12	que se guardasen de la **levadura** del pan,
1 Ts	2:6	ni **buscamos** gloria (ni **buscando**..., VHA)	Mr	8:15	guardaos de la **levadura** de los fariseos,
2 Ti	1:17	me **buscó** solícitamente	Lc	12:1	Guardaos de la **levadura** de los fariseos,
He	8:7	no **se hubiera procurado** lugar		13:21	Es semejante a **la levadura**,
1 P	3:11	**Busque** la paz,	1Co	5:6	un poco de **levadura** leuda toda la masa
	5:8	anda alrededor **buscando** a quien			
Ap	9:6	los hombres **buscarán** la muerte,			

ζυμόω 2220

1 Co	5:7	Limpiaos, pues, de la vieja **levadura**
	8	celebramos la fiesta, no con la vieja **levadura**
		ni con la **levadura** de malicia
Gá	5:9	Un poco de **levadura** leuda toda la masa.

2220 ζυμόω — zumóo

Mt	13:33	hasta que todo **fue leudado**
Lc	13:21	hasta que todo **hubo fermentado**.
1 Co	5:6	un poco de levadura **leuda** toda la masa?
Gá	5:9	Un poco de levadura **leuda** toda la masa.

2221 ζωγρέω — zogréo

Lc	5:10	desde ahora serás **pescador** de hombres
2 Ti	2:26	en **que están cautivos** a voluntad
		(habiendo estado cautivos..., BA)

2222 ζωή — zoé

Mt	7:14	el camino que lleva a la **vida**,
	18:8	mejor te es entrar en la **vida** cojo
	9	entrar con un solo ojo en la **vida**,
	19:16	¿qué bien haré para tener la **vida** eterna?
	17	si quieres entrar en la **vida**
	29	heredará la **vida** eterna
	25:46	los justos a la **vida** eterna.
Mr	9:43	mejor te es entrar en la **vida** manco
	45	mejor te es entrar a la **vida** cojo
	10:17	¿qué haré para heredar la **vida** eterna?
	30	y en el siglo venidero la **vida** eterna.
Lc	1:75	todos nuestros días (V60, WH, N, ABMW, VHA, VM, NC, BC, BA); (lit., todos los días de nuestra **vida**, TR)
	10:25	¿haciendo qué cosa heredaré la **vida** eterna?
	12:15	la **vida**...no consiste en la abundancia (lit., su **vida** no es en abundar a uno)
	16:25	recibiste tus bienes en tu **vida**,
	18:18	¿qué haré para heredar la **vida** (¿haciendo qué cosa, heredaré la **vida**, VM)
	30	y en el siglo venidero la **vida** eterna.
Jn	1:4	En él estaba la **vida**, y la **vida** era la luz
	3:15	para que...tenga **vida** eterna
	16	para que...tenga **vida** eterna.
	36	El que cree en el Hijo tiene **vida** eterna no verá la **vida**,
	4:14	agua que salte para **vida** eterna.
	36	recoge fruto para **vida** eterna,
	5:24	tiene **vida** eterna; ha pasado de muerte a **vida**.
	26	el Padre tiene **vida** en sí mismo, ha dado al Hijo el tener **vida**
	29	saldrán a resurrección de **vida**
	39	en ellas tenéis la **vida** eterna;
	40	para que tengáis **vida**
	6:27	la comida que a **vida** eterna permanece,
	33	que...da **vida** al mundo
	35	Yo soy el pan de **vida**
	40	tenga **vida** eterna;
	47	tiene **vida** eterna
	48	Yo soy el pan de **vida**.
	51	por la **vida** del mundo
	53	no tenéis **vida** en vosotros
	54	tiene **vida** eterna;
	63	son espíritu y son **vida**
	68	Tú tienes palabras de **vida** eterna.
	8:12	tendrá la luz de la **vida**.
	10:10	he venido para que tengan **vida**
	28	yo les doy **vida** eterna;
	11:25	Yo soy la resurrección y la **vida**;
	12:25	para **vida** eterna la guardará
	50	su mandamiento es **vida** eterna

2222 ζωή

Jn	14:6	Yo soy...la **vida**;
	17:2	para que dé **vida** eterna
	3	esta es la **vida** eterna
	20:31	para que...tengáis **vida** en su nombre
Hch	2:28	Me hiciste conocer los caminos de la **vida**
	3:15	matasteis al Autor de la **vida**,
	5:20	anunciad...las palabras de esta **vida**
	8.33	fue quitada...su **vida** (es quitada.., VHA)
	11:18	ha dado...arrepentimiento para **vida**
	13:46	no os juzgáis dignos de **vida** eterna
	48	los que estaban ordenados para **vida**
	17:25	quien da a todos **vida** y aliento
Ro	2:7	**vida** eterna a los que,
	5:10	seremos salvos por su **vida**
	17	mucho más reinarán en **vida**
	18	a todos los hombres la justificación de **vida**
	21	la justicia para **vida** eterna
	6:4	andemos en **vida** nueva
	22	y como fin, la **vida** eterna.
	23	la dádiva de Dios es **vida** eterna
	7:10	el mismo mandamiento que era para **vida**
	8:2	la ley del Espíritu de **vida** en Cristo
	6	el ocuparse del Espíritu es **vida** y paz,
	10	el espíritu vive (...es **vida**, VM)
	38	ni la **vida**, ni ángeles
	11:15	sino **vida** de entre los muertos?
1 Co	3:22	sea la **vida**, sea la muerte,
	15:19	Si en esta **vida** solamente
2 Co	2:16	olor de **vida** para **vida**
	4:10	la **vida** de Jesús se manifieste
	11	para que...la **vida** de Jesús se manifieste
	12	en vosotros la **vida**.
	5:4	lo mortal sea absorbido por la **vida**.
Gá	6:8	del Espíritu segará **vida** eterna
Ef	4:18	ajenos de la **vida** de Dios
Fil	1:20	o por **vida** o por muerte
	2:16	asidos de la palabra de **vida**
	4:3	están en el libro de la **vida**
Col	3:3	vuestra **vida** está escondida con Cristo
	4	Cristo, vuestra **vida**, (V60, ABMW, NC, BC); (...nuestra..., VM, TR, WH, N, VHA, BA)
1 Ti	1:16	creer en él para **vida** eterna
	4:8	tiene promesa de esta **vida** presente, (teniendo..., VHA)
	6:12	echa mano de la **vida** eterna
	19	que echen mano de la **vida** eterna. (TR); (...la **vida** que lo es en verdad, VM, WH, N, ABMW, VHA, NC, BC, BA)
2 Ti	1:1	según la promesa de la **vida**
	10	el cual...sacó a luz la **vida**
Tit	1:2	la esperanza de la **vida** eterna,
	3:7	la esperanza de la **vida** eterna.
He	7:3	ni fin de **vida**,
	16	según el poder de una **vida** indestructible
Stg	1:12	recibirá la corona de **vida**,
	4:14	¿qué es vuestra **vida**?
1 P	3:7	coherederas de la gracia de la **vida**
	10	El que quiere amar la **vida**
2 P	1:3	que pertenecen a la **vida**
1 Jn	1:1	tocante al Verbo de **vida**
	2	la **vida** fue manifestada, os anunciamos la **vida** eterna,
	2:25	esta es la promesa...la **vida** eterna
	3:14	sabemos que hemos pasado...**vida**
	15	ningún homicida tiene **vida** eterna
	5:11	nos ha dado **vida** eterna; esta **vida** está en su Hijo
	12	El que tiene al Hijo, tiene la **vida**; no tiene la **vida**

ζωή 2223		387

ζωή 2223

1 Jn 5:13 tenéis vida eterna,
     16 Dios le dará vida;
     20 el verdadero Dios, y la vida eterna
Jud 21 esperando...para vida eterna
Ap 2:7 del árbol de la vida
     10 yo te daré la corona de la vida
    3:5 del libro de la vida
    7:17 fuentes de aguas de vida; (WH, N, ABMW)
   11:11 entró en ellos el espíritu de vida
   13:8 en el libro de la vida
   16:3 murió todo ser vivo (WH, N, ABMW)
   17:8 en el libro de la vida,
   20:12 el cual es el libro de la vida
     15 inscrito en el libro de la vida
   21:6 de la fuente del agua de la vida
     27 en el libro de la vida del Cordero
   22:1 un río...de agua de vida
     2 estaba el árbol de la vida
    14 para tener derecho al árbol de la vida (lit., para que su autoridad sea sobre el árbol...)
    17 tome del agua de la vida
    19 del libro de la vida

2223   ζώνη — zóne

Mt 3:4 tenía un cinto de cuero
   10:9 ni cobre en vuestros cintos;
Mr 1:6 un cinto de cuero alrededor
    6:8 ni dinero en el cinto,
Hch 21:11 tomó el cinto de Pablo, (tomando..., VHA) de quien es este cinto,
Ap 1:13 ceñido...un cinto de oro
   15:6 ceñidos...con cintos de oro

2224   ζώννυμι — zónnumi o ζωννύω

Jn 21:18 Cuando eras más joven, te ceñías, te ceñirá otro,
Hch 12:8 Cíñete, y átate las sandalias, (WH, N, ABMW)

2225   ζωογονέω — zoogonéo

Lc 17:33 Todo el que la pierda, la salvará
Hch 7:19 para que no se propagasen, (con el fin de que ninguno quedase con vida, BC)
1 Ti 6:13 Dios, que da vida a todas las cosas, (WH, N, ABMW)

2226   ζῷον — zóon

He 13:11 de aquellos animales cuya sangre
2 P 2:12 como animales irracionales,
Jud 10 se corrompen como animales irracionales
Ap 4:6 cuatro seres vivientes llenos de ojos
     7 El primer ser viviente
       el segundo (el segundo ser viviente, VM)
       el tercero (el tercer ser viviente, VM)
       el cuarto (el cuarto ser viviente, VM)
     8 los cuatro seres vivientes tenían
     9 aquellos seres vivientes dan gloria (lit.,...darán...)
    5:6 en medio...de los cuatro seres vivientes
     8 los cuatro seres vivientes...se postraron
     11 alrededor...de los seres vivientes
     14 Los cuatro seres vivientes decían: Amén
    6:1 oí a uno de los cuatro seres vivientes
     3 oí al segundo ser viviente, que decía:
     5 oí al tercer ser viviente, que decía:
     6 de en medio de los cuatro seres vivientes

2233 ἡγέομαι

Ap 6:7 oí la voz del cuarto ser viviente,
    7:11 y de los cuatro seres vivientes;
   14:3 delante de los cuatro seres vivientes,
   15:7 uno de los cuatro seres vivientes dio
   19:4 los cuatro seres vivientes se postraron

2227   ζῳοποιέω — zoopoiéo

Jn 5:21 el Padre...les da vida
       el Hijo a los que quiere da vida.
    6:63 El espíritu es el que da vida;
Ro 4:17 Dios..., el cual da vida a los muertos,
    8:11 vivificará también vuestros cuerpos
1 Co 15:22 en Cristo todos serán vivificados.
     36 lo que tú siembras no se vivifica,
     45 el postrer Adán, espíritu vivificante.
2 Co 3:6 mas el espíritu vivifica.
Gá 3:21 si la ley dada pudiera vivificar, (si se hubiese dado una ley que pudiera vivificar, VHA)
1 Ti 6:13 Dios, que da vida (TR)
1 P 3:18 pero vivificado en espíritu;

Hη

2230   ἡγεμονεύω* — egemonéuo (jeguemonéuo)

Lc 2:2 siendo Cirenio gobernador de Siria.
    3:1 siendo gobernador de Judea Poncio Pilato,

2231   ἡγεμονία — egemonía (jeguemonía)

Lc 3:1 En el año decimoquinto del imperio

2232   ἡγεμών — egemón (jeguemón)

Mt 2:6 la más pequeña entre los príncipes de Judá
   10:18 ante gobernadores y reyes seréis llevados
   27:2 le entregaron a Poncio Pilato, el gobernador
     11 Jesús,...estaba en pie delante del gobernador éste le preguntó (el gobernador..., VM)
     14 el gobernador se maravillaba mucho.
     15 acostumbraba el gobernador soltar
     21 respondiendo el gobernador, les dijo:
     23 el gobernador les dijo (TR, VM, NC)
     27 los soldados del gobernador llevaron (...llevando, VM)
   28:14 si esto lo oyere el gobernador, (...fuere oído del..., VM)
Mr 13:9 delante de gobernadores y de reyes
Lc 20:20 al poder y autoridad del gobernador
   21:12 ante reyes y ante gobernadores
Hch 23:24 le llevasen en salvo a Félix el gobernador.
     26 al excelentísimo gobernador Félix:
     33 Cuando...dieron la carta al gobernador,
     34 el gobernador, leída la carta (TR, NC)
   24:1 comparecieron ante el gobernador
     10 Habiéndole hecho señal el gobernador
   26:30 se levantó el rey, y el gobernador,
1 P 2:14 someteos...ya a los gobernadores,

2233   ἡγέομαι — egéomai (jeguéomai)

Mt 2:6 de ti saldrá un guiador,
Lc 22:26 el que dirige, como el que sirve.
Hch 7:10 lo puso por gobernador sobre Egipto,
   14:12 éste era el que llevaba la palabra
   15:22 varones principales entre los hermanos;
   26:2 Me tengo por dichoso, oh rey Agripa,
2 Co 9:5 Por tanto, tuve por necesario exhortar

ἡδέως 2234   2239 ἦθος

Fil	2:3	estimando cada uno a los demás
	6	no **estimó** el ser igual a Dios
	25	**tuve por** necesario enviaros a
	3:7	las he **estimado** como pérdida
	8	**estimo** todas las cosas como pérdida lo **tengo por** basura,
1 Ts	5:13	que los **tengáis en** mucha estima y amor
2 Ts	3:15	no lo **tengáis por** enemigo,
1 Ti	1:12	me **tuvo por** fiel,
	6:1	**tengan** a sus amos **por** dignos de todo
He	10:29	que...**tuviere por** inmunda la sangre
	11:11	**creyó que era fiel** (**juzgó** fiel, VHA)
	26	**teniendo por** mayores riquezas el vituperio
	13:7	Acordaos de vuestros **pastores** (...los que... tenían el gobierno..., VM)
	17	Obedeced a vuestros **pastores**, (...los que tienen el gobierno..., VM)
	24	Saludad a todos vuestros **pastores** (...los que tienen el gobierno..., VM)
Stg	1:2	**tened** sumo gozo cuando os halléis
2 P	1:13	**tengo por** justo, en tanto que estoy
	2:13	**ya que tienen por** delicia el gozar
	3:9	según algunos la **tienen por** tardanza
	15	**tened entendido** que la paciencia

2234		ἡδέως − edéos (jedéos)
	(1)	ἥδιστα
Mr	6:20	le escuchaba de **buena gana**.
	12:37	gran multitud...le oía **de buena gana**
2 Co	11:19	**de buena gana** toleráis a los necios
	12:9	(1) **de buena gana** me gloriaré más bien
	15	(1) **con el mayor** placer gastaré lo mío

2235		ἤδη − éde
Mt	3:10	**ya**...el hacha está puesta
	5:28	**ya** adulteró con ella en su corazón
	14:15	la hora **ya** pasada (...**ya** ha pasado, VM)
	24	**ya** la barca estaba en medio del mar, (TR, VM, NC, BC); (...distaba **ya** de tierra muchos estadios, VHA, WH, N, ABMW, BA)
	15:32	**ya** hace tres días que están conmigo
	17:12	os digo que Elías **ya** vino,
	24:32	Cuando **ya** su rama está tierna
Mr	4:37	de tal manera que **ya** se anegaba
	6:35	Cuando **ya** era muy avanzada la hora la hora **ya** muy avanzada.
	8:2	**ya** hace tres días que están conmigo,
	11:11	como anochecía, se fue a Betania
	13:28	Cuando **ya** su rama está tierna,
	15:42	Cuando llegó la noche (Al caer **ya** la tarde, VHA)
	44	se sorprendió de que **ya** hubiese muerto (lit., se sorprendió si **ya**...) si **ya** estaba muerto, (V60, WH, NC, BA); (si hacía mucho que había muerto, VHA, TR, N, ABMW, VM)
Lc	3:9	**ya** también el hacha está puesta
	7:6	cuando **ya** no estaban lejos
	11:7	la puerta **ya** está cerrada
	12:49	si **ya** se ha encendido?
	14:17	Venid, que **ya**...está preparado
	19:37	Cuando llegaban **ya** cerca de la bajada
	21:30	Cuando **ya** brotan, el verano está **ya** cerca.
	23:44	era como la hora sexta, (TR); (Era **ya** como..., VHA, WH, N, ABMW, VM, NC, BC, BA)

Lc	24:29	el día **ya** ha declinado, (V60, WH, N, ABMW, VHA, NC, BC); (el día ha declinado, BA, TR, VM)
Jn	3:18	el que no cree, **ya** ha sido condenado,
	4:35	**ya** están blancos para la siega. (TR, VM, NC, BC, BA)
	36	el que siega recibe salario (TR, VM); (El que siega **ya** está recibiendo..., VHA, WH, N, ABMW, BA)
	51	Cuando **ya** él descendía,
	5:6	que llevaba **ya** mucho tiempo, (lit., que tenía **ya**...)
	6:17	Estaba **ya** oscuro, (lit., la oscuridad **ya** había venido)
	7:14	a la mitad de la fiesta (V60, VHA, BA); (Mediada **ya** la fiesta, NC, TR, WH, N, ABMW, VM, BC)
	9:22	los judíos **ya** habían acordado
	27	**Ya** os lo he dicho,
	11:17	halló que hacía **ya** cuatro días que
	39	hiede **ya**,
	13:2	**ya** había puesto en el corazón de Judas
	15:3	**Ya** vosotros estáis limpios
	19:28	que **ya** todo estaba consumado,
	33	como le vieron **ya** muerto,
	21:4	Cuando **ya** iba amaneciendo,
	14	Esta era **ya** la tercera vez
Hch	4:3	porque era **ya** tarde.
	27:9	siendo **ya** peligrosa la navegación, por haber pasado **ya** el ayuno
Ro	1:10	que de alguna manera tenga al fin (si de cualquier modo...**ahora** por fin, VM)
	4:19	que estaba **ya** como muerto (TR, |WH|, ABMW, VM, BC, BA); (amortiguado, VHA, N, NC)
	13:11	es **ya** hora de levantarnos del sueño
1 Co	4:8	**Ya** estáis saciados, ya estáis ricos,
	5:3	**ya** como presente he juzgado
	6:7	es **ya** una falta en vosotros
Fil	3:12	No que lo haya alcanzado **ya**,
	4:10	**ya** al fin habéis revivido
2 Ts	2:7	**ya** está en acción el misterio
1 Ti	5:15	**ya** algunas se han apartado
2 Ti	2:18	que la resurrección **ya** se efectuó,
	4:6	yo **ya** estoy para ser sacrificado, (**ya** estoy siendo ofrecido, VHA)
2 P	3:1	ésta es la segunda carta (ésta es **ya** la segunda epístola, VHA)
1 Jn	2:8	la luz verdadera **ya** alumbra
	4:3	ahora **ya** está en el mundo

2236		ἥδιστα, véase ἡδέως, 2234

2237		ἡδονή − edoné (jedoné)
Lc	8:14	son ahogados por ...los **placeres**
Tit	3:3	esclavos de concupiscencias y **deleites** (sirviendo a..., VM)
Stg	4:1	de vuestras **pasiones**, las cuales combaten
	3	para gastar en vuestros **deleites**
2 P	2:13	tienen por **delicia** el gozar de deleites

2238		ἡδύοσμον* − edúosmon (jedúosmon)
Mt	23:23	diezmáis la **menta**
Lc	11:42	diezmáis la **menta**,

2239		ἦθος** − éthos
1 Co	15:33	corrompen las buenas **costumbres**.

ἥκω 2240   389   2250 ἡμέρα

2240 ἥκω – éko (jéko)

Mt 8:11 vendrán muchos del oriente
23:36 todo esto vendrá (...todas estas cosas, BC)
24:14 entonces vendrá el fin.
50 vendrá el señor de aquel siervo
Mr 8:3 ellos han venido de lejos. (TR, ABMW, VM, BC, BA)
Lc 12:46 vendrá el señor de aquel siervo en
13:29 vendrán del oriente y del occidente,
35 hasta que llegue el tiempo en que (TR, N, [ABMW], VHA, VM, BC, BA)
15:27 Tu hermano ha venido
19:43 vendrán días sobre ti,
Jn 2:4 Aún no ha venido mi hora
4:47 oyó que Jesús había llegado
6:37 lo que el Padre me da, vendrá a mí;
8:42 de Dios he salido, y he venido;
Hch 28:23 vinieron a él muchos (TR)
Ro 11:26 Vendrá de Sion el Libertador
He 10:7 He aquí que vengo, oh Dios,
9 He aquí que vengo, oh Dios,
37 el que ha de venir vendrá,
2 P 3:10 el día del Señor vendrá
1 Jn 5:20 sabemos que el Hijo de Dios ha venido
Ap 2:25 retenedlo hasta que yo venga.
3:3 vendré sobre ti como ladrón no sabrás a qué hora vendré sobre ti
9 yo haré que vengan
15:4 todas las naciones vendrán
18:8 en un solo día vendrán sus plagas

2241 ἠλί – elí o ἠλεί

Mt 27:46 Elí, Elí, ¿lama sabactani?

2242 Ἡλί – Elí o Ἡλεί

Lc 3:23 de José, hijo de Elí

2243 Ἡλίας – Elías o Ἡλείας

Mt 11:14 él es aquel Elías que había de venir
16:14 otros, Elías; y otros, Jeremías
17:3 les aparecieron Moisés y Elías,
4 y otra para Elías
10 que es necesario que Elías venga primero?
11 Elías viene primero
12 os digo que Elías ya vino
27:47 A Elías llama éste
49 veamos si viene Elías
Mr 6:15 Otros decían: Es Elías
8:28 otros, Elías
9:4 les apareció Elías como Moisés.
5 y otra para Elías
11 que es necesario que Elías venga primero?
12 Elías a la verdad vendrá primero, (...viniendo...,BC)
13 os digo que Elías ya vino,
15:35 Mirad, llama a Elías
36 veamos si viene Elías a bajarle.
Lc 1:17 con el espíritu y el poder de Elías,
4:25 muchas viudas había...en los días de Elías,
26 a ninguna de ellas fue enviado Elías,
9:8 Elías ha aparecido;
19 otros, Elías; y otros,
30 eran Moisés y Elías;
33 una para Elías;
54 como hizo Elías (TR, VM)
Jn 1:21 ¿Eres tú Elías?
25 si tú no eres...Elías,

Ro 11:2 ¿O no sabéis qué dice de Elías...?
Stg 5:17 Elías era hombre sujeto a pasiones

2244 ἡλικία – elikía (jelikía)

Mt 6:27 añadir a su estatura un codo?
Lc 2:52 Jesús crecía en sabiduría y en estatura
12:25 añadir a su estatura un codo?
19:3 pues era pequeño de estatura.
Jn 9:21 edad tiene, preguntadle a él;
23 Edad tiene, preguntadle a él.
Ef 4:13 a la medida de la estatura de la plenitud
He 11:11 fuera del tiempo de la edad,

2245 ἡλίκος* – elíkos (jelíkos)

Col 2:1 cuán gran lucha sostengo por vosotros,
Stg 3:5 ¡cuán grande bosque enciende un pequeño fuego (TR, VM, NC); (con tan pequeño fuego, BA, WH, N, ABMW, VHA, BC)

2246 ἥλιος – élios (jélios)

Mt 5:45 que hace salir su sol
13:6 salido el sol, se quemó;
43 los justos resplandecerán como el sol
17:2 resplandeció su rostro como el sol,
24:29 el sol se oscurecerá,
Mr 1:32 luego que el sol se puso,
4:6 salido el sol, se quemó; (TR, VM);
(cuando salió..., VHA, WH, N, ABMW, NC, BC, BA)
13:24 el sol se oscurecerá,
16:2 ya salido el sol.
Lc 4:40 Al ponerse el sol,
21:25 Entonces habrá señales en el sol,
23:45 el sol se oscureció, (TR, VM, NC, BA); (habiendo faltado el sol, BC, WH, N, ABMW, VHA)
Hch 2:20 El sol se convertirá en tinieblas,
13:11 no verás el sol (lit., no viendo...)
26:13 el resplandor del sol,
27:20 no apareciendo ni sol
1 Co 15:41 Una es la gloria del sol,
Ef 4:26 no se ponga el sol sobre vuestro enojo,
Stg 1:11 cuando sale el sol (salió.... BC)
Ap 1:16 su rostro era como el sol
6:12 el sol se puso negro
7:2 de donde sale el sol, (del nacimiento del sol, VM)
16 el sol no caerá más sobre ellos,
8:12 fue herida la tercera parte del sol,
9:2 se oscureció el sol
10:1 y su rostro era como el sol,
12:1 una mujer vestida del sol,
16:8 derramó su copa sobre el sol,
12 los reyes del oriente (...del sol naciente, BC)
19:17 que estaba en pie en el sol,
21:23 no tiene necesidad de sol
22:5 ni de luz del sol,

2247 ἧλος – élos (jélos)

Jn 20:25 la señal de los clavos, en el lugar de los clavos, (V60, N, VHA, NC, BC, BA); (en la señal..., VM, TR, WH, ABMW)

2250 ἡμέρα

ἡμέρα – eméra (jeméra)
(1) τῇ ἑξῆς ἡμέρᾳ

ἡμέρα 2250

Mt	2:1	en **días** del rey Herodes,	Mr	13:17	las que críen en aquellos **días**!
	3:1	En aquellos **días** vino Juan		19	aquellos **días** serán de tribulación
	4:2	después de haber ayunado cuarenta **días**		20	no hubiese acortado aquellos **días**
	6:34	Basta a cada **día** su propio mal			acortó aquellos **días**
	7:22	Muchos me dirán en aquel **día**:		24	en aquellos **días**, después de aquella
	9:15	vendrán **días** cuando el esposo		32	de aquel **día** y de la hora nadie sabe,
	10:15	en el **día** del juicio,		14:1	Dos **días** después era la pascua,
	11:12	Desde los **días** de Juan el Bautista		12	El primer **día** de la fiesta de los panes
	22	os digo que en el **día** del juicio,		25	hasta aquel **día** en que lo beba
	24	os digo que en el **día** del juicio,		49	Cada **día** estaba con vosotros
	12:36	darán cuenta en el **día** del juicio.		58	y en tres **días** edificaré otro
	40	en el vientre del gran pez tres **días**		15:29	que...en tres **días** lo reedificas,
		tres **días** y tres noches..	Lc	1:5	Hubo en los **días** de Herodes,
	13:1	Aquel **día** salió Jesús de la casa		7	edad avanzada (bien avanzados en **días**,
	15:32	ya hace tres **días** que están conmigo,			VM)
	16:21	resucitar al tercer **día**.		18	de edad avanzada (avanzada en **días**, VM)
	17:1	Seis **días** después, Jesús tomó		20	hasta el **día** en que esto se haga,
	23	al tercer **día** resucitará		23	cumplidos los **días** de su ministerio,
	20:2	un denario al **día**,			(cuando se cumplieron..., VM)
	6	todo el **día** desocupados?		24	Después de aquellos **días** concibió
	12	el calor del **día**.		25	el Señor en los **días** en que se dignó
	19	al tercer **día** resucitará		39	En aquellos **días**, levantándose María,
	22:23	Aquel **día** vinieron a él los saduceos,		59	al octavo **día** vinieron para circuncidar
	46	ni osó alguno desde aquel **día**		75	todos nuestros **días**.
	23:30	en los **días** de nuestros padres,		80	hasta el **día** de su manifestación
	24:19	las que críen en aquellos **días**!		2:1	Acontecío en aquellos **días**,
	22	si aquellos **días** no fuesen acortados,		6	se cumplieron los **días** de su
		aquellos **días** serán acortados,		21	Cumplidos los ocho **días** para circuncidar
	29	después de la tribulación de aquellos **días**,			(Cuando se cumplieron..., VM)
	36	del **día** y la hora (de aquel **día**..., VM)		22	los **días** de la purificación
	37	como en los **días** de Noé, (como eran		36	de edad muy avanzada (lit., avanzada en
		los **días**..., VM)			muchos **días**)
	38	en los **días** antes del diluvio		37	sirviendo de noche y de **día**
		hasta el **día** en que Noé		43	acabada la fiesta (habiéndose cumplido
	42	a qué hora ha de venir (TR); (en qué **día**...,			los **días**, VM)
		VHA, WH, N, ABMW, VM, NC, BC, BA)		44	anduvieron camino de un **día**;
	50	en **día** que éste no espera,		46	tres **días** después le hallaron
	25:13	no sabéis el **día** ni la hora		4:2	fue llevado...por cuarenta **días**,
	26:2	dentro de dos **días** se celebra			no comió nada en aquellos **días**,
	29	hasta aquel **día** en que lo beba		16	en el **día** de reposo entró en la sinagoga
	55	Cada **día** me sentaba con vosotros		25	en los **días** de Elías,
	61	en tres **días** reedificarlo		42	Cuando ya era de **día**,
	27:40	que...en tres **días** lo reedificas,		5:17	Acontecío un **día**, (...en uno de aquellos
	63	Después de tres **días** resucitaré.			**días**, VHA)
	64	se asegure el sepulcro hasta el tercer **día**		35	vendrán **días** cuando el esposo
	28:15	hasta el **día** de hoy (|WH], [N], [ABMW])			en aquellos **días** ayunarán.
	20	estoy con vosotros todos los **días**		6:12	En aquellos **días** él fue al monte
Mr	1:9	Acontecío en aquellos **días**,		13	cuando era de **día**, llamó a
	13	en el desierto cuarenta **días**,		23	Gozaos en aquel **día**,
	2:1	después de algunos **días**;	8:22	Acontecío un **día**, (...en uno de aquellos
	20	vendrán **días** cuando el esposo			**días**, VHA)
		en aquellos **días** ayunarán. (TR, VM);		9:12	el **día** comenzaba a declinar;
		(en aquel **día**..., VHA, WH, N, ABMW,		22	y resucite al tercer **día**
		BC, BA)		23	tome su cruz cada **día**
	4:27	se levanta, de noche y de **día**,		28	como ocho **días** después de estas palabras
	35	Aquel **día**, cuando llegó la noche,		36	por aquellos **días** no dijeron nada
	5:5	de **día** y de noche, andaba dando voces		37	(1) Al **día siguiente** cuando descendieron
	6:11	en el **día** del juicio (TR, VM)		51	Cuando se cumplió el tiempo
	21	venido un **día** oportuno,			(...se cumplían los **días**, BC)
	8:1	En aquellos **días**, como había		10:12	en aquel **día** será más tolerable
	2	ya hace tres **días** que están conmigo,		11:3	dánoslo hoy (...cada **día**, VHA)
	31	resucitar después de tres **días**.		12:46	en **día** que éste no espera
	9:2	Seis **días** después, Jesús tomó		13:14	Seis **días** hay en que se debe
	31	resucitará al tercer **día**. (TR, VHA);			y no en **día** de reposo
		(después de tres **días**..., VM, WH, N,		16	en el **día** de reposo?
		ABMW, NC, BC, BA)		31	Aquel mismo **día** llegaron (TR)
	10:34	al tercer **día** resucitará. (TR) (después de		14:5	aunque sea en **día** de reposo?
		tres **días**..., VM, WH, N, ABMW, VHA,		15:13	No muchos **días** después,
		NC, BC, BA)		16:19	hacía cada **día** banquete (viviendo

ἡμέρα 2250

		alegremente..., BA)
Lc	17:4	si siete veces al día pecare contra ti,
	22	Tiempo vendrá (**Días** vendrán, VHA)
		desearéis ver uno de los días
	24	el Hijo del Hombre en su día. (TR, N,
		|ABMW], VHA, VM, NC, BC, BA)
	26	Como fue en los días de Noé,
		en los días del Hijo del Hombre.
	27	hasta el día en que entró Noé
	28	como sucedió en los días de Lot;
	29	el día en que Lot salió
	30	será el día en que el Hijo
	31	En aquel día, el que esté en
	18:7	que claman a él día y noche?
	33	al tercer día resucitará
	19:42	en este tu día
	43	vendrán días sobre ti,
	47	enseñaba cada día en el templo;
	20:1	Sucedió un día, (...en uno de aquellos
		días, VM)
	21:6	días vendrán en que no quedará
	22	estos son días de retribución,
	23	de las que críen en aquellos días!
	34	venga...sobre vosotros aquel día
	37	enseñaba de día (...los días..., BC)
	22:7	el día de los panes sin levadura
	53	con vosotros cada día en el templo
	66	Cuando era de día, se juntaron
	23:7	que en aquellos días también estaba
	12	Pilato y Herodes aquel día;
	29	vendrán días en que dirán:
	54	Era día de la víspera de la pascua
	24:7	resucite al tercer día
	13	iban el mismo día a una aldea llamada
	18	que...han acontecido en estos días?
	21	hoy es ya el tercer día
	29	el día ya ha declinado.
	46	resucitase de los muertos al tercer día;
Jn	1:40	(39) se quedaron con él aquel día;
	2:1	Al tercer día se hicieron unas bodas
	12	estuvieron allí no muchos días.
	19	en tres días lo levantaré.
	20	¿y tú en tres días lo levantarás?
	4:40	se quedó allí dos días.
	43	Dos días después, salió
	5:9	era día de reposo aquel día.
	6:39	lo resucite en el día postrero
	40	yo le resucitaré en el día postrero
	44	yo le resucitaré en el día postrero.
	54	yo le resucitaré en el día postrero.
	7:37	el último y gran día de la fiesta,
	8:56	que había de ver mi día; (...viese.., VM)
	9:4	entre tanto que el día dura;
		(mientras es de día, VM)
	14	era día de reposo cuando Jesús (TR, VHA,
		VM, BA); (era sábado el día en que...,
		NC, WH, N, ABMW, BC)
	11:6	se quedó dos días más en el lugar
	9	¿No tiene el día doce horas? (No hay...en
		el día?, VM)
		El que anda de día (Si alguno anda de día,
		VM)
	17	halló que hacía ya cuatro días
	24	en la resurrección en el día postrero.
	53	desde aquel día acordaron matarle
	12:1	Seis días antes de la pascua,
	7	para el día de mi sepultura
	48	ella le juzgará en el día postrero.
	14:20	En aquel día vosotros conoceréis

Jn	16:23	En aquel día no me preguntaréis nada.
	26	en aquel día pediréis en mi nombre;
	19:31	aquel día de reposo era de gran solemnidad
		(era grande aquel día..., VM)
	20:19	Cuando llegó la noche de aquel mismo día
	26	Ocho días después, estaban
Hch	1:2	hasta el día en que fue recibido
	3	apareciéndoseles durante cuarenta días
	5	dentro de no muchos días.
	15	En aquellos días Pedro
	22	hasta el día en que de entre nosotros
	2:1	Cuando llegó el día de Pentecostés,
		(al cumplirse..., BC)
	15	es la hora tercera del día.
	17	en los postreros días, dice Dios
	18	sobre mis siervas en aquellos días
	20	Antes que venga el día del Señor
	29	hasta el día de hoy, (lit., ...este día)
	41	se añadieron aquel día como tres mil
	46	unánimes cada día en el templo,
	47	el Señor añadía cada día
	3:2	ponían cada día a la puerta
	24	los profetas...han anunciado estos días.
	5:36	antes de estos días se levantó Teudas
	37	en los días del censo
	42	todos los días, en el templo
		(...todo el día, NC)
	6:1	En aquellos días, como creciera
	7:8	le circuncidó al octavo día;
	26	al día siguiente, se presentó
	41	Entonces hicieron un becerro (hicieron en
		aquellos días..., VHA)
	45	hasta los días de David.
	8:1	En aquel día hubo una gran persecución
	9:9	estuvo tres días sin ver,
	19	por algunos días con los discípulos
	23	Pasados muchos días, (lit., como se
		cumplían muchos días)
	24	guardaban las puertas de día y de noche
	37	aconteció que en aquellos días
	43	se quedó muchos días en Jope
	10:3	como a la hora novena del día
	30	Hace cuatro días que a esta hora yo
	40	A éste levantó Dios al tercer día,
	48	que se quedase por algunos días
	11:27	En aquellos días unos profetas descendieron
	12:3	los días de los panes sin levadura
	18	Luego que fue de día,
	21	un día señalado, Herodes,
	13:14	en la sinagoga un día de reposo
	31	él se apareció durante muchos días
	41	yo hago una obra en vuestros días,
	15:7	ya hace algún tiempo (desde antiguos
		días, BC)
	36	Después de algunos días, Pablo dijo
	16:5	aumentaban en número cada día.
	12	estuvimos en aquella ciudad algunos días.
	13	un día de reposo salimos fuera
	18	esto lo hacía por muchos días;
	35	Cuando fue de día, los magistrados
	17:11	escudriñando cada día las Escrituras
	17	en la plaza cada día con los
	31	ha establecido un día
	18:18	habiéndose detenido aún muchos días
	19:9	discutiendo cada día en la escuela
	20:6	los días de los panes sin levadura
		en cinco días nos reunimos
		nos quedamos siete días.
	16	por estar el día de Pentecostés

Hch	20:18	desde el primer día que entré	Ef	4:30	fuisteis sellados para el día de la redención
	26	yo os protesto en el día de hoy,		5:16	los días son malos.
	31	tres años, de noche y de día,		6:13	para que podáis resistir en el día malo,
	21:4	nos quedamos allí siete días;	Fil	1:5	desde el primer día hasta ahora;
	5	Cumplidos aquellos días, (lit., cuando cumplimos los días)		6	la perfeccionará hasta el día de Jesucristo;
				10	seáis...irreprensibles para el día de Cristo,
	7	nos quedamos con ellos un día.		2:16	para que en el día de Cristo...
	10	permaneciendo...allí algunos días, (lit.,...muchos días)			(para gloria mía en..., VHA)
			Col	1:6	desde el día que oísteis
	15	Después de esos días, hechos ya los		9	desde el día que los oímos,
	26	al día siguiente, habiéndose purificado el cumplimiento de los días	1 Ts	2:9	trabajando de noche y de día,
				3:10	orando de noche y de día
	27	estaban para cumplirse los siete días,		5:2	vosotros sabéis...que el día del Señor
	38	una sedición antes de estos días,		4	para que aquel día os sorprenda
	23:1	he vivido...hasta el día de hoy.		5	sois hijos de luz e hijos del día;
	12	Venido el día,		8	nosotros, que somos del día,
	24:1	Cinco días después, descendió	2 Ts	1:10	cuando venga en aquel día
	11	no hace más de doce días		2:2	el día del Señor está cerca.
	24	Algunos días después, viniendo Félix		3:8	con afán y fatiga día y noche,
	25:1	subió...tres días después.	1 Ti	5:5	súplicas y oraciones noche y día.
	6	no más de ocho o diez días,	2 Ti	1:3	en mis oraciones noche y día;
	13	Pasados algunos días, el rey		12	guardar mi depósito para aquel día.
	14	como estuvieron allí muchos días,		18	cerca del Señor en aquel día.
	26:7	sirviendo...a Dios de día y de noche		3:1	en los postreros días vendrán tiempos
	13	cuando a mediodía, oh rey,		4:8	juez justo, en aquel día;
	22	persevero hasta el día de hoy,	He	1:2	(1) en estos postreros días nos ha hablado
	27:7	Navegando muchos días despacio,		3:8	en el día de la tentación en el desierto
	20	ni sol ni estrellas por muchos días,		13	exhortaos los unos a los otros cada día,
	29	ansiaban que se hiciese de día		4:4	reposó Dios...en el séptimo día.
	33	cuando comenzó a amanecer (mientras estaba para hacerse de día, BC)		7	otra vez determina un día:
				8	no hablaría después de otro día.
	39	Este es el decimocuarto día que veláis		5:7	en los días de su carne,
		Cuando se hizo de día,		7:3	ni tiene principio de días,
	28:7	nos...hospedó solícitamente tres días.		27	no tiene necesidad cada día,
	12	estuvimos allí tres días. (permanecimos..., BC)		8:8	He aquí vienen días, dice el Señor
				9	El día que los tomé de la mano
	13	y otro día después,		10	Después de aquellos días, dice el Señor
	14	que nos quedásemos con ellos siete días;		10:11	todo sacerdote está día tras día
	17	tres días después, Pablo			(...cada día, NC)
	23	habiéndole señalado un día,		16	Después de aquellos días, dice el Señor
Ro	2:5	ira para el día de la ira		25	veis que aquel día se acerca.
	16	en el día en que Dios juzgará		32	traed a la memoria los días pasados.
	8:36	somos muertos todo el tiempo (...el día, VHA)		11:30	después de rodearlos siete días.
					(...durante siete..., VHA)
	10:21	Todo el día extendí mis manos		12:10	aquéllos, ciertamente por pocos días
	11:8	no oigan, hasta el día de hoy.	Stg	5:3	tesoros para los días postreros.
	13:12	se acerca el día.		5	como en día de matanza.
	13	Andemos como de día,	1 P	2:12	en el día de la visitación
	14:5	Uno hace diferencia entre día y día juzga iguales todos los días (lit., juzga... cada día)		3:10	Y ver días buenos,
				20	en los días de Noé
			2 P	1:19	hasta que el día esclarezca
	6	El que hace caso del día el que no hace caso del día, (TR, VM)		2:8	afligía cada día su alma justa,
					(...de día en día..., VM)
1 Co	1:8	el día de nuestro Señor		9	castigados en el día del juicio;
	3:13	el día la declarará		13	el gozar de deleites cada día,
	4:3	por tribunal humano (lit., por día humano)			(lit., la disolución en el día)
				3:3	en los postreros días vendrán
	5:5	sea salvo en el día del Señor		7	guardados para el fuego en el día del
	10:8	cayeron en un día veintitrés mil.		8	un día es como mil años,
	15:4	y que resucitó al tercer día,			y mil años como un día.
	31	que cada día muero.		10	el día del Señor vendrá como
2 Co	1:14	para el día del Señor Jesús		12	la venida del día de Dios,
	3:14	hasta el día de hoy, (WH, N, ABMW)		18	hasta el día de la eternidad
	4:16	no obstante se renueva de día en día.	1 Jn	4:17	tengamos confianza en el día del juicio;
	6:2	en día de salvación te he socorrido. he aquí ahora el día de salvación	Jud	6	para el juicio del gran día;
			Ap	1:10	estaba...en el día del Señor,
	11:28	lo que sobre mí se agolpa cada día, (de mis cuidados de cada día, NC)		2:10	tendréis tribulación por diez días.
				13	ni aun en los días en que Antipas
Gá	1:18	permanecí con él quince días;		4:8	no cesaban día y noche
	4:10	Guardáis los días, los meses,			

(lit., no tienen descanso...)
Ap 6:17 el gran día de su ira ha llegado;
 7:15 le sirven día y noche
 8:12 no hubiese luz en la tercera parte del día,
  (el día no resplandeciese en su tercera parte, VM)
 9:6 en aquellos días los hombres
 15 preparados para la hora, día
 10:7 en los días de la voz del séptimo
 11:3 por mil doscientos sesenta días,
 6 que no llueva en los días de su profecía;
 9 verán sus cadáveres por tres días y medio
 11 después de tres días y medio entró
 12:6 la sustenten por mil doscientos sesenta días
 10 que los acusaba...día y noche
 14:11 no tienen reposo de día ni de noche
 16:14 la batalla de aquel gran día del Dios
 18:8 en un solo día vendrán sus plagas;
 20:10 serán atormentados día y noche
 21:25 nunca serán cerradas de día,

2251 ἡμέτερος — eméteros (jeméteros)
Lc 16:12 lo que es vuestro? (TR, ABMW, VHA, VM, NC, BC, BA); (lit.,...nuestro, WH, N,)
Hch 2:11 les oímos hablar en nuestras lenguas
 24:6 juzgarle conforme a nuestra ley. (TR, |VM|, NC, |BA|)
 26:5 la más rigurosa secta de nuestra religión
Ro 15:4 para nuestra enseñanza se escribieron,
1 Co 15:31 por la gloria que de vosotros tengo (E, WH, N, ABMW, VHA, VM, NC, BC, BA); (lit.,...de nosotros, S)
2 Ti 4:15 se ha opuesto a nuestras palabras.
Tit 3:14 aprendan también los nuestros
1 Jn 1:3 nuestra comunión verdaderamente es
 2:2 no solamente por los nuestros, sino

2252 ἤμην, véase bajo εἰμί. pág. 287

2253 ἡμιθανής** — emithanés (jemithanés)
Lc 10:30 dejándole medio muerto

2255 ἥμισυς — émisus (jémisus)
Mr 6:23 te daré, hasta la mitad de mi reino.
Lc 19:8 la mitad de mis bienes doy
Ap 11:9 verán sus cadáveres por tres días y medio,
 11 después de tres días y medio
 12:14 tiempos, y la mitad de un tiempo

2256 ἡμιώρον*† — emíoron (jemíoron) o ἡμιώριον
Ap 8:1 silencio en el cielo como por media hora.

2259 ἡνίκα — eníka (jeníka)
2 Co 3:15 cuando se lee a Moisés,
 16 cuando se conviertan al Señor, (...se vuelva..., VM)

2260 ἤπερ — éper
Jn 12:43 la gloria de los hombres que la gloria

2261 ἤπιος* — épios
1 Ts 2:7 fuimos tiernos entre vosotros (TR, N, ABMW, VHA, VM, BA); (nos hicimos como pequeñuelos..., NC, WH, BC)
2 Ti 2:24 debe ser.. amable para con todos,

2262 Ἤρ — Er
Lc 3:28 Elmodam, hijo de Er,

2263 ἤρεμος** — éremos
1 Ti 2:2 para que vivamos quieta (...pasemos una vida tranquila..., VM)

2264 Ἡρῴδης — Eródes (Jeródes)
Mt 2:1 en días del rey Herodes
 3 el rey Herodes se turbó
 7 Entonces Herodes, llamando en secreto
 12 que no volviesen a Herodes,
 13 Herodes buscará al niño (...va a buscar..., VHA)
 15 estuvo allá hasta la muerte de Herodes;
 16 Herodes entonces, cuando se vio
 19 después de muerto Herodes
 22 en lugar de Herodes su padre,
 14:1 Herodes el tetrarca oyó la fama
 3 Herodes había prendido (...habiendo prendido, BC)
 6 el cumpleaños de Herodes.
  agradó a Herodes
Mr 6:14 Oyó el rey Herodes la fama
 16 Al oír esto Herodes, dijo:
 17 Herodes había enviado y prendido (lit.,...habiendo enviado prendió)
 18 Juan decía a Herodes;
 20 Herodes temía a Juan,
 21 en que Herodes, en la fiesta de su
 22 danzó, y agradó a Herodes
 8:15 y de la levadura de Herodes
Lc 1:5 Hubo en los días de Herodes,
 3:1 y Herodes tetrarca de Galilea,
 19 Herodes el tetrarca, siendo reprendido las maldades que Herodes había hecho,
 8:3 de Chuza intendente de Herodes,
 9:7 Herodes el tetrarca oyó
 9 dijo Herodes: A Juan yo le hice
 13:31 Herodes te quiere matar.
 23:7 que era de la jurisdicción de Herodes remitió a Herodes,
 8 Herodes, viendo a Jesús,
 11 Herodes con sus soldados
 12 se hicieron amigos Pilato y Herodes
 15 ni aun Herodes, porque os remití a él;
Hch 4:27 Herodes y Poncio Pilato,
 12:1 el rey Herodes echó mano a algunos
 6 cuando Herodes le iba a sacar
 11 me ha librado de la mano de Herodes,
 19 Herodes, habiéndole buscado
 20 Herodes estaba enojado (TR, VHA, BA)
 21 Herodes, vestido de ropas reales,
 13:1 Manaén el que se había criado junto con Herodes (...hermano de leche de Herodes VM)
 23:35 en el pretorio de Herodes.

2265 Ἡρῳδιανοί — Erodianói (Jerodianói)
Mt 22:16 los discípulos de ellos con los herodianos,
Mr 3:6 tomaron consejo con los herodianos
 12:13 le enviaron algunos...de los herodianos,

2266 Ἡρῳδιάς — Erodiás (Jerodiás)
Mt 14:3 por causa de Herodías, mujer de Felipe
 6 la hija de Herodías danzó en medio,
Mr 6:17 por causa de Herodías, mujer de Felipe

Mr	6:19	**Herodías** le acechaba,
	22	entrando la hija de **Herodías**,
Lc	3:19	a causa de **Herodías**, mujer de Felipe

2267 Ἡρῳδιῶν – Erodíon (Jerodíon)
Ro 16:11 Saludad a **Herodión**, mi pariente.

2268 Ἰσαίας – Esaías
Mt	3:3	de quien habló el profeta **Isaías**, (el anunciado por..., BC)
	4:14	lo dicho por el profeta **Isaías**,
	8:17	lo dicho por el profeta **Isaías**,
	12:17	lo dicho por el profeta **Isaías**,
	13:14	se cumple...la profecía de **Isaías**,
	15:7	profetizó de vosotros **Isaías**
Mr	1:2	en **Isaías** el profeta: (V60, WH, N, ABMW, VHA, NC, BC, BA); (en los profetas, VM, TR)
	7:6	bien profetizó de vosotros **Isaías**,
Lc	3:4	las palabras del profeta **Isaías**,
	4:17	se le dio el libro del profeta **Isaías**;
Jn	1:23	dijo el profeta **Isaías**.
	12:38	la palabra del profeta **Isaías**,
	39	también dijo **Isaías**
	41	**Isaías** dijo esto cuando vio su gloria
Hch	8:28	leyendo al profeta **Isaías**. (leía..., VM)
	30	que leía al profeta **Isaías**,
	28:25	por medio del profeta **Isaías**
Ro	9:27	También **Isaías** clama tocante a Israel
	29	como antes dijo **Isaías**:
	10:16	pues **Isaías** dice: Señor,
	20	**Isaías** dice resueltamente: (...cobra osadía y dice, BC)
	15:12	dice **Isaías**: Estará la raíz de Isaí,

2269 Ἡσαῦ – Esaú
Ro	9:13	mas a **Esaú** aborrecí.
He	11:20	Por la fe bendijo Isaac a...**Esaú**
	12:16	fornicario o profano, como **Esaú**,

2270 Véase abajo
2274 ἡσσάομαι, véase ἡττάομαι, esta página

2276 ἥσσων – ésson (jéson)
1 Co 11:17 os congregáis...para lo **peor**.
2 Co 12:15 sea amado **menos**.

2270 ἡσυχάζω – esucázo (jesujádzo)
Lc	14:4	(3) Mas ellos **callaron**.
	23:56	**descansaron** el día de reposo,
Hch	11:18	**callaron**, y glorificaron a Dios,
	21:14	como no le pudimos persuadir, **desistimos**,
1 Ts	4:11	procuréis tener **tranquilidad**,

2271 ἡσυχία – esucía (jesujía)
Hch	22:2	guardaron más **silencio**.
2 Ts	3:12	trabajando sosegadamente, (trabajando con **tranquilidad**, VHA)
1 Ti	2:11	La mujer aprenda en **silencio**,
	12	sino estar en **silencio**.

2272 ἡσύχιος – esúcios (jesújios)
1 Ti	2:2	para que vivamos...**reposadamente** (para que pasemos una vida...**sosegada**, VM)
1 P	3:4	de un espíritu afable y apacible, (...manso y **sosegado**, VM)

2273 ἤτοι – étoi
Ro 6:16 sea del pecado para muerte,

2274 ἡττάομαι – ettáomai (jetáomai)
2 Co 12:13 ¿en qué **habéis sido menos** que las otras
2 P 2:19 el que **es vencido** por alguno
20 enredándose...**son vencidos**

2275 ἥττημα† – éttema (jétema)
Ro 11:12 su **defección** la riqueza de los gentiles
1 Co 6:7 es ya una **falta** en vosotros (es de todo punto **mengua** para vosotros, BC)

2276 ἧττον, véase ἥσσων, esta página

2278 ἠχέω – ecéo (ejéo)
Lc	21:25	a causa del **bramido** del mar (lit., a causa del mar **bramando**)
1 Co	13:1	vengo a ser como metal que **resuena**

2279 ἧχος – écos (éjos)
Lc	4:37	su **fama** se difundía (el **rumor** acerca de él.., VHA)
	21:25	a causa del **bramido** del mar (WH, N, ABMW)
Hch	2:2	vino del cielo un **estruendo**
He	12:19	al **sonido** de la trompeta,

Θ θ

2280 Θαδδαῖος – Thaddáios
Mt 10:3 Lebeo, por sobrenombre **Tadeo**, (TR); (y **Tadeo**, VHA, WH, N, ABMW, VM, NC, BC, BA)
Mr 3:18 **Tadeo**, Simón el cananita,

2281 θάλασσα – thálassa
Mt	4:15	Camino del **mar**, al otro lado del Jordán
	18	junto al **mar** de Galilea, que echaban la red en el **mar**;
	8:24	se levantó en el **mar** una tempestad
	26	reprendió a los vientos y al **mar**;
	27	aun los vientos y el **mar** le obedecen?
	32	se precipitó en el **mar**
	13:1	se sentó junto al **mar**.
	47	una red, que echada en el **mar**,
	14:24	ya la barca estaba en medio del **mar**, (TR, VM, NC, BC)
	25	andando sobre el **mar**.
	26	viéndole andar sobre el **mar**,
	15:29	Jesús...vino junto al **mar** de Galilea;
	17:27	vé al **mar**, y echa el anzuelo, (lit., yendo al **mar**.)
	18:6	que se le hundiese en lo profundo del **mar**.
	21:21	échate en el **mar**,
	23:15	recorréis **mar** y tierra (lit.,...y tierra seca)
Mr	1:16	Andando junto al **mar** de Galilea, que echaban la red en el **mar**;
	2:13	volvió a salir al **mar**; (salió otra vez..., BC)
	3:7	Jesús se retiró al **mar** con sus discípulos
	4:1	comenzó Jesús a enseñar junto al **mar**; se sentó en ella en el **mar**; la gente estaba en tierra junto al **mar**
	39	dijo al **mar**: Calla,

θάλπω 2282   395   2288 θάνατος

Mr	4:41	aun el viento y el **mar** le obedecen?
	5:1	Vinieron al otro lado del **mar**,
	13	el hato se precipitó en el **mar** en el **mar** se ahogaron.
	21	él estaba junto al **mar**.
	6:47	la barca estaba en medio del **mar**,
	48	vino a ellos andando sobre el **mar**,
	49	Viéndole ellos andar sobre el **mar**,
	7:31	vino por Sidón al **mar** de Galilea, (V60, WH, N, ABMW, VHA, NC, BC, BA); (de Tiro y Sidón, vino al **mar**..., VM, TR)
	9:42	si...se le arrojase en el **mar**.
	11:23	Quítate y échate en el **mar**,
Lc	17:2	se le arrojase al **mar**,
	6	plántate en el **mar**;
	21:25	confundidas a causa del bramido del **mar** (en perplejidad, a causa de los bramidos, del **mar**, VM)
Jn	6:1	Jesús fue al otro lado del **mar** de Galilea
	16	descendieron sus discípulos al **mar**.
	17	iban cruzando el **mar** hacia Capernaum
	18	se levantaba el **mar** con gran viento
	19	vieron a Jesús que andaba sobre el **mar**
	22	que estaba al otro lado del **mar**
	25	hallándole al otro lado del **mar**,
	21:1	Jesús se manifestó...junto al **mar**
	7	Simón Pedro,...se echó al **mar**.
Hch	4:24	tú eres el Dios que hiciste...el **mar**
	7:36	y en el **Mar** Rojo
	10:6	que tiene su casa junto al **mar**; (cuya casa está..., VM)
	32	un curtidor, junto al **mar**;
	14:15	al Dios vivo, que hizo...el **mar**,
	17:14	a Pablo que fuese hacia el **mar**;
	27:30	echando el esquife al **mar**,
	38	echando el trigo al **mar**.
	40	las anclas, las dejaron en el **mar**,
	28:4	a quien, escapado del **mar**,
Ro	9:27	los hijos del Israel como la arena del **mar**
1 Co	10:1	todos pasaron el **mar**;
	2	fueron bautizados en la nube y en el **mar**
2 Co	11:26	peligros en **el mar**
He	11:12	como la arena...que está a la orilla del **mar**
	29	Por la fe pasaron el **Mar** Rojo
Stg	1:6	el que duda es semejante a la onda del **mar**
Jud	13	fieras ondas **del mar**,
Ap	4:6	delante del trono había como **un mar**
	5:13	y debajo de la tierra, y en el **mar**,
	7:1	que no soplase viento...sobre el **mar**,
	2	de hacer daño a la tierra y al **mar**,
	3	No hagáis daño a la tierra, ni al **mar**,
	8:8	fue precipitada en el **mar**; la tercera parte del **mar** se convirtió
	9	los seres vivientes que estaban en el **mar**, (las criaturas que había en el **mar**, cuantas tenían vida, VM)
	10:2	puso su pie derecho sobre el **mar**,
	5	el angel que vi en pie sobre el **mar**
	6	el **mar** y las cosas que están en él,
	8	del ángel que está en pie sobre el **mar**
	12:12	¡Ay de los moradores de la tierra y del **mar**! (TR); (ay de la tierra y del **mar**, VM)
	18 (13:1)	Me paré sobre la arena del **mar** (TR, T, VM, BC); (se paró..., BA, WH, N, ABMW, VHA, NC)
	13:1	vi subir del **mar**
	14:7	adorad a aquel que hizo...el **mar**
	15:2	Vi también como un **mar** de vidrio

Ap	15:2	en pie sobre el **mar** de vidrio
	16:3	derramó su copa sobre el **mar**, murió todo ser vivo que había en el **mar**
	18:17	todos los que trabajan en el **mar**,
	19	todos los que tenían naves en el **mar**
	21	la arrojó en el **mar**, diciendo:
	20:8	es como la arena del **mar**.
	13	el **mar** entregó los muertos
	21:1	el **mar** ya no existía más.

2282   θάλπω – thálpo

| Ef | 5:29 | sino que la sustenta y la **cuida**, |
| 1 Ts | 2:7 | como la nodriza que **cuida con ternura** (como cuando una nodriza **acaricia**, VM) |

2283   Θαμάρ – Thamár

| Mt | 1:3 | Judá engendró de **Tamar** a Fares |

2284   θαμβέω – thambéo

Mr	1:27	todos **se asombraron**,
	10:24	Los discípulos **se asombraron**
	32	ellos **se asombraron**, y le seguían
Hch	9:6	El, temblando y **temeroso**, dijo (TR, [VM])

2285   θάμβος – thámbos

Lc	4:36	estaban todos maravillados, (lit., el **asombro** vino sobre todos)
	5:9	el **temor** se había apoderado de él,
Hch	3:10	se llenaron de **asombro** y espanto

2286   θανάσιμος* – thanásimos

| Mr | 16:18 | [si bebieren cosa **mortífera**,] |

2287   θανατηφόρος – thanatefóros

| Stg | 3:8 | llena de veneno **mortal** |

2288   θάνατος – thánatos

Mt	4:16	en región de sombra **de muerte**, (en la región y sombra **de muerte**, VM)
	10:21	El hermano entregará a la **muerte**
	15:4	El que maldiga al padre...muera irremisiblemente. (lit.,...muera con **muerte**)
	16:28	que no gustarán **la muerte**
	20:18	y le condenarán **a muerte**
	26:38	está muy triste, hasta la **muerte**
	66	¡Es reo **de muerte**!
Mr	7:10	muera irremisiblemente. (lit., muera **con muerte**)
	9:1	que no gustarán **la muerte**
	10:33	le condenarán **a muerte**,
	13:12	el hermano entregará a **la muerte**
	14:34	Mi alma está muy triste, hasta la **muerte**;
	64	declarándole ser digno **de muerte**.
Lc	1:79	los que habitan...en sombra **de muerte**;
	2:26	que no vería **la muerte** antes que viese
	9:27	no gustarán la **muerte** hasta que vean
	22:33	sino también a la **muerte**.
	23:15	nada digno **de muerte** ha hecho este
	22	Ningún delito digno **de muerte** he hallado
	24:20	le entregaron...a sentencia **de muerte**
Jn	5:24	ha pasado **de muerte** a vida.
	8:51	nunca verá **muerte**.
	52	nunca sufrirá **muerte**. (no gustará **la muerte** jamás, BC)
	11:4	Esta enfermedad no es para **muerte**,

θανατόω 2289   396   2290 θάπτω

Jn	11:13	Jesús decía esto de la **muerte**	He	2:15	los que por el temor **de la muerte** estaban
	12:33	dando a entender de qué **muerte** iba a morir		5:7	al que le podía librar de **la muerte**,
	18:32	dando a entender de qué **muerte** iba a morir		7:23	por la **muerte** no podían continuar
	21:19	con qué **muerte** había de glorificar a Dios			(lit., porque **por la muerte** fueron
Hch	2:24	sueltos los dolores de la **muerte**,			impedidos a continuar)
	13:28	sin hallar en él causa digna **de muerte**,		9:15	para que interviniendo **muerte**
	22:4	Perseguía yo este Camino hasta **la muerte**,		16	que intervenga **muerte** del testador.
	23:29	que ningún delito tenía digno **de muerte**		11:5	fue traspuesto para no ver **muerte**,
	25:11	o cosa alguna digna **de muerte** he hecho,	Stg	1:15	el pecado,...da a luz **la muerte**.
	25	ninguna cosa digna **de muerte** ha hecho		5:20	salvará de **muerte** un alma,
	26:31	Ninguna cosa digna ni **de muerte**	1 Jn	3:14	hemos pasado de **muerte** a vida,
	28:18	no haber en mí ninguna causa **de muerte**.			El que no ama...permanece en **muerte**
Ro	1:32	son dignos **de muerte**,		5:16	cometer pecado que no sea de **muerte**,
	5:10	fuimos reconciliados...por la **muerte** de su			para los que cometen pecado que no sea
	12	y por el pecado la **muerte**,			de **muerte**.
		así la **muerte** pasó a todos los hombres			Hay pecado de **muerte**
	14	reinó la **muerte** desde Adán		17	pero hay pecado no de **muerte**.
	17	de uno solo reinó la **muerte**,	Ap	1:18	tengo las llaves de la **muerte**
	21	el pecado reinó para **muerte**,		2:10	Sé fiel hasta **la muerte**,
	6:3	hemos sido bautizados en su **muerte**?		11	no sufrirá daño de la segunda **muerte**.
	4	somos sepultados...con él para **muerte**		23	a sus hijos heriré de **muerte**, (...los haré
		(Fuimos...sepultados..., VHA)			perecer de **muerte**, BC)
	5	en la semejanza de su **muerte**,		6:8	tenía por nombre **Muerte**, (cuyo nombre era
	9	**la muerte** no se enseñorea más de él			**Muerte**, VHA)
	16	sea del pecado para **muerte**			para matar con espada, con hambre,
	21	el fin de ellas es **muerte**.			con **mortandad**
	23	la paga del pecado es **muerte**,		9:6	los hombres buscarán la **muerte**,
	7:5	llevando fruto para **muerte**.			pero la **muerte** huirá de ellos.
	10	a mí me resultó para **muerte**;		12:11	menospreciaron sus vidas hasta **la muerte**.
	13	vino a ser **muerte** para mí?			(lit., no amaron su vida hasta **la muerte**)
		produjo en mí la **muerte**		13:3	una de sus cabezas como herida de **muerte**,
	24	de este cuerpo de **muerte**?			su herida mortal fue sanada; (su herida de
	8:2	me ha librado de la ley...de la **muerte**			**muerte**..., BC)
	6	el ocuparse de la carne es **muerte**,		12	cuya herida **mortal** fue sanada. (cuya herida
	38	estoy seguro de que ni la **muerte**,			de **muerte**..., BC)
1 Co	3:22	sea la vida, sea la **muerte**,		18:8	vendrán sus plagas; **muerte**,
	11:26	la **muerte** del Señor anunciáis		20:6	la segunda **muerte** no tiene potestad
	15:21	**la muerte** entró por un hombre,		13	la **muerte** y el Hades entregaron
	26	el postrer enemigo que será destruido		14	la **muerte** y el Hades fueron lanzados a
		es la **muerte**.			Esta es la **muerte** segunda.
	54	Sorbida es la **muerte** en victoria.		21:4	ya no habrá **muerte**,
	55	¿Dónde está, oh **muerte**, tu aguijón (TR,		8	que es la **muerte** segunda.
		VM); (...tu victoria?, VHA, WH, N,			
		ABMW, NC, BC, BA)	**2289**		θανατόω – thanatóo
		¿Dónde, oh sepulcro, tu victoria? (TR,	Mt	10:21	los harán morir
		VM); (¿dónde, oh **muerte**, tu aguijón?,		26:59	para **entregarle a la muerte**, (para
		VHA, WH, N, ABMW, NC, BC, BA)			**hacerle morir**, VHA)
	56	el aguijón de la **muerte** es el pecado,		27:1	para **entregarle a muerte**.(para **hacerle**
2 Co	1:9	en nosotros mismos sentencia de **muerte**			**morir**, VHA)
	10	aún nos librará, de tan gran **muerte**;	Mr	13:12	contra los padres, y los **matarán**.
	2:16	olor de **muerte** para **muerte**,		14:55	para **entregarle a la muerte**; (para
	3:7	si el ministerio de **muerte** grabado			**hacerle morir**, VHA)
	4:11	estamos entregados a **muerte**	Lc	21:16	**matarán** a algunos de vosotros;
	12	la **muerte** actúa en nosotros,	Ro	7:4	**habéis muerto** a la ley mediante
	7:10	la tristeza del mundo produce **muerte**,		8:13	si por el Espíritu **hacéis morir** las obras
	11:23	en peligros de **muerte** muchas veces.		36	**somos muertos** todo el tiempo;
		(en **muertes**..., VM)	2 Co	6:9	como castigados, mas no **muertos**;
Fil	1:20	o por vida o por **muerte**.	1 P	3:18	siendo a la verdad **muerto** en la carne,
	2:8	obediente hasta **la muerte**, y **muerte** de cruz			
	27	enfermo, a punto de morir (...a punto	**2290**		θάπτω – thápto
		de muerte, BC)	Mt	8:21	permíteme que...**entierre** a mi padre.
	30	Cristo estuvo próximo a la **muerte**,		22	deja que los muertos **entierren** a sus muertos
	3:10	llegando a ser semejante a él en su **muerte**,		14:12	tomaron el cuerpo y lo **enterraron**
Col	1:22	por medio de la **muerte**, para presentaros	Lc	9:59	déjame que...**entierre** a mi padre.
2 Ti	1:10	el cual quitó la **muerte**		60	Deja **que** los muertos **entierren** a sus
He	2:9	a causa del padecimiento de la **muerte**,		16:22	murió también el rico, y **fue sepultado**.
		gustase **la muerte** por todos	Hch	2:29	David,...murió y **fue sepultado**,
	14	para destruir por medio de la **muerte**		5:6	sacándolo, lo **sepultaron**.
		al que tenía el imperio de la **muerte**			

θάπα 2291   397   2300 θεάομαι

Hch	5:9	los pies de los que han sepultado
	10	la sepultaron junto a su marido
1 Co	15:4	que fue sepultado, y que resucitó

2291   Θάπα — Thára

Lc 3:34   hijo de Taré, hijo de Nacor,

2292   θαρρέω — tharréo

2 Co	5:6	Así que vivimos confiados siempre,
	8	confiamos, y más quisiéramos estar ausentes
	7:16	en todo tengo confianza en vosotros.
	10:1	mas ausente soy osado para con vosotros;
	2	no tenga que usar de aquella osadía con que
He	13:6	de manera que podemos decir confiadamente:

2293   θαρσέω — tharséo

Mt	9:2	Ten ánimo, hijo;
	22	Ten ánimo, hija;
	14:27	iTened ánimo; yo soy
Mr	6:50	iTened ánimo; yo soy
	10:49	Ten confianza; levántate,
Lc	8:48	Hija, tu fe te ha salvado (V60, WH, N, ABMW, VHA, VM, NC, BC, BA); (lit., Ten ánimo, hija, tu fe..., TR)
Jn	16:33	confiad, yo he vencido al mundo.
Hch	23:11	Ten ánimo,...pues como has testificado

2294   θάρσος — thársos

Hch 28:15 dio gracias a Dios y cobró aliento. (haciendo gracias..., BC)

2295   θαῦμα — tháuma

2 Co	11:14	no es maravilla, (WH, N, ABMW)
Ap	17:6	quedé asombrado con gran asombro

2296   θαυμάζω — thaumázo (thaumádzo)

Mt	8:10	Al oirlo Jesús, se maravilló
	27	los hombres se maravillaron
	9:8	al verlo...se maravilló (...quedaron asombradas, VM) (TR, BC)
	33	la gente se maravillaba, (las gentes quedaron asombradas, VM)
	15:31	la multitud se maravillaba,
	21:20	los discípulos, decían maravillados: (...se maravillaron, diciendo, VM)
	22:22	Oyendo esto, se maravillaron,
	27:14	de tal manera que el gobernador se maravillaba mucho
Mr	5:20	todos se maravillaban
	6:6	estaba asombrado de la incredulidad
	51	se maravillaban (TR)
	12:17	se maravillaron de él (TR)
	15:5	de modo que Pilato se maravillaba.
	44	Pilato se sorprendió de que ya
Lc	1:21	se extrañaba de que él se demorase
	63	todos se maravillaron.
	2:18	todos los que oyeron, se maravillaron
	33	estaban maravillados de todo lo que se decía
	4:22	estaban maravillados de las palabras
	7:9	Al oir esto, Jesús se maravilló de él,
	8:25	atemorizados, se maravillaban,
	9:43	maravillándose todos de todas las cosas
	11:14	la gente se maravilló. (las gentes se maravillaron, VHA)
	38	se extrañó de que no se hubiese lavado
	20:26	maravillados de su respuesta, callaron
Lc	24:12	maravillándose de lo que había sucedido
	41	como...estaban maravillados, les dijo:
Jn	3:7	No te maravilles de que te dije:
	4:27	se maravillaron de que hablaba con una
	5:20	de modo que vosotros os maravilléis
	28	No os maravilléis de esto;
	7:15	se maravillaban los judíos,
	21	todos os maravilláis.
Hch	2:7	estaban atónitos y maravillados, diciendo
	3:12	¿por qué os maravilláis de esto?
	4:13	sabiendo que eran...del vulgo, se maravillaban
	7:31	Moisés,...se maravilló de la visión;
	13:41	mirad, oh menospreciadores, y asombraos
Gá	1:6	Estoy maravillado de que tan pronto
2 Ts	1:10	ser admirado en todos los que creyeron
1 Jn	3:13	no os extrañéis si el mundo os aborrece.
Jud	16	adulando a las personas para sacar provecho (lit.,...por causa de provecho)
Ap	13:3	se maravilló toda la tierra
	17:6	quedé asombrado con gran asombro
	7	¿Por qué te asombras?
	8	se asombrarán viendo la bestia

2297   θαυμάσιος — thaumásios

Mt 21:15   viendo las maravillas que hacía,

2298   θαυμαστός — thaumastós

Mt	21:42	es cosa maravillosa a nuestros ojos?
Mr	12:11	es cosa maravillosa a nuestros ojos?
Jn	9:30	esto es lo maravilloso,
2 Co	11:14	no es maravilla (TR)
1 P	2:9	de las tinieblas a su luz admirable;
Ap	15:1	otra señal, grande y admirable:
	3	Grandes y maravillosas son tus obras,

2299   θεά — theá

Hch	19:27	el templo de la gran diosa Diana
	35	la gran diosa Diana, (TR, VHA)
	37	ni blasfemadores de vuestra diosa (TR, VM, NC)

2300   θεάομαι — theáomai

Mt	6:1	para ser vistos de ellos;
	11:7	¿Que salisteis a ver al desierto?
	22:11	entró el rey para ver a los convidados, (entrando..., BC)
	23:5	para ser vistos por los hombres.
Mr	16:11	[que había sido visto por ella,]
	14	[a los que le habían visto resucitado.]
Lc	5:27	vio a un publicano llamado Leví,
	7:24	¿Qué salisteis a ver al desierto?
	23:55	vieron el sepulcro, y cómo fue puesto
Jn	1:14	vimos su gloria, gloria como
	32	Vi al Espíritu que descendía
	38	viendo que le seguían,
	4:35	mirad los campos,
	6:5	vio que había venido a él gran multitud
	8:10	[no viendo a nadie]
	11:45	vieron lo que hizo (viendo..., BC)
Hch	1:11	como le habéis visto ir
	8:18	Cuando vio Simón que (TR)
	21:27	al verle en el templo, alborotaron
	22:9	vieron a la verdad la luz
Ro	15:24	espero veros al pasar,
1 Jn	1:1	lo que hemos contemplado
	4:12 (11)	Nadie ha visto jamás a Dios
	14	nosotros hemos visto y testificamos

2301 θεατρίζω*† – theatrízo (theatrídzo)
He 10:33 con...tribulaciones fuisteis hechos espectáculo (siendo hechos un espectáculo público..., BA)

2302 θέατρον* – théatron
Hch 19:29 y a una se lanzaron al teatro,
     31 que no se presentase en el teatro.
1 Co 4:9 hemos llegado a ser espectáculo al mundo,

2303 θεῖον – théion
Lc 17:29 llovió del cielo fuego y azufre,
Ap 9:17 de su boca salían fuego, humo y azufre
     18 por el fuego,...y el azufre
   14:10 será atormentado con fuego y azufre
   19:20 dentro de un lago de fuego que arde con azufre.
   20:10 en el lago de fuego y azufre,
   21:8 en el lago que arde con fuego y azufre,

2304 θεῖος – théios
Hch 17:29 no debemos pensar que la Divinidad sea
2 P 1:3 dadas por su divino poder
     4 participantes de la naturaleza divina,

2305 θειότης** – theiótes
Ro 1:20 su eterno poder y deidad,

2306 θειώδης*† – theiódes
Ap 9:17 corazas de fuego...y de azufre

2307 θέλημα† – thélema
Mt 6:10 Hágase tu voluntad
    7:21 el que hace la voluntad de mi Padre
   12:50 todo aquel que hace la voluntad de mi
   18:14 no es la voluntad de vuestro Padre (lit.... delante de vuestro Padre) (TR, N, ABMW VHA, VM, NC, BC, BA); (lit.,...delante de mi Padre, WH)
   21:31 ¿Cuál de los dos hizo la voluntad
   26:42 hágase tu voluntad
Mr 3:35 aquel que hace la voluntad de Dios,
Lc 11:2 Hágase tu voluntad, (TR, VM, |BA|)
   12:47 Aquel siervo que conociendo la voluntad que...ni hizo conforme a su voluntad,
   22:42 pero no se haga mi voluntad, sino la tuya
   23:25 entregó a Jesús a la voluntad de ellos.
Jn 1:13 ni de voluntad de carne, ni de voluntad de varón,
    4:34 que haga la voluntad del que me envió
    5:30 no busco mi voluntad, sino la voluntad del que me envió
    6:38 no para hacer mi voluntad, sino la voluntad del que me envió
     39 esta es la voluntad
     40 esta es la voluntad
    7:17 El que quiera hacer la voluntad de Dios, (...hacer su voluntad, VM)
    9:31 si...hace su voluntad, a ése oye.
Hch 13:22 hará todo lo que yo quiero (cumplirá todas mis voluntades, BC)
   21:14 Hágase la voluntad del Señor.
   22:14 para que conozcas su voluntad
Ro 1:10 por la voluntad de Dios, un próspero viaje
    2:18 conoces su voluntad,
   12:2 cuál sea la buena voluntad de Dios,
Ro 15:32 para que...llegue a vosotros por la voluntad de Dios
1 Co 1:1 llamado a ser apóstol...por la voluntad
    7:37 es dueño de su propia voluntad, (tiene control..., BA)
   16:12 de ninguna manera tuvo voluntad de ir (decididamente no había voluntad...,BC)
2 Co 1:1 apóstol de Jesucristo por la voluntad
    8:5 a nosotros por la voluntad de Dios;
Gá 1:4 conforme a la voluntad de nuestro Dios
Ef 1:1 apóstol de Jesucristo por la voluntad
    5 según el puro afecto de su voluntad,
    9 el misterio de su voluntad,
   11 según el designio de su voluntad,
   2:3 haciendo la voluntad de la carne (cumpliendo las voluntades..., BC)
   5:17 de cuál sea la voluntad del Señor.
   6:6 haciendo la voluntad de Dios;
Col 1:1 apóstol de Jesucristo por la voluntad
    9 del conocimiento de su voluntad
   4:12 en todo lo que Dios quiere (en toda voluntad de Dios, VHA)
1 Ts 4:3 la voluntad de Dios es vuestra santificación (esto es la voluntad de Dios..., VHA)
   5:18 esta es la voluntad de Dios
2 Ti 1:1 apóstol de Jesucristo por la voluntad
   2:26 en que están cautivos a voluntad de él.
He 10:7 para hacer tu voluntad,
    9 vengo,...para hacer tu voluntad
    10 En esa voluntad somos santificados
    36 habiendo hecho la voluntad de Dios,
   13:21 para que hagáis su voluntad
1 P 2:15 esta es la voluntad de Dios:
   3:17 si la voluntad de Dios así lo quiere
   4:2 sino conforme a la voluntad de Dios.
    3 lo que agrada a los gentiles (la voluntad de..., VHA) (TR)
   19 los que padecen según la voluntad de Dios
2 P 1:21 nunca la profecía fue traída por voluntad humana (no de la voluntad del hombre..., VM)
1 Jn 2:17 el que hace la voluntad de Dios
   5:14 si pedimos alguna cosa conforme a su voluntad
Ap 4:11 por tu voluntad existen (...existieron, BA)

2308 θέλησις – thélesis
He 2:4 repartimientos del Espíritu Santo según su voluntad

2309 θέλω – thélo
Mt 1:19 no quería infamarla, (no queriendo..., VHA)
   2:18 no quiso ser consolada,
   5:40 al que quiera ponerte a pleito
    42 al que quiera tomar de ti prestado
   7:12 todas las cosas que queréis que los hombres
   8:2 Señor, si quieres, puedes limpiarme.
    3 Quiero; sé limpio.
   9:13 Misericordia quiero, y no sacrificio
   11:14 si queréis recibirlo,
   12:7 Misericordia quiero, y no sacrificio
    38 deseamos ver de ti señal
   13:28 ¿Quieres, pues, que...la arranquemos?
   14:5 quería matarle, (queriendo matarle, VHA)
   15:28 hágase contigo como quieres.
    32 enviarlos en ayunas no quiero
   16:24 Si alguno quiere venir en pos de mí,
    25 todo el que quiera salvar su vida,

θέλω 2309   2309 θέλω

Mt	17:4	si **quieres**, hagamos aquí tres enramadas (TR); (haré..., VHA, WH, N, ABMW, VM, NC, BC, BA)	Lc	13:34	¡Cuántas veces **quise** juntar a tus hijos y no **quisiste**!
	12	hicieron con él todo lo que **quisieron**		14:28	¿quién de vosotros, **queriendo** edificar
	18:23	un rey que **quiso** hacer cuentas		15:28	se enojó, y no **quería** entrar.
	30	él no **quiso**,		16:26	los que **quisieren** pasar de aquí a vosotros
	19:17	si **quieres** entrar en la vida;		18:4	él no **quiso** por algún tiempo;
	21	Si **quieres** ser perfecto, anda,		13	no **quería** ni aun alzar los ojos
	20:14	**quiero** dar a este postrero,		41	¿Qué **quieres** que te haga?
	15	hacer lo que **quiero** con lo mío?		19:14	No **queremos** que éste reine sobre nosotros
	21	El le dijo: ¿Qué **quieres**?		27	mis enemigos **que** no **querían** que yo reinase
	26	el que **quiera** hacerse grande entre vosotros		20:46	los escribas, **que gustan** de andar
	27	el que **quiera** ser el primero entre vosotros			(...**que quieren** andar, VHA)
	32	¿Qué **queréis** que os haga		22:9	¿Dónde **quieres** que la preparemos?
	21:29	No **quiero**; pero después,...fue		23:8	hacía tiempo que deseaba verle;
	22:3	éstos no **quisieron** venir.			(...estaba **deseoso** de verle, BC)
	23:4	ni con un dedo **quieren** moverlas		20	queriendo soltar a Jesús
	37	¡Cuántas veces **quise** juntar a tus hijos y no **quisiste**!	Jn	1:44	(43) **quiso**...ir a Galilea
	26:15	¿Qué me **queréis** dar,		3:8	El viento sopla de donde **quiere**,
	17	¿Dónde **quieres** que preparemos		5:6	¿**Quieres** ser sano?
	39	no sea como yo **quiero**, sino		21	el Hijo a los que **quiere** da vida.
	27:15	el que **quisiesen**.		35	vosotros **quisisteis** regocijaros por un tiempo
	17	¿A quién **queréis** que os suelte		40	no **queréis** venir a mí
	21	¿A cuál de los dos **queréis** que os suelte?		6:11	de los peces cuanto **querían**.
	34	no **quiso** beberlo.		21	con gusto le recibieron en la barca, (**quisieron** recibirle en la barca, VHA)
	43	líbrele ahora si le **quiere**;		67	¿**Queréis** acaso iros también vosotros?
Mr	1:40	Si **quieres**, puedes limpiarme.		7:1	pues no **quería** andar
	41	**Quiero**, sé limpio.		17	El que **quiera** hacer la voluntad
	3:13	llamó a sí a los que él **quiso**;		44	algunos de ellos **querían** prenderle;
	6:19	deseaba matarle, y no podía;		8:44	los deseos de vuestro padre **queréis** hacer
	22	Pídeme lo que **quieras**,		9:27	¿por qué lo **queréis** oír otra vez?
	25	**Quiero** que ahora mismo me des			¿**Queréis** también vosotros haceros sus
	26	no **quiso** desecharla.		12:21	**quisiéramos** ver a Jesús.
	48	**quería** adelantárseles.		15:7	pedid todo lo que **queréis**,
	7:24	no **quiso** que nadie lo supiese;		16:19	conoció que **querían** preguntarle,
	8:34	Si alguno **quiere** venir en pos de mí		17:24	**quiero** que donde yo estoy,
	35	el que **quiera** salvar su vida,		21:18	ibas a donde **querías**; te llevará a donde no **quieras**.
	9:13	le hicieron todo lo que **quisieron**		22	Si **quiero** que él quede hasta que yo venga
	30	no **quería** que nadie lo supiese.		23	Si **quiero** que él quede hasta que yo venga
	35	Si alguno **quiere** ser el primero	Hch	2:12	¿Qué **quiere** decir esto?
	10:35	**querríamos** que nos hagas		7:28	¿**Quieres** tú matarme, como mataste
	36	¿Qué **queréis** que os haga?		39	nuestros padres no **quisieron** obedecer, (...ser obedientes, VM)
	43	el que **quiera** hacerse grande		9:6	¿qué **quieres** que yo haga? (TR, [VM])
	44	el que de vosotros **quiera** ser el primero		10:10	**quiso** comer; pero mientras le preparaban
	51	¿Qué **quieres** que te haga?		14:13	**quería** ofrecer sacrificios.
	12:38	que **gustan** de andar con largas ropas (que quieren..., VHA)		16:3	**Quiso** Pablo que éste fuese con él;
	14:7	cuando **queráis** les podréis hacer bien;		17:18	¿Qué **querrá** decir este palabrero?
	12	¿Dónde **quieres** que vayamos a preparar (lit.,...que yendo preparemos)		20	qué **quiere** decir esto. (qué **quieren** ser estas cosas, BC)
	36	no lo que yo **quiero**, sino lo que tú		18:21	volveré a vosotros, **si** Dios quiere.
	15:9	¿**Queréis** que os suelte al...		19:33	**quería** hablar en su defensa ante el pueblo.
	12	¿Qué, pues, **queréis** que haga (TR, [ABMW], NC, BC)		24:6	prendiéndole, **quisimos** juzgarle (TR,[VM], NC, [BA])
Lc	1:62	cómo le **quería** llamar.		27	**queriendo** Félix congraciarse (**queriendo** ganarse el favor..., VM)
	4:6	a quien **quiero** la doy.		25:9	Festo, **queriendo** congraciarse (...ganarse el favor, VM)
	5:12	Señor, si **quieres**, puedes limpiarme.			¿**Quieres** subir a Jerusalén,
	13	**Quiero**; sé limpio.		26:5	si **quieren** testificarlo,
	39	**quiere** luego el nuevo;	Ro	1:13	no **quiero**, hermanos, que ignoréis
	6:31	como **queréis** que hagan los hombres		7:15	no hago lo que **quiero**
	8:20	y **quieren** verte. (**deseando** verte, BC)		16	Y si lo que no **quiero**, esto hago
	9:23	Si alguno **quiere** venir en pos de mí,		18	porque el **querer** el bien está en mí
	24	el que **quiera** salvar su vida,		19	no hago el bien que **quiero** sino el mal que no **quiero**
	54	¿**quieres** que mandemos que descienda		20	si hago lo que no **quiero**
	10:24	**desearon** ver lo que vosotros veis		21	Así que, **queriendo** yo hacer el bien
	29	**queriendo** justificarse a sí mismo,			
	12:49	qué **quiero**, si ya se ha encendido?			
	13:31	Herodes te **quiere** matar.			

Ro	9:16	no depende del que **quiere**,
	18	de quien **quiere**, tiene misericordia,
		al que **quiere** endurecer, endurece.
	22	¿Y qué, si Dios, **queriendo** mostrar
	11:25	no **quiero**, hermanos, que ignoréis este
	13:3	¿**Quieres**, pues, no temer la autoridad?
	16:19	**quiero** que seáis sabios para el bien,
1 Co	4:19	si el Señor **quiere**
	21	¿Qué **queréis**?
	7:7	**Quisiera** más bien que todos los hombres
	32	**Quisiera**, pues, que estuvieseis sin congoja.
	36	haga lo que **quiera**, no peca;
	39	para casarse con quien **quiera**,
	10:1	no **quiero**, hermanos, que ignoréis
	20	no **quiero** que vosotros os hagáis partícipes
	27	Si...os invita, y **queréis** ir,
	11:3	Pero **quiero** que sepáis que Cristo
	12:1	No **quiero**, hermanos, que ignoréis
	18	como él **quiso**.
	14:5	**quisiera** que todos vosotros hablaseis en
	19	en la iglesia **prefiero** hablar
	35	Y si **quieren** aprender algo,
	15:38	le da el cuerpo como él **quiso**,
	16:7	no **quiero** veros ahora de paso,
2 Co	1:8	no **queremos** que ignoréis
	5:4	no **quisiéramos** ser desnudados,
	8:10	comenzasteis antes...a **quererlo**,
	11	como estuvisteis prontos a **querer**, (como
		hubo prontitud para **querer**, VHA)
	11:12	para quitar la ocasión a aquellos **que** la
		desean, (...a los **que desean** ocasión, VM)
	32	para prenderme (V60, WH, N, ABMW,
		VHA, VM, NC, BC, BA); (lit., **queriendo**
		prenderme, TR)
	12:6	si **quisiera** gloriarme,
	20	temo...no os halle tales como **quiero**,
		y yo sea hallado de vosotros cual no **queréis**
Gá	1:7	que...**quieren** pervertir el evangelio de Cristo
	3:2	Esto solo **quiero** saber de vosotros:
	4:9	a los cuales os **queréis** volver a esclavizar?
		(...otra vez os **queréis** esclavizar?, VHA)
	17	sino que **quieren** apartaros de nosotros
	20	**quisiera** estar con vosotros ahora
	21	los que **queréis** estar bajo la ley;
	5:17	para que no hagáis lo que **quisiereis**.
	6:12	los que **quieren** agradar en la carne,
	13	**quieren** que vosotros os circuncidéis
Fil	2:13	así el **querer** como el hacer,
Col	1:27	a quienes Dios **quiso** dar a conocer
	2:1	**quiero** que sepáis cuán gran lucha
	18	afectando humildad (deleitándose en
		humildad, VHA)
1 Ts	2:18	por lo cual **quisimos** ir a vosotros,
	4:13	Tampoco **queremos**, hermanos, que ignoréis
2 Ts	3:10	Si alguno no **quiere** trabajar, tampoco coma
1 Ti	1:7	**queriendo** ser doctores de la ley,
	2:4	el cual **quiere** que todos los hombres
	5:11	cuando...se rebelan contra Cristo, **quieren**
2 Ti	3:12	todos los que **quieren** vivir piadosamente
Flm	14	nada **quise** hacer sin tu consentimiento,
He	10:5	Sacrificio y ofrenda no **quisiste**;
	8	expiaciones por el pecado no **quisiste**,
	12:17	**deseando** heredar la bendición,
	13:18	**deseando** conducirnos bien en todo.
Stg	2:20	¿Mas **quieres** saber, hombre vano
	4:15	Si el Señor **quiere**, viviremos y haremos
1 P	3:10	El **que quiere** amar la vida
	17	si la voluntad de Dios así lo **quiere**,
2 P	3:5	Estos ignoran **voluntariamente** (lit., Esto
		se les oculta **a los que quieren**)
3 Jn	13	no **quiero** escribírtelas con tinta
Ap	2:21	no **quiere** arrepentirse de su fornicación,
		(V60, WH, N, ABMW, VHA, VM, NC,
		BC, BA); (lit., no se arrepintió, TR)
	11:5	Si alguno **quiere** dañarlos, sale fuego
		y si alguno **quiere** hacerles daño,
	6	herir la tierra...cuantas veces **quieran**
	22:17	el **que quiera**, tome del agua

2310 θεμέλιος — themélios

Lc	6:48	puso el **fundamento**
	49	que edificó...sin **fundamento**
	14:29	después que haya puesto **el cimiento**
Hch	16:26	los **cimientos** de la cárcel se sacudían;
Ro	15:20	para no edificar sobre **fundamento** ajeno,
1 Co	3:10	yo como perito arquitecto puse **el**
		fundamento
	11	nadie puede poner otro **fundamento** que el
	12	Y si sobre este **fundamento** alguno edificare
Ef	2:20	edificados sobre el **fundamento** de los
1 Ti	6:19	atesorando para sí buen **fundamento**
2 Ti	2:19	el **fundamento** de Dios está firme
He	6:1	no echando otra vez el **fundamento**
	11:10	esperaba la ciudad que tiene **fundamentos**,
Ap	21:14	el muro de la ciudad tenía doce **cimientos**,
		(lit.,...teniendo...)
	19	los **cimientos** del muro de la ciudad
		El primer **cimiento** era jaspe;

2311 θεμελιόω — themelióo

Mt	7:25	porque **estaba fundada** sobre la roca
Lc	6:48	porque **estaba fundada** sobre la roca (TR,
		VM)
Ef	3:17	(18) arraigados y **cimentados** en amor,
Col	1:23	si en verdad permanecéis **fundados**
He	1:10	Tú, oh Señor, en el principio **fundaste** la
1 P	5:10	él mismo os...**establezca**. (TR);
		(...**establecerá**, VHA, N, ABMW, NC,
		BC, BA); (no se encuentra en, WH, VM)

2312 θεοδίδακτος * † — theodídaktos

1 Ts	4:9	habéis **aprendido de Dios** que os améis
		(sois **enseñados de Dios**..., VM)

2313 θεομαχέω — theomacéo (theomajéo)

Hch	23:9	no **resistamos a Dios**

2314 θεομάχος ** † — theomácos (theomájos)

Hch	5:39	no seáis tal vez hallados **luchando contra Dios**

2315 θεόπνευστος * — theópneustos

2 Ti	3:16	Toda la Escritura es **inspirada por Dios**,

2316 θεός ο Θεός — theós

Mt	1:23	**Dios** con nosotros.
	3:9	**Dios** puede levantar hijos a Abraham
	16	vio al Espíritu **de Dios** que descendía
	4:3	Si eres Hijo **de Dios**,
	4	toda palabra que sale de la boca **de Dios**.
	6	Si eres Hijo **de Dios**, échate abajo;
	7	No tentarás al Señor tu **Dios**.
	10	Al Señor tu **Dios** adorarás,
	5:8	porque ellos verán a **Dios**
	9	ellos serán llamados hijos **de Dios**

Mt	5:34	el cielo,...es el trono de Dios;	Mr	4:30
	6:8	vuestro Padre sabe (TR, ABMW, VHA, VM, NC, BC, BA); (lit., Dios vuestro Padre sabe, [WH], [N])		5:7
	24	No podéis servir a Dios y a las riquezas.		7:8
	30	Dios la viste así		9
	33	buscad primeramente el reino de Dios, (TR, VHA, VM, BC)		13
	8:29	¿Qué tienes con nosotros, Jesús Hijo de Dios (TR); (...con nosotros, Hijo de Dios, VHA, WH, N, ABMW, VM, NC, BC, BA)		8:33
	9:8	la gente,...glorificó a Dios, (las multitudes... glorificaron a Dios, VHA)		9:1
	12:4	cómo entró en la casa de Dios,		47
	28	si yo por el Espíritu de Dios echo fuera ha llegado a vosotros el reino de Dios		10:6
	14:33	Verdaderamente eres Hijo de Dios.		9
	15:3	quebrantáis el mandamiento de Dios por		14
	4	Dios mandó diciendo: (TR, VM); (Dios dijo VHA, WH, N, ABMW, NC, BC, BA)		15
	6	habéis invalidado el mandamiento de Dios		18
	31	glorificaban al Dios de Israel		23
	16:16	el Cristo, el Hijo del Dios viviente.		24
	23	no pones la mira en las cosas de Dios,		25
	19:6	lo que Dios juntó,		27
	17	Ninguno hay bueno sino uno: Dios. (TR, VM)		11:22
	24	que entrar un rico en el reino de Dios.		12:14
	26	mas para Dios todo es posible.		17
	21:12	entró Jesús en el templo de Dios, (TR, VM, NC, BC)		24
	31	las rameras van delante de vosotros al reino de Dios.		26
	43	el reino de Dios será quitado de vosotros		
	22:16	enseñas con verdad el camino de Dios,		27
	21	y a Dios lo que es de Dios.		
	29	ignorando...el poder de Dios. (no conociendo..., VM)		29
	30	serán como los ángeles de Dios (TR, BC, BA)		30
	31	lo que os fue dicho por Dios,		32
	32	Yo soy el Dios de Abraham, el Dios de Isaac, y el Dios de Jacob? Dios no es Dios de muertos,		34
	37	Amarás al Señor tu Dios		13:19
	23:22	jura por el trono de Dios		14:25
	26:61	Puedo derribar el templo de Dios,		15:34
	63	Te conjuro por el Dios viviente, si eres...el Hijo de Dios		39
	27:40	si eres Hijo de Dios		43
	43	confió en Dios; Soy Hijo de Dios.		16:19
	46	Dios mío, Dios mío, ¿por qué	Lc	1:6
	54	Verdaderamente éste era Hijo de Dios.		8
Mr	1:1	de Jesucristo, Hijo de Dios. (TR, [ABMW], VHA, VM, NC, BC, BA)		16
	14	el evangelio del reino de Dios. (TR); (el evangelio de Dios, VHA, WH, N, ABMW, VM, NC, BC, BA)		19
	15	el reino de Dios se ha acercado;		26
	24	quién eres, el Santo de Dios.		30
	2:7	¿Quién puede perdonar pecados, sino sólo Dios?		32
	12	y glorificaron a Dios, diciendo:		35
	26	cómo entró en la casa de Dios:		37
	3:11	Tú eres el Hijo de Dios.		47
	35	aquel que hace la voluntad de Dios.		64
	4:11	saber el misterio del reino de Dios		68
	26	Así es el reino de Dios		78
				2:13
				14
				20
				28
				38
				40
				52
				3:2
				6
				8
				38
				4:3

4:30	¿A qué haremos semejante el reino de Dios
5:7	Hijo del Dios Altísimo? Te conjuro por Dios
7:8	dejando el mandamiento de Dios,
9	invalidáis el mandamiento de Dios
13	invalidando la palabra de Dios con vuestra
8:33	no pones la mira en las cosas de Dios,
9:1	hasta que hayan visto el reino de Dios
47	entrar en el reino de Dios con un ojo
10:6	varón y hembra los hizo Dios (TR, VM, NC)
9	lo que Dios juntó, no lo separe
14	de los tales es el reino de Dios.
15	el que no reciba el reino de Dios
18	Ninguno hay bueno, sino sólo uno, Dios
23	difícilmente entrarán en el reino de Dios
24	es entrar en el reino de Dios,
25	que entrar un rico en el reino de Dios.
27	mas para Dios, no; todas las cosas son posibles para Dios.
11:22	Tened fe en Dios. (...de Dios, BC)
12:14	con verdad enseñas el camino de Dios
17	y a Dios lo que es de Dios
24	ignoráis...el poder de Dios? (lit., no conociendo...)
26	cómo le habló Dios en la zarza, diciendo: Yo soy el Dios de Abraham, el Dios de Isaac y el Dios de Jacob?
27	Dios no es Dios de muertos, (No es Dios.., VHA) sino Dios de vivos (TR)
29	el Señor nuestro Dios, el Señor uno es
30	amarás al Señor tu Dios
32	que uno es Dios (TR)
34	No estás lejos del reino de Dios
13:19	la creación que Dios creó,
14:25	lo beba nuevo en el reino de Dios
15:34	Dios mío, Dios mío, ¿por qué
39	este hombre era Hijo de Dios.
43	esperaba el reino de Dios, (estaba esperando..., BC)
16:19	[se sentó a la diestra de Dios]
1:6	Ambos eran justos delante de Dios
8	ejerciendo...el sacerdocio delante de Dios
16	hará que...se conviertan al Señor Dios
19	que estoy delante de Dios;
26	Gabriel fue enviado por Dios (...de Dios, VHA)
30	has hallado gracia delante de Dios.
32	el Señor Dios le dará el trono
35	será llamado Hijo de Dios.
37	nada hay imposible para Dios
47	mi espíritu se regocija en Dios mi Salvador
64	habló bendiciendo a Dios.
68	Bendito el Señor Dios de Israel,
78	la entrañable misericordia de nuestro Dios.
2:13	de las huestes celestiales, que alababan a Dios,
14	¡Gloria a Dios en las alturas
20	los pastores glorificando...a Dios
28	bendijo a Dios,
38	daba gracias a Dios, (V60, WH, N, ABMW, VHA, NC, BC, BA); (...al Señor, VM, TR)
40	la gracia de Dios era sobre él.
52	en gracia para con Dios
3:2	vino palabra de Dios a Juan,
6	verá toda carne la salvación de Dios.
8	Dios puede levantar hijos a Abraham
38	hijo de Adán, hijo de Dios.
4:3	Si eres Hijo de Dios,

Lc	4:4	sino de toda palabra de Dios (TR)	Lc	18:7	¿Y acaso Dios no hará justicia
	8	Al Señor tu Dios adorarás,		11	Dios, te doy gracias porque no soy
	9	Si eres Hijo de Dios échate		13	Dios, sé propicio a mí, pecador
	12	No tentarás al Señor tu Dios.		16	de los tales es el reino de Dios
	34	te conozco quién eres, el Santo de Dios		17	el que no recibe el reino de Dios
	41	Tú eres el Hijo de Dios.		19	ninguno hay bueno, sino sólo Dios.
	43	anuncie el evangelio del reino de Dios;		24	difícilmente entrarán en el reino de Dios
	5:1	para oir la palabra de Dios.		25	que entrar un rico en el reino de Dios
	21	¿Quien puede perdonar pecados sino sólo Dios?		27	es posible para Dios.
				29	que haya dejado casa...por el reino de Dios
	25	glorificando a Dios		43	glorificando a Dios
	26	todos,...glorificaban a Dios;			dio alabanza a Dios
	6:4	cómo entró en la casa de Dios,		19:11	pensaban que el reino de Dios
	12	pasó la noche orando a Dios. (lit., estaba pasando la noche en la oración de Dios)		37	comenzó a alabar a Dios a grandes voces
				20:21	enseñas el camino de Dios
	20	porque vuestro es el reino de Dios		25	y a Dios lo que es de Dios.
	7:16	glorificaban a Dios, diciendo		36	y son hijos de Dios,
		Dios ha visitado a su pueblo.		37	Dios de Abraham, Dios de Isaac y Dios
	28	el más pequeño en el reino de Dios es		38	no es Dios de muertos.
	29	cuando lo oyeron, justificaron a Dios,		21:4	para las ofrendas de Dios (TR, NC, BC)
	30	desecharon los designios de Dios		31	está cerca el reino de Dios.
	8:1	anunciando el evangelio del reino de Dios,		22:16	hasta que se cumpla en el reino de Dios
	10	los misterios del reino de Dios;		18	hasta que el reino de Dios venga.
	11	La semilla es la palabra de Dios.		69	a la diestra del poder de Dios.
	21	son los que oyen la palabra de Dios,		70	eres tú el Hijo de Dios?
	28	Hijo del Dios Altísimo?		23:35	el escogido de Dios.
	39	cuán grandes cosas ha hecho Dios contigo		40	¿Ni aun temes tú a Dios,
	9:2	a predicar el reino de Dios,		47	dio gloria a Dios, diciendo:
	11	y les hablaba del reino de Dios,		51	también esperaba el reino de Dios,
	20	dijo: El Cristo de Dios		24:19	delante de Dios y de todo el pueblo;
	27	hasta que vean el reino de Dios		53	en el templo,...bendiciendo a Dios
	43	se admiraban de la grandeza de Dios	Jn	1:1	el Verbo era con Dios,
	60	anuncia el reino de Dios.			el Verbo era Dios
	62	es apto para el reino de Dios.		2	Este era en el principio con Dios.
	10:9	Se ha acercado a vosotros el reino de Dios		6	un hombre enviado de Dios,
	11	sabed, que el reino de Dios se ha acercado		12	potestad de ser hechos hijos de Dios;
	27	Amarás al Señor tu Dios con todo tu		13	son engendrados...de Dios.
	11:20	si por el dedo de Dios echo yo fuera		18	A Dios nadie le vio jamás;
		el reino de Dios ha llegado a vosotros.			el unigénito Hijo, (TR, VM, BC); (el unigénito Dios, VHA, WH, N, ABMW, NC, BA)
	28	los que oyen la palabra de Dios			
	42	pasáis por alto la justicia y el amor de Dios			
	49	la sabiduría de Dios también dijo:		29	He aquí el Cordero de Dios,
	12:6	está olvidado delante de Dios.		34	éste es el Hijo de Dios.
	8	le confesará delante de los ángeles de Dios		36	he aquí el Cordero de Dios
	9	será negado delante de los ángeles de Dios		49 (50)	Rabí, tú eres el Hijo de Dios
	20	Pero Dios le dijo: Necio,		51 (52)	los ángeles de Dios que suben
	21	y no es rico para con Dios.		3:2	Rabí, sabemos que has venido de Dios si no está Dios con él.
	24	Dios los alimenta.			
	28	si así viste Dios la hierba		3	no puede ver el reino de Dios.
	31	buscad el reino de Dios, (TR, VM, BC)		5	no puede entrar en el reino de Dios.
	13:13	glorificaba a Dios.		16	de tal manera amó Dios al mundo,
	18	¿A qué es semejante el reino de Dios,		17	no envió Dios a su Hijo al mundo
	20	¿A qué compararé el reino de Dios?		18	en el nombre del unigénito Hijo de Dios.
	28	los profetas en el reino de Dios,		21	sus obras son hechas en Dios.
	29	se sentarán a la mesa en el reino de Dios.		33	éste atestigua que Dios es veraz.
	14:15	el que coma pan en el reino de Dios.		34	el que Dios envió, las palabras de Dios habla Dios no da el Espíritu por medida (TR, NC)
	15:10	hay gozo delante de los ángeles de Dios			
	16:13	No podéis servir a Dios y a las riquezas.		36	la ira de Dios está sobre él.
	15	mas Dios conoce vuestros corazones; delante de Dios es abominación.		4:10	Si conocieras el don de Dios
				24	Dios es Espíritu;
	16	el reino de Dios es anunciado,		5:18	decía que Dios era su propio Padre, haciéndose igual a Dios.
	17:15	glorificando a Dios a gran voz,			
	18	diese gloria a Dios sino este.		25	oirán la voz del Hijo de Dios;
	20	cuándo había de venir el reino de Dios, El reino de Dios no vendrá con advertencia, (...viene..., VHA)		42	no tenéis amor de Dios en vosotros.
				44	no buscáis la gloria que viene del Dios
				6:27	a éste señaló Dios el Padre
	21	he aquí el reino de Dios está		28	para poner en práctica las obras de Dios?
	18:2	un juez, que ni temía a Dios		29	Esta es la obra de Dios,
	4	Aunque ni temo a Dios,		33	el pan de Dios es aquel que

θεός 2316　　　　　　　　　　　　　　403　　　　　　　　　　　　　　2316 θεός

Jn 6:45 serán todos enseñados por Dios
　　46 aquel que vino de Dios; (aquel que es de Dios, VM)
　　69 (70) tú eres el Cristo, el Hijo del Dios (TR, VM); (tú eres el Santo de Dios, VHA, WH, N, ABMW, NC, BC, BA)
　7:17 conocerá si la doctrina es de Dios (conocerá de mi enseñanza, si es de Dios, VM)
　8:40 la cual he oído de Dios;
　　41 un padre tenemos, que es Dios.
　　42 Si vuestro padre fuese Dios, porque yo de Dios he salido,
　　47 El que es de Dios, las palabras de Dios oye no sois de Dios
　　54 el...decís que es vuestro Dios.
　9:3 para que las obras de Dios se manifiesten
　　16 Ese hombre no procede de Dios, (...no es de Dios, VM)
　　24 Da gloria a Dios;
　　29 sabemos que Dios ha hablado a Moisés
　　31 Dios no oye a los pecadores;
　　33 Si éste no viniera de Dios, (...fuera de Dios, VM)
　　35 ¿Crees tú en el Hijo de Dios? (TR, VM, BC)
10:33 siendo hombre, te haces Dios.
　　34 Yo dije, dioses sois?
　　35 Si llamó dioses a aquellos a quienes vino la palabra de Dios
　　36 Hijo de Dios soy?
11:4 sino para la gloria de Dios, para que el Hijo de Dios sea glorificado
　　22 todo lo que pidas a Dios, Dios te lo dará
　　27 tú eres...el Hijo de Dios,
　　40 verás la gloria de Dios?
　　52 para congregar en uno a los hijos de Dios
12:43 que la gloria de Dios
13:3 que había salido de Dios, y a Dios iba,
　　31 Dios es glorificado en él.
　　32 Si Dios es glorificado en él, (TR, N, [ABMW], VHA, NC, BC, BA) Dios también le glorificará
14:1 creeis en Dios, creed también
16:2 pensará que rinde servicio a Dios.
　　27 que yo salí de Dios. (TR, N, ABMW, VHA, VM, NC, BC); (...del Padre, BA, WH)
　　30 creemos que has salido de Dios
17:3 el único Dios verdadero,
19:7 se hizo a sí mismo Hijo de Dios.
20:17 a mi Dios y a vuestro Dios.
　　28 ¡Señor mío, y Dios mío!
　　31 el Cristo, el Hijo de Dios,
21:19 con qué muerte había de glorificar a Dios
Hch 1:3 hablándoles acerca del reino de Dios.
　2:11 las maravillas de Dios
　　17 dice Dios, Derramaré de mi Espíritu
　　22 varón aprobado por Dios entre vosotros señales que Dios hizo entre vosotros
　　23 por el...anticipado conocimiento de Dios
　　24 al cual Dios levantó,
　　30 con juramento Dios le había jurado
　　32 A este Jesús resucitó Dios
　　33 exaltado por la diestra de Dios
　　36 Dios le ha hecho Señor y Cristo
　　39 el Señor nuestro Dios llamare.
　　47 alabando a Dios, y teniendo favor
　3:8 saltando, y alabando a Dios.
　　9 le vio andar y alabar a Dios
　　13 El Dios de Abraham, de Isaac y de Jacob (TR, WH, N, VHA, VM, NC, BA); (el Dios de Abraham, y el Dios de Isaac y el Dios de Jacob, BC, [ABMW])
Hch 3:13 el Dios de nuestros padres
　　15 Dios ha resucitado de los muertos,
　　18 Pero Dios ha cumplido así
　　21 habló Dios por boca de sus santos profetas
　　22 El Señor vuestro Dios os levantará (TR, ABMW, VM, BC); (El Señor Dios os levantará, VHA, WH, N, NC)
　　25 del pacto que Dios hizo con nuestros padres,
　　26 Dios, habiendo levantado a su Hijo
　4:10 a quien Dios resucitó de los muertos,
　　19 si es justo delante de Dios a vosotros antes que a Dios
　　21 porque todos glorificaban a Dios
　　24 alzaron unánimes la voz a Dios, tú eres el Dios que hiciste (TR, VM, BC)
　　31 hablaban con denuedo la palabra de Dios.
　5:4 has mentido...a Dios.
　　29 Es necesario obedecer a Dios antes que a los
　　30 El Dios de nuestros padres levantó
　　31 A éste, Dios ha exaltado con su diestra
　　32 el cual ha dado Dios a los que le obedecen
　　39 mas si es de Dios, no la podréis
　6:2 que nosotros dejemos la palabra de Dios,
　　7 crecía la palabra del Señor (V60); (la palabra de Dios crecía, VHA, TR, WH, N, ABMW, VM, NC, BC, BA)
　　11 contra Moisés y contra Dios.
　7:2 El Dios de la gloria apareció a nuestro padre
　　6 le dijo Dios así
　　7 Mas yo juzgaré, dijo Dios,
　　9 pero Dios estaba con él,
　　17 la promesa, que Dios había jurado a
　　20 nació Moisés, y fue agradable a Dios,
　　25 que Dios les daría libertad
　　32 Yo soy el Dios de tus Padres, el Dios el Dios de Isaac, y el Dios de Jacob (TR)
　　35 a éste lo envió Dios como gobernante
　　37 levantará el Señor vuestro Dios (TR, VM); (os levantará Dios, VHA, WH, N, ABMW, NC, BC, BA)
　　40 Haznos dioses que vayan delante de
　　42 Dios se apartó, y los entregó
　　43 la estrella de vuestro dios (TR, [ABMW]); (...del dios, VHA, WH, N, VM, NC, BC, BA)
　　45 a los cuales Dios arrojó de la presencia
　　46 Este halló gracia delante de Dios, tabernáculo para el Dios de Jacob (TR, WH, N, VM, NC, BC, BA)
　　55 vio la gloria de Dios, que estaba a la diestra de Dios,
　　56 está a la diestra de Dios.
　8:10 el gran poder de Dios.
　　12 que anunciaba el evangelio del reino de Dios
　　14 había recibido la palabra de Dios
　　20 el don de Dios se obtiene con dinero.
　　21 no es recto delante de Dios.
　　22 ruega a Dios (TR)
　　37 Jesucristo es el Hijo de Dios. (TR, [VM], NC, BC, BA)
　9:20 éste era el Hijo de Dios.
10:2 temerosos de Dios con toda su casa, que...oraba a Dios siempre.
　　3 vio...que un ángel de Dios entraba
　　4 para memoria delante de Dios.

θεός 2316

Hch 10:15	Lo que **Dios** limpió,
22	varón justo y temeroso de **Dios**,
28	me ha mostrado **Dios**
31	han sido recordadas delante de **Dios**
33	estamos aquí en la presencia de **Dios**, todo lo que **Dios** te ha mandado (todo cuanto ha sido mandado decir de parte de **Dios**, VM) (TR, BA)
34	**Dios** no hace acepción de personas,
38	cómo **Dios** ungió con el Espíritu porque **Dios** estaba con él
40	A éste levantó **Dios** al tercer día,
41	a los testigos que **Dios** había ordenado (...de antemano elegidos por **Dios**, VHA)
42	él es el que **Dios** ha puesto (él es el constituido por **Dios**, BC)
46	que magnificaban a **Dios**.
11:1	habían recibido la palabra de **Dios**.
9	Lo que **Dios** limpió,
17	Si **Dios**, pues, les concedió también que pudiese estorbar a **Dios**?
18	callaron, y glorificaron a **Dios** ha dado **Dios** arrepentimiento para vida!
23	cuando...vio la gracia de **Dios**, se regocijó,
12:5	oración a **Dios** por él.
22	¡Voz **de Dios**, y no de hombres
23	no dio la gloria a **Dios**;
24	la palabra del Señor crecía (V60, WH, N, VHA, VM, NC, BA); (...de **Dios**., BC, TR)
13:5	anunciaban la palabra de **Dios**
7	deseaba oir la palabra de **Dios**.
16	los que teméis a **Dios**, oíd:
17	El **Dios** de este pueblo
21	**Dios** les dio a Saúl
23	**Dios** levantó a Jesús por Salvador (TR, VM, NC); (trajo **Dios**...un Salvador, Jesús VHA, WH, N, ABMW)
26	los que entre vosotros teméis a **Dios**,
30	**Dios** le levantó de los muertos.
32 (33)	la cual **Dios** ha cumplido a los hijos
36	según la voluntad de **Dios**, durmió
37	aquel a quien **Dios** levantó,
43	que perseverasen en la gracia de **Dios**.
44	para oir la palabra de **Dios**. (TR, WH, N, VHA, VM, NC, BA)
46	que se os hablase primero la palabra de **Dios**
48	glorificaban la palabra del Señor (TR, N, ABMW, VHA, NC, BC, BA); (...de **Dios**, VM, WH)
14:11	**Dioses** bajo la semejanza de hombres
15	os convirtáis al **Dios** vivo,
22	entremos en el reino de **Dios**.
26	habían sido encomendados a la...de **Dios**
27	cuán grandes cosas había hecho **Dios**
15:4	todas las cosas que **Dios** había hecho
7	**Dios** escogió que los gentiles oyesen (escogió **Dios** de entre vosotros..., VHA)
8	**Dios**, que conoce los corazones, les dio
10	¿por qué tentáis a **Dios**,...?
12	había hecho **Dios** por medio de ellos
14	cómo **Dios** visitó por primera vez
17 (18)	que hace conocer...esto (V60, WH, N, ABMW, VHA, VM, BA) (que ejecuta estas cosas conocidas, NC, BC); (que hace todas estas cosas. Conocidas son de **Dios**, VA, TR)
19	a los gentiles que se convierten a **Dios**, (a los que de entre los gentiles se han convertido a **Dios**, VM)
Hch 15:40	encomendado...a la gracia del Señor (V60, WH, N, ABMW, VHA, NC, BA, VA); (...de **Dios**, VM, TR, BC)
16:10	**Dios** nos llamaba (V60) (**Dios** nos había llamado, VHA) (WH, N, ABMW, VM, NC, BC, BA, VA); (lit., el Señor..., TR)
14	Lidia,...que adoraba a **Dios**,
17	son siervos del **Dios** Altísimo,
25	cantaban himnos a **Dios**;
32	le hablaron la palabra del Señor (TR, ABMW, VM, BC, BA); (...la palabra de **Dios**, VHA, WH, N, NC)
34	se regocijó...de haber creído a **Dios**.
17:13	en Berea era anunciada la palabra de **Dios**
23	AL **DIOS** NO CONOCIDO
24	El **Dios** que hizo el mundo
27	para que busquen a **Dios**, (V60, WH, N, ABMW, VHA, VM, NC, BC, BA); (lit.,...al Señor, TR)
29	Siendo, pues, linaje de **Dios**
30	**Dios**, habiendo pasado por alto los tiempos
18:7	temeroso de **Dios**
11	enseñándoles la palabra de **Dios**
13	a honrar a **Dios** contra la ley.
21	si **Dios** quiere.
26	le expusieron...el camino de **Dios**
19:8	persuadiendo acerca del reino de **Dios**
11	hacía **Dios** milagros
26	diciendo que no son **dioses**
37	ni blasfemadores de vuestra **diosa**. (TR, VM, NC); (...de nuestra **diosa**, VHA, WH, N, ABMW, BC, BA)
20:21	arrepentimiento para con **Dios**,
24	evangelio de la gracia de **Dios**.
25	predicando el reino de **Dios** (TR, VM, NC)
27	todo el consejo de **Dios**
28	para apacentar la iglesia del Señor (TR); (...de **Dios**, VHA, S, WH, N, ABMW, VM, NC, BA)
32	os encomiendo a **Dios**, (TR, ABMW, VM, BC, BA)
21:19	las cosas que **Dios** había hecho
20	glorificaron a **Dios**, (V60, WH, N, ABMW, VHA, VM, NC, BC, BA); (lit..., al Señor, TR)
22:3	celoso de **Dios**,
14	El **Dios** de nuestros padres
23:1	he vivido delante de **Dios**,
3	¡**Dios** te golpeará a ti,...! (¡A ti te va a herir **Dios**, BC)
4	¿Al sumo sacerdote de **Dios** injurias?
24:14	así sirvo al **Dios** de mis padres
15	teniendo esperanza en **Dios**
16	sin ofensa ante **Dios**
26:6	la promesa que hizo **Dios**
8	que **Dios** resucite a los muertos? (lit., si **Dios**...)
18	de la potestad de Satanás a **Dios**;
20	y se convirtiesen a **Dios**,
22	habiendo obtenido auxilio de **Dios**,
29	¡Quisiera **Dios** que por poco o por mucho
27:23	ha estado conmigo el ángel del **Dios**
24	**Dios** te ha concedido todos los que navegan
25	yo confío en **Dios** que será así
35	dio gracias a **Dios**
28:6	dijeron que era un **dios**
15	Pablo dio gracias a **Dios** (...haciendo gracias..., BC)

Hch 28:23	les testificaba, el reino de Dios (lit., testificándoles...)
28	es enviada esta salvación de Dios;
31	predicando el reino de Dios
Ro 1:1	para el evangelio de Dios,
4	Hijo de Dios con poder,
7	amados de Dios, llamados a ser Gracia y paz...de Dios
8	doy gracias a mi Dios
9	testigo me es Dios,
10	por la voluntad de Dios,
16	es poder de Dios para salvación
17	la justicia de Dios se revela
18	la ira de Dios se revela
19	lo que de Dios se conoce. pues Dios se lo manifestó
21	habiendo conocido a Dios, no le glorificaron como a Dios,
23	cambiaron la gloria del Dios incorruptible
24	Dios los entregó a la inmundicia,
25	cambiaron la verdad de Dios
26	por esto Dios los entregó a pasiones
28	no aprobaron tener en cuenta a Dios, Dios los entregó a una mente
32	habiendo entendido el juicio de Dios, (lit.,...el justo requisito de Dios)
2:2	sabemos que el juicio de Dios
3	que tú escaparás del juicio de Dios?
4	su benignidad te guía al arrepentimiento? (la benignidad de Dios..., VHA)
5	de la revelación del justo juicio de Dios,
11	no hay acepción de personas para con Dios
13	los justos ante Dios, sino los hacedores
16	en el día en que Dios juzgará
17	te glorías en Dios,
23	deshonras a Dios?
24	el nombre de Dios es blasfemado
29	no viene de los hombres, sino de Dios.
3:2	les ha sido confiada la palabra de Dios. (...los oráculos de Dios, VHA)
3	habrá hecho nula la fidelidad de Dios?
4	sea Dios veraz,
5	hace resaltar la justicia de Dios ¿Será injusto Dios (¿ será acaso Dios injusto, VM)
6	¿cómo juzgaría Dios al mundo?
7	si...la verdad de Dios abundó
11	No hay quien busque a Dios
18	No hay temor de Dios
19	bajo el juicio de Dios. (responsable ante Dios, BA)
21	se ha manifestado la justicia de Dios,
22	la justicia de Dios por medio de la fe
23	están destituidos de la gloria de Dios,
25	a quien Dios puso como propiciación (26) a causa de haber pasado por alto, en su paciencia (...en la paciencia de Dios, VM)
29	¿Es Dios solamente Dios de los judíos?
30	Porque Dios es uno,
4:2	pero no para con Dios.
3	Creyó Abraham a Dios,
6	a quien Dios atribuye justicia
17	delante de Dios, a quien creyó,
20	Tampoco dudó,...de la promesa de Dios, dando gloria a Dios,
5:1	paz para con Dios
2	en la esperanza de la gloria de Dios
5	el amor de Dios ha sido derramado

Ro 5:8	Mas Dios muestra su amor para con nosotros,
10	fuimos reconciliados con Dios
11	nos gloriamos en Dios (lit., gloriándonos...)
15	la gracia y el don de Dios por la gracia
6:10	para Dios vive
11	vivos para Dios en Cristo Jesús
13	presentaos vosotros mismos a Dios y vuestros miembros a Dios
17	Pero gracias a Dios,
22	hechos siervos de Dios,
23	mas la dádiva de Dios es vida eterna
7:4	a fin de que llevemos fruto para Dios.
22	me deleito en la ley de Dios;
25	Gracia doy a Dios, por Jesucristo sirvo a la ley de Dios,
8:3	Dios, enviando a su Hijo
7	es enemistad contra Dios; no se sujeta a la ley de Dios
8	no pueden agradar a Dios
9	el Espíritu de Dios mora en vosotros
14	que son guiados por el Espíritu de Dios, son hijos de Dios.
16	somos hijos de Dios.
17	herederos de Dios
19	la manifestación de los hijos de Dios
21	a la libertad gloriosa de los hijos de Dios. (a la libertad de la gloria..., VHA)
27	conforme a la voluntad de Dios (según Dios, NC)
28	todas las cosas les ayudan a bien (TR, ABMW, VHA, VM, BA); (Dios hace concurrir todas las cosas para el bien, NC, |WH], [N], BC) a los que aman a Dios,
31	Si Dios es por nosotros,
33	¿Quién acusará a los escogidos de Dios? Dios es el que justifica
34	está a la diestra de Dios,
39	nos podrá separar del amor de Dios,
9:5	el cual es Dios sobre todas las cosas,
6	la palabra de Dios haya fallado;
8	son los hijos de Dios,
11	el propósito de Dios conforme a la elección
14	¿Que hay injusticia en Dios? (¿Hay acaso injusticia..., VM)
16	de Dios que tiene misericordia.
20	para que alterques con Dios?
22	si Dios, queriendo mostrar su ira
26	serán llamados hijos del Dios viviente.
10:1	mi oración a Dios
2	tienen celo de Dios,
3	ignorando la justicia de Dios, no se han sujetado a la justicia de Dios;
9	Dios le levantó de los muertos
17	por la palabra de Dios (TR, VM)
11:1	¿Ha desechado Dios a su pueblo? (¿Ha desechado acaso..., VHA)
2	No ha desechado Dios a su pueblo, invoca a Dios contra Israel,
8	Dios les dio espíritu de estupor,
21	Si Dios no perdonó a las ramas
22	Mira,...la severidad de Dios; la bondad para contigo (TR, NC); (para contigo, la bondad de Dios, VM, WH, N, ABMW, VHA, BC, BA)
23	pues poderoso es Dios
29	los dones y el llamamiento de Dios
30	erais desobedientes a Dios
32	Dios sujetó a todos en desobediencia,

θεός 2316

Ro	11:33	de la ciencia de Dios!
	12:1	por las misericordias de Dios,
		sacrificio...agradable a Dios
	2	la buena voluntad de Dios,
	3	conforme a la medida de fe que Dios
		repartió a cada uno (según haya repartido
		Dios a cada uno la medida de fe, VM)
	13:1	autoridad sino de parte de Dios,
		por Dios han sido establecidas.
	2	a lo establecido por Dios resiste; (a la
		ordenación de Dios..., VHA)
	4	es servidor de Dios para tu bien.
		pues es servidor de Dios,
	6	son servidores de Dios
	14:3	Dios le ha recibido.
	4	poderoso es el Señor (WH, N, ABMW, VHA,
		VM, NC, BC, BA); (lit.,...es Dios, TR)
	6	porque da gracias a Dios;
		y da gracias a Dios
	10	ante el tribunal de Cristo (TR, VM); (...de
		Dios, VHA, WH, N, ABMW, NC, BC, BA)
	11	toda lengua confesará a Dios.
	12	dará a Dios cuenta de sí
	17	el reino de Dios no es comida
	18	agrada a Dios, (es grato a Dios, BC)
	20	No destruyas la obra de Dios
	22	Tenla para contigo delante de Dios.
	15:5	el Dios de la paciencia
	6	unánimes,...glorifiquéis al Dios
	7	Cristo nos recibió, para gloria de Dios.
	8	para mostrar la verdad de Dios, (en pro
		de la verdad..., BA)
	9	para que los gentiles glorifiquen a Dios
	13	el Dios de esperanza os llene
	15	la gracia de Dios me es dada
	16	ministrando el evangelio de Dios,
	17	en lo que a Dios se refiere.
	19	en el poder del Espíritu de Dios (TR)
	30	orando por mí a Dios, (en vuestras
		oraciones a Dios, en mi favor, VM)
	32	por la voluntad de Dios
	33	el Dios de paz sea con todos vosotros.
	16:20	el Dios de paz aplastará
	26	según el mandamiento del Dios eterno,
	27	al único y sabio Dios,
1 Co	1:1	apóstol...por la voluntad de Dios,
	2	a la iglesia de Dios que está en Corinto
	3	Gracia y paz...de Dios
	4	Gracias doy a mi Dios (TR, ABMW, VM,
		BC, BA); (...a Dios, VHA, WH, N, NC)
		por la gracia de Dios que os fue dada
	9	Fiel es Dios,
	14	Doy gracias a Dios (TR, VM, NC, BC, BA)
	18	a nosotros, es poder de Dios,
	20	¿No ha enloquecido Dios la sabiduría
	21	ya que en la sabiduría de Dios,
		el mundo no conoció a Dios mediante
		agradó a Dios salvar a los creyentes
		(tuvo a bien Dios..., BC)
	24	Cristo poder de Dios, y sabiduría de Dios.
	25	lo insensato de Dios es más sabio
		y lo débil de Dios es más fuerte
	27	lo necio del mundo escogió Dios,
		lo débil del mundo escogió Dios,
	28	lo menospreciado escogió Dios,
	29	se jacte en su presencia (TR); (se gloríe
		delante de Dios, VHA, WH, N, ABMW,
		VM, NC, BC, BA)
	30	ha sido hecho por Dios sabiduría,

1 Co	2:1	el testimonio de Dios, (TR, N, VHA, VM,
		NC, BA); (el misterio de Dios, BC,
		WH, ABMW)
	5	sino en el poder de Dios.
	7	hablamos sabiduría de Dios en misterio
		la cual Dios predestinó
	9	las que Dios ha preparado
	10	Dios nos las reveló
		aun lo profundo de Dios
	11	nadie conoció las cosas de Dios,
		sino el Espíritu de Dios.
	12	hemos recibido...el Espíritu...de Dios
		lo que Dios nos ha concedido, (las cosas
		que nos han sido dadas gratuitamente
		por Dios, VM)
	14	las cosas que son del Espíritu de Dios,
	3:6	el crecimiento lo ha dado Dios
	7	sino Dios, que da el crecimiento
	9	nosotros somos colaboradores de Dios
		sois labranza de Dios, edificio de Dios
	10	la gracia de Dios que me ha sido dada,
	16	¿No sabéis que sois templo de Dios...?
		el Espíritu de Dios mora en vosotros?
	17	Si alguno destruyere el templo de Dios
		Dios le destruirá a él
		el templo de Dios...santo es
	19	es insensatez para con Dios
	23	y Cristo de Dios.
	4:1	administradores de los misterios de Dios
	5	cada uno recibirá su alabanza de Dios.
		(le vendrá a cada uno la alabanza de
		parte de Dios, VM)
	9	Dios nos ha exhibido a nosotros
	20	el reino de Dios no consiste en palabras,
		(no en palabra es el reino..., VM)
	5:13	Dios juzgará
	6:9	no heredarán el reino de Dios?
	10	heredarán el reino de Dios
	11	por el Espíritu de nuestro Dios
	13	a las otras destruirá Dios
	14	Dios, que levantó al Señor,
	19	el cual tenéis de Dios,
	20	glorificad, pues, a Dios en vuestro cuerpo
		los cuales son de Dios (TR, [VM], [BA])
	7:7	cada uno tiene su propio don de Dios
	15	a paz nos llamó Dios.
	17	como Dios llamó a cada uno
	19	el guardar los mandamientos de Dios.
	24	así permanezca para con Dios. (en él
		permanezca ante Dios, VHA)
	40	pienso que...yo tengo el Espíritu de Dios.
	8:3	si alguno ama a Dios,
	4	no hay más que un Dios. (lit., no hay otro
		Dios sino uno) (TR, VHA, VM, NC, BC,
		BA); lit., no hay ningún Dios sino uno
		solo, WH, N, ABMW)
	5	aunque haya algunos que se llamen dioses,
		(aunque haya algunos llamados dioses,
		VHA)
		como hay muchos dioses
	6	sólo hay un Dios, el Padre,
	8	no nos hace más aceptos ante Dios; (no nos
		recomendarán a Dios, VHA)
	9:9	¿Tiene Dios cuidado de los bueyes
		(A Dios no le preocupan los bueyes
		¿verdad? , BA)
	21	no estando yo sin ley de Dios,
	10:5	de ellos no se agradó Dios;
	13	pero fiel es Dios,

1 Co 10:20	a los demonios...y no **a Dios**;		2 Co 5:13	si estamos locos, es **para Dios**;
31	para la gloria **de Dios**		18	todo esto proviene **de Dios**, (todas las cosas son **de Dios**, VM)
32	ni a la iglesia **de Dios**;			
11:3	y **Dios** la cabeza de Cristo		19	que **Dios** estaba en Cristo reconciliando
7	él es imagen y gloria **de Dios**		20	como si **Dios** rogase por medio de nosotros Reconciliaos con **Dios**.
12	todo procede **de Dios** (todas las cosas son **de Dios**, VM)			
			21	justicia **de Dios** en él.
13	que la mujer ore a **Dios** sin cubrirse		6:1	a que no recibáis en vano la gracia **de Dios**.
16	ni las iglesias **de Dios**		4	como ministros **de Dios**,
22	¿O menospreciáis la iglesia **de Dios**		7	en poder **de Dios**,
12:3	por el Espíritu **de Dios**		16	el templo **de Dios** y los ídolos?
6	**Dios** que hace todas las cosas...es el mismo			sois el templo **del Dios** viviente, (TR, NC); (somos..., VHA, WH, N, ABMW, VM, BC, BA)
18	**Dios** ha colocado los miembros			
24	**Dios** ordenó el cuerpo,			
28	a unos puso **Dios** en la iglesia,			como **Dios** dijo:...seré su **Dios**,
14:2	no habla a los hombres, sino a **Dios**		7:1	en el temor **de Dios**.
18	gracias a **Dios** que hablo en lenguas		6	**Dios**,...nos consoló
25	adorará a **Dios**, **Dios** está entre vosotros.		9	habéis sido contristados según **Dios**,
			10	la tristeza que es según **Dios** produce
28	hable para sí mismo y para **Dios**		11	de que hayáis sido contristados según **Dios**,
33	**Dios** no es Dios de confusión,		12	nuestra solicitud...delante **de Dios**.
36	ha salido de vosotros la palabra **de Dios**,		8:1	la gracia **de Dios** que se ha dado
15:9	perseguí a la iglesia **de Dios**.		5	a nosotros por la voluntad **de Dios**;
10	por la gracia **de Dios** soy lo que soy la gracia **de Dios** conmigo.		16	gracias a **Dios** que puso en el corazón
			9:7	**Dios** ama al dador alegre.
15	falsos testigos **de Dios**; hemos testificado **de Dios**		8	poderoso es **Dios** para hacer que abunde
			11	acción de gracias a **Dios**.
24	cuando entregue el reino al **Dios**		12	en muchas acciones de gracias a **Dios**;
28	para que **Dios** sea todo en todos		13	pues...glorifican a **Dios** por la obediencia (lit., glorificando...)
34	no conocen a **Dios**; (lit., tienen ignorancia **de Dios**)			
			14	la...gracia **de Dios** en vosotros..!
38	**Dios** le da el cuerpo como él quiso		15	¡Gracias a **Dios** por su don...!
50	heredar el reino **de Dios**,		10:4	poderosas en **Dios** para la destrucción
57	gracias sean dadas a **Dios**, (gracias a **Dios**, VM)		5	contra el conocimiento **de Dios**,
			13	la regla que **Dios** nos ha dado por medida
2 Co 1:1	por la voluntad **de Dios**, a la iglesia **de Dios** que está en Corinto		11:2	os celo con celo **de Dios**;
			8	he predicado el evangelio **de Dios**
2	Gracia y paz...**de Dios**		11	**Dios** lo sabe.
3	Bendito sea el **Dios** y Padre **Dios** de toda consolación,		31	El **Dios** y Padre de nuestro Señor
			12:2	no lo sé; **Dios** lo sabe
4	somos consolados por **Dios**.		3	no lo sé; **Dios** lo sabe
9	en **Dios** que resucita a los muertos;		19	Delante **de Dios** en Cristo
12	con...sinceridad **de Dios**, con la gracia **de Dios**,		21	que...me humille **Dios** entre vosotros, (...mi **Dios**..., VHA)
18	como **Dios** es fiel,		13:4	vive por el poder **de Dios**.
19	Porque el Hijo **de Dios**, Jesucristo,			por el poder **de Dios** para con vosotros
20	todas las promesas **de Dios** son para la gloria **de Dios**.		7	oramos a **Dios** que ninguna
			11	el **Dios** de paz y de amor
21	el que nos ungió, es **Dios**,		14 (13)	el amor **de Dios**, y la comunión
23	yo invoco a **Dios** por testigo	Gá	1:1	por Jesucristo y por **Dios** el Padre
2:14	Mas a **Dios** gracias,		3	de **Dios** el Padre y de nuestro Señor
15	para **Dios** somos grato olor		4	conforme a la voluntad de nuestro **Dios**
17	falsificando la palabra **de Dios**, como de parte **de Dios**, y delante **de Dios**,		10	¿busco ahora el favor...**de Dios**?
			13	perseguía sobremanera a la iglesia **de Dios**,
3:3	con el Espíritu **del Dios** vivo;		15	cuando agradó a **Dios**, (TR, [WH], VM, BC)
4	mediante Cristo para con **Dios**;		20	he aquí delante **de Dios** que no miento
5	nuestra competencia proviene **de Dios**,		24	Y glorificaban a **Dios** en mí.
4:2	ni adulterando la palabra **de Dios**, recomendándonos...delante **de Dios**.		2:6	**Dios** no hace acepción de personas (lit.,...no acepta el rostro de hombre)
4	el **dios** de este siglo cegó el entendimiento el cual es la imagen **de Dios**.		19	a fin de vivir **para Dios**, (a fin de que viva..., VM)
6	**Dios**, que mandó que de las tinieblas la gloria **de Dios** en la faz		20	lo vivo en la fe del Hijo **de Dios**,
			21	No desecho la gracia **de Dios**;
7	la excelencia del poder sea **de Dios**.		3:6	Así Abraham creyó a **Dios**,
15	para gloria **de Dios**.		8	que **Dios** había de justificar por la fe
5:1	tenemos **de Dios** un edificio,		11	ninguno se justifica para con **Dios**,
5	el que nos hizo...es **Dios**,		17	previamente ratificado por **Dios**
11	a **Dios** le es manifiesto lo que somos; (a **Dios** somos manifiestos, VHA)		18	pero **Dios** la concedió a Abraham
			20	pero **Dios** es uno.

θεός 2316

Gá	3:21	es contraria a las promesas de Dios?
	26	sois hijos de Dios por la fe
	4:4	Dios envió a su Hijo,
	6	Dios envió a vuestros corazones
	7	heredero de Dios por medio de Cristo (TR, VM); (heredero por medio de Dios, BA, WH, N, ABMW, VHA, NC, BC)
	8	no conociendo a Dios, servíais a los que por naturaleza no son dioses
	9	mas ahora, conociendo a Dios, siendo conocidos por Dios,
	14	me recibisteis como a un ángel de Dios,
	5:21	no heredarán el reino de Dios.
	6:7	Dios no puede ser burlado:
	16	y al Israel de Dios.
Ef	1:1	por la voluntad de Dios,
	2	Gracia y paz...de Dios
	3	Bendito sea el Dios y Padre
	17	para que el Dios de nuestro Señor
	2:4	Pero Dios, que es rico en misericordia,
	8	pues es don de Dios;
	10	las cuales Dios preparó de antemano
	16	para...reconciliar con Dios a ambos
	19	y miembros de la familia de Dios,
	22	sois juntamente edificados para morada de Dios
	3:2	la administración de la gracia de Dios
	7	por el don de la gracia de Dios
	9	escondido desde los siglos en Dios,
	10	la multiforme sabiduría de Dios
	19	para que seáis llenos de toda la plenitud de Dios.
	4:6	un Dios y Padre de todos,
	13	del conocimiento del Hijo de Dios,
	18	ajenos de la vida de Dios
	24	creado según Dios en la justicia
	30	no contristéis al Espíritu Santo de Dios
	32	como Dios también os perdonó
	5:1	Sed,...imitadores de Dios
	2	sacrificio a Dios en olor feagante.
	5	herencia en el reino de Cristo y de Dios.
	6	viene la ira de Dios sobre los hijos
	20	dando siempre gracias por todo al Dios y
	21	en el temor de Dios (TR, VM)
	6:6	haciendo la voluntad de Dios;
	11	toda la armadura de Dios,
	13	tomad toda la armadura de Dios,
	17	que es la palabra de Dios;
	23	amor con fe, de Dios Padre
Fil	1:2	Gracia y paz...de Dios
	3	Doy gracias a mi Dios
	8	Dios me es testigo de cómo os amo
	11	para gloria y alabanza de Dios
	14	hablar la palabra sin temor (TR, ABMW, VM); (...la palabra de Dios.... VHA, WH, N, NC, BA)
	28	salvación; y esto de Dios
	2:6	no estimó el ser igual a Dios
	9	Dios también le exaltó hasta lo sumo,
	11	para gloria de Dios Padre.
	13	Dios es el que en vosotros produce
	15	hijos de Dios sin mancha
	27	Dios tuvo misericordia de él,
	3:3	los que en espíritu servimos a Dios (TR, VM); (los que servimos en el Espíritu de Dios, NC, WH, N, ABMW, VHA, BC, BA)
	9	la justicia que es de Dios
	14	al premio del supremo llamamiento de Dios

Fil	3:15	esto también os lo revelará Dios.
	19	cuyo dios es el vientre,
	4:6	delante de Dios en toda oración
	7	la paz de Dios, que sobrepasa
	9	el Dios de paz estará
	18	sacrificio acepto, agradable a Dios.
	19	Mi Dios, pues, suplirá
	20	Al Dios y Padre nuestro sea gloria
Col	1:1	apóstol...por la voluntad de Dios,
	2	Gracia y paz...de Dios nuestro
	3	damos gracias a Dios,
	6	conocisteis la gracia de Dios en verdad,
	10	en el conocimiento de Dios;
	15	la imagen del Dios invisible,
	25	según la administración de Dios la palabra de Dios,
	27	Dios quiso dar a conocer las riquezas
	2:2	el misterio de Dios el Padre, y de Cristo (TR); (...de Dios, que es Cristo, VHA, WH, N, ABMW, VM, NC, BC, BA)
	12	en el poder de Dios (en la operación de Dios, VHA)
	19	con el crecimiento que da Dios. (con crecimiento de Dios, VHA)
	3:1	sentado a la diestra de Dios.
	3	está escondida con Cristo en Dios.
	6	por las cuales la ira de Dios viene
	12	como escogidos de Dios,
	15	la paz de Dios gobierne (TR)
	16	cantando...al Señor (TR); (...a Dios, VHA, WH, N, ABMW, VM, NC, BC, BA)
	17	dando gracias a Dios Padre por medio de él.
	22	temiendo a Dios (TR)
	4:3	para que el Señor nos abra puerta (...Dios..., VHA)
	11	en el reino de Dios,
	12	en todo lo que Dios quiere. (en toda voluntad de Dios, VHA)
1 Ts	1:1	a la iglesia de los tesalonicenses en Dios de Dios nuestro Padre (TR, VM)
	2	Damos...gracias a Dios por todos vosotros
	3	delante del Dios y Padre nuestro
	4	hermanos amados de Dios,
	8	vuestra fe en Dios se ha extendido
	9	os convertisteis de los ídolos a Dios para servir al Dios vivo
	2:2	tuvimos denuedo en nuestro Dios para anunciaros el evangelio de Dios
	4	según fuimos aprobados por Dios para agradar...a Dios, (agradando...a Dios, BA)
	5	Dios es testigo;
	8	entregaros no sólo el evangelio de Dios,
	9	os predicamos el evangelio de Dios.
	10	sois testigos, y Dios también,
	12	que anduvieseis como es digno de Dios
	13	sin cesar damos gracias a Dios, cuando recibisteis la palabra de Dios que oísteis de nosotros (...la palabra del mensaje de Dios..., VHA)
	14	imitadores de las iglesias de Dios
	15	los cuales ...no agradan a Dios
	3:2	servidor de Dios y colaborador nuestro TR, VM); (ministro de Dios, VHA, WH, NC, BC); (colaborador de Dios, BA, N, ABMW)
	9	¿qué acción de gracias podremos dar a Dios delante de nuestro Dios,

| θεός 2316 | | 409 | 2316 θεός |

1 Ts	3:11	Mas el mismo Dios y Padre nuestro	2 Ti	2:9	la palabra de Dios no está presa
	13	en santidad delante de Dios		14	exhortándoles delante del Señor (TR, VHA
	4:1	agradar a Dios, así			VM); (protestando ante Dios, NC, WH,
	3	la voluntad de Dios es vuestra santificación			N, ABMW, BC, BA)
		(esto es voluntad de Dios: vuestra		15	Procura...presentarte a Dios aprobado,
		santificación, VHA)		19	el fundamento de Dios está firme,
	5	que no conocen a Dios		25	por si quizá Dios les conceda
	7	no nos ha llamado Dios a inmundicia,		3:17	que el hombre de Dios sea perfecto,
	8	desecha...a Dios,		4:1	Te encarezco delante de Dios
	14	así tambien traerá Dios	Tit	1:1	Pablo, siervo de Dios
	16	con trompeta de Dios, descenderá			de los escogidos de Dios
	5:9	no nos ha puesto Dios para ira,		2	la cual Dios, que no miente, prometió
	18	esta es la voluntad de Dios		3	me fue encomendada por mandato de Dios
	23	el mismo Dios de paz os santifique		4	Gracia,...y paz, de Dios
2 Ts	1:1	a la iglesia de los tesalonicenses en Dios		7	como administrador de Dios
	2	Gracia y paz...de Dios		16	Profesan conocer a Dios
	3	Debemos...dar gracias a Dios		2:5	para que la palabra de Dios
	4	en las iglesias de Dios, por vuestra paciencia		10	para que...adornen la doctrina de Dios
	5	del justo juicio de Dios,		11	la gracia de Dios se ha manifestado
		para que seáis tenidos por dignos del reino		13	de nuestro gran Dios y Salvador
		de Dios		3:4	se manifestó la bondad de Dios nuestro
	6	es justo delante de Dios pagar		8	para que los que creen en Dios procuren
	8	a los que no conocieron a Dios,	Flm	3	Gracia...de Dios nuestro Padre
	11	para que nuestro Dios os tenga por dignos		4	Doy gracias a mi Dios,
	12	por la gracia de nuestro Dios	He	1:1	Dios, habiendo hablado...a los padres
	2:4	contra todo lo que se llama Dios		6	(7) Adórenle todos los ángeles de Dios
		tanto que se sienta en el templo de Dios		8	Tu trono, oh Dios, por el siglo del siglo;
		como Dios, (TR, [BA])		9	Por lo cual te ungió Dios, el Dios tuyo
		haciéndose pasar por Dios. (ostentándose		2:4	testificando Dios juntamente con ellos,
		a sí mismo como quien es Dios, BC)		9	por la gracia de Dios gustase la muerte
	11	Dios les envía un poder engañoso,		13	yo y los hijos que Dios me dio.
	13	debemos dar siempre gracias a Dios		17	fiel...en lo que a Dios se refiere,
		de que Dios os haya escogido		3:4	el que hizo todas las cosas es Dios
	16	Dios nuestro Padre, el cual nos amó		12	para apartarse del Dios vivo
	3:5	vuestros corazones al amor de Dios,		4:4	Y reposó Dios de todas sus obras
1 Ti	1:1	apóstol...por mandato de Dios		9	un reposo para el pueblo de Dios.
	2	Gracia,...de Dios nuestro Padre		10	como Dios de las suyas.
	4	edificación de Dios		12	la palabra de Dios es viva y eficaz
	11	según el glorioso evangelio del Dios bendito		14	Jesús el Hijo de Dios, retengamos
		(...el evangelio de la gloria del	5:1	constituido...en lo que a Dios se refiere
		bienaventurado Dios, VHA)		4	sino el que es llamado por Dios,
	17	al único y sabio Dios		10	fue declarado por Dios sumo sacerdote
	2:3	agradable delante de Dios nuestro Salvador			(habiendo sido nombrado..., VM)
	5	Porque hay un solo Dios,		12	los primeros rudimentos de las palabras de
		un solo mediador entre Dios y los hombres,			Dios (lit., los elementos del principio
	3:5	¿cómo cuidará de la iglesia de Dios?			de los oráculos de Dios)
	15	cómo debes conducirte en la casa de Dios,	6:1	obras muertas, de la fe en Dios,
		que es la iglesia del Dios viviente,		3	si Dios en verdad lo permite,
	16	Dios fue manifestado en carne (TR)		5	que...gustaron de la buena palabra de Dios
	4:3	alimentos que Dios creó		7	crucificando...al Hijo de Dios
	4	todo lo que Dios creó es bueno,		7	recibe bendición de Dios
		(toda criatura de Dios, BC)		10	Dios no es injusto para olvidar
	5	por la palabra de Dios y por la oración		13	cuando Dios hizo la promesa a Abraham
	10	esperamos en el Dios viviente, (hemos		17	queriendo Dios mostrar
		puesto nuestra esperanza..., VHA)		18	es imposible que Dios mienta,
	5:4	esto es lo...agradable delante de Dios	7:1	sacerdote del Dios Altísimo,
	5	espera en Dios,		3	hecho semejante al Hijo de Dios,
	21	Te encarezco delante de Dios		19	por la cual nos acercamos a Dios,
	6:1	para que no sea blasfemado el nombre		25	los que por él se acercan a Dios,
		de Dios	8:10	Y seré a ellos por Dios,
	11	tú, oh hombre de Dios,	9:14	se ofreció a sí mismo sin mancha a Dios,
	13	Te mando delante de Dios,			para que sirvais al Dios
	17	sino en el Dios vivo,		20	la sangre del pacto que Dios os ha mandado
2 Ti	1:1	apóstol...por la voluntad de Dios,		24	para presentarse ahora por nosotros ante
	2	Gracia,...y paz, de Dios			Dios
	3	Doy gracias a Dios,	10:7	vengo, oh Dios, para hacer tu voluntad
	6	que avives el fuego del don de Dios		9	vengo, oh Dios, para hacer tu voluntad
	7	no nos ha dado Dios espíritu de cobardía			(TR, VM)
	8	por el evangelio según el poder de Dios,		12	se ha sentado a la diestra de Dios,

He	10:21	sobre la casa de **Dios**,	1 P	3:22	está a la diestra de **Dios**;
	29	el que pisoteare al Hijo de **Dios**,		4:2	sino conforme a la voluntad de **Dios**.
	31	¡Horrenda cosa es caer en manos del **Dios**		6	pero vivan en espíritu según **Dios**.
	36	habiendo hecho la voluntad de **Dios**		10	administradores de la multiforme gracia
	11:3	el universo por la palabra de **Dios**,			de **Dios**
	4	Abel ofreció a **Dios** más excelente sacrificio		11	hable conforme a las palabras de **Dios**;
		dando **Dios** testimonio de sus ofrendas			ministre conforme al poder que **Dios** da,
	5	porque lo traspuso **Dios**;			para que en todo sea **Dios** glorificado
		tuvo testimonio de haber agradado a **Dios**		14	el...Espíritu de **Dios** reposa sobre vosotros.
	6	que el que se acerca a **Dios**		16	sino glorifique a **Dios**
	10	cuyo arquitecto y constructor es **Dios**		17	el juicio comience por la casa de **Dios**;
	16	por lo cual **Dios** no se avergüenza de			que no obedecen al evangelio de **Dios**?
		llamarse **Dios** de ellos		19	los que padecen...la voluntad de **Dios**
	19	**Dios** es poderoso para levantar		5:2	Apacentad la grey de **Dios**
	25	ser maltratado con el pueblo de **Dios**			sino voluntariamente (TR, WH); (sino
	40	proveyendo **Dios** alguna cosa mejor			voluntariamente, según **Dios**, VHA, N,
	12:2	a la diestra del trono de **Dios**			ABMW, VM, NC, BC, BA)
	7	**Dios** os trata como a hijos		5	porque **Dios** resiste a los soberbios
	15	deje de alcanzar la gracia de **Dios**;		6	bajo la poderosa mano de **Dios**,
	22	a la ciudad del **Dios** vivo		10	Mas el **Dios** de toda gracia,
	23	a **Dios** el Juez de todos		12	éste es la verdadera gracia de **Dios**,
	28	mediante ella sirvamos a **Dios**	2 P	1:1	por la justicia de nuestro **Dios**
	29	nuestro **Dios** es fuego consumidor		2	en el conocimiento de **Dios**
	13:4	a los adúlteros los juzgará **Dios**.		17	cuando él recibió de **Dios** Padre
	7	os hablaron la palabra de **Dios**;		21	los santos hombres de **Dios** hablaron (TR,
	15	ofrezcamos siempre a **Dios**,			VM); (algunos hombres hablaron de
	16	de tales sacrificios se agrada **Dios**			parte de **Dios**, VHA, WH, N, ABMW, NC,
	20	el **Dios** de paz que resucitó			BC, BA)
Stg	1:1	Santiago, siervo de **Dios**		2:4	Porque si **Dios** no perdonó
	5	pídala a **Dios**, el cual da		3:5	por la palabra de **Dios** los cielos,
	13	es tentado de parte de **Dios**; (tentado soy		12	para la venida del día de **Dios**,
		por parte de **Dios**, VM)	1 Jn	1:5	**Dios** es luz,
		porque **Dios** no puede ser tentado		2:5	en éste verdaderamente el amor de **Dios**
	20	no obra la justicia de **Dios**.		14	la palabra de **Dios** permanece en vosotros,
	27	La religión pura....delante de **Dios**		17	el que hace la voluntad de **Dios** permanece
	2:5	¿No ha elegido **Dios** a los pobres		3:1	que seamos llamados hijos de **Dios**;
	19	Tú crees que **Dios** es uno;		2	ahora somos hijos de **Dios**,
	23	Abraham creyó a **Dios**,		8	Para esto apareció el Hijo de **Dios**,
		fue llamado amigo de **Dios**.		9	Todo aquel que es nacido de **Dios**,
	3:9	Con ella bendecimos al **Dios** (TR)			porque es nacido de **Dios**.
		que están hechos a la semejanza de **Dios**		10	En esto se manifiestan los hijos de **Dios**
	4:4	es enemistad contra **Dios**?			no es de **Dios**,
		se constituye enemigo de **Dios**.		17	¿cómo mora el amor de **Dios** en él?
	6	**Dios** resiste a los soberbios,		20	mayor que nuestro corazón es **Dios**,
	7	Someteos, pues, a **Dios**;		21	confianza tenemos en **Dios**;
	8	Acercaos a **Dios**,		4:1	probad los espíritus si son de **Dios**;
1 P	1:2	según la presciencia de **Dios**		2	En esto conoced el Espíritu de **Dios**:
	3	Bendito el **Dios** y Padre de nuestro Señor			Todo espíritu que confiesa...es de **Dios**,
	5	que sois guardados por el poder de **Dios**		3	no es de **Dios**,
	21	y mediante el cual creéis en **Dios**, (que por		4	vosotros sois de **Dios**,
		él sois creyentes en **Dios**, VHA)		6	Nosotros somos de **Dios**;
		que vuestra fe y esperanza sean en **Dios**.			el que conoce a **Dios**, nos oye;
	23	la palabra de **Dios** que vive y permanece			el que no es de **Dios**, no nos oye.
	2:4	mas para **Dios** escogida y preciosa,		7	porque el amor es de **Dios**
	5	sacrificios...aceptables a **Dios**			aquel que ama, es nacido de **Dios**,
	10	ahora sois pueblo de **Dios**;			y conoce a **Dios**.
	12	glorifiquen a **Dios** en el día		8	El que no ama, no ha conocido a **Dios**;
	15	esta es la voluntad de **Dios**; (así es..., VHA)			porque **Dios** es amor.
	16	sino como siervos de **Dios**.		9	En esto se mostró el amor de **Dios**
	17	Temed a **Dios**,			en que **Dios** envió a su Hijo
	19	a causa de la conciencia delante de **Dios**,		10	no en que nosotros hayamos amado a **Dios**
	20	esto...es aprobado delante de **Dios**.		11	Amados, si **Dios** nos ha amado así,
	3:4	es de grande estima delante de **Dios**.		12	Nadie ha visto jamás a **Dios**.
	5	santas mujeres que esperaban en **Dios**,			**Dios** permanece en nosotros
	15	sino santificad a **Dios** el Señor (TR)		15	que Jesús es el Hijo de **Dios**, (TR, N,
	17	si la voluntad de **Dios** así lo quiere,			ABMW, VHA, VM, NC, BC, BA); (lit.,
	18	para llevarnos a **Dios**,			que Jesucristo..., |WH|,)
	20	una vez esperaba la paciencia de **Dios**			**Dios** permanece en él, y él en **Dios**
	21	de una buena conciencia hacia **Dios**		16	hemos...creído el amor que **Dios** tiene

1 Jn	4:16	Dios es amor;	Ap	5:9	nos has redimido para Dios,
		permanece en Dios, y Dios en él.		10	nos has hecho para nuestro Dios
	20	Yo amo a Dios,		6:9	por causa de la palabra de Dios
		Dios a quien no ha visto?		7:2	y tenía el sello del Dios vivo; (Teniendo..., VM)
	21	El que ama a Dios, ame también a su			
	5:1	es nacido de Dios;		3	a los siervos de nuestro Dios.
	2	conocemos que amamos a los hijos de Dios cuando amamos a Dios		10	La salvación pertenece a nuestro Dios
				11	y adoraron a Dios,
	3	Pues este es el amor a Dios.		12	sean a nuestro Dios por los siglos
	4	lo que es nacido de Dios vence al mundo;		15	están delante del trono de Dios,
	5	el que cree que Jesús es el Hijo de Dios?		17	Dios enjugará toda lágrima
	9	mayor es el testimonio de Dios;		8:2	que estaban en pie ante Dios;
		este es el testimonio con que Dios ha testificado (éste es el testimonio de Dios, que él testificó, VHA) (TR, VM, NC); (éste es el testimonio de Dios por cuanto testificó, BC, WH, N, ABMW, BA)		4	subió a la presencia de Dios
				9:4	el sello de Dios en sus frentes.
				13	que estaban delante de Dios,
				10:7	el misterio de Dios se consumará
				11:1	mide el templo de Dios,
	10	El que cree en el Hijo de Dios el que no cree, a Dios le ha hecho mentiroso en el testimonio que Dios ha dado (...que Dios ha testificado, BC)		4	delante del Dios de la tierra (TR)
				11	el espíritu de vida enviado por Dios, (...venido de Dios, VM)
				13	dieron gloria al Dios, del cielo.
				16	sentados delante de Dios en sus tronos adoraron a Dios,
	11	Dios nos ha dado vida eterna;			
	12	el que no tiene al Hijo de Dios		17	Te damos gracias, Señor Dios
	13	que creéis en el nombre del Hijo de Dios. para que creáis en el nombre del Hijo de Dios, (TR)		19	el templo de Dios fue abierto en el cielo
				12:5	y su hijo fue arrebatado para Dios
				6	donde tiene lugar preparado por Dios,
	18	todo aquel que ha nacido de Dios, Aquel que fue engendrado por Dios le		10	y el reino de nuestro Dios, que los acusaba delante de nuestro Dios,
	19	Sabemos que somos de Dios,			
	20	sabemos que el Hijo de Dios ha venido Este es el verdadero Dios,		17	los que guardan los mandamientos de Dios
				13:6	abrió su boca en blasfemias contra Dios,
2 Jn	3	misericordia y paz, de Dios Padre		14:4	como primicias para Dios
	9	Cualquiera que se extravía,...no tiene a Dios		5	delante del trono de Dios. (TR)
3 Jn	6	como es digno de su servicio a Dios, (de una manera digna de Dios, VHA)		7	Temed a Dios, y dadle gloria,
				10	del vino de la ira de Dios,
	11	El que hace lo bueno es de Dios; el que hace lo malo, no ha visto a Dios.		12	los que guardan los mandamientos de Dios
				19	el gran lagar de la ira de Dios.
Jud	1	a los llamados, santificados en Dios Padre		15:1	porque en ellas se consumaba la ira de Dios
	4	en libertinaje la gracia de nuestro Dios, y niegan a Dios el único soberano, (TR) (lit., negando...)		2	con las arpas de Dios. (Teniendo..., VM)
				3	el cántico de Moisés siervo de Dios Señor Dios Todopoderoso;
	21	conservaos en el amor de Dios,		7	llenas de la ira de Dios,
	25	al único y sabio Dios, (TR); (al único Dios, VHA, WH, N, ABMW, VM, NC, BC, BA)		8	se llenó de humo por la gloria de Dios,
				16:1	las siete copas de la ira de Dios.
Ap	1:1	La revelación...que Dios le dio,		7	Ciertamente, Señor Dios Todopoderoso,
	2	ha dado testimonio de la palabra de Dios		9	blasfemaron el nombre de Dios,
	6	nos hizo...sacerdotes para Dios		11	blasfemaron contra el Dios del cielo
	8	dice el Señor (TR); (dice el Señor Dios, VHA, WH, N, ABMW, VM, NC, BC, BA)		14	aquel gran día del Dios Todopoderoso
				19	vino en memoria delante de Dios,
	9	por causa de la palabra de Dios		21	blasfemaron contra Dios
	2:7	está en medio del paraíso de Dios		17:17	Dios ha puesto en sus corazones hasta que se cumplan las palabras de Dios
	18	El Hijo de Dios, el que tiene ojos			
	3:1	El que tiene los siete espíritus de Dios		18:5	Dios se ha acordado de sus maldades.
	2	obras perfectas delante de Dios, (TR, VHA); (...mi Dios, VM, WH, N, ABMW, NC, BC, BA)		8	poderoso es Dios el Señor, que la juzga
				20	Dios os ha hecho justicia (lit.,...juzgó vuestra justicia en ella)
	12	yo lo haré columna en el templo de mi Dios escribiré sobre él el nombre de mi Dios, y el nombre de la ciudad de mi Dios la cual desciende...de mi Dios		19:1	poder son del Señor Dios nuestro;
				4	se postraron en tierra y adoraron a Dios,
				5	Alabad a nuestro Dios todos sus siervos,
				6	el Señor nuestro Dios Todopoderoso reina!
	14	el principio de la creación de Dios,		9	son palabras verdaderas de Dios.
	4:5	las cuales son los siete espíritus de Dios.		10	Adora a Dios;
	8	santo es el Señor Dios Todopoderoso,		13	EL VERBO DE DIOS.
	11	Señor, digno eres (TR); (Digno eres ioh Señor y Dios nuestro! , VHA, WH, N, ABMW, VM, NC, BC, BA)		15	de la ira del Dios Todopoderoso.
				17	a la gran cena de Dios,
				20:4	de los decapitados...por la palabra de Dios
	5:6	los cuales son los siete espíritus de Dios		6	serán sacerdotes de Dios y de Cristo,
				9	de Dios descendió fuego del cielo, (TR)
				12	de pie ante Dios; (TR)

Ap	21:2	descender del cielo, de **Dios**,	Mr	3:10	Porque había **sanado** a muchos;
	3	He aquí el tabernáculo de **Dios**		15	**para sanar** enfermedades (TR, VM)
		y **Dios** mismo estará con ellos		6:5	salvo que **sanó** a unos pocos enfermos
		como su **Dios** (TR, ABMW, VM, BC)		13	ungían...a muchos enfermos, y los **sanaban**
	4	Enjugará **Dios** toda lágrima (TR)	Lc	4:23	Médico, **cúrate** a ti mismo;
	7	yo seré su **Dios**,		40	poniendo las manos...los **sanaba**.
	10	que descendía del cielo, de **Dios**,		5:15	para que les **sanase** (para ser **sanados**, VM)
	11	teniendo la gloria de **Dios**.		6:7	para ver si en el día de reposo lo **sanaría**
	22	el Señor **Dios** Todopoderoso es el Templo		18	eran **sanados**.
	23	la gloria de **Dios** ilumina,		7:21	**sanó** a muchos de enfermedades
	22:1	que salía del trono de **Dios**		8:2	algunas mujeres que habían sido **sanadas**
	3	el trono de **Dios** y del Cordero estará		43	por ninguno había podido **ser curada**,
	5	porque **Dios** el Señor los iluminará;		9:1	les dio poder...**para sanar** enfermedades.
	6	el **Dios** de los espíritus de los profetas, (V60, WH, N, ABMW, VHA, VM, NC, BC, BA); (lit., el **Dios** de los santos profetas, TR)		6	**sanando** por todas partes.
				10:9	**sanad** a los enfermos que en ella haya,
				13:14	enojado de que Jesús **hubiese sanado**
					venid y **sed sanados**, (lit., viniendo...)
	9	Adora a **Dios**.		14:3	¿Es lícito **sanar** en el día de reposo?
	18	**Dios** traerá sobre él las plagas	Jn	5:10	dijeron a aquel **que había sido sanado**:
	19	**Dios** quitará su parte	Hch	4:14	viendo al hombre **que había sido sanado**,
				5:16	todos **eran sanados**.
2317		θεοσέβεια — theosébeia		8:7	muchos paralíticos y cojos **eran sanados**;
1 Ti	2:10	mujeres que profesan **piedad**		17:25	ni **es honrado** por manos de hombres, (ni **es servido**..., VHA)
2318		θεοσεβής — theosebés		28:9	venían, y **eran sanados**;
Jn	9:31	pero si alguno es **temeroso de Dios**,	Ap	13:3	su herida mortal **fue sanada**; (su herida de muerte..., BC)
2319		θεοστυγής* — theostugés (theostugués)		12	cuya herida mortal **fue sanada**. (cuya herida de muerte..., BC)
Ro	1:30	**aborrecedores de Dios**, injuriosos			
2320		θεότης* — theótes	**2324**		θεράπων — therápon
Col	2:9	toda la plenitud de la **Deidad**,	He	3:5	Moisés...fue fiel...como **siervo**
2321		Θεόφιλος — Theófilos	**2325**		θερίζω — therízo (therídzo)
Lc	1:3	escribírtelas por orden, oh.... **Teófilo**,	Mt	6:26	no siembran, ni **siegan**,
Hch	1:1	En el primer tratado, oh **Teófilo**,		25:24	**que siegas** donde no sembraste
				26	sabías que **siego** donde no sembré,
2322		θεραπεία — therapéia	Lc	12:24	que ni siembran, ni **siegan**;
Mt	24:45	puso su señor sobre su **casa** (... sobre su familia, VM) (TR)		19:21	**siegas** lo que no sembraste
				22	Sabías...**que siego** lo que no sembré;
Lc	9:11	sanaba a los que necesitaban ser curados, (...a los que tenían necesidad **de curación**, VHA)	Jn	4:36	el que siega recibe salario, para que el que siembra goce juntamente con el **que siega**. (a fin de que el sembrador y el **segador** se regocijen a una, VHA)
	12:42	pondrá sobre su **casa**			
Ap	22:2	eran para la **sanidad** de las naciones.		37	otro es el **que siega**.
				38	Yo os he enviado **a segar**
2323		θεραπεύω — therapéuo	1 Co	9:11	si **segáremos** de vosotros lo material (lit.,...vuestras cosas carnales)
Mt	4:23	predicando...y **sanando** toda enfermedad			
	24	le trajeron todos...y los **sanó**.	2 Co	9:6	también **segará** escasamente generosamente también **segará**.
	8:7	Yo iré y le **sanaré**. (lit., Yendo yo, le **sanaré**)			
	16	**sanó** a todos los enfermos;	Gá	6:7	lo que el hombre sembrare, eso también **segará**.
	9:35	predicando...y **sanando** toda enfermedad			
	10:1	para **sanar** toda enfermedad		8	de la carne **segará** corrupción; del Espíritu **segará** vida eterna.
	8	**Sanad** enfermos, limpiad leprosos			
	12:10	¿Es lícito **sanar** en el día de reposo?		9	porque a su tiempo **segaremos**,
	15	**sanaba** a todos,	Stg	5:4	los clamores de los **que habían segado**
	22	fue traído a él...y le **sanó**,	Ap	14:15	mete tu hoz, y **siega** la hora **de segar** ha llegado
	14:14	**sanó** a los que de ellos estaban enfermos. (...a sus enfermos, VHA)			
				16	la tierra **fue segada**.
	15:30	a los pies de Jesús, y los **sanó**;	**2326**		θερισμός — therismós
	17:16	pero no le han podido **sanar**.	Mt	9:37	A la verdad la **mies** es mucha,
	18	quedó sano desde aquella hora.		38	Rogad, pues, al Señor de la **mies**. que envíe obreros a su **mies**.
	19:2	los **sanó** allí			
	21:14	vinieron a él...y los **sanó**.		13:30	Dejad crecer...hasta la **siega**; al tiempo de la **siega** yo diré
Mr	1:34	**sanó** a muchos que estaban enfermos			
	3:2	si en el día de reposo le **sanaría**		39	la **siega** es el fin del siglo;

θεριστής 2327

Mr	4:29	porque la **siega** ha llegado
Lc	10:2	La **mies** a la verdad es mucha,
		rogad al Señor de la **mies**
		que envíe obreros a su **mies**.
Jn	4:35	para que llegue la **siega**? (viene la **siega**, VM)
		están blancos para **la siega**.
Ap	14:15	la **mies** de la tierra está madura.

2327 θεριστής** — theristés

Mt	13:30	yo diré a los **segadores**:
	39	los **segadores** son ángeles.

2328 θερμαίνω — thermáino

Mr	14:54	**calentándose** al fuego.
	67	cuando vio a Pedro **que se calentaba**
Jn	18:18	porque hacía frío, y **se calentaban**;
		con ellos estaba Pedro en pie, **calentándose**.
	25	Pedro en pie, **calentándose**.
Stg	2:16	Id en paz, **calentaos** y saciaos,

2329 θέρμη — thérme

Hch	28:3	una víbora, huyendo del **calor**,

2330 θέρος — théros

Mt	24:32	sabéis que el **verano** está cerca.
Mr	13:28	sabéis que el **verano** está cerca.
Lc	21:30	sabéis...que el **verano** está ya cerca.

2331 Θεσσαλονικεύς — Thessalonikéus

Hch	20:4	Aristarco y Segundo **de Tesalónica**,
		(**de los Tesalonicenses**...,VM)
	27:2	Aristarco, macedonio **de Tesalónica**.
		(lit.,...**Tesalonicense**)
1 Ts	1:1	a la iglesia **de los tesalonicenses**
2 Ts	1:1	a la iglesia **de los tesalonicenses**

2332 Θεσσαλονίκη — Thessaloníke

Hch	17:1	llegaron a **Tesalónica**,
	11	eran más nobles que los que estaban en **Tesalónica**,
	13	Cuando los judíos de **Tesalónica**
Fil	4:16	pues aun a **Tesalónica** me enviasteis
2 Ti	4:10	Demas...se ha ido a **Tesalónica**.

2333 Θευδᾶς — Theudás

Hch	5:36	se levantó **Teudas**, diciendo

2334 θεωρέω — theoréo

Mt	27:55	muchas mujeres **mirando** de lejos,
	28:1	vinieron...**a ver** el sepulcro.
Mr	3:11	los espíritus inmundos, al **verle**, (...cuando le **veían**, VHA)
	5:15	ven al que había sido atormentado del demonio
	38	vio el alboroto y a los que lloraban
	12:41	**miraba** cómo el pueblo echaba dinero
	15:40	había algunas mujeres **mirando** de lejos,
	47	**miraban** dónde lo ponían.
	16:4	**vieron** removida la piedra, (...que la piedra había ya sido removida, VM)
Lc	10:18	Yo **veía** a Satanás caer del cielo
	14:29	los **que** lo **vean** comiencen a hacer burla
	21:6	estas cosas que **veis**, días vendrán
	23:35	el pueblo estaba **mirando**
	48	**viendo** lo que había acontecido, (...las cosas que habían acaecido, BC)
Lc	24:37	pensaban **que veían** espíritu
	39	como **veis** que yo tengo
Jn	2:23	**viendo** las señales que hacía
	4:19	me parece que tú eres profeta (veo que tú..., VHA)
	6:2	**veían** las señales que hacía (WH, ABMW)
	19	**vieron** a Jesús que andaba sobre el mar
	40	todo aquel **que ve** al Hijo
	62	si **viereis** al Hijo del Hombre subir
	7:3	tus discípulos **vean** las obras que haces.
	8:51	el que guarda mi palabra, nunca **verá** muerte
	9:8	los que antes le **habían visto**
	10:12	**ve** venir al lobo y deja las ovejas
	12:19	Ya **veis** que no conseguís nada.
	45	el **que me ve**, **ve** al que me envió.
	14:17	no le **ve**, ni le conoce;
	19	y el mundo no me **verá** más; pero vosotros me **veréis**;
	16:10	no me **veréis** más;
	16	no me **veréis**; (TR) (no me **veréis** más, VHA, WH, N, ABMW, VM, NC, BC, BA)
	17	Todavía un poco y no me **veréis**;
	19	Todavía un poco y no me **veréis**,
	17:24	para que **vean** mi gloria
	20:6	**vio** los lienzos puestos allí,
	12	**vio** a dos ángeles con vestiduras blancas,
	14	**vio** a Jesús que estaba allí;
Hch	3:16	a éste, que vosotros **veis** y conocéis,
	4:13	**viendo** el denuedo de Pedro
	7:56	He aquí, **veo** los cielos abiertos,
	8:13	**viendo** las señales y grandes milagros
	9:7	sin **ver** a nadie. (no **viendo** a nadie, VM)
	10:11	**vio** el cielo abierto,
	17:16	se enardecía **viendo** la ciudad
	22	en todo **observo** que sois muy religiosos;
	19:26	**veis** y oís que este Pablo,
	20:38	de que no verían más su rostro (que ya no habían de contemplar...,BC)
	21:20	Ya **ves**, hermano cuántos millares
	25:24	aquí tenéis a este hombre (**veis** a este hombre, VM)
	27:10	**veo** que la navegación va a ser con perjuicio
	28:6	**viendo** que ningún mal le venía
He	7:4	**Considerad**, pues, cuán grande era éste
1 Jn	3:17	**ve** a su hermano tener necesidad,
Ap	11:11	cayó gran temor sobre los **que** los **vieron**.
	12	sus enemigos los **vieron**.

2335 θεωρία — theoría

Lc	23:48	de los que estaban presentes en este **espectáculo**,

2336 θήκη — théke

Jn	18:11	Mete tu espada en la **vaina**;

2337 θηλάζω — theládzo (theládzo)

Mt	21:16	De la boca de los niños y de los **que maman**
	24:19	iay...de las **que críen** en aquellos días!
Mr	13:17	iay...de las **que críen** en aquellos días!
Lc	11:27	Bienaventurado...los senos que **mamaste**.
	21:23	iay de las **que críen** en aquellos días!
	23:29	los pechos que no **criaron**. (TR)

2338 θῆλυς — thélus

Mt	19:4	varón y **hembra** los hizo,
Mr	10:6	varón y **hembra** los hizo
Ro	1:26	pues aun sus **mujeres** cambiaron el uso
	27	dejando el uso natural de la **mujer**

Gá	3:28	no hay varón ni **mujer**;

2339 θήρα – théra
Ro 11:9 Sea vuelto su convite...en **red**, (Su mesa les sea hecha..., VM)

2340 θηρεύω – theréuo
Lc 11:54 procurando **cazar** (TR, VHA, VM); (para coger, BC, WH, N, ABMW, NC, BA)

2341 θηριομαχέω* – theriomacéo (theriomajéo)
1 Co 15:32 Si como hombre **batallé** en Efeso contra **fieras**,

2342 θηρίον – theríon
Mr 1:13 estaba con las **fieras**;
Hch 10:12 los cuadrúpedos terrestres y reptiles (V60, WH, N, ABMW, VHA, VM, NC, BA); (lit., los cuadrúpedos de la tierra y las **fieras**, y los reptiles, TR)
     11:6 vi...y **fieras**, y reptiles
     28:4 Cuando los naturales vieron la **víbora** (...el **animal**, VHA)
     5 sacudiendo la **víbora** en el fuego, (...el **animal**..., VHA)
Tit 1:12 Los cretenses,...malas **bestias**,
He 12:20 Si aun una **bestia** tocare el monte,
Stg 3:7 toda naturaleza de **bestias**,...se doma
Ap 6:8 para matar...con las **fieras** de la tierra.
     11:7 la **bestia** que sube del abismo
     13:1 vi subir del mar una **bestia**
     2 la **bestia** que vi era semejante
     3 se maravilló toda la tierra en pos de la **bestia**
     4 había dado autoridad a la **bestia**, adoraron a la **bestia** ¿Quién como la **bestia**
     11 Después vi otra **bestia** que subía
     12 ejerce toda la autoridad de la primera **bestia** hace que...adoren a la primera **bestia**,
     14 hacer en presencia de la **bestia**, que le hagan imagen a la **bestia**
     15 infundir aliento a la imagen de la **bestia**, para que la imagen hablase (...la imagen de la **bestia**..., VM) todo el que no la adorase (a cuantos no adorasen la imagen de la **bestia**, VHA)
     17 sino el que tuviese...el nombre de la **bestia**,
     18 cuente el número de la **bestia**,
     14:9 Si alguno adora a la **bestia**
     11 los que adoran a la **bestia**
     15:2 los que habían alcanzado la victoria sobre la **bestia**
     16:2 que tenían la marca de la **bestia**,
     10 derramó su copa sobre el trono de la **bestia**
     13 vi salir...de la boca de la **bestia**,
     17:3 una mujer sentada sobre una **bestia** escarlata
     7 te diré el misterio...de la **bestia**
     8 La **bestia** que has visto, era, viendo la **bestia** que era
     11 La **bestia** que era, y no es,
     12 como reyes juntamente con la **bestia**.
     13 entregarán...su autoridad a la **bestia**
     16 los diez cuernos que viste en la **bestia**, (TR); (...la **bestia**, VHA, WH, N, ABMW, VM, NC, BC, BA)
     17 dar su reino a la **bestia**,
     19:19 vi a la **bestia**, a los reyes de la tierra

Ap 19:20 la **bestia** fue apresada, a los que recibieron la marca de la **bestia**,
     20:4 los que no habían adorado a la **bestia**
     10 donde estaban la **bestia** y el falso profeta

2343 θησαυρίζω – thesaurízo (thesaurídzo)
Mt 6:19 No os **hagáis** tesoros en la tierra, (No **acumuléis**..., VHA)
     20 **haceos** tesoros en el cielo, (**acumulad**..., VHA)
Lc 12:21 Así es el que **hace** para sí **tesoro**, (...el que atesora..., VHA)
Ro 2:5 **atesoras** para ti mismo ira
1 Co 16:2 ponga aparte algo,...**guardándolo**
2 Co 12:14 no deben **atesorar** los hijos para los padres,
Stg 5:3 Habéis **acumulado tesoros** para los días
2 P 3:7 están **reservados** por la misma palabra

2344 θησαυρός – thesaurós
Mt 2:11 lo adoraron; y abriendo sus **tesoros**,
     6:19 **tesoros** en la tierra
     20 **tesoros** en el cielo,
     21 donde esté vuestro **tesoro**
     12:35 del buen **tesoro**...saca buenas cosas del mal **tesoro** saca malas cosas.
     13:44 es semejante a un **tesoro** escondido
     52 que saca de su **tesoro** cosas nuevas
     19:21 tendrás **tesoro** en el cielo;
Mr 10:21 tendrás **tesoro** en el cielo;
Lc 6:45 del buen **tesoro** de su corazón saca del mal **tesoro** de su corazón saca (TR, VM)
     12:33 haceos...**tesoro** en los cielos
     34 donde está vuestro **tesoro**,
     18:22 tendrás **tesoro** en el cielo;
2 Co 4:7 tenemos este **tesoro** en vasos de barro
Col 2:3 en quien están escondidos todos los **tesoros**
He 11:26 que los **tesoros** de los egipcios;

2345 θιγγάνω – thiggáno (thingáno)
Col 2:21 No manejes, ni gustes, ni aun **toques**
He 11:28 para que...no los **tocase** a ellos.
     12:20 Si aun una bestia **tocare** el monte,

2346 θλίβω – thlíbo
Mt 7:14 **angosto** el camino que lleva a la vida
Mr 3:9 para que no le **oprimiesen**.
2 Co 1:6 Pero si **somos atribulados**,
     4:8 estamos **atribulados** en todo, (En todo **atribulados**, BC)
     7:5 en todo fuimos **atribulados** (en todo **atribulados**, BC)
1 Ts 3:4 que íbamos a **pasar tribulaciones**,
2 Ts 1:6 pagar con tribulación a los **que** os **atribulan**
     7 a vosotros **que sois atribulados**,
1 Ti 5:10 si ha socorrido a los **afligidos**
He 11:37 pobres, angustiados, maltratados

2347 θλίψις – thlípsis
Mt 13:21 pues al venir la **aflicción**
     24:9 os entregarán a **tribulación**,
     21 habrá entonces gran **tribulación**
     29 después de la **tribulación** de aquellos días
Mr 4:17 cuando viene la **tribulación**
     13:19 aquellos días serán de **tribulación**
     24 después de aquella **tribulación**, el sol
Jn 16:21 ya no se acuerda de la **angustia**,

θνῄσκω 2348   415   2359 θρίξ

Jn	16:33	En el mundo tendréis **aflicción**;
Hch	7:10	le libró de todas sus **tribulaciones**,
	11	Vino entonces...grande **tribulación**;
	11:19	esparcidos a causa de la **persecución** (...**tribulación**, VHA)
	14:22	que a través de muchas **tribulaciones**
	20:23	diciendo que me esperan...**tribulaciones**
Ro	2:9	**tribulación** y angustia sobre todo ser
	5:3	nos gloriamos en las **tribulaciones**, la **tribulación** produce paciencia
	8:35	¿**Tribulación**, o angustia, o persecución
	12:12	sufridos en la **tribulación**;
1 Co	7:28	pero los tales tendrán **aflicción** de la carne,
2 Co	1:4	el cual nos consuela en todas nuestras **tribulaciones**, (en...toda nuestra **tribulación**, VHA) a los que están en cualquier **tribulación**,
	8	acerca de nuestra **tribulación**
	2:4	por la mucha **tribulación** y angustia
	4:17	esta leve **tribulación** momentánea produce (eso momentáneo, ligero, de nuestra **tribulación** nos produce, BC)
	6:4	en **tribulaciones**, en necesidades,
	7:4	en todas nuestras **tribulaciones**. (en toda nuestra **tribulación**, VHA)
	8:2	que en grande prueba de **tribulación**
	13	y para vosotros **estrechez**,
Ef	3:13	no desmayéis a causa de mis **tribulaciones**
Fil	1:16	(17) pensando añadir **aflicción** (TR); (pensando sucitarme **tribulación**, VHA, WH, N, ABMW, VM, NC, BC, BA)
	4:14	en participar conmigo en mi **tribulación**,
Col	1:24	lo que falta de las **aflicciones** de Cristo
1 Ts	1:6	en medio de gran **tribulación**,
	3:3	nadie se inquiete por estas **tribulaciones**;
	7	en medio de toda nuestra necesidad y **aflicción**
2 Ts	1:4	en todas vuestras persecuciones y **tribulaciones**
	6	pagar con **tribulación** a los que os atribulan,
He	10:33	con...**tribulaciones** fuisteis hechos espectáculo
Stg	1:27	a las viudas en sus **tribulaciones**, (...su **tribulación**, VHA)
Ap	1:9	copartícipe vuestro en la **tribulación**
	2:9	conozco...tu **tribulación**
	10	tendréis **tribulación** por diez días. (TR, N, ABMW, VHA, VM, NC, BC, BA); (lit., para que...tengáis..., WH)
	22	yo la arrojo en cama, y en gran **tribulación**
	7:14	Estos son los que han salido de la gran **tribulación**,

2348   θνῄσκω — thnésko

Mt	2:20	porque **han muerto** los que procuraban
Mr	15:44	se sorprendió de que ya **hubiese muerto**;
Lc	7:12	llovaban a enterrar a **un difunto**, (lit., un **difunto** estaba siendo sacado)
	8:49	Tu hija **ha muerto**;
Jn	11:21	mi hermano no **habría muerto** (TR)
	39	la hermana del **que había muerto** (TR)
	41	de donde había sido puesto el **muerto** (TR, VM)
	44	Y el que había **muerto** salió,
	12:1	Lázaro, el que había estado **muerto** (TR)
	19:33	como le vieron ya **muerto**,
Hch	14:19	pensando **que estaba muerto**.
	25:19	y de un cierto Jesús, ya **muerto**,
1 Ti	5:6	viviendo **está muerta**.

2349   θνητός — thnetós

Ro	6:12	el pecado en vuestro cuerpo **mortal**,
	8:11	vivificará también vuestros cuerpos **mortales**
1 Co	15:53	esto **mortal** se vista de inmortalidad.
	54	esto **mortal** se haya vestido de inmortalidad
2 Co	4:11	se manifieste en nuestra carne **mortal**.
	5:4	para que lo **mortal** sea absorbido

5182   θορυβάζω*† — thorubázo (thorubádzo)

Lc	10:41	Marta, afanada y **turbada** estás (WH, N, ABMW)

2350   θορυβέω — thorubéo

Mt	9:23	la gente **que hacía alboroto**,
Mr	5:39	¿Por qué **alborotáis** y lloráis?
Hch	17:5	**alborotaron** la ciudad;
	20:10	No **os alarméis**, pues está vivo.

2351   θόρυβος — thórubos

Mt	26:5	para que no se haga **alboroto**
	27:24	sino que se hacía más **alboroto**,
Mr	5:38	vio el **alboroto** y a los que lloraban
	14:2	para que no se haga **alboroto** del pueblo
Hch	20:1	Después que cesó el **alboroto**,
	21:34	como no podía entender nada de cierto a causa del **alboroto**,
	24:18	no con multitud ni con **alboroto**,

2352   θραύω — thráuo

Lc	4:18	A poner en libertad **a los oprimidos** (para enviar con libertad..., BC)

2353   θρέμμα* — thrémma

Jn	4:12	él, sus hijos y sus **ganados**?

2354   θρηνέω — threnéo

Mt	11:17	**os endechamos**, y no lamentasteis.
Lc	7:32	**os endechamos**, y no llorasteis
	23:27	hacían **lamentación** por él.
Jn	16:20	vosotros lloraréis y **lamentaréis**,

2355   θρῆνος — thrénos

Mt	2:18	**lamentación**, lloro y gemido (TR)

2356   θρησκεία** — threskéia

Hch	26:5	la más rigurosa secta de nuestra **religión**,
Col	2:18	afectando humildad y **culto** a los ángeles (deleitándose en humildad y **culto**.., VHA)
Stg	1:26	la **religión** del tal es vana,
	27	La **religión** pura y sin mácula

2357   θρησκός*† — threskós

Stg	1:26	Si alguno se cree **religioso** entre vosotros

2358   θριαμβεύω*† — thriambéuo

2 Co	2:14	el cual nos **lleva siempre en triunfo**
Col	2:15	**triunfando** sobre ellos en la cruz. (...sobre ellos por medio de El, BA)

2359   θρίξ — thríx

Mt	3:4	estaba vestido de **pelo** de camello, (tenía su vestido de **pelos**..., VM)
	5:36	no puedes hacer...un solo **cabello**

θροέω 2360

Mt	10:30	vuestros **cabellos** están todos contados.
		(los **cabellos** de vuestra cabeza..., VHA)
Mr	1:6	estaba vestido **de pelo** de camello,
		(...**de pelos**..., VM)
Lc	7:38	los enjugaba con sus **cabellos**; (...con los
		cabellos de su cabeza, VM)
	44	los ha enjugado con sus **cabellos**.
	12:7	aun los **cabellos** de vuestra cabeza
	21:18	ni un **cabello** de vuestra cabeza perecerá.
Jn	11:2	le enjugó los pies con sus **cabellos**.
	12:3	los enjugó con sus **cabellos**; (lit., enjugó sus pies con...)
Hch	27:34	ni aun un **cabello** de la cabeza de ninguno
1 P	3:3	el externo de peinados ostentosos (el exterior del rizado **de los cabellos**, NC)
Ap	1:14	sus **cabellos** eran blancos
	9:8	tenían **cabello** como **cabello** de mujer; (...**cabellos** como **cabellos** de mujeres, VHA)

2360	θροέω – throéo
Mt 24:6	mirad que no **os turbéis**
Mr 13:7	no **os turbéis**,
2 Ts 2:1	(2) os rogamos...que no...**os conturbéis**

2361	θρόμβος* – thrómbos
Lc 22:44	su sudor como **grandes gotas** de sangre (TR, [WH], [N], VHA, VM, NC, BC, BA)

2362	θρόνος – thrónos
Mt	5:34 porque es el **trono** de Dios;
	19:28 se siente en el **trono** de su gloria,
	os sentaréis sobre doce **tronos**
	23:22 jura por el **trono** de Dios,
	25:31 entonces se sentará en su **trono** de gloria,
Lc	1:32 Dios le dará el **trono** de David
	52 Quitó de los **tronos** a los poderosos,
	22:30 os sentéis en **tronos** juzgando
Hch	2:30 para que se sentase en su **trono**,
	7:49 El cielo es mi **trono**,
Col	1:16 sean **tronos**, sean dominios,
He	1:8 Tu **trono**, oh Dios, por el siglo del siglo;
	4:16 Acerquémonos, pues,...al **trono**
	8:1 el cual se sentó a la diestra del **trono**
	12:2 se sentó a la diestra del **trono** de Dios.
Ap	1:4 que están delante de su **trono**
	2:13 donde está el **trono** de Satanás
	3:21 que se siente conmigo en mi **trono**
	me he sentado con mi Padre en su **trono**.
	4:2 un **trono** establecido en el cielo
	en el **trono**, uno sentado.
	3 había alrededor del **trono** un arco iris
	4 alrededor del **trono** había veinticuatro **tronos**
	en los **tronos** a veinticuatro ancianos
	5 del **trono** salían relámpagos
	delante del **trono** ardían (...ardiendo..., VM)
	6 delante del **trono** había como un mar junto al **trono**, y alrededor del **trono**,
	9 al que está sentado en el **trono**,
	10 que está sentado en el **trono**, echan sus coronas delante del **trono**,
	5:1 del que estaba sentado en el **trono**
	6 vi en medio del **trono**
	7 del que estaba sentado en el **trono**
	11 de muchos ángeles alrededor del **trono**
	13 Al que está sentado en el **trono**
	6:16 que está sentado sobre el **trono**,

2365 θυγάτριον

Ap	7:9	que estaban delante del **trono**,
	10	que está sentado en el **trono**,
	11	estaban en pie alrededor del **trono** se postraron...delante del **trono**,
	15	están delante del **trono** de Dios, el que está sentado sobre el **trono**
	17	el Cordero que está en medio del **trono**
	8:3	que estaba delante del **trono**
	11:16	que estaban sentados...en sus **tronos**,
	12:5	su hijo fue arrebatado...para su **trono**.
	13:2	le dio su poder y su **trono**,
	14:3	un cántico nuevo delante del **trono**,
	5	sin mancha delante del **trono** (TR)
	16:10	sobre el **trono** de la bestia;
	17	salió una gran voz...del **trono**,
	19:4	a Dios, que estaba sentado en el **trono**,
	5	salió del **trono** una voz que decía:
	20:4	vi **tronos**, y se sentaron sobre ellos
	11	vi un gran **trono** blanco
	12	los muertos...de pie ante Dios (TR); (...ante el **trono**, VHA, WH, N, ABMW, VM, NC, BC, BA)
	21:3	una gran voz del cielo (TR, VM); (...desde el **trono**, BA, WH, N, ABMW, VHA, VM, NC, BC)
	5	el que estaba sentado en el **trono**
	22:1	que salía del **trono** de Dios
	3	el **trono** de Dios y del Cordero estará

2363	Θυάτιρα – Thuátira o Θυάτειρα
Hch 16:14	de la ciudad de **Tiatira**,
Ap 1:11	envíalo a...**Tiatira**,
2:18	al ángel de la iglesia en **Tiatira**:
24	a los demás que están en **Tiatira**,

2364	θυγάτηρ – thugáter
Mt	9:18 Mi **hija** acaba de morir;
	22 Ten ánimo, **hija**
	10:35 a la **hija** contra su madre,
	37 el que ama a hijo o **hija** más que a mí
	14:6 la **hija** de Herodías danzó
	15:22 Mi **hija** es gravemente atormentada por un demonio
	28 su **hija** fue sanada desde aquella hora.
	21:5 Decid a la **hija** de Sion
Mr	5:34 **Hija**, tu fe te ha hecho salva;
	35 Tu **hija** ha muerto;
	6:22 entrando la **hija** de Herodías,
	7:26 que echase fuera de su **hija** al demonio
	29 el demonio ha salido de tu **hija**
	30 a la **hija** acostada (TR)
Lc	1:5 su mujer era de las **hijas** de Aarón,
	2:36 Ana,...**hija** de Fanuel,
	8:42 una **hija** única, como de doce años,
	48 **Hija**, tu fe te ha salvado;
	49 Tu **hija** ha muerto;
	12:53 la madre contra la **hija**, y la **hija** contra ...
	13:16 a esta **hija** de Abraham, (esta mujer, siendo **hija**..., VM)
	23:28 **Hijas** de Jerusalén, no lloréis
Jn	12:15 No temas, **hija** de Sion;
Hch	2:17 vuestros hijos y vuestras **hijas** profetizarán;
	7:21 la **hija** de Faraón le recogió
	21:9 cuatro **hijas** doncellas que profetizaban
2 Co	6:18 vosotros me seréis hijos e **hijas**,
He	11:24 rehusó llamarse hijo de **la hija** de Faraón.

| 2365 | θυγάτριον* – thugátrion |

θυέλλα 2366

| Mr | 5:23 | Mi hija está agonizando; (Mi hijita..., VHA) |
| | 7:25 | cuya hija tenía un espíritu inmundo, (cuya hijita..., VHA) |

2366 θύελλα — thúella (thúela)
He 12:18 a las tinieblas y a la tempestad,

2367 θύϊνος** — thúïnos
Ap 18:12 de toda madera olorosa,

2368 θυμίαμα — thumíama
Lc 1:10 orando a la hora del incienso
    11 a la derecha del altar del incienso.
Ap 5:8 copas de oro llenas de incienso,
    8:3 y se le dio mucho incienso
    4 subió...el humo del incienso
    18:13 incienso, mirra, olíbano, vino,

2369 θυμιατήριον — thumiatérion
He 9:4 el cual tenía un incensario de oro

2370 θυμιάω — thumiáo
Lc 1:9 le tocó en suerte ofrecer el incienso,

2371 θυμομαχέω* — thumomacéo (thumomajéo)
Hch 12:20 estaba enojado contra los de Tiro

2372 θυμός — thumós
Lc 4:28 en la sinagoga se llenaron de ira;
Hch 19:28 se llenaron de ira, (lit., poniéndose llenos de ira)
Ro 2:8 pero ira y enojo a los que son contenciosos
2 Co 12:20 iras, divisiones, maledicencias
Gá 5:20 iras, contiendas, disensiones
Ef 4:31 toda amargura, enojo, ira
Col 3:8 ira, enojo, malicia
He 11:27 no temiendo la ira del rey;
Ap 12:12 ha descendido...con gran ira, (...Teniendo grande ira, VM)
    14:8 del vino del furor de su fornicación
    10 beberá del vino de la ira de Dios,
    19 el gran lagar de la ira de Dios.
    15:1 se consumaba la ira de Dios.
    7 llenas de la ira de Dios,
    16:1 las siete copas de la ira de Dios.
    19 del vino del ardor de su ira.
    18:3 del vino del furor de su fornicación
    19:15 el lagar del vino del furor

2373 θυμόω — thumóo
Mt 2:16 Herodes...se enojó mucho,

2374 θύρα — thúra
Mt 6:6 cerrada la puerta, ora a tu Padre
    24:33 conoced que está cerca, a las puertas
    25:10 se cerró la puerta.
    27:60 una gran piedra a la entrada del sepulcro,
    28:2 removió la piedra, (V60, WH, N, ABMW, VHA, NC, BC, BA); (rodó la piedra de la puerta, VM, TR)
Mr 1:33 toda la ciudad se agolpó a la puerta.
    (...estaba reunida..., VHA)
    2:2 que ya no cabían ni aun a la puerta;
    11:4 el pollino atado afuera a la puerta,

2378 θυσία

Mr	13:29	conoced que está cerca, a las puertas.
	15:46	hizo rodar una piedra a la entrada
	16:3	la piedra de la entrada del sepulcro?
Lc	11:7	la puerta ya está cerrada,
	13:24	Esforzaos a entrar por la puerta angosta; (WH, N, ABMW)
	25	Después que...haya...cerrado la puerta empecéis a llamar a la puerta,
Jn	10:1	El que no entra por la puerta
	2	Mas el que entra por la puerta,
	7	Yo soy la puerta de las ovejas.
	9	Yo soy la puerta;
	18:16	mas Pedro estaba fuera, a la puerta.
	20:19	estando las puertas cerradas
	26	estando las puertas cerradas
Hch	3:2	ponían cada día a la puerta del templo
	5:9	a la puerta los pies de los que han sepultado
	19	de noche las puertas de la cárcel
	23	afuera de pie ante las puertas;
	12:6	delante de la puerta custodiaban la cárcel
	13	Cuando llamó...a la puerta del patio,
	14:27	cómo había abierto la puerta de la fe
	16:26	se abrieron todas las puertas,
	27	viendo abiertas las puertas de la cárcel,
	21:30	inmediatamente cerraron las puertas. (...fueron cerradas..., VHA)
1 Co	16:9	se me ha abierto puerta grande
2 Co	2:12	aunque se me abrió puerta en el Señor
Col	4:3	para que el Señor nos abra puerta
Stg	5:9	el juez está delante de la puerta. (...las puertas, VM)
Ap	3:8	he puesto delante de ti una puerta abierta,
	20	yo estoy a la puerta
		oye mi voz y abre la puerta
	4:1	he aquí una puerta abierta en el cielo;

2375 θυρεός — thureós
Ef 6:16 el escudo de la fe

2376 θυρίς — thurís
Hch 20:9 que estaba sentado en la ventana,
2 Co 11:33 fui descolgado...por una ventana,

2377 θυρωρός — thurorós
Mr 13:34 al portero mandó que velase.
Jn 10:3 A éste abre el portero,
    18:16 habló a la portera, e hizo entrar
    17 la criada portera dijo a Pedro:

2378 θυσία — thusía
Mt 9:13 Misericordia quiero, y no sacrificio.
    12:7 Misericordia quiero, y no sacrificio
Mr 9:49 todo sacrificio será salado (TR, VM)
    12:33 más que todos los holocaustos y sacrificios.
Lc 2:24 para ofrecer (para ofrecer sacrificio, VHA)
    13:1 había mezclado con los sacrificios de ellos
Hch 7:41 ofrecieron sacrificio al ídolo,
    42 ¿Acaso me ofrecisteis víctimas y sacrificios
Ro 12:1 que presentéis vuestros cuerpos en sacrificio
1 Co 10:18 los que comen de los sacrificios,
Ef 5:2 ofrenda y sacrificio a Dios en olor
Fil 2:17 sobre el sacrificio y servicio de vuestra fe,
    4:18 sacrificio acepto, agradable a Dios
He 5:1 para que presente ofrenda y sacrificios
    7:27 primero sacrificios por sus propios pecados,
    8:3 para presentar ofrendas y sacrificios;
    9:9 se presentan ofrendas y sacrificios

θυσιαστήριον 2379　　　　　　　　　　418　　　　　　　　　　2385 Ἰάκωβος

He	9:23	con mejores **sacrificios** que estos.
	26	por el **sacrificio** de sí mismo
	10:1	por los mismos **sacrificios** que se ofrecen (...ellos ofrecen, BA)
	5	**Sacrificio** y ofrenda no quisiste
	8	**Sacrificio**...no quisiste (TR, VHA, VM); (**Sacrificios**..., BA, WH, N, ABMW, NC, BC)
	11	muchas veces los mismos **sacrificios**,
	12	un solo **sacrificio** por los pecados,
	26	ya no queda más **sacrificio** por los pecados,
	11:4	Abel ofreció..más excelente **sacrificio**
	13:15	**sacrificio** de alabanza,...fruto de labios
	16	de tales **sacrificios** se agrada Dios
1 P	2:5	para ofrecer **sacrificios** espirituales

2379 θυσιαστήριον† – thusiastérion

Mt	5:23	si traes tu ofrenda al **altar**,
	24	deja...delante del **altar**,
	23:18	Si alguno jura por el **altar**,
	19	¿cuál es mayor, la ofrenda, o el **altar**.
	20	Pues el que jura el **altar**,
	35	matasteis entre el templo y el **altar**.
Lc	1:11	en pie a la derecha del **altar**
	11:51	que murió entre el **altar**
Ro	11:3	tus **altares** han derribado;
1 Co	9:13	los que sirven al **altar**, del **altar** participan?
	10:18	¿no son partícipes del **altar**?
He	7:13	de la cual nadie sirvió al **altar**.
	13:10	Tenemos un **altar**, del cual no
Stg	2:21	cuando ofreció...Isaac sobre el **altar**?
Ap	6:9	vi bajo el **altar** las almas
	8:3	se paró ante el **altar**,
		sobre el **altar** de oro que estaba
	5	lo llenó del fuego del **altar**,
	9:13	de entre los cuatro cuernos del **altar** de oro (TR, N, NC, BC, BA); (de entre los cuernos..., VHA, WH, ABMW, VM)
	11:1	mide...el **altar**,
	14:18	salió del **altar** otro ángel,
	16:7	oí a otro, que desde el **altar** decía (TR, VM) (oí al **altar**, VHA, WH, N, ABMW, NC, BC, BA)

2380 θύω – thúo

Mt	22:4	mis toros...han sido **muertos**, (los becerros...**muertos**, NC)
Mr	14:12	cuando **sacrificaban** el cordero
Lc	15:23	traed el becerro gordo y **matad**lo,
	27	tu padre **ha hecho matar** el becerro gordo,
	30	**has hecho matar** para él el becerro
	22:7	era necesario **sacrificar** el cordero
Jn	10:10	para hurtar y **matar** y destruir;
Hch	10:13	Pedro, **mata** y come.
	11:7	Pedro, **mata** y come.
	14:13	quería **ofrecer sacrificios**.
	18	que la multitud les **ofreciese sacrificio**
1 Co	5:7	ya **fue sacrificada** por nosotros
	10:20	lo que los gentiles **sacrifican**, a los demonios lo **sacrifican**

2381 Θωμᾶς – Thomás

Mt	10:3	**Tomás**, Mateo el publicano
Mr	3:18	Mateo, **Tomás**, Jacobo
Lc	6:15	Mateo, **Tomás**, Jacobo
Jn	11:16	Dijo entonces **Tomás**, llamado Dídimo
	14:5	Le dijo **Tomás**: Señor,
	20:24	Pero **Tomás**, uno de los doce,
Jn	20:26	estaban...y con ellos **Tomás**
	27	dijo a **Tomás**: Pon aquí tu dedo,
	28	**Tomás** respondió y le dijo:
	29	porque me has visto, **Tomás**, creíste; (TR)
	21:2	**Tomás** llamado el Dídimo,
Hch	1:13	**Tomás**, Bartolomé, Mateo,

2382 θώραξ – thórax

Ef	6:14	vestidos con la **coraza** de justicia,
1 Ts	5:8	habiéndonos vestido con la **coraza** de la fe
Ap	9:9	tenían **corazas** como **corazas** de hierro;
	17	los cuales tenían **corazas** de fuego,

2383 Ἰάϊρος – Iaïros o Ἰάειρος

Mr	5:22	uno de los principales...llamado **Jairo**;
Lc	8:41	vino un varón llamado **Jairo**,

2384 Ἰακώβ – Iakób

Mt	1:2	Isaac a **Jacob**, (Isaac engendró..., VHA) y **Jacob** a Judá (**Jacob** engrendró..., VHA)
	15	Matán a **Jacob**; (...engendró a **Jacob**, VHA)
	16	**Jacob** engendró a José,
	8:11	se sentarán con...**Jacob** en el reino
	22:32	Yo soy el Dios...de **Jacob**?
Mr	12:26	Yo soy el Dios de...de **Jacob**?
Lc	1:33	reinará sobre la casa de **Jacob**
	3:34	hijo de **Jacob**, hijo de Isaac,
	13:28	cuando veáis a...**Jacob**
	20:37	cuando llama al Señor,...Dios de **Jacob**.
Jn	4:5	la heredad que **Jacob** dio a su hijo
	6	estaba allí el pozo de **Jacob**.
	12	mayor que nuestro padre **Jacob**,
Hch	3:13	El Dios...de **Jacob**,
	7:8	engendró...Isaac a **Jacob** y **Jacob**
	12	Cuando oyó **Jacob** que había trigo
	14	hizo venir a su padre **Jacob**
	15	descendió **Jacob** a Egipto,
	32	Yo soy el Dios...de **Jacob**
	46	tabernáculo para el Dios de **Jacob**
Ro	9:13	A **Jacob** amé,
	11:26	Que apartará de **Jacob** la impiedad.
He	11:9	morando en tiendas con Isaac y **Jacob**,
	20	Por la fe bendijo Isaac a **Jacob**
	21	Por la fe **Jacob**, al morir

2385 Ἰάκωβος – Iákobos

Mt	4:21	otros dos hermanos, **Jacobo**
	10:2	**Jacobo** hijo de Zebedeo, y Juan
	3	**Jacobo** hijo de Alfeo,
	13:55	y sus hermanos, **Jacobo**, José
	17:1	Jesús tomó a Pedro, a **Jacobo**
	27:56	María la madre de **Jacobo** y de José,
Mr	1:19	vio a **Jacobo** hijo de Zebedeo,
	29	vinieron a casa de Simón...con **Jacobo**
	3:17	a **Jacobo** hijo de Zebedeo, y a Juan
	18	**Jacobo** hijo de Alfeo,
	5:37	sino Pedro, **Jacobo**, y Juan hermano de **Jacobo**
	6:3	hermano de **Jacobo**,
	9:2	Jesús tomó a Pedro, a **Jacobo** y a Juan
	10:35	Entonces **Jacobo** y Juan,
	41	comenzaron a enojarse contra **Jacobo**
	13:3	Pedro, **Jacobo**, Juan y Andrés

	2386				2396	
Mr	14:33	tomó consigo a...Jacobo		Jn	12:40	Y se conviertan, y yo los sane.
	15:40	María la madre de Jacobo el menor		Hch	3:11	teniendo asidos...el cojo que había sido
	16:1	María la madre de Jacobo,				sanado (TR)
Lc	5:10	asimismo de Jacobo y Juan		Hch	9:34	Eneas, Jesucristo te sana;
	6:14	a...Jacobo y Juan, Felipe			10:38	anduvo...sanando a todos
	15	Mateo, Tomás, Jacobo hijo de Alfeo			28:8	le impuso las manos, y le sanó.
	16	Judas hermano de Jacobo,				(imponiéndole.., BC)
	8:51	sino a Pedro, a Jacobo,			27	se conviertan, Y yo los sane.
	9:28	tomó...a Jacobo, (tomando..., VM)		He	12:13	sino que sea sanado.
	54	Viendo...Jacobo y Juan,		Stg	5:16	para que seáis sanados.
	24:10	María madre de Jacobo,		1 P	2:24	por cuya herida fuisteis sanados.
Hch	1:13	donde moraban Pedro y Jacobo				
		y Judas hermano de Jacobo.				
	12:2	mató a espada a Jacobo,			2391	Ἰάρετ — láret o Ἰάρες
	17	Haced saber esto a Jacobo		Lc	3:37	Enoc, hijo de Jared,
	15:13	Jacobo respondió diciendo:				
	21:18	Pablo entró con nosotros a ver a Jacobo,			2392	ἴασις — íasis
1 Co	15:7	Después apareció a Jacobo;		Lc	13:32	hago curaciones hoy y mañana
Gá	1:19	sino a Jacobo el hermano del Señor		Hch	4:22	este milagro de sanidad
	2:9	reconociendo...Jacobo, Cefas y Juan			30	para que se hagan sanidades (lit., para la
	12	algunos de parte de Jacobo,				sanidad)
Stg	1:1	Santiago, siervo de Dios				
Jud	1	Judas,...hermano de Jacobo,			2393	ἴασπις — íaspis
				Ap	4:3	semejante a piedra de jaspe (semejante a la
	2386	ἴαμα — íama			21:11	apariencia de una piedra de jaspe, VM) como piedra de jaspe,
1 Co	12:9	dones de sanidades por el mismo Espíritu			18	de su muro era de jaspe;
	28	después los que sanan, (...carismas			19	El primer cimiento era jaspe;
		de curaciones, BC)				
	30	¿Tienen todos dones de sanidad?			2394	Ἰάσων — Iáson
		(...de curaciones, BC)		Hch	17:5	asaltando la casa de Jasón,
					6	trajeron a Jasón
	2387	Ἰαμβρῆς — Iambrés			7	a los cuales Jasón ha recibido;
2 Ti	3:8	Janes y Jambres resistieron a Moisés		Ro	16:21	Os saludan...Jasón y Sosípater
	2388	Ἰανναί — Iannaí o Ἰαννά			2395	ἰατρός — iatrós
Lc	3:24	de Melqui, hijo de Jana		Mt	9:12	no tienen necesidad de médico,
				Mr	2:17	no tienen necesidad de médico,
					5:26	sufrido mucho de muchos médicos,
	2389	Ἰάννης — Iánnes		Lc	4:23	Médico, cúrate a ti mismo;
2 Ti	3:8	Janes y Jambres resistieron a Moisés			5:31	no tienen necesidad de médico,
					8:43	que había gastado en médicos (TR,
	2390	ἰάομαι — iáomai				[ABMW], VM, NC, BC, [BA])
Mt	8:8	mi criado sanará		Col	4:14	Lucas el médico amado,
	13	su criado fue sanado				
	13:15	Y se conviertan, Y yo los sane.			2396	ἴδε — íde
	15:28	su hija fue sanada		Mt	25:20	aquí tienes, he ganado otros cinco (he aquí,
Mr	5:29	que estaba sana de aquel azote.				he ganado..., VM)
Lc	4:18	me ha enviado a sanar (TR)			22	aquí tienes, he ganado otros dos (he aquí,
	5:17	estaba con él para sanar. (V60) (...para				he ganado...VM)
		que él sanara, VHA, WH, N, ABMW, VM,			25	aquí tienes lo que es tuyo. (he aquí.., VM)
		NC, BC, BA); (lit.,...para que los sanara,			26:65	He aquí, ahora mismo habéis oído
		TR)		Mr	2:24	Mira, ¿por qué hacen...?
	6:18	(17) para ser sanados de sus enfermedades			3:34	He aquí mi madre y mis hermanos.
	19	poder salía de él y sanaba a todos.			11:21	Maestro, mira, la higuera que
	7:7	mi siervo será sano.			13:1	Maestro, mira qué piedras,
	8:47	al instante había sido sanada.			21	Mirad, aquí está (WH, N, ABMW)
	9:2	los envió...a sanar a los enfermos.				mirad, allí está (WH, N, ABMW)
	11	hablaba...y sanaba a los que			15:4	Mira de cuántas cosas te acusan.
	42	sanó al muchacho,			35	Mirad, llama a Elías. (WH, N, ABMW)
	14:4	él, tomándole, le sanó,			16:6	mirad el lugar en donde le pusieron.
	17:15	viendo que había sido sanado,		Jn	1:29	He aquí el Cordero de Dios.
	22:51	tocando su oreja, le sanó.			36	He aquí el Cordero de Dios.
Jn	4:47	descendiese y sanase a su hijo			47 (48)	He aquí un verdadero israelita,
	5:13	el que había sido sanado no sabía			3:26	Rabí, mira que el...bautiza
					5:14	Mira, has sido sanado;

ἰδέα 2397   2398 ἴδιος

Jn	7:26	**mirad**, habla públicamente,
	11:3	**he aquí** el que amas está enfermo.
	36	**Mirad** cómo le amaba.
	12:19	**Mirad**, el mundo se va tras él.
	16:29	**He aquí** ahora hablas claramente
	18:21	**he aquí**, ellos saben lo que yo he dicho.
	19:4	**Mirad**, os lo traigo fuera,
	5	¡**He aquí** el hombre! (TR)
	14	¡**He aquí** vuestro Rey!
	26	Mujer, **he ahí** tu hijo. (WH, N, ABMW)
	27	**He ahí** tu madre.
Ro	2:17	**He aquí**, tú tienes el sobrenombre (TR, VM)
Gá	5:2	**He aquí**, yo Pablo os digo que

2397 ἰδέα, véase εἰδέα. pág. 273

2398 ἴδιος – ídios
(1) ἰδία, κατ' ἰδίαν

Mt	9:1	y vino a **su** ciudad
	13:57	sino en su **propia** tierra (TR)
	14:13	(1) a un lugar desierto y **apartado**
		(...**aparte**, VHA)
	23	(1) subió al monte a orar **aparte**;
	17:1	(1) y los llevó **aparte** a un monte
	19	(1) Viniendo...a Jesús, **aparte**
	20:17	(1) tomó a sus doce discípulos **aparte**
	22:5	se fueron, uno a **su** labranza
	24:3	(1) los discípulos se le acercaron **aparte**,
	25:14	llamó a sus siervos (...a sus **propios**..., VM)
	15	a cada uno conforme a su capacidad (...**su propia** capacidad, BC)
Mr	4:34	(1) a **sus** discípulos en particular
	6:31	(1) Venid vosotros **aparte**
	32	(1) se fueron **solos**...a un lugar desierto
		(...a un lugar desierto, **aparte**, VHA)
	7:33	(1) tomándole **aparte** de la gente,
	9:2	(1) y los llevó **aparte** solos
		28 (1) sus discípulos le preguntaron **aparte**:
	13:3	(1) le preguntaron **aparte**:
	15:20	le pusieron sus **propios** vestidos. (TR, ABMW)
Lc	2:3	cada uno a **su** ciudad (TR)
	6:41	la viga que está en tu **propio** ojo?
	44	cada árbol se conoce por **su** fruto;
	9:10	(1) se retiró **aparte**,
	10:23	(1) a los discípulos, les dijo **aparte**:
	34	poniéndole en **su** cabalgadura,
	18:28	hemos dejado **nuestras posesiones** (V60) (lit., habiendo dejado **nuestras propias cosas**) (WH, N, ABMW, VHA, BC, BA); (lo hemos dejado todo, VM, TR, NC)
Jn	1:11	A lo **suyo** vino, y los **suyos** no le recibieron
	41 (42)	halló primero a **su** hermano Simón
	4:44	no tiene honra en **su propia** tierra
	5:18	que Dios era **su propio** Padre
	43	si otro viniere en **su propio** nombre,
	7:18	**su propia** gloria busca
	8:44	habla mentira, de **suyo** habla;
	10:3	a **sus** ovejas llama por nombre,
	4	cuando ha sacado fuera todas las **propias**,
	12	de quien no son **propias** las ovejas
	13:1	como había amado a los **suyos**
	15:19	el mundo amaría lo **suyo**;
	16:32	cada uno por **su** lado, (...a lo **suyo** propio, VM)
	19:27	el discípulo la recibió en **su sola** casa.
Hch	1:7	el Padre puso en **su sola** potestad;
	19	se llama en **su propia** lengua (TR, N, ABMW])
Hch	1:25	para irse a **su propio** lugar.
	2:6	les oía hablar en **su propia** lengua.
	8	cada uno en **nuestra** lengua
	3:12	como si por **nuestro** poder
	4:23	vinieron a los **suyos** y contaron
	32	ninguno decía ser **suyo propio**
	13:36	David, habiendo servido a **su propia**
	20:28	la cual él ganó por **su propia** sangre.
	21:6	ellos se volvieron a **sus** casas.
	23:19	(1) retirándose **aparte**, le preguntó:
	24:23	a ninguno de los **suyos** servirle
	24	Félix con Drusila **su** mujer (WH, N, ABMW)
	25:19	ciertas cuestiones acerca de **su** religión,
	28:30	en una casa alquilada (en **su propia** vivienda..., VM)
Ro	8:32	no escatimó ni a **su propio** Hijo,
	10:3	procurando establecer la **suya propia**, (V60, WH, N, ABMW, VM, VHA, NC, BA); (lit.,... **su propia** justicia, TR, BC)
	11:24	serán injertados en **su propio** olivo?
	14:4	Para **su propio** señor está en pie,
	5	convencido en **su propia** mente.
1 Co	3:8	cada uno recibirá **su** recompensa conforme a **su** labor
	4:12	trabajando con nuestras **propias** manos;
	6:18	contra **su propio** cuerpo peca.
	7:2	cada uno tenga **su propia** mujer,
	4	no tiene potestad sobre **su propio** cuerpo, sobre **su propio** cuerpo;
	7	cada uno tiene **su propio** don de Dios,
	37	de **su propia** voluntad,
		ha resuelto en **su** corazón
	9:7	soldado a **sus propias** expensas?
	11:21	se adelanta a tomar **su propia** cena;
	12:11	a cada uno **en particular** como él
	14:35	pregunten en casa a **sus** maridos;
	15:23	cada uno en **su debido** orden;
	38	a cada semilla **su propio** cuerpo.
Gá	2:2	(1) expuse **en privado**
	6:5	llevará **su propia** carga.
	9	porque a **su** tiempo segaremos,
Ef	4:28	haciendo con sus manos (TR, WH); (obrando con **sus propias** manos, VHA, N, ABMW)
	5:22	estén sujetas a **sus propios** maridos
	24	lo estén a **sus** maridos en todo (TR)
Col	3:18	estad sujetas a **vuestros** maridos (TR)
1 Ts	2:14	habéis padecido de los de vuestra propia nación (...por parte de **vuestros propios** compatriotas, VHA)
	15	mataron...a **sus propios** profetas, (TR)
	4:11	ocuparos en **vuestros** negocios, trabajar con **vuestras** manos (TR)
1 Ti	2:6	testimonio a **su debido** tiempo. (...a **sus propias** sazones, VM)
	3:4	que gobierne bien **su** casa,
	5	no sabe gobernar **su propia** casa,
	12	que gobierne bien sus hijos y **sus** casas.
	4:2	teniendo cauterizada la conciencia (...**su propia** conciencia..., VHA)
	5:4	ser piadosos para con **su propia** familia,
	8	no provee para los **suyos**,
	6:1	tengan a **sus** amos por dignos
	15	la cual a **su** tiempo (la cual en **sus tiempos**, BC)
2 Ti	1:9	sino según el propósito **suyo**
	4:3	maestros conforme a **sus** propias
Tit	1:3	a **su debido** tiempo manifestó (en **sus**

ἰδιώτης 2399   421   2400 ἰδού

		propias sazones..., VM)	Mt	12:18	He aquí mi siervo
Tit	1:12	su propio profeta, dijo:		41	he aquí más que Jonás
	2:5	sujetas a sus maridos,		42	he aquí más que Salomón
	9	que se sujeten a sus amos,		46	he aquí su madre y sus hermanos
He	4:10	como Dios de las suyas.		47	He aquí tu madre (TR, [N], [ABMW],
	7:27	sacrificios por sus propios pecados			VHA, VM, NC, BC, BA)
	9:12	sino por su propia sangre, entró		49	He aquí mi madre y mis hermanos
	13:12	mediante su propia sangre,		13:3	He aquí, el sembrador salió
Stg	1:14	cuando de su propia concupiscencia		15:22	he aquí una mujer cananea
1 P	3:1	sujetas a vuestros maridos		17:3	he aquí les aparecieron Moisés y Elías
	5	estando sujetas a sus maridos;		5	una nube de luz (he aquí una nube..., VM)
2 P	1:3	que nos llamó por su gloria (TR, WH, BA);			he aquí una voz desde la nube,
		(...por su propia gloria, VM, N, ABMW,		19:16	Entonces vino uno (he aquí que llegándose
		VHA, NC, BC)			uno, VM)
	1:20	es de interpretación privada		27	He aquí, nosotros lo hemos dejado
	2:16	reprendido por su iniquidad; (halló la		20:18	He aquí subimos a Jerusalén,
		reprensión de su propia demencia, NC)		30	dos ciegos (he aquí que dos ciegos, VM)
	22	El perro vuelve a su vómito,		21:5	He aquí, tu Rey viene a ti,
	3:3	según sus propias concupiscencias		22:4	He aquí, he preparado mi comida;
	16	tuercen,...para su propia perdición,		23:34	he aquí yo os envío profetas
	17	caigáis de vuestra firmeza.		38	He aquí vuestra casa os es dejada
Jud	6	que abandonaron su propia morada,		24:23	Mirad, aquí está el Cristo,
				25	Ya os lo he dicho (He aquí, os..., VM)
2399		ἰδιώτης – idiótes		26	Mirad, está en el desierto,
					mirad, está en los aposentos,
Hch	4:13	hombres sin letras y del vulgo		25:6	¡Aquí viene el esposo; (¡He aquí el esposo
		(...plebeyos, NC)			VHA)
1 Co	14:16	ocupa lugar de simple oyente,		26:45	He aquí ha llegado la hora,
		(...del indocto, VM)		46	ved, se acerca el que me entrega.
	23	entran indoctos o incrédulos		47	vino Judas, (he aquí vino..., VHA)
	24	entra algún incrédulo o indocto		51	uno de los que estaban (he aquí, uno...,
2 Co	11:6	aunque sea tosco en la palabra			VHA)
				27:51	he aquí, el velo del templo
2400		ἰδού – idóu		28:2	hubo un gran terremoto; (he aquí,
Mt	1:20	he aquí un ángel del Señor			hubo..., VHA)
	23	He aquí, una virgen concebirá		7	he aquí va delante de vosotros
	2:1	vinieron...unos magos (he aquí, unos			He aquí, os lo he dicho.
		magos..., VHA)		9	he aquí, Jesús les salió al encuentro
	9	he aquí la estrella que habían visto		11	he aquí unos de la guardia
	13	he aquí un ángel del Señor		20	he aquí yo estoy con vosotros
	19	he aquí un ángel del Señor	Mr	1:2	He aquí yo envío mi mensajero
	3:16	he aquí los cielos le fueron abiertos,		3:32	Tu madre y tus hermanos (He aquí, tu...,
	17	hubo una voz (he aquí una voz, VHA)			VHA)
	4:11	he aquí vinieron ángeles		4:3	He aquí, el sembrador salió
	7:4	he aquí la viga en el ojo tuyo?		5:22	vino uno de los principales (lit., he aquí,
	8:2	he aquí vino un leproso (he aquí que			vino...) (TR)
		viniendo..., VM)		10:28	He aquí, nosotros lo hemos dejado
	24	he aquí que se levantó en el mar		33	He aquí subimos a Jerusalén
	29	y clamaron diciendo (he aquí, gritaron...,		13:21	Mirad, aquí está el Cristo...mirad allí (TR)
		VHA)		23	mirad; os lo he dicho (TR, VM)
	32	he aquí, todo el hato de cerdos		14:41	he aquí, el Hijo del Hombre es entregado
	34	y toda la ciudad salió (he aquí, toda la		42	he aquí, se acerca el que me entrega
		ciudad..., VHA)		15:35	Mirad, llama a Elías. (TR)
	9:2	le trajeron un paralítico (he aquí, le	Lc	1:20	ahora quedarás mudo (He aquí, estarás...,
		trajeron..., VHA)			VHA)
	3	Entonces algunos de los escribas (he aquí		31	ahora, concebirás (He aquí concebirás,
		que ciertos..., VM)			VHA)
	10	he aquí que muchos publicanos		36	he aquí tu parienta Elizabet,
	18	vino un hombre principal (he aquí que		38	He aquí la sierva del Señor;
		viniendo cierto hombre principal, VM,		44	tan pronto como llegó (he aquí, en cuanto,
		TR)			VM)
	20	he aquí una mujer enferma de flujo		48	he aquí, desde ahora me dirán
	32	he aquí, le trajeron un mudo,		2:9	he aquí, se les presentó un ángel (TR)
	10:16	He aquí, yo os envío		10	he aquí os doy nuevas de gran gozo
	11:8	He aquí, los que llevan vestiduras delicadas		25	he aquí había en Jerusalén...Simeón
	10	He aquí, yo envío mi mensajero		34	He aquí, éste está puesto para caída
	19	He aquí un hombre comilón		48	He aquí, tu padre y yo
	12:2	He aquí tus discípulos hacen		5:12	se presentó un hombre lleno de lepra (lit.,
	10	he aquí...uno que tenía seca (he aquí un			he aquí un varon...)
		hombre que..., VM)			

Lc	5:18	unos hombres que traían (**he aquí**..., VHA)	Hch	8:36	Aquí hay agua, (**He aquí** agua, VHA)
	6:23	**he aquí** vuestro galardón		9:10	**Heme aquí**, Señor
	7:12	**he aquí** que llevaban a enterrar		11	**he aquí**, él ora,
	25	**He aquí**, los que tienen vestidura preciosa		10:17	**he aquí**...que habían sido enviados
	27	**He aquí**, envío mi mensajero		19	**He aquí**, tres hombres (TR, VM, BA);
	34	Este es un hombre comilón (**He aquí** un glotón, VHA)			(...dos..., VHA, WH, N, [ABMW], BC); (...unos..., NC)
	37	una mujer...pecadora (**he aquí**, una..., VHA)		21	**He aquí**, yo soy el que buscáis;
	8:41	Entonces vino un varón (**he aquí** un varón, VHA)		30	vi que se puso (**he aquí**,... se puso, VHA)
	9:30	**he aquí** dos varones que hablaban		11:11	**he aquí**, luego llegaron tres hombres
	38	**he aquí**, un hombre de la multitud		12:7	**he aquí** que se presentó un ángel
	39	sucede que un espíritu le toma (**he aquí**, un espíritu..., VHA)		13:11	**he aquí** la mano del Señor está
				25	**he aquí** viene tras mí uno
	10:3	**he aquí** yo os envío como corderos		46	**he aquí**, nos volvemos a los gentiles
	19	**He aquí** os doy potestad (...he dado..., VHA)		16:1	**he aquí**, había allí cierto discípulo
				20:22	**he aquí**, ligado yo en espíritu,
	25	**he aquí** un intérprete de la ley		25	**he aquí**, yo sé que ninguno de todos
	11:31	**He aquí** más que Salomón		27:24	**he aquí**, Dios te ha concedido
	32	**he aquí** más que Jonás	Ro	9:33	**He aquí** pongo en Sión piedra
	41	entonces todo os será limpio (**he aquí**..., VHA)	1 Co	15:51	**He aquí**, os digo un misterio:
			2 Co	5:17	**he aquí** todas son hechas nuevas
				6:2	**He aquí** ahora el tiempo aceptable;
	13:7	**He aquí**, hace tres años que			**he aquí** ahora el día de salvación
	11	había allí una mujer, (**he aquí** una mujer, VHA)		9	**he aquí** vivimos;
					he aquí, yo haré que vengan
	16	había atado dieciocho años (**he aquí**, hace diez y ocho años..., VM)		7:11	**he aquí**...que hayáis sido contristados
				12:14	**He aquí**, por tercera vez estoy preparado
	30	**he aquí**, hay postreros que serán	Gá	1:20	**he aquí** delante de Dios que no miento
	32	**He aquí**, echo fuera demonios	He	2:13	**He aquí**, yo y los hijos que Dios
	35	**He aquí**, vuestra casa os es dejada		8:8	**He aquí** vienen días, dice el Señor
	14:2	**he aquí** estaba delante de él		10:7	**He aquí** que vengo, oh Dios,
	15:29	**He aquí**, tantos años te sirvo		9	**He aquí** que vengo, oh Dios,
	17:21	ni dirán: **Helo aquí** helo allí (TR)	Stg	3:3	**He aquí**...ponemos freno (TR)
				4	**Mirad** también las naves
		he aquí el reino de Dios está		5	**He aquí**, ¡cuán grande bosque...!
	23	**Helo aquí**, o **helo allí**;		5:4	**He aquí**, clama el jornal de los obreros
	18:28	**He aquí**, nosotros hemos dejado		7	**Mirad** cómo el labrador espera
	31	**He aquí** subimos a Jerusalén,		9	**he aquí**, el juez está
	19:8	sucedió que un varón (**he aquí**..., VHA)		11	**He aquí**, tenemos por bienaventurados
		He aquí..., la mitad de mis bienes	1 P	2:6	**He aquí**, pongo en Sion
	20	Señor, **aquí** está tu mina,	Jud	14	**He aquí**, vino el Señor
	22:10	**He aquí**, al entrar en la ciudad	Ap	1:7	**He aquí** que viene con las nubes,
	21	**he aquí**, la mano del que me entrega		18	**he aquí** que vivo por los siglos
	31	**he aquí**, Satanás os ha pedido		2:10	**He aquí**, el diablo echará (...va a echar, VM)
	38	**aquí** hay dos espadas. (**he aquí** dos..., VHA)		22	**He aquí**, yo la arrojo en cama,
	47	se presentó una turba (**he aquí** una..., VHA)		3:8	**he aquí**, he puesto delante de ti
	23:14	habiéndole interrogado yo (**he aquí** que yo..., VM)		9	**He aquí**, yo entrego de la sinagoga
				11	**He aquí**, yo vengo pronto (TR)
	15	**he aquí**, nada digno de muerte		20	**He aquí**, yo estoy a la puerta
	29	**he aquí** vendrán días		4:1	**he aquí** una puerta abierta
	50	Había un varón (**he aquí**...varón, VHA)		2	**he aquí**, un trono establecido (...estaba colocado, VM)
	24:4	**he aquí** se pararon junto a ellas			
	13	**he aquí**, dos de ellos iban		5:5	**He aquí** que el León de la tribu
	49	**He aquí**, yo enviaré la promesa		6	miré, y vi en medio (Y miré; y **he aquí** en medio, VA, TR)
Jn	4:35	**He aquí** os digo: Alzad			
	12:15	**He aquí** tu Rey viene,		6:2	**he aquí** un caballo blanco;
	16:32	**He aquí** la hora viene,		5	**he aquí** un caballo negro;
	19:5	¡**He aquí** el hombre! (WH, N, ABMW)		8	**he aquí** un caballo amarillo,
	26	Mujer, **he ahí** tu hijo (TR)		12	**he aquí** hubo un gran terremoto; (TR)
	27	Al discípulo: **He ahí** tu madre (TR)		7:9	**he aquí** una gran multitud,
Hch	1:10	**he aquí** se pusieron junto a ellos		9:12	**he aquí**, vienen aún dos ayes
	2:7	**Mirad**, ¿no son galileos...?		11:14	**he aquí**, el tercer ay viene pronto.
	5:9	**He aquí** a la puerta los pies		12:3	**he aquí** un gran dragón escarlata,
	25	**He aquí**, los varones que pusisteis		14:1	**he aquí** el Cordero estaba en pie
	28	ahora habéis llenado a Jerusalén (**he aquí**, habéis..., VHA)		14	**he aquí** una nube blanca;
				15:5	**he aquí** fue abierto en el cielo (TR)
	7:56	**he aquí**, veo los cielos abiertos		16:15	**He aquí**, yo vengo como ladrón
	8:27	sucedió que un etíope (**he aquí** un etíope, VHA)		19:11	**he aquí** un caballo blanco
				21:3	**He aquí** el tabernáculo de Dios
				5	**He aquí**, yo hago nuevas todas las cosas.

Ἰδουμαία 2401

Ap 22:7	¡He aquí, vengo pronto!
12	He aquí yo vengo pronto,
2401	Ἰδουμαία — Idoumáia
Mr 3:8	de Jerusalén, de Idumea,
2402	ἱδρώς — idrós (jidrós)
Lc 22:44	su sudor como grandes gotas (TR, [WH], [N], VHA, VM, NC, BC, BA)
2403	Ἰεζάβελ — Iezábel (Iedzábel) o Ἰεζαβέλ
Ap 2:20	toleras que esa mujer Jezabel,
2404	Ἱεράπολις — Ierápolis
Col 4:13	los que están en Hierápolis.
2405	ἱερατεία — ierateía (jieratéia)
Lc 1:9	conforme a la costumbre del sacerdocio,
He 7:5	que...reciben el sacerdocio,
2406	ἱεράτευμα† — ieráteuma (jieráteuma)
1 P 2:5	como casa espiritual y sacerdocio santo,
9	vosotros sois...real sacerdocio,
2407	ἱερατεύω — ierateúo (jieratéuo)
Lc 1:8	ejerciendo...el sacerdocio
2408	Ἰερεμίας — Ieremías
Mt 2:17	dicho por el profeta Jeremías,
16:14	otros, Jeremías, o
27:9	dicho por el profeta Jeremías,
2409	ἱερεύς — ieréus (jieréus)
Mt 8:4	muéstrate al sacerdote,
12:4	sino solamente a los sacerdotes?
5	los sacerdotes en el templo profanan
Mr 1:44	vé, muéstrate al sacerdote,
2:26	sino a los sacerdotes
Lc 1:5	un sacerdote llamado Zacarías,
5:14	muéstrate al sacerdote,
6:4	comer...sólo a los sacerdotes,
10:31	descendió un sacerdote por aquel camino,
17:14	Id, mostraos a los sacerdotes.
Jn 1:19	enviaron de Jerusalén sacerdotes
Hch 4:1	vinieron sobre ellos los sacerdotes
5:24	el sumo sacerdote y el jefe de la guardia (TR)
6:7	muchos de los sacerdotes (una gran multitud de..., VHA)
14:13	el sacerdote de Júpiter,
He 5:6	Tú eres sacerdote para siempre,
7:1	Melquisedec,...sacerdote del Dios
3	permanece sacerdote para siempre.
11	de que se levantase otro sacerdote,
14	habló Moisés tocante al sacerdocio. (TR, NC); (...tocante a sacerdotes, VHA, WH, N, ABMW, VM, BC, BA)
15	se levanta un sacerdote distinto,
17	Tú eres sacerdote para siempre,
21	fueron hechos sacerdotes; Tú eres sacerdote para siempre
23	los otros sacerdotes llegaron a ser muchos
8:4	ni siquiera sería sacerdote,
9:6	entran los sacerdotes continuamente
10:11	todo sacerdote está día tras día

423   2411 ἱερόν

He 10:21	un gran sacerdote sobre la casa de Dios.
Ap 1:6	nos hizo...sacerdotes para Dios
5:10	nos has hecho...sacerdotes,
20:6	serán sacerdotes de Dios
2410	Ἰεριχώ — Iericó (Ierijó)
Mt 20:29	Al salir ellos de Jericó,
Mr 10:46	Entonces vinieron a Jericó; al salir de Jericó
Lc 10:30	descendía de Jerusalén a Jericó,
18:35	acercándose Jesús a Jericó
Lc 19:1	entrado Jesús en Jericó, iba pasando
He 11:30	cayeron los muros de Jericó
2410 A	ἱερόθυτος* — ieróthutos (jieróthutos)
1 Co 10:28	fue sacrificado a los ídolos; (WH, N, ABMW)
2411	ἱερόν — ierón (jierón)
Mt 4:5	le puso sobre el pináculo del templo,
12:5	los sacerdotes en el templo profanan
6	uno mayor que el templo
21:12	entró Jesús en el templo que...compraban en el templo
14	vinieron a él en el templo ciegos
15	los muchachos aclamando en el templo
23	Cuando vino al templo,
24:1	Cuando Jesús salió del templo para mostrarle los edificios del templo
26:55	Cada día...enseñando en el templo,
Mr 11:11	entró Jesús...en el templo;
15	entrando Jesús en el templo, que...compraban en el templo
16	que nadie atravesase el templo llevando
27	andando él por el templo,
12:35	Enseñando Jesús en el templo,
13:1	Saliendo Jesús del templo,
3	el monte de los Olivos, frente al templo
14:49	enseñando en el templo,
Lc 2:27	movido por el Espíritu, vino al templo.
37	no se apartaba del templo,
46	le hallaron en el templo,
4:9	le puso sobre el pináculo del templo,
18:10	Dos hombres subieron al templo
19:45	entrando en el templo,
47	enseñaba cada día en el templo;
20:1	que enseñando Jesús al pueblo en el templo,
21:5	unos que hablaban de que el templo (Hablando algunos acerca del Templo, VHA)
37	enseñaba de día en el templo,
38	para oírle en el templo.
22:52	a los jefes de la guardia del templo (a los capitanes del Templo, VM)
24:53	con vosotros cada día en el templo, estaban siempre en el templo,
Jn 2:14	halló en el templo a los que vendían
15	echó fuera del templo
5:14	le halló Jesús en el templo,
7:14	subió Jesús al templo,
28	Jesús...enseñando en el templo,
8:2	por la mañana volvió al templo,
20	enseñando en el templo;
59	Jesús se escondió y salió del templo;
10:23	Jesús andaba en el templo
11:56	estando ellos en el templo,
18:20	siempre he enseñado...en el templo
Hch 2:46	cada día en el templo
3:1	subían juntos al templo

ἱεροπρεπής 2412

Hch	3:2	cada día a la puerta del **templo**
		los que entraban en el **templo**,
	3	que iban a entrar en el **templo**,
	8	entró con ellos en el **templo**,
	10	pedir limosna a la puerta del **templo**,
	4:1	el jefe de la guardia del **templo**,
	5:20	puestos en pie en el **templo**,
	21	entraron de mañana en el **templo**,
	24	el jefe de la guardia del **templo**
	25	están en el **templo**, y enseñan
	42	en el **templo**...no cesaban de enseñar
	19:27	sino también que el **templo** de la gran diosa
	21:26	entró en el **templo**,
	27	al verle en el **templo**,
	28	ha metido a griegos en el **templo**,
	29	Pablo había metido en el **templo**.
	30	le arrastraron fuera del **templo**,
	22:17	orando en el **templo** me sobrevino
	24:6	Intentó también profanar el **templo**;
	12	no me hallaron...en el **templo**,
	18	me hallaron purificado en el **templo**,
	25:8	ni contra el **templo**,
	26:21	prendiéndome en el **templo**,
1 Co	9:13	comen del **templo**,

2412   ἱεροπρεπής** — ieroprepés (jieroprepés)

| Tit | 2:3 | sean **reverentes** en su porte; |

2413   ἱερός — ierós (jierós)

| 1 Co | 9:13 | los que trabajan en las **cosas sagradas** |
| 2 Ti | 3:15 | has sabido las **Sagradas** Escrituras, |

2414   Ἱεροσόλυμα — Ierosóluma (Jierosóluma)

Mt	2:1	vinieron del oriente a **Jerusalén**
	3	se turbó, y toda **Jerusalén** con él.
	3:5	salía a él **Jerusalén**,
	4:25	mucha gente...de **Jerusalén**, (...grandes multitudes..., VHA)
	5:35	ni por **Jerusalén**, porque es la ciudad
	15:1	se acercaron...fariseos de **Jerusalén**,
	16:21	le era necesario ir a **Jerusalén**
	20:17	Subiendo Jesús a **Jerusalén**, (Estando... para subir..., VHA)
	18	He aquí subimos a **Jerusalén**,
	21:1	Cuando se acercaron a **Jerusalén**,
	10	Cuando entró él en **Jerusalén**,
Mr	3:8	de **Jerusalén**, de Idumea,
	22	los escribas que habían venido de **Jerusalén**
	7:1	que habían venido de **Jerusalén**;
	10:32	subiendo a **Jerusalén**;
	33	He aquí subimos a **Jerusalén**,
	11:1	Cuando se acercaban a **Jerusalén** (WH, N, ABMW)
	11	entró Jesús en **Jerusalén**,
	15	Vinieron,...a **Jerusalén**;
	27	Volvieron entonces a **Jerusalén**; (vienen otra vez..., VM)
	15:41	que habían subido con él a **Jerusalén**.
Lc	2:22	le trajeron a **Jerusalén**
	42	subieron a **Jerusalén** (lit., subiendo...) (TR)
	13:22	encaminandose a **Jerusalén**. (WH, N, ABMW)
	18:31	He aquí subimos a **Jerusalén** (TR)
	19:28	subiendo a **Jerusalén**.
	23:7	Herodes, que...estaba en **Jerusalén**.
Jn	1:19	enviaron de **Jerusalén** sacerdotes
	2:13	subió Jesús a **Jerusalén**
	23	en **Jerusalén** en la fiesta de la pascua
	4:20	vosotros decís que en **Jerusalén**

2419 Ἱερουσαλήμ

Jn	4:21	ni en este monte ni en **Jerusalén**
	45	las cosas que había hecho en **Jerusalén**,
	5:1	subió Jesús a **Jerusalén**.
	2	hay en **Jerusalén**, cerca
	10:22	en **Jerusalén** la fiesta de la dedicación
	11:18	Betania estaba cerca de **Jerusalén**,
	55	subieron de aquella región a **Jerusalén**
	12:12	al oír que Jesús venía a **Jerusalén**,
Hch	1:4	que no se fueran de **Jerusalén**,
	8:1	contra la iglesia que estaba en **Jerusalén**;
	14	los apóstoles que estaban en **Jerusalén**
	25	se volvieron a **Jerusalén**, (WH, N, ABMW)
	11:2	Pedro subió a **Jerusalén** (TR)
	22	la iglesia que estaba en **Jerusalén** (TR)
	27	unos profetas descendieron de **Jerusalén**
	13:13	volvió a **Jerusalén**
	15:4	llegados a **Jerusalén**, (WH, N)
	16:4	que estaban en **Jerusalén**, (WH, N, ABMW)
	18:21	yo guarde en **Jerusalén** la fiesta que viene (TR, VM, [BA])
	19:21	en espíritu ir a **Jerusalén** (WH, N, ABMW)
	20:16	por estar...en **Jerusalén**
	21:4	que no subiese a **Jerusalén**, (WH, N, ABMW)
	15	subimos a **Jerusalén**. (WH, N, ABMW)
	17	Cuando llegamos a **Jerusalén**,
	25:1	subió de Cesarea a **Jerusalén**
	7	judíos que habían venido de **Jerusalén**,
	9	¿Quieres subir a **Jerusalén**, (lit.,...habiendo subido...)
	15	cuando fui a **Jerusalén**,
	20	si quería ir a **Jerusalén** (WH, N, ABMW)
	24	en **Jerusalén** y aquí
	26:4	la cual...pasé en mi nación, en **Jerusalén**
	10	lo cual también hice en **Jerusalén**,
	20	primeramente a los que están en...**Jerusalén**,
	28:17	he sido entregado preso desde **Jerusalén**
Gá	1:17	ni subí a **Jerusalén** a los que eran
	18	pasados tres años, subí a **Jerusalén**
	2:1	subí otra vez a **Jerusalén**

2415   Ἱεροσολυμίτης — Ierosolumítes (Jierosolumítes)

| Mr | 1:5 | todos **los de Jerusalén**; y eran bautizados (V60, WH, N, ABMW, VHA, VM, NC, BC, BA); (lit., **los de Jerusalem**, y todos eran bautizados, TR) |
| Jn | 7:25 | Decían entonces unos de **Jerusalén**: |

2416   ἱεροσυλέω** — ierosuléo (jierosuléo)

| Ro | 2:22 | ¿**cometes sacrilegio**? (¿**robas templos**? VHA) |

2417   ἱερόσυλος** — ierósulos (jierósulos)

| Hch | 19:37 | sin ser **sacrílegos** ni blasfemadores (que no son **robadores de templos**, VM) |

2418   ἱερουργέω** — ierourgéo (jierourguéo)

| Ro | 15:16 | **ministrando** el evangelio de Dios |

2419   Ἱερουσαλήμ — Ierosalém (Jierousalém)

Mt	23:37	¡**Jerusalén, Jerusalén**, que matas
Mr	11:1	se acercaban a **Jerusalén** (TR)
Lc	2:25	había en **Jerusalén** un hombre
	38	los que esperaban la redención en **Jerusalén**
	41	Iban...todos los años a **Jerusalén**
	43	se quedó el niño Jesús en **Jerusalén**,
	45	volvieron a **Jerusalén**,

ιερωσύνη 2420   425   2424 Ἰησοῦς

Lc	4:9	le llevó a **Jerusalén**,
	5:17	habían venido de...**Jerusalén**;
	6:17	de **Jerusalén** y de la costa de Tiro
	9:31	iba Jesús a cumplir en **Jerusalén**.
	51	afirmó su rostro para ir a **Jerusalén**.
	53	su aspecto era como de ir a **Jerusalén**
	10:30	Un hombre descendía de **Jerusalén**
	13:4	los hombres que habitan en **Jerusalén**?
	22	encaminándose a **Jerusalén**, (TR)
	33	un profeta muera fuera de **Jerusalén**.
	34	¡**Jerusalén**, **Jerusalén**, que matas
	17:11	Yendo Jesús a **Jerusalén**
	18:31	He aquí subimos a **Jerusalén**,
	19:11	por cuanto estaba cerca de **Jerusalén**
	21:20	cuando viereis a **Jerusalén** rodeada
	24	**Jerusalén** será hollada por los gentiles,
	23:28	Hijas de **Jerusalén**, no lloréis por mí,
	24:13	a sesenta estadios de **Jerusalén**.
	18	el único forastero en **Jerusalén**
	33	volvieron a **Jerusalén**
	47	comenzando desde **Jerusalén**.
	49	vosotros en la ciudad de **Jerusalén** (TR, VM)
	52	volvieron a **Jerusalén** con gran gozo
Hch	1:8	me seréis testigos en **Jerusalén**,
	12	Entonces volvieron a **Jerusalén** el cual está cerca de **Jerusalén**,
	19	notorio a todos los habitantes de **Jerusalén**
	2:5	Moraban entonces en **Jerusalén**
	14	todos los que habitáis en **Jerusalén**,
	4:5	se reunieron en **Jerusalén**
	16	a todos los que moran en **Jerusalén**
	5:16	muchos venían a **Jerusalén**,
	28	habéis llenado a **Jerusalén**
	6:7	se multiplicaba grandemente en **Jerusalén**
	8:25	se volvieron a **Jerusalén**, (TR)
	26	el camino que desciende de **Jerusalén**
	27	había venido de **Jerusalén**
	9:2	los trajese presos a **Jerusalén**.
	13	ha hecho a tus santos en **Jerusalén**;
	21	el que asolaba en **Jerusalén**
	26	cuando llegó a **Jerusalén**, trataba
	28	estaba con ellos en **Jerusalén**
	10:39	las cosas que Jesús hizo...en **Jerusalén**;
	11:2	Pedro subió a **Jerusalén**, (WH, N, ABMW)
	22	la iglesia que estaba en **Jerusalén** (WH, N, ABMW)
	12:25	volvieron de **Jerusalén**, (TR, N, VHA, VM, NC, BC, BA); (lit.,...a..., WH, ABMW)
	13:27	los habitantes de **Jerusalén**
	31	los que habían subido...a **Jerusalén**,
	15:2	que subiesen Pablo y Bernabé a **Jerusalén**
	4	llegados a **Jerusalén**, (TR, ABMW)
	16:4	que estaban en **Jerusalén** (TR)
	19:21	en espíritu ir a **Jerusalén** (TR)
	20:22	voy a **Jerusalén**,
	21:4	que no subiese a **Jerusalén** (TR)
	11	Así atarán los judíos en **Jerusalén**
	12	que no subiese a **Jerusalén**.
	13	mas aun a morir en **Jerusalén**
	15	subimos a **Jerusalén** (TR)
	31	**Jerusalén** estaba alborotada.
	22:5	para traer presos a **Jerusalén**
	17	me aconteció, vuelto a **Jerusalén**
	18	sal prontamente de **Jerusalén**;
	23:11	has testificado de mí en **Jerusalén**
	24:11	subí a adorar a **Jerusalén**;
	25:3	que le hiciese traer a **Jerusalén**;
	20	si quería ir a **Jerusalén** (TR)
Ro	15:19	de manera que desde **Jerusalén**
	25	ahora voy a **Jerusalén**
	26	los santos que están en **Jerusalén**,
	31	mi servicio a los santos en **Jerusalén**
1 Co	16:3	que lleven vuestro donativo a **Jerusalén**.
Gá	4:25	corresponde a la **Jerusalén** actual,
	26	Mas la **Jerusalén** de arriba,
He	12:22	**Jerusalén** la celestial, a la compañía
Ap	3:12	la nueva **Jerusalén**,
	21:2	la santa ciudad, la nueva **Jerusalén**,
	10	me mostró la...ciudad santa de **Jerusalén**,

2420   ἱερωσύνη — ierosúne (jierosúne)

He	7:11	la perfección fuera por el **sacerdocio**
	12	cambiado el **sacerdocio**,
	14	tocante al **sacerdocio** (TR, NC)
	24	tiene un **sacerdocio** inmutable;

2421   Ἰεσσαί — lessái

Mt	1:5	Obed a **Isaí**. (...engendró a Isaí, VM)
	6	**Isaí** engendró al rey David,
Lc	3:32	David, hijo de **Isaí**,
Hch	13:22	He hallado a David hijo de **Isaí**,
Ro	15:12	Estará la raíz de **Isaí**,

2422   Ἰεφθάε — lefthάe

He	11:32	contando de...**Jefté**,

2423   Ἰεχονίας — leconías (lejonías)

Mt	1:11	Josías engendró a **Jeconías**
	12	**Jeconías** engendró a Salatiel,

2424   Ἰησοῦς — lesóus (lesús)

Mt	1:1	la genealogía de **Jesucristo**
	16	María, de la cual nació **Jesús**
	18	El nacimiento de **Jesucristo** fue así
	21	llamarás su nombre **JESUS**
	25	le puso por nombre **JESUS** (lit., llamó su nombre...)
	2:1	Cuando **Jesús** nació en Belén
	3:13	**Jesús** vino de Galilea a Juan
	15	Pero **Jesús** le respondió
	16	**Jesús**, después que fue bautizado
	4:1	**Jesús** fue llevado por el Espíritu
	7	**Jesús** le dijo: Escrito está
	10	**Jesús** le dijo: Vete, Satanás
	12	cuando **Jesús** oyó (TR)
	17	comenzó **Jesús** a predicar,
	18	Andando **Jesús** (TR)
	23	recorrió **Jesús** toda Galilea, (TR, VM, BC)
	7:28	cuando terminó **Jesús** estas palabras,
	8:3	**Jesús** extendió la mano (extendiendo **Jesús** la mano, VHA, TR, WH, N, ABMW, NC, BC, BA)
	4	**Jesús** le dijo: Mira, no lo digas
	5	Entrando **Jesús** en Capernaum (TR, VHA, BA)
	7	**Jesús** le dijo: Yo iré (TR, VM, BC, BA)
	10	Al oírlo **Jesús**, se maravilló,
	13	**Jesús** dijo al centurión: Vé,
	14	Vino **Jesús** a casa de Pedro, (venido.., BC)
	18	Viéndose **Jesús** rodeado de mucha gente, (lit., viendo... una multitud alrededor de él)
	20	**Jesús** le dijo: Las zorras tienen
	22	**Jesús** le dijo: Sígueme;
	29	**Jesús**, Hijo de Dios (TR)

Mt	8:34	la ciudad salió al encuentro de **Jesús**;
	9:2	al ver **Jesús** la fe de ellos,
	4	conociendo **Jesús** los pensamientos de ellos
	9	Pasando **Jesús** de allí
	10	se sentaron...a la mesa con **Jesús**
	12	al oir esto **Jesús** les dijo (TR, VHA)
	15	**Jesús** les dijo: ¿Acaso...?
	19	se levantó **Jesús**, (levantándose..., VM)
	22	**Jesús**, volviéndose y mirándola,
	23	Al entrar **Jesús** en la casa
	27	Pasando **Jesús** de allí,
	28	**Jesús** les dijo: ¿Creéis que
	30	**Jesús** les encargó rigurosamente,
	35	Recorría **Jesús** todas las ciudades
10:5		A estos doce envió **Jesús**,
	11:1	Cuando **Jesús** terminó de dar instrucciones
	4	Respondiendo **Jesús**, les dijo:
	7	comenzó **Jesús** a decir de Juan
	25	respondiendo **Jesús**, dijo: Te alabo,
12:1		iba **Jesús** por los sembrados
	15	Sabiendo esto **Jesús**, se apartó
	25	Sabiendo **Jesús** los pensamientos (TR, VHA, BC, BA)
13:1		salió **Jesús** de la casa (habiendo salido..., VHA)
	34	esto habló **Jesús** por parábolas
	36	entró **Jesús** en la casa (TR)
	51	**Jesús** les dijo: ¿Habéis entendido (TR, VM)
	53	cuando terminó **Jesús** estas parábolas,
	57	**Jesús** les dijo: No hay profeta
14:1		Herodes...oyó la fama de **Jesús**,
	12	dieron las nuevas a **Jesús**.
	13	Oyéndolo **Jesús**, se apartó de allí,
	14	Saliendo **Jesús**, vió una gran multitud (TR, VHA)
	16	**Jesús** les dijo: No tienen necesidad
	22	En seguida **Jesús** hizo...entrar (TR, VHA, VM)
	25	**Jesús** vino a ellos (TR, VHA)
	27	**Jesús** les habló, (TR, | WH |, [N], [ABMW], VHA, VM, BC, BA)
	29	andaba sobre las aguas para ir a **Jesús**. (TR, VM, BC); (...y fué hacia **Jesús**, VHA, WH, N, ABMW, NC, BA)
	31	**Jesús**, extendiendo la mano
15:1		se acercaron a **Jesús** ciertos...fariseos
	16	**Jesús** dijo: ¿También vosotros (TR)
	21	Saliendo **Jesús** de allí,
	28	respondiendo **Jesús**, dijo: Oh mujer,
	29	Pasó **Jesús** de allí (partiendo..., VM)
	30	a los pies de **Jesús**, (TR, VHA, BA)
	32	**Jesús**, llamando a sus discípulos,
	34	**Jesús** les dijo: ¿Cuántos panes
16:6		**Jesús** les dijo: Mirad,
	8	entendiéndolo **Jesús**, les dijo:
	13	Viniendo **Jesús** a la región de Cesarea
	17	le respondió **Jesús**: (...respondiendo, le dijo, VM)
	20	que él era **Jesús** el Cristo (TR)
	21	comenzó **Jesús** a declarar (TR, ABMW, VM, NC, BA); (...Jesucristo, VHA, WH, N, BC)
	24	**Jesús** dijo a sus discípulos
17:1		**Jesús** tomó a Pedro, a Jacobo
	4	Pedro dijo a **Jesús** : Señor
	7	**Jesús** se acercó..., y dijo:
	8	sino a **Jesús** solo (TR, VM, NC, BA); (sino a solo **Jesús** mismo, VHA, WH, N, ABMW, BC)

Mt	17:9	**Jesús** les mandó, diciendo:
	11	Respondiendo **Jesús**, les dijo (TR)
	17	Respondiendo **Jesús**, dijo:
	18	reprendió **Jesús** al demonio,
	19	Viniendo entonces los discípulos a **Jesús**
	20	**Jesús** les dijo: Por vuestra poca fe (TR)
	22	**Jesús** les dijo: El Hijo del Hombre
	25	**Jesús** le habló primero
	26	**Jesús** le dijo: Luego los hijos
18:1		los discípulos vinieron a **Jesús**,
	2	llamando **Jesús** a un niño (TR)
	22	**Jesús** le dijo: No te digo
19:1		cuando **Jesús** terminó estas palabras,
	14	**Jesús** dijo: Dejad a los niños
	18	**Jesús** dijo: No matarás.
	21	**Jesús** le dijo: Si quieres ser perfecto,
	23	**Jesús** dijo a sus discípulos:
	26	**Jesús**, les dijo: Para los hombres
	28	**Jesús** les dijo: De cierto os digo
20:17		Subiendo **Jesús** a Jerusalén, (TR, ABMW, VM, NC); (Estando...para subir..., VHA, WH, N, BC, BA)
	22	**Jesús** respondiendo, dijo: No sabéis
	25	**Jesús**, llamándolos, dijo:
	30	cuando oyeron que **Jesús** pasaba
	32	**Jesús**, los llamó,
	34	**Jesús**, compadecido, les tocó los ojos,
21:1		**Jesús** envió dos discípulos,
	6	como **Jesús** les mandó;
	11	Este es **Jesús** el profeta,
	12	entró **Jesús** en el templo de Dios,
	16	**Jesús** les dijo: Sí,
	21	**Jesús**, les dijo: De cierto os digo,
	24	**Jesús**, les dijo: Yo también os haré
	27	respondiendo a **Jesús**, dijeron:
	31	**Jesús** les dijo: De cierto os digo,
	42	**Jesús** les dijo: ¿Nunca leísteis en
22:1		**Jesús**, les volvió a hablar (...les habló otra vez, VM)
	18	**Jesús**, conociendo la malicia
	29	respondiendo **Jesús**, les dijo: Erráis
	41	**Jesús** les preguntó,
23:1		habló **Jesús** a la gente
24:1		Cuando **Jesús** salió del templo
	2	Respondiendo él, les dijo (V60, WH, N, ABMW,. VHA, VM, NC, BC, BA); (...**Jesús**..., TR)
	4	**Jesús**, les dijo: Mirad que nadie
26:1		Cuando hubo acabado **Jesús** todas estas
	4	para prender con engaño a **Jesús**,
	6	estando **Jesús** en Betania,
	10	entendiéndolo **Jesús**, les dijo:
	17	vinieron los discípulos a **Jesús**,
	19	hicieron como **Jesús** les mandó,
	26	tomó **Jesús** el pan, (tomando..., BC)
	31	**Jesús** les dijo: Todos vosotros
	34	**Jesús** le dijo: De cierto te digo
	36	llegó **Jesús** con ellos a un lugar
	49	se acercó a **Jesús** y dijo: (llegándose..., VM)
	50	**Jesús** le dijo: Amigo, y echaron mano a **Jesús**
	51	uno de los que estaban con **Jesús**,
	52	Entonces **Jesús** le dijo: Vuelve
	55	dijo **Jesús** a la gente:
	57	Los que prendieron a **Jesús** le llevaron
	59	buscaban falso testimonio contra **Jesús**
	63	Mas **Jesús** callaba
	64	**Jesús** le dijo: Tú lo has dicho;
	69	estaba con **Jesús** el galileo.

Mt	26:71	También éste estaba con Jesús
	75	se acordó de las palabras de Jesús
	27:1	entraron en consejo contra Jesús,
	11	Jesús, pues, estaba en pie
		Jesús le dijo: Tú lo dices.
	17	a Barrabás, o a Jesús
	20	y que Jesús fuese muerto.
	22	¿Qué, pues, haré de Jesús,
	26	habiendo azotado a Jesús,
	27	llevaron a Jesús al pretorio (llevando..., VM)
	37	ESTE ES JESUS, EL REY DE LOS
	46	Jesús clamó a gran voz,
	50	Jesús, habiendo otra vez clamado
	54	guardando a Jesús
	55	las cuales habían seguido a Jesús
	57	había sido discípulo de Jesús.
	58	pidió el cuerpo de Jesús
	28:5	yo sé que buscáis a Jesús
	9	Jesús les salió al encuentro
	10	Jesús les dijo: No temáis
	16	al monte donde Jesús les había ordenado.
	18	Jesús se acercó y les habló (acercándose..., VM)
Mr	1:1	Principio del evangelio de Jesucristo
	9	Jesús vino de Nazaret de Galilea,
	14	Jesús vino a Galilea
	17	les dijo Jesús: Venid en pos de mí,
	24	¿qué tienes con nosotros, Jesús nazareno?
	25	Jesús le reprendió, diciendo:
	41	Jesús, teniendo misericordia (TR)
	2:5	Al ver Jesús la fe de ellos,
	8	conociendo luego Jesús en su espíritu
	15	a la mesa juntamente con Jesús
	17	Al oir esto Jesús, les dijo:
	19	Jesús les dijo: ¿Acaso pueden
	3:7	Jesús se retiró al mar
	5:6	Cuando vio,...a Jesús de lejos,
	7	¿Qué tienes conmigo, Jesús,
	13	Jesús les dio permiso (TR)
	15	Vienen a Jesús
	19	Jesús no se lo permitió (TR, BA)
	20	había hecho Jesús con él;
	21	otra vez Jesús en una barca
	27	cuando oyó hablar de Jesús,
	30	Luego Jesús, conociendo en sí mismo
	36	Jesús, luego que oyó
	6:4	Jesús les decía: No hay
	30	los apóstoles se juntaron con Jesús
	34	salió Jesús y vio (Al salir Jesús, vio, VHA) (TR, BC)
	7:27	Pero Jesús le dijo. (TR)
	8:1	Jesús llamó a sus discípulos, (TR, BA) (lit., ...llamando)
	17	entendiéndolo Jesús, les dijo: (TR, VHA, VM, BC, BA)
	27	Salieron Jesús y sus discípulos
	9:2	Jesús tomó a Pedro, a Jacobo
	4	que hablaban con Jesús
	5	Pedro dijo a Jesús: Maestro,
	8	no vieron...sino a Jesús solo.
	23	Jesús le dijo: Si puedes creer,
	25	cuando Jesús vio que la multitud
	27	Jesús, tomándole de la mano,
	39	Jesús dijo: No se lo prohibáis;
	10:5	Jesús, les dijo: Por la dureza
	14	Viéndolo Jesús, se indignó,
	18	Jesús le dijo: ¿Por qué me
	21	Jesús, mirándole, le amó,
	23	Jesús, mirando alrededor, dijo
Mr	10:24	Jesús, respondiendo, volvió a decirles: (lit. ...respondiendo otra vez, les dijo)
	27	Jesús, mirándolos, dijo:
	29	Respondió Jesús y dijo: (...respondiendo... VM) (TR); (Dijo Jesús, BC, WH, N, ABMW, VHA, NC, BA)
	32	Jesús iba delante,
	38	Jesús les dijo: No sabéis
	39	Jesús les dijo: A la verdad,
	42	Jesús, llamándolos, les dijo:
	47	oyendo que era Jesús nazareno, ¡Jesús, Hijo de David,. !
	49	Jesús, deteniéndose, mandó
	50	se levantó y vino a Jesús. (levantándose de un salto..., BC)
	51	Respondiendo Jesús, le dijo:
	52	Jesús le dijo: Vete, seguía a Jesús en el camino (TR, VHA)
	11:6	les dijeron como Jesús había mandado;
	7	trajeron el pollino a Jesús,
	11	entró Jesús en Jerusalén (TR, VHA)
	14	Entonces Jesús dijo (TR, BA)
	15	entrando Jesús en el templo, (TR, VM)
	22	Jesús, les dijo: Tened fe en Dios.
	29	Jesús...les dijo: Os haré yo
	33	dijeron a Jesús : No sabemos.
		Jesús, les dijo: Tampoco yo
	12:17	Jesús, les dijo: Dad a César
	24	Jesús, les dijo: ¿No erráis
	29	Jesús le respondió: El primer
	34	Jesús...viendo que había respondido
	35	Enseñando Jesús (respondiendo Jesús, decía, enseñando, VHA)
	41	Estando Jesús sentado (TR, VHA, BA)
	13:2	Jesús...le dijo: ¿Ves
	5	Jesús,..comenzó a decir: Mirad que nadie
	14:6	Jesús dijo: Dejadla;
	18	mientras comían, dijo Jesús:
	22	Jesús tomó pan (TR, VHA) (lit., tomando...)
	27	Jesús les dijo: Todos os escandalizaréis
	30	le dijo Jesús: De cierto te digo
	48	respondiendo Jesús, les dijo:
	53	Trajeron, pues, a Jesús al sumo sacerdote;
	55	buscaban testimonio contra Jesús,
	60	preguntó a Jesús, diciendo:
	62	Jesús le dijo: yo soy;
	67	también estabas con Jesús
	72	que Jesús le había dicho
	15:1	llevaron a Jesús atado, (habiendo atado a Jesús, le llevaron, BA)
	5	Jesús ni aun con eso respondió;
	15	entregó a Jesús
	34	Jesús clamó a gran voz
	37	Jesús, dando una gran voz, expiró
	43	pidió el cuerpo de Jesús.
	16:6	buscáis a Jesús nazareno,
	19	|el Señor...fue recibido (el Señor Jesus..., VHA)|
Lc	1:31	llamarás su nombre JESUS.
	2:21	le pusieron por nombre JESUS, (fue llamado..., VM)
	27	los padres del niño Jesús (...trajeron al niño Jesús, VHA)
	43	se quedó el niño Jesús en Jerusalén,
	52	Jesús crecía en sabiduría
	3:21	cuando...también Jesús fue bautizado;
	23	Jesús mismo al comenzar
	4:1	Jesús, lleno del Espíritu

Lc	4:4	Jesús, respondiéndole, dijo: (lit.,...le respondió, diciendo) (TR); (...le respondió, NC, WH, N, ABMW, VHA, VM, BC, BA)	Lc	18:22	Jesús, oyendo esto, le dijo:
				24	Al ver Jesús,...dijo:
				37	pasaba Jesús nazareno
				38	¡Jesús, Hijo de David,
	8	Jesús, le dijo: Vete de mí,		40	Jesús entonces, deteniéndose, mandó
	12	Jesús, le dijo: Dicho está		42	Jesús le dijo: Recíbela,
	14	Jesús volvió en el poder del Espíritu		19:3	procuraba ver quién era Jesús;
	34	¿qué tienes con nosotros, Jesús nazareno?		5	Jesús,...mirando hacia arriba
	35	Jesús le reprendió,		9	Jesús le dijo: Hoy ha venido la salvación
	5:8	cayó de rodillas ante Jesús,		35	lo trajeron a Jesús
	10	Jesús dijo a Simón:			subieron a Jesús encima.
	12	viendo a Jesús, se postró		20:8	Jesús les dijo: Yo tampoco os diré
	19	en medio, delante de Jesús		34	Jesús, les dijo: Los hijos de este siglo
	22	Jesús entonces, conociendo		22:47	se acercó hasta Jesús para besarle.
	31	Jesús, les dijo: Los que están sanos		48	Jesús le dijo: Judas,
	34	El les dijo: ¿Podéis (TR); (Jesús..., BC, WH, N, ABMW, VHA, VM, NC, BA)		51	Jesús, dijo: Basta ya;
				52	Jesús dijo a los principales sacerdotes,
	6:3	Jesús, les dijo:		63	que custodiaban a Jesús (TR, BA)
	9	Jesús les dijo: Os preguntaré una cosa:		23:8	Herodes, viendo a Jesús
	11	qué podrían hacer contra Jesús.		20	Pilato, queriendo soltar a Jesús;
	7:3	cuando el centurión oyó...de Jesús		25	entregó a Jesús a la voluntad de ellos
	4	vinieron a Jesús (Presentándose..., VHA)		26	para que la llevase tras Jesús.
	6	Jesús fue con ellos.		28	Jesús, vuelto hacia ellas,
	9	Jesús se maravilló de él,		34	Jesús decía: Padre, perdónalos,
	19	los envió a Jesús (TR)		42	dijo a Jesús: Acuérdate de mí cuando
	22	respondiendo Jesús, les dijo (TR)		43	Jesús le dijo: De cierto te digo (TR, VHA)
	40	respondiendo Jesús, le dijo: Simón		46	Jesús, clamando a gran voz, dijo:
	8:28	al ver a Jesús,		52	pidió el cuerpo de Jesús
		¿Qué tienes conmigo, Jesús		24:3	no hallaron el cuerpo del Señor Jesús.
	30	le preguntó Jesús,		15	Jesús mismo se acercó, (lit.,...acercándose)
	35	vinieron a Jesús, y hallaron		19	De Jesús nazareno,
		sentado a los pies de Jesús,		36	Jesús se puso en medio (TR, VHA)
	38	Jesús le despidió (TR, VHA)	Jn	1:17	vinieron por medio de Jesucristo
	39	había hecho Jesús con él.		29	vio Juan a Jesús
	40	Cuando volvió Jesús, le recibió		36	mirando a Jesús que andaba
	41	postrándose a los pies de Jesús		37	siguieron a Jesús.
	45	Jesús dijo: ¿Quién es el que		38	volviéndose Jesús, y viendo
	46	Jesús dijo: Alguien me ha tocado;		42	le trajo a Jesús
	50	Oyéndolo Jesús, le respondió:			mirándole Jesús, dijo:
	9:33	Pedro dijo a Jesús: Maestro,		43	(44) quiso Jesús ir a Galilea, (TR, VHA, VM, BC)
	36	Jesús fue hallado solo;			le dijo: Sígueme (TR, VHA, VM, BC)
	41	Jesús, dijo: ¡Oh generación			(...Jesús, NC, WH, N, ABMW, BA)
	42	Jesús reprendió al espíritu		45	a Jesús, el hijo de José
	43	de todas las cosas que hacía (V60, WH, N, ABMW, VHA, VM, NC, BC, BA); (...que Jesús hacía, TR)		47	Jesús vio a Natanael
				48	Respondió Jesús...: Antes que Felipe
	47	Jesús, percibiendo los pensamientos		50	Respondió Jesús y le dijo: ¿Porque
	50	Jesús le dijo: No se lo prohibáis;		2:1	estaba allí la madre de Jesús.
	58	dijo Jesús: Las zorras tienen		2	a las bodas Jesús y sus discípulos
	60	Jesús le dijo: Deja (TR)		3	la madre de Jesús le dijo:
	62	Jesús le dijo: Ninguno que poniendo		4	Jesús le dijo: ¿Que tienes conmigo,
	10:21	Jesús se regocijó en el Espíritu (TR, VHA)		7	Jesús les dijo: Llenad estas
	29	dijo a Jesús: ¿Y quién es mi prójimo?		11	principio de señales hizo Jesús
	30	Jesús, dijo: Un hombre descendía		13	subió Jesús a Jerusalén,
	37	Jesús le dijo: Vé, y haz tú		19	Respondió Jesús y les dijo: Destruid
	39	Sentándose a los pies de Jesús (TR, VM)		22	la palabra que Jesús había dicho.
	41	Respondiendo Jesús, le dijo: Marta (TR, VM)		24	Jesús mismo no se fiaba de ellos
				3:2	Este vino a Jesús de noche (TR, VHA, NC, BC, BA)
	13:2	Respondiendo Jesús, le dijo: (TR, VHA, BA)			
				3	Respondió Jesús y le dijo: De cierto
	12	Cuando Jesús la vio,		5	Respondió Jesús: De cierto,
	14	enojado de que Jesús hubiese sanado		10	Respondió Jesús y le dijo: ¿Eres tú
	14:3	Jesús habló a los intérpretes de la ley		22	vino Jesús con sus discípulos (lit., Jesús y..)
	17:13	¡Jesús, Maestro, ten misericordia...!		4:1	Cuando...el Señor entendió (TR, WH, N, VHA, VM, NC, BA); (lit.,...Jesús..., T, ABMW)
	17	Jesús, dijo: ¿No son diez			
	18:16	Jesús, llamándolos, dijo: (TR, VM); (...los llamó a sí, diciendo, VHA, WH, N, ABMW, NC, BC, BA)		1	(2) Jesús hace y bautiza más discípulos
				2	aunque Jesús no bautizaba
	19	Jesús le dijo: ¿Por qué me llamas		6	Jesús, cansado del camino,

Jn	4:7	Jesús le dijo: Dame de beber
	10	Respondió Jesús y le dijo: Si conocieras
	13	Respondió Jesús y le dijo: Cualquiera
	16	Jesús le dijo: Vé, llama (TR, VM, BC)
	17	Jesús le dijo: Bien has dicho
	21	Jesús le dijo: Mujer, créeme,
	26	Jesús le dijo: Yo soy,
	34	Jesús les dijo: Mi comida
	44	Jesús mismo dió testimonio
	46	Jesús otra vez a Caná (TR, BC)
	47	cuando oyó que Jesús había llegado
	48	Jesús le dijo: Si no viereis señales
	50	Jesús le dijo: Vé, tu hijo vive.
		creyó la palabra que Jesús le dijo,
	53	la hora en que Jesús le había dicho:
	54	Esta segunda señal hizo Jesús,
	5:1	subió Jesús a Jerusalén.
	6	Cuando Jesús lo vió acostado
	8	Jesús le dijo: Levántate,
	13	Jesús se había apartado
	14	le halló Jesús en el templo
	15	que Jesús era el que le había sanado
	16	los judíos perseguían a Jesús,
	17	Jesús les respondió: Mi Padre (TR, ABMW, VHA, VM, BC)
	19	Respondió entonces Jesús, y les dijo:
	6:1	Jesús fue al otro lado del mar
	3	subió Jesús a un monte,
	5	Cuando alzó Jesús los ojos,
	10	Jesús dijo: Haced recostar
	11	tomó Jesús aquellos panes,
	14	la señal que Jesús había hecho (TR, VHA)
	15	entendiendo Jesús que iban a venir
	17	Jesús no había venido a ellos
	19	vieron a Jesús que andaba
	22	que Jesús no había entrado en ella
	24	la gente que Jesús no estaba allí, fueron...buscando a Jesús.
	26	Respondió Jesús y les dijo: De cierto
	29	Respondió Jesús y les dijo: Esta es
	32	Jesús les dijo: De cierto,
	35	Jesús dijo: Yo soy el pan
	42	¿No es éste Jesús, el hijo de José
	43	Jesús respondió y les dijo: No murmuréis
	53	Jesús les dijo: De cierto,
	61	Sabiendo Jesús en sí mismo
	64	Jesús sabía desde el principio quiénes
	67	Dijo entonces Jesús a los doce:
	70	Jesús les respondió: ¿No os he escogido
	7:1	andaba Jesús en Galilea;
	6	Jesús les dijo: Mi tiempo aún no
	14	subió Jesús al templo,
	16	Jesús les respondió y dijo: Mi doctrina
	21	Jesús respondió y les dijo: Una obra
	28	Jesús...enseñando en el templo,
	33	Jesús dijo: Todavía un poco
	37	Jesús se puso en pie
	39	Jesús no había sido aún glorificado.
	8:1	¦Jesús se fue al monte de los Olivos¦
	6	¦Jesús, inclinado hacia el suelo, ¦
	9	¦quedó solo Jesús, y la mujer¦
	10	¦Enderezándose Jesús, y no viendo a nadie¦
	11	¦Entonces Jesús le dijo: Ni yo¦
	12	Otra vez Jesús les habló
	14	Jesús y les dijo: Aunque yo doy
	19	Respondió Jesús: Ni a mí me conocéis
	20	Jesús en el lugar de las ofrendas (TR, VHA, NC)
	21	Otra vez les dijo Jesús (TR, VM)

Jn	8:25	Jesús les dijo: Lo que
	28	Les dijo...Jesús: Cuando hayáis levantado
	31	Dijo entonces Jesús a los judíos
	34	Jesús les respondió: De cierto,
	39	Jesús les dijo: Si fueseis hijos
	42	Jesús...les dijo: Si vuestro padre
	49	Respondió Jesús: Yo no tengo demonio,
	54	Respondió Jesús: Si yo me glorifico
	58	Jesús les dijo: De cierto,
	59	Jesús se escondió y salió del
	9:3	Respondió Jesús: No es que pecó
	11	Aquel hombre que se llama Jesús
	14	Jesús había hecho el lodo
	35	Oyó Jesús que le había expulsado;
	37	Le dijo Jesús: Pues le has visto
	39	Dijo Jesús: Para juicio he venido
	41	Jesús les respondió: Si fuerais ciegos,
	10:6	Esta alegoría les dijo Jesús;
	7	Volvió, pues, Jesús a decirles: (...dijo otra vez, VM)
	23	Jesús andaba en el templo
	25	Jesús les respondió: Os lo he dicho,
	32	Jesús les respondió: Muchas buenas obras
	34	Jesús les respondió: ¿No está escrito
	11:4	Jesús, dijo: Esta enfermedad no es
	5	amaba Jesús a Marta,
	9	Respondió Jesús: ¿No tiene el día
	13	Jesús decía esto de la muerte
	14	Jesús les dijo claramente:
	17	Vino, pues, Jesús, y halló (cuando llegó..., VHA)
	20	cuando oyó que Jesús venía,
	21	Marta dijo a Jesús: Señor,
	23	Jesús le dijo: Tu hermano resucitará
	25	Le dijo Jesús: Yo soy la resurrección
	30	Jesús todavía no había entrado
	32	cuando llegó a donde estaba Jesús,
	33	Jesús entonces, al verla llorando, (...cuando la vio..., VM)
	35	Jesús lloró.
	38	Jesús, profundamente conmovido
	39	Dijo Jesús: Quitad la piedra.
	40	Jesús le dijo: ¿No te he dicho
	41	Jesús, alzando los ojos (...alzó..., VM)
	44	Jesús les dijo: Desatadle,
	45	vieron lo que hizo Jesús (TR, VHA, BA)
	46	les dijeron lo que Jesús había hecho.
	51	profetizó que Jesús había de morir
	54	Jesús ya no andaba abiertamente entre
	56	buscaban a Jesús,
	12:1	vino Jesús a Betania, a quien había resucitado (TR, VHA, VM); (a quien Jesús..., NC, WH, N, ABMW, BC, BA)
	3	ungió los pies de Jesús,
	7	Jesús dijo: Déjala;
	9	vinieron, no solamente por causa de Jesús,
	11	a causa de él muchos...creían en Jesús.
	12	al oír que Jesús venía a Jerusalén,
	14	halló Jesús un asnillo, (habiendo hallado..., VM)
	16	cuando Jesús fue glorificado,
	21	Señor, quisiéramos ver a Jesús
	22	Andrés y Felipe se lo dijeron a Jesús.
	23	Jesús les respondió diciendo: Ha llegado
	30	Respondió Jesús y dijo: No ha venido
	35	Jesús les dijo: Aún por un poco
	36	Estas cosas habló Jesús
	44	Jesús clamó y dijo: El que cree

'Ιησοῦς 2424

Jn	13:1	sabiendo Jesús que su hora había llegado
	3	sabiendo Jesús que el Padre (TR, VM)
	7	Respondió Jesús y le dijo: Lo que yo hago
	8	Jesús le respondió: Si no te lavare,
	10	Jesús le dijo: El que está lavado,
	21	Habiendo dicho Jesús esto, se conmovió
	23	al cual Jesús amaba,
		recostado al lado de Jesús (...en el seno..., VHA)
	25	recostado cerca del pecho de Jesús,
	26	Respondió Jesús: A quien yo diere
	27	Entonces Jesús le dijo: Lo que vas a hacer
	29	pensaban...que Jesús le decía: Compra
	31	cuando hubo salido, dijo Jesús:
	36	Jesús le respondió: A donde yo voy
	38	Jesús le respondió: ¿Tu vida pondrás
14:6		Jesús le dijo: Yo soy el camino,
	9	Jesús le dijo: ¿Tanto tiempo
	23	Respondió Jesús y le dijo: El que me ama
16:19		Jesús conoció que querían preguntarle,
	31	Jesús les respondió: ¿Ahora creéis?
17:1		Estas cosas habló Jesús,
	3	y a Jesucristo, a quién has enviado.
18:1		Habiendo dicho Jesús estas cosas,
	2	muchas veces Jesús se había reunido
	4	Jesús, sabiendo todas las cosas
	5	Le respondieron: A Jesús nazareno
		Jesús les dijo: Yo soy. (TR, T, VHA, VM, BC)
	7	ellos dijeron: A Jesús nazareno
	8	Respondió Jesús: Os he dicho que yo soy
	11	Jesús entonces dijo a Pedro: Mete
	12	prendieron a Jesús y le ataron,
	15	seguían a Jesús Simón Pedro
		y entró con Jesús al patio
	19	preguntó a Jesús
	20	Jesús le respondió: Yo públicamente
	22	le dio una bofetada (...una bofetada a Jesús, BC)
	23	Jesús le respondió: Si he hablado
	28	Llevaron a Jesús de casa de Caifás
	32	para que se cumpliese la palabra que Jesús
	33	llamó a Jesús y le dijo:
	34	Jesús le respondió: ¿Dices tú esto
	36	Respondió Jesús: Mi reino no es de
	37	Respondió Jesús: Tú dices que yo soy rey.
19:1		tomó Pilato a Jesús,
	5	salió Jesús, llevando la corona
	9	dijo a Jesús: ¿De dónde eres tú?
		Jesús no le dio respuesta
	11	Respondió Jesús: Ninguna autoridad
	13	Pilato,...llevó fuera a Jesús
	16	(17) Tomaron, pues, a Jesús,
	18	y Jesús en medio.
	19	JESUS NAZARENO, REY DE LOS
	20	el lugar donde Jesús fue crucificado
	23	hubieron crucificado a Jesús,
	25	Esteban junto a la cruz de Jesús
	26	Cuando vio Jesús a su madre,
	28	sabiendo Jesús que ya todo
	30	Cuando Jesús hubo tomado el vinagre
	33	cuando llegaron a Jesús,
	38	que era discípulo de Jesús,
		que le permitiese llevarse el cuerpo de Jesús
	39	había visitado a Jesús de noche (TR, VHA, VM, BA)
	40	Tomaron, pues, el cuerpo de Jesús,
	42	allí...pusieron a Jesús,
20:2		al que amaba Jesús

Jn	20:12	donde el cuerpo de Jesús había sido puesto
	14	y vio a Jesús que estaba allí;
		no sabía que era Jesús
	15	Jesús le dijo: Mujer, ¿por qué lloras?
	16	Jesús le dijo: ¡María!
	17	Jesús le dijo: No me toques,
	19	vino Jesús, y puesto en medio,
	21	Jesús les dijo otra vez: Paz (TR, [WH],[N], VHA, VM, BA)
	24	no estaba con ellos cuando Jesús vino.
	26	Llegó Jesús, estando las puertas
	29	Jesús le dijo: Porque me has visto,
	30	Hizo además Jesús muchas otras señales
	31	para que creáis que Jesús es el Cristo,
21:1		Jesús se manifestó otra vez
	4	se presentó Jesús en la playa;
		no sabían que era Jesús
	5	les dijo: Hijitos, ¿tenéis (...Jesús, VM)
	7	a quien Jesús amaba dijo a Pedro:
	10	Jesús les dijo: Traed de los peces
	12	Les dijo Jesús: Venid, comed
	13	Vino, pues, Jesús, y tomó el pan
	14	la tercera vez que Jesús se manifestaba
	15	Jesús dijo a Simón Pedro:
	17	Jesús le dijo: Apacienta mis ovejas.
	20	el discípulo a quien amaba Jesús,
	21	dijo a Jesús: Señor, ¿y qué de éste?
	22	Jesús le dijo: Si quiero que él quede
	23	Jesús no le dijo que no moriría,
	25	otras muchas cosas que hizo Jesús,
Hch	1:1	que Jesús comenzó a hacer y a enseñar
	11	Este mismo Jesús, que ha sido tomado
	14	con María la madre de Jesús,
	16	guía de los que prendieron a Jesús
	21	el Señor Jesús entraba y salía
2:22		Jesús nazareno, varón aprobado por Dios
	32	A éste Jesús resucitó Dios,
	36	a este Jesús a quién vosotros crucificasteis,
	38	en el nombre de Jesucristo para perdón
3:6		en el nombre de Jesucristo de Nazaret,
	13	ha glorificado a su Hijo Jesús,
	20	y él envíe a Jesucristo,
	26	habiendo levantado a su Hijo (V60, WH, N, VHA, VM, NC, BC, BA); (...a su Hijo Jesús, lit., TR)
4:2		anunciasen en Jesús la resurrección
	10	en el nombre de Jesucristo
	13	que habían estado con Jesús.
	18	ni enseñasen en el nombre de Jesús.
	27	contra tu santo Hijo Jesús,
	30	el nombre de tu santo Hijo Jesús
	33	la resurrección del Señor Jesús,
5:30		Dios...levantó a Jesús
	40	que no hablasen en el nombre de Jesús
	42	no cesaban de...predicar a Jesucristo
6:14		Jesús de Nazaret destruirá este lugar,
7:55		vio...a Jesús que estaba a la diestra
	59	Señor Jesús, recibe mi espíritu.
8:12		y el nombre de Jesucristo,
	16	bautizados en el nombre de Jesús (...del Señor Jesús, VHA)
	35	le anunció el evangelio de Jesús.
	37	Creo que Jesucristo es el Hijo (TR, [VM], NC, BC, BA)
9:5		Yo soy Jesús, a quién tú persigues;
	17	el Señor Jesús, que se te apareció
	20	predicaba a Cristo (TR, VM); (...a Jesús, BC, WH, N, ABMW, VHA, NC, BA)
	27	había hablado valerosamente en el nombre

'Ιησοῦς 2424   2424 'Ιησοῦς

Hch	9:29	de Jesús en el nombre del Señor (V60, WH, N, ABMW, VHA, VM, NC, BC, BA); (lit., en el nombre del Señor Jesús, TR)	Ro	6:3 11 23 7:25 8:1	bautizados en Cristo Jesús en Cristo Jesús vida eterna en Cristo Jesús Gracias doy a Dios, por Jesucristo los que están en Cristo Jesús,

Hch 9:29 de Jesús
en el nombre del Señor (V60, WH, N,
ABMW, VHA, VM, NC, BC, BA); (lit.,
en el nombre del Señor Jesús, TR)
 34 Eneas, Jesucristo te sana;
10:36 la paz por medio de Jesucristo
 38 Dios ungió...con poder a Jesús de Nazaret,
 48 en el nombre del Señor Jesús (TR); (...de
Jesucristo, VHA, WH, N, ABMW, VM,
NC, BC, BA)
11:17 que hemos creído en el Señor Jesucristo,
 20 el evangelio del Señor Jesús.
13:23 Dios levantó a Jesús por Salvador
 33 Dios ha cumplido...resucitado a Jesús;
15:11 por la gracia del Señor Jesús
 26 el nombre de nuestro Señor Jesucristo
16:7 el Espíritu no se lo permitió, (TR); (el
Espíritu de Jesús..., VHA, WH, N,
ABMW, VM, NC, BC, BA)
 18 Te mando en el nombre de Jesucristo
 31 Cree en el Señor Jesucristo, (TR, VM);
(...el Señor Jesús, VHA, WH, N, ABMW,
NC, BC, BA)
17:3 que Jesús,...es el Cristo
 7 diciendo que hay otro rey, Jesús.
 18 les predicaba el evangelio de Jesús,
18:5 que Jesús era el Cristo.
 25 lo concerniente al Señor (TR); (las cosas
referentes a Jesús, VHA, WH, N, ABMW,
VM, NC, BC, BA)
 28 demostrando...que Jesús era el Cristo
19:4 esto es, en Jesús
 5 bautizados en el nombre del Señor Jesús.
 10 oyeron la palabra del Señor Jesús (TR)
 13 intentaron invocar el nombre del Señor
Jesús
Os conjuro por Jesús
 15 A Jesús conozco, y se quién es
 17 era ensalzado el nombre del Señor Jesús
(VA, omitido en V60)
20:21 la fe en nuestro Señor Jesucristo. (TR, VM,
BA); (...Señor Jesús, NC, WH, N, ABMW,
VHA, BC)
 24 que recibí del Señor Jesús,
 35 las palabras del Señor Jesús,
21:13 por el nombre del Señor Jesús.
22:8 Yo soy Jesús de Nazaret,
24:24 acerca de la fe en Jesucristo (WH, N,
ABMW, VHA, VM, BC, BA)
25:19 y de un cierto Jesús, ya muerto
26:9 contra el nombre de Jesús de Nazaret;
 15 Yo soy Jesús, a quien tú persigues.
28:23 persuadiéndoles acerca de Jesús,
 31 enseñando acerca del Señor Jesucristo,
Ro 1:1 Pablo, siervo de Jesucristo
 3 su Hijo, nuestro Señor Jesucristo,
 6 llamados a ser de Jesucristo;
 7 Gracia y paz...del Señor Jesucristo.
 8 doy gracias a mi Dios mediante Jesucristo
2:16 Dios juzgará por Jesucristo
3:22 por medio de la fe en Jesucristo,
 24 la redención que es en Cristo Jesús,
 26 al que es de la fe de Jesús.
4:24 el que levantó de los muertos a Jesús,
5:1 por medio de nuestro Señor Jesucristo
 11 por el Señor nuestro Jesucristo
 15 por la gracia de un hombre, Jesucristo.
 17 reinarán en vida por un solo, Jesucristo,
 21 para vida eterna mediante Jesucristo,

Ro 6:3 bautizados en Cristo Jesús
 11 en Cristo Jesús
 23 vida eterna en Cristo Jesús
7:25 Gracias doy a Dios, por Jesucristo
8:1 los que están en Cristo Jesús,
 2 la ley del Espíritu de vida en Cristo Jesús
 11 que levantó de los muertos a Jesús
el que levantó de los muertos a Cristo Jesús
 34 Cristo es el que murió (TR); (Cristo Jesús..,
VHA, [WH], N, [ABMW], VM, NC, BC,
BA)
 39 que es en Cristo Jesús
10:9 si confesares...que Jesús es el Señor
13:14 sino vestíos del Señor Jesucristo,
14:14 confió en el Señor Jesús,
15:5 un mismo sentir según Cristo Jesús,
 6 Padre de nuestro Señor Jesucristo.
 8 que Cristo Jesús vino a ser (TR)
 16 para ser ministro de Jesucristo
 17 de qué gloriarme en Cristo Jesús
 30 por nuestro Señor Jesucristo
16:3 mis colaboradores en Cristo Jesús,
 18 no sirven a nuestro Señor Jesucristo
(TR, VM)
 20 La gracia de nuestro Señor Jesucristo (TR,
VM, NC, BC, BA)
 24 La gracia de nuestro Señor Jesucristo
(TR, [VM], [BA])
 25 la predicación de Jesucristo,
 27 sea gloria mediante Jesucristo
1 Co 1:1 Pablo,... apóstol de Jesucristo
 2 santificados en Cristo Jesús,
el nombre de nuestro Señor Jesucristo.
 3 Gracia y paz...del Señor Jesucristo.
 4 os fue dada en Cristo Jesús
 7 la manifestación de nuestro Señor Jesucristo
 8 el día de nuestro Señor Jesucristo.
 9 con su Hijo Jesucristo
 10 por el nombre de nuestro Señor Jesucristo,
 30 estáis vosotros en Cristo Jesús,
2:2 sino a Jesucristo, y a éste
3:11 el cual es Jesucristo.
4:15 en Cristo Jesús yo os engendré
 17 mi proceder en Cristo (TR, VM, BA);
(mis caminos en Cristo Jesús, NC, [WH],
[ABMW], VHA, BC)
5:4 de nuestro Señor Jesucristo,
con el poder de nuestro Señor Jesucristo
(TR, NC); (...Señor Jesús, BA, WH, N,
ABMW, VHA, VM, BC)
 5 en el día del Señor Jesús. (TR, VM, NC,
BC, BA)
6:11 en el nombre del Señor Jesús, (TR); (...del
Señor Jesucristo, VHA, WH, N, ABMW,
VM, NC, BC, BA)
8:6 y un Señor Jesucristo,
9:1 ¿No le visto a Jesús el Señor
11:23 el Señor Jesús, la noche que fue entregado,
12:3 llama anatema a Jesús;
nadie puede llamar a Jesús Señor,
15:31 en nuestro Señor Jesucristo,
 57 por medio de nuestro Señor Jesucristo.
16:22 no amare al Señor Jesucristo (TR, VM)
 23 La gracia del Señor Jesucristo (TR, VM);
(...Señor Jesús, VHA, WH, N, ABMW,
NC, BC, BA)
 24 Mi amor en Cristo Jesús
2 Co 1:1 Pablo, apóstol de Jesucristo
 2 nuestro Padre y del Señor Jesucristo.

2 Co	1:3	Padre de nuestro Señor **Jesu**cristo,
	14	para el día del Señor **Jesús**.
	19	el Hijo de Dios, **Jesu**cristo, que entre
	4:5	sino a **Jesu**cristo como Señor,
		vuestros siervos por amor de **Jesús**
	6	en la faz de **Jesu**cristo. (TR, VM, BC)
	10	por todas partes la muerte de **Jesús**,
		la vida de **Jesús** se manifieste
	11	entregados a muerte por causa de **Jesús**,
		la vida de **Jesús** se manifieste
	14	el que resucitó al Señor **Jesús**
		nos resucitará con **Jesús**
	5:18	consigo mismo por Cristo (V60, WH, N, ABMW, VHA, NC, BC, BA); (lit., por **Jesu**cristo, TR)
	8:9	la gracia de nuestro Señor **Jesu**cristo,
	11:4	si viene alguno predicando a otro **Jesús**
	31	Padre de nuestro Señor **Jesu**cristo, (TR, NC); (del Señor **Jesús**, VM, WH, N, ABMW, VHA, BC, BA)
	13:5	que **Jesu**cristo está en vosotros,
	(14)	La gracia del Señor **Jesu**cristo
Gá	1:1	Pablo, apóstol...por **Jesu**cristo
	3	de nuestro Señor **Jesu**cristo,
	12	sino por revelación de **Jesu**cristo.
	2:4	libertad que tenemos en Cristo **Jesús**,
	16	sino por la fe **de Jesu**cristo
		hemos creído en **Jesu**cristo,
	3:1	**Jesu**cristo fue ya presentado claramente
	14	para que en Cristo **Jesús** la bendición
	22	la promesa que es por la fe en **Jesu**cristo,
	26	por la fe en Cristo **Jesús**;
	28	sois uno en Cristo **Jesús**.
	4:14	como a Cristo **Jesús**
	5:6	en Cristo **Jesús** ni la circuncisión vale
	24	los que son de Cristo (TR); (de Cristo **Jesús**, VHA, WH, N, |ABMW|, VM, NC, BC, BA)
	6:12	a causa de la cruz de Cristo (TR, VHA, VM, NC, BC, BA); (lit.,...de Cristo **Jesús** |WH| |N|)
	14	en la cruz de nuestro Señor **Jesu**cristo,
	15	en Cristo **Jesús** ni la circuncisión (TR)
	17	las marcas del Señor **Jesús**. (TR, NC); (...de **Jesús**, VHA, WH, N, ABMW, VM, BC, BA)
	18	la gracia de nuestro Señor **Jesu**cristo
Ef	1:1	Pablo, apóstol de **Jesu**cristo
		a los santos y fieles en Cristo **Jesús**
	2	Gracia y paz...del Señor **Jesu**cristo
	3	Padre de nuestro Señor **Jesu**cristo,
	5	hijos suyos por medio de **Jesu**cristo,
	15	fe en el Señor **Jesús**,
	17	el Dios de nuestro Señor **Jesu**cristo
	2:6	nos hizo sentar...con Cristo **Jesús**,
	7	para con nosotros en Cristo **Jesús**.
	10	creados en Cristo **Jesús**
	13	Pero ahora en Cristo **Jesús**,
	20	piedra del ángulo **Jesu**cristo mismo,
	3:1	prisionero de Cristo **Jesús**
	6	la promesa en Cristo **Jesús** (WH, N, ABMW)
	9	que creó todas las cosas (V60, WH, N, ABMW, VHA, VM, NC, BC, BA); (lit., quien creó todas las cosas por **Jesu**cristo, TR)
	11	en Cristo **Jesús** nuestro Señor
	14	Padre de nuestro Señor **Jesu**cristo (TR, VM, |BA|)
	21	en Cristo **Jesús** por todas las edades,

Ef	4:21	la verdad que está en **Jesús**.
	5:20	en el nombre de nuestro Señor **Jesu**cristo
	6:23	Paz...del Señor **Jesu**cristo.
	24	los que aman a nuestro Señor **Jesu**cristo
Fil	1:1	Pablo y Timoteo, siervos de **Jesu**cristo,
		a todos los santos en Cristo **Jesús**
	2	Gracia y paz...del Señor **Jesu**cristo.
	6	la perfeccionará hasta el día de **Jesu**cristo;
	8	el entrañable amor de **Jesu**cristo.
	11	por medio de **Jesu**cristo, para gloria
	19	del Espíritu de **Jesu**cristo,
	26	vuestra gloria...en Cristo **Jesús**
	2:5	que hubo también en Cristo **Jesús**,
	10	en el nombre de **Jesús** se doble
	11	que **Jesu**cristo es el Señor,
	19	Espero en el Señor **Jesús** enviaros
	21	no lo que es de Cristo **Jesús**.
	3:3	los que...nos gloriamos en Cristo **Jesús**,
	8	la excelencia del conocimiento de Cristo **Jesús**,
	12	fui...asido por Cristo **Jesús**.
	14	llamamiento de Dios en Cristo **Jesús**.
	20	esperamos...al Señor **Jesu**cristo;
	4:7	vuestros pensamientos en Cristo **Jesús**
	19	sus riquezas en gloria en Cristo **Jesús**.
	21	todos los santos en Cristo **Jesús**. (lit., a cada santo...)
	23	La gracia de nuestro Señor **Jesu**cristo
Col	1:1	Pablo, apóstol de **Jesu**cristo
	2	y del Señor **Jesu**cristo (TR, VM)
	3	Padre de nuestro Señor **Jesu**cristo
	4	vuestra fe en Cristo **Jesús**,
	28	perfecto en Cristo **Jesús** (TR)
	2:6	habéis recibido al Señor **Jesu**cristo,
	3:17	todo en el nombre del Señor **Jesús**,
	4:12	siervo de Cristo (TR, VM); (...de Cristo **Jesús**, VHA, WH, N, |ABMW|, NC, BC, BA)
1 Ts	1:1	Padre y en el Señor **Jesu**cristo:
		y del Señor **Jesu**cristo (TR, VM)
	3	esperanza en nuestro Señor **Jesu**cristo
	10	a **Jesús**, quién nos libra
	2:14	de Dios en Cristo **Jesús**
	15	los cuales mataron al Señor **Jesús**
	19	delante de nuestro Señor **Jesu**cristo, (TR, VM, NC); (...Señor **Jesús**, VHA, WH, N, ABMW, BC, BA)
	3:11	nuestro Señor **Jesu**cristo, (TR, NC); (nuestro Señor **Jesús**, VHA, WH, N, ABMW, VM, BC, BA)
	13	la venida de nuestro Señor **Jesu**cristo (TR); (...Señor **Jesús**, VHA, WH, N, ABMW, VM, NC, BC, BA)
	4:1	exhortamos en el Señor **Jesús**,
	2	os dimos por el Señor **Jesús**
	14	si creemos que **Jesús** murió traerá Dios con **Jesús** a los que durmieron en él (a los que duermen en **Jesús**, Dios los traerá con él, VM)
	5:9	por medio de nuestro Señor **Jesu**cristo,
	18	para con vosotros en Cristo **Jesús**.
	23	la venida de nuestro Señor **Jesu**cristo.
	28	La gracia de nuestro Señor **Jesu**cristo
2 Ts	1:1	en el Señor **Jesu**cristo:
	2	Gracia y paz...del Señor **Jesu**cristo
	7	cuando se manifieste el Señor **Jesús** (en la revelación del..., VHA
	8	al evangelio de nuestro Señor **Jesu**cristo (TR); (...**Jesús**, VHA, WH, N, ABMW,

		VM, NC, BC, BA)	He 12:2	puestos los ojos en **Jesús**,
2 Ts	1:12	el nombre de nuestro Señor **Jesu**cristo	24	a **Jesús** el Mediador del nuevo pacto,
		(TR); (...**Jesús**, VHA, WH, N, ABMW,	13:8	**Jesu**cristo es el mismo ayer,
		VM, NC, BC, BA)	12	**Jesús**, para santificar al pueblo
		por la gracia...del Señor **Jesu**cristo.	20	a nuestro Señor **Jesu**cristo, (...**Jesús**, VHA)
	2:1	la venida de nuestro Señor **Jesu**cristo,	21	delante de él por **Jesu**cristo;
	8	el Señor matará (TR, BA); (el Señor **Jesús**...	Stg 1:1	Santiago, siervo...del Señor **Jesu**cristo,
		VHA, [WH], [N], [ABMW], VM, NC, BC)	2:1	en nuestro...Señor **Jesu**cristo
	14	la gloria de nuestro Señor **Jesu**cristo.	1 P 1:1	Pedro, apóstol de **Jesu**cristo,
	16	el mismo **Jesu**cristo Señor nuestro,	2	la sangre de **Jesu**cristo:
	3:6	en el nombre de nuestro Señor **Jesu**cristo,	3	Padre de nuestro Señor **Jesu**cristo,
	12	exhortamos por nuestro Señor **Jesu**cristo,		por la resurrección de **Jesu**cristo
	18	La gracia de nuestro Señor **Jesu**cristo	7	cuando sea manifestado **Jesu**cristo,
1 Ti	1:1	Pablo, apóstol de **Jesu**cristo		(en la revelación de..., BC)
		por mandato...del Señor **Jesu**cristo (TR);	13	cuando **Jesu**cristo sea manifestado;
		(...de Cristo **Jesús**, VM, WH, N, ABMW,		(en la revelación de..., BC)
		VHA, NC, BC, BA)	2:5	aceptables a Dios por medio de **Jesu**cristo
	2	Gracia,...de Cristo **Jesús**	3:21	por la resurrección de **Jesu**cristo
	12	al que me fortaleció, a Cristo **Jesús**	4:11	sea Dios glorificado por **Jesu**cristo,
	14	el amor que es en Cristo **Jesús**	5:10	llamó a su gloria eterna en **Jesu**cristo, (TR)
	15	Cristo **Jesús** vino al mundo para salvar	14	los que estáis en **Jesu**cristo (TR)
	16	para que **Jesu**cristo mostrase	2 P 1:1	Simón Pedro, siervo...de **Jesu**cristo,
	2:5	un solo mediador...**Jesu**cristo hombre.		nuestro Dios y Salvador **Jesu**cristo
	3:13	la fe que es en Cristo **Jesús**	2	de Dios y de nuestro Señor **Jesús**.
	4:6	serás buen ministro de **Jesu**cristo,	8	al conocimiento de nuestro Señor **Jesu**cristo,
	5:21	del Señor **Jesu**cristo, (TR); (de Cristo **Jesús**,	11	de nuestro Señor y Salvador **Jesu**cristo.
		VHA, WH, N, ABMW, VM, NC, BC, BA)	14	nuestro Señor **Jesu**cristo me ha declarado
	6:3	palabras de nuestro Señor **Jesu**cristo,	16	la venida de nuestro Señor **Jesu**cristo,
	13	Te mando delante...de **Jesu**cristo,	2:20	del Señor y Salvador **Jesu**cristo,
	14	la aparición de nuestro Señor **Jesu**cristo,	3:18	nuestro Señor y Salvador **Jesu**cristo.
2 Ti	1:1	Pablo, apóstol de **Jesu**cristo	1 Jn 1:3	con su Hijo **Jesu**cristo
		de la vida que es en Cristo **Jesús**,	7	la sangre **de Jesu**cristo (TR, VM, BC);
	2	Gracia,...de **Jesu**cristo		(..de **Jesús**, VHA, WH, N, ABMW, NC,
	9	que nos fue dada en Cristo **Jesús**		BC, BA)
	10	nuestro Salvador **Jesu**cristo,	2:1	**Jesu**cristo el Justo
	13	amor que es en Cristo **Jesús**.	22	el que niega que **Jesús** es
	2:1	la gracia que es en Cristo **Jesús**	3:23	en el nombre de su Hijo **Jesu**cristo,
	3	buen soldado de **Jesu**cristo	4:2	que confiesa que **Jesu**cristo ha venido
	8	Acuérdate de **Jesu**cristo	3	que no confiesa que **Jesu**cristo ha venido
	10	la salvación que es en Cristo **Jesús**		(TR); (que no confiesa a **Jesús**, VHA,
	3:12	vivir piadosamente en Cristo **Jesús**		WH, N, ABMW, VM, NC, BC, BA)
	15	por la fe que es en Cristo **Jesús**	15	que confiese que **Jesús** es
	4:1	delante del Señor **Jesu**cristo, (TR);	5:1	que cree que **Jesús** es el Cristo
		(...de Cristo **Jesús**, VHA, WH, N, ABMW,	5	sino el que cree que **Jesús** es
		VM, NC, BC, BA)	6	Este es **Jesu**cristo, que vino
	22	El Señor **Jesu**cristo esté (TR, BC)	20	en su Hijo **Jesu**cristo.
Tit	1:1	Pablo,...apóstol de **Jesu**cristo,	2 Jn 3	gracia,...del Señor **Jesu**cristo, (TR);
	4	Gracia...del Señor **Jesu**cristo (TR); (de		(...de **Jesu**cristo, VHA, WH, N, ABMW,
		Cristo **Jesús**, VM, WH, N, ABMW, VHA,		VM, NC, BC, BA)
		NC, BC, BA)	7	que no confiesan que **Jesu**cristo
	2:13	de nuestro gran Dios y Salvador **Jesu**cristo	Jud 1	Judas, siervo de **Jesu**cristo
	3:6	por **Jesu**cristo nuestro Salvador,		guardados en **Jesu**cristo:
Flm	1:1	Pablo, prisionero de **Jesu**cristo,	4	niegan...a nuestro Señor **Jesu**cristo
	3	Gracia...del Señor **Jesu**cristo	5	el Señor, habiendo salvado (TR, WH, N,
	5	la fe que tienes hacia el Señor **Jesús**		VHA, VM, NC, BA); (**Jesús**..., BC,
	6	bien que está...por Cristo **Jesús** (TR)		ABMW)
	9	prisionero de **Jesu**cristo;	17	los apóstoles de nuestro Señor **Jesu**cristo;
	23	mi compañero de prisiones por Cristo **Jesús**	21	de nuestro Señor **Jesu**cristo para vida eterna
	25	La gracia de nuestro Señor **Jesu**cristo	25	nuestro Salvador, sea (TR, VM); (...sea, por
He	2:9	vemos a...**Jesús**, coronado de gloria		**Jesu**cristo, VHA, WH, N, ABMW, NC,
	3:1	al apóstol y sumo sacerdote...Cristo **Jesús**		BC, BA)
		(TR); (...**Jesús**, VHA, WH, N, ABMW,	Ap 1:1	La revelación de **Jesu**cristo,
		VM, NC, BC, BA)	2	del testimonio de **Jesu**cristo
	4:14	**Jesús** el Hijo de Dios,	5	de **Jesu**cristo el testigo fiel,
	6:20	donde **Jesús** entró por nosotros	9	en la paciencia de **Jesu**cristo, (TR, VM);
	7:22	**Jesús** es hecho fiador		(...en **Jesús**, NC, WH, N, ABMW, VHA,
	10:10	la ofrenda del cuerpo de **Jesu**cristo		BC, BA)
	19	por la sangre de **Jesu**cristo, (...de **Jesús**,		el testimonio de **Jesu**cristo (TR); (...de
		VHA)		**Jesús**, VHA, WH, N, ABMW, VM, NC,

BC, BA)
Ap 12:17 el testimonio de Jesucristo (TR); (...de
Jesús, VHA, WH, N, ABMW, VM, NC,
BC, BA)
14:12 los que guardan...la fe de Jesús,
17:6 de la sangre de los mártires de Jesús;
19:10 retienen el testimonio de Jesús
el testimonio de Jesús es el espíritu
20:4 por causa del testimonio de Jesús
22:16 Yo Jesús he enviado mi ángel
20 sí, ven, Señor Jesús
21 La gracia de nuestro Señor Jesucristo (TR);
(...del Señor Jesús, VHA, N, ABMW,
VM, NC, BC, BA); (lit., del Señor
Jesucristo, [WH])

2424 Ἰησοῦς — Iesóus (Iesús)

Lc 3:29 hijo de Josué, hijo de Eliezer, (WH, N,
ABMW, VHA, VM, BC, NC, BA)
Hch 7:45 lo introdujeron con Josué
Col 4:11 Jesús, llamado Justo;
He 4:8 si Josué les hubiera dado el reposo

2425 ἱκανός — ikanós (jikanós)

Mt 3:11 yo no soy digno de llevar,
8:8 Señor, no soy digno de que entres
28:12 dieron mucho dinero a los soldados
Mr 1:7 a quien no soy digno de desatar
10:46 al salir...una gran multitud
15:15 queriendo satisfacer al pueblo (lit.,
queriendo hacer mucho...)
Lc 3:16 de quien no soy digno de desatar
7:6 no soy digno de que entres
11 iban con él muchos de sus discípulos; (TR)
12 había con ella mucha gente
8:27 desde hacía mucho tiempo;
32 un hato de muchos cerdos que pacían
20:9 se ausentó por mucho tiempo,
22:38 Basta. (Es suficiente, BA)
23:8 hacía tiempo que deseaba verle (hacía
mucho tiempo..., VHA)
9 le hacía muchas preguntas, (le preguntaba
con muchas palabras, VHA)
Hch 5:37 en pos de sí a mucho pueblo (TR, VM)
8:11 les había engañado mucho tiempo.
9:23 Pasados muchos días, (cuando se hubieron
cumplido..., VM)
43 se quedó muchos días en Jope
11:24 una gran multitud fue agregada
26 enseñaron a mucha gente;
12:12 donde muchos estaban reunidos orando.
14:3 se detuvieron allí mucho tiempo,
21 después...de hacer muchos discípulos,
17:9 obtenida fianza de Jasón
18:18 habiéndose detenido aún muchos días allí,
19:19 muchos de los que habían practicado
26 ha apartado a muchas gentes (...mucha
gente, VHA)
20:8 había muchas lámparas
11 habló largamente (después de platicar por
largo tiempo, BC)
37 hubo gran llanto de todos;
22:6 me rodeó mucha luz del cielo; (brilló en
derredor mío..., VHA)
27:7 Navegando muchos días despacio,
9 habiendo pasado mucho tiempo
Ro 15:23 deseando desde hace muchos años ir (WH,
N)

1 Co 11:30 y muchos duermen.
15:9 no soy digno de ser llamado apóstol,
2 Co 2:6 Le basta a tal persona (es suficiente..., BA)
16 para estas cosas, ¿quién es suficiente?
3:5 no que seamos competentes por nosotros
2 Ti 2:2 que sean idóneos para enseñar

2426 ἱκανότης* — ikanótes (jikanótes)

2 Co 3:5 sino que nuestra competencia

2427 ἱκανόω — ikanóo (jikanóo)

2 Co 3:6 nos hizo ministros competentes
Col 1:12 que nos hizo aptos para participar

2428 ἱκετηρία — iketería (jiketería)

He 5:7 ofreciendo ruegos y súplicas...al que podía

2429 ἱκμάς — ikmás

Lc 8:6 porque no tenía humedad.

2430 Ἰκόνιον — Ikónion

Hch 13:51 llegaron a Iconio.
14:1 Aconteció en Iconio que entraron juntos
19 vinieron unos judíos de...Iconio,
21 volvieron a Listra, a Iconio
16:2 que estaban en Listra y en Iconio,
2 Ti 3:11 los que me sobrevinieron...en Iconio,

2431 ἱλαρός — ilarós (jilarós)

2 Co 9:7 Dios ama al dador alegre

2432 ἱλαρότης — ilarótes (jilarótes)

Ro 12:8 el que hace misericordia, con alegría

2433 ἱλάσκομαι — iláskomai (jiláskomai)

Lc 18:13 Dios, sé propicio a mí,
He 2:17 para expiar los pecados del pueblo.

2434 ἱλασμός — ilasmós (jilasmós)

1 Jn 2:2 él es la propiciación
4:10 envió a su Hijo en propiciación

2435 ἱλαστήριον† — ilastérion (jilastérion)

Ro 3:25 Dios puso como propiciación
He 9:5 que cubrían el propiciatorio;

2436 ἵλεως — íleos (jíleos)

Mt 16:22 Señor, ten compasión de tí;
He 8:12 seré propicio a sus injusticias,

2437 Ἰλλυρικόν — Illurikón (Ilurikón)

Ro 15:19 desde Jerusalén,...hasta Ilírico,

2438 ἱμάς — imás (jimás)

Mr 1:7 la correa de su calzado.
Lc 3:16 la correa de su calzado; (...sus zapatos, VM)
Jn 1:27 la correa del calzado.
Hch 22:25 le ataron con correas, (V60, VHA, BA);
(...para...las correas, VM, NC, BC) (WH,
N, ABMW); (lit., lo estiró..., TR)

2439 ἱματίζω*† — imatízo (jimatídzo)

Mr 5:15 vestido y en su juicio cabal;
Lc 8:35 vestido, y en su cabal juicio;

ἱμάτιον 2440   435   2443 ἵνα

2440 ἱμάτιον — imátion (jimátion)

Mt	5:40	déjale también la **capa**;
	9:16	remiendo de paño nuevo en **vestido** viejo; tira del **vestido**,
	20	tocó el borde de su **manto**;
	21	Si tocare solamente su **manto**,
	11:8	cubierto de **vestiduras** delicadas (TR)
	14:36	solamente el borde de su **manto**;
	17:2	sus **vestidos** se hicieron blancos
	21:7	pusieron sobre ellos sus **mantos**;
	8	tendía sus **mantos** en el camino
	23:5	extienden los flecos de sus **mantos** (TR, VM, BC)
	24:18	para tomar su **capa**
	26:65	el sumo sacerdote rasgó sus **vestiduras**,
	27:31	le pusieron sus **vestidos**
	35	repartieron entre sí sus **vestidos**, Partieron entre sí mis **vestidos**, (TR, VM)
Mr	2:21	remiendo de paño nuevo en **vestido** viejo;
	5:27	tocó su **manto**.
	28	Si tocare tan solamente su **manto**,
	30	¿Quién ha tocado mis **vestidos**?
	6:56	tocar...el borde de su **manto**;
	9:3	sus **vestidos** se volvieron resplandecientes
	10:50	arrojando su **capa**, se levanto
	11:7	y echaron sobre él sus **mantos**,
	8	muchos tendían sus **mantos**
	13:16	no vuelva atrás a tomar su **capa**
	15:20	le pusieron sus propios **vestidos**
	24	repartieron entre sí sus **vestidos**
Lc	5:36	un pedazo de un **vestido** nuevo lo pone en un **vestido** viejo
	6:29	al que le quite la **capa**,
	7:25	¿A un hombre cubierto de **vestiduras**...?
	8:27	no vestía **ropa**
	44	tocó el borde de su **manto**;
	19:35	habiendo echado sus **mantos** sobre
	36	tendían sus **mantos** por el camino.
	22:36	venda su **capa** y compre una.
	23:34	repartieron entre sí sus **vestidos**, (partiendo...VM)
Jn	13:4	se quitó su **manto**, (deja los **vestidos**, BC)
	12	tomó su **manto**, (...sus **vestidos**, VM)
	19:2	le vistieron con un **manto**
	5	llevando...el **manto** de púrpura
	23	tomaron sus **vestidos**,
	24	Repartieron entre sí mis **vestidos**,
Hch	7:58	pusieron sus **ropas** a los pies de un joven
	9:39	mostrando las túnicas y los **vestidos**
	12:8	Envuélvete en tu **manto**,
	14:14	Bernabé y Pablo, rasgaron sus **ropas**, (...rasgando...BC)
	16:22	los magistrados, rasgándoles las **ropas**,
	18:6	sacudiéndose los **vestidos**:
	22:20	las **ropas** de los que le mataban
	23	como...arrojaban sus **ropas**
He	1:11	se envejecerán como una **vestidura**,
	12	y serán mudados (TR, VM); (como un **manto**, y será cambiados, BC, WH, N, ABMW, VHA, NC, BA)
Stg	5:2	vuestras **ropas** están comidas de polilla
1 P	3:3	o de **vestidos** lujosos, (o de vestir **ropas** lujosas, VM)
Ap	3:4	no han manchado sus **vestiduras**;
	5	será vestido de **vestiduras** blancas;
	18	que de mí compres...**vestiduras** blancas
	4:4	vestidos de **ropas** blancas,
	16:15	el que vela, y guarda sus **ropas**,
	19:13	vestido de una **ropa** teñida en sangre

Ap	19:16	en su **vestidura** y en su muslo tiene

2441 ἱματισμός — imatismós (jimatismós)

Mt	27:35	sobre mi **ropa** echaron suertes (TR, VM)
Lc	7:25	los que tienen **vestidura** preciosa (los que andan con **ropaje** espléndido, BC)
	9:29	y su **vestido** blanco y resplandeciente.
Jn	19:24	sobre mi **ropa** echaron suertes
Hch	20:33	ni **vestido** de nadie he codiciado.
1 Ti	2:9	no con...**vestidos** costosos, (...**vestido** suntuoso, BC)

2442 ἱμείρομαι — iméiromai (jiméiromai)
Véase también ὁμείρομαι, 3655A. pág. 578

1 Ts	2:8	tan grande es nuestro **afecto** (Así, solícitos por vosotros, VHA) (TR)

2443 ἵνα — ína (jína) Véase también ἵνα μή, pág. 440
(1) por la gramática en español no es posible dar la palabra equivalente.

Mt	1:22	aconteció **para que** se cumpliese
	2:15	**para que** se cumpliese lo que dijo
	4:3	dí **que** estas piedras se conviertan
	14	**para que** se cumpliese lo dicho
	5:29	mejor te es **que** se pierda uno
	30	mejor te es **que** se pierda uno
	7:12	las cosas que queráis **que** los hombres
	8:8	no soy digno de **que** entres bajo mi
	9:6	**para que** sepáis que el Hijo del Hombre
	10:25	Bástale al discípulo ser como (lit., es suficiente para el discípulo **que** llegue a ser como)
	12:10	**para** poder acusarle:
	17	**para que** se cumpliese lo dicho (WH, N, ABMW)
	14:15	**para que**...compren
	36	rogaban **que** les dejase tocar
	16:20	mandó...**que** a nadie dijesen que
	18:6	mejor le fuera **que** se le colgase
	14	**que** se pierda uno de estos
	16	**para que** en boca de dos o tres
	19:13	**para que** pusiese las manos sobre ellos
	16	¿qué bien haré **para** tener la vida
	20:21	Ordena **que** en tu reino se sienten
	31	**para que** callasen;
	33	**que** sean abiertos nuestros ojos.
	21:4	**para que** se cumpliese lo dicho
	23:26	**para que** también lo de fuera sea
	26:4	consejo **para** prender con engaño
	16	oportunidad **para** entregarle.
	56	**para que** se cumplan las Escrituras
	63	**que** nos digas si eres tú
	27:20	persuadieron a la multitud **que** pidiese
	26	le entregó **para** ser crucificado.
	32	obligaron a **que** llevase la cruz.
	35	**para que** se cumpliese lo dicho (VM, TR)
	28:10	**para que** vayan a Galilea,
Mr	1:38	**para que** predique también allí;
	2:10	**para que** sepáis que el Hijo
	3:2	a fin de poder acusarle
	9	que le tuviesen siempre lista la barca (que una barquilla le asistiese, VM)
	10	de manera que por tocarle,
	14	**para que** estuviesen con él, **para** enviarlos
	4:12	**para que** viendo, vean y no perciban
	21	luz **para** ponerla debajo del almud ¿No es **para** ponerla en el candelero?

ἵνα

Mr	4:22	**que** no haya de ser manifestado
		que no haya de salir a luz
	5:12	**para que** entremos en ellos.
	18	**que** le dejase estar con él
	23	pon las manos sobre ella (**que**...pongas..., VM)
		para que sea salva
	43	les mandó mucho **que** nadie
	6:8	**que** no llevasen nada para el camino,
	12	predicaban **que** los hombres se arrepintiesen
	25	Quiero **que** ahora mismo me des
	36	**para que**...compren pan
	41	**para que** los pusiesen delante;
	56	le rogaban **que** les dejase tocar (lit.... **que** pudieran tocar)
	7:9	**para** guardar vuestra tradición.
	26	le rogaba **que** echase fuera de su hija
	32	le rogaron **que** le pusiera la mano
	36	mandó **que** no lo dijesen a nadie;
	8:6	**para que** los pusiesen delante;
	22	**que** le tocase.
	30	**que** no dijesen esto de él a ninguno
	9:9	les mandó **que** a nadie dijesen
	12	**que** padezca mucho y sea tenido en nada?
	18	dije a tus discípulos **que** lo echasen fuera
	22	le echa...**para** matarle;
	30	no quería **que** nadie lo supiese.
	10:13	**para que** los tocase;
	17	¿qué haré **para** heredar
	35	querríamos **que** nos hagas lo
	37	Concédenos **que** en tu gloria nos sentemos
	48	le reprendían **para que** callase,
	51	Maestro, **que** recobre la vista.
	11:16	no consentía **que** nadie
	25	**para que** también vuestro Padre
	28	autoridad **para** hacer estas cosas?
	12:2	envió un siervo...**para que** recibiese
	13	**para que** le sorprendiesen en alguna palabra
	15	**para que** la vea
	19	**que** su hermano se case con ella (...tome la mujer, VHA)
	13:34	al portero mandó **que** velase
	14:10	**para** entregárselo.
	12	**para que** comas la pascua?
	35	oró **que**...pasase de él
	49	**para que** se cumplan las Escrituras.
	15:11	**para que** les soltase más bien a Barrabás.
	15	**para que** fuese crucificado.
	20	le sacaron **para** crucificarle.
	21	a **que** le llevase la cruz (...su cruz, BC)
	32	**para que** veamos y creamos
	16:1	especias...**para**...ungirle
Lc	1:4	**para que** conozcas bien la verdad (...la certeza, VHA)
	43	**que** la madre de mi Señor venga a mí?
	4:3	**que** se convierta en pan. (**que** se haga pan, VM)
	5:24	**para que** sepáis que el Hijo del Hombre
	6:7	a fin de hallar de qué acusarle
	31	como queréis **que** hagan
	34	**para** recibir otro tanto
	7:6	de **que** entres bajo mi techo
	36	rogó a Jesús **que** comiese con él
	8:16	**para que** los que entran vean
	32	le rogaron **que** los dejase entrar
	9:12	**para que**...se alojen
	40	**que** le echasen fuera
	10:40	Dile...**que** me ayude
	11:33	**para que** los que entran vean
Lc	11:50	**para que** se demande de esta generación
	54	**para** acusarle (TR, VM)
	12:36	**para que** cuando llegue y llame,
	14:10	**para que** cuando venga el que te convidó
	23	**para que** se llene mi casa.
	15:29	ni un cabrito **para** gozarme
	16:4	**para que**...me reciban
	9	**para que** cuando éstas falten, os reciban
	24	**para que** moje la punta de su dedo
	27	**que** le envíes a la casa de mi padre,
	17:2	hacer tropezar a uno de estos (**que** hiciera tropezar..., VM)
	18:15	los niños **para que** los tocase;
	39	le reprendían **para que** callase
	41	Señor, **que** reciba la vista,
	19:4	subió...**para** verle;
	15	**para** saber lo que había negociado
	20:10	**para que** le diesen del fruto
	14	**para que** la heredad sea nuestra
	20	a fin de sorprenderle en alguna palabra
	28	**que** su hermano se case con ella, (**que**... tome a la mujer, BC)
	21:36	**que** seáis tenidos por dignos (TR); (**para que** tengáis fuerza, BA)
	22:8	la pascua **para que** la comamos
	30	**para que** comáis y bebáis
Jn	1:7	**para que** diese testimonio de la luz
	8	sino **para que** diese testimonio
	19	**para que** le preguntasen:
	22	**para que** demos respuesta
	27	no soy digno de desatar (lit., **para que** desate...)
	31	**para que** fuese manifestado a Israel,
	2:25	necesidad de **que** nadie le diese testimonio
	3:15	**para que** todo aquel que en él cree
	16	**para que** todo aquel que en él cree,
	17	**para** condenar al mundo,
		para que el mundo sea salvo
	21	**para que** sea manifiesto que sus obras (...se manifiesten sus obras, BC)
	4:8	habían ido a la ciudad a comprar de comer
	34	es **que** haga la voluntad
	36	**para que** el que siembra goce
	47	le rogó **que** descendiese y sanase
	5:7	no tengo quien me meta (no tengo un hombre **que**...me eche, BC)
	20	de modo **que**...os maravilléis
	23	**para que** todos honren al Hijo
	34	**para que** vosotros seáis salvos
	36	me dio **para que** cumpliese,
	40	**para que** tengáis vida
	6:5	**para que** coman éstos?
	7	no bastarían **para que** cada uno
	15	**para** apoderarse de él y hacerle rey (tomarle por fuerza, **para** hacerle rey, VM)
	28	**para** poner en práctica las obras
	29	**que** creáis en el que él ha enviado
	30	**para que** veamos, y te creamos?
	38	no **para** hacer mi voluntad,
	40	**Que** todo aquel que ve al Hijo
	50	**para que** el que de él come
	7:3	**para que** también tus discípulos vean
	32	enviaron...**para que** le prendiesen.
	8:6	|**para** poder acusarle (**para que** tuviesen de qué..., VM)|
	56	se gozó de **que** había de ver mi día;
	59	piedras **para** arrojárselas;
	9:2	**para que** haya nacido ciego?

Jn	9:3	sino **para que** las obras de Dios
	22	acordado **que**...fuera expulsado
	36	**para que** crea en él?
	39	**para que** los que no ven, vean
	10:10	sino **para** hurtar y matar
		yo he venido **para que** tengan vida
	17	**para** volverla a tomar (**para** tomarla de nuevo, NC)
	31	piedras **para** apedrearle
	38	**para que** conozcáis y creáis
	11:4	**para que** el Hijo de Dios sea glorificado
	11	voy **para** despertarle.
	15	estado allí, **para que** creáis;
	16	**para que** muramos con él
	19	**para** consolarlas por su hermano
	31	Va al sepulcro a llorar allí
	42	**para que** crean que tú
	50	nos conviene **que** un hombre muera
	52	**para** congregar en uno a los hijos
	53	(1) acordaron matarle (lit., tuvieron acuerdo **para que** lo mataran)
	55	subieron...**para** purificarse.
	57	orden de **que**...lo manifestase
	12:7	Déjala;...ha guardado esto (TR, VHA, VM, NC); (Déjala, **para que** lo guarde, BA, WH, N, ABMW, BC)
	9	también **para** ver a Lázaro
	10	(1) dar muerte también a Lázaro (lit., **para que** matarán...)
	20	los que habían subido a adorar
	23	la hora **para que** el Hijo del Hombre
	36	**para que** seáis hijos de luz
	38	**para que** se cumpliese la palabra
	47	no he venido **a** juzgar al mundo, sino **a** salvar
	13:1	**para que** pasase de este mundo
	2	**que** le entregase,
	15	**para que**...vosotros también hagáis
	18	**para que** se cumpla la Escritura:
	19	**para que** cuando suceda, creáis
	29	**que** diese algo a los pobres
	34	Que os améis
		que también os améis unos a otros.
	14:3	**para que** donde yo estoy,
	13	**para que** el Padre sea glorificado
	16	**para que** esté con vosotros para siempre.
	29	**para que** cuando suceda, creáis
	31	**para que** el mundo conozca
	15:2	**para que** lleve más fruto.
	8	en **que** llevéis mucho fruto,
	11	**para que** mi gozo esté en vosotros
	12	Que os améis unos a otros,
	13	**que** uno ponga su vida
	16	**para que** vayáis y llevéis fruto, **para que**...él os lo dé
	17	Que os améis unos a otros
	26	**para que** se cumpla la palabra
	16:2	viene la hora cuando cualquiera.. pensará (lit., viene la hora **para que** todo aquel... piense)
	4	**para que** cuando llegue la hora os acordéis
	7	Os conviene **que** yo me vaya;
	24	**para que** vuestro gozo sea cumplido
	30	no necesitas **que** nadie te pregunte;
	32	la hora viene...en que seréis esparcidos (...**de que** seáis esparcidos, VHA)
	33	**para que** en mí tengáis paz
	17:1	**para que** también tu Hijo te glorifique
	2	**para que** dé vida eterna

Jn	17:3	**que** te conozcan a tí,
	4	la obra que me diste **que** hiciese
	11	**para que** sean uno,
	12	**para que** la Escritura se cumpliese
	13	**para que** tengan mi gozo
	15	no ruego **que** los quites del mundo, sino **que** los guardes del mal.
	19	**para que** también ellos sean santificados
	21	**para que** todos sean uno; **que** también ellos sean uno en nosotros **para que** el mundo crea
	22	**para que** sean uno, así como nosotros
	23	**para que** sean perfectos en unidad **para que** el mundo conozca
	24	quiero **que**...ellos estén conmigo **para que** vean mi gloria,
	26	**para que** el amor...esté en ellos
	18:9	**para que** se cumpliese
	28	**para**...así poder comer la pascua
	32	**para que** se cumpliese la palabra
	37	**para** dar testimonio a la verdad
	39	la costumbre de **que** os suelte uno
	19:4	**para que** entendáis que ningún delito
	16	**para que** fuese crucificado
	24	fue **para que** se cumpliese la Escritura,
	28	**para que** la Escritura se cumpliese
	31	**que** se les quebrasen las piernas
	35	**para que** vosotros también creáis
	36	**para que** se cumpliese la Escritura:
	38	**que** le permitiese llevarse el cuerpo
	20:31	se han escrito **para que** creáis que Jesús **para que** creyendo, tengáis
Hch	5:15	**para que** al pasar Pedro,
	8:19	**para que** cualquiera a quien yo
	9:21	**para** llevarlos presos
	16:30	¿qué debo hacer **para** ser salvo?
	36	**que** se os suelte
	17:15	orden...**de que** viniesen a él
	19:4	diciendo al pueblo **que** creyesen
	21:24	**para que** se rasuren la cabeza;
	22:5	**para que** fuesen castigados
	24	**para** saber por qué causa
	23:24	**que**...le llevasen en salvo
	27:42	(1) acordaron matar a los presos (lit., de parte de los soldados hubo acuerdo **para que** mataran...)
Ro	1:11	**para** comunicaros algún don
	13	**para** tener también entre vosotros (**para que** tenga..., VM)
	3:8	Hagamos males **para que** vengan bienes?
	19	**para que** toda boca se cierre
	4:16	**para que** sea por gracia,
	5:20	**para que** el pecado abundase
	21	**para que**...la gracia reine
	6:1	**para que** la gracia abunde?
	4	**a fin de que**...andemos en vida
	6	**a fin de que** el cuerpo del pecado sea
	7:4	**a fin de que** llevemos fruto
	13	**para** mostrarse pecado, **a fin de que**...el pecado llegase a ser
	8:4	**para que** la justicia de la ley se cumpliese
	17	**para que** juntamente con él
	9:11	**para que** el propósito de Dios
	23	**para** hacer notorias las riquezas
	11:11	**para que** cayesen?
	19	**para que** yo fuese injertado.
	31	**para que**...alcancen misericordia
	32	**para** tener misericordia de todos.
	14:9	**para** ser Señor así

Ro	15:4	a fin de que...tengamos esperanza
	6	para que unánimes, a una voz, glorifiquéis
	16	para que los gentiles le sean ofrenda agradable (para que la presentación de los gentiles...le sea acepta, VM)
	31	para que sea librado de los rebeldes y que la ofrenda de mi servicio (TR)
	32	para que...sea recreado juntamente
	16:2	que la recibáis en el Señor,
1 Co	1:10	que habléis todos una misma cosa,
	27	para avergonzar a los sabios; para avergonzar a lo fuerte
	28	para deshacer lo que es,
	31	para que, como está escrito:
	2:12	para que sepamos lo qu
	3:18	para que llegue a ser sabio.
	4:2	que cada uno sea hallado fiel
	3	el ser juzgado por vosotros (el que sea yo juzgado.., VM)
	6	para que en nosotros aprendáis
	8	para que nosotros reinásemos también
	5:2	para que fuese quitado de en medio
	5	a fin de que el espíritu sea salvo
	7	para que seáis nueva masa,
	7:5	para ocuparos sosegadamente (a fin de que estéis desocupados, VHA)
	29	que los que tienen esposa sean como si
	34	para ser santa así en cuerpo
	35	no para tenderos lazo
	9:15	para que se haga así conmigo; (lit.,...para que sea así conmigo)
	18	Que...presente gratuitamente el evangelio
	19	para ganar a mayor número
	20	para ganar a los judíos; para ganar a los que están sujetos
	21	para ganar a los que están sin ley
	22	para ganar a los débiles para que de todos modos salve a algunos
	23	para hacerme copartícipe
	24	de tal manera que lo obtengáis
	25	para recibir una corona corruptible
	10:33	para que sean salvos.
	11:19	para que se hagan manifiestos
	13:3	mi cuerpo para ser quemado (TR, N, VM, VHA, NC, BC, BA); (lit.,...para jactarme, WH, ABMW)
	14:1	sobre todo que profeticéis
	5	pero más que profetizaseis; para que la iglesia reciba edificación.
	12	(1) procurad abundar en ellos (lit., procurad para que abundéis...)
	13	pida en oración poder interpretarla (ore que pueda interpretar, VM)
	19	para enseñar también a otros,
	31	para que todos aprendan,
	15:28	para que Dios sea todo en todos
	16:6	para que vosotros me encaminéis
	10	mirad que esté con vosotros
	11	para que venga a mí,
	12	mucho le rogué que fuese a vosotros de ninguna manera tuvo voluntad de ir (lit.,...hubo la voluntad para que fuera)
	16	Os ruego que os sujetéis
2 Co	1:11	para que...sean dadas gracias
	15	para que tuvieseis una segunda gracia (TR, N, ABMW, VHA, VM, NC, BC, BA); (lit.,...un segundo gozo, WH)
	17	para que haya en mí Sí y No?
	2:4	no para que fueseis contristados,

2 Co	2:9	sino para que supieseis cuán grande
	9	para tener la prueba
	4:7	para que la excelencia del poder
	10	para que también la vida de Jesús
	11	para que también la vida de Jesús
	15	para que abundando la gracia
	5:4	para que lo mortal sea absorbido
	10	para que cada uno reciba
	12	para que tengáis con qué responder a los que se glorían (lit., para que tengáis para con los que se glorían)
	15	para que los que viven, ya no vivan
	21	para que...fuésemos hechos justicia
	7:9	para que ninguna perdida padecieseis
	8:6	para que...acabe...esta obra
	7	abundad...en esta gracia. (que abundéis..., VHA)
	9	para que vosotros con su pobreza
	13	para que haya para otros holgura
	14	para que...la abundancia de ellos
	9:3	para que...estéis preparados
	5	exhortar...que fuesen primero a vosotros
	8	poderoso es Dios para hacer que abunde
	11:7	para que vosotros fueseis enaltecidos,
	12	para quitar la ocasión a aquellos a fin de que...sean hallados semejantes
	16	para que yo también me gloríe un poquito
	12:7	un mensajero de Satanás que me abofetee
	8	que lo quite de mí
	9	para que repose sobre mí el poder
	13:7	no para que nosotros aparezcamos
Gá	1:16	para que yo le predicase
	2:4	para reducirnos a esclavitud
	5	para que la verdad del evangelio
	9	para que nosotros fuésemos a los gentiles
	10	que nos acordásemos de los pobres
	16	para ser justificados por la fe
	19	a fin de vivir para Dios
	3:14	para que en Cristo Jesús...alcanzase a los a fin de que por la fe recibiésemos
	22	para que la promesa que es por la fe
	24	a fin de que fuésemos justificados
	4:5	para que redimiese a los que estaban a fin de que recibiésemos la adopción
	17	para que vosotros tengáis celo por ellos
	5:17	para que no hagáis lo que
	6:13	para gloriarse en vuestra carne.
Ef	1:17	para que el Dios de nuestro Señor...os dé
	2:7	para mostrar en los siglos venideros
	10	para que anduviésemos en ellas
	15	para crear en sí mismo de los dos
	3:10	para que...sea ahora dada a conocer
	16	para que os dé, conforme a las riquezas
	18	para...seáis plenamente capaces
	19	para que seáis llenos de toda la plenitud
	4:10	subió...para llenarlo todo
	14	para que ya no seamos niños
	28	para que tenga qué compartir
	29	a fin de dar gracias
	5:26	para santificarla, habiéndola purificado
	27	a fin de presentársela sino que fuese santa y sin
	33	respete a su marido (que reverencie..., VHA)
	6:3	para que te vaya bien,
	13	para que podáis resistir
	19	a fin de que. .me sea dada palabra
	20	que con denuedo hable de él,
	21	Para que también vosotros sepáis

Ef	6:22	para que sepáis lo tocante a nosotros		Tit	3:13	de modo que nada les falte,
Fil	1:9	que vuestro amor abunde aun más		Flm	13	para que en lugar tuyo me sirviese
	10	a fin de que seáis sinceros			15	para que le recibieses para siempre
	26	para que abunde vuestra gloria		He	2:14	para destruir por medio de la muerte
	27	para que o sea que vaya a veros			17	para venir a ser misericordioso
	2:2	sintiendo lo mismo (de suerte que sintáis... BC)			4:16	para alcanzar misericordia (...recibir..., NC)
	10	para que en el nombre de Jesús se doble		He	5:1	para que presente ofrendas
	15	para que seáis irreprensibles			6:18	para que...tengamos un fortísimo consuelo
	19	para que yo también esté de buen ánimo			9:25	no para ofrecerse muchas veces,
	28	para que al verle de nuevo, os gocéis			10:9	para establecer esto último (...lo segundo, VHA)
	30	para suplir lo que faltaba			36	para que...obtengáis la promesa
	3:8	para ganar a Cristo,			11:35	a fin de obtener mejor resurrección
Col	1:9	que seáis llenos del conocimiento			12:27	para que queden los inconmovibles
	18	para que en todo tenga la preeminencia (lit.,...sea preeminente)			13:12	Jesús, para santificar al pueblo
					17	para que lo hagan con alegría;
	28	a fin de presentar perfecto en Cristo			19	para que yo os sea restituído
	2:2	para que sean consolados sus corazones		Stg	1:4	para que seáis perfectos
	4:3	para que el Señor nos abra (...Dios.., VM)			4:3	Pedís...para gastar en vuestros deleites
	4	para que lo manifieste como debo		1 P	1:7	para que...sea hallada en alabanza
	8	para que conozca lo que a vosotros (TR); (para que conozcáis nuestras circunstancias, VHA, WH, N, ABMW, NC, BC, BA)			2:2	para que...crezcáis para salvación
					12	para que en lo que murmuran...glorifiquen
					21	para que sigáis sus pisadas
					24	para que nosotros, estando muertos...
	12	para que estéis firmes, (para que os mantengáis perfectos, BC)			3:1	para que...sean ganados sin palabra
					9	llamados para que heredaseis bendición
	16	haced que también se lea en la iglesia que la de Laodicea la leáis			16	para que en lo que murmuran...sean
					18	para llevarnos a Dios,
	17	Mira que cumplas el ministerio			4:6	para que sean juzgados en carne
1 Ts	2:16	para que éstos se salven;			11	para que en todo sea Dios glorificado
	4:1	que de la manera que aprendisteis			13	para que también en la revelación
	12	a fin de que os conduzcáis honradamente			5:6	para que él os exalte
	5:4	para que aquel día os sorprenda		2 P	1:4	para que por ellas llegaseis a ser
	10	para que...vivamos juntamente con él		1 Jn	1:3	para que también vosotros tengáis
2 Ts	1:11	para que nuestro Dios os tenga por dignos			4	os escribimos, para que vuestro gozo (E, VM, NC); (...nuestro gozo, VHA, S, WH, N, ABMW, BC, BA)
	2:12	a fin de que sean condenados				
	3:1	para que la palabra del Señor corra				
	2	para que seamos librados de hombres			9	justo para perdonar nuestros pecados
	9	por daros nosotros mismos un ejemplo			2:19	salieron para que se manifestase que no
	12	que trabajando sosegadamente, coman			27	necesidad de que nadie os enseñe;
	14	para que se avergüence.			28	para que...tengamos confianza
1 Ti	1:3	para que mandases a algunos			3:1	para que seamos llamados hijos de Dios
	16	para que Jesucristo mostrase en mí			5	apareció para quitar nuestros pecados
	18	te encargo, para que...milites			8	para deshacer las obras del diablo
	20	para que aprendan a no blasfemar			11	Que nos amemos unos a otros
	2:2	para que vivamos quieta (...pasemos una vida tranquila, VM)			23	Que creamos en el nombre
					4:9	para que vivamos por él
	3:15	para que si tardo, sepas cómo debes			17	para que tengamos confianza
	4:15	para que tu aprovechamiento sea manifiesto			21	El que ama a Dios, (Que el que ama, VM)
	5:7	para que sean irreprensibles			5:3	que guardemos sus mandamientos
	16	a fin de que haya lo suficiente			13	para que sepáis que tenéis vida
	20	repréndelos...para que los demás también				para que creáis en el nombre (TR)
	21	Te encarezco...que guardes estas cosas			16	yo no digo que se pida
	6:19	que echen mano de la vida			20	yo conocer al que es verdadero (para que conozcamos..., VHA)
2 Ti	1:4	para llenarme de gozo;				
	2:4	a fin de agradar a aquel que lo tomó		2Jn	5	que nos amemos unos a otros
	10	para que ellos también obtengan			6	que andemos según sus mandamientos que andéis en su amor, (para que andéis en él, VM)
	3:17	a fin de que el hombre de Dios sea				
	4:17	para que por mí fuese cumplida				
Tit	1:5	para que corrigiese lo deficiente,			12	para que nuestro gozo sea cumplido. (TR, N, ABMW, VHA, VM, NC, BC); (...vuestro..., BA, WH)
	9	para que también pueda exhortar				
	13	para que sean sanos en la fe,				
	2:4	que enseñen a las mujeres jóvenes		3 Jn	4	mayor gozo que este, el oir (lit., mayor gozo que estas cosas, que oiga)
	8	de modo que el adversario se avergüence				
	10	para que en todo adornen la doctrina			8	para que cooperemos con la verdad (...seamos cooperadores..., VM)
	12	enseñándonos que,...vivamos en este siglo				
	14	para redimirnos de toda iniquidad		Ap	2:10	para que seáis probados
	3:7	para que justificados por su gracia,			21	tiempo para que se arrepienta,
	8	para que...procuren ocuparse			3:9	yo haré que vengan

ἵνα μή 3363

Ap	3:11	para que ninguno tome tu corona.
	18	compres...para que seas rico, vestiduras blancas para vestirte, unge...para que veas.
	6:2	salió...para vencer.
	4	que se matasen unos a otros
	11	se les dijo que descansasen todavía
	8:3	incienso para añadirlo a las oraciones
	6	se dispusieron a tocarlas
	12	para que se oscureciese la tercera parte
	9:5	que los atormentasen
	15	preparados...a fin de matar
	12:4	a fin de devorar a su hijo
	6	para que allí la sustenten
	14	para que volase de delante
	15	para que fuese arrastrada (para hacer que la arrebatase, VM)
	13:12	hace que...adoren a la primera bestia
	13	de tal manera que aun hace descender fuego
	15	para que la imagen hablase (...imagen de la bestia..., VM) hiciese matar a todo el que no (hiciese que...fuesen muertos, VM)
	16	hacía que a todos,...se les pusiese
	14:13	Sí, dice..., descansarán (...para que descansen, VM)
	16:12	para que estuviese preparado el camino
	19:8	que se vista de lino fino,
	15	para herir con ella a las naciones,
	18	para que comáis carnes de reyes
	21:15	caña...para medir la ciudad,
	23	ni de luna que brillen en ella;
	22:14	para tener derecho (lit., de modo que será de ellos el derecho...)

3363 ἵνα μή – ína mé (jína mé)

Mt	5:29	y no que todo tu cuerpo sea
	30	y no que todo tu cuerpo sea
	7:1	para que no seáis juzgados.
	12:16	que no le descubriesen: (lit., que no lo hicieran manifiesto)
	17:27	para no ofenderles, (para que no los escandalicemos, VHA)
	24:20	Orad, pues, que vuestra huída no sea
	26:5	para que no se haga alboroto
	41	orad, para que no entréis en tentación;
Mr	3:9	para que no le oprimiesen
	12	para que no le descubriesen. (lit., no le hicieran manifiesto)
	4:12	para que...no perciban...y no entiendan
	5:10	que no los enviase fuera
	13:18	que vuestra huída no sea en invierno;
	14:38	orad, para que no entréis en tentación
Lc	8:10	para que viendo no vean, y oyendo no
	12	para que no crean y se salven (...creyendo, se salven, BC)
	31	que no le mandase ir al abismo
	9:45	para que no las entendiesen
	14:29	no sea que...comiencen a hacer burla
	16:28	a fin de que no vengan ellos también
	18:5	no sea que viniendo de continuo,
	22:32	que tu fe no falte;
	46	orad para que no entréis en tentación
Jn	3:16	para que...no se pierda,
	20	para que sus obras no sean reprendidas.
	4:15	para que no tenga yo sed,
	5:14	para que no te venga alguna cosa peor.
	6:12	para que no se pierda nada.
	39	Que de todo...no pierda yo nada,

Jn	6:50	para que el que de él come, no muera (para que...coma de él y no muera, VHA)
	7:23	para que la ley de Moisés no
	11:37	que Lázaro no muriera? (que este no...?, VM)
	50	y no que toda la nación perezca
	12:35	para que no os sorprendan las tinieblas
	40	Para que no vean con los ojos,
	42	para no ser expulsados de la sinagoga
	46	para que...no permanezca en tinieblas
	16:1	para que no tengáis tropiezo.
	18:28	para no contaminarse,
	36	para que yo no fuera entregado
	19:31	a fin de que los cuerpos no quedasen
Hch	2:25	no seré conmovido (para que yo no sea..., VHA)
	4:17	para que no se divulgue más entre
	5:26	temían ser apedreados por el pueblo (...para que no les apedreasen, VM, TR)
	24:4	por no molestarte más
Ro	11:25	para que no seáis arrogantes (para que no seáis sabios en vuestro propio concepto, VM)
	15:20	para no edificar sobre fundamento
1 Co	1:10	que no haya entre vosotros divisiones,
	15	para que ninguno diga (lit., para que no diga ninguno)
	17	para que no se haga vana la cruz
	2:5	para que vuestra fe no esté
	4:6	no sea que...os envanezcáis
	7:5	para que no os tiente Satanás
	8:13	para no poner tropiezo
	9:12	por no poner ningún obstáculo
	11:32	para que no seamos condenados
	34	para que no os reunáis para juicio
	12:25	para que no haya desavenencia
	16:2	para que cuando yo llegue no
2 Co	1:9	para que no confiásemos en nosotros (para que no estemos confiados..., VHA)
	2:3	para que cuando llegue no tenga tristeza
	5	por no exagerar
	11	para que Satanás no gane ventaja (Porque no seamos engañados de Satanás, VA)
	4:7	para que la...sea...no de nosotros
	6:3	para que nuestro ministerio no
	9:3	para que...no sea vano
	4	por no decir vosotros
	10:9	para que no parezca como
	12:7	para que...no me exaltase desmedidamente para que no me enaltezca
	13:10	para no usar de severidad
Gá	5:17	para que no hagais lo que quisiereis
	6:12	para no padecer persecución
Ef	2:9	para que nadie se gloríe (lit., para que no se gloríe nadie)
Fil	2:27	para que yo no tuviese tristeza
Col	2:4	para que nadie os engañe (lit., para que no os engañe nadie)
	3:21	para que no se desalienten
1 Ts	4:13	para que no os entristezcáis
1 Ti	3:6	no sea que envaneciéndose caiga
	7	para que no caiga en descrédito
	6:1	para que no sea blasfemado
Tit	2:5	para que la palabra de Dios no
	3:14	para que no sean sin fruto.
Flm	14	para que tu favor no fuese como
	19	por no decirte que aun tú mismo
He	3:13	para que ninguno de vosotros se endurezca (a fin de que no se endurezca nadie, BC)

He	4:11	para que ninguno caiga en semejante (lit., para que no caiga ninguno..)
	6:12	a fin de que no os hagáis perezosos,
	11:28	para que...no los tocase a ellos
	40	para que no fuesen ellos perfeccionados
	12:3	para que vuestro ánimo no se canse (para que no os fatiguéis...en vuestros ánimos, VHA)
	13	para que lo cojo no se salga
Stg	5:9	para que no seáis condenados;
	12	para que no caigáis en condenación.
2 P	3:17	no sea que...caigáis de vuestra firmeza
1 Jn	2:1	para que no pequéis
	28	para que en su venida no
2 Jn	8	para que no perdáis el fruto de vuestro trabajo (...lo que habéis trabajado, NC) (ABMW, T, BC); (...lo que hemos alcanzado, BA, TR, WH, N, VHA, VM)
Ap	3:18	que no se descubra la vergüenza
	7:1	para que no soplase viento alguno
	8:12	para que...no hubiese luz en la tercera parte
	9:4	que no dañasen a la hierba
	5	no que los matasen,
	20	ni dejaron de adorar a los demonios (para no adorar a los demonios, VHA)
	11:6	a fin de que no llueva en los días
	13:17	que ninguno pudiese comprar (lit., que no pudiese comprar ninguno)
	16:15	para que no ande desnudo,
	18:4	para que no seáis partícipes ni recibáis parte de sus plagas
	20:3	para que no engañase más a las naciones

2444 ἱνατί — inatí (jinatí)

Mt	9:4	¿Por qué pensáis mal en vuestros corazones
	27:46	¿por qué me has desamparado?
Lc	13:7	¿para qué inutiliza también la tierra?
Hch	4:25	¿Por qué se amotinan las gentes...?
	7:26	¿por qué os maltratáis el uno al otro?
1 Co	10:29	¿por qué se ha de juzgar mi libertad...?

2445 Ἰόππη — lóppe

Hch	9:36	Había...en Jope una discípula
	38	Lida estaba cerca de Jope,
	42	fue notorio en toda Jope,
	43	se quedó muchos días en Jope
	10:5	Envía, pues, ahora hombres a Jope,
	8	a los cuales envió a Jope,
	23	le acompañaron...de Jope
	32	Envía, pues, a Jope,
	11:5	Estaba yo en la ciudad de Jope
	13	Envía hombres a Jope,

2446 Ἰορδάνης — Iordánes

Mt	3:5	de alrededor del Jordán,
	6	bautizados por él en el Jordán,
	13	de Galilea a Juan al Jordán,
	4:15	al otro lado del Jordán
	25	del otro lado del Jordán
	19:1	al otro lado del Jordán
Mr	1:5	bautizados por él en el río Jordán,
	9	fue bautizado por Juan en el Jordán
	3:8	del otro lado del Jordán
	10:1	vino...al otro lado del Jordán
Lc	3:3	por toda la región contigua al Jordán
	4:1	Jesús,...volvió del Jordán,
Jn	1:28	al otro lado del Jordán,
	3:26	al otro lado del Jordán,
	10:40	al otro lado del Jordán,

2447 ἰός — iós

Ro	3:13	Veneno de áspides hay debajo
Stg	3:8	llena de veneno mortal.
	5:3	su moho testificará (...será en testimonio, VHA)

2448 Ἰούδα, véase Ἰούδας. 2455. págs 443, 449

2449 Ἰουδαία — Ioudáia

Mt	2:1	Cuando Jesús nació en Belén de Judea
	5	Ellos le dijeron: En Belén de Judea;
	22	Arquelao reinaba en Judea
	3:1	predicando en el desierto de Judea,
	5	salía a él Jerusalén, y toda Judea,
	4:25	de Judea y del otro lado
	19:1	fue a las regiones de Judea
	24:16	los que estén en Judea, huyan
Mr	1:5	toda la provincia de Judea
	3:7	Y de Judea, de Jerusalén, de Idumea
	10:1	vino a la región de Judea
	13:14	los que estén en Judea huyan
Lc	1:5	Herodes, rey de Judea,
	65	todas las montañas de Judea (toda la sierra..., VHA)
	2:4	José subió... Nazaret, a Judea,
	3:1	siendo gobernador de Judea
	4:44	predicaba en las sinagogas de Galilea (TR, VM, BC); (...de Judea, VHA, WH, N, ABMW, NC, BA)
	5:17	habían venido...de Judea
	6:17	multitud de gente de toda Judea,
	7:17	la fama de él por toda Judea, (Este dicho..., VHA)
	21:21	los que estén en Judea, huyan
	23:5	enseñando por toda Judea,
Jn	4:3	salió de Judea,
	47	Jesús había llegado de Judea
	54	cuando fue de Judea a Galilea,
	7:1	pues no quería andar de Judea,
	3	Sal de aquí, y vete a Judea,
	11:7	Vamos a Judea otra vez.
Hch	1:8	en toda Judea, en Samaria,
	2:9	en Judea, en Capadocia,
	8:1	por las tierras de Judea y de Samaria,
	9:31	paz por toda Judea, Galilea
	10:37	se divulgó por toda Judea,
	11:1	los hermanos que estaban en Judea,
	29	los hermanos que habitaban en Judea
	12:19	descendió de Judea a Cesarea (descendiendo..., VHA)
	15:1	algunos que venían de Judea enseñaban
	21:10	descendió de Judea un profeta
	26:20	y por toda la tierra de Judea,
	28:21	ni hemos recibido de Judea cartas
Ro	15:31	de los rebeldes que están en Judea,
2 Co	1:16	encaminado por vosotros a Judea
Gá	1:22	conocido de vista a las iglesias de Judea,
1 Ts	2:14	las iglesias...que están en Judea;

2450 ἰουδαΐζω — ioudaízo (ioudaídzo)

Gá	2:14	¿por qué obligas a los gentiles a judaizar?

2451 Ἰουδαϊκός — Ioudaïkós

Tit	1:14	no atendiendo a fábulas judaicas,

2452 Ἰουδαϊκῶς — Ioudaïkós

2453 Ἰουδαῖος — Ioudáios

Gá	2:14	vives...no como judío
Mt	2:2	¿Dónde está el rey de los judíos
	27:11	¿Eres tú el Rey de los judíos?
	29	¡Salve, Rey de los judíos!
	37	EL REY DE LOS JUDIOS.
	28:15	se ha divulgado entre los judíos
Mr	1:5	Toda la provincia de Judea
	7:3	todos los judíos, aferrándose a la tradición
	15:2	¿Eres tú el Rey de los judíos?
	9	que os suelte al Rey de los judíos?
	12	que llamáis Rey de los judíos?
	18	¡Salve, Rey de los judíos!
	26	EL REY DE LOS JUDIOS
Lc	7:3	le envió unos ancianos de los judíos,
	23:3	¿Eres tú el Rey de los judíos?
	37	Si tú eres el Rey de los judíos,
	38	ESTE ES EL REY DE LOS JUDIOS
	50 (51)	de Arimatea, ciudad de Judea (...de los judíos, VHA)
Jn	1:19	cuando los judíos enviaron
	2:6	al rito de la purificación de los judíos,
	13	la pascua de los judíos;
	18	los judíos respondieron y le dijeron
	20	Dijeron luego los judíos
	3:1	un principal entre los judíos
	22	a la tierra de Judea, (lit., a la tierra judía)
	25	discusión entre los discípulos de Juan y los judíos (TR); (...con un judío VHA, WH, N, ABMW, VM, NC, BC, BA)
	4:9	¿Cómo tú, siendo judío, judíos y samaritanos no se tratan
	22	la salvación viene de los judíos. (...es, VM)
	5:1	había una fiesta de los judíos
	10	los judíos dijeron a aquel
	15	dio aviso a los judíos, que Jesús era
	16	por esta causa los judíos perseguían
	18	Por esto los judíos aun más procuraban
	6:4	la fiesta de los judíos
	41	murmuraban entonces de él los judíos,
	52	los judíos contendían entre sí
	7:1	los judíos procuraban matarle
	2	la fiesta de los judíos
	11	le buscaban los judíos en la fiesta,
	13	por miedo a los judíos.
	15	se maravillaban los judíos
	35	los judíos dijeron entre sí:
	8:22	Decían entonces los judíos
	31	Dijo entonces Jesús a los judíos
	48	Respondieron entonces los judíos
	52	los judíos le dijeron:
	57	le dijeron los judíos:
	9:18	los judíos no creían que él había sido
	22	tenían miedo de los judíos por cuanto los judíos ya habían acordado
	10:19	disensión entre los judíos
	24	le rodearon los judíos
	31	los judíos volvieron a tomar piedras (...alzaron piedras otra vez, VM)
	33	Le respondieron los judíos,
	11:8	procuraban los judíos apedrearte,
	19	muchos de los judíos habían venido a Marta
	31	los judíos que estaban en casa
	33	al verla llorando, y a los judíos
	36	Dijeron entonces los judíos
	45	muchos de los judíos que habían venido
	54	ya no andaba...entre los judíos
	55	la pascua de los judíos
Jn	12:9	Gran multitud de los judíos supieron
	11	muchos de los judíos se apartaban
	13:33	como dije a los judíos,
	18:12	los alguaciles de los judíos, prendieron
	14	que había dado el consejo a los judíos
	20	donde se reúnen todos los judíos,
	31	los judíos le dijeron:
	33	¿Eres tú el Rey de los judíos?
	35	¿Soy yo acaso judío?
	36	para que yo no fuera entregado a los judíos
	38	salió otra vez a los judíos,
	39	que os suelte al Rey de los judíos?
	19:3	¡Salve, Rey de los judíos!
	7	Los judíos le respondieron:
	12	pero los judíos daban voces,
	14	dijo a los judíos: ¡He aquí
	19	JESUS NAZARENO, REY DE LOS JUDIOS
	20	muchos de los judíos leyeron este título
	21	principales sacerdotes de los judíos: No escribas: Rey de los judíos Soy Rey de los judíos
	31	Entonces los judíos,...rogaron a Pilato
	38	por miedo de los judíos
	40	es costumbre sepultar entre los judíos
	42	preparación de la pascua de los judíos,
	20:19	reunidos por miedo de los judíos,
Hch	2:5	Moraban...en Jerusalén judíos, (estaban habitando..., VM)
	10	tanto judíos como prosélitos,
	14	Varones judíos, y todos los que habitáis
	9:22	confundía a los judíos
	23	los judíos resolvieron en consejo
	10:22	en toda la nación de los judíos
	28	abominable es para un varón judío
	39	hizo en la tierra de Judea (...de los judíos, VM)
	11:19	sino sólo a los judíos
	12:3	había agradado a los judíos, (era grato..., NC)
	11	el pueblo de los judíos
	13:5	en las sinagogas de los judíos
	6	judío, llamado Barjesús
	42	de la sinagoga de los judíos (TR)
	43	muchos de los judíos y de los prosélitos
	45	viendo los judíos la muchedumbre
	50	los judíos instigaron a mujeres piadosas
	14:1	en la sinagoga de los judíos, creyó una gran multitud de judíos,
	2	los judíos que no creían excitaron
	4	unos estaban con los judíos
	5	los judíos y los gentiles,...con sus
	19	vinieron unos judíos de Antioquía
	16:1	hijo de una mujer judía creyente,
	3	le circuncidó por causa de los judíos
	20	siendo judíos, alborotan nuestra ciudad.
	17:1	había una sinagoga de los judíos,
	5	los judíos que no creían, teniendo celos,
	10	en la sinagoga de los judíos.
	13	Cuando los judíos de Tesalónica supieron
	17	discutía...con los judíos
	18:2	un judío llamado Aquila, natural que todos los judíos saliesen de Roma
	4	persuadía a judíos y a griegos
	5	testificando a los judíos
	12	los judíos se levantaron de común acuerdo
	14	Galión dijo a los judíos: oh judíos, conforme a derecho
	19	discutía con los judíos,
	24	un judío llamado Apolos

ἰουδαϊσμός 2454		443		2455 Ἰούδας
Hch	18:28	refutaba públicamente a los **judíos**	1 Co 9:20	Me he hecho a los **judíos** como judío
	19:10	**judíos** y griegos, oyeron la palabra		para ganar **a los judíos**
	13	algunos de los **judíos**, exorcistas	10:32	No seáis tropiezo ni **a judíos**,
	14	siete hijos de un tal Esceva, **judío**,	12:13	sean **judíos** o griegos,
	17	notorio **a...judíos** como griegos	2 Co 11:24	De los **judíos** cinco veces he recibido
	33	empujándole los **judíos**.	Gá 2:13	en su simulación participaban también los
	34	cuando le conocieron que era **judío**		otros **judíos**
	20:3	siéndole puestas asechanzas por los **judíos**	14	Si tú, siendo **judío**, vives como los gentiles
		(lit., habiendo un complot contra él de	15	Nosotros, **judíos** de nacimiento,
		parte de los **judíos**)	3:28	Ya no hay **judío** ni griego;
	19	por las asechanzas de los **judíos**;	Col 3:11	donde no hay griego ni **judío**,
	21	testificando **a judíos** y a gentiles	1 Ts 2:14	que ellas padecieron de los **judíos**,
	21:11	Así atarán los **judíos** en Jerusalén		(que ellos de los **judíos**, VM)
	20	cuántos millares de **judíos** hay (TR, VHA);	Ap 2:9	de los que se dicen ser **judíos**
		(...hay entre los **judíos**, VM, WH, N,	3:9	a los que se dicen ser **judíos**
		ABMW, NC, BC, BA)		
	21	que enseñas a todos los **judíos**	**2454**	ἰουδαϊσμός — ioudaïsmós
	27	unos **judíos** de Asia, al verle	Gá 1:13	mi conducta...en el **judaísmo**,
	39	soy hombre **judío** de Tarso,	14	en el **judaísmo** aventajaba a muchos
	22:3	Yo de cierto soy **judío** (...un hombre	**2455**	Ἰούδας — Ioúdas (Iúdas) o Ἰούδα
		judío, BC)	Véase también 2448, pág. 441 y 2455, pag. 449
	12	de todos los **judíos** que allí moraban		
	30	por la cual le acusaban los **judíos**, (...fué	Mt 1:2	Jacob a **Judá** (...engendró a **Judá**, VHA)
		acusado de los **judíos**, VM)	3	**Judá** engendró de Tamar a Fares
	23:12	los **judíos** tramaron un complot (lit.,	2:6	Belén, de la tierra de **Judá**,
		habiendo tramado un complot...)		entre los príncipes de **Judá**
	20	Los **judíos** han convenido en rogarte	Lc 1:39	a una ciudad de **Judá**;
	27	aprehendido por los **judíos**	3:26	hijo de **Judá** (TR, VHA, VM, BA)
	30	de asechanzas que los **judíos** habían tenido	33	hijo de **Judá**,
		(lit., de un complot que había de haber	He 7:14	nuestro Señor vino de la tribu de **Judá**
		por parte de los **judíos**) (TR)	8:8	estableceré con...la casa de **Judá**
	24:5	sediciones entre todos los **judíos**	Ap 5:5	el León de la tribu de **Judá**
	9	Los **judíos** también confirmaban,	7:5	De la tribu de **Judá**, doce mil sellados.
	18	unos **judíos** de Asia me hallaron		
	24	con Drusila...que era **judía**	**2455**	Ἰούδας — Ioúdas (Iúdas)
	27	congraciarse con los **judíos**, (ganarse el	Mt 10:4	**Judas** Iscariote, el que...le entregó
		favor de..., VM)	26:14	uno de los doce...**Judas** Iscariote,
	25:2	los más influyentes de los **judíos**	25	**Judas**, el que le entregaba,
	7	lo rodearon los **judíos**	47	vino **Judas**, uno de los doce,
	8	Ni contra la ley de los **judíos**,	27:3	**Judas**, el que le había entregado
	9	queriendo congraciarse con los **judíos**,	Mr 3:19	**Judas** Iscariote, el que le entregó
		(queriendo ganarse el favor..., VM)	14:10	**Judas** Iscariote, uno de los doce
	10	A los **judíos** no les he hecho ningún agravio	43	hablando él aún,vino **Judas**,
	15	los ancianos de los **judíos**, pidiendo	Lc 6:16	**Judas** hermano de Jacobo, y **Judas** Iscariote
	24	toda la multitud de los **judíos**	22:3	entró Satanás en **Judas**,
	26:2	de que soy acusado por **los judíos**	47	el que se llamaba **Judas**, uno de los doce,
	3	cuestiones que hay entre los **judíos**	48	**Judas**, ¿con un beso...?
	4	la conocen todos los **judíos**	Jn 6:71	Hablaba de **Judas** Iscariote,
	7	soy acusado por los **judíos**	12:4	**Judas** Iscariote hijo de Simón, (TR, VM);
	21	Por causa de esto los **judíos**		(**Judas** Iscariote, VHA, WH, N, ABMW,
	28:17	que...convocó a los principales de los **judíos**		NC, BC, BA)
	19	Pero oponiéndose los **judíos**	13:2	en el corazón de **Judas** Iscariote,...que le
	29	los **judíos** se fueron, (TR, [VM], NC, [BA])		entregase (TR, VHA, VM, NC, BC, BA);
Ro	1:16	al **judío** primeramente,		(lit., en su corazón que **Judas** Iscariote...
	2:9	**el judío** primeramente (del judío..., VM)		le entregase, WH, N, ABMW)
	10	al **judío** primeramente y también	26	lo dio **a Judas** Iscariote hijo de Simón.
	17	tienes el sobrenombre **de judío**	29	**Judas** tenía la bolsa,
	28	no es **judío** el que lo es exteriormente	18:2	**Judas**, el que le entregaba, conocía
	29	es **judío** el que lo es en lo interior	3	**Judas**, pues, tomando una compañía
	3:1	¿Qué ventaja tiene, pues, el **judío**?		estaba también con ellos **Judas**,
		(¿Cuál es, pues, la ventaja del **judío**?	Hch 1:16	acerca de **Judas**, que fue guía
		BC)	25	de que cayó **Judas** por transgresión
	9	ya hemos acusado **a judíos** y a gentiles		
	29	¿Es Dios solamente Dios de los **judíos**?	**2455**	Ἰούδας — Ioúdas (Iúdas)
	9:24	no sólo de los **judíos**,	Mt 13:55	sus hermanos,...Simón y **Judas**?
	10:12	no hay diferencia **entre judío** y griego	Mr 6:3	hermano...de **Judas** y de Simón?
1 Co	1:22	los **judíos** piden señales,	Lc 3:30	hijo de Simeón, hijo de **Judá**,
	23	**para los judíos** ciertamente tropezadero	6:16	**Judas** hermano de Jacobo,
	24	para los llamados, así **judíos** como griegos		

Ἰουλία 2456

Jn	14:22	Le dijo **Judas**
Hch	1:13	**Judas** hermano de Jacobo,
	5:37	se levantó **Judas** el galileo,
	9:11	en casa de **Judas** a uno llamado Saulo,
	15:22	**Judas** que tenía por sobrenombre Barsabás
	27	enviamos a **Judas** y a Silas,
	32	**Judas** y Silas, como ellos...eran profetas
Jud	1	**Judas**, siervo de Jesucristo

2456   Ἰουλία – Ioulía (Iulía)

Ro 16:15   Saludad...a **Julia**

2457   Ἰούλιος – Ióulios (Iúlios)

Hch	27:1	un centurión llamado **Julio**,
	3	y **Julio**, tratando humanamente a Pablo

2458   Ἰουνιᾶς – Iouniás (Iuniás)

Ro 16:7   Saludad a Andrónico y a **Junias**,

2459   Ἰοῦστος – Ióustos (Iústos)

Hch	1:23	que tenía por sobrenombre **Justo**,
	18:7	de uno llamado **Justo**, (TR, VM); (...Tito **Justo**, BC, WH, N, ABMW); (...Ticio **Justo**, VHA, NC, BA)
Col	4:11	Jesús, llamado **Justo**;

2460   ἱππεύς – ippéus (jipéus)

Hch	23:23	que preparasen...setenta **jinetes**
	32	dejando a los **jinetes** que fuesen con él

2461   ἱππικός** – ippikós** (jipikós)

Ap   9:16   el número de los ejércitos de los **jinetes** (...de la caballería, BC)

2462   ἵππος – íppos (jípos)

Stg	3:3	freno en la boca de los **caballos**
Ap	6:2	he aquí un **caballo** blanco
	4	salió otro **caballo**, bermejo;
	5	he aquí un **caballo** negro;
	8	he aquí un **caballo** amarillo (...pálido, VM)
	9:7	era semejante a **caballos** preparados
	9	de muchos carros de **caballos** (carros de muchos **caballos**, BC)
	17	vi en visión los **caballos** las cabezas de los **caballos** eran como
	19	el poder de los **caballos** (WH, N, ABMW)
	14:20	salió sangre hasta los frenos de los **caballos**
	18:13	ovejas, **caballos** y carros,
	19:11	he aquí un **caballo** blanco,
	14	le seguían en **caballos** blancos,
	18	para que comáis...carnes de **caballos**
	19	contra el que montaba el **caballo**, (...que estaba sentado sobre el **caballo**, VM)
	21	que montaba el **caballo**, (que estaba sentado sobre el **caballo**, VM)

2463   ἶρις – íris

Ap	4:3	había alrededor del trono un **arco iris**,
	10:1	con el **arco iris** sobre su cabeza;

2464   Ἰσαάκ – Isaák

Mt	1:2	Abraham engendró a **Isaac**, **Isaac** a Jacobo (**Isaac** engendró..., VM)
	8:11	se sentarán con Abraham e **Isaac** y Jacob
	22:32	Yo soy el Dios de Abraham, el Dios de **Isaac**

2473 ἰσόψυχος

Mr	12:26	Yo soy el Dios de Abraham, el Dios de **Isaac**
Lc	3:34	hijo de Jacob, hijo de **Isaac**,
	13:28	cuando veáis a Abraham, a **Isaac**, a Jacob
	20:37	Dios de Abraham, Dios de **Isaac**
Hch	3:13	El Dios de Abraham, de **Isaac** y de Jacob
	7:8	así...engendró a **Isaac** e **Isaac** a Jacob,
	32	el Dios de Abraham, el Dios de **Isaac**, (TR); (...de Abraham, y de **Isaac**, VHA, WH, N, ABMW, VM, NC, BC, BA)
Ro	9:7	En **Isaac** te será llamada descendencia.
	10	cuando...concibió de uno, de **Isaac**
Gá	4:28	como **Isaac**, somos hijos de la promesa (TR, WH, VM); (...sois..., VHA, N, ABMW, NC, BC, BA)
He	11:9	morando en tiendas con **Isaac** y Jacob,
	17	Abraham,...ofreció a **Isaac**;
	18	En **Isaac** te será llamada
	20	Por la fe bendijo **Isaac** a Jacob
Stg	2:21	cuando ofreció a su hijo **Isaac**

2465   ἰσάγγελος*† – isággelos (isánguelos)

Lc   20:36   pues son **iguales a los ángeles**

2466   Ἰσαχάρ, véase Ἰσσαχάρ, pág. 445
2468   Véase pág. 284
2469 A   Ἰσκαριώθ – Iskarióth

Mr	3:19	Judas **Iscariote**, el que le entregó
	14:10	Judas **Iscariote**, uno de los doce
Lc	6:16	Judas **Iscariote**, que llegó a ser el traidor

2469   Ἰσκαριώτης – Iskariótes

Mt	10:4	Judas **Iscariote**, el que también le entregó
	26:14	que se llamaba Judas **Iscariote**,
Lc	22:3	en Judas, por sobrenombre **Iscariote**,
Jn	6:71	Hablaba de Judas **Iscariote**,
	12:4	uno de sus discípulos, Judas **Iscariote**
	13:2	en el corazón de Judas **Iscariote**, (TR, VHA, VM, NC, BC, BA); (lit., en su corazón que Judas **Iscariote**, WH, N, ABMW)
	26	lo dio a Judas **Iscariote**
	14:22	Judas (no el **Iscariote**)

2470   ἴσος – ísos

Mt	20:12	los has hecho **iguales** a nosotros,
Mr	14:56	sus testimonios no concordaban. (no eran acordes..., (...era concorde..., NC)
	59	ni aun así concordaban en el testimonio. (...era concorde..., NC)
Lc	6:34	para recibir **otro tanto**.
Jn	5:18	haciéndose **igual** a Dios.
Hch	11:17	les concedió también el **mismo** don
Fil	2:6	no estimó el ser **igual** a Dios
Ap	21:16	la longitud, la altura...son **iguales**

2471   ἰσότης – isótes

2 Co	8:14 (13)	para que en este tiempo, con **igualdad** para que haya **igualdad**
Col	4:1	lo que es justo y **recto** (lo que es justo y equitativo, VM)

2472   ἰσότιμος – isótimos

2 P   1:1   una fe **igualmente preciosa** que la nuestra

2473   ἰσόψυχος – isópsucos (isópsujos)

Fil	2:20	a ninguno tengo del mismo ánimo,

2474 Ἰσραήλ — Israél

Mt	2:6	apacentará a mi pueblo Israel.
	20	vete a tierra de Israel,
	21	vino a tierra de Israel.
	8:10	ni aun en Israel he hallado tanta fe
	9:33	cosa semejante en Israel.
	10:6	ovejas perdidas de la casa de Israel.
	23	las ciudades de Israel, antes que venga
	15:24	a las ovejas perdidas de la casa de Israel.
	31	glorificaban al Dios de Israel
	19:28	para juzgar a las doce tribus de Israel
	27:9	según precio puesto por los hijos de Israel; (que evaluaron por parte de los hijos de Israel, VM)
	42	si es el Rey de Israel, (TR, VM, NC); (El Rey de Israel es, VHA, WH, N, ABMW, BC, BA)
Mr	12:29	Oye, Israel; el Señor nuestro Dios,
	15:32	El Cristo, Rey de Israel, descienda
Lc	1:16	muchos de los hijos de Israel
	54	Socorrió a Israel su siervo,
	68	Bendito el Señor Dios de Israel,
	80	su manifestación a Israel
	2:25	la consolación de Israel;
	32	gloria de tu pueblo Israel.
	34	para levantamiento de muchos en Israel
	4:25	muchas viudas había en Israel
	27	muchos leprosos había en Israel
	7:9	ni aun en Israel he hallado tanta fe
	22:30	juzgando a las doce tribus de Israel
	24:21	el que había de redimir a Israel;
Jn	1:31	para que fuese manifestado a Israel,
	49	tú eres el Rey de Israel
	3:10	¿Eres tú maestro de Israel,
	12:13	¡Bendito...el Rey de Israel!
Hch	1:6	¿restaurarás el reino a Israel..?
	2:36	sepa...toda la casa de Israel,
	4:8	y ancianos de Israel (TR, BC)
	10	y a todo el pueblo de Israel,
	27	con los gentiles y el pueblo de Israel,
	5:21	todos los ancianos de los hijos de Israel,
	31	para dar a Israel arrepentimiento
	7:23	sus hermanos, los hijos de Israel.
	37	es el que dijo a los hijos de Israel
	42	por cuarenta años, casa de Israel?
	9:15	en presencia...de los hijos de Israel;
	10:36	mensaje a los hijos de Israel,
	13:17	El Dios de este pueblo de Israel
	23	levantó a Jesús por Salvador a Israel
	24	a todo el pueblo de Israel
	28:20	por la esperanza de Israel
Ro	9:6	no todos los que descienden de Israel (no todos...que son de Israel, VM) son israelitas (son Israel, VHA)
	27	Isaías clama tocante a Israel: el número de los hijos de Israel
	31	mas Israel, que iba tras una ley
	10:1	mi oración a Dios por Israel (TR)
	19	¿No ha conocido esto Israel?
	21	Pero acerca de Israel dice:
	11:2	cómo invoca a Dios contra Israel
	7	Lo que buscaba Israel,
	25	que ha acontecido a Israel endurecimiento
	26	todo Israel será salvo,
1 Co	10:18	Mirad a Israel según la carne;
2 Co	3:7	tanto que los hijos de Israel no pudieron
	13	para que los hijos de Israel no fijaran

Gá	6:16	misericordia sea...al Israel de Dios
Ef	2:12	alejados de la ciudadanía de Israel
Fil	3:5	del linaje de Israel, de la tribu
He	8:8	estableceré con la casa de Israel
	10	el pacto que haré con la casa de Israel
	11:22	la salida de los hijos de Israel,
Ap	2:14	poner tropiezo ante los hijos de Israel
	7:4	tribus de los hijos de Israel. (tribu...BC)
	21:12	tribus de los hijos de Israel

2475 Ἰσραηλίτης — Israelítes

Jn	1:47	(48) He aquí un verdadero israelita,
Hch	2:22	Varones israelitas, oíd estas palabras
	3:12	Varones israelitas, ¿por qué, os maravilláis
	5:35	Varones israelitas, mirad por vosotros
	13:16	Varones israelitas, y los que teméis
	21:28	¡Varones israelitas, ayudad!
Ro	9:4	que son israelitas, de los cuales son
	11:1	también yo soy israelita,
2 Co	11:22	¿Son israelitas? Yo también.

2466 Ἰσσαχάρ — Issacár (Isajár) o Ἰσαχάρ

Ap	7:7	De la tribu de Isacar

2476 ἵστημι — ístemi (jístemi)

Mt	2:9	se detuvo sobre donde estaba el niño
	4:5	le puso sobre el pináculo del templo
	6:5	el orar en pie en las sinagogas
	12:25	contra sí misma, no permanecerá
	26	¿cómo, pues, permanecerá su reino?
	46	su madre y sus hermanos estaban afuera
	47	tus hermanos están afuera, (TR, [N]. [ABMW], VHA, VM, NC, BC, BA)
	13:2	toda la gente estaba en la playa
	16:28	hay algunos de los que están aquí
	18:2	lo puso en medio de ellos.
	16	para que...conste toda palabra.
	20:3	vió a otros que estaban en la plaza
	6	a otros que estaban desocupados, ¿Por qué estáis aquí todo el día
	32	deteniéndose Jesús, los llamó
	24:15	cuando veáis en el lugar santo (cuando viereis que...está..., VHA)
	25:33	pondrá las ovejas a su derecha
	26:15	ellos le asignaron treinta piezas
	73	acercándose los que por allí estaban
	27:11	estaba en pie delante del gobernador;
	47	los que estaban allí decían,
Mr	3:24	tal reino no puede permanecer. (...aquel reino, VM)
	25	tal casa no puede permanecer. (...aquella casa, VM)
	26	no puede permanecer, sino que ha llegado
	31	quedándose afuera, enviaron (TR)
	7:9	para guardar vuestra tradición. (TR, WH, N, VHA, VM, BA); (para mantener, BC, ABMW, NC)
	9:1	algunos de los que están aquí,
	36	y lo puso en medio de ellos
	10:49	deteniéndose, mandó llamarle
	11:5	unos de los que estaban allí
	13:9	delante de gobernadores y de reyes os llevarán (compareceréis..., BC)
	14	puesta donde no debe estar
Lc	1:11	puesto en pie a la derecha del altar
	4:9	le puso sobre el pináculo del templo,
	5:1	estando Jesús junto al lago de Genesaret, (él estaba en pie...VM)

ἵστημι 2476

Lc	5:2	dos barcas **que estaban** cerca	Hch	9:7	**se pararon** atónitos, oyendo

Lc 5:2   dos barcas **que estaban** cerca
    6:8   Levántate, y **ponte** en medio
          levantándose, **se puso en pie**
     17   **se detuvo** en un lugar llano,
    7:14 los que lo llevaban **se detuvieron.**
     38   **estando** detrás de él a sus pies,
    8:20 Tu madre y tus hermanos **están** fuera
     44   al instante **se detuvo** el flujo
    9:27 hay algunos de los **que están** aquí,
     47   lo **puso** junto a sí,
    11:18 ¿cómo **permanecerá** su reino?
    13:25 **estando** fuera empecéis a llamar
          (comenzareis a **estar** fuera, y a llamar,
          VHA)
    17:12 los cuales **se pararon** de lejos (TR, N,
          ABMW)
    18:11 El fariseo, **puesto en pie**, oraba
     13   el publicano, **estando** lejos, no quería...alzar
     40   **deteniéndose**, mandó traerle
    19:8 Zaqueo, **puesto en pie**, dijo al Señor
    21:36 **estar en pie** delante del Hijo del Hombre
    23:10 **estaban** los principales sacerdotes
     35   el pueblo **estaba** mirando;
     49   **estaban** lejos mirando estas cosas.
    24:17 mientras camináis, y por qué estáis tristes?
          (TR, BC); (mientras camináis? Ellos se
          detuvieron entristecidos, NC, WH, N,
          ABMW, VHA, VM, BA)
     36   **se puso** en medio de ellos,
Jn 1:26 **está** uno a quien vosotros no (TR, ABMW)
     35   otra vez **estaba** Juan,
    3:29 mas el amigo del esposo, **que está**
    6:22 la gente **que estaba** al otro lado
    7:37 Jesús **se puso en pie** y alzó la voz
    8:3   [**poniéndola** en medio, le dijeron]
     9   [la mujer **que estaba** en medio]
     44   no **ha permanecido** en la verdad, (TR, WH?,
          N?, ABMW?)
    11:56 **estando** ellos en el templo,
    12:29 la multitud **que estaba** allí,
    18:5 **estaba** también con ellos Judas,
     16   mas Pedro **estaba** fuera,
     18   **estaban en pie** los siervos
          con ellos estaba Pedro **en pie**,
     25   Estaba, pues, Pedro **en pie**,
    19:25 **Estaban** junto a la cruz de Jesús
    20:11 María **estaba** fuera llorando
     14   vio a Jesús **que estaba** allí;
     19   **puesto** en medio, (**se puso...**, BA)
     26   Jesús,...**se puso** en medio
    21:4 **se presentó** Jesús en la playa;
Hch 1:11 ¿por qué **estáis** mirando al cielo?
     23   **señalaron** a dos
    2:14 Pedro, **poniéndose en pie** con los once
    3:8   **se puso en pie** y anduvo
    4:7   **poniéndoles** en medio, les preguntaron
     14   **que estaba en pie** con ellos,
    5:20 **puestos en pie** en el templo, anunciad
     23   los guardas afuera **de pie**
     25   **están** en el templo, (**están** en el Templo,
          puestos en pie, VM)
     27   los **presentaron** en el concilio
    6:6   a los cuales **presentaron** ante los
     13   **pusieron** testigos falsos
    7:33 el lugar en **que estás** es tierra santa
     55   vio...a Jesús que **estaba**
     56   al Hijo del Hombre **que está** a la diestra
     60   no les **tomes en cuenta** este pecado
    8:38 Y mandó **parar** el carro;

Hch 9:7   **se pararon** atónitos, oyendo
    10:30 **se puso** delante de mí un varón
    11:13 un ángel, **que se puso en pie**
    12:14 de **que** Pedro **estaba** a la puerta
    16:9 un varón macedonio estaba **en pie**,
    17:22 Pablo, **puesto en pie** en medio
     31   **ha establecido** un día
    21:40 Pablo, **estando en pie** en las gradas,
    22:25 al centurión **que estaba** presente:
     30   le **presentó** ante ellos.
    24:20 cuando **comparecí** ante el concilio,
     21   **estando** entre ellos prorrumpí
    25:10 Ante el tribunal de César **estoy**, (lit.,...
          estoy **parado**)
     18   **estando presentes** los acusadores
    26:6 soy llamado a juicio (**me presento** para
          ser juzgado, VM)
     16   **ponte** sobre tus pies; porque para esto
     22   **persevero** hasta el día de hoy,
    27:21 **puesto en pie** en medio de ellos,
Ro 3:31 **confirmamos** la ley
    5:2   gracia en la cual **estamos firmes**,
    10:3 procurando **establecer** la suya propia
    11:20 pero tú por la fe **estás en pie**.
    14:4 pero **estará firme**,
          para **hacerle estar firme**
1 Co 7:37 el que **está** firme en su corazón
    10:12 el que piensa **estar firme**
    15:1 en el cual también **perseveráis**;
2 Co 1:24 por la fe **estáis firmes**
    13:1 **se decidirá** todo asunto. (**se confirmará**
          toda palabra, VM)
Ef 6:11 para que podáis **estar firmes**
     13   y habiendo acabado todo, **estar firmes.**
     14   Estad, pues, **firmes**, ceñidos
Col 4:12 para que **estéis firmes**
2 Ti 2:19 el fundamento de Dios **está** firme
He 10:9 para **establecer** esto último
     11   todo sacerdote **está** día tras día
Stg 2:3   Estate tú allí **en pie**, o siéntate
    5:9   el juez **está** delante de la puerta.
1 P 5:12 gracia...en la cual **estáis.**
Jud 24   poderoso para...**presentaros** sin mancha
Ap 3:20 He aquí, yo **estoy** a la puerta
    5:6   que...**estaba en pie** un Cordero
    6:17 ¿y quién podrá **sostenerse en pie**?
    7:1   cuatro ángeles **en pie** sobre los cuatro
     9   que **estaban** delante del trono
     11   los ángeles **estaban en pie** alrededor del
    8:2   ángeles que **estaban en pie** ante Dios;
     3   **se paró** ante el altar,
    10:5 el ángel que ví **en pie** sobre el mar
     8   del ángel que **está en pie** sobre el mar
    11:4 los dos candeleros **que están en pie**
     11   **se levantaron** sobre sus pies,
    12:4 el dragón **se paró** (TR, N, ABMW),
     28 (13:1) **Me paré** sobre la arena del mar,
          (TR, T, VM, BC); (**se paró...**BA, WH, N,
          ABMW, VHA, NC)
    14:1 el Cordero estaba **en pie** (el Cordero **en pie**,
          VHA)
    15:2 en pie sobre el mar de vidrio,
    18:10 **parándose** lejos por el temor
     15   **se pararán** lejos por el temor
     17   que trabajan en el mar, **se pararon** lejos
    19:17 un ángel **que estaba en pie** en el sol,
    20:12 los muertos,...**de pie** ante Dios (TR); (...ante
          el trono, VHA, WH, N, ABMW, VM, NC,
          BC, BA)

2477		ἱστορέω – istoréo (jistoréo)	Lc	14:30	no pudo acabar.
Gá	1:18	para ver a Pedro, (TR); (para conocer a Cefas, VM, WH, N, ABMW, VHA, NC, BC, BA)		16:3	Cavar, no puedo
				20:26	no pudieron sorprenderle
			Jn	21:6	y ya no la podían sacar,
			Hch	6:10	no podían resistir a la sabiduría
2478		ἰσχυρός – iscurós (isjurós)		15:10	ni nosotros hemos podido llevar?
Mt	3:11	es más poderoso que yo;		19:16	pudo más que ellos,
	12:29	en la casa del hombre fuerte		20	prevalecía poderosamente la palabra
		si primero no le ata? (...no amarra al poderoso?, VM)		25:7	las cuales no podían probar
				27:16	pudimos recoger el esquife. (pudimos... hacernos dueños del bote, BC)
	14:30	al ver el fuerte viento, (TR, VM, NC, BC)	Gá	5:6	ni la circuncisión vale algo
Mr	1:7	tras mí el que es más poderoso que yo,		6:15	ni la circuncisión vale nada (TR, VHA)
	3:27	en la casa de un hombre fuerte	Fil	4:13	Todo lo puedo
		si antes no le ata (...al poderoso, VM)	He	9:17	no es válido entre tanto que el testador
Lc	3:16	viene uno más poderoso que yo,	Stg	5:16	La oración eficaz...puede mucho
	11:21	Cuando el hombre fuerte armado	Ap	12:8	pero no prevalecieron
	22	cuando viene otro más fuerte que él			
	15:14	vino una gran hambre en aquella provincia	2481		ἴσως – ísos
1 Co	1:25	lo débil de Dios es más fuerte	Lc	20:13	quizás...le tendrán respeto
	27	para avergonzar a lo fuerte;			
	4:10	nosotros débiles, mas vosotros fuertes;	2482		Ἰταλία – Italía
	10:22	¿Somos más fuertes que él?	Hch	18:2	Aquila,...recién venido de Italia
2 Co	10:10	las cartas son duras y fuertes;		27:1	que habíamos de navegar para Italia,
He	5:7	con gran clamor y lágrimas		6	que zarpaba para Italia
	6:18	tengamos un fortísimo consuelo	He	13:24	Los de Italia os saludan.
	11:34	se hicieron fuertes en batallas, (...en la guerra, VHA)			
			2483		Ἰταλικός – Italikós
1 Jn	2:14	jóvenes, porque sois fuertes,	Hch	10:1	compañía llamada la Italiana,
Ap	5:2	vi a un ángel fuerte que pregonaba			
	6:15	los grandes,...los poderosos, y todo siervo	2484		Ἰτουραίος – Itouráios
	10:1	Vi...a otro ángel fuerte,	Lc	3:1	Felipe tetrarca de Iturea
	18:2	clamó con voz potente (WH, N, ABMW)			
	8	poderoso es Dios el Señor,	2485		ἰχθύδιον* – icthúdion (ijthúdion)
	10	Babilonia, la ciudad fuerte	Mt	15:34	Siete, y unos pocos pececillos.
	21	un ángel poderoso tomó una piedra,	Mr	8:7	Tenían...unos pocos pececillos;
19:6		como la voz de grandes truenos			
	18	comáis...carnes de fuertes	2486		ἰχθύς – icthús (ijthús)
			Mt	7:10	le pide un pescado,
2479		ἰσχύς – iscús (isjús)		14:17	cinco panes y dos peces.
Mr	12:30	y con todas tus fuerzas. (...fuerza, BA)		19	tomando los cinco panes y los dos peces
	33	y con todas las fuerzas, (...fuerza, BC)		15:36	los siete panes y los peces,
Lc	10:27	con todas tus fuerzas, (...fuerza, BC)		17:27	el primer pez que saques, tómalo,
Ef	1:19	según la operación del poder de su fuerza,	Mr	6:38	Cinco, y dos peces.
	6:10	Fortaleceos...en el poder de su fuerza		41	cinco panes y los dos peces
2 Ts	1:9	de la gloria de su poder		43	repartió todos los peces entre todos.
1 P	4:11	ministre conforme al poder que Dios da,	Lc	5:6	encerraron gran cantidad de peces
2 P	2:11	que son mayores en fuerza y en potencia		9	por la pesca que habían hecho, (a causa de la presa de peces..., VM)
Ap	5:12	es digno de tomar el poder,...la fortaleza		9:13	cinco panes y dos pescados,
	7:12	el poder y la fortaleza, sean a nuestro Dios		16	tomando...los dos pescados,
	18:2	Clamó con voz potente, (lit., clamó con fuerza, con una gran voz) (TR)		11:11	pescado, en lugar de pescado
				24:42	le dieron parte de un pez asado,
2480		ἰσχύω – iscúo (isjúo)	Jn	21:6	por la gran cantidad de peces.
Mt	5:13	No sirve más para nada		8	arrastrando la red de peces,
	8:28	tanto que nadie podía pasar		11	la red...llena de grandes peces,
	9:12	Los sanos no tienen necesidad de médico (...los robustos.,BC)	1 Co	15:39	otra la de los peces
	26:40	¿Así que no habéis podido velar conmigo	2487		ἴχνος – ícnos (íjnos)
Mr	2:17	Los sanos no tienen necesidad (...los robustos, BC)	Ro	4:12	que...siguen las pisadas de la fe
			2 Co	12:18	¿No hemos procedido...en las mismas pisadas?
	5:4	nadie le podía dominar	1 P	2:21	para que sigáis sus pisadas;
	9:18	y no pudieron			
	14:37	¿No has podido velar una hora?	2488		Ἰωαθάμ – Ioathám
Lc	6:48	pero no la pudo mover,			
	8:43	por ninguno había podido ser curada,			
	13:24	procurarán entrar, y no podrán.			
	14:6	no le podían replicar			
	29	no pueda acabarla, (no podiendo..., VM)			

Mt	1:9	Uzías engendró a **Jotam**, **Jotam**, a Acaz (**Joatam** engendró a Acaz, VM)

2489 Ἰωάν(ν)α – Ioánna

Lc	8:3	**Juana**, mujer de Chuza
	24:10	María Magdalena, y **Juana**,

2490 Ἰωανάν – Ioanán o Ἰωαννᾶς

| Lc | 3:27 | hijo de **Joana**, hijo de Resa, |

2491 Ἰωάν(ν)ης – Ioánnes
Juan el Bautista

Mt	3:1	vino **Juan** el Bautista predicando
	4	**Juan** estaba vestido (**Juan** mismo tenía su vestido, VM)
	13	Jesús vino de Galilea a **Juan**
	14	**Juan** se le oponía, diciendo: (TR, ABMW, VHA, VM, NC, BC, BA)
	4:12	que **Juan** estaba preso,
	9:14	vinieron a él los discípulos de **Juan**,
	11:2	al oir **Juan**, en la cárcel,
	4	haced saber a **Juan** las cosas que oís
	7	comenzó Jesús a decir de **Juan**
	11	no se ha levantado otro mayor que **Juan**
	12	Desde los días de **Juan** el Bautista
	13	profetizaron hasta **Juan**
	18	vino **Juan**, que ni comía ni bebía
	14:2	Este es **Juan** el Bautista;
	3	Herodes había prendido a **Juan**, (...habiendo prendido..., BC)
	4	**Juan** le decía: No te es lícito
	8	la cabeza de **Juan** el Bautista.
	10	ordenó decapitar a **Juan** (enviando, decapitó... VHA)
	16:14	Unos, **Juan** el Bautista; otros
	17:13	había hablado de **Juan** el Bautista
	21:25	El bautismo de **Juan**, ¿de dónde era?
	26	todos tienen a **Juan** por profeta
	32	vino a vosotros **Juan** en camino de justicia
Mr	1:4	Bautizaba **Juan** en el desierto (vino **Juan** bautizando, VM) (TR, ABMW); (vino **Juan**, el que bautizaba..., VHA, WH, N, NC, BC, BA)
	6	**Juan** estaba vestido de pelo
	9	fue bautizado por **Juan**
	14	Después que **Juan** fue encarcelado,
	2:18	los discípulos de **Juan**..ayunaban (estaban ayunando..., VHA) ¿Por qué los discípulos de **Juan**...?
	6:14	**Juan** el Bautista ha resucitado
	16	Este es **Juan**, el que yo decapité,
	17	había...prendido a **Juan**,
	18	Porque **Juan** decía a Herodes:
	20	porque Herodes temía a **Juan**,
	24	La cabeza de **Juan** el Bautista
	25	la cabeza de **Juan** el Bautista.
	8:28	**Juan** el Bautista; otros
	11:30	El bautismo de **Juan**, ¿era del cielo,
	32	todos tenían a **Juan**
Lc	1:13	llamarás su nombre **Juan**
	60	No; se llamará **Juan**. (No, sino que..., VM)
	63	diciendo: **Juan** es su nombre
	3:2	vino palabra de Dios a **Juan**
	15	si acaso **Juan** sería el Cristo, (acerca de **Juan**, si acaso..., VHA)
	16	respondió **Juan**, diciendo a todos
	20	encerró a **Juan** en la cárcel.
Lc	5:33	¿Por qué los discípulos de **Juan** ayunan
	7:18	Los discípulos de **Juan** le dieron las nuevas (Informaron a **Juan** sus discípulos, BC)
	19	**Juan**...los envió a Jesús (TR); (...al Señor, VHA, WH, N, ABMW, VM, NC, BC, BA)
	20	**Juan** el Bautista nos ha enviado
	22	haced saber a **Juan** lo que habéis visto
	24	Cuando se fueron los mensajeros de **Juan**, comenzó a decir de **Juan**
	28	no hay mayor profeta que **Juan** (TR, NC, BC); (no hay nadie mayor que **Juan**, BA, WH, N, ABMW, VHA, VM)
	29	bautizándose con el bautismo de **Juan**
	33	vino **Juan** el Bautista, que ni comía
	9:7	**Juan** ha resucitado de los muertos;
	9	A **Juan** yo le hice decapitar;
	19	Unos, **Juan** el Bautista; otros
	11:1	como también **Juan** eseñó a sus discípulos
	16:16	La ley y los profetas eran hasta **Juan**
	20:4	El bautismo de **Juan** ¿era del cielo..?
	6	persuadidos de que **Juan** era profeta
Jn	1:6	el cual se llamaba **Juan**
	15	**Juan** dio testimonio de él,
	19	Este es el testimonio de **Juan**
	26	**Juan** les respondió diciendo
	28	donde **Juan** estaba bautizando
	29	vio **Juan** a Jesús (TR, VHA)
	32	También dio **Juan** testimonio,
	35	otra vez estaba **Juan**
	40 (41)	uno de los dos que habían oído a **Juan**
	3:23	**Juan** bautizaba, (...estaba bautizando, VHA)
	24	**Juan** no había sido aún encarcelado. (...echado en la cárcel, VM)
	25	discusión entre los discípulos de **Juan**
	26	vinieron a **Juan** y le dijeron:
	27	Respondió **Juan** y dijo:
	4:1	Jesús hace...más discípulos que **Juan**
	5:33	enviasteis mensajeros a **Juan**, (enviasteis a **Juan**, VM)
	36	yo tengo mayor testimonio que el de **Juan**
	10:40	donde primero había estado bautizando **Juan**;
	41	**Juan**,...ninguna señal hizo todo lo que **Juan** dijo de éste
Hch	1:5	**Juan** ciertamente bautizó con agua,
	22	comenzando desde el bautismo de **Juan**
	10:37	después del bautismo que predicó **Juan**:
	11:16	**Juan** ciertamente bautizó en agua,
	13:24	predicó **Juan** el bautismo
	25	cuando **Juan** terminaba su carrera
	18:25	aunque solamente conocía el bautismo de **Juan**.
	19:3	En el bautismo de **Juan**.
	4	**Juan** bautizó con bautismo

2491 Ἰωάν(ν)ης – Ioánnes
Juan el Apóstol

Mt	4:21	dos hermanos, Jacobo...y **Juan**
	10:2	Jacobo...y **Juan** su hermano;
	17:1	a Pedro, a **Jacobo** y a **Juan**
Mr	1:19	vio a Jacobo...y a **Juan** su hermano
	29	vinieron...con Jacobo y **Juan**.
	3:17	a Jacobo...y a **Juan** hermano de Jacobo
	5:37	sino Pedro, Jacobo y **Juan**
	9:2	Jesús tomó a Pedro, a Jacobo y a **Juan**,
	38	**Juan** le respondió diciendo: (TR); (díjole **Juan**, VHA, WH, N, ABMW, VM, NC, BC, BA)

Mr	10:35	Jacobo y Juan,...se le acercaron
	41	comenzaron a enojarse contra Jacobo y contra Juan
	13:3	Pedro, Jacobo, Juan y Andrés
	14:33	tomó consigo a Pedro, a Jacobo y a Juan,
Lc	5:10	asimismo de Jacobo y Juan,
	6:14	a Andrés su hermano, Jacobo y Juan,
	8:51	sino a Pedro, a Jacobo, a Juan,
	9:28	que tomó a Pedro, a Juan y a Jacobo,
	49	respondiendo Juan, dijo: Maestro
	54	Viendo esto sus discípulos Jacobo y Juan
	22:8	envió a Pedro y a Juan,
Hch	1:13	donde moraban Pedro y Jacobo, Juan,
	3:1	Pedro y Juan subían.. al templo
	3	cuando vio a Pedro y a Juan
	4	Pedro, con Juan, fijando en él los ojos,
	11	asidos a Pedro y a Juan
	4:13	viendo el denuedo de Pedro y de Juan.
	19	Pedro y Juan respondieron diciéndoles (...respondiendo, les dijeron, BC)
	8:14	enviaron allá a Pedro y a Juan; (les enviaron a Pedro..., VHA)
	12:2	mató a espada a Jacobo, hermano de Juan
Gá	2:9	Jacobo, Cefas y Juan,
Ap	1:1	a su siervo Juan,
	4	Juan, a las siete iglesias
	9	Yo Juan, vuestro hermano,
	21:2	yo Juan vi la santa ciudad (TR)
	22:8	Yo Juan soy el que oyó y vió

2491 Ἰωάν(ν)ης — Ioánnes

Jn	1:42 (43)	Simón, hijo de Jonás (TR, VM); (...hijo de Juan, VHA, WH, N, ABMW, VM, NC, BC, BA)
	21:15	Simón, hijo de Jonás (igual a 1:42)
	16	Simón, hijo de Jonás (igual a 1:42)
	17	Simón, hijo de Jonás (igual a 1:42)
Hch	12:12	María la madre de Juan,...Marcos
	25	llevando también consigo a Juan,
	13:5	Tenían también a Juan de ayudante
	13	Juan, apartándose de ellos,
	15:37	quería que llevasen consigo a Juan,

2491 Ἰωάν(ν)ης — Ioánnes

Hch	4:6	sumo sacerdote Anás, y Caifás y Juan

2492 Ἰώβ — Iób

Stg	5:11	Habéis oído de la paciencia de Job

5601 Ἰωβήδ — Iobéd o Ὠβήδ — Obéd

Mt	1:5	de Rut a Obed y Obed a Isaí (Obed engendró..., VM)
Lc	3:32	hijo de Obed, hijo de Booz,

2466 Ἰωδά — Iodá o Ἰωδά

Lc	3:26	hijo de José, hijo de Judá

2493 Ἰωήλ — Ioél

Hch	2:16	esto es lo dicho por el profeta Joel:

2494 Ἰωνάμ — Ionám o Ἰωνάν

Lc	3:30	hijo de Jonán, hijo de Eliaquim,

2495 Ἰωνᾶς — Ionás

Mt	12:39	sino la señal del profeta Jonás.
	40	como estuvo Jonás en el vientre
	12:41	se arrepintieron a la predicación de Jonás, he aquí más que Jonás en este lugar.
	16:4	sino la señal del profeta Jonás.
Lc	11:29	sino la señal de Jonás
	30	así como Jonás fue señal a los ninivitas,
	32	a la predicación de Jonás he aquí más que Jonás en este lugar.

2496 Ἰωράμ — Iorám

Mt	1:8	Josafat a Joram, y Joram a Uzías. (Joram engendró..., VM)

2497 Ἰωρίμ — Iorím o Ἰωρείμ

Lc	3:29	hijo de Jorim, hijo de Matat,

2498 Ἰωσαφάτ — Iosafát

Mt	1:8	Josafat a Joram, y Joram a Uzías (...Josafat engendró...engendró..., VM)

2500 Ἰωσῆς — Iosés

Mt	13:55	sus hermanos, Jacobo, José (TR)
	27:56	la madre de Jacobo y de José, (TR)
Mr	6:3	hermano de Jacobo, de José, (...de Josés, VHA)
	15:40	María la madre de Jacobo el menor y de José,
	47	María madre de José miraban
Lc	3:29	hijo de Josué, (TR)
Hch	4:36	Entonces José...Bernabé (TR)

2501 Ἰωσήφ — Ioséf
Hijo de Israel

Jn	4:5	Jacob dió a su hijo José
Hch	7:9	vendieron a José para Egipto;
	13	José se dio a conocer a sus hermanos, a Faraón el linaje de José
	14	enviando José, hizo venir
	18	otro rey que no conocía a José.
He	11:21	a cada uno de los hijos de José,
	22	Por la fe José, al morir, mencionó
Ap	7:8	De la tribu de José, doce mil sellados.

2501 Ἰωσήφ — Ioséf
Esposo de María

Mt	1:16	José, marido de María
	18	desposada María su madre con José,
	19	José su marido, como era justo,
	20	José, hijo de David, no temas
	24	despertando José del sueño,
	2:13	apareció en sueños a José
	19	apareció en sueños a José en Egipto
Lc	1:27	desposada con un varón que se llamaba José
	2:4	José subió de Galilea,
	16	hallaron a María y a José,
	3:23	hijo, según se creía, de José,
	4:22	¿No es éste el hijo de José
Jn	1:45	a Jesús, el hijo de José,
	6:42	¿No es éste Jesús, el hijo de José

2501 Ἰωσήφ — Ioséf
José de Arimatea

Mt	27:57	de Arimatea, llamado José
	59	tomando José el cuerpo, lo envolvió
Mr	15:43	José de Arimatea, miembro noble
	45	dio el cuerpo a José,
Lc	23:50	un varón llamado José, de Arimatea,
Jn	19:38	José de Arimatea, que era discípulo

2501		Ἰωσήφ — Ioséf
Mt	13:55	sus hermanos, Jacobo, **José** (WH, N, ABMW)
	27:56	la madre de Jacobo y **de José**, (WH, N, ABMW)
Lc	3:24	hijo de Jana, hijo **de José**,
	30	hijo de Judá, hijo **de José**,
Hch	1:23	señalaron a dos: a **José**, llamado Barsabás
	4:36	Entonces **José**,...Bernabé (WH, N, ABMW)

2502 A		Ἰωσήχ — Ioséc (Iosej)
Lc	3:26	hijo de **José** (WH, N, ABMW) (...**de Josec**, VHA)

2502		Ἰωσίας — Iosías
Mt	1:10	Amón a **Josías** (Amón engendró..., VM)
	11	**Josías** engendró a Jeconías

2503		ἰῶτα* — ióta
Mt	5:18	ni una **jota** ni una tilde pasará de la

Κ κ

2504		κἀγώ — kagó
Mt	2:8	para que **yo también**...le adore.
	10:32	**yo también** le confesaré
	33	**yo también** le negaré delante de mi Padre
	11:28	**y yo** os haré descansar.
	16:18	**Y yo también** te digo, que tú eres Pedro,
	18:33	como **yo** tuve misericordia de ti? (como **también yo**..., VA)
	21:24	**Yo también** os haré una pregunta, **también yo** os diré con qué autoridad
	26:15	**y yo** os lo entregaré?
Mr	11:29	Os haré **yo también** una pregunta; (TR, NC)
Lc	1:3	me ha parecido **también a mí**,
	2:48	tu padre **y yo** te hemos buscado
	11:9	**Y yo** os digo: Pedid,
	16:9	**Y yo** os digo: Ganad amigos (TR)
	19:23	al volver **yo**, (WH, N, ABMW) (**y yo**, al venir, BC)
	20:3	Os haré **yo también** una pregunta;
	22:29	**Yo, pues**, os asigno un reino,
Jn	1:31	**Y yo** no le conocía;
	33	**Y yo** no le conocía;
	34	**Y yo** le vi, y he dado testimonio
	5:17	hasta ahora trabaja, **y yo** trabajo.
	6:44	**y yo** le resucitaré (WH, N, ABMW)
	54	**y yo** le resucitaré (WH, N, ABMW)
	56	en mí permanece, **y yo** en él,
	57	**y yo** vivo por el Padre,
	7:28	A **mí me** conocéis, y sabéis
	8:26	**y yo**, lo que he oído de él,
	10:15	**y yo** conozco al Padre;
	27	**y yo** las conozco, y me siguen,
	28	**y yo** les doy vida eterna
	38	el Padre está en mí, **y yo** en el Padre
	12:32	**Y yo**, si fuere levantado
	14:16	**Y yo** rogaré al Padre, (WH, N, ABMW)
	20	**y yo** en vosotros.
	21	**y yo** le amaré, (WH, N, ABMW)
	15:4	Permaneced en mí, **y yo** en vosotros.
	5	**y yo** en él
	9	así **también yo** os he amado;

Jn	16:32	**y me** dejaréis solo. (WH, N, ABMW)
	17:6	**y me** los diste, (WH, N, ABMW)
	11	**y yo** voy a ti. (WH, N, ABMW)
	18	así **yo** los he enviado. (**yo también** les envié, VHA)
	21	**y yo** en ti,
	22	La gloria...**yo** les he dado, (**Y la gloria... yo se** la he dado, VM) (WH, N, ABMW)
	26	esté en ellos, **y yo** en ellos.
	20:15	**y yo** lo llevaré.
	21	así **también yo** os envío.
Hch	8:19	Dadme **también a mí** este poder
	10:26	pues **yo** mismo también soy hombre. (TR)
	28	a **mí me** ha mostrado Dios (WH, N, ABMW)
	22:13	**Y yo** en aquella misma hora
	19	**Yo** dije: Señor, ellos saben (**Y yo**..., VHA)
	26:29	fueseis hechos tales cual **yo** soy, (TR) (lit.,...**yo también** soy)
Ro	3:7	¿por qué aún soy juzgado como pecador? (¿por qué...**yo también**..., VM)
	11:3	**y sólo yo** he quedado
1 Co	2:1	Así que, hermanos, cuando fui (**Y yo**, hermanos, cuando fui, VM)
	3	**Y** estuve entre vosotros (**Y yo**..., VHA)
	3:1	De manera que **yo**, hermanos, no pude (**Y yo**..., VHA) (WH, N, ABMW)
	7:8	bueno les fuera quedarse como **yo**; (lit.,... como **yo también**)
	40	pienso que **también yo** tengo el Espíritu
	10:33	como **también yo** en todas las cosas
	11:1	así como **yo** de Cristo. (como **también yo**..., BA)
	15:8	**me** apareció a **mí** (...a **mí también**, VM)
	16:4	si fuere propio que **yo también** vaya.
	10	él hace la obra del Señor así como **yo** (...como **yo también**, VHA) (N, ABMW)
2 Co	2:10	al que vosotros perdonáis, **yo también** (WH, N, ABMW)
	6:17	**Y yo** os recibiré,
	11:16	para que **yo también** me glorie un poquito
	18	**también yo** me gloriaré;
	21	**también yo** tengo osadía.
	22	¿Son hebreos? **Yo también**. ¿Son israelitas? **Yo también**. ¿Son descendientes de Abraham? **También yo**
	12:20	**y yo** sea hallado de vosotros
Gá	4:12	**yo también** me hice como vosotros
	6:14	me es crucificado a mí, **y yo** al mundo.
Ef	1:15	**también yo**, habiendo oído de vuestra fe
Fil	2:19	para que **yo también** esté de buen ánimo
	28	**y yo** esté con menos tristeza.
1 Ts	3:5	**también yo**, no pudiendo soportar más
He	8:9	**Y yo** me desentendí de ellos,
Stg	2:18	Tú tienes fe, **y yo** tengo obras. **y yo** te mostraré mi fe por mis obras
Ap	2:6	las cuales **yo también** aborrezco.
	27	como **yo también** la he recibido
	3:10	**yo también** te guardaré de la hora
	21	así como **yo** he vencido (como **yo también**.., VHA)
	22:8	**Yo** Juan soy el que (**Y yo**..., VHA) (WH, N, ABMW)

2505		καθά — kathá
Mt	27:10	**como me** ordenó el Señor.

2506		καθαίρεσις — katháiresis

2 Co	10:4	poderosas en Dios para la destrucción
	8	no para vuestra destrucción
	13:10	para edificación, y no para destrucción

2507 καθαιρέω — kathairéo

Mr	15:36	si viene Elías a bajarle
	46	quitándolo, lo envolvió en la sábana,
Lc	1:52	Quitó de los tronos a los poderosos,
	12:18	derribaré mis graneros,
	23:53	quitándolo, lo envolvió en una sábana
Hch	13:19	habiendo destruido siete naciones
	29	quitándolo del madero,
	19:27	comience a ser destruida la majestad
2 Co	10:5	refutando argumentos,

2508 καθαίρω — katháiro

| Jn | 15:2 | lo limpiará, para que lleve más fruto. |
| He | 10:2 | limpios una vez, (habiendo sido una vez purificados, VM((TR) |

2509 καθάπερ — katháper

Ro	3:4	como está escrito: Para que (WH, N, ABMW)
	4:6	Como también David habla
	9:13	Como está escrito: A Jacob amé (WH, N)
	10:15	Como está escrito: ¡Cuán hermosos (WH, N)
	11:8	como está escrito: Dios les dio (WH, N)
	12:4	de la manera que en un cuerpo
1 Co	10:10	como algunos de ellos murmuraron, (WH, N, ABMW)
	12:12	Porque así como el cuerpo
2 Co	1:14	así como también vosotros la nuestra
	3:13	no como Moisés, que ponía
	18	como por el Espíritu del Señor
	8:11	como estuvisteis prontos (como hubo prontitud, VHA)
1 Ts	2:11	así como también sabéis
	3:6	como también nosotros a vosotros
	12	como también...nosotros para con vosotros
	4:5	como los gentiles que no conocen a Dios;
He	4:2	se nos ha anunciado la buena nueva como a ellos (lit., hemos sido evangelizados como ellos también)
	5:4	como le fue Aarón. (TR)

2510 καθάπτω** — kathápto

| Hch | 28:3 | se le prendió en la mano. |

2511 καθαρίζω† — katharízo (katharídzo)

Mt	8:2	si quieres, puedes limpiarme
	3	Quiero; sé limpio, su lepra desapareció (...fue limpiada, VHA)
	10:8	limpiad leprosos,
	11:5	los leprosos son limpiados,
	23:25	limpiáis lo de fuera del vaso
	26	Limpia primero lo de dentro
Mr	1:40	Si quieres, puedes limpiarme
	41	Quiero, sé limpio.
	42	se fue de aquél, y quedó limpio
	7:19	haciendo limpios todos los alimentos.
Lc	4:27	pero ninguno de ellos fue limpiado,
	5:12	si quieres, puedes limpiarme.
	13	Quiero; sé limpio.
	7:22	los leprosos son limpiados,
	11:39	limpiáis lo de fuera
	17:14	mientras iban, fueron limpiados
	17	¿No son diez los que fueron limpiados?

Hch	10:15	Lo que Dios limpió,
	11:9	Lo que Dios limpió,
	15:9	purificando por la fe sus corazones.
2 Co	7:1	limpiémonos de toda contaminación
Ef	5:26	habiéndola purificado en el lavamiento
Tit	2:14	para...purificar para sí un pueblo
He	9:14	limpiará vuestras conciencias (...vuestra conciencia, VM) (TR, BC, BA); (...nuestra..., VHA, WH, N, ABMW, NC)
	22	casi todo es purificado, según la ley
	23	las figuras de las cosas celestiales fuesen purificadas
	10:2	limpios una vez, (habiendo sido una vez purificados, VM) (WH, N, ABMW)
Stg	4:8	Pecadores, limpiad las manos;
1 Jn	1:7	nos limpia de todo pecado.
	9	para...limpiarnos de toda maldad

2512 καθαρισμός† — katharismós

Mr	1:44	ofrece por tu purificación
Lc	2:22	cuando se cumplieron los días de la purificación
	5:14	ofrece por tu purificación,
Jn	2:6	conforme al rito de la purificación
	3:25	hubo discusión...acerca de la purificación
He	1:3	habiendo efectuado la purificación
2 P	1:9	habiendo olvidado la purificación (lit., habiendo recibido el olvido de...)

2513 καθαρός — katharós

Mt	5:8	Bienaventurados los de limpio corazón
	23:26	para que también lo de fuera sea limpio
	27:59	lo envolvió en una sábana limpia
Lc	11:41	todo os será limpio. (todas las cosas os son limpias, VM)
Jn	13:10	pues está todo limpio; vosotros limpios estáis
	11	No estáis limpios todos
	15:3	Ya vosotros estáis limpios
Hch	18:6	yo, limpio; desde ahora
	20:26	estoy limpio de la sangre de todos;
Ro	14:20	Todas las cosas a la verdad son limpias;
1 Ti	1:5	es el amor...de corazón limpio,
	3:9	el misterio de la fe con limpia conciencia
2 Ti	1:3	sirvo desde mis mayores con limpia
	2:22	con los que de corazón limpio invocan
Tit	1:15	todas las cosas son puras para los puros, nada les es puro
He	10:22	(23) lavados los cuerpos con agua pura (lit.,...el cuerpo...)
Stg	1:27	La religión pura y sin mácula
1 P	1:22	amaos...de corazón puro (TR, VM)
Ap	15:6	vestidos de lino limpio
	19:8	de lino fino, limpio y resplandeciente;
	14	vestidos de lino finísimo, blanco y limpio,
	21:18	la ciudad era de oro puro, semejante al vidrio limpio;
	21	de la ciudad era de oro puro,
	22:1	un río limpio de agua de vida (TR)

2514 καθαρότης — kcharótes

| He | 9:13 | santifican para la purificación de la carne, |

2515 καθέδρα — kathédra

Mt	21:12	las sillas de los que vendían palomas;
	23:2	En la cátedra de Moisés se sientan
Mr	11:15	las sillas de los que vendían palomas;

2516 καθέζομαι — kathézomai (kathédzomai)

- Mt 26:55 Cada día **me sentaba** con vosotros
- Lc 2:46 le hallaron en el templo, **sentado**
- Jn 4:6 **se sentó** así junto al pozo
- 6:3 **se sentó** allí con sus discípulos. (T)
- 11:20 María **se quedó** en casa (...**permanecía sentada**..., VM)
- 20:12 **que estaban sentados** el uno a la cabecera
- Hch 6:15 todos los **que estaban sentados** en el
- 20:9 **que estaba sentado** en la ventana (WH, N, ABMW)

2517 καθεξῆς* — kathexés
(1) ἐν τῷ καθεξῆς

- Lc 1:3 escribírtelas **por orden**,
- 8:1 (1) Aconteció **después**, que Jesús iba
- Hch 3:24 todos los profetas desde Samuel **en adelante**
- 11:4 comenzó Pedro a contarles **por orden**
- 18:23 salió, recorriendo **por orden** la región

2518 καθεύδω — kathéudo

- Mt 8:24 pero él **dormía**
- 9:24 la niña no está muerta, sino **duerme**
- 13:25 pero mientras **dormían**
- 25:5 cabecearon todas y **se durmieron**
- 26:40 los halló **durmiendo**
- 43 los halló **durmiendo**
- 45 **Dormid** ya, descansad
- Mr 4:27 **duerme** y se levanta
- 38 estaba en la popa, **durmiendo**
- 5:39 La niña no está muerta, sino **duerme**
- 13:36 no os halle **durmiendo**.
- 14:37 Vino luego y los halló **durmiendo**; dijo a Pedro: Simón, ¿**duermes**?
- 40 los halló **durmiendo**,
- 41 les dijo: **Dormid** ya,
- Lc 8:52 no está muerta, sino que **duerme**.
- 22:46 ¿Por qué **dormís**?
- Ef 5:14 Despiértate, tú que **duermes**
- 1 Ts 5:6 Por tanto, no **durmamos** como los demás
- 7 los **que duermen**, de noche **duermen**,
- 10 ya sea que velemos, o que **durmamos**,

2519 καθηγητής* — kathegetés (katheguetés)

- Mt 23:8 porque uno es vuestro **Maestro**, (TR)
- 10 Ni seáis llamados **maestros**; uno es vuestro **Maestro**,

2520 καθήκω — kathéko

- Hch 22:22 porque no **conviene** que viva.
- Ro 1:28 para hacer cosas que no **convienen**

2521 κάθημαι — káthemai

- Mt 4:16 El pueblo **asentado** en tinieblas a los **asentados** en región de sombra
- 9:9 **que estaba sentado** al banco de los tributos
- 11:16 a los muchachos **que se sientan** en las plazas
- 13:1 **se sentó** junto al mar.
- 2 y...en la barca, **se sentó**, (de suerte que... **se sentó**, BC)
- 15:29 subiendo al monte, **se sentó** allí.
- 19:28 también **os sentaréis** sobre doce tronos (WH, N, ABMW)
- 20:30 dos ciegos **que estaban sentados**
- 22:44 **Siéntate** a mi derecha,
- 23:22 por aquel **que está sentado** en él.
- 24:3 **estando** él **sentado** en el monte de los Olivos
- Mt 26:58 entrando, **se sentó** con los alguaciles,
- 64 **sentado** a la diestra del poder de Dios,
- 69 Pedro **estaba sentado** fuera
- 27:19 **estando** él **sentado** en el tribunal,
- 36 **sentados** le guardaban allí.
- 61 **sentadas** delante del sepulcro
- 28:2 **se sentó** sobre ella.
- Mr 2:6 Estaban allí **sentados** algunos
- 14 **sentado** al banco de los tributos
- 3:32 la gente que **estaba sentada** (una multitud **estaba sentada**, VM)
- 34 mirando a los **que estaban sentados**
- 4:1 tanto que...**se sentó** en ella
- 5:15 **sentado**, vestido, en su juicio cabal;
- 10:46 **estaba sentado** junto al camino
- 12:36 **Siéntate** a mi diestra,
- 13:3 **se sentó** en el monte (**estando** él **sentado**..., VM)
- 14:62 **sentado** a la diestra del poder de Dios,
- 16:5 vieron a un joven **sentado** al lado
- Lc 1:79 Para dar luz a los **que habitan**
- 5:17 **estaban sentados** los fariseos
- 27 **sentado** al banco de los tributos públicos,
- 7:32 a los muchachos **sentados** en la plaza
- 8:35 **sentado** a los pies de Jesús
- 10:13 tiempo ha que **sentadas** en cilicio
- 18:35 un ciego **estaba sentado** junto al camino
- 20:42 **Siéntate** a mi diestra,
- 21:35 sobre todo los **que habitan**
- 22:30 para que...**os sentéis** en tronos (WH, VM, NC); (y **os sentaréis**..., VHA, N, ABMW, BC, BA)
- 55 Pedro **se sentó** también
- 56 al verle **sentado** al fuego,
- 69 el Hijo del Hombre **se sentará** (...estará **sentado**, VM)
- Jn 2:14 a los cambistas allí **sentados**.
- 6:3 **se sentó** allí con sus discípulos.
- 9:8 ¿No es éste el **que se sentaba** y mendigaba?
- 12:15 Montado sobre un pollino de asna.
- Hch 2:2 donde **estaban sentados**;
- 34 **Siéntate** a mi diestra,
- 3:10 el **que se sentaba** a pedir limosna
- 8:28 **sentado** en su carro,
- 14:8 **estaba sentado**, imposibilitado
- 20:9 **que estaba sentado** en la ventana, (TR)
- 23:3 ¿**Estás** tú **sentado** para juzgarme
- 1 Co 14:30 a otro **que estuviere sentado**
- Col 3:1 donde está Cristo **sentado** a la diestra
- He 1:13 **Siéntate** a mi diestra,
- Stg 2:3 **Siéntate** tú aquí o **siéntate** aquí bajo mi estrado;
- Ap 4:2 y en el trono, **uno sentado**.
- 3 Y el aspecto del **que estaba sentado**
- 4 **sentados** en los tronos a veinticuatro
- 9 al **que está sentado** en el trono,
- 10 delante del **que está sentado** en el trono,
- 5:1 vi en la mano derecha del **que estaba sentado**
- 7 del **que estaba sentado** en el trono.
- 13 Al **que está sentado** en el trono,
- 6:2 el que lo montaba (aquel **que estaba sentado** sobre él, VM)
- 4 al que lo montaba (al **que estaba sentado**, VM)
- 5 el que lo montaba (aquel **que estaba sentado**, VM)
- 8 el que lo montaba (**que estaba sentado**, VM)

καθημερινός 2522

Ap	6:16	de aquel que está sentado sobre el trono,
	7:10	a nuestro Dios que está sentado en el trono
	15	el que está sentado sobre el trono
	9:17	los caballos y a sus jinetes, (...los que
		estaban sentados sobre ellos, VM)
	11:16	los veinticuatro ancianos que estaban sentados
	14:6	a los moradores de la tierra (WH, N, ABMW)
	14	uno sentado semejante al Hijo del Hombre,
	15	al que estaba sentado sobre la nube
	16	el que estaba sentado sobre la nube
	17:1	la que está sentada sobre muchas aguas;
	3	a una mujer sentada sobre una bestia
	9	sobre los cuales se sienta la mujer,
	15	donde la ramera se sienta,
	18:7	Yo estoy sentada como reina,
	19:4	adoraron a Dios, que estaba sentado
	11	el que lo montaba (aquel que estaba sentado sobre él, VM)
	18	carnes de caballos y de sus jinetes, (...y de los que se sientan sobre ellos, VM)
	19	contra el que montaba (Contra Aquel que estaba sentado, VM)
	21	del que montaba el caballo, (de aquel que estaba sentado..., VM)
	20:11	y al que estaba sentado en él
	21:5	el que estaba sentado en el trono

2522   καθημερινός** – kathemerinós
Hch 6:1   eran desatendidas en la distribución diaria

2523   καθίζω – kathízo (kathídzo)
Mt   5:1   sentándose, vinieron a él
     13:48   sentados, recogen lo bueno
     19:28   cuando el Hijo del Hombre se siente os sentaréis sobre doce tronos (TR)
     20:21   que...se sienten estos dos hijos míos,
     23   pero el sentaros a mi derecha
     23:2   se sientan los escribas y los fariseos.
     25:31   entonces se sentará en su trono de gloria,
     26:36   Sentaos aquí,
Mr   9:35   se sentó y llamó a los doce, (habiéndose sentado, llamó..., VM)
     10:37   Concédenos que en tu gloria nos sentemos
     40   pero el sentaros a mi derecha
     11:2   ningún hombre ha montado
     7   se sentó sobre él,
     12:41   Estando...sentado delante del arca
     14:32   Sentaos aquí
     16:19 |se sentó a la diestra de Dios.]
Lc   4:20   se sentó; y los ojos de todos
     5:3   y sentándose, enseñaba desde la barca
     14:28   no se sienta primero y calcula (lit., no sentándose...)
     31   no se sienta primero y considera (lit., no sentándose...)
     16:6   siéntate pronto, y escribe cincuenta, (lit sentándote..)
     19:30   ningún hombre ha montado
     22:30   para que...os sentéis en tronos (TR, VM, NC)
     24:49   quedaos vosotros en la ciudad
Jn   8:2 |sentado él, les enseñaba|
     12:14   montó sobre él,
     19:13   se sentó en el tribunal
Hch 2:3   aséntandose sobre cada uno (se posaban..., BC)
     30   para que se sentase en su trono,

Hch	8:31	rogó a Felipe que...se sentara con él.
	12:21	se sentó en el tribunal (sentado..., VM)
	13:14	un día de reposo y se sentaron.
	16:13	sentándonos hablamos a las mujeres
	18:11	se detuvo allí un año y
	25:6	al siguiente día se sentó (...sentado, VM)
	17	sentado en el tribunal,
1 Co	6:4	¿ponéis para juzgar
	10:7	Se sentó el pueblo a comer
Ef	1:20	sentándole a su diestra
2 Ts	2:4	tanto que se sienta en el Templo
He	1:3	se sentó a la diestra de la Majestad
	8:1	el cual se sentó a la diestra del trono
	10:12	se ha sentado a la diestra de Dios,
	12:2	se sentó a la diestra del trono de Dios.
Ap	3:21	le daré que se siente conmigo me he sentado con mi Padre en su trono.
	20:4	se sentaron sobre ellos

2524   καθίημι – kathíemi
Lc   5:19   por el tejado le bajaron
Hch 9:25   lo bajaron por el muro,
     10:11   que...era bajado a la tierra;
     11:5   que...era bajado del cielo

2525   καθίστημι – kathístemi o καθιστάνω
Mt   24:45   al cual puso su señor sobre su casa
     47   sobre todos sus bienes le pondrá.
     25:21   sobre mucho te pondré;
     23   sobre mucho te pondré;
Lc   12:14   ¿quién me ha puesto sobre vosotros como
     42   al cual su señor pondrá sobre su casa,
     44   le pondrá sobre todos sus bienes.
Hch 6:3   a quienes encarguemos de este trabajo
     7:10   el cual le puso por gobernador
     27   ¿Quién te ha puesto por gobernante
     35   ¿Quién te ha puesto por gobernante y juez?
     17:15   que se habían encargado de conducir a Pablo (Los que conducían..., VM)
Ro   5:19   los muchos fueron constituidos pecadores, los muchos serán constituidos justos
Tit 1:5   para que...establecieses ancianos
He   2:7   le pusiste sobre las obras de tus manos (TR, |WH|, VM, BA)
     5:1   es constituido a favor de los hombres
     7:28   la ley constituye sumos sacerdotes
     8:3   todo sumo sacerdote está constituido
Stg 3:6   La lengua está puesta
     4:4   se constituye enemigo de Dios.
2 P 1:8   no os dejarán estar ociosos (lit., no constituirán...)

2526   καθό – kathó
Ro   8:26   qué hemos de pedir como conviene
2 Co 8:12   será acepta según lo que uno tiene, no según lo que no tiene
1 P 4:13   gozaos por cuanto sois participantes (gozaos en la medida en que..., VHA)

2527   καθόλου – kathólou
               καθόλου μή
Hch 4:18   les intimaron que en ninguna manera

2528   καθοπλίζω – kathoplízo (kathoplídzo)
Lc   11:21   Cuando el hombre fuerte armado guarda

2529   καθοράω – kathoráo

καθότι 2530

| Ro | 1:20 | se hacen claramente visibles |

2530 καθότι – kathóti

Lc	1:7	porque Elisabet era estéril
	19:9	por cuanto él también es hijo de Abraham.
Hch	2:24	por cuanto era imposible que fuese retenido
	45	según la necesidad de cada uno. (según cada cual tenía necesidad, VM)
	4:35	a cada uno según su necesidad. (según cualquiera...tuviese necesidad, VM)
	17:31	por cuanto ha establecido un día

2531 καθώς – kathós

Mt	21:6	hicieron como Jesús les mandó;
	26:24	según está escrito de él,
	28:6	ha resucitado, como dijo
Mr	1:2	Como está escrito (WH, N, ABMW)
	4:33	conforme a lo que podían oir
	9:13	como está escrito de él
	11:6	les dijeron como Jesús había mandado;
	14:16	hallaron como les había dicho:
	21	según está escrito de él,
	15:8	como siempre les había hecho (TR, BA) (según que él solía hacer.., BC, WH, N, ABMW, VHA, VM, NC)
	16:7	allí le veréis, como os dijo.
Lc	1:2	tal como nos lo enseñaron (...nos los transmitieron, VHA)
	55	De la cual habló (según habló, VHA)
	70	Como habló por boca de sus santos profetas
	2:20	como se les había dicho.
	23	como está escrito en la ley del Señor:
	5:14	según mandó Moisés,
	6:31	como queréis que hagan los hombres
	36	como también vuestro Padre es
	11:1	como también Juan enseñó
	30	así como Jonás fue señal
	17:26	Como fue en los días de Noé,
	28	como sucedió en los días (WH, N, ABMW)
	19:32	hallaron como les dijo.
	22:13	hallaron como les había dicho;
	29	como mi Padre me lo asignó a mí,
	24:24	y hallaron así como las mujeres
	39	como veis que yo tengo.
Jn	1:23	como dijo el profeta Isaías
	3:14	como Moisés levantó la serpiente
	5:23	como honran al Padre.
	30	según oigo, así juzgo;
	6:31	como está escrito:
	57	Como me envió el Padre viviente,
	58	no como vuestros padres
	7:38	como dice la Escritura,
	8:28	según me enseñó el Padre,
	10:15	así como el Padre me conoce,
	26	como os he dicho (TR, VM)
	12:14	montó sobre él, como está escrito:
	50	como el Padre me lo ha dicho.
	13:15	para que como yo os he hecho,
	33	como dije a los judíos,
	34	como yo os he amado,
	14:27	como el mundo la da
	31	como el Padre me mandó, (según el Padre me ha dado mandamiento, VM)
	15:4	Como el pámpano no puede llevar fruto
	9	Como el Padre me ha amado,
	10	así como yo he guardado los mandamientos
	12	como yo os he amado
	17:2	como le has dado potestad
Jn	17:11	para que sean uno, así como nosotros.
	14	como tampoco yo soy del mundo.
	16	como tampoco yo soy del mundo.
	18	Como tú me enviaste al mundo,
	21	como tú, oh Padre, en mí
	22	así como nosotros somos uno.
	23	como también a mí me has amado.
	19:40	según es costumbre sepultar entre los judíos
	20:21	Como me envió el Padre
Hch	2:4	según el Espíritu les daba que hablasen.
	22	como vosotros mismos sabéis;
	7:17	cuando se acercaba (como se acercaba, VHA)
	42	como está escrito en el libro de los profetas
	44	como había ordenado Dios cuando dijo (según ordenó Aquel que mandó, VM)
	48	como dice el profeta:
	10:47	También como nosotros? (TR)
	11:29	cada uno conforme a lo que tenía,
	15:8	lo mismo que a nosotros;
	14	Simón ha contado cómo Dios visitó
	15	como está escrito:
	22:3	como hoy lo sois todos vosotros
Ro	1:13	como entre los demás gentiles
	17	como está escrito:
	28	como ellos no aprobaron tener en cuenta
	2:24	Porque como está escrito,
	3:4	como está escrito: (TR, ABMW)
	8	como se nos calumnia,
	10	Como está escrito:
	4:17	como está escrito:
	8:36	Como está escrito:
	9:13	Como está escrito: (TR, ABMW)
	29	como antes dijo Isaías:
	33	como está escrito:
	10:15	Como está escrito: (TR, ABMW)
	11:8	como está escrito: (TR, ABMW)
	26	como está escrito:
	15:3	antes bien, como está escrito:
	7	como también Cristo nos recibió,
	9	como está escrito:
	21	sino, como está escrito:
1 Co	1:6	así como el testimonio acerca de Cristo
	31	para que, como está escrito
	2:9	Antes bien, como está escrito:
	4:17	de la manera que enseño en todas partes
	5:7	sin levadura como sois;
	8:2	aún no sabe nada como debe saberlo.
	10:6	como ellos codiciaron
	7	Ni seáis idólatras, como algunos de ellos
	8	como algunos de ellos fornicaron
	9	como...algunos de ellos le tentaron
	10	Ni murmuréis, como algunos de ellos (TR)
	33	como también yo en todas las cosas
	11:1	así como yo de Cristo.
	2	tal como os las entregué.
	12:11	a cada uno en particular como él quiere
	18	en el cuerpo, como él quiso.
	13:12	entonces conoceré como fui conocido.
	14:34	como también la ley lo dice.
	15:38	le da el cuerpo como él quiso,
	49	así como hemos traído
2 Co	1:5	Porque de la manera que abundan
	14	como también en parte habéis entendido
	4:1	según la misericordia que hemos recibido,
	6:16	como Dios dijo:
	8:5	no como lo esperábamos,
	6	para que tal como comenzó antes
	15	como está escrito:

καθώσπερ 2531A   455   2537 καινός

2 Co	9:3	para que **como** lo he dicho,	2 P	1:14	**como** nuestro Señor Jesucristo me
	7	Cada uno dé **como** propuso en su corazón		3:15	**como** también nuestro amado hermano
	9	**como** está escrito:	1 Jn	2:6	debe andar **como** él anduvo
	10:7	que **como** él es de Cristo,		18	**según** vosotros oísteis que el anticristo
	11:12	sean hallados semejantes a nosotros		27	**según** ella os ha enseñado
		(sean hallados **como** nosotros, VHA)		3:2	porque le veremos **tal como** él es.
Gá	2:7	**como** a Pedro el de **la** circuncisión		3	**así como** él es puro.
	3:6	**Así** Abraham creyó a Dios,		7	**como** él es justo.
	5:21	**como** ya os lo he dicho antes,		12	No **como** Caín, que era del maligno
Ef	1:4	**según** nos escogió en él		23	**como** nos lo ha mandado. (...ha dado
	3:3	**como** antes lo he escrito brevemente,			mandamiento, VM)
	4:4	**como** fuisteis también llamados		4:17	pues **como** él es, así somos nosotros en este
	17	que ya no andéis **como** los otros gentiles,	2 Jn	4	**conforme** al mandamien*to que recibimos
	21	**conforme** a la verdad que está en Jesús.		6	**como** vosotros habéis oído
	32	**como** Dios también os perdonó	3 Jn	2	**así como** prospera tu alma.
	5:2	**como** también Cristo nos amó		3	de **cómo** andas en la verdad.
	3	**como** conviene a santos;			
	25	**así como** Cristo amó a la iglesia, (**como** también..., VHA)	2531 A		καθώσπερ*† — kathósper
	29	**como** también Cristo a la iglesia,	He	5:4	**como** lo fue Aarón. (WH, N, ABMW)
Fil	1:7	**como** me es justo sentir esto	2533		Καϊάφας — Kaiäfas
	2:12	**como** siempre habéis obedecido.	Mt	26:3	del sumo sacerdote llamado **Caifás**,
	3:17	**según** el ejemplo que tenéis en nosotros		57	le llevaron al sumo sacerdote **Caifás**
Col	1:6	y lleva fruto y crece también en vosotros,	Lc	3:2	siendo sumo sacerdotes Anás y **Caifás**,
		(V60) (y fructifica y crece, **como** también..., VA); (lit., y lleva fruto,	Jn	11:49	Entonces **Caifás**, uno de ellos,
		como también en vosotros, TR); (está		18:13	era suegro de **Caifás**,
		dando fruto y creciendo **lo mismo que**		14	**Caifás** el que había dado el consejo
		entre vosotros, VM, WH, N, ABMW,		24	le envió atado a **Caifás**,
		VHA, BC, BA)		28	Llevaron a Jesús de casa **de Caifás**
	7	**como** lo habéis aprendido	Hch	4:6	el sumo sacerdote Anás, y **Caifás**
	2:7	**así como** habéis sido enseñados,	2535		Κάϊν — Káin
	3:13	De la manera que Cristo os perdonó (V60, BC) (lit., **De la manera** también que...);	He	11:4	más excelente sacrificio que **Caín**,
		(**así como** el Señor también..., VM, WH, N, ABMW, VHA, NC, BA)	1 Jn	3:12	No **como** Caín, que era del maligno
1 Ts	1:5	**como** bien sabéis cuáles fuimos	Jud	11	han seguido el camino **de Caín**,
	2:2	**como** sabéis, tuvimos denuedo	2536		Καϊνάμ — Kaïnám o Καϊνάν
	4	**según** fuimos aprobados por Dios	Lc	3:36	hijo **de Cainán**,
	5	**como** sabéis, ni encubrimos		37	hijo **de Cainán**,
	13	sino **según** es en verdad,	2537		καινός — kainós
	14	las mismas cosas que ellas padecieron (**tal como** ellas padecieron, BA)	Mt	9:17	echan el vino nuevo en odres **nuevos**
	3:4	**como** ha acontecido y sabéis.		13:52	saca de su tesoro cosas **nuevas**
	4:1	**de la manera que** aprendisteis de nosotros		26:28	esto es mi sangre del **nuevo** pacto (TR, VM, NC)
		cómo os conviene conduciros y agradar a Dios, así abundéis (TR, VM); (...agradar		29	en que lo beba **nuevo** con vosotros
		a Dios **como** andáis ya,... NC, WH, N, ABMW, VHA, BC, BA)		27:60	lo puso en su sepulcro **nuevo**,
	6	**como** ya os hemos dicho	Mr	1:27	¿Qué **nueva** doctrina es esta,
	11	**de la manera que** os hemos mandado,		2:21	el mismo remiendo **nuevo**
	13	**como** los otros que no tienen esperanza (lit., **como** también...)		22	el vino nuevo en odres **nuevos**
	5:11	**así como** lo hacéis.		14:24	Esto es mi sangre del **nuevo** pacto, (TR, VM)
2 Ts	1:3	**como** es digno, por cuanto vuestra fe		25	hasta aquel día en que lo beba **nuevo**
	3:1	**así como** lo fue entre vosotros,		16:17	[hablarán **nuevas** lenguas]
1 Ti	1.3	Como te rogué que te quedases en Efeso,	Lc	5:36	un pedazo de un vestido **nuevo**
He	3:7	Por lo cual, **como** dice el Espíritu Santo			no solamente rompe el **nuevo**
	4:3	**de la manera que** dijo			el remiendo sacado de él (el retazo quitado al **nuevo**, VM)
	7	por medio de David, **como** se dijo		38	el vino nuevo en odres **nuevos**
	5:3	**como** también por el pueblo. (igual que por el pueblo, NC)	Jn	22:20	Esta copa es el **nuevo** pacto
	6	**Como** también dice en otro lugar:		13:34	Un mandamiento **nuevo** os doy
	8:5	**como** se le advirtió a Moisés (**así como** Moisés fue amonestado, VM)		19:41	en el huerto un sepulcro **nuevo**
	10:25	**como** algunos tienen por costumbre, (**según** es costumbre de algunos, BC)	Hch	17:19	¿Podremos saber qué es esta **nueva**
	11:12	**como** las estrellas del cielo		21	en decir o en oir algo **nuevo**,
1 P	4:10	Cada uno **según** el don que ha recibido.	1 Co	11:25	Esta copa es el **nuevo** pacto
			2 Co	3:6	nos hizo ministros competentes de un **nuevo**
				5:17	**nueva** criatura es;

καινότης 2538

2 Co	5:17	he aquí todas son hechas nuevas
Gá	6:15	sino una nueva creación.
Ef	2:15	un solo y nuevo hombre haciendo la paz,
	4:24	vestíos del nuevo hombre,
He	8:8	la casa de Judá un nuevo pacto;
	13	Al decir: Nuevo pacto, ha dado por viejo
	9:15	por eso es mediador de un nuevo pacto,
2 P	3:13	cielos nuevos y tierra nueva
1 Jn	2:7	no os escribo mandamiento nuevo,
	8	os escribo un mandamiento nuevo,
2 Jn	5	no como escribiéndote un nuevo mandamiento
Ap	2:17	en la piedrecita escrito un nombre nuevo,
	3:12	la nueva Jerusalén, la cual desciende y mi nombre nuevo.
	5:9	cantaban un nuevo cántico,
	14:3	cantaban un cántico nuevo (V60, N, VHA, NC, BA); (cantan como un cantar nuevo, BC, TR, WH, [ABMW], VM)
	21:1	Vi un cielo nuevo y una tierra nueva;
	2	vi la santa ciudad, la nueva Jerusalén,
	5	He aquí, yo hago nuevas todas las cosas

2538   καινότης — kainótes

Ro	6:4	andemos en vida nueva. (...en novedad de vida, VHA)
	7:6	el régimen nuevo del Espíritu (servimos en novedad de Espíritu, VHA)

2539   καίπερ — káiper

Fil	3:4	Aunque yo tengo también (lit.,...teniendo..)
He	5:8	aunque era Hijo, (lit.,...siendo...)
	7:5	aunque éstos también hayan salido (lit.,...habiendo salido...)
	12:17	aunque la procuró con lágrimas. (lit.,...habiéndola buscado...)
2 P	1:12	aunque vosotros las sepáis, (lit.,...sabiendo)
Ap	17:8	que era y no es, y será (V60, WH, N, ABMW, VHA, VM, NC, BC, BA); (lit.,... no es, aunque es, TR)

2540   καιρός — kairós

Mt	8:29	atormentarnos antes de tiempo?
	11:25	En aquel tiempo, respondiendo Jesús,
	12:1	En aquel tiempo iba Jesús,
	13:30	al tiempo de la siega yo diré
	14:1	En aquel tiempo Herodes...oyó
	16:3	imas las señales de los tiempos no podéis!
	21:34	cuando se acercó el tiempo
	41	que le paguen el fruto a su tiempo.
	24:45	para que les dé el alimento a tiempo?
	26:18	Mi tiempo está cerca;
Mr	1:15	El tiempo se ha cumplido.
	10:30	cien veces más ahora en este tiempo
	11:13	pues no era tiempo de higos.
	12:2	a su tiempo envió un siervo
	13:33	no sabéis cuándo será el tiempo
Lc	1:20	las cuales se cumplirán a su tiempo.
	4:13	se apartó de él por un tiempo.
	8:13	creen por algún tiempo, en el tiempo de la prueba
	12:42	a su tiempo les dé su ración?
	56	¿y cómo no distinguís este tiempo? (TR, VHA, NC, BC, BA); (¿cómo no sabéis interpretar.., VM, WH, N, ABMW)
	13:1	En este mismo tiempo estaban allí
	18:30	mucho más en este tiempo,

2540 καιρός

Lc	19:44	no conociste el tiempo de tu visitación.
	20:10	a su tiempo envió un siervo
	21:8	El tiempo está cerca
	24	hasta que los tiempos de los gentiles
	36	Velad, pues, en todo tiempo
Jn	5:4	un ángel descendía de tiempo en tiempo (TR, [VHA], [VM], NC, BC, [BA])
	7:6	Mi tiempo aún no ha llegado, vuestro tiempo siempre está presto
	8	mi tiempo aún no se ha cumplido.
Hch	1:7	saber los tiempos o las sazones
	3:19 (20)	tiempos de refrigerio,
	7:20	En aquel mismo tiempo nació Moisés
	12:1	En aquel mismo tiempo el rey Herodes
	13:11	no verás el sol por algún tiempo (sin ver..., VM)
	14:17	lluvias del cielo y tiempos fructíferos,
	17:26	ha prefijado el orden de los tiempos, (fijando sus tiempos señalados, VM)
	19:23	Hubo por aquel tiempo un disturbio
	24:25	cuando tenga oportunidad te llamaré.
Ro	3:26	en este tiempo su justicia
	5:6	a su tiempo murió por los impíos.
	8:18	las aflicciones del tiempo presente
	9:9	Por este tiempo vendré
	11:5	aun en este tiempo ha quedado
	12:11	sirviendo al Señor (E, WH, N, ABMW, VHA, VM, NC, BC, BA); (lit., sirviendo a tiempo, S)
	13:11	conociendo el tiempo,
1 Co	4:5	no juzguéis nada antes de tiempo,
	7:5	a no ser por algún tiempo
	29	el tiempo es corto;
2 Co	6:2	En tiempo aceptable te he oído, He aquí ahora el tiempo aceptable;
	8:14	sino para que en este tiempo
Gá	4:10	Guardáis...los tiempos y los años.
	6:9	porque a su tiempo segaremos,
	10	Así que, según tengamos oportunidad,
Ef	1:10	en la dispensación del cumplimiento de los tiempos.
	2:12	En aquel tiempo estabais sin Cristo
	5:16	aprovechando bien el tiempo,
	6:18	orando en todo tiempo
Col	4:5	redimiendo el tiempo.
1 Ts	2:17	separados...por un poco de tiempo, (lit.,...por tiempo de una hora)
	5:1	acerca de los tiempos y de las ocasiones
2 Ts	2:6	a fin de que a su debido tiempo
1 Ti	2:6	testimonio a su debido tiempo. (lit.,...a sus propios tiempos)
	4:1	en los postreros tiempos algunos
	6:15	la cual a su tiempo mostrará (...tiempos..., VM)
2 Ti	3:1	vendrán tiempos peligrosos.
	4:3	Porque vendrá tiempo
	6	el tiempo de mi partida está cercano.
Tit	1:3	a su debido tiempo manifestó (en sus propias sazones.., VM)
He	9:9	es símbolo para el tiempo presente
	10	impuestas hasta el tiempo de reformar
	11:11	fuera del tiempo de la edad
	15	tenían tiempo de volver. (habrían tenido oportunidad..., VHA)
1 P	1:5	ser manifestada en el tiempo postrero
	11	qué persona y qué tiempo indicaba
	4:17	es tiempo de que el juicio
	5:6	para que él os exalte cuando fuere tiempo (a su tiempo..., BC)

Καῖσαρ 2541   457   2548 κἀκεῖνος

Ap	1:3	el **tiempo** está cerca.
	11:18	el **tiempo** de juzgar a los muertos,
	12:12	sabiendo que tiene poco **tiempo**.
	14	es sustentada **por un tiempo, y tiempos,** y la mitad **de un tiempo.**
	22:10	el **tiempo** está cerca.

2541   Καῖσαρ – Káisar

Mt	22:17	¿Es lícito dar tributo **a César**, o no?
	21	Le dijeron: **De César.** Dad, pues, a **César** lo que es **de César,**
Mr	12:14	¿Es lícito dar tributo **a César**
	16	Ellos le dijeron: **De César.**
	17	Dad **a César** lo que es **de César,**
Lc	2:1	un edicto de parte de Augusto **César,**
	3:1	del imperio de Tiberio **César,**
	20:22	lícito dar tributo **a César,** o no?
	24	dijeron: **De César**
	25	dad **a César** lo que es **de César,**
	23:2	que prohibe dar tributo **a César**
Jn	19:12	no eres amigo **de César** a **César** se opone.
	15	No tenemos más rey que **César**
Hch	11:28	en tiempo de Claudio (V60, WH, N, ABMW, VHA, VM, NC, BC, BA); (lit.,... de Claudio **César,** TR)
	17:7	los decretos **de César,**
	25:8	ni contra **César** he pecado en nada.
	10	Ante el tribunal **de César** estoy,
	11	A **César** apelo.
	12	A **César** has apelado; a **César** irás.
	21	hasta que le enviara yo a **César.**
	26:32	si no hubiera apelado a **César.**
	27:24	es necesario que comparezcas ante **César**
	28:19	me vi obligado a apelar a **César**
Fil	4:22	especialmente los de la casa de **César**

2542   Καισάρεια – Kaisáreia o Καισαριά

Mt	16:13	Viniendo Jesús a la región de **Cesarea**
Mr	8:27	por las aldeas **de Cesarea**
Hch	8:40	hasta que llegó a **Cesarea**
	9:30	le llevaron hasta **Cesarea,**
	10:1	Había en **Cesarea** un hombre
	24	Al otro día entraron en **Cesarea.**
	11:11	enviados a mí desde **Cesarea.**
	12:19	de Judea a **Cesarea**
	18:22	Habiendo arribado a **Cesarea,**
	21:8	fuimos a **Cesarea**
	16	vinieron también con nosotros de **Cesarea**
	23:23	para que fuesen hasta **Cesarea**
	33	Cuando aquéllos llegaron a **Cesarea**
	25:1	subió de **Cesarea** a Jerusalén
	4	que Pablo estaba custodiado en **Cesarea,**
	6	venido a **Cesarea,**
	13	el rey Agripa y Berenice vinieron a **Cesarea**

2543   καιτοι** – káitoi

Hch	14:17	**si bien** no se dejó a sí mismo
He	4:3	**aunque** las obras suyas estaban acabadas

2544   καίτοιγε* – káitoige (káitoige)

Jn	4:2	**aunque** Jesús no bautizaba (...Jesús mismo..., VHA)
Hch	17:27	**aunque ciertamente** no está lejos (TR)

2545   καίω – káio

Mt	5:15	Ni **se enciende** una luz

Lc	12:35	y vuestras lámparas **encendidas**
	24:32	¿No **ardía** nuestro corazón (lit., ¿No estaba **ardiendo**...)
Jn	5:35	El era antorcha **que ardía**
	15:6	los echan en el fuego, **y arden**
1 Co	13:3	mi cuerpo para **ser quemado,** (TR, N, VHA, VM, NC, BC, BA); (lit.,...para gloriarme, WH, ABMW)
He	12:18	**que ardía** en fuego,
Ap	4:5	**ardían** siete lámparas (...ardiendo, VM)
	8:8	como una gran montaña **ardiendo**
	10	**ardiendo** como una antorcha,
	19:20	un lago de fuego **que arde** con azufre.
	21:8	en el lago **que arde** con fuego

2546   κἀκεῖ – kakéi

Mt	5:23	y **allí** te acuerdas de que tu hermano
	10:11	y **posad allí** hasta que salgáis.
	28:10	y **allí** me verán.
Mr	1:35	y **allí** oraba.
	38	para que predique **también allí;** (TR)
Jn	11:54	y se quedó **allí** con sus discípulos.
Hch	14:7	y **allí** predicaban el evangelio (lit.,...estaban evangelizando)
	17:13	fueron allá, (fueron **asimismo allí,** VM)
	22:10	y **allí** se te dirá todo
	25:20	y **allá** ser juzgado de estas cosas.
	27:6	Y hallando **allí** el centurión

2547   κἀκεῖθεν – kakéithen

Mr	9:30	Habiendo salido **de allí,** (WH, N, ABMW)
	10:1	Levantándose **de allí** (TR)
Lc	11:53	Diciéndoles él estas cosas (TR, VM); (Cuando Jesús salió **de allí,** VHA, WH, N, ABMW, NC, BC, BA)
Hch	7:4	**y de allí,** muerto su padre,
	13:21	Luego pidieron rey
	14:26	**De allí** navegaron a Antioquía,
	16:12	**y de allí** a Filipos, (WH, N, ABMW)
	20:15	Navegando **de allí,** al día siguiente
	21:1	**y de allí** a Pátara
	27:4	Y haciéndonos a la vela **desde allí**
	12	zarpar **también de allí** (TR)
	28:15	**de donde,** oyendo de nosotros

2548   κἀκεῖνος – kakéinos

Mt	15:18	**y esto** contamina al hombre.
	20:4	**y les dijo:** Id también vosotros (TR)
	23:23	sin dejar de hacer **aquello.** (y aquéllas no descuidarlas, BC)
Mr	12:4	le hirieron en la cabeza (**y a éste** le..., VHA)
	5	**y a éste** mataron;
	16:11	[**Ellos,** cuando oyeron que vivía, (**Y ellos**..., VHA)]
	13	[**Ellos** fueron y lo hicieron saber (lit., **También ellos** habiendo ido)]
Lc	11:7	y **aquél,** respondiendo desde adentro
	42	sin dejar **aquello.** (y **aquello** no omitirlo, BC)
	20:11	ellos **a éste también**
	22:12	él os mostrará un gran aposento (Y **él**..., VM)
Jn	6:57	**él también** vivirá por mí.
	7:29	**y él** me envió.
	10:16	**aquéllas también** debo traer (...me es necesario traer, VHA)
	14:12	las obras que yo hago, **él** las hará **también**
	17:24	**también ellos** estén conmigo,

κακία 2549

Jn	19:35	y **él** sabe que dice verdad, (TR)
Hch	5:37	Pereció **también** él
	15:11	de igual modo que ellos. (de la misma manera como **ellos también**, BA)
	18:19	y **los** dejó allí
Ro	11:23	Y aun ellos,...serán injertados (WH, N, ABMW)
1 Co	10:6	como **ellos** codiciaron. (como ellos también..., VM)
2 Ti	2:12	él **también** nos negará.
He	4:2	como a **ellos** (lit., como ellos también)

2549   κακία — kakía

Mt	6:34	Basta a cada día su propio **mal**
Hch	8:22	Arrepiéntete, pues, de esta tu **maldad**,
Ro	1:29	avaricia, **maldad**; llenos de envidia,
1 Co	5:8	con la levadura de **malicia** y de maldad
	14:20	sed niños en la **malicia**,
Ef	4:31	maledicencia, y toda **malicia**. (con todo género de **malicia**, BC)
Col	3:8	ira, enojo, **malicia**,
Tit	3:3	viviendo en **malicia** y envidia,
Stg	1:21	y abundancia de **malicia**,
1 P	2:1	Desechando, pues, toda **malicia**,
	16	como pretexto para hacer **lo malo**, (como capa de **malicia**, VHA)

2550   κακοήθεια — kakoétheia

| Ro | 1:29 | llenos de envidia...y **malignidades** |

2551   κακολογέω — kakologéo (kakologuéo)

Mt	15:4	El **que maldiga** al padre
Mr	7:10	El **que maldiga** al padre
	9:39	que luego pueda **decir mal** de mí.
Hch	19:9	**maldiciendo** el camino

2552   κακοπάθεια — kakopátheia

| Stg | 5:10 | ejemplo de **aflicción** y de paciencia |

2553   κακοπαθέω — kakopathéo

2 Ti	2:3	**sufre penalidades** como buen soldado (TR)
	9	en el cual **sufro penalidades**,
	4:5	soporta las aflicciones, haz obra
Stg	5:13	¿**Está** alguno entre vosotros **afligido**?

2554   κακοποιέω — kakopoiéo

Mr	3:4	¿Es lícito en los días de reposo...**hacer mal**;
Lc	6:9	¿Es lícito en día de reposo...**hacer mal**?
1 P	3:17	que **haciendo el mal**.
3 Jn	11	pero **el que hace lo malo**,

2555   κακοποιός — kakopoiós

Jn	18:30	Si éste no fuera **malhechor** (TR)
1 P	2:12	en lo que murmuran de vosotros como **de malhechores**,
	14	enviados para castigo **de los malhechores**
	3:16	murmuran de vosotros como **de malhechores** (TR)
	4:15	ninguno de vosotros padezca como... **malhechor**,

2556   κακός — kakós

Mt	21:41	A **los malos** destruirá sin misericordia,
	24:48	si aquel siervo **malo** dijere
	27:23	¿qué **mal** ha hecho?
Mr	7:21	salen los **malos** pensamientos,

2559 κακόω

Mr	15:14	¿Pues qué **mal** ha hecho?
Lc	16:25	Lázaro también **males**
	23:22	¿Pues qué **mal** ha hecho éste?
Jn	18:23	testifica en qué está el **mal** (...del mal, VHA)
	30	Si éste no fuera **malhechor** (WH, N, ABMW)
Hch	9:13	cuántos **males** ha hecho a tus santos
	16:28	No te hagas ningún **mal**,
	23:9	Ningún **mal** hallamos en este hombre;
	28:5	ningún **daño** padeció.
Ro	1:30	inventores de **males**,
	2:9	sobre todo...que hace lo **malo**
	3:8	Hagamos **males** para que vengan bienes?
	7:19	sino el **mal** que no quiero, eso hago
	21	que el **mal** está en mí
	9:11	ni bien ni **mal** (TR)
	12:17	No paguéis a nadie **mal** por **mal**; no pagando...)
	21	No seas vencido de lo **malo**, sino vence con el bien el **mal**.
	13:3	temor...al **malo**
	4	Pero si haces lo **malo**, vengador...al que hace lo **malo**.
	10	El amor no hace **mal** al prójimo;
	14:20	es **malo** que el hombre haga tropezar (es **malo** para el hombre que coma para tropiezo, VHA)
	16:19	e ingenuos para el **mal**.
1 Co	10:6	para que no codiciemos **cosas malas**, (a fin de que no fuéramos codiciadores de lo **malo**, BC)
	13:5	no guarda rencor, (no toma en cuenta lo **malo** VHA)
	15:33	las **malas** conversaciones corrompen
2 Co	5:10	sea bueno o sea **malo**. (TR)
	13:7	ninguna **cosa mala** hagáis;
Fil	3:2	guardaos de los **malos** obreros,
Col	3:5	**malos** deseos y avaricia, (lit., mal deseo...)
1 Ts	5:15	ninguno pague a otro **mal** por **mal**
1 Ti	6:10	porque raíz de todos los **males**
2 Ti	4:14	Alejandro...me ha causado muchos **males**
Tit	1:12	**malas** bestias, glotones ociosos.
He	5:14	en el discernimiento del bien y del **mal**
Stg	1:13	no puede ser tentado por el **mal** (...de cosas malas, VM)
	3:8	es un **mal** que no puede ser refrenado,
1 P	3:9	no devolviendo **mal** por mal,
	10	Refrene su lengua de **mal**,
	11	Apártese del **mal**, y haga el bien;
	12	está contra aquellos que hacen el **mal**
3 Jn	11	Amado, no imites lo **malo**,
Ap	2:2	no puedes soportar **a los malos**,
	16:2	vino una úlcera **maligna**

2557   κακοῦργος — kakóurgos

Lc	23:32	que eran **malhechores**, para ser muertos.
	33	le crucificaron allí, y a los **malhechores**,
	39	uno de los **malhechores** que estaban colgados
2 Ti	2:9	hasta prisiones a modo de **malhechor**

2558   κακουχέω — kakoucéo (kakoujéo)

| He | 11:37 | pobres, angustiados, **maltratados**; |
| | 13:3 | de los **maltratados**, como que también vosotros |

2559   κακόω — kakóo

| Hch | 7:6 | los **maltratarían**, por cuatrocientos años. |
| | 19 | **maltrató** a nuestros padres, |

Hch	12:1	echó mano a algunos de la iglesia para maltratarles.
	14:2	corrompieron los ánimos de los gentiles
	18:10	pondrá sobre ti la mano para hacerte mal,
1 P	3:13	¿Y quién es aquel que os podrá hacer daño,

2560 κακῶς — kakós
(1) κακῶς ἔχειν

Mt	4:24	(1) los afligidos por diversas enfermedades
	8:16	(1) sanó a todos los enfermos:
	9:12	(1) sino los enfermos
	14:35	(1) trajeron a él todos los enfermos;
	15:22	Mi hija es gravemente atormentada
	17:15	padece muchísimo (TR, ABMW, VHA, VM, NC, BC); (1) está muy enfermo, BA, WH, N)
	21:41	A los malos destruirá sin misericordia (...malamente, BC)
Mr	1:32	(1) trajeron todos los que tenían enfermedades
	34	(1) sanó a muchos que estaban enfermos
	2:17	(1) sino los enfermos
	6:55	(1) de todas partes enfermos en lechos
Lc	5:31	(1) sino los enfermos
	7:2	(1) estaba enfermo y a punto de morir
Jn	18:23	Si he hablado mal
Hch	23:5	no maldecirás a un príncipe (No hablarás mal..., VHA)
Stg	4:3	porque pedís mal, para gastar

2561 κάκωσις — kákosis

Hch	7:34	he visto la aflicción de mi pueblo

2562 καλάμη — kaláme

1 Co	3:12	madera, heno, hojarasca,

2563 κάλαμος — kálamos

Mt	11:7	¿Una caña sacudida por el viento?
	12:20	La caña cascada no quebrará
	27:29	una caña en su mano derecha
	30	tomaban la caña y le golpeaban
	48	poniéndola en una caña,
Mr	15:19	Y le golpeaban en la cabeza con una caña
	36	y poniéndola en una caña,
Lc	7:24	¿Una caña sacudida por el viento?
3 Jn	13	no quiero escribírtelas con tinta y pluma
Ap	11:1	Entonces me fue dada una caña
	21:15	El que hablaba conmigo tenía una caña
	16	y él midio la ciudad con la caña

2564 καλέω — kaléo

Mt	1:21	llamarás su nombre JESUS,
	23	llamarás su nombre Emanuel,
	25	le puso por nombre JESUS (lit., llamó su nombre...)
	2:7	llamando en secreto a los magos,
	15	De Egipto llamé a mi Hijo.
	23	que habría de ser llamado nazareno.
	4:21	los llamó
	5:9	ellos serán llamados hijos de Dios.
	19	muy pequeño será llamado en el reino éste será llamado grande
	9:13	no he venido a llamar a justos,
	10:25	Si al padre de familia llamaron Beelzebú (TR)
	20:8	Llama a los obreros
	21:13	casa de oración será llamada;
	22:3	envió a sus siervos a llamar a los convidados
	4	Decid a los convidados:
	8	los que fueron convidados
	9	llamad a las bodas a cuantos halléis.
	43	en el Espíritu le llama Señor,
	45	Pues si David le llama Señor,
	23:7	que los hombres los llamen: Rabí, (el ser llamados de los hombres, VHA)
	8	no queráis que os llamen Rabí; (no seáis llamados..., VHA)
	9	no llaméis padre vuestro a nadie
	10	Ni seáis llamados maestros;
	25:14	llamó a sus siervos
	27:8	aquel campo se llama...: Campo de Sangre
Mr	1:20	luego los llamó;
	2:17	No he venido a llamar a justos,
	3:31	enviaron a llamarle. (WH, N, ABMW)
	11:17	Mi casa será llamada casa de oración
Lc	1:13	llamarás su nombre Juan.
	31	llamarás su nombre JESUS.
	32	será llamado Hijo del Altísimo:
	35	será llamado Hijo de Dios.
	36	la que llamaban estéril (aquella que fué llamada..., VM)
	59	le llamaban con el nombre de su padre,
	60	se llamará Juan.
	61	nadie...que se llame con ese nombre.
	62	cómo le quería llamar. (...que se llamase, VHA)
	76	profeta del Altísimo serás llamado
	2:4	la ciudad de David, que se llama Belén,
	21	le pusieron por nombre (fué llamado, VM) el cual le había sido puesto (lit., el que fue llamado)
	23	será llamado santo al Señor)
	5:32	No he venido a llamar a justos,
	6:15	Simón llamado Zelote,
	46	¿Por qué me llamáis, Señor, Señor,
	7:11	iba a la ciudad que se llama Naín,
	39	el fariseo que le había convidado
	8:2	María, que se llamaba Magdalena,
	9:10	se retiró aparte, a...la ciudad llamada
	10:39	una hermana que se llamaba María,
	14:7	refirió a los convidados una parábola.
	8	Cuando fueres convidado por alguno no sea que otro...esté convidado por él,
	9	viniendo el que te convidó a ti
	10	Mas cuando fueres convidado, cuando venga el que te convidó
	12	Dijo también al que le había convidado:
	13	llama a los pobres,
	16	hizo una gran cena, y convidó a muchos.
	17	envió a su siervo a decir a los convidados:
	24	ninguno de aquellos hombres que fueron convidados,
	15:19	Ya no soy digno de ser llamado tu hijo;
	21	ya no soy digno de ser llamado tu hijo.
	19:2	un varón llamado Zaqueo, (...llamado por nombre..., BC)
	13	llamando a diez siervos suyos,
	29	al monte que se llama de los Olivos,
	20:44	David, pues, le llama Señor;
	21:37	en el monte que se llama de los Olivos
	22:3	por sobrenombre Iscariote, (llamado..., VHA) (WH, N, ABMW)
	25	son llamados bienhechores;
	23:33	llegaron al lugar llamado de la Calavera,
Jn	1:42	tú serás llamado Cefas
	2:2	fueron también invitados (Fue invitado...,

καλλιέλαιος 2565   460   2570 καλός

		NC)		1 P	2:9	las virtudes de aquel que os llamó
Jn	10:3	a sus ovejas llama por nombre, (TR)			21	para esto fuisteis llamados;
Hch	1:12	desde el monte que se llama del Olivar,			3:6	obedecía a Abraham, llamándole señor;
	19	que aquel campo se llama...Acéldama,			9	fuisteis llamados para que heredaseis (para
	23	a José, llamado Barsabás,				esto fuisteis llamados..., VHA)
	3:11	al pórtico que se llama de Salomón.			5:10	que nos llamó a su gloria (TR); (que os
	4:18	Y llamándolos, les intimaron				llamó..., VHA, WH, N, ABMW, VM, NC,
	7:58	de un joven que se llamaba Saulo.				BC, BA)
	8:10	es el gran poder de Dios (TR); (es el poder		2 P	1:3	aquel que nos llamó por su gloria
		de Dios llamado grande, NC, WH, N,		1 Jn	3:1	para que seamos llamados hijos de Dios
		ABMW, VHA, VM, BC, BA)		Ap	1:9	estaba en la isla llamada Patmos,
	9:11	a la calle que se llama Derecha,			11:8	en sentido espiritual se llama Sodoma
	10:1	de la compañía llamada la Italiana			12:9	la serpiente antigua, que se llama diablo
	13:1	Simón el que se llamaba Niger			16:16	que en hebreo se llama Armagedón
	14:12	a Bernabé llamaban Júpiter,			19:9	Bienaventurados los que son llamados
	15:22	Judas que tenía por sobrenombre			11	el que lo montaba se llamaba Fiel (lit.,...
		Barsabás (WH, N, ABMW)				llamado Fiel)
	37	el que tenía por sobrenombre Marcos;			13	su nombre es: EL VERBO DE DIOS
	24:2	cuando éste fue llamado,				(es llamado por nombre..., BC)
	27:8	un lugar que llaman Buenos Puertos,				
		(cierto lugar llamado..., VM)		2565		καλλιέλαιος*† – kalliélaios (kaliélaios)
	14	un viento huracanado llamado		Ro	11:24	fuiste injertado en el buen olivo,
	16	una pequeña isla llamada				
	28:1	supimos que la isla se llamaba		2566		κάλλιον, véase καλῶς, 2573, pág. 461
Ro	4:17	el cual...llama las cosas que no son,				
	8:30	a éstos también llamó		2567		καλοδιδάσκαλος*† – kalodidáskalos
		a los que llamó, a éstos también		Tit	2:3	no esclavas del vino, maestras del bien
	9:7	En Isaac te será llamada descendencia.				
	11	no por las obras sino por el que llama		2568		Καλοί Λιμένες – Kalói Liménes
	24	a los cuales también ha llamado		Hch	27:8	a un lugar que llaman Buenos Puertos
	25	Llamaré pueblo mío				(...llamado..., VM)
	26	Allí serán llamados hijos del Dios				
1 Co	1:9	por el cual fuisteis llamados		2569		καλοποιέω*† – kalopoiéo
	7:15	a paz nos llamó Dios (lit., en paz...)		2 Ts	3:13	no os canséis de hacer bien.
	17	como Dios llamó a cada uno,				
	18	¿Fue llamado alguno siendo circunciso?		2570		καλός – kalós
		¿Fue llamado alguno siendo incircunciso		Mt	3:10	todo árbol que no da buen fruto
		(¿En incircunsición..., VM)			5:16	para que vean vuestras buenas obras,
	20	Cada uno en el estado en que fue llamado			7:17	todo buen árbol da buenos frutos,
	21	¿Fuiste llamado siendo esclavo?			18	ni el árbol malo dar frutos buenos.
	22	el que en el Señor fue llamado			19	Todo árbol que no da buen fruto,
		asimismo el que fue llamado			12:33	O haced el árbol bueno,
	24	en el estado en que fue llamado				y su fruto bueno,
	10:27	Si algún incrédulo os invita, (Si alguno de			13:8	parte cayó en buena tierra,
		los infieles..., BC)			23	el que fue sembrado en buena tierra,
	15:9	no soy digno de ser llamado apóstol,			24	que sembró buena semilla en su campo;
Gá	1:6	os hayáis alejado del que os llamó			27	¿no sembraste buena semilla en tu campo?
	15	que...me llamó por su gracia,			37	El que siembra la buena semilla
	5:8	de aquel que os llama.			38	la buena semilla son los hijos del reino
	13	a libertad fuisteis llamados;			45	un mercader que busca buenas perlas
Ef	4:1	la vocación con que fuisteis llamados,			48	recogen lo bueno en cestas,
	4	como fuisteis también llamados			15:26	No está bien tomar el pan de los hijos,
Col	3:15	a la que asimismo fuisteis llamados			17:4	bueno es para nosotros que estemos aquí
1 Ts	2:12	que os llamó a su reino (que os llama..,			18:8	mejor te es entrar en la vida
		VHA)			9	mejor te es entrar con un solo ojo
	4:7	no nos ha llamado Dios			26:10	ha hecho conmigo una buena obra.
	5:24	Fiel es el que os llama,			24	Bueno le fuera a ese hombre (lit., Bueno
2 Ts	2:14	a lo cual os llamó				le fuera a él)
1 Ti	6:12	a la cual asimismo fuiste llamado,				
2 Ti	1:9	quien nos salvó y llamó con llamamiento		Mr	4:8	otra parte cayó en buena tierra,
He	2:11	no se avergüenza de llamarlos hermanos,			20	los que fueron sembrados en buena tierra
	3:13	entre tanto que se dice: Hoy (lit....se llama			7:27	no está bien tomar el pan de los hijos
		hoy)			9:5	Maestro, bueno es para nosotros
	5:4	sino el que es llamado por Dios,			42	mejor le fuera si se le atase
	9:15	para que...los llamados reciban la promesa			43	mejor te es entrar en la vida
	11:8	Por la fe Abraham, siendo llamado,			45	mejor te es entrar a la vida
	18	En Isaac te será llamada descendencia;			47	mejor te es entrar en el reino de Dios
Stg	2:23	fue llamado amigo de Dios			50	Buena es la sal;
1 P	1:15	como aquel que os llamó es santo,				

κάλυμμα 2571			461		2573 καλῶς

Mr	14:6	Buena obra me ha hecho.
He	6:5	que...asimismo gustaron de la buena palabra
	21	Bueno le fuera a ese hombre (lit.,...le fuera a él)
	10:24	al amor y a las buenas obras
				13:9	buena cosa es afirmar el corazón
Lc	3:9	todo árbol que no da buen fruto
	18	que tenemos buena conciencia,
	6:38	medida buena, apretada,
Stg	2:7	¿No blasfeman ellos el buen nombre
	43	No es buen árbol
	3:13	Muestre por la buena conducta
		ni árbol malo el que da buen fruto.
	4:17	al que sabe hacer lo bueno,
	8:15	Mas la que cayó en buena tierra,
1 P	2:12	manteniendo buena vuestra manera de vivir
		éstos son los que con corazón bueno
		al considerar vuestras buenas obras
	9:33	Maestro, bueno es para nosotros
	4:10	como buenos administradores
	14:34	Buena es la sal;
	21:5	estaba adornado de hermosas piedras
2571		κάλυμμα – kálumma
Jn	2:10	sirve primero el buen vino,
		tú has reservado el buen vino
2 Co	3:13	ponía un velo sobre su rostro
	10:11	Yo soy el buen pastor
	14	les queda el mismo velo
		el buen pastor su vida da
	15	el velo está puesto sobre el corazón
	14	Yo soy el buen pastor;
	16	el velo se quitará
	32	Muchas buenas obras os he mostrado
2572		καλύπτω – kalúpto
	33	Por buena obra no te apedreamos,
Hch	27:8	un lugar que llaman Buenos Puertos, (...llamado...VM)
Mt	8:24	que las olas cubrían la barca; (que la barca se cubría con las ondas, VM)
Ro	7:16	apruebo que la ley es buena.
	10::26	nada hay encubierto,
	18	pero no el hacerlo (mas no el obrar lo que es bueno, VM)
Lc	8:16	Nadie que enciende una luz la cubre
			23:30	a los collados: Cubridnos.
	21	queriendo ya hacer el bien,
2 Co	4:3	si nuestro evangelio está aún encubierto,
	12:17	procurad lo bueno delante de todos
		entre los que se pierden está encubierto;
	14:21	Bueno es no comer carne,
Stg	5:20	cubrirá multitud de pecados.
1 Co	5:6	No es buena vuestra jactancia.
1 P	4:8	el amor cubrirá multitud de pecados
	7:1	bueno le sería al hombre no tocar mujer;
	8	bueno les fuera quedarse como yo; (...si permanecieren., VM)
2573		καλῶς – kalós
					(1) καλῶς ἔχειν
	26	esto por bueno a causa de la necesidad hará bien el hombre (bueno le es al hombre, VHA)
Mt	5:44	haced bien a los que os aborrecen, (TR, VM)
	9:15	prefiero morir, (mejor me fuera antes morir, BC)
	12:12	es lícito hacer el bien
				15:7	Hipócritas, bien profetizó
2 Co	8:21	las cosas honradamente, no sólo delante del Señor (lo que es bueno..., BC)
Mr	7:6	Hipócritas, bien profetizó de vosotros
				9	Bien invalidáis el mandamiento
	13:7	para que vosotros hagáis lo bueno
	37	Bien lo ha hecho todo;
Gá	4:18	Bueno es mostrar celo en lo bueno
	12:28	que les había respondido bien,
	6:9	No nos cansemos, pues, de hacer bien;
	32	Bien, Maestro, verdad has dicho,
1 Ts	5:21	retened lo bueno.
	16:18	(1) |pondrán sus manos, y sanarán.|
1 Ti	1:8	Pero sabemos que la ley es buena,
Lc	6:26	cuando todos los hombres hablen bien
	18	milites por ellas la buena milicia,
	27	haced bien a los que os aborrecen
	2:3	esto es bueno y agradable
	48	estaba fundada sobre la roca (TR, VM)
	3:1	buena obra desea.
		(por haber sido bien construida, VHA, WH, N, ABMW, NC, BC, BA)
	7	es necesario que tenga buen testimonio
	13	ganan para sí un grado honroso
	20:39	Maestro, bien has dicho
	4:4	todo lo que Dios creó es bueno, (toda criatura de Dios..., BC)
Jn	4:17	Bien has dicho: No tengo marido;
				8:48	¿No decimos bien nosotros,
	6	serás buen ministro de Jesucristo, de la buena doctrina
	13:13	decís bien, porque lo soy.
				18:23	si bien, ¿por qué me golpeas?
	5:4	esto es lo bueno y agradable (TR)
Hch	10:33	y tú has hecho bien en venir.
	10	que tenga testimonio de buenas obras
	25:10	como tú sabes muy bien.
	25	se hacen manifiestas las buenas obras;
	28:25	Bien habló el Espíritu
	6:12	Pelea la buena batalla de la fe,
Ro	11:20	Bien; por su incredulidad
		habiendo hecho la buena profesión
1 Co	7:37	bien hace. (TR); (hará bien, VHA, WH, N, ABMW, VM, NC, BC, BA)
	13	dio testimonio de la buena profesión
	18	que sean ricos en buenas obras,
	38	hace bien,
	19	atesorando para sí buen fundamento
				14:17	tú, a la verdad, bien das gracias;
2 Ti	1:14	Guarda el buen depósito
2 Co	11:4	bien lo toleráis;
	2:3	como buen soldado de Jesucristo
Gá	4:17	no para bien,
	4:7	He peleado la buena batalla,
	5:7	Vosotros corríais bien;
Tit	2:7	como ejemplo de buenas obras;
Fil	4:14	Sin embargo, bien hicisteis
	14	celoso de buenas obras,
1 Ti	3:4	que gobierne bien su casa,
	3:8	procuren ocuparse en buenas obras.
	12	que gobiernen bien a sus hijos
		Estas cosas son buenas y útiles
	13	los que ejerzan bien el diaconado,
	14	ocuparse en buenas obras
	5:17	Los ancianos que gobiernan bien,
He	5:14	en el discernimiento del bien y del mal.
He	13:18	deseando conducirnos bien en todo
				Stg	2:3	tú aquí en buen lugar (...honrosamente...,

κάμηλος 2574			462			2588 κapδía

```
           BC)                                 Jn    2:1   hicieron unas bodas en Caná de Galilea;
Stg   2:8   bien hacéis;                              11   hizo Jesús en Caná de Galilea,
      19   bien haces. También los demonios         4:46   Vino,...otra vez a Caná
2 P   1:19  a la cual hacéis bien                  21:2   Natanael el de Caná de Galilea,
3 Jn   6   harás bien en encaminarlos
                                                 2581         Κavavaĩoς — Kananáios o Κavavítης
2574          κάμηλος — kámelos
                                                 Mt   10:4   Simón el cananita,
Mt   3:4   vestido de pelo de camello, (tenía su  Mr   3:18   Simón el cananita,
           vestido de pelos..., VM)
     19:24  es mas fácil pasar un camello         2582         Κavδάκη — Kandáke
     23:24  que...tragáis el camello!
Mr   1:6   Juan estaba vestido de pelo de camello, Hch  8:27   funcionario de Candace reina
     10:25  Más fácil es pasar un camello         2583         κavώv — kanón
Lc   18:25  es más fácil pasar un camello (...que entre...,
           VHA)                                   2 Co 10:13   conforme a la regla (conforme a la
                                                            medida del límite, BC)
2575          κάμιvoς — káminos                         15   conforme a nuestra regla
Mt   13:42  los echarán en el horno de fuego;            16   en la obra de otro para gloriarnos (no para
        50  los echarán en el horno de fuego;               gloriarnos en ajena regla, NC)
Ap   1:15  como en un horno;                     Gá   6:16   los que anden conforme a esta regla,
     9:2   como humo de un gran horno;           Fil  3:16   sigamos una misma regla, (TR)

2576          καμμύω — kammúo                    2584         Κaπερvaoύμ, véase Καφαρvaoύμ,
Mt   13:15  han cerrado sus ojos;                            pág. 475
Hch  28:27  sus ojos han cerrado,                2585         καπηλεύω* — kapeléuo
                                                 2 Co  2:17   que medran falsificando la palabra
2577          κάμvω — kámno                                 (que hacen un comercio de la palabra,
He   12:3  para que vuestro ánimo no se canse                VM)
           (...os canséis...en vuestras almas, VM) 2586        καπvóς — kapnós
Stg   5:15  la oración de fe salvará al enfermo, Hch   2:19   Sangre y fuego y vapor de humo;
Ap   2:3   no has desmayado. (TR)                Ap   8:4   el humo del incienso con las oraciones
                                                       9:2   y subió humo del pozo
2578          κάμπτω — kámpto                              como humo de un gran horno;
Ro   11:4   que no han doblado la rodilla                   y el aire por el humo del pozo
     14:11  ante mí se doblará toda rodilla,            3   del humo salieron langostas
Ef    3:14  Por esta causa doblo mis rodillas          17   salió fuego, humo y azufre.
Fil   2:10  en el nombre de Jesús se doble toda rodilla  18   por el fuego, el humo y el azufre
                                                     14:11   el humo de su tormento
2579          κἄv — kán                              15:8   el templo se llenó de humo
Mt   21:21  si a este monte dijereis (aun si..., BC) 18:9   cuando vean el humo de su incendio,
     26:35  Aunque me sea necesario morir              18   viendo el humo de su incendio,
Mr   5:28   Si tocare tan solamente su manto,        19:3   el humo de ella sube por los siglos
     6:56   les dejase tocar siquiera el borde
     16:18  |y si bebieren cosa mortífera, |     2587         Καππαδοκία — Kappadokía
Lc   12:38  aunque venga a la segunda vigilia, y aunque Hch  2:9   en Judea, en Capadocia,
           venga a la tercera vigilia (TR, VHA);  1 P  1:1   de la dispersión en...Galacia, Capadocia
           (aunque viniere en la segunda vigilia,
           y aunque en la tercera, BC, WH, N,    2588         καρδía — kardía
           ABMW, VM, NC, BC, ABMW)
                                                 Mt   5:8   los de limpio corazón, (los limpios de
     13:9   Y si diere fruto                                corazón, BC)
Jn   8:14   Aunque yo doy testimonio                   28   ya adulteró con ella en su corazón.
      55   y si dijere que no le conozco,             6:21   allí estará también vuestro corazón.
           (WH, N, ABMW)                              9:4   ¿Por qué pensáis mal en vuestros corazones
     10:38  aunque no me creáis a mí,                11:29   soy manso y humilde de corazón;
     11:25  aunque esté muerto, vivirá.              12:34   de la abundancia del corazón habla la boca
Hch  5:15   a lo menos su sombra cayese                35   del buen tesoro del corazón (TR)
1 Co 13:2   Y si tuviese profecía, (WH)                40   en el corazón de la tierra
           y si tuviese toda la fe, (WH, N, ABMW)    13:15   Porque el corazón de este pueblo
       3   Y si repartiese todos mis bienes (WH, N,         con el corazón entiendan,
           ABMW)                                       19   arrebata lo que fue sembrado en su corazón
           y si entregase mi cuerpo (WH)             15:8   Mas su corazón está lejos de mí
2 Co 11:16  recibidme como a loco, (recibidme          18   lo que sale de la boca, del corazón sale;
           aunque sea..., BA)                          19   del corazón salen los malos pensamientos
He   12:20  Si aun una bestia tocare                 18:35   si no perdonáis de todo corazón (lit.,... de
Stg   5:15  y si hubiere cometido pecados,                  vuestros corazones)
                                                     22:37   Amarás al Señor...con todo tu corazón,
2580          Καvá — Kaná                            24:48   dijere en su corazón:
```

καρδία 2588   2588 καρδία

Mr	2:6	los cuales cavilaban en sus **corazones**:	Hch	21:13		y quebrantándome el **corazón**?
	8	¿Por qué caviláis así en vuestros **corazones**		28:27		el **corazón** de este pueblo se ha engrosado
	3:5	entristecido por la dureza de sus **corazones**				entiendan de **corazón**
	4:15	la palabra que se sembró en sus **corazones**.	Ro	1:21		su necio **corazón** fue entenebrecido.
		(TR)		24		en las concupiscencias de sus **corazones**
	6:52	estaban endurecidos sus **corazones**. (su		2:5		por tu **corazón** no arrepentido,
		corazón..., VM)		15		la obra de la ley escrita en sus **corazones**
	7:6	Mas su **corazón** está lejos de mí		29		es la del **corazón**, en espíritu,
	19	no entra en su **corazón**,		5:5		ha sido derramado en nuestros **corazones**
	21	del **corazón** de los hombres, salen		6:17		habéis obedecido de **corazón**
Mr	8:17	¿Aún tenéis endurecido vuestro **corazón**		8:27		el que escudriña los **corazones** sabe
	11:23	no dudare en su **corazón**,		9:2		y continuo dolor en mi **corazón**.
	12:30	con todo tu **corazón**, y con toda tu alma		10:1		el anhelo de mi **corazón**,
	33	y el amarle con todo el **corazón**		6		No digas en tu **corazón**:
Lc	1:17	para hacer volver los **corazones**		8		está la palabra...en tu **corazón**
	51	en el pensamiento de sus **corazones**.		9		creyeres en tu **corazón** que Dios
	66	las guardaban en su **corazón**,		10		con el **corazón** se cree
	2:19	meditándolas en su **corazón**,		16:18		engañan los **corazones** de los ingenuos.
	35	los pensamientos de muchos **corazones**.	1 Co	2:9		Ni han subido en **corazón** de hombre
	51	guardaba todas estas cosas en su **corazón**.		4:5		las intenciones de los **corazones**
	3:15	preguntándose todos en sus **corazones**		7:37		el que está firme en su **corazón**
	4:18	a sanar a los quebrantados de **corazón**; (TR)				ha resuelto en su **corazón** (...en su propio
	5:22	¿Qué caviláis en vuestros **corazones**?				**corazón** esto, VHA)
	6:45	del buen tesoro de su **corazón**		14:25		lo oculto de su **corazón** se hace manifiesto;
		del mal tesoro de su **corazón** saca (TR, VM)	2 Co	1:22		las arras del Espíritu en nuestros **corazones**
		de la abundancia del **corazón** habla la boca.		2:4		por la mucha tribulación y angustia del
	8:12	quita de su **corazón** la palabra,				**corazón**
	15	éstos son los que con **corazón** bueno		3:2		escritas en nuestros **corazones**,
	9:47	los pensamientos de sus **corazones**,		3		en tablas de carne del **corazón**. (TR);
	10:27	con todo tu **corazón**, y con toda tu alma,				(...de **corazones** de carne, VHA, WH, N,
	12:34	allí estará también vuestro **corazón**.				ABMW, VM, NC, BC, BA)
	45	si aquel siervo dijere en su **corazón**:		15		el velo...sobre el **corazón** de ellos.
	16:15	mas Dios conoce vuestros **corazones**;		4:6		resplandeció en nuestros **corazones**,
	21:14	Proponed en vuestros **corazones**		5:12		a los que se glorían...no en el **corazón**.
	34	que vuestros **corazones** no se carguen		6:11		nuestro **corazón** se ha ensanchado,
	24:25	¡Oh insensatos, y tardos de **corazón**		7:3		estáis en nuestro **corazón**,
	32	¿No ardía nuestro **corazón** en nosotros,		8:16		en el **corazón** de Tito la misma solicitud
	38	a vuestro **corazón** estos pensamientos?		9:7		dé como propuso en su **corazón**:
Jn	12:40	endureció su **corazón**,	Gá	4:6		Dios envió a vuestros **corazones** (TR, VM);
		y entiendan con el **corazón**				(...nuestros..., VHA, WH, N, ABMW, NC,
	13:2	en el **corazón** de Judas				BC, BA)
	14:1	No se turbe vuestro **corazón**;	Ef	1:18		los ojos de vuestro entendimiento (TR,
	27	No se turbe vuestro **corazón**,				VM); (...vuestro **corazón**, VHA, WH, N,
	16:6	tristeza ha llenado vuestro **corazón**.				ABMW, NC, BC, BA)
	22	y se gozará vuestro **corazón**,		3:17		por la fe en vuestros **corazones**,
Hch	2:26	Por lo cual mi **corazón** se alegró,		4:18		por la dureza de su **corazón**;
	37	se compungieron de **corazón**,		5:19		alabando al Señor en vuestros **corazones**;
	46	con alegría y sencillez **de corazón**,				(...**corazón**, VHA)
	4:32	la multitud de los que habían creído era		6:5		con sencillez de vuestro **corazón**,
		de un **corazón** (lit., uno era el **corazón**...		22		que consuele vuestros **corazones**.
		de la multitud...)	Fil	1:7		por cuanto os tengo en el **corazón**,
	5:3	¿por qué llenó Satanás tu **corazón**		4:7		guardará vuestros **corazones**
	4	¿Por qué pusiste esto en tu **corazón**?	Col	2:2		para que sean consolados sus **corazones**,
		(...tal cosa en tu **corazón**?, VHA)		3:15		la paz de Dios gobierne en vuestros
	7:23	le vino al **corazón** el visitar				**corazones**,
	39	en sus **corazones** se volvieron a Egipto		16		cantando con gracia en vuestros **corazones**
	51	incircuncisos **de corazón**, (TR, VHA, VM,		22		con **corazón** sincero, (con sencillez de
		NC, BA); (...de **corazones**, BC, WH, N,				**corazón**, VHA)
		ABMW)		4:8		para que...conforte vuestros **corazones**,
	54	se enfurecían en sus **corazones**,	1 Ts	2:4		Dios, que prueba nuestros **corazones**.
	8:21	tu **corazón** no es recto		17		de vista pero no de **corazón**,
	22	el pensamiento de tu **corazón**		3:13		para que sean afirmados vuestros **corazones**
	37	Si crees de todo **corazón**, bien puedes. (TR,				(a fin de confirmar..., VHA)
		[VM], N, BC, BA)	2 Ts	2:17		conforte vuestros **corazones**,
	11:23	a uno con propósito de **corazón**		3:5		el Señor encamine vuestros **corazones**
	13:22	varón conforme a mi **corazón**,	1 Ti	1:5		es el amor nacido de **corazón** limpio,
	14:17	llenando...de alegría nuestros **corazones**.	2 Ti	2:22		con los que de **corazón** limpio
	15:9	purificando por la fe sus **corazones**	He	3:8		No endurezcáis vuestros **corazones**,
	16:14	el Señor abrió el **corazón** de ella		10		Siempre andan vagando en su **corazón**,

He	3:12	corazón malo de incredulidad	Lc	1:42	bendito el fruto de tu vientre
	15	No endurezcáis vuestros corazones		3:8	frutos dignos de arrepentimiento
	4:7	No endurezcáis vuestros corazones.		9	todo árbol que no da buen fruto
	12	las intenciones del corazón.		6:43	el que da malos frutos, (...fruto malo, VHA)
	8:10	sobre su corazón las escribiré;			el que da buen fruto.
	10:16	mis leyes en sus corazones		44	cada árbol se conoce por su fruto;
	22	acerquémonos con corazón sincero,		8:8	llevó fruto a ciento por uno.
		purificados los corazones (rociados..., VHA)		12:17	donde guardar mis frutos
	13:9	buena cosa es afirmar el corazón		13:6	vino a buscar fruto en ella,
Stg	1:26	sino que engaña su corazón,		7	hace tres años que vengo a buscar fruto
	3:14	y contención en vuestro corazón,		9	si diere fruto, bien;
	4:8	purificad vuestros corazones.		20:10	para que le diesen del fruto
	5:5	engordando vuestros corazones (habéis cebado..., VHA)	Jn	4:36	recoge fruto para vida eterna,
				12:24	si muere lleva mucho fruto.
	8	afirmad vuestros corazones;		15:2	Todo pámpano que en mí no lleva fruto
1 P	1:22	amaos...de corazón puro (TR, VM); (...de corazón, VHA, WH, N, ABMW, NC, BC, BA)			todo aquel que lleva fruto,
					para que lleve más fruto
				4	el pámpano no puede llevar fruto
	3:4	sino el interno, el del corazón,		5	éste lleva mucho fruto;
	3:15	santificad a Dios...en vuestros corazones,		8	en que llevéis mucho fruto,
2 P	1:19	salga en vuestros corazones;		16	para que vayáis y llevéis fruto,
	2:14	el corazón habituado a la codicia,			vuestro fruto permanezca;
1 Jn	3:19	aseguraremos nuestros corazones (TR, VM, NC, BC, BA); (...nuestro corazón, VHA, WH, N, ABMW)	Hch	2:30	de su descendencia, (del fruto de sus lomos, VHA)
			Ro	1:13	también entre vosotros algún fruto,
	20	si nuestro corazón nos reprende, mayor que nuestro corazón		6:21	¿Pero qué fruto teníais
				22	tenéis por vuestro fruto la santificación, (tenéis vuestro fruto para santificación, VHA)
	21	si nuestro corazón no nos reprende, (TR, VM, BA); (si el corazón no condena, BC, WH, N); (si el corazón no nos condena, VHA, ABMW, NC)			
				15:28	les haya entregado este fruto, (asegurádoles..., VM)
Ap	2:23	el que escudriña la mente y el corazón;	1 Co	9:7	no come de su fruto?
	17:17	porque Dios ha puesto en sus corazones	Gá	5:22	el fruto del Espíritu es amor,
	18:7	dice en su corazón:	Ef	5:9	el fruto del Espíritu (TR); (...de la luz, VHA, WH, N, ABMW, VM, NC, BC, BA)
2589		καρδιογνώστης*† — kardiognóstes	Fil	1:11	llenos de frutos de justicia (TR, VHA, VM, NC); (...del fruto..., BC, WH, N, ABMW, BA)
Hch	1:24	Tú, Señor, que conoces los corazones			
	15:8	Dios, que conoce los corazones,		22	resulta para mí en beneficio de la obra, (lit., para mí es el fruto de la labor)
2590		καρπός — karpós		4:17	sino que busco fruto que abunde
Mt	3:8	frutos dignos de arrepentimiento (TR, NC, BA); (fruto digno, VHA, WH, N, ABMW, VM, BC)	2 Ti	2:6	para participar de los frutos,
			He	12:11	después da fruto apacible
				13:15	fruto de labios que confiesan su nombre.
	10	todo árbol que no da buen fruto	Stg	3:17	llena de misericordia y de buenos frutos,
	7:16	Por sus frutos los conoceréis		18	el fruto de justicia se siembra
	17	todo buen árbol da buenos frutos, el árbol malo da frutos malos.		5:7	el precioso fruto de la tierra
				18	la tierra produjo su fruto.
	18	No puede el buen árbol dar malos frutos, ni el árbol malo dar frutos buenos.	Ap	22:2	produce doce frutos, dando cada mes su fruto
	19	Todo árbol que no da buen fruto,	2591		Κάρπος — Kárpos
	20	Así que, por sus frutos los conoceréis	2 Ti	4:13	que dejé en Troas, en casa de Carpo (...con Carpo, VM)
	12:33	O haced...su fruto bueno, o haced...su fruto malo por el fruto se conoce el árbol			
			2592		καρποφορέω — karpoforéo
	13:8	y dio fruto, cuál a ciento,	Mt	13:23	y da fruto; (el que verdaderamente lleva fruto, VHA)
	26	salió la hierba y dio fruto			
	21:19	Nunca jamás nazca de ti fruto	Mr	4:20	la reciben, y dan fruto
	34	Y cuando se acercó el tiempo de los frutos para que recibiesen sus frutos		28	de suyo lleva fruto la tierra,
			Lc	8:15	y dan fruto con perseverancia.
	41	que le paguen el fruto (...los frutos, VHA)	Ro	7:4	a fin de que llevemos fruto para Dios.
	43	a gente que produzca los frutos de él		5	llevando fruto para muerte. (a fin de llevar fruto..., VHA)
Mr	4:7	no dio fruto			
	8	y dio fruto,	Col	1:6	lleva fruto y crece también (V60, WH, N, ABMW, VHA, BC, BA); (lit., lleva fruto, como también, TR)
	29	cuando el fruto está maduro,			
	11:14	Nunca jamás coma nadie fruto de ti			
	12:2	del fruto de la viña. (TR, BA); (de los frutos..., VHA, WH, N, ABMW, VM, NC, BC)		10	llevando fruto en toda buena obra,

| καρποφόρος 2593 | 465 | 2602 καταβολή |

2593   καρποφόρος — karpofóros
Hch 14:17   tiempos **fructíferos**, llenando de sustento

2594   καρτερέω — karteréo
He 11:27   **se sostuvo** como viendo al Invisible (persistía..., VM)

2595   κάρφος — kárfos
Mt 7:3   ¿Y por qué miras la **paja**
     4   Déjame sacar la **paja** (Deja, echaré fuera..., VM)
     5   verás bien para sacar la **paja**
Lc 6:41   ¿Por qué miras la **paja**
    42   Hermano, déjame sacar la **paja** para sacar la **paja**

2597   καταβαίνω — katabáino
Mt 3:16   vio al Espíritu de Dios **que descendía**
   7:25   **Descendió** lluvia,
    27   y **descendió** lluvia,
   8:1   **Cuando descendió**...del monte,
  11:23   hasta el Hades **serás abatida** (WH, N, ABMW)
  14:29   **descendiendo** Pedro de la barca,
  17:9   **Cuando descendieron** del monte,
  24:17   no **descienda** para tomar algo
  27:40   **desciende** de la cruz.
    42   **descienda** ahora de la cruz
  28:2   un ángel del Señor, **descendiendo**
Mr 1:10   al Espíritu como paloma **que descendía**
   3:22   los escribas **que habían venido** (...que **habían descendido**, VHA)
   9:9   **descendiendo** ellos del monte,
  13:15   no **descienda** a la casa
  15:30   **desciende** de la cruz. (TR, VM, BA); (**descendiendo**..., VHA, WH, N, ABMW, NC, BC)
    32   **descienda** ahora de la cruz,
Lc 2:51   **descendió** con ellos,
   3:22   Aconteció que...**descendió** el Espíritu Santo
   6:17   **descendió** con ellos, (**bajando**..., BC)
   8:23   se desencadenó una tempestad (**descendió**... VM)
   9:54   ¿quieres que mandemos **que descienda**
  10:15   hasta el Hades **serás abatida**, (WH, N)
    30   Un hombre **descendía** de Jerusalén
    31   **descendió** un sacerdote
  17:31   no **descienda** a tomarlos;
  18:14   éste **descendió** a su casa justificado
  19:5   Zaqueo, date prisa, **desciende**,
    6   él **descendió** aprisa,
  22:44   gotas de sangre **que caían** (TR, |N|, |ABMW|, VHA, VM, NC, BC, BA)
Jn 1:32   Vi al Espíritu **que descendía**
    33   Sobre quien veas **descender** el Espíritu
    51 (52)   los ángeles...**que suben** y **descienden**
   2:12   Después de esto **descendieron** (...**descendió**, VHA)
   3:13   sino el **que descendió** del cielo;
   4:47   le rogó que **descendiese**
    49   Señor, **desciende** antes que mi hijo
    51   **Cuando** ya él **descendía**,
   5:4   un ángel **descendía** de tiempo (TR, |VHA|, |VM|, NC, BC, |BA|)
    7   otro **desciende** antes que yo.
   6:16   **descendieron** sus discípulos
    33   es aquel **que descendió** del cielo
    38   **he descendido** del cielo,

Jn 6:41   Yo soy el pan **que descendió**
    42   Del cielo **he descendido**?
    50   es el pan **que desciende** del cielo,
    51   el pan vivo que **descendió**
    58   Este es el pan **que descendió** del cielo;
Hch 7:15   **descendió** Jacob a Egipto,
    34   **he descendido** para librarlos.
   8:15   **habiendo venido**, oraron (habiendo **bajado**..., VHA)
    26   el camino **que desciende** de Jerusalén
    38   **descendieron** ambos al agua,
  10:11   y **que descendía** algo semejante
    20   Levántate, pues, y **desciende**, (lit., Levantándote...)
    21   **descendiendo** a donde estaban los hombres
  11:5   un gran lienzo **que descendía**,
  14:11   Dioses...**han descendido** a nosotros.
    25   **descendieron** a Atalia.
  16:8   **descendieron** a Troas.
Hch 18:22   **descendió** a Antioquía.
  20:10   **descendió** Pablo y se echó sobre él (**Bajando**..., BC)
  23:10   mandó **que bajasen** soldados
  24:1   Cinco días después, **descendió**
    22   Cuando **descendiere** el tribuno Lisias,
  25:6   **venido** a Cesarea, (lit., **bajado**...)
    7   **que** habían **venido** de Jerusalén, (que habían **descendido** de Jerusalén, BA)
Ro 10:7   ¿quién **descenderá** al abismo?
Ef 4:9   sino que también **había descendido**
    10   El **que descendió**, es el mismo
1 Ts 4:16   **descenderá** del cielo;
Stg 1:17   **desciende** de lo alto, (de arriba es, **descendiendo**, VM)
Ap 3:12   la cual **desciende** del cielo, de mi Dios,
  10:1   Vi **descender** del cielo a otro ángel
  12:12   el diablo **ha descendido** a vosotros
  13:13   de tal manera que aun hace **descender**
  16:21   **cayó** del cielo sobre los hombres
  18:1   vi a otro ángel **descender**
  20:1   Vi a un ángel **que descendía**
    9   **descendió** fuego del cielo,
  21:2   la nueva Jerusalén, **descender** del cielo,
    10   que **descendía** del cielo,

2598   καταβάλλω — katabállo (katabálo)
2 Co 4:9   **derribados**, pero no destruidos;
He 6:1   no **echando** otra vez el **fundamento**
Ap 12:10   **ha sido lanzado fuera** el acusador (TR)

2599   καταβαρέω* — katabaréo
2 Co 12:16   que yo no os **he sido carga**,

2599 A   καταβαρύνω — katabarúno
Mr 14:40   los ojos de ellos estaban **cargados** (WH, N, ABMW)

2600   κατάβασις — katábasis
Lc 19:37   cerca de la **bajada** del monte de los olivos,

2601   καταβιβάζω — katabibázo (katabibádzo)
Mt 11:23   hasta el Hades **serás abatida** (TR)
Lc 10:15   hasta el Hades **serás abatida** (TR, ABMW)

2602   καταβολή** — katabolé
Mt 13:35   cosas escondidas desde **la fundación**
  25:34   desde **la fundación** del mundo.

καταβραβεύω 2603　　　　　　　　　466　　　　　　　　　2617 καταισχύνω

Lc	11:50	desde la fundación del mundo,
Jn	17:24	desde antes de la fundación del mundo.
Ef	1:4	antes de la fundación del mundo
He	4:3	desde la fundación del mundo.
	9:26	desde el principio del mundo
	11:11	recibió fuerza para concebir (lit., para la concepción de simiente) (para la fundación de un linaje, BC)
1 P	1:20	desde antes de la fundación del mundo,
Ap	13:8	desde el principio del mundo.
	17:8	desde la fundación del mundo

2603　　καταβραβεύω* – katabrabéuo

Col 2:18　Nadie os prive de vuestro premio

2604　　καταγγαλεύς*† – kataggeléus (katangueléus)

Hch 17:18　Parece que es predicador de nuevos dioses;

2605　　καταγγέλλω – kataggéllo (katanguélo)

Hch	3:24	también han anunciado estos días (WH, N, ABMW)
	4:2	resentidos de que...anunciasen... la resurrección.
	13:5	anunciaban la palabra de Dios
	38	por medio de él se os anuncia
	15:36	en que hemos anunciado la palabra
	16:17	quienes os anuncian el camino de salvación
	21	enseñan costumbres, (predican usanzas, BC)
	17:3	a quien yo os anuncio.
	13	en Berea era anunciada la palabra
	23	es a quien yo os anuncio
	26:23	para anunciar luz (había de proclamar luz, VM)
Ro	1:8	vuestra fe se divulga por todo el mundo
1 Co	2:1	fui a vosotros para anunciar os
	9:14	ordenó el Señor a los que anuncian
	11:26	la muerte del Señor anunciáis
Fil	1:16	anuncian a Cristo por contención
	18	Cristo es anunciado;
Col	1:28	a quien anunciamos,

2606　　καταγελάω – katageláo (katagueláo)

Mt	9:24	se burlaban de él.
Mr	5:40	se burlaban de él.
Lc	8:53	se burlaban de él,

2607　　καταγινώσκω – kataginósko (kataguinósko)

Gá	2:11	era de condenar. (lit., estaba condenado)
1 Jn	3:20	pues si nuestro corazón nos reprende, (TR, VM, NC, BC); (si nuestro corazón nos condena en cualquier cosa, VHA, WH, N, ABMW, BA)
	21	si nuestro corazón no nos reprende, (TR, VM, BA); (si el corazón no condena, BC, WH, N); (si el corazón no nos condena, VHA, ABMW, NC)

2608　　κατάγνυμι – katágnumi

Mt	12:20	La caña cascada no quebrará,
Jn	19:31	que se les quebrasen las piernas,
	32	quebraron las piernas al primero
Jn	19:33	no le quebraron las piernas.

2608 A　　καταγράφω – katagráfo

Jn	8:6	[escribía en tierra con el dedo]

2609　　κατάγω – katágo

Lc	5:11	cuando trajeron a tierra las barcas,
Hch	9:30	los hermanos le llevaron hasta Cesarea
	21:3	arribamos a Tiro (TR)
	22:30	sacando a Pablo
	23:15	requerid al tribuno que le traiga
	20	que mañana lleves a Pablo
	28	le llevé al concilio de ellos;
	27:3	Al otro día llegamos a Sidón;
	28:12	llegados a Siracusa,
Ro	10:6	para traer abajo a Cristo

2610　　καταγωνίζομαι* – katagonízomai (katagonídzomai)

He 11:33　conquistaron reinos,

2611　　καταδέω – katadéo

Lc 10:34　vendó sus heridas,

2612　　κατάδηλος* – katádelos

He 7:15　Y esto es aun más manifiesto,

2613　　καταδικάζω – katadikázo (katadikádzo)

Mt	12:7	no condenaríais a los inocentes;
	37	por tus palabras serás condenado
Lc	6:37	no condenéis, y no seréis condenados;
Stg	5:6	Habéis condenado y dado muerte

2613 A　　καταδίκη** – katadíke

Hch 25:15　pidiendo condenación contra él (WH, N, ABMW)

2614　　καταδιώκω – katadióko

Mr 1:36　!e buscó Simón,

2615　　καταδουλόω – katadouloó

2 Co	11:20	si alguno os esclaviza
Gá	2:4	para reducirnos a esclavitud,.

2616　　καταδυναστεύω – katadunastéuo

Hch	10:38	sanando a todos los oprimidos
Stg	2:6	¿No os oprimen los ricos

2652　　κατάθεμα*† – katáthema o κατανάθεμα

Ap 22:3　(2) no habrá más maldición; (...ninguna cosa maldita, VHA)

2653　　καταθεματίζω*† – katathematízo (katathematídzo)

Mt 26:74　comenzó a maldecir, (WH, N, ABMW)

2617　　καταισχύνω – kataiscúno (kataisjúno)

Lc	13:17	se avergonzaban todos sus adversarios;
Ro	5:5	y la esperanza no avergüenza;
	9:33	el que creyere en él, no será avergonzado.
	10:11	que en él creyere, no será avergonzado.
1 Co	1:27	para avergonzar a los sabios;
		para avergonzar a lo fuerte;
	11:4	afrenta su cabeza
	5	afrenta su cabeza
	22	avergonzáis a los que no tienen
2 Co	7:14	no he sido avergonzado,

2 Co	9:4	no sea que...**nos avergoncemos** nosotros,
1 P	2:6	que creyere en ella, no **será avergonzado**.
	3:16	para que...**sean avergonzados**

2618 κατακαίω – katakáio

Mt	3:12	**quemará** la paja en fuego
	13:30	atadla en manojos para **quemarla**;
	40	**se quema** en el fuego,
Lc	3:17	**quemará** la paja en fuego
Hch	19:19	los **quemaron** delante de todos;
1 Co	3:15	Si la obra de algunos **se quemare**
He	13:11	son **quemados** fuera del campamento.
2 P	3:10	las obras...**serán quemadas** (TR, VM, BA);
		(...serán halladas, VHA, WH, N, ABMW, BC)
Ap	8:7	la tercera parte de la tierra **fue quemada** (VM, WH, N, ABMW, VHA, NC, BC, BA)
		la tercera parte de los árboles **se quemó**
		se quemó toda la hierba verde
	17:16	y la **quemarán** con fuego
	18:8	**será quemada** con fuego;

2619 κατακαλύπτω – katakalúpto

1 Co	11:6	si la mujer no **se cubre**,
		si le es vergonzoso...que **se cubra**
	7	el varón no debe **cubrirse** la cabeza,

2620 κατακαυχάομαι† – katakaucáomai (katakaujáomai)

Ro	11:18	no **te jactes contra** las ramas;
		si **te jactas**, sabe que no
Stg	2:13	**triunfa** sobre el juicio (**se gloría** contra..., VM)
	3:14	si tenéis celos...no **os jactéis**,

2621 κατάκειμαι – katákeimai

Mr	1:30	**estaba acostada** con fiebre
	2:4	el lecho en que **yacía** el paralítico,
	15	Aconteció que **estando**...a la mesa
	14:3	y **sentado a la mesa**,
Lc	5:25	tomando el lecho en que **estaba acostado**, (...aquello en que **yacía**, VM)
	29	de otros que **estaban a la mesa**
	7:37	**estaba a la mesa** en casa (WH, N, ABMW)
Jn	5:3	En ésto **yacía** una multitud
	6	Cuando Jesús lo vio **acostado**
Hch	9:33	hacía ocho años **que estaba** en cama, (...que estaba postrado en cama, VHA)
	28:8	aconteció que...**estaba en cama**,
1 Co	8:10	**sentado a la mesa** en un lugar de ídolos,

2622 κατακλάω – kataklão

| Mr | 6:41 | **partió** los panes, |
| Lc | 9:16 | los bendijo, y los **partió** |

2623 κατακλείω – katakléio

| Lc | 3:20 | **encerró** a Juan en la cárcel |
| Hch | 26:10 | Yo **encerré** en cárceles a muchos |

2624 A κατακληροδοτέω – kataklerodotéo

| Hch | 13:19 | les **dio en herencia** su territorio. (TR) |

2624 κατακληρονομέω† – katakleronoméo

| Hch | 13:19 | les **dio en herencia** (WH, N, ABMW) |

2625 κατακλίνω – kataklíno

Lc	7:36	**se sentó** a la mesa. (WH, N, ABMW)
	9:14	**Hacedlos sentar** en grupos,
	15	haciéndolos sentar (los **hicieron recostar**, BC) (WH, N, ABMW)
	14:8	no **te sientes** en el primer lugar,
	24:30	**estando sentado** con ellos **a la mesa**

2626 κατακλύζω – kataklúzo (kataklúdzo)

| 2 P | 3:6 | pereció **anegado** en agua |

2627 κατακλυσμός – kataklusmós

Mt	24:38	antes del **diluvio**
	39	hasta que vino el **diluvio**
Lc	17:27	vino el **diluvio** y los destruyó
2 P	2:5	trayendo el **diluvio** sobre el mundo

2628 κατακολουθέω – katakolouthéo

| Lc | 23:55 | siguieron también, (siguiendo tras ellos, VM) |
| Hch | 16:17 | Esta, **siguiendo** a Pablo |

2629 κατακόπτω – katakópto

| Mr | 5:5 | **hiriéndose** con piedras |

2630 κατακρημνίζω – katakremnízo (katakremnídzo)

| Lc | 4:29 | la ciudad de ellos, para **despeñarle**. |

2631 κατάκριμα** – katákrima

Ro	5:16	un solo pecado para **condenación**, (de uno solo para..., VHA)
	18	la **condenación** a todos los hombres (...para **condenación**, VHA)
	8:1	Ahora, pues, ninguna **condenación** hay

2632 κατακρίνω – katakríno

Mt	12:41	la **condenarán**; porque ellos
	42	y la **condenará**; porque ella
	20:18	le **condenarán** a muerte;
	27:3	viendo que **era condenado**,
Mr	10:33	le **condenarán** a muerte,
	14:64	todos ellos le **condenaron**
	16:16	[el que no creyere, **será condenado**]
Lc	11:31	los **condenará**; porque ella vino
	32	con esta generación, y la **condenarán**;
Jn	8:10	[¿Ninguno te **condenó**?]
	11	[Ni yo te **condeno**]
Ro	2:1	te **condenas** a ti mismo
	8:3	**condenó** al pecado en la carne;
	34	¿Quién es el **que condenará**?
	14:23	el que duda...**es condenado**
1 Co	11:32	para que no **seamos condenados** con el
He	11:7	**condenó** al mundo;
Stg	5:9	para que no **seáis condenados**; (TR, VM)
2 P	2:6	si **condenó**...a las ciudades

2633 κατάκρισις*† – katákrisis

| 2 Co | 3:9 | si el ministerio de **condenación** |
| | 7:3 | No lo digo para condenaros; (....condenación , BC) |

2955 A κατακύπτω – katakúpto

| Jn | 8:8 | [**inclinándose** de nuevo hacia el suelo,] |

2634 κατακυριεύω – katakuriéuo

| Mt | 20:25 | los gobernantes de las naciones **se** |

καταλαλέω 2635   468   2648 καταμανθάνω

		enseñorean
Mr	10:42	se enseñorean de ellas,
Hch	19:16	dominándolos, (TR, VM, BA); (lit., dominando a los dos, WH, N, ABMW, VHA, NC, BC)
1 P	5:3	no como teniendo señorío

2635 καταλαλέω – katalaléo

Stg	4:11	Hermanos, no murmuréis
		El que murmura del hermano murmura de la ley
1 P	2:12	para que en lo que murmuran de vosotros
	3:16	en lo que murmuran de vosotros (TR, VM, BC); (...sois calumniados, BA, WH, N, ABMW, VHA, NC, BA)

2636 καταλαλία**† – katalalía

2 Co	12:20	maledicencias, murmuraciones,
1 P	2:1	envidias y todas las detracciones

2637 κατάλαλος*† – katálalos

Ro	1:30	murmuradores, detractores,

2638 καταλαμβάνω – katalambáno

Mr	9:18	dondequiera que le toma,
Jn	1:5	las tinieblas no prevalecieron
	8:3	[una mujer sorprendida en adulterio;]
	4	[esta mujer ha sido sorprendida]
	12:35	para que no os sorprendan las tinieblas;
Hch	4:13	sabiendo que eran hombres sin letras
	10:34	En verdad comprendo que Dios
	25:25	yo, hallando que ninguna cosa digna de muerte (TR); (yo comprendí..., BC, WH, ABMW, VHA, VM, NC, BA)
Ro	9:30	han alcanzado la justicia,
1 Co	9:24	Corred de tal manera que lo obtengáis
Ef	3:18	seáis plenamente capaces de comprender
Fil	3:12	prosigo, por ver si logro asir aquello para lo cual fui también asido
	13	yo mismo no pretendo haberlo ya alcanzado
1Ts	5:4	para que aquel día os sorprenda

2639 καταλέγω – katalégo

1 Ti	5:9	Sea puesta en la lista sólo la viuda

2640 κατάλειμμα – katáleimma

Ro	9:27	el remanente será salvo (TR)

2641 καταλείπω – kataléipo

Mt	4:13	dejando a Nazaret, vino
	16:4	dejándolos, se fue
	19:5	Por esto el hombre dejará padre
	21:17	dejándolos, salió fuera de la ciudad,
Mr	10:7	Por esto dejará el hombre
	12:19	si el hermano de alguno...dejare esposa,
	21	y tampoco dejó descendencia; (TR); (no dejando sucesión, VM, WH, N, ABMW, VHA, NC, BC, BA)
	14:52	mas él, dejando la sábana,
Lc	5:28	dejándolo todo,
	10:40	que mi hermana me deje servir sola?
	15:4	no deja las noventa y nueve en el desierto,
	20:31	sin dejar descendencia (no dejaron hijos, VM)
Jn	8:9	[quedó solo Jesús, y la mujer]
Hch	2:31	no fue dejada en el Hades (TR)

Hch	6:2	que...dejemos la palabra de Dios, (que... dejando..., BC)
	18:19	llegó a Efeso, y los dejó allí;
	21:3	dejándola a mano izquierda,
	24:27	dejó preso a Pablo.
	25:14	Un hombre ha sido dejado preso por Félix
Ro	11:4	Me he reservado siete mil hombres,
Ef	5:31	Por esto dejará el hombre a su padre
1 Ts	3:1	acordamos quedarnos solos en Atenas,
Tit	1:5	Por esta causa te dejé en Creta, (TR)
He	4:1	permaneciendo aún la promesa
	11:27	Por la fe dejó a Egipto,
2 P	2:15	Han dejado el camino recto (Dejando..., VHA)

2642 καταλιθάζω*† – katalitházo (katalithádzo)

Lc	20:6	todo el pueblo nos apedreará;

2643 καταλλαγή – katallagé (katalagué)

Ro	5:11	por quien hemos recibido ahora la reconciliación.
	11:15	si su exclusión es la reconciliación
2 Co	5:18	el ministerio de la reconciliación.
	19	la palabra de la reconciliación

2644 καταλλάσσω – katallásso (kataláso)

Ro	5:10	fuimos reconciliados con Dios mucho más, estando reconciliados
1 Co	7:11	o reconcíliese con su marido
2 Co	5:18	Dios, quien nos reconcilió consigo mismo
	19	Dios estaba en Cristo reconciliando
	20	Reconciliaos con Dios

2645 κατάλοιπος – katáloipos

Hch	15:17	Para que el resto de los hombres

2646 κατάλυμα – katáluma

Mr	14:14	¿Dónde está el aposento (TR, VM); (...mi aposento, VHA, WH, N, ABMW, NC, BC, BA)
Lc	2:7	no había lugar para ellos en el mesón
	22:11	¿Dónde está el aposento

2647 καταλύω – katalúo

Mt	5:17	que he venido para abrogar la ley no he venido para abrogar
	24:2	que no sea derribada.
	26:61	Puedo derribar el templo de Dios,
	27:40	Tú que derribas el templo,
Mr	13:2	que no sea derribada.
	14:58	Yo derribaré este templo
	15:29	tú que derribas el templo
Lc	9:12	para que...se alojen y encuentren alimentos
	19:7	había entrado a posar
	21:6	que no sea destruida
Hch	5:38	es de los hombres, se desvanecerá
	39	no la podréis destruir; (TR, VHA, VM, NC, BC); (...destruirlos, BA, WH, N, ABMW)
Hch	6:14	Jesús de Nazaret destruirá este lugar,
Ro	14:20	No destruyas la obra de Dios
2 Co	5:1	este tabernáculo, se deshiciere,
Gá	2:18	si las cosas que destruí,

2648 καταμανθάνω – katamantháno

Mt	6:28	Considerad los lirios del campo,

| καταμαρτυρέω 2649 | 469 | 2667 καταπίπτω |

2649 καταμαρτυρέω — katamarturéo
- Mt 26:62 ¿Qué **testifican** éstos **contra** ti?
- 27:13 ¿No oyes cuántas cosas **testifican contra** ti?
- Mr 14:60 ¿Qué **testifican** éstos **contra** ti?
- 15:4 Mira de cuántas cosas te acusan. (V60, WH, N, ABMW, VHA, VM, NC, BC, BA); (lit.,...testifican contra ti, TR)

2650 καταμένω — kataméno
- Hch 1:13 donde **moraban** Pedro y Jacobo, (...estaban hospedados..., BA)
- 1 Co 16:6 que **me quede** con vosotros (WH, N)

2651 καταμόνας — katamónas
- Mr 4:10 Cuando estuvo **solo** (TR)
- Lc 9:18 mientras...oraba **aparte**, (TR)
- 2653 *Véase pág. 466*
  κατανάθεμα véase κατάθεμα 2652, *pág. 466*

2653 A καταναθεματίζω — katanathematízo (katanathematídzo)
- Mt 26:74 comenzó a **maldecir** (TR)

2654 καταναλίσκω — katanalísko
- He 12:29 nuestro Dios es fuego **consumidor**

2655 καταναρκάω* — katanarkáo
- 2 Co 11:9 a ninguno **fui carga**,
- 12:13 sino en que yo mismo no os **he sido carga?**
- 14 y no os seré gravoso,

2656 κατανεύω* — katanéuo
- Lc 5:7 **hicieron señas** a los compañeros

2657 κατανοέω — katanoéo
- Mt 7:3 no **echas de ver** la viga
- Lc 6:41 no **echas de ver** la viga
- 12:24 **Considerad** los cuervos,
- 27 **Considerad** los lirios,
- 20:23 Mas él, **comprendiendo** la astucia de ellos
- Hch 7:31 acercándose **para observar**, vino a él la voz
- 32 no se atrevía a **mirar**.
- 11:6 **consideré** y vi cuadrúpedos
- 27:39 **veían** una ensenada
- Ro 4:19 al considerar su cuerpo, que estaba ya como muerto (V60)(**consideró** su propio cuerpo amortiguado, VHA, WH, N, ABMW, NC, BC, BA); (ni **consideraba** su mismo cuerpo, ya amortecido, VM, TR)
- He 3:1 **considerad** al apóstol y sumo sacerdote
- 10:24 Y **considerémonos** unos a otros
- Stg 1:23 al hombre **que considera** en un espejo
- 24 él **se considera** a sí mismo,

2658 καταντάω — katantáo
- Hch 16:1 **llegó** a Derbe
- 18:19 **llegó** a Efeso,
- 24 **Llegó**...a Efeso un judío llamado Apolos
- 20:15 **llegamos** delante de Quío,
- 21:7 **arribando** a Tolemaida (**arribamos**..., VHA)
- 25:13 vinieron a Cesarea,
- 26:7 esperan **que han de alcanzar**
- 27:12 por si pudiesen **arribar** a Fenice, (lit.,... **arribando**...)
- 28:13 **llegamos** a Regio;

- 1 Co 10:11 a quienes **han alcanzado** los fines
- 14:36 o sólo a vosotros **ha llegado?**
- Ef 4:13 hasta que todos **lleguemos**
- Fil 3:11 si en alguna manera **llegase** a la resurrección

2659 κατάνυξις† — katánuxis
- Ro 11:8 Dios les dio espíritu **de estupor**

2660 κατανύσσομαι† — katanússomai
- Hch 2:37 Al oir esto, **se compungieron** de corazón,

2661 καταξιόω** — kataxióo
- Lc 20:35 los que fueren **tenidos por dignos** de
- 21:36 que seáis **tenidos por dignos** de escapar (TR); (que prevalezcáis para escapar, VHA, WH, N, ABMW, VM, NC, BC, BA)
- Hch 5:41 gozosos de **haber sido tenidos por dignos** (...de que **habían sido tenidos por dignos**, VM)
- 2 Ts 1:5 para que seáis **tenidos por dignos** del reino

2662 καταπατέω — katapatéo
- Mt 5:13 para ser...**hollada** por los hombres.
- 7:6 no sea que las **pisoteen**,
- Lc 8:5 cayó junto al camino, y **fue hollada**,
- 12:1 unos a otros **se atropellaban**,
- He 10:29 el **que pisoteare** al Hijo de Dios,

2663 κατάπαυσις — katápausis
- Hch 7:49 ¿O cuál es el lugar de mi **reposo?**
- He 3:11 No entrarán en mi **reposo.**
- 18 que no entrarían en su **reposo**
- 4:1 la promesa de entrar en su **reposo**
- 3 entramos en el **reposo**,
- No entrarán en mi **reposo;**
- 5 No entrarán en mi **reposo;**
- 10 el que ha entrado en su **reposo**,
- 11 entrar en aquel **reposo**,

2664 καταπαύω — katapáuo
- Hch 14:18 difícilmente **lograron impedir**
- He 4:4 **reposó** Dios de todas sus obras
- 8 si Josué les **hubiese dado el reposo**,
- 10 **ha reposado** de sus obras

2665 καταπέτασμα† — katapétasma
- Mt 27:51 el **velo** del templo se rasgó
- Mr 15:38 el **velo** del templo se rasgó
- Lc 23:45 el **velo** del templo se rasgó
- He 6:19 que penetra hasta dentro del **velo**,
- 9:3 Tras el segundo **velo**
- 10:20 del **velo**, esto es, de su carne

2666 καταπίνω — katapíno
- Mt 23:24 que...**tragáis** el camello!
- 1 Co 15:54 **Sorbida** es la muerte en victoria.
- 2 Co 2:7 para que no **sea consumido**
- 5:4 para que lo mortal **sea absorbido**
- He 11:29 los egipcios...**fueron ahogados**.
- 1 P 5:8 buscando a quien **devorar;**
- Ap 12:16 **tragó** el río que el dragón

2667 καταπίπτω — katapípto
- Lc 8:6 Otra parte **cayó** sobre la piedra (WH, N, ABMW)
- Hch 26:14 habiendo **caído** todos nosotros en tierra

Hch	28:6	o **cayese** muerto de repente

2668 καταπλέω* – katapléo
Lc 8:26 **arribaron** a la tierra

2669 καταπονέω** – kataponéo
Hch 7:24 vengó al **oprimido** (lit., hizo...**venganza**...)
2 P 2:7 **abrumado** por la...**conducta** de los malvados

2670 καταποντίζω – katapontízo
(katapontídzo)
Mt 14:30 comenzando a **hundirse**, dio voces,
18:6 que se le **hundiese** en lo profundo del mar

2671 κατάρα – katára
Gá 3:10 están bajo **maldición**
13 nos redimió de la **maldición** de la ley,
hecho por nosotros **maldición**
He 6:8 próxima a ser maldecida, (cercana de
maldición, VHA)
Stg 3:10 proceden bendición y **maldición**.
2 P 2:14 y son hijos de **maldición**

2672 καταράομαι – kataráomai
Mt 5:44 bendecid a los **que** os **maldicen** (TR, VM)
25:41 Apartaos de mí, **malditos**,
Mr 11:21 la higuera que **maldijiste**
Lc 6:28 bendecid a los **que** os **maldicen**,
Ro 12:14 bendecid, y no **maldigáis**.
Stg 3:9 y con ella **maldecimos** a los hombres,

2673 καταργέω – katargéo (katarguéo)
Lc 13:7 ¿para qué **inutiliza** también la tierra?
Ro 3:3 habrá hecho nula la **fidelidad** de Dios?
31 por la fe **invalidamos** la ley?
4:14 vana resulta la fe, y **anulada** la promesa.
6:6 para que el cuerpo del pecado **sea destruido**
7:2 ella **queda libre** de la ley del marido.
6 ahora estamos **libres** de la ley
1 Co 1:28 para **deshacer** lo que es,
2:6 de los **príncipes** de este siglo, **que perecen**
6:13 como a las otras **destruirá** Dios.
13:8 Pero las profecías **se acabarán**
la ciencia **acabará**.
10 lo que es en parte **se acabará**.
11 **dejé** lo que era de niño (he acabado con...,
VHA)
15:24 cuando **haya suprimido** todo dominio,
26 que **será destruido** es la muerte.
2 Co 3:7 la gloria...la cual había de perecer; (...que
se desvanecía, VHA)
11 si lo **que perece** tuvo gloria, (...fue con
gloria, VHA)
13 aquello **que había de ser abolido** (de lo que
se desvanecía, VHA)
14 el cual por Cristo **es quitado**, (TR, VM);
(porque sólo en Cristo **desaparece**, BC,
WH, N, ABMW, VHA, NC, BA)
Gá 3:17 para **invalidar** la promesa;
5:4 De Cristo **os desligasteis**,
11 En tal caso **se ha quitado** el tropiezo
Ef 2:15 **aboliendo** en su carne...la ley
2 Ts 2:8 y **destruirá** con el resplandor de su venida
2 Ti 1:10 el cual **quitó** la muerte
He 2:14 para **destruir** por medio de la muerte

2674 καταριθμέω – katarithméo

Hch	1:17	era **contado** con nosotros,

2675 καταρτίζω – katartízo (katartídzo)
Mt 4:21 que **remendaban** sus redes;
21:16 **Perfeccionaste** la alabanza?
Mr 1:19 que **remendaban** las redes.
Lc 6:40 todo el **que fuere perfeccionado**
Ro 9:22 **preparados** para destrucción
1 Co 1:10 que estéis **perfectamente unidos**
2 Co 13:11 **perfeccionaos**, consolaos
Gá 6:1 **restauradle** con espíritu de mansedumbre,
1 Ts 3:10 **completemos** lo que falte a vuestra fe?
(**completar**..., VHA)
He 10:5 me **preparaste** cuerpo
11:3 **haber sido constituido** el universo
He 13:21 os **haga aptos** en toda obra buena
1 P 5:10 él mismo os **perfeccione**,

2676 κατάρτισις*† – katártisis
2 Co 13:9 oramos por vuestra **perfección**.

2677 καταρτισμός**† – katartismós
Ef 4:12 a fin de **perfeccionar** (para el
perfeccionamiento, VM)

2678 κατασείω** – kataséio
Hch 12:17 **haciéndoles** con la mano **señal**
13:16 **hecha señal** de silencio con la mano,
19:33 pedido silencio con la mano, (haciendo
señal..., VHA)
21:40 hizo **señal** con la mano al pueblo.

2679 κατασκάπτω – kataskápto
Hch 15:16 **repararé** sus **ruinas** (TR, ABMW)
Ro 11:3 tus altares **han derribado**

2680 κατασκευάζω – kataskeuázo
(kataskeuádzo)
Mt 11:10 El cual **preparará** tu camino
Mr 1:2 El cual **preparará** tu camino
Lc 1:17 para preparar...un pueblo **bien dispuesto**.
7:27 El cual **preparará** tu camino
He 3:3 tiene mayor honra que la casa el **que** la **hizo**
(...que la edificó, VM)
4 toda casa **es hecha** (...es edificada, VM)
el **que hizo** todas las cosas (el **que edificó**..,
VM)
9:2 el tabernáculo **estaba dispuesto** así:
6 Y así **dispuestas** estas cosas,
11:7 **preparó** el arca
1 P 3:20 mientras se **preparaba** el arca,

2681 κατασκηνόω – kataskenóo
Mt 13:32 de tal manera que...**hacen nidos** en sus
Mr 4:32 de tal manera que...**pueden morar**
(...**cobijarse**, VHA)
Lc 13:19 las aves...**anidaron** en sus ramas.
Hch 2:26 mi carne **descansará** en esperanza

2682 κατασκήνωσις – kataskénosis
Mt 8:20 las aves del cielo **nidos**;
Lc 9:58 las aves de los cielos **nidos**;

2683 κατασκιάζω* – kataskiázo (kataskiádzo)
He 9:5 que **cubrían** el propiciatorio;

2684		κατασκοπέω – kataskopéo
Gá	2:4	entraba para espiar nuestra libertad

2685		κατάσκοπος – katáskopos
He	11:31	habiendo recibido a los espías en paz.

2686		κατασοφίζομαι – katasofízomai (katasofídzomai)
Hch	7:19	usando de astucia con nuestro pueblo

2687		καταστέλλω** – katastéllo (katastélo)
Hch	19:35	cuando había apaciguado a la multitud,
	36	que os apacigüéis, (que os mantengáis sosegados, BC)

2688		κατάστημα** – katástema
Tit	2:3	sean reverentes en su porte;

2689		καταστολή – katastolé
1 Ti	2:9	que...se atavíen de ropa decorosa

2690		καταστρέφω – katastréfo
Mt	21:12	volcó las mesas de los cambistas,
Mr	11:15	volcó las mesas de los cambistas,
Hch	15:16	repararé sus ruinas, (WH, N)

2691		καταστρηνιάω*† – katastreniáo
1 Ti	5:11	se rebelan contra Cristo. (han venido a ser lascivas..., VM)

2692		καταστροφή – katastrofé
2 Ti	2:14	para perdición de los oyentes, (para destrucción...VHA)
2 P	2:6	condenó por destrucción a las ciudades (TR, N, VHA, VM, NC, BC, BA)

2693		καταστρώννυμι – katastrónnumi
1 Co	10:5	por lo cual quedaron postrados

2694		κατασύρω – katasúro
Lc	12:58	no sea que te arrastre al juez,

2695		κατασφάζω – katasfázo (katasfádzo) o κατασφάττω
Lc	19:27	decapitadlos delante de mí.

2696		κατασφραγίζω – katasfragízo (katasfraguídzo)
Ap	5:1	sellado con siete sellos,

2697		κατάσχεσις† – katascesis (katásjesis)
Hch	7:5	se la daría en posesión,
	45	al tomar posesión de la tierra de los gentiles (en la posesión de las naciones, VM)

2698		κατατίθημι – katatíthemi
Mr	15:46	lo puso en un sepulcro (TR, N)
Hch	24:27	queriendo... congraciarse con los judíos (...ganarse el favor de los judíos, VM)
	25:9	queriendo congraciarse con los judíos (...ganarse el favor..., VM)

2699		κατατομή**† – katatomé

Fil	3:2	guardaos de los mutiladores del cuerpo. (...la concisión, VM)

2700		κατατοξεύω – katatoxéuo
He	12:20	será...pasada con dardo (TR)

2701		κατατρέχω – katatréco (katatréjo)
Hch	21:32	corrió a ellos,

2702		καταφέρω – kataféro
Hch	20:9	rendido de un sueño profundo, vencido del sueño cayó
	25:7	presentando contra él muchas...acusaciones (WH, N, ABMW); (lit., presentando contra Pablo..., TR)
	26:10	y cuando los mataron, yo di mi voto.

2703		καταφεύγω – kataféugo
Hch	14:6	habiéndolo sabido, huyeron
He	6:18	los que hemos acudido

2704		καταφθείρω – katafthéiro
2 Ti	3:8	hombres corruptos de entendimiento
2 P	2:12	perecerán en su propia perdición (TR)

2705		καταφιλέω – katafiléo
Mt	26:49	¡Salve, Maestro! Y le besó.
Mr	14:45	Y le besó.
Lc	7:38	besaba sus pies,
	45	no ha cesado de besar mis pies
	15:20	y le besó.
Hch	20:37	le besaban

2706		καταφρονέω – katafronéo
Mt	6:24	menospreciará al otro.
	18:10	Mirad que no menospreciéis a uno
Lc	16:13	menospreciará al otro.
Ro	2:4	¿O menosprecias las riquezas
1 Co	11:22	¿O menospreciáis la iglesia de Dios,
1 Ti	4:12	Ninguno tenga en poco tu juventud,
	6:2	no los tengan en menos por ser hermanos
He	12:2	menospreciando el oprobio
2 P	2:10	que...desprecian el señorío.

2707		καταφρονητής† – katafronetés
Hch	13:41	Mirad, oh menospreciadores,

2708		καταχέω – katacéo (katajéo)
Mt	26:7	y lo derramó sobre la cabeza de él,
Mr	14:3	se lo derramó sobre su cabeza.

2709		καταχθόνιος* – katacthónios (katajthónios)
Fil	2:10	y debajo de la tierra;

2710		καταχράομαι** – katacráomai (katajráomai)
1 Co	7:31	los que...como si no lo disfrutasen (los que...usasen del todo, VHA)
	9:18	para no abusar de mi derecho (por no usar del todo..., VHA)

2711		καταψύχω – katapsúco (katapsújo)
Lc	16:24	para que...refresque mi lengua;

κατείδωλος 2712   472   2722 κατέχω

2712   κατείδωλος*† — katéidolos
Hch 17:16   la ciudad entregada a la idolatría. (...estaba llena de ídolos, VHA)

2713   κατέναντι† — katénanti
Mt 21:2   la aldea que está **enfrente** (WH, N, ABMW)
27:24   se lavó las manos **delante del** pueblo, (WH, N)
Mr 11:2   Id a la aldea que está **enfrente** de vosotros,
12:41   sentado **delante del** arca
13:3   en el monte de los Olivos, **frente** al templo
Lc 19:30   Id a la aldea **de enfrente**,
Ro 4:17   **delante de** Dios, a quien creyó
2 Co 2:17   **delante de** Dios, hablamos en Cristo (WH, N, ABMW)
12:19   **Delante de** Dios en Cristo hablamos (WH, N, ABMW)

2714   κατενώπιον† — katenópion
2 Co 2:17   **delante de** Dios, hablamos en Cristo (TR)
12:19   **Delante de** Dios en Cristo hablamos (TR)
Ef 1:4   y sin mancha **delante de** él,
Col 1:22   sin mancha e irreprensibles **delante de** él;
Jud 24   sin mancha **delante de** su gloria

2715   κατεξουσιάζω*† — katexousiázo (katexousiádzo)
Mt 20:25   **ejercen** sobre ellas **potestad.**
Mr 10:42   **ejercen** sobre ellas **potestad.**

2716   κατεργάζομαι — katergázomai (katergádzomai)
Ro 1:27   **cometiendo** hechos vergonzosos (**obrando** torpeza, VM)
2:9   todo ser humano **que hace** lo malo,
4:15   la ley **produce** ira;
5:3   la tribulación **produce** paciencia
7:8   **produjo** en mí toda codicia;
13   **produjo** en mí la muerte
15   lo que **hago**, no lo entiendo;
17   ya no soy yo quien **hace** aquello,
18   no el **hacerlo**. (no el **obrar** lo que es bueno, VM)
20   ya no lo **hago** yo,
15:18   sino de lo que Cristo **ha hecho** (que no haya obrado Cristo, BC)
1 Co 5:3   he juzgado al **que** tal cosa **ha hecho**.
2 Co 4:17   **produce** en nosotros un...eterno peso
5:5   el **que** nos **hizo** para esto mismo
7:10   **produce** arrepentimiento para salvación, (TR)
la tristeza del mundo **produce** muerte
11   ¡qué solicitud **produjo** en vosotros,
9:11   **produce** por medio de nosotros acción de
12:12   **han sido hechas** entre vosotros
Ef 6:13   habiendo **acabado** todo, (habiéndolo hecho todo, BA)
Fil 2:12   **ocupaos** en vuestra salvacion (llevad a cabo vuestra propia salvación, VHA)
Stg 1:3   la prueba de vuestra fe **produce** paciencia
20   no obra la justicia de Dios (TR)
1 P 4:3   Baste ya el tiempo pasado **para haber hecho**

2718   κατέρχομαι — katércomai (katérjomai)
Lc 4:31   **Descendió** Jesús a Capernaum
9:37   cuando **descendieron** del monte
Hch 8:5   **descendiendo** a la ciudad de Samaria,

Hch 9:32   que...**vino** también a los santos (que...descendió..., VHA)
11:27   **descendieron** de Jerusalén
12:19   **descendió** de Judea (**descendiendo**..., VHA)
13:4   **descendieron** a Seleucia,
15:1   algunos que venían de Judea (**bajando** algunos..., BC)
30   los que fueron enviados **descendieron** (WH, N, ABMW)
18:5   cuando...**vinieron** de Macedonia, (...**bajaron**..., VHA)
22   Habiendo **arribado** a Cesarea,
21:3   **arribamos** a Tiro, (WH, N, ABMW)
10   **descendió** de Judea un profeta
27:5   **arribamos** a Mira,
Stg 3:15   no es la que **desciende** de lo alto,

2719   κατεσθίω — katesthío
Mt 13:4   vinieron las aves y la **comieron** (viniendo..., BC)
23:13 (14)   **devoráis** las casas de las viudas, (TR,
Mr 4:4   vinieron las aves del cielo y la **comieron**.
12:40   **que devoran** las casas de las viudas,
Lc 8:5   las aves del cielo la **comieron**
15:30   **que ha consumido** tus bienes con rameras,
20:47   **que devoran** las casas de las viudas.
Jn 2:17   El celo de tu casa **me consume**. (...**devoró**, BC, TR, VM, NC); (...me **consumirá**, VHA, WH, N, ABMW, BA)
2 Co 11:20   si alguno os **devora**,
Gá 5:15   si...os **coméis** unos a otros
Ap 10:9   Toma, y **cómelo**;
10   tomé el librito..., y lo **comí**;
11:5   **devora** a sus enemigos;
12:4   a fin de **devorar** a su hijo
20:9   y los **consumió**.

2720   κατευθύνω — kateuthúno
Lc 1:79   Para **encaminar** nuestros pies
1 Ts 3:11   **dirija** nuestro camino a vosotros
2 Ts 3:5   el Señor **encamine** vuestros corazones

2720 A   κατευλογέω**† — kateulogéo (kateuloguéo)
Mr 10:16   los **bendecía**. (WH, N, ABMW)

2721   κατεφίσταμαι*† — katefístamai o κατεφίστημι
Hch 18:12   los judíos **se levantaron**

2722   κατέχω — katéco (katéjo)
Mt 21:38   **apoderémonos** de su heredad (TR)
Lc 4:42   le **detenían** para que no se fuera
8:15   **retienen** la palabra oída
14:9   a **ocupar** el último lugar
Jn 5:4   sano de cualquier enfermedad que tuviese (TR, [VM], [VHA], NC, BC, [BA])
Hch 27:40   **enfilaron** hacia la playa
Ro 1:18   **que detienen** con injusticia la verdad
7:6   en que **estábamos sujetos**,
1 Co 7:30   como si no **poseyesen**;
11:2   **retenéis** las instrucciones
15:2   si **retenéis** la palabra
2 Co 6:10   mas **poseyéndolo** todo.
1 Ts 5:21   **retened** lo bueno.
2 Ts 2:6   sabéis lo que lo **detiene**,
7   sólo que hay **quien** al presente lo **detiene**,

κατηγορέω 2723   473   2732 κατοικητήριον

Flm	13	Yo quisiera **retenerle** conmigo,
He	3:6	si **retenemos** firmes hasta el fin
	14	con tal que **retengamos** firme
	10:23	**Mantengamos firme,** sin fluctuar

2723   κατηγορέω — kategoréo

Mt	12:10	para **poder acusarle**:
	27:12	siendo **acusado** por los principales
Mr	3:2	a fin de **poder acusarle**.
	15:3	le **acusaban** mucho.
	4	de cuántas cosas te **acusan**. (WH, N, ABMW)
Lc	6:7	a fin de hallar de qué **acusarle**. (WH, N, ABMW)
	11:54	alguna palabra...para **acusarle**. (TR, VM)
	23:2	comenzaron a **acusarle**,
	10	y los escribas **acusándole**
	14	de aquellos de que le **acusáis**.
Jn	5:45	No penséis que yo **voy a acusaros** hay quien os **acusa**,
	8:6	[para **poder acusarle**.]
Hch	22:30	le acusaban los judíos, (**fué acusado** de los judíos, VM)
	24:2	Tértulo comenzó a **acusarle**,
	8	de que le **acusamos**,
	13	de que ahora me **acusan**.
	19	comparecer ante ti y **acusarme**,
	25:5	algún crimen en este hombre, **acúsenle**.
	11	de las cosas de que éstos me **acusan**,
	16	antes que el **acusado** tenga delante
	28:19	no porque tenga de qué **acusar**
Ro	2:15	**acusándoles** o defendiéndoles
Ap	12:10	el que los **acusaba**

2724   κατηγορία* — kategoría

Lc	6:7	a fin de hallar **de qué acusarle**. (TR)
Jn	18:29	¿Qué **acusación** traéis contra
1 Ti	5:19	no admitas **acusación** sino con dos
Tit	1:6	que no estén acusados de disolución (lit., no en **acusación**...)

2725   κατήγορος — katégoros

Jn	8:10	[¿dónde están los que te **acusaban**?]
Hch	23:30	intimando también a los **acusadores**
	35	Te oiré cuando vengan tus **acusadores**
	24:8	mandando a sus **acusadores** (TR, [VM], NC, [BA])
	25:16	tenga delante a sus **acusadores**,
	18	estando presentes los **acusadores**,
Ap	12:10	el **acusador** de nuestros hermanos (TR)

2725 A   κατήγωρ*† — katégor

Ap	12:10	el **acusador** de nuestros hermanos, (WH, N, ABMW)

2726   κατήφεια* — katéfeia

Stg	4:9	vuestro gozo en **tristeza**

2727   κατηχέω* — katecéo (katejéo)

Lc	1:4	en las cuales **has sido instruido**.
Hch	18:25	Este había sido **instruido**
	21:21	se les **ha informado** en cuanto a ti
	24	lo que **se les informó** acerca de ti,
Ro	2:18	**instruido** por la ley
1 Co	14:19	para **enseñar** también a otros,
Gá	6:6	El **que es enseñado** en la palabra al **que lo instruye**

2728   κατιόω**† — katióo

Stg	5:3	Vuestro oro y plata **están enmohecidos**;

2729   κατισχύω — katiscúo (katisjúo)

Mt	16:18	no **prevalecerán contra** ella.
Lc	21:36	que seáis tenidos por dignos de escapar (TR) (que **prevalezcáis** para escapar, VHA, WH, N, ABMW, VM, NC, BC, BA)
Lc	23:23	las voces de ellos...**prevalecieron**.

2730   κατοικέω — katoikéo

Mt	2:23	**habitó** en la ciudad
	4:13	**habitó** en Capernaum,
	12:45	entrados, **moran** allí;
	23:21	y por el que lo **habita**;
Lc	11:26	y entrados **moran** allí;
	13:4	todos los hombres **que habitan** en Jerusalén
Hch	1:19	Y fue notorio a todos los **habitantes**
	20	Y no haya quien **more** en ella;
	2:5	**Moraban** entonces en Jerusalén (estaban **habitando**..., VM)
	9	y los **que habitamos** en Mesopotamia,
	14	todos los **que habitáis** en Jerusalén
	4:16	todos los **que moran** en Jerusalén,
	7:2	antes que **morase** en Harán
	4	**habitó** en Harán; en la cual vosotros **habitáis** ahora
	48	si bien el Altísimo no **habita**
	9:22	los judíos **que moraban** en Damasco,
	32	los santos **que habitaban** en Lida,
	35	le vieron todos los **que habitaban**
	11:29	los hermanos **que habitaban** en Judea
	13:27	los **habitantes** de Jerusalén...no conociendo
	17:24	no **habita** en templos hechos por manos
	26	**para que habiten** sobre toda la faz
	19:10	todos los **que habitaban** en Asia,
	17	todos los **que habitaban** en Efeso,
	22:12	de todos los judíos **que allí moraban**,
Ef	3:17	**para que habite** Cristo por la fe
Col	1:19	que en él **habitase** toda plenitud.
	2:9	en él **habita** corporalmente
He	11:9	**morando** en tiendas
Stg	4:5	El Espíritu que él **ha hecho morar** (TR)
2 P	3:13	en los cuales **mora** la justicia
Ap	2:13	dónde **moras**, donde está donde **mora** Satanás.
	3:10	a los **que moran** sobre la tierra.
	6:10	en los **que moran** en la tierra?
	8:13	¡Ay, ay, ay, de los **que moran**
	11:10	los **moradores** de la tierra habían atormentado a los **moradores** de
	12:12	¡Ay de los **moradores** de la tierra (TR)
	13:8	la adorarán todos los **moradores** de la tierra
	12	la tierra y los **moradores** de ella
	14	Y engaña a los **moradores** de la tierra mandando a los **moradores** de la tierra
	14:6	a los **moradores** de la tierra (TR)
	17:2	los **moradores** de la tierra se han embriagado
	8	los **moradores** de la tierra,

2731   κατοίκησις — katóikesis

Mr	5:3	tenía su **morada** en los sepulcros,

2732   κατοικητήριον† — katoiketérion

Ef	2:22	para **morada** de Dios en el Espíritu
Ap	18:2	se ha hecho **habitación** de demonios

2733

2733		κατοικία — katoikía
Hch	17:26	los límites de su **habitación**

2733 A		κατοικίζω — katoikízo (katoikídzo)
Stg	4:5	El Espíritu que él **ha hecho morar** (WH, N, ABMW)

2734		κατοπτρίζω*† — katoptrízo (katoptrídzo)
2 Co	3:18	**mirando**...como en un espejo la gloria

2735		κατόρθωμα** — katórthoma
Hch	24:2	(3) Como...muchas **cosas son bien gobernadas** (lit.,...como hay prosperidades) (TR)

2736		κάτω— káto y κατωτέρω — katotéro
Mt	2:16	menores de dos años (de dos años **abajo**, VHA)
	4:6	échate **abajo**;
	27:51	de arriba **abajo**; (de alto a bajo, VM)
Mr	14:66	Estando Pedro **abajo**, en el patio,
	15:38	de arriba **abajo**. (de alto a bajo, VHA)
Lc	4:9	échate de aquí **abajo**;
Jn	8:6	[inclinado hacia el suelo (lit., inclinándose Jesús **hacia abajo**)]
	8	[hacia el suelo (**hacia abajo**, VM)]
	23	Vosotros sois de **abajo**,
Hch	2:19	señales **abajo** en la tierra
	20:9	cayó del tercer piso **abajo**,

2737		κατώτερος — katóteros
Ef	4:9	a las partes **más bajas** de la tierra?

2802		Καῦδα — Káuda o Κλαῦδα
Hch	27:16	una pequeña isla llamada **Clauda** (TR, N, VHA, VM, BC, BA); (...Cauda, NC, WH, ABMW)

2738		καῦμα — káuma
Ap	7:16	el sol no caerá...ni **calor** alguno;
	16:9	se quemaron con el gran **calor**,

2739		καυματίζω* — kaumatízo (kaumatídzo)
Mt	13:6	salido el sol, **se quemó**
Mr	4:6	salido el sol, **se quemó**; (cuando salió.., VHA)
Ap	16:8	fue dado **quemar** a los hombres
	9	los hombres **se quemaron**

2740		καῦσις — káusis
He	6:8	su fin es **el ser quemada**

2741		καυσόω*† — kausóo
2 P	3:10	los elementos **ardiendo** serán deshechos
	12	**encendiéndose** serán deshechos
2742		Véase abajo
2743		καυστηριάζω*† — kausteriázo (kausteriádzo) o καυτηριάζω
1 Ti	4:2	teniendo **cauterizada** la conciencia, (...su propia conciencia, VHA)

2742		καύσων† — káuson
Mt	20:12	la carga y el **calor** del día

		Lc 12:55 Hará **calor**; y lo hace,
		Stg 1:11 cuando sale el sol con **calor**

καυτηρίαζω, véase καυστηριάζω.
2743, arriba

2744		καυχάομαι — kaucáomai (kaujáomai)
Ro	2:17	y **te glorías** en Dios,
	23	Tú que **te jactas** de la ley,
	5:2	**nos gloriamos** en la esperanza
	3	**nos gloriamos** en las tribulaciones
	11	también **nos gloriamos** en Dios (lit.,...gloriándonos...)
1 Co	1:29	a fin de que nadie **se jacte** (...ninguna carne **se glorie**, VHA)
	31	El que **se gloría**, **gloríese** en el Señor.
	3:21	Así que, ninguno **se glorie** en los hombres;
	4:7	**te glorías** como si no
	13:3	mi cuerpo para ser quemado (TR, N, VHA, VM, NC, BC, BA); (lit., mi cuerpo para **gloriarme**, WH, ABMW)
2 Co	5:12	a los que **se glorían** en las apariencias
	7:14	si de algo **me he gloriado**
	9:2	de la cual **yo me glorío**
	10:8	aunque **me glorie** algo más
	13	no **nos gloriaremos** desmedidamente
	15	No **nos gloriamos** desmedidamente (no gloriándonos..., VM)
	16	para **gloriarnos** en lo que ya estaba preparado.
	17	el que **se gloría**, **gloríese** en el Señor
	11:12	en aquello en que **se glorían**
	16	para que yo también **me glorie**
	18	Puesto que muchos **se glorían** también yo **me gloriaré**
	30	Si es necesario **gloriarse**, **me gloriaré**
	12:1	no me conviene **gloriarme**;
	5	De tal hombre **me gloriaré**; de mí mismo en nada **me gloriaré**,
	6	si quisiera **gloriarme**,
	9	de buena gana **me gloriaré**
	11	Me he hecho un necio **al gloriarme**; (TR)
Gá	6:13	para **gloriarse** en vuestra carne.
	14	lejos esté de mí **gloriarme**
Ef	2:9	para que nadie **se glorie**.
Fil	3:3	los que...**nos gloriamos** en Cristo Jesús,
2 Ts	1:4	que nosotros mismos **nos gloriamos** de vosotros (TR)
Stg	1:9	**gloríese** en su exaltación;
	4:16	Pero ahora **os jactáis**

2745		καύχημα — káucema (káujema)
Ro	4:2	tiene **de qué gloriarse**,
1 Co	5:6	No es buena vuestra **jactancia**.
	9:15	antes que nadie desvanezca esta mi **gloria** (TR, VM, NC, BA); (mi **gloria** nadie la anulará, BC, WH, N, ABMW, VHA)
	16	no tengo **por qué gloriarme**; (no es para mí **gloria** ninguna, BC)
2 Co	1:14	somos vuestra **gloria**,
	5:12	sino os damos ocasión **de gloriarnos**
	9:3	para nuestro **gloriarnos**
Gá	6:4	entonces tendrá **motivo de gloriarse**
Fil	1:26	para que abunde vuestra **gloria**
	2:16	en el día de Cristo yo pueda **gloriarme** (para **gloria** mía..., BC)
He	3:6	si retenemos firme...**el gloriarnos** en la

2746		καύχησις† — káucesis (káujesis)

Καφαρναούμ 2584

Ro 3:27 ¿Dónde, pues, está la jactancia?
    15:17 Tengo, pues, de qué gloriarme
1 Co 15:31 por la gloria que de vosotros tengo (WH,
           N, ABMW, VHA, VM, NC, BC, BA);
           (lit., por nuestro gloriarnos, S)
2 Co 1:12 Porque nuestra gloria es esta:
      7:4 mucho me glorío (grande es mi gloria, VM)
      14   también nuestro gloriarnos con Tito
           (...ante Tito, VHA)
      8:24 y de nuestro gloriarnos
      9:4 de esta nuestra confianza (V60, WH, N,
           ABMW, VHA, BA); (lit., en esta
           confianza de gloriarnos, TR)
      11:10 esta mi gloria en las regiones de Acaya
      17   con esta confianza de gloriarme
1 Ts 2:19 o corona de que me gloríe? (nuestra
           corona de gloria, NC)
Stg   4:16 Toda jactancia semejante es mala.

2584   Καφαρναούμ – Kafarnaóum
          (Kafarnaúm) o Καπερναούμ
Mt   4:13 habitó en Capernaum,
     8:5   Entrando...en Capernaum, vino a él
     11:23 tú, Capernaum, que eres levantada
     17:24 Cuando llegaron a Capernaum,
Mr   1:21 entraron en Capernaum;
     2:1   Entró...otra vez en Capernaum
           (Habiendo entrado..., VHA)
     9:33 llegó a Capernaum;
Lc   4:23 que se han hecho en Capernaum,
     31   Descendió...a Capernaum,
     7:1   entró en Capernaum.
     10:15 tú, Capernaum, que hasta los cielos
Jn   2:12 descendieron a Capernaum,
           (descendió..., VHA)
     4:46 había en Capernaum un oficial
     6:17 iban cruzando el mar hacia Capernaum
     24   fueron a Capernaum, buscando a Jesús.
     59   enseñando en Capernaum

2747   Κεγχρεαί – Kegcreái (Kengjreái) o
          Κενχρεαί
Hch 18:18 habiéndose rapado la cabeza en Cencrea,
Ro 16:1 es diaconisa de la iglesia en Cencrea;

2748   Κέδρος – Kédros o Κεδρών
Jn 18:1 al otro lado del torrente de Cedrón,

2749   κεῖμαι – kéimai
Mt   3:10 el hacha está puesta
     5:14 una ciudad asentada
     28:6 ved el lugar donde fue puesto
Lc   2:12 acostado en un pesebre.
     16   al niño acostado en el pesebre.
     34   éste está puesto para caída
     3:9   el hacha está puesta
     12:19 muchos bienes tienes guardados
     23:53 aún no se había puesto a nadie
     24:12 vio los lienzos solos (V60, [WH],
           [ABMW], VHA, VM, NC, BC, [BA];
           (lit., vio los lienzos puestos aparte, TR)
Jn   2:6   estaban allí (había allí puestas, VHA)
     11:41 de donde había sido puesto el muerto.
           (TR, VM)
     19:29 estaba allí una vasija llena (lit., estaba
           puesta...)
     20:5 vio los lienzos puestos

475   2755 κενόδοξος

Jn 20:6 y vio los lienzos puestos
    7   no puesto con los lienzos,
    12   donde el cuerpo...había sido puesto
    21:9 vieron brasas puestas,
1 Co 3:11 otro fundamento que el que está puesto,
2 Co 3:15 el velo está puesto
Fil 1:17 estoy puesto para la defensa
1 Ts 3:3 para esto estamos puestos.
1 Ti 1:9 la ley no fue dada (la ley no está puesta,
          VHA)
1 Jn 5:19 el mundo entero está bajo el maligno
Ap   4:2 un trono establecido (...estaba colocado,
          VM)
     21:16 La ciudad se halla establecida en cuadro

2750   κειρία – keiría
Jn 11:44 atadas las manos y los pies con vendas,

2751   κείρω – kéiro
Hch 8:32 delante del que lo trasquila,
     18:18 habiéndose rapado la cabeza
1 Co 11:6 que se corte también el cabello
          cortarse el cabello o raparse

2752   κέλευσμα – kéleusma
1 Ts 4:16 el Señor mismo con voz de mando

2753   κελεύω – keléuo
Mt   8:18 mandó pasar al otro lado.
     14:9 mandó que se la diesen,
     19   mandó a la gente (habiendo mandado
           a las gentes, VHA)
     28   manda que yo vaya a ti
     15:35 mandó a la multitud (TR)
     18:25 ordenó su señor venderle,
     27:58 Pilato mandó que se le diese
     64   Manda, pues, que se asegure
Lc 18:40 mandó traerle a su presencia;
Hch 4:15 les ordenaron que saliesen (Mandándoles...,
          VHA)
     5:34 mandó que sacasen fuera por un momento
     8:38 mandó parar el carro;
     12:19 ordenó llevarlos a la muerte.
     16:22 ordenaron azotarles con varas.
     21:33 y le mandó atar con dos cadenas,
     34   le mandó llevar a la fortaleza.
     22:24 mandó el tribuno que le metiesen
     30   mandó venir a los principales sacerdotes
     23:3 quebrantando la ley me mandas golpear?
     10   mandó que bajasen soldados
     35   mandó que le custodiasen (lit., habiendo
          mandado...)
     24:8 mandando a sus acusadores (TR, [VM],
           NC, [BA])
     25:6 mandó que fuese traído Pablo.
     17   mandé traer al hombre.
     21   mandé que le custodiasen
     23   por mandato de Festo (tras la orden dada..,
          BC)
Hch 27:43 mandó que los que pudiesen nadar

2754   κενοδοξία** – kenodoxía
Fil 2:3   por contienda o por vanagloria

2755   κενόδοξος* – kenódoxos
Gá   5:26 No nos hagamos vanagloriosos

2756	κενός – kenós
Mr 12:3	le enviaron con las manos vacías,
Lc 1:53	a los ricos envió vacíos.
20:10	le enviaron con las manos vacías.
11	le enviaron con las manos vacías.
Hch 4:25	los pueblos piensan cosas vanas?
1 Co 15:10	su gracia no ha sido en vano
14	vana es...nuestra predicación
	vana es también vuestra fe
58	vuestro trabajo en el Señor no es en vano
2 Co 6:1	no recibáis en vano la gracia de Dios.
Gá 2:2	para no correr o haber corrido en vano,
Ef 5:6	Nadie os engañe con palabras vanas
Fil 2:16	de que no he corrido en vano,
	ni en vano he trabajado
Col 2:8	por medio de...huecas sutilezas, (...vana argucia, VM)
1 Ts 2:1	no resultó vana;
3:5	nuestro trabajo resultase en vano.
Stg 2:20	¿Mas quieres saber, hombre vano,

2757	κενοφωνία*† – kenofonía
1 Ti 6:20	evitando las profanas pláticas sobre cosas vanas,
2 Ti 2:16	evita profanas y vanas palabrerías,

2758	κενόω – kenóo
Ro 4:14	vana resulta la fe,
1 Co 1:17	para que no se haga vana la cruz de Cristo.
9:15	antes que nadie desvanezca (TR, VM, NC, BA); (nadie la hará vana, VHA, WH, N, ABMW, BC)
2 Co 9:3	no sea vano en esta parte;
Fil 2:7	se despojó a sí mismo,

2759	κέντρον – kéntron
Hch 9:5	dar coces contra el aguijón. (TR, [VM], [BA])
26:14	dar coces contra el aguijón.
1 Co 15:55	¿Dónde está, oh muerte, tu aguijón?
56	ya que el aguijón de la muerte
Ap 9:10	y también aguijones;

2760	κεντυρίων*† – kenturíon
Mr 15:39	el centurión que estaba frente a él,
44	haciendo venir al centurión
45	informado por el centurión

2761	κενῶς – kenós
Stg 4:5	la Escritura dice en vano:

2762	κεραία* – keráia o κειραιά o κερέα
Mt 5:18	ni una jota ni una tilde
Lc 16:17	una tilde de la ley.

2763	κεραμεύς – kerameús
Mt 27:7	el campo del alfarero,
10	para el campo del alfarero,
Ro 9:21	¿O no tiene potestad el alfarero

2764	κεραμικός – keramikós
Ap 2:27	como vaso de alfarero;

2765	κεράμιον – kerámion
Mr 14:13	un hombre que lleva un cántaro
Lc 22:10	un hombre que lleva un cántaro

2766	κέραμος – kéramos
Lc 5:19	por el tejado le bajaron

2767	κεράννυμι – keránnumi
Ap 14:10	que ha sido vaciado puro en el cáliz
18:6	en que ella preparó bebida. (...ha mezclado, VM) preparadle a ella doble (mezclad..., VM)

2768	κέρας – kéras
Lc 1:69	nos levantó un poderoso Salvador (...un cuerno de salvación, BA)
Ap 5:6	que tenía siete cuernos,
9:13	de entre los cuatro cuernos del altar (TR, N, NC, BC, BA); (...los cuernos..., VHA, WH, WH, ABMW, VM)
12:3	que tenía siete cabezas y diez cuernos,
13:1	que tenía siete cabezas y diez cuernos; en sus cuernos diez diademas
11	tenía dos cuernos
17:3	que tenía siete cabezas y diez cuernos
7	tiene las siete cabezas y los diez cuernos.
12	los diez cuernos que has visto,
16	los diez cuernos que viste

2769	κεράτιον – kerátion
Lc 15:16	llenar su vientre de las algarrobas

2770	κερδαίνω** – kerdáino
Mt 16:26	si ganare todo el mundo
18:15	has ganado a tu hermano,
25:16	ganó otros cinco (WH, N, ABMW)
17	ganó también otros dos.
20	he ganado otros cinco talentos
22	he ganado otros dos talentos
Mr 8:36	si ganare todo el mundo, (TR, BA); (ganar..., VHA, WH, N, ABMW, VM, NC, BC)
Lc 9:25	si gana todo el mundo,
Hch 27:21	para recibir este perjuicio
1 Co 9:19	para ganar a mayor número.
20	para ganar a los judíos; para ganar a los que están
21	para ganar a los que están
22	para ganar a los débiles;
Fil 3:8	para ganar a Cristo,
Stg 4:13	y traficaremos y ganaremos;
1 P 3:1	sean ganados sin palabra

2771	κέρδος** – kérdos
Fil 1:21	el morir es ganancia,
3:7	cuantas cosas eran para mí ganancia,
Tit 1:11	enseñando por ganancia

2772	κέρμα* – kérma
Jn 2:15	esparció las monedas de los cambistas,

2773	κερματιστής* – kermatistés
Jn 2:14	a los cambistas allí sentados,

2774	κεφάλαιον – kefálaion
Hch 22:28	Yo con una gran suma adquirí
He 8:1	Ahora bien, el punto principal de lo que

2775	κεφαλαιόω, véase κεφαλιόω. pag 477

2776 κεφαλή – kefalé

Mt	5:36	Ni por tu **cabeza** jurarás,
	6:17	unge tu **cabeza**
	8:20	no tiene donde recostar su **cabeza**
	10:30	aun vuestros cabellos (los cabellos de vuestra **cabeza**, VHA)
	14:8	la **cabeza** de Juan el Bautista.
	11	Y fue traída su **cabeza** en un plato,
	21:42	Ha venido a ser **cabeza** del ángulo.
	26:7	lo derramó sobre la **cabeza** de él,
	27:29	pusieron sobre su **cabeza**
	30	le golpeaban en la **cabeza**
	37	pusieron sobre su **cabeza**
	39	meneando la **cabeza**, (...**cabezas**, VM)
Mr	6:24	La **cabeza** de Juan el Bautista.
	25	la **cabeza** de Juan el Bautista.
	27	mandó que fuese traída la **cabeza**
	28	su **cabeza** en un plato
	12:10	Ha venido a ser la **cabeza** del ángulo;
	14:3	se lo derramó sobre su **cabeza**.
	15:19	Y le golpeaban en la **cabeza**
	29	meneando la **cabeza** (sus **cabezas**, BC)
Lc	7:38	con sus cabellos; (con los cabellos de su **cabeza**, VHA)
	44	los ha enjugado con sus cabellos (V60, WH, N, ABMW, VHA, VM, NC, BC, BA); (lit.,...los cabellos de su **cabeza**, TR)
	46	No ungiste mi **cabeza** con aceite
	9:58	no tiene donde recostar su **cabeza**.
	12:7	aun los cabellos de vuestra **cabeza**
	20:17	Ha venido a ser **cabeza** del ángulo?
	21:18	ni un cabello de vuestra **cabeza**
	28	erguíos y levantad vuestra **cabeza**,
Jn	13:9	sino también las manos y la **cabeza**.
	19:2	y la pusieron sobre su **cabeza**,
	30	habiendo inclinado la **cabeza**,
	20:7	había estado sobre la **cabeza**
	12	sentados el uno a la **cabecera**,
Hch	4:11	la cual ha venido a ser **cabeza**
	18:6	sea sobre vuestra propia **cabeza**;
	18	habiéndose rapado la **cabeza**
	21:24	para que se rasuren la **cabeza**;
	27:34	ni aun un cabello de la **cabeza**
Ro	12:20	amontonarás sobre su **cabeza**.
1 Co	11:3	Cristo es la **cabeza** de todo varón, el varón es la **cabeza** de la mujer, y Dios la **cabeza** de Cristo.
	4	que...profetiza con la **cabeza** cubierta (lit.,...teniendo sobre la **cabeza**) afrenta su **cabeza**.
	5	con la **cabeza** descubierta, afrenta su **cabeza**;
	7	el varón no debe cubrirse la **cabeza**
	10	señal de autoridad sobre su **cabeza**,
	12:21	ni tampoco la **cabeza** a los pies:
Ef	1:22	lo dio por **cabeza** sobre todas
	4:15	en aquel que es la **cabeza**,
	5:23	el marido es **cabeza** de la mujer así como Cristo es **cabeza** de la iglesia
Col	1:18	él es la **cabeza** del cuerpo
	2:10	que es la **cabeza** de todo principado
	19	no asiéndose de la **cabeza**,
1 P	2:7	Ha venido a ser la **cabeza** del ángulo;
Ap	1:14	Su **cabeza** y sus cabellos eran blancos
	4:4	con coronas de oro en sus **cabezas**
	9:7	en las **cabezas** tenían como coronas de oro
	17	las **cabezas** de los caballos eran como **cabezas** de leones
	19	sus colas...tenían **cabezas** (...por tener **cabezas**, BC)
Ap	10:1	con el arco iris sobre su **cabeza**;
	12:1	sobre su **cabeza** una corona de doce estrellas
	3	que tenía siete **cabezas** y en sus **cabezas** siete diademas
	13:1	que tenía siete **cabezas** y diez cuernos... y sobre sus **cabezas**
	3	una de sus **cabezas** como herida
	14:14	que tenía en la **cabeza** una corona
	17:3	que tenía siete **cabezas** y diez cuernos.
	7	la cual tiene las siete **cabezas**
	9	Las siete **cabezas** son siete montes,
	18:19	echaron polvo sobre sus cabezas,
	19:12	había en su **cabeza** muchas diademas;

2775 κεφαλιόω – kefalióo

Mr	12:4	le hirieron en la **cabeza**,

2777 κεφαλίς – kefalís

He	10:7	Como en el **rollo** del libro

2777 A κημόω* – kemóo

1 Co	9:9	No **pondrás bozal** al buey que trilla. (WH, N, ABMW)

2778 κῆνσος*† – kénsos

Mt	17:25	¿de quiénes cobran...**los impuestos**? (...el **tributo**, VM)
	22:17	¿Es lícito dar **tributo** a César, o no?
	19	Mostradme la moneda del **tributo**.
Mr	12:14	¿Es lícito dar **tributo** a César,

2779 κῆπος – képos

Lc	13:19	sembró en su **huerto**;
Jn	18:1	donde había **un huerto**,
	26	¿No te vi yo en el **huerto** con él?
	19:41	había **un huerto**, en el **huerto** un sepulcro

2780 κηπουρός* – kepourós

Jn	20:15	pensando que era el **hortelano**

2781 κηρίον – keríon

Lc	24:42	de...**un panal** de miel. (TR, VM)

2782 κήρυγμα – kérugma

Mt	12:41	se arrepintieron a la **predicación** de Jonás,
Lc	11:32	a la **predicación** de Jonás se arrepintieron,
Ro	16:25	la **predicación** de Jesucristo,
1 Co	1:21	por la locura de la **predicación**.
	2:4	ni mi palabra ni mi **predicación**
	15:14	vana es entonces nuestra **predicación**,
2 Ti	4:17	fuese cumplida la **predicación**,
Tit	1:3	por medio de la **predicación**

2783 κῆρυξ – kérux

1 Ti	2:7	yo fui constituido **predicador**
2 Ti	1:11	yo fui constituido **predicador**,
2 P	2:5	**pregonero** de justicia,

2784 κηρύσσω – kerússo

Mt	3:1	**predicando** en el desierto de Judea,
	4:17	comenzó Jesús a **predicar**,
	23	**predicando** el evangelio del reino,
	9:35	**predicando** el evangelio del reino,
	10:7	yendo, **predicad**,

Mt	10:27	proclamadlo desde las azoteas	1 Co	9:5	y los hermanos del Señor, y Cefas?
	11:1	a predicar en las ciudades		15:5	y que apareció a Cefas,
	24:14	Y será predicado este evangelio	Gá	1:18	para ver a Pedro (TR); (para visitar a Cefas,
	26:13	dondequiera que se predique este evangelio,			VHA, WH, N, ABMW, VM, NC, BC, BA)
Mr	1:4	predicaba el bautismo (predicando..., VM)		2:9	Jacobo, Cefas y Juan,
	7	predicaba, diciendo		11	cuando Pedro vino (TR); (...Cefas.., VHA,
	14	predicando el evangelio del reino			WH, N, ABMW, VM, NC, BC, BA)
	38	para que predique también allí		14	dije a Pedro (TR); (dije a Cefas, VHA, WH,
	39	predicaba en las sinagogas (TR) (lit., estaba			N, ABMW, VM, NC, BC, BA)
		predicando...); (fué...predicando..., VHA			
		WH, N, ABMW, VM, NC, BC, BA)	**2787**		κιβωτός – kibotós
	45	comenzó a publicarlo mucho	Mt	24:38	Noé entró en el arca
	3:14	y para enviarlos a predicar	Lc	17:27	entró Noé en el arca
	5:20	comenzó a publicar en Decápolis	He	9:4	el arca del pacto cubierta de oro
	6:12	saliendo, predicaban que los hombres		11:7	preparó el arca
	7:36	tanto más y más lo divulgaban.	1 P	3:20	mientras se preparaba el arca,
	13:10	el evangelio sea predicado	Ap	11:19	el arca de su pacto se veía
	14:9	dondequiera que se predique este evangelio,			
	16:15	[predicad el evangelio]	**2788**		κιθάρα – kithára
	20	[saliendo, predicaron en todas partes]	1 Co	14:7	la flauta o la cítara,
Lc	3:3	predicando el bautismo del arrepentimiento	Ap	5:8	todos tenían arpas, (TR); (teniendo cada
	4:18	A pregonar libertad a los cautivos,			uno un arpa, VHA, WH, N, ABMW, VM,
	19	A predicar el año agradable del Señor			NC, BC, BA)
	44	predicaba en las sinagogas (lit., estaba		14:2	arpistas que tocaban sus arpas.
		predicando...)		15:2	con las arpas de Dios. (teniendo arpas.., VM)
	8:1	predicando y anunciando el evangelio			
	39	publicando por toda la ciudad	**2789**		κιθαρίζω – kitharízo (kitharídzo)
	9:2	los envió a predicar el reino de Dios,	1 Co	14:7	lo que se toca con la flauta o con la cítara?
	12:3	se proclamará en las azoteas.	Ap	14:2	como de arpista que tocaban
	24:47	que se predicase en su nombre			
Hch	8:5	les predicaba a Cristo.	**2790**		κιθαρῳδός* – kitharodós
	9:20	En seguida predicaba	Ap	14:2	como de arpistas que tocaban
	10:37	que predicó Juan		18:22	voz de arpistas, de músicos,
	42	nos mandó que predicásemos			
	15:21	quien lo predique en las sinagogas,	**2791**		Κιλικία – Kilikía
	19:13	por Jesús, el que predica Pablo.	Hch	6:9	de Cilicia y de Asia,
	20:25	he pasado predicando el reino		15:23	en Siria y en Cilicia, salud.
	28:31	predicando el reino de Dios		41	y pasó por Siria y Cilicia,
Ro	2:21	Tú que predicas que no se ha de hurtar,		21:39	una ciudad no insignificante de Cilicia;
	10:8	la palabra de fe que predicamos		22:3	soy judío, nacido en Tarso de Cilicia,
	14	sin haber quien les predique?		23:34	habiendo entendido que era de Cilicia,
	15	¿Y cómo predicarán si no		27:5	frente a Cilicia y Panfilia,
1 Co	9:27	habiendo sido heraldo (habiendo predicado,	Gá	1:21	las regiones de Siria y de Cilicia,
		BA)	2792		Véase pág. 479
	15:11	así predicamos, y así habéis creído			
	12	si se predica de Cristo	**2793**		κινδυνεύω – kindunéuo
2 Co	1:19	que entre vosotros ha sido predicado	Lc	8:23	se anegaban y peligraban.
	4:5	no nos predicamos a nosotros mismos	Hch	19:27	hay peligro de que este nuestro negocio
	11:4	si viene alguno predicando (si aquel que		40	peligro hay de que seamos acusados
		viene, predica, VM)			(corremos peligro de ser acusados, VHA,
		que el que os hemos predicado	1 Co	15:30	¿Y por qué nosotros peligramos
Gá	2:2	el evangelio que predico			
	5:11	sí aún predico la circuncisión,	**2794**		κίνδυνος – kíndunos
Fil	1:15	predican a Cristo...de buena voluntad	Ro	8:35	o desnudez, o peligro, o espada?
Col	1:23	el cual se predica en toda la creación	2 Co	11:26	en peligros de ríos, peligros de ladrones,
1 Ts	2:9	os predicamos el evangelio de Dios.			peligros de los de mi nación,
1 Ti	3:16	fue...Predicado a los gentiles,			peligros de los gentiles,
2 Ti	4:2	que prediques la palabra, (predica..., BC)			peligros en la ciudad, peligros en el desierto,
1 P	3:19	a los espíritus			peligros en el mar, peligros entre falsos
Ap	5:2	que pregonaba a gran voz:			
			2795		κινέω – kinéo
2785		κῆτος – kétos	Mt	23:4	ni con un dedo quieren moverlas.
Mt	12:40	en el vientre del gran pez		27:39	meneando la cabeza (...cabezas, VM)
			Mr	15:29	meneando la cabeza (...sus cabezas, BC)
2786		Κηφᾶς – Kefás	Hch	17:28	en él vivimos, y nos movemos,
Jn	1:42	tú serás llamado Cefas		21:30	toda la ciudad se conmovió
1 Co	1:12	yo de Cefas; y yo de Cristo.		24:5	promotor de sediciones
	3:22	sea Apolos, sea Cefas,			

κίνησις 2796　　　　　　　　　　479　　　　　　　　　　2808 κλείω

Ap	2:5	**quitaré** tu candelero
	6:14	todo monte y toda isla **se removió**
		(...**fueron traspasados**, VM)

2796　　κίνησις — kínesis
Jn　5:3　el **movimiento** del agua. (TR, [VHA], [VM] NC, BC, [BA])

2792　　κιννάμωμον — kinnámomon
Ap　18:13　**canela,**...incienso, mirra

2797　　Κίς — Kís o Κείς
Hch　13:21　Saúl hijo **de Cis,**

5531　　κίχρημι — kícremi (kíjremi)
Lc　11:5　**préstame** tres panes

2798　　κλάδος — kládos
Mt　13:32　hacen nidos en sus **ramas.**
　21:8　cortaban **ramas** de los árboles,
　24:32　Cuando ya su **rama** está tierna,
Mr　4:32　echa grandes **ramas**
　13:28　Cuando ya su **rama** está tierna,
Lc　13:19　anidaron en sus **ramas.**
Ro　11:16　también lo son las **ramas.**
　17　si algunas de las **ramas**
　18　no te jactes contra las **ramas**
　19　**las ramas**, dirás, fueron desgajadas
　21　si Dios no perdonó a las **ramas**

　　　κλάζω véase κλάω, 2806

2799　　κλαίω — kláio
Mt　2:18　Raquel que **llora** a sus hijos
　26:75　saliendo fuera, **lloró** amargamente.
Mr　5:38　los que **lloraban** y lamentaban mucho.
　39　¿Por qué alborotáis y **lloráis?**
　14:72　pensando en esto, **lloraba.**
　16:10　[que estaban tristes y **llorando**]
Lc　6:21　Bienaventurados los que ahora **lloráis,**
　25　porque lamentaréis y **lloraréis.**
　7:13　le dijo: No **llores.**
　32　os endechamos, y no **llorasteis,**
　38　estando detrás de él a sus pies, **llorando,**
　8:52　Y **lloraban** todos y hacían lamentación él dijo: No **lloréis**
　19:41　**lloró** sobre ella,
　22:62　saliendo fuera, **lloró** amargamente.
　23:28　no **lloréis** por mí, sino **llorad** por vosotras
Jn　11:31　Va al sepulcro a **llorar** allí.
　33　al verla **llorando,** (cuando la vió.., VM) y a los judíos...también **llorando**
　16:20　vosotros **lloraréis** y lamentaréis
　20:11　María estaba fuera **llorando** mientras **lloraba,** se inclinó
　13　Mujer, ¿por qué **lloras?**
　15　Mujer, ¿por qué **lloras?**
Hch　9:39　**llorando** y mostrando las túnicas
　21:13　¿Qué hacéis **llorando**
Ro　12:15　**llorad** con los **que lloran**
1 Co　7:30　los que **lloran,** como si no **llorasen;**
Fil　3:18　ahora lo digo **llorando,**
Stg　4:9　Afligíos, y lamentad, y **llorad.**
　5:1　**Llorad**...por las miserias
Ap　5:4　**lloraba** yo mucho,
　5　No **llores**
　18:9　**llorarán** y harán lamentación

Ap	18:11	los mercaderes de la tierra **lloran**
	15	**llorando** y lamentando,
	19	**llorando** y lamentando, diciendo:

2800　　κλάσις* — klásis
Lc　24:35　al partir el pan. (en el **partimiento** del pan. VHA)
Hch　2:42　en el **partimiento** del pan

2801　　κλάσμα — klásma
Mt　14:20　recogieron...de los **pedazos,**
　15:37　recogieron...de los **pedazos,**
Mr　6:43　recogieron **de los pedazos**
　8:8　recogieron **de los pedazos** (...las sobras de los pedazos, BC)
　19　¿cuántas cestas llenas **de los pedazos**
　20　¿cuántas canastas llenas **de los pedazos**
Lc　9:17　doce cestas **de pedazos.**
Jn　6:12　Recoged los **pedazos** que sobraron,
　13　llenaron doce cestas **de pedazos,**

2802　　Κλαῦδα, véase Καῦδα, pág. 474

2803　　Κλαυδία — Klaudía
2 Ti　4:21　**Claudia** y todos los hermanos.

2804　　Κλαύδιος — Kláudios
Hch　11:28　la cual sucedió en tiempo de **Claudio.**
　18:2　por cuanto **Claudio** había mandado
　23:26　**Claudio** Lisias al excelentísimo

2805　　κλαυθμός — klauthmós
Mt　2:18　fue oída...**lloro** y gemido:
　8:12　allí será el **lloro** y el crujir (También 13:42, 50; 22:13; 24:51; 25:30; Lc 13:28)
Hch　20:37　hubo gran **llanto** de todos;

2806　　κλάω — kláo o κλάζω
Mt　14:19　**partió** y dio los panes (**quebrando...**, VM)
　15:36　los **partió** y dio
　26:26　lo **partió,** y dio a sus discípulos,
Mr　8:6　habiendo dado gracias, los **partió,**
　19　Cuando **partí** los cinco panes
　14:22　lo **partió** y les dio,
Lc　22:19　lo **partió** y les dio,
　24:30　lo **partió** y les dio. (**partiéndolo...**, VM)
Hch　2:46　**partiendo** el pan en las casas,
　20:7　para **partir** el pan,
　11　Después de haber...**partido** el pan y comido.
　27:35　**partiéndolo,** comenzó a comer.
1 Co　10:16　El pan que **partimos,**
　11:24　habiendo dado gracias, lo **partió** que por vosotros **es partido;** (TR, VM); (que se da por vosotros, NC, BC)

2807　　κλείς — kleís
Mt　16:19　a ti te daré las **llaves**
Lc　11:52　habéis quitado la **llave** de la ciencia;
Ap　1:18　tengo las **llaves** de la muerte
　3:7　el que tiene la **llave** de David,
　9:1　se le dio la **llave** del pozo
　20:1　la **llave** del abismo,

2808　　κλείω — kléio
Mt　6:6　**cerrada** la puerta, ora (...tu puerta.., VM)

		κλέμμα 2809			2819 κλῆρος
Mt	23:14	(13) **cerráis** el reino de los cielos	**2816**		κληρονομέω — kleronoméo
	25:10	**se cerró** la puerta.	Mt	5:5	**recibirán** la tierra **por heredad**.
Lc	4:25	cuando el cielo **fue cerrado**		19:29	**heredará** la vida eterna.
	11:7	la puerta ya **está cerrada**,		25:34	**heredad** el reino preparado
Jn	20:19	**estando** las puertas **cerradas**	Mr	10:17	¿qué haré para **heredar** la vida eterna?
	26	**estando** las puertas **cerradas**,	Lc	10:25	¿haciendo qué cosa **heredaré** la vida eterna?
Hch	5:23	la cárcel hemos hallada **cerrada**		18:18	¿qué haré para heredar (¿haciendo qué
	21:30	**cerraron** las puertas. (fueron cerradas..., VM)			cosa, **heredaré**, VM)
1 Jn	3:17	**cierra** contra él su corazón,	1 Co	6:9	los injustos no **heredarán** el reino de Dios?
Ap	3:7	el que abre y ninguno **cierra**,		10	ni los estafadores, **heredarán** el reino
		cierra y ninguno abre (TR) (que cierra... BA, WH, N, ABMW)		15:50	no pueden **heredar** el reino de Dios, ni la corrupción **hereda** la incorrupción.
	8	la cual nadie puede **cerrar**;	Gá	4:30	**heredará** el hijo de la esclava
	11:6	Estos tienen poder **para cerrar**		5:21	no **heredarán** el reino de Dios,
	20:3	lo **encerró**, y puso su sello	He	1:4	**heredó** más excelente nombre
	21:25	Sus puertas nunca **serán cerradas**		14	los que serán **herederos** (los que han de heredar, VM)
2809		κλέμμα — klémma		6:12	de aquellos que...**heredan** las promesas
Ap	9:21	ni de sus **hurtos**.		12:17	deseando **heredar** la bendición
			1 P	3:9	para que **heredaseis** bendición.
2810		Κλεοπᾶς — Kleopás	Ap	21:7	El que venciere **heredará**
Lc	24:18	que se llamaba **Cleofas**,	**2817**		κληρονομία — kleronomía
2811		κλέος — kléos	Mt	21:38	apoderémonos de su **heredad**.
1 P	2:20	¿qué **gloria** es, si pecando	Mr	12:7	y la **heredad** será nuestra.
			Lc	12:13	que parta conmigo la **herencia**.
2812		κλέπτης — kléptes		20:14	para que la **heredad** sea nuestra.
Mt	6:19	donde **ladrones** minan y hurtan	Hch	7:5	no le dio **herencia** en ella,
	20	donde **ladrones** no minan ni hurtan.		20:32	daros **herencia** con todos los santificados
	24:43	el **ladrón** habría de venir,	Gá	3:18	si la **herencia** es por la ley,
Lc	12:33	donde **ladrón** no llega	Ef	1:14	que es las arras de nuestra **herencia**
	39	a qué hora el **ladrón** había de venir,		18	de la gloria de su **herencia**
Jn	10:1	ése es **ladrón** y salteador.		5:5	tiene **herencia** en el reino
	8	**ladrones** son y salteadores;	Col	3:24	la recompensa de la **herencia**,
	10	El **ladrón** no viene sino para hurtar	He	9:15	para que...reciban la promesa de la **herencia**
	12:6	sino porque era **ladrón**,		11:8	había de recibir como **herencia**;
1 Co	6:10	ni los **ladrones**, ni los avaros,	1 P	1:4	para una **herencia** incorruptible,
1 Ts	5:2	así como **ladrón** en la noche;			
	4	aquel día os sorprenda como **ladrón**.	**2818**		κληρονόμος — kleronómos
1 P	4:15	padezca como homicida, o **ladrón**,	Mt	21:38	Este es el **heredero**;
2 P	3:10	vendrá como **ladrón** en la noche;	Mr	12:7	Este es el **heredero**;
Ap	3:3	vendré...como **ladrón**,	Lc	20:14	Este es el **heredero**;
	16:15	He aquí, yo vengo como **ladrón**.	Ro	4:13	la promesa de que sería **heredero**
				14	si los que son de la ley son los **herederos**
2813		κλέπτω — klépto		8:17	si hijos, también **herederos**;
Mt	6:19	donde ladrones minan y **hurtan**;			**herederos** de Dios y coherederos
	20	donde ladrones no minan ni **hurtan**.	Gá	3:29	y **herederos** según la promesa.
	19:18	No **hurtarás**.		4:1	Entre tanto que el **heredero** es niño,
	27:64	no sea que...lo **hurten**, y digan al pueblo;		7	también **heredero** de Dios
	28:13	lo **hurtaron**, estando nosotros dormidos;	Tit	3:7	viniésemos a ser **herederos**
Mr	10:19	No **hurtes**.	He	1:2	a quien constituyó **heredero** de todo,
Lc	18:20	no **hurtarás**; no dirás		6:17	a los **herederos** de la promesa
Jn	10:10	sino para **hurtar** y matar		11:7	y fue hecho **heredero** de la justicia
Ro	2:21	no **se ha de hurtar**, ¿**hurtas**?	Stg	2:5	y **herederos** del reino que ha prometido
	13:9	no **hurtarás**,			
Ef	4:28	El **que hurtaba**, no hurte más	**2819**		κλῆρος — kléros
			Mt	27:35	echando **suertes**, para que se cumpliese
2814		κλῆμα — kléma			sobre mi ropa echaron **suertes**. (TR, VM)
Jn	15:2	Todo **pámpano** que en mí no lleva fruto,	Mr	15:24	echando **suertes** sobre ellos
	4	Como el **pámpano** no puede llevar fruto	Lc	23:34	echando **suertes**. (echaron..., VM)
	5	Yo soy la vid, vosotros los **pámpanos**	Jn	19:24	sobre mi ropa echaron **suertes**
	6	será echado fuera como **pámpano**,	Hch	1:17	tenía **parte** en este ministerio.
				25	para que tome la **parte** de este (TR)
2815		Κλήμης — Klémes		26	les echaron **suertes**,
Fil	4:3	con **Clemente** también y los demás			la **suerte** cayó sobre Matías
				8:21	No tienes tú parte ni **suerte**
				26:18	**herencia** entre los santificados

κληρόω 2820　　　　　　　　　　　481　　　　　　　　　　　2836 κοιλία

2820		κληρόω — kleróo
Col	1:12	de la **herencia** de los santos
1 P	5:3	no como teniendo señorío sobre **los que están a vuestro cuidado** (...sobre la **herencia**, VM)
Ef	1:11	En él...tuvimos **herencia**

2821　　κλῆσις — klésis

Ro	11:29	los dones y el **llamamiento** de Dios.
1 Co	1:26	Mirad, hermanos, vuestra **vocación**,
	7:20	en el **estado** en que fue llamado (...**vocación**..., VM)
Ef	1:18	la esperanza a que él os ha llamado, (...de su **vocación**, VHA)
	4:1	como es digno de la **vocación**
	4	en una misma esperanza de vuestra **vocación**
Fil	3:14	al premio del supremo **llamamiento**
2 Ts	1:11	os tenga por dignos de su **llamamiento**,
2 Ti	1:9	quien...llamó con **llamamiento** santo
He	3:1	participantes del **llamamiento** celestial
2 P	1:10	procurad hacer firme vuestra **vocación**

2822　　κλητός — kletós

Mt	20:16	muchos son **llamados**, (TR, NC, BC)
	22:14	muchos son **llamados**,
Ro	1:1	**llamado** a ser apóstol,
	6	**llamados** a ser de Jesucristo
	7	**llamados** a ser santos
	8:28	los que conforme a su propósito son **llamados**
1 Co	1:1	Pablo, **llamado** a ser apóstol
	2	**llamados** a ser santos
	24	mas para los **llamados**,
Jud	1	a los **llamados**, santificados
Ap	17:14	son **llamados** y elegidos y fieles.

2823　　κλίβανος — klíbanos

Mt	6:30	que...mañana se echa en el **horno**,
Lc	12:28	que...mañana es echada al **horno**

2824　　κλίμα — klíma

Ro	15:23	más campo en estas **regiones**,
2 Co	11:10	en las **regiones** de Acaya
Gá	1:21	Después fui a las **regiones** de Siria

2825　　κλινάριον* — klinárion

Hch	5:15	que...los ponían en camas (WH, N, ABMW)

2825 A　　κλίνη — klíne

Mt	9:2	tendido sobre una **cama**;
	6	Levántate, toma tu **cama**,
Mr	4:21	o debajo de la **cama**?
	7:4	los lavamientos...de los **lechos**. (TR, [ABMW], VM, BC)
	30	y a la hija acostada en la **cama**,
Lc	5:18	que traían en un **lecho** a un hombre
	8:16	ni la pone debajo de la **cama**,
	17:34	estarán dos en una **cama**;
Hch	5:15	que...los ponían en camas (TR)
Ap	2:22	He aquí, yo la arrojo en **cama**,

2826　　κλινίδιον* — klinídion

Lc	5:19	le bajaron con el **lecho**,
	24	Levántate, toma tu **lecho**, (y alzando..., VM)

2827　　κλίνω — klíno

Mt	8:20	no tiene donde **recostar** su cabeza.
Lc	9:12	el día comenzaba a **declinar**;
	58	no tiene donde **recostar** la cabeza
	24:5	**bajaron** el rostro a tierra,
	29	el día ya **ha declinado**.
Jn	19:30	habiendo **inclinado** la cabeza,
He	11:34	pusieron **en fuga** ejércitos extranjeros (**abatieron** campamentos de extranjeros, BC)

2828　　κλισία** — klisía

Lc	9:14	Hacedlos sentar **en grupos**,

2829　　κλοπή — klopé

Mt	15:19	los **hurtos**, los falsos testimonios,
Mr	7:22	los **hurtos**, las avaricias,

2830　　κλύδων — klúdon

Lc	8:24	reprendió al viento y a las **olas**; (...al **oleaje** del agua, BC)
Stg	1:6	es semejante a la **onda** del mar,

2831　　κλυδωνίζομαι† — kludonízomai (kludonídzomai)

Ef	4:14	para que ya no seamos niños **fluctuantes**,

2832　　Κλωπᾶς — Klopás

Jn	19:25	María mujer de **Cleofas**,

2833　　κνήθω* — knétho

2 Ti	4:3	sino que teniendo **comezón** de oir,

2834　　Κνίδος — Knídos

Hch	27:7	llegando a duras penas frente a **Gnido**,

2835　　κοδράντης*† — kodrántes

Mt	5:26	hasta que pagues el último **cuadrante**.
Mr	12:42	o sea un **cuadrante**.

2836　　κοιλία — koilía

Mt	12:40	como estuvo Jonás en el **vientre**
	15:17	lo que entra en la boca va al **vientre**
	19:12	nacieron así del **vientre** de su madre,
Mr	7:19	sino en el **vientre**,
Lc	1:15	aun desde el **vientre** de su madre.
	41	la criatura saltó en su **vientre**;
	42	bendito el fruto de tu **vientre**.
	44	saltó de alegría en mi **vientre**.
	2:21	antes que fuese concebido (...fuese concebido en el **seno**, VHA)
	11:27	Bienaventurado el **vientre** que te trajo,
	15:16	deseaba llenar su **vientre** (TR, N, VHA, NC, BC, BA)
	23:29	los **vientres** que no concibieron,
Jn	3:4	¿Puede acaso entrar...en el **vientre**
	7:38	de su **interior** correrán
Hch	3:2	cojo de nacimiento (cojo desde el **seno** de su madre, VM)
	14:8	cojo de nacimiento (cojo desde el **seno** de su madre, VM)
Ro	16:18	sino a sus propios **vientres**,
1 Co	6:13	Las viandas para el **vientre**, y el **vientre** para las viandas
Gá	1:15	desde el **vientre** de mi madre,

κοιμάω 2837

Fil 3:19 cuyo dios es el **vientre**
Ap 10:9 te amargara el **vientre**,
    10 amargó mi **vientre**, (fue amargado..., VHA)

2837 κοιμάω — koimáo

Mt 27:52 cuerpos de santos que habían **dormido**,
   28:13 **estando** nosotros **dormidos**.
Lc 22:45 los halló **durmiendo**
Jn 11:11 Nuestro amigo Lázaro **duerme**;
    12 Señor, si **duerme**, sanará.
Hch 7:60 habiendo dicho esto, **durmió**.
   12:6 estaba Pedro **durmiendo**
   13:36 según la voluntad de Dios, **durmió**
1 Co 7:39 si su marido muriere, (...se **duerme** el marido, NC)
   11:30 muchos **duermen**.
   15:6 otros ya **duermen**.
    18 también los que **durmieron** en Cristo
    20 primicias de los que **durmieron**
    51 No todos **dormiremos**;
1 Ts 4:13 que ignoréis acerca de los que **duermen**,
    14 traerá Dios...a los que **durmieron**
    15 no precederemos a los que **durmieron**
2 P 3:4 desde el día en que los padres **durmieron**

2838 κοίμησις** — kóimesis

Jn 11:13 ellos pensaron que hablaba del **reposar**

2839 κοινός — koinós

Mr 7:2 comer pan con manos **inmundas**,
  5 comen pan con manos **inmundas**? (WH, N, ABMW)
Hch 2:44 tenían **en común** todas las cosas;
  4:32 tenían todas las cosas **en común**. (...les eran **comunes**, VHA)
  10:14 ninguna cosa **común** o inmunda
    28 a ningún hombre llame **común** o inmundo;
  11:8 ninguna cosa común o inmunda
Ro 14:14 nada es **inmundo** en sí mismo;
el que piensa que algo es **inmundo**, para él lo es. (al que reputa algo como **inmundo**, para él **inmundo** es, VM)
Tit 1:4 verdadero hijo en la **común** fe
He 10:29 que...tuviere por **inmunda** la sangre
Jud 3 acerca de nuestra **común** salvación,
Ap 21:27 ninguna cosa **inmunda** (WH, N, ABMW)

2840 κοινόω** — koinóo

Mt 15:11 No lo que entra en la boca **contamina**
    18 esto **contamina** al hombre.
    20 Estas cosas son las que **contaminan** no **contamina** al hombre.
Mr 7:15 que le pueda **contaminar**; eso es lo que **contamina** al hombre.
    18 no le puede **contaminar**,
    20 eso **contamina** al hombre.
    23 de dentro salen, y **contaminan** al hombre.
Hch 10:15 no lo **llames** tú **común**.
  11:9 no lo **llames** tú **común**.
  21:28 ha **profanado** este santo lugar.
He 9:13 rociadas a los **inmundos**,
Ap 21:27 ninguna cosa **inmunda** (lit.,...que **contamina**) (TR)

2841 κοινωνέω — koinonéo

Ro 12:13 **compartiendo** para las necesidades

482

Ro 15:27 han sido hechos **participantes** (han **participado**, VM)
Gá 6:6 haga **partícipe** de toda cosa buena
Fil 4:15 ninguna iglesia **participó** conmigo
1 Ti 5:22 ni **participes** en pecados ajenos.
He 2:14 por cuanto los hijos **participaron**
1 P 4:13 por cuanto **sois participantes**
2 Jn 11 **participa** en sus malas obras.

2842 κοινωνία — koinonía

Hch 2:42 en la **comunión** unos con otros,
Ro 15:26 hacer una **ofrenda** para los pobres (lit., hacer cierta **comunión**...)
1 Co 1:9 a la **comunión** con su Hijo
  10:16 ¿no es la **comunión** de la sangre ¿no es la **comunión** del cuerpo
2 Co 6:14 ¿Y qué **comunión** la luz con las tinieblas
  8:4 el privilegio de **participar** en este servicio (lit., el favor y la **participación**...)
  9:13 por la liberalidad de vuestra **contribución** (lit.,...**comunión**)
  13:13 (14) y la **comunión** del Espíritu Santo
Gá 2:9 la diestra **en señal de compañerismo**, (la mano derecha **de comunión**, VM)
Ef 3:9 la dispensación del misterio (V60, WH, N, ABMW, VHA, NC, BC, BA); (lit., la **comunión** del misterio, TR)
Fil 1:5 por vuestra **comunión** en el evangelio,
  2:1 si alguna **comunión** del Espíritu,
  3:10 y la **participación** de sus padecimientos,
Flm 6 para que la **participación** de tu fe
He 13:16 de hacer bien y de la ayuda mutua (de hacer bien y de la **comunicación**, VA)
1 Jn 1:3 tengáis **comunión** con nosotros; nuestra **comunión** verdaderamente es
  6 Si decimos que tenemos **comunión**
  7 tenemos **comunión** unos con otros,

2843 κοινωνικός* — koinonikós

1 Ti 6:18 dadivosos, **generosos**;

2844 κοινωνός — koinonós

Mt 23:30 no hubiéramos sido sus **cómplices**
Lc 5:10 eran **compañeros** de Simón.
1 Co 10:18 ¿no son **partícipes** del altar?
  20 no quiero que vosotros os hagáis **partícipes**
2 Co 1:7 así como sois **compañeros**
  8:23 es mi **compañero** y colaborador
Flm 17 si me tienes por **compañero**,
He 10:33 llegasteis a ser **compañeros** (siendo hechos..., VM)
1 P 5:1 **participante** de la gloria que será revelada;
2 P 1:4 **participantes** de la naturaleza divina

2845 κοίτη — kóite

Lc 11:7 mis niños están conmigo en **cama**;
Ro 9:10 cuando Rebeca concibió (lit.,...teniendo **concepción**)
  13:13 no en lujurias y lascivias (no en **fornicaciones**..., BC)
He 13:4 y el **lecho** sin mancilla

2846 κοιτών — koitón

Hch 12:20 era **camarero mayor** del rey, (lit., el que era sobre la **alcoba**...)

2847 κόκκινος — kókkinos

Mt	27:28	un manto de escarlata,
He	9:19	con agua, lana escarlata e hisopo,
Ap	17:3	sobre una bestia escarlata
	4	estaba vestida de púrpura y escarlata,
	18:12	de seda, de escarlata,
	16	de púrpura y de escarlata

2848 κόκκος — kókkos

Mt	13:31	es semejante al grano de mostaza,
	17:20	como un grano de mostaza
Mr	4:31	Es como el grano de mostaza,
Lc	13:19	Es semejante al grano de mostaza,
	17:6	Si tuvieras fe como un grano de mostaza,
Jn	12:24	si el grano de trigo no cae
1 Co	15:37	sino el grano desnudo,

2849 κολάζω — kolázo (koládzo)

Hch	4:21	no hallando ningún modo de castigarles,
		(...para que les pudieran castigar, BA)
2 P	2:9	para ser castigados en el día del juicio;

2850 κολακεία — kolakéia

1 Ts	2:5	nunca usamos de palabras lisonjeras,
		(lit.,...con palabras de lisonja)

2851 κόλασις — kólasis

Mt	25:46	irán éstos al castigo eterno,
1 Jn	4:18	el temor lleva en sí castigo.

2852 κολαφίζω*† — kolafízo (kolafídzo)

Mt	26:67	otros le abofeteaban,
Mr	14:65	algunos comenzaron...a darle de puñetazos
1 Co	4:11	somos abofeteados, y no tenemos morada
2 Co	12:7	un mensajero de Satanás que me abofetee
1 P	2:20	si pecando sois abofeteados, (si, delinquiendo y castigados por ello, NC)

2853 κολλάω — kolláo (koláo)

Mt	19:5	se unirá a su mujer, (WH, N, ABMW)
Lc	10:11	que se ha pegado a nuestros pies,
	15:15	se arrimó a uno de los ciudadanos
Hch	5:13	ninguno se atrevía a juntarse con ellos;
	8:29	júntate a ese carro
	9:26	trataba de juntarse con los discípulos;
	10:28	juntarse...a un extranjero;
	17:34	creyeron, juntándose con él;
Ro	12:9	seguid lo bueno. (apegándoos..., BC)
1 Co	6:16	el que se une con una ramera,
	17	el que se une al Señor,
Ap	18:5	sus pecados han llegado (...se han amontonado, BA) (WH, N, ABMW)

2854 κολλούριον — kollóurion (kolúrion)

Ap	3:18	unge tus ojos con colirio

2855 κολλυβιστής*† — kollubistés (kolubistés)

Mt	21:12	volcó las mesas de los cambistas,
Mr	11:15	volcó las mesas de los cambistas
Jn	2:15	esparció las monedas de los cambistas

2856 κολοβόω — kolobóo

Mt	24:22	si aquellos días no fuesen acortados aquellos días serán acortados.
Mr	13:20	si el Señor no hubiese acortado acortó aquellos días.

2857 Κολοσσαί — Kolossái

Col	1:2	que están en Colosas:

2859 κόλπος — kólpos

Lc	6:38	darán en vuestro regazo
	16:22	al seno de Abraham;
	23	a Abraham, y a Lázaro en su seno
Jn	1:18	en el seno del Padre,
	13:23	al lado de Jesús. (en el seno de Jesús, VHA)
Hch	27:39	veían una ensenada que tenía playa,

2860 κολυμβάω** — kolumbáo

Hch	27:43	mandó que los que pudiesen nadar

2861 κολυμβήθρα — kolumbéthra

Jn	5:2	un estanque, llamado en hebreo
	4	descendía...al estanque, (TR, [VHA], [VM], NC, BC, [BA])
	7	no tengo quien me meta en el estanque
	9:7	vé a lavarte en el estanque (Vé, lávate..., VM)
	11	Vé al Siloé, (V60, WH, N, ABMW, VHA, VM, NC, BC, BA); (lit., vé al estanque de Siloé, TR)

2862 κολωνία*† — kolonía

Hch	16:12	de la provincia de Macedonia, y una colonia

2863 κομάω* — komáo

1 Co	11:14	le es deshonroso dejarse crecer el cabello? (si..lleva la cabellera larga, VM)
	15	a la mujer dejarse crecer el cabello (si...tiene cabellera larga, VM)

2864 κόμη — kóme

1 Co	11:15	le es dado el cabello

2865 κομίζω — komízo (komídzo)

Mt	25:27	hubiera recibido lo que es mío
Lc	7:37	trajo un frasco de alabastro (lit., habiendo traído...)
2 Co	5:10	para que cada uno reciba
Ef	6:8	ése recibirá del Señor,
Col	3:25	el que hace injusticia, recibirá
He	10:36	para que...obtengáis la promesa.
	11:13	sin haber recibido lo prometido, (...las promesas, VM) (WH, N, ABMW)
	19	también le volvió a recibir.
	39	no recibieron lo prometido; (...la promesa, VM)
1 P	1:9	obteniendo el fin de vuestra fe,
	5:4	vosotros recibiréis la corona
2 P	2:13	recibiendo el galardón de su injusticia, (TR, T, NC)

2866 κομψότερον* — kompsóteron

Jn	4:52	había comenzado a estar mejor. (tuvo mejoría, VM)

2867 κονιάω — koniáo

Mt	23:27	sois semejantes a sepulcros blanqueados,
Hch	23:3	a ti, pared blanqueada!

2868 κονιορτός — koniortós

Mt	10:14	sacudid el polvo de vuestros pies

κοπάζω 2869 · 484 · 2882 Κόρινθος

Lc	9:5	sacudid el **polvo** de vuestros pies				(TR)
	10:11	Aun el **polvo** de vuestra ciudad,		Ap	2:2	tu **arduo trabajo** y paciencia;
Hch	13:51	sacudiendo...el **polvo** de sus pies,			14:13	descansarán de sus **trabajos**, (para que
	22:23	como...lanzaban **polvo** al aire,				descansen..., VM)

2869 κοπάζω – kopázo (kopádzo)   **2874** κοπρία – kopría

Mt	14:32	se **calmó** el viento.		Lc	13:8	hasta que...la abone (...haya echado **abono**,
Mr	4:39	**cesó** el viento.				VHA) (TR)
	6:51	se **calmó** el viento;			14:35	ni para el **muladar** es útil;

2870 κοπετός – kopetós   **2874 A** κόπριον – kóprion

Hch	8:2	hicieron gran **llanto** sobre él		Lc	13:8	hasta que...la abone (...haya echado **abono**,
						VHA) (WH, N, ABMW)

2871 κοπή – kopé   **2875** κόπτω – kópto

He	7:1	de la **derrota** de los reyes,		Mt	11:17	os endechamos, y no **lamentásteis**.
					21:8	otros **cortaban** ramas de los árboles;

2872 κοπιάω – kopiáo

					24:30	**lamentarán** todas las tribus
Mt	6:28	no **trabajan** ni hilan;		Mr	11:8	**cortaban** ramas de los árboles, (cortando...,
	11:28	todos los **que estáis trabajados**				VM)
Lc	5:5	toda la noche hemos estado trabajando		Lc	8:52	y hacían **lamentación** por ella.
		(con haber estado bregando..., BC)			23:27	**lloraban** y hacían lamentación por él.
	12:27	no **trabajan**, ni hilan; (TR, WH, ABMW,		Ap	1:7	harán **lamentación** por él.
		VM, NC, BC, BA)			18:9	harán **lamentación** sobre ella,
Jn	4:6	Jesús, **cansado** del camino,				
	38	lo que vosotros no **labrasteis**		**2876**		κόραξ – kórax
		otras **labraron**,				
Hch	20:35	**trabajando** así, se debe ayudar		Lc	12:24	Considerad los **cuervos**,
Ro	16:6	la cual **ha trabajado** mucho				
	12	las cuales **trabajan** en el Señor.		**2877**		κοράσιον† – korásion
		la cual **ha trabajado** mucho				
1 Co	4:12	Nos **fatigamos** trabajando		Mt	9:24	la **niña** no está muerta,
	15:10	antes **he trabajado** más que todos ellos			25	la mano a la **niña**, y ella se levantó (la tomó
	16:16	a todos los que...**trabajan**. (a todo el que...				de la mano; y la **niña** se levantó, BA)
		trabaja, VHA)			14:11	fue...dada a la **muchacha**;
Gá	4:11	que **haya trabajado** en vano		Mr	5:41	**Niña**, a ti te digo, levántate
Ef	4:28	sino **trabaje**, haciendo con sus manos			42	luego la **niña** se levantó
Fil	2:16	ni en vano **he trabajado**.			6:22	el rey dijo a la **muchacha**:
Col	1:29	para lo cual también **trabajo**,			28	la dio a la **muchacha**,
1 Ts	5:12	los **que trabajan** entre vosotros				la **muchacha** la dio a su madre.
1 Ti	4:10	Que por esto mismo **trabajamos**		**2878**		Κορβᾶν*† – Korbán
	5:17	mayormente los **que trabajan**				
2 Ti	2:6	El labrador...debe trabajar (...que		Mr	7:11	Es **Corbán**
		trabaja, VHA)				
Ap	2:3	**has trabajado** arduamente		**2878 A**		κορβανᾶς*† – korbanás
				Mt	27:6	echarlas en el **tesoro de las ofrendas**,

2873 κόπος – kópos
        (1) παρέχειν κόπον, παρέχειν κόπους   **2879** Κόρε – Kóre

Mt	26:10	(1) ¿Por qué **molestáis** a esta mujer?		Jud	11	perecieron en la contradicción de **Coré**
Mr	14:6	(1) ¿por qué la **molestáis**?				
Lc	11:7	(1) No me **molestes**;		**2880**		κορέννυμι** – korénnumi
	18:5	(1) esta viuda me **es molesta**				
Jn	4:38	habéis entrado en sus **labores**. (...su labor,		Hch	27:38	ya **satisfechos**, aligeraron (ya satisfechos
		BC)				de alimento,..., VHA)
1 Co	3:8	recompensa conforme a su **labor**.		1 Co	4:8	Ya estáis **saciados**, ya estáis ricos,
	15:58	vuestro **trabajo** en el Señor				
2 Co	6:5	en **trabajos**, en desvelos,		**2881**		Κορίνθιος – Korínthios
	10:15	en **trabajos** ajenos,				
	11:23	en **trabajos** más abundantes; (...más		Hch	18:8	muchos de los **corintios**, oyendo
		abundante, VM)		2 Co	6:11	se ha abierto a vosotros, oh **corintios**
	27	en **trabajo** y fatiga,				
Gá	6:17	(1) nadie me **cause molestias**;		**2882**		Κόρινθος – Kórinthos
1 Ts	1:3	del **trabajo** de vuestro amor				
	2:9	de nuestro **trabajo** y fatiga;		Hch	18:1	fue a **Corinto**.
	3:5	que nuestro **trabajo** resultase en vano.			19:1	entre tanto que Apolos estaba en **Corinto**,
2 Ts	3:8	con afán y fatiga día y noche (a costa de		1 Co	1:2	a la iglesia de Dios que está en **Corinto**,
		trabajo y fatiga..., VHA)		2 Co	1:1	a la iglesia de Dios que está en **Corinto**,
He	6:10	el **trabajo** de amor que habéis mostrado			23	no he pasado todavía a **Corinto**.
				2 Ti	4:20	Erasto se quedó en **Corinto**,

2883	Κορνήλιος — Kornélios
Hch 10:1	un hombre llamado Cornelio,
3	que...le decía: Cornelio
17	que habían sido enviados por Cornelio
21	que fueron enviados por Cornelio,(TR)
22	Ellos dijeron: Cornelio el centurión
24	Cornelio los estaba esperando
25	salió Cornelio a recibirle, (saliendo a su encuentro..., BC)
30	Cornelio dijo: Hace cuatro días
31	Cornelio, tu oración ha sido oída

2884	κόρος — kóros
Lc 16:7	Cien medidas de trigo

2885	κοσμέω — kosméo
Mt 12:44	la halla...adornada.
23:29	adornáis los monumentos de los justos,
25:7	arreglaron sus lámparas
Lc 11:25	la halla...adornada.
21:5	estaba adornado de hermosas piedras
1 Ti 2:9	que las mujeres se atavíen de ropa decorosa
Tit 2:10	para que en todo adornen la doctrina
1 P 3:5	así también se ataviaban
Ap 21:2	ataviada para su marido.
19	adornados con toda piedra preciosa.

2886	κοσμικός* — kosmikós
Tit 2:12	renunciando...a los deseos mundanos,
He 9:1	tenía...un santuario terrenal

2887	κόσμιος — kósmios
1 Ti 2:9	se atavíen de ropa decorosa,
3:2	prudente, decoroso, hospedador

2888	κοσμοκράτωρ*† — kosmokrátor
Ef 6:12	contra los gobernadores de las tinieblas

2889	κόσμος — kósmos
Mt 4:8	le mostró todos los reinos del mundo
5:14	Vosotros sois la luz del mundo;
13:35	desde la fundación del mundo. (TR, [ABMW], VM, BC, BA)
38	El campo es el mundo;
16:26	si ganare todo el mundo,
18:7	¡Ay del mundo por los tropiezos!
24:21	desde el principio del mundo
25:34	desde la fundación del mundo.
26:13	este evangelio, en todo el mundo,
Mr 8:36	si ganare todo el mundo, (TR, BA); (ganar..., VHA, WH, N, ABMW, VM, NC, BC)
14:9	este evangelio, en todo el mundo,
16.15	[Id por todo el mundo (yendo)]
Lc 9:25	si gana todo el mundo,
11:50	desde la fundación del mundo,
12:30	buscan las gentes del mundo;
Jn 1:9	venía a este mundo: (entrando en..., VHA)
10	En el mundo estaba
	el mundo por él fue hecho;
	el mundo no le conoció.
29	que quita el pecado del mundo.
3:16	de tal manera amó Dios al mundo,
17	no envió Dios a su Hijo al mundo para condenar al mundo sino para que el mundo sea salvo

Jn 3:19	que la luz vino al mundo,
4:42	el Salvador del mundo, el Cristo.
6:14	el profeta que había de venir al mundo.
33	que...da vida al mundo.
51	por la vida del mundo.
7:4	manifiéstate al mundo.
7	No puede el mundo aborreceros
8:12	Yo soy la luz del mundo;
23	vosotros sois de este mundo, yo no soy de este mundo
26	esto hablo al mundo.
9:5	Entre tanto que estoy en el mundo, luz soy del mundo
39	Para juicio he venido yo a este mundo;
10:36	¿al que el Padre...envió al mundo,
11:9	ve la luz de este mundo;
27	el Hijo de Dios, que has venido al mundo
12:19	Mirad, el mundo se va tras él.
25	el que aborrece su vida en este mundo,
31	Ahora es el juicio de este mundo; el príncipe de este mundo será echado fuera
46	Yo, la luz, he venido al mundo,
47	no he venido a juzgar al mundo sino a salvar al mundo.
13:1	para que pasase de este mundo al Padre los suyos que estaban en el mundo,
14:17	al cual el mundo no puede recibir,
19	Todavía un poco, y el mundo no me verá
22	y no al mundo?
27	yo no...como el mundo la da
30	viene el príncipe de este mundo,
31	para que el mundo conozca
15:18	Si el mundo os aborrece,
19	Si fuerais del mundo, el mundo amaría porque no sois del mundo, antes yo os elegí del mundo, por eso el mundo os aborrece.
16:8	convencerá al mundo de pecado,
11	por cuanto el príncipe de este mundo
20	y el mundo se alegrará;
21	haya nacido un hombre en el mundo.
28	he venido al mundo; otra vez dejo el mundo,
33	En el mundo tendréis aflicción; yo he vencido al mundo.
17:5	antes que el mundo fuese.
6	que del mundo me diste;
9	no ruego por el mundo
11	ya no estoy en el mundo; éstos están en el mundo
12	Cuando estaba con ellos en el mundo (TR, VM)
13	hablo esto en el mundo,
14	el mundo los aborreció, porque no son del mundo, tampoco yo soy del mundo
15	No ruego que los quites del mundo
16	No son del mundo, como tampoco yo soy del mundo
18	Como tú me enviaste al mundo, así yo los he enviado al mundo.
21	para que el mundo crea
23	para que el mundo conozca
24	desde antes de la fundación del mundo
25	Padre justo, el mundo no te ha conocido
18:20	Yo públicamente he hablado al mundo;
36	Mi reino no es de este mundo; Si mi reino fuera de este mundo,
37	para esto he venido al mundo,

Κούαρτος 2890

Jn	21:25	ni aun en el **mundo** cabrían (este **mundo** no podría contener, NC)
Hch	17:24	El Dios que hizo el **mundo**
Ro	1:8	vuestra fe se divulga por todo el **mundo**.
	20	desde la creación del **mundo**,
	3:6	¿cómo juzgaría Dios al **mundo**?
	19	todo el **mundo** quede bajo el juicio
	4:13	de que sería heredero del **mundo**,
	5:12	como el pecado entró en el **mundo**
	13	había pecado en **el mundo**;
	11:12	si su transgresión es la riqueza del **mundo**
	15	es la reconciliación del **mundo**,
1 Co	1:20	¿No ha enloquecido Dios la sabiduría del **mundo**?
	21	el **mundo** no conoció a Dios
	27	sino que lo necio del **mundo** y lo débil del **mundo**
	28	y lo vil del **mundo**
	2:12	no hemos recibido el espíritu del **mundo**
	3:19	la sabiduría de este **mundo**
	22	sea **el mundo**, sea la vida,
	4:9	hemos llegado a ser espectáculo al **mundo**,
	13	como la escoria del **mundo**,
	5:10	con los fornicarios de este **mundo**, os sería necesario salir del **mundo**
	6:2	han de juzgar al **mundo**? si el **mundo** ha de ser juzgado
	7:31	los que disfrutan de este **mundo**, la apariencia de este **mundo**
	33	tiene cuidado de las cosas del **mundo**
	34	tiene cuidado de las cosas del **mundo**
	8:4	un ídolo nada es en el **mundo**
	11:32	no seamos condenados con el **mundo**
	14:10	hay, seguramente, en el **mundo**
2 Co	1:12	nos hemos conducido en el **mundo**
	5:19	reconciliando consigo al **mundo**,
	7:10	la tristeza del **mundo** produce muerte
Gá	4:3	bajo los rudimentos del **mundo**.
	6:14	por quien el **mundo** me es crucificado y yo al **mundo**.
Ef	1:4	antes de la fundación del **mundo**
	2:2	siguiendo la corriente de este **mundo**, (lit., conforme al siglo de este **mundo**, o conforme a la corriente...)
	12	sin Dios en el **mundo**.
Fil	2:15	como luminares en el **mundo**;
Col	1:6	así como a todo el **mundo**,
	2:8	conforme a los rudimentos del **mundo**,
	20	en cuanto a los rudimentos del **mundo**, como si vivieseis en el **mundo**
1 Ti	1:15	Cristo Jesús vino al **mundo**
	3:16	fue...Creído en el **mundo**,
	6:7	nada hemos traído a este **mundo**, (...al **mundo**, VM)
He	4:3	desde la fundación del **mundo**
	9:26	desde el principio del **mundo**
	10:5	Por lo cual, entrando en el **mundo**
	11:7	condenó al **mundo**
	38	de los cuales el **mundo** no era digno
Stg	1:27	guardarse sin mancha del **mundo**
	2:5	a los pobres de este **mundo**,
	3:6	la lengua...un **mundo** de maldad (lit.,...el **mundo**...)
	4:4	¿No sabéis que la amistad del **mundo** ser amigo del **mundo**
1 P	1:20	desde antes de la fundación del **mundo**
	3:3	Vuestro atavío no sea (El adorno de las cuales..., VA)
	5:9	se van cumpliendo...en todo el **mundo**

2 P	1:4	la corrupción que hay en el **mundo**
	2:5	si no perdonó al **mundo** antiguo, trayendo el diluvio sobre el **mundo**
	20	de las contaminaciones del **mundo**
	3:6	el **mundo** de entonces pereció
1 Jn	2:2	sino también por los de todo el **mundo**
	15	No améis al **mundo**, ni las cosas que están en el **mundo** Si alguno ama al **mundo**,
	16	todo lo que hay en el **mundo**, no...del Padre, sino del **mundo**
	17	Y el **mundo** pasa, y sus deseos;
	3:1	por esto el **mundo** no nos conoce
	13	si el **mundo** os aborrece.
	17	el que tiene bienes de este **mundo**
	4:1	han salido por el **mundo**
	3	que ahora ya está en el **mundo**
	4	que el que está en el **mundo**
	5	Ellos son del **mundo**; por eso hablan del **mundo**, y el **mundo** los oye.
	9	a su Hijo unigénito al **mundo**
	14	el Salvador del **mundo**
	17	así somos nosotros en este **mundo**
	5:4	todo lo que es nacido de Dios vence al **mundo** la victoria que ha vencido al **mundo**
	5	¿Quién es el que vence al **mundo**,
	19	el **mundo** entero está bajo el maligno.
2 Jn	7	han salido por el **mundo**,
Ap	11:15	Los reinos del **mundo** han venido a ser (TR); (El reino...ha venido a ser, VM, WH, N, ABMW, VHA, NC, BC, BA)
	13:8	desde el principio del **mundo**
	17:8	desde la fundación del **mundo**

2890   Κούαρτος — Kóuartos

Ro 16:23 tesorero de la ciudad, y el hermano **Cuarto**

2891   κοῦμ — kóum o κοῦμι

Mr 5:41 le dijo: Talita **cumi**

2892   κουστωδία — koustodía

Mt	27:65	Ahí tenéis una **guardia**;
	66	aseguraron el sepulcro...poniendo la **guardia** (...por medio de la **guardia**, VM)
	28:11	he aquí unos de la **guardia**

2893   κουφίζω — koufízo (koufídzo)

Hch 27:38 **aligeraron** la nave,

2894   κόφινος — kófinos

Mt	14:20	doce **cestas** llenas.
	16:9	cuántas **cestas** recogisteis?
Mr	6:43	doce **cestas** llenas, (TR, VHA, VM, NC, BA); (que llenaban doce canastos, BC, WH, N, ABMW)
	8:19	¿cuántas **cestas** llenas
Lc	9:17	doce **cestas** de pedazos.
Jn	6:13	llenaron doce **cestas** de pedazos,

2895   κράββατος**† — krábbatos

Mr	2:4	bajaron el **lecho** en que yacía
	9	Levántate, toma tu **lecho**
	11	Levántate, toma tu **lecho**,
	12	tomando su **lecho**, salió
	6:55	traer...enfermos en **lechos**,

κράζω	2896		487		2902 κρατέω

2896		κράζω — krázo (krádzo)

Jn	5:8	Levántate, toma tu **lecho**,
	9	tomó su **lecho**, y anduvo,
	10	no te es lícito llevar tu **lecho**.
	11	Toma tu **lecho** y anda.
	12	Toma tu **lecho** y anda? (TR, VM, BA)
Hch	5:15	tanto que...los ponían en camas y **lechos**
	9:33	que estaba en **cama**, (que estaba postrado en **cama**, VHA)

Mt	8:29	**clamaron** diciendo:
	9:27	dos ciegos, **dando voces**
	14:26	**dieron voces** de miedo
	30	comenzando a hundirse, **dio voces**,
	15:22	una mujer cananea...**clamaba**, (WH, N, ABMW)
	23	Despídela, pues **da voces** tras nosotros
	20:30	dos ciegos...**clamaron**, diciendo
	31	ellos **clamaban** más, diciendo:
	21:9	**aclamaba**, diciendo: ¡Hosanna (**clamaban**..., VHA)
	15	**aclamando** en el templo
	27:23	ellos **gritaban** aún más,
	50	habiendo otra vez **clamado** a gran voz
Mr	1:26	**clamando** a gran voz, salió (TR)
	3:11	**daban voces**, diciendo:
	5:5	andaba **dando voces** en los montes (estaba..., VHA)
	7	**clamando** a gran voz, dijo:
	9:24	el padre del muchacho **clamó** (...**clamando**, VM)
	26	**clamando** y sacudiéndole con violencia,
	10:47	comenzó a **dar voces**
	48	él **clamaba** mucho más;
	11:9	los que venían detrás **daban voces**,
	15:13	volvieron a **dar voces**: (de nuevo **gritaron**, BC)
	14	ellos **gritaban** aun más:
	39	que después de **clamar** había expirado (TR, ABMW)
Lc	4:41	salían demonios...**dando voces** (TR, WH)
	9:39	de repente **da voces**,
	18:39	él **clamaba** mucho más:
	19:40	las piedras **clamarían**.
Jn	1:15	dio testimonio de él, y **clamó**
	7:28	enseñando en el templo, **alzó la voz**
	37	se puso en pie y **alzó la voz**,
	12:13	**clamaban**: ¡Hosanna! (TR)
	44	Jesús **clamó** y dijo:
	19:12	los judíos **daban voces**, (TR)
Hch	7:57	dando grandes voces, se taparon (**gritando** a grandes voces, BC)
	60	**clamó** a gran voz
	14:14	se lanzaron entre la multitud, **dando voces**
	16:17	**daba voces**, diciendo
	19:28	y **gritaron**, diciendo: ¡Grande es
	32	Unos, pues, **gritaban** una cosa,
	34	**gritaron** casi por dos horas (que...estuvieron vociferando, BC)
	21:28	**dando voces**: ¡Varones israelitas, ayudad!
	36	venía detrás, **gritando**: ¡Muera!
	23:6	**alzó la voz** en el concilio:
	24:21	**prorrumpí** en alta voz: (esta sola expresión que proferí **en alta voz**, VHA) (TR)
Ro	8:15	por el cual **clamamos**: ¡Abba, Padre!
	9:27	Isaías **clama** tocante a Israel
Gá	4:6	el cual **clama**: ¡Abba, Padre!
Stg	5:4	**clama** el jornal de los obreros

Ap	6:10	**clamaban** a gran voz, diciendo:
	7:2	**clamó** a gran voz a los cuatro ángeles,
	10	**clamaban** a gran voz, diciendo:
	10:3	**clamó** a gran voz, como ruge un león; cuando hubo **clamado**,
	12:2	**clamaba** con dolores de parto
	14:15	salió otro ángel, **clamando** a gran voz
	18:2	**clamó** con voz potente, diciendo:
	18	**dieron voces**, diciendo: ¿Qué ciudad
	19	**dieron voces**, llorando y lamentando,
	19:17	**clamó** a gran voz, diciendo:

2897		κραιπάλη* — kraipále
Lc	21:34	no se carguen de **glotonería**

2898		κρανίον — kraníon
Mt	27:33	que significa: Lugar **de la Calavera**
Mr	15:22	que traducido es: Lugar **de la Calavera**.
Lc	23:33	llegaron al lugar llamado **de la Calavera**,
Jn	19:17	salió al lugar llamado **de la Calavera**,

2899		κράσπεδον — kráspedon
Mt	9:20	tocó el **borde** de su manto;
	14:36	solamente el **borde** de su manto;
	23:5	extienden los **flecos** de sus mantos;
Mr	6:56	siquiera el **borde** de su manto
Lc	8:44	tocó el **borde** de su manto;

2900		κραταιός — krataiós
1 P	5:6	bajo la **poderosa** mano de Dios,

2901		κραταιόω† — krataióo
Lc	1:80	**se fortalecía** en espíritu;
	2:40	el niño crecía y **se fortalecía**
1 Co	16:13	portaos varonilmente, y **esforzaos**.
Ef	3:16	el **ser fortalecidos** con poder

2902		κρατέω — kratéo
Mt	9:25	**tomó** de la mano a la niña,
	12:11	no le eche mano,
	14:3	había prendido a Juan, (habiendo prendido..., BC)
	18:28	asiendo de él, le ahogaba,
	21:46	al buscar cómo **echarle mano**,
	22:6	**tomando** a los siervos,
	26:4	para **prender** con engaño a Jesús,
	48	ése es; **prendedle**,
	50	echaron mano a Jesús, y le **prendieron**
	55	no me **prendisteis**
	57	Los que **prendieron** a Jesús
	28:9	acercándose, **abrazaron** sus pies
Mr	1:31	la **tomó** de la mano (**tomándola**..., VM)
	3:21	vinieron **para prenderle**;
	5:41	**tomando** la mano de la niña,
	6:17	el mismo Herodes había...**prendido**
	7:3	**aferrándose** a la tradición de los ancianos
	4	que tomaron **para guardar**
	8	os **aferráis** a la tradición de los hombres
	9:10	**guardaron** la palabra entre sí
	27	**tomándole** de la mano,
	12:12	Y procuraban **prenderle**
	14:1	cómo **prenderle** por engaño (cómo, **prendiéndole**..., VM)
	44	ése es; **prendedle**
	46	le echaron mano, y le **prendieron**
	49	y no me **prendisteis**;
	51	le **prendieron**;

κράτιστος 2903

Lc	8:54	Mas él **tomándola** de la mano
24:16	los ojos de ellos estaban velados, (...estaban embargados, VHA)
Jn	20:23	a quienes se los **retuviereis,** les son remitidos
Hch	2:24	era imposible **que fuese retenido**
	3:11	**teniendo asidos** a Pedro y a Juan
	24:6	Intentó...profanar el templo; y **prendiéndole,** (...al cual justamente **apresamos,** BC)
	27:13	**pareciéndoles** que ya tenían lo que deseaban (...**haber logrado** su intento, VHA)
Col	2:19	no **asiéndose** de la Cabeza,
2 Ts	2:15	**retened** la doctrina (...las tradiciones, VM)
He	4:14	**retengamos** nuestra profesión.
	6:18	**para asirnos** de la esperanza
Ap	2:1	El **que tiene** las siete estrellas
	13	**retienes** mi nombre,
	14	los que **retienen** la doctrina de Balaam
	15	los que **retienen** la doctrina de los nicolaítas
	25	**retenedlo** hasta que yo venga
	3:11	**retén** lo que tienes,
	7:1	que **detenían** los cuatro vientos
	20:2	**prendió** al dragón, la serpiente antigua

2903   κράτιστος — krátistos

Lc	1:3	oh **excelentísimo** Teófilo,
Hch	23:26	Claudio Lisias al **excelentísimo**
	24:3	oh **excelentísimo** Félix,
	26:25	No estoy loco, **excelentísimo** Festo,

2904   κράτος — krátos

Lc	1:51	Hizo **proezas** (Hizo **valentía,** VHA)
Hch	19:20	prevalecía poderosamente (lit., con **poder)**
Ef	1:19	según la operación del **poder** de su fuerza
	6:10	en el **poder** de su fuerza
Col	1:11	conforme a la **potencia** de su gloria
1 Ti	6:16	la honra y el **imperio** sempiterno.
He	2:14	al que tenía el **imperio** de la muerte,
1 P	4:11	a quien pertenecen la gloria y el **imperio**
	5:11	y el **imperio** por los siglos de los siglos.
Jud	25	sea gloria y majestad, **imperio**
Ap	1:6	a él sea gloria e **imperio**
	5:13	la gloria y el **poder,** por los siglos

2905   κραυγάζω — kraugázo (kraugádzo)

Mt	12:19	No contenderá, ni **voceará**
	15:22	**clamaba,** diciéndole: (TR)
Lc	4:41	salían demonios...**dando voces** (N, ABMW)
Jn	11:43	**clamó** a gran voz:
	12:13	**clamaban:** ¡Hosanna! (WH, N, ABMW)
	18:40	todos **dieron voces** de nuevo, diciendo:
	19:6	**dieron voces,** diciendo:
	12	los judíos **daban voces,** (WH, N, ABMW)
	15	ellos **gritaron:** ¡Fuera,
Hch	22:23	como ellos **gritaban**

2906   κραυγή — krauge (kraugué)

Mt	25:6	a la medianoche se oyó un **clamor:** (lit.,...hubo un **clamor)**
Lc	1:42	exclamó a gran **voz;** (WH, N, ABMW)
Hch	23:9	hubo un gran **vocerío;**
Ef	4:31	**gritería** y maledicencia,
He	5:7	con gran **clamor** y lágrimas
Ap	14:18	llamó a gran **voz** al que tenía (TR)
	21:4	ni **clamor,** ni dolor;

2907   κρέας — kréas

488   2917 κρίμα

| Ro | 14:21 | Bueno es no comer **carne,** |
| 1 Co | 8:13 | no comeré **carne** jamás, |

2909   κρείττων — kréitton o κρείσσων

1 Co	7:9	pues **mejor** es casarse
	38	el que no la da en casamiento hace **mejor**
	11:17	no os congregáis para lo **mejor,**
	12:31	un camino aun **más excelente.** (TR)
Fil	1:23	lo cual es muchísimo **mejor;** (...mucho **más preferible,** BC)
He	1:4	hecho tanto **superior** a los ángeles
	6:9	estamos persuadidos de **cosas mejores**
	7:7	es bendecido por el **mayor**
	19	de una **mejor** esperanza,
	22	es hecho fiador de un **mejor** pacto.
	8:6	es mediador de un **mejor** pacto establecido sobre **mejores** promesas
	9:23	con **mejores** sacrificios que estos.
	10:34	una **mejor** y perdurable herencia
	11:16	anhelaban una **mejor,**
	35	a fin de obtener **mejor** resurrección.
	40	alguna cosa **mejor** para nosotros,
	12:24	que habla **mejor** que la de Abel.
1 P	3:17	**mejor** es que padezcáis
P	2:21	**mejor** les hubiera sido no haber conocido

κρεμάννυμι — kremánnumi o κρέμαμαι

Mt	18:6	mejor le fuera que se le **colgase**
	22:40	De estos dos mandamientos **depende**
Lc	23:39	uno de los malhechores **que estaban colgados**
Hch	5:30	**colgándole** en un madero.
	10:39	a quien mataron **colgándole** en un madero
	28:4	vieron la víbora **colgando** de su mano,
Gá	3:13	Maldito todo el **que es colgado**

κρεπάλη, véase κραιπάλη, 2897, pág. 487

2911   κρημνός — kremnós

Mt	8:32	se precipitó...por un **despeñadero,**
Mr	5:13	se precipitó...por un **despeñadero,**
Lc	8:33	se precipitó por un **despeñadero**

2912   Κρής — Krés

| Hch | 2:11 | **cretenses** y árabes, |
| Tit | 1:12 | Los **cretenses,** siempre mentirosos, |

2913   Κρήσκης — Kréskes

| 2 Ti | 4:10 | **Crescente** fue a Galacia, |

2914   Κρήτη — Kréte

Hch	27:7	navegamos a sotavento de **Creta,**
	12	Fenice, puerto de **Creta**
	27:13	iban costeando **Creta.**
	21	no zarpar de **Creta**
Tit	1:5	Por esta causa te dejé en **Creta,**

2915   κριθή — krithé

| Ap | 6:6 | seis libras **de cebada** (tres cuartos de celemín..., BC) |

2916   κρίθινος — kríthinos

| Jn | 6:9 | tiene cinco panes **de cebada** |
| | 13 | que de los cinco panes **de cebada** |

2917   κρίμα — kríma

κρίνον 2918   489   2919 κρίνω

Mt	7:2	con el juicio con que juzgáis		Hch	3:13	cuando éste había resuelto ponerle
	23:13	(14) recibiréis mayor condenación, (TR, VM, BA)			4:19	Juzgad si es justo delante de Dios
					7:7	yo juzgaré, dijo Dios, a la nación
Mr	12:40	Estos recibirán mayor condenación			13:27	las cumplieron al condenarle
Lc	20:47	éstos recibirán mayor condenación			46	no os juzgáis dignos de la vida eterna
	23:40	estando en la misma condenación?			15:19	Por lo cual yo juzgo que no se inquiete
		(lit., porque estás...)			16:4	las ordenanzas que habían acordado
	24:20	a sentencia de muerte,				(...las decisiones decretadas, BC)
Jn	9:39	Para juicio he venido			15	Si habéis juzgado que yo sea fiel al Señor
Hch	24:25	y del juicio venidero			17:31	juzgará al mundo (va a juzgar..., VHA)
Ro	2:2	sabemos que el juicio de Dios			20:16	Pablo se había propuesto pasar de largo
	3	que tú escaparás del juicio de Dios?			21:25	hemos escrito determinando
	3:8	cuya condenación es justa,			23:3	¿Estás tú sentado para juzgarme
	5:16	porque ciertamente el juicio			6	de la resurrección de los muertos se me
	11:33	¡Cuán insondables son sus juicios,				juzga
	13:2	acarrean condenación para sí mismos,			24:6	quisimos juzgarle (TR, [VM], NC, [BA])
		(recibirán..., VM)			21	soy juzgado hoy por vosotros.
1 Co	6:7	que tengáis pleitos entre vosotros mismos			25:9	allá ser juzgado de estas cosas
	11:29	juicio come y bebe para sí.			10	donde debo ser juzgado.
	34	para que no os reunáis para juicio.			20	allá ser juzgado de estas cosas.
Gá	5:10	llevará la sentencia,			25	he determinado enviarle a él.
1 Ti	3:6	caiga en la condenación del diablo			26:6	soy llamado a juicio; (estoy aquí
	5:12	incurriendo así en condenación				procesado, BC)
He	6:2	y del juicio eterno			8	¿Se juzga entre vosotros cosa increíble
Stg	3:1	recibiremos mayor condenación			27:1	Cuando se decidió que habíamos de navegar
1 P	4:17	es tiempo de que el juicio		Ro	2:1	tú que juzgas;
2 P	2:3	la condenación no se tarda,				pues en lo que juzgas;
Jud	4	destinados para esta condenación,				tú que juzgas haces lo mismo
Ap	17:1	te mostraré la sentencia			3	tú que juzgas a los que tal hacen,
	18:20	os ha hecho justicia (lit., ha juzgado vuestro juicio)			12	por la ley serán juzgados;
					16	en el día en que Dios juzgará
	20:4	los que recibieron facultad de juzgar (les fué dada facultad de juzgar, VHA)			27	te condenará a ti,
					3:4	venzas cuando fueres juzgado.
2918		κρίνον — krínon			6	¿cómo juzgaría Dios al mundo?
Mt	6:28	Considerad los lirios del campo,			7	¿por qué aún soy juzgado como pecador?
Lc	12:27	Considerad los lirios			14:3	no juzgue al que come;
					4	¿Tú quién eres, que juzgas al criado
2919		κρίνω — kríno			5	uno hace diferencia entre día y día
Mt	5:40	y al que quiera ponerte a pleito				otro juzga iguales todos los días.
	7:1	No juzguéis, para que no seáis juzgados			10	¿por qué juzgas a tu hermano?
	2	con el juicio con que juzgáis, seréis juzgados			13	Así que, ya no nos juzguemos más
	19:28	para juzgar a las doce tribus de Israel				más bien decidid no poner tropiezo
Lc	6:37	No juzguéis, y no seréis juzgados		1 Co	2:2	me propuse no saber entre vosotros
	7:43	Rectamente has juzgado			4:5	Así que, no juzguéis nada
	12:57	¿Y por qué no juzgáis por vosotros			5:3	ya como presente he juzgado
	19:22	por tu propia boca te juzgo			12	para juzgar a los que están fuera?
	22:30	juzgando a las doce tribus de Israel			13	¿No juzgáis vosotros a los que
Jn	3:17	para condenar al mundo				están fuera, Dios juzgará.
	18	El que en él cree, no es condenado			6:1	ir a juicio delante de los injustos,
		ya ha sido condenado			2	los santos han de juzgar al mundo?
	5:22	el Padre a nadie juzga				si el mundo ha de ser juzgado
	30	según oigo, así juzgo			3	que hemos de juzgar a los ángeles?
	7:24	no juzguéis según las apariencias			6	el hermano con el hermano pleitea en
		juzgad con justo juicio				juicio,
	51	¿Juzga acaso nuestra ley			7:37	ha resuelto en su corazón
	8:15	Vosotros juzgáis según la carne			10:15	juzgad vosotros lo que digo,
		yo no juzgo a nadie			29	¿por qué se ha de juzgar mi libertad
	16	si yo juzgo, mi juicio es verdadero			11:13	Juzgad vosotros mismos: (...por vosotros
	26	Muchas cosas tengo que decir y juzgar				mismos, VM)
	50	hay quien la busca, y juzga			31	no seríamos juzgados,
	12:47	yo no le juzgo			32	mas siendo juzgados,
		no he venido a juzgar al mundo		2 Co	2:1	Esto, pues, determiné para conmigo,
	48	tiene quien le juzgue			5:14	pensando esto (juzgando nosotros así, VM)
		ella le juzgará en el día postrero		Col	2:16	Por tanto, nadie os juzgue
	16:11	el príncipe de este mundo ha sido ya juzgado		2 Ts	2:12	a fin de que sean condenados todos
	18:31	juzgadle según vuestra ley		2 Ti	4:1	que juzgará a los vivos (que ha de juzgar..., VHA)

Tit	3:12	allí **he determinado** pasar el invierno	2 P	2:11	no pronuncian **juicio** de maldición
He	10:30	El Señor **juzgará** a su pueblo.			(no traen...**juicio** injurioso, VM)
	13:4	los **juzgará** Dios,		3:7	en el día del **juicio**
Stg	2:12	como los que habéis de ser **juzgados**	1 Jn	4:17	para que tengamos confianza en el día
	4:11	El que...**juzga** a su hermano...**juzga** a la ley			del **juicio**
		si tú **juzgas** a la ley,	Jud	6	para el **juicio** del gran día;
	12	¿quién eres para que **juzgues** (¿quién eres		9	proferir **juicio** de maldición
		que **juzgas**, VHA)		15	para hacer **juicio** contra todos,
	5:9	para que no seáis condenados (TR, VM);	Ap	14:7	la hora de su **juicio** ha llegado;
		(...seáis **juzgados**, VHA, WH, N, ABMW,		16:7	tus **juicios** son verdaderos y justos.
		NC, BC, BA)		18:10	porque en una hora vino tu **juicio**
1 P	1:17	que...**juzga** según la obra de cada uno		19:2	porque sus **juicios** son verdaderos
	2:23	al que **juzga** justamente			
	4:5	para **juzgar** a los vivos y a los muertos	**2921**		Κρίσπος — Kríspos
	6	para que sean **juzgados** en carne	Hch	18:8	**Crispo**, el principal de la sinagoga,
Ap	6:10	no **juzgas** y vengas nuestra sangre	1 Co	1:14	sino a **Crispo** y a Gayo,
	11:18	y el tiempo de **juzgar** a los muertos			
	16:5	porque **has juzgado** estas cosas	**2922**		κριτήριον — kritérion
	18:8	Dios el Señor, que la **juzga**	1 Co	6:2	de **juzgar** cosas muy pequeñas? (en
	20	os ha hecho justicia (lit., ha **juzgado**			**tribunales** ínfimos, BC)
		vuestro **juicio**)		4	Si, pues, tenéis **juicios**
	19:2	**ha juzgado** a la gran ramera	Stg	2:6	que os arrastran a los **tribunales**
	11	con justicia **juzga** y pelea			
	20:12	fueron **juzgados** los muertos	**2923**		κριτής — krités
	13	fueron **juzgados** cada uno según sus obras;	Mt	5:25	no sea que...te entregue al **juez**
					y el **juez** al alguacil
2920		κρίσις — krísis		12:27	ellos serán vuestros **jueces**
Mt	5:21	será culpable de **juicio**	Lc	11:19	ellos serán vuestros **jueces**
	22	será culpable de **juicio**		12:14	sobre vosotros como **juez** o partidor?
	10:15	en el día del **juicio**			(WH, N, ABMW)
		(También en 11:22 y 24)		58	no sea que te arrastre al **juez**
	12:18	a los gentiles anunciará **juicio**			y el **juez** te entregue al alguacil
	20	Hasta que saque a victoria el **juicio**		18:2	Había en una ciudad un **juez**
	36	darán cuenta en el día del **juicio**		6	Oído lo que dijo el **juez** injusto
	41	se levantarán en el **juicio**	Hch	10:42	por **Juez** de vivos y muertos
	42	se levantará en el **juicio**		13:20	les dio **jueces** hasta el profeta Samuel
	23:23	la **justicia**, la misericordia y la fe		18:15	yo no quiero ser **juez** de estas cosas
	33	¿Cómo escaparéis de la **condenación**		24:10	que...eres **juez** de esta nación
Mr	3:29	es reo de **juicio** eterno (TR, VM)	2 Ti	4:8	me dará el Señor, **juez** justo
	6:11	De cierto os digo que en el día del **juicio**	He	12:23	a Dios el **juez** de todos,
		(TR, VM)	Stg	2:4	venís a ser **jueces** con malos pensamientos
Lc	10:14	en el **juicio** será más tolerable		4:11	no eres hacedor de la ley, sino **juez**
	11:31	se levantará en el **juicio**		12	Uno solo es el dador de la ley (TR); (Uno
	32	se levantarán en el **juicio**			solo hay legislador y **juez**, VHA, WH,
	42	y pasáis por alto la **justicia**			N, ABMW, VM, NC, BC, BA)
Jn	3:19	esta es la **condenación**:		5:9	el **juez** está delante de la puerta
	5:22	todo el **juicio** dio al Hijo,			
	24	y no vendrá a **condenación**,	**2924**		κριτικός* — kritikós
	27	le dio autoridad de hacer **juicio**	He	4:12	discierne los pensamientos (es hábil en
	29	a resurrección de **condenación**.			discernir..., VM)
	30	mi **juicio** es justo,			
	7:24	sino juzgad con justo **juicio**.	**2925**		κρούω — króuo
	8:16	mi **juicio** es verdadero;	Mt	7:7	**llamad**, y se os abrirá.
	12:31	Ahora es el **juicio** de este mundo;		8	al **que llama**, se le abrirá.
	16:8	de **justicia** y de **juicio**.	Lc	11:9	**llamad**, y se os abrirá.
	11	de **juicio**, por cuanto el príncipe		10	al **que llama**, se le abrirá.
Hch	8:33	En su humillación no se le hizo **justicia**;		12:36	para que **cuando** llegue y **llame**,
2 Ts	1:5	Esto es demostración del justo **juicio**		13:25	estando fuera empecéis a **llamar**
1 Ti	5:24	antes que ellos vengan a **juicio**, (yéndoles			(comenzareis a estar fuera, y a **llamar**
		delante a **juicio**, VM)			VHA)
He	9:27	y después de esto el **juicio**,	Hch	12:13	**Cuando** llamó...a la puerta
	10:27	una horrenda expectación de **juicio**,		16	Mas Pedro persistía en **llamar**;
Stg	2:13	**juicio** sin misericordia	Ap	3:20	yo estoy a la puerta y **llamo**;
		la misericordia triunfa sobre el **juicio**			
	5:12	para que no caigáis en **condenación** (E,	**2926**		κρύπτη* † — krúpte
		WH, N, ABMW, VHA, VM, NC, BC, BA);	Lc	11:33	Nadie pone en **oculto** la luz
		(lit.,...en hipocresía, S)			
2 P	2:4	para ser reservados al **juicio**	**2927**		κρυπτός — kruptós
	9	para ser castigados en el día del **juicio**	Mt	6:4	para que sea tu limosna en **secreto**

κρύπτω 2928　　　　　　　　　　　　　　　　　　　　　　　　　　　　　　　2938 κτίσμα

Mt	6:4	y tu Padre que ve en lo **secreto**
	6	ora a tu Padre que está en **secreto**
		y tu Padre que ve en lo **secreto**
	18	a tu Padre que está en **secreto** (TR)
		tu Padre que ve en lo **secreto** (TR)
	10:26	ni **oculto**, que no haya de saberse.
Mr	4:22	Porque no hay nada **oculto**
Lc	8:17	Porque nada hay **oculto**,
	11:33	Nadie pone en **oculto** la luz
	12:2	ni **oculto**, que no haya de saberse.
Jn	7:4	hace algo en **secreto**.
	10	sino como en **secreto**.
	18:20	y nada he hablado en **oculto**
Ro	2:16	los **secretos** de los hombres,
	29	el que lo es en lo interior (que es tal en lo **escondido**, BC)
1 Co	4:5	el cual aclarará también lo **oculto**
	14:25	lo **oculto** de su corazón
2 Co	4:2	Antes bien renunciamos a lo **oculto**
1 P	3:4	sino el **interno**, (lit., sino el hombre **oculto**)

2928　　　κρύπτω – krúpto

Mt	5:14	sobre un monte no se puede **esconder**
	11:25	**escondiste** estas cosas (WH, N, ABMW)
	13:35	Declararé **cosas escondidas**
	44	es semejante a un tesoro **escondido** lo **esconde** de nuevo;
	25:18	**escondió** el dinero (WH, N, ABMW)
	25	**escondí** tu talento
Lc	13:21	**escondió** en tres medidas (WH, N)
	18:34	esta palabra les era **encubierta**,
	19:42	ahora **está encubierto** de tus ojos.
Jn	8:59	pero Jesús se **escondió**
	12:36	se **ocultó** de ellos.
	19:38	**secretamente** por miedo de los judíos,
Col	3:3	vuestra vida **está escondida** con Cristo
1 Ti	5:25	no pueden **permanecer ocultas**
He	11:23	fue **escondido** por sus padres
Ap	2:17	daré a comer del maná **escondido**,
	6:15	se **escondieron** en las cuevas
	16	Caed sobre nosotros y **escondednos**

2929　　　κρυσταλλίζω*† – krustallízo (krustalídzo)

Ap　21:11　diáfana como el **cristal**.

2930　　　κρύσταλλος – krústallos (krústalos)

Ap	4:6	semejante al **cristal**;
	22:1	resplandeciente como **cristal**

2931 A　　　κρυφαῖος – krufáios

Mt	6:18	a tu Padre que está en **secreto**; (WH, N, ABMW)
		tu Padre que ve en lo **secreto** (WH, N, ABMW)

2931　　　κρυφῇ – krufé

Ef　5:12　de lo que ellos hacen **en secreto**. (las cosas hechas por ellos..., VM)

2932　　　κτάομαι – ktáomai

Mt	10:9	No **os proveáis** de oro,
Lc	18:12	doy diezmos de todo lo que **gano**.
	21:19	**ganaréis** vuestras almas.
Hch	1:18	**adquirió** un campo
	8:20	que el don de Dios **se obtiene** con dinero

Hch	22:28	**adquirí** esta ciudadanía.
1 Ts	4:4	sepa **tener** su propia esposa, (sepa cómo **poseer** su propio vaso, BA)

2933　　　κτῆμα – ktéma

Mt	19:22	tenía muchas **posesiones**. (lit., que tenía...)
Mr	10:22	tenía muchas **posesiones**. (lit., que tenía...)
Hch	2:45	vendían sus **propiedades**
	5:1	vendió una **heredad**, (...una posesión, VHA)

2934　　　κτῆνος – kténos

Lc	10:34	poniéndole en su **cabalgadura**,
Hch	23:24	y que preparasen **cabalgaduras**
1 Co	15:39	otra carne la **de las bestias**,
Ap	18:13	trigo, **bestias**, ovejas

2935　　　κτήτωρ** – ktétor

Hch　4:34　los que poseían heredades (los que eran dueños..., VHA)

2936　　　κτίζω – ktízo (ktídzo)

Mt	19:4	el **que** los **hizo** al principio, (WH, N, ABMW)
Mr	13:19	de la creación que Dios **creó**
Ro	1:25	antes que al **Creador**
1 Co	11:9	tampoco el varón **fue creado**
Ef	2:10	**creados** en Cristo Jesús
	15	para **crear** en sí mismo
	3:9	en Dios, **que creó** todas las cosas;
	4:24	**creado** según Dios en la justicia
Col	1:16	en él **fueron creadas** todas las cosas, todo **fue creado** por medio de él
	3:10	conforme a la imagen del **que** lo **creó**
1 Ti	4:3	abstenerse de alimentos que Dios **creó**
Ap	4:11	tú **creaste** todas las cosas por tu voluntad...**fueron creadas**
	10:6	que **creó** el cielo y las cosas

2937　　　κτίσις – ktísis

Mr	10:6	al principio **de la creación**
	13:19	desde el principio **de la creación**
	16:15	[predicad el evangelio a toda criatura]
Ro	1:20	desde **la creación** del mundo
	25	las **criaturas** antes que al Creador (a la criatura..., VHA)
	8:19	el anhelo ardiente de la **creación**
	20	la **creación** fue sujetada a vanidad
	21	la **creación** misma será libertada
	22	toda la **creación** gime a una,
	39	ni ninguna otra **cosa creada**
2 Co	5:17	nueva **criatura** es
Gá	6:15	sino una nueva **creación**.
Col	1:15	el primogénito de toda **creación**.
	23	el cual se predica en toda la **creación**
He	4:13	no hay **cosa creada** que no sea manifiesta
	9:11	es decir, no de esta **creación**,
1 P	2:13	sometéos a toda **institución** humana
2 P	3:4	desde el principio **de la creación**.
Ap	3:14	el principio de la **creación** de Dios,

2938　　　κτίσμα** – ktísma

1 Ti	4:4	todo lo que Dios creó (toda **criatura** de Dios..., BC)
Stg	1:18	seamos primicias de sus **criaturas**,
Ap	5:13	Ya todo **lo creado** que está en el cielo
	8:9	la tercera parte de los seres (...de las

	criaturas, VHA)
2939	κτίστης — ktístes
1 P 4:19	encomienden sus almas al fiel Creador
2940	κυβεία* — kubéia
Ef 4:14	por estratagema de hombres
2941	κυβέρνησις — kubérnesis
1 Co 12:28	los que administran (los de...gobernar, VM)
2942	κυβερνήτης — kubernétes
Hch 27:11	daba más crédito al piloto
Ap 18:17	todo piloto, y todos...se pararon lejos
	κυβία, véase κυβεία, 2940
2943	Véase abajo
2944 A	κυκλεύω — kukléuo
Ap 20:9	rodearon el campamento (WH, N, ABMW)
2943	κυκλόθεν — kuklóthen
Ap 4:3	alrededor del trono un arco iris
4	alrededor del trono...veinticuatro tronos
8	alrededor y por dentro estaban llenos
5:11	de muchos ángeles alrededor del trono, (TR)
2944	κυκλόω — kuklóo
Lc 21:20	rodeada de ejércitos,
Jn 10:24	le rodearon los judíos
Hch 14:20	rodeándole los discípulos,
He 11:30	después de rodearlos siete días.
	(después de ser rodeados..., VHA)
Ap 20:9	rodearon el campamento (TR)
2944A	Véase arriba
2945	κύκλῳ — kúklo
Mr 3:34	mirando a los que estaban sentados alrededor de él (mirando alrededor a los que estaban sentados en torno de él, VHA, TR, VM, NC, BA) ; (dirigiendo en torno su mirada a los que alrededor de él estaban sentados en círculo, BC, WH, N, ABMW)
6:6	recorría las aldeas de alrededor,
36	a los campos y aldeas de alrededor,
Lc 9:12	a las aldeas y campos de alrededor,
Ro 15:19	y por los alrededores hasta Ilírico,
Ap 4:6	y alrededor del trono,
5:11	muchos ángeles alrededor del trono, (WH, N, ABMW)
7:11	estaban en pie alrededor del trono,
2946	κυλισμός**† — kulismós
2 P 2:22	y la puerca lavada a revolcarse en el cieno. (lit.,...a la revolcadura del cieno)
2947	κυλίω — kulío
Mr 9:20	se revolcaba, echando espumarajos.
2948	κυλλός* — kullós (kulós)
Mt 15:30	mancos, y otros muchos enfermos
31	a los mancos sanados, (TR, N, ABMW, VHA, VM, NC, BC, BA)
18:8	cojo o manco, que teniendo dos manos
Mr 9:43	mejor te es entrar en la vida manco

2949	κῦμα — kúma
Mt 8:24	que las olas cubrían la barca; (que la barca se cubría con las ondas, VM)
14:24	azotada por las olas;
Mr 4:37	echaba las olas en la barca,
Hch 27:41	con la violencia del mar. (con la violencia de las olas, VM, TR, [ABMW], NC, BC)
Jud 13	fieras ondas del mar,
2950	κύμβαλον — kúmbalon
1 Co 13:1	o címbalo que retiñe.
2951	κύμινον — kúminon
Mt 23:23	la menta y el eneldo y el comino,
2952	κυνάριον* — kunárion
Mt 15:26	echarlo a los perrillos.
27	pero aun los perrillos comen
Mr 7:27	echarlo a los perrillos.
28	pero aun los perrillos,
2953	Κύπριος — Kúprios
Hch 4:36	levita, natural de Chipre,
11:20	unos varones de Chipre y de Cirene,
21:16	a uno llamado Mnasón, de Chipre,
2954	Κύπρος — Kúpros
Hch 11:19	Fenicia, Chipre y Antioquía,
13:4	de allí navegaron a Chipre.
15:39	tomando a Marcos, navegó a Chipre,
21:3	Al avistar Chipre,
27:4	navegamos a sotavento de Chipre,
2955	κύπτω — kúpto
Mr 1:7	no soy digno de desatar encorvado
Jn 8:6	[Pero Jesús, inclinado]
8	[E inclinándose de nuevo]
	Κυρεῖνος, véase Κυρήνιος, 2958
2955A	Véase pág 467
2956	Κυρηναῖος — Kurenáios
Mt 27:32	hallaron a un hombre de Cirene
Mr 15:21	Simón de Cirene, padre de Alejandro
Lc 23:26	a cierto Simón de Cirene,
Hch 6:9	y de los de Cirene,
11:20	unos varones de Chipre y de Cirene
13:1	Lucio de Cirene,
2957	Κυρήνη — Kuréne
Hch 2:10	más allá de Cirene,
2958	Κυρήνιος — Kurénios
Lc 2:2	siendo Cirenio gobernador de Siria.
2959	κυρία — kuría
2 Jn 1	El anciano a la señora elegida
5	Y ahora te ruego, señora,
2960	κυριακός**† — kuriakós
1 Co 11:20	esto no es comer la cena del Señor.
Ap 1:10	en el Espíritu en el día del Señor,
2961	κυριεύω — kuriéuo
Lc 22:25	Los reyes de las naciones se enseñorean
Ro 6:9	la muerte no se enseñorea más de él.

Ro	6:14	el pecado no se enseñoreará de vosotros;
	7:1	la ley se enseñorea del hombre
	14:9	Para ser Señor así de los muertos
2 Co	1:24	No que nos enseñoreemos de vuestra fe,
1 Ti	6:15	Señor de señores, (Señor de los que dominan, BC)

2962   κύριος — kúrios

Mt	1:20	un ángel del Señor le apareció
	22	para que se cumpliese lo dicho por el Señor
	24	hizo como el ángel del Señor
	2:13	un ángel del Señor apareció
	15	lo que dijo el Señor (lo dicho por el Señor, VM)
	19	un ángel del Señor apareció
	3:3	Preparad el camino del Señor
	4:7	No tentarás al Señor tu Dios.
	10	Al Señor tu Dios adorarás,
	5:33	sino cumplirás al Señor
	6:24	Ninguno puede servir a dos señores;
	7:21	No todo el que me dice: Señor, Señor,
	22	me dirán en aquel día: Señor, Señor,
	8:2	Señor, si quieres, puedes limpiarme.
	6	diciendo: Señor, mi criado
	8	Señor, no soy digno
	21	Señor, permíteme que vaya
	25	¡Señor, sálvanos, que perecemos!
	9:28	ellos dijeron: Sí, Señor
	38	Rogad, pues, al Señor de la mies,
	10:24	ni el siervo más que su señor
	25	y al siervo como su señor,
	11:25	Señor del cielo y de la tierra,
	12:8	el Hijo del Hombre es Señor
	13:27	Señor, ¿No sembraste buena semilla
	51	Ellos respondieron: Sí, Señor, (TR, VM)
	14:28	Señor, si eres tú,
	30	¡Señor, sálvame!
	15:22	¡Señor, Hijo de David
	25	¡Señor, socórreme!
	27	Sí, Señor; pero aun los perrillos que caen de la mesa de sus amos.
	16:22	Señor, ten compasión de ti;
	17:4	Señor, bueno es para nosotros
	15	Señor, ten misericordia de mi hijo,
	18:21	Señor, ¿cuántas veces
	25	ordenó su señor venderle, (...que fuese vendido, VHA)
	26	Señor, ten paciencia conmigo, (TR, VM, NC)
	27	El señor de aquel siervo
	31	y refirieron a su señor todo
	32	llamándole su señor, dijo
	34	Entonces su señor, enojado,
	20:8	el señor de la viña dijo a su mayordomo
	30	¡Señor, Hijo de David,
	31	¡Señor, Hijo de David,
	33	Señor, que sean abiertos nuestros ojos.
	21:3	El Señor los necesita; (...tiene necesidad de ellos, BC)
	9	el que viene en el nombre del Señor!
	29 (30)	Sí, señor, voy. Y no fue
	40	Cuando venga, pues, el señor
	42	El Señor ha hecho esto. (por el Señor ha sido hecho esto, VHA)
	22:37	Amarás al Señor tu Dios
	43	le llama Señor, diciendo:
	44	Dijo el Señor a mi Señor
	45	si David le llama Señor,

Mt	23:39	el que viene en el nombre del Señor.
	24:42	ha de venir vuestro Señor.
	45	al cual puso su señor sobre su casa
	46	al cual, cuando su señor venga,
	48	Mi señor tarda en venir;
	50	vendrá el señor de aquel siervo
	25:11	¡Señor, señor, abrénos!
	18	escondió el dinero de su señor.
	19	vino el señor de aquellos siervos,
	20	Señor, cinco talentos
	21	su señor le dijo entra en el gozo de tu señor
	22	Señor, dos talentos me entregaste;
	23	Su señor le dijo: entra en el gozo de tu señor
	24	Señor, te conocía
	26	Respondiendo su señor,
	37	Señor, ¿cuándo te vimos
	44	Señor, ¿cuándo te vimos
	26:22	¿Soy yo, Señor?
	27:10	como me ordenó el Señor
	63	Señor, nos acordamos que aquel engañador
	28:2	un ángel del Señor, descendiendo
	6	donde fue puesto el Señor. (TR, VM)
Mr	1:3	Preparad el camino del Señor;
	2:28	el Hijo del Hombre es Señor
	5:19	el Señor ha hecho contigo,
	7:28	Sí, Señor; pero aun los perrillos
	9:24	Creo, ayuda a mi incredulidad (V60, WH, N, ABMW, VHA, NC, BC, 3A); (¡Creo, Señor; ayuda..., VM, TR)
	11:3	el Señor lo necesita, (...tiene necesidad de él, BC)
	9	el que viene en el nombre del Señor!
	10	¡Bendito el reino de nuestro padre David que viene (V60, WH, N, ABMW, VHA, VM, NC, BC, BA); (lit,....que viene en el nombre del Señor de nuestro padre David, TR)
	12:9	¿Qué, pues, hará el señor de la viña?
	11	El Señor ha hecho esto, (por el Señor ha sido hecho esto, VHA)
	29	el Señor nuestro Dios, el Señor uno es.
	30	amarás al Señor tu Dios
	36	Dijo el Señor a mi Señor:
	37	David mismo le llama Señor;
	13:20	si el Señor no hubiese acortado
	35	cuándo vendrá el señor de la casa;
	16:19	[el Señor, después que les habló]
	20	[ayudándoles el Señor]
Lc	1:6	los mandamientos y ordenanzas del Señor
	9	entrando en el santuario del Señor.
	11	se le apareció un ángel del Señor
	15	será grande delante de Dios. (...delante del Señor, VHA)
	16	se conviertan al Señor Dios
	17	para preparar al Señor un pueblo
	25	Así ha hecho conmigo el Señor (TR), (...el Señor, WH, N, ABMW)
	28	El Señor es contigo;
	32	el Señor Dios le dará el trono
	38	He aquí la sierva del Señor
	43	la madre de mi Señor venga a mí
	45	lo que le fue dicho de parte del Señor
	46	Engrandece mi alma al Señor
	58	Dios había engrandecido (el Señor..., VHA)
	66	la mano del Señor estaba con él.
	68	Bendito el Señor Dios de Israel,
	76	delante de la presencia del Señor,

Lc	2:9	se les presentó un ángel **del Señor**, la gloria del **Señor** los rodeó	Lc	16:5 ¿Cuánto debes a mi **amo**?
	11	que es Cristo **el Señor**.		8 alabó el **amo** al mayordomo
	15	que **el Señor** nos ha manifestado.		13 puede servir a dos **señores**
	22	para presentarle al **Señor**		17:5 Dijeron los apóstoles al **Señor**: Auméntanos
	23	(como está escrito en la ley **del Señor**: será llamado santo al **Señor**)		6 el **Señor** dijo: Si tuvierais fe 37 ¿Dónde, **Señor**?
	24	lo que se dice en la ley **del Señor**:		18:6 Y dijo el **Señor**: Oíd lo que dijo
	26	antes que viese al Ungido **del Señor**		41 él dijo: **Señor**, que reciba la vista.
	38	daba gracias a Dios (V60, WH, N, ABMW, VHA, NC, BC, BA); (...al **Señor**, VM, TR)		19:8 puesto en pie, dijo al **Señor**; **Señor**, la mitad de mis bienes 16 **Señor**, tu mina ha ganado diez minas
	39	todo lo prescrito en la ley **del Señor**		18 **Señor**, tu mina ha producido cinco minas.
	3:4	Preparad el camino **del Señor**;		20 **Señor**, aquí está tu mina,
	4:8	Al **Señor** tu Dios adorarás		25 **Señor**, tiene diez minas.
	12	No tentarás **al Señor** tu Dios.		31 el **Señor** lo necesita. (...tiene necesidad de él, BC)
	18	El Espíritu **del Señor** está sobre mí,		33 sus **dueños** les dijeron:
	19	el año agradable **del Señor**.		34 el **Señor** lo necesita. (...tiene necesidad de él, BC)
	5:8	Apártate de mí, **Señor**,		38 el rey que viene en el nombre del **Señor**;
	12	**Señor**, si quieres, puedes limpiarme.		20:13 Entonces el **señor** de la viña dijo:
	17	el poder **del Señor** estaba		15 ¿Qué, pues, les hará el **Señor** de la viña?
	6:5	es **Señor** aun del día de reposo		37 cuando llama **al Señor**,
	46	¿Por qué me llamáis, **Señor**, **Señor**,		42 Dijo **el Señor** a mi **Señor**:
	7:6	**Señor**, no te molestes		44 David, pues, le llama **Señor**;
	13	cuando el **Señor** la vio,		22:31 Dijo también el **Señor**: (TR, VM)
	19	los envió a Jesús (TR); (los envió al **Señor**, VHA, WH, N, ABMW, VM, NC, BC, BA)		33 **Señor**, dispuesto estoy 38 **Señor**, aquí hay dos espadas.
	31	Y dijo el **Señor**: (TR, VM)		49 **Señor**, ¿heriremos a espada?
	9:54	**Señor**, ¿quieres que mandemos		61 vuelto el **Señor**, miró a Pedro se acordó de la palabra del **Señor**,
	57	**Señor**, te seguiré (TR)		23:42 Acuérdate de mí (V60, WH, N, ABMW, VHA, NC, BC, BA); (**Señor**, acuérdate de mí, VM, TR)
	59	**Señor**, déjame que primero (TR, [ABMW], VM, NC, BC, BA)		
	61	Te seguiré, **Señor**;		24:3 no hallaron el cuerpo del **Señor** Jesús.
	10:1	designó el **Señor** también a otros		34 Ha resucitado el **Señor**
	2	rogad al **Señor** de la mies	Jn	1:23 Enderezad el camino **del Señor**,
	17	**Señor**, aun los demonios		4:1 Cuando, pues, el **Señor** entendió (TR, WH, N, VHA, VM, NC, BC, BA); (lit.,...Jesús, ABMW)
	21	**Señor** del cielo y de la tierra,		
	27	Amarás **al Señor** tu Dios		11 **Señor**, no tienes con qué sacarla,
	39	a los pies de Jesús (TR, VM); (a los pies del **Señor**, VHA, WH, N, ABMW, NC, BC, BA)		15 **Señor**, dame esa agua, 19 **Señor**, me parece que tú eres profeta 49 **Señor**, desciende antes que mi hijo muera.
	40	dijo: **Señor**, ¿no te da cuidado		5:4 un ángel descendía (TR, [VHA], [VM]); (un ángel **del Señor**..., BC, NC, [BA])
	41	Respondiendo Jesús, (TR, VM); (Respondiendo el **Señor**, VHA, WH, N, ABMW, NC, BC, BA)		
				7 **Señor**, le respondió el enfermo, no tengo
	11:1	**Señor**, enséñanos a orar,		6:23 después de haber dado gracias al **Señor**.
	39	Pero el **Señor** le dijo:		34 **Señor**, danos siempre este pan
	12:36	que aguardan a que su **señor** (que aguardan a su **señor**, VHA)		68 **Señor**, ¿a quién iremos?
	37	a los cuales su **señor**, cuando venga,		8:11 [Ella dijo: Ninguno, **Señor**]
	41	**Señor**, ¿dices esta parábola a nosotros		9:36 ¿Quién es, **Señor**, para que crea en él?
	42	dijo el **Señor**: ¿Quién es el mayordomo al cual su **señor** pondrá		38 él dijo: Creo, **Señor**; 11:2 fue la que ungió al **Señor** con perfume
	43	al cual, cuando su **señor** venga,		3 **Señor**, he aquí el que amas
	45	Mi **señor** tarda en venir;		12 **Señor**, si duerme, sanará.
	46	vendrá el **señor** de aquel siervo		21 **Señor**, si hubieses estado aquí,
	47	conociendo la voluntad de su **señor**		27 Sí, **Señor**; yo he creído
	13:8	**Señor**, déjala todavía		32 **Señor**, si hubieses estado aquí,
	15	Entonces el **Señor** le respondió		34 Le dijeron: **Señor**, ven y ve.
	23	**Señor**, ¿son pocos los que se salvan?		39 **Señor**, hiede ya,
	25	**Señor**, **Señor**, ábrenos, (TR); (**Señor**, ábrenos, VHA, WH, N, ABMW, VM, NC, BC, BA)		12:13 el que viene en el nombre del **Señor**, 21 **Señor**, quisiéramos ver a Jesús,
	35	el que viene en el nombre del **Señor**.		38 **Señor**, ¿quién ha creído ¿Y a quién se ha revelado el brazo del **Señor**
	14:21	hizo saber estas cosas a su **señor**.		
	22	dijo el siervo: **Señor**, se ha hecho		13:6 **Señor**, ¿tú me lavas los pies?
	23	Dijo el **señor** al siervo: Vé		9 **Señor**, no sólo mis pies,
	16:3	mi **amo** me quita la mayordomía		13 Vosotros me llamáis Maestro, y **Señor**;
	5	a cada uno de los deudores de su **amo**,		14 si yo, el **Señor** y el Maestro,

Jn	13:16	El siervo no es mayor que su señor,			el Señor..., TR)
	25	Señor, ¿quién es?	Hch	9:6	Señor, ¿qué quieres que yo haga?
	36	Señor, ¿a dónde vas?			Y el Señor le dijo (TR, [VM])
	37	Le dijo Pedro: Señor, ¿Por qué no te		10	a quien el Señor dijo en visión:
	14:5	Le dijo Tomás: Señor, no sabemos			Heme aquí, Señor
	8	Señor, muéstranos el Padre		11	el Señor le dijo: Levántate
	22	Señor, ¿cómo es que		13	Señor, he oído de muchos acerca
	15:15	no sabe lo que hace su señor;		15	El Señor le dijo: Vé
	20	El siervo no es mayor que su señor.		17	el Señor Jesús, que se te apareció
	20:2	Se han llevado del sepulcro al Señor,		27	había visto en el camino al Señor,
	13	se han llevado a mi Señor,		28	(29) en el nombre del Señor
	15	Señor, si tú lo has llevado,		31	andando en el temor del Señor,
	18	había visto al Señor, (TR); (He visto...,		35	los cuales se convirtieron al Señor
		VHA, WH, N, ABMW, VM, NC, BC, BA)		42	muchos creyeron en el Señor
	20	se regocijaron viendo al Señor		10:4	¿Qué es, Señor?
	25	Al Señor hemos visto		14	Entonces Pedro dijo: Señor, no;
	28	¡Señor mío, y Dios mío!		33	lo que Dios te ha mandado (cuanto te
	21:7	¡Es el Señor!			ha sido mandado decir de parte de Dios,
		Cuando oyó que era el Señor			VM, TR, BA); (lo ordenado por el Señor,
	12	sabiendo que era el Señor			NC, WH, N, ABMW, VHA, BC)
	15	Sí, Señor; tú sabes que te amo.		36	éste es Señor de todos.
	16	Sí, Señor; tú sabes que te amo.		48	en el nombre del Señor Jesús. (TR)
	17	Señor, tú lo sabes todo;		11:8	dije: Señor, no
	20	le había dicho: Señor, ¿quién es		16	me acordé de lo dicho por el Señor
	21	Señor, ¿y qué de éste?		17	que hemos creído en el Señor Jesucristo,
Hch	1:6	diciendo: Señor, ¿restaurarás el reino		20	anunciando el evangelio del Señor Jesús.
	21	que el Señor Jesús entraba y salía		21	la mano del Señor estaba con ellos,
	24	Tú, Señor, que conoces los corazones			gran número...se convirtió al Señor
	2:20	Antes que venga el día del Señor,		23	que...permaneciesen fieles al Señor.
	21	que invocare el nombre del Señor,		24	una gran multitud fue agregada al Señor
	25	Veía al Señor siempre		12:7	se presentó un ángel del Señor,
	34	Dijo el Señor a mi Señor:		11	el Señor ha enviado su ángel,
	36	Dios le ha hecho Señor y Cristo.		17	cómo el Señor le había sacado
	39	para cuantos el Señor nuestro Dios		23	Al momento un ángel del Señor
	47	el Señor añadía cada día		24	la palabra del Señor crecía, (V60, WH, N,
	3:19	para que vengan de la presencia del Señor			VHA, VM, NC, BA)
	22	El Señor vuestro Dios os levantará (TR,		13:2	Ministrando éstos al Señor,
		ABMW, VM, BC); (El Señor Dios os		10	los caminos rectos del Señor?
		levantará, VHA, WH, N, NC); (El Señor		11	la mano del Señor está contra ti,
		os levantará, BA)		12	maravillado de la doctrina del Señor,
	4:26	Contra el Señor, y contra su Cristo.		44	para oir la palabra de Dios (TR, WH, N,
	29	Y ahora, Señor, mira sus amenzas,			VHA, VM, NC, BA); (...del Señor, BC,
	33	de la resurrección del Señor Jesús,			ABMW)
	5:9	en tentar el Espíritu del Señor?		47	así nos ha mandado el Señor,
	14	los que creían en el Señor		48	glorificaban la palabra del Señor, (TR,
	19	un ángel del Señor,			N, ABMW, VHA, NC, BC, BA)
	7:30	Un ángel se le apareció (V60, WH, N,		49	la palabra del Señor se difundía
		ABMW, VHA, VM, NC, BC, BA);	14:3	en el Señor, el cual daba testimonio
		(lit., un ángel del Señor..., TR)		23	los encomendaron al Señor
	31	vino a él la voz del Señor:		15:11	por la gracia del Señor Jesús
	33	le dijo el Señor:		17	Para que...busque al Señor, (...busquen...,
	37	Profeta os levantará el Señor vuestro Dios			BC)
		(TR, VM)			(18) es invocado mi nombre Dice el Señor
	49	¿Qué casa me edificaréis? dice el Señor;		26	por el nombre de nuestro Señor Jesucristo
	59	Señor Jesús, recibe mi espíritu.		35	enseñando la palabra del Señor
	60	Señor, no les tomes en cuenta		36	hemos anunciado la palabra del Señor,
	8:16	en el nombre de Jesús (en el nombre del		40	encomendado...a la gracia del Señor (WH,
		Señor Jesús, VHA)			N, ABMW, VHA, NC, BA, VA)
	22	ruega a Dios (TR); (ruega al Señor, VHA		16:10	que Dios nos llamaba (V60, WH, N, ABMW,
		WH, N, ABMW, VM, NC, BC, BA)			VHA, VM, NC, BA); (lit., que el
	24	Rogad vosotros por mí al Señor,			Señor..., TR)
	25	hablado la palabra de Dios (la palabra del		14	el Señor abrió el corazón
		Señor, VHA)		15	que yo sea fiel al Señor,
	26	Un ángel del Señor habló a Felipe,		16	daba gran ganancia a sus amos
	39	el Espíritu del Señor arrebató		19	viendo sus amos que había salido
	9:1	contra los discípulos del Señor,		30	Señores, ¿qué debo hacer para ser salvo?
	5	¿Quién eres, Señor?		31	Cree en el Señor Jesucristo, (TR, VM);
		y le dijo: Yo soy (V60, WH, N, ABMW,			(...el Señor Jesús, VHA, WH, N, ABMW,
		VHA, VM, NC, BC, BA); (lit., Y le dijo			NC, BC, BA)

Hch	16:32	la palabra del Señor (TR, ABMW, VM, BC, BA)
	17:24	siendo Señor del cielo y de la tierra
	27	para que busquen a Dios (V60, WH, N, ABMW, VHA, VM, NC, BA); (lit.,... al Señor, TR)
	18:8	creyó en el Señor
	9	Entonces el Señor dijo a Pablo
	25	en el camino del Señor
		lo concerniente al Señor (TR)
	19:5	en el nombre del Señor Jesús
	10	oyeron la palabra del Señor
	13	el nombre del Señor Jesús
	17	era magnificado el nombre del Señor
	20	prevalecía poderosamente la palabra del Señor
	20:19	sirviendo al Señor con toda humildad
	21	y de la fe en nuestro Señor
	24	el ministerio que recibí del Señor Jesús
	28	la iglesia del Señor (V60, VA, T); (...de Dios, VHA, TR, WH, N, ABMW, VM, NC, BC, BA)
	32	os encomiendo a Dios (TR, ABMW, VM, BC, BA); (os encomiendo al Señor, VHA, WH, N, NC)
	35	las palabras del Señor Jesús
	21:13	por el nombre del Señor Jesús
	14	Hágase la voluntad del Señor
	20	glorificaron a Dios (V60, WH, N, ABMW, VHA, VM, NC, BC, BA); (lit., glorificaron al Señor, TR)
	22:8	¿Quién eres, Señor?
	10	¿Qué haré, Señor?
		el Señor me dijo: Levántate
	16	invocando su nombre (V60, WH, N, ABMW, VHA, NC, BC, BA); (...el nombre del Señor, VM, TR)
	19	Yo dije: Señor, ellos saben
	23:11	se le presentó el Señor (presentándosele..., BC)
	25:26	cosa cierta que escribir a mi Señor
	26:15	¿Quién eres, Señor?
	28:31	enseñando acerca del Señor
Ro	1:4	(3) Nuestro Señor Jesucristo,
	7	de Dios nuestro Padre y del Señor
	4:8	a quien el Señor no inculpa de pecado.
	24	a Jesús, Señor nuestro
	5:1	por medio de nuestro Señor Jesucristo
	11	por el Señor nuestro Jesucristo,
	21	mediante Jesucristo, Señor nuestro.
	6:11	en Cristo Jesús, Señor nuestro. (TR)
	23	en Cristo Jesús Señor nuestro.
	7:25	por Jesucristo Señor nuestro.
	8:39	en Cristo Jesús Señor nuestro.
	9:28	el Señor ejecutará su sentencia
	29	Si el Señor de los ejércitos no nos hubiera dejado
	10:9	Jesús es el Señor,
	12	pues el mismo que es Señor de todos,
	13	que invocare el nombre del Señor,
	16	Señor, ¿quién ha creído a nuestro anuncio?
	11:3	Señor, a tus profetas han dado muerte
	34	¿quién entendió la mente del Señor?
	12:11	sirviendo al Señor;
	19	yo pagaré, dice el Señor.
	13:14	vestíos del Señor Jesucristo
	14:4	para su propio señor está en pie, poderoso es el Señor (V60, WH, N, ABMW, VHA, VM, NC, BC); (lit.,...es Dios, TR)
Ro	14:6	lo hace para el Señor; (lo aprecia..., VM)
		para el Señor no lo hace (...no lo aprecia, VM) (TR)
		para el Señor come,
		para el Señor no come,
	8	para el Señor vivimos;
		para el Señor morimos;
		del Señor somos
	11	Vivo yo, dice el Señor,
	14	confío en el Señor Jesús,
	15:6	y Padre de nuestro Señor Jesucristo.
	11	Alabad al Señor todos los gentiles,
	30	por nuestro Señor Jesucristo
	16:2	que la recibáis en el Señor,
	8	amado mío en el Señor.
	11	los cuales están en el Señor.
	12	las cuales trabajan en el Señor
		la cual ha trabajado mucho en el Señor
	13	escogido en el Señor,
	18	no sirven a nuestro Señor
	20	La gracia de nuestro Señor
	22	os saludo en el Señor.
	24	La gracia de nuestro Señor (TR, [VM], [BA])
1 Co	1:2	el nombre de nuestro Señor
	3	Dios nuestro Padre y del Señor Jesucristo
	7	la manifestación de nuestro Señor
	8	en el día de nuestro Señor Jesucristo.
	9	con su Hijo Jesucristo nuestro Señor.
	10	por el nombre de nuestro Señor
	31	gloríese en el Señor
	2:8	nunca habrían crucificado al Señor de gloria
	16	¿quién conoció la mente del Señor?
	3:5	a cada uno concedió el Señor
	20	El Señor conoce los pensamientos
	4:4	el que me juzga es el Señor.
	5	hasta que venga el Señor,
	17	mi hijo amado y fiel en el Señor
	19	si el Señor quiere,
	5:4	En el nombre de nuestro Señor con el poder de nuestro Señor
	5	en el día del Señor Jesús, (TR, VM, NC, BC, BA); (en el día del Señor, VHA, WH, N, ABMW)
	6:11	en el nombre del Señor Jesús,
	13	sino para el Señor, el Señor para el cuerpo
	14	Dios...levantó al Señor,
	17	el que se une al Señor,
	7:10	no yo, sino el Señor
	12	a los demás yo digo, no el Señor
	17	cada uno como el Señor
	22	el que en el Señor fue llamado liberto es del Señor
	25	no tengo mandamiento del Señor quien ha alcanzado misericordia del Señor
	32	tiene cuidado de las cosas del Señor cómo agradar al Señor;
	34	tiene cuidado de las cosas del Señor
	35	para que sin impedimento os acerquéis al Señor (a vuestra asidua devoción al Señor, VHA)
	39	con tal que sea en el Señor
	8:5	como hay muchos dioses y muchos señores
	6	y un Señor Jesucristo,
	9:1	¿No he visto a Jesús el Señor nuestro? ¿No sois vosotros mi obra en el Señor?
	2	sois vosotros en el Señor

1 Co 9:5	los hermanos del Señor, y Cefas?	Gá	4:1	aunque es señor de todo;
14	Así también ordenó el Señor		5:10	respecto de vosotros en el Señor
10:9	Ni tentemos al Señor (V60, WH, N, ABMW, VHA, VM, NC, BC, BA); (lit.,...a Cristo, TR)		6:14	en la cruz de nuestro Señor Jesucristo,
			17	las marcas del Señor Jesús. (TR, NC)
			18	la gracia de nuestro Señor Jesucristo
21	No podéis beber la copa del Señor no podéis participar de la mesa del Señor	Ef	1:2	Dios nuestro Padre y del Señor Jesucristo
			3	Padre de nuestro Señor Jesucristo.
22	¿O provocaremos a celos al Señor?		15	vuestra fe en el Señor Jesús,
26	del Señor es la tierra y su plenitud		17	el Dios de nuestro Señor Jesucristo,
28	del Señor es la tierra. (TR, [BA])		2:21	un templo santo en el Señor;
11:11	en el Señor, ni el varón es sin la mujer		3:11	en Cristo Jesús nuestro Señor
23	yo recibí del Señor Que el Señor Jesús...tomó pan		14	el Padre de nuestro Señor Jesucristo, (TR, VM, [BA])
26	la muerte del Señor anunciáis		4:1	Yo pues, preso en el Señor
27	o bebiere esta copa del Señor del cuerpo y de la sangre del Señor		5	un Señor, una fe, un bautismo,
			17	requiero en el Señor
29	el cuerpo del Señor (TR, NC, BC)		5:8	mas ahora sois luz en el Señor;
32	somos castigados por el Señor,		10	lo que es agradable al Señor.
12:3	y nadie puede llamar a Jesús Señor		17	de cuál sea la voluntad del Señor.
5	pero el Señor es el mismo.		19	cantando y alabando al Señor
14:21	y ni aun así me oirán, dice el Señor		20	en el nombre de nuestro Señor Jesucristo.
37	son mandamientos del Señor.		22	a sus propios maridos, como al Señor;
15:31	en nuestro Señor Jesucristo,			También Cristo a la iglesia (V60, WH, N, ABMW, VHA, VM, NC, BC, BA); (lit.,... el Señor..., TR)
47	el segundo hombre, que es el Señor. (TR)			
57	por medio de nuestro Señor Jesucristo.		6:1	Hijos, obedeced en el Señor
58	creciendo en la obra del Señor que vuestro trabajo en el Señor		4	en disciplina y amonestación del Señor
16:7	si el Señor lo permite.		5	obedeced a vuestros amos
10	él hace la obra del Señor		7	sirviendo de buena voluntad, como al Señor
19	os saludan mucho en el Señor.		8	ése recibirá del Señor
22	El que no amare al Señor		9	vosotros, amos, haced con ellos sabiendo que el Señor de ellos y vuestro
23	La gracia del Señor			
2 Co 1:2	y del Señor Jesucristo.		10	fortaleceos en el Señor,
3	Padre de nuestro Señor Jesucristo,		21	fiel ministro en el Señor,
14	para el día del Señor Jesús.		23	de Dios Padre y del Señor Jesucristo.
2:12	aunque se me abrió puerta en el Señor		24	todos los que aman a nuestro Señor
3:16	cuando se conviertan al Señor, (...se vuelva..., BC)	Fil	1:2	Gracia y paz...del Señor Jesucristo.
			14	cobrando ánimo en el Señor
17	el Señor es el Espíritu; donde está el Espíritu del Señor		2:11	que Jesús es el Señor,
			19	Espero en el Señor Jesús
18	mirando...como en un espejo la gloria del Señor como por el Espíritu del Señor.		24	confío en el Señor
			29	Recibidle, pues, en el Señor
			30	Por la obra de Cristo (V60, TR, N, ABMW, VHA, VM, NC, BC, BA); (lit.,...del Señor, WH)
4:5	sino a Jesucristo como Señor			
10	La muerte de Jesús (V60, WH, N, ABMW, VHA, VM, NC, BC, BA); (lit., La muerte del Señor Jesús, TR)		3:1	gozaos en el Señor
			8	del conocimiento de Cristo Jesús, mi Señor
14	el que resucitó al Señor Jesús,		20	esperamos al Salvador, al Señor Jesucristo;
5:6	estamos ausentes del Señor		4:1	estad así firmes en el Señor,
8	estar...presentes al Señor.		2	que sean de un mismo sentir en el Señor
11	Conociendo, pues, el temor del Señor		4	Regocijaos en el Señor siempre
6:17	apartaos, dice el Señor,		5	El Señor está cerca.
18	dice el Señor Todopoderoso.		10	En gran manera me gocé en el Señor
8:5	se dieron primeramente al Señor		23	La gracia de nuestro Señor Jesucristo
9	la gracia de nuestro Señor Jesucristo,	Col	1:2	y del Señor Jesucristo. (TR, VM)
19	para gloria del Señor		3	Padre de nuestro Señor Jesucristo
21	no sólo delante del Señor		10	para que andéis como es digno del Señor
10:8	la cual el Señor nos dio para edificación		2:6	habéis recibido al Señor Jesucristo,
17	gloríese en el Señor;		3:13	De la manera que Cristo (V60, BC); (de la manera que el Señor, VHA, WH, N, ABMW, VM, NC, BA)
18	a quien Dios alaba. (recomienda el Señor, VHA)			
11:17	no lo hablo según el Señor		16	al Señor con salmos e himnos (TR)
31	El Dios y Padre de nuestro Señor		17	todo en el nombre del Señor Jesús,
12:1	y a las revelaciones del Señor		18	como conviene en el Señor.
8	tres veces he rogado al Señor		20	agrada al Señor: (TR, NC); (es lo agradable en el Señor, VHA, WH, N, ABMW, VM, BC, BA)
13:10	conforme a la autoridad que el Señor			
14	La gracia del Señor Jesucristo,			
Gá 1:3	y de nuestro Señor Jesucristo.		22	obedeced en todo a vuestros amos
19	sino a Jacobo el hermano del Señor			temiendo a Dios (TR); (temiendo al Señor,

		VHA, WH, N, ABMW, VM, NC, BC, BA)	2 Ti	1:16	Tenga el **Señor** misericordia (Dé el
Col	3:23	como para el **Señor**			**Señor**..., VHA)
	24	sabiendo que **del Señor** recibiréis		18	Concédale el **Señor** que halle
		porque a Cristo el **Señor** servís.			misericordia cerca del **Señor**
	4:1	**Amos**, haced lo que es justo		2:7	el **Señor** te dé entendimiento (TR);
		vosotros tenéis un **amo**			(...dará...VHA, WH, N, ABMW, VM, NC,
	7	y consiervo en **el Señor**,			BC, BA)
	17	el ministerio que recibiste en **el Señor**		14	exhortándoles delante del **Señor** (TR, VHA,
1 Ts	1:1	y en el **Señor** Jesucristo:			VM)
		y **del Señor** Jesucristo. (TR, VM)		19	Conoce **el Señor** a los que son suyos;
	3	en nuestro **Señor** Jesucristo.			el nombre de Cristo (TR, VM); (el nombre
	6	imitadores de nosotros y del **Señor**			**del Señor**, VHA, WH, N, ABMW, NC,
	8	ha sido divulgada la palabra del **Señor**			BC, BA)
	2:15	los cuales mataron al **Señor** Jesús		22	con los que...invocan al **Señor**.
	19	delante de nuestro **Señor**		24	el siervo del **Señor**
	3:8	si vosotros estáis firmes en **el Señor**		3:11	y de todas me ha librado el **Señor**
	11	nuestro **Señor** Jesucristo, dirijan		4:1	y del **Señor** Jesucristo, (TR)
	12	el **Señor** os haga crecer		8	la cual me dará el **Señor**,
	13	en la venida de nuestro **Señor**		14	el **Señor** !e pague (TR); (...pagará, VHA,
	4:1	y exhortamos en el **Señor** Jesús,			WH, N, ABMW, VM, NC, BC, BA)
	2	os dimos por el **Señor** Jesús;		17	el **Señor** estuvo a mi lado,
	6	**el Señor** es vengador		18	el **Señor** me librará
	15	os decimos esto en palabra **del Señor**		22	El **Señor** Jesucristo esté (TR, BC); (El
		hasta la venida del **Señor**			**Señor**..., VHA, WH, N, ABMW, VM,
	16	**el Señor** mismo con voz de mando,			NC, BA)
	17	para recibir al **Señor** (al encuentro del	Tit	1:4	y del **Señor** Jesucristo (TR)
		Señor, VM)	Flm	3	del **Señor** Jesucristo
		estaremos siempre con el **Señor**		5	la fe que tienes hacia el **Señor** Jesús,
	5:2	el día **del Señor** vendrá así		16	tanto en la carne como en **el Señor**
	9	por medio de nuestro **Señor** Jesucristo,		20	tenga yo algún provecho de ti en **el Señor**,
	12	que...os presiden en **el Señor**,			mi corazón en **el Señor** (TR)
	23	para la venida de nuestro **Señor** Jesucristo		25	La gracia de nuestro **Señor** Jesucristo
	27	Os conjuro por el **Señor**,	He	1:10	Tú, oh **Señor**, en el principio
	28	La gracia de nuestro **Señor** Jesucristo		2:3	habiendo sido anunciada primeramente por
2 Ts	1:1	y en el **Señor** Jesucristo:			el **Señor**, (lit., habiendo recibido
	2	y del **Señor** Jesucristo.			principio de ser hablado...)
	7	cuando se manifieste el **Señor** Jesús (en la		7:14	manifiesto es que nuestro **Señor**
		revelación del..., VHA)		21	Juró **el Señor**, y no se arrepentirá
	8	al evangelio de nuestro **Señor** Jesucristo;		8:2	que levantó el **Señor**,
	9	de la presencia del **Señor**		8	He aquí vienen días, dice **el Señor**
	12	el nombre de nuestro **Señor**		9	me desentendí de ellos, dice **el Señor**.
		nuestro Dios y del **Señor** Jesucristo		10	Después de aquellos días, dice **el Señor**
	2:1	la venida de nuestro **Señor** Jesucristo		11	diciendo: Conoce al **Señor**;
	2	el día del **Señor** está cerca.		10:16	Después de aquellos días, dice **el Señor**:
	8	a quien el **Señor** matará (TR, BA); (el		30	yo daré el pago, dice **el Señor**. (TR)
		Señor Jesús..., VHA, [WH], [N], [ABMW]			El **Señor** juzgará a su pueblo
		VM, NC, BC)		12:5	no menosprecies la disciplina **del Señor**,
	13	hermanos amados por **el Señor**		6	**el Señor** al que ama,
	14	la gloria de nuestro **Señor** Jesucristo		14	sin la cual nadie verá al **Señor**
	16	el mismo Jesucristo **Señor** nuestro,		13:6	**El Señor** es mi ayudador;
	3:1	para que la palabra **del Señor** corra		20	a nuestro **Señor** Jesucristo (...Jesús, VHA)
	3	fiel es el **Señor**	Stg	1:1	siervo de Dios y del **Señor** Jesucristo
	4	respecto a vosotros en el **Señor**		7	que recibirá cosa alguna del **Señor**
	5	el **Señor** encamine vuestros corazones		12	que Dios ha prometido (V60, NC, BC);
	6	en el nombre de nuestro **Señor** Jesucristo,			(que...ha prometido, VHA, WH, N,
	12	por nuestro **Señor** Jesucristo,			ABMW, BA); (...el **Señor**, VM, TR)
	16	el mismo **Señor** de paz os dé		2:1	en nuestro...**Señor** Jesucristo
		El **Señor** sea con todos vosotros		3:9	bendecimos al Dios y Padre, (TR); (al
	18	La gracia de nuestro **Señor** Jesucristo			**Señor** y Padre, VHA, WH, N, ABMW,
1 Ti	1:1	del **Señor** Jesucristo nuestra esperanza (TR)			VM, NC, BC, BA)
	2	y de Cristo Jesús nuestro **Señor**		4:10	Humillaos delante **del Señor**,
	12	a Cristo Jesús nuestro **Señor**		15	Si el **Señor** quiere, viviremos
	14	la gracia de nuestro **Señor**		5:4	han entrado en los oídos **del Señor**
	5:21	y del **Señor** Jesucristo (TR)		7	hasta la venida del **Señor**
	6:3	palabras de nuestro **Señor** Jesucristo		8	la venida del **Señor** se acerca. (lit.,...se ha
	14	la aparición de nuestro **Señor** Jesucristo			acercado)
	15	y **Señor** de señores		10	que hablaron en nombre **del Señor**
2 Ti	1:2	y de Jesucristo nuestro **Señor**		11	habéis visto el fin **del Señor**
	8	testimonio de nuestro **Señor**,			el **Señor** es muy misericordioso

κυριότης 2963 499 2968 κώμη

Stg	5:14	en el nombre del **Señor**		2964		κυρόω – kuróo
	15	el **Señor** lo levantará;		2 Co	2:8	os ruego que **confirméis** el amor
1 P	1:3	Padre de nuestro **Señor** Jesucristo,		Gá	3:15	una vez **ratificado**, nadie lo invalida,
	25	la palabra **del Señor** permanece				
	2:3	habéis gustado la benignidad del **Señor**.		2965		κύων – kúon
		(habéis gustado que el **Señor** es benigno, VHA)		Mt	7:6	No deis lo santo a los **perros**
	13	Por causa del **Señor** someteos		Lc	16:21	aun los **perros**...le lamían
	3:6	obedecía a Abraham, llamándole **señor**;		Fil	3:2	Guardaos de los **perros**
	12	los ojos **del Señor** están sobre		2 P	2:22	El **perro** vuelve, (**Perro** que vuelve..., BC)
		el rostro **del Señor** está contra		Ap	22:15	los **perros** estarán fuera,
	3:15	santificad a Dios el **Señor** (TR); (...a Cristo como **Señor**, VHA, WH, N, ABMW, VM, NC, BC, BA)		2966		κῶλον – kólon
				He	3:17	cuyos **cuerpos** cayeron en el desierto?
2 P	1:2	de Dios y de nuestro **Señor** Jesús.				
	8	al conocimiento de nuestro **Señor** Jesucristo		2967		κωλύω – kolúo
	11	en el reino eterno de nuestro **Señor**		Mt	19:14	no se lo **impidáis**;
	14	como nuestro **Señor** Jesucristo me		Mr	9:38	se lo **prohibimos**, porque no nos seguía
	16	la venida de nuestro **Señor** Jesucristo			39	No se lo **prohibáis**;
	2:9	sabe **el Señor** librar de tentación			10:14	no se lo **impidáis**;
	11	contra ellas delante del **Señor**		Lc	6:29	ni aun la túnica le **niegues**.
	20	por el conocimiento del **Señor**			9:49	se lo **prohibimos**, porque no sigue
	3:2	y del mandamiento del **Señor** y Salvador			50	No se lo **prohibáis**;
	8	para con el **Señor** un día			11:52	a los que entraban se lo **impedisteis**
	9	El **Señor** no retarda su promesa,			18:16	no se lo **impidáis**
	10	el día **del Señor** vendrá como ladrón			23:2	que prohibe dar tributo a César
	15	la paciencia de nuestro **Señor**		Hch	8:36	¿qué **impide** que yo sea bautizado?
	18	de nuestro **Señor** y Salvador Jesucristo			10:47	¿Puede acaso alguno **impedir** el agua,
2 Jn	3	y del **Señor** Jesucristo, (TR)			11:17	¿quién era yo que pudiese **estorbar** a Dios?
Jud	4	niegan...a nuestro **Señor** Jesucristo			16:6	les **fue prohibido** por el Espíritu Santo
	5	**el Señor**, habiendo salvado (TR, WH, N, VHA, VM, NC, BA)				(habiéndoseles impedido..., VHA)
					24:23	y que no **impidiese** a ninguno
	9	El **Señor** te reprenda.			27:43	les **impidió** este intento,
	14	vino **el Señor** con sus santas		Ro	1:13	(pero hasta ahora **he sido estorbado**)
	17	de nuestro **Señor** Jesucristo:		1 Co	14:39	no **impidáis** el hablar en lenguas;
	21	la misericordia de nuestro **Señor**		1 Ts	2:16	**impidiéndonos** hablar a los gentiles
	25	nuestro Salvador (TR, VM); (Salvador nuestro por Jesucristo nuestro Señor, NC, WH, N, ABMW, VHA, BC, BA)		1 Ti	4:3	**prohibirán** casarse, (vedando el casarse, VM)
				He	7:23	debido a que por la muerte **no podían** continuar; (lit., por **ser impedidos** por la muerte...)
Ap	1:8	principio y fin, dice el **Señor**				
	4:8	es **el Señor** Dios Todopoderoso,		2 P	2:16	**refrenó** la locura del profeta
	11	**Señor**, digno eres		3 Jn	10	a los que quieren...se los **prohibe**,
	7:14	Yo le dije: **Señor**, tú lo sabes.				
	11:4	delante de Dios (TR); (delante del **Señor**, VHA, WH, N, ABMW, VM, NC, BC, BA)		2968		κώμη – kome
				Mt	9:35	todas las ciudades y **aldeas**,
	8	donde también nuestro **Señor**			10:11	en cualquier ciudad o **aldea**
	15	han venido a ser de nuestro **Señor**			14:15	para que vayan por las **aldeas** (para que, yendo..., BC)
	17	Te damos gracias, **Señor** Dios				
	14:13	que mueren en **el Señor**			21:2	Id a la **aldea** que está enfrente
	15:3	Grandes y maravillosas son tus obras, **Señor**		Mr	6:6	recorría las **aldeas** de alrededor
	4	¿Quién no te temerá, oh **Señor**,			36	a los campos y **aldeas** de alrededor
	16:5	Justo eres tú, oh **Señor**, (TR)			56	en **aldeas**, ciudades o campos
	7	**Señor** Dios Todopoderoso,			8:23	le sacó fuera de la **aldea**
	17:14	él es **Señor de señores**			26	No entres en la **aldea**
	18:8	poderoso es Dios **el Señor**,				ni lo digas a nadie en la aldea (TR)
	19:1	son del **Señor** Dios nuestro; (TR)			27	por las **aldeas** de Cesarea de Filipo,
	6	**el Señor** nuestro Dios Todopoderoso reina			11:2	Id a la **aldea**
	16	REY DE REYES Y **SEÑOR DE SEÑORES**		Lc	5:17	de todas las **aldeas** de Galilea (lit., de toda aldea)
	21:22	porque **el Señor** Dios Todopoderoso				
	22:5	porque Dios **el Señor**			8:1	por las ciudades y **aldeas**, (...de aldea en aldea, VHA)
	6	**el Señor**, el Dios de los espíritus				
	20	Amén: sí, ven, **Señor** Jesús;			9:6	pasaban por todas las **aldeas**,
	21	La gracia de nuestro **Señor**			12	para que vayan a las **aldeas** (...yendo.., BC)
2963		κυριότης*† – kuriótes			52	entraron en una **aldea** de los samaritanos
Ef	1:21	autoridad y poder y **señorío**			56	se fueron a otra **aldea**
Col	1:16	sean **dominios**, sean principados,			10:38	entró en una **aldea**
2 P	2:10	que...desprecian **el señorío**			13:22	Pasaba Jesús por ciudades y **aldeas**,
Jud	8	rechazan **la autoridad**				

κωμόπολις 2969   500   2980 λαλέω

Lc	17:12	al entrar en una **aldea**
	19:30	Id a la **aldea** de enfrente,
	24:13	a una **aldea** llamada Emáus
	28	Llegaron a la **aldea** adonde iban
Jn	7:42	de la **aldea** de Belén,
	11:1	la **aldea** de María y de Marta
	30	no había entrado en la **aldea**,
Hch	8:25	en muchas **poblaciones** de los samaritanos

2969   κωμόπολις* — komópolis

Mr	1:38	Vamos a los **lugares** vecinos, (...las **villas**..., VHA)

2970   κῶμος** — kómos

Ro	13:13	no en **glotonerías** y borracheras
Gá	5:21	borracheras, **orgías**, y cosas semejantes
1 P	4:3	**orgías**, disipación y abominables idolatrías

2971   κώνωψ* — kónops

Mt	23:24	que coláis el **mosquito**

2972   Κώς — Kós

Hch	21:1	y fuimos con rumbo directo a **Cos**,

2973   Κωσάμ — Kosám

Lc	3:28	hijos de **Cosam**,

2974   κωφός — kofós

Mt	9:32	le trajeron un **mudo**, endemoniado.
	33	echado fuera el demonio, el **mudo** habló
	11:5	Los **sordos** oyen
	12:22	un endemoniado, ciego y **mudo** de tal manera que el...**mudo**...hablaba
	15:30	que traía consigo...**mudos**,
	31	viendo a los **mudos** hablar,
Mr	7:32	Y le trajeron un **sordo** y tartamudo
	37	hace a los **sordos** oir,
	9:25	Espíritu mudo y **sordo**
Lc	1:22	permaneció **mudo**
	7:22	los **sordos** oyen
	11:14	echando fuera un demonio, que era **mudo** salido el demonio, el **mudo** habló

Λ λ

2975   λαγχάνω — lagcáno (lanjáno)

Lc	1:9	le **tocó en suerte** ofrecer el incienso,
Jn	19:24	**echemos suertes** sobre ella
Hch	1:17	**tenía parte** en este ministerio.
2 P	1:1	a los que **habéis alcanzado**, por la justicia

2976   Λάζαρος — Lázaros (Ládzaros)

Lc	16:20	un mendigo llamado **Lázaro**,
	23	a **Lázaro** en su seno.
	24	envía a **Lázaro** para que moje
	25	**Lázaro** también males;
Jn	11:1	enfermo uno llamado **Lázaro**
	2	(María, cuyo hermano **Lázaro**
	5	a su hermana y a **Lázaro**
	11	Nuestro amigo **Lázaro** duerme;
	14	**Lázaro** ha muerto;
	43	¡**Lázaro**, ven fuera!
	12:1	donde estaba **Lázaro**,

Jn	12:2	**Lázaro** era uno de los que estaban
	9	sino también para ver **a Lázaro**
	10	acordaron dar muerte también **a Lázaro**,
	17	cuando llamó **a Lázaro** del sepulcro

2977   λάθρᾳ — láthra

Mt	1:19	quiso dejarla **secretamente**.
	2:7	llamando **en secreto** a los magos,
Jn	11:28	diciéndole **en secreto**: El Maestro está
Hch	16:37	¿y ahora nos echan **encubiertamente**?

2978   λαῖλαψ — láilaps

Mr	4:37	Pero se levantó una gran **tempestad**
Lc	8:23	se desencadenó una **tempestad** de viento
2 P	2:17	empujadas por la **tormenta**

2978 A   λακάω* — lakáo

Hch	1:18	cayendo de cabeza, **se reventó**

2979   λακτίζω* — laktízo (laktídzo)

Hch	9:5	dura cosa te es **dar coces** (TR, [VM], [BA])
	26:14	Dura cosa te es **dar coces**

2980   λαλέω — laléo

Mt	9:18	**Mientras** él les **decía** estas cosas,
	33	el mudo **habló**;
	10:19	no os preocupéis por cómo o qué **hablaréis** os será dado lo que **habéis de hablar**.
	20	Porque no sois vosotros los que **habláis** sino el Espíritu de vuestro Padre que **habla**
	12:22	el ciego y mudo veía y **hablaba**
	34	¿Cómo podéis **hablar** lo bueno, de la abundancia del corazón **habla** la boca.
	36	de toda palabra ociosa que **hablen**
	46	**Mientras** él aún **hablaba** estaban afuera y le querían **hablar**.
	47	te quieren **hablar**. (TR, [N], [ABMW], VHA, VM, NC, BC, BA)
	13:3	les **habló** muchas cosas por parábolas;
	10	¿Por qué les **hablas** por parábolas?
	13	Por eso les **hablo**
	33	Otra parábola les **dijo**:
	34	Todo esto **habló** Jesús sin parábolas no les **hablaba**
	14:27	Pero en seguida Jesús les **habló**
	15:31	viendo a los mudos **hablar**,
	17:5	**Mientras** él aún **hablaba**,
	23:1	Entonces **habló** Jesús a la gente
	26:13	**se contará** lo que ésta ha hecho
	47	**Mientras** todavía **hablaba**,
	28:18	Jesús se acercó y les **habló**
Mr	1:34	no dejaba **hablar** a los demonios,
	2:2	**predicaba** la palabra.
	7	¿Por qué **habla** éste así?
	4:33	les **hablaba** la palabra,
	34	sin parábolas no les **hablaba**;
	5:35	**Mientras** él aún **hablaba**,
	36	luego que oyó lo que **se decía**,
	6:50	en seguida **habló** con ellos,
	7:35	**hablaba** bien.
	37	y a los mudos **hablar**.
	8:32	Esto les **decía** claramente.
	9:6	Porque no sabía lo que **hablaba**, (TR, VM, NC, BC)
	11:23	será hecho lo que **dice**, (WH, N, ABMW)
	12:1	comenzó Jesús a **decirles** (WH, N, ABMW)
	13:11	por lo que **habéis de decir**

λαλέω 2980

Mr	13:11	eso hablad; porque no sois vosotros los que habláis,
	14:9	se contará lo que ésta ha hecho,
	31	con mayor insistencia decía: (WH, N, ABMW)
	43	Luego, hablando él aún,
	16:17	[hablarán nuevas lenguas;]
	19	[después que les habló,]
Lc	1:19	y he sido enviado a hablarte,
	20	quedarás mudo y no podrás hablar,
	22	no les podía hablar;
	45	se cumplirá lo que le fue dicho
	55	De la cual habló a nuestros padres,
	64	habló bendiciendo a Dios.
	70	Como habló por boca
	2:15	los pastores se dijeron (WH, N, ABMW)
	17	lo que se les había dicho
	18	de lo que los pastores les decían. (de lo que les fue dicho por los pastores, VM)
	20	como se les había dicho.
	33	de todo lo que se decía de él
	38	hablaba del niño (...de él, VHA)
	50	no entendieron las palabras que les habló
	4:41	no les dejaba hablar
	5:4	Cuando terminó de hablar,
	21	¿Quién es éste que habla blasfemias?
	6:45	de la abundancia del corazón habla la boca.
	7:15	y comenzó a hablar.
	8:49	Estaba hablando aún, cuando vino (Hablando él aún, viene, VHA)
	9:11	les hablaba del reino de Dios,
	11:14	el mudo habló;
	37	Luego que hubo hablado,
	12:3	lo que habéis hablado al oído
	22:47	Mientras él aún hablaba
	60	mientras él todavía hablaba
	24:6	Acordaos de lo que os habló
	25	lo que los profetas han dicho
	32	mientras nos hablaba en el camino,
	36	Mientras ellos aún hablaban
	44	las palabras que os hablé, (mis palabras..., VHA)
Jn	1:37	Le oyeron hablar los dos discípulos,
	3:11	lo que sabemos hablamos,
	31	y cosas terrenales habla
	34	las palabras de Dios habla;
	4:26	Yo soy, el que habla contigo.
	27	se maravillaron de que hablaba ¿Qué hablas con ella?
	6:63	las palabras que yo os he hablado
	7:13	Pero ninguno hablaba abiertamente de él
	17	si yo hablo por mi propia cuenta.
	18	El que habla por su propia cuenta,
	26	Pues mirad, habla públicamente,
	46	¡Jamás hombre alguno ha hablado como este hombre (TR, BC, BA); (como este hombre habla, VHA, N, VM); (como éste, NC); (omitido en WH, ABMW)
	8:12	Otra vez Jesús les habló,
	20	Estas palabras habló Jesús
	25	Lo que desde el principio os he dicho.
	26	Muchas cosas tengo que decir esto hablo al mundo, (WH, N, ABMW)
	28	según me enseñó el Padre, así hablo
	30	Hablando él estas cosas
	38	Yo hablo lo que he visto
	40	hombre que os he hablado la verdad
	44	Cuando habla mentira, de suyo habla
	9:21	él hablará por sí mismo.

Jn	9:29	sabemos que Dios ha hablado a Moisés
	37	el que habla contigo, él es.
	10:6	qué era lo que les decía
	12:29	Un ángel le ha hablado.
	36	Estas cosas habló Jesús,
	41	habló acerca de él.
	48	la palabra que he hablado,
	49	Porque yo no he hablado y de lo que he de hablar.
	50	Así pues, lo que yo hablo, lo hablo como el Padre
	14:10	Las palabras que yo os hablo, (TR) no las hablo por mi propia cuenta,
	25	Os he dicho estas cosas
	30	No hablaré ya mucho
	15:3	por la palabra que os he hablado
	11	Estas cosas os he hablado,
	22	ni les hubiera hablado,
	16:1	Estas cosas os he hablado
	4	Mas os he dicho estas cosas,
	6	porque os he dicho estas cosas,
	13	no hablará por su propia cuenta, sino que hablará todo lo que oyere,
	18	No entendemos lo que habla.
	25	Estas cosas os he hablado ya no os hablaré por alegorías,
	29	He aquí ahora hablas claramente,
	33	Estas cosas os he hablado
	17:1	Estas cosas habló Jesús,
	13	y hablo esto en el mundo,
	18:20	Yo públicamente he hablado al mundo; nada he hablado en oculto.
	21	qué les haya yo hablado;
	23	Si he hablado mal,
	19:10	¿A mí no me hablas?
Hch	2:4	comenzaron a hablar en otras lenguas,
	6	cada uno les oía hablar
	7	todos estos que hablan?
	11	les oímos hablar en nuestras lenguas
	31	habló de la resurrección de Cristo,
	3:21	de que habló Dios por boca
	22	en todas las cosas que os hable
	24	cuantos han hablado,
	4:1	Hablando ellos al pueblo,
	17	para que no hablen de aquí
	20	no podemos dejar de decir
	29	hablen tu palabra,
	31	hablaban con denuedo la palabra de Dios
	5:20	anunciad al pueblo
	40	les intimaron no hablasen
	6:10	al Espíritu con que hablaba.
	11	que le habían oído hablar (le hemos oído hablar, VM)
	13	Este hombre no cesa de hablar
	7:6	le dijo Dios
	38	con el ángel que le hablaba
	44	había ordenado...cuando dijo a Moisés (dispuso el que hablaba..., VHA)
	8:25	habiendo...hablado la palabra de Dios,
	26	Un ángel del Señor habló a Felipe,
	9:6	se te dirá lo que debes hacer.
	27	el cual le había hablado, (y que...le había hablado, VHA)
	29	hablaba denodadamente en el nombre del Señor, (predicando denodadamente en el nombre del Señor. También...hablaba, VHA)
	10:6	él te dirá lo que es necesario (TR, VM)
	7	Ido el ángel que hablaba

λαλέω 2980   2980 λαλέω

Hch 10:32	cuando llegue, él te **hablará**. (TR)
	44	Mientras aún **hablaba**
	46	Porque los oían que **hablaban**
	11:14	él te **hablará** palabras
	15	cuando comencé a **hablar**
	19	no **hablando** a nadie la palabra,
	20	**hablaron** también a los griegos,
	13:42	les **hablasen** de estas cosas.
	45	rebatían lo que Pablo **decía**, (...las cosas dichas por Pablo, VM) (WH, N, ABMW)
	46	era necesario que se os **hablase** primero
	14:1	y **hablaron** de tal manera
	9	Este oyó **hablar** a Pablo,
	25	habiendo predicado la palabra (después de **hablar**..., VHA)
	16:6	por el Espíritu Santo **hablar** la palabra
	13	**hablamos** a las mujeres
	14	atenta a lo que Pablo **decía**. (...a las cosas dichas por Pablo, VM)
	32	le **hablaron** la palabra
	17:19	que es esta nueva enseñanza de que **hablas**? (lit.,...que es **hablada** por ti?)
	18:9	**habla**, y no calles;
	25	**hablaba** y enseñaba diligentemente
	19:6	y **hablaban** en lenguas,
	20:30	hombres que **hablen** cosas perversas
	21:39	que me permitas **hablar** al pueblo.
	22:9	no entendieron la voz del que **hablaba**
	10	allí se te **dirá** todo
	23:7	Cuando dijo esto,
	9	que si un espíritu le **ha hablado**,
	18	que tiene algo que **hablarte**
	26:14	oí una voz que me **hablaba**, (TR)
	22	dijeron que habían de suceder
	26	delante de quien también **hablo**
	31	**hablaban** entre sí,
	27:25	que será así como se me **ha dicho**.
	28:21	que haya...**hablado** algún mal de ti.
	25	Bien habló el Espíritu
Ro	3:19	lo **dice** a los que están bajo la ley,
	7:1	pues **hablo** con los que conocen la ley
	15:18	Porque no osaría **hablar**
1 Co	2:6	Sin embargo, **hablamos** sabiduría
	7	Mas **hablamos** sabiduría de Dios
	13	lo cual también **hablamos**
	3:1	no pude **hablaros** como a espirituales
	9:8	¿**Digo** esto sólo como hombre?
	12:3	nadie que **hable** por el Espíritu
	30	¿**hablan** todos lenguas?
	13:1	Si yo **hablase** lenguas
	11	Cuando yo era niño, **hablaba** como niño
	14:2	el que **habla** en lenguas (...en lengua..., VM) no **habla** a los hombres por el Espíritu **habla** misterios
	3	**habla** a los hombres
	4	El que **habla** en lengua
	5	quisiera que todos vosotros **hablaseis** que el que **habla** en lenguas
	6	si yo voy a vosotros **hablando** en lenguas si no os **hablase** con revelación,
	9	¿cómo se entenderá lo que decís? (...lo que se **habla**? , VHA) **hablaréis** al aire. (estaréis **hablando**..., VHA)
	11	seré como extranjero para el que **habla**, el que **habla** será como extranjero
	13	Por lo cual, el que **habla** en lengua
	18	Doy gracias a Dios que **hablo** en lenguas
	19	prefiero **hablar** cinco palabras
	21	y con otros labios **hablaré**
1 Co	14:23	y todos **hablan** en lenguas,
	27	Si **habla** alguno en lengua extraña,
	28	**hable** para sí mismo
	29	los profetas **hablen** dos o tres,
	34	porque no les es permitido **hablar**,
	35	es indecoroso que una mujer **hable**
	39	no impidáis el **hablar** en lenguas;
	15:34	para vergüenza vuestra lo **digo**. (WH, N, ABMW)
2 Co	2:17	delante de Dios, **hablamos** en Cristo.
	4:13	por lo cual **hablé** por lo cual también **hablamos**,
	7:14	como en todo os **hemos hablado** con verdad
	11:17	Lo que **hablo**, no lo **hablo** según el Señor,
	23	(Como si estuviera loco **hablo**)
	12:4	que no le es dado al hombre expresar
	19	en Cristo **hablamos**;
	13:3	buscáis una prueba de que **habla** Cristo
Ef	4:25	**hablad** verdad cada uno
	5:19	**hablando** entre vosotros
	6:20	como debo **hablar**.
Fil	1:14	se atreven mucho más a **hablar** la palabra
Col	4:3	a fin de dar a conocer el misterio (a fin de **hablar**..., VM)
	4	como debo **hablar**.
1 Ts	1:8	no tenemos necesidad de **hablar** nada
	2:2	para **anunciaros** el evangelio
	4	así **hablamos**; no como para
	16	impidiéndonos **hablar** a los gentiles
1 Ti	5:13	**hablando** lo que no debieran.
Tit	2:1	Pero tú **habla** lo que está de acuerdo
	15	Esto **habla**, y exhorta
He	1:1	Dios, **habiendo hablado** muchas veces
	2	nos **ha hablado** por el Hijo
	2:2	si la palabra **dicha** por ...los ángeles
	3	habiendo sido anunciada primeramente (lit.,habiendo recibido principio de ser **hablado**)
	5	acerca del cual **estamos hablando**
	3:5	para testimonio de lo que se iba a **decir**;
	4:8	no **hablaría** después de otro día
	5:5	sino el que le **dijo**:
	6:9	aunque **hablamos** así.
	7:14	de la cual nada **habló** Moisés
	9:19	habiendo anunciado Moisés todos los mandamientos (lit., habiendo sido **hablado** todo mandamiento...por Moisés)
	11:4	aún **habla** por ella.
	18	habiéndosele **dicho**: (al cual le fue dicho, VHA)
	12:24	que **habla** mejor que la de Abel.
	25	no desechéis al que **habla**.
	13:7	que os **hablaron** la palabra de Dios;
Stg	1:19	tardo para **hablar**,
	2:12	Así **hablad**,
	5:10	a los profetas que **hablaron**
1 P	3:10	sus labios no **hablen** engaño;
	4:11	Si alguno **habla**, hable
2 P	1:21	**hablaron** siendo inspirados
	3:16	**hablando** en ellas de estas cosas
1 Jn	4:5	por eso **hablan** del mundo
2 Jn	12	**hablar** cara a cara, (...boca a boca, VM)
3 Jn	14	**hablaremos** cara a cara. (...boca a boca, VM)
Jud	15	han **hablado** contra él.
	16	cuya boca **habla** cosas infladas,
Ap	1:12	para ver la voz que **hablaba** conmigo;
	4:1	**hablando** conmigo,
	10:3	siete truenos **emitieron** sus voces (**hablaron**..)

λαλιά 2981　　　　　　　　　　　503　　　　　　　　　　　2983 λαμβάνω

		VM)			VM, BA)
Ap	10:4	Cuando...hubieron emitido sus voces (TR);	Mt	25:1	que tomando sus lámparas,
		(...hubieron hablado .., VM, WH, N,		3	Las insensatas, tomando sus lámparas,
		ABMW, VHA, NC, BC, BA)			no tomaron consigo aceite;
		Sella las cosas que los siete truenos		4	mas las prudentes tomaron aceite
		han dicho		16	el que había recibido cinco talentos
	8	habló otra vez conmigo, (de nuevo		18	Pero el que había recibido uno
		hablando conmigo, BA)		20	llegando el que había recibido cinco
	13:5	se le dio boca que hablaba		22	el que había recibido dos talentos, (TR)
	11	pero hablaba como dragón.		24	el que había recibido un talento,
	15	para que la imagen hablase		26:26	tomó Jesús el pan, (tomando..., BC)
	17:1	habló conmigo diciéndome:			Tomad, comed;
	21:9	y habló conmigo, diciendo:		27	Y tomando la copa,
	15	El que hablaba conmigo		52	porque todos los que tomen espada,
				27:1	entraron en consejo (tomaron consejo, BC)
2981		λαλιά — laliá		6	tomando las piezas de plata,
Mt	26:73	porque aun tu manera de hablar		7	después de consultar, (lit., después de tomar
Mr	14:70	tu manera de hablar es semejante (TR)			consejo)
Jn	4:42	Ya no creemos solamente por tu dicho,		9	tomaron las treinta piezas de plata,
	8:43	¿Por qué no entendéis mi lenguaje?		24	tomó agua y se lavó las manos (tomando...,
2982		λαμά — lamá o λεμά, λαμμᾶ			BC)
Véase también pág. 518				30	tomaban la caña
				48	tomó una esponja, y la empapó (tomando..,
Mt	27:46	¿lama sabactani? Esto es:			VHA)
Mr	15:34	¿lama sabactani? que traducido		49	Lit., otro tomando una lanza ([WH], T)
					(rechazado por otros textos y versiones)
2983		λαμβάνω — lambáno		59	tomando José el cuerpo,
Mt	5:40	al que quiera...quitarte la túnica		28:12	habido consejo, (tomado consejo, VM)
	7:8	todo aquel que pide, recibe;		15	ellos, tomando el dinero,
	8:17	El mismo tomó nuestras enfermedades,	Mr	4:16	al momento lo reciben con gozo;
	10:8	de gracia recibisteis,		6:41	Entonces tomó los cinco panes (Tomando..,
	38	el que no toma su cruz			VHA)
	41	recompensa de profeta recibirá		7:27	no está bien tomar el pan
		recompensa de justo recibirá		8:6	y tomando los siete panes,
	12:14	tuvieron consejo...para destruirle		14	Habían olvidado de traer pan,
	13:20	el que...la recibe con gozo;		9:36	tomó a un niño, (tomando..., VHA)
	31	que un hombre tomó (tomándolo un		10:30	que no reciba cien veces más
		hombre, BC)		11:24	creed que lo recibiréis, (TR, NC);
	33	a la levadura que tomó una mujer, (lit.,...			(...recibisteis, BC, WH, N, ABMW, VHA,
		habiendo tomado...)			VM, BA)
	14:19	tomando los cinco panes		12:2	para que recibiese de éstos
	15:26	No está bien tomar el pan		3	Mas ellos, tomándole, le golpearon,
	36	tomando los siete panes (TR, VM)		8	tomándole, le mataron,
		(tomó..., VHA, WH, N, ABMW, NC,		19	que su hermano se case con ella, (...tome
		BC, BA)			la mujer, VHA)
	16:5	se habían olvidado de traer pan.		20	el primero tomó esposa,
	7	Esto dice porque no trajimos pan.		21	el segundo se casó con ella, (la tomó el
	8	no tenéis pan? (V60, WH, N, ABMW, VHA			segundo, VHA)
		VM, NC, BC, BA); (lit., no trajisteis pan,		40	Estos recibirán mayor
		TR)		14:22	Jesús tomó pan y bendijo, (...tomando..,
	9	cuántas cestas recogisteis?			BC)
	10	cuántas canastas recogisteis?			Tomad, esto es mi cuerpo. (V60, WH, N,
	17:24	vinieron a Pedro los que cobraban			ABMW, VHA, NC, BC, BA); (Tomad,
	25	¿de quiénes cobran los tributos			comed..., VM, TR)
	27	tómalo, y dáselo por mí y por ti.		23	tomando la copa,
		(tomando..., VM)		65	los alguaciles le daban de bofetadas. (le
	19:29	recibirá cien veces más,			recibieron a bofetadas, BA)
	20:7	lo que sea justo. (TR)		15:23	mas él no lo tomó.
	9	recibieron cada uno un denario,	Lc	5:5	nada hemos pescado; (nada hemos
	10	pensaron que habían de recibir más;			tomado, VHA)
		pero también ellos recibieron cada uno		26	todos, sobrecogidos de asombro (se
	11	al recibirlo, murmuraban contra			apoderó de todos el estupor, BC)
	21:22	creyendo, lo recibiréis.		6:4	tomó los panes (tomando.., VHA)
	34	para que recibiesen sus frutos.		34	de quienes esperáis recibir (WH, N, ABMW)
	35	tomando a los siervos,		7:16	todos tuvieron miedo, (Sobrecogió un
	39	Y tomándole, le echaron fuera			temor a todos, BC)
	22:15	se fueron...y consultaron (...tomaron		9:16	tomando los cinco panes
		consejo, BC)		39	sucede que un espíritu le toma,
	23:14	(13) recibiréis mayor condenación (TR,		11:10	todo aquel que pide, recibe;

λαμβάνω 2983   504   2983 λαμβάνω

Lc	13:19	al grano de mostaza, que un hombre **tomó** (...que **tomándolo**..., BC)		Jn	19:40	**Tomaron**, pues, el cuerpo de Jesús,
	21	a la levadura, que una mujer **tomó** (lit.,...**tomándola**)			20:22	**Recibid** el Espíritu Santo.
					21:13	**tomó** el pan y les dio.
	18:30	que no **haya de recibir** mucho más (WH, N)		Hch	1:8	pero **recibiréis** poder,
	19:12	para **recibir** un reino y volver.			20	**Tome** otro su oficio.
	15	**después de recibir** el reino,			25	para que **tome la parte**
	20:21	no haces acepción de persona, (lit., no **recibes** la cara)			2:23	**prendisteis** y matasteis por manos de inicuos (TR)
	28	que su hermano **se case** con ella, (... **tome** la mujer, VHA)			33	y **habiendo recibido** del Padre
					38	y **recibiréis** el don del Espíritu
	29	el primero **tomó** esposa, (...**habiendo tomado** mujer, BC)			3:3	rogaba que le diesen limosna. (lit., rogaba **recibir** limosna)
	30	la **tomó** el segundo, (TR)			5	esperando **recibir** de ellos algo.
	31	La **tomó** el tercero,			7:53	vosotros que **recibisteis** la ley
	47	éstos **recibirán** mayor condenación			8:15	para que **recibiesen** el Espíritu Santo
	22:17	**Tomad** esto, y repartidlo			17	**recibían** el Espíritu Santo.
	19	Y **tomó** el pan (**tomando** un pan, BC)			19	**reciba** el Espíritu Santo.
	24:30	**tomó** el pan y lo bendijo, (**tomando**..., BC)			9:19	**habiendo tomado** alimento,
					25	**tomándole** de noche, le bajaron
	43	él lo **tomó**, (**tomándolo**, BC)			10:43	**recibirán** perdón de pecados
Jn	1:12	Mas a todos los que le **recibieron**,			47	estos que **han recibido** el Espíritu Santo
	16	Porque de su plenitud **tomamos**			15:14	para **tomar** de ellos
	3:11	y no **recibís** nuestro testimonio.			16:3	**tomándole**, le circuncidó
	27	No puede el hombre **recibir** nada,			24	El cual, **recibido** este mandato,
	32	nadie **recibe** su testimonio.			17:9	Pero **obtenida** fianza
	33	El **que recibe** su testimonio,			15	y **habiendo recibido** orden
	4:36	Y el que siega **recibe** salario,			19:2	¿**Recibisteis** el Espíritu Santo (lit., si **recibisteis**...)
	5:34	Pero yo no **recibo** testimonio				
	41	Gloria de los hombres no **recibo**.			20:24	el ministerio que **recibí** del Señor Jesús,
	43	y no me **recibís**; a ése **recibiréis**			35	Más bienaventurado es dar que **recibir**.
	44	pues **recibís** gloria (**cuando recibís** gloria, BA)			24:27	**recibió** Félix por sucesor
					25:16	pueda defenderse de la acusación. (lit., **haya recibido** lugar de defensa...)
	6:7	cada uno de ellos **tomase** un poco				
	11	Y **tomó** Jesús aquellos panes,			26:10	**habiendo recibido** poderes de los principales (**habiendo recibido** autoridad..., VHA)
	21	con gusto le **recibieron** (quisieron **recibirle**, VHA)				
					18	para que **reciban**, por la fe
	7:23	Si **recibe** el hombre la circuncisión			27:35	**tomó** el pan (**tomando** pan, BC)
	39	que habían de **recibir** los que creyesen en él			28:15	**cobró** aliento
	10:17	para volverla a **tomar**. (para **tomarla** de nuevo, NC)		Ro	1:5	por quien **recibimos** la gracia
					4:11	Y **recibió** la circuncisión
	18	para volverla a **tomar**. (para **tomarla** otra vez, BC)			5:11	por quien **hemos recibido** ahora
					17	los **que reciben** la abundancia
		Este mandamiento **recibí** de mi Padre.			7:8	Mas el pecado, **tomando** ocasión
	12:3	María **tomó** una libra (...**tomando**..., BC)			11	porque el pecado, **tomando** ocasión
	13	**tomaron** ramas de palmera			8:15	Pues no **habéis recibido** el espíritu sino que **habéis recibido**
	48	El **que**...no **recibe** mis palabras				
	13:4	**tomando** una toalla, se la ciñó.			13:2	acarrean condenación para sí mismos. (sobre sí **recibirán** condenación, BA)
	12	**tomó** su manto, volvió a la mesa,				
	20	El **que recibe** al que yo enviare, me **recibe** a mí		1 Co	2:12	nosotros no **hemos recibido**
					3:8	cada uno **recibirá** su recompensa
	26	el que me **recibe** a mí, **recibe** al que me envió mojando el pan, lo dio a Judas (TR, VM); (lo **tomó** y dióle a Judas, VHA, WH, N, [ABMM], NC, BC, BA)			14	**recibirá** recompensa.
					4:7	¿o qué tienes que no **hayas recibido**? si lo **recibiste** como si no lo **hubieras recibido**?
	30	**Cuando** él, pues, **hubo tomado**			9:24	uno sólo **se lleva** el premio (uno solo **recibe** el premio, VHA)
	14:17	al cual el mundo no puede **recibir**				
	16:14	porque **tomará** de lo mío,			25	para **recibir** una corona corruptible,
	15	por eso dije que **tomará** de lo mío,			10:13	No os **ha sobrevenido** ninguna
	24	pedid, y **recibiréis**,			11:23	**tomó** pan;
	17:8	ellos las **recibieron**,			24	**Tomad**, comed; esto es mi cuerpo (TR, VM)
	18:3	**tomando** una compañía de soldados,				
	31	**Tomadle** vosotros,			14:5	para que la iglesia **reciba** edificación
	19:1	Así que, entonces **tomó** Pilato		2 Co	11:4	Si **recibís** otro espíritu que el que **habéis recibido**
	6	**Tomadle** vosotros,				
	23	**tomaron** sus vestidos,			8	**recibiendo** salario para serviros
	27	el discípulo la **recibió**			20	si alguno **toma** lo vuestro,
	30	Cuando Jesús **hubo tomado** el vinagre,			24	**he recibido** cuarenta azotes
					12:16	os **prendí** por engaño

Gá	2:6	Dios no hace acepción de personas (lit., no acepta la cara de hombre)	Ap	11:17	porque has tomado tu gran poder,
	3:2	¿Recibisteis el Espíritu		14:9	y recibe la marca en su frente
	14	a fin de que por la fe recibiésemos		11	ni nadie que reciba la marca (si alguno recibe..., BC)
Fil	2:7	tomando forma de siervo,		17:12	que aún no han recibido reino;
	3:12	No que lo haya alcanzado (No que yo haya recibido, VM)			por una hora recibirán autoridad
				18:4	ni recibáis parte de sus plagas;
Col	4:10	del cual habéis recibido mandamientos;		19:20	los que recibieron la marca de la bestia,
1 Ti	4:4	si se toma con acción de gracias;		20:4	que no recibieron la marca
2 Ti	1:5	trayendo a la memoria la fe (lit., recibiendo memoria...)		22:17	el que quiera, tome del agua de la vida
He	2:2	recibió justa retribución,	**2984**		Λάμεχ – Lámec (Lámej)
	3	habiendo sido anunciada primeramente (lit., habiendo recibido principio de ser hablada)	Lc	3:36	hijo de Lamec,
			2985		λαμπάς – lampás
	4:16	para alcanzar misericordia (para que recibamos misericordia, BA)	Mt	25:1	que tomando sus lámparas
				3	Las insensatas, tomando sus lámparas,
	5:1	todo sumo sacerdote tomado		4	juntamente con sus lámparas.
	4	Y nadie toma para sí esta honra,		7	se levantaron, y arreglaron sus lámparas
	7:5	los hijos de Leví reciben el sacerdocio, (los que de los hijos de Leví reciben..., VHA)		8	porque nuestras lámparas se apagan.
			Jn	18:3	fue allí con linternas y antorchas,
	8	ciertamente reciben los diezmos	Hch	20:8	Y había muchas lámparas
	9	también Leví, que recibe los diezmos;	Ap	4:5	delante del trono ardían siete lámparas
	9:15	los llamados reciban la promesa		8:10	ardiendo como una antorcha
	19	tomó la sangre de los becerros (habiendo tomado..., BC)	**2986**		λαμπρός** – lamprós
	10:26	después de haber recibido el conocimiento	Lc	23:11	vistiéndole de una ropa espléndida;
	11:8	al lugar que había de recibir	Hch	10:30	un varón con vestido resplandeciente
	11	recibió fuerza para concebir; (lit., recibió poder para la fundación de una simiente)	Stg	2:2	y con ropa espléndida,
				3	al que trae la ropa espléndida
	13	sin haber recibido lo prometido, (TR)	Ap	15:6	vestidos de lino limpio y resplandeciente,
	29	intentando los egipcios (lit., tomando prueba...)		18:14	todas las cosas exquisitas y espléndidas
				19:8	de lino fino, limpio y resplandeciente;
	35	Las mujeres recibieron sus muertos		22:1	resplandeciente como cristal,
	36	Otros experimentaron (lit., otros recibieron la prueba)		16	la estrella resplandeciente de la mañana.
Stg	1:7	que recibirá cosa alguna del Señor.	**2987**		λαμπρότης – lamprótes
	12	recibirá la corona de vida,	Hch	26:13	que sobrepasaba el resplandor del sol,
	3:1	sabiendo que recibiremos mayor			
	4:3	Pedís, y no recibís	**2988**		λαμπρῶς* – lamprós
	5:7	hasta que reciba la lluvia	Lc	16:19	hacía cada día banquete con esplendidez
	10	tomad como ejemplo			
1 P	4:10	Cada uno según el don que ha recibido	**2989**		λάμπω – lámpo
2 P	1:9	habiendo olvidado la purificación (lit., habiendo tomado olvido...)	Mt	5:15	alumbra a todos los que están en casa.
				16	Así alumbre vuestra luz
	17	Pues cuando él recibió de Dios		17:2	resplandeció su rostro
1 Jn	2:27	la unción que vosotros recibisteis	Lc	17:24	que al fulgurar resplandece
	3:22	la recibiremos de él,	Hch	12:7	una luz resplandeció en la cárcel;
	5:9	Si recibimos el testimonio	2 Co	4:6	que mandó que de las tinieblas resplandeciese (TR, VM, NC); (que dijo: De las tinieblas resplandecerá, BA, WH, N, ABMW, VHA, BC)
2 Jn	4	conforme al mandamiento que recibimos			
	10	no lo recibáis en casa,			
3 Jn	7	sin aceptar nada de los gentiles. (no tomando nada de los gentiles, VHA)			
Ap	2:17	sino aquel que lo recibe.			resplandeció en nuestros corazones,
	2:28 (27)	yo también la he recibido			
	3:3	de lo que has recibido (lit., como lo has recibido)	**2990**		λανθάνω – lantháno
			Mr	7:24	pero no pudo esconderse.
	11	para que ninguno tome tu corona	Lc	8:47	que no había quedado oculta,
	4:11	digno eres de recibir la gloria	Hch	26:26	que ignora nada de esto (que no se le oculta ninguna..., VM)
	5:7	Y vino, y tomó el libro			
	8	Y cuando hubo tomado el libro,	He	13:2	algunos, sin saberlo, hospedaron (lit., ignoraron al hospedar)
	9	Digno eres de tomar el libro			
	12	es digno de tomar	2 P	3:5	Estos ignoran voluntariamente,
	6:4	le fue dado poder de quitar de la tierra		8	no ignoréis esto (Esto solo no se os esconda, BC)
	8:5	Y el ángel tomó el incensario			
	10:8	Vé y toma el librito			
	9	Toma, y cómelo;	**2991**		λαξευτός† – laxeutós
	10	Entonces tomé el librito			

Λαοδίκεια 2993

Lc 23:53 en un sepulcro abierto en una peña,
2992 Véase abajo
2993 Λαοδίκεια — Laodíkeia o Λαοδικία
Col 2:1 por los que están en Laodicea,
    4:13 y por los que están en Laodicea,
    15 Saludad a los hermanos que están en Laodicea,
    16 que la de Laodicea la leáis
Ap 1:11 Filadelfia y Laodicea.
    3:14 al ángel de la iglesia en Laodicea:(WH, N, ABMW)

2994 Λαοδικεύς — Laodikéus
Col 4:16 se lea en la iglesia de los laodicenses,
Ap 3:14 al ángel de la iglesia en Laodicea: (V60, WH, N, ABMW, VHA, VM, NC, BC, BA) (...de los laodicenses, TR)

2992 λαός — laós
Mt 1:21 porque él salvará a su pueblo
    2:4 y los escribas del pueblo
    6 Que apacentará a mi pueblo Israel.
    4:16 El pueblo asentado en tinieblas
    23 toda dolencia en el pueblo.
    9:35 toda dolencia en el pueblo (TR)
    13:15 Porque el corazón de este pueblo
    15:8 Este pueblo de labios me honra;
    21:23 y los ancianos del pueblo
    26:3 los escribas, y los ancianos del pueblo
    5 no se haga alboroto en el pueblo.
    47 de los ancianos del pueblo
    27:1 y los ancianos del pueblo
    25 respondiendo todo el pueblo,
    64 y digan al pueblo:
Mr 7:6 Este pueblo de labios me honra
    11:32 Pero temían al pueblo, (TR, T)
    14:2 para que no se haga alboroto del pueblo
Lc 1:10 Y toda la multitud del pueblo
    17 pueblo bien dispuesto.
    21 el pueblo estaba esperando
    68 redimido a su pueblo, (hizo redención a su pueblo, VHA)
    77 dar conocimiento de salvación a su pueblo
    2:10 que será para todo el pueblo:
    31 en presencia de todos los pueblos
    32 gloria de tu pueblo Israel.
    3:15 Como el pueblo estaba en expectativa,
    18 anunciaba las buenas nuevas al pueblo
    21 cuando todo el pueblo se bautizaba,
    6:17 multitud de gente de toda Judea, (gran muchedumbre del pueblo, BC)
    7:1 al pueblo que le oía, (a oídos del pueblo, VM)
    16 Dios ha visitado a su pueblo
    29 todo el pueblo y los publicanos,
    8:47 delante de todo el pueblo
    9:13 para toda esta multitud (para todo este pueblo, VHA)
    18:43 todo el pueblo, cuando vio aquello,
    19:47 los escribas y los principales del pueblo
    48 todo el pueblo estaba suspenso
    20:1 enseñando Jesús al pueblo
    6 todo el pueblo nos apedreará
    9 Comenzó luego a decir al pueblo
    19 pero temieron al pueblo.
    26 en palabra alguna delante del pueblo,
    45 oyéndole todo el pueblo,
    21:23 e ira sobre este pueblo.

2992 λαός

Lc 21:38 todo el pueblo venía a él por la mañana
    22:2 porque temían al pueblo.
    66 se juntaron los ancianos del pueblo
    23:5 Alborota al pueblo
    13 a los gobernantes, y al pueblo
    14 como un hombre que perturba al pueblo
    27 gran multitud del pueblo
    35 el pueblo estaba mirando;
    24:19 delante de Dios y de todo el pueblo
Jn 8:2 [todo el pueblo vino a él;]
    11:50 que un hombre muera por el pueblo
    18:14 un solo hombre muriese por el pueblo
Hch 2:47 teniendo favor con todo el pueblo
    3:9 todo el pueblo le vio andar
    11 todo el pueblo, atónito, concurrió
    12 Pedro, respondió al pueblo:
    23 será desarraigada del pueblo.
    4:1 Hablando ellos al pueblo
    2 resentidos de que enseñasen al pueblo
    8 Gobernantes del pueblo
    10 y a todo el pueblo de Israel
    17 no se divulgue más entre el pueblo,
    21 por causa del pueblo;
    25 los pueblos piensan cosas vanas?
    27 los gentiles y el pueblo de Israel, (...los pueblos..., BC)
    5:12 y prodigios en el pueblo;
    13 mas el pueblo los alababa grandemente
    20 anunciad al pueblo todas las palabras
    25 y enseñan al pueblo.
    26 temían ser apedreados por el pueblo.
       (temían al pueblo, no fuera que los apedreasen, BC)
    34 venerado de todo el pueblo
    37 llevó en pos de sí a mucho pueblo
    6:8 y señales entre el pueblo
    12 soliviantaron al pueblo
    7:17 el pueblo creció y se multiplicó
    34 he visto la aflicción de mi pueblo
    10:2 muchas limosnas al pueblo
    41 no a todo el pueblo
    42 Y nos mandó que predicásemos al pueblo,
    12:4 sacarle al pueblo después de la pascua.
    11 de todo lo que el pueblo...esperaba (de toda la expectación del pueblo, VHA)
    13:15 palabra de exhortación para el pueblo
    17 El Dios de este pueblo
       y enalteció al pueblo
    24 a todo el pueblo de Israel.
    31 son sus testigos ante el pueblo
    15:14 para tomar de ellos pueblo
    18:10 yo tengo mucho pueblo (lit., hay mucho pueblo para mí)
    19:4 diciendo al pueblo que creyesen
    21:28 enseña a todos contra el pueblo
    30 agolpó el pueblo; (hubo concurso del pueblo, VM)
    36 la muchedumbre del pueblo venía detrás
    39 me permitas hablar al pueblo.
    40 hizo señal con la mano al pueblo
    23:5 No maldecirás a un príncipe de tu pueblo
    26:17 librándote de tu pueblo
    23 para anunciar luz al pueblo
    28:17 no habiendo hecho nada contra el pueblo
    26 Vé a este pueblo, y diles:
    27 Porque el corazón de este pueblo
Ro 9:25 Llamaré pueblo mío al que no era mi pueblo
    26 Vosotros no sois pueblo mío,
    10:21 extendí mis manos a un pueblo rebelde

λάρυγξ 2995　　　　　　　　　　　　　　　　　507　　　　　　　　　　　　　　　　　3004 λέγω

Ro	11:1	¿Ha desechado Dios a su pueblo?
	2	No ha desechado Dios a su pueblo,
	15:10	Alegraos, gentiles, con su pueblo.
	11	magnificadle todos los pueblos
1 Co	10:7	Se sentó el pueblo a comer y a beber
	14:21	hablaré a este pueblo;
2 Co	6:16	Y ellos serán mi pueblo
Tit	2:14	y purificar para sí un pueblo
He	2:17	para expiar los pecados del pueblo.
	4:9	para el pueblo de Dios.
	5:3	como también por el pecado
	7:5	tienen mandamiento de tomar del pueblo
	11	bajo él recibió el pueblo la ley
	27	luego por los del pueblo;
	8:10	ellos me serán a mí por pueblo
	9:7	por los pecados de ignorancia del pueblo;
	19	a todo el pueblo,
		y también a todo el pueblo,
	10:30	El Señor juzgará a su pueblo
	11:25	ser maltratado con el pueblo de Dios
	13:12	para santificar al pueblo
1 P	2:9	pueblo adquirido por Dios, (pueblo de posesión exclusiva, VM)
	10	no erais pueblo, pero ahora sois pueblo de
2 P	2:1	falsos profetas entre el pueblo
Jud	5	habiendo salvado al pueblo
Ap	5:9	de todo linaje y lengua y pueblo y nación
	7:9	de todas naciones y tribus y pueblos
	10:11	sobre muchos pueblos,
	11:9	los de los pueblos..., verán
	13:7	sobre toda tribu, pueblo, lengua (V60) (omitido sólo en TR)
	14:6	a toda nación, tribu, lengua y pueblo
	17:15	son pueblos, muchedumbres, naciones
	18:4	Salid de ella, pueblo mío
	21:3	ellos serán su pueblo, (...pueblos suyos, VHA)

2995		λάρυγξ — lárugx (lárunx)
Ro	3:13	Sepulcro abierto es su garganta

2996		Λασαία — Lasáia o Λασέα
Hch	27:8	cerca del cual estaba la ciudad de Lasea.

2997		λάσκω* — lásko
Hch	1:18	se reventó por la mitad,

2998		λατομέω — latoméo
Mt	27:60	que había labrado en la peña;
Mr	15:46	estaba cavado en una peña,

2999		λατρεία — latréia
Jn	16:2	pensará que rinde servicio a Dios.
Ro	9:4	el culto y las promesas
	12:1	que es vuestro culto racional.
He	9:1	tenía ordenanzas de culto
	6	para cumplir los oficios del culto;

3000		λατρεύω — latréuo
Mt	4:10	a él sólo servirás
Lc	1:74	Sin temor le serviríamos
	2:37	sirviendo de noche y de día
	4:8	a él sólo servirás.
Hch	7:7	me servirán en este lugar.
	42	a que rindiesen culto al ejército
	24:14	así sirvo al Dios de mis padres
	26:7	sirviendo constantemente a Dios
Hch	27:23	de quien soy y a quien sirvo
Ro	1:9	a quien sirvo en mi espíritu
	25	dando culto a las criaturas (dieron culto a la criatura, VHA)
Fil	3:3	los que en espíritu servimos a Dios
2 Ti	1:3	al cual sirvo desde mis mayores
He	8:5	los cuales sirven a lo que es figura
	9:9	al que practica ese culto, (al que ministraba, NC)
	14	para que sirváis al Dios vivo?
	10:2	pues los que tributan este culto (los adoradores, NC)
	12:28	mediante ella sirvamos a Dios
	13:10	no tienen derecho de comer los que sirven
Ap	7:15	le sirven día y noche
	22:3	sus siervos le servirán,

3001		λάχανον — lácanon (lájanon)
Mt	13:32	es la mayor de las hortalizas,
Mr	4:32	se hace la mayor de todas las hortalizas,
Lc	11:42	toda hortaliza, y pasáis por alto
Ro	14:2	otro, que es débil, come legumbres,

3002		Λεββαῖος — Lebbáios
Mt	10:3	Lebeo, por sobrenombre Tadeo, (TR); (Tadeo, VHA, WH, N, ABMW, VM, NC, BA); (Lebeo, BC)

3003		λεγιών*† — legión (leguión)
Mt	26:53	más de doce legiones de ángeles?
Mr	5:9	Legión me llamo;
	15	que había tenido la legión
Lc	8:30	él dijo: Legión

3004		λέγω — légo, véase εἶπον, 2036, pág. 293 y ἐρῶ 2046, pág. 358
Mt	1:16	nació Jesús, llamado el Cristo.
	20	le apareció en sueños y le dijo: (...diciendo, VM)
	22	por medio del profeta, cuando dijo:
	2:2	diciendo: ¿Dónde está el rey
	13	apareció en sueños a José y dijo: (...diciendo, VM)
	15	por medio del profeta, cuando dijo:
	17	el profeta Jeremías, cuando dijo:
	20	diciendo: Levántate, toma al niño
	23	en la ciudad que se llama Nazaret.
	3:2	diciendo: Arrepentíos,
	3	el profeta Isaías, cuando dijo:
	9	no penséis decir dentro de vosotros porque yo os digo
	14	Mas Juan se le oponía, diciendo:
	17	una voz de los cielos, que decía:
	4:6	le dijo: Si eres Hijo de Dios
	9	le dijo: Todo esto (TR, ABMW)
	10	Entonces Jesús le dijo
	14	lo dicho por el profeta Isaías, cuando dijo:
	17	comenzó Jesús a predicar, y a decir:
	18	Simón, llamado Pedro,
	19	les dijo: Venid en pos de mí,
	5:2	les enseñaba, diciendo:
	18	Porque de cierto os digo
	20	os digo que si vuestra justicia
	22	Pero yo os digo que cualquiera
	26	De cierto te digo que no saldrás
	28	Pero yo os digo que cualquiera
	32	Pero yo os digo que el que repudia
	34	Pero yo os digo

λέγω 3004   3004 λέγω

Mt			Mt		
	5:39	Pero yo os **digo**:		12:48	Respondiendo él al que le **decía** esto, (WH, N, ABMW)
	44	Pero yo os **digo**:		13:3	les habló muchas cosas por parábolas, **diciendo**:
	6:2	os **digo** que ya tienen			
	5	os **digo** que ya tienen		14	la profecía de Isaías, que **dijo**:
	16	os **digo** que ya tienen		17	Porque de cierto os **digo**,
	25	Por tanto os **digo**:		24	Les refirió otra parábola, **diciendo**:
	29	pero os **digo**, que ni aun Salomón		28	los siervos le **dijeron**: (WH, N, ABMW)
	31	No os afanéis, pues, **diciendo**:		31	Otra parábola les refirió, **diciendo**:
	7:21	No todo el **que** me **dice**:		35	lo dicho por el profeta, **cuando dijo**:
	8:2	se postró ante él, **diciendo**:		36	acercándose a él sus discípulos, le **dijeron**:
	3	le tocó, **diciendo**:			(...vinieron a él, **diciendo**, VM)
	4	Entonces Jesús le **dijo**:		51	Jesús les **dijo**: (TR, VM)
	6	**diciendo**: Señor, mi criado			Ellos respondieron: Sí (le dicen...., VM)
	7	Jesús le **dijo**: Yo iré		54	se maravillaban, y **decían**:
	9	y **digo** a éste:		55	¿No **se llama** su madre María,
	10	De cierto os **digo**,		14:4	(5) porque Juan le **decía**:
	11	os **digo** que vendrán		15	se acercaron a él sus discípulos, **diciendo**:
	17	lo dicho por...Isaías, **cuando dijo**:		17	ellos **dijeron**: No tenemos aquí
	20	Jesús le **dijo**:		26	se turbaron, **diciendo**: ¡Un fantasma!
	22	Jesús le **dijo**: (WH, N, ABMW)		27	Jesús les habló, **diciendo**:
	25	le despertaron, **diciendo**:		30	dio voces, **diciendo**:
	26	El les **dijo**: ¿Por qué teméis		31	asió de él, y le **dijo**:
	27	los hombres se maravillaron, **diciendo**:		33	vinieron y le adoraron, **diciendo**:
	29	clamaron **diciendo**:		15:1	escribas y fariseos de Jerusalén, **diciendo**:
	31	los demonios le rogaron **diciendo**:		4	Dios mandó **diciendo**: (TR, VM)
	9:6	(**dice** entonces al paralítico)		5	Pero vosotros **decís**:
	9	vio a un hombre **llamado** Mateo, le **dijo**: Sígueme		7	Isaías, **cuando dijo**:
	11	los fariseos, **dijeron** a los discípulos: (WH, N, ABMW)		12	sus discípulos, le **dijeron**: (WH, N, ABMW)
	14	los discípulos de Juan, **diciendo**:		22	clamaba, **diciéndole**: ¡Señor,
	18	se postró ante él, **diciendo**:		23	le rogaron, **diciendo**:
	21	porque **decía** dentro de sí:		25	se postró ante él, **diciendo**:
	24	(23) les **dijo**: Apartaos		33	sus discípulos le **dijeron**:
	27	dando voces y **diciendo**:		34	Jesús les **dijo**:
	28	Jesús les **dijo**: ¿Creéis...? Ellos **dijeron**: Sí, Señor		16:2	Cuando anochece, **decís** (TR, [WH], [N], [ABMW], VHA, VM, NC, BC, BA)
	29	les tocó los ojos, **diciendo**:		7	Ellos pensaban dentro de sí, **diciendo**:
	30	les encargó rigurosamente, **diciendo**		13	preguntó a sus discípulos, **diciendo**: ¿Quién **dicen** los hombres que es
	33	la gente se maravillaba, y **decía**: (...**diciendo**, BC)		15	El les **dijo**: ...¿quién **decís**...?
	34	Pero los fariseos **decían**:		18	yo también te **digo**, que tú eres
	37	Entonces **dijo** a sus discípulos:		22	comenzó a reconvenirle, **diciendo**:
	10:2	Simón, **llamado** Pedro,		28	De cierto os **digo** que hay algunos
	5	les dio instrucciones, **diciendo**		17:5	una voz desde la nube, **que decía**:
	7	yendo, predicad, **diciendo**		9	Jesús les mandó, **diciendo**:
	15	De cierto os **digo** que en el día		10	sus discípulos le preguntaron, **diciendo** ¿Por qué, pues, **dicen** los escribas
	23	porque de cierto os **digo**,		12	Mas os **digo** que Elías ya vino
	27	Lo que os **digo** en tinieblas,		15	(14) se arrodilló delante de él, **diciendo**:
	42	de cierto os **digo** que no perderá		20	les **dijo**: Por vuestra poca fe; (WH, N, ABMW) porque de cierto os **digo**,
	11:7	comenzó Jesús a **decir** de Juan		25	El **dijo**: Sí Jesús le habló primero, **diciendo**:
	9	Sí, os **digo**, y más que profeta.		26	Pedro le **respondió**: (TR)
	11	os **digo**: Entre los que nacen		18:1	vinieron a Jesús, **diciendo**:
	17	**diciendo**: Os tocamos flauta,		3	y **dijo**: De cierto os **digo**,
	18	**dicen**: Demonio tiene		10	porque os **digo** que sus ángeles
	19	**dicen**:...un hombre comilón,		13	de cierto os **digo** que se regocija
	22	Por tanto os **digo** que en el día del juicio		18	De cierto os **digo** que todo
	24	Por tanto os **digo** que en el día del juicio		19	Otra vez os **digo**,
	12:6	Pues os **digo** que uno mayor		22	Jesús le **dijo**: No te **digo** hasta siete,
	10	**preguntaron** a Jesús, (le preguntaron, **diciendo**, VM)		26	postrado, le suplicaba, **diciendo**:
	13	Entonces **dijo** a aquel hombre:		28	le ahogaba, **diciendo**: Págame
	17	lo dicho por...Isaías, **cuando dijo**:		29	le rogaba **diciendo**:
	23	estaba atónita, y **decía**: (estaban atónitas, y **decían**, VHA)		32	Entonces, llamándole su Señor, le **dijo**:
	31	Por tanto os **digo**: Todo pecado		19:3	tentándole y **diciéndole**:
	36	Mas yo os **digo** que de toda palabra		7	Le **dijeron**: ¿Por qué, pues, mandó
	38	**diciendo**: Maestro, deseamos		8	El les **dijo**: Por la dureza
	44	Entonces **dice**: Volveré			

λέγω 3004 509 3004 λέγω

Mt 19:9	yo os digo que cualquiera	
10	Le dijeron sus discípulos	
17	¿Por qué me llamas bueno? (TR, VM)	
18	Le dijo: ¿Cuáles?	
20	El joven le dijo	
23	De cierto os digo, que difícilmente	
24	Otra vez os digo	
25	se asombraron en gran manera, diciendo	
28	De cierto os digo que en la regeneración,	
20:6	estaban desocupados; y les dijo	
7	Le dijeron: Porque nadie nos ha contratado	
	El les dijo: Id también	
8	el señor...dijo a su mayordomo:	
11 (12)	diciendo: Estos postreros	
21	Ella le dijo: Ordena que	
22	ellos le dijeron: Podemos.	
23	El les dijo: A la verdad,	
30	clamaron, diciendo:	
31	ellos clamaban más, diciendo:	
33	Ellos le dijeron: Señor,	
21:2	diciéndoles: Id a la aldea	
4	lo dicho por el profeta, cuando dijo:	
9	la que iba detrás aclamaba, diciendo:	
10	se conmovió, diciendo: ¿Quién es éste?	
11	la gente decía: (las gentes decían, VHA)	
13	les dijo: Escrito está:	
15	aclamando en el templo y diciendo	
16	¿Oyes lo que éstos dicen?	
	les dijo: Sí;	
19	y le dijo: Nunca jamás	
20	los discípulos decían maravillados:	
	(...se maravillaron, diciendo, VM)	
21	De cierto os digo, que si tuviereis fe,	
23	mientras enseñaba, y le dijeron:	
	(...diciendo, BC)	
25	discutían entre sí, diciendo:	
27	Tampoco yo os digo con qué autoridad	
31	Dijeron ellos: El primero.	
	Jesús les dijo: De cierto os digo,	
37	les envió su hijo, diciendo	
41	Le dijeron: A los malos destruirá	
42	Jesús les dijo: ¿Nunca leísteis	
43	Por tanto os digo, que el reino	
45	entendieron que hablaba de ellos.	
22:1	les volvió a hablar en parábolas, diciendo:	
4	otros siervos, diciendo:	
8	Entonces dijo a sus siervos	
12	le dijo: Amigo,	
16	con los herodianos, diciendo:	
20	les dijo: ¿De quién es esta imagen,	
21 (20)	Le dijeron: De César.	
	les dijo: Dad, pues,	
23	vinieron a él los saduceos, que dicen	
24	diciendo: Maestro, Moisés dijo:	
31	lo que os fue dicho por Dios, cuando dijo:	
35	preguntó por tentarle, diciendo: (TR)	
42 (41)	diciendo: ¿Qué pensáis del Cristo?	
	Le dijeron: De David	
43	El les dijo: ¿Pues cómo David	
	le llama Señor, diciendo:	
23:2	(1) y a sus discípulos, diciendo:	
3	porque dicen, y no hacen.	
16	¡Ay de vosotros, guías ciegos! que decís:	
30	decís: Si hubiésemos vivido	
36	De cierto os digo que todo esto	
39	Porque os digo que desde ahora	
24:2	De cierto os digo, que no quedará	
3	se le acercaron aparte, diciendo:	
5	vendrán muchos en mi nombre, diciendo:	

Mt 24:34	De cierto os digo, que no pasará	
47	De cierto os digo que sobre todos	
25:9	las prudentes respondieron diciendo:	
11	vinieron también las otras vírgenes, diciendo	
12	De cierto os digo, que no os conozco	
20	trajo otros cinco talentos, diciendo:	
37	los justos le responderán diciendo:	
40	De cierto os digo que en cuanto	
44	también ellos le responderán diciendo	
45	Entonces les responderá diciendo:	
	De cierto os digo que en cuanto	
26:3	del sumo sacerdote llamado Caifás,	
5	Pero decían: No durante la fiesta,	
8	los discípulos se enojaron, diciendo	
13	De cierto os digo que dondequiera	
14	uno de los doce, que se llamaba Judas	
17	vinieron los discípulos a Jesús, diciéndole:	
18	El Maestro dice: Mi tiempo está cerca;	
21	De cierto os digo, que uno de vosotros	
22	comenzó cada uno de ellos a decirle:	
25	Le dijo: Tú lo has dicho,	
27	les dio, diciendo: Bebed de ella	
29	os digo que desde ahora	
31	Entonces Jesús les dijo:	
34	De cierto te digo que esta noche,	
35	Pedro le dijo: Aunque me sea necesario	
36	un lugar que se llama Getsemaní	
	dijo a sus discípulos;	
38	Entonces Jesús les dijo	
39	orando y diciendo: Padre mío,	
40	los halló durmiendo, y dijo a Pedro:	
42	oró por segunda vez, diciendo:	
45	vino a sus discípulos y les dijo	
48	les había dado señal, diciendo:	
52	Entonces Jesús le dijo:	
64	Jesús le dijo: Tú lo has dicho;	
	además os digo, que desde ahora	
65	rasgó sus vestiduras, diciendo	
68	diciendo: Profetízanos, Cristo,	
69	se le acercó una criada, diciendo	
70	él negó delante de todos, diciendo:	
	No sé lo que dices	
71	dijo a los que estaban allí:	
27:4	diciendo: Yo he pecado entregando	
9	lo dicho por el profeta Jeremías,	
	cuando dijo:	
11	éste le preguntó, diciendo:	
	Y Jesús le dijo: Tú lo dices	
13	Pilato entonces le dijo:	
16	un preso famoso llamado Barrabás.	
17	o a Jesús, llamado el Cristo?	
19	su mujer le mandó decir:	
22	Pilato les dijo:	
	llamado el Cristo?	
	le dijeron: ¡Sea crucificado!	
23	gritaban aún más, diciendo:	
24	se lavó...delante del pueblo, diciendo:	
29	le escarnecían, diciendo:	
33	a un lugar llamado Gólgota,	
	que significa: Lugar de la Calavera,	
	(que es decir..., BC)	
40	que derribas el templo,	
41	los escribas...y los ancianos decían:	
46	Jesús clamó a gran voz, diciendo:	
47	los que estaban allí decían	
49	Pero los otros decían: (TR, ABMW)	
54	temieron en gran manera, y dijeron	
	(...diciendo, VM)	
63	diciendo: Señor, nos acordamos	

λέγω 3004

Mt	28:9	Jesús les salió al encuentro, **diciendo**
	10	Entonces Jesús les **dijo:**
	13	**diciendo:** Decid vosotros:
	18	se acercó y les habló **diciendo:**
Mr	1:7	Y predicaba, **diciendo:**
	15	**diciendo:** El tiempo se ha cumplido, (TR, [WH], [N], ABMW)
	24	**diciendo:** ¡Ah! ¿qué tienes con nosotros,
	25	Jesús le reprendió, **diciendo:** (TR, [WH], [N], ABMW)
	27	discutían entre sí, **diciendo:**
	30	en seguida le **hablaron** de ella.
	37	le **dijeron:** Todos te buscan.
	38	El les **dijo:** Vamos a los lugares
	40	e hincada la rodilla, le **dijo:** (...y diciéndole, VM)
	41	le tocó, y le **dijo:**
	44	le **dijo:** Mira, no digas a nadie
	2:5	**dijo** al paralítico:
	8	dentro de sí mismos, les **dijo:** (WH, N, ABMW)
	10	(dijo al paralítico)
	11	A ti te **digo:** Levántate,
	12	glorificaron a Dios, **diciendo:**
	14	le **dijo:** Sígueme.
	16	**dijeron** a los discípulos:
	17	Al oir esto Jesús, les **dijo:**
	18	vinieron, y le **dijeron**
	24	Entonces los fariseos le **dijeron**
	25	él les **dijo:** ¿Nunca leísteis
	27	les **dijo:** El día de reposo
	3:3	**dijo** al hombre que tenía la mano
	4	les **dijo:** ¿Es lícito
	5	**dijo** al hombre: Extiende
	11	daban voces, **diciendo**
	21	porque **decían:** Está fuera de sí
	22	**decían** que tenía a Beelzebú,
	23	les **decía** en parábolas:
	28	De cierto os **digo** que todos los pecados
	30	**habían dicho:** Tiene espíritu
	32	le **dijo:** Tu madre (WH, N, ABMW)
	33	El les respondió **diciendo:**
	34	alrededor de él, **dijo:**
	4:2	les **decía** en su doctrina;
	9	les **dijo:** El que tiene oídos
	11	les **dijo:** A vosotros os es dado
	13	les **dijo:** ¿No sabéis
	21	También les **dijo:** ¿Acaso se trae
	24	Les **dijo** también: Mirad
	26	**Decía** además: Así es el reino
	30	**Decía** también: ¿A qué haremos semejante
	35	cuando llegó la noche, les **dijo:**
	38	le despertaron, y le **dijeron:**
	41	se **decían** el uno al otro:
	5:7	clamando a gran voz, **dijo:** (WH, N, ABMW)
	8	le **decía:** Sal de este
	9	respondió **diciendo:** (TR); (él dijo, VM, WH, N, ABMW, VHA, NC, BC, BA)
	12	rogaron todos los demonios, **diciendo:**
	19	sino que le **dijo:**
	23	le rogaba mucho, **diciendo**
	28	Porque **decía:** Si tocare
	30	volviéndose a la multitud, **dijo**
	31	Sus discípulos le **dijeron:** Ves que la multitud te aprieta, y **dices:**
	35	del principal de la sinagoga, **diciendo:**
	36	**dijo** al principal de la sinagoga.
	39	les **dijo:** ¿Por qué alborotáis
	41	tomando la mano de la niña, le **dijo**

Mr	5:41	a ti te **digo**, levántate.
	6:2	se admiraban, y **decían:** (...diciendo, VM)
	4	Jesús les **decía:** No hay profeta
	10	les **dijo:** Dondequiera que entréis
	11	De cierto os **digo** que en el día del juicio, (TR, VM)
	14	se había hecho notorio; y **dijo:** (TR, VM, NC); (...decían, BC, WH, N, ABMW, VHA, BC, BA)
	15	Otros **decían:** Es Elías otros **decían:** Es un profeta,
	16	Al oir esto Herodes, **dijo:** (TR)
	18	Porque Juan **decía** a Herodes:
	25	pidió **diciendo:**
	31	les **dijo:** Venid vosotros (WH, N, ABMW)
	35	se acercaron a él, **diciendo:** (llegándose... decían; BC)
	37	le **dijeron:** ¿Que vayamos
	38	les **dijo:** ¿Cuántos panes tenéis? al saberlo, **dijeron**
	50	habló con ellos, y les **dijo:**
	7:9	Les **decía** también: Bien invalidáis
	11	vosotros **decís:** Basta
	14	les **dijo:** Oídme todos,
	18	El les **dijo:** ¿También vosotros
	20	Pero **decía**, que lo que del hombre
	27	Jesús le **dijo:** Deja (WH, N, ABMW)
	28	Respondió ella y le **dijo:**
	34	gimió, y le **dijo:**
	36	mandó que no lo **dijesen** a nadie; (WH, N, ABMW)
	37	se maravillaban, **diciendo:**
	8:1	llamó a sus discípulos, y les **dijo**
	12	gimiendo en su espíritu, **dijo:** os **digo** que no se dará señal
	15	él les mandó, **diciendo:** Mirad
	16	discutían entre sí, **diciendo:** (TR, VM)
	17	Jesús, les **dijo:** ¿Qué discutís
	19	ellos **dijeron:** Doce
	20	ellos **dijeron:** Siete (WH, N, ABMW)
	21	les **dijo:** ¿Cómo aún
	24	El, mirando, **dijo:**
	26	Y lo envió a su casa, **diciendo:**
	27	preguntó a sus discípulos, **diciéndo**les: ¿Quién dicen los hombres que soy yo?
	28	Ellos respondieron: Unos, Juan (TR, VM); (respondieron, **diciendo**..., BA, WH, N, ABMW, NC, BC, VHA)
	29	él les **dijo:** Y vosotros, (TR, VM) vosotros, ¿quién **decís** que soy? Respondiendo Pedro, le **dijo:**
	30	Pero él les mandó que no **dijesen**
	33	reprendió a Pedro, **diciendo:** (TR, VM, VHA)
	9:1	También les **dijo:** De cierto os
	5	Pedro dijo a Jesús: (respondiendo Pedro, dice a Jesús, VHA)
	7	una voz **que decía** (TR)
	11	Y le preguntaron, **diciendo:** ¿Por qué **dicen** los escribas
	13	Pero os **digo** que Elías
	19	respondiendo él, les **dijo:**
	24	el padre del muchacho clamó y **dijo:**
	25	al espíritu inmundo, **diciéndo**le:
	26	de modo que muchos **decían:**
	31	enseñaba a sus discípulos, y les **decía**
	35	llamó a los doce, y les **dijo:**
	38	Juan le respondió **diciendo** (TR)
	41	de cierto os **digo** que no perderá

λέγω 3004　　　　　　　　　　　　　　511　　　　　　　　　　　　3004 λέγω

Mr	10:11	les **dijo**: Cualquiera que repudia
	15	De cierto os **digo**, que el que no reciba
	18	Jesús le **dijo**: ¿Por qué me **llamas** bueno?
	23	**dijo** a sus discípulos:
	24	respondiendo, volvió a **decirles**: (respondió otra vez y les **dijo**, BA)
	26	**diciendo** entre sí:
	27	Jesús, mirándolos, **dijo**:
	28	Pedro comenzó a **decirles**
	29	os **digo** que no hay ninguno
	32	les comenzó a **decir** las cosas
	35	se le acercaron, **diciendo**:
	42	llamándolos, les **dijo**:
	47	comenzó a dar voces y a **decir**:
	49	llamaron al ciego, **diciéndole**:
	51	Respondiendo Jesús, le **dijo**: (TR)
	11:2	les **dijo**: Id a la aldea
	5	los que estaban allí les **dijeron**:
	9	daban voces, **diciendo**: ¡Hosanna! (TR)
	17	les enseñaba, **diciendo**
	21	Pedro, acordándose, le **dijo**:
	22	Respondiendo Jesús, les **dijo**:
	23	Porque de cierto os **digo** que será hecho lo que **dice**,
	24	Por tanto, os **digo** que todo
	28	le **dijeron**: ¿Con qué autoridad
	31	ellos discutían entre sí, **diciendo**
	33	**dijeron** a Jesús: respondiendo Jesús, les **dijo**: Tampoco yo os **digo** con qué autoridad
	12:1	comenzó Jesús a **decirles** por parábolas: (TR)
	6	lo envió también a ellos, **diciendo**:
	14	Viniendo ellos, le **dijeron**
	16	Ellos se la trajeron; y les **dijo**:
	18	los saduceos, que **dicen** le preguntaron, **diciendo**
	26	le habló Dios en la zarza, **diciendo**
	35	Enseñando Jesús en el templo, **decía** ¿Cómo **dicen** los escribas
	37	David mismo le **llama** Señor;
	38	les **decía** en su doctrina
	43	Les **dijo**: De cierto (TR) os **digo** que esta viuda
	13:1	le **dijo** uno de sus discípulos:
	5	respondiéndoles, comenzó a **decir**:
	6	vendrán muchos en mi nombre, **diciendo**:
	30	De cierto os **digo**, que no pasará
	37	lo que a vosotros **digo**, a todos lo **digo**:
	14:2	**decían**: No durante la fiesta,
	4	se enojaron dentro de sí, y **dijeron**: (TR, VM, NC, BC)
	9	De cierto os **digo** que dondequiera
	12	sus discípulos le **dijeron**:
	13	envió dos de sus discípulos, y les **dijo**:
	14	El Maestro **dice**: ¿Dónde está
	18	dijo Jesús: De cierto os **digo**
	19	y a **decirle** uno por uno:
	25	De cierto os **digo** que no beberé
	27	Entonces Jesús les **dijo**:
	30	le **dijo** Jesús: De cierto te **digo**
	31	con mayor insistencia **decía**: (TR) También todos **decían** lo mismo.
	32	**dijo** a sus discípulos:
	34	les **dijo**: Mi alma está muy triste
	36	**decía**: Abba, Padre
	37	**dijo** a Pedro:
	41	les **dijo**: Dormid ya,
	44	les había dado señal, **diciendo**:

Mr	14:45	se acercó luego a él, y le **dijo**:
	57	falso testimonio contra él, **diciendo**:
	58	Nosotros le hemos oído **decir**
	60	preguntó a Jesús, **diciendo**:
	61	le volvió a preguntar, y le **dijo**:
	63	rasgando su vestidura, **dijo**:
	65	y a darle de puñetazos, y a **decirle**:
	67	mirándole, **dijo**:
	68	Mas él negó, **diciendo**: ni sé lo que **dices**
	69	comenzó a **decir** a los que estaban allí:
	70	los que estaban allí **dijeron**
	71	No conozco a este hombre de quien habláis.
	15:2	le **dijo**: Tú lo **dices**
	4	le preguntó Pilato, **diciendo**: (TR, [WH], [N], ABMW)
	7	había uno que se **llamaba** Barrabás,
	9	Y Pilato les respondió **diciendo**
	12	Pilato, les **dijo** otra vez: (WH, N, ABMW) del que **llamáis** Rey de los judíos?
	14	Pilato les **decía**:
	28	la Escritura que **dice**: (TR, VM, NC, BC, BA)
	29	meneando la cabeza y **diciendo**:
	31	se **decían** unos a otros,
	34	Jesús clamó a gran voz, **diciendo**: (TR)
	35	los que estaban allí **decían**,
	36	le dio a beber, **diciendo**
	16:3	Pero **decían** entre sí:
	6	Mas él les **dijo**: No os asustéis
Lc	1:24	se recluyó en casa por cinco meses, **diciendo**
	63	escribió, **diciendo**: Juan es su nombre.
	66	las guardaban en su corazón, **diciendo**:
	67	profetizó, **diciendo**:
	2:13	que alababan a Dios, y **decían**
	3:4	del profeta Isaías, **que dice**: (TR)
	7	**decía** a las multitudes que salían
	8	no comencéis a **decir** dentro de vosotros porque os **digo** que Dios
	10	la gente le preguntaba, **diciendo**
	11	Y respondiendo, les **dijo**:
	14	le preguntaron unos soldados, **diciendo**:
	16	respondió Juan, **diciendo** a todos
	22	vino una voz del cielo **que decía**: (TR)
	4:4	Jesús, respondiéndole, **dijo**: (TR)
	21	comenzó a **decirles**:
	22	**decían**: ¿No es éste el hijo
	24	De cierto os **digo**, que ningún profeta.
	25	en verdad os **digo** que muchas
	34	**diciendo**: Déjanos (TR)
	35	Y Jesús le reprendió, **diciendo**:
	36	hablaban unos a otros, **diciendo**:
	41	dando voces y **diciendo**:
	5:8	ante Jesús, **diciendo**:
	12	le rogó, **diciendo**:
	13	le tocó, **diciendo**: (WH, N, ABMW)
	21	comenzaron a cavilar, **diciendo**:
	24	A ti to **digo**:
	26	llenos de temor, **decían**: (se llenaron de temor, **diciendo**, VM)
	30	murmuraban contra los discípulos, **diciendo**
	36	Les **dijo** también una parábola:
	39	porque **dice**: El añejo es mejor.
	6:5	les **decía**: El Hijo del Hombre
	20	hacia sus discípulos, **decía**:
	27	Mas os oís, os **digo**:
	42	¿O cómo puedes **decir** a tu hermano
	46	no hacéis lo que yo **digo**?
	7:4	le rogaron con solicitud, **diciéndole**:

λέγω 3004		3004 λέγω	
Lc	7:6 envió a él unos amigos, diciéndole:	Lc	12:22 Por tanto os **digo**:
	8 y **digo** a éste:		27 mas os **digo**, que ni aun Salomón
	9 Os **digo** que ni aun en Israel		37 de cierto os **digo** que se ceñirá,
	14 Joven, a ti te **digo**, levántate.		41 ¿**dices** esta parábola a nosotros,
	16 y glorificaban a Dios, diciendo		44 En verdad os **digo**
	19 los envió a Jesús, **para preguntarle**;		51 Os **digo**: No, sino disensión.
	(..., diciendo, VM)		54 **Decía** también a la multitud:
	20 nos ha enviado a tí, **para preguntarte**:		luego **decís**: Agua viene;
	(...diciendo, VM)		55 cuando sopla el viento del sur, **decís**
	24 comenzó a **decir** de Juan		59 Te **digo** que no saldrás de allí,
	26 Sí, os **digo**, y más que profeta.		13:3 Os **digo**: No
	28 Os **digo** que entre los nacidos		5 Os **digo**: No
	32 dan voces unos a otros y **dicen**:		6 Dijo también esta parábola
	33 **decís**: Demonio tiene.		8 respondiendo, le **dijo**:
	34 **decís**: Este es un hombre		14 **dijo** a la gente:
	39 **dijo** para sí: (habló dentro de sí,		17 Al **decir** él éstas cosas,
	diciendo, VM)		18 **dijo**: ¿A qué es semejante
	47 Por lo cual te **digo** que sus muchos pecados		24 porque os **digo** que muchos
	49 comenzaron a **decir** entre sí:		25 llamar a la puerta, diciendo:
	8:8 **Hablando** estas cosas, decía a gran voz:		26 comenzaréis a **decir**:
	9 le preguntaron, diciendo: (TR)		27 Os **digo** que no sé (TR, VM, NC, BA)
	20 se le avisó, diciendo: (TR)		31 llegaron unos fariseos, **diciéndole**
	24 y le despertaron, diciendo		35 os **digo** que no me veréis,
	25 se **decían** unos a otros: (diciéndose..., VHA)		14:3 y a los fariseos, diciendo:
	30 le preguntó Jesús, diciendo: (TR)		7 refirió a los convidados
	38 pero Jesús le despidió, diciendo:		una parábola, **diciéndoles**:
	45 y **dices**: ¿Quién es...? (TR, VM, [ABMW])		12 **Dijo** también al que le había convidado;
	49 principal de la sinagoga a **decirle**:		24 Porque os **digo** que ninguno
	50 le respondió (V60, WH, N, ABMW, VHA,		30 **diciendo**: Este hombre comenzó
	VM, NC, BC, BA); (lit., le respondió		15:2 murmuraban, diciendo:
	diciendo, TR)		3 él les refirió esta parábola, diciendo:
	54 tomándola de la mano, clamó diciendo:		6 reúne a sus amigos y vecinos, diciéndoles:
	9:7 porque **decían** algunos: (porque **se decía**...,		7 Os **digo** que así habrá
	VM)		9 reúne a sus amigas y vecinas, diciendo:
	18 les preguntó, diciendo:		10 Así os **digo** que hay gozo
	20 ¿Y vosotros, quién **decís** que soy?		16:1 **Dijo** también a sus discípulos:
	21 les mandó que a nadie **dijesen** esto, (WH,		5 **dijo** al primero: ¿Cuánto debes
	N, ABMW)		7 El le **dijo**: Toma tu cuenta,
	23 **decía** a todos:		9 yo os **digo**: Ganad amigos
	27 Pero os **digo** en verdad,		29 Abraham le **dijo**: A Moisés
	31 **hablaban** de su partida,		17:4 siete veces al día volviere a ti, diciendo:
	33 no sabiendo lo que **decía**,		6 podrías **decir** a este sicómoro: (dirías..., VM)
	34 **Mientras** él **decía** esto,		10 todo lo que os ha sido ordenado, **decid**:
	35 una voz desde la nube, **que decía**:		13 alzaron la voz, diciendo:
	38 un hombre...clamó diciendo:		34 Os **digo** que en aquella noche
	10:2 les **decía**: La mies a la verdad		37 respondiendo, le **dijeron**:
	5 primeramente **decid**: Paz sea a esta casa		18:1 (2) les **refirió** Jesús una parábola, diciendo:
	9 a los enfermos que en ella haya, y **decidles**:		3 la cual venía a él, diciendo:
	12 os **digo** que en aquel día		6 Oíd lo que **dijo** el juez injusto.
	17 Volvieron los setenta con gozo, diciendo:		8 Os **digo** que pronto les hará justicia.
	24 porque os **digo** que muchos profetas'		13 se golpeaba el pecho, diciendo:
	25 se levantó y **dijo**, (lit.,...diciendo...)		14 Os **digo** que éste descendió a su casa
	11:2 Cuando oréis, **decid**		16 llamándolos, **dijo**: (los llamó a sí, diciendo,
	8 Os **digo**, que aunque no se levante		VHA, WH, N, ABMW)
	9 yo os **digo**: Pedid		17 De cierto os **digo**, que el que no recibe
	18 ya que **decís** que por Beelzebú		18 Un hombre principal le preguntó, diciendo:
	24 no hallándolo, **dice**:		19 le **dijo**: ¿Por qué me **llamas** bueno?
	27 Mientras él **decía** estas cosas,		29 De cierto os **digo**, que no hay nadie
	29 comenzó a **decir**:		34 y no entendían lo **que se les decía**.
	45 uno de los intérpretes de la ley, le **dijo**:		38 dio voces, diciendo:
	Maestro, **cuando dices** esto,		41 diciendo: ¿Qué quieres
	51 sí, os **digo** que será demandada		19:7 todos murmuraban, diciendo
	53 **Diciéndoles** él estas cosas, (TR, VM)		14 enviaron tras él una embajada, diciendo:
	12:1 comenzó a **decir** a sus discípulos,		16 Vino el primero, diciendo:
	4 Mas os **digo**, amigos míos:		18 Vino otro, diciendo:
	5 sí, os **digo**, a éste temed.		20 Vino otro, diciendo:
	8 Os **digo** que todo aquel		22 Entonces él le **dijo**:
	16 les refirió una parábola, diciendo:		26 Os **digo** que a todo el que tiene
	17 pensaba dentro de sí, diciendo:		30 **diciendo**: Id a la aldea de enfrente, (WH,

Lc	19:38	diciendo: ¡Bendito el rey que viene
	40	Os digo que si éstos callaran,
	42	diciendo: ¡Oh, si también tú conocieses
	46	diciéndoles: Escrito está:
	20:2	le hablaron diciendo:
	5	ellos discutían entre sí, diciendo:
	8	Yo tampoco os diré
	9	a decir al pueblo esta parábola;
	14	discutían entre sí, diciendo:
	21	le preguntaron, diciendo:
		dices y enseñas rectamente,
	27	niegan haber resurrección, (dicen que no hay..., VM, WH)
	28	diciendo: Maestro, Moisés
	37	cuando llama al Señor, Dios de Abraham,
	41	¿Cómo dicen que el Cristo
	42	David dice en el libro de los Salmos
	21:3	En verdad os digo, que esta viuda
	5	unos que hablaban de que el templo
	7	Y le preguntaron, diciendo:
	8	vendrán muchos en mi nombre, diciendo:
	10	Entonces les dijo:
	32	De cierto os digo, que no pasará
	22:1	los panes sin levadura, que se llama
	11	El Maestro te dice:
	16	os digo que no la comeré más,
	18	porque os digo que no beberé más
	19	y lo partió y les dio, diciendo:
	20	tomó la copa, diciendo: (TR, [WH], [N], [ABMW])
	34	Pedro, te digo que el gallo
	37	Porque os digo que es necesario
	42	diciendo: Padre si quieres,
	47	el que se llamaba Judas,
	57	Pero él lo negó, diciendo:
	59	otro afirmaba, diciendo:
	60	Hombre, no sé lo que dices.
	64	le preguntaban, diciendo
	65	decían otras muchas cosas
	66	(67) le trajeron al concilio, diciendo:
	70	Vosotros decís que lo soy
	23:2	comenzaron a acusarle, diciendo:
		diciendo que él mismo es el Cristo,
	3	Pilato le preguntó, diciendo:
		dijo: Tú lo dices
	5	Pero ellos porfiaban, diciendo:
	18	dio voces a una, diciendo:
	21	volvieron a dar voces, diciendo:
	30	comenzarán a decir a los montes:
	34	Jesús decía: Padre, perdónalos, (TR, [WH], [N], [ABMW], VHA, VM, NC, BC, BA)
	35	los gobernantes se burlaban de él, diciendo:
	37	y diciendo: Si tú eres el Rey
	39	le injuriaba, diciendo: (TR, ABMW, VM, NC, BC, BA)
	40	el otro, le reprendió, diciendo (TR, VHA, VM, NC, BC, BA)
	42	Y dijo a Jesús: Acuérdate
	43	De cierto te digo que hoy estarás
	47	dio gloria a Dios, diciendo:
	24:7	diciendo: Es necesario que el Hijo del
	10	quienes dijeron estas cosas
	23	vinieron diciendo que también
		quienes dijeron que él vive
	29	le obligaron a quedarse, diciendo
	34	que decían: Ha resucitado el Señor
	36	les dijo: Paz a vosotros, (TR, [WH], [ABMW], VHA, VM, NC, BC, [BA])
Jn	1:15	dio testimonio de él, y clamó diciendo:
	21	Dijo: No soy
	22	¿Qué dices de ti mismo?
	26	Juan les respondió
	29	que venía a él, y dijo:
	32	dio Juan testimonio, diciendo:
	36	mirando a Jesús que andaba por allí, dijo
	38	y viendo que le seguían, les dijo:
		que traducido es, Maestro (que traducido quiere decir, VM)
	39	(40) Les dijo: Venid y ved
	41	(42) le dijo: Hemos hallado al Mesías
	43	(44) Y halló a Felipe, y le dijo:
	45	(46) Felipe halló a Natanael, y le dijo:
	46	(47) Le dijo Felipe: Ven y ve.
	47	(48) dijo de él: He aquí un verdadero
	48	(49) Le dijo Natanael:
	49	(50) Respondió Natanael y le dijo: Rabí, tú eres (TR)
	51	(57) Y le dijo de cierto, de cierto os digo:
	2:3	la madre de Jesús le dijo:
	4	Jesús le dijo: ¿Qué tienes conmigo,
	5	Su madre dijo a los que servían:
		Haced todo lo que os dijere
	7	Jesús les dijo: Llenad estas tinajas
	8	Entonces les dijo: Sacad ahora,
	10	le dijo: Todo hombre sirve primero
	21	él hablaba del templo de su cuerpo.
	22	se acordaron que había dicho esto;
	3:3	De cierto, de cierto te digo,
	4	Nicodemo le dijo:
	5	De cierto, de cierto te digo,
	11	De cierto, de cierto te digo,
	4:5	una ciudad de Samaria llamada Sicar,
	7	y Jesús le dijo: Dame de beber.
	9	La mujer samaritana le dijo
	10	quién es el que te dice
	11	le dijo: Señor, no tienes
	15	La mujer le dijo: Señor, dame
	16	le dijo: Vé, llama a tu marido,
	17	Jesús le dijo: Bien has dicho:
	19	Le dijo la mujer: Señor,
	20	vosotros decís que en Jerusalén
	21	Jesús le dijo: Mujer, créeme,
	25	Le dijo la mujer:
		ha de venir el Mesías, llamado el Cristo;
	26	Jesús le dijo:
	28	y dijo a los hombres
	31	los discípulos le rogaban, diciendo:
	33	los discípulos decían unos a otros:
	34	Jesús les dijo: Mi comida
	35	¿No decís vosotros: Aún faltan
		He aquí os digo: Alzad
	42	decían a la mujer:
	49	El oficial del rey le dijo:
	50	Jesús le dijo: Vé, tu hijo vive,
	51	salieron a recibirle..., diciendo:
	5:6	llevaba ya mucho tiempo así, le dijo:
	8	Jesús le dijo: Levántate,
	10	los judíos dijeron a aquel que había
	18	decía que Dios era su propio Padre
	19	les dijo: De cierto, de cierto os digo:
	24	De cierto, de cierto os digo:
	25	De cierto, de cierto os digo:
	34	mas digo esto, para que vosotros
	6:5	dijo a Felipe: ¿De dónde compraremos
	6	Pero esto decía para probarle;

λέγω 3004

Jn	6:8	hermano de Simón Pedro, le **dijo**:
	12	**dijo** a sus discípulos:
	14	la señal que Jesús había hecho **dijeron**:
	20	Mas él les **dijo**: Yo soy;
	26	De cierto, de cierto os **digo**
	32	De cierto, de cierto os **digo**:
	42	**decían**: ¿No es éste Jesús,
		¿Cómo, pues, **dice** éste
	47	De cierto, de cierto os **digo**:
	52	contendían entre sí, **diciendo**:
	53	De cierto, de cierto os **digo**:
	65	Y **dijo**: Por eso os he dicho
	71	**Hablaba** de Judas Iscariote,
	7:6	Entonces Jesús les **dijo**:
	11	le buscaban los judíos...y **decían**
	12	pues unos **decían**:
		pero otros **decían**:
	15	se maravillaban los judíos, **diciendo**:
	25	**Decían** entonces unos de Jerusalén
	26	habla públicamente, y no le **dicen** nada.
	28	alzó la voz y **dijo**: (clamó...**diciendo**, VM)
	31	creyeron en él, y **decían**
	37	alzó la voz, **diciendo**:
	40	oyendo estas palabras, **decían**
	41	Otros **decían**: Este es el Cristo
		Pero algunos **decían**:
	50	Les **dijo** Nicodemo, el que vino
	8:4	[le **dijeron**: Maestro, esta mujer]
	5	[Tú, pues, ¿qué **dices**?]
	6	[Mas esto **decían** tentándole,]
	12	Jesús les habló, **diciendo**
	19	Ellos le **dijeron**: ¿Dónde está tu Padre?
	22	**Decían** entonces los judíos:
		que **dice**: A donde yo voy,
	23	les **dijo**: Vosotros sois de abajo, (WH, N, ABMW)
	25	Entonces le **dijeron**: ¿Tú quién eres?
	26	Muchas cosas tengo que **decir** (TR)
	27	Pero no entendieron que les **hablaba** del
	31	**Dijo** entonces Jesús a los judíos
	33	¿Cómo **dices** tú: Seréis libres?
	34	De cierto, de cierto os **digo**
	39	Jesús les **dijo**: Si fueseis
	45	porque **digo** la verdad,
	46	Pues si **digo** la verdad,
	48	¿No **decimos** bien nosotros,
	51	De cierto, de cierto os **digo**
	52	tú **dices**: El que guarda mi palabra,
	54	el que vosotros **decís** que es vuestro Dios,
	58	De cierto, de cierto os **digo**:
	9:2	le preguntaron sus discípulos, **diciendo**:
	8	le habían visto que era ciego, **decían**
	9	Unos **decían**:
		y otros: (TR, VHA, BA); (otros **dijeron**, VM, WH, N, ABMW, NC, BC)
		El **decía**: Yo soy.
	10	le **dijeron**: ¿Cómo te fueron
	11	Aquel hombre **que se llama** Jesús
	12	El **dijo**: No sé.
	16	algunos de los fariseos **decían**
		Otros **decían**: ¿Cómo puede un hombre
	17	volvieron a **decirle** al ciego: (**Dicen** otra vez..., VM)
		¿Qué **dices** tú del que
	19	les preguntaron, **diciendo**
		el que vosotros **decís** que nació
	41	mas ahora, porque **decís**
	10:1	De cierto, de cierto os **digo**:
	7	De cierto, de cierto os **digo**:
Jn	10:20	Muchos de ellos **decían**:
	21	**Decían** otros: Estas palabras
	24	Y le rodearon los judíos y le **dijeron**:
	33	Le respondieron los judíos, **diciendo** (TR)
	36	vosotros **decís**: Tú blasfemas
	41	muchos venían a él, y **decían**:
	11:3	para decir a Jesús: Señor,
	7	después de esto, **dijo** a los discípulos:
	8	Le **dijeron** los discípulos:
	11	les **dijo** después: Nuestro amigo
	13	pensaron que **hablaba** del reposar
	16	Dijo entonces Tomás, **llamado** Dídimo,
	23	Jesús le **dijo**: Tu hermano
	24	Marta le **dijo**: Yo sé que resucitará
	27	Le **dijo**: Sí, Señor;
	31	la siguieron, **diciendo**: (TR, VM); (...suponiendo, BA, WH, N, ABMW, NC, BC)
	32	se postró a sus pies, **diciéndole**:
	34	(35) Le **dijeron**: Señor, ven y ve.
	36	**Dijeron** entonces los judíos:
	39	Dijo Jesús: Quitad la piedra.
		Marta,...le **dijo**:
	40	Jesús le **dijo**: ¿No te he dicho
	44	Jesús les **dijo**: Desatadle,
	47	reunieron el concilio, y **dijeron**:
	54	a una ciudad **llamada** Efraín
	56	se **preguntaban** unos a otros: (se **decían**.., VHA)
	12:4	**dijo** uno de sus discípulos,
	21	le rogaron, **diciendo**:
	22	Felipe fue y se lo dijo a Andrés
		se lo **dijeron** a Jesús.
	23	Jesús les respondió diciendo
	24	De cierto, de cierto os **digo**
	29	había oído la voz, **decía**
		Otros **decían**: Un ángel le ha hablado.
	33	**decía** esto dando a entender
	34	¿Cómo, pues, **dices** tú
	13:6	y Pedro le **dijo**:
	8	Pedro le **dijo**:
	9	Le **dijo** Simón Pedro:
	10	Jesús le **dijo**: El que está lavado,
	13	**decís** bien, porque lo soy
	16	De cierto, de cierto os **digo**,
	18	No **hablo** de todos vosotros
	19	Desde ahora os lo **digo**
	20	De cierto, de cierto os **digo**:
	21	De cierto, de cierto os **digo**,
	22	dudando de quien **hablaba**.
	24	para que preguntase quién era (TR, ABWM, VM); (le **dijo**: Di quién es, VHA, WH, N, NC, BC, BA)
		aquel de quien **hablaba**
	25	le **dijo**: Señor, ¿quién es?
	27	Entonces Jesús le **dijo**:
	29	que Jesús le **decía**: Compra
	31	cuando hubo salido, **dijo** Jesús:
	33	así os **digo** ahora a vosotros:
	36	Le **dijo** Simón Pedro:
	37	Le **dijo** Pedro: Señor, ¿por qué
	38	De cierto, de cierto te **digo**,
	14:5	Le **dijo** Tomás: Señor, no sabemos
	6	Jesús le **dijo**: Yo soy el camino,
	8	Felipe le **dijo**: Señor,
	9	Jesús le **dijo**: ¿Tanto tiempo hace
		¿cómo, pues, **dices** tú:
	10	Las palabras que yo os **hablo** (WH, N)
	12	De cierto, de cierto os **digo**:

λέγω 3004   515   3004 λέγω

Jn	14:22	Le dijo Judas (no el Iscariote):	Jn	21:16 Volvió a decirle la segunda vez: (Le **dice** de nuevo, segunda vez, VM)
	15:15	Ya no os **llamaré** siervos,		Pedro le **respondió**:
	16:7	Pero yo os **digo** la verdad:		Le **dijo**: Pastorea mis ovejas
	12	Aún tengo muchas cosas **que deciros**,		17 Le **dijo** la tercera vez:
	17	¿Qué es esto que nos **dice**:		le **respondió**: Señor (ABMW)
	18	**Decían**, pues:		Jesús le **dijo**: Apacienta mis ovejas.
		¿Qué quiere decir con: Todavía un poco		18 De cierto, de cierto te **digo**:
		(¿Qué es esto que **dice**: Un poco, VM)		19 dicho esto, añadió: (...le **dice**, VM)
	20	De cierto, de cierto os **digo**,		21 Cuando Pedro le vio, **dijo** a Jesús:
	23	De cierto, de cierto os **digo**,		22 Jesús le **dijo**: Si quiero
	26	y no os **digo** que yo rogaré al Padre	Hch	1:3 hablándoles acerca del reino de Dios.
	29	Le **dijeron** sus discípulos:		6 le preguntaron, **diciendo**:
		y ninguna alegoría **dices**.		2:7 estaban atónitos y maravillados, **diciendo**:
	18:4	se adelantó y les **dijo**: (WH, N, ABMW)		12 atónitos y perplejos, **diciéndose**
	5	Jesús les **dijo**: Yo soy.		13 otros, burlándose, **decían**:
	17	la criada portera **dijo** a Pedro:		17 en los postreros días, **dice** Dios,
		Dijo él: No lo soy.		25 Porque David **dice** de él:
	26	le **dijo**: ¿No te vi		34 pero él mismo **dice**:
	34	¿**Dices** tú esto por ti mismo		40 les exhortaba, **diciendo**:
	37	Tú **dices** que yo soy rey.		3:2 la puerta del templo **que se llama** la
	38	Le **dijo** Pilato:		25 **diciendo** a Abraham:
		salió otra vez...y les **dijo**:		4:16 **diciendo**: ¿Qué haremos con estos hombres?
	40	dieron voces de nuevo, **diciendo**		32 ninguno **decía** ser suyo
	19:3	le **decían**: ¡Salve, Rey de los judíos!		5:23 **diciendo**: Por cierto, la cárcel
	4	Pilato salió otra vez, y les **dijo**:		25 les dio esta noticia: (V60, sólo TR añade
	5	les **dijo**: ¡He aquí el hombre!		**diciendo**)
	6	dieron voces, **diciendo**:		28 **diciendo**: ¿No os mandamos
		Pilato les **dijo**: Tomadle		36 Teudas, **diciendo** que era alguien
	9	**dijo** a Jesús: ¿De dónde		38 ahora os **digo**:
	10	Entonces le **dijo** Pilato:		6:9 unos de la sinagoga **llamada** de los libertos,
	12	los judíos daban voces, **diciendo**:		11 **para que dijesen** que le habían oído
	13	en el lugar **llamado** el Enlosado,		13 testigos falsos **que decían**:
	14	Entonces **dijo** a los judíos:		14 le hemos oído **decir** que ese Jesús
	15	Pilato les **dijo**: ¿A vuestro Rey		7:48 como **dice** el profeta:
	17	salió al lugar **llamado** de la Calavera,		49 **dice** el Señor:
		y en hebreo Gólgota; (que se **dice** en hebreo..., VM)		59 mientras él invocaba y **decía**:
	21	**Dijeron** a Pilato los principales		8:6 las cosas que **decía** Felipe (las cosas **dichas** por Felipe, VM)
	24	la Escritura, que **dice** (TR, ABMW, VM, BC)		9 haciéndose pasar por algún grande (**diciendo** que él era..., VM)
	26	**dijo** a su madre:		10 hasta el más grande, **diciendo**:
	27	Después **dijo** al discípulo		19 **diciendo**: Dadme también a mí
	28	**dijo**, para que la Escritura		26 habló a Felipe, **diciendo**:
	35	él sabe que **dice** verdad,		34 ¿de quién **dice** el profeta
	37	también otra Escritura **dice**:		9:4 oyó una voz **que le decía**
	20:2	y les **dijo**: Se han llevado		21 estaban atónitos, y **decían**:
	13	le **dijeron**: Mujer, ¿por qué		36 traducido **quiere decir**, Dorcas.
		Les **dijo**: Porque se han llevado a mi Señor		10:26 Pedro le levantó, **diciendo**
	15	Jesús le **dijo**: Mujer,		28 a ningún hombre **llame** común
		pensando que era el hortelano, le **dijo**:		11:3 **diciendo**: ¿Por qué has entrado
	16	Jesús le **dijo**: ¡María!		4 por orden lo sucedido, **diciendo**
		Volviéndose ella, le **dijo**:		7 oí una voz **que me decía**:
		(que **quiere decir**, Maestro)		16 de lo dicho por el Señor, cuando **dijo**:
	17	Jesús le **dijo**: No me toques,		18 glorificaron a Dios, **diciendo**
	19	y puesto en medio, les **dijo**:		12:7 le despertó, **diciendo**
	22	sopló, y les **dijo**:		8 Le **dijo** el ángel: Cíñete
	24	uno de los doce, **llamado** Dídimo,		15 ellos **decían**: ¡Es su ángel!
	25	Le **dijeron**, pues, los otros		13:15 de la sinagoga mandaron a **decirles**:
	27	Luego **dijo** a Tomás:		para el pueblo, **hablad**
	29	Jesús le **dijo**: Porque me has visto,		25 cuando Juan terminaba su carrera, **dijo**:
	21:2	Tomás **llamado** el Dídimo,		35 Por eso **dice** también en otro salmo
	3	Pedro les **dijo**: Voy a pescar		45 rebatían lo que Pablo **decía** (las **cosas dichas** por Pablo, VM) (TR)
		Ellos le **dijeron**: Vamos		14:11 alzó la voz, **diciendo**
	5	les **dijo**: Hijitos		15 **diciendo**: Varones, ¿por qué
	7	a quien Jesús amaba **dijo** a Pedro:		18 **diciendo** estas cosas,
	10	Jesús les **dijo**: Traed de los peces		15:5 se levantaron **diciendo**
	12	Les **dijo** Jesús: Venid, comed.		13 Jacobo respondió **diciendo**
	15	Jesús **dijo** a Simón Pedro:			
		Le **respondió**: Sí, Señor			
		El le **dijo**: Apacienta mis corderos.			

λέγω   3004

Hch 15:18 (17) **Dice** el Señor, que hace conocer
     24 perturbando vuestras almas, (V60, sólo TR añade **diciendo**)
  16:9 estaba en pie, rogándole y **diciendo**:
     15 su familia, nos rogó **diciendo**:
     17 daba voces, **diciendo**:
     28 clamó a gran voz, **diciendo**:
     35 enviaron alguaciles **a decir**:
  17:7 **diciendo** que hay otro rey
     18 disputaban con él; y unos **decían**: ¿Qué querrá **decir** este palabrero?
     19 le trajeron al Areópago, **diciendo**
     21 en **decir** o en oir algo nuevo
  18:13 **diciendo**: Este persuade a los hombres
  19:4 **diciendo** al pueblo que creyesen
     13 **diciendo**: Os conjuro por Jesús
     26 **diciendo** que no son dioses
     28 se llenaron de ira, y gritaron, **diciendo**:
  20:23 me da testimonio, **diciendo** que me esperan
  21:4 ellos **decían** a Pablo
     11 Esto **dice** el Espíritu Santo
     21 **diciéndoles** que no circunciden a sus hijos
     23 Haz, pues, esto que te **decimos**:
     37 **dijo** al tribuno: ¿Se me permite
     40 habló en lengua hebrea, **diciendo**:
  22:7 oí una voz **que** me **decía**:
     18 le vi **que** me **decía**:
     22 entonces alzaron la voz, **diciendo**:
     26 fue y dio aviso al tribuno, **diciendo**:
     27 Vino al tribuno y le **dijo**:
  23:8 Porque los saduceos **dicen**
     9 contendían, **diciendo**: Ningún mal hallamos
     12 se juramentaron bajo maldición, **diciendo**
     30 que traten delante de ti (que **declaren** ante ti, VHA)
  24:2 Tértulo comenzó a acusarle, **diciendo**
     10 a Pablo **para que hablase**
     14 según el Camino que ellos **llaman** herejía
  25:14 **diciendo**: Un hombre ha sido dejado
     20 le **pregunté** si querría ir (le **dije** que si querría ir, NC)
  26:1 Se te permite **hablar**
     14 oí una voz **que** me **hablaba**
     22 no **diciendo** nada fuera
     31 hablaban entre sí, **diciendo**:
  27:10 **diciéndoles**: Varones, veo que la navegación
     11 que a lo que Pablo **decía**. (que en **lo que fué dicho** por Pablo, VM)
     24 **diciendo**: Pablo, no temas;
     33 exhortaba a todos que comiesen, **diciendo**:
  28:4 se **decían** unos a otros:
     6 **dijeron** que era un dios.
     17 luego que estuvieron reunidos, les **dijo**:
     24 algunos asentían a lo que se **decía**,
     26 (25) **diciendo**: Vé a este pueblo
Ro 2:22 Tú **que dices** que no se ha de adulterar
  3:5 (**Hablo** como hombre.)
     8 afirman que nosotros **decimos**)
     19 sabemos que todo lo que la ley **dice**,
  4:3 Porque ¿qué **dice** la Escritura?
     6 Como también David **habla**
     9 Porque **decimos** que a Abraham
  6:19 **Hablo** como humano,
  7:7 si la ley no **dijera**:
  9:1 Verdad **digo** en Cristo,
     15 Pues a Moisés **dice**:
     17 Porque la Escritura **dice** a Faraón:
     25 Como también en Oseas **dice**:
  10:6 la justicia que es por la fe **dice** así:

Ro 10:8 Mas ¿qué **dice**? Cerca de ti
     11 Pues la Escritura **dice**:
     16 pues Isaías **dice**:
     18 Pero **digo**: ¿No han oído?
     19 También **digo**: ¿No han conocido Primeramente Moisés **dice**:
     20 Isaías **dice** resueltamente: (Isaías prorrumpe osadamente y **dice**, VHA)
     21 Pero acerca de Israel **dice**
  11:1 **Digo**, pues: ¿Ha desechado
     2 ¿O no sabéis qué **dice** de Elías invoca a Dios contra Israel, **diciendo**: (TR, VM)
     4 ¿qué le **dice** la divina respuesta?
     9 Y David **dice**: Sea vuelto su convite
     11 **Digo**, pues: ¿Han tropezado
     13 Porque a vosotros **hablo**, gentiles.
  12:3 **Digo**, pues, por la gracia que me es dada
     19 yo pagaré, **dice** el Señor.
  14:11 Vivo yo, **dice** el Señor,
  15:8 Pues os **digo**, que Cristo Jesús
     10 otra vez **dice**:
     12 otra vez **dice** Isaías:
1 Co 1:10 que **habléis** todos una misma cosa,
     12 **Quiero decir**, que cada uno de vosotros **dice**
  3:4 **diciendo** el uno: (cuando uno **dice**, VHA)
  6:5 Para avergonzaros lo **digo**,
  7:6 esto **digo** por vía de concesión
     8 **Digo**, pues, a los solteros
     12 a los demás yo **digo**, no el Señor:
     35 Esto lo **digo** para vuestro provecho;
  8:5 aunque haya algunos **que se llamen** dioses
  9:8 ¿No **dice** esto también la ley?
     10 o lo **dice** enteramente por nosotros?
  10:15 Como a sensatos os **hablo**
     29 La conciencia, **digo**, no la tuya,
  11:25 después de haber cenado, **diciendo**:
  12:3 **llama** anatema a Jesús;
  14:16 pues no sabe lo que **has dicho**.
     21 ni aun así me oirán, **dice** el Señor
     34 como también la ley lo **dice**.
  15:12 ¿cómo **dicen** algunos entre vosotros
     34 para vergüenza vuestra lo **digo**. (TR)
     51 He aquí, os **digo** un misterio:
2 Co 6:2 Porque **dice**: En tiempo aceptable
     13 (como a hijos **hablo**)
     17 y apartaos, **dice** el Señor,
     18 **dice** el Señor Todopoderoso.
  7:3 No lo **digo** para condenaros;
  8:8 No **hablo** como quien manda
  9:3 para que como lo **he dicho**
     4 por no **decir** vosotros, (lit., para que no **digamos** vosotros)
  11:16 Otra vez **digo**: Que nadie me tenga
     21 Para vergüenza mía lo **digo**, (**hablo** con locura)
Gá 1:9 también ahora lo **repito**:
  3:15 Hermano, **hablo** en términos humanos,
     16 No **dice**: Y a las simientes,
     17 Esto, pues, **digo**:
  4:1 Pero también **digo**:
     21 Decidme, los que queréis estar
     30 ¿qué **dice** la Escritura?
  5:2 yo Pablo os **digo** que si os circuncidáis,
     16 **Digo**, pues: Andad en el Espíritu,
Ef 2:11 erais **llamados** incircuncisión por la **llamada** circuncisión
  4:8 Por lo cual **dice**: Subiendo a lo alto,
     17 Esto, pues, **digo** y requiero

λέγω 3004   517   3004 λέγω

Ef	5:12	porque vergonzoso es aun **hablar**	2 Jn	10	ni le **digáis** : ¡Bienvenido!
	14	Por lo cual **dice**: Despiértate,		11	Porque el **que** le **dice**
	32	mas yo **digo** esto en respecto de Cristo	Jud	14	Enoc, séptimo desde Adán, diciendo:
Fil	3:18	los cuales os **dije** muchas veces		18	los **que** os **decían**: En el postrer
		y aun ahora lo **digo** llorando,	Ap	1:8	**dice** el Señor, el que es y que era
	4:11	No lo **digo** porque tenga escasez,		11	que **decía**: Yo soy el Alfa
Col	2:4	esto lo **digo** para que nadie		17	puso su diestra sobre mí, **diciéndome**:
	4:11	y Jesús, **llamado** Justo;		2:1	los siete candeleros de oro, **dice** esto:
1 Ts	4:15	os **decimos** esto en palabra del Señor;		2	a los **que** se **dicen** ser apóstoles, (WH, N,
	5:3	que cuando **digan**: Paz y seguridad,			ABMW)
2 Ts	2:4	y se levanta contra todo lo **que se llama**		7	lo que el Espíritu **dice** a las iglesias.
	5	os **decía** esto?		8	el que estuvo muerto y vivió, **dice** esto:
1 Ti	1:7	sin entender ni lo que **hablan**		9	la blasfemia de los **que** se **dicen** ser judíos,
	2:7	(**digo** verdad en Cristo, no miento)		11	oiga lo que el Espíritu **dice** a las iglesias.
	4:1	Pero el Espíritu **dice** claramente		12	El que tiene la espada...**dice** esto
	5:18	Pues la Escritura **dice**:		17	oiga lo que el Espíritu **dice** a las iglesias.
2 Ti	2:7	Considera lo que **digo**,		18	semejantes al bronce bruñido, **dice** esto:
	18	**diciendo** que la resurrección		20	que se **dice** profetisa, enseñe
Tit	2:8	y no tenga nada malo que **decir** de vosotros		24	lo que ellos **llaman** las profundidades
Flm	19	por no **decirte** que aun tú mismo			(las profundidades...como **dicen**, BC)
	21	que harás aun más de lo que te **digo**			yo os **digo**: No os impondré
He	1:6	al Primogénito en el mundo, **dice**:		29	lo que el Espíritu **dice**
	7	Ciertamente de los ángeles **dice**:		3:1	y las siete estrellas, **dice** esto:
	2:6	testificó en cierto lugar, **diciendo**:		6	oiga lo que el Espíritu **dice**
	12	**diciendo**: Anunciaré a mis hermanos		7	Esto **dice** el Santo, el Verdadero,
	3:7	como **dice** el Espíritu Santo		9	a los **que** se **dicen** ser judíos
	15	entre tanto que **se dice**:		13	oiga lo que el Espíritu **dice**
	4:7	Hoy, **diciendo** después de tanto tiempo,		14	el principio de la creación de Dios, **dice** esto
	5:6	Como también **dice** en otro lugar:		17	Porque tú **dices**: Yo soy rico,
	11	y difícil de **explicar**		22	oiga lo que el Espíritu **dice**
	6:14	**diciendo**: De cierto te bendeciré		4:1	hablando conmigo, **dijo**: (...**diciendo**, VM)
	7:11	**que** no **fuese llamado** según el orden de		8	no cesaban día y noche **de decir**:
	13	y aquel de quien **se dice** esto,		10	delante del trono, **diciendo**:
	21	con el juramento del **que** le **dijo**:		5:5	Y uno de los ancianos me **dijo**:
	8:1	el punto principal de lo que venimos		9	y cantaban un nuevo cántico, **diciendo**:
		diciendo (...de todo lo **dicho**, NC)		12	que **decían** a gran voz:
	8	Porque reprendiéndoles **dice**:		13	a todas las cosas que en ellos hay, oí **decir**:
		vienen días, **dice** el Señor,		14	Los cuatro seres vivientes **decían**:
	9	yo me desentendí de ellos, **dice** el Señor.		6:1	oí a uno de los cuatro seres vivientes **decir**
	10	Después de aquellos días, **dice** el Señor:		3	al segundo ser viviente, **que decía**:
	11	Ni ninguno a su hermano, **diciendo**:		5	oí al tercer ser viviente, **que decía**:
	13	Al **decir**: Nuevo pacto,		6	en medio de los cuatro seres vivientes,
	9:2	**llamada** el Lugar Santo, (el cual **se llama...**,			**que decía**:
		VM)		7	oí la voz del cuarto ser viviente, **que decía**
	3	**llamada** el Lugar Santísimo.		10	Y clamaban a gran voz, **diciendo**:
	5	no se puede ahora **hablar** en detalle.		16	**decían** a los montes
	20	**diciendo**: Esta es la sangre		7:3	**diciendo**: No hagáis daño a la tierra
	10:5	Por lo cual, entrando en el mundo **dice**:		10	clamaban a gran voz, **diciendo**
	8	**Diciendo** primero: Sacrificio		12	**diciendo**: Amén. La bendición
	16	Después de aquellos días, **dice** el Señor:		13	uno de los ancianos habló, **diciéndome**
	30	daré el pago, **dice** el Señor (TR)		8:11	el nombre de la estrella es Ajenjo;
	11:14	Porque los **que** esto **dicen**			(la estrella **se llama** el Ajenjo, BC)
	24	rehusó **llamarse** hijo de la hija		13	**diciendo** a gran voz:
	32	¿Y qué más **digo**?		9:14	**diciendo** al sexto ángel
	12:26	pero ahora ha prometido, **diciendo**		10:4	pero oí una voz del cielo **que me decía**
	13:6	de manera que podemos **decir**		8	habló otra vez conmigo, **y dijo**: (...**diciendo**, VHA)
Stg	1:13	no **diga** que es tentado de parte de Dios;		9	fui al ángel, **diciéndole**
	2:14	si alguno **dice** que tiene fe			él me **dijo**: Toma, y cómelo;
	23	se cumplió la Escritura **que dice**:		11	él me **dijo**: Es necesario
	4:5	¿O pensáis que la Escritura **dice** en vano?:		11:1	se me **dijo**: Levántate, (**diciéndo**seme..., VM)
	6	Por esto **dice**: Dios resiste		12	una gran voz del cielo, **que les decía**:
	13	¡Vamos ahora! los **que decís**:		15	y hubo grandes voces en el cielo, **que decían**
	15	En lugar de lo cual deberías **decir**: (en vez		17	**diciendo**: Te damos gracias,
		de **decir**, VHA)		12:10	oí una gran voz en el cielo, **que decía**:
2 P	3:4	y **diciendo**: ¿Dónde está la promesa		13:4	y adoraron a la bestia, **diciendo**:
1 Jn	2:4	El **que dice**: Yo le conozco,		14	mandando a los moradores (**diciendo** a los
	6	El **que dice** que permanece en él,			habitantes, VHA)
	9	El **que dice** que está en la luz,			
	5:16	por el cual yo no **digo** que se pida.			

λεῖμμα 3005					
Ap	14:7	diciendo a gran voz:	3010		λειτουργικός† – leitourgikós (leitourguikós)
	8	Otro ángel le siguió, diciendo:			
	9	el tercer ángel los siguió, diciendo	He	1:14	¿No son todos espíritus ministradores,
	13	que desde el cielo me decía:			
		Sí, dice el Espíritu,	3011		λειτουργός – leitourgós
	18	al que tenía la hoz aguda, diciendo:			
	15:3	y el cántico del Cordero, diciendo:	Ro	13:6	porque son **servidores** de Dios
	16:1	Oí una gran voz que decía desde		15:16	para ser **ministro** de Jesucristo
	5	oí al ángel de las aguas, que decía	Fil	2:25	**ministrador** de mis necesidades;
	7	que desde el altar decía:	He	1:7	a sus **ministros** llama de fuego
	17	diciendo: Hecho está		8:2	**ministro** del santuario, y de aquel verdadero
	17:1	habló conmigo diciéndome			
	15	Me **dijo** también: Las aguas	2982		λεμά – lemá o λαμά
	18:2	clamó con voz potente, **diciendo:**	Mt	27:46	¿**lama** sabactani? (**lemá**..., BC, NC)
	4	oí otra voz del cielo, **que decía:**	Mr	15:34	Eloi, Eloi, ¿**lama** sabactani?
	7	porque **dice** en su corazón:			
	10	por el temor de su tormento, **diciendo:**	3012		λέντιον*† – léntion
	16	y **diciendo:** ¡Ay, ay, de la gran ciudad	Jn	13:4	tomando una **toalla**, se la ciñó.
	18	dieron voces, **diciendo**		5	y a enjugarlos con la **toalla**
	19	llorando y lamentando, **diciendo:**			
	21	la arrojó en el mar, **diciendo**	3013		λεπίς – lepís
	19:1	de gran multitud en el cielo, **que decía**	Hch	9:18	le cayeron de los ojos como **escamas**
	4	a Dios, que estaba sentado en el trono,			
		y decían (...**diciendo**, VM)	3014		λέπρα – lépra
	5	Y salió del trono una voz **que decía:**	Mt	8:3	al instante su **lepra** desapareció. (su **lepra**
	6	como la voz de grandes truenos, **que decía:**			fué limpiada, VHA)
	9	el ángel me **dijo:** Escribe	Mr	1:42	al instante la **lepra** se fue de aquél
		me **dijo:** Estas son palabras	Lc	5:12	se presentó un hombre lleno de **lepra**,
	10	él me **dijo:** Mira, no lo hagas;		13	al instante la **lepra** se fue de él.
	17	clamó a gran voz, **diciendo** a todas las aves			
	21:3	oí una gran voz del cielo **que decía:**	3015		λεπρός – leprós
	5	me **dijo:** Escribe	Mt	8:2	he aquí vino un **leproso**
	9	habló conmigo, **diciendo:** Ven		10:8	limpiad **leprosos,**
	22:9	él me **dijo:** Mira, no lo hagas;		11:5	los **leprosos** son limpiados,
	10	me **dijo:** No selles		26:6	en casa de Simón el **leproso,**
	17	el Espíritu y la Esposa **dicen:** Ven	Mr	1:40	Vino a él **un leproso**, rogándole;
	20	El que da testimonio de estas cosas **dice:**		14:3	en casa de Simón el **leproso,**
			Lc	4:27	muchos **leprosos** había en Israel
3005		λεῖμμα – léimma o λίμμα		7:22	los **leprosos** son limpiados,
Ro	11:5	ha quedado un **remanente** escogido		17:12	diez hombres **leprosos,**
3006		λεῖος – léios	3016		λεπτόν*† – leptón
Lc	3:5	Y los caminos ásperos **allanados;**	Mr	12:42	y echó dos **blancas,**
			Lc	12:59	hasta que hayas pagado aun la última **blanca**
3007		λείπω – leípo		21:2	que echaba allí dos **blancas.**
Lc	18:22	Aún te **falta** una cosa:			
Tit	1:5	para que corrigieses lo **deficiente**	3017		Λευί – Leuí o Λευεί, Λευείς, o Λευίς
	3:13	de modo que nada les **falte**	Mr	2:14	al pasar, vio a **Leví**
Stg	1:4	sin que os **falte** cosa alguna. (sin ser	Lc	3:24	hijo de **Leví**
		deficientes en nada, VHA)		29 (30)	hijo de **Leví,**
	5	si alguno de vosotros **tiene falta** de sabiduría		5:27	vio a un publicano llamado **Leví,**
	2:15	tienen necesidad del mantenimiento		29	**Leví** le hizo gran banquete
		(**desprovistos** del sustento, BC)	He	7:5	los hijos de **Leví** reciben el sacerdocio,
				9	en Abraham pagó el diezmo también **Leví,**
3008		λειτουργέω – leitourgéo (leitourguéo)			(...**Leví**...fue diezmado, BC)
Hch	13:2	**Ministrando** éstos al Señor,	Ap	7:7	De la tribu de **Leví,**
Ro	15:27	deben también ellos **ministrarles**			
He	10:11	está día tras día ministrando	3019		Λευίτης – Leuítes o Λευείτης
			Lc	10:32	Asimismo un **levita,**
3009		λειτουργία – leitourgía (leitourguía)	Jn	1:19	enviaron de Jerusalén sacerdotes y **levitas**
Lc	1:23	cumplidos los días de su ministerio,	Hch	4:36	**levita,** natural de Chipre,
2 Co	9:12	la ministración de este servicio			
Fil	2:17	sobre el sacrificio y **servicio** de vuestra fe,	3020		Λευιτικός – leuitikós
	30	vuestro **servicio** por mí	He	7:11	fuera por el sacerdocio **levítico**
He	8:6	tanto mejor **ministerio** es el suyo, (ha			
		obtenido tanto mejor **ministerio,** VHA)	3021		λευκαίνω – leukáino
	9:21	todos los vasos del ministerio			

Mr	9:3	los puede hacer tan blancos
Ap	7:14	las han emblanquecido en la sangre del

3022 λευκός — leukós

Mt	5:36	porque no puedes hacer blanco o negro
	17:2	sus vestidos se hicieron blancos
	28:3	su vestido blanco como la nieve.
Mr	9:3	muy blancos, como la nieve,
	16:5	cubierto de una larga ropa blanca;
Lc	9:29	y su vestido blanco y resplandeciente.
Jn	4:35	porque ya están blancos para la siega.
	20:12	con vestiduras blancas,
Hch	1:10	dos varones con vestiduras blancas,
Ap	1:14	eran blancos como blanca lana,
	2:17	y le daré una piedrecita blanca
	3:4	andarán conmigo en vestiduras blancas
	5	será vestido de vestiduras blancas
	18	vestiduras blancas para vestirte,
	4:4	vestidos de ropas blancas
	6:2	he aquí un caballo blanco;
	11	se les dieron vestiduras blancas, (TR);
		(...una ropa blanca, VM, WH, N, ABMW, VHA, NC, BC, BA)
	7:9	vestidos de ropas blancas,
	13	Estos que están vestidos de ropas blancas
	14:14	Miré, y he aquí una nube blanca
	19:11	he aquí un caballo blanco
	14	le seguían en caballos blancos.
		vestidos de lino finísimo, blanco
	20:11	vi un gran trono blanco

3023 λέων — léon

2 Ti	4:17	fui librado de la boca del león
He	11:33	taparon bocas de leones,
1 P	5:8	el diablo, como león rugiente,
Ap	4:7	era semejante a un león;
	5:5	He aquí que el León de la tribu de Judá
	9:8	sus dientes eran como de leones
	17	eran como cabezas de leones;
	10:3	como ruge un león;
	13:2	y su boca como boca de león.

3024 λήθη — léthe

2 P	1:9	habiendo olvidado la purificación (lit., habiendo tomado olvido...)

3025 Véase abajo

3028 λῆμψις — lémpsis

Fil	4:15	en razón de dar y recibir

3025 ληνός — lenós

Mt	21:33	cavó en ella un lagar,
Ap	14:19	en el gran lagar de la ira de Dios.
	20	fue pisado el lagar fuera de la ciudad, del lagar salió sangre
	19:15	el lagar del vino del furor

3026 λῆρος** — léros

Lc	24:11	les parecían locura las palabras

3027 λῃστής — lestés

Mt	21:13	la habéis hecho cueva de ladrones
	26:55	¿Como contra un ladrón habéis salido
	27:38	crucificaron con él a dos ladrones
	44	le injuriaban también los ladrones
Mr	11:17	la habéis hecho cueva de ladrones
	14:48	¿Como contra un ladrón habéis salido
	15:27	Crucificaron también con él a dos ladrones,
Lc	10:30	cayó en manos de ladrones
	36	del que cayó en manos de los ladrones?
	19:46	la habéis hecho cueva de ladrones.
	22:52	¿Como contra un ladrón
Jn	10:1	ése es ladrón y salteador
	8	ladrones son y salteadores
	18:40	Y Barrabás era ladrón
2 Co	11:26	peligros de ladrones,

3028 λῆψις, véase λῆμψις, esta página

3029 λίαν — lían

Mt	2:16	se enojó mucho, y mandó matar
	4:8	a un monte muy alto,
	8:28	feroces en gran manera,
	27:14	el gobernador se maravillaba mucho
Mr	1:35	siendo aún muy oscuro,
	6:51	y ellos se asombraron en gran manera,
	9:3	muy blancos, como la nieve,
	16:2	Y muy de mañana,
Lc	23:8	viendo a Jesús, se alegró mucho
2 Co	11:5	inferior a aquellos grandes apóstoles (TR)
	12:11	menos que aquellos grandes apóstoles (TR)
2 Ti	4:15	pues en gran manera se ha opuesto
2 Jn	4	Mucho me regocijé
3 Jn	3	Pues mucho me regocijé

3030 λίβανος — líbanos

Mt	2:11	oro, incienso y mirra.
Ap	18:13	incienso, mirra, olíbano, vino,

3031 λιβανωτός — libanotós

Ap	8:3	con un incensario de oro;
	5	el ángel tomó el incensario,

3032 Λιβερτῖνος — Libertínos

Hch	6:9	llamada de los libertos,

3033 Λιβύη — Libúe

Hch	2:10	las regiones de Africa más allá de Cirene (las partes de Libia..., VHA)

3034 λιθάζω — litházo (lithádzo)

Jn	8:5	[apedrear a tales mujeres.]
	10:31	volvieron a tomar piedras para apedrearle
	32	¿por cuál de ellas me apedreáis?
	11:8	procuraban los judíos apedrearte,
Hch	5:26	porque temían ser apedreados
	14:19	habiendo apedreado a Pablo,
2 Co	11:25	una vez apedreado;
He	11:37	Fueron apedreados, aserrados,

3035 λίθινος — líthinos

Jn	2:6	estaban allí seis tinajas de piedra
2 Co	3:3	no en tablas de piedra,
Ap	9:20	de piedra y de madera,

3036 λιθοβολέω† — lithoboléo

Mt	21:35	y a otro apedrearon.
	23:37	que...apedreas a los que te son enviados!
Mr	12:4	apedreándolo le hirieron (TR)
Lc	13:34	que...apedreas a los que te son enviados!
Jn	8:5	[nos mandó Moisés apedrear]

Hch	7:58	fuera de la ciudad, le apedrearon;
	59	Y apedreaban a Esteban
	14:5	a afrentarlos y apedrearlos,
He	12:20	será apedreada, o pasada con dardo;

3037 λίθος — líthos

Mt	3:9	aun de estas piedras
	4:3	dí que estas piedras se conviertan
	6	Para que no tropieces con tu pie en piedra
	7:9	le dará una piedra?
	21:42	La piedra que desecharon los edificadores,
	44	el que cayere sobre esta piedra
	24:2	no quedará aquí piedra sobre piedra
	27:60	una gran piedra a la entrada
	66	sellando la piedra y poniendo
	28:2	llegando, removió la piedra,
Mr	5:5	e hiriéndose con piedras.
	9:42	si se le atase una piedra de molino (TR)
	12:10	La piedra que desecharon
	13:1	mira qué piedras,
	2	No quedará piedra sobre piedra,
	15:46	e hizo rodar una piedra
	16:3	¿Quién nos removerá la piedra
	4	vieron removida la piedra,
Lc	3:8	aun de estas piedras.
	4:3	dí a esta piedra que se convierta
	11:11	le dará una piedra? (TR, VM, NC, BC, [BA])
	17:2	que se le atase al cuello una piedra (WH, N, ABMW)
	19:40	las piedras clamarían.
	44	no dejarán en ti piedra sobre piedra
	20:17	La piedra que desecharon
	18	el que cayere sobre aquella piedra
	21:5	estaba adornado de hermosas piedras
	6	piedra sobre piedra,
	22:41	como de un tiro de piedra;
	24:2	hallaron removida la piedra
Jn	8:7	[sea el primero en arrojar la piedra]
	59	Tomaron entonces piedras
	10:31	volvieron a tomar piedras (alzaron piedras otra vez, VM)
	11:38	tenía una piedra puesta encima
	39	Quitad la piedra.
	41	Entonces quitaron la piedra
	20:1	y vio quitada la piedra del sepulcro.
Hch	4:11	Este Jesús es la piedra reprobada
	17:29	sea semejante a oro, o plata, o piedra,
Ro	9:32	pues tropezaron en la piedra de tropiezo
	33	piedra de tropiezo y roca de caída
1 Co	3:12	oro, plata, piedras preciosas,
2 Co	3:7	grabado con letras en piedras
1 P	2:4	Acercándoos a él, piedra viva,
	5	como piedras vivas,
	6	la principal piedra del ángulo,
	7	La piedra que los edificadores
	8	Piedra de tropiezo, y roca
Ap	4:3	era semejante a piedra de jaspe
	15:6	vestidos de lino limpio, (TR, N, ABMW, VHA, VM, NC, BC, BA); (...de una piedra limpia, WH)
	17:4	de piedras preciosas y de perlas,
	18:12	de piedras preciosas, de perlas, (lit., de piedra...)
	16	de piedras preciosas y de perlas! (lit., de piedra)
	21	tomó una piedra
	21:11	semejante al de una piedra preciosísima, como piedra de jaspe
Ap	21:19	con toda piedra preciosa

3038 Λιθόστρωτος — Lithóstrotos

Jn	19:13	en el lugar llamado el Enlosado,

3039 λικμάω — likmáo

Mt	21:44	y sobre quien ella cayere, le desmenuzará
Lc	20:18	mas sobre quien ella cayere, le desmenuzará

3040 λιμήν — limén

Hch	27:8	a un lugar que llaman Buenos Puertos,
	12	siendo incómodo el puerto puerto de Creta que mira

λίμμα, véase λεῖμμα, 3005, pág. 518

3041 λίμνη — límne

Lc	5:1	estando Jesús junto al lago
	2	cerca de la orilla del lago; (junto al lago, VHA)
	8:22	Pasemos al otro lado del lago
	23	una tempestad de viento en el lago;
	33	se precipitó por un despeñadero al lago
Ap	19:20	dentro de un lago de fuego (al lago...VHA)
	20:10	fue lanzado al lago de fuego
	14	fueron lanzados al lago de fuego. Esta es la muerte segunda: el lago de fuego (VHA, WH, N, ABMW, NC, BC, BA); (omitido en V60, TR)
	15	fue lanzado al lago de fuego
	21:8	tendrán su parte en el lago

3042 λιμός — limós

Mt	24:7	habrá...hambres, y terremotos
Mr	13:8	habrá hambres y alborotos;
Lc	4:25	hubo una gran hambre
	15:14	vino una gran hambre
	17	yo aquí perezco de hambre!
	21:11	hambres y pestilencias;
Hch	7:11	Vino entonces hambre en toda
	11:28	que vendría una gran hambre
Ro	8:35	o hambre, o desnudez,
2 Co	11:27	en hambre y sed, en muchos ayunos,
Ap	6:8	para matar con espada, con hambre
	18:8	muerte, llanto y hambre,

3043 λίνον — línon

Mt	12:20	el pábilo que humea no apagará,
Ap	15:6	vestidos de lino limpio (TR, N, ABMW, VHA, VM, NC, BC, BA)

3044 Λίνος — Línos

2 Ti	4:21	Lino, Claudia y todos los hermanos

3045 λιπαρός — liparós

Ap	18:14	todas las cosas exquisitas...te han faltado

3046 λίτρα*† — lítra

Jn	12:3	María tomó una libra de perfume
	19:39	como cien libras.

3047 λίψ — líps

Hch	27:12	que mira al nordeste y sudeste,

λογία 3048　　　　　　　　　　　　　521　　　　　　　　　　　　　3056 λόγος

3048		λογία*† – logía (loguía) o λογεία
1 Co	16:1	En cuanto a la **ofrenda** para los santos,
	2	no se recojan entonces **ofrendas**.

3049		λογίζομαι – logízomai (loguídzomai)
Mr	11:31	ellos **discutían** entre sí (TR)
	15:28	**fue contado** con los inicuos, (TR, VM, NC, BC, [BA])
Lc	22:37	Y **fue contado** con los inicuos;
Jn	11:50	ni **pensáis** que nos conviene (WH, N, ABMW)
Hch	19:27	**sea estimado** en nada,
Ro	2:3	¿Y **piensas** esto, oh hombre
	26	¿no **será tenida** su incircuncisión como
	3:28	**Concluimos**, pues, que el hombre (Pues razonamos..., BC)
	4:3	le **fue contada** por justicia.
	4	no **se le cuenta** el salario como gracia,
	5	su fe le **es contada** por justicia.
	6	a quien Dios **atribuye** justicia sin obras,
	8	a quien el Señor no **inculpa** de pecado.
	9	a Abraham le **fue contada** la fe por justicia.
	10	¿Como, pues, le **fue contada**?
	11	la fe les **sea contada** por justicia;
	22	también su fe le **fue contada** por justicia.
	23	se escribió que le **fue contada**,
	24	a quienes ha de **ser contada**,
	6:11	también vosotros **consideraos** muertos
	8:18	Pues **tengo por cierto** que las aflicciones
	36	**Somos contados** como ovejas de matadero
	9:8	**son contados** como descendientes.
	14:14	mas **para el que piensa** que algo
1 Co	4:1	**téngan**nos los hombres **por** servidores (nos considere todo hombre..., BC)
	13:5	no guarda rencor; (no **toma en cuenta** lo malo, VHA)
	11	**juzgaba** como niño;
2 Co	3:5	para **pensar** algo como de nosotros mismos,
	5:19	no **tomándoles en cuenta** a los hombres
	10:2	de aquella osadía con que estoy dispuesto (de aquella confianza con que **pienso**, VHA)
		algunos **que nos tienen** como si (algunos que **piensan**, VHA)
	7	esto también **piense** por sí mismo,
	11:5	**Esto tenga en cuenta** tal persona
	12:6	**pienso** que en nada he sido inferior
Gá	3:6	para que nadie **piense** de mí
Fil	3:13	le **fue contado** por justicia.
	4:8	yo mismo no **pretendo** haberlo ya alcanzado; (no **considero...**, VM)
2 Ti	4:16	en esto **pensad**.
He	11:19	no les **sea tomado** en cuenta.
Stg	2:23	**pensando** que Dios es poderoso
1 P	5:12	le **fue contado** por justicia,
		a quien **tengo por** hermano fiel,

3050		λογικός* – logikós (loguikós)
Ro	12:1	que es vuestro culto **racional**.
1 P	2:2	la leche **espiritual** no adulterada,

3051		λόγιον – lógion (lóguion)
Hch	7:38	que recibió **palabras** de vida
Ro	3:2	les ha sido confiada la **palabra** de Dios.
He	5:12	los primeros rudimentos de las **palabras**
1 P	4:11	hable conforme a **las palabras** de Dios;

3052		λόγιος* – logios (lóguios)

Hch	18:24	varón **elocuente**, poderoso en las Escrituras

3053		λογισμός – logismós (loguismós)
Ro	2:15	o defendiéndoles sus **razonamientos**.
2 Co	10:5	(4) refutando **argumentos**, (derribando, **razonamientos**, VM)

3054		λογομαχέω*† – logomacéo (logomajéo)
2 Ti	2:14	que no **contiendan sobre palabras**,

3055		λογομαχία*† – logomacía (logomajía)
1 Ti	6:4	acerca de cuestiones y **contiendas de palabras**,

3056		λόγος – lógos
Mt	5:32	a no ser por **causa** de fornicación
	37	Pero sea vuestro **hablar**:
	7:24	que me oye estas **palabras**
	26	cualquiera que me oye estas **palabras**
	28	terminó Jesús estas **palabras**
	8:8	solamente dí **la palabra**
	16	con la **palabra** echó fuera
	10:14	ni oyere vuestras **palabras**
	12:32	A cualquiera que dijere alguna **palabra**
	36	de ella darán **cuenta**
	37	por tus **palabras** serás justificado, por tus **palabras** serás condenado.
	13:19	Cuando alguno oye la **palabra**
	20	éste es el que oye la **palabra**,
	21	o la persecución por causa de la **palabra**
	22	éste es el que oye la **palabra** ahogan la **palabra**
	23	éste es el que oye y entiende la **palabra**
	15:6	habéis invalidado el **mandamiento** (TR); (habéis invalidado la **palabra**, VHA, WH, N, ABMW, VM, NC, BC, BA)
	12	se ofendieron cuando oyeron esta **palabra**?
	23	Jesús no le respondió **palabra**.
	18:23	un rey que quiso hacer **cuentas**
	19:1	cuando Jesús terminó estas **palabras**
	11	No todos son capaces de recibir esto, (...de recibir esta **palabra**, VHA)
	22	Oyendo el joven esta **palabra**,
	21:24	os haré una **pregunta** (os preguntaré una **cosa**, VHA)
	22:15	cómo sorprenderle en alguna **palabra**.
	46	nadie le podía responder **palabra**
	24:35	pero mis **palabras** no pasarán.
	25:19	arregló **cuentas** con ellos.
	26:1	hubo acabado Jesús todas estas **palabras**
	44	diciendo las mismas **palabras** (lit.,... **palabra**)
	28:15	Este **dicho** se ha divulgado
Mr	1:45	a divulgar el **hecho**,
	2:2	les predicaba la **palabra**.
	4:14	es el que siembra la **palabra**
	15	en quienes se siembra la **palabra** quita la **palabra** que se sembró
	16	los que cuando han oído la **palabra**
	17	la persecución por causa de la **palabra**
	18	los que oyen la **palabra**
	19	entran y ahogan la **palabra**
	20	los que oyen la **palabra** y la reciben,
	33	les hablaba la **palabra**, conforme
	5:36	luego que oyó lo que se decía, (entreoyendo la **razón** que se decía, VM)
	7:13	invalidando la **palabra** de Dios
	29	Por esta **palabra**, vé;
	8:32	Esto les decía claramente. (lit., les decía la

		palabra claramente)	Jn	8:37	mi palabra no halla cabida
Mr	8:38	el que se avergonzare de mí y de mis		43	no podéis escuchar mi palabra
		palabras		51	el que guarda mi palabra
	9:10	Y guardaron la palabra		52	El que guarda mi palabra
	10:22	afligido por esta palabra, (lit...por la		55	pero le conozco, y guardo su palabra
		palabra)		10:19	entre los judíos por estas palabras
	24	se asombraron de sus palabras;		35	a quienes vino la palabra de Dios
	11:29	Os haré yo también una pregunta (Yo os		12:38	para que se cumpliese la palabra
		preguntaré una cosa, VM)		48	la palabra que he hablado,
	12:13	le sorprendiesen en alguna palabra		14:23	El que me ama, mi palabra guardará
	13:31	pero mis palabras no pasarán.		24	El que no me ama, no guarda mis palabras
	14:39	y oró, diciendo las mismas palabras			la palabra que habéis oído
	16:20	[confirmando la palabra con las señales]		15:3	vosotros estáis limpios por la palabra
Lc	1:2	y fueron ministros de la palabra		20	Acordaos de la palabra
	4	para que conozcas bien la verdad de las			si han guardado mi palabra
		cosas		25	para que se cumpla la palabra
	20	por cuanto no creíste mis palabras		17:6	han guardado tu palabra
	29	se turbó por sus palabras, (lit.,...con la		14	Yo les he dado tu palabra
		palabra)		17	tu palabra es verdad
	3:4	en el libro de las palabras del profeta		20	los que han de creer en mí por la palabra
	4:22	estaban maravillados de las palabras		18:9	para que se cumpliese aquello (...la palabra,
	32	porque su palabra era con autoridad.			VHA)
	36	¿Qué palabra es esta		32	para que se cumpliese la palabra
	5:1	para oir la palabra de Dios.		19:8	Cuando Pilato oyó decir esto, (...esta
	15	su fama se extendía más			palabra, VM)
	6:47	y oye mis palabras		13	oyendo esto, (al oír estas palabras, VHA)
	7:7	pero dí la palabra, y mi siervo		21:23	Este dicho se extendió
	17	se extendió la fama de él (Este dicho...,	Hch	1:1	En el primer tratado.
		VHA)		2:22	oíd estas palabras: Jesús nazareno
	8:11	La semilla es la palabra de Dios.		40	con otras muchas palabras
	12	y quita de su corazón la palabra		41	los que recibieron su palabra
	13	reciben la palabra con gozo		4:4	los que habían oído la palabra
	15	retienen la palabra oída,		29	que con todo denuedo hablen tu palabra
	21	son los que oyen la palabra de Dios		31	hablaban con denuedo la palabra de Dios
	9:26	se avergonzare de mí y de mis palabras		5:5	Al oir Ananías estas palabras
	28	ocho días después de estas palabras		24	Cuando oyeron estas palabras
	44	penetren bien en los oídos estas palabras;		6:2	que nosotros dejemos la palabra de Dios
	10:39	oía su palabra.		4	y en el ministerio de la palabra
	11:28	bienaventurados los que oyen la palabra		5	Agradó la propuesta a toda
	12:10	A todo aquel que dijere alguna palabra		7	crecía la palabra del Señor
	16:2	Da cuenta de tu mayordomía,		7:22	y era poderoso en sus palabras y obras
	20:3	Os haré yo también una pregunta; (os		29	Al oír esta palabra,
		preguntaré una cosa, VHA)		8:4	anunciando el evangelio. (...la palabra,
	20	a fin de sorprenderle en alguna palabra			VHA)
	21:33	pero mis palabras no pasarán.		14	Samaria había recibido la palabra de Dios
	22:61	se acordó de la palabra del Señor, (TR, N)		21	parte ni suerte en este asunto
	23:9	le hacía muchas preguntas, (le preguntaba		25	habiendo testificado y hablado la palabra
		con muchas palabras, VHA)		10:29	¿Por qué causa me habéis hecho venir?
	24:17	¿Qué pláticas son estas...? (¿Qué palabras...		36	envió mensaje a los hijos de Israel,
		VHA)		44	los que oían el discurso.
	19	poderoso en obra y en palabra		11:1	habían recibido la palabra de Dios
	44	son las palabras que os hablé, (TR);		19	no hablando a nadie la palabra,
		(...mis palabras, VHA, WH, N, ABMW,		22	Llegó la noticia de estas cosas (lit., se oyó
		VM)			la palabra...)
Jn	1:1	En el principio era el Verbo, y el Verbo		12:24	Pero la palabra del Señor crecía
		y el Verbo era Dios.		13:5	anunciaban la palabra de Dios
	14	Y aquel Verbo fue hecho carne,		7	deseaba oir la palabra de Dios.
	2:22	y creyeron la Escritura y la palabra		15	si tenéis alguna palabra (lit., si hay entre
	4:37	en esto es verdadero el dicho			vosotros alguna palabra)
	39	creyeron en él por la palabra de la mujer		26	a vosotros es enviada la palabra
	41	Y creyeron muchos más por la palabra de él		44	para oir la palabra de Dios.
	50	Y el hombre creyó la palabra		46	a vosotros se hablase primero la palabra de Dios
	5:24	El que oye mi palabra		48	glorificaban la palabra del Señor,
	38	ni tenéis su palabra morando		49	la palabra del Señor se difundía
				14:3	el cual daba testimonio a la palabra
	6:60	Dura es esta palabra		12	éste era el que llevaba la palabra.
	7:36	¿Qué significa esto (lit.,... esta palabra)		25	Y habiendo predicado la palabra
				15:6	para conocer de este asunto
	40	oyendo estas palabras, decían:		7	la palabra del evangelio y creyesen.
	8:31	Si vosotros permaneciereis en mi palabra			

Hch	15:15	concuerdan las **palabras** de los profetas,	2 Co	1:18	nuestra **palabra** a vosotros
	24	os han inquietado con **palabras**,		2:17	falsificando la **palabra** de Dios,
	27	los cuales también de **palabras**		4:2	ni adulterando la **palabra** de Dios,
	32	con abundancia de **palabras**. (con un largo mensaje, BA)		5:19	nos encargó a nosotros la **palabra** (lit., habiéndonos encargado...)
	35	enseñando la **palabra** del Señor		6:7	en **palabra** de verdad,
	36	en que hemos anunciado la **palabra**		8:7	en **palabra**, en ciencia, en toda solicitud,
	16:6	hablar la **palabra** en Asia;		10:10	y la **palabra** menospreciable.
	32	le hablaron la **palabra**		11	así como somos en la **palabra**
	36	hizo saber estas **palabras** a Pablo:		11:6	aunque sea tosco en la **palabra**
	17:11	recibieron la **palabra** con toda solicitud,	Gá	5:14	en esta sola **palabra** se cumple:
	13	era anunciada la **palabra** de Dios		6:6	El que es enseñado en la **palabra**
	18:5	estaba entregado por entero a la **predicación de la palabra**, (estaba constreñido por la Palabra, VHA, WH, N, ABMW, VM, NC, BC, BA); (lit., estaba constreñido en el espíritu, TR)	Ef	1:13	habiendo oído la **palabra** de verdad
				4:29	Ninguna **palabra** corrompida
				5:6	Nadie os engañe con **palabras** vanas,
				6:19	me sea dada **palabra** para dar a conocer
			Fil	1:14	a hablar la **palabra** sin temor.
	11	enseñándoles la **palabra** de Dios.		2:16	asidos de la **palabra** de vida,
	14	conforme a derecho yo os toleraría (sería de razón..., VM)		4:15	en **razón** de dar y recibir,
				17	que abunde en vuestra **cuenta**.
	15	si son cuestiones de **palabras** (lit.,...de palabra)	Col	1:5	por la **palabra** verdadera del evangelio, (por la **palabra** de la verdad..., VM)
	19:10	oyeron la **palabra** del Señor Jesús.		25	anuncie cumplidamente la **palabra** de Dios,
	20	y prevalecía poderosamente la **palabra**		2:23	tienen...cierta **reputación** de sabiduría
	38	tienen **pleito** contra alguno,		3:16	La **palabra** de Cristo more
	40	ninguna causa por la cual podamos dar **razón**		17	sea de **palabra** o de hecho,
				4:3	nos abra puerta para la **palabra**
	20:2	exhortarles con abundancia de **palabra**		6	Sea vuestra **palabra** siempre
	7	alargó el **discurso** hasta la medianoche.	1 Ts	1:5	no llegó a vosotros en **palabras** solamente, (...**palabra**..., VM)
	24	de ninguna **cosa** hago caso, ni estimo preciosa mi vida (TR, VM, BC); (en manera alguna estimo mi vida como cosa preciosa, VHA, WH, N, ABMW, NC, BA)		8	ha sido divulgada la **palabra** del Señor,
				2:5	nunca usamos de **palabras** lisonjeras, (...**un lenguaje** de adulación, VM)
	32	y a la **palabra** de su gracia,		13	cuando recibisteis la **palabra** de Dios no como **palabra** de hombres, sino...**palabra** de Dios
	35	recordar las **palabras** del Señor Jesús,			
	38	por la **palabra** que dijo,			
	22:22	le oyeron hasta esta **palabra**		4:15	os decimos esto en **palabra** del Señor:
Ro	3:4	Para que seas justificado en tus **palabras**		18	alentaos...con estas **palabras**
	9:6	No que la **palabra** de Dios haya fallado	2 Ts	2:2	ni por espíritu, ni por palabra,
	9	Porque la **palabra** de la promesa		15	sea por **palabra**, o por carta nuestra
	28	el Señor ejecutará su **sentencia** (ejecutará su **palabra**, BA) en justicia y con prontitud (lit., en justicia; porque abreviando **el asunto**, TR)		17	os confirme en toda buena **palabra** y obra.
			3:1	para que la **palabra** del Señor
			14	no obedece a lo que decimos (no obedeciere nuestra **palabra**, VM)
	13:9	en esta **sentencia** se resume: (en esta palabra se resumen, BA)	1 Ti	1:15	**Palabra** fiel y digna de ser recibida
	14:12	dará a Dios **cuenta** de sí.		3:1	**Palabra** fiel: Si alguno
	15:18	con la **palabra** y con las obras,		4:5	porque por la **palabra** de Dios
1 Co	1:5	en toda **palabra** y en toda ciencia;		6	nutrido con las **palabras** de la fe
	17	no con sabiduría de **palabras**, (...de palabra, VHA)		9	**Palabra** fiel es esta,
				12	en **palabra**, conducta, amor,
	18	Porque la **palabra** de la cruz		5:17	los que trabajan en **predicar** y enseñar.
	2:1	no fui con excelencia **de palabras** (...de palabra, VHA)		6:3	y no se conforma a las sanas **palabras**
			2 Ti	1:13	Retén la forma de las sanas **palabras**
	4	ni mi **palabra** ni mi predicación fue con **palabras** persuasivas		2:9	mas la **palabra** de Dios no está presa.
				11	**Palabra** fiel es esta:
	13	no con **palabras** enseñadas por sabiduría		15	que usa bien la **palabra** de verdad.
	4:19	y conoceré, no las **palabras**, (...la palabra, VM)		17	su **palabra** carcomerá (lit.,... tendrá pasto)
			2 Ti	4:2	que prediques la **palabra**
	20	el reino de Dios no consiste en **palabras**, (...en palabra, VM)		15	se ha opuesto a nuestras **palabras**
			Tit	1:3	manifestó su **palabra** por medio
	12:8	**palabra** de sabiduría; **palabra** de ciencia		9	retenedor de la **palabra** fiel
				2:5	para que la **palabra** de Dios no sea
	14:9	si por la lengua no diereis palabra		8	**palabra** sana e irreprochable,
	19	prefiero hablar cinco palabras que diez mil **palabras** en lengua desconocida		3:8	**Palabra** fiel es esta,
			He	2:2	Porque si la **palabra** dicha
	36	ha salido de vosotros la **palabra** de Dios,		4:2	no les aprovechó el oír la **palabra**
	15:2	si retenéis la **palabra** que os he predicado,		12	la **palabra** de Dios es viva
	54	se cumplirá la **palabra** que está escrita:		13	de aquel a quien tenemos que dar **cuenta**.

He	4:13	(lit., con quien es la **cuenta** con respecto a nosotros)
	5:11	Acerca de esto tenemos mucho que decir (lit.,...mucha es la **palabra** para nosotros)
	13	es inexperto **en la palabra** de justicia,
	6:1	dejando ya los **rudimentos** de la doctrina (lit.,...la **palabra** del principio)
	7:28	pero la **palabra** del juramento,
	12:19	que no se les hablase más (que no se les añadiese **palabra**, BC)
	13:7	que os hablaron la **palabra** de Dios;
	17	como quienes han de dar **cuenta**;
	22	que soportéis la **palabra**
Stg	1:18	nos hizo nacer por la **palabra** de verdad,
	21	recibid con mansedumbre la **palabra**
	22	Pero sed hacedores **de la palabra**,
	23	si alguno es oidor **de la palabra**
	3:2	Si alguno no ofende en **palabra**
1 P	1:23	por la **palabra** de Dios que vive
	2:8	porque tropiezan en la **palabra**
	3:1	los que no creen a la **palabra** sean ganados sin **palabra**
	15	ante todo el que os demande **razón**
	4:5	pero ellos darán **cuenta**
2 P	1:19	Tenemos también la **palabra**
	2:3	con **palabras** fingidas.
	3:5	fueron hechos por la **palabra** de Dios
	7	están reservados por la misma **palabra**
1 Jn	1:1	tocante al **Verbo** de vida
	10	su **palabra** no está en nosotros.
	2:5	pero el que guarda su **palabra**,
	7	es la **palabra** que habéis oído
	14	la **palabra** de Dios permanece en vosotros
	3:18	no amemos **de palabra** ni de lengua,
	5:7	el Padre, el **Verbo** y el Espíritu Santo; (TR, |VM|, |BA|)
3 Jn	10	parloteando con **palabras** malignas
Jud	15	de todas las cosas duras (de todas las **palabras** insolentes, T, BC)
Ap	1:2	que ha dado testimonio de la **palabra**
	3	los que oyen las **palabras** de esta profecía,
	9	por causa de la **palabra** de Dios
	3:8	has guardado mi **palabra**,
	10	Por cuanto has guardado la **palabra**
	6:9	por causa de la **palabra** de Dios
	12:11	y de la **palabra** del testimonio de ellos,
	17:17	hasta que se cumplan las **palabras** de Dios. (WH, N, ABMW)
	19:9	Estas son **palabras** verdaderas de Dios.
	13	su nombre es: EL **VERBO** DE DIOS.
	20:4	por la **palabra** de Dios,
	21:5	estas **palabras** son fieles y verdaderas.
	22:6	Estas **palabras** son fieles y verdaderas.
	7	Bienaventurado el que guarda las **palabras**
	9	los que guardan las **palabras** de este libro.
	10	No selles las **palabras** de la profecía
	18	todo aquel que oye las **palabras**
	19	Y si alguno quitare de las **palabras** del libro

3057 λόγχη – lógce (lónje)

Mt	27:49	le abrió el costado con una **lanza** (|WH|, T, rechazado por la V60 y la otras versiones)
Jn	19:34	le abrió el costado con una **lanza**,

3058 λοιδορέω — loidoréo

Jn	9:28	Y le **injuriaron**, y dijeron:
Hch	23:4	¿Al sumo sacerdote de Dios **injurias**?
1 Co	4:12	nos maldicen, y bendecimos; (siendo **injuriados**, bendecimos, VHA)
1 P	2:23	quien cuando le **maldecían**, (que, siendo **ultrajados**, BC)

3059 λοιδορία – loidoría

1 Ti	5:14	ninguna ocasión de **maledicencia**
1 P	3:9	ni **maldición** por **maldición**,

3060 λοιδορος – lóidoros

1 Co	5:11	o idólatra, o **maldiciente**,
	6:10	ni los borrachos, ni los **maldicientes**,

3061 λοιμός – loimós

Mt	24:7	habrá **pestes**, y hambres (TR, BC)
Lc	21:11	hambres y **pestilencias**;
Hch	24:5	este hombre es una **plaga**,

3062 λοιπός – loipós
(1) τοῦ λοιποῦ
(2) τὸ λοιπόν, λοιπόν

Mt	22:6	y **otros**, tomando a los siervos,
	25:11	vinieron también las **otras** vírgenes,
	26:45	(2) Dormid **ya**, (Dormid **lo que resta** del tiempo, VM)
	27:49	Pero los **otros** decían:
Mr	4:19	y las codicias de **otras cosas**,
	14:41	(2) Dormid **ya**, (Dormid **lo que resta** del tiempo, VM)
	16:13	|lo hicieron saber a los **otros**;|
Lc	8:10	pero a los **otros** por parábolas,
	12:26	¿por qué os afanáis por lo **demás**?
	18:9	menospreciaban a los **otros**, (lit., menospreciando...)
	11	no soy como los **otros** hombres,
	24:9	a los once, y a todos **los demás**
	10	**las demás** con ellas,
Hch	2:37	dijeron a Pedro y a los **otros**
	5:13	De los **demás**, ninguno se atrevía
	17:9	obtenida fianza de Jasón y de los **demás**,
	27:20	(2) ya habíamos perdido toda esperanza
	44	y los **demás**, parte en tablas,
	28:9	también los **otros** que en la isla
Ro	1:13	como entre los **demás** gentiles
	11:7	los **demás** fueron endurecidos;
1 Co	1:16	(2) **de los demás**, no sé si he bautizado (**por lo demás**..., VM)
	4:2	(2) Ahora bien, se requiere (Aquí, **además**,.., VHA)
	7:12	Y a los **demás** yo digo,
	29	(2) **resta**, pues, que los que tienen esposa
	9:5	como también los **otros** apóstoles,
	11:34	Las **demás** cosas las pondré
	15:37	ya sea de trigo o de otro grano; (...o de alguna de las **demás** simientes, VHA)
2 Co	12:13	habéis sido menos que las **otras** iglesias,
	13:2	y a todos los **demás**,
	11	(2) **Por lo demás**, hermanos, tened gozo
Gá	2:13	participaban también los **otros** judíos,
	6:17	(1) **De aquí en adelante** nadie me cause
Ef	2:3	hijos de ira, lo mismo que los **demás**
	4:17	como los **otros** gentiles (TR)
	6:10	(1) **Por lo demás**, hermanos míos,
Fil	1:13	en todo el pretorio, y a todos los **demás**
	3:1	(2) **Por lo demás**, hermanos,
	4:3	los **demás** colaboradores míos,

3065			**3075**		λυμαίνω — lumáino	
Fil	4:8	(2) Por lo demás, hermanos,	Hch	8:3	arrastraba a hombres y a mujeres,	
1 Ts	4:1	(2) Por lo demás, hermanos,				
	13	como los otros que no tienen esperanza	**3076**		λυπέω — lupéo	
	5:6	no durmamos como los demás	Mt	14:9	Entonces el rey se entristeció	
2 Ts	3:1	(2) Por lo demás, hermanos,		17:23	ellos se entristecieron en gran manera.	
1 Ti	5:20	para que los demás también teman.		18:31	se entristecieron mucho,	
2 Ti	4:8	(2) Por lo demás, me está guardada		19:22	se fue triste, porque tenía	
He	10:13	(2) de ahí en adelante esperando		26:22	entristecidos en gran manera,	
2 P	3:16	como también las otras Escrituras,		37	comenzó a entristecerse	
Ap	2:24	Pero a vosotros y a los demás	Mr	10:22	afligido por esta palabra, se fue triste,	
	3:2	y afirma las otras cosas		14:19	ellos comenzaron a entristecerse,	
	8:13	a causa de los otros toques de trompeta	Jn	16:20	aunque vosotros estéis tristes, (vosotros	
	9:20	Y los otros hombres que no fueron			estaréis tristes, VHA)	
	11:13	los demás se aterrorizaron,		21:17	Pedro se entristeció	
	12:17	contra el resto de la descendencia	Ro	14:15	tu hermano es contristado,	
	19:21	los demás fueron muertos	2 Co	2:2	Porque si yo os contristo,	
	20:5	Pero los otros muertos no volvieron a vivir			aquel a quien yo contristé? (el mismo que	
3065		Λουκᾶς — Loukás			es entristecido por mí?, VM)	
Col	4:14	Os saluda Lucas el médico amado,		4	no para que fueseis contristados,	
2 Ti	4:11	Sólo Lucas está conmigo.		5	si alguno me ha causado tristeza,	
Flm	24	(23) Demas y Lucas, mis colaboradores.			no me la ha causado	
				6:10	como entristecidos, mas siempre gozosos	
3066		Λούκιος — Lóukios (Lúkios)		7:8	Porque aunque os contristé	
Hch	13:1	Lucio de Cirene,		9	aunque por algún tiempo, os contristó	
Ro	16:21	Lucio, Jasón y Sosípater,			no porque hayáis sido contristados,	
					fuisteis contristados para arrepentimiento	
3067		λουτρόν — loutrón			habéis sido contristados según Dios	
Ef	5:26	en el lavamiento del agua por la palabra,		11	hayáis sido contristados según Dios,	
Tit	3:5	por el lavamiento de la regeneración	Ef	4:30	no contristéis al Espíritu Santo	
			1 Ts	4:13	para que no os entristezcáis	
3068		λούω — lóuo (lúo)	1 P	1:6	tengáis que ser afligidos (si es preciso,	
Jn	13:10	El que está lavado, no necesita			hayáis sido entristecidos, VHA)	
Hch	9:37	Después de lavada, la pusieron en una sala.				
	16:33	les lavó las heridas;	**3077**		λύπη — lúpe	
He	10:22	(23) lavados los cuerpos con agua pura.	Lc	22:45	los halló durmiendo a causa de la tristeza	
2 P	2:22	la puerca lavada a revolcarse en el cieno.	Jn	16:6	tristeza ha llenado vuestro corazón.	
Ap	1:5	nos lavó de nuestros pecados, (TR, VM);		20	vuestra tristeza se convertirá en gozo	
		(nos libertó..., VHA, WH, N, ABMW, NC,		21	La mujer cuando da a luz, tiene dolor,	
		BC, BA)		22	vosotros ahora tenéis tristeza;	
3069		Λύδδα — Lúdda	Ro	9:2	tengo gran tristeza, (lit., para mí hay gran	
Hch	9:32	los santos que habitaban en Lida.			tristeza)	
	35	todos los que habitaban en Lida	2 Co	2:1	no ir otra vez a vosotros con tristeza	
	38	como Lida estaba cerca de Jope,		3	no tenga tristeza de parte de aquellos	
				7	no sea consumido de demasiada tristeza	
3070		Λυδία — Ludía		7:10	Porque la tristeza que es según Dios	
Hch	16:14	una mujer llamada Lidia,			pero la tristeza del mundo	
	40	entraron en casa de Lidia,		9:7	no con tristeza, ni por necesidad,	
			Fil	2:27	yo no tuviese tristeza sobre tristeza	
3071		Λυκαονία — Lukaonía	He	12:11	parece ser causa de gozo, sino de tristeza;	
Hch	14:6	ciudades de Licaonia,	1 P	2:19	sufre molestias padeciendo	
3072		Λυκαονιστί — Lukaonistí	**3078**		Λυσανίας — Lusanías	
Hch	14:11	alzó la voz, diciendo en lengua licaónica;	Lc	3:1	y Lisanias tetrarca de Abilinia,	
3073		Λυκία — Lukía	**3079**		Λυσίας — Lusías	
Hch	27:5	arribamos a Mira, ciudad de Licia.	Hch	23:26	Claudio Lisias al excelentísimo	
				24:7	interviniendo el tribuno Lisias, (TR, VM,	
3074		λύκος — lúkos			NC, [BA])	
Mt	7:15	pero por dentro son lobos rapaces.		22	Cuando descendiere el tribuno Lisias,	
	10:16	como a ovejas en medio de lobos;	**3080**		λύσις — lúsis	
Lc	10:3	como corderos en medio de lobos.	1 Co	7:27	No procures soltarte. (No busques	
Jn	10:12	ve venir al lobo y deja las ovejas			la separación, NC)	
		el lobo arrebata				
Hch	20:29	lobos rapaces, que no perdonarán	**3081**		λυσιτελέω** — lusiteléo	

Lc	17:2	**Mejor** le **fuera** que se le atase

3082 Λύστρα — **Lústra**

Hch	14:6	huyeron a **Listra** y Derbe,
	8	Y cierto hombre de **Listra**
	21	volvieron a **Listra**,
	16:1	Después llegó a Derbe y a **Listra**;
	2	los hermanos que estaban en **Listra**
2 Ti	3:11	en Iconio, en **Listra**;

3083 λύτρον — **lútron**

Mt	20:28	para dar su vida en **rescate**
Mr	10:45	para dar su vida en **rescate**

3084 λυτρόω — **lutróo**

Lc	24:21	el que había de **redimir** a Israel;
Tit	2:14	para **redimirnos** de toda iniquidad
1 P	1:18	sabiendo que **fuisteis rescatados**

3085 λύτρωσις† — **lútrosis**

Lc	1:68	ha...redimido a su pueblo (hizo **redención** a su pueblo, VHA)
	2:38	todos los que esperaban la **redención**
He	9:12	habiendo obtenido eterna **redención**

3086 λυτρωτής† — **lutrotés**

Hch	7:35	como gobernante y **libertador**

3087 λυχνία — **lucnía (lujnía)**

Mt	5:15	sino sobre el **candelero**
Mr	4:21	¿No es para ponerla en el **candelero**?
Lc	8:16	sino que la pone en un **candelero**
	11:33	sino en el **candelero**,
He	9:2	estaba el **candelabro**
Ap	1:12	vi siete **candeleros** de oro,
	13	en medio de los siete **candeleros**, (TR); (...los **candeleros**, VHA, WH, N, ABMW, VM, NC, BC, BA)
	20	de las siete **candeleros** de oro los siete **candeleros** que has visto,
	2:1	en medio de los siete **candeleros**
	5	quitaré tu **candelero** de su lugar,
	11:4	los dos **candeleros** que están en pie

3088 λύχνος — **lucnos (lújnos)**

Mt	5:15	Ni se enciende una **luz**
	6:22	La **lámpara** del cuerpo es el ojo;
Mr	4:21	¿Acaso se trae la **luz**
Lc	8:16	Nadie que enciende una **luz**
	11:33	Nadie pone en oculto la **luz**
	34	La **lámpara** del cuerpo es el ojo;
	36	como cuando una **lámpara**
	12:35	y vuestras **lámparas** encendidas;
	15:8	no enciende la **lámpara**
Jn	5:35	El era **antorcha** que ardía
2 P	1:19	como **a una antorcha** que alumbra
Ap	18:23	Luz de **lámpara** no alumbrará más
	21:23	el Cordero es su **lumbrera**
	22:5	no tienen necesidad de luz **de lámpara**,

3089 λύω — **lúo**

Mt	5:19	cualquiera que **quebrante** uno de estos
	16:19	todo lo que **desatares** en la tierra será **desatado** en los cielos. (habrá sido **desatado**..., BA)
	18:18	todo lo que **desatéis** en la tierra
	18:18	será **desatado** en el cielo, (habrá sido **desatado**..., BA)
	21:2	**desatad**la, y traédmelos. (lit., **desatándola**...)
Mr	1:7	a quien no soy digno de **desatar**
	7:35	se **desató** la ligadura
	11:2	**desatad**lo y traedlo.
	4	y lo **desataron**.
	5	¿Qué hacéis **desatando** el pollino?
Lc	3:16	no soy digno de **desatar** la correa
	13:15	¿no **desata** en el día de reposo su buey
	16	¿no se le debía **desatar** de esta ligadura
	19:30	**desatad**lo, y traedlo. (lit., **desatándolo**....)
	31	¿Por qué lo **desatáis**?
	33	cuando **desataban** el pollino ¿Por qué **desatáis** el pollino?
Jn	1:27	no soy digno de **desatar** la correa
	2:19	**Destruid** este templo
	5:18	no sólo **quebrantaba** el día de reposo
	7:23	para que la ley de Moisés no sea **quebrantada**,
	10:35	(y la Escritura no puede ser **quebrantada**)
	11:44	**Desatad**le, y dejadle ir.
Hch	2:24	**sueltos** los dolores de la muerte
	7:33	**Quita** el calzado de tus pies
	13:25	no soy digno de **desatar** el calzado
	43	**despedida** la congregación,
	22:30	le **soltó** de las cadenas,
	24:26	para que le **soltase** (TR)
	27:41	la popa **se abría** con la violencia
1 Co	7:27	¿**Estás libre** de mujer? (¿Estás **desatado**, VM)
Ef	2:14	**derribando** la pared intermedia
2 P	3:10	y los elementos ardiendo **serán deshechos**.
	11	todas estas cosas **han de ser deshechas**
	12	los cielos, encendiéndose, **serán deshechos**
1 Jn	3:8	para **deshacer** las obras del diablo.
Ap	1:5	Al que...nos lavó de nuestros pecados (TR, VM); (Al **que**...nos **libertó**..., VHA, WH, N, ABMW, NC, BC, BA)
	5:2	abrir el libro y **desatar** sus sellos
	5	**desatar** sus siete sellos (TR, VM)
	9:14	**Desata** a los cuatro ángeles
	15	fueron **desatados** los cuatro ángeles
	20:3	debe ser **desatado** por un poco de tiempo
	7	Satanás **será suelto** de su prisión

3090 Λωΐς — **Loís**

2 Ti	1:5	la cual habitó en tu abuela **Loida**,

3091 Λώτ — **Lot**

Lc	17:28	como sucedió en los días **de Lot**;
	29	mas el día en que **Lot** salió de Sodoma,
	32	Acordaos de la mujer **de Lot**
2 P	2:7	y libró al justo **Lot**,

Μμ

3092 Μάαθ — **Máath**

Lc	3:26	hijo de **Maat**, hijo de Matatías,

3093 Μαγδαλά — **Magdalá**

Mt	15:39	vino a la región **de Magdala** (TR, VM)

3093 A Μαγαδάν — **Magadán**

| Mt | 15:39 | vino a la región de Magdala (TR, VM); (...de Magadán, VHA, WH, N, ABMW, NC, BC, BA) |

3094 Μαγδαληνή — Magdalené

Mt	27:56	María **Magdalena**, María la madre de Jacobo
	61	estaban allí María **Magdalena**,
	28:1	vinieron María **Magdalena** y la otra
Mr	15:40	estaban María **Magdalena**,
	47	María **Magdalena** y María...miraban
	16:1	María **Magdalena**, María la madre de Jacobo
	9	[apareció primeramente a María **Magdalena**]
Lc	8:2	María, que se llamaba **Magdalena**,
	24:10	Eran María **Magdalena**, y Juana
Jn	19:25	su madre...y María **Magdalena**
	20:1	María **Magdalena** fue de mañana,
	18	Fue entonces María **Magdalena**

3094 A Μαγεδών — Magedón (Maguedón)

| Ap | 16:16 | Armagedón (TR, N, ABMW); (lit., Ar Magedón, WH) |

3095 μαγεία* — magéia (maguéia)

| Hch | 8:11 | con sus artes **mágicas** |

3096 μαγεύω* — magéuo (maguéuo)

| Hch | 8:9 | Simón, que antes ejercía la magia |

3097 μάγος — mágos

Mt	2:1	vinieron...a Jerusalén unos **magos**,
	7	llamando en secreto a los **magos**,
	16	se vio burlado por los **magos**, había inquirido de los **magos**.
Hch	13:6	hallaron a cierto **mago**, (lit.,...cierto hombre, **mago**)
	8	les resistía Elimas, el **mago**

3098 Μαγώγ — Magóg

| Ap | 20:8 | saldrá a engañar...a **Magog**, |

3099 Μαδιάμ — Madiám

| Hch | 7:29 | como extranjero en tierra **de Madián**, |

3100 μαθητεύω*† — mathetéuo

Mt	13:52	todo escriba **docto** en el reino
	27:57	José, que también había sido discípulo
	28:19	y **haced discípulos** a todas las naciones
Hch	14:21	y de **hacer** muchos **discípulos**,

3101 μαθητής — mathetés

Mt	5:1	vinieron a él sus **discípulos**.
	8:21	Otro de sus **discípulos** le dijo:
	23	sus **discípulos** le siguieron.
	25	vinieron sus **discípulos** (llegándose , BC) (TR)
	9:10	con Jesús y sus **discípulos**.
	11	los fariseos, dijeron a los **discípulos**
	14	vinieron a él los **discípulos** de Juan, y tus **discípulos** no ayunan?
	19	le siguió con sus **discípulos**. (...y sus...VA)
	37	dijo a sus **discípulos**: A la verdad
	10:1	llamando a sus doce **discípulos**
	24	El **discípulo** no es más que su maestro,
	25	Bástale al **discípulo** ser como su maestro
	42	por cuanto es **discípulo**, (en nombre de **discípulo**, VM)

Mt	11:1	dar instrucciones a sus doce **discípulos**,
	2	dos de sus **discípulos**, (TR, VM); (por medio de sus **discípulos**, VHA, WH, N, ABMW, NC, BC, BA)
	12:1	sus **discípulos** tuvieron hambre,
	2	tus **discípulos** hacen lo que no es lícito
	49	extendiendo su mano hacia sus **discípulos**,
	13:10	acercándose los **discípulos**, le dijeron:
	36	acercándose a él sus **discípulos**, (...vinieron..., VM)
	14:12	llegaron sus **discípulos**, (llegándose..., VHA)
	15	se acercaron a él sus **discípulos**,
	19	dio los panes a los **discípulos**, y los **discípulos** a la multitud
	22	hizo a sus **discípulos** entrar en la barca
	26	los **discípulos**, viéndole andar sobre
	15:2	¿Por qué tus **discípulos** quebrantan
	12	acercándose sus **discípulos**, le dijeron:
	23	acercándose sus **discípulos**, le rogaron,
	32	Jesús, llamando a sus **discípulos**,
	33	sus **discípulos** le dijeron: ¿De dónde
	36	los partió y dio a sus **discípulos**, y los **discípulos** a la multitud
	16:5	Llegando sus **discípulos** al otro lado,
	13	preguntó a sus **discípulos**, diciendo:
	20	mandó a sus **discípulos**
	21	declarar a sus **discípulos** que le era necesario
	24	Jesús dijo a sus **discípulos**: Si alguno
	17:6	Al oír esto los **discípulos**
	10	sus **discípulos** le preguntaron,
	13	Entonces los **discípulos** comprendieron
	16	lo he traído a tus **discípulos**,
	19	Viniendo entonces los **discípulos** a Jesús
	18:1	En aquel tiempo los **discípulos** vinieron
	19:10	Le dijeron sus **discípulos**: Si así es
	13	los **discípulos** les reprendieron.
	23	Jesús dijo a sus **discípulos**:
	25	Sus **discípulos**, oyendo esto, se asombraron
	20:17	tomó a sus doce **discípulos** (TR, [WH], [ABMW], NC, BC)
	21:1	Jesús envió dos **discípulos**
	6	los **discípulos** fueron, (Habiendo ido..., BC)
	20	Viendo esto los **discípulos**,
	22:16	le enviaron los **discípulos** de ellos
	23:1	habló Jesús...a sus **discípulos**,
	24:1	se acercaron sus **discípulos** para mostrarle
	3	los **discípulos** se le acercaron aparte,
	26:1	dijo a sus **discípulos**
	8	Al ver esto, los **discípulos** se enojaron,
	17	vinieron los **discípulos** a Jesús
	18	celebraré la pascua con mis **discípulos**.
	19	los **discípulos** hicieron como Jesús
	20	se sentó a la mesa con los doce (TR, ABMW, BC); (...con los doce **discípulos**, VHA, [WH], [ABMW], VM, NC, BA)
	26	dio a sus **discípulos**, (TR, VHA, BA); (dándolo..., VM, WH, N, ABMW, NC, BC)
	35	todos los **discípulos** dijeron lo mismo
	36	dijo a sus **discípulos**: Sentaos aquí,
	40	Vino luego a los **discípulos**,
	45	vino a sus **discípulos** y les dijo
	56	todos los **discípulos**, dejándole, huyeron,
	27:64	no sea que vengan sus **discípulos** de noche,
	28:7	decid a sus **discípulos** que ha resucitado
	8	a dar las nuevas a sus **discípulos**.
	9	dar las nuevas a los **discípulos** (TR)
	13	Sus **discípulos** vinieron de noche, (viniendo..., NC)
	16	los once **discípulos** se fueron a Galilea,

μαθητής 3101

Mr	2:15	juntamente con Jesús y sus **discípulos**;
	16	dijeron a los **discípulos**:
	18	los **discípulos** de Juan...ayunaban (estaban...ayunando, BC)
		¿Por qué los **discípulos** de Juan...ayunan y los de los fariseos ayunan (TR, VHA, NC); (y los **discípulos** de los fariseos..., VM, WH, N, ABMW, BC, BA) tus **discípulos** no ayunan
	23	sus **discípulos**, andando, comenzaron a arrancar (lit.,...comenzaron a hacer un camino arrancando)
	3:7	se retiró al mar con sus **discípulos**,
	9	dijo a sus **discípulos** que le tuviesen siempre
	4:34	a sus **discípulos** en particular
	5:31	Sus **discípulos** le dijeron: Ves que la
	6:1	le seguían sus **discípulos**.
	29	Cuando oyeron esto sus **discípulos**,
	35	sus **discípulos** se acercaron a él, (llegándose..., BC)
	41	dio a sus **discípulos** para que los pusiesen
	45	hizo a sus **discípulos** entrar en la barca
	7:2	viendo a algunos de los **discípulos**
	5	¿Por qué tus **discípulos** no andan conforme
	17	le preguntaron sus **discípulos** sobre
	8:1	llamó a sus **discípulos**, (llamando..., BC)
	4	Sus **discípulos** le respondieron: ¿De dónde
	6	dio a sus **discípulos** para que la pusiesen
	10	entrando en la barca con sus **discípulos**,
	27	Salieron Jesús y sus **discípulos** preguntó a sus **discípulos**,
	33	mirando a los **discípulos**, reprendió a Pedro
	34	llamando a la gente y a sus **discípulos**, (...con sus **discípulos**, VHA)
	9:14	llegó a donde estaban los **discípulos**, (en viniendo a los **discípulos**, BC)
	18	dije a tus **discípulos** que lo echasen fuera,
	28	sus **discípulos** le preguntaron aparte
	31	enseñaba a sus **discípulos**
	10:10	volvieron los **discípulos** a preguntarle (de nuevo le preguntaron..., NC)
	13	los **discípulos** reprendían
	23	mirando alrededor, dijo a sus **discípulos**
	24	Los **discípulos** se asombraron
	46	al salir de Jericó él y sus **discípulos**
	11:1	envió dos de sus **discípulos**,
	14	lo oyeron sus **discípulos**.
	12:43	llamando a sus **discípulos**, les dijo:
	13:1	le dijo uno de sus **discípulos**
	14:12	sus **discípulos** le dijeron: ¿Dónde quieres
	13	envió dos de sus **discípulos**
	14	he de comer la pascua con mis **discípulos**?
	16	Fueron sus **discípulos** y entraron
	32	y dijo a sus **discípulos**: Sentaos aquí
	16:7	id, decid a sus **discípulos**
Lc	5:30	murmuraban contra los **discípulos** (...sus **discípulos**, VM)
	33	¿Por qué los **discípulos** de Juan ayunan
	6:1	sus **discípulos** arrancaban espigas
	13	llamó a sus **discípulos**,
	17	en compañía de sus **discípulos** (turba numerosa de sus **discípulos**, BC)
	20	alzando los ojos hacia sus **discípulos**
	40	El **discípulo** no es superior a su maestro
	7:11	iban con él muchos de sus **discípulos**, (TR); (le acompañaban sus **discípulos**, VHA, WH, N, ABMW, VM, NC, BC, BA)
	18	Los **discípulos** de Juan le dieron las nuevas (dieron a Juan sus **discípulos** noticias, VHA)

Lc	7:19	(18) a dos de sus **discípulos**, (lit., a ciertos dos...)
	8:9	sus **discípulos** le preguntaron,
	22	entró en una barca con sus **discípulos**, (...El y sus..., BA)
	9:1	Habiendo reunido a sus doce **discípulos**, (TR)
	14	Entonces dijo a sus **discípulos**:
	16	y dio a sus **discípulos** para que los pusiesen
	18	estaban con él los **discípulos**;
	40	rogué a tus **discípulos** que le echasen fuera
	43	maravillándose todos...dijo a sus **discípulos**:
	54	Viendo esto sus **discípulos** Jacobo y Juan
	10:22	Lit., volviéndose a los **discípulos** (S)
	23	volviéndose a los **discípulos**, les dijo
	11:1	uno de sus **discípulos** le dijo Juan enseñó a sus **discípulos**
	12:1	comenzó a decir a sus **discípulos**
	22	Dijo luego a sus **discípulos**
	14:26	no puede ser mi **discípulo**.
	27	no puede ser mi **discípulo**.
	33	no puede ser mi **discípulo**.
	16:1	Dijo también a sus **discípulos**:
	17:1	Dijo...a sus **discípulos**: Imposible es
	22	dijo a sus **discípulos**: Tiempo vendrá
	18:15	viendo los **discípulos**, les reprendieron.
	19:29	envió dos de sus **discípulos**,
	37	toda la multitud de los **discípulos**,
	39	Maestro, reprende a tus **discípulos**
	20:45	dijo a sus **discípulos**: Guardaos
	22:11	he de comer la pascua con mis **discípulos**?
	39	sus **discípulos** también le siguieron
	45	Cuando...vino a sus **discípulos**, los halló
Jn	1:35	estaba Juan, y dos de sus **discípulos**,
	37	le oyeron hablar los dos **discípulos**,
	2:2	a las bodas Jesús y sus **discípulos**.
	11	sus **discípulos** creyeron en él.
	12	descendieron...sus hermanos y sus **discípulos**
	17	se acordaron sus **discípulos** que está escrito
	22	sus **discípulos** se acordaron que había dicho
	3:22	vino Jesús con sus **discípulos** (lit.,...y sus...)
	25	hubo discusión entre los **discípulos**
	4:1	hace y bautiza más **discípulos** que Juan
	2	(aunque Jesús no bautizaba, sino sus **discípulos**)
	8	sus **discípulos** habían ido a la ciudad
	27	En esto vinieron sus **discípulos**
	31	los **discípulos** le rogaban, diciendo
	33	los **discípulos** decían unos a otros
	6:3	se sentó allí con sus **discípulos**
	8	Uno de sus **discípulos** Andrés
	11	los repartió entre los **discípulos**, y los **discípulos** entre (TR)
	12	dijo a sus **discípulos**: Recoged
	16	descendieron sus **discípulos** al mar
	22	Lit., aquella en que sus **discípulos** habían entrado (TR) no había entrado en ella con sus **discípulos**
	24	Jesús no estaba allí, ni sus **discípulos**
	60	Al oirlas, muchos de sus **discípulos** dijeron
	61	sus **discípulos** murmuraban de esto
	66	muchos de sus **discípulos** volvieron atrás,
	7:3	para que también tus **discípulos** vean
	8:31	seréis verdaderamente mis **discípulos**
	9:2	le preguntaron sus **discípulos**,
	27	¿Queréis también vosotros haceros sus **discípulos**?
	28	Tú eres su **discípulo** (lit.,...discípulo de él)

μαθήτρια 3102　　　　　　　　　　　　529　　　　　　　　　　　　3107 μακάριος

Jn	9:28	nosotros, discípulos de Moisés somos
	11:7	dijo a los discípulos: Vamos a Judea
	8	Le dijeron los discípulos: Rabí,
	12	Dijeron entonces sus discípulos: Señor,
	54	se quedó allí con sus discípulos.
	12:4	dijo uno de sus discípulos, Judas
	16	no las entendieron sus discípulos
	13:5	lavar los pies de los discípulos,
	22	los discípulos se miraban unos a otros
	23	uno de sus discípulos, al cual Jesús amaba
	35	conocerán todos que sois mis discípulos,
	15:8	seáis así mis discípulos
	16:17	dijeron algunos de sus discípulos
	29	dijeron sus discípulos: He aquí ahora
	18:1	salió con sus discípulos al otro lado en el cual entró con sus discípulos. (lit.,...y sus...)
	2	se había reunido allí con sus discípulos.
	15	seguían a Jesús Simón Pedro y otros discípulos este discípulo era conocido del sumo
	16	Salió, pues, el discípulo que era conocido (...el otro discípulo..., VHA)
	17	¿No eres tú también de los discípulos
	19	preguntó a Jesús acerca de sus discípulos
	25	¿No eres tú de sus discípulos?
	19:26	Cuando vio Jesús...al discípulo
	27	Después dijo al discípulo: He ahí el discípulo la recibió en su casa.
	38	José de Arimatea, que era discípulo
	20:2	fue a Simón Pedro y al otro discípulo,
	3	salieron Pedro y el otro discípulo, (Salió..., VHA)
	4	el otro discípulo corrió más aprisa
	8	entró también el otro discípulo,
	10	volvieron los discípulos (partieron...otra vez..., VM)
	18	para dar a los discípulos las nuevas
	19	el lugar donde los discípulos estaban
	20	los discípulos se regocijaron viendo
	25	dijeron, pues, los otros discípulos:
	26	estaban otra vez sus discípulos dentro,
	30	en presencia de sus discípulos,
	21:1	se manifestó otra vez a sus discípulos y otros dos de sus discípulos.
	4	los discípulos no sabían que era Jesús
	7	aquel discípulo a quien Jesús amaba
	8	los otros discípulos vinieron con la barca
	12	ninguno de los discípulos se atrevía
	14	que Jesús se manifestaba a sus discípulos
	20	vio que les seguía el discípulo
	23	que aquel discípulo no moriría
	24	Este es el discípulo que da testimonio
Hch	1:15	en medio de los hermanos (V60, WH, N, ABMW, VHA, VM, NC, BC, BA); (lit.,...de los discípulos, TR)
	6:1	como creciera el número de los discípulos
	2	la multitud de los discípulos,
	7	el número de los discípulos se multiplicaba
	9:1	amenazas y muerte contra los discípulos
	10	en Damasco un discípulo llamado Ananías,
	19	con los discípulos que estaban en Damasco
	25	los discípulos, tomándole de noche,
	26	trataba de juntarse con los discípulos; no creyendo que fuese discípulo.
	38	los discípulos, oyendo que Pedro estaba
	11:26	a los discípulos se les llamó cristianos
	29	los discípulos, cada uno conforme a lo que tenía, (lit., según cada uno de los discípulos fuera prosperado)
Hch	13:52	los discípulos estaban llenos de gozo
	14:20	rodeándole los discípulos, se levantó
	22	confirmando los ánimos de los discípulos
	28	se quedaron...con los discípulos
	15:10	poniendo sobre la cerviz de los discípulos
	16:1	había allí cierto discípulo llamado Timoteo
	18:23	confirmando a todos los discípulos
	27	escribieron a los discípulos que le recibiesen
	19:1	hallando a ciertos discípulos,
	9	separó a los discípulos,
	30	los discípulos no le dejaron.
	20:1	llamó Pablo a los discípulos, (habiendo convocado..., VM)
	7	reunidos los discípulos (TR)
	30	para arrastrar tras sí a los discípulos
	21:4	hallados los discípulos, nos quedamos allí
	16	vinieron...algunos de los discípulos, Mnasón, de Chipre, discípulo antiguo,

3102　　μαθήτρια* – mathétria

Hch 9:36　Había...en Jope una discípula

Μαθθαῖος, véase Ματθαῖος, 3156

Μαθθάν, véase Ματθάν, 3157

Μαθθάθ, véase Ματθάτ, 3158

Μαθθίας, véase Ματτίας, 3159

3103　　Μαθουσάλα – Mathousála

Lc 3:37　hijo de Matusalén,

3104　　Μαϊνάν, véase Μεννά, pag. 540

3105　　μαίνομαι – maínomai

Jn	10:20	Demonio tiene, y está fuera de sí;
Hch	12:15	ellos le dijeron: Estás loca.
	26:24	Festo a gran voz dijo: Estás loco, Pablo;
	25	Mas él dijo: No estoy loco,
1 Co	14:23	¿no dirán que estáis locos?

3106　　μακαρίζω – makarízo (makarídzo)

Lc	1:48	desde ahora me dirán bienaventurada
Stg	5:11	tenemos por bienaventurados a los que

3107　　μακάριος – makários

Mt	5:3	Bienaventurados los pobres en espíritu,
	4	Bienaventurados los que lloran,
	5	Bienaventurados los mansos,
	6	Bienaventurados los que tienen hambre
	7	Bienaventurados los misericordiosos,
	8	Bienaventurados los de limpio corazón, (...limpios de corazón, BC)
	9	Bienaventurados los pacificadores,
	10	Bienaventurados los que padecen
	11	Bienaventurados sois cuando por mi causa
	11:6	bienaventurado es el que no halle tropiezo
	13:16	bienaventurados vuestros ojos
	16:17	Bienaventurado eres, Simón,
	24:46	Bienaventurado aquel siervo
Lc	1:45	bienaventurada la que creyó
	6:20	Bienaventurados vosotros los pobres,
	21	Bienaventurados los que...tenéis hambre Bienaventurados los que ahora lloráis,
	22	Bienaventurados seréis cuando los hombres

μακαρισμός 3108 530 3115 μακροθυμία

Lc	7:23	bienaventurado es aquel que no halle		2 Co	11:9	los hermanos que vinieron de **Macedonia**,
	10:23	**Bienaventurados** los ojos que ven		Fil	4:15	cuando partí de **Macedonia**
	11:27	**Bienaventurado** el vientre que te trajo,		1 Ts	1:7	a todos los de **Macedonia**...que han creído
	28	Antes **bienaventurados** los que oyen				(...los creyentes en **Macedonia**, VHA)
	12:37	**Bienaventurados** aquellos siervos			8	no sólo en **Macedonia** y Acaya,
	38	**bienaventurados** son aquellos			4:10	los hermanos que están por toda **Macedonia**
	43	**Bienaventurado** aquel siervo		1 Ti	1:3	cuando fui a **Macedonia**,
	14:14	serás **bienaventurado**;				
	15	**Bienaventurado** el que coma pan en el reino		3110		Μακεδών — Makedón
	23:29	**Bienaventuradas** las estériles,		Hch	16:9	un varón **macedonio** estaba en pie,
Jn	13:17	**bienaventurados** seréis si las hiciereis.			19:29	Gayo y a Aristarco, **macedonios**,
	20:29	**bienaventurados** los que no vieron			27:2	Aristarco, **macedonio** de Tesalónica.
Hch	20:35	Más **bienaventurado** es dar que recibir		2 Co	9:2	yo me glorío entre los de **Macedonia**,
	26:2	Me tengo por **dichoso**, oh rey Agripa,			4	si vinieron conmigo **algunos macedonios**,
Ro	4:7	**Bienaventurados** aquellos cuyas iniquidades				
	8	**Bienaventurado** el varón a quien el Señor		3111		μάκελλον*† — mákellon (mákelon)
	14:22	**Bienaventurado** el que no se condena a sí		1 Co	10:25	lo que se vende en la **carnicería**, comed
1 Co	7:40	**más dichosa** será si se quedare así				
1 Ti	1:11	según el glorioso evangelio del Dios **bendito**		3112		μακράν — makrán
		(según el evangelio de la gloria del				(1) οἱ μακράν, εἰς μακράν
		bienaventurado Dios, VHA)				
	6:15	mostrará el **bienaventurado** y solo Soberano		Mt	8:30	Estaba paciendo **lejos** de ellos
Tit	2:13	la espernaza **bienaventurada**		Mr	12:34	No estás **lejos** del reino de Dios.
Stg	1:12	**Bienaventurado** el varón que soporta		Lc	7:6	cuando ya no estaban **lejos** (...estaba...,
	25	éste será **bienaventurado**				VHA)
1 P	3:14	si alguna cosa padecéis...**bienaventurados**			15:20	cuando aún estaba **lejos**
	4:14	sois **bienaventurados**		Jn	21:8	no distaban de tierra (no estaban **lejos**...
Ap	1:3	**Bienaventurado** el que lee				VM)
	14:13	**Bienaventurados** de aquí en adelante		Hch	2:39	(1) para todos los **que están lejos**;
	16:15	**Bienaventurado** el que vela,			17:27	aunque...no está **lejos** de cada uno
	19:9	**Bienaventurados** los que son llamados			22:21	yo te enviaré **lejos** a los gentiles
	20:6	**Bienaventurado** y santo el que tiene parte		Ef	2:13	(1) que en otro tiempo estabais **lejos**,
	22:7	**Bienaventurado** el que guarda las palabras			17	(1) a vosotros que estabais **lejos**,
	14	**Bienaventurados** los que lavan sus ropas				
		(WH, N, ABMW, VHA, VM, NC, BC,		3113		μακρόθεν — makróthen
		BA); (...los que guardan sus				(1) ἀπὸ μακρόθεν
		mandamientos, VA, TR)				
				Mt	26:58	(1) Pedro le seguía **de lejos**
3108		μακαρισμός * — makarismós			27:55	(1) muchas mujeres mirando **de lejos**,
Ro	4:6	David habla de la **bienaventuranza**		Mr	5:6	(1) Cuando vio, pues, a Jesús **de lejos**,
	9	¿Es, pues, esta **bienaventuranza** solamente			8:3	(1) algunos de ellos han venido **de lejos**.
Gá	4:15	¿Dónde, pues, está esa **satisfacción** que			11:13	(1) viendo **de lejos** una higuera
		experimentabais? (lit., ¿Dónde, pues,			14:54	(1) Pedro le siguió **de lejos**
		está vuestra **bienaventuranza**) (WH, N,		Lc	16:23	(1) vio **de lejos** a Abraham,
		ABMW, VHA, VM, NC, BC, BA); (lit.,			18:13	Mas el publicano, estando **lejos**,
		¿Qué, pues, era..., TR)			22:54	Pedro le seguía **de lejos**
					23:49	(1) estaban **lejos** mirando estas cosas
3109		Μακεδονία — Makedonía		Ap	18:10	(1) parándose **lejos** por el temor
Hch	16:9	Pasa a **Macedonia** y ayúdanos.			15	(1) se pararán **lejos** por el temor
		(lit., Pasando...)			17	(1) todos...se pararon **lejos**
	10	en seguida procuramos partir para				
		Macedonia,		3114		μακροθυμέω† — makrothuméo
	12	de la provincia de **Macedonia**,		Mt	18:26	Señor, **ten paciencia** conmigo
	18:5	cuando Silas y Timoteo vinieron de			29	le rogaba diciendo: **Ten paciencia** conmigo,
		Macedonia,		Lc	18:7	¿**Se tardará** en responderles? (se tardará
	19:21	después de recorrer **Macedonia**				mucho en cuanto a ellos?, BA)
	22	enviando a **Macedonia** a dos		1 Co	13:4	El amor **es sufrido**,
	20:1	salió para ir a **Macedonia**		1 Ts	5:14	que seáis **pacientes** para con todos.
	3	la decisión de volver por **Macedonia**		He	6:15	habiendo esperado con **paciencia**, alcanzó
Ro	15:26	**Macedonia** y Acaya tuvieron a bien		Stg	5:7	hermanos, **tened paciencia** hasta la venida
1 Co	16:5	Iré...cuando haya pasado por **Macedonia**				aguardando con **paciencia**
		por **Macedonia** tengo que pasar. (...de			8	**Tened** también vosotros **paciencia**
		pasar, VHA)		2 P	3:9	sino **es paciente**
2 Co	1:16	por vosotros pasar a **Macedonia**,				
		y desde **Macedonia** venir otra vez		3115		μακροθυμία† — makrothumía
	2:13	partí para **Macedonia**.		Ro	2:4	¿O menosprecias las riquezas de su...
	7:5	cuando vinimos a **Macedonia**, ningún reposo				**longanimidad**
	8:1	a las iglesias de **Macedonia**			9:22	soportó con mucha **paciencia** los vasos

2 Co	6:6	en ciencia, en **longanimidad**, en bondad,
Gá	5:22	el fruto del Espíritu es... **paciencia**,
Ef	4:2	soportándoos con **paciencia**
Col	1:11	para toda **paciencia** y **longanimidad**
	3:12	Vestíos...de **paciencia**
1 Ti	1:16	para que...mostrase...toda su **clemencia**
2 Ti	3:10	tú has seguido mi...**longanimidad**,
	4:2	exhorta con toda **paciencia** y doctrina
He	6:12	que por la fe y la **paciencia** heredan
Stg	5:10	como ejemplo de aflicción y de **paciencia**
1 P	3:20	esperaba la **paciencia** de Dios
2 P	3:15	tened entendido que la **paciencia**

3116 μακροθύμως*† — makrothúmos

Hch	26:3	te ruego que me oigas con **paciencia**

3117 μακρός — makrós

Mt	23:14 (13)	como pretexto hacéis **largas** oraciones; (TR, VM, BA)
Mr	12:40	por pretexto hacen **largas** oraciones
Lc	15:13	el hijo menor, se fue lejos (...se fue al extranjero, a una tierra **lejana**, VHA)
	19:12	Un hombre noble se fue a un país **lejano**
	20:47	por pretexto hacen **largas** oraciones;

3118 μακροχρόνιος — makrocrónios (makrojrónios)

Ef	6:3	y seas de **larga vida** sobre la tierra.

3119 μαλακία — malakía

Mt	4:23	sanando toda enfermedad y toda **dolencia**
	9:35	sanando toda enfermedad y toda **dolencia**
	10:1	para sanar toda enfermedad y toda **dolencia**

3120 μαλακός — malakós

Mt	11:8	¿A un hombre cubierto de vestiduras **delicadas**?
		los que llevan vestiduras **delicadas**,
Lc	7:25	¿A un hombre cubierto de vestiduras **delicadas**?
1 Co	6:9	ni los adúlteros ni los **afeminados**,

3121 Μαλελεήλ — Maleleél

Lc	3:37	hijo de **Mahalaleel**, hijo de Cainán,

3122 μάλιστα** — málista

Hch	20:38	doliéndose **en gran manera** por la palabra
	25:26	y **mayormente** ante ti, oh rey Agripa,
	26:3	**Mayormente** porque tú conoces (...siendo tú conocedor, VHA)
Gá	6:10	**mayormente** a los de la familia
Fil	4:22	**especialmente** los de la casa de César
1 Ti	4:10	**mayormente** de los que creen.
	5:8	y **mayormente** para los de su casa,
	17	**mayormente** los que trabajan
2 Ti	4:13	**mayormente** los pergaminos.
Tit	1:10	**mayormente** los de la circuncisión,
Flm	16	hermano amado, **mayormente** para mí,
2 P	2:10	**mayormente** a aquellos que, siguiendo

3123 μᾶλλον — mállon (málon)

Mt	6:26	¿No valéis vosotros mucho **más** que ellas?
	30	¿no hará mucho **más** a vosotros,
	7:11	cuánto **más** vuestro Padre que está
	10:6	sino id **antes** a las ovejas perdidas
	25	¿cuánto **más** a los de su casa?
Mt	10:28	temed **más bien** a aquel que puede
	18:13	se regocija **más** por aquella,
	25:9	id **más bien** a los que venden,
	27:24	se hacía **más** alboroto
Mr	5:26	que...**antes** le iba peor (sino que **más bien**..., VHA)
	7:36	tanto **más** y **más** lo divulgaban
	9:42	**mejor** le fuera
	10:48	pero él clamaba mucho **más**:
	14:31	él con **mayor** insistencia decía: (TR)
	15:11	para que les soltase **más bien** a Barrabás
Lc	5:15	su fama se extendía **más** y **más**
	10:20	regocijaos de que vuestros nombres (lit., regocijaos **más bien** de que...) (TR)
	11:13	¿cuánto **más** vuestro Padre celestial dará
	12:24	¿No valéis vosotros mucho **más** que las aves
	28	¿cuánto **más** a vosotros, hombres de poca fe
	18:39	pero él clamaba mucho **más**:
Jn	3:19	los hombres amaron **más** las tinieblas
	5:18	los judíos **aun más** procuraban matarle,
	12:43	amaban **más** la gloria de los hombres
	19:8	Pilato...tuvo **más** miedo.
Hch	4:19	obedecer a vosotros **antes** que a Dios;
	5:14	los que creían en el Señor aumentaban **más**
	29	necesario obedecer a Dios **antes** que a los
	9:22	Pero Saulo mucho **más** se esforzaba,
	20:35	**Más** bienaventurado es dar que recibir.
	22:2	guardaron **más** silencio
	27:11	el centurión daba **más** crédito al piloto
Ro	5:9	mucho **más**, estando ya justificados
	10	mucho **más**, estando reconciliados,
	15	abundaron mucho **más**...la gracia y el don
	17	mucho **más** reinarán en vida
	8:34	**más aun**, el que también resucitó,
	11:12	¿cuánto **más** su plena restauración?
	24	cuánto **más** éstos,...serán injertados
	14:13	**más bien** decidid no poner tropiezo
1 Co	5:2	¿No debierais **más bien** haberos lamentado
	6:7	¿Por qué no sufrís **más bien** el agravio?
		¿Por qué no sufrís **más bien** el ser
	7:21	procúralo **más**.
	9:12	¿cuánto **más** nosotros?
	15	prefiero morir, (mejor me fuera **antes** morir, BC)
	12:22	**Antes bien** los miembros...que parecen más
	14:1	**sobre todo** que profeticéis
	5	pero **más** que profetizaseis
	18	hablo en lenguas **más** que todos vosotros
2 Co	2:7	vosotros **más** bien debéis perdonarle (TR, N, ABMW, VHA, NC, BA)
	3:8	¿cómo no será **más bien** con gloria
	9	mucho **más** abundará en gloria el
	11	mucho **más** glorioso será lo que permanece (...será con gloria, VHA)
	5:8	**más** quisiéramos estar ausentes del cuerpo
2 Co	7:7	de manera que me regocijé **aun más**
	13	mucho **más** nos gozamos por el gozo
	12:9	me gloriaré **más bien** en mis debilidades,
Gá	4:9	**más bien**, siendo conocidos por Dios,
	27	**más** son los hijos de la desolada,
Ef	4:28	no hurte **más**, sino trabaje,
	5:4	sino **antes bien** acciones de gracias
	11	**más bien** reprendedlas;
Fil	1:9	que vuestro amor abunde aun **más** y **más**
	12	han redundado **más bien** para el progreso
	23	lo cual es muchísimo mejor; (...mucho **más** preferible, BC)
	2:12	mucho **más** ahora en mi ausencia,
	3:4	Si alguno piensa que tiene...yo **más**

Μάλχος 3124   532   3137 Μαρία

1 Ts	4:1	así abundéis **más y más**
	10	os rogamos,...que abundéis...**más y más**
1 Ti	1:4	**más bien** que edificación de Dios (E, VM, NC); (**más bien** que para el desempeño de la mayordomía de Dios, VHA, S, WH, N, ABMW, BC, BA)
	6:2	sino sírvanles **mejor**,
2 Ti	3:4	amadores de los deleites **más** que de Dios,
Flm	9	**más bien** te ruego por amor,
	16	pero cuánto **más** para ti,
He	9:14	¿cuánto **más** la sangre de Cristo,
	10:25	y tanto **más**, cuanto veis que
	11:25	escogiendo **antes** ser maltratado
	12:9	no obedeceremos mucho **mejor** al Padre
	13	sino que sea sanado. (sino **antes**, que..., VM)
	25	mucho **menos** nosotros, si desecháremos
2 P	1:10	**tanto más** procurad hacer firme

3124   Μάλχος — Málcos (Máljos)

Jn 18:10 el siervo se llamaba **Malco** (El nombre del siervo era..., VHA)

3125   μάμμη** — mámme

2 Ti 1:5 la cual habitó primero en tu **abuela** Loida,

3126   μαμωνᾶς*† — mamonás

Mt	6:24	No podéis servir a Dios y a las **riquezas**.
Lc	16:9	Ganad amigos por medio de las **riquezas**
	11	si en las **riquezas** injustas no fuisteis
	13	No podéis servir a Dios y a las **riquezas**

3127   Μαναήν — Manaén

Hch 13:1 **Manaén** el que se había criado

3128   Μανασσῆς — Manassés

Mt 1:10 Ezequías engendró a **Manasés**, **Manasés** a Amón, (**Manasés** engendró a Amós, VHA)
Ap 7:6 De la tribu de **Manasés**, doce mil sellados.

3129   μανθάνω — mantháno

Mt	9:13	**aprended** lo que significa:
	11:29	**aprended** de mí,
	24:32	De la higuera **aprended** la parábola:
Mr	13:28	De la higuera **aprended** la parábola:
Jn	6:45	todo aquel que oyó al Padre, y **aprendió**
	7:15	¿Cómo sabe éste letras, sin haber estudiado
Hch	23:27	habiendo sabido que era ciudadano romano.
Ro	16:17	la doctrina que vosotros **habéis aprendido**,
1 Co	4:6	para que en nosotros **aprendáis** a no pensar
	14:31	para que todos aprendan,
	35	si quieren **aprender** algo,
Gá	3:2	Esto solo quiero **saber** de vosotros:
Ef	4:20	vosotros no **habéis aprendido** así a Cristo,
Fil	4:9	Lo que **aprendisteis** y recibisteis
	11	he **aprendido** a contentarme, (...a estar contento, VM)
Col	1:7	como lo **habéis aprendido** de Epafras,
1 Ti	2:11	La mujer **aprenda** en silencio,
	5:4	**aprendan** éstos primero a ser piadosos
	13	también **aprenden** a ser ociosas,
2 Ti	3:7	Estas siempre están **aprendiendo**, (las cuales siempre están **aprendiendo**, VHA)
	14	persiste tú en lo que **has aprendido** de quién **has aprendido** (TR, VM, BA); (de quiénes..., VHA, WH, N, ABMW, BA)

		NC, BC)
Tit	3:14	**aprendan** también los nuestros
He	5:8	por lo que padeció **aprendió** la obediencia;
Ap	14:3	nadie podía **aprender** el cántico

3130   μανία — manía

Hch 26:24 las muchas letras te vuelven **loco** (lit.,... te están volviendo a la **locura**)

3131   μάννα — mánna

Jn	6:31	comieron el **maná** en el desierto,
	49	comieron el **maná** en el desierto,
	58	vuestros padres comieron el **maná** (TR, VM)
He	9:4	una urna de oro que contenía el **maná**
Ap	2:17	daré a comer del **maná** escondido,

3132   μαντεύομαι — mantéuomai

Hch 16:16 daba gran ganancia...**adivinando**

3133   μαραίνω — maráino

Stg 1:11 así también **se marchitará** el rico

3134   μαρὰν ἀθᾶ — marán athá

1 Co 16:22 **El Señor viene**

3135   μαργαρίτης* — margarítes

Mt	7:6	ni echéis vuestras **perlas**
	13:45	a un mercader que busca buenas **perlas**
	46	que habiendo hallado una **perla** preciosa,
1 Ti	2:9	no con peinado ostentoso...ni **perlas**,
Ap	17:4	adornada...de **perlas**
	18:12	mercadería de...**perlas**, de lino fino,
	16	que estaba vestida...de **perlas**!
	21:21	Las doce puertas eran doce **perlas** cada una de las puertas era una **perla** (...de una sola **perla**, VHA)

3136   Μάρθα — Mártha

Lc	10:38	una mujer llamada **Marta** le recibió
	40	**Marta** se preocupaba con muchos
	41	**Marta, Marta**, afanada y turbada estás
Jn	11:1	de Betania, la aldea de María y de **Marta**
	5	Y amaba Jesús a **Marta**,
	19	los judíos habían venido a **Marta**
	20	Entonces **Marta**, cuando oyó que Jesús
	21	**Marta** dijo a Jesús: Señor,
	24	**Marta** le dijo: Yo sé que resucitará
	30	donde **Marta** le había encontrado
	39	**Marta**, la hermana del que había muerto,
	12:2	**Marta** servía,

3137   Μαρία — María o Μαριάμ Madre de Jesucristo

Mt	1:16	José, marido de **María**,
	18	Estando desposada **María** su madre
	20	no temas recibir a **María** tu mujer,
	2:11	vieron al niño con su madre **María**
	13:55	¿No se llama su madre **María**,
Mr	6:3	¿No es éste el carpintero, hijo de **María**
Lc	1:27	el nombre de la virgen era **María**
	30	**María**, no temas,
	34	Entonces **María** dijo al ángel:
	38	Entonces **María** dijo: He aquí
	39	levantándose **María**, fue de prisa
	41	oyó Elisabet la salutación de **María**
	46	Entonces **María** dijo: Engrandece

Μαρία ἡ Μαγδαληνή 3137   533   3140 μαρτυρέω

Lc	1:56	se quedó María con ella como tres meses
	2:5	para ser empadronado con María
	16	y hallaron a María y a José
	19	María guardaba todas estas cosas
	34	y dijo a su madre María
Hch	1:14	con María la madre de Jesús,

3137   Μαρία ἡ Μαγδαληνή
        María e Magdalené
        (1) Madre de Jacobo

Mt	27:56	estaban María Magdalena,
		(1) María la madre de Jacobo
	61	estaban allí María Magdalena,
		(1) y la otra María
	28:1	vinieron María Magdalena
		(1) y la otra María
Mr	15:40	estaban María Magdalena,
		(1) María la madre de Jacobo el menor
	47	Y María Magdalena
		(1) María madre de José
	16:1	María Magdalena
		(1) María la madre de Jacobo
	9	[apareció primeramente a María Magdalena]
Lc	8:2	María, que se llamaba Magdalena,
	24:10	Eran María Magdalena, y Juana
		(1) y María madre de Jacobo
Jn	19:25	(1) María mujer de Cleofas
		y María Magdalena
	20:1	María Magdalena fue de mañana,
	11	María estaba fuera llorando
	16	Jesús le dijo: ¡María
	18	Fue entonces María Magdalena para

3137   Μαρία – María o Μαριάμ
        Hermana de Lázaro

Lc	10:39	tenía una hermana que se llamaba María
	42	María ha escogido la buena parte
Jn	11:1	la aldea de María y de Marta
	2	(María, cuyo hermano Lázaro...)
	19	habían venido a Marta y a María
	20	pero María se quedó en casa.
	28	llamó a María su hermana,
	31	que María se había levantado
	32	María, cuando llegó a donde estaba Jesús
	45	que habían venido...a María
	12:3	Entonces María...ungió los pies de Jesús

3137   Μαρία – María o Μαριάμ

Hch	12:12	casa de María la madre de Juan
Ro	16:6	Saludad a María, la cual ha trabajado

3138   Μᾶρκος – Márkos

Hch	12:12	Juan, el que tenía por sobrenombre Marcos
	25	Juan, el que tenía por sobrenombre Marcos
	15:37	Juan, el que tenía por sobrenombre Marcos
	39	Bernabé, tomando a Marcos,
Col	4:10	os saluda, y Marcos el sobrino de Bernabé,
2 Ti	4:11	Toma a Marcos y tráele contigo,
		(lit., Tomando...)
Flm	24	Marcos, Aristarco, Demas
1 P	5:13	y Marcos mi hijo, os saludan.

3139   μάρμαρος** – mármaros
Ap 18:12 de cobre, de hierro y de mármol;

μάρτυρ, véase μάρτυς, 3144, pág 534

3140   μαρτυρέω – marturéo
        (1) μαρτυροῦμαι

Mt	23:31	dais testimonio contra vosotros mismos,
Lc	4:22	todos daban buen testimonio de él
	11:48	De modo que sois testigos (...atestiguáis, BC) (TR)
Jn	1:7	para que diese testimonio de la luz,
	8	sino para que diese testimonio de la luz.
	15	Juan dio testimonio de él,
	32	dio Juan testimonio, diciendo:
	34	vi, y he dado testimonio
	2:25	que nadie le diese testimonio
	3:11	lo que hemos visto testificamos
	26	de quien tú diste testimonio,
	28	Vosotros mismos me sois testigos
	32	lo que vio y oyó, esto testifica;
	4:39	de la mujer, que daba testimonio diciendo:
	44	Jesús mismo dio testimonio
	5:31	Si yo doy testimonio acerca de mí mismo
	32	Otro es el que da testimonio acerca de mí, el testimonio que da de mí (lit.,...que testifica de mí)
	33	él dio testimonio de la verdad
	36	las mismas obras...dan testimonio
	37	ha dado testimonio de mí.
	39	ellas son las que dan testimonio de mí;
	7:7	porque yo testifico de él,
	8:13	Tú das testimonio acerca de ti mismo
	14	Aunque yo doy testimonio acerca de mí
	18	Yo soy el que doy testimonio de mí mismo el Padre que me envió da testimonio de mí
	10:25	ellas dan testimonio de mí;
	12:17	daba testimonio la gente que estaba
	13:21	se conmovió en espíritu, y declaró (...testificó, VM)
	15:26	él dará testimonio acerca de mí.
	27	vosotros daréis testimonio también,
	18:23	Si he hablado mal, testifica
	37	para dar testimonio a la verdad.
	19:35	el que lo vio da testimonio, (...ha dado testimonio, VHA)
	21:24	es el discípulo que da testimonio
Hch	6:3	de varones de buen testimonio
	10:22	(1) Cornelio...que tiene buen testimonio
	13:22	De éste dan testimonio todos los profetas,
	22	de quien dio también testimonio, diciendo (lit., a quien también dijo, dando testimonio)
	14:3	el cual daba testimonio a la palabra
	15:8	les dio testimonio, dándoles el Espíritu
	16:2	(1) daban buen testimonio de él los hermanos (muy recomendado por los hermanos, NC)
	22:5	el sumo sacerdote también me es testigo,
	12 (1)	Ananías,...que tenía buen testimonio
	23:11	es necesario que testifiques también
	26:5	si quieren testificarlo
	22 (1)	persevero...dando testimonio a pequeños (TR)
Ro	3:21	(1) testificada por la ley
	10:2	yo les doy testimonio de que tienen celo
1 Co	15:15	hemos testificado de Dios
2 Co	8:3	doy testimonio de que con agrado
Gá	4:15	os doy testimonio de que
Col	4:13	de él doy testimonio
1 Ts	2:11	(12) (1) y os encargábamos que anduvieseis (y testificándoos..., VM) (TR)
1 Ti	5:10	(1) que tenga testimonio de buenas obras;
	6:13	de Jesucristo, que dio testimonio

μαρτυρία 3141

He 7:8 (1) uno de quien se da testimonio de que vive
17 (1) Pues se da testimonio de él
10:15 nos atestigua lo mismo el Espíritu Santo;
11:2 (1) alcanzaron buen testimonio los antiguos
4 (1) por lo cual alcanzó testimonio de que era
dando Dios testimonio de sus ofrendas;
5 (1) tuvo testimonio de haber agradado a Dios
39 (1) aunque alcanzaron buen testimonio
1 Jn 1:2 testificamos, y os anunciamos la vida
4:14 nosotros hemos visto y testificamos
5:6 el Espíritu es el que da testimonio;
7 tres son los que dan testimonio
8 tres son los que dan testimonio en la tierra (TR, [VM], [BA])
9 ha testificado acerca de su Hijo
10 el testimonio que Dios ha dado (...que Dios ha testificado, BC)
3 Jn 3 cuando...dieron testimonio de tu verdad
6 han dado ante la iglesia testimonio
12 (1) Todos dan testimonio de Demetrio, nosotros damos testimonio,
Ap 1:2 que ha dado testimonio de la palabra
22:16 he enviado mi ángel para daros testimonio
18 Yo testifico a todo aquel que oye (WH, N, ABMW)
20 El que da testimonio de estas cosas dice:

3141 μαρτυρία — marturía

Mr 14:55 buscaban testimonio contra Jesús
56 sus testimonios no concordaban
59 ni aun así concordaban en el testimonio (...concordaba su testimonio, VHA)
Lc 22:71 ¿Qué más testimonio necesitamos? (Qué necesidad tenemos ya de testimonio?, VHA)
Jn 1:7 Este vino por testimonio,
19 Este es el testimonio de Juan,
3:11 no recibís nuestro testimonio
32 nadie recibe su testimonio
33 El que recibe su testimonio,
5:31 mi testimonio no es verdadero
32 sé que el testimonio...es verdadero
34 yo no recibo testimonio de hombre
36 yo tengo mayor testimonio que el de Juan
8:13 tu testimonio no es verdadero
14 mi testimonio es verdadero
17 el testimonio de dos hombres es verdadero
19:35 su testimonio es verdadero
21:24 su testimonio es verdadero
Hch 22:18 no recibirán tu testimonio acerca de mí
1 Ti 3:7 es necesario que tenga buen testimonio
Tit 1:13 Este testimonio es verdadero
1 Jn 5:9 Si recibimos el testimonio de los hombres mayor es el testimonio de Dios
este es el testimonio
10 tiene el testimonio en sí mismo porque no ha creído en el testimonio
11 Y este es el testimonio
3 Jn 12 sabéis que nuestro testimonio es verdadero
Ap 1:2 y del testimonio de Jesucristo.
9 por causa de...el testimonio de Jesucristo.
6:9 muertos...por el testimonio que tenían
11:7 Cuando hayan acabado su testimonio
12:11 y de la palabra del testimonio de ellos,
17 los que...tienen el testimonio de Jesucristo.
19:10 que retienen el testimonio de Jesús.
el testimonio de Jesús es el espíritu
20:4 decapitados por causa del testimonio

3142 μαρτύριον — martúrion

Mt 8:4 para testimonio a ellos.
10:18 para testimonio a ellos y a los gentiles
24:14 será predicado...para testimonio
Mr 1:44 para testimonio a ellos
6:11 sacudid...para testimonio a ellos.
13:9 os llevarán...para testimonio a ellos.
Lc 5:14 muéstrate...para testimonio a ellos.
9:5 en testimonio contra ellos.
21:13 será ocasión para dar testimonio. (os servirá para testimonio, VHA)
Hch 4:33 daban testimonio de la resurrección
7:44 el tabernáculo del testimonio en el desierto
1 Co 1:6 como el testimonio acerca de Cristo
2:1 para anunciaros el testimonio de Dios, (TR, N, VHA, VM, BC, BA)
2 Co 1:12 el testimonio de nuestra conciencia,
2 Ts 1:10 nuestro testimonio ha sido creído
1 Ti 2:6 testimonio a su debido tiempo (lit.,...a sus propios tiempos)
2 Ti 1:8 no te avergüences de dar testimonio (...del testimonio, VHA)
He 3:5 como siervo, para testimonio
Stg 5:3 su moho testificará, (...será en testimonio, VHA)
Ap 15:5 el templo del tabernáculo del testimonio;

3143 μαρτύρομαι** — martúromai

Hch 20:26 yo os protesto en el día de hoy,
26:22 dando testimonio a pequeños (WH, N, ABMW)
Gá 5:3 otra vez testifico a todo hombre
Ef 4:17 digo y requiero en el Señor
1 Ts 2:12 (11) os encargábamos que anduvieseis (testificándoos..., VM) (WH, N, ABMW)

3144 μάρτυς — mártus o μάρτυρος

Mt 18:16 por en boca de dos o tres testigos
26:65 ¿Qué más necesidad tenemos de testigos?
Mr 14:63 ¿Qué más necesidad tenemos de testigos?
Lc 11:48 De modo que sois testigos (WH, N, ABMW, VHA, VM, NC, BA)
24:48 vosotros sois testigos de estas cosas.
Hch 1:8 me seréis testigos en Jerusalén,
22 uno sea hecho testigo con nosotros,
2:32 de lo cual todos nosotros somos testigos
3:15 de lo cual nosotros somos testigos
5:32 nosotros somos testigos suyos
6:13 pusieron testigos falsos que decían:
7:58 los testigos pusieron sus ropas
10:39 nosotros somos testigos de todas las cosas
41 sino a los testigos que Dios había ordenado
13:31 los cuales ahora son sus testigos
22:15 serás testigo suyo a todos los hombres
26 la sangre de Esteban tu testigo
26:16 testigo de las cosas que has visto
Ro 1:9 testigo me es Dios,
2 Co 1:23 yo invoco a Dios por testigo
13:1 Por boca de dos o tres testigos
Fil 1:8 Dios me es testigo
1 Ts 2:5 Dios es testigo
10 Vosotros sois testigos, y Dios también
1 Ti 5:19 sino con dos o tres testigos.
6:12 delante de muchos testigos
2 Ti 2:2 lo que has oído de mí ante muchos testigos
He 10:28 por el testimonio de dos o de tres testigos (lit., por dos o tres testigos)
12:1 tan grande nube de testigos,

μασάομαι 3145   535   3163 μάχη

1 P	5:1	yo anciano...y testigo de los padecimientos
Ap	1:5	de Jesucristo el testigo fiel,
	2:13	Antipas mi testigo fiel fue muerto
	3:14	el testigo fiel y verdadero,
	11:3	daré a mis dos testigos
	17:6	la sangre de los mártires de Jesús

3145   μασάομαι – masáomai

Ap	16:10	mordían de dolor sus lenguas,

μασθός, véase μαστός, 3149

3146   μαστιγόω – mastigóo

Mt	10:17	en sus sinagogas os azotarán;
	20:19	para que le escarnezcan, le azoten
	23:34	azotaréis en vuestras sinagogas,
Mr	10:34	le escarnecerán, le azotarán,
Lc	18:33	después que le hayan azotado, le matarán
Jn	19:1	tomó Pilato a Jesús, y le azotó
He	12:6	azota a todo el que recibe por hijo

3147   μαστίζω – mastizo (mastídzo)

Hch	22:25	¿Os es lícito azotar a un ciudadano romano

3148   μάστιξ – mástix

Mr	3:10	cuantos tenían plagas caían sobre él.
	5:29	que estaba sana de aquel azote
	34	y queda sana de tu azote
Lc	7:21	sanó a muchos de enfermedades y plagas
Hch	22:24	que fuese examinado con azotes,
He	11:36	Otros experimentaron...azotes,

3149   μαστός – mastós

Lc	11:27	los senos que mamaste
	23:29	Bienaventuradas...los pechos que no criaron
Ap	1:13	ceñido por el pecho (...los pechos, BC)

3150   ματαιολογία*† – mataiología (mataiologuía)

1 Ti	1:6	se apartaron a vana palabrería,

3151   ματαιολόγος *† – mataiológos

Tit	1:10	hay aún muchos...habladores de vanidades

ματαιόομαι, véase ματαιόω, 3154

3152   μάταιος – mátaios

Hch	14:15	que de estas vanidades os convirtáis
1 Co	3:20	de los sabios, que son vanos
	15:17	si Cristo no resucitó, vuestra fe es vana
Tit	3:9	vanas y sin provecho. (sin provecho y vanas, VHA)
Stg	1:26	la religión del tal es vana
1 P	1:18	fuisteis rescatados de vuestra vana

3153   ματαιότης† – mataiótes

Ro	8:20	la creación fue sujetada a vanidad,
Ef	4:17	en la vanidad de su mente,
2 P	2:18	hablando palabras infladas y vanas (...de vanidad, VHA)

3154   ματαιόω† – mataióo

Ro	1:21	se envanecieron en sus razonamientos,

3155   μάτην – máten

Mt	15:9	en vano me honran,
Mr	7:7	en vano me honran,

3156   Ματθαῖος – Mattháios o Μαθθαῖος

Mt	9:9	vio a un hombre llamado Mateo,
	10:3	Tomás, Mateo el publicano,
Mr	3:18	Bartolomé, Mateo, Tomás,
Lc	6:15	Mateo, Tomás, Jacobo hijo de Alfeo
Hch	1:13	Tomás, Bartolomé, Mateo,

3157   Ματθάν – Matthán o Μαθθάν

Mt	1:15	Eleazar a Matán (...engendró a Matán, VHA) Matán a Jacob (Matán engendró..., VHA)

3158   Ματθάτ – Matthát o Μαθθάτ o Μαθθάθ

Lc	3:24	hijo de Matat, hijo de Leví,
	29	hijo de Matat

3159   Ματθίας – Matthías o Μαθθίας

Hch	1:23	señalaron a dos: a José...y a Matías
	26	la suerte cayó sobre Matías;

3160   Ματταθά – Mattathá

Lc	3:31	hijo de Matata, hijo de Natán,

3161   Ματταθίας – Mattathías

Lc	3:25	hijo de Matatías, hijo de Amós,
	26	hijo de Maat, hijo de Matatías,

3162   μάχαιρα – mácaira (májaira)

Mt	10:34	no...para traer paz, sino espada.
	26:47	mucha gente con espadas y palos,
	51	sacó su espada,
	52	Vuelve tu espada a su lugar
		todos ..... tomen espada, a espada perecerán
	55	habéis salido con espadas
Mr	14:43	con él mucha gente con espadas y palos,
	47	uno...sacando la espada
	48	habéis salido con espadas y con palos
Lc	21:24	Y caerán a filo de espada,
	22:36	el que no tiene espada,...compre
	38	Señor, aquí hay dos espadas
	49	Señor, ¿heriremos a espada?
	52	habéis salido con espadas y palos?
Jn	18:10	Simón Pedro, que tenía una espada
	11	Mete tu espada en la vaina;
Hch	12:2	mató a espada a Jacobo,
	16:27	sacó la espada y se iba a matar, (lit., sacando...)
Ro	8:35	peligro, o espada?
	13:4	no en vano lleva la espada,
Ef	6:17	tomad...la espada del Espíritu,
He	4:12	más cortante que toda espada de dos filos
	11:34	evitaron filo de espada,
	37	Fueron...muertos a filo de espada; (lit., murieron a matanza de espada)
Ap	6:4	se le dio una gran espada.
	13:10	si alguno mata a espada, a espada
	14	la bestia que tiene la herida de espada,

3163   μάχη – máce (máje)

2 Co	7:5	de fuera, conflictos; de dentro, temores
2 Ti	2:23	sabiendo que engendran contiendas.
Tit	3:9	evita...discusiones acerca de la ley
Stg	4:1	los pleitos entre vosotros?

μάχομαι 3164   536   3173 μέγας

3164   μάχομαι – mácomai (májomai)

Jn	6:52	los judíos **contendían** entre sí,
Hch	7:26	se presentó a unos de ellos **que reñían**
2 Ti	2:24	el siervo del Señor no debe ser **contencioso**
Stg	4:2	**combatís** y lucháis, pero no tenéis

3166 A   μεγαλαυχέω – megalaucéo (megalaujéo)

Stg	3:5	**se jacta de grandes cosas** (TR)

3167   μεγαλεῖος – megaléios

Lc	1:49	me ha hecho **grandes cosas** el Poderoso (TR)
Hch	2:11	les oímos hablar...las **maravillas** de Dios

3168   μεγαλειότης – megaleiótes

Lc	9:43	todos se admiraban de la **grandeza** de Dios
Hch	19:27	comience a ser destruida la **majestad**
2 P	1:16	habiendo visto con nuestros propios ojos su **majestad**. (que fuimos testigos de vista de..., VM)

3169   μεγαλοπρεπής – megaloprepés

2 P	1:17	desde la **magnífica** gloria (por la **majestuosa** gloria, VHA)

3170   μεγαλύνω – megalúno

Mt	23:5	**extienden** los flecos de sus mantos;
Lc	1:46	**Engrandece** mi alma al Señor;
	58	había **engrandecido** para con ella
Hch	5:13	el pueblo los **alababa grandemente**
	10:45 (46)	que **magnificaban** a Dios
	19:17	era **magnificado** el nombre del Señor Jesús
2 Co	10:15	que...seremos muy **engrandecidos** entre
Fil	1:20	ahora también **será magnificado** Cristo

3171   μεγάλως – megálos

Fil	4:10	**En gran manera** me gocé en el Señor

3172   μεγαλωσύνη – megalosúne

He	1:3	a la diestra de la **Majestad** en las alturas,
	8:1	la diestra del trono de la **Majestad**
Jud	25	sea gloria y **majestad**, imperio y potencia

3173   μέγας – mégas

Mt	2:10	con muy **grande** gozo.
	4:16	El pueblo...vio **gran** luz;
	5:19	será llamado **grande** en el reino
	35	la ciudad del **gran** Rey.
	7:27	fue **grande** su ruina.
	8:24	una tempestad tan **grande** que las olas
	26	se hizo **grande** bonanza.
	15:28	Oh mujer, **grande** es tu fe;
	20:25	los que son **grandes** ejercen sobre ellas
	26	el que quiera hacerse **grande**
	22:36	¿cuál es el **gran** mandamiento en la ley?
	38	es el primero y **grande** mandamiento
	24:21	habrá entonces **gran** tribulación,
	24	harán **grandes** señales (darán..., VHA)
	31	con **gran** voz de trompeta;
	27:46	Jesús clamó a **gran** voz,
	50	habiendo otra vez clamado a **gran** voz,
	60	una **gran** piedra a la entrada
	28:2	Y hubo un **gran** terremoto;
		saliendo...con temor y **gran** gozo,
Mr	1:26	clamando a **gran** voz, salió de él
	4:32	echa **grandes** ramas, (lit., produce...)
	37	se levantó una **gran** tempestad
Mr	4:39	se hizo **grande** bonanza.
	41	temieron con **gran** temor,
	5:7	clamando a **gran** voz,
	11	cerca del monte un **gran** hato de cerdos
	42	se espantaron grandemente. (se asombraron con **grande** asombro, VM)
	10:42	sus **grandes** ejercen sobre ellas
	43	el que quiera hacerse **grande**
	13:2	¿Ves estos **grandes** edificios?
	14:15	él os mostrará un **gran** aposento
	15:34	Jesús clamó a **gran** voz,
	37	Jesús, dando una **gran** voz,
	16:4	que era muy **grande**. (pues era..., VHA)
Lc	1:15	será **grande** delante de Dios
	32	Este será **grande**,
	42	exclamó a **gran** voz, y dijo:
	49	me ha hecho **grandes cosas** el Poderoso; (WH, N, ABMW)
	2:9	tuvieron **gran** temor. (temieron con **gran** temor, VM)
	10	os doy nuevas de **gran** gozo,
	4:25	hubo una **gran** hambre
	33	el cual exclamó a **gran** voz,
	38	tenía una **gran** fiebre (lit., estaba sufriendo de...)
	5:29	Leví le hizo **gran** banquete en su casa;
	6:49	fue **grande** la ruina de aquella casa.
	7:16	Un **gran** profeta se ha levantado
	8:28	exclamó a **gran** voz
	37	tenían **gran** temor. (estaban poseídos de **gran** temor, VHA)
	9:48	ése es el más **grande**.
	13:19	se hizo árbol **grande**, (TR, BC)
	14:16	Un hombre hizo una **gran** cena,
	16:26	una **gran** sima está puesta entre
	17:15	glorificando a Dios a **gran** voz,
	19:37	a alabar a Dios a **grandes** voces (...en alta voz, VHA)
	21:11	habrá **grandes** terremotos y **grandes** señales del cielo
	23	habrá **gran** calamidad en la tierra,
	22:12	él os mostrará un **gran** aposento alto
	23:23	instaban a **grandes** voces,
	46	Jesús, clamando a **gran** voz,
	24:52	volvieron...con **gran**
Jn	6:18	con un **gran** viento que soplaba.
	7:37	En el último y **gran** día de la fiesta
	11:43	clamó a **gran** voz: ¡Lázaro
	19:31	aquel día de reposo era de **gran** solemnidad (era **grande** aquel día de sábado, VM)
	21:11	llena de **grandes** peces,
Hch	2:20	el día del Señor, **Grande** y manifiesto
	4:33	dando **gran** poder los apóstoles daban **abundante** gracia era sobre todos
	5:5	vino un **gran** temor sobre todos
	11	vino **gran** temor sobre toda la iglesia,
	6:8	hacía **grandes** prodigios y señales
	7:11	Vino...**grande** tribulación
	57	dando **grandes** voces, (clamando a **gran** voz, VHA)
	60	clamó a **gran** voz: Señor, no les tomes
	8:1	hubo una **gran** persecución
	2	hicieron **gran** llanto sobre él.
	7	dando **grandes** voces; (...clamando a **gran** voz, VM)
	8	había **gran** gozo en aquella ciudad (TR)
	9	haciéndose pasar por algún **grande**. (diciendo que él era un **gran**..., VM)
	10	desde el más pequeño hasta **el más grande**

Hch	8:10	Este es el **gran** poder de Dios (Este hombre es aquel poder de Dios que se llama **Grande**, VM)	Ap	12:12	con **gran** ira, (...teniendo **grande** ira, VM)
	13	viendo las señales y **grandes** milagros		14	las dos alas de la **gran** águila,
	10:11	semejante a un **gran** lienzo,		13:2	le dio...**grande** autoridad
	11:5	algo semejante a un **gran** lienzo		5	boca que hablaba **grandes** cosas
	28	que vendría una **gran** hambre		13	También hace **grandes** señales,
	14:10	dijo a **gran** voz: Levántate		16	hacía que a todos, pequeños y **grandes**
	15:3	causaban **gran** gozo a todos		14:2	como sonido de un **gran** trueno;
	16:26	sobrevino...un **gran** terremoto,		7	diciendo a **gran** voz: Temed a Dios,
	28	Mas Pablo clamó a **gran** voz,		8	Babilonia, la **gran** ciudad, (TR); (Babilonia la **grande**!, VHA, WH, N, ABMW, VM, NC, BC, BA)
	19:27	el templo de la **gran** diosa Diana			
	28	¡**Grande** es Diana de los efesios		9	siguió, diciendo a **gran** voz
	34	¡**Grande** es Diana de los efesios!		15	otro ángel, clamando a **gran** voz
	35	guardiana del templo de la **gran** diosa Diana, (TR)		18	llamó a **gran** voz al que tenía la hoz
				19	echó las uvas en el **gran** lagar
	23:9	hubo un **gran** vocerío;		15:1	Vi en el cielo otra señal, **grande**
	26:22	dando testimonio a...**grandes**, (...al **grande**, BC)		3	**Grandes** y maravillosas son tus obras
				16:1	Oí una **gran** voz que decía
	24	Festo a **gran** voz dijo: Estás loco,		9	se quemaron con el **gran** calor,
	29	¡Quisiera Dios que por poco o por mucho, (WH, N, ABMW)		12	sobre el **gran** río Eufrates;
				14	a la batalla de aquel **gran** día
Ro	9:2	tengo **gran** tristeza (lit., para mí hay...)		17	salió una **gran** voz del templo
1 Co	9:11	¿es **gran** cosa si segáremos		18	hubo...un **gran** temblor
	16:9	me ha abierto puerta **grande**			un terremoto tan **grande**,
2 Co	11:15	no es extraño (no es...**gran** cosa, VHA)		19	la **gran** ciudad fue dividida
Ef	5:32	**Grande** es este misterio			la **gran** Babilonia vino en memoria
1 Ti	3:16	**grande** es el misterio de la piedad		21	sobre los hombres un **enorme** granizo
	6:6	**gran** ganancia es la piedad			su plaga fue sobremanera **grande**
2 Ti	2:20	en una casa **grande**, no solamente hay		17:1	la sentencia contra la **gran** ramera,
Tit	2:13	de nuestro **gran** Dios y Salvador		5	BABILONIA LA **GRANDE**
He	4:14	teniendo un **gran** sumo sacerdote		6	quedé asombrado con **gran** asombro.
	8:11	Desde el menor hasta el **mayor** de ellos		18	es la **gran** ciudad que reina
	10:21	teniendo un **gran** sacerdote		18:1	otro ángel...con **gran** poder; (...teniendo **grande** autoridad, VM)
	35	que tiene **grande** galardón			
	11:24	Moisés, hecho ya **grande**,		2	ha caído la **gran** Babilonia
	13:20	Jesucristo, el **gran** pastor		10	¡Ay, ay, de la **gran** ciudad de Babilonia
Stg	3:5	se jacta de **grandes** cosas (WH, N, ABMW)		16	¡Ay, ay, de la **gran** ciudad,
Jud	6	para el juicio de **gran** día;		18	semejante a esta **gran** ciudad?
Ap	1:10	una **gran** voz como de trompeta,		19	¡Ay, ay, de la **gran** ciudad,
	2:22	yo la arrojo...en **gran** tribulación		21	como una **gran** piedra de molino Babilonia, la **gran** ciudad,
	5:2	que pregonaba a **gran** voz			
	12	que decían a **gran** voz:		19:1	oí una **gran** voz de gran multitud
	6:4	se le dio una **gran** espada		2	ha juzgado a la **gran** ramera
	10	clamaban a **gran** voz, diciendo:		5	así pequeños como **grandes**.
	12	hubo un **gran** terremoto,		17	clamó a **gran** voz, diciendo: congregaos a la **gran** cena de Dios
	13	cuando es sacudida por un **fuerte** viento.			
	17	el **gran** día de su ira ha llegado		18	carnes de...pequeños y **grandes**.
	7:2	clamó a **gran** voz a los cuatro ángeles		20:1	una **gran** cadena en la mano.
	10	clamaban a **gran** voz, diciendo:		11	vi un **gran** trono blanco
	14	los que han salido de la **gran** tribulación		12	vi a los muertos, **grandes** y pequeños,
	8:8	como una **gran** montaña ardiendo en fuego		21:3	oí una **gran** voz
	10	cayó del cielo una **gran** estrella,		10	me llevó en el Espíritu a un monte **grande** la **gran** ciudad santa de Jerusalén (TR)
	13	diciendo a **gran** voz: ¡Ay,			
	9:2	como humo de un **gran** horno;		12	Tenía un muro **grande** y alto (lit., teniendo)
	14	que están atados junto al **gran** río Eufrates			
	10:3	clamó a **gran** voz, como ruge	**3174**		μέγεθος — mégethos (méguethos)
	11:8	en la plaza de la **grande** ciudad	Ef	1:19	la supereminente **grandeza** de su poder
	11	cayó **gran** temor sobre los que los vieron	**3175**		μεγιστάν† — megistán (meguistán)
	12	oyeron una **gran** voz del cielo	Mr	6:21	una cena a sus **príncipes**
	13	hubo un **gran** terremoto,	Ap	6:15	los reyes de la tierra, y los **grandes**
	15	hubo **grandes** voces en el cielo,		18:23	tus mercaderes eran los **grandes** de la tierra
	17	ha tomado tu **gran** poder,	**3176**		μέγιστος — mégistos (méguistos)
	18	a los pequeños y a los **grandes**	2 P	1:4	nos ha dado preciosas y **grandísimas**
	19	un terremoto y **grande** granizo.			
	12:1	Apareció en el cielo una **gran** señal:	**3177**		μεθερμηνεύω** — methermenéuo
	3	he aquí un **gran** dragón escarlata,	Mt	1:23	Emanuel, que **traducido** es:
	9	fue lanzado fuera el **gran** dragón			
	10	oí una **gran** voz en el cielo,			

| μέθη 3178 | 538 | 3199 μέλει |

Mr	5:41	Talita cumi; que **traducido** es
	15:22	Gólgota, que **traducido** es:
	34	Eloi, Eloi, ¿lama sabactani? que **traducido**
Jn	1:38 (39)	**traducido** es, Maestro, (**traducido**, quiere decir..., VM) (WH, N, ABMW)
	41 (42)	Mesías (que **traducido** es, el Cristo)
Hch	4:36	Bernabé (que **traducido** es,
	13:8	pues así **se traduce** su nombre

3178   μέθη — méthe

Lc	21:34	no se carguen de glotonería y **embriaguez**
Ro	13:13	Andemos...no en glotonerías y **borracheras**
Gá	5:21	homicidios, **borracheras**, orgías,

3179   μεθίστημι — methístemi o μεθιστάνω

Lc	16:4	para que cuando **se me quite**
Hch	13:22	**Quitado** éste, les levantó por rey a David
	19:26	**ha apartado** a muchas gentes (...mucha gente, VHA)
1 Co	13:2	de tal manera que **trasladase** los montes
Col	1:13	**trasladado** al reino de su amado Hijo

3180   μεθοδεία*† — methodéia o μεθοδία

| Ef | 4:14 | las **artimañas** del error, (en conformidad con la **artimaña** del error, VHA) |
| | 6:11 | contra las **asechanzas** del diablo. |

3181   μεθόριον — methórion

| Mr | 7:24 | a la **región** de Tiro (a los **términos**..., VHA) (TR) |

3182   μεθύσκω — methúsko

Lc	12:45	beber y **embriagarse**,
Ef	5:18	No os **embriaguéis** con vino,
1 Ts	5:7	los **que se embriagan**, de noche

3183   μέθυσος — méthusos

| 1 Co | 5:11 | llamándose hermano, fuere...**borracho** |
| | 6:10 | ni los **borrachos**...heredarán |

3184   μεθύω — methúo

Mt	24:49	a comer y a beber con los **borrachos**
Jn	2:10	cuando ya **han bebido mucho**,
Hch	2:15	éstos no **están ebrios**, como vosotros
1 Co	11:21	uno tiene hambre, y otro **se embriaga**
1 Ts	5:7	los que se embriagan, de noche **se embriagan**
Ap	17:2	los moradores de la tierra **se han embriagado**
	6	Vi a la mujer **ebria** de la sangre

3396   μείγνυμι — méignumi o μίγνυμι

Mt	27:34	vinagre **mezclado** con hiel, (TR, VM)
Lc	13:1	cuya sangre Pilato **había mezclado**
Ap	8:7	hubo granizo y fuego **mezclados** con sangre,
	15:2	un mar de vidrio **mezclado** con fuego

3187   μείζων — méizon (méidzon)

Mt	11:11	no se ha levantado otro **mayor** que Juan el más pequeño...**mayor** es que él.
	12:6	uno **mayor** que el templo está aquí
	13:32	es **la mayor** de las hortalizas,
	18:1	¿Quién es el **mayor** en el reino
	4	ése es el **mayor** en el reino
	20:31	ellos clamaban **más**, diciendo
	23:17	El que es **mayor** de
	17	¿cuál es **mayor**, el oro, o el templo
	19	¿cuál es **mayor**, la ofrenda, o el altar
Mr	4:32	se hace la **mayor** de todas las hortalizas
	9:34	quién había de ser el **mayor**
	12:31	No hay otro mandamiento **mayor** que éstos
Lc	7:28	no hay **mayor** profeta que Juan (TR, NC, BC); (no hay nadie **mayor**..., BA, WH, N, ABMW, VHA, VM)
		el más pequeño...es **mayor** que él
	9:46	quién de ellos sería **el mayor**.
	12:18	derribaré mis graneros, y los ... **mayores**,
	22:24	quién de ellos sería **el mayor** (...había de ser considerado **el mayor**, VHA)
	26	el **mayor** entre vosotros como el más joven
	27	¿cuál es **mayor**, el que se sienta
Jn	1:51 (50)	**Cosas mayores** que éstas verás.
	4:12	¿Acaso eres tú **mayor** que nuestro padre
	5:20	**mayores** obras que estas le mostrará,
	36	yo tengo **mayor** testimonio que el de Juan
	8:53	¿Eres tú acaso **mayor** que nuestro padre
	10:29	Mi Padre que me las dio, es **mayor** que
	13:16	El siervo no es **mayor** que su señor, ni el enviado es, **mayor** que
	14:12	aun **mayores** hará, (**mayores** que éstas hará, VHA)
	28	el Padre **mayor** es que yo.
	15:15	Nadie tiene **mayor** amor que este,
	20	El siervo no es **mayor** que su señor.
	19:11	el que a ti me ha entregado, **mayor** pecado
Ro	9:12	El **mayor** servirá al menor.
1 Co	12:31	Procurad, pues, los dones **mejores** (WH, N, ABMW)
	13:13	**el mayor** de ellos es el amor.
	14:5	**mayor** es el que profetiza que el que habla
He	6:13	no pudiendo jurar por otro **mayor**, (como no tenía ninguno **mayor** por quien jurar, NC)
	16	los hombres...juran por uno **mayor**
	9:11	por el **más amplio** y más perfecto
	11:26	teniendo por **mayores** riquezas (...**mayor** riqueza, VM)
Stg	3:1	recibiremos **mayor** condenación.
	4:6	él da **mayor** gracia.
2 P	2:11	los ángeles, que son **mayores** en fuerza
1 Jn	3:20	**mayor** que nuestro corazón es Dios,
	4:4	**mayor** es el que está en vosotros,
	5:9	**mayor** es el testimonio de Dios;
3 Jn	4	No tengo **mayor** gozo que este,

3188   μέλαν, véase μέλας, 3189

3189   μέλας — mélas

Mt	5:36	no puedes hacer blanco o **negro**
2 Co	3:3	sois carta...escrita no con **tinta**,
2 Jn	12	hacerlo por medio de papel y **tinta**,
3 Jn	13	no quiero escribírtelas con **tinta**
Ap	6:5	he aquí un caballo **negro**;
	12	el sol se puso **negro** como tela de cilicio,

3190   Μελεά — Meleá

| Lc | 3:31 | hijo de **Melea** |
| 3191 | | Véase pag. 539 |

3199   μέλει — mélei

Mt	22:16	no te **cuidas** de nadie, (no te **da cuidado**..., VHA)
Mr	4:38	¿no **tienes cuidado** (no se te **da cuidado**, VHA)
	12:14	no te **cuidas** de nadie (no se te **da cuidado**..., VHA)
Lc	10:40	¿no te **da cuidado** que mi hermana

μελετάω 3191

Jn	10:13	no le importan las ovejas. (no se le da cuidado de..., VHA)
	12:6	no porque se cuidara de los pobres,
Hch	18:17	a Galión nada se le daba de ello (nada le importaba de esto a Galión, BC)
1 Co	7:21	No te dé cuidado;
	9:9	¿Tiene Dios cuidado de los bueyes
1 P	5:7	él tiene cuidado de vosotros. (lit., le importa acerca de vosotros)

3191 μελετάω – meletáo

Mr	13:11	ni lo penséis, (TR)
Hch	4:25	Y los pueblos piensan cosas vanas?
1 Ti	4:15	practica estas cosas

3192 μέλι – méli

Mt	3:4	su comida era...miel silvestre.
Mr	1:6	comía langostas y miel silvestre.
Ap	10:9	será dulce como la miel.
	10	era dulce en mi boca como la miel,

3193 μελίσσιος*† – melíssios

Lc	24:42	de...un panal de miel. (lit.,...panal de abejas) (TR, VM)

3194 Μελίτη – Melíte o Μελιτήνη

Hch	28:1	la isla se llamaba Malta. (...Melita, VHA)

3195 μέλλω – méllo (mélo)
(1) εἰς τὸ μέλλον

Mt	2:13	Herodes buscará al niño (Herodes va a buscar al niño, VHA)
	3:7	a huir de la ira venidera?
	11:14	él es aquel Elías que había de venir.
	12:32	ni en este siglo ni en el venidero
	16:27	el Hijo del Hombre vendrá (...ha de venir, VHA)
	17:12	el Hijo del Hombre padecerá (...ha de padecer, VHA)
	22	El Hijo del Hombre será entregado (...va a ser entregado, VHA)
	20:17	Subiendo Jesús a Jerusalén (TR, ABMW, VM, NC, BC); (Estando...para subir..., VHA, WH, N, BA)
	24:6	Oiréis de guerras (Vais a oir..., VHA)
Mr	10:32	las cosas que le habían de acontecer
	13:4	cuando todas estas cosas hayan de cumplirse
Lc	3:7	a huir de la ira venidera?
	7:2	estaba enfermo y a punto de morir.
	9:31	que iba Jesús a cumplir en Jerusalén.
	44	el Hijo del Hombre será entregado (...va a ser entregado, VHA)
	10:1	adonde él había de ir.
	13:9	(1) si diere fruto (TR, VM); (si en adelante diere fruto, VHA, WH, N, ABMW, NC, BC, BA)
		(1) la cortarás después (TR, VM)
	19:4	porque había de pasar por allí
	11	que el reino de Dios se manifestaría (...iba...a aparecer, VHA)
	21:7	cuando estas cosas estén para suceder?
	36	de todas estas cosas que vendrán (...que han de suceder, VHA)
	22:23	el que había de hacer esto
	24:21	el que había de redimir a Israel
Jn	4:47	estaba a punto de morir
	6:6	él sabía lo que había de hacer
	15	entendiendo...que iban a venir

3195 μέλλω

Jn	6:71	el que le iba a entregar
	7:35	¿Adónde se irá (...se ha de ir, VHA) ¿Se irá a los dispersos (se va a ir a la dispersión, BC)
	39	que habían de recibir los que creyesen
	11:51	Jesús había de morir por la nación
	12:4	el que le había de entregar
	33	de qué muerte iba a morir
	14:22	que te manifestarás a nosotros (que te hayas de manifestar..., VHA)
	18:32	de qué muerte iba a morir
Hch	3:3	que iban a entrar en el templo
	5:35	mirad por vosotros lo que vais a hacer
	11:28	que vendría una gran hambre (que había de venir..., VHA)
	12:6	cuando Herodes le iba a sacar
	13:34	para nunca más volver a corrupción
	16:27	se iba a matar
	17:31	juzgará al mundo (va a juzgar..., VHA)
	18:14	al comenzar Pablo a hablar (cuando Pablo iba a abrir la boca, VHA)
	19:27	de que...comience a ser destruida
	20:3	para cuando se embarcase para Siria (habiendo de navegar..., VA)
	7	habiendo de salir al día siguiente
	13	para recoger allí a Pablo (donde habíamos de recoger..., VHA)
	38	queriendo él ir por tierra no verían más su rostro (no habían de contemplar más..., BC)
	21:27	estaban para cumplirse los siete días
	37	Cuando comenzaron a meter a Pablo (estando ya para ser introducido..., VHA)
	22:16	¿por qué te detienes?
	26	¿Qué vas a hacer?
	29	los que le iban a dar tormento
	23:3	¡Dios te golpeará a ti (¡A ti te va a herir Dios, BC)
	15	como que queréis indagar
	20	como que van a inquirir (TR, VM, NC); (como si hubieses de inquirir, VHA, WH); (al sanhedrín, con el pretexto de querer informarse, BC, N, ABMW, BA)
	27	que iban ellos a matar (a punto ya de ser matado por ellos, BC)
	30	que los judíos habían tendido (lit., que iba a haber de parte de los judíos) (TR)
	24:15	de que ha de haber resurrección
	25	del dominio propio y del juicio venidero
	25:4	él mismo partiría (él mismo iba a partir, BC)
	26:2	de que haya de defenderme hoy
	22	dijeron que habían de suceder
	23	para anunciar luz (había de anunciar..., BC)
	27:2	que iba a tocar los puertos de Asia
	10	va a ser con perjuicio
	30	como que querían largar las anclas
	33	comenzó a amanecer (estaba para hacerse del día, BC)
	28:6	que él se hinchase (cuándo se había de hinchar, VA)
Ro	4:24	a quienes ha de ser contada
	5:14	es figura del que había de venir
	8:13	si vivís conforme a la carne, moriréis (...habréis de morir, BC)
	18	comparables con la gloria venidera
	38	ni lo por venir (ni cosas por venir, VM)
1 Co	3:22	sea lo por venir (ya las cosas...venideras, BC)
Gá	3:23	aquella fe que iba a ser revelada
Ef	1:21	sino también en el venidero

Col	2:17	sombra de lo que ha de venir (...de las que habían de venir, VM)		1 Co	12:26	si un miembro recibe honra todos los miembros con él se gozan
1 Ts	3:4	que íbamos a pasar tribulaciones			27	miembros cada uno en particular
1 Ti	1:16	para ejemplo de los que habrían de creer		Ef	4:25	somos miembros los unos de los otros
	4:8	de esta vida presente, y de la venidera			5:30	somos miembros de su cuerpo,
	6:19	buen fundamento para lo por venir		Col	3:5	Haced morir, pues, lo terrenal en vosotros
2 Ti	4:1	que juzgará a los vivos (que ha de juzgar..., VHA)				(...vuestros miembros que están sobre la tierra, VHA)
He	1:14	los que serán herederos (los que han de heredar..., VM)		Stg	3:5	la lengua es un miembro pequeño
					6	está puesta entre nuestros miembros,
	2:5	no sujetó...el mundo venidero			4:1	las cuales combaten en vuestros miembros?
	6:5	los poderes del siglo venidero				
	8:5	cuando iba a erigir el tabernáculo		3197		Μελχί — Melcí (Meljí) o Μελχεί
	9:11	sacerdote de los bienes venideros (TR)		Lc	3:24	Leví, hijo de Melqui
	10:1	la sombra de los bienes venideros			28	hijo de Melqui, hijo de Adi,
	27	de fuego que ha de devorar				
	11:8	había de recibir como herencia		3198		Μελχισέδεκ — Melcisédek (Meljisédek)
	20	respecto a cosas venideras		He	5:6	Según el orden de Melquisedec.
	13:14	buscamos la por venir			10	según el orden de Melquisedec.
Stg	2:12	los que habéis de ser juzgados			6:20	según el orden de Melquisedec.
1 P	5:1	la gloria que será revelada (...que ha de ser revelada, VM)			7:1	este Melquisedec, rey de Salem,
					10	cuando Melquisedec le salió al encuentro.
2 P	1:12	no dejaré de recordaros (TR, NC); (habré... de traeros a la memoria, BC, WH, N, ABMW, VHA, VM, BA)			11	según el orden de Melquisedec,
					15	si a semejanza de Melquisedec se levanta
	2:6	a los que habían de vivir impíamente			17	Según el orden de Melquisedec.
Ap	1:19	las que han de ser			21	Según el orden de Melquisedec. (TR)
	2:10	lo que vas a padecer (las cosas..., VM) echaré a algunos (va a echar..., VM)		3199		Véase pág. 538
				3200		μεμβράνα*† — membrána
	3:2	las otras cosas que están para morir		2 Ti	4:13	Trae...mayormente los pergaminos
	10	la hora...que ha de venir				
	16	te vomitaré de mi boca (estoy a punto de escupirte..., VM)		3201		μέμφομαι** — mémfomai
				Mr	7:2	los condenaban (TR)
	6:11	que también habían de ser muertos		Ro	9:19	¿Por qué, pues, inculpa?
	8:13	que están para sonar		He	8:8	Porque reprendiéndolos dice:
	10:4	yo iba a escribir				
	7	cuando él comience a tocar (Cuando esté para tocar, BA)		3202		μεμψίμοιρος* — mempsímoiros
	12:4	que estaba para dar a luz		Jud	16	Estos son murmuradores, querellosos,
	5	que regirá con vara de hierro (que ha de regir..., VM)		3104		Μεννά — Menná o Μαϊνάν
	17:8	está para subir del abismo		Lc	3:31	hijo de Mainán,
3196		μέλος — mélos		3304 A		μενοῦν — menóun
Mt	5:29	que se pierda uno de tus miembros,		Lc	11:28	Antes bienaventurados los que oyen
	30	que se pierda uno de tus miembros,		Ro	9:20	Mas antes, oh hombre, ¿quién eres (N)
Ro	6:13	ni tampoco presentéis vuestros miembros vuestros miembros a Dios como			10:18	Antes bien, por toda la tierra (N)
				Fil	3:8	Y ciertamente, aun estimo (N)
	19	presentasteis vuestros miembros presentad vuestros miembros		3304		μενοῦνγε** — menóunge (menúngue)
	7:5	obraban en nuestros miembros		Ro	9:20	Mas antes, oh hombre, ¿quién eres tú (TR, WH, ABMW)
	23	veo otra ley en mis miembros que está en mis miembros			10:18	Antes bien, Por toda la tierra (TR, WH, ABMW)
	12:4	en un cuerpo tenemos muchos miembros, no todos los miembros tienen la misma		Fil	3:8	Y ciertamente, aun estimo (TR, WH, ABMW)
	5	todos miembros los unos de los otros.		3305		μέντοι — méntoi
1 Co	6:15	vuestros cuerpos son miembros de Cristo? los miembros de Cristo los haré miembros de una ramera?				(1) ὅμως μέντοι
				Jn	4:27	sin embargo, ninguno dijo
	12:12	tiene muchos miembros			7:13	Pero ninguno hablaba abiertamente
		todos los miembros del cuerpo			12:42	(1) Con todo eso, aun de los gobernantes
	14	el cuerpo no es un solo miembro			20:5	vio los lienzos...pero no entró.
	18	Dios ha colocado los miembros			21:4	mas los discípulos no sabían
	19	si todos fueran un solo miembro,		2 Ti	2:19	Pero el fundamento de Dios está firme,
	20	ahora son muchos los miembros		Stg	2:8	Si en verdad cumplís la ley real
	22	los miembros del cuerpo que parecen		Jud	8	No obstante, de la misma manera
	25	los miembros todos se preocupen				
	26	De manera que si un miembro padece, todos los miembros se duelen con él,		3306		μένω — méno

μερίζω 3307   541   3307 μερίζω

Mt	10:11	posad allí hasta que salgáis.
	11:23	habría permanecido hasta el día de hoy.
	26:38	quedaos aquí, y velad conmigo.
Mr	6:10	posad en ella hasta que salgáis (posad allí..., VHA)
	14:34	quedaos aquí y velad.
Lc	1:56	se quedó María con ella
	8:27	ni moraba en casa
	9:4	quedad allí, y de allí salid.
	10:7	posad en aquella misma casa,
	19:5	hoy es necesario que pose yo en tu casa
	24:29	Quédate con nosotros, porque se hace Entró, pues, a quedarse con ellos
Jn	1:32	permaneció sobre él,
	33	y que permanece sobre él,
	38 (39)	Rabí...¿dónde moras?
	39 (40)	vieron donde moraba se quedaron con él aquel día
	2:12	estuvieron allí no muchos días. (se quedaron..., VHA)
	3:36	la ira de Dios está sobre él. (...permanece..., VHA)
	4:40	le rogaron que se quedase con ellos se quedó allí dos días
	5:38	ni tenéis su palabra morando en vosotros
	6:27	la comida que a vida eterna permanece,
	56	El que come mi carne...en mi permanece
	7:9	se quedó en Galilea.
	8:31	Si vosotros permaneciereis en mi palabra,
	35	el esclavo no queda en la casa el hijo sí queda para siempre
	9:41	vuestro pecado permanece
	10:40	y se quedó allí.
	11:6	se quedó dos días más en el lugar
	54	se quedó allí con sus discípulos. (WH, N)
	12:24	y muere, queda solo;
	34	el Cristo permanece para siempre.
	46	para que...no permanezca en tinieblas.
	14:10	el Padre que mora en mí
	16	para que esté con vosotros para siempre (TR)
	17	porque mora con vosotros,
	25	Os he dicho...estando con vosotros
	15:4	Permaneced en mí, y yo en vosotros. si no permanece en la vid, si no permanecéis en mí
	5	el que permanece en mí, y yo en él,
	6	El que en mí no permanece, (Si alguno no... VM)
	7	Si permanecéis en mí, y mis palabras permanecen en vosotros
	9	permaneced en mi amor.
	10	permaneceréis en mi amor; y permanezco en su amor.
	11	para que mi gozo esté en vosotros, (TR, VM)
	16	para que...vuestro fruto permanezca
	19:31	a fin de que los cuerpos no quedasen
	21:22	Si quiero que él quede
	23	Si quiero que él quede
Hch	5:4	Reteniéndola, ¿no se te quedaba a ti?
	9:43	que se quedó muchos días en Jope
	16:15	entrad en mi casa, y posad. (lit., entrando..)
	18:3	se quedó con ellos, y trabajaban
	20	le rogaban que se quedase
	20:5	nos esperaron en Troas.
	15	habiendo hecho escala en Trogilio, (TR, VM, BC, [BA])
	23	que me esperan prisiones y tribulaciones
Hch	21:7	nos quedamos con ellos un día.
	8	posamos con él.
	27:31	Si éstos no permanecen en la nave
	41	la proa, hincada, quedó inmóvil
	28:16	se le permitió vivir aparte
	30	permaneció dos años enteros (TR)
Ro	9:11	para que el propósito de Dios...permaneciese
1 Co	3:14	Si permaneciere la obra de alguno
	7:8	bueno les fuera quedarse como yo; (...si permanecieren..., VM)
	11	si se separa, quédese sin casar,
	20	en que fue llamado, en él se quede.
	24	Cada uno,...así permanezca
	40	más dichosa será si se queJare así;
	13:13	ahora permanecen la fe, la esperanza
	15:6	muchos viven aún (la mayor parte permanecen hasta ahora, VM)
2 Co	3:11	será lo que permanece.
	14	les queda el mismo velo
	9:9	Su justicia permanece para siempre
Fil	1:25	sé que quedaré,
1 Ti	2:15	si permaneciere en fe, amor
2 Ti	2:13	Si fuéremos infieles, él permanece fiel
	3:14	persiste tú en lo que has aprendido
	4:20	Erasto se quedó en Corinto,
He	7:3	permanece sacerdote para siempre.
	24	por cuanto permanece para siempre
	10:34	una mejor y perdurable herencia
	12:27	para que queden las inconmovibles.
	13:1	Permanezca el amor fraternal.
	14	no tenemos aquí ciudad permanente,
1 P	1:23	la palabra de Dios que vive y permanece
	25	la palabra del Señor permanece
1 Jn	2:6	El que dice que permanece en él,
	10	El que ama...permanece en la luz,
	14	la palabra de Dios permanece en vosotros
	17	el que hace...permanece para siempre.
	19	habrían permanecido con nosotros;
	24	permanezca en vosotros. Si...permanece en vosotros,
	24	también vosotros permaneceréis en el Hijo
	27	la unción...de él permanece en vosotros, permaneced en él.
	28	ahora, hijitos, permaneced en él
	3:6	Todo aquel que permanece en él,
	9	la simiente de Dios permanece en él
	14	El que no ama...permanece en muerte.
	15	tiene vida eterna permanente en él,
	17	¿cómo mora el amor de Dios en él?
	24	el que guarda sus mandamientos, permanece sabemos que él permanece en nosotros
	4:12	Dios permanece en nosotros
	13	En esto conocemos que permanecemos
	15	Dios permanece en él, y él en Dios.
	16	el que permanece en amor, permanece y Dios en él (TR, VHA, NC, BC); (y Dios permanece en él, BA, [WH], N, ABMW, VM)
2 Jn	2	la verdad que permanece en nosotros,
	9	que...no persevera en la doctrina el que persevera en la doctrina
Ap	17:10	es necesario que dure breve tiempo.

3307   μερίζω — merízo (merídzo)

Mt	12:25	Todo reino dividido contra sí mismo, toda ciudad o casa dividida contra sí
	26	contra sí mismo está dividido
Mr	3:24	Si un reino está dividido contra sí mismo,
	25	si una casa está dividida contra sí misma,

Mr 3:26 si Satanás...**se divide**, no puede permanecer
6:41 **repartió** los dos peces entre todos.
Lc 12:13 que **parta** conmigo la herencia
Ro 12:3 la medida de fe que Dios **repartió**
1 Co 1:13 ¿Acaso **está dividido** Cristo?
7:17 cada uno como el Señor le **repartió**
34 (33) cómo agradar a su mujer. **Hay** asimismo **diferencia** (TR, VM); (cómo agradar a su mujer, y así **está dividido**, NC, WH, N, ABMW, VHA, BC, BA)
2 Co 10:13 conforme a la regla que Dios nos **ha dado** por medida (lit., conforme a la medida de la regla que Dios nos **repartió**)
He 7:2 a quien...**dió** Abraham los diezmos

3308 μέριμνα – mérimna

Mt 13:22 el **afán** de este siglo y el engaño
Mr 4:19 los **afanes** de este siglo...ahogan la palabra
Lc 8:14 son ahogados por los **afanes**
21:34 que vuestros corazones no se carguen de... **los afanes**
2 Co 11:28 la **preocupación** por todas las iglesias.
1 P 5:7 echando toda vuestra **ansiedad** sobre él

3309 μεριμνάω – merimnáo

Mt 6:25 No **os afanéis** por vuestra vida,
27 ¿y quién de vosotros podrá, por mucho **que se afane**, (lit.,...**afanándose**)
28 ¿por qué **os afanáis**?
31 No **os afanéis**, pues, diciendo:
34 no **os afanéis** por el día de mañana, el día de mañana **traerá** su **afán** (...**se afanará** por sí mismo, VHA)
10:19 no **os preocupéis** por cómo o qué hablaréis
Lc 10:41 Marta, **afanada** y turbada **estás**
12:11 no **os preocupéis** por cómo o qué
22 No **os afanéis** por vuestra vida,
25 ¿Y quién de vosotros podrá **con afanarse**
26 ¿por qué **os afanáis** por lo demás?
1 Co 7:32 El soltero **tiene cuidado** de las cosas
33 el casado **tiene cuidado** de las cosas del
34 La doncella **tiene cuidado** de las cosas la casada **tiene cuidado** de las cosas
12:25 que los miembros todos **se preocupen**
Fil 2:20 que tan sinceramente **se interese** por vosotros (...por vuestras cosas, BC)
4:6 Por nada **estéis afanosos**,

3310 μερίς – merís

Lc 10:42 María ha escogido la buena **parte**
Hch 8:21 No tienes tú **parte** ni suerte (No hay para ti..., BC)
16:12 la primera ciudad de la **provincia**
2 Co 6:15 ¿O qué **parte** el creyente con el incrédulo?
Col 1:12 que nos hizo aptos para participar (...para la **participación**, VM)

3311 μερισμός – merismós

He 2:4 y **repartimientos** del Espíritu Santo
4:12 penetra hasta **partir** el alma (...hasta la **división** entre alma, VM)

3312 μεριστής*† – meristés

Lc 12:14 sobre vosotros como juez o **partidor**?

3313 μέρος – méros

Mt 2:22 se fue a la **región** de Galilea,
15:21 se fue a la **región** de Tiro
16:13 Viniendo Jesús a la **región** de Cesarea (...a las **comarcas**..., VM)
24:51 pondrá su **parte** con los hipócritas;
Mr 8:10 vino a la **región** de Dalmanuta. (...a las **comarcas**..., VM)
Lc 11:36 no teniendo **parte** alguna de tinieblas,
12:46 le pondrá con los infieles (pondrá su **suerte** con los infieles, VHA)
15:12 dame la **parte** de los bienes
24:42 le dieron **parte** de un pez asado
Jn 13:8 no tendrás **parte** conmigo
19:23 e hicieron cuatro **partes**, una para cada soldado (...una **parte**, VM)
21:6 Echad la red a la derecha (...al **lado** derecho, BA)
Hch 2:10 las **regiones** de Africa (...de Libia, VHA)
5:2 trayendo sólo una **parte**, la puso a los pies
19:1 después de recorrer las **regiones** superiores
27 hay peligro de que este nuestro **negocio**
20:2 después de recorrer aquellas **regiones**
23:6 una **parte** era de saduceos
9 escribas de la **parte** de los fariseos,
Ro 11:25 ha acontecido a Israel endurecimiento en **parte**
15:15 en **parte** con atrevimiento,
24 una vez que haya gozado con vosotros (lit., si primero me he llenado en **parte**, de vosotros)
1 Co 11:18 en **parte** lo creo. (lit., creo cierta **parte**)
12:27 miembros cada uno en **particular**. (miembros en **parte**, VA)
13:9 en **parte** conocemos, y en **parte** profetizamos;
10 lo que es en **parte** se acabará.
12 Ahora conozco en **parte**
14:27 sea esto por dos, o a lo más tres, y por **turno**
2 Co 1:14 en **parte** habéis entendido
2:5 sino en **cierto modo**...a todos vosotros (sino en **parte**..., VM)
3:10 no es glorioso en este **respecto**,
9:3 no sea vano en esta **parte**;
Ef 4:9 había descendido primero a las **partes**
16 según la actividad propia de cada miembro (lit., según la actividad en la medida de cada **parte** individual)
Col 2:16 en cuanto a días de fiesta (lit., en la **cuestión** de día de fiesta)
He 9:5 no se puede ahora hablar en **detalle**. (...en **particular**, BC)
1 P 4:16 glorifique a Dios por ello (...en esta **parte**, VA) (TR)
Ap 16:19 la gran ciudad fue dividida en tres **partes**
20:6 el que tiene **parte** en la primera resurrección
21:8 su **parte** en el lago que arde
22:19 Dios quitará su **parte** del libro

3314 μεσημβρία – mesembría

Hch 8:26 Levántate y vé hacia el **sur**,
22:6 como **a mediodía**, de repente

3315 μεσιτεύω* – mesitéuo

He 6:17 queriendo Dios...**interpuso** juramento

3316 μεσίτης – mesítes

Gá 3:19 por medio de ángeles en mano **de un mediador**.
20 el **mediador** no lo es de uno solo

1 Ti	2:5	hay un solo Dios, y un solo **mediador**
He	8:6	cuanto es **mediador** de un mejor pacto,
	9:15	por eso es **mediador** de un nuevo pacto,
	12:24	a Jesús el **Mediador** del nuevo pacto,

3317 μεσονύκτιον – mesonúktion

Mr	13:35	si al anochecer, o a la **medianoche**,
Lc	11:5	va a él a **medianoche** y le dice:
Hch	16:25	Pero a **medianoche**, orando Pablo y
	20:7	alargó el discurso hasta la **medianoche**.

3318 Μεσοποταμία – Mesopotamía

| Hch | 2:9 | y los que habitamos en **Mesopotamia**, |
| | 7:2 | estando en **Mesopotamia**, antes que morase |

3319 μέσος – mésos
(1) ἀνά, κατὰ μέσον

Mt	10:16	os envío como a ovejas en **medio** de lobos
	13:25	(1) sembró cizaña **entre** el trigo,
	49	apartarán a los malos de **entre** los justos,
	14:6	la hija de Herodías danzó en **medio**,
	24	la barca estaba en **medio** del mar, (TR, VM, NC, BC)
	18:2	lo puso en **medio** de ellos,
	20	allí estoy yo en **medio** de ellos.
	25:6	a la **media**noche se oyó un clamor (lit.,...vino un clamor)
Mr	3:3	Levántate y ponte en **medio**.
	6:47	la barca estaba en **medio** del mar,
	7:31	por la región de Decápolis (por **entre** las comarcas..., VM)
	9:36	lo puso en **medio** de ellos
	14:60	el sumo sacerdote, levantándose en **medio**
Lc	2:46	sentado en **medio** de los doctores
	4:30	él pasó por en **medio** (pasando..., VM)
	35	derribándole en **medio** de ellos,
	5:19	poniéndole en **medio**, delante de Jesús.
	6:8	Levántate, y ponte en **medio**
	8:7	otra parte cayó entre espinos, (...en **medio** de espinas, BC)
	10:3	como corderos en **medio** de lobos,
	17:11	pasaba entre Samaria (lit.,...por en **medio** de Samaria,
	21:21	y los que en **medio** de ella, váyanse;
	22:27	yo estoy **entre** vosotros (yo en **medio** de vosotros..., BC)
	55	fuego en **medio** del patio, Pedro se sentó también **entre** ellos
	23:45	el velo...se rasgó **por la mitad**
	24:36	se puso en **medio** de ellos,
Jn	1:26	mas en **medio** de vosotros está uno
	8:3	[una mujer...y poniéndola en **medio**]
	9	[y la mujer que estaba en **medio**	
	59	atravesando por en **medio** de ellos, (TR, VM)
	19:18	y Jesús en **medio**
	20:19	vino Jesús, y puesto en medio, (...y púsose... VHA)
	26	se puso en **medio** y les dijo:
Hch	1:15	Pedro se levantó en **medio** de los hermanos (levantándose..., BC)
	18	se reventó **por la mitad**
	2:22	que Dios hizo entre vosotros (...en **medio** de vosotros, VM)
	4:7	poniéndoles en **medio**, les preguntaron:
	17:22	Pablo, puesto en pie en **medio** del Areópago
	33	así Pablo salió de en **medio** de ellos
	23:10	y le arrebatasen de en **medio** de ellos,
Hch	26:13	a **medio**día, oh rey,...por el camino
	27:21	puesto en pie en **medio** de ellos,
	27	a la **media**noche los marineros sospecharon
1 Co	5:2	que fuese quitado de en **medio**
	6:5	(1) que pueda juzgar **entre** sus hermanos (lit.,...su hermano)
2 Co	6:17	Salid de en **medio** de ellos,
Fil	2:15	en **medio** de una generación maligna y
Col	2:14	quitándola de en **medio** (la ha quitado..., VHA)
1 Ts	2:7	fuimos tiernos entre vosotros (...en **medio** de vosotros, VM)
2 Ts	2:7	sea quitado de en **medio**
He	2:12	En **medio** de la congregación te alabaré
Ap	1:13	en **medio** de los siete candeleros, los candeleros, VHA, WH, N, ABMW, VM, NC, BC, BA)
	2:1	el que anda en **medio** de los siete candeleros
	7	el cual está en **medio** del paraíso (TR, VM)
	4:6	junto al trono, y alrededor del trono (en **medio** del trono y..., NC)
	5:6	vi que en **medio** del trono...y en **medio** de los ancianos
	6:6	una voz de en **medio** de los cuatro seres
	7:17	(1) el Cordero que está en **medio** del trono
	22:2	En **medio** de la calle de la ciudad,

3320 μεσότοιχον*† – mesótoicon (mesótoijon)

| Ef | 2:14 | derribando la **pared intermedia** |

3321 μεσουράνημα*† – mesouránema

Ap	8:13	volar por en **medio del cielo**,
	14:6	Vi volar por en **medio del cielo**
	19:17	las aves que vuelan en **medio del cielo**:

3322 μεσόω – mesóo

| Jn | 7:14 | **a la mitad** de la fiesta subió Jesús (estando ya **a mediados** de la fiesta..., VM) |

3323 Μεσσίας – Messías

| Jn | 1:41 | Hemos hallado al **Mesías** |
| | 4:25 | Sé que ha de venir el **Mesías** |

3324 μεστός – mestós

Mt	23:28	por dentro estáis **llenos** de hipocresía
Jn	19:29	una vasija **llena** de vinagre empaparon en vinagre una esponja (lit., habiendo empapado...) (TR, VM); (una esponja **empapada** en el vinagre, VHA, WH, N, ABMW, NC, BC, BA)
	21:11	**llena** de grandes peces,
Ro	1:29	**llenos** de envidia, homicidios
	15:14	vosotros mismos estáis **llenos** de bondad,
Stg	3:8	**llena** de veneno mortal.
	17	**llena** de misericordia y de buenos frutos,
2 P	2:14	los ojos **llenos** de adulterio,

3325 μεστόω – mestóo

| Hch | 2:13 | Están **llenos** de mosto. |

3327 μεταβαίνω** – metabáino

Mt	8:34	le rogaron que **se fuera**
	11:1	se fue de allí a enseñar
	12:9	**Pasando** de allí, vino a la sinagoga
	15:29	Pasó Jesús de allí y vino (**partiendo**..., VM)
	17:20	**Pásate** de aquí allá, y
Lc	10:7	No **os paséis** de casa en casa.

μεταβάλλω 3328   544   3341 μετάνοια

Jn	5:24	ha pasado de muerte a vida		Mt	21:30	(29) después, arrepentido, fue
	7:3	Sal de aquí, y vete a Judea,			32	viendo esto, no os arrepentisteis
	13:1	para que pasase de este mundo			27:3	devolvió arrepentido las treinta piezas
Hch	18:7	saliendo de allí, se fue a la casa		2 Co	7:8	no me pesa, aunque entonces lo lamenté
1 Jn	3:14	sabemos que hemos pasado de muerte a				(...aunque me pesó, VM)
				He	7:21	Juró el Señor, y no se arrepentirá

3328   μεταβάλλω — metabállo (metabálo)

Hch	28:6	cambiaron de parecer y dijeron (mudando de parecer, decían, VM)

3339   μεταμορφόω** — metamorfóo

Mt	17:2	se transfiguró delante de ellos,
Mr	9:2	se transfiguró delante de ellos
Ro	12:2	sino transformaos por medio
2 Co	3:18	somos transformados de gloria en gloria

3329   μετάγω — metágo

Stg	3:3	dirigimos así todo su cuerpo
	4	son gobernadas con un muy pequeño timón

3340   μετανοέω — metanoéo

Mt	3:2	Arrepentíos, porque el reino de los cielos
	4:17	Arrepentíos, por que el reino de los cielos
	11:20	porque no se habían arrepentido
	21	tiempo ha que se hubieran arrepentido
	12:41	porque ellos se arrepintieron
Mr	1:15	arrepentíos, y creed en el evangelio.
	6:12	predicaban que...se arrepintiesen
Lc	10:13	tiempo ha que...se habrían arrepentido.
	11:32	a la predicación de Jonás se arrepintieron,
	13:3	si no os arrepentís, todos pereceréis
	5	si no os arrepentís, todos pereceréis
	15:7	por un pecador que se arrepiente,
	10	por un pecador que se arrepiente
	16:30	si alguno fuere a ellos...se arrepentirán
	17:3	si se arrepintiere, perdónale.
	4	Me arrepiento; perdónale.
Hch	2:38	Arrepentíos, y bautícese cada uno
	3:19	arrepentíos y convertíos, para que
	8:22	Arrepiéntete, pues, de esta tu maldad
	17:30	ahora manda...que se arrepientan
	26:20	anunció...que se arrepintiesen
2 Co	12:21	de los que... no se han arrepentido
Ap	2:5	Recuerda,...y arrepiéntete,
		si no te hubieres arrepentido
	16	Por tanto, arrepiéntete
	21	le he dado tiempo para que se arrepienta,
		no quiere arrepentirse de su fornicación
	22	si no se arrepienten de las obras de ella
	3:3	Acuérdate,...y arrepiéntete.
	19	sé, pues, celoso, y arrepiéntete.
	9:20	ni aun así se arrepintieron de las obras
	21	no se arrepintieron de sus homicidios
	16:9	y no se arrepintieron para darle gloria.
	11	no se arrepintieron de sus obras

3330   μεταδίδωμι — metadídomi

Lc	3:11	El que tiene... al que no tiene
Ro	1:11	para comunicaros algún don espiritual
	12:8	el que reparte, con liberalidad;
Ef	4:28	para que tenga qué compartir
1 Ts	2:8	hubiéramos querido entregaros no sólo

3331   μετάθεσις** — metáthesis

He	7:12	que haya también cambio de ley
	11:5	antes que fuese traspuesto (antes de su traslación, VHA)
	12:27	indica la remoción de las cosas movibles

3332   μεταίρω — metáiro

Mt	13:53	cuando terminó...se fue de allí.
	19:1	se alejó de Galilea,

3333   μετακαλέω — metakaléo

Hch	7:14	José, hizo venir a su padre Jacob,
	10:32	haz venir a Simón
	20:17	hizo llamar a los ancianos de la iglesia
	24:25	cuando tenga oportunidad te llamaré

3334   μετακινέω — metakinéo

Col	1:23	sin moveros de la esperanza del evangelio

3335   μεταλαμβάνω** — metalambáno

Hch	2:46	comían juntos con alegría (tomaban el alimento con alegría, VM)
	24:25	cuando tenga oportunidad
	27:33	exhorta a todos que comiesen (...a tomar alimento, VHA)
	34	os ruego que comáis (que toméis alimento, VHA)(WH, N, ABMW)
2 Ti	2:6	para participar de los frutos (debe... participar...VHA)
He	6:7	recibe bendición de Dios;
	12:10	para que participemos de su santidad. (para participar..., BC)

3341   μετάνοια — metánoia

Mt	3:8	frutos dignos de arrepentimiento, (TR, NC, BA); (fruto digno..., VHA, WH, N, ABMW, VM, BC)
	11	os bautizo en agua para arrepentimiento
	9:13	sino a pecadores, al arrepentimiento. (TR)
Mr	1:4	el bautismo de arrepentimiento para perdón
	2:17	sino a pecadores (V60, WH, N, ABMW, VHA, VM, NC, BC, BA); (lit.,...a pecadores al arrepentimiento, TR)
Lc	3:3	predicando el bautismo del arrepentimiento
	8	Haced...frutos dignos de arrepentimiento,
	5:32	sino a pecadores al arrepentimiento.
	15:7	no necesitan de arrepentimiento (no tienen necesidad..., VM)
	24:47	predicase en su nombre el arrepentimiento
Hch	5:31	para dar a Israel arrepentimiento
	11:18	también a los gentiles ha dado Dios arrepentimiento

3336   μετάλημψις* — metálempsis

1 Ti	4:3	para que con acción de gracias participasen de ellos (lit., para la recepción con acción de gracias)

3337   μεταλλάσσω — metallásso (metaláso) o μεταλλάττω

Ro	1:25	ya que cambiaron la verdad de Dios
	26	aun sus mujeres cambiaron el uso natural

3338   μεταμέλομαι — metamélomai

μεταξύ 3342 545 3356 μετριοπαθέω

Hch	13:24	el bautismo de arrepentimiento
	19:4	Juan bautizó con bautismo de arrepentimiento,
	20:21	acerca del arrepentimiento para con Dios
	26:20	obras dignas de arrepentimiento
Ro	2:4	te guía al arrepentimiento?
2 Co	7:9	fuisteis contristados para arrepentimiento
	10	la tristeza que es según Dios produce arrepentimiento
2 Ti	2:25	quizá Dios les conceda que se arrepientan (...les dé arrepentimiento, VHA)
He	6:1	el fundamento del arrepentimiento
	6	sean otra vez renovados para arrepentimiento,
	12:17	no hubo oportunidad para el arrepentimiento, (no halló lugar de arrepentimiento, VHA)
2 P	3:9	sino que todos procedan al arrepentimiento

3342   μεταξύ — metaxú
(1) ἐν τῷ μεταξύ

Mt	18:15	estando tú y él solos (entre ti y él solo, BC)
	23:35	matasteis entre el templo y el altar.
Lc	11:51	que murió entre el altar y el templo;
	16:26	una gran sima...entre nosotros y vosotros
Jn	4:31	(1) Entre tanto, los discípulos le rogaban,
Hch	12:6	estaba Pedro durmiendo entre dos soldados
	13:42	les rogaron que el siguiente día de reposo
	15:9	ninguna diferencia hizo entre nosotros
Ro	2:15	o defendiéndoles sus razonamientos (sus razonamientos, uno con otro..., VM)

3343   μεταπέμπω — metapémpo

Hch	10:5	haz venir a Simón, el que tiene por
	22	de hacerte venir a su casa para oir
	29	al ser llamado, viene sin replicar. ¿Por qué causa me habéis hecho venir?
	11:13	haz venir a Simón,
	20:1	llamó Pablo a los discípulos, (habiendo convocado..., VM) (WH, N, ABMW)
	24:24	llamó a Pablo
	26	muchas veces lo hacía venir (enviando por él..., VM)
	25:3	pidiendo...que le hiciese traer a Jerusalén

3344   μεταστρέφω — metastréfo

Hch	2:20	El sol se convertirá en tinieblas,
Gá	1:7	que...quieren pervertir el evangelio
Stg	4:9	Vuestra risa se convierta en lloro, (TR)

3345   μετασχηματίζω** — metascematízo (metsjematídzo)

1 Co	4:6	lo he presentado como ejemplo en mí
2 Co	11:13	que se disfrazan como apóstoles de Cristo
	14	Satanás se disfraza como ángel de luz.
	15	si...sus ministros se disfrazan como
Fil	3:21	el cual transformará el cuerpo

3346   μετατίθημι — metatíthemi

Hch	7:16	fueron trasladados a Siquem,
Gá	1:6	que tan pronto os hayáis alejado
He	7:12	Porque cambiado el sacerdocio,
	11:5	Por la fe Enoc fue traspuesto para no ver porque lo traspuso Dios
Jud	4	que convierten en libertinaje la gracia

3346 A		μετατρέπω** — metatrépo
Stg	4:9	Vuestra risa se convierta en lloro (WH, N, ABMW)

3347   μετέπειτα** — metépeita

He	12:17	después, deseando heredar la bendición,

3348   μετέχω — metéco (metéjo)

1 Co	9:10	con esperanza de recibir (...de participar, VHA)
	12	Si otros participan de este derecho
	10:17	todos participamos de aquel mismo pan.
	21	no podéis participar de la mesa del Señor,
	30	si yo con agradecimiento participo,
He	2:14	él también participó de lo mismo
	5:13	todo aquel que participa de la leche
	7:13	es de otra tribu (pertenecía a otra tribu, VM)

3349   μετεωρίζομαι — meteorízomai (meteoridzomai)

Lc	12:29	ni estéis en ansiosa inquietud.

3350   μετοικεσία — metoikesía

Mt	1:11	en el tiempo de la deportación a Babilonia.
	12	Después de la deportación a Babilonia.
	17	desde David hasta la deportación desde la deportación a Babilonia

3351   μετοικίζω — metoikízo (metoikídzo)

Hch	7:4	le trasladó a esta tierra,
	43	Os transportaré, pues, más allá de Babilonia

3352   μετοχή — metocé (metojé)

2 Co	6:14	¿qué compañerismo...la justicia con la

3353   μέτοχος — métocos (métojos)

Lc	5:7	hicieron señas a los compañeros
He	1:9	más que a tus compañeros.
	3:1	participantes del llamamiento celestial
	14	somos hechos participantes de Cristo,
	6:4	los que...fueron hechos partícipes
	12:8	de la cual todos han sido participantes,

3354   μετρέω — metréo

Mt	7:2	con la medida con que medís, os será medido.
Mr	4:24	con la medida con que medís, os será medido,
Lc	6:38	con la...medida con que medís
2 Co	10:12	pero ellos, midiéndose a sí mismos
Ap	11:1	Levántate, y mide el templo de Dios,
	2	no lo midas,
	21:15	para medir la ciudad,
	16	él midió la ciudad con la caña,
	17	midió su muro,

3355   μετρητής — metretés

Jn	2:6	cabían dos o tres cántaros.

3356   μετριοπαθέω*† — metriopathéo

He	5:2	para que se muestre paciente con los ignorantes (capaz de llevar con paciencia, VHA)

3357 μετρίως* — metríos
Hch 20:12 y fueron **grandemente** consolados

3358 μέτρον — métron
Mt 7:2 con la **medida** con que medís,
     23:32 llenad la **medida** de vuestros padres!
Mr 4:24 con la **medida** con que medís,
Lc 6:38 Dad...**medida** buena, apretada,
        con la...**medida** con que medís,
Jn 3:34 no da el Espíritu por **medida**.
Ro 12:3 la **medida** de fe que Dios repartió
2 Co 10:13 conforme a la regla que Dios nos ha dado
        por medida (lit., conforme a la **medida**
        de la regla que Dios...)
        para llegar también hasta vosotros (**como
        límite** para llegar..., BA)
Ef 4:7 fue dada la gracia conforme a la **medida**
    13 a la **medida** de la estatura de la plenitud
    16 según la actividad propia (lit., según la
        actividad en la **medida**)
Ap 21:15 tenía una caña **de medir**, (WH, N, ABMW)
    17 **de medida** de hombre, la cual es de ángel

3359 μέτωπον — métopon
Ap 7:3 hasta que hayamos sellado en sus **frentes**
   9:4 el sello de Dios en sus **frentes**.
  13:16 una marca...en la **frente**
  14:1 escrito en la **frente** (...en sus **frentes**, VHA)
     9 recibe la marca en su **frente**
  17:5 en su **frente** un nombre escrito
  20:4 no recibieron la marca en sus **frentes**
        (...su **frente**, BC)
  22:4 su nombre estará en sus **frentes**

3360 μέχρι — mécri (méjri) o μέχρις
Mt 11:23 habría permanecido **hasta** el día de hoy
  13:30 Dejad crecer...**hasta** la siega; (TR)
  28:15 se ha divulgado...**hasta** el día de hoy
Mr 13:30 **hasta que** todo esto acontezca. (...todas
        estas cosas..., VHA)
Lc 16:16 los profetas eran **hasta** Juan; (WH, N, ABMW)
Hch 10:30 Hace cuatro días **que** a esta hora (...**hasta**
        esta hora, VM)
  20:7 alargó el discurso **hasta** la medianoche.
Ro 5:14 reinó la muerte desde Adán **hasta** Moisés,
  15:19 y por los alrededores **hasta** Ilírico,
Gá 4:19 **hasta** que Cristo sea formado en vosotros.
        (WH, N, ABMW)
Ef 4:13 **hasta** que todos lleguemos a la unidad
Fil 2:8 obediente **hasta** la muerte,
    30 estuvo próximo **a** la muerte, (llegó **hasta**
        la muerte, VM)
1 Ti 6:14 guardes el mandamiento...**hasta** la aparición
2 Ti 2:9 sufro penalidades, **hasta** prisiones
He 3:6 si retenemos firme **hasta** el fin
    14 con tal que retengamos firme **hasta** el fin
   9:10 impuestas **hasta** el tiempo
  12:4 aún no habéis resistido **hasta** la sangre,

3361 μή — mé, traducido **no**
3362 Véase pág. 259
3363 Véase pág. 440

3364 οὐ μή — ou mé
Mt 5:18 ni una jota ni una tilde pasará (**ni siquiera**, VM)
    20 **no** entraréis en el reino (**de ninguna manera...**, VM)

Mt 5:26 **no** saldrás de allí, (lit., **de ninguna manera..**)
  10:23 **no** acabaréis de recorrer todas las ciudades
        (lit., **de ninguna manera...**)
    42 **no** perderá su recompensa. (lit., **de ninguna
        manera...**)
  13:14 De oído oiréis, y **no** entenderéis; (lit.,...
        de ninguna manera...)
        viendo veréis, y **no** percibiréis. (lit.,...**de
        ninguna manera...**)
  15:5 (6) ya **no** ha de honrar a su padre (lit., **de
        ninguna manera** honrará...)
  16:22 **en ninguna manera** esto te acontezca.
    28 que **no** gustarán la muerte, (lit., que **de
        ninguna manera...**)
  18:3 **no** entraréis en el reino (lit., **de ninguna
        manera...**)
  23:39 desde ahora **no** me veréis, (lit.,...**de ninguna
        manera...**)
  24:2 **no** quedará aquí piedra sobre piedra (lit.,
        de ninguna manera...)
    21 **no** la ha habido (lit., **de ninguna manera...**)
    34 **no** pasará esta generación (lit., **de ninguna
        manera...**)
    35 mis palabras **no** pasarán. (lit.,...**de ninguna
        manera...**)
  25:9 Para que **no** nos falte a nosotras (lit.,...**de
        ninguna manera...**) (WH, N)
  26:29 desde ahora **no** beberé más (lit.,...**de
        ninguna manera...**)
    35 **no** te negaré. (**en modo alguno** te negaré,
        VHA)
Mr 9:1 **no** gustarán la muerte (lit., **de ninguna
        manera...**)
    41 **no** perderá su recompensa. (lit., **de ninguna
        manera...**)
  10:15 **no** entrará en él (lit., **de ninguna manera...**)
  13:2 **No** quedará piedra sobre piedra, (lit., **De
        ninguna manera...**)
        que **no** sea derribada (lit., que con toda
        seguridad no...)
    19 ni la habrá. (ni la habrá **jamás**, VHA)
    30 **no** pasará esta generación (lit., **de ninguna
        manera...**)
    31 mis palabras **no** pasarán. (lit.,...**de ninguna
        manera**) (TR, ABMW)
  14:25 **no** beberé más del fruto de la vid, (lit., **no
        beberé más de manera alguna...**)
    31 **no** te negaré. (**en modo alguno** te negaré,
        VHA)
  16:18 [**no** les hará daño; (**no** les hará **ningún**
        daño, VHA)]
Lc 1:15 **No** beberá vino ni sidra, (lit., **No** beberá
        ningún vino...)
  6:37 no seréis juzgados... y no seréis condenados;
        (lit., **de ningún modo...de ningún modo**)
  8:17 que **no** haya de ser conocido, (lit.,que
        de ningún modo...) (WH, N, ABMW)
  9:27 que **no** gustarán la muerte (lit., que **de
        ningún modo...**)
  10:19 **nada** os dañará. (lit., nada **de modo
        alguno...**)
  12:59 Te digo que **no** saldrás de allí, (lit.,...**de
        ningún modo...**)
  13:35 que **no** me veréis, (lit., que **de ningún
        modo...**)
  18:7 ¿Y **acaso** Dios **no** hará justicia a sus
    17 **no** entrará en él, (lit., **de ningún modo...**)
    30 que **no** haya de recibir mucho más (lit., que
        de ningún modo...)

μηδαμῶς 3365   547   3366 μηδέ

Lc	21:18	ni un cabello de vuestra cabeza perecerá (lit., de ningún modo perecerá ni un cabello...)
	32	no pasará esta generación (lit., de ninguna manera...)
	33	mis palabras no pasarán. (lit.,...no pasarán de modo alguno)
	22:16	que no la comeré (lit., que de ningún modo...)
	18	no beberé más del fruto de la vid, (lit., de ninguna manera beberé...)
	34	el gallo no cantará hoy (TR)
	67	no creeréis; (lit., de ningún modo creeréis)
	68	no me responderéis, (lit., de ningún modo me...)
Jn	4:14	no tendrá sed jamás; (lit., de ninguna manera tendrá sed jamás)
	48	no creeréis. (lit., de ningún modo creeréis)
	6:35	nunca tendrá hambre no tendrá sed jamás. (lit., de ningún modo tendrá sed jamás)
	37	no le echo fuera. (de ninguna manera..., VM)
	8:12	no andará en tinieblas, (lit., de ninguna manera...)
	51	nunca verá muerte. (lit., nunca jamás...)
	52	nunca sufrirá muerte. (lit., nunca jamás...)
	10:5	al extraño no seguirán, (lit.,...de ninguna manera...)
	28	y no perecerán jamás, (lit., no perecerán nunca jamás)
	11:26	no morirá eternamente. (nunca jamás morirá, VHA)
	56	¿No vendrá a la fiesta? (lit., ¿De ninguna manera vendrá...)
	13:8	No me lavarás los pies jamás (¡Nunca jamás tú me lavarás a mí los pies! , VM)
	38	No cantará el gallo (lit., De ninguna manera cantará)
	16:7	el Consolador no vendría (TR, ABMW); (lit., de ninguna manera vendrá) (WH, N)
	18:11	¿no la he de beber? (lit., no la beberé de ningún modo?)
	20:25	Si no viere...no creeré (...de ninguna manera creeré, VHA)
Hch	13:41	Obra que no creeréis, (...de ninguna manera..., VM)
	28:26	no entenderéis; (lit., de ninguna manera...) no percibiréis (lit., de ninguna manera...)
Ro	4:8	a quien el Señor no inculpa (lit.,...no inculpa de ningún modo)
1 Co	8:13	no comeré carne jamás, (no comeré carne nunca jamás, VM)
Gá	4:30	no heredará el hijo de la esclava (de ningún modo será heredero..., VHA)
	5:16	no satisfagáis los deseos de la carne. (lit., de ningún modo cumpliréis el deseo...)
1 Ts	4:15	no precederemos a los que durmieron. (lit., de ninguna manera...)
	5:3	no escaparán. (lit., de ninguna manera...)
He	8:11	ninguno enseñará a su prójimo, (lit., cada cual de ningún modo enseñará a su conciudadano)
	12	nunca más me acordaré de sus pecados
	10:17	nunca más me acordaré de sus pecados
	13:5	No te desampararé, ni te dejaré; (lit., Nunca..., ni te abandonaré jamás)
1 P	2:6	no será avergonzado. (no será jamás confundido, VHA)
2 P	1:10	no caeréis jamás (lit., nunca jamás tropezaréis)
Ap	2:11	no sufrirá daño (lit., de ningún modo...)
	3:3	no sabrás a qué hora vendré (lit., de ninguna manera sabrás...)
	5	no borraré su nombre del libro (jamás borraré..., NC)
Ap	3:12	nunca más saldrá de allí
	9:6	no la hallarán (lit., no la hallarán de modo alguno)
	15:4	¿Quién no te temerá, oh Señor,
	18:7	no veré llanto; (ni nunca veré el duelo, VM)
	14	nunca más las hallarás.
	21	nunca más será hallada
	22	no se oirá más (Nunca más se oirá, NC) ningún artífice de oficio alguno se hallará más (lit.,...jamás se hallará más) ni ruido de molino se oirá más en ti. (lit., ni tampoco ruido...)
	23	no alumbrará más en ti, (lit., jamás...) ni voz de esposo...se oirá (lit., ni...jamás se oirá)
	21:25	Sus puertas nunca serán cerradas
	27	No entrará en ella ninguna cosa inmunda, (Jamás..., VHA)

3365   μηδαμῶς — medamós

Hch	10:14	Señor, no; (De ningún modo, Señor, VHA)
	11:8	dije: Señor, no; (De ningún modo, Señor, VHA)

3366   μηδέ — medé

Mt	6:25	ni por vuestro cuerpo,
	7:6	ni echéis vuestras perlas delante
	10:9	ni plata, ni cobre en vuestros cintos
	10	ni de dos túnicas, ni de calzado, ni de bordón
	14	ni oyere vuestras palabras,
	22:29	ignorando las Escrituras y el poder (por no entender las Escrituras ni el poder, VHA)
	23:10	Ni seáis llamados maestros
	24:20	no sea en invierno ni en día de reposo
Mr	2:2	no cabían ni aun a la puerta;
	3:20	ni aun podían comer pan. (WH, N, ABMW)
	6:11	ni os oyeren,
	8:26	No entres en la aldea (Ni aun..., VHA) ni lo digas a nadie en la aldea. (TR)
	12:24	ignoráis las Escrituras, y el poder (el no entender las Escrituras ni el poder, VHA)
	13:11	ni lo penséis (TR)
	15	ni entre para tomar algo
Lc	3:14	ni calumniéis
	7:33	ni comía pan ni bebía vino, (T)
	10:4	ni calzado (TR)
	12:22	ni por el cuerpo, qué vestiréis.
	47	que...no se preparó, ni hizo (TR)
	14:12	ni a tus hermanos, ni a tus parientes, ni a vecinos ricos
	16:26	no pueden, ni de allá pasar
	17:23	No vayáis, ni los sigáis
Jn	4:15	para que no tenga yo sed, ni venga
	14:27	No se turbe...ni tenga miedo.
Hch	4:18	ni enseñasen en el nombre de Jesús.
	21:21	ni observen las costumbres.
	23:8	ni ángel, ni espíritu; (TR)
Ro	6:13	ni tampoco presentéis vuestros miembros
	9:11	ni habían hecho aún ni bien ni mal (no

		habiendo...**ni** hecho..., VHA)
Ro	14:21	**ni** beber vino, **ni** nada en que tu hermano
1 Co	5:8	**ni** con la levadura de malicia
	11	con el tal **ni aun** comáis.
	10:7	**Ni** seáis idólatras,
	8	**Ni** forniquemos, como algunos
	9	**Ni** tentemos al Señor,
	10	**Ni** murmuréis, como algunos
2 Co	4:2	**ni** adulterando la palabra de Dios,
Ef	4:27	**ni** deis lugar al diablo. (WH, N, ABMW)
	5:3	**ni aun** se nombre entre vosotros,
Fil	2:3	por contienda o por vanagloria (...**ni** vanagloria, VHA) (WH, N, ABMW)
Col	2:21	No manejes, **ni** gustes, **ni aun** toques
2 Ts	2:2	**ni** os conturbéis (WH, N, ABMW)
	3:10	Si alguno no quiere trabajar, **tampoco** coma
1 Ti	1:4	**ni** presten atención a fábulas
	5:22	**ni** participes en pecados ajenos
	6:17	**ni** pongan la esperanza en las riquezas
2 Ti	1:8	**ni** de mí, preso suyo,
Tit	2:3	no esclavas del vino, (TR, VM, BC, BA); (**ni** dominadas por mucho vino, VHA, WH, N, ABMW, NC)
He	12:5	**Ni** desmayes cuando eres reprendido
1 P	3:14	no os amedrentéis...**ni** os conturbéis,
	5:2	**no** por ganancia deshonesta
	3	**no** como teniendo señorío
1 Jn	2:15	No améis al mundo, **ni** las cosas
	3:18	no amemos de palabra **ni** de lengua,

3367   μηδείς — medéis

Mt	8:4	no lo digas a **nadie**;
	9:30	Mirad que **nadie** lo sepa.
	16:20	mandó...que a **nadie** dijesen
	17:9	No digáis a **nadie** la visión
	27:19	No tengas **nada** que ver con ese justo
Mr	1:44	Mira, no digas a **nadie nada**
	5:26	que...**nada** había aprovechado,
	43	él les mandó...que **nadie** lo supiese,
	6:8	que no llevasen **nada** para el camino
	7:36	les mandó que no lo dijesen a **nadie**;
	8:26	ni lo digas a **nadie** en la aldea. (TR)
	30	que no dijesen esto de él a **ninguno**.
	9:9	mandó que a **nadie** dijesen lo que
	11:14	jamás coma **nadie** fruto de ti.
Lc	3:13	No exijáis más de lo que os está ordenado. (No exijáis **nada** sobre...BC)
	14	No hagáis extorsión a **nadie**
	4:35	no le hizo daño **alguno**.
	5:14	le mandó que no lo dijese a **nadie**;
	6:35	no esperando de ello **nada**;
	8:56	les mandó que a **nadie** dijesen
	9:3	No toméis **nada** para el camino
	21	él les mandó que a **nadie** dijesen
	10:4	a **nadie** saludéis por el camino
Jn	8:10	[no viendo a **nadie** sino a la mujer,]
Hch	4:17	que **no** hablen de aquí en adelante a hombre **alguno** (...a **ninguno** de los hombres, BC)
	21	no hallando **ningún** modo de castigarles,
	8:24	para que **nada** de esto...venga sobre mí
	9:7	mas sin ver a **nadie**.
	10:20	no dudes de ir con ellos (lit., vé con ellos **no** haciendo **ninguna** distinción)
	28	a **ningún** hombre llame común
	11:12	que fuese con ellos sin dudar (lit.,...**no** haciendo **ninguna** distinción)
	19	no hablando a **nadie** la palabra,
	13:28	sin hallar en él causa digna de muerte (**no**...causa **alguna** de muerte, VHA)
Hch	15:28	no imponeros **ninguna** carga más que
	16:28	No te hagas **ningún** mal,
	19:36	y que **nada** hagáis precipitadamente.
	40	no habiendo **ninguna** causa por la cual
	21:25	que no guarden **nada** de esto (TR)
	23:14	a no gustar **nada** hasta que
	22	mandándole que a **nadie** dijese
	29	que **ningún** delito tenía digno de muerte
	24:23	que no impidiese a **ninguno**
	25:17	sin **ninguna** dilación, al día siguiente (lit., no no haciendo **ninguna** dilación...)
	25	hallando que **ninguna cosa** digna de muerte
	27:33	permanecéis...sin comer **nada**; (TR)
	28:6	viendo que **ningún** mal le venía
	18	por no haber en mí **ninguna** causa de muerte
Ro	12:17	No paguéis a **nadie** mal por mal; (lit., no pagando...)
	13:8	No debáis a **nadie nada**, sino el amaros
1 Co	1:7	nada os falta en **ningún** don
	3:18	**Nadie** se engañe a sí mismo;
	21	**ninguno** se gloríe en los hombres;
	10:24	**Ninguno** busque su propio bien,
	25	comed, **sin** preguntar **nada**
	27	comed, **sin** preguntar **nada**
2 Co	6:3	No damos a **nadie ninguna** ocasión
	10	como no teniendo **nada**,
	7:9	para que **ninguna** pérdida padecieseis (para que en **nada** recibieseis perjuicio, VHA)
	11:5	pienso que en **nada** he sido inferior
	13:7	que **ninguna** cosa mala hagáis
Gá	6:3	se cree ser algo, **no** siendo **nada**
	17	**nadie** me cause molestias;
Ef	5:6	**Nadie** os engañe con palabras
Fil	1:28	en **nada** intimidados por los que se oponen
	2:3	**Nada** hagáis por contienda
	4:6	**Por nada** estéis afanosos;
Col	2:4	para que **nadie** os engañe (WH, N, ABMW)
	18	**Nadie** os prive de vuestro premio,
1 Ts	3:3	a fin de que **nadie** se inquiete
	4:12	y no tengáis necesidad **de nada**
2 Ts	2:3	**Nadie** os engañe en **ninguna** manera;
	3:11	no trabajando **en nada**,
1 Ti	4:12	**Ninguno** tenga en poco tu juventud,
	5:14	que no den al adversario **ninguna** ocasión
	21	no haciendo **nada** con parcialidad.
	22	No impongas...a **ninguno**,
	6:4	está envanecido, **nada** sabe, (...no sabiendo **nada**, VM)
Tit	2:8	que...no tenga **nada** malo que decir
	15	**Nadie** te menosprecie.
	3:2	Que a **nadie** difamen,
	13	de modo que **nada** les falte.
He	10:2	no tendrían ya más conciencia (por no tener ya **ninguna** conciencia, BC)
Stg	1:4	sin que os falte **cosa alguna**. (sin ser deficientes en **nada**, VHA)
	6	pida con fe, no dudando **nada**;
	13	Cuando alguno es tentado, no diga (**Ninguno**, cuando es tentado, diga, VHA)
1 P	3:6	sin temer **ninguna** amenaza.
1 Jn	3:7	Hijitos, **nadie** os engañe;
3 Jn	7	sin aceptar **nada** de los gentiles.
Ap	2:10	No temas **en nada** lo que vas a padecer. (TR, ABMW)
	3:11	para que **ninguno** tome tu corona.

3368   μηδέποτε — medépote

| 2 Ti | 3:7 | **nunca** pueden llegar (las cuales...**nunca** |

μηδέπω 3369　　　　　　　　　　　549　　　　　　　　　　　3381 μήπως

		pueden llegar, VHA)	Ap	9:5	que los atormentasen cinco **meses**; (que fuesen atormentados..., BC)
3369		μηδέπω — medépo		10	para dañar a los hombres durante cinco **meses**
He	11:7	advertido...de cosas que **aún** no se veían,		15	preparados para la hora, día, **mes** y año,
3370		Μῆδος — Médos		11:2	hollarán la ciudad santa cuarenta y dos **meses**.
Hch	2:9	Partos, **medos**, elamitas, y		13:5	para actuar cuarenta y dos **meses**
3370 A		μηθείς — methéis		22:2	dando cada **mes** su fruto; (lit., de acuerdo con cada **mes** dando su fruto)
Hch	27:33	permanecéis...sin comer **nada**. (WH, N, ABMW)	**3376**		μήν — mén (1) εἰ μήν ο ἦ μήν
3371		μηκέτι — mekéti (1) οὐ μηκέτι	He	6:14	(1) **De cierto** te bendeciré con abundancia (...bendiciendo te bendeciré, VM)
Mt	21:19	(1) **Nunca jamás** nazca de ti fruto			
Mr	1:45	de manera que ya...**no** podía entrar	**3377**		μηνύω** — menúo
	2:2	de manera que **ya no** cabían	Lc	20:37	Moisés lo **enseñó** en el pasaje de la zarza
	9:25	sal de él, y **no** entres **más** en él.	Jn	11:57	si alguno supiese...lo **manifestase**,
	11:14	**Nunca jamás** coma nadie fruto de ti,	Hch	23:30	al ser **avisado** de asechanzas que los judíos (habiéndoseme **denunciado** que había un complot, VHA)
Lc	8:49	no molestes **más** al Maestro. (WH, N, ABMW)			
Jn	5:14	no peques **más**,	1 Co	10:28	por causa de aquel que lo **declaró**,
	8:11	[no peques **más**]			
Hch	4:17	para que no hablen de aquí en adelante	**3379**		μήποτε — mépote
	13:34	para nunca **más** volver a corrupción,	Mt	4:6	**para que no** tropieces con tu pie
	25:24	dando voces que **no** debe vivir **más**.		5:25	**no sea que** el adversario te entregue al juez,
Ro	6:6	a fin de que **no** sirvamos **más** al pecado		7:6	**no sea que** las pisoteen, (**no sea que** las rehuellen bajo sus pies, VHA)
	14:13	ya no nos juzguemos **más** los unos a los		13:15	**Para que no** vean con los ojos,
	15:23	no teniendo **más** campo en estas regiones,		29	No, **no sea que** al arrancar la cizaña,
2 Co	5:15	para que...ya **no** vivan para sí, sino para		15:32	**no sea que** desmayen en el camino.
Ef	4:14	para que **ya no** seamos niños		25:9	Para que **no** nos falte (**quizá** no alcance para nosotras, VHA)
	17	que **ya no** andéis como los otros gentiles			
	28	El que hurtaba, **no** hurte **más**,		27:64	**no sea que**...lo hurten
1 Ts	3:1	no pudiendo soportarlo **más**	Mr	4:12	**para que no** se conviertan
	5	yo, **no** pudiendo soportar **más**, envié		14:2	**para que no** se haga alboroto del pueblo.
1 Ti	5:23	**Ya no** bebas agua,	Lc	3:15	**si acaso**...sería el Cristo,
1 P	4:2	para **no** vivir...conforme a las concupiscencias (para vivir...**no ya** para las concupiscencias, BC)		4:11	**para que no** tropieces con tu pie
				12:58	**no sea que** te arrastre al juez,
				14:8	**no sea que** otro más distinguido que tú
3372		μῆκος — mékos		12	**no sea que** ellos...te vuelvan a convidar
Ef	3:18	cuál sea la anchura, la **longitud**,		29	**No sea que** después que haya puesto
Ap	21:16	su **longitud** es igual a su anchura; la **longitud**, la altura y la anchura		21:34	que vuestros corazones **no** se carguen
			Jn	7:26	¿Habrán reconocido en verdad (**Será acaso** que...han sabido verdaderamente, VM)
3373		μηκύνω — mekúno			
Mr	4:27	crece sin que él sepa cómo	Hch	5:39	no seáis **tal vez** hallados luchando
				28:27	**para que no** vean con los ojos
3374		μηλωτή — meloté	2 Ti	2:25	**por si quizá** Dios les conceda
He	11:37	cubiertos de **pieles de ovejas**	He	2:1	**no sea que** nos deslicemos.
				3:12	que **no** haya en ninguno de vosotros
3375		μήν — mén		4:1	Temamos, pues, **no sea que** permaneciendo
Lc	1:24	se recluyó en casa por cinco **meses**,		9:17	no es válido entre tanto que el testador vive (**nunca**...es firme..., NC)
	26	Al sexto **mes** el ángel Gabriel fue enviado			
	36	este es el sexto mes para ella.	**3380**		μήπω* — mépo
	56	se quedó María con ella como tres **meses**;	Ro	9:11	no habían **aún** nacido, (no habiendo **aún** nacido, VHA)
	4:25	el cielo fue cerrado por tres años y seis **meses**,	He	9:8	que **aún no** se había manifestado el camino
Hch	7:20	fue criado tres **meses** en casa de su padre			
	18:11	se detuvo allí un año y seis **meses**,	**3381**		μήπως — mépos ο μή πως
	19:8	habló con denuedo por espacio de tres **meses**	Hch	27:29	temiendo dar en escollos (lit., temiendo que tal vez cayeran en lugares escabrosos) (TR, VH, VM, NC); (lit.,...cayéramos..., WH, N, ABMW, BC, BA)
	20:3	Después de haber estado allí tres **meses**,			
	28:11	Pasados tres **meses**, nos hicimos a la vela	Ro	11:21	a ti tampoco te perdonará (V60, WH, N, ABMW, VHA, VM, NC, BA); (**no sea que** tampoco te perdone a ti, BC, TR)
Gá	4:10	Guardáis los días, **los** meses, los tiempos			
Stg	5:17	no llovió...por tres años y seis **meses**.			

μηρός 3382　　　　　　　　　　　550　　　　　　　　　　　3385 μήτι

1 Co	8:9	mirad **que** esta libertad vuestra **no**
	9:27	**no sea que** habiendo sido heraldo
2 Co	2:7	**para que no** sea consumido
	9:4	**no sea que** si vinieren conmigo
	11:3	temo **que**...vuestros sentidos sean **de alguna manera** extraviados
	12:20	me temo **que**...no os halle (...**no sea que tal vez**...no os halle, VHA)
Gá	2:2	**para no** correr...en vano
	4:11	**que** haya trabajado en vano (**que tal vez**..., VHA)
1 Ts	3:5	**no sea que** os hubiese tentado el tentador

3382　　μηρός – merós

Ap　19:16　en su **muslo** tiene escrito este nombre

3383　　μήτε – méte

Mt	5:34	**ni** por el cielo,
	35	**ni** por la tierra,...**ni** por Jerusalén,
	36	**Ni** por tu cabeza jurarás,
	11:18	vino Juan, que **ni** comía **ni** bebía,
Mr	3:20	**ni** aun podían comer pan (TR)
Lc	7:33	que **ni** comía pan (TR)
		ni bebía vino
	9:3	**ni** bordón, **ni** alforja, **ni** pan
		ni dinero; **ni** llevéis dos túnicas.
Hch	23:8	**ni** ángel, (WH, N, ABMW)
		ni espíritu
	12	que **no** comerían **ni** beberían
	21	a **no** comer **ni** beber
	27:20	no apareciendo **ni** sol **ni** estrellas
Ef	4:27	**ni** deis lugar al diablo (TR)
2 Ts	2:2	**ni** os conturbéis (TR)
		ni por espíritu, **ni** por palabra, **ni** por carta
1 Ti	1:7	sin entender **ni** lo que hablan **ni** lo que afirman (lit.,...**ni** ...**ni** acerca de las cosas que afirman)
He	7:3	que **ni** tiene principio de días, **ni** fin de vida
Stg	5:12	no juréis, **ni** por el cielo, **ni** por la tierra, **ni** por ningún otro
Ap	7:1	**ni** sobre el mar, **ni** sobre ningún árbol
	3	**ni** al mar, **ni** a los árboles,

3384　　μήτηρ – méter

Mt	1:18	desposada María su **madre** con José,
	2:11	vieron al niño con su **madre** María,
	13	toma al niño y a su **madre**,
	14	tomó de noche al niño y a su **madre**
	20	tomó al niño y a su **madre**,
	21	tomó al niño y a su **madre**,
	10:35	a la hija contra su **madre**,
	37	El que ama a padre o **madre** más que a mí
	12:46	he aquí su **madre** y sus hermanos
	47	He aquí tu **madre** y tus hermanos (TR, [N], [ABMW], VHA, VM, NC, BC, BA)
	48	¿Quién es mi **madre**, y
	49	He aquí mi **madre** y mis hermanos.
	50	ése es mi...**madre**
	13:55	¿No se llama su **madre** María
	14:8	Ella, instruida primero por su **madre**
	11	ella la presentó a su **madre**
	15:4	Honra a tu padre y a tu **madre**; El que maldiga al padre o a la **madre**
	5	Cualquiera que diga a su padre o a su **madre**
	6	no ha de honrar a su padre o a su **madre**. (TR, N, VHA, VM, BC, BA)
	19:5	el hombre dejará padre y **madre**,
	12	nacieron así del vientre de su **madre**
Mt	19:19	Honra a tu padre y a tu **madre**
	29	cualquiera que haya dejado...**madre**
	20:20	se le acercó la **madre** de los hijos de Zebedeo
	27:56	María la **madre** de Jacobo y de José la **madre** de los hijos de Zebedeo
Mr	3:31	Vienen después...su **madre**,
	32	Tu **madre** y tus hermanos están
	33	¿Quién es mi **madre** y mis hermanos?
	34	He aquí mi **madre** y mis hermanos.
	35	ése es...mi **madre**
	5:40	tomó al padre y a la **madre** de la niña,
	6:24	dijo a su **madre**: ¿Qué pediré?
	28	y la muchacha la dio a su **madre**
	7:10	Honra a tu padre y a tu **madre** El que maldiga al padre o a la **madre**
	11	que diga...a la **madre**: Es Corbán
	12	no le dejáis hacer más por su...**madre**
	10:7	dejará el hombre a su padre y a su **madre**
	19	Honra a tu padre y a tu **madre**.
	29	ninguno que haya dejado...o **madre**
	30	reciba cien veces más...**madres**,
	15:40	María la **madre** de Jacobo el menor
Lc	1:15	aun desde el vientre de su **madre**
	43	que la **madre** de mi Señor venga a mí?
	60	respondiendo su **madre**, dijo:
	2:33	José y su **madre** estaban maravillados (TR, VM); (su padre y **madre**, VHA, WH, N, ABMW, NC, BC, BA)
	34	dijo a su **madre** María;
	43	José y su **madre** (TR)
	48	le dijo su **madre**: Hijo,
	51	su **madre** guardaba todas estas cosas
	7:12	hijo único de su **madre**,
	15	lo dio a su **madre**,
	8:19	su **madre** y sus hermanos vinieron a él;
	20	Tu **madre** y tus hermanos están
	21	Mi **madre** y mis hermanos son los que
	51	al padre y a la **madre** de la niña.
	12:53	la **madre** contra la hija
	14:26	y no aborrece a su padre, y **madre**,
	18:20	honra a tu padre y a tu **madre**
Jn	2:1	estaba allí la **madre** de Jesús
	5	Su **madre** dijo a los que servían
	12	descendieron...él, su **madre**
	3:4	entrar por segunda vez en el vientre de su **madre**
	6:42	cuyo padre y **madre** nosotros conocemos?
	19:25	junto a la cruz de Jesús su **madre**
	26	Cuando vio Jesús a su **madre** dijo a su **madre**: Mujer,
	27	He ahí tu **madre**.
Hch	1:14	con María la **madre** de Jesús,
	3:2	cojo de nacimiento (cojo desde el seno de su **madre**, VM)
	12:12	llegó a casa de María la **madre** de Juan,
	14:8	cojo de nacimiento (tullido desde el seno de su **madre**, BA)
Ro	16:13	Saludad a Rufo...y a su **madre**
Gá	1:15	me apartó desde el vientre de mi **madre**
	4:26	Jerusalén...la cual es **madre**
Ef	5:31	dejará el hombre a su padre y a su **madre**,
	6:2	Honra a tu padre y a tu **madre**,
1 Ti	5:2	a las ancianas, como a **madres**;
2 Ti	1:5	y en tu **madre** Eunice, y estoy
Ap	17:5	BABILONIA...LA **MADRE** DE LAS

3385　　μήτι – méti

Mt　7:16　¿**Acaso** se recogen uvas de los espinos,

μήτιγε 3386			3401 μιμέομαι	
Mt	12:23	¿Será éste aquel Hijo de David? (Será éste acaso..., VHA)	Mr 14:70	poco después, los que estaban allí
	26:22	¿Soy yo, Señor? (¿Acaso soy yo..., VM)	Jn 13:33	aún estaré con vosotros un poco
	25	¿Soy yo, Maestro? (Acaso soy yo, Rabbí? VM)	14:19	Todavía un poco, y el mundo no me verá
Mr	4:21	¿Acaso se trae la luz para ponerla (lit., La lámpara viene para ser puesta..., ¿verdad?)	16:16	Todavía un poco, y no me veréis; y de nuevo un poco, y me veréis;
			17	Todavía un poco y no me veréis; y de nuevo un poco, y me veréis
	14:19	¿Seré yo? (¿Acaso soy yo, VM) Y el otro: ¿Seré yo? (...¿Por ventura yo?, BC) (TR)	18	¿Qué quiere decir con: Todavía un poco? (¿Qué es este "poquito", VHA)
			19	Todavía un poco y no me veréis de nuevo un poco y me veréis?
Lc	6:39	¿Acaso puede un ciego guiar	2 Co 11:1	¡Ojalá me toleraseis un poco de locura!
	9:13	a no ser que vayamos nosotros a comprar (lit., si no yendo compramos nosotros)	16	para que yo también me gloríe un poquito
			He 10:37	Porque aún un poquito, ("todavía un poquito, tantico, tantico, BC)
Jn	4:29	¿No será éste el Cristo? (¿será acaso éste el Cristo?, VM)		
			3398	μικρός — mikrós
	7:31	¿hará más señales (hará por ventura más milagros, VM) (TR)		(1) μικρότερος
			Mt 10:42	cualquiera que dé a uno de estos pequeñitos (...que diere de beber..., VHA)
	8:22	¿Acaso se matará a sí mismo		
	18:35	¿soy yo acaso judío?		
Hch	10:47	¿Puede acaso alguno impedir el agua,	11:11	(1) el más pequeño en el reino de los cielos
1 Co	6:3	¿Cuánto más las cosas de esta vida?, (TR, N)	13:32	(1) es la más pequeña de todas las semillas
			18:6	que haga tropezar a algún de estos pequeños
2 Co	1:17	¿usé quizá de ligereza? (WH, N, ABMW)		
	12:18	¿Os engañó acaso Tito? (WH, N, ABMW)	10	no menospreciéis a uno de estos pequeños
Stg	3:11	¿Acaso alguna fuente echa...agua dulce	14	que se pierda uno de estos pequeños
			Mr 4:31	(1) es la más pequeña de todas las semillas
3386		μήτιγε — métige (métigue)	9:42	que haga tropezar a uno de estos pequeñitos
1 Co	6:3	¿Cuánto más las cosas de esta vida? (WH, ABMW)	15:40	de Jacobo el menor y de José
			Lc 7:28	(1) el más pequeño en el reino de Dios
3388		μήτρα — métra	9:48	(1) el que es más pequeño entre todos
Lc	2:23	Todo varón que abriere la matriz	12:32	No temáis, manada pequeña,
Ro	4:19	la esterilidad de la matriz de Sara.	17:2	hacer tropezar a uno de estos pequeñitos
			19:3	pues era pequeño de estatura.
3389		μητραλῴας — metralóas o μητρολῴας	Jn 7:33	Todavía un poco de tiempo estaré con vosotros,
1 Ti	1:9	para los parricidas y matricidas,	12:35	por un poco está la luz entre (por un poco de tiempo..., VHA)
3392		μιαίνω — miáino	Hch 8:10	desde el más pequeño hasta el más grande
Jn	18:28	no entraron en el pretorio para no contaminarse,	26:22	a pequeños y a grandes (al pequeño como al grande, BC)
Tit	1:15	para los corrompidos...nada les es puro su mente y su conciencia están corrompidas	1 Co 5:6	un poco de levadura leuda toda la masa?
			Gá 5:9	Un poco de levadura leuda toda la masa
He	12:15	por ella muchos sean contaminados;	He 8:11	Desde el menor hasta el mayor de ellos.
Jud	8	estos soñadores mancillan la carne,	Stg 3:5	la lengua es un miembro pequeño
			Ap 3:8	tienes poca fuerza,
3393		μίασμα — míasma	6:11	que descansasen todavía un poco
2 P	2:20	habiéndose ellos escapado de las contaminaciones	11:18	a los pequeños y a los grandes
			13:16	hacía que a todos, pequeños y grandes,
3394		μιασμός** † — miasmós	19:5	sus siervos,...así pequeños como grandes
2 P	2:10	que...andan en concupiscencia e inmundicia, (...de inmundicia, VM)	18	que comáis carnes de...pequeños
			20:3	debe ser desatado por un poco de tiempo.
3395		μίγμα* — mígma	12	vi a los muertos, grandes y pequeños
Véase también pág. 320				
Jn	19:39	vino trayendo un compuesto de mirra (TR, N, ABMW)	**3399**	Μίλητος — Míletos
			Hch 20:15	al día siguiente llegamos a Mileto
3396		μίγνυμι, véase μείγνυμι. pág. 538	17	Enviando, pues, desde Mileto a Efeso,
			2 Ti 4:20	a Trófimo dejé en Mileto enfermo.
3397		μικρόν — mikrón	**3400**	μίλιον* — mílion
Mt	26:39	Yendo un poco adelante, se postró	Mt 5:41	llevar carga por una milla,
	73	Un poco después, acercándose	**3401**	μιμέομαι — miméomai
Mr	14:35	Yéndose un poco adelante, se postró	2 Ts 3:7	sabéis de qué manera debéis imitarnos
			9	para que nos imitaseis
			He 13:7	imitad su fe.

μιμητής 3402　　　　　　　　　　552　　　　　　　　　　3409 μισθόω

3 Jn 11 no imites lo malo, sino lo bueno

3402　　μιμητής* — mimetés

1 Co 4:16 que me imitéis. (que seáis imitadores de mí, VHA)
 11:1 Sed imitadores de mí, así como yo
Ef 5:1 Sed, pues, imitadores de Dios
1 Ts 1:6 vinisteis a ser imitadores de nosotros
 2:14 vinisteis a ser imitadores de las iglesias
He 6:12 sino imitadores de aquellos que por la fe
1 P 3:13 si vosotros seguís el bien? (lit., si os hacéis imitadores de bien) (TR)

3403　　μιμνήσκομαι — mimnéskomai

Mt 5:23 te acuerdas de que tu hermano tiene algo
 26:75 Pedro se acordó de las palabras de Jesús (...la palabra..., VHA)
 27:63 nos acordamos que aquel engañador dijo,
Lc 1:54 Acordándose de la misericordia (para acordarse..., BC)
 72 acordarse de su santo pacto;
 16:25 Hijo, acuérdate que recibiste tus bienes
 23:42 Acuérdate de mí cuando vengas
 24:6 Acordaos de lo que os habló,
 8 ellas se acordaron de sus palabras,
Jn 2:17 se acordaron sus discípulos que está escrito
 22 sus discípulos se acordaron que
 12:16 entonces se acordaron de que estas
Hch 10:31 tus limosnas han sido recordadas delante
 11:16 me acordé de lo dicho por el Señor,
1 Co 11:2 en todo os acordáis de mí,
2 Ti 1:4 al acordarme de tus lágrimas,
He 2:6 para que te acuerdes de él (que te acuerdas..., VHA)
 8:12 nunca más me acordaré de sus pecados
 10:17 nunca más me acordaré de sus pecados
 13:3 Acordaos de los presos,
2 P 3:2 para que tengáis memoria de las palabras
Jud 17 amados, tened memoria de las palabras
Ap 16:19 vino en memoria delante de Dios,

3404　　μισέω — miséo

Mt 5:43 aborrecerás a tu enemigo.
 44 haced bien a los que os aborrecen, (TR, VM)
 6:24 o aborrecerá al uno y amará al otro,
 10:22 seréis aborrecidos de todos
 24:9 y seréis aborrecidos de todas las gentes
 10 y unos a otros se aborrecerán
Mr 13:13 seréis aborrecidos de todos por causa
Lc 1:71 la mano de todos los que nos aborrecieron
 6:22 cuando los hombres os aborrezcan
 27 haced bien a los que os aborrecen
 14:26 y no aborrece a su padre,
 16:13 o aborrecerá al uno y amará al otro,
 19:14 sus conciudadanos le aborrecían
 21:17 seréis aborrecidos de todos por causa
Jn 3:20 aborrece la luz
 7:7 No puede el mundo aborreceros a vosotros mas a mí me aborrece,
 12:25 el que aborrece su vida en este mundo,
 15:18 Si el mundo os aborrece a mí me ha aborrecido antes
 19 por eso el mundo os aborrece.
 23 El que me aborrece a mí, también a mi Padre aborrece
 24 han aborrecido a mí y a mi Padre
 25 Sin causa me aborrecieron

Jn 17:14 y el mundo los aborreció,
Ro 7:15 sino lo que aborrezco, eso hago.
 9:13 A Jacob amé, mas a Esaú aborrecí
Ef 5:29 nadie aborreció jamás a su propia carne
Tit 3:3 aborreciéndonos unos a otros.
He 1:9 Has...aborrecido la maldad,
1 Jn 2:9 El que...aborrece a su hermano,
 11 el que aborrece a su hermano
 3:13 si el mundo os aborrece
 15 Todo aquel que aborrece a su hermano es
 4:20 Si...aborrece a su hermano, es mentiroso.
Jud 23 aborreciendo aun la ropa contaminada
Ap 2:6 que aborreces las obras de los nicolaítas las cuales yo también aborrezco
 15 la que yo aborrezco. (TR, VM)
 17:16 éstos aborrecerán a la ramera,
 18:2 albergue de toda ave...aborrecible.

3405　　μισθαποδοσία*† — misthapodosía

He 2:2 toda transgresión...recibió justa retribución,
 10:35 que tiene grande galardón;
 11:26 tenía puesta la mirada en el galardón

3406　　μισθαποδότης*† — misthapodótes

He 11:6 que es galardonador de los que le buscan.

3407　　μίσθιος — místhios

Lc 15:17 ¡Cuántos jornaleros en casa de mi padre
 19 hazme como a uno de tus jornaleros.
 21 Lit., Hazme como a uno de tus jornaleros ([WH]) (no aparece en V60)

3408　　μισθός — misthós

Mt 5:12 alegraos, porque vuestro galardón es grande
 46 ¿qué recompensa tendréis?
 6:1 de otra manera no tendréis recompensa
 2 ya tienen su recompensa
 5 ya tienen su recompensa
 16 ya tienen su recompensa
 10:41 recompensa de profeta recibirá; recompensa de justo recibirá.
 42 no perderá su recompensa.
 20:8 págales el jornal,
Mr 9:41 no perderá su recompensa
Lc 6:23 he aquí vuestro galardón es grande
 35 será vuestro galardón grande,
 10:7 el obrero es digno de su salario.
Jn 4:36 el que siega recibe salario
Hch 1:18 con el salario de su iniquidad adquirió
Ro 4:4 no se le cuenta el salario como gracia,
1 Co 3:8 cada uno recibirá su recompensa
 14 Si permanece la obra...recibirá recompensa
 9:17 si lo hago de buena voluntad, recompensa
 18 ¿Cuál, pues, es mi galardón?
1 Ti 5:18 Digno es el obrero de su salario.
2 P 2:13 el galardón de su injusticia,
 15 el cual amó el premio de la maldad,
2 Jn 8 sino que recibáis galardón completo
Jud 11 se lanzaron por lucro en el error de
Ap 11:18 el tiempo...de dar el galardón
 22:12 yo vengo pronto, y mi galardón conmigo,

3409　　μισθόω — misthóo

Mt 20:1 salió...a contratar obreros
 7 nadie nos ha contratado

μίσθωμα 3410			553			3421 μνημονεύω

3410 μίσθωμα — místhoma
Hch 28:30 permaneció...en una **casa alquilada**, (...en su propia **vivienda alquilada**, VM)

3411 μισθωτός — misthotós
Mr 1:20 en la barca con los **jornaleros**,
Jn 10:12 Mas el **asalariado**, y que no es el pastor,
   13 Así que el **asalariado** huye, (TR) porque es **asalariado**

3412 Μιτυλήνη — Mituléne
Hch 20:14 tomándole a bordo, vinimos a **Mitilene**

3413 Μιχαήλ — Micaél (Mijaél)
Jud 9 el arcángel **Miguel** contendía con el diablo.
Ap 12:7 **Miguel** y sus ángeles luchaban

3414 μνᾶ — mná o μνᾶς
Lc 19:13 les dio diez **minas**,
   16 Señor, tu **mina** ha ganado diez
   18 Señor, tu **mina** ha producido cinco
   20 Señor, aquí está tu **mina**,
   24 Quitadle la **mina**, y dadla al que tiene las diez minas
   25 Señor, tiene diez **minas**

3416 Μνάσων — Mnáson
Hch 21:16 trayendo consigo a uno llamado **Mnasón**,

3417 μνεία — mnéia
Ro 1:9 hago **mención** de vosotros siempre
Ef 1:16 haciendo **memoria** de vosotros en mis
Fil 1:3 siempre que me acuerdo de vosotros (lit., en toda **memoria** de vosotros)
1 Ts 1:2 haciendo **memoria** de vosotros
   3:6 que siempre nos recordáis con cariño, (que conserváis siempre buena **memoria** de nosotros, VM)
2 Ti 1:3 sin cesar me acuerdo de ti (...tengo memoria de ti, VM)
Flm 4 haciendo siempre **memoria** de ti en mis

3418 μνῆμα — mnéma
Mr 5:3 tenía su morada en los **sepulcros**, (WH, N, ABMW)
   5 dando voces...en los **sepulcros**,
   15:46 y lo puso en un **sepulcro** (WH, N)
   16:2 vinieron al **sepulcro**, (N)
Lc 8:27 ni moraba en casa, sino en los **sepulcros**
   23:53 lo puso en un **sepulcro**
   24:1 vinieron al **sepulcro**
Hch 2:29 y su **sepulcro** está con nosotros
   7:16 en el **sepulcro** que a precio de dinero
Ap 11:9 no permitirán que sean sepultados. (que sus cadáveres sean puestos en sepulcro, BC)

3419 μνημεῖον — mnemeíon
Mt 8:28 endemoniados que salían de los **sepulcros**,
   23:29 adornáis los **monumentos** de los justos
   27:52 se abrieron los **sepulcros**,
   53 saliendo de los **sepulcros**,
   60 lo puso en su **sepulcro** nuevo, una gran piedra a la entrada del sepulcro
   28:8 saliendo del **sepulcro** con temor
Mr 5:2 vino a su encuentro, de los **sepulcros**,

Mr 5:3 tenía su morada en los **sepulcros** (TR)
   6:29 y lo pusieron en un **sepulcro**.
   15:46 lo puso en un **sepulcro** (TR, ABMW) a la entrada del sepulcro
   16:2 vinieron al **sepulcro**, (TR, WH, ABMW)
   3 nos removerá la piedra...del **sepulcro**?
   5 cuando entraron en el **sepulcro**,
   8 huyendo del **sepulcro**, (huyeron..., VHA)
Lc 11:44 sois como **sepulcros** que no se ven,
   47 edificáis los **sepulcros** de los profetas
   48 y vosotros edificáis sus **sepulcros**, (TR, VM)
   23:55 vieron el **sepulcro**,
   24:2 removida la piedra del **sepulcro**
   9 volviendo del **sepulcro**
   12 corrió al **sepulcro** (TR, [WH], [ABMW], VHA, VM, NC, BC, [BA])
   22 las que antes del día fueron al **sepulcro**; (las cuales al amanecer estaban junto al sepulcro, VM)
   24 fueron algunos de los nuestros al **sepulcro**
Jn 5:28 los que están en los **sepulcros** oirán
   11:17 halló que hacía ya cuatro días que...estaba en el **sepulcro**. (lit., lo halló teniendo ya cuatro días en el sepulcro)
   31 Va al **sepulcro** a llorar allí
   38 Jesús,...vino al **sepulcro**
   12:17 cuando llamó a Lázaro del **sepulcro**
   19:41 y en el huerto un **sepulcro** nuevo
   42 porque aquel **sepulcro** estaba cerca,
   20:1 siendo aún oscuro, al **sepulcro** vio quitada la piedra del sepulcro
   2 Se han llevado del **sepulcro** al Señor,
   3 fueron al **sepulcro**.
   4 llegó primero al **sepulcro**.
   6 Simón Pedro...entró en el **sepulcro**
   8 que había venido primero al **sepulcro**
   11 María estaba...llorando junto al **sepulcro** se inclinó para mirar dentro del sepulcro (lit., se inclinó hacia el sepulcro)
Hch 13:29 lo pusieron en el **sepulcro**

3420 μνήμη — mnéme
2 P 1:15 podáis en todo momento tener **memoria**

3421 μνημονεύω — mnemonéuo
Mt 16:9 ni **os acordáis** de los cinco panes.
Mr 8:18 ¿Y no **recordáis**?
Lc 17:32 **Acordaos** de la mujer de Lot.
Jn 15:20 **Acordaos** de la palabra que yo os he dicho;
   16:4 **os acordéis** de que ya os lo había dicho. (os acordéis de ellas y de que..., VHA)
   21 ya no **se acuerda** de la angustia,
Hch 20:31 velad, **acordándoos** que por tres años,
   35 y **recordar** las palabras del Señor
Gá 2:10 que **nos acordásemos** de los pobres;
Ef 2:11 **acordaos** de que en otro tiempo vosotros
Col 4:18 **Acordaos** de mis prisiones.
1 Ts 1:3 **acordándonos** sin cesar delante del Dios
   2:9 **os acordáis**, hermanos, de nuestro trabajo
2 Ts 2:5 ¿No **os acordáis** que cuando yo estaba
2 Ti 2:8 **Acuérdate** de Jesucristo,
He 11:15 si **hubiesen estado pensando** en aquella (si **se acordaran** de aquella, VM)
   22 mencionó la salida (**se acordó** de la salida, NC)
   13:7 **Acordaos** de vuestros pastores,
Ap 2:5 **Recuerda**, por tanto, de dónde has caído
   3:3 **Acuérdate**, pues, de lo que has recibido
   18:5 Dios **se ha acordado** de sus maldades

μνημόσυνον 3422   554   3440 μόνον

3422 μνημόσυνον — mnemósunon

Mt	26:13	lo que ésta ha hecho, para **memoria** de ella.
Mr	14:9	lo que ésta ha hecho, para **memoria** de ella.
Hch	10:4	han subido para **memoria** delante de Dios

3423 μνηστεύω — mnestéuo

Mt	1:18	**Estando desposada** María
Lc	1:27	a una virgen **desposada** con un varón
	2:5	con María...**desposada** con él

3424 μογιλάλος† — mogilálos (moguilálos)

Mr	7:32	le trajeron un sordo y **tartamudo**,

3425 μόγις** — mógis (móguis)

Lc	9:39	**a duras penas** se aparta de él. (TR, ABMW)

3426 μόδιος* — módios

Mt	5:15	se pone debajo de un **almud**,
Mr	4:21	para ponerla debajo del **almud**,
Lc	11:33	ni debajo del **almud**, sino en el candelero

3428 μοιχαλίς — moicalís (moijalís)

Mt	12:39	La generación mala y **adúltera** demanda
	16:4	La generación mala y **adúltera** demanda
Mr	8:38	en ésta generación **adúltera** y pecadora,
Ro	7:3	será llamada **adúltera**;
		de tal manera que...no será **adúltera**.
Stg	4:4	¡Oh almas **adúlteras**! (V60, WH, N, ABMW VHA, VM, NC, BC, BA); (lit., Adúlteros y **adúlteras**, TR)
2 P	2:14	Tienen los ojos llenos de **adulterio**, (que tienen los ojos llenos **de la mujer adúltera**, BC)

3429 μοιχάω — moicáo (moijáo)

Mt	5:32	hace que ella **adultere** (TR)
		el que se casa con la repudiada, **comete adulterio**
	19:9	y se casa con otra, **adultera**
		el que se casa con la repudiada, **adultera** (TR, VM, BC)
Mr	10:11	**comete adulterio** contra ella;
	12	y se casa con otro, **comete adulterio**.

3430 μοιχεία — moicéia (moijéia)

Mt	15:19	del corazón salen...los **adulterios**,
Mr	7:21	del corazón...salen...los **adulterios**,
Jn	8:3	[una mujer sorprendida en **adulterio**;]
Gá	5:19	las obras de la carne, que son: **adulterio**, (TR, VM)

3431 μοιχεύω — moicéuo (moijéuo)

Mt	5:27	No **cometerás adulterio**.
	28	ya **adulteró** con ella en su corazón.
	32	hace que ella **adultere**; (WH, N, ABMW)
	19:18	No matarás. No **adulterarás**
Mr	10:19	Los mandamientos sabes: No **adulteres**.
Lc	16:18	y se casa con otra, **adultera**; con la repudiada del marido, **adultera**.
	18:20	No **adulterarás**; no matarás
Jn	8:4	[en el acto mismo de adulterio. (en el mismo hecho, **adulterando**, VA)]
Ro	2:22	dices que no **se ha de adulterar**, ¿**adulteras**?
	13:9	No **adulterarás**, no matarás,
Stg	2:11	No **cometerás adulterio**, también ha dicho: si no **cometes adulterio**, pero matas,

Ap	2:22	a los que con ella **adulteran**,

3432 μοιχός — moicós (moijós)

Lc	18:11	no soy como los...**adúlteros**,
1 Co	6:9	ni los idólatras, ni los **adúlteros**,
He	13:4	a los **adúlteros** los juzgará Dios.
Stg	4:4	¡Oh almas adúlteras (V60, WH, N, ABMW, VHA, VM, NC, BC, BA); (lit., ¡**Adúlteros** y adúlteras!, TR)

3433 μόλις — mólis

Lc	9:39	**a duras penas** se aparta de él (WH, N)
Hch	14:18	**difícilmente** lograron impedir que...ofreciese
	27:7	llegando **a duras penas** frente a Gnido
	8	costeándola **con dificultad**,
	16	**con dificultad** pudimos recoger el esquife (pudimos **con mucha dificultad** hacernos dueños del bote, BC)
Ro	5:7	**apenas** morirá alguno por un justo;
1 P	4:18	Si el justo **con dificultad** se salva,

3434 Μολόχ — Molóc (Molój)

Hch	7:43	llevasteis el tabernáculo de **Moloc**,

3435 μολύνω — molúno

1 Co	8:7	su conciencia, siendo débil, **se contamina**.
Ap	3:4	no **han manchado** sus vestiduras;
	14:4	Estos son los que no **se contaminaron**

3436 μολυσμός† — molusmós

2 Co	7:1	limpiémonos de toda **contaminación**

3437 μομφή* — momfé

Col	3:13	si alguno tuviere **queja** contra otro

3438 μονή** — moné

Jn	14:2	En la casa de mi Padre muchas **moradas** hay
	23	haremos **morada** con él

3439 μονογενής — monogenés (monoguenés)

Lc	7:12	hijo **único** de su madre,
	8:42	una hija **única**, como de doce años
	9:38	mi hijo, pues es el **único**
Jn	1:14	gloria como **del unigénito** del Padre)
	18	el **unigénito** Hijo, (TR, VM, BC); (el **unigénito** Dios, VHA, WH, N, ABMW, NC, BA)
	3:16	que ha dado a su Hijo **unigénito**,
	18	no ha creído en el nombre del **unigénito**
He	11:17	ofrecía su **unigénito**
1 Jn	4:9	envió a su Hijo **unigénito** al mundo,

3440 μόνον — mónon

Mt	5:47	si saludáis a vuestros hermanos **solamente**
	8:8	**solamente** di la palabra
	9:21	Si tocare **solamente** su manto,
	10:42	un vaso de agua fría **solamente**
	14:36	**solamente** el borde de su manto
	21:19	sino hojas **solamente**
	21	no sólo haréis esto de la higuera,
Mr	5:36	No temas, cree **solamente**.
	6:8	que no llevasen...sino **solamente** bordón
Lc	8:50	No temas; cree **solamente**
Jn	5:18	no **sólo** quebrantaba el día de reposo
	11:52	y no **solamente** por la nación

μόνος 3441			555			3446 μόρφωσις

Jn	12:9	no solamente por causa de Jesús				WH, N, ABMW, VM, NC, BC, BA)
	13:9	Señor, no sólo mis pies,	Mr	4:10	(1) Cuando estuvo solo, (WH, N, ABMW)
	17:20	no ruego solamente por éstos,		6:47	él sólo en tierra.
Hch	8:16	sino que solamente habían sido bautizados		9:2	y los llevó aparte solos a un monte
	11:19	no hablando...sino sólo a los judíos		8	sino a Jesús sólo.
	18:25	aunque solamente conocía el bautismo	Lc	4:4	No sólo de pan vivirá el hombre,
	19:26	este Pablo, no solamente en Efeso,		8	y a él solo servirás.
	27	no solamente hay peligro de que		5:21	¿Quién puede perdonar pecados sino sólo
	21:13	estoy dispuesto no sólo a ser atado,		6:4	no es lícito comer sino sólo a los sacerdotes
	26:29	no solamente tú, sino también todos		9:18	mientras Jesús oraba aparte (WH, N, ABMW)
	27:10	no sólo del cargamento y de la nave,		36	Jesús fue hallado solo;
Ro	1:32	no sólo las hacen,		10:40	que mi hermana me deje servir sola?
	3:29	¿Es Dios solamente Dios de los judíos?		24:12	vio los lienzos solos, (TR, [WH], [ABMW],
	4:12	para los que no solamente son			VHA, VM, NC, BC, [BA])
	16	no solamente para la que es de la ley,		18	¿Eres tú el único forastero
	23	no solamente con respecto a él	Jn	5:44	la gloria que viene del Dios único?
	5:3	no sólo esto, sino que también		6:15	volvió a retirarse al monte él solo.
	11	no sólo esto, sino que también		22	sino que éstos se habían ido solos. (sino
	8:23	no sólo ella, sino que también nosotros			que los discípulos.., BC)
	9:10	no sólo esto, sino también cuando Rebeca		8:9	[quedó sólo Jesús]
	24	no sólo de los judíos, sino también		16	porque no soy yo solo
	13:5	no solamente por razón del castigo,		29	no me ha dejado solo el Padre,
		(...a causa de la ira, VM)		12:24	y muere, queda solo
1 Co	7:39	con tal que sea en el Señor (sólo que sea...,		16:32	me dejaréis solo,
		VM)			no estoy solo, porque el Padre
	15:19	Si en esta vida solamente esperamos		17:3	el único Dios verdadero,
2 Co	7:7	y no sólo con su venida,	Ro	11:3	y sólo yo he quedado,
	8:10	no sólo a hacerlo,		16:4	a los cuales no sólo yo doy gracias,
	19	y no sólo esto, sino que también fue		27	al único y sabio Dios, sea gloria
	21	no solamente delante del Señor	1 Co	9:6	¿O sólo yo y Bernabé no tenemos
	9:12	no solamente suple lo que a los santos		14:36	o sólo a vosotros ha llegado?
		(lit.,...está supliendo...)	Gá	6:4	tendrá motivo de gloriarse sólo respecto
Gá	1:23	solamente oían decir (lit.,...estaban oyendo)			de sí mismo
	2:10	Solamente...que nos acordásemos	Fil	4:15	ninguna iglesia... sino vosotros solos;
	3:2	Esto sólo quiero saber de vosotros	Col	4:11	son los únicos...que me ayudan (éstos solos
	4:18	y no solamente cuando estoy presente			son mis colaboradores, VM)
	5:13	solamente que no uséis la libertad como	1 Ts	3:1	acordamos quedarnos solos en Atenas,
	6:12	solamente para no padecer persecución	1 Ti	1:17	al único y sabio Dios, (TR); (al solo...Dios,
Ef	1:21	no sólo en este siglo,			VM, WH, N, ABMW, VHA, NC, BC, BA)
Fil	1:27	Solamente que os comportéis como		6:15	el bienaventurado y solo soberano
		(Solamente comportaos..., BC)		16	el único que tiene inmortalidad,
	29	no sólo que creáis en él,	2 Ti	4:11	Sólo Lucas está conmigo.
	2:12	no como en mi presencia solamente	He	9:7	sólo el sumo sacerdote una vez al año,
	27	no solamente de él, sino también de mí	2 Jn	1	y no sólo yo, sino también todos
1 Ts	1:5	no llegó a vosotros en palabras solamente,	Jud	4	que...niegan a Dios el único soberano,
		(...en palabra..., VM)		25	al único y sabio Dios, (TR); (al único Dios,
	8	ha sido divulgada...no sólo en Macedonia			VHA, WH, N, ABMW, VM, NC, BC, BA)
	2:8	entregaros no sólo el evangelio de Dios	Ap	9:4	sino solamente a los hombres (TR, VM, NC,
2 Ts	2:7	sólo que hay quien al presente lo detiene			BA)
1 Ti	5:13	no sólo ociosas, sino también		15:4	pues sólo tú eres santo;
2 Ti	2:20	no solamente hay utensilios de oro			
	4:8	no sólo a mí, sino también a todos	3442		μονόφθαλμος* — monófthalmos
He	9:10	sólo de comidas y bebidas	Mt	18:9	mejor te es entrar con un solo ojo
	12:26	conmoveré no solamente la tierra,	Mr	9:47	entrar en el reino de Dios con un ojo,
Stg	1:22	y no tan solamente oidores, engañándoos			
	2:24	y no solamente por la fe.	3443		μονόω** — monóo
1 P	2:18	no solamente, a los buenos y afables,	1 Ti	5:5	que...es viuda y ha quedado sola,
1 Jn	2:2	y no solamente por los nuestros,			
	5:6	no mediante agua solamente,	3444		μορφή — morfé
			Mr	16:12	[apareció en otra forma a dos de ellos]
3441		μόνος — mónos	Fil	2:6	el cual, siendo en forma de Dios,
		(1) κατὰ μόνας		7	tomando forma de siervo,
Mt	4:4	No sólo de pan vivirá el hombre,			
	10	y a él sólo servirás.	3445		μορφόω** — morfóo
	12:4	sino solamente a los sacerdotes?	Gá	4:19	hasta que Cristo sea formado en vosotros,
	14:23	cuando llegó la noche, estaba allí solo			
	17:8	a nadie vieron sino a Jesús solo	3446		μόρφωσις* — mórfosis
	18:15	repréndele estando tú y él solos;			
	24:36	sino sólo mi Padre. (TR); (...el Padre, VHA,			

μοσχοποιέω 3447　　　　　　　　556　　　　　　　　3466 μυστήριον

Ro 2:20 que tienes en la ley la **forma** de la ciencia
2 Ti 3:5 que tendrán **apariencia** de piedad,

3447　　　μοσχοποιέω*† — moscopoiéo
　　　　　　(mosjopoiéo)

Hch 7:41 Entonces **hicieron un becerro**, (...en
　　　　　aquellos días, VM)

3448　　　μόσχος — móscos (mósjos)
Lc 15:23 traed el **becerro** gordo
　　27 ha hecho matar el **becerro** gordo
　　30 has hecho matar para él el **becerro** gordo.
He 9:12 no por sangre de machos cabríos ni de
　　　　becerros,
　　19 la sangre de los **becerros**
Ap 4:7 semejante **a un becerro**;
3449 Véase abajo
3451　　　μουσικός — mousikós
Ap 18:22 voz de arpistas, **de músicos**, de flautistas

3449　　　μόχθος — mócthos (mójthos)
2 Co 11:27 en trabajo y **fatiga**,
1 Ts 2:9 hermanos, de nuestro trabajo y **fatiga**
2 Ts 3:8 con afán y **fatiga** día y noche

3452　　　μυελός — muelós
He 4:12 hasta partir...las coyunturas y los **tuétanos**

3453　　　μυέω** — muéo
Fil 4:12 en todo y por todo **estoy enseñado**,

3454　　　μῦθος** — múthos
1 Ti 1:4 ni presten atención **a fábulas**
　　4:7 Desecha las **fábulas** profanas
2 Ti 4:4 se volverán a las **fábulas**
Tit 1:14 no atendiendo a **fábulas** judaicas,
2 P 1:16 siguiendo **fábulas** artificiosas,,

3455　　　μυκάομαι** — mukáomai
Ap 10:3 clamó...como **ruge** un león

3456　　　μυκτηρίζω — mukterízo (mukterídzo)
Gá 6:7 Dios no **puede ser burlado**:

3457　　　μυλικός*† — mulikós
Mr 9:42 una piedra **de molino** al cuello (TR)
Lc 17:2 una piedra **de molino** (WH, N, ABMW)

3458　　　μύλινος*† — múlinos
Ap 18:21 como una gran **piedra de molino**, (WH, N, ABMW)

3458　　　μύλος — múlos
Mt 18:6 al cuello una **piedra de molino** (una piedra
　　　　de **molino** de asno, VM)
　24:41 estarán moliendo en un **molino**; (WH, N, ABMW)
Mr 9:42 si se le atase una piedra de **molino** (WH, N, ABMW)
Lc 17:2 una piedra de **molino** (TR) (una piedra de
　　　　molino de asno, VM)
Ap 18:21 como una gran **piedra de molino**, (TR)
　　22 ni ruido de **molino** se oirá más en ti.

3459　　　μυλών — mulón

Mt 24:41 estarán moliendo en un **molino** (TR)

3460　　　Μύρα — Múra, o Μύρρα
Hch 27:5 arribamos a **Mira**, ciudad de Licia.

3461　　　μυριάς — muriás
Lc 12:1 juntándose por **millares** la multitud,
Hch 19:19 hallaron que era cincuenta mil piezas de
　　　　plata (lit., hallaron cinco **diez miles**
　　　　de plata)
　21:20 cuántos **millares** de judíos hay
He 12:22 la compañía de muchos **millares** de ángeles,
　　　　(a **decenas de millares** de ángeles, y a la
　　　　festiva convocación, VHA)
Jud 14 el Señor con sus santas **decenas de millares**
Ap 5:11 su número era millones de millones (lit.,...
　　　　millares de millares, TR); (...**miríadas de
　　　　miríadas** y millares de millares, BC, WH,
　　　　N, ABMW, VHA, VM, NC, BA)
　9:16 el número...era doscientos millones. (...dos
　　　　miríadas de miríadas, NC) (TR, WH);
　　　　(...doscientos mil **millares**, VHA) (N,
　　　　ABMW)

3462　　　μυρίζω* — murízo (murídzo)
Mr 14:8 se ha anticipado **a ungir** mi cuerpo

3463　　　μύριοι — múrioi
Mt 18:24 uno que le debía **diez mil** talentos. (un
　　　　deudor **de diez mil** talentos, BC)
1 Co 4:15 aunque tengáis **diez mil** ayos en Cristo,
　14:19 que **diez mil** palabras en lengua

3464　　　μύρον — múron
Mt 26:7 un vaso de alabastro **de perfume**
　　9 esto podía haberse vendido (V60, WH, N,
　　　　ABMW, VHA, VM, NC, BC, BA); (lit.,
　　　　este **perfume**..., TR)
　　12 al derramar este **perfume** sobre mi cuerpo
Mr 14:3 un vaso de alabastro **de perfume** de nardo
　　4 ¿Para qué se ha hecho este desperdicio de
　　　　perfume?
　　5 podía haberse vendido (TR, VHA, NC);
　　　　(...este **perfume**..., BC, WH, N, ABMW,
　　　　VM, BA)
Lc 7:37 un frasco de alabastro **con perfume**
　　38 los ungía con el **perfume**
　　46 ésta ha ungido **con perfume** mis pies
　23:56 prepararon...**ungüentos**;
Jn 11:2 fue la que ungió al Señor **con perfume**,
　12:3 una libra **de perfume** de nardo
　　　　y la casa se llenó del olor del **perfume**
　　5 ¿Por qué no fue este **perfume** vendido
Ap 18:13 incienso, mirra, olíbano,

3465　　　Μυσία — Musía
Hch 16:7 cuando llegaron a **Misia**, intentaron ir
　　8 pasando junto a **Misia**, descendieron

3466　　　μυστήριον — mustérion
Mt 13:11 os es dado saber los **misterios** del reino
Mr 4:11 os es dado saber el **misterio** (TR, VM, NC);
　　　　(A vosotros ha sido dado el **misterio**, BA,
　　　　WH, N, ABMW, VHA, BC)
Lc 8:10 conocer los **misterios** del reino
Ro 11:25 no quiero, hermanos, que ignoréis este
　　　　misterio

Ro	16:25	según la revelación del misterio		insensatas.
1 Co	2:1	para anunciaros el testimonio (TR, N, VHA VM, NC, BA); (...el misterio, BC, WH, ABMW)	Mt	25:3 Las insensatas, tomando sus lámparas,
				8 las insensatas dijeron a las prudentes:
			1 Co	1:25 lo insensato de Dios es más sabio que
	7	hablamos sabiduría de Dios en misterio,		27 lo necio del mundo escogió Dios, (...las
	4:1	administradores de los misterios de Dios.		cosas insensatas del mundo, VM)
	13:2	si...entendiese todos los misterios		3:18 hágase ignorante, para que llegue a ser sabio
	14:2	por el Espíritu habla misterios.		4:10 Nosotros somos insensatos por amor
	15:51	He aquí, os digo un misterio:	2 Ti	2:23 desecha las cuestiones necias e insensatas
Ef	1:9	dándonos a conocer el misterio	Tit	3:9 evita las cuestiones necias,
	3:3	me fue declarado el misterio,		
	4	mi conocimiento en el misterio de Cristo,	3475	Μωϋσῆς — Mousés o Μωσῆς o Μωσεύς
	9	cuál sea la dispensación del misterio	Mt	8:4 la ofrenda que ordenó Moisés,
	5:32	Grande es este misterio		17:3 apareciéron Moisés y Elías,
	6:19	dar a conocer con denuedo el misterio		4 una para ti, otra para Moisés,
Col	1:26	el misterio que había estado oculto		19:7 ¿Por qué, pues, mandó Moisés
	27	la gloria de este misterio entre los gentiles		8 Moisés os permitió repudiar
	2:2	a fin de conocer el misterio de Dios		22:24 Moisés dijo: Si alguno muriere
	4:3	a fin de dar a conocer el misterio (a fin de hablar..., VM)		23:2 En la cátedra de Moisés se sientan
2 Ts	2:7	ya está en acción el misterio de la iniquidad	Mr	1:44 ofrece por tu purificación lo que Moisés
1 Ti	3:9	que guarden el misterio de la fe		7:10 Moisés dijo: Honra a tu padre
	16	grande es el misterio de la piedad;		9:4 les apareció Elías con Moisés,
Ap	1:20	El misterio de las siete estrellas		5 una para ti, otra para Moisés,
	10:7	el misterio de Dios se consumará,		10:3 ¿Qué os mandó Moisés?
	17:5	un nombre escrito, un misterio: BABILONIA (...escrito: MISTERIO: BABILONIA, VM)		4 Moisés permitió dar carta (...escribir carta, VM)
				12:19 Moisés nos escribió que si el hermano
	7	Yo te diré el misterio de la mujer,		26 ¿no habéis leído en el libro de Moisés
			Lc	2:22 conforme a la ley de Moisés,
3467		μυωπάζω*† — muopázo (muopádzo)		5:14 ofrece...según mandó Moisés,
2 P	1:9	tiene la vista muy corta; es ciego (ciego está y corto de vista, BC)		9:30 los cuales eran Moisés y Elías;
				33 una para ti, una para Moisés,
3468		μώλωψ — mólops		16:29 A Moisés y a los profetas tienen;
1 P	2:24	por cuya herida fuisteis sanados		31 Si no oyen a Moisés y a los profetas,
				20:28 Moisés nos escribió: Si el hermano
3469		μωμάομαι — momáomai		37 aun Moisés lo enseñó
2 Co	6:3	que nuestro ministerio no sea vituperado;		24:27 comenzando desde Moisés,
	8:20	que nadie nos censure		44 lo que está escrito de mí en la ley de Moisés, (todas las cosas escritas..., VHA)
3470		μῶμος — mómos	Jn	1:17 la ley por medio de Moisés fue dada,
2 P	2:13	Estos son inmundicias y manchas,		45 (46) Hemos hallado a aquel de quien escribió Moisés
3471		μωραίνω — moráino		3:14 como Moisés levantó la serpiente
Mt	5:13	si la sal se desvaneciere,		5:45 hay quien os acusa, Moisés,
Lc	14:34	mas si la sal se hiciere insípida,		46 si creyeseis a Moisés,
Ro	1:22	Profesando ser sabios, se hicieron necios,		6:32 No os dio Moisés el pan del cielo,
1 Co	1:20	¿No ha enloquecido Dios la sabiduría		7:19 ¿No os dio Moisés la ley
				22 Moisés os dio la circuncisión
3472		μωρία** — moría		23 para que la ley de Moisés
1 Co	1:18	la palabra de la cruz es locura		8:5 |nos mandó Moisés apedrear a tales|
	21	por la locura de la predicación		9:28 nosotros, discípulos de Moisés somos
	23	y para los gentiles locura		29 sabemos que Dios ha hablado a Moisés
	2:14	porque para él son locura,	Hch	3:22 Moisés dijo a los padres:
	3:19	la sabiduría...es insensatez para con Dios;		6:11 palabras blasfemas contra Moisés
				14 las costumbres que nos dio Moisés.
3473		μωρολογία* — morología (morologuía)		7:20 nació Moisés, y fue agradable a Dios;
Ef	5:4	ni palabras deshonestas, ni necedades,		22 fue enseñado Moisés en toda la sabiduría
				29 Moisés huyo,
3474		μωρός — morós		31 Moisés, mirando, se maravilló
Mt	5:22	cualquiera que diga: Necio,		32 Moisés, temblando, (lit.,...estando temeroso)
	7:26	le compararé a un hombre insensato,		35 A este Moisés, a quien habían rechazado
	23:17	¡Insensatos y ciegos!		37 Este Moisés es el que dijo a los hijos
	19	¡Necios y ciegos! (TR, VM)		40 Moisés, que nos sacó de la tierra de Egipto,
	25:2	cinco de ellas eran prudentes y cinco		44 cuando dijo a Moisés que lo hiciese conforme
				13:39 por la ley de Moisés no pudisteis
				15:1 conforme al rito de Moisés
				5 mandarles que guarden la ley de Moisés,
				21 Moisés desde tiempos antiguos tiene
				21:21 a apostatar de Moisés, (la apostasía de

		Moisés, BC)
Hch	26:22	los profetas y **Moisés** dijeron
	28:23	persuadiéndoles...por la ley de **Moisés**
Ro	5:14	reinó la muerte desde Adán hasta **Moisés**,
	9:15	a **Moisés** dice: Tendré misericordia
	10:5	de la justicia que es por la ley **Moisés**
	19	**Moisés** dice: Yo os provocaré a celos
1 Co	9:9	en la ley de **Moisés** está escrito:
	10:2	todos en **Moisés** fueron bautizados
2 Co	3:7	fijar la vista en el rostro de **Moisés**
	13	no como **Moisés**, que ponía un velo
	15	cuando se lee a **Moisés**, el velo está puesto
2 Ti	3:8	Janes y Jambres resistieron a **Moisés**
He	3:2	también lo fue **Moisés** en toda la casa
	3	de tanto mayor gloria que **Moisés**
	5	**Moisés** a la verdad fue fiel
	16	que salieron de Egipto por mano de **Moisés**?
	7:14	nada habló **Moisés**
	8:5	como se le advirtió a **Moisés**
	9:19	habiendo anunciado **Moisés** todos los mandamientos (lit., habiendo sido hablado cada mandamiento, según la Ley, por **Moisés**)
	10:28	El que viola la ley de **Moisés**
	11:23	Por la fe **Moisés**, cuando nació,
	24	Por la fe **Moisés**, hecho ya grande,
	12:21	tan terrible era lo que se veía, que **Moisés**
Jud	9	disputando con él por el cuerpo de **Moisés**
Ap	15:3	cantan el cántico de **Moisés**

Nv

3476   Ναασσών – Naassón

Mt	1:4	Aminadab a **Naasón**, (Aminadab engendró a **Naasón**, VHA)
		Naasón a Salmón. (**Naasón** engendró..., VHA)
Lc	3:32	hijo de Salmón, hijo de **Naasón**,

3477   Ναγγαί – Naggái (Nangái)

| Lc | 3:25 | hijo de **Nagai** |

3478   Ναζαρά – Nazará (Nadzará) o Ναζαρέτ o Ναζαρέθ

Mt	2:23	en la ciudad que se llama **Nazaret**,
	4:13	dejando a **Nazaret**,
	21:11	Jesús el profeta, de **Nazaret**
Mr	1:9	Jesús vino de **Nazaret**
Lc	1:26	a una ciudad de Galilea, llamada **Nazaret**
	2:4	de la ciudad de **Nazaret**, a Judea,
	39	a su ciudad de **Nazaret**.
	51	volvió a **Nazaret**, (fue..., VHA)
	4:16	Vino a **Nazaret**,
Jn	1:45 (46)	el hijo de José, de **Nazaret**.
	46 (47)	¿De **Nazaret** puede salir (lit.,...puede ser)
Hch	10:38	Dios ungió...a Jesús de **Nazaret**,

3479   Ναζαρηνός – Nazarenós (Nadzarenós)

Mr	1:24	¿qué tienes con nosotros, Jesús **nazareno**?
	10:47	oyendo que era Jesús el **nazareno**, (WH, N, ABMW)
	14:67	estabas con Jesús el **nazareno**,
	16:6	buscáis a Jesús **nazareno**.
Lc	4:34	¿qué tienes con nosotros, Jesús **nazareno**?

Lc	24:19	le dijeron: De Jesús **nazareno**, (WH, N, ABMW)

3480   Ναζωραῖος – Nazoráios (Nadzoráios)

Mt	2:23	que habría de ser llamado **nazareno**.
	26:71	éste estaba con Jesús el **nazareno**
Mr	10:47	oyendo que era Jesús **nazareno**, (TR)
Lc	18:37	que pasaba Jesús **nazareno**
	24:19	De Jesús **nazareno** (TR)
Jn	18:5	Le respondieron: A Jesús **nazareno**
	7	ellos dijeron: a Jesús **nazareno**
	19:19	JESUS **NAZARENO**, REY
Hch	2:22	Jesús **nazareno**, varón aprobado por Dios
	3:6	en el nombre de Jesucristo de **Nazaret**
	4:10	en el nombre de Jesucristo de **Nazaret**,
	6:14	que ese Jesús de **Nazaret** destruirá este lugar
	22:8	Yo soy Jesús de **Nazaret**
	24:5	cabecilla de la secta de los **nazarenos**.
	26:9	contra el nombre de Jesús de **Nazaret**;

3481   Ναθάμ – Nathám o Ναθάν

| Lc | 3:31 | hijo de **Natán** |

3482   Ναθαναήλ – Nathanaél

Jn	1:45 (46)	Felipe halló a **Natanael**,
	46 (47)	**Natanael** le dijo: ¿De Nazaret puede
	47 (48)	Cuando Jesús vio a **Natanael**
	48 (49)	Le dijo **Natanael**: ¿De dónde me
	49 (50)	Respondió **Natanael** y le dijo: (TR); (**Natanael** le respondió, VHA, WH, N, ABMW, VM, NC, BC, BA)
	21:2	**Natanael** el de Caná de Galilea

3483   ναί – nái

Mt	5:37	sea vuestro hablar: **Sí, sí**;
	9:28	Ellos dijeron: **Sí**, Señor
	11:9	**Sí**, os digo, y más que profeta
	26	**Sí**, Padre, porque así te agradó (lit.,...fue agradable delante de ti)
	13:51	Ellos respondieron: **Sí**, Señor
	15:27	**Sí**, Señor; pero aun los perrillos
	17:25	El dijo: **Sí**
	21:16	Jesús les dijo: **Sí**;
Mr	7:28	**Sí**, Señor; pero aun los perrillos
Lc	7:26	**Sí**, os digo, y más que profeta
	10:21	**Sí**, Padre, porque así te agradó (lit.,...fue agradable delante de ti)
	11:51	**sí**, os digo que será demandada de esta
	12:5	**sí**, os digo, a éste temed
Jn	11:27	**Sí**, Señor; yo he creído
	21:15	**Sí**, Señor; tú sabes
	16	**Sí**, Señor; tú sabes
Hch	5:8	ella dijo: **Sí**, en tanto
	22:27	¿eres tú ciudadano romano? El dijo: **Sí**
Ro	3:29	**Ciertamente**, también de los gentiles.
2 Co	1:17	para que haya en mí **Sí** y No? (...el **Sí, sí**, y el No, no?, VHA)
	18	no es **Sí** y No.
	19	no ha sido **Sí** y No; ha sido **Sí** en él;
	20	son en él **Sí**,
Fil	4:3	**Asimismo** te ruego también a ti (WH, N, ABMW)
Flm	20	**Sí**, hermano, tenga yo algún provecho
Stg	5:12	que vuestro **sí** sea **sí**,
Ap	1:7	harán lamentación por él. **Sí**, amén.
	14:13	**Sí**, dice el Espíritu
	16:7	**Ciertamente**, Señor Dios Todopoderoso,

Ναιμάν		3497

Ap	22:20	Ciertamente vengo en breve,
		sí, ven, Señor Jesús (TR)
3497		Ναμάν – Naimán o Νεεμάν
Lc	4:27	ninguno...sino **Naamán** el sirio.

| 3484 | | Ναΐν – Naín |
| Lc | 7:11 | a la ciudad que se llama **Naín** |

3485		ναός – naós
Mt	23:16	Si alguno jura por el **templo**
	17	si alguno jura por el oro del **templo**
		¿cuál es mayor, el oro, o el **templo**
	21	el que jura por el **templo**
	35	a quien matasteis entre el **templo**
	26:61	Puedo derribar el **templo**
	27:5	arrojando las peizas de plata en el **templo**
	40	Tú que derribas el **templo**
	51	el velo del **templo** se rasgó en dos
Mr	14:58	Yo derribaré este **templo** hecho a mano
	15:29	tú que derribas el **templo**
	38	el velo del **templo** se rasgó en dos
Lc	1:9	entrando en el **santuario** del Señor
	21	que él se demorase en el **santuario**
	22	había visto visión en el **santuario**.
	23:45	el velo del **templo** se rasgó
Jn	2:19	Destruid este **templo**
	20	En cuarenta y seis años fue edificado este **templo**
	21	él hablaba del **templo** de su cuerpo
Hch	7:48	el Altísimo no habita en **templos** (TR)
	17:24	no habita en **templos** hechos por manos
	19:24	que hacía de plata **templecillos** de Diana
1 Co	3:16	¿No sabéis que sois **templo** de Dios
	17	Si alguno destruyere el **templo** de Dios
		el **templo** de Dios, el cual sois vosotros
	6:19	vuestro cuerpo es **templo** del Espíritu
2 Co	6:16	entre el **templo** de Dios y los ídolos?
		(el **templo** de Dios con los ídolos, VM)
		vosotros sois el **templo** de Dios viviente
Ef	2:21	va creciendo para ser un **templo**
2 Ts	2:4	tanto que se sienta en el **templo** de Dios
Ap	3:12	columna en el **templo** de mi Dios
	7:15	le sirven día y noche en su **templo**
	11:1	mide el **templo** de Dios
	2	el patio que está fuera del **templo**
	19	el **templo** de Dios fue abierto
		se veía en el **templo**
	14:15	del **templo** salió otro ángel,
	17	Salió otro ángel del **templo**
	15:5	fue abierto en el cielo el **templo**
	6	del **templo** salieron los siete ángeles
	8	el **templo** se llenó de humo
		nadie podía entrar en el **templo**
	16:1	una gran voz que decía desde el **templo**
	17	una gran voz del **templo** del cielo
	21:22	no vi en ella **templo**
		el Señor Dios Todopoderoso es el **templo**

| 3486 | | Ναούμ – Naóum |
| Lc | 3:25 | hijo de **Nahum**, |

3487		νάρδος – nárdos
Mr	14:3	de perfume **de nardo** puro
Jn	12:3	una libra de perfume **de nardo** puro

| 3488 | | Νάρκισσος – Nárkissos |

| Ro | 16:11 | los de la casa de **Narciso**, |

3489		ναυαγέω* – nauagéo (nauaguéo)
2 Co	11:25	tres veces **he padecido naufragio**
1 Ti	1:19	**naufragaron** en cuanto a la fe

| 3490 | | ναύκληρος* – náukleros |
| Hch | 27:11 | daba más crédito...al **patrón de la nave** |

| 3491 | | ναῦς – náus |
| Hch | 27:41 | hicieron encallar la **nave** |

3492		ναύτης** – náutes
Hch	27:27	los **marineros** sospecharon que estaban cerca
	30	los **marineros** procuraron huir (como los **marineros** intentaron fugarse, VHA)
Ap	18:17	**marineros**, y todos los que trabajan

| 3493 | | Ναχώρ – Nacór (Najór) |
| Lc | 3:34 | hijo de **Nacor**, hijo de Serug, |

3494		νεανίας – neanías
Hch	7:58	a los pies **de un joven** que se llamaba Saulo
	20:9	un **joven** llamado Eutico,
	23:17	Lleva a este **joven** ante el tribuno
	18	me rogó que trajese ante ti a este **joven** (TR, WH)
	22	el tribuno despidió al **joven**, (TR)

3495		νεανίσκος – neaniskos
Mt	19:20	El **joven** le dijo: Todo esto lo he guardado
	22	Oyendo el **joven** esta palabra,
Mr	14:51	cierto **joven** le seguía,
	16:5	vieron a un **joven** sentado
Lc	7:14	**Joven**, a ti te digo, levántate
Hch	2:17	Vuestros **jóvenes** verán visiones,
	5:10	cuando entraron los **jóvenes**,
	23:17	(18) Lleva a este **joven** ante el tribuno (N, ABMW)
	22	Entonces el tribuno despidió al **joven**, (WH, N, ABMW)
1 Jn	2:13	Os escribo a vosotros, **jóvenes**
	14	Os he escrito a vosotros, **jóvenes**

| 3496 | | Νεάπολις – Neápolis |
| Hch | 16:11 | el día siguiente a **Neápolis** (TR) |

| 3497 | | Νεεμάν, véase Ναμάν. esta página |

3498		νεκρός – nekrós
Mt	8:22	deja que los **muertos** entierren a sus **muertos**
	10:8	resucitad **muertos**
	11:5	los **muertos** son resucitados
	14:2	ha resucitado de los **muertos**
	17:9	el Hijo del Hombre resucite de los **muertos**
	22:31	respecto a la resurrección de los **muertos**
	32	Dios no es Dios **de muertos**,
	23:27	por dentro están llenos de huesos **de muertos**
	27:64	Resucitó de entre los **muertos**
	28:4	se quedaron como **muertos**
	7	ha resucitado de los **muertos**
Mr	6:14	ha resucitado de **los muertos**
	16	ha resucitado de **los muertos** (TR)
	9:9	el Hijo del Hombre hubiese resucitado de **los muertos**.

νεκρός 3498

Mr	9:10	aquello de resucitar de los muertos.
	26	quedó como muerto
	12:25	cuando resuciten de los muertos
	26	respecto a que los muertos resucitan,
	27	Dios no es Dios de muertos, sino Dios de
	16:14	[no habían...visto resucitado (V60, VHA, VM, BA); (...resucitado de entre los muertos, NC, BC)]
Lc	7:15	se incorporó el que había muerto, (el muerto..., VHA)
	22	los muertos son resucitados,
	9:7	Juan ha resucitado de los muertos
	60	Deja que los muertos entierren a sus muertos
	15:24	este mi hijo muerto era,
	32	este tu hermano era muerto,
	16:30	si alguno fuere a ellos de entre los muertos
	31	aunque alguno se levantare de los muertos
	20:35	la resurrección de entre los muertos
	37	en cuanto a que los muertos
	38	Dios no es Dios de muertos
	24:5	¿Por qué buscáis entre los muertos
	46	resucitase de los muertos al tercer día
Jn	2:22	cuando resucitó de entre los muertos
	5:21	como el Padre levanta a los muertos
	25	cuando los muertos oirán la voz
	12:1	Lázaro...a quien había resucitado de los muertos
	9	a quien había resucitado de los muertos
	17	cuando...le resucitó de los muertos
	20:9	que él resucitase de los muertos
	21:14	después de haber resucitado de los muertos
Hch	3:15	a quién Dios ha resucitado de los muertos,
	4:2	la resurrección de entre los muertos
	10	a quien Dios resucitó de los muertos
	5:10	la hallaron muerta
	10:41	después que resucitó de los muertos
	42	por Juez de vivos y muertos.
	13:30	Dios le levantó de los muertos
	34	le levantó de los muertos
	17:3	que el Cristo...resucitase de los muertos
	31	con haberle levantado de los muertos
	32	cuando...de la resurrección de los muertos
	20:9	fue levantado muerto
	23:6	de la resurrección de los muertos se me
	24:15	ha de haber resurrección de los muertos (TR)
	21	Acerca de la resurrección de los muertos
	26:8	que Dios resucite a los muertos? (lit., si Dios...)
	23	el primero de la resurrección de los muertos
	28:6	esperando que él...cayese muerto
Ro	1:4	por la resurrección de entre los muertos
	4:17	el cual da vida a los muertos
	24	en el que levantó de los muertos
	6:4	como Cristo resucitó de los muertos
	9	Cristo, habiendo resucitado de los muertos
	11	consideraos muertos al pecado,
	13	como vivos de entre los muertos
	7:4	para que seáis...del que resucitó de los muertos
	8	sin la ley el pecado está muerto
	8:10	el cuerpo en verdad está muerto a causa
	11	el Espíritu de aquel que levantó de los muertos a Jesús
		el que levantó de los muertos a Cristo Jesús
	34	el que también resucitó (TR, N, ABMW, VHA, NC, BC, BA); (el que fué levantado de entre los muertos, VM, [WH])
Ro	10:7	para hacer subir a Cristo de entre los muertos
	9	que Dios le levantó de los muertos
	11:15	sino vida de entre los muertos?
	14:9	para ser Señor así de los muertos
1 Co	15:12	que resucitó de los muertos, que no hay resurrección de muertos?
	13	si no hay resurrección de muertos,
	15	si en verdad los muertos no resucitan
	16	si los muertos no resucitan,
	20	mas ahora Cristo ha resucitado de los muertos
	21	por un hombre la...de los muertos
	29	¿qué harán los que se bautizan por los muertos si en ninguna manera los muertos resucitan?
	32	Si los muertos no resucitan, comamos
	35	¿Cómo resucitarán los muertos?
	42	Así también es la resurrección de los muertos
	52	los muertos serán resucitados incorruptibles
2 Co	1:9	en Dios que resucita a los muertos
Gá	1:1	que lo resucitó de los muertos
Ef	1:20	resucitándole de los muertos
	2:1	cuando estabais muertos en vuestros delitos
	5	aun estando nosotros muertos en pecados
	5:14	levántate de los muertos,
Fil	3:11	a la resurrección de entre los muertos.
Col	1:18	el primogénito de entre los muertos
	2:12	Dios que le levantó de los muertos.
	13	a vosotros, estando muertos en pecados
1 Ts	1:10	al cual resucitó de los muertos
	4:16	los muertos en Cristo resucitarán primero
2 Ti	2:8	resucitado de los muertos conforme
	4:1	que juzgará a los vivos y a los muertos (que ha de juzgar..., VHA)
He	6:1	el fundamento del arrepentimiento de obras muertas
	2	de la resurrección de los muertos
	9:14	limpiará...de obras muertas para que sirváis
	17	el testamento con la muerte se confirma; (lit., el testamento es válido sobre muertos)
	11:19	para levantar aun de entre los muertos
	35	recibieron sus muertos
	13:20	el Dios de paz que resucitó de los muertos
Stg	2:17	la fe, si no tiene obras, es muerta
	26	el cuerpo sin espíritu está muerto, la fe sin obras está muerta.
1 P	1:3	por la resurrección de Jesucristo de los muertos
	21	quien le resucitó de los muertos
	4:5	para juzgar a los vivos y a los muertos
	6	ha sido predicado los evangelio a los muertos
Ap	1:5	el testigo fiel, el primogénito de los muertos
	17	caí como muerto a sus pies.
	18	el que vivo, y estuve muerto
	2:8	el que estuvo muerto y vivió,
	3:1	nombre de que vives, y estás muerto.
	11:18	el tiempo de juzgar a los muertos,
	14:13	Bienaventurados de aquí en adelante los muertos
	16:3	se convirtió en sangre como de muerto
	20:5	los otros muertos no volvieron a vivir (Los demás de los muertos..., VM)
	12	vi a los muertos, fueron juzgados los muertos
	13	el mar entregó los muertos que había en él la muerte y el Hades entregaron los muertos

νεκρόω 3499　　　　　　　　　　　　561　　　　　　　　　　　　3516 νήπιος

3499　　　νεκρόω*† — nekróo
Ro　4:10　su cuerpo, que estaba ya como muerto
　　　　　　(TR, |WH|, ABMW, VM, BC, BA); (su
　　　　　　propio cuerpo amortiguado, VHA, N, NC)
Col　3:5　Haced morir, pues, lo terrenal en vosotros
　　　　　　(...vuestros miembros que están sobre
　　　　　　la tierra, VHA)
He　11:12　ése ya casi muerto (ése ya amortiguado,
　　　　　　VHA)

3500　　　νέκρωσις*† — nékrosis
Ro　4:19　la esterilidad de la matriz de Sara.
　　　　　　(el amortecimiento..., VHA)
2 Co　4:10　llevando...por todas partes la muerte

3561　　　νεομηνία — neomenía
Col　2:16　nadie os juzgue...en cuanto a...luna nueva
　　　　　　(WH, N, ABMW)

3501　　　νέος — néos
　　　　　　(1) νεώτερος
Mt　9:17　Ni echan vino nuevo en odres viejos
　　　　　　pero echan el vino nuevo en odres nuevos,
Mr　2:22　nadie echa vino nuevo en odres viejos
　　　　　　el vino nuevo en odres nuevos (TR, |WH|,
　　　　　　|N|, ABMW, VHA, VM, NC, BC, BA)
Lc　5:37　nadie echa vino nuevo en odres viejos
　　38　el vino nuevo en odres nuevos
　　39　ninguno...quiere luego el nuevo
　　15:12　(1) el menor de ellos dijo a su padre
　　13　(1) juntándolo todo el hijo menor,
　　22:26　(1) sea el mayor entre vosotros como el
　　　　　　más joven
Jn　21:18　(1) Cuando eras más joven, te ceñías,
Hch　5:6　(1) levantándose los jóvenes, lo envolvieron
　　16:11　el día siguiente a Neápolis; (WH, N, ABMW)
1 Co　5:7　para que seáis nueva masa,
Col　3:10　revestido del nuevo,
1 Ti　5:1　(1) los más jóvenes, como a hermanos;
　　2　(1) a las jovencitas, como a hermanas,
　　11　(1) viudas más jóvenes no admitas;
　　14　(1) Quiero, pues, que las viudas jóvenes
Tit　2:4　que enseñen a las mujeres jóvenes
　　6　(1) Exhorta asimismo a los jóvenes
He　12:24　Jesús el Mediador del nuevo pacto,
1 P　5:5　(1) Igualmente, jóvenes, estad sujetos

3502　　　νεοσσός, véase νοσσός, pag 565

3503　　　νεότης — neótes
Mt　19:20　todo esto lo he guardado desde mi
　　　　　　juventud (TR)
Mr　10:20　todo esto lo he guardado desde mi juventud
Lc　18:21　Todo esto lo he guardado desde mi juventud
Hch　26:4　Mi vida, pues, desde mi juventud
1 Ti　4:12　Ninguno tenga en poco tu juventud,

3504　　　νεόφυτος — neófutos
1 Ti　3:6　no un neófito,

3506　　　νεύω — néuo
Jn　13:24　A éste, pues, hizo señas Simón Pedro,
Hch　24:10　Habiéndole hecho señal el gobernador

3507　　　νεφέλη — neféle
Mt　17:5　una nube de luz los cubrió; (una nube

　　　　　　luminosa..., VHA)
Mt　17:5　una voz desde la nube
　　24:30　al Hijo del Hombre viniendo sobre las nubes
　　26:64　viniendo en las nubes del cielo
Mr　9:7　vino una nube que les hizo sombra,
　　13:26　Entonces verán...que vendrá en las nubes
　　14:62　viniendo en las nubes del cielo
Lc　9:34　vino una nube que los cubrió
　　　　　　tuvieron temor al entrar en la nube
　　35　vino una voz desde la nube
　　12:54　Cuando veis la nube que sale del poniente,
　　21:27　que vendrá en una nube con poder
Hch　1:9　le recibió una nube
1 Co　10:1　nuestros padres todos estuvieron bajo la
　　　　　　nube
　　2　fueron bautizados en la nube y en el mar,
1 Ts　4:17　seremos arrebatados juntamente con ellos
　　　　　　en las nubes
2 P　2:17　nubes empujadas por la tormenta (TR, NC)
Jud　12　nubes sin agua, llevadas de acá
Ap　1:7　He aquí que viene con las nubes
　　10:1　a otro ángel...envuelto en una nube
　　11:12　subieron al cielo en una nube
　　14:14　Miré, y he aquí una nube blanca
　　　　　　sobre la nube uno sentado
　　15　al que estaba sentado sobre la nube
　　16　el que estaba sentado sobre la nube

3508　　　Νεφθαλίμ — Nefthalím o Νεφθαλείμ
Mt　4:13　habitó...en la región de Zabulón y de Neftalí
　　15　Tierra de Zabulón y tierra de Neftalí,
Ap　7:6　De la tribu de Neftalí, doce mil sellados.

3509　　　νέφος — néfos
He　12:1　en derredor nuestro tan grande nube

3510　　　νεφρός — nefrós
Ap　2:23　yo soy el que escudriña la mente
　　　　　　(...los riñones, BC)

3511　　　νεωκόρος* — neokóros
Hch　19:35　la ciudad de los efesios es guardiana del
　　　　　　templo

3512　　　νεωτερικός** — neoterikós
2 Ti　2:22　Huye también de las pasiones juveniles

3513　　　νή — né
1 Co　15:31　por la gloria que de vosotros tengo (WH, N,
　　　　　　ABMW, VHA, VM, NC, BC, BA); (lit.,
　　　　　　por nuestra gloria..., S)

3514　　　νήθω — nétho
Mt　6:28　no trabajan ni hilan
Lc　12:27　no trabajan, ni hilan (TR, WH, ABMW, VM,
　　　　　　NC, BC, BA); (no hilan ni tejen, VHA, N)

3515　　　νηπιάζω* — nepiázo (nepiádzo)
1 Co　14:20　sed niños en la malicia

3516　　　νήπιος — népios
Mt　11:25　y las revelaste a los niños
　　21:16　De la boca de los niños
Lc　10:21　las has revelado a los niños
Ro　2:20　maestro de niños, que tienes en la ley
1 Co　3:1　como a carnales, como a niños en Cristo

1 Co 13:11	Cuando yo era **niño**, hablaba como **niño** pensaba como **niño**, juzgaba como **niño** dejé lo que era de **niño**. (...las cosas de **niño**, BA)	
Gá	4:1	Entre tanto que el heredero es **niño**
	3	cuando éramos **niños**
Ef	4:14	para que ya no seamos **niños** fluctuantes,
1 Ts	2:7	fuimos tiernos entre vosotros (TR, N, ABMW, VHA, VM, BA); (nos hicimos **pequeñuelos**, BC, WH, NC)
He	5:13	porque es **niño**

3517 Νηρεύς — Nereús

Ro 16:15 Saludad...a Nereo

3518 Νηρί — Nerí o Νερεί

Lc 3:27 hijo de **Neri**,

3519 νησίον* — nesíon

Hch 27:16 una pequeña **isla** llamada Clauda

3520 νῆσος — nésos

Hch	13:6	habiendo atravesado toda la **isla** (V60, WH, N, ABMW, VHA, VM, NC, BC, BA); (lit., habiendo atravesado la **isla**, TR)
	27:26	es necesario que demos en alguna **isla**
	28:1	supimos que la **isla** se llamaba Malta.
	7	del hombre principal de la **isla**
	9	los otros que en la **isla** tenían enfermedades
	11	nave alejandrina que había invernado en la **isla**,
Ap	1:9	estaba en la **isla** llamada Patmos,
	6:14	todo monte y toda **isla** se removió
	16:20	toda **isla** huyó,

3521 νηστεία — nestéia

Mt	17:21	no sale sino con oración y **ayuno** (TR, VM, NC, BC, BA)
Mr	9:29	con nada puede salir, sino con oración y **ayuno**. (TR, VM, BC)
Lc	2:37	sirviendo de noche y de día con **ayunos**
Hch	14:23	habiendo orado con **ayunos**,
	27:9	pasado ya el **ayuno**, Pablo les amonestaba,
1 Co	7:5	Para ocuparos...en la oración (V60, WH, N, ABMW, VHA, VM, NC, BC, BA); (lit.,... en la oración y **ayuno**, TR)
2 Co	6:5	en desvelos, en **ayunos**
	11:27	en muchos **ayunos** (en **ayunos** con frecuencia, VHA)

3522 νηστεύω — nestéuo

Mt	4:2	después de haber **ayunado** cuarenta días y
	6:16	Cuando **ayunéis**, no seáis austeros, para mostrar a los hombres **que ayunan**
	17	Pero tú, **cuando ayunas**, unge tu cabeza
	18	para no mostrar a los hombres **que ayunas**,
	9:14	nosotros y los fariseos **ayunamos** tus discípulos no **ayunan**?
	15	entonces **ayunarán**.
Mr	2:18	los discípulos de Juan...**ayunaban**; (estaban.. **ayunando**, BC) los discípulos de Juan y los de los fariseos **ayunan**, y tus discípulos no **ayunan**?
	19	los que están de bodas **ayunar** (...**ayunar** los...de la sala nupcial, BC) no pueden **ayunar**
Mr	2:20	en aquellos días **ayunarán**. (en aquel día... VHA)
Lc	5:33	¿Por qué los discípulos de Juan **ayunan**
	34	hacer que los que están de bodas **ayunen** (...a los hijos de la sala nupcial, BC)
	35	en aquellos días **ayunarán**
	18:12	**ayuno** dos veces a la semana
Hch	10:30	yo estaba en **ayunas** (estaba yo **ayunando**, VM) (TR)
	13:2	Ministrando éstos al Señor, y **ayunando**
	3	habiendo **ayunado** y orado, les impusieron

3523 νῆστις — néstis

| Mt | 15:32 | enviarlos en **ayunas** no quiero, |
| Mr | 8:3 | si los enviare en **ayunas** a sus casas |

3524 νηφάλιος* — nefálios o νηφαλέος

1 Ti	3:2	de una sola mujer, **sobrio**, prudente
	11	no calumniadoras, sino **sobrias**
Tit	2:2	Que los ancianos sean **sobrios**,

3525 νήφω* — néfo

1 Ts	5:6	sino velemos y **seamos sobrios**
	8	nosotros, que somos del día, **seamos sobrios**
2 Ti	4:5	tú **sé sobrio** en todo,
1 P	1:13	**sed sobrios**, (lit., siendo **sobrios**)
	4:7	**velad** en oración
	5:8	**Sed sobrios**, y **velad**;

3526 Νίγερ — Níger (Níguer)

Hch 13:1 Bernabé, Simón el que se llamaba **Niger**,

3527 Νικάνωρ — Nikánor

Hch 6:5 eligieron a...**Nicanor**

3528 νικάω — nikáo

Lc	11:22	cuando viene otro más fuerte que él y le **vence**,
Jn	16:33	pero confiad, yo **he vencido** al mundo
Ro	3:4	**venzas** cuando fueres juzgado.
	12:21	No **seas vencido** de lo malo, sino **vence**
1 Jn	2:13	jóvenes, porque **habéis vencido** al maligno
	14	**habéis vencido** al maligno
	4:4	Hijitos,...los **habéis vencido**;
	5:4	lo que es nacido de Dios **vence** al mundo la victoria **que ha vencido** al mundo
	5	¿Quién es el **que vence** al mundo
Ap	2:7	Al **que venciere**, le daré a comer del árbol
	11	El **que venciere**, no sufrirá daño
	17	Al **que venciere**, daré a comer del maná
	26	Al **que venciere** y guardare mis obras
	3:5	El **que venciere** será vestido de vestiduras
	12	Al **que venciere**, yo lo haré columna
	21	Al **que venciere**, le daré que se siente así como yo **he vencido**
	5:5	**ha vencido** para abrir el libro
	6:2	y salió **venciendo**, y para **vencer**
	11:7	los **vencerá** y los matará.
	12:11	le **han vencido** por medio de la sangre (lit.,...por causa de la sangre)
	13:7	se le permitió...**vencerlos**.
	15:2	a los que habían alcanzado la **victoria** sobre
	17:14	el Cordero los **vencerá**
	21:7	El **que venciere** heredará todas las cosas

3529 νίκη — níke

1 Jn 5:4 esta es la **victoria** que ha vencido al mundo

Νικόδημος 3530			563			3547 νομοδιδάσκαλος

3530   Νικόδημος – Nikódemos
- Jn 3:1   hombre de los fariseos que se llamaba Nicodemo
- 4   Nicodemo le dijo: ¿Cómo puede
- 9   Respondió Nicodemo y le dijo: ¿Cómo
- 7:50   Les dijo Nicodemo, el que vino a él
- 19:39   Nicodemo, el que antes había visitado

3531   Νικολαίτης – Nikolaítes
- Ap 2:6   aborreces las obras de los nicolaítas,
- 15   que retienen la doctrina de los nicolaítas,

3532   Νικόλαος – Nikólaos
- Hch 6:5   a Nicolás prosélito de Antioquía;

3533   Νικόπολις – Nikópolis
- Tit 3:12   apresúrate a venir a mí en Nicópolis,

3534   νῖκος† – nîkos
- Mt 12:20   Hasta que saque a victoria el juicio.
- 1 Co 15:54   Sorbida es la muerte en victoria
- 55   ¿Dónde, oh sepulcro, tu victoria?
- 57   a Dios, que nos da la victoria

3535   Νινευή – Nineué
- Lc 11:32   Los hombres de Nínive (TR)

3536   Νινευίτης – Nineuítes
- Mt 12:41   Los hombres de Nínive se levantarán
- Lc 11:30   así como Jonás fue señal a los ninivitas,
- 32   Los hombres de Nínive se levantarán (WH, N, ABMW)

3537   νιπτήρ*† – niptér
- Jn 13:5   Luego puso agua en un lebrillo,

3538   νίπτω – nípto
- Mt 6:17   unge tu cabeza y lava tu rostro,
- 15:2   no se lavan las manos cuando comen pan
- Mr 7:3   si muchas veces no se lavan las manos,
- Jn 9:7   Vé a lavarte en el estanque de Siloé Fue entonces, y se lavó, y regresó viendo.
- 11   me dijo: Vé al Siloé, y lávate fui, y me lavé (conque fui, y habiéndome lavado, BC)
- 15   me lavé, y veo
- 13:5   puso agua en...comenzó a lavar los pies
- 6   ¿tú me lavas los pies?
- 8   No me lavarás los pies jamás. Si no te lavare, no tendrás parte
- 10   sino lavarse los pies
- 12   después que les hubo lavado los pies,
- 14   he lavado vuestros pies, vosotros también debéis lavaros los pies
- 1 Ti 5:10   si ha lavado los pies de los santos;

3539   νοέω – noéo
- Mt 15:17   ¿No entendéis que todo lo que entra
- 16:9   ¿No entendéis aún, ni os acordáis
- 11   ¿Cómo es que no entendéis?
- 24:15   el que lee, entienda
- Mr 7:18   ¿No entendéis que todo lo de fuera
- 8:17   ¿No entendéis ni comprendéis?
- 13:14   el que lee, entienda
- Jn 12:40   para que no...entiendan con el corazón
- Ro 1:20   siendo entendidas por medio de las cosas

- Ef 3:4   podéis entender cuál sea mi conocimiento
- 20   de lo que pedimos o entendemos
- 1 Ti 1:7   sin entender ni lo que hablan
- 2 Ti 2:7   Considera lo que digo
- He 11:3   Por la fe entendemos haber sido constituido

3540   νόημα** – nóema
- 2 Co 2:11   pues no ignoramos sus maquinaciones
- 3:14   el entendimiento de ellos se embotó
- 4:4   el dios de este siglo cegó el entendimiento
- 10:5   llevando cautivo todo pensamiento
- 11:3   vuestros sentidos sean...extraviados (vuestras mentes sean corrompidas VHA)
- Fil 4:7   guardará vuestros corazones y vuestros pensamientos

3541   νόθος** – nóthos
- He 12:8   entonces sois bastardos, y no hijos.

3542   νομή – nomé
- Jn 10:9   saldrá, y hallará pastos. (...pasto, BC)
- 2 Ti 2:17   su palabra carcomerá (lit.,...tendrá pasto)

3543   νομίζω** – nomízo (nomídzo)
- Mt 5:17   No penséis que he venido para abrogar
- 10:34   No penséis que he venido para traer paz
- 20:10   pensaron que habían de recibir más
- Lc 2:44   pensando que estaba entre la compañía
- 3:23   hijo, según se creía, de José,
- Hch 7:25   pensaba que sus hermanos comprendían
- 8:20   has pensado que el don de Dios se obtiene
- 14:19   pensando que estaba muerto.
- 16:13   donde solía hacerse la oración (TR); (donde suponíamos que habría un lugar de oración, VHA, WH, N, ABMW, VM, NC, BC, BA)
- 27   pensando que los presos habían huído.
- 17:29   no debemos pensar que la Divinidad sea
- 21:29   a quien pensaban que Pablo había metido
- 1 Co 7:26   Tengo, pues, esto por bueno (Pienso... que esto es bueno, VHA)
- 36   si alguno piensa que es impropio
- 1 Ti 6:5   que toman la piedad como fuente

3544   νομικός* – nomikós
- Mt 22:35   uno de ellos, intérprete de la ley, preguntó
- Lc 7:30   los intérpretes de la ley desecharon
- 10:25   he aquí un intérprete de la ley se levantó
- 11:45   Respondiendo uno de los intérpretes de la ley,
- 46   ¡Ay de vosotros también, intérpretes de la ley!
- 52   ¡Ay de vosotros, intérpretes de la ley!
- 14:3   Jesús habló a los intérpretes de la ley
- Tit 3:9   y discusiones acerca de la ley;
- 13   A Zenas intérprete de la ley, y a Apolos

3545   νομίμως* – nomímos
- 1 Ti 1:8   si uno la usa legítimamente;
- 2 Ti 2:5   si no lucha legítimamente.

3546   νόμισμα – nómisma
- Mt 22:19   Mostrádme la moneda del tributo.

3547   νομοδιδάσκαλος*† – nomodidáskalos

νομοθεσία 3548

Lc	5:17	los fariseos y doctores de la ley,
Hch	5:34	Gamaliel, doctor de la ley,
1 Ti	1:7	queriendo ser doctores de la ley,

3548 νομοθεσία** — nomothesía

Ro 9:4 la promulgación de la ley,

3549 νομοθετέω — nomothethéo

He 7:11 bajo él recibió el pueblo la ley
    8:6 establecido sobre mejores promesas. (que ha sido establecido..., VM)

3550 νομοθέτης — nomothétes

Stg 4:12 Uno solo es el dador de la ley,

3551 νόμος — nómos

Mt 5:17 No...he venido para abrogar la ley
    18 ni una jota ni una tilde pasará de la ley
    7:12 esto es la ley y los profetas.
    11:13 todos los profetas y la ley profetizaron
    12:5 ¿O no habéis leído en la ley,
    22:36 ¿cuál es el gran mandamiento en la ley?
    40 depende toda la ley y los profetas.
    23:23 dejáis lo más importante de la ley:
Lc 2:22 conforme a la ley de Moisés
    23 como está escrito en la ley del Señor
    24 conforme a lo que se dice en la ley
    27 hacer por él conforme al rito de la ley
    39 todo lo prescrito en la ley (todas las cosas según la Ley, NC)
    10:26 ¿Qué está escrito en la ley?
    16:16 La ley y los profetas eran hasta Juan;
    17 que se frustre una tilde de la ley (que caiga..., BC)
    24:44 escrito de mí en la ley de Moisés,
Jn 1:17 la ley por medio de Moisés fue dada,
    45 de quien escribió Moisés en la ley
    7:19 ¿No os dió Moisés la ley
    ninguno de vosotros cumple la ley
    23 para que la ley de Moisés no sea
    49 esta gente que no sabe la ley
    51 ¿Juzga acaso nuestra ley a un hombre
    8:5 [en la ley nos mandó Moisés]
    17 en vuestra ley está escrito
    10:34 ¿No está escrito en vuestra ley
    12:34 Nosotros hemos oído de la ley
    15:25 que está escrita en su ley
    18:31 juzgadle según vuestra ley
    19:7 Nosotros tenemos una ley según nuestra ley debe morir
Hch 6:13 contra este lugar santo y contra la ley
    7:53 vosotros que recibisteis la ley
    13:15 después de la lectura de la ley
    39 por la ley de Moisés no pudisteis ser
    15:5 mandarles que guarden la ley de Moisés.
    24 y guardar la ley (TR)
    18:13 persuade...honrar a Dios contra la ley
    15 si son cuestiones de...vuestra ley
    21:20 todos son celosos por la ley
    24 guardando la ley
    28 enseña a todos contra...la ley
    22:3 estrictamente conforme a la ley (según el rigor de la Ley, NC)
    12 varón piadoso según la ley
    23:3 para juzgarme conforme a la ley
    29 por cuestiones de la ley de ellos,
    24:6 conforme a nuestra ley . (TR, |VM|, NC, [BA])

3551 νόμος

Hch 24:14 que en la ley y en los profetas están escritas;
    25:8 Ni contra la ley de los judíos
    28:23 tanto por la ley de Moisés como
Ro 2:12 todos los que bajo la ley han pecado por la ley serán juzgados
    13 no son los oidores de la ley sino los hacedores de la ley
    14 los gentiles que no tienen hacen por naturaleza lo que es de la ley aunque no tengan ley, son ley
    15 mostrando la obra de la ley escrita
    17 y te apoyas en la ley
    18 instruído por la ley apruebas
    20 que tienes en la ley la forma de la ciencia
    23 Tú que te jactas de la ley con infracción de la ley deshonras
    25 si guardas la ley si eres transgresor de la ley
    26 guardare las ordenanzas de la ley
    27 que...guarda perfectamente la ley eres transgresor de la ley
    3:19 sabemos que todo lo que la ley dice,
    20 por las obras de la ley ningún ser por medio de la ley es el conocimiento
    21 aparte de la ley, se ha manifestado testificada por la ley
    27 ¿Por cuál ley? por la ley de la fe
    28 es justificado por fe sin las obras de la ley
    31 por la fe invalidamos la ley? confirmamos la ley.
    4:13 no por la ley fue dada a Abraham
    14 si los que son de la ley son los herederos
    15 la ley produce ira; donde no hay ley
    16 no solamente para la que es de la ley
    5:13 Pues antes de la ley había pecado donde no hay ley
    20 la ley se introdujo
    6:14 no estáis bajo la ley
    15 ¿Pecaremos, porque no estamos bajo la ley
    7:1 hablo con los que conocen la ley que la ley se enseñorea del hombre
    2 está sujeta por la ley al marido queda libre de la ley del marido
    3 es libre de esa ley,
    4 habéis muerto a la ley
    5 las pasiones pecaminosas que eran por la ley (las pasiones de los pecados, atizadas por la ley, BC)
    6 estamos libres de la ley, (estamos desligados..., VHA)
    7 ¿La ley es pecado? no conocí el pecado sino por la ley si la ley no dijera
    8 porque sin la ley el pecado está muerto
    9 yo sin la ley vivía en un tiempo;
    12 De manera que la ley a la verdad es santa
    14 sabemos que la ley es espiritual
    16 apruebo que la ley es buena. (convengo con la ley en que es buena, VHA)
    21 hallo esta ley
    22 me deleito en la ley de Dios
    23 veo otra ley en mis miembros, que se rebela contra la ley de mi mente, me lleva cautivo a la ley del pecado
    25 con la mente sirvo a la ley de Dios, con la carne a la ley del pecado
    8:2 la ley del Espíritu de vida en Cristo

νοσέω 3552

Ro	8:2	me ha librado de la **ley** del pecado
	3	lo que era imposible para la **ley**
	4	para que la justicia de la **ley**
	7	no se sujeta a la **ley** de Dios,
	9:31	Israel, que iba tras una **ley** de Justicia,
		no la alcanzó (no alcanzó a esa **ley**, VM)
	32	sino como por obras de la **ley**, (TR)
	10:4	el fin de la **ley** es Cristo,
	5	la justicia que es por la **ley**
	13:8	ha cumplido la **ley**
	10	el cumplimiento de la **ley** es el amor
1 Co	7:39	La mujer casada está ligada por la **ley** (TR)
	9:8	¿No dice esto también la **ley**?
	9	en la **ley** de Moisés está escrito
	20	a los que están sujetos a la **ley** (..bajo la **ley**, VM)
		aunque yo no esté sujeto a la **ley** (...bajo la **ley**, VM)
	14:21	En la **ley** está escrito:
	34	como también la **ley** lo dice.
	15:56	el poder del pecado, la **ley**
Gá	2:16	no es justificado por las obras de la **ley**
		y no por las obras de la **ley**
		por las obras de la **ley** nadie será justificado.
	19	yo por la **ley** soy muerto para la **ley**
	21	pues si por la **ley** fuese la justicia,
	3:2	por las obras de la **ley**
	5	por las obras de la **ley**
	10	los que dependen de las obras de la **ley**
		(los que son de las obras de la **ley**, BA)
		las cosas escritas en el libro de la **ley**,
	11	que por la **ley** ninguno se justifica
	12	la **ley** no es de fe,
	13	nos redimió de la maldición de la **ley**
	17	la **ley**, que vino cuatrocientos treinta años
	18	si la herencia es por la **ley**
	19	¿para qué sirve la **ley**?
	21	¿Luego la **ley** es contraria a las promesas
		si la **ley** dada pudiera vivificar (si se hubiese
		dado una **ley** que pudiera vivificar, VHA)
		la justicia fuera...por la **ley**
	23	estábamos confinados bajo la **ley**,
	24	De manera que la **ley** ha sido nuestro ayo
	4:4	nacido bajo la **ley**
	5	a los que estaban bajo la **ley**
	21	los que queréis estar bajo la **ley** ¿no habéis oído la **ley**? (no oís..., VHA)
	5:3	que está obligado a guardar toda la **ley**
	4	los que por la **ley** os justificáis;
	14	toda la **ley** en esta sola palabra
	18	no estáis bajo la **ley**
	23	contra tales cosas no hay **ley**
	6:2	cumplid así la **ley** de Cristo
	13	ni...guardan la **ley**
Ef	2:15	la **ley** de los mandamientos
Fil	3:5	en cuanto a la **ley**, fariseo;
	6	en cuanto a la justicia que es en la **ley**
	9	mi propia justicia, que es por la **ley**
1 Ti	1:8	sabemos que la **ley** es buena,
	9	la **ley** no fue dada (...no está puesta, VHA)
He	7:5	de tomar del pueblo los diezmos según la **ley**
	12	que haya también cambio de **ley**
	16	conforme a la **ley** del mandamiento
	19	pues nada perfeccionó la **ley**
	28	la **ley** constituye sumos sacerdotes posterior a la **ley**, al Hijo,
	8:4	que presentan las ofrendas según la **ley**
	10	Pondré mis **leyes** en la mente (lit., dando

		mis **leyes**...)
He	9:19	todos los mandamientos de la **ley** (cada mandamiento..., VM)
	22	es purificado, según la **ley**, con sangre
	10:1	la **ley**, teniendo la sombra de los bienes
	8	las cuales cosas se ofrecen según la **ley**),
	16	Pondré mis **leyes** en sus corazones, (lit., dando mis **leyes**...)
	28	El que viola la **ley** de Moisés,
Stg	1:25	el que mira atentamente en la perfecta **ley**
	2:8	Si en verdad cumplís la **ley** real,
	9	quedáis convictos por la **ley** (convencidos..., BC)
	10	cualquiera que guardare toda la **ley**,
	11	ya te has hecho transgresor de la **ley**
	4:11	murmura de la **ley** y juzga a la **ley**; si tú juzgas a la **ley**, no eres hacedor de la **ley**

3552		νοσέω** – noséo
1 Ti	6:4	delira acerca de cuestiones (teniendo un enfermizo afecto a cuestiones, VM)

3553		νόσημα* – nósema
Jn	5:4	de cualquier **enfermedad** que tuviese. (TR, [VHA], [VM], NC, BC, [BA])

3554		νόσος – nósos
Mt	4:23	sanando toda **enfermedad** y toda dolencia
	24	los afligidos por diversas **enfermedades**
	8:17	llevó nuestras **dolencias**
	9:35	sanando toda **enfermedad** y toda dolencia
	10:1	para sanar toda **enfermedad** y toda dolencia
Mr	1:34	sanó muchos que estaban enfermos de diversas **enfermedades**
	3:15	autoridad para sanar **enfermedades** (TR, VM)
Lc	4:40	tenían enfermos de diversas **enfermedades**
	6:17	(18) para ser sanados de sus **enfermedades**
	7:21	sanó a muchos de diversas **enfermedades**
	9:1	para sanar **enfermedades**
Hch	19:12	de tal manera que...las **enfermedades** se iban

3555		νοσσιά – nossía
Lc	13:34	como la gallina a sus **polluelos** (como la clueca a su **pollada**, BC)

3556		νοσσίον – nossíon
Mt	23:37	como la gallina junta sus **polluelos**

3502		νοσσός – nossós o νεοσσός
Lc	2:24	o dos palominos. (lit., o dos **pichones** de palomas)

3557		νοσφίζω – nosfízo (nosfídzo)
Hch	5:2	sustrajo del precio, sabiéndolo también
	3	para que...**sustrajeses** del precio
Tit	2:10	no **defraudando**, sino mostrándose fieles

3558		νότος – nótos
Mt	12:42	La reina **del Sur** se levantará en el juicio
Lc	11:31	La reina **del Sur** se levantará en el juicio
	12:55	cuando sopla **el viento del sur**, decís:
	13:29	vendrán del...**sur**, y se sentarán
Hch	27:13	soplando una brisa **del sur**
	28:13	soplando **el viento sur**,
Ap	21:13	al **sur** tres puertas

3559 νουθεσία** — nouthesía

1 Co 10:11	están escritas para **amonestar**nos (fueron escritas para **amonestación** de nosotros, VHA)
Ef 6:4	criadlos en disciplina y **amonestación**
Tit 3:10	después de una y otra **amonestación**

3560 νουθετέω — nouthetéo

Hch 20:31	no he cesado de **amonestar** con lágrimas
Ro 15:14	que podéis **amonestar**os los unos a los otros
1 Co 4:14	para **amonestar**os como a hijos míos amados, (V60, WH, N, ABMW, VHA, NC BC); (...os **amonesto**, VM, TR, BC)
Col 1:28	**amonestando** a todo hombre,
3:16	**exhortándoos** unos a otros en toda
1 Ts 5:12	a los que...os **amonestan**;
14	os rogamos, hermanos, que **amonestéis** a los ociosos (lit.,...**amonestad**...)
2 Ts 3:15	**amonestadle** como a hermano.

3561 νουμηνία, véase νεομηνία, pág. 561

3562 νουνεχῶς* — nounecós (nounejós)

Mr 12:34	viendo que había respondido **sabiamente**,

3563 νοῦς — nóus

Lc 24:45	les abrió el **entendimiento**,
Ro 1:28	Dios los entregó a una **mente** reprobada,
7:23	que se rebela contra la ley de mi **mente**
25	yo mismo con la **mente** sirvo a la ley de Dios
11:34	¿quién entendió **la mente** del Señor?
12:2	por medio de la renovación de vuestro **entendimiento**,
14:5	esté plenamente convencido en su propia **mente**.
1 Co 1:10	que estéis perfectamente unidos en una misma **mente**
2:16	¿quién conoció **la mente** del Señor? nosotros tenemos **la mente** de Cristo
14:14	mi **entendimiento** queda sin fruto
15	oraré también con el **entendimiento**; cantaré también con el **entendimiento**
19	hablar cinco palabras con mi **entendimiento**
Ef 4:17	que andan en la vanidad de su **mente**
23	renovaos en el espíritu de vuestra **mente**,
Fil 4:7	que sobrepasa todo **entendimiento**, guardará
Col 2:18	hinchado por su propia **mente**
2 Ts 2:2	de vuestro modo de pensar, (de vuestra **mente**, VM)
1 Ti 6:5	de hombres corruptos **de entendimiento**
2 Ti 3:8	hombres corruptos **de entendimiento**,
Tit 1:15	pues hasta su **mente** y su conciencia
Ap 13:18	El que tiene **entendimiento**, cuente
17:9	Esto, para la **mente** que tenga sabiduría: (Aquí está la **mente** que tiene..., BA)

3564 Νύμφαν — Númfan o Νυμφᾶς o Νύμφα

Col 4:15	saludad a...**Ninfas** y a la iglesia

3565 νύμφη — númfe

Mt 10:35	a la **nuera** contra su suegra
Lc 12:53	la suegra contra su **nuera**, la **nuera** contra su suegra
Jn 3:29	El que tiene la **esposa**, es el esposo;
Ap 18:23	ni voz de esposo y **de esposa** se oirá más
21:2	como una **esposa** ataviada para su marido.
9	la **desposada**, la esposa del Cordero.

3566 νυμφίος — numfíos

Mt 9:15	entre tanto que el **esposo** está vendrán días cuando el **esposo** les
25:1	salieron a recibir al **esposo**. (...al encuentro del **esposo**, BC)
5	tardándose el **esposo**, cabecearon
6	¡Aquí viene el **esposo**;
10	mientras ellas iban a comprar, vino el **esposo**
Mr 2:19	mientras está con ellos el **esposo**? tienen consigo al **esposo**
20	cuando el **esposo** les será quitado
Lc 5:34	entre tanto que el **esposo** está con ellos?
35	cuando el **esposo** les será quitado
Jn 2:9	llamó al **esposo**
3:29	El que tiene la esposa, es el **esposo**; **esposo**;..., se goza grandemente de la voz del **esposo**;
Ap 18:23	ni voz **de esposo**...se oirá más en ti

3567 νυμφών**† — numfón

Mt 9:15	¿Acaso pueden los que están de bodas tener luto (...los hijos de la **sala nupcial**, BC)
22:10	las bodas fueron llenas (TR, ABMW, VM); (la **sala de bodas** se llenó, VHA, WH, N, NC, BC, BA)
Mr 2:19	pueden los que están de bodas ayunar (...los hijos de la **sala nupcial**, BC)
Lc 5:34	hacer que los que están de bodas ayunen, (...a los hijos de la **sala nupcial**, BC)

3568 νῦν — nún
(1) τὸ νῦν ἔχον

Mt 24:21	desde el principio del mundo hasta **ahora**,
26:65	He aquí, **ahora** mismo habéis oído su blasfemia
27:42	descienda **ahora** de la cruz,
43	líbrele **ahora** si le quiere;
Mr 10:30	cien veces más **ahora** en este tiempo
13:19	desde el principio...hasta este tiempo, (...hasta **ahora**, VHA)
15:32	descienda **ahora** de la cruz,
Lc 1:48	desde **ahora** me dirán bienaventurada
2:29	**Ahora**, Señor, despides a tu siervo en paz
5:10	desde **ahora** serás pescador de hombres
6:21	Bienaventurados los que **ahora** tenéis Bienaventurados los que **ahora** lloráis
25	¡Ay de vosotros, los que **ahora** estáis ¡Ay de vosotros, los que **ahora** reís!
11:39	**Ahora** bien, vosotros los fariseos
12:52	de aquí en adelante, cinco en una familia (desde **ahora**..., BC)
16:25	pero **ahora** éste es consolado aquí,
19:42	**ahora** está encubierto de tus ojos.
22:18	no beberé más del fruto (TR, VM); (desde **ahora** no beberé..., VHA, WH, N, ABMW, NC, BC, BA)
36	Pues **ahora**, el que tiene bolsa, tómela,
69	desde **ahora** el Hijo del Hombre se sentará (...estará sentado, VM)
Jn 2:8	Sacad **ahora**, y llevadlo
4:18	el que **ahora** tienes no es tu marido
23	la hora viene, y **ahora** es,
5:25	Viene la hora, y **ahora** es,
6:42	¿Cómo, pues, dice éste (TR); ¿Cómo es que **ahora** dice, VHA, WH, N, ABMW, VM, NC, BC, BA)

Jn	8:40	ahora procuráis matarme a mí,
	52	**Ahora** conocemos que tienes demonio
	9:21	cómo vea **ahora**, no lo sabemos
	41	**ahora**, porque decís: Vemos, (**ahora** decís..., VHA)
	11:8	**ahora** procuraban los judíos apedrearte,
	22	también sé **ahora** que todo lo que pidas
	12:27	**Ahora** está turbada mi alma
	31	**Ahora** es el juicio de este mundo **ahora** el príncipe de este mundo
	13:31	**Ahora** es glorificado (**Ahora** ha sido glorificado, BC)
	36	no me puedes seguir **ahora**;
	14:29	**ahora** os lo he dicho antes que suceda,
	15:22	pero **ahora** no tienen excusa
	24	**ahora** han visto y han aborrecido
	16:5	**ahora** voy al que me envió
	22	vosotros **ahora** tenéis tristeza
	29	He aquí **ahora** hablas claramente,
	30	**Ahora** entendemos que sabes todas las cosas
	32	viene, y ha venido **ya** (TR, VHA, VM, NC, BC)
	17:5	**Ahora** pues, Padre, glorifícame tú
	7	**Ahora** han conocido que todas las cosas
	13	**ahora** voy a tí
	18:36	pero mi reino no es de aquí. (mas **ahora**, mi reino..., VHA)
	21:10	los peces que acabáis de pescar. (...que habéis cogido **ahora**, VM)
Hch	2:33	ha derramado esto que vosotros veis (V60, WH, N, ABMW, VHA, VM, NC, BC, BA); (lit.,...que vosotros **ahora** veis, TR)
	3:17	Mas **ahora**, hermanos, sé
	4:29	**ahora**, Señor, mira sus amenazas,
	5:38	**ahora** os digo: Apartaos
	7:4	en la cual vosotros habitáis **ahora**.
	34	**Ahora**, pues, ven, te enviaré a Egipto.
	52	de quién vosotros **ahora** habéis sido
	10:5	Envía, pues, **ahora** hombres a Jope,
	33	**Ahora**, pues, todos nosotros estamos
	12:11	**Ahora** entiendo verdaderamente
	13:11	**Ahora**, pues, he aquí la mano del Señor
	31	los cuales **ahora** son sus testigos (V60, WH, N, ABMW, VHA, VM, NC, BC, BA); (lit., los cuales son..., TR)
	15:10	**Ahora**, pues, ¿por qué tentáis a Dios
	16:36	así que **ahora** salid, y marchaos en paz.
	37	¿y **ahora** nos echan encubiertamente?
	17:30	**ahora** manda a todos los hombres
	18:6	desde **ahora** me iré a los gentiles
	20:22	**Ahora**, he aquí, ligado yo en espíritu, voy
	25	**ahora**, he aquí, yo sé
	32	**ahora**, hermanos, os encomiendo a Dios, (WH, N, ABMW)
	22:1	oíd **ahora** mi defensa ante vosotros (TR)
	16	**Ahora**, pues, ¿por qué te detienes?
	23:15	**Ahora** pues, vosotros...requerid al tribuno
	21	**ahora** están listos
	24:13	las cosas de que **ahora** me acusan (TR)
	25	(1) **Ahora** vete; pero cuando tenga
	26:6	**ahora**, por la esperanza de la promesa
	17	a quienes **ahora** te envío, (TR)
	27:22	**ahora** os exhorto a tener buen ánimo, (WH, N, ABMW)
Ro	3:26	de manifestar en este tiempo su justicia, (para manifestación de su justicia en el tiempo **actual**, VM)
	5:9	estando **ya** justificados en su sangre,

		(siendo **ahora** justificados..., VHA)
	11	por quién hemos recibido **ahora**
	6:19	así **ahora** para santificación presentad
	21	de las cuales **ahora** os avergonzáis?
	8:1	**Ahora**, pues, ninguna condenación hay
	18	que las aflicciones del tiempo **presente**
	22	con dolores de parto hasta **ahora**
	11:5	Así también aun en este tiempo ha quedado (...en este tiempo **actual**..., VM)
	30	**ahora** habéis alcanzado misericordia
	31	así también éstos **ahora** han sido ellos también alcancen misericordia (TR, VM); (...obtengan **ahora** misericordia, VHA, WH, N, ABMW, NC, BA)
	13:11	**ahora** está más cerca de nosotros
	16:26	que ha sido manifestado **ahora**,
1 Co	3:2	ni sois capaces todavía, (ni aun **ahora** podéis, VHA)
	5:11	Más bien os escribí que no os juntéis (Más **ahora** os he escrito..., VA) (WH, N, ABMW)
	7:14	mientras que **ahora** son santos.
	12:18	Mas **ahora** Dios ha colocado los miembros (WH, N)
	20	Pero **ahora** son muchos los miembros,
	14:6	**Ahora** pues, hermanos, si yo voy a vosotros (WH, N, ABMW)
	16:12	voluntad de ir por **ahora**
2 Co	5:16	de aquí en adelante a nadie conocemos (desde **ahora**..., VHA) ya no lo conocemos así. (**ahora**, sin embargo, no más le conocemos así, VHA)
	6:2	He aquí **ahora** el tiempo aceptable he aquí **ahora** el día de salvación
	7:9	**Ahora** me gozo, no porque
	8:14	para que en este tiempo,...la abundancia vuestra (que en la **presente** ocasión vuestra sobra, BC)
	13:2	**ahora** ausente lo escribo (TR); (**ahora** ausente, BC, WH, N, ABMW, VHA, VM, NC, BA)
Gá	1:23	**ahora** predica la fe que en otro tiempo
	2:20	lo que **ahora** vivo en la carne,
	3:3	**ahora** vais a acabar por la carne?
	4:9	mas **ahora**, conociendo a Dios
	25	corresponde a la Jerusalén **actual**
	29	así también **ahora**
Ef	2:2	el espíritu que **ahora** opera
	3:5	como **ahora** es revelado a sus santos
	10	sea **ahora** dada a conocer por medio de
	5:8	mas **ahora** sois luz en el Señor
Fil	1:5	desde el primer día hasta **ahora**
	20	**ahora** también será magnificado Cristo
	30	y **ahora** oís que hay en mí
	2:12	sino mucho más **ahora** en mi ausencia,
	3:18	aun **ahora** lo digo llorando,
Col	1:24	**Ahora** me gozo en lo que padezco (...en mis padecimientos, VHA)
	26	**ahora** ha sido manifestado a sus santos
1 Ts	3:8	**ahora** vivimos, si vosotros estáis
2 Ts	2:6	**ahora** vosotros sabéis lo que lo detiene
1 Ti	4:8	pues tiene promesa de esta vida **presente**
	6:17	A los ricos de este siglo manda (...en este **presente** siglo..., VHA)
2 Ti	1:10	que **ahora** ha sido manifestada por la
	4:10	amando este mundo, (amando el **presente** siglo, VHA)
Tit	2:12	vivamos en este siglo (...en el **presente** siglo, VHA)
He	2:8	pero todavía no vemos que todas las cosas

3570 νυνί

		(mas **ahora** todavía..., VHA)
He	9:5	no se puede **ahora** hablar en detalle
	24	para presentarse **ahora** por nosotros ante
	26	pero **ahora**, en la consumación (WH, N, ABMW)
	11:16	Pero anhelaban una mejor (pero **ahora** anhelan una mejor, VHA) (WH, N, ABMW)
	12:26	pero **ahora** ha prometido, diciendo
Stg	4:13	¡Vamos **ahora**! los que decís
	16	Pero **ahora** os jactáis en vuestras soberbias
	5:1	¡Vamos **ahora**, ricos!
1 P	1:12	las cosas que **ahora** os son anunciadas
	2:10	pero que **ahora** sois pueblo de Dios
		pero **ahora** habéis alcanzado misericordia
	25	**ahora** habéis vuelto al Pastor
	3:21	**ahora** nos salva
2 P	3:7	los cielos y la tierra que existen **ahora**,
	18	A él sea gloria **ahora** y hasta
1 Jn	2:18	**ahora** han surgido muchos anticristos
	28	**ahora**, hijitos, permaneced en él
	3:2	Amados, **ahora** somos hijos de Dios,
	4:3	**ahora** ya está en el mundo
2 Jn	5	Y **ahora** te ruego, señora,
Jud	25	sea gloria y majestad,...**ahora** y por
3569		Véase después de 5009. pág. 744
3570		νυνί – nuní
Hch	22:1	oíd **ahora** mi defensa ante vosotros. (WH, N, ABMW)
	24:13	las cosas de que **ahora** me acusan. (WH, N, ABMW)
Ro	3:21	**ahora**, aparte de la ley, se ha manifestado
	6:22	**ahora** que habéis sido libertados del pecado
	7:6	**ahora** estamos libres de la ley,
	17	De manera que ya no soy yo quien hace (Ahora pues ya no soy..., VM)
	15:23	Pero **ahora**, no teniendo más campo en
	25	Mas **ahora** voy a Jerusalén
1 Co	5:11	Más bien os escribí que no os juntéis (Mas **ahora** os he escrito..., VA) (TR)
	12:18	Mas **ahora** Dios ha colocado los miembros (TR, ABMW)
	13:13	**ahora** permanecen la fe, la esperanza
	14:6	Ahora pues, hermanos si yo voy a vosotros (TR)
	15:20	Mas **ahora** Cristo ha resucitado
2 Co	8:11	Ahora, pues, llevad también a cabo
	22	**ahora** mucho más diligente
Ef	2:13	Pero **ahora** en Cristo Jesús, vosotros
Col	1:22 (21)	**ahora** os ha reconciliado
	26	pero que **ahora** ha sido manifestado (TR)
	3:8	Pero **ahora** dejad también vosotros todas
Flm	9	**ahora**, además, prisionero de Jesucristo;
	11	pero **ahora** a ti y a mí nos es útil,
He	8:6	Pero **ahora** tanto mejor ministerio
	9:26	pero **ahora**, en la consumación de los siglos (TR)
	11:16	Pero anhelaban una mejor (pero **ahora** anhelan una mejor, VHA) (TR)

3571 νύξ

		νύξ – núx
Mt	2:14	tomó de **noche** al niño y a su madre
	4:2	después de haber ayunado cuarenta días y cuarenta **noches**,
	12:40	estuvo Jonás...tres días y tres **noches** en el corazón de la tierra tres días...**noches**
	14:25	a la cuarta vigilia de la **noche**, Jesús vino
	25:6	a la media**noche** se oyó un clamor: (lit.,...

		(vino un clamor...)
Mt	26:31	os escandalizaréis de mí esta **noche**;
	34	esta **noche**,...me negarás
	27:64	no sea que vengan sus discípulos de **noche**, (TR, VM)
	28:13	Sus discípulos vinieron de **noche**, (viniendo..., NC)
Mr	4:27	de **noche** y de día, y la semilla brota
	5:5	de día y de **noche**, andaba dando voces
	6:48	cerca de la cuarta vigilia de la **noche** vino
	14:27	os escandalizaréis de mí esta **noche** (TR, VM)
	30	en esta **noche**,...me negarás
Lc	2:8	que...guardaban las vigilias de la **noche**
	37	sirviendo de **noche** y de día con ayunos
	5:5	toda la **noche** hemos estado trabajando, (lit.,...habiendo trabajado)
	12:20	Necio, esta **noche** vienen a pedirte tu alma
	17:34	en aquella **noche** estarán dos en una cama
	18:7	que claman a él día y **noche**?
	21:37	de **noche**, saliendo, se estaba
Jn	3:2	Este vino...de **noche**
	7:50	Nicodemo, el que vino a él de **noche** (TR)
	9:4	la **noche** viene, cuando nadie puede trabajar
	11:10	el que anda de **noche**, (si alguno anda..., VM)
	13:30	Y era ya de **noche**.
	19:39	el que antes había visitado a Jesús de **noche**
	21:3	aquella **noche** no pescaron nada.
Hch	5:19	abriendo de **noche** las puertas de la cárcel (abrió..., VHA)
	9:24	guardaban las puertas de día y de **noche**
	25	tomándolo de **noche**, le bajaron por
	12:6	aquella misma **noche** estaba Pedro
	16:9	se le mostró a Pablo una visión de **noche**
	33	tomándolos en aquella misma hora de la **noche**
	17:10	los hermanos enviaron de **noche** a Pablo
	18:9	el Señor dijo a Pablo en visión de **noche**
	20:31	por tres años, de **noche** y de día,
	23:11	A la **noche** siguiente se le presentó (...presentándosele, BC)
	23	que preparasen para la hora tercera de la **noche**
	31	le llevaron de **noche** a Antípatris.
	26:7	sirviendo constantemente a Dios de día y de **noche**
	27:23	esta **noche** ha estado conmigo el ángel
	27	Venida la decimacuarta **noche**, (cuando hubo llegado la **noche**..., VM) a la media**noche** los marineros sospecharon
Ro	13:12	La **noche** está avanzada,
1 Co	11:23	el Señor Jesús, la **noche** que fue entregado
1 Ts	2:9	cómo trabajando de **noche** y de día,
	3:10	orando de **noche** y de día
	5:2	así como ladrón en la **noche**;
	5	no somos de la **noche** ni de las tinieblas.
	7	los que duermen, de **noche** duermen, de **noche** se embriagan
2 Ts	3:8	trabajamos con afán y fatiga día y **noche**
1 Ti	5:5	en súplicas y oraciones **noche** y día
2 Ti	1:3	en mis oraciones **noche** y día
2 P	3:10	como ladrón en la **noche** (TR)
Ap	4:8	no cesaban día y **noche** (lit., no tienen reposo día y **noche**)
	7:15	le sirven día y **noche**
	8:12	asimismo de la **noche**
	12:10	el que los acusaba...día y **noche**
	14:11	no tienen reposo de día ni de **noche**

νύσσω 3572			569		3586 ξύλον	
Ap	20:10	serán atormentados día y noche		Mt	25:35	fui forastero, y me recogisteis;
	21:25	pues allí no habrá noche			38	¿Y cuándo te vimos forastero,
	22:5	No habrá allí más noche			43	fui forastero, y no me recogisteis
					44	¿cuándo te vimos...forastero
3572		νύσσω** – nússo			27:7	compraron...para sepultura de los extranjeros
Mt	27:49	Lit., le clavó el costado ([WH], T) (rechazado por los otros textos y versiones)		Hch	17:18	es predicador de nuevos dioses; (es propagandista de divinidades extrañas, VHA)
Jn	19:34	le abrió el costado con una lanza, (traspasó su costado..., VM)			21	todos los atenienses y los extranjeros
				Ro	16:23	hospedador mío y de toda la iglesia
3573		νυστάζω – nustázo (nustádzo)		Ef	2:12	ajenos a los pactos de la promesa,
Mt	25:5	cabecearon todas y se durmieron			19	ya no sois extranjeros ni advenedizos,
2 P	2:3	su perdición no se duerme		He	11:13	confesando que eran extranjeros
					13:9	doctrinas diversas y extrañas;
3574		νυχθήμερον*† – nucthémeron (nujthémeron)		1 P	4:12	como si alguna cosa extraña os aconteciese
				3 Jn	5	especialmente a los desconocidos,
2 Co	11:25	una noche y un día he estado como náufrago (he pasado...en lo profundo, BA)		3582		ξέστης**† – xéstes
				Mr	7:4	los lavamientos...de los jarros
					8	los lavamientos de los jarros (TR, VM)
3575		Νῶε – Nóe		3583		ξηραίνω – xeráino
Mt	24:37	como en los días de Noé		Mt	13:6	porque no tenía raíz, se secó
	38	hasta el día en que Noé entró en el arca			21:19	luego se secó la higuera
Lc	3:36	hijo de Noé, hijo de Lamec,			20	¿Cómo es que se secó en seguida la higuera?
	17:26	Como fue en los días de Noé,		Mr	3:1	un hombre que tenía seca una mano.
	27	hasta el día en que entró Noé en el arca,			3	que tenía la mano seca (TR)
He	11:7	Por la fe Noé, cuando fue advertido			4:6	porque no tenía raíz, se secó
1 P	3:20	la paciencia de Dios en los días de Noé,			5:29	en seguida la fuente de su sangre se secó;
2 P	2:5	guardó a Noé, pregonero de justicia,			9:18	cruje los dientes, y se va secando;
					11:20	que la higuera se había secado desde
3576		νωθρός – nothrós			21	la higuera que maldijiste se ha secado.
He	5:11	(10) os habéis hecho tardos para oir. (lit.,...torpes de los oídos)		Lc	8:6	se secó, porque no tenía humedad
	6:12	a fin de que no os hagáis perezosos,		Jn	15:6	será echado fuera...y se secará;
				Stg	1:11	sale el sol con calor...la hierba se seca
3577		νῶτος – nótos		1 P	1:24	La hierba se seca
Ro	11:10	Y agóbiales la espalda para siempre.		Ap	14:15	la mies de la tierra está madura
					16:12	el agua de éste se secó
		Ξ ξ		3584		ξηρός – xerós
				Mt	12:10	que tenía seca una mano;
3578		ξενία** – xenía			23:15	recorréis mar y tierra (lit.,...tierra seca)
Hch	28:23	vinieron a él muchos a la posada,		Mr	3:3	que tenía la mano seca: (WH, N, ABMW)
Flm	22	Prepárame también alojamiento;		Lc	6:6	que tenía la mano seca la mano derecha. (cuya mano derecha era seca)
3579		ξενίζω** – xenízo (xenídzo)			8	dijo al hombre que tenía la mano seca:
Hch	10:6	Este posa en casa de cierto Simón			23:31	¿en el seco, qué no se hará?
	18	preguntaron si moraba allí un Simón		Jn	5:3	ciegos, cojos, y paralíticos (...secos, VHA)
	23	haciéndoles entrar, los hospedó.		He	11:29	pasaron el Mar Rojo como por tierra seca
	32	el cual mora en casa de Simón,		3585		ξύλινος – xúlinos
	17:20	traes a nuestros oídos cosas extrañas.		2 Ti	2:20	sino también de madera y de barro;
	21:16	con quien nos hospedaríamos		Ap	9:20	a las imágenes...de madera
	28:7	nos...hospedó solícitamente		3586		ξύλον – xúlon
He	13:2	sin saberlo, hospedaron ángeles. (lit., ignoraron al hospedar...)		Mt	26:47	mucha gente con espadas y palos
1 P	4:4	A éstos les parece cosa extraña (En lo cual les parece cosa extraña, VA)			55	habéis salido con espadas y con palos
	12	no os sorprendáis del fuego de prueba		Mr	14:43	con él mucha gente con espadas y palos
3580		ξενοδοχέω* – xenodocéo (xenodojéo)		Lc	22:52	habéis salido con espadas y palos?
1 Ti	5:10	si ha practicado la hospitalidad;			23:31	si en el árbol verde hacen estas cosas
3581		ξένος – xénos		Hch	5:30	matasteis colgándole en un madero.
					10:39	mataron colgándole en un madero.
					13:29	quitándolo del madero, lo pusieron
					16:24	les aseguró los pies en el cepo
				1 Co	3:12	madera, heno, hojarasca

ξυράω 3587					3598 ὁδός
Gá	3:13	Maldito todo el que es colgado en un madero	Hch	8:31	¿Y cómo podré, si alguno no me enseñare?
1 P	2:24	llevó...nuestros pecados en su cuerpo sobre el madero,	Ap	7:17	el Cordero...los guiará a fuentes
Ap	2:7	le daré a comer del árbol de la vida,	**3595**		ὁδηγός — odegós (jodegós)
	18:12	mercadería de oro,...de toda madera olorosa de todo objeto de madera preciosa	Mt	15:14	son ciegos guías
				23:16	¡Ay de vosotros, guías ciegos!
	22:2	estaba el árbol de la vida, las hojas del árbol eran para la sanidad		24	¡Guías ciegos, que coláis el mosquito,
			Hch	1:16	Judas, que fue guía de los que prendieron
	14	derecho al árbol de la vida,	Ro	2:19	confías en que eres guía de los ciegos
	19	quitará su parte del libro de la vida (TR, VM); (...del árbol de la vida, VHA, WH, N, ABMW, NC, BC, BA)	**3596**		ὁδοιπορέω* — odoiporéo (jodoiporéo)
			Hch	10:9	mientras ellos iban por el camino
3587		ξυράω — xuráo	**3597**		ὁδοιπορία** — odoiporía (jodoiporía)
Hch	21:24	para que se rasuren la cabeza;	Jn	4:6	Jesús, cansado del camino, (...por el viaje, BA)
1 Co	11:5	lo mismo es que si se hubiese rapado.			
	6	si le es vergonzoso a la mujer...raparse	2 Co	11:26	en caminos muchas veces; (en viajes..., VHA)

Oo

			3598		ὁδός — odós (jodós)
			Mt	2:12	regresaron a su tierra por otro camino
				3:3	Preparad el camino del Señor
				4:15	Camino del mar, al otro lado del Jordán,
				5:25	entre tanto que estás con él en el camino,
3589		ὀγδοήκοντα — ogdoékonta		7:13	espacioso el camino que lleva a la perdición,
Lc	2:37	era viuda hacía ochenta y cuatro años;		14	angosto el camino que lleva a la vida,
	16:7	Toma tu cuenta, y escribe ochenta.		8:28	nadie podía pasar por aquel camino
				10:5	Por camino de gentiles no vayáis,
3590		ὄγδοος — ógdoos		10	ni de alforja para el camino
Lc	1:59	al octavo día vinieron para circuncidar		11:10	El cual preparará tu camino
Hch	7:8	y le circuncidó al octavo día;		13:4	parte...cayó junto al camino
2 P	2:5	guardó a Noé,...con otras siete personas (sino que sólo guardó al octavo, a Noé, NC)		19	el que fue sembrado junto al camino
				15:32	no sea que desmayen en el camino
				20:17	aparte en el camino, y les dijo
Ap	17:11	es también el octavo; (ella misma es..., VM)		30	dos ciegos que estaban sentados junto al camino
	21:20	el octavo, berilo		21:8	tendía sus mantos en el camino las tendían en el camino
3591		ὄγκος* — ógkos (ónkos)		19	viendo una higuera cerca del camino
He	12:1	despojémonos de todo peso (despojándonos..., VHA)		32	vino a vosotros Juan en camino de justicia,
				22:9	Id,...a las salidas de los caminos
3592		ὅδε — óde (jóde)		10	saliendo los siervos por los caminos (...aquellos siervos..., VHA)
Lc	10:39	Esta tenía una hermana (lit., a ésta había una hermana)		16	enseñas con verdad el camino de Dios,
	16:25	ahora éste es consolado aquí (TR)	Mr	1:2	El cual preparará tu camino
Hch	15:23	escribir por conducto de ellos (V60, WH, VHA, VM, NC, BC, BA); (lit., escribiendo por mano de ellos así, TR)		3	Preparad el camino del Señor
				2:23	sus discípulos, andando, (lit.,...comenzaron a hacer un camino)
	21:11	Esto dice el Espíritu Santo		4:4	una parte cayó junto al camino
Stg	4:13	mañana iremos a tal ciudad		15	éstos son los de junto al camino
Ap	2:1	el que anda...dice ésto		6:8	que no llevasen nada para el camino
	8	el que estuvo muerto...dice esto		8:3	se desmayarán en el camino
	12	El que tiene la espada...dice esto		27	en el camino preguntó a sus discípulos
	18	El Hijo de Dios,...dice esto		9:33	¿Qué disputabais entre vosotros en el camino? (TR); (¿Qué discutíais por el camino, BA, WH, N, ABMW, VHA, VM, NC, BC)
	3:1	El que tiene los siete espíritus...dice esto			
	7	Esto dice el Santo, el Verdadero,			
	14	el principio de la creación de Dios, dice esto		34	en el camino habían disputado entre sí,
3593		ὁδεύω — odéuo (jodéuo)		10:17	Al salir él para seguir su camino, (lit., saliendo él a un camino)
Lc	10:33	un samaritano, que iba de camino,		32	Iban por el camino (Estaban, pues, en el camino, VHA)
3594		ὁδηγέω — odegéo (jodeguéo)		46	estaba sentado junto al camino
Mt	15:14	si el ciego guiare al ciego,		52	seguía a Jesús en el camino. (TR, VHA); (le seguía..., VM, WH, N, ABMW, NC, BC, BA)
Lc	6:39	¿Acaso puede un ciego guiar a otro ciego?			
Jn	16:13	el Espíritu de verdad, él os guiará a toda		11:8	tendían sus mantos por el camino,

| ὁδούς 3599 | 571 | 3607 ὀθόνη |

Mr 11:8	las tendían por el camino. (TR, VM)	
12:14	con verdad enseñas el camino de Dios.	
Lc 1:76	irás...para preparar sus caminos;	
79	Para encaminar nuestros pies por camino	
2:44	anduvieron camino de un día;	
3:4	Preparad el camino del Señor	
5	los caminos ásperos allanados (las vías ásperas en caminos llanos, VM)	
7:27	El cuál preparará tu camino	
8:5	una parte cayó junto al camino	
12	los de junto al camino son	
9:3	No toméis nada para el camino,	
57	uno le dijo en el camino: Señor,	
10:4	a nadie saludéis por el camino	
31	descendió un sacerdote por aquel camino	
11:6	ha venido a mí de viaje, (...de camino, VM)	
12:58	en el camino arreglarte con él, (...por librarte de él, VHA)	
14:23	Vé por los caminos	
18:35	un ciego estaba sentado junto al camino	
19:36	tendían sus mantos por el camino	
20:21	enseñas el camino de Dios con verdad	
24:32	mientras nos hablaba en el camino	
35	cosas que les habían acontecido en el camino	
Jn 1:23	Enderezad el camino del Señor,	
14:4	sabéis el camino	
5	¿cómo, pues, podemos saber el camino? (TR, ABMW, VM, NC, BC); (¿cómo vamos a saber..., VHA, WH, N, BA)	
6	Yo soy el camino, y la verdad,	
Hch 1:12	camino de un día de reposo.	
2:28	Me hiciste conocer los caminos de la vida	
8:26	por el camino que desciende de Jerusalén	
36	yendo por el camino, (como iban..., BA)	
39	siguió gozoso su camino	
9:2	si hallase algunos...de este Camino, (lit.,...algunos que fueran de...)	
17	Jesús, que se te apareció en el camino	
27	cómo...había visto en el camino al Señor,	
13:10	¿No cesarás de trastornar los caminos rectos	
14:16	en sus propios caminos	
16:17	quienes os anuncian el camino de salvación	
18:25	había sido instruido en el camino del Señor	
26	le expusieron más exactamente el camino	
19:9	maldiciendo el Camino	
23	un disturbio no pequeño acerca del Camino	
22:4	Perseguía yo este Camino	
24:14	que según el Camino que ellos llaman	
22	estando instruido de este Camino (como conociese con bastante exactitud lo referente al Camino, BC)	
25:3	para matarle en el camino.	
26:13	yendo por el camino, vi una luz (ví en el camino una luz, VM)	
Ro 3:16	Quebranto y desventura hay en sus caminos	
17	no conocieron camino de paz	
11:33	e inescrutables sus caminos!	
1 Co 4:17	os recordará mi proceder (os recordará mis caminos, BA)	
12:31	yo os muestro un camino aun más excelente	
1 Ts 3:11	dirijan nuestro camino a vosotros	
He 3:10	no han conocido mis caminos	
9:8	que aún no se había manifestado el camino	
10:20	el camino nuevo y vivo que él nos abrió	
Stg 1:8	es inconstante en todos sus caminos	
2:25	cuando...los envió por otro camino?	
5:20	el que haga volver al pecador del error de su camino	
2 P 2:2	el camino de la verdad será blasfemado,	
15	Han dejado el camino recto, (Dejando.., VHA)	
	siguiendo el camino de Balaam	
21	no haber conocido el camino	
Jud 11	han seguido el camino de Caín,	
Ap 15:3	verdaderos son tus caminos	
16:12	el camino a los reyes del oriente	

3599 ὁδούς — odóus

Mt 5:38	Ojo por ojo, y diente por diente	
8:12	allí será...el crujir de dientes (se enc¹ ntra la misma cosa en 13:42, 50; 22:13; 24:51; 25:30)	
Mr 9:18	echa espumarajos, y cruje los dientes	
Lc 13:28	Allí será el llanto y el crujir de dientes,	
Hch 7:54	crujían los dientes contra él.	
Ap 9:8	sus dientes eran como de leones	

3600 ὀδυνάω — odunáo

Lc 2:48	te hemos buscado con angustia (...angustiados, VM)	
16:24	estoy atormentado en esta llama	
25	éste es consolado...y tú atormentado. (...estás sufriendo, VHA)	
Hch 20:38	doliéndose en gran manera por la palabra	

3601 ὀδύνη — odúne

Ro 9:2	continuo dolor en mi corazón	
1 Ti 6:10	fueron traspasados de muchos dolores (se han traspasado con..., VM)	

3602 ὀδυρμός — odurmós

Mt 2:18	Grande...lloro y gemido	
2 Co 7:7	haciéndonos saber...vuestro llanto	

3604 Ὀζίας — Ozías (Odzías) o Ὀζείας

Mt 1:8	(9) Joram a Uzías. (Joram engendró a Ozías, VHA)	
9	Uzías engendró a Jotam,	

3605 ὄζω — ózo (ódzo)

Jn 11:39	hiede ya, porque es de cuatro días	

3606 ὅθεν — óthen (jóthen)

Mt 12:44	Volveré a mi casa de donde salí;	
14:7	por lo cual éste le prometió con juramento	
25:24	que siegas donde no sembraste	
26	sabías que siego donde no sembré	
Lc 11:24	Volveré a mi casa de donde salí	
Hch 14:26	Antioquía, desde donde habían sido	
26:19	Por lo cual, oh rey Agripa, no fui rebelde	
28:13	De allí, costeando alrededor, llegamos (TR, N, VHA, VM, NC, BC); (zarpando de allí..., BA, WH, ABMW)	
He 2:17	Por lo cual debía ser en todo semejante	
3:1	Por tanto, hermanos santos, participantes	
7:25	por lo cual puede también salvar	
8:3	por lo cual es necesario que también éste	
9:18	De donde ni aun el primer pacto	
11:19	de entre los muertos, de donde,	
1 Jn 2:18	por esto conocemos que es (de donde..., VHA)	

3607 ὀθόνη* — othóne

Hch 10:11	que descendía algo semejante a un gran	

ὀθόνιον 3608　　　　　　　　　　　　　　　572　　　　　　　　　　　　　　　3614 οἰκία

		lienzo, (descendiendo cierto receptáculo..., VM)	Mt	12:25	toda...casa dividida contra sí misma,
Hch	11:5	algo semejante a un gran lienzo que descendía (que descendía cierto receptáculo..., VM)		29	¿cómo puede alguno entrar en la casa entonces podrá saquear su casa (...saqueará..., VM)
				13:1	salió Jesús de la casa (habiendo salido..., VHA)
3608		**ὀθόνιον** – othónion		36	entró Jesús en la casa; (entró en la casa, VM, WH, N, ABMW, VHA, NC, BC, BA)
Lc	24:12	vio los **lienzos** solos, (TR, [WH], [ABMW], VHA, VM, NC, BC, [BA])		57	sino en su propia tierra y en su casa.
Jn	19:40	lo envolvieron en **lienzos** con especias		17:25	al entrar él en casa, Jesús le habló
	20:5	vio los **lienzos** puestos allí,		19:29	cualquiera que haya dejado casas
	6	vio los **lienzos** puestos allí,		23:13 (14)	devoráis las casas de las viudas, (TR, VM, BA)
	7	el sudario,...no puesto con los **lienzos**,		24:17	no descienda para tomar algo de su casa
				43	no dejaría minar su casa
		οἶδα, véase εἴδω. págs. 273, 275		26:6	en Betania, en casa de Simón
3609		**οἰκεῖος** – oikéios	Mr	1:29	vinieron a casa de Simón y Andrés
Gá	6:10	mayormente a **los de la familia** de la fe.		2:15	estando Jesús a la mesa en casa de él
Ef	2:19	y **miembros de la familia** de Dios,		3:25	si una casa está dividida
1 Ti	5:8	mayormente para **los de su casa**,			tal casa no puede permanecer
				27	Ninguno puede entrar en la casa entonces podrá saquear su casa (...saqueará..., VM)
3609 A		**οἰκετεία*** – oiketéia			
Mt	24:45	puso su señor sobre su **servidumbre**, (WH, N, ABMW)		6:4	entre sus parientes, y en su casa
				10	Dondequiera que entréis en una casa
				7:24	entrando en una casa, no quiso
3610		**οἰκέτης** – okétes		9:33	cuando estuvo en casa (...en la casa, VM)
Lc	16:13	Ningún **siervo** puede servir a dos señores		10:10	En casa volvieron los discípulos a preguntarle (lit., en la casa otra vez los discípulos le preguntaron)
Hch	10:7	llamó a dos de sus **criados**, (llamando..., BC)			
Ro	14:4	¿Tú quién eres, que juzgas al **criado** ajeno?		29	no hay ninguno que haya dejado casa
1 P	2:18	**Criados**, estad sujetos con todo respeto (lit.,...sujetándoos...)		30	que no reciba...casas, hermanos
				12:40	que devoran las casas de las viudas
3611		**οἰκέω** – oikéo		13:15	no descienda a la casa,(TR) para tomar algo de su casa;
Ro	7:17	sino el pecado que **mora** en mí. (TR, ABMW)		34	dejó su casa, (dejando..., VHA)
	18	yo sé que en mí,...no **mora** el bien;		35	no sabéis cuándo vendrá el señor de la casa
	20	sino el pecado que **mora** en mí.		14:3	en casa de Simón el leproso
	8:9	si es que el Espíritu...**mora** en vosotros	Lc	4:38	entró en casa de Simón
	11	si el Espíritu...**mora** en vosotros		5:29	Leví le hizo gran banquete en su casa
1 Co	3:16	y que el Espíritu de Dios **mora** en vosotros		6:48	al hombre que al edificar una casa dio con ímpetu contra aquella casa,
	7:12	ella consiente en **vivir** con él,		49	semejante es al hombre que edificó su casa fue grande la ruina de aquella casa
	13	él consiente en **vivir** con ella			
1 Ti	6:16	el único...**que habita** en luz		7:6	cuando ya no estaban lejos de la casa,
				36	habiendo entrado en casa del fariseo, (TR)
3612		**οἴκημα** – oíkema		37	estaba a la mesa en casa del fariseo,
Hch	12:7	una luz resplandeció en la **cárcel**		44	Entré en tu casa,
				8:27	ni moraba en casa
3613		**οἰκητήριον*** – oiketérion		51	Entrando en la casa, no dejó
2 Co	5:2	aquella nuestra **habitación** celestial; (de nuestra morada que es del cielo, VM)		9:4	en cualquier casa donde entréis,
				10:5	En cualquier casa donde entréis,
Jud	6	que abandonaron su propia **morada**,		7	posad en aquella misma casa No os paséis de casa en casa
3614		**οἰκία** – oikía		38	Marta le recibió en su casa. (WH, N, VHA, VM, NC, BC, BA); (Marta le recibió, ABMW)
Mt	2:11	al entrar en la **casa**, vieron al niño			
	5:15	alumbra a todos los que están en **casa**		15:8	no enciende la lámpara, y barre la casa
	7:24	edificó su **casa** sobre la roca		25	llegó cerca de la casa
	25	golpearon contra aquella **casa**		17:31	sus bienes en casa
	26	edificó su **casa** sobre la arena		18:29	no hay nadie que haya dejado casa
	27	dieron con ímpetu contra aquella **casa**		20:47	que devoran las casas de las viudas,
	8:6	mi criado está postrado en **casa**		22:10	seguidle hasta la casa donde entrare,
	14	Vino Jesús a **casa** de Pedro, (venido..., BC)		11	al padre de familia de esa casa
	9:10	estando él sentado a la mesa en la **casa**		54	le condujeron a casa del sumo sacerdote. (WH, N, ABMW)
	23	Al entrar Jesús en la **casa** del principal,			
	28	llegado a la **casa**, vinieron a él	Jn	4:53	creyó él con toda su casa. (...y toda..., VHA)
	10:12	al entrar en la **casa**, saludadla			
	13	si la **casa** fuere digna		8:35	el esclavo no queda en la casa
	14	de aquella **casa** o ciudad, y sacudid			

οἰκιακός 3615   573   3618 οἰκοδόμος

Jn	11:31	los judíos que estaban en **casa** con ella	Lc	6:48 estaba fundada sobre la roca. (TR, VM);
	12:3	la **casa** se llenó del olor del perfume		(por **haber sido** bien **construïda**, VHA,
	14:2	En la **casa** de mi Padre muchas moradas hay		WH, N, ABMW, NC, BC, BA)
Hch	4:34	todos los que poseían heredades o **casas**		49 semejante es al hombre **que edificó** su casa
		(...eran dueños de heredades o **de casas**,		7:5 nos **edificó** una sinagoga.
		VHA)		11:47 **edificáis** los sepulcros de los profetas
	9:11	busca en **casa** de Judas		48 vosotros **edificáis** sus sepulcros. (TR, VM);
	17	Fue...Ananías y entró en la **casa**		(vosotros **edificáis**, NC, WH, N, ABMW,
	10:6	que tiene su **casa** junto al mar (cuya **casa**		VHA, BC, BA)
		está..., BA)		12:18 los **edificaré** mayores,
	17	preguntando por la **casa** de Simón		14:28 queriendo **edificar** una torre,
	32	el cual mora en **casa** de Simón		30 comenzó a **edificar**, y no pudo acabar.
	11:11	llegaron tres hombres a la **casa**		17:28 plantaban, **edificaban**
	12:12	llegó a **casa** de María		20:17 La piedra que desecharon los **edificadores**
	16:32	los que estaban en su **casa**	Jn	2:20 En cuarenta y seis años fue **edificado**
	17:5	asaltando la **casa** de Jasón	Hch	4:11 la piedra reprobada por vosotros los
	18:7	se fue a la **casa** de uno		**edificadores** (TR)
		la cual estaba junto a la sinagoga. (cuya		7:47 Mas Salomón le **edificó** casa
		casa estaba..., BA)		49 ¿Qué casa me **edificaréis**? dice el Señor;
1 Co	11:22	¿no tenéis **casa** en que comáis y bebáis?		9:31 eran edificadas (lit., siendo **edificadas**)
	16:15	ya sabéis que la familia de Estéfanas		(TR); (siendo **edificada**, BA, WH, N,
		(conocéis la **casa** de Estéfanas que, VHA)		ABMW, VHA, VM, NC, BC)
2 Co	5:1	si nuestra **morada** terrestre,		20:32 la cual es poderosa para **sobreedificaros**
		tenemos de Dios un edificio, **una casa**		(WH, N, ABMW)
Fil	4:22	os saludan...los **de la casa** de César	Ro	15:20 para no **edificar** sobre fundamento ajeno,
1 Ti	5:13	andando de **casa** en casa (lit., andando	1 Co	8:1 pero el amor **edifica**.
		por las **casas**)		10 ¿no **será estimulada** a comer
2 Ti	2:20	Pero en una **casa** grande, no solamente hay		10:23 todo me es lícito, pero no todo **edifica**
	3:6	son los que se meten en las **casas**		14:4 a sí mismo se **edifica**;
2 Jn	10	no lo recibáis en **casa**		edifica a la iglesia
				17 pero el otro no **es edificado**
3615		οἰκιακός *† — oikiakós	Gá	2:18 las mismas vuelvo a **edificar** (lit., estas
Mt	10:25	cuánto más a **los de** su **casa**?		cosas las **edifico** otra vez)
	36	los enemigos...serán **los de** su **casa**	1 Ts	5:11 **edificaos** unos a otros,
			1 P	2:5 como piedras vivas, **sed edificados** como
3616		οἰκοδεσποτέω *† — oikodespotéo		7 La piedra que los **edificadores** desecharon,
1 Ti	5:14	críen hijos, **gobiernen su** casa		
			3619	οἰκοδομή — oikodomé
3617		οἰκοδεσπότης *† — oikodespótes	Mt	24:1 para mostrarle los **edificios** del templo
Mt	10:25	Si al **padre de familia** llamaron Beelzebú	Mr	13:1 mira qué piedras, y qué **edificios**
	13:27	los siervos del **padre de familia**		2 ¿Ves estos grandes **edificios**?
	52	es semejante a un **padre de familia**	Ro	14:19 lo que contribuye...a la mutua **edificación**
		(...a un hombre **padre de familia**, VHA)		(lit., las cosas de la **edificación** de unos
	20:1	es semejante a un hombre, **padre de familia**		para con otros)
	11	murmuraban contra el **padre de familia**		15:2 en lo que es bueno, para **edificación**
	21:33	Hubo un hombre, **padre de familia**,	1 Co	3:9 vosotros sois...**edificio** de Dios
	24:43	si el **padre de familia** supiese		14:3 habla a los hombres para **edificación**
Mr	14:14	decid al **señor de la casa**		5 para que la iglesia reciba **edificación**
Lc	12:39	si supiese el **padre de familia** a qué hora		12 para **edificación** de la iglesia
	13:25	Después que el **padre de familia**		26 Hágase todo para **edificación**
	14:21	enojado el **padre de familia**, dijo a su siervo	2 Co	5:1 tenemos de Dios **un edificio**
	22:11	decid al **padre de familia** (diréis..., VHA)		10:8 la cuál el Señor nos dió para **edificación**
3618		Véase abajo		12:19 todo, muy amados, para vuestra **edificación**
3618 A		οἰκοδομέω — oikodoméo		13:10 el Señor me ha dado para **edificación**
Mt	7:24	que **edificó** su casa sobre la roca	Ef	2:21 en quien todo **el edificio**
	26	que **edificó** su casa sobre la arena;		4:12 para la **edificación** del cuerpo de Cristo,
	16:18	sobre esta roca **edificaré** mi iglesia		16 para ir **edificándose** en amor. (para
	21:33	**edificó** una torre,		**edificación** de sí mismo..., VHA)
	42	La piedra que desecharon los **edificadores**		29 buena para la necesaria **edificación** (buena
	23:29	**edificáis** los sepulcros de los profetas		para **edificación**, según la necesidad, BA)
	26:61	Puedo...en tres días **reedificarlo**		
	27:40	Tú que...en tres días lo **reedificas**	3620	οἰκοδομία — oikodomía
Mr	12:1	**edificó** una torre,	1 Ti	1:4 que **edificación** de Dios (E, VM, NC)
	10	La piedra que desecharon los **edificadores**		
	14:58	en tres días **edificaré** otro	3618	οἰκοδόμος — oikodómos
	15:29	tú que...en tres días lo **reedificas**	Hch	4:11 la piedra reprobada por vosotros los
Lc	4:29	sobre el cual estaba **edificada** la ciudad		**edificadores**, (WH, N, ABMW)
	6:48	al hombre **que al edificar** una casa,		

οἰκονομέω 3621 — 574 — 3624 οἶκος

3621   οἰκονομέω – oikonoméo
Lc 16:2   ya no podrás más ser mayordomo.

3622   οἰκονομία – oikonomía
Lc 16:2   Da cuenta de tu mayordomía
       3   mi amo me quita la mayordomía
       4   cuando se me quite de la mayordomía
1 Co 9:17   la comisión me ha sido encomendada
Ef 1:10   en la dispensación del cumplimiento
    3:2   habéis oído de la administración de la gracia
       9   cuál sea la dispensación del misterio
             (V60, WH, N, ABMW, VHA, VM, NC,
             BC, BA); (lit.,...la participación del
             misterio, TR)
Col 1:25   según la administración de Dios
1 Ti 1:4   más bien que edificación de Dios (E, VM,
             NC); (...que para el desempeño de
             la mayordomía de Dios, VHA, S, WH,
             N, ABMW, BC, BA)

3623   οἰκονόμος – oikonómos
Lc 12:42   ¿Quién es el mayordomo fiel (¿Quién es,
             pues,..., VHA)
   16:1   un hombre rico que tenía un mayordomo,
       3   Entonces el mayordomo dijo para sí
       8   alabó el amo al mayordomo
Ro 16:23   Os saluda Erasto, tesorero de la ciudad
1 Co 4:1   administradores de los misterios de Dios
       2   se requiere de los administradores
Gá 4:2   está bajo tutores y curadores
Tit 1:7   irreprensible, como administrador de Dios;
1 P 4:10   como buenos administradores

3624   οἶκος – óikos
Mt 9:6   vete a tu casa
       7   se levantó y se fue a su casa
   10:6   a las ovejas perdidas de la casa de Israel.
   11:8   en las casas de los reyes están.
   12:4   cómo entró en la casa de Dios
      44   Volveré a mi casa de donde salí;
   15:24   a las ovejas perdidas de la casa de Israel
   21:13   Mi casa, casa de oración será llamada;
   23:38   He aquí vuestra casa os es dejada
Mr. 2:1   y se oyó que estaba en casa
      11   vete a tu casa
      26   cómo entró en la casa de Dios,
   3:20 (19)   vinieron a casa. (TR, VM, NC);
             (vino..., VHA, WH, N, ABMW, BC, BA)
   5:19   Vete a tu casa, a los tuyos,
      38   vino a casa del principal de la sinagoga
   7:17   Cuando...entró en casa
      30   cuando llegó ella a su casa, halló
   8:3   si los enviare en ayunas a sus casas
      26   lo envió a su casa,
   9:28   Cuando él entró en casa
   11:17   Mi casa será llamada casa de oración
Lc 1:23   se fue a su casa
      27   José, de la casa de David;
      33   reinará sobre la casa de Jacob
      40   entró en casa de Zacarías,
      56   después se volvió a su casa
      69   En la casa de David su siervo
   2:4   era de la casa y familia de David
   5:24   vete a tu casa
      25   se fue a su casa, glorificando a Dios
   6:4   cómo entró en la casa de Dios,
   7:10   al regresar a casa
      36   habiendo entrado en casa del fariseo,

             (WH, N, ABMW)
Lc 8:39   Vúelvete a tu casa
      41   le rogaba que entrase en su casa
   9:61   que me despida primero de los que están
             en mi casa
   10:5   Paz sea a esta casa
      38   Marta le recibió en su casa (TR)
   11:17   una casa dividida contra sí misma, (casa
             dividida contra casa, VM)
      24   Volveré a mi casa de donde salí
      51   que murió entre el altar y el templo (...el
             altar y la casa, BA)
   12:39   no dejaría minar su casa
      52   cinco en una familia estarán divididos,
   13:35   vuestra casa os es dejada
   14:1   en casa de un gobernante, (en la casa de
             uno de los principales, VHA)
      23   para que se llene mi casa
   15:6   al llegar a casa, reúne a sus amigos
   16:4   para que...me reciban en sus casas
      27   que le envíes a la casa de mi padre,
   18:14   éste descendió a su casa justificado
   19:5   hoy es necesario que pose yo en tu casa
       9   Hoy ha venido la salvación a esta casa
      46   Mi casa es casa de oración (TR); (...será...,
             VHA, WH, N, ABMW, VM, NC, BC, BA)
   22:54   le condujeron a casa del sumo sacerdote
             (TR)
Jn 2:16   no hagáis de la casa de mi Padre casa
     17   El celo de tu casa me consume. (...me
             devoró, BC) (TR, VM, NC); (...consumirá,
             VHA, WH, N, ABMW, BA)
   7:53   [Cada uno se fue a su casa]
   11:20   pero María se quedó en casa.
Hch 2:2   llenó toda la casa donde estaban
      36   Sepa,...toda la casa de Israel,
      46   partiendo el pan en las casas
   5:42   en el templo y por las casas
   7:10   gobernador sobre Egipto y sobre toda su
             casa
      20   fue criado tres meses en casa de su padre.
      42   por cuarenta años, casa de Israel?
      46   tabernáculo para el Dios de Jacob (TR,
             WH, NC, BC, BA); (morada para la casa
             de Jacob, VHA, N, ABMW)
      47   Mas Salomón le edificó casa
      49   ¿Qué casa me edificaréis?
   8:3   entrando casa por casa, (entrándose por
             las casas, BC)
   10:2   temeroso de Dios con toda su casa,
      22   de hacerte venir a su casa para oír
      30   oraba en mi casa, (estaba yo...haciendo
             oración..., BC)
   11:12   entramos en casa de un varón,
      13   cómo había visto en su casa un ángel
      14   serás salvo tú, y toda tu casa
   16:15   cuando fue bautizada, y su familia,
             (...y su casa, VM)
             entrad en mi casa, y posad. (lit., entrando...
             posad)
      31   serás salvo, tú y tu casa
      34   llevándolos a su casa,
   18:8   creyó en el Señor con toda su casa
   19:16   de tal manera que huyeron de aquella casa
   20:20   enseñaros, públicamente y por las casas,
   21:8   entrando en casa de Felipe el evangelista
Ro 16:5   Saludad también a la iglesia de su casa
1 Co 1:16   bauticé a la familia de Estéfanas
   11:34   Si alguno tuviere hambre, coma en su casa

οἰκουμένη 3625

1 Co	14:35	pregunten en **casa** a sus maridos
	16:19	con la iglesia que está en su **casa**
Col	4:15	a la iglesia que está en su **casa**
1 Ti	3:4	que gobierne bien su **casa**, (...su propia **casa**, VM)
	5	no sabe gobernar su propia **casa**,
	12	que gobiernen bien sus hijos y sus **casas**
	15	cómo debes conducirte en la **casa** de Dios (cómo hay que portarse..., BC)
	5:4	aprendan...a ser piadosos para con su propia **familia**,
2 Ti	1:16	misericordia de la **casa** de Onesíforo
	4:19	Saluda...a la **casa** de Onesíforo.
Tit	1:11	que trastornan **casas** enteras,
Flm	2	a la iglesia que está en tu **casa**
He	3:2	en toda la **casa** de Dios. (en toda su **casa**, BC)
	3	tiene mayor honra que la **casa** el que la hizo
	4	toda **casa** es hecha por alguno;
	5	en toda la **casa** de Dios, (en toda su **casa**, NC)
	6	Cristo como hijo sobre su **casa**, la cual **casa** somos nosotros (cuya **casa**..., VM)
	8:8	estableceré con la **casa** de Israel y la **casa**
	10	el pacto que haré con la **casa** de Israel
	10:21	un gran sacerdote sobre la **casa** de Dios
	11:7	el arca en que su **casa** se salvase; (...para la salvación de su **casa**, VHA)
1 P	2:5	sed edificados como **casa** espiritual
	4:17	que el juicio comience por la **casa** de Dios;

3625 οἰκουμένη — oikouméne

Mt	24:14	será predicado este evangelio...en todo el **mundo**
Lc	2:1	que todo el **mundo** fuese empadronado
	4:5	le mostró...todos los reinos de la **tierra**
	21:26	de las cosas que sobrevendrán en la **tierra**
Hch	11:28	una gran hambre en toda la **tierra habitada**
	17:6	Estos que trastornan el **mundo entero**
	31	juzgará al **mundo** con justicia (va a juzgar..., BC)
	19:27	a quien venera...el **mundo entero**
	24:5	promotor de sediciones...por **todo el mundo**
Ro	10:18	hasta los fines de la **tierra** sus palabras
He	1:6	cuando introduce al Primogénito en el **mundo**
	2:5	sujetó a los ángeles el **mundo** venidero
Ap	3:10	que ha de venir sobre el **mundo** entero
	12:9	el cual engaña al **mundo** entero
	16:14	a los reyes de la tierra en todo el **mundo**

3626 A οἰκουργός*† — oikourgós

Tit	2:5	cuidadosas de su casa, buenas (TR); (**trabajadoras en la casa**,...VHA, WH, N, ABMW, VM, NC, BC, BA)

3626 οἰκουρός — oikourós

Tit	2:5	**cuidadosas de su casa**, buenas (TR)

3627 οἰκτείρω, véase οἰκτίρω, esta página

3628 οἰκτιρμός — oiktirmós

Ro	12:1	os ruego por las **misericordias** de Dios,
2 Co	1:3	Padre de **misericordias**
Fil	2:1	si algún afecto entrañable, si alguna **misericordia** (si algunas entrañas y ternuras de misericordia, BC)

575

3632 οἰνοφλυγία

Col	3:12	Vestíos ...de entrañable **misericordia** (lit.,...de entrañas **de compasión**)
He	10:28	muere irremisiblemente (muere sin **misericordia**, VHA)

3629 οἰκτίρμων — oiktírmon

Lc	6:36	Sed, pues, **misericordiosos** (TR); (Sed **misericordiosos**, VHA, WH, N, ABMW, VM, NC, BC, BA) vuestro Padre es **misericordioso**
Stg	5:11	es muy **misericordioso** y **compasivo**

3627 οἰκτίρω — oiktíro o οἰκτείρω

Ro	9:15	me **compadeceré** del que yo me **compadezca**

3633 οἴομαι véase οἴομαι, pág. 576

3630 οἰνοπότης — oinopótes

Mt	11:19	un hombre...**bebedor de vino**
Lc	7:34	un hombre comilón y **bebedor de vino**,

3631 οἶνος — óinos

Mt	9:17	Ni echan **vino** nuevo en odres viejos el **vino** se derrama, echan el **vino** nuevo en odres nuevos,
	27:34	vinagre mezclado con hiel (TR, VM); (**vino** mezclado con hiel, VHA, WH, N, ABMW, NC, BC, BA)
Mr	2:22	nadie echa **vino** nuevo el **vino** nuevo rompe (TR); (el **vino** romperá, VM, WH, N, ABMW, VHA, NC, BC, BA) el **vino** se derrama, y los odres se pierden (TR); (se pierde el **vino** y también los odres, BC, WH, N, ABMW, VHA, VM, NC, BA) el **vino** nuevo en odres nuevos (TR, [WH], [N], ABMW)
	15:23	**vino** mezclado con mirra
Lc	1:15	No beberá **vino** ni sidra,
	5:37	nadie echa **vino** nuevo en odres viejos el **vino** nuevo romperá los odres
	38	Mas el **vino** nuevo en odres nuevos
	7:33	que ni comía pan ni bebía **vino**
	10:34	echándoles aceite y **vino**
Jn	2:3	faltando el **vino**, la madre de No tienen **vino**.
	9	probó el agua hecha **vino**
	10	Todo hombre sirve primero el buen **vino** tú has reservado el buen **vino** hasta ahora
	4:46	donde había convertido el agua en **vino**
Ro	14:21	Bueno es no...beber **vino**,
Ef	5:18	No os embriaguéis con **vino**
1 Ti	3:8	no dados a mucho **vino**,
	5:23	usa de un poco de **vino**
Tit	2:3	no esclavas del **vino**, (no esclavizadas por el excesivo **vino**, BC)
Ap	6:6	pero el aceite ni el **vino**.
	14:8	ha hecho beber a todas las naciones del **vino**
	10	beberá del **vino** de la ira
	16:19	el cáliz del **vino** del ardor de su ira
	17:2	se han embriagado con el **vino** de su
	18:3	del **vino** del furor de su fornicación
	13	olíbano, **vino**, aceite,
	19:14	(15) el lagar del **vino** del furor.

3632 οἰνοφλυγία* — oinoflugía (oinofluguía)

1 P	4:3	andando en lascivias,...**embriagueces**,

3633 οἴομαι – óiomai
Véase también pág. 575

Jn	21:25	**pienso** que ni aun en el mundo cabrían
Fil	1:17 (16)	**pensando** añadir aflicción
Stg	1:7	No **piense**, pues, quien tal haga (no **piense** ese hombre, VHA)

3634 οἷος – óios (jóios)

Mt	24:21	**cuál** no la ha habido desde el principio
Mr	9:3	tanto **que** ningún lavador en la tierra
	13:19	tribulación **cuál** nunca ha habido
Lc	9:55	no sabéis **de qué** espíritu sois (TR, VM, BC)
Ro	9:6	No **que** la palabra de Dios haya fallado;
1 Co	15:48	**Cual** el terrenal, tales también los terrenales y **cual** el celestial,
2 Co	10:11	**así como** somos en la palabra
	12:20	no os halle **tales como** quiero, y yo sea hallado de vosotros **cual** no queréis
Fil	1:30	el mismo conflicto **que** habéis visto
1 Ts	1:5	sabéis **cuáles** fuimos entre vosotros
2 Ti	3:11	**como los que** me sobrevinieron en persecuciones que he sufrido (...**como las que** sufrí, VHA)
Ap	16:18	tan grande, **cual** no lo hubo jamás

οἴσω, véase 5342 φέρω

3635 ὀκνέω – oknéo

Hch	9:38	No **tardes** en venir a nosotros.

3636 ὀκνηρός – oknerós

Mt	25:26	Siervo malo y **negligente**,
Ro	12:11	no **perezosos**; fervientes en espíritu,
Fil	3:1	A mí no me es **molesto**

3637 ὀκταήμερος † – oktaémeros

Fil	3:5	circuncidado al **octavo día**

3638 ὀκτώ – októ

Lc	2:21	Cumplidos los **ocho** días (Cuando se cumplieron..., VHA)
	9:28	Aconteció como **ocho** días después
	13:4	aquellos diec**iocho** sobre los cuales cayó
	11	una mujer que desde hacía diec**iocho** años
	16	Satanás había atado diec**iocho** años, (he aquí, hace diez y **ocho** años que..., VM)
Jn	5:5	hacía treinta y **ocho** años (lit., teniendo treinta y **ocho** años)
	20:26	**Ocho** días después, estaban otra vez
Hch	9:33	hacía **ocho** años que estaba en cama,
	25:6	no más de **ocho** o diez días, (V60, WH, N, ABMW, VHA, VM, NC, BC, BA); (lit., no más de diez días, TR)
1 P	3:20	**ocho**, fueron salvadas por agua.

3639 ὄλεθρος – ólethros

1 Co	5:5	sea entregado a Satanás para **destrucción**
1 Ts	5:3	entonces vendrá sobre ellos **destrucción**
2 Ts	1:9	los cuales sufrirán pena de eterna **perdición**
1 Ti	6:9	hunden a los hombres en **destrucción**

3640 ὀλιγοπιστία† – oligopistía

Mt	17:20	les dijo: Por vuestra **poca fe**; (WH, N, ABMW, VHA, VM, NC, BC, BA)

3640 A ὀλιγόπιστος*† – oligópistos

Mt	6:30	¿no hará mucho más a vosotros, **hombre de poca fe**?
	8:26	¿Por qué teméis, **hombres de poca fe**?
	14:31	¡**Hombre de poca fe**! ¿Por qué dudaste?
	16:8	¿Por qué pensáis dentro de vosotros, **hombres de poca fe**,
Lc	12:28	¿cuánto más a vosotros, **hombres de poca fe**?

3641 ὀλίγος – olígos

Mt	7:14	**pocos** son los que la hallan
	9:37	mas los obreros **pocos**
	15:34	Siete, y **unos pocos** pececillos.
	20:16	mas **pocos** escogidos, (TR, NC, BC)
	22:14	muchos son llamados, y **pocos** escogidos.
	25:21	sobre **poco** has sido fiel,
	23	sobre **poco** has sido fiel,
Mr	1:19	Pasando de allí **un poco** más adelante,
	6:5	sanó **a unos pocos** enfermos,
	31	Venid...y descansad **un poco**
	8:7	Tenían también **unos pocos** pececillos;
Lc	5:3	le rogó que la apartase de tierra **un poco**
	7:47	aquel a quien se le perdona **poco**, **poco** ama.
	10:2	mas los obreros **pocos**
	42	sólo una cosa es necesaria (TR, ABMW, VM, BC); (lit., **de unas pocas cosas** hay necesidad, o de una sola) (WH, N, VHA, NC, BA)
	12:48	será azotado **poco**;
	13:23	¿son **pocos** los que se salvan? (lit., si son **pocos**...)
Hch	12:18	hubo **no poco** alboroto entre los soldados
	14:28	se quedaron allí mucho tiempo (se detuvieron...no **poco** tiempo, VM)
	15:2	una discusión...no **pequeña** con ellos,
	17:4	de...mujeres nobles no **pocas**
	12	no **pocos** hombres (de hombres no **pocos**, VM)
	19:23	un disturbio no **pequeño**
	24	daba no **poca** ganancia a los artífices.
	26:28	Por **poco** me persuades a ser cristiano
	29	por **poco** o por mucho, no solamente tú,
	27:20	acosados por una tempestad no **pequeña**
2 Co	8:15	el que **poco**, no tuvo menos
Ef	3:3	como antes lo he escrito brevemente (...con **brevedad**, BA)
1 Ti	4:8	el ejercicio corporal para **poco** es provechoso
	5:23	usa de un **poco** de vino,
He	12:10	aquéllos,...por **pocos** días nos disciplinaban
Stg	3:5	enciende un **pequeño** fuego (TR, VM, NC)
	4:14	es neblina que se aparece por **un poco**
1 P	1:6	aunque ahora **por un poco** de tiempo,
	3:20	el arca, en la cual **pocas** personas
	5:10	después que hayáis padecido **un poco** de tiempo
	12	os he escrito brevemente, (...en **pocas** palabras, BC)
Ap	2:14	tengo **unas pocas cosas** contra ti
	20	tengo **unas pocas cosas** contra ti; (TR)
	3:4	tienes **unas pocas** personas (...**unos pocos** nombres, BC)
	12:12	sabiendo que tiene **poco** tiempo
	17:10	es necesario que dure **breve tiempo**.

3641A *Véase pag. 577*

3642 ὀλιγόψυχος† – oligópsucos (oligópsujos)

1 Ts	5:14	que alentéis a los de **poco ánimo**, (lit., alentad...)

3643 ὀλιγωρέω

3643 ὀλιγωρέω — oligoréo
He 12:5 Hijo mío, no **menosprecies** la disciplina

3641 A ὀλίγως** — olígos
2 P 2:18 a los que verdaderamente habían huido (TR); (a los que **apenas** se están escapando, VHA, WH, N, ABMW, VM, NC, BC, BA)

3644 ὀλοθρευτής*† — olothreutés
1 Co 10:10 perecieron por el **destructor**.

3645 ὀλοθρεύο† — olothréuo
He 11:28 para que el **que destruía** a los primogénitos

3646 ὀλοκαύτωμα† — olokáutoma (jolokáutoma)
Mr 12:33 es más que todos los **holocaustos**
He 10:6 **Holocaustos** y expiaciones por el pecado
8 **holocaustos** y expiaciones por el pecado

3647 ὀλοκληρία† — oloklería (joklería)
Hch 3:16 ha dado a éste esta **completa sanidad**

3648 ὀλόκληρος — olókleros (jolókleros)
1 Ts 5:23 **todo** vuestro ser, espíritu...sea guardado (**todo entero** vuestro espíritu..., BC)
Stg 1:4 para que seáis perfectos y **cabales**

3649 ὀλολύζω — ololúzo (ololúdzo)
Stg 5:1 Llorad y **aullad** por las miserias (llorad dando alaridos..., BC)

3650 ὅλος — ólos (jólos)
Mt 1:22 **Todo** esto aconteció para que se cumpliese
4:23 recorrió Jesús **toda** Galilea, (TR, VM, BC); (Recorría **toda**..., NC, WH, N, ABMW, VHA, BA)
24 se difundió su fama por **toda** Siria;
5:29 y no que **todo** tu cuerpo sea echado
30 no que **todo** tu cuerpo sea echado (TR, NC); (...vaya, BA, WH, N, ABMW, VHA, VM, BC)
6:22 **todo** tu cuerpo estará lleno de luz
23 **todo** tu cuerpo estará en tinieblas
9:26 se difundió la fama...por **toda** aquella tierra
31 divulgaron la fama de él por **toda** aquella
13:33 hasta que **todo** fue leudado.
14:35 enviaron noticia por **toda** aquella tierra
16:26 si ganare **todo** el mundo,
20:6 ¿Por qué estáis aquí **todo** el día
21:4 **Todo** esto aconteció para que se cumpliese (TR)
22:37 Amarás al Señor tu Dios con **todo** con **toda** tu alma, y con **toda** tu mente
40 De estos dos mandamientos depende **toda**
24:14 será predicado este evangelio...en **todo**
26:13 en **todo** el mundo, también se contará
56 **todo** esto sucede, para que se cumplan
59 **todo** el concilio, buscaban falso testimonio
27:27 reunieron alrededor de él a **toda**
Mr 1:28 se difundió su fama por **toda** la provincia
33 **toda** la ciudad...a la puerta
39 en **toda** Galilea, y echaba fuera
6:55 recorriendo **toda** la tierra de alrededor (TR, VM); (recorrieron **toda** aquella

3650 ὅλος

región, VHA, WH, N, ABMW, NC, BC, BA)
Mr 8:36 si ganare **todo** el mundo, (TR, BA); (ganar... VHA, WH, N, ABMW, VM, NC, BC, BA)
12:30 amarás al Señor tu Dios con **todo** tu corazón con **toda** tu alma, y con **toda** tu mente con **todas** tus fuerzas (...**toda** tu fuerza, BA)
33 el amarle con **todo** el corazón, y con **todo** con **todas** las fuerzas (...**toda** la fuerza, BC)
44 echó todo lo que tenía, **todo** su sustento.
14:9 que se predique este evangelio, en **todo**
55 los principales sacerdotes y **todo** el concilio
15:1 con los escribas y con **todo** el concilio
16 convocaron a **toda** la compañía.
33 hubo tinieblas sobre **toda** la tierra
Lc 1:65 en **todas** las montañas de Judea (por **toda** la sierra..., VHA)
4:14 se difundió su fama por **toda** la tierra
5:5 **toda** la noche hemos estado trabajando,
7:17 por **toda** Judea, y por toda la región
8:39 se fue, publicando por **toda** la ciudad
43 que había gastado en médicos **todo** cuanto tenía, (...**todo** su sustento, VM) [ABMW], NC, BC, [BA])
9:25 si gana **todo** el mundo,
10:27 con **todo** tu corazón, y con **toda** tu alma con **todas** tus fuerzas (con **toda** tu fuerza, BC)
y con **toda** tu mente;
11:34 **todo** tu cuerpo está lleno de luz;
36 si **todo** tu cuerpo está lleno de luz, será **todo** luminoso,
13:21 hasta que **todo** hubo fermentado.
23:5 enseñando por **toda** Judea,
44 hubo tinieblas sobre **toda** la tierra
Jn 4:53 creyó él con **toda** su casa. (...y **toda**..., VHA)
7:23 sané **completamente** a un hombre? (hice **completamente** sano..., VHA)
9:34 Tú naciste **del todo** en pecado,
11:50 y no que **toda** la nación perezca.
13:10 pues está **todo** limpio
19:23 de un solo tejido de arriba abajo. (tejida desde arriba **toda ella**, BC)
Hch 2:2 el cual llenó **toda** la casa
47 teniendo favor con **todo** el pueblo
5:11 vino gran temor sobre **toda** la iglesia,
7:10 sobre Egipto y sobre **toda** su casa.
11 Vino entonces hambre en **toda** la tierra
8:37 Si crees de **todo** corazón, (TR, [VM], NC, BC, BA)
9:31 paz por **toda** Judea, Galilea
42 Esto fue notorio en **toda** Jope,
10:22 en **toda** la nación de los judíos,
37 por **toda** Judea, comenzando desde Galilea,
11:26 se congregaron allí **todo** un año
28 una gran hambre en **toda** la tierra habitada
13:6 habiendo atravesado **toda** la isla (V60, WH, N, ABMW, VHA, VM, NC, BC, BA); (lit., habiendo atravesado la isla, TR)
49 se difundía por **toda** aquella provincia
15:22 a los ancianos, con **toda** la iglesia,
18:8 creyó en el Señor con **toda** su casa;
19:27 a quien venera **toda** Asia, y el mundo entero
29 la ciudad se llenó de confusión, (V60, VHA, WH, N, ABMW, VM, NC, BC, BA); (**Toda** la ciudad se llenó de confusión, NC, TR)

ὁλοτελής 3651

Hch	21:30	**toda** la ciudad se conmovió,
	31	le avisó...que **toda** la ciudad de Jerusalén
	22:30	mandó venir...a **todo** el concilio, (TR)
	28:30	permaneció dos años en**teros**
Ro	1:8	se divulga por **todo** el mundo.
	8:36	somos muertos **todo** el tiempo; (...**todo** el día, VHA)
	10:21	**Todo** el día extendí mis manos
	16:23	hospedador mío y de **toda** la iglesia.
1 Co	5:6	un poco de levadura leuda **toda** la masa?
	12:17	Si **todo** el cuerpo fuese ojo, Si **todo** fuese oído,
	14:23	Si, pues, **toda** la iglesia se reúne
2 Co	1:1	con todos los santos que están en **toda**
Gá	5:3	que está obligado a guardar **toda** la ley
	9	Un poco de levadura leuda **toda** la masa
Fil	1:13	patentes en Cristo en **todo** el pretorio,
1 Ts	4:10	los hermanos que están por **toda** Macedonia
Tit	1:11	trastornan casas en**teras**,
He	3:2	en **toda** la casa de Dios. (en **toda** su casa, BC)
	5	en **toda** la casa de Dios, (en **toda** su casa, NC)
Stg	2:10	cualquiera que guardare **toda** la ley,
	3:2	capaz también de refrenar **todo** el cuerpo.
	3	dirigimos así **todo** su cuerpo
	6	contamina **todo** el cuerpo, (la que mancha..., VHA)
1 Jn	2:2	sino también por los de **todo** el mundo. (lit.,...por **todo**...)
	5:19	el mundo **entero** está bajo el maligno. (...yace en el maligno, VHA)
Ap	3:10	que ha de venir sobre el mundo **entero**
	6:12	la luna se volvió **toda** como sangre; (V60, WH, N, ABMW, VHA, VM, NC, BC, BA); (lit., la luna se volvió como sangre, TR)
	12:9	engaña al mundo **entero**
	13:3	y se maravilló **toda** la tierra
	16:14	a los reyes de la tierra en **todo** el mundo, (lit.,...de la tierra y de **todo** el mundo) (TR); (...del mundo **entero**, VHA, WH, N, ABMW, VM, NC, BC, BA)

3651		ὁλοτελής *† — olotelés (jolotelés)
1 Ts	5:23	el mismo Dios...os santifique **por completo**

3652		Ὀλυμπᾶς — Olumpás
Ro	16:15	Saludad a Filólogo,...a **Olimpas**

3653		ὄλυνθος — ólunthos
Ap	6:13	como la higuera deja caer sus **higos** (...**higos tardíos**, VHA)

3654		ὅλως — ólos (jólos)
Mt	5:34	No juréis **en ninguna manera**;
1 Co	5:1	**De cierto** se oye que hay entre vosotros
	6:7	**por cierto** es ya una falta en vosotros
	15:29	si **en ninguna manera** los muertos resucitan?

3655		ὄμβρος — ómbros
Lc	12:54	**Agua** viene; (Viene **tempestad**, VHA)

3655 A		ὁμείρομαι† — oméiromai (joméiromai)
1 Ts	2:8	Tan grande es nuestro afecto por vosotros, (Así, **solícitos** por vosotros, VHA) (WH, N, ABMW)

3661 ὁμοθυμαδόν

3656		ὁμιλέω — omiléo (jomiléo)
Lc	24:14	iban **hablando** entre sí de todas aquellas
	15	Sucedió que mientras **hablaban**
Hch	20:11	habló largamente hasta el alba; (después de **platicar**..., BC)
	24:26	hablaba con él. (**conversaba**..., VHA)

3657		ὁμιλία — omilía (jomilía)
1 Co	15:33	las malas **conversaciones** corrompen

3658		ὅμιλος — ómilos (jómilos)
Ap	18:17	todos los que viajan en naves, (lit., toda la **compañía** en las naves, (TR)

3658 A		ὁμίχλη — omícle (jomḭle)
2 P	2:17	nubes empujadas por la tormenta; (TR, NC); (**nieblas** impelidas por la borrasca, VHA, WH, N, ABMW, VM, BC, BA)

3659		ὄμμα — ómma
Mt	20:34	Jesús,...les tocó los **ojos**, (WH, N, ABMW)
Mr	8:23	escupiendo en sus **ojos**,

3660		ὀμνύω — omnúo o ὄμνυμι
Mt	5:34	No **juréis** en ninguna manera; (que no **juréis**, VHA)
	36	Ni por tu cabeza **jurarás**,
	23:16	Si alguno **jura** por el templo pero si alguno **jura** por el oro del templo
	18	Si alguno **jura** por el altar pero si alguno **jura** por la ofrenda
	20	Pues el **que jura** por el altar, **jura** por él,
	21	el **que jura** por el templo, **jura** por él,
	22	el **que jura** por el cielo, **jura** por el trono
	26:74	comenzó a maldecir, y a **jurar**:
Mr	6:23	le **juró**: Todo lo que me pidas te daré
	14:71	el comenzó a maldecir, y a jurar
Lc	1:73	Del juramento que **hizo** a Abraham (...que **juró**..., VM)
Hch	2:30	con juramento Dios le **había jurado**
	7:17	que Dios **había jurado** a Abraham, (TR, VM)
He	3:11	**juré** en mi ira
	18	¿Y a quiénes **juró** que no entrarían
	4:3	**juré** en mi ira,
	6:13	no pudiendo **jurar** por otro mayor, (como no tenía ninguno mayor por quien **jurar**, NC) **juró** por sí mismo
	16	los hombres...**juran** por uno mayor que ellos
	7:21	**Juró** el Señor, y no se arrepentirá
Stg	5:12	no **juréis**, ni por el cielo, ni por
Ap	10:6	**juró** por el que vive por los siglos

3661		ὁμοθυμαδόν — omothumadón (jomothumadón)
Hch	1:14	éstos perseveraban **unánimes** en oración (lit.,...estaban perseverando...)
	2:1	estaban todos **unánimes** juntos (TR, BA)
	46	perseverando **unánimes** cada día
	4:24	alzaron **unánimes** la voz a Dios,
	5:12	estaban todos **unánimes** en el pórtico
	7:57	arremetieron **a una** contra él.
	8:6	la gente, **unánime**, escuchaba atentamente (las gentes prestaban atención..., VHA)
	12:20	ellos vinieron **de acuerdo** ante él,
	15:25	habiendo llegado **a un acuerdo**, elegir

ὁμοιάζω 3662   3668 ὁμοίως

Hch	8:12	los judíos se levantaron **de común acuerdo**
	19:29	**a una** se lanzaron al teatro,
Ro	15:6	para que **unánimes**, a una voz, (...con una misma boca, VM)

3662   ὁμοιάζω*† — omoiázo (jomoiádzo)

Mr	14:70	tu manera de hablar es **semejante** (TR)

3663   ὁμοιοπαθής** — omoiopathés (jomoiopathés)

Hch	14:15	somos hombres **semejantes** (...de igual naturaleza, VHA)
Stg	5:17	Elías era hombre sujeto a pasiones **semejantes**

3664   ὅμοιος — ómoios (jómoios)

Mt	11:16	Es **semejante** a los muchachos que
	13:31	El reino de los cielos es **semejante**
	33	El reino de los cielos es **semejante**
	44	el reino de los cielos es **semejante**
	45	el reino de los cielos es **semejante**
	47	el reino de los cielos es **semejante**
	52	todo escriba docto...es **semejante**
	20:1	el reino de los cielos es **semejante**
	22:39	el segundo es **semejante**:
Mr	12:31	el segundo es **semejante** (TR)
Lc	6:47	indicaré a quién es **semejante**
	48	**Semejante** es al hombre que al edificar
	49	**semejante** es al hombre que edificó
	7:31	a qué son **semejantes**?
	32	**Semejantes** son a los muchachos sentados
	12:36	vosotros sed **semejantes** a hombres que
	13:18	¿A qué es **semejante** el reino de Dios,
	19	Es **semejante** al grano de mostaza,
	21	Es semejante a la levadura,
Jn	8:55	sería mentiroso **como** vosotros
	9:9	A él se parece. (lit., es **semejante** a él)
Hch	17:29	que la Divinidad sea **semejante** a oro,
Gá	5:21	orgías, y **cosas semejantes** a estas
1 Jn	3:2	seremos **semejantes** a él
Jud	7	de la misma manera que aquéllos, habiendo
Ap	1:13	a uno **semejante** al Hijo del Hombre
	15	sus pies **semejantes** al bronce bruñido
	2:18	pies **semejantes** al bronce bruñido,
	4:3	era **semejante** a piedra de jaspe **semejante** en aspecto a la esmeralda
	6	un mar de vidrio **semejante** al cristal
	7	era **semejante** a un león era **semejante** a un becerro **semejante** a un águila
	9:7	era **semejante** a caballos preparados (eran parecidas..., VM) tenían como coronas de oro, (...coronas **semejantes** al oro, NC)
	10	tenían colas **como** de escorpiones,
	19	sus colas, **semejantes** a serpientes,
	11:1	una caña **semejante** a una vara de medir
	13:2	era **semejante** a un leopardo,
	4	¿Quién **como** la bestia
	11	cuernos **semejantes** a los de un cordero
	14:14	uno sentado **semejante** al Hijo del Hombre
	16:13	tres espíritus inmundos **a manera de** ranas (TR)
	18:18	¿Qué ciudad era **semejante** a esta gran ciudad? (¿Qué otra hay **semejante**..., VHA)
	21:11	**semejante** al de una piedra preciosísima
	18	**semejante** al vidrio limpio

3665   ὁμοιότης — omoiótes (jomoiótes)

He	4:15	tentado en todo según nuestra **semejanza**
	7:15	si a **semejanza** de Melquisedec se levanta

3666   ὁμοιόω — omoióo (jomoióo)

Mt	6:8	No **os hagáis**, pues, **semejantes** a ellos
	7:24	le **compararé** a un hombre prudente (TR); (**se asemejará**..., BC, WH, N, ABMW, VHA, VM, NC, BA)
	26	le **compararé** a un hombre insensato, (**se asemejará**..., BC)
	11:16	¿a qué **comparará** esta generación?
	13:24	El reino de los cielos **es semejante**
	18:23	el reino de los cielos **es semejante**
	22:2	El reino de los cielos **es semejante**
	25:1	el reino de los cielos será **semejante**
Mr	4:30	¿A qué **haremos semejante** el reino (TR, VHA, VM, NC); (¿Cómo **compararemos**..., BC, WH, N, ABMW, BA)
Lc	7:31	¿A qué, pues, **compararé** los hombres
	13:18	con qué lo **compararé**?
	20	¿A qué **compararé** el reino de Dios?
Hch	14:11	Dioses **bajo la semejanza** de hombres (lit., Los dioses **que se han hecho como** hombres)
Ro	9:29	a Gomorra seríamos **semejantes**.
He	2:17	debía ser en todo **semejante** (debió ser en todo **asemejado**, BC)

3667   ὁμοίωμα — omóioma (jomóioma)

Ro	1:23	en **semejanza** de imagen de hombre
	5:14	a la **manera** de la transgresión de Adán (conforme a la **semejanza** de..., VM)
	6:5	en la **semejanza** de su muerte,
	8:3	enviando a su Hijo en **semejanza** de carne
Fil	2:7	hecho **semejante** a los hombres; (haciéndose a la **semejanza** de hombres, VHA)
Ap	9:7	era **semejante** a caballos preparados

3668   ὁμοίως — omóios (jomóios)

Mt	22:26	**De la misma manera** también el segundo,
	26:35	todos...dijeron **lo mismo**
	27:41	**De esta manera** también los principales sacerdotes
Mr	4:16	Estos son **asimismo** los que fueron sembrados
	15:31	**De esta manera** también los principales sacerdotes
Lc	3:11	el que tiene qué comer, haga **lo mismo**.
	5:10	**asimismo** de Jacobo y Juan,
	33	**asimismo** los de los fariseos
	6:31	**así también** haced vosotros con ellos
	10:32	**Asimismo** un levita, llegando cerca de aquel
	37	Vé, y haz tú **lo mismo**,
	13:3	todos pereceréis **igualmente** (WH, N, ARMW)
	5	todos pereceréis **igualmente** (TR)
	16:25	Lázaro **también** males (Lázaro **de igual manera** los males, VM)
	17:28	**Asimismo** como sucedió en los días de Lot;
	31	el que en el campo, **asimismo** no vuelva
	22:36	**también** la alforja; (**asimismo también** alforja, BC)
Jn	5:19	también lo hace el Hijo **igualmente**
	6:11	**asimismo** de los peces, cuanto querían
	21:13	les dio, y **asimismo** del pescado.
Ro	1:27	**de igual modo** también los hombres

ὁμοίωσις 3669   580   3682 Ὀνήσιμος

1 Co	7:3	y **asimismo** la mujer con el marido
	4	ni tampoco tiene el marido potestad (**asimismo** el marido tampoco tiene potestad, VHA)
	22	**asimismo** el que fue llamado siendo libre
He	9:21	además de esto, roció (**De la misma manera** roció, VHA)
Stg	2:25	**Asimismo** también Rahab la ramera
1 P	3:1	**Asimismo** vosotras, mujeres, estad sujetas
	7	maridos, **igualmente**, vivid con ellas sabiamente (lit.,...habitando con ellas...)
	5:5	**Igualmente**, jóvenes, estad sejetos
Jud	8	**de la misma manera** también estos
Ap	2:15	la que yo aborrezco (TR, VM); (**asimismo**, VHA, WH, N, ABMW, NC, BC, BA)
	8:12	**asimismo** de la noche. (**asimismo** la noche, VHA)

3669   ὁμοίωσις — omóiosis (jomóiosis)

Stg 3:9   están hechos a la **semejanza** de Dios.

3670   ὁμολογέω — omologéo (jomologuéo)

Mt	7:23	entonces les **declararé**: Nunca os conocí
	10:32	A cualquiera...que me confiese yo también le **confesaré**
	14:7	le **prometió** con juramento darle
Lc	12:8	todo aquel que me **confesare** el Hijo del Hombre le **confesará**
Jn	1:20	**Confesó**, y no negó confesó: Yo no soy el Cristo
	9:22	que si alguno **confesase** que Jesús era el Mesías, (...que él era..., VM)
	12:42	a causa de los fariseos no lo **confesaban**,
Hch	7:17	la promesa, que Dios había jurado (TR, VM); (...que Dios **había asegurado**, BA, WH, N, ABMW, VHA, NC, BC)
	23:8	los fariseos afirman estas cosas. (lit.,... **confiesan** ambas cosas)
	24:14	esto te **confieso**, que según el Camino
Ro	10:9	si **confesares** con tu boca que Jesús es
		con la boca **se confiesa** para salvación
1 Ti	6:12	**habiendo hecho** la buena profesión (lit., **habiendo profesado**...)
Tit	1:16	**Profesan** conocer a Dios,
He	11:13	**confesando** que eran extranjeros
	13:15	fruto de labios **que confiesan** su nombre.
1 Jn	1:9	Si **confesamos** nuestros pecados,
	2:23	El que **confiesa** al Hijo, (V60, WH, N, ABMW, VHA, VM, NC, BC, BA) (no se encuentra en TR)
	4:2	que **confiesa** que Jesucristo ha venido
	3	todo espíritu que no **confiesa** que Jesucristo
	15	aquel que **confiese** que Jesús es el Hijo
2 Jn	7	que no **confiesan** que Jesucristo
Ap	3:5	**confesaré** su nombre delante de mi Padre (WH, N, ABMW)

3671   ὁμολογία — omología (jomologuía)

2 Co	9:13	por la obediencia que profesáis al evangelio (por vuestra obediencia a vuestra **confesión** del evangelio, BA)
1 Ti	6:12	habiendo hecho la buena **profesión** (lit., habiendo profesado...)
	13	de la buena **profesión** delante de Poncio
He	3:1	al apóstol y sumo sacerdote de nuestra **profesión**
	4:14	retengamos nuestra **profesión**.
	10:23	Mantengamos firme...la profesión de nuestra esperanza

3672   ὁμολογουμέως** — omologouménos (jomologouménos)

1 Ti 3:16 **indiscutiblemente**, grande es el misterio

3673   ὁμότεχνος* — omótecnos (jomótejnos)

Hch 18:3 como era **del mismo oficio**, (por ser..., VHA)

3674   ὁμοῦ — omóu (jomóu)

Jn	4:36	el que siembra goce **juntamente** con el que siega. (lit.,...y el que siega)
	20:4	Corrían los dos **juntos**
	21:2	Estaban **juntos** Simón Pedro, Tomás
Hch	2:1	estaban todos unánimes **juntos**. (...**juntos** en un mismo lugar, VHA)

3675   ὁμόφρων* — omófron (jomófron)

1 P 3:8   sed todos **de un mismo sentir**,

3676   ὅμως** — ómos (jómos)

Jn	12:42	**Con todo eso**, aun de los gobernantes,
1 Co	14:7	**Ciertamente** las cosas inanimadas que producen sonidos
Gá	3:15	Un pacto, **aunque** sea de hombre,

3677   ὄναρ* — ónar

Mt	1:20	un ángel...le apareció en **sueños**
	2:12	avisados por revelación en **sueños**
	13	un ángel...apareció en **sueños** a José
	19	apareció en **sueños** a José
	22	avisado por revelación en **sueños**,
	27:19	he padecido mucho en **sueños** por causa

3678   ὀνάριον* — onárion

Jn 12:14 halló Jesús **un asnillo**, (hallando..., VHA)

3679   ὀνειδίζω —oneidízo (oneidídzo)

Mt	5:11	cuando por mi causa os **vituperen**
	11:20	comenzó a **reconvenir** a las ciudades
	27:44	le **injuriaban** también los ladrones
Mr	15:32	los que estaban crucificados con él le **injuriaban**.
	16:14	[les **reprochó** su incredulidad]
Lc	6:22	cuando los hombres...os **vituperen**,
Ro	15:3	Los vituperios de los **que te vituperaban**,
1 Ti	4:10	trabajamos y **sufrimos oprobios**, (TR)
Stg	1:5	el cual da...sin reproche (el cual da...y no **zahiere**, VHA)
1 P	4:14	Si **sois vituperados** por el nombre de Cristo

3680   ὀνειδισμός† — oneidismós

Ro	15:3	Los **vituperios** de los que te vituperaban
1 Ti	3:7	para que no caiga en descrédito (para que no caiga en **vituperio**, VHA)
He	10:33	con vituperios...fuisteis hechos espectáculo
	11:26	el **vituperio** de Cristo que los tesoros
	13:13	llevando su **vituperio**

3681   ὄνειδος — óneidos

Lc 1:25 quitar mi **afrenta** entre los hombres.

3682   Ὀνήσιμος — Onésimos

Col 4:9 con **Onésimo**, amado y fiel hermano,

Ὀνησίφορος 3683   581   3686 ὄνομα

Flm 10 te ruego por mi hijo Onésimo,

3683 Ὀνησίφορος — Onesíforos

2 Ti 1:16 misericordia de la casa de Onesíforo,
    4:19 Saluda...a la casa de Onesíforo

3684 ὀνικός *† — onikós

Mt 18:6 al cuello una piedra de molino de asno
Mr 9:42 una piedra de molino (TR, BC); (con una piedra de molino de asno al cuello, VHA, WH, N, ABMW, VM, NC, BA)
Lc 17:2 que se le atase al cuello una piedra de molino (lit.,...una piedra·de molino de asno, VM, TR)

3685 ὀνίημι** — oníemi o ὀνίναμαι

Flm 20 tenga yo algún provecho de ti en el Señor

3686 ὄνομα — ónoma

Mt 1:21 llamarás su nombre JESUS,
    23 llamarás su nombre Emanuel, (llamarán..., VHA)
    25 le puso por nombre JESUS. (llamó su nombre..., VA)
    6:9 santificado sea tu nombre
    7:22 ¿no profetizamos en tu nombre, en tu nombre echamos fuera demonios, en tu nombre hicimos muchos milagros?
    10:2 Los nombres de los doce apóstoles son
    22 aborrecidos de todos por causa de mi nombre
    41 El que recibe a un profeta por cuanto es profeta (...en nombre de profeta, VM) el que recibe a un justo por cuanto es justo (...en nombre de justo, VM)
    42 solamente, por cuanto es discípulo (...en nombre de discípulo, VM)
    12:21 en su nombre esperarán los gentiles.
    18:5 cualquiera que reciba en mi nombre
    20 dos o tres congregados en mi nombre
    19:29 haya dejado...por mi nombre
    21:9 ¡Bendito el que viene en el nombre
    23:39 Bendito el que viene en el nombre
    24:5 vendrán muchos en mi nombre
    9 seréis aborrecidos...por causa de mi nombre
    27:32 un hombre...que se llamaba Simón (...por nombre Simón, BC)
    28:19 bautizándolos en el nombre del Padre,
Mr 3:16 a quien puso por sobrenombre Pedro
    17 a quienes apellidó Boanerges (a quienes puso por sobrenombre..., VHA)
    5:9 ¿Cómo te llamas? (¿Cuál es tu nombre?, VHA) Legión me llamo (Mi nombre es Legión, VHA)
    22 llamado Jairo; (por nombre Jairo, BC)
    6:14 su nombre se había hecho notorio
    9:37 El que reciba en mi nombre
    38 a uno que en tu nombre echaba fuera
    39 que haga milagro en mi nombre
    41 un vaso de agua en mi nombre (TR, VM); (un vaso de agua a título, BC, WH, N, ABMW, VHA, NC, BA)
    11:9 ¡Bendito el que viene en el nombre del
    10 el reino de nuestro padre David que viene (V60, WH, N, ABMW, VHA, VM, NC, BC, BA); (lit.,...que viene en el nombre

del Señor de nuestro padre David, TR)
Mr 13:6 vendrán muchos en mi nombre,
    13 aborrecidos de...por causa de mi nombre
    14:32 a un lugar que se llama Getsemaní, (...cuyo nombre es Getsemaní, BC)
    16:17 [En mi nombre echarán fuera demonios;]
Lc 1:5 un sacerdote llamado Zacarías, (un sacerdote por nombre Zacarías, BC) se llamaba Elisabet. (su nombre, Elizabet, VM)
    13 llamarás su nombre Juan.
    26 llamada Nazaret (lit.,...cuyo nombre era...)
    27 con un varón que se llamaba José, (...de nombre José, NC)
    31 el nombre de la virgen era María
    llamarás su nombre JESUS
    49 Santo es su nombre,
    59 le llamaban con el nombre de su padre,
    61 que se llame con ese nombre
    63 Juan es su nombre
    2:21 le pusieron por nombre JESUS, (lit., su nombre fue llamado...)
    25 un hombre llamado Simeón, (un hombre... por nombre Simeón, BC)
    5:27 un publicano llamado Leví, (un publicano por nombre Leví, BC)
    6:22 desechen vuestro nombre como malo,
    8:30 ¿Cómo te llamas? (¿Cuál es tu nombre?, BC)
    41 un varón llamado Jairo (un hombre, por nombre Jairo, BC)
    9:48 Cualquiera que reciba a este niño en mi nombre,
    49 que echaba fuera demonios en tu nombre
    10:17 se nos sujetan en tu nombre
    20 de que vuestros nombres están escritos
    38 una mujer llamada Marta (una mujer, por nombre Marta, BC)
    11:2 santificado sea tu nombre.
    13:35 Bendito el que viene en nombre del Señor.
    16:20 llamado Lázaro, (por nombre Lázaro, BC)
    19:2 un varón llamado Zaqueo, (un hombre llamado por nombre..., BC)
    38 el rey que viene en el nombre del Señor.
    21:8 vendrán muchos en mi nombre
    12 ante reyes...por causa de mi nombre
    17 aborrecidos de...por causa de mi nombre
    23:50 un varón llamado José (un hombre por nombre José, BC)
    24:13 una aldea llamada Emaús, (lit., cuyo nombre era...)
    18 que se llamaba Cleofas, (por nombre Cleofás, NC)
    47 que se predicase en su nombre
Jn 1:6 el cual se llamaba Juan. (su nombre era Juan, BC)
    12 a los que creen en su nombre
    2:23 muchos creyeron en su nombre,
    3:1 que se llamaba Nicodemo, (de nombre Nicodemo, NC)
    18 porque no ha creído en el nombre
    5:43 he venido en nombre de mi Padre, si otro viniere en su propio nombre,
    10:3 a sus ovejas llama por nombre
    25 que yo hago en nombre de mi Padre,
    12:13 ¡Bendito el que viene en el nombre
    28 Padre, glorifica tu nombre.
    14:13 que pidiereis al Padre en mi nombre, (que pidiereis en mi nombre, VHA)

Jn	14:14	Si algo pidiereis en mi **nombre**,
	26	a quien el Padre enviará en mi **nombre**
	15:16	lo que pidiereis al Padre en mi **nombre**
	21	os harán por causa de mi **nombre**
	16:23	cuanto pidiereis al Padre en mi **nombre**, os lo dará ((TR, ABMW, VM); (lo que pidiereis al Padre, os lo dará en mi **nombre**, VHA, WH, N, NC, BC, BA)
	24	nada habéis pedido en mi **nombre**;
	26	pediréis en mi **nombre**;
	17:6	He manifestado tu **nombre** a los hombres
	11	guárdalos en tu **nombre**,
	12	yo los guardaba en tu **nombre**
	26	les he dado a conocer tu **nombre**
	18:10	el siervo se llamaba Malco. (El **nombre** del siervo era Malco, BC)
	20:31	para que...tengáis vida en su **nombre**
Hch	1:15	eran como ciento veinte en número (lit., la multitud **de nombres**...)
	2:21	todo aquel que invocare el **nombre**
	38	bautícese...en el **nombre** de Jesucristo
	3:6	en el **nombre** de Jesucristo de Nazaret
	16	por la fe en su **nombre**, a éste, le ha confirmado su **nombre**
	4:7	en qué **nombre**, habéis hecho vosotros esto
	10	en el **nombre** de Jesucristo de Nazaret,
	12	no hay otro **nombre** bajo el cielo,
	17	que no hablen...en este **nombre**.
	18	ni enseñasen en el **nombre** de Jesús
	30	mediante el **nombre** de tu santo Hijo Jesús
	5:1	cierto hombre llamado Ananías, (cierto hombre **por nombre** Ananías, BC)
	28	que no enseñaseis en ese **nombre**?
	34	un fariseo llamado Gamaliel, (...**por nombre** Gamaliel, BC)
	40	que no hablasen en el **nombre** de Jesús,
	41	de padecer afrenta por causa del **Nombre**
	8:9	un hombre **llamado** Simón, (Cierto hombre, **por nombre** Simón, BC)
	12	que anunciaba el evangelio del...**nombre**
	16	habían sido bautizados en el **nombre**
	9:10	un discípulo llamado Ananías, (cierto discípulo **por nombre** Ananías, BC)
	11	busca...a uno llamado Saulo, (lit.,...a un Saulo de Tarso **por nombre**)
	12	un varón llamado Ananías, (un hombre **por nombre** Ananías, BC)
	14	para prender a todos los que invocan tu **nombre**
	15	para llevar mi **nombre** en presencia de
	16	le es necesario padecer por mi **nombre**
	21	a los que invocaban este **nombre**
	27	había hablado valerosamente en el **nombre**
	28 (29)	hablaba denodadamente en el **nombre** del Señor, (predicando denodadamente... VHA)
	33	uno que se llamaba Eneas, (un hombre **por nombre** Enéas, BC)
	36	una discípula llamada Tabita, (una discípula **por nombre**..., BC)
	10:1	un hombre llamado Cornelio, (Cierto varón...**por nombre** Cornelio, BC)
	43	perdón de pecados por su **nombre**
	48	en el **nombre** del Señor Jesús. (TR); (...de Jesucristo, VHA, WH, N, ABMW, VM, NC, BC, BA)
	11:28	uno de ellos, llamado Agabo (uno de ellos, **por nombre** Agabo, BC)

Hch	12:13	una muchacha llamada Rode, (una muchacha **por nombre** Rode, BC)
	13:6	falso profeta, judío, llamado Barjesús (cuyo **nombre** era Barjesús, BC)
	8	así se traduce su **nombre**
	15:14	para tomar de ellos pueblo para su **nombre**
	17	es invocado mi **nombre**
	26	han expuesto su vida por el **nombre**
	16:1	cierto discípulo llamado Timoteo, (un discípulo **por nombre** Timoteo, BC)
	14	una mujer llamada Lidia (cierta mujer **por nombre** Lidia, BC)
	18	Te mando en el **nombre** de Jesucristo
	17:34	una mujer llamada Dámaris, (una mujer **por nombre** Damaris, BC)
	18:2	a un judío **llamado** Aquila (cierto judío **por nombre** Aquilas, BC)
	7	de uno llamado Justo, (de uno **por nombre**...Justo, BC)
	15	cuestiones de palabras, y de **nombres**, (lit.,...de palabra...)
	24	un judío llamado Apolos, (Cierto judío **por nombre** Apolo, BC)
	19:5	fueron bautizados en el **nombre** del Señor
	13	intentaron invocar el **nombre** del Señor
	17	era ensalzado el **nombre** del Señor Jesús. (VA, no aparece en V60)
	24	un platero llamado Demetrio, (un tal Demetrio **de nombre**, platero, BC)
	20:9	un joven amado Eutico, (un joven **por nombre** Eutico, BC)
	21:10	un profeta llamado Agabo, (un profeta **por nombre** Agabo, BC)
	13	aun a morir en Jerusalén por el **nombre**
	22:16	lava tus pecados, invocando su **nombre**.
	26:9	hacer muchas cosas contra el **nombre**
	27:1	un centurión llamado Julio, (un centurión **por nombre** Julio, BC)
	28:7	llamado Publio, (**por nombre** Publio, BC)
Ro	1:5	por amor de su **nombre**
	2:24	el **nombre** de Dios es blasfemado
	9:17	para que mi **nombre** sea anunciado
	10:13	todo aquel que invocare el **nombre**
	15:9	cantaré a tu **nombre**
1 Co	1:2	que...invocan el **nombre** de nuestro Señor
	10	hermanos, por el **nombre** de nuestro Señor
	13	fuisteis bautizados en el **nombre** de Pablo?
	15	fuisteis bautizados en mi **nombre**.
	5:4	En el **nombre** de nuestro Señor
	6:11	habéis sido justificados en el **nombre**
Ef	1:21	sobre todo **nombre** que se nombra,
	5:20	en el **nombre** de nuestro Señor
Fil	2:9	le dio un **nombre** que es sobre todo **nombre**
	10	que en el **nombre** de Jesús se doble
	4:3	cuyos **nombres** están en el libro de la vida
Col	3:17	hacedlo todo en el **nombre** del Señor Jesús,
2 Ts	1:12	para que el **nombre** de nuestro Señor
	3:6	os ordenamos,...en el **nombre** de nuestro
1 Ti	6:1	para que no sea blasfemado el **nombre**
2 Ti	2:19	todo aquel que invoca el **nombre**
He	1:4	heredó más excelente **nombre** que ellos.
	2:12	Anunciaré a mis hermanos tu **nombre**
	6:10	que habéis mostrado hacia su **nombre**
	13:15	fruto de labios que confiesan su **nombre**
Stg	2:7	¿No blasfeman ellos el buen **nombre**
	5:10	los profetas que hablaron en **nombre**
	14	ungiéndole...en el **nombre** del Señor
1 P	4:14	sois vituperados por **el nombre** de Cristo,
	16	glorifique a Dios por ello (...en esta parte,

ὀνομάζω 3687		
		VA) (TR); (...en este **nombre**, VHA, WH N, ABMW, VM, NC, BC, BA)
1 Jn	2:12	han sido perdonados por su **nombre**
	3:23	Que creamos en el **nombre** de su Hijo
	5:13	que creéis en el **nombre** del Hijo para que creáis en el **nombre** del Hijo (TR)
3 Jn	7	salieron por amor del **nombre**
	15	a los amigos, a cada uno en particular (a los amigos por **nombre**, BA)
Ap	2:3	has trabajado...por amor de mi **nombre**
	13	retienes mi **nombre**,
	17	en la piedrecita escrito un **nombre** nuevo,
	3:1	tienes **nombre** de que vives,
	4	unas pocas personas en Sardis (unos pocos **nombres** en Sardis, BC)
	5	no borraré su **nombre** del libro de la vida, confesaré su **nombre** delante de mi Padre,
	8	no has negado mi **nombre**.
	12	sobre él el **nombre** de mi Dios, y el **nombre** de la ciudad de mi Dios, y mi **nombre** nuevo.
	6:8	tenía por **nombre** Muerte, (cuyo **nombre** era..., VHA)
	8:11	el **nombre** de la estrella es Ajenjo. (...se llama "el Ajenjo", BC)
	9:11	cuyo **nombre** en hebreo es Abadón, en griego Apolión (en griego tiene por **nombre**...BC)
	11:13	en número de siete mil hombres, (lit., **nombres** de hombres siete mil)
	18	a los que temen tu **nombre**
	13:1	un **hombre** blasfemo. (un **nombre** de blasfemia, BC) (TR, ABMW); (**nombres** de blasfemia, VM, WH, N, VHA, NC, BA)
	6	para blasfemar de su **nombre**
	8	cuyos **nombres** no estaban escritos (TR, VHA, VM, BA); (cuyo **nombre** no está escrito, NC, WH, N, ABMW, BC)
	17	sino el que tuviese...el **nombre** de la bestia
	14:1	el **nombre** de él y el de su Padre (V60, VHA); (el **nombre** de su Padre, VA, TR); (el **nombre** de El y el **nombre** de su Padre, BA, WH, N, ABMW, VM, NC, BC)
	11	la marca de su **nombre**
	15:2	y el número de su **nombre**,
	4	glorificará tu **nombre**?
	16:9	blasfemaron el **nombre** de Dios,
	17:3	una mujer...llena de **nombres** de blasfemia,
	5	en su frente un **nombre** escrito,
	8	aquellos cuyos **nombres** no están escritos (TR, VHA, VM); (cuyo **nombre** no está escrito, NC, WH, N, ABMW, BC, BA)
	19:12	tenía un **nombre** escrito (lit., teniendo...)
	13	su **nombre** es: EL VERBO DE DIOS. (lit., se llama su **nombre**...)
	16	tiene escrito este **nombre**: REY
	21:12	**nombres** inscritos, que son los de las doce
	14	los doce **nombres** de los doce apóstoles
	22:4	su **nombre** estará en sus frentes.

3687 ὀνομάζω – onomázo (onomádzo)

Mr	3:14	estableció a doce, para que estuviesen (TR, N, VHA, VM, NC, BC, BA); (lit., estableció doce, a los cuales también llamó apóstoles, para que estuviesen, WH, |ABMW|)
Lc	6:13	a los cuales también **llamó**, apóstoles;
	14	a Simón, a quien también **llamó** Pedro,
Hch	19:13	intentaron **invocar** el nombre del Señor
Ro	15:20	no donde Cristo ya **hubiese sido nombrado**
1 Co	5:1	ni aun **se nombra** entre los gentiles (TR)
	11	**llamándose** hermano, fuere fornicario
Ef	1:21	sobre todo nombre **que se nombra**,
	3:15	de quien **toma nombre** toda familia
	5:3	ni aun **se nombre** entre vosotros,
2 Ti	2:19	todo aquel **que invoca** el nombre de Cristo

3688 ὄνος – ónos

Mt	21:2	luego hallaréis una **asna** atada,
	5	sentado sobre una **asna**,
	7	trajeron el **asna** y el pollino,
Lc	13:15	¿no desata en el día de reposo...su **asno**
	14:5	¿Quién de vosotros, si su **asno**...cae (¿A quién de vosotros se le cae...el **asno**, BC) (TR, VM)
Jn	12:15	sobre un pollino **de asna**.

3689 ὄντως – óntos

Mr	11:32	como un **verdadero** profeta. (como que realmente era profeta, BC)
Lc	23:47	**Verdaderamente** este hombre era justo.
	24:34	Ha resucitado el Señor **verdaderamente**,
Jn	8:36	seréis **verdaderamente** libres.
1 Co	14:25	que **verdaderamente** Dios está
Gá	3:21	la justicia fuera **verdaderamente** por la ley
1 Ti	5:3	las viudas que **en verdad** lo son (...que son en verdad viudas, VM)
	5	la que **en verdad** es viuda
	16	para las que **en verdad** son viudas
	6:19	que echen mano de la vida eterna (TR); (...de la vida **verdadera**, VHA, WH, N, ABMW, VM, NC, BC, BA)
2 P	2:18	a los que **verdaderamente** habían huido (TR)

3690 ὄξος – óxos

Mt	27:34	le dieron a beber **vinagre** (TR, VM)
	48	la empapó de **vinagre**, (empapándola..., BC)
Mr	15:36	empapó una esponja **en vinagre**,
Lc	23:36	presentándole **vinagre**,
Jn	19:29	estaba allí una vasija llena de **vinagre** empaparon en **vinagre** una esponja (TR, VM) (lit., habiendo empapado...); (una esponja empapada en el **vinagre**, VHA, WH, N, ABMW, NC, BC, BA)
	30	Cuando Jesús hubo tomado el **vinagre**,

3691 ὀξύς – oxús

Ro	3:15	Sus pies se apresuran (sus pies son **ligeros**, VHA)
Ap	1:16	de su boca...una espada **aguda**
	2:12	El que tiene la espada **aguda**
	14:14	en la mano una hoz **aguda**
	17	teniendo también una hoz **aguda**
	18	llamó...al que tenía la hoz **aguda**, Mete tu hoz **aguda**
	19:15	De su boca sale una espada **aguda**,

3692 ὀπή – opé

He	11:38	errando...por las **cavernas** de la tierra.
Stg	3:11	¿Acaso alguna fuente echa por una misma **abertura**?

3693 ὄπισθεν – ópisthen

Mt	9:20	se le acercó **por detrás** (acercándosele..., BC)
	15:23	Despídela, pues da voces **tras** nosotros.
Mr	5:27	vino **por detrás** entre la multitud,

ὀπίσω 3694

		(viniendo..., BC)
Lc	8:44	se le acercó por detrás (acercándose..., BC)
	23:26	para que la llevase tras Jesús
Ap	4:6	llenos de ojos delante y detrás,
	5:1	un libro escrito por dentro y por fuera

3694 ὀπίσω – opíso
       (1) τὰ ὀπίσω

Mt	3:11	pero el que viene tras mí,
	4:19	Venid en pos de mí,
	10:38	sigue en pos de mí
	16:23	¡Quítate de delante de mí, (lit., ¡Ponte detrás de mí)
	24	Si alguno quiere venir en pos de mí
	24:18	no vuelva atrás para tomar su capa.
Mr	1:7	Viene tras mí el que es más poderoso
	17	Venid en pos de mí,
	20	le siguieron (fuéronse en pos de él, VHA)
	8:33	¡Quítate de delante de mí (lit., ¡Ponte detrás de mí)
	34	Si alguno quiere venir en pos de mí,
	13:16	(1) no vuelva atrás a tomar su capa.
Lc	4:8	Vete de mí, Satanás, (lit., Ponte detrás de mí) (TR, VM)
	7:38	estando detrás de él a sus pies,
	9:23	Si alguno quiere venir en pos de mí,
	62	(1) mira hacia atrás, (que mira atrás, VHA)
	14:27	el que no...viene en pos de mí,
	17:31	(1) asimismo no vuelva atrás.
	19:14	enviaron tras él una embajada
	21:8	no vayáis en pos de ellos.
Jn	1:15	El que viene después de mí,
	27	el que viene después de mí,
	30	Después de mí vine un varón,
	6:66	(1) muchos de sus discípulos volvieron atrás,
	12:19	el mundo se va trás él. (...se fue..., BC)
	18:6	retrocedieron, y cayeron (lit., se fueron para atrás...)
	20:14	se volvió, (volvióse hacia atrás, VHA)
Hch	5:37	llevó en pos de sí
	20:30	para arrastrar tras sí a los discípulos
Fil	3:13	(14) olvidando ciertamente lo que queda atrás,
1 Ti	5:15	se han apartado en pos de Satanás.
2 P	2:10	aquellos que, siguiendo la carne, (a los que andan en pos de la carne, VM)
Jud	7	habiendo...ido en pos de vicios contra naturaleza (corrido tras carne ajena, BC)
Ap	1:10	oí detrás de mí una gran voz
	12:15	arrojó...tras la mujer, agua
	13:3	toda la tierra en pos de la bestia,

3695 ὁπλίζω** – oplízo (joplídzo)

1 P	4:1	armaos del mismo pensamiento;

3696 ὅπλον – óplon (jóplon)

Jn	18:3	fue allí con... armas
Ro	6:13	al pecado como instrumentos de iniquidad, a Dios como instrumentos de justicia.
	13:12	vistámonos las armas de la luz
2 Co	6:7	con armas de justicia a diestra (por las armas..., VHA)
	10:4	las armas de nuestra milicia no son carnales

3697 ὁποῖος – opóios (jopóios)

Hch	26:29	fueseis hechos tales cual yo soy,
1 Co	3:13	la obra de cada uno cuál sea,
Gá	2:6	lo que hayan sido en otro tiempo (cuales hayan sido..., VHA)
1 Ts	1:9	la manera en que nos recibisteis (cuál entrada tuvimos a vosotros, VHA)
Stg	1:24	luego olvida cómo era (...se olvidó de..., BC)

3698 ὁπότε – opóte (jopóte)

Lc	6:3	lo que hizo David cuando tuvo hambre, (TR, N)

3699 ὅπου – ópou (jópou)
       (1) ὅπου ἄν, ἐάν ;
       (2) ὅπου...ἐκεῖ

Mt	6:19	donde la polilla y el orín corrompen donde ladrones minan y hurtan;
	20	donde ni la polilla ni el orín donde ladrones no minan ni hurtan.
	21	(2) donde esté vuestro tesoro
	8:19	(1) te seguiré adondequiera que vayas.
	13:5	donde no había mucha tierra; (...no tenía..., VHA)
	24:28	(1, 2) dondequiera que estuviere el cuerpo
	25:24	donde no sembraste
	26	sabías que siego donde no sembré,
	26:13	(1) dondequiera que se predique este
	57	adonde estaban reunidos los escribas
	28:6	ved el lugar donde fue puesto
Mr	2:4	descubrieron el techo de donde estaba, bajaron el lecho en que yacía (TR, VHA, VM, NC, BC, BA); (lit.,...donde yacía, WH, N, ABMW)
	4:5	donde no tenía mucha tierra
	15	en quienes se siembra la palabra (donde se siembra..., BA)
	5:40	entró donde estaba la niña.
	6:10	(1, 2) Dondequiera que entréis en una casa
	55	a donde oían que estaba
	56	(1) dondequiera que entraba, en aldeas,
	9:18	(1) dondequiera le toma,
	44	(43) donde el gusano de ellos (TR, VM, NC, BC, [BA])
	46	donde el gusano de ellos (TR, VM, NC, BC, [BA])
	48	donde el gusano de ellos no muere,
	13:14	puesta donde no debe
	14:9	(1) dondequiera que se predique este
	14	(1) donde entrare, decid al señor donde he de comer la pascua
	16:6	mirad el lugar en donde le pusieron.
Lc	9:57	(1) seguiré adondequiera que vayas
	12:33	donde ladrón no llega,
	34	(2) donde está vuestro tesoro
	17:37	(2) Donde estuviere el cuerpo
	22:11	donde he de comer la pascua
Jn	1:28	donde Juan estaba bautizando.
	3:8	El viento sopla de donde quiere,
	4:20	es el lugar donde se debe adorar.
	46	donde había convertido el agua en vino
	6:23	donde habían comido el pan
	62	adonde estaba primero?
	7:34	a donde yo estaré
	36	donde yo estaré,
	42	la aldea de Belén, de donde era David,
	8:21	a donde yo voy, vosotros no podéis
	22	A donde yo voy, vosotros no podéis
	10:40	al lugar donde primero había estado
	11:30	el lugar donde Marta le había encontrado.
	32	cuando llegó a donde estaba Jesús,
	12:1	vino...a Betania, donde estaba Lázaro,

ὀπτάνομαι 3700 585 3705 ὅραμα

Jn	12:26	(2) **donde** yo estuviere, allí también estará	Mt	9:38	**que** envíe obreros a su mies.
	13:30	A **donde** yo voy, vosotros no podéis ir		12:14	tuvieron consejo contra Jesús **para** destruirle
	36	A **donde** yo voy, no me puedes		17	**para que** se cumpliese lo dicho (TR)
	14:3	**para que donde** yo estoy		13:35	**para que** se cumpliese lo dicho por
	4	sabéis a **dónde** voy		22:15	**como** sorprenderle en alguna palabra
	17:24	quiero que **donde** yo estoy		23:35	**para que** venga sobre vosotros toda la sangre
	18:1	**donde** había un huerto		26:59	**para** entregarle a la muerte (**para** hacerle
	20	**donde** se reúnen todos los judíos			morir, VHA)
	19:18	allí le crucificaron (**donde**..., VHA)	Mr	3:6	tomaron consejo...contra él **para** destruirle
	20	**donde** Jesús fue crucificado		5:23	**para que** sea salva, (TR)
	41	en el lugar **donde** había sido crucificado,	Lc	2:35	**para que** sean revelados los pensamientos
	20:12	**donde** el cuerpo de Jesús había sido puesto.		7:3	**que**...sanase a su siervo
	19	**donde** los discípulos estaban reunidos		10:2	**que** envíe obreros a su mies.
	21:18	ibas **donde** querías		11:37	le rogó un fariseo **que** comiese con él;
		te llevará a **donde** no quieras.		16:26	**de manera** que los que quisieren pasar
Hch	17:1	**donde** había una sinagoga de los judíos		28	tengo cinco hermanos, **para que**
	20:6	**donde** nos quedamos siete días. (N)		24:20	cómo le entregaron los principales sacerdotes
Ro	15:20	no **donde** Cristo ya hubiese sido nombrado,	Jn	11:57	**para que** le prendiesen
1 Co	3:3	habiendo entre vosotros celos (**mientras**	Hch	3:19	(20) **para que** vengan de la presencia
		haya..., VHA)		8:15	**para que** recibiesen el Espíritu Santo;
Col	3:11	**donde** no hay griego ni judío,		24	**para que** nada de esto...venga sobre mí
He	6:20	**donde** Jesús entró por nosotros		9:2	a fin de que...los trajese presos
	9:16	**donde** hay testamento, es necesario		12	**para que** recobre la vista.
	10:18	**donde** hay remisión de éstos,		17	**para que** recibas la vista
Stg	3:4	por **donde** el que las gobierna quiere,		24	guardaban las puertas...**para** matarle.
		(**adonde** quiere el impulso de piloto,		15:17	**Para que** el resto de los hombres busque
		VHA)		20:16	**para** no detenerse en Asia, (lit., **para que**
	16	(2) **donde** hay..contención			no le aconteciera que gastara tiempo en
2 P	2:11	**mientras que** los ángeles, (**donde**..., BC)			Asia)
Ap	2:13	**donde** está el trono de Satanás		23:15	**que** le traiga mañana ante vosotros
		donde mora Satanás		20	**que** mañana lleves a Pablo ante el concilio
	11:8	**donde** también nuestro Señor		23	**para que** fuesen hasta Cesarea;
	12:6	(2) **donde** tiene lugar preparado por Dios,		24:26	**para que** le soltase; (TR)
	14	(2) **donde** es sustentada por un tiempo,		25:3	**que** le hiciese traer a Jerusalén
	14:4	(1) siguen al Cordero **por dondequiera** que		26	**para que** después de examinarle,
	17:9	sobre los cuales se sienta la mujer, (lit.,	Ro	3:4	**Para que** seas justificado en tus palabras,
		donde la mujer se sienta sobre ellos)		9:17	**Para** esto mismo te he levantado,
	20:10	**donde** estaban la bestia y el falso profeta			**para** mostrar en ti mi poder
			1 Co	1:29	a fin de que nadie se jacte (**para que**
3700		ὀπτάνομαι† – optánomai			ninguna carne..., VHA)
Hch	1:3	apareciéndoseles durante cuarenta días	2 Co	8:11	**para que** como estuvieseis prontos (**para**
					que, como hubo prontitud, VHA)
3701		ὀπτασία† – optasía		14	**para que** haya igualdad.
Lc	1:22	comprendieron que había visto **visión**	Gá	1:4	**para** librarnos del presente siglo malo,
	24:23	que también habían visto **visión** de ángeles	2 Ts	1:12	**para que** el nombre de nuestro Señor
Hch	26:19	no fui rebelde a la **visión** celestial,	Flm	6	**para que** la participación de tu fe
2 Co	12:1	vendré a **las visiones** y a las revelaciones	He	2:9	**para que** por la gracia de Dios gustase
				9:15	**para que**...los llamados reciban la promesa
3702		ὀπτός – optós	Stg	5:16	**para que** seáis sanados.
Lc	24:42	le dieron parte de un pez **asado,**	1 P	2:9	**para que** anunciéis las virtudes
3703		ὀπώρα – opóra	**3705**		ὅραμα – órama (jórama)
Ap	18:14	Los **frutos** codiciados por tu alma (lit., E!	Mt	17:9	No digáis a nadie la **visión,**
		fruto maduro del anhelo de tu alma)	Hch	7:31	Moisés, mirando, se maravilló de la **visión**
				9:10	el Señor dijo en **visión**
3704		ὅπως – ópos (jópos)		12	ha visto en **visión** a un varón llamado
Mt	2:8	**para que** yo también...le adore.			Ananías, (TR, |WH|, |N|, |ARMW|, NC,
	23	**para que** se cumpliese lo que fue dicho			BC, BA)
	5:16	**para que** vean vuestras buenas obras,		10:3	Este vio claramente en **una visión,**
	45	**para que** seáis hijos de vuestro Padre		17	sobre lo que significaría la **visión** (sobre lo
	6:2	**para** ser alabados por los hombres			que hubiese de ser la **visión,** VM)
	4	**para que** sea tu limosna en secreto		19	mientras Pedro pensaba en la **visión**
	5	**para** ser vistos de los hombres		11:5	vi en éxtasis **una visión**
	16	**para** mostrar a los hombres que ayunan		12:9	pensaba que veía **una visión**
	18	**para** no mostrar a los hombres que ayunas,		16:9	se le mostró a Pablo **una visión** de noche
	8:17	**para que** se cumpliese lo dicho por		10	Cuando vió la **visión,** en seguida
	34	le rogaron **que** se fuera de sus contornos.		18:9	dijo a Pablo en **visión** de noche:

3706	ὅρασις – órasis (jórasis)
Hch 2:17	Vuestros jóvenes verán visiones
Ap 4:3	el aspecto del que estaba sentado era semejante (el que estaba sentado era semejante en aspecto, BA) semejante en aspecto a la esmeralda.
9:17	Así vi en visión los caballos

3707	ὁρατός – oratós (joratós)
Col 1:16	las cosas,...visibles e invisibles;

3708	ὁράω – oráo (joráo)
Mt 5:8	porque ellos verán a Dios
8:4	Mira, no lo digas a nadie
9:30	Mirad que nadie lo sepa
16:6	Mirad, guardaos de la levadura
17:3	les aparecieron Moisés y Elías,
18:10	Mirad que no menospreciéis a uno
24:6	mirad que no os turbéis,
30	verán al Hijo del Hombre viniendo
26:64	desde ahora veréis al Hijo del Hombre
27:4	¡Allá tú! (¡viéraslo tú! , VM)
24	allá vosotros (veréislo vosotros, VM)
28:7	Galilea; allí le veréis
10	allí me verán
Mr 1:44	Mira, no digas a nadie nada,
8:15	Mirad, guardaos de la levadura
24	veo los hombres como árboles
9:4	les apareció Elías con Moisés,
13:26	verán al Hijo del Hombre,
14:62	veréis al Hijo del Hombre sentado
16:7	allí le veréis, como os dijo
Lc 1:11	le apareció un ángel del Señor
22	comprendieron que había visto visión
29	cuando le vio, se turbó (TR)
3:6	verá toda carne la salvación
9:31	quienes aparecieron rodeados de gloria, (apareciendo en gloria, BA)
36	no dijeron nada a nadie de lo que habían visto.
12:15	Mirad, y guardaos de toda avaricia;
13:28	cuando veáis a Abraham, a Isaac, a Jacob
16:23	vio de lejos a Abraham, y a Lázaro
17:22	desearéis ver uno de los días y no lo veréis
21:27	verán al Hijo del Hombre, que vendrá
22:43	se le apareció un ángel (TR, [WH], [N], VHA, VM, NC, BC, BA)
23:49	estaban lejos mirando estas cosas.
24:23	diciendo que también habían visto visión
34	ha aparecido a Simón.
Jn 1:18	A Dios nadie le vio jamás;
34	yo le vi, y he dado testimonio
39	Venid y ved. (TR, NC); (...y lo veréis, VHA, WH, N, ABMW, VM, BC, BA)
50	Cosas mayores que estas verás
51	veréis el cielo abierto
3:11	lo que hemos visto, testificamos;
32	lo que vio y oyó, esto testifica
36	no verá la vida,
4:45	habiendo visto todas las cosas
5:37	ni habéis visto su aspecto,
6:2	veían las señales que hacía (TR, N)
36	me habéis visto, no creéis
46	No que alguno haya visto al Padre, éste ha visto el Padre,
8:38	Yo hablo lo que he visto cerca del Padre;
57	¿y has visto a Abraham?
Jn 9:37	Pues le has visto,
11:40	si crees, verás la gloria de Dios?
14:7	le conocéis, y le habéis visto,
9	El que me ha visto a mí, ha visto al Padre;
15:24	ahora han visto y han aborrecido
16:16	de nuevo un poco, y me veréis;
17	de nuevo un poco y me veréis
19	de nuevo un poco y me veréis;
22	os volveré a ver, (os veré otra vez, VM)
19:35	el que lo vio da testimonio, (...ha dado testimonio, VM)
37	Mirarán al que traspasaron.
20:18	que había visto al Señor, (TR); (He visto..., VHA, WH, N, ABMW, VM, NC, BC, BA)
25	Al Señor hemos visto
29	Porque me has visto,...creíste.
Hch 2:3	se les aparecieron lenguas
17	Vuestros jóvenes verán visiones
7:2	El Dios de la gloria apareció
26	se presentó a unos de ellos que reñían
30	un ángel se le apareció en el desierto
35	del ángel que se le apareció en la zarza
44	conforme al modelo que había visto
8:23	en prisión de maldad veo que estás.
9:17	que se te apareció en el camino
13:31	se apareció durante muchos días
16:9	se le mostró a Pablo una visión
18:15	vedlo vosotros; (veréislo vosotros, VM)
20:25	ninguno de...vosotros...verá más mi rostro (no veréis..., VM)
22:15	serás testigo...de lo que has visto
26	¿Qué vas a hacer? (V60, WH, N, ABMW, VHA, VM, NC, BC, BA); (lit., Mira lo que vas a hacer, TR)
26:16	para esto he aparecido a ti, de las cosas que has visto, de aquellas en que me apareceré
Ro 15:21	a quienes nunca les fue anunciado...verán
1 Co 9:1	¿No he visto a Jesús el Señor nuestro?
15:5	apareció a Cefas, y después a los doce
6	apareció a más de quinientos hermanos
7	apareció a Jacobo;
8	como a un abortivo, me apareció a mí
Col 2:1	todos los que nunca han visto mi rostro
18	entremetiéndose en lo que no ha visto, (TR, VM); (...en lo que ha visto, VHA, WH, N, ABMW, NC, BC, BA)
1 Ts 5:15	Mirad que ninguno pague a otro mal
1 Ti 3:16	fue...Visto de los ángeles,
He 2:8	todavía no vemos que todas las cosas
8:5	Mira, haz todas las cosas conforme al
9:28	aparecerá por segunda vez,
11:27	como viendo al Invisible
12:14	sin la cual nadie verá al Señor
13:23	si viniere pronto, iré a veros. (...yo os veré, VM)
Stg 2:24	Vosotros veis,...que el hombre es justificado
1 P 1:8	aunque ahora no lo veáis
1 Jn 1:1	lo que hemos visto con nuestros ojos,
2	hemos visto, y testificamos,
3	lo que hemos visto y oído,
3:2	porque le veremos tal como él es.
6	todo aquel que peca, no le ha visto
4:20	a su hermano a quien ha visto a quien no ha visto?
3 Jn 11	no ha visto a Dios.
Ap 1:7	todo ojo le verá
11:19	se veía en el templo

| ὀργή 3709 | | | 3725 ὅριον |

Ap	12:1	**Apareció** en el cielo una gran señal	
	3	**apareció** otra señal en el cielo	
	18:18	**viendo** el humo de su incendio, (TR)	
	19:10	**Mira**, no lo hagas;	
	22:4	**verán** su rostro,	
	9	**Mira**, no lo hagas;	

3709   ὀργή – orgé (orgué)

Mt	3:7	¿Quién os enseñó a huir de la **ira** venidera
Mr	3:5	mirándolos alrededor con **enojo**,
Lc	3:7	¿Quién os enseñó a huir de la **ira** venidera?
	21:23	habrá...**ira** sobre este pueblo
Jn	3:36	la **ira** de Dios está sobre él.
Ro	1:18	la **ira** de Dios se revela desde el cielo
	2:5	atesoras para ti mismo **ira** para el día **de la ira**
	8	**ira** y enojo a los que son contenciosos
	3:5	¿Será injusto Dios que da castigo? (lit.,... que lanza la **ira**?)
	4:15	la ley produce **ira**;
	5:9	por él seremos salvos de la **ira**.
	9:22	si Dios, queriendo mostrar su **ira** los vasos de **ira** preparados para destrucción
	12:19	dejad lugar a la **ira** (dad lugar..., VHA)
	13:4	para castigar al que hace lo malo (para ejecutar **ira** sobre aquel que obra mal, VM)
	5	no solamente por razón del castigo (...a causa de la **ira**, VM)
Ef	2:3	éramos por naturaleza hijos **de ira**,
	4:31	Quítense de vosotros... **ira**
	5:6	por estas cosas viene la **ira** de Dios
Col	3:6	cosas por las cuales la **ira** de Dios viene
	8	**ira**, enojo, malicia,
1 Ts	1:10	quien nos libra de la **ira** venidera.
	2:16	vino sobre ellos la **ira** hasta el extremo.
	5:9	no nos ha puesto Dios para **ira**
1 Ti	2:8	levantando manos santas, sin **ira**
He	3:11	juré en mi **ira**,
	4:3	juré en mi **ira**,
Stg	1:19	tardo para airarse; (lento para **la ira**, BA)
	20	**la ira** del hombre no obra la justicia
Ap	6:16	escondednos...de la **ira** del Cordero
	17	el gran día de su **ira** ha llegado;
	11:18	tu **ira** ha venido,
	14:10	en el cáliz de su **ira**;
	16:19	del vino del ardor de su **ira**
	19:15	de la **ira** del Dios Todopoderoso.

3710   ὀργίζω – orgízo (orguídzo)

Mt	5:22	que **se enoje** contra su hermano,
	18:34	su señor, **enojado**, le entregó
	22:7	Al oírlo el rey, **se enojó**
Lc	14:21	**enojado** el padre de familia
	15:28	**se enojó**, y no quería entrar.
Ef	4:26	Airaos, pero no pequéis;
Ap	11:18	**se airaron** las naciones,
	12:17	el dragón **se llenó de ira** contra la mujer

3711   ὀργίλος – orgílos (orguílos)

| Tit | 1:7 | no soberbio, no **iracundo**, |

3712   ὀργυιά* – orguiá

| Hch | 27:28 | echando la sonda, hallaron veinte **brazas**. |
| | | hallaron quince **brazas**. |

3713   ὀρέγω** – orégo

1 Ti	3:1	Si alguno **anhela** obispado,
	6:10	el cual **codiciando** algunos,
He	11:16	**anhelaban** una mejor, esto es,

3714   ὀρεινός – oreinós

| Lc | 1:39 | María, fue de prisa a la **montaña**, |
| | 65 | en todas las **montañas** de Judea (por toda la sierra..., VHA) |

3715   ὄρεξις* – órexis

| Ro | 1:27 | se encendieron en su **lascivia** unos con otros |

3716   ὀρθοποδέω*† – orthopodéo.

| Gá | 2:14 | cuando vi que no **andaban rectamente** |

3717   ὀρθός – orthós

| Hch | 14:10 | Levántate **derecho** sobre tus pies, |
| He | 12:13 | haced sendas **derechas** para vuestros pies, |

3718   ὀρθοτομέω† – orthotoméo

| 2 Ti | 2:15 | que usa **bien** la palabra de verdad. (que traza **bien**..., VA) |

3719   ὀρθρίζω† – orthrízo (orthrídzo)

| Lc | 21:38 | el pueblo **venía** a él **por la mañana**, (...**madrugaba para acudir** a él, VHA) |

3720   ὀρθρινός – orthrinós

| Ap | 22:16 | la estrella...**de la mañana** (TR) |

3721   ὄρθριος – órthrios

| Lc | 24:22 | las que **antes del día** fueron al sepulcro (TR) |

3722   ὄρθρος – órthros

Lc	24:1	muy **de mañana**, vinieron al sepulcro, (lit., **a la profunda alba**...)
Jn	8:2	[por **la mañana** volvió al templo, (muy **de mañana** vino otra vez..., VM)]
Hch	5:21	entraron **de mañana** en el templo,

3723   ὀρθῶς – orthós

Mr	7:35	y hablaba **bien**.
Lc	7:43	**Rectamente** has juzgado
	10:28	**Bien** has respondido; haz esto,
	20:21	sabemos que dices...**rectamente**,

3724   ὀρίζω – orízo (jorídzo)

Lc	22:22	va, según **lo que está determinado**
Hch	2:23	entregado por el **determinado** consejo
	10:42	es el que Dios **ha puesto** por Juez (es el constituido por Dios juez, BC)
	11:29	**determinaron** enviar socorro (lit.,...enviar para el servicio)
	17:26	les ha **prefijado** el orden de los tiempos (**fijando** sus tiempos señalados, VM)
	31	por aquel varón a quien **designó**
Ro	1:4	**que fue declarado** Hijo de Dios con poder,
He	4:7	otra vez **determina** un día

3725   ὅριον – órion (jórion)

Mt	2:16	en Belén y en todos sus **alrededores**,
	4:13	en la región de Zabulón (en **los confines**..., VHA)
	8:34	le rogaron que se fuera de sus **contornos**.
	15:22	que había salido de aquella **región** (de

ὁρκίζω 3726   588   3735 ὄρος

	aquellas **regiones**, saliendo, VM)	Hch 17:26 los **límites** de su habitación
Mt 15:39	vino a la región (...a los **términos**, VHA)	
19:1	fue a las **regiones** de Judea	**3735** ὄρος – óros
Mr 5:17	que se fuera de sus **contornos**	Mt 4:8 le llevó el diablo a un **monte** muy alto,
7:24	a la **región** de Tiro (a los **términos**..., VHA) (WH, N, ABMW)	5:1 Viendo la multitud, subió al **monte** (...las multitudes..., VHA)
31	Volviendo a salir de la **región** de Tiro (partiendo otra vez de los **confines**..., VM)	14 una ciudad asentada sobre un **monte**
	por la **región** de Decapolis. (por entre las **comarcas**..., VM)	8:1 Cuando descendió Jesús del **monte**, (cuando había bajado del **monte**, BA)
10:1	vino a la **región** de Judea (fue a los **términos**..., VM)	14:23 subió al **monte** a orar aparte;
		15:29 subiendo al **monte**, se sentó allí.
Hch 13:50	los expulsaron de sus **límites**.	17:1 los llevó aparte a un **monte** alto;
		9 Cuando descendieron del **monte**
3726	ὁρκίζω – orkízo (jorkídzo)	20 diréis a este **monte**
		18:12 ¿no deja las noventa y nueve y va por los **montes** (TR, VM); (no dejará las noventa y nueve en los **montes**, e irá, VHA, WH, N, ABMW, NC, BC, BA)
Mr 5:7	Te **conjuro** por Dios que no me atormentes	
Hch 19:13	Os **conjuro** por Jesús, el que predica Pablo	
1 Ts 5:27	Os **conjuro** por el Señor, que esta carta	21:1 vinieron a Betfagé, al **monte** de los Olivos
		21 si a este **monte** dijereis:
3727	ὅρκος – órkos (jórkos)	24:3 estando él sentado en el **monte** de los Olivos
Mt 5:33	cumplirás al Señor tus **juramentos**	16 los que estén en Judea, huyan a los **montes**
14:7	le prometió con **juramento** darle	26:30 salieron al **monte** de los Olivos
9	a causa del **juramento**, y de los que estaban	28:16 al **monte** donde Jesús les había ordenado
26:72	él negó otra vez con **juramento**	Mr 3:13 Después subió al **monte**, y llamó
Mr 6:26	a causa del **juramento**, y de los que estaban	5:5 dando voces en los **montes**
Lc 1:73	Del **juramento** que hizo, a Abraham	11 Estaba...cerca del **monte** un gran hato
Hch 2:30	con **juramento** Dios le había jurado	6:46 se fue al **monte** a orar;
He 6:16	es el **juramento** para confirmación.	9:2 los llevó aparte solos a un **monte** alto
17	queriendo Dios...interpuso **juramento**	9 descendiendo ellos del **monte**,
Stg 5:12	no juréis,...ni por ningún otro **juramento**	11:1 frente al **monte** de los Olivos
		23 cualquiera que dijere a este **monte**
3728	ὀρκωμοσία – orkomosía (jorkomosía)	13:3 se sentó en el **monte** de los Olivos, (estando sentado..., VHA)
He 7:20	esto no fue hecho sin **juramento**	14 los que estén en Judea huyan a los **montes**
21 (20)	sin **juramento** fueron hechos	14:26 salieron al **monte** de los Olivos
éste	éste, con el **juramento** del que le dijo	Lc 3:5 se bajará todo **monte** y collado;
28	la palabra del **juramento**, posterior a la ley,	4:5 a un alto **monte**, y le mostró (TR, VM, BC)
		29 le llevaron hasta la cumbre del **monte**
3729	ὁρμάω – ormáo (jormáo)	6:12 el fue al **monte** a orar,
Mt 8:32	se **precipitó** en el mar por un despeñadero	8:32 de muchos cerdos que pacían en el **monte**
Mr 5:13	el hato se **precipitó** en el mar	9:28 subió al **monte** a orar.
Lc 8:33	el hato se **precipitó** por un despeñadero	37 cuando descendieron del **monte**,
Hch 7:57	**arremetieron** a una contra él.	19:29 al **monte** que se llama de los Olivos,
19:29	a una se **lanzaron** al teatro	37 cerca de la bajada del **monte** de los Olivos,
		21:21 los que estén en Judea, huyan a los **montes**
3730	ὁρμή – ormé (jormé)	37 en el **monte** que se llama de los Olivos
Hch 14:5	cuando los judíos y los gentiles...se lanzaron (como se produjese un **tumulto** de gentiles y judíos, NC)	22:39 al **monte** de los Olivos
		23:30 comenzarán a decir a los **montes**
Stg 3:4	por donde el que las gobierna quiere (adonde quiere el **impulso** del piloto, VHA)	Jn 4:20 Nuestros padres adoraron en este **monte**,
		21 cuando ni en este **monte** ni en Jerusalén
		6:3 subió Jesús a un **monte**
3731	ὅρμημα – órmema (jórmema)	15 volvió a retirarse al **monte** él solo. (partió otra vez...VM)
Ap 18:21	Con el mismo **ímpetu** será derribada (Así será derribada con **violencia**, BA)	8:1 |Jesús se fue al **monte** de los Olivos.|
		Hch 1:12 volvieron a Jerusalén desde el **monte**
3732	ὄρνεον – órneon	7:30 en el desierto del **monte** Sinaí
Ap 18:2	albergue de toda **ave** inmunda	38 el ángel que le hablaba en el **monte** Sinaí,
19:17	a todas las **aves** que vuelan	1 Co 13:2 de tal manera que trasladase los **montes**,
21	todas las **aves** se saciaron de las carnes	Gá 4:24 el uno proviene del **monte** Sinaí,
		25 Agar es el **monte** Sinaí en Arabia,
3733	ὄρνις – órnis	He 8:5 que se te ha mostrado en el **monte**
Mt 23:37	como la **gallina** junta sus polluelos	11:38 errando por los desiertos, por los **montes**
Lc 13:34	como la **gallina** a sus polluelos	12:18 no os habéis acercado al **monte** (TR, |ABMW|, VM, NC)
		20 Si aun una bestia tocare el **monte**,
3734	ὁροθεσία*† – orothesía (jorothesía)	22 os habéis acercado al **monte** de Sión,
		2 P 1:18 cuando estábamos con él en el **monte** santo.
		Ap 6:14 todo **monte** y toda isla se removió

ὀρύσσω 3736   589   3745 ὅσος

Ap	6:15	se escondieron...entre las peñas de los montes
	16	decían a los **montes** y a las peñas
	8:8	como una gran **montaña** ardiendo en fuego
	14:1	en pie sobre el **monte** de Sión,
	16:20	los **montes** no fueron hallados.
	17:9	Las siete cabezas son siete **montes**
	21:10	me llevó en el Espíritu a **un monte** grande

3736   ὀρύσσω – orússo

Mt	21:33	**cavó** en ella un lagar
	25:18	el que había recibido uno...**cavó** en la tierra,
Mr	12:1	**cavó** un lagar,

3737   ὀρφανός – orfanós

Jn	14:18	No os dejaré **huérfanos**
Stg	1:27	Visitar **a los huérfanos** y a las viudas

3738   ὀρχέομαι – orcéomai (orjéomai)

Mt	11:17	Os tocamos flauta, y no **bailasteis**
	14:6	la hija de Herodías **danzó** en medio,
Mr	6:22	entrando la hija de Herodías, **danzó**, (...y **danzando**, VHA)
Lc	7:32	Os tocamos flauta, y no **bailasteis**;

3740   ὁσάκις – osákis (josákis)

1 Co	11:25	haced esto **todas las veces** que la bebiereis,
	26	**todas las veces** que comiereis este pan,
Ap	11:6	para herir la tierra con toda plaga, **cuantas veces** quieran.

3741   ὅσιος – ósios (jósios)

Hch	2:27	que tu **Santo** vea corrupción.
	13:34	Os daré **las misericordias** fieles
	35	que tu **Santo** vea corrupción.
1 Ti	2:8	levantando manos **santas**,
Tit	1:8	sobrio, justo, **santo**
He	7:26	nos convenía: **santo**, inocente, sin mancha
Ap	15:4	pues sólo tú eres **santo**;
	16:5	el que eres y que eras, el **Santo**,

3742   ὁσιότης – osiótes (josiótes)

Lc	1:75	En **santidad** y en justicia delante de él
Ef	4:24	en la justicia y **santidad** de la verdad

3743   ὁσίως – osíos (josíos)

1 Ts	2:10	de cuán **santa**, justa e irreprensiblemente

3744   ὀσμή – osmé

Jn	12:3	la casa se llenó del **olor** del perfume.
2 Co	2:14	el **olor** de su conocimiento
	16	a éstos ciertamente **olor** de muerte a aquéllos **olor** de vida
Ef	5:2	en **olor** fragante. (...**olor** de suavidad, VHA)
Fil	4:18	**olor** fragante, (**olor** de suavidad, VHA)

3745   ὅσος – ósos (jósos)
(1)   πάντες ὅσοι, πάντα ὅσα;
(2)   ὅσος ἄν, ἐάν;
(3)   καθ᾽, ἐφ᾽ ὅσον; ὅσον χρόνον, ἐφ᾽ ὅσον χρονον;
(4)   τοσοῦτος...ὅσος;
(5)   ὅσον ὅσον

Mt	7:12	(1) **todas las cosas** que queráis
	9:15	(3) **entre tanto** que el esposo está
	13:44	va y vende **todo lo que** tiene,
	13:46	(1) vendió **todo lo que** tenía,
	14:36	**todos los que** lo tocaron,
	17:12	hicieron con él **todo lo que** quisieron
	18:18	(2) **todo lo que** atéis en la tierra,
		(2) **todo lo que** desatéis en la tierra,
	25	(1) **todo lo que** tenía,
	21:22	(1, 2) **todo lo que** pidiereis en oración
	22:9	(2) llamad a las bodas **a cuantos** halléis.
		10 (1) juntaron **a todos los que** hallaron (TR)
	23:3	(1) **todo lo que** os digan que guardéis,
	25:40	(3) **en cuanto** lo hicisteis a uno de estos
	45	(3) **en cuanto** no lo hicisteis a uno de éstos
	28:20	(1) que guarden **todas las cosas**
Mr	2:19	(3) **mientras** está con ellos el esposo?
	3:8	oyendo **cuán grandes cosas** hacía,
	10	por tocarle, **cuantos** tenían plagas
	28	(1) las blasfemias **cualesquiera** que sean (las blasfemias, **cuanto quiera que** blasfemaren, BC)
	5:19	cuéntales **cuán grandes cosas** el Señor
	20	comenzó a publicar...**cuán grandes cosas**
	6:11	(2) si en algún lugar no os recibieren (V60, WH, N, ABMW, VHA, VM, NC, BC, BA); (lit., **cuantos** no os reciben)
	30	(1) **todo lo que** habían hecho, y **lo que** habían enseñado
	56	(2) **todos los que** le tocaban quedaban sanos
	7:36	**cuanto** más les mandaba, tanto más
	9:13	le hicieron **todo lo que** quisieron
	10:21	vende **todo lo que** tienes,
	11:24	(1) **todo lo que** pidiereis orando, (**Todo cuanto** rogáis y pedís, BC)
	12:44	(1) echó **todo lo que** tenía
Lc	4:23	**de tantas cosas** que hemos oído
	40	(1) **todos los que** tenían enfermos
	8:39	cuenta **cuán grandes cosas** ha hecho Dios publicando...**cuán grandes cosas** había hecho
	9:5	(2) dondequiera que no os recibieren, (lit., **cuantos** no os reciben)
	10	le contaron **todo lo que** habían hecho
	11:8	le dará **todo lo que** necesite.
	12:3	**todo lo que** habéis dicho en tinieblas
	18:12	(1) doy diezmos **de todo lo que** gano
	22	(1) vende **todo lo que** tienes, y dalo
Jn	1:12	**todos los que** le recibieron,
	4:29	(1) me ha dicho **todo cuanto** he hecho. (TR, ABMW)
	39	(1) Me dijo **todo lo que** he hecho. (TR, ABMW)
	45	(1) **todas las cosas** que había hecho (WH, N, ABMW)
	6:11	de los peces, **cuanto** querían.
	10:8	(1) **Todos los que** antes de mí vinieron,
	41	(1) **todo lo que** Juan dijo de éste,
	11:22	(2) sé ahora que **todo lo que** pidas a Dios.
	15:14	si hacéis **lo que** yo os mando (TR)
	16:13	hablará **todo lo que** oyere,
	15	(1) **Todo lo que** tiene el Padre es mío
	23	(2) **todo cuanto** pidiereis al Padre (TR)
	17:7	(1) **todas las cosas** que me has dado
	21:25	otras muchas cosas **que** hizo Jesús (TR)
Hch	2:39	(2) para **cuantos** el Señor...llamare
	3:22	(1, 2) oiréis en **todas las cosas** que os hable,
	24	**cuantos** han hablado
	4:6	**todos los que** eran de la familia
	23	contaron **todo lo que** los principales sacerdotes
	28	para hacer **cuanto** tu mano y tu consejo
	34	**todos los que** poseían heredades (**cuantos**

ὀστέον 3747

Hch	4:35	eran poseedores de campos, VM)
	5:36	(1) **todos los que** le obedecían
	37	(1) **todos los que** le obedecían
	9:13	**cuántos** males ha hecho a tus santos
	16	le mostraré **cuánto** le es necesario padecer
	39	los vestidos **que** Dorcas hacía
	10:45	**que** habían venido con Pedro (TR, N, ABMW)
	13:48	creyeron **todos los que** estaban ordenados
	14:27	refirieron **cuán grandes cosas** había hecho
	15:4	refirieron **todas las cosas** que Dios
	12	que contaban **cuán grandes** señales
Ro	2:12	**todos los que** sin ley han pecado, **todos los que** bajo la ley han pecado,
	3:19	sabemos que **todo lo que** la ley dice,
	6:3	**todos los que** hemos sido bautizados
	7:1	(3) se enseñorea del hombre **entre tanto**
	8:14	**todos los que** son guiados por el Espíritu
	11:13	(3) **Por cuanto** yo soy apóstol a los gentiles
	15:4	**las cosas que** se escribieron antes (TR, ABMW, VM, BC); (1) (**todas las cosas que**..., VHA, |WH|, NC, BA)
1 Co	2:9	Son las que Dios ha preparado (TR, ABMW, NC); (**cuantas** Dios preparó, VHA, WH, N, VM, BC, BA)
	7:39	(3) **mientras** su marido vive;
2 Co	1:20	**todas** las promesas de Dios son en él Sí
Gá	3:10	**todos los que** dependen de las obras
	27	**todos los que** habéis sido bautizados
	4:1	(3) **Entre tanto que** el heredero es niño,
	6:12	**Todos los que** quieren agradar en la carne
	16	**todos los que** anden conforme a esta regla,
Fil	3:15	**todos los que** somos perfectos
	4:8	**todo lo que** es verdadero, **todo lo que** es honesto, **todo lo** justo, **todo lo** puro, **todo lo** amable, **todo lo que es** de buen nombre;
Col	2:1	por **todos los que** nunca han visto
1 Ti	6:1	**Todos los que** están bajo el yugo
2 Ti	1:18	**cuánto** nos ayudó en Efeso,
He	1:4	(4) **cuanto** heredó más excelente nombre
	2:15	a **todos los que** por el temor de la muerte
	3:3	(3) **cuanto** tiene mayor honra que la casa
	7:20	(3) esto no fue hecho sin juramento; (**cuanto** no fue sin juramento, VHA)
	8:6	**cuanto** es mediador de un mejor pacto
	9:27	(3) **de la manera** que está establecido
	10:25	(4) **tanto** más, **cuanto** veis que aquel día
	37	(5) aún un poquito, Y el que ha de venir (todavía un poquito, **tantico**, **tantico**..., BC)
2 P	1:13	(3) **en tanto que** estoy en este cuerpo, (...en esta tienda, BC)
Jud	10	blasfeman de **cuantas cosas** no conocen **en las que** por naturaleza conocen
Ap	1:2	**de todas las cosas que** ha visto.
	2:24	**a cuantos** no tienen esa doctrina
	3:19	(2) castigo a **todos los que** amo
	13:15	(2) a **todo el que** no la adorase. (**a cuantos** no adorasen la imagen, VHA)
	18:7	**Cuanto** ella se ha glorificado
	17	**todos los que** trabajan en el mar,
	21:16	su longitud es **igual** a su anchura (V60, WH, N, ABMW, VHA, VM, BA); (su longitud es tanta **cuanta** es su anchura, BC, TR, NC)

3747 ὀστέον — ostéon

Mt	23:27	están llenos de **huesos** de muertos
Lc	24:39	un espíritu no tiene carne ni **huesos**,
Jn	19:36	No será quebrado **hueso** suyo
Ef	5:30	somos miembros de su cuerpo,...de sus **huesos**. (TR, VM, |BA|)
He	11:22	dio mandamiento acerca de sus **huesos**

3748 ὅστις — óstis (jóstis)
(1) ὅστις ἄν, ἐάν;
(2) ἕως ὅτου;
(3) πᾶς ὅστις

Mt	2:6	Que apacentará a mi pueblo Israel
	5:25	(2) **entre tanto que** estás con él en el camino,
	39	antes, **a cualquiera que** te hiera
	41	**a cualquiera que** te obligue a llevar carga
	7:15	falsos profetas, **que** vienen a vosotros
	24	(3) **Cualquiera**, pues, **que** me oye a un hombre prudente, **que** edificó su casa
	26	**que** edificó su casa sobre la arena
	10:32	(3) A **cualquiera**, pues, **que** me confiese
	33	(1) a **cualquiera que** me niegue delante de
	12:50	(1) **todo aquel que** hace la voluntad
	13:12	Porque a **cualquiera que** tiene, pero **al que** no tiene,
	52	**que** saca de su tesoro cosas nuevas
	16:28	**que** no gustarán la muerte
	18:4	Así **que**, **cualquiera que** se humille
	28	Págame **lo que** me debes (TR, VHA, VM, NC, BC, BA)
	19:12	hay eunucos **que** nacieron así hay eunucos **que** son hechos eunucos hay eunucos **que** a sí mismos se hicieron
	29	(3) **cualquiera que** haya dejado casas, (WH, N, ABMW)
	20:1	**que** salió por la mañana a contratar
	21:33	**el cual** plantó una viña,
	41	a otros labradores, **que** le paguen el fruto
	22:2	un rey **que** hizo fiesta de bodas a su hijo
	23:12	**el que** se enaltece será humillado, y **el que** se humilla será enaltecido.
	27	**que** por fuera,...se muestran hermosos
	25:1	diez vírgenes **que** tomando sus lámparas,
	3	Las insensatas, tomando sus lámparas, (lit., **Las que** eran insensatas..., TR)
	27:55	**las cuales** habían seguido a Jesús
	62	Al día siguiente, **que** es después de
Mr	4:20	**los que** oyen la palabra y la reciben,
	6:23	(1) **Todo lo que** me pidas te daré, (WH, ABMW)
	8:34	Si alguno quiere venir en pos de mí (V60, WH, N, ABMW, VHA, VM, BC, BA); (**El que** quiera..., NC, TR)
	9:1	**que** no gustarán la muerte
	12:18	los saduceos, **que** dicen que no hay
	15:7	**que** habían cometido homicidio
Lc	1:20	palabras, **las cuales** se cumplirán a su tiempo
	2:4	la ciudad de David, **que** se llama Belén.
	10	gran gozo, **que** será para todo el pueblo
	7:37	una mujer de la ciudad, **que** era pecadora,
	39	qué clase de mujer es **la que** le toca
	8:3	otras muchas **que** le servían de sus bienes
	15	éstos son **los que**...retienen la palabra
	26	**que** está en la ribera opuesta a Galilea
	43	**que** había gastado en médicos (TR, |ABMW|, VM, NC, BC, |BA|); (**que** no había podido ser curada, VHA, WH, N)
	9:30	**los cuales** eran Moisés y Elías
	10:35	(1) **todo lo que** gastes de más,
	42	**la cual** no le será quitada.

ὅστις 3748   591   3748 ὅστις

Lc	12:1	la levadura de los fariseos, **que** es			(...**tales** pues sois..., VM)
	50	(2) ¿cómo me angustio **hasta que** se cumpla! (WH, N, ABMW)	1 Co	5:1	**cual** ni aun...entre los gentiles
	13:8	(2) **hasta que** yo cave alrededor de ella,		6:20	**los cuales** son de Dios (TR, [VM], [BA])
	14:15	Bienaventurado el **que** coma pan en el reino de Dios (WH, N, ABMW)		7:13	si una mujer tiene marido (V60, ABMW, NC, BC); (la mujer **que** tiene marido, VHA, WH, N, VM, BA)
	27	el **que** no lleva su cruz		16:2	(1) **según** haya prosperado, guardándolo
	15:7	**que** no necesitan de arrepentimiento. (**que** no tienen necesidad..., VM)	2 Co	3:14	**el cual** por Cristo es quitado
				8:10	vosotros, **que** comenzasteis antes,
	8	(2) **hasta** encontrarla? (**hasta que** la halla?, BC)		9:11	**la cual** produce por medio de nosotros
			Gá	2:4	**que** entraban para espiar nuestra libertad
	22:16	(2) **hasta que** se cumpla en el reino de Dios.		4:24	**Lo cual** es una alegoría,
	18	(2) **hasta que** el reino de Dios venga. (TR)			éste es Agar (**el cual** es Agar, VHA)
	23:19	Este había sido echado (**el cual**..., VM)		26	**la cual** es madre de todos nosotros
	55	las mujeres **que** habían venido con él		5:4	**los que** por la ley os justificáis
Jn	2:5	(1) Haced **todo lo que** os dijere		10	(1) llevará la sentencia, **quienquiera que** sea.
	8:25	**Lo que** desde el principio os he dicho (lit., **lo que** por cierto desde el principio os estoy diciendo)		19	las obras de la carne, **que** son:
			Ef	1:23	**la cual** es su cuerpo,
				3:13	**las cuales** son vuestra gloria. (lit., **la que** es...)
	53	nuestro padre Abraham, **el cual** murió		4:19	**los cuales**,...se entregaron a la lascivia
	9:18	(2) **hasta que** llamaron a los padres		6:2	**que** es el primer mandamiento con
	14:13	(1) **todo lo que** pidiereis al Padre en mi	Fil	1:28	**que** para ellos ciertamente es indicio
	15:16	(1) para que **todo lo que** pidiereis al Padre		2:20	**que** tan sinceramente se interese
	21:25	**las cuales** si se escribieran una por una,		3:7	**cuantas cosas** eran para mí ganancia,
Hch	3:23	(1) toda alma **que** no oiga a aquel profeta		4:3	a éstas **que** combatieron juntamente
	5:16	todos eran sanados. (**los cuales** fueron sanados todos, VM)	Col	2:23	**Tales cosas** tienen a la verdad cierta reputación (**Las cuales**..., VM)
	7:53	vosotros **que** recibisteis la ley		3:5	avaricia, **que** es idolatría;
	8:15	**los cuales**, habiendo venido,		14	amor, **que** es el vínculo perfecto. (TR)
	9:6	se te dirá **lo que** debes hacer. (WH, N, ABMW)		17	(1, 3) **todo lo que** hacéis, sea de palabra
				23	(1, 3) **todo lo que** hagáis, hacedlo de corazón (TR)
	35	**los cuales** se convirtieron			
	10:41	a nosotros **que** comimos y bebimos con él		4:11	y han sido para mí un consuelo (**que** me han sido..., VM)
	47	éstos **que** han recibido el Espíritu Santo			
	11:20	**los cuales**, cuando entraron en Antioquía	2 Ts	1:9	**los cuales** sufrirán pena de eterna perdición,
	28	**la cual** sucedió en tiempo de Claudio	1 Ti	1:4	**que** acarrean disputas
	12:10	**la cual** se les abrió por sí misma		3:15	la casa de Dios, **que** es la iglesia
	13:31	**los cuales** ahora son sus testigos		6:9	**que** hunden a los hombres en destrucción
	43	**quienes** hablándoles, les persuadían	2 Ti	1:5	**la cual** habitó primero en tu abuela
	16:12	Filipos, **que** es la primera ciudad		2:2	**que** sean idóneos para enseñar
	16	**la cual** daba gran ganancia a sus amos,		18	**que** se desviaron de la verdad,
	17	**quienes** os anuncian el camino de salvación	Tit	1:11	**que** trastornan casas enteras
	17:10	Y **ellos**, habiendo llegado, entraron (**los cuales**..., VHA)	He	2:3	**La cual**, habiendo sido anunciada primeramente (lit., **la cual**, habiendo recibido principio de ser hablada)
	11	pues recibieron la palabra (lit., **los cuales**, recibieron...)			
	21:4	**ellos** decían a Pablo por el Espíritu, (lit., **los cuales**...)		8:5	**los cuales** sirven a lo que es figura
				6	establecido sobre mejores promesas (**que** ha sido establecido..., VM)
	23:14	**los cuales**...dijeron			
	21	**los cuales** se han juramentado bajo		9:2	llamada el Lugar Santo (**el cual** se llama..., VM)
	33	Cuando aquéllos llegaron a Cesarea, (lit., **los cuales**, habiendo llegado...)		9	**Lo cual** es símbolo para el tiempo presente,
	24:1	y comparecieron ante el gobernador (**los cuales** informaron..., VHA)		10:8	**las cuales cosas** se ofrecen según la ley
	28:18	**los cuales**...me querían soltar,		11	**que** nunca pueden quitar los pecados;
Ro	1:25	ya que cambiaron la verdad (**los cuales** cambiaron..., VM)		35	**que** tiene grande galardón
				12:5	la exhortación **que** como a hijos se os dirige,
	32	**quienes** habiendo entendido el juicio	Stg	13:7	**que** os hablaron la palabra de Dios;
	2:15	mostrando la obra de la ley (**los cuales** muestran..., VHA)		2:10	**cualquiera que** guardare toda la ley,
				4:14	cuando no sabéis lo que será (**vosotros que** no sabéis..., VM)
	6:2	**los que** hemos muerto al pecado,	1 P	2:11	los deseos carnales **que** batallan contra
	9:4	**que** son israelitas;	2 P	2:1	**que** introducirán encubiertamente herejías
	11:4	**que** no han doblado la rodilla delante de			
	16:4	**que** expusieron su vida (lit., **quienes** expusieron su propio cuello)	1 Jn	1:2	**la cual** estaba con el Padre
				3:20	(1) pues si nuestro corazón nos reprende (TR, VM, NC, BC); (si nuestro corazón nos condena **en cualquier cosa**, VHA, WH, N, ABMW, BA)
	6	María, **la cual** ha trabajado mucho			
	7	**los cuales** son muy estimados			
	12	**la cual** ha trabajado mucho			
1 Co	3:17	el templo de Dios, **el cual** sois vosotros,	Ap	1:7	**los que** le traspasaron;

Ap	1:12	la voz que hablaba conmigo	Mr	12:23	cuando resuciten, (TR, N, |ABMW|, VHA, NC, BC, BA)
	2:24	cuantos...no han conocido...las profundidades		25	cuando resuciten de los muertos,
	9:4	los hombres que no tuviesen el sello de Dios		13:4	cuando todas estas cosas hayan de
	11:8	la grande ciudad que en sentido espiritual		7	cuando oigáis de guerras y de rumores
	12:13	persiguió a la mujer que había dado a luz		11	cuando os trajeren para entregaros,
	17:8	La bestia que...era (TR, VHA, BC, BA); (la bestia, porque era, NC, WH, N, ABMW, VM)		14	cuando veáis la abominación
				28	Cuando ya su rama está tierna.
				29	cuando veáis que suceden estas cosas,
	12	diez reyes, que aún no han recibido reino		14:7	cuando queráis les podréis hacer bien;
	19:2	que ha corrompido a la tierra		25	hasta aquel día en que lo beba (...cuando lo beba, BA)
	20:4	los que no habían adorado a la bestia			
			Lc	5:35	cuando el esposo les será quitado
3749		ὀστράκινος — ostrákinos		6:22	cuando los hombres os aborrezcan, cuando os aparten de sí,
2 Co	4:7	tenemos este tesoro en vasos de barro		26	cuando todos los hombres hablen bien
2 Ti	2:20	sino también de madera y de barro		8:13	son los que habiendo oído (...cuando oyen, BA)
3750		ὄσφρησις* — ósfresis		9:26	cuando venga en su gloria
1 Co	12:17	¿dónde estaría el olfato?		11:2	Cuando oréis, decid:
				21	Cuando el hombre fuerte armado guarda
3751		ὀσφῦς — osfús		24	Cuando el espíritu inmundo sale del hombre
Mt	3:4	un cinto de cuero alrededor de sus lomos		34	cuando tu ojo es bueno
Mr	1:6	un cinto de cuero alrededor de sus lomos;		36	como cuando una lámpara te alumbra
Lc	12:35	Estén ceñidos vuestros lomos		12:11	Cuando os trajeren a las sinagogas,
Hch	2:30	le había jurado que de su descendencia (...que del fruto de sus lomos, VHA)		54	Cuando veis la nube que sale del poniente
				55	cuando sopla el viento del sur, (cuando veis que sopla..., BA)
Ef	6:14	ceñidos vuestros lomos con la verdad,		13:28	cuando veáis a Abraham, a Isaac,
He	7:5	aunque...hayan salido de los lomos		14:8	Cuando fueres convidado por alguno
	10	aun estaba en los lomos de su padre		10	cuando fueres convidado,...siéntate para que cuando venga el que te convidó
1 P	1:13	los lomos de vuestro entendimiento		12	Cuando hagas comida o cena,
3752		ὅταν — ótan (jótan)		13	Mas cuando hagas banquete, llama
Mt	5:11	cuando por mi causa os vituperen		16:4	cuando se me quite la mayordomía,
	6:2	Cuando, pues, des limosna, (cuando haces..., VM)		9	para que cuando éstas falten, (lit.,...falte)
				17:10	cuando hayáis hecho todo
	5	cuando ores, no seas como los hipócritas		21:7	cuando estas cosas estén para suceder?
	6	cuando ores, entra en tu aposento,		9	cuando oigáis de guerras y de sediciones
	16	Cuando ayunéis, no seáis austeros,		20	cuando viereis a Jerusalén rodeada
	9:15	cuando el esposo les será quitado		30	Cuando ya brotan,
	10:19	cuando os entreguen,		31	cuando veáis que suceden estas cosas
	23	Cuando os persigan en esta ciudad,		23:42	Acuérdate de mí cuando vengas en tu reino
	12:43	Cuando el espíritu inmundo sale	Jn	2:10	cuando ya han bebido mucho,
	13:32	pero cuando ha crecido,		4:25	cuando él venga nos declarará
	15:2	no se lavan las manos cuando comen pan		5:7	cuando se agita el agua
	19:28	cuando el Hijo del Hombre se siente		7:27	cuando venga el Cristo,
	21:40	Cuando venga, pues, el señor de la viña		31	El Cristo, cuando venga,
	23:15	una vez hecho, le hacéis dos veces (cuando ha sido hecho..., VM)		8:28	Cuando hayáis levantado al Hijo
				44	Cuando habla mentira, de suyo habla;
	24:15	cuando veáis en el lugar santo		9:5	Entre tanto que estoy en el mundo
	32	Cuando ya su rama está tierna,		10:4	cuando ha sacado fuera todas las propias,
	33	cuando veáis todas estas cosas		13:19	para que cuando suceda, creáis
	25:31	Cuando el Hijo del Hombre venga en su		14:29	para que cuando suceda, creáis
	26:29	hasta aquel día en que lo beba (...cuando lo bebe, BA)		15:26	cuando venga el Consolador,
Mr	2:20	cuando el esposo les será quitado,		16:4	cuando llegue la hora, (TR, VM, NC, BA); (...su hora, VHA, WH, N, ABMW, BC)
	3:11	los espíritus inmundos, al verle (...cuando le veían, VHA)		13	Pero cuando venga el Espíritu de verdad, (...aquél, el Espíritu de verdad, VHA)
	4:15	después que la oyen		21	La mujer cuando da a luz, tiene dolor después que ha dado a luz un niño,
	16	los que cuando han oído la palabra,		21:18	cuando ya seas viejo
	29	cuando el fruto está maduro,			
	31	cuando se siembra en tierra	Hch	23:35	Te oiré cuando vengan tus acusadores
	32	después de sembrado (cuando es sembrada, BA)		24:22	Cuando descendiere el tribuno Lisias,
	8:38	cuando venga en la gloria de su Padre	Ro	2:14	cuando los gentiles que no tienen ley,
	9:9	cuando el Hijo del Hombre		11:27	Cuando yo quite sus pecados
	11:19	al llegar la noche (cuando se hizo tarde, BC) (WH, N, ABMW)	1 Co	3:4	diciendo el uno (cuando uno dice, VHA)
	25	cuando estéis orando,		13:10	mas cuando venga lo perfecto

1 Co	14:26	**Cuando** os reunís, cada uno
	15:24	**cuando** entregue el reino al Dios
		cuando haya suprimido todo dominio,
	27	**cuando** dice que todas las cosas
	28	**luego que** todas las cosas le estén sujetas
	54	**cuando** esto corruptible se haya vestido
	16:2	para que **cuando** yo llegue
	3	**cuando** haya llegado,
	5	**cuando** haya pasado por Macedonia,
	12	irá **cuando** tenga oportunidad.
2 Co	10:6	**cuando** vuestra obediencia sea perfecta...
	12:10	**cuando** soy débil, entonces soy fuerte
	13:9	nos gozamos de que seamos nosotros débiles
		(nos regocijamos **cuando** nosotros somos débiles, BA)
Col	3:4	**Cuando** Cristo,...se manifieste,
	4:16	**Cuando** esta carta haya sido leída
1 Ts	5:3	**cuando** digan: Paz y seguridad,
2 Ts	1:10	**cuando** venga...para ser glorificado
1 Ti	5:11	**cuando**,...se rebelan contra Cristo (**cuando** han venido a ser lascivas contra Cristo, VM)
Tit	3:12	**Cuando** envíe a ti a Artemas
He	1:6	**cuando** introduce al Primogénito
Stg	1:2	**cuando** os halléis en diversas pruebas (**cuando** caigáis..., VHA)
1 Jn	2:28	para que **cuando** se manifieste, (TR, VM, NC, BC)
	5:2	**cuando** amamos a Dios,
Ap	4:9	siempre que aquellos seres vivientes dan
	8:1	**Cuando** abrió el séptimo sello, (WH, N, ABMW)
	9:5	como tormento de escorpión **cuando** hiere
	10:7	**cuando** él comience a tocar la trompeta, (**cuando** vaya a tocar, BC)
	11:7	**Cuando** hayan acabado su testimonio,
	12:4	a fin de devorar a su hijo **tan pronto como**
	17:10	**cuando** venga, es necesario que dure breve
	18:9	**cuando** vean el humo de su incendio,
	20:7	**Cuando** los mil años se cumplan,

3753		ὅτε — óte (jóte)
Mt	7:28	**cuando** terminó Jesús estas palabras,
	9:25	**cuando** la gente había sido echada fuera,
	11:1	**Cuando** Jesús terminó de dar instrucciones
	12:3	**cuando** él y los que con él estaban
	13:26	**cuando** salió la hierba
	48	una vez llena, (**cuando** se llenó, BA)
	53	**cuando** terminó Jesús estas parábolas
	17:25	al entrar él en casa, (V60, WH, N, ABMW); (**cuando** entró en la casa, VM, TR, VHA, NC, BC, BA)
	19:1	**cuando** Jesús terminó estas palabras
	21:1	**Cuando** se acercaron a Jerusalén
	34	**cuando** se acercó el tiempo de los frutos
	26:1	**Cuando** hubo acabado Jesús todas estas
	27:31	Después de haberle escarnecido, (Y **cuando** se hubieron burlado de él, VM)
Mr	1:32	**Cuando** llegó la noche, luego que el sol
	2:25	lo que hizo David **cuando** tuvo necesidad
	4:6	salido el sol (**cuando** salió el sol, VHA) (WH, N, ABMW)
	10	**Cuando** estuvo solo, los que estaban cerca
	6:21	**en que**..., la fiesta de su cumpleaños
	7:17	**Cuando** se alejó de la multitud
	8:19	**Cuando** partí los cinco panes
	20	Y **cuando** los siete panes
	11:1	**Cuando** se acercaban a Jerusalén.

Mr	11:19	al llegar la noche, (**cuando** se hizo tarde) (TR)
	14:12	**cuando** sacrificaban el cordero de la pascua
	15:20	Después de haberle escarnecido (**cuando** se hubieron burlado de él, VM)
	41	**cuando** él estaba en Galilea, le seguían
Lc	2:21	Cumplidos los ocho días (**Cuando** se cumplieron los ocho días, VHA)
	22	**cuando** se cumplieron los días
	42	**cuando** tuvo doce años, (**cuando** fue de doce años, BC)
	4:25	**cuando** el cielo fue cerrado
	6:3	lo que hizo David **cuando** tuvo hambre (WH, ABMW)
	13	**cuando** era de día,
	13:35	hasta que llegue **el tiempo en que** digáis (TR, N, |ABMW|, VM, BC, BA)
	15:30	Pero **cuando** vino este tu hijo,
	17:22	**cuando** desearéis ver uno de los días
	22:14	**Cuando** era la hora, se sentó a la mesa,
	35	**Cuando** os envié sin bolsa,
	23:33	**cuando** llegaron al lugar llamado
Jn	1:19	**cuando** los judíos enviaron (TR, VHA, BA); (...le enviaron, VM, WH, N, |ABMW|, NC, BC, BA)
	2:22	**cuando** resucitó de entre los muertos,
	4:21	la hora viene **cuando** ni en este monte
	23	**cuando** los verdaderos adoradores adorarán
	45	**Cuando** vino a Galilea,
	5:25	**cuando** los muertos oirán la voz
	6:24	**Cuando**, vio, pues, la gente
	9:4	**cuando** nadie puede trabajar
	14	**cuando** Jesús había hecho el lodo, (TR, VHA, VM, BA)
	12:16	pero **cuando** Jesús fue glorificado
	17	**cuando** llamó a Lázaro del sepulcro
	41	**cuando** vio su gloria (TR, VM, BC)
	13:12	**después que** les hubo lavado los pies
	31	**cuando** hubo salido, dijo Jesús:
	16:25	!a hora viene **cuando** ya no os hablaré
	17:12	**Cuando** estaba con ellos
	19:6	**Cuando** le vieron los principales sacerdotes
	8	**Cuando** Pilato oyó decir
	23	**Cuando** los soldados hubieron crucificado
	30	**Cuando** Jesús hubo tomado el vinagre,
	20:24	no estaba con ellos **cuando** Jesús vino.
	21:15	**Cuando** hubieron comido,
	18	**Cuando** eras más joven
Hch	1:13	entrados, subieron al aposento alto (**cuando** hubieron llegado subieron..., VM)
	8:12	**cuando** creyeron a Felipe,
	39	**Cuando** subieron del agua,
	11:2	**cuando** Pedro subió a Jerusalén,
	12:6	**cuando** Herodes le iba a sacar,
	21:5	Cumplidos aquellos días (lit., **cuando** habíamos completado los días)
	35	Al llegar a las gradas (**cuando** llegó a las gradas, BA)
	22:20	**cuando** se derramaba la sangre de Esteban
	27:39	**Cuando** se hizo de día,
	28:16	**Cuando** llegamos a Roma,
Ro	2:16	en el día **en que** Dios juzgará (TR)
	6:20	**cuando** erais esclavos del pecado,
	7:5	mientras estábamos en la carne,
	13:11	que **cuando** creímos.
1 Co	12:2	Sabéis que **cuando** erais gentiles (V60, WH, N, ABMW, VHA, VM, NC, BC, BA); (lit., Sabéis que erais gentiles, TR)

οὗ 3757   594   3759 οὐαί

1 Co	13:11	**Cuando** yo era niño, hablaba como niño, **cuando** ya fui hombre, (**cuando** me he hecho hombre, BC)
Gá	1:15	**cuando** agradó a Dios,
	2:11	**cuando** Pedro vino a Antioquía, (TR); (...Cefas..., VHA, WH, N, ABMW, VM, NC, BC, BA)
	12	**después** que vinieron, se retraía
	14	**cuando** vi que no andaban rectamente
	4:3	**cuando** éramos niños
	4	**cuando** vino el cumplimiento del tiempo,
Fil	4:15	**cuando** partí de Macedonia,
Col	3:7	en otro tiempo **cuando** vivíais en ellas
1 Ts	3:4	también estando con vosotros, (**cuando** estábamos con vosotros, BA)
2 Ts	3:10	**cuando** estábamos con vosotros,
2 Ti	4:3	**cuando** no sufrirán la sana doctrina
Tit	3:4	**cuando** se manifestó la bondad de Dios
He	7:10	**cuando** Melquisedec le salió al encuentro
	9:17	entre **tanto** que el testador vive
1 P	3:20	**cuando** una vez esperaba la paciencia (TR); (**cuando** esperaba la larga paciencia, VM, WH, N, ABMW, VHA, NC, BC, BA)
Jud	9	**cuando** el arcángel Miguel contendía
Ap	1:17	**Cuando** le vi, caí como muerto
	5:8	**cuando** hubo tomado el libro,
	6:1	Vi **cuando** el Cordero abrió uno
	3	**Cuando** abrió el segundo sello,
	5	**Cuando** abrió el tercer sello,
	7	**Cuando** abrió el cuarto sello,
	9	**Cuando** abrió el quinto sello,
	12	Miré **cuando** abrió el sexto sello,
	8:1	**Cuando** abrió el séptimo sello, (TR)
	10:3	**cuando** hubo clamado,
	4	**Cuando** los siete truenos hubieron emitido
	10	pero **cuando** lo hube comido,
	12:13	**cuando** vio el dragón
	22:8	**después que** las hube oído y visto,

3756 Véase despues de 3757

3757 οὗ – óu (jóu)

Mt	2:9	se detuvo sobre **donde** estaba el niño
	18:20	**donde** están dos o tres congregados
	28:16	al monte **donde** Jesús les había ordenado
Lc	4:16	Vino a Nazaret, **donde** se había criado
	17	halló el lugar **donde** estaba escrito:
	10:1	a toda ciudad y lugar **adonde** él había de ir
	22:10	seguidle hasta la casa **donde** entrare, (TR, VM, BA)
	23:53	en el cual aún no se había puesto a nadie (**donde** nadie había sido puesto aún, VHA)
	24:28	a la aldea **adonde** iban,
Jn	11:41	de **donde** había sido puesto el muerto (TR, VM)
Hch	1:13	**donde** moraban (**donde** estaban hospedados, BA)
	2:2	llenó toda la casa **donde** estaban sentados;
	7:29	Madián, **donde** engendró dos hijos.
	12:12	**donde** muchos estaban reunidos
	16:13	**donde** solía hacerse la oración (TR);(**donde** suponíamos que habría un lugar de oración, VHA, N, ABMW, VM, NC, BC, BA)
	20:6	**donde** nos quedamos siete días. (TR, WH, ABMW)
	8	en el aposento alto **donde** estaban reunidos
	25:10	**donde** debo ser juzgado.
	28:14	**donde** habiendo hallado hermanos,
Ro	4:15	**donde** no hay ley, tampoco hay
	5:20	cuando el pecado abundó, (**donde** el pecado..., VHA)
	9:26	en el lugar **donde** se les dijo:
1 Co	16:6	a **donde** haya de ir.
2 Co	3:17	**donde** está el Espíritu del Señor,
Col	3:1	**donde** está Cristo sentado a la diestra
He	3:9	**Donde** me tentaron vuestros padres
Ap	17:15	Las aguas...**donde** la ramera se sienta

3756 οὔ – óu

Mt	5:37	sea vuestro hablar: Sí, sí; **no, no**
	13:29	El les dijo: **No,**
	22:17	¿Es lícito dar tributo a César, o **no**?
Mr	12:14	¿Es lícito dar tributo a César, o **no**?
Lc	14:3	¿Es lícito sanar en el día de reposo? (TR) (...en el día del reposo, o **no**?, VHA)
	20:22	¿Nos es lícito dar tributo a César, o **no**?
Jn	1:21	¿Eres tú el profeta? Y respondió: **No**
	7:12	**No**, sino que engaña al pueblo.
	21:5	Le respondieron: **No.**
Ro	7:18	pero **no** el hacerlo (mas el poner por obra lo bueno, **no**, BC) (WH, N, ABMW, VHA, VM, NC, BA); (lit., mas el efectuar lo bueno, no lo encuentro, TR)
2 Co	1:17	para que haya en mí Sí y **No**? (...el Sí, sí, y el **No, no**?, VHA)
	18	nuestra palabra a vosotros no es Sí y **No**
	19	no ha sido Sí y **No**;
Stg	5:12	sino que vuestro sí sea sí, y vuestro **no** sea **no**

3757 Véase antes de 3756

3758 οὐά*† – ouá

Mr	15:29	diciendo: ¡Bah! tú que derribas el templo

3759 οὐαί† – ouái

Mt	11:21	¡**Ay** de ti, Corazín! ¡**Ay** de ti, Betsaida!
	18:7	¡**Ay** del mundo por los tropiezos! ¡**ay** de aquel hombre por quien viene
	23:13 (14)	¡**ay** de vosotros, escribas y fariseos, (TR, VM, BA)
	14 (13)	¡**Ay** de vosotros, escribas y fariseos,
	15	¡**Ay** de vosotros, escribas y fariseos,
	16	¡**Ay** de vosotros, guías ciegos!
	23	¡**Ay** de vosotros, escribas y fariseos,
	25	¡**Ay** de vosotros; escribas y fariseos,
	27	¡**Ay** de vosotros, escribas y fariseos,
	29	¡**Ay** de vosotros, escribas y fariseos,
	24:19	¡**ay** de las que estén encintas,
	26:24	¡**ay** de aquel hombre por quien
Mr	13:17	¡**ay** de las que estén encintas,
	14:21	¡**ay** de aquel hombre por quien
Lc	6:24	¡**ay** de vosotros, ricos!
	25	¡**Ay** de vosotros, los que ahora estáis saciados
		¡**Ay** de vosotros, los que ahora reís!
	26	¡**Ay** de vosotros, cuando todos los hombres
	10:13	¡**Ay** de ti, Corazín! ¡**Ay** de ti, Betsaida!
	11:42	¡**ay** de vosotros, fariseos! que diezmáis
	43	¡**Ay** de vosotros, fariseos! que amáis
	44	¡**Ay** de vosotros,...que sois como sepulcros
	46	¡**Ay** de vosotros también, intérpretes de la ley!
	47	¡**Ay** de vosotros, que edificáis
	52	¡**Ay** de vosotros, intérpretes de la ley!
	17:1	¡**ay** de aquel por quien vienen!
	21:23	¡**ay** de las que estén encintas,
	22:22	¡**ay** de aquel hombre por quien
1 Co	9:16	¡**ay** de mí si no anunciare el evangelio!

		(lit., existe un ay para mí si...)	Lc	7:9	ni aun en Israel he hallado tanta fe
Jud	11	¡Ay de ellos! porque han seguido		8:17	ni escondido, que no haya de ser conocido
Ap	8:13	¡Ay, ay, ay, de los que moran en la tierra,		11:33	ni debajo del almud, sino en el candelero,
	9:12	El primer ay pasó; he aquí, vienen aún dos ayes		12:24	ni siembran, ni siegan; (TR, WH, ABMW) que ni tienen despensa, ni granero (lit., para
	11:14	El segundo ay pasó; he aquí, el tercer ay			quienes no hay...)
	12:12	¡Ay de los moradores de la tierra (TR); (ay de la tierra, VM, WH, N, ABMW, VHA, NC, BC, BA)		26	si no podéis ni aun lo que es menos,
				27	no trabajan, ni hilan; (TR, WH, ABMW, VM, NC, BC, BA)
	18:10	¡Ay, ay, de la gran ciudad de Babilonia,			ni aun Salomón con toda su gloria
	16	¡Ay, ay, de la gran ciudad,		33	ni polilla destruye.
	19	¡Ay, ay de la gran ciudad,		16:31	tampoco se persuadirán aunque alguno
				17:21	ni dirán: Helo aquí, o helo allí;
3760		οὐδαμῶς ** — oudamós		18:4	ni tengo respeto a hombre, (WH, N, ABMW)
Mt	2:6	No eres la más pequeña entre los príncipes (de ningún modo..., VHA)		13	no quería ni aun alzar los ojos al cielo,
				20:8	Yo tampoco os diré con qué autoridad
				36	no pueden ya más morir, (WH, N, ABMW)
3761		οὐδέ — oudé		21:15	ni contradecir todos los que se opongan (TR)
Mt	5:15	Ni se enciende una luz		23:15	ni aun Herodes, porque os remitió a él
	6:15	tampoco vuestro Padre os perdonará		40	¿Ni aun temes tú a Dios,
	20	donde ladrones no minan ni hurtan	Jn	1:3	nada de lo que ha sido hecho fue hecho
	26	no siembran, ni siegan, ni recogen			(ni una sola cosa..., VM) (TR, N, VHA, NC, BC, BA); (lit., ni una sola cosa fue hecha. Lo que ha sido hecho, WH, ABMW)
	28	no trabajan ni hilan			
	29	ni aun Salomón con toda su gloria se vistió			
	7:18	ni el árbol malo dar frutos buenos.		13	ni de voluntad de carne, ni de voluntad de varón,
	8:10	ni aun en Israel he hallado tanta fe. (TR)			
	9:17	Ni echan vino nuevo en odres viejos;		25	ni Elías, ni el profeta? (WH, N, ABMW)
	10:24	ni el siervo más que su señor		5:22	el Padre a nadie juzga, (el Padre ni aun juzga..., VHA)
	11:27	ni al Padre conoce alguno			
	12:4	ni a él ni a los que con él estaban,		6:24	que Jesús no estaba allí, ni sus discípulos,
	19	ni voceará, Ni nadie oirá en las calles su voz		7:5	ni aun sus hermanos creían en él.
	13:13	oyendo no oyen, ni entienden		8:11	[Ni yo te condeno;]
	16:9	ni os acordáis de los cinco panes		42	pues no he venido de mí mismo,
	10	¿Ni de los siete panes entre cuatro mil,		11:50	ni pensáis que nos conviene
	21:27	Tampoco yo os digo con qué autoridad		13:16	ni el enviado es mayor que su señor
	32	vosotros, viendo esto, no os arrepentisteis (WH, N, ABMW)		14:17	porque no le ve, ni le conoce
				15:4	así tampoco vosotros, si no permanecéis en
	22:46	ni osó alguno desde aquel día preguntarle		16:3	no conocen al Padre ni a mí.
	23:14	(13) ni dejáis entrar		21:25	pienso que ni aun en el mundo cabrían
	24:21	ni la habrá. (ni la habrá jamás, VHA)	Hch	2:27	Ni permitirás que tu Santo vea (lit., ni darás...)
	36	ni aun los ángeles (TR); (ni los ángeles...ni el Hijo, VHA, WH, N, ABMW, VHA, VM, NC, BC, BA)			
				31	ni su carne vio corrupción. (TR)
	25:13	no sabéis el día ni la hora		4:12	no hay otro nombre bajo el cielo, (WH, N, ABMW)
	45	tampoco a mí lo hicisteis			
	27:14	no le respondió ni una palabra		32	ninguno decía ser suyo propio nada ((...propia suya cosa alguna, BC)
Mr	4:22	ni escondido, (ni algo ha estado en secreto, BA)			
				34	no había entre ellos ningún necesitado (Tampoco había entre ellos menesteroso alguno, BC)
	5:3	ni aun cadenas. (TR, VHA, VM, NC); (ni siquiera con una cadena, BA, WH, ABMW, BC)			
				7:5	ni aun para asentar un pie; (ni aun la huella de un pie, VM)
	6:31	ni aun tenían tiempo para comer.			
	8:17	¿No entendéis ni comprendéis?		8:21	parte ni suerte en este asunto,
	11:26	tampoco vuestro Padre que está en los cielos (TR, VM, NC, BC, [BA])		9:9	no comió ni bebió
				16:21	no nos es lícito recibir ni hacer,
	33	Tampoco yo os digo con qué autoridad		17:25	ni es honrado por manos de hombres,
	12:10	¿Ni aun esta escritura habéis leído		19:2	Ni siquiera hemos oído si hay Espíritu Santo
	21	tampoco dejó descendencia; (TR)		20:24	ni estimo preciosa mi vida para mí (TR, VM, BC)
	13:32	ni aún los ángeles...ni el Hijo			
	14:59	ni aun así concordaban en el testimonio. (...era concorde..., NC)		24:13	ni...pueden probar (WH, N, ABMW)
				18	no con multitud ni con alboroto.
	68	ni sé lo que dices. (TR)	Ro	2:28	ni la circuncisión la que se hace
	16:13	[ni aun a ellos creyeron]		3:10	No hay justo, ni aun uno
Lc	6:3	¿Ni aun esto habéis leído,		4:15	tampoco hay transgresión.
	43	ni árbol malo el que da buen fruto		8:7	ni puede
	44	ni de las zarzas se vendimian uvas. (ni de una zarza..., VHA)		9:7	ni por ser descendientes de Abraham, (ni por ser simiente..., VHA)
	7:7	ni aun me tuve por digno de venir a ti;		16	ni del que corre,

Ro	11:21	a ti **tampoco** te perdonará.	Mt	21:19	no halló **nada** en ella, sino hojas
1 Co	2:6	**ni** de los príncipes de este siglo,		22:16	que no te cuidas de **nadie**, (lit., que no te importa de **nadie**)
	3:2	**ni** sois capaces todavía, (WH, N, ABMW)			
	4:3	**ni aun** yo me juzgo a mí mismo		46	**nadie** le podía responder palabra
	5:1	**ni aun** se nombra entre los gentiles (TR); (no la hay **ni aun**..., VHA, WH, N, ABMW, VM, NC, BC, BA)		23:16	jura por el templo, no es **nada**;
				18	jura por el altar, no es **nada**
				24:36	**nadie** sabe, ni aun los ángeles
	6:5	sabio, **ni aun** uno, que pueda juzgar (TR)		26:62	¿No respondes **nada**?
	11:14	La naturaleza misma ¿**no** os enseña		27:12	siendo acusado...**nada** respondió.
	16	no tenemos tal costumbre, **ni** las iglesias		24	Viendo Pilato que **nada** adelantaba,
	14:21	**ni aun** así me oirán, dice el Señor.	Mr	2:21	**Nadie** pone remiendo de paño nuevo
	15:13	**tampoco** Cristo resucitó		22	**nadie** echa vino nuevo en odres viejos;
	16	**tampoco** Cristo resucitó		3:27	**Ninguno** puede...saquear sus bienes
	50	**ni** la corrupción hereda la incorrupción		5:3	**nadie** podía atarle,
2 Co	3:10	**no** es glorioso en este respecto, (TR)		4	**nadie** le podía dominar.
	7:12	**ni** por causa del que lo padeció		37	no permitió que le siguiese **nadie**
Gá	1:1	no de hombres **ni** por hombre		6:5	no pudo hacer allí **ningún** milagro
	12	yo **ni** lo recibí...de hombre		7:12	no le dejáis hacer más por su padre (...**nada** más..., VM)
	17	**ni** subí a Jerusalén			
	2:3	**ni aun** Tito, que estaba conmigo		15	**Nada** hay fuera del hombre que entre en él
	5	a los cuales **ni** por un momento accedimos		24	no quiso que **nadie** lo supiese
	3:28	Ya no hay judío **ni** griego; no hay esclavo **ni** libre		9:8	no vieron más a **nadie** consigo,
				29	Este género con **nada** puede salir,
	4:14	no me despreciasteis **ni** desechasteis		39	porque **ninguno** hay que haga milagro
	6:13	**ni aun** los mismos que se circuncidan		10:18	**Ninguno** hay bueno, sino sólo uno, Dios
Fil	2:16	**ni** en vano he trabajado		29	no hay **ninguno** que haya dejado casa
1 Ts	2:3	**ni** de impureza, **ni** fue por engaño,		11:2	en el cual **ningún** hombre ha montado (lit.,...**ninguno** de los hombres...)
	5:5	no somos de la noche **ni** de las tinieblas			
2 Ts	3:8	**ni** comimos de balde el pan		13	**nada** halló sino hojas,
1 Ti	2:12	**ni** ejercer dominio sobre el hombre		12:14	que no te cuidas de **nadie** (lit., que no te importa de **nadie**)
	6:7	nada podremos sacar. (nada **tampoco** podemos sacar, VHA)			
				34	ya **ninguno** osaba preguntarle.
	16	**ni** puede ver,		13:32	Pero de aquel día y de la hora **nadie** sabe
He	8:4	**ni** siquiera sería sacerdote,		14:60	¿No respondes **nada**?
	9:12	**no** por sangre de machos cabríos		61	el callaba, y **nada** respondía
	18	**ni aun** el primer pacto fue instituido		15:4	¿**Nada** respondes?
	25	**y no** para ofrecerse muchas veces,		5	Jesús ni aun con eso respondió (Jesús ya no le respondió **nada**, VHA)
	10:8	no quisiste, **ni** te agradaron			
	13:5	**ni** te dajaré; (lit., ni de ninguna manera...)		16:8	ni decían **nada a nadie**,
1 P	2:22	**ni** se halló engaño en su boca;	Lc	1:61	No hay **nadie** en tu parentela que se llame
2 P	1:8	**ni** sin fruto en cuanto al conocimiento		4:2	no comió **nada** en aquellos días,
1 Jn	2:23	**tampoco** tiene al Padre		24	**ningún** profeta es acepto en su propia tierra
	3:6	no le ha visto, **ni** le ha conocido		26	a **ninguna** de ellas fue enviado Elías
Ap	5:3	**ni** en la tierra **ni** debajo de la tierra,		27	**ninguno** de ellos fue limpiado,
	7:16	ya no tendrán hambre, **ni** sed (...**ni** tendrán ya más sed, VM)		5:5	**nada** hemos pescado
				36	**Nadie**...lo pone en un vestido viejo
		el sol **no** caerá más sobre ellos, **ni** calor		37	**nadie** echa vino nuevo en odres viejos
	9:4	**ni** a cosa verde alguna, **ni** a ningún árbol		39	**ninguno** que beba del añejo
	20	**ni aun** así se arrepintieron (N, ABMW)		7:28	no hay mayor profeta que Juan (TR, NC, BC) (lit., **ningún** profeta...); (**ninguno** hay mayor que Juan, VHA, WH, N, ABMW, VM, BA)
	12:8	**ni** se halló y lugar (WH, N, ABMW)			
	20:4	**ni** a su imagen, (WH, N, ABMW)			
	21:23	no tiene necesidad de sol **ni** de luna			
				8:16	**Nadie** que enciende una luz la cubre
3762		οὐδείς – oudéis		43	por **ninguno** había podido ser curada,
Mt	5:13	No sirve más para **nada**		51	no dejó entrar **a nadie** (TR)
	6:24	**Ninguno** puede servir a dos señores		9:36	no dijeron **nada a nadie**
	8:10	ni aun en Israel he hallado (TR, VM); (en **ninguno** de Israel he hallado, VHA, WH, N, ABMW, NC, BC, BA)		62	**Ninguno** que poniendo su mano en el arado
				10:19	**nada** os dañará.
				22	**nadie** conoce quién es el Hijo sino el Padre
	9:16	**Nadie** pone remiendo de paño nuevo		11:33	**Nadie** pone en oculto la luz encendida (**Nadie** que haya encendido una lámpara, la pone..., VHA)
	10:26	**nada** hay encubierto, que no haya de			
	11:27	**nadie** conoce al Hijo, sino el Padre,			
	13:34	sin parábolas no les hablaba (sin parábola..., VM) (TR, BA) (sin parábola **nada** les hablaba, VHA, NC, N, ABMW, WN, BC)		12:2	**nada** hay encubierto,
				14:24	**ninguno** de aquellos hombres
				15:16	nadie le daba.
	17:8	a **nadie** vieron sino a Jesús solo.		16:13	**Ningún** siervo puede servir a dos señores
	20	**nada** os será imposible.		18:19	**Ninguno** hay bueno, sino sólo Dios
	19:17	**Ninguno** hay bueno sino uno; (TR, VM)		29	no hay **nadie** que haya dejado casa
	20:7	**nadie** nos ha contratado.		34	ellos **nada** comprendieron de estas cosas

Lc	19:30	en el cual ningún hombre ha montado (lit.,...ninguno de los hombres)		Hch	5:13	ninguno se atrevía a juntarse con ellos
	20:40	no osaron preguntarle nada más			23	cuando abrimos, a nadie hallamos
	22:35	¿os faltó algo? Ellos dijeron: Nada (TR)			36	fueron...reducidos a nada. (vinieron a nada, VM)
	23:4	Ningún delito hallo en este hombre.			8:16	aún no había descendido sobre ninguno de ellos,
	9	pero él nada le respondió				
	14	no he hallado...delito alguno (TR)			9:8	no veía a nadie; (TR); (...nada, BA, WH, N, ABMW, VHA, VM, NC, BC, BA)
	15	he aquí, nada digno de muerte				
	22	Ningún delito digno de muerte he hallado			15:9	ninguna diferencia hizo (TR)
	41	mas éste ningún mal hizo			17:21	en ninguna otra cosa se interesaban (...se ocupaban, BC)
	53	aún no se había puesto a nadie.				
Jn	1:18	A Dios nadie le vio jamás;			18:10	ninguno pondrá sobre ti la mano
	3:2	nadie puede hacer estas señales			17	a Galión nada se le daba de ello. (lit.,...de estas cosas)
	13	Nadie subió al cielo,				
	27	No puede el hombre recibir nada			19:27	Diana, sea estimado en nada, (TR)
	32	nadie recibe su testimonio			20:20	cómo nada que fuese útil he rehuido
	4:27	ninguno dijo: ¿Qué preguntas? (...¿Qué buscas? VM)			24	de ninguna cosa hago caso, ni estimo preciosa mi vida (TR, VM, BC); (lit., de ninguna cosa hago mi vida preciosa para mí, WH, N, ABMW, VHA, NC, BA)
	5:19	No puede el Hijo hacer nada por sí				
	22	el Padre a nadie juzga,				
	30	No puedo yo hacer nada por mí mismo			33	ni vestido de nadie he codiciado.
	6:44	Ninguno puede venir a mí,			21:24	comprenderán que no hay nada
	63	la carne para nada aprovecha;			23:9	Ningún mal hallamos en este hombre;
	65	ninguno puede venir a mí,			25:10	no les he hecho ningún agravio,
	7:4	ninguno...hace algo en secreto			11	si nada hay de las cosas de que éstos nadie puede entregarme a ellos.
	13	ninguno hablaba abiertamente de él				
	19	y ninguno de vosotros cumple la ley?			18	ningún cargo presentaron
	26	habla públicamente, y no le dicen nada			26:22	no diciendo nada fuera de las cosas
	27	nadie sabrá de dónde sea.			26	no pienso que ignora nada de esto; (TR)
	30	ninguno le echó mano			31	Ninguna cosa digna ni de muerte
	44	ninguno le echó mano			27:22	no habrá ninguna pérdida de vida
	8:10	[¿Ninguno te condenó?]			34	ni aun un cabello de la cabeza de ninguno
	11	[Ella dijo: Ninguno, Señor]			28:5	ningún daño padeció
	15	yo no juzgo a nadie.			17	no habiendo hecho nada contra el pueblo,
	20	y nadie le prendió,		Ro	8:1	Ahora, pues, ninguna condenación hay
	28	que nada hago por mí mismo			14:7	ninguno de nosotros vive para sí
	33	jamás hemos sido esclavos de nadie				ninguno muere para sí
	54	mi gloria nada es			14	confío...que nada es inmundo
	9:4	cuando nadie puede trabajar.		1 Co	1:14	ninguno de vosotros he bautizado
	33	Si éste no viniera de Dios, nada podría			2:8	la que ninguno de los príncipes de este siglo
	10:18	Nadie me la quita,			11	nadie conoció las cosas de Dios,
	29	nadie las puede arrebatar			3:11	nadie puede poner otro fundamento
	41	Juan,...ninguna señal hizo			4:4	de nada tengo mala conciencia,
	11:49	Vosotros no sabéis nada			6:5	entre vosotros sabio, ni aun uno (TR); (...ningún hombre sabio, VM, WH, N, ABMW, VHA, NC, BC, BA)
	12:19	Ya veis que no conseguís nada				
	13:28	ninguno de los que estaban a la mesa				
	14:6	nadie viene al Padre, sino por mí.			7:19	La circuncisión nada es, la incircuncisión nada es
	30	él nada tiene en mí				
	15:5	separados de mí nada podéis hacer.			8:2	aún no sabe nada como debe saberlo. (TR, VHA, VM)
	13	Nadie tiene mayor amor que éste,				
	24	obras que ningún otro ha hecho			4	sabemos que un ídolo nada es no hay más que un Dios. (lit., no hay ningún Dios sino uno)
	16:5	ninguno de vosotros me pregunta				
	22	nadie os quitará vuestro gozo				
	23	En aquel día no me preguntaréis nada			9:15	de nada de esto me he aprovechado, (lit., de nada de estas cosas...) antes que nadie desvanezca esta mi gloria. (TR, VM, NC, BA); (mi gloria nadie la anulará BC, WH, N, ABMW, VHA)
	24	Hasta ahora nada habéis pedido en mi				
	29	ninguna alegoría d ces.				
	17:12	ninguno de ellos se perdió,				
	18:9	De los que me diste, no perdí ninguno				
	20	nada he hablado en oculto			12:3	nadie que hable por el Espíritu nadie puede llamar a Jesús Señor
	31	no nos está permitido dar muerte a nadie; (no nos es lícito..., VHA)				
	38	Yo no hallo en él ningún delito			13:2	no tengo amor, nada soy. (E)
	19:4	ningún delito hallo en él.			3	y no tengo amor, de nada me sirve.
	11	Ninguna autoridad tendrías contra mí			14:2	nadie le entiende,
	41	en el cual aún no había sido puesto ninguno			10	ninguno...carece de significado
	21:3	aquella noche no pescaron nada		2 Co	5:16	de aquí en adelante a nadie conocemos
	12	ninguno de los discípulos se atrevía			7:2	a nadie hemos agraviado, a nadie a nadie hemos engañado.
Hch	4:12	en ningún otro hay salvación				
	14	no podían decir nada en contra.			5	ningún reposo tuvo nuestro cuerpo,

	(...nuestra carne, VM)	Hch	14:8	cojo...que **jamás** había andado
2 Co 11:9	**a ninguno** fui carga, (TR)	1 Co	13:8	El amor **nunca** deja de ser
12:11	en **nada** he sido menos que	He	10:1	**nunca** pude, por los mismos sacrificios
	aunque **nada** soy		11	que **nunca** pueden quitar los pecados
Gá 2:6	**nada** me importa			
	los de reputación **nada** nuevo me	**3764**		οὐδέπω — oudépo
3:11	por la ley **ninguno** se justifica			
15	**nadie** lo invalida, ni le añade	Lc	23:53	**aún no** se había puesto a nadie. (TR)
4:1	en **nada** difiere del esclavo,	Jn	7:39	Jesús **no** había sido **aún** glorificado (TR,
12	**Ningún** agravio me habéis hecho.			N, ABMW)
5:2	de **nada** os aprovechará Cristo		19:41	en el cual **aún no** había sido puesto ninguno
10	que no pensaréis de otro modo (lit.,		20:9	**aún no** habían entendido la Escritura,
	ninguna otra cosa)	Hch	8:16	**aún no** había descendido sobre ninguno
Ef 5:29	**nadie** aborreció jamás a su propia carne,			(WH, N, ABMW)
Fil 1:20	de que en **nada** seré avergonzado	1 Co	8:2	**aún no** sabe nada (TR, VHA, VM)
2:20	**a ninguno** tengo del mismo ánimo,			
4:15	**ninguna** iglesia participó conmigo	**3762 A**		οὐθείς — outhéis
1 Ti 4:4	**nada** es de desecharse,	Lc	22:35	Ellos dijeron: **Nada**. (WH, N, ABMW)
6:7	**nada** hemos traído a este mundo,		23:14	no he hallado en este hombre delito **alguno**
16	a quien **ninguno** de los hombres ha visto			(WH, N, ABMW)
2 Ti 2:4	**Ninguno** que milita se enreda	Hch	15:9	**ninguna** diferencia hizo (WH, N, ABMW)
14	lo cual para **nada** aprovecha, (lit.,...es		19:27	sea estimado en **nada**, (WH, N, ABMW)
	provechoso)		26:26	no pienso que ignora **nada** de esto;
4:16	**ninguno** estuvo a mi lado,			(WH, N, ABMW)
Tit 1:15	**nada** les es puro;	1 Co	13:2	no tengo amor, **nada** soy. (S, WH, N,
Flm 14	**nada** quise hacer sin tu consentimiento			ABMW)
He 2:8	**nada** dejó que no sea sujeto a él;	2 Co	11:9	**a ninguno** fui carga, (WH, N, ABMW)
6:13	**no** pudiendo jurar por **otro** mayor,			
	(como no tenía **ninguno** mayor por	**3765**		οὐκέτι — oukéti
	quien jurar, NC)	Mt	19:6	Así que **no** son **ya más** dos,
7:13	de la cual **nadie** sirvió al altar.		22:46	ni osó alguno desde aquel día...**más**
14	de la cual **nada** habló Moisés	Mr	5:3	nadie podía atarle, (TR, VM, NC); (ni...
19	**nada** perfeccionó la ley			podía **ya** nadie atarle, BC, WH, N, ABMW,
12:14	sin la cual **nadie** verá al Señor			VHA, BA)
Stg 1:13	ni él tienta **a nadie**		7:12	**no** le dejáis hacer **más** (...nada **más**..., VM)
3:8	**ningún** hombre puede domar la lengua,		9:8	**no** vieron **más** a nadie
	(**ninguno** de los hombres..., BC)		10:8	así que **no** son **ya más** dos,
12	**ninguna** fuente puede dar agua salada		12:34	**ya ninguno** osaba preguntarle. (nadie se
	(TR, NC)			atrevió **ya más**..., NC)
1 Jn 1:5	no hay **ningunas** tinieblas en él		14:25	**no** beberé **más** del fruto de la vid,
4:12	**Nadie** ha visto jamás a Dios,		15:5	ni aun con eso respondió; (**ya no** le
Ap 2:17	el cual **ninguno** conoce sino aquel			respondió nada, VHA)
3:7	el que abre y **ninguno** cierra,	Lc	15:19	**Ya no** soy digno de ser llamado tu hijo
	y cierra y **ninguno** abre		21	**ya no** soy digno de ser llamado tu hijo
8	la cual **nadie** puede cerrar;		20:40	**no** osaron preguntarle nada **más**
17	de **ninguna** cosa tengo necesidad		22:16	**no** la comeré **más**, (TR, VM)
5:3	**ninguno**, ni en el cielo ni en la tierra	Jn	4:42	**Ya no** creemos solamente por tu dicho,
4	no se había hallado a **ninguno** digno		6:66	**ya no** andaban con él.
7:9	la cual **nadie** podía contar,		11:54	Jesús **ya no** andaba abiertamente
14:3	**nadie** podía aprender el cántico		14:19	el mundo **no** me verá **más**
15:8	**nadie** podía entrar en el templo		30	**No** hablaré **ya** mucho con vosotros;
18:11	**ninguno** compra más sus mercaderías;		15:15	**Ya no** os llamaré siervos,
	(su cargamento..., BC)		16:10	voy al Padre, y **no** me veréis **más**;
19:12	**ninguno** conocía sino él mismo		16	no me veréis; (TR); (**ya no** me veréis, NC,
3762A	Vease despues de 3764			WH, N, ABMW, VHA, VM, BC, BA)
3763	οὐδέποτε — oudépote		21	**no** se acuerda de la angustia,
Mt 7:23	**Nunca** os conocí		25	**ya no** os hablaré por alegorías,
9:33	**Nunca** se ha visto cosa semejante en Israel.		17:11	**ya no** estoy en el mundo
21:16	¿**nunca** leísteis: De la boca de los niños		21:6	y **ya no** la podían sacar,
42	¿**Nunca** leísteis en las Escrituras	Hch	8:39	el eunuco **no** le vio **más**
26:33	yo **nunca** me escandalizaré		20:25	ninguno de todos vosotros...verá más
Mr 2:12	**Nunca** hemos visto tal cosa			(vosotros todos...**no** veréis **más**, VM)
25	¿**Nunca** leísteis lo que hizo David		38	**no** verían más su rostro (**ya no** habían de
Lc 15:29	no habiéndote desobedecido **jamás** (**nunca**			contemplar más..., BC)
	he desobedecido..., BA)	Ro	6:9	habiendo resucitado de los muertos, **ya no**
	y **nunca** me has dado ni un cabrito			no se enseñorea **más** de él
Jn 7:46	¡**Jamás** hombre alguno ha hablado		7:17	**ya no** soy yo quien hace aquello,
Hch 10:14	**ninguna** cosa común...he comido **jamás**		20	**ya no** lo hago yo,
11:8	**ninguna** cosa común...entró **jamás** en mi		11:6	si por gracia, **ya no** es por obras

		οὐκοῦν 3766			3772 οὐρανός
Ro	11:6	la gracia ya no es gracia	1 Jn	3:2	aún no se ha manifestado lo que
		ya no es gracia (TR, [BA])	Ap	17:10	el otro aún no ha venido
		ya no es obra (TR, [BA])		12	diez reyes, que aún no han recibido reino;
	14:15	ya no andas conforme al amor			
2 Co	1:23	no he pasado todavía a Corinto	**3769**		οὐρά — ourá
	5:16	ya no lo conocemos	Ap	9:10	tenían colas como de escorpiones,
Gá	2:20	ya no vivo yo,			en sus colas tenían poder para dañar
	3:18	ya no es por la promesa		19	el poder...estaba en...sus colas;
	25	ya no estamos bajo ayo			sus colas, semejantes a serpientes,
	4:7	Así que ya no eres esclavo,		12:4	su cola arrastraba la tercera parte
Ef	2:19	ya no sois extranjeros			
Flm	16	no ya como esclavo,	**3770**		οὐράνιος — ouránios
He	10:18	no hay más ofrenda por el pecado	Mt	5:48	vuestro Padre que está en los cielos (TR);
	26	ya no queda más sacrificio por los pecados			(vuestro Padre celestial, VHA, WH, N,
Ap	10:6	que el tiempo no sería más (WH, N, ABMW)			ABMW, VM, NC, BC, BA)
	18:11	ninguno compra más (nadie compra ya más, VHA)		6:14	también a vosotros vuestro Padre celestial;
	14	nunca más las hallarás. (TR); (lit., ya no		26	vuestro Padre celestial las alimenta.
		las hallarán jamás, WH, N, ABMW, VHA,		32	vuestro Padre celestial sabe que tenéis
		VM, NC, BC, BA)		15:13	que no plantó mi Padre celestial,
				18:35	Así también mi Padre celestial hará
3766		οὐκοῦν — oukóun			(WH, N, ABMW)
Jn	18:37	¿Luego, eres tú rey?		23:9	uno es vuestro Padre, el que está en los
					cielos, (TR, VM, NC, BA); (uno solo es
3768		οὔπω — oupo			Padre vuestro, el celestial, VHA, WH, N,
Mt	15:17	¿No entendéis que todo lo que entra (V60,			ABMW, BC)
		WH, N, ABMW, VHA, VM, NC, BC, BA);	Lc	2:13	una multitud de las huestes celestiales,
		(lit., todavía no entendéis, TR)			(... del ejército celestial, BC)
	16:9	¿No entendéis aún,	Hch	26:19	no fui rebelde a la visión celestial;
	24:6	aún no es el fin.			
Mr	4:40	¿Cómo no tenéis fe? (TR, N, VHA, BA);	**3771**		οὐρανόθεν** — ouranóthen
		(¿no tenéis fe todavía, VM, WH, ABMW,	Hch	14:17	dándonos lluvias del cielo (TR); (dándoos...,
		NC, BC)			VHA, WH, N, ABMW, VM, NC, BC, BA)
	8:17	¿No entendéis ni comprendéis? (¿No		26:13	vi una luz del cielo
		consideráis aún..., VHA)			
	21	¿Cómo aún no entendéis? (TR); (¿Aún no	**3772**		οὐρανός — ouranós
		entendéis?, BA, WH, N, ABMW, VHA,	Mt	3:2	el reino de los cielos se ha acercado
		VM, NC, BC, BA)		16	he aquí los cielos le fueron abiertos,
	11:2	ningún hombre ha montado; (TR, VM);		17	una voz de los cielos, que decía
		(lit., no ha montado todavía ninguno de		4:17	el reino de los cielos se ha acercado.
		los hombres, WH, N, ABMW, VHA, NC,		5:3	de ellos es el reino de los cielos
		BC, BA)		10	de ellos es el reino de los cielos
	13:7	aún no es el fin.		12	vuestro galardón es grande en los cielos
Lc	23:53	aún no se había puesto a nadie(WH,N,ABMW)		16	a vuestro Padre que está en los cielos
Jn	2:4	Aún no ha venido mi hora.		18	hasta que pasen el cielo y la tierra
	3:24	Juan no había sido aún encarcelado.		19	será llamado en el reino de los cielos
	6:17	no había venido a ellos (TR); (no había aún			será llamado grande en el reino de los cielos
		venido..., VM, WH, N, ABMW, VHA,		20	no entraréis en el reino de los cielos
		NC, BC, BA)		34	No juréis...ni por el cielo
	7:6	Mi tiempo aún no ha llegado,		45	de vuestro Padre que está en los cielos
	8	no subo todavía a esa fiesta,		48	vuestro Padre que está en los cielos (TR)
		porque mi tiempo aún no se ha cumplido.		6:1	de vuestro Padre que está en los cielos
	30	porque aún no había llegado su hora		9	Padre nuestro que estás en los cielos,
	39	aún no había venido el Espíritu		10	Hágase tu voluntad, como en el cielo,
		Jesús no había sido aún glorificado (WH)		20	haceos tesoros en el cielo
	8:20	aún no había llegado su hora		26	Mirad las aves del cielo.
	67	Aún no tienes cincuenta años,		7:11	de vuestro Padre que está en los cielos dará
	11:30	Jesús todavía no había entrado en la aldea,		21	entrará en el reino de los cielos
	20:17	aún no he subido a mi Padre			de mi Padre que está en los cielos
Hch	8:16	aún no había descendido sobre ninguno		8:11	se sentarán...en el reino de los cielos
		(TR)		20	las aves del cielo nidos;
1 Co	3:2	porque aún no erais capaces,		10:7	El reino de los cielos se ha acercado
	8:2	aún no sabe nada como debe saberlo (TR,		32	delante de mi Padre está en los cielos
		VHA, VM); (todavía no ha sabido como		33	delante de mi Padre está en los cielos
		conviene saber, BC, WH, N, ABMW, NC,		11:11	el más pequeño en el reino de los cielos,
		BA)		12	el reino de los cielos sufre violencia,
Fil	3:13	no pretendo haberlo ya alcanzado; (WH, N)		23	que eres levantada hasta el cielo, (TR, VM);
He	2:8	todavía no vemos que todas las cosas			(¿por ventura serás exaltada..., BC, WH,
	12:4	aún no habéis resistido hasta la sangre			N, ABMW, VHA, NC, BA)

οὐρανός 3772

Mt	11:25	Padre, Señor del cielo y de la tierra,
	12:50	de mi Padre que está en los cielos
	13:11	los misterios del reino de los cielos
	24	El reino de los cielos es semejante
	31	El reino de los cielos es semejante
	32	de tal manera que vienen las aves del cielo
	33	El reino de los cielos es semejante
	44	el reino de los cielos es semejante
	45	el reino de los cielos es semejante
	47	el reino de los cielos es semejante a una red
	52	todo escriba docto en el reino de los cielos
	14:19	levantando los ojos al cielo,
	16:1	le pidieron que les mostrase señal del cielo
	2	el cielo tiene arreboles.
	3	tiene arreboles el cielo sabéis distinguir el aspecto del cielo,
	17	mi Padre que está en los cielos.
	19	te daré las llaves del reino de los cielos será atado en los cielos; (habrá sido atado... BA) será desatado en los cielos. (habrá sido desatado..., BA)
	18:1	el mayor en el reino de los cielos?
	3	no entraréis en el reino de los cielos?
	4	el mayor en el reino de los cielos
	10	sus ángeles en los cielos ven siempre de mi Padre que está en los cielos
	14	vuestro Padre que está en los cielos
	18	será atado en el cielo; (habrá sido atado..., BA) será desatado en el cielo (habrá sido desatado..., BA)
	19	por mi Padre que está en los cielos
	23	el reino de los cielos es semejante
	19:12	por causa del reino de los cielos
	14	de los tales es el reino de los cielos
	21	tendrás tesoro en el cielo; (TR,VM, BC); (...en los cielos, VHA, WH, N, ABMW, NC, BA)
	23	entrará un rico en el reino de los cielos
	20:1	el reino de los cielos es semejante
	21:25	¿Del cielo, o de los hombres? Si decimos, del cielo, nos dirá
	22:2	El reino de los cielos es semejante
	30	los ángeles de Dios en el cielo. (TR, BC, BA); (los ángeles en el cielo, VHA, WH, N, ABMW, VM, NC)
	23:9	vuestro Padre, el que está en los cielos. (TR, VM, NC, BA)
	14 (13)	porque cerráis el reino de los cielos
	22	el que jura por el cielo
	24:29	las estrellas caerán del cielo, las potencias de los cielos serán conmovidas
	30	la señal del Hijo del Hombre en el cielo viniendo sobre las nubes del cielo
	31	desde un extremo del cielo hasta el otro (lit., desde los cabos de los cielos hasta sus cabos)
	35	El cielo y la tierra pasarán,
	36	ni aun los ángeles de los cielos
	25:1	el reino de los cielos será semejante
	26:64	viniendo en las nubes del cielo.
	28:2	un ángel del Señor, descendiendo del cielo
	18	Toda potestad me es dada en el cielo
Mr	1:10	vio abrirse los cielos vino una voz de los cielos
	4:4	vinieron las aves del cielo (TR)
	32	de tal manera que las aves del cielo pueden
	6:41	levantando los ojos al cielo,

Mr	7:34	levantando los ojos al cielo,
	8:11	pidiéndole señal del cielo,
	10:21	tendrás tesoro en el cielo
	11:25	vuestro Padre que está en los cielos (TR, VM, NC, BC, [BA])
	26	vuestro Padre que está en los cielos (TR, VM, NC, BC, [BA])
	30	¿era del cielo, o de los hombres?
	31	Si decimos, del cielo, dirá
	12:25	como los ángeles que están en los cielos
	13:25	las estrellas caerán del cielo, (...estarán cayendo..., VM)
	27	hasta el extremo del cielo
	31	El cielo y la tierra pasarán
	32	ni aun los ángeles que están en el cielo
	14:62	viniendo en las nubes del cielo. (...con las nubes..., VHA)
	16:19	[fue recibido arriba en el cielo]
Lc	2:15	cuando los ángeles se fueron de ellos al cielo
	3:21	Acontenció que...el cielo se abrió
	22	aconteció que...vino una voz del cielo
	4:25	cuando el cielo fue cerrado
	6:23	vuestro galardón es grande en los cielos (...en el cielo, VM)
	8:5	las aves del cielo la comieron
	9:16	levantando los ojos al cielo
	54	que descienda fuego del cielo
	58	las aves de los cielos nidos;
	10:15	que hasta los cielos eres levantada, (TR, VM); (¿por ventura serás exaltada hasta el cielo?, BC, WH, N, ABMW, VHA, NC, BA)
	18	veía a Satanás caer del cielo como un rayo
	20	vuestros nombres están escritos en los cielos
	21	Padre, Señor del cielo y de la tierra
	11:2	Padre nuestro que estás en los cielos (TR, [BA]) como en el cielo, así también en la tierra (TR, VM, [BA])
	13	vuestro Padre celestial dará (lit.,...del cielo)
	16	le pedían señal del cielo.
	12:33	tesoro en los cielos que no se agote,
	56	Sabéis distinguir el aspecto del cielo
	13:19	Y las aves del cielo anidaron
	15:7	habrá más gozo en el cielo por un pecador
	18	he pecado contra el cielo y contra ti.
	21	he pecado contra el cielo y contra ti,
	16:17	más fácil es que pasen el cielo y la tierra
	17:24	resplandece desde un extremo del cielo (...desde una parte debajo del cielo, VHA)
	29	llovió del cielo fuego y azufre,
	18:13	no quería ni aun alzar los ojos al cielo
	22	tendrás tesoro en el cielo; (TR, VM, NC) (...los cielos, VHA, WH, N, ABMW, BC, BA)
	19:38	paz en el cielo,
	20:4	¿era del cielo, o de los hombres?
	5	Si decimos, del cielo, dirá
	21:11	habrá...grandes señales del cielo
	26	las potencias de los cielos serán conmovidas
	33	El cielo y la tierra pasarán,
	22:43	se le apareció un ángel del cielo (TR, [WH], [N], VHA, VM, NC, BC, BA)
	24:51	fue llevado arriba al cielo. (TR, [WH], [ABMW], VHA, VM, NC, BC)
Jn	1:32	Vi al Espíritu que descendía del cielo como
	51	veréis el cielo abierto,
	3:13	Nadie subió al cielo, sino el que descendió

οὐρανός 3772　　　　　　　　　　　　　　　　　　　　　　　　　　3772 οὐρανός

Jn	3:13	el Hijo del Hombre, que está en el cielo (TR, VM, NC, BC, [BA])		
	27	si no le fuere dado del cielo	1 Ts	1:10 esperar de los cielos a su Hijo,
	31	el que viene del cielo, es sobre todos.		4:16 descenderá del cielo;
	6:31	Pan del cielo les dio a comer.	2 Ts	1:7 cuando se manifieste el Señor Jesús desde el cielo (en la revelación del Señor Jesús..., VHA)
	32	No os dio Moisés el pan del cielo, mi Padre os da el verdadero pan del cielo	He	1:10 los cielos son obra de tus manos (obras...BC)
	33	el pan de Dios es aquel que descendió del cielo		4:14 sumo sacerdote que traspasó los cielos
				7:26 hecho más sublime que los cielos
	38	he descendido del cielo		8:1 del trono de la Majestad en los cielos
	41	Yo soy el pan que descendió del cielo		9:23 las figuras de las cosas celestiales (...de las cosas en los cielos, BA)
	42	Del cielo he descendido?		
	50	el pan que desciende del cielo		24 sino en el cielo mismo
	51	Yo soy el pan vivo que descendió del cielo		10:34 perdurable herencia en los cielos (TR, VM)
	58	Este es el pan que descendió del cielo		11:12 como las estrellas del cielo en multitud
	12:28	vino una voz del cielo:		12:23 de los primogénitos que están inscritos en los cielos,
	17:1	levantando los ojos al cielo		
Hch	1:10	estando ellos con los ojos puestos en el cielo, (como ellos estuviesen mirando fijamente al cielo, VHA)		25 al que amonesta desde los cielos
				26 conmoveré...también el cielo
			Stg	5:12 no juréis, ni por el cielo
	11	¿por qué estáis mirando al cielo que ha sido tomado de vosotros al cielo como le habéis visto ir al cielo		18 oró, y el cielo dio lluvia,
			1 P	1:4 reservada en los cielos para vosotros,
				12 por el Espíritu Santo enviado del cielo
	2:2	vino del cielo un estruendo como de		3:22 quien habiendo subido al cielo está
	5	de todas las naciones bajo el cielo.	2 P	1:18 oímos esta voz enviada del cielo,
	19	daré prodigios arriba en el cielo,		3:5 fueron hechos...de Dios los cielos, (ya... existían...cielos, VHA)
	34	David no subió a los cielos;		
	3:21	a quien de cierto es necesario que el cielo		7 pero los cielos y la tierra que existen ahora,
	4:12	no hay otro nombre bajo el cielo		10 los cielos pasarán con grande estruendo,
	24	tú eres el Dios que hiciste el cielo (TR, VM, BC); (tú que hiciste..., VHA, WH, N, ABMW, NC, BA)		12 en el cual los cielos, encendiéndose,
				13 esperamos,...cielos nuevos y tierra nueva,
			1 Jn	5:7 los que dan testimonio en el cielo: (TR, [VM], [BA])
	7:42	rindiesen culto al ejército del cielo		
	49	El cielo es mi trono,	Ap	3:12 la cual desciende del cielo
	55	puestos los ojos en el cielo,		4:1 una puerta abierta en el cielo
	56	los cielos abiertos		2 un trono establecido en el cielo, (...estaba colocado..., VM)
	9:3	le rodeó un resplandor de luz del cielo		
	10:11	vio el cielo abierto,		5:3 ni en el cielo ni en la tierra
	12	en el cual había...aves del cielo		13 todo lo creado que está en el cielo
	16	volvió a ser recogido en el cielo		6:13 las estrellas del cielo cayeron
	11:5	que...era bajado del cielo y venía hasta mí.		14 el cielo se desvaneció como un pergamino
	6	y reptiles, y aves del cielo		8:1 se hizo silencio en el cielo
	9	la voz me respondió del cielo		10 cayó del cielo una gran estrella,
	10	volvió todo a ser llevado arriba al cielo (todo fué alzado otra vez..., VM)		9:1 vi una estrella que cayó del cielo
				10:1 Vi descender del cielo a otro ángel
	14:15	que hizo el cielo y la tierra,		4 oí una voz del cielo que me decía:
	17:24	siendo Señor del cielo y de la tierra		5 levantó su mano al cielo, (TR); (...su mano derecha, VHA, WH, N, ABMW, VM, NC, BC, BA)
	22:6	de repente me rodeó mucha luz del cielo		
Ro	1:18	la ira de Dios se revela desde el cielo		
	10:6	¿Quién subirá al cielo?		6 que creó el cielo y las cosas que están en él
1 Co	8:5	sea en el cielo, o en la tierra		8 La voz que oí del cielo habló
	15:47	el segundo...es del cielo		11:6 tienen poder para cerrar el cielo,
2 Co	5:1	una casa no hecha de manos, eterna, en los cielos		12 oyeron una gran voz del cielo subieron al cielo en una nube;
	2	de aquella nuestra habitación celestial; (...que es del cielo, VM)		13 dieron gloria al Dios del cielo
				15 hubo grandes voces en el cielo
	12:2	que...fue arrebatado hasta el tercer cielo		19 el templo de Dios fue abierto en el cielo (TR, VM); (fué abierto el templo de Dios que está en el cielo, VHA, WH, N, ABMW, NC, BC, BA)
Gá	1:8	si aun nosotros, o un ángel del cielo		
Ef	1:10	las que están en los cielos		
	3:15	toda familia en los cielos y en la tierra,		12:1 Apareció en el cielo una gran señal
	4:10	que...subió por encima de todos los cielos		3 apareció otra señal en el cielo
	6:9	el Señor de ellos y vuestro está en los cielos		4 la tercera parte de las estrellas del cielo
Fil	3:20	nuestra ciudadanía está en los cielos		7 hubo una gran batalla en el cielo (hubo guerra..., VHA)
Col	1:5	que os está guardada en los cielos,		
	16	las que hay en los cielos		8 lugar para ellos en el cielo
	20	como las que están en los cielos		10 oí una gran voz en el cielo
	23	en toda la creación que está debajo del cielo		12 Por lo cual alegraos, cielos,
	4:1	tenéis un Amo en los cielos. (TR, NC); (...el cielo, VHA, WH, N, ABMW, VM,		13:6 y de los que moran en el cielo

Ap	13:13	hace descender fuego del cielo			Lo mismo en 11, 17, 29; 3:6, 13, 22
	14:2	oí una voz del cielo	Ap	13:9	Si alguno tiene oído, oiga
	7	adorad a aquel que hizo el cielo			
	13	Oí una voz que desde el cielo me decía	**3776**		οὐσία** – ousía
	17	otro ángel del templo que está en el cielo	Lc	15:12	dame la parte de los bienes (...de la
	15:1	Ví en el cielo otra señal,			hacienda, VHA)
	5	he aquí fue abierto en el cielo el templo		13	desperdició sus bienes (disipó su hacienda,
	16:11	blasfemaron contra la Dios del cielo			VHA)
	17	del templo del cielo, del trono (TR)			
	21	cayó del cielo sobre los hombres	**3777**		οὔτε – óute
	18:1	vi a otro ángel descender del cielo	Mt	6:20	donde ni la polilla ni el orín corrompen
	4	oí otra voz del cielo, que decía		12:32	ni en este siglo ni en el venidero.
	5	sus pecados han llegado hasta el cielo		22:30	ni se casarán ni se darán en casamiento,
	20	Alégrate sobre ella, cielo	Mr	5:3	ni aun con cadenas. (TR, VHA, VM, NC)
	19:1	una gran voz de gran multitud en el cielo		12:25	ni se casarán ni se darán en casamiento,
	11	vi el cielo abierto		14:68	No le conozco, (TR, VM); (Ni sé, VHA,
	14	los ejércitos celestiales, (...que están en el			WH, N, ABMW, NC, BC, BA)
		cielo, VM)			ni sé lo que dices. (WH, N, ABMW)
	20:1	Ví a un ángel que descendía del cielo	Lc	12:24	que ni siembran, ni siegan (N)
	9	descendió fuego del cielo		26	ni aun lo que es menos, (TR)
	11	huyeron la tierra y el cielo		27	no trabajan, ni hilan; (TR, WH, ABMW,
	21:1	Vi un cielo nuevo y una tierra nueva			VM, NC, BC, BA); (no hilan ni tejen,
		el primer cielo y la primera tierra			VHA, N)
	2	la nueva Jerusalén, descender del cielo,		14:35	Ni para la tierra ni para el muladar
	3	oí una gran voz del cielo (TR, VM)		20:35	ni se casan, ni se dan en casamiento.
	10	Jerusalén, que descendía del cielo, de Dios,		36	no pueden ya más morir, (TR)
			Jn	1:25	ni Elías, ni el profeta? (TR)
3773		Οὐρβανός – Ourbanós		4:11	Señor, no tienes con qué sacarla,
Ro	16:9	Saludad a Urbano, nuestro colaborador		21	ni en este monte ni en Jerusalén
				5:37	Nunca habéis oído su voz, (Ni su voz habéis
3774		Οὐρίας – Ourías			oído jamás, BC)
Mt	1:6	de la que fue mujer de Urías			ni habéis visto su aspecto,
				8:19	Ni a mí me conocéis, ni a mi Padre;
3775		οὖς – óus		9:3	No es que pecó éste, ni sus padres,
Mt	10:27	lo que oís al oído, proclamadlo	Hch	2:31	no fue dejada en el Hades, (WH, N, ABMW)
	11:15	El que tiene oídos			ni su carne vio corrupción (WH, N, ABMW)
	13:9	El que tiene oídos		4:12	no hay otro nombre (TR)
	15	con los oídos oyen pesadamente,		15:10	ni nuestros padres ni nosotros hemos podido
		oigan con los oídos		19:37	sin ser sacrílegos ni blasfemadores
	16	vuestros oídos, porque oyen.		24:12	ni en el templo, ni en las sinagogas
	43	El que tiene oídos			ni en la ciudad;
Mr	4:9	El que tiene oídos		13	ni te pueden probar (TR)
	23	Si alguno tiene oídos		25:8	Ni contra la ley de los judíos, ni contra
	7:16	Si alguno tiene oídos (TR, VM, NC, BC,			ni contra César he pecado
		[BA])		28:21	ni hemos recibido de Judea
	33	metió los dedos en las orejas de él,			ni ha venido alguno de los hermanos
	8:18	teniendo oídos no oís?			(ni ninguno de los hermanos que han
Lc	1:44	la voz de tu salutación a mis oídos			venido, VM)
	4:21	se ha cumplido...delante de vosotros	Ro	8:38	ni la muerte, ni la vida
		(...en vuestros oídos, VM)			ni ángeles, ni principados,
	8:8	El que tiene oídos			ni potestades, (TR, VM)
	9:44	en los oídos estas palabras; (...en vuestros			ni lo presente, (ni cosas presentes, VM)
		oídos, VM)			ni lo por venir, (ni cosas por venir, VM)
	12:3	lo que habéis hablado al oído			ni poderes (VHA, WH, N, ABMW, NC, BC,
	14:35	El que tiene oídos			BA)
	22:50	le cortó la oreja derecha		39	ni lo alto, ni lo profundo,
Hch	7:51	incircuncisos de corazón y de oídos!			ni ninguna otra cosa creada
	57	se taparon los oídos,	1 Co	3:2	ni sois capaces todavía, (TR)
	11:22	a oídos de la iglesia		7	ni el que planta es algo, ni el que riega
	28:27	con los oídos oyeron pesadamente,		6:9	ni los fornicarios, ni los idólatras,
		oigan con los oídos,			ni los adúlteros, ni los afeminados.
Ro	11:8	oídos con que no oigan, (oídos para no oir,			ni los que se echan con varones,
		VHA)		10	ni los ladrones, ni los avaros,
1 Co	2:9	Cosas que ojo no vio, ni oído oyó,			ni los borrachos, (TR)
	12:16	Y si dijere la oreja:		8:8	ni porque comamos...ni porque no
Stg	5:4	han entrado en los oídos del Señor			comamos, (TR); (Ni, si no comemos..., ni,
1 P	3:12	sus oídos atentos a sus oraciones			si comemos, BC, WH, N, ABMW, VHA,
Ap	2:7	El que tiene oído, oiga			VM, NC, BA)

οὕτως 3779　　　　　　　　　603　　　　　　　　　3779 οὕτως

1 Co	11:11	ni el varón es sin la mujer, ni la mujer sin el varón; (TR, VM); (ni la mujer es sin el varón, ni el varón sin la mujer, VHA, WH N, ABMW, NC, BC, BA)
Gá	1:12	ni lo aprendí (ni **tampoco** me fue enseñado, VM)
	5:6	ni la circuncisión vale algo, ni la
	6:15	ni la circuncisión vale nada, ni la
1 Ts	2:3	ni fue por engaño, (TR)
	5	nunca usamos de palabras lisonjeras, (lit., ni fuimos jamás con una palabra de adulación) ni encubrimos avaricia; (lit., ni con pretexto de avaricia)
	6	ni buscamos gloria (lit., ni buscando...) ni de vosotros, ni de otros
Stg	3:12	ninguna fuente puede dar agua salada (TR, VM); (**Tampoco** puede el agua salada producir, BA, WH, N, ABMW, VHA, NC, BC)
3 Jn	10	no recibe a los hermanos, (ni él admite..., BC)
Ap	3:15	ni eres frío ni caliente
	16	no frío ni caliente,
	5:3	ni aun mirarlo. (WH, N, ABMW)
	4	ni de mirarlo
	9:20	ni aun así se arrepintieron (TR) no pueden ver, ni oir, ni andar;
	21	ni de sus hechicerías, ni de su fornicación ni de sus hurtos
	12:8	ni se halló ya lugar (TR)
	20:4	ni a su imagen, (TR)
	21:4	ni habrá más llanto, ni clamor, ni dolor

3779　　οὕτως – óutos (jóutos) o οὕτω
　　　　　(1) οὕτως ἔχεω

Mt	1:18	El nacimiento de Jesucristo fue así
	2:5	así está escrito por el profeta
	3:15	así conviene que cumplamos toda justicia
	5:12	así persiguieron a los profetas
	16	Así alumbre vuestra luz
	19	cualquiera que...así enseñe a los hombres,
	47	¿No hacen también así (TR)
	6:9	Vosotros, pues, oraréis así
	30	Dios la viste así,
	7:12	así también haced vosotros con ellos
	17	Así, todo buen árbol da buenos frutos, (...produce..., BC)
	9:33	Nunca se ha visto **cosa semejante** en Israel
	11:26	así te agradó (lit., así fue el agrado delante de ti)
	12:40	así estará el Hijo del Hombre
	45	Así también acontecerá a esta
	13:40	así será en el fin de este siglo.
	49	Así será al fin del siglo:
	17:12	así también el Hijo del Hombre padecerá (...ha de padecer, VHA)
	18:14	Así, no es la voluntad de vuestro Padre
	35	Así también mi Padre celestial hará
	19:8	mas al principio no fue así
	10	Si así es la condición del hombre
	12	que nacieron así del vientre de su madre,
	20:16	Así, los primeros serán postreros
	26	Mas entre vosotros no será así
	23:28	Así también vosotros por fuera,
	24:27	así será también la venida del Hijo
	33	Así también vosotros, cuando veáis
	37	así será la venida del Hijo
	39	así será también la venida del Hijo
	24:46	le halle haciendo así
	26:40	¿Así que no habéis podido velar
	54	es necesario que así se haga? (...así acontezca, VHA)
Mr	2:7	¿Por qué habla éste así?
	8	cavilaban **de esta manera** dentro de sí mismos
	12	Nunca hemos visto **tal cosa**
	4:26	Así es el reino de Dios,
	40	¿Por qué estáis así amedrentados? (TR, N, VHA, BA)
	7:18	estáis así sin entendimiento?
	9:3	los puede hacer tan blancos (es capaz de blanquearlas así, BC) (WH, N, ABMW, VHA)
	10:43	no será así entre vosotros,
	13:29	Así también vosotros, cuando veáis
	14:59	ni aun así concordaban en el testimonio (...era concorde..., NC)
	15:39	había expirado así,
Lc	1:25	Así ha hecho conmigo el Señor
	2:48	¿por qué nos has hecho así?
	6:10	él lo hizo así, (TR, BA)
	9:15	Así lo hicieron, haciéndolos sentar
	10:21	así te agradó (lit., así fue el agrado delante de ti)
	11:30	también lo será el Hijo del Hombre (así también..., VHA)
	12:21	Así es el que hace para sí tesoro
	28	si así viste Dios la hierba
	38	si los hallare así, bienaventurados
	43	le halle haciendo así
	54	Agua viene; y así sucede.
	14:33	Así, pues, cualquiera de vosotros que no
	15:7	así habrá más gozo en el cielo
	10	Así os digo que hay gozo
	17:10	Así también vosotros...decid
	24	así también será el Hijo del Hombre
	26	así también será en los días del Hijo
	19:31	le responderéis así (le diréis así, BC)
	21:31	Así también vosotros, cuando veáis
	22:26	no así vosotros,
	24:24	hallaron así como las mujeres habían dicho
	46	Así está escrito, y así fue necesario (TR, VM)
Jn	3:8	así es todo aquel que es nacido
	14	así es necesario que el Hijo del Hombre
	16	**de tal manera** amó Dios al mundo
	4:6	se sentó así junto al pozo
	5:21	así también el Hijo a los que quiere da vida
	26	así también ha dado al Hijo
	7:46	ha hablado como este hombre! (habló así, como este hombre, BC) (TR, VA, BA); (habló...como este hombre habla (VHA, N, VM); (lit., jamás ha hablado así hombre alguno, WH, ABMW)
	8:59	atravesando por en medio de ellos, se fue (... así pasó adelante, VM) (TR)
	11:48	Si le dejamos así
	12:50	lo hablo (así hablo, VM)
	13:25	recostado cerca del pecho de Jesús, (TR, VHA, VM, NC, BC, BA); (lit., dejándose caer hacia atrás así sobre el pecho de Jesús, WH, N, ABMW)
	14:31	como el Padre...así hago.
	15:4	así tampoco vosotros, si no permanecéis
	18:22	¿Así respondes al sumo sacerdote?
	21:1	se manifestó **de esta manera**
Hch	1:11	así vendrá como le habéis visto ir
	3:18	Dios ha cumplido así lo que

οὕτως 3779

Hch	7:1	(1) ¿**Es** esto **así**?
	6	le dijo Dios **así**
	8	**así** Abraham engendró a Isaac, (**así** engendró..., BC)
	8:32	**Así** no abrió su boca. (...abre..., VM)
	12:8	lo hizo **así**
	15	(1) aseguraba que **así** era
	13:8	**así** se traduce su nombre
	34	lo dijo **así**: Os daré las misericordias
	47	**así** nos ha mandado el Señor,
	14:1	hablaron **de tal manera** que creyó
	17:11	(1) si estas cosas **eran así**
	33	**así** Pablo salió de en medio de ellos.
	19:20	**Así** crecía y prevalecía...la palabra
	20:11	**así** salió.
	13	ya que **así** lo había determinado,
	35	trabajando **así**, se debe ayudar
	21:11	**Así** atarán los judíos en Jerusalén
	22:24	por qué causa clamaban **así** contra él
	23:11	**así** es necesario que testifiques
	24:9	(1) diciendo **ser así** todo
	14	**así** sirvo al Dios de mis padres
	27:17	quedaron a la deriva. (**así** se dejaron llevar, VM)
	25	será **así** como se me ha dicho
	44	**así** aconteció que todos se salvaron
	28:14	luego fuimos a Roma, (**así** llegamos a Roma, VM)
Ro	1:15	**Así** que, en cuanto a mí, pronto estoy
	4:18	**Así** será tu descendencia. (...tu simiente, VHA)
	5:12	la muerte pasó a todos los hombres
	15	el don no fue como la transgresión; (no cual fue el delito, **así** también fue el don, BC)
	18	**de la misma manera** por la justicia de uno
	19	**así** también por la obediencia de uno,
	21	**así** también la gracia reine
	6:4	**así** también nosotros andemos
	11	**Así** también vosotros consideraos muertos
	19	**así** ahora...presentad vuestros miembros
	9:20	¿Por qué me has hecho **así**?
	10:6	la justicia que es por la fe dice **así**:
	11:5	**Así** también aun en este tiempo
	26	luego todo Israel será salvo (**de esta manera** todo Israel..., VM)
	31	**así** también éstos ahora
	12:5	**así** nosotros, siendo muchos,
	15:20	**de esta manera** me esforcé
1 Co	2:11	**Así** tampoco nadie conoció las cosas de Dios
	3:15	aunque **así** como por fuego.
	4:1	**Así, pues**, ténganos los hombres (Ténganos **así** todo hombre, VHA)
	5:3	he juzgado al que **tal cosa** ha hecho
	6:5	¿Pues qué, no hay entre vosotros sabio, (¿**Es así** que...VM)
	7:7	uno a la verdad **de un modo**, y otro **de otro**
	17	como Dios llamó a cada uno, **así** haga; (...**así** ande, VHA) esto ordeno en todas las iglesias. (**así** yo ordeno..., VM)
	26	hará bien el hombre en quedarse como está (es bueno al hombre el estarse **así**, BC)
	36	es necesario que **así** sea,
	40	más dichosa será si se quedare **así**
	8:12	**De esta manera**, pues, pecando
	9:14	**Así** también ordenó el Señor
	15	para que se haga **así** conmigo
	24	Corred **de tal manera** que lo obtengáis.
	26	yo **de esta manera** corro,

1 Co	9:26	**de esta manera** peleo,
	11:12	también el varón nace de la mujer; (**así** también el hombre es por medio de la mujer, VM)
	28	coma **así** del pan,
	12:12	**así** también Cristo
	14:9	**Así** también vosotros, si por la lengua
	12	**Así** también vosotros; pues que anheláis
	21	ni aun **así** me oirán,
	25	**así** postrándose sobre el rostro
	15:11	**así** predicamos, y **así** habéis creído.
	22	también en Cristo todos serán vivificados. (**así** también..., VM)
	42	**Así** también es la resurrección
	45	**Así** también está escrito
	16:1	haced vosotros también de la manera que ordené (según dí orden...haced **así** vosotros también, VM)
2 Co	1:5	**así** abunda también...nuestra consolación
	7	también lo sois en la consolación. (**así** también..., VM)
	7:14	también nuestro gloriarnos (**así** también nuestra jactancia, VM)
	8:6	**asimismo** acabe también entre vosotros
	11	**así** también lo estéis en cumplir
	9:5	**como** de generosidad, (lit., **así** como...)
	10:7	**así** también nosotros somos de Cristo.
	11:3	vuestros sentidos sean...extraviados (**así** también vuestras mentes sean corrompidas, VM) (TR)
Gá	1:6	Estoy maravillado de que **tan** pronto
	3:3	¿**Tan** necios sois?
	4:3	**Así** también nosotros, cuando éramos niños
	29	**así** también ahora
	6:2	cumplid **así** la ley de Cristo
Ef	4:20	no habéis aprendido **así** a Cristo
	5:24	**así** también las casadas
	28	**Así** también los maridos deben
	33	ame también a su mujer (**así** ame..., BC)
Fil	3:17	mirad a los que **así** se conducen (lit.,...**así** andan)
	4:1	estad **así** firmes en el Señor
Col	3:13	De la manera que Cristo os perdonó,
1 Ts	2:4	**así** hablamos; no como para agradar
	8	**Tan grande** es nuestro afecto por vosotros, (**Así**, solícitos por vosotros, VHA)
	4:14	**así** también traerá Dios con Jesús
	17	**así** estaremos siempre con el Señor.
	5:2	vendrá **así** como ladrón en la noche
2 Ts	3:17	**así** escribo
2 Ti	3:8	**así** también éstos resisten a la verdad;
He	4:4	en cierto lugar dijo **así** del séptimo día:
	5:3	tanto por sí mismo como también por el pueblo. (lit., **así** como por el pueblo, **así** también por sí mismo)
	5	**Así** tampoco Cristo se glorificó
	6:9	aunque hablamos **así**
	15	habiendo esperado con paciencia (**así**, después de haber esperado..., VM)
	9:6	**así** dispuestas estas cosas,
	28	**así** también Cristo fue ofrecido (...habiendo sido ofrecido, VHA)
	10:33	de los que estaban en una situación semejante (de aquellos que eran **así** tratados, VM)
	12:21	**tan** terrible era lo que se veía,
Stg	1:11	**así** también se marchitará el rico
	2:12	**Así** hablad, y **así** haced,
	17	**Así** también la fe, si no tiene obras,

		οὐχί 3780			3783 ὀφείλημα
Stg	2:26	así también la fe sin obras	Lc	24:32	¿No ardía nuestro corazón (...no estaba que ardía, BC)
	3:5	Así también la lengua es un miembro			
	6	La lengua está puesta (V60, WH, N, ABMW VHA, VM, NC, BA); (lit., ...está puesta así, TR)	Jn	6:42	¿No es éste Jesús, el hijo de José (WH)
				7:42	¿No dice la Escritura que del linaje (¿No dijo..., BC) (TR)
	10	Hermanos míos, esto no debe ser así		9:9	otros: A él se parece (TR); (lit., otros decían: No, sino que es semejante a él) (WH, N, ABMW, VHA, VM, NC, BC, BA)
	12	Así también ninguna fuente (TR, NC)			
1 P	2:15	esta es la voluntad de Dios (así es..., VM)			
	3:5	así también se ataviaban en otro tiempo		11:9	¿No tiene el día doce horas? (¿No hay doce horas en el día, VM)
2 P	1:11	de esta manera os será otorgada			
	3:4	todas las cosas permanecen así		13:10	limpios estáis, aunque no todos.
	11	Puesto que todas estas cosas han de ser deshechas, (TR); (...han de ser así deshechas, VHA, WH, N, ABMW, VM, NC, BC, BA)		11	No estáis limpios todos.
				14:22	y no al mundo?
			Hch	2:7	¿no son galileos todos estos que hablan? (WH, N)
1 Jn	2:6	debe andar como él anduvo. (V60, WH, ABMW, VHA, NC, BA); (debe también él mismo andar así como él anduvo, N,VM)		5:4	¿no se te quedaba a ti?
				7:50	¿No hizo mi mano todas estas cosas?
			Ro	2:26	¿no será tenida su incircuncisión (TR, ABMW)
	4:11	si Dios nos ha amado así,		3:27	No, sino por la ley de la fe.
Ap	2:15	también tienes a los que retienen (Así tienes tú también, VM)		29	¿No es también Dios de los gentiles?
				8:32	¿cómo no nos dará también con él
	3:5	El que venciere será vestido (TR, NC, BC); (...será así revestido, VM, WH, N, ABMW VHA, BA)	1 Co	1:20	¿No ha enloquecido Dios la sabiduría
				3:3	¿no sois carnales,
	16	por cuanto eres tibio (Así, por cuanto..., VHA)		4	¿no sois carnales? (TR)
				5:2	¿No debierais más bien haberos lamentado (no os habéis más bien entristecido, VM)
	9:17	Así vi en visión			
	11:5	debe morir él de la misma manera		12	¿No jusgáis vosotros a los que están dentro?
	16:18	un terremoto tan grande (un gran terremoto...tan grande era VHA)		6:1	y no delante de los santos
				7	¿Por qué no sufrís más bien el agravio?
	18:21	Con el mismo ímpetu será derribada (Así será derribada con violencia, BA)			¿Por qué no sufrís más bien el ser defraudados?
				8:10	¿no está estimulada a comer
3780		οὐχί — oucí (oujî)		9:1	¿No he visto a Jesús el Señor nuestro?
Mt	5:46	¿No hacen también lo mismo los publicanos		8	¿No dice esto también la ley? (TR)
	47	¿No hacen también así los gentiles (¿No hacen lo mismo..., VHA)		10:16	¿no es la comunión de la sangre de Cristo?
					¿no es la comunión del cuerpo de Cristo?
	6:25	¿No es la vida más que el alimento		18	¿no son partícipes del altar? (TR)
	10:29	¿No se venden dos pajarillos por un cuarto?		29	no la tuya, sino la del otro.
	12:11	no le eche mano, y la levante?	2 Co	3:8	¿cómo no será más bien con gloria
	13:27	¿no sembraste buena semilla en tu campo?		10:13	nosotros no nos gloriaremos desmedidamente, (TR)
	55	¿No se llama su madre (TR)			
	56	¿No están todas sus hermanas con nosotros	1 Ts	2:19	¿No lo sois vosotros,
	18:12	¿no deja las noventa y nueve (¿no dejará..., VHA)	He	1:14	¿No son todos espíritus ministradores
				3:17	¿No fue con los que pecaron,
	20:13	¿no conviniste conmigo en un denario?	3781		ὀφειλέτης* — ofeilétes
Lc	1:60	No; se llamará Juan. (No, sino que..., VM)	Mt	6:12	nosotros perdonamos a nuestros deudores.
	4:22	¿No es éste el hijo de José? (WH, N, ABMW)		18:24	uno que le debía diez mil talentos. (un deudor de diez..., BC)
	6:39	¿No caerán ambos en el hoyo?	Lc	13:4	que eran más culpables que todos
	12:6	¿No se venden cinco pajarillos por dos	Ro	1:14	a sabios y a no sabios soy deudor
	51	No, sino disensión. (no, sino antes división, VM)		8:12	deudores somos, no a la carne,
				15:27	son deudores a ellos;
	13:3	No; antes si no os arrepentís,	Gá	5:3	que está obligado a guardar toda la ley
	5	Os digo: No; antes si no os arrepentís			
	14:28	no...calcula los gastos	3782		ὀφειλή*† —ofeilé
	31	no...considera si puede hacer frente	Mt	18:32	toda aquella deuda te perdoné,
	15:8	no enciende la lámpara,	Ro	13:7	Pagad a todos lo que debéis
	16:30	No, padre Abraham; pero si alguno fuere	1 Co	7:3	cumpla con la mujer el deber conyugal (WH, N, ABMW, VHA, VM, NC, BC, BA); (pague a la mujer la debida benevolencia, VA, TR)
	17:8	¿No le dice más bien (No le dirá..., VHA)			
	17	¿No son diez los que fueron limpiados? (TR, ABMW)			
	18:30	que no haya de recibir mucho más (WH, N, ABMW)	3783		ὀφείλημα — oféilema
	22:27	¿No es el que se sienta a la mesa?	Mt	6:12	perdónanos nuestras deudas
	23:39	Si tú eres el Cristo (TR); (¿No eres tú el Cristo?, VHA, WH, N, ABMW, VM, NC, BC, BA)	Ro	4:4	no se le cuenta...como gracia, sino como deuda.
	24:26	¿No era necesario que el Cristo padeciera			

3784 ὀφείλω – oféilo

Mt	18:28	que le **debía** cien denarios;
		Págame lo que me **debes**. (TR, VHA, VM, NC, BC, BA); (lit., paga si **debes** algo, WH, N, ABMW)
	30	hasta que pagase la deuda. (...lo que **debía**, VHA)
	34	hasta que pagase todo lo que le **debía**
	23:16	si alguno jura...**es deudor**.
	18	si alguno jura...**es deudor**.
Lc	7:41	**debía** quinientos denarios
	11:4	a todos los **que** nos **deben**. (a todo el **que** nos **debe**, VHA)
	16:5	¿Cuánto **debes** a mi amo?
	7	Y tú, ¿cuánto **debes**?
	17:10	lo que **debíamos** hacer, hicimos.
Jn	13:14	vosotros también **debéis** lavaros los pies
	19:7	**debe** morir, porque se hizo
Hch	17:29	no **debemos** pensar que la Divinidad
Ro	13:8	No **debáis** a nadie nada,
	15:1	**debemos** soportar las flaquezas
	27	**deben** también ellos ministrarles
1 Co	5:10	os sería necesario salir del mundo. (**Tendríais que** salir..., VM)
	7:3	cumpla con la mujer el deber conyugal, (WH, N, ABMW, VHA, VM, NC, BC, BA) (pague a la mujer la **debida** benevolencia, VA, TR)
	36	**es necesario** que así sea,
	9:10	con esperanza **debe** arar el que ara,
	11:7	el varón no **debe** cubrirse la cabeza,
	10	la mujer **debe** tener señal de autoridad
2 Co	12:11	yo **debía** ser alabado por vosotros;
	14	no **deben** atesorar los hijos para los padres,
Ef	5:28	los maridos **deben** amar a sus mujeres
2 Ts	1:3	**Debemos** siempre dar gracias a Dios por
	2:13	nosotros **debemos** dar siempre gracias a Dios
Flm	18	si en algo te dañó, o te **debe**,
He	2:17	Por lo cual **debía** ser en todo semejante
	5:3	por causa de ella **debe** ofrecer
	12	**debiendo** ser ya maestros
1 Jn	2:6	**debe** andar como él anduvo
	3:16	**debemos** poner nuestras vidas
	4:11	**debemos** también nosotros amarnos
3 Jn	8	Nosotros, pues, **debemos** acoger

3785 ὄφελον – ófelon

1 Co	4:8	¡Y **ojalá** reinaseis,
2 Co	11:1	¡**Ojalá** me toleraseis un poco de locura
Gá	5:12	**Ojalá** se mutilasen los que os perturban
Ap	3:15	¡**Ojalá** fueses frío o caliente!

3786 ὄφελος – ófelos

1 Co	15:32	¿qué me aprovecha? (lit., ¿qué **provecho** hay para mí?)
Stg	2:14	¿de qué aprovechará si alguno dice (lit., ¿qué **provecho** hay...)
	16	¿de qué aprovecha? (lit., ¿cuál es el **provecho**)

3787 ὀφθαλμοδουλία*† – ofthalmodoulía

| Ef | 6:6 | no sirviendo al ojo, (no con **servicio al ojo**, BC) |
| Col | 3:22 | no **sirviendo al ojo**, (no con **servicios al ojo**, BC) (TR, WH, N); (lit., no con servicio al ojo, ABMW) |

3788 ὀφθαλμός – ofthalmós

Mt	5:29	si tu **ojo** derecho te es ocasión de caer,
	38	**Ojo** por **ojo**, y **diente** por diente
	6:22	La lámpara del cuerpo es el **ojo** si tu **ojo** es bueno, (...fuere sencillo, VM)
	23	si tu **ojo** es maligno,
	7:3	la paja que está en el **ojo** la viga que está en tu propio **ojo**
	4	Déjame sacar la paja de tu **ojo**, (Deja, echaré fuera..., VM) he aquí la viga en el **ojo** tuyo?
	5	saca primero la viga de tu propio **ojo** para sacar la paja del **ojo** de tu hermano
	9:29	les tocó los **ojos**, diciendo
	30	los **ojos** de ellos fueron abiertos.
	13:15	han cerrado sus **ojos**; Para que no vean con los **ojos**
	16	bienaventurados vuestros **ojos**, porque ven
	17:8	alzando ellos los **ojos**, a nadie vieron
	18:9	Y si tu **ojo** te es ocasión de caer, que teniendo dos **ojos** ser echado
	20:15	¿O tienes tú envidia (O, ¿es tu **ojo** malo, BA)
	33	que sean abiertos nuestros **ojos**
	34	les tocó los **ojos**, (TR) recibieron la vista; (WH, N, ABMW, VHA, VM, NC, BC, BA); (lit., los **ojos** recibieron la vista, TR)
	21:42	es cosa maravillosa a nuestros **ojos**?
	26:43	los **ojos** de ellos estaban cargados de sueño
Mr	7:22	la envidia, la maledicencia (el **ojo** maligno, la blasfemia, VM)
	8:18	¿Teniendo **ojos** no veis,
	25	le puso otra vez las manos sobre los **ojos**,
	9:47	si tu **ojo** te fuere ocasión de caer, que teniendo dos **ojos** ser echado
	12:11	es cosa maravillosa a nuestros **ojos**
	14:40	los **ojos** de ellos estaban cargados
Lc	2:30	han visto mis **ojos** tu salvación;
	4:20	los **ojos** de todos en la sinagoga
	6:20	alzando los **ojos** hacia sus discípulos,
	41	la paja que está en el **ojo** la viga que está en tu propio **ojo**?
	42	la paja que está en el **ojo**, la viga que está en el **ojo** tuyo? la viga de tu propio **ojo**, y entonces la paja que está en el **ojo** de tu hermano.
	10:23	Bienaventurados los **ojos** que ven
	11:34	La lámpara del cuerpo es el **ojo**; cuando tu **ojo** es bueno, (...sea sencillo, VM)
	16:23	en el Hades alzó sus **ojos**, (lit.,...habiendo alzado...)
	18:13	no quería ni aun alzar los **ojos**
	19:42	ahora está encubierto de tus **ojos**
	24:16	los **ojos** de ellos estaban velados, (...estaban embargados, VHA)
	31	les fueron abiertos los **ojos**,
Jn	4:35	Alzad vuestros **ojos**
	6:5	Cuando alzó Jesús los **ojos**
	9:6	untó con el lodo los **ojos**, (lit., aplicó el lodo sobre los ojos)
	10	¿Cómo te fueron abiertos los **ojos**?
	11	me untó los **ojos**
	14	le había abierto los **ojos**
	15	Me puso lodo sobre los **ojos**
	17	que te abrió los **ojos**?

ὄφις 3789

Jn	9:21	o quién le haya abierto los **ojos**,
	26	¿Cómo te abrió los **ojos**?
	30	y a mí me abrió los **ojos**.
	32	que alguno abriese los **ojos**
	10:21	¿Puede acaso el demonio abrir los **ojos**
	11:37	éste, que abrió los **ojos** al ciego
	41	alzando los **ojos** a lo alto, (alzó..., VM)
	12:40	Cegó los **ojos** de ellos,
		Para que no vean con los **ojos**
	17:1	levantando los **ojos** al cielo, dijo
Hch	1:9	una nube que le ocultó de sus **ojos**
	9:8	y abriendo los **ojos**, no veía a nadie
	18	le cayeron de los **ojos** como escamas,
	40	ella abrió los **ojos**
	26:18	para que abras sus **ojos**
	28:27	sus **ojos** han cerrado,
		Para que no vean con los **ojos**
Ro	3:18	No hay temor de Dios delante de sus **ojos**
	11:8	**ojos** con que no vean (**ojos** para no ver, VHA)
	10	Sean oscurecidos sus **ojos** para que no vean
1 Co	2:9	Cosas que **ojo** no vio,
	12:16	Porque no soy **ojo**, no soy del cuerpo
	17	Si todo el cuerpo fuese **ojo**
	21	Ni el **ojo** puede decir a la mano
	15:52	en un abrir y cerrar de **ojos** (lit., en un pestañeo de **ojo**)
Gá	3:1	ante cuyos **ojos** Jesucristo fue ya presentado
	4:15	os hubierais sacado vuestros propios **ojos** (lit., habiéndoos sacado...)
Ef	1:18	alumbrando los **ojos** de vuestro entendimiento (...de vuestro corazón, BC)
He	4:13	abiertas a los **ojos** de aquel
1 P	3:12	los **ojos** del Señor están sobre los justos
2 P	2:14	Tienen los **ojos** llenos (que tienen..., BC)
1 Jn	1:1	lo que hemos visto con nuestros **ojos**,
	2:11	las tinieblas le han cegado los **ojos**
	16	los deseos de los **ojos**, (la codicia..., BA)
Ap	1:7	todo **ojo** le verá,
	14	sus **ojos** como llama de fuego;
	2:18	el que tiene **ojos** como llama de fuego, (...sus **ojos**..., VHA)
	3:18	unge tus **ojos** con colirio,
	4:6	llenos de **ojos** delante y detrás.
	8	por dentro estaban llenos de **ojos**
	5:6	siete cuernos, y siete **ojos**,
	7:17	toda lágrima de los **ojos** de ellos.
	19:12	Sus **ojos** eran como llama de fuego,
	21:4	toda lágrima de los **ojos** de ellos;

3789   ὄφις — ófis

Mt	7:10	le dará una **serpiente**? (no le da una **culebra**, ¿verdad?, BA)
	10:16	sed, pues, prudentes como **serpientes**,
	23:33	¡**Serpientes**, generación de víboras!
Mr	16:18	[tomarán en las manos **serpientes**]
Lc	10:19	os doy potestad de hollar **serpientes** (os he dado poder para andar sobre **serpientes**, NC)
	11:11	le dará una **serpiente**? (¿acaso le dará..., BA)
Jn	3:14	como Moisés levantó la **serpiente**
1 Co	10:9	perecieron por las **serpientes**
2 Co	11:3	como la **serpiente** con su astucia engañó
Ap	9:19	sus colas, semejantes a **serpientes**,
	12:9	el gran dragón, la **serpiente** antigua,
	14	de delante de la **serpiente** al desierto,
	15	la **serpiente** arrojó de su boca,

Ap	20:2	al dragón, la **serpiente** antigua,

3790   ὀφρῦς — ofrús

Lc	4:29	le llevaron hasta la **cumbre** del monte

3791   ὀχλέω** — ocléo (ojléo)

Lc	6:18	los **que habían sido atormentados** de espíritus (TR)
Hch	5:16	**atormentados** de espíritus inmundos;

3792   ὀχλοποιέω*† — oclopoiéo (ojlopoiéo)

Hch	17:5	**juntando una turba**, alborotaron la ciudad

3793   ὄχλος — óclos (ójlos)
(1) El texto griego tiene el plural pero V60 traduce con el singular

Mt	4:25	(1) le siguió mucha **gente**
	5:1	(1) Viendo la **multitud**, subió al monte
	7:28	(1) la **gente** se admiraba de su doctrina
	8:1	(1) le seguía mucha **gente**
	18	Viéndose Jesús rodeado de mucha **gente**, (Viendo entonces Jesús grandes **multitudes** alrededor de él, VM) (TR, NC, BC); (Cuando Jesús vio a una **multitud** a su alrededor, BA, WH, N, ABMW, VHA)
	9:8	(1) la **gente**, al verlo, se maravilló
	23	viendo...la **gente** que hacía alboroto
	25	(1) cuando la **gente** había sido echada fuera
	33	(1) la **gente** se maravillaba,
	36	al ver las **multitudes**, tuvo compasión
	11:7	(1) comenzó Jesús a decir de Juan a la **gente**
	12:15	(1) le siguió mucha **gente**, (TR)
	23	(1) toda la **gente** estaba atónita,
	46	(1) Mientras él aún hablaba a la **gente**
	13:2	(1) se le juntó mucha **gente** toda la **gente** estaba en la playa.
	34	(1) habló Jesús por parábolas a la **gente**
	36	(1) Entonces, despedida la **gente**
	14:5	temía al pueblo
	13	(1) cuando la **gente** lo oyó, le siguió
	14	vio una gran **multitud**, y tuvo compasión
	15	(1) despide a la **multitud**, para que vayan
	19	(1) mandó a la **gente** recostarse (habiendo mandado..., VHA)
		(1) los discípulos a la **multitud**,
	22	(1) entre tanto que él despedía a la **multitud**
	23	(1) Despedida la **multitud**, subió al monte
	15:10	llamando a sí a la **multitud**,
	30	(1) se le acercó mucha **gente**
	31	de manera que la **multitud** se maravillaba (WH, N, ABMW, VHA, VM, NC, BC, BA); (lit.,...las **multitudes**..., TR)
	32	Tengo compasión de la **gente**,
	33	para saciar a una **multitud** tan grande?
	35	mandó a la **multitud** (habiendo mandado..., VHA)
	36	(1) los discípulos a la **multitud**
	39	(1) despedida la **gente**, entró en la barca,
	17:14	Cuando llegaron al **gentío**, vino a él
	19:2	le siguieron grandes **multitudes**
	20:29	le seguía una gran **multitud**
	31	la **gente** les reprendió
	21:8	la **multitud**, que era muy numerosa,
	9	(1) la **gente** que iba delante
	11	(1) la **gente** decía: Este es Jesús
	26	tememos al **pueblo**,
	46	(1) temían al **pueblo**,

ὄχλος 3793   3793 ὄχλος

Mt	22:33	(1) la **gente**, se admiraba de su doctrina
	23:1	(1) Entonces habló Jesús a la **gente**
	26:47	con él mucha **gente** con espadas
	55	(1) En aquella hora dijo Jesús a la **gente**
	27:15	acostumbraba...soltar al **pueblo** un preso
	20	(1) persuadieron a la **multitud**
	24	se lavó las manos delante del **pueblo**,
Mr	2:4	como no podían acercarse a él a causa de la **multitud**,
	13	toda la **gente** venía a él,
	3:9	a causa del **gentío**, para que no le oprimiesen
	20	se agolpó de nuevo la **gente** (juntóse..., VHA)
	32	la **gente** que estaba sentada (una **multitud** estaba sentada, VM)
	4:1	se reunió alrededor de él mucha **gente**, toda la **gente** estaba en tierra
	36	despidiendo a la **multitud**, le tomaron
	5:21	se reunió alrededor de él una gran **multitud**
	24	le seguía una gran **multitud**,
	27	vino por detrás entre la **multitud**, (viniendo..., BC)
	30	volviéndose a la **multitud**, dijo:
	31	Ves que la **multitud** te aprieta,
	6:33	muchos los vieron ir (V60, WH, N, ABMW, VHA, VM, NC, BC, BA); (lit., las **multitudes** los vieron partiendo, TR)
	34	vio una gran **multitud**
	45	él despedía a la **multitud**
	7:14	llamando a sí a toda la **multitud**, (TR); (llamando a sí otra vez a la **multitud**, VHA, WH, N, ABMW, VM, NC, BC, BA)
	17	Cuando se alejó de la **multitud** y entró en casa (cuando entró en casa, . . . de la **multitud**, VM)
	33	tomándole aparte de la **gente**
	8:1	como había una gran **multitud**,
	2	Tengo compasión de la **gente**,
	6	mandó a la **multitud** que se recostase los pusieron delante de la **multitud**
	34	llamando a la **gente**
	9:14	vio una gran **multitud** alrededor de ellos
	15	en seguida toda la **gente**, viéndole,
	17	respondiendo uno de la **multitud**, (TR); (...respondió, VHA, WH, N, ABMW, VM, NC, BC, BA)
	25	cuando Jesús vio que la **multitud**
	10:1	(1) volvió el **pueblo** a juntarse a él, (de nuevo se reunieron. ., VHA)
	46	sus discípulos y una gran **multitud**,
	11:18	todo el **pueblo** estaba admirado
	32	temían al **pueblo**, (WH, N, ABMW)
	12:12	temían a la **multitud**
	37	gran **multitud del pueblo** le oía
	41	el **pueblo** echaba dinero en el arca
	14:43	con él mucha **gente** con espadas (TR); (...una turba..., VHA, WH, N, ABMW, VM, NC, BC, BA)
	15:8	viniendo la **multitud**, comenzó
	11	los principales sacerdotes incitaron a la **multitud**
	15	queriendo satisfacer al **pueblo**, (lit.,...hacer lo suficiente para...)
Lc	3:7	decía a las **multitudes** que salían
	10 (1)	la **gente** le preguntaba, diciendo:
	4:42	(1) la **gente** le buscaba,
	5:1	el **gentío** se agolpaba sobre él
	3	(1) enseñaba desde la barca a la **multitud**
	15	(1) se reunía mucha **gente** para oírle,

Lc	5:19	no hallando...a causa de la **multitud**
	29	había mucha **compañía** de publicanos
	6:17	en **compañía** de sus discípulos (TR); (una gran **multitud** de sus discípulos, BA, WH, N, ABMW, VHA, VM, NC, BC)
	19	toda la **gente** procuraba tocarle,
	7:9	dijo **a la gente** que le seguía
	11	iban con él muchos...y una gran **multitud**
	12	había con ella mucha **gente** de la ciudad
	24	(1) comenzó a decir de Juan a la **gente**
	8:4	Juntándose una gran **multitud**
	19	no podían...por causa de la **multitud**.
	40	le recibió la **multitud** con gozo
	42	(1) la **multitud** le oprimía.
	45	(1) la **multitud** te aprieta y oprime,
	9:11	(1) cuando la **gente** lo supo,
	12	Despide a la **gente**, para que vayan
	16	que los pusiesen delante de la **gente**
	18	(1) ¿Quién dice la **gente** que soy yo?
	37	una gran **multitud** les salió al encuentro.
	38	un hombre de la **multitud** clamó
	11:14	(1) la **gente** se maravilló.
	27	una mujer de entre la **multitud**...le dijo
	29	apiñándose las **multitudes**, comenzó a decir
	12:1	juntándose por millares la **multitud**,
	13	Le dijo uno de la **multitud**
	54	(1) Decía también a la **multitud**
	13:14	dijo a la **gente**: Seis días hay en que
	17	todo el **pueblo** se regocijaba
	14:25	Grandes **multitudes** iban con él
	18:36	al oír a la **multitud** que pasaba
	19:3	no podía a causa de la **multitud**
	39	algunos de los fariseos de entre la **multitud**
	22:6	para entregárselo a espaldas del **pueblo**
	47	una **turba**; y el que se llamaba Judas,
	23:4	(1) Pilato dijo...a la **gente**
	48	(1) toda la **multitud** de los que estaban
Jn	5:13	se había apartado de la **gente** (se había retirado, por haber una **multitud**, VHA)
	6:2	le seguía gran **multitud**,
	5	que había venido a él gran **multitud**,
	22	la **gente** que estaba al otro lado
	24	Cuando vio, pues, la **gente**
	7:12	(1) había gran murmullo...entre la **multitud**, sino que engaña al **pueblo**
	20	Respondió la **multitud** y dijo:
	31	muchos de la **multitud** creyeron en él,
	32	oyeron a la **gente** que murmuraba de él
	40	algunos de la **multitud**, oyendo
	43	Hubo entonces disensión entre la **gente**
	49	esta **gente** que no sabe la ley,
	11:42	lo dije por causa de la **multitud**
	12:9	Gran **multitud** de los judíos supieron
	12	grandes **multitudes** que habían venido (la **muchedumbre**..., VHA)
	17	daba testimonio la **gente** que estaba con él
	18	había venido la **gente** a recibirle,
	29	la **multitud** que estaba allí,
	34	Le respondió la **gente**
Hch	1:15	los reunidos eran como ciento veinte (lit., había un **grupo** de nombres...)
	6:7	muchos de los sacerdotes obedecían (una gran **multitud** de los sacerdotes..., VHA)
	8:6	(1) la **gente**, unánime, escuchaba atentamente
	11:24	una gran **multitud** fue agregada
	26	enseñaron a mucha **gente**;
	13:45	(1) Pero viendo los judíos la **muchedumbre**
	14:11	(1) Entonces la **gente**, visto lo que Pablo
	13	(1) juntamente con la **muchedumbre** quería

ὀχύρωμα 3794   609   3806 πάθος

Hch 14:14 se lanzaron entre la multitud
    18 (1) difícilmente lograron impedir que la multitud
    19 (1) que persuadieron a la multitud
 16:22 se agolpó el pueblo contra ellos
 17:8 alborotaron al pueblo
    13 fueron allá, y también alborotaron a las multitudes. (lit., fueron...alborotando..., TR) (fueron...incitando y turbando a las multitudes, VM, WH, N, ABMW, VHA, NC, BC, BA)
 19:26 ha apartado a muchas gentes (...a mucha gente, VHA)
    33 sacaron de entre la multitud a Alejandro
    35 cuando había apaciguado a la multitud
 21:27 alborotaron a toda la multitud
    34 entre la multitud, unos gritaban
    35 a causa de la violencia de la multitud
 24:12 ni amotinando a la multitud; (ni haciendo tumulto del pueblo, VM)
    18 no con multitud ni con alboroto.
Ap 7:9 he aquí una gran multitud,
 17:15 son pueblos, muchedumbres, naciones
 19:1 oí una gran voz de gran multitud
    6 oí como la voz de una gran multitud,

3794   ὀχύρωμα — ocúroma (ojúroma)
2 Co 10:4 para la destrucción de fortalezas,

3795   ὀψάριον** — opsárion
Jn 6:9 un muchacho, que tiene...dos pececillos
    11 asimismo de los peces, cuanto querían
 21:9 un pez encima (un pescado puesto encima, VM)
    10 Traed de los peces
    13 les dió, y asimismo del pescado

3796   ὀψέ — opsé
Mt 28:1 Pasado el día de reposo,
Mr 11:11 como ya anochecía, (como fuese ya tardía la hora, WH, N)
    19 al llegar la noche, (Cuando se hizo tarde, NC)
 13:35 al anochecer, o a la medianoche,
3797 Véase abajo
3798   ὀψία* — opsía
Mt 8:16 cuando llegó la noche, trajeron a él
 14:15 Cuando anochecía, (Llegada la tarde, VHA)
    23 cuando llegó la noche, estaba allí
 16:2 Cuando anochece, decís (al caer la tarde, ...,BA)
 20:8 Cuando llegó la noche, el señor
 26:20 Cuando llegó la noche, se sentó
 27:57 Cuando llegó la noche, vino
Mr 1:32 Cuando llegó la noche,
  4:35 cuando llegó la noche, les dijo:
  6:47 al venir la noche, la barca
 11:11 como ya anochecía, (como fuese ya tardía la hora, TR, ABMW)
 14:17 cuando llegó la noche, vino él
 15:42 Cuando llegó la noche, (siendo ya tarde, VM)
Jn 6:16 Al anochecer, (Cuando se hizo tarde, VHA)
 20:19 Cuando llegó la noche

3797   ὄψιμος — ópsimos

Stg 5:7 hasta que reciba la lluvia temprana y la tardía

3799   ὄψις — ópsis
Jn 7:24 No juzguéis según las apariencias, (...la apariencia, VM)
 11:44 el rostro envuelto en un sudario. (su rostro estaba envuelto, VHA)
Ap 1:16 su rostro era como el sol

3800   ὀψώνιον** — opsónion
Lc 3:14 contentaos con vuestro salario.
Ro 6:23 la paga del pecado es muerte,
1 Co 9:7 ¿Quién fue jamás soldado a sus propias expensas?
2 Co 11:8 recibiendo salario para serviros (...para vuestro servicio, BC)
3801 Véase pág. 287

Π π

3802   παγιδεύω† — pagidéuo (paguidéuo)
Mt 22:15 cómo sorprenderle en alguna palabra (cómo le cogerían..., NC)

3803   παγίς — pagís (paguís)
Lc 21:35 (34) Porque como un lazo vendrá sobre todos (TR); (como un lazo: porque vendrá, VHA, WH, N, ABMW, VM, NC, BC, BA)
Ro 11:9 Sea vuelto su convite en trampa
1 Ti 3:7 para que no caiga...en lazo del diablo.
   6:9 caen en tentación y lazo
2 Ti 2:26 y escapen del lazo del diablo,

3804   πάθημα* — páthema
Ro 7:5 las pasiones pecaminosas (las pasiones de los pecados, BC)
  8:18 las aflicciones del tiempo presente
2 Co 1:5 abundan en nosotros las aflicciones
    6 las mismas aflicciones que nosotros
    7 sois compañeros en las aflicciones,
Gá 5:24 han crucificado la carne con sus pasiones
Fil 3:10 la participación de sus padecimientos,
Col 1:24 en lo que padezco por vosotros (en mis padecimientos por vosotros, VHA)
2 Ti 3:11 persecuciones, padecimientos,
He 2:9 a causa del padecimiento de la muerte,
    10 convenía...que...perfeccionase por aflicciones
 10:32 gran combate de padecimientos
1 P 4:13 los sufrimientos de Cristo, y las glorias
    4:13 sois participantes de los padecimientos
    5.1 testigo de los padecimientos de Cristo,
    9 sabiendo que los mismos padecimientos

3805   παθητός* — pathetós
Hch 26:23 Que el Cristo había de padecer (lit., Si el Cristo...)

3806   πάθος — páthos
Ro 1:26 los entregó a pasiones vergonzosas (lit.,...a pasiones de deshonor)
Col 3:5 pasiones desordenadas, malos deseos

3807 παιδαγωγός

         (**pasión**, concupiscencia mala, BC)
1 Ts 4:5 no en **pasión** de concupiscencia,

3807   παιδαγωγός* – paidagogós
1 Co 4:15 aunque tengáis diez mil **ayos**
Gá 3:24 la ley ha sido nuestro **ayo**
       25 venida la fe, ya no estamos bajo **ayo**,

3808   παιδάριον – paidárion
Mt 11:16 Es semejante **a los muchachos** (TR)
Jn 6:9 Aquí está un **muchacho**,

3809   παιδεία – paidéia o παιδία
Ef 6:4 criadlos en **disciplina** y amonestación
2 Ti 3:16 para instruir en justicia, (para **instrucción**..., VM)
He 12:5 no menosprecies la **disciplina** del Señor
       7 Si soportáis la **disciplina**, (TR, VM); (Sufrís pacientemente para **corrección**, VHA, WH, N, ABMW, NC, BC, BA)
       8 si se os deja sin **disciplina**, (si estáis..., VHA)
     11 Es verdad que ninguna **disciplina**

3810   παιδευτής – paideutés
Ro 2:20 **instructor** de los indoctos,
He 12:9 padres terrenales que nos disciplinaban (padres de nuestra carne como **correctores**, VHA)

3811   παιδεύω – paidéuo
Lc 23:16 Le soltaré, pues, **después de castigarle**.
     22 le **castigaré**, pues, y le soltaré. (**después de haberle castigado**, BC)
Hch 7:22 **fue enseñado** Moisés en toda la sabiduría
    22:3 **instruido** a los pies de Gamaliel,
1 Co 11:32 mas siendo juzgados, **somos castigados**
2 Co 6:9 como **castigados**, mas no muertos;
1 Ti 1:20 para que **aprendan** a no blasfemar. (lit., para que sean **enseñados**...)
2 Ti 2:25 que con mansedumbre **corrija**
Tit 2:12 **enseñándo**nos que, renunciando a la
He 12:6 el Señor al que ama, **disciplina**
       7 a quien el padre no **disciplina**?
     10 por pocos días nos **disciplinaban**
Ap 3:19 **castigo** a todos los que amo;

3812   παιδιόθεν – paidióthen
Mr 9:21 Y él dijo: **Desde niño**

3813   παιδίον – paidíon
Mt 2:8 averiguad con diligencia acerca del **niño**
      9 sobre donde estaba el **niño**
     11 vieron al **niño** con su madre María,
     13 toma al **niño**
          Herodes buscará al **niño** (...va a buscar..., VHA)
     14 tomó de noche al **niño**
     20 toma al **niño** y a su madre, los que procuraban la muerte del **niño**
     21 tomó al **niño** y a su madre,
  11:16 Es semejante **a los muchachos** (WH, N, ABMW)
  14:21 sin contar las mujeres y **los niños**
  15:38 sin contar las mujeres y **los niños**
  18:2 llamando Jesús **a un niño**, (TR); (él llamando..., WH, N, ABMW, VHA, NC, BC, BA)

Mt 18:3 si no os volvéis y os hacéis como **niños**,
      4 cualquiera que se humille como este **niño**
      5 que reciba en mi nombre a un **niño**
  19:13 le fueron presentados unos **niños**,
     14 Dejad a los **niños** venir a mí,
Mr 5:39 La **niña** no está muerta, sino duerme.
     40 tomó al padre...de la **niña** entró donde estaba la **niña**
     41 tomando la mano de la **niña**
  7:28 comen de las migajas de los **hijos**
     30 a la **hija** acostada en la cama (WH, N, ABMW)
  9:24 el padre del **muchacho**...dijo:
     36 tomó a un **niño**, y lo puso (tomando un **niño**, púsole, VHA)
     37 a un **niño** como este (...a uno de los tales **niños**, VM)
  10:13 le presentaban **niños**
     14 Dejad a los **niños** venir a mí,
     15 el que no reciba el reino de Dios como **un niño**
Lc 1:59 vinieron para circuncidar al **niño**
     66 ¿Quién, pues, será este **niño**?
     76 Y tú, **niño**, profeta del Altísimo
     80 el **niño** crecía, y se fortalecía
  2:17 que se les había dicho acerca del **niño** (...de este **niño**, VHA)
     21 para circuncidar al **niño** (TR, VHA, NC)
     27 cuando los padres del **niño** Jesús lo trajeron (cuando los padres trajeron al **niño**..., VHA)
     40 el **niño** crecía y se fortalecía,
  7:32 Semejantes son **a los muchachos**
  9:47 tomó **a un niño** y lo puso junto a sí, (lit., tomando...lo puso)
     48 Cualquiera que reciba a este **niño**
  11:7 mis **niños** están conmigo en cama;
  18:16 Dejad a los **niños** venir a mí,
     17 el que no recibe el reino de Dios como **un niño**
Jn 4:49 antes que mi **hijo** muera
  16:21 después que ha dado a luz un **niño**
  21:5 **Hijitos**, ¿tenéis algo de comer?
1 Co 14:20 Hermanos, no seáis **niños**
He 2:13 yo y los **hijos** que Dios me dio
     14 por cuanto los **hijos** participaron
  11:23 le vieron **niño** hermoso,
1 Jn 2:14 (13) Os escribo a vosotros, **hijitos** (TR, VHA, NC, BC); (Os he escrito..., VM, WH, N, ABMW, BA)
     18 **Hijitos**, ya es el último tiempo

3814   παιδίσκη – paidíske
Mt 26:69 y se le acercó una **criada**,
Mr 14:66 vino una de las **criadas** del sumo sacerdote
     69 la **criada**, viéndole otra vez,
Lc 12:45 comenzare a golpear...a las **criadas**
  22:56 una **criada**, al verle sentado
Jn 18:17 la **criada** portera dijo a Pedro
Hch 12:13 salió a escuchar una **muchacha**
Hch 16:16 una **muchacha** que tenía espíritu
Gá 4:22 uno de la **esclava**, el otro de la libre.
     23 el de la **esclava** nació según la carne
     30 Echa fuera a la **esclava** no heredará el hijo de la **esclava**
     31 no somos hijos de la **esclava**

3815   παίζω – paízo (páidzo)

1 Co	10:7	y se levantó a jugar

3816 παῖς — páis

Mt	2:16	mandó matar a todos los niños
	8:6	Señor, mi **criado** está postrado
	8	mi **criado** sanará (...será sanado, VHA)
	13	su **criado** fue sanado
	12:18	He aquí mi **siervo**, a quien he escogido;
	14:2	dijo a sus **criados**: Este es Juan
	17:18	el cual salió del **muchacho**, y éste quedó sano (salió de él..., y el **muchacho** quedó curado, BC)
	21:15	y a los **muchachos** aclamando
Lc	1:54	Socorrió a Israel su **siervo**
	69	En la casa de David su **siervo**
	2:43	se quedó el **niño** Jesús en Jerusalén,
	7:7	dí la palabra y mi **siervo** será sano
	8:51	al padre y a la madre de la **niña**
	54	**Muchacha**, levántate.
	9:42	sanó al **muchacho**
	12:45	comenzare a golpear a los **criados**
	15:26	llamando a uno de los **criados**
Jn	4:51	diciendo: Tu **hijo** vive
Hch	3:13	ha glorificado a su **Hijo** (glorificó a su **Siervo**, VHA)
	26	habiendo levantado a su **Hijo**, (Habiendo..., levantado a su **Siervo**, VHA)
	4:25	que por boca de David tu **siervo** (TR, VM, NC); (que...por boca de nuestro padre David, tu **siervo**, VHA, WH, N, ABMW, BC, BA)
	27	contra tu santo **Hijo** (contra tu santo **Siervo**, VHA)
	30	tu santo **Hijo** Jesús (tu santo **Siervo** Jesús, VHA)
	20:12	Y llevaron al **joven** vivo.

3817 παίω — páio

Mt	26:68	quién es el **que** te golpeó
Mr	14:47	hirió al siervo del sumo sacerdote
Lc	22:64	¿quién es el **que** te golpeó?
Jn	18:10	hirió al siervo del sumo sacerdote,
Ap	9:5	cuando **hiere** al hombre.

3819 πάλαι — pálai

Mt	11:21	**tiempo ha** que se hubieran arrepentido
Mr	15:44	si ya estaba muerto (V60, WH, NC, BA); (si **hacía mucho** que había muerto, VHA, TR, N, ABMW, VM)
Lc	10:13	**tiempo ha** que sentadas en cilicio
2 Co	12:19	¿Pensáis **aún** que nos disculpamos (V60) (¿Pensáis que **todo este tiempo** nos estamos justificando, VM, WH, N, ABMW VHA, NC, BC, BA); (lit., Otra vez pensáis..., TR)
He	1:1	de muchas maneras **en otro tiempo** (**antiguamente**..., VHA)
2 P	1:9	la purificación de sus **antiguos** pecados.
Jud	4	los que **desde antes** habían sido destinados

3820 παλαιός — palaiós

Mt	9:16	remiendo de paño nuevo en vestido **viejo**
	17	Ni echan vino nuevo en odres **viejos**
	13:52	cosas nuevas y **cosas viejas**
Mr	2:21	remiendo de paño nuevo en vestido **viejo** el mismo remiendo nuevo tira de lo **viejo** (el mismo remiendo tira de él, lo nuevo de lo **viejo**, VM)
Mr	2:22	nadie echa vino nuevo en odres **viejos**
Lc	5:36	lo pone en un vestido **viejo** no armoniza con el **viejo**
	37	nadie echa vino nuevo en odres **viejos**
	39	ninguno que beba del **añejo** dice: El **añejo** es mejor.
Ro	6:6	que nuestro **viejo** hombre fue crucificado
1 Co	5:7	Limpiaos, pues, de la **vieja** levadura,
	8	no con la **vieja** levadura,
2 Co	3:14	cuando leen el **antiguo** pacto, (en la lectura...del **antiguo** pacto, VHA)
Ef	4:22	despojaos del **viejo** hombre,
Col	3:9	habiéndoos despojado del **viejo** hombre
1 Jn	2:7	el mandamiento **antiguo** que habéis tenido este mandamiento **antiguo** es la palabra

3821 παλαιότης* — palaiótes

Ro	7:6	no bajo el régimen **viejo** de la letra. (no **en vejez** de letra, VHA)

3822 παλαιόω — palaióo

Lc	12:33	haceos bolsas **que no se envejezcan**,
He	1:11	todos ellos **se envejecerán**
	8:13	Nuevo pacto, **ha dado por viejo** al primero lo **que se da por viejo**

3823 πάλη* — pále

Ef	6:12	no tenemos **lucha** (no es nuestra **lucha**, BC)

3824 παλιγγενεσία* † — paliggenesía (palinguenesía)

Mt	19:28	en la **regeneración**, cuando el Hijo
Tit	3:5	por el lavamiento **de la regeneración**

3825 πάλιν — pálin
(1) πάλιν expresado con **volver** a más infinitivo;
(2) εἰς τὸ πάλιν

Mt	4:7	Escrito está **también**
	8	**Otra vez** le llevó el diablo
	5:33	Además habéis oído que fue dicho
	13:44	Además, el reino de los cielos (TR)
	13:45	**También** el reino de los cielos
	47	Asimismo el reino de los cielos
	18:19	**Otra vez** os digo (TR, ABMW, VM, BA); (De cierto os digo **también**, VHA, WH, N, NC, BC)
	19:24	**Otra vez** os digo, que es más fácil
	20:5	Salió **otra vez** cerca de las horas (habiendo salido..., BC)
	21:36	Envió de nuevo otros siervos,
	22:1	(1) les **volvió** a hablar en parábolas,
	4	(1) **Volvió** a enviar otros siervos,
	26:42	**Otra vez**...oró por segunda vez,
	43	Vino **otra vez** y los halló (viniendo..., VM)
	44	se fue **de nuevo**, (retirándose **de nuevo**, BC) diciendo las mismas palabras (lit.,...la misma palabra, TR); (lit., diciendo de nuevo la misma palabra, WH, N, ABMW, VHA, VM, NC, BC, BA)
	72	él negó **otra vez**
	27:50	Jesús, habiendo **otra vez** clamado
Mr	2:1	Entró...**otra vez** a Capernaum (habiendo entrado..., BC)
	13	(1) Después **volvió** a salir al mar;
	3:1	**Otra vez** entró...en la sinagoga
	20	se agolpó **de nuevo** la gente, (juntóse..., VHA)

Mr	4:1	**Otra vez** comenzó Jesús a enseñar	Jn	10:39	Procuraron **otra vez** prenderle,
	5:21	Pasando **otra vez** Jesús en una barca		40	se fue **de nuevo** al otro lado
	7:14	llamando a sí a toda la multitud (TR);		11:7	Vamos a Judea **otra vez**.
		(llamando a la multitud **otra vez**, BA, WH, N, ABMW, VHA, VM, NC, BC)		8	¿y **otra vez** vas allá?
				38	profundamente conmovido **otra vez**
	31 (1)	**Volviendo** a salir de la región (...de los confines, VM)		12:22	**entonces** Andrés y Felipe se lo dijeron (TR, VHA)
	8:1	como había una gran multitud (TR); (como **de nuevo** hubiese mucho gentío, BC, WH, N, ABMW, VHA, VM, NC, BA)		28	y lo glorificaré **otra vez**.
				39	porque **también** dijo Isaías:
			Jn	13:12	volvió a la mesa (V60, VHA) (lit., se sentó **otra vez** a la mesa, WH, N, ABMW); (reclinádose **otra vez**, VM, TR, NC, BC, BA, VA)
	13 (1)	**volvió** a entrar en la barca, (embarcando **de nuevo**, BC)			
	25	Luego le puso **otra vez** las manos			
	10:1 (1)	**volvió** el pueblo a juntarse a él, **de nuevo** les enseñaba		14:3	vendré **otra vez**
				16:16	**de nuevo** un poco, y me veréis
	10:10 (1)	En casa **volvieron**...a preguntarle		17	**de nuevo** un poco, y me veréis;
	24 (1)	Jesús, respondiendo, **volvió** a decirles		19	**de nuevo** un poco y me veréis?
	32 (1)	**volviendo a** tomar a los doce		22 (1)	os **volveré** a ver
	11:3	luego lo devolverá (TR, VM, NC, BA) (lo enviará **de nuevo** aquí, VHA, WH, N, ABMW, BC)		28	**otra vez** dejo el mundo,
				18:7	(1) **Volvió**, pues, a preguntarles
				27	Negó Pedro **otra vez**; (Pedro entonces..., VM)
	27	Volvieron entonces a Jerusalén (vienen **otra vez**..., VM)			
				33 (1)	Pilato **volvió** a entrar en el pretorio
	12:4	**Volvió** a enviarles otro siervo;		38	salió **otra vez** a los judíos,
	5 (1)	**Volvió** a enviar otro, (TR)		40	dieron voces **de nuevo**, diciendo
	14:39	**Otra vez**...oró		19:4	Entonces Pilato salió **otra vez**
	40	Al volver, **otra vez** los halló (TR, BC); (Viniendo **otra vez**, los encontró, NC, WH, N, ABMW, VHA, VM, NC, BA)		9	entró **otra vez** en el pretorio
				37	**también** otra Escritura dice:
				20:10	Y volvieron los discípulos (Entonces partieron los discípulos **otra vez**, VM)
	61 (1)	le **volvió** a preguntar, y le dijo:			
	69	viéndole **otra vez**, comenzó a decir (TR); (viéndole..., empezó **otra vez** a decir, VHA, WH, N, ABMW, VM, NC, BC, BA)		21	Jesús les dijo **otra vez**
				26	estaban **otra vez** sus discípulos
				21:1	Jesús se manifestó **otra vez**
	70	Pero él negó **otra vez** dijeron **otra vez** a Pedro		16 (1)	**Volvió** a decirle la segunda vez
			Hch	10:15	Volvió la voz a él (lit., y una voz **otra vez** a él)
	15:4	**Otra vez** le preguntó Pilato,			
	12	Respondiendo Pilato, les dijo **otra vez**		16 (1)	**volvió** a ser recogido (TR)
	13 (1)	ellos **volvieron** a dar voces		11:10	(1) **volvió** todo a ser llevado arriba
Lc	6:43	ni árbol malo el que da (TR, VHA); (ni **tampoco**..., VM, WH, N, ABMW, NC, BC, BA)		17:32	te oiremos acerca de esto **otra vez**
				18:21	**otra vez** volveré a vosotros,
				27:28	(1) **volviendo** a echar la sonda,
	13:20 (1)	**volvió** a decir: ¿A qué compararé	Ro	8:15	para estar **otra vez** en temor
	23:20	Les habló **otra vez** Pilato,		11:23	(1) poderoso es Dios para **volverl**os a injertar
Jn	1:35	El siguiente día **otra vez** estaba Juan		15:10	Y **otra vez** dice:
	4:3	se fue **otra vez** a Galilea.		11	Y **otra vez**: Alabad al Señor
	13	**volverá** a tener sed		12	Y **otra vez** dice Isaías
	46	**otra vez** a Caná de Galilea.	1 Co	3:20	**otra vez**: El Señor conoce
	54	Esta segunda señal hizo Jesús, cuando fue (V60, NC, BA) (Al venir **otra vez** Jesús... hizo esta segunda señal, VHA, VM) (Este segundo milagro hízolo **nuevamente** Jesús..., BC, TR, WH, N, ABMW)		7:5	(1) y **volved** a juntaros en uno, (E, VM, NC, BA); (y **volváis** después a estar juntos VHA, S, WH, N, ABMW, BC)
				12:21	ni **tampoco** la cabeza a los pies
			2 Co	1:16	y desde Macedonia venir **otra vez**
	6:15 (1)	**volvió** a retirarse al monte él solo.		2:1	no ir **otra vez** a vosotros con tristeza
	8:2	|volvió al templo, (se presentó **otra vez** en el templo, VHA)|		3:1	¿**Comenzamos otra vez** a recomendarnos
	8	|inclinándose **de nuevo** hacia el suelo|		5:12	No nos recomendamos, pues, **otra vez**
	12	**Otra vez** Jesús les habló, (**Otra vez**, pues,..., VM)		10:7	esto **también** piense por sí mismo
				11:16	**Otra vez** digo: Que nadie
	21	**Otra vez** les dijo Jesús: (**Otra vez**, pues,..., VM)		12:19	¿Pensáis aún que nos disculpamos (V60) (¿Pensáis que todo este tiempo..., VM, WH, N, ABMW, VHA, NC, BC, BA); (lit., **Otra vez** pensáis..., TR)
	9:15 (1)	**Volvieron**, pues, a preguntarle			
	17 (1)	**volvieron** a decirle al ciego;		21	que cuando vuelva, (que cuando yo vaya **otra vez**, VM)
	26	Le **volvieron** a decir: (TR, VM, NC)			
	27	¿por qué lo queréis oír **otra vez**?		13:2	(2) si voy **otra vez**
	10:7 (1)	**Volvió**, pues, Jesús a decirles:	Gá	1:9	también ahora lo repito: (...lo digo **de nuevo**, BC)
	17 (1)	para **volverla** a tomar			
	18 (1)	para **volverla** a tomar		17	volví **de nuevo** a Damasco
	19 (1)	**Volvió** a haber disensión		2:1	subí **otra vez** a Jerusalén
	31 (1)	**volvieron** a tomar piedras		18 (1)	las mismas **vuelvo** a edificar

		παμπληθεί 3826	613		3842 πάντοτε

Gá 4:9 ¿cómo es que volvéis de nuevo
 (1) a los cuales os queréis volver a esclavizar
 19 (1) por quienes vuelvo a sufrir
 5:1 y no estéis otra vez sujetos
 3 otra vez testificó a todo hombre
Fil 1:26 por mi presencia otra vez entre vosotros
 2:28 para que al verle de nuevo,
 4:4 Otra vez digo: ¡Regocijaos!
He 1:5 otra vez: Yo seré a él Padre
 6 otra vez, cuando introduce
 2:13 otra vez: Yo confiaré (lit.,...estaré confiado)
 de nuevo: He aquí, yo y los hijos
 4:5 otra vez aquí: No entrarán
 7 otra vez determina un día
 5:12 (1) tenéis necesidad de que se os vuelva a enseñar (otra vez tenéis necesidad de que alguien os enseñe, BA)
 6:1 no echando otra vez el fundamento
 6 sean otra vez renovados (renovarlos otra vez, VM)
 10:30 otra vez: El Señor juzgará
Stg 5:18 otra vez oró, y el cielo dio lluvia,
2 P 2:20 enredándose otra vez en ellas
1 Jn 2:8 Sin embargo os escribo un mandamiento nuevo, (Además, os escribo..., VHA)
Ap 10:8 habló otra vez conmigo, (de nuevo hablando..., BA)
 11 Es necesario que profetices otra vez

παλινγενεσία véase παλιγγενεσία, 3824, pág. 611

3826 παμπληθεί* – pamplethéi o παυπληθεί
Lc 23:18 toda la multitud dió voces a una

3827 πάμπολυς – pámpolus
Mr 8:1 como había una gran multitud (TR)

3828 Παμφυλία – Pamfulía
Hch 2:10 en Frigia y Panfilia;
 13:13 arribaron a Perge de Panfilia
 14:24 vinieron a Panfilia
 15:38 que se había apartado de ellos desde Panfilia
 27:5 frente a Cilicia y Panfilia,

3829 πανδοχεῖον* – pandocéion (pandojéion) o πανδοκεῖον
Lc 10:34 lo llevó al mesón

3830 πανδοχεύς* – pandocéus (pandojéus) o πανδοκεύς
Lc 10:35 los dio al mesonero

3831 πανήγυρις – panéguris
He 12:23 (22) a la compañía de muchos millares de ángeles, a la congregación (a miríadas, de ángeles, a la festiva asamblea y a la Iglesia, BC)

3832 πανοικεί – panoikéi o πανοικί
Hch 16:34 se regocijó con toda su casa

3833 πανοπλία – panoplía
Lc 11:22 le quita todas sus armas en que confiaba
Ef 6:11 Vestíos de toda la armadura
 13 tomad toda la armadura

3834 πανουργία – panourgía (panourguía)
Lc 20:23 Mas él, comprendiendo la astucia
1 Co 3:19 a los sabios en la astucia de ellos,
2 Co 4:2 no andando con astucia
 11:3 con su astucia engañó a Eva,
Ef 4:14 con astucia las artimañas del error, (lit., por astucia en conformidad con la artimaña del error)

3835 πανοῦργος – panóurgos
2 Co 12:16 sino que como soy astuto
3836 Véase abajo
3837 πανταχῇ – pantacé (pantajé)
Hch 21:28 que por todas partes enseña a todos (WH, N, ABMW)

3836 πανταχόθεν – pantacóthen (pantajóthen)
Mr 1:45 venían a él de todas partes, (TR)
3837 Véase arriba
3837 A πανταχοῦ – pantacóu (pantajóu)
Mr 1:28 se difundió su fama por toda la provincia (TR); (...por doquiera en toda la región, VHA, WH, N, ABMW, VM, NC, BC, BA)
 16:20 [saliendo, predicaron en todas partes,]
Lc 9:6 y sanando por todas partes.
Hch 17:30 en todo lugar, que se arrepientan
 21:28 por todas partes enseña a todos (TR)
 24:3 lo recibimos en todo tiempo y en todo lugar
 28:22 en todas partes se habla contra ella
1 Co 4:17 de la manera que enseño en todas partes

3838 παντελής** – pantelés
 εἰς τὸ παντελές
Lc 13:11 en ninguna manera se podía enderezar.
He 7:25 puede también salvar perpetuamente

3839 πάντη** – pánte
Hch 24:3 lo recibimos en todo tiempo

3840 πάντοθεν – pántothen
Mr 1:45 venían a él de todas partes. (WH, N, ABMW)
Lc 19:43 y por todas partes te estrecharán,
Jn 18:20 se reúnen todos los judíos (V60, WH, N, ABMW, VHA, VM, NC, BC, BA); (lit.,... siempre los judíos, S); (lit.,...en todas partes los judíos, E)
He 9:4 cubierta de oro por todas partes,

3841 παντοκράτωρ† – pantokrátor
2 Co 6:18 dice el Señor Todopoderoso.
Ap 1:8 y que ha de venir, el Todopoderoso.
 4:8 es el Señor Dios Todopoderoso
 11:17 Te damos gracias, Señor Dios Todopoderoso
 15:3 son tus obras, Señor Dios Todopoderoso
 16:7 Señor Dios Todopoderoso, tus juicios
 14 aquel gran día del Dios Todopoderoso
 19:6 el Señor nuestro Dios Todopoderoso reina!
 15 la ira del Dios Todopoderoso
 21:22 el Señor Dios Todopoderoso es el templo

3842 πάντοτε** – pántote
Mt 26:11 Porque siempre tendréis pobres pero a mí no siempre me tendréis.
Mr 14:7 Siempre tendréis a los pobres (lit., siempre

πάντως 3843

les podréis hacer bien, [WH])
- Mr 14:7 pero a mí no **siempre** me tendréis.
- Lc 15:31 Hijo, tú **siempre** estás conmigo
- 18:1 sobre la necesidad de orar **siempre**
- Jn 6:34 Señor, danos **siempre** este pan.
- 7:6 mas vuestro tiempo **siempre** está presto
- 8:29 porque yo hago **siempre** lo que le agrada.
- 11:42 Yo sabía que **siempre** me oyes
- 12:8 a los pobres **siempre** los tendréis
  mas a mí no **siempre** me tendréis
- 18:20 **siempre** he enseñado en la sinagoga
  se reúnen todos los judíos (V60, WH, N, ABMW, VHA, VM, NC, BC, BA); (lit.,...
  siempre los judíos, S); (lit.,...en todas partes los judíos, E)
- Ro 1:10 (9) hago mención de vosotros **siempre**
- 1 Co 1:4 Gracias doy a mi Dios **siempre** por vosotros,
- 15:58 creciendo en la obra del Señor **siempre**
- 2 Co 2:14 el cual nos lleva **siempre** en triunfo
- 4:10 llevando en el cuerpo **siempre**
- 5:6 Así que vivimos confiados **siempre**
  (confiados, pues, osadamente en todo tiempo, BC)
- 9:8 teniendo **siempre**...todo lo suficiente
- Gá 4:18 Bueno es mostrar celo en lo bueno **siempre**
- Ef 5:20 dando **siempre** gracias
- Fil 1:4 **siempre** en todas mis oraciones (**siempre**, en toda súplica mía, VHA)
- 20 como **siempre**, ahora también
- 2:12 como **siempre** habéis obedecido
- 4:4 Regocijaos en el Señor **siempre**
- Col 1:3 **Siempre** orando por vosotros
- 4:6 Sea vuestra palabra **siempre** con gracia
- 12 **siempre** rogando encarecidamente
- 1 Ts 1:2 Damos **siempre** gracias a Dios
- 2:16 así colman ellos **siempre** la medida
- 3:6 **siempre** nos recordáis con cariño,
  (conserváis **siempre** buena memoria de nosotros, VM)
- 4:17 y así estaremos **siempre** con el Señor.
- 5:15 antes seguid **siempre** lo bueno
- 16 Estad **siempre** gozosos.
- 2 Ts 1:3 Debemos **siempre** dar gracias a Dios
- 11 oramos **siempre** por vosotros
- 2:13 debemos dar **siempre** gracias a Dios
- 2 Ti 3:7 Estas **siempre** están aprendiendo, (las cuales **siempre**..., VHA)
- Flm 4 haciendo **siempre** memoria de ti
- He 7:25 viviendo **siempre** para interceder por ellos

3843 πάντως — pántos
- Lc 4:23 **Sin duda** me diréis este refrán:
- Hch 18:21 Es necesario que **en todo caso** yo guarde (TR, VM, [BA])
- 21:22 La multitud se reunirá **de cierto**, porque oirán (TR, VM, [BA]); (**Seguramente** oirán, VHA, WH, N, ABMW, NC, BC)
- 28:4 **Ciertamente** este hombre es homicida,
- Ro 3:9 En ninguna manera, (No **por cierto**, VHA)
- 1 Co 5:10 no **absolutamente** con los fornicarios
- 9:10 o lo dice **enteramente** por nosotros?
- 22 para que **de todos modos** salve a algunos
- 16:12 de ninguna manera tuvo voluntad de ir (**decididamente** no había voluntad de ir, BC)

3845 παραβαίνω — parabáino
- Mt 15:2 ¿Por qué tus discípulos **quebrantan**

614

3850 παραβολή

(...**traspasan**, VHA)
- Mt 15:3 ¿Por qué también vosotros **quebrantáis** (...**traspasáis**, VHA)
- Hch 1:25 de que **cayó** Judas por transgresión
- 2 Jn 9 Cualquiera **que se extravía** (TR, NC)

3846 παραβάλλω — parabállo (parabálo)
- Mr 4:30 con qué parábola lo **compararemos**? (TR)
- Hch 20:15 al otro día **tomamos puerto** en Samos;

3847 παράβασις — parábasis
- Ro 2:23 ¿con **infracción** de la ley deshonras a Dios?
- 4:15 donde no hay ley, tampoco hay **transgresión**
- 5:14 a la manera de la **transgresión** de Adán,
- Gá 3:19 Fue añadida a causa de las **transgresiones**
- 1 Ti 2:14 siendo engañada, incurrió en **transgresión**
- He 2:2 toda **transgresión** y desobediencia
- 9:15 para la remisión de las **transgresiones**

3848 παραβάτης** — parabátes
- Ro 2:25 pero si eres **transgresor** de la ley,
- 27 que...eres **transgresor** de la ley
- Gá 2:18 **transgresor** me hago.
- Stg 2:9 por la ley como **transgresores**
- 11 te has hecho **transgresor** de la ley

3849 παραβιάζομαι — parabiázomai (parabiádzomai)
- Lc 24:29 ellos le **obligaron** a quedarse (le **instaron**, BA)
- Hch 16:15 Y nos **obligó** a quedarnos (nos **constriñó**, VHA)

3850 Véase abajo
3851 παραβολεύομαι*† — paraboléuomai
- Fil 2:30 **exponiendo** su vida (WH, N, ABMW)

3850 παραβολή — parabolé
- Mt 13:3 les habló muchas cosas por **parábolas**
- 10 ¿Por qué les hablas por **parábolas**?
- 13 Por eso les hablo por **parábolas**?
- 18 Oíd, pues, vosotros la **parábola**
- 24 Les refirió otra **parábola**
- 31 Otra **parábola** les refirió,
- 33 Otra **parábola** les dijo:
- 34 habló Jesús por **parábolas**
  sin **parábolas** no les hablaba; (sin **parábola** nada les hablaba, VHA)
- 35 Abriré en **parábolas** mi boca;
- 36 Explícanos la **parábola** de la cizaña
- 53 cuando terminó Jesús estas **parábolas**,
- 15:15 Explícanos esta **parábola**, (TR, NC, BC); (...la **parábola**, VHA, WH, N, ABMW, VM, BA)
- 21:33 Oíd otra **parábola**
- 45 oyendo sus **parábolas** los principales
- 22:1 les volvió a hablar en **parábolas**, (les habló otra vez..., VM)
- 24:32 De la higuera aprended la **parábola**
- Mr 3:23 les decía en **parábolas**
- 4:2 les enseñaba por **parábolas**
- 10 le preguntaron sobre la **parábola**
- 11 por **parábolas** todas las cosas
- 13 ¿No sabéis esta **parábola**?
  ¿Cómo, pues, entenderéis todas las **parábolas**?
- 30 con qué **parábola** lo compararemos?
- 33 Con muchas **parábolas** como estas

	παραβουλεύομαι 3851A		3855 παράγω
Mr	4:34 sin **parábolas** no les hablaba; (sin **parábola**..., VHA)	Hch 23:22	**mandándole** que a nadie dijese
	7:17 le preguntaron...sobre la **parábola**	30	**intimando** también a los acusadores (**mandando**..., VHA)
	12:1 comenzó Jesús a decirles por **parábolas**	1 Co 7:10	**mando**, no yo, sino el Señor:
	12 decía contra ellos aquella **parábola**	11:17	al **anunciar**os esto (Al **mandar**os esto, VHA)
	13:28 De la higuera aprended la **parábola**	1 Ts 4:11	de la manera que os **hemos mandado**,
Lc	4:23 Sin duda me diréis este **refrán**	2 Ts 3:4	lo que os **hemos mandado** (las cosas que os **mandamos**, VHA)
	5:36 Les dijo también una **parábola**:		
	6:39 les decía una **parábola** (TR); (les decía también..., VHA, WH, N, ABMW, VM, NC, BC, BA)	6	Pero os **ordenamos**, hermanos
		10	os **ordenábamos** esto: Si alguno
		12	A los tales **mandamos** y exhortamos
	8:4 les dijo por **parábola**	1 Ti 1:3	para que **mandases** a algunos
	9 ¿Qué significa esta **parábola** (lit., ¿Qué sería...?)	4:11	Esto **manda** y enseña. (...estas cosas, VHA)
		5:7	**Manda** también estas cosas
	10 pero a los otros por **parábolas**,	6:13	Te **mando** delante de Dios,
	11 Esta es, pues, la **parábola**	17	**manda** que no sean altivos,
	12:16 También les refirió una **parábola**,		
	41 ¿dices esta **parábola** a nosotros,	3854	παραγίνομαι – paragínomai (paraguínomai)
	13:6 Dijo también esta **parábola**:		
	14:7 refirió a los convidados una **parábola**,	Mt 2:1	**vinieron** del oriente a Jerusalén
	15:3 Entonces él les refirió esta **parábola**	3:1	**vino** Juan el Bautista
	18:1 les refirió... una **parábola**	13	Jesús **vino** de Galilea a Juan
	9 dijo también esta **parábola**	Mr 14:43	**vino** Judas, que era uno de los doce,
	19:11 dijo una **parábola**,	Lc 7:4	ellos **vinieron** a Jesús (**Presentándose** ellos..., VHA)
	20:9 decir al pueblo esta **parábola**		
	19 había dicho esta **parábola**	20	Cuando, pues, los hombres **vinieron** a él
	21:29 les dijo una **parábola**	8:19	su madre y sus hermanos **vinieron** a él
He	9:9 Lo cual es **símbolo** para el tiempo	11:6	un amigo mío **ha venido**
	11:19 de donde, en **sentido figurado**,	12:51	¿Pensáis que **he venido** para dar paz
3851	Véase antes de 3850	14:21	**Vuelto** el siervo, hizo saber
3851 A	παραβουλεύομαι** - parabouléuomai	19:16	**Vino** el primero, diciendo
Fil	2:30 **exponiendo** su vida (TR)	22:52	que habían **venido** contra él:
		Jn 3:23	y **venían**, y eran bautizados.
3852	παραγγελία* – paraggelía (paranguelía)	8:2	[volvió al templo (**se presentó** otra vez en el Templo, VHA)]
Hch	5:28 ¿No os mandamos estrictamente (lit., ¿No os mandamos **con un mandato**) (TR, VM); (lit., Os mandamos **con un mandato**, WH, N, ABMW, VHA, NC, BC, BA)	Hch 5:21	**vinieron** el sumo sacerdote (**viniendo**..., VM)
		22	cuando **llegaron** los alguaciles,
		25	Pero **viniendo** uno, les dio esta noticia:
	16:24 El cual, recibido este **mandato**	9:26	Cuando **llegó** a Jerusalén,
1 Ts	4:2 ya sabéis qué **instrucciones**	39	cuando **llegó**, le llevaron a la sala,
1 Ti	1:5 Pues el propósito de este **mandamiento**	10:32	cuando **llegue**, él te hablará. (TR)
	18 Este **mandamiento**, hijo Timoteo	33	y tú has hecho bien **en venir**
		11:23	cuando **llegó**, y vio la gracia
3853	παραγγέλλω – paraggéllo (paranguélo)	13:14	**llegaron** a Antioquía de Pisidia
Mt	10:5 y les **dio instrucciones** (**después de darles: instrucciones**, BC)	14:27	habiendo **llegado**, y reunido la iglesia
		15:4	**llegados** a Jerusalén, fueron recibidos
	15:35 **mandó** a la multitud (**habiendo mandado**..., VHA) (WH, N, ABMW)	17:10	habiendo **llegado**, entraron en la sinagoga
Mr	6:8 Y les **mandó** que no llevasen	18:27	**llegado** él allá, fue de gran provecho
	8:6 **mandó** a la multitud que se recostase	20:18	Cuando **vinieron** a él,
Lc	5:14 él le **mandó** que no le dijese	21:18	se hallaban reunidos todos (**acudieron** todos, BC)
	8:29 **mandaba** al espíritu inmundo		
	56 les **mandó** que a nadie dijesen	23:16	fue y entró en la fortaleza, (**presentándose** y entrando..., BC)
	9:21 les **mandó** que a nadie dijesen		
Hch	1:4 estando juntos, les **mandó**	35	Te oiré cuando **vengan** tus acusadores.
	4:18 les **intimaron** que en ninguna manera (les **mandaron**,...VHA)	24:17	vine a hacer limosnas a mi nación
		24	viniendo Félix con Drusila
	5:28 ¿No os **mandamos** (TR, VM); (Os **mandamos**, VHA, WH, N, ABMW, NC, BC, BA)	25:7	Cuando éste **llegó**, lo rodearon
		28:21	ni **ha venido** alguno de los hermanos (ni ninguno de los hermanos **que han venido**, VM)
	40 les **intimaron** que no hablasen (les **mandaron**..., VM)	1 Co 16:3	Y cuando **haya llegado**,
	10:42 Y nos **mandó** que predicásemos	2 Ti 4:16	ninguno **estuvo a mi lado** (WH, N, ABMW)
	15:5 **mandarles** que guarden la ley de Moisés.	He 9:11	Pero **estando ya presente** Cristo,
	16:18 Te **mando** en el nombre de Jesucristo,	3855	παράγω – parágo
	23 **mandando** al carcelero que los guardase	Mt 9:9	**Pasando** Jesús de allí,
	17:30 ahora **manda** a todos los hombres (TR, ABMW, VM, NC, BC)	27	**Pasando** Jesús de allí
		20:30	cuando oyeron que Jesús **pasaba**,

παραδειγματίζω 3856   3860 παραδίδωμι

Mr	1:16	**Andando** junto al mar (WH, N, ABMW)	Mt	27:2	le **entregaron** a Poncio Pilato
	2:14	al **pasar**, vio a Leví		3	Judas, el que le **había entregado**,
	15:21	obligaron a uno **que pasaba**		4	he pecado **entregando** sangre inocente
Jn	8:59	atravesando por en medio de ellos, **se fue**		18	por envidia le **habían entregado**
		(...así **pasó adelante**, VM) (TR)		26	le **entregó** para ser crucificado
	9:1	Al **pasar**...vio a un hombre	Mr	1:14	Después que Juan **fue encarcelado**
1 Co	7:31	la apariencia de este mundo **se pasa**			(...hubo sido **entregado**, BC)
1 Jn	2:8	las tinieblas **van pasando**		3:19	Judas Iscariote, el que le **entregó**
	17	el mundo **pasa**,		4:29	cuando el fruto **está maduro**.
				7:13	con vuestra tradición que **habéis transmitido**
3856		παραδειγματίζω – paradeigmatízo		9:31	El Hijo del Hombre **será entregado**
		(paradeigmatídzo)		10:33	el Hijo del Hombre **será entregado**
Mt	1:19	no quería **infamarla**, (TR)			le **entregarán** a los gentiles;
He	6:6	al Hijo de Dios y **exponiéndole** a vituperio		13:9	os **entregarán** a los concilios
				11	os trajeren para **entregaros**
3857		παράδεισος – parádeisos		12	el hermano **entregará** a la muerte
Lc	23:43	hoy estarás conmigo en el **paraíso**		14:10	fue a los principales...para **entregárselo**
2 Co	12:4	que fue arrebatado al **paraíso**,		11	buscaba oportunidad para **entregarle** (cómo
Ap	2:7	el cual está en medio del **paraíso** (TR, VM);			le **entregaría** oportunamente, VHA)
		(...en el **paraíso**, VHA, WH, N, ABMW,		18	uno de vosotros...me va a **entregar**.
		NC, BC, BA)		21	el Hijo del Hombre **es entregado**!
				41	el Hijo del Hombre **es entregado**
3858		παραδέχομαι – paradécomai		42	se acerca el **que me entrega**.
		(paradéjomai)		44	el **que le entregaba** les había dado
Mr	4:20	los que oyen la palabra y la **reciben**		15:1	le **entregaron** a Pilato
Hch	15:4	**fueron recibidos** por la iglesia		10	por envidia le **habían entregado**
		(WH, N, ABMW)		15	**entregó** a Jesús
	16:21	que no nos es lícito **recibir**	Lc	1:2	no lo **enseñaron** (nos los **trasmitieron**,
	22:18	porque no **recibirán** tu testimonio			VHA)
1 Ti	5:19	Contra un anciano no **admitas**		4:6	a mí me **ha sido entregada**,
He	12:6	azota a todo el que **recibe** por hijo		9:44	será **entregado** en manos de hombres. (va a
3859		Véase después de 1275. pág. 234			ser **entregado**, VHA)
3859 A		παραδιατριβή** – paradiatribé		10:22	Todas las cosas me **fueron entregadas**
1 Ti	6:5	**disputas necias** de hombres (**porfías** de		12:58	el juez te **entregue** (TR, VHA, VM, NC,
		hombres, VHA) (TR)			BA); (...te **entregará**, BC, WH, N, ABMW)
				18:32	Pues **será entregado** a los gentiles,
3860		παραδίδωμι – paradídomi		20:20	para **entregarle** al poder
Mt	4:12	Juan **estaba preso**		21:12	os **entregarán** a las sinagogas (**entregándoos**..,
	5:25	no sea que el adversario te **entregue**			VHA)
		el juez al alguacil (V60, WH, N, ABMW,		16	seréis **entregados** aun por vuestros padres
		VHA, NC, BC, BA); (el juez te **entregue**..		22:4	de cómo se lo **entregaría**
		VM, TR)		6	buscaba una oportunidad para **entregárselo**
	10:4	el **que** también le **entregó**		21	la mano del **que** me **entrega**
	17	os **entregarán** a los concilios,		22	por quien **es entregado**
	19	Mas cuando os **entreguen**		48	¿con un beso **entregas** al Hijo del Hombre?
	21	El hermano **entregará** a la muerte		23:25	**entregó** a Jesús a la voluntad de ellos.
	11:27	Todas las cosas me **fueron entregadas**		24:7	el Hijo del Hombre **sea entregado**
	17:22	El Hijo del Hombre será **entregado** (...va a		20	cómo le **entregaron** los principales
		ser **entregado**, VM)			sacerdotes
	18:34	le **entregó** a los verdugos,	Jn	6:64	quién le **había de entregar**. (quién era aquel
	20:18	el Hijo del Hombre **será entregado**			que le **había de entregar**, VM)
	19	le **entregarán** a los gentiles		71	éste era el que le iba a **entregar**
	24:9	Entonces os **entregarán**		12:4	el que le había de **entregar**
	10	y se **entregarán** unos a otros,		13:2	Judas Iscariote...que le **entregase**
	25:14	les **entregó** sus bienes.		11	sabía **quien** le iba a **entregar**
	20	cinco talentos me **entregaste**		21	uno de vosotros me **va a entregar**
	22	dos talentos me **entregaste**		18:2	Judas, el **que le entregaba**,
	26:2	y el Hijo del Hombre **será entregado**		5	el **que le entregaba**
	15	yo os lo **entregaré**?		30	no te lo **habríamos entregado**
	16	buscaba oportunidad para **entregarle**		35	te **han entregado** a mí
	21	uno de vosotros me **va a entregar**.		36	para que yo no **fuera entregado**
	23	ése me **va a entregar**		19:11	el **que** a ti me **ha entregado**
	24	por quien el Hijo del Hombre **es entregado**		16	Así que entonces lo **entregó** a ellos
	25	Judas el **que le entregaba**, dijo:		30	**entregó** el espíritu.
	45	el Hijo del Hombre **es entregado**		21:20	¿quién es el **que** te **ha de entregar**?
	46	ved, se acerca el **que** me **entrega**.	Hch	3:13	a quien vosotros **entregasteis**
	48	Y el **que le entregaba** les había dado		6:14	las costumbres que nos **dio** Moisés
				7:42	los **entregó** a que rindiesen culto
				8:3	los **entregaba** en la cárcel

παράδοξος 3861

Hch	12:4	entregándole a cuatro grupos de cuatro
	14:26	habían sido encomendados a la gracia
	15:26	hombres que han expuesto su vida (que han entregado sus vidas, BC)
	40	encomendado por los hermanos a la gracia
	16:4	les entregaban las ordenanzas
	21:11	le entregarán en manos de los gentiles
	22:4	prendiendo y entregando en cárceles
	27:1	entregaron a Pablo
	28:16	el centurión entregó los presos (TR, VM, BA)
	17	he sido entregado preso desde
Ro	1:24	Dios los entregó a la inmundicia
	26	Dios los entregó a pasiones vergonzosas
	28	Dios los entregó a una mente reprobada,
	4:25	fue entregado por nuestras transgresiones
	6:17	a la cual fuisteis entregados;
	8:32	lo entregó por todos nosotros,
1 Co	5:5	el tal sea entregado a Satanás (entregar a ese tal a Satanás, BC)
	11:2	tal como os las entregué
	23	lo que...os he enseñado (...os entregué, VHA)
		la noche que fue entregado
	13:3	si entregase mi cuerpo
	15:3	os he enseñado (os entregué, VHA)
	24	cuando entregue el reino al Dios
2 Co	4:11	estamos entregados a muerte
Gá	2:20	el cual me amó y se entregó
Ef	4:19	se entregaron a la lascivia
	5:2	se entregó a sí mismo por nosotros,
	25	se entregó a sí mismo por ella,
1 Ti	1:20	a quienes entregué a Satanás
1 P	2:23	encomendaba la causa al que juzga
2 P	2:4	arrojándolos al infierno los entregó
	21	del santo mandamiento que les fue dado (...que les fue entregado, VHA)
Jud	3	dada a los santos. (entregada...a los santos, VHA)

3861 παράδοξος — parádoxos

Lc 5:26 Hoy hemos visto maravillas

3862 παράδοσις — parádosis

Mt	15:2	quebrantan la tradición de los ancianos
	3	el mandamiento de Dios por vuestra tradición?
	6	habéis invalidado...por vuestra tradición
Mr	7:3	aferrándose a la tradición
	5	no andan conforme a la tradición
	8	os aferráis a la tradición de los hombres
	9	para guardar vuestra tradición
	13	invalidando...con vuestra tradición
1 Co	11:2	retenéis las instrucciones (...tradiciones, BC)
Gá	1:14	de las tradiciones de mis padres
Col	2:8	según las tradiciones de los hombres (...la tradición..., VHA)
2 Ts	2:15	retened la doctrina (...las tradiciones, VM)
	3:6	no según la enseñanza (...tradición, BC)

3863 παραζηλόω† — parazeló o (paradzelóo)

Ro	10:19	Yo os provocaré a celos
	11:11	para provocarles a celos.
	14	si en alguna manera pueda provocar a celos
1 Co	10:22	¿O provocaremos a celos al Señor?

3864 παραθαλάσσιος — parathalássios

Mt 4:13 ciudad marítima, en la región (que está junto al mar,..., BA)

3865 παραθεωρέω* — paratheoréo

Hch 6:1 las viudas de aquéllos eran desatendidas

3866 παραθήκη — parathéke

1 Ti	6:20	guarda lo que se te ha encomendado, (WH, N, ABMW)
2 Ti	1:12	para guardar mi depósito
	14	Guarda el buen depósito (WH, N, ABMW)

3867 παραινέω** — parainéo

| Hch | 27:9 | Pablo les amonestaba |
| | 22 | ahora os exhorto a tener buen ánimo |

3868 παραιτέομαι — paraitéomai

Mr	15:6	cualquiera que pidiesen (WH, N, ABMW)
Lc	14:18	comenzaron a excusarse
		te ruego que me excuses (...que me tengas por excusado, VM)
	19	te ruego que me excuses. (...que me tengas por excusado, VM)
Hch	25:11	no rehúso morir
1 Ti	4:7	Desecha las fábulas profanas
	5:11	viudas más jóvenes no admitas
2 Ti	2:23	desecha las cuestiones necias
Tit	3:10	después de una y otra amonestación deséchalo
He	12:19	los que la oyeron rogaron
	25	Mirad que no desechéis al que habla si...aquellos que desecharon

3869 παρακαθέζομαι*† — parakathézomai (parakathédzomai)

Lc 10:39 sentándose a los pies de Jesús, (WH, N, ABMW)

3869 A παρακαθίζω** — parakathízo (parakathídzo)

Lc 10:39 sentándose a los pies de Jesús (TR)

3870 παρακαλέω — parakaléo

Mt	2:18	no quiso ser consolada,
	5:4	porque ellos recibirán consolación
	8:5	vino a él un centurión, rogándole
	31	los demonios le rogaron
	34	le rogaron que se fuera de sus contornos.
	14:36	le rogaban que les dejase tocar
	18:29	le rogaba diciendo: Ten paciencia
	32	te perdoné, porque me rogaste
	26:53	que no puedo ahora orar (...rogar, VHA)
Mr	1:40	Vino a él un leproso, rogándole
	5:10	le rogaba mucho que no los enviase
	12	le rogaron todos los demonios, (TR) ; (los demonios le rogaron, VM) ; (le rogaron, BA, WH, N, ABMW, VHA, NC, BC)
	17	comenzaron a rogarle que se fuera
	18	le rogaba que le dejase estar con él.
	23	le rogaba mucho, diciendo:
	6:56	le rogaban que les dejase tocar
	7:32	le rogaron que le pusiera
	8:22	le rogaron que le tocase.
Lc	3:18	Con estas y otras muchas exhortaciones (lit., exhortando muchas y otras cosas)

παρακαλύπτω 3871　　　　　　　　　　　618　　　　　　　　　　　3874 παράκλησις

Lc	7:4	le rogaron con solicitud,
	8:31	le rogaban que no los mandase
	32	le rogaron que los dejase entrar
	41	le rogaba que entrase en su casa
	15:28	le rogaba que entrase
	16:25	éste es consolado aquí
Hch	2:40	testificaba y les exhortaba
	8:31	rogó a Felipe que ...se sentara
	9:38	le enviaron dos hombres, a rogarle
	11:23	exhortó a todos a que con propósito
	13:42	les rogaron que el siguiente día de reposo
	14:22	exhortándoles a que permaneciesen
	15:32	consolaron y confirmaron a los hermanos
	16:9	un varón macedonio estaba...rogándole
	15	su familia, nos rogó diciendo
	39	Y viniendo, les rogaron
	40	los consolaron, y se fueron
	19:31	rogándole que no se presentase (le rogaron..., VM)
	20:1	y habiéndolos exhortado y abrazado, (WH, N, ABMW)
	2	después...de exhortarles con abundancia
	12	fueron grandemente consolados. (lit., fueron no poco consolados)
	21:12	le rogamos nosotros y los de aquel lugar
	24:4	te ruego que nos oigas brevemente
	25:2	se presentaron...y le rogaron
	27:33	Pablo exhortaba a todos
	34	os ruego que comáis (...que toméis alimento VHA)
	28:14	nos rogaron que nos quedásemos (fuimos invitados..., VHA)
	20	os he llamado para veros (he pedido..., BA)
Ro	12:1	os ruego por las misericordias de Dios
	8	el que exhorta, en la exhortación;
	15:30	os ruego, hermanos, por nuestro Señor
	16:17	os ruego, hermanos, que os fijéis
1 Co	1:10	Os ruego, pues, hermanos, por el nombre
	4:13	Nos difaman, y rogamos; (siendo difamados..., VHA)
	16	os ruego que me imitéis. (...que seáis imitadores de mí, VHA)
	14:31	todos sean exhortados.
	16:12	mucho le rogué que fuese a vosotros
	15	Hermanos, ya sabéis (Os recomiendo, hermanos-conocéis, BC)
2 Co	1:4	el cual nos consuela para que podamos también nosotros consolar
		con que nosotros somos consolados
	6	si somos consolados
	2:7	debéis perdonarle y consolarle
	8	Por lo cual os ruego que confirméis
	5:20	como si Dios rogase por medio de nosotros
	6:1	os exhortamos también a que no recibáis
	7:6	que consuela a los humildes
		nos consoló con la venida
	7	con que él había sido consolado
	13	Por esto hemos sido consolados
	8:6	de manera que exhortamos a Tito
	9:5	tuve por necesario exhortar a los hermanos
	10:1	Yo Pablo os ruego por la mansedumbre
	12:8	tres veces he rogado al Señor,
	18	Rogué a Tito, y envié con él
	13:11	consolaos, sed de un mismo sentir,
Ef	4:1	os ruego que andéis como es digno
	6:22	que consuele vuestros corazones.
Fil	4:2	Ruego a Evodia y a Síntique. (Ruego a Evodia, y ruego a Síntique, VM)
Col	2:2	para que sean consolados sus corazones,
	4:8	y conforte vuestros corazones,
1 Ts	2:11	(12) como el padre a sus hijos, exhortábamos (...exhortándoos, VM)
	3:2	y exhortaros respecto a vuestra fe
	7	fuimos consolados de vosotros
	4:1	os rogamos y exhortamos en el Señor
	10	Pero os rogamos, hermanos,
	18	alentaos los unos a los otros
	5:11	animaos unos a otros
	14	También os rogamos, hermanos,
2 Ts	2:17	conforte vuestros corazones
	3:12	A los tales mandamos y exhortamos
1 Ti	1:3	Como te rogué que te quedases
	2:1	Exhorto ante todo, (Exhorto, pues, ante todas cosas, VHA)
	5:1	exhórtale como a padre
	6:2	enseña y exhorta
2 Ti	4:2	reprende, exhorta con toda paciencia
Tit	1:9	para que también pueda exhortar
	2:6	Exhorta asimismo a los jóvenes
	15	habla, y exhorta y reprende
Flm	9	mas bien te ruego por amor,
	10	te ruego por mi hijo Onésimo,
He	3:13	antes exhortaos los unos a los otros
	10:25	sino exhortándonos
	13:19	más os ruego que lo hagáis así,
	22	Os ruego, hermanos, que soportéis
1 P	2:11	yo os ruego como a extranjeros
	5:1	Ruego a los ancianos
	12	amonestándoos, y testificando
Jud	3	exhortándoos que contendáis ardientemente

3871　　παρακαλύπτω – parakalúpto

Lc	9:45	les estaban veladas (les era encubierto, VHA)

3872　　παρακαταθήκη – parakatathéke

1 Ti	6:20	lo que se te ha encomendado (TR)
2 Ti	1:14	Guarda el buen depósito (TR)

3873　　παράκειμαι** – parákeimai

Ro	7:18	está en mí, (está presente en mí, BA)
	21	el mal está en mí. (lo malo está presente conmigo, VM)

3874　　παράκλησις – paráklesis

Lc	2:25	esperaba la consolación de Israel;
	6:24	ya tenéis vuestro consuelo
Hch	4:36	que traducido es, Hijo de consolación
	9:31	fortalecidos por el Espíritu Santo. (por la consolación del Espíritu Santo,VHA)
	13:15	alguna palabra de exhortación
	15:31	se regocijaron por la consolación
Ro	12:8	el que exhorta, en la exhortación
	15:4	por...la consolación de las Escrituras
	5	el Dios de la paciencia y de la consolación
1 Co	14:3	exhortación y consolación
2 Co	1:3	y Dios de toda consolación
	4	por medio de la consolación
	5	por el mismo Cristo nuestra consolación
	6	es para vuestra consolación es para vuestra consolación
	7	también lo sois en la consolación
	7:4	lleno estoy de consolación;
	7	sino también con la consolación
	13	hemos sido consolados en vuestra consolación, (TR); (hemos sido

παράκλητος 3875　　　　　　　　619　　　　　　　　3886 παραλύω

		consolados; pero además de nuestro consuelo, VHA, WH, N, ABMW, VM, NC, BC, BA)
2 Co	8:4	pidiéndonos con muchos ruegos (...con mucha instancia, VM)
	17	recibió la exhortación
Fil	2:1	si hay alguna consolación en Cristo,
1 Ts	2:3	nuestra exhortación no procedió
2 Ts	2:16	el cual...nos dio consolación eterna
1 Ti	4:13	ocúpate en...la exhortación
Flm	7	Pues tenemos gran gozo y consolación
He	6:18	tengamos un fortísimo consuelo
	12:5	habéis ya olvidado la exhortación
	13:22	la palabra de exhortación

3875　　　παράκλητος** – parákletos

Jn	14:16	os dará otro Consolador,
	26	el Consolador, el Espíritu Santo
	15:26	cuando venga el Consolador
	16:7	el Consolador no vendría
1 Jn	2:1	abogado tenemos para con el Padre,

3876　　　παρακοή* – parakoé

Ro	5:19	así como por la desobediencia
2 Co	10:6	para castigar toda desobediencia
He	2:2	toda transgresión y desobediencia recibió

3877　　　παρακολουθέω** – parakolouthéo

Mr	16:17	[estas señales seguirán, TR, N, ABMW]
Lc	1:3	después de haber investigado con diligencia
1 Ti	4:6	de la buena doctrina que has seguido
2 Ti	3:10	tú has seguido mi doctrina

3878　　　παρακούω – parakóuo

Mt	18:17	Si no los oyere a ellos, y si no oyere a la iglesia,
Mr	5:36	Jesús luego que oyó (TR, NC, BA); (...entreoyendo, VM) (...sin hacer caso, VHA) (WH, N, ABMW, BC)

3879　　　παρακύπτω – parakúpto

Lc	24:12	cuando miró dentro, (inclinándose, vio, VHA) (TR, [WH], [ABMW], VM, NC, BC, [BA])
Jn	20:5	Y bajándose a mirar, vio los lienzos
	11	se inclinó para mirar dentro
Stg	1:25	el que mira atentamente en la perfecta
1 P	1:12	en las cuales anhelan mirar los ángeles.

3880　　　παραλαμβάνω – paralambáno

Mt	1:20	no temas recibir a María tu mujer
	24	recibió a su mujer
	2:13	toma al niño y a su madre
	14	él, despertando, tomó de noche
	20	toma al niño y a su madre
	21	tomó al niño y a su madre
	4:5	Entonces el diablo le llevó
	8	Otra vez le llevó el diablo
	12:45	toma consigo otros siete espíritus
	17:1	Jesús tomó a Pedro, a Jacobo
	18:16	si no te oyere, toma aún contigo
	20:17	tomó a sus doce discípulos
	24:40	el uno será tomado, y el otro
	41	la una será tomada, y la otra
	26:37	tomando a Pedro, y a los dos hijos
	27:27	llevaron a Jesús al pretorio (llevando..., VM)
Mr	4:36	le tomaron como estaba,
	5:40	tomó al padre y a la madre
	7:4	muchas cosas hay que tomaron
	9:2	Jesús tomó a Pedro, a Jacobo
	10:32	a tomar a los doce (tomando otra vez..., VM)
	14:33	tomó consigo a Pedro, a Jacobo
Lc	9:10	tomándolos, se retiró aparte,
	28	tomó a Pedro,a Juan, y a Jacobo, (tomando..., VM)
	11:26	toma otros siete espíritus
	17:34	el uno será tomado, y el otro
	35	la una será tomada
	18:31	Tomando...a los doce,
Jn	1:11	los suyos no le recibieron
	14:3	os tomaré a mí mismo
	19:16	Tomaron, pues, a Jesús
Hch	15:39	Bernabé, tomando a Marcos,
	16:33	tomándolos en aquella misma hora
	21:24	Tómalos contigo, (tomando pues a éstos, VM)
	26	Pablo tomó consigo (...tomando..., BC)
	32	tomando luego soldados
	23:18	El entonces tomándole, le llevó
1 Co	11:23	yo recibí del Señor
	15:1	el cual también recibisteis,
	3	lo que asimismo recibí
Gá	1:9	del que habéis recibido
	12	yo ni lo recibí...de hombre
Fil	4:9	aprendisteis y recibisteis y oísteis
Col	2:6	habéis recibido al Señor Jesucristo,
	4:17	el ministerio que recibiste en el Señor.
1 Ts	2:13	de que cuando recibisteis la palabra
	4:1	de la manera que aprendisteis (según recibisteis, VM)
2 Ts	3:6	según la enseñanza que recibisteis
He	12:28	recibiendo nosotros un reino

3881　　　παραλέγομαι* – paralégomai

Hch	27:8	Y costeándola con dificultad
	13	iban costeando Creta

3882　　　παράλιος – parálios

Lc	6:17	de la costa de Tiro y de Sidón

3883　　　παραλλαγή – parallagé (paralagué)

Stg	1:17	en el cual no hay mudanza

3884　　　παραλογίζομαι – paralogízomai (paraloguízomai)

Col	2:4	para que nadie os engañe
Stg	1:22	engañándoos a vosotros mismos

3885　　　παραλυτικός*† – paralutikós

Mt	4:24	lunáticos y paralíticos
	8:6	está postrado en casa, paralítico,
	9:2	le trajeron un paralítico, dijo al paralítico:
	6	dice entonces al paralítico
Mr	2:3	trayendo un paralítico
	4	yacía el paralítico
	5	dijo al paralítico
	9	¿Qué es más fácil, decir al paralítico
	10	dijo al paralítico

3886　　　παραλύω – paralúo

Lc	5:18	un hombre que estaba paralítico
	24	dijo al paralítico

παραμένω 3887   620   3906 παρατηρέω

Hch	8:7	muchos **paralíticos** y cojos eran sanados
	9:33	Eneas, que...era **paralítico**
He	12:12	las rodillas **paralizadas**;

3887   παραμένω – paraméno
1 Co	16:6	que **me quede** con vosotros (TR, ABMW)
Fil	1:25	**permaneceré** con todos vosotros, (WH, N, ABMW)
He	7:23	por la muerte no podían **continuar**; (lit.,...siendo impedidos para **continuar**)
Stg	1:25	el que...**persevera** en ella,

3888   παραμυθέομαι** – paramuthéomai
Jn	11:19	para **consolar**las por su hermano
	31	que estaban...y la **consolaban**
1 Ts	2:12 (11)	exhortábamos y consolábamos (exhortándoos, y **alentándoos**, VM)
	5:14	que **alentéis** a los de poco ánimo

3889   παραμυθία** – paramuthía
| 1 Co | 14:3 | para edificación, exhortación y **consolación** |

3890   παραμύθιον** – paramúthion
| Fil | 2:1 | si algún **consuelo** de amor, |

3891   παρανομέω – paranoméo
| Hch | 23:3 | **quebrantando la ley** me mandas golpear? |

3892   παρανομία – paranomía
| 2 P | 2:16 | fue reprendido por su **iniquidad**; (lit., obtuvo la reprensión...) |

3893   παραπικραίνω† – parapikráino
| He | 3:16 | los que, habiendo oído, le **provocaron**? |

3894   παραπικρασμός† – parapikrasmós
| He | 3:8 | Como en la **provocación** |
| | 15 | como en la **provocación** |

3895   παραπίπτω – parapípto
| He | 6:6 | que...**recayeron**, sean otra vez renovados |

3896   παραπλέω* – parapléo
| Hch | 20:16 | se había propuesto **pasar de largo** |

3897   παραπλήσιος* – paraplésios
| Fil | 2:27 | **a punto de** morir; (...**a punto de** muerte, BC) |

3898   παραπλησίως** – paraplesíos
| He | 2:14 | él también participó (...participó **igualmente**, VHA) |

3899   παραπορεύομαι – paraporéuomai
Mt	27:39	los **que pasaban** le injuriaban,
Mr	2:23	al **pasar** él por los sembrados (TR, N, ABMW)
	9:30	**caminaron** por Galilea; (TR, N, ABMW)
	11:20	**pasando** por la mañana
	15:29	los **que pasaban** le injuriaban,

3900   παράπτωμα – paráptoma
Mt	6:14	si perdonáis a los hombres sus **ofensas**
	15	si no perdonáis...sus **ofensas**, (TR, [WH], [ABMW], VM, NC, BC)
Mt	6:15	tampoco...os perdonará vuestras **ofensas**
	18:35	cada uno a su hermano sus **ofensas**. (TR, VM)
Mr	11:25	os perdone a vosotros vuestras **ofensas**
	26	os perdonará vuestras **ofensas**. (TR, VM, NC, BC, [BA])
Ro	4:25	fue entregado por nuestras **transgresiones**,
	5:15	no fue como la **transgresión** si por la **transgresión** de aquel uno
	16	a causa de muchas **transgresiones**
	17	si por la **transgresión** de uno
	18	como por la **transgresión** de uno
	20	para que el **pecado** abundase; (...la **transgresión**..., BA)
	11:11	por su **transgresión** vino la salvación
	12	si su **transgresión** es la riqueza
2 Co	5:19	no tomándoles en cuenta...sus **pecados**, (...**transgresiones**, VM)
Gá	6:1	fuere sorprendido en alguna **falta** (...en cualquier **transgresión**, VM)
Ef	1:7	el perdón de **pecados** (lit.,...de las **transgresiones**)
	2:1	muertos en vuestros **delitos** y pecados
	5	estando nosotros muertos en **pecados**
Col	2:13	estando muertos en **pecados** perdonándoos todos los **pecados** (E, VM, NC, BC); (perdonándonos todas nuestras **ofensas**, VHA, S, WH, N, ABMW, BA)
Stg	5:16	Confesaos vuestras **ofensas** (TR, VHA, NC)

3901   παραρρέω – pararréo o παραρέω o παραρρυέω
| He | 2:1 | no sea que **nos deslicemos** |

3902   παράσημος** – parásemos
| Hch | 28:11 | **la cual tenía por enseña** a Cástor y Pólux |

3903   παρασκευάζω – paraskeuázo (paraskeuádzo)
Hch	10:10	mientras le **preparaban** algo,
1 Co	14:8	¿quién **se preparará** para la batalla?
2 Co	9:2	**está preparada** desde el año pasado
	3	como lo he dicho, estéis **preparados**

3904   παρασκευή – paraskeué
Mt	27:62	que es después de la **preparación**,
Mr	15:42	porque era la **preparación**
Lc	23:54	Era día de la víspera de la pascua (...de la **preparación**, VHA)
Jn	19:14	Era la **preparación** de la pascua
	31	por cuanto era la **víspera de la pascua**, (...la **Preparación**, VHA)
	42	por causa de la **preparación** de la pascua

3905   παρατείνω – paratéino
| Hch | 20:7 | **alargó** el discurso hasta la medianoche. |

3906   παρατηρέω – paratereó
Mr	3:2	le **acechaban** para ver si en el día
Lc	6:7	le **acechaban** los escribas
	14:1	éstos le **acechaban** (...estaban **observando**, BC)
	20:20	**acechándole** enviaron espías
Hch	9:24	**guardaban** las puertas de día
Gá	4:10	**Guardáis** los días, los meses,

παρατήρησις 3907			621		3922 παρεισέρχομαι

3907 παρατήρησις** — paratéresis
Lc 17:20 El reino de Dios no vendrá con advertencia
(lit.,...con observación)

3908 παρατίθημι — paratithemi
Mt 13:24 Les refirió otra parábola (...propuso, VM)
31 Otra parábola les refirió (...propuso, VM)
Mr 6:41 para que los pusiesen delante
8:6 para que los pusiesen delante
los pusieron delante de la multitud
7 mandó que también los pusiesen delante
Lc 9:16 para que los pusiesen delante de la gente
10:8 comed lo que os pongan delante
11:6 no tengo qué ponerle delante
12:48 al que mucho se le haya confiado
23:46 en tus manos encomiendo mi espíritu,
Hch 14:23 los encomendaron al Señor
16:34 les puso la mesa
17:3 declarando y exponiendo
20:32 ahora, hermanos os encomiendo
1 Co 10:27 todo lo que se os ponga delante
1 Ti 1:18 Este mandamiento...te encargo
2 Ti 2:2 esto encarga a hombres fieles
1 P 4:19 encomienden sus almas al fiel Creador

3909 παρατυγχάνω* — paratugcáno
(paratunjáno)
Hch 17:17 con los que concurrían

3910 παραυτίκα — parautĭka
2 Co 4:17 esta leve tribulación momentánea (eso
momentáneo, ligero, de nuestra
tribulación, BC)

3911 παραφέρω — paraféro
Mr 14:36 aparta de mí esta copa
Lc 22:42 si quieres, pasa de mí esta copa
He 13:9 No os dejéis llevar de doctrinas diversas
(WH, N, ABMW)
Jud 12 llevadas de acá para allá (WH, N, ABMW)

3912 παραφρονέω — parafronéo
2 Co 11:23 (Como si estuviera loco hablo.)

3913 παραφρονία*† — parafronía
2 P 2:16 refrenó la locura del profeta.

3914 παραχειμάζω* — paraceimázo
(parajeimádzo)
Hch 27:12 por si pudiesen...invernar allí
28:11 que había invernado en la isla,
1 Co 16:6 o aun pase el invierno,
Tit 3:12 allí he determinado pasar el invierno.

3915 παραχειμασία* — paraceimasía
(parajeimasía)
Hch 27:12 siendo incómodo el puerto para invernar

3916 παραχρῆμα — paracréma
(parajréma)
Mt 21:19 luego se secó la higuera.
20 ¿Cómo es que se secó en seguida
Lc 1:64 Al momento fue abierta su boca
4:39 levantándose ella al instante
5:25 Al instante, levantándose
8:44 al instante se detuvo el flujo

Lc 8:47 cómo al instante había sido sanada
55 inmediatamente se levantó
13:13 ella se enderezó luego,
18:43 luego vio, y le seguía,
19:11 se manifestaría inmediatamente (...iba a ser
manifestado..., VM)
22:60 en seguida, mientras él todavía hablaba
Hch 3:7 al momento se le afirmaron los pies
5:10 Al instante ella cayó a los pies
9:18 recibió al instante la vista (TR)
12:23 Al momento un ángel del Señor
13:11 inmediatamente cayeron sobre él
16:26 al instante se abrieron todas las puertas
33 en seguida se bautizó él

3917 πάρδαλις — párdalis
Ap 13:2 era semejante a un leopardo,

3917 A παρεδρεύω — paredréuo
1 Co 9:13 que los que sirven al altar, (WH, N, ABMW)

3918 πάρειμι — páreimi
(1) πρὸς τὸ παρόν
Mt 26:50 Amigo, ¿a qué vienes?
Lc 13:1 estaban allí algunos
Jn 7:6 Mi tiempo aún no ha llegado
11:28 El Maestro está aquí y te llama
Hch 10:21 la causa por la que habéis venido?
33 todos nosotros estamos aquí
12:20 vinieron de acuerdo ante él
17:6 también han venido acá
24:19 Ellos debieran comparecer (los cuales razón
fuera que compareciesen, BC)
1 Co 5:3 pero presente en espíritu,
ya como presente he juzgado
2 Co 10:2 que cuando esté presente,
11 también en hechos, estando presentes
(también en obra ..., VM)
11:9 cuando estaba entre vosotros
13:2 como si estuviera presente
10 para no usar de severidad cuando esté
presente
Gá 4:18 no solamente cuando estoy presente
20 quisiera estar con vosotros
Col 1:6 que ha llegado hasta vosotros
He 12:11 (1) ninguna disciplina al presente
13:5 con lo que tenéis ahora (lit., con las cosas
que están presentes)
2 P 1:9 el que no tiene estas cosas (lit., al cual estas
cosas no están presentes)
12 confirmados en la verdad presente
Ap 17:8 que era y no es, y será (WH, N, ABMW)

3919 παρεισάγω* — pareiságo
2 P 2:1 que introducirán encubiertamente herejías

3920 παρείσακτος*† — paréisaktos
Gá 2:4 los falsos hermanos introducidos a
escondidas

3921 παρεισδύω*·− pareisdúo o παρεισδύνω
Jud 4 algunos hombres han entrado
encubiertamente,

3922 παρεισέρχομαι* — pareisércomai
(pareisérjomai)

Ro	5:20	la ley **se introdujo** (...**entró además**, VM)	Hch	16:8	**pasando** junto a Misia,
Gá	2:4	que **entraban** para espiar (los cuales se **entraban clandestinamente**...,VM)		24:7	**interviniendo** el tribuno (TR, |VM|, NC, |BA|)
				27:9	por **haber pasado** ya el ayuno
3923		παρεισφέρω* – pareisféro	2 Co	5:17	las cosas viejas **pasaron**
2 P	1:5	**poniendo** toda diligencia	Stg	1:10	**pasará** como la flor de la hierba
			1 P	4:3	Baste ya el tiempo **pasado**
3924		παρεκτός**† – parektós	2 P	3:10	en el cual los cielos **pasarán**
Mt	5:32	a su mujer, **a no ser** por causa de	Ap	21:1	y la primera tierra **pasaron** (TR)
Hch	26:29	**excepto** estas cadenas			
2 Co	11:28	**además** de otras cosas, (**Además de tales cosas externas**, BA)	**3929**		πάρεσις* – páresis
			Ro	3:25	a causa de **haber pasado por alto**
3925		*Vease abajo*			
3925 A		παρεμβάλλω – parembállo (parembálo)	**3930**		παρέχω – paréco (paréjo)
Lc	19:43	tus enemigos te **rodearán** (WH, N, ABMW)	Mt	26:10	¿Por qué molestáis a esta mujer? (¿Por qué **dais pena**..., VA)
3925		παρεμβολή – parembolé	Mr	14:6	¿Por qué la molestáis? (lit., por qué le **dais pena**?)
Hch	21:34	le mandó llevar a la **fortaleza**	Lc	6:29	**preséntale** también la otra;
	37	meter a Pablo en la **fortaleza**,		7:4	Es digno de que le **concedas** esto
	22:24	que le metiesen en la **fortaleza**,		11:7	No me molestes (No me **des** fastidio, BC)
	23:10	le llevasen a la **fortaleza**.		18:5	porque esta viuda me es molesta (lit., por **causarme** molestia esta viuda)
	16	entró en la **fortaleza**, (entrando..., VM)			
	32	volvieron a la **fortaleza**.	Hch	16:16	la cual **daba** gran ganancia
He	11:34	pusieron en fuga **ejércitos** extranjeros. (abatieron **campamentos** de extranjeros, BC)		17:31	**dando** fe a todos
				19:24	**daba** no poca ganancia a los artífices;
				22:2	**guardaron** más silencio,
	13:11	son quemados fuera del **campamento**		28:2	nos **trataron** con no poca humanidad
	13	Salgamos...fuera del **campamento**	Gá	6:17	nadie me **cause** molestias
Ap	20:9	rodearon el **campamento**	Col	4:1	**haced** lo que es justo (**dad**..., BC)
3925A		*Vease arriba*	1 Ti	1:4	que **acarrean** disputas
3926		παρενοχλέω – parenocléo (parenojléo)		6:17	**que** nos **da** todas las cosas
Hch	15:19	no **se inquiete** a los gentiles	Tit	2:7	**presentándote** tú en todo
3927		παρεπίδημος – parepídemos	**3931**		παρηγορία** – paregoría
He	11:13	confesando que eran...**peregrinos**	Col	4:11	han sido para mí **un consuelo**.
1P	1:1	**a los expatriados** de la dispersión			
	2:11	como a extranjeros y **peregrinos**,	**3932**		παρθενία – parthenía
			Lc	2:36	siete años desde su **virginidad**,
3928		παρέρχομαι – parércomai (parérjomai)			
Mt	5:18	hasta que **pasen** el cielo y la tierra	**3933**		παρθένος – parthénos
		ni una tilde **pasará** de la ley	Mt	1:23	una **virgen** concebirá (la **virgen**..., VHA)
	8:28	nadie podía **pasar** por aquel camino.		25:1	será semejante a diez **vírgenes**
	14:15	la hora ya pasada; (la hora ya **ha pasado**, VHA)		7	Entonces todas aquellas **vírgenes**
				11	vinieron también las otras **vírgenes**
	24:34	que no **pasará** esta generación	Lc	1:27	a una **virgen** desposada con un varón
	35	El cielo y la tierra **pasarán**			el nombre de la **virgen** era María
		mis palabras no **pasarán**	Hch	21:9	cuatro hijas **doncellas** que profetizaban
	26:39	**pase** de mí esta copa	1 Co	7:25	En cuanto a las **vírgenes**
	42	si no puede **pasar** de mí		28	si la **doncella** se casa, no peca
Mr	6:48	quería **adelantárseles** (quería **pasarlos** de largo, VHA)		34 (33)	Hay...diferencia entre la casada y la **doncella**, (TR, VM) (lit., La esposa y la **virgen** están divididas)
	13:30	no **pasará** esta generación			La doncella tiene cuidado de las cosas del Señor (TR, VM); (También la mujer soltera y la **virgen** se preocupa..., BC, WH, N, ABMW, VHA, NC, BA)
	31	El cielo y la tierra **pasarán**			
		mis palabras no **pasarán**			
	14:35	**pasase** de él aquella hora			
Lc	11:42	**pasáis por alto** la justicia		36	es impropio para su **hija virgen**
	12:37	vendrá a servirles. (**llegándose** les servirá, VHA)		37	guardar a su **hija virgen**
	15:29	no habiéndole desobedecido jamás (lit., nunca he traspasado tu mandamiento)		38	el que la da en casamiento (TR, VHA); (el que casa su **hija doncella**, BC, WH, N, ABMW, VM, NC, BA)
	16:17	más fácil es **que pasen** el cielo			
	17:7	Pasa, siéntate a la mesa? (lit., Habiendo **pasado**,...)	2 Co	11:2	como **una virgen** pura a Cristo
	18:37	que **pasaba** Jesús nazareno.	Ap	14:4	pues son **vírgenes**,
	21:32	no **pasará** esta generación			
	33	El cielo y la tierra **pasarán**	**3934**		Πάρθοι – Párthoi
		mis palabras no **pasarán**	Hch	2:9	**Partos**, medos, elamitas,

παρίημι 3935　　　　　　　　　　　　　　623　　　　　　　　　　　　　3952 παρουσία

3935　　παρίημι – paríemi o παρίεμαι
Lc　11:42　sin dejar aquello (sin **omitir** aquéllas, VHA) (WH, N, ABMW)
He　12:12　levantad las manos **caídas**

3936　　παρίστημι – parístemi o παριστάνω
Mt　26:53　que él no me **daría** más de doce legiones
Mr　 4:29　la siega **ha llegado**
　　14:47　uno de los que estaban **allí**
　　　69　comenzó a decir a los que estaban **allí**
　　　70　los que estaban **allí** dijeron
　　15:35　Y algunos de los que estaban **allí**
　　　39　que estaba frente a él
Lc　 1:19　Yo soy Gabriel, **que estoy delante** de Dios
　　 2:22　para **presentarle** al Señor
　　19:24　dijo a los que estaban **presentes**
Jn　18:22　uno de los alguaciles, **que estaba allí**
　　19:26　que **estaba presente**, dijo a su madre:
Hch　1:3　a quienes...se **presentó** vivo
　　　10　**se pusieron junto** a ellos dos varones
　　 4:10　**está** en vuestra presencia sano.
　　　26　Se reunieron los reyes (**Pusiéronse en pie**..., VM)
　　 9:39　le rodearon todas las viudas (...**acudieron** a él, VM)
　　　41　la **presentó** viva
　　23:2　los **que estaban junto** a él.
　　　 4　Los **que estaban** presentes dijeron:
　　　24　**que preparasen** cabalgaduras
　　　33　**presentaron** también a Pablo
　　24:13　ni te pueden **probar** las cosas
　　27:23　esta noche **ha estado conmigo**
　　　24　es necesario **que comparezcas ante** César
Ro　 6:13　ni tampoco **presentéis** vuestros miembros sino **presentaos** vosotros mismos
　　　16　¿No sabéis que si os **sometéis** (que a quien os ofrecéis, VM)
　　　19　**presentasteis** vuestros miembros **presentad** vuestros miembros
　　12:1　que **presentéis** vuestros cuerpos
　　14:10　todos **compareceremos** ante el tribunal
　　16:2　que la **ayudéis** en cualquier cosa
1 Co　8:8　no nos **hace** más **aceptos** ante Dios;
2 Co　4:14　nos **presentará** juntamente con vosotros
　　11:2　**para presentaros** como una virgen
Ef　 5:27　a fin de **presentársela** a sí mismo,
Col　 1:22　para **presentaros** santos y sin mancha
　　　28　a fin de **presentar** perfecto en Cristo
2 Ti　2:15　Procura con diligencia **presentarte** a Dios
　　 4:17　el Señor **estuvo a mi lado**

3937　　Παρμενᾶς – Parmenás
Hch　6:5　a **Parmenas**,y a Nicolás

3938　　πάροδος – párodos
1 Co 16:7　no quiero veros ahora de **paso**,

3939　　παροικέω – paroikéo
Lc　24:18　¿Eres tú el único **forastero**
He　11:9　Por la fe **habitó como extranjero**

3940　　παροικία† – paraoikía
Hch 13:17　siendo ellos extranjeros en tierra (durante su **estancia** en la tierra, NC)
1 P　1:17　el tiempo de vuestra **peregrinación**

3941　　πάροικος – párolkos

Hch　7:6　su descendencia sería **extranjera**
　　　29　vivió como **extranjero** (vino a ser extranjero, VM)
Ef　 2:19　ya no sois extranjeros ni **advenedizos**.
1 P　2:11　os ruego como a **extranjeros** y peregrinos

3942　　παροιμία – paroimía
Jn　10:6　Esta **alegoría** les dijo Jesús
　　16:25　os he hablado en **alegorías**; ya no os hablaré por **alegorías**
　　　29　ninguna **alegoría** dices.
2 P　2:22　lo del verdadero **proverbio**

3943　　πάροινος* – pároinos
1 Ti　3:3　no **dado al vino**, no pendenciero
Tit　1:7　no **dado al vino**, no pendenciero,

3944　　παροίχομαι* – paróicomai (paróijomai)
Hch 14:16　En las edades **pasadas** él (quien en las **pasadas** generaciones, VHA)

3945　　παρομοιάζω*† – paromoiázo (paromoiádzo)
Mt　23:27　**sois semejantes** a sepulcros blanqueados

3946　　παρόμοιος* – parómoios
Mr　 7:8　hacéis otras muchas cosas **semejantes**. (TR, VM)
　　　13　muchas cosas hacéis **semejantes**

3947　　παροξύνω – paroxúno
Hch 17:16　su espíritu **se enardecía**
1 Co 13:5　no busca lo suyo, no **se irrita,**

3948　　παροξυσμός – paroxusmós
Hch 15:39　hubo tal **desacuerdo**
He　10:24　para **estimularnos** al amor (para **estímulo** de la caridad, BC)

3949　　παροργίζω – parorgízo (parorguídzo)
Ro　10:19　Yo os **provocaré a celos** con un pueblo
Ef　 6:4　no **provoquéis a ira** a vuestros hijos,

3950　　παροργισμός† – parorgismós (parorguismós)
Ef　 4:26　no se ponga el sol sobre vuestro **enojo**

3951　　παροτρύνω* – parotrúno
Hch 13:50　los judíos **instigaron** a mujeres

3952　　παρουσία – parousía
Mt　24:3　qué señal habrá de tu **venida**
　　　27　la **venida** del Hijo del Hombre
　　　37　la **venida** del Hijo del Hombre.
　　　39　la **venida** del Hijo del Hombre.
1 Co 15:23　luego los que son de Cristo, en su **venida**
　　16:17　Me regocijo con la **venida**
2 Co　7:6　nos consoló con la **venida** de Tito
　　　 7　no sólo con su **venida**
　　10:10　**presencia** corporal débil, (la **presencia** del cuerpo..., BC)
Fil　1:26　por mi **presencia** otra vez
　　 2:12　no como en mi **presencia** solamente
1 Ts　2:19　nuestro Señor Jesucristo, en su **venida**?
　　 3:13　en la **venida** de nuestro Señor

παροψίς 3953   624   3956 πᾶς

1 Ts	4:15	hasta la **venida** del Señor
	5:23	para la **venida** de nuestro Señor
2 Ts	2:1	con respecto a la **venida** de nuestro Señor
	8	destruirá con el resplandor de su **venida**
	9	cuyo **advenimiento** es por obra de Satanás
Stg	5:7	tened paciencia hasta la **venida** del Señor
	8	la **venida** del Señor se acerca. (lit., se ha acercado)
2 P	1:16	el poder y la **venida** de nuestro Señor
	3:4	¿Dónde está la promesa de su **advenimiento**
	12	la **venida** del día de Dios
1 Jn	2:28	para que en su **venida**

3953   παροψίς* — paropsís

Mt	23:25	lo de fuera del vaso y del **plato**
	26	lo de dentro...del **plato** (TR, [WH], VM, NC, BA)

3954   παρρησία — parresía (paresía)
(1) παρρησίᾳ;
(2) ἐν παρρησίᾳ;
(3) μετὰ παρρησίας

Mr	8:32 (1)	Esto les decía **claramente** (lit., la palabra les...)
Jn	7:4 (2)	procura darse a conocer (lit., busca estar **en público**)
	13 (1)	ninguno hablaba **abiertamente**
	26 (1)	Pues mirad, habla **públicamente**
	10:24 (1)	Si tú eres el Cristo, dínoslo **abiertamente**
	11:14 (1)	Jesús les dijo **claramente**
	54 (1)	Jesús ya no andaba **abiertamente**
	16:25 (1)	sino que **claramente** os anunciaré
	29 (2)	He aquí ahora hablas **claramente**
	18:20 (1)	Yo **públicamente** he hablado al mundo
Hch	2:29 (3)	se os puede decir **libremente**
	4:13	viendo el **denuedo** de Pedro y de Juan,
	29 (3)	que **con** todo **denuedo** hablen tu palabra
	31 (3)	y hablaban **con denuedo** la palabra
	28:31 (3)	**abiertamente** y sin impedimento
2 Co	3:12	usamos de mucha **franqueza**
	7:4	Mucha **franqueza** tengo con vosotros
Ef	3:12	tenemos **seguridad** y acceso
	6:19 (2)	**con denuedo** el misterio del evangelio,
Fil	1:20 (2)	antes bien **con** toda **confianza**
Col	2:15 (2)	los exhibió **públicamente**, triunfando
1 Ti	3:13	mucha **confianza** en la fe
Flm	8	aunque tengo mucha **libertad** en Cristo
He	3:6	si retenemos firme hasta el fin la **confianza**
	4:16 (3)	Acerquémonos, pues, **confiadamente**
	10:19	Así que, hermanos, teniendo **libertad**
	35	No perdáis, pues, vuestra **confianza**
1 Jn	2:28	tengamos **confianza**, para que en su venida
	3:21	**confianza** tenemos en Dios;
	4:17	para que tengamos **confianza**
	5:14	la **confianza** que tenemos en él

3955   παρρησιάζομαι — parresiázomai (paresiádzomai)

Hch	9:27	había **hablado valerosamente** en el nombre
	28 (29)	hablaba denodadamente en el nombre (**predicando denodadamente**....., VHA)
	13:46	Pablo y Bernabé, **hablando con denuedo**
	14:3	mucho tiempo, **hablando con denuedo**
	18:26	comenzó a **hablar con denuedo**
	19:8	**habló con denuedo** por espacio de tres
	26:26	quien también hablo **con toda confianza**.
Ef	6:20	que **con denuedo hable** de él
1 Ts	2:2	tuvimos **denuedo** en nuestro Dios

3956   πᾶς — pás
(1) El plural traducido en singular;
(2) πᾶς ὁ;
(3) πᾶς ὅς, ὅστις, ὅσος;
(4) πᾶς..., οὐ, μή;
(5) οὐ πᾶς; μὴ πᾶς
(6) διὰ παντός, πρὸ πάντων;
(7) εἰς, κατὰ πάντα

Mt	1:17 (2)	De manera que **todas** las generaciones
	2:3	y **toda** Jerusalén con él.
	4 (2)	convocados **todos** (habiendo reunido a **todos**, VHA)
	16 (2)	mandó matar a **todos** los niños
	(2)	en **todos** sus alrededores
	3:5 (2)	**toda** Judea, y **toda** la provincia
	10	**todo** árbol que no da buen fruto
	15	que cumplamos **toda** justicia.
	4:4	sino de **toda** palabra que sale
	8 (2)	le mostró **todos** los reinos del mundo
	9 (1)	**Todo** esto te daré
	23	**toda** enfermedad y **toda** dolencia
	24 (2)	le trajeron **todos** los que tenían
	5:11	digan **toda clase de** mal contra
	15 (2)	alumbra **a todos** los que están
	18 (1)	hasta que **todo** se haya cumplido.
	22 (2)	**cualquiera** que se enoje contra
	28 (2)	**cualquiera** que mira a una mujer
	32 (2)	el que repudia a su mujer (TR, NC); (**todo** el que..., VHA, WH, N, ABMW, VM, BC, BA)
	6:29 (2)	ni aun Salomón con **toda** su gloria
	32	los gentiles buscan **todas** estas cosas
	33	y **todas** estas cosas os serán añadidas.
	7:8 (2)	**todo** aquel que pide
	12 (3)	Así, que, **todas las cosas** que queráis
	17	Así, **todo** buen árbol da buenos frutos
	19	**Todo** árbol que no da buen fruto
	21 (2, 5)	**No todo** el que me dice
	24 (2)	**Cualquiera**, pues, que me oye
	26 (2)	**cualquiera** que me oye
	8:16 (2)	sanó a **todos** los enfermos
	32 (2)	**todo** el hato de cerdos se precipitó
	33	contaron **todas** las cosas
	34 (2)	**toda** la ciudad salió al encuentro
	9:35 (2)	Recorría Jesús **todas** las ciudades sanando **toda** enfermedad y **toda** dolencia
	10:1	sanar **toda** enfermedad y **toda** dolencia
	22	seréis aborrecidos de **todos**
	30 (2)	están **todos** contados.
	32 (3)	A **cualquiera**, pues, que me confiese
	11:13 (2)	**todos** los profetas y la ley
	27	**Todas** las cosas me fueron entregadas
	28 (2)	Venid a mí **todos** los que estáis
	12:15	sanaba a **todos**
	23 (1, 2)	**toda** la gente estaba atónita,
	25	**Todo** reino dividido contra sí mismo, **toda** ciudad o casa dividida
	31	**Todo** pecado y blasfemia será perdonado
	36	de **toda** palabra ociosa que hablen
	13:2 (2)	**toda** la gente estaba en la playa
	19	Cuando alguno oye la palabra (Quienquiera que oye..., BC)
	32 (2)	es la más pequeña de **todas** las semillas
	34 (1)	**Todo** esto habló Jesús
	41 (2)	a **todos** los que sirven de tropiezo, (**todos** los escándalos, BC)
	44 (1, 3)	vende **todo lo que** tiene, (TR, ABMW)
	46 (3)	vendió **todo** lo que tenía,

Mt	13:47	que...recoge de **toda** clase de peces	Mt	27:22	**Todos** le dijeron: ¡Sea crucificado!
	51	¿Habéis entendido **todas** estas cosas?		25 (2)	respondiendo **todo** el pueblo
	52	Por eso **todo** escriba docto		45 (2)	hubo tinieblas sobre **toda** la tierra
	56 (3)	¿No están **todas** sus hermanas		28:18	**Toda** potestad me es dada
		¿De dónde...**todas** estas cosas?		19 (2)	haced discípulos a **todas** las naciones
	14:20	comieron **todos**, y se saciaron		20 (3)	que guarden **todas las cosas que**
	35 (2)	trajeron a él **todos** los enfermos		(2)	yo estoy con vosotros **todos** los días,
	15:13	**Toda** planta que no plantó mi Padre	Mr	1:5	(2) **toda** la provincia de Judea,
	17 (2)	**todo** lo que entra en la boca		(2)	**todos** los de Jerusalén
	37	comieron **todos**, y se saciaron		27	**todos** se asombraron (TR)
	17:11	restaurará **todas las cosas**		32 (2)	le trajeron **todos** los que tenían
	18:10	(6) ven **siempre** el rostro		37	**Todos** te buscan.
	16	de dos o tres testigos conste **toda** palabra		2:12	salió delante de **todos**
	19	de cualquiera cosa que pidieren (de **toda** cosa..., VA)			**todos** se asombraron
				13 (2)	**toda** la gente venía a él,
	25 (1, 3)	**todo lo que** tenía, para que se le pagase		3:28 (2)	**todos** los pecados serán perdonados
	26 (1)	yo te lo pagaré **todo**		4:1	(2) **toda** la gente estaba en tierra
	29 (1)	y yo te lo pagaré **todo** (TR)		11	por parábolas **todas** las cosas
	31 (1, 2)	refirieron a su señor **todo**		13 (2)	entenderéis **todas** las parábolas?
	32 (2)	**toda** aquella deuda te perdoné,		31 (2)	es la más pequeña **de todas** las semillas
	34 (2)	hasta que pagase **todo** lo que le debía		32 (2)	la mayor **de todas** las hortalizas,
	19:3	repudiar a su mujer por **cualquier** causa?		34 (1)	en particular les declaraba **todo**
	11 (5)	**No todos** son capaces		5:5	(6) **siempre**,de día y de noche, (WH, N, ABMW)
	20 (1)	**Todo** esto lo he guardado			
	26 (1)	mas para Dios **todo** es posible.		12 (2)	le rogaron **todos** los demonios, (TR)
	27 (1)	lo hemos dejado **todo**,		20	**todos** se maravillaban.
	29 (3)	**cualquiera que** haya dejado casas,		26 (1, 2)	gastado **todo** lo que tenía
	21:10 (2)	toda la ciudad se conmovió,		33 (2)	y le dijo **toda** la verdad
	12 (2)	echó fuera a **todos** los que vendían		40	Mas él, echando fuera a **todos**, (WH, N, ABMW)
	22 (1, 3)	**todo lo que** pidiereis en oración,			
	26	**todos** tienen a Juan		6:30 (1)	le contaron **todo**
	22:4	(1) **todo** está dispuesto		33 (2)	desde las ciudades (de **todas** las ciudades, VHA)
	10 (3)	juntaron a **todos los que** hallaron			
	27	después **de todos** murió también		39	que hiciesen recostar a **todos**
	28	ya que **todos** la tuvieron?		41	repartió los dos peces entre **todos**
	23:3	(1, 3) Así que, **todo** lo que os digan		42	comieron **todos**, y se saciaron.
	5 (2)	hacen **todas** sus obras		50	porque **todos** le veían
	8	**todos** vosotros sois hermanos		7:3	(2) los fariseos y **todos** los judíos,
	20 (1, 2)	por **todo** lo que está sobre él		14 (2)	llamando a sí a **toda** la multitud (TR)
	27	huesos de muertos y de **toda** inmundicia.			Oídme **todos**, y entended:
	35	**toda** la sangre justa		18 (2)	¿No entendéis que **todo** lo de fuera
	36 (1)	**todo** esto vendrá sobre esta generación		19 (2)	haciendo limpios **todos** los alimentos.
	24:2	(1) ¿Veis **todo** esto? (¿No veis..., VHA)		23 (2)	**Todas** estas maldades de dentro
	6 (1)	es necesario que **todo esto** acontezca; (TR)		37 (1)	Bien lo ha hecho **todo**
				9:12	restaurará **todas las cosas**
	8 (1)	**todo** esto será principio		15 (2)	en seguida **toda** la gente,
	9 (2)	seréis aborrecidos de **todas** las gentes		23 (1)	al que cree **todo** le es posible.
	14 (2)	testimonio a **todas** las naciones		35	será el postrero **de todos**, y el servidor de **todos**
	22 (4)	nadie sería salvo (**ninguna** carne..., VM)			
	30 (2)	entonces lamentarán **todas** las tribus		49	**todos** serán salados (**cada uno** será salado, VM)
	33 (1)	cuando veáis **todas** estas cosas,			
	34 (2)	hasta que **todo** esto acontezca			**todo** sacrificio será salado (TR, VM)
	47 (2)	sobre **todos** sus bienes le pondré		10:20 (1)	**todo** esto lo he guardado
	25:5	cabecearon **todas** y se durmieron		27 (1)	**todas las cosas** son posibles
	7 (2)	Entonces aquellas vírgenes		28 (1)	nosotros lo hemos dejado **todo**
	29 (2)	al que tiene (**a todo** el que tiene, VHA)		44	será siervo **de todos**
	31 (2)	**todos** los santos ángeles con él. (TR); (**todos** los ángeles..., VHA, WH, N, ABMW, VM, NC, BC, BA)		11:11	mirado alrededor **todas las cosas**
				17 (2)	para **todas** las naciones?
				18 (2)	**todo** el pueblo estaba admirado
	32 (2)	serán reunidas...**todas** las naciones		24 (1, 3)	**todo lo que** pidiereis orando,
	26:1	(2) Jesús **todas** estas palabras		12:22	después **de todos** murió también la mujer.
	27	Bebed de ella **todos**		28	¿Cuál es el primer mandamiento **de todos**
	31	**Todos** vosotros os escandalizaréis		29 (2)	El primer mandamiento **de todos** (lit., el primero **de todos** los mandamientos)
	33	Aunque **todos** se escandalicen			
	35 (2)	**todos** los discípulos dijeron lo mismo		33 (2)	es más **que todos** los holocaustos
	52 (2)	**todos** los que tomen espada		43	echó más **que todos**
	56 (2)	**todos** los discípulos...huyeron		44	porque **todos** han echado
	70	Mas él negó delante de **todos**,			(1, 3) echó **todo lo que** tenía
	27:1	(2) **todos** los principales sacerdotes		13:4	cuando **todas estas cosas** hayan de cumplirse

Mr 13:10 (2) sea predicado...a todas las naciones
  13 seréis aborrecidos de todos
  20 (4) nadie sería salvo; (ninguna carne.., VM)
  23 (1) os lo he dicho todo antes
  30 (1) hasta que todo esto acontezca.
  37 lo que a vosotros digo, a todos
 14:23 bebieron de ella todos
  27 Todos os escandalizaréis de mí
  29 Aunque todos se escandalicen
  31 También todos decían lo mismo
  36 todas las cosas son posibles
  50 Entonces todos...huyeron
  53 (2) se reunieron todos los principales sacerdotes
  64 todos ellos le condenaron,
 16:15 [el evangelio a toda criatura]
Lc 1:3 todas las cosas desde su origen
  6 (2) en todos los mandamientos y ordenanzas
  10 (2) toda la multitud del pueblo
  37 (4) nada hay imposible (ninguna cosa será imposible, VM)
  48 (2) me dirán bienaventurada todas
  63 todos se maravillaron
  65 de temor todos sus vecinos; (temor sobre todos los que moraban en derredor, VM)
  (2) se divulgaron todas estas cosas
  66 (2) todos los que las oían
  71 (2) de todos los que nos aborrecieron
  75 (2) todos nuestros días.
 2:1 (2) que todo el mundo fuese empadronado
  3 iban todos para ser empadronados,
  10 (2) que será para todo el pueblo
  18 (2) todos los que oyeron, se maravillaron
  19 (2) guardaba todas estas cosas
  20 (3) alabando a Dios por todas las cosas que
  23 Todo varón que abriere la matriz
  31 (2) en presencia de todos los pueblos
  38 (2) a todos los que esperaban
  39 (2) todo...en la ley del Señor, (WH, N, ABMW)
  47 (2) todos los que le oían,
  51 (2) guardaba todas estas cosas
 3:3 él fue por toda la región
  5 Todo valle se rellenará
  se bajará todo monte
  6 Y verá toda carne la salvación
  9 (4) por tanto todo árbol que no da
  15 preguntándose todos en sus corazones
  16 respondió Juan, diciendo a todos (WH, N, ABMW)
  19 (3) de todas las maldades que Herodes
  20 sobre todas ellas añadió
 4:4 sino de toda palabra de Dios (TR)
  5 todos los reinos de la tierra
  7 todos serán tuyos. (todo ello te será tuyo, VM)
  13 cuando...hubo acabado toda tentación
  15 era glorificado por todos. (siendo glorificado..., VM)
  20 los ojos de todos en la sinagoga
  22 todos daban buen testimonio
  25 (2) hambre en toda la tierra
  28 todos en la sinagoga se llenaron
  36 estaban todos maravillados, (lit., el asombro vino sobre todos)
  37 se difundía por todos los lugares (...por todo lugar, VM)
  40 (3) todos los que tenían enfermos (TR)
 5:9 (2) de todos los que estaban con él,
  11 (1) dejándolo todo, le siguieron. (WH, N, ABMW)
Lc 5:17 habían venido de todas las aldeas (lit.,...de toda aldea)
  28 (1) dejándolo todo, (WH, N, ABMW)
 6:10 mirándolos a todos alrededor
  17 (2) una gran multitud de gente de toda Judea
  19 (2) toda la gente procuraba tocarle sanaba a todos.
  26 (2) cuando todos los hombres hablen bien
  30 A cualquiera que te pida, dale;
  40 todo el que fuere perfeccionado,
  47 (2) Todo aquel que viene a mí
 7:1 (2) Después que hubo terminado todas
  16 Y todos tuvieron miedo (el temor se apoderó de todos, VHA) (WH, N, ABMW)
  17 (2) por toda la región de alrededor
  18 le dieron las nuevas de todas estas cosas
  29 (2) todo el pueblo y los publicanos,
  35 (2) es justificada por todos sus hijos,
 8:40 todos le esperaban, (...estaban esperando, VM)
  45 Y negando todos, dijo Pedro
  47 (2) le declaró delante de todo el pueblo
  52 lloraban todos y hacían lamentación
  54 Lit., habiendo echado fuera a todos (TR) (No se encuentra en V60 ni en los otros textos y versiones)
 9:1 (2) sobre todos los demonios
  7 (2) oyó de todas las cosas que hacía Jesús
  13 (2) para toda esta multitud
  17 comieron todos, y se saciaron;
  23 decía a todos: Si alguno quiere
  43 todos se admiraban de la grandeza maravillándose todos de todas las cosas
  48 el que es más pequeño entre todos
 10:1 delante de él a toda ciudad
  19 (2) sobre toda fuerza del enemigo
  22 Todas las cosas me fueron entregadas
 11:4 perdonamos a todos los que nos deben. (...a cada uno que..., VM)
  10 (2) todo aquel que pide,
  17 Todo reino dividido contra sí mismo,
  41 (1) entonces todo os será limpio
  42 la ruda,y toda hortaliza,
  50 (2) la sangre de todos los profetas
 12:7 (2) los cabellos...están todos contados
  8 (3) todo aquel que me confesare
  10 (3) A todo aquel que dijere alguna palabra
  15 guardaos de toda avaricia; (V60, WH, N, ABMW, VHA, VM, NC, BC, BA); (lit.,...de la avaricia, TR)
  18 (2) guardaré todos mis frutos (TR, VM); (...todo mi grano, VHA, WH, N, ABMW, NC, BA)
  27 (2) ni aun Salomón con toda su gloria
  30 todas estas cosas buscan
  31 todas estas cosas os serán añadidas. (TR, NC)
  41 o también a todos?
  44 (2) le pondrá sobre todos sus bienes
  48 (3) a todo aquel a quien se haya dado
 13:2 (2) eran más pecadores que todos
  3 todos pereceréis igualmente
  4 (2) todos los hombres que habitan
  5 todos pereceréis igualmente
  17 (2) se avergonzaban todos sus adversarios todo el pueblo se regocijaba por todas
  27 todos vosotros, hacedores de maldad

Lc 13:28 (2) a Jacob y **a todos** los profetas
14:10 (2) delante de los que se sientan (TR); (en presencia de **todos**..., VHA, WH, N, ABMW, VM, NC, BC, BA)
11 (2) Porque **cualquiera** que se enaltece
17 **todo** está preparado. (TR, NC, BC, BA)
18 **todos** a una comenzaron a excusarse
29 (2) **todos** los que lo vean comiencen
33 (3) **cualquiera** de vosotros que no renuncia (2) **a todo** lo que posee
15:1 (2) **todos** los publicanos y pecadores
13 (1) juntándolo **todo** el hijo menor, (WH, N)
14 (1) cuando **todo** lo hubo malgastado,
31 (2) **todas** mis **cosas** son tuyas
16:14 oían también **todas** estas cosas
16 **todos** se esfuerzan por entrar (**cada cual**..., VHA)
18 (2) **Todo** el que repudia a su mujer (2) el que se casa (V60, WH, N, ABMW, VHA, VM, NC, BC, BA); (lit., **todo** el que..., TR)
26 (1) Además de **todo** esto, una gran sima
17:10 (1,2) cuando hayáis hecho **todo** lo que
27 los destruyó **a todos**. (WH, N, ABMW)
29 los destruyó **a todos**. (WH, N, ABMW)
18:12 (1,3) doy diezmos de **todo lo que** gano.
14 (2) **cualquiera** que se enaltece,
21 (1) **Todo** esto lo he guardado
22 (1,3) vende **todo lo que** tienes, y dalo
28 (1) hemos dejado nuestras posesiones (V60, WH, N, ABMW, VHA, BA, BC); (lo hemos dejado **todo**, VM, TR, NC)
31 (2) y se cumplirán **todas las cosas**
43 (2) **todo** el pueblo, cuando vio aquello
19:7 Al ver esto, **todos** murmuraban, (WH, N, ABMW)
26 (2) a **todo** el que tiene
37 (3) por **todas** las maravillas
20:6 (2) **todo** el pueblo nos apedreará (TR)
18 (2) **Todo** el que cayere sobre aquella
32 (1) finalmente murió también (lit., al fin de **todo**, TR)
38 para él **todos** viven
45 (2) Y oyéndole **todo** el pueblo,
21:3 esta viuda pobre echó más **que todos**
4 **todos** aquéllos echaron para las ofrendas (WH, N, ABMW)
(2) echó **todo** el sustento que tenía. (WH, N, ABMW)
12 antes de **todas** estas cosas (WH, N, ABMW)
15 (2) **todos** los que se opongan (TR)
17 seréis aborrecidos de **todos**
22 (2) **todas las cosas** que están escritas
24 (2) serán llevados cautivos a **todas**
29 (2) Mirad la higuera y **todos** los árboles
32 (1) hasta que **todo esto** acontezca
35 (2) vendrá sobre **todos** los que habitan (2) la faz de **toda** la tierra
36 Velad, pues, en **todo** tiempo (2) de escapar de **todas** estas cosas
38 (2) **todo** el pueblo venía a él
22:70 Dijeron **todos**: ¿Luego eres tú
23:48 (1,2) **toda** la multitud de los que estaban
49 (2) **todos** sus conocidos...estaban
24:9 dieron nuevas de **todas** estas cosas (2) **a todos** los demás
14 (2) de **todas** aquellas cosas
19 (2) delante de Dios y de **todo** el pueblo
21 (1) y ahora,además de **todo** esto,

Lc 24:25 (1,3) para creer **todo** lo que los profetas
27 (2) por **todos** los profetas, les declaraba (2) les declaraba en **todas** las Escrituras
44 (1,2) **todo** lo que está escrito de mí
47 (2) en **todas** las naciones, comenzando
53 (6) estaban **siempre** en el templo

Jn 1:3 **Todas las cosas** por él fueron hechas,
7 a fin de que **todos** creyesen por él
9 que alumbra **a todo** hombre,
16 de su plenitud tomamos **todos**,
2:10 **Todo** hombre sirve primero el buen vino,
15 echó fuera del templo **a todos**
24 porque conocía **a todos**
3:8 (2) **todo** aquel que es nacido del Espíritu
15 (2) para que **todo** aquel que en él cree,
16 (2,4) para que **todo** aquel que en él cree
20 (2) **todo** aquel que hace
26 **todos** vienen a él.
31 El que de arriba viene, es sobre **todos** el que viene del cielo, es sobre **todos**
35 **todas las cosas** ha entregado
4:13 (2) **Cualquiera** que bebiere de esta agua
25 nos declarará **todas las cosas**. (TR)
29 (1,3) que me ha dicho **todo** cuanto
39 (1) Me dijo **todo** lo que he hecho
45 (3) habiendo visto **todas las cosas** que
5:20 (2) le muestra **todas las cosas**
22 (2) sino que **todo** el juicio dio
23 para que **todos** honren al Hijo
28 (2) **todos los que** están en los sepulcros
6:37 (3) **Todo** lo que el Padre me da,
39 (3) Que de **todo lo que** me diere
40 (2) Que **todo** aquel que vi al Hijo
45 serán **todos** enseñados por Dios.
(2) Así que, **todo** aquel que oyó
7:21 **todos** os maravilláis
8:2 (2) [todo el pueblo vino a él]
34 (2) que **todo** aquel que hace pecado,
10:4 (2) cuando ha sacado fuera **todas** (V60, WH, N, ABMW, VHA, VM, NC, BC, BA); (lit.,...sus propias ovejas, TR)
8 (3) **Todos los que** antes de mí vinieron
29 es mayor que **todos**
41 (1,3) **todo lo que** Juan dijo de éste
11:26 (2) **todo** aquel que vive y cree
48 **todos** creerán en él
12:32 **a todos** atraeré a mí mismo
46 (2,4) para que **todo** aquel que cree
13:3 le había dado **todas las cosas**
10 (5) limpios estáis, aunque **no todos**
11 (5) **No estáis** limpios **todos**
18 No hablo de **todos** vosotros;
35 En esto conocerán **todos**
14:26 (4) os enseñará **todas las cosas** (1,3) os recordará **todo lo que** yo os
15:2 (4) **Todo** pámpano que en mí **no lleva todo** aquel que lleva fruto
15 (3) **todas las cosas** que oí de mi Padre,
21 (1) **todo** esto os harán
16:2 (2) **cualquiera** que os mate,
13 (2) él os guiará a **toda** la verdad;
15 (3) **Todo lo que** tiene el Padre es mío
30 sabes **todas las cosas**,
17:2 le has dado potestad sobre **toda** carne, (3) dé vida eterna a **todos los que** le diste. (...a **todo lo que**, BC)
7 (3) **todas las cosas que** me has dado
10 (1) **todo** lo mío es tuyo;
21 para que **todos** sean uno;

Jn	18:4	(2)	**todas las cosas** que le habían de sobrevenir
	20	(2)	donde se reúnen **todos** los judíos, (V60, WH, N, ABMW, VHA, VM, NC, BC, BA) (lit.,...siempre los judíos, TR)
	37	(2)	**Todo** aquel que es de la verdad
	40		Entonces **todos** dieron voces (TR, VM)
19:12	(2)		**todo** el que se hace rey
	28	(1)	ya **todo** estaba consumado
21:17	(1)		Señor, tú lo sabes **todo**
Hch	1:1	(3)	acerca de **todas las cosas** que Jesús
	8	(2)	en Jerusalén, en **toda** Judea,
	14		**Todos** éstos perseveraban (lit.,...estaban perseverando)
	18	(2)	**todas** sus entrañas se derramaron
	19	(2)	fue notorio **a todos** los habitantes
	21	(3)	**todo** el tiempo que el Señor Jesús
	24		que conoces los corazones **de todos**
2:1			estaban **todos** unánimes juntos. (WH, N, ABMW)
	4		fueron **todos** llenos del Espíritu (WH, N, ABMW)
	5		de **todas** las naciones (de **toda** nación, VHA)
	7		estaban atónitos (V60, WH, N, ABMW, VHA, NC, BA); (estaban atónitos **todos**, VM, TR, BC)
	(2)		¿no son galileos **todos** estos que hablan? (TR, WH, N)
	12		estaban **todos** atónitos
	14	(2)	Varones judíos y **todos** los que habitáis (WH, N, ABMW)
	17		Derramaré...sobre **toda** carne
	21	(3)	**todo** aquel que invocare
	25	(6)	Veía al Señor **siempre** delante (WH, N, ABMW)
	32		de lo cual **todos** nosotros somos
	36		**toda** la casa de Israel,
	39	(2)	para **todos** los que están lejos
	43		sobrevino temor a **toda** persona; (...sobre **toda** alma, VHA)
	44	(2)	**Todos** los que habían creído
	45		lo repartían **a todos**
3:9	(2)		**todo** el pueblo le vio andar
	11	(2)	**todo** el pueblo, atónito
	16		en presencia de **todos** vosotros
	18	(2)	por boca **de todos** sus profetas
	21		la restauración de **todas las cosas** por boca de sus santos profetas (V60, WH, N, ABMW, VHA, VM, NC, BA); (lit.,... de **todos** sus santos profetas, TR)
	22	(3,7)	**en todas las cosas** que os hable
	23	(3)	**toda** alma que no oiga
	24	(2)	**todos** los profetas desde Samuel
	25	(2)	serán benditas **todas** las familias
4:10			sea notorio **a todos** vosotros
	(2)		y a **todo** el pueblo de Israel
	16	(2)	notoria **a todos** los que moran
	21		**todos** glorificaban a Dios
	24	(1,2)	**todo** lo que en ellos hay
	29		que con **todo** denuedo hablen tu palabra
	32		**todas las cosas** en común (WH, N, ABMW)
	33		abundante gracia era sobre **todos** ellos.
5:5	(2)		sobre **todos** los que lo oyeron
	11	(2)	sobre **todos** los que oyeron estas
	12		estaban **todos** unánimes (WH, N)
	17	(2)	**todos** los que estaban con él
	20	(2)	anunciad al pueblo **todas** las palabras
	21	(2)	**a todos** los ancianos (**todo** el senado, VHA)
	23		cerrada con **toda** seguridad
Hch	5:34	(2)	venerado de **todo** el pueblo
	36	(3)	**todos los que** le obedecían
	37	(3)	**todos los que** le obedecían
	42		**todos** los días, en el templo (lit., **cada** día...)
6:5	(2)		Agradó la propuesta a **toda** la multitud
	15	(2)	**todos** los que estaban sentados (WH, N, ABMW)
7:10	(2)		le libró de **todas** sus tribulaciones
	14	(2)	a **toda** su parentela,
	22		**en toda** la sabiduría de los egipcios
	50		¿No hizo mi mano **todas** estas cosas?
8:1			**todos** fueron esparcidos
	10		A éste oían atentamente **todos**
	27	(2)	estaba sobre **todos** sus tesoros (...**todo** su tesoro, VM)
	40		anunciaba el evangelio en **todas** las
9:14	(2)		para prender **a todos** los que invocan
	21	(2)	Y **todos** los que le oían
	26		**todos** le tenían miedo,
	32		Pedro, visitando a **todos**
	35	(2)	le vieron **todos** los que habitaban
	39	(2)	donde le rodearon **todas** las viudas
	40		Entonces, sacando a **todos**,
10:2	(2)		temeroso de Dios con **toda** su casa
	(6)		que...oraba a Dios **siempre** (WH, N, ABMW)
	12	(2)	había de **todos** los cuadrúpedos
	14	(5)	ninguna cosa común...jamás (jamás...**nada** impuro..., BA)
	33		Ahora, pues, **todos** nosotros estamos
	(1)		para oir **todo** lo que
	35		sino que en **toda** nación se agrada
	36		éste es Señor de **todos**
	38	(2)	sanando **a todos** los oprimidos
	39	(3)	somos testigos de **todas las cosas** que
	41	(2)	no a **todo** el pueblo,
	43	(2)	De éste dan testimonio **todos** los profetas (2) **todos** los que en él creyeren, (**todo** aquel..., VM)
	44	(2)	cayó sobre **todos** los que oían
11:8	(5)		**ninguna** cosa común (**nada** impuro... jamás, BA) (TR)
	14	(2)	serás salvo tú, y **toda** tu casa.
	23		exhortó a **todos**
12:11	(2)		de **todo** lo que el pueblo...esperaba (de **toda** la expectación del pueblo, VHA)
13:10			lleno de **todo** engaño y **de toda** maldad enemigo **de toda** justicia
	22	(2)	quien hará **todo** lo que yo quiero (...**todos** mis deseos, VHA)
	24	(2)	a **todo** el pueblo de Israel
	27		que se leen **todos** los días de reposo
	29	(2)	Y habiendo cumplido **todas las cosas** (cuando hubieron cumplido..., BC) (WH, N, ABMW)
	39	(1,3)	y que de **todo aquello** de que por la ley (2) **todo** aquel que cree
	44	(2)	se juntó casi **toda** la ciudad
14:15	(1,2)		**todo** lo que en ellos hay
	16	(2)	él ha dejado a **todas** las gentes
15:3	(2)		causabas gran gozo **a todos** los hermanos
	12	(2)	**toda** la multitud calló,
	17	(2)	**todos** los gentiles, sobre los cuales
	17	(18)	conocer **todo** esto desde tiempos antiguos (V60); (conocer estas cosas desde el siglo, VHA, WH, N, ABMW, VM, BA) Estas cosas conocidas desde antiguo, NC, BC); (**todas** estas cosas. Conocidas...desde el siglo, VA, TR)

Hch 15:18 todas sus obras. (VA, TR))
21 cada día de reposo (lit., en cada día de reposo)
36 en todas las ciudades (en cada ciudad, VM)
16:26 (2) se abrieron todas las puertas, las cadenas de todos
32 (2) a todos los que estaban en su casa. (con todos..., VM)
33 se bautizó él con todos los suyos. (...y todos..., VM)
17:7 todos éstos contravienen (éstos todos obran en oposición, VM)
11 recibieron la palabra con toda solicitud
17 en la plaza cada día (lit.,...por cada día)
21 todos los atenienses y los extranjeros
22 (1,7) en todo observo que sois muy
24 (2) y todas las cosas que en él hay,
25 quien da a todos vida y todas las cosas (E, WH, N, ABMW, VM, NC,BC, BA); ((7) Lit., en todo respeto, S)
26 ha hecho todo el linaje de los hombres sobre toda la faz de la tierra
30 a todos los hombres en todo lugar
31 dando fe a todos con haberle
18:2 (2) que todos los judíos saliesen de Roma
4 discutía...todos los días de reposo (...cada sábado, VM)
18:17 todos los griegos, apoderándose (TR); (todos ellos..., VM, WH, N, ABMW, VHA NC, BC, BA)
23 (2) confirmando a todos los discípulos
19:7 Eran por todos unos doce (eran todos los hombres..., VM)
10 (2) de manera que todos los que habitaban
17 esto fue notorio a todos tuvieron temor todos ellos, (cayó temor sobre..., VM)
19 los quemaron delante de todos
26 (2) sino en casi toda Asia,
34 todos a una voz gritaron (lit., hubo un clamor de todos)
20:18 entre vosotros todo el tiempo
19 sirviendo al Señor con toda humildad
25 (4) ninguno de todos vosotros...verá más
26 estoy limpio de la sangre de todos
27 (2) todo el consejo de Dios
28 (2) mirad por vosotros, y por todo el rebaño
32 (2) daros herencia con todos los santificados
35 (1) En todo os he enseñado
36 oró con todos ellos.
37 hubo gran llanto de todos
21:5 salimos, acompañándonos todos
18 (2) se hallaban reunidos todos los ancianos (acudieron..., BC)
20 y todos son celosos por la ley.
21 que enseñas a todos los judíos
24 y todos comprenderán que no hay nada
27 (2) alborotaron a toda la multitud
28 que...enseña a todos contra el pueblo
22:3 como hoy lo sois todos vosotros
5 (2) todos los ancianos (todo el Concilio de los ancianos, BA)
10 (1) se te dirá todo (se te hablará acerca de todas las cosas, VHA)
12 (2) que tenía buen testimonio de todos
15 serás testigo suyo a todos los hombres
30 (2) los principales sacerdotes y a todo el concilio (WH, N, ABMW)

Hch 23:1 yo con toda buena conciencia
24:3 lo recibimos...con toda gratitud
5 (2) entre todos los judíos por todo el mundo
8 podrás informarte de todas estas cosas
14 (2) creyendo todas las cosas que en la ley
16 (6) tener siempre una conciencia (WH, N, ABMW)
25:24 (2) Rey Agripa, y todos los varones
(2) respecto del cual toda la multitud (TR)
26:2 (3) de todas las cosas de que soy acusado
3 (2) porque tú conoces todas las costumbres (siendo tú conocedor de todas..., VHA)
4 la conocen todos los judíos
11 (2) castigándoles en todas las sinagogas,
14 habiendo caído todos nosotros
20 (2) por toda la tierra de Judea,
29 (2) también todos los que hoy me oyen
27:20 toda esperanza de salvarnos
24 (2) Dios te ha concedido todos
35 dio gracias a Dios en presencia de todos
:36 todos, teniendo ya mejor ánimo (lit.,... poniéndose alentados)
37 éramos todas las personas (lit.,...todas las almas)
44 aconteció que todos se salvaron
28:2 nos recibieron a todos,
30 (2) recibía a todos los que a él venían
31 abiertamente y sin impedimento. (con toda confianza..., VM) Ro 1:5 (2) en todas las naciones
7 a todos los que estáis en Roma,
8 con respecto a todos vosotros
16 (2) a todo aquel que cree
18 contra toda impiedad e injusticia
29 estando atestados de toda injusticia
2:1 (2) quienquiera que seas tú que juzgas
9 sobre todo ser humano (lit., sobre toda alma de hombre)
10 (2) a todo el que hace lo bueno
3:2 (7) Mucho, en todas maneras. (lit.,...en toda manera)
4 y todo hombre mentiroso
9 que todos están bajo pecado
12 Todos se desviaron
19 para que toda boca se cierre (2) y todo el mundo quede bajo el juicio
20 (4) ningún ser humano será justificado (ninguna carne..., VHA)
22 (2) para todos los que creen (V60, WH, N, ABMW, VHA, VM, NC, BA); (para todos y sobre todos..., BC, TR)
23 por cuanto todos pecaron
4:11 (2) padre de todos los creyentes
16 (2) para toda su descendencia el cual es padre de todos nosotros
5:12 así la muerte pasó a todos los hombres, por cuanto todos pecaron
18 vino la condenación a todos los hombres, (a todos los hombres para condenación, VHA)
vino a todos los hombres la justificación (a todos los hombres para justificación, VHA)
7:8 produjo en mí toda codicia
8:22 (2) sabemos que toda la creación
28 todas las cosas les ayudan a bien, (TR, ABMW, VHA, VM, BA); (Dios hace concurrir todas las cosas para el bien, NC, [WH], [N], BC)

| πᾶς 3956 | 630 | 3956 πᾶς |

Ro 8:32 lo entregó por **todos** nosotros,
¿cómo no nos dará...**todas** las **cosas**?
37 Antes, en **todas** estas cosas
9:5 el cual es Dios sobre **todas las cosas**
6 (2,5) **no todos** los que descienden de Israel
(**no todos**...son de Israel, VM)
7 (5) ni...son **todos** hijos
17 (2) sea anunciado por **toda** la tierra
33 (4) el que creyere en él, no será avergonzado
(V60, WH, N, ABMW, VHA, VM, NC,
BC, BA); (lit., **ninguno** que creyere en él
será avergonzado, TR)
10:4 para justicia a **todo** aquel que cree
11 (2) **Todo** aquel que en él creyere,
12 el mismo que es Señor **de todos**
(2) es rico para con **todos**
13 (3) **todo aquel que** invocare el nombre
16 (5) **no todos** obedecieron al evangelio
18 (2) Por **toda** la tierra ha salido la voz de ellos
11:10 (6) agóbiales la espalda **para siempre** (WH,
N, ABMW)
26 **todo** Israel será salvo
32 Dios sujetó a **todos** en desobediencia
para tener misericordia de **todos**
36 de él,...son **todas** las **cosas**
12:3 (2) **a cada cual** que está entre vosotros
4 (2) no **todos** los miembros tienen
17 delante **de todos** los hombres
18 estad en paz con **todos** los hombres.
(lit., estando en paz...)
13:1 Sométase **toda** persona a las autoridades
(...**toda** alma..., VHA)
7 Pagad a **todos** lo que debéis: (...vuestras
deudas, VHA)
14:2 (1) uno cree que se ha de comer **de todo**
5 otro juzga iguales **todos** los días (lit.,...**cada**
día)
10 **todos** compareceremos ante el tribunal
11 ante mí se doblará **toda** rodilla
toda lengua confesará
20 **Todas las cosas** a la verdad son limpias
23 (3) **todo lo que** no proviene de fe, es pecado
15:4 (3) las cosas que se escribieron antes (TR, N,
ABMW, VM, BC); (**todas** las cosas...,
VHA, [WH], NC, BA)
11 (2) Alabad al Señor **todos** los gentiles
(2) magnificadle **todos** los pueblos
13 os llene de **todo** gozo y paz
14 (2) llenos de **todo** conocimiento
33 el Dios de paz sea con **todos** vosotros
16:4 (2) **todas** las iglesias de los gentiles
15 (2) a **todos** los santos que están con ellos
16 (2) **todas** las iglesias de Cristo (V60, WH, N,
ABMW, VHA, VM, NC, BC, BA); (lit., las
iglesias..., TR)
19 ha venido a ser notoria a **todos**,
24 sea con **todos** vosotros. (TR, [VM], [BA])
26 (2) se ha dado a conocer a **todas** las gentes
1 Co 1:2 (2) con **todos** los que...invocan el nombre
en **cualquier** lugar invocan
5 en **todas las cosas** fuisteis enriquecidos
(en **todo**..., VHA)
en **toda** palabra y en toda ciencia
10 que habléis **todos** una misma cosa
29 (5) a fin de que **nadie** se jacte (para que
ninguna carne..., VHA)
2:10 (1) el Espíritu **todo** lo escudriña
15 el espiritual juzga **todas las cosas**
3:21 (1) **todo** es vuestro

1 Co 3:22 (1) **todo** es vuestro
4:13 como...el desecho **de todos**
17 de la manera que enseño...en **todas** las
iglesias (...en **cada** iglesia, VHA)
6:12 **Todas las cosas** me son lícitas
(5) **no todas** convienen
todas las cosas me son lícitas
18 (3) **Cualquier** otro pecado que el hombre
7:7 Quisiera más bien que **todos** los hombres
17 (2) ordeno en **todas** las iglesias
8:1 sabemos que **todos** tenemos conocimiento
6 del cual proceden **todas las cosas**
por medio del cual son **todas las cosas**
7 no en **todos** hay este conocimiento
9:12 (1) sino que lo soportamos **todo**
19 Por lo cual, siendo libre de **todos**
me he hecho siervo de **todos**
22 (1) a **todos** me he hecho **de todo**
23 (1) esto hago (TR); (**todo** lo hago, VHA, WH,
N, ABMW, VM, NC, BC, BA)
24 (2) **todos** a la verdad corren,
25 (2) **Todo** aquel que lucha,
(1) de **todo** se abstiene (**en todo** es sobrio,
VHA)
10:1 **todos** estuvieron bajo la nube
todos pasaron el mar; (...por el mar, VHA)
2 **todos** en Moisés fueron bautizados
3 **todos** comieron el mismo alimento
4 **todos** bebieron la misma bebida
11 estas cosas les acontecieron (V60, WH, N,
ABMW, VHA, VM, BA); (**Todas** estas
cosas..., NC, TR, BC)
17 **todos** participamos de aquel
23 (1) **Todo** me es lícito, pero no
(5) **no todo** conviene
(1) **todo** me es lícito
(5) **no todo** edifica
25 (2) De **todo** lo que se vende
27 (2) de **todo** lo que se os ponga delante
31 (1) hacedlo **todo** para la gloria de Dios
33 **en todas las cosas** agrado a **todos**
11:2 (1) **en todo** os acordáis de mí
3 Cristo es la cabeza **de todo** varón
4 **Todo** varón que ora o profetiza
5 **toda** mujer que ora o profetiza
12 (1) **todo** procede de Dios
12:6 Dios que hace **todas las cosas**
11 **todas** estas cosas las hace uno
12 (2) **todos** los miembros del cuerpo
13 fuimos **todos** bautizados en un cuerpo
a **todos** se nos dio a beber
19 si **todos** fueran un solo miembro,
26 (2) **todos** los miembros se duelen con él,
(2) **todos** los miembros con él se gozan
29 ¿Son **todos** apóstoles? (¿Acaso **todos**..., BA)
¿son **todos** profetas? (¿Acaso **todos**..., BA)
¿**todos** maestros? (¿Acaso **todos**...BA)
¿hacen **todos** milagros? (¿Acaso **todos**...,
BA)
30 ¿Tienen **todos** dones de sanidad (¿Acaso
todos..., BA)
¿hablan **todos** lenguas? (¿Acaso **todos**...,
BA)
¿interpretan **todos**? (¿Acaso **todos**..., BA)
13:2 (2) entendiese **todos** los misterios
(2) y **toda** ciencia, y si tuviese **toda** la fe,
3 si repartiese **todos** mis bienes
7 (1) **Todo lo** sufre, **todo lo** cree, **todo lo**
espera, **todo lo** soporta

		πᾶς 3956

1 Co 14:5 quisiera que **todos** vosotros
 18 hablo en lenguas más **que todos**
 23 **todos** hablan en lenguas
 24 Pero si **todos** profetizan,
    por **todos** es convencido,
    por **todos** es juzgado
 26 (1) Hágase **todo** para edificación
 31 podéis profetizar **todos** uno por uno
    para que **todos** aprendan, y **todos**
 33 (2) Como en **todas** las iglesias
 40 (1) hágase **todo** decentemente
15:7 (2) después **a todos** los apóstoles
 8 al último **de todos**,...a mí
 10 antes he trabajado más **que todos** ellos;
 19 somos los más...**de todos** los hombres
 22 así como en Adán **todos** mueren,
    también en Cristo **todos** serán vivificados
 24 **todo** dominio, **toda** autoridad
 25 (2) hasta que haya puesto **a todos** sus
 27 **todas las cosas** las sujetó
    cuando dice que **todas las cosas**
    sujetó a él **todas las cosas**
 28 luego que **todas las cosas** le estén sujetas
    al que le sujetó a él **todas las cosas**
 (1) para que Dios sea **todo** en **todos**
 30 ¿Y por qué...peligramos a **toda** hora?
 39 No **toda** carne es la misma carne
 51 (4) **No todos** dormiremos
    todos seremos transformados
16:14 **Todas** vuestras **cosas** sean hechas
 16 (2) a **todos** los que ayudan (**a cada uno** que
    coopera, VM)
 20 (2) Os saludan **todos** los hermanos
 24 esté con **todos** vosotros
2 Co 1:1 (2) con **todos** los santos que están
 3 Dios **de toda** consolación
 4 (2) en **todas** nuestras tribulaciones (en **toda**
    nuestra aflicción, VM)
    a los que están en **cualquier** tribulación
2:3 confiando en vosotros **todos**
    es el **de todos** vosotros.
 5 sino en cierto modo...a **todos** vosotros
 9 (1,7) de si vosotros sois obedientes **en todo**
 14 en **todo** lugar el olor
3:2 leídas por **todos** los hombres
 18 nosotros **todos**, mirando
4:2 recomendándonos a **toda** conciencia
 8 atribulados en **todo**
 15 **todas estas cosas** padecemos por amor
5:10 es necesario que **todos** nosotros
 14 que si uno murió por **todos**, (TR, NC); (que
    uno murió..., VHA, WH, N, ABMW, VM,
    BC, BA)
    luego **todos** murieron
 15 por **todos** murió
 17 **todas** son hechas nuevas (TR, BA)
 18 (1) **todo esto** proviene de Dios,
6:4 en **todo** como ministros de Dios
 10 (1) mas poseyéndo**lo todo**
7:1 limpiémonos **de toda** contaminación
 4 (2) en **todas** nuestras tribulaciones. (en **toda**
    nuestra tribulación, VHA)
 5 en **todo** fuimos atribulados; (en **todo**
    atribulados, BC)
 11 En **todo** os habéis mostrado limpios
 13 su espíritu por **todos** vosotros
 14 (1) **en todo** os hemos hablado con verdad
 15 la obediencia **de todos** vosotros
 16 en **todo** tengo confianza en vosotros

2 Co 8:7 Por tanto, como en **todo** abundáis
   en **toda** solicitud, y en vuestro amor
 18 (2) por **todas** las iglesias
9:8 que abunde en vosotros **toda** gracia,
   teniendo siempre en **todas las cosas** (...en
   todo, VM)
   todo lo suficiente
   abundéis para **toda** buena obra
 11 enriquecidos en **todo** para **toda** liberalidad
 13 para ellos y para **todos**
10:5 refutando argumentos, y **toda** altivez
   llevando cautivo **todo** pensamiento
 6 para castigar **toda** desobediencia
11:6 en **todo** y por **todo** os lo hemos demostrado
   (en **toda** forma os lo hicimos manifiesto
   en **todas las cosas**, VM)
 9 en **todo** me guardé y me guardaré
 28 (2) la preocupación por **todas** las iglesias
12:12 en **toda** paciencia, por señales
 19 (1) **todo**, muy amados, para vuestra
13:1 se decidirá **todo** asunto
 2 (2) He dicho antes...**a todos** los demás
 13 (12) (2) **Todos** los santos os saludan
 14 (13) sean con **todos** vosotros
Gá 1:2 **todos** los hermanos que están conmigo,
2:14 dije a Pedro delante **de todos**
 16 (4) **nadie** será justificado (...**ninguna** carne,
   VM)
3:8 (2) serán benditas **todas** las naciones
 10 (3) Maldito **todo aquel** que no permaneciere
   (2) en **todas las cosas** escritas
 13 (2) Maldito **todo** el que es colgado
 22 (1) la Escritura lo encerró **todo**
 26 **todos** sois hijos de Dios
 28 **todos** vosotros sois uno
4:1 (1) aunque es señor **de todo**
 26 la cual es madre **de todos** nosotros, (TR)
5:3 testificó **a todo** hombre
 14 **toda** la ley en esta sola palabra
6:6 (1) haga partícipe **de toda** cosa buena
 10 hagamos bien a **todos**
Ef 1:3 que nos bendijo con **toda** bendición
 8 en **toda** sabiduría e inteligencia
 10 de reunir **todas las cosas** en Cristo
 11 del que hace **todas las cosas**
 15 (2) para con **todos** los santos
 21 sobre **todo** principado y autoridad
   sobre **todo** nombre que se nombra
 22 sometió **todas las cosas** bajo sus pies
   sobre **todas las cosas** a la iglesia
 23 (1) de Aquel que **todo** lo llena en **todo**
2:3 entre los cuales también **todos** nosotros
 21 en quien **todo** el edificio
3:8 que el más pequeño **de todos** los santos
 9 de aclarar **a todos** cuál sea (TR, [ABMW],
   VM, BC)
   en Dios, que creó **todas** las cosas
 15 de quien toma nombre **toda** familia
 18 (2) de comprender con **todos** los santos
 19 (2) que seáis llenos de **toda** la plenitud
 20 poderoso para hacer **todas** las cosas
 21 (2) en Cristo Jesús por **todas** las edades,
4:2 con **toda** humildad y mansedumbre,
 6 Dios y Padre **de todos**, el cual es sobre **todos**
   y por **todos**, y en **todos**.
 10 que también subió por encima **de todos**
   (1) para llenarlo **todo**
 13 hasta que **todos** lleguemos a la unidad
 14 llevados por doquiera **de todo** viento

Ef	4:15	(1) crezcamos en **todo**
	16	de quien **todo** el cuerpo unido entre sí por **todas** las coyunturas (...por **toda** coyuntura, VHA)
	19	con avidez **toda** clase de impureza
	29	(4) **Ninguna** palabra corrompida
	31	Quítense de vosotros **toda** amargura y **toda** malicia. (con **todo** género de malicia BC)
	5:3	fornicación y **toda** inmundicia,
	5	(4) **ningún** fornicario, o inmundo
	9	es en **toda** bondad, justicia y verdad
	13	**todas** las **cosas**, cuando son puestas en evidencia
	14	(13) (2) la luz es lo que manifiesta **todo**. (**todo** lo que se manifiesta, luz es, BC)
	20	(1) dando siempre gracias por **todo**
	24	lo estén a sus maridos en **todo**
	6:16	(1) Sobre **todo**, tomad el escudo (...embrazando el escudo, VM) (TR, VHA); (en **todo**, tomando..., BA, WH, N, ABMW, NC, BC)
		(2) con que podáis apagar **todos** los dardos
	18	orando en **todo** tiempo con **toda** oración con **toda** perseverancia y súplica
		(2) por **todos** los santos
	21	(1) **todo** os lo hará saber
	24	(2) La gracia sea con **todos** los que aman
Fil	1:1	(2) a **todos** los santos en Cristo Jesús
	3	(2) siempre que me acuerdo de vosotros (en **toda** memoria de vosotros, VA)
	4	siempre en **todas** mis oraciones (...en cada plegaria mía, (VM) con gozo por **todos** vosotros
	7	sentir esto de **todos** vosotros por cuanto...**todos** vosotros sois
	8	de cómo os amo a **todos** vosotros
	9	en ciencia y en **todo** conocimiento,
	13	(2) en todo el pretorio, y a **todos** los demás
	18	Que no obstante, de **todas** maneras, (lit.,... en **toda** manera)
	20	antes bien con **toda** confianza
	25	aún permaneceré con **todos** vosotros
	2:9	un nombre que es sobre **todo** nombre
	10	en el nombre de Jesús se doble **toda** rodilla
	11	y **toda** lengua confiese
	14	(1) Haced **todo** sin murmuraciones
	17	me gozo y regocijo con **todos** vosotros
	21	**todos** buscan lo suyo
	26	de veros a **todos** vosotros
	29	Recibidle,...con todo gozo
	3:8	estimo **todas las cosas** como pérdida
		(1) lo he perdido **todo**
	21	sujetar a sí mismo **todas** las **cosas**
	4:5	sea conocida de **todos** los hombres
	6	en **toda** oración y ruego,
	7	que sobrepasa **todo** entendimiento
	12	en **todo** y por **todo** estoy enseñado (en **todo** caso y en **todas cosas**.., BC)
	13	(1) **Todo** lo puedo
	18	(1) **todo** lo he recibido
	19	suplirá **todo** lo que os falta (...**toda** necesidad vuestra, VM)
	21	Saludad a **todos** los santos (lit.,...a cada santo)
	22	(2) **Todos** los santos os saludan
	23	sea con **todos** vosotros. (TR)
Col	1:4	(2) que tenéis a **todos** los santos,
	6	(2) así como a **todo** el mundo

Col	1:9	en **toda** sabiduría e inteligencia
	10	agradándole en **todo**, (lit., para **todo** acto de agradar) en **toda** buena obra,
	11	fortalecidos con **todo** poder, para **toda** paciencia y longanimidad
	15	el primogénito de **toda** creación
	16	en él fueron creadas **todas** las cosas (1) **todo** fue creado por medio de él
	17	(6) él es antes de **todas las cosas todas** las **cosas** en él subsisten
	18	(1) para que en **todo** tenga la preeminencia (lit.,...llegue a ser el que ocupa el primer lugar)
	19	(2) que en él habitase **toda** plenitud,
	20	reconciliar consigo **todas** las **cosas**
	23	el cual se predica en **toda** la creación
	28	amonestando a **todo** hombre, enseñando a **todo** hombre en **toda** sabiduría a fin de presentar perfecto...a **todo** hombre
	2:2	**todas** las riquezas de pleno entendimiento (a **toda** la riqueza de la plena seguridad de la inteligencia, VM)
	2:3	(2) **todos** los tesoros de la sabiduría
	9	(2) **toda** la plenitud de la Deidad
	10	que es la cabeza de **todo** principado
	13	(2) perdonándoos **todos** los pecados,
	19	(2) en virtud de quien **todo** el cuerpo
	22	cosas que **todas** se destruyen con el uso? (lit., cosas que **todas** son para destrucción con el uso?)
	3:8	dejad también vosotros **todas** estas **cosas**
	11	(1) sino que Cristo es el **todo**, y en **todos**
	14	sobre **todas** estas cosas
	16	en **toda** sabiduría, cantando
	17	(3) **todo** lo que hacéis, sea de palabra (1) hacedlo **todo** en el nombre
	20	(1,7) obedeced a vuestros padres en **todo**
	22	(1,7) Siervos, obedeced en **todo**
	23	(3) **todo** lo que hagáis, hacedlo (TR, VHA, NC, BC, BA)
	4:7	(1,2) **Todo** lo que a mí se refiere
	9	(1,2) **Todo** lo que acá pasa,
	12	en **todo** lo que Dios quiere (en **toda** la voluntad de Dios, VM)
1 Ts	1:2	Damos.. gracias a Dios por **todos** vosotros
	7	(2) a **todos** los de Macedonia
	8	en **todo** lugar vuestra fe en Dios
	2:15	se oponen a **todos** los hombres, (están en contra de..., VM)
	3:7	(2) en medio de **toda** nuestra necesidad
	9	(2) por **todo** el gozo con que nos gozamos
	12	unos para con otros y para con **todos**
	13	(2) en la venida...con **todos** sus santos
	4:6	(1) el Señor es vengador de **todo** esto,
	10	lo hacéis así con **todos** los hermanos
	5:5	**todos** vosotros sois hijos
	14	que seáis pacientes para con **todos**
	15	unos para con otros, y para con **todos**
	18	Dad gracias en **todo**,
	21	(1) Examinadlo **todo**
	22	Absteneos de **toda** especie de mal,
	26	(2) Saludad a **todos** los hermanos
	27	(2) se lea a **todos** los santos
2 Ts	1:3	de **todos** y cada uno de vosotros (de cada uno de **todos** vosotros, VM)
	4	(2) en **todas** vuestras persecuciones
	10	ser admirado en **todos** los que creyeron
	11	cumpla **todo** propósito de bondad

2 Ts	2:4	(1) contra **todo** lo que se llama Dios	Tit	2:10 (1) para que en **todo** adornen la doctrina
	9	Satanás,con gran poder (Satanás, con **todo** poder, VM)		11 se ha manifestado...**a todos** los hombres
				14 para redimirnos de **toda** iniquidad
	10	con **todo** engaño de iniquidad		15 reprende con **toda** autoridad
	12	(2) **todos** los que no creyeron		3:1 que estén dispuestos a **toda** buena obra
	17	os confirme en **toda** buena palabra		2 mostrando **toda** mansedumbre
	3:2	porque no es **de todos** la fe		para con **todos** los hombres
	6	que os apartéis de **todo** hermano		15 (2) **Todos** los que están conmigo te saludan
	16	(6) os dé **siempre** paz en **toda** manera.		La gracia sea con **todos** vosotros
		(WH, N, ABMW)	Flm	5 para con **todos** los santos
		sea con **todos** vosotros		6 en el conocimiento **de todo** el bien
	17	que es el signo en **toda** carta mía	He	1:2 (1) a quien constituyó heredero **de todo**
	18	sea con **todos** vosotros		3 quien sustenta **todas las cosas**
1 Ti	1:15	digna de ser recibida por todos (digna **de toda** aceptación, VHA)		6 Adórenle **todos** los ángeles de Dios
				11 **todos** ellos se envejecerán
	16	en mí el primero **toda** su clemencia, (TR)		14 ¿No son **todos** espíritus ministradores
	2:1	(1) Exhorto ante **todo**, a que se hagan		2:2 **toda** transgresión y desobediencia
		acciones de gracias, por **todos** los hombres		8 (1) **Todo** lo sujetaste bajo sus pies
	2	por **todos** los que están en eminencia		en cuanto le sujetó **todas las cosas**
		en **toda** piedad y honestidad		no vemos que **todas las cosas** les sean sujetas
	4	el cual quiere que **todos** los hombres		9 gustase la muerte por **todos** (...por todo hombre, VHA)
	6	en rescate por **todos**		
	8	que los hombres oren en **todo**		10 por cuya causa son **todas las cosas**
	11	La mujer aprenda...con **toda** sujeción		por quien **todas las cosas** subsisten (por medio de quien son **todas las cosas**, VM)
	3:4	en sujeción con **toda** honestidad		
	11	(1) sino sobrias, fieles en **todo**		11 de uno son **todos**
	4:4	**todo** lo que Dios creó (**toda** criatura de Dios, BC)		15 (2,6) estaban **durante toda** la vida sujetos
				17 (1,7) debía ser en **todo** semejante
	8	(1) la piedad para **todo** aprovecha, (...es provechosa, BA)		3:4 **toda** casa es hecha por alguno;
				el que hizo **todas las cosas**
	9	digna de ser recibida por todos. (digna de **toda** aceptación, VHA)		16 (2,5) ¿No fueron **todos** los que salieron
				4:4 reposó Dios de **todas** sus obras
	10	que es el Salvador **de todos** los hombres		12 que **toda** espada de dos filos
	15	sea manifiesto **a todos**		13 **todas las cosas** están desnudas
	5:2	como a hermanas, con **toda** pureza		15 (1,7) uno que fue tentado en **todo**
	10	si ha practicado **toda** buena obra (si anduvo solícita tras **toda**..., BC)		5:1 **todo** sumo sacerdote tomado
				9 (2) **para todos** los que le obedecen
	20	repréndelos delante de **todos**		13 (2) **todo** aquel que participa
	6:1	dignos **de todo** honor		6:16 el fin **de toda** controversia
	10	(2) porque raíz **de todos** los males		7:2 (1) dio Abraham los diezmos de **todo**
	13	que da vida a **todas las cosas**		7 sin discusión alguna, (fuera de **toda** controversia, BC)
	17	que nos da **todas las cosas**		
2 Ti	1:15	(2) me abandonaron **todos** los que están		8:3 **todo** sumo sacerdote...para presentar
	2:7	(1) te dé entendimiento en **todo**. (TR); (te dará..., VHA, WH, N, ABMW, NC, BC, BA)		5 **todas las cosas** conforme al modelo
				11 Porque **todos** me conocerán,
				9:6 (6) entran los sacerdotes **continuamente** (WH, N, ABMW)
	10	(1) Por tanto, **todo lo** soporto		
	19	(2) **todo** aquel que invoca el nombre		19 **todos** los mandamientos de la ley (cada mandamiento..., VM)
	21	dispuesto para **toda** buena obra.		
	24	sino amable para con **todos**		(2) **a todo** el pueblo,
	3:9	será manifiesta **a todos,**		(2) roció...**a todo** el pueblo
	11	de **todas** me ha librado el Señor		21 (2) y **todos** los vasos del ministerio
	12	(2) también **todos** los que quieren vivir		22 (1) **todo** es purificado,
	16	**Toda** la Escritura es inspirada por Dios		10:11 ciertamente **todo** sacerdote
	17	para **toda** buena obra		11:13 Conforme a la fe murieron **todos**
	4:2	exhorta con **toda** paciencia y doctrina		39 **todos** éstos, aunque alcanzaron buen
	5	(1) tú sé sobrio en **todo**,		12:1 de **todo** peso y del pecado
	8	(2) **a todos** los que aman su venida		6 azota a **todo** el que recibe por hijo
	16	**todos** me desampararon		8 de la cual **todos** han sido participantes,
	17	(2) que **todos** los gentiles oyesen		11 Es verdad que **ninguna** disciplina
	18	me librará de **toda** obra mala		14 Seguid la paz con **todos**
	21	Claudia y **todos** los hermanos		23 a Dios el juez **de todos**
Tit	1:15	**Todas las cosas** son puras		13:4 Honroso sea en **todos** el matrimonio
	16	reprobados en cuanto a **toda** buena obra		15 (6) Así que, ofrezcamos **siempre** a Dios, (WH, N, ABMW)
	2:7	(1) en **todo** como ejemplo de buenas obras		
	9	(1) que agraden en todo, (en **todas las cosas,** que sean complacientes, VHA)		13:18 (1) deseando conducirnos bien en **todo**
				21 os haga aptos en **toda** obra buena (TR, BA); (...en **todo** bien, VHA, WH, N, ABMW, VM, NC, BC)
	10	mostrándose fieles en todo, (mostrando **toda** buena lealtad, VHA)		

He	13:24	(2) Saludad a **todos** vuestros pastores
		(2) y a **todos** los santos
	25	La gracia sea con **todos** vosotros
Stg	1:2	tened por **sumo** gozo
	5	el cual da a **todos** abundantemente
	8	(2) es inconstante en **todos** sus caminos
	17	**Toda** buena dádiva y **todo** don perfecto
	19	**todo** hombre sea pronto para oír
	21	desechando **toda** inmundicia
	2:10	se hace culpable de **todos**
	3:7	**toda** naturaleza de bestias,
	16	hay perturbación y **toda** obra perversa
	4:16	**Toda** jactancia semejante es mala
	5:12	(1,6) **sobre todo**, hermanos míos, (ante **todo**..., VHA)
1 P	1:15	en **toda** vuestra manera de vivir
	24	**Toda** carne es como hierba, y **toda** la gloria
	2:1	**toda** malicia, **todo** engaño
		todas las detracciones,
	13	someteos a **toda** institución humana
	17	Honrad a **todos**,
	18	estad sujetos con **todo** respeto (lit., sometiéndose...)
	3:8	**todos** de un mismo sentir, compasivos
	15	(2) an.e **todo** el que os demande razón
	4:7	el fin de **todas las cosas**
	8	(1,6) **ante todo**, tened entre vosotros (teniendo..., VM)
	11	(1) para que en **todo** sea Dios glorificado
	5:5	**todos**, sumisos unos a otros, revestíos de humildad (TR); (**todos** vosotros, ceñíos de humildad los unos para con los otros, VHA, WH, N, ABMW, VM, NC, BC, BA)
	7	(2) echando **toda** vuestra ansiedad
	10	el Dios de **toda** gracia
	14	(2) Paz sea con **todos** vosotros
2 P	1:3	Como **todas las cosas** que pertenecen
	5	poniendo **toda** diligencia
	20	(4) **ninguna** profecía de la Escritura
	3:4	**todas las cosas** permanecen
	9	sino que **todos** procedan al arrepentimiento
	11	Puesto que **todas** estas cosas han de ser
	16	(2) casi en **todas** sus epístolas, (como también en **todas**..., VHA)
1 Jn	1:7	nos limpia de **todo** pecado
	9	y limpiarnos de **toda** maldad
	2:16	(2) **todo** lo que hay en el mundo
	19	(4) que **no todos** son de nosotros
	20	conocéis **todas las cosas**. (TR, VM, NC, BC); (**todos** vosotros sabéis, BA, WH, N, ABMW, VHA, BA)
	21	(4) **ninguna** mentira procede de la verdad
	23	(2,4) **Todo** aquel que niega al Hijo,
	27	os enseña **todas las cosas**, (...respecto de **todas las cosas**, VM)
	29	(2) **todo** el que hace justicia
	3:3	(2) **todo** aquel que tiene esta esperanza
	4	(2) **Todo** aquel que comete pecado,
	6	(2) **Todo** aquel que permanece en él
		(2) **todo** aquel que peca
	9	(2) **Todo** aquel que es nacido de Dios,
	10	(2,4) **todo** aquel que no hace justicia,
	15	(2) **Todo** aquel que aborrece
		(4) sabéis que **ningún** homicida
	20	sabe **todas las cosas**
	4:1	no creáis a **todo** espíritu,
	2	**Todo** espíritu que confiesa
	3	(4) **todo** espíritu que **no** confiesa
	7	(2) **Todo** aquel que ama, es nacido de Dios

1 Jn	5:1	(2) **Todo** aquel que cree que Jesús
		(2) **todo** aquel que ama al que engendró
	4	(2) **todo** lo que es nacido de Dios
	17	**Toda** injusticia es pecado
	18	(2) **todo** aquel que ha nacido de Dios,
2 Jn	1	(2) **todos** los que han conocido la verdad
	9	(2) **Cualquiera** que se extravía
3 Jn	2	seas prosperado en **todas las cosas**
	12	**Todos** dan testimonio (lit., es dado testimonio de parte de **todos**)
Jud	3	por la gran solicitud que tenía (poniendo yo **todo** empeño, VM)
	5	ya que una vez lo habéis sabido (aunque sabéis de una vez **todas** estas cosas, VHA, WH, N, ABMW, VM, NC, BC, BA)
	15	para hacer juicio contra **todos**
		(2) dejar convictos a **todos** los impíos
		(2) de **todas** sus obras impías
		(2) de **todas** las cosas duras
	25	antes de **todo** siglo (VHA, WH, N, ABMW, NC, BC, BA); (no se encuentra en TR, VM)
		ahora y por **todos** los siglos.
Ap	1:7	**todo** ojo le verá
		(2) **todos** los linajes de la tierra
	2:23	(2) **todas** las iglesias sabrán
	4:11	tú creaste **todas las cosas**
	5:6	(2) enviados por **toda** la tierra
	9	de **todo** linaje y lengua
	13	a **todo** lo creado que está en el cielo
		(2) a **todas las cosas** que en ellos hay
	6:14	y **todo** monte y toda isla
	15	y **todo** siervo y **todo** libre (TR, VHA, NC); (**todo** siervo y libre, BC, WH, N, ABMW, VM, BA)
	7:1	(5) ni sobre **ningún** árbol
	4	de **todas** las tribus de los hijos (de **toda** tribu..., BC)
	9	de **todas** naciones y tribus (lit., de **toda** nación y tribus)
	11	(2) **todos** los ángeles estaban en pie
	16	(4) ni calor **alguno**
	17	Dios enjugará **toda** lágrima
	8:3	(2) las oraciones de **todos** los santos
	7	y se quemó **toda** la hierba verde
	9:4	(4) ni a cosa verde **alguna**, ni a **ningún** árbol
	11:6	para herir la tierra con **toda** plaga
	12:5	(2) con vara de hierro a **todas** las naciones
	13:7	autoridad sobre **toda** tribu, pueblo
	8	(2) la adoraron **todos** los moradores (la adorarán..., VM)
	12	(2) **toda** la autoridad de la primera bestia
	16	(2) a **todos**, pequeños y grandes
	14:6	a **toda** nación, tribu,
	8	(2) ha hecho beber a **todas** las naciones
	15:4	(2) por lo cual **todas** las naciones vendrán
	16:3	murió **todo** ser vivo (**toda** alma viviente, VM) (TR, VHA, NC, BA); (lit., **toda** alma de vida, WH, N, ABMW, BC)
	20	**toda** isla huyó
	18:2	guarida de **todo** espíritu inmundo,
		(2) albergue de **toda** ave inmunda
	3	(2) las naciones han bebido
	12	de **toda** madera olorosa, de **todo** objeto de marfil, de **todo** objeto de madera
	14	(2) **todas las cosas** exquisitas
	17	Y **todo** piloto,
		(2) **todos** los que viajan en naves (lit., **toda** la compañía en las naves, TR);(**todo** el

		que navega con cualquier rumbo, VHA, WH, N, ABMW, VM, NC, BC, BA)	Lc	9:22 el Hijo del Hombre padezca muchas cosas

Πάσχα 3957   635   3962 πατήρ

que navega con cualquier rumbo, VHA,
WH, N, ABMW, VM, NC, BC, BA)
Ap 18:19 (2) en la cual **todos** los que tenían naves
22 (4) **ningún** artífice de oficio **alguno**
23 (2) fueron engañadas **todas** las naciones
24 (2) de **todos** los que han sido muertos
19:5 (2) Alabad a nuestro Dios **todos** sus siervos
17 (2) diciendo a **todas** las aves
18 carnes de **todos**, libres y esclavos
21 (2) **todas** las aves se saciaron de las carnes
21:4 Enjugará Dios **toda** lágrima de los ojos
5 yo hago nuevas **todas las cosas**
7 heredará **todas las cosas**, (TR, VM)
8 (2) los idólatras y **todos** los mentirosos
19 con **toda** piedra preciosa
27 (4) No entrará en ella **ninguna** cosa inmunda
22:3 (4) no habrá más maldición; (no habrá ya **ninguna** cosa maldita, VHA)
15 **todo aquel** que ama y hace mentira
18 (2) Yo testifico a **todo aquel**
21 sea con **todos** vosotros. (S); (...con **todos**, VHA, N, ABMW, NC, BC, BA); (...con **todos** los santos, VM, E); (lit., ...con los santos, WH)

3957   Πάσχα† – Pásca (Pásja)

Mt 26:2 dentro de dos días se celebra la **pascua**
17 para que comas la **pascua**?
18 celebraré la **pascua** con mis discípulos
19 prepararon la **pascua**
Mr 14:1 Dos días después era la **pascua**
12 cuando sacrificaban el cordero de la **pascua**, (...sacrificaban la **Pascua**, BC) para que comas la **pascua**?
14 donde he de comer la **pascua**
16 prepararon la **pascua**
Lc 2:41 en la fiesta de la **pascua**
22:1 que se llama **la pascua**
7 era necesario sacrificar el cordero de la **pascua**. (...sacrificarse la **Pascua**, BC)
8 preparadnos la **pascua**
11 donde he de comer la **pascua**
13 prepararon la **pascua**
15 comer con vosotros esta **pascua**
Jn 2:13 Estaba cerca la **pascua**
23 en la fiesta de la **pascua**, (en la **Pascua**, VM)
6:4 estaba cerca la **pascua**
11:55 estaba cerca la **pascua** antes de la **pascua**, para purificarse
12:1 Seis días antes de la **pascua**
13:1 Antes de la fiesta de la **pascua**
18:28 así poder comer la **pascua**
39 de que os suelte uno en la **pascua**
19:14 Era la víspera de la **pascua**
Hch 12:4 sacarle al pueblo después de la **pascua**
1 Co 5:7 nuestra **pascua**, que es Cristo
He 11:28 Por la fe celebró la **pascua**

3958   πάσχω – pásco (pásjo)

Mt 16:21 **padecer** mucho de los ancianos, (...muchas cosas..., VHA)
17:12 el Hijo del Hombre **padecerá** de ellos.
15 es lunático, y **padece** muchísimo; (TR, ABMW, VHA, VM, NC, BC)
27:19 porque hoy **he padecido**
Mr 5:26 que...había sufrido...de muchos médicos
8:31 le era necesario al Hijo del Hombre **padecer**
9:12 que **padezca** mucho (...muchas cosas, VHA)

Lc 9:22 el Hijo del Hombre **padezca** muchas cosas
13:2 porque **padecieron** tales cosas
17:25 primero es necesario que **padezca**
22:15 comer...esta pascua antes que **padezca**
24:26 ¿No era necesario que el Cristo **padeciera**
46 que el Cristo **padeciese**, y resucitase
Hch 1:3 después de haber **padecido**
3:18 que su Cristo **había de padecer**
9:16 cuánto le es necesario **padecer**
17:3 que el Cristo **padeciese**
28:5 ningún daño **padeció**
1 Co 12:26 De manera que si un miembro **padece**
2 Co 1:6 que nosotros también **padecemos**
Gá 3:4 ¿Tantas cosas habéis **padecido** en vano?
Fil 1:29 sino también que **padezcáis** por él
1 Ts 2:14 **habéis padecido**...las mismas cosas
2 Ts 1:5 por el cual asimismo **padecéis**
2 Ti 1:12 Por lo cual asimismo **padezco**
He 2:18 Pues en cuanto él mismo **padeció**
5:8 por lo que **padeció** (por las cosas que..., VM)
9:26 le hubiera sido necesario **padecer**
13:12 **padeció** fuera de la puerta
1 P 2:19 sufre molestias **padeciendo** injustamente
20 si haciendo lo bueno **sufrís**, (lit., si haciendo lo bueno y **sufriendo**)
21 también Cristo **padeció**
23 cuando **padecía**, no amenazaba,
3:14 también si alguna cosa **padecéis**
17 Porque mejor es que **padezcáis**
18 también Cristo **padeció** (TR, VM)
4:1 Puesto que Cristo ha **padecido** (Por tanto, habiendo **padecido**..., VHA), quien ha **padecido** en la carne
15 Así que, ninguno de vosotros **padezca**
19 De modo que los que **padecen**
5:10 después que hayáis **padecido** un poco
Ap 2:10 No temas en nada lo que vas a **padecer**

3959   Πάταρα – Pátara

Hch 21:1 de allí a **Pátara**

3960   πατάσσω – patásso

Mt 26:31 **Heriré** al pastor
51 **hiriendo** a un siervo del sumo sacerdote
Mr 14:27 **Heriré** al pastor,
Lc 22:49 **heriremos** a espada? (lit., si **heriremos**...)
50 uno de ellos **hirió** a un siervo
Hch 7:24 **hiriendo** al egipcio, vengó
12:7 **tocando** a Pedro en el costado (lit., golpeando el costado de Pedro)
23 un ángel del Señor le **hirió**
Ap 11:6 para **herir** la tierra con toda plaga
19:15 para **herir** con ella a las naciones

3961   πατέω – patéo

Lc 10:19 os doy potestad de **hollar**
21:24 Jerusalén será **hollada** por los gentiles
Ap 11:2 **hollarán** la ciudad santa
14:20 fue pisado el lagar fuera de la ciudad
19:15 y él **pisa** el lagar del vino

3962   πατήρ – patér

Mt 2:22 en lugar de Herodes su **padre**
3:9 A Abraham tenemos por **padre**
4:21 en la barca con Zebedeo su **padre**
22 dejando al instante...a su **padre**
5:16 glorifiquen a vuestro **Padre**
45 para que seáis hijos de vuestro **Padre**

πατήρ 3962

Mt	5:48	como vuestro **Padre**...es perfecto
	6:1	no tendréis recompensa de vuestro **Padre**
	4	tu **Padre** que ve en lo secreto
	6	ora a tu **Padre** que está en secreto
		tu **Padre** que ve en lo secreto
	8	vuestro **Padre** sabe
	9	**Padre** nuestro que estás en los cielos
	14	os perdonará...vuestro **Padre** celestial
	15	tampoco vuestro **Padre** os perdonará
	18	a tu **Padre** que está en secreto
		tu **Padre** que ve en lo secreto
	26	vuestro **Padre** celestial las alimenta.
	32	vuestro **Padre** celestial sabe
	7:11	¿cuánto más vuestro **Padre**...dará
	21	el que hace la voluntad de mi **Padre**
	8:21	y entierre a mi padre. (a enterrar..., BA)
	10:20	el Espíritu de vuestro **Padre** que habla
	21	y el padre al hijo
	29	a tierra sin vuestro **Padre**
	32	le confesaré delante de mi **Padre**
	33	le negaré delante de mi **Padre**
	35	al hombre contra su padre
	37	El que ama a **padre** o madre
	11:25	Te alabo, **Padre**, Señor
	26	Sí, **Padre**, porque así
	27	me fueron entregadas por mi **Padre**
		sino el **Padre**
		ni al **Padre** conoce alguno
	12:50	que hace la voluntad de mi **Padre**
	13:43	en el reino de su **Padre**
	15:4	Honra a tu **padre** y a tu madre
		El que maldiga al padre
	5	Cualquiera que diga a su padre
	(6)	ya no ha de honrar a su **padre**
	13	que no plantó mi **Padre**
	16:17	mi **Padre** que está en los cielos
	27	en la gloria de su **Padre**
	18:10	ven siempre el rostro de mi **Padre**
	14	la voluntad de vuestro **Padre** (TR, N, ABMW, VHA, VM, NC, BC, BA); (lit.,... delante de mi **Padre** WH)
	19	les será hecho por mi **Padre**
	35	Así también mi **Padre** celestial
	19:5	el hombre dejará **padre** y madre
	19	Honra a tu **padre** y a tu madre;
	29	cualquiera que haya dejado...padre
	20:23	para quienes está preparado por mi **Padre**
	21:31	hizo la voluntad de su **padre**?
	23:9	no llaméis **padre** vuestro
		porque uno es vuestro **Padre**
	30	en los días de nuestros **padres**
	32	llenad la medida de vuestros padres
	24:36	sino sólo mi **Padre** (TR); (...el **Padre**, VHA, WH, N, ABMW, VM, NC, BC, BA)
	25:34	Venid, benditos de mi **Padre**
	26:29	con vosotros en el reino de mi **Padre**
	39	**Padre** mío, si es posible,
	42	**Padre** mío, si no puede pasar
	53	no puedo ahora orar a mi **Padre**
	28:19	bautizándolos en el nombre del **Padre**
Mr	1:20	dejando a su **padre** Zebedeo
	5:40	tomó al **padre**...de la niña
	7:10	Honra a tu **padre** y a tu madre
		El que maldiga al **padre** o a la madre
	11	que diga un hombre al **padre**
	12	hacer más por su **padre** (hacer nada..., VHA
	8:38	cuando venga en la gloria de su **Padre**
	9:21	Jesús preguntó al padre
	24	el **padre** del muchacho...dijo
Mr	10:7	dejará el hombre a su **padre**
	19	Honra a tu **padre** y a tu madre
	29	o hermanas, o **padre**, o madre
	11:10	de nuestro **padre** David
	25	para que también vuestro **Padre**
	26	tampoco vuestro **Padre** (TR, VM, NC, BC, [BA])
	13:12	y el **padre** al hijo
	32	ni el Hijo, sino el **Padre**
	14:36	decía: Abba, **Padre**,
	15:21	**padre** de Alejandro y de Rufo
Lc	1:17	los corazones de los padres
	32	el trono de David su **padre**
	55	habló a nuestros **padres**
	59	le llamaban con el nombre de su **padre**
	62	preguntaron por señas a su **padre**
	67	Zacarías su **padre** fue lleno
	72	Para hacer misericordia con nuestros **padres**
	73	a Abraham nuestro **padre**
	2:33	José y su madre (TR, VM) (su **padre** y madre, VHA, WH, N, ABMW, NC, BC, BA)
	48	tu **padre** y yo te hemos buscado
	49	en los negocios de mi **Padre** (en la casa de..., VHA)
	3:8	Tenemos a Abraham por **padre**
	6:23	hacían sus **padres** con los profetas
	26	así hacían sus **padres** con los falsos
	36	vuestro **Padre** es misericordioso
	8:51	al **padre** y a la madre de la niña
	9:26	en la del **Padre**
	42	se lo devolvió a su **padre**
	59	y entierre a mi **padre**. (a enterrar..., BC)
	10:21	Yo te alabo, oh **Padre**, Señor
		Sí, **Padre**, porque así
	22	me fueron entregadas por mi **Padre**
		nadie conoce...sino el **Padre**
		ni quién es el **Padre**, sino el Hijo
	11:2	**Padre** nuestro que estás en los cielos, santificado sea, (TR, [BA])
	11	¿Qué **padre** de vosotros
	13	¿cuánto más vuestro **Padre** celestial
	47	a quienes mataron vuestros **padres**! (y vuestros **padres** los mataron, VM)
	48	de los hechos de vuestros **padres**
	12:30	pero vuestro **Padre** sabe
	32	a vuestro **Padre** le ha placido daros
	53	Estará dividido el **padre** contra el hijo el hijo contra el **padre**
	14:26	no aborrece a su **padre**
	15:12	el menor de ellos dijo a su **padre**: **Padre**, dame la parte
	17	¡Cuántos jornaleros en casa de mi **Padre** (¡Cuántos jornaleros de mi **padre**, VHA)
	18	iré a mi **padre**, y le diré: **Padre**,
	20	vino a su **padre** lo vio su **padre**
	21	**Padre**, he pecado contra el cielo
	22	el **padre** dijo a sus siervos
	27	tu **padre** ha hecho matar el becerro
	28	Salió...su **padre** (saliendo..., VHA)
	29	respondiendo, dijo al **padre**
	16:24	dando voces, dijo: **Padre** Abraham,
	27	Te ruego, pues, **padre**, que le envíes a la casa de mi **padre**
	30	El entonces dijo: No, **padre** Abraham
	18:20	honra a tu **padre** y a tu madre
	22:29	como mi **Padre** me lo asignó a mí,
	42	diciendo: **Padre**, si quieres

πατήρ 3962　　　　　　　　　　　　　　637　　　　　　　　　　　　　　3962 πατήρ

Lc	23:34	**Padre**, perdónalos, (TR, [WH], [N], [ABMW], VHA, VM, NC, BC, BA)
	46	**Padre**, en tus manos encomiendo
	24:49	yo enviaré la promesa de mi **Padre**
Jn	1:14	como del unigénito del **Padre**
	18	que está en el seno del **Padre**
	2:16	no hagáis de la casa de mi **Padre**
	3:35	El **Padre** ama al Hijo
	4:12	mayor que nuestro **padre** Jacob
	20	Nuestros **padres** adoraron en este monte
	21	ni en Jerusalén adoraréis al **Padre**
	23	adorarán al **Padre** en espíritu también el **Padre** tales...busca
	53	El **padre** entonces entendió
	5:17	Mi **Padre** hasta ahora trabaja
	18	decía que Dios era su propio **Padre**
	19	sino lo que ve hacer al **Padre**
	20	Porque el **Padre** ama al Hijo
	21	como el **Padre** levanta a los muertos
	22	el **Padre** a nadie juzga
	23	como honran al **Padre** no honra al **Padre** que le envió
	26	como el **Padre** tiene vida
	30	la voluntad del que me envió, la del **Padre** (TR)
	36	las obras que el **Padre** me dio que el **Padre** me ha enviado
	37	También el **Padre** que me envió
	43	Yo he venido en nombre de mi **Padre**
	45	voy a acusaros delante del **Padre**
	6:27	a éste señaló Dios el **Padre**
	31	Nuestros **padres** comieron el maná
	32	mi **Padre** os da el verdadero pan
	37	Todo lo que el **Padre** me da,
	39	esta es la voluntad del **Padre**, (TR)
	40	la voluntad del que me ha enviado (TR); (la voluntad de mi **Padre**, VHA, WH, N, ABMW, VM, NC, BC, BA)
	42	cuyo **padre** y madre nosotros conocemos?
	44	si el **Padre** que me envió no lo trajere;
	45	todo aquel que oyó al **Padre**
	46	No que alguno haya visto al **Padre** éste ha visto al **Padre**
	49	Vuestros **padres** comieron el maná
	57	Como me envió el **Padre** viviente, yo vivo por el **Padre**
	58	no como vuestros **padres** comieron el maná
	65	(66) si no le fuere dado del **Padre**. (V60, WH, N, ABMW, VHA, BA); (...por mi **Padre**, VM, TR, NC, BC)
	7:22	no porque sea de Moisés, sino de los **padres**
	8:16	el que me envió, el **Padre**. (TR, [WH], ABMW, VM, NC, BC)
	18	el **Padre** que me envió da testimonio
	19	¿Dónde está tu **padre**? Ni a mí me conocéis, ni a mi **Padre** también a mi **Padre** conoceríais.
	27	que les hablaba del **Padre**
	28	según me enseñó el **Padre**
	29	no me ha dejado solo el **Padre**, (TR, VM)
	38	lo que he visto cerca del **Padre** lo que habéis oído cerca de vuestro **padre** (TR, VM, NC, BC)
	39	Nuestro **padre** es Abraham.
	41	hacéis las obras de vuestro **padre** un **padre** tenemos, que es Dios
	42	Si vuestro **Padre** fuese Dios,
	44	Vosotros sois de vuestro **padre** el diablo los deseos de vuestro **padre**

Jn	5:44	es mentiroso, y **padre** de mentira. (lit.,... padre de ella)
	49	honro a mi **Padre**
	53	mayor que nuestro **padre** Abraham
	8:54	mi **Padre** es el que me glorifica
	56	Abraham vuestro **padre** se gozó
	10:15	así como el **Padre** me conoce yo conozco al **Padre**.
	17	Por eso me ama el **Padre**
	18	Este mandamiento recibí de mi **Padre**
	25	que yo hago en nombre de mi **Padre**
	29	Mi **Padre** que me las dio, arrebatar de la mano de mi **Padre**
	30	Yo y el **Padre** uno somos
	32	os he mostrado de mi **Padre**
	36	¿al que el **Padre** santificó
	37	Si no hago las obras de mi **Padre**
	38	que el **Padre** está en mí, y yo en el **Padre**
	11:41	**Padre**, gracias te doy
	12:26	mi **Padre** le honrará. (el **Padre**..., BA)
	27	¿**Padre**, sálvame de esta hora?
	28	**Padre**, glorifica tu nombre
	49	el **Padre** que me envió,
	50	como el **Padre** me lo ha dicho
	13:1	para que pasase de este mundo al **Padre**
	3	el **Padre** le había dado todas las cosas
	14:2	En la casa de mi **Padre** muchas moradas
	6	nadie viene al **Padre**, sino por mí
	7	también a mi **Padre** conoceríais,
	8	muéstranos al **Padre**, y nos basta
	9	El que me ha visto a mí, ha visto al **Padre**. Muéstranos al **Padre**?
	10	¿No crees que yo soy en el **Padre**, y el **Padre** que mora en mí
	11	Creedme que yo soy en el **Padre**, y el **Padre**
	12	porque yo voy al **Padre**
	13	para que el **Padre** sea glorificado
	16	yo rogaré al **Padre**
	20	que yo estoy en mi **Padre**
	21	será amado por mi **Padre**
	23	mi **Padre** le amará
	24	sino del **Padre** que me envió
	26	a quien el **Padre** enviará en mi nombre,
	28	que voy al **Padre** el **Padre** mayor es que yo
	31	que amo al **Padre**, como el **Padre** me mandó (...me ha dado mandamiento, VM)
	15:1	mi **Padre** es el labrador
	8	En esto es glorificado mi **Padre**
	9	Como el **Padre** me ha amado
	10	los mandamientos de mi **Padre**
	15	todas las cosas que oí de mi **Padre**
	16	todo lo que pidiereis al **Padre**
	23	también a mi **Padre** aborrece.
	24	han aborrecido...a mi **Padre**
	26	yo os enviaré del **Padre** el cual procede del **Padre**,
	16:3	porque no conocen al **Padre**
	10	de justicia, por cuanto voy al **Padre**
	15	Todo lo que tiene el **Padre** es mío;
	16	porque yo voy al **Padre**. (TR, VM)
	17	porque yo voy al **Padre**
	23	todo cuanto pidiereis al **Padre**
	25	os anunciaré acerca del **Padre**
	26	no os digo que yo rogaré al **Padre**
	27	pues el **Padre** mismo os ama que yo salí de Dios, (TR, N, ABMW, VHA, VM, NC, BC); (...del **Padre**, BA, WH)

Jn	16:28	Salí del **Padre**
		voy al **Padre**
	32	porque el **Padre** está conmigo
	17:1	**Padre**, la hora ha llegado;
	5	Ahora pues, **Padre**, glorifícame
	11	**Padre** santo, a los que me has dado
	21	oh **Padre**, en mí, y yo en tí,
	24	**Padre**, aquellos que me has dado, (TR, VHA, VM, BA); (...lo que..., BC, WH, N, ABMW, NC)
	25	**Padre** justo, el mundo no te ha conocido
	18:11	la copa que el **Padre** me ha dado,
	20:17	aún no he subido a mi **Padre**; (TR); (...al **Padre**, VHA, WH, N, ABMW, VM, NC, BC, BA)
		Subo a mi **Padre** y a vuestro **Padre**
	21	Como me envió el **Padre**
Hch	1:4	sino que esperasen la promesa del **Padre**
	7	que el **Padre** puso en su sola potestad
	2:33	habiendo recibido del **Padre** la promesa
	3:13	el Dios de nuestros **padres**
	22	Moisés dijo a los **padres** (TR)
	25	que Dios hizo con nuestros **padres**, (TR, VHA); (...vuestros **padres**, VM, WH, N, ABMW, NC, BC, BA)
	4:25	que por boca de David (TR, VM) (por boca de nuestro **padre** David, VHA, WH, N, ABMW, NC, BC, BA)
	5:30	El Dios de nuestros **padres** levantó
	7:2	Varones hermanos y **padres**, oíd
		apareció a nuestro **padre** Abraham
	4	muerto su **padre**, (después de muerto..., VHA)
	11	nuestros **padres** no hallaban alimento
	12	envió a nuestros **padres**
	14	hizo venir a su **padre** Jacob,
	15	y también nuestros **padres**
	19	maltrató a nuestros **padres**, (TR, VHA, VM, NC, BC, BA); (lit., a los **padres**, WH, N, ABMW)
	20	en casa de su **padre**
	32	Yo soy el Dios de tus **padres**
	38	con él ángel...y con nuestros **padres**
	39	al cual nuestros **padres** no quisieron
	44	Tuvieron nuestros **padres** el tabernáculo (lit., el tabernáculo...estaba entre nuestros **padres**)
	45	recibido...por nuestros **padres**, (habiéndolo recibido, nuestros **padres**, BA)
		arrojó de la presencia de nuestros **padres**
	51	como vuestros **padres**, así también vosotros
	52	no persiguieron vuestros **padres**?
	13:17	escogió a nuestros **padres**,
	32	aquella promesa hecha a nuestros **padres**,
	36	y fue reunido con sus **padres**
	15:10	un yugo que ni nuestros **padres** ni nosotros
	16:1	pero de **padre** griego
	3	todos sabían que su **padre** era griego
	22:1	Varones hermanos y **padres**
	14	El Dios de nuestros **padres** te ha escogido
	26:6	de la promesa...a nuestros **padres**
	28:8	aconteció que el **padre** de Publio
	25	a nuestros **padres**, diciendo: (TR, NC); (a vuestros..., VHA, WH, N, ABMW, VM, BC, BA)
Ro	1:7	de Dios nuestro **Padre**
	4:1	nuestro **padre** según la carne? (TR, VM, NC)
	11	para que fuese **padre** de todos
Ro	4:12	y **padre** de la circuncisión
		la fe que tuvo nuestro **padre** (aquella fe de nuestro **padre**, VM)
	16	el cual es **padre** de todos nosotros
	17	por **padre** de muchas gentes
	18	para llegar a ser **padre** de muchas gentes
	6:4	resucitó...por la gloria del **Padre**
	8:15	por el cual clamamos: ¡Abba, **Padre**!
	9:5	de quienes son los **patriarcas**
	10	de uno, de Isaac nuestro **padre**
	11:28	son amados por causa de los **padres**
	15:6	al Dios y **Padre** de nuestro Señor Jesucristo
	8	las promesas hechas a los **padres** (lit., las promesas de los **padres**)
1 Co	1:3	de Dios nuestro **Padre**
	4:15	no tendréis muchos **padres**
	5:1	que alguno tiene la mujer de su **padre**
	8:6	sólo hay un Dios, el **Padre**
	10:1	nuestros **padres** todos estuvieron
	15:24	cuando entregue el reino al Dios y **Padre**
2 Co	1:2	paz...de Dios nuestro **Padre**
	3	Bendito sea el Dios y **Padre**
		Padre de misericordias y Dios
	6:18	seré para vosotros por **Padre**,
	11:31	El Dios y **Padre** de nuestro Señor
Ga	1:1	por Dios el **Padre** que lo resucitó
	3	de Dios el **Padre** y de nuestro Señor
	4	la voluntad de nuestro Dios y **Padre**
	4:2	hasta el tiempo señalado por el **padre**
	6	el cual clama: ¡Abba, **Padre**!
Ef	1:2	de Dios nuestro **Padre** y del Señor
	3	Bendito sea el Dios y **Padre**
	17	para que el Dios...el **Padre** de gloria
	2:18	tenemos entrada...al **Padre**
	3:14	doblo mis rodillas ante el **Padre**
	4:6	un Dios y **Padre** de todos,
	5:20	dando siempre gracias...al Dios y **Padre**
	31	dejará el hombre a su **padre**
	6:2	Honra a tu **padre** y a tu madre
	4	vosotros, **padres**, no provoquéis
	23	amor con fe, de Dios **Padre**
Fil	1:2	de Dios nuestro **Padre** y del Señor
	2:11	para gloria de Dios **Padre**
	22	que como hijo a **padre** ha servido
	4:20	Al Dios y **Padre** nuestro sea
Col	1:2	a vosotros, de Dios nuestro **Padre**
	3	damos gracias a Dios, **Padre**
	12	con gozo dando gracias al **Padre**
	2:2	el misterio de Dios el **Padre** (TR)
	3:17	dando gracias a Dios **Padre**
	21	**Padres**, no exasperéis a vuestros hijos
1 Ts	1:1	en Dios **Padre** y en el Señor Jesucristo
		de Dios nuestro **Padre** (TR, VM)
	2:11	como el **padre** a sus hijos,
	3:11	Mas el mismo Dios y **Padre** nuestro,
	13	delante de Dios nuestro **Padre**
2 Ts	1:1	en Dios nuestro **Padre**
	2	de Dios nuestro **Padre** (TR); (de Dios **Padre**, VHA, WH, N, ABMW, VM, NC, BC, BA)
	2:16	Señor nuestro, y Dios nuestro **Padre**
1 Ti	1:2	de Dios nuestro **Padre** (TR, VM); (de Dios **Padre**, VHA, WH, N, ABMW, NC, BC, BA)
	5:1	sino exhórtale como a **padre**
2 Ti	1:2	misericordia y paz, de Dios **Padre**
Tit	1:4	y paz, de Dios **Padre**
Flm	3	de Dios nuestro **Padre**
He	1:1	Dios, habiendo hablado...a los **padres**

Πάτμος 3963			639		3972 Παῦλος	

He 1:5   Yo seré a él **Padre,**
    3:9   Donde me tentaron vuestros **padres**
    7:10 aún estaba en los lomos de su **padre**
    8:9   No como el pacto que hice con sus **padres**
    11:23 fue escondido por sus **padres**
    12:7 a quien el **padre** no disciplina?
       9 tuvimos a nuestros **padres**
          al **Padre** de los espíritus, y viviremos?
Stg 1:17 del **Padre** de las luces,
      27 La religión...delante de Dios el **Padre**
    2:21 ¿no fue justificado...Abraham nuestro **padre**
    3:9   bendecimos al...**Padre,**
1 P 1:2   según la presciencia de Dios **Padre**
       3 Bendito el Dios y **Padre**
      17 si invocáis por **Padre** a aquel que...juzga
2 P 1:17 cuando él recibió de Dios **Padre**
    3:4   desde el día en que los **padres** durmieron
1 Jn 1:2 la cual estaba con el **Padre**
       3 nuestra comunión verdaderamente es con
          el **Padre**
    2:1   para con el **Padre,** a Jesucristo
      13 Os escribo a vosotros, **padres**
          porque habéis conocido al **Padre**
      14 Os he escrito a vosotros, **padres**
      15 el amor del **Padre** no está en él
      16 no proviene del **Padre,**
      22 el que niega al **Padre** y al Hijo
      23 tampoco tiene al **Padre**
          tiene también al **Padre** (V60, WH, N,
          ABMW, VHA, VM, NC, BC, BA) (No se
          encuentra en TR)
      24 permaneceréis en el Hijo y en el **Padre**
    3:1   cuál amor nos ha dado el **Padre**
    4:14 que el **Padre** ha enviado al Hijo
    5:7   el **Padre,** el Verbo y el Espíritu (TR, [VM],
          [BA])
2 Jn 3   misericordia y paz, de Dios **Padre**
          Jesucristo, Hijo del **Padre**
       4 que recibimos del **Padre**
       9 ése sí tiene al **Padre** y al Hijo
Jud   1   a los...santificados en Dios **Padre,** (TR);
          (...amados..., VHA, WH, N, ABMW, VM,
          NC, BC, BA)
Ap 1:6   sacerdotes para Dios, su **Padre**
    2:27 (28) como yo también la he recibido de mi
          Padre
    3:5   confesaré su nombre delante de mi **Padre**
      21 y me he sentado con mi **Padre**
   14:1   el nombre de él y el de su **Padre** (V60,
          VHA); (el nombre de su **Padre,** VA, TR);
          (el nombre de El y el nombre de su **Padre**
          BA, WH, N, ABMW, VM, NC, BC)

3963   Πάτμος – Pátmos
Ap 1:9   estaba en la isla llamada **Patmos,**

3964   πατραλῴας, πατραλῴης, véase
          πατρολῴας, después de 3969

3965   πατριά – patriá
Lc 2:4   de la casa y **familia** de David
Hch 3:25 todas las **familias** de la tierra
Ef 3:15 de quien toma nombre toda **familia**

3966   πατριάρχης† – patriárces (patriárjes)
Hch 2:29 se os puede decir...del **patriarca** David,
    7:8   y Jacob a los doce **patriarcas**
       9 Los **patriarcas,** movidos por envidia

He 7:4   a quien aun Abraham el **patriarca**

3967   πατρικός – patrikós
Gá 1:14 de las tradiciones de mis **padres**

3968   πατρίς – patrís
Mt 13:54 venido a su **tierra,**
      57 sino en su **propia tierra**
Mr 6:1   vino a su **tierra**
       4 sino en su propia **tierra**
Lc 4:23 haz también aquí en tu **tierra**
      24 es acepto en su propia **tierra**
Jn 4:44 no tiene honra en su propia **tierra.**
He 11:14 que buscan **una patria**

3969   Πατροβᾶς – Patrobás
Ro 16:14 Saludad...a Hermas, a **Patrobas,**

3964   πατρολῴας* – patrolóas o πατραλῴης
1 Ti 1:9 para los **parricidas** y matricidas, (WH, N,
          ABMW)

3970   πατροπαράδοτος* – patroparádotos
1 P 1:18 la cual recibisteis de vuestros **padres**

3971   πατρῷος – patróos
Hch 22:3 conforme a la ley **de nuestros padres,**
   24:14 así sirvo al Dios **de mis padres**
   28:17 ni contra las costumbres **de nuestros padres**

3972   Παῦλος – Páulos
Hch 13:7 con el procónsul Sergio **Paulo**
       9 Saulo, que también es **Pablo**
      13 **Pablo** y sus compañeros arribaron (lit., los
          que estaban cerca de **Pablo** vinieron)
      16 **Pablo,** levantándose...dijo
      43 siguieron a **Pablo** y a Bernabé
      45 rebatían lo que **Pablo** decía, (...las cosas
          dichas por **Pablo,** VM)
      46 **Pablo** y Bernabé, hablando con denuedo,
      50 levantaron persecución contra **Pablo**
   14:9   Este oyó hablar a **Pablo**
      11 lo que **Pablo** había hecho, alzó
      12 llamaban...a **Pablo,** Mercurio
      14 los apóstoles Bernabé y **Pablo**
      19 habiendo apedreado a **Pablo**
   15:2   Como **Pablo** y Bernabé tuviesen una
          discusión (habiéndose producido un
          altercado...de **Pablo** y Bernabé, BC)
          que subiesen **Pablo** y Bernabé
      12 oyeron a **Pablo** y Bernabé
      22 enviarlos a Antioquía con **Pablo**
      25 con nuestros amados Bernabé y **Pablo**
      35 **Pablo** y Bernabé continuaron
      36 **Pablo** dijo a Bernabé
      38 a **Pablo** no le parecía bien (**Pablo** no creía
          conveniente, VHA)
      40 **Pablo,** escogiendo a Silas,
   16:3   Quiso **Pablo** que éste fuese con él
       9 se le mostró a **Pablo** una visión
      14 a lo que **Pablo** decía (a las cosas dichas
          por **Pablo,** VM)
      17 siguiendo a **Pablo** y a nosotros,
      18 desagradando a **Pablo,** (indignado **Pablo,**
          VHA)
      19 prendieron a **Pablo** (asiendo a **Pablo,** BC)
      25 orando **Pablo** y Silas

Hch 16:28 **Pablo** clamó a gran voz,
29 se postró a los pies de **Pablo**
36 hizo saber estas palabras a **Pablo** (TR, VHA NC, BC, BA); (lit.,...las palabras..., WH, ABMW, VM)
37 **Pablo** les dijo: Después de azotarnos
17:2 **Pablo**, como acostumbraba, fue (lit., de acuerdo con la costumbre para **Pablo**...)
4 se juntaron con **Pablo** y con Silas;
10 enviaron de noche a **Pablo** y a Silas
13 era anunciada la palabra de Dios por **Pablo**
14 los hermanos enviaron a **Pablo**
15 los que se habían encargado de conducir a **Pablo**
16 Mientras **Pablo** los esperaba
22 **Pablo**, puesto en pie
33 así **Pablo** salió de en medio
18:1 **Pablo**...fue a Corinto (TR, VHA, NC)
5 **Pablo** estaba entregado por entero a la predicación de la palabra (...estaba constreñido por la Palabra, VHA) (WH, N, ABMW, VM, NC, BC, BA); (lit.,... estaba constreñido en su espíritu, TR)
9 Entonces el Señor dijo a **Pablo**
12 se levantaron de común acuerdo contra **Pablo**
14 al comenzar **Pablo** a hablar, (cuando **Pablo** iba a abrir la boca, VM)
18 Mas **Pablo**, habiéndose detenido
19:1 **Pablo**, después de recorrer las regiones
4 Dijo **Pablo**: Juan bautizó
6 habiéndoles impuesto **Pablo** las manos,
11 milagros extraordinarios por mano de **Pablo**
13 por Jesús, el que predica **Pablo**
15 A Jesús conozco, y sé quién es **Pablo**
21 **Pablo** se propuso en espíritu
26 veis y oís que este **Pablo**
29 macedonios, compañeros de **Pablo**
30 queriendo **Pablo** salir al pueblo, (...entrar dentro, al pueblo, VM)
20:1 llamó **Pablo** a los discípulos (habiendo convocado..., VM)
7 **Pablo** les enseñaba, (...disertaba con ellos, VHA)
9 por cuanto **Pablo** disertaba largamente,
10 **Pablo**...se echó sobre él
13 para recoger allí a **Pablo**
16 **Pablo** se había propuesto pasar de largo
37 echándose al cuello de **Pablo**
21:4 decían a **Pablo** por el Espíritu,
8 saliendo **Pablo** y los que con él (TR)
11 tomó el cinto de **Pablo**, (tomando...,VHA)
13 Entonces **Pablo** respondió
18 **Pablo** entró con nosotros
26 **Pablo** tomó consigo (...tomando..., BC)
29 pensaban que **Pablo** había metido
30 apoderándose de **Pablo**, le arrastraron
32 dejaron de golpear a **Pablo**
37 Cuando comenzaron a meter a **Pablo**...dijo (estando ya para ser introducido...**Pablo** dijo, VHA)
39 Entonces dijo **Pablo**: Yo de cierto
40 **Pablo**, estando en pie en las gradas
22:25 **Pablo** dijo al centurión
28 Entonces **Pablo** dijo:
30 y sacando a **Pablo**, le presentó
23:1 Entonces **Pablo**, mirando fijamente
3 Entonces **Pablo** le dijo
5 **Pablo** dijo: No sabía, hermanos,
6 Entonces **Pablo**, notando que una parte

Hch 23:10 de que **Pablo** fuese despedazado
11 Ten ánimo, **Pablo**, (TR, VM)
12 hasta que hubiesen dado muerte a **Pablo**
14 hasta que hayamos dado muerte a **Pablo**
16 Mas el hijo de la hermana de **Pablo** dio aviso a **Pablo**
17 **Pablo**, llamando a uno de los centuriones
18 El preso **Pablo** me llamó (...llamándome a sí, VM)
20 que mañana lleves a **Pablo**
24 en que poniendo a **Pablo**,
31 los soldados, tomando a **Pablo**
33 presentaron también a **Pablo**
24:1 ante el gobernador contra **Pablo**
10 a **Pablo**...éste respondió (...**Pablo** respondió, VM)
23 se custodiase a **Pablo** (TR, VHA, BA)
24 su mujer...llamó a **Pablo**,
26 que **Pablo** le diera dinero (que se le diese dinero por parte de **Pablo**, VM)
27 dejó preso a **Pablo**
25:2 se presentaron ante él contra **Pablo**
4 que **Pablo** estaba custodiado
6 mandó que fuese traído **Pablo**
7 (8) alegando **Pablo** en su defensa
9 respondiendo a **Pablo** dijo
10 **Pablo** dijo: Ante el tribunal
14 Festo expuso al rey la causa de **Pablo**
19 el que **Pablo** afirma estar vivo
21 como **Pablo** apeló para que se le reservase
23 fue traído **Pablo**
26:1 Entonces Agripa dijo a **Pablo** **Pablo** entonces, extendiendo la mano
24 Estás loco, **Pablo**
25 él dijo (**Pablo** dijo, BA, WH, N, ABMW, VHA, VM, NC, BC)
28 Entonces Agripa dijo a **Pablo**
29 **Pablo** dijo: ¡Quisiera Dios
27:1 entregaron a **Pablo** y a algunos
3 tratando humanamente a **Pablo**
9 **Pablo** les amonestaba, diciéndoles
11 que a lo que **Pablo** decía. (lit., que a las cosas dichas por **Pablo**)
21 **Pablo**,...puesto en pie en medio
24 diciendo: **Pablo**, no temas
31 **Pablo** dijo al centurión
33 **Pablo** exhortaba a todos
43 el centurión, queriendo salvar a **Pablo**
28:3 habiendo recogido **Pablo** algunas ramas (...una porción de ramas secas, VM)
8 entró **Pablo** a verle, (**Pablo**, habiendo entrado a verle, BC)
15 **Pablo**...cobró aliento.
16 a **Pablo** se le permitió vivir aparte
17 después, **Pablo** convocó a los principales (TR, VHA, NC)
25 les dijo **Pablo** esta palabra: (después que **Pablo** les hubo dicho una palabra, VM)
30 **Pablo** permaneció dos años (TR, VHA)
Ro 1:1 **Pablo**, siervo de Jesucristo,
1 Co 1:1 **Pablo**, llamado a ser apóstol
12 Yo soy de **Pablo**; y yo de Apolos
13 ¿Fue crucificado **Pablo** por vosotros? (¿Fué acaso crucificado..., VHA) fuisteis bautizados en el nombre de **Pablo**
3:4 Yo ciertamente soy de **Pablo**
5 ¿Qué... es **Pablo**
22 sea **Pablo**, sea Apolos, sea Cefas,
16:21 Yo, **Pablo**, os escribo esta salutación (La

παύω 3973

		salutación mía, escrita de mi propio puño, **Pablo**, VM)
2 Co	1:1	**Pablo**, apóstol de Jesucristo
	10:1	Yo **Pablo** os ruego por la mansedumbre
Gá	1:1	**Pablo**, apóstol (no de hombres
	5:2	He aquí, yo **Pablo** os digo
Ef	1:1	**Pablo**, apóstol de Jesucristo
	3:1	Por esta causa yo **Pablo**
Fil	1:1	**Pablo** y Timoteo, siervos de Jesucristo
Col	1:1	**Pablo**, apóstol de Jesucristo
	23	del cual yo **Pablo** fui hecho ministro
	4:18	La salutación de mi propia mano, de **Pablo**
1 Ts	1:1	**Pablo**, Silvano y Timoteo,
	2:18	yo **Pablo** ciertamente una y otra vez
2 Ts	1:1	**Pablo**, Silvano y Timoteo,
	3:17	La salutación es de mi propia mano, de **Pablo**
1 Ti	1:1	**Pablo**, apóstol de Jesucristo
2 Ti	1:1	**Pablo**, apóstol de Jesucristo
Tit	1:1	**Pablo**, siervo de Dios y apóstol
Flm	1	**Pablo**, prisionero de Jesucristo
	9	siendo como soy, **Pablo** ya anciano
	19	Yo **Pablo** lo escribo de mi mano
2 P	3:15	nuestro amado hermano **Pablo**

3973   παύω – páuo

Lc	5:4	Cuando **terminó** de hablar,
	8:24	**cesaron**, y se hizo
	11:1	cuando **terminó**, uno de sus discípulos
Hch	5:42	no **cesaban** de enseñar y predicar
	6:13	Este hombre no **cesa** de hablar
	13:10	¿No **cesarás** de trastornar los caminos
	20:1	Después que **cesó** el alboroto
	31	no **he cesado** de amonestar con lágrimas
	21:32	**dejaron** de golpear a Pablo.
1 Co	13:8	**cesarán** las lenguas,
Ef	1:16	no **ceso** de dar gracias por vosotros
Col	1:9	no **cesamos** de orar por vosotros
He	10:2	De otra manera **cesarían** de ofrecerse,
1 P	3:10	**Refrene** su lengua del mal
	4:1	**terminó** con el pecado

3974   Πάφος – Páfos

Hch	13:6	toda la isla hasta **Pafos**
	13	Habiendo zarpado de **Pafos**

3975   παχύνω – pacúno (pajúno)

Mt	13:15	el corazón de este pueblo **se ha engrosado**
Hch	28:27	el corazón de este pueblo **se ha engrosado**

3976   πέδη – péde

Mr	5:4	había sido atado con **grillos**
		habían sido...desmenuzados los **grillos**
Lc	8:29	le ataban con cadenas y **grillos**, (era atado... BC)

3977   πεδινός – pedinós

Lc	6:17	se detuvo en un lugar **llano**

3978   πεζεύω* – pezéuo (pedzéuo)

Hch	20:13	queriendo él **ir por tierra**

3979   πεζῇ – pezé (pedzé)

Mt	14:13	le siguió **a pie** desde las ciudades
Mr	6:33	fueron allá **a pie** (concurrieron..., VM)

3980   πειθαρχέω – peitharchéo (peitharjéo)

Hch	5:29	Es necesario **obedecer** a Dios
	32	a los que **le obedecen**
	27:21	**haberme oído**, y no zarpar
Tit	3:1	Recuérdales...que **obedezcan**

3981   πειθός*† – peithós

1 Co	2:4	ni...fue con palabras **persuasivas**

3982   πείθω – peítho
        (1) πείθομαι

Mt	27:20	los ancianos **persuadieron**
	43	**Confió** en Dios
	28:14	nosotros le **persuadiremos**
Mr	10:24	a los que **confían** en las riquezas (TR, VM, BC)
Lc	11:22	le quita todas sus armas en que **confiaba**,
	16:31	(1) tampoco **se persuadirán** aunque alguno
	18:9	A unos **que confiaban** en sí mismos
	20:6	(1) están **persuadidos** de que Juan
Hch	5:36	(1) todos los que le **obedecían**
	37	(1) todos los que le **obedecían**
	40	(1) convinieron con él (lit., fueron **persuadidos** por él)
	12:20	sobornado Blasto (lit., habiendo **persuadido** a Blasto)
	13:43	les **persuadían** a que perseverasen
	14:19	unos judíos...que **persuadieron**
	17:4	(1) algunos de ellos **creyeron**
	18:4	**persuadía** a judíos y a griegos
	19:8	**persuadiendo** acerca del reino
	26	ha apartado a muchas gentes con persuasión (lit., ha apartado a mucha gente habiendo **persuadido**)
	21:14	(1) como no le pudimos **persuadir**, (no dejándose él **persuadir**, VM)
	26:26	(1) no **pienso** que ignora nada de esto (no **me persuado** de que nada de esto se le oculte, BC)
	28	Por poco me **persuades**
	27:11	(1) el centurión **daba** más crédito
	28:23	**persuadiéndoles** acerca de Jesús,
	24	(1) algunos **asentían** (...creían, VM)
Ro	2:8	(1) .**obedecen** a la injusticia
	19	**confías** en que eres guía de los ciegos
	8:38	(1) **estoy seguro** de que ni la muerte,
	14:14	(1) **confío** en el Señor Jesús
	15:14	(1) **estoy seguro** de vosotros
2 Co	1:9	para que no **confiásemos** (para que no estemos **confiados**, VHA)
	2:3	**confiando** en vosotros todos
	5:11	**persuadimos** a los hombres
	10:7	Si alguno está persuadido (Si alguno tiene **confianza**, VM)
Gá	1:10	¿busco ahora el favor de los hombres
	3:1	(1) para no **obedecer** a la verdad, (TR)
	5:7	(1) para no **obedecer** a la verdad?
Fil	1:6	10 Yo **confío** respecto de vosotros
		estando persuadido de esto,
	14	cobrando ánimo en el Señor
	25	**confiado** en esto, sé que quedaré,
	2:24	**confío** en el Señor que yo también
	3:3	no **teniendo confianza** en la carne
	4	que tiene de qué confiar en la carne
2 Ts	3:4	tenemos **confianza** respecto a vosotros
2 Ti	1:5	(1) **estoy seguro** que en ti también
	12	(1) **estoy seguro** es poderoso
Flm	21	**confiando** en tu obediencia,
He	2:13	Yo **confiaré** en él. (lit., estaré **confiando** en él)

He	6:9	(1) **estamos persuadidos** de cosas mejores
	11:13	(1) mirándolo de lejos, y **creyéndolo**, (TR)
	13:17	(1) **Obedeced** a vuestros pastores,
	18	(1) **confiamos** en que tenemos buena
Stg	3:3	(1) para que nos **obedezcan**, y dirigimos
1 Jn	3:19	**aseguraremos** nuestros corazones (TR, VM, NC, BC, BA); (...nuestro corazón, VHA, WH, N, ABMW)

Πειλᾶτος, véase Πιλᾶτος, 4091, pág. 651

πιθός, véase πειθός, 3981, pág. 641

3983   πεινάω – peináo

Mt	4:2	**tuvo hambre**. (después **tuvo hambre**, VM)
	5:6	Bienaventurados los que **tienen hambre**
	12:1	y sus discípulos **tuvieron hambre**
	3	cuando...**tuvieron hambre**;
	21:18	volviendo a la ciudad, **tuvo hambre**
	25:35	**tuve hambre**, y me disteis de comer
	37	¿cuándo te vimos **hambriento**,
	42	**tuve hambre**, y no me disteis
	44	¿cuándo te vimos **hambriento**,
Mr	2:25	cuando tuvo necesidad, y **sintió hambre**
	11:12	cuando salieron de Betania, **tuvo hambre**
Lc	1:53	A los **hambrientos** colmó de bienes,
	4:2	no comió nada... **tuvo hambre**
	6:3	lo que hizo David cuando **tuvo hambre**
	21	los que ahora **tenéis hambre**,
	25	porque **tendréis hambre**.
Jn	6:35	el que a mí viene, nunca **tendrá hambre**
Ro	12:20	si tu enemigo **tuviere hambre**,
1 Co	4:11	Hasta esta hora **padecemos hambre**,
	11:21	uno **tiene hambre**, y otro se embriaga
	34	Si alguno **tuviere hambre**, coma en su casa
Fil	4:12	así para estar saciado...**tener hambre**,
Ap	7:16	Ya no **tendrán hambre** ni sed

3984   πεῖρα – péira

He	11:29	intentando los egipcios hacer lo mismo (lit., de lo cual tomando **prueba** los...)
	36	Otros experimentaron vituperios (otros tuvieron **prueba** de escarnios, VM)

3985   πειράζω – peirázo (peirádzo)

Mt	4:1	para ser **tentado** por el diablo
	3	Y vino a él el **tentador**, y le dijo
	16:1	Vinieron los fariseos...**para tentarle**, (Llegándose...**tentándole**, VM)
	19:3	vinieron a él los fariseos, **tentándole**
	22:18	¿Por qué me **tentáis**, hipócritas?
	35	preguntó **por tentarle**, diciendo
Mr	1:13	era **tentado** por Satanás, y estaba
	8:11	pidiéndole señal del cielo, **para tentarle**
	10:2	le preguntaron, **para tentarle**,
	12:15	¿Por qué me **tentáis?**
Lc	4:2	era tentado por el diablo (**siendo tentado**..., VHA)
	11:16	Otros, **para tentarle**, le pedían
	20:23	(24) ¿Por qué me **tentáis?** (TR)
Jn	6:6	esto decía **para probarle**
	8:6	[esto decían **tentándole**]
Hch	5:9	¿Por qué convinisteis en **tentar** al Espíritu
	9:26	**trataba** de juntarse con los discípulos; (WH, N, ABMW)
	15:10	¿Por qué **tentáis** a Dios,
	16:7	**intentaron** ir a Bitinia,
	24:6	**Intentó** también profanar el templo

1 Co	7:5	para que no os **tiente** Satanás
	10:9	algunos de ellos le **tentaron** (TR, WH, N)
	13	que no os dejará ser **tentados** más
2 Co	13:5	**probaos** a vosotros mismos.
Gá	6:1	no sea que tú también **seas tentado**
1 Ts	3:5	no sea que os **hubiese tentado** el **tentador**
He	2:18	él mismo padeció **siendo tentado** a los **que son tentados**
	3:9	Donde me **tentaron** vuestros padres;
	4:15	uno **que fue tentado**...según nuestra
	11:17	Por la fe Abraham, **cuando fue probado**
	37	**Fueron...puestos a prueba**
Stg	1:13	**Cuando** alguno **es tentado** que es tentado de parte de Dios; (Tentado soy..., VM)
	14	ni él **tienta** a nadie sino que cada uno **es tentado**
Ap	2:2	**has probado** a los que se dicen
	10	para que **seáis probados**,
	3:10	**para probar** a los que moran sobre la tierra

3986   πειρασμός† – peirasmós

Mt	6:13	no nos metas en **tentación**
	26:41	para que no entréis en **tentación**
Mr	14:38	para que no entréis en **tentación**
Lc	4:13	cuando...hubo acabado toda **tentación**
	8:13	en el tiempo **de la prueba** se apartan
	11:4	no nos metas en **tentación**
	22:28	que habéis permanecido...en mis **pruebas**
	40	Orad que no entréis en **tentación**
	46	para que no entréis en **tentación**
Hch	20:19	con...**pruebas** que me han venido
1 Co	10:13	No os ha sobrevenido ninguna **tentación** dará también juntamente con la **tentación**
Gá	4:14	la **prueba** que tenía en mi cuerpo (lit., la **prueba** mía en mi carne, TR); (lo que era para vosotros una **prueba** en mi carne, VM) (lit., vuestra **prueba** en mi carne) (WH, N, ABMW, VHA, NC, BC, BA)
1 Ti	6:9	caen en **tentación** y lazo
He	3:8	en el día de la **tentación**
Stg	1:2	cuando os halléis en diversas **pruebas**. (cuando cayereis..., VM)
	12	el varón que soporta la **tentación**
1 P	1:6	ser afligidos en diversas **pruebas**
	4:12	del fuego de **prueba** que os ha sobrevenido, (del incendio que se ha producido entre vosotros, que es para vuestra **prueba**, NC)
2 P	2:9	sabe el Señor librar de **tentación**
Ap	3:10	te guardaré de la hora de la **prueba**

3987   πειράω – peiráo

Hch	9:26	**trataba** de juntarse con los discípulos (TR)
	26:21	**intentaron** matarme

3988   πεισμονή*† – peismoné

| Gá | 5:8 | Esta **persuasión** no procede de aquel |

3989   πέλαγος** – pélagos

Mt	18:6	que se le hundiese en lo **profundo**
Hch	27:5	Habiendo atravesado el **mar**

3990   πελεκίζομαι* – pelekízomai (pelekídzomai)

| Ap | 20:4 | vi las almas **de los decapitados** |

3991   πέμπτος – pémptos

Ap	6:9	Cuando abrió el **quinto** sello
	9:1	El **quinto** ángel tocó la trompeta
	16:10	El **quinto** ángel derramó su copa
	21:20	el **quinto**, ónice

3992 πέμπω – pémpo

Mt	2:8	**enviándo**los a Belén, dijo,
	11:2	le **envió** dos de sus discípulos (lit., habiéndole **enviado**...) (TR, VM); (**enviándo**le...por medio de sus discípulos BC, WH, N, ABMW, VHA, NC, BA)
	14:10	ordenó decapitar a Juan (**enviando**, decapitó..., VHA)
	22:7	**enviando** sus ejércitos, destruyó
Mr	5:12	**Envía**nos a los cerdos
Lc	4:26	a ninguna de ellas fue **enviado**
	7:6	el centurión **envió** a él unos amigos
	10	los que habían sido **enviados**, hallaron
	19	los **envió** a Jesús, (TR); (...al Señor, VHA, WH, N, ABMW, VM, NC, BC, BA)
	15:15	el cual le **envió** a su hacienda
	16:24	**envía** a Lázaro para que moje
	27	que le **envíes** a la casa de mi padre
	20:11	Volvió a **enviar** otro siervo
	12	Volvió a **enviar** un tercer siervo; (...un tercero, VHA)
	13	**Enviaré** a mi hijo amado
Jn	1:22	a los **que** nos enviaron
	33	el **que** me **envió** a bautizar
	4:34	la voluntad del **que** me **envió**
	5:23	no honra al Padre **que** le **envió**
	24	al **que** me **envió**, tiene vida eterna
	30	la voluntad del **que** me **envió**
	37	También el Padre **que** me **envió**
	6:38	la voluntad del **que** me **envió**
	39	la voluntad...**que** me **envió**
	40	del **que** me **ha enviado**; (TR)
	44	Si el Padre **que** me **envió**
	7:16	sino de aquel **que** me **envió**
	18	la gloria del **que** le **envió**,
	28	el **que** me **envió** es verdadero
	33	iré al **que** me **envió**
	8:16	yo y el **que** me **envió**, el Padre
	18	y el Padre **que** me **envió**
	26	el **que** me **envió** es verdadero
	29	el **que** me **envió**,
	9:4	hacer las obras del **que** me **envió**
	12:44	sino en el **que** me **envió**
	45	el que me ve, ve al **que** me **envió**
	49	el Padre **que** me **envió**, él me dio
	13:16	ni...es mayor que el **que** le **envió**
	20	El que recibe al que yo **enviare** recibe al **que** me **envió**
	14:24	sino del Padre **que** me **envió**
	26	a quien el Padre **enviará** en mi nombre
	15:21	no conocen al **que** me **ha enviado**
	26	a quien yo os **enviaré** del Padre
	16:5	ahora voy al **que** me **envió**
	7	si me fuere, os lo **enviaré**
	20:21	así también yo os **envío**
Hch	10:5	**Envía**, pues, ahora hombres a Jope,
	32	**Envía**, pues, a Jope
	33	Así que luego **envié** por ti;
	11:29	**enviar** socorro a los hermanos (lit., enviar para el ministerio de los hermanos)
	15:22	**enviar**los a Antioquía con Pablo
	25	**enviar**los a vosotros con nuestros amados
	19:31	le **enviaron** recado, (lit., **habiéndole enviado**
	20:17	**Enviando**, pues, desde Mileto
Hch	23:30	al punto le **he enviado** a ti
	25:21	hasta que le **enviara** (TR)
	25	he determinado **enviar**le a él
	27	me parece fuera de razón **enviar** un preso (...al **enviar** un preso, VM)
Ro	8:3	Dios, **enviando** a su Hijo
1 Co	4:17	Por esto mismo os **he enviado** a Timoteo,
	16:3	a éstos **enviaré** para que lleven
2 Co	9:3	**he enviado** a los hermanos,
Ef	6:22	el cual **envié** a vosotros
Fil	2:19	Espero en el Señor Jesús **enviar**os
	23	Así que a éste espero **enviar**os
	25	tuve por necesario **enviar**os
	28	Así que le **envío** con mayor solicitud, (Le **he enviado**..., VM)
	4:16	a Tesalónica me **enviasteis**
Col	4:8	el cual **he enviado** a vosotros
1 Ts	3:2	**enviamos** a Timoteo nuestro hermano,
	5	**envié** para informarme de vuestra fe,
2 Ts	2:11	Dios les **envía** un poder engañoso
Tit	3:12	Cuando **envíe** a ti a Artemas
1 P	2:14	como por él **enviados** para castigo
Ap	1:11	y **envíalo** a las siete iglesias
	11:10	se **enviarán** regalos unos a otros
	14:15	**Mete** tu hoz (**Envía** tu hoz, VHA)
	18	**Mete** tu hoz aguda, (**Envía** tu hoz afilada, VHA)
	22:16	Yo Jesús **he enviado** mi ángel

3993 πένης – pénes

2 Co	9:9	Repartió, dio a los **pobres**

3994 πενθερά – pentherá

Mt	8:14	vio a la **suegra** de éste postrada
	10:35	a la nuera contra su **suegra**
Mr	1:30	la **suegra** de Simón estaba acostada
Lc	4:38	La **suegra** de Simón tenía una gran fiebre (lit.,...era atormentada por una gran fiebre)
	12:53	la **suegra** contra su nuera, y la nuera contra su **suegra**

3995 πενθερός – pentherós

Jn	18:13	era **suegro** de Caifás,

3996 πενθέω – penthéo

Mt	5:4	(5) Bienaventurados los **que lloran**
	9:15	los que están de bodas tener **luto** (los hijos de la sala nupcial..., BC)
Mr	16:10	[**que estaban tristes**]
Lc	6:25	porque **lamentaréis** y lloraréis
1 Co	5:2	¿No debierais más bien **haberos lamentado** (no os habéis más bien **entristecido**, VM)
2 Co	12:21	quizá tenga que **llorar** por muchos
Stg	4:9	Afligíos, y **lamentad** Vuestra risa conviértase en **lloro**
Ap	18:11	**hacen lamentación** sobre ella
	15	**llorando** y **lamentando**
	19	**llorando** y **lamentando**

3997 πένθος – pénthos

Stg	4:9	Vuestra risa se convierta en **lloro**
Ap	18:7	dadle de tormento y **llanto** y no veré **llanto**
	8	muerte, **llanto** y hambre,
	21:4	ni habrá más **llanto**, ni clamor

3998 πενιχρός — penicrós (penijrós)
Lc 21:2 Vio también a una viuda **muy pobre**

3999 πεντάκις — pentákis
2 Co 11:24 De los judíos **cinco veces** he recibido

4000 πεντακισχίλιοι — pentakiscílioi (pentakisjílioi)
Mt 14:21 fueron como **cinco mil** hombres
16:9 los **cinco** panes **entre cinco mil hombres**
Mr 6:44 eran **cinco mil** hombres. (V60, WH, N ABMW, VHA, NC, BC, BA); (eran como..., VM, TR)
8:19 Cuando partí los **cinco** panes entre **cinco mil**
Lc 9:14 eran como **cinco mil** hombres
Jn 6:10 como en número de **cinco mil** varones

4001 πεντακόσιοι — pentakósioi
Lc 7:41 el uno le debía **quinientos** denarios,
1 Co 15:6 Después apareció a más de **quinientos**

4002 πέντε — pénte
Mt 14:17 aquí sino **cinco** panes
19 tomando los **cinco** panes
16:9 ni os acordáis de los **cinco** panes
25:2 **Cinco** de ellas eran prudentes y **cinco**
15 A uno dio **cinco** talentos
16 el que había recibido **cinco** talentos y ganó otros **cinco**
20 el que había recibido **cinco** talentos trajo otros **cinco** talentos, diciendo Señor, **cinco** talentos me entregaste he ganado otros **cinco** talentos
Mr 6:38 dijeron: **Cinco**, y dos peces
41 los **cinco** panes y los dos peces
8:19 Cuando partí los **cinco** panes
Lc 1:24 se recluyó en casa por **cinco** meses
9:13 más que **cinco** panes y dos pescados
16 tomando los **cinco** panes
12:6 ¿No se venden **cinco** pajarillos
52 **cinco** en una familia estarán divididos,
14:19 He comprado **cinco** yuntas de bueyes
16:28 porque tengo **cinco** hermanos,
19:18 tu mina ha producido **cinco** minas
19 Tú también sé sobre **cinco** ciudades.
Jn 4:18 porque **cinco** maridos has tenido,
5:2 el cual tiene **cinco** pórticos.
6:9 un muchacho, que tiene **cinco** panes
13 que de los **cinco** panes de cebada
19 como veinti**cinco** o treinta estadios
Hch 4:4 era como **cinco** mil
7:14 en número de setenta y **cinco** personas. (...almas, BC)
19:19 **cinc**uenta mil piezas de plata (lit., **cinco** veces diez mil...)
20:6 en **cinco** días nos reunimos con ellos (llegamos a ellos en **cinco** días, VM)
24:1 **Cinco** días después, descendió
1 Co 14:19 prefiero hablar **cinco** palabras
Ap 9:5 sino que los atormentasen **cinco** meses; (...fuesen...atormentados..., VM)
10 para dañar a los hombres...**cinco** meses
17:10 **Cinco** de ellos han caído;

4003 πεντεκαιδέκατος — pentekaidékatos
Lc 3:1 En el año **decimoquinto** del imperio

4004 πεντήκοντα — pentékonta
Mr 6:40 por grupos,...de **cincuenta** en cincuenta (por grupos...de **cincuenta**, BC)
Lc 7:41 uno le debía quinientos...y el otro **cincuent**
9:14 en grupos, de **cincuenta** en cincuenta. (por ranchos como de **cincuenta** cada uno, BC
16:6 Toma tu cuenta...y escribe **cincuenta**
Jn 8:57 Aún no tienes **cincuenta** años,
21:11 peces, ciento **cincuenta** y tres;
Hch 13:20 como por cuatrocientos **cincuenta** años,

4005 πεντηκοστή*† — pentekosté
Hch 2:1 Cuando llegó el día de **Pentecostés**
20:16 por estar el día de **Pentecostés**
1 Co 16:8 Pero estaré...hasta **Pentecostés**;

4006 πεποίθησις† — pepóithesis
2 Co 1:15 Con esta **confianza** quise ir primero
3:4 tal **confianza** tenemos
8:22 por la mucha **confianza** que tiene en
10:2 no tenga que usar de aquella **osadía** (...de aquella **confianza**, VHA)
Ef 3:12 en quien tenemos...acceso con **confianza**
Fil 3:4 Aunque yo tengo también **de qué confiar** (...yo tenía **confianza**, VHA)

4007 περαιτέρω* — peraitéro
Hch 19:39 si demandáis **alguna otra cosa**, (V60, WH, N, ABMW, VHA, NC, BC, BA)

4008 πέραν — péran
(1) εἰς τὸ πέραν
Mt 4:15 **al otro lado** del Jordán,
25 de Judea y **del otro lado** del Jordán.
8:18 (1) mandó pasar **al otro lado**
14:22 (1) ir delante de él **a la otra ribera**
16:5 (1) Llegando sus discípulos **al otro lado**
19:1 **al otro lado** del Jordán.
Mr 3:8 **del otro lado** del Jordán
4:35 (1) Pasemos **al otro lado**
5:1 (1) Vinieron **al otro lado** del mar,
21 (1) en una barca **a la otra orilla**
6:45 (1) a Betsaida, **en la otra ribera**
8:13 (1) se fue **a la otra ribera**
10:1 y **al otro lado** del Jordán
Lc 8:22 (1) Pasemos **al otro lado** del lago
Jn 1:28 **al otro lado** del Jordán,
3:26 **al otro lado** del Jordán
6:1 (1) Jesús fue **al otro lado** del mar
17 iban cruzando el mar (se iban a la otra banda del mar, BC)
22 la gente que estaba **al otro lado**
25 hallándole **al otro lado** del mar
10:40 **al otro lado** del Jordán
18:1 **al otro lado** del torrente de Cedrón

4009 πέρας — péras
Mt 12:42 vino de los **fines** de la tierra
Lc 11:31 vino de los **fines** de la tierra
Ro 10:18 hasta los **fines** de la tierra sus palabras
He 6:16 para ellos **el fin** de toda controversia

4010 Πέργαμος — Pérgamos
Ap 1:11 a...**Pérgamo**, Tiatira,
2:12 al ángel de la iglesia en **Pérgamo**:

4011	Πέργη – Pérge (Pérgue)	
Hch 13:13	arribaron a **Perge**	
14	Ellos, pasando de **Perge**, llegaron	
14:25	habiendo predicado la palabra en **Perge**,	

4013 περιάγω – periágo

Mt 4:23	**recorrió** Jesús toda Galilea, (TR, VM, BC); (iba por toda Galilea, BA, WH, N, ABMW VHA, NC)	
9:35	**Recorría** Jesús todas las ciudades	
23:15	**recorréis** mar y tierra para hacer	
Mr 6:6	**recorría** las aldeas de alrededor	
Hch 13:11	**andando alrededor**, buscaba	
1 Co 9:5	¿No tenemos derecho de **traer con** nosotros	

4014 περιαιρέω – periairéo

Hch 27:20	ya **habíamos perdido** toda esperanza
40	**Cortando**, pues, las anclas, las dejaron
28:13	De allí, costeando alrededor, llegamos (TR, N, VHA, VM, NC, BC); (zarpando de allí..., BA, WH, ABMW)
2 Co 3:16	el velo **se quitará**
He 10:11	que nunca pueden **quitar** los pecados

681 περιάπτω** – periápto

Lc 22:55	**habiendo** ellos **encendido** fuego (WH, N, ABMW)

4015 περιαστράπτω**† – periastrápto

Hch 9:3	le **rodeó un resplandor** de luz del cielo
22:6	que...me rodeó mucha luz (**brilló en derredor** mío una gran luz, VHA)

4016 περιβάλλω – peribállo (peribálo)

Mt 6:29	**se vistió** así como uno de ellos.
31	¿Qué comeremos...o qué **vestiremos**?
25:36	estuve desnudo, y me **cubristeis**
38	o desnudo, y te **cubrimos**?
43	desnudo, y no me **cubristeis**
Mr 14:51	**cubierto**...con una sábana
16:5	**cubierto** de una larga ropa blanca
Lc 12:27	**se vistió** como uno de ellos.
19:43	tus enemigos te **rodearán** (TR)
23:11	**vistiéndole** de una ropa espléndida
Jn 19:2	le **vistieron** con un manto de púrpura;
Hch 12:8	**Envuélvete** en tu manto,
Ap 3:5	será **vestido** de vestiduras blancas
18	vestiduras blancas para **vestirte**
4:4	ancianos, **vestidos** de ropas blancas
7:9	**vestidos** de ropas blancas
13	Estos **que están vestidos** de ropas blancas
10:1	**envuelto** en una nube,
11:3	**vestidos** de cilicio.
12:1	una mujer **vestida** del sol,
17:4	la mujer estaba **vestida** de púrpura
18:10	**que estaba vestida** dc lino fino
19:8	que **se vista** de lino fino
13	Estaba **vestido** de una ropa

4017 περιβλέπω – periblépo

Mr 3:5	**mirándolos alrededor** con enojo,
34	**mirando** a los que estaban sentados
5:32	él **miraba alrededor** para ver
9:8	**cuando miraron**, no vieron más a nadie
10:23	Jesús, **mirando alrededor** dijo
11:11	**habiendo mirado alrededor** todas las cosas
Lc 6:10	**mirándolos** a todos **alrededor**,

4018 περιβόλαιον – peribólaion

1 Co 11:15	en lugar de **velo** le es dado el cabello.
He 1:12	como **un vestido** los envolverás,

4019 περιδέω – peridéo

Jn 11:44	el rostro **envuelto** en un sudario. (su rostro estaba envuelto, VHA)

4020 περιεργάζομαι** – periergázomai (periergádzomai)

2 Ts 3:11	sino **enteteniéndose en lo ajeno**

4021 περίεργος* – períergos

Hch 19:19	que habían practicado la **magia**
1 Ti 5:13	sino también chismosas y **entremetidas**,

4022 περιέρχομαι – periércomai (periérjomai)

Hch 19:13	exorcistas **ambulantes**, intentaron invocar
28:13	De allí, **costeando alrededor**, llegamos (TR, N, VHA, VM, NC, BC)
1 Ti 5:13	**andando** de casa en casa
He 11:37	**anduvieron** de acá para allá

4023 περιέχω – periéco (periéjo)

Lc 5:9	el temor **se había apoderado** de él
Hch 23:25	una carta en estos términos (lit., que tenía esta forma, TR)
1 P 2:6	**contiene** la Escritura (**se contiene** en la Escritura, BC)

4024 περιζώννυμι – perizónnumi (peridzónumi) o περιζωννύω

Lc 12:35	Estén **ceñidos** vuestros lomos,
37	de cierto os digo que **se ceñirá**
17:8	**cíñete**, y sírveme (**ciñéndote** sírveme, BC)
Hch 12:8	**Cíñete**, y átate las sandalias. (TR)
Ef 6:14	**ceñidos**...con la verdad
Ap 1:13	**ceñido** ...con un cinto de oro
15:6	**ceñidos** ...con cintos de oro

4025 περίθεσις**† – períthesis

1 P 3:3	de adornos de oro (**de ataviarse** con joyas de oro, NC)

4026 περιΐστημι – periístemi

Jn 11:42	la multitud **que está alrededor**,
Hch 25:7	lo **rodearon** los judíos que habían venido
2 Ti 2:16	**evita** profanas y vanas palabrerías
Tit 3:9	**evita** las cuestiones necias,

4027 περικάθαρμα† – perikátharma

1 Co 4:13	como la **escoria** del mundo (como basuras..., BC)

4028 περικαλύπτω – perikalúpto

Mr 14:65	comenzaron...a **cubrirle** el rostro
Lc 22:64	**vendándole** los ojos,...le preguntaban
He 9:14	**cubierta** de oro por todas partes,

4029 περίκειμαι** – períkeimai

Mr 9:42	si se le **atase** una piedra de molino
Lc 17:2	que se le **atase** al cuello
Hch 28:20	**estoy sujeto** con esta cadena. (estoy rodeado..., VHA)
He 5:2	puesto que él también **está rodeado**

περικεφαλαία 4030   646   4043 περιπατέω

He	12:1	teniendo en derredor nuestro tan grande nube (teniendo **puesta en derredor**..., VHA)	Mr	1:16	**Andando** junto al mar de Galilea (TR, VM, NC, BA)
				2:9	Levántate, toma tu lecho y **anda**?
				5:42	la niña se levantó y **andaba**
4030		περικεφαλαία – perikefalaía		6:48	vino a ellos **andando** sobre el mar
Ef	6:17	tomad el **yelmo** de la salvación,		49	Viéndole ellos **andar** sobre el mar
1 Ts	5:8	con la esperanza de salvación como **yelmo**		7:5	¿Por qué tus discípulos no **andan**
				8:24	como árboles, pero los veo **que andan**
4031		περικρατής**† – perikratés			(porque como árboles los veo, **que andan,** VHA)
Hch	27:16	pudimos recoger el esquife (pudimos con mucha dificultad hacernos **dueños** del bote, BC)		11:27	**andando** él por el templo
				12:38	que gustan **de andar** con largas ropas
				16:12	[a dos de ellos **que iban de camino**]
4032		περικρύβω*† – perikrúbo o περικρύπτω	Lc	5:23	o decir: Levántate y **anda**?
Lc	1:24	se **recluyó** en casa por cinco meses, (se **ocultó**..., VM)		7:22	los cojos **andan,**
				11:44	y los hombres **que andan** encima
				20:46	que gustan **de andar** con ropas largas
				24:17	¿Qué pláticas...**mientras camináis**
4033		περικυκλόω – perikuklóo	Jn	1:36	mirando a Jesús **que andaba**
Lc	19:43	te **sitiarán**, (te **cercarán**,VHA)		5:8	toma tu lecho, y **anda.**
				9	tomó su lecho, y **anduvo**
4034		περιλάμπω* – perilámpo		11	Toma tu lecho y **anda.**
Lc	2:9	la gloria del Señor los **rodeó de resplandor,**		12	Toma tu lecho y **anda**?
Hch	26:13	una luz...**la cual** me **rodeó**		6:19	**que andaba** sobre el mar
				66	ya no **andaban** con él
4035		περιλείπομαι – periléipomai		7:1	**andaba** Jesús en Galilea
1 Ts	4:15	**que habremos quedado** hasta la venida			no quería **andar** en Judea
	17	los **que hayamos quedado,**		8:12	no **andará** en tinieblas
				10:23	Jesús **andaba** en el templo
4036		περίλυπος – perílupos		11:9	El que **anda** de día, (Si uno **anda**..., VHA)
Mt	26:38	Mi alma está **muy triste**		10	el que **anda** de noche, tropieza, (si alguna **anda**..., VM)
Mr	6:26	el rey se entristeció mucho; (...se puso **muy triste,** VM)		54	ya no **andaba** abiertamente
	14:34	Mi alma está **muy triste**		12:35	**andad** entre tanto que tenéis luz,
Lc	18:23	oyendo esto, se puso **muy triste**			porque el **que anda** en tinieblas,
	24	que se había entristecido mucho, (cómo se puso **triste, VM, TR, [ABMW])**		21:18	**ibas** a donde querías; (andabas..., VHA)
			Hch	3:6	en el nombre de Jesucristo...**anda**
				8	se puso en pie y **anduvo**
4037		περιμένω – periméno			**andando,** y saltando, y alabando
Hch	1:4	sino **que esperasen** la promesa del Padre,		9	Y todo el pueblo le vio **andar**
				12	como si...hubiésemos hecho **andar** a éste?
4038		πέριξ** – périx		14:8	que jamás **había andado.**
Hch	5:16	de las ciudades vecinas (de las ciudades **alrededor,** VHA)		10	Y él saltó, y **anduvo**
				21:21	ni observen las costumbres (ni **andar** según nuestras costumbres, VM)
4039		περιοικέω* – perioikéo	Ro	6:4	así también nosotros **andemos**
Lc	1:65	todos sus vecinos: (todos los **que moraban en derredor** de ellos, VM)		8:1	los **que no andan** conforme a la carne, (TR, [BA])
				4	**que no andamos** conforme a la carne
4040		περίοικος – períoikos		13:13	**Andemos** como de día
Lc	1:58	cuando oyeron los **vecinos**		14:15	ya no **andas** conforme al amor.
			1 Co	3:3	¿no sois carnales, y **andáis**
4041		περιούσιος† – perioúsios		7:17	así haga; (así **ande,** VHA)
Tit	2:14	un pueblo **propio,** celoso de buenas obras.	2 Co	4:2	no **andando** con astucia,
				5:7	por fe **andamos,** no por vista
4042		περιοχή – periocé (periojé)		10:2	como si **anduviésemos** según la carne
Hch	8:32	El **pasaje** de la Escritura que leía		3	**aunque andamos** en la carne
				12:18	¿No hemos procedido con el mismo (¿No **anduvimos** en el mismo, VHA)
4043		περιπατέω – peripatéo	Gá	5:16	**Andad** en el Espíritu,
Mt	4:18	**Andando**...junto al mar de Galilea,	Ef	2:2	**anduvisteis** en otro tiempo,
	9:5	o decir: Levántate y **anda**?		10	para que **anduviésemos** en ellas
	11:5	los cojos **andan**		4:1	os ruego **que andéis** como es digno
	14:25	**andando** sobre el mar		17	que ya no **andéis** como los otros gentiles, que **andan** (que...no **andéis** más como también los gentiles **andan,** VHA)
	26	viéndole **andar** sobre el mar,			
	29	Pedro...**andaba** sobre las aguas		5:2	**andad** en amor,
	15:31	viendo...a los cojos **andar**	Ef	5:8	**andad** como hijos de luz
				15	Mirad, pues,...cómo **andéis**

περιπείρω 4044   647   4053 περισσός

Fil	3:17	a los que así se conducen (lit., a los que así **andan**)
	18	**andan** muchos, de los cuales os dije
Col	1:10	para que **andéis** como es digno
	2:6	**andad** en él
	3:7	en las cuales vosotros también **anduvisteis**
	4:5	**Andad** sabiamente para con los de afuera, (lit., **Andad** en sabiduría...)
1 Ts	2:12	que **anduvieseis** como es digno
	4:1	cómo os conviene **conduciros** (lit.,...**andar**) como **andáis** ya (NC, WH, N, ABMW, VHA, BC, BA)
	12	a fin de que **os conduzcáis** honradamente (...**andéis**..., VM)
2 Ts	3:6	de todo hermano **que ande**
	11	que algunos...**andan** desordenadamente
He	13:9	a los que se han ocupado de ellas (a los **que anduvieron** en ellas, VHA)
1 P	5:8	**anda alrededor** buscando a quien devorar
1 Jn	1:6	**andamos** en tinieblas,
	7	pero si **andamos** en luz,
	2:6	debe **andar** como él **anduvo**
	11	**anda** en tinieblas,
2 Jn	4	algunos de tus hijos **andando** en la verdad,
	6	que **andemos** según sus mandamientos.
		que **andéis** en amor, (...en él, BA)
3 Jn	3	**andas** en la verdad.
	4	**que** mis hijos **andan** en la verdad
Ap	2:1	el **que anda** en medio de los siete candeleros
	3:4	**andarán** conmigo en vestiduras blancas
	9:20	no pueden ver, ni oír, ni **andar**
	16:15	para que no **ande** desnudo,
	21:24	**andarán** a la luz de ella

4044 περιπείρω* –peripéiro

1 Ti	6:10	**fueron traspasados** de muchos dolores. (se **han traspasado** con..., VM)

4045 περιπίπτω – peripípto

Lc	10:30	**cayó** en manos de ladrones,
Hch	27:41	**dando** en un lugar de dos aguas
Stg	1:2	cuando os **halléis** en diversas (cuando **caigáis**..., VHA)

4046 περιποιέω – peripoiéo

Lc	17:33	Todo el que procure **salvar** su vida, (WH, N, ABMW)
Hch	20:28	la cual **él ganó** por su propia sangre.
1 Ti	3:13	**ganan** para sí un grado honroso

4047 περιποίησις† – peripóiesis

Ef	1:14	hasta la redención de la **posesión adquirida**
1 Ts	5:9	para **alcanzar** salvación (para la adquisición de la salud, BC)
2 Ts	2:14	para **alcanzar** la gloria (para adquisición de la gloria, VHA)
He	10:39	para **preservación** del alma
1 P	2:9	pueblo **adquirido** por Dios, (pueblo de **posesión exclusiva**, VM)

4048 περι(ρ)ρήγνυμι** – peri(r)régnumi

Hch	16:22	**rasgándo**les las ropas,

4049 περισπάω – perispáo

Lc	10:40	Pero Marta **se preocupaba**

4050 περισσεία† – perisséia
(1) εἰς περισσείαν

Ro	5:17	los que reciben la **abundancia** de la gracia
2 Co	8:2	la **abundancia** de su gozo
	10:15	(1) seremos muy engrandecidos (seremos...engrandecidos **aún más**, BA)
Stg	1:21	toda inmundicia y **abundancia** de malicia

4051 περίσσευμα – perísseuma

Mt	12:34	Porque de la **abundancia** del corazón
Mr	8:8	de los pedazos **que habían sobrado** (las sobras de los pedazos, BC)
Lc	6:45	porque de la **abundancia** del corazón
2 Co	8:14	(13) la **abundancia** vuestra supla
	14	para que...la **abundancia** de ellos

4052 περισσεύω – perisséuo

Mt	5:20	si vuestra justicia no **fuere mayor**
	13:12	se le dará, y **tendrá más**
	14:20	recogieron lo que **sobró**
	15:37	recogieron lo que **sobró**
	25:29	le será dado, y **tendrá más**
Mr	12:44	todos han echado de lo **que** les **sobra**
Lc	9:17	recogieron los **que** les **sobró**
	12:15	no consiste en la **abundancia**
	15:17	tienen **abundancia** de pan, y yo aquí
	21:4	echaron...de lo **que** les **sobra**
Jn	6:12	Recoged los pedazos **que sobraron**,
	13	de los cinco panes de cebada **sobraron**
Hch	16:5	**aumentaban** en número cada día.
Ro	3:7	la verdad de Dios **abundó** para su gloria,
	5:15	**abundaron** mucho más para los muchos
	15:13	para que **abundéis** en esperanza
1 Co	8:8	ni porque comamos, **seremos más**, (lit., porque ni si comemos...) (TR); (ni, si comemos..., BC, WH, N, ABMW, VHA, VM, NC, BA)
	14:12	procurad **abundar** en ellos
	15:58	creciendo en la obra del Señor siempre
2 Co	1:5	de la manera que **abundan** en nosotros así **abunda** también...nuestra consolación
	3:9	mucho más **abundará** en gloria
	4:15	para que...**sobreabunde** para gloria de Dios
	8:2	**abundaron** en riquezas de su generosidad (lit., **abundó** en la riqueza ...)
	7	como en todo **abundáis**, en fe, **abundad** también en esta gracia. (que también **abundéis**..., BA)
	9:8	para **hacer que abunde** en vosotros a fin de que...**abundéis** para toda buena
	12	que también **abunda** en muchas acciones
Ef	1:8	que **hizo sobreabundar** para con nosotros
Fil	1:9	que vuestro amor **abunde** aun más
	26	para que **abunde** vuestra gloria
	4:12	sé **tener abundancia** así **para tener abundancia** como
	18	todo lo he recibido, y **tengo abundancia**
Col	2:7	**abundando** en acciones de gracias
1 Ts	3:12	os haga...**abundar** en amor
	4:1	así **abundéis** más y más.
	10	que **abundéis** en ello más y más

4053 περισσός – perissós
(1) ἐκ περισσοῦ

Mt	5:37	lo que es **más** de lo que..., de estas cosas)
	47	¿qué hacéis de **más**?
Mr	6:51	(1) se asombraron **en gran manera** (TR, N, [ABMW])

περισσότερος 4055　　　　　　　　648　　　　　　　　4061 περιτομή

Mr	14:31	(1) con mayor insistencia decía
Jn	10:10	para que la tengan en abundancia
Ro	3:1	¿Qué ventaja tiene, pues, el judío? (¿Qué pues tiene demás..., VM)
2 Co	9:1	es por demás que yo os escriba
Ef	3:20	(1) mucho más abundantemente de lo que pedimos (TR)

4055　　περισσότερος** – perissóteros
　　(1) περισσότερον μᾶλλον

Mt	11:9	y más que profeta
	23:13	(14) recibiréis mayor condenación (TR, VM, BA)
Mr	7:36	(1) tanto más y más lo divulgaban
	12:33	es más que todos los holocaustos (WH, N, ABMW)
	40	recibirán mayor condenación
Lc	7:26	y más que profeta.
	12:4	nada más pueden hacer.
	48	más se le pedirá (...le pedirán, BC)
	20:47	recibirán mayor condenación.
1 Co	12:23	a éstos vestimos más dignamente (a ésos los cercanos de mayor honor, BC) se tratan con más decoro (tienen más abundante compostura, VM)
	24	dando más abundante honor
	15:10	he trabajado más que todos ellos
2 Co	2:7	para que no sea consumido de demasiada
	10:8	aunque me gloríe algo más todavía
He	6:17	queriendo Dios mostrar más abundantemente
	7:15	es aun más manifiesto

4056　　περισσοτέρως* – perissotéros

Mr	15:14	Pero ellos gritaban aun más (TR)
2 Co	1:12	mucho más con vosotros
	2:4	para que supieseis cuán grande es el amor (...el amor sobremanera grande, VM)
	7:13	mucho más nos gozamos por el gozo de Tito
	15	para con vosotros es aun más abundante
	11:23	Yo más; en trabajos más abundante en cárceles más
	12:15	aunque amándoos más, (TR, NC, BC); (Si os amo más intensamente, VHA, WH, N, ABMW, VM, BA)
Gá	1:14	siendo mucho más celoso de las tradiciones
Fil	1:14	se atreven mucho más a hablar la palabra
1 Ts	2:17	tanto más procuramos con mucho deseo
He	2:1	es necesario que con más diligencia
	13:19	más os ruego que lo hagáis así

4057　　περισσῶς – perissós

Mt	27:23	ellos gritaban aún más,
Mr	10:26	Ellos se asombraban aun más
	15:14	ellos gritaban aun más: (WH, N, ABMW)
Hch	26:11	enfurecido sobremanera contra ellos,

4058　　περιστερά – peristerá

Mt	3:16	que descendía como paloma
	10:16	sencillos como palomas
	21:12	las sillas de los que vendían palomas
Mr	1:10	al Espíritu como paloma
	11:15	las sillas de los que vendían palomas
Lc	2:24	o dos palominos. (lit., o dos pichones de palomas)
	3:22	en forma corporal, como paloma
Jn	1:32	que descendía del cielo como paloma
	2:14	a los que vendían...palomas
	2:16	dijo a los que vendían palomas

4059　　περιτέμνω – peritémno

Lc	1:59	vinieron para circuncidar al niño
	2:21	para circuncidar al niño, (TR, VHA, NC); (para circuncidarle, VM, WH, N, ABMW, BC, BA)
Jn	7:22	en el día de reposo circuncidáis al hombre
Hch	7:8	le circuncidó al octavo día;
	15:1	Si no os circuncidáis conforme al rito
	5	Es necesario circuncidarlos
	24	mandando circuncidaros (TR)
	16:3	tomándole, le circuncidó
	21:21	diciéndoles que no circunciden
1 Co	7:18	¿Fue llamado alguno siendo circunciso? No se circuncide
Gá	2:3	fue obligado a circuncidarse
	5:2	si os circuncidáis
	3	a todo hombre que se circuncida
	6:12	éstos os obligan a que os circuncidéis,
	13	ni aun los mismos que se circuncidan quieren que vosotros os circuncidéis
Col	2:11	también fuisteis circuncidados

4060　　περιτίθημι – peritíthemi

Mt	21:33	la cercó de vallado, cavó en ella
	27:28	le echaron encima un manto
	48	poniéndola en una caña,
Mr	12:1	la cercó de vallado
	15:17	poniéndole una corona (le ciñen una corona, BC)
	36	poniéndola en una caña,
Jn	19:29	poniéndola en un hisopo
1 Co	12:23	vestimos más dignamente (los cercanos de mayor honor, BC)

4061　　περιτομή† – peritomé

Jn	7:22	Moisés os dio la circuncisión
	23	Si recibe el hombre la circuncisión
Hch	7:8	le dio el pacto de la circuncisión
	10:45	los fieles de la circuncisión
	11:2	los que eran de la circuncisión
Ro	2:25	en verdad la circuncisión aprovecha si eres transgresor de la ley, tu circuncisión
	26	¿no será tenida su incircuncisión como circuncisión?
	27	con la letra...y con la circuncisión
	28	ni es la circuncisión la que se hace
	29	la circuncisión es la del corazón
	3:1	¿o de qué aprovecha la circuncisión? (¿O cuál el provecho de la circuncisión?, BC)
	30	por la fe a los de la circuncisión (en virtud de la fe la circuncisión, VHA)
	4:9	solamente para los de la circuncisión (...a la circuncisión, VHA)
	10	¿Estando en la circuncisión No en la circuncisión
	11	recibió la circuncisión como señal, (...la señal de la circuncisión, VHA)
	12	padre de la circuncisión, para los que no solamente son de la circuncisión,
	15:8	vino a ser siervo de la circuncisión
1 Co	7:19	La circuncisión nada es
Gá	2:7	como a Pedro el de la circuncisión
	8	para el apostolado de la circuncisión
	9	ellos a la circuncisión,
	12	porque tenía miedo de los de la circuncisión
	5:6	ni la circuncisión vale algo,

Gá	5:11	si aún predico la circuncisión
	6:15	ni la circuncisión vale nada,
Ef	2:11	por la llamada circuncisión...en la carne
Fil	3:3	nosotros somos la circuncisión
	5	circuncidado al octavo día, (lit., en la circuncisión del octavo día)
Col	2:11	con circuncisión no hecha a mano, en la circuncisión de Cristo
	3:11	circuncisión ni incircuncisión,
	4:11	que son los únicos de la circuncisión
Tit	1:10	mayormente los de la circuncisión

4062 περιτρέπω** – peritrépo

Hch	26:24	te vuelven loco, (lit., te están volviendo a la locura)

4063 περιτρέχω – peritréco (peritrējo)

Mr	6:55	recorriendo toda la tierra (TR, VM); (recorrieron..., VHA, WH, N, ABMW NC, BC, BA)

4064 περιφέρω – periféro

Mr	6:55	comenzaron a traer de todas partes
2 Co	4:10	llevando en el cuerpo siempre
Ef	4:14	llevados por doquiera de todo viento
He	13:9	No os dejéis llevar de doctrinas diversas (TR)
Jud	12	llevadas de acá para allá (TR)

4065 περιφρονέω** – perifronéo

Tit	2:15	Nadie te menosprecie

4066 περίχωρος – perícoros (perījoros)

Mt	3:5	toda la provincia de alrededor
	14:35	por toda aquella tierra alrededor
Mr	1:28	por toda la provinicia alrededor de Galilea,
	6:55	toda la tierra de alrededor, (TR, VM)
Lc	3:3	fue por toda la región contigua
	4:14	por toda la tierra de alrededor,
	37	por todos los lugares de los contornos. (por todo lugar de la comarca, VM)
	7:17	por toda la región de alrededor
	8:37	toda la multitud de la región alrededor
Hch	14:6	a toda la región circunvecina

4067 περίψημα**† – perípsema

1 Co	4:13	el desecho de todos.

4068 περπερεύομαι*† – perperéuomai

1 Co	13:4	el amor no es jactancioso, (TR, N, VHA, VM, BA); (no es jactancioso, NC, WH, ABMW, BC)

4069 Περσίς – Persís

Ro	16:12	Saludad a la amada Pérsida,

4070 πέρυσι* – pérusi

2 Co	8:10	sino también a quererlo, desde el año pasado
	9:2	está preparada desde el año pasado

πετάομαι, véase πέτομαι, 4072

4071 πετεινόν – peteinón

Mt	6:26	Mirad las aves del cielo,
	8:20	las aves del cielo nidos;
	13:4	vinieron las aves y la comieron. (viniendo..., BC)
	13:32	de tal manera que vienen las aves
Mr	4:4	y vinieron las aves
	32	de tal manera que las aves del cielo
Lc	8:5	las aves del cielo la comieron
	9:58	las aves de los cielos nidos; (...del cielo..., VHA)
	12:24	¿No valéis vosotros mucho más que las aves
	13:19	las aves del cielo anidaron
Hch	10:12	todos los cuadrúpedos...y aves del cielo
	11:6	vi cuadrúpedos...y aves del cielo.
Ro	1:23	de aves, de cuadrúpedos y de reptiles.
Stg	3:7	toda naturaleza de bestias, y de aves,

4072 πέτομαι – pétomai o πετάομαι

Ap	4:7	era semejante a un águila volando
	8:13	oí a un ángel volar (TR); (...un águila volando, VHA, N, ABMW, WH, VM, NC, BC, BA)
	12:14	para que volase,...al desierto
	14:6	Vi volar por en medio del cielo
	19:17	diciendo a todas las aves que vuelan

4073 πέτρα – pétra

Mt	7:24	edificó su casa sobre la roca
	25	estaba fundada sobre la roca
	16:18	sobre esta roca edificaré
	27:51	las rocas se partieron
	60	que había labrado en la peña
Mr	15:46	que estaba cavado en una peña
Lc	6:48	puso el fundamento sobre la roca estaba fundada sobre la roca (TR, VM)
	8:6	Otra parte cayó sobre la piedra
	13	Los de sobre la piedra
Ro	9:33	He aquí pongo en Sion...roca de caída
1 Co	10:4	bebían de la roca espiritual la roca era Cristo
1 P	2:8	(7) roca que hace caer, (roca de escándalo, VHA)
Ap	6:15	entre las peñas de los montes
	16	decían a los montes y a las peñas

4074 Πέτρος – Pétros

Mt	4:18	Simón, llamado Pedro
	8:14	Vino Jesús a casa de Pedro, (viniendo..., VM)
	10:2	Simón, llamado Pedro, y Andrés
	14:28	respondió Pedro, y dijo: (respondiendo..., VM)
	29	descendiendo Pedro de la barca
	15:15	Respondiendo Pedro, le dijo:
	16:16	Respondiendo Simón Pedro, dijo:
	18	que tú eres Pedro,
	22	Pedro, tomándolo aparte, comenzó
	23	volviéndose, dijo a Pedro
	17:1	Jesús tomó a Pedro, a Jacobo y a Juan
	4	Pedro dijo a Jesús
	24	vinieron a Pedro los que cobraban
	26	Pedro le respondió (TR); (diciendo él, VM, WH, N, ABMW, VHA, NC, BC, BA)
	18:21	se le acercó Pedro (...llegándose, VHA)
	19:27	Entonces respondiendo Pedro, le dijo
	26:33	Respondiendo Pedro, le dijo:
	35	Pedro le dijo: Aunque me sea necesario
	37	tomando a Pedro, y a los dos hijos
	40	dijo a Pedro: ¿Así que no habéis podido
	58	Mas Pedro le seguía de lejos
	69	Pedro estaba sentado fuera en el patio;

Mt	26:73	dijeron a **Pedro**: Verdaderamente	Jn	21:7	aquel discípulo...dijo a **Pedro**
	75	Entonces **Pedro** se acordó			Simón **Pedro**, cuando oyó que era
Mr	3:16	puso por sobrenombre **Pedro**		11	Subió Simón **Pedro**, y sacó la red
	5:37	no permitió...sino **Pedro**, Jacobo		15	Jesús dijo a Simón **Pedro**
	8:29	Respondiendo **Pedro**, le dijo:		17	**Pedro** se entristeció de que le dijese
	32	**Pedro** le tomó aparte (...tomándole aparte, VHA)		20	Volviéndose **Pedro**, vio
				21	Cuando **Pedro** le vio, dijo a Jesús
	33	reprendió a **Pedro**, diciendo	Hch	1:13	**Pedro** y Jacobo, Juan, Andrés
	9:2	Jesús tomó a **Pedro**, a Jacobo		15	En aquellos días **Pedro**...en medio de los
	5	**Pedro** dijo a Jesús		2:14	Entonces **Pedro**, poniéndose en pie
	10:28	Entonces **Pedro** comenzó a decirle		37	dijeron a **Pedro** y a los otros
	11:21	**Pedro**, acordándose, le dijo		38	**Pedro** les dijo: Arrepentíos, y bautícese
	13:3	Y **Pedro**, Jacobo, Juan y Andrés		3:1	**Pedro** y Juan subían juntos al templo
	14:29	Entonces **Pedro** le dijo:		3	cuando vio a **Pedro** y a Juan
	33	tomó consigo a **Pedro**, a Jacobo		4	**Pedro**, con Juan, fijando en él los ojos
	37	dijo a **Pedro**: Simón, ¿duermes?		6	**Pedro** dijo: No tengo plata ni oro,
	54	**Pedro** le siguió de lejos		11	teniendo asidos a **Pedro** y a Juan
	66	Estando **Pedro** abajo, en el patio		12	Viendo esto **Pedro**, respondió
	67	cuando vio a **Pedro** que se calentaba,		4:8	Entonces **Pedro**, lleno del Espíritu
	70	dijeron otra vez a **Pedro**		13	viendo el denuedo de **Pedro** y de Juan
	72	Entonces **Pedro** se acordó		19	**Pedro** y Juan respondieron (...respondiendo, BC)
	16:7	a sus discípulos, y a **Pedro**			
Lc	5:8	Viendo esto Simón **Pedro**, cayó		5:3	dijo **Pedro**: Ananías,
	6:14	a quien también llamó **Pedro**		8	**Pedro** le dijo: Dime, (Respondióle..., VHA)
	8:45	negando todos, dijo **Pedro**		9	**Pedro** le dijo: ¿Por qué
	51	a **Pedro**, a Jacobo, a Juan,		15	para que al pasar **Pedro**
	9:20	Entonces respondiendo **Pedro**, dijo:		29	Respondiendo **Pedro** y los apóstoles
	28	a **Pedro**, a Juan y a Jacobo,		8:14	enviaron allá a **Pedro** (les enviaron a **Pedro**, VHA)
	32	**Pedro** y los que estaban con él			
	33	**Pedro** dijo a Jesús: Maestro		20	Entonces **Pedro** le dijo: Tu dinero
	12:41	Entonces **Pedro** le dijo: Señor,		9:32	Aconteció que **Pedro**, visitando
	18:28	Entonces **Pedro** dijo: He aquí,		34	le dijo **Pedro**: Eneas,
	22:8	envió a **Pedro** y a Juan,		38	oyendo que **Pedro** estaba
	34	**Pedro**, te digo que el gallo no cantará		39	Levantándose entonces **Pedro**, fue
	54	**Pedro** le seguía de lejos.		40	sacando a todos, **Pedro**
	55	**Pedro** se sentó también entre ellos			al ver a **Pedro**, se incorporó
	58	**Pedro** dijo: Hombre, no lo soy.		10:5	el que tiene por sobrenombre **Pedro**
	60	**Pedro** dijo: Hombre, no sé		9	**Pedro** subió a la azotea
	61	miró a **Pedro**; y **Pedro** se acordó		13	**Pedro**, mata y come.
	62	**Pedro**, saliendo fuera, lloró (TR)		14	Entonces **Pedro** dijo: Señor, no;
	24:12	levantándose **Pedro**, (TR, [WH], [ABMW], VHA, VM, NC, BC, [BA])		17	mientras **Pedro** estaba perplejo
				18	que tenía por sobrenombre **Pedro**
Jn	1:40	Andrés, hermano de Simón **Pedro**,		19	mientras **Pedro** pensaba en la visión
	42 (43)	que quiere decir, **Pedro**		21	**Pedro** descendiendo
	44	la ciudad de Andrés y **Pedro**		23	levantándose, se fue con ellos (V60, WH, N, ABMW, VHA, VM, NC, BC, BA); (lit., **Pedro** fue con ellos, TR)
	6:8	Andrés, hermano de Simón **Pedro**			
	68	Le respondió Simón **Pedro**: Señor			
	13:6	Entonces vino a Simón **Pedro**		25	Cuando **Pedro** entró
	8	**Pedro** le dijo: No me lavarás		26	Mas **Pedro** le levantó, diciendo
	9	Le dijo Simón **Pedro**		32	el que tiene por sobrenombre **Pedro**
	24	hizo señas Simón **Pedro**		34	Entonces **Pedro**, abriendo la boca
	36	Le dijo Simón **Pedro**: Señor		44	Mientras aún hablaba **Pedro** estas palabras
	37	Le dijo **Pedro**: Señor, ¿por qué		45	que habían venido con **Pedro**
	18:10	Simón **Pedro**, que tenía una espada		46 (47)	Entonces respondió **Pedro**: ¿Puede
	11	Jesús entonces dijo a **Pedro**		11:2	cuando **Pedro** subió a Jerusalén
	15	seguían a Jesús Simón **Pedro** (..siguió..., VM)		4	Entonces comenzó **Pedro** a contarles (...comenzando...les refirió, VHA)
	16	**Pedro** estaba fuera, a la puerta hizo entrar a **Pedro**			
				7	Levántate, **Pedro**, mata y come
	17	la criada portera dijo a **Pedro**		13	el que tiene por sobrenombre **Pedro**
	18	con ellos estaba **Pedro** en pie,		12:3	procedió a prender también a **Pedro**
	25	Estaba, pues, **Pedro** en pie,		5	Así que **Pedro** estaba custodiado
	26	de aquel a quien **Pedro** había cortado		6	estaba **Pedro** durmiendo entre dos
	27	Negó **Pedro** otra vez;		7	tocando a **Pedro** en el costado, (lit., golpeando el costado de **Pedro**)
	20:2	y fue a Simón **Pedro** y al otro			
	3	salieron **Pedro** y el otro (Salió..., VM)		11	Entonces **Pedro**, volviendo en sí
	4	corrió más aprisa que **Pedro**		13	Cuando llamó **Pedro** a la puerta (TR)
	6	Luego llegó Simón **Pedro**		14	cuando reconoció la voz de **Pedro**
	21:2	Estaban juntos Simón **Pedro**, Tomás			dio la nueva de que **Pedro** estaba
	3	Simón **Pedro** les dijo: Voy a pescar		16	**Pedro** persistía en llamar

Hch	12:18	sobre qué había sido de Pedro	Jn	21:8	sino como doscientos codos,
	15:7	Pedro se levantó (levantándose..., BC)	Ap	21:17	ciento cuarenta y cuatro codos,

Hch 12:18 sobre qué había sido de Pedro
   15:7 Pedro se levantó (levantándose..., BC)
Gá 1:18 para ver a Pedro, (TR)
    2:7 como a Pedro el de la circuncisión
    8 pues el que actuó en Pedro para
    11 cuando Pedro vino a Antioquía (TR)
    14 dije a Pedro delante de todos (TR)
1 P 1:1 Pedro, apóstol de Jesucristo,
2 P 1:1 Pedro, siervo y apóstol

4075   πετρώδης* — petródes

Mt 13:5 cayó en pedregales,
   20 el que fue sembrado en pedregales
Mr 4:5 cayó en pedregales,
   16 los que fueron sembrados en pedregales

4076   πήγανον* — péganon

Lc 11:42 la ruda, y toda hortaliza,

4077   πηγή — pegé (pegué)

Mr 5:29 en seguida la fuente de su sangre
Jn 4:6 estaba allí el pozo de Jacob
       se sentó así junto al pozo
   14 será en él una fuente de agua
Stg 3:11 ¿Acaso alguna fuente echa
    12 ninguna fuente puede dar agua (TR, VM, NC)
2 P 2:17 Estos son fuentes sin agua,
Ap 7:17 los guiará a fuentes
   8:10 sobre las fuentes de las aguas
   14:7 el mar y las fuentes de las aguas
   16:4 sobre las fuentes de las aguas
   21:6 de la fuente del agua de la vida

4078   πήγνυμι — pégnumi

He 8:2 que levantó el Señor, y no el hombre

4079   πηδάλιον* — pedálion

Hch 27:40 largando también las amarras del timón;
         (aflojando al mismo tiempo las ataduras
         de los gobernalles, VHA)
Stg 3:4 son gobernadas con un muy pequeño timón

4080   πηλίκος — pelíkos

Gá 6:11 Mirad con cuán grandes letras
He 7:4 Considerad...cuán grande era éste,

4081   πηλός — pelós

Jn 9:6 hizo lodo con la saliva,
       untó con el lodo
   11 hizo lodo, me untó los ojos,
   14 Jesús había hecho el lodo,
   ´15 Me puso lodo sobre los ojos,
Ro 9:21 no tiene potestad el alfarero sobre el barro

4082   πήρα** — péra

Mt 10:10 ni de alforja para el camino,
Mr 6:8 que no llevasen...ni alforja
Lc 9:3 ni bordón, ni alforja, ni pan
   10:4 No llevéis bolsa, ni alforja
   22:35 Cuando os envié...sin alforja
   36 tómela, y también la alforja

4083   πῆχυς — pécus (péjus)

Mt 6:27 añadir a su estatura un codo?
Lc 12:25 añadir a su estatura un codo?

Jn 21:8 sino como doscientos codos,
Ap 21:17 ciento cuarenta y cuatro codos,

4084   πιάζω — piázo (piádzo)

Jn 7:30 Entonces procuraban prenderle
   32 enviaron...para que le prendiesen
   44 algunos de ellos querían prenderle
   8:20 nadie le prendió
   10:39 Procuraron otra vez prenderle
   11:57 para que le prendiesen
   21:3 aquella noche no pescaron nada
   10 Traed de los peces que acabáis de pescar.
       (...que habéis cogido ahora, VM)
Hch 3:7 tomándole por la mano derecha
   12:4 habiéndole tomado preso, le puso
2 Co 11:32 guardaba la ciudad...para prenderme
Ap 19:20 la bestia fue apresada

4085   πιέζω — piézo (piédzo)

Lc 6:38 medida buena, apretada...darán

4086   πιθανολογία* — pithanología (pithanologuía)

Col 2:4 para que nadie os engañe con palabras
        persuasivas (...con persuasiva elocuencia, BC)

4087   πικραίνω — pikráino

Col 3:19 no seáis ásperos con ellas
Ap 8:11 porque se hicieron amargas
   10:9 te amargará el vientre,
   10 amargó mi vientre

4088   πικρία — pikría

Hch 8:23 porque en hiel de amargura y en prisión
Ro 3:14 está llena de maldición y de amargura
Ef 4:31 Quítense de vosotros toda amargura
He 12:15 brotando alguna raíz de amargura

4089   πικρός — pikrós

Stg 3:11 agua dulce y amarga?
    14 Pero si tenéis celos amargos (lit.,...celo amargo)

4090   πικρῶς — pikrós

Mt 26:75 saliendo fuera, lloró amargamente
Lc 22:62 saliendo fuera, lloró amargamente

4091   Πιλᾶτος — Pilátos o Πειλᾶτος

Mt 27:2 le entregaron a Poncio Pilato, (TR, BC);
        (...a Pilato, VM, WH, N, ABMW, VHA, NC, BA)
   13 Pilato entonces le dijo:
   17 Reunidos, pues, ellos, les dijo Pilato
   22 Pilato le dijo: ¿Qué, pues,
   24 Viendo Pilato que nada adelantaba
   58 Este fue a Pilato y pidió (éste, yendo a Pilato, pidió, VM)
      Entonces Pilato mandó
   62 y los fariseos ante Pilato
   65 Pilato les dijo: Ahí tenéis
Mr 15:1 le entregaron a Pilato
   2 Pilato le preguntó: ¿Eres tú el Rey
   4 Otra vez preguntó Pilato
   5 de modo que Pilato se maravillaba
   9 Pilato les respondió diciendo
   12 Respondiendo Pilato, les dijo

πίμπλημι 4130

Mr	15:14	**Pilato** les decía: ¿Pues qué mal
	15	**Pilato**, queriendo satisfacer (lit.,...queriendo hacer mucho)
	43	entró osadamente a **Pilato** (cobrando osadía entró..., BC)
	44	**Pilato** se sorprendió de que ya
Lc	3:1	siendo gobernador...Poncio **Pilato**
	13:1	cuya sangre **Pilato** había mezclado
	23:1	llevaron a Jesús a **Pilato**. (le llevaron..., VM)
	3	Entonces **Pilato** le preguntó
	4	**Pilato** dijo a los principales sacerdotes
	6	Entonces **Pilato**, oyendo...preguntó
	11	volvió a enviarle a **Pilato**
	12	se hicieron amigos **Pilato** y Herodes
	13	**Pilato**, convocando a los principales
	20	Les habló otra vez **Pilato**
	24	Entonces **Pilato** sentenció que se hiciese
	52	fue a **Pilato**, y pidió el cuerpo (acudiendo...pidió..., VM)
Jn	18:29	Entonces salió **Pilato** a ellos,
	31	Entonces les dijo **Pilato**
	33	Entonces **Pilato** volvió a entrar (..entró otra vez, VM)
	35	**Pilato** le respondió: ¿Soy yo acaso
	37	Le dijo entonces **Pilato**
	38	Le dijo **Pilato**: ¿Qué es la verdad?
	19:1	Así que, entonces tomó **Pilato**
	4	Entonces **Pilato** salió otra vez,
	6	**Pilato** les dijo: Tomadle vosotros
	8	Cuando **Pilato** oyó decir
	10	Entonces le dijo **Pilato**
	12	Desde entonces procuraba **Pilato** soltarle
	13	Entonces **Pilato**,...llevó fuera a Jesús
	15	**Pilato** les dijo: ¿A vuestro Rey
	19	Escribió también **Pilato** un título,
	21	Dijeron a **Pilato** los principales sacerdotes
	22	Respondió **Pilato**: Lo que he escrito
	31	rogaron a **Pilato** que se les quebrasen
	38	José de Arimatea...rogó a **Pilato**. **Pilato** se lo concedió. (...permitió, VHA)
Hch	3:13	negasteis delante de **Pilato**
	4:27	Poncio **Pilato**, con los gentiles
	13:28	pidieron a **Pilato** que se le matase.
1 Ti	6:13	de la buena profesión delante de Poncio **Pilato**

4130   πίμπλημι – pímplemi o πλήθω

Mt	22:10	las bodas **fueron llenas** de convidados
	27:48	la empapó de vinagre, (**empapándola**..., BC)
Lc	1:15	será **lleno** del Espíritu Santo,
	23	cumplidos los días de su ministerio, (cuando **se cumplieron**...VM)
	41	Elisabet **fue llena** del Espíritu Santo,
	57	Cuando a Elisabet **se le cumplió**
	67	**fue lleno** del Espíritu Santo,
	2:6	**se cumplieron** los días de su alumbramiento
	21	**Cumplidos** los ocho días (cuando **se cumplieron**..., VM)
	22	cuando **se cumplieron** los días
	4:28	todos en la sinagoga **se llenaron** de ira
	5:7	**llenaron** ambas barcas
	26	llenos de temor, decían: (**se llenaron** de temor, BC)
	6:11	ellos **se llenaron** de furor,
	21:22	para que **se cumplan** todas las cosas (WH, N, ABMW)
Jn	19:29	empaparon en vinagre (lit., habiendo empapado...) (TR, VM)
Hch	2:4	**fueron** todos **llenos** del Espíritu Santo,

Hch	3:10	**se llenaron** de asombro y espanto
	4:8	**lleno** del Espíritu Santo,
	31	todos **fueron llenos** del Espíritu Santo,
	5:17	**se llenaron** de celos;
	9:17	seas **lleno** del Espíritu Santo
	13:9	Pablo, **lleno** del Espíritu Santo
	45	**se llenaron** de celos, (...de envidia, BC)
	19:29	la ciudad **se llenó** de confusión,

4092   πίμπρημι – pímpremi o πίμπραμαι

Hch	28:6	esperando que él **se hinchase**, (Esperando cuándo **se había de hinchar**, VA)

4093   πινακίδιον** – pinakídion

Lc	1:63	pidiendo una **tablilla**,

4094   πίναξ** – pínax

Mt	14:8	Dame aquí en **un plato** la cabeza
	11	fue traída su cabeza en **un plato**
Mr	6:25	me des en un **plato** la cabeza
	28	trajo su cabeza en **un plato**
Lc	11:39	lo de fuera del vaso y del **plato**,

4095   πίνω – píno

Mt	6:25	o qué **habéis de beber**; (TR, [WH], [N], [ABMW], VHA, VM, BC, BA)
	31	¿Qué comeremos, o qué **beberemos**
	11:18	**que** ni comía ni **bebía**
	19	el Hijo del Hombre, **que** come y **bebe**
	20:22	¿Podéis **beber** del vaso que yo he de **beber**
	23	A la verdad, de mi vaso **beberéis**
	24:38	estaban comiendo y **bebiendo**
	49	a comer y a **beber** con los borrachos, (TR, VM, NC); (y comiere y **bebiere**..., VHA, WH, N, ABMW, BC, BA)
	26:27	**Bebed** de ella todos
	29	que desde ahora no **beberé** más hasta aquel día en que lo **beba**
	42	sin que yo la **beba**
	27:34	le dieron a **beber** no quiso **beberlo**
Mr	2:16	que él come y **bebe** con los publicanos (TR, VM, BA)
	10:38	¿Podéis **beber** del vaso que yo **bebo**
	39	del vaso que **bebo**, **beberéis**
	14:23	les dio; y **bebieron** de ella todos.
	25	no **beberé** más del fruto de la vid hasta aquel día en que lo **beba** nuevo
	15:23	le dieron a **beber** vino (TR)
	16:18	[si **bebieren** cosa mortífera,]
Lc	1:15	No **beberá** vino ni sidra,
	5:30	¿Por qué coméis y **bebéis** con publicanos
	33	pero los tuyos comen y **beben**?
	39	ninguno **que beba** del añejo,
	7:33	**que** ni comía pan ni **bebía** vino,
	34	el Hijo del Hombre, **que** come y **bebe**
	10:7	posad...comiendo y **bebiendo**
	12:19	repósate, come, **bebe**
	29	ni por lo que **habéis de beber**
	45	y a comer y **beber** y embriagarse
	13:26	Delante de ti **hemos** comido y **bebido**
	17:8	hasta que haya comido y **bebido** come y **bebe** tú?
	27	Comían, **bebían**, se casaban
	28	comían, **bebían**, compraban, vendían
	22:18	no **beberé** más del fruto de la vid,
	30 (31)	para que comáis y **bebáis** a mi mesa
Jn	4:7	Jesús le dijo: Dame de **beber**

Jn	4:9	me pides a mí de beber
	10	quién es el que dice: Dame de beber
	12	del cual bebieron él, sus hijos (él mismo bebió de él..., BC)
	13	Cualquiera que bebiere de esta agua,
	14	mas el que bebiere del agua
	6:53	Si no...bebéis su sangre,
	54	El que...bebe mi sangre
	56	El que...bebe mi sangre
	7:37	venga a mí y beba
	18:11	¿no la he de beber?
Hch	9:9	comió ni bebió
	23:12	que no comerían ni beberían
	21	no comer ni beber hasta que le hayan dado
Ro	14:21	Bueno es no comer carne, ni beber vino
1 Co	9:4	¿Acaso no tenemos derecho de...y beber?
	10:4	todos bebieron la misma bebida bebían de la roca espiritual
	7	Se sentó el pueblo a comer y a beber
	21	No podéis beber la copa del Señor
	31	Sí, pues, coméis o bebéis
	11:22	¿no tenéis casas en que comáis y bebáis?
	25	todas las veces que la bebiereis
	26	todas las veces que...bebiereis esta copa,
	27	cualquiera que...bebiere esta copa del Señor
	28	coma así del pan, y beba de la copa
	29	el que come y bebe indignamente, (TR, VM); (el que come y bebe, VHA, WH, N, ABMW, NC, BC, BA)
	15:32	comamos y bebamos, porque mañana
He	6:7	la tierra que bebe la lluvia
Ap	14:10	beberá del vino de la ira
	16:6	les has dado a beber sangre
	18:3	todas las naciones han bebido (TR, N, ABMW, VHA, NC, BC, BA)

4096 πιότης – piótes

Ro	11:17	de la rica savia del olivo (de la grosura del olivo, VHA)

4097 πιπράσκω – piprásko

Mt	13:46	vendió todo lo que tenía
	18:25	ordenó su señor venderle, y a su mujer
	26:9	esto podía haberse vendido
Mr	14:5	podía haberse vendido
Jn	12:5	¿Por qué no fue este perfume vendido
Hch	2:45	vendían sus propiedades y sus bienes,
	4:34	traían el precio de lo vendido, (...los valores de las cosas vendidas, VM)
	5:4	y vendida, ¿no estaba en tu poder?
Ro	7:14	mas yo soy carnal, vendido al pecado

4098 πίπτω – pípto

Mt	2:11	postrándose, lo adoraron
	4:9	si postrado me adorares .
	7:25	no cayó, porque estaba fundada
	27	cayo, y fue grande su ruina
	10:29	ni uno de ellos cae a tierra
	13:4	cayó junto al camino
	5	Parte cayó en pedregales,
	7	parte cayó entre espinos
	8	parte cayó en buena tierra,
	15:14	ambos caerán en el hoyo
	27	que caen de la mesa de sus amos.
	17:6	se postraron sobre sus rostros,
	15	muchas veces cae en el fuego
	18:26	aquel siervo, postrado, le suplicaba, (postrándose...el siervo, le adoraba, VHA
Mt	18:29	Entonces su consiervo, postrándose
	21:44	el que cayere sobre esta piedra sobre quien ella cayere
	24:29	las estrellas caerán del cielo,
	26:39	se postró sobre su rostro
Mr	4:4	una parte cayó junto al camino
	5	Otra parte cayó en pedregales,
	7	Otra parte cayó entre espinos;
	8	otra parte cayó en buena tierra,
	5:22	se postró a sus pies.
	9:20	cayendo en tierra se revolcaba
	13:25	las estrellas caerán del cielo, (...estarán cayendo..., VM) (WH, N, ABMW)
	14:35	se postró en tierra, y oró
Lc	5:12	se postró...y le rogó (cayendo..., BC)
	6:39	¿No caerán ambos en el hoyo? (TR)
	49	luego cayó, y fue grande la ruina (TR)
	8:5	una parte cayó junto al camino,
	6	Otra parte cayó sobre la piedra; (TR)
	7	Otra parte cayó entre espinos
	8	otra parte cayó en buena tierra
	14	La que cayó entre espinos, éstos
	41	postrándose a los pies de Jesús,
	10:18	Yo veía a Satanás caer del cielo
	11:17	una casa dividida contra sí misma, cae
	13:4	sobre los cuales cayó la torre de Siloé
	14:5	si su asno o su buey cae (se le cae...el asno o el buey, BC) (TR, VM); (se le cae...un hijo, o un buey, BA, WH, N, ABMW, VHA, BC); (su hijo o su asno..., NC)
	16:17	que se frustre una tilde de la ley.
	21	de las migajas que caían de la mesa (TR, VM); (lit., de las cosas que caían..., WH, N, ABMW, VHA, NC, BC, BA)
	17:16	se postró...a sus pies
	20:18	Todo el que cayere sobre aquella piedra sobre quien ella cayere
	21:24	caerán a filo de espada,
	23:30	Caed sobre nosotros
Jn	11:32	al verle, se postró a sus pies
	12:24	si el grano de trigo no cae (...que cae... VHA)
	18:6	cayeron a tierra
Hch	1:26	la suerte cayó sobre Matías
	5:5	cayó y expiró. (lit., cayendo...)
	10	Al instante ella cayó a los pies de él,
	9:4	cayendo en tierra, oyó una voz
	10:25	postrándose a sus pies, adoró
	13:11	cayeron sobre él oscuridad (cayó...BC) (WH, N, ABMW)
	15:16	el tabernáculo de David, que está caído
	20:9	vencido del sueño cayó del tercer piso
	22:7	caí al suelo, y oí una voz
	27:34	ni aun un cabello...perecerá (V60, WH, N, ABMW, VHA, VM, NC, BC, BA); (lit.,... caerá, TR)
Ro	11:11	¿Han tropezado...para que cayesen?
	22	la severidad...para con los que cayeron
	14:4	está en pie, o cae
1 Co	10:8	cayeron en un día veintitrés mil
	12	mire que no caiga
	13:8	El amor nunca deja de ser; (WH, N, ABMW)
	14:25	así, postrándose sobre el rostro
He	3:17	cuyos cuerpos cayeron en el desierto?
	4:11	para que ninguno caiga en...desobediencia
	11:30	Por la fe cayeron los muros
Stg	5:12	para que no caigáis en condenación
Ap	1:17	Cuando le vi, caí como muerto
	2:5	Recuerda...de dónde has caído, (WH, N,

Πισιδία 4099   4100 πιστεύω

ABMW)
Ap	4:10	los veinticuatro ancianos se postran
5:8		se postraron delante del Cordero
	14	se postraron...y adoraron
6:13		las estrellas del cielo cayeron
	16	Caed sobre nostros, y escondednos
7:11		se postraron sobre sus rostros
	16	el sol no caerá más sobre ellos,
8:10		cayó del cielo una gran estrella
		cayó sobre la tercera parte
9:1		vi una estrella que cayó del cielo
11:11		cayó gran temor sobre los que los vieron (TR)
11:13		la décima parte de la ciudad se derrumbó
	16	se postraron sobre sus rostros, y adoraron
14:8		Ha caído, ha caído Babilonia
16:19		las ciudades de las naciones cayeron
17:10		Cinco de ellos han caído; uno es,
18:2		Ha caído, ha caído la gran Babilonia,
	3	todas las naciones han bebido (TR, N, ABMW, VHA, NC, BC, BA); (han caído todas las naciones, VM, WH)
19:4		se postraron en tierra y adoraron
	10	Yo me postré a sus pies
22:8		me postré para adorar

4099   Πισιδία — Pisidĭa
Hch 13:14 llegaron a Antioquía de Pisidia, TR)
    14:24 Pasando luego por Pisidia

4099 A   Πισιδιος — Pisidĭos
Hch 13:14 llegaron a Antioquía de Pisidia (WH, N, ABMW)

4100   πιστεύω — pistéuo
Mt	8:13	como creíste, te sea hecho.
	9:28	¿Creéis que puedo hacer esto?
	18:6	de estos pequeños que creen en mí
	21:22	en oración, creyendo, lo recibiréis.
	25	¿Por qué, pues, no le creísteis?
	32	no le creísteis
		los publicanos y las rameras le creyeron
		no os arrepentisteis después para creerle
	24:23	no lo creáis
	26	no lo creáis
	27:42	creeremos en él.
Mr	1:15	arrepentíos, y creed en el evangelio
	5:36	No temas, cree solamente
	9:23	Si puedes creer, (TR)
		al que cree todo le es posible (Todas las cosas son posibles..., VM)
	24	Creo; ayuda mi incredulidad
	42	a uno de estos pequeñitos que creen
	11:23	sino creyere que será hecho
	24	creed que lo recibiréis
	31	¿Por qué, pues, no le creísteis?
	13:21	no le creáis
	15:32	para que veamos y creamos.
	16:13	|ni aun a ellos creyeron|
	14	|no habían creído a los que le habían visto|
	16	|El que creyere y fuere bautizado|
	17	|estas señales seguirán a los que creen|
Lc	1:20	creíste mis palabras
	45	bienaventurada la que creyó
	8:12	para que no crean y se salven. (...creyendo.. BC)
	13	creen por algún tiempo,
	50	cree solamente, y será salva.

Lc	16:11	¿quién os confiará lo verdadero?
	20:5	¿Por qué, pues, no le creísteis?
	22:67	Si os lo dijere, no creeréis
	24:25	para creer todo lo que los profetas
Jn	1:7	a fin de que todos creyesen por él
	12	a los que creen en su nombre
	50	Te vi debajo de la higuera, crees?
	2:11	sus discípulos creyeron en él
	22	creyeron la Escritura
	23	muchos creyeron en su nombre
	24	Jesús mismo no se fiaba de ellos
	3:12	Si os he dicho...y no creéis
		¿cómo creeréis si os dijere
	15	para que todo aquel que en él cree,
	16	para que todo aquel que en él crea,
	18	El que en él cree, no es condenado
		el que no cree, ya ha sido condenado
		porque no ha creído en el nombre
	36	El que cree en el Hijo tiene vida
	4:21	Mujer, créeme, que la hora viene
	39	creyeron en él por la palabra de la mujer
	41	creyeron muchos más por la palabra
	42	Ya no creemos solamente por tu dicho
	48	Si no viereis señales y prodigios, no creeréis
	50	el hombre creyó la palabra
	53	creyó él con toda su casa. (...y toda..., VM)
	5:24	El que oye mi palabra, y cree
	38	a quien él envió, vosotros no creéis
	44	¿Cómo podéis vosotros creer
	46	si creyeseis a Moisés, me creeríais a mí,
	47	si no creéis a sus escritos, ¿cómo creeréis
	6:29	que creáis en el que él ha enviado
	30	para que veamos, y te creamos?
	35	el que en mí cree, no tendrá sed
	36	me habéis visto, no creéis
	40	Que todo aquel que...cree en él,
	47	El que cree en mí, tiene vida eterna.
	64	hay algunos de vosotros que no creen
		quiénes eran los que no creían
	69	nosotros hemos creído y conocemos
	7:5	ni aun sus hermanos creían en él.
	31	muchos de la multitud creyeron en él
	38	El que cree en mí, como dice la Escritura
	39	los que creyesen en él
	48	¿Acaso ha creído en él alguno
	8:24	porque si no creéis que yo soy,
	30	muchos creyeron en él.
	31	a los judíos que habían creído en él
	45	porque digo la verdad, no me creéis.
	46	¿porqué vosotros no me creéis?
	9:18	los judíos no creían (...no creyeron respecto de él, VM)
	35	¿Crees tú en el Hijo de Dios?
	36	¿Quién es, Señor, para que crea en él?
	38	él dijo: Creo, Señor; y le adoró
	10:25	Os lo he dicho, y no creéis,
	26	pero vosotros no creéis
	37	Si no hago las obras...no me creáis
	38	aunque no me creáis a mí creed a las obras para que conozcáis y creáis (TR, VM)
	42	muchos creyeron en él allí
	11:15	para que creáis
	25	el que cree en mí, aunque esté muerto,
	26	todo aquel que vive y cree en mí,
		¿Crees esto?
	27	yo he creído que tú eres el Cristo,
	40	¿No te he dicho que si crees, verás
	42	para que crean que tú me has enviado
	45	creyeron en él

πιστεύω 4100　　　　　　　655　　　　　　　4100 πιστεύω

Jn	10:48	todos creerán en él
	12:11	se apartaban y creían en Jesús
	36	creed en la luz
	37	no creían en él;
	38	¿quién ha creído a nuestro anuncio?
	39	Por esto no podían creer
	42	muchos creyeron en él;
	44	El que cree en mí, no cree en mí
	46	para que todo aquel que cree en mí
	47	y no las guarda (V60, WH, N, ABMW, VHA, VM, NC, BC, BA); (lit., y no las cree, TR)
	13:19	para que...creáis que yo soy
	14:1	creéis en Dios, creed también en mí.
	10	¿No crees que yo soy en el Padre,
	11	Creedme que yo soy en el Padre, creedme por las mismas obras
	12	El que en mí cree, las obras que yo hago
	29	para que cuando suceda, creáis
	16:9	De pecado, por cuanto no creen en mí
	27	habéis creído que yo salí de Dios.
	30	creemos que has salido de Dios.
	31	Jesús les respondió: ¿Ahora creéis?
	17:8	han creído que tú me enviaste
	20	también por los que han de creer en mí
	21	para que el mundo crea
	19:35	para que vosotros también creáis
	20:8	vio, y creyó
	25	Si no viere...no creeré
	29	Porque has visto, Tomás, creíste (TR); (Porque has visto, has creído, VHA, WH, N, ABMW, VM, NC, BC, BA) los que no vieron, y creyeron
	31	para que creáis que Jesús es el Cristo y para que creyendo, tengáis vida
Hch	2:44	todos los que habían creído
	4:4	Muchos de los que habían oído...creyeron
	5:14	los que creían en el Señor aumentaban
	8:12	cuando creyeron a Felipe,
	13	También creyó Simón mismo,
	37	Si crees de todo corazón, bien puedes, (TR, [VM], NC, BC, BA) Creo que Jesucristo es el Hijo de Dios (TR, [VM], NC, BC, BA)
	9:26	no creyendo que fuese discípulo
	42	muchos creyeron en el Señor.
	10:43	que todos los que en él creyeren
	11:17	a nosotros que hemos creído en el Señor
	21	gran número creyó (...habiendo creído, VM)
	13:12	viendo lo que había sucedido, creyó
	39	en él es justificado todo aquel que cree
	41	Obra que no creeréis,
	48	creyeron todos los que estaban ordenados
	14:1	de tal manera que creyó una gran multitud
	23	en quien habían creído
	15:5	de la secta de los fariseos, que habían creído
	7	oyesen por mí,...la palabra...y creyesen
	11	creemos que por la gracia del Señor
	16:31	Cree en el Señor
	34	se regocijó...de haber creído a Dios.
	17:12	Así que creyeron muchos de ellos,
	34	algunos creyeron, (algunos hombres..., BC)
	18:8	creyó en el Señor con toda su casa; oyendo, creían y eran bautizados.
	27	a los que por la gracia habían creído
	19:2	¿Recibisteis el Espíritu Santo cuando creísteis?
	4	diciendo al pueblo que creyesen en aquel
	18	muchos de los que habían creído venían

Hch	21:20	de judíos hay que han creído
	25	en cuanto a los gentiles que han creído
	22:19	los que creían en ti
	24:14	creyendo todas las cosas que en la ley
	26:27	¿Crees, oh rey Agripa, a los profetas? Yo sé que crees
	27:25	yo confío en Dios que será así
Ro	1:16	para salvación a todo aquel que cree
	3:2	les ha sido confiada la palabra de Dios
	22	para todos los que creen en él
	4:3	Creyó Abraham a Dios
	5	al que...cree en aquel que justifica
	11	padre de todos los creyentes
	17	delante de Dios, a quien creyó
	18	El creyó en esperanza contra esperanza.
	24	a los que creemos en el que levantó
	6:8	creemos que también viviremos con él
	9:33	el que creyere en él, no será avergonzado
	10:4	para justicia a todo aquel que cree
	9	y creyeres en tu corazón que Dios le levantó
	10	Porque con el corazón se cree
	11	Todo aquel que en él creyere,
	14	en el cual no han creído? ¿Y cómo creerán
	16	¿quién ha creído a nuestro anuncio?
	13:11	que cuando creímos
	14:2	uno cree que se ha de comer
	15:13	os llene de todo gozo y paz en el creer
1 Co	1:21	salvar a los creyentes por la locura
	3:5	por medio de los cuales habéis creído
	9:17	la comisión me ha sido encomendada
	11:18	en parte lo creo
	13:7	todo lo cree, (lit., todas las cosas las cree)
	14:22	son por señal, no a los creyentes no a los incrédulos, sino a los creyentes
	15:2	sois salvos, si no creísteis en vano.
	11	así predicamos, y así habéis creído.
2 Co	4:13	conforme a lo que está escrito: Creí nosotros también creemos
Gá	2:7	me había sido encomendado
	16	nosotros también hemos creído
	3:6	Así Abraham creyó a Dios,
	22	fuese dada a los creyentes
Ef	1:13	habiendo creído en él, (en quien también, habiendo creído, VM)
	19	para con nosotros los que creemos,
Fil	1:29	no sólo que creáis en él
1 Ts	1:7	y de Acaya que han creído
	2:4	para que se nos confiase el evangelio
	10	con vosotros los creyentes
	13	la cual actúa en vosotros los creyentes
	4:14	si creemos que Jesús murió
2 Ts	1:10	ser admirado en todos los que creyeron ha sido creído entre vosotros
	2:11	para que crean la mentira
	12	todos los que no creyeron a la verdad
1 Ti	1:11	que a mí me ha sido encomendado
	16	de los que habrían de creer en él
	3:16	Creído en el mundo (fue...creído..., VHA)
2 Ti	1:12	yo sé a quién he creído
Tit	1:3	la predicación que me fue encomendada
	3:8	para que los que creen en Dios
He	4:3	los que hemos creído entramos
	11:6	que el que se acerca a Dios crea
Stg	2:19	Tú crees que Dios es uno También los demonios creen
	23	Abraham creyó a Dios,
1 P	1:8	en quien creyendo, aunque ahora no lo veáis
	21	mediante el cual creéis en Dios, (los que por

		él **sois creyentes**, BC) (TR)	Ro 1:12	por la **fe** que nos es común a vosotros
1 P	2:6	el **que creyere** en ella,	17	la justicia de Dios se revela por **fe** y para **fe**
	7	Para vosotros, pues, los **que creéis**		el justo por la **fe** vivirá.
1 Jn	3:23	Que **creamos** en el nombre de su Hijo	3:3	habrá hecho nula la **fidelidad** de Dios?
	4:1	Amados, no **creáis** a todo espíritu,	22	por medio de la **fe** en Jesucristo,
	16	nosotros **hemos** conocido y **creído**	25	por medio de la **fe** en su sangre
	5:1	Todo aquel **que cree** que Jesús es	26	al que es de la **fe** de Jesús.
	5	sino el **que cree** que Jesús es el Hijo	27	No, sino por la ley **de la fe**.
	10	El **que cree** en el Hijo de Dios,	28	el hombre es justificado por **fe**
		el **que no cree**, a Dios le ha hecho	30	por la **fe** a los de la circuncisión,
		porque no **ha creído** en el testimonio		y por medio de la **fe**
	13	a vosotros **que creéis** en el nombre	31	¿Luego por la **fe** invalidamos la ley?
		para que **creáis** en el nombre (TR)	4:5	su **fe** le es contada por justicia.
Jud	5	después destruyó a los **que** no **creyeron**	9	le fue contada la **fe** por justicia
			11	como sello de la justicia de la **fe**
4101		πιστικός*† — pistikós	12	que...siguen las pisadas de la **fe**
Mr	14:3	perfume de nardo **puro** de mucho precio,	13	sino por la justicia **de la fe**
Jn	12:3	una libra de perfume de nardo **puro**	14	vana resulta la **fe**
			16	Por tanto, es por **fe**, para que sea por gracia
4102		πίστις — pístis		también para la que es de **la fe** de Abraham,
Mt	8:10	ni aun en Israel he hallado tanta **fe**, (TR,	19	no se debilitó en la **fe** (lit., no
		VM); (en ninguno de Israel..., VHA, WH,		debilitándose...)
		N, ABMW, NC, BC, BA)	20	sino que se fortaleció en **fe**
	9:2	al ver Jesús la **fe** de ellos,	5:1	Justificados, pues, por **la fe**
	22	tu **fe** te ha salvado	2	tenemos entrada por la **fe** a esta gracia
	29	Conforme a vuestra **fe** os sea hecho	9:30	la justicia que es por **fe**
	15:28	Oh mujer, grande es tu **fe**	32	no por **fe**, sino como por obras
	17:20	si tuviereis **fe** como un grano	10:6	la justicia que es por **la fe**
	21:21	que si tuviereis **fe**	8	Esta es la palabra de **fe**
	23:23	la justicia, la misericordia y la **fe**	17	Así que la **fe** es por el oír
Mr	2:5	Al ver Jesús la **fe** de ellos,	11:20	tú por la **fe** estás en pie
	4:40	¿Cómo no tenéis **fe**? (TR, N, VHA, BA);	12:3	conforme a la medida de **fe** que Dios
		(¿no tenéis **fe** todavía?, VM, WH,	6	conforme a la medida de la **fe**; (según la
		ABMW, NC, BC)		proporción..., VHA)
	5:34	Hija, tu **fe** te ha hecho salva	14:1	Recibid al débil en la **fe**
	10:52	Vete, tu **fe** te ha salvado	22	¿Tienes tú **fe**? (TR, BC); (La **fe** que tú
	11:22	Jesús les dijo: Tened **fe** en Dios		tienes, VHA, WH, N, ABMW, VM, NC,
Lc	5:20	Al ver él la **fe** de ellos, le dijo:		BA)
	7:9	ni aun en Israel he hallado tanta **fe**	23	porque no lo hace con **fe**
	50	Tu **fe** te ha salvado		todo lo que no proviene de **fe**
	8:25	¿Dónde está vuestra **fe**?	16:26	para que obedezcan a la **fe**. (para obediencia
	48	Hija, tu **fe** te ha salvado		de la **fe**, BC)
	17:5	Auméntanos **la fe**	1 Co 2:5	para que vuestra **fe** no esté
	6	Si tuvierais **fe** como un grano	12:9	a otro, **fe** por el mismo Espíritu;
	19	tu **fe** te ha salvado.	13:2	si tuviese toda la **fe**
	18:8	¿hallará **fe** en la tierra?	13	ahora permanecen la **fe**, la esperanza
	42	tu **fe** te ha salvado	15:14	vana es también vuestra **fe**
	22:32	que tu **fe** no falte	17	vuestra **fe** es vana
Hch	3:16	por la **fe** en su nombre	16:13	Velad, estad firmes en la **fe**
		la **fe** que es por él ha dado a éste	2 Co 1:24	No que nos enseñoreemos de vuestra **fe**
	6:5	a Esteban, varón lleno **de fe**		porque por la **fe** estáis firme
	7	de los sacerdotes obedecían a la **fe**	4:13	teniendo el mismo espíritu de **fe**
	8	lleno de gracia y de poder (V60, VA, WH,	5:7	por **fe** andamos, no por vista
		N, ABMW, VHA, VM, NC, BC, BA);	8:7	como en todo abundáis, en **fe**, en palabra
		(lit., lleno de **fe**..., TR)	10:15	que conforme crezca vuestra **fe**
	11:24	lleno del Espíritu Santo y de **fe**	13:5	si estáis en la **fe**
	13:8	procurando apartar de la **fe** al procónsul.	Gá 1:23	ahora predica la **fe** que en otro tiempo
	14:9	viendo que tenía **fe** para ser sanado	2:16	sino por la **fe** de Jesucristo
	22	a que permaneciesen en la **fe**		para ser justificados por la **fe** de Cristo
	27	la puerta **de la fe** a los gentiles	20	lo vivo en la **fe** del Hijo de Dios
	15:9	purificando por la **fe** sus corazones.	3:2	o por el oír **con fe**?
	16:5	las iglesias eran confirmadas en la **fe**	5	o por el oír **con fe**?
	17:31	dando **fe** a todos con haberle levantado	7	los que son de **fe**, éstos son hijos
	20:21	de la **fe** en nuestro Señor Jesucristo	8	que Dios había de justificar por la **fe**
	24:24	le oyó acerca de la **fe** en Jesucristo	9	De modo que los de **la fe** son bendecidos
	26:18	para que reciban, por la **fe** que es en mí	11	El justo por la **fe** vivirá;
Ro	1:5	para la obediencia **a la fe**	12	la ley no es de **fe**
	8	de que vuestra **fe** se divulga por todo	14	a fin de que por la **fe** recibiésemos
			22	para que la promesa que es por **la fe**

Gá	3:23	antes que viniese la **fe**,
		encerrados para aquella **fe**
	24	a fin de que fuésemos justificados por **la fe**
	25	venida la **fe**, ya no estamos
	26	todos sois hijos de Dios por la **fe**
	5:5	aguardamos por **fe** la esperanza
	6	sino **la fe** que obra por el amor,
	22	benignidad, bondad, **fe**
	6:10	mayormente...la familia de la **fe**
Ef	1:15	habiendo oído de vuestra **fe**
	2:8	por gracia sois salvos por medio de **la fe**
	3:12	por medio de la **fe** en él
	17	para que habite Cristo por la **fe**
	4:5	un Señor, una **fe**, un bautismo,
	13	a la unidad de la **fe**
	6:16	tomad el escudo de la **fe** (habiendo tomado..., VHA)
	23	Paz sea...amor con **fe**,
Fil	1:25	para vuestro provecho y gozo de la **fe**
	27	combatiendo...por la **fe** del evangelio,
	2:17	el sacrificio y servicio de vuestra **fe**,
	3:9	sino la que es por **la fe** de Cristo
		la justicia que es de Dios por la **fe**
Col	1:4	habiendo oído de vuestra **fe** en Cristo Jesús
	23	permancéis fundados y firmes en la **fe**
	2:5	la firmeza de vuestra **fe** en Cristo
	7	confirmados en la **fe**
	12	mediante la **fe** en el poder de Dios (...en la operación de Dios, VHA)
1 Ts	1:3	de la obra de vuestra **fe**, del trabajo
	8	vuestra **fe** en Dios se ha extendido
	3:2	para...exhortaros respecto a vuestra **fe**
	5	para informarme de vuestra **fe**
	6	nos dio buenas noticias de vuestra **fe**
	7	por medio de vuestra **fe**
	10	lo que falte a vuestra **fe**? (las deficiencias de vuestra **fe**?, BC)
	5:8	habiéndonos vestido con la coraza **de fe**
2 Ts	1:3	por cuanto vuestra **fe** va creciendo,
	4	por vuestra paciencia y **fe**
	11	y toda obra de **fe** con su poder
	2:13	mediante...la **fe** en la verdad
	3:2	porque no es de todos la **fe**
1 Ti	1:2	verdadero hijo en la **fe**
	4	edificación de Dios que es por **fe**, (E, VM, NC); (la mayordomía de Dios..., VHA, S, WH, N, ABMW, BC, BA)
	5	de **fe** no fingida
	14	fue más abundante con la **fe** y el amor
	19	manteniendo **fe** y buena conciencia naufragaron en cuanto a la **fe** algunos,
	2:7	maestro de los gentiles en **fe** y verdad
	15	si permaneciere en **fe**, (lit., si permanecen..)
	3:9	que guarden el misterio de la **fe**
	13	mucha confianza en la **fe**
	4:1	algunos apostatarán de la **fe**
	6	nutrido con las palabras de la **fe**
	12	sé ejemplo de los creyentes en...**fe**
	5:8	ha negado la **fe**,
	12	por haber quebrantado su primera **fe** (lit., porque han negado su primera **fe**)
	6:10	se extraviaron de la **fe**
	11	sigue... la **fe**
	12	Pelea la buena batalla de la **fe**
	21	se desviaron de la **fe**. (...respecto a la **fe**, VHA)
2 Ti	1:5	la **fe** no fingida que hay en ti
	13	en la **fe** y amor que es en Cristo Jesús
	2:18	trastornan la **fe** de algunos
	2:22	sigue la justicia, **la fe**, el amor
	3:8	réprobos en cuanto a la **fe**
	10	has seguido mi... **fe**
	15	para la salvación por **la fe**
	4:7	he guardado la **fe**
Tit	1:1	conforme a **la fe** de los escogidos de Dios
	4	verdadero hijo en la común **fe**
	13	para que sean sanos en la **fe**
	2:2	prudentes, sanos en la **fe**
	10	sino mostrándose **fieles** en todo, (mostrando toda buena **lealtad**, VHA)
	3:15	Saluda a los que nos aman en la **fe**
Flm	5	del amor y de la **fe**
	6	para que la participación de tu **fe**
He	4:2	de **fe** en los que la oyeron
	6:1	el fundamento...**de la fe** en Dios
	12	que por la **fe** y la paciencia heredan
	10:22	en plena certidumbre **de fe**
	38	Mas el justo vivirá por **fe**
	39	**fe** para preservación del alma
	11:1	Es, pues, **la fe**
	3	**Por la fe** entendemos
	4	**Por la fe** Abel ofreció a Dios
	5	**Por la fe** Enoc fue traspuesto
	6	sin **fe** es imposible agradar
	7	**Por la fe** Noé, cuando fue advertido heredero de la justicia...por la **fe**
	8	**Por la fe** Abraham, siendo llamado
	9	**Por la fe** habitó como extranjero
	11	**Por la fe** también la misma Sara,
	13	Conforme a **la fe** murieron todos éstos
	17	**Por la fe** Abraham, cuando fue probado
	20	**Por la fe** bendijo Isaac a Jacob
	21	**Por la fe** Jacob, al morir
	22	**Por la fe** José, al morir,
	23	**Por la fe** Moisés, cuando nació
	24	**Por la fe** Moisés, hecho ya grande
	27	**Por la fe** dejó a Egipto,
	28	**Por la fe** celebró la pascua
	29	**Por la fe** pasaron el Mar Rojo
	30	**Por la fe** cayeron los muros de Jericó
	31	**Por la fe** Rahab la ramera no pereció
	33	que por **fe** conquistaron reinos,
	39	alcanzaron buen testimonio mediante la **fe**
	12:2	el autor y consumador de la **fe**
	13:7	imitad su **fe**
Stg	1:3	la prueba de vuestra **fe** (la parte depurada de vuestra **fe**, VHA)
	6	pida con **fe**, no dudando nada;
	2:1	que vuestra **fe** en nuestro glorioso Señor (no tengáis la **fe**..., VHA)
	5	para que sean ricos en **fe**
	14	si alguno dice que tiene **fe** ¿Podrá la **fe** salvarle? (¿Acaso tal **fe** puede..., VM)
	17	Así también la **fe**, si no tiene obras,
	18	Tú tienes **fe**, y yo tengo obras. Muéstrame la **fe** sin tus obras yo te mostraré mi **fe** por mis obras
	20	que la **fe** sin obras es muerta?
	22	¿No ves que la **fe** actuó juntamente la **fe** se perfeccionó por las obras?
	24	no solamente por la **fe**
	26	así también la **fe** sin obras está muerta
	5:15	la oración de **fe** salvará
1 P	1:5	por el poder de Dios mediante la **fe**
	7	sometida a prueba vuestra **fe**, (la parte depurada de vuestra **fe**, VHA)
	9	el fin de vuestra **fe**

πιστός 4103

1 P	1:21	para que vuestra fe y esperanza sean en Dios
	5:9	al cual resistid firmes en la fe
2 P	1:1	una fe igualmente preciosa que la nuestra
	5	añadid a vuestra fe virtud
1 Jn	5:4	esta es la victoria...nuestra fe
Jud	3	que contendáis ardientemente por la fe
	20	edificándoos sobre vuestra santísima fe
Ap	2:13	no has negado mi fe
	19	Yo conozco tus obras...y fe
	13:10	la paciencia y la fe de los santos.
	14:12	los que guardan...la fe de Jesús.

4103   πιστός — pistós

Mt	24:45	¿Quién es, pues, el siervo fiel
	25:21	Bien, buen siervo y fiel
		sobre poco has sido fiel, (en cosas pocas
		fuiste fiel, BC)
	23	Bien, buen siervo y fiel
		sobre poco has sido fiel (en cosas pocas...
		BC)
Lc	12:42	¿Quién es el mayordomo fiel
	16:10	El que es fiel en lo muy poco
		también en lo más es fiel
	11	Pues si...no fuisteis fieles
	12	si en lo ajeno no fuisteis fieles
	19:17	por cuanto en lo poco has sido fiel
Jn	20:27	no seas incrédulo, sino creyente
Hch	10:45	los fieles de la circuncisión
	13:34	Os daré las misericordias fieles de David
	16:1	hijo de una mujer judía creyente,
	15	Si habéis juzgado que yo sea fiel
1 Co	1:9	Fiel es Dios
	4:2	que cada uno sea hallado fiel
	17	mi hijo amado y fiel en el Señor
	7:25	del Señor para ser fiel
	10:13	pero fiel es Dios
2 Co	1:18	Mas, como Dios es fiel
	6:15	¿O qué parte el creyente con el incrédulo?
		(...del fiel..., BC)
Gá	3:9	son bendecidos con el creyente Abraham.
Ef	1:1	a los santos y fieles en Cristo Jesús
	6:21	hermano amado y fiel ministro
Col	1:2	a los santos y fieles hermanos en Cristo
	7	que es un fiel ministro de Cristo
	4:7	amado hermano y fiel ministro
	9	amado y fiel hermano,
1 Ts	5:24	Fiel es el que os llama,
2 Ts	3:3	Pero fiel es el Señor,
1 Ti	1:12	porque me tuvo por fiel
	15	Palabra fiel y digna
	3:1	Palabra fiel: Si alguno anhela
	11	fieles en todo. (lit.,...en todas las cosas)
	4:3	para que...participasen de ellos los creyentes
		(lit., para recepción de parte de los
		creyentes)
	9	Palabra fiel es esta,
	10	mayormente de los que creen
	12	sino sé ejemplo de los creyentes en palabra
	5:16	Si algún creyente o alguna creyente (TR,
		VM); (Si alguna fiel, VHA, WH, N,
		ABMW, NC, BC, BA)
	6:2	los que tienen amos creyentes
		por cuanto son creyentes y amados
2 Ti	2:2	esto encarga a hombres fieles
	11	Palabra fiel es esta:
	13	Si fuéremos infieles, él permanece fiel
Tit	1:6	tenga hijos creyentes (teniendo..., VM)
	9	retenedor de la palabra fiel
	3:8	Palabra fiel es esta, y en estas cosas

He	2:17	misericordioso y fiel sumo sacerdote
	3:2	el cual es fiel al que le constituyó
	5	Moisés a la verdad fue fiel
	10:23	porque fiel es el que prometió.
	11:11	fiel quien lo había prometido.
1 P	1:21	mediante el cual creéis en Dios (que por él
		sois creyentes en Dios, VHA) (WH, N,
		ABMW)
	4:19	encomienden sus almas al fiel Creador,
	5:12	a quien tengo por hermano fiel
1 Jn	1:9	él es fiel y justo
3 Jn	5	Amado, fielmente te conduces
Ap	1:5	de Jesucristo el testigo fiel
	2:10	Sé fiel hasta la muerte
	13	Antipas mi testigo fiel
	3:14	el testigo fiel y verdadero,
	17:14	son llamados y elegidos y fieles
	19:11	se llamaba Fiel y Verdadero, (lit., llamado..)
	21:5	porque estas palabras son fieles
	22:6	Estas palabras son fieles y verdaderas

4104   πιστόω — pistóo

2 Ti	3:14	has aprendido y te persuadiste,

4105   πλανάω — planáo

Mt	18:12	y se descarría una de ellas,
		la que se había descarriado?
	13	que por las noventa y nueve que no se
		descarriaron.
	22:29	Erráis, ignorando las Escrituras
	24:4	Mirad que nadie os engañe
	5	a muchos engañarán
	11	engañarán a muchos;
	24	de tal manera que engañarán
Mr	12:24	¿No erráis por esto,
	27	así que vosotros mucho erráis.
	13:5	Mirad que nadie os engañe
	6	engañarán a muchos
Lc	21:8	Mirad que no seáis engañados
Jn	7:12	No, sino que engaña al pueblo.
	47	¿También vosotros habéis sido engañados?
1 Co	6:9	No erréis,
	15:33	No erréis; las malas conversaciones
Gá	6:7	No os engañéis; Dios no puede ser burlado
2 Ti	3:13	engañando y siendo engañados
Tit	3:3	extraviados, esclavos de concupiscencias
He	3:10	Siempre andan vagando en su corazón,
	5:2	con los ignorantes y extraviados
	11:38	errando por los desiertos, por los montes
Stg	1:16	Amados hermanos míos, no erréis
	5:19	si alguno de entre vosotros se ha extraviado
1 P	2:25	erais como ovejas descarriadas
2 P	2:15	se han extraviado siguiendo el camino
1 Jn	1:8	nos engañamos a nosotros mismos
	2:26	he escrito esto sobre los que os engañan.
	3:7	Hijitos, nadie os engañe
Ap	2:20	que...seduzca a mis siervos (TR, NC);
		(seduce..., VHA, WH, N, ABMW, VM,
		BC, BA)
	12:9	el cual engaña al mundo entero
	13:14	engaña a los moradores de la tierra
	18:23	fueron engañadas todas las naciones
	19:20	con los cuales había engañado
	20:3	para que no engañase más a las naciones,
	8	saldrá a engañar a las naciones
	10	el diablo que los engañaba

4106   πλάνη — pláne

πλανήτης 4107   659   4119 πλείων

Mt	27:64	será el postrer **error** peor
Ro	1:27	la retribución debida a su **extravío**
Ef	4:14	las artimañas del **error**, (lit., la artimaña...)
1 Ts	2:3	no procedió de **error** ni de impureza
2 Ts	2:11	les envía un poder engañoso, (les envía operación de **error**, VHA)
Stg	5:20	el que haga volver al pecador del **error**
2 P	2:18	de los que viven en **error**
	3:17	no sea que arrastrados por el **error**
1 Jn	4:6	el espíritu de **error**
Jud	11	por lucro en el **error** de Balaam,

4107   πλανήτης – planétes

Jud	13	estrellas **errantes**

4108   πλάνος – plános

Mt	27:63	nos acordamos que aquel **engañador**
2 Co	6:8	como **engañadores**, pero veraces;
1 Ti	4:1	escuchando a espíritus **engañadores**
2 Jn	7	muchos **engañadores** han salido es el **engañador** y el anticristo.

4109   πλάξ – pláx

2 Co	3:3	no en **tablas** de piedra, sino en **tablas**
He	9:4	las **tablas** del pacto

4110   πλάσμα – plásma

Ro	9:20	¿Dirá el **vaso de barro** al que lo formó

4111   πλάσσω – plásso

Ro	9:20	¿Dirá el vaso de barro al **que** lo formó
1 Ti	2:13	Adán **fue formado** primero,

4112   πλαστός* – plastós

2 P	2:3	por avaricia...con palabras **fingidas**

4113   πλατεῖα – platéia

Mt	6:5	en las esquinas de las **calles**
	12:19	Ni nadie oirá en las **calles** su voz
Lc	10:10	saliendo por sus **calles**, decid
	13:26	en nuestras **plazas** enseñaste.
	14:21	Vé pronto por las **plazas** y las calles (...a las **calles** y a los callejones, VM)
Hch	5:15	tanto que sacaban los enfermos a las **calles**
Ap	11:8	sus cadáveres estarán en la **plaza**
	21:21	la **calle** de la ciudad era de oro
	22:2	En medio de la **calle** de la ciudad,

4114   πλάτος – plátos

Ef	3:18	cuál sea la **anchura**, la longitud,
Ap	20:9	subieron sobre la **anchura** de la ciudad
	21:16	su longitud es igual a su **anchura** la altura y la **anchura** (la **anchura**, y la altura, VHA)

4115   πλατύνω – platúno

Mt	23:5	Pues **ensanchan** sus filacterias,
2 Co	6:11	nuestro corazón **se ha ensanchado**
	13	**ensanchaos** también vosotros.

4116   πλατύς – platús

Mt	7:13	**ancha** es la puerta, y espacioso (TR, [N], ABMW, VHA, VM, NC, BA); (¡Cuán **ancha** y espaciosa, BC, WH)

4117   πλέγμα** – plégma

1 Ti	2:9	no con peinado ostentoso, (no con trenzas de **cabello**, VHA)

4118   πλεῖστος – pléistos

Mt	11:20	había hecho **muchos** de sus milagros, (se había hecho la **mayor parte**..., VHA)
	21:8	Y la multitud, que era **muy numerosa**,
Mr	4:1	se reunió...**mucha** gente, (WH, N, ABMW)
1 Co	14:27	por dos, o **a lo más** tres

4119   πλείων – pléion
(1)   ἐπὶ πλεῖον

Mt	5:20	si vuestra justicia no fuere **mayor** (lit.,...no supera por **mucho**)
	6:25	¿No es la vida **más** que el alimento
	12:41	he aquí **más** que Jonás en este lugar
	42	he aquí **más** que Salomón en este lugar
	20:10	pensaron que habían de recibir **más**
	21:36	otros siervos, **más** que los primeros
	26:53	**más** de doce legiones de ángeles?
Mr	12:33	es **más** que todos los holocaustos (TR)
	43	esta viuda pobre echó **más** que todos
Lc	3:13	No exijáis **más** de lo que os está ordenado
	7:42	¿cuál de ellos le amará **más**?
	43	Pienso que aquél a quien perdonó **más**
	9:13	**más** que cinco panes y dos pescados
	11:31	he aquí **más** que Salomón en este lugar
	32	he aquí **más** que Jonás en este lugar
	53	a que hablase de **muchas** cosas
	12:23	La vida es **más** que la comida,
	21:3	pobre echó **más** que todos.
Jn	4:1	Jesús hace y bautiza **más** discípulos
	41	creyeron muchos **más** por la palabra
	7:31	¿hará **más** señales (¿acaso obrará..., BC)
	15:2	para que lleve **más** fruto.
	21:15	¿me amas **más** que éstos?
Hch	2:40	con otras **muchas** palabras
	4:17	(1) para que no le divulgue **más**
	22	**más** de cuarenta años
	13:31	se apareció durante **muchos** días
	15:28	ninguna carga **más** que estas cosas necesarias
	18:20	que se quedase...por **más** tiempo
	19:32	los **más** no sabían por qué
	20:9	(1) por cuanto Pablo disertaba **largamente**
	21:10	permaneciendo nosotros allí **algunos** días, (...**bastantes** días, BC)
	23:13	Eran **más** de cuarenta los que habían hecho
	21	porque **más** de cuarenta hombres
	24:4	(1) por no molestarte **más largamente**
	11	no hace **más** de doce días
	17	pasados **algunos** años, (después de **muchos** años, BC)
	25:6	deteniéndose entre ellos no **más** de ocho
	14	como estuvieron allí **muchos** días,
	27:12	la **mayoría** acordó zarpar también de allí, (lit., los **más** tomaron consejo...)
	20	no apareciendo...por **muchos** días,
	28:23	vinieron a él **muchos** a la posada
1 Co	9:19	para ganar a **mayor** número. (...los **más**..., VM)
	10:5	de los **más** de ellos no se agradó Dios
	15:6	muchos viven aún (los **más** quedan aún, BC)
2 Co	2:6	Le basta...esta represión hecha por **muchos**
	4:15	abundando la gracia por medio de **muchos**
	9:2	ha estimulado a la **mayoría** (...a **muchísimos**..., VM)
Fil	1:14	la **mayoría** de los hermanos (los **más**..., BC)

πλέκω 4120	660	4128 πλῆθος

2 Ti 2:16 (1) porque conducirán **más y más**
3:9 (1) Mas no irán **más** adelante; porque
He 3:3 de **tanto mayor** gloria que Moisés cuanto tiene **mayor** honra
7:23 llegaron a ser **muchos**,
11:4 Abel ofreció a Dios **más excelente** sacrificio
Ap 2:19 tus obras postreras son **más** que las primeras

4120   πλέκω – pléko

Mt 27:29 una corona **tejida** de espinas, (**entretejiendo** una corona de espinas, VHA)
Mr 15:17 una corona **tejida** de espinas, (habiendo **entretejido** una corona de espinas, VHA)
Jn 19:2 los soldados **entretejieron** una corona (...habiendo entretejido..., VHA)

4121   πλεονάζω – pleonázo (pleonádzo)

Ro 5:20 para que el pecado **abundase**; (...la ofensa, VHA)
mas cuando el pecado **abundó**
6:1 para que la gracia **abunde**?
2 Co 4:15 para que **abundando** la gracia
8:15 El que recogió mucho, no **tuvo más**,
Fil 4:17 busco fruto **que abunde** en vuestra cuenta
1 Ts 3:12 os **haga crecer** y abundar en amor
2 Ts 1:3 **abunda** para con los demás;
2 P 1:8 si estas cosas...**abundan**,

4122   πλεονεκτέω – pleonektéo

2 Co 2:11 para que Satanás no gane ventaja (lit., para que no **seamos trampeados** por Satanás)
7:2 a nadie **hemos engañado**. (...hemos **explotado**, VHA)
12:17 ¿acaso os **he engañado** por alguno (...he explotado..., VHA)
18 ¿Os **engañó** acaso Tito? (¿Os **explotó**..., VHA)
1 Ts 4:6 que ninguno ...**engañe** en nada (...ni **defraude**..., VHA)

4123   πλεονέκτης** – pleonéktes

1 Co 5:10 o con los **avaros**, o con los ladrones
11 fuere fornicario, o **avaro**
6:10 ni los ladrones, ni los **avaros**
Ef 5:5 que ningún fornicario, o inmundo, o **avaro**

4124   πλεονεξία – pleonexía

Mr 7:22 las **avaricias**, las maldades,
Lc 12:15 Mirad, y guardaos de toda **avaricia**
Ro 1:29 perversidad, **avaricia**, maldad
2 Co 9:5 no como de **exigencia** nuestra (no como por **codicia**, BA)
Ef 4:19 para cometer con **avidez**
5:3 Pero fornicación... o **avaricia**,
Col 3:5 **avaricia**, que es idolatría
1 Ts 2:5 ni encubrimos **avaricia**; (lit., ni con pretexto de avaricia)
2 P 2:3 por **avaricia** harán mercadería
14 el corazón habituado a la **codicia**, (...ejercitado **en** codicia, VHA)

4125   πλευρά – pleurá

Mt 27:49 Lit., le clavó el **costado** ([WH], T) (rechazado por los otros textos y versiones)
Jn 19:34 uno de los soldados le abrió el **costado**
20:20 les mostró las manos y el **costado**

Jn 20:25 metiere mi mano en su **costado**
27 métela en mi **costado**
Hch 12:7 tocando a Pedro en el **costado**, (lit., golpeando el **costado** de Pedro)

4126   πλέω – pléo

Lc 8:23 mientras **navegaban**, él se durmió.
Hch 21:3 **navegamos** a Siria,
27:2 que iba a tocar los puertos (que iba a **navegar** por los lugares, VM)
6 que zarpaba para Italia, (**que navegaba** para Italia, VM)
24 los que **navegan** contigo
Ap 18:17 todos los que viajan en naves (lit., toda la compañía en las naves, TR); (todo el **que navega** con cualquier rumbo, VHA, WH, N, ABMW, VM, NC, BC, BA)

4127   πληγή – plegé (pleguéi)

Lc 10:30 e hiriéndole, se fueron (después de cargarle de **golpes**, BC)
12:48 cosas dignas de **azotes**
Hch 16:23 Después de haberles azotado mucho, (habiéndoles inferido muchas **heridas**, VM)
33 les lavó las **heridas**
2 Co 6:5 en **azotes**, en cárceles,
11:23 en **azotes** sin número
Ap 9:18 Por estas tres **plagas** fue muerta (V60, WH, N, ABMW, VHA, VM, NC, BC, BA, VA); (lit., Por estas tres fue muerta, TR)
20 que no fueron muertos con estas **plagas**
11:6 para herir la tierra con toda **plaga**
13:3 su **herida**...fue sanada
12 cuya **herida**...fue sanada
14 la bestia que tiene la **herida** de espada,
15:1 las siete **plagas** postreras
6 que tenían las siete **plagas**
8 las siete **plagas** de los siete ángeles.
16:9 que tiene poder sobre estas **plagas**
21 blasfemaron contra Dios por la **plaga** su **plaga** fue sobremanera grande
18:4 ni recibáis parte de sus **plagas**
8 en un solo día vendrán sus **plagas**
21:9 las siete copas llenas de las siete **plagas** (TR, VHA, VM, NC, BC, BA); (lit., las siete copas, quienes estaban llenas de..., WH, N, ABMW)
22:18 las **plagas** que están escritas

4128   πλῆθος – pléthos

Mr 3:7 le siguió gran **multitud** de Galilea.
8 grandes multitudes vinieron a él (una **muchedumbre** inmensa..., VM)
Lc 1:10 toda la **multitud** del pueblo estaba fuera
2:13 una **multitud** de las huestes (...del ejército, NC)
5:6 encerraron gran **cantidad** de peces
6:17 una gran **multitud** de gente de toda Judea.
8:37 toda la **multitud** de la región alrededor
19:37 toda la **multitud** de los discípulos,
23:1 Levantándose entonces toda la **muchedumbre** de ellos,
27 le seguía gran **multitud** del pueblo,
Jn 5:3 En éstos yacía una **multitud** de enfermos
21:6 por la gran **cantidad** de peces.
Hch 2:6 se juntó la **multitud**;
4:32 la **multitud** de los que habían creído

πληθύνω 4129

Hch	5:14	gran número así de hombres como de mujeres (multitudes de hombres y de mujeres, VM)
	16	muchos venían a Jerusalén, (concurría la multitud, VHA)
	6:2	los doce convocaron a la multitud (habiendo convocado..., VM)
	5	Agradó la propuesta a toda la multitud
	14:1	de tal manera que creyó una gran multitud
	4	la gente de la ciudad estaba dividida
	15:12	Entonces toda la multitud calló
	30	reuniendo a la congregación
	17:4	de los griegos piadosos gran número (...gran multitud, VM)
	19:9	maldiciendo...delante de la multitud
	21:22	La multitud se reunirá (lit., es necesario que la multitud se reuna, TR, VM, [BA])
	36	la muchedumbre del pueblo venía detrás
	23:7	la asamblea se dividió
	25:24	respecto del cual toda la multitud
	28:3	algunas ramas secas (una cantidad de ramas secas, VHA)
He	11:12	como las estrellas del cielo en multitud
Stg	5:20	cubrirá multitud de pecados
1 P	4:8	el amor cubrirá multitud de pecados.

4129   πληθύνω — plethúno

Mt	24:12	por haberse multiplicado la maldad
Hch	6:1	como creciera el número de los discípulos,
	7	el número de los discípulos se multiplicaba
	7:17	el pueblo creció y se multiplicó
	9:31	las iglesias...se acrecentaban (TR); (La Iglesia...se acrecentaba, VHA, WH, N, ABMW, VM, NC, BC, BA)
	12:24	la palabra del Señor crecía y se multiplicaba
2 Co	9:10	multiplicará vuestra sementera, (V60, WH, N, ABMW, VHA, VM, NC, BC, BA); (lit., multiplique..., TR)
He	6:14	te multiplicaré grandemente (multiplicando te multiplicaré, VM)
1 P	1:2	Gracia y paz os sean multiplicadas
2 P	1:2	Gracia y paz os sean multiplicadas
Jud	2	Misericordia...y amor os sean multiplicados.

πλήθω, véase 4130 πίμπλημι, pág. 652

4131   πλήκτης** — pléktes

1 Ti	3:3	no dado al vino, no pendenciero,
Tit	1:7	no dado al vino, no pendenciero,

4132   πλήμμυρα† — plémmura

Lc	6:48	cuando vino una inundación

4133   πλήν — plén

Mt	11:22	Por tanto os digo (Pero..., VM)
	24	Por tanto os digo (Pero..., VM)
	18:7	pero iay de aquel hombre
	26:39	pero no sea como yo quiero
	64	además os digo, (sin embargo os digo, VM)
Mr	12:32	no hay otro fuera de él;
Lc	6:24	Mas iay de vosotros, ricos!
	35	Amad, pues, a vuestros enemigos
	10:11	Pero esto sabed, que el reino
	14	Por tanto, en el juicio será más tolerable (Empero..., VM)
	20	Pero no os regocijéis de que
	11:41	Pero dad limosna
	12:31	Mas buscad el reino
	13:33	Sin embargo, es necesario que hoy y mañana
	17:1	mas iay de aquel por quien vienen! (WH, ABMW)
Lc	18:8	Pero cuando venga el Hijo
	19:27	también a aquellos mis enemigos (Empero en cuanto a aquellos mis enemigos, VM)
	22:21	Mas he aquí, la mano del que me entrega
	22	pero iay de aquel hombre
	42	pero no se haga mi voluntad
	23:28	sino llorad por vosotras mismas
Jn	8:10	no viendo a nadie sino a la mujer
Hch	8:1	salvo los apóstoles
	15:28	ninguna carga más que estas cosas necesarias
	20:23	salvo que el Espíritu Santo...da testimonio
	27:22	sino solamente de la nave
1 Co	11:11	Pero en el Señor
Ef	5:33	Por lo demás, cada uno de vosotros ame (Sin embargo..., VM)
Fil	1:18	Que no obstante, de todas maneras,
	3:16	Pero en aquello a que hemos llegado,
	4:14	Sin embargo, bien hicisteis
Ap	2:25	pero lo que tenéis

4134   πλήρης — pléres

	14:20	recogieron...doce cestas llenas
	15:37	recogieron...siete canastas llenas
Mr	4:28	después grano lleno en la espiga;
	6:43	de los pedazos doce cestas llenas (TR, VHA, VM, NC, BA)
	8:19	¿cuántas cestas llenas de los pedazos
Lc	4:1	Jesús, lleno del Espíritu Santo,
	5:12	un hombre lleno de lepra,
Jn	1:14	lleno de gracia y de verdad,
Hch	6:3	llenos del Espíritu Santo
	5	Esteban, varón lleno de fe
	8	Esteban, lleno de gracia y de poder
	7:55	lleno del Espíritu Santo, (estando lleno..., VM)
	9:36	Esta abundaba en buenas obras (era llena de buenas obras, VM)
	11:24	lleno del Espíritu Santo
	13:10	¡Oh, lleno de todo engaño y de toda
	19:28	se llenaron de ira, (lit., llegando a estar llenos de ira)
2 Jn	8	sino que recibáis galardón completo

4135   πληροφορέω† — pleroforéo

Lc	1:1	que entre nosotros han sido ciertísimas,
Ro	4:21	plenamente convencido de que era también
	14:5	Cada uno esté plenamente convencido
Col	4:12	completos en todo lo que Dios quiere (TR); (plenamente seguros en toda voluntad de Dios, VHA, WH, N, ABMW, VM, NC, BC, BA)
2 Ti	4:5	cumple tu ministerio.
	17	para que por mí fuese cumplida la predicación,

4136   πληροφορία*† — plerofuría

Col	2:2	todas las riquezas de pleno entendimiento, (toda la riqueza de la plena seguridad de la inteligencia, VM)
1 Ts	1:5	y en plena certidumbre, (y en mucha y plena seguridad, VM)
He	6:11	para plena certeza de la esperanza,
	10:22	con corazón sincero, en plena certidumbre de fe,

4137   πληρόω — pleróo

Mt	1:22	para que **se cumpliese** lo dicho por el Señor
	2:15	para que **se cumpliese** lo que
	17	Entonces **se cumplió** lo que fue dicho
	23	para que **se cumpliese** lo que fue dicho
	3:15	así conviene **que cumplamos** toda justicia.
	4:14	para que **se cumpliese** lo dicho
	5:17	no he venido...sino **para cumplir**
	8:17	para que **se cumpliese** lo dicho
	12:17	para que **se cumpliese** lo dicho
	13:35	para que **se cumpliese** lo dicho
	48	una vez llena, (cuando **estaba llena**, VM)
	21:4	para que **se cumpliese** lo dicho
	23:32	¡Vosotros también **llenad** la medida
	26:54	¿Pero cómo entonces **se cumplirían**
	56	para que **se cumplan** las Escrituras
	27:9	**se cumplió** lo dicho por el profeta
	35	para que **se cumpliese** lo dicho (TR, VM)
Mr	1:15	El tiempo **se ha cumplido**,
	14:49	para que **se cumplan** las Escrituras
	15:28	**se cumplió** la Escritura que dice: (TR, VM, NC, BC, [BA])
Lc	1:20	las cuales **se cumplirán** a su tiempo
	2:40	**se llenaba** de sabiduría; (**llenándose**..., VM)
	3:5	Todo valle **se rellenará**
	4:21	Hoy **se ha cumplido** esta Escritura
	7:1	Después que hubo **terminado** todas
	9:31	que iba Jesús a **cumplir** en Jerusalén
	21:22	para que **se cumplan** todas las cosas (TR)
	24	hasta que los tiempos de los gentiles **se cumplan**.
	22:16	hasta que **se cumpla** en el reino de Dios.
	24:44	que era necesario que **se cumpliese**
Jn	3:29	así pues, este mi gozo **está cumplido**
	7:8	porque mi tiempo aún no **se ha cumplido**
	12:3	la casa **se llenó** del olor
	38	para que **se cumpliese** la palabra
	13:18	para que **se cumpla** la Escritura
	15:11	vuestro gozo **sea cumplido**
	25	para que **se cumpla** la palabra
	16:6	**ha llenado** vuestro corazón.
	24	para que vuestro gozo sea **cumplido**
	17:12	para que la Escritura **se cumpliese**.
	13	para que tengan mi gozo **cumplido**
	18:9	para que **se cumpliese**
	32	para que **se cumpliese** la palabra
	19:24	para que **se cumpliese** la Escritura,
	36	para que **se cumpliese** la Escritura:
Hch	1:16	era necesario que **se cumpliese** la Escritura
	2:2	el cual **llenó** toda la casa
	28	Me **llenarás** de gozo con tu presencia.
	3:18	Dios **ha cumplido** así lo que
	5:3	¿por qué **llenó** Satanás tu corazón
	28	ahora **habéis llenado** a Jerusalén
	7:23	Cuando **hubo cumplido** la edad (cuando **se le cumplía** la edad, BC)
	30	**Pasados** cuarenta años, (**habiéndose cumplido**..., VM)
	9:23	**Pasados** muchos días, (**cuando se hubieron cumplido**..., VM)
	12:25	Bernabé y Saulo, **cumplido** su servicio,
	13:25	cuando Juan **terminaba** su carrera,
	27	las **cumplieron** al condenarle.
	52	**estaban llenos** de gozo y del Espíritu Santo.
	14:26	para la obra que habían **cumplido**.
	19:21	Pasadas estas cosas, (lit., cuando estas cosas fueron cumplidas).
	24:27	al cabo de dos años (**Transcurridos** dos años, NC)
Ro	1:29	estando **atestados** de toda injusticia
	8:4	para que la justicia de la ley **se cumpliese**
	13:8	**ha cumplido** la ley.
	15:13	os **llene** de todo gozo y paz
	14	**llenos** de todo conocimiento
	19	de manera que...todo lo **he llenado**
2 Co	7:4	**lleno estoy** de consolación
	10:6	cuando vuestra obediencia **sea perfecta**
Gá	5:14	toda la ley en esta sola palabra **se cumple**
Ef	1:23	**que** todo lo **llena** en todo (lit., que llena todas las cosas en todos)
	3:19	para que seáis **llenos** de toda la plenitud
	4:10	para **llenarlo** todo. (lit., para que llenara todas las cosas)
	5:18	antes bien sed **llenos** del Espíritu.
Fil	1:11	**llenos** de frutos de justicia
	2:2	**completad** mi gozo
	4:18	estoy **lleno**, habiendo recibido
	19	Mi Dios, pues, **suplirá** todo
Col	1:9	que seáis **llenos** del conocimiento
	25	para que anuncie **cumplidamente** la palabra
	2:10	y vosotros estáis **completos** en él,
	4:12	**completos** en todo lo que Dios quiere (TR) **plenamente seguros** en toda voluntad de Dios, VHA)
	17	Mira que **cumplas** el ministerio (Atiende al ministerio...para que lo **cumplas**, VHA)
2 Ts	1:11	para que...**cumpla** todo propósito
2 Ti	1:4	para **llenarme** de gozo
Stg	2:23	**se cumplió** la Escritura que dice
1 Jn	1:4	para que vuestro gozo sea **cumplido**. (E, VM, NC); (...nuestro gozo..., VHA, S, WH, N, ABMW, BC, BA)
2 Jn	12	para que nuestro gozo sea **cumplido**. (TR, N, ABMW, VHA, VM, NC, BC); (...vuestro gozo..., BA, WH)
Ap	3:2	no he hallado tus obras **perfectas**
	6:11	hasta que **se completara** el número de sus consiervos

4138 πλήρωμα – pléroma

Mt	9:16	tal remiendo tira del vestido (quita su **entereza** al vestido, BC)
Mr	2:21	el mismo remiendo nuevo tira de lo viejo (quita su **integridad** lo nuevo a lo viejo, BC)
	6:43	doce cestas llenas, (TR, VHA, VM, NC, BA); (**que llenaban** doce canastas, BC, WH, N, ABMW) (lit., las **llenuras** de doce canastas)
	8:20	¿cuántas canastas llenas (lit., las **llenuras** de cuántas canastas)
Jn	1:16	de su **plenitud** tomamos
Ro	11:12	¿cuánto más su plena restauración (...la **plenitud** de ellos?, VHA)
	25	hasta que haya entrado la **plenitud**
	13:10	así que **el cumplimiento** de la ley es el amor.
	15:29	llegaré con **abundancia** de la bendición (...en la **plenitud**..., VM)
1 Co	10:26	del Señor es la tierra y su **plenitud**
	28	del Señor es la tierra y su **plenitud**. (TR, [BA])
Gá	4:4	cuando vino el **cumplimiento** del tiempo,
Ef	1:10	en la dispensación del **cumplimiento**
	23	la **plenitud** de Aquel que todo lo llena
	3:19	para que seáis llenos de toda la **plenitud**
	4:13	la medida de la estatura de la **plenitud**
Col	1:19	que en él habitase toda **plenitud**
	2:9	toda la **plenitud** de la Deidad

πλησίον 4139

4139   πλησίον – plesíon

Mt	5:43	Amarás a tu **prójimo**,
	19:19	Amarás a tu **prójimo** como a ti mismo.
	22:39	Amarás a tu **prójimo** como a ti mismo.
Mr	12:31	Amarás a tu **prójimo** como a ti mismo.
	33	amar al **prójimo** como a uno mismo,
Lc	10:27	y a tu **prójimo** como a ti mismo
	29	¿Y quién es mi **prójimo**?
	36	te parece que fue el **prójimo**
Jn	4:5	**junto** a la heredad que Jacob
Hch	7:27	el que maltrataba a su **prójimo**
Ro	13:9	Amarás a tu **prójimo** como a ti mismo.
	10	El amor no hace mal al **prójimo**;
	15:2	Cada uno de nostros agrade a su **prójimo**
Gá	5:14	Amarás a tu **prójimo** como a ti mismo.
Ef	4:25	hablad verdad cada uno con su **prójimo**
He	8:11	ninguno enseñará a su **prójimo** (TR, NC)
Stg	2:8	Amarás a tu **prójimo** como a ti mismo,
	4:12	para que juzgues a otro? (¿quién eres que juzgas a tu **prójimo**?, VHA, WH, N, ABMW, VM, NC, BC, BA)

4140   πλησμονή – plesmoné

Col	2:23	no tienen valor alguno contra los apetitos (...en contra de la **satisfacción**, VM)

4141   πλήσσω – plésso

Ap	8:12	**fue herida** la tercera parte del sol,

4142   πλοιάριον* – ploiárion

Mr	3:9	que le tuviesen siempre lista la **barca**, (que **una barquilla** le asistiese, VM)
	4:36	había también con él otras **barcas** (TR)
Lc	5:2	vio dos **barcas** que estaban (N)
Jn	6:22	no había habido allí más que una sola **barca** (no había allí otra **lancha**, sino una, BC) Jesús había entrado en ella (...en la **barca**, VM) (TR)
	23	otras **barcas** habían arribado (TR, N)
	24	entraron en las **barcas** (WH, N, ABMW)
	21:8	los otros discípulos vinieron con la **barca**,

4143   πλοῖον – plóion

Mt	4:21	en la **barca** con Zebedeo su padre,
	22	dejando al instante la **barca**
	8:23	Y entrando él en la **barca**
	24	que las olas cubrían la **barca**; (que la **barca** se cubría con las ondas, VM)
	9:1	entrando...en la **barca**, pasó al otro lado
	13:2	entrando él en la **barca**,
	14:13	Jesús, se apartó de allí en una **barca**
	22	hizo a sus discípulos entrar en la **barca**
	24	ya la **barca** estaba en medio del mar, (TR, VM, NC, BC), (la **barca** distaba ya de tierra, VHA, WH, N, ABMW, BA)
	29	descendiendo Pedro de la **barca**,
	32	cuando ellos subieron en la **barca**
	33	los que estaban en la **barca**...le adoraron
	15:39	entró en la **barca**,
Mr	1:19	también ellos en la **barca**
	20	dejando a su padre Zebedeo en la **barca**
	4:1	tanto que entrando en una **barca**,
	36	le tomaron como estaba, en la **barca** había también con él otras **barcas**, (WH, N, ABMW)
	37	echaba las olas en la **barca**, de tal manera que ya se anegaba (TR, VHA,

		VM, NC, BA); (hasta el punto de inundarse ya la **barca**, BC, WH, N, ABMW)
Mr	5:2	Y cuando salió él de la **barca**,
	18	Al entrar él en la **barca**
	21	Pasando otra vez Jesús en una **barca**
Mr	6:32	se fueron solos en una **barca**
	45	hizo a sus discípulos entrar en la **barca**
	47	la **barca** estaba en medio del mar,
	51	subió a ellos en la **barca**,
	54	saliendo ellos de la **barca**
	8:10	entrando en la **barca** con sus discípulos
	13	volvió a entrar en la **barca** (lit., entrando otra vez en la **barca**) (TR, VM, BC)
	14	sino un pan consigo en la **barca**.
Lc	5:2	vio dos **barcas** que estaban (TR, WH, ABMW)
	3	entrando en una de aquellas **barcas** enseñaba desde la **barca** a la multitud
	7	los compañeros que estaban en la otra **barca** vinieron, y llenaron ambas **barcas**,
	11	cuando trajeron a tierra las **barcas**
	8:22	entró en **una barca**
	37	entrando en la **barca**, se volvió
Jn	6:17	entrando en una **barca**, iban
	19	que...se acercaba a la **barca**;
	21	con gusto le recibieron en la **barca**, (quisieron recibirle..., VHA) la cual llegó en seguida a la tierra (llegó luego la **barca** a la tierra, VM)
	22	Jesús no había entrado en ella (...en la **barca**, VM) (WH, N, ABMW)
	23	otras **barcas** habían arribado (WH, N, ABMW)
	24	entraron en las **barcas** (TR)
	21:3	Fueron, y entraron en una **barca**;
	6	Echad la red a la derecha de la **barca**
Hch	20:13	adelantándonos a embarcarnos, (yendo adelante, en la **nave**, VM)
	38	le acompañaron al **barco**
	21:2	hallando un **barco** que pasaba a Fenicia,
	3	el **barco** había de descargar allí.
	6	subimos al **barco**
	27:2	embarcándonos en una **nave** adramitena
	6	hallando allí...una **nave** alejandrina
	10	no sólo del cargamento y de la **nave**,
	15	siendo arrebatada la **nave**,
	17	usaron de refuerzos para ceñir la **nave**
	19	arrojamos los aparejos de la **nave**. (...el equipo..., VM)
	22	sino solamente de la **nave**
	30	los marineros procuraron huir de la **nave**
	31	Si éstos no permanecen en la **nave**
	37	éramos todas las personas en la **nave**
	38	aligeraron la **nave**
	39	en la cual acordaron varar...la **nave**
	44	parte en cosas de la **nave**. (otros en cualesquiera objetos..., VHA)
	28:11	nos hicimos a la vela en **una nave**
Stg	3:4	Mirad también las **naves**; aunque tan grandes
Ap	8:9	la tercera parte de las **naves** fue destruida (...fueron destruidos, VHA)
	18:17	todos los que viajan en **naves**, (lit., toda la compañía en las **naves**, TR)
	19	todos los que tenían **naves**

4144   πλόος** – plóos

Hch	21:7	completamos la **navegación**, (habiendo acabado el **viaje**, VM)
	27:9	siendo ya peligrosa la **navegación**

4145 πλούσιος – plóusios

Hch	27:10	veo que la **navegación** va a ser
Mt	19:23	difícilmente entrará **un rico**
	24	que entrar **un rico** en el reino
	27:57	un hombre **rico** de Arimatea,
Mr	10:25	que entrar **un rico** en el reino
	12:41	muchos **ricos** echaban mucho.
Lc	6:24	Mas ihay de vosotros, **ricos**!
	12:16	La heredad de un hombre **rico**
	14:12	ni a vecinos **ricos**;
	16:1	Había un hombre **rico**
	19	Había un hombre **rico**,
	21	que caían de la mesa del **rico**
	22	murió también el **rico**
	18:23	porque era muy **rico**
	25	que entrar **un rico** en el reino
	19:2	jefe de los publicanos, y **rico**
	21:1	vio a los **ricos** que echaban
2 Co	8:9	por amor a vosotros...siendo **rico**,
Ef	2:4	Dios, que es **rico** en misericordia,
1 Ti	6:17	A los **ricos** de este siglo manda
Stg	1:10	el que es **rico**, en su humillación;
	11	así también se marchitará el **rico**
	2:5	para que sean **ricos** en fe
	6	¿No os oprimen los **ricos**,
	5:1	¡Vamos ahora, **ricos**!
Ap	2:9	tú eres **rico**
	3:17	Porque tú dices: Yo soy **rico**,
	6:15	los grandes, los **ricos**
	13:16	**ricos** y pobres, libres y esclavos

4146 πλουσίως* – plousíos

Col	3:16	La palabra de Cristo more **en abundancia**
1 Ti	6:17	da todas las cosas **en abundancia**
Tit	3:6	el cual derramó en nosotros **abundantemente**
2 P	1:11	amplia y generosa entrada (**con rica abundancia**,la entrada, VM)

4147 πλουτέω – ploutéo

Lc	1:53	**a los ricos** envió vacíos
	12:21	el **que**...no **es rico** para con Dios.
Ro	10:12	**que**...es **rico** para con todos
1 Co	4:8	ya **estáis ricos**,
2 Co	8:9	para que vosotros...**fueseis enriquecidos**.
1 Ti	6:9	los que quieren **enriquecerse**
	18	que sean **ricos** en buenas obras,
Ap	3:17	Yo soy **rico**, y **me he enriquecido**,
	18	para que **seas rico**,
	18:3	**se han enriquecido** de la potencia
	15	**que se han enriquecido** a costa de ella,
	19	los que tenían naves...**se habían enriquecido**

4148 πλουτίζω – ploutízo (ploutídzo)

1 Co	1:5	**fuisteis enriquecidos** en él,
2 Co	6:10	mas **enriqueciendo** a muchos;
	9:11	**para que estéis enriquecidos** en todo (**siendo enriquecidos**..., VHA)

4149 πλοῦτος – ploútos
(1) La palabra es singular, expresada en plural.

Mt	13:22	(1) el engaño de las **riquezas**
Mr	4:19	(1) el engaño de las **riquezas**,
Lc	8:14	(1) por...las **riquezas** y los placeres
Ro	2:4	(1) las **riquezas** de su benignidad,
	9:23	(1) para hacer notorias las **riquezas**
	11:12	es **la riqueza** del mundo,
		la riqueza de los gentiles
	33	(1) ¡Oh profundidad de las **riquezas**
2 Co	8:2	(1) **abundaron** en **riquezas**
Ef	1:7	(1) según las **riquezas** de su gracia,
	18	(1) cuáles las **riquezas** de la gloria
	2:7	(1) las abundantes **riquezas** de su gracia
	3:8	(1) las inescrutables **riquezas**
	16	(1) conforme a las **riquezas** de su gloria,
Fil	4:19	(1) conforme a sus **riquezas** en gloria
Col	1:27	(1) las **riquezas** de la gloria de este misterio
	2:2	(1) todas las **riquezas** de pleno entendimiento (...de la plena convicción del entendimiento, VHA)
1 Ti	6:17	(1) ni pongan la esperanza en las **riquezas**
He	11:26	(1) teniendo por mayores **riquezas**
Stg	5:2	(1) Vuestras **riquezas** están podridas,
Ap	5:12	(1) **las riquezas**, la sabiduría, la fortaleza,
	18:17	(1) han sido consumidas tantas **riquezas**

4150 πλύνω – plúno

Lc	5:2	**lavaban** sus redes. (WH, N, ABMW)
Ap	7:14	**han lavado** sus ropas,
	22:14	los **que lavan** sus ropas, (WH, N, ABMW, VHA, VM, NC, BC, BA); (los que guardan sus mandamientos, VA, TR)

4151 πνεῦμα – pnéuma

Mt	1:18	halló que había concebido del **Espíritu** Santo.
	20	del **Espíritu** Santo es.
	3:11	él os bautizará en **Espíritu** Santo
	16	vio al **Espíritu** de Dios
	4:1	Jesús fue llevado por el **Espíritu**
	5:3	los pobres en **espíritu**,
	8:16	echó fuera a los **demonios** (echó fuera a los **espíritus**, VHA)
	10:1	autoridad sobre los **espíritus** inmundos,
	20	el **Espíritu** de vuestro Padre
	12:18	Pondré mi **Espíritu** sobre él,
	28	si yo por el **Espíritu** de Dios
	31	la blasfemia contra **el Espíritu**
	32	que hable contra **el Espíritu** Santo,
	43	Cuando el **espíritu** inmundo sale
	45	toma consigo otros siete **espíritus**
	22:43	¿Pues cómo David en **el Espíritu**
	26:41	el **espíritu** a la verdad está dispuesto,
	27:50	entregó el **espíritu**
	28:19	en el nombre del Padre...y del **Espíritu**
Mr	1:8	él os bautizará con **Espíritu** Santo.
	10	al **Espíritu** como paloma
	12	luego el **Espíritu** le impulsó
	23	un hombre con **espíritu** inmundo,
	26	el **espíritu** inmundo, sacudiéndole
	27	con autoridad manda aun a los **espíritus**
	2:8	conociendo luego Jesús en su **espíritu**
	3:11	los **espíritus** inmundos...se postraban
	29	cualquiera que blasfeme contra el **Espíritu**
	30	Tiene **espíritu** inmundo.
	5:2	un hombre con **un espíritu** inmundo,
	8	Sal de este hombre, **espíritu** inmundo.
	13	saliendo aquellos **espíritus** inmundos,
	6:7	autoridad sobre los **espíritus** inmundos.
	7:25	cuya hija tenía **un espíritu** inmundo,
	8:12	gimiendo en su **espíritu**, dijo:
	9:17	mi hijo, que tiene **un espíritu** mudo,
	20	cuando el **espíritu** vio a Jesús, sacudió

		con violencia (al verle, en el acto el espíritu arrojó, VM)	Jn	16:13	cuando venga el Espíritu de verdad,
				19:30	entregó el espíritu.
Mr	9:25	reprendió al espíritu inmundo,		20:22	Recibid el Espíritu Santo.
		Espíritu mudo y sordo, yo te mando	Hch	1:2	después de haber dado mandamientos
	12:36	dijo por el Espíritu Santo			por el Espíritu
	13:11	no sois vosotros...sino el Espíritu Santo.		5	seréis bautizados con el Espíritu
	14:38	el espíritu a la verdad está dispuesto,		8	cuando haya venido...el Espíritu Santo,
Lc	1:15	será lleno del Espíritu Santo,		16	en que el Espíritu Santo habló antes
	17	con el espíritu y el poder de Elías		2:4	fueron todos llenos del Espíritu
	35	El Espíritu Santo vendrá sobre ti,			según el Espíritu les daba que hablasen
	41	fue llena del Espíritu Santo,		17	Derramaré de mi Espíritu sobre toda carne,
	47	mi espíritu se regocija en Dios		18	Derramaré de mi Espíritu,
	67	fue lleno del Espíritu Santo,		33	la promesa del Espíritu Santo,
	80	se fortalecía en espíritu;		38	recibiréis el don del Espíritu Santo.
	2:25	el Espíritu Santo estaba sobre él.		4:8	Pedro, lleno del Espíritu Santo,
	26	le había sido revelado por el Espíritu Santo,		25	que por boca de David (TR, VM, NC)
	27	movido por el Espíritu, vino al templo (por el Espíritu él entró en el Templo, VM)			(que por el Espíritu Santo...por boca de... David, VHA, WH, N, ABMW, BC, BA)
	40	crecía y se fortalecía (V60, WH, N, ABMW, VHA, NC, BC, BA); (crecía y se iba fortaleciendo en espíritu, VM, TR)		31	todos fueron llenos del Espíritu Santo,
				5:3	para que mintieses al Espíritu Santo,
	3:16	él os bautizará en Espíritu Santo		9	convinisteis en tentar al Espíritu del Señor?
	22	descendió el Espíritu Santo sobre él		16	enfermos y atormentados de espíritus
	4:1	Jesús, lleno del Espíritu Santo,		32	y también el Espíritu Santo,
		fue llevado por el Espíritu		6:3	de buen testimonio, llenos del Espíritu
	14	volvió en el poder del Espíritu		5	varón lleno de fe y del Espíritu Santo,
	18	El Espíritu del Señor está sobre mí,		10	al Espíritu con que hablaba
	33	que tenía un espíritu de demonio		7:51	resistís siempre al Espíritu Santo;
	36	manda a los espíritus inmundos,		55	lleno del Espíritu Santo,
	6:18	que habían sido atormentados de espíritus		59	Señor Jesús, recibe mi espíritu.
	7:21	sanó a muchos...de espíritus malos		8:7	que tenían espíritus inmundos,
	8:2	habían sido sanadas de espíritus malos		15	para que recibiesen el Espíritu Santo;
	29	mandaba al espíritu inmundo		17	y recibían el Espíritu Santo.
	55	Entonces su espíritu volvió,		18	se daba el Espíritu
	9:39	un espíritu le toma,		19	para que cualquiera...reciba el Espíritu
	42	reprendió al espíritu inmundo,		29	el Espíritu dijo a Felipe:
	55	no sabéis de qué espíritu sois; (TR, VM, BC)		39	el Espíritu del Señor arrebató a Felipe:
	10:20	de que los espíritus se os sujetan,		9:17	y seas lleno del Espíritu Santo.
	21	se regocijó en el Espíritu		31	fortalecidas por el Espíritu (por la consolación del Espíritu, VHA)
	11:13	dará el Espíritu Santo		
	24	Cuando el espíritu inmundo sale		10:19	le dijo el Espíritu: He aquí,
	26	toma otros siete espíritus		38	cómo Dios ungió con el Espíritu Santo
	12:10	al que blasfemare contra el Espíritu		44	el Espíritu Santo cayó sobre todos los que
	12	el Espíritu Santo os enseñará		45	se derramase el don del Espíritu Santo.
	13:11	que...tenía espíritu de enfermedad,		47	que han recibido el Espíritu
	23:46	en tus manos encomiendo mi espíritu		11:12	el Espíritu me dijo que fuese
	24:37	pensaban que veían espíritu.		15	cayó el Espíritu Santo sobre ellos
	39	un espíritu no tiene carne		16	seréis bautizados con el Espíritu Santo
Jn	1:32	Vi al Espíritu que descendía		24	varón bueno, y lleno del Espíritu
	33	Sobre quien veas descender el Espíritu el que bautiza con el Espíritu		28	daba a entender por el Espíritu,
				13:2	dijo el Espíritu Santo:
	3:5	de agua y del Espíritu		4	enviados por el Espíritu Santo,
	6	lo que es nacido del Espíritu, espíritu es.		9	lleno del Espíritu Santo,
	8	El viento sopla de donde todo aquel que es nacido del Espíritu.		52	de gozo y del Espíritu Santo.
				15:8	dándoles el Espíritu Santo
	34	no da el Espíritu por medida		28	ha parecido bien al Espíritu Santo
	4:23	adorarán al Padre en espíritu		16:6	les fue prohibido por el Espíritu Santo (habiéndoseles impedido..., VHA)
	24	Dios es Espíritu; en espíritu y en verdad		7	el Espíritu no se lo permitió. (TR); (el Espíritu de Jesus..., VHA, WH, N, ABMW, VM, NC, BC, BA)
	6:63	El espíritu es el que da vida; son espíritu y son vida.		
	7:39	Esto dijo del Espíritu aún no había venido el Espíritu, (todavía no había espíritu, BC)		16	que tenía espíritu de adivinación,
				18	dijo al espíritu: Te mando en el nombre
				17:16	su espíritu se enardecía (enardeciose su espíritu dentro de él, VM)
	11:33	se estremeció en espíritu		
	13:21	se conmovió en espíritu		18:5	estaba entregado por entero a la predicación de la palabra, VHA, WH, N, ABMW, VM, NC, BC, BA); (lit., estaba constreñido por la Palabra, VHA, WH, N, ABMW, VM, NC, BC, BA); (lit., estaba constreñido en el espíritu, TR)
	14:17	el Espíritu de verdad,		
	26	el Consolador, el Espíritu Santo,		
	15:26	el Espíritu de verdad,		

πνεῦμα 4151   666   4151 πνεῦμα

Hch	18:25	siendo de espíritu fervoroso, (siendo fervoroso de espíritu, VHA)	1 Co 6:17	un espíritu es con él.
Hch	19:2	¿Recibisteis el Espíritu Santo si hay Espíritu Santo.	19	vuestro cuerpo es templo del Espíritu
			20	y en vuestro espíritu, (TR, [VM], [BA])
	6	vino sobre ellos el Espíritu	7:34	así en cuerpo como en espíritu;
	12	los espíritus malos salían.	40	pienso que...tengo el Espíritu,
	13	sobre los que tenían espíritus	12:3	nadie que hable por el Espíritu sino por el Espíritu Santo
	15	respondiendo el espíritu malo,	4	pero el Espíritu es el mismo.
	16	en quien estaba el espíritu malo	7	manifestación del Espíritu para provecho
	21	se propuso en espíritu ir a Jerusalén,	8	es dado por el Espíritu
	20:22	ligado yo en espíritu,		según el mismo Espíritu;
	23	el Espíritu Santo...me da testimonio	9	fe por el mismo Espíritu;
	28	por todo el rebaño en que el Espíritu		dones de sanidades por el mismo Espíritu
	21:4	decían a Pablo por el Espíritu,	10	discernimiento de espíritus;
	11	dice el Espíritu Santo: Así atarán	11	uno y el mismo Espíritu,
	23:8	resurrección, ni ángel, ni espíritu;	13	por un solo Espíritu fuimos...bautizados se nos dio a beber de un mismo Espíritu
	9	que si un espíritu le ha hablado,		
	28:25	Bien habló el Espíritu Santo	14:2	por el Espíritu habla misterios.
Ro	1:4	según el Espíritu de santidad,	12	pues que anheláis dones espirituales (ya que estáis ávidos de espíritus, BC)
	9	a quien sirvo en mi espíritu		
	2:29	en espíritu, no en letra;	14	mi espíritu ora, pero mi entendimiento
	5:5	por el Espíritu Santo que nos fue dado.	15	Oraré con el espíritu cantaré con el espíritu,
	7:6	bajo el régimen nuevo del Espíritu		
	8:1	sino conforme al Espíritu (TR, [BA])	16	si bendices sólo con el espíritu,
	2	Porque la ley del Espíritu de vida	32	los espíritus de los profetas están sujetos
	4	sino conforme al Espíritu.	15:45	el postrer Adán, espíritu vivificante.
	5	pero los que son del Espíritu, en las cosas del Espíritu.	16:18	confortaron mi espíritu y el vuestro;
			2 Co 1:22	las arras del Espíritu en nuestros corazones
	6	el ocuparse del Espíritu es vida y paz.	2:13	no tuve reposo en mi espíritu,
	9	sino según el Espíritu, si es que el Espíritu de Dios mora si alguno no tiene el Espíritu	3:3	con el Espíritu del Dios vivo;
			6	no de la letra, sino del espíritu; mas el espíritu vivifica,
	10	el espíritu vive a causa de la justicia.	8	con gloria el ministerio del espíritu?
	11	si el Espíritu de aquel que levantó por su Espíritu que mora en vosotros.	17	Porque el Señor es el Espíritu; donde está el Espíritu del Señor
	13	si por el Espíritu hacéis morir	18	como por el Espíritu del Señor
	14	los que son guiados por el Espíritu	4:13	teniendo el mismo espíritu de fe,
	15	el espíritu de esclavitud habéis recibido el espíritu de adopción	5:5	las arras del Espíritu.
			6:6	en el Espíritu Santo, en amor sincero
	16	El Espíritu mismo da testimonio a nuestro espíritu	7:1	de toda contaminación de carne y de espíritu,
	23	las primicias del Espíritu,	13	que haya sido confortado su espíritu
	26	el Espíritu nos ayuda en nuestra debilidad el Espíritu mismo intercede	11:4	otro espíritu que el que habéis recibido
			12:18	¿No hemos procedido con el mismo espíritu
	27	sabe cuál es la intención del Espíritu,	13:13	(14) la comunión del Espíritu Santo
	9:1	me da testimonio en el Espíritu Santo.	Gá 3:2	¿Recibisteis el Espíritu por las obras
	11:8	Dios les dio espíritu de estupor,	3	¿Habiendo comenzado por el Espíritu,
	12:11	fervientes en espíritu,	5	que os suministra el Espíritu,
	14:17	paz y gozo en el Espíritu Santo.	14	la promesa del Espíritu
	15:13	por el poder del Espíritu Santo.	4:6	el Espíritu de su Hijo,
	16	santificada por el Espíritu Santo.	29	al que había nacido según el Espíritu,
	19	en el poder del Espíritu	5:5	nosotros por el Espíritu aguardamos
	30	por el amor del Espíritu	16	Andad en el Espíritu,
1 Co	2:4	sino con demostración del Espíritu	17	el deseo de la carne es contra el Espíritu, (la carne codicia contra el Espíritu, VM) el del Espíritu es contra la carne; (el espíritu contra la carne, VM)
	10	nos las reveló a nosotros por el Espíritu el Espíritu todo lo escudriña,		
	11	del Espíritu del hombre sino el Espíritu de Dios.		
			18	si sois guiados por el Espíritu,
	12	no hemos recibido el espíritu del mundo el Espíritu que proviene de Dios,	22	el fruto del Espíritu es amor,
			25	Si vivimos por el Espíritu, andemos también por el Espíritu.
	13	las que enseña el Espíritu, (las enseñadas por el Espíritu, VHA)		
			6:1	restauradle con espíritu de mansedumbre,
	14	las cosas que son del Espíritu de Dios,	8	el que siembra para el Espíritu, del Espíritu segará vida eterna.
	3:16	el Espíritu de Dios mora en vosotros?		
	4:21	o con amor y espíritu de mansedumbre?	18	sea con vuestro espíritu,
	5:3	pero presente en espíritu,	Ef 1:13	fuisteis sellados con el Espíritu
	4	reunidos vosotros y mi espíritu.	17	os dé espíritu de sabiduría
	5	a fin de que el espíritu sea salvo	2:2	el espíritu que ahora opera
	6:11	por el Espíritu de nuestro Dios.	18	tenemos entrada por un mismo Espíritu

πνευματικός 4152

Ef	2:22	para morada de Dios en el Espíritu
	3:5	es revelado...por el Espíritu
	16	en el hombre interior por su Espíritu;
	4:3	la unidad del Espíritu en el vínculo
	4	un cuerpo, y un Espíritu,
	23	en el espíritu de vuestra mente,
	30	no contristéis al Espíritu Santo
	5:9	el fruto del Espíritu (TR)
	18	antes bien sed llenos del Espíritu,
	6:17	la espada del Espíritu,
	18	con toda oración...en el Espíritu,
Fil	1:19	la suministración del Espíritu
	27	estáis firmes en un mismo espíritu,
	2:1	si alguna comunión del Espíritu,
	3:3	los que en espíritu servimos a Dios
	4:23	sea con todos vosotros (TR); (sea con vuestro espíritu, VHA, WH, N, ABMW, VM, NC, BC, BA)
Col	1:8	vuestro amor en el Espíritu.
	2:5	en espíritu estoy con vosotros,
1 Ts	1:5	en el Espíritu Santo y en plena certidumbre,
	6	con gozo del Espíritu Santo,
	4:8	que también nos dio su Espíritu (TR); (que os da..., VM, WH, N, ABMW, VHA, NC, BC, BA)
	5:19	No apaguéis al Espíritu.
	23	todo vuestro ser, espíritu, alma
2 Ts	2:2	ni por espíritu, ni por palabra,
	8	matará con el espíritu de su boca,
	13	mediante la santificación por el Espíritu
1 Ti	3:16	Justificado en el Espíritu,
	4:1	el Espíritu dice claramente escuchando a espíritus engañadores
	12	en...amor, espíritu, fe (TR)
2 Ti	1:7	no nos ha dado Dios espíritu de cobardía,
	14	por el Espíritu Santo que mora
	4:22	esté con tu espíritu.
Tit	3:5	por la renovación en el Espíritu Santo.
Flm	25	La gracia...con vuestro espíritu.
He	1:7	El que hace a sus ángeles espíritus,
	14	¿No son todos espíritus ministradores
	2:4	con...repartimientos del Espíritu
	3:7	como dice el Espíritu Santo:
	4:12	hasta partir el alma y el espíritu, (hasta la división entre..., VM)
	6:4	partícipes del Espíritu Santo.
	9:8	dando el Espíritu Santo a entender
	14	el cual mediante el Espíritu eterno
	10:15	nos atestigua lo mismo el Espíritu Santo;
	29	que...hiciere afrenta al Espíritu de gracia?
	12:9	al Padre de los espíritus, y viviremos?
	23	a los espíritus de los justos
Stg	2:26	como el cuerpo sin espíritu está muerto
	4:5	El Espíritu que él ha hecho morar
1 P	1:2	en santificación del Espíritu,
	11	qué tiempo indicaba el Espíritu
	12	por el Espíritu Santo enviado
	22	mediante el Espíritu, para el amor fraternal (TR)
	3:4	de un espíritu afable y apacible,
	18	pero vivificado en espíritu;
	19	predicó a los espíritus
	4:6	pero vivan en espíritu según Dios.
	14	el...Espíritu de Dios reposa
2 P	1:21	hablaron...por el Espíritu Santo.
1 Jn	3:24	por el Espíritu que nos ha dado.
	4:1	Amados, no creáis a todo espíritu, probad los espíritus
	2	En esto conoced el Espíritu de Dios:

1 Jn	4:2	Todo espíritu que confiesa
	3	todo espíritu que no confiesa
	6	el espíritu de verdad y el espíritu de error
	13	nos ha dado de su Espíritu.
	5:6	el Espíritu es el que da testimonio; porque el Espíritu es la verdad
	7	el Padre, el Verbo y el Espíritu Santo; (TR, [VM], [BA])
	8	el Espíritu, el agua, y la sangre;
Jud	19	los sensuales, que no tienen al Espíritu.
	20	orando en el Espíritu Santo,
Ap	1:4	de los siete espíritus que están delante
	10	Yo estaba en el Espíritu en el día
	2:7	oiga lo que el Espíritu dice (Lo mismo en 2:11, 17, 29; 3:6, 13, 22)
	3:1	El que tiene los siete espíritus de Dios,
	6	oiga lo que el Espíritu dice
	13	oiga lo que el Espíritu dice
	22	oiga lo que el Espíritu dice
	4:2	al instante yo estaba en el Espíritu;
	5	los siete espíritus de Dios.
	5:6	son los siete espíritus de Dios
	11:11	entró en ellos el espíritu de vida
	13:15	se le permitió infundir aliento
	14:13	Sí, dice el Espíritu
	16:13	tres espíritus inmundos a manera de ranas;
	14	son espíritus de demonios,
	17:3	me llevó en el Espíritu al desierto;
	18:2	guarida de todo espíritu inmundo,
	19:10	el testimonio de Jesús es el espíritu
	21:10	me llevó en el Espíritu a un monte
	22:6	el Dios de los espíritus de los profetas, (V60, WH, N, ABMW, VHA, VM, NC, BC, BA); (lit., el Dios de los santos profetas, TR)
	17	el Espíritu y la esposa dicen:

4152   πνευματικός* – pneumatikós

Ro	1:11	para comunicaros algún don espiritual,
	7:14	la ley es espiritual;
	15:27	participantes de sus bienes espirituales,
1 Co	2:13	acomodando lo espiritual a lo espiritual. (lit., interpretando cosas espirituales a hombres espirituales)
	15	el espiritual juzga todas las cosas
	3:1	no pude hablaros como a espirituales,
	9:11	sembramos entre vosotros lo espiritual, (...cosas espirituales, VM)
	10:3	el mismo alimento espiritual
	4	bebieron la misma bebida espiritual bebían de la roca espiritual
	12:1	acerca de los dones espirituales.
	14:1	procurad los dones espirituales, (anhelad..., VHA)
	37	Si alguno se cree profeta, o espiritual,
	15:44	resucitará cuerpo espiritual. hay cuerpo espiritual. (TR, VM); (lo hay también espiritual, VHA, WH, N, ABMW, NC, BC, BA)
	46	Mas lo espiritual no es primero, luego lo espiritual.
Gá	6:1	vosotros que sois espirituales
Ef	1:3	que nos bendijo con toda bendición espiritual
	5:19	con himnos y cánticos espirituales,
	6:12	contra huestes espirituales de maldad, (lit., contra las cosas espirituales de maldad)
Col	1:9	en toda sabiduría e inteligencia espiritual,
	3:16	himnos y cánticos espirituales.

1 P	2:5	sed edificados como casa espiritual para ofrecer sacrificios espirituales

4153   πνευματικῶς *† — pneumatikós

1 Co	2:14	se han de discernir espiritualmente.
Ap	11:8	que en sentido espiritual se llama Sodoma

4154   πνέω — pnéo

Mt	7:25	y soplaron vientos,
	27	y soplaron vientos,
Lc	12:55	cuando sopla el viento del sur, (...que sopla..., BA)
Jn	3:8	El viento sopla de donde quiere,
	6:18	con un gran viento que soplaba.
Hch	27:40	izada al viento la vela de proa (lit.,...la vela de proa a lo que soplaba)
Ap	7:1	para que no soplase viento alguno

4155   πνίγω — pnígo

Mt	13:7	los espinos crecieron, y la ahogaron. (ABMW)
	18:28	asiendo de él, le ahogaba,
Mr	5:13	en el mar se ahogaron.

4156   πνικτός* — pniktós

Hch	15:20	de ahogado y de sangre.
	29	de ahogado y de fornicación
	21:25	de ahogado y de fornicación.

4157   πνοή — pnoé

Hch	2:2	un estruendo como de un viento recio
	17:25	quien da a todos vida y aliento

4158   ποδήρης — podéres

Ap	1:13	vestido de una ropa que llegaba hasta los pies

4159   πόθεν — póthen

Mt	13:27	¿De dónde, pues, tiene cizaña?
	54	¿De dónde tiene éste sabiduría (¿De dónde a éste..., BC)
	56	¿De dónde, pues, tiene éste (¿De dónde, pues, a éste, BC)
	15:33	¿De dónde tenemos nosotros tantos panes (lit., ¿De dónde a nosotros habrá...)
	21:25	El bautismo de Juan, ¿de dónde era?
Mr	6:2	¿De dónde tiene éste estas cosas? (¿De dónde a éste..., BC)
	8:4	¿De dónde podrá alguien saciar
	12:37	¿cómo, pues, es su hijo? (¿de dónde..., VHA)
Lc	1:43	¿Por qué se me concede, (¿Y de dónde esto a mí, VHA)
	13:25	No sé de dónde sois.
	27	no sé de dónde sois;
	20:7	respondieron que no sabían de dónde fuese.
Jn	1:48	¿De dónde me conoces?
	2:9	sin saber él de dónde era, (no sabía..., BC)
	3:8	ni sabes de dónde viene,
	4:11	¿De dónde, pues, tienes el agua viva?
	6:5	¿De dónde compraremos pan (...panes, BC)
	7:27	éste, sabemos de dónde es; nadie sabrá de dónde sea.
	28	sabéis de dónde soy
	8:14	sé de dónde he venido vosotros no sabéis de dónde vengo,
	9:29	no sabemos de dónde sea.
	9:30	que vosotros no sepáis de dónde sea,
	19:9	¿De dónde eres tú?
Stg	4:1	¿De dónde vienen las guerras y los pleitos (TR, NC); (¿De dónde vienen las guerras, y de dónde las contiendas, VHA, WH, N, ABMW, VM, BC, BA)
Ap	2:5	de dónde has caído
	7:13	de dónde han venido?

4160   ποιέω — poiéo

Mt	1:24	hizo como el ángel del Señor
	3:3	Enderezad sus sendas (haced rectas..., NC)
	8	Haced, pues, frutos dignos (TR, NC, BA); (...fruto digno, VHA, WH, N, ABMW, VM, BC)
	10	todo árbol que no da buen fruto
	4:19	os haré pescadores de hombres.
	5:19	cualquiera que los haga
	32	hace que ella adultere
	36	no puedes hacer blanco
	44	haced bien a los que os aborrecen (TR, VM)
	46	¿No hacen también lo mismo los publicanos
	47	¿qué hacéis de más? ¿No hacen también así
	6:1	Guardaos de hacer vuestra justicia (Mirad no obréis..., BC)
	2	Cuando, pues, des limosna como hacen los hipócritas
	3	cuando tú des limosna, lo que hace tu derecha
	7:12	los hombres hagan con vosotros así también haced vosotros con ellos;
	17	todo buen árbol da buenos frutos, pero el árbol malo da frutos malos.
	18	el buen árbol dar malos frutos, (TR, ABMW) ni el árbol malo dar frutos buenos. (TR, WH, ABMW)
	19	Todo árbol que no da buen fruto,
	21	el que hace la voluntad de mi Padre
	22	en tu nombre hicimos muchos milagros?
	24	Cualquiera,...las hace,
	26	cualquiera que me oye...y no las hace,
	8:9	Haz esto, y lo hace.
	9:28	¿Creéis que puedo hacer esto?
	12:2	hacen lo que no es lícito hacer
	3	lo que hizo David,
	12	es lícito hacer el bien
	16	que no le descubriesen (que no le pusiesen de manifiesto, VM)
	33	O haced el árbol bueno, o haced el árbol malo,
	50	todo aquel que hace la voluntad de mi Padre
	13:23	produce a ciento, a sesenta,
	26	cuando salió la hierba y dio fruto,
	28	Un enemigo ha hecho esto, (Un hombre enemigo..., BC)
	41	y a los que hacen iniquidad.
	58	Y no hizo allí muchos milagros,
	17:4	hagamos aquí tres enramadas: (TR); (haré..., VHA, WH, N, ABMW, VM, NC, BC, BA)
	12	hicieron con él todo lo que quisieron,
	18:35	mi Padre celestial hará con vosotros
	19:4	el que los hizo (TR) varón y hembra los hizo,
	16	¿qué bien haré para tener la vida eterna?
	20:5	hizo lo mismo.
	12	han trabajado una sola hora los has hecho iguales a nosotros
	15	¿No me es lícito hacer lo que quiero
	32	¿Qué queréis que os haga?

ποιέω 4160　　　　　　　　　669　　　　　　　　4160 ποιέω

Mt	21:6	hicieron como Jesús les mandó; (haciendo..., VM)	Mr	7:8	hacéis otras muchas cosas semejantes. (TR, VM)
	13	la habéis hecho cueva de ladrones. (TR, NC); (la estáis haciendo..., BA, WH, N, ABMW, VHA, VM, BC)		12	no le dejáis hacer más
				13	muchas cosas hacéis semejantes a estas.
				37	Bien lo ha hecho todo.
	15	viendo las maravillas que hacía,			hace a los sordos oir
	21	no sólo haréis esto de la higuera,		8:25	le hizo que mirase (TR)
	23	¿Con qué autoridad haces estas cosas?		9:5	hagamos tres enramadas,
	24	con qué autoridad hago estas cosas		13	le hicieron todo lo que quisieron,
	27	con qué autoridad hago estas cosas		39	ninguno hay que haga milagro
	31	¿Cuál de los dos hizo la voluntad		10:6	varón y hembra los hizo
	36	hicieron con ellos de la misma manera.		17	¿qué haré para heredar la vida eterna?
	40	¿qué hará a aquellos labradores?		35	querríamos que nos hagas lo que pidiéramos
	43	a gente que produzca los frutos de él.		36	¿Qué queréis que os haga?
	22:2	hizo fiesta de bodas a su hijo;		51	¿Qué quieres que te haga?
	23:3	guardadlo y hacedlo; mas no hagáis porque dicen, y no hacen		11:3	¿Por qué hacéis eso
				5	¿Qué hacéis desatando el pollino?
	5	hacen todas sus obras para ser vistos		17	la habéis hecho cueva de ladrones.
	15	para hacer un prosélito,		28	¿Con qué autoridad haces estas cosas,
		le hacéis dos veces más hijo del infierno			autoridad para hacer estas cosas?
	23	Esto era necesario hacer,		29	con qué autoridad hago estas cosas.
	24:46	cuando su señor venga, le halle haciendo así.		33	con qué autoridad hago estas cosas.
	25:16	ganó otros cinco (V60, WH, N, ABMW, VHA, VM, NC, BC, BA); (lit., hizo..., TR)		12:9	¿Qué, pues, hará el señor de la viña?
				13:22	harán señales y prodigios, (N)
				14:7	cuando queráis les podréis hacer bien;
	40	en cuanto lo hicisteis a uno de estos a mi lo hicisteis.		8	Esta ha hecho lo que podía (Lo que tuvo... hizo, BC)
	45	en cuanto no lo hicisteis tampoco a mí lo hicisteis.		14:9	se contará lo que ésta ha hecho
				15:1	habiendo tenido consejo (después de celebrar consejo, BC) (TR, WH, ABMW)
	26:12	lo ha hecho a fin de preparar			
	13	se contará lo que ésta ha hecho		7	habían cometido homicidio en una revuelta.
	18	en tu casa celebraré la pascua (lit., contigo hago la Pascua)		8	como...les había hecho
				12	¿Qué, pues, queréis que haga (TR, [ABMW], NC, BC); (¿Qué haré, entonces, VHA, WH, N, VM, BA)
	19	los discípulos hicieron como Jesús			
	73	tu manera de hablar te descubre (...te hace manifiesto, VA)		14	¿Pues qué mal ha hecho?
				15	queriendo satisfacer al pueblo (lit., queriendo hacer mucho...)
	27:22	¿Qué, pues, haré de Jesús,			
	23	Pues ¿qué mal ha hecho?	Lc	1:25	Así ha hecho conmigo el Señor
	28:14	os pondremos a salvo (haremos que estéis sin cuidado, VHA)		49	me ha hecho grandes cosas el Poderoso;
				51	Hizo proezas con su brazo (Hizo valentía.., VHA)
	15	hicieron como se les había instruido.			
Mr	1:3	Enderezad sus sendas (haced derechas..., VM)		68	ha visitado y redimido (visitó e hizo redención, VHA)
	17	haré que seáis pescadores de hombres.		72	Para hacer misericordia con nuestros
	2:23	sus discípulos, andando (lit.,...comenzaron a hacer un camino)		2:27	para hacer por él conforme al rito
				48	¿por qué nos has hecho así?
	24	¿por qué hacen en el día de reposo		3:4	Enderezad sus sendas (haced derechas..., VM)
	25	¿Nunca leísteis lo que hizo David			
	3:4	¿Es lícito en los días de reposo hacer bien, (N, ABMW)		8	Haced, pues, frutos dignos
				9	todo árbol que no da buen fruto
	6	tomaron consejo con los herodianos (TR)		10	Entonces, ¿qué haremos?
	8	oyendo cuán grandes cosas hacía,		11	haga lo mismo.
	12	para que no le descubriesen. (lit., no le hicieran manifiesto)		12	¿qué haremos?
				14	Y nosotros, ¿qué haremos?
	14	estableció a doce		19	todas las maldades que Herodes había hecho,
	16	Constituyó, pues, los doce (VHA, WH, N, [ABMW], NC, BC, BA); (no se encuentra en V60, TR, VM)			
				4:23	haz también aquí
				5:6	habiéndolo hecho, encerraron
	35	todo aquel que hace la voluntad de Dios,		29	Leví le hizo gran banquete
	4:32	echa grandes ramas		33	ayunan muchas veces y hacen oraciones,
	5:19	cuán grandes cosas el Señor ha hecho		34	¿Podéis acaso hacer que...ayunen
	20	cuán grandes cosas había hecho Jesús		6:2	¿Por qué hacéis lo que no es lícito
	32	para ver quién había hecho esto.			lo que no es lícito hacer (TR, VHA, VM)
	6:5	no pudo hacer allí ningún milagro,		3	lo que hizo David cuando tuvo hambre
	20	quedaba muy perplejo (V60, WH, N, VHA, NC, BC, BA); (hacía muchas cosas, VA, TR, [ABMW], VM)		10	él lo hizo así,
				11	y hablaban entre sí qué podrían hacer
	21	daba una cena a sus príncipes (lit., hizo..)		23	hacían sus padres con los profetas.
	30	le contaron todo lo que habían hecho,		26	hacían sus padres con los falsos profetas.

ποιέω 4160

Lc	6:27	**haced** bien a los que os aborrecen;
	31	como queréis que **hagan** los hombres así también **haced** vosotros con ellos.
	33	los pecadores **hacen** lo mismo.
	43	No es buen árbol el **que da** ni árbol malo el **que da**
	46	no **hacéis** lo que yo digo?
	47	que...oye mis palabras y las **hace**,
	49	el que oyó y no **hizo**,
	7:8	**Haz** esto, y lo **hace.**
	8:8	**llevó** fruto a ciento por uno.
	21	los **que** oyen la palabra de Dios, y la **hacen**
	39	cuán grandes cosas **ha hecho** Dios contigo.
		cuán grandes cosas **había hecho** Jesús
	9:10	le contaron todo lo que **habían hecho.**
	15	Así lo **hicieron**, haciéndolos sentar a todos
	33	**hagamos** tres enramadas,
	43	de todas las cosas que **hacía,**
	54	como **hizo** Elías, (TR, VM)
	10:25	¿**haciendo** qué cosa heredaré
	28	**haz** esto, y vivirás.
	37	El que usó de misericordia (El **que hizo** con él misericordia, NC) Vé, y **haz** tú lo mismo.
	11:40	¿el **que hizo** lo de fuera, no **hizo** también
	42	necesario **hacer,** sin dejar aquello.
	12:4	nada más pueden **hacer.**
	17	¿Qué **haré,** porque no tengo
	18	dijo: Esto **haré:**
	33	**haceos** bolsas que no se envejezcan,
	43	le halle **haciendo** así.
	47	que...ni **hizo** conforme a su voluntad
	48	el que...**hizo** cosas dignas
	13:9	si **diere** fruto, bien;
	22	encaminándose a Jerusalén. (**prosiguiendo** su camino, VHA)
	14:12	Cuando **hagas** comida o cena,
	13	cuando **hagas** banquete,
	16	Un hombre **hizo** una gran cena,
	15:19	**hazme** como a uno de tus jornaleros
	21	Lit., **hazme** como a uno de tus jornaleros ([WH]) (no aparece en V60)
	16:3	el mayordomo dijo para sí: ¿Qué **haré**?
	4	sé lo que **haré**
	8	por haber hecho sagazmente; (porque había **obrado** con cordura, NC)
	9	Ganad amigos por medio (**Haceos** amigos, VHA)
	17:9	**hizo** lo que se le había mandado?
	10	cuando **hayáis hecho** todo pues lo que debíamos **hacer, hicimos**
	18:7	¿Y acaso Dios no **hará** justicia
	8	Os digo que pronto les **hará** justicia
	18	¿qué **haré** para heredar (¿**haciendo** qué cosa, heredaré, VM)
	41	¿Qué quieres que te **haga**?
	19:18	tu mina **ha producido** cinco minas.
	46	la **habéis hecho** cueva de ladrones.
	48	no hallaban nada que pudieran **hacerle,**
	20:2	¿con qué autoridad **haces** estas cosas?
	8	con qué autoridad **hago** estas cosas.
	13	¿Qué **haré**? Enviaré a mi hijo
	15	¿Qué, pues, les **hará** el señor de la viña?
	22:19	**haced** esto en memoria de mi. (TR, [WH], [N], [ABMW], VHA, VM, NC, BC, BA)
	23:22	¿Pues qué mal **ha hecho** éste?
	31	si en el árbol verde **hacen** estas cosas,
	34	no saben lo que **hacen** (TR, [WH], [N], [ABMW], VHA, VM, NC, BC, BA)

Jn	2:5	**Haced** todo lo que os dijere.
	11	Este principio de señales **hizo** Jesús
	15	**haciendo** un azote de cuerdas,
	16	no **hagáis** de la casa de mi Padre
	18	ya que **haces** esto? (...estas cosas, VHA)
	23	viendo las señales que **hacía.**
	3:2	nadie puede **hacer** estas...que tú **haces**
	21	el **que practica** la verdad
	4:1	Jesús **hace** y bautiza más discípulos
	29	que me ha dicho todo cuanto **he hecho**
	34	Mi comida es que **haga** la voluntad
	39	Me dijo todo lo que **he hecho**
	45	todas las cosas que **había hecho**
	46	donde **había convertido** el agua
	54	**hizo** Jesús, cuando fue de Judea
	5:11	El que me sanó (lit., el que me **hizo** sano)
	15	que le había sanado. (lit., el que le **había hecho** sano)
	16	**hacía** estas cosas en el día de reposo.
	18	**haciéndose** igual a Dios
	19	No puede el Hijo **hacer** nada sino lo que ve **hacer** al Padre; lo que el Padre **hace** (cuanto éste **hace,** VM) también lo **hace** el Hijo
	20	le muestra todas las cosas que él **hace**
	27	le dio autoridad **de hacer** juicio,
	29	los **que hicieron** lo bueno, saldrán
	30	No puedo yo **hacer** nada por mí mismo;
	36	las mismas obras que **yo hago,**
	6:2	veían las señales que **hacía**
	6	él sabía lo que había de **hacer**
	10	**Haced** recostar la gente (lit.,...los hombres)
	14	la señal que Jesús **había hecho,** (TR, VHA); (...que **había hecho,** NC, WH, N, ABMW, VM, BC, BA)
	15	para apoderarse de él y **hacerle** rey, (y tomarle...para **hacerle** rey, VHA)
	28	¿Qué **debemos hacer**
	30	¿Qué señal, pues, **haces** tú,
	38	no para **hacer** mi voluntad,
	7:3	las obras que **haces.**
	4	**hace** algo en secreto. Si estas cosas **haces,** manifiéstate
	17	El que quiera **hacer** la voluntad
	19	ninguno de vosotros **cumple** la ley?
	21	Una obra **hice,** y todos os maravilláis
	23	sané completamente (**hice** completamente sano, VHA)
	31	¿hará más señales que las que éste **hace**? (...que éste **ha hecho,** VHA)
	51	sabe lo que **ha hecho**? (...**hace,** VM)
	8:28	nada **hago** por mí mismo,
	29	yo **hago** siempre lo que (...las cosas que, VM)
	34	todo aquel **que hace** pecado,
	38	vosotros **hacéis** lo que habéis oído
	39	las obras de Abraham **haríais.**
	40	no **hizo** esto Abraham.
	41	hacéis las obras de vuestro padre;
	44	los deseos de vuestro padre queréis **hacer.**
	53	¿Quién te **haces** a ti mismo?
	9:6	**hizo** lodo con la saliva
	11	**hizo** lodo
	14	Jesús **había hecho** el lodo.
	16	¿Cómo puede un hombre...**hacer** estas
	26	¿Qué te **hizo**?
	31	si alguno...**hace** su voluntad,
	33	nada podría **hacer.**

Jn	10:25	las obras que yo **hago**	Hch	7:24	(hasta **hacerlos** exponer, NC)

Jn 10:25 las obras que yo **hago**
    33 tú, siendo hombre, te **haces** Dios.
    37 Si no **hago** las obras de mi Padre,
    38 si las **hago**, aunque no me creáis
    41 Juan, a la verdad, ninguna señal **hizo**
 11:37 ¿No podía éste...**haber hecho** también
    45 que...vieron lo que **hizo**
    46 les dijeron lo que Jesús **había hecho**.
        (...las cosas..., VHA)
    47 ¿Qué **haremos**?
        este hombre **hace** muchas señales
 12:2 le **hicieron** allí una cena;
    16 de que se las **habían hecho**. (que ellos
        habían hecho estas cosas con él, VM)
    18 que él **había hecho** esta señal.
    37 a pesar de que **había hecho** tantas señales
 13:7 Lo que yo **hago**, tú no lo comprendes
    12 ¿Sabéis lo que os **he hecho**?
    15 para que como yo os **he hecho**, vosotros
        también **hagáis**
    17 bienaventurados seréis si las **hiciereis**.
    27 Lo que vas a **hacer**, **hazlo** más pronto.
 14:10 él **hace** las obras.
    12 las obras que yo **hago**, él las **hará** también
        aun mayores **hará** (mayores que éstas...,
        VHA)
    13 lo **haré**, (eso **haré**, BC)
    14 yo lo **haré**
    23 **haremos** morada con él.
    31 así **hago**
 15:5 separados de mí nada podéis **hacer**.
    14 si **hacéis** lo que yo os mando.
    15 no sabe lo que **hace** su señor;
    21 todo esto os **harán** por causa de mi
    24 Si yo no **hubiese hecho** entre ellos
        obras que ningún otro **ha hecho**
 16:2 Os expulsarán de las sinagogas (lit., os
        harán unos excomulgados)
    3 **harán** esto (**harán** estas cosas, VHA)
 17:4 la obra que me diste que **hiciese**
 18:18 que habían encendido un fuego (**habiendo**
        hecho un fuego de carbón, VM)
    30 Si éste no fuera malhechor (TR, VHA,
        VM, NC, BC, BA); (lit., Si éste no
        hubiera estado **haciendo** el mal, WH, N,
        ABMW)
    35 ¿Qué **has hecho**?
 19:7 se **hizo** a sí mismo Hijo de Dios.
    12 todo el **que se hace** rey, a César se opone
    23 **hicieron** cuatro partes,
    24 así lo **hicieron** los soldados. (Estas cosas,
        pues,..., VM)
 20:30 **Hizo** además Jesús muchas otras señales
 21:25 otras muchas cosas que **hizo** Jesús,
Hch 1:1 En el primer tratado...hablé (Mi primer
        tratado lo **hice**..., BC)
        que Jesús comenzó a **hacer**
 2:22 prodigios y señales que Dios **hizo**
    36 Dios le **ha hecho** Señor y Cristo.
    37 Varones hermanos, ¿qué **haremos**?
 3:12 comō si...**hubiésemos hecho** andar
 4:7 ¿habéis **hecho** vosotros esto?
    16 ¿Qué **haremos** con estos hombres?
    24 que **hiciste** el cielo y la tierra
    28 para **hacer** cuanto tu mano y tu consejo
 5:34 mandó que sacasen fuera (mandó que
        hiciesen salir, VM)
 6:8 **hacía** grandes prodigios y señales
 7:19 a fin de que expusiesen a la muerte

Hch 7:24 (hasta **hacerlos** exponer, NC)
        vengó al oprimido (lit., **hizo** venganza...)
    36 **habiendo hecho** prodigios y señales
    40 **Haznos** dioses que vayan
    43 que os **hicisteis** para adorarlas
    44 cuando dijo a Moisés **que** lo **hiciese**
    50 ¿No **hizo** mi mano todas estas cosas?
 8:2 **hicieron** gran llanto sobre él.
    6 viendo las señales que **hacía**.
 9:6 ¿qué quieres que yo **haga**? (TR, [VM])
        se te dirá lo que debes **hacer**.
    13 cuántos males **ha hecho** a tus santos
    36 limosnas que **hacía**.
    39 los vestidos que Dorcas **hacía**
 10:2 que **hacía** muchas limosnas al pueblo,
    6 lo que es necesario que **hagas**. (TR, VM)
    33 tú **has hecho** bien en venir.
    39 las cosas que...**hizo** en la tierra
 11:30 lo cual en efecto **hicieron**, enviándolo
 12:8 Y lo **hizo** así.
 13:22 **hará** todo lo que yo quiero. (**cumplirá**
        todas mis voluntades, BC)
 14:11 visto lo que Pablo **había hecho**,
    15 ¿por qué **hacéis** esto? (...estas cosas?,
        BA)
        que **hizo** el cielo y la tierra,
    27 cuán grandes cosas **había hecho** Dios
 15:3 **causaban** gran gozo a todos los hermanos
    4 Dios **había hecho** con ellos.
    12 **había hecho** Dios por medio de ellos
    17 (18) **que hace** conocer todo esto (V60,
        WH, N, ABMW, VHA, VM, BA) (**que**
        hace todas estas cosas. Conocidas, VA,
        TR)
    33 **pasando** algún tiempo (lit., **habiendo**
        hecho...)
 16:18 esto lo **hacía** por muchos días;
    21 no nos es lícito recibir ni **hacer**,
    30 ¿qué debo **hacer** para ser salvo?
 17:24 El Dios **que hizo** el mundo
    :26 **ha hecho** todo el linaje de los hombres
 18:21 que...yo **guarde** en Jerusalén la fiesta
        (TR, VM, [BA])
    23 **después de estar** allí algún tiempo (lit.,
        habiendo hecho...)
 19:11 **hacía** Dios milagros extraordinarios
    14 siete hijos de un tal...**que hacían** esto.
    24 que **hacía** de plata templecillos
 20:3 **Después de haber estado** allí (lit., **habiendo**
        hecho allí)
    24 de ninguna cosa **hago** caso, ni estimo
        preciosa mi vida (TR, VM, BC); (lit.,
        en ninguna manera **hago** mi vida
        cosa preciosa para mí mismo, WH,
        N, ABMW, VHA, NC, BA)
 21:13 ¿Qué **hacéis** llorando
    19 las cosas que Dios **había hecho**
    23 **Haz**, pues, esto que te decimos
    33 y preguntó quién era y qué **había hecho**.
 22:10 dije: ¿Qué **haré**, Señor?
        está ordenado que **hagas**
    26 diciendo: ¿Qué vas a **hacer**?
 23:12 tramaron un complot (lit., **habiendo**
        tramado...)
    13 los que **habían hecho** esta conjuración
 24:12 ni amotinando a la multitud; (ni **haciendo**
        tumulto...,
    17 viene **a hacer** limosnas a mi nación
 25:3 **preparando** ellos una celada (lit., **haciendo**...)

Hch	25:17	sin ninguna dilación (lit., no **haciendo** ninguna dilación)	Ef	1:16	**haciendo** memoria de vosotros en mis
	26:10	lo cual también **hice** en Jerusalén.		2:3	**haciendo** la voluntad de la carne, (...las voluntades..., BC)
	28	Por poco me persuades a ser cristiano. (TR); (...a que me **haga** cristiano, BC, WH, N, ABMW, VHA, VM, NC, BA)		14	que de ambos pueblos **hizo** uno,
				15	**haciendo** la paz.
	27:18	empezaron a alijar (lit., **hacían** un alijo)		3:11	que **hizo** en Cristo Jesús nuestro Señor,
	28:17	no **habiendo hecho** nada contra el pueblo,		20	para **hacer** todas las cosas mucho más
Ro	1:9	de que sin cesar **hago** mención de vosotros		4:16	recibe su crecimiento (**produce** el crecimiento del cuerpo, VHA)
	28	para **hacer** cosas que no convienen		6:6	**haciendo** la voluntad de Dios;
	32	no sólo las **hacen,**		8	el bien que cada uno **hiciere**
	2:3	tú que juzgas a los **que** tal **hacen,** y **haces**		9	**haced** con ellos lo mismo,
	14	**hacen** por naturaleza lo que es de la ley,	Fil	1:4	rogando con gozo (**haciendo** la súplica con gozo, VHA)
	3:8	**Hagamos** males para que vengan bienes.		2:14	**Haced** todo sin murmuraciones (...todas las cosas..., VHA)
	12	No hay quien **haga** lo bueno,			
	4:21	para **hacer** todo lo que había prometido; (para **cumplir** lo que..., NC)		4:14	bien **hicisteis** en participar conmigo
	7:15	lo que aborrezco, eso **hago**	Col	3:17	todo lo que **hacéis**, sea de palabra
	16	si lo que no quiero, esto **hago,**		23	lo que **hagáis**, hacedlo de corazón,
	19	no **hago** el bien que quiero,		4:16	**haced** que también se lea en la iglesia
	20	si **hago** lo que no quiero,	1 Ts	1:2	**haciendo** memoria de vosotros
	21	queriendo yo **hacer** el bien,		4:10	lo **hacéis** así (eso hacéis, BC)
	9:20	¿Por qué me **has hecho** así?		5:11	así como lo **hacéis.**
	21	para **hacer** de la misma masa		24	el cual también lo **hará**
	28	el Señor **ejecutará** su sentencia	2 Ts	3:4	en que **hacéis** y **haréis**
	10:5	El hombre que **haga** estas cosas,	1 Ti	1:13	lo **hice**...en incredulidad
	12:20	pues **haciendo** esto, ascuas de fuego		2:1	a que se **hagan** rogativas, oraciones
	13:3	**Haz** lo bueno, y tendrás alabanza		4:16	**haciendo** esto, te salvarás a ti mismo
	4	si **haces** lo malo, teme;		5:21	no **haciendo** nada con parcialidad.
	14	no proveáis para los deseos (lit., no **hagáis** provisión...)	2 Ti	4:5	haz obra de evangelista,
			Tit	3:5	que nosotros **hubiéramos hecho,**
	15:26	tuvieron a bien **hacer** una ofrenda	Flm	4	**haciendo** siempre memoria de ti
	16:17	en los **que causan** divisiones		14	nada quise **hacer** sin tu consentimiento,
1 Co	5:2	el **que cometió** tal acción? (TR, ABMW)		21	que **harás** aun más de lo que te digo
	6:15	los **haré** miembros de una ramera?	He	1:2	por quien asimismo **hizo** el universo;
	18	que el hombre **cometa**		3	**habiendo efectuado** la purificación
	7:36	**haga** lo que quiera,		7	El que **hace** a sus ángeles espíritus,
	37	bien **hace.** (TR); (**hará** bien, VHA, WH, N, ABMW, VM, NC, BC, BA)		3:2	fiel al que le **constituyó**
				6:3	esto **haremos**, si Dios...lo permite.
	38	**hace** bien, **hace** mejor. (TR, VM, NC, BA); (**hará...**, VHA, WH, N, ABMW, BC, BA)		7:27	esto lo **hizo** una vez para siempre,
				8:5	Mira, **haz** todas las cosas (Mira..., **harás...,** BC) (WH, N, ABMW, VHA, NC); (Mira... que **hagas...,** BA, TR, VM)
	9:23	**hago** por causa del evangelio,			
	10:13	**dará** también juntamente con la tentación (**hará...,** BC)		9	No como el pacto que **hice**
	31	o **hacéis** otra cosa, **hacedlo** todo para la gloria de Dios. (lit., **haced** todas las cosas)		10:7	para **hacer** tu voluntad,
				9	para **hacer** tu voluntad;
				36	**habiendo hecho** la voluntad de Dios,
	11:24	**haced** esto en memoria de mí.		11:28	Por la fe **celebró** la pascua
	25	**haced** esto todas las veces		12:13	**haced** sendas derechas para vuestros pies,
	15:29	¿qué **harán** los que se bautizan		27	de las cosas movibles, como cosas **hechas**
	16:1	**haced** vosotros también de la manera		13:6	lo que me **pueda hacer** el hombre. (¿qué me **hará** el hombre?, VHA)
2 Co	5:21	por nosotros lo **hizo** pecado,			
	8:10	comenzasteis antes, no sólo a **hacerlo**		17	para que lo **hagan** con alegría, (a fin de que **hagan** eso..., VHA)
	11	llevad tambien a cabo el **hacerlo**			
	11:7	¿Pequé yo (¿...**cometí** un pecado, VHA)		19	que lo **hagáis** así, (que **hagáis** eso, BC)
	12	lo que **hago,** lo **haré** aún,		21	para **que hagáis** su voluntad **haciendo** él en vosotros (TR, VHA, VM, NC; ...en nosotros, BC, WH, N, ABMW, BA)
	25	una noche y un día he estado como náufrago (lit., un día y una noche **he hecho** en el mar)			
			Stg	2:8	Amarás a tu prójimo...bien **hacéis**;
	13:7	oramos a Dios que ninguna cosa mala **hagáis:**		12	Así hablad, y así **haced,**
		para que vosotros **hagáis** lo bueno,		13	con aquel **que** no **hiciere** misericordia
Gá	2:10	también procuré con diligencia **hacer.**		19	Tú crees que Dios es uno; bien **haces**
	3:10	en todas las cosas escritas...para **hacerlas**		3:12	¿puede acaso la higuera **producir** ninguna fuente puede **dar** agua salada (TR, VM); (Tampoco puede el agua salada **producir,** BA, WH, N, ABMW, VHA, NC, BC)
	12	El **que hiciere** estas cosas vivirá por ellas.			
	5:3	está obligado a **guardar** toda la ley.			
	17	para que no **hagáis** lo que quisiereis.			
	6:9	No nos cansemos, pues, de **hacer** bien;		18	para aquellos **que hacen** la paz

ποίημα 4161 673 4166 ποιμήν

Stg	4:13	estaremos allá un año (lit., **haremos** allí...)
	15	viviremos y **haremos** esto
	17	al que sabe **hacer** lo bueno al que...no lo **hace**
	5:15	si hubiere **cometido** pecados,
1 P	2:22	el cual no **hizo** pecado,
	3:11	Apártese del mal, y **haga** el bien;
	12	contra aquellos **que hacen** el mal.
2 P	1:10	procurad **hacer** firme vuestra vocación porque **haciendo** estas cosas,
	15	tener memoria de estas cosas (lit., **hacer** memoria...)
	19	a la cual **hacéis** bien en estar atentos
1 Jn	1:6	no **practicamos** la verdad;
	10	le **hacemos** a él mentiroso,
	2:17	el **que hace** la voluntad de Dios
	29	todo el **que hace** justicia
	3:4	Todo aquel **que comete** pecado infringe también la ley (**hace**...lo que es contra la ley, BC)
	7	el **que hace** justicia es justo,
	8	El **que practica** el pecado
	9	no **practica** el pecado,
	10	todo aquel **que** no **hace** justicia,
	22	**hacemos** las cosas que son agradables
	5:2	**guardamos** sus mandamientos. (WH, N, ABMW)
	10	a Dios, le **ha hecho** mentiroso,
3 Jn	5	fielmente te conduces (**tú obras** fielmente, VM)
	6	**harás** bien en encaminarlos
	10	recordaré las obras que **hace**
Jud	3	por la gran solicitud que tenía (**poniendo** yo todo empeño, VM)
	15	para **hacer** juicio contra todos,
Ap	1:6	nos **hizo**...sacerdotes para Dios,
	2:5	y **haz** las primeras obras;
	3:9	**haré** que vengan y se postren
	12	Al que venciere, yo lo **haré** columna
	5:10	nos **has hecho** para nuestro Dios (TR); (los **hiciste**..., BC, WH, N, ABMW, VHA, VM, NC, BA)
	11:7	**hará** guerra contra ellos,
	12:15	para que fuese arrastrada por el río (para **hacer** que fuera arrastrada por la corriente, BA)
	17	se fue a **hacer** guerra contra el resto
	13:5	para **actuar** cuarenta y dos meses.
	7	**hacer** guerra contra los santos
	12	ejerce toda la autoridad **hace** que la tierra y los moradores
	13	**hace** grandes señales, **hace** descender fuego del cielo
	14	con las señales que se le ha permitido **hacer**...**que** le **hagan** imagen a la bestia
	15	**hiciese** matar a todo el que no la adorase. (**hiciese** que cuantos no adoraran... fuesen muertos, VM)
	16	**hacía** que a todos, pequeños y grandes
	14:7	adorad a aquel **que hizo** el cielo
	16:14	espíritus de demonios, **que hacen** señales,
	17:16	la dejarán desolada (lit., la **harán** desolada)
	17	**el ejecutar** lo que él quiso: (**ejecutar** su designio, NC) ponerse de acuerdo (**que ejecutasen** un mismo designio, BC)
	19:19	para guerrear contra (para **hacer** guerra contra, VHA)
	20	el falso profeta **que había hecho**...las señales

Ap	21:5	yo **hago** nuevas todas las cosas.
	27	que **hace** abominación y mentira,
	22:2	**que produce** doce frutos,
	11	el que es justo, **practique** la justicia todavía, (WH, N, ABMW)
	14	los que lavan sus ropas (WH, N, ABMW, VHA, VM, NC, BC, BA); (...los que guardan sus mandamientos, VA, TR)
	15	todo aquel **que** ama y **hace** mentira.

4161		ποίημα – póiema
Ro	1:20	por medio de las **cosas hechas**
Ef	2:10	somos **hechura** suya,

4162		ποίησις – póiesis
Stg	1:25	será bienaventurado en lo que hace. (...en su **obra**, BC)

4163		ποιητής** – poietés
Hch	17:28	como algunos de vuestros propios **poetas**
Ro	2:13	los **hacedores** de la ley
Stg	1:22	sed **hacedores** de la palabra,
	23	oidor de la palabra pero no **hacedor**
	25	sino **hacedor** de la obra,
	4:11	no eres **hacedor** de la ley, sino juez.

4164		ποικίλος – poikílos
Mt	4:24	por **diversas** enfermedades y tormentos
Mr	1:34	enfermos de **diversas** enfermedades,
Lc	4:40	enfermos de **diversas** enfermedades
2 Ti	3:6	arrastradas por **diversas** concupiscencias.
Tit	3:3	de concupiscencias y deleites **diversos**
He	2:4	con señales y prodigios y **diversos** milagros
	13:9	No os dejéis llevar de doctrinas **diversas**
Stg	1:2	cuando os halléis en **diversas** pruebas, (cuando caigáis..., VHA)
1 P	1:6	aunque...tengáis que ser afligidos en **diversas**
	4:10	administradores de la **multiforme** gracia

4165		ποιμαίνω – poimáino
Mt	2:6	Que **apacentará** a mi pueblo Israel.
Lc	17:7	**que** ara o **apacienta ganado**
Jn	21:16	**Pastorea** mis ovejas.
Hch	20:28	para **apacentar** la iglesia del Señor
1 Co	9:7	¿O quién **apacienta** el rebaño
1 P	5:2	**Apacentad** la grey de Dios
Jud	12	**que**...**se apacientan** a sí mismos;
Ap	2:27	las **regirá** con vara de hierro (las **pastoreará**.., VHA)
	7:17	el Cordero...los **pastoreará**,
	12:5	que **regirá** con vara de hierro (que ha de **apacentar**..., NC)
	19:15	las **regirá** con vara de hierro; (lit., las **pastoreará** con cetro de hierro)

4166		ποιμήν – poimén
Mt	9:36	como ovejas que no tienen **pastor**.
	25:32	como aparta el **pastor** las ovejas
	26:31	Heriré al **pastor**, y las ovejas
Mr	6:34	como ovejas que no tenían **pastor**
	14:27	Heriré al **pastor**,
Lc	2:8	Había **pastores** en la misma región,
	15	los **pastores** se dijeron unos a otros
	18	de lo que los **pastores** les decían. (lit., de las cosas dichas por los **pastores**)
	20	volvieron los **pastores**
Jn	10:2	**el pastor** de las ovejas es.

Jn	10:11	Yo soy el buen **pastor**	Stg	4:2	combatís y **lucháis**,
		el buen **pastor** su vida da	Ap	2:16	**pelearé** contra ellos con la espada
	12	y que no es **el pastor**,		12:7	sus ángeles **luchaban** contra el dragón
	14	Yo soy el buen **pastor**;			**luchaban** el dragón y sus ángeles; (el dragón
	16	habrá un rebaño, y un **pastor**.			**peleó** y...sus ángeles, BC)
Ef	4:11	a otros, **pastores** y maestros,		13:4	quién podrá **luchar** contra ella?
He	13:20	el gran **pastor** de las ovejas,		17:14	**Pelearán** contra el Cordero,
1 P	2:25	ahora habéis vuelto al **pastor**		19:11	con justicia juzga y **pelea**.

4167 ποίμνη – póimne

4171 πόλεμος – pólemos

Mt	26:31	las ovejas del **rebaño** serán dispersadas.
Lc	2:8	las vigilias..., sobre su **rebaño**.
Jn	10:16	y habrá un **rebaño**, y un pastor.
1 Co	9:7	¿O quién apacienta el **rebaño**
		no toma de la leche del **rebaño**?

Mt	24:6	de **guerras** y rumores de guerras
Mr	13:7	cuando oigáis de **guerras** y de rumores
		de **guerras**
Lc	14:31	al marchar a la **guerra** (si marcha para entrar
		en **guerra**, BC)
	21:9	cuando oigáis de **guerras**

4168 ποίμνιον – póimnion

1 Co	14:8	¿quién se preparará para **la batalla**?
He	11:34	se hicieron fuertes en **batallas** (...en la
		guerra, VHA)
Stg	4:1	¿De dónde vienen las **guerras**
Ap	9:7	caballos preparados para la **guerra**;
	9	corriendo a **la batalla**
	11:7	hará **guerra** contra ellos,
	12:7	hubo una gran **batalla** (hubo **guerra**, VHA)
	17	se fue a hacer **guerra**
	13:7	se le permitió hacer **guerra**
	16:14	para reunirlos a la **batalla**
	19:19	reunidos para guerrear (congregados para
		hacer **guerra**, VHA)
	20:8	a fin de reunirlos para la **batalla**

Lc	12:32	No temáis, **manada** pequeña,
Hch	20:28	por todo el **rebaño**
	29	que no perdonarán al **rebaño**
1 P	5:2	Apacentad la **grey** de Dios
	3	siendo ejemplos de la **grey**.

4169 ποῖος – póios

Mt	19:18	Le dijo: ¿**Cuáles**?
	21:23	¿Con **qué** autoridad
	24	también yo os diré con **qué** autoridad
	27	Tampoco yo os digo con **qué** autoridad
	22:36	¿**cuál** es el gran mandamiento
	24:42	no sabéis a **qué** hora ha de venir
	43	a **qué** hora el ladrón habría de venir
		(a **qué** vigilia..., VHA)
Mr	4:30	con **qué** parábola lo compararemos? (TR)
	11:28	¿Con **qué** autoridad haces estas cosas,
	29	diré con **qué** autoridad
	33	Tampoco yo os digo con **qué** autoridad
	12:28	¿**Cuál** es el primer mandamiento de todos?
Lc	5:19	no hallando **cómo** hacerlo
	6:32	¿qué mérito tenéis? (lit., ¿Qué gracia
		habrá para vosotros?)
	33	¿qué mérito tenéis? (lit., ¿Qué gracia
		hay para vosotros?)
	34	¿qué mérito tenéis? (lit., ¿Qué gracia
		hay para vosotros?)
	9:55	no sabéis de **qué** espíritu sois; (TR, VM, BC)
	12:39	a **qué** hora el ladrón habría de venir
	20:2	¿con **qué** autoridad haces estas cosas?
	8	Yo tampoco yo os diré con **qué** autoridad
	24:19	¿**Qué cosas**?
Jn	10:32	¿por **cuál** de ellas me apedreáis? (lit., por
		cuál obra de ellas..)
	12:33	dando a entender de **qué** muerte
	18:32	dando a entender de **qué** muerte
	21:19	dando a entender con **qué** muerte
Hch	4:7	¿Con **qué** potestad, o en **qué** nombre,
	7:49	¿**Qué** casa me edificaréis?
	23:34	de **qué** provincia era;
Ro	3:27	¿Por **cuál** ley? ¿Por la de las obras?
1 Co	15:35	¿**Con qué** cuerpo vendrán?
Stg	4:14	Porque ¿**qué** es vuestra vida? (TR, VM,
		BC); (**cuál** será vuestra vida, NC, WH, N,
		ABMW, VHA, BA)
1 P	1:11	qué persona y **qué** tiempo indicaba
	2:20	¿**qué** gloria es, si pecando
Ap	3:3	**qué** hora vendré sobre ti.

4172 πόλις – pólis

Mt	2:23	habitó en la **ciudad**...Nazaret
	4:5	le llevó a la santa **ciudad**
	5:14	una **ciudad** asentada sobre un monte
	35	la **ciudad** del gran Rey.
	8:33	viniendo a la **ciudad**, contaron
	34	toda la **ciudad** salió al encuentro
	9:1	vino a su **ciudad**
	35	Recorría Jesús todas las **ciudades**
	10:5	en **ciudad** de samaritanos no entréis,
	11	en cualquier **ciudad** o aldea
	14	de aquella casa o **ciudad**
	15	que para aquella **ciudad**
	23	Cuando os persigan en esta **ciudad**,
		no acabaréis de recorrer todas las **ciudades**
		(no acabaréis con las **ciudades** de Israel,
		BC)
	11:1	a predicar en las **ciudades** de ellos.
	20	comenzó a reconvenir a las **ciudades**
	12:25	toda **ciudad** o casa dividida contra sí misma,
	14:13	le siguió a pie desde las **ciudades**.
		(siguiéronle..., VHA)
	21:10	toda la **ciudad** se conmovió,
	17	salió fuera de la **ciudad**, a Betania
	18	volviendo a la **ciudad**, tuvo hambre.
	22:7	quemó su **ciudad**.
	23:34	perseguiréis de **ciudad** en **ciudad**,
	26:18	Id a la **ciudad** a cierto hombre,
	27:53	vinieron a la santa **ciudad**,
	28:11	fueron a la **ciudad**, (yendo..., VM)
Mr	1:33	toda la **ciudad**...a la puerta
	45	no podía entrar abiertamente en la **ciudad**
	5:14	y dieron aviso en la **ciudad** y en los campos.
	6:11	que para aquella **ciudad**. (TR, VM)
	33	a pie desde las **ciudades**, (de todas las
		ciudades, VHA)
	56	en aldeas, **ciudades** o campos,

4170 πολεμέω – poleméo

πόλις 4172　　　　　　　　　　　　　　　　675　　　　　　　　　　　　　　　　4172 πόλις

Mr	11:19	salió de la **ciudad**, (salía..., VM) (TR, NC, BC); (salieron fuera..., VHA, WH, N, ABMW, BA)
	14:13	Id a la **ciudad**,
	16	entraron en la **ciudad**,
Lc	1:26	a **una ciudad** de Galilea
	39	a **una ciudad** de Judá.
	2:3	cada uno a su **ciudad**.
	4	subió de Galilea, de **la ciudad** de Nazaret a Judea, a **la ciudad** de David,
	11	ha nacido hoy, en **la ciudad** de David,
	39	a su **ciudad** de Nazaret.
	4:29	le echaron fuera de la **ciudad** sobre el cual estaba edificada la **ciudad**
	31	Capernaum, **ciudad** de Galilea;
	43	Es necesario que también a otras **ciudades**
	5:12	estando él en una de las **ciudades**,
	7:11	él iba a la **ciudad**
	12	llegó cerca de la puerta de la **ciudad**, había con ella mucha gente de la **ciudad**.
	37	una mujer de la **ciudad**, que era pecadora,
	8:1	iba por todas las **ciudades** (...de ciudad en ciudad, VHA)
	4	los que de cada **ciudad** venían a él,
	27	vino a su encuentro un hombre de la **ciudad**
	34	dieron aviso en la **ciudad**,
	39	publicando por toda la **ciudad**
	9:5	salid de aquella **ciudad**, (saliendo..., VHA)
	10	a un lugar desierto **de la ciudad** (TR, VM, NC); (a **una ciudad**, BA, WH, N, ABMW, VHA, BC)
	10:1	a toda **ciudad** y lugar
	8	En cualquier **ciudad** donde entréis
	10	en cualquier **ciudad** donde entréis,
	11	Aun el polvo de vuestra **ciudad**
	12	que para aquella **ciudad**
	13:22	por **ciudades** y aldeas, enseñando
	14:21	por las plazas y las calles de la **ciudad**,
	18:2	Había en una **ciudad** un juez,
	3	Había también en aquella **ciudad**
	19:17	autoridad sobre diez **ciudades**.
	19	Tú también sé sobre cinco **ciudades**
	41	cuando llegó cerca de la **ciudad**, al verla, lloró sobre ella (...al ver la **ciudad**, lloró..., VHA)
	22:10	al entrar en la **ciudad**
	23:19	por sedición en la **ciudad**, (por una sedición ocurrida..., VHA)
	51 (50)	José, de Arimatea, **ciudad** de Judea, (...de los judíos, VHA)
	24:49	pero quedaos vosotros en la **ciudad**
Jn	1:44 (45)	la **ciudad** de Andrés y Pedro.
	4:5	Vino, pues, a **una ciudad** de Samaria
	8	habían ido a la **ciudad** a comprar
	28	fue a la **ciudad**, y dijo
	30	salieron de la **ciudad**,
	39	muchos de aquella **ciudad** creyeron
	11:54	a **una ciudad** llamada Efraín
	19:20	estaba cerca de la **ciudad**,
Hch	4:27	se unieron en esta **ciudad** (V60, WH, N, ABMW, VHA, VM, NC, BC, BA)
	5:16	aun de las **ciudades** vecinas,
	7:58	echándole fuera de la **ciudad**,
	8:5	descendiendo a la **ciudad** de Samaria,
	8	había gran gozo en aquella **ciudad**.
	9	había un hombre...en aquella **ciudad**,
	40	anunciaba el evangelio en todas las **ciudades**
	9:6	Levántate y entra en la **ciudad**,
	10:9	mientras...se acercaban a la **ciudad**,

Hch	11:5	Estaba yo en **la ciudad** de Jope orando,
	12:10	a la puerta...que daba a la **ciudad**,
	13:44	se juntó casi toda la **ciudad**
	50	a los principales de la **ciudad**,
	14:4	la gente de la **ciudad** estaba dividida:
	6	huyeron a...**ciudades** de Licaonia,
	13	de Júpiter, cuyo templo estaba frente a la **ciudad**, (del Zeus que estaba delante de la **ciudad**, BC)
	19	le arrastraron fuera de la **ciudad**,
	20	entró en la **ciudad**;
	21	después de anunciar el evangelio a aquella **ciudad**
	15:21	desde tiempos antiguos tiene en cada **ciudad**
	36	los hermanos en todas las **ciudades** (...en cada **ciudad**, VM)
	16:4	al pasar por las **ciudades**, (según pasaban..., VM)
	11	a Neápolis (a la **Ciudad** Nueva, BC) (WH, N, ABMW)
	12	que es la primera **ciudad** de la provincia estuvimos en aquella **ciudad** (lit., estábamos quedando...)
	13	salimos fuera de la puerta (V60, WH, N, ABMW, VHA, VM, NC, BA); (...de la **ciudad**, BC, TR)
	14	**de la ciudad** de Tiatira
	20	alborotan nuestra **ciudad**,
	39	que salieran de la **ciudad**.
	17:5	alborotaron la **ciudad**
	16	se enardecía viendo la **ciudad**
	18:10	mucho pueblo en esta **ciudad**.
	19:29	la **ciudad** se llenó de confusión,
	35	no sabe que la **ciudad** de los efesios
	20:23	el Espíritu Santo por todas las **ciudades** (...en cada **ciudad**, VM)
	21:5	hasta fuera de la **ciudad**;
	29	habían visto con él en la **ciudad**
	30	Así que toda la **ciudad** se conmovió
	39	ciudadano **de una ciudad** no insignificante pero criado en esta **ciudad**,
	22:3	pero criado en esta **ciudad**,
	24:12	ni en las sinagogas ni en la **ciudad**;
	25:23	con .... principales hombres de la **ciudad**,
	26:11	los perseguí hasta en las **ciudades**
	27:8	cerca del cual estaba **la ciudad** de Lasea.
Ro	16:23	Erasto, tesorero de la **ciudad**,
2 Co	11:26	peligros en la **ciudad**,
	32	guardaba la **ciudad** de los damacenos
Col	4:13	los que están en Hierápolis (WH)
Tit	1:5	establecieses ancianos en cada **ciudad**,
He	11:10	esperaba la **ciudad** que tiene fundamentos
	16	les ha preparado una **ciudad**.
	12:22	**a la ciudad** del Dios vivo,
	13:14	porque no tenemos aquí **ciudad**
Stg	4:13	mañana iremos a la **ciudad**
2 P	2:6	a las **ciudades** de Sodoma y de Gomorra
Jud	7	Sodoma y Gomorra y las **ciudades** vecinas, (...las **ciudades** en torno de ellas, VM)
Ap	3:12	el nombre de la **ciudad** de mi Dios,
	11:2	hollarán la **ciudad** santa
	8	estarán en la plaza de la grande **ciudad**
	13	la décima parte de la **ciudad**
	14:8	Babilonia, la gran **ciudad**, (TR)
	20	el lagar fuera de la **ciudad**,
	16:19	la gran **ciudad** fue dividida (...se hizo tres partes, VHA) las **ciudades** de las naciones cayeron;
	17:18	la mujer que has visto es la gran **ciudad**
	18:10	la gran **ciudad** de Babilonia, la **ciudad** fuerte

Ap	18:16	la gran **ciudad**, que estaba vestida		4179	πολλαπλασίων* — pollaplasíon (polaplasíon)
	18	semejante a esta gran **ciudad**?			
	19	¡Ay, ay, de la gran **ciudad**,	Mt	19:29	recibirá cien veces más, (TR, ABMW, VM, NC, BC, BA); (...**muchas veces más**, VHA, WH, N)
	21	será derribada Babilonia, la gran **ciudad**			
	20:9	el campamento de los santos y la **ciudad**			
	21:2	yo Juan vi la santa **ciudad**,	Lc	18:30	que no haya de recibir **mucho más**
	10	la gran **ciudad** santa de Jerusalén, (TR);			
		(la **ciudad** santa..., VHA, WH, N, ABMW, VM, NC, BC, BA)		4180	πολυλογία — polulogía (poluloguía)
	14	el muro de la **ciudad**	Mt	6:7	que piensan que por su **palabrería**
	15	para medir la **ciudad**,			
	16	La **ciudad** se halla establecida en cuadro,		4181	πολυμερῶς * — polumerós
		él midió la **ciudad** con la caña,	He	1:1	Dios, habiendo hablado **muchas veces**
	18	la **ciudad** era de oro puro,			
	19	los cimientos del muro de la **ciudad**		4182	πολυποίκιλος* — polupóikilos
	21	la calle de la **ciudad** era de oro	Ef	3:10	para que la **multiforme** sabiduría de Dios
	23	La **ciudad** no tiene necesidad de sol			
	22:14	para entrar por las puertas en la **ciudad**		4183	πολύς — polús
	19	Dios quitará su parte...de la santa **ciudad**.			(1) ὄχλοι πολλοί, traducido con el singular;
4173		πολιτάρχης*† — politárces (politárjes)			(2) el texto griego tiene el plural, pero V60 traduce con el singular;
Hch	17:6	ante las **autoridades de la ciudad**,			(3) ἐπὶ πολύ
	8	alborotaron...a las **autoridades de la ciudad**,			
			Mt	2:18	**Grande** lamentación, lloro y gemido;
4174		πολιτεία* — politéia		3:7	Al ver él que **muchos** de los fariseos
Hch	22:28	con una gran suma adquirí esta **ciudadanía**		4:25	(1) le siguió **mucha** gente
Ef	2:12	alejados de la **ciudadanía** de Israel		5:12	vuestro galardón es **grande**
				6:30	¿no hará **mucho** más a vosotros, hombres
4175		πολίτευμα** — políteuma		7:13	**muchos** son los que entran por ella
Fil	3:20	nuestra **ciudadanía** está en los cielos		22	**Muchos** me dirán en aquel día en tu nombre hicimos **muchos** milagros?
4176		πολιτεύομαι** — politéuomai		8:1	(1) le seguía **mucha** gente.
Hch	23:1	**he vivido** delante de Dios		11	vendrán **muchos** del oriente
Fil	1:27	Solamente que os comportéis (Solamente **comportaos**, BC)		16	trajeron a él **muchos** endemoniados;
				18 (1)	rodeado de **mucha** gente, (**grandes** multitudes alrededor de él, VM) (TR, NC, BC)
4177		πολίτης — polítes		30	un hato de **muchos** cerdos.
Lc	15:15	y se arrimó a uno de los **ciudadanos**		9:10	he aquí que **muchos** publicanos y pecadores
	19:14	sus **conciudadanos** le aborrecían,		14	ayunamos **muchas veces**, (TR, ABMW, VM, BC)
Hch	21:39	**ciudadano** de una ciudad no insignificante		37	A la verdad la mies es **mucha**,
He	8:11	ninguno enseñará a su prójimo (TR, NC) (...a su **conciudadano**, VHA, WH, N, ABMW, VM, BC, BA)		10:31	más valéis vosotros que **muchos** pajarillos.
				12:15	(1) le siguió **mucha** gente, (TR, VM); (le siguieron **muchos**, VHA, WH, N, ABMW, NC, BC, BA)
4178		πολλάκις — pollákis (polákis)		13:2	(1) se le juntó **mucha** gente;
Mt	17:15	**muchas veces** cae en el fuego,		3	les habló **muchas cosas** por parábolas,
Mr	5:4	**muchas veces** había sido atado		5	donde no había **mucha** tierra; (...tenía..., VHA)
	9:22	**muchas veces** le echa en el fuego		17	**muchos** profetas y justos desearon ver
Jn	18:2	**muchas veces** Jesús se había reunido allí		58	no hizo allí **muchos** milagros,
Hch	26:11	**muchas veces**, castigándolos		14:14	vio una **gran** multitud,
Ro	1:13	**muchas veces** me he propuesto ir a vosotros		24	estaba en medio del mar (TR, VM, NC, BC); (distaba ya de tierra **muchos** estadios, VHA, WH, N, ABMW, BA)
2 Co	8:22	hemos comprobado **repetidas veces**			
	11:23	en peligros de muerte **muchas veces**, (en muertes..., VM)		15:30	(1) se le acercó **mucha** gente y otros **muchos** enfermos; (y muchos otros, BA)
	26	en caminos **muchas veces**; (en viajes..., VM)			
	27	en muchos desvelos (en desvelos **muchas veces**, VHA)		16:21	padecer **mucho** de los ancianos,
		en muchos ayunos (en ayunos **muchas veces**, VM)		19:2	le siguieron **grandes** multitudes
				22	tenía **muchas** posesiones. (era persona que poseía..., BC)
Fil	3:18	de los cuales os dije **muchas veces**			
2 Ti	1:16	porque **muchas veces** me confortó,		20:16	**muchos** primeros serán postreros,
He	6:7	la tierra que bebe la lluvia que **muchas veces**		30	**muchos** son llamados, (TR, NC, BC)
	9:25	no para ofrecerse **muchas veces**,		28	para dar su vida en rescate por **muchos**
	26	hubiera sido necesario padecer **muchas veces**		29	le seguía una **gran** multitud.
	10:11	ofreciendo **muchas veces** los mismos		22:14	**muchos** son llamados,

πολύς 4183 677 4183 πολύς

Mt	24:5	vendrán **muchos** en mi nombre, a **muchos** engañarán.
	10	**Muchos** tropezarán entonces,
	11	**muchos** falsos profetas se levantarán, engañarán a **muchos**
	12	el amor de **muchos** se enfriará.
	30	viniendo...con poder y **gran** gloria.
	25:19	Después de **mucho** tiempo vino el señor
	21	(2) sobre **mucho** te pondré;
	23	(2) sobre **mucho** te pondré;
	26:9	podía haberse vendido a **gran** precio, (lit.,... por **mucho**)
	28	que por **muchos** es derramada
	47	con él **mucha** gente con espadas
	60	aunque **muchos** testigos falsos
	27:19	hoy he padecido **mucho** en sueños
	52	**muchos** cuerpos de santos
	53	aparecieron a **muchos**.
	55	Estaban allí **muchas** mujeres mirando
Mr	1:34	sanó a **muchos** echó fuera **muchos** demonios
	45	comenzó a publicarlo **mucho**
	2:2	se juntaron **muchos**,
	15	**muchos** publicanos y pecadores porque había **muchos**
	3:7	le siguió **gran** multitud de Galilea
	8	**grandes** multitudes vinieron a él. (una muchedumbre **inmensa**..., VM)
	10	había sanado a **muchos**
	12	él les reprendía **mucho**
	4:1	se reunió alrededor de él **mucha** gente (TR)
	2	les enseñaba por parábolas **muchas cosas**,
	5	donde no tenía **mucha** tierra
	33	Con **muchas** parábolas como estas
	5:9	porque somos **muchos**.
	10	le rogaba **mucho** que no los enviase
	21	se reunió...una **gran** multitud;
	23	le rogaba **mucho**, diciendo:
	24	le seguía una **gran** multitud,
	26	había sufrido **mucho** de **muchos** médicos
	38	a los que lloraban y lamentaban **mucho**
	43	él les mandó **mucho** que nadie
	6:2	**muchos**, oyéndolo, se admiraban,
	13	echaban fuera **muchos** demonios, ungían con aceite a **muchos** enfermos,
	20	quedaba **muy** perplejo (V60, WH, N, VHA, NC, BC, BA); (hacía **muchas cosas**, VA, TR, ABMW, VM)
	23	y le juró **muchas veces** ([ABMW])
	31	eran **muchos** los que iban y venían
	33	**muchos**...le reconocieron
	34	vio una **gran** multitud comenzó a enseñarles **muchas cosas**.
	35	Cuando ya era **muy avanzada** la hora, la hora ya **muy avanzada**.
	7:4	otras **muchas** cosas hay que tomaron
	8	otras **muchas** cosas semejantes (TR, VM)
	13	**muchas cosas** hacéis semejantes a estas.
	8:1	como había una **gran** multitud, (WH, N, ABMW)
	31	le era necesario...padecer **mucho**
	9:12	que padezca **mucho**
	14	vio una **gran** multitud
	26	sacudiéndole con violencia, (desgarrándole **mucho**, VA) de modo que **muchos** decían
	10:22	porque tenía **muchas** posesiones.
	31	**muchos** primeros serán postreros,
	45	para dar su vida en rescate por **muchos**.
Mr	10:48	**muchos** le reprendían para que callase, él clamaba **mucho** más
	11:8	**muchos** tendían sus mantos
	12:5	y a otros **muchos**, golpeando a unos
	27	**mucho** erráis.
	37	**gran** multitud del pueblo le oía
	41	**muchos** ricos echaban **mucho**.
	13:6	vendrán **muchos** en mi nombre, engañarán a **muchos**.
	26	en las nubes con **gran** poder y gloria
	14:24	que por **muchos** es derramada.
	43	con él **mucha** gente (TR)
	56	**muchos** decían falso testimonio
	15:3	le acusaban **mucho**.
	41	otras **muchas** que habían subido con él
Lc	1:1	Puesto que ya **muchos** han tratado
	14	**muchos** se regocijarán de su nacimiento.
	16	hará que **muchos** de los hijos de Israel
	2:34	para levantamiento **de muchos** en Israel,
	35	los pensamientos de **muchos** corazones.
	36	de edad muy avanzada, (lit., avanzada en **muchos** días)
	3:18	Con estas y otras muchas exhortaciones (lit., exhortando **muchas** y otras cosas)
	4:25	**muchas** viudas había en Israel
	27	**muchos** leprosos había en Israel
	41	salían demonios de **muchos**
	5:6	encerraron **gran** cantidad de peces,
	15	(1) se reunía **mucha** gente para oírle,
	29	había **mucha** compañía de publicanos
	6:17	en compañía de sus discípulos (TR); (una **gran** multitud de sus discípulos, BA, WH, N, ABMW, VHA, VM, NC, BA) una **gran** multitud de gente de toda Judea
	23	vuestro galardón es **grande**
	35	será vuestro galardón **grande**,
	7:11	iban con él...y una **gran** multitud.
	21	En esa misma hora sanó a **muchos** a **muchos** ciegos les dio
	47	sus **muchos** pecados le son perdonados porque amó **mucho**
	8:3	otras **muchas** que le servían de sus bienes.
	4	Juntándose una **gran** multitud
	29	(2) hacía **mucho** tiempo que se había apoderado (**muchas** veces..., BA)
	30	**muchos** demonios habían entrado
	9:22	que...padezca **muchas cosas**,
	37	una **gran** multitud les salió al encuentro. (...le..., BA)
	10:2	La mies es **mucha**,
	24	**muchos** profetas y reyes desearon
	40	Marta se preocupaba con muchos quehaceres, (...en **mucho** servicio, VHA)
	41	afanada y turbada...con **muchas cosas**
	12:7	más valéis vosotros **que muchos** pajarillos.
	19	**muchos** bienes tienes guardados para **muchos** años
	47	recibirá **muchos** azotes;
	48	a quien se haya dado **mucho, mucho** se le demandará y al que **mucho** se le haya confiado
	13:24	os digo que **muchos** procurarán
	14:16	convidó a **muchos**.
	25	**Grandes** multitudes iban con él;
	15:13	No **muchos** días después, juntándolo todo
	16:10	también en **lo más** es fiel; también en **lo más** es injusto.
	17:25	es necesario que padezca **mucho**
	18:39	él clamaba **mucho** más

πολύς 4183   678   4183 πολύς

Lc	21:8	vendrán **muchos** en mi nombre,		Hch	13:43	**muchos** de los judíos y de los prosélitos
	27	con poder y **gran** gloria.			14:1	que creyó una **gran** multitud de judíos
	22:65	decían otras **muchas** cosas			22	que a través de **muchas** tribulaciones
	23:8	porque había oído **muchas cosas** (TR, VM)			15:7	después de **mucha** discusión, (cuando había
	27	le seguía **gran** multitud del pueblo				habido..., VM)
Jn	2:12	estuvieron allí no **muchos** días			32	con abundancia de palabras, (con un **largo**
	23	**muchos** creyeron en su nombre,				mensaje, BA)
	3:23	había allí **muchas** aguas;			35	anunciando el evangelio con otros **muchos**
	4:39	**muchos** de los samaritanos			16:16	la cual daba **gran** ganancia a sus amos
	41	creyeron **muchos** más por la palabra			18	esto lo hacía por **muchos** días
	5:3	En éstos yacía una multitud (V60, WH, N, ABMW, VHA, VM, NC, BA); (...**gran** muchedumbre, BC, TR)			23	Después de haberles azotado **mucho**, (habiéndoles inferido **muchas** heridas, VM)
	6	que llevaba ya **mucho** tiempo			17:4	los griegos piadosos **gran** número
	6:2	le seguía **gran** multitud,			12	Así que creyeron **muchos** de ellos,
	5	había venido a él **gran** multitud			18:8	**muchos** de los corintios, oyendo
	10	había **mucha** hierba en aquel lugar			10	**mucho** pueblo en esta ciudad
	60	Al oirlas, **muchos** de sus discípulos			27	fue de gran provecho (ayudó **mucho**, BA)
	66	Desde entonces **muchos** de sus discípulos			19:18	**muchos** de los que habían creído
	7:12	había **gran** murmullo acerca de él			20:2	con abundancia de palabra (lit., con **mucha** palabra)
	31	**muchos** de la multitud creyeron en él,				
	40	algunos de la multitud (V60, WH, N, ABMW, VHA, VM, NC, BC, BA); (lit., **muchos**..., TR)			19	sirviendo...con **muchas** lágrimas (TR)
					21:40	hecho **gran** silencio, habló en lengua
					22:28	Yo con una **gran** suma adquirí
	8:26	**Muchas** cosas tengo que decir y juzgar			23:10	habiendo **grande** disensión,
	30	**muchos** creyeron en él.			24:2	debido a ti gozamos de **gran** paz
	10:20	**Muchos** de ellos decían			7	con **gran** violencia le quitó (TR, [VM], NC, [BA])
	32	**Muchas** buenas obras os he mostrado				
	41	**muchos** venían a él,			10	desde hace **muchos** años eres juez
	42	**muchos** creyeron en él allí			25:7	**muchas** y graves acusaciones
	11:19	**muchos** de los judíos habían venido			23	viniendo...con **mucha** pompa
	45	Entonces **muchos** de los judíos			26:9	hacer **muchas cosas** contra (...contrarias, VM)
	47	este hombre hace **muchas** señales.				
	55	**muchos** subieron de aquella región			10	Yo encerré en cárceles a **muchos**
	12:9	**Gran** multitud de los judíos supieron			24	las **muchas** letras te vuelven loco.
	11	a causa de él **muchos** de los judíos			29	por poco o por **mucho**, (TR)
	12	**grandes** multitudes que habían venido (una **gran** muchedumbre..., VM)			27:10	con prejuicio y **mucha** pérdida,
					14	no **mucho** después...un viento huracanado
	24	si muere, lleva **mucho** fruto.			21	como hacía ya mucho que no comíamos, (lit., habiendo **mucha** abstinencia de alimento)
	42	**muchos** creyeron en él				
	14:2	**muchas** moradas hay				
	30	No hablaré ya **mucho** con vosotros			28:6	(3) habiendo esperado **mucho**,
	15:5	éste lleva **mucho** fruto			10	nos honraron con **muchas** atenciones; (...con **muchos** honores, VM)
	8	en que llevéis **mucho** fruto,				
	16:12	Aún tengo **muchas cosas** que deciros,			29	teniendo **gran** discusión entre sí. (TR, [VM], NC, [BA])
	19:20	**muchos** de los judíos leyeron este título				
	20:30	Hizo además Jesús **muchas** otras señales		Ro	3:2	**Mucho**, en todas maneras. (lit.,...en toda manera)
	21:25	hay también otras **muchas cosas** que hizo				
Hch	1:3	se presentó...con **muchas** pruebas			4:17	Te he puesto por padre **de muchas** gentes
	5	dentro de no **muchos** días. (lit., dentro de estos días no **muchos**)			18	para llegar a ser padre **de muchas** gentes
					5:9	**mucho** más, estando ya justificados
	2:43	**muchas** maravillas y señales eran hechas			10	**mucho** más, estando reconciliados
	4:4	**muchos** de los que habían oído			15	murieron los **muchos**
	5:12	se hacían **muchas** señales y prodigios				abundaron **mucho** más para los **muchos**
	6:7	**muchos** de los sacerdotes (una **gran** multitud de los sacerdotes, VHA)			16	el don vino a causa de **muchas**
					17	**mucho** más reinarán en vida
	8:7	de **muchos** que tenían espíritus (TR, VHA, VM); (**muchos** de los que tenían..., BC, WH, N, ABMW, NC, BA)			19	los **muchos** fueron constituidos pecadores los **muchos** serán constituidos justos.
					8:29	el primogénito entre **muchos** hermanos.
		muchos paralíticos y cojos eran sanados			9:22	soportó con **mucha** paciencia
	8	había **gran** gozo en aquella ciudad. (WH, N, ABMW)			12:4	tenemos **muchos** miembros,
					5	así nosotros, siendo **muchos**
	25	en **muchas** poblaciones de los samaritanos			15:22	me he visto impedido **muchas veces**
	9:13	he oído de **muchos** acerca de este hombre			23	desde hace **muchos** años ir a vosotros (TR, ABMW)
	42	**muchos** creyeron en el Señor				
	10:2	que hacía **muchas** limosnas			16:2	ha ayudado a **muchos**, (ha sido auxiliadora de **muchos**, VM)
	27	halló **a muchos** que se habían reunido				
	11:21	**gran** número creyó y se convirtió (...habiendo creído, se volvieron, VM)			6	la cual ha trabajado **mucho** entre vosotros
					12	la cual ha trabajado **mucho** en el Señor

πολύσπλαγχνος 4184

1 Co	1:26	no sois muchos sabios según la carne
		ni muchos poderosos, ni muchos nobles
	2:3	con debilidad y mucho temor y temblor
	4:15	no tendréis muchos padres;
	8:5	hay muchos dioses y muchos señores
	10:17	nosotros, con ser muchos, somos un cuerpo
	33	sino el de muchos, para que sean salvos
	11:30	Por lo cual hay muchos enfermos
	12:12	tiene muchos miembros,
		pero todos...siendo muchos,
	14	no es un solo miembro, sino muchos.
	20	ahora son muchos los miembros
	22	los miembros...son los más necesarios
		(mucho más necesarios son aquellos miembros, VHA)
	16:9	muchos son los adversarios.
	12	mucho le rogué que fuese a vosotros
	19	os saludan mucho en el Señor.
2 Co	1:11	para que por muchas personas
		por el don...por medio de muchos
	2:4	Porque por la mucha tribulación
		os escribí con muchas lágrimas,
	17	Pues no somos como muchos,
	3:9	mucho más abundará en gloria
	11	mucho más glorioso será lo que permanece
		(mucho más lo que perdura será con gloria, VHA)
	12	usamos de mucha franqueza;
	6:4	como ministros de Dios, en mucha paciencia
	10	mas enriqueciendo a muchos
	7:4	Mucha franqueza tengo (lit., grande confianza es mía)
		mucho me glorío (grande es mi gloria, VM)
	8:2	que en grande prueba de tribulación,
	4	pidiéndonos con muchos ruegos (...con mucha instancia, VM)
	15	El que recogió mucho, no tuvo más
	22	repetidas veces en muchas cosas,
		y ahora mucho más diligente
		por la mucha confianza que tiene en
	9:12	en muchas acciones de gracias a Dios;
	11:18	muchos se glorían según la carne,
	12:21	por muchos de los que antes han pecado,
Gá	1:14	en el judaísmo aventajaba a muchos
	3:16	como si hablase de muchos,
	4:27	más son los hijos de la desolada
Ef	2:4	por su gran amor con que nos amó,
Fil	1:23	es muchísimo mejor; (lit., es mucho más mejor)
	2:12	sino mucho más ahora en mi ausencia,
	3:18	andan muchos,...que son enemigos
Col	4:13	tiene gran solicitud por vosotros,
1 Ts	1:5	en el Espíritu Santo y en plena certidumbre
	6	en medio de gran tribulación,
	2:2	en medio de gran oposición. (...gran lucha, VHA)
	17	procuramos con mucho deseo ver
1 Ti	3:8	no dados a mucho
	13	mucha confianza en la fe
	6:9	en muchas codicias necias y dañosas,
	10	fueron traspasados de muchos dolores. (a sí mismos se han traspasado..., VM)
	12	delante de muchos testigos.
2 Ti	2:2	has oído de mí ante muchos testigos
	4:14	me ha causado muchos males;
Tit	1:10	hay aún muchos contumaces,
	2:3	no esclavas del vino (no esclavizadas al uso de mucho vino, VM)
Flm	7	tenemos gran gozo (E, VA); (lit., tenemos gran agradecimiento, S); (tuve mucho gozo, VHA, WH, N, ABMW, VM, NC, BC, BA)
Flm	8	aunque tengo mucha libertad en Cristo
He	2:10	que habiendo de llevar muchos hijos
	5:11	Acerca de esto tenemos mucho
	9:28	para llevar los pecados de muchos;
	10:32	sostuvisteis gran combate de padecimientos;
	12:9	¿Por qué no obedeceremos mucho mejor
	15	por ella muchos sean contaminados;
	25	mucho menos nosotros, si desecháremos
Stg	3:1	no os hagáis maestros muchos
	2	Porque todos ofendemos muchas veces
	5:16	La oración...del justo puede mucho
1 P	1:3	que según su grande misericordia
	7	mucho más preciosa que el oro, (TR)
2 P	2:2	Y muchos seguirán sus disoluciones,
1 Jn	2:18	han surgido muchos anticristos
	4:1	muchos falsos profetas han salido
2 Jn	7	Porque muchos engañadores han salido
	12	Tengo muchas cosas que escribiros, (Teniendo..., VM)
3 Jn	13	Yo tenía muchas cosas que escribirte,
Ap	1:15	como estruendo de muchas aguas.
	5:4	Y lloraba yo mucho
	11	oí la voz de muchos ángeles
	7:9	he aquí una gran multitud,
	8:3	se le dio mucho incienso
	11	muchos hombres murieron
	9:9	como el estruendo de muchos carros
	10:11	sobre muchos pueblos, naciones,
	14:2	como estruendo de muchas aguas
	17:1	la que está sentada sobre muchas aguas,
	19:1	una gran voz de gran multitud
	6	la voz de una gran multitud,
		como el estruendo de muchas aguas,
	12	en su cabeza muchas diademas;

4184 πολύσπλαγχνος*† – polúsplagcnos (polúsplanjnos)

Stg	5:11	que el Señor es muy misericordioso

4185 πολυτελής – polutelés

Mr	14:3	de nardo puro de mucho precio
1 Ti	2:9	ni vestidos costosos, (o vestido suntuoso, BC)
1 P	3:4	que es de grande estima

4186 πολύτιμος* – polútimos

Mt	13:46	que habiendo hallado una perla preciosa,
Jn	12:3	de nardo puro, de mucho precio,
1 P	1:7	mucho más preciosa que el oro (WH, N, ABMW)

4187 πολυτρόπως** – polutrópos

He	1:1	habiendo hablado...de muchas maneras

4188 πόμα – póma

1 Co	10:4	todos bebieron la misma bebida
He	9:10	sólo de comidas y bebidas

4189 πονηρία – ponería

Mt	22:18	Jesús, conociendo la malicia de ellos,
Mr	7:22	las avaricias, las maldades, el engaño
Lc	11:39	de rapacidad y de maldad.
Hch	3:26	se convierta de su maldad.
Ro	1:29	estando atestados de...perversidad

πονηρός 4190		4198 πορεύω

1 Co	5:8	con la levadura de malicia y de maldad	Ef	5:16	porque los días son malos
Ef	6:12	contra huestes espirituales de maldad		6:13	para que podáis resistir en el día malo
				16	todos los dardos...del maligno
4190		πονηρός — poneróspon	Col	1:21	haciendo malas obras, (en vuestras malas obras, VHA)
Mt	5:11	digan toda clase de mal contra vosotros,	1 Ts	5:22	Absteneos de toda especie de mal.
	37	de mal procede. (del maligno..., VHA)	2 Ts	3:2	de hombres perversos y malos
	39	No resistáis al que es malo; (que no..., VHA		3	os afirmará y guardará del mal
	45	que hace salir su sol sobre malos	1 Ti	6:4	blasfemias, malas sospechas,
	6:13	líbranos del mal; (...del maligno, VHA)	2 Ti	3:13	los malos hombres y los engañadores
	23	si tu ojo es maligno		4:18	me librará de toda obra mala
	7:11	Pues si vosotros, siendo malos,	He	3:12	corazón malo de incredulidad
	17	el árbol malo da frutos malos,		10:22	purificados los corazones de mala conciencia
	18	No puede el buen árbol dar malos frutos,	Stg	2:4	jueces con malos pensamientos?
	9:4	¿Por qué pensáis mal (lit.,...malas cosas)		4:16	Toda jactancia semejante es mala
	12:34	¿Cómo podéis hablar...siendo malos?	1 Jn	2:13	habéis vencido al maligno
	35	el hombre malo, del mal tesoro saca malas cosas		14	habéis vencido al maligno.
	39	La generación mala y adúltera demanda		3:12	No como Caín, que era del maligno sus obras eran malas,
	45	otros siete espíritus peores que él, Así también...a esta mala generación		5:18	el maligno no le toca.
	13:19	viene el malo, y arrebata		19	el mundo entero está bajo el maligno
	38	son los hijos del malo.	2 Jn	11	participa en sus malas obras.
	49	apartarán a los malos de entre	3 Jn	10	parloteando con palabras malignas
	15:19	salen los malos pensamientos	Ap	16:2	una úlcera maligna y pestilente
	16:4	La generación mala y adúltera			
	18:32	Siervo malvado, toda aquella deuda	**4192**		πόνος — pónos
	20:15	¿O tienes tú envidia, (o es malo tú ojo, VM)	Col	4:13	tiene gran solicitud (TR); (lit., tiene mucha labor, WH, N, ABMW, VHA, VM, NC, BC, BA)
	22:10	juntamente malos y buenos;			
	25:26	Siervo malo y negligente,			
Mr	7:22	la envidia (el ojo maligno, VM)	Ap	16:10	mordían de dolor sus lenguas.
	23	Todas estas maldades (...cosas malas, VM)		11	por sus dolores y por sus úlceras
Lc	3:19	de todas las maldades que Herodes (lit.,... las cosas malas...)		21:4	ni habrá más...dolor
			4193		Ποντικός — Pontikós
	6:22	desechen vuestro nombre como malo.	Hch	18:2	Aquila, natural del Ponto, (...póntico de origen, BC)
	35	para con los ingratos y malos			
	45	el hombre malo, del mal tesoro (TR, VM); (el malo, del malo, BC, WH, N, ABMW, VHA, NC, BA)	**4194**		Πόντιος — Póntios
			Mt	27:2	le entregaron a Poncio Pilato (TR, BC)
		saca lo malo	Lc	3:1	siendo gobernador...Poncio Pilato
	7:21	y de espíritus malos,	Hch	4:27	a quien ungiste, Herodes y Poncio,
	8:2	que habían sido sanadas de espíritus malos	1 Ti	6:13	de la buena profesión delante de Poncio
	11:4	mas líbranos del mal. (TR, [BA])			
	13	si vosotros, siendo malos	**4195**		Πόντος — Póntos
	26	toma otros siete espíritus peores que él;	Hch	2:9	en el Ponto y en Asia,
	29	Esta generación es mala; (TR, VHA, VM); (Esta generación es generación perversa, BC, WH, N, ABMW, NC, BA)	1 P	1:1	de la dispersión en el Ponto,
			4196		Πόπλιος — Póplios
	34	cuando tu ojo es maligno, (cuando sea malo, VM)	Hch	28:7	llamado Publio, (por nombre..., BC)
	19:22	Mal siervo, por tu propia boca		8	aconteció que el padre de Publio
Jn	3:19	porque sus obras eran malas	**4197**		πορεία — poréia
	7:7	que sus obras son malas.	Lc	13:22	encaminándose a Jerusalén (prosiguiendo su camino..., VHA)
	17:15	sino que los guardes del mal			
Hch	17:5	a algunos ociosos, hombres malos (algunos hombres malos de entre los ociosos, VHA)	Stg	1:11	el rico en todas sus empresas. (...en medio de sus empresas, VHA)
	18:14	Si fuera...algún crimen enorme (...alguna mala fechoría, BC)	**4198**		πορεύω — poréuo
					(1) El participio usado en sentido imperativo.
	19:12	de tal manera que...los espíritus malos salían			
	13	sobre los que tenían espíritus malos	Mt	2:8	(1) Id allá y averiguad (lit., habiendo ido, averiguad)
	15	respondiendo el espíritu malo,			
	16	en quien estaba el espíritu malo,		9	habiendo oído al rey, se fueron;
	25:18	de los que yo sospechaba (TR, NC); (de los delitos que..., VHA, WH, N, ABMW, VM, BC, BA)		20	vete a tierra de Israel,
				8:9	Ve, y va
	28:21	que haya...hablado algún mal		9:13	(1) Id, pues, y aprended
Ro	12:9	Aborreced lo malo, (abominando..., BC)		10:6	sino id antes a las ovejas
1 Co	5:13	a ese perverso de entre vosotros			
Gá	1:4	para librarnos del presente siglo malo,			

πορεύω   4198   681   4198   πορεύω

Mt	10:7	(1) **yendo**, predicad, diciendo	Lc	17:11	**Yendo**...a Jerusalén
	11:4	(1) **Id**, y haced saber a Juan		14	(1) **Id**, mostraos
	7	Mientras ellos **se iban**, comenzó		19	le dijo:...**vete**
	12:1	En aquel tiempo **iba** Jesús		19:12	Un hombre noble **se fue** a un país
	45	Entonces **va**, y toma consigo		28	**iba** delante subiendo a Jerusalén.
	17:27	(1) **vé** al mar,		36	a su paso tendían sus mantos (**caminando**
	18:12	**va** por los montes a buscar (lit., **yendo**...)			él..., VM)
	19:15	**se fue** de allí.		21:8	no **vayáis** en pos de ellos.
	21:2	**Id** a la aldea que está enfrente		22:8	(1) **Id**, preparadnos la pascua
	6	los discípulos fueron, (**Habiendo ido**..., BC)		22	A la verdad el Hijo del Hombre **va**,
	22:9	**Id**, pues, a las salidas de los caminos,		33	dispuesto estoy a **ir** contigo
	15	Entonces se fueron los fariseos (...**saliendo**.. VM)		39	**saliendo, se fue**... al monte
				24:13	dos de ellos **iban** (lit.,...estaban **caminando**)
	24:1	Cuando Jesús salió del templo y **se iba**		28	Llegaron a la aldea adonde **iban**
	25:9	**id** más bien a los que venden,			hizo como que **iba** más lejos.
	16	fue y negoció con ellos, (lit., **yendo**,	Jn	4:50	**Vé**, tu hijo vive.
		negoció...)			que Jesús le dijo, y **se fue**
	41	**Apartaos** de mí, malditos		7:35	¿Adónde se irá (A dónde **se ha de ir**, VHA)
	26:14	fue a los principales sacerdotes. (**yendo**..., BC)			¿Se irá a los dispersos (Ha **de irse**, por ventura,...VHA)
	27:66	fueron y aseguraron (lit., **habiendo ido**...)		53	[Cada uno **se fue** a su casa]
	28:7	(1) **id** pronto y decid		8:1	[Jesús **se fue** al monte de los Olivos.]
	8	(9) mientras **iban** a dar las nuevas (TR)		11	[**vete**, y no peques más.]
	11	Mientras ellas **iban**, he aquí unos		10:4	**va** delante de ellas
	16	los once discípulos **se fueron** a Galilea,		11:11	**voy** para despertarle.
	19	(1) **id**, y haced discípulos		14:2	**voy**, pues, a preparar lugar para vosotros.
Mr	9:30	**caminaron** por Galilea; (WH)		3	si **me fuere** y os preparare lugar,
	16:10	[**Yendo** ella, lo hizo saber]		12	porque yo **voy** al Padre.
	12	[a dos de ellos...**yendo** al campo]		28	**voy** al Padre;
	15	(1) [**Id** por todo el mundo]		16:7	mas si **me fuere**, os lo enviaré.
Lc	1:6	andaban irreprensibles (**andando**..., VM)		28	dejo el mundo, y **voy** al Padre.
	39	**fue** de prisa a la montaña, a una ciudad		20:17	mas **vé** a mis hermanos
	2:3	**iban** todos para ser empadronados,	Hch	1:10	entre tanto que él **se iba**,
	41	**Iban** sus padres...a Jerusalén		11	le habéis visto **ir** al cielo
	4:30	Mas él...**se fue**		25	para **irse** a su propio lugar
	42	**se fue** a un lugar desierto;		5:20	**Id**, y puestos en pie en el templo
		para que no **se fuera** de ellos.		41	**salieron** de la presencia del concilio
	5:24	**vete** a tu casa.		8:26	Levántate y **vé** hacia el sur,
	7:6	Jesús **fue** con ellos.		27	se levantó y **fue**. (**levantándose**..., BC)
	8	digo a éste: **Vé**, y **va**;		36	**yendo** por el camino, (como **siguiesen**...,BC)
	11	él **iba** a la ciudad...Naín		39	**siguió** gozoso su camino.
	22	(1) **Id**, haced saber a Juan		9:3	**yendo** por el camino, aconteció
	50	**vé** en paz.		11	**vé** a la calle que se llama
	8:14	**yéndose**, son ahogados por los afanes		15	**Vé**, porque instrumento escogido
	48	**vé** en paz.		31	**andando** en el temor del Señor
	9:12	para que vayan a las aldeas (para que, **yendo**..., BC) (WH, N, ABMW)		10:20	no dudes de **ir** con ellos, (lit., **vete** con ellos, no dudando nada)
	13	a no ser que vayamos nosotros (lit., a no ser que **yendo** nosotros)		12:17	**se fue** a otro lugar
	51	afirmó su rostro para **ir** a Jerusalén		14:16	**andar** en sus propios caminos
	52	fueron y entraron en una aldea (lit., **habiendo ido**...)		16:7	intentaron **ir** a Bitinia,
	53	era como de **ir** a Jerusalén.		16	mientras **íbamos** a la oración,
	56	**se fueron** a otra aldea.		36	**marchaos** en paz.
	57	**Yendo** ellos...en el camino		17:14	enviaron a Pablo **que fuese** hacia el mar;
	10:37	**Vé**, y haz tú lo mismo.		18:6	desde ahora **me iré** a los gentiles.
	38	Aconteció que **yendo de camino**, entró		19:21	Pablo se propuso...**ir** a Jerusalén
	11:5	va a él a medianoche		20:1	salió **para ir** a Macedonia
	26	Entonces **va**, y toma otros siete		22	ligado yo en espíritu, **voy** a Jerusalén
	13:31	Sal, y **vete** de aquí		21:5	acompañándonos todos (**nos pusimos en camino**, acompañándonos todos ellos, VM)
	32	(1) **Id**, y decid			
	33	es necesario que...**siga** mi camino		22:5	fui a Damasco.
	14:10	(1) **vé** y siéntate		6	Pero aconteció que **yendo** yo,
	19	**voy** a probarlos,		10	**vé** a Damasco,
	31	¿O qué rey, **al marchar** a la guerra		21	**Vé**, porque yo te enviaré lejos
	15:4	**va** tras la que se perdió,		23:23	para que **fuesen** hasta Cesarea.
	15	fue y se arrimó a uno (lit., **yendo**...)		32	los jinetes **que fuesen** con él (TR)
	18	**iré** a mi padre,		24:25	**vete**; pero cuando tenga oportunidad
	16:30	si alguno **fuere** a ellos		25:12	A César has apelado; a César **irás**
				20	si quería **ir** a Jerusalén

πορθέω 4199

Hch	26:12	iba yo a Damasco (**Yendo** pues yo..., VM)
	13	y a los **que iban** conmigo
	27:3	le permitió **que fuese** a los amigos
	28:26	**Vé** a este pueblo,
Ro	15:24	cuando **vaya** a España,
	25	ahora **voy** a Jerusalén
1 Co	10:27	y queréis **ir**,
	16:4	si fuere propio **que** yo también **vaya**, irán conmigo
	6	a donde haya de **ir**
1 Ti	1:3	**cuando fui** a Macedonia,
2 Ti	4:10	**se ha ido** a Tesalónica
Stg	4:13	Hoy y mañana **iremos** a tal ciudad
1 P	3:19	**fue** y predicó a los espíritus (lit., **habiendo ido**...)
	22	quien **habiendo subido** al cielo
	4:3	**andando** en lascivias,
2 P	2:10	**que...andan** en concupiscencia
	3:3	**andando** según sus propias concupiscencias
Jud	11	**han seguido** el camino de Caín
	16	**que andan** según sus propios deseos
	18	**que andarán** según sus malvados deseos (lit.,...sus deseos de impiedades)

4199 πορθέω** – porthéo

Hch	9:21	el **que asolaba** en Jerusalén
Gá	1:13	la iglesia de Dios, y la **asolaba**
	23	la fe que en otro tiempo **asolaba**.

4200 πορισμός** – porismós

1 Ti	6:5	que toman la piedad como **fuente de ganancia**
	6	**ganancia** es la piedad

4201 Πόρκιος – Pórkios

Hch	24:27	recibió Félix por sucesor **a Porcio** Festo

4202 πορνεία – pornéia

Mt	5:32	a no ser por causa **de fornicación**
	15:19	los adulterios, **las fornicaciones**
	19:9	salvo por causa de **fornicación**
Mr	7:21	salen...**las fornicaciones**
Jn	8:41	no somos nacidos de **fornicación**
Hch	15:20	de **fornicación**, de ahogado y de sangre.
	29	que os abstengáis...de **fornicación**
	21:25	de ahogado y de **fornicación**
Ro	1:29	de toda injusticia, **fornicación** (TR)
1 Co	5:1	que hay entre vosotros **fornicación**, y tal **fornicación**
	6:13	el cuerpo no es para la **fornicación**
	18	Huid de la **fornicación**
	7:2	a causa de las **fornicaciones**
2 Co	12:21	de la inmundicia y **fornicación**
Gá	5:19	las obras de la carne son...**fornicación**
Ef	5:3	Pero **fornicación** y toda inmundicia,
Col	3:5	Haced morir...**fornicación**
1 Ts	4:3	que os apartéis de **fornicación**
Ap	2:21	arrepentirse de su **fornicación**
	9:21	ni de su **fornicación**
	14:8	del furor de su **fornicación**
	17:2	con el vino de su **fornicación**
	4	de la inmundicia de su **fornicación** (de las impurezas..., VHA)
	18:3	del vino del furor de su **fornicación**
	19:2	ha corrompido...con su **fornicación**,

4203 πορνεύω – pornéuo

1 Co	6:18	el **que fornica**, contra su propio cuerpo
	10:8	Ni **forniquemos**, como algunos de ellos **fornicaron**
Ap	2:14	y a cometer **fornicación**
	20	enseñe y seduzca...**a fornicar**
	17:2	con la cual **han fornicado** los reyes
	18:3	los reyes de la tierra **han fornicado**
	9	los reyes de la tierra **que han fornicado**

4204 πόρνη – pórne

Mt	21:31	las **rameras** van delante de vosotros
	32	los publicanos y las **rameras** le creyeron
Lc	15:30	que ha consumido tus bienes con **rameras**
1 Co	6:15	los haré miembros de una **ramera**?
	16	el que se une con una **ramera**,
He	11:31	Por la fe Rahab la **ramera** no pereció
Stg	2:25	Asimismo también Rahab la **ramera**
Ap	17:1	la sentencia contra la gran **ramera**
	5	la madre de las **rameras**
	15	donde la **ramera** se sienta,
	16	éstos aborrecerán a la **ramera**,
	19:2	pues ha juzgado a la gran **ramera**

4205 πόρνος** – pórnos

1 Co	5:9	que no os juntéis **con los fornicarios**
	10	no absolutamente con los **fornicarios**
	11	fuere **fornicario**, o avaro,
	6:9	ni los **fornicarios**, ni los idólatras,
Ef	5:5	que ningún **fornicario**, o inmundo,
1 Ti	1:10	para los **fornicarios**, para los sodomitas,
He	12:16	no sea que haya algún **fornicario**
	13:4	pero a los **fornicarios** y a los adúlteros
Ap	21:8	los **fornicarios** y hechiceros,
	22:15	estarán fuera...los **fornicarios**

4206 πόρρω – pórro (póro)
(1) πορρώτερον, πορρωτέρω

Mt	15:8	su corazón está **lejos** de mí.
Mr	7:6	su corazón está **lejos** de mí.
Lc	14:32	cuando el otro está todavía **lejos**,
	24:28 (1)	él hizo como que iba **más lejos**.

4207 πόρρωθεν – pórrothen (pórothen)

Lc	17:12	los cuales se pararon **de lejos**
He	11:13	mirándolo **de lejos**, (...viéndolas, BC)

4209 πορφύρα – porfúra

Mr	15:17	le vistieron **de púrpura**,
	20	le desnudaron la **púrpura**,
Lc	16:19	un hombre rico, que se vestía **de púrpura**
Ap	17:4	vestida **de púrpura** y escarlata (TR)
	18:12	mercadería de oro...**de púrpura**

4210 Vease abajo

4211 πορφυρόπωλις*† – porfurópolis

Hch	16:14	Lidia...**vendedora de púrpura**

4210 πορφυροῦς – porfurús o πορφύρεος

Jn	19:2	le vistieron con un manto **de púrpura**
	5	llevando...el manto **de púrpura**.
Ap	17:4	vestida **de púrpura** y escarlata (WH, N, ABMW)
	18:16	de lino fino, **de púrpura**

4211 Vease arriba

4212 ποσάκις – posákis

Mt	18:21	¿**cuántas veces** perdonaré (¿¿**cuantas veces** pecará, VM)

πόσις 4213   4220 πότερος

Mt	23:37	¡Cuántas veces quise juntar a tus hijos,
Lc	13:34	¡Cuántas veces quise juntar a tus hijos,

4213   πόσις — pósis

Jn	6:55	y mi sangre es verdadera **bebida**,
Ro	14:17	no es comida ni **bebida**
Col	2:16	nadie os juzgue en comida o en **bebida**,

4214   πόσος — pósos

Mt	6:23	¿cuántas no serán las mismas tinieblas?
	7:11	¿cuánto más vuestro Padre...dará
	10:25	¿cuánto más a los de su casa?
	12:12	¿cuánto más vale un hombre
	15:34	¿Cuántos panes tenéis?
	16:9	cuántas cestas recogisteis?
	10	cuántas canastas recogisteis?
	27:13	¿No oyes cuántas cosas testifican contra
Mr	6:38	¿Cuántos panes tenéis?
	8:5	¿Cuántos panes tenéis?
	19	¿cuántas cestas llenas de los pedazos
	20	¿cuántas canastas llenas de los pedazos (lit., las llenuras de cuántas canastas)
	9:21	¿Cuánto tiempo hace que le sucede esto?
	15:4	Mira de cuántas cosas te acusan.
Lc	11:13	¿cuánto más vuestro Padre...dará
	12:24	¿No valéis vosotros mucho más (Cuánto más valéis..., VHA)
	28	¿cuánto más a vosotros, hombres de poca
	15:17	¡Cuántos jornaleros...tienen abundancia
	16:5	¿Cuánto debes a mi amo?
	7	tú, ¿cuánto debes?
Hch	21:20	cuántos millares de judíos hay
Ro	11:12	¿cuánto más su plena restauración? (...la plenitud de ellos?, VHA)
	24	¿cuánto más éstos,...serán injertados
2 Co	7:11	¡qué solicitud produjo (¡cuánta solicitud.., BC)
Flm	16	pero cuánto más para ti,
He	9:14	¿cuánto más la sangre de Cristo
	10:29	¿Cuánto mayor castigo pensáis

4215   ποταμός — potamós

Mt	3:6	eran bautizados...en el Jordán (TR, BA) (...en el río Jordán, VHA, WH, N, ABMW, VM, NC, BC)
	7:25	Descendió lluvia, y vinieron ríos,
	27	descendió lluvia, y vinieron ríos,
Mr	1:5	eran bautizados...en el río Jordán,
Lc	6:48	Y el río dio con ímpetu
	49	el río dio con ímpetu
Jn	7:38	correrán ríos de agua viva.
Hch	16:13	salimos...junto al río
2 Co	11:26	en peligros de ríos,
Ap	8:10	sobre la tercera parte de los ríos
	9:14	atados junto al gran río Eufrates.
	12:15	agua como un río,
	16	tragó el río
	16:4	derramó su copa sobre los ríos
	12	sobre el gran río Eufrates;
	22:1	me mostró un río
	2	y uno y otro lado del río

4216   ποταμοφόρητος *† — potamofóretos

Ap	12:15	para que fuese **arrastrada por el río**. (para hacer que **fuera arrastrada por la corriente**, BA)

4217   ποταπός * — potapós

Mt	8:27	¿Qué hombre es éste,
Mr	13:1	mira qué piedras, y qué edificios.
Lc	1:29	pensaba qué salutación sería
	7:39	quién y qué clase de mujer es
2 P	3:11	¡cómo no debéis vosotros andar (¡qué manera de personas debéis ser, VM)
1 Jn	3:1	Mirad cuál amor nos ha dado el Padre,

4218   ποτέ — poté

Lc	22:32	tú, una vez vuelto,
Jn	9:13	al que había sido ciego (al que antes había sido ciego, BA)
Ro	1:10	que de alguna manera tenga al fin...un
	7:9	yo sin la ley vivía en un tiempo;
	11:30	en otro tiempo erais desobedientes
1 Co	9:7	¿Quién fue jamás soldado
Gá	1:13	acerca de mi conducta en otro tiempo la fe que en otro tiempo asolaba
	23	Aquel que en otro tiempo nos perseguía, la fe que en otro tiempo asolaba.
	2:6	hayan sido en otro tiempo nada me importa
Ef	2:2	en los cuales anduvisteis en otro tiempo
	3	todos nosotros vivimos en otro tiempo
	11	en otro tiempo vosotros, los gentiles
	13	que en otro tiempo estabais lejos
	5:8	en otro tiempo erais tinieblas,
	29	nadie aborreció jamás a su propia carne,
Fil	4:10	ya al fin habéis revivido
Col	1:21	a vosotros...que erais en otro tiempo
	3:7	vosotros también anduvisteis en otro tiempo
1 Ts	2:5	nunca usamos de palabras (lit., nunca fuimos en palabra)
Tit	3:3	éramos en otro tiempo insensatos
Flm	11	el cual en otro tiempo te fue inútil,
He	1:5	¿a cuál de los ángeles dijo... jamás
	13	¿a cuál de los ángeles dijo...jamás
1 P	2:10	que en otro tiempo no erais pueblo
	3:5	así...se ataviaban en otro tiempo
	20	los que en otro tiempo desobedecieron,
2 P	1:10	haciendo estas cosas, no caeréis jamás.
	21	nunca la profecía fue traída

4219   πότε — póte

Mt	17:17	¿Hasta cuándo he de estar con vosotros? ¿hasta cuándo os he de soportar?
	24:3	¿cuándo serán estas cosas,
	25:37	¿cuándo te vimos hambriento,
	38	¿Y cuándo te vimos forastero
	39	¿O cuándo te vimos enfermo,
	44	¿cuando te vimos hambriento
Mr	9:19	¿Hasta cuándo he de estar
		¿hasta cuándo os he de soportar?
	13:4	¿cuándo serán estas cosas?
	33	no sabéis cuándo será el tiempo.
	35	no sabéis cuándo vendrá el señor
Lc	9:41	¿Hasta cuándo he de estar con vosotros.
	12:36	a que su señor regrese (a su señor, para que, cuando regrese, VHA)
	17:20	cuando habría de venir el reino de Dios,
	21:7	¿cuándo será esto? (...estas cosas?, VM)
Jn	6:25	Rabí, ¿cuándo llegaste acá?
	10:24	¿Hasta cuándo nos turbarás
Ap	6:10	¿Hasta cuándo, Señor, santo

4220   πότερος — póteros

Jn	7:17	si...es de Dios

4221	ποτήριον – potérion
Mt 10:42	un **vaso** de agua fría solamente
20:22	¿Podéis beber del **vaso**
23	A la verdad, de mi **vaso** beberéis,
23:25	limpiáis lo de fuera del **vaso**
26	lo de dentro del **vaso**
26:27	tomando **la copa**
39	pase de mí esta **copa**
42	si no puede pasar de mí esta **copa** (TR, BC)
Mr 7:4	los lavamientos **de los vasos**
8	los lavamientos de los jarros y los **vasos de beber** (TR, VM)
9:41	cualquiera que os diere **un vaso**
10:38	¿Podéis beber del **vaso** que yo bebo,
39	del **vaso** que yo bebo,
14:23	tomando **la copa**
36	aparta de mí esta **copa**
Lc 11:39	limpiáis lo de fuera del **vaso**
22:17	habiendo tomado **la copa**
20	después que hubo cenado,...la **copa** (TR, [WH], [N], [ABMW], VHA, VM, NC, BC, BA)
	Esta **copa** es el nuevo pacto (TR, [WH], [N], [ABMW], VHA, VM, NC, BC, BA)
42	pasa de mí esta **copa**;
Jn 18:11	la **copa** que el Padre me ha dado,
1 Co 10:16	La **copa** de bendición que bendecimos,
21	No podéis beber **la copa** del Señor, y la **copa** de los demonios.
11:25	Asimismo...también la **copa** Esta **copa** es el nuevo pacto
26	bebiereis esta **copa**
27	bebiere esta **copa** (TR); (...la **copa**, VHA, WH, N, ABMW, VM, NC, BC, BA)
28	beba de la **copa**
Ap 14:10	el **cáliz** de su ira
16:19	para darle el **cáliz** del vino del ardor
17:4	en la mano un **cáliz** de oro
18:6	en el **cáliz** en que ella preparó bebida

4222	ποτίζω – potizo (potídzo)
Mt 10:42	cualquiera que dé (cualquiera que diere de **beber**, VHA)
25:35	tuve sed, y me **diste de beber**;
37	o sediento, y te **dimos de beber**?
42	tuve sed, y no me **disteis de beber**;
27:48	poniéndola en una caña le **dio a beber**
Mr 9:41	cualquiera que os diere (cualquiera que os **diere de beber**, VHA)
15:36	poniéndola en una caña, le **dio a beber**
Lc 13:15	lo lleva a beber? (lit., llevándolo, **lo abreva**)
Ro 12:20	si tuviere sed, **dale de beber**
1 Co 3:2	Os **di a beber** leche, y no vianda
6	Yo planté. Apolos **regó**
7	ni el que planta es algo, ni el **que riega**
8	el que planta y el **que riega**
12:13	a todos **se nos dio a beber** de un mismo
Ap 14:8	**ha hecho beber** a todas las naciones

4223	Ποτίωλοι – Potíoloi
Hch 28:13	llegamos al segundo día a **Puteoli**,

4224	πότος – pótos
1 P 4:3	**disipación** y abominables idolatrías. (exceso en el beber..., VHA)

| 4225 | πού – pou |

Hch 27:29	temiendo dar en escollos (lit., temiendo que tal vez fueran a caer, TR, VHA, VM, NC); (lit.,...que **en alguna parte** fuéramos a caer, WH, N, ABMW, BC, BA)
Ro 4:19	siendo de **casi** cien años
He 2:6	alguien testificó **en cierto lugar**,
16	**ciertamente** no socorrió (WH)
4:4	**en cierto lugar** dijo así

4226	ποῦ – poú
Mt 2:2	¿**Dónde** está el rey
4	les preguntó **dónde** había de nacer
8:20	no tiene **dónde** recostar su cabeza.
26:17	¿**Dónde** quieres que preparemos
Mr 14:12	¿**Dónde** quieres que vayamos a preparar
14	¿**Dónde** está el aposento (TR, VM); (...mi aposento, VHA, WH, N, ABMW, NC, BC, BA)
15:47	**dónde** lo ponían. (...era puesto, VHA)
Lc 8:25	¿**Dónde** está vuestra fe?
9:58	no tiene **donde** recostar la cabeza.
12:17	no tengo **donde** guardar mis frutos?
17:17	Y los nueve, ¿**dónde** están?
37	le dijeron: ¿**Dónde**, Señor?
22:9	¿**Dónde** quieres que la preparemos?
11	¿**Dónde** está el aposento
Jn 1:38 (39)	¿**dónde** moras?
39 (40)	vieron **donde** moraba,
3:8	ni a **dónde** va;
7:11	¿**Dónde** está aquel?
35	¿**Adónde** se irá (...se ha de ir, VHA)
8:10	[Mujer, ¿**dónde** están]
14	sé...a **dónde** voy ni a **dónde** voy
19	¿**Dónde** está tu Padre?
9:12	¿**Dónde** está él?
11:34	¿**Dónde** le pusisteis?
57	si alguno supiese **dónde** estaba,
12:35	no sabe **adónde** va.
13:36	Señor, ¿a **dónde** vas?
14:5	no sabemos a **dónde** vas;
16:5	¿A **dónde** vas?
20:2	no sabemos **dónde** le han puesto.
13	no sé **dónde** le han puesto.
15	dime **dónde** lo has puesto,
Ro 3:27	¿**Dónde**, pues, está la jactancia?
1 Co 1:20	¿**Dónde** está el sabio? ¿**Dónde** está ¿**Dónde** está el disputador de este siglo?
12:17	¿**dónde** estaría el oído? ¿**dónde** estaría el olfato?
19	¿**dónde** estaría el cuerpo?
15:55	¿**Dónde** está, oh muerte, tu aguijón? ¿**Dónde**...tu victoria?
Gá 4:15	¿**Dónde**, pues, está esa satisfacción (lit.,... vuestra bienaventuranza?) (WH, N, ABMW, VHA, VM, NC, BC, BA); (lit., ¿Qué pues era..., TR)
He 11:8	salió sin saber **a dónde** iba
1 P 4:18	¿En **dónde** aparecerá el impío
2 P 3:4	¿**Dónde** está la promesa de su advenimiento
1 Jn 2:11	no sabe a **dónde** va,
Ap 2:13	Yo conozco...**dónde** moras,

4227	Πούδης – Poudes
2 Ti 4:21	Eubulo te saluda, y **Pudente**,

4228	πούς – poús
Mt 4:6	Para que no tropieces con tu **pie**

	πρᾶγμα 4229	685		4232 πραιτώριον
Mt	5:35	es el estrado de sus pies;	Hch 7:49	la tierra el estrado de mis pies
	7:6	no sea que las pisoteen, (no sea que las rehuellen bajo sus pies, VHA)	58	pusieron sus ropas a los pies de un joven
			10:25	postrándose a sus pies, adoró.
Mt	10:14	sacudid el polvo de vuestros pies	13:25	de desatar el calzado de los pies
	15:30	a los pies de Jesús, (TR, VHA, BA); (a sus pies, VM, WH, N, ABMW, NC, BC)	51	sacudiendo...el polvo de sus pies,
			14:8	imposibilitado de los pies,
	18:8	Por tanto, si tu mano o tu pie que teniendo dos manos o dos pies	10	Levántate derecho sobre tus pies
			16:24	les aseguró los pies en el cepo.
	29	postrándose a sus pies, (TR)	21:11	atándose los pies y las manos,
	22:13	Atadle de pies y manos, (lit., atándole...)	22:3	instruido a los pies de Gamaliel,
	44	por estrado de tus pies? (TR, NC); (debajo de tus pies, VHA, WH, N, ABMW, VM, BC, BA)	26:16	ponte sobre tus pies
			Ro 3:15	Sus pies se apresuran (...son ligeros, VHA)
			10:15	¡Cuán hermosos son los pies
	28:9	acercándose, abrazaron sus pies,	16:20	a Satanás bajo vuestros pies.
Mr	5:22	se postró a sus pies,	1 Co 12:15	Si dijere el pie: Porque no soy mano
	6:11	el polvo que está debajo de vuestros pies,	21	ni tampoco la cabeza a los pies;
	7:25	se postró a sus pies.	15:25	a todos sus enemigos debajo de sus pies
	9:45	si tu pie te fuere ocasión de caer que teniendo dos pies	27	las sujetó debajo de sus pies
			Ef 1:22	sometió todas las cosas bajo sus pies
	12:36	por estrado de tus pies (TR, VM, BC); (debajo de tus pies, VHA, WH, N, ABMW NC, BA)	6:15	calzados los pies con el apresto
			1 Ti 5:10	si ha lavado los pies de los santos;
			He 1:13	por estrado de tus pies
Lc	1:79	Para encaminar nuestros pies	2:8	sujetaste bajo sus pies,
	4:11	Para que no tropieces con tu pie	10:13	por estrado de sus pies;
	7:38	estando detrás de él a sus pies, comenzó a regar con lágrimas sus pies, besaba sus pies,	12:13	sendas derechas para vuestros pies,
			Ap 1:15	sus pies semejantes al bronce
			17	caí como muerto a sus pies.
	44	no me diste agua para mis pies ha regado mis pies con lágrimas,	2:18	pies semejantes al bronce bruñido, (sus pies..., VHA)
	45	no ha cesado de besar mis pies	3:9	yo haré que...se postren a tus pies,
	46	ha ungido con perfume mis pies	10:1	sus pies como columnas de fuego.
	8:35	sentado a los pies de Jesús, vestido,	2	puso su pie derecho sobre el mar
	41	postrándose a los pies de Jesús,	11:11	se levantaron sobre sus pies
	9:5	sacudid el polvo de vuestros pies	12:1	con la luna debajo de sus pies,
	10:11	que se ha pegado a nuestros pies, (V60, WH, N, ABMW, VHA, VM, NC, BC, BA)	13:2	sus pies como de oso,
			19:10	Yo me postré a sus pies para adorarle.
	39	sentándose a los pies de Jesús,	22:8	me postré para adorar a los pies
	15:22	calzado en sus pies. (zapatos..., VM)		
	17:16	se postró rostro en tierra a sus pies, (cayó sobre su rostro..., VM)	4229	πρᾶγμα — prágma
			Mt 18:19	acerca de cualquier cosa que pidieren,
	20:43	por estrado de tus pies	Lc 1:1	de poner en orden la historia de las cosas
	24:39	Mirad mis manos y mis pies,	Hch 5:4	¿Por qué pusiste esto (¿Cómo es que pusiste tal cosa, VHA)
	40	les mostró las manos y los pies. (TR, [WH], [N], [ABMW], VHA, VM, NC, BC, [BA])		
Jn	11:2	que...le enjugó los pies con sus cabellos.	Ro 16:2	en cualquier cosa en que necesite
	32	se postró a sus pies,	1 Co 6:1	cuando tiene algo contra otro, (teniendo un asunto contra otro, VM)
	44	salió, atadas las manos y los pies		
	12:3	ungió los pies de Jesús, los enjugó con sus cabellos (lit., enjugó sus pies...)	2 Co 7:11	os habéis mostrado limpios en el asunto.
			1 Ts 4:6	ni engañe en nada a su hermano; (ni defraude en este asunto..., VHA)
	13:5	comenzó a lavar los pies	He 6:18	para que por dos cosas inmutables,
	6	¿tú me lavas los pies?	10:1	no la imagen misma de las cosas,
	8	No me lavarás los pies jamás.	11:1	de lo que no se ve (de cosas que no se ven, VHA)
	9	Señor, no sólo mis pies,		
	10	sino lavarse los pies, (TR, [WH], [N], ABMW, VHA, VM, BC, BA)	Stg 3:16	y toda obra perversa
	12	después que les hubo lavado los pies,	4230	πραγματεία — pragmatéia
	14	si yo,...he lavado vuestros pies también debéis lavaros los pies	2 Ti 2:4	se enreda en los negocios de la vida,
	20:12	y el otro a los pies,	4231	πραγματεύομαι — pragmatéuomai
Hch	2:35	por estrado de tus pies.	Lc 19:13	les dijo: Negociad entre tanto
	4:35	lo ponían a los pies		
	37	lo puso a los pies	4232	πραιτώριον*† — praitórion
	5:2	la puso a los pies de los apóstoles.	Mt 27:27	llevaron a Jesús al pretorio, (llevando..., VM)
	9	los pies de los que han sepultado	Mr 15:16	esto es, al pretorio,
	10	Al instante ella cayó a los pies	Jn 18:28	Llevaron a Jesús...al pretorio no entraron en el pretorio,
	7:5	ni aun para asentar un pie (ni aun la huella de un pie, VM)		
	33	Quita el calzado de tus pies	33	volvió a entrar en el pretorio, (entró otra

πράκτωρ 4233   686   4245 πρεσβύτερος

		vez..., VM)
Jn	19:9	entró otra vez en el **pretorio**
Hch	23:35	el **pretorio** de Herodes
Fil	1:13	en todo el **pretorio**,

4233   πράκτωρ – práktor

Lc	12:58	el juez te entregue al **alguacil**, el **alguacil** te meta en la cárcel.

4234   πρᾶξις – práxis

Mt	16:27	a cada uno conforme a sus **obras**.
Lc	23:51	ni en los **hechos** de ellos, (ni en el **proceder** de ellos, VHA)
Hch	19:18	confesando y dando cuenta de sus **hechos**
Ro	8:13	hacéis morir las **obras** de la carne,
	12:4	no...tienen la misma **función**,
Col	3:9	del viejo hombre con sus **hechos**,

4235   πρᾶος véase bajo **4239** πραΰς

4236   πραότης véase bajo **4240** πραΰτης

4237   πρασιά** – prasiá

Mr	6:40	se recostaron por grupos (lit.,...**secciones**)

4238   πράσσω – prásso

Lc	3:13	No **exijáis** más de lo que os
	19:23	lo hubiera recibido (lo hubiera **demandado**, VHA)
	22:23	el que había de **hacer** esto
	23:15	ha hecho este hombre (ha sido **cometida** por él, VM)
	41	lo que merecieron nuestros hechos (lit., cosas dignas de las cosas que **cometimos**)
Jn	3:20	éste ningún mal **hizo**
		todo aquel **que hace** lo malo,
	5:29	mas los **que hicieron** lo malo
Hch	3:17	sé que...lo **habéis hecho**
	5:35	lo que vais a **hacer**
	15:29	si os guardareis, bien **haréis**
	16:28	No te **hagas** ningún mal,
	17:7	contravienen los decretos (**obran** en oposición..., VM)
	19:19	muchos de los **que habían practicado**
	36	que nada **hagáis** precipitadamente.
	25:11	cosa alguna digna de muerte **he hecho**
	25	ninguna cosa digna de muerte **ha hecho**
	26:9	**hacer** muchas cosas contra el nombre
	20	**haciendo** obras dignas de arrepentimiento
	26	no se ha **hecho** esto en algún rincón.
	31	Ninguna cosa...**ha hecho** este hombre.
Ro	1:32	los **que practican** tales cosas se complacen con los **que** las **practican**
	2:1	tú que juzgas **haces**
	2	contra los **que practican** tales cosas
	3	tú que juzgas a los **que** tal **hacen**
	25	si **guardas** la ley (si tú **practicas**..., BA)
	7:15	no **hago** lo que quiero, (no lo que quiero, eso **practico**, VHA)
	19	el mal que no quiero, eso **hago**
	9:11	ni **habían hecho** aún ni bien ni mal,
	13:4	al **que hace** lo malo.
1 Co	5:2	el que cometió tal acción? (WH, N)
	9:17	si lo **hago** (si **practico** esto, VHA)
2 Co	5:10	según lo que **haya hecho** (lit., según las cosas...)
	12:21	lascivia que **han cometido**

Gá	5:21	que los **que practican** tales cosas
Ef	6:21	Para que...sepáis...lo que **hago**
Fil	4:9	esto **haced**; (lit., estas cosas...)
1 Ts	4:11	**ocuparos** en vuestros negocios (lit., **practicar** vuestras propias cosas)

4239   Véase abajo

4239 A   πραϋπάθεια* – praüpátheia

1 Ti	6:11	sigue...la **mansedumbre**. (WH, N, ABMW)

4239   πραΰς – praús o πρᾶος

Mt	5:5	Bienaventurados los **mansos**
	11:29	aprended de mí, que soy **manso**
	21:5	**Manso**, y sentado sobre una asna,
1 P	3:4	de un espíritu **afable** y apacible,

4239A Véase arriba

4240   πραΰτης – praútes o πραότης

1 Co	4:21	o con amor y espíritu de **mansedumbre**?
2 Co	10:1	os ruego por la **mansedumbre** y ternura
Gá	5:23	**mansedumbre**, templanza; contra tales
	6:1	restauradle con espíritu de **mansedumbre**,
Ef	4:2	con toda humildad y **mansedumbre**,
Col	3:12	de humildad, de **mansedumbre**,
1 Ti	6:11	sigue...la **mansedumbre** (TR)
2 Ti	2:25	que con **mansedumbre** corrija
Tit	3:2	mostrando toda **mansedumbre**
Stg	1:21	recibid con **mansedumbre** la palabra
	3:13	en sabia **mansedumbre**. (en **mansedumbre** de sabiduría, VHA)
1 P	3:15	defensa con **mansedumbre** y reverencia

4241   πρέπω – prépo

Mt	3:15	conviene que cumplamos (es **propio** en nosotros cumplir, VHA)
1 Co	11:13	¿Es **propio** que la mujer ore a Dios
Ef	5:3	como **conviene** a santos;
1 Ti	2:10	como **corresponde** a mujeres que profesan
Tit	2:1	lo que está de acuerdo (las cosas que **convienen**, VM)
He	2:10	**convenía** a aquel por cuya causa son
	7:26	tal sumo sacerdote nos **convenía**;

4242   πρεσβεία** – presbéia

Lc	14:32	le envía una **embajada** (lit., habiéndole enviado...)
	19:14	enviaron tras él **una embajada**,

4243   πρεσβεύω* – presbéuo

2 Co	5:20	Así que, **somos embajadores**
Ef	6:20	**soy embajador** en cadenas;

4244   πρεσβυτέριον**† – presbutérion

Lc	22:66	se juntaron los **ancianos** (se reunió en junta el **senado**, BC)
Hch	22:5	todos los **ancianos** (todo el **consejo** de **ancianos**, VHA)
1 Ti	4:14	con la imposición de...del **presbiterio**.

4245   πρεσβύτερος – presbúteros

Mt	15:2	quebrantan la tradición de los **ancianos**?
	16:21	de los **ancianos**, de los principales sacerdotes
	21:23	los **ancianos** del pueblo se acercaron
	26:3	los **ancianos** del pueblo se reunieron
	47	y de los **ancianos** del pueblo.
	57	los escribas y los **ancianos**.
	59	los **ancianos** y todo el concilio (TR)
	27:1	los principales sacerdotes y los **ancianos**

πρεσβύτης 4246   687   4254 προάγω

Mt	27:3	a los principales sacerdotes y a los ancianos	4247		πρεσβῦτις** — presbútis
	12	por los principales sacerdotes y por los ancianos	Tit	2:3	Las ancianas asimismo sean reverentes
	20	los principales sacerdotes y los ancianos	4248		πρηνής** — prenés
	41	escarneciéndole con...los ancianos	Hch	1:18	cayendo de cabeza (lit., habiendo venido a estar boca abajo)
	28:12	reunidos con los ancianos,			
Mr	7:3	a la tradición de los ancianos,			
	5	conforme a la tradición de los ancianos,			
	8:31	ser desechado por los ancianos,	4249		πρίζω — prízo (prídzo)
	11:27	los escribas y los ancianos	He	11:37	Fueron apedreados, aserrados,
	14:43	de los escribas y de los ancianos.			
	53	los ancianos y los escribas.	4250		πρώ — prín
	15:1	con los ancianos, con los escribas		(1)	πρώ ἤ
Lc	7:3	le envió unos ancianos de los judíos,	Mt	1:18 (1)	antes que se juntasen,
	9:22	sea desechado por los ancianos.		26:34	antes que el gallo cante,
	15:25	su hijo mayor estaba en el campo;		75	Antes que cante el gallo,
	20:1	los escribas, con los ancianos,	Mr	14:30 (1)	antes que el gallo haya cantado
	22:52	Jesús dijo...a los ancianos		72	Antes que el gallo cante dos veces,
Jn	8:9	[desde los más viejos hasta los postreros]	Lc	2:26 (1)	antes que viese al Ungido del Señor.
Hch	2:17	vuestros ancianos soñarán sueños;		22:34 (1)	no cantará hoy antes que tú niegues (TR)
	4:5	los gobernantes, los ancianos y los escribas		61	Antes que el gallo cante,
	8	Gobernantes...y ancianos de Israel	Jn	4:49	desciende antes que mi hijo muera.
	23	los ancianos les habían dicho		8:58	Antes que Abraham fuese, yo soy.
	6:12	soliviantaron...a los ancianos		14:29	os lo he dicho antes que suceda,
	11:30	enviándolo a los ancianos	Hch	2:20	Antes que venga el día del Señor,
	14:23	ancianos en cada iglesia,		7:2 (1)	antes que morase en Harán,
	15:2	a los apóstoles y los ancianos		25:16 (1)	antes que el acusado tenga delante
	4	fueron recibidos por...los ancianos			
	6	se reunieron...los ancianos para conocer	4251 y 4252		Πρώκα — Príska o Πρώκιλλα
	22	pareció bien...a los ancianos			
	23	Los apóstoles y los ancianos	Hch	18:2	con Priscila su mujer, (lit., y Priscila...)
	16:4	los apóstoles y los ancianos		18	con él Priscila y Aquila,
	20:17	hizo llamar a los ancianos de la iglesia.		26	cuando le oyeron Priscila y Aquila,
	21:18	se hallaban...todos los ancianos	Ro	16:3	Saludad a Priscila y a Aquila,
	23:14	los cuales fueron...a los ancianos	1 Co	16:19	Aquila y Priscila, con la iglesia
	24:1	con algunos de los ancianos	2 Ti	4:19	Saluda a Prisca y a Aquila,
	25:15	los ancianos de los judíos,			
1 Ti	5:1	No reprendas al anciano	4254		προάγω — proágo
	2	a las ancianas, como a madres;	Mt	2:9	la estrella...iba delante de ellos,
	17	Los ancianos que gobiernan bien,		14:22	ir delante de él a la otra ribera
	19	Contra un anciano no admitas		21:9	la gente que iba delante (las turbas que marchaban por delante, BC)
Tit	1:5	establecieses ancianos en cada ciudad,		31	los publicanos y las rameras van delante
He	11:2	alcanzaron buen testimonio los ancianos		26:32	iré delante de vosotros a Galilea.
Stg	5:14	Llame a los ancianos de la iglesia		28:7	he aquí va delante de vosotros
1 P	5:1	Ruego a los ancianos	Mr	6:45	ir delante de él a Betsaida,
	5	estad sujetos a los ancianos		10:32	Jesús iba delante, (lit.,...estaba marchando delante de ellos)
2 Jn	1	El anciano a la señora elegida			
3 Jn	1	El anciano a Gayo, el amado		11:9	los que iban delante
Ap	4:4	en los tronos a veinticuatro ancianos		14:28	iré delante de vosotros a Galilea
	10	los veinticuatro ancianos se postran		16:7	que él va delante de vosotros
	5:5	uno de los ancianos me dijo:	Lc	18:39	los que iban delante le reprendían
	6	en medio de los ancianos	Hch	12:6	cuando Herodes le iba a sacar, (TR, N, ABMW)
	8	los veinticuatro ancianos se postraron			
	11	de los seres vivientes, y de los ancianos		16:30	sacándolos, les dijo:
	14	los veinticuatro ancianos se postraron (TR). (los ancianos..., VHA, WH, N, ABMW, VM, NC, BC, BA)		17:5	procuraban sacarlos al pueblo. (WH, ABMW)
				25:26	le he traído ante vosotros,
	7:11	alrededor del trono, y de los ancianos	1 Ti	1:18	conforme a las profecías que se hicieron antes
	13	Entonces uno de los ancianos			
	11:16	los veinticuatro ancianos		5:24	antes que ellos vengan a juicio (yéndoles delante a juicio, VM)
	14:3	delante...de los ancianos			
	19:4	los veinticuatro ancianos...se postraron	He	7:18	el mandamiento anterior
			2 Jn	9	Cualquiera que se extravía (TR, NC); (Todo aquel que...va más allá, VHA, WH, N, ABMW, VM, BC, BA)
4246		πρεσβύτης — presbútes			
Lc	1:18	yo soy viejo,			
Tit	2:2	Que los ancianos sean sobrios,			
Flm	9	Pablo ya anciano,			

4255

4255		προαιρέω — proaipéo
2 Co	9:7	Cada uno dé como **propuso**
4256		προαιτιάομαι*† — proaitiáomai
Ro	3:9	pues ya **hemos acusado** a judíos
4257		προακούω* — proakóuo
Col	1:5	ya **habéis oído** por la palabra
4258		προαμαρτάνω*† — proamartáno
2 Co	12:21	de los **que antes han pecado**,
	13:2	lo escribo a los **que antes pecaron**
4259		προαύλιον* — proáulion
Mr	14:68	salió a la **entrada**
4260		προβαίνω — probáino
Mt	4:21	**Pasando** de allí, vio a otros
Mr	1:19	**Pasando** de allí un poco **más adelante**
Lc	1:7	de edad avanzada. (**avanzados** en sus días, BC)
	18	de edad avanzada. (**avanzada** en sus días, BC)
	2:36	de edad muy avanzada, (lit., **avanzada** en muchos días)
4261		προβάλλω — probállo (probálo)
Lc	21:30	Cuando ya **brotan**
Hch	19:33	**empujándole** los judíos
4262		προβατικός — probatikós
Jn	5:2	cerca de la **puerta de las ovejas**
4263		Véase abajo
4263 A		προβάτιον* — probátion
Jn	21:16	Pastorea mis **ovejas**. (WH, N)
	17	Apacienta mis **ovejas**. (WH, N)
4263		πρόβατον — próbaton
Mt	7:15	con vestidos **de ovejas**,
	9:36	como **ovejas** que no tienen pastor
	10:6	id antes a las **ovejas** perdidas
	16	yo os envío como a **ovejas**
	12:11	que tenga una **oveja**,
	12	¿cuánto más vale un hombre **que una oveja**?
	15:24	sino a las **ovejas** perdidas
	18:12	Si un hombre tiene cien **ovejas** (lit., si hay a cierto hombre...)
	25:32	como aparta el pastor las **ovejas**
	33	pondrá las **ovejas** a su derecha,
	26:31	las **ovejas** del rebaño serán dispersadas
Mr	6:34	eran como **ovejas** que no tenían pastor
	14:27	las **ovejas** serán dispersadas.
Lc	15:4	teniendo cien **ovejas**
	6	he encontrado mi **oveja**
Jn	2:14	a los que vendían bueyes, **ovejas**
	15	y las **ovejas** y los bueyes
	10:1	en el redil de las **ovejas**
	2	el pastor de las **ovejas**
	3	las **ovejas** oyen su voz; a sus **ovejas** llama por nombre
	4	cuando ha sacado fuera todas las propias (V60, WH, N, ABMW, VHA, VM, NC, BC, BA); (lit.,...sus propias ovejas, TR) las **ovejas** le siguen,
	7	Yo soy la puerta de las **ovejas**.
Jn	10:8	no los oyeron las **ovejas**
	11	su vida da por las **ovejas**
	12	de quien no son propias las **ovejas** deja las **ovejas** arrebata las **ovejas**, y las dispersa (lit., las arrebata y dispersa las **ovejas**) (TR, NC)
	13	no le importan las **ovejas**. (no le importa de las **ovejas**, BC)
	15	pongo mi vida por las **ovejas**
	16	tengo otras **ovejas**
	26	no sois de mis **ovejas**
	27	Mis **ovejas** oyen mi voz,
	21:16	Pastorea mis **ovejas**. (TR, ABMW)
	17	Apacienta mis **ovejas**. (TR, ABMW)
Hch	8:32	Como **oveja** a la muerte fue llevado;
Ro	8:36	Somos contados como **ovejas**
He	13:20	el gran pastor de las **ovejas**
1 P	2:25	vosotros erais como **ovejas**
Ap	18:13	trigo, bestias, **ovejas**,
4263A		Véase arriba
4264		προβιβάζω — probibázo (probibádzo)
Mt	14:8	Ella, **instruida primero** por su madre,
Hch	19:33	**sacaron** de entre la multitud (TR, VM, NC)
4265		προβλέπω — problépo
He	11:40	**proveyendo** Dios alguna cosa mejor
4266		προγίνομαι** — progínomai
Ro	3:25	los pecados pasados, (los pecados **cometidos anteriormente**, VM)
4267		προγινώσκω** — proginósko (proguinósko)
Hch	26:5	los **cuales** también **saben** que yo
Ro	8:29	a los que **antes conoció**,
	11:2	al cual **desde antes conoció**.
1 P	1:20	ya **destinado** desde antes de la fundación
2 P	3:17	oh amados, **sabiéndolo** de antemano
4268		πρόγνωσις**† — prógnosis
Hch	2:23	y **anticipado conocimiento** de Dios,
1 P	1:2	según la **presciencia** de Dios Padre
4269		πρόγονος** — prógonos
1 Ti	5:4	a recompensar a sus **padres**
2 Ti	1:3	al cual sirvo desde mis **mayores**
4270		προγράφω — prográfo
Ro	15:4	las cosas que **se escribieron antes**, para nuestra enseñanza **se escribieron** (TR)
Gá	3:1	Jesucristo **fue ya presentado claramente**
Ef	3:3	como **antes** lo **he escrito** brevemente
Jud	4	los **que** desde antes habían sido destinados
4271		πρόδηλος**† — pródelos
1 Ti	5:24	Los pecados...se hacen **patentes** (...son ya evidentes, VHA)
	25	se hacen **manifiestas** (son ya evidentes, VHA)
He	7:14	**manifiesto** es que nuestro Señor
4272		προδίδωμι — prodídomi
Ro	11:35	¿O quién le **dio** a él **primero**,
4273		προδότης** — prodótes
Lc	6:16	Judas Iscariote, que llegó a ser el **traidor**.

πρόδρομος 4274

Hch	7:52	habéis sido **entregadores** y matadores
2 Ti	3:4	**traidores**, impetuosos, infatuados,

4274 πρόδρομος — pródromos

He	6:20	Jesús entró por nosotros como **precursor**,

4275 προεῖδον, προειδέω, véase **4308** προοράω

4276 Véase abajo
4277 προεῖπον* — proéipon

Mt	24:25	Ya os lo **he dicho antes**.
Mr	13:23	os lo **he dicho** todo
Hch	1:16	el Espíritu Santo **habló antes**
Ro	9:29	como **antes dijo** Isaías
2 Co	7:3	pues ya **he dicho antes** que estáis
	13:2	**He dicho antes**, y ahora digo
Gá	1:9	Como **antes hemos dicho**, también
	5:21	como ya os lo **he dicho antes**
1 Ts	4:6	como **ya** os **hemos dicho**
He	4:7	como se dijo (TR); (como **ya se ha dicho**, VHA, WH, N, ABMW, VM, NC, BC, BA)
	10:15	porque **después de haber dicho** (TR)
2 P	3:2	que **antes han sido dichas**
Jud	17	de las palabras **que antes fueron dichas**

4276 προελπίζω* — proelpízo (proelpídzo)

Ef	1:12	los **que primeramente esperábamos**

4277 Véase arriba
4278 προενάρχομαι*† — proenárcomai (proenárjomai)

2 Co	8:6	para que tal como **comenzó antes**
	10	a vosotros, que **comenzasteis antes**,

4279 προεπαγγέλλω*† — proepaggéllo (proepanguélo)

Ro	1:2	que él **había prometido antes**
2 Co	9:5	vuestra generosidad **antes prometida**, (WH, N, ABMW)

4280 Véase abajo
4281 προέρχομαι — proércomai (proérjomai)

Mt	26:39	**Yendo un poco adelante**, se postró
Mr	6:33	**llegaron antes** que ellos,
	14:35	**Yéndose un poco adelante**, se postró
Lc	1:17	**irá delante** de él con el espíritu
	22:47	iba **al frente** de ellos
Hch	12:10	**pasaron** una calle (**pasaron adelante por** una calle, VM)
	20:5	Estos, **habiéndose adelantado**, nos esperaron (TR, N, ABMW)
	13	Nosotros, **adelantándonos**
2 Co	9:5	que **fuesen primero** a vosotros

4280 προερῶ, véase bajo **4277** προεῖπον
4281 Véase arriba
4282 προετοιμάζω — proetoimázo (proetoimádzo)

Ro	9:23	que él **preparó de antemano** para gloria.
Ef	2:10	las cuales Dios **preparó de antemano**

4283 προευαγγελίζομαι*† — proeuaggelízomai (proeuanguelídzomai)

Gá	3:8	**dio de antemano la buena nueva**

4284 προέχω — proéco (proéjo)

Ro	3:9	¿**Somos nosotros mejores** que ellos?

4285 προηγέομαι — proegéomai (proeguéomai)

Ro	12:10	**prefiriéndoos** los unos a los otros.

4286 πρόθεσις — próthesis

Mt	12:4	comió los panes de la **proposición**,
Mr	2:26	comió los panes de la **proposición**
Lc	6:4	tomó los panes de la **proposición**, (tomando..., VHA)
Hch	11:23	a que con **propósito** de corazón
	27:13	ya tenían lo que deseaban (haber logrado su **intento**, VHA)
Ro	8:28	a los que conforme a su **propósito** son
	9:11	el **propósito** de Dios conforme a la elección
Ef	1:11	conforme al **propósito** del que hace
	3:11	conforme al **propósito** eterno
2 Ti	1:9	sino según el **propósito** suyo
	3:10	mi doctrina, conducta, **propósito**,
He	9:2	los panes de la **proposición**, (la **exposición** de los panes, BC)

4287 προθεσμία** — prothesmía

Gá	4:2	hasta el **tiempo señalado** por el padre.

4288 προθυμία** — prothumía

Hch	17:11	recibieron la palabra con toda **solicitud** (...con toda **prontitud de ánimo**, BC)
2 Co	8:11	como estuvisteis prontos a querer, (como hubo **prontitud** en el querer, VM)
	12	si primero hay la **voluntad** dispuesta,
	19	para demostrar vuestra **buena voluntad** (TR, VM); (...nuestra..., BA, WH, N, ABMW, VHA, NC, BC)
	9:2	conozco vuestra **buena voluntad**,

4289 πρόθυμος — próthumos

Mt	26:41	el espíritu...está **dispuesto**,
Mr	14:38	el espíritu...está **dispuesto**,
Ro	1:15	**pronto** estoy a anunciaros

4290 προθύμως — prothúmos

1 P	5:2	no por ganancia...sino **con ánimo pronto**;

4406 πρόϊμος — próïmos o πρώϊμος

Stg	5:7	la lluvia **temprana** y la tardía.

4291 προΐστημι — proístemi

Ro	12:8	el **que preside**, con solicitud;
1 Ts	5:12	a los **que**...os **presiden** en el Señor
1 Ti	3:4	**que gobierne** bien su casa,
	5	sabe **gobernar** su propia casa,
	12	**que gobierne** bien sus hijos
	5:17	Los ancianos **que gobiernen** bien,
Tit	3:8	procuren **ocuparse** en buenas obras.
	14	aprendan...a **ocuparse** en buenas obras

4292 προκαλέω** — prokaléo

Gá	5:26	**irritándonos** unos a otros,

4293 προκαταγγέλλω*† — prokataggéllo (prokatanguélo)

Hch	3:18	que **había antes anunciado** por boca
	24	también **han anunciado** estos días, (TR)
	7:52	a los **que anunciaron** de antemano
2 Co	9:5	vuestra generosidad **antes prometida** (lit.,...**antes anunciada**) (TR)

4294 προκαταρτίζω* — prokatartízo (prokatartídzo)

2 Co 9:5   que...**preparasen primero** vuestra

4295 πρόκειμαι — prókeimai

2 Co 8:12 si **primero hay** la voluntad **dispuesta**
He 6:18   la esperanza **puesta delante**
12:1   la carrera que tenemos por delante (...**que** nos **es propuesta**, VHA)
2   por el gozo **puesto delante**
Jud 7   **fueron puestas** por ejemplo, (**son puestas** para escarmiento, VHA)

4296 προκηρύσσω* — prokerússo

Hch 3:20   **que** os **fue antes anunciado**; (TR)
13:24   predicó Juan (**cuando**...**Juan había predicado primero**, VM)

4297 προκοπή** — prokopé

Fil 1:12   para el **progreso** del evangelio,
25   para vuestro **provecho** y gozo
1 Ti 4:15   para que tu **aprovechamiento** sea manifiesto

4298 προκόπτω** — prokópto

Lc 2:52   Jesús **crecía** en sabiduría
Ro 13:12   La noche **está avanzada,**
Gá 1:14   en el judaísmo **aventajaba**
2 Ti 2:16   **conducirán** más y más a la impiedad.
3:9   Mas no **irán** más **adelante**
13   **irán** de mal en peor, engañando

4299 πρόκριμα*† — prókrima

1 Ti 5:21   que guardes estas cosas sin **prejuicios,**

4300 προκυρόω*† — prokuróo

Gá 3:17   el pacto **previamente** ratificado

4301 προλαμβάνω** — prolambáno

Mr 14:8   **se ha anticipado** a ungir mi cuerpo
1 Co 11:21   cada uno **se adelanta a tomar**
Gá 6:1   si alguno **fuere sorprendido** (si acaso **fuere** un hombre **sorprendido**, BC)

4302 προλέγω — prolégo

2 Co 13:2   **digo** otra vez (os lo **digo de antemano**, VM)
Gá 5:21   de las cuales os **amonesto** (...os **digo de antemano,** VHA)
1 Ts 3:4   os **predecíamos** que íbamos a pasar

4303 προμαρτύρομαι*† — promartúromai

1 P 1:11   el cual **anunciaba de antemano**

4304 προμελετάω* — promeletáo

Lc 21:14   Proponed...**no pensar antes**

4305 προμεριμνάω*† — promerimnáo

Mr 13:11   **no os preocupéis** por lo que habéis de decir

4306 προνοέω — pronoéo

Ro 12:17   **procurad** lo bueno delante de todos (lit., **proveyendo** cosas buenas...)
2 Co 8:21   **procurando** hacer las cosas honradamente (TR); (**procuramos**..., VHA, WH, N, ABMW, VM, NC, BC, BA)
1 Ti 5:8   si alguno no **provee** para los suyos

4307 πρόνοια — prónoia

Hch 24:2   en el pueblo por tu **prudencia.** (por **providencia** tuya...**en beneficio** de esta nación, VHA)
Ro 13:14   no proveáis para los deseos de la carne. (lit., no hagáis **provisión**...)

4308 προοράω — prooráo

Hch 2:25   **Veía** al Señor siempre delante de mí;
31   **viéndolo antes**, habló de la resurrección
21:29   antes habían **visto** con él
Gá 3:8   la Escritura, **previendo** que Dios

4309 προορίζω* — proorízo (proorídzo)

Hch 4:28   habían **antes determinado** que sucediera.
Ro 8:29   también los **predestino**
30   a los que **predestinó**...**llamó**
1 Co 2:7   la cual Dios **predestinó** antes
Ef 1:5   en amor **habiéndonos predestinado**
11   habiendo sido **predestinados** conforme

4310 προπάσχω —propásco (propásjo)

1 Ts 2:2   habiendo antes padecido

4310 A προπάτωρ** — propátor

Ro 4:1   nuestro padre según la carne? (TR, VM, NC); (nuestro **progenitor**..., VHA, WH, N, ABMW, BC, BA)

4311 προπέμπω** — propémpo

Hch 15:3   habiendo sido **encaminados** por la iglesia
20:38   Y le **acompañaron** al barco.
21:5   salimos, **acompañándonos** todos,
Ro 15:24   ser **encaminado** allá por vosotros
1 Co 16:6   para que vosotros me **encaminéis**
11   sino **encaminadle en paz,**
2 Co 1:16   ser **encaminado** por vosotros a Judea.
Tit 3:13   **encamínales** con solicitud,
3 Jn 6   harás bien **en encaminarlos**

4312 προπετής — propetés

Hch 19:36   que nada hagáis **precipitadamente**
2 Ti 3:4   traidores, **impetuosos,** infatuados,

4313 προπορεύομαι — proporéuomai

Lc 1:76   **irás delante** de la presencia
Hch 7:40   Haznos dioses que **vayan delante**

4315 προσάββατον† — prosábbaton

Mr 15:42   era la preparación...**la víspera de reposo.**

4316 προσαγορεύω — prosagoréuo

He 5:10   **fue declarado** por Dios (**nombrado**..., VHA)

4317 προσάγω — proságo

Mt 18:24   le **fue presentado** uno (WH, N)
Lc 9:41   **Trae** acá a tu hijo.
Hch 12:6   cuando Herodes le iba a **sacar**, (WH)
16:20   **presentándolos** a los magistrados,
27:27   sospecharon **que estaban cerca** de tierra
1 P 3:18   para **llevarnos** a Dios,

4318 προσαγωγή* — prosagogé (prosagogué)

Ro 5:2   por quien también tenemos **entrada**
Ef 2:18   los unos y los otros tenemos **entrada**

Ef 3:12 en quien tenemos seguridad y **acceso**

4319 προσαιτέω – prosaitéo
Mr 10:46 junto al camino **mendigando** (TR, ABMW, VM)
Lc 18:35 junto al camino **mendigando** (TR)
Jn 9:8 el **que se sentaba y mendigaba**? (TR, WH, VM)

4319 A προσαίτης *† – prosáites
Mr 10:46 Bartimeo el ciego (TR, ABMW, VM); (...un **mendigo** ciego, VHA, WH, N, NC, BC, BA)
Jn 9:8 que era ciego (TR, VM); (...**mendigo**, VHA, WH, N, ABMW, NC, BC, BA)

4320 προσαναβαίνω – prosanabáino
Lc 14:10 Amigo, **sube** más arriba

4321 προσαναλίσκω* – prosanalísko o προσαναλόω
Lc 8:43 **que había gastado** en médicos (TR, [ABMW] VM, NC, BC, [BA])

4322 προσαναπληρόω** – prosanapleróo
2 Co 9:12 no solamente suple (lit.,...está **supliendo**)
 11:9 **suplieron** los hermanos (**supieron con abundancia**..., VHA)

4323 προσανατίθημι* – prosanatíthemi o προσανατίθεμαι
Gá 1:16 no **consulté** en seguida con carne y sangre
 2:6 nada nuevo me **comunicaron**.

4324 προσαπειλέω** – prosapeiléo
Hch 4:21 les amenazaron y les soltaron (**habiéndolos amenazado todavía más**..., VM)

4325 προσδαπανάω*† – prosdapanáo
Lc 10:35 todo lo que **gastes de más**

4326 προσδέομαι – prosdéomai
Hch 17:25 como si **necesitase** de algo;

4327 προσδέχομαι – prosdécomai (prosdéjomai)
Mr 15:43 esperaba el reino de Dios, (estaba... **esperando**..., VHA)
Lc 2:25 **esperaba** la consolación de Israel; (**que esperaba**..., VHA)
 38 a todos los **que esperaban** la redención
 12:36 **que aguardan** a que su señor
 15:2 Este a los pecadores **recibe**,
 23:51 **esperaba** el reino de Dios,
Hch 23:21 **esperando** tu promesa. (...la promesa de tu parte, BC)
 24:15 ellos también abrigan (...**esperan**, VM)
Ro 16:2 que la **recibáis** en el Señor,
Fil 2:29 **Recibidle**, pues, en el Señor;
Tit 2:13 **aguardando** la esperanza bienaventurada
He 10:34 el despojo de vuestros bienes **sufristeis** (**aceptasteis**..., VHA)
 11:35 no **aceptando** el rescate
Jud 21 **esperando** la misericordia de nuestro Señor

4328 προσδοκάω – prosdokáo
Mt 11:3 **esperaremos** a otro?
 24:50 en día que éste no **espera**
Lc 1:21 el pueblo estaba **esperando**
 3:15 Como el pueblo **estaba en expectativa**
 7:19 o **esperaremos** a otro?
 20 o **esperaremos** a otro?
 8:40 todos le **esperaban** (...**estaban esperando**, VM)
 12:46 en día que éste no **espera**,
Hch 3:5 **esperando** recibir de ellos algo.
 10:24 Cornelio los estaba **esperando**,
 27:33 es el decimocuarto día **que veláis**
 28:6 **estaban esperando** que él se hinchase mas **habiendo esperado** mucho,
2 P 3:12 **esperando** y apresurándoos para la venida
 13 **esperamos**...cielos nuevos y tierra
 14 **estando en espera** de estas cosas,

4329 προσδοκία – prosdokía
Lc 21:26 la **expectación** de las cosas que sobrevendrán
Hch 12:11 todo lo que el pueblo...esperaba (de toda la **expectación**..., VHA)

προσδραμών, véase **4370** προστρέχω

4330 προσεάω*† – proseáo
Hch 27:7 porque nos impedía el viento, (no **dejándonos** el viento, VHA)

4331 προσεγγίζω – proseggízo (prosenguídzo)
Mr 2:4 como no podían **acercarse** a él (TR, VM)

4332 προσεδρεύω – prosedréuo
1 Co 9:13 los **que sirven** al altar, (TR)

4333 προσεργάζομαι* – prosergázomai (prosergádzomai)
Lc 19:16 tu mina **ha ganado** diez minas.

4334 προσέρχομαι – prosércomai (prosérjomai)
Mt 4:3 **vino**...el tentador, (**llegándose**..., BC)
 11 **vinieron** ángeles y le servían.
 5:1 **vinieron** a él sus discípulos.
 8:2 **vino** un leproso (**viniendo**..., VM) (WH, N, ABMW)
 5 **vino** a él un centurión,
 19 **vino** un escriba (**llegándose**..., BC)
 25 **vinieron**...y le despertaron (**llegándose**..., BC)
 9:14 Entonces **vinieron** a él
 18 vino un hombre principal (**viniendo**..., VM) (WH, N)
 20 se le **acercó** por detrás (**llegándose**..., VM)
 28 **vinieron** a él los ciegos
 13:10 **acercándose** los discípulos,
 27 **Vinieron**...los siervos (**viniendo**..., VM)
 36 **acercándose** a él sus discípulos, (...**vinieron** a él, VM)
 14:12 **llegaron** sus discípulos, (**llegándose**..., VHA)
 15 se **acercaron** a él sus discípulos,
 15:1 Entonces se **acercaron** a Jesús
 12 Entonces **acercándose** sus discípulos,
 23 **acercáronse** sus discípulos,
 30 se le **acercó** mucha gente (**llegáronse** a él

προσευχή 4335   4336 προσεύχομαι

	grandes multitudes, VHA)	
Mt 16:1	Vinieron los fariseos (**Llegándose**..., VHA)	
17:7	Jesús **se acercó** (WH, N, ABMW, VHA, NC, BC, BA); (...**llegándose**, VM, TR)	
14	**vino** a él un hombre	
19	**Viniendo** entonces los discípulos	
24	**vinieron** a Pedro los que cobraban	
18:1	los discípulos **vinieron** a Jesús	
21	Entonces **se le acercó** Pedro	
19:3	**vinieron** a él los fariseos,	
16	**vino** uno y le dijo: (**llegándose**..., VM)	
20:20	Entonces **se le acercó** la madre	
21:14	**vinieron** a él en el templo	
23	**se acercaron** a él mientras enseñaba	
28	**acercándose** al primero, le dijo:	
30	**acercándose** al otro, le dijo	
22:23	Aquel día **vinieron** a él los saduceos,	
24:1	**se acercaron** sus discípulos para mostrarle	
3	los discípulos **se le acercaron** aparte,	
25:20	**llegando** el que había recibido cinco	
22	**Llegando** también el que había recibido	
24	**llegando** también el que había recibido	
26:7	**vino** a él una mujer,	
17	**vinieron** los discípulos a Jesús	
49	**se acercó** a Jesús (**llegándose**..., VM)	
50	**se acercaron** y echaron mano (**acercándose**..BC)	
60	aunque muchos testigos falsos **se presentaban**	
	vinieron dos (**compareciendo**..., BC)	
69	**se le acercó** una criada,	
73	**acercándose** los que por allí estaban,	
27:58	Este **fue** a Pilato (...**yendo**..., VM)	
28:2	**llegando**, removió la piedra,	
9	**acercándose**, abrazaron sus pies,	
18	**se acercó** y les habló (**acercándose**..., VM)	
Mr 1:31	Entonces él **se acercó**, (...**acercándose**..., VHA)	
6:35	sus discípulos **se acercaron** (**llegándose**..., BC)	
10:2	**se acercaron** los fariseos (**llegándose**..., VHA)	
12:28	**Acercándose** uno de los escribas	
14:45	**se acercó** luego (...**acercándose**, BC)	
Lc 7:14	**acercándose**, tocó el féretro	
8:24	**vinieron** a él y le despertaron (**Llegándose**..., VHA)	
44	**se le acercó** por detrás y tocó (**llegándose**..., VM)	
9:12	**acercándose** los doce, le dijeron:	
42	mientras **se acercaba**...le derribó	
10:34	**acercándose**, vendó sus heridas,	
13:31	**llegaron** unos fariseos, diciéndole	
20:27	**Llegando** entonces algunos	
23:36	**acercándose** y presentándole vinagre,	
52	**fue** a Pilato, y pidió el cuerpo (**acudiendo**..., VM)	
Jn 12:21	Estos, pues, **se acercaron** a Felipe,	
Hch 7:31	**acercándose** para observar	
8:29	**Acércate** y júntate a ese carro.	
9:1	**vino** al sumo sacerdote, (**presentándose**..., BC)	
10:28	**acercarse** a un extranjero	
12:13	**salió** a escuchar (**se acercó**..., BC)	
18:2	**Fue** a ellos,	
20:5	Estos, **habiéndose adelantado**, (WH)	
22:26	**fue** y dio aviso al tribuno, (**presentándose**..., BC)	
27	**Vino** el tribuno (**Llegándose**. ., VM)	
Hch 23:14	los **cuales fueron** a los principales sacerdotes
24:23	servirle o **venir** a él. (TR)
28:9	**venían**, y eran sanados;
1 Ti 6:3	no **se conforma** a las sanas palabras
He 4:16	**Acerquémonos**, pues, confiadamente
7:25	a los **que** por él **se acercan** a Dios,
10:1	hacer perfectos a los **que se acercan**.
22	**acerquémonos** con corazón sincero
11:6	que el **que se acerca** a Dios
12:18	no **os habéis acercado**
22	sino que **os habéis acercado**
1 P 2:4	**Acercándoos** a él, piedra viva,

4335   *προσευχή†* — proseucé (proseujé)

Mt 17:21	no sale sino con **oración** (TR, VM, NC, BC, BA)	
21:13	Mi casa, casa **de oración**	
22	que pidiereis en **oración**	
Mr 9:29	con nada puede salir sino con **oración**	
11:17	Mi casa será llamada casa **de oración**	
Lc 6:12	orando a Dios. (en **oración** a Dios, VM)	
19:46	Mi casa es casa **de oración**; (TR); (...será..., VHA, WH, N, ABMW, VM, NC, BC, BA)	
22:45	Cuando se levantó de la **oración**	
Hch 1:14	Todos éstos...unánimes en **oración**	
2:42	en el partimiento del pan y en las **oraciones**	
3:1	a la hora novena, la de la **oración**.	
6:4	nosotros persistiremos en la **oración**	
10:4	Tus **oraciones** y tus limosnas	
31	Cornelio, tu **oración** ha sido oída	
12:5	sin cesar **oración** a Dios	
16:13	donde solía hacerse la **oración**; (TR); (donde suponíamos que habría un **lugar de oración**, VHA, WH, N, ABMW, VM, NC, BC, BA)	
16	mientras íbamos a la **oración**	
Ro 1:9	(10) hago mención...siempre en mis **oraciones**	
12:12	constantes en la **oración**;	
15:30	orando por mí a Dios. (con vuestras **oraciones** a Dios por mí, BC)	
1 Co 7:5	para ocuparos sosegadamente en la **oración**	
Ef 1:16	haciendo memoria...en mis **oraciones**	
6:18	con toda **oración** y súplica	
Fil 4:6	en toda **oración** y ruego,	
Col 4:2	Perseverad en la **oración**	
12	por vosotros en sus **oraciones**	
1 Ts 1:2	haciendo memoria...en nuestras **oraciones**	
1 Ti 2:1	a que se hagan rogativas, **oraciones**	
5:5	es diligente en súplicas y **oraciones**	
Flm 4	memoria de ti en mis **oraciones**	
22	espero que por vuestras **oraciones**	
Stg 5:17	oró fervientemente (oró **con**...**oración**, VM)	
1 P 3:7	para que vuestras **oraciones**	
4:7	velad en **oración**. (...en las **oraciones**, VM)	
Ap 5:8	que son las **oraciones** de los santos;	
8:3	para añadirlo a las **oraciones**	
4	con las **oraciones** de los santos.	

4336   *προσεύχομαι* — proséucomai (proséujomai)

Mt 5:44	**orad** por los que...os persiguen	
6:5	cuando **ores**, no seas como porque ellos aman el **orar**	
6	Mas tú, cuando **ores**, entra ora a tu Padre que está en secreto;	
7	**orando** no uséis vanas repeticiones	
9	**oraréis** así: (**orad así**, VM)	

προσέχω 4337　　　　　　　　　　693　　　　　　　　4341 προσκαλέω

Mt	14:23	subió al monte a orar aparte;		1 Co	14:14	Porque si yo oro en lengua
	19:13	para que...orase				mi espíritu ora
	23:14	(13) hacéis largas oraciones, (lit., orando largamente) (TR, VM, BA)			15	Oraré con el espíritu, pero oraré también con el entendimiento;
	24:20	Orad, pues, que vuestra huida		Ef	6:18	orando en todo tiempo
	26:36	entre tanto que...oro		Fil	1:9	esto pido en oración,
	39	orando y diciendo: Padre mío,		Col	1:3	Siempre orando por vosotros,
	41	Velad y orad			9	no cesamos de orar por vosotros
	42	oró por segunda vez,			4:3	orando también al mismo tiempo
	44	oró por tercera vez		1 Ts	5:17	Orad sin cesar.
Mr	1:35	allí oraba			25	Hermanos, orad por nosotros.
	6:46	se fue al monte a orar		2 Ts	1:11	Por lo cual asimismo oramos siempre
	11:24	que pidiereis orando, (TR, NC); (...rogáis y pedís, BC, WH, N, ABMW, VHA, VM,BA)			3:1	hermanos, orad por nosotros,
				1 Ti	2:8	que los hombres oren en todo lugar,
	25	cuando estéis orando, perdonad,		He	13:18	Orad por nosotros
	12:40	que...hacen largas oraciones		Stg	5:13	Haga oración.
	13:18	Orad, pues, que vuestra huida			14	y oren por él,
	33	Mirad, velad y orad; (TR, VM)			16	orad unos por otros, (WH, N)
	14:32	entre tanto que yo oro			17	oró fervientemente (oró con...oración, VM)
	35	oró que si fuese posible,			18	otra vez oró,
	38	Velad y orad,		Jud	20	orando en el Espíritu Santo
	39	Otra vez...oró, diciendo				
Lc	1:10	estaba fuera orando a la hora		4337		προσέχω — proséco (proséjo)
	3:21	orando, el cielo se abrió.		Mt	6:1	Guardaos de hacer vuestra justicia
	5:16	se apartaba...y oraba. (lit., se estaba apartando...y orando)			7:15	Guardaos de los falsos profetas,
					10:17	guardaos de los hombres
	6:12	él fue al monte a orar,			16:6	guardaos de la levadura
	28	y orad por los que os calumnian.			11	que os guardaseis de la levadura (TR); (Mas, guardaos..., VHA, WH, N, ABMW, VM, NC, BC, BA)
	9:18	que mientras...oraba (que estando...orando, VHA)				
					12	que se guardasen de la levadura del pan,
	28	subió al monte a orar.		Lc	12:1	Guardaos de la levadura de los fariseos,
	29	entre tanto que oraba,			17:3	Mirad por vosotros mismos
	11:1	que estaba...orando en un lugar Señor, enséñanos a orar			20:46	Guardaos de los escribas,
					21:34	Mirad también por vosotros mismos,
	2	Cuando oréis, decid		Hch	5:35	mirad por vosotros lo que vais a hacer
	18:1	sobre la necesidad de orar siempre,			8:6	escuchaba atentamente las cosas que decía
	10	Dos hombres subieron al templo a orar				
	11	oraba consigo mismo			10	A éste oían atentamente todos,
	20:47	por pretexto hacen largas oraciones;			11	le estaban atentos,
	22:40	Orad que no entréis en tentación.			16:14	para que estuviese atenta
	41	puesto de rodillas oró.			20:28	mirad por vosotros,
	44	oraba más intensamente (TR, [N], [WH], VHA, VM, NC, BC, BA)		1 Ti	1:4	ni presten atención a fábulas
					3:8	no dados a mucho vino
	46	orad para que no entréis en tentación			4:1	escuchando a espíritus engañadores
Hch	1:24	orando, dijeron: Tú, Señor,			13	ocúpate en la lectura,
	6:6	orando, les impusieron las manos.		Tit	1:14	no atendiendo a fábulas judaicas,
	8:15	habiendo venido, oraron por ellos		He	2:1	que con más diligencia atendamos
	9:11	porque he aquí, él ora,			7:13	de la cual nadie sirvió al altar
	40	se puso de rodillas y oró (hincando las rodillas..., BC)		2 P	1:19	hacéis bien en estar atentos
	10:9	Pedro subió...para orar,		4338		προσηλόω** — proselóo
	30	mientras oraba en mi casa,		Col	2:14	clavándola en la cruz,
	11:5	Estaba yo en la ciudad...orando				
	12:12	donde muchos estaban...orando.		4339		προσήλυτος† — prosélutos
	13:3	habiendo ayunado y orado,		Mt	23:15	para hacer un prosélito,
	14:23	habiendo orado con ayunos,		Hch	2:10	(11) tanto judíos como prosélitos,
	16:25	orando Pablo y Silas			6:5	y a Nicolás prosélito de Antioquía
	20:36	se puso de rodillas, y oró (doblando sus rodillas..., BC)			13:43	muchos de los judíos y de los prosélitos
	21:5	puestos de rodillas...oramos (TR, VHA, VM NC); (...después de hacer oración, BC, WH, N, ABMW, BA)		4340		πρόσκαιρος** — próskairos
				Mt	13:21	sino que es de corta duración
	22:17	que orando en el templo		Mr	4:17	sino que son de corta duración
	28:8	después de haber orado...le sanó.		2 Co	4:18	las cosas que se ven son temporales,
Ro	8:26	qué hemos de pedir como conviene		He	11:25	que gozar de los deleites temporales (que tener el goce pasajero del pecado, BC)
1 Co	11:4	Todo varón que ora o profetiza				
	5	toda mujer que ora o profetiza		4341		προσκαλέω — proskaléo
	13	¿Es propio que la mujer ore a Dios				
	14:13	pida en oración poder interpretarla.				

προσκαρτερέω 4342   694   4352 προσκυνέω

Mt	10:1	llamando a sus doce discípulos,
	15:10	llamando a sí a la multitud,
	32	llamando a sus discípulos,
	18:2	llamando Jesús a un niño,
	32	Entonces, llamándole su señor,
	20:25	Jesús, llamándolos, dijo:
Mr	3:13	llamó a sí a los que él quiso;
	23	habiéndolos llamado, les decía
	6:7	llamó a los doce,
	7:14	llamando a sí a...la multitud
	8:1	llamó a sus discípulos, (llamando..., BC)
	34	llamando a la gente
	10:42	Jesús, llamándolos, les dijo:
	12:43	llamando a sus discípulos,
	15:44	haciendo venir al centurión,
Lc	7:18 (19)	llamó Juan a dos (lit., llamando a sí a ciertos dos)
	15:26	llamando a uno de los criados
	16:5	llamando a cada uno
	18:16	llamándolos, dijo: (TR, VM); (los llamó a sí diciendo, VHA, WH, N, ABMW, NC, BC, BA)
Hch	2:39	para cuantos el Señor...llamare
	5:40	llamando a los apóstoles,
	6:2	los doce convocaron a la multitud (Habiendo...convocado...BC)
	13:2	para la obra a que los he llamado
	7	Este, llamando a Bernabé
	16:10	dando por cierto que Dios nos llamaba
	20:1	llamó Pablo a los discípulos. (habiendo convocado..., VM) (TR)
	23:17	Pablo, llamando a uno de los centuriones
	18	El preso Pablo me llamó (...llamándome a sí, VM)
	23	llamando a dos centuriones (lit., llamando a ciertos dos de los centuriones)
Stg	5:14	Llame a los ancianos de la iglesia,

4342	προσκαρτερέω — proskarteréo

Mr	3:9	que le tuvieran siempre lista la barca (que una barquilla le asistiese, VM)
Hch	1:14	Todos éstos perseveraban (...estaban de continuo entregados, BA)
	2:42	perseveraban en la doctrina (lit., estaban perseverando...)
	46	perseverando unánimes cada día
	6:4	nosotros persistiremos en la oración
	8:13	estaba siempre con Felipe; (lit., estaba continuando...)
	10:7	de los que le asistían
Ro	12:12	constantes en la oración
	13:6	que atienden continuamente a esto mismo
Col	4:2	Perseverad en la oración

4343	προσκαρτέρησις*† — proskartéresis
Ef	6:18	velando en ello con toda perseverancia

4344	προσκεφάλαιον — proskefálaion
Mr	4:38	durmiendo sobre un cabezal;

4345	προσκληρόω*† — proskleróo
Hch	17:4	se juntaron con Pablo y con Silas;

4346 A	προσκλίνω** — prosklíno
Hch	5:36	A éste se unió un número como (WH, N, ABMW)

4346	πρόσκλισις* — prósklisis
1 Ti	5:21	no haciendo nada con parcialidad.

4347	προσκολλάω — proskolláo (proskoláo)
Mt	19:5	se unirá a su mujer (TR)
Mr	10:7	se unirá a su mujer, (TR, [ABMW], VM)
Hch	5:36	A éste se unió un número (TR)
Ef	5:31	se unirá a su mujer,

4348	πρόσκομμα† — próskomma
Ro	9:32	pues tropezaron en la piedra de tropiezo
	33	pongo en Sion piedra de tropiezo
	14:13	decidid no poner tropiezo
	20	que el hombre haga tropezar...con lo que come (para el hombre que coma para tropiezo, VHA)
1 Co	8:9	no venga a ser tropezadero
1 P	2:8 (7)	Piedra de tropiezo, y roca

4349	προσκοπή* — proskopé
2 Co	6:3	ninguna ocasión de tropiezo

4350	προσκόπτω — proskópto
Mt	4:6	Para que no tropieces con tu pie
	7:27	dieron con ímpetu contra aquella casa
Lc	4:11	Para que no tropieces con tu pie
Jn	11:9	El que anda de día, no tropieza, (Si uno anda..., VHA)
	10	el que anda de noche, tropieza, (si alguno anda..., VM)
Ro	9:32	tropezaron en la piedra de tropiezo
	14:21	ni nada en que tu hermano tropiece,
1 P	2:8	tropiezan en la palabra,

4351	προσκυλίω* — proskulío
Mt	27:60	después de hacer rodar una gran piedra
Mr	15:46	hizo rodar una piedra

4352	προσκυνέω — proskunéo
Mt	2:2	venimos a adorarle. (hemos venido..., VHA)
	8	para que yo también...le adore
	11	postrándose, lo adoraron
	4:9	postrado me adorares
	10	Al Señor tu Dios adorarás
	8:2	un leproso y se postró ante él,
	9:18	un hombre principal y se postro ante él,
	14:33	le adoraron, diciendo:
	15:25	ella...se postró ante él,
	18:26	postrado, le suplicaba (cayendo..., le rindió homenaje, VM)
	20:20	postrándose ante él y pidiéndole
	28:9	abrazaron sus pies, y le adoraron.
	17	cuando le vieron, le adoraron
Mr	5:6	se arrodilló ante él. (le adoró, VHA)
	15:19	puestos de rodillas le hacían reverencia.
Lc	4:7	Si tú postrado me adorares (si tú, pues, adorares delante de mí, VHA)
	8	Al Señor tu Dios adorarás,
	24:52	después de haberle adorado, (TR, [WH], [ABMW], VHA, VM, NC, BC)
Jn	4:20	Nuestros padres adoraron en este monte, es el lugar donde se debe adorar.
	21	ni en Jerusalén adoraréis al Padre.
	22	Vosotros adoráis lo que no sabéis; adoramos lo que sabemos
	23	los verdaderos adoradores adorarán el Padre...busca que le adoren.

| προσκυνητής 4353 | | 695 | | | 4367 προστάσσω |

Jn	4:24	los que le adoran,	4356		πρόσλημψις* — próslempsis o
		es necesario que adoren			πρόσληψις
	9:38	Creo, Señor; y le adoró	Ro	11:15	¿qué será su admisión, sino vida
	12:20	los que habían subido a adorar			
Hch	7:43	hicisteis para adorarlas	4357		προσμένω — prosméno
	8:27	había venido...para adorar			
	10:25	postrándose a sus pies, adoró	Mt	15:32	hace tres días que están conmigo,
	24:11	subí a adorar a Jerusalén	Mr	8:2	hace tres días que están conmigo,
1 Co	14:25	adorará a Dios, declarando	Hch	11:23	que...permaneciesen fieles al Señor.
He	1:6	(7) Adórenle todos los ángeles		13:43	a que perseverasen en la gracia de Dios.
	11:21	Jacob, al morir...adoró			(WH, N, ABMW)
Ap	3:9	yo haré que vengan y se postren		18:18	Pablo, habiéndose detenido aún muchos días
	4:10	adoran al que vive (TR, VM); (adorarán...,	1 Ti	1:3	Como te rogué que te quedases
		VHA, WH, N, ABMW, BC, BA); (se		5:5	es diligente en súplicas (persevera en sus
		postraban..., NC)			súplicas, VHA)
	5:14	los veinticuatro ancianos... adoraron			
	7:11	adoraron a Dios	4358		προσορμίζω* — prosormízo
	9:20	ni dejaron de adorar a los demonios,			(prosormídzo)
		(para no adorar..., VHA)	Mr	6:53	arribaron a la orilla
	11:1	y a los que adoran en él.			
	16	se postraron...y adoraron a Dios,	4359		προσοφείλω* — prosoféilo
	13:4	adoraron al dragón	Flm	19	aun tú mismo te me debes
		adoraron a la bestia,			
	8	la adoraron todos los moradores (...la	4360		προσοχθίζω† — prosocthízo
		adorarán, VM)			prosojthídzo)
	12	que...adoren a la primera bestia,	He	3:10	A causa de lo cual me disgusté
	15	a todo el que no la adorase, (cuantos no		17	¿Y con quiénes estuvo él disgutado
		adorarán, VM)			
	14:7	adorad a aquel que hizo	4361		πρόσπεινος*† — próspeinos
	9	Si alguno adora a la bestia	Hch	10:10	tuvo gran hambre, (lit., se puso hambriento)
	11	los que adoran a la bestia			
	15:4	vendrán y te adorarán, (...adorarán delante	4362		προσπήγνυμι* — prospégnumi
		de ti, VHA)	Hch	2:23	por manos de inicuos, crucificándole;
	16:2	y que adoraban su imagen.			(...mano..., VM)
	19:4	adoraron a Dios,			
	10	Yo me postré a sus pies para adorarle.	4363		προσπίπτω — prospípto
		Adora a Dios;	Mt	7:25	golpearon contra aquella casa
	20	que...habían adorado su imagen.	Mr	3:11	se postraban delante de él,
	20:4	los que no habían adorado		5:33	vino y se postró delante de él,
	22:8	me postré para adorar a los pies		7:25	se postró a sus pies.
	9	Adora a Dios.	Lc	5:8	cayó de rodillas antes Jesús
				8:28	postrándose a sus pies, (se postró delante de
4353		προσκυνητής*† — proskunetés			él, VHA)
Jn	4:23	los verdaderos adoradores adorarán		47	postrándose a sus pies, (postrándose delante
					de él, VHA)
4354		προσλαλέω — proslaléo	Hch	16:29	se postró a los pies (cayó ante, VM)
Hch	13:43	quienes hablándoles, les persuadían			
	28:20	os he llamado para veros y hablaros;	4364		προσποιέω — prospoiéo
			Lc	24:28	él hizo como que iba más lejos.
4355		προσλαμβάνω — proslambáno			
Mt	16:22	Pedro, tomándolo aparte,	4365		προσπορεύομαι — prosporéuomai
Mr	8:32	le tomó aparte (tomándole aparte, VHA)	Mr	10:35	se le acercaron, diciendo
Hch	17:5	tomaron consigo a algunos ociosos,			
		(tomando consigo algunos...de entre los	4366		προσρήσσω**† — prosrésso o
		ociosos, VHA)			προσρήγνυμι
	18:26	le tomaron aparte y le expusieron	Lc	6:48	el río dio con ímpetu contra
	27:33	sin comer nada (lit., no tomando nada)		49	contra la cual el río dio con ímpetu,
	34	os ruego que comáis (...que toméis alimento,			
		VHA) (TR)	4367		προστάσσω — prostásso
	36	comieron también (...tomaron alimento,	Mt	1:24	hizo como el ángel...le había mandado
		VHA)		8:4	la ofrenda que ordenó Moisés
	28:2	nos recibieron a todos		21:6	como Jesús les mandó; (TR)
Ro	14:1	Recibid al débil en la fe,	Mr	1:44	lo que Moisés mandó
	3	porque Dios le ha recibido.	Lc	5:14	según mandó Moisés
	15:7	recibíos los unos a los otros, como también	Hch	10:33	todo lo que...te ha mandado (todo cuanto
		Cristo nos recibió			te ha sido mandado, VM)
Flm	12	tú, pues, recíbele (TR)			
	17	recíbele como a mí mismo.			

προστάτις 4368 696 4380 προσωπολημπτέω

Hch	10:48	mandó bautizarles en el nombre	Lc	5:14 ofrece por tu purificación
	17:26	ha prefijado el orden de los tiempos		12:11 Cuando os trajeren a las sinagogas, (TR)
		(fijando sus tiempos señalados, VM) (WH,		18:15 Traían a él a los niños
		N, ABMW)		23:14 Me habéis presentado a éste
4368		προστάτις* — prostátis		36 acercándose y presentándole vinagre
Ro	16:2	ha ayudado a muchos (ha sido auxiliadora	Jn	16:2 pensará que rinde servicio a Dios.
		de muchos, VM)		19:29 se la acercaron a la boca.
4369		προστίθημι — prostíthemi	Hch	7:42 ¿Acaso me ofrecisteis víctimas
Mt	6:27	añadir a su estatura un codo?		8:18 les ofreció dinero.
	33	todas estas cosas os serán añadidas.		21:26 cuando había de presentarse
Mr	4:24	aun se os añadirá a vosotros	He	5:1 para que presente ofrendas
Lc	3:20	sobre todas ellas, añadió		3 debe ofrecer por los pecados,
	12:25	añadir a su estatura un codo?		7 ofreciendo ruegos y súplicas
	31	estas cosas os serán añadidas		8:3 para presentar ofrendas
	17:5	Auméntanos la fe.		éste tenga algo que ofrecer
	19:11	prosiguió...y dijo una parábola		4 que presentan las ofrendas según la ley
		(lit., añadiendo, dijo...)		9:7 la cual ofrece por sí mismo
	20:11	Volvió a enviar otro siervo		9 según el cual se presentan ofrendas
	12	Volvió a enviar un tercer		14 se ofreció a sí mismo sin mancha
Hch	2:41	se añadieron aquel día		25 no para ofrecerse muchas veces
	47	el Señor añadía cada día		28 fue ofrecido una sola vez (habiendo sido
	5:14	los que creían...aumentaban más		ofrecido..., VM)
	11:24	una gran multitud fue agregada		10:1 que se ofrecen continuamente (que
	12:3	procedió a prender también a Pedro		continuamente ellos ofrecen, BA)
	13:36	fue reunido con sus padres		2 cesarían de ofrecerse,
Gá	3:19	Fue añadida a causa de las transgresiones		8 se ofrecen según la ley
He	12:19	que no se les hablase más (que no se les		11 ofreciendo...los mismos sacrificios
		añadiese palabra, BC)		12 habiendo ofrecido...un solo sacrificio
				11:4 Por la fe Abel ofreció a Dios
4370		προστρέχω — prostréco (prostréjo)		17 cuando fue probado, ofreció a Isaac
Mr	9:15	corriendo a él, le saludaron.		ofrecía su unigénito,
	10:17	vino uno corriendo, (corriendo uno, BC)		12:7 Dios os trata como a hijos;
Hch	8:30	Acudiendo Felipe, (Corriendo..., VM)	4375	προσφιλής** — prosfilés
			Fil	4:8 todo lo amable, (cuantas amables, BC)
4371		προσφάγιον*† — prosfágion (prosfáguion		
Jn	21:5	¿tenéis algo de comer? (¿no tenéis..., NC)	4376,	προσφορά — prosforá
			Hch	21:26 había de presentarse la ofrenda
4372		πρόσφατος — prósfatos		24:17 vine a hacer...ofrendas
He	10:20	por el camino nuevo y vivo	Ro	15:16 le sean ofrenda agradable,
			Ef	5:2 ofrenda y sacrificio a Dios
4373		προσφάτως — prosfátos	He	10:5 Sacrificio y ofrenda no quisiste;
Hch	18:2	recién venido de Italia		8 ofrenda...no quisiste (TR); (ofrendas...,
4374		προσφέρω — prosféro		VHA, WH, N, ABMW, VM, NC, BC, BA)
Mt	2:11	le ofrecieron presentes		10 mediante la ofrenda del cuerpo
	4:24	le trajeron todos		14 porque con una sola ofrenda
	5:23	si traes tu ofrenda		18 no hay más ofrenda por el pecado.
	24	presenta tu ofrenda	4377	προσφωνέω — prosfonéo
	8:4	presenta la ofrenda que ordenó		
	16	trajeron a él muchos endemoniados	Mt	11:16 que...dan voces a sus compañeros.
	9:2	le trajeron un paralítico	Lc	6:13 llamó a sus discípulos,
	32	le trajeron un mudo, endemoniado.		7:32 que dan voces unos a otros
	12:22	fue traído a él un endemoniado, (TR, N,		13:12 Cuando Jesús la vio, la llamó
		ABMW, VHA, VM, BC); (le trajeron...,		23:20 Les habló otra vez Pilato,
		NC, WH, BA)	Hch	21:40 habló en lengua hebrea,
	14:35	trajeron a él todos los enfermos		22:2 al oir que les hablaba en lengua
	17:16	lo he traído a tus discípulos,	4378	πρόσχυσις*† — próscusis (prósjusis)
	18:24	le fue presentado uno (TR, ABMW)		
	19:13	le fueron presentados unos niños	He	11:28 la pascua y la aspersión de la sangre
	22:19	ellos le presentaron un denario.	4379	προσψαύω* — prospsáuo
	25:20	trajo otros cinco talentos		
Mr	1:44	ofrece por tu purificación	Lc	11:46 ni aun...tocáis (ni siquiera tocáis las
	2:4	como no podían acercarse (TR, VM);		cargas, VM)
		(...llevarle, VHA, WH, N, ABMW, NC,	4380	προσωπολημπτέω*† — prosopolemptéo
		BC, BA)		
	10:13	le presentaban niños	Stg	2:9 pero si hacéis acepción de personas,
		reprendían a los que los presentaban. (TR)		

προσωπολήμπτης 4381　　　　　　　　697　　　　　　　　4387 πρότερος

4381　　　προσωπολήμπτης*† – prosopolémptes
Hch 10:34　Dios no hace acepción de personas, (no es Dios aceptador de personas, BC)

4382　　　προσωπολημψία*† – prosopolempsía
Ro　2:11　porque no hay acepción de personas
Ef　6:9　para él no hay acepción de personas.
Col　3:25　no hay acepción de personas
Stg　2:1　sin acepción de personas. (no...con..., VM)

4383　　　πρόσωπον – prósopon
Mt　6:16　ellos demudan sus rostros
　　17　lava tu rostro
　11:10　envío mi mensajero delante de tu faz
　16:3　sabéis distinguir el aspecto del cielo
　17:2　resplandeció su rostro como el sol,
　　6　se postraron sobre sus rostros
　18:10　ven siempre el rostro de mi Padre
　22:16　no miras la apariencia
　26:39　se postró sobre su rostro
　　67　le escupieron en el rostro
Mr　1:2　yo envío mi mensajero delante de tu faz
　12:14　no miras la apariencia
　14:65　y a cubrirle el rostro
Lc　1:76　irás delante de la presencia del Señor (TR, VHA, VM)
　2:31　en presencia de todos los pueblos
　5:12　se postró con el rostro en tierra (cayendo sobre su rostro, BC)
　7:27　envío mi mensajero delante de tu faz
　9:29　la apariencia de su rostro
　　51　afirmó su rostro para ir a Jerusalén
　　52　envió mensajeros delante de él (lit.,... delante de su rostro)
　　53　su aspecto era como de ir
　10:1　delante de él, (delante de su rostro, VM)
　12:56　distinguir el aspecto del cielo
　17:16　se postró rostro en tierra (cayó sobre su rostro, VM)
　20:21　no haces acepción de personas (no aceptas la persona de nadie, VM)
　21:35　sobre la faz de toda la tierra.
　22:64　le golpeaban el rostro (TR, VM)
　24:5　como...bajaron el rostro (TR, NC, BA); (...inclinados los rostros, VM, WH, N, ABMW, VHA, BC)
Hch　2:28　Me llenarás de gozo con tu presencia
　3:13　negasteis delante de Pilato (...ante la faz de Pilato, BC)
　　19　para que vengan de la presencia del Señor
　5:41　ellos salieron de la presencia
　6:15　vieron su rostro como el rostro de un ángel
　7:45　Dios arrojó de la presencia
　13:24　Antes de su venida (delante de la faz de su venida, VA)
　17:26　sobre toda la faz de la tierra;
　20:25　verá más mi rostro. (veréis más..., VM)
　　38　no verían más su rostro. (ya no habían de contemplar..., BC)
　25:16　antes que el acusado tenga delante (lit.,... tenga en su presencia)
1 Co 13:12　mas entonces veremos cara a cara
　14:25　así, postrándose sobre el rostro,
2 Co　1:11　para que por muchas personas
　2:10　en presencia de Cristo,
　3:7　fijar la vista en el rostro de Moisés a causa de la gloria de su rostro
　　13　ponía un velo sobre su rostro

2 Co　3:18　mirando a cara descubierta
　4:6　de la gloria de Dios en la faz de Jesucristo
　5:12　a los que gloríán en las apariencias (...la apariencia, VM)
　8:24　ante las iglesias la prueba (en presencia de..., VM)
　10:1　yo que estando presente (yo que en persona, VM)
　　7　Miráis las cosas según la apariencia
　11:20　si alguno os da de bofetadas. (si os hiere en la cara, VHA)
Gá　1:22　no era conocido de vista
　2:6　no hace acepción de personas (no acepta la persona de nadie, VM)
　　11　le resistí cara a cara
Col　2:1　los que nunca han visto mi rostro
1 Ts　2:17　de vista pero no de corazón,
　　　　ver vuestro rostro;
　3:10　para que veamos vuestro rostro
2 Ts　1:9　excluidos de la presencia del Señor
He　9:24　ahora por nosotros ante Dios (...en la presencia de Dios, VHA)
Stg　1:11　perece su hermosa apariencia (...la hermosura de su apariencia, VHA)
　　23　en un espejo su rostro natural. (lit.,...el rostro de su naturaleza)
1 P　3:12　el rostro del Señor está contra
Jud　16　adulando a a las personas
Ap　4:7　rostro como de hombre;
　6:16　escondednos del rostro de aquel
　7:11　se postraron sobre sus rostros
　9:7　sus caras eran como caras humanas (...de hombres, VHA)
　10:1　y su rostro era como el sol,
　11:16　se postraron sobre sus rostros
　12:14　de delante de la serpiente (de la presencia de la serpiente, BC)
　20:11　de delante del cual huyeron (de cuya faz huyeron, VHA)
　22:4　verán su rostro,

4384　　　προτάσσω – protásso
Hch 17:26　ha prefijado el orden de los tiempos (fijando sus tiempos señalados, VM) (TR)

4385　　　προτείνω** – protéino
Hch 22:25　cuando le ataron con correas, (V60, WH, N, ABMW, VHA, VM, NC, BC, BA); (lit.,...tendió..., TR)

4387　　　πρότερος – próteros
　　　　(1) τὸ πρότερον
Jn　6:62 (1) subir adonde estaba primero
　7:50　el que vino a él (TR); (el que antes había venido a él, BC, WH, N, ABMW, VHA, VM, NC, BA)
　　51　si primero no le oye (lit.,...no oye de parte de él) (TR)
　9:8　(1) los que antes le habían visto
2 Co　1:15　quise ir primero a vosotros,
Gá　4:13 (1) os anuncié el evangelio al principio; (...la primera vez, VM)
Ef　4:22　En cuanto a la pasada manera de vivir
1 Ti　1:13 (1) habiendo yo sido antes blasfemo
He　4:6　a quienes primero se les anunció la buena
　7:27　de ofrecer primero sacrificios
　10:32　traed a la memoria los días pasados,
1 P　1:14　a los deseos que antes teníais (a las pasadas

4388 προτίθημι

concupiscencias, VHA)

4388 προτίθημι – protíthemi o προτίθεμαι
Ro 1:13 muchas veces me he propuesto
  3:25 a quien Dios puso como propiciación
Ef 1:9 el cual se había propuesto

4389 προτρέπω** – protrépo
Hch 18:27 le animaron, y escribieron (animándole..., le escribieron, BC)

4390 προτρέχω – protréco (protréjo)
Lc 19:4 corriendo delante, subió
Jn 20:4 el otro discípulo corrió más aprisa

4391 προϋπάρχω** – proupárco (proupárjo)
Lc 23:12 porque antes estaban enemistados
Hch 8:9 había un hombre...que antes ejercía la magia (antes estaba...cierto varón,..., VHA)

4392 πρόφασις – prófasis
Mt 23:14 (13) como pretexto hacéis largas oraciones (lit.,...orando largamente) (TR, VM, BA)
Mr 12:40 por pretexto hacen largas oraciones (lit.,... orando largamente)
Lc 20:47 por pretexto hacen largas oraciones
Jn 15:22 ahora no tienen excusa
Hch 27:30 aparentaban como que querían largar (so pretexto de que iban a largar, VHA)
Fil 1:18 o por pretexto o por verdad,
1 Ts 2:5 ni encubrimos avaricia (ni de algún antifaz para la avaricia, VM)

4393 προφέρω – proféro
Lc 6:45 del buen tesoro...saca lo bueno; el hombre malo...saca lo malo

4394 προφητεία – profetéia
Mt 13:14 se cumple en ellos la profecía
Ro 12:6 si el de profecía,...conforme a la medida
1 Co 12:10 a otro, profecía
  13:2 si tuviese profecía,
  8 las profecías se acabarán, (ora que haya profecías, ..., VM)
  14:6 o con profecía, o con doctrina?
  22 la profecía, no a los incrédulos,
1 Ts 5:20 No menospreciéis las profecías
1 Ti 1:18 para que conforme a las profecías
  4:14 que te fue dado mediante profecía
2 P 1:20 ninguna profecía de la Escritura
  21 nunca la profecía fue traída
Ap 1:3 las palabras de esta profecía
  11:6 en los días de su profecía
  19:10 es el espíritu de la profecía.
  22:7 las palabras de la profecía
  10 No selles las palabras de la profecía
  18 las palabras de la profecía
  19 las palabras del libro de esta profecía

4395 προφητεύω – profetéuo
Mt 7:22 ¿no profetizamos en tu nombre,
  11:13 profetizaron hasta Juan.
  15:7 bien profetizó de vosotros
  26:68 Profetízanos, Cristo,
Mr 7:6 bien profetizó de vosotros Isaías,
  14:65 y a decirle: Profetiza
Lc 1:67 y profetizó, diciendo

4396 προφήτης

Lc 22:64 Profetiza, ¿quién es el que te golpeó?
Jn 11:51 profetizó que Jesús había de morir
Hch 2:17 vuestras hijas profetizarán
  18 Derramaré de mi Espíritu, y profetizarán.
  19:6 hablaban en lenguas, y profetizaban.
  21:9 cuatro hijas doncellas que profetizaban
1 Co 11:4 Todo varón que ora o profetiza
  5 toda mujer que ora o profetiza
  13:9 en parte profetizamos
  14:1 pero sobre todo que profeticéis
  3 Pero el que profetiza
  4 pero el que profetiza,
  5 pero más que profetizaseis mayor es el que profetiza
  24 si todos profetizan,
  31 podéis profetizar todos
  39 procurad profetizar,
1 P 1:10 Los profetas que profetizaron
Jud 14 De éstos también profetizó Enoc
Ap 10:11 Es necesario que profetices otra vez
  11:3 que profeticen (...profetizarán, VM)

4396 προφήτης – profétes
Mt 1:22 por medio del profeta, cuando dijo:
  2:5 así está escrito por el profeta
  15 por medio del profeta, cuando dijo:
  17 lo que fue dicho por el profeta
  23 lo que fue dicho por los profetas
  3:3 de quien habló el profeta (el anunciado por el profeta, BC)
  4:14 lo dicho por el profeta Isaías,
  5:12 así persiguieron a los profetas
  17 para abrogar la ley o los profetas
  7:12 esto es la ley y los profetas
  8:17 lo dicho por el profeta Isaías,
  10:41 El que recibe a un profeta por cuanto es profeta, (en nombre de profeta, VM) recompensa de profeta recibirá
  11:9 ¿qué salisteis a ver? ¿A un profeta? (TR, ABMW, VM, BC); (¿por qué salisteis? ¿por ver un profeta?, VHA, WH, N, NC, BA) Sí...y más que profeta
  13 todos los profetas y la ley profetizaron
  12:17 dicho por el profeta Isaías,
  39 sino la señal del profeta Jonás.
  13:17 muchos profetas y justos desearon
  35 lo dicho por el profeta
  57 No hay profeta sin honra,
  14:5 tenían a Juan por profeta. (le tenían como profeta, BC)
  16:4 la señal del profeta Jonás. (TR)
  14 o alguno de los profetas
  21:4 lo dicho por el profeta
  11 Este es Jesús el profeta
  26 todos tienen a Juan por profeta
  46 éste le tenía por profeta
  22:40 depende toda la ley y los profetas
  23:29 los sepulcros de los profetas
  30 en la sangre de los profetas
  31 de aquellos que mataron a los profetas
  34 yo os envío profetas y sabios
  37 que matas a los profetas
  24:15 de que habló el profeta Daniel (anunciada por el profeta..., VHA)
  26:56 las Escrituras de los profetas
  27:9 lo dicho por el profeta Jeremías
  35 lo dicho por el profeta, (TR, VM)

Mr	1:2	en Isaías el profeta: (V60, WH, N, ABMW, VHA, NC, BC, BA); (en los profetas, VM TR)	Hch	7:37	Profeta os levantará
				42	en el libro de los profetas
				48	como dice el profeta
	6:4	No hay profeta sin honra		52	¿A cuál de los profetas no persiguieron
	15	Es un profeta	Hch	8:28	leyendo al profeta Isaías. (leía..., VM)
		o alguno de los profetas (como uno de los profetas, BC)		30	le oyó que leía al profeta
				34	¿de quién dice el profeta esto;
	8:28	otros, alguno de los profetas		10:43	dan testimonio todos los profetas
	11:32	como un verdadero profeta. (como que realmente era profeta, BC)		11:27	unos profetas descendieron de Jerusalén
				13:1	profetas y maestros: Bernabé
	13:14	de que habló el profeta Daniel (lit., lo que fue dicho por...,) (TR, VM)		15	de la lectura de la ley y de los profetas
				20	hasta el profeta Samuel.
Lc	1:70	por boca de sus santos profetas		27	ni las palabras de los profetas
	76	profeta del Altísimo serás llamado;		40	lo que está dicho en los profetas
	3:4	de las palabras del profeta Isaías		15:15	concuerdan las palabras de los profetas
	4:17	se le dio el libro del profeta		32	como ellos también eran profetas
	24	ningún profeta es acepto		21:10	un profeta llamado Agabo
	27	en tiempo del profeta Eliseo;		24:14	que en la ley y en los profetas
	6:23	así hacían sus padres con los profetas		26:22	fuera de las cosas que los profetas
	7:16	Un gran profeta se ha levantado		27	¿Crees, oh rey Agripa, a los profetas?
	26	¿qué salisteis a ver? ¿A un profeta? y más que profeta		28:23	por la ley...como por los profetas
				25	por medio del profeta Isaías
	28	no hay mayor profeta (TR, NC, BC)	Ro	1:2	había prometido antes por sus profetas
	39	Este, si fuera profeta		3:21	por la ley y por los profetas
	9:8	Algún profeta de los antiguos		11:3	a tus profetas han dado muerte
	19	algún profeta de los antiguos	1 Co	12:28	luego profetas, (segundo..., VM)
	10:24	os digo que muchos profetas		29	¿son todos profetas? (Acaso todos..., BA)
	11:29	sino la señal de Jonás (V60, WH, N, ABMW, VHA, NC, BC, BA); (...de Jonás profeta, VM, TR)		14:29	los profetas hablen dos o tres
				32	los espíritus de los profetas están sujetos a los profetas
	47	los sepulcros de los profetas		37	Si alguno se cree profeta, (...cree ser profeta, NC)
	49	Les enviaré profetas y apóstoles;			
	50	la sangre de todos los profetas	Ef	2:20	de los apóstoles y profetas
	13:28	a todos los profetas en el reino		3:5	a sus santos apóstoles y profetas
	33	que un profeta muera fuera		4:11	a otros, profetas; a otros evangelistas;
	34	que matas a los profetas	1 Ts	2:15	y a sus propios profetas, (TR); (y a los profetas, VM, WH, N, ABMW, VHA, NC, BC, BA)
	16:16	La ley y los profetas eran hasta			
	29	A Moisés y a los profetas tienen			
	31	Si no oyen a Moisés y a los profetas	Tit	1:12	Uno de ellos, su propio profeta,
	18:31	las cosas escritas por los profetas	He	1:1	a los padres por los profetas
	20:6	están persuadidos...Juan era profeta		11:32	así como de Samuel y de los profetas
	24:19	que fue varón profeta	Stg	5:10	tomad como ejemplo...a los profetas
	25	todo lo que los profetas han dicho	1 P	1:10	Los profetas que profetizaron
	27	por todos los profetas	2 P	2:16	refrenó la locura del profeta
	44	en los profetas y en los salmos.		3:2	por los santos profetas.
Jn	1:21	¿Eres tú el profeta?	Ap	10:7	sus siervos los profetas.
	23	como dijo el profeta Isaías.		11:10	estos dos profetas habían atormentado
	25	ni Elías, ni el profeta		18	a tus siervos los profetas
	45 (46)	así como los profetas		16:6	la sangre de los santos y de los profetas
	4:19	que tú eres profeta		18:20	apóstoles y profetas
	44	el profeta no tiene honra		24	se halló la sangre de los profetas
	6:14	Este verdaderamente es el profeta		22:6	el Dios de los espíritus de los profetas
	45	Escrito está en los profetas		9	de tus hermanos los profetas
	7:40	Verdaderamente éste es el profeta			
	52	nunca se ha levantado profeta. (TR, VM, NC); (no se levanta profeta, VHA, WH, N, ABMW, BC, BA)	**4397**		προφητικός *† – profetikós
			Ro	16:26	por las Escrituras de los profetas
	8.52	Abraham murió, y los profetas	2 P	1:19	la palabra profética más segura,
	53	¡Y los profetas murieron!			
	9:17	él dijo: Que es profeta	**4398**		προφῆτις – profétis
	12:38	se cumpliese la palabra del profeta	Lc	2:36	Ana, profetisa, hija de Fanuel
Hch	2:16	esto es lo dicho por el profeta	Ap	2:20	Jezabel, que se dice profetisa,
	30	siendo profeta, y sabiendo			
	3:18	por boca de todos sus profetas	**4399**		προφθάνω – proftháno
	21	por boca de sus santos profetas	Mt	17:25	Jesús le habló primero
	22	profeta de entre vuestros hermanos,			
	23	que no oiga a aquel profeta	**4400**		προχειρίζω – proceirízo (projeirídzo)
	24	todos los profetas desde Samuel,			
	25	Vosotros sois los hijos de los profetas	Hch	3:20	que os fue antes anunciado; (TR); (que

προχειροτονέω 4401

		antes ha sido designado, VM, WH, N, ABMW, VHA, NC, BC, BA)
Hch	22:14	El Dios de nuestros padres te ha escogido
	26:16	para ponerte por ministro

4401   προχειροτονέω* – proceirotonéo (projeirotonéo)

Hch	10:41	que Dios había ordenado de antemano, (que habían sido antes escogidos de Dios VM)

4402   Πρόχορος – Prócoros (Prójoros)

Hch	6:5	eligieron...a Prócoro

4403   πρύμνα* – prúmna

Mr	4:38	él estaba en la popa
Hch	27:29	cuatro anclas por la popa
	41	la popa se abría con la violencia

4404   πρωΐ – proï

Mt	16:3	por la mañana: Hoy habrá tempestad (TR, [WH], [N], [ABMW], VHA, VM, NC, BC, BA)
	20:1	que salió por la mañana a contratar
	21:18	Por la mañana, volviendo (WH, N, ABMW)
Mr	1:35	Levantándose muy de mañana
	11:20	pasando por la mañana, vieron
	13:35	o al canto del gallo, o a la mañana
	15:1	Muy de mañana, (luego al amanecer, BC)
	16:2	muy de mañana, el primer día
	9	[Habiendo, pues, resucitado...por la mañana
Jn	18:28	Era de mañana, (WH, N, ABMW)
	20:1	María Magdalena fue de mañana
Hch	28:23	desde la mañana hasta la tarde,

4405   πρωΐα – proía

Mt	21:18	Por la mañana, volviendo (TR)
	27:1	Venida la mañana
Jn	18:28	Era la mañana (TR)
	21:4	Cuando ya iba amaneciendo (Y siendo ya de mañanita, BC)

4406   πρώϊμος, véase πρόϊμος (después de 4290, pág. 689)

4407   πρωϊνός† – proinós

Ap	2:28	le daré la estrella de la mañana
	22:16	la estrella resplandeciente de la mañana (WH, N, ABMW)

4408   πρῷρα* – prṓra

Hch	27:30	largar las anclas de la proa
	41	la proa, hincada, quedó inmóvil,

4409   πρωτεύω – protéuo

Col	1:18	para que...tenga la preeminencia; (lit.,...llegue a ser el que tiene preeminencia)

4410   πρωτοκαθεδρία*† – protokathedría

Mt	23:6	las primeras sillas en las sinagogas,
Mr	12:39	las primeras sillas en las sinagogas,
Lc	11:43	amáis las primeras sillas (...el primer asiento, BC)
	20:46	las primeras sillas en las sinagogas,

4411   πρωτοκλισία*† – protoklisía

Mt	23:6	los primeros asientos en las cenas, (el asiento de honor..., VHA)
Mr	12:39	y los primeros asientos en las cenas;
Lc	14:7	cómo escogían los primeros asientos
	8	no te sientes en el primer lugar
	20:46	los primeros asientos en las cenas;

4412   πρῶτον – próton
(1) τὸ πρῶτον

Mt	5:24	reconcíliate primero con tu hermano,
	6:33	buscad primeramente el reino
	7:5	saca primero la viga de tu propio
	8:21	permíteme que vaya primero
	12:29	si primero no le ata? (...no atara al fuerte?, BC)
	13:30	Recoged primero la cizaña
	17:10	es necesario que Elías venga primero?
	11	Elías viene primero, (TR)
	23:26	Limpia primero lo de dentro
Mr	3:27	si antes no le ata, (si primero no atare al poderoso, VM)
	4:28	primero hierba, luego espiga,
	7:27	Deja primero que se sacien
	9:11	que Elías venga primero?
	12	vendrá primero, (viniendo..., BC)
	13:10	sea predicado antes (primero sea predicado, VHA)
	16:9	[apareció primeramente a María Magdalena]
Lc	6:42	saca la viga de tu propio ojo,
	9:59	déjame que primero...entierre
	61	déjame que me despida primero
	10:5	primeramente decid: Paz
	11:38	de que no se hubiese lavado (de que no hubiese sido bautizado primero, VM)
	12:1	a sus discípulos, primeramente
	14:28	no se sienta primero (lit., no sentándose...)
	31	no se sienta primero (lit., no sentándose...)
	17:25	primero es necesario que padezca
	21:9	que estas cosas acontezcan primero;
Jn	1:41	Este halló primero a su hermano (WH, N, ABMW)
	2:10	Todo hombre sirve primero
	7:51	si primero no le oye, (lit., ...no oye de parte de él) (WH, N, ABMW)
	10:40	(1) donde primero había estado bautizando
	12:16	(1) no las entendieron...al principio
	15:18	me ha aborrecido antes que a vosotros
	18:13	le llevaron primeramente a Anás
	19:39	(1) el que antes había visitado (el que al principio había ido, VHA)
Hch	3:26	A vosotros primeramente, Dios
	7:12	a nuestros padres la primera vez
	11:26	se les llamó cristianos por primera vez (TR)
	13:46	que se os hablase primero la palabra
	15:14	cómo Dios visitó por primera vez
	26:20	primeramente a los que están en Damasco
Ro	1:8	Primeramente doy gracias a mi Dios
	16	al judío primeramente, y también
	2:9	el judío primeramente y también
	10	al judío primeramente y también
	3:2	Primero....que les ha sido confiada
	15:24	una vez que haya gozado con vosotros (lit., si primero esté satisfecho de vosotros en parte)
1 Co	11:18	en primer lugar, cuando os reunís
	12:28	primeramente apóstoles,
	15:46	Mas lo espiritual no es primero
2 Co	8:5	se dieron primeramente al Señor,
Ef	4:9	había descendido primero (TR, NC, BC)

πρῶτος 4413

1 Ts	4:16	los muertos en Cristo resucitarán primero
2 Ts	2:3	sin que antes venga la apostasía, (si primero no viniere..., BC)
1 Ti	2:1	Exhorto ante todo, (...ante todas cosas, VHA)
	3:10	sean sometidos a prueba primero
	5:4	aprendan éstos primero a ser piadosos
2 Ti	1:5	la cual habitó primero en tu abuela
	2:6	para participar de los frutos, debe trabajar primero (que trabaja, debe ser primero en participar en los frutos, VHA)
He	7:2	cuyo nombre significa primeramente (siendo por interpretación, primero, VM)
Stg	3:17	es primeramente pura,
1 P	4:17	si primero comienza por nosotros
2 P	1:20	entendiendo primero esto,
	3:3	sabiendo primero esto,

4413   πρῶτος — prótos
(1) ἐν πρώτοις, τὰ πρῶτα

Mt	10:2	primero Simón, llamado Pedro,
	12:45	viene a ser peor que el primero. (resultan las postrimerías...peores que los principios, BC)
	17:27	el primer pez que saques,
	19:30	muchos primeros serán postreros, y postreros, primeros
	20:8	desde los postreros hasta los primeros
	10	Al venir también los primeros
	16	Así, los primeros serán postreros, y los postreros, primeros
	27	el que quiera ser el primero
	21:28	acercándose al primero, le dijo
	31	Dijeron ellos: El primero. (TR, ABMW, VM, NC, BC)
	36	más que los primeros
	22:25	el primero...murió
	38	el primero y grande mandamiento.
	26:17	El primer día de la fiesta de los panes
	27:64	será...peor que el primero
Mr	6:21	daba una cena a sus príncipes
	9:35	Si alguno quiere ser el primero
	10:31	muchos primeros serán postreros, y postreros, primeros
	44	el que de vosotros quiera ser el primero
	12:20	el primero tomó esposa
	28	¿Cuál es el primer mandamiento de todos?
	29	El primer mandamiento de todos es: (lit., El primero de todos los mandamientos) (TR); (El primero es, VHA, WH, N, ABMW, VM, NC, BC, BA)
	30	Este es el principal mandamiento. (TR)
	14:12	El primer día de la fiesta de los panes
	16:9	[el primer día de la semana]
Lc	2:2	Este primer censo se hizo
	11:26	viene a ser peor que el primero. (resultan las postrimerías...peores que los principios, BC)
	13:30	hay postreros que serán primeros, primeros que serán postreros
	14:18	El primero dijo: He comprado (...le dijo..., VHA)
	15:22	Sacad el mejor vestido,
	16:5	dijo al primero: ¿Cuánto debes
	19:16	Vino el primero, diciendo
	47	los escribas y los principales del pueblo
	20:29	el primero...murió sin hijos.
Jn	1:15	era primero que yo
	30	era primero que yo.

Jn	1:41 (42)	Este halló primero a su hermano (TR)
	5:4	el que primero descendía (TR, [VHA], [VM], NC, BC, [BA])
	8:7	[sea el primero en arrojar (arroje él primero, VM)]
	19:32	quebraron las piernas del primero
	20:4	llegó primero al sepulcro.
	8	que había venido primero al sepulcro;
Hch	1:1	En el primer tratado,
	12:10	Habiendo pasado la primera...guardia
	13:50	y a los principales de la ciudad,
	16:12	que es la primera ciudad de la provincia
	17:4	de...mujeres nobles no pocas
	20:18	desde el primer día que entré
	25:2	los principales sacerdotes y los más influyentes (...los primates, BC)
	26:23	primero de la resurrección
	27:43	que...se echasen los primeros
	28:7	del hombre principal de la isla
	17	a los principales de los judíos,
Ro	10:19	Primeramente Moisés dice:
1 Co	14:30	calle el primero
	15:3	(1) primeramente os he enseñado
	45	Fue hecho el primer hombre Adán
	47	El primer hombre es de la tierra
Ef	6:2	que es el primer mandamiento
Fil	1:5	desde el primer día hasta ahora;
1 Ti	1:15	de los cuales yo soy el primero
	16	mostrase en mí el primero
	2:13	Porque Adán fue formado primero
	5:12	por haber quebrantado su primera fe, (porque quebrantaron..., VHA)
2 Ti	2:6	para participar de los frutos, debe trabajar primero (que trabaja, debe ser primero en participar de los frutos, VHA)
	4:16	En mi primera defensa ninguno
He	8:7	si aquel primero hubiera sido
	13	ha dado por viejo al primero
	9:1	el primer pacto (lit., el primero) (V60, WH, N, ABMW, VHA, VM, NC, BC, BA); (lit., el primer tabernáculo, TR)
	2	estaba dispuesto así: en la primera parte
	6	en la primera parte del tabernáculo
	8	entre tanto que la primera parte
	15	que había bajo el primer pacto,
	18	ni aun el primer pacto (...el primero, BC)
	10:9	quita lo primero, para establecer
2 P	2:20	viene a ser peor que el primero (resultan...peores que los principios, BC)
1 Jn	4:19	porque él nos amó primero
Ap	1:11	el primero y el último. (TR)
	17	yo soy el primero y el último.
	2:4	que has dejado tu primer amor.
	5	haz las primeras obras,
	8	El primero y el postrero
	19	son más que las primeras.
	4:1	la primera voz que oí,
	7	El primer ser viviente
	8:7	El primer ángel (TR, VHA, VM); (el primero, BC, WH, N, ABMW, NC, BA)
	13:12	toda la autoridad de la primera bestia que...adoren la primera bestia
	16:2	Fue el primero, y derramó
	20:5	Esta es la primera resurrección
	6	parte en la primera resurrección
	21:1	el primer cielo y la primera tierra
	4	las primeras cosas pasaron
	19	El primer cimiento era jaspe
	22:13	el primero y el último.

4414 πρωτοστάτης — protostátes
Hch 24:5 cabecilla de la secta

4415 πρωτοτόκια**† — prototókia
He 12:16 vendió su primogenitura.

4416 πρωτότοκος — protótokos
Mt 1:25 dio a luz a su hijo primogénito (TR, VM)
Lc 2:7 dio a luz a su hijo primogénito
Ro 8:29 para que él sea el primogénito
Col 1:15 el primogénito de toda creación.
     18 el primogénito de entre los muertos,
He 1:6 cuando introduce al Primogénito
   11:28 el que destruía a los primogénitos
   12:23 a la congregación de los primogénitos
Ap 1:5 el primogénito de los muertos

4416 A πρώτως* — prótos
Hch 11:26 por primera vez en Antioquía. (WH, N, ABMW)

4417 πταίω — ptáio
Ro 11:11 ¿Han tropezado...para que cayesen? (¿Acaso tropezaron..., BA)
Stg 2:10 pero ofendiere en un punto,
    3:2 todos ofendemos muchas veces
        Si alguno no ofende en palabra
2 P 1:10 haciendo estas cosas, no caeréis jamás.

4418 πτέρνα — ptérna
Jn 13:18 levantó contra mí su calcañar.

4419 πτερύγιον — pterúgion (pterúguion)
Mt 4:5 sobre el pináculo del templo,
Lc 4:9 sobre el pináculo del templo,

4420 πτέρυξ — ptérux
Mt 23:37 sus polluelos debajo de las alas,
Lc 13:34 como la gallina...debajo de sus alas
Ap 4:8 cada uno seis alas,
    9:9 el ruido de sus alas era
   12:14 las dos alas de la gran águila,

4421 πτηνός** — pténós
1 Co 15:39 otra la de las aves. (TR, NC, BA); (otra la carne de las aves, VHA, WH, N, ABMW, VM, BC)

4422 πτοέω — ptoéo
Lc 21:9 no os alarméis
   24:37 espantados y atemorizados

4423 πτόησις — ptóesis
1 P 3:6 sin temer ninguna amenaza. (si...no estáis amedrentadas por ningún temor, BA)

4424 Πτολεμαΐς — Ptolemaís
Hch 21:7 arribando a Tolemaida (arribamos..., VHA)

4425 πτύον** — ptúon
Mt 3:12 Su aventador está en su mano,
Lc 3:17 Su aventador está en su mano,

4426 πτύρω* — ptúro

4427 πτύσμα* — ptúsma
Jn 9:6 hizo lodo con la saliva,

4428 πτύσσω* — ptússo
Lc 4:20 enrollando el libro

4429 πτύω — ptúo
Mr 7:33 escupiendo, tocó su lengua,
    8:23 escupiendo en sus ojos,
Jn 9:6 escupió en tierra,

4430 πτῶμα — ptóma
Mt 14:12 tomaron el cuerpo (WH, N, ABMW)
   24:28 dondequiera que estuviere el cuerpo
Mr 6:29 vinieron y tomaron su cuerpo
   15:45 dio el cuerpo a José, (WH, N, ABMW)
Ap 11:8 sus cadáveres estarán (TR, VHA, VM, BA); (Su cuerpo..., NC, WH, N, ABMW, BC)
     9 verán sus cadáveres (TR, VHA, VM, NC); (...su cadáver, BC, WH, N, ABMW, BA)
       que sean sepultados (que sus cadáveres sean puestos en sepulcro, BC)

4431 πτῶσις — ptósis
Mt 7:27 fue grande su ruina.
Lc 2:34 para caída y para levantamiento

4432 πτωχεία — ptocéia (ptojéia)
2 Co 8:2 su profunda pobreza (su pobreza desde su fondo, BC)
     9 para que vosotros con su pobreza
Ap 2:9 tu tribulación, y tu pobreza

4433 πτωχεύω — ptocéuo (ptojéuo)
2 Co 8:9 por amor a vosotros se hizo pobre,

4434 πτωχός — ptocós (ptojós)
Mt 5:3 Bienaventurados los pobres en espíritu,
   11:5 a los pobres es anunciado el evangelio
   19:21 dalo a los pobres
   26:9 haberse dado a los pobres
     11 siempre tendréis pobres
Mr 10:21 dalo a los pobres
   12:42 vino una viuda pobre, (llegando..., BC)
     43 esta viuda pobre echó más
   14:5 y haberse dado a los pobres
      7 Siempre tendréis a los pobres (...tenéis..., VHA)
Lc 4:18 para dar buenas nuevas a los pobres
   6:20 Bienaventurados vosotros los pobres
   7:22 a los pobres es anunciado el evangelio
   14:13 llama a los pobres,
     21 trae acá a los pobres,
   16:20 Había también un mendigo (lit.,...un pobre) (TR, VM); (Y cierto pobre, VHA, WH, N, ABMW, NC, BC, BA)
     22 Aconteció que murió el mendigo (...el pobre, VHA)
   18:22 dalos a los pobres,
   19:8 la mitad de mis bienes doy a los pobres
   21:3 esta viuda pobre echó más
Jn 12:5 ¿Por qué no fue...dado a los pobres?
      6 se cuidara de los pobres, (le importase de los pobres, BC)

πυγμή 4435		4442 πῦρ
Jn 12:8	a los **pobres** siempre	**4441** πυνθάνομαι — punthánomai

Jn 12:8	a los **pobres** siempre
13:29	o que diese algo a los **pobres**
Ro 15:26	una ofrenda para los **pobres**
2 Co 6:10	como **pobres**, mas enriqueciendo
Gá 2:10	que nos acordásemos de los **pobres**
4:9	a los débiles y **pobres** rudimentos
Stg 2:2	también entra un **pobre**
3	y decís al **pobre**
5	¿No ha elegido Dios a los **pobres**
6	vosotros habéis afrentado al **pobre**
Ap 3:17	no sabes que tú eres...**pobre**
13:16	ricos y **pobres**, libres y esclavos,

4435	πυγμή — pugmé
Mr 7:3	si **muchas veces** no se lavan las manos, (V60 T); (lit., si **con el puño** se lavan...) (TR, WH, N, ABMW, VHA, VM, NC, BC, BA)

4436	πύθων* — púthon
Hch 16:16	que tenía espíritu de adivinación

4437	πυκνός — puknós
Mr 7:3	si **muchas veces** no se lavan las manos, (V60 T)
Lc 5:33	ayunan **muchas veces**
Hch 24:26	**muchas veces** lo hacía venir (enviando por él **con mayor frecuencia**, VM)
1 Ti 5:23	y de tus **frecuentes** enfermedades

4438	πυκτεύω* — puktéuo
1 Co 9:26	de esta manera **peleo**,

4439	πύλη — púle
Mt 7:13	Entrad por la **puerta** estrecha; ancha es la **puerta**. (TR, [N], ABMW, VHA, VM, NC, BA)
14	porque estrecha es la **puerta**
16:18	las **puertas** del Hades
Lc 7:12	Cuando llegó cerca de la **puerta**
13:24	Esforzaos a entrar por la **puerta** (TR)
Hch 3:10	a la **puerta** del templo, la Hermosa
9:24	ellos guardaban las **puertas**
12:10	llegaron a la **puerta** de hierro
16:13	salimos fuera de la **puerta**, (V60, WH, N, ABMW, VHA, VM, NC, BA); (...de la ciudad, BC, TR)
He 13:12	padeció fuera de la **puerta**.

4440	πυλών — pulón
Mt 26:71	Saliendo él a la **puerta**
Lc 16:20	estaba echado a la **puerta**
Hch 10:17	llegaron a la **puerta**
12:13	a la puerta del **patio**
14	de gozo no abrió la **puerta**
	Pedro estaba a la **puerta**
14:13	delante de las **puertas**,
Ap 21:12	con doce **puertas**; (lit., teniendo...) en las **puertas**, doce ángeles
13	al oriente tres **puertas**
	al norte tres **puertas**
	al sur tres **puertas**
	al occidente tres **puertas**
15	para medir...sus **puertas**
21	Las doce **puertas** eran doce perlas cada una de las **puertas**
25	Sus **puertas** nunca serán
22:14	para entrar por las **puertas**

4441	πυνθάνομαι — punthánomai
Mt 2:4	les **preguntó** dónde había de nacer
Lc 15:26	le **preguntó** qué era
18:36	**preguntó** qué era aquello.
Jn 4:52	él les **preguntó** a qué hora
13:24	**para que preguntase** quién era (TR, ABMW, VM)
Hch 4:7	poniéndoles en medio, les **preguntaron**
10:18	**preguntaron** si moraba allí un Simón
29	Así que **preguntó**: ¿Por qué causa
21:33	**preguntó** quién era
23:19	retirándose aparte, le **preguntó**
20	como que van a **inquirir**
34	**habiendo entendido** que era

4442	πῦρ — púr
Mt 3:10	es cortado y echado en el **fuego**
11	en Espíritu Santo y **fuego**
12	quemará la paja **en fuego**
5:22	quedará expuesto al infierno de **fuego**
7:19	es cortado y echado en el **fuego**
13:40	se quema **en el fuego**,
42	los echarán en el horno de **fuego**
50	los echarán en el horno de **fuego**
17:15	muchas veces cae en el **fuego**
18:8	ser echado en el **fuego** eterno
9	ser echado en el infierno de **fuego**
25:41	malditos, al **fuego** eterno
Mr 9:22	muchas veces le echa en el **fuego**
43	ir al infierno, al **fuego**
44	el **fuego** nunca se apaga. (TR, VM, NC, BC, [BA])
45	al **fuego** que no puede ser apagado, (TR, VM)
46	el **fuego** nunca se apaga (TR, VM, NC, BC, [BA])
47	ser echado al infierno, (lit.,...al infierno de **fuego**) (TR, VM)
48	el **fuego** nunca se apaga
49	todos serán salados con **fuego**, (cada cual será salado..., VHA)
Lc 3:9	se corta y se echa en el **fuego**
16	en Espíritu Santo y **fuego**
17	quemará la paja en **fuego**
9:54	que descienda **fuego** del cielo
12:49	**Fuego** vine a echar en la tierra
17:29	llovió del cielo **fuego** y azufre,
22:55	habiendo ellos encendido **fuego**
Jn 15:6	los echan en el **fuego**,
Hch 2:3	lenguas repartidas, como de **fuego** (...repartiéndose, BC)
19	Sangre y **fuego** y vapor de humo;
7:30	en la llama de **fuego** de una zarza
28:5	sacudiendo la víbora en el **fuego**
Ro 12:20	ascuas de **fuego** amontonarás
1 Co 3:13	por el **fuego** será revelada el **fuego** la probará.
15	aunque así como por **fuego**
2 Ts 1:8	en **llama** de fuego, para dar retribución
He 1:7	a sus ministros llama de **fuego**
10:27	de **fuego** que ha de devorar
11:34	apagaron fuegos impetuosos, (...la violencia del **fuego**, VHA)
12:18	y que ardía **en fuego**
29	nuestro Dios es **fuego** consumidor
Stg 3:5	un pequeño **fuego** (TR, VM, NC) (con tan pequeño **fuego**, BA, WH, N, ABMW, VHA, BC)

πυρά 4443

Stg	3:6	la lengua es un **fuego**
	5:3	vuestras carnes como **fuego**
1 P	1:7	el cual...se prueba con **fuego**
2 P	3:7	guardados para el **fuego** en el día
Jud	7	sufriendo el castigo del **fuego**
	23	arrebatándolos del **fuego**
Ap	1:14	sus ojos como llama de **fuego**
	2:18	ojos como llama de **fuego**
	3:18	compres oro refinado en **fuego**
	4:5	siete lámparas de **fuego**
	8:5	lo llenó del **fuego** del altar
	7	hubo granizo y **fuego**
	8	una gran montaña ardiendo en **fuego**
	9:17	de su boca salía **fuego**,
	18	por el **fuego**, el humo y el azufre
	10:1	sus pies como columnas de **fuego**
	11:5	sale **fuego** de la boca de ellos,
	13:13	hace descender **fuego** del cielo
	14:10	y será atormentado con **fuego**
	18	que tenía poder sobre el **fuego**
	15:2	un mar de vidrio mezclado con **fuego**
	16:8	quemar a los hombres con **fuego**
	17:16	la quemarán con **fuego**
	18:8	será quemada con **fuego**
	19:12	Sus ojos eran como llama de **fuego**
	20	dentro de un lago de **fuego**
	20:9	descendió **fuego** del cielo,
	10	fue lanzado en el lago de **fuego**
	14	fueron lanzados al lago de **fuego**
		la muerte segunda (TR); (la muerte segunda:
		el lago de **fuego**, VHA, WH, N, ABMW,
		VM, NC, BC, BA)
	15	fue lanzado al lago de **fuego**
	21:8	que arde **con fuego** y azufre,

4443   πυρά** – purá

| Hch | 28:2 | porque encendiendo un **fuego**, |
| | 3 | las echó al **fuego**; (puéstolas en la **hoguera**, VHA) |

4444   πύργος – púrgos

Mt	21:33	edificó **una torre**
Mr	12:1	edificó **una torre**
Lc	13:4	cayó la **torre** en Siloé,
	14:28	queriendo edificar **una torre**,

4445   πυρέσσω* – purésso

| Mt | 8:14 | postrada en cama, **con fiebre** |
| Mr | 1:30 | estaba acostada **con fiebre** |

4446   πυρετός – puretós

Mt	8:15	la **fiebre** la dejó
Mr	1:31	inmediatamente le dejó la **fiebre**
Lc	4:38	tenía una gran **fiebre**; (lit., estaba tomada de una...)
	39	reprendió a la **fiebre**
Jn	4:52	le dejó la **fiebre**
Hch	28:8	estaba en cama, enfermo de **fiebre**

4447   πύρινος – púrinos

| Ap | 9:17 | los cuales tenían corazas de **fuego** |

4448   πυρόω – puróo

1 Co	7:9	mejor es casarse que **estarse quemando**
2 Co	11:29	yo no **me indigno** (yo no me abrase, NC)
Ef	6:16	todos los dardos de **fuego** (...**encendidos**, VHA)

704

2 P	3:12	los cielos, **encendiéndose**, serán deshechos,
Ap	1:15	**refulgente** como en un horno
	3:18	oro **refinado** en fuego,

4449   πυρράζω*† – purrázo (purádzo)

| Mt | 16:2 | el cielo **tiene arreboles** |
| | 3 | **tiene arreboles** el cielo |

4450 *Véase abajo*

4450 A   Πύρρος – Púrros (Púros)

| Hch | 20:4 | Sópater de Berea, (TR); (Sópater, de Berea, hijo **de Pirro**, VHA, WH, N, ABMW, VM, NC, BC, BA) |

4450   πυρρός – purrós (purós)

| Ap | 6:4 | salió otro caballo, **bermejo** |
| | 12:3 | he aquí un gran dragón **escarlata**, |

4450A *Véase arriba*

4451   πύρωσις – púrosis

1 P	4:12	no os sorprendáis del **fuego**
Ap	18:9	cuando vean el humo de su **incendio**
	18	viendo el humo de su **incendio**,

4453   πωλέω – poléo

Mt	10:29	¿No **se venden** dos pajarillos
	13:44	**vende** todo lo que tiene,
	19:21	**vende** lo que tienes, (lit.,...tus posesiones)
	21:12	echó fuera a todos los que **vendían** de los **que vendían** palomas
	25:9	id más bien a los **que venden**
Mr	10:21	**vende** todo lo que tienes,
	11:15	los que **vendían** y compraban de los **que vendían** palomas
Lc	12:6	¿No **se venden** cinco pajarillos
	33	**Vended** lo que poseéis, (...vuestros bienes, VHA)
	17:28	**vendían**, plantaban, edificaban;
	18:22	**vende** todo lo que tienes,
	19:45	a todos los que **vendían** (a los que..., VHA)
	22:36	**venda** su capa y compre una.
Jn	2:14	a los que **vendían** bueyes,
	16	dijo a los **que vendían** palomas:
Hch	4:34	las **vendían**, (lit., ver **diéndolas**)
	37	la **vendió** (lit., **habiéndo**la vendido)
	5:1	**vendió** una heredad,
1 Co	10:25	De todo lo **que se vende**
Ap	13:17	que ninguno pudiese...**vender**,

4454   πῶλος – pólos

Mt	21:2	un **pollino** con ella
	5	Sobre un **pollino**, hijo de animal de carga.
	7	trajeron el asna y el **pollino**
Mr	11:2	hallaréis **un pollino** atado
	4	hallaron el **pollino** atado
	5	¿Qué hacéis desatando el **pollino**?
	7	trajeron el **pollino** a Jesús,
Lc	19:30	hallaréis un **pollino** atado,
	33	cuando desataban el **pollino**, ¿Por qué desatáis el **pollino**?
	35	habiendo echado...sobre el **pollino**
Jn	12:15	Montado sobre **un pollino** de asna.

4455   πώποτε – pópote

Lc	19:30	ningún hombre ha montado **jamás** (lit., ninguno de los hombres...)
Jn	1:18	A Dios nadie le vio **jamás**
	5:37	**Nunca** habéis oído su voz

πωρόω 4456			4459 πῶς

Jn	6:35	no tendrá sed **jamás**
	8:33	**jamás** hemos sido esclavos
1 Jn	4:12	Nadie ha visto **jamás** a Dios.

4456   πωρόω — poróo

Mr	6:52	estaban **endurecidos** sus corazones. (su corazón estaba **endurecido**, VM)
	8:17	¿Aún tenéis **endurecido** vuestro corazón?
Jn	12:40	**endureció** su corazón
Ro	11:7	los demás fueron **endurecidos**
2 Co	3:14	el entendimiento de ellos **se embotó**

4457   πώρωσις* — pórosis

Mr	3:5	entristecido por la **dureza**
Ro	11:25	**endurecimiento** en parte
Ef	4:18	por la **dureza** de su corazón

4458   πώς — pós

Hch	27:12	por si pudiesen...invernar (por si acaso..., BC) (WH, N, ABMW)
Ro	1:10	rogando que **de alguna manera**...al fin (WH, N, ABMW)
	11:14	por si **en alguna manera** pueda provocar
1 Co	8:9	mirad que...no venga a ser tropezadero (...no sea que **de algún modo**...venga a ser..., VHA) (WH, N, ABMW)
	9:27	no sea que...yo mismo venga a ser (no sea que **de algún modo**..., VHA) (WH, N, ABMW)
2 Co	2:7	para que no sea consumido (no sea que quizás...sea sumido, VM) (WH, N, ABMW)
	9:4	no **sea que** si vinieren (WH, N, ABMW)
	11:3	temo que...sean **de alguna manera** extraviados (WH, N, ABMW)
	12:20	que cuando llegue (no sea que **tal vez** cuando llegue, VHA) (WH, N, ABMW)
		que haya entre vosotros contiendas (no sea que **tal vez** haya contención, VHA) (WH, N, ABMW)
Gá	2:2	para no correr...en vano (no fuera que **tal vez** yo corriese..., VHA) (WH, N, ABMW)
	4:11	que haya trabajado en vano (que **tal vez** haya trabajado..., VHA) (WH, N, ABMW)
Fil	3:11	si **en alguna manera** llegase a la resurrección
1 Ts	3:5	no sea que os hubiese tentado (no fuera que **tal vez**..., VHA) (WH, N, ABMW)

4459   πῶς — pós

Mt	6:28	**cómo** crecen
	7:4	¿O **cómo** dirás a tu hermano:
	10:19	por **cómo** o qué hablaréis;
	12:4	**cómo** entró en la casa de Dios,
	26	¿**cómo**, pues, permanecerá su reino?
	29	¿**cómo** puede alguno entrar
	34	¿**Cómo** podéis hablar lo bueno, (...cosas buenas?, VM)
	16:11	¿**Cómo** es que no entendéis
	21:20	¿**Cómo** es que se secó
	22:12	**cómo** entraste aquí,
	43	¿Pues **cómo** David en el Espíritu
	45	¿**cómo** es su hijo?
	23:33	¿**Cómo** escaparéis de la condenación
	26:54	¿**cómo** entonces se cumplirán
Mr	2:26	**cómo** entró en la casa de Dios,
	3:23	¿**Cómo** puede Satanás echar

Mr	4:13	¿**Cómo**, pues, entenderéis
	30	¿A qué haremos semejante (TR, VHA, VM, NC); (¿**Cómo** compararemos, BC, WH, N, ABMW, BA)
	40	¿**Cómo** no tenéis fe? (TR, N, VHA, BA)
	5:16	**cómo** le había acontecido
	8:21	¿**Cómo** aún no entendéis? (TR)
	9:12	¿y **cómo** está escrito del Hijo
	10:23	¡Cuán difícilmente entrarán
	24	¡cuán difícil...es entrar
	11:18	buscaban **cómo** matarle;
	12:26	**cómo** le habló Dios (WH, N, ABMW)
	35	¿**Cómo** dicen los escribas
	41	miraba **cómo** el pueblo echaba
	14:1	**cómo**...matarle,
	11	oportunidad para entregarle (**cómo** le entregaría oportunamente, VHA)
Lc	1:34	¿**Cómo** será esto?
	6:42	¿O **cómo** puedes decir a tu hermano
	8:18	Mirad, pues, **cómo** oís;
	36	**cómo** había sido salvado
	10:26	¿**Cómo** lees?
	11:18	¿**cómo** permanecerá su reino?
	12:11	por **cómo** o qué habréis de responder,
	27	Considerad los lirios, **cómo** crecen
	50	¡**cómo** me angustio hasta que se cumpla
	56	¿y **cómo** no distinguís este tiempo? (TR, N, VHA, NC, BC, BA); (¿pues **cómo** no sabéis interpretar..., VM, WH, ABMW)
	14:7	**cómo** escogían los primeros asientos
	18:24	¡Cuán difícilmente entrarán en el reino
	20:41	¿**Cómo** dicen que el Cristo
	44	¿**cómo** entonces es su hijo?
	22:2	buscaban **cómo** matarle;
	4	de **cómo** se lo entregaría
Jn	3:4	¿**Cómo** puede un hombre nacer
	9	¿**Cómo** puede hacerse
	12	¿**cómo** creeréis si os dijere
	4:9	¿**Cómo** tú, siendo judío, me pides
	5:44	¿**Cómo** podéis vosotros creer,
	47	¿**cómo** creeréis a mis palabras?
	6:42	¿**Cómo**, pues, dice
	52	¿**Cómo** puede éste darnos a comer
	7:15	¿**Cómo** sabe éste letras,
	8:33	¿**Cómo** dices tú: Seréis libres?
	9:10	¿**Cómo** te fueron abiertos los ojos? (TR, [WH], [N], [ABMW], VHA, BA); (¿Pues **cómo**..., VM, NC, BC)
	15	**cómo** había recibido la vista
	16	¿**Cómo** puede un hombre pecador
	19	¿**Cómo**, pues, ve ahora?
	21	**cómo** vea ahora, no lo sabemos;
	26	¿**Cómo** te abrió los ojos?
	11:36	Mirad **cómo** le amaba.
	12:34	¿**Cómo**,..., dices tú que es necesario
	14:5	¿**cómo**, pues, podemos saber el camino? (TR, ABMW, VM, NC, BC); (**cómo** vamos a saber..., VHA, WH, N, BA)
	9	¿**cómo**, pues, dices tú:
Hch	2:8	¿**Cómo**, pues, les oímos nosotros
	4:21	ningún modo de castigarles, (**cómo** castigarlos, VM)
	8:31	El dijo: ¿Y **cómo** podré,
	9:27	les contó **cómo**...había visto
		cómo...había hablado valerosamente
	11:13	quien nos contó **cómo** había visto
	12:17	les contó **cómo** el Señor
	15:36	para ver **cómo** están. (lit.,...**cómo** tienen)
	20:18	sabéis **cómo** me he comportado (...he

		estado, VM)
Ro	3:6	¿cómo juzgaría Dios al mundo?
	4:10	¿Cómo, pues, le fue contada?
	6:2	¿cómo viviremos aún en él
	8:32	¿cómo no nos dará también
	10:14	¿Cómo, pues, invocarán a aquel
		¿Y cómo creerán en aquel
		¿Y cómo oirán
	15	¿Y cómo predicarán
1 Co	3:10	cada uno mire cómo sobreedifica.
	7:32	cómo agradar al Señor
	33	de cómo agradar a su mujer
	34	de cómo agradar a su marido
	14:7	¿cómo se sabrá lo que se toca
	9	¿cómo se entenderá
	16	¿cómo dirá el Amén
	15:12	¿cómo dicen algunos entre vosotros
	35	¿Cómo resucitarán los muertos?
2 Co	3:8	¿cómo no será más bien con gloria
Gá	2:14	¿por qué obligas a los gentiles (TR, NC, BA)
		(¿cómo es que..., VHA, WH, N, ABMW, VM, BC)
	4:9	¿cómo es que os volvéis de nuevo
Ef	5:15	Mirad, pues,...cómo andéis
Col	4:6	cómo debéis responder
1 Ts	1:9	cómo os convertisteis de los ídolos
	4:1	cómo os conviene conduciros
2 Ts	3:7	de qué manera debéis imitarnos;
1 Ti	3:5	¿cómo cuidará de la iglesia de Dios?
	15	cómo debes conducirte en la casa
He	2:3	¿cómo escaparemos nosotros
1 Jn	3:17	¿cómo mora el amor de Dios en él?
	4:20	¿cómo puede amar a Dios (TR)
Ap	3:3	de lo que has recibido (lit., de cómo has recibido).

Jn	11:8	Rabí, ahora procuraban los judíos
4462		ῥαββουνί*† – rabbounī o ῥαββουνεί, ῥαββονί, ῥαββονεί
Mr	10:51	Maestro, que recobre la vista.
Jn	20:16	le dijo: ¡Raboni! (TR); (le dice en hebreo...VM, WH, N, ABMW, VHA, VM, NC, BC, BA)
4463		ῥαβδίζω – rabdízo (rabdídzo)
Hch	16:22	ordenaron azotarles con varas
2 Co	11:25	he sido azotado con varas
4464		ῥάβδος – rábdos
Mt	10:10	ni de calzado, ni de bordón
Mr	6:8	sino solamente bordón
Lc	9:3	No toméis nada...ni bordón
1 Co	4:21	¿Iré a vosotros con vara
He	1:8	Cetro de equidad es el cetro de tu reino.
	9:4	la vara de Aarón que reverdeció
	11:21	sobre el extremo de su bordón
Ap	2:27	las regirá con vara de hierro,
	11:1	una caña semejante a una vara de medir
	12:5	con vara de hierro a todas las naciones
	19:15	el las regirá con vara de hierro;
4465		ῥαβδοῦχος* – rabdóucos (rabdóujos)
Hch	16:35	los magistrados enviaron alguaciles
	38	los alguaciles hicieron saber
4466		Ῥαγαύ – Ragáu
Lc	3:35	hijo de Serug, hijo de Ragau,
4467		ῥᾳδιούργημα* – radióurgema (radióurguema)
Hch	18:14	Si fuera...algún crimen enorme (...alguna mala fechoría, BC)

Ρρ

4460		Ῥαάβ – Raáb
He	11:31	Por la fe Rahab, la ramera
Stg	2:25	Asimismo también Rahab la ramera,
4461		ῥαββί*† – rabbí o ῥαββεί
Mt	23:7	que los hombres los llamen: Rabí, Rabí (TR); (ser llamados por los hombres, Rabbí, VM, WH, N, ABMW, VHA, NC, BC, BA)
	8	no queráis que os llamen Rabí; (no seáis llamados Rabí, VHA)
	26:25	¿Soy yo, Maestro? (¿Soy yo quizá, Rabí?, VHA)
	49	¡Salve, Maestro!
Mr	9:5	Maestro, bueno es para nosotros
	11:21	Maestro, mira, la higuera que maldijiste
	14:45	le dijo: Maestro, Maestro. (TR); (dijo: Rabj BC, WH, N, ABMW, VHA, VM, NC, BA)
Jn	1:38	le dijeron: Rabí
	49	Rabí, tú eres el Hijo de Dios;
	3:2	Rabí, sabemos que has venido de Dios
	26	Rabí,...el que estaba contigo
	4:31	le rogaban,...Rabí, come.
	6:25	Rabí, ¿cuándo llegaste acá?
	9:2	Rabí, ¿quién pecó,

4468		ῥᾳδιουργία* – radiourgía (radiourguía)
Hch	13:10	¡Oh, lleno de...toda maldad,
4469		ῥακά – raká
Mt	5:22	cualquiera que diga: Necio
4470		ῥάκος – rákos
Mt	9:16	remiendo de paño nuevo
Mr	2:21	remiendo de paño nuevo
4471		Ῥαμά – Ramá
Mt	2:18	Voz fue oída en Ramá
4472		ῥαντίζω† – rantízo (rantídzo)
Mr	7:4	si no se lavan (...se bautizan, VM) (TR, ABMW, BC); (...se rocían, VHA, WH, N, NC, BA)
He	9:13	las cenizas de la becerra rociadas
	19	roció el mismo libro y también a todo
	21.	roció también con la sangre
	10:22	purificados los corazones
Ap	19:13	una ropa teñida en sangre; (TR, N, ABMW, VHA, NC, BA); (un manto salpicado de sangre, BC, WH, VM)
4473		ῥαντισμός† – rantismós
He	12:24	a la sangre rociada (...del rociamiento, VHA)

1 P	1:2	para...ser rociados con la sangre (para...la aspersión..., BC)

4474 ῥαπίζω – rapízo (rapídzo)

Mt	5:39	cualquiera que te **hiera** en la mejilla
	26:67	otros le **abofeteaban**,

4475 ῥάπισμα – rápisma

Mr	14:65	le daban de **bofetadas**. (le recibieron a **bofetadas**, BC)
Jn	18:22	le dio una **bofetada**, (dio a Jesús..., VM)
	19:3	le daban de **bofetadas**

4476 ῥαφίς* – rafís

Mt	19:24	por el ojo de una aguja,
Mr	10:25	por el ojo de una aguja,
Lc	18:25	por el ojo de una aguja (TR)

ῥαχά, véase **4469** ῥακά, pág. 706

4477 Ῥαχάβ – Racáb (Rajáb)

Mt	1:5	engendró de **Rahab** a Booz,

4478 Ῥαχήλ – Racél (Rajél)

Mt	2:18	**Raquel** que llora a sus hijos

4479 Ῥεβέκκα – Rebékka

Ro	9:10	cuando **Rebeca** concibió (lit.,...teniendo concepción)

4480 ῥέδη*† – réde

Ap	18:13	ovejas, caballos y **carros**

Ῥεμφάν, Ῥεφάν, véase **4481** Ῥομφά (después de 4500, pág. 708)

4482 ῥέω – réo

Jn	7:38	de su interior **correrán** ríos

4483 ῥέω, como verbo, véase **2046** ἐρῶ

4484 Ῥήγιον – Région (Réguion)

Hch	28:13	llegamos a **Regio**

4485 ῥῆγμα – régma

Lc	6:49	fue grande la **ruina** de aquella casa.

4486 ῥήγνυμι – régnumi

Mt	7:6	no sea que...os **despedacen**.
	9:17	de otra manera los odres **se rompen**
Mr	2:22	el vino nuevo **rompe** los odres, (TR); (...**romperá**..., VM, WH, N, ABMW, VHA, NC, BC, BA)
	9:18	le **sacude**; (le derriba, VHA)
Lc	5:37	el vino nuevo **romperá** los odres
	9:42	el demonio le **derribó**
Gá	4:27	**Prorrumpe** en júbilo y clama,

4487 ῥῆμα – réma

Mt	4:4	de toda **palabra** que sale
	5:11	y digan toda clase de mal (lit.,...toda clase de mala **palabra**) (TR)
	12:36	de toda **palabra** ociosa que hablen
	18:16	para que...conste toda **palabra**
	26:75	se acordó de las **palabras** (...de la **palabra**, VHA)
Mt	27:14	no le respondió ni una **palabra**
Mr	9:32	ellos no entendían esta **palabra**
	14:72	se acordó de las **palabras** (...la **palabra**, VM)
Lc	1:37	**nada** hay imposible para Dios. (para con Dios ninguna **cosa** será imposible, VM)
	38	hágase conmigo conforme a tu **palabra**
	65	se divulgaron todas estas **cosas**.
	2:15	veamos esto que ha sucedido (veamos esta cosa que..., VM)
	17	dieron a conocer lo que se les había dicho (divulgaron la **noticia** que se les había dado, VM)
	19	María guardaba todas estas **cosas**
	29	despides a tu siervo...Conforme a tu **palabra**
	50	no entendieron las **palabras** (...la **palabra**, BC)
	51	su madre guardaba todas estas **cosas**
	3:2	vino **palabra** de Dios a Juan,
	4:4	sino de toda **palabra** de Dios. (TR)
	5:5	mas en tu **palabra** echaré la red
	7:1	hubo terminado todas sus **palabras**
	9:45	no entendían estas **palabras**, (...este dicho, VM) temían preguntarle sobre esas **palabras** (..este dicho, VM)
	18:34	esta **palabra** les era encubierta,
	20:26	no pudieron sorprenderle en **palabra**
	22:61	se acordó de la **palabra** del Señor, (WH, ABMW)
	24:8	ellas se acordaron de sus **palabras**
	11	parecían locura las **palabras** de ellas, (TR, VHA, VM); (...estas **palabras**, BA, WH, N, ABMW, NC, BC)
Jn	3:34	las **palabras** de Dios habla
	5:47	¿cómo creeréis a mis **palabras**?
	6:63	las **palabras** que yo os he hablado
	68	tienes **palabras** de vida eterna.
	8:20	Estas **palabras** habló
	47	las **palabras** de Dios oye;
	10:21	Estas **palabras** no son de endemoniado
	12:47	que oye mis **palabras**, (Si alguno..., VHA)
	48	y no recibe mis **palabras**
	14:10	Las **palabras** que yo os hablo,
	15:7	mis **palabras** permanecen en vosotros
	17:8	las **palabras** que me diste
Hch	2:14	oíd mis **palabras**
	5:20	anunciad al pueblo todas las **palabras**
	32	somos testigos suyos de estas **cosas**
	6:11	**palabras** blasfemas contra Moisés
	13	no cesa de hablar **palabras** blasfemas
	10:22	para oír tus **palabras**
	37	lo que se divulgó por toda Judea (lit., la **cosa** que sucedió...)
	44	aún hablaba Pedro estas **palabras**,
	11:14	te hablará **palabras**
	16	me acordé de **lo dicho** por el Señor
	13:42	que...les hablasen de estas **cosas**
	16:38	hicieron saber estas **palabras**
	26:25	hablo **palabras** de verdad
	28:25	les dijo Pablo esta **palabra**: (después que Pablo les hubo dicho una **palabra**, VM)
Ro	10:8	Cerca de ti está la **palabra** Esta es la **palabra** de fe
	9	si confesares con tu boca (TR, N, ABMW, VHA, VM, NC, BC, BA); (lit., si confesares la **palabra**..., WH)
	17	el oír, por **la palabra** de Dios
	18	hasta los fines de la tierra sus **palabras**
2 Co	12:4	oyó **palabras** inefables

'Ρησά 4488   708   4506 ῥύομαι

2 Co 13:1	se decidirá todo **asunto**, (se confirmará toda **palabra**, VM)
Ef 5:26	el lavamiento del agua por la **palabra**
6:17	es **la palabra** de Dios.
He 1:3	con la **palabra** de su poder,
6:5	la buena **palabra** de Dios,
11:3	por la **palabra** de Dios,
12:19	a la voz que hablaba (a la voz de **palabras** VHA)
1 P 1:25	la **palabra** del Señor permanece esta es la **palabra** que
2 P 3:2	tengáis memoria de las **palabras**
Jud 17	tened memoria de las **palabras**
Ap 17:17	se cumplan las **palabras** de Dios. (TR)

4488   'Ρησά — Resá
Lc 3:27 hijo de Joana, hijo de **Resa**,

ῥήσσω, véase **4486** ῥήγνυμι. pág. 707

4489   ῥήτωρ* — rétor
Hch 24:1 un cierto **orador** llamado Tértulo

4490   ῥητῶς* — retós
1 Ti 4:1 el Espíritu dice **claramente**

4491   ῥίζα — ríza (rídza)
Mt 3:10 el hacha está puesta a la **raíz**
    13:6 porque no tenía **raíz**, se secó.
      21 pero no tiene **raíz** en sí
Mr 4:6   porque no tenía **raíz**, se secó.
     17   no tienen **raíz** en sí,
    11:20 que...se había secado desde **las raíces**
Lc 3:9   el hacha está puesta a la **raíz**
    8:13 no tienen **raíces**; (...**raíz**, VHA)
Ro 11:16 si la **raíz** es santa,
     17   participante de la **raíz**
     18   no sustentas tú a la **raíz**, sino la **raíz** a ti.
    15:12 Estará la **raíz** de Isaí,
1 Ti 6:10 **raíz** de todos los males es
He 12:15 brotando alguna **raíz** de amargura
Ap 5:5   la **raíz** de David, ha vencido
   22:16 Yo soy la **raíz** y el linaje

4492   ῥιζόω — rizóo (ridzóo)
Ef 3:17 **arraigados** y cimentados en amor,
Col 2:7   **arraigados** y sobreedificados en él,

4493   ῥιπή* — ripé
1 Co 15:52 en **un abrir y cerrar** de ojos, (lit., en un pestañeo de ojo)

4494   ῥιπίζω — ripízo (ripídzo)
Stg 1:6   **echada de una parte a otra**

4495   ῥίπτω — rípto o ῥιπτέω
Mt 9:36 **dispersas** como ovejas
    15:30 los pusieron a los pies (los **echaron**..., VHA)
    27:5 **arrojando** las piezas de plata
Lc 4:35 **derribándole** en medio de ellos,
    17:2 y **se ha arrojase** al mar,
Hch 22:23 como ellos...**arrojaban** sus ropas
    27:19 **arrojamos** los aparejos (TR); (**echaron**... el aparejo, BC, WH, N, ABMW, VHA, VMA, BA)
      29 **echaron** cuatro anclas por la popa,

| | (habiendo echado..., BC) |

4497   'Ροβοάμ — Roboám
Mt 1:7   Salomón engendró a **Roboam**, **Roboam** a Abías, (...engendró a Abías, VHA)

4498   'Ρόδη — Róde
Hch 12:13 una muchacha llamada **Rode**,

4499   'Ρόδος — Ródos
Hch 21:1 al día siguiente a **Rodas**,

4500   ῥοιζηδόν* — roizedón (roidzedón)
2 P 3:10 pasarán **con grande estruendo**

4481   'Ρομφά — Romfá o 'Ρεμφάν, 'Ρεφάν
Hch 7:43 la estrella de vuestro dios **Renfán**, (TR, ABMW); (...del dios **Ronfán**, VHA, WH, N, VM, NC, BC, BA)

4501   ῥομφαία† — romfáia
Lc 2:35 **una espada** traspasará tu misma alma
Ap 1:16 **una espada** aguda de dos filos
    2:12 El que tiene la **espada** aguda
    16   pelearé contra ellos con la **espada**
    6:8   para matar con **espada**,
    19:15 De su boca sale **una espada** aguda,
    21   fueron muertos con la **espada**

4502   'Ρουβήν — Roubén
Ap 7:5   De la tribu de **Rubén**, doce mil

4503   'Ρούθ — Róuth (Rúth)
Mt 1:5   Booz engendró de **Rut** a Obed,

4504   'Ροῦφος — Róufos
Mr 15:21 padre de Alejandro y de **Rufo**,
Ro 16:13 Saludad a **Rufo**,

4505   ῥύμη — rúme
Mt 6:2   en las sinagogas y en las **calles**,
Lc 14:21 Vé pronto por las plazas y las **calles**
Hch 9:11 vé a la **calle** que se llama Derecha
    12:10 salidos, pasaron una **calle**,

4506   ῥύομαι — rúomai
Mt 6:13 mas **líbranos** del mal
    27:43 **líbrele** ahora si le quiere
Lc 1:74 **librados** de nuestros enemigos, (...de la mano de nuestros enemigos, VHA)
    11:4 **líbranos** del mal. (TR, [BA])
Ro 7:24 ¿quién me **librará** de este cuerpo
    11:26 Vendrá de Sion el **Libertador**
    15:31 para que **sea librado** de los rebeldes.
2 Co 1:10 el cual nos **libró** nos **libra** (TR, VM); (nos **librará**, VHA, WH, N, ABMW, NC, BA) esperamos que aún nos **librará**
Col 1:13 nos **ha librado** de la potestad
1 Ts 1:10 quien nos **libra** de la ira venidera.
2 Ts 3:2 para que **seamos librados**
2 Ti 3:11 de todas me **ha librado** el Señor.
     4:17 fui **librado** de la boca del león
       18 el Señor me **librará** de toda obra

ῥυπαίνω 4510

2 P 2:7 libró al justo Lot,
9 sabe el Señor **librar** de tentación
4507-4509 *Véase abajo*
4510 ῥυπαώω* – rupáino
Ap 22:11 sea inmundo todavía; (WH, N, ABMW)

4507 ῥυπαρία* – ruparía
Stg 1:21 desechando toda **inmundicia**

4508 ῥυπαρός – ruparós
Stg 2:2 con vestido **andrajoso**, (...**mugriento**, BC)
Ap 22:11 el que es **inmundo** (WH, N, ABMW)

4509 ῥύπος – rúpos
1 P 3:21 las **inmundicias** de la carne, (la **inmundicia**..., VM)
4510 *Véase arriba*
4510 A ῥυπόω* – rupóo
Ap 22:11 el **que es inmundo, sea inmundo** (TR)

4511 ῥύσις – rúsis
Mr 5:25 de **flujo** de sangre
Lc 8:43 de **flujo** de sangre
44 se detuvo el **flujo** de su sangre

4512 ῥυτίς* – rutís
Ef 5:27 que no tuviese mancha ni **arruga**

4513 Ῥωμαϊκός – Romaïkós
Lc 23:38 con letras griegas, **latinas** y hebreas (TR, BC [BA])

4514 Ῥωμαῖος – Romáios
Jn 11:48 vendrán los **romanos**
Hch 2:10 **romanos** aquí residentes, tanto judíos
16:21 pues somos **romanos**
37 siendo ciudadanos **romanos**
38 al oír que eran **romanos**
22:25 azotar a un ciudadano **romano**
26 es ciudadano **romano**.
27 ¿eres tú ciudadano **romano**?
29 al saber que era ciudadano **romano**
23:27 era ciudadano **romano**
25:16 no es costumbre de los **romanos**
28:17 en manos de los **romanos**

4515 Ῥωμαϊστί – Romaïstí
Jn 19:20 hebreo, en griego y **en latín**.

4516 Ῥώμη – Róme
Hch 18:2 que todos los judíos saliesen de **Roma**,
19:21 ver también a **Roma**
23:11 que testifiques también en **Roma**
28:14 fuimos a **Roma**
16 Cuando llegamos a **Roma**
Ro 1:7 a todos los que estáis en **Roma**
15 a vosotros que estáis en **Roma**
2 Ti 1:17 cuando estuvo en **Roma**

4517 ῥώννυμι** – rónnumi o ῥώννυμαι
Hch 15:29 **Pasadlo bien**
23:30 **Pásalo bien**. (TR, BC)

709

4521 σάββατον

Σσ

4518 σαβαχθάνι – sabactháni (sabajtháni) o σαβαχθανεί
Mt 27:46 Elí, Elí ¿lama **sabactani**?
Mr. 15:34 Eloi, Eloi, ¿lama **sabactani**?

4519 Σαβαώθ† – Sabaóth
Ro 9:29 Si el Señor **de los ejércitos** no nos
Stg 5:4 los oídos del Señor **de los ejércitos**.

4520 σαββατισμός*† – sabbatismós
He 4:9 queda un **reposo** para el pueblo

4521 σάββατον† – sábbaton
Mt 12:1 por los sembrados en un **día de reposo**
2 no es lícito hacer en el **día de reposo**
5 cómo en el **día de reposo** los sacerdotes profanan el **día de reposo**
8 es Señor del **día de reposo**.
10 ¿Es lícito sanar en el **día de reposo**?
11 cayere en un hoyo en **día de reposo**
12 hacer el bien en los **días de reposo**.
24:20 no sea...en **día de reposo**
28:1 Pasado el **día de reposo**, del primer **día de la semana**
Mr 1:21 los **días de reposo**,...enseñaba. (en el **sábado**..., VHA)
2:23 al pasar...un **día de reposo**
24 ¿por qué hacen en el **día de reposo**
27 El **día de reposo** fue hecho por causa no el hombre por causa del **día de reposo**.
28 es Señor aun del **día de reposo**.
3:2 si en el **día de reposo** le sanaría,
4 ¿Es lícito en los **días de reposo**
6:2 llegado el **día de reposo**, comenzó
16:1 Cuando pasó el **día de reposo**,
2 el primer día de la **semana**, vinieron
9 [el primer día de la **semana**, apareció]
Lc 4:16 en el **día de reposo** entró en la sinagoga
31 les enseñaba en los **días de reposo**. (lit., estaba enseñándoles...)
6:1 Aconteció en un **día de reposo**
2 no es lícito hacer en los **días de reposo**
5 es Señor aun del **día de reposo**
6 Aconteció también en otro **día de reposo**
7 si en el **día de reposo** lo sanaría
9 ¿Es lícito en **día de reposo** hacer bien
13:10 en una sinagoga en el **día de reposo**
14 hubiese sanado en el **día de reposo** y no en **día de reposo**
15 ¿no desata en el **día de reposo** su buey
16 ¿no se le debía desatar...en el **día de reposo**?
14:1 Aconteció un **día de reposo**,
3 ¿Es lícito sanar en el **día de reposo**?
5 no lo sacará...en **día de reposo**?
18:12 ayuno dos veces a la **semana**
23:54 estaba para rayar el **día de reposo**. (el **sábado** ya rayaba, VM)
56 descansaron el **día de reposo**.
24:1 El primer **día de la semana**
Jn 5:9 era **día de reposo** aquel día
10 Es **día de reposo**; no te es lícito
16 hacía estas cosas en el **día de reposo**
18 no sólo quebrantaba el **día de reposo**

	σαγήνη 4522				4537 σαλπίζω

Jn	7:22	en el **día de reposo** circuncidáis	4529		Σαλαμίς — Salamís
	23	la circuncisión en el **día de reposo**,	Hch	13: 5	llegados a **Salamina**, anunciaban
		en el **día de reposo** sané (...hice...sano, VM)		4530	*Véase abajo*
	9:14	era **día de reposo** cuando Jesús había hecho	4531		σαλεύω — saléuo
	16	no guarda el **día de reposo**	Mt	11: 7	¿Una caña **sacudida** por el viento?
	19:31	en la cruz en el **día de reposo**		24:29	las potencias...**serán conmovidas**
		aquel **día de reposo** era de gran solemnidad	Mr.	13:25	las potencias...**serán conmovidas**
		(era grande el día de aquel **sábado**, BC)	Lc	6:38	medida buena...**remecida**
	20: 1	El primer día de la **semana**, María		48	no la pudo **mover**
	19	el primero **de la semana**,		7:24	¿Una caña **sacudida** por el viento?
Hch	1:12	camino de un **día de reposo**		21:26	las potencias... **serán conmovidas**.
	13:14	en la sinagoga un **día de reposo**	Hch	2:25	no **seré conmovido**. (para que yo no sea
	27	que se leen todos los **días de reposo**, (lit.,...			**conmovido**, VHA)
		en cada **sábado**)		4:31	el lugar...**tembló**
	42	rogaron que el siguiente **día de reposo**		16:26	que los cimientos...**se sacudían**
	44	El siguiente **día de reposo** se juntó		17:13	**alborotaron** a las multitudes. (**incitando**...,
	15:21	es leído cada **día de reposo**			VM)
	16:13	un **día de reposo** salimos fuera	2 Ts	2: 2	que no **os dejéis mover** fácilmente
	17: 2	por tres **días de reposo** discutió	He	12:26	La voz del cual **conmovió**...la tierra,
	18: 4	discutía...todos los **días de reposo** (...cada		27	indica la remoción de las **cosas movibles**
		sábado, BC)			para que queden las inconmovibles (...las
	20: 7	El primer día de la **semana**,			que no son conmovidas, BC)
1 Co	16: 2	Cada primer día de la **semana** cada uno	4532		Σαλήμ — Salém
Col	2:16	en cuanto a...**días de reposo**	He	7: 1	Melquisedec, rey **de Salem**,
				2	cuyo nombre significa...Rey **de Salem**,
4522		σαγήνη — sagéne (saguéne)	4530		Σαλίμ — Salím o Σαλείμ
Mt	13:47	es semejante a **una red**	Jn	3:23	también en Enón, junto a **Salim**,
4523		Σαδδουκαῖος — Saddoukáios	4533		Σαλμών — Salmón
Mt	3: 7	que muchos...**de los saduceos** venían	Mt	1: 4	Naasón a **Salmón**. (Naasón engendró...,
	16: 1	los fariseos y los **saduceos**			VHA)
	6	guardaos de la levadura...**de los saduceos**		5	**Salmón** engendró de Rahab
	11	de la levadura...**de los saduceos**?	Lc	3:32	Booz, hijo de **Salmón**, (TR, VM, BA)
	12	de la doctrina...**de los saduceos**	4534		Σαλμώνη — Salmóne
	22:23	vinieron a él **los saduceos**,	Hch	27: 7	navegamos...frente a **Salmón**.
	34	había hecho callar a los **saduceos**,	4535		σάλος — sálos
Mr	12:18	vinieron a él **los saduceos**.	Lc	21:25	del bramido del mar y **de las olas**; (...y del
Lc	20:27	Llegando entonces algunos de los **saduceos**			**oleaje**, BC)
Hch	4: 1	vinieron...los **saduceos**	4536		σάλπιγξ — sálpigx (sálpinx)
	5:17	la secta de los **saduceos**	Mt	24:31	con gran voz de **trompeta**, (TR, VM);
	23: 6	que una parte era **de saduceos**			(con una gran **trompeta**, BA, WH, N,
	7	disensión entre los fariseos y **los saduceos**			ABMW, VHA, NC, BC)
	8	**los saduceos** dicen que no hay resurrección,	1 Co	14: 8	si la **trompeta** diere sonido incierto
4524		Σαδώκ — Sadók		15:52	a la final **trompeta**;
Mt	1:14	Azor engendró a **Sadoc**	1 Ts	4:16	con **trompeta** de Dios, descenderá
		Sadoc a Aquim, (...engendró a Aquim, VHA	He	12:19	al sonido **de la trompeta**,
4525		σαίνω* — sáino	Ap	1:10	una gran voz como de **trompeta**
1 Ts	3: 3	a fin de que nadie **se inquiete**		4: 1	voz que oí, como de **trompeta**
4526		σάκκος — sákkos		8: 2	se les dieron siete **trompetas**
Mt	11:21	se hubieran arrepentido en **cilicio**		6	que tenían las siete **trompetas**
Lc	10:13	tiempo ha que sentadas en **cilicio**		13	a causa de los otros toques de **trompeta**
Ap	6:12	como tela de **cilicio**, (como **un saco** de pelo		9:14	al sexto ángel que tenía la **trompeta**:
		de cabra, NC)	4537		σαλπίζω — salpízo (salpídzo)
	11:3	que profeticen...vestidos de **cilicio**.	Mt	6: 2	no **hagas tocar trompeta** delante de ti,
4527		Σαλά — Salá	1 Co	15:52	porque se **tocará la trompeta**
Lc	3:32	Booz, hijo de **Salmón** (TR, VM, BA); (...de	Ap	8: 6	se dispusieron a **tocarlas**.
		Salá, VHA, WH, N, ABMW, NC, BC)		7	El primer...**tocó la trompeta**
	35	hijo de Heber, hijo de **Sala**,		8	El segundo ángel **tocó la trompeta**
4528		Σαλαθιήλ — Salathiél		10	El tercer ángel **tocó la trompeta**
Mt	1:12	Jeconías engendró a **Salatiel**,		12	El cuarto ángel **tocó la trompeta**
		Salatiel a Zorobabel (...engendró a		13	que están para **sonar**
		Zorobabel, VHA)	9: 1		El quinto ángel **tocó la trompeta**
Lc	3:27	hijo de **Salatiel**, hijo de Neri		13	El sexto ángel **tocó la trompeta**

σαλπιστής 4538　　　　　　　　　711　　　　　　　　　4561 σάρξ

Ap	10:7	cuando él comience a **tocar la trompeta**		Hch	22:13	Hermano **Saulo**, recibe la vista.
	11:15	El séptimo ángel **tocó la trompeta**			26:14	**Saulo, Saulo**, ¿por qué me persigues?

4538　　　σαλπιστής* — salpistés

Ap 18:22 voz...**de trompeteros** no se oirá más

4539　　　Σαλώμη — Salóme

Mr 15:40 entre las cuales estaban...**Salomé**
　　16:1 María...y **Salomé**, compraron especias

4540　　　Σαμάρεια — Samáreia o Σαμαρία

Lc 17:11 pasaba entre **Samaria** y Galilea.
Jn　4:4 le era necesario pasar por **Samaria**
　　　5 una ciudad de **Samaria** llamada Sicar,
　　　7 Vino una mujer de **Samaria**
Hch 1:8 me seréis testigos...en **Samaria**
　　8:1 fueron esparcidos por...**Samaria**
　　　5 descendiendo a la ciudad de **Samaria**
　　　9 que...había engañado a la gente de **Samaria**
　　14 **Samaria** había recibido la palabra
　　9:31 por toda Judea, Galilea y **Samaria**
　　15:3 pasaron por Fenicia y **Samaria**, contando

4541　　　Σαμαρίτης — Samarítes o Σαμαρείτης

Mt 10:5 en ciudad **de samaritanos** no entréis
Lc　9:52 entraron en una aldea **de los samaritanos**
　　10:33 un **samaritano**, que iba de camino,
　　17:16 éste era **samaritano**
Jn　4:9 judíos y **samaritanos** no se tratan (los judíos
　　　　　no se tratan con **los samaritanos**, VHA)
　　39 los **samaritanos** de aquella ciudad creyeron
　　40 vinieron los **samaritanos** a él
　　8:48 ¿No decimos...que tú eres **samaritano**,
Hch 8:25 en muchas poblaciones de los **samaritanos**

4542　　　Σαμαρῖτις — Samarîtis o Σαμαρεῖτις

Jn　4:9 La mujer **samaritana** le dijo
　　　　　a mí...que soy mujer **samaritana**?

4543　　　Σαμοθράκη — Samothráke

Hch 16:11 vinimos con rumbo directo a **Samotracia**,

4544　　　Σάμος — Sámos

Hch 20:15 tomamos puerto en **Samos**

4545　　　Σαμουήλ — Samouél

Hch 3:24 los profetas desde **Samuel** en adelante,,
　　13:20 les dio jueces hasta el profeta **Samuel**
He 11:32 así como de **Samuel** y de los profetas

4546　　　Σαμψών — Sampsón

He 11:32 el tiempo me faltaría contando...de **Sansón**

4547　　　σανδάλιον — sandálion

Mr　6:9 calzasen **sandalias** (calzados con ..., BC)
Hch 12:8 Cíñete, y átate las **sandalias**.

4548　　　σανίς — sanís

Hch 27:44 los demás, parte en **tablas**,

4549　　　Σαούλ — Saóul

Hch 9:4 **Saulo, Saulo**, ¿por qué me persigues?
　　17 Hermano **Saulo**, el Señor Jesús,
　　13:21 Dios les dio a **Saúl** hijo de Cis,
　　22:7 **Saulo, Saulo**, ¿por qué me persigues?

4550　　　σαπρός — saprós

Mt 7:17 el árbol **malo** da frutos malos
　　18 ni el árbol **malo** dar frutos buenos.
　　12:33 haced el árbol **malo**, y su fruto malo
　　13:48 lo **malo** echan fuera. (...los malos, BC)
Lc 6:43 el que da **malos** frutos, (...fruto malo, BC)
　　　　ni árbol **malo** el que da buen fruto
Ef 4:29 Ninguna palabra **corrompida** salga

4551　　　Σάπφιρα — Sápfira o Σαπφείρη

Hch 5:1 Ananías, con **Safira** su mujer,

4552　　　σάπφιρος — sápfiros o σάπφειρος

Ap 21:19 El primer cimiento...el segundo, **zafiro**

4553　　　σαργάνη* — sargáne

2 Co 11:33 fui descolgado...en **un canasto**

4554　　　Σάρδεις — Sárdeis

Ap 1:11 las siete iglesias que están en ... **Sardis**
　　3:1 al ángel de la iglesia en **Sardis**
　　4 tienes unas pocas personas en **Sardis**

4555　　　σάρδινος, véase σάρδιον

4555　　　σάρδιον — sárdion o σάρδινος

Ap 4:3 semejante a piedra de... **cornalina**;
　　21:20 el quinto, ónice; el sexto, **cornalina**

4557　　　σαρδόνυξ*† — sardónux

Ap 21:20 el quinto, **ónice**

4558　　　Σάρεπτα — Sárepta

Lc 4:26 a una mujer viuda en **Sarepta** de Sidón

4559　　　σαρκικός* — sarkikós

Ro 7:14 yo soy **carnal** (TR)
　　15:27 ministrarles de los materiales (lit.,...de los
　　　　　　carnales)
1 Co 3:1 sino como a **carnales** (TR)
　　　3 porque aún sois **carnales**
　　　4 ¿no sois **carnales**?
　　9:11 si segáremos de vosotros lo **material**?
　　　　(lit.,...vuestras **cosas carnales**?)
2 Co 1:12 no con sabiduría humana, (no con sabiduría
　　　　　carnal, VM)
　　10:4 las armas de nuestra milicia no son **carnales**
He 7:16 del mandamiento acerca de la descendencia
　　　　(de un mandamiento **carnal**, VM) (TR)
1 P 2:11 que os abstengáis de los deseos **carnales**

4560　　　σάρκινος — sárkinos

Ro 7:14 yo soy **carnal**, (WH, N, ABMW)
1 Co 3:1 sino como a **carnales**, (WH, N, ABMW)
2 Co 3:3 sino en tablas **de carne** del corazón
He 7:16 del mandamiento acerca de la descendencia
　　　　(de un mandamiento **carnal**, VM) (WH,
　　　　N, ABMW)

4561　　　σάρξ — sárx

Mt 16:17 no te lo reveló **carne** ni sangre,

σάρξ 4561

Mt	19:5	los dos serán una sola carne?
	6	sino una sola carne
	24:22	nadie sería salvo (ninguna carne..., VM)
	26:41	pero la carne es débil.
Mr	10:8	los dos serán una sola carne
		sino uno (sino una carne, VHA)
	13:20	nadie sería salvo (ninguna carne..., VM)
	14:38	pero la carne es débil
Lc	3:6	verá toda carne la salvación de Dios.
	24:39	un espíritu no tiene carne
Jn	1:13	no...de voluntad de carne
	14	aquel Verbo fue hecho carne
	3:6	Lo que es nacido de la carne, carne es
	6:51	el pan que yo daré es mi carne
	52	darnos a comer su carne?
	53	Si no coméis la carne del Hijo
	54	El que come mi carne
	55	mi carne es verdadera comida
	56	El que come mi carne
	63	la carne para nada aprovecha
	8:15	Vosotros juzgáis según la carne
	17:2	le has dado potestad sobre toda carne
Hch	2:17	de mi Espíritu sobre toda carne
	26	mi carne descansará en esperanza
	30	en cuanto a la carne, levantaría (TR)
	31	ni su carne vio corrupción
Ro	1:3	del linaje de David según la carne
	2:28	se hace exteriormente en la carne
	3:20	ningún ser humano será justificado
		(ninguna carne..., VHA)
	4:1	Abraham, nuestro padre según la carne?
	6:19	por vuestra humana debilidad (por la
		flaqueza de vuestra carne, VHA)
	7:5	mientras estábamos en la carne,
	18	sé que en mí, esto es, en mi carne
	25	con la carne a la ley del pecado
	8:1	que no andan conforme a la carne, (TR, BA)
	3	por cuanto era débil por la carne Hijo en semejanza de carne de pecado condenó al pecado en la carne
	4	que no andamos conforme a la carne
	5	los que son de la carne piensan en las cosas de la carne
	6	el ocuparse de la carne (la aspiración de la carne, BC)
	7	la mente carnal es enemistad (la aspiración de la carne, ...BC)
	8	los que viven según la carne (los que están en la carne, VM)
	9	no vivís según la carne, (no estáis en la carne, VM)
	12	deudores somos, no a la carne, para que vivamos conforme a la carne
	13	si vivís conforme a la carne
	9:3	mis parientes según la carne
	5	según la carne, vino Cristo
	8	no los que son hijos según la carne
	11:14	provocar a celos a los de mi sangre, (...a los que son mi carne, VM)
	13:14	para los deseos de la carne
1 Co	1:26	no sois muchos sabios según la carne
	29	a fin de que nadie se jacte (para que ninguna carne se gloríe, VHA)
	5:5	para destrucción de la carne
	6:16	Los dos serán una sola carne
	7:28	tendrán aflicción de la carne
	10:18	Mirad a Israel según la carne
	15:39	No toda carne es la misma carne
		una carne es la de los hombres, (TR, VHA) otra carne la de las bestias otra la de las aves, (TR, NC, BA); (otra la carne de las aves, VHA, WH, N, ABMW, VM, BC)
1 Co	15:50	la carne y la sangre no pueden heredar
2 Co	1:17	lo pienso según la carne,
	4:11	se manifieste en nuestra carne mortal
	5:16	a nadie conocemos según la carne a Cristo conocemos según la carne
	7:1	de toda contaminación de carne
	5	ningún reposo tuvo nuestro cuerpo, (nuestra carne,..., VM)
	10:2	como si anduviésemos según la carne
	3	Pues aunque andamos en la carne no militamos según la carne
	11:18	muchos se glorían según la carne
	12:7	me fue dado un aguijón en mi carne
Gá	1:16	no consulté...con carne y sangre,
	2:16	nadie será justificado, (...ninguna carne VM)
	20	y lo que ahora vivo en la carne
	3:3	ahora vais a acabar por la carne
	4:13	a causa de una enfermedad del cuerpo
	14	la prueba que tenía en mi cuerpo (lit., mi prueba en mi carne) (TR); (lit., vuestra prueba en mi carne) (WH, N, ABMW, VHA, VM, NC, BC, BA)
	23	el de la esclava nació según la carne
	29	el que había nacido según la carne
	5:13	la libertad como ocasión para la carne
	16	los deseos de la carne (el deseo..., VHA)
	17	el deseo de la carne es contra el Espíritu (la carne codicia..., VM) el del Espíritu es contra la carne (el espíritu contra la carne, VM)
	19	manifiestas son las obras de la carne
	24	han crucificado la carne
	6:8	el que siembra para su carne de la carne segará corrupción;
	12	los que quieren agradar en la carne
	13	para gloriarse en vuestra carne
Ef	2:3	en los deseos de nuestra carne la voluntad de la carne (las voluntades..., BC)
	11	los gentiles en cuanto a la carne circuncisión hecha con mano en la carne
	14 (15)	aboliendo en su carne
	5:29	nadie aborreció jamás a su propia carne
	30	somos miembros de su...carne (TR, VM [BA])
	6:5	a vuestros amos terrenales (...amos según la carne, VHA)
	12	lucha contra sangre y carne
Fil	1:22	si el vivir en la carne
	24	quedar en la carne es más necesario
	3:3	no teniendo confianza en la carne
	4	también de qué confiar en la carne de qué confiar en la carne
Col	1:22	os ha reconciliado en su cuerpo de carne
	24	cumplo en mi carne lo que falta
	2:1	que nunca han visto mi rostro(...mi rostro en la carne, VHA)
	5	aunque estoy ausente en cuerpo
	11	el cuerpo pecaminoso carnal (lit., el cuerpo de los pecados de la carne) (TR); (del cuerpo de la carne, VHA, WH, N, ABMW, VM, NC, BC, BA)
	13	en la incircuncisión de vuestra carne

Col	2:18	por su propia mente carnal (por la mente de su carne, BC)	Mr	3:23	¿Cómo puede **Satanás** echar fuera a **Satanás**
	23	contra los apetitos de la **carne**. (para el saciar de la **carne**, VA)		26	si **Satanás** se levanta contra sí mismo,
				4:15	viene **Satanás**, y quita la palabra
				8:33	¡Quítate de delante de mí, **Satanás**
	3:22	a vuestros amos terrenales (...amos según la **carne**, VHA)	Lc	4:8	vete de mí, **Satanás**, (lit., Ponte detrás de mí, **Satanás**) (TR, VM)
1 Ti	3:16	fue manifestado en **carne**		10:18	Yo veía a **Satanás** caer del cielo
Flm	16	tanto en la **carne** como en el Señor.		11:18	si también **Satanás** está dividido
He	2:14	los hijos participaron de **carne** y sangre		13:16	que **Satanás** había atado
	5:7	Cristo, en los días de su **carne**		22:3	entró **Satanás** en Judas,
	9:10	ordenanzas acerca de la **carne**		31	he aquí **Satanás** os ha pedido
	13	para la purificación de la **carne**	Jn	13:27	**Satanás** entró en él.
	10:20	esto es, de su **carne**	Hch	5:3	¿por qué llenó **Satanás** tu corazón
	12:9	nuestros padres terrenales (los padres de nuestra **carne**, VHA)		26:18	de la potestad de **Satanás** a Dios
			Ro	16:20	Dios...aplastará en breve a **Satanás**
Stg	5:3	devorará del todo vuestras **carnes**	1 Co	5:5	el tal sea entregado a **Satanás** (entregar a ese tal..., BC)
1 P	1:24	Toda **carne** es como hierba,			
	3:18	siendo a la verdad muerto **en la carne**,		7:5	para que no os tiente **Satanás**
	21	las inmundicias de la **carne**, (la inmundicia.. VHA)	2 Co	2:11	para que **Satanás** no gane ventaja (lit., para que no seamos engañados por **Satanás**)
	4:1	Puesto que Cristo ha padecido...**en la carne** quien ha padecido **en la carne**,		11:14	el mismo **Satanás** se disfraza como ángel
				12:7	un mensajero de **Satanás** que me abofetee
	2	el tiempo que resta en la **carne**,	1 Ts	2:18	**Satanás** nos estorbó
	6	para que sean juzgados **en carne**	2 Ts	2:9	cuyo advenimiento es por obra de **Satanás**
2 P	2:10	a aquellos que, siguiendo la **carne**, (a los que van en pos de la **carne**, NC)	1 Ti	1:20	a quienes entregué a **Satanás**
				5:15	algunas se han apartado en pos de **Satanás**
	18	con concupiscencias de la **carne**	Ap	2:9	sino sinagoga de **Satanás**
1 Jn	2:16	los deseos de la **carne**, (la concupiscencia... VM)		13	donde está el trono de **Satanás** donde mora **Satanás**
	4:2	que Jesucristo ha venido en **carne**,		24	las profundidades de **Satanás**
	3	que...ha venido en **carne**,		3:9	entrego de la sinagoga de **Satanás**
2 Jn	7	que Jesucristo ha venido en **carne**		12:9	**Satanás**, el cual engaña
Jud	7	ido en pos de vicios contra naturaleza (corrido tras **carne** ajena, BC)		20:2	la serpiente...que es...**Satanás**
				7	**Satanás** será suelto de su prisión
	8	estos soñadores mancillan la **carne**,			
	23	la ropa contaminada por su **carne**.	**4568**		σάτον† – sáton
Ap	17:16	devorarán sus **carnes**	Mt	13:33	escondió en tres **medidas** de harina,
	19:18	para que comáis **carnes** de reyes y de capitanes (y **carnes** de tribunos militares, BC) y **carnes** de fuertes, **carnes** de caballos y **carnes** de todos, libres y esclavos	Lc	13:21	escondió en tres **medidas** de harina,
			4569		Σαῦλος – Sáulos
			Hch	7:58	un joven que se llamaba **Saulo**
				8:1	**Saulo** consentía (...estaba dando su asentimiento, BC)
	21	todas las aves se saciaron de las **carnes**		3	**Saulo** asolaba la iglesia,
4562		Σαρούχ, véase Σερούχ (después de 4588, pág. 715)		9:1	**Saulo**, respirando aún amenazas (...amenaza, BC)
4563		σαρόω* – saróo		8	Entonces **Saulo** se levantó de tierra,
Mt	12:44	la halla...**barrida** y adornada.		11	busca...a uno llamado **Saulo**,
Lc	11:25	la halla **barrida** y adornada.		19	estuvo **Saulo** por algunos días (TR)
	15:8	**barre** la casa, y busca		22	**Saulo** mucho más se esforzaba,
				24	llegaron a conocimiento de **Saulo**. (Llegó..., VHA)
4564		Σάρρα – Sárra (Sára)			
Ro	4:19	la esterilidad de la matriz **de Sara**.		26	Cuando llegó a Jerusalén (V60, WH, N, ABMW, VHA, VM, NC, BC, BA); (lit., Cuando llegó **Saulo**..., TR)
	9:9	**Sara** tendrá un hijo. (lit., habrá hijo para **Sara**)			
He	11:11	la misma **Sara**,...recibió fuerza		11:25	fue...para buscar a **Saulo**
1 P	3:6	como **Sara** obedecía a Abraham		30	por mano de Bernabé y **de Saulo**
4565		Σαρών – Sarón		12:25	Bernabé y **Saulo**,...volvieron
Hch	9:35	los que habitaban en Lida y en **Sarón**		13:1	Bernabé, Simón...y **Saulo**
				2	Apartadme a Bernabé y a **Saulo**
4566		Σατάν – Satán o Σατανᾶς		7	Este, llamando a Bernabé y a **Saulo**
Mt	4:10	Jesús le dijo: Vete, **Satanás**		9	**Saulo**, que también es Pablo
	12:26	Si **Satanás** echa fuera a **Satanás**	**4570**		σβέννυμι – sbénnumi
	16:23	¡Quítate de delante de mí, **Satanás**!	Mt	12:20	el pábilo que humea no **apagará**
Mr	1:13	era tentado por **Satanás**, (siendo tentado..., VHA)		25:8	porque nuestras lámparas **se apagan**
			Mr	9:44	el fuego nunca **se apaga** (TR, VM, NC, BC, [BA])

σεαυτοῦ 4572

Mr	9:46	el fuego nunca se apaga (TR, VM, NC, BC, (BAJ)
	48	el fuego nunca se apaga.
Ef	6:16	con que podáis apagar todos los dardos
1 Ts	5:19	No apaguéis al Espíritu
He	11:34	apagaron fuegos impetuosos, (...la violencia del fuego, VHA)

4572 σεαυτοῦ — seautóu

Mt	4:6	échate abajo
	8:4	muéstrate al sacerdote,
	19:19	Amarás a tu prójimo como a ti mismo
	22:39	Amarás a tu prójimo como a ti mismo
	27:40	sálvate a ti mismo
Mr	1:44	muéstrate al sacerdote,
	12:31	Amarás a tu prójimo como a ti mismo
	15:30	sálvate a ti mismo
Lc	4:9	échate de aquí abajo
	23	Médico, cúrate a ti mismo
	5:14	múestrate al sacerdote,
	10:27	y a tu prójimo como a ti mismo
	23:37	sálvate a ti mismo
	39	sálvate a ti mismo y a nosotros
Jn	1:22	¿Qué dices de ti mismo?
	7:4	manifiéstate al mundo
	8:13	das testimonio acerca de ti mismo
	53	¿Quién te haces a ti mismo?
	10:33	siendo hombre, te haces Dios.
	14:22	que te manifestarás (que te hayas de manifestar, VHA)
	17:5	glorifícame tú para contigo
	18:34	¿Dices tú esto por ti mismo (WH, ABMW)
	21:18	Cuando eras más joven, te ceñías
Hch	9:34	haz tu cama (compónte la cama, BC)
	16:28	No te hagas ningún mal,
	26:1	Se te permite hablar por ti mismo
Ro	2:1	te condenas a ti mismo;
	5	atesoras para ti mismo ira
	19	en que eres guía (de que tú mismo..., VHA)
	21	¿no te enseñas a ti mismo?
	13:9	Amarás a tu prójimo como a ti mismo. (WH N, ABMW)
	14:22	Tenla para contigo delante de Dios
Gá	5:14	Amarás a tu prójimo como a ti mismo. (WH, N, ABMW)
	6:1	considerándote a ti mismo,
1 Ti	4:7	Ejercítate para la piedad
	16	Ten cuidado de ti mismo te salvarás a ti mismo
	5:22	Consérvate puro.
2 Ti	2:15	Procura con diligencia presentarte
	4:11	tráele contigo
Tit	2:7	presentándote tú en todo como ejemplo
Flm	19	aun tú mismo te me debes también.
Stg	2:8	Amarás a tu prójimo como a ti mismo

4573 σεβάζομαι** — sebázomai (sebádzomai)

Ro	1:25	honrando...a las criaturas (adoraron...a la criatura, VHA)

4574 σέβασμα** — sébasma

Hch	17:23	mirando vuestros santuarios,
2 Ts	2:4	lo que se llama Dios o es objeto de culto

4575 Σεβαστός* — Sebastós

Hch	25:21	para el conocimiento de Augusto,
	25	como él mismo apeló a Augusto,
	27:1	un centurión...de la compañía Augusta

4576 σέβω — sébo

Mt	15:9	Pues en vano me honran
Mr	7:7	Pues en vano me honran
Hch	13:43	muchos...de los prosélitos piadosos
	50	instigaron a mujeres piadosas
	16:14	Lidia,...que adoraba a Dios
	17:4	de los griegos piadosos gran número
	17	discutía...con los judíos y piadosos
	18:7	Justo, temeroso de Dios,
	13	persuade a...honrar a Dios
	19:27	aquella a quien venera toda Asia

4577 A σειρά — seirá

2 P	2:4	los entregó a prisiones de oscuridad, (TR, ABMW, NC)

4577 σειρός, véase σιρός
(antes de 4618, pág. 717)

4578 σεισμός — seismós

Mt	8:24	se levantó en el mar una tempestad
	24:7	habrá pestes,...terremotos
	27:54	visto el terremoto, (viendo..., VM)
	28:2	Y hubo un gran terremoto
Mr	13:8	habrá terremotos en muchos lugares,
Lc	21:11	habrá grandes terremotos,
Hch	16:26	sobrevino de repente un gran terremoto
Ap	6:12	hubo un gran terremoto
	8:5	hubo truenos,...y un terremoto
	11:13	hubo un gran terremoto por el terremoto murieron
	19	hubo relámpagos,...un terremoto
	16:18	hubo...un gran temblor de tierra un terremoto tan grande,

4579 σείω — séio

Mt	21:10	toda la ciudad se conmovió
	27:51	la tierra tembló
	28:4	de miedo de él los guardas temblaron
He	12:26	conmoveré no solamente la tierra
Ap	6:13	cuando es sacudida por un fuerte viento

4580 Σεκοῦνδος — Sekóundos

Hch	20:4	le acompañaron...Aristarco y Segundo

4581 Σελεύκεια — Seléukeia o Σελευκία

Hch	13:4	descendieron a Seleucia,

4582 σελήνη — seléne

Mt	24:29	la luna no dará su resplandor
Mr	13:24	la luna no dará su resplandor,
Lc	21:25	habrá señales en el sol, en la luna
Hch	2:20	la luna en sangre
1 Co	15:41	otra la gloria de la luna,
Ap	6:12	la luna se volvió toda como sangre
	8:12	la tercera parte de la luna
	12:1	con la luna debajo de sus pies, (y la luna..., VHA)
	21:23	no tiene necesidad...de luna

4583 σεληνιάζομαι*† — seleniázomai (seleniádzomai)

Mt	4:24	los endemoniados, lunáticos y paralíticos;
	17:15	mi hijo, que es lunático

4584 Σεμεΐν — Seméin o Σεμεεΐν o Σεμεΐ

Lc	3:26	Matatías, hijo de Semei

σεμίδαλις 4585			715		4594 σήμερον

4585 σεμίδαλις — semídalis
Ap 18:13 aceite, **flor de harina**, trigo

4586 σεμνός — semnós
Fil 4:8 todo lo **honesto**, (cuantas **cosas**... **decorosas** BC)
1 Ti 3:8 Los diáconos asimismo deben ser **honestos**,
   11 Las mujeres asimismo sean **honestas**,
Tit 2:2 Que los ancianos sean...**serios**

4587 σεμνότης** — semnótes
1 Ti 2:2 en toda piedad y **honestidad**.
   3:4 en sujeción con toda **honestidad**
Tit 2:7 en la enseñanza mostrando...**seriedad**,

4588 Σέργιος — Sérgios (Sérguios)
Hch 13:7 estaba con el procónsul **Sergio** Paulo

4562 Σερούχ — Seróuc (Serúj) o Σαρούχ
Lc 3:35 Nacor, hijo de **Serug**,

4589 Σήθ — Seth
Lc 3:38 hijo de Enós, hijo de **Set**

4590 Σήμ — Sém
Lc 3:36 hijo de Arfaxad, hijo de **Sem**,

4591 σημαίνω — semáino
Jn 12:33 **dando a entender** de qué muerte
   18:32 **dando a entender** de qué muerte
   21:19 **dando a entender** con qué muerte
Hch 11:28 **daba a entender** por el Espíritu
   25:27 no **informar** de los cargos
Ap 1:1 la **declaró** enviándola

4592 σημεῖον — seméion
Mt 12:38 deseamos ver de ti **señal**
   39 La generación mala...demanda **señal**
      pero **señal** no le será dada,
      sino la **señal** del profeta Jonás
   16:1 que le mostrase **señal** del cielo.
   3 las **señales** de los tiempos no podéis
   4 La generación mala...demanda **señal**
      pero **señal** no le será dada,
      sino la **señal** del profeta Jonás
   24:3 qué **señal** habrá de tu venida
   24 grandes **señales** y prodigios
   30 aparecerá la **señal** del Hijo del Hombre
   26:48 el que le entregaba les había dado **señal**
Mr 8:11 pidiéndole **señal** del cielo,
   12 ¿Por qué pide **señal** esta generación?
      no se dará **señal** a esta generación
   13:4 ¿Y qué **señal** habrá cuando
   22 **señales** y prodigios, para engañar,
   16:17 [estas **señales** seguirán a los que creen]
   20 [confirmando la palabra con las **señales**]
Lc 2:12 os servirá de **señal** (os será por **señal**, VHA)
   34 para **señal** que será contradicha
   11:16 le pedían **señal** del cielo,
   29 demanda **señal**,
      pero **señal** no le será dada,
      sino la **señal** de Jonás
   30 Jonás fue **señal** a los ninivitas,
   21:7 ¿y qué **señal** habrá cuando
   11 habrá...grandes **señales** del cielo.
   25 habrá **señales** en el sol,

Lc 23:8 verle hacer alguna **señal** (ver algún **milagro**
      hecho por él, VM)
Jn 2:11 Este principio de **señales** hizo Jesús
   18 ¿Qué **señal** nos muestras
   23 viendo las **señales** que hacía.
   3:2 nadie puede hacer estas **señales**
   4:48 Si no viereis **señales**...no creeréis.
   54 Esta segunda **señal** hizo Jesús,
   6:2 veían las **señales** que hacía
   14 viendo la **señal** (TR, N, ABMW, VHA, VM,
      NC, BC, BA); (lit.,...las **señales**, WH)
   26 no porque habéis visto las **señales**
   30 ¿Qué **señal**,...haces tú
   7:31 ¿hará más **señales** (lit., no hará..., ¿verdad?)
   9:16 ¿Cómo puede...hacer estas **señales**?
   10:41 Juan,...ninguna **señal** hizo
   11:47 este hombre hace muchas **señales**
   12:18 que él había hecho esta **señal**
   37 a pesar de que había hecho tantas **señales**
   20:30 Hizo...muchas otras **señales**
Hch 2:19 Y **señales** abajo en la tierra
   22 varón aprobado...con...**señales**
   43 **señales** eran hechas por los apóstoles.
   4:16 **señal** manifiesta ha sido hecha
   22 en quien se había hecho este **milagro**
   30 para que se hagan...**señales**
   5:12 se hacían muchas **señales**
   6:8 Esteban,...hacía grandes...**señales**
   7:36 habiendo hecho prodigios y **señales**
   8:6 las **señales** que hacía.
   13 viendo las **señales** y grandes milagros
   14:3 que se hiciesen...**señales**
   15:12 cuán grandes **señales** y maravillas
Ro 4:11 recibió la circuncisión como **señal**
   15:19 con potencia de **señales** y prodigios
1 Co 1:22 los judíos piden **señales**
   14:22 Así que, las lenguas son por **señal**
2 Co 12:12 **señales** de apóstol han sido hechas
      por **señales**, prodigios y milagros.
2 Ts 2:9 con gran poder y **señales**
   3:17 es el **signo** en toda carta mía
He 2:4 testificando Dios, .con **señales**
Ap 12:1 Apareció en el cielo una gran **señal**
   3 apareció otra **señal** en el cielo
   13:13 hace grandes **señales**
   14 engaña...con las **señales** que
   15:1 Vi en el cielo otra **señal**,
   16:14 espíritus...que hacen **señales**
   19:20 el falso profeta que había hecho...las **señales**

4593 σημειόω — semeióo
2 Ts 3:14 a ése **señaladlo**, y no os juntéis

4594 σήμερον — sémeron
   (1) ἡ σήμερον
Mt 6:11 El pan nuestro...dánoslo **hoy**
   30 la hierba del campo que **hoy** es,
   11:23 (1) hasta **el día de hoy**
   16:3 **Hoy** habrá tempestad (TR, [WH], [N], VHA,
      VM, NC, BC, BA)
   21:28 vé **hoy** a trabajar (vé, trabaja..., VM)
   27:8 (1) se llama hasta **el día de hoy**
   19 **hoy** he padecido mucho en sueños
   28:15 (1) se ha divulgado...hasta **el día de hoy**
Mr 14:30 tú, **hoy**, en esta noche
Lc 2:11 que os ha nacido **hoy**, en la ciudad
   4:21 **Hoy** se ha cumplido esta Escritura
   5:26 **Hoy** hemos visto maravillas

Lc	12:28	la hierba que **hoy** está en el campo,	1 Co 14:34	vuestras mujeres **callen**
	13:32	hago curaciones **hoy** y mañana		
	33	es necesario que **hoy** y mañana	**4602**	σιγή** — sigé (sigué)
	19:5	**hoy** es necesario que pose yo	Hch 21:40	hecho gran **silencio**, habló
	9	**Hoy** ha venido la salvación	Ap 8:1	se hizo **silencio** en el cielo
	22:34	el gallo no cantará **hoy**	4603	*Véase abajo*
	61	Antes que el gallo cante (TR); (...**hoy**, VHA WH, N, ABMW, VM, NC, BC, BA)	**4604**	σιδηρος — síderos
	23:43	te digo que **hoy** estarás conmigo	Ap 18:12	de cobre, **de hierro** y de mármol
	24:21	**hoy** es ya el tercer día (TR, BA)		
Hch	4:9	**hoy** se nos interroga acerca	**4603**	σιδηρούς — sideróus o σιδήρεος
	13:33	yo te he engendrado **hoy**	Hch 12:10	llegaron a la puerta **de hierro**
	19:40	(1) de sedición por esto **de hoy**	Ap 2:27	y las regirá con vara **de hierro**,
	20:26	(1) yo os protesto en el día **de hoy**	9:9	como corazas **de hierro**
	22:3	como **hoy** lo sois todos vosotros.	12:5	que regirá con vara **de hierro**
	24:21	soy juzgado **hoy** por vosotros.	19:15	él las regirá con vara **de hierro**
	26:2	de que haya de defenderme **hoy**	4604	*Véase arriba*
	29	también todos los que **hoy** me oyen,	**4605**	Σιδών — Sidón
	27:33	Este es el decimocuarto día (El decimocuarto día es **hoy**, BC)	Mt 11:21	si en Tiro y en **Sidón**
			22	el castigo...para **Sidón**
Ro	11:8	(1) hasta **el día de hoy**	15:21	se fue a la región de Tiro y de **Sidón**
2 Co	3:14	(1) hasta **el día de hoy**, cuando leen	Mr 3:8	de los alrededores de Tiro y de **Sidón**
	15	aun hasta **el día de hoy**, cuando	7:24	de Tiro y de **Sidón** (TR, [WH], VM, BC)
He	1:5	Yo te he engendrado **hoy**	31	vino por **Sidón** al mar de Galilea,
	3:7	Si oyereis **hoy** su voz,	Lc 4:26	viuda en Sarepta de **Sidón** (TR)
	13	entre tanto que se dice: **Hoy**	6:17	la costa de Tiro y de **Sidón**
	15	Si oyereis **hoy** su voz,	10:13	si en Tiro y en **Sidón**
	4:7	determina un día: **Hoy**	14	el castigo para Tiro y **Sidón**
		Si oyereis **hoy** su voz,	Hch 27:3	Al otro día llegamos a **Sidón**
	5:5	Yo te he engendrado **hoy**		
	13:8	Jesucristo es el mismo ayer, y **hoy**	**4606**	Σιδώνιος — Sidónios
Stg	4:13	**Hoy** y mañana iremos	Lc 4:26	viuda en Sarepta **de Sidón**. (WH, N, ABMW)
			Hch 12:20	estaba enojado contra los de Tiro y **de Sidón**
		σημικώθιον, véase **4612** σιμικώθιον		
			4607	σικάριος*† — sikários
4595		σήπω — sépo	Hch 21:38	los cuatro mil **sicarios**? (...hombres de los **sicarios**?, BC)
Stg	5:2	Vuestras riquezas **están podridas** (vuestra riqueza se **ha podrido**, BC)		
			4608	σύκερα† — síkera
4596		σηρικός, véase σιρικός (después de 4617, pág. 717)	Lc 1:15	No beberá vino ni **sidra**
4597		σής — sés	**4609**	Σιλας — Sĩlas o Σιλᾶς
Mt	6:19	donde la **polilla** y el orín	Hch 15:22	a Judas ...a **Silas**, varones principales
	20	ni la **polilla** ni el orín	27	enviamos a Judas y a **Silas**
Lc	12:33	ladrón no llega, ni **polilla** destruye	32	Judas y **Silas**, como...eran profetas
			34	a **Silas** le pareció bien (TR, [VM], NC, BC, BA)
4598		σητόβρωτος† — setobrotos		
Stg	5:2	vuestras ropas están **comidas de polilla**	40	Pablo, escogiendo a **Silas**
			16:19	prendieron a Pablo y a **Silas**, (asiendo..., BC)
4599		σθενόω*† — sthenóo	25	orando Pablo y **Silas**, cantaban
1 P	5:10	él mismo os...**fortalezca** (TR); (...**fortalecerá** VM, WH, N, ABMW, VHA, NC, BC, BA)	29	se postró a los pies de Pablo y de **Silas**
			17:4	se juntaron con Pablo y con **Silas**
4600		σιαγών — siagón	10	enviaron de noche a Pablo y a **Silas**
Mt	5:39	que te hiera en la **mejilla**	14	**Silas** y Timoteo se quedaron allí
Lc	6:29	Al que te hiera en una **mejilla**	15	habiendo recibido orden para **Silas**
			18:5	cuando **Silas** y Timoteo vinieron
4601		σιγάω — sigáo		
Lc	9:36	ellos **callaron**,	**4610**	Σιλουανός — Silouanós
	18:39	para que **callase**; (WH, N, ABMW)	2 Co 1:19	por mí, **Silvano** y Timoteo
	20:26	maravillados de su respuesta, **callaron**	1 Ts 1:1	Pablo, **Silvano** y Timoteo,
Hch	12:17	haciéndoles...señal de que **callasen**	2 Ts 1:1	Pablo, **Silvano** y Timoteo,
	15:12	Entonces toda la multitud **calló**	1 P 5:12	por conducto de **Silvano**,
	13	cuando ellos **callaron**, Jacobo respondió		
Ro	16:25	**que se ha mantenido oculto** desde tiempos	**4611**	Σιλωάμ — Siloám
1 Co	14:28	si no hay intérprete, **calle**	Lc 13:4	cayó la torre en **Siloé**,
	30	**calle** el primero.	Jn 9:7	lavarte en el estanque de **Siloé**

σιμικίνθιον 4610

Jn	9:11	Vé al Siloé, y lávate

4612 σιμικίνθιον*† — simikínthion

Hch 19:12 se llevaban a los enfermos los paños

4613 Σίμων — Símon
Símón Pedro

Mt	4:18	Simón, llamado Pedro
	10:2	primero Simón, llamado Pedro
	16:16	Simón Pedro, dijo: Tú eres el Cristo,
	17	Bienaventurado eres, Simón
	17:25	¿Qué te parece, Simón?
Mr	1:16	vio a Simón y a Andrés
	29	vinieron a casa de Simón y Andrés,
	30	la suegra de Simón estaba acostada
	36	le buscó Simón,
	3:16	a Simón,...por sobrenombre Pedro
	14:37	dijo a Pedro: Simón, ¿duermes?
Lc	4:38	entró en casa de Simón.
		La suegra de Simón
	5:3	la cual era de Simón
	4	dijo a Simón: Boga mar adentro
	5	Respondiendo Simón, le dijo
	8	Viendo esto Simón Pedro
	10	eran compañeros de Simón
		Jesús dijo a Simón: No temas
	6:14	a Simón, a quien también llamó
	22:31	Simón, Simón, he aquí Satanás
	24:34	y ha aparecido a Simón
Jn	1:41 (40)	Andrés, hermano de Simón Pedro,
	42 (41)	halló primero a su hermano Simón
	43 (42)	Tú eres Simón hijo de Jonás
	6:8	Andrés, hermano de Simón Pedro,
	68	Le respondió Simón Pedro
	13:6	Entonces vino a Simón Pedro
	9	Le dijo Simón Pedro: Señor,
	24	A éste, pues, hizo señas Simón Pedro
	36	Le dijo Simón Pedro: Señor
	18:10	Simón Pedro, que tenía una espada,
	15	seguían a Jesús Simón Pedro
	25	Estaba, pues, Pedro en pie (...Simón Pedro..., VHA)
	20:2	corrió, y fue a Simón Pedro
	6	Luego llegó Simón Pedro
	21:2	Estaban juntos Simón Pedro,
	3	Simón Pedro les dijo: Voy a pescar
	7	Simón Pedro, cuando oyó
	11	Subió Simón Pedro,
	15	dijo a Simón Pedro: Simón...¿me amas
	16	Simón, hijo de Jonás, ¿me amas?
	17	Simón, hijo de Jonás, ¿me amas?
Hch	10:5	haz venir a Simón
	18	si moraba allí un Simón
	32	haz venir a Simón
	11:13	haz venir a Simón
2 P	1:1	Simón Pedro, siervo y apóstol (WH)

4613 Σίμων — Símon

Mt	10:4	Simón el cananita, y Judas
	13:55	sus hermanos,...Simón y Judas?
	26:6	en casa de Simón el leproso,
	27:32	un hombre de Cirene que se llamaba Simón
Mr	3:18	Simón el cananita,
	6:3	hermano de...Judas y de Simón?
	14:3	en casa de Simón el leproso,
	15:21	uno que pasaba, Simón de Cirene,
Lc	6:15	Simón llamado Zelote,
	7:40	Simón, una cosa tengo que decirte.

4620 σιτομέτριον

Lc	7:43	Simón, dijo: Pienso que aquél
	44	vuelto a la mujer, dijo a Simón
	23:26	a cierto Simón de Cirene,
Jn	6:71	Judas Iscariote, hijo de Simón
	12:4	Judas Iscariote hijo de Simón (TR, VM)
	13:2	Judas Iscariote, hijo de Simón
	26	Judas Iscariote hijo de Simón
Hch	1:13	Simón el Zelote y Judas
	8:9	un hombre llamado Simón
	13	También creyó Simón mismo,
	18	vio Simón que por la imposición (como viese..., VM)
	24	Simón, dijo: Rogad vosotros por mí
	9:43	en casa de un cierto Simón
	10:6	Este posa en casa de cierto Simón
	17	preguntando por la casa de Simón
	32	mora en casa de Simón

4614 Σινά — Siná

Hch	7:30	le apareció en el desierto del monte Sinaí
	38	el ángel que le hablaba en el monte Sinaí
Gá	4:24	el uno proviene del monte Sinaí
	25	Agar es el monte Sinaí en Arabia (TR, WH, N, ABMW, VHA, VM, BA); (el Sinaí es un monte en Arabia, BC, T, NC)

4615 σίναπι* — sínapi

Mt	13:31	semejante al grano de mostaza
	17:20	fe como un grano de mostaza
Mr	4:31	Es como el grano de mostaza
Lc	13:19	Es semejante al grano de mostaza
	17:6	fe como un grano de mostaza

4616 σινδών — sindón

Mt	27:59	lo envolvió en una sábana limpia,
Mr	14:51	cubierto...con una sábana
	52	dejando la sábana, huyó desnudo.
	15:46	compró una sábana, (habiendo...comprado un lienzo, VM)
		lo envolvió en la sábana
Lc	23:53	lo envolvió en una sábana,

4617 σινιάζω*† — siniázo (siniádzo)

Lc 22:31 os ha pedido para zarandearos

4596 σιρικός* — sirikós o σηρικός

Ap 18:12 de púrpura, de seda, de escarlata,

4577 σιρός — sirós o σειρός

2 P 2:4 los entregó a prisiones de oscuridad (TR, ABMW, NC); (...en cavernas de tinieblas, BC, WH, N, VHA, VM, BA)

4618 σιτευτός — siteutós

Lc	15:23	el becerro gordo y matadlo,
	27	ha hecho matar el becerro gordo
	30	para él el becerro gordo

4618 A σιτίον — sitíon

Hch 7:12 que había trigo en Egipto, (WH, N, ABMW)

4619 σιτιστός** — sitistós

Mt 22:4 mis...animales engordados

4620 σιτομέτριον*† — sitométrion

σῖτος 4621

Lc	12:42	para que a tiempo les dé su ración?

4621   σῖτος – sítos

Mt	3:12	recogerá su trigo
	13:25	sembró cizaña entre el trigo
	29	arranquéis también con ella el trigo
	30	recoged el trigo en mi granero.
Mr	4:28	después grano lleno en la espiga;
Lc	3:17	recogerá el trigo (TR); (para allegar..., VHA WH, N, ABMW, VM, NC, BC, BA)
	12:18	guardaré todos mis frutos (TR, VM); (...todo mi grano, VHA, WH, N, ABMW, NC, BA)
	16:7	Cien medidas de trigo
	22:31	para zarandearos como a trigo
Jn	12:24	que si el grano de trigo no cae en la tierra
Hch	7:12	que había trigo en Egipto, (TR)
	27:38	echando el trigo al mar.
1 Co	15:37	sino el grano desnudo, ya sea de trigo
Ap	6:6	Dos libras de trigo por un denario,
	18:13	flor de harina, trigo, bestias,

4622   Σιών – Sión

Mt	21:5	Decid a la hija de Sion
Jn	12:15	No temas, hija de Sion
Ro	9:33	He aquí pongo en Sion piedra de tropiezo
	11:26	Vendrá de Sion el Libertador,
He	12:22	os habéis acercado al monte de Sion
1 P	2:6	He aquí, pongo en Sion
Ap	14:1	en pie sobre el monte de Sion,

4623   σιωπάω – siopáo

Mt	20:31	les reprendió para que callasen
	26:63	Mas Jesús callaba
Mr	3:4	Pero ellos callaban.
	4:39	dijo al mar: Calla, enmudece.
	9:34	Mas ellos callaron
	10:48	le reprendían para que callase,
	14:61	Mas él callaba, y nada respondía
Lc	1:20	ahora quedarás mudo
	18:39	le reprendían para que callase; (TR)
	19:40	Os digo que si éstos callaran
Hch	18:9	No temas, sino habla, y no calles

4624   σκανδαλίζω† – skandalízo (skandalídzo)

Mt	5:29	si tu ojo...te es ocasión de caer,
	30	si tu mano...te es ocasión de caer
	11:6	bienaventurado es el que no halle tropiezo
	13:21	al venir la aflicción...luego tropieza
	57	se encandalizaban de él.
	15:12	¿Sabes que los fariseos se ofendieron
	17:27	para no ofenderles, (para que no los escandalicemos, VHA)
	18:6	cualquiera que haga tropezar
	8	si tu mano...te es ocasión de caer
	9	si tu ojo te es ocasión de caer
	24:10	Muchos tropezarán entonces
	26:31	Todos vosotros os escandalizaréis de mí
	33	Aunque todos se escandalicen de ti, yo nunca me escandalizaré
Mr	4:17	luego tropiezan
	6:3	se escandalizaban de él.
	9:42	Cualquiera que haga tropezar a uno
	43	si tu mano te fuere ocasión de caer
	45	si tu pie te fuere ocasión de caer,
	47	si tu ojo te fuere ocasión de caer,
	14:27	Todos os escandalizaréis de mí esta noche
	29	Aunque todos se escandalicen, yo no.

4632 σκεῦος

Lc	7:23	aquel que no halle tropiezo en mí
	17:2	que hacer tropezar a uno de estos
Jn	6:61	les dijo: ¿Esto os ofende?
	16:1	para que no tengáis tropiezo
Ro	14:21	tu hermano tropiece, o se ofenda (TR, VM, NC, BC)
1 Co	8:13	si la comida le es...ocasión de caer, para no poner tropiezo a mi hermano
2 Co	11:29	¿A quien se le hace tropezar

4625   σκάνδαλον† – skándalon

Mt	13:41	todos los que sirven de tropiezo
	16:23	me eres tropiezo
	18:7	¡Ay del mundo por los tropiezos es necesario que vengan tropiezos, por quien viene el tropiezo
Lc	17:1	Imposible es que no vengan tropiezos;
Ro	9:33	pongo en Sion piedra de tropiezo
	11:9	En tropezadero y en retribución
	14:13	no poner tropiezo u ocasión de caer
	16:17	los que causan...tropiezos
1 Co	1:23	para los judíos ciertamente tropezadero
Gá	5:11	se ha quitado el tropiezo de la cruz
1 P	2:8	Piedra de tropiezo, y roca que hace caer
1 Jn	2:10	en él no hay tropiezo
Ap	2:14	enseñaba a Balac a poner tropiezo

4626   σκάπτω – skápto

Lc	6:48	cavó y ahondó
	13:8	hasta que yo cave alrededor de ella,
	16:3	Cavar, no puedo

4627   σκάφη** – skáfe

Hch	27:16	pudimos recoger el esquife, (pudimos... hacernos dueños del bote, BC)
	30	echando el esquife al mar,
	32	cortaron las amarras del esquife

4628   σκέλος – skélos

Jn	19:31	que se les quebrasen las piernas
	32	quebraron las piernas al primero,
	33	no le quebraron las piernas.

4629   σκέπασμα* – sképasma

1 Ti	6:8	teniendo sustento y abrigo

4630   Σκευᾶς – Skeuás

Hch	19:14	Había siete hijos de un tal Esceva

4631   σκευή** – skeué

Hch	27:19	arrojamos los aparejos (TR); (echaron... el aparejo, BC, WH, N, ABMW, VHA, VM, NC, BA)

4632   σκεῦος – skéuos

Mt	12:29	¿cómo puede alguno...saquear sus bienes
Mr	3:27	Ninguno puede...saquear sus bienes,
	11:16	atravesase el templo llevando utensilio
Lc	8:16	la cubre con una vasija,
	17:31	sus bienes en casa,
Jn	19:29	una vasija llena de vinagre
Hch	9:15	instrumento escogido me es éste, (vaso de elección..., BC)
	10:11	algo semejante a un gran lienzo (cierto receptáculo..., VM)
	16	aquel lienzo volvió a ser recogido (lit.,...fue

σκηνή 4633   719   4646 σκολιός

		recogido otra vez) (TR); inmediatamente el **lienzo** fue recogido, BA, WH, N, ABMW, VHA, VM, NC, BC)
Hch	11:5	**algo** semejante a un gran lienzo (cierto **receptáculo**..., VM)
	27:17	arriaron las velas (lit., habiendo arriado el **equipo**)
Ro	9:21	de la misma masa un **vaso** para honra
	22	los **vasos** de ira preparados
	23	los **vasos** de misericordia
2 Co	4:7	tenemos este tesoro en **vasos** de barro
1 Ts	4:4	sepa tener su propia **esposa** (sepa cómo poseer su propio **vaso**, BA)
2 Ti	2:20	no solamente hay **utensilios** de oro
	21	será **instrumento** para honra,
He	9:21	todos los **vasos** del ministerio.
1 P	3:7	la mujer como **a vaso** más frágil,
Ap	2:27	como **vaso** de alfarero (como...los vasos de alfarero, VHA)
	18:12	todo **objeto** de marfil
		todo **objeto** de madera preciosa,

4633   σκηνή — skené

Mt	17:4	hagamos aquí tres **enramadas**
Mr	9:5	hagamos tres **enramadas**
Lc	9:33	hagamos tres **enramadas**
	16:9	os reciban en las **moradas** eternas
Hch	7:43	llevasteis el **tabernáculo** de Moloc,
	44	el **tabernáculo** del testimonio en el desierto
	15:16	reedificaré el **tabernáculo** de David,
He	8:2	aquel verdadero **tabernáculo** que levantó
	5	cuando iba a erigir el **tabernáculo**
	9:1	el primer pacto (lit., el primero) (V60, WH, N, ABMW, VHA, VM, NC, BC, BA); (lit., el primer **tabernáculo**, TR)
	2	el **tabernáculo** estaba dispuesto así:
	3	estaba **la parte del tabernáculo** llamada (**el tabernáculo**..., VM)
	6	en la primera **parte del tabernáculo** entran (en el primer **tabernáculo**..., VM)
	8	la primera **parte del tabernáculo** estuviese (...el primer **tabernáculo**, VM)
	11	por el más amplio y más perfecto **tabernáculo**
	21	roció...con la sangre el **tabernáculo**
	11:9	morando en **tiendas** con Isaac y Jacob,
	13:10	los que sirven al **tabernáculo**
Ap	13:6	para blasfemar...su **tabernáculo**
	15:5	el templo del **tabernáculo** del testimonio
	21:3	el **tabernáculo** de Dios con los hombres

4634   σκηνοπηγία — skenopegía (skenopeguía)

Jn	7:2	la **fiesta**... de los **tabernáculos**

4635   σκηνοποιός*† — skenopoiós

Hch	18:3	el oficio de ellos era hacer tiendas, (eran de oficio **fabricantes de tiendas** de campaña, BC)

4636   σκῆνος** — skénos

2 Co	5:1	nuestra morada terrestre, este **tabernáculo** (lit., nuestra morada terrestre de la **tienda**)
	4	los que estamos en este **tabernáculo** gemimos

4637   σκηνόω — skenóo

Jn	1:14	**habitó** entre nosotros

Ap	7:15	**extenderá su tabernáculo** sobre ellos
	12:12	los **que moráis** en ellos.
	13:6	de los **que moran** en el cielo
	21:3	él **morará** con ellos

4638   σκήνωμα — skénoma

Hch	7:46	**tabernáculo** para el Dios de Jacob
2 P	1:13	en tanto que estoy en este **cuerpo**, (...en esta **tienda**, NC)
	14	debo abandonar el **cuerpo**, (lit., el abandono de mi **tienda**)

4639   σκιά — skiá

Mt	4:16	en región de **sombra** de muerte, (en región y **sombra**..., BC)
Mr	4:32	pueden morar bajo su **sombra**
Lc	1:79	los que habitan...en **sombra** de muerte
Hch	5:15	a lo menos su **sombra** cayese sobre
Col	2:17	lo cual es **sombra** (cosas que son sombra, VHA)
He	8:5	sirven lo que es figura y **sombra**
	10:1	teniendo la **sombra** de los bienes venideros,

4640   σκιρτάω — skirtáo

Lc	1:41	la criatura **saltó** en su vientre
	44	la criatura **saltó de alegría**
	6:23	Gozaos en aquel día, y **alegraos**,

4641   σκληροκαρδία† — sklerokardía

Mt	19:8	Por la **dureza** de vuestro **corazón**
Mr	10:5	Por la **dureza** de vuestro **corazón**
	16:14	les reprochó su...**dureza de corazón**

4642   σκληρός — sklerós

Mt	25:24	te conocía que eres hombre **duro**,
Jn	6:60	**Dura** es esta palabra
Hch	9:5	**dura cosa** te es dar coces (TR, [VM], [BA])
	26:14	**Dura** cosa te es dar coces
Stg	3:4	llevadas de **impetuosos** vientos,
Jud	15	de todas las cosas **duras**

4643   σκληρότης — sklerótes

Ro	2:5	por tu **dureza** y por tu corazón

4644   σκληροτράχηλος† — sklerotrácelos (sklerotrájelos)

Hch	7:51	¡**Duros** de cerviz, e incircuncisos de corazón

4645   σκληρύνω — skerúno

Hch	19:9	**endureciéndose** algunos (como algunos se **endureciesen**, VHA)
Ro	9:18	al que quiere endurecer, **endurece**.
He	3:8	No **endurezcáis** vuestros corazones.
	13	para que ninguno de vosotros **se endurezca**
	15	No **endurezcáis** vuestros corazones,
	4:7	No **endurezcáis** vuestros corazones.

4646   σκολιός — skoliós

Lc	3:5	Los caminos **torcidos** serán enderezados (los caminos **tortuosos** vendrán a ser rectos, VHA)
Hch	2:40	Sed salvos de esta **perversa** generación
Fil	2:15	una generación **maligna** y perversa, (...**torcida**..., VHA)
1 P	2:18	sino también a los **difíciles** de soportar. (...**perversos**, VHA)

4647 σκόλοψ — skólops

2 Co 12:7 me fue dado **un aguijón** en mi carne,

4648 σκοπέω** — skopéo

Lc	11:35	**Mira** pues, no suceda que la luz
Ro	16:17	que **os fijéis** en los que causan divisiones
2 Co	4:18	no **mirando** nosotros las cosas que se ven,
Gá	6:1	**considerándote** a ti mismo,
Fil	2:4	no **mirando** cada uno por lo suyo
	3:17	**mirad** a los que así se conducen

4649 σκοπός — skopós

Fil 3:14 prosigo a la **meta**, al premio

4650 σκορπίζω — skorpízo (skorpídzo)

Mt	12:30	el que conmigo no recoge, **desparrama**.
Lc	11:23	el que conmigo no recoge, **desparrama**.
Jn	10:12	el lobo...las **dispersa**.
	16:32	seréis **esparcidos** cada uno
2 Co	9:9	**Repartió**, dio a los pobres

4651 σκορπιός — skorpíos

Lc	10:19	de hollar...**escorpiones**, (de caminar sobre... **escorpiones**, BC)
	11:12	le dará **un escorpión**?
Ap	9:3	como tienen poder los **escorpiones**
	5	era como tormento **de escorpión**
	10	tenía colas como de **escorpiones**,

4652 σκοτεινός — skoteinós

Mt	6:23	todo tu cuerpo estará **en tinieblas**.
Lc	11:34	tu cuerpo está **en tinieblas**.
	36	no teniendo parte alguna **de tinieblas**,

4653 σκοτία — skotía

Mt	4:16	El pueblo asentado en **tinieblas** (WH, N)
	10:27	Lo que os digo en **tinieblas**
Lc	12:3	todo lo que habéis dicho en **tinieblas**
Jn	1:5	La luz en las **tinieblas** resplandece, las **tinieblas** no prevalecieron
	6:17	Estaba ya oscuro (lit., la **oscuridad** ya había venido)
	8:12	no andará en **tinieblas**
	12:35	que no os sorprendan las **tinieblas** el que anda en **tinieblas**, no sabe
	46	no permanezca en **tinieblas**
	20:1	siendo aún oscuro, (lit., cuando aún había oscuridad)
1 Jn	1:5	no hay ningunas **tinieblas** en él.
	2:8	las **tinieblas** van pasando,
	9	está todavía en **tinieblas**
	11	el que aborrece...está en **tinieblas** anda en **tinieblas** las **tinieblas** le han cegado

4654 σκοτίζω — skotízo (skotídzo)

Mt	24:29	el sol **se oscurecerá**,
Mr	13:24	el sol **se oscurecerá**
Lc	23:45	el sol **se oscureció**, (TR, VM, NC)
Ro	1:21	su necio corazón **fue entenebrecido**
	11:10	Sean **oscurecidos** sus ojos
Ef	4:18	teniendo el entendimiento **entenebrecido** (TR)
Ap	8:12	que **se oscureciese** la tercera parte de ellos,
	9:2	**se oscureció** el sol

4655 σκότος — skótos

Mt	4:16	El pueblo asentado en **tinieblas** (TR, ABMW)
	6:23	si la luz que en ti hay es **tinieblas** ¿cuántas no serán las mismas **tinieblas**?
	8:12	serán echados a las **tinieblas** de afuera
	22:13	echadle en las **tinieblas** de afuera
	25:30	echadle en las **tinieblas** de afuera;
	27:45	hubo **tinieblas** sobre toda la tierra
Mr	15:33	hubo **tinieblas** sobre toda la tierra
Lc	1:79	los que habitan en **tinieblas**
	11:35	no suceda que la luz...sea tinieblas
	22:53	la potestad de las **tinieblas**
	23:44	hubo **tinieblas** sobre toda la tierra
Jn	3:19	los hombres amaron más las **tinieblas**
Hch	2:20	El sol se convertirá en **tinieblas**
	13:11	cayeron sobre él...**tinieblas**
	26:18	que se conviertan de las **tinieblas**
Ro	2:19	de los que están en **tinieblas**
	13:12	Desechemos,...las obras de las **tinieblas**
1 Co	4:5	aclarará también lo oculto de las **tinieblas**
2 Co	4:6	las **tinieblas** resplandeciese
	6:14	¿Y qué comunión la luz con las **tinieblas**?
Ef	5:8	en otro tiempo erais **tinieblas**
	11	las obras infructuosas de las **tinieblas**
	6:12	contra los gobernadores de las **tinieblas**
Col	1:13	la potestad de las **tinieblas**
1 Ts	5:4	no estáis en **tinieblas**
	5	no somos...**de las tinieblas**
He	12:18	a las **tinieblas** y a la tempestad (TR)
1 P	2:9	que os llamó de las **tinieblas**
2 P	2:17	la más densa **oscuridad** (la lobreguez de las **tinieblas**, VHA)
1 Jn	1:6	y andamos en **tinieblas**
Jud	13	la **oscuridad** de las tinieblas

4656 σκοτόω — skotóo

Ef	4:18	teniendo el entendimiento **entenebrecido** (WH, N, ABMW)
Ap	9:2	**se oscureció** el sol (WH, N, ABMW)
	16:10	su reino se cubrió de tinieblas, (...fue **entenebrecido**, VHA)

4657 σκύβαλον** — skúbalon

Fil 3:8 lo tengo por **basura**, para ganar

4658 Σκύθης — Skúthes

Col 3:11 bárbaro ni **escita**, siervo ni libre

4659 σκυθρωπός — skuthropós

Mt	6:16	no seáis **austeros**, como los hipócritas
Lc	24:17	por qué estáis **tristes**? (TR, BC); (se detuvieron **entristecidos**, NC, WH, N, ABMW, VHA, VM, BA)

4660 σκύλλω — skúllo (skúlo)

Mt	9:36	estaban desamparadas...como ovejas (estaban fatigados..., NC) (TR); (estaban **vejadas**..., VHA, WH, N, ABMW, VM, BC, BA)
Mr	5:35	¿para qué **molestas** más al Maestro?
Lc	7:6	Señor, no **te molestes**,
	8:49	no **molestes** más al Maestro.

4661 σκῦλον — skúlon

Lc 11:22 reparte el **botín**. (reparte sus **despojos**, VHA)

σκωληκόβρωτος 4662   721   4678 σοφία

4662   σκωληκόβρωτος* — skolekóbrotos
Hch 12:23   expiró comido de gusanos.

4663   σκώληξ — skólex
Mr 9:44   el **gusano** de ellos no muere, (TR, VM, NC, BC, [BA])
    46   el **gusano** de ellos no muere, (TR, VM, NC, BC, [BA])
    48   el **gusano** de ellos no muere

4664   σμαράγδινος*† — smarágdinos
Ap 4:3   semejante en aspecto a la **esmeralda**

4665   σμάραγδος — smáragdos
Ap 21:19   el cuarto, **esmeralda**;

4666   σμύρνα — smúrna
Mt 2:11   le ofrecieron...incienso y **mirra**.
Jn 19:39   trayendo un compuesto de **mirra**

4667   Σμύρνα — Smúrna
Ap 1:11   a las siete iglesias... **Esmirna**
    2:8   de la iglesia en **Esmirna** (WH, N, ABMW)

4668   Σμυρναῖος — Smurnáios
Ap 2:8   de la iglesia en **Esmirna** (lit.,...de la iglesia de los de **Esmirna**) (TR)

4669   σμυρνίζω*† — smurnízo (smurnídzo)
Mr 15:23   vino **mezclado con mirra**

4670   Σόδομα — Sódoma
Mt 10:15   para la tierra de **Sodoma**
   11:23   si en **Sodoma** se hubieran hecho
    24   para la tierra de **Sodoma**,
Mr 6:11   para los de **Sodoma** y Gomorra (TR, VM)
Lc 10:12   será más tolerable...para **Sodoma**
   17:29   Lot salió de **Sodoma**
Ro 9:29   Como **Sodoma** habríamos venido a ser
2 P 2:6   condenó...a las ciudades de **Sodoma**
Jud 7   como **Sodoma** y Gomorra y las ciudades
Ap 11:8   en sentido espiritual se llama **Sodoma**

4672   Σολομών — Solomón
Mt 1:6   el rey David engendró a **Salomón**
    7   **Salomón** engendró a Roboam,
    6:29   ni aun **Salomón** con toda su gloria
   12:42   para oír la sabiduría de **Salomón**
            he aquí más que **Salomón**
Lc ·11:31   para oír la sabiduría de **Salomón**
            más que **Salomón** en este lugar.
   12:27   ni aun **Salomón** con toda su gloria
Jn 10:23   por el pórtico de **Salomón**
Hch 3:11   al pórtico que se llama de **Salomón**
    5:12   unánimes en el pórtico de **Salomón**
    7:47   Mas **Salomón** le edificó casa;

4673   σορός — sorós
Lc 7:14   acercándose, tocó el **féretro**;

4674   σός — sós
Mt 7:3   la viga que está en **tu** propio ojo?
    22   ¿no profetizamos en **tu** nombre,
            y en **tu** nombre echamos fuera demonios,
            y en **tu** nombre hicimos muchos milagros?

Mt 13:27   buena semilla en **tu** campo?
   20:14   Toma lo que es **tuyo**, y vete;
   24:3   qué señal habrá de **tu** venida
   25:25   aquí tienes lo que es **tuyo**
Mr 2:18   **tus** discípulos no ayunan?
    5:19   Vete a **tu** casa, a los **tuyos**
Lc 5:33   pero los **tuyos** comen y beben
    6:30   al que tome lo que es **tuyo**
   15:31   todas mis cosas son **tuyas**.
   22:42   no se haga mi voluntad, sino la **tuya**
Jn 4:42   no creemos solamente por **tu** dicho,
   17:6   **tuyos** eran, y me los diste,
    9   porque **tuyos** son,
    10   todo lo mío es **tuyo**, y lo **tuyo** mío
    17   **tu** palabra es verdad.
   18:35   **Tu** nación, y los principales sacerdotes
Hch 5:4   ¿no estaba en **tu** poder?
   24:2   en el pueblo por **tu** prudencia (por providencia **tuya**...en beneficio de esta nación, VHA)
    4   que nos oigas...conforme a **tu** equidad
1 Co 8:11   por el conocimiento **tuyo**, se perderá
    14:16   ¿cómo dirá el Amén a **tu** acción de gracias?
Flm 14   nada quise hacer sin **tu** consentimiento,

4676   σουδάριον*† — soudárion
Lc 19:20   he tenido guardada en **un pañuelo**
Jn 11:44   envuelto en un **sudario**, (estaba envuelto..., VHA)
   20:7   el **sudario**, que había estado
Hch 19:12   aun se llevaban a los enfermos **los paños**

4677   Σουσάννα — Sousánna
Lc 8:3   **Susana**, y otras muchas que le servían

4678   σοφία — sofía
Mt 11:19   la **sabiduría** es justificada
   12:42   para oir la **sabiduría** de Salomón
   13:54   ¿De dónde tiene éste esta **sabiduría** (¿De dónde a éste tal **sabiduría**, BC)
Mr 6:2   ¿Y qué **sabiduría** es esta que le es dada
Lc 2:40   se llenaba de **sabiduría**; (llenándose..., VHA)
    52   Jesús crecía en **sabiduría**
    7:35   la **sabiduría** es justificada
   11:31   para oír la **sabiduría** de Salomón
    49   la **sabiduría** de Dios también dijo:
   21:15   yo os daré palabra y **sabiduría**
Hch 6:3   llenos... de **sabiduría**
    10   no podían resistir a la **sabiduría**
    7:10   le dio gracia y **sabiduría**
    22   fue enseñado Moisés en toda la **sabiduría**
Ro 11:33   **de la sabiduría** y de la ciencia
1 Co 1:17   no con **sabiduría** de palabras, (...de palabra, VHA)
    19   Destruiré la **sabiduría** de los sabios,
    20   ¿No ha enloquecido Dios la **sabiduría**
    21   ya que en la **sabiduría** de Dios, no conoció a Dios mediante la **sabiduría**
    22   los griegos buscan **sabiduría**
    24   Cristo...**sabiduría** de Dios
    30   nos ha sido hecho por Dios **sabiduría**
    2:1   no fui con excelencia...de **sabiduría**
    4   palabras persuasivas de...**sabiduría**
    5   en la **sabiduría** de los hombres
    6   hablamos **sabiduría**
            sabiduría, no de este siglo
    7   hablamos **sabiduría** de Dios
    13   palabras enseñadas por **sabiduría** humana,

1 Co	3:19	la sabiduría de este mundo es insensatez		4684		σπαταλάω – spataláo
	12:8	por el Espíritu palabra de sabiduría		1 Ti	5:6	la que se entrega a los placeres, viviendo
2 Co	1:12	no con sabiduría humana, (no con sabiduría carnal, VHA)		Stg	5:5	Habéis...sido disolutos
Ef	1:8	para con nosotros en toda sabiduría		4685		σπάω – spáo
	17	os dé espíritu de sabiduría				
	3:10	la multiforme sabiduría de Dios		Mr	14:47	sacando la espada, hirió
Col	1:9	en toda sabiduría e inteligencia espiritual		Hch	16:27	sacó la espada (lit., sacando...)
	28	enseñando a todo hombre en toda sabiduría				
	2:3	todos los tesoros de la sabiduría		4686		σπεῖρα** – spéira
	23	cierta reputación de sabiduría		Mt	27:27	reunieron...a toda la compañía
	3:16	exhortándoos...en toda sabiduría,		Mr	15:16	convocaron a toda la compañía
	4:5	Andad sabiamente (lit.,...en sabiduría)		Jn	18:3	tomando una compañía de soldados
Stg	1:5	si alguno...tiene falta de sabiduría			12	la compañía de soldados, el tribuno
	3:13	en sabia mansedumbre (en mansedumbre de sabiduría, VHA)		Hch	10:1	de la compañía llamada la Italiana.
					21:31	al tribuno de la compañía
	15	esta sabiduría no es la que desciende			27:1	de la compañía Augusta.
	17	sabiduría que es de lo alto				
2 P	3:15	según la sabiduría que le ha sido dada,		4687		σπείρω – spéiro
Ap	5:12	la sabiduría, la fortaleza, la honra,		Mt	6:26	las aves...que no siembran
	7:12	la sabiduría...sean a nuestro Dios			13:3	el sembrador salió a sembrar
	13:18	Aquí hay sabiduría			4	mientras sembraba, parte de la semilla cayó
	17:9	la mente que tenga sabiduría			18	la parábola del sembrador
					19	arrebata lo que fue sembrado
4679		σοφίζω – sofízo (sofídzo)				el que fue sembrado junto al camino
2 Ti	3:15	las cuales te pueden hacer sabio			20	el que fue sembrado en pedregales,
2 P	1:16	fábulas artificiosas, (...ingeniosamente inventadas, BA)			22	El que fue sembrado entre espinos,
					23	el que fue sembrado en buena tierra
					24	un hombre que sembró buena semilla
4680		σοφός – sofós			25	sembró cizaña entre el trigo, (TR)
Mt	11:25	escondiste estas cosas de los sabios			27	¿no sembraste buena semilla en tu campo?
	23:34	yo os envío profetas y sabios			31	un hombre....sembró en su campo
Lc	10:21	escondiste estas cosas de los sabios			37	El que siembra la buena semilla
Ro	1:14	a sabios y a no sabios soy deudor			39	El enemigo que la sembró es
	22	Profesando ser sabios			25:24	que siegas donde no sembraste
	16:19	quiero que seáis sabios			26	sabías que siego donde no sembré
	27	al único y sabio Dios,		Mr	4:3	el sembrador salió a sembrar
1 Co	1:19	la sabiduría de los sabios			4	al sembrar, aconteció que una parte
	20	¿Dónde está el sabio?			14	El sembrador es el que siembra la palabra.
	25	lo insensato de Dios es más sabio			15	se siembra la palabra,
	26	no sois muchos sabios según la carne,				que se sembró en sus corazones
	27	para avergonzar a los sabios			16	que fueron sembrados en pedregales:
	3:10	yo como perito arquitecto puse			18	los que fueron sembrados entre espinos
	18	si alguno entre vosotros se cree sabio para que llegue a ser sabio.			20	los que fueron sembrados en buena tierra
					31	cuando se siembra en tierra
	19	a los sabios en la astucia			32	después de sembrado, crece, (cuando es sembrado..., VM)
	20	conoce los pensamientos de los sabios				
	6:5	no hay entre vosotros sabio		Lc	8:5	El sembrador salió a sembrar su semilla; mientras sembraba (al sembrar, BC)
Ef	5:15	no como necios sino como sabios				
1 Ti	1:17	al único y sabio Dios (TR)			12:24	ni siembran, ni siegan
Stg	3:13	¿Quién es sabio y entendido entre vosotros			19:21	siegas lo que no sembraste
Jud	25	al único y sabio Dios, (TR)			22	siego lo que no sembré
				Jn	4:36	el que siembra goce juntamente
4681		Σπανία – Spanía			37	Uno es el que siembra,
Ro	15:24	cuando vaya a España,		1 Co	9:11	Si nosotros sembramos entre vosotros
	28	pasaré entre vosotros rumbo a España			15:36	lo que tú siembras no se vivifica,
					37	lo que siembras no es el cuerpo (cuanto a lo que siembras, no siembras el cuerpo, VHA)
4682		σπαράσσω – sparásso				
Mr	1:26	sacudiéndole con violencia			42	Se siembra en corrupción,
	9:20	sacudió con violencia al muchacho, (TR)			43	Se siembra en deshonra
	26	clamando y sacudiéndole con violencia,				se siembra en debilidad,
Lc	9:39	le sacude con violencia,			44	Se siembra cuerpo animal
				2 Co	9:6	El que siembra escasamente, el que siembra generosamente, (lit.,...con bendiciones)
4683		σπαργανόω – sparganóo				
Lc	2:7	lo envolvió en pañales			10	el que da semilla al que siembra
	12	Hallaréis al niño envuelto en pañales		Gá	6:7	lo que el hombre sembrare

σπεκουλάτωρ 4688　　　　　　　　　　723　　　　　　　　　　4698 σπλάγχνον

		4688 σπεκουλάτωρ*† — spekoulátor		
Gá	6:8	el **que siembra** para su carne,	Hch	17:18 ¿Qué querrá decir este **palabrero**?
		el **que siembra** para el Espíritu,		
Stg	3:18	**se siembra** en paz	4692	σπεύδω — spéudo
			Lc	2:16 Vinieron, pues, **apresuradamente**, (lit.,... **apresurándose**)
Mr	6:27	el rey, enviando **a uno de la guardia**		19:5 Zaqueo, **date prisa**, (lit.,...**dándote prisa**)
				6 él descendió **aprisa**, (lit.,...**apresurándose**)
4689		σπένδω — spéndo	Hch	20:16 pues se **apresuraba** por estar
Fil	2:17	aunque **sea derramado en libación**		22:18 **Date prisa**, y sal prontamente
2 Ti	4:6	ya **estoy para ser sacrificado**, (ya **estoy siendo ofrecido en libación**, VHA)	2 P	3:12 **apresurándoos** para la venida del día
			4693	σπήλαιον — spélaion
4690		σπέρμα — spérma	Mt	21:13 La habéis hecho **cueva** de ladrones
Mt	13:24	que sembró buena **semilla** en su campo	Mr	11:17 la habéis hecho **cueva** de ladrones
	27	¿no sembraste buena **semilla** en tu campo?	Lc	19:46 la habéis hecho **cueva** de ladrones
	32	la más pequeña de todas las **semillas**	Jn	11:38 Era una **cueva**,
	37	El que siembra la buena **semilla**	He	11:38 por las **cuevas** y por las cavernas
	38	la buena **semilla** son los hijos	Ap	6:15 se escondieron en las **cuevas**
	22:24	levantará **descendencia** a su hermano.		
	25	no teniendo **descendencia**,	4694	σπιλάς* — spilás
Mr	4:31	la más pequeña de todas las **semillas**	Jud	12 son **manchas** en vuestros ágapes
	12:19	que...levante **descendencia**	4695	Véase abajo
	20	murió sin dejar **descendencia**. (muriendo no dejó **sucesión**, VHA)	4696	σπίλος* — spílos
	21	tampoco dejó **descendencia**; (murió, no dejando **sucesión**, VM)	Ef	5:27 que no tuviese **mancha** ni arruga
	22	no dejaron **descendencia**	2 P	2:13 Estos son **inmundicias** y manchas,
Lc	1:55	Para con Abraham y su **descendencia**	4695	σπιλόω** — spilóo
	20:28	levante **descendencia** a su hermano	Stg	3:6 **contamina** todo el cuerpo, (la que **mancha**..., VHA)
Jn	7:42	que del **linaje** de David	Jud	23 la ropa **contaminada** por su carne.
	8:33	**Linaje** de Abraham somos,	4696	Véase arriba
	37	sois **descendientes** de Abraham; (...**simiente**..., VHA)	4697	σπλαγχνίζομαι — splagcnízomai (splanjnízdomai)
Hch	3:25	En tu **simiente** serán bendi tas	Mt	9:36 **tuvo compasión** de ellas;
	7:5	a su **descendencia** después de él		14:14 **tuvo compasión** de ellos,
	6	Que su **descendencia** sería extranjera		15:32 **Tengo compasión** de la gente,
	13:23	De la **descendencia** de éste,		18:27 El señor...**movido a misericordia**
Ro	1:3	del **linaje** de David según la carne		20:34 Jesús, **compadecido**, les tocó
	4:13	a Abraham o a su **descendencia**	Mr	1:41 teniendo **misericordia** de él,
	16	la promesa se a...para toda su **descendencia**		6:34 **tuvo compasión** de ellos,
	18	Así será tu **descendencia**		8:2 **Tengo compasión** de la gente
	9:7	ni por ser **descendientes** de Abraham, (...**simiente**..., VHA)		9:22 ten **misericordia** de nosotros (**compadecidos**..., BC)
		En Isaac te será llamada **descendencia**	Lc	7:13 **se compadeció** de ella,
	8	son contados como **descendientes**. (...por **simiente** suya, VHA)		10:33 viéndole, **fue movido a misericordia**
	29	no nos hubiera dejado **descendencia**		15:20 **fue movido a misericordia**, y corrió
	11:1	de la **descendencia** de Abraham,		
1 Co	15:38	a cada **semilla** su propio cuerpo. (a cada una de las **simientes**..., VHA)	4698	σπλάγχνον — splágcnon (splánjnon)
2 Co	9:10	el que da **semilla** al que siembra,	Lc	1:78 Por la **entrañable** misericordia (por **las entrañas** de misericordia, BC)
	11:22	¿Son **descendientes** de Abraham? (¿Son **linaje**..., VM)	Hch	1:18 todas sus **entrañas** se derramaron.
Gá	3:16	a Abraham...y a su **simiente**	2 Co	6:12 en vuestro propio corazón. (en vuestras **entrañas**, BC)
		Y a las **simientes**, como si hablase		7:15 su **cariño** para con vosotros (lit., sus **entrañas**...)
		Y a tu **simiente**, la cual es Cristo.	Fil	1:8 con el **entrañable amor** de Jesucristo. (en las **entrañas**..., BC)
	19	hasta que viniese la **simiente**		2:1 si algún afecto entrañable (lit., si algunas **entrañas** y compasiones)
	29	**linaje** de Abraham sois,		
2 Ti	2:8	Jesucristo, del **linaje** de David,	Col	3:12 de **entrañable** misericordia, (de **entrañas** de misericordia, BC)
He	2:16	sino que socorrió **a la descendencia**		
	11:11	para concebir; (para concebir **simiente**, VHA) (para la fundación **de un linaje**, BC)	Flm	7 han sido confortados los corazones **entrañas**...han hallado alivio, BC)
	18	En Isaac te será llamada **descendencia**		12 como a mí mismo. (es decir, a mis propias **entrañas**, BC)
1 Jn	3:9	la **simiente** de Dios permanece (lit., la **simiente** de él...)		20 conforta mi corazón (alivia mis **entrañas**, BC)
Ap	12:17	contra el resto de la **descendencia** de ella.		

4691　　σπερμολόγος* — spermológos

σπόγγος 4699   724   4716 σταυρός

1 Jn	3:17	cierra contra él su corazón (...sus **entrañas**, VM)

4699   σπόγγος* — spóggos (spóngos)

Mt	27:48	tomó una **esponja**, (tomando..., VHA)
Mr	15:36	empapando una **esponja** en vinagre,
Jn	19:29	empaparon en vinagre una **esponja**, (lit., habiendo empapado una **esponja** del vinagre) (TR, VM); (una **esponja** empapada..., VHA, WH, N, ABMW, NC, BC, BA)

4700   σποδός — spodós

Mt	11:21	se hubieran arrepentido en... **ceniza**
Lc	10:13	sentadas en cilicio y **ceniza**
He	9:13	las **cenizas** de la becerra (la **ceniza**..., BC)

4701   σπορά — sporá

1 P	1:23	no de **simiente** corruptible,

4702   σπόριμος — spórimos

Mt	12:1	iba Jesús por los **sembrados**
Mr	2:23	al pasar él por los **sembrados**
Lc	6:1	pasando Jesús por los **sembrados**

4703   σπόρος — spóros

Mr	4:26	un hombre echa **semilla** en la tierra
	27	la **semilla** brota y crece
Lc	8:5	salió a sembrar su **semilla**
	11	La **semilla** es la palabra de Dios
2 Co	9:10	multiplicará vuestra **sementera** (V60, WH, N, ABMW, VHA, VM, NC, BA) (lit., multiplique..., TR)

4704   σπουδάζω — spoudázo (spoudádzo)

Gá	2:10	**procuré con diligencia** hacer
Ef	4:3	**solícitos** en guardar la unidad
1 Ts	2:17	**procuramos con mucho deseo** ver
2 Ti	2:15	**Procura con diligencia** presentarte
	4:9	**Procura** venir pronto a verme,
	21	**Procura** venir antes del invierno.
Tit	3:12	**apresúrate** a venir a mí
He	4:11	**Procuremos**, pues, entrar en aquel
2 P	1:10	**procurad** hacer firme vuestra vocación
	15	**procuraré con diligencia** que después
	3:14	**procurad con diligencia** ser hallados

4705   σπουδαῖος — spoudáios

2 Co	8:17	estando también **muy solícito**,
	22	cuya diligencia hemos comprobado (hemos hallado por experiencia ser **solícito**, BC) ahora mucho **más diligente**

4709   σπουδαίως** — spoudáios

Lc	7:4	rogaron **con solicitud**, diciéndole:
Fil	2:28	le envió **con mayor solicitud**
2 Ti	1:17	me buscó **solícitamente** (V60, WH, N, ABMW, VHA, VM, NC, BC, BA); (lit.,... **muy solícitamente**, TR)
Tit	3:13	encamínales **con solicitud**,

4710   σπουδή — spoudé

Mr	6:25	entró prontamente al rey, (entrando luego con **presteza**, NC)
Lc	1:39	María, fue de **prisa** a la montaña,
Ro	12:8	el que preside, con **solicitud**
Ro	12:11	En lo que requiere **diligencia**, (en la **solicitud**, BC)
2 Co	7:11	iqué **solicitud** produjo en vosotros,
	12	para que se os hiciese manifiesta nuestra **solicitud** (E, VM); (...vuestra **solicitud**, VHA, S, WH, N, ABMW, NC, BC, BA)
	8:7	en ciencia, en toda **solicitud**
	8	por medio de la **diligencia** de otros,
	16	la misma **solicitud** por vosotros
He	6:11	muestre la misma **solicitud**
2 P	1:5	poniendo toda **diligencia** por esto mismo,
Jud	3	por la gran **solicitud** que tenía (lit., haciendo gran **esfuerzo**)

4711   σπυρίς* — spurís ο σφυρίς

Mt	15:37	recogieron...siete **canastas** llenas
	16:10	cuántas **canastas** recogisteis?
Mr	8:8	recogieron...siete **canastas**
	20	¿cuántas **canastas** llenas. (lit., las llenuras de cuántas **canastas**)
Hch	9:25	descolgándole en una **canasta**

4712   στάδιον — stádion

Mt	14:24	estaba en medio del mar (TR, VM, NC, BC); (distaba ya de tierra muchos **estadios**, VHA, WH, N, ABMW, BA)
Lc	24:13	sesenta **estadios** de Jerusalén.
Jn	6:19	habían remado como...treinta **estadios**
	11:18	como a quince **estadios**
1 Co	9:24	los que corren en el **estadio**,
Ap	14:20	por mil seiscientos **estadios**.
	21:16	midió la ciudad...doce mil **estadios**

4713   στάμνος — stámnos

He	9:4	estaba una **urna** de oro

4955   στασιαστής*† — stasiastés

Mr	15:7	preso con sus compañeros de motín (TR, VM VM); (...con los **sediciosos**, VHA, WH, N, ABMW, NC, BC, BA)

4714   στάσις — stásis

Mr	15:7	que habían cometido...en una **revuelta**
Lc	23:19	por **sedición** en la ciudad
	25	por **sedición** y homicidio
Hch	15:2	una **discusión** y contienda no pequeña
	19:40	seamos acusados de **sedición**
	23:7	se produjo **disensión** entre los fariseos y
	10	habiendo grande **disensión** el tribuno,
	24:5	promotor de **sediciones** entre todos
He	9:8	entre tanto que la primera parte del tabernáculo estuviese en pie. (lit., entre tanto que...tuviese **existencia**)

4715   στατήρ** — statér

Mt	17:27	hallarás un **estatero**;

4716   σταυρός* — staurós

Mt	10:38	el que no toma su **cruz**
	16:24	tome su **cruz**, y sígame
	27:32	obligaron a que llevase la **cruz** (...su **cruz**, BC)
	40	desciende de la **cruz**
	42	descienda ahora de la **cruz**
Mr	8:34	tome su **cruz**, y sígame.
	10:21	sígueme, tomando tu **cruz**. (TR, BC)
	15:21	a que le llevase la **cruz**. (...su **cruz**, BC)

σταυρόω 4717		4729 στενοχωρέω

Mr	15:30	desciende de la **cruz**. (TR, VM, BA); (descendiendo...VHA, WH, N, ABMW, NC, BC)
	32	descienda ahora de la **cruz**
Lc	9:23	tome su **cruz** cada día
	14:27	el que no lleva su **cruz**
	23:26	le pusieron encima la **cruz**
Jn	19:17	él, cargando su **cruz**, salió
	19	que puso sobre la **cruz**,
	25	Estaban junto a la **cruz** de Jesús
	31	los cuerpos no quedasen en la **cruz**
1 Co	1:17	que no se haga vana la **cruz**
	18	la palabra de la **cruz** es locura
Gá	5:11	el tropiezo de la **cruz**
	6:12	para no padecer...a causa de la **cruz**
	14	gloriarme, sino en la **cruz**
Ef	2:16	mediante la **cruz** reconciliar con Dios
Fil	2:8	hasta la muerte, y muerte de **cruz**
	3:18	son enemigos de la **cruz** de Cristo
Col	1:20	mediante la sangre de su **cruz**
	2:14	clavándola en la **cruz**
He	12:2	por el gozo...sufrió la **cruz**

4717		σταυρόω – stauróo
Mt	20:19	para que...le **crucifiquen**
	23:34	a unos mataréis y **crucificaréis**,
	26:2	será entregado para **ser crucificado**
	27:22	Todos le dijeron: ¡Sea **crucificado**!
	23	gritaban aun más... ¡Sea **crucificado**!
	26	le entregó para **ser crucificado**.
	31	le llevaron para **crucificarle**.
	35	**Cuando** le hubieron **crucificado**
	38	**crucificaron** con él a dos ladrones,
	28:5	el que fue **crucificado**.
Mr	15:13	¡**Crucifícale**!
	14	gritaban aun más: ¡**Crucifícale**!
	15	para que **fuese crucificado**.
	20	le sacaron para **crucificarle**.
	24	**Cuando** le hubieron **crucificado**, (TR); (Y le **crucificaron**, VM, WH, N, ABMW, VHA, NC, BC, BA)
	25	la hora tercera cuando le **crucificaron** (...y le **crucificaron**, BC)
	27	**Crucificaron** también con él a dos
	16:6	el que fue **crucificado**
Lc	23:21	¡**Crucifícale**, **crucifícale**!
	23	pidiendo que **fuese crucificado**.
	33	le **crucificaron** allí
	24:7	Es necesario...que sea **crucificado**,
	20	le entregaron...y le **crucificaron**
Jn	19:6	diciendo: ¡**Crucifícale**! ¡**Crucifícale** Tomadle vosotros, y **crucificadle**;
	10	tengo autoridad para **crucificarte**
	15	¡Fuera, fuera, **crucifícale** ¿A vuestro Rey **he de crucificar**?
	16	para que **fuese crucificado**
	18	allí le **crucificaron**,
	20	donde Jesús **fue crucificado**
	23	**hubieron crucificado** a Jesús
	41	donde había sido **crucificado**
Hch	2:36	a quien vosotros **crucificasteis**
	4:10	a quien vosotros **crucificasteis**
1 Co	1:13	¿**Fue crucificado** Pablo (**Fue** acaso **crucificado**..., VHA)
	23	predicamos a Cristo **crucificado**
	2:2	sino a Jesucristo,...**crucificado**.
	8	nunca **habrían crucificado** al Señor de gloria
2 Co	13:4	aunque **fue crucificado** en debilidad,
Gá	3:1	Jesucristo fue ya presentado...**crucificado**,

Gá	5:24	**han crucificado** la carne
	6:14	el mundo me **es crucificado** a mí,
Ap	11:8	nuestro Señor **fue crucificado**.

4718		σταφυλή – stafulé
Mt	7:16	¿Acaso se recogen **uvas** de los espinos
Lc	6:44	ni de las zarzas se vendimian **uvas**. (lit., ni de la zarza vendimian **el racimo**)
Ap	14:18	sus **uvas** están maduras

4719		στάχυς – stácus (stájus)
Mt	12:1	comenzaron a arrancar **espigas**
Mr	2:23	andando, comenzaron a arrancar **espigas** (lit., comenzaron a hacer un camino, arrancando las **espigas**)
	4:28	primero hierba, luego **espiga** después grano lleno en la **espiga**
Lc	6:1	sus discípulos arrancaban **espigas**

| 4720 | | Στάχυς – Stácus (Stájus) |
| Ro | 16:9 | Saludad...a **Estaquis**, amado mío |

4721		στέγη – stége (stégue)
Mt	8:8	que entres bajo mi **techo**
Mr	2:4	descubrieron el **techo** de donde estaba,
Lc	7:6	de que entres bajo mi **techo**

4722		στέγω** – stégo
1 Co	9:12	lo **soportamos** todo,
	13:7	todo lo **soporta**
1 Ts	3:1	no pudiendo **soportarlo** más, acordamos
	5	no pudiendo **soportar** más,

4723		στείρα – stéira
Lc	1:7	Elisabet era **estéril**
	36	que llamaban **estéril**; (que fué llamada..., VM)
	23:29	Bienaventuradas las **estériles**,
Gá	4:27	Regocíjate, oh **estéril**,

4724		στέλλω – stéllo (stélo)
2 Co	8:20	**evitando** que nadie nos censure (**evitando** esto: que nadie..., BC)
2 Ts	3:6	que os **apartéis** de todo hermano

| 4725 | | στέμμα* – stémma |
| Hch | 14:13 | toros y **guirnaldas** delante de las puertas |

4726		στεναγμός – stenagmós
Hch	7:34	he oído su **gemido**
Ro	8:26	intercede...con **gemidos** indecibles.

4727		στενάζω – stenázo (stenádzo)
Mr	7:34	**gimió**, y le dijo:
Ro	8:23	nosotros también **gemimos** dentro
2 Co	5:2	por esto también **gemimos**
	4	**gemimos** con angustia; (...agravados, VHA)
He	13:17	con alegría, y no **quejándose**,
Stg	5:9	no **os quejéis** unos contra otros,

4728		στενός – stenós
Mt	7:13	Entrad por la puerta **estrecha**
	14	**estrecha** es la puerta
Lc	13:24	entrar por la puerta **angosta**

| 4729 | | στενοχωρέω – stenocoréo (stenojoréo) |
| 2 Co | 4:8 | atribulados...mas no **angustiados** |

2 Co 6:12 No **estáis estrechos** en nosotros,
pero sí **sois estrechos**

4730 στενοχωρία — stenocoría (stenojoría)
Ro 2:9 **angustia** sobre todo ser humano
8:35 ¿Tribulación, o **angustia**,
2 Co 6:4 en necesidades, en **angustias**;
12:10 en persecuciones, en **angustias**;

4731 στερεός — stereós
2 Ti 2:19 el fundamento de Dios está **firme**
He 5:12 de leche, y no de alimento **sólido**
14 el alimento **sólido** es
1 P 5:9 al cual resistid **firmes** en la fe,

4732 στερεόω — stereóo
Hch 3:7 al momento se le **afirmaron** los pies
16 le **ha confirmado** su nombre;
16:5 las iglesias **eran confirmadas**

4733 στερέωμα — steréoma
Col 2:5 mirando...la **firmeza** de vuestra fe

4734 Στεφανᾶς — Stefanás
1 Co 1:16 bauticé a la familia **de Estéfanas**;
16:15 ya sabéis que la familia **de Estéfanas**
17 Me regocijo con la venida **de Estéfanas**,
4735 *Véase abajo*
4736 Στέφανος — Stéfanos
Hch 6:5 eligieron a **Esteban**,
8 **Esteban** lleno de gracia y de poder,
9 disputando con **Esteban**
7:59 apedreaban a **Esteban**
8:2 llevaron a enterrar a **Esteban**
11:19 que hubo con motivo **de Esteban**,
22:20 cuando se derramaba la sangre **de Esteban**

4735 στέφανος — stéfanos
Mt 27:29 pusieron sobre su cabeza una **corona**
Mr 15:17 una **corona**...de espinas,
Jn 19:2 una **corona** de espinas,
5 llevando la **corona** de espinas
1 Co 9:25 para recibir una **corona** corruptible,
Fil 4:1 gozo y **corona** mía,
1 Ts 2:19 ¿cuál es nuestra...**corona**
2 Ti 4:8 me está guardada la **corona** de justicia,
Stg 1:12 recibirá la **corona** de vida,
1 P 5:4 recibiréis la **corona** incorruptible
Ap 2:10 yo te daré la **corona** de la vida.
3:11 para que ninguno tome tu **corona**
4:4 con **coronas** de oro en sus cabezas
10 echan sus **coronas** delante del trono,
6:2 y le fue dada una **corona**
9:7 como **coronas** de oro. (lit.,...semejantes a oro)
12:1 una **corona** de doce estrellas.
14:14 en la cabeza una **corona** de oro,
4736 *Véase arriba*
4737 στεφανόω — stefanóo
2 Ti 2:5 no es **coronado** si no lucha
He 2:7 Le **coronaste** de gloria y de honra,
9 Jesús, **coronado** de gloria y de honra,

4738 στῆθος — stéthos
Lc 18:13 sino que se golpeaba el **pecho**
23:48 se volvían golpeándose el **pecho**. (...sus **pechos**, VHA)
Jn 13:25 recostado cerca del **pecho** de Jesús,
21:20 se había recostado al lado de él, (se recostó en su **pecho**, BC)
Ap 15:6 ceñidos alrededor del **pecho** (ceñidos en torno a los **pechos**, BC)

4739 στήκω† — stéko
Mr 3:31 **quedándose** afuera, enviaron (WH, N, ABMW)
11:25 cuando **estéis** orando, perdonad,
Jn 1:26 **está** uno a quien vosotros no conocéis, (WH, N)
8:44 no **ha permanecido** en la verdad, (WH, N, ABMW)
Ro 14:4 **está en pie**, o cae
1 Co 16:13 Velad, **estad firmes** en la fe;
Gá 5:1 **Estad**, pues, **firmes** en la libertad con que Cristo nos hizo libres (TR, VM); (Para libertad Cristo nos libertó; **estad**, pues, **firmes**, VHA, WH, N, ABMW, NC, BC, BA)
Fil 1:27 que **estáis firmes** en un mismo espíritu
4:1 **estad así firmes** en el Señor,
1 Ts 3:8 si vosotros **estáis firmes** en el Señor.
2 Ts 2:15 **estad firmes**, y retened la doctrina,
Ap 12:4 el dragón **se paró** frente a la mujer (WH)

4740 στηριγμός** — sterigmós
2 P 3:17 caigáis de vuestra **firmeza**.

4741 στηρίζω — sterízo (sterídzo)
Lc 9:51 **afirmó** su rostro para ir a Jerusalén.
16:26 una gran sima **está puesta** entre nosotros
22:32 una vez vuelto, **confirma** a tus hermanos.
Hch 18:23 **confirmando** a todos los discípulos. (WH, N)
Ro 1:11 a fin de que seáis **confirmados**
16:25 al que puede **confirmaros**
1 Ts 3:2 para **confirmaros** y exhortaros
13 para que **sean afirmados** vuestros corazones
2 Ts 2:17 os **confirme** en toda buena palabra
3:3 que os **afirmará** y guardará del mal.
Stg 5:8 **afirmad** vuestros corazones
1 P 5:10 él mismo os...**afirme**, (TR); (...**afirmará**, VHA, WH, N, ABMW, VM, NC, BC, BA)
2 P 1:12 estéis **confirmados** en la verdad presente.
Ap 3:2 **afirma** las otras cosas
4742 *Véase abajo*
4746 στιβάς** — stibás o στοιβάς
Mr 11:8 cortaban **ramas** de los árboles, (TR, NC); (**ramas** que habían cortado.., BA, WH, N, ABMW, VHA, VM, BC)

4742 στίγμα — stígma
Gá 6:17 traigo en mi cuerpo las **marcas** del Señor

4743 στιγμή — stigmé
Lc 4:5 le mostró en un **momento** todos los reinos

4744 στίλβω — stílbo
Mr 9:3 sus vestidos se volvieron **resplandecientes**

4745 στοά — stoá
Jn 5:2 el cual tiene cinco **pórticos**.
10:23 por el **pórtico** de Salomón.
Hch 3:11 al **pórtico** que se llama de Salomón
5:12 unánimes en el **pórtico** de Salomón

στοιβάς 4746			727		4753 στράτευμα

4746 στοιβάς, véase **4746** στιβάς
(después de 4741, pág. 726)

4770 Στοικός* — Stoikos

Hch 17:18 filósofos...de los **estoicos** disputaban

4747 στοιχεῖων** — stoicéion (stoijéion)

Gá 4:3 bajo los **rudimentos** del mundo,
    9 a los débiles y pobres **rudimentos**,
Col 2:8 conforme a los **rudimentos** del mundo,
    20 en cuanto a los **rudimentos** del mundo,
He 5:12 cuáles son los primeros **rudimentos** (lit.,...,
        los **elementos** del principio)
2 P 3:10 los **elementos** ardiendo serán deshechos,
    12 los **elementos**, siendo quemados,

4748 στοιχέω — stoicéo (stoijéo)

Hch 21:24 tú también andas **ordenadamente**,
Ro 4:12 **siguen** las pisadas de la fe
Gá 5:25 **andemos** también por el Espíritu,
    6:16 los que **anden** conforme a esta regla,
Fil 3:16 **sigamos** una misma regla (TR); (**andemos**
        por esta misma, VM, WH, N, ABMW,
        VHA, NC, BC, BA)

4749 στολή — stolé

Mr 12:38 gustan de andar con **largas ropas**,
   16:5 cubierto de una **larga ropa** blanca
Lc 15:22 Sacad el **mejor vestido**
   20:46 gustan de andar con **ropas largas**
Ap 6:11 se les dieron **vestiduras** blancas,
    7:9 vestidos de **ropas** blancas,
    13 Estos que están vestidos de **ropas** blancas
    14 han lavado sus **ropas**,
   22:14 los que lavan sus **ropas**, (WH, N, ABMW,
        VHA, VM, NC, BC, BA)

4750 στόμα — stóma

Mt 4:4 que sale de la **boca** de Dios
    5:2 abriendo su **boca** les enseñaba,
   12:34 de la abundancia del corazón habla la **boca**
   13:35 Abriré en parábolas mi **boca**
   15:8 Lit., Este pueblo se acerca a mí con la
        boca, (TR)
    11 No lo que entra en la **boca** contamina
       lo que sale de la **boca**,
    17 lo que entra en la **boca**
    18 lo que sale de la **boca**, (las cosas que...,
       BC)
   17:27 al abrirle la **boca**, hallarás
   18:16 para que en **boca** de dos o tres testigos
   21:16 De la **boca** de los niños
Lc 1:64 Al momento fue abierta su **boca**
    70 Como habló por **boca** de sus santos profetas
    4:22 las palabras...que salían de su **boca**,
    6:45 de la abundancia del corazón habla la **boca**.
   11:54 cazar alguna palabra de su **boca** (...alguna
         cosa..., VM)
   19:22 por tu propia **boca** te juzgo
   21:15 yo os daré palabra (yo os daré **boca**, VM)
    24 caerán a **filo** de espada
   22:71 lo hemos oído de su **boca**
Jn 19:29 se la acercaron a la **boca**
Hch 1:16 habló antes por **boca** de David
    3:18 por **boca** de todos los profetas
    21 por **boca** de sus santos profetas
    4:25 que por **boca** de David tu siervo (TR, VM,
         NC); (que...por **boca** de nuestro padre

David..., VHA, WH, N, ABMW, BC, BA)
Hch 8:32 Así no abrió su **boca**
    35 Felipe, abriendo su **boca**,
   10:34 Pedro, abriendo la **boca**, dijo
   11:8 entró jamás en mi **boca**.
   15:7 que los gentiles oyesen por mi **boca**
   18:14 al comenzar Pablo a hablar, (cuando Pablo
         iba a abrir la **boca**, VHA)
   22:14 para que...oigas la voz de su **boca**
   23:2 que le golpeasen en la **boca**
Ro 3:14 Su **boca** está llena de maldición
    19 para que toda **boca** se cierre
   10:8 en tu **boca** y en tu corazón.
    9 si confesares con tu **boca**
    10 pero **con la boca** se confiesa
   15:6 unánimes, a una voz (...con una misma
        boca, VM)
2 Co 6:11 Nuestra **boca** se ha abierto
    13:1 Por **boca** de dos o de tres testigos
Ef 4:29 salga de vuestra **boca**,
    6:19 al abrir mi **boca** me sea dada palabra
Col 3:8 palabras deshonestas de vuestra **boca**.
        (lenguaje soez..., BA)
2 Ts 2:8 con el espíritu de su **boca**,
2 Ti 4:17 fui librado de la **boca** del león
He 11:33 taparon **bocas** de leones,
    34 evitaron filo de espada, (lit.,...filos...)
Stg 3:3 en la **boca** de los caballos
    10 De una misma **boca** proceden
1 P 2:22 ni se halló engaño en su **boca**
2 Jn 12 hablar cara a cara, (...**boca a boca**, VM)
3 Jn 14 hablaremos cara a cara. (...**boca a boca**, VM)
Jud 16 cuya **boca** habla cosas infladas
Ap 1:16 de su **boca** salía una espada
       (lit.,...saliendo...)
    2:16 con la espada de mi **boca**
    3:16 te vomitaré de mi **boca**. (estoy para
         vomitarte..., BC)
    9:17 de su **boca** salía fuego, (de las **bocas** de
         ellos..., VHA)
    18 que salían de su **boca**. (que salía de sus
       bocas, BC)
    19 el poder de los caballos estaba en su **boca**
   10:9 pero en tu **boca** será dulce
    10 era dulce en mi **boca** como la miel,
   11:5 sale fuego de la **boca** de ellos,
   12:15 la serpiente arrojó de su **boca**
    16 pues la tierra abrió su **boca**
       el dragón había echado de su **boca**
   13:2 su **boca** como **boca** de león
    5 se le dio **boca** que hablaba
    6 abrió su **boca** en blasfemias
   14:5 en sus **bocas** no fue hallada mentira,
        (en su **boca**..., VM)
   16:13 de la **boca** del dragón
        y de la **boca** de la bestia
        y de la **boca** del falso profeta
   19:15 De su **boca** sale una espada aguda
    21 con la espada que salía de la **boca**

4751 στόμαχος* — stómacos (stómajos)
1 Ti 5:23 por causa de tu **estómago**

4752 στρατεία — stratéia
2 Co 10:4 las armas de nuestra **milicia**
1 Ti 1:18 milites por ellas la buena **milicia**

4753 στράτευμα** — stráteuma

στρατεύω 4754 — 4767 στυγητός

Mt	22:7	enviando sus **ejércitos**, destruyó
Lc	23:11	Herodes con sus **soldados**
Hch	23:10	mandó que bajasen **soldados**
	27	acudiendo con la **tropa**
Ap	9:16	el número de los **ejércitos**
	19:14	los **ejércitos** celestiales, (...que están en el cielo, VM)
	19	vi a la bestia,...y a sus **ejércitos**, para guerrear...contra su **ejército**.

4754 στρατεύω — stratéuo

Lc	3:14	le preguntaron unos **soldados**,
1 Co	9:7	¿Quién **fue** jamás **soldado** a sus propias
2 Co	10:3	no **militamos** según la carne
1 Ti	1:18	para que... **milites** la buena milicia
2 Ti	2:4	Ninguno que **milita** se enreda
Stg	4:1	las **cuales combaten** en vuestros miembros?
1 P	2:11	los deseos...que **batallan** contra el alma,

4755 στρατηγός — strategós

Lc	22:4	habló con los...**jefes de la guardia**
	52	Jesús dijo a...los **jefes de la guardia**
Hch	4:1	con el **jefe de la guardia** (lit., y el...)
	5:24	el **jefe de la guardia** con los alguaciles,
	26	el **jefe de la guardia** con los alguaciles,
	16:20	presentándolos a los **magistrados**
	22	los **magistrados**, rasgándoles las ropas,
	35	los **magistrados** enviaron alguaciles
	36	Los **magistrados** han mandado a decir
	38	hicieron saber estas palabras a los **magistrados**

4756 στρατιά — stratiá

Lc	2:13	una multitud de las **huestes**
Hch	7:42	que rindiesen culto al **ejército** del cielo

4757 στρατιώτης — stratiótes

Mt	8:9	bajo mis órdenes **soldados**
	27:27	los **soldados** del gobernador llevaron
	28:12	dieron mucho dinero a los **soldados**
Mr	15:16	los **soldados** le llevaron
Lc	7:8	**soldados** bajo mis órdenes;
	23:36	Los **soldados** también le escarnecían,
Jn	19:2	los **soldados** entretejieron una corona (...habiendo entretejido..., VHA)
	23	los **soldados**...tomaron sus vestidos una para cada **soldado**. (a cada **soldado** una parte, VM)
	24	así lo hicieron los **soldados**. (Estas cosas..., VM)
	32	Vinieron, pues, los **soldados**
	34	uno de los **soldados** le abrió el costado
Hch	10:7	un devoto **soldado** de los que le asistían
	12:4	a cuatro grupos de cuatro **soldados**
	6	durmiendo entre dos **soldados**
	18	alboroto entre los **soldados** sobre qué
	21:32	tomando luego **soldados** y centuriones, cuando ellos vieron...a los **soldados**
	35	que era llevado en peso por los **soldados**
	23:23	doscientos **soldados**, setenta jinetes
	31	los **soldados**, tomando a Pablo
	27:31	dijo al centurión y a los **soldados**
	32	los **soldados** cortaron las amarras
	42	los **soldados** acordaron el consejo de los **soldados** era, VHA)
	28:16	con un **soldado** que le custodiase.
2 Ti	2:3	como buen **soldado** de Jesucristo.

4758 στρατολογέω* — stratologéo (stratologuéo)

2 Ti	2:4	a aquel que lo tomó por **soldado**.

4759 στρατοπεδάρχης — stratopedárces (stratopedárjes) o στρατοπέδαρχος

Hch	28:16	entregó los presos al **prefecto militar**, (TR, VM, [BA])

4760 στρατόπεδον — stratópedon

Lc	21:20	Jerusalén rodeada de **ejércitos**,

4761 στρεβλόω — streblóo

2 P	3:16	las cuales los indoctos...**tuercen**,

4762 στρέφω — stréfo

Mt	5:39	**vuélvele** también la otra;
	7:6	no sea que...se vuelvan (...volviendose, VM)
	9:22	**volviéndose** y mirándola, (WH, N, ABMW)
	16:23	**volviéndose**, dijo a Pedro
	18:3	si no **os volvéis** y os hacéis
	27:3	**devolvió**...las treinta piezas (WH, N, ABMW)
Lc	7:9	**volviéndose**, dijo a la gente
	44	**vuelto** a la mujer, dijo a Simón
	9:55	**volviéndose** él, los reprendió
	10:22	Lit., **volviéndose** a los discípulos (S); (no se encuentra en V60, VA, E, WH, N, ABMW, VHA, VM, NC, BC, BA)
	23	**volviéndose** a los discípulos, les dijo
	14:25	**volviéndose**, les dijo:
	22:61	**vuelto** el Señor, miró a Pedro
	23:28	**vuelto** hacia ellas, les dijo
Jn	1:38	**volviéndose** Jesús, y viendo
	12:40	Para que no...**se conviertan**, (WH, N, ABMW)
	20:14	se volvió, y vio a Jesús (**Volvióse** hacia atrás, VHA)
	16	**Volviéndose** ella, le dijo
Hch	7:39	en sus corazones **se volvieron** a Egipto
	42	Dios **se apartó**, y los entregó
	13:46	**nos volvemos** a los gentiles.
Ap	11:6	para convertirlas en sangre

4763 στρηνιάω** — streniáo

Ap	18:7	y **ha vivido en deleites**,
	9	que...con ella **han vivido en deleites**

4764 στρῆνος — strénos

Ap	18:3	se han enriquecido...de sus **deleites**.

4765 στρουθίον — strouthíon

Mt	10:29	¿No se venden dos **pajarillos**
	31	más valéis vosotros que muchos **pajarillos**
Lc	12:6	¿No se venden cinco **pajarillos**
	7	más valéis vosotros que muchos **pajarillos**.

4766 στρωννύω — stronnúo o στρώννυμι

Mt	21:8	**tendía** sus mantos en el camino; las **tendían** en el camino. (TR, VM)
Mr	11:8	muchos **tendían** sus mantos por el camino las **tendían** por el camino. (TR, VM)
	14:15	un gran aposento alto ya **dispuesto**; (...**amueblado** y listo, VM)
Lc	22:12	un gran aposento alto ya **dispuesto**
Hch	9:34	Levántate, y **haz tu cama**.

4767 στυγητός* — stugetós (stuguetós)

στυγνάζω 4768　　　　　　　　　729　　　　　　　4790 συγκοινωνέω

Tit	3:3	aborrecibles, y aborreciéndonos

4768		στυγνάζωt – stugnázo (stugnádzo)
Mt	16:3	tiene arreboles el cielo **nublado**
Mr	10:22	**afligido** por esta palabra, se fue

4769		στῦλος – stúlos
Gá	2:9	eran considerados como **columnas**,
1 Ti	3:15	**columna** y baluarte de la verdad.
Ap	3:12	lo haré **columna** en el templo
	10:1	sus pies como **columnas** de fuego.

4770		Στωϊκός, véase Στοϊκός (después de 4746, pág. 727)
4772		συγγένεια – suggéneia (sunguéneia)
Lc	1:61	No hay nadie en tu **parentela**
Hch	7:3	Sal de tu tierra y de tu **parentela,**
	14	hizo venir...a toda su **parentela,**

4773		συγγενής – suggenés (sunguenés) o συγγενεύς
Mr	6:4	entre sus **parientes,** y en su casa.
Lc	1:36	he aquí tu **parienta** Elisabet, (TR)
	58	cuando oyeron...los **parientes** (...sus **parientes,** VM)
	2:44	buscaban entre los **parientes**
	14:12	no llames...ni a tus **parientes,**
	21:16	seréis entregados aun por...**parientes**
Jn	18:26	**pariente** de aquel a quien Pedro
Hch	10:24	habiendo convocado a sus **parientes**
Ro	9:3	los que son mis **parientes** según la carne;
	16:7	Saludad a Andrónico...mis **parientes**
	11	Saludad a Herodión, mi **pariente.**
	21	Sosípater, mis **parientes.**

4773 A		συγγενίς*† – suggenís (sungueunís)
Lc	1:36	he aquí tu **parienta** Elisabet, (WH, N, ABMW)

4774		συγγνώμη** – suggnóme (sungnóme)
1 Co	7:6	esto digo por via de **concesión**

4775		συγκάθημαι – sugkáthemai (sunkáthemai) o συγκάθημαι
Mr	14:54	estaba **sentado con** los alguaciles,
Hch	26:30	los **que se habían sentado** con ellos;

4776		συγκαθίζω – sugkathízo (sunkathídzo) o συνκαθίζω
Lc	22:55	se sentaron alrededor; (**sentádose** todos juntos, VM)
Ef	2:6	nos **hizo sentar** (nos hizo sentar con él, VM)

4777		συγκακοπαθέω*† – sugkakopathéo (sunkakopathéo) o συνκακοπαθέω
2 Ti	1:8	participa de las **aflicciones** por el evangelio
	2:3	**sufre penalidades** como buen soldado (WH, N, ABMW)

4778		συγκακουχέομαι*† – sugkakoucéomai (sunkakoujéomai) o συνκακουχέομαι
He	11:25	escogiendo antes **ser maltratado con**

4779		συγκαλέω – sugkaléo (sunkaléo) o συνκαλέω
Mr	15:16	**convocaron** a toda la compañía

Lc	9:1	**Habiendo reunido** a sus doce
	15:6	**reúne** a sus amigos y vecinos,
	9	**reúne** a sus amigas y vecinas,
	23:13	**convocando** a los principales sacerdotes,
Hch	5:21	**convocaron** al concilio
	10:24	**habiendo convocado** a sus parientes
	28:17	**convocó** a los principales de los judíos,

4780		συγκαλύπτω – sugkalúpto (sunkalúpto) o συνκαλύπτω
Lc	12:2	porque nada hay **encubierto,**

4781		συγκάμπτω – sugkámpto (sunkámpto) o συνκάμπτω
Ro	11:10	**agóbiales** la espalda para siempre.

4782		συγκαταβαίνω – sugkatabáino (sunkatabáino) o συνκαταβαίνω
Hch	25:5	desciendan conmigo, (**bajándose con**migo, BC)
4783		Véase abajo
4784		συγκατάθεσις* – sugkatáthesis (sunkatáthesis) o συνκατάθεσις
2 Co	6:16	¿Y qué **acuerdo** hay entre el templo

4783		συγκατατίθημι – sugkatatíthemi (sunkatatíthemi) o συνκατατίθημι o συνκατατίθεμαι
Lc	23:51	no había **consentido** en el acuerdo
4784		Véase arriba

4785		συγκαταψηφίζομαι*† – sugkatapsefízomai (sunkatapsefídzomai) o συνκαταψηφίζομαι
Hch	1:26	**fue contado con** los once apóstoles.

4786		συγκεράννυμι – sugkeránnumi (sunkeránumi) o συνκεράννυμι
1 Co	12:24	pero Dios **ordenó** el cuerpo,
He	4:2	**por no ir acompañada** de fe (no **habiendo sido mezclado** con fe, VHA) (TR, N, VM, BC, BA); (lit., **puesto que no fueron unidos** en fe..., WH, ABMW, NC)

4787		συγκινέω* – sugkinéo (sunkinéo) o συνκινέω
Hch	6:12	**soliviantaron** al pueblo

4788		συγκλείω – sugkléio (sunkléio) o συνκλείω
Lc	5:6	**encerraron** gran cantidad de peces,
Ro	11:32	Dios **sujetó** a todos en desobediencia,
Gá	3:22	la Escritura lo **encerró** todo bajo pecado,
	23	**encerrados** para aquella fe

4789		συγκληρονόμος*† – sugkleronómos (sunkleronómos) o συνκληρονόμος
Ro	8:17	herederos de Dios y **coherederos** con Cristo
Ef	3:6	que los gentiles son **coherederos**
He	11:9	**coherederos** de la misma promesa,
1 P	3:7	como a **coherederas** de la gracia de la vida,

4790		συγκοινωνέω* – sugkoinonéo (sunkoinonéo) o συνκοινωνέω
Ef	5:11	no **participéis** en las obras infructuosas
Fil	4:14	bien hicisteis **en participar con**migo

συγκοινωνός 4791		730		4811 συκοφαντέω

Ap 18:4 para que no **seáis partícipes** de sus pecados,

4791 συγκοινωνός*† — sugkoinonós
(sunkoinonós) o συνκοινωνός

Ro 11:17 has sido hecho **participante** de la raíz
1 Co 9:23 para hacerme **copartícipe** de él.
Fil 1:7 vosotros sois **participantes** conmigo
(lit., siendo vosotros...)
Ap 1:9 Yo Juan,...**copartícipe** vuestro

4792 συγκομίζω — sugkomízo (sunkomídzo) o
συνκομίζω

Hch 8:2 **llevaron a enterrar** a Esteban,

4793 συγκρίνω — sugkríno (sunkríno) o
συνκρίνω

1 Co 2:13 **acomodando** lo espiritual a lo espiritual.
(lit., **interpretando** cosas espirituales a
hombres espirituales)
2 Co 10:12 no nos atrevemos...a **compararnos**
pero ellos,...**comparándose** consigo mismos,

4794 συγκύπτω — sugkúpto (sunkúpto) o
συνκύπτω

Lc 13:11 andaba **encorvada** (estaba..., VHA)

4795 συγκυρία** — sugkuría (sunkuría)

Lc 10:31 Aconteció que descendió un sacerdote
(por **casualidad** un sacerdote..., VM)

4796 συγχαίρω — sugcáiro (sunjáiro) o
συνχαίρω

Lc 1:58 los vecinos....**se regocijaron con** ella.
15:6 **Gozaos conmigo**, porque he encontrado
9 **Gozaos conmigo**, porque he encontrado
1 Co 12:26 los miembros **con él se gozan**
13:6 mas **se goza de la** verdad
Fil 2:17 me gozo y **regocijo** con todos
18 **regocijaos** también vosotros **conmigo**

4797 συγχέω*† — sugcéo (sunjéo) o συνχέω o
συνχύν(ν)ω

Hch 2:6 estaban **confusos** (quedó desconcertada, BC)
9:22 **confundía** a los judíos que moraban
19:32 la concurrencia estaba **confusa**,
21:27 **alborotaron** a toda la multitud
31 toda la ciudad de Jerusalén **estaba alborotada**.

4798 συγχράομαι** — sugcráomai (sunjráomai)

Jn 4:9 judíos y samaritanos no **se tratan entre** sí.
(los Judíos no **se tratan** con los
Samaritanos, VA)

4799 σύγχυσις — súgcusis (súnjusis)

Hch 19:29 la ciudad se llenó de **confusión**

4800 συζάω* — suzáo o συνζάω

Ro 6:8 también **viviremos con** él
2 Co 7:3 para **vivir juntamente**.
2 Ti 2:11 también **viviremos con** él

4801 συζεύγνυμι — suzéugnumi (sudzéugnumi)
o συνζεύγνυμι

Mt 19:6 lo que Dios **juntó**

Mr 10:9 lo que Dios **juntó**,

4802 συζητέω — suzetéo (sudzetéo) o
συνζητέω

Mr 1:27 de tal manera **que discutían** entre sí,
8:11 comenzaron a **discutir** con él,
9:10 **discutiendo** qué sería aquello
14 escribas **que disputaban** con ellos.
16 ¿Qué **disputáis** con ellos?
12:28 que los había oído **disputar**
Lc 22:23 comenzaron a **discutir** entre sí,
24:15 mientras hablaban y **discutían** entre sí,
Hch 6:9 **disputando** con Esteban
9:29 **disputaba** con los griegos

4803 συζήτησις*† — suzétesis (sudzétesis) o
συνζήτησις

Hch 15:2 una discución y **contienda** no pequeña (TR)
7 después de mucha **discusión**, (TR)
28:29 teniendo gran **discusión** (TR, [VM], NC, [BA])

4804 συζητητής* — suzetetés (sudzetetés) o
συνζητητής

1 Co 1:20 ¿Dónde está **el disputador** de este siglo?

4805 σύζυγος** — súzugos (súdzugos) o
σύνζυγος

Fil 4:3 te ruego...**compañero fiel**,

4806 συζωοποιέω*† — suzoopoiéo
(sudzoopoiéo) o συνζωοποιέω

Ef 2:5 nos **dio vida juntamente con** Cristo
Col 2:13 os **dio vida juntamente** con él,

4807 συκάμινος — sukáminos

Lc 17:6 podríais decir a este **sicómoro** (diríais..., VM)

4808 συκῆ — suké

Mt 21:19 viendo una **higuera**
20 luego se secó la **higuera**
21 ¿Cómo es que se secó en seguida la **higuera**?
24:32 De la **higuera** aprended
Mr 11:13 viendo de lejos una **higuera**
20 que la **higuera** se había secado
21 la **higuera** que maldijiste se ha secado
13:28 De la **higuera** aprended
Lc 13:6 una **higuera** plantada en su viña,
7 vengo a buscar fruto en esta **higuera**,
21:29 Mirad la **higuera** y todos los árboles.
Jn 1:48 cuando estabas debajo de la **higuera**
50 Te vi debajo de la **higuera**
Stg 3:12 ¿puede acaso **la higuera** producir aceitunas
Ap 6:13 como **la higuera** deja caer sus higos

4809 συκομωρέα*† — sukomoréa

Lc 19:4 subió a **un árbol sicómoro**

4810 σῦκον — súkon

Mt 7:16 o **higos** de los abrojos?
Mr 11:13 pues no era tiempo de **higos**
Lc 6:44 no se cosechan **higos** de los espinos,
Stg 3:12 o la vid **higos**?

4811 συκοφαντέω — sukofantéo

συλαγωγέω 4812

Lc	3:14	No hagáis extorsión a nadie, ni calumniéis;
	19:8	si en algo he defraudado a alguno,

4812 συλαγωγέω*† – sulagogéo (sulagoguéo)

Col	2:8	que nadie os engañe (no haya quien os coja como presa, BC)

4813 συλάω** – suláo

2 Co	11:8	He despojado a otras iglesias,

4814 συλλαλέω – sullaléo (sulaléo) o συνλαλέω

Mt	17:3	Moisés y Elías hablando con él.
Mr	9:4	hablaban con Jesús (estaban conversando..., BC)
Lc	4:36	hablaban unos a otros, diciendo
	9:30	dos varones que hablaban (dos varones hablaban, VHA)
	22:4	habló con los principales sacerdotes,
Hch	25:12	habiendo hablado con el consejo,

4815 συλλαμβάνω – sullambáno (sulambáno) o συνλαμβάνω

Mt	26:55	con palos para prenderme?
Mr	14:48	con palos para prenderme?
Lc	1:24	concibió su mujer Elisabet,
	31	concebirás en tu vientre
	36	ella también ha concebido hijo
	2:21	antes que fuese concebido.
	5:7	para que viniesen a ayudarles
	9	la pesca que habían hecho (a causa de la presa de peces que habían cogido, VM)
	22:54	prendiéndole, le llevaron,
Jn	18:12	prendieron a Jesús
Hch	1:16	de los que prendieron a Jesús,
	12:3	procedió a prender también a Pedro.
	23:27	aprehendido por los judíos,
	26:21	prendiéndome en el templo.
Fil	4:3	que ayudes a éstas (lit., ayuda a éstas)
Stg	1:15	después que ha concebido, da a luz

4816 συλλέγω – sullégo (sulégo)

Mt	7:16	¿Acaso se recogen uvas de los espinos,
	13:28	¿Quieres, pues, que...la arranquemos?
	29	no sea que al arrancar la cizaña
	30	Recoged primero la cizaña
	40	De manera como se arranca la cizaña,
	41	recogerán de su reino a todos
	48	recogen lo bueno en cestas, (lit.,...los buenos...)
Lc	6:44	no se cosechan higos de los espinos,

4817 συλλογίζομαι – sullogízomai (sulogídzomai)

Lc	20:5	ellos discutían entre sí,

4818 συλλυπέω – sullupéo (sulupéo) o συνλυπέω

Mr	3:5	entristecido por la dureza

4819 συμβαίνω – sumbáino

Mr	10:32	cosas que le habían de acontecer
Lc	24:14	aquellas cosas que habían acontecido.
Hch	3:10	por lo que le había sucedido.
	20:19	pruebas que me han venido
	21:35	aconteció que era llevado en peso

1 Co	10:11	les acontecieron como ejemplo,
1 P	4:12	prueba que os ha sobrevenido,
2 P	2:22	les ha acontecido lo del verdadero proverbio

4820 συμβάλλω – sumbállo (sumbálo) o συνβάλλω

Lc	2:19	meditándolas en su corazón
	14:31	al marchar a la guerra contra otro rey, (saliendo a campaña para guerrear..., NC)
Hch	4:15	conferenciaban entre sí
	17:18	disputaban con él
	18:27	fue de gran provecho a los que por la gracia
	20:14	Cuando se reunió con nosotros en Asón,

4821 συμβασιλεύω** – sumbasiléuo o συνβασιλεύω

1 Co	4:8	para que...reinásemos también juntamente con vosotros
2 Ti	2:12	también reinaremos con él

4822 συμβιβάζω – sumbibázo (sumbibádzo) o συνβιβάζω

Hch	9:22	demostrando que Jesús era el Cristo. (...que éste es..., VM)
	16:10	dando por cierto que Dios nos llamaba
	19:33	sacaron de entre la multitud a Alejandro, (TR, VM, NC); (algunos de entre la multitud dieron instrucciones a Alejandro VHA, WH, N, ABMW, BC, BA)
1 Co	2:16	¿Quién le instruirá?
Ef	4:16	todo el cuerpo,...unido entre sí
Col	2:2	unidos en amor,
	19	todo el cuerpo,...uniéndose

4823 συμβουλεύω – sumbouléuo

Mt	26:4	tuvieron consejo para prender
Jn	11:53	desde aquel día acordaron matarle (TR)
	18:14	el que había dado el consejo
Hch	9:23	resolvieron en consejo matarle
Ap	3:18	yo te aconsejo que de mí compres oro

4824 συμβούλιον**† – sumbóulion

Mt	12:14	tuvieron consejo contra Jesús (tomaron la resolución..., BC)
	22:15	consultaron cómo sorprenderle (tomaron consejo..., BC)
	27:1	entraron en consejo (tomaron consejo, BC)
	7	después de consultar, compraron (lit., habiendo tomado consejo...)
	28:12	habido consejo dieron mucho dinero (cuando se hubieron...tomado consejo, VM)
Mr	3:6	tomaron consejo con los herodianos (lit. hicieron consejo...) (TR); (lit., dieron consejo...) (WH, N, ABMW)
	15:1	habiendo tenido consejo (lit., habiendo formado consejo) (IR, WH, ABMW) ; (lit., habiendo preparado...) (N)
Hch	25:12	habiendo hablado con el consejo,

4825 σύμβουλος – súmboulos

Ro	11:34	¿O quién fue su consejero

4826 Συμεών – Sumeón

Lc	2:25	un hombre llamado Simeón
	34	los bendijo Simeón

Lc	3:30	hijo de Leví, hijo de **Simeón**
Hch	13:1	**Simón** el que se llamaba Niger
	15:14	**Simón** ha contado cómo Dios visitó
2 P	1:1	**Simón** Pedro, siervo y apóstol
Ap	7:7	De la tribu de **Simeón**, doce mil

4827 συμμαθητής* — summathetés o
συνμαθητής

Jn	11:16	Dijo...a sus **condiscípulos**

4828 συμμαρτυρέω* — summarturéo o
συνμαρτυρέω

Ro	2:15	**dando testimonio** su conciencia,
	8:16	**da testimonio** a nuestro espíritu
	9:1	mi conciencia me **da testimonio** (dando testimonio juntamente conmigo mi conciencia, VHA)
Ap	22:18	**testifico** a todo aquel que oye (TR)

4829 συμμερίζω — summerízo (sumerídzo) o
συνμερίζω

1 Co	9:13	los que sirven al altar, del altar **participan**?

4830 συμμέτοχος*† — summétocos (sumétojos) o συνμέτοχος

Ef	3:6	**copartícipes** de la promesa
	5:7	No seáis, pues, **partícipes** con ellos.

4831 συμμιμητής*† — summimetés o
συνμιμητής

Fil	3:17	sed **imitadores** de mí,

4832 συμμορφίζω*† — summorfízo
(sumorfídzo)

Fil	3:10	**llegando a ser semejante** a él

4833 σύμμορφος* — súmmorfos

Ro	8:29	hechos **conformes** a la imagen
Fil	3:21	para que sea **semejante** al cuerpo

4834 συμπαθέω** — sumpathéo o συνπαθέω

He	4:15	que no pueda **compadecerse** de nuestras
	10:34	de los presos también **os compadecisteis**, (V60, WH, N, ABMW, VHA, VM, NC, BC, BA); (de mis prisiones también **os resentisteis** conmigo, VA, TR)

4835 συμπαθής — sumpathés

1 P	3:8	sed todos...**compasivos**, amándoos

4836 συμπαραγίνομαι — sumparagínomai
(sumparaguínomai) o συνπαραγίνομαι

Lc	23:48	de los **que estaban presentes** en este
2 Ti	4:16	ninguno **estuvo a mi lado** (TR)

4837 συμπαρακαλέω* — sumparakaléo o
συνπαρακαλέω

Ro	1:12	para ser **mutuamente confortados**

4838 συμπαραλαμβάνω — sumparalambáno o
συνπαραλαμβάνω

Hch	12:25	**llevando también consigo** a Juan
	15:37	quería **que llevasen consigo** a Juan
	38	**llevar consigo** al que se había apartado
Gá	2:1	**llevando** también **conmigo** a Tito

4839 συμπαραμένω** — sumparaméno o
συνπαραμένω

Fil	1:25	**permaneceré con** todos vosotros (TR)

4840 συμπάρειμι — sumpáreimi o συνπάρειμι

Hch	25:24	que **estáis aquí juntos con** nosotros,

4841 συμπάσχω** — sumpásco (sumpasjo) o
συνπάσχω

Ro	8:17	si es que **padecemos juntamente con** él
1 Co	12:26	todos los miembros **se duelen con** él

4842 συμπέμπω* — sumpémpo o συνπέμπω

2 Co	8:18	**enviamos juntamente** con él
	22	**Enviamos también** con ellos

4843 συμπεριλαμβάνω — sumperilambáno o
συνπεριλαμβάνω

Hch	20:10	se echó sobre él, y **abrazándole**,

4844 συμπίνω — sumpíno o συνπίνω

Hch	10:41	**bebimos con** él después que resucitó

4844 A συμπίπτω — sumpípto o συνπίπτω

Lc	6:49	luego **cayó**, (WH, N, ABMW)

4845 συμπληρόω — sumpleróo o συνπληρόω

Lc	8:23	**se anegaban** y peligraban.
	9:51	Cuando **se cumplió** (como **se cumplía**, VHA)
Hch	2:1	Cuando **llegó** el día de Pentecostés

4846 συμπνίγω* — sumpnígo o συνπνίγω

Mt	13:22	**ahogan** la palabra, y se hace
Mr	4:7	los espinos crecieron y la **ahogaron**
	19	**ahogan** la palabra
Lc	8:14	pero yéndose, **son ahogados** por los afanes
	42	la multitud le **oprimía** (las turbas le **ahogaban**, BC)

4847 συμπολίτης* — sumpolítes o συνπολίτης

Ef	2:19	sois...**conciudadanos** de los santos,

4848 συμπορεύομαι — sumporéuomai o
συνπορεύομαι

Mr	10:1	volvió el pueblo a juntarse a él, (de nuevo **se reunieron** a él multitudes, VHA)
Lc	7:11	iba a la ciudad...e **iban con** él
	14:25	Grandes multitudes **iban con** él
	24:15	Jesús...**caminaba con** ellos.

4849 συμπόσιον — sumpósion

Mr	6:39	por **grupos** sobre la hierba (lit., **grupos grupos**...)

4850 συμπρεσβύτερος*† — sumpresbúteros o
συνπρεσβύτερος

1 P	5:1	yo **anciano también con** ellos,

4851 συμφέρω — sumféro

Mt	5:29	**mejor te es** que se pierda uno
	30	**mejor te es** que se pierda uno
	18:6	**mejor le fuera** que se le colgase
	19:10	no **conviene** casarse.
Jn	11:50	nos **conviene** que un hombre muera

σύμφημι 4852

Jn	16:7	Os **conviene** que yo me vaya
18:14	de que **convenía** que un solo hombre
Hch	19:19	trajeron los libros (**juntando** sus libros, VM)
20:20	cómo nada **que fuese útil** he rehuido
1 Co	6:12	mas no todas **convienen**
7:35	lo digo para vuestro **provecho** (TR)
10:23	pero no todo **conviene**
33	no procurando mi propio **beneficio** (TR)
12:7	la manifestación...para **provecho**
2 Co	8:10	porque esto os **conviene** a vosotros,
12:1	no me **conviene** gloriarme (TR); (Es preciso gloriarme, aunque en verdad no me **conviene**, VM, WH, N, ABMW, VHA, NC, BC, BA)
He	12:10	para lo que no **es provechoso**

4852   σύμφημι* — súmfemi o σύνφημι
Ro   7:16   **apruebo** que la ley es buena

4852 A   σύμφορος** — súmforos
1 Co   7:35   lo digo para vuestro **provecho**; (WH, N, ABMW)
10:33   no procurando mi propio **beneficio**, (WH, N, ABMW)

4853   συμφυλέτης*† — sumfulétes
1 Ts   2:14   de los **de vuestra** propia **nación**

4854   σύμφυτος — súmfutos
Ro   6:5   si fuimos **plantados juntamente**

4855   συμφύω** — sumfúo o συνφύω
Lc   8:7   que nacieron **juntamente** con ella

4856   συμφωνέω — sumfonéo
Mt   18:19   si dos de vosotros **se pusieren de acuerdo**
20:2   habiendo **convenido** con los obreros
13   ¿no **conviniste** conmigo en un denario?
Lc   5:36   no **armoniza** con el viejo. (TR, BC, BA); (no **armonizará**, VHA, WH, N, ABMW, VM, NC)
Hch   5:9   ¿Por qué **convinisteis** en tentar al Espíritu
15:15   con esto **concuerdan** las palabras

4857   συμφώνησις*† — sumfónesis
2 Co   6:15   qué **concordia** Cristo con Belial? (qué armonía de Cristo..., BC)

4858   συμφωνία — sumfonía
Lc   15:25   oyó **la música** y las danzas;

4859   σύμφωνος — súmfonos
1 Co   7:5   por algún tiempo de **mutuo consentimiento**

4860   συμψηφίζω — sumpsefízo (sumpsefídzo)
Hch   19:19   hecha la cuenta de su precio, (lit., **contaron** el precio de ellos)

4861   σύμψυχος*† — súmpsucos (súmpsujos)
Fil   2:2   **unánimes**, sintiendo una misma cosa

4863   συνάγω — sunágo
Mt   2:4   **convocados** todos los principales sacerdotes (habiendo **reunido**..., VHA)
3:12   **recogerá** su trigo en el granero,

Mt	6:26	ni **recogen** en graneros
12:30	el que conmigo no **recoge**
13:2	se le **juntó** mucha gente (**se allegaron** a él grandes multitudes, VM)
30	**recoged** el trigo
47	que...**recoge** de toda clase de peces
18:20	dos o tres **congregados** en mi nombre
22:10	**juntaron** a todos los que hallaron
34	los fariseos,...**se juntaron**
41	**estando juntos** los fariseos,
24:28	allí **se juntarán** las águilas.
25:24	que...**recoges** donde no esparciste;
26	que **recojo** donde no esparcí
32	serán **reunidas** delante de él todas
35	y me **recogisteis**
38	te vimos forastero, y te **recogimos**
43	no me **recogisteis**
26:3	**se reunieron** en el patio
57	adonde **estaban reunidos** los escribas
27:17	**Reunidos**, pues, ellos, les dijo
27	**reunieron** alrededor de él a toda
62	**se reunieron** los principales sacerdotes
28:12	**reunidos** con los ancianos,
Mr	2:2	inmediatamente **se juntaron** muchos,
4:1	**se reunió** alrededor de él mucha gente,
5:21	**se reunió** alrededor de él
6:30	los apóstoles **se juntaron** con Jesús,
7:1	**Se juntaron**...los fariseos,
Lc	3:17	**recogerá** el trigo (TR); (para allegar.... VHA, WH, N, ABMW, VM, NC, BC, BA)
11:23	el que conmigo no **recoge**, desparrama
12:17	no tengo donde **guardar** mis frutos
18	edificaré mayores, y allí **guardaré**
15:13	**juntándolo** todo el hijo menor,
17:37	**se juntarán** también las águilas (TR)
22:66	**se juntaron** los ancianos (**se reunió** en junta el senado, BC)
Jn	4:36	**recoge** fruto para vida eterna
6:12	**Recoged** los pedazos que sobraron,
13	**Recogieron**, pues, y llenaron doce
11:47	**reunieron** el concilio
52	para **congregar** en uno a los hijos de Dios
15:6	los **recogen**, y los echan
18:2	Jesús **se había reunido** allí
20:19	donde los discípulos estaban **reunidos** (TR)
Hch	4:5	que **se reunieron** en Jerusalén
26	los príncipes **se juntaron**
27	verdaderamente **se unieron** en esta ciudad
31	en que estaban **congregados**
11:26	**se congregaron** allí todo un año
13:44	**se juntó** casi toda la ciudad para oír
14:27	habiendo...**reunido** a la iglesia, refirieron
15:6	**se reunieron** los apóstoles y los ancianos
30	**reuniendo** a la congregación, entregaron
20:7	**reunidos** los discípulos (TR); (**reunidos** nosotros, VHA, WH, N, ABMW, VM,NC, BC, BA)
8	donde estaban **reunidos**; (TR); (...estabamos..., VHA, WH, N, ABMW, VM, NC, BC, BA)
1 Co	5:4	**reunidos** vosotros y mi espíritu,
Ap	13:10	Si alguno lleva en cautividad (TR, ABMW, BC, BA)
16:14	para **reunirlos** a la batalla
16	los **reunió** en el lugar que en hebreo
19:17	**reunios** a la gran cena de Dios,
19	vi...a sus ejércitos, **reunidos**
20:8	a fin de **reunirlos** para la batalla;

4864 συναγωγή — sunagogé (sinagogué)

Mt	4:23	enseñando en las **sinagogas** de ellos,
	6:2	hacen los hipócritas en las **sinagogas**
	5	el orar en pie en las **sinagogas**
	9:35	enseñando en las **sinagogas** de ellos,
	10:17	en sus **sinagogas** os azotarán
	12:9	vino a la **sinagoga** de ellos.
	13:54	les enseñaba en la **sinagoga** de ellos
	23:6	las primeras sillas en las **sinagogas**,
	34	azotaréis en vuestras **sinagogas**,
Mr	1:21	entrando en la **sinagoga**, enseñaba
	23	había en la **sinagoga** de ellos un hombre
	29	Al salir de la **sinagoga**
	39	en las **sinagogas** de ellos en toda Galilea
	3:1	entró...en la **sinagoga**
	6:2	comenzó a enseñar en la **sinagoga**
	12:39	las primeras sillas en las **sinagogas**,
	13:9	en las **sinagogas** os azotarán (...seréis azotados, VHA)
Lc	4:15	enseñaba en las **sinagogas** de ellos,
	16	entró en la **sinagoga**
	20	los ojos de todos en la **sinagoga** estaban
	28	todos en la **sinagoga** se llenaron de ira
	33	Estaba en la **sinagoga** un hombre
	38	se levantó y salió de la **sinagoga**, (levantándose de la **sinagoga**, VM)
	44	predicaba en las **sinagogas** (lit., estaba predicando...)
	6:6	que él entró en la **sinagoga**
	7:5	nos edificó una **sinagoga**
	8:41	era principal de la **sinagoga**
	11:43	las primeras sillas en las **sinagogas**, (el primer asiento..., BC)
	12:11	Cuando os trajeren a las **sinagogas**
	13:10	Enseñaba...en una **sinagoga** (estaba enseñando en una de las **sinagogas**, VM)
	20:46	las primeras sillas en las **sinagogas**,
	21:12	a las **sinagogas** y a las cárceles
Jn	6:59	Estas cosas dijo en la **sinagoga**,
	18:20	siempre he enseñado en la **sinagoga**
Hch	6:9	se levantaron unos de la **sinagoga**
	9:2	le pidió cartas para las **sinagogas**
	20	predicaba...en las **sinagogas**,
	13:5	la palabra de Dios en las **sinagogas**
	14	entraron en la **sinagoga** (entrando..., VHA)
	42	Cuando salieron ellos de la **sinagoga** (TR)
	43	despedida la **congregación**
	14:1	entraron juntos en la **sinagoga**
	15:21	quien lo predique en las **sinagogas**
	17:1	había una **sinagoga** de los judíos
	10	entraron en la **sinagoga** de los judíos
	17	discutía en la **sinagoga** con los judíos
	18:4	discutía en la **sinagoga**
	7	la cual estaba junto a la **sinagoga**
	19	entrando en la **sinagoga**, discutía
	26	hablar con denuedo en la **sinagoga**
	19:8	entrando...en la **sinagoga**,
	22:19	azotaba en todas las **sinagogas**, (azotando..., VHA)
	24:12	ni en las **sinagogas** ni en la ciudad
	26:11	castigándolos en todas las **sinagogas**,
Stg	2:2	si en vuestra **congregación** entra
Ap	2:9	**sinagoga** de Satanás
	3:9	de la **sinagoga** de Satanás

4865 συναγωνίζομαι* — sunagonízomai (sunagonídzomai)

Ro	15:30	que me ayudéis orando (**que os esforcéis** conmigo, en vuestras oraciones, VM)

4866 συναθλέω* — sunathléo

Fil	1:27	**combatiendo unánimes** por la fe
	4:3	**combatieron juntamente** conmigo

4867 συναθροίζω — sunathróizo (sunathróidzo)

Lc	24:33	hallaron a los once **reunidos**, (TR)
Hch	12:12	donde muchos estaban **reunidos**
	19:25	**reunidos** con los obreros (habiendo reunido, y con ellos a los operarios, BC)

4868 συναίρω — sunáiro

Mt	18:23	quiso **hacer** cuentas (...ajustar..., BC)
	24	comenzando a **hacer** cuentas, (...a ajustarlas, BA)
	25:19	**arregló** cuentas con ellos.

4869 συναιχμάλωτος*† — sunaicmálotos (sunaijmálotos)

Ro	16:7	mis **compañeros de prisiones**,
Col	4:10	Aristarco, mi **compañero de prisiones**
Flm	23	Epafras, mi **compañero de prisiones**

4870 συνακολουθέω** — sunakolouthéo

Mr	5:37	no permitió que le **siguiese** nadie
	14:51	cierto joven le **seguía**, (WH, N, ABMW)
Lc	23:49	las mujeres que le **habían seguido**

4871 συναλίζω** — sunalízo (sunalídzo)

Hch	1:4	**estando juntos**, les mandó

4900 συναλλάσσω* — sunallásso (sunalláso)

Hch	7:26	los **ponía** en paz, (trató de reconciliarlos en paz, BA) (WH, N, ABMW)

4872 συναναβαίνω — sunanabáino

Mr	15:41	que habían subido con él a Jerusalén
Hch	13:31	los que habían subido juntamente con él

4873 συνανάκειμαι**† — sunanákeimai

Mt	9:10	se sentaron juntamente a la mesa con Jesús
	14:9	los que estaban con él a la mesa
Mr	2:15	estaban...a la mesa juntamente con Jesús
	6:22	los que estaban con él a la mesa
	26	los que estaban con él a la mesa (TR)
Lc	7:49	los que estaban juntamente sentados a la mesa
	14:10	los que se sientan contigo a la mesa
	15	uno de los que estaban sentados con él a la mesa
Jn	12:2	uno de los que estaban sentados a la mesa con él (TR)

4874 συναναμείγνυμι† — sunanaméignumi o συναναμίγνυμαι

1 Co	5:9	que no os juntéis con los fornicarios
	11	que no os juntéis con ninguno que
2 Ts	3:14	no os juntéis con él (TR, VHA, NC, BA); (para no juntaros con él, BC, WH, N, ABMW, VM)

4875 συναναπαύομαι — sunanapáuomai

Ro	15:32	que sea recreado juntamente con vosotros

4876	συναντάω – sunantáo
Lc	9:37 una gran multitud les salió al encuentro
	(...vino al encuentro de él, BC)
	22:10 os saldrá al encuentro un hombre que lleva
Hch	10:25 salió Cornelio a recibirle, (saliendo a su encuentro..., BC)
	20:22 lo que allá me ha de acontecer; (lit., las cosas que me han de acontecer en ella)
He	7:1 que salió a recibir a Abraham que volvía
	10 Melquisedec le salió al encuentro.

4877 συνάντησις – sunántesis

Mt 8:34 toda la ciudad salió al encuentro (TR)

4878 συναντιλαμβάνομαι – sunantilambánomai

Lc 10:40 Dile, pues, que me ayude.
Ro 8:26 el Espíritu nos ayuda en nuestra debilidad

4879 συναπάγω – sunapágo

Ro 12:16 asociándoos con los humildes.
Gá 2:13 fue...arrastrado por la hipocresía de ellos
2 P 3:17 no sea que arrastrados por el error

4880 συναποθνῄσκω** – sunapothnésko

Mr 14:31 si me fuere necesario morir contigo,
2 Co 7:3 para morir y para vivir juntamente.
2 Ti 2:11 Si somos muertos con él,

4881 συναπόλλυμι – sunapóllumi
(sunapólumi) o συναπόλλυμαι

He 11:31 no pereció juntamente con los

4882 συναποστέλλω – sunapostéllo
(sunapostélo)

2 Co 12:18 envié con él al hermano

4883 συναρμολογέω*† – sunarmologéo
(sunarmologuéo)

Ef 2:21 todo el edificio, bien coordinado,
   4:16 todo el cuerpo, bien concertado

4884 συναρπάζω – sunarpázo (sunarpádzo)

Lc 8:29 se había apoderado de él
Hch 6:12 le arrebataron, y le trajeron
   19:29 arrebatando a Gayo y a Aristarco,
   27:15 siendo arrebatada la nave,

4885 συναυξάνω** – sunauxáno

Mt 13:30 Dejad crecer juntamente lo uno y

4886 σύνδεσμος – súndesmos o σύνδεσμον

Hch 8:23 en prisión de maldad veo que estás.
Ef 4:3 en el vínculo de la paz
Col 2:19 uniéndose por las coyunturas y ligamentos
   3:14 amor, que es el vínculo perfecto. (... el vínculo de la perfección, BC)

4887 συνδέω – sundéo

He 13:3 como si estuviereis presos juntamente con

4888 συνδοξάζω* – sundoxázo (sundoxádzo)

Ro 8:17 para que juntamente con él seamos glorificados.

4889 σύνδουλος – súndoulos

Mt 18:28 halló a uno de sus consiervos
   29 su consiervo, postrándose a sus pies,
   31 Viendo sus consiervos lo que pasaba,
   33 tener misericordia de tu consiervo
   24:49 comenzare a golpear a sus consiervos
Col 1:7 Epafras, nuestro consiervo amado,
   4:7 Tíquico,...fiel... consiervo
Ap 6:11 sus consiervos y sus hermanos
   19:10 yo soy consiervo tuyo,
   22:9 yo soy consiervo tuyo

4890 συνδρομή** – sundromé

Hch 21:30 se agolpó el pueblo; (hubo concurso del pueblo, VM)

4891 συνεγείρω – sunegéiro (suneguéiro)

Ef 2:6 juntamente con él nos resucitó
Col 2:12 fuisteis...resucitados con él
   3:1 Si,...habéis resucitado con Cristo,

4892 συνέδριον – sunédrion

Mt 5:22 será culpable ante el concilio
   10:17 os entregarán a los concilios
   26:59 los principales sacerdotes...y todo el concilio
Mr 13:9 os entregarán a los concilios
   14:55 todo el concilio buscaban testimonio
   15:1 los principales sacerdotes...con todo el concilio (lit.,...y todo...)
Lc 22:66 le trajeron al concilio, (...a su Sanedrín, VHA)
Jn 11:47 los fariseos reunieron el concilio,
Hch 4:15 saliesen del concilio (retirarse fuera del sanhedrín, BC)
   5:21 convocaron al concilio
   27 los presentaron en el concilio
   34 levantándose en el concilio un fariseo
   41 salieron de la presencia del concilio
   6:12 le trajeron al concilio
   15 los que estaban sentados en el concilio
   22:30 mandó venir...a todo el concilio
   23:1 Pablo, mirando fijamente al concilio
   6 alzó la voz en el concilio
   15 vosotros, con el concilio, requerid
   20 lleves a Pablo ante el concilio
   28 le llevé al concilio de ellos
   24:20 cuando comparecí ante el concilio

συνειδέω, véase σύνοιδα y συνοράω
(4849A, después de 4923 y 4927, pág. 738)

4893 συνείδησις – sunéidesis

Jn 8:9 [acusados por su conciencia]
Hch 23:1 yo con toda buena conciencia
   24:16 una conciencia sin ofensa ante Dios
Ro 2:15 dando testimonio su conciencia
   9:1 mi conciencia me da testimonio (dando testimonio conmigo..., VM)
   13:5 estarle sujetos...por causa de la conciencia
1 Co 8:7 su conciencia, siendo débil habituados hasta aquí (lit., con la costumbre hasta ahora) (WH, N, ABMW, VHA, VM, NC, BC, BA); (lit., con la conciencia..., TR)
   10 la conciencia de aquel que es débil,
   12 hiriendo su débil conciencia
   10:25 nada por motivos de conciencia
   27 sin preguntar...por motivos de conciencia

συνεῖδον 4894

1 Co 10:28	no lo comáis,...por motivos de conciencia
29	La conciencia, digo, no la tuya mi libertad por la conciencia de otro?
2 Co 1:12	el testimonio de nuestra conciencia
4:2	recomendándonos a toda conciencia
5:11	que también lo sea a vuestras conciencias
1 Ti 1:5	el amor...de buena conciencia
19	manteniendo la fe y buena conciencia
3:9	que guarden...con limpia conciencia
4:2	teniendo cauterizada la conciencia, (...su propia conciencia, VHA)
2 Ti 1:3	sirvo...con limpia conciencia
Tit 1:15	su conciencia están corrompidas.
He 9:9	en cuanto a la conciencia
14	limpiará vuestras conciencias (...vuestra conciencia, VM) (TR, BC, BA); (... (...nuestra..., VHA, WH, N, ABMW, NC)
10:2	ya más conciencia de pecado. (...pecados, VHA)
22	los corazones de mala conciencia
13:18	que tenemos buena conciencia
1 P 2:19	si alguno a causa de la conciencia
3:16	teniendo buena conciencia
21	la aspiración de una buena conciencia
4894	συνεῖδον, véase σύνοιδα y συνοράω, 4894A, después de 4923 y 4927, pág. 738
4895	σύνειμι* – súneimi
Lc 8:4	juntándose una gran multitud,
4896	σύνειμι – súneimi
Lc 9:18	estaban con él los discípulos;
Hch 22:11	llevado...por los que estaban conmigo,
4897	συνεισέρχομαι – suneisércomai (suneisérjomai)
Jn 6:22	no había entrado...con sus
18:15	entró con Jesús al patio
4898	συνέκδημος*† – sunékdemos
Hch 19:29	macedonios, compañeros de Pablo.
2 Co 8:19	como compañero de nuestra peregrinación
4899	συνεκλεκτός*† – suneklektós
1 P 5:13	La iglesia...elegida juntamente con vosotros
4900	Véase después de 4871, pág. 734
4900 A	συνελαύνω – sunelaúno
Hch 7:26	los ponía en paz (TR)
4901	συνεπιμαρτυρέω* – sunepimarturéo
He 2:4	testificando Dios juntamente con ellos,
4901 A	συνεπιτίθημι – sunepitíthemi o συνεπιτίθεμαι
Hch 24:9	Los judíos también confirmaban (TR, NC, BC); (...tomaron parte en la acusación, VM, WH, N, ABMW, VHA, BA)
4902	συνέπομαι** – sunépomai
Hch 20:4	le acompañaron hasta Asia, Sópater
4903	συνεργέω** – sunergéo (sunerguéo)
Mr 16:20	[ayudándoles el Señor]
Ro 8:28	todas las cosas les ayudan (TR, ABMW, VHA, VM, BA); (Dios hace concurrir todas las cosas, NC, [WH], [N], BC)

4906 συνεσθίω

1 Co 16:16	a todos los que ayudan (a cada uno que coopera, VM)
2 Co 6:1	como colaboradores suyos, os exhortamos
Stg 2:22	la fe actuó juntamente con sus obras
4904	συνεργός** – sunergós
Ro 16:3	mis colaboradores en Cristo Jesús
9	Urbano, nuestro colaborador
21	Timoteo mi colaborador,
1 Co 3:9	somos colaboradores de Dios,
2 Co 1:24	colaboramos para vuestro gozo (somos ayudadores de vuestro gozo, VM)
8:23	colaborador para con vosotros
Fil 2:25	Epafrodito, mi...colaborador
4:3	los demás colaboradores míos
Col 4:11	son los únicos...que me ayudan (éstos solos son mis colaboradores, VM)
1 Ts 3:2	servidor de Dios y colaborador nuestro (TR, VM); (colaborador de Dios, BA, N, ABMW)
Flm 1	Pablo,...al amado Filemón, colaborador
24	Demas y Lucas, mis colaboradores
3 Jn 8	para que cooperemos con la verdad. (para que seamos colaboradores..., BA)
4905	συνέρχομαι – sunércomai (sunérjomai)
Mt 1:18	antes que se juntasen
Mr 3:20	se agolpó de nuevo la gente (se junto..., VM)
6:33	se juntaron a él (TR)
14:53	se reunieron todos los principales sacerdotes
Lc 5:15	se reunía mucha gente, (concurrían grandes muchedumbres, BC)
23:55	que habían venido con él
Jn 11:33	a los judíos que la acompañaban
18:20	donde se reúnen todos los judíos,
Hch 1:6	los que se habían reunido
21	de estos hombres que han estado juntos
2:6	se juntó la multitud
5:16	muchos venían (concurría la multitud, VHA)
9:39	Pedro, fue con ellos;
10:23	le acompañaron algunos
27	halló a muchos que se habían reunido
45	los fieles...que habían venido con Pedro
11:12	me dijo que fuese con ellos
15:38	que...no había ido con ellos
16:13	a las mujeres que se habían reunido.
19:32	no sabían por qué se habían reunido
21:16	vinieron también con nosotros de Cesarea
22	La multitud se reunirá (lit., es r ecesario que la multitud se reuna, TR, VM, [ABA])
22:30	mandó venir a los principales sacerdotes (WH, N, ABMW)
25:17	habiendo venido ellos juntos acá,
28:17	luego que estuvieron reunidos, les dijo
1 Co 7:5	volved a juntaros en uno, (lit., juntaos en uno otra vez) (TR)
11:17	no os congregáis para lo mejor,
18	cuando os reunís como iglesia,
20	Cuando, pues, os reunís vosotros,
33	cuando os reunís a comer, esperaos
34	para que no os reunáis para juicio.
14:23	la iglesia se reúne en un solo lugar,
26	Cuando os reunís, cada uno de vosotros
4906	συνεσθίω – sunesthío
Lc 15:2	a los pecadores recibe, y con ellos come
Hch 10:41	comimos y bebimos con él

σύνεσις 4907 737 4921 συνίστημι

Hch	11:3	has comido con ellos? (TR, N, ABMW, VHA, VM, NC, BA); (había...comido con ellos, BC, WH)
1 Co	5:11	con el tal ni aun comáis
Gá	2:12	comía con los gentiles

4907 σύνεσις — súnesis

Mr	12:33	amarle...con todo el entendimiento
Lc	2:47	se maravillaban de su inteligencia
1 Co	1:19	desecharé el entendimiento
Ef	3:4	mi conocimiento en el misterio de Cristo
Col	1:9	en toda...inteligencia espiritual
	2:2	las riquezas de pleno entendimiento, (la riqueza de la plena seguridad de la inteligencia, VM)
2 Ti	2:7	el Señor te dé entendimiento en todo. (TR) (...dará..., VHA, WH, N, ABMW, VM, NC, BC, BA)

4908 συνετός — sunetós

Mt	11:25	escondiste...de los entendidos,
Lc	10:21	escondiste estas cosas de los...entendidos
Hch	13:7	Sergio Paulo, varón prudente
1 Co	1:19	el entendimiento de los entendidos

4909 συνευδοκέω** — suneudokéo

Lc	11:48	sois testigos y consentidores (testigos sois y aprobáis, BC)
Hch	8:1	Saulo consentía en su muerte. (...estaba dando su asentimiento..., BC)
	22:20	yo mismo...consentía (...estaba...asintiendo, BC)
Ro	1:32	se complacen con los que las practican.
1 Co	7:12	y ella consiente en vivir con él,
	13	él consiente en vivir con ella,

4910 συνευωχέομαι* — suneuocéomai (suneuojéomai)

2 P	2:13	quienes aun mientras comen con vosotros
Jud	12	comiendo impúdicamente con vosotros

συνέφαγον, véase **4906** συνεσθίω

4911 συνεφίστημι — sunefístemi

Hch	16:22	se agolpó el pueblo contra ellos;

4912 συνέχω — sunéco (sunéjo)

Mt	4:24	los afligidos por diversas enfermedades
Lc	4:38	tenía una gran fiebre; (lit., estaba tomada...)
	8:37	tenían gran temor, (estaban poseídos de..., VHA)
	45	la multitud te aprieta (las turbas...te aprietan, VM)
	12:50	icómo me angustió hasta que se cumpla!
	19:43	por todas partes te estrecharán,
	22:63	los hombres que custodiaban
Hch	7:57	se taparon los oídos
	18:5	estaba entregado por entero a la predicación de la palabra (estaba constreñido por la Palabra VHA, WH, N, ABMW, VM, NC, BC, BA); (lit., estaba constreñido en el espíritu, TR)
	28:8	enfermo de fiebre
2 Co	5:14	el amor de Cristo nos constriñe,
Fil	1:23	estoy puesto en estrecho

4913 συνήδομαι* — sunédomai

Ro	7:22	me deleito en la ley de Dios

4914 συνήθεια** — sunétheia

Jn	18:39	vosotros tenéis la costumbre (es costumbre vuestra, BC)
1 Co	8:7	habituados hasta aquí a los ídolos, (lit., con la costumbre hasta ahora del ídolo) (WH, N, ABMW, VHA, VM, NC, BC, BA); (lit., con la conciencia..., TR)
	11:16	no tenemos tal costumbre,

4915 συνηλικιώτης* — sunelikiótes

Gá	1:14	muchos de mis contemporáneos en mi

4916 συνθάπτω* — sunthápto

Ro	6:4	somos sepultados juntamente con él
Col	2:12	sepultados con él en el bautismo,

4917 συνθλάω — sunthláo

Mt	21:44	el que cayere... será quebrantado
Lc	20:18	el que cayere...será quebrantado

4918 συνθλίβω — sunthlíbo

Mr	5:24	una gran multitud, y le apretaban.
	31	Ves que la multitud te aprieta,

4919 συνθρύπτω*† — sunthrúpto

Hch	21:13	llorando y quebrantándome el corazón?

4920 συνίημι — suníemi o συνίω

Mt	13:13	oyendo no oyen, ni entienden.
	14	De oído oiréis, y no entenderéis
	15	con el corazón entiendan
	19	Cuando alguno oye...y no la entiende
	23	éste es el que oye y entiende
	51	¿Habéis entendido todas estas cosas?
	15:10	Oíd, y entended
	16:12	entendieron que no les había dicho
	17:13	comprendieron que les había hablado
Mr	4:12	oyendo, oigan y no entiendan
	6:52	no habían entendido lo de los panes,
	7:14	Oídme todos, y entended
	8:17	ni comprendéis?
	21	¿Cómo aún no entendéis?
Lc	2:50	Mas ellos no entendieron
	8:10	y oyendo no entiendan.
	18:34	ellos nada comprendieron de estas cosas
	24:45	para que comprendiesen las Escrituras
Hch	7:25	él pensaba que sus hermanos comprendían mas ellos no lo habían entendido
	28:26	De oído oiréis, y no entenderéis
	27	Y entiendan de corazón
Ro	3:11	No hay quien entienda,
	15:21	los que nunca han oído de él, entenderán (los que no han oído..., VM)
2 Co	10:12	no son juiciosos
Ef	5:17	seáis...entendidos de cuál sea la voluntad

4921 συνίστημι — sunístemi o συνιστάνω o συνιστάω

Lc	9:32	los dos varones que estaban con él.
Ro	3:5	si nuestra injusticia hace resaltar
	5:8	Dios muestra su amor para con nosotros
	16:1	Os recomiendo además nuestra hermana
2 Co	3:1	¿Comenzamos otra vez a recomendarnos
	4:2	recomendándonos a toda conciencia

| συνοδεύω 4922 | | 4939 σύντροφος |

2 Co 5:12 No nos **recomendamos**, pues, otra vez
6:4 nos recomendamos en todo como ministros (en todo **recomendándonos**...VM)
7:11 os **habéis mostrado** limpios
10:12 con algunos **que se alaban** a sí mismos
18 el **que se alaba** a sí mismo sino aquel a quien Dios **alaba**
12:11 debía **ser alabado** por vosotros
Gá 2:18 transgresor me **hago** (me **declaro**...BC)
Col 1:17 todas las cosas en él **subsisten**
2 P 3:5 que...por el agua **subsiste,**

συνκ —, véase συγκ —

συνλ —, véase συλλ —

συνμ —, véase συμμ —

4922 συνοδεύω† — sunodéuo
Hch 9:7 que iban con Saulo (que caminaban con él, VM)

4923 συνοδία — sunodía
Lc 2:44 pensando que estaba entre la **compañía**

4894 A σύνοιδα — súnoida
Hch 5:2 **sabiéndolo** también su mujer
1 Co 4:4 de nada tengo mala conciencia, (nada **sé yo contra** mí mismo, VM)

4924 συνοικέω — sunoikéo
1 P 3:7 **vivid con** ellas sabiamente, (lit., **habitando con** ellas con ciencia)

4925 συνοικοδομέω** — sunoikodoméo
Ef 2:22 **sois juntamente edificados** para morada

4926 συνομιλέω* — sunomiléo
Hch 10:27 **hablando con él**, entró

4927 συνομορέω*† — sunomoréo
Hch 18:7 la cual estaba **junto** a la sinagoga.

4894 A συνοράω — sunoráo o συνείδον
Hch 12:12 **habiendo considerado** esto, llegó
14:6 **habiéndolo sabido**, huyeron

4928 συνοχή — sunocé (sunojé)
Lc 21:25 en la tierra **angustia** de las gentes,
2 Co 2:4 por la mucha...**angustia** del corazón

συνπ —, véase συμπ —

συνρ —, véase συρρ —

συνσ —, véase ουσσ —

συνσπ —, véase συσπ —

συνστ —, véase συστ —

4929 συντάσσω — suntásso
Mt 21:6 como Jesús les **mandó**; (WH, N, ABMW)
26:19 hicieron como Jesús les **mandó**
27:10 como me **ordenó** el Señor

4930 συντέλεια — suntéleia
Mt 13:39 la siega es **el fin** del siglo
40 así será en **el fin** de este siglo.
49 Así será al **fin** del siglo
24:3 qué señal habrá...del **fin** del siglo?
28:20 estoy con vosotros...hasta el **fin** del mundo
He 9:26 en la **consumación** de los siglos,

4931 συντελέω — suntelèó
Mt 7:28 cuando **terminó** Jesús estas palabras (TR)
Mr 13:4 estas cosas hayan de **cumplirse**?
Lc 4:2 **pasados** los cuales, tuvo hambre.
13 cuando el diablo **hubo acabado**
Hch 21:27 cuando estaban para **cumplirse** los siete días
Ro 9:28 ejecutará su sentencia (palabra **consumadora**...hará el Señor, VA) (TR); (el Señor ejecutará su obra...**acabándola**, VM, WH, N, ABMW, VHA, NC, BC, BA)
He 8:8 **estableceré** con la casa de Israel

4932 συντέμνω — suntémno
Ro 9:28 ejecutará su sentencia...con prontitud (palabra...**abreviadora**...palabra **abreviada**, hará, VA) (TR); (ejecutará su obra... **acortándola**, VM, WH, N, ABMW, VHA, NC, BC, BA)

4933 συντηρέω — suntereó
Mt 9:17 **se conservan juntamente**.
Mr 6:20 le **guardaba a salvo**
Lc 2:19 María **guardaba** todas estas cosas
5:38 lo uno y lo otro **se conservan** (TR, [BA])

4934 συντίθημι — suntíthemi o συντίθεμαι
Lc 22:5 **convinieron** en darle dinero
Jn 9:22 los judíos ya **habían acordado**
Hch 23:20 Los judíos **han convenido** en rogarte
24:9 Los judíos también **confirmaban** (TR, NC, BC)

4935 συντόμως — suntómos
Hch 24:4 te ruego que nos oigas **brevemente**

4936 συντρέχω — suntréco (suntréjo)
Mr 6:33 muchos **fueron** allá a pie (...**concurrieron**..., VM)
Hch 3:11 todo el pueblo,...**concurrió** a ellos
1 P 4:4 que vosotros no **corráis con** ellos

4937 συντρίβω — suntríbo
Mt 12:20 La caña **cascada** no quebrará
Mr 5:4 y **desmenuzados** los grillos;
14:3 **quebrando** el vaso de alabastro,
Lc 4:18 a sanar a los **quebrantados** de corazón (TR)
9:39 **estropeándole**, a duras penas se aparta
Jn 19:36 No **será quebrado** hueso suyo
Ro 16:20 el Dios de paz **aplastará** en breve
Ap 2:27 **serán quebradas** como vaso de alfarero

4938 σύντριμμα — súntrimma
Ro 3:16 **Quebranto** y desventura hay en sus caminos

4939 σύντροφος — súntrofos
Hch 13:1 Manaén **el que se había criado junto** con

συντυγχάνω 4940 739 4967 σφαγή

4940 συντυγχάνω** – suntugcáno
(suntunjáno)
Lc 8:19 no podían llegar hasta él

4941 Συντύχη – Suntúce (Suntúje)
Fil 4:2 Ruego a Evodia y a Síntique,

4942 συνυποκρίνομαι* – sunupokrínomai
Gá 2:13 en su simulación participaban (disimulaban juntamente con él, VM)

4943 συνυπουργέω* – sunupourgéo
(sunupourguéo)
2 Co 1:11 cooperando también vosotros

συνφ – véase συμφ –

συνχ –, véase συγχ –

συνψ – véase συμψ –

4944 συνωδίνω* – sunodíno
Ro 8:22 está con dolores de parto hasta ahora

4945 συνωμοσία** – sunomosía
Hch 23:13 los que habían hecho esta conjuración,

4946 Συράκουσαι – Surákousai
Hch 28:12 llegados a Siracusa, estuvimos

4947 Συρία – Suría
Mt 4:24 se difundió su fama por toda Siria
Lc 2:2 siendo Cirenio gobernador de Siria
Hch 15:23 a los hermanos...que están...en Siria
41 pasó por Siria y Cilicia, confirmando
18:18 navegó a Siria
20:3 para cuando se embarcase para Siria,
(cuando estaba para navegar..., VM)
21:3 navegamos a Siria
Gá 1:21 fui a las regiones de Siria

4948 Σύρος – Súros
Lc 4:27 sino Naamán el sirio

4949 Συροφοινίκισσα – Surofoiníkissa o
Συροφοίνισσα
Mr 7:26 La mujer era...sirofenicia

4950 Σύρτις – Súrtis
Hch 27:17 teniendo de dar en la Sirte

4951 σύρω – súro
Jn 21:8 arrastrando la red de peces,
Hch 8:3 arrastraba a hombres y a mujeres,
(arrastrando..., VM)
14:19 le arrastraron fuera de la ciudad
17:6 trajeron a Jasón y a algunos hermanos
Ap 12:4 su cola arrastraba la tercera parte

4952 συσπαράσσω*† – susparásso
Mr 9:20 sacudió con violencia al muchacho, (WH, N, ABMW)
Lc 9:42 le derribó y le sacudió con violencia

4953 σύσσημον – sússemon

Mr 14:44 les había dado señal

4954 σύσσωμος*† – sússomos o σύνσωμος o σύσσωμα
Ef 3:6 los gentiles son...miembros del mismo cuerpo
4955 Véase después de 4713, pág. 724
4955 A συστασιαστής*† – sustasiastés
Mr 15:7 preso con sus compañeros de motín (TR, VM)

4956 συστατικός* – sustatikós
2 Co 3:1 de cartas de recomendación para vosotros

4957 συσταυρόω*† – sustauróo o συνσταυρόω
Mt 27:44 los ladrones que estaban crucificados con él
Mr 15:32 los que estaban crucificados con él
Jn 19:32 otro que había sido crucificado con él.
Ro 6:6 fue crucificado juntamente con él,
Gá 2:19 (20) Con Cristo estoy juntamente crucificado

4958 συστέλλω – sustéllo (sustélo) o συνστέλλω
Hch 5:6 lo envolvieron, (le amortajaron, VHA)
1 Co 7:29 que el tiempo es corto

4959 συστενάζω* – sustenázo (sustenádzo) o συνστενάζω
Ro 8:22 toda la creación gime a una,

4960 συστοιχέω* – sustoicéo (sustoijéo) o συνστοιχέω
Gá 4:25 corresponde a la Jerusalén actual,

4961 συστρατιώτης* – sustratiótes o συνστρατιώτης
Fil 2:25 Epafrodito,...compañero de milicia,
Flm 2 Arquipo nuestro compañero de milicia,

4962 συστρέφω – sustréfo
Mt 17:22 Estando ellos en Galilea, (TR, VM, BC);
(reuniéndose ellos en Galilea, VHA, WH, N, ABMW, NC, BA)
Hch 28:3 habiendo recogido Pablo

4963 συστροφή – sustrofé
Hch 19:40 podamos dar razón de este concurso
Hch 23:12 tramaron un complot (lit., tramando...)

4964 συσχηματίζω* – suscematízo
(susjematídzo) o συνσχηματίζω
Ro 12:2 No os conforméis a este siglo,
1 P 1:14 no os conforméis a los deseos

4965 Συχάρ – Sucár (Sujár)
Jn 4:5 una ciudad de Samaria llamada Sicar

4966 Συχέμ – Sucém (Sujém)
Hch 7:16 fueron trasladados a Siquem,
de los hijos de Hamor en Siquem

4967 σφαγή – sfagé (sfagué)
Hch 8:32 Como oveja a la muerte fue llevado

σφάγιον 4968

Ro	8:36	como ovejas de matadero
Stg	5:5	habéis engordado...como en día de matanza

4968   σφάγιον — sfágion (sfáguion)

Hch	7:42	¿Acaso me ofrecisteis víctimas

4969   σφάζω — sfázo (sfádzo)

1 Jn	3:12	Caín,...mató a su hermano
		¿Y por qué causa le mató
Ap	5:6	un Cordero como inmolado,
	9	porque tú fuiste inmolado
	12	El Cordero que fue inmolado es digno
	6:4	que se matasen unos a otros
	9	las almas de los que habían sido muertos
	13:3	sus cabezas como herida de muerte
	8	del Cordero que fue inmolado desde
	18:24	los que han sido muertos en la tierra.

4970   σφόδρα — sfódra

Mt	2:10	se regocijaron con muy grande gozo.
	17:6	y tuvieron gran temor.
	23	se entristecieron en gran manera
	18:31	se entristecieron mucho
	19:25	se asombraron en gran manera
	26:22	entristecidos en gran manera
	27:54	temieron en gran manera
Mr	16:4	era muy grande
Lc	18:23	era muy rico.
Hch	6:7	se multiplicaba grandemente en Jerusalén
Ap	16:21	su plaga fue sobremanera grande.

4971   σφοδρῶς — sfodrós

Hch	27:18	combatidos por una furiosa tempestad (furiosamente combatidos por la tempestad, VHA)

4972   σφραγίζω — sfragízo (sfraguídzo)

Mt	27:66	sellando la piedra
Jn	3:33	atestigua que Dios es veraz
	6:27	a éste señaló Dios el Padre.
Ro	15:28	cuando...les haya entregado este fruto, (asegurádoles este fruto, VM)
2 Co	1:22	el cual también nos ha sellado,
	11:10	no se me impedirá esta mi gloria (S)
Ef	1:13	fuisteis sellados con el Espíritu
	4:30	con el cual fuisteis sellados
Ap	7:3	hasta que hayamos sellado en sus frentes
	4	oí el número de los sellados ciento cuarenta y cuatro mil sellados
	5	Judá, doce mil sellados Rubén, doce mil sellados (TR) Gad, doce mil sellados (TR)
	6	Aser, doce mil sellados (TR) Neftalí, doce mil sellados (TR) Manasés, doce mil sellados (TR)
	7	Simeón, doce mil sellados (TR) Leví, doce mil sellados (TR) Isacar, doce mil sellados (TR)
	8	Zabulón, doce mil sellados (TR) José, doce mil sellados (TR) Benjamín, doce mil sellados
	10:4	Sella las cosas que los siete truenos
	20:3	puso su sello sobre él
	22:10	No selles las palabras de la profecía

4973   σφραγίς — sfragís (sfraguís)

Ro	4:11	como sello de la justicia de la fe

740

1 Co	9:2	el sello de mi apostolado sois vosotros
2 Ti	2:19	teniendo este sello: Conoce el Señor
Ap	5:1	sellado con siete sellos
	2	¿Quién es digno de...desatar sus sellos?
	5	para...desatar sus siete sellos
	9	Digno eres...de abrir sus sellos
	6:1	uno de los sellos, (TR); (el primero de los siete sellos, VHA, WH, N, ABMW, VM, NC, BC, BA)
	3	Cuando abrió el segundo sello
	5	Cuando abrió el tercer sello
	7	Cuando abrió el cuarto sello
	9	Cuando abrió el quinto sello
	12	cuando abrió el sexto sello
	7:2	que...tenía el sello del Dios vivo;
	8:1	Cuando abrió el séptimo sello
	9:4	que no tuviesen el sello de Dios

4974   σφυδρόν*† — sfudrón o σφυρόν

Hch	3:7	se le afirmaron los pies y tobillos

4975   σχεδόν** — scedón (sjedón)

Hch	13:44	se juntó casi toda la ciudad
	19:26	sino en casi toda Asia, ha apartado
He	9:22	casi todo es purificado

4976   σχῆμα — scéma (sjéma)

1 Co	7:31	la apariencia de este mundo se pasa
Fil	2:7 (8)	estando en la condición de hombre (hallado en forma de hombre, BA)

4977   σχίζω — scízo (sjídzo)

Mt	27:51	el velo del templo se rasgó en dos, las rocas se partieron
Mr	1:10	vio abrirse los cielos,
	15:38	el velo del templo se rasgó en dos,
Lc	5:36	corta un pedazo...y lo pone (echa...un remiendo cortándolo, BC) (WH, N, ABMW, VHA, VM, BA); (pone un remiendo, NC, TR) rompe el nuevo (TR, NC, BA); (romperá..., VHA, WH, N, ABMW, VM, BC)
	23:45	el velo del templo se rasgó
Jn	19:24	No la partamos
	21:11	siendo tantos, la red no se rompió
Hch	14:4	la gente de la ciudad estaba dividida
	23:7	la asamblea se dividió

4978   σχίσμα* — scísma (sjísma)

Mt	9:16	se hace peor la rotura
Mr	2:21	se hace peor la rotura
Jn	7:43	disensión entre la gente a causa de él
	9:16	Y había disensión entre ellos
	10:19	disensión entre los judíos
1 Co	1:10	que no haya entre vosotros divisiones
	11:18	oigo que hay entre vosotros divisiones
	12:25	para que no haya desavenencia

4979   σχοινίον — scoiníon (sjoiníon)

Jn	2:15	haciendo un azote de cuerdas
Hch	27:32	cortaron las amarras del esquife

4980   σχολάζω — scoládzo (sjoládzo)

Mt	12:44	cuando llega, la halla desocupada
Lc	11:25	la halla barrida (TR, N, ABMW, VHA, VM, NC, BC, BA); (lit.,...desocupada, barrida, |WH|)

σχολή 4981

4981 σχολή — scolé (sjolé)
Hch 19:9 discutiendo cada día en la escuela

4982 σώζω — sózo (sódzo)
Mt 1:21 salvará a su pueblo de sus pecados.
 8:25 sálvanos, que perecemos
 9:21 Si tocare...seré salva
 22 tu fe te ha salvado
  la mujer fue salva
 10:22 éste será salvo
 14:30 ¡Señor, sálvame!
 16:25 el que quiera salvar su vida
 18:11 ha venido para salvar (TR, VM, NC, BC, BA
 19:25 ¿Quién, pues, podrá ser salvo?
 24:13 éste será salvo
 22 nadie sería salvo (ninguna carne..., VM)
 27:40 sálvate a ti mismo
 42 A otros salvó, a sí mismo no se puede salvar
 49 si viene Elías a librarle
Mr 3:4 ¿Es lícito...salvar la vida,
 5:23 para que sea salva
 28 Si tocare...seré salva.
 34 tu fe te ha hecho salva
 6:56 los que le tocaban quedaban sanos
 8:35 todo el que quiera salvar su vida,
  todo el que pierda...la salvará
 10:26 ¿Quién, pues, podrá ser salvo?
 52 tu fe te ha salvado
 13:13 éste será salvo
 20 nadie sería salvo; (ninguna carne..., VM)
 15:30 sálvate a ti mismo,
 31 A otros salvó, a sí mismo no se puede salvar
 16:16 [El que creyere...será salvo]
Lc 6:9 ¿salvar la vida, o quitarla?
 7:50 Tu fe te ha salvado,
 8:12 para que no...se salven
 36 cómo había sido salvado el endemoniado
 48 Hija, tu fe te ha salvado
 50 cree solamente, y será salva.
 9:24 todo el que quiera salvar su vida,
  éste la salvará
 56 sino para salvarlas. (TR, VM, BC)
 13:23 ¿son pocos los que se salvan?
 17:19 tu fe te ha salvado
 33 el que procure salvar su vida, (TR)
 18:26 ¿Quién, pues, podrá ser salvo?
 42 tu fe te ha salvado
 19:10 vino a buscar y a salvar
 23:35 A otros salvó; sálvese a sí mismo,
 37 Si tú eres el Rey...sálvate
 39 sálvate a ti mismo y a nosotros
Jn 3:17 para que el mundo sea salvo por él
 5:34 para que vosotros seáis salvos
 10:9 el que por mí entrare, será salvo
 11:12 Señor, si duerme, sanará
 12:27 ¿Padre, sálvame de esta hora?
 47 sino a salvar al mundo
Hch 2:21 aquel que invocare...será salvo
 40 Sed salvos de esta perversa generación
 47 los que habían de ser salvos
 4:9 éste haya sido sanado,
 12 en que podamos ser salvos
 11:14 palabras por las cuales serás salvo tú,
 14:9 viendo que tenía fe para ser sanado,
 15:1 no podéis ser salvos.

Hch 15:11 creemos que por la gracia...seremos salvos
 16:30 ¿que debo hacer para ser salvo?
 31 Cree en el Señor...y serás salvo,
 27:20 toda esperanza de salvarnos
 31 vosotros no podéis salvaros
Ro 5:9 por él seremos salvos de la ira.
 10 seremos salvos por su vida.
 8:24 en esperanza fuimos salvos
 9:27 el remanente será salvo
 10:9 si confesares ...y creyeres...serás salvo
 13 aquel que invocare...será salvo
 11:14 si en alguna manera pueda...hacer salvos
 26 todo Israel será salvo,
1 Co 1:18 a los que se salvan,...es poder
 21 agradó a Dios salvar a los creyentes
 3:15 si bien él mismo será salvo,
 5:5 a fin de que el espíritu sea salvo
 7:16 si quizá harás salvo a tu marido?
  si quizá harás salva a tu mujer?
 9:22 para que de todos modos salve a algunos
 10:33 para que sean salvos
 15:2 si retenéis...sois salvos,
2 Co 2:15 grato olor...en los que se salvan
Ef 2:5 por gracia sois salvos
 8 por gracia sois salvos
1 Ts 2:16 para que éstos se salven
2 Ts 2:10 la verdad para ser salvos
1 Ti 1:15 Cristo...vino al mundo para salvar
 2:4 quiere que todos los hombres sean salvos
 15 se salvará engendrando hijos, (...por la
  crianza de los hijos, NC)
 4:16 te salvarás a ti mismo
2 Ti 1:9 quien nos salvó y llamó con llamamiento
 4:18 me preservará para su reino
Tit 3:5 nos salvó, no por obras
He 5:7 al que le podía librar de la muerte,
 7:25 puede también salvar perpetuamente
Stg 1:21 la cual puede salvar vuestras almas
 2:14 ¿Podrá la fe salvarle?
 4:12 que puede salvar y perder
 5:15 la oración de fe salvará al enfermo,
 20 salvará de muerte
1 P 3:21 El bautismo...ahora nos salva
 4:18 Si el justo con dificultad se salva
Jud 5 el Señor, habiendo salvado al pueblo
 23 A otros salvad, arrebatándolos
Ap 21:24 las naciones que hubieren sido salvas (TR)

4983 σῶμα — sóma
Mt 5:29 no que todo tu cuerpo sea echado
 30 no que todo tu cuerpo
 6:22 La lámpara del cuerpo es el ojo
  todo tu cuerpo estará lleno de luz
 23 todo tu cuerpo estará en tinieblas
 25 ni por vuestro cuerpo
  ¿No es...el cuerpo más que el vestido?
 10:28 no temáis a los que matan el cuerpo
  el cuerpo en el Infierno
 14:12 tomaron el cuerpo y lo enterraron; (TR)
 26:12 este perfume sobre mi cuerpo
 26 esto es mi cuerpo
 27:52 muchos cuerpos de santos...se levantaron
 58 fue a Pilato y pidió el cuerpo
  que se le diese el cuerpo (TR)
 59 tomando José el cuerpo
Mr 5:29 sintió en el cuerpo que estaba sana
 14:8 se ha anticipado a ungir mi cuerpo
 22 Tomad, esto es mi cuerpo

Mr	15:43	pidió el **cuerpo** de Jesús.
	45	dio el **cuerpo** a José, (TR)
Lc	11:34	La lámpara del **cuerpo** es el ojo
		tu **cuerpo** está lleno de luz
		tu **cuerpo** está en tinieblas
	36	si todo tu **cuerpo** está lleno de luz
	12:4	No temáis a los que matan el **cuerpo**
	22	ni por el **cuerpo**, qué vestiréis
	23	el **cuerpo** que el vestido
	17:37	Donde estuviere el **cuerpo**, allí
	22:19	Esto es mi **cuerpo**
	23:52	pidió el **cuerpo** de Jesús
	55	vieron...cómo fue puesto su **cuerpo**
	24:3	no hallaron el **cuerpo** del Señor
	23	como no hallaron su **cuerpo**
Jn	2:21	él hablaba del templo de su **cuerpo**
	19:31	a fin de que los **cuerpos** no quedasen
	38	que le permitiese llevarse el **cuerpo**
		se llevó el **cuerpo** de Jesús. (TR, VM); (...su **cuerpo**, BC, WH, N, ABMW, NC); (...el **cuerpo**, VHA); (se lo llevó, BA)
	40	Tomaron, pues, el **cuerpo** de Jesús,
	20:12	donde el **cuerpo** de Jesús
Hch	9:40	volviéndose al **cuerpo**, dijo:
Ro	1:24	de modo que deshonraron...sus...**cuerpos**
	4:19	al considerar su **cuerpo**, (consideró su propio **cuerpo**, VHA)
	6:6	para que el **cuerpo** del pecado sea destruido
	12	en vuestro **cuerpo** mortal
	7:4	mediante el **cuerpo** de Cristo,
	24	¿quién me librará de este **cuerpo**
	8:10	el **cuerpo** en verdad está muerto
	11	vivificará también vuestros **cuerpos**
	13	si...hacéis morir las obras de la carne (...del **cuerpo**, BC)
	23	la redención de nuestro **cuerpo**.
	12:1	que presentéis vuestros **cuerpos**
	4	en un **cuerpo** tenemos muchos miembros
	5	somos un **cuerpo** en Cristo
1 Co	5:3	como ausente en **cuerpo**
	6:13	el **cuerpo** no es para la fornicación, el Señor para el **cuerpo**
	15	vuestros **cuerpos** son miembros de Cristo?
	16	es un **cuerpo** con ella?
	18	está fuera del **cuerpo** contra su propio **cuerpo** peca
	19	¿O ignoráis que vuestro **cuerpo** es
	20	glorificad,..a Dios en vuestro **cuerpo**
	7:4	no tiene potestad sobre su propio **cuerpo** tiene...potestad sobre su propio **cuerpo**
	34	para ser santa así en **cuerpo** como
	9:27	sino que golpeo mi **cuerpo**
	10:16	la comunión del **cuerpo** de Cristo?
	17	somos un **cuerpo**; pues
	11:24	comed; esto es mi **cuerpo**
	27	será culpado del **cuerpo**
	29	sin discernir el **cuerpo** (no haciendo distinción del **cuerpo**, VM)
	12:12	así como el **cuerpo** es uno, todos los miembros del **cuerpo** son un solo **cuerpo**, así
	13	fuimos...bautizados en un **cuerpo**
	14	el **cuerpo** no es un solo miembro,
	15	Si dijere:...no soy del **cuerpo** ¿por eso no será del **cuerpo**?
	16	si dijere...no soy del **cuerpo** ¿por eso no será del **cuerpo**?
	17	Si todo el **cuerpo** fuese ojo,
	18	cada uno de ellos en el **cuerpo**,
1 Co	12:19	¿dónde estaría el **cuerpo**?
	20	pero el **cuerpo** es uno solo
	22	los miembros del **cuerpo** que parecen
	23	a aquellos del **cuerpo** que nos parecen
	24	Dios ordenó el **cuerpo**
	25	que no haya desavenencia en el **cuerpo**
	27	sois el **cuerpo** de Cristo
	13:3	si entregase mi **cuerpo**
	15:35	¿Con qué **cuerpo** vendrán?
	37	lo que siembras no es el **cuerpo**
	38	pero Dios le da el **cuerpo** a cada semilla su propio **cuerpo**. (a cada una de las semillas..., BC)
	40	hay **cuerpos** celestiales, y **cuerpos** terrenales
	44	Se siembra **cuerpo** animal, (lit.,...**cuerpo** psíquico) resucitará **cuerpo** espiritual Hay **cuerpo** animal, (lit., Hay **cuerpo** psíquico) (TR, VM); (Si hay..., BA, WH, N, ABMW, VHA, NC, BC) hay **cuerpo** espiritual (TR, VM)
2 Co	4:10	llevando en el **cuerpo** siempre se manifieste en nuestros **cuerpos** (...**cuerpo**, VM)
	5:6	entre tanto que estamos en el **cuerpo**,
	8	estar ausentes del **cuerpo**
	10	mientras estaba en el **cuerpo** (lit., las cosas por medio del **cuerpo**)
	10:10	la presencia **corporal** débil, (...del **cuerpo**, BC)
	12:2	si en el **cuerpo**, no lo sé si fuera del **cuerpo**, no lo sé
	3	si en el **cuerpo**, o fuera del **cuerpo**
Gá	6:17	traigo en mi **cuerpo** las marcas
Ef	1:23	la cual es su **cuerpo**
	2:16	reconciliar...en un solo **cuerpo**
	4:4	un **cuerpo**, y un Espíritu,
	12	para la edificación del **cuerpo** de Cristo,
	16	de quien todo el **cuerpo**, bien concertado recibe su crecimiento (produce el crecimiento del **cuerpo**, VHA)
	5:23	la cual es su **cuerpo**, y él es su Salvador (lit., y él es el Salvador del **cuerpo**) (TR, NC); (siendo El mismo el Salvador del **cuerpo**, BA, WH, N, ABMW, VHA, VM, BC)
	28	amar...como a sus mismos **cuerpos**
	30	somos miembros de su **cuerpo**
Fil	1:20	será magnificado Cristo en mi **cuerpo**
	3:21	el cual transformará el **cuerpo** semejante al **cuerpo** de la gloria suya
Col	1:18	él es la cabeza del **cuerpo**
	22	en su **cuerpo** de carne, por medio de
	24	por su **cuerpo**, que es la iglesia
	2:11	el **cuerpo** pecaminoso carnal (lit., el **cuerpo** de los pecados de la carne) (TR); (del **cuerpo** de la carne, VM, WH, N, ABMW, VHA, NC, BC, BA)
	17	el **cuerpo** es de Cristo
	19	en virtud de quien todo el **cuerpo**
	23	en duro trato del **cuerpo**
	3:15	fuisteis llamados en un solo **cuerpo**
1 Ts	5:23	espíritu, alma y **cuerpo**
He	10:5	Mas me preparaste **cuerpo**
	10	mediante la ofrenda del **cuerpo**
	22	lavados los **cuerpos** (lit.,...el **cuerpo**...)
	13:3	que...vosotros mismos estáis en el **cuerpo**
	11	los **cuerpos**...son quemados
Stg	2:16	las cosas que son necesarias para el **cuerpo**

σωματικός 4984   743   4993 σωφρονέω

Stg	2:26	el **cuerpo** sin espíritu está muerto
	3:2	capaz...de refrenar todo el **cuerpo**
	3	dirigimos así todo su **cuerpo**
	6	contamina todo el **cuerpo**, (la cual contamina..., VM)
1 P	2:24	llevó...nuestros pecados en su **cuerpo**
Jud	9	disputando con él por el **cuerpo**
Ap	18:13	esclavos, almas de hombres. (**de cuerpos**, y almas..., BC)

4984   σωματικός** — somatikós

| Lc | 3:22 | el Espíritu Santo...en forma **corporal** |
| 1 Ti | 4:8 | el ejercicio **corporal** para poco |

4985   σωματικῶς* — somatikós

| Col | 2:9 | en él habita **corporalmente** toda la plenitud |

4986   Σώπατρος — Sópatros

| Hch | 20:4 | le acompañaron hasta Asia, **Sópater** (TR, VM, BC); (le acompañaban **Sópater**, VHA, WH, N, ABMW, NC, BA) |

4987   σωρεύω — soréuo

| Ro | 12:20 | ascuas de fuego **amontonarás** |
| 2 Ti | 3:6 | mujercillas **cargadas** de pecados, |

4988   Σωσθένης — Sosthénes

| Hch | 18:17 | de **Sóstenes**, principal de la sinagoga, |
| 1 Co | 1:1 | Pablo,...y el hermano **Sóstenes** |

4989   Σωσίπατρος — Sosípatros

| Ro | 16:21 | Os saludan...Jasón y **Sosípater**, |

4990   σωτήρ — sotér

Lc	1:47	se regocija en Dios mi **Salvador**
	2:11	os ha nacido hoy... un **Salvador**
Jn	4:42	éste es el **Salvador** del mundo
Hch	5:31	Dios ha exaltado...por Príncipe y **Salvador**
	13:23	Dios levantó a Jesús por **Salvador**
Ef	5:23	su cuerpo, y él es su **Salvador** (lit., El es el **Salvador** del cuerpo)
Fil	3:20	esperamos al **Salvador**, al Señor
1 Ti	1:1	de Dios nuestro **Salvador**
	2:3	delante de Dios nuestro **Salvador**
	4:10	Dios...es el **Salvador** de todos los hombres
2 Ti	1:10	de nuestro **Salvador** Jesucristo
Tit	1:3	de Dios nuestro **Salvador**
	4	Jesucristo nuestro **Salvador**
	2:10	de Dios nuestro **Salvador**.
	13	Dios y **Salvador** Jesucristo
	3:4	la bondad de Dios nuestro **Salvador**
	6	Jesucristo nuestro **Salvador**
2 P	1:1	de nuestro Dios y **Salvador** Jesucristo
	11	de nuestro Señor y **Salvador** Jesucristo
	2:20	del Señor y **Salvador** Jesucristo
	3:2	del mandamiento del Señor y **Salvador**
	18	de nuestro Señor y **Salvador** Jesucristo
1 Jn	4:14	al Hijo, el **Salvador** del mundo
Jud	25	al...sabio Dios, nuestro **Salvador**,

4991   σωτηρία — sotería

Lc	1:69	nos levantó un poderoso Salvador (...un cuerno de **salvación**, VM)
	71	**Salvación** de nuestros enemigos,
	77	Para dar conocimiento de **salvación**
	19:9	Hoy ha venido la **salvación** a esta casa;

Jn	4:22	la **salvación** viene de los judíos. (...de los judíos es, VM)
Hch	4:12	en ningún otro hay **salvación**
	7:25	que Dios les daría **libertad**
	13:26	es enviada la palabra de esta **salvación**
	47	A fin de que seas para **salvación**
	16:17	os anuncian el camino **de salvación**
	27:34	que comáis por vuestra **salud**; (que toméis alimento: porque esto es para vuestra **salud**, VM)
Ro	1:16	es poder de Dios para **salvación**
	10:1	el anhelo...es para **salvación**
	10	con la boca se confiesa para **salvación**
	11:11	por su transgresión vino la **salvación**
	13:11	está más cerca de nosotros nuestra **salvación**
2 Co	1:6	es para vuestra consolación y **salvación** es para vuestra consolación y **salvación** (TR)
	6:2	en día **de salvación** te he socorrido. He aquí ahora el día **de salvación**
	7:10	produce arrepentimiento para **salvación**
Ef	1:13	el evangelio de vuestra **salvación**
Fil	1:19	esto resultará en mi **liberación**
	28	para vosotros **de salvación**
	2:12	ocupaos en vuestra **salvación**
1 Ts	5:8	con la esperanza **de salvación**
	9	para alcanzar **salvación** (para la adquisición de la **salud**, BC)
2 Ts	2:13	os haya escogido...para **salvación**
2 Ti	2:10	para que...obtengan la **salvación** que es en
	3:15	hacer sabio para la **salvación**
He	1:14	los que serán herederos de la **salvación**
	2:3	si descuidamos una **salvación** tan grande?
	10	al autor de la **salvación** de ellos.
He	5:9	autor de eterna **salvación**
	6:9	que pertenecen **a la salvación**
	9:28	para salvar a los que le esperan. (a los que le esperan para su **salud**, BC)
	11:7	el arca en que su casa se salvase; (un arca para la **salvación** de su casa, VM)
1 P	1:5	la **salvación** que está preparada
	9	que es la **salvación** de vuestras almas
	10	indagaron acerca de esta **salvación**, (Respecto de la cual **salvación**, buscaron, VM)
	2:2	por ella crezcáis para **salvación**, (V60, WH, N, ABMW, VHA, VM, NC, BC, BA); (lit., por ella crezcáis, TR)
2 P	3:15	tened entendido que la paciencia de nuestro Señor es para **salvación** (tened por **salvación** la longanimidad de nuestro Señor, VHA)
Jud	3	acerca de nuestra común **salvación**
Ap	7:10	**salvación** pertenece a nuestro Dios
	12:10	Ahora ha venido la **salvación**,
	19:1	**Salvación** y honra y gloria

4992   σωτήριος — sotérios

Lc	2:30	han visto mis ojos tu **salvación**,
	3:6	verá toda carne la **salvación**
Hch	28:28	es enviada esta **salvación** de Dios
Ef	6:17	tomad el yelmo de la **salvación**
Tit	2:11	la gracia...se ha manifestado **para salvación** (la gracia salvadora..., VHA)

4993   σωφρονέω* — sofronéo

Mr	5:15	vestido y **en su juicio cabal**
Lc	8:35	sentado...y **en su cabal juicio**
Ro	12:3	que piense de sí con cordura (lit., que

		piense para **pensar** sobriamente)
2 Co	5:13	si **somos cuerdos**, es para vosotros.
Tit	2:6	a los jóvenes **a que sean prudentes**
1 P	4:7	**sed**, pues, **sobrios**, y velad

4994		σωφρονίζω** — sofroní̄zo (sofroní̄dzo)
Tit	2:4	**que enseñen** a las mujeres jóvenes

4995		σωφρονισμός*† — sofronismós
2 Ti	1:7	de poder,...y **de dominio propio**

4996		σωφρόνως** — sofrónos
Tit	2:12	vivamos...**sobria**, justa y piadosa**mente**

4997		σωφροσύνη** — sofrosúne
Hch	26:25	palabras de verdad y de **cordura**
1 Ti	2:9	con pudor y **modestia**
	15	en fe, amor...con **modestia**

4998		σώφρων** — sófron
1 Ti	3:2	sobrio, **prudente**, decoroso,
Tit	1:8	**sobrio**, justo, santo, dueño de sí mismo
	2:2	Que...sean sobrios, serios, **prudentes**
	5	**prudentes**, castas, cuidadosas de su casa,

T τ

4999		ταβέρναι*† — tabérnai
Hch	28:15	el Foro de Apio y las Tres **Tabernas**

5000		Ταβιθά — Tabithá o Ταβειθά
Hch	9:36	una discípula llamada **Tabita**
	40	**Tabita**, levántate.

5001		τάγμα — tágma
1 Co	15:23	cada uno en su debido **orden**

5002		τακτός — taktós
Hch	12:21	un día **señalado**, Herodes,

5003		ταλαιπωρέω — talaiporéo
Stg	4:9	**Afligíos**, y lamentad, y llorad.

5004		ταλαιπωρία — talaiporía
Ro	3:16	Quebranto y **desventura** hay
Stg	5:1	por las **miserias** que os vendrán

5005		ταλαίπωρος — taláiporos
Ro	7:24	¡**Miserable** de mí! (¡Oh hombre **infeliz** que soy!, VM)
Ap	3:17	que tú eres un **desventurado**, miserable

5006		ταλαντιαῖος* — talantiáios
Ap	16:21	como del peso de un **talento**

5007		τάλαντον — tálanton
Mt	18:24	uno que le debía diez mil **talentos**. (un deudor de diez mil **talentos**, BC)
	25:15	A uno dio cinco **talentos**
	16	el que había recibido cinco **talentos**

Mt	25:16	ganó otros cinco **talentos**. (TR, VM, BA)
	20	el que había recibido cinco **talentos** trajo otros cinco **talentos** cinco **talentos** me entregaste, he ganado otros cinco **talentos**
	22	el que había recibido dos **talentos** dos **talentos** me entregaste he ganado otros dos **talentos**
	24	el que había recibido un **talento**
	25	escondí̄ tu **talento**
	28	Quitadle, pues, el **talento**, al que tiene diez **talentos**

5008		ταλιθά — talithá o ταλειθά
Mr	5:41	**Talita** cumi; que traducido es

5009		ταμεῖον — taméion
Mt	6:6	entra en tu **aposento**
	24:26	está en los **aposentos**
Lc	12:3	habéis hablado al oído en los **aposentos**
	24	que ni tienen **despensa**, (lit., a los cuales no hay **despensa**)

3569		τανῦν — tanún
Hch	20:32	**ahora** hermanos, os encomiendo a Dios (TR)
	27:22	**ahora** os exhorto a tener buen ánimo (TR)

5010		τάξις — táxis
Lc	1:8	según el **orden** de su clase
1 Co	14:40	hágase todo decentemente y con **orden** (háganse todas las cosas..., VM)
Col	2:5	mirando vuestro **buen orden**
He	5:6	Según el **orden** de Melquisedec
	10	según el **orden** de Melquisedec.
	6:20	según el **orden** de Melquisedec.
	7:11	según el **orden** de Melquisedec, según el **orden** de Aarón?
	17	Según el **orden** de Melquisedec
	21	Según el **orden** de Melquisedec. (TR)

5011		ταπεινός — tapeinós
Mt	11:29	soy manso y **humilde** de corazón
Lc	1:52	exaltó a **los humildes**
Ro	12:16	asociándoos con los **humildes**
2 Co	7:6	Dios, que consuela a los **humildes**
	10:1	ciertamente soy **humilde**
Stg	1:9	El hermano que es de humilde condición
	4:6	y da gracia a los **humildes**
1 P	5:5	da gracia a los **humildes**

5012		ταπεινοφροσύνη*† — tapeinofrosúne
Hch	20:19	sirviendo al Señor con toda **humildad**
Ef	4:2	con toda **humildad** y mansedumbre
Fil	2:3	antes bien con **humildad**
Col	2:18	afectando **humildad** (complaciéndose en una **humildad**, VM)
	23	en **humildad** y en duro trato
	3:12	de **humildad**, de mansedumbre,
1 P	5:5	revestíos de **humildad**

5012 A		ταπεινόφρων† — tapeinófron
1 P	3:8	misericordioso, amigables; ((TR), (..., **humildes**, VHA, WH, N, ABMW, VM, NC, BC, BA)

ταπεινόω 5013

5013 ταπεινόω — tapeinóo
- Mt 18:4 Así que, cualquiera que se **humille**
- 23:12 el que se enaltece **será humillado** el que se humilla será enaltecido
- Lc 3:5 **se bajará** todo monte y collado
- 14:11 que se enaltece, **será humillado**; y el **que se humilla**
- 18:14 cualquiera... **será humillado** el **que se humilla**, será enaltecido.
- 2 Co 11:7 ¿Pequé yo **humillándome** a mí mismo,
- 12:21 **que...me humille** Dios entre vosotros,
- Fil 2:8 **se humilló** a sí mismo;
- 4:12 Sé **vivir humildemente** (Sé **estar humillado**, VM)
- Stg 4:10 **Humillaos** delante del Señor
- 1 P 5:6 **Humillaos**, pues, bajo la poderosa mano

5014 ταπείνωσις — tapéinosis
- Lc 1:48 ha mirado la **bajeza** de su sierva
- Hch 8:33 En su **humillación** no se le hizo justicia (lit.,...su justicia le fue quitada)
- Fil 3:21 el cuerpo de la **humillación** nuestra
- Stg 1:10 el que es rico, en su **humillación**

5015 ταράσσω — tarásso
- Mt 2:3 el rey Herodes **se turbó**
- 14:26 viéndolo andar sobre el mar, **se turbaron**
- Mr 6:50 todos le veían, y **se turbaron**
- Lc 1:12 **se turbó** Zacarías al verle
- 24:38 ¿Por qué estáis **turbados**
- Jn 5:4 **agitaba** el agua; (TR, [VHA], [VM], NC, BC, [BA])
- 7 cuando **se agita** el agua
- 11:33 se estremeció...y se **conmovió**
- 12:27 Ahora **está turbada** mi alma;
- 13:21 **se conmovió** en espíritu
- 14:1 No **se turbe** vuestro corazón
- 27 No **se turbe** vuestro corazón
- Hch 15:24 os **han inquietado** con palabras
- 17:8 **alborotaron** al pueblo y a las autoridades
- 13 alborotaron a las multitudes (lit., alborotando...) (TR); (incitando y turbando..., VM, WH, N, ABMW, VHA, NC, BC, BA)
- Gá 1:7 hay algunos **que os perturban**
- 5:10 el **que os perturba** llevará
- 1 P 3:14 ni **os conturbéis**

5016 ταραχή — taracé (tarajé)
- Mr 13:8 habrá hambres y **alborotos** (TR, VM)
- Jn 5:4 después del **movimiento** del agua, (TR, [VHA], [VM], NC, BC, [BA])

5017 τάραχος — táracos (tárajos)
- Hch 12:18 hubo no poco **alboroto**
- 19:23 Hubo...un **disturbio** no pequeño

5018 Ταρσεύς — Tarséus
- Hch 9:11 a uno llamado Saulo, **de Tarso**
- 21:39 soy hombre judío **de Tarso**,

5019 Ταρσός — Tarsós
- Hch 9:30 le enviaron a **Tarso**.
- 11:25 a **Tarso** para buscar a Saulo
- 22:3 nacido en **Tarso** de Cilicia,

745

5033 τάχιστα

5020 ταρταρόω*† — tartaróo
- 2 P 2:4 sino que **arrojándolos al infierno**

5021 τάσσω — tásso
- Mt 28:16 donde Jesús les había **ordenado**
- Lc 7:8 soy hombre **puesto** bajo autoridad
- Hch 13:48 todos los que estaban **ordenados**
- 15:2 **se dispuso** que subiesen Pablo (**determinaron**..., VM)
- 22:10 que **está ordenado** que hagas.
- 28:23 **habiéndole señalado** un día,
- Ro 13:1 por Dios han **sido establecidas**.
- 1 Co 16:15 y que ellos se **han dedicado**

5022 ταῦρος — táuros
- Mt 22:4 mis **toros** y animales engordados
- Hch 14:13 trajo **toros** y guirnaldas (trayendo..., VHA)
- He 9:13 si la sangre **de los toros**
- 10:4 la sangre **de los toros**

5027 ταφή — tafé
- Mt 27:7 para **sepultura** de los extranjeros

5028 τάφος — táfos
- Mt 23:27 sois semejantes a **sepulcros**
- 29 edificáis los **sepulcros** de los profetas
- 27:61 sentadas delante del **sepulcro**
- 64 que se asegure el **sepulcro**
- 66 aseguraron el **sepulcro**
- 28:1 a ver el **sepulcro**
- Ro 3:13 **Sepulcro** abierto es su garganta

5029 τάχα** — táca (tája)
- Ro 5:7 **pudiera ser que** alguno
- Flm 15 **quizás** para esto se apartó

5030 ταχέως — tacéos (tajéos)
- Lc 14:21 Vé **pronto** por las plazas
- 16:6 siéntate **pronto**, y escribe cincuenta. (lit., sentándose...)
- Jn 11:31 se había levantado **de prisa**
- 1 Co 4:19 iré **pronto** a vosotros
- Gá 1:6 Estoy maravillado de que tan **pronto**
- Fil 2:19 enviaros **pronto** a Timoteo
- 24 que yo también iré **pronto** a vosotros
- 2 Ts 2:2 no os dejéis mover **fácilmente**
- 1 Ti 5:22 No impongas **con ligereza** las manos
- 2 Ti 4:9 Procura venir **pronto** a verme,

5031 ταχινός — tacinós (tajinós)
- 2 P 1:14 en breve debo abandonar el cuerpo (lit., el abandono de mi tienda es **inminente**)
- 2:1 atrayendo...destrucción **repentina**.

5032 τάχιον** — tácion (tájion) o τάχειον
- Jn 13:27 Lo que vas a hacer, hazlo **más pronto**
- 20:4 el otro discípulo corrió **más aprisa**
- 1 Ti 3:14 de ir **pronto** a verte, (TR, N, ABMW)
- He 13:19 para que yo os sea restituido **más pronto**
- 23 si viniere **pronto**, iré a veros

5033 τάχιστα** — tácista (tájista)
- Hch 17:15 de que viniesen a él lo **más pronto**

5034 τάχος — tácos (tájos)

(1) ἐν τάχει

- Lc 18:8 (1) Os digo que **pronto** les hará justicia
- Hch 12:7 (1) diciendo: Levántate **pronto**
- 22:18 (1) Date prisa, y sal **prontamente**
- 25:4 (1) él mismo partiría **en breve**. (iba a partir... VM)
- Ro 16:20 (1) el Dios de paz aplastará **en breve**
- 1 Ti 3:14 (1) de ir **pronto** a verte, (WH)
- Ap 1:1 (1) las cosas, que deben suceder **pronto**
- 2:5 vendré **pronto** a ti, (S)
- 22:6 (1) las cosas que deben suceder **pronto**

5035 y 5036 ταχύς — tacús (tajús)

- Mt 5:25 de acuerdo con tu adversario **pronto**
- 28:7 id **pronto** y decid (marchando..., BC)
- 8 saliendo del sepulcro (yéndose a**prisa** del sepulcro, VHA)
- Mr 9:39 que **luego** pueda decir mal de mí
- 16:8 se fueron huyendo (saliendo...huyeron, VHA) (WH, N, ABMW, VM, NC, BC, BA) (lit., saliendo a**prisa**..., TR)
- Lc 15:22 Sacad el mejor vestido (TR); (Sacad **pronto**..., VHA, WH, N, ABMW, VM, NC, BC, BA)
- Jn 11:29 se levantó **de prisa** y vino
- Stg 1:19 sea **pronto** para oir
- Ap 2:5 si no, vendré **pronto** a ti (E)
- 16 si no, vendré a ti **pronto**
- 3:11 yo vengo **pronto**
- 11:14 el tercer ay viene **pronto**
- 22:7 ¡He aquí, vengo **pronto**!
- 12 He aquí yo vengo **pronto**
- 20 Ciertamente vengo **en breve**.

5038 τεῖχος — téicos (téijos)

- Hch 9:25 le bajaron por el **muro**,
- 2 Co 11:33 fui descolgado del **muro**,
- He 11:30 Por la fe cayeron los **muros**
- Ap 21:12 Tenía un **muro** grande (lit., teniendo...)
- 14 el **muro** de la ciudad
- 15 la ciudad, sus puertas y su **muro**
- 17 midió su **muro**,
- 18 El material de su **muro**
- 19 los cimientos del **muro** de la ciudad

5039 τεκμήριον** — tekmérion

- Hch 1:3 con muchas **pruebas indubitables**

5040 τεκνίον*† — tekníon

- Jn 13:33 **Hijitos** aún estaré con vosotros
- Gá 4:19 **Hijitos** míos, por quienes (TR, WH, ABMW, VM, BC)
- 1 Jn 2:1 **Hijitos** míos, estas cosas
- 12 Os escribo a vosotros, **hijitos**
- 28 ahora, **hijitos**, permaneced
- 3:7 **Hijitos**, nadie os engañe
- 18 **Hijitos** míos, no amemos (TR, BC); (**Hijitos**, no amemos, VHA, WH, N, ABMW, VM, NC, BA)
- 4:4 **Hijitos**, vosotros sois de Dios,
- 5:21 **Hijitos**, guardaos de los ídolos

5041 τεκνογονέω*† — teknogonéo

- 1 Ti 5:14 **críen** hijos, gobiernen su casa

5042 τεκνογονία*† — teknogonía

- 1 Ti 2:15 se salvará **engendrando hijos** (...por la **crianza de los hijos**, NC)

5043 τέκνον — téknon

- Mt 2:18 Raquel que llora a sus **hijos**
- 3:9 Dios puede levantar **hijos** a Abraham,
- 7:11 dar buenas dádivas a vuestros **hijos**
- 9:2 Ten ánimo, **hijo**; tus pecados
- 10:21 el padre **al hijo**; y **los hijos** se levantarán
- 11:19 es justificada por sus **hijos** (TR, VM, BC)
- 15:26 toman el pan de los **hijos**
- 18:25 y a su mujer e **hijos**
- 19:29 cualquiera que haya dejado... **hijos**
- 21:28 Un hombre tenía dos **hijos**, **Hijo**, vé hoy a trabajar en mi viña.
- 22:24 Si alguno muriere sin **hijos**, (...sin tener **hijos**, BC)
- 23:37 quise juntar a tus **hijos**
- 27:25 sobre nosotros, y sobre nuestros **hijos**
- Mr 2:5 **Hijo**, tus pecados te son perdonados
- 7:27 Deja primero que se sacien los **hijos** tomar el pan de los **hijos**
- 10:24 **Hijos**, icuán difícil le es entrar
- 29 que haya dejado....**hijos**,
- 30 hermanas, madres, **hijos**, y tierras
- 12:19 no dejare **hijos**, (TR, VM, NC); (...**hijo**, BA, WH, N, ABMW, VHA, BC)
- 13:12 y el padre **al hijo** y se levantarán **los hijos**
- Lc 1:7 no tenían **hijos**, (lit., no había hijo para ellos)
- 17 los corazones de los padres a **los hijos**
- 2:48 **Hijo**, ¿por qué nos has hecho así?
- 3:8 puede levantar **hijos** a Abraham
- 7:35 es justificada por todos sus **hijos**
- 11:13 sabéis dar...a vuestros **hijos**
- 13:34 quise juntar a tus **hijos**
- 14:26 e **hijos**, y hermanos, y hermanas
- 15:31 **Hijo**, tú siempre estás conmigo
- 16:25 **Hijo**, acuérdate que recibiste tus bienes
- 18:29 que haya dejado casa...o **hijos**
- 19:44 y a tus **hijos** dentro de ti
- 20:31 así todos los siete...sin dejar descendencia (...no dejaron **hijos**, VM)
- 23:28 llorad...por vuestros **hijos**
- Jn 1:12 de ser hechos **hijos** de Dios,
- 8:39 Si fueseis **hijos** de Abraham
- 11:52 para congregar...a los **hijos** de Dios
- Hch 2:39 para vosotros...y para vuestros **hijos**
- 7:5 cuando él aún no tenía **hijos**, (lit., no habiendo **hijo** para él)
- 13:33 (32) Dios ha cumplido a los **hijos** de ellos, a nosotros, (TR, VM); (...a nuestros **hijos**, VHA, WH, BA); (...en nosotros, sus **hijos**, NC, N, ABMW, BC)
- 21:5 con sus mujeres e **hijos**
- 21 que no circunciden a sus **hijos**
- Ro 8:16 de que somos **hijos** de Dios
- 17 si **hijos**, también herederos
- 21 a la libertad...de los **hijos** de Dios.
- 9:7 ni por ser...son todos **hijos**
- 8 no los que son **hijos** según la carne son los **hijos** de Dios, los que son **hijos** según la promesa
- 1 Co 4:14 como a **hijos** míos amados,
- 17 que es mi **hijo** amado
- 7:14 vuestros **hijos** serían inmundos
- 2 Co 6:13 como **a hijos** hablo

τεκνοτροφέω 5044   747   5053 τελευτάω

2 Co	12:14	no deben atesorar los hijos sino los padres para los hijos	He	9:11	el más amplio y **más perfecto** tabernáculo
Gá	4:19	Hijitos míos, por quienes (TR, WH, ABMW, VM, BC, BA); (**hijos** míos,..., VHA, N, NC)	Stg	1:4	tenga la paciencia su obra **completa** para que seáis **perfectos**
				17	Toda buena dádiva y todo don **perfecto**
	25	junto con sus **hijos**, está en esclavitud.		25	en la **perfecta** ley, la de la libertad,
	27	más son los **hijos** de la desolada,		3:2	éste es varón **perfecto**
	28	somos **hijos** de la promesa.	1 Jn	4:18	el **perfecto** amor echa fuera
	31	que no somos **hijos** de la esclava	**5047**		τελειώτης — teleiótes
Ef	2:3	éramos por naturaleza **hijos** de ira	Col	3:14	que es el vínculo perfecto. (...el vínculo de la **perfección**, VM)
	5:1	como **hijos** amados.			
	8	andad como **hijos** de luz	He	6:1	vamos adelante a la **perfección**
	6:1	**Hijos**, obedeced...a vuestros padres			
	4	no provoquéis a ira a vuestros **hijos**,	**5048**		τελειόω — teleióo
Fil	2:15	**hijos** de Dios sin mancha			
	22	que como **hijo** a padre ha servido	Lc	2:43	acabada la fiesta, (**cumplidos** los días, VHA)
Col	3:20	**Hijos**, obedeced a vuestros padres		13:32	al tercer día termino mi obra. (el tercer día **soy hecho perfecto**, VM)
	21	no exasperéis a vuestros **hijos**			
1 Ts	2:7	cuida con ternura a sus propios **hijos**	Jn	4:34	que **acabe** su obra
	11	como el padre a sus **hijos**		5:36	que el Padre me dio para que **cumpliese**
1 Ti	1:2	a Timoteo, verdadero **hijo** en la fe		17:4	he **acabado** la obra que me diste (TR, VM); (**habiendo terminado**..., BA, WH, N, ABMW, VHA, NC, BC)
	18	**hijo** Timoteo, te encargo,			
	3:4	que tenga a sus **hijos** en sujeción			
	12	que gobiernen bien sus **hijos**		23	para que sean **perfectos** en unidad,
	5:4	si alguna viuda tiene **hijos**		19:28	para que la Escritura **se cumpliese**
2 Ti	1:2	a Timoteo, amado **hijo**	Hch	20:24	con tal que **acabe** mi carrera
	2:1	Tú, pues, **hijo** mío,	2 Co	12:9	mi poder **se perfecciona** (TR)
Tit	1:4	a Tito, verdadero **hijo** en la común fe	Fil	3:12	ni que ya **sea perfecto**
	6	el que...tenga **hijos** creyentes	He	2:10	que...**perfeccionase** por aflicciones
Flm	10	te ruego por mi **hijo** Onésimo,		5:9	habiendo sido **perfeccionado**, vino a ser
1 P	1:14	como **hijos** obedientes, (como **hijos** de obediencia, VHA)		7:19	pues nada **perfeccionó** la ley
				28	hecho **perfecto** para siempre
	3:6	vosotras habéis venido a ser **hijas**,		9:9	que no pueden hacer **perfecto**
2 P	2:14	son **hijos** de maldición.		10:1	hacer **perfectos** a los que se acercan
1 Jn	3:1	para que seamos llamados **hijos** de Dios		14	hizo **perfectos** para siempre
	2	ahora somos **hijos** de Dios,		11:40	para que no **fuesen ellos perfeccionados**
	10	los **hijos** de Dios, y los **hijos** del diablo		12:23	de los justos **hechos perfectos**
	5:2	amamos a los **hijos** de Dios,	Stg	2:22	que la fe **se perfeccionó**
2 Jn	1	a la señora...y a sus **hijos**	1 Jn	2:5	el amor de Dios **se ha perfeccionado**
	4	he hallado a algunos de tus **hijos**		4:12	su amor **se ha perfeccionado** (...es **consumado**, VM)
	13	Los **hijos** de tu hermana...te saludan			
3 Jn	4	que mis **hijos** andan en la verdad		17	En esto **se ha perfeccionado** el amor
Ap	2:23	a sus **hijos** heriré de muerte,		18	no **ha sido perfeccionado** en el amor
	12:4	a fin de devorar a su **hijo**			
	5	su **hijo** fue arrebatado para Dios	**5049**		τελείως ** — teléios
			1 P	1:13	esperad **por completo** (esperad **cumplidamente**, VHA)
5044		τεκνοτροφέω* — teknotroféo			
1 Ti	5:10	si **ha criado hijos**	**5050**		τελείωσις — teléiosis
			Lc	1:45	se cumplirá lo que le fue dicho (lit., habrá **cumplimiento** para las cosas que le...)
5045		τέκτων — tékton			
Mt	13:55	¿No es éste el hijo del **carpintero**?	He	7:11	Si, pues, la **perfección** fuera
Mr	6:3	¿No es éste el **carpintero**			
			5051		τελειωτής *† — teleiotés
5046		τέλειος — téleios	He	12:2	el autor y **consumador** de la fe,
Mt	5:48	Sed, pues, vosotros **perfectos** como vuestro Padre...es **perfecto**			
			5052		τελεσφορέω** — telesforéo
Ro	19:21	Si quieres ser **perfecto**	Lc	8:14	no **llevan fruto**. (no **maduran fruto**, VM)
	12:2	la buena voluntad...agradable y **perfecta**			
1 Co	2:6	entre los que han alcanzado madurez (lit., entre los **maduros**)	**5053**		τελευτάω — teleutáo
	13:10	cuando venga lo **perfecto**	Mt	2:19	**después de muerto** Herodes
	14:20	pero **maduros** en el modo de pensar		9:18	Mi hija acaba de morir; (lit.,...ahora **murió**, VM)
Ef	4:13	a un varón **perfecto** (lit.,...**maduro**)		15:4	muera irremisiblemente. (lit., **que muera con la muerte**)
Fil	3:15	Así que, todos los que somos **perfectos**			
Col	1:28	a fin de presentar **perfecto** en Cristo		22:25	el primero...**murió**
	4:12	para que estéis firmes, **perfectos**	Mr	7:10	muera irremisiblemente. (lit. **que muera con la muerte**)
He	5:14	para los que han alcanzado madurez (**para los maduros**, BA)			

τελευτή 5054			748			5059 τέρας

Mr	9:44	el gusano de ellos no **muere**, (TR, VM, NC, BC, [BA])	Jn	13:1	los amó hasta **el fin**
	46	el gusano de ellos no **muere**, (TR, VM, NC, BC, BA)	Ro	6:21	el **fin** de ellas es muerte
				22	y como **fin**, la vida eterna.
	48	el gusano de ellos no **muere**		10:4	**el fin** de la ley es Cristo
Lc	7:2	estaba enfermo y a punto de **morir**		13:7	al que **tributo, tributo**
Jn	11:39	la hermana del **que había muerto**, (WH, N, ABMW)	1 Co	1:8	también os confirmará hasta **el fin**
				10:11	a quienes han alcanzado los **fines**
Hch	2:29	que **murió** y fue sepultado		15:24	Luego el **fin**, cuando entregue
	7:15	**murió** él, y también nuestros padres.	2 Co	1:13	espero que hasta el **fin** las entenderéis
He	11.22	Por la fe José, **al morir**		3:13	en el **fin** de aquello que había de ser abolido
				11:15	cuyo **fin** será conforme a sus obras.
5054		τελευτή — teleuté	Fil	3:19	el **fin** de los cuales será perdición,
Mt	2:15	estuvo allá hasta la **muerte**	1 Ts	2:16	vino...la ira hasta **el extremo**
			1 Ti	1:5	el **propósito** de este mandamiento
5055		τελέω — teléo	He	3:6	si retenemos firme hasta **el fin**
				14	con tal que retengamos firme hasta **el fin**
Mt	7:28	cuando **terminó** Jesús (WH, N, ABMW)		6:8	y su **fin** es el ser quemada.
	10:23	no **acabaréis** de recorrer todas las ciudades (no **acabaréis** con las ciudades, BC)		11	muestre...hasta **el fin**
				7:3	que ni tiene...**fin** de vida
	11:1	Cuando Jesús **terminó** de dar instrucciones	Stg	5:11	habéis visto el **fin** del Señor
	13:53	cuando **terminó** Jesus estas parábolas,	1 P	1:9	obteniendo el **fin** de vuestra fe,
	17:24	¿Vuestro Maestro no **paga** las dos dracmas?		3:8	(1) **Finalmente**, sed todos de un mismo sentir
	19:1	cuando Jesús **terminó** estas palabras,		4:7	el **fin** de todas las cosas se acerca
	26:1	Cuando **hubo acabado** Jesús todas estas		17	¿cuál será el **fin** de aquellos
Lc	2:39	Después de haber cumplido (como lo hubiesen cumplido, VM)	Ap	1:8	principio y **fin** (TR, VM)
				2:26	y guardare mis obras hasta **el fin**
	12:50	¡cómo me angustio hasta que **se cumpla!**		21:6	el principio y el **fin**
	18:31	**se cumplirán** todas las cosas		22:13	el principio y el **fin**
	22:37	es necesario **que se cumpla**			
Jn	19:28	que ya todo **estaba consumado**	**5057**		τελώνης* — telónes
	30	dijo: **Consumado es**	Mt	5:46	¿No hacen también...los **publicanos**?
Hch	13:29	habiendo cumplido todas las cosas (lit., cuando **hubieron terminado**...)		47	¿No hacen...así los gentiles? (V60, WH, N, ABMW, VHA, VM, NC, BC, BA);
Ro	2:27	el que...**guarda perfectamente** la ley			(lit.,...los **publicanos**?, TR)
	13:6	**pagáis** también los tributos		9:10	muchos **publicanos** y pecadores
2 Co	12:9	**Se perfecciona** en la debilidad (WH, N, ABMW)		11	¿Por qué come...con los **publicanos**
				10:3	Tomás, Mateo el **publicano**,
Gá	5:16	no satisfagáis los deseos de la carne (lit., no **cumpliréis** el deseo...)		11:19	amigo **de publicanos** y de pecadores
				18:17	tenle por gentil y **publicano** (sea para ti como..., VM)
2 Ti	4:7	**he acabado** la carrera		21:31	los **publicanos** y las rameras van delante
Stg	2:8	Si en verdad **cumplís** la ley real,		32	los **publicanos** y las rameras le creyeron
Ap	10:7	el misterio de Dios **se consumará**, (se consumó ya..., BC)	Mr	2:15	muchos **publicanos** y pecadores
				16	viéndole comer con los **publicanos** (al ver que comía..., BC)
	11:7	Cuando **hayan acabado** su testimonio			
	15:1	en ellas **se consumaba** la ira	Lc	3:12	Vinieron también unos **publicanos**
	8	hasta que **se hubiesen cumplido**		5:27	vio **a un publicano**
	17:17	hasta que **se cumplan** las palabras de Dios.		29	había mucha compañía **de publicanos**
	20:3	hasta que **fuesen cumplidos** mil años		30	¿Por qué coméis...con **publicanos**
	5	hasta que **se cumplieron** mil años.		7:29	todo el pueblo y los **publicanos**,
	7	Cuando los mil años **se cumplan**		34	amigo **de publicanos** y de pecadores.
				15:1	todos los **publicanos** y pecadores
5056		τέλος — télos		18:10	uno era fariseo, y el otro **publicano**
		(1) τὸ τέλος		11	ni aun como este **publicano**
Mt	10:22	el que persevere hasta **el fin**		13	Mas el **publicano**, estando lejos
	17:25	¿de quiénes cobran **los tributos**			
	24:6	pero aún no es el **fin**	**5058**		τελώνιον*† — telónion
	13	el que persevera hasta **el fin**	Mt	9:9	que estaba...al **banco de los tributos públicos**
	14	y entonces vendrá el **fin**			
	26:58	se sentó...para ver el **fin**	Mr	2:14	sentado al **banco de los tributos públicos**
Mr	3:26	ha llegado su **fin**. (tiene **fin**, VHA)	Lc	5:27	sentado al **banco de los tributos públicos**,
	13:7	pero aún no es el **fin**			
	13	el que persevere hasta **el fin,**	**5059**		τέρας — téras
Lc	1:33	su reino no tendrá **fin**. (de su reino no habrá **fin**, VM)	Mt	24:24	harán grandes señales y **prodigios**, (darán..., VM)
	18:5	no sea que viniendo de continuo (lit.,... viniendo hasta **el fin**)	Mr	13:22	harán señales y **prodigios**, (darán..., VM)
	21:9	el **fin** no será inmediatamente.	Jn	4:48	Si no viereis señales y **prodigios**
	22:37	tiene **cumplimiento**			

Τέρτιος 5060

Hch	2:19	daré **prodigios** arriba en el cielo
	22	con las maravillas, **prodigios** y señales
	43	muchas **maravillas** y señales
	4:30	señales y **prodigios** mediante el nombre
	5:12	se hacían muchas señales y **prodigios**
	6:8	hacía grandes **prodigios** y señales
	7:36	habiendo hecho **prodigios** y señales
	14:3	que se hiciesen...señales y **prodigios**
	15:12	cuán grandes señales y **maravillas**
Ro	15:19	con potencia de señales y **prodigios**
2 Co	12:12	por señales, **prodigios** y milagros
2 Ts	2:9	con gran poder y señales y **prodigios**
He	2:4	con señales y **prodigios**

5060   Τέρτιος — Tértios

Ro 16:22   Yo **Tercio**, que escribí la epístola

5061   Τέρτυλλος — Tértullos (Tértulos)

Hch 24:1   y un cierto orador llamado **Tértulo**
    2   **Tértulo** comenzó a acusarle

5062   τεσσαράκοντα — tessarákonta o τεσσεράκοντα

Mt	4:2	después de haber ayunado **cuarenta** días y **cuarenta** noches,
Mr	1:13	en el desierto **cuarenta** días
Lc	4:2	al desierto por **cuarenta** días,
Jn	2:20	En **cuarenta** y seis años fue edificado
Hch	1:3	apareciéndoseles durante **cuarenta** días
	4:22	tenía más de **cuarenta** años. (era de más de **cuarenta** años, VM)
	7:30	Pasados **cuarenta** años,
	36	en el desierto por **cuarenta** años
	42	En el desierto por **cuarenta** años
	13:21	les dio a Saúl...por **cuarenta** años
	23:13	Eran más **de cuarenta**
	21	más **de cuarenta** hombres de ellos
2 Co	11:24	**cuarenta** azotes menos uno
He	3:9	(10) vieron mis obras **cuarenta** años
	17	estuvo él disgustado **cuarenta** años?
Ap	7:4	ciento **cuarenta** y cuatro mil sellados
	11:2	ellos hollarán...**cuarenta** y dos meses
	13:5	para actuar **cuarenta** y dos meses
	14:1	con él ciento **cuarenta** y cuatro mil
	3	aquellos ciento **cuarenta** y cuatro mil
	21:17	ciento **cuarenta** y cuatro codos,

5063   τεσσαρακονταετής* — tessarakontaetés o τεσσερακονταετής

Hch 7:23   la edad **de cuarenta** años,
    13:18 por un tiempo como **de cuarenta** años

5064   τέσσαρες — tésseres

Mt	24:31	de los **cuatro** vientos
Mr	2:3	que era cargado por **cuatro**
	13:27	juntará...de los **cuatro** vientos,
Lc	2:37	era viuda hacía ochenta y **cuatro** años
Jn	11:17	halló que hacía ya **cuatro** días
	19:23	hicieron **cuatro** partes
Hch	10:11	que...de las **cuatro** puntas
	11:5	que por las **cuatro** puntas era bajado
	12:4	entregándole a **cuatro** grupos de cuatro
	21:9	Este tenía **cuatro** hijas (lit., a éste había...)
	23	Hay entre nosotros **cuatro** hombres
	27:29	echaron **cuatro** anclas por la popa, (habiendo echado..., BC)
Ap	4:4	había veinti**cuatro** tronos

Ap	4:4	en los tronos a veinti**cuatro** ancianos
	6	**cuatro** seres vivientes llenos de ojos
	8	los **cuatro** seres vivientes...cada uno
	10	los veinti**cuatro** ancianos se postran
	5:6	y de los **cuatro** seres vivientes,
	8	los **cuatro** seres vivientes y los veinti**cuatro**
	14	Los **cuatro** seres vivientes decían los veinti**cuatro** ancianos se postraron
	6:1	oí a uno de los **cuatro** seres vivientes
	6	de en medio de los **cuatro** seres vivientes
	7:1	vi a **cuatro** ángeles en pie sobre los **cuatro** ángulos de la tierra que detenían los **cuatro** vientos
	2	clamó a gran voz a los **cuatro** ángeles
	4	ciento cuarenta y **cuatro** mil sellados
	11	y de los **cuatro** seres vivientes
	9:13	de entre los **cuatro** cuernos (TR, N, NC, BC, BA)
	14	Desata a los **cuatro** ángeles
	15	fueron desatados los **cuatro** ángeles
	11:16	los veinti**cuatro** ancianos
	14:1	con él ciento cuarenta y **cuatro** mil
	3	delante de los **cuatro** seres vivientes sino aquellos ciento cuarenta y **cuatro** mil
	15:7	uno de los **cuatro** seres vivientes
	19:4	Y los veinti**cuatro** ancianos y los **cuatro**
	20:8	que están en los **cuatro** ángulos
	21:17	ciento cuarenta y **cuatro** codos

5065   τεσσαρεσκαιδέκατος — tessareskaidékatos

Hch 27:27 Venida la **decimocuarta** noche, (cuando hubo llegado..., VM)
    33   Este es el **decimocuarto** día (El **decimocuarto** día es hoy, BC)

5066   τεταρταῖος — tetartáios

Jn 11:39   hiede ya, porque es **de cuatro días**

5067   τέταρτος — tétartos

Mt	14:25	a la **cuarta** vigilia de la noche,
Mr	6:48	cerca de la **cuarta** vigilia de la noche
Hch	10:30	Hace **cuatro** días que a esta hora (lit., del **cuarto** día hasta esta hora)
Ap	4:7	el **cuarto** era semejante (el **cuarto** ser viviente, VHA)
	6:7	Cuando abrió el **cuarto** sello la voz del **cuarto** ser viviente
	8	sobre la **cuarta** parte de la tierra
	8:12	El **cuarto** ángel tocó la trompeta
	16:8	El **cuarto** ángel derramó (TR); (el **cuarto** derramó, VM, WH, N, ABMW, VHA, NC, BC, BA)
	21:19	el **cuarto**, esmeralda

τετρααρχέω, véase τετραρχέω. 5075. pág. 750
τετρααρχης, véase τετράρχης. 5076. pág. 750

5068   τετράγωνος — tetrágonos

Ap 21:16   La ciudad se halla establecida **en cuadro**

5069   τετράδιον*† — tetrádion

Hch 12:4   Entregándole a cuatro **grupos de cuatro**

5070   τετρακισχίλιοι — tetrakischílioi (tetrakisjílioi)

Mt 15:38   los que habían comido, **cuatro mil** hombres,

τετρακόσιοι 5071   750   5083 τηρέω

Mt 16:10 ¿Ni de los siete panes entre **cuatro mil**,
Mr 8:9 Eran...como **cuatro mil**
   20   los siete panes entre **cuatro mil**, (los siete entre los **cuatro mil**, VM)
Hch 21:38 los **cuatro mil** sicarios? (aquellos **cuatro mil** hombres de los asesinos?, VM)

5071   τετρακόσιοι — tetrakósioi

Hch 5:36 un número como de **cuatrocientos** hombres
    7:6   los maltratarían, por **cuatrocientos** años
   13:20 como por **cuatrocientos** cincuenta años,
Gá 3:17 **cuatrocientos** treinta años después,

5072   τετράμηνος — tetrámenos

Jn 4:35 Aún faltan **cuatro meses** (hay todavía **cuatro meses**, VM)

5073   τετραπλοῦς* — tetraplóus o τετραπλόος

Lc 19:8   se lo devuelvo **cuadruplicado**

5074   τετράπους — tetrápous

Hch 10:12 había de todos los **cuadrúpedos**
    11:6 consideré y vi **cuadrúpedos**
Ro 1:23 de aves, de **cuadrúpedos** y de reptiles

5075   τεταρχέω*† — tetarcéo (tetarjéo) o τεταραρχέω

Lc 3:1   siendo...Herodes **tetrarca** de Galilea,
          siendo...Felipe **tetrarca** de Iturea
          siendo...Lisanias **tetrarca** de Abilinia,

5076   τετράρχης* — tetrárces (tetrárjes) o τετραάρχης

Mt 14:1   Herodes el **tetrarca** oyó la fama
Lc 3:19 Herodes el **tetrarca**, siendo reprendido
    9:7   Herodes el **tetrarca** oyó
Hch 13:1 criado junto con Herodes el **tetrarca**,

5077   τεφρόω* — tefróo

2 P 2:6 **reduciéndo**las a ceniza

5078   τέχνη — técne (téjne)

Hch 17:29 escultura **de arte** y de imaginación
    18:3 el **oficio** de ellos era hacer tiendas (eran de **oficio** fabricantes de tiendas de campaña, BC)
Ap 18:22 ningún artífice de **oficio** alguno

5079   τεχνίτης — tecnítes (tejnítes)

Hch 19:24 daba no poca ganancia a los **artífices**
    38   si Demetrio y los **artífices**
He 11:10 cuyo **arquitecto** y constructor
Ap 18:22 ningún **artífice** de oficio alguno

5080   τήκω — téko

2 P 3:12 los elementos...**se fundirán**

5081   τηλαυγῶς* — telaugós

Mr 8:25 vio **de lejos y claramente** a todos.

5082   τηλικοῦτος** — telikóutos

2 Co 1:10 nos libró...de **tan gran muerte**
He 2:3   si descuidamos una salvación **tan grande**?
Stg 3:4   las naves; aunque **tan** grandes
Ap 16:18 un terremoto **tan grande** (lit., un terremoto tan poderoso, tan grande)

5083   τηρέω — teréo

Mt 19:17 **guarda** los mandamientos.
   23:3   todo lo que os digan que **guardéis**, (TR) **guardadlo** y hacedlo
   27:36 sentados le **guardaban** allí
      54 los que estaban con él **guardando** a Jesús
   28:4   de miedo de él los **guardas** temblaron
      20 que **guarden** todas las cosas
Mr 7:9   para **guardar** vuestra tradición
Jn 2:10 tú **has reservado** el buen vino
    8:51 el que **guarda** mi palabra (Si alguno..., VM)
    52   El que **guarda** mi palabra (Si alguno..., VM)
    55   **guardo** su palabra.
    9:16 no **guarda** el día de reposo.
   12:7   para el día...**ha guardado** esto. (TR, VHA, VM, NC, BC); (para que lo **guarde** para el día, BA, WH, N, ABMW)
   14:15 **guardad** mis mandamientos. (TR); (**guardaréis**..., VM, WH, N, ABMW, VHA, NC, BC, BA)
      21 El **que tiene**...y los **guarda**
      23 mi palabra **guardará**
      24 no **guarda** mis palabras
   15:10 Si **guardareis** mis mandamientos así como yo **he guardado**
      20 si **han guardado** mi palabra también **guardarán** la vuestra.
   17:6   **han guardado** tu palabra
      11 **guárda**los en tu nombre
      12 yo los **guardaba** en tu nombre
      15 sino que los **guardes** del mal.
Hch 12:5 Pedro estaba **custodiado** en la cárcel
       6 los guardas...**custodiaban** la cárcel
   15:5   mandarles que **guarden** la ley
      24 mandando...**guardar** la ley. (TR)
   16:23 mandando al carcelero que **los guardase**
   21:25 que no **guarden** nada de esto (TR)
   24:23 que **se custodiase** a Pablo, (TR, VHA, BA); (que le **guardase**, NC, WH, N, ABMW, VM, BC)
   25:4   que Pablo **estaba custodiado** en Cesarea,
      21 para que **se le reservase** mandé que **le custodiasen**
1 Co 7:37 **guardar** a su hija virgen
2 Co 11:9 en todo me **guardé** y me **guardaré** de seros gravoso.
Ef 4:3   solícitos en **guardar** la unidad
1 Ts 5:23 sea **guardado** irreprensible
1 Ti 5:22 **Consérvate** puro.
    6:14 que **guardes** el mandamiento
2 Ti 4:7 **he guardado** la fe.
Stg 1:27 **guardarse** sin mancha del mundo
    2:10 cualquiera que **guardare** toda la ley,
1 P 1:4   **reservada** en los cielos para vosotros
2 P 2:4   **para ser reservados** al juicio
     9   **reservar** a los injustos
    17   para los cuales...**está reservada**
    3:7   **guardados** para el fuego
1 Jn 2:3 si **guardamos** sus mandamientos.
      4   El que...no **guarda** sus mandamientos pero el que **guarda** su palabra
    3:22 porque **guardamos** sus mandamientos,
      24 el que **guarda** sus mandamientos
    5:2   **guardamos** sus mandamientos. (TR)
      3   que **guardemos** sus mandamientos
      18 pues Aquel...le **guarda**
Jud 1   **guardados** en Jesucristo

τήρησις 5084			5087 τίθημι	
Jud	6	los ángeles **que** no **guardaron** su dignidad	Lc 21:14	**Proponed** en vuestros corazones
		los **ha guardado** bajo oscuridad	22:41	**puesto** de rodillas oró
	13	para las cuales **está reservada**	23:53	lo **puso** en un sepulcro
	21	**conservaos** en el amor de Dios,	55	cómo **fue puesto** su cuerpo
Ap	1:3	los **que...guardan** las cosas	Jn 2:10	Todo hombre **sirve** primero
	2:26	Al **que...guardare** mis obras	10:11	el buen pastor su vida **da**
	3:3	**guárdalo**, y arrepiéntete	15	**pongo** mi vida por las ovejas.
	8	**has guardado** mi palabra,	17	porque yo **pongo** mi vida
	10	Por cuanto **has guardado** la palabra	18	sino que yo de mí mismo la **pongo**
		yo también te **guardaré** de la hora		Tengo poder **para ponerla**
	12:17	los **que guardan** los mandamientos	11:34	dijo: ¿Dónde le **pusisteis**?
	14:12	los **que guardan** los mandamientos	13:4	**se quitó** su manto (...los vestidos, NC)
	16:15	el **que** vela, y **guarda** sus ropas,	37	Mi vida **pondré** por ti
	22:7	Bienaventurado el **que guarda** las palabras	38	¿Tu vida **pondrás** por mí?
	9	de los **que guardan** las palabras	15:13	que uno **ponga** su vida por sus amigos.
			16	os he puesto para que vayáis
5084		τήρησις** — téresis	19:19	**puso** sobre la cruz
Hch	4:3	los pusieron en **la cárcel**	41	aún no **había sido puesto** ninguno (TR);
	5:18	y los pusieron en **la cárcel** pública		(aun no había sido **puesto** nadie, VHA)
1 Co	7:19	el **guardar** los mandamientos		(WH, N, ABMW)
		(la **observancia** de los..., VHA)	42	Allí, pues...**pusieron** a Jesús
			20:2	no sabemos dónde le **han puesto**
5085		Τιβεριάς — Tiberiás	13	no sé dónde le **han puesto**
Jn	6:1	al otro lado del mar...el de **Tiberias**	15	dime dónde lo **has puesto**
	23	otras barcas habían arribado de **Tiberias**	Hch 1:7	que el Padre **puso** en su sola potestad
	21:1	junto al mar de **Tiberias**	2:35	Hasta que **ponga** a tus enemigos
			3:2	a quien **ponían** cada día
5086		Τιβέριος — Tibérios	4:3	los **pusieron** en la cárcel
Lc	3:1	del imperio de **Tiberio** César,	35	lo **ponían** a los pies
			37	lo **puso** a los pies de los apóstoles
5087		τίθημι — títhemi	5:2	la **puso** a los pies de los apóstoles
Mt	5:15	Ni...**se pone** debajo de un almud, (Ni...la	4	**pusiste** esto en tu corazón? (lit.,...esta
		colocan, BC)		cosa...)
	12:18	**Pondré** mi Espíritu sobre él	15	tanto que...los **ponían** en camas
	14:3	le había...**metido** en la cárcel	18	los **pusieron** en la cárcel
	22:44	Hasta que **ponga** a tus enemigos	25	los varones que **pusisteis** en la cárcel
	24:51	**pondrá** su parte con los hipócritas	7:16	fueron...**puestos** en el sepulcro
	27:60	lo **puso** en su sepulcro nuevo,	60	**puesto** de rodillas, clamó a gran voz
Mr	4:21	para **ponerla** debajo del almud, (para que	9:37	Después de lavada, la **pusieron**
		sea **puesto...**, VM)	40	Pedro **se puso** de rodillas (...hincando las
		para **ponerla** en el candelero (para que		rodillas, BC)
		sea **puesta**... VM) (WH, N, ABMW)	12:4	le **puso** en la cárcel
	30	con qué parábola lo **compararemos**? (WH,	13:29	lo **pusieron** en el sepulcro.
		N, ABMW)	47	Te **he puesto** para luz de los gentiles,
	6:29	lo **pusieron** en un sepulcro.	19:21	Pablo **se propuso** en espíritu
	56	**ponían** en las calles	20:28	en que el Espíritu...os **ha puesto**
	8:25	le **puso** otra vez las manos (WH)	36	se **puso** de rodillas, y oró (**doblando** sus
	10:16	**poniendo** las manos sobre ellos		rodillas,..., BC)
	12:36	Hasta que **ponga** tus enemigos	21:5	**puestos** de rodillas en la playa, oramos
	15:19	**puestos** de rodillas	27:12	acordó zarpar (lit., **pusieron** consejo zarpar)
	46	lo **puso** en un sepulcro (WH, ABMW)	Ro 4:17	Te **he puesto** por padre de muchas gentes
	47	miraban dónde lo **ponían**. (...fue puesto,	9:33	He aquí **pongo** en Sion
		VM)	14:13	poner tropiezo u ocasión de caer
	16:6	el lugar en donde le pusieron	1 Co 3:10	yo...**puse** el fundamento
Lc	1:66	las **guardaban** en su corazón	11	nadie puede **poner** otro fundamento
	5:18	procuraban llevarle...y **ponerle**	9:18	presente gratuitamente el evangelio
	6:48	**puso** el fundamento sobre la roca	12:18	Dios **ha colocado** los miembros
	8:16	ni la **pone** debajo de la cama	28	a unos **puso** Dios en la iglesia,
		la **pone** en un candelero (WH, N, ABMW)	15:25	hasta que **haya puesto** a todos sus enemigos
	9:44	Haced que os penetren bien (**Poned**	16:2	**ponga** aparte algo,
		vosotros, VA)	2 Co 3:13	**ponía** un velo sobre su rostro,
	11:33	Nadie **pone** en oculto la luz	5:19	nos encargó a nosotros la palabra (lit.,
	12:46	le **pondrá** con los infieles. (**pondrá** su		**habiendo puesto** en nosotros...)
		suerte..., VHA)	1 Ts 5:9	no nos **ha puesto** Dios
	14:29	después que **haya puesto** el cimiento	1 Ti 1:12	**poniéndome** en el ministerio
	19:21	tomas lo que no **pusiste**	2:7	yo fui **constituido** predicador
	22	lo que no **puse**	2 Ti 1:11	yo fui **constituido** predicador
	20:43	Hasta que **ponga** a tus enemigos	He 1:2	•a quien **constituyó** heredero
			13	Hasta que **ponga** a tus enemigos

He	10:13	hasta que sus enemigos **sean puestos**	5092		τιμή – timé
1 P	2:6	He aquí, **pongo** en Sion	Mt	27:6	porque es **precio** de sangre,
	8	a lo cual **fueron** también **destinados**,		9	**precio** del apreciado
2 P	2:6	**poniéndolas** de ejemplo a los que habían de	Jn	4:44	el profeta no tiene **honra**
1 Jn	3:16	él **puso** su vida por nosotros	Hch	4:34	traían el **precio** de lo vendido (...los **valores**
		debemos **poner** nuestras vidas			de las cosas vendidas, VM)
Ap	1:17	**puso** su diestra sobre mí, (WH, N, ABMW)		5:2	sustrajo del **precio**
	10:2	**puso** su pie derecho sobre el mar,		3	del **precio** de la heredad?
	11:9	que sean sepultados (**que** sus cádaveres		7:16	que a **precio** de dinero compró Abraham
		sean puestos en sepulcro, BC)		19:19	hecha la cuenta de su **precio**, (lit., hicieron
					la cuenta de sus **valores**)
5088		τίκτω – tíkto		28:10	nos honraron con muchas **atenciones**;
Mt	1:21	**dará a luz** un hijo,			(...con muchos **honores**, VM)
	23	**dará a luz** un hijo,	Ro	2:7	a los que...buscan gloria y **honra**
	25	hasta que **dio a luz** a su hijo		10	pero gloria y **honra** y paz
	2:2	¿Dónde está el rey...**que ha nacido**?		9:21	un vaso para **honra**
Lc	1:31	**darás a luz** un hijo,		12:10	en cuanto a **honra**, prefiriéndoos
	57	el tiempo de su alumbramiento (...de		13:7	al que **honra**, **honra**
		dar a luz, VM)	1 Co	6:20	habéis sido comprados **por precio**
	2:6	los días de su alumbramiento (...en que		7:23	**Por precio** fuisteis comprados,
		había de dar a luz, VM)		12:23	a éstos vestimos más dignamente (a ésos
	7	**dio a luz** a su hijo primogénito			los cercamos de mayor **honor**, BC)
	11	que os **ha nacido** hoy,		24	dando más abundante **honor**
Jn	16:21	La mujer cuando **da a luz**	Col	2:23	no tienen **valor** alguno (lit., no con **valor**...)
Gá	4:27	oh estéril, tú **que** no **das a luz**	1 Ts	4:4	en santidad y **honor**
He	6:7	la tierra **que**...**produce** hierba	1 Ti	1:17	sea **honor** y gloria por los siglos
	11:11	**dio a luz** aun fuera del tiempo (TR)		5:17	sean tenidos por dignos de doble **honor**
Stg	1:15	después que ha concebido, **da a luz**		6:1	por dignos de todo **honor**,
Ap	12:2	en la angustia del alumbramiento		16	al cual sea la **honra** y el imperio
		(angustiada **para dar a luz**, VM)	2 Ti	2:20	unos son para usos honrosos, (unos para
	4	frente a la mujer que estaba para **dar a luz**			**honra**, VHA)
		tan pronto como **naciese**		21	será instrumento para **honra**
	5	**dio a luz** un hijo varón,	He	2:7	Le coronaste de gloria y de **honra**
	13	que **había dado a luz**		9	coronado de gloria y **de honra**
				3:3	tiene mayor **honra** que la casa
5089		τίλλω – tíllo (tílo)		5:4	nadie toma para sí esta **honra**
Mt	12:1	comenzaron a **arrancar** espigas	1 P	1:7	sea hallada en...gloria y **honra**
Mr	2:23	andando, comenzaron a **arrancar**, (lit.,		2:7	Para vosotros...él es precioso (Este **precioso**
		comenzaron a hacer un camino			**valor** es para vosotros, BA)
		arrancando)		3:7	dando **honor** a la mujer
Lc	6:1	sus discípulos **arrancaban** espigas	2 P	1:17	de Dios Padre **honra** y gloria
			Ap	4:9	dan gloria y **honra** (lit., darán...)
				11	de recibir la gloria y la **honra**
5090		Τιμαῖος – Timáios		5:12	la fortaleza, la **honra**, la gloria
Mr	10:46	el ciego, hijo de **Timeo**,		13	sea la alabanza, la **honra**
				7:12	la acción de gracias y la **honra**
5091		τιμάω – timáo		19:1	Salvación y **honra** y gloria (salud, gloria,
Mt	15:4	**Honra** a tu padre y a tu madre			**honor**, NC) (TR)
	6 (5)	ya no **ha de honrar** a su padre		21:24	traerán la gloria y **honor** a ella. (TR)
	8	Este pueblo de labios me **honra**		26	llevarán la gloria y la **honra**
	19:19	**Honra** a tu padre y a tu madre			
	27:9	precio del **apreciado**, según **precio** puesto	**5093**		τίμιος – tímios
		por los hijos de Israel	Hch	5:34	**venerado** de todo el pueblo,
Mr	7:6	Este pueblo de labios me **honra**		20:24	ni estimo **preciosa** mi vida
	10	**Honra** a tu padre y a tu madre	1 Co	3:12	oro, plata, piedras **preciosas**,
	10:19	**Honra** a tu padre y a tu madre	He	13:4	**Honroso** sea en todos el matrimonio
Lc	18:20	**honra** a tu padre y a tu madre	Stg	5:7	espera el **precioso** fruto de la tierra
Jn	5:23	para que todos **honren** al Hijo	1 P	1:7	mucho **más preciosa** que el oro (TR)
		como **honran** al Padre		19	con la sangre **preciosa** de Cristo
		El **que** no **honra** al Hijo, no **honra** al Padre	2 P	1:4	**preciosas** y grandísimas promesas
	8:49	antes **honro** a mi Padre	Ap	17:4	de piedras **preciosas** y de perlas. (lit., de
	12:26	mi Padre le **honrará**.			piedra **preciosa**...)
Hch	28:10	los cuales también nos **honraron**		18:12	de oro, de plata, de piedras **preciosas** (lit.,..,
Ef	6:2	**Honra** a tu padre y a tu madre			de piedra **preciosa**)
1 Ti	5:3	**Honra** a las viudas que en verdad			de todo objeto de madera **preciosa**
1 P	2:17	**Honrad** a todos.		16	de oro, de piedras **preciosas** (lit.,...de piedra
		Honrad al rey			**preciosa**)
				21:11	al de una piedra **preciosísima**,

Ap	21:19	con toda piedra preciosa,

5094 τιμιότης* — timiótes

Ap	18:19	se habían enriquecido de sus riquezas; (...por lo elevado de sus precios, BC)

5095 Τιμόθεος — Timótheos

Hch	16:1	cierto discípulo llamado Timoteo
	17:14	Silas y Timoteo se quedaron allí
	15	orden para Silas y Timoteo
	18:5	cuando Silas y Timoteo vinieron
	19:22	enviando a Macedonia a...Timoteo
	20:4	Gayo de Derbe, y Timoteo
Ro	16:21	Timoteo mi colaborador, y Lucio
1 Co	4:17	os he enviado a Timoteo,
	16:10	si llega Timoteo,
2 Co	1:1	Pablo...y el hermano Timoteo
	19	por mí, Silvano y Timoteo
Fil	1:1	Pablo y Timoteo, siervos de Jesucristo
	2:19	enviaros pronto a Timoteo
Col	1:1	Pablo...y el hermano Timoteo
1 Ts	1:1	Pablo, Silvano y Timoteo
	3:2	enviamos a Timoteo nuestro hermano
	6	cuando Timoteo volvió de vosotros
2 Ts	1:1	Pablo, Silvano y Timoteo
1 Ti	1:2	a Timoteo, verdadero hijo en la fe
	18	Este mandamiento, hijo Timoteo
	6:20	Oh Timoteo, guarda
2 Ti	1:2	a Timoteo, amado hijo
Flm	1	Pablo...y el hermano Timoteo
He	13:23	está en libertad nuestro hermano Timoteo

5096 Τίμων — Tímon

Hch	6:5	a Timón, a Parmenas,

5097 τιμωρέω — timoréo

Hch	22:5	para que fuesen castigados
	26:11	castigándolos en todas las sinagogas,

5098 τιμωρία — timoría

He	10:29	¿Cuánto mayor castigo (¿de cuánto peor castigo, BC)

5099 τίνω — tíno o τίω

2 Ts	1:9	los cuales sufrirán pena (...pagarán la pena, VHA)

5102 Véase abajo

5103 A Τίτιος — Títios

Hch	18:7	la casa de uno llamado Justo, (TR, VM); (...Ticio Justo, VHA, WH, N, ABMW, NC, BA); (...Tito Justo, BC)

5102 τίτλος**† — títlos

Jn	19:19	Escribió también Pilato un título
	20	leyeron este título

5103 Τίτος — Títos

2 Co	2:13	(12) por no haber hallado a ...Tito
	7:6	nos consoló con la venida de Tito
	13	nos gozamos por el gozo de Tito
	14	también nuestro gloriarnos con Tito
	8:6	de manera que exhortamos a Tito
	16	que puso en el corazón de Tito
	23	En cuanto a Tito, es mi compañero
	12:18	Rogué a Tito, y envié con él ¿Os engañó acaso Tito?

Gá	2:1	llevando también conmigo a Tito,
	3	ni aun Tito, que estaba conmigo
2 Ti	4:10	fue...Tito a Dalmacia
Tit	1:4	a Tito, verdadero hijo

5103A Véase después de 5099

5105 τοιγαροῦν — toigaróun

1 Ts	4:8	Así que, el que desecha esto,
He	12:1	Por tanto, nosotros también teniendo

5106 τοίνυν — tóinun

Lc	20:25	Pues dad a César lo que es de
1 Co	9:26	Así que, yo de esta manera corro
He	13:13	Salgamos, pues, a él, fuera
Stg	2:24	Vosotros veis, pues, que el hombre (TR, NC)

5107 τοιόσδε — toiósde

2 P	1:17	cuando...le fue enviada...una voz (cuando una tal voz fué a él enviada, VA)

5108 τοιοῦτος — toióutos

Mt	9:8	que había dado tal potestad
	18:5	cualquiera que reciba...a un niño como este
	19:14	de los tales es el reino
Mr	4:33	Con muchas parábolas como estas
	6:2	estos milagros que por (tales milagros..., VHA)
	7:8	hacéis otras muchas cosas semejantes (lit.,... semejantes a tales) (TR, VM)
	13	muchas cosas...semejantes a estas
	9:37	a un niño como este (a uno de los tales niñitos, VM)
	10:14	porque de los tales es el reino
	13:19	cual nunca ha habido desde (tal como no ha habido semejante, VHA)
Lc	9:9	de quien oigo tales cosas?
	13:2	padecieron tales cosas (TR)
	18:16	de los tales es el reino de Dios
Jn	4:23	tales adoradores busca que le adoren
	8:5	[apedrear a tales mujeres]
	9:16	¿Cómo puede...hacer estas señales? (...tales milagros?, VM)
Hch	16:24	recibido este mandato, (recibida tal orden, VHA)
	19:25	los obreros del mismo oficio (lit., los obreros en tales cosas)
	21:25	que no guarden nada de esto (lit.,...nada tal) (TR)
	22:22	Quita de la tierra a tal hombre,
	26:29	fueseis hechos tales cual yo soy
Ro	1:32	los que practican tales cosas
	2:2	contra los que practican tales cosas
	3	tú que juzgas a los que tal hacen (...que practican tales cosas, VHA)
	16:18	tales personas no sirven
1 Co	5:1	tal fornicación cual ni aun se nombra
	5	el tal sea entregado a Satanás (entregar a ese tal..., BC)
	11	con el tal ni aun comáis,
	7:15	en semejante caso, (en tales casos, VM)
	28	los tales tendrán aflicción
	11:16	nosotros no tenemos tal costumbre,
	15:48	Cual el terrenal, tales también tales también los celestiales.
	16:16	que os sujetéis a personas como ellos, (...a tales personas, VHA)
	18	reconoced, pues, a tales personas

τοῖχος 5109

2 Co	2:6	Le basta a **tal** persona
	7	para que no sea consumido. (no sea que quizás el **tal**..., VM)
	3:4	**tal** confianza tenemos
	12	Así que, teniendo **tal** esperanza
	10:11	Esto tenga en cuenta **tal** persona lo seremos también en hechos, (**tales** seremos también en obra, VM)
	11:13	éstos son falsos apóstoles (**los tales** son..., VM)
	12:2	fue arrebatado (el **tal** fue arrebatado, VHA)
	3	conozco al **tal** hombre
	5	De **tal hombre** me gloriaré
Gá	5:21	los que practican **tales cosas**
	23	contra **tales cosas** no hay ley
	6:1	restauradle con espíritu (restaurad al **tal** en espíritu, VM)
Ef	5:27	ni arruga ni cosa semejante, (lit., ni nada de **tales cosas**)
Fil	2:29	tened en estima a los que son como él (a los **tales**..., VM)
2 Ts	3:12	A los **tales** mandamos
1 Ti	6:5	apártate de los **tales**. (TR, [BA])
Tit	3:11	sabiendo que al **tal** se ha pervertido,
Flm	9	siendo como soy, (siendo **tal** como soy, VM)
He	7:26	**tal** sumo sacerdote nos convenía
	8:1	tenemos **tal** sumo sacerdote
	11:14	los que esto dicen, (los que **tales cosas** dicen, VM)
	12:3	a aquel que sufrió **tal** contradicción
	13:16	de **tales** sacrificios se agrada
Stg	4:16	Toda jactancia **semejante** es mala
3 Jn	8	debemos acoger a **tales personas**,

5109   τοῖχος — tóicos (tóijos)

Hch 23:3   **pared** blanqueada!

5110   τόκος — tókos

Mt	25:27	lo que es mío con **los intereses** (...el **interés**, VHA)
Lc	19:23	lo hubiera recibido con **los intereses** (lo hubiera demandado con **el interés**, VHA)

5111   τολμάω — tolmáo

Mt	22:46	ni **osó** alguno desde aquel día
Mr	12:34	ya ninguno **osaba** preguntarle.
	15:43	entró osadamente a Pilato, (cobrando **osadía** entró..., BC)
Lc	20:40	no **osaron** preguntarle nada más.
Jn	21:12	ninguno de los discípulos **se atrevía**
Hch	5:13	ninguno **se atrevía** a juntarse
	7:32	no **se atrevía** a mirar
Ro	5:7	que alguno **osara** morir
	15:18	Porque no **osaría** hablar
1 Co	6:1	¿**Osa** alguno de vosotros,
2 Co	10:2	aquella osadía con que estoy dispuesto a proceder resueltamente (aquella confianza con que pienso **mostrar** me **osado**, VHA)
	12	no **nos atrevemos** a contarnos
	11:21	Pero en lo que otro **tenga osadía** también yo **tengo osadía**
Fil	1:14	**se atreven** mucho más a hablar
Jud	9	no **se atrevió** a proferir juicio

5112   τολμηροτέρως* — tolmerotéros o
        τολμηρότερον

Ro	15:15	os he escrito...**en parte con atrevimiento** (...**con más atrevimiento**, VHA)

5113   τολμητής* — tolmetés

2 P   2:10   **Atrevidos** y contumaces, no temen

5114   τομός* — tomós

He   4:12   **más cortante** que toda espada

5115   τόξον — tóxon

Ap   6:2   tenía **un arco**; (lit., teniendo...)

5116   τοπάζιον — topázion (topádzion)

Ap   21:20   el noveno, **topacio**

5117   τόπος — tópos

Mt	12:43	anda por **lugares** secos,
	14:13	se apartó...a un **lugar** desierto
	15	El **lugar** es desierto,
	35	los hombres de aquel **lugar**
	24:7	terremotos en diferentes **lugares**
	15	en el **lugar** santo la abominación
	26:52	Vuelve tu espada a su **lugar**
	27:33	cuando llegaron a un **lugar** **Lugar** de la Calavera
	28:6	ved el **lugar** donde fue puesto
Mr	1:35	se fue a un **lugar** desierto
	45	fuera en los **lugares** desiertos
	6:11	si en algún **lugar** no os recibieren (si algún **lugar** no os recibiere, VHA) (WH, N, ABMW, VM, NC, BC, BA); (lit., tantos que no os recibieren, TR)
	31	Venid vosotros aparte a un **lugar**
	32	se fueron...a un **lugar** desierto
	35	El **lugar** es desierto,
	13:8	habrá terremotos en muchos **lugares**
	15:22	le llevaron a un **lugar** **Lugar** de la Calavera
	16:6	mirad el **lugar** en donde le pusieron
Lc	2:7	no había **lugar** para ellos
	4:17	halló el **lugar** donde estaba escrito
	37	se difundía por todos los **lugares**
	42	se fue a un **lugar** desierto
	6:17	se detuvo en un **lugar** llano,
	9:10	se retiró aparte, a un **lugar** desierto (TR, VM, NC)
	12	aquí estamos en **lugar** desierto
	10:1	delante de él a toda ciudad y **lugar**
	32	llegando cerca de aquel **lugar**
	11:1	orando en un **lugar**
	24	anda por **lugares** secos,
	14:9	Da **lugar** a éste a ocupar el último **lugar**
	10	siéntate en el último **lugar**
	22	se ha hecho...y aún hay **lugar**
	16:28	este **lugar** de tormento
	19:5	Cuando Jesús llegó a aquel **lugar**
	21:11	y en diferentes **lugares** hambres
	22:40	Cuando llegó a aquel **lugar**
	23:33	cuando llegaron al **lugar** llamado
Jn	4:20	que en Jerusalén es el **lugar**
	5:13	de la gente que estaba en aquel **lugar**
	6:10	había mucha hierba en aquel **lugar**
	23	junto al **lugar** donde habían comido
	10:40	al **lugar** donde primero había estado
	11:6	se quedó dos días más en el **lugar**
	30	estaba en el **lugar** donde Marta

	τοσοῦτος 5118		5119 τότε

			WH, N, ABMW, VM, NC, BC, BA)
Jn	11:48	destruirán nuestro lugar santo (nos quitarán nuestro lugar, BA)	
			Ap 20:11 ningún lugar se encontró
	14:2	voy, pues, a preparar lugar	
	3	si me fuere y os preparare lugar	5118 τοσοῦτος − tosóutos
	18:2	conocía aquel lugar	Mt 8:10 ni aun en Israel he hallado tanta fe
	19:13	en el lugar llamado el Enlosado	15:33 tantos panes en el desierto
	17	salió al lugar llamado de la Calavera	para saciar una multitud tan grande?
	20	el lugar donde Jesús fue crucificado	Lc 7:9 ni aun en Israel he hallado tanta fe.
	41	en el lugar donde había sido crucificado	15:29 tantos años te sirvo
	20:7	enrollado en un lugar aparte	Jn 6:9 ¿qué es esto para tantos?
	25	mi dedo en el lugar de los clavos (V60, N, VHA, NC, BC, BA)	12:37 a pesar de que había hecho tantas señales
Hch	1:25	la parte de este ministerio (TR); (el lugar en este ministerio, VM, WH, N, ABMW, VHA, NC, BC, BA)	14:9 ¿Tanto tiempo hace que estoy
			21:11 aun siendo tantos, la red no se rompió
			Hch 5:8 ¿vendisteis en tanto la heredad? (si vendisteis..., VM)
		para irse a su propio lugar	ella dijo: Sí, en tanto.
	4:31	el lugar en que estaban congregados	1 Co 14:10 Tantas clases de idiomas hay
	6:13	contra este lugar santo	Gá 3:4 ¿Tantas cosas habéis padecido
	14	Jesús de Nazaret destruirá este lugar	He 1:4 hecho tanto superior a los ángeles,
	7:7	me servirán en este lugar	4:7 después de tanto tiempo,
	33	porque el lugar en que estás	7:22 Por tanto, Jesús es hecho fiador
	49	¿O cuál es el lugar de mi reposo?	10:25 tanto más, cuanto veis
	12:17	se fue a otro lugar	12:1 teniendo en derredor nuestro tan grande
	16:3	los judíos que había en aquellos lugares	Ap 18:7 tanto dadle de tormento
	21:28	contra el pueblo, la ley y este lugar	16 (17) han sido consumidas tantas riquezas, (fué desolada tanta riqueza, VHA)
		ha profanado este santo lugar	
	25:16	pueda defenderse (lit., haya recibido lugar de defensa)	21:16 su longitud es igual a su anchura (V60, WH, N, ABMW, VHA, VM, BA); (su longitud es tanta cuanta es su anchura, BC, TR, NC)
	27:2	que iba a tocar los puertos de Asia (lit., que iba a navegar por los lugares por Asia, TR) (VM); (lit., que iba a navegar para los lugares por Asia) (WH, N, ABMW, VHA, NC, BC, BA)	
			5119 τότε − tóte
	8	llegamos a un lugar...Buenos Puertos	Mt 2:7 Entonces Herodes, llamando
	29	temiendo dar en escollos (lit., temiendo que tal vez fueran a caer en lugares escabrosos, TR) (VHA, VM, NC); (lit., temiendo que alguna parte cayéramos en lugares escabrosos, WH, N, ABMW, BC, BA)	16 Herodes entonces, cuando se vio
			17 Entonces se cumplió lo que fue dicho
			3:5 salía a él Jerusalén, (Entonces salía a él..., VHA)
			13 Entonces Jesús vino de Galilea
			15 Entonces le dejó
	41	dando en un lugar de dos aguas	4:1 Entonces Jesús fue llevado
	28:7	En aquellos lugares había propiedades (En los contornos de aquel lugar..., VHA)	5 Entonces el diablo le llevó
			10 Entonces Jesús le dijo:
Ro	9:26	en el lugar donde se les dijo	11 El diablo entonces le dejó
	12:19	dejad lugar a la ira	17 Desde entonces comenzó Jesús
	15:23	no teniendo más campo (no teniendo ya lugar, VM)	5:24 entonces...presenta tu ofrenda
			7:5 entonces verás bien para sacar
1 Co	1:2	con todos los que en cualquier lugar	23 entonces les declararé: Nunca
	14:16	el que ocupa lugar de simple oyente, (...del indocto, VM)	8:26 Entonces, levantándose, reprendió
			9:6 dice entonces al paralítico
2 Co	2:14	en todo lugar el olor de su conocimiento	14 Entonces vinieron a él los discípulos
Ef	4:27	ni deis lugar al diablo.	15 entonces ayunarán
1 Ts	1:8	en todo lugar vuestra fe	29 Entonces les tocó los ojos
1 Ti	2:8	que los hombres oren en todo lugar	37 Entonces dijo a sus discípulos
He	8:7	no se hubiera procurado lugar	11:20 Entonces comenzó a reconvenir
	11:8	obedeció para salir al lugar	12:13 Entonces dijo a aquel hombre
	12:17	y no hubo oportunidad (pues no halló lugar, VHA)	22 Entonces fue traído a él (TR, N, ABMW, VHA, VM, BC); (...le trajeron, BA, WH, NC)
2 P	1:19	antorcha que alumbra en lugar oscuro	29 entonces podrá saquear su casa. (...saqueará..., VM)
Ap	2:5	quitaré tu candelero de su lugar	
	6:14	se removió de su lugar. (fueron traspasados de sus lugares, VM)	38 Entonces respondieron (TR, BC); (...le respondieron, BA, WH, N, ABMW, VHA, VM, NC)
	12:6	donde tiene lugar preparado	
	8	ni se halló ya lugar para ellos	44 Entonces dice: Volveré
	14	al desierto, a su lugar	45 Entonces va, y toma consigo
	16:16	los reunió en el lugar	13:26 entonces apareció también la cizaña
	18:17	todos los que viajan en naves (lit., toda la compañía en las naves) (TR); (todo el que navega con cualquier rumbo, VHA,	36 Entonces, despedida la gente, (...dejando las multitudes, VM)

τότε 5119   5119 τότε

Mt	13:43	Entonces los justos resplandecerán	Mr	13:14	entonces los que estén en Judea huyan
	15:1	Entonces se acercaron a Jesús		21	Entonces si alguno os dijere
	12	Entonces acercándose sus discípulos,		26	Entonces verán al Hijo del Hombre
	28	Entonces respondiendo Jesús		27	entonces enviará sus ángeles,
	16:12	Entonces entendieron	Lc	5:35	entonces, en aquellos días ayunarán
	20	Entonces mandó a sus discípulos		6:42	entonces verás bien para sacar
	21	Desde entonces comenzó Jesús		11:26	Entonces va, y toma otros siete
	24	Entonces Jesús dijo a sus discípulos		13:26	Entonces comenzaréis a decir
	27	entonces pagará a cada uno		14:9	entonces comiences con vergüenza
	17:13	Entonces los discípulos comprendieron		10	entonces tendrás gloria (lit.,...habrá gloria para ti)
	19	Viniendo entonces los discípulos			
	18:21	Entonces se le acercó Pedro (...llegándose, VHA)		21	Entonces enojado el padre de familia,
				16:16	desde entonces el reino de Dios
	32	Entonces, llamándole su señor		21:10	Entonces les dijo: Se levantará
	19:13	Entonces le fueron presentados unos niños		20	sabed entonces que su destrucción
	27	Entonces respondiendo Pedro.		21	Entonces los que estén en Judea, huyan
	20:20	Entonces se le acercó la madre		27	Entonces verán al Hijo del Hombre
	21:1	Jesús envió dos discípulos (Jesús envió entonces..., VHA)		23:30	Entonces comenzarán a decir
				24:45	Entonces les abrió el entendimiento
	22:8	Entonces dijo a sus siervos	Jn	2:10	entonces el inferior (TR)
	13	Entonces el rey dijo		7:10	entonces él también subió
	15	Entonces se fueron los fariseos (...saliendo.. VM)		8:28	entonces conoceréis que yo soy,
				10:22	Celebrábase en Jerusalén (TR, VM)
	21	Y les dijo: (Entonces les dijo, VHA)			(Celebrábase entonces..., VHA, WH, N, ABMW, NC, BC, BA)
	23:1	Entonces habló Jesús			
	24:9	Entonces os entregarán a tribulación		11:6	se quedó dos días más (por entonces quedó..., BC)
	10	Muchos tropezarán entonces			
	14	entonces vendrá el fin.		14	Entonces Jesús les dijo claramente: (Entonces, por tanto,..., VM)
	16	entonces los que estén en Judea			
	21	habrá entonces gran tribulación		12:16	entonces se acordaron
	23	Entonces, si alguno os dijere		13:27	Satanás entró en él (entonces mismo... entró..., VM)
	30	Entonces aparecerá la señal			
		entonces lamentarán todas las tribus		19:1	entonces tomó Pilato a Jesús,
	40	Entonces estarán dos en el campo		16	Así que entonces lo entregó a ellos
	25:1	Entonces el reino de los cielos		20:8	Entonces entró (Entonces, pues, entró, BC)
	7	Entonces todas aquellas vírgenes	Hch	1:12	Entonces volvieron a Jerusalén
	31	entonces se sentará en su trono		4:8	Entonces Pedro, lleno del Espíritu Santo,
	34	Entonces el Rey dirá		5:26	Entonces fue el jefe de la guardia (Entonces, marchando..., BC)
	37	Entonces los justos le responderán			
	41	Entonces dirá también		6:11	Entonces sobornaron a unos (...sobornaron hombres, VHA)
	44	Entonces...responderán diciendo			
	45	Entonces les responderá diciendo		7:4	Entonces salió de la tierra (...saliendo..., VM)
	26:3	Entonces los principales sacerdotes			
	14	Entonces uno de los doce		8:17	Entonces les imponían las manos,
	16	desde entonces buscaba oportunidad		10:47 (46)	Entonces respondió Pedro
	31	Entonces Jesús les dijo		48	Entonces le rogaron que se quedase
	36	Entonces llegó Jesús con ellos		13:3	Entonces, habiendo ayunado
	38	Entonces Jesús les dijo		12	Entonces el procónsul, viendo
	45	Entonces vino a sus discípulos		15:22	Entonces pareció bien a los apóstoles
	50	Entonces se acercaron (...acercándose, BC)		17:14	inmediatamente los hermanos enviaron (Entonces, en el acto,... VM)
	52	Entonces Jesús le dijo			
	56	Entonces todos los discípulos		21:13	Entonces Pablo respondió (WH, N, ABMW, VHA, VM, NC, BC, BA); (lit., Pero..., TR)
	65	Entonces el sumo sacerdote			
	67	Entonces le escupieron en el rostro			
	74	Entonces él comenzó a maldecir		26	Entonces Pablo tomó consigo (...tomando consigo, BC)
	27:3	Entonces Judas, el que le había entregado			
	9	Así se cumplió lo dicho, (Entonces se cumplió..., VHA)		33	Entonces, llegando el tribuno,
				23:9	Entonces Pablo le dijo
	13	Pilato entonces le dijo:		25:12	Entonces Festo,..., respondió
	16	tenían entonces un preso famoso		26:1	Pablo entonces, extendiendo
	26	Entonces les soltó a Barrabás		27:21	Entonces Pablo,...puesto en pie
	27	Entonces los soldados del gobernador		32	Entonces los soldados cortaron
	38	Entonces crucificaron con él		28:1	Estando ya a salvo, supimos que (puestos en salvo, supimos entonces que, BC) (WH, N, ABMW, VHA, VM, NC, BA); (lit.,... entonces supieron que, TR)
	58	Entonces Pilato mandó			
	28:10	Entonces Jesús les dijo:			
Mr	2:20	entonces...ayunarán			
	3:27	entonces podrá saquear su casa. (...saqueará..., VHA)	Ro	6:21	¿Pero qué fruto teníais (¿Qué fruto pues teníais entonces, VM)

τουναντίον 5121		5140 τρεῖς

1 Co	4:5	**entonces** cada uno recibirá (...le vendrá a cada uno la alabanza, BC)
	13:10	**entonces** lo que es en parte (TR, VHA)
	12	mas **entonces**...cara a cara. **entonces** conoceré como fui conocido.
	15:28	**entonces** también el Hijo mismo
	54	**entonces** se cumplirá la palabra
	16:2	para que...no se recojan **entonces**
2 Co	12:10	**entonces** soy fuerte.
Gá	4:8	en otro tiempo, no conociendo a Dios,
	29	como **entonces** el que había nacido
	6:4	**entonces** tendrá motivo de gloriarse sólo
Col	3:4	**entonces** vosotros también
1 Ts	5:3	**entonces** vendrá sobre ellos destrucción
2 Ts	2:8	**entonces** se manifestará aquel inicuo
He	9:17	no es válido entre tanto (**nunca**...es firme, NC) (WH)
	10:7	**Entonces** dije: He aquí que vengo
	9	diciendo luego: (**entonces** ha dicho, VHA)
	12:26	conmovió **entonces** la tierra,
2 P	3:6	el mundo de **entonces** pereció anegado

5121 τουναντίον – tounantion

2 Co	2:7	**al contrario**, vosotros más bien debéis
Gá	2:7	Antes **por el contrario**, como vieron
1 P	3:9	**por el contrario**, bendiciendo

5122 τοὔνομα – tóunoma

| Mt | 27:57 | vino un hombre rico...**llamado** José |

5131 τράγος – trágos

He	9:12	no por sangre **de machos cabríos**
	13	si la sangre...**de los machos cabríos**
	19	la sangre...**de los machos cabríos**
	10:4	la sangre...**de los machos cabríos**

5132 τράπεζα – trápeza (trápedza)

Mt	15:27	que caen de la **mesa** de sus amos
	21:12	volcó las **mesas** de los cambistas,
Mr	7:28	aun los perrillos, debajo de la **mesa**
	11:15	volcó las **mesas** de los cambistas,
Lc	16:21	que caían de la **mesa** del rico
	19:23	no pusiste mi dinero en el **banco**
	22:21	está conmigo en la **mesa**
	30	para que comáis y bebáis a mi **mesa**
Jn	2:15	volcó las **mesas**
Hch	6:2	para servir a **las mesas**
	16:34	les puso **la mesa**
Ro	11:9	Sea vuelto su convite en trampa, (Tórnese su **mesa**, VHA)
1 Co	10:21	participar **de la mesa** del Señor **de la mesa** de los demonios
He	9:2	la **mesa** y los panes de la proposición. (...la exposición de los panes, BC)

5133 τραπεζίτης* – trapezítes (trapedzítes) o τραπεξείτης

| Mt | 25:27 | mi dinero a los **banqueros** |

5134 τραῦμα – tráuma

| Lc | 10:34 | vendó sus **heridas** |

5135 τραυματίζω – traumatízo (traumatídzo)

| Lc | 20:12 | a éste echaron fuera, **herido**. (después de **herirle**, le echaron, BC) |
| Hch | 19:16 | huyeron...**desnudos** y **heridos** |

5136 τραχηλίζω* – tracelízo (trajelídzo)

| He | 4:13 | están desnudas y **abiertas** |

5137 τράχηλος – trácelos (trájelos)

Mt	18:6	que se le colgase al **cuello**
Mr	9:42	si se le atase...al **cuello**
Lc	15:20	se echó sobre su **cuello**
	17:2	que se le atase al **cuello**
Hch	15:10	sobre la **cerviz** de los discípulos un yugo
	20:37	echándose al **cuello** de Pablo,
Ro	16:4	expusieron su vida (lit., expusieron su propio **cuello**)

5138 τραχύς – tracús (trajús)

| Lc | 3:5 | los caminos ásperos allanados; (las...**ásperas** en caminos llanos, VM) |
| Hch | 27:29 | temiendo dar en escollos, (lit., temiendo que tal vez fueran a caer en lugares **escabrosos**, TR, VHA, VM, NC); (lit.,... que fuéramos a caer en alguna parte entre lugares **escabrosos**, WH, N, ABMW, BC, BA) |

5139 Τραχωνῖτις – Traconítis (Trajonítis)

| Lc | 3:1 | de la provincia de **Traconite**, |

5140 τρεῖς – tréis

Mt	12:40	en el vientre...**tres** días y **tres** noches en el corazón...**tres** días y **tres** noches.
	13:33	escondió en **tres** medidas de harina,
	15:32	ya hace **tres** días que están conmigo
	17:4	hagamos aquí **tres** enramadas
	18:16	para que en boca de dos o **tres** testigos
	20	donde están dos o **tres** congregados
	26:61	en **tres** días reedificarlo.
	27:40	que...en **tres** días lo reedificas,
	63	Después de **tres** días resucitaré.
Mr	8:2	ya hace **tres** días que están conmigo,
	31	resucitar después de **tres** días
	9:5	hagamos **tres** enramadas,
	31	resucitará al tercer día (TR, VHA); (después de **tres** días..., VM, WH, N, ABMW, NC, BC, BA)
	10:34	al tercer día resucitará. (TR); (después de **tres** días..., VM, WH, N, ABMW, VHA, NC, BC, BA)
	14:58	en **tres** días edificaré otro
	15:29	que...en **tres** días lo reedificas,
Lc	1:56	con ella como **tres** meses;
	2:46	aconteció que **tres** días después
	4:25	cuando el cielo fue cerrado por **tres** años
	9:33	hagamos **tres** enramadas,
	10:36	¿Quién, pues, de estos **tres** te parece
	11:5	Amigo, préstame **tres** panes,
	12:52	**tres** contra dos, y dos contra **tres**
	13:7	hace **tres** años que vengo
	21	escondió en **tres** medidas de harina,
Jn	2:6	de las cuales cabían dos o **tres** cántaros
	19	en **tres** días lo levantaré
	20	¿y tú en **tres** días lo levantarás?
	21:11	de grandes peces, ciento cincuenta y **tres**
Hch	5:7	un lapso como de **tres** horas,
	7:20	fue criado **tres** meses en casa
	9:9	estuvo **tres** días sin ver,
	10:19	**tres** hombres te buscan. (TR, VM, BC, BA)
	11:11	luego llegaron **tres** hombres
	17:2	por **tres** días de reposo discutió

Hch	19:8	por espacio de tres meses, discutiendo	Jn	20:4	Corrían los dos juntos	
	20:3	Después de haber estado allí tres meses, (lit., habiendo hecho...)	Ro	9:16	del que quiere, ni del que corre	
			1 Co	9:24	¿No sabéis que los que corren todos a la verdad corren	
	25:1	subió...a Jerusalén tres días después			Corred de tal manera	
	28:7	y hospedó solícitamente tres días		26	Así que, yo de esta manera corro	
	11	Pasados tres meses, (Después de tres meses, VHA)	Gá	2:2	para no correr o haber corrido (no fuera que tal vez yo corriese o hubiese corrido, VHA)	
	12	estuvimos allí tres días.				
	15	el Foro de Apio y las Tres Tabernas				
	17	Aconteció que tres días después		5:7	Vosotros corríais bien	
1 Co	10:8	cayeron en un día veintitrés mil. (WH, N, ABMW)	Fil	2:16	de que no he corrido en vano,	
			2 Ts	3:1	para que la palabra del Señor corra	
	13:13	estos tres; pero el mayor	He	12:1	corramos con paciencia la carrera	
	14:27	o a lo más tres, y por turno	Ap	9:9	de caballos corriendo a la batalla	
	29	los profetas hablen dos o tres				
2 Co	13:1	Por boca de dos o tres testigos	5169		τρῆμα* – tréma	
Gá	1:18	Después pasados tres años, (Entonces, tres años después, BA)	Mt	19:24	por el ojo de una aguja, (WH, N)	
			Lc	18:25	por el ojo de una aguja, (WH, N, ABMW)	
1 Ti	5:19	sino con dos o tres testigos.				
He	10:28	por el testimonio de dos o de tres testigos (lit., por causa de dos...)	5144		τριάκοντα – triákonta	
			Mt	13:8	y cuál a treinta por uno.	
Stg	5:17	no llovió sobre la tierra por tres años		23	y a treinta por uno.	
1 Jn	5:7	tres son los que dan testimonio y estos tres son uno. (TR, [VM], [BA])		26:15	le asignaron treinta piezas de plata.	
				27:3	devolvió...las treinta piezas de plata	
	8	tres son los que dan testimonio (TR, [VM], [BA]) estos tres concuerdan. (lit., los tres están para una cosa)		9	tomaron las treinta piezas de plata	
			Mr	4:8	produjo a treinta, a sesenta	
				20	dan fruto a treinta, a sesenta	
Ap	6:6	seis libras de cebada (tres cuartos de..., BC)	Lc	3:23	era como de treinta años,	
	8:13	que están para sonar los tres ángeles	Jn	5:5	que hacía treinta y ocho años (lit., que tenía...)	
	9:18	Por estas tres plagas fue muerta (lit.,... fueron muertos)		6:19	como veinticinco o treinta estadios,	
	11:9	sus cadáveres por tres días y medio,	Gá	3:17	cuatrocientos treinta años después,	
	11	después de tres días y medio entró	5145		τριακόσιοι – triakósioi	
	16:13	tres espíritus inmundos a manera de ranas	Mr	14:5	por más de trescientos denarios	
	19	fue dividida en tres partes	Jn	12:5	¿Por qué no fue...vendido por trescientos	
	21:13	al oriente tres puertas				
		al norte tres puertas	5146		τρίβολος – tríbolos	
		al sur tres puertas	Mt	7:16	o higos de los abrojos	
		al occidente tres puertas	He	6:8	pero la que produce espinos y abrojos	
5141		τρέμω – trémo	5147		τρίβος – tríbos	
Mr	5:33	Entonces la mujer temiendo y temblando	Mt	3:3	Enderezad sus sendas	
Lc	8:47	la mujer...vino temblando	Mr	1:3	Enderezad sus sendas	
Hch	9:6	El, temblando y temeroso, dijo (TR, [VM])	Lc	3:4	Enderezad sus sendas	
2 P	2:10	no temen decir mal de las potestades				
5142		τρέφω – tréfo	5148		τριετία* – trietía	
Mt	6:26	vuestro Padre celestial las alimenta	Hch	20:31	por tres años, de noche y de día,	
	25:37	te vimos hambriento, y te sustentamos	5149		τρίζω** – trizo (trídzo)	
Lc	4:16	donde se había criado	Mr	9:18	cruje los dientes, y se va secando	
	12:24	Dios los alimenta.				
	23:29	los pechos que no criaron. (WH, N, ABMW)	5150		τρίμηνος – trímenos	
Hch	12:20	porque...era abastecido por el del rey.	He	11:23	fue escondido...por tres meses,	
Stg	5:5	habéis engordado vuestros corazones	5151		τρίς – trís	
Ap	12:6	para que allí la sustenten			(1) ἐπὶ τρίς	
	14	donde es sustentada por un tiempo,	Mt	26:34	me negarás tres veces	
5143		τρέχω – tréco (tréjo)		75	me negarás tres veces	
Mt	27:48	corriendo uno de ellos,	Mr	14:30	me negarás tres veces	
	28:8	fueron corriendo a dar las nuevas		72	me negarás tres veces	
Mr	5:6	corrió, y se arrodilló ante él.	Lc	22:34	antes que tú niegues tres veces	
	15:36	Y corrió uno, y empapando		61	me negarás tres veces	
Lc	15:20	corrió, y se echó sobre su cuello, (corriendo...echóse,...)	Jn	13:38	sin que me hayas negado tres veces (ante que me..., VHA)	
	24:12	corrió al sepulcro; (TR, [WH], [ABMW], VHA, VM, NC, BC, [BA])	Hch	10:16	(1) Esto se hizo tres veces	
Jn	20:2	Entonces corrió, y fue a Simón,				

τρίστεγον 5152		759		5160 τροφή

Hch 11:10 (1) esto se hizo **tres veces**
2 Co 11:25 **Tres veces** he sido azotado con varas
          tres veces he padecido naufragio
   12:8   **tres veces** he rogado al Señor,

5152   τρίστεγον** — trístegon
Hch 20:9   cayó del **tercer piso** abajo,

5153   τρισχίλιοι — triscílioi (trisjílioi)
Hch 2:41   como **tres mil** personas
5154 *Vease abajo*
5154 A   τρίτον — tríton
Mr 14:41   Vino la **tercera vez**, y les dijo:
Lc 23:22   El les dijo por **tercera vez**
Jn 21:14   Esta era ya la **tercera vez**:
      17   Le dijo la **tercera vez**
           de que le dijese la **tercera vez**
1 Co 12:28 lo **tercero** maestros,
2 Co 12:14 por **tercera vez** estoy preparado (esta
           tercera vez,...VHA)
   13:1   Esta es la **tercera vez** que voy

5154   τρίτος — trítos
Mt 16:21   y resucitar al **tercer** día
   17:23 mas al **tercer** día resucitará.
   20:3   Saliendo cerca de la hora **tercera**
      19 al **tercer** día resucitará. (...será resucitado, VM)
   22:26 el segundo, y el **tercero**
   26:44 oró por **tercera vez**, diciendo
   27:64 que se asegure...hasta el **tercer** día
Mr 9:31 resucitará al **tercer** día. (TR, VHA)
   10:34 mas al **tercer** día resucitará. (TR)
   12:21 el **tercero**, de la misma manera.
   15:25 Era la hora **tercera**
Lc 9:22 resucite al **tercer** día. (se levante..., VHA)
   12:38 aunque venga a la **tercera** vigilia,
   13:32 al **tercer** día termino mi obra. (...soy hecho perfecto, VM)
   18:33 al **tercer** día resucitará.
   20:12 Volvió a enviar un **tercer** siervo; (...un **tercero**, VHA)
      31 La tomó el **tercero**
   24:7   resucite al **tercer** día
      21 hoy es ya el **tercer** día (TR, BA); (éste es..., VM, WH, N, ABMW, VHA, NC, BC)
      46 y resucitase...al **tercer** día
Jn 2:1   Al **tercer** día se hicieron unas bodas
Hch 2:15 es la hora **tercera** del día
   10:40 A éste levantó Dios al **tercer** día
   23:23 para la hora **tercera** de la noche
   27:19 al **tercer** día con nuestras propias manos
1 Co 15:4 resucitó al **tercer** día, (fué resucitado..., VM
2 Co 12:2 arrebatado hasta el **tercer** cielo
Ap 4:7   el **tercer** tenía rostro (lit., el **tercer** ser viviente teniendo...)
    6:5   Cuando abrió el **tercer** sello
           oí al **tercer** ser viviente
    8:7   la **tercera parte** de la tierra (VM, WH, N, ABMW, VHA, NC, BC, BA)
           la **tercera parte** de los árboles
      8   la **tercera parte** del mar
      9   la **tercera parte** de los seres vivientes
           la **tercera parte** de las naves
     10   El **tercer** ángel tocó la trompeta
           cayó sobre la **tercera parte** de los ríos
     11   la **tercera parte** de las aguas

Ap 8:12 fue herida la **tercera parte** del sol
           la **tercera parte** de la luna
           la **tercera parte** de las estrellas
           para que se oscureciese la **tercera parte**
           no hubiese luz en la **tercera parte** del día
           (el día no resplandeciese en su **tercera parte**, VM)
    9:15 a la **tercera parte** de los hombres.
     18   fue muerta la **tercera parte**
   11:14 he aquí, el **tercer** ay viene pronto.
   12:4   arrastraba la **tercera parte** de las estrellas
   14:9   el **tercer** ángel los siguió (TR, VHA, NC); (otro **tercer** ángel..., BC, WH, N, ABMW, VM, BA)
   16:4   El **tercer** ángel derramó (TR); (el **tercero**..., VM, WH, N, ABMW, VHA, NC, BC, BA)
   21:19 el **tercero** ágata; (...calcedonia, VHA)
5154A *Véase arriba*
5155   τρίχινος — trícinos (tríjinos)
Ap 6:12 como tela de **cilicio**,

5156   τρόμος — trómos
Mr 16:8   porque me había tomado **temblor**
1Co 2:3   con...mucho temor y **temblor**
2 Co 7:15 de cómo lo recibisteis con...**temblor**.
Ef 6:5   obedeced...con temor y **temblor**
Fil 2:12 ocupaos...con temor y **temblor**,

5157   τροπή — tropé
Stg 1:17 ni sombra **de variación**.

5158   τρόπος — trópos
          (1) ὃν τρόπον
Mt 23:37 (1) **como** la gallina junta sus polluelos
Lc 13:34 (1) **como** la gallina a sus polluelos (...a su pollada, BC)
Hch 1:11 (1) así vendrá, **como** le habéis visto
    7:28 (1) **como** mataste ayer al egipcio?
   15:11 (1) seremos salvos, de igual **modo**
   27:25 (1) que será así **como** se me ha dicho
Ro 3:2   Mucho, en todas **maneras** (lit.,...en toda forma)
Fil 1:18 Que no obstante, de todas **maneras**, (...De cualquier **manera**, NC)
2 Ts 2:3 Nadie os engañe en ninguna **manera**
    3:16 os dé siempre paz en toda **manera**
1 Ti 3:8 (1) **de la manera** que Janes
He 13:5 Sean vuestras **costumbres** sin avaricia, (Sea vuestro **comportamiento**..., VHA)
Jud 7   las cuales de la misma **manera**

5159   τροποφορέω† — tropoforéo
Hch 13:18 los **soportó** en el desierto; (WH, N, ABMW)
5159A *Véase después de 5162, pág. 760*
5160   τροφή — trofé
Mt 3:4   su **comida** era langostas
    6:25 ¿No es la vida más **que** el **alimento**
   10:10 el obrero es digno de su **alimento**
   24:45 para que les dé el **alimento**
Lc 12:23 La vida es más **que** la **comida**
Jn 4:8   a comprar de comer. (a comprar **provisiones**, BC)
Hch 2:46 comían juntos con alegría (tomaban el **alimento**..., VM)
    9:19 habiendo tomado **alimento**
   14:17 llenando de **sustento** y de alegría
   27:33 exhortaba a todos que comiesen (...a tomar

Τρόφιμος 5161

alimento, VHA)
Hch 27:34 os ruego que comáis (...que toméis
alimento, VHA)
36 comieron también (también tomaron
alimento, VHA)
38 ya satisfechos, (ya satisfechos de alimento,
VHA)
He 5:12 y no de alimento sólido
14 pero el alimento sólido es
Stg 2:15 del mantenimiento de cada día

5161   Τρόφιμος — Trófimos

Hch 20:4 Tíquico, y Trófimo
21:29 con él en la ciudad a Trófimo
2 Ti 4:20 a Trófimo dejé en Mileto

5162   τροφός — trofós
1 Ts 2:7 como la nodriza que cuida (como cuando
una nodriza acaricia, VM)

5159 A   τροφοφορέω† — trofoforéo
Hch 13:18 los soportó en el desierto (WH, N, ABMW)

5163   τροχιά — trociá (trojiá)
He 12:13 haced sendas derechas,

5164   τροχός — trocós (trojós)
Stg 3:6 la rueda de la creación, (lit., el curso de
la existencia)

5165   τρύβλιον — trúblion
Mt 26:23 El que mete la mano conmigo en el plato
Mr 14:20 el que moja conmigo en el plato

5166   τρυγάω — trugáo
Lc 6:44 ni de las zarzas se vendimian uvas.
(lit., ni de la zarza vendimian el racimo)
Ap 14:18 vendimia los racimos
19 vendimió la viña de la tierra.

5167   τρυγών — trugón
Lc 2:24 Un par de tórtolas,

5168   τρυμαλιά† — trumaliá
Mr 10:25 por el ojo de una aguja
Lc 18:25 por el ojo de una aguja, (TR)
5169 Véase después de 5143, pág. 758
5169 A   τρύπημα*† — trúpema
Mt 19:24 por el ojo de una aguja, (TR, ABMW)

5170   Τρύφαινα — Trúfaina
Ro 16:12 Saludad a Trifena

5171   τρυφάω — trufáo
Stg 5:5 Habéis vivido en deleites

5172   τρυφή — trufé
Lc 7:25 los que...viven en deleites (lit.,... en lujo)
2 P 2:13 ya que tienen por delicia el gozar de deleites

5173   Τρυφῶσα — Trufósa
Ro 16:12 Saludad...a Trifosa,

5174   Τρωάς — Troás

760   5179 τύπος

Hch 16:8 descendieron a Troas
11 Zarpando, pues, de Troas
20:5 nos esperaron en Troas
6 nos reunimos con ellos en Troas, (llegamos
a ellos..., VM)
2 Co 2:12 Cuando llegué a Troas
2 Ti 4:13 el capote que dejé en Troas

5175   Τρωγύλλιον — Trogúllion (Trogúlion)
Hch 20:15 habiendo hecho escala en Trogilio (TR, VM
VM, BC, [BA])

5176   τρώγω* — trógo
Mt 24:38 estaban comiendo y bebiendo,
Jn 6:54 El que come mi carne
56 El que come mi carne
57 asimismo el que me come,
58 el que come de este pan
13:18 El que come pan conmigo

5177   τυγχάνω — tugcáno (tunjáno)
(1) εἰ τύχοι
Lc 10:30 dejándole medio muerto (V60, WH, N,
ABMW, VHA, VM, NC, BC, BA); (lit.,
dejándole estando medio muerto, TR)
20:35 de alcanzar aquel siglo
Hch 19:11 milagros extraordinarios (milagros no
vulgares, BC)
24:2 (3) gozamos de gran paz (lit., disfrutando
de gran paz)
26:22 habiendo obtenido auxilio de Dios
27:3 para ser atendido por ellos (lit., para
obtener atención)
28:2 con no poca humanidad (una humanidad
no común, BC)
1 Co 14:10 (1) Tantas clases de idiomas hay, seguramente
(Tantas clases de voces, probablemente,
hay, VHA)
15:37 (1) ya sea de trigo (de trigo quizá, VHA)
16:6 podrá ser que me quede (quizá me quede,
VHA)
2 Ti 2:10 para que ellos también obtengan la salvación
He 8:6 tanto mejor ministerio es el suyo (ha
obtenido tanto..., VHA)
11:35 a fin de obtener mejor resurrección

5178   τυμπανίζω — tumpanízo (tumpanídzo)
He 11:35 otros fueron atormentados,

5179 A   τυπικῶς*† — tupikós
1 Co 10:11 estas cosas...como ejemplo (... típicamente,
VM) (WH, N, ABMW)

5179   τύπος — túpos
Jn 20:25 la señal de los clavos,
mi dedo en el lugar de los clavos (V60, N,
VHA, NC, BC, BA); (...en la señal..., VM,
TR, WH, ABMW)
Hch 7:43 Figuras que os hicisteis
44 conforme al modelo que había visto.
23:25 en estos términos (lit., teniendo esta forma)
Ro 5:14 figura del que había de venir.
6:17 a aquella forma de doctrina
1 Co 10:6 sucedieron como ejemplos para nosotros
11 les acontecieron como ejemplo, (lit.,...
ejemplos) (TR)
Fil 3:17 según el ejemplo que tenéis en nosotros

τύπτω 5180   761   5190 Τυχικός

		(lit., según nos tenéis como ejemplo)
1 Ts	1:7	de tal manera que habéis sido ejemplo
		(WH, N, ABMW, VHA, VM, NC, BC, BA)
		(lit.,...ejemplos, TR)
2 Ts	3:9	por daros nosotros mismos un ejemplo
1 Ti	4:12	sé ejemplo de los creyentes
Tit	2:7	como ejemplo de buenas obras
He	8:5	conforme al modelo que se te ha mostrado
1 P	5:3	ejemplo de la grey (ejemplos...,BA)

5180 τύπτω — túpto

Mt	24:49	comenzare a golpear
	27:30	le golpeaban en la cabeza.
Mr	15:19	le golpeaban en la cabeza
Lc	6:29	Al que te hiera en una mejilla,
	12:45	comenzare a golpear a los criados
	18:13	se golpeaba el pecho
	22:64	le golpeaban el rostro, (TR, VM)
	23:48	se volvían golpeándose el pecho. (...los pechos, BC)
Hch	18:17	le golpeaban delante del tribunal
	21:32	dejaron de golpear a Pablo.
	23:2	que le golpeasen en la boca
	3	¡Dios te golpeará a ti, (¡Herirte ha Dios, VHA)
		me mandas golpear
1 Co	8:12	hiriendo su débil conciencia

5181 Τύραννος — Túrannos

Hch	19:9	en la escuela de uno llamado Tiranno. (...de cierto Tiranno) (TR); (...de Tirano, VM, WH, N, ABMW, VHA, NC, BC, BA)

5182 Véase después de 2349, pág. 415
5182 A τυρβάζω* — turbázo (turbádzo)

Lc	10:41	turbada estás con muchas cosas (TR)

5183 Τύριος — Túrios

Hch	12:20	contra los de Tiro y de Sidón

5184 Τύρος — Túros

Mt	11:21	si en Tiro y en Sidón
	22	para Tiro y para Sidón,
	15:21	a la región de Tiro (a las comarcas..., VM)
Mr	3:8	de los alrededores de Tiro
	7:24	a la región de Tiro (para los confines..., VM)
	31	de la región de Tiro, (de los confines..., VM)
Lc	6:17	de la costa de Tiro y de Sidón,
	10:13	si en Tiro y en Sidón,
	14	para Tiro y Sidón,
Hch	21:3	arribamos a Tiro,
	7	completamos la navegación saliendo de Tiro (habiendo acabado el viaje desde Tiro, VM)

5185 τυφλός — tuflós

Mt	9:27	le siguieron dos ciegos
	28	vinieron a él los ciegos
	11:5	Los ciegos ven,
	12:22	un endemoniado, ciego y mudo de tal manera que el ciego y mudo (TR, BC)
	15:14	son ciegos guías de ciegos (TR, N, VHA, VM, BC, BA); (son guías ciegos, NC, WH, ABMW)
		si el ciego guiare al ciego
	30	que traía consigo a...ciegos (lit., que tenían)
	31	a los ciegos ver
	20:30	dos ciegos que estaban sentados

Mt	21:14	vinieron a él en el templo ciegos
	23:16	¡Ay de vosotros, guías ciegos !
	17	¡Insensatos y ciegos !
	19	ciegos! porque ¿cuál es mayor
	24	¡Guías ciegos, que coláis
	26	¡Fariseo ciego! Limpia primero
Mr	8:22	le trajeron un ciego
	23	tomando la mano del ciego
	10:46	Bartimeo el ciego
	49	llamaron al ciego, diciéndole
	51	el ciego le dijo: Maestro
Lc	4:18	vista a los ciegos
	6:39	¿Acaso puede un ciego guiar a otro ciego?
	7:21	a muchos ciegos les dio
	22	los ciegos ven
	14:13	los cojos y los ciegos
	21	trae acá a...los ciegos
	18:35	un ciego estaba sentado junto
Jn	5:3	ciegos, cojos y paralíticos,
	9:1	vio a un hombre ciego de nacimiento.
	2	para que haya nacido ciego?
	6	los ojos del ciego (TR, VM)
	8	que era ciego, (TR, VM)
	13	al que había sido ciego. (al antes ciego, NC)
	17	volvieron a decirle al ciego: (Dicen...al ciego otra vez, BC)
	18	que él había sido ciego
	19	que nació ciego?
	20	que nació ciego
	24	al hombre que había sido ciego
	25	habiendo yo sido ciego
	32	los ojos a uno que nació ciego
	39	sean cegados. (queden ciegos, VM)
	40	¿Acaso nosotros somos también ciegos?
	41	Si fuerais ciegos, no tendríais
	10:21	abrir los ojos de los ciegos ?
	11:37	que abrió los ojos al ciego
Hch	13:11	serás ciego
Ro	2:19	que eres guía de los ciegos
2 P	1:9	es ciego, habiendo olvidado
Ap	3:17	pobre, ciego y desnudo.

5186 τυφλόω — tuflóo

Jn	12:40	Cegó los ojos de ellos,
2 Co	4:4	cegó el entendimiento de los incrédulos (cegó las mentes..., VHA)
1 Jn	2:11	las tinieblas le han cegado los ojos

5187 τυφόω* — tufóo o τυφόομαι

1 Ti	3:6	no sea que envaneciéndose caiga
	6:4	está envanecido
2 Ti	3:4	infatuados, amadores de los deleites

5188 τύφω* — túfo

Mt	12:20	el pábilo que humea no apagará

5189 τυφωνικός*† — tufonikós

Hch	27:14	un viento huracanado

5190 Τυχικός — Tucikós (Tujikós)

Hch	20:4	Tíquico y Trófimo.
Ef	6:21	todo os lo hará saber Tíquico,
Col	4:7	os lo hará saber Tíquico
2 Ti	4:12	A Tíquico lo envié a Efeso.
Tit	3:12	Cuando envíe...a Tíquico,

5191 ὑακίνθινος – uakínthinos (juakínthinos)
Ap 9:17 corazas de fuego, de zafiro (corazas como de fuego, y de color de jacinto, VM)

5192 ὑάκινθος – uákinthos (juákinthos)
Ap 21:20 el undécimo, jacinto

5193 ὑάλινος* – uálinos (juálinos)
Ap 4:6 como un mar de vidrio
   15:2 como un mar de vidrio sobre el mar de vidrio

5194 ὕαλος – úalos (júalos)
Ap 21:18 semejante al vidrio limpio
   21 transparente como vidrio. (como el vidrio transparente, VM)

5195 ὑβρίζω – ubrízo (jubrídzo)
Mt 22:6 los afrentaron y los mataron
Lc 11:45 también nos afrentas a nosotros
   18:32 será escarnecido, y afrentado,
Hch 14:5 a afrentarlos y apedrearlos,
1 Ts 2:2 habiendo...sido ultrajados en Filipos

5196 ὕβρις – úbris (júbris)
Hch 27:10 con perjuicio y mucha pérdida
   21 para recibir este perjuicio y pérdida
2 Co 12:10 me gozo en... afrentas,

5197 ὑβριστής – ubristés (jubristés)
Ro 1:30 injuriosos, soberbios, altivos
1 Ti 1:13 habiendo yo sido antes...injuriador

5198 ὑγιαίνω – ugiáino (juguiáino)
Lc 5:31 Los que están sanos no tienen
   7:10 hallaron sano al siervo
   15:27 por haberle recibido...sano. (porque le recobró sano, BC)
1 Ti 1:10 se oponga a la sana doctrina
   6:3 no se conforma a las sanas palabras
2 Ti 1:13 la forma de las sanas palabras
   4:3 no sufrirán la sana doctrina
Tit 1:9 exhorta con sana enseñanza
   13 para que sean sanos en la fe,
   2:1 está de acuerdo con la sana doctrina
   2 Que...sean...sanos en la fe,
3 Jn 2 que tengas salud, así como prospera

5199 ὑγιής – ugiés (juguiés)
Mt 12:13 le fue restaurada sana como la otra
   15:31 a los mancos sanados, (TR, N, ABMW, VHA, VM, NC, BC, BA)
Mr 3:5 le fue restaurada sana (V60, WH, N, ABMW VHA, VM, NC, BC, BA); (lit.,...sana como la otra, TR)
   5:34 queda sana de tu azote.
Lc 6:10 su mano fue restaurada, (V60, WH, N, ABMW, VHA, VM, NC, BC, BA); (lit.,...

Jn 5:4 fue restaurada sana como la otra, TR)
   quedaba sano de cualquier (TR, [VHA], [VM], NC, BC, [BA])
   6 le dijo: ¿Quieres ser sano?
   9 aquel hombre fue sanado, (quedó sano..., VM)
   11 El que me sanó, (lit., El que me hizo sano)
   14 Mira, has sido sanado (...estás sano, VM)
   15 Jesús era el que le había sanado (lit.,... que le había hecho sano)
   7:23 en el día de reposo sané (hice...sano..., VM)
Hch 4:10 está en vuestra presencia sano
Tit 2:8 palabra sana e irreprochable,

5200 ὑγρός – ugrós (jugrós)
Lc 23:31 si en el árbol verde hacen

5201 ὑδρία – udría (judría)
Jn 2:6 seis tinajas de piedra para agua,
   7 Llenad estas tinajas de agua
   4:28 la mujer dejó su cántaro,

5202 ὑδροποτέω – udropotéo (judropotéo)
1 Ti 5:23 Ya no bebas agua, sino usa de un poco

5203 ὑδρωπικός* – udropikós (judropikós)
Lc 14:2 he aquí...un hombre hidrópico.

5204 ὕδωρ – údor (júdor)
Mt 3:11 os bautizo en agua para arrepentimiento
   16 Jesús,...subió luego del agua
   8:32 perecieron en las aguas
   14:28 que yo vaya a ti sobre las aguas
   29 andaba sobre las aguas
   17:15 muchas veces cae...en el agua
   27:24 tomó agua y se lavó las manos (tomando..., BC)
   49 Lit., salió agua y sangre ([WH], T)
Mr 1:8 os he bautizado con agua
   10 cuando subía del agua
   9:22 le echa en el fuego y en el agua
   41 que os diere un vaso de agua
   14:13 que lleva un cántaro de agua
Lc 3:16 os bautizo en agua
   7:44 no me diste agua para mis pies
   8:24 reprendió...a las olas (..al oleaje del agua, BC)
   25 a las aguas manda, y le obedecen?
   16:24 que moje la punta de su dedo en agua
   22:10 lleva un cántaro de agua
Jn 1:26 Yo bautizo con agua
   31 por esto vine yo bautizando con agua
   33 el que me envió a bautizar con agua
   2:7 Llenad estas tinajas de agua
   9 probó el agua hecha vino
   los sirvientes que habían sacado el agua
   3:5 no naciere de agua y del Espíritu
   23 había allí muchas aguas
   4:7 una mujer de Samaria a sacar agua
   10 te daría agua viva. (te hubiera dado..., VHA)
   11 ¿De dónde, pues, tienes el agua viva?
   13 que bebiere de esta agua
   14 mas el que bebiere del agua que yo
   el agua que yo le daré será en él
   una fuente de agua que salte
   15 Señor, dame esa agua
   46 donde había convertido el agua en vino.

ὑετός 5205

Jn	5:3	movimiento del agua (TR, [VHA], [VM], NC, BC, [BA])
	4	agitaba el agua (TR, [VHA], [VM], NC, BC, [BA])
		después del movimiento del agua
	7	cuando se agita el agua
	7:38	correrán ríos de agua viva.
	13:5	puso agua en un lebrillo,
	19:34	al instante salió sangre y agua
Hch	1:5	Juan ciertamente bautizó con agua
	8:36	llegaron a cierta agua
		dijo el eunuco: Aquí hay agua
	38	descendieron ambos al agua
	39	Cuando subieron del agua
	10:47	¿Puede acaso alguno impedir el agua
	11:16	Juan ciertamente bautizó en agua
Ef	5:26	purificado en el lavamiento del agua
He	9:19	con agua, lana escarlata e hisopo,
	10:22	lavados...con agua pura.
Stg	3:12	puede dar agua salada (TR, VM); (puede el agua salada producir, BA, WH, N, ABMW VHA, NC, BC)
1 P	3:20	fueron salvadas por agua
2 P	3:5	que proviene del agua y por el agua subsiste
	6	el mundo...pereció anegado en agua
1 Jn	5:6	Jesucristo, que vino mediante agua no mediante agua solamente, sino mediante agua y sangre. (...sino en agua y en sangre, VHA)
	8	el Espíritu, el agua y la sangre
Ap	1:15	su voz como estruendo de muchas aguas
	7:17	los guiará a fuentes de aguas
	8:10	sobre las fuentes de las aguas
	11	la tercera parte de las aguas murieron a causa de esas aguas,
	11:6	tienen poder sobre las aguas
	12:15	la serpiente arrojó...agua como un río
	14:2	como estruendo de muchas aguas
	7	aquel que hizo...las fuentes de las aguas
	16:4	sobre las fuentes de las aguas
	5	oí al ángel de las aguas.
	12	el agua de éste se secó
	17:1	que está sentada sobre muchas aguas
	15	Las aguas que has visto
	19:6	como el estruendo de muchas aguas
	21:6	de la fuente del agua de la vida
	22:1	de agua de vida resplandeciente
	17	tome del agua de la vida gratuitamente.

5205 ὑετός — uetós (juetós)

Hch	14:17	lluvias del cielo
	28:2	a causa de la lluvia que caía,
He	6:7	la tierra que bebe la lluvia
Stg	5:7	la lluvia temprana y la tardía (TR, VM,
	18	oró, y el cielo dio lluvia,
Ap	11:6	a fin de que no llueva (para que la lluvia no caiga, NC)

5206 υἱοθεσία*† — uiothesía (juiothesía)

Ro	8:15	habéis recibido el espíritu de adopción
	23	esperando la adopción, la redención
	9:4	de los cuales son la adopción
Gá	4:5	a fin de que recibiésemos la adopción
Ef	1:5	habiéndonos predestinado para ser adoptados (...a la adopción de hijos, VM)

5207 υἱός — uiós (juiós)

Mt	1:1	hijo de David, hijo de Abraham.
	1:20	José, hijo de David,
	21	dará a luz un hijo,
	23	una virgen...dará a luz un hijo
	25	hasta que dio a luz a su hijo
	2:15	De Egipto llamé a mi Hijo
	3:17	Este es mi Hijo amado,
	4:3	Si eres Hijo de Dios,
	6	Si eres Hijo de Dios, échate
	5:9	ellos serán llamados hijos de Dios.
	45	para que seáis hijos de vuestro Padre
	7:9	si su hijo le pide pan
	8:12	los hijos del reino serán echados
	20	mas el Hijo del Hombre no tiene
	29	¿Qué tienes con nosotros,...Hijo de Dios?
	9:6	el Hijo del Hombre tiene potestad
	15	los que están de bodas (los hijos de la sala nupcial, BC)
	27	¡Ten misericordia...Hijo de David
	10:23	antes que venga el Hijo del Hombre
	37	el que ama a hijo o hija más que a mí
	11:19	Vino el Hijo del Hombre,
	27	nadie conoce al Hijo, sino el Padre, sino el Hijo, y aquel a quien el Hijo
	12:8	el Hijo del Hombre es Señor
	23	¿Será éste aquel Hijo de David?
	27	¿por quién los echan vuestros hijos
	32	palabra contra el Hijo del Hombre,
	40	estará el Hijo del Hombre en el corazón
	13:37	El que siembra...es el Hijo del Hombre
	38	son los hijos del reino son los hijos del malo.
	41	Enviará el Hijo del Hombre a sus ángeles
	55	¿No es éste el hijo del carpintero?
	14:33	Verdaderamente eres Hijo de Dios.
	15:22	¡Señor, Hijo de David, ten misericordia
	16:13	¿Quién dicen...que es el Hijo del Hombre?
	16	el Hijo del Dios viviente.
	27	el Hijo del Hombre vendrá (...ha de venir, VM)
	28	el Hijo del Hombre viniendo
	17:5	Este es mi Hijo amado,
	9	hasta que el Hijo del Hombre resucite
	12	el Hijo del Hombre padecerá (...ha de padecer, VHA)
	15	ten misericordia de mi hijo
	22	El Hijo del Hombre será entregado (...va a ser entregado, VM)
	25	¿De sus hijos, o de los extraños?
	26	Luego los hijos están exentos
	18:11	el Hijo del Hombre ha venido (TR, VM, NC, BC, BA)
	19:28	cuando el Hijo del Hombre se siente
	20:18	el Hijo del Hombre será entregado
	20	la madre de los hijos de Zebedeo con sus hijos
	21	se sienten estos dos hijos míos,
	28	el Hijo del Hombre no vino para ser servido
	30	¡Señor, Hijo de David, ten misericordia
	31	¡Señor, Hijo de David, ten misericordia
	21:5	Sobre un pollino, hijo de animal de carga.
	9	¡Hosanna al Hijo de David!
	15	¡Hosanna al Hijo de David!
	37	les envió su hijo Tendrán respeto a mi hijo.
	38	cuando vieron al hijo, dijeron
	22:2	hizo fiesta de bodas a su hijo
	42	¿De quién es hijo?
	45	¿cómo es su hijo?
	23:15	dos veces más hijo del infierno

Mt	23:31	sois **hijos** de aquellos que mataron	Lc	1:32	será llamado **Hijo** del Altísimo
	35	de Zacarías **hijo** de Berequías,		35	será llamado **Hijo** de Dios.
	24:27	la venida del **Hijo** del Hombre		36	ha concebido **hijo** en su vejez
	30	la señal del **Hijo** del Hombre		57	dio a luz **un hijo**
		verán al **Hijo** del Hombre viniendo		2:7	dio a luz a su **hijo** primogénito
	36	ni aun los ángeles de los cielos (TR); (ni los ángeles...ni el **Hijo**, VHA, WH, N, ABMW VHA, VM, NC, BC, BA)		3:2	a Juan, **hijo** de Zacarías,
				22	Tú eres mi **Hijo** amado
				23	**hijo**, según se creía, de José,
	37	así será la venida del **Hijo** del Hombre.		4:3	Si eres **Hijo** de Dios, di
	39	la venida del **Hijo** del Hombre		9	Si eres **Hijo** de Dios, échate
	44	el **Hijo** del Hombre vendrá a la hora		22	¿No es éste **el hijo** de José?
	25:13	en que el **Hijo** del Hombre ha de venir, (TR, VM)		41	Tú eres el **Hijo** de Dios.
				5:10	Jacobo y Juan, **hijos** de Zebedeo,
	31	Cuando el **Hijo** del Hombre venga		24	el **Hijo** del hombre tiene potestad
	26:2	el **Hijo** del Hombre será entregado		34	los que están de bodas (a los **hijos** de la sala nupcial, BC)
	24	el **Hijo** del Hombre va, el **Hijo** del Hombre es entregado		6:5	El **Hijo** del Hombre es Señor
	37	tomando...a los dos **hijos** de Zebedeo		22	por causa del **Hijo** del Hombre
	45	el **Hijo** del Hombre es entregado		35	seréis **hijos** del Altísimo
	63	si eres tú... el **Hijo** de Dios.		7:12	un difunto, **hijo** único de su madre,
	64	veréis al **Hijo** del Hombre sentado		34	Vino el **Hijo** del Hombre, que come
	27:9	precio puesto por **los hijos** de Israel		8:28	**Hijo** del Dios Altísimo?
	40	si eres **Hijo** de Dios,		9:22	que el **Hijo** del Hombre padezca
	43	ha dicho: Soy **Hijo** de Dios.		26	se avergonzará el **Hijo** del Hombre
	54	Verdaderamente éste era **Hijo** de Dios		35	Este es mi **Hijo**
	56	la madre de los **hijos** de Zebedeo		38	te ruego que veas a mi **hijo**
	28:19	bautizándolos en el nombre...del **Hijo**		41	Trae acá a tu **hijo**
Mr	1:1	de Jesucristo, **Hijo** de Dios. (TR, [ABMW], VHA, VM, NC, BC, BA)		44	el **Hijo** del Hombre será entregado (...va a ser entregado, VM)
				56	el **Hijo** del Hombre no ha venido (TR, VM, BC)
	11	Tú eres mi **Hijo** amado		58	mas el **Hijo** del Hombre no tiene
	2:10	el **Hijo** del Hombre tiene potestad		10:6	si hubiere allí algún **hijo** de paz,
	19	los que están de bodas (los **hijos** de la sala nupcial, BC)		22	nadie conoce quién es el **Hijo** ni quién es el Padre, sino el **Hijo** aquel a quien el **Hijo** lo quiera revelar
	28	el **Hijo** del Hombre es Señor			
	3:11	Tú eres el **Hijo** de Dios.		11:11	si su **hijo** le pide pan,
	17	esto es, **hijos** del trueno		19	¿vuestros **hijos** por quién los echan?
	28	serán perdonados a los **hijos** de los hombres,		30	será el **Hijo** del Hombre a esta generación.
	5:7	Jesús, **Hijo** del Dios Altísimo?		12:8	el **Hijo** del Hombre le confesará
	6:3	el carpintero, **hijo** de María,		10	contra el **Hijo** del Hombre,
	8:31	le era necesario al **Hijo** del Hombre		40	el **Hijo** del Hombre vendrá
	38	el **Hijo** del Hombre se avergonzará		12:53	el padre contra **el hijo**, y **el hijo** contra
	9:7	Este es mi **Hijo** amado		14:5	si su asno...cae (se le cae...el asno, BC) (TR, VM); (se le cae un **hijo**, BA, WH, N, ABMW, VHA, NC)
	9	cuando el **Hijo** del Hombre
	12	cómo está escrito del **Hijo** del Hombre
	17	traje a ti mi **hijo**			
	31	El **Hijo** del Hombre será entregado		15:11	Un hombre tenía dos **hijos**
	10:33	el **Hijo** del Hombre será entregado		13	el **hijo** menor, se fue lejos
	35	Jacobo y Juan, **hijos** de Zebedeo, (TR, ABMW, VM, VHA, NC, BC); (...los dos **hijos**..., BA, [WH], [N])		19	Ya no soy digno de ser llamado tu **hijo**
				21	el **hijo** le dijo: Padre ya no soy digno de ser llamado tu **hijo**
	45	el **Hijo** del Hombre no vino para ser servido		24	este mi **hijo** muerto era,
	46	Bartimeo el ciego, **hijo** de Timeo,		25	su **hijo** mayor estaba en el campo
	47	¡Jesús, **Hijo** de David,		30	cuando vino este tu **hijo**
	48	¡**Hijo** de David, ten misericordia		16:8	los **hijos** de éste siglo son más sagaces...que los **hijos** de luz
	12:6	aún un **hijo** suyo, amado, Tendrán respeto a mi **hijo**			
				17:22	uno de los días del **Hijo** del Hombre
	35	que el Cristo es **hijo** de David?		24	será el **Hijo** del Hombre en su día.
	37	¿cómo, pues, es su **hijo**?		26	será en los días del **Hijo** del Hombre.
	13:26	verán al **Hijo** del Hombre,		30	el **Hijo** del Hombre se manifieste.
	32	ni el **Hijo**, sino el Padre.		18:8	cuando venga el **Hijo** del Hombre
	14:21	el **Hijo** del Hombre va, por quien el **Hijo** del Hombre es entregado		31	cosas...acerca del **Hijo** del Hombre
				38	¡Jesús, **Hijo** de David, ten misericordia
	41	el **Hijo** del Hombre es entregado		39	¡**Hijo** de David, ten misericordia
	61	¿Eres tú el Cristo, el **Hijo** del Bendito?		19:9	él también es **hijo** de Abraham.
	62	veréis al **Hijo** del Hombre sentado			
	15:39	este hombre era **Hijo** de Dios.		10	el **Hijo** del Hombre vino a buscar
Lc	1:13	Elisabet te dará a luz **un hijo**		20:13	Enviaré a mi **hijo** amado
	16	hará que muchos de los **hijos** de Israel		34	Los **hijos** de este siglo se casan
	31	dará a luz **un hijo**			

υἱός 5207　　　　　　　　　　　　　765　　　　　　　　　　　5207 υἱός

Lc	20:36	son hijos de Dios	Jn 19:26	Mujer, he ahí tu hijo
		al ser hijos de la resurrección	20:31	que Jesús es el Cristo, el Hijo de Dios
	41	que el Cristo es hijo de David?	Hch 2:17	vuestros hijos y vuestras hijas profetizarán
	44	¿cómo entonces es su hijo?	3:25	Vosotros sois los hijos de los profetas,
	21:27	verán al Hijo del Hombre, que vendrá	4:36	traducido es, Hijo de consolación
	36	delante del Hijo del Hombre.	5:21	los ancianos de los hijos de Israel, (el senado
	22:22	A la verdad el Hijo del Hombre va		de..., BC)
	48	¿con un beso entregas al Hijo del Hombre?	7:16	compró...de los hijos de Hamor
	69	el Hijo del Hombre se sentará (...estará	21	le crió como a hijo suyo
		sentado, VM)	23	sus hermanos, los hijos de Israel.
	70	¿Luego eres tú el Hijo de Dios?	29	donde engendró dos hijos
	24:7	Es necesario que el Hijo del Hombre	37	es el que dijo a los hijos de Israel
Jn	1:18	el unigénito Hijo, (TR, VM, BC)	56	veo...al Hijo del Hombre que está
	34	éste es el Hijo de Dios.	8:37	Creo que Jesucristo es el Hijo de Dios.
	42	Tú eres Simón, hijo de Jonás		(TR, [VM], NC, BC, BA)
	45	Jesús, el hijo de José, de Nazaret.	9:15	en presencia...de los hijos de Israel
	49	Rabí, tú eres el Hijo de Dios	20	que éste era el Hijo de Dios
	51	que...desciendan sobre el Hijo del Hombre	10:36	a los hijos de Israel, anunciando el evangelio
	3:13	que descendió del cielo; el Hijo del Hombre	13:10	hijo del diablo, enemigo
	14	es necesario que el Hijo del Hombre	21	a Saúl hijo de Cis,
	16	ha dado a su Hijo unigénito,	26	hijos del linaje de Abraham,
	17	no envió Dios a su Hijo	33	Mi hijo eres tú,
	18	en el nombre del unigénito Hijo de Dios.	16:1	Timoteo, hijo de una mujer judía
	35	El Padre ama al Hijo	19:14	Había siete hijos de un tal Esceva, (V60,
	36	El que cree en el Hijo tiene vida		WH, N, ABMW, VHA, VM, NC, BC, BA);
		el que desobedece al Hijo no verá		(lit., había unos siete hijos de Esceva, TR)
	4:5	que Jacob dio a su hijo José.	23:6	soy fariseo, hijo de fariseo;
	12	bebieron él, sus hijos y sus ganados?	16	el hijo de la hermana de Pablo,
	46	cuyo hijo estaba enfermo	Ro 1:3	acerca de su Hijo
	47	le rogó que...sanase a su hijo	4	que fue declarado Hijo de Dios
	50	Vé, tu hijo vive.	9	en el evangelio de su Hijo
	53	Tu hijo vive; y creyó él	5:10	por la muerte de su Hijo
	5:19	No puede el Hijo hacer nada	8:3	Dios, enviando a su Hijo
		también lo hace el Hijo igualmente.	14	éstos son hijos de Dios.
	20	el Padre ama al Hijo	19	la manifestación de los hijos de Dios
	21	así también el Hijo a los que quiere	29	a la imagen de su Hijo
	22	todo el juicio dio al Hijo	32	no escatimó ni a su propio Hijo
	23	que todos honren al Hijo	9:9	Sara tendrá un hijo. (lit., habrá hijo ...)
		El que no honra al Hijo	26	Allí serán llamados hijos del Dios
	25	los muertos oirán la voz del Hijo	27	el número de los hijos de Israel
	26	ha dado al Hijo el tener vida	1 Co 1:9	la comunión con su Hijo Jesucristo
	27	es el Hijo del Hombre	15:28	el Hijo mismo se sujetará
	6:27	la cual el Hijo del Hombre os dará	2 Co 1:19	el Hijo de Dios, Jesucristo,
	40	todo aquel que ve al Hijo	3:7	los hijos de Israel no pudieron
	42	¿No es éste Jesús, el hijo de José,	13	para que los hijos de Israel no fijaran la vista
	53	Si no coméis la carne del Hijo del Hombre	6:18	vosotros me seréis hijos
	62	si viereis al Hijo del Hombre	Gá 1:16	revelar a su Hijo en mí,
	69	el Hijo del Dios viviente (TR, VM)	2:20	en la fe del Hijo de Dios,
	8:28	Cuando hayáis levantado al Hijo del Hombre	3:7	éstos son hijos de Abraham,
	35	el hijo sí queda para siempre	26	todos sois hijos de Dios
	36	si el Hijo os libertare,	4:4	Dios envió a su Hijo
	9:19	¿Es éste vuestro hijo	6	por cuanto sois hijos
	20	éste es nuestro hijo,		el Espíritu de su Hijo, el cual clama
	35	¿Crees tú en el Hijo	7	ya no eres esclavo, sino hijo
	10:36	porque dije: Hijo de Dios soy?		y si hijo, también heredero
	11:4	para que el Hijo de Dios sea glorificado	22	Abraham tuvo dos hijos
	27	he creído que tú eres...el Hijo de Dios,	30	Echa fuera a la esclava y a su hijo
	12:23	la hora para que el Hijo del Hombre		no heredará el hijo de la esclava con el hijo
	34	el Hijo del Hombre sea levantado?	Ef 2:2	en los hijos de desobediencia
		¿Quién es este Hijo del Hombre?	3:5	no se dio a conocer a los hijos
	36	para que seáis hijos de luz	4:13	del conocimiento del Hijo de Dios,
	13:31	es glorificado el Hijo del Hombre	5:6	la ira de Dios sobre los hijos
	14:13	para que el Padre sea glorificado en el Hijo	Col 1:13	al reino de su amado Hijo, (...del Hijo de
	17:1	glorifica a tu Hijo		su amor, VM)
		para que también tu Hijo te glorifique (TR,	3:6	viene sobre los hijos de desobediencia
		VHA, VM, BC); (...el Hijo..., BA, WH,	1 Ts 1:10	esperar de los cielos a su Hijo
		N, ABMW, NC)	5:5	sois hijos de luz e hijos del día
	12	sino el hijo de perdición,	2 Ts 2:3	el hombre de pecado, el hijo de perdición,
	19:7	se hizo a sí mismo Hijo de Dios.	He 1:2	nos ha hablado por el Hijo

He	1:5	Mi **Hijo** eres tú,		
		él me será a mí **hijo**?	**5211**	Ὑμέναιος – Uménaios (Juménaios)
	8	Mas del **Hijo** dice:	1 Ti 1:20	de los cuales son **Himeneo**
	2:6	el **hijo** del hombre, para que le visites?	2 Ti 2:17	de los cuales son **Himeneo**
	10	habiendo de llevar muchos **hijos**		
	3:6	Cristo como **hijo** sobre su casa,	**5212**	ὑμέτερος – uméteros (juméteros)
	4:14	Jesús el **Hijo** de Dios,	Lc 6:20	**vuestro** es el reino de Dios
	5:5	Tú eres mi **Hijo**	16:12	quién os dará lo que es **vuestro**? (TR,
	8	aunque era **Hijo**, por lo que padeció		ABMW, VHA, VM, NC, BC, BA)
	6:6	crucificando...para sí mismos al **Hijo**	Jn 7:6	mas **vuestro** tiempo siempre está
	7:3	hecho semejante al **Hijo** de Dios,	8:17	en **vuestra** ley está escrito
	5	los que de entre los **hijos** de Leví reciben	15:20	también guardarán la **vuestra**
	28	al **Hijo**, hecho perfecto para siempre.	Hch 27:34	que comáis por **vuestra** salud; (esto es para
	10:29	el que pisoteare al **Hijo** de Dios,		**vuestra** salud, VM)
	11:21	bendijo a cada uno de los **hijos**	Ro 11:31	por la misericordia concedida a **vosotros**,
	22	la salida de los **hijos** de Israel		(lit., por **vuestra** misericordia)
	24	rehusó llamarse **hijo** de la hija	1 Co 15:31	por la gloria que de vosotros tengo (lit., por
	12:5	como a **hijos** se os dirige		**vuestro** motivo de gloria)
		Hijo mío, no menosprecies la disciplina	16:17	ellos han suplido **vuestra** ausencia. (WH, N,
	6	todo el que recibe por **hijo**		ABMW)
	7	Dios os trata como a **hijos**	2 Co 8:8	también la sinceridad del amor **vuestro**
	8	entonces sois bastardos, y no **hijos**.	Gá 6:13	para gloriarse en **vuestra** carne.
Stg	2:21	cuando ofreció a su **hijo** Isaac	**5214**	ὑμνέω – umnéo (jumnéo)
1 P	5:13	Marcos mi **hijo**	Mt 26:30	**cuando hubieron cantado el himno**, salieron
2 P	1:17	Este es mi **Hijo** amado,	Mr 14:26	**cuando hubieron cantado el himno**, salieron
1 Jn	1:3	con su **Hijo** Jesucristo.	Hch 16:25	**cantaban himnos** a Dios;
	7	la sangre de Jesucristo su **Hijo** (TR, VM,	He 2:12	En medio de la congregación te **alabaré**
		BC); (...de Jesús..., BA, WH, N, ABMW,		
		VHA, NC)	**5215**	ὕμνος – úmnos (júmnos)
	2:22	el que niega al Padre y al **Hijo**	Ef 5:19	hablando entre vosotros con... **himnos**
	23	Todo aquel que niega al **Hijo**	Col 3:16	cantando...**himnos** y cánticos
		El que confiesa al **Hijo** (V60, WH, N,		
		ABMW, VHA, VM, NC, BC, BA)	**5217**	ὑπάγω – upágo (jupágo)
		(no se encuentra en TR)	Mt 4:10	**Vete**, Satanás,
	24	permaneceréis en el **Hijo**		5:24	**anda**, reconcíliate primero
	3:8	apareció el **Hijo** de Dios, (fué manifestado..		41	**vé** con él los dos.
		VM)		8:4	**vé**, muéstrate al sacerdote,
	23	Que creamos en el nombre de su **Hijo**		13	**Vé**, y como creíste, te sea hecho.
	4:9	envió a su **Hijo** unigénito		32	El les dijo: **Id**
	10	envió a su **Hijo** en propiciación		9:6	toma tu cama, y **vete** a tu casa.
	14	el Padre ha enviado al **Hijo**,		13:44	**va** y vende todo lo que tiene
	15	es el **Hijo** de Dios,		16:23	¡**Quítate** de delante de mí, Satanás
	5:5	el que cree que Jesús es el **Hijo**		18:15	**vé** y repréndele
	9	ha testificado acerca de su **Hijo**		19:21	**anda**, vende lo que tienes, (lit.,...tus bienes)
	10	El que cree en el **Hijo** de Dios,		20:4	**Id** también vosotros a mi viña
		en el testimonio que Dios ha dado acerca		7	**Id** también vosotros a la viña
		de su **Hijo**		14	Toma lo que es tuyo, y **vete**
	11	esta vida está en su **Hijo**		21:28	Hijo, **vé** hoy a trabajar
	12	El que tiene al **Hijo**		26:18	**Id** a la ciudad a cierto hombre,
		el que no tiene al **Hijo**		24	el Hijo del Hombre **va**,
	13	que creéis en el nombre del **Hijo**		27:65	**id**, aseguradlo como sabéis.
		para que creáis en el nombre del **Hijo** (TR)		28:10	**id**, dad las nuevas a mis hermanos,
	20	sabemos que el **Hijo** de Dios ha venido,	Mr 1:44	**vé**, muéstrate al sacerdote
		en su **Hijo** Jesucristo.		2:9	toma tu lecho y **anda** (T)
2 Jn	3	**Hijo** del Padre, en verdad		11	**vete** a tu casa
	9	ése sí tiene al Padre y al **Hijo**		5:19	**Vete** a tu casa, a los tuyos,
Ap	1:13	uno semejante al **Hijo** del Hombre		34	**vé** en paz, y queda sana
	2:14	tropiezo ante los **hijos** de Israel,		6:31	eran muchos los que iban y **venían**
	18	El **Hijo** de Dios,...dice		33	los vieron **ir**
	7:4	de los **hijos** de Israel		38	**Id** y vedlo.
	12:5	dio a luz un **hijo** varón		7:29	Por esta palabra, **vé**
	14:14	semejante al **Hijo** del Hombre,		8:33	¡**Quítate** de delante de mí, Satanás!
	21:7	él será mi **hijo**		10:21	**anda**, vende todo lo que tienes,
	12	las doce tribus **de los hijos** de Israel		52	**Vete**, tu fe te ha salvado.
				11:2	**Id** a la aldea que está enfrente
5208		ὕλη – úle (júle)		14:13	**Id** a la ciudad, y os saldrá al encuentro
Stg	3:5	¡cuán grande **bosque** enciende		21	el Hijo del Hombre **va**,

ὑπακοή 5218

Mr	16:7	Pero **id**, decid a sus discípulos
Lc	4:8	**Vete** de mí, (lit., Ponte detrás de mí) (TR, VM)
	8:42	mientras **iba**,
	10:3	**Id**; he aquí yo os envío como corderos
	12:58	Cuando **vayas** al magistrado
	17:14	aconteció que mientras **iban**
	19:30	**Id** a la aldea de enfrente
Jn	3:8	ni sabes...a dónde **va**
	4:16	**Vé**, llama a tu marido,
	6:21	a la tierra adonde **iban**
	67	¿Queréis acaso **iros** también vosotros?
	7:3	Sal de aquí, y **vete** a Judea,
	33	**iré** al que me envió.
	8:14	**sé**...a dónde **voy** no sabéis...ni a dónde **voy**
	21	Yo me **voy**, y me buscaréis a donde yo **voy**, vosotros no podéis
	22	A donde yo **voy**, vosotros no podéis
	9:7	**Vé** a lavarte en el estanque
	11	**Vé** al Siloé, y lávate
	11:8	y otra vez **vas** allá?
	31	**Va** al sepulcro a llorar
	44	Desatadle, y dejadle **ir**
	12:11	se apartaban y creían en Jesús
	35	no sabe adónde **va**.
	13:3	había salido de Dios, y a Dios **iba**
	33	A donde yo **voy**, vosotros no podéis **ir**
	36	Señor, ¿a dónde **vas**? A donde **voy**, no me puedes seguir
	14:4	sabéis a dónde **voy**
	5	no sabemos a dónde **vas**
	28	**Voy**, y vengo a vosotros
	15:16	os he puesto para que **vayáis**
	16:5	ahora **voy** al que me envió ninguno...me pregunta: ¿A dónde **vas**?
	10	por cuanto **voy** al Padre,
	16	porque yo **voy** al Padre. (TR, VM)
	17	porque yo **voy** al Padre?
	18:8	dejad **ir** a éstos
	21:3	**Voy** a pescar.
Stg	2:16	**Id** en paz, calentaos y saciaos
1 Jn	2:11	y no sabe a dónde **va**
Ap	10:8	**Vé** y toma el librito
	13:10	**va** en cautividad
	14:4	al Cordero por dondequiera que **va**.
	16:1	**Id** y derramad sobre la tierra
	17:8	está para...**ir** a perdición (TR, VM, BC, BA); (está para...y **va** a la perdición, VHA, WH, N, ABMW, NC)
	11	**va** a la perdición

5218   ὑπακοή† — upakoé (jupakoé)

Ro	1:5	recibimos la gracia...para la **obediencia**
	5:19	por la **obediencia** de uno,
	6:16	como esclavos para obedecerle, (...para **obediencia**, BC) o sea de la **obediencia** para justicia?
	15:18	para la **obediencia** de los gentiles,
	16:19	vuestra **obediencia** ha venido a ser notoria
	26	para que obedezcan a la fe, (para **obediencia** de la fe, BC)
2 Co	7:15	cuando se acuerda de la **obediencia**
	10:5	llevando cautivo...a la **obediencia** a Cristo
	6	cuando vuestra **obediencia** sea perfecta.
Flm	21	he escrito confiando en tu **obediencia**
He	5:8	aprendió la **obediencia**
1 P	1:2	para obedecer y ser rociados (para la **obediencia** y la aspersión, BC)
	1:14	como hijos obedientes, (como hijos de **obediencia**, BC)
	22	purificado vuestras almas por la **obediencia**

5219   ὑπακούω — upakóuo (jupakúo)

Mt	8:27	aun los vientos y el mar le **obedecen**?
Mr	1:27	manda aun a los espíritus...y le **obedecen**?
	4:41	aun el viento y el mar le **obedecen**?
Lc	8:25	a las aguas manda, y le **obedecen**?
	17:6	y os **obedecería**
Hch	6:7	de los sacerdotes **obedecían** a la fe.
	12:13	salió a **escuchar** una muchacha
Ro	6:12	de modo **que** lo **obedezcáis**
	16	sois esclavos de aquel a quien **obedecéis**
	17	**habéis obedecido** de corazón
	10:16	no todos **obedecieron** al evangelio
Ef	6:1	Hijos, **obedeced**...a vuestros padres,
	5	Siervos, **obedeced** a vuestros amos
Fil	2:12	como siempre **habéis obedecido**
Col	3:20	Hijos, **obedeced** a vuestros padres
	22	Siervos, **obedeced** en todo
2 Ts	1:8	que...ni **obedecen** al evangelio
	3:14	Si alguno no **obedece**
He	5:9	para todos los **que** le **obedecen**
	11:8	Abraham,...**obedeció** para salir
1 P	3:6	como Sara **obedecía** a Abraham

5220   ὕπανδρος — úpandros (júpandros)

Ro	7:2	la mujer **casada** está sujeta...al marido

5221   ὑπαντάω — upantáo (jupantáo)

Mt	8:28	vinieron a su encuentro dos endemoniados
	28:9	Jesús les **salió al encuentro**, (WH, N, ABMW)
Mr	5:2	en seguida **vino a su encuentro**, (WH, N, ABMW)
Lc	8:27	**vino a su encuentro** un hombre
	14:31	si puede **hacer frente** (WH, N, ABMW)
Jn	4:51	sus siervos **salieron a recibirle**, (WH, N, ABMW)
	11:20	Marta,...**salió a encontrarle**
	30	donde Marta le había encontrado
	12:18	había venido la gente a **recibirle**,
Hch	16:16	**salió al encuentro** una muchacha (WH, N, ABMW)

5222   ὑπάντησις† — upántesis (jupántesis)

Mt	8:34	toda la ciudad salió al **encuentro** (WH, N, ABMW)
	25:1	salieron a recibir al esposo, (salieron al **encuentro** del esposo, BC) (WH, N, ABMW)
Jn	12:13	salieron a recibirle, (salieron a su **encuentro**, BC)

5223   ὕπαρξις — úparxis (júparxis)

Hch	2:45	vendían sus propiedades y sus **bienes**
He	10:34	una mejor y perdurable **herencia**

5224   ὑπάρχω — upárco (jupárco)
5225   (1) ὑπάρχοντα, el participio usado como sustantivo.

Mt	19:21	(1) vende lo que tienes (lit.,...tus **bienes**)
	24:47	(1) sobre todos sus **bienes** le pondrá.

ὑπείκω 5226   768   5228 ὑπέρ

Mt	25:14	(1) les entregó sus **bienes**
Lc	7:25	los que tienen vestidura preciosa (lit., los **que están** en vestidura gloriosa)
	8:3	(1) muchas...servían de sus **bienes**
	41	**era** principal de la sinagoga,
	9:48	por que el **que es** más pequeño
	11:13	si vosotros, **siendo** malos,
	21	(1) en paz está lo que posee. (...**están** sus **bienes**, VHA)
	12:15	(1) en la abundancia de los **bienes** que posee (lit., en el abundarle a uno de **las cosas que existen** para él)
	33	(1) Vended lo que poseéis (...vuestras **haciendas**, BC)
	44	(1) le pondrá sobre todos sus **bienes**
	14:33	(1) que no renuncia a todo lo que posee, (...a todos sus **bienes**, BC)
	16:1	(1) acusado...como disipador de sus **bienes**
	14	los fariseos, **que eran** avaros,
	23	**estando** en tormentos,
	19:8	(1) la mitad de mis **bienes** doy
	23:50	el **cual era** miembro del concilio
Hch	2:30	**siendo** profeta, y sabiendo
	3:2	era traído un hombre cojo (lit.,...**siendo**...)
	6	No tengo plata ni oro, (lit.,no **hay** para mi...)
	4:32	(1) nada de lo que poseía (nada de sus **bienes**)
	34	no **había** entre ellos ningún necesitado (TR) los que poseían heredades (los que **eran** dueños de heredades, VHA)
	37	como tenía una heredad (lit., **habiendo** para él un campo)
	5:4	¿no **estaba** en tu poder?
	7:55	lleno del Espíritu Santo, (**como estuviese** lleno..., BC)
	8:16	solamente **habían sido** bautizados
	10:12	en el cual **había** de todos los cuadrúpedos
	14:8	cojo de nacimiento (lit., **siendo** cojo desde el vientre de su madre) (TR)
	16:3	sabían que su padre **era** griego.
	20	**siendo** judíos, alborotan
	37	**siendo** ciudadanos romanos,
	17:24	**siendo** Señor del cielo y de la tierra,
	27	aunque...no **está** lejos de cada uno
	29	**Siendo**, pues, linaje de Dios,
	19:36	es necesario que os apacigüéis (lit.,...**que estéis** apaciguados)
	40	no **habiendo** ninguna causa por la cual
	21:20	todos **son** celosos por la ley.
	22:3	celoso de Dios (**siendo** celoso por Dios, VM)
	27:12	**siendo** incómodo el puerto para invernar
	21	como hacía ya mucho que no comíamos (lit., **habiendo** mucha abstinencia de ...)
	34	comáis por vuestra salud; (que toméis alimento: porque esto **es** para vuestra salud, VM)
	28:7	**había** propiedades del hombre principal
	18	por no **haber** en mí ninguna causa
Ro	4:19	**siendo** de casi cien años
1 Co	7:26	Tengo, pues, esto por bueno (Pienso, pues, que esto **es** bueno, VHA)
	11:7	pues él **es** imagen y gloria
	18	oigo **que hay** entre vosotros divisiones
	12:22	que parecen más débiles (que parecen **ser**..., VHA)
	13:3	(1) si repartiese todos mis **bienes**
2 Co	8:17	**estando** también muy solícito,
	12:16	**como soy** astuto, os prendí
Gá	1:14	**siendo** mucho más celoso de las tradiciones
	2:14	Si tú, **siendo** judío, vives

Fil	2:6	el cual, **siendo** en forma de Dios,
	3:20	nuestra ciudadanía **está** en los cielos
He	10:34	(1) el despojo de vuestros **bienes**
Stg	2:15	si un hermano o una hermana **están**
2 P	1:8	si estas cosas **están** en vosotros
	2:19	son ellos mismos esclavos de corrupción. (cuando ellos mismos **son**..., VHA)
	3:11	¡cómo no debéis vosotros andar ¡ (¿cuáles conviene **que seáis**, BC)

5226   ὑπείκω** – upéiko (jupéiko)

He 13:17 Obedeced...y **sujetaos** a ellos

5227   ὑπεναντίος – upenantíos (jupenantíos)

Col 2:14 decretos que había **contra** nosotros,
He 10:27 que ha de devorar a los **adversarios**.

5228   ὑπέρ – upér (jupér)
         Con el genitivo
         (1) ὑπέρ ἐκπερισσοῦ

Mt	5:44	orad **por** los que...os persiguen
Mr	9:40	el que no es contra...**por** nosotros es
	14:24	que **por** muchos es derramada. (WH, N, ABMW)
Lc	6:28	orad **por** los que os calumnian (TR)
	9:50	el que no es contra...**por** nosotros es.
	22:19	que **por** vosotros es dado
	20	que **por** vosotros se derrama.
Jn	1:30	es aquel **de** quien yo dije: (WH, N, ABMW)
	6:51	mi carne...**por** la vida del mundo.
	10:11	su vida da **por** las ovejas
	15	pongo mi vida **por** las ovejas.
	11:4	sino **para** la gloria de Dios
	50	que un hombre muera **por** el pueblo,
	51	había de morir **por** la nación
	52	no solamente **por** la nación
	13:37	Mi vida pondré **por** ti.
	38	¿Tu vida pondrás **por** mí?
	15:13	ponga su vida **por** sus amigos
	17:19	**por** ellos yo me santifico
	18:14	que un solo hombre muriese **por** el pueblo
Hch	5:41	padecer afrenta por **causa** del Nombre
	8:24	Rogad vosotros **por** mí al Señor,
	9:16	es necesario padecer **por** mi nombre,
	12:5	oración a Dios **por** él. (TR)
	15:26	**por** el nombre de nuestro Señor
	21:13	a morir...**por** el nombre del Señor
	26	presentarse la ofrenda **por** cada uno
	26:1	Se te permite hablar **por** ti mismo. (TR, WH, N)
Ro	1:5	**por amor de** su nombre
	8	doy gracias...**con respecto a** todos vosotros (TR)
	5:6	murió **por** los impíos.
	7	apenas morirá alguno **por** un justo que alguno osara morir **por** el bueno.
	8	Cristo murió **por** nosotros.
	8:26	intercede **por** nosotros (TR, VHA, NC, BC)
	27	intercede **por** los santos.
	31	Si Dios es **por** nosotros,
	32	lo entregó **por** todos nosotros,
	34	también intercede **por** nosotros.
	9:3	**por amor** a mis hermanos,
	27	Isaías clama **tocante** a Israel
	10:1	mi oración a Dios **por** Israel, (TR); (...a **favor** de ellos, VM, WH, N, ABMW, VHA, NC, BC, BA)
	14:15	aquel **por** quien Cristo murió.

ὑπέρ 5228

Ro	15:8	para mostrar la verdad de Dios (en favor de la verdad..., VHA)
	9	glorifiquen a Dios por su misericordia,
	30	orando por mí a Dios (con vuestras oraciones a Dios por mí, BC)
	16:4	expusieron su vida por mí; (lit.,...su propio cuello por mi vida)
1 Co	1:13	¿Fue crucificado Pablo por vosotros?
	4:6	no sea que por causa de uno
	5:7	fue sacrificado por nosotros. (TR)
	10:30	por aquello de que doy gracias?
	11:24	mi cuerpo que por vosotros
	12:25	se preocupen los unos por los otros
	15:3	Cristo murió por nuestros pecados,
	29	los que se bautizan por los muertos, se bautizan por los muertos? (TR); (...por ellos?, VM, WH, N, ABMW, VHA, NC, BC, BA)
2 Co	1:6	es para vuestra consolación y salvación, es para vuestra consolación
	7	nuestra esperanza respecto de vosotros
	8	acerca de nuestra tribulación
	11	a favor nuestro con la oración sean dadas gracias a favor nuestro
	5:12	ocasión de gloriaros por nosotros,
	14	uno murió por todos
	15	por todos murió que murió y resucitó por ellos.
	20	somos embajadores en nombre de Cristo rogamos en nombre de Cristo
	21	por nosotros lo hizo pecado,
	7:4	mucho me glorío con respecto de vosotros (grande es mi gloria por causa vuestra, VM)
	7	vuestra solicitud por mí,
	12	nuestra solicitud...por vosotros (E, VM); (vuestra solicitud por nosotros, VHA, S, WH, N, ABMW, NC, BC, BA)
	14	me he gloriado con él respecto de vosotros
	8:16	la misma solicitud por vosotros
	23	En cuanto a Tito, es mi compañero
	24	nuestro gloriarnos respecto de vosotros
	9:2	de la cual yo me glorío (...me glorío de vosotros, VHA)
	3	nuestro gloriarnos de vosotros
	14	en la oración de ellos por vosotros
	12:5	De tal hombre me gloriaré de mí mismo en nada me gloriaré,
	8	respecto a lo cual tres veces he rogado
	10	por amor a Cristo me gozo
	15	me gastaré...por amor de vuestras almas,
	19	muy amados, para vuestra edificación
	13:8	nada podemos...sino por la verdad.
Gá	1:4	el cual se dio a sí mismo por nuestros
	2:20	el cual...se entregó a sí mismo por mí.
	3:13	hecho por nosotros maldición
Ff	1:16	no ceso de dar gracias por vosotros
	3:1	prisionero...por vosotros los gentiles
	13	mis tribulaciones por vosotros
	20	(1) todas las cosas mucho más abundantemente (TR)
	5:2	se entregó a sí mismo por nosotros,
	20	dando...gracias por todo (...por todas las cosas, VM)
	25	se entregó a sí mismo por ella,
	6:19	y por mí, a fin de que al abrir
	20	por el cual soy embajador
Fil	1:4	con gozo por todos vosotros
	7	sentir esto de todos vosotros

Fil	1:29	es concedido a causa de Cristo que padezcáis por él,
	2:13	que...produce...por su buena voluntad
	4:10	habéis revivido vuestro cuidado de mí
Col	1:7	fiel ministro...para vosotros,
	9	no cesamos de orar por vosotros
	24	en lo que padezco por vosotros, (en mis padecimientos por vosotros, VHA) por su cuerpo, que es la iglesia
	2:1	gran lucha sostengo por vosotros, (WH, N, ABMW)
	4:12	por vosotros en sus oraciones
	13	tiene gran solicitud por vosotros
1 Ts	3:2	para...exhortaros respecto a vuestra fe, (WH, N, ABMW)
	10	(1) orando...con gran insistencia (TR)
	5:10	quien murió por nosotros (TR, ABMW)
	13	(1) que los tengáis en mucha estima (TR)
2 Ts	1:4	por vuestra paciencia y fe
	5	por el cual asimismo padecéis,
	2:1	con respecto a la venida
1 Ti	2:1	que se hagan rogativas,...por todos
	2	por los reyes y por todos los que están
	6	se dio...en rescate por todos,
Tit	2:14	quien se dio a sí mismo por nosotros
Flm	13	para que en lugar tuyo me sirviese
He	2:9	la muerte por todos (...por todo hombre, VHA)
	5:1	es constituido a favor de los hombres sacrificios por los pecados;
	3	ofrecer por los pecados (TR)
	6:20	Jesús entró por nosotros
	7:25	para interceder por ellos.
	27	sacrificios por sus propios pecados
	9:7	la cual ofrece por sí mismo
	24	para presentarse ahora por nosotros
	10:12	un solo sacrificio por los pecados,
	13:17	ellos velan por vuestras almas,
Stg	5:16	orad unos por otros,
1 P	2:21	Cristo padeció por nosotros
	3:18	el justo por los injustos
	4:1	Puesto que Cristo ha padecido por nosotros (TR)
1 Jn	3:16	él puso su vida por nosotros debemos poner nuestras vidas por
3 Jn	7	ellos salieron por amor del nombre

5228   ὑπέρ – upér (jupér)
        Con el acusativo
        (1) ὑπέρ λίαν

Mt	10:24	no es más que su maestro ni el siervo más que su señor
	37	El que ama a padre...más que a mí El que ama a hijo...más que a mí
Lc	6:40	no es superior a su maestro
	16:8	son más sagaces...que los hijos de luz.
Hch	26:13	que sobrepasaba el resplandor del sol (lit., con más resplandor que el sol)
1 Co	4:6	aprendáis a no pensar más de lo que está escrito (TR); (aprendáis aquello de "No más allá de lo que está escrito," VHA, WH, N, ABMW, NC, BC, BA)
	10:13	ser tentados más de lo que podéis
2 Co	1:8	fuimos abrumados...más allá de nuestras fuerzas (lit.,...más allá de capacidad)
	8:3	aun más allá de sus fuerzas (lit., más allá de capacidad) (TR)
	12:6	más de lo que en mí ve

ὑπέρ 5228

2 Co	12:11	(1) que aquellos **grandes** apóstoles (TR)
	13	habéis sido menos **que** las otras iglesias
Gá	1:14	aventajaba **a** muchos (me adelantaba... **más que** muchos, VM)
Ef	1:22	lo dio por cabeza **sobre** todas las cosas
	3:20	todas las cosas **mucho más**
Fil	2:9	un nombre que es **sobre** todo nombre
Flm	16	sino como **más que** esclavo
	21	harás aun **más de** lo que te digo
He	4:12	**más** cortante **que** toda espada

5228   ὕπερ* − úper (júper)

2 Co	11:23	Yo **más**; en trabajos más abundante;

5229   ὑπεραίρω − uperaíro (juperáiro)

2 Co	12:7	para que...no me exaltase desmedidamente para que no me enaltezca sobremanera
2 Ts	2:4	el **cual** se opone **y se levanta**

5230   ὑπέρακμος*† − upérakmos (jupérakmos)

1 Co	7:36	que pase ya de edad (lit., si es una que haya pasado la flor de su edad)

5231   ὑπεράνω − uperáno (juperáno)

Ef	1:21	**sobre** todo principado y autoridad
	4:10	que...subió **por encima** de todos los cielos
He	9:5	y **sobre** ella los querubines

5232   ὑπεραυξάνω* − uperauxáno (juperauxáno)

2 Ts	1:3	vuestra fe **va creciendo,**

5233   ὑπερβαίνω − uperbáino (juperbáino)

1 Ts	4:6	que ninguno **agravie** (que ninguno transgrese, VHA)

5234   ὑπερβαλλόντως − uperballóntos (juperbalóntos)

2 Co	11:23	en azotes **sin número**

5235   ὑπερβάλλω − uperbállo (juperbálo)

2 Co	3:10	en comparación con la gloria **más eminente**
	9:14	a causa de la **superabundante** gracia de Dios
Ef	1:19	y cuál la **supereminente** grandeza
	2:7	las **abundantes** riquezas de su gracia (la **excelsa** riqueza..., NC)
	3:19	que **excede** a todo conocimiento,

5236   ὑπερβολή** − uperbolé (juperbolé)
    (1) καθ᾽ ὑπερβολήν

Ro	7:13	(1) llegase a ser **sobremanera** pecaminoso.
1 Co	12:31	(1) os muestro un camino aun **más excelente**
2 Co	1:8	(1) fuimos abrumados **sobremanera**
	4:7	para que la **excelencia** del poder sea
	17	(1) **cada vez más excelente** y eterno peso de gloria (lit., un eterno peso de gloria, **sobremanera excelente** hasta **supereminencia**)
	12:7	para que la **grandeza** de las revelaciones (a causa de la **supereminencia** de las revelaciones, VHA)
Gá	1:13	(1) perseguía **sobremanera** a la iglesia

5237   ὑπερεῖδον, véase ὑπεροράω después de 5246

5238   ὑπερέκεινα*† − upérekeina (juperékeina)

2 Co	10:16	en los **lugares más allá** de vosotros

5238 A   ὑπερεκπερισσοῦ*† − uperekperissóu (juperekperisú)

Ef	3:20	todas las cosas mucho más **abundantemente** (lit., **muchísimo** más de todas las cosas)
1 Ts	3:10	orando...**con gran insistencia,** (WH, N, ABMW)
	5:13	que los tengáis en **mucha** estima (WH, ABMW)

5238 B   ὑπερεκπερισσῶς − uperekperissós ((juperekperisós)

1 Ts	5:13	que los tengáis en **mucha** estima (N)

5239   ὑπερεκτείνω*† − uperektéino (juperektéino)

2 Co	10:14	Porque no nos **hemos extralimitado**

5240   ὑπερεκχύν(ν)ω*† − uperekcún(n)o (juperekjúno)

Lc	6:38	medida buena...**rebosando** darán

5241   ὑπερεντυγχάνω*† − uperentugcáno (juperentunjáno)

Ro	8:26	el Espíritu mismo **intercede**

5242   ὑπερέχω − uperéco (juperéjo)

Ro	13:1	Sométase...a las autoridades **superiores**
Fil	2:3	estimando...a los demás como **superiores**
	3:8	por la **excelencia** del conocimiento
	4:7	la paz de Dios, **que sobrepasa** todo
1 P	2:13	ya sea al rey, como **a superior,**

5243   ὑπερηφανία − uperefanía (juperefanía)

Mr	7:22	**la soberbia,** la insensatez.

5244   ὑπερήφανος − uperéfanos (juperéfanos)

Lc	1:51	Esparció **a los soberbios**
Ro	1:30	injuriosos, **soberbios,** altivos,
2 Ti	3:2	habrá hombres... **soberbios,**
Stg	4:6	Dios resiste **a los soberbios,**
1 P	5:5	Dios resiste **a los soberbios**

5244 A   ὑπερλίαν*† − uperlían (juperlían)

2 Co	11:5	aquellos **grandes** apóstoles. (WH, N, ABMW)
	12:11	aquellos **grandes** apóstoles, (WH, N, ABMW)

5245   ὑπερνικάω*† − upernikáo (jupernikáo)

Ro	8:37	**somos más que vencedores**

5246   ὑπέρογκος − upérogkos (jupéronkos)

2 P	2:18	hablando palabras **infladas** y vanas
Jud	16	cuya boca habla **cosas infladas**

5237   ὑπεροράω − uperoráo (juperoráo)

Hch	17:30	**habiendo pasado por alto** los tiempos

5247   ὑπεροχή − uperocé (juperojé)

1 Co	2:1	no fui con **excelencia** de palabras (...de palabra, BC)
1 Ti	2:2	por todos los que están en **eminencia**,

5248		ὑπερπερισσεύω*† – uperperisséuo (juperperiséuo)		**5258**		ὕπνος – úpnos (júpnos)

5248 ὑπερπερισσεύω*† – uperperisséuo (juperperiséuo)
- Ro 5:20 **sobreabundó** la gracia
- 2 Co 7:4 **sobreabundo** de gozo

5249 ὑπερπερισσῶς*† – uperperissós (juperperisós)
- Mr 7:37 **en gran manera** se maravillaban

5250 ὑπερπλεονάζω*† – uperpleonázo (juperpleonádzo)
- 1 Ti 1:14 la gracia...**fue más abundante**

5251 ὑπερυψόω† – uperupsóo (juperupsóo)
- Fil 2:9 Dios también le **exaltó hasta lo sumo**

5252 ὑπερφρονέω** – uperfronéo (juperfronéo)
- Ro 12:3 que no tenga más **alto concepto** de sí

5253 ὑπερῷον – uperóon (juperóon)
- Hch 1:13 subieron al **aposento alto**,
- 9:37 la pusieron en **una sala**. (...en un aposento alto, VHA)
- 39 le llevaron a la **sala**; (...al aposento alto, VHA)
- 20:8 había muchas lámparas en el **aposento alto**

5254 ὑπέχω – upéco (jupéjo)
- Jud 7 **sufriendo** el castigo del fuego eterno.

5255 ὑπήκοος – upékoos (jupékoos)
- Hch 7:39 nuestros padres no quisieron obedecer, (...ser **obedientes**, VM)
- 2 Co 2:9 si vosotros sois **obedientes**
- Fil 2:8 haciéndose **obediente** hasta la muerte

5256 ὑπηρετέω** – uperetéo (juperetéo)
- Hch 13:36 David, habiendo **servido** a su
- 20:34 estas manos me **han servido**.
- 24:23 que no impidiese...**servirle**

5257 ὑπηρέτης – uperétes (juperétes)
- Mt 5:25 el juez al **alguacil**
- 26:58 se sentó con los **alguaciles**
- Mr 14:54 estaba sentado con los **alguaciles**
- 65 los **alguaciles** le daban de bofetadas. (...le recibieron a bofetadas, BC)
- Lc 1:2 que...fueron **ministros** de la palabra
- 4:20 lo dio al **ministro** (lit., dándolo...)
- Jn 7:32 enviaron **alguaciles**
- 45 Los **alguaciles** vinieron a los...fariseos
- 46 Los **alguaciles** respondieron: ¡Jamás
- 10:3 tomando...**alguaciles**...de los fariseos
- 12 los **alguaciles** de los judíos,
- 18 estaban en pie...los **alguaciles**
- 22 uno de los **alguaciles**, que estaba allí
- 36 mis **servidores** pelearían para que yo no
- 19:6 los principales sacerdotes y los **alguaciles**
- Hch 5:22 cuando llegaron los **alguaciles**
- 26 el jefe...con los **alguaciles**
- 13:5 Tenían también a Juan de **ayudante**
- 26:16 para ponerte por **ministro** y testigo
- 1 Co 4:1 **servidores** de Cristo, y administradores

5258 ὕπνος – úpnos (júpnos)
- Mt 1:24 despertando José del **sueño**
- Lc 9:32 estaban rendidos **de sueño**
- Jn 11:13 pensaron que hablaba del reposar del **sueño**
- Hch 20:9 rendido **de un sueño** profundo vencido del **sueño** cayó
- Ro 13:11 es ya hora de levantarnos del **sueño**

5260 ὑποβάλλω** – upobállo (jupobálo)
- Hch 6:11 **sobornaron** a unos para que dijesen (...hombres que dijesen, VHA)

5261 ὑπογραμμός**† – upogrammós (jupogramós)
- 1 P 2:21 dejándonos **ejemplo**, (TR); (dejándoos..., VHA, WH, N, ABMW, VM, NC, BC, BA)

5262 ὑπόδειγμα – upódeigma (jupódeigma)
- Jn 13:15 **ejemplo** os he dado,
- He 4:11 semejante **ejemplo** de desobediencia. (en el
- 8:5 a lo que es **figura** y sombra
- 9:23 las **figuras** de las cosas celestiales
- Stg 5:10 tomad como **ejemplo** de aflicción
- 2 P 2:6 de **ejemplo** a los que habían de vivir

5263 ὑποδείκνυμι – upodéiknumi o ὑποδεικνύω
- Mt 3:7 ¿Quién os **enseñó** a huir de la ira
- Lc 3:7 ¿Quién os **enseñó** a huir de la ira
- 6:47 os **indicaré** a quién es semejante
- 12:5 os **enseñaré** a quién debéis temer
- Hch 9:16 yo le **mostraré** cuánto
- 20:35 os he **enseñado** que, trabajando así,

5264 ὑποδέχομαι** – upodécomai (jupodéjomai)
- Lc 10:38 Marta le **recibió** en su casa.
- 19:6 le **recibió** gozoso
- Hch 17:7 a los cuales Jasón ha **recibido**
- Stg 2:25 cuando **recibió** a los mensajeros

5265 ὑποδέω – upodéo (jupodéo)
- Mr 6:9 sino que **calzasen** sandalias, (sino calzados con sandalias, BC)
- Hch 12:8 Cíñete, y **átate** las sandalias.
- Ef 6:15 **calzados** los pies con el apresto

5266 ὑπόδημα – upódema (jupódema)
- Mt 3:11 cuyo **calzado** yo no soy digno (cuyos zapatos..., VM)
- 10:10 ni de **calzado**, ni de bordón; (ni de zapatos..., VM)
- Mr 1:7 la correa de su **calzado** (...de sus zapatos VM)
- Lc 3:16 la correa de su **calzado**; (...de sus zapatos, VM)
- 10:4 No llevéis...ni **calzado** (...zapatos, VM)
- 15:22 **calzado** en sus pies. (unas sandalias..., NC)
- 22:35 Cuando os envié sin...**calzado**, (...sin sandalias, NC)
- Jn 1:27 la correa del **calzado**
- Hch 7:33 Quita el **calzado** de tus pies,
- 13:25 desatar el **calzado** de los pies.

5267 ὑπόδικος* – upódikos (jupódikos)
- Ro 3:19 quede **bajo el juicio** de Dios (sea reo

5268 ὑποζύγιον

delante de Dios, VHA)

ὑποδραμών, véase 5295 ὑποτρέχω

5268　　ὑποζύγιον – upozúgion (juperdzúguion)
Mt　21:5　Sobre un pollino, hijo de **animal de carga**.
2 P　2:16　una muda **bestia de carga**, hablando

5269　　ὑποζώννυμι** – upozónnumi (jupodzónumi)
Hch　27:17　refuerzos **para ceñir** la nave

5270　　ὑποκάτω – upokáto (jupokáto)
Mt　22:44　por estrado de tus pies? (TR, NC); (**debajo de** tus pies, VHA, WH, N, ABMW, VM, BC, BA)
Mr　6:11　el polvo que está **debajo de** vuestros pies,
　　7:28　los perrillos, **debajo de** la mesa,
　　12:36　por estrado de tus pies. (TR, VM, BC); (**debajo** de tus pies, VHA, WH, N, ABMW, NC, BA)
Lc　8:16　ni la pone **debajo de** la cama
Jn　1:50　Te vi **debajo de** la higuera,
He　2:8　Todo lo sujetaste **bajo** sus pies. (...todas las cosas..., VHA)
Ap　5:3　ni **debajo de** la tierra, podía
　　13　**debajo de** la tierra, y en el mar
　　6:9　vi **bajo** el altar las almas
　　12:1　con la luna **debajo** de sus pies,

5271　　ὑποκρίνομαι – upokrínomai (jupokrínomai)
Lc　20:20　**que se simulasen** justos (lit.,...ser justos)

5272　　ὑπόκρισις** – upókrisis (jupókrisis)
Mt　23:28　estáis llenos **de hipocresía**
Mr　12:15　percibiendo la **hipocresía** de ellos,
Lc　12:1　la levadura...que es la **hipocresía**
Gá　2:13　fue...arrastrado por la **hipocresía** de ellos.
1 Ti　4:2　por **la hipocresía** de mentirosos
Stg　5:12　para que no caigáis en condenación (E, WH, N, ABMW, VHA, VM, NC, BC, BA); (lit.,...en la **hipocresía**, S)
1 P　2:1　Desechando, pues, toda...**hipocresía**, (WH, VHA); (...**hipocresías**, VM, TR, N, ABMW, NC, BC, BA)

5273　　ὑποκριτής – upokrités (jupokrités)
Mt　6:2　como hacen los **hipócritas**
　　5　no seas como los **hipócritas**
　　16　no seáis austeros, como los **hipócritas**
　　7:5　¡**Hipócrita**! saca primero la viga
　　15:7　**Hipócritas**, bien profetizó
　　16:3　¡**Hipócritas**! que sabéis distinguir
　　22:18　¿Por qué me tentáis, **hipócritas**?
　　23:13　escribas y fariseos, **hipócritas**!
　　　　　(lo mismo en los versículos 15, 23, 25, 27, 29)
　　14 (13)　escribas y fariseos, **hipócritas**! (TR, VM, BA)
　　24:51　pondrá su parte con los **hipócritas**
Mr　7:6　**Hipócritas**, bien profetizó
Lc　6:42　**Hipócrita**, saca primero la viga
　　11:44　escribas y fariseos, **hipócritas**! (TR)
　　12:56　¡**Hipócritas**! Sabéis distinguir
　　13:15　**Hipócrita**, cada uno de vosotros (TR); (¡**Hipócritas**! ..., VHA, WH, N ABMW, VM, NC, BC, BA)

5280 ὑπόμνησις

5274　　ὑπολαμβάνω – upolambáno (jupolambáno)
Lc　7:43　**Pienso** que aquél a quien perdonó más.
　　10:30　**Respondiendo** Jesús, dijo:
Hch　1:9　le **recibió** una nube
　　2:15　como vosotros **suponéis**
3 Jn　8　debemos **acoger** a tales personas, (WH, N, ABMW)

5275 A　　ὑπόλειμμα – upóleimma (jupóleima) o ὑπόλιμμα
Ro　9:27　el **remanente** será salvo; (WH, N, ABMW)

5275　　ὑπολείπω – upoléipo (jupoléipo)
Ro　11:3　sólo yo **he quedado**,

5276　　ὑπολήνιον† – upolénion (jupolénion)
Mr　12:1　cavó **un lagar**,

5277　　ὑπολιμπάνω* – upolimpáno (jupolimpáno)
1 P　2:21　**dejándonos** ejemplo, (TR); (**dejándoos**..., VHA, WH, N, ABMW, VM, NC, BC, BA)

5278　　ὑπομένω – upoméno (jupoméno)
Mt　10:22　el **que persevere** hasta el fin
　　24:13　el **que persevere** hasta el fin,
Mr　13:13　el **que persevere** hasta el fin,
Lc　2:43　**se quedó** el niño Jesús en Jerusalén,
Hch　17:14　Silas y Timoteo **se quedaron** allí.
Ro　12:12　**sufridos** en la tribulación; (lit., perseverando constantes...)
1 Co　13:7　todo lo **soporta**. (lit., todas las cosas...)
2 Ti　2:10　todo lo **soporto** (lit., todas las cosas...)
　　12　Si **sufrimos**, también reinaremos (lit., si perseveramos...)
He　10:32　**sostuvisteis** gran combate de padecimientos
　　12:2　**sufrió** la cruz,
　　3　**que sufrió** tal contradicción de pecadores
　　7　Si **soportáis** la disciplina (TR, VM); (Sufrís **pacientemente** para corrección, VHA, WH, N, ABMW, NC, BC, BA)
Stg　1:12　el varón que **soporta** la tentación
　　5:11　tenemos por bienaventurados a los **que sufren**. (...**que sufrieron con paciencia**, VHA)
1 P　2:20　si...lo **soportáis**?
si haciendo lo bueno...lo **soportáis**,

5279　　ὑπομιμνήσκω – upomimnésko (jupomimnésko)
Lc　22:61　Pedro **se acordó** de la palabra
Jn　14:26　os **recordará** todo (...todas las cosas, BC)
2 Ti　2:14　**Recuérdales** esto, (...estas cosas..., VM)
Tit　3:1　**Recuérdales** que se sujeten
2 P　1:12　**recordaros** siempre estas cosas
3 Jn　10　**recordaré** las obras (le **recordaré**..., NC)
Jud　5　quiero **recordaros**,...que el Señor

5280　　ὑπόμνησις – upómnesis (jupómnesis)
2 Ti　1:5　trayendo **a la memoria** la fe (lit., habiendo recibido **memoria** de la fe)
2 P　1:13　el despertaros con **amonestación**; (lit.,...por **un recuerdo**)
　　3:1　despierto con **exhortación** (lit.,...por **un recuerdo**)

5281 ὑπομονή – upomoné (jupomoné)

Lc	8:15	dan fruto con **perseverancia**
	21:19	Con vuestra **paciencia** ganaréis
Ro	2:7	perseverando en bien hacer, (con **la perseverancia** del bien obrar, BC)
	5:3	la tribulación produce **paciencia**
	4	la **paciencia**, prueba
	8:25	con **paciencia** lo aguardamos.
	15:4	a fin de que por la **paciencia**
	5	el Dios de la **paciencia**
2 Co	1:6	en el sufrir las mismas aflicciones (en **el sufrir con paciencia**..., VM)
	6:4	ministros...en mucha **paciencia**
	12:12	han sido hechas...en toda **paciencia**
Col	1:11	para toda **paciencia** y longanimidad
1 Ts	1:3	vuestra **constancia** en la esperanza
2 Ts	1:4	por vuestra **paciencia** y fe
	3:5	a la **paciencia** de Cristo
1 Ti	6:11	sigue.. **la paciencia**, la mansedumbre.
2 Ti	3:10	longanimidad, amor, **paciencia**
Tit	2:2	sanos en la fe,...en la **paciencia**
He	10:36	os es necesario la **paciencia**,
	12:1	corramos con **paciencia** la carrera
Stg	1:3	la prueba de vuestra fe produce **paciencia**
	4	tenga la **paciencia** su obra completa,
	5:11	Habéis oído de la **paciencia** de Job
2 P	1:6	al dominio propio, **paciencia** a la **paciencia**, piedad
Ap	1:9	copartícipe...en la **paciencia**
	2:2	tu arduo trabajo y **paciencia**
	3	has tenido **paciencia**
	19	Yo conozco...tu **paciencia**
	3:10	has guardado la palabra de mi **paciencia**
	13:10	Aquí está la **paciencia** y la fe
	14:12	Aquí está la **paciencia** de los santos,

5282 ὑπονοέω** – uponoéo (juponoéo)

Hch	13:25	¿Quién **pensáis** que soy? (TR, VM, BA); (lo que **vosotros suponéis**, VHA, WH, N, ABMW, NC, BC)
	25:18	ningún cargo...de los que yo **sospechaba**,
	27:27	**sospecharon** que estaban cerca de tierra

5283 ὑπόνοια – upónoia (jupónoia)

1 Ti	6:4	blasfemias, malas **sospechas**,

5284 ὑποπλέω*† – upopléo (jupopléo)

Hch	27:4	**navegamos a sotavento** de Chipre
	7	**navegamos a sotavento** de Creta

5285 ὑποπνέω* – upopnéo (jupopnéo)

Hch	27:13	**soplando** una brisa del sur,

5286 ὑποπόδιον – upopódion (jupopódion)

Mt	5:35	porque es el **estrado** de sus pies
	22:44	por **estrado** de tus pies (TR, NC)
Mr	12:36	por **estrado** de tus pies. (TR, VM, BC)
Lc	20:43	por **estrado** de tus pies.
Hch	2:35	por **estrado** de tus pies.
	7:49	la tierra el **estrado** de mis pies.
He	1:13	por **estrado** de tus pies?
	10:35	por **estrado** de tus pies
Stg	2:3	siéntate aquí bajo mi **estrado**

5287 ὑπόστασις – upóstasis (jupóstasis)

2 Co	9:4	de esta nuestra **confianza**
	11:17	hablo...con esta **confianza**
He	1:3	la imagen misma de su **sustancia**
	3:14	nuestra **confianza** del principio (el principio de nuestra **confianza**?, VM)
	11:1	la **certeza** de lo que se espera (una convicción de las cosas que se esperan, BC)

5288 ὑποστέλλω – upostéllo (jupostélo)

Hch	20:20	nada...**he rehuido** de anunciaros
	27	no **he rehuido** anunciaros todo el consejo
Gá	2:12	se **retraía** y se apartaba
He	10:38	si **retrocediere**,

5289 ὑποστολή*† – upostolé (jupostolé)

He	10:39	no somos de los que retroceden (lit.,...**del retraimiento**)

5290 ὑποστρέφω – upostréfo (jupostréfo)

Mr	14:40	**Al volver** otra vez los halló (TR)
Lc	1:56	**se volvió** a su casa
	2:20	**volvieron** los pastores (WH, N, ABMW)
	39	**volvieron** a Galilea (TR)
	43	Al **regresar** ellos,...se quedó
	45	**volvieron** a Jerusalén buscándole.
	4:1	**volvió** del Jordán,
	14	Jesús **volvió** en el poder
	7:10	**al regresar** a casa
	8:37	entrando en la barca, **se volvió**
	39	**Vuélvete** a tu casa,
	40	Cuando **volvió** Jesús, le recibió
	9:10	**Vueltos** los apóstoles, le contaron
	10:17	**Volvieron**...con gozo,
	11:24	**Volveré** a mi casa de donde salí.
	17:15	**volvió**, glorificando a Dios
	18	¿No hubo quien **volviese** (¿No se hallaron quienes **volviesen**, BC)
	19:12	para recibir un reino y **volver**
	23:48	**se volvían** golpeándose
	56	**vueltas**, prepararon especias
	24:9	**volviendo** del sepulcro,
	33	**volvieron** a Jerusalén,
	52	**volvieron** a Jerusalén con gran gozo
Hch	1:12	**se volvieron** a Jerusalén desde el monte
	8:25	**se volvieron** a Jerusalén
	28	volvía sentado en su carro, (lit., estaba **volviendo**...)
	12:25	**volvieron** de Jerusalén, (TR, N, VHA, VM, NC, BC, BA); (lit.,...a Jerusalén, WH, ABMW)
	13:13	Juan,...**volvió** a Jerusalén.
	34	para nunca más **volver** a corrupción,
	14:21	**volvieron** a Listra, a Iconio
	20:3	**volver** por Macedonia
	21:6	ellos **se volvieron** a sus casas.
	22:17	**vuelto** a Jerusalén, que orando
	23:32	**volvieron** a la fortaleza.
Gá	1:17	**volví** de nuevo a Damasco.
He	7:1	a Abraham **que volvía** de la derrota
2 P	2:21	**volverse atrás** del santo mandamiento (WH, N, ABMW)

5291 ὑποστρωννύω – upostronnúo (jupostronúo)

Lc	19:36	**tendían** sus mantos por el camino

5292 ὑποταγή** – upotagé (jupotagué)

2 Co	9:13	pues...glorifican a Dios por la **obediencia**

ὑποτάσσω 5293   774   5304 ὑστέρησις

Gá	2:5	ni por un momento accedimos a someternos (...cedimos, con **sumisión**, VHA)	1 Co	10:13	para que podáis **soportar**
1 Ti	2:11	La mujer aprenda...con toda **sujeción**	2 Ti	3:11	persecuciones que **he sufrido**, (qué persecuciones **sufrí**, VM)
	3:4	que tenga a sus hijos en **sujeción**	1 P	2:19	**sufre** molestias padeciendo injustamente.

5293   ὑποτάσσω — upotásso (jupotáso)

Lc	2:51	estaba **sujeto** a ellos.
	10:17	aun los demonios **se nos sujetan**
	20	de que los espíritus **se os sujetan**
Ro	8:7	la mente carnal...**no se sujeta**
	20	la creación **fue sujetada** a vanidad, por causa del **que la sujetó**
	10:3	no **se han sujetado** a la justicia de Dios;
	13:1	**Sométase** toda persona a las autoridades
	5	es necesario **estarle sujetos**
1 Co	14:32	los espíritus de los profetas **están sujetos**
	34	sino **que estén sujetas,**
	15:27	todas las cosas **sujetó** debajo todas las cosas **han sido sujetadas** a él, aquel **que sujetó** a él todas las cosas
	28	luego que todas las cosas le **estén sujetas** el Hijo mismo **se sujetará al que** le sujetó
	16:16	que **os sujetéis** a personas como ellos
Ef	1:22	**sometió** todas las cosas bajo sus pies
	5:21	**Someteos** unos a otros (**sujetándoos**..., VHA)
	22	Las casadas **estén sujetas** (V60, Tr, NC, BC); (lit., Vosotras mujeres, **estad sujetas,** TR); (no se encuentra en WH, N, ABMW, VHA, VM, BA)
	24	como la iglesia **está sujeta** a Cristo,
Fil	3:21	puede también **sujetar** a sí mismo
Col	3:18	Casadas, estad **sujetas** a vuestros maridos
Tit	2:5	**sujetas** a sus maridos,
	9	a los siervos **a que se sujeten** a sus amos,
	3:1	Recuérdales **que se sujeten** a los gobernantes
He	2:5	no **sujetó** a los ángeles el mundo
	8	Todo lo **sujetaste** bajo sus pies. en **cuanto le sujetó** todas las cosas, no vemos que todas las cosas le **sean sujetas.**
	12:9	no **obedeceremos** mucho mejor al Padre (¿no **nos someteremos...**, VHA)
Stg	4:7	**Someteos,** pues, a Dios
1 P	2:13	**someteos** a toda institución humana
	18	estad **sujetos**...a vuestros amos (lit., **sometiéndoos**...)
	3:1	mujeres, **estad sujetas** a vuestro maridos (lit.,...**estando sujetas**...)
	5	**estando sujetas** a sus maridos
	22	a él **están sujetos** ángeles, (**sometidos** a él ángeles, VHA)
	5:5	jóvenes, **estad sujetos** a los ancianos todos, **sumisos** unos a otros, (TR)

5294   ὑποτίθημι — upotíthemi (jupotíthemi)

Ro	16:4	**expusieron** su vida (lit.,...su propio cuello)
1 Ti	4:6	Si esto **enseñas** a los hermanos, (...estas cosas:..., BC)

5295   ὑποτρέχω* — upotréco (jupotréjo)

Hch	27:16	**habiendo corrido a sotavento** de una

5296   ὑποτύπωσις*† — upotúposis (jupotúposis)

1 Ti	1:16	para **ejemplo** de los que habrían de creer
2 Ti	1:13	Retén la **forma** de las sanas palabras

5297   ὑποφέρω — upoféro (jupoféro)

5298   ὑποχωρέω — upocoréo (jupojoréo)

Lc	5:16	se apartaba a lugares desiertos (lit., estaba **apartándose**...)
	9:10	tomándolos, **se retiró** aparte

5299   ὑπωπιάζω* — upopiázo (jupopiádzo)

Lc	18:5	no sea que...me agote la paciencia (no sea que...me **muela**, VHA)
1 Co	9:27	sino que **golpeo** mi cuerpo,

5300   ὗς — us (jús) o ὑός

2 P	2:22	la **puerca** lavada a revolcarse (...al revolcadero, BC)

5301   ὕσσωπος† — ússopos (júsopos) o ὕσσωπον

Jn	19:29	poniéndola **en un hisopo,**
He	9:19	con agua, lana escarlata e **hisopo**

5302   ὑστερέω — usteréo (justeréo)

Mt	19:20	¿Qué más **me falta?** (...**necesito?**, BC)
Mr	10:21	Una cosa **te falta**
Lc	15:14	comenzó a faltarle. (...**padecer necesidad,** VM)
	22:35	¿os **faltó** algo? (lit., ¿acaso **tuvisteis necesidad** de algo?)
Jn	2:3	**faltando** el vino,
Ro	3:23	**están destituidos** de la gloria
1 Co	1:7	nada os **falta** en ningún don,
	8:8	ni...**seremos menos.** (ni...**somos menos,** VHA)
	12:24	dando.... honor al **que le faltaba.**
2 Co	11:5	que en nada **he sido inferior**
	9	cuando estaba...y **tuve necesidad**
	12:11	en nada **he sido menos** que aquellos
Fil	4:12	como **para padecer necesidad.**
He	4:1	no sea que...parezca no **haberlo alcanzado**
	11:37	pobres, angustiados, maltratados; (**destituidos**..., VM)
	12:15	que alguno deje de alcanzar la gracia (lit., que nadie **careciendo** de la gracia)

5303   ὑστέρημα† — ustérema (justérema)

Lc	21:4	de su **pobreza** echó todo
1 Co	16:17	ellos han suplido vuestra **ausencia.** (...lo que **faltaba** de vuestra parte, VM)
2 Co	8:14	supla la **escasez** de ellos, (lit., sea para la escasez de ellos) supla la **necesidad** vuestra, (lit., sea para la necesidad vuestra)
	9:12	**lo que** a los santos **falta,** (las **necesidades** de los santos, VHA)
	11:9	lo que me faltaba (mi **necesidad,** BC)
Fil	2:30	**lo que faltaba** en vuestro servicio (lit., vuestra **deficiencia** de ministración)
Col	1:24	lo **que falta** de las aflicciones (lit., las **cosas que faltan**...)
1 Ts	3:10	lo que falte a vuestra fe? (las **deficiencias** de vuestra fe?, BC)

5304   ὑστέρησις**† — ustéresis (justéresis)

Mr	12:44	ésta, de su **pobreza** echó

| ὕστερον 5305 | | | 5316 φαίνω |

Fil	4:11	No lo digo porque tenga escasez, (No es que lo diga yo en cuanto a necesidad, VM)	Lc	6:35	seréis hijos del Altísimo
				8:28	Jesús, Hijo del Dios Altísimo?
				19:38	gloria en las alturas!
			Hch	7:48	si bien el Altísimo no habita
5305		ὕστερον — ústeron (jústeron)		16:17	son siervos del Dios Altísimo
Mt	4:2	tuvo hambre (al fin tuvo hambre, VHA)	He	7:1	sacerdote del Dios Altísimo,
	21:29	después, arrepentido, fue.			
	32	no os arrepentisteis después para creerle	**5311**		ὕψος — úpsos (júpsos)
	37	Finalmente les envió su hijo	Lc	1:78	nos visitó desde lo alto
	22:27	después de todos murió también la mujer.		24:49	poder desde lo alto
	25:11	Después vinieron también las otras vírgenes	Ef	3:18	cuál sea...la altura,
	26:60	(61) al fin vinieron dos (...compareciendo dos, BC)		4:8	Subiendo a lo alto, llevó cautiva
			Stg	1:9	gloríese en su exaltación
Mr	16:14	[Finalmente se apareció a los once]	Ap	21:16	la altura y la anchura de ella (la anchura, y la altura, VHA)
Lc	4:2	pasados los cuales, tuvo hambre. (V60, WH, N, ABMW, VHA, VM, NC, BC, BA); (lit.,...al fin tuvo hambre, TR)			
			5312		ὑψόω — upsóo (jupsóo)
	20:32	Finalmente murió también la mujer	Mt	11:23	que eres levantada hasta el cielo (TR, VM); (¿por ventura serás exaltada..., BC, WH, N, ABMW, VHA, NC, BA)
Jn	13:36	seguirás después			
He	12:11	pero después da fruto apacible			
				23:12	el que se enaltece será humillado, (lit., el que se ensalzará...)
5306		ὕστερος — ústeros (jústeros)			
Mt	21:31	Dijeron ellos: El primero (TR, ABMW, VM, NC, BC); (...El segundo, BA, WH, N, VHA)			el que se humilla será enaltecido
			Lc	1:52	exaltó a los humildes.
1 Ti	4:1	en los postreros tiempos algunos		10:15	tú, Capernaum, que...eres levantada, (TR, VM); (...¿por ventura serás exaltada, BC, WH, N, ABMW, VHA, NC, BA)
5307 A		ὑφαίνω — ufáino (jufáino)			
Lc	12:27	no trabajan, ni hilan (TR, WH, ABMW, VM, NC, BC, BA); (no hilan ni tejen, VHA, N)		14:11	cualquiera que se enaltece,
					el que se humilla, será enaltecido
				18:14	cualquiera que se enaltece
5307		ὑφαντός — ufantós (jufantós)			el que se humilla será enaltecido
Jn	19:23	de un solo tejido de arriba abajo. (tejida toda desde arriba, NC)	Jn	3:14	como Moisés levantó la serpiente que el Hijo del Hombre sea levantado
				8:28	Cuando hayáis levantado al Hijo
5308		ὑψηλός — upselós (jupselós)		12:32	si fuere levantado de la tierra,
Mt	4:8	le llevó el diablo a un monte muy alto		34	que el Hijo del Hombre sea levantado?
	17:1	los llevó aparte a un monte alto	Hch	2:33	exaltado por la diestra de Dios, (...a la diestra..., BA)
Mr	9:2	los llevó aparte solos a un monte alto			
Lc	4:5	le llevó...a un alto monte, (habiéndole llevado..., BC) (TR, VHA, VM, NC, BC, BA)		5:31	A éste, Dios ha exaltado
				13:17	enalteció al pueblo
	16:15	lo que los hombres tienen por sublime (lit., lo alto entre los hombres)	2 Co	11:7	para que vosotros fueseis enaltecidos
			Stg	4:10	os exaltará
Hch	13:17	con brazo levantado los sacó	1 P	5:6	para que él os exalte
Ro	11:20	No te ensoberbezcas, (lit., no pienses en las cosas altas) (WH, N, ABMW)			
			5313		ὕψωμα — úpsoma (júpsoma)
	12:16	no altivos, (lit., no pensando en las cosas altas)	Ro	8:39	ni lo alto, ni lo profundo,
			2 Co	10:5	toda altivez que se levanta
He	1:3	se sentó a la diestra...en las alturas,			
	7:26	hecho más sublime que los cielos			
Ap	21:10	me llevó...a un monte grande y alto			**Φ φ**
	12	un muro grande y alto			
			5314		φάγος*† — fágos
5309		ὑψηλοφρονέω*† — upselofronéo (jupselofronéo)	Mt	11:19	un hombre comilón, y bebedor de vino
			Lc	7:34	un hombre comilón y bebedor de vino
Ro	11:20	No te ensoberbezcas, sino teme, (TR)			
1 Ti	6:17	manda que no sean altivos,	**5315**		φάγω, véase **2068** ἐσθίω, pág. 360
5310		ὕψιστος — úpsistos (júpsistos)	**5341**		φαιλόνης*† — failónes o φελόνης
Mt	21:9	¡Hosanna en las alturas!	2 Ti	4:13	Trae, cuando vengas, el capote
Mr	5:7	Jesús, Hijo del Dios Altísimo			
	11:10	¡Hosanna en las alturas!	**5316**		φαίνω — fáino
Lc	1:32	será llamado Hijo del Altísimo	Mt	1:20	le apareció en sueños
	35	el poder del Altísimo te cubrirá		2:7	el tiempo de la aparición de la estrella; (lit., el tiempo de la estrella que aparecía)
	76	profeta del Altísimo serás llamado			
	2:14	¡Gloria a Dios en las alturas			

	Φάλεκ 5317		776	5322 φανός
Mt	2:13	un ángel del Señor **apareció** en sueños	Jn 2:11	**manifestó** su gloria
	19	**apareció** en sueños a José	3:21	para que sea **manifiesto** que sus obras (para
	6:5	para ser **vistos** de los hombres		que **se manifiesten** sus obras, BC)
	16	para **mostrar** a los hombres que ayunan	7:4	**manifiéstate** al mundo.
	18	para no **mostrar** a los hombres que ayunas	9:3	que las obras de Dios **se manifiesten**
	9:33	Nunca **se ha visto** cosa semejante	17:6	He **manifestado** tu nombre
	13:26	**apareció** también la cizaña.	21:1	se **manifestó** otra vez a sus discípulos
	23:27	por fuera...**se muestran** hermosos,		se **manifestó** de esta manera
	28	os **mostráis** justos a los hombres,	14	la tercera vez que Jesús **se manifestaba**
	24:27	**se muestra** hasta el occidente,	Ro 1:19	pues Dios se los **manifestó**
	30	**aparecerá** la señal del Hijo del Hombre	3:21	aparte de la ley, **se ha manifestado**
Mr	14:64	¿qué os parece?	16:26	que ha sido **manifestado** ahora
	16:9	[**apareció** primeramente a María]	1 Co 4:5	**manifestará** las intenciones
Lc	9:8	Elías **ha aparecido**	2 Co 2:14	el cual...**manifiesta** en todo lugar el olor
	24:11	a ellos les **parecían** locura	3:3	siendo **manifiesto** que sois carta (lit., siendo
Jn	1:5	La luz...**resplandece**,		**manifestados**...)
	5:35	era antorcha **que** ardía y **alumbraba**	4:10	para que...la vida de Jesús **se manifieste**
Ro	7:13	el pecado, para **mostrarse** pecado	11	para que...la vida de Jesús **se manifieste**
2 Co	13:7	para que nosotros **aparezcamos** aprobados	5:10	que todos nosotros **comparezcamos** ante
Fil	2:15	en medio de la cual **resplandecéis**	11	a Dios le es manifiesto lo que somos;
He	11:3	de lo **que no se veía**. (no...de **cosas que**		(hemos sido **manifestados** a Dios, VM)
		aparecen, VM)		que también lo sea a vuestras conciencias
Stg	4:14	es neblina **que se aparece** por un poco		(que también seamos **manifiestos**..., BA)
1 P	4:18	¿En dónde **aparecerá** el impío	7:12	para que se os hiciese **manifiesta** nuestra
2 P	1:19	**que alumbra** en lugar oscuro		solicitud (E, VM); (...vuestra solicitud,
1 Jn	2:8	la luz verdadera ya **alumbra**		VHA, S, WH, N, ABMW, NC, BC, BA)
Ap	1:16	como el sol cuando **resplandece**	11:6	os lo hemos demostrado. (lit., **habiéndooslo**
	8:12	para que...no hubiese luz (para que el día		**demostrado**) (WH, N, ABMW, VM, NC,
		no **resplandeciese**, VM)		BA); (lit., **habiéndonos demostrado** ante
	18:23	Luz de lámpara no **alumbrará** más		vosotros) (TR, VHA)
	21:23	que **brillen** en ella	Ef 5:13	todas las cosas...son hechas **manifiestas**
			14 (13)	la luz es lo **que manifiesta** todo
5317		Ψάλεκ — Fálek		(todo lo **que se manifiesta**, luz es, BC)
Lc	3:35	hijo de Ragau, hijo de Peleg	Col 1:26	ahora **ha sido manifestado** a sus santos,
			3:4	Cuando Cristo, vuestra vida, **se manifieste**
5318		φανερός.— fanerós		seréis **manifestados** con él en gloria
		(1) ἐν τῷ φανερῷ ; (2) εἰς φανερόν	4:4	para que lo **manifieste** como debo
			1 Ti 3:16	fue **manifestado** en carne,
Mt	6:4	(1) te recompensará **en público**	2 Ti 1:10	que ahora **ha sido manifestada**
	6	(1) te recompensará **en público**	Tit 1:3	**manifestó** su palabra
	18	(1) te recompensará **en público**	He 9:8	que aún no se había **manifestado** el camino
	12:16	que no le descubriesen; (que no le pusiesen	26	**se presentó** una vez para siempre (...se ha
		de **manifiesto**, VM)		**manifestado**, VHA)
Mr	3:12	para que no le descubriesen. (que no le	1 P 1:20	**manifestado**...por amor de vosotros,
		pusiesen de **manifiesto**, VM)	5:4	cuando **aparezca** el Príncipe
	4:22 (2)	que no haya de salir **a luz**	1 Jn 1:2	la vida **fue manifestada**,
	6:14	su nombre se había hecho **notorio**		se nos **manifestó**
Lc	8:17	que no haya de ser **manifestado**	2:19	para que **se manifestase** que no todos
		(2) que no haya de...salir **a luz**		(lit.,...fueran **manifestados**...)
Hch	4:16	**notoria** a todos los que moran	28	para que cuando **se manifieste**,
	7:13	**manifestado** a Faraón el linaje	3:2	aún no se ha **manifestado** lo que
Ro	1:19	de Dios...les es **manifiesto**,		sabemos que cuando él **se manifieste**
	2:28 (1)	no es judío el que lo es **exteriormente**,	5	él **apareció** para quitar nuestros pecados,
		(1) la que se hace **exteriormente**	8	Para esto **apareció** el Hijo de Dios,
1 Co	3:13	la obra de cada uno se hará **manifiesta**	4:9	En esto **se mostró** el amor de Dios,
	11:19	para que se hagan **manifiestos**	Ap 3:18	para...que no **se descubra** la vergüenza
	14:25	lo oculto...se hace **manifiesto**; (los secretos	15:4	tus juicios **se han manifestado**
		...son hechos **manifiestos**, VM)		
Gá	5:19	**manifiestas** son las obras de la carne	5320	φανερῶς ** — fanerós
Fil	1:13	que mis prisiones se han hecho **patentes**	Mr 1:45	entrar **abiertamente** en la ciudad
1 Ti	4:15	para que tu aprovechamiento sea **manifiesto**	Jn 7:10	no **abiertamente**, sino como en secreto.
1 Jn	3:10	se manifiestan los hijos de Dios, (son	Hch 10:3	Este vio **claramente** en una visión
		manifiestos..., VM)		
			5321	φανέρωσις *† — fanérosis
5319		φανερόω — faneróo	1 Co 12:7	a cada uno le es dada la **manifestación**
Mr	4:22	que no haya de ser **manifestado**	2 Co 4:2	sino por la **manifestación** de la verdad
	16:12	[**apareció** en otra forma a dos de ellos]		
	14	[**se apareció** a los once mismos,]	5322	φανός * — fanós
Jn	1:31	para que **fuese manifestado** a Israel,		

Φανουήλ 5323			777		5330 Φαρισαῖος

Jn 18:3 fue allí con linternas y antorchas

5323 Φανουήλ — Fanouél
Lc 2:36 Ana, profetisa, hija de Fanuel,

5324 φαντάζω** — fantázo (fantádzo)
He 12:21 tan terrible era lo que se veía,

5325 φαντασία — fantasía
Hch 25:23 viniendo Agripa...con mucha pompa,

5326 φάντασμα — fántasma
Mt 14:26 ¡Un fantasma! (Es un fantasma!, VHA)
Mr 6:49 pensaron que era un fantasma

5327 φάραγξ — fáragx (fáranx)
Lc 3:5 Todo valle se rellenará

5328 Φαραώ — Faraó
Hch 7:10 le dio gracia...delante de Faraón
    13 fue manifestado a Faraón el linaje
    21 la hija de Faraón le recogió
Ro 9:17 la Escritura dice a Faraón
He 11:24 hijo de la hija de Faraón

5329 Φαρές — Farés
Mt 1:3 Judá engendró de Tamar a Fares
    Fares a Esrom, (...engendró a Esrom, VHA)
Lc 3:33 hijo de Esrom, hijo de Fares,

5330 Φαρισαῖος — Farisáios
Mt 3:7 muchos de los fariseos..venían
  5:20 la de los escribas y fariseos
  9:11 Cuando vieron esto los fariseos
    14 ¿Por qué nosotros y los fariseos ayunamos
    34 los fariseos decían: Por el príncipe
 12:2 viéndolo los fariseos
    14 salidos los fariseos
    24 los fariseos, al oírlo, decían:
    38 respondieron algunos...de los fariseos
 15:1 se acercaron a Jesús ciertos...fariseos
    12 ¿Sabes que los fariseos se ofendieron
 16:1 los fariseos y los saduceos para tentarle
    6 guardaos de la levadura de los fariseos
    11 la levadura de los fariseos
    12 de la doctrina de los fariseos
 19:3 vinieron a él los fariseos, tentándole
 21:45 oyendo sus parábolas...los fariseos
 22:15 se fueron los fariseos (saliendo..., VM)
    34 los fariseos, oyendo que había hecho callar
    41 estando juntos los fariseos
 23:2 se sientan los escribas y los fariseos
    13 (14) ¡ay de vosotros, escribas y fariseos, (TR, VM, BA)
    14 (13) ¡Ay de vosotros, escribas y fariseos
    15 ¡Ay de vosotros, escribas y fariseos
       (lo mismo en los vv. 23, 25, 27, 29)
    26 ¡Fariseo ciego! Limpia primero
 27:62 se reunieron...los fariseos ante Pilato,
Mr 2:16 los escribas y los fariseos (TR); (los escribas de los fariseos, BA, WH, N, ABMW, VHA, VM, NC, BC)
    '18 los discípulos de Juan y los de los fariseos (TR); (...y los fariseos, VHA, WH, N, ABMW, VM, NC, BC, BA)
       los de los fariseos ayunan, (TR, VHA, NC);
       (los discípulos de los fariseos, VM, WH N, ABMW, BC, BA)
 2:24 los fariseos le dijeron: Mira,
 3:6 salidos los fariseos, tomaron consejo
 7:1 Se juntaron...los fariseos
    3 los fariseos y todos los judíos,
    5 Le preguntaron, pues, los fariseos
 8:11 Vinieron entonces los fariseos
    15 de la levadura de los fariseos
 10:2 se acercaron los fariseos (llegándose..., VHA)
 12:13 le enviaron algunos de los fariseos
Lc 5:17 estaban sentados los fariseos
    21 los fariseos comenzaron a cavilar,
    30 los fariseos murmuraban contra
    33 asimismo los de los fariseos, pero
 6:2 algunos de los fariseos les dijeron:
    7 le acechaban...los fariseos
 7:30 los fariseos y los intérpretes de la ley
    36 Uno de los fariseos rogó
       habiendo entrado en casa del fariseo
    37 estaba a la mesa en casa del fariseo
    39 Cuando vio esto el fariseo
 11:37 le rogó un fariseo que comiese con él
    38 El fariseo, cuando lo vio,
    39 vosotros los fariseos limpiáis lo de fuera
    42 ¡ay de vosotros, fariseos! que diezmáis
    43 ¡Ay de vosotros, fariseos! que amáis
    44 ¡Ay de vosotros, escribas y fariseos, (TR)
    53 los fariseos comenzaron a estrecharle
 12:1 la levadura de los fariseos
 13:31 llegaron unos fariseos, diciéndole: Sal,
 14:1 de un gobernante, que era fariseo, (de uno de los principales de los fariseos, VM)
    3 Jesús habló...a los fariseos
 15:2 los fariseos y los escibas murmuraban
 16:14 oían también todas estas cosas los fariseos
 17:20 Preguntado por los fariseos
 18:10 uno era fariseo, y el otro publicano.
    11 El fariseo, puesto en pie, oraba
 19:39 algunos de los fariseos de entre la multitud
Jn 1:24 eran de los fariseos
 3:1 Había un hombre de los fariseos
 4:1 entendió que los fariseos habían oído
 7:32 Los fariseos oyeron a la gente
       los fariseos enviaron alguaciles
    45 Los alguaciles vinieron a...los fariseos
    47 los fariseos les respondieron
    48 ¿Acaso ha creído en él alguno...de los fariseos?
 8:3 [los fariseos le trajeron una mujer]
    13 los fariseos le dijeron: Tú das testimonio
 9:13 Llevaron ante los fariseos
    15 los fariseos cómo había recibido la vista
    16 algunos de los fariseos decían:
    40 de los fariseos que estaban con él,
 11:46 algunos de ellos fueron a los fariseos
    47 los fariseos reunieron el concilio
    57 los fariseos habían dado orden
 12:19 los fariseos dijeron entre sí
    42 a causa de los fariseos no lo confesaban,
 18:3 alguaciles...de los fariseos
Hch 5:34 levantándose...un fariseo llamado Gamaliel,
 15:5 algunos de la secta de los fariseos
 23:6 una parte era de saduceos y otra de fariseos
       yo soy fariseo, hijo de fariseo; (TR, VM);
       (...de fariseos, VHA, WH, N, ABMW, NC, BC, BA)
    7 se produjo disensión entre los fariseos

φαρμακεία 5331   778   5342 φέρω

Hch 23:8	**los fariseos** afirman estas cosas. (...ambas cosas, VHA)	2 Co 13:2	no **seré indulgente**
9	los escribas de la parte de los **fariseos**	2 P 2:4	si Dios no **perdonó** a los ángeles
26:5	viví **fariseo**	5	no **perdonó** al mundo antiguo,
Fil 3:5	en cuanto a la ley, **fariseo**	5340	φειδομένως*† – feidoménos

5331   φαρμακεία – farmakéia o φαρμακία

Gá 5:20	idolatría, **hechicerías** (...**hechicería**, VHA)
Ap 9:21	no se arrepintieron...de sus **hechicerías**, (TR, N)
18:23	por tus **hechicerías** fueron engañadas (lit.,...**hechicería** ...)

2 Co 9:6	El que siembra **escasamente**, también segará **escasamente**
5341	φελόνης, véase φαιλόνης después de 5315, pág. 775
5342	φέρω – féro

5332   φαρμακεύς – farmakéus

Ap 21:8   los fornicarios y **hechiceros** (TR)

5332 A   φάρμακον – fármakon

Ap 9:21   no se arrepintieron...de sus **hechicerías**, (WH, ABMW)

5333   φάρμακος – fármakos

Ap 21:8	los fornicarios y **hechiceros** (WH, N, ABMW)
22:15	los **hechiceros**, los fornicarios

5334   φάσις – fásis

Hch 21:31   se le avisó al tribuno (subió **denuncia**..., BC)

5335   φάσκω – fásko

Hch 24:9	también confirmaban, **diciendo**
25:19	el que Pablo **afirmaba** estar vivo
Ro 1:22	**Profesando** ser sabios, se hicieron necios,
Ap 2:2	a los **que** se **dicen** ser apóstoles (TR)

5336   φάτνη – fátne

Lc 2:7	lo acostó en **un pesebre**
12	acostado en **un pesebre**
16	acostado en el **pesebre**
13:15	¿no desata...su asno del **pesebre**

5337   φαῦλος – fáulos

Jn 3:20	todo aquel que hace **lo malo**, (lit.,...las **cosas malas**)
5:29	los que hicieron lo **malo**, (lit.,...las **cosas malas**)
Ro 9:11	ni bien ni **mal**, (WH, N, ABMW)
2 Co 5:10	sea bueno o sea **malo**. (WH, N, ABMW)
Tit 2:8	no tenga nada **malo** que decir (no teniendo..., VHA)
Stg 3:16	allí hay perturbación y toda obra **perversa**

5338   φέγγος – féggos (féngos)

Mt 24:29	la luna no dará su **resplandor**
Mr 13:24	la luna no dará su **resplandor**
Lc 11:33	para que los que entran vean la **luz**. (TR, N)

5339   φείδομαι – féidomai

Hch 20:29	que no **perdonarán** al rebaño
Ro 8:32	no **escatimó** ni a su propio Hijo,
11:21	si Dios no **perdonó** a las ramas a ti tampoco **perdonará** (V60, WH, N, ABMW, VHA, VM, NC, BA); (no sea que tampoco te **perdone** a ti, BC, TR)
1 Co 7:28	yo os la quisiera evitar. (yo os la **ahorro**, BC)
2 Co 1:23	por ser **indulgente** con vosotros
12:6	pero lo **dejo**, para que nadie piense

Mt 7:18	No puede el buen árbol **dar** malos frutos, (WH, N)
	ni el árbol malo **dar** frutos buenos. (N)
14:11	**fue traída** su cabeza en un plato, ella la **presentó** a su madre
18	El les dijo: **Traéd**melos acá.
17:17	**Traéd**melo acá
Mr 1:32	le **trajeron** todos los que tenían
2:3	vinieron a él unos **trayendo** un paralítico,
4:8	**produjo** a treinta, a sesenta
6:27	mandó **que fuese traída** la cabeza (mandó **traer**..., VM)
28	**trajo** su cabeza en un plato
7:32	le **trajeron** un sordo y tartamudo,
8:22	le **trajeron** un ciego,
9:17	**traje** a ti mi hijo
19	**Traéd**melo
20	Y se lo **trajeron**
11:2	**traedlo**. (WH, N, ABMW)
7	**trajeron** el pollino a Jesús, (WH, N, ABMW)
12:15	**Traedme** la moneda para que la vea.
16	Ellos se la **trajeron**
15:22	le **llevaron** a un lugar llamado Gólgota (...al lugar del Gólgota, Lc
Lc 5:18	unos hombres **que traían** en un lecho
15:23	**traed** al becerro gordo
23:26	**para que la llevase** tras Jesús
24:1	**trayendo** las especias aromáticas
Jn 2:8	**llevadlo** al maestresala
	Y se lo **llevaron**
4:33	¿Le **habrá traído** alguien de comer?
12:24	pero si muere **lleva** mucho fruto.
15:2	Todo pámpano **que** en mí no **lleva** fruto todo aquel **que lleva** fruto, para que **lleve** más fruto.
4	el pámpano no puede **llevar** fruto
5	éste **lleva** mucho fruto
8	en que **llevéis** mucho fruto,
16	para que vayáis y **llevéis** fruto,
18:29	¿Qué acusación **traéis** contra este hombre?
19:39	**trayendo** un compuesto de mirra
20:27	**Pon** aquí tu dedo, acerca tu mano
21:10	**Traed** de los peces
18	te **llevará** a donde no quieras.
Hch 2:2	como de un viento recio **que soplaba**
4:34	las vendían, y **traían**
37	**trajo** el precio y lo puso
5:2	**trayendo** sólo una parte,
16	**trayendo** enfermos y atormentados
12:10	la puerta de hierro **que daba** a la ciudad,
14:13	**trajo** toros y guirnaldas (**trayendo**..., VHA)
25:7	**presentando** contra él (lit.,...contra Pablo) (TR)
25:18	ningún cargo **presentaron** (WH, N, ABMW)
27:15	nos dejamos **llevar**.
17	quedaron a la deriva. (así **se dejaron llevar**,

φεύγω 5343   779   5346 φημί

Ro	9:22	soportó con mucha paciencia los vasos
2 Ti	4:13	**Trae**, cuando vengas, el capote
He	1:3	quien **sustenta** todas las cosas
	6:1	vamos **adelante** a la perfección
	9:16	es necesario **que intervenga** muerte
	12:20	no **podían soportar** lo que se ordenaba
	13:13	Salgamos,...**llevando** su vituperio
1 P	1:13	la gracia **que se os traerá**
2 P	1:17	le fue enviada...una voz (**cuando**...**se** le **hizo llegar** esta voz, BC)
	18	esta voz **enviada** del cielo (lit.,...**traída**...)
	21	nunca la profecía **fue traída** por voluntad siendo inspirados por el Espíritu (**llevados** del Espíritu, BC)
	2:11	los ángeles,...no **pronuncian** juicio (...no **traen**..., VM)
2 Jn	10	Si...no **trae** esta doctrina
Ap	21:24	los reyes de la tierra **traerán** su gloria
	26	**llevarán** la gloria y la honra de las naciones

5343   φεύγω — féugo

Mt	2:13	**huye** a Egipto,
	3:7	¿Quién os enseñó a **huir** de la ira venidera?
	8:33	los que los apacentaban **huyeron**
	10:23	**huid** a la otra
	23:33	¿Cómo **escaparéis** de la condenación
	24:16	**huyan** a los montes
	26:56	los discípulos, dejándole, **huyeron**
Mr	5:14	**huyeron**, y dieron aviso
	13:14	los que estén en Judea **huyan**
	14:50	dejándole, **huyeron**.
	52	dejando la sábana, **huyó** desnudo
	16:8	ellas se fueron **huyendo** (saliendo ellas, **huyeron**, VM)
Lc	3:7	¿Quién os enseñó a **huir**
	8:34	cuando vieron...**huyeron**
	21:21	los que estén en Judea, **huyan**
Jn	10:5	sino que **huirán** de él
	12	deja las ovejas y **huye**
	13	Así que el asalariado **huye** (TR)
Hch	7:29	Moisés **huyó**,
	27:30	procuraron **huir** de la nave, (como intentaron **fugarse**..., VHA)
1 Co	6:18	**Huid** de la fornicación
	10:14	**huid** de la idolatría.
1 Ti	6:11	**huye** de estas cosas,
2 Ti	2:22	**Huye** también de las pasiones juveniles,
He	11:34	evitaron filo de espada (lit., **escaparon** las bocas...)
	12:25	si no **escaparon** aquellos que desecharon (TR)
Stg	4:7	resistid al diablo, y **huirá** de vosotros.
Ap	9:6	la muerte **huirá** de ellos.
	12:6	la mujer **huyó** al desierto
	16:20	toda isla **huyó**,
	20:11	**huyeron** la tierra (**huyó**..., VM)

5344   ψῆλιξ — Félix

Hch	23:24	le llevasen en salvo a **Félix**
	26	al excelentísimo gobernador **Félix**
	24:3	oh excelentísimo **Félix**, lo recibimos
	22	Entonces **Félix**,...les aplazó,
	24	viniendo **Félix** con Drusila su mujer
	25	**Félix**...dijo (...respondió, BC)
	27	recibió **Félix** por sucesor queriendo **Félix** congraciarse (queriendo ganarse el favor..., VM)
	25:14	ha sido dejado preso por **Félix**

5345   φήμη — féme

Mt	9:26	se difundió la **fama** de esto (esta noticia..., BA)
Lc	4:14	se difundió su **fama**

5346   φημί — femí

Mt	4:7	Jesús le dijo: Escrito está
	8:8	**dijo**: Señor, no soy digno
	13:28	El les **dijo**: Un enemigo
	29	El les **dijo**: No, no sea que
	14:8	**dijo**: Dame aquí en un plato
	17:26	Jesús le **dijo**: Luego los hijos
	19:18	Jesús **dijo**: No matarás. (WH, N)
	21	Jesús le **dijo**: Si quieres
	21:27	él también les **dijo**
	22:37	le **dijo**: Amarás al Señor (WH, N, ABMW)
	25:21	su señor le **dijo**: Bien,
	23	Su señor le **dijo**: Bien,
	26:34	Jesús le **dijo**: De cierto te digo
	61	Este **dijo**: Puedo derribar
	27:11	le **dijo**: Tú lo dices
	23	les **dijo**: Pues ¿qué mal
	65	Pilato les **dijo**: Ahí tenéis
Mr	9:12	les **dijo**: Elías (WH, N, ABMW)
	38	Juan le respondió diciendo (TR); (...le **dijo**, VM, WH, N, ABMW, VHA, NC, BC, BA)
	10:20	le **dijo**: Maestro, todo esto (WH, N, ABMW)
	29	**dijo**: De cierto os digo (WH, N, ABMW)
	12:24	les **dijo**: ¿No erráis (WH, N, ABMW)
	14:29	Pedro le **dijo**: Aunque todos
Lc	7:40	él le **dijo**: Di Maestro
	44	vuelto a la mujer, **dijo** a Simón
	15:17	volviendo en sí, **dijo**: (WH, N, ABMW)
	22:58	viéndole otro, **dijo**: Tú también Pedro **dijo**: Hombre, no lo soy. (WH, ABMW)
	70	él les **dijo**: Vosotros decís
	23:3	respondiéndole él, **dijo**:
	40	le reprendió, diciendo: (TR, VHA, VM, NC, BC); (reprendiéndole, **dijo**, BA, WH, N, ABMW)
Jn	1:23	**Dijo**: Yo soy la voz
	9:38	él **dijo**: Creo, Señor
	18:29	Pilato...les **dijo** (WH, N, ABMW)
Hch	2:38	Pedro les **dijo**: Arrepentíos (TR)
	7:2	él **dijo**: Varones hermanos
	8:36	**dijo** el eunuco
	10:28	Y les **dijo**: Vosotros sabéis
	30	Entonces Cornelio **dijo**: Hace cuatro días
	31	**dijo**: Cornelio, tu oración
	16:30	sacándolos, les **dijo**: Señores
	37	Pero Pablo les **dijo**
	17:22	Pablo,...**dijo**: Varones atenienses
	19:35	el escribano,...**dijo**: Varones efesios
	21:37	él **dijo**: ¿Sabes griego?
	22:3	(3) les **dijo**: Yo de cierto soy
	27	El **dijo**: Sí
	28	Entonces Pablo **dijo**: Pero yo lo soy
	23:5	Pablo **dijo**: No sabía
	17	Pablo,...**dijo**: Lleva a este joven
	18	le llevó al tribuno, y **dijo**
	35	le **dijo**: Te oiré cuando vengan
	25:5	Los que de vosotros puedan, **dijo**
	22	Agripa **dijo** a Festo (TR) Y él le **dijo**: Mañana le oirás.
	24	Festo **dijo**: Rey Agripa
	26:1	Agripa **dijo** a Pablo
	24	Festo a gran voz **dijo**: Estás loco,

Φῆστος 5347

Hch	26:25	dijo: No estoy loco,
	28	Agripa dijo a Pablo: (TR)
	32	Agripa dijo a Festo: Podía este
Ro	3:8	afirman que nosotros decimos
1 Co	6:16	Porque dice: Los dos serán una sola
	7:29	Pero esto digo, hermanos
	10:15	juzgad vosotros lo que digo
	19	¿Qué digo, pues?
	15:50	Pero esto digo, hermanos:
2 Co	10:10	a la verdad, dicen, las cartas son duras
He	8:5	diciéndole: Mira, haz todas las cosas (Pues, "Mira, dice, haz..., VHA)

5347 Φῆστος — Féstos

Hch	24:27	recibió Félix por sucesor a Porcio Festo
	25:1	Llegado, pues, Festo a la provincia
	4	Festo respondió que Pablo
	9	Festo, queriendo congraciarse (...ganarse el favor, VM)
	12	Festo, habiendo hablado con el consejo,
	13	para saludar a Festo
	14	Festo expuso al rey la causa de Pablo
	22	Agripa dijo a Festo:
	23	por mandato de Festo (tras la orden dada por Festo, BC)
	24	Entonces Festo dijo: Rey Agripa
	26:24	Festo a gran voz dijo:
	25	No estoy loco, excelentísimo Festo
	32	Agripa dijo a Festo

5348 φθάνω — ftháno

Mt	12:28	ha llegado a vosotros el reino de Dios.
Lc	11:20	el reino de Dios ha llegado a vosotros
Ro	9:31	Israel,...no la alcanzó. (...no alcanzó a esa ley, VM)
2 Co	10:14	fuimos los primeros en llegar hasta vosotros (a vosotros hemos llegado, VHA)
Fil	3:16	en aquello a que hemos llegado,
1 Ts	2:16	vino sobre ellos la ira hasta
	4:15	no precederemos a los que durmieron

5349 φθαρτός — fthartós

Ro	1:23	de imagen de hombre corruptible
1 Co	9:25	para recibir una corona corruptible
	15:53	es necesario que esto corruptible
	54	cuando esto corruptible se haya vestido (TR, N, ABMW, VHA, VM, NC, BC, BA)
1 P	1:18	no con cosas corruptibles, como oro
	23	no de simiente corruptible

5350 φθέγγομαι — fthéggomai (fthéngomai)

Hch	4:18	que en ninguna manera hablasen
2 P	2:16	hablando con voz de hombre
	18	hablando palabras infladas

5351 φθείρω — ftheíro

1 Co	3:17	Si alguno destruyere el templo de Dios, Dios le destruirá a él
	15:33	corrompen las buenas costumbres
2 Co	7:2	a nadie hemos corrompido,
	11:3	que...sean de alguna manera extraviados (...sean corrompidas, VHA)
Ef	4:22	que está viciado conforme
2 P	2:12	perecerán en su propia perdición (WH, N, ABMW)
Jud	10	se corrompen como animales irracionales
Ap	19:2	la gran ramera que ha corrompido

5352 φθινοπωρινός* — fthinoporinós

| Jud | 12 | árboles otoñales, sin fruto, |

5353 φθόγγος — fthóggos (fthóngos)

| Ro | 10:18 | Por toda la tierra ha salido la voz |
| 1 Co | 14:7 | si no dieren distinción de voces |

5354 φθονέω** — fthonéo

| Gá | 5:26 | envidiándonos unos a otros. |

5355 φθόνος** — fthónos

Mt	27:18	por envidia le habían entregado.
Mr	15:10	por envidia le habían entregado
Ro	1:29	llenos de envidia
Gá	5:21	envidias,...y cosas semejantes
Fil	1:15	predican a Cristo por envidia
1 Ti	6:4	de las cuales nacen envidias, (lit.,...viene envidia)
Tit	3:3	viviendo en malicia y envidia,
Stg	4:5	nos anhela celosamente? (en nosotros codicia para envidia?, VA)
1 P	2:1	Desechando, pues,...envidias,

5356 φθορά — fthorá

Ro	8:21	de la esclavitud de corrupción
1 Co	15:42	Se siembra en corrupción
	50	ni la corrupción hereda la incorrupción.
Gá	6:8	de la carne segará corrupción
Col	2:22	que todas se destruyen (son todas para destrucción, VA)
2 P	1:4	habiendo huido de la corrupción
	2:12	nacidos para presa y destrucción perecerán en su propia perdición,
	19	ellos mismos esclavos de corrupción.

5357 φιάλη — fiále

Ap	5:8	copas de oro llenas de incienso,
	15:7	siete copas de oro, llenas de la ira
	16:1	derramad...las siete copas de la ira
	2	derramó su copa sobre la tierra,
	3	derramó su copa sobre el mar,
	4	derramó su copa sobre los ríos,
	8	derramó su copa sobre el sol,
	10	derramó su copa sobre el trono
	12	derramó su copa sobre el gran río
	17	derramó su copa por el aire; (lit.,...sobre el aire)
	17:1	que tenían las siete copas,
	21:9	que tenían las siete copas llenas

5358 φιλάγαθος** — filágathos

| Tit | 1:8 | amante de lo bueno, sobrio, |

5359 φιλαδέλφεια — Filadélfeia o Φιλαδελφία

| Ap | 1:11 | Sardis, Filadelfia y Laodicea, |
| | 3:7 | al ángel de la iglesia en Filadelfia |

5360 φιλαδελφία** — filadelfía

Ro	12:10	los unos a los otros con amor fraternal
1 Ts	4:9	acerca del amor fraternal no tenéis
He	13:1	Permanezca el amor fraternal
1 P	1:22	para el amor fraternal no fingido,
2 P	1:7	a la piedad, afecto fraternal y al afecto fraternal, amor.

5361 φιλάδελφος** — filádelfos

1 P	3:8	amándoos fraternalmente, misericordiosos,

5362   φίλανδρος* — fílandros

| Tit | 2:4 | a amar a sus maridos (lit., a ser amantes de sus maridos) |

5363   φιλανθρωπία** — filanthropía

| Hch | 28:2 | nos trataron con no poca humanidad |
| Ti | 3:4 | su amor para con los hombres, |

5364   φιλανθρώπως** — filanthrópos

| Hch | 27:3 | tratando humanamente a Pablo, |

5365   φιλαργυρία** — filarguría

| 1 Ti | 6:10 | raíz de todos los males es el amor al dinero |

5366   φιλάργυρος** — filárguros

| Lc | 16:14 | los fariseos, que eran avaros |
| 2 Ti | 3:2 | habrá hombres...avaros, |

5367   φίλαυτος* — fílautos

| 2 Ti | 3:2 | habrá hombres amadores de sí mismos, |

5368   φιλέω — filéo

Mt	6:5	ellos aman el orar en pie
	10:37	El que ama a padre o madre más el que ama a hijo o hija más
	23:6	aman los primeros asientos (...el primer puesto, VM)
	26:48	Al que yo besare, ése es;
Mr	14:44	Al que yo besare, ése es
Lc	20:46	que...aman las salutaciones
	22:47	se acercó hasta Jesús para besarle
Jn	5:20	el Padre ama al Hijo
	11:3	el que amas está enfermo
	36	Mirad cómo le amaba.
	12:25	El que ama su vida,
	15:19	el mundo amaría lo suyo
	16:27	el Padre mismo os ama vosotros me habéis amado,
	20:2	aquel al que amaba Jesús,
	21:15	tú sabes que te amo.
	16	tú sabes que te amo.
	17	Simón,...¿me amas? le dijese la tercera vez: ¿Me amas? tú sabes que te amo
1 Co	16:22	El que no amare (Si alguno no ama, VHA)
Tit	3:15	Saluda a los que nos aman en la fe.
Ap	3:19	castigo a todos los que amo
	22:15	todo aquel que ama y hace mentira

5369   φιλήδονος* — filédonos

| 2 Ti | 3:4 | amadores de los deleites más que de Dios, |

5370   φίλημα — fílema

Lc	7:45	No me diste beso
	22:48	¿con un beso entregas al Hijo
Ro	16:16	Saludaos...con ósculo santo.
1 Co	16:20	Saludaos...con ósculo santo.
2 Co	13:12	Saludaos...con ósculo santo.
1 Ts	5:26	Saludad a todos...con ósculo santo.
1 P	5:14	Saludaos...con ósculo de amor.

5371   Φιλήμων — Filémon

| Flm | 1 | al amado Filemón, colaborador nuestro |

5372   Φίλητος — Fíletos

| 2 Ti | 2:17 | de los cuales son Himeneo y Fileto, |

5373   φιλία — filía

| Stg | 4:4 | ¿No sabéis que la amistad del mundo |

5374   Φιλιππήσιος — Filippésios

| Fil | 4:15 | sabéis también vosotros, oh filipenses, |

5375   Φίλιπποι — Fílippoi

Hch	16:12	y de allí a Filipos,
	20:6	navegamos de Filipos,
Fil	1:1	los santos...que están en Filipos,
1 Ts	2:2	habiendo...sido ultrajados en Filipos,

5376   Φίλιππος — Fílippos

Mt	10:3	Felipe, Bartolomé, Tomás
	14:3	Herodías, mujer de Felipe su hermano
	16:13	a la región de Cesarea de Filipo,
Mr	3:18	Andrés, Felipe, Bartolomé
	6:17	Herodías, mujer de Felipe su hermano
	8:27	por las aldeas de Cesarea de Filipo
Lc	3:1	su hermano Felipe tetrarca de Iturea
	19	Herodías, mujer de Felipe (TR)
	6:14	Juan, Felipe y Bartolomé,
Jn	1:43	halló a Felipe, y le dijo
	44	Felipe era de Betsaida,
	45	Felipe halló a Natanael,
	46	Le dijo Felipe: Ven y ve
	48	Antes que Felipe te llamara,
	6:5	dijo a Felipe: ¿De dónde compraremos
	7	Felipe le respondió
	12:21	se acercaron a Felipe
	22	Felipe fue y se lo dijo a Andrés Andrés y Felipe se lo dijeron a Jesús.
	14:8	Felipe le dijo: Señor,
	9	no me has conocido, Felipe?
Hch	1:13	Andrés, Felipe, Tomás
	6:5	eligieron...a Felipe
	8:5	Felipe, descendiendo a la ciudad
	6	las cosas que decía Felipe, (las cosas dichas por Felipe, VM)
	12	Pero cuando creyeron a Felipe
	13	estaba siempre con Felipe
	26	Un ángel del Señor habló a Felipe
	29	el Espíritu dijo a Felipe
	30	Acudiendo Felipe, le oyó
	31	rogó a Felipe que subiese
	34	el eunuco, dijo a Felipe
	35	Felipe, abriendo su boca,
	37	Felipe dijo: Si crees de todo (TR, [VM], NC, BC, BA)
	38	Felipe y el eunuco, y le bautizó.
	39	el Espíritu del Señor arrebató a Felipe
	40	Felipe se encontró en Azoto
	21:8	entrando en casa de Felipe el evangelista

5377   φιλόθεος* — filótheos

| 2 Ti | 3:4 | amadores de los deleites más que de Dios, (...más bien que amadores de Dios; VHA) |

5378   Φιλόλογος — Filólogos

| Ro | 16:15 | Saludad a Filólogo, a Julia |

5379   φιλον(ε)ικία** — filon(e)ikía

| Lc | 22:24 | Hubo también entre ellos una disputa |

5380 φιλόν(ε)ικος – filón(e)ikos

1 Co 11:16 si alguno quiere ser **contencioso**, (...parece ser..., VM)

5381 φιλοξενία* – filoxenía

Ro 12:13 practicando la **hospitalidad**.
He 13:2 No os olvidéis de la **hospitalidad**,

5382 φιλόξενος* – filóxenos

1 Ti 3:2 **hospedador**, apto para enseñar;
Ti 1:8 sino **hospedador**, amante de lo bueno,
1 P 4:9 Hospedaos los unos a los otros (**usando de hospitalidad**..., VM)

5383 φιλοπρωτεύω*† – filoprotéuo

3 Jn 9 Diótrefes, al **cual le gusta tener el primer lugar**

5384 φίλος – fílos

Mt 11:19 **amigo** de publicanos y de pecadores.
Lc 7:6 envió a él unos **amigos**,
     34 **amigo** de publicanos y de pecadores.
     11:5 que tenga un **amigo**, (tendrá un **amigo**, VM)
         Amigo, préstame tres panes,
     6 porque un **amigo** mío ha venido
     8 por ser su **amigo**,
     12:4 Mas os digo, **amigos** míos
     14:10 **Amigo**, sube más arriba
     12 no llames a tus **amigos**
     15:6 reúne a sus **amigos**
     9 reúne a sus **amigas**
     29 para gozarme con mis **amigos**.
     16:9 Ganad **amigos** (Haceos..., VHA)
     21:16 seréis entregados aun por...**amigos**
     23:12 se hicieron **amigos** Pilato y Herodes
Jn 3:29 mas el **amigo** del esposo,
     11:11 Nuestro **amigo** Lázaro duerme
     15:13 ponga su vida por sus **amigos**
     14 Vosotros sois mis **amigos**,
     15 os he llamado **amigos**,
     19:12 no eres **amigo** de César
Hch 10:24 **amigos** más íntimos
     19:31 que eran sus **amigos**
     27:3 le permitió que fuese a los **amigos**
Stg 2:23 fue llamado **amigo** de Dios
     4:4 Cualquiera...que quiera ser **amigo**
3 Jn 15 Los **amigos** te saludan.
         Saluda tú a los **amigos**,

5385 φιλοσοφία** – filosofía

Col 2:8 por medio de **filosofías** y huecas sutilezas (...**filosofía** y vana argucia, VM)

5386 φιλόσοφος – filósofos

Hch 17:18 algunos **filósofos** de los epicúreos (ciertos de los **filósofos** epicureos, VM)

5387 φιλόστοργος** – filóstorgos

Ro 12:10 Amaos los unos a los otros (sed **afectuosos**... VHA)

5388 φιλότεκνος** – filóteknos

Tit 2:4 a **amar** a sus maridos y a sus hijos, (lit., a ser **amantes de**...sus hijos)

5389 φιλοτιμέομαι** – filotiméomai

Ro 15:20 me esforcé a predicar el evangelio (B, NC, BA); (teniendo **ambición** de predicar..., VM, TR, WH, N, ABMW, VHA, BC)
2 Co 5:9 **procuramos** también...serle agradables.
1 Ts 4:11 que **procuréis** tener tranquilidad,

5390 φιλοφρόνως** – filofrónos

Hch 28:7 nos...hospedó **solícitamente** tres días.

5391 φιλόφρων – filófron

1 P 3:8 misericordiosos, **amigables** (TR)

5392 φιμόω – fimóo

Mt 22:12 Mas él **enmudeció**.
     34 había hecho **callar** a los saduceos,
Mr 1:25 ¡**Cállate**, y sal de él!
     4:39 dijo al mar: Calla, **enmudece**
Lc 4:35 **Cállate**, y sal de él
1 Co 9:9 No pondrás **bozal** al buey (TR)
1 Ti 5:18 No pondrás **bozal** al buey que trilla
1 P 2:15 que...**hagáis callar** la ignorancia

5393 Φλέγων – Flégon

Ro 16:14 Saludad a Asíncrito, a **Flegonte**,

5394 φλογίζω – flogízo (floguídzo)

Stg 3:6 e **inflama** la rueda de la creación, (la que... **inflama**..., VHA)
         es **inflamada** por el infierno (la **que**...es **inflamada**..., VHA)

5395 φλόξ – flóx

Lc 16:24 estoy atormentado en esta **llama**.
Hch 7:30 en la **llama** de fuego de una zarza
2 Ts 1:8 en **llama** de fuego, para dar retribución
He 1:7 a sus ministros **llama** de fuego.
Ap 1:14 sus ojos como **llama** de fuego
     2:18 ojos como **llama** de fuego
     19:12 Sus ojos eran como **llama** de fuego,

5396 φλυαρέω* – fluaréo

3 Jn 10 **parloteando** con palabras malignas contra

5397 φλύαρος** – flúaros

1 Ti 5:13 sino también **chismosas** y entremetidas,

5398 φοβερός – foberós

He 10:27 una **horrenda** expectación de juicio
     31 ¡**Horrenda cosa** es caer en manos del
     12:21 tan **terrible** era lo que se veía,

5399 φοβέω – fobéo

Mt 1:20 José,...no **temas** recibir
     2:22 tuvo **temor** de ir allá
     9:8 al verlo, se maravilló (TR, VM, BC); (...**se sobrecogieron de temor**, VHA, WH, N, ABMW, NC, BA)
     10:26 no los **temáis**
     28 no **temáis** a los que matan el cuerpo temed más bien a aquel que puede
     31 Así que, no **temáis**;
     14:5 **temía** al pueblo
     27 yo soy, no **temáis**
     30 tuvo **miedo**; y comenzando a hundirse
     17:6 Al oir esto...tuvieron gran **temor**

φόβητρον 5400   783   5401 φόβος

Mt	17:7	Levantaos, y no temáis				fueran a caer en lugares escabrosos, TR, VHA, VM, NC); (lit.,...que en alguna parte fuéramos a caer..., WH, N, ABMW, BC, BA)
	21:26	tememos al pueblo				
	46	temían al pueblo, (...las multitudes, VM)				
	25:25	por lo cual tuve miedo, (y teniendo miedo, VHA)		Ro	11:20	No te ensoberbezcas, sino teme
	27:54	temieron en gran manera,			13:3	¿Quieres, pues, no temer la autoridad?
	28:5	No temáis vosotras			4	si haces lo malo, teme
	10	No temáis; id, dad las nuevas		2 Co	11:3	temo que como la serpiente
Mr	4:41	temieron con gran temor,			12:20	me temo que cuando llegue,
	5:15	y tuvieron miedo		Gá	2:12	porque tenía miedo de los de la circuncisión
	33	la mujer, temiendo y temblando,			4:11	Me temo de vosotros, que haya trabajado
	36	No temas, cree solamente.		Ef	5:33	la mujer respete a su marido.
	6:20	porque Herodes temía a Juan,		Col	3:22	temiendo al Señor, VHA, WH, N, ABMW, VM, NC, BC, BA)
	50	¡Tened ánimo; yo soy, no temáis				
	9:32	tenían miedo de preguntarle.		He	4:1	Temamos, pues, no sea que...alguno
	10:32	le seguían con miedo. (lit., siguiéndole, tenían miedo) (TR, VM, NC, BC); (los que le seguían tenían miedo, VHA, WH, N, ABMW, BA)			11:23	no temieron el decreto del rey.
					27	no temiendo la ira del rey
					13:6	es mi ayudador; no temeré
				1 P	2:17	Temed a Dios.
	11:18	porque le tenían miedo			3:6	sin temer ninguna amenaza.
	32	temían al pueblo,			14	no os amedrentéis por temor de ellos,
	12:12	pero temían a la multitud,		1 Jn	4:18	el que teme, no ha sido perfeccionado
	16:8	ni decían nada...porque tenían miedo		Ap	1:17	No temas; yo soy el primero
Lc	1:13	el ángel le dijo...no temas			2:10	No temas en nada lo que vas a padecer.
	30	el ángel le dijo: María, no temas			11:18	a los que temen tu nombre
	50	A los que le temen			14:7	Temed a Dios,
	2:9	tuvieron gran temor. (Temieron con gran temor, VM)			15:4	¿Quién no te temerá, oh Señor,
					19:5	los que le teméis, así pequeños como
	10	No temáis; porque he aquí os doy nuevas				
	5:10	No temas; desde ahora serás pescador		5400		φόβητρον — fóbetron o φόβηθρον
	8:25	atemorizados, se maravillaban,		Lc	21:11	habrá terror y grandes señales (habrá cosas espantosas..., VM)
	35	y tuvieron miedo				
	50	No temas; cree solamente		5401		φόβος — fóbos
	9:34	tuvieron temor al entrar				
	45	temían preguntarle sobre esas		Mt	14:26	dieron voces de miedo
	12:4	no temáis a los que matan			28:4	de miedo de él los guardas
	5	os enseñaré a quién debéis temer Temed a aquel que...tiene poder a éste temed			8	saliendo del sepulcro con temor
				Mr	4:41	temieron con gran temor
				Lc	1:12	le sobrecogió temor. (cayó temor sobre él, VHA)
	7	No temáis, pues; más valéis			65	se llenaron de temor todos (vino temor sobre todos, BA)
	32	No temáis, manada pequeña,				
	18:2	que ni temía a Dios,			2:9	tuvieron gran temor. (temieron con gran temor, VM)
	4	Aunque ni temo a Dios,				
	19:21	porque tuve miedo de ti,			5:26	llenos de temor, decían (se llenaron de temor, diciendo, VM)
	20:19	pero temieron al pueblo				
	22:2	porque temían al pueblo			7:16	todos tuvieron miedo, (temor apoderóse de todos, VM)
	23:40	¿Ni aun temes tú a Dios,				
Jn	6:19	y tuvieron miedo			8:37	tenían gran temor. (estaban poseídos de gran temor, VHA)
	20	Yo soy; no temáis				
	9:22	tenían miedo de los judíos,			21:26	desfalleciendo los hombres por el temor
	12:15	No temas, hija de Sión		Jn	7:13	por miedo a los judíos
	19:8	Pilato...tuvo más miedo			19:38	secretamente por miedo de los judíos
Hch	5:26	temían ser apedreados por el pueblo. (temían al pueblo, no fuera que los apedreasen, BC)			20:19	por miedo de los judíos.
				Hch	2:43	sobrevino temor a toda persona
					5:5	vino un gran temor sobre todos
	9:26	todos le tenían miedo,			11	vino gran temor sobre toda la iglesia,
	10:2	temeroso de Dios con toda su casa,			9:31	andando en el temor del Señor
	22	temeroso de Dios,			19:17	tuvieron temor todos (cayó pavor sobre todos, VHA)
	35	se agrada del que le teme (el que le teme...le es acepto, BC)				
	13:16	los que teméis a Dios, oíd:		Ro	3:18	No hay temor de Dios delante
	26	los que entre vosotros teméis a Dios,			8:15	para estar otra vez en temor, (lit., otra vez para temor)
	16:38	tuvieron miedo al oír que eran romanos				
	18:9	No temas, sino habla,			13:3	no están para infundir temor (no son objeto de temor, BC)
	22:29	el tribuno...también tuvo temor				
	23:10	el tribuno, teniendo temor (WH, N, ABMW)			7	Pagad...al que respeto, respeto
	27:17	teniendo temor de dar en la Sirte,		1 Co	2:3	con...mucho temor y temblor
	24	Pablo, no temas		2 Co	5:11	Conociendo, pues, el temor del Señor,
	29	temiendo dar en escollos, (lit.,...que tal vez				

Φοίβη 5402				5418 φραγμός	
2 Co	7:1	perfeccionando la santidad en **el temor**	Stg	4:2	**matáis** y ardéis de envidia,
	5	de dentro, **temores**		5:6	**Habéis** condenado y **dado muerte** al justo,
	11	qué **temor**, qué ardiente afecto,			
	15	lo recibisteis con **temor**	**5408**		φόνος – fónos
Ef	5:21	Someteos...en **el temor** (sometiéndoos..., BC)	Mt	15:19	del corazón salen...**los homicidios**,
	6:5	Obedeced...con **temor** y temblor,	Mr	7:21	del corazón...salen...**los homicidios**,
Fil	2:12	ocupaos en vuestra salvación con **temor**		15:7	habían cometido **homicidio**
1 Ti	5:20	para que los demás también teman. (...tengan **temor**, VHA)	Lc	23:19	echado en la cárcel...por un **homicidio**
He	2:15	los que por el **temor** de la muerte		25	echado en la cárcel por...**homicidio**
1 P	1:17	conducíos en **temor** todo el tiempo	Hch	9:1	respirando aún... **muerte**
	2:18	con todo **respeto** a vuestros amos;	Ro	1:29	llenos de...**homicidios**, (...**homicidio**, VHA)
	3:2	vuestra conducta casta y respetuosa (lit., vuestra conducta casta, con **temor**)	Gá	5:21	envidias, **homicidios**, (TR, NC, BC)
	14	no os amedrentéis por **temor** de ellos,	He	11:37	muertos a filo de espada; (lit., murieron con **muerte** de espada)
	15	con mansedumbre y **reverencia**	Ap	9:21	no se arrepintieron de sus **homicidios**
1 Jn	4:18	En el amor no hay **temor** el perfecto amor echa fuera el **temor** el **temor** lleva en sí castigo.	**5409**		φορέω – foréo
			Mt	11:8	los **que llevan** vestiduras delicadas,
Jud	23	tened misericordia con **temor**,	Jn	19:5	salió Jesús, **llevando** la corona de espinas
Ap	11:11	cayó gran **temor** sobre los que los vieron	Ro	13:4	no en vano **lleva** la espada,
	18:10	parándose lejos por el **temor**	1 Co	15:49	así como **hemos traído** la imagen del terrenal **traeremos** también (TR, N, ABMW, VM, NC, BC, BA); (**llevemos**, VHA, WH)
	15	se pararán lejos por el **temor**			
			Stg	2:3	al **que trae** la ropa espléndida
5402		Φοίβη – Fóibe			
			5410		φόρον*† – fóron
Ro	16:1	Os recomiendo además nuestra hermana **Febe**	Hch	28:15	salieron a recibirnos hasta el **Foro**
5403		Φοινίκη – Foiníke	**5411**		φόρος – fóros
Hch	11:19	pasaron hasta **Fenicia**,	Lc	20:22	¿Nos es lícito dar **tributo** a César,
	15:3	pasaron por **Fenicia** y Samaria,		23:2	que prohibe dar **tributo** a César
	21:2	hallando un barco que pasaba a **Fenicia**,	Ro	13:6	pagáis también **los tributos**,
5404		Véase abajo		7	al que **tributo**, tributo
5405		Φοῖνιξ – Fóinix	**5412**		φορτίζω – fortízo (fortídzo)
Hch	27:12	por si pudiesen arribar a **Fenice**,...e invernar (lit., por si pudiesen, arribando a **Fenice**, invernar)	Mt	11:28	los **que estáis** trabajados y **cargados**
			Lc	11:46	**cargáis** a los hombres con cargas
5404		φοῖνιξ – fóinix	**5413**		φορτίον – fortíon
Jn	12:13	tomaron ramas de **palmera** (...ramos de **palmas**, VM)	Mt	11:30	es...ligera mi **carga**
				23:4	atan **cargas** pesadas
Ap	7:9	con **palmas** en las manos	Lc	11:46	**cargáis** a los hombres **con cargas** ni aun con un dedo las tocáis. (ni siquiera tocáis las **cargas**..., VM)
5405		Véase arriba			
5406		φονεύς** – fonéus	Hch	27:10	no sólo del **cargamento** (WH, N, ABMW)
Mt	22:7	destruyó a aquellos **homicidas**	Gá	6:5	cada uno llevará su propia **carga**
Hch	3:14	que se os diese un **homicida**, (...un hombre **homicida**, VM)	**5414**		φόρτος – fórtos
	7:52	habéis sido entregadores y **matadores**	Hch	27:10	no sólo del **cargamento**
	28:4	este hombre es **homicida**	**5415**		Φορτουνᾶτος – Fortounátos (Fortunátos)
1 P	4:15	ninguno de vosotros padezca como **homicida**			
Ap	21:8	los...**homicidas**,...tendrán su parte (para los...**homicidas**...su herencia será, BA)	1 Co	16:17	la venida...de **Fortunato** y de Acaico
			5416		φραγέλλιον*† – fragéllion (fraguélion)
	22:15	los **homicidas**, los idólatras,	Jn	2:15	haciendo **un azote** de cuerdas,
5407		φονεύω – fonéuo	**5417**		φραγελλόω*† – fragellóo (frageluóo)
Mt	5:21	No **matarás**; cualquiera que **matare**	Mt	27:26	habiendo azotado a Jesús,
	19:18	No **matarás**	Mr	15:15	entregó a Jesús, **después de azotarle**
	23:31	**que mataron** a los profetas	**5418**		φραγμός – fragmós
	35	**matasteis** entre el templo y el altar	Mt	21:33	la cercó de **vallado**,
Mr	10:19	No **matarás**	Mr	12:1	la cercó de **vallado**,
Lc	18:20	no **matarás**	Lc	14:23	Vé por los caminos y por los **vallados**
Ro	13:9	no **matarás**,	Ef	2:14	la pared intermedia **de separación**, (...de la **valla**, BC)
Stg	2:11	No **matarás**. si no cometes adulterio, pero **matas**,			

5419		ψράξω — frázo (frádzo)
Mt	13:36	Explícanos la parábola de la cizaña (TR)
	15:15	Explícanos esta parábola.

5420		φράσσω — frásso
Ro	3:19	para que toda boca se cierre
2 Co	11:10	no se me impedirá esta mi gloria (E, WH, N, ABMW)
He	11:33	taparon bocas de leones,

5421		φρέαρ — fréar
Lc	14:5	su buey cae en algún pozo
Jn	4:11	el pozo es hondo.
	12	que nos dio este pozo
Ap	9:1	la llave del pozo del abismo
	2	abrió el pozo del abismo
		subió humo del pozo
		por el humo del pozo

5422		φρεναπατάω*† — frenapatáo
Gá	6:3	a sí mismo se engaña.

5423		φρεναπάτης*† — frenapátes
Tit	1:10	engañadores, mayormente

5424		φρήν — frén
1 Co	14:20	niños en el modo de pensar (...en las mientes, BC)
		maduros en el modo de pensar (en las mientes..., BC)

5425		φρίσσω — frísso
Stg	2:19	los demonios creen, y tiemblan

5426		φρονέω — fronéo
Mt	16:23	no pones la mira en las cosas de Dios
Mr	8:33	no pones la mira en las cosas de Dios
Hch	28:22	oír de ti lo que piensas
Ro	8:5	piensan en las cosas de la carne
	11:20	No te ensoberbezcas (lit., no pienses en las cosas altivas) (WH, N, ABMW)
	12:3	que el que debe tener (de lo que debe pensar, VM) (WH, N, ABMW)
		que piense de sí con cordura (lit., piense para pensar sobriamente)
	16	Unánimes entre vosotros (lit., pensando lo mismo uno para los otros)
		no altivos (lit., no pensando en las cosas altivas)
	14:6	El que hace caso del día, lo hace
		el que no hace caso (TR, VM)
		para el Señor no lo hace (TR, VM)
	15:5	os dé entre vosotros un mismo sentir
1 Co	4:6	aprendáis a no pensar más de lo que está escrito (TR)
	13:11	pensaba como niño,
2 Co	13:11	sed de un mismo sentir
Gá	5:10	que no pensaréis de otro modo
Fil	1:7	me es justo sentir esto
	2:2	sintiendo lo mismo (de suerte que sintáis una misma cosa, BC)
		sintiendo una misma cosa
	5	Haya, pues, en vosotros este sentir
	3:15	esto mismo sintamos
		si otra cosa sentís
	16	sintamos una misma cosa (lit., pensar lo mismo) (TR)

Fil	3:19	que sólo piensan en lo terrenal (...en las cosas terrenas, BC)
	4:2	que sean de un mismo sentir
	10	habéis revivido vuestro cuidado de mí (lit., habéis revivido el pensar a favor mío) de lo cual también estabais solícitos (lit.,... pensabais)
Col	3:2	Poned la mira en las cosas de arriba

5427		φρόνημα** — frónema
Ro	8:6	el ocuparse de la carne es muerte,
		el ocuparse del Espíritu es vida
	7	la mente carnal es enemistad (lit., la mente de la carne...)
	27	sabe cuál es la intención del Espíritu

5428		φρόνησις — frónesis
Lc	1:17	los rebeldes a la prudencia de los justos,
Ef	1:8	en toda sabiduría e inteligencia

5429		φρόνιμος — frónimos
Mt	7:24	a un hombre prudente, que edificó
	10:16	sed, pues, prudentes como serpientes,
	24:45	¿Quién es, pues, el siervo... prudente
	25:2	Cinco de ellas eran prudentes
	4	mas las prudentes tomaron aceite
	8	dijeron a las prudentes
	9	Mas las prudentes respondieron
Lc	12:42	¿Quién es el mayordomo fiel y prudente
	16:8	los hijos de este siglo son más sagaces
Ro	11:25	arrogantes en cuanto a vosotros mismos (sabios en vuestro propio concepto, VM)
	12:16	No seáis sabios en vuestra propia opinión
1 Co	4:10	mas vosotros prudentes en Cristo
	10:15	Como a sensatos os hablo
2 Co	11:19	siendo vosotros cuerdos.

5430		φρονίμως** — fronímos
Lc	16:8	por haber hecho sagazmente; (porque había obrado con cordura, VM)

5431		φροντίζω — frontízo (frontídzo)
Ti	3:8	procuren ocuparse en buenas obras.

5432		φρουρέω** — frouréo (fruréo)
2 Co	11:32	guardaba la ciudad de los damascenos
Gá	3:23	estábamos confinados bajo la ley
Fil	4:7	guardará vuestros corazones
1 P	1:5	que sois guardados por el poder de Dios

5433		φρυάσσω — fruásso
Hch	4:25	¿Por qué se amotinan las gentes

5434		φρύγανον — frúganon
Hch	28:3	habiendo recogido...algunas ramas secas, (...una cantidad de ramas secas, VHA)

5435		Φρυγία — Frugía (Frugüía)
Hch	2:10	en Frigia y Panfilia,
	16:6	Frigia y la provincia de Galacia
	18:23	la región de Galacia y de Frigia,

5436		Φύγελος — Fúgelos (Fúguelos) o Φύγελλος
2 Ti	1:15	de los cuales son Figelo

5437		φυγή — fugé (fugué)	Hch	5:23	la cárcel hemos hallado...y los guardas
Mt	24:20	que vuestra **huida** no sea en invierno		12:6	los guardas delante de la puerta
Mr	13:18	que vuestra **huida** no sea en invierno; (TR)		19	después de interrogar a los guardas,

5438   φυλακή — fulaké

5442   φυλάσσω — fulásso

Mt	5:25	seas echado en la **cárcel**
	14:3	le había...metido en la **cárcel**,
	10	decapitar a Juan en la **cárcel**. (lit., decapitó...)
	25	a la cuarta **vigilia** de la noche
	18:30	le echó en la **cárcel**,
	24:43	si...supiese a qué hora (...qué **vigilia**, VHA)
	25:36	en la **cárcel**, y vinisteis a mí.
	39	o en la **cárcel**, y vinimos a ti?
	43	enfermo, y en la **cárcel**,
	44	enfermo, o en la **cárcel**,
Mr	6:17	le había encadenado en la **cárcel**
	28	le decapitó en la **cárcel**,
	48	cerca de la cuarta **vigilia** de la noche
Lc	2:8	que...guardaban las **vigilias** de la noche
	3:20	encerró a Juan en la **cárcel**
	12:38	aunque venga a la segunda **vigilia**, (TR, VHA, VM, NC, BC, BA)
		aunque venga a la tercera **vigilia** (TR, WH, N, ABMW, VM)
	58	el alguacil te meta en la **cárcel**
	21:12	a las sinagogas y a las **cárceles**
	22:33	a ir contigo...a la **cárcel**
	23:19	echado en la **cárcel**
	25	echado en la **cárcel**
Jn	3:24	no había sido aún encarcelado (no había sido echado en la **cárcel**, VM)
Hch	5:19	las puertas de la **cárcel**
	22	no los hallaron en la **cárcel**
	25	que pusisteis en la **cárcel**
	8:3	los entregaba en la **cárcel**
	12:4	le puso en la **cárcel**
	5	estaba custodiado en la **cárcel**
	6	custodiaban la **cárcel**
	10	Habiendo pasado...la segunda **guardia**
	17	le había sacado de la **cárcel**
	16:23	los echaron en la **cárcel**
	24	los metió en el **calabozo** de más adentro
	27	viendo abiertas las puertas de la **cárcel**
	37	nos echaron en la **cárcel**,
	40	saliendo de la **cárcel**
	22:4	entregando en **cárceles** a hombres
	26:10	Yo encerré en **cárceles** a muchos
2 Co	6:5	en azotes, en **cárceles**, en tumultos,
	11:23	en **cárceles** más; en peligros
He	11:36	a más de esto prisiones y **cárceles**
1 P	3:19	a los espíritus encarcelados, (...que estaban en **prisión**, BC)
Ap	2:10	algunos de vosotros en la **cárcel**
	18:2	**guarida** de todo espíritu inmundo **albergue** de toda ave inmunda
	20:7	Satanás será suelto de su **prisión**

5439   φυλακίζω**†** — fulakízo (fulakídzo)

Hch	22:19	saben que yo encarcelaba (lit., ...estaba **encarcelando**)

5440   φυλακτήριον* — fulaktérion

Mt	23:5	ensanchan sus **filacterias**,

5441   φύλαξ — fúlax

Mt	19:20	Todo esto lo **he guardado** (lit., Todas estas cosas...)
Mr	10:20	todo esto lo **he guardado** (todas estas cosas las..., BC)
Lc	2:8	que...**guardaban** las vigilias
	8:29	le ataban con cadenas (lit., era atado, siendo **guardado** con cadenas)
	11:21	**guarda** su palacio,
	28	los que oyen...y la **guardan**
	12:15	**guardaos** de toda avaricia
	18:21	Todo esto lo **he guardado** (Todas estas cosas..., BC)
Jn	12:25	para vida eterna la **guardará**.
	47	no las **guarda**, (WH, N, ABMW, VHA, VM, NC, BC, BA); (lit., no cree, TR)
	17:12	yo los **guardé**, y ninguno de ellos
Hch	7:53	no la **guardasteis**.
	12:4	para que le **custodiasen**
	16:4	para que las **guardasen**.
	21:24	**guardando** la ley
	25	que se **abstengan** de lo sacrificado
	22:20	guardaba las ropas (**guardando**..., VHA)
	23:35	que le **custodiasen** (que **fuese guardado**, VHA)
	28:16	con un soldado que le **custodiase**.
Ro	2:26	Si...el incircunciso **guardare**
Gá	6:13	ni aun...**guardan** la ley
2 Ts	3:3	os afirmará y **guardará** del mal
1 Ti	5:21	Te encarezco...que **guardes** estas cosas
	6:20	**guarda** lo que se te ha encomendado,
2 Ti	1:12	es poderoso **para guardar** mi depósito
	14	**Guarda** el buen depósito
	4:15	**Guárdate** tú también
2 P	2:5	sino que **guardó** a Noé,
	3:17	**guardaos**, no sea que arrastrados
1 Jn	5:21	**guardaos** de los ídolos
Jud	24	es poderoso para **guardaros** sin caída,

5443   φυλή — fulé

Mt	19:28	las doce **tribus** de Israel
	24:30	lamentarán todas las **tribus** de la tierra
Lc	2:36	Ana,...de la **tribu** de Aser,
	22:30	las doce **tribus** de Israel,
Hch	13:21	varón de la **tribu** de Benjamín,
Ro	11:1	de la **tribu** de Benjamín.
Fil	3:5	de la **tribu** de Benjamín,
He	7:13	de otra **tribu**, de la cual nadie sirvió
	14	de la **tribu** de Judá, de la cual nada habló Moisés (de Judá...**tribu** de la cual..., VM)
Stg	1:1	a las doce **tribus**
Ap	1:7	todos los **linajes** de la tierra (todas las **tribus** de la tierra, BC)
	5:5	el León de la **tribu** de Judá
	9	de todo linaje y lengua
	7:4	de todas las **tribus** de los hijos de Israel (de toda **tribu**..., BC)
	5	De la **tribu** de Judá, de la **tribu** de Rubén De la **tribu** de Gad,
	6	De la **tribu** de Aser, De la **tribu** de Neftalí, De la **tribu** de Manasés,
	7	De la **tribu** de Simeón,

Ap	7:7	De la tribu de Leví
		De la tribu de Isacar,
	8	De la tribu de Zabulón
		De la tribu de José,
		De la tribu de Benjamín,
	9	de...tribus y pueblos y lenguas
	11:9	los de los pueblos, tribus,
	13:7	autoridad sobre toda tribu
	14:6	a toda nación, tribu
	21:12	las doce tribus de los hijos de Israel;

5444   φύλλον — fúllon (fúlon)

Mt	21:19	no halló...sino hojas solamente
	24:32	Cuando...brotan las hojas
Mr	11:13	una higuera que tenía hojas,
		nada halló sino hojas
	13:28	Cuando...brotan las hojas,
Ap	22:2	las hojas del árbol eran para

5445   φύραμα — fúrama

Ro	9:21	hacer de la misma masa un vaso
	11:16	también lo es la masa
1 Co	5:6	leuda toda la masa?
	7	para que seáis nueva masa,
Gá	5:9	leuda toda la masa.

5446   φυσικός* — fusikós

Ro	1:26	cambiaron el uso natural
	27	dejando el uso natural de la mujer
2 P	2:12	nacidos para presa y destrucción (nacidas por naturaleza..., VHA)

5447   φυσικῶς* — fusikós

Jud	10	en las que por naturaleza conocen,

5448   φυσιόω*† — fusióo

1 Co	4:6	no sea que...os envanezcáis
	18	algunos están envanecidos,
	19	de los que andan envanecidos.
	5:2	vosotros estáis envanecidos
	8:1	El conocimiento envanece.
	13:4	el amor...no se envanece
Col	2:18	vanamente hinchado por su propia mente

5449   φύσις** — fúsis

Ro	1:26	por el que es contra naturaleza
	2:14	los gentiles...hacen por naturaleza
	27	el que físicamente es incircunciso, (el que por naturaleza es incircunciso, VHA)
	11:21	las ramas naturales, (lit., las ramas de acuerdo con la naturaleza)
	24	del que por naturaleza es olivo silvestre contra naturaleza fuiste injertado ¿cuánto más éstos, que son las ramas naturales, (lit.,...que son de acuerdo con la naturaleza)
1 Co	11:14	La naturaleza misma ¿no os enseña
Gá	2:15	Nosotros, judíos de nacimiento, (... por naturaleza, VM)
	4:8	por naturaleza no son dioses;
Ef	2:3	éramos por naturaleza hijos de ira,
Stg	3:7	toda naturaleza de bestias, ha sido domada por la naturaleza humana
2 P	1:4	participantes de la naturaleza divina,

5450   φυσίωσις*† — fusíosis

2 Co	12:20	murmuraciones, soberbias, desórdenes

5451   φυτεία — futéia

Mt	15:13	Toda planta que no plantó mi Padre

5452   φυτεύω — futéuo

Mt	15:13	Toda planta que no plantó mi Padre
	21:33	el cual plantó una viña,
Mr	12:1	Un hombre plantó una viña,
Lc	13:6	Tenía...una higuera plantada en su viña,
	17:6	plántate en el mar
	28	vendían, plantaban, edificaban;
	20:9	Un hombre plantó una viña
1 Co	3:6	Yo planté, Apolos regó;
	7	ni el que planta es algo,
	8	el que planta y el que riega
	9:7	¿Quién planta viña y no come

5453   φύω — fúo

Lc	8:6	nacida, se secó
	8	nació y llevó fruto (nacida..., VHA)
He	12:15	que brotando alguna raíz de amargura,

5454   φωλεός* — foleós

Mt	8:20	Las zorras tienen guaridas,
Lc	9:58	Las zorras tienen guaridas,

5455   φωνέω — fonéo

Mt	20:32	deteniéndose Jesús, los llamó,
	26:34	antes que el gallo cante
	74	en seguida cantó el gallo
	75	Antes que cante el gallo,
	27:47	A Elías llama éste
Mr	3:31	clamando a gran voz, salió (WH, N, ABMW)
		enviaron a llamarle (TR)
	9:35	llamó a los doce,
	10:49	mandó llamarle (TR); (dijo: Llamadle, VM, WH, N, ABMW, VHA, NC, BC, BA) llamaron al ciego, diciéndole: levántate, te llama.
	14:30	antes que el gallo haya cantado dos veces
	68	cantó el gallo. (TR, [ABMW], VM, NC, BC)
	72	el gallo cantó la segunda vez.
	15:35	llama a Elías.
Lc	8:8	Hablando estas cosas, decía a gran voz
	54	clamó diciendo: Muchacha,
	14:12	no llames a tus amigos,
	16:2	le llamó, y le dijo: (habiéndole llamado..., VM)
	24	él, dando voces, dijo: Padre Abraham,
	19:15	mandó llamar (ordenó fuesen llamados, BC)
	22:34	el gallo no cantará hoy
	60	el gallo cantó
	61	Antes que el gallo cante,
	23:46	Jesús, clamando a gran voz
Jn	1:48	Antes que Felipe te llamara,
	2:9	llamó al esposo,
	4:16	Vé, llama a tu marido,
	9:18	llamaron a los padres
	24	volvieron a llamar al hombre (Llamaron, pues, segunda vez,..., VM)
	10:3	a sus ovejas llama por nombre, (WH, N, ABMW)
	11:28	llamó a María su hermana, El Maestro...te llama.
	12:17	cuando llamó a Lázaro

Jn	13:13	Vosotros me **llamáis** Maestro,	Hch	10:13	Y le vino **una voz**
	38	No **cantará** el gallo,		15	la **voz** a él la segunda vez
	18:27	en seguida **cantó** el gallo.		11:7	oí **una voz** que me decía
	33	**llamó** a Jesús y le dijo:		9	la **voz** me respondió del cielo
Hch	9:41	**llamando** a los santos y a las viudas,		12:14	cuando reconoció la **voz** de Pedro,
	10:7	**llamó** a dos de sus criados, (**llamando**..., BC		22	¡**Voz** de Dios, y no de hombre!
	18	**llamando**, preguntaron si moraba		13:27	ni las **palabras** de los profetas (ni las
	16:28	Pablo **clamó** a gran voz,			**voces**..., VHA)
Ap	14:18	**llamó** a gran voz al que tenía		14:10	dijo a gran **voz**: Levántate
				11	alzó la **voz**, diciendo
5456		φωνή — foné		16:28	Pablo clamó a gran **voz**
Mt	2:18	**Voz** fue oída en Ramá,		19:34	todos a una **voz** gritaron (lit., una sola
	3:3	**Voz** del que clama en el desierto			**voz** vino de todos)
	17	hubo **una voz** de los cielos		22:7	oí una **voz** que me decía: Saulo
	12:19	Ni nadie oirá en las calles su **voz**.		9	pero no entendieron la **voz**
	17:5	**una voz** desde la nube,		14	para que...oigas la **voz** de su boca.
	24:31	con gran **voz** de trompeta, (TR, VM)		22	alzaron la **voz**
	27:46	Jesús clamó a gran **voz**		24:21	prorrumpí en alta **voz**: (esta sola **voz** que
	50	habiendo otra vez clamado a gran **voz**			yo lancé a gritos, BC)
Mr	1:3	**Voz** del que clama en el desierto		26:14	oí **una voz** que me hablaba,
	11	vino **una voz** de los cielos		24	Festo a gran **voz** dijo:
	26	clamando a gran **voz**,	1 Co	14:7	las cosas inanimadas que producen **sonidos**,
	5:7	clamando a gran **voz**, dijo			(...**sonido**, VM)
	9:7	desde la nube **una voz** que decía		8	si la trompeta diere **sonido** incierto,
	15:34	Jesús clamó a gran **voz**, diciendo		10	Tantas clases **de idiomas** hay, (...**de voces**,
	37	dando una gran **voz**,			VM)
Lc	1:42	exclamó a gran **voz**, (TR)		11	si yo ignoro el valor de las palabras (...el
	44	llegó la **voz** de tu salutación			valor de la **voz**, VM)
	3:4	**Voz** del que clama en el desierto	Gá	4:20	quisiera...cambiar de **tono**,
	22	vino **una voz** del cielo	1 Ts	4:16	el Señor mismo...con **voz** de arcángel
	4:33	exclamó a gran **voz**,	He	3:7	Si oyereis hoy su **voz**
	8:28	exclamó a gran **voz**		15	Si oyereis hoy su **voz**
	9:35	vino **una voz** desde la nube,		4:7	Si oyereis hoy su **voz**
	36	cuando cesó la **voz**, (lit., cuando vino...)		12:19	a la **voz** que hablaba (**a la voz** de palabras,
	11:27	levantó **la voz** (levantando..., VHA)			VHA)
	17:13	alzaron la **voz**, diciendo		26	La **voz** del cual conmovió...la tierra
	15	glorificando a Dios a gran **voz**	2 P	1:17	le fue enviada...**una voz** (cuando...se le
	19:37	alabar a Dios a grandes **voces** (...en alta			hizo llegar esta **voz**, BC)
		voz, VHA)		18	oímos esta **voz** enviada del cielo,
	23:23	instaban a grandes **voces**		2:16	hablando con **voz** de hombre,
		las **voces** de ellos...prevalecieron.	Ap	1:10	oí detrás de mí una gran **voz**
	46	Jesús, clamando a gran **voz**,		12	me volví para ver la **voz**
Jn	1:23	Yo soy **la voz** de uno que clama		15	su **voz** como **estruendo** de muchas aguas
	3:8	y oyes su **sonido**		3:20	si alguno oye mi **voz**
	29	se goza...de la **voz** del esposo		4:1	la primera **voz** que oí,
	5:25	los muertos oirán la **voz** del Hijo		5	del trono salían... **voces**
	28	en los sepulcros oirán su **voz**		5:2	un ángel...que pregonaba a gran **voz**
	37	Nunca habéis oído su **voz**,		11	oí **la voz** de muchos ángeles
	10:3	las ovejas oyen su **voz**		12	que decían a gran **voz**
	4	porque conocen su **voz**		6:1	como **con voz** de trueno:
	5	la **voz** de los extraños		6	oí **una voz** (TR, VHA, VM); (oí como **una**
	16	oirán mi **voz**			**voz**, NC, WH, N, ABMW, BC, BA)
	27	Mis ovejas oyen mi **voz**		7	oí **la voz** del cuarto ser
	11:43	clamó a gran **voz**		10	clamaban a gran **voz**,
	12:28	vino una **voz** del cielo		7:2	clamó a gran **voz** a los cuatro ángeles,
	30	No ha venido esta **voz** por causa		10	clamaban a gran **voz**, diciendo
	18:37	oye mi **voz**		8:5	hubo truenos, y **voces**
Hch	2:6	hecho este **estruendo**, se juntó la multitud		13	diciendo a gran **voz**:
	14	alzó la **voz** y les habló			¡Ay,...a causa de los otros **toques**
	4:24	alzaron unánimes **la voz** a Dios		9:9	el **ruido** de sus alas era como
	7:31	**la voz** del Señor: Yo soy el Dios			el **estruendo** de muchos carros
	57	dando grandes **voces**, (clamando a gran		13	tocó la trompeta, y oí una **voz**
		voz, VHA)		10:3	clamó a gran **voz**
	60	clamó a gran **voz**			siete truenos emitieron sus **voces**
	8:7	dando grandes **voces**; (clamando a gran		4	hubieron emitido sus **voces**, (TR)
		voz, VM)			oí **una voz** del cielo
	9:4	oyó **una voz** que le decía		7	en los días de la **voz** del séptimo
	7	oyendo a la verdad la **voz**		8	La **voz** que oí del cielo
				11:12	oyeron una gran **voz** del cielo

φῶς 5457   5462 φωτισμός

Ap	11:15	hubo grandes **voces** en el cielo	Hch	22:9	vieron a la verdad la **luz**
	19	hubo relámpagos, **voces**, truenos,		11	a causa de la gloria de la **luz**
	12:10	oí una gran **voz** en el cielo		26:13	vi **una luz** del cielo
	14:2	oí una **voz** del cielo como **estruendo**		18	de las tinieblas a la **luz**,
		de muchas aguas, y como **sonido** de un		23	para anunciar **luz** (había de proclamar...,
		gran trueno; y la **voz** que oí			VM)
	7	diciendo a gran **voz**: Temed a Dios,	Ro	2:19	**luz** de los que están en tinieblas
	9	diciendo a gran **voz**: Si alguno		13:12	vistámonos las armas de la **luz**.
	13	Oí **una voz** que desde el cielo	2 Co	4:6	que de las tinieblas resplandeciese la **luz**
	15	clamando a gran **voz** al que estaba sentado			(TR, VM, NC); (...resplandecerá..., BA,
	18	llamó a gran **voz** (WH, N, ABMW)			WH, N, ABMW, VHA, BC)
	16:1	Oí una gran **voz**		6:14	¿Y qué comunión la **luz** con las tinieblas?
	17	salió una gran **voz** del templo			(lit.,...hay para la **luz**...)
	18	hubo relámpagos y **voces**,		11:14	se disfraza como ángel **de luz**
	18:2	clamó con **voz** potente	Ef	5:8	mas ahora sois **luz** en el Señor
	4	oí otra **voz** del cielo,			andad como hijos **de luz**
	22	**voz** de arpistas, de músicos,		9	el fruto del Espíritu es (TR); (...de la **luz**,
		ni **ruido** de molino se oirá más en ti.			VHA, WH, N, ABMW, VM, NC, BC, BA)
	23	ni **voz** de esposo y de esposa		13	son puestas en evidencia por la **luz**
	19:1	oí una gran **voz** de gran multitud			la **luz** es lo que manifiesta todo
	5	salió del trono **una voz**	Col	1:12	la herencia de los santos en **luz**
	6	oí como **la voz** de una gran multitud	1 Ts	5:5	vosotros sois hijos **de luz**
		como **el estruendo** de muchas aguas,	1 Ti	6:16	que habita en **luz** inaccesible;
		como **la voz** de grandes truenos,	Stg	1:17	del Padre de las **luces**
	17	clamó a gran **voz**,	1 P	2:9	de las tinieblas a su **luz**
	21:3	oí una gran **voz**	1 Jn	1:5	Dios es **luz**
				7	si andamos en **luz**
5457		φῶς — fós			como él está en **luz**
Mt	4:16	asentado en tinieblas vio gran **luz**		2:8	la **luz** verdadera ya alumbra.
		Luz les resplandeció		9	El que dice que está en la **luz**
	5:14	Vosotros sois la **luz** del mundo;		10	permanece en la **luz**
	16	Así alumbre vuestra **luz**	Ap	18:23	**Luz** de lámpara no alumbrará
	6:23	si la **luz** que en ti hay es		21:24	las naciones...andarán a la **luz**
	10:27	decidlo en la **luz**		22:5	no tienen necesidad **de luz** de lámpara
	17:2	se hicieron blancos como la **luz**			
Mr	14:54	calentándose al **fuego**	**5458**		ψωστήρ† — fostér
Lc	2:32	**Luz** para revelación a los gentiles	Fil	2:15	resplandecéis como **luminares**
	8:16	para que...vean la **luz**	Ap	21:11	su **fulgor** era semejante al de una piedra
	11:33	para que...vean la **luz**. (WH, ABMW)			
	35	que la **luz** que en ti hay,	**5459**		ψωσφόρος* — fosfóros
	12:3	a la **luz** se oirá	2 P	1:19	el **lucero de la mañana** salga
	16:8	más sagaces...que los hijos **de luz**			
	22:56	al verle sentado al **fuego**	**5460**		φωτεινός** — foteinós
Jn	1:4	la vida era la **luz** de los hombres	Mt	6:22	todo tu cuerpo estará **lleno de luz**
	5	La **luz** en las tinieblas resplandece,		17:5	una nube **de luz** los cubrió
	7	para que diese testimonio de la **luz**	Lc	11:34	todo tu cuerpo está **lleno de luz**
	8	No era él la **luz**		36	si todo tu cuerpo está **lleno de luz**
		para que diese testimonio de la **luz**			será todo **luminoso**
	9	**luz** verdadera, que alumbra a todo hombre			
	3:19	que la **luz** vino al mundo,	**5461**		φωτίζω — fotízo (fotídzo)
		amaron más las tinieblas que la **luz**,	Lc	11:36	cuando una lámpara te **alumbra**
	20	aborrece la **luz** y no viene a la **luz**	Jn	1:9	que **alumbra** a todo hombre,
	21	viene a la **luz**,	1 Co	4:5	**aclarará** también lo oculto (**sacará a luz**
	5:35	regocijaros por un tiempo en su **luz**			los secretos, VHA)
	8:12	Yo soy la **luz** del mundo	Ef	1:18	**alumbrando** los ojos de vuestro
		sino que tendrá la **luz** de la vida.		3:9	de aclarar a todos cuál sea (TR, [ABMW],
	9:5	**luz** soy del mundo.			VM, BC); (**sacar a luz** cuál sea, VHA,
	11:9	porque ve la **luz** de este mundo			WH, N, NC, BA)
	10	porque no hay **luz** en él.	2 Ti	1:10	el cual...**sacó a luz** la vida
	12:35	está la **luz** entre vosotros	He	6:4	los **que** una vez fueron **iluminados**
		entre tanto que tenéis **luz**		10:32	después de haber sido **iluminados**,
	36	Entre tanto que tenéis la **luz**,	Ap	18:1	la tierra **fue alumbrada** con su gloria.
		creed en la **luz**, para que seáis hijos **de luz**		21:23	la gloria de Dios la ilumina, (...**iluminó**,
	46	Yo, la **luz**, he venido al mundo,			VHA)
Hch	9:3	le rodeó...**luz** del cielo		22:5	Dios el Señor los **iluminará**
	12:7	**una luz** resplandeció en la cárcel			
	13:47	Te he puesto para **luz** de los gentiles,	**5462**		φωτισμός† — fotismós
	16:29	pidiendo **luz**, se precipitó			
	22:6	que...me rodeó mucha **luz** del cielo			

χαίρω 5463 — 5474 χαλκολίβανον

2 Co	4:4	no les resplandezca la **luz** del evangelio	Fil	4:4	Otra vez digo: ¡**Regocijaos**! (...diré..., VHA)
	6	resplandeció en nuestros corazones para **iluminación**		10	En gran manera **me gocé** en el Señor
			Col	1:24	Ahora **me gozo** en lo que padezco (...en mis padecimientos, VHA)
				2:5	**gozándome** y mirando vuestro buen orden
			1 Ts	3:9	por todo el gozo con que **nos gozamos**
				5:16	**Estad** siempre **gozosos.**
			Stg	1:1	que están en la dispersión: **Salud**
			1 P	4:13	**gozaos** por cuanto sois participantes para que también en la revelación de su gloria **os gocéis**

5463   χαίρω — caíro (jáiro)

Mt	2:10	se regocijaron con muy grande gozo
	5:12	**Gozaos** y alegraos, porque vuestro galardón
	18:13	**se regocija** más por aquella,
	26:49	¡**Salve**, Maestro! Y le besó
	27:29	¡**Salve**, Rey de los judíos!
	28:9	¡**Salve**! Y ellas, acercándose,
Mr	14:11	**se alegraron**, y prometieron darle dinero
	15:18	¡**Salve**, Rey de los judíos!
Lc	1:14	muchos **se regocijarán** de su nacimiento
	28	¡**Salve**, muy favorecida!
	6:23	**Gozaos** en aquel día, y alegraos,
	10:20	no **os regocijéis** de que los espíritus (...de esto, que los espíritus, VM) sino **regocijaos** de que vuestros nombres
	13:17	todo el pueblo **se regocijaba**
	15:5	la pone sobre sus hombros **gozoso**
	32	era necesario hacer fiesta y **regocijarnos,**
	19:6	le recibió **gozoso**
	37	la multitud de los discípulos, **gozándose**
	22:5	**se alegraron**, y convinieron en darle
	23:8	Herodes, viendo a Jesús, **se alegró** mucho,
Jn	3:29	**se goza** grandemente (lit., **se goza** con gozo)
	4:36	para que el que siembra **goce** juntamente
	8:56	lo vio, y **se gozó**
	11:15	**me alegro** por vosotros,
	14:28	Si me amarais, **os habríais regocijado,**
	16:20	el mundo **se alegrará**
	22	**se gozará** vuestro corazón,
	19:3	¡**Salve**, Rey de los judíos!
	20:20	**se regocijaron** viendo al Señor.
Hch	5:41	salieron...del concilio, **gozosos**
	8:39	el eunuco...siguió **gozoso** su camino.
	11:23	**se regocijó**, y exhortó a todos
	13:48	Los gentiles, oyendo esto, **se regocijaban**
	15:23	a los hermanos de entre los gentiles... **salud**
	31	habiendo leído la cual, **se regocijaron**
	23:26	al excelentísimo gobernador Félix: **Salud**
Ro	12:12	**gozosos** en la esperanza
	15	**Gozaos** con los que **se gozan**
	16:19	así que **me gozo** de vosotros
1 Co	7:30	y los **que se alegran**, como si no **se alegrasen**
	13:6	no **se goza** de la injusticia;
	16:17	**Me regocijo** con la venida de Estéfanas,
2 Co	2:3	de quienes **me debiera gozar**
	6:10	como entristecidos, mas siempre **gozosos**
	7:7	de manera **que me regocijé** aun más
	9	**me gozo**, no porque
	13	**nos gozamos** por el gozo de Tito,
	16	**Me gozo** de que en todo tengo confianza
	13:9	Por lo cual **nos gozamos**
	11	Por lo demás, hermanos, tened gozo,
Fil	1:18	en esto **me gozo**, y **me gozaré** aún.
	2:17	**me gozo** y regocijo con todos vosotros.
	18	asimismo **gozaos** y regocijaos también
	28	para que...**os gocéis,**
	3:1	**gozaos** en el Señor.
	4:4	**Regocijaos** en el Señor.

2 Jn 4 Mucho **me regocijé** porque he hallado
10 ni le digáis: ¡Bienvenido!
11 Porque el que le dice: ¡Bienvenido!
3 Jn 3 Pues mucho **me regocijé** cuando vinieron
Ap 11:10 los moradores de la tierra **se regocijarán**
19:7 **Gocémonos** y alegrémonos

5464   χάλαζα — cálaza (jáladza)

Ap	8:7	hubo **granizo** y fuego
	11:19	un terremoto y grande **granizo**
	16:21	cayó del cielo...un enorme **granizo** blasfemaron...por la plaga del **granizo**

5465   χαλάω — caláo (jaláo)

Mr	2:4	haciendo una abertura, **bajaron** el lecho
Lc	5:4	Boga mar adentro, y **echad** vuestras redes
	5	en tu palabra **echaré** la red.
Hch	9:25	**descolgándole** en una canasta
	27:17	**arriaron** las velas (lit., habiendo arriado el equipo)
	30	**echando** el esquife al mar,
2 Co	11:33	fui **descolgado** del muro en un canasto

5466   Χαλδαῖος — Caldáios (Jaldáios)

Hch 7:4 salió de la tierra **de los caldeos** (saliendo..., VM)

5467   χαλεπός — calepós (jalepós)

Mt	8:28	de los sepulcros, **feroces** en gran manera,
2 Ti	3:1	vendrán tiempos **peligrosos.**

5468   χαλιναγωγέω*† — calinagogéo (jalinagogéo)

Stg	1:26	no **refrena** su lengua, (no **frenando**..., BC)
	3:2	capaz...de **refrenar** todo el cuerpo

5469   χαλινός — calinós (jalinós)

Stg	3:3	ponemos **freno** en la boca (...**frenos** en las bocas, VM)
Ap	14:20	sangre hasta los **frenos** de los caballos,

5470   χάλκεος — cálkeos (jálkeos)

Ap 9:20 a las imágenes...**de bronce**

5470A   Véase después de 5475

5471   χαλκεύς — calkéus (jalkéus)

2 Ti 4:14 Alejandro el **calderero** me ha causado

5472   χαλκηδών* — calkedón (jalkedón)

Ap 21:19 el tercero, **ágata**

5473   χαλκίον — calkíon (jalkíon)

Mr 7:4 lavamientos de...**los utensilios de metal**

5474   χαλκολίβανον* — calkolíbanon (jalkolíbanon)

χαλκός 5475   791   5483 χαρίζομαι

Ap	1:15	sus pies semejantes al bronce bruñido
	2:18	pies semejantes al bronce bruñido

5475		χαλκός – calkós (jalkós)
Mt	10:9	ni **cobre** en vuestros cintos
Mr	6:8	ni **dinero** en el cinto,
	12:41	el pueblo echaba **dinero** en el arca
1 Co	13:1	vengo a ser como **metal** que resuena
Ap	18:12	todo objeto de madera preciosa, **de cobre**,

5470 A		χαλκοῦς – calkóus (jalkús)
Ap	9:20	a las imágenes...**de bronce**

5476		χαμαί – camái (jamái)
Jn	9:6	Dicho esto, escupió **en tierra**
	18:6	retrocedieron, y cayeron **a tierra**

5477		Χανάαν – Canáan (Janáan)
Hch	7:11	en toda la **tierra**...**de Canaán**
	13:19	siete naciones en la tierra **de Canaán**,

5478		Χαναναῖος – Cananáios (Jananáios)
Mt	15:22	una mujer **cananea** que había salido

5479		χαρά – cará (jará)
Mt	2:10	se regocijaron con muy grande **gozo**
	13:20	que...al momento la recibe con **gozo**
	44	**gozoso** por ello va (lit., de **gozo**...)
	25:21	entra en el **gozo** de tu señor.
	23	entra en el **gozo** de tu señor.
	28:8	saliendo del sepulcro con temor y gran **gozo**
Mr	4:16	al momento la reciben con **gozo**
Lc	1:14	**gozo** y alegría, y muchos se regocijarán
	2:10	os doy nuevas de gran **gozo**
	8:13	reciben la palabra con **gozo**
	10:17	Volvieron...con **gozo**, diciendo
	15:7	habrá más **gozo** en el cielo por un pecador
	10	hay **gozo** delante de los ángeles
	24:41	como todavía ellos, de **gozo**, no lo creían,
	52	volvieron a Jerusalén con gran **gozo**
Jn	3:29	se goza grandemente (lit., se goza **con gozo**) así pues, este mi **gozo** está cumplido.
	15:11	para que mi **gozo** esté en vosotros y vuestro **gozo** sea cumplido.
	16:20	vuestra tristeza se convertirá en **gozo**
	21	por el **gozo** de que haya nacido
	22	nadie os quitará vuestro **gozo**
	24	para que vuestro **gozo** sea cumplido
	17:13	tengan mi **gozo** cumplido en sí mismo
Hch	8:8	había gran **gozo** en aquella ciudad
	12:14	de **gozo** no abrió la puerta,
	13:52	los discípulos estaban llenos **de gozo**
	15:3	causaban gran **gozo**
	20:24	acabe mi carrera con **gozo** (TR, VM, [BA])
Ro	14:17	**gozo** en el Espíritu Santo
	15:13	os llene de todo gozo
	32	para que con **gozo**...sea recreado
2 Co	1:15	para que tuvieseis una segunda gracia (TR, N, ABMW, VHA, VM, NC, BC, BA); (lit.,...un segundo **gozo**, WH)
	24	colaboramos para vuestro **gozo** (somos ayudadores de vuestro **gozo**, VM)
	2:3	mi **gozo** es el de todos vosotros.
	7:4	sobreabundo de **gozo**
	13	nos gozamos por el **gozo** de Tito,
	8:2	la abundancia de su **gozo**
Gá	5:22	el fruto del Espíritu es amor, **gozo**

Fil	1:4	con **gozo** por todos vosotros,
	25	para vuestro provecho y **gozo** de la fe,
	2:2	completad mi **gozo**
	29	Recibidle,...con todo **gozo**
	4:1	**gozo** y corona mía,
Col	1:11	(12) para toda...longanimidad; con **gozo** dando gracias (V60, N, ABMW, VHA, BA); (para...longanimidad, con **regocijo**; dando gracias, VM, TR, WH, NC, BC)
1 Ts	1:6	con **gozo** del Espíritu Santo
	2:19	¿cuál es nuestra esperanza, o **gozo**
	20	Vosotros sois nuestra gloria y **gozo**
	3:9	por todo el **gozo** con que nos gozamos
2 Ti	1:4	para llenarme **de gozo**
Flm	7	tenemos gran **gozo** (E, VA); (Tuve..., VHA, WH, N, ABMW, VM, NC, BC, BA)
He	10:34	sufristeis con **gozo**, (recibisteis..., BC)
	12:2	el cual por el **gozo** puesto delante de él
	11	ninguna disciplina...parece ser **causa de gozo**
	13:17	para que lo hagan con **alegría**
Stg	1:2	tened por sumo **gozo** (...todo **gozo**, VM)
	4:9	se convierta...vuestro **gozo** en tristeza.
1 P	1:8	os alegráis **con gozo** inefable y glorioso
1 Jn	1:4	para que vuestro **gozo** (E, VM, NC); (...nuestro **gozo**, VHA, S, WH, N, ABMW, BC, BA)
2 Jn	12	para que nuestro **gozo** sea cumplido. (TR, N, ABMW, VHA, VM, NC, BA); (...vuestro **gozo**..., BA, WH)
3 Jn	4	No tengo yo mayor **gozo** (TR, N, ABMW, VHA, VM, NC, BA); (lit.,...gracia, WH)

5480		χάραγμα* – cáragma (járagma)
Hch	17:29	**escultura** de arte y de imaginación
Ap	13:16	una **marca** en la mano derecha,
	17	el que tuviese la **marca** o el nombre
	14:9	Si alguno...recibe la **marca**
	11	la **marca** de su nombre.
	15:2	sobre la bestia...y su **marca** (TR)
	16:2	que tenían la **marca** de la bestia,
	19:20	a los que recibieron la **marca**
	20:4	que no recibieron la **marca**

5481		χαρακτήρ – caraktér (jaraktér)
He	1:3	siendo...**la imagen misma** de su sustancia,

5482		χάραξ – cárax (járax)
Lc	19:43	tus enemigos te rodearán **con vallado**

5483		χαρίζομαι – carízomai (jarídzomai)
Lc	7:21	a muchos ciegos les **dio** la vista. (...**hizo merced de ver**, BC)
	42	**perdonó** a ambos
	43	Pienso que aquel a quien **perdonó** más
Hch	3:14	pedisteis que **se os diese**
	25:11	nadie puede **entregarme** a ellos.
	16	no es costumbre de los romanos **entregar**
	27:24	Dios te **ha concedido** todos
Ro	8:32	¿cómo no nos **dará** también con él
1 Co	2:12	lo que Dios nos ha concedido, (**que nos han sido dadas gratuitamente** por Dios, VM)
2 Co	2:7	vosotros más bien **debéis perdonarle**
	10	vosotros **perdonáis**, yo también lo que **he perdonado**, si algo **he perdonado**
	12:13	¡**Perdonad**me este agravio!

Gá	3:18	Dios la **concedió** a Abraham	Ro	5:2	tenemos entrada por la fe a esta **gracia**
Ef	4:32	**perdonándoos** unos a otros,		15	abundaron mucho más...la **gracia**
		como Dios también os **perdonó** a vosotros			el don...por **la gracia** de un hombre
Fil	1:29	a vosotros os **es concedido** a causa de Cristo		17	los que reciben la abundancia de la **gracia**
	2:9	le **dio** un nombre que es sobre todo nombre		20	sobreabundó la **gracia**
Col	2:13	**perdonándoos** todos los pecados, (E, VM,		21	así también la **gracia** reine
		NC, BC); (**perdonándonos**..., VHA, S,	Ro	6:1	para que la **gracia** abunde?
		WH, N, ABMW, BA)		14	sino bajo **la gracia**
	3:13	**perdonándoos** unos a otros		15	sino bajo la **gracia**?
		De la manera que Cristo os **perdonó**		17	Pero **gracias** a Dios,
Flm	22	que por vuestras oraciones os **seré concedido**		7:25	Gracias doy a Dios, por Jesucristo (TR,
					VM); (**Gracias** a Dios, NC, WH, N,
5484		χάριν – cárin (járin)			ABMW, VHA, BC, BA)
Lc	7:47	**Por lo cual** te digo que sus muchos pecados		11:5	un remanente escogido **por gracia** (un
Gá	3:19	Fue añadida **a causa de** las transgresiones,			resto según la elección **de gracia**, VM)
Ef	3:1	**Por esta causa** yo Pablo, prisionero de Cristo		6	si **por gracia**, ya no es por obras
	14	**Por esta causa** doblo mis rodillas			de otra manera la **gracia**
1 Ti	5:14	ninguna ocasión **de** maledicencia			ya no es **gracia** (TR, [BA])
Tit	1:5	**Por esta causa** te dejé en Creta,		12:3	por la **gracia** que me es dada,
	11	enseñando **por** ganancia deshonesta		6	según la **gracia** que nos es dada
1 Jn	3:12	¿Y **por** qué **causa** le mató?		15:15	la **gracia** que de Dios me es dada
Jud	16	para sacar provecho (**por causa del**		16:20	La **gracia** de nuestro Señor
		provecho, VHA)		24	La **gracia** de nuestro Señor (TR, [VM],
					[BA])
5485		χάρις – cáris (járis)	1 Co	1:3	**Gracia** y paz a vosotros, de Dios
Lc	1:30	no temas, porque has hallado **gracia**		4	por la **gracia** de Dios que os fue dada
	2:40	la **gracia** de Dios era sobre él		3:10	Conforme a la **gracia** de Dios
	52	**en gracia** para con Dios y los hombres		10:30	si yo **con agradecimiento** participo
	4:22	de las palabras de **gracia** que salían		15:10	**por la gracia** de Dios soy
	6:32	¿qué **mérito** tenéis? (lit., ¿qué **gratitud**			su **gracia** no ha sido en vano
		hay para ti?)			no yo, sino la **gracia**
	33	¿qué **mérito** tenéis? (lit., ¿qué **gratitud**		57	**gracias** sean dadas a Dios, (**gracias** a Dios,
		hay para ti?)			VM)
	34	¿qué **mérito** tenéis? (lit., ¿qué **gratitud**		16:3	para que lleven vuestro **donativo**
		hay para ti?)		23	La **gracia** del Señor
	17:9	¿Acaso da **gracias** al siervo (lit., ¿Acaso	2 Co	1:2	**Gracia** y paz a vosotros, de Dios
		tiene **gratitud** para el siervo)		12	sino con la **gracia** de Dios,
Jn	1:14	lleno **de gracia** y de verdad,		15	para que tuvieseis una segunda **gracia**,
	16	de su plenitud tomamos todos, y **gracia**			(TR, N, ABMW, VHA, VM, NC, BC, BA)
		sobre **gracia**	2 Co	2:14	a Dios **gracias**, el cual nos lleva...en triunfo
	17	la **gracia** y la verdad vinieron por medio de		4:15	para que abundando la **gracia**
Hch	2:47	teniendo **favor** con todo el pueblo.		6:1	a que no recibáis en vano la **gracia** de Dios.
	4:33	abundante **gracia** era sobre todos ellos.		8:1	os hacemos saber la **gracia** de Dios
	6:8	Esteban, lleno **de gracia** (V60, WH, N,		4	que les concediésemos el privilegio de
		ABMW, VHA, VM, NC, BC, BA); (lit.,...			participar (lit., la **gracia** y la participación)
		de fe, TR)		6	acabe también entre vosotros esta obra de
	7:10	le dio **gracia** y sabiduría			**gracia**. (llevase a su perfección esta
	46	Este halló **gracia** delante de Dios,			**gracia** también, VHA)
	11:23	cuando...vio la **gracia** de Dios,		7	abundad también en esta **gracia** (que
	13:43	a que perseverasen en la **gracia** de Dios.			abundéis..., VM)
	14:3	a la palabra de su **gracia**		9	ya conocéis la **gracia** de nuestro Señor
	26	habían sido encomendados a la **gracia**		16	**gracias** a Dios que puso en el corazón
	15:11	por la **gracia** del Señor Jesús		19	que es administrado por nosotros...**donativo**
	40	encomendado por los hermanos a la **gracia**		9:8	para hacer que abunde en vosotros...**gracia**
	18:27	a los que por la **gracia** habían creído		14	a causa de la superabundante **gracia**
	20:24	del evangelio de la **gracia** de Dios.		15	¡**Gracias** a Dios por su don inefable!
	32	a la palabra de su **gracia**		12:9	me ha dicho: Bástate mi **gracia**
	24:27	queriendo...congraciarse (queriendo ganarse		13:13	(14) La **gracia** del Señor Jesucristo,
		el **favor**, VM)	Gá	1:3	**Gracia** y paz sea a vosotros,
	25:3	pidiendo contra él, **como gracia**,		6	del que os llamó por la **gracia**
	9	queriendo congraciarse (...ganarse el **favor**,		15	que...me llamó por su **gracia**
		VM)		2:9	la **gracia** que me había sido dada,
Ro	1:5	recibimos **la gracia** y el apostolado,		21	No desecho la **gracia** de Dios
	7	**Gracia** y paz a vosotros, de Dios		5:4	de la **gracia** habéis caído
	3:24	siendo justificados gratuitamente por su		6:18	la **gracia** de nuestro Señor Jesucristo
		gracia	Ef	1:2	**Gracia** y paz a vosotros, de Dios
	4:4	no se le cuenta el salario como **gracia**		6	para alabanza de la gloria de su **gracia**
	16	es por fe, para que sea por **gracia**		7	según las riquezas de su **gracia**, (...la
					riqueza..., BC)

φύλλον μα 5486

Ef	2:5	por gracia sois salvos
	7	las abundantes riquezas de su gracia (la soberana riqueza..., VM)
	8	por gracia sois salvos
	3:2	la administración de la gracia de Dios
	7	por el don de la gracia de Dios
	8	me fue dada esta gracia
	4:7	cada uno de nosotros fue dada la gracia
	29	a fin de dar gracia a los oyentes
	6:24	la gracia sea con todos los que aman
Fil	1:2	Gracia y paz a vosotros, de Dios
	7	participantes conmigo de la gracia
	4:23	La gracia de nuestro Señor Jesucristo sea
Col	1:2	Gracia y paz sean a vosotros, de Dios
	6	conocísteis la gracia de Dios en verdad,
	3:16	cantando con gracia en vuestros corazones
	4:6	Sea vuestra palabra siempre con gracia
	18	La gracia sea con vosotros.
1 Ts	1:1	Gracia y paz sean a vosotros
	5:28	La gracia de nuestro Señor Jesucristo
2 Ts	1:2	Gracia y paz a vosotros, de Dios
	1:12	por la gracia de nuestro Dios
	2:16	buena esperanza por gracia
	3:18	La gracia de nuestro Señor Jesucristo
1 Ti	1:2	Gracia, misericordia y paz,
	12	Doy gracias al que me fortaleció (lit., tengo gratitud...)
	14	la gracia de nuestro Señor fue
	6:21	La gracia sea contigo (TR, VM, BA); (...con vosotros, VHA, WH, N, ABMW, NC, BC)
2 Ti	1:2	Gracia, misericordia y paz,
	3	Doy gracias a Dios, (lit., tengo gratitud...)
	9	la gracia que nos fue dada en Cristo
	2:1	esfuérzate en la gracia
	4:22	La gracia sea con vosotros.
Tit	1:4	Gracia, misericordia y paz (TR); (Gracia y paz, VM, WH, N, ABMW, VHA, NC, BC, BA)
	2:11	la gracia de Dios se ha manifestado
	3:7	justificados por su gracia
	15	La gracia sea con todos vosotros
Flm	3	Gracia y paz a vosotros
	7	tenemos gran gozo (E, VA); (lit., tenemos gran agradecimiento, S); (tuve mucho gózo, VHA, WH, N, ABMW, VM, NC, BC, BA)
	25	La gracia de nuestro Señor Jesucristo
He	2:9	por la gracia de Dios gustase la muerte
	4:16	Acerquémonos,...al trono de la gracia, y hallar gracia para el oportuno socorro
	10:29	al Espíritu de gracia?
	12:15	que alguno deje de alcanzar la gracia
	28	tengamos gratitud,
	13:9	afirmar el corazón con la gracia,
	25	La gracia sea con todos vosotros.
Stg	4:6	da mayor gracia
		da gracia a los humildes.
1 P	1:2	Gracia y paz os sean multiplicadas.
	10	Los profetas que profetizaron de la gracia
	13	esperad por completo en la gracia
	2:19	Porque esto merece aprobación. (lit., Porque esto es gracia)
	20	esto ciertamente es aprobado delante de Dios. (...es lo grato a Dios, NC)
	3:7	coherederas de la gracia de la vida,
	4:10	administradores de la multiforme gracia
	5:5	da gracia a los humildes.
	10	el Dios de toda gracia
	12	testificando que ésta es la verdadera gracia

793

2 P	1:2	Gracia y paz os sean multiplicadas,
	3:18	creced en la gracia y el conocimiento
2 Jn	3	con vosotros gracia, misericordia y paz,
3 Jn	4	No tengo yo mayor gozo (TR, N, ABMW, VHA, VM, NC, BC, BA); (lit.,... gracia, WH)
Jud	4	en libertinaje la gracia de nuestro Dios,
Ap	1:4	Gracia y paz a vosotros,
	22:21	La gracia de nuestro Señor Jesucristo

5486   χάρισμα — cárisma (járisma)

Ro	1:11	deseo veros, para comunicaros algún don
	5:15	el don no fue como la transgresión
	16	el don...a causa de muchas transgresiones
	6:23	La dádiva de Dios es vida eterna
	11:29	irrevocables son los dones
	12:6	De manera que, teniendo diferentes dones
1 Co	1:7	de tal manera que nada os falte en...don
	7:7	cada uno tiene su propio don
	12:4	Ahora bien, hay diversidad de dones,
	9	a otro, dones de sanidades
	28	después los que sanan (...dones de sanidades, BA)
	30	¿Tienen todos dones de sanidad? (¿Acaso todos tienen dones de sanidades?, BA)
	31	Procurad, pues, los dones mejores.
2 Co	1:11	por el don concedido a nosotros
1 Ti	4:14	No descuides el don que hay en ti
2 Ti	1:6	que avives el fuego del don de Dios
1 P	4:10	Cada uno según el don que ha recibido, (lit., cada uno según ha recibido don)

5487   χαριτόω** † — caritóo (jaritóo)

Lc	1:28	¡Salve, muy favorecida!
Ef	1:6	nos hizo aceptos en el Amado, (nos agració..., VHA)

5488   Χαρράν — Carrán (Jarán)

Hch	7:2	antes que morase en Harán
	4	y habitó en Harán

5489   χάρτης — cártes (jártes)

2 Jn	12	por medio de papel y tinta

5490   χάσμα — cásma (jásma)

Lc	16:26	una gran sima está puesta entre nosotros

5491   χείλος — céilos (jéilos)

Mt	15:8	Este pueblo de labios me honra
Mr	7:6	Este pueblo de labios me honra
Ro	3:13	Veneno...hay debajo de sus labios
1 Co	14:21	con otros labios hablaré a este pueblo
He	11:12	como la arena...a la orilla del mar
	13:15	fruto de labios que confiesen su nombre
1 P	3:10	sus labios no hablen engaño

5492   χειμάζω — ceimázo (jeimádzo)

Hch	27:18	siendo combatidos por una furiosa tempestad,

5493   χείμαρρος — céimarros (jéimaros) o χειμάρρους

Jn	18:1	al otro lado del torrente de Cedrón,

5494   χειμών — ceimón (jeimón)

Mt	16:3	Hoy habrá tempestad

χείρ 5495

Mt	24:20	vuestra huida no sea en invierno
Mr	13:18	vuestra huida no sea en invierno
Jn	10:22	Era invierno
Hch	27:20	por una tempestad no pequeña,
2 Ti	4:21	Procura venir antes del invierno

5495　　　χείρ — céir (jéir)

Mt	3:12	Su aventador está en su mano
	4:6	En sus manos te sostendrán,
	5:30	si tu mano derecha te es ocasión de caer,
	8:3	extendió la mano y le tocó (extendiendo la mano, le tocó, VM)
	15	tocó su mano,
	9:18	pon tu mano sobre ella,
	25	tomó de la mano a la niña, (tomóla de la mano, VM)
	12:10	que tenía seca una mano
	13	Extiende tu mano
	49	extendiendo su mano hacia sus discípulos
	14:31	extendiendo la mano, asió de él
	15:2	no se lavan las manos cuando comen
	20	el comer con las manos sin lavar
	17:22	El Hijo del Hombre...en manos de hombres
	18:8	si tu mano...te es ocasión de caer, que teniendo dos manos o dos pies
	19:13	para que pusiese las manos sobre ellos
	15	habiendo puesto sobre ellos las manos
	22:13	Atadle de pies y manos,(lit., habiéndole atado...)
	26:23	El que mete la mano conmigo
	45	es entregado en manos de pecadores
	50	echaron mano a Jesús, (echaron las manos..., BC)
	51	extendiendo la mano, sacó
	27:24	se lavó las manos delante del pueblo,
Mr	1:31	la tomó de la mano y la levantó (tomándola de la mano..., VM)
	41	extendió la mano y le tocó (extendiendo su mano..., BC)
	3:1	que tenía seca una mano
	3	que tenía la mano seca
	5	Extiende tu mano la mano le fue restaurada
	5:23	pon las manos sobre ella
	41	tomando la mano de la niña,
	6:2	que por sus manos son hechos?
	5	poniendo sobre ellos las manos
	7:2	con manos inmundas, esto es, no lavadas
	3	no se lavan las manos
	5	comen pan con manos inmundas?
	32	que le pusiera la mano encima
	8:23	tomando la mano del ciego, le puso las manos encima, (poniendo las manos sobre él, VHA)
	25	le puso otra vez las manos sobre los ojos,
	9:27	tomándole de la mano, le enderezó
	31	será entregado en manos de hombres,
	43	Si tu mano te fuere ocasión de caer, que teniendo dos manos ir
	10:16	poniendo las manos sobre ellos,
	14:41	es entregado en manos de los pecadores
	46	Entonces ellos le echaron mano,
	16:18	[tomarán en las manos serpientes,] [sobre los enfermos pondrán sus manos]
Lc	1:66	la mano del Señor estaba con él
	71	salvación...de la mano de todos
	74	librados de nuestros enemigos (...de la mano de nuestros enemigos, VHA)
	3:17	Su aventador está en su mano
Lc	4:11	En las manos te sostendrán,
	40	poniendo las manos sobre cada uno
	5:13	extendiendo él la mano, le tocó,
	6:1	restregándolas con las manos.
	6	tenía seca la mano derecha. (su mano derecha estaba rígida, BC)
	8	al hombre que tenía la mano seca
	10	Extiende tu mano. su mano fue restaurada.
	8:54	tomándola de la mano, clamó
	9:44	será entregado en manos de hombres. (va a ser entregado..., VHA)
	62	Ninguno que poniendo su mano en el arado
	13:13	puso las manos sobre ella
	15:22	poned un anillo en su mano,
	20:19	Procuraban...echarle mano (...manos.., BC)
	21:12	os echarán mano (echarán las manos sobre vosotros, BC)
	22:21	la mano del que me entrega
	53	no extendisteis las manos contra mí
	23:46	en tus manos encomiendo mi espíritu.
	24:7	sea entregado en manos de hombres
	39	Mirad mis manos y mis pies,
	40	les mostró las manos y los pies. (TR, [WH], [ABMW], VHA, VM, NC, BC, [BA])
	50	y alzando sus manos, los bendijo
Jn	3:35	todas las cosas ha entregado en su mano
	7:30	ninguno le echó mano,
	44	ninguno le echó mano.
	10:28	ni nadie las arrebatará de mi mano.
	29	arrebatar de la mano de mi Padre
	39	se escapó de sus manos. (lit.,...su mano)
	11:44	atadas las manos y los pies
	13:3	todas las cosas en las manos
	13:9	sino también las manos y la cabeza
	20:20	les mostró las manos y el costado
	25	Si no viere en sus manos metiere mi mano en su costado,
	27	y mira mis manos; acerca tu mano,y métela
	21:18	extenderás tus manos,
Hch	2:23	matasteis por manos de inicuos,
	3:7	tomándole por la mano derecha
	4:3	les echaron mano (... manos, BC)
	28	para hacer cuanto tu mano y tu consejo
	30	mientras extiendes tu mano
	5:12	por la mano de los apóstoles (por las manos..., BC)
	18	echaron mano a los apóstoles (echaron las manos..., BC)
	6:6	orando, les impusieron las manos
	7:25	que Dios les daría libertad por mano suya
	35	por mano del ángel que se le apareció
	41	en las obras de sus manos se regocijaron.
	50	¿No hizo mi mano todas estas cosas?
	8:17	les imponía las manos,
	18	por la imposición de las manos
	19	a quién yo impusiere las manos
	9:12	que entra y le pone las manos encima
	17	poniendo sobre él las manos, dijo:
	41	él, dándole la mano, la levantó
	11:21	la mano del Señor estaba con ellos
	30	enviándolo a los ancianos por mano
	12:1	Herodes echó mano a algunos (...manos..., BC)
	7	las cadenas se le cayeron de las manos.
	11	me ha librado de la mano de Herodes,
	17	haciéndoles con la mano señal
	13:3	les impusieron las manos (puesto sobre

χειραγωγέω 5496 795 5503 χήρα

		ellos..., VM)	Ap	20:1	una gran cadena en la mano
Hch	13:11	la mano del Señor está contra ti,		4	no recibieron la marca...en sus manos
	16	hecha señal de silencio con la mano,			
	14:3	que se hiciesen por las manos de ellos	5496		χειραγωγέω – ceiragogéo (jeiragoguéo)
	15:23	escribir por conducto de ellos (escribiendo.. por mano de ellos, VM)	Hch	9:8	llevándole por la mano, le metieron
	17:25	ni es honrado por manos de hombres,		22:11	llevado de la mano por los que estaban
	19:6	habiéndoles impuesto Pablo las manos,	5497		χειραγωγός* – ceiragogós (jeiragogós)
	11	hacía Dios...por mano de Pablo			
	26	los que se hacen con las manos	Hch	13:11	buscaba quien le condujese de la mano.
	33	Alejandro, pedido silencio con la mano,	5498		χειρόγραφον** – ceirógrafon
	20:34	estas manos me han servido.			(jeirógrafon)
	21:11	atándose los pies y las manos			
		le entregarán en manos de los gentiles.	Col	2:14	anulando el acta de los decretos
	27	le echaron mano, (...las manos, BC)			
	40	hizo señal con la mano al pueblo	5499		χειροποίητος – ceiropóietos (jeiropóietos)
	23:19	El tribuno, tomándole de la mano	Mr	14:58	derribaré este templo hecho a mano
	24:7	le quitó de nuestras manos, (TR, [VM], NC, [BA])	Hch	7:48	no habita en templos hechos de mano
				17:24	no habita en templos hechos por manos
	26:1	Pablo...extendiendo la mano,	Ef	2:11	la llamada circuncisión hecha con mano
	28:3	se le prendió en la mano.	He	9:11	el...tabernáculo, no hecho de manos
	4	la víbora colgando de su mano		24	en el santuario hecho de mano
	8	le impuso las manos, (imponiéndole..., BC)			
	17	desde Jerusalén en manos de los romanos	5500		χειροτονέω* – ceirotonéo (jeirotonéo)
Ro	10:21	extendí mis manos a un pueblo rebelde	Hch	14:23	constituyeron ancianos en cada iglesia,
1 Co	4:12	trabajando con nuestras propias manos			(habiéndoles puesto de su mano..., BC)
	12:15	Porque no soy mano	2 Co	8:19	que...también fue designado por las iglesias
	21	Ni el ojo puede decir a la mano			
	16:21	esta salutación de mi propia mano	5501		χείρων – céiron (jéiron)
2 Co	11:33	escapé de sus manos			(1) εἰς, ἐπὶ τὸ χεῖρον
Gá	3:19	en mano de un mediador.	Mt	9:16	se hace peor la rotura
	6:11	os escribo de mi propia mano.		12:45	viene a ser peor que el primero (resultan...
Ef	4:28	haciendo con sus manos lo que es bueno			peores que los principios, BC)
Col	4:18	La salutación de mi propia mano		27:64	será el postrer error peor que el primero.
1 Ts	4:11	trabajar con vuestras manos	Mr	5:26	(1) que...antes se le iba peor
2 Ts	3:17	La salutación es de mi propia mano,		5:26	viene a ser peor la rotura.
1 Ti	2:8	levantando manos santas,	Lc	11:26	viene a ser peor que el primero (resultan...
	4:14	con la imposición de las manos			peores que los principios, BC)
	5:22	No impongas con ligereza las manos	Jn	5:14	para que no te venga alguna cosa peor
2 Ti	1:6	por la imposición de mis manos.	1 Ti	5:8	es peor que un incrédulo
Flm	19	Yo Pablo lo escribo de mi mano,	2 Ti	3:13	(1) los engañadores irán de mal en peor
He	1:10	son obra de tus manos (obras..., BC)	He	10:29	¿Cuánto mayor castigo (¿de cuánto
	2:7	sobre las obras de tus manos (TR, [WH], VM, BA)			peor castigo, BC)
	6:2	de la imposición de manos	2 P	2:20	viene a ser peor que el primero. (resultan...
	8:9	de la mano para sacarlos de la tierra			peores que los principios, BC)
	10:31	caer en manos del Dios vivo			
	12:12	levantad las manos caídas	5502		Χερούβ – Ceróub (Jerúb) o Χερουβείν
Stg	4:8	Pecadores, limpiad las manos	He	9:5	sobre ella los querubines de gloria
1 P	5:6	bajo la poderosa mano de Dios			
1 Jn	1:1	palparon nuestras manos tocante al Verbo	5503		χήρα – céra (jéra)
Ap	1:16	en su diestra siete estrellas (En su mano derecha..., VHA)	Mt	23:14	(13) las casas de las viudas, (TR, VM, BA)
	17	puso su diestra sobre mí (...su mano derecha..., BA) (TR)	Mr	12:40	las casas de las viudas
				42	una viuda pobre, y echó dos blancas
	7:9	con palmas en las manos		43	esta viuda pobre echó más
	8:4	de la mano del ángel subió	Lc	2:37	era viuda hacía ochenta y cuatro años
	9:20	de las obras de sus manos		4:25	muchas viudas había en Israel
	10:2	en su mano un librito abierto		26	una mujer viuda en Sarepta de Sidón.
	5	levantó su mano al cielo, (TR); (...su mano derecha, VHA, WH, N, ABMW, VM, NC, BC, BA)		7:12	su madre, la cual era viuda
				18:3	en aquella ciudad una viuda
				5	porque esta viuda me es molesta,
				20:47	que devoran las casas de las viudas
	8	está abierto en la mano del ángel		21:2	Vio también a una viuda muy pobre
	10	tomé el librito de la mano del ángel		3	esta viuda pobre echó más
	13:16	una marca en la mano derecha,	Hch	6:1	las viudas de aquéllos eran desatendidas
	14:9	recibe la marca...en su mano		9:39	le rodearon todas las viudas, llorando
	14	una hoz aguda		41	llamando a los santos y a las viudas
	17:4	en la mano un cáliz de oro	1 Co	7:8	a los solteros y a las viudas
	19:2	la sangre de sus siervos de la mano			

χθές 5504

φύλλον   Honra a las **viudas**
         que en verdad lo son (...son **viudas**, VHA)
    4   si alguna **viuda** tiene hijos,
    5   la que en verdad es **viuda**
    9   Sea puesta en la lista sólo la **viuda**
   11   **viudas** más jóvenes no admitas; (rehusa...,
         VM)
   16   Si...tiene **viudas**, que las mantenga
         para las que en verdad son **viudas**
Stg 1:27 Visitar...a las **viudas**
Ap 18:7 y no soy **viuda**

5504   χθές, véase ἐχθές. pág. 374
5505   Véase abajo
5506   χιλίαρχος — ciliarcos (jilíarjos)
Mr 6:21 una cena a sus príncipes y **tribunos**
Jn 18:12 el **tribuno** y los alguaciles
Hch 21:31 al **tribuno** de la compañía, que toda
       32 cuando ellos vieron al **tribuno**
       33 Entonces, llegando el **tribuno**
       37 Pablo...dijo al **tribuno**
    22:24 Mandó el **tribuno** que le metiesen
       26 dio aviso al **tribuno**,
       27 Vino el **tribuno** (Llegándose..., VM)
       28 Respondió el **tribuno**: Yo con una gran
       29 aun el **tribuno**...tuvo temor
    23:10 el **tribuno**, teniendo temor de que Pablo
       15 requerid al **tribuno** que le traiga
       17 Lleva a este joven ante el **tribuno**
       18 le llevó al **tribuno**
       19 El **tribuno**, tomándole de la mano
       22 Entonces el **tribuno** despidió al joven
    24:7 interviniendo el **tribuno** Lisias, (TR, [VM],
          NC, [BA])
       22 Cuando descendiere el **tribuno** Lisias,
Hch 25:23 entrando en la audiencia con los **tribunos**
Ap 6:15 los **capitanes**...se escondieron
    19:18 carnes de reyes y **de capitanes** (carnes de
          reyes y carnes de **tribunos** militares, BC)

5505   χιλιάς — ciliás (jiliás)
Lc 14:31 hacer frente con diez **mil**
         contra él con veinte **mil**?
Hch 4:4 el número de los varones era como cinco **mil**
1 Co 10:8 y cayeron en un día veintitrés **mil**
Ap 5:11 su número era millones de millones, (...
          miríadas de miríadas, y millares de
          millares, BA) (E, WH, N, ABMW, VHA,
          VM, NC, BA); (lit., millares de millares,
          S)
    7:4 ciento cuarenta y cuatro **mil** sellados
       5 De la tribu de Judá, doce **mil**
         De la tribu de Rubén, doce **mil**
         De la tribu de Gad, doce **mil**
       6 De la tribu de Aser, doce **mil**
         De la tribu de Neftalí, doce **mil**
         De la tribu de Manasés, doce **mil**
       7 De la tribu de Simeón, doce **mil**
         De la tribu de Leví, doce **mil**
         De la tribu de Isacar, doce **mil**
       8 De la tribu de Zabulón, doce **mil**
         De la tribu de José, doce **mil**
         De la tribu de Benjamín, doce **mil**
    11:13 en número de siete **mil** hombres; (lit.,
          nombres de hombres, siete **mil**)
    14:1 con él ciento cuarenta y cuatro **mil**
       3 aquellos ciento cuarenta y cuatro **mil**
    21:16 con la caña, doce **mil** estadios

5518 χοῖνιξ

5506   Véase arriba
5507   χίλιοι — cílioi (jílioi)
2 P 3:8 para con el Señor un día es como **mil** años,
         y **mil** años como un día
Ap 11:3 por **mil** doscientos sesenta días
   12:6 por **mil** doscientos sesenta días
   14:20 por **mil** seiscientos estadios.
   20:2 lo ató por **mil** años
      3 hasta que fuesen cumplidos **mil** años
         (...los **mil** años, VHA)
      4 reinaron con Cristo **mil** años
      5 hasta que se cumplieron **mil** años.
      6 reinarán con él **mil** años.
      7 Cuando los **mil** años se cumplan

5508   Χίος — Cíos (Jíos)
Hch 20:15 llegamos delante de **Quío**

5509   χιτών — citón (jitón)
Mt 5:40 quitarte la **túnica**
    10:10 ni de dos **túnicas**
Mr 6:9 y no vistiesen dos **túnicas**
    14:63 rasgando su **vestidura**, dijo:
Lc 3:11 El que tiene dos **túnicas**
    6:9 ni aun la **túnica** le niegues.
    9:3 ni llevéis dos **túnicas**
Jn 19:23 tomaron...también su **túnica**
         la cual era sin costura (la **túnica** era..., VM)
Hch 9:39 mostrando las **túnicas**
Jud 23   aborreciendo aun la **ropa** contaminada

5510   χιών — (jión)
Mt 28:3 su vestido blanco como **la nieve**
Mr 9:3 muy blancos, como la **nieve** (TR, VM)
Ap 1:14 como blanca lana, como **nieve**

5511   χλαμύς** — clamús (jlamús)
Mt 27:28 le echaron encima **un manto** de escarlata,
      31 le quitaron el **manto**,

5512   χλευάζω** — cleuázo (jleuádzo)
Hch 2:13 otros, **burlándose**, decían (TR)
    17:32 unos se **burlaban**

5513   χλιαρός* — cliarós (jliarós)
Ap 3:16 por cuanto eres **tibio**,

5514   Χλόη — Clóe (Jlóe)
1 Co 1:11 he sido informado...por los de **Cloé**

5515   χλωρός — clorós (jlorós)
Mr 6:39 por grupos sobre la hierba **verde**
Ap 6:8 he aquí un caballo **amarillo**
    8:7 se quemó toda la hierba **verde**
    9:4 ni a **cosa verde** alguna,

5516   χξς — cxs (jxs)
Ap 13:18 **seiscientos sesenta y seis** (TR)

5517   χοϊκός*† — coikós (joikós)
1 Co 15:47 El primer hombre es de la tierra, **terrenal**
       48 Cual el **terrenal**, tales también los terrenales
       49 hemos traído la imagen del **terrenal**

5518   χοῖνιξ — cóinix (jóinix)
Ap 6:6 Dos libras de trigo (**un cuarto** de celemín...,

		BC)
Ap	6:6	seis libras de cebada (tres **cuartos de celemín**..., BC)

5519 χοῖρος** — cóiros (jóiros)

Mt	7:6	vuestras perlas delante de los **cerdos**
	8:30	un hato de muchos **cerdos**
	31	a aquel hato de **cerdos**
	32	se fueron a aquel hato de **cerdos** (TR); (...a los **cerdos**, BC, WH, N, ABMW, VHA, VM, NC, BA) todo el hato de **cerdos** (TR)
Mr	5:11	un gran hato de **cerdos** paciendo.
	12	Envíanos a los **cerdos**
	13	entraron en los **cerdos**
	14	los que apacentaban los **cerdos** (TR)
	16	les contaron...lo de los **cerdos**
Lc	8:32	Había allí un hato de muchos **cerdos**
	33	entraron en los **cerdos**
	15:15	para que apacentase **cerdos**
	16	las algarrobas que comían los **cerdos**

5520 χολάω** — coláo (joláo)

Jn	7:23	¿os enojáis conmigo

5521 χολή — colé (jolé)

Mt	27:34	mezclado con **hiel**
Hch	8:23	en **hiel** de amargura y en prisión

5522 χοός, véase χοῦς después de 5529

5523 Χοραζίν — Corazín (Joradzín) o Χοραζείν

Mt	11:21	¡Ay de ti, **Corazín**!
Lc	10:13	¡Ay de ti, **Corazín**!

5524 χορηγέω — coregéo (joreguéo)

2 Co	9:10	**proveerá** y multiplicará (V60, WH, N, ABMW, VHA, VM, NC, BC, BA); (lit., **provea** y multiplique, TR)
1 P	4:11	conforme al poder que Dios da

5525 χορός — corós (jorós)

Lc	15:25	oyó la música y **las danzas**

5526 χορτάζω — cortázo (jortádzo)

Mt	5:6	porque ellos serán saciados
	14:20	comieron todos, y se saciaron
	15:33	para **saciar** a una multitud tan grande?
	37	comieron todos, y se saciaron
Mr	6:24	comieron todos, y se saciaron
	7:27	Deja primero que se sacien los hijos,
	8:4	¿De dónde podrá alguien **saciar**
	8	comieron, y se saciaron
Lc	6:21	porque seréis saciados
	9:17	comieron todos, y se saciaron
	15:16	deseaba llenar su vientre (TR, N, VHA, NC, BC, BA); (deseaba **hartarse**, VM, WH, ABMW)
	16:21	ansiaba **saciarse** de las migajas
Jn	6:26	comisteis...y os saciasteis.
Fil	4:12	estoy enseñado, así para estar saciado
Stg	2:16	calentaos y saciaos,
Ap	19:21	todas las aves se saciaron

5527 χόρτασμα — córtasma (jórtasma)

Hch	7:11	nuestros padres no hallaban alimentos.

5528 χόρτος — córtos (jórtos)

Mt	6:30	si la **hierba** del campo
	13:26	cuando salió la **hierba**
	14:19	recostarse sobre la **hierba**
Mr	4:28	primero **hierba**, luego espiga,
	6:39	recostar...sobre la **hierba** verde
Lc	12:28	si así viste Dios la **hierba**
Jn	6:10	había mucha **hierba** en aquel lugar
1 Co	3:12	si...algunos edificare... **hojarasca**,
Stg	1:10	pasará como la flor **de la hierba**
	11	la **hierba** se seca,
1 P	1:24	Toda carne es como **hierba** como flor **de la hierba** La **hierba** se seca,
Ap	8:7	se quemó toda la **hierba** verde.
	9:4	que no dañasen a la hie-ba

5529 Χουζᾶς — Couzás (Judzás)

Lc	8:3	Juana, mujer **de Chuza** intendente

5522 χοῦς — cóus (jús) o χοός

Mr	6:11	salid de allí, y sacudid el **polvo**
Ap	18:19	echaron **polvo** sobre sus cabezas

5530 χράομαι — cráomai (jráomai)

Hch	27:3	**tratando** humanamente a Pablo
	17	**usaron** de refuerzos para ceñir la nave
1 Co	7:21	si puedes hacerte libre, **prócuralo** más
	31	los **que disfrutan** de este mundo como si no lo **disfrutasen**
	9:12	no hemos usado de este derecho,
	15	de nada de esto **me he aprovechado**, (...de estos..., VM)
2 Co	1:17	¿**usé** quizá de ligereza?
	3:12	**usamos** de mucha franqueza
	13:10	para no **usar** de severidad
1 Ti	1:8	si uno la **usa** legítimamente
	5:23	**usa** de un poco de vino

5531 χράω, véase κίχρημι, pág. 479

5532 χρεία — créia (jréia)

Mt	3:14	necesito ser bautizado por ti, (tengo **necesidad de**..., BC)
	6:8	sabe de qué cosas tenéis **necesidad**
	9:12	Los sanos no tienen **necesidad** de médico,
	14:16	No tienen **necesidad** de irse
	21:3	los necesita; (tiene **necesidad** de ellos, BC)
	26:65	¿Qué más **necesidad** tenemos de testigos?
Mr	2:17	Los sanos no tienen **necesidad** de médico
	25	lo que hizo David cuando tuvo **necesidad**,
	11:3	el Señor lo necesita, (...tiene **necesidad de** él, BC)
	14:63	¿Qué más **necesidad** tenemos de testigos?
Lc	5:31	Los...sanos no tienen **necesidad** de médico
	9:11	a los que necesitaban (a los que tenían **necesidad**, VHA)
	10:42	sólo una cosa es necesaria (lit., hay **necesidad** de una sola cosa, (TR, ABMW, VM); (lit., de unas pocas cosas hay **necesidad**, o de una sola) (WH, N, VHA, NC, BA)
	15:7	no necesitan de arrepentimiento. (no tienen **necesidad**..., VM)
	19:31	el Señor lo necesita. (...tiene **necesidad de** él, BC)
	34	lo necesita. (tiene **necesidad** de él, BC)

χρεοφειλέτης 5533		798	5544 χρηστότης

Lc	22:71	¿Qué más testimonio necesitamos? (¿Qué necesidad tenemos ya..., VHA)
Jn	2:25	no tenía necesidad de que nadie
	13:10	no necesita sino lavarse los pies, (no tiene necesidad de..., VM)
	29	Compra lo que necesitamos (...las cosas de que tenemos necesidad, BC)
	16:30	no necesitas que nadie te pregunte (no tienes necesidad de que..., BC)
Hch	2:45	según la necesidad de cada uno, (según cada cual tenía necesidad, VM)
	4:35	a cada uno según su necesidad. (según cualquiera...tuviese necesidad, VM)
	6:3	a quienes encarguemos de este trabajo
	20:34	para lo que me ha sido necesario a mí (a las necesidades mías, VHA)
	28:10	nos cargaron de las cosas necesarias. (lit.... de las cosas para la necesidad, TR); (lit.,... de las cosas para las necesidades, WH, N, ABMW)
Ro	12:13	para las necesidades de los santos
1 Co	12:21	No te necesito, (no tengo necesidad de ti, VM)
	24	No tengo necesidad de vosotros no tienen necesidad
Ef	4:28	con el que padece necesidad. (al que tuviere necesidad, VM)
	29	para la necesaria edificación, (lit., para edificación de la necesidad)
Fil	2:25	ministrador de mis necesidades; (lit.,...de mi necesidad)
	4:16	me enviasteis...para mis necesidades. (...mi necesidad, VHA)
	19	suplirá todo lo que os falta
1 Ts	1:8	necesidad de hablar nada;
	4:9	no tenéis necesidad de que os escriba
	12	a fin de que...no tengáis necesidad
	5:1	no tenéis necesidad, hermanos,
Tit	3:14	para los casos de necesidad, (a las necesidades apremiantes, BC)
He	5:12	tenéis necesidad de que que tenéis necesidad de leche
	7:11	¿qué necesidad habría aún
He	10:36	es necesaria la paciencia, (tenéis necesidad de..., VHA)
1 Jn	2:27	no tenéis necesidad de que nadie
	3:17	ve a su hermano tener necesidad,
Ap	3:17	de ninguna cosa tengo necesidad
	21:23	La ciudad no tiene necesidad de sol
	22:5	no tienen necesidad de luz

5533 χρεοφειλέτης† – creofeilétes (jreofeilétes) o χρεωφειλέτης

Lc	7:41	Un acreedor tenía dos deudores (lit., había dos deudores para cierto acreedor)
	16:5	a cada uno de los deudores de su amo,

5534 χρή – cré (jré)

Stg	3:10	no debe ser así.

5535 χρῄζω – crezo (jrédzo)

Mt	6:32	sabe que tenéis necesidad
Lc	11:8	le dará todo lo que necesite.
	12:30	vuestro Padre sabe que tenéis necesidad
Ro	16:2	en cualquier cosa en que necesite
2 Co	3:1	¿O tenemos necesidad, (o acaso necesitamos, VHA)

5536 χρῆμα – créma (jréma)

Mr	10:23	los que tienen riquezas!
	24	a los que confían en las riquezas! (TR, VM, BC)
Lc	18:24	los que tienen riquezas!
Hch	4:37	trajo el precio y lo puso
	8:18	les ofreció dinero, (...dineros, BC)
	20	que...se obtiene con dinero (lit.,...dineros)
	24:26	que Pablo le diera dinero (lit., que se le dieran dineros por parte de Pablo)

5537 χρηματίζω – crematízo (jrematídzo)

Mt	2:12	siendo avisados por revelación en sueños
	22	avisados por revelación en sueños,
Lc	2:26	le había sido revelado por el Espíritu Santo
Hch	10:22	ha recibido instrucciones de un santo ángel (lit., fue avisado divinamente por un...)
	11:26	a los discípulos se les llamó cristianos
Ro	7:3	será llamada adúltera
He	8:5	como se le advirtió a Moisés
	11:7	Noé, cuando fue advertido por Dios
	12:25	al que los amonestaba en la tierra,

5538 χρηματισμός – crematismós (jrematismós)

Ro	11:4	¿qué le dice la divina respuesta?

5539 χρήσιμος – crésimos (jrésimos)

2 Ti	2:14	lo cual para nada aprovecha (lit., provechoso para nada)

5540 χρῆσις – crésis (jrésis)

Ro	1:26	sus mujeres cambiaron el uso natural
	27	los hombres, dejando el uso natural

5541 χρηστεύομαι*† – crestéuomai (jrestéuomai)

1 Co	13:4	El amor es sufrido, es benigno

5542 χρηστολογία*† – crestología (jrestologuía)

Ro	16:18	con suaves palabras...engañan (lit., con discurso suave...)

5543 χρηστός – crestós (jrestós)

Mt	11:30	mi yugo es fácil
Lc	5:39	El añejo es mejor. (TR, VM, NC); (...excelente, VHA, [WH], N, ABMW, BC, BA)
	6:35	es benigno para con los ingratos
Ro	2:4	su benignidad te guía (la benignidad de Dios..., VM)
1 Co	15:33	corrompen las buenas costumbres
Ef	4:32	Antes sed benignos unos con otros,
1 P	2:3	habéis gustado la benignidad del Señor. (...que el Señor es benigno, VHA)

5544 χρηστότης – crestótes (jrestótes)

Ro	2:4	las riquezas de su benignidad, (la riqueza..., VM)
	3:12	No hay quien haga lo bueno
	11:22	la bondad y la severidad de Dios la bondad para contigo (TR, NC) (...la bondad de Dios, VM, WH, N, ABMW, VHA, BC, BA) si permaneces en esa bondad

χρῖσμα 5545   799   5547 Χριστός

2 Co	6:6	en longanimidad, en **bondad**,
Gá	5:22	el fruto del Espíritu es...**benignidad**,
Ef	2:7	en su **bondad** para con nosotros
Col	3:12	Vestíos,...de **benignidad**,
Tit	3:4	cuando se manifestó la **bondad** de Dios

5545   χρῖσμα – crîsma (jrîsma)

1 Jn	2:20	vosotros tenéis la **unción** del Santo
	27	la **unción** que vosotros recibisteis
		así como la **unción** misma os enseña

5546   Χριστιανός – Cristianós (Jristianós)

Hch	11:26	a los discípulos se les llamó **cristianos**
	26:28	Por poco me persuades a ser **cristiano**
		(...hacerme **cristiano!** , VHA)
1 P	4:16	si alguno padece como **cristiano**

5547   Χριστός – Cristós (Jristós)

Mt	1:1	Libro de la genealogía de Jesu**cristo**
	16	llamado el **Cristo**
	17	desde la deportación...hasta **Cristo**
	18	El nacimiento de Jesu**cristo** fue así
	2:4	dónde había de nacer el **Cristo**
	11:2	al oír Juan...los hechos de **Cristo**
	16:16	Tú eres el **Cristo**
	20	que él era Jesús el **Cristo**
	21	comenzó Jesús a declarar (TR, ABMW, VM, NC, BA); (...Jesu**cristo**, VHA, WH, N, BC)
	22:42	¿Qué pensáis del **Cristo**?
	23:8	uno es vuestro Maestro, el **Cristo** (TR, VM)
	10	uno es vuestro Maestro, el **Cristo**
	24:5	diciendo: Yo soy el **Cristo**
	23	Mirad, aquí está el **Cristo**
	26:63	si eres tú el **Cristo**
	68	Profetízanos, **Cristo**
	27:17	o a Jesús, llamado el **Cristo**
	22	haré de Jesús, llamado el **Cristo**?
Mr	1:1	Principio del evangelio de Jesu**cristo**
	34	le conocían (TR, N, ABMW, VHA, VM, NC, BC, BA); (lit., sabían que él era el **Cristo**, [WH])
	8:29	Pedro, le dijo: Tú eres el **Cristo**
	9:41	porque sois de **Cristo**
	12:35	que el **Cristo** es hijo de David?
	13:21	Mirad, aquí está el **Cristo**
	14:61	¿Eres tú el **Cristo**
	15:32	El **Cristo**, Rey de Israel, descienda
Lc	2:11	un Salvador, que es **Cristo** el Señor.
	26	antes que viese al **Ungido**
	3:15	si acaso...sería el **Cristo**
	4:41	Tú eres el Hijo de Dios (V60, WH, ABMW, VHA, VM, NC, BC, BA); (lit.,...el **Cristo**, el Hijo de Dios, TR)
		sabían que él era el **Cristo**
	9:20	Pedro, dijo: El **Cristo** de Dios.
	20:41	que el **Cristo** es hijo de David?
	22:67 (66)	¿Eres tú el **Cristo**? (SI tú eres el **Cristo**, VHA)
	23:2	diciendo que él mismo es el **Cristo**
	35	si éste es el **Cristo**
	39	Si tú eres el **Cristo**, (TR); (¿No eres tú el **Cristo**? , VHA, WH, N, ABMW, NC, BC, BA)
	24:26	¿No era necesario que el **Cristo** padeciera
	46	está escrito...que el **Cristo** padeciese,
Jn	1:17	vinieron por medio de Jesu**cristo**
	20	Yo no soy el **Cristo**
	1:25	si tú no eres el **Cristo**
	41 (42)	que traducido es, el **Cristo**
	3:28	Yo no soy el **Cristo**
	4:25	el Mesías, llamado el **Cristo**
	29	¿No será éste el **Cristo**?
	42	el Salvador del mundo, el **Cristo** (TR, VM)
	6:69	tú eres el **Cristo**, el Hijo del Dios (TR, VM)
	7:26	que éste es el **Cristo**?
	27	cuando venga el **Cristo**,
	31	El **Cristo**, cuando venga
	41	Otros decían: Este es el **Cristo**
		¿De Galilea ha de venir el **Cristo**? (¿Pues acaso..., BC)
	42	ha de venir el **Cristo**?
	9:22	confesase que...era el **Mesías**
	10:24	Si tú eres el **Cristo**
	11:27	yo he creído que tú eres el **Cristo**,
	12:34	el **Cristo** permanece para siempre
	17:3	a Jesu**cristo**, a quien has enviado.
	20:31	para que creáis que Jesús es el **Cristo**
Hch	2:30	levantaría al **Cristo**, (TR)
	31	habló de la resurrección de **Cristo**
	36	Dios le ha hecho Señor y **Cristo**
	38	en el nombre de Jesu**cristo**
	3:6	en el nombre de Jesu**cristo** de Nazaret,
	18	que su **Cristo** había de padecer.
	20	para que...él envíe a Jesu**cristo**
	4:10	que en el nombre de Jesu**cristo** de Nazaret
	26	Contra el Señor, y contra su **Cristo**
	5:42	no cesaban de...predicar a Jesu**cristo**
	8:5	les predicaba a **Cristo**
	12	del reino de Dios y el nombre de Jesu**cristo**
	37	Creo que Jesu**cristo** es el Hijo de Dios. (TR [VM], NC, BC, BA)
	9:20	predicaba a **Cristo** (TR, VM)
	22	que Jesús era el **Cristo** (que éste..., VM)
	34	Eneas, Jesu**cristo** te sana
	10:36	de la paz por medio de Jesu**cristo**
	48	en el nombre del Señor Jesús (V60); (lit.,...del Señor, TR); (...de Jesu**cristo**, VHA, WH, N, ABMW, NC, BC, BA)
	11:17	que hemos creído en el Señor Jesu**cristo**
	15:11	por la gracia del Señor Jesús (V60, WH, N, ABMW, VHA, BC, BA); (...del Señor Jesu**cristo**, NC, TR, VM)
	16:18	Te mando en el nombre de Jesu**cristo**
	31	Cree en el Señor Jesu**cristo** (TR, VM)
	17:3	era necesario que el **Cristo** padeciese, Jesús,...es el **Cristo**
	18:5	que Jesús era el **Cristo**
	28	demostrando...que Jesús era el **Cristo**
	19:4	esto es, en Jesús el **Cristo** (TR)
	20:21	de la fe en nuestro Señor Jesu**cristo** (TR, VM, BA)
	24:24	Félix...le oyó acerca de la fe en Jesu**cristo**
	26:23	Que el **Cristo** había de padecer,
	28:31	enseñando acerca del Señor Jesu**cristo**
Ro	1:1	Pablo, siervo de Jesu**cristo**
	3	(4) nuestro Señor Jesu**cristo**
	6	llamados a ser de Jesu**cristo**
	7	Gracia y paz...del Señor Jesu**cristo**.
	8	doy gracias a mi Dios mediante Jesu**cristo**
	16	no me avergüenzo del evangelio (V60, WH, N, ABMW, VHA, VM, NC, BC, BA); (lit.,...del evangelio de **Cristo**, TR)
	2:16	Dios juzgará por Jesu**cristo** los secretos
	3:22	por medio de la fe en Jesu**cristo**,
	24	la redención que es en **Cristo** Jesús,

Χριστός 5547   800   5547 Χριστός

Ro	5:1	por medio de nuestro Señor Jesucristo
	6	**Cristo**, cuando aún éramos débiles
	8	**Cristo** murió por nosotros
	11	en Dios por el Señor nuestro Jesucristo
	15	la gracia de un hombre, Jesucristo
	17	reinarán en vida por uno solo, Jesucristo
	21	para vida eterna mediante Jesucristo
	6:3	hemos sido bautizados en **Cristo** Jesús
	4	como **Cristo** resucitó de los muertos
	8	si morimos con **Cristo**
	9	**Cristo**, habiendo resucitado
	11	vivos para Dios en **Cristo** Jesús,
	23	es vida eterna en **Cristo** Jesús
	7:4	mediante el cuerpo de **Cristo**
	25	a Dios, por Jesucristo Señor nuestro
	8:1	para los que están en **Cristo** Jesús
	2	del Espíritu de vida en **Cristo** Jesús
	9	si alguno no tiene el Espíritu de **Cristo**
	10	si **Cristo** está en vosotros
	11	el que levantó de los muertos a **Cristo** Jesús
	17	coherederos con **Cristo**
	34	**Cristo** es el que murió (TR); (**Cristo** Jesús..., VM, WH, N, ABMW, VHA, NC, BC, BA)
	35	¿Quién nos separará del amor de **Cristo**?
	39	que es en **Cristo** Jesús Señor nuestro
	9:1	verdad digo en **Cristo**
	3	ser anatema, separado de **Cristo**
	5	de los cuales, según la carne, vino **Cristo**
	10:4	el fin de la ley es **Cristo**
	6	para traer abajo a **Cristo**)
	7	para hacer subir a **Cristo**
	17	la palabra de Dios. (TR, VM); (...de **Cristo**, VHA, WH,N, ABMW, NC, BC, BA)
	12:5	somos un cuerpo en **Cristo**
	13:14	vestíos del Señor Jesucristo
	14:9	**Cristo** para esto murió
	10	ante el tribunal de **Cristo** (TR, VM)
	15	se pierda aquel por quien **Cristo** murió
	18	el que en esto sirve a **Cristo**
	15:3	ni aún **Cristo** se agradó a sí mismo
	5	un mismo sentir según **Cristo** Jesús
	6	al Dios y Padre de nuestro Señor Jesucristo
	7	como también **Cristo** nos recibió
	8	**Cristo** Jesús vino a ser siervo
	16	para ser ministro de Jesucristo
	17	en **Cristo** Jesús en lo que a Dios se refiere
	18	**Cristo** ha hecho por medio de mí
	19	del evangelio de **Cristo**
	20	no donde **Cristo** ya hubiese sido nombrado
	29	de la bendición del evangelio de **Cristo** (TR); (de bendición de **Cristo**, VHA, WH, N, ABMW, VM, NC, BC, BA)
	30	por nuestro Señor Jesucristo
	16:3	mis colaboradores en **Cristo** Jesús,
	5	el primer fruto de Acaya para **Cristo**
	7	fueron antes de mí en **Cristo**
	9	nuestro colaborador en **Cristo**
	10	Saludad a Apeles, aprobado en **Cristo**
	16	Os saludan todas las iglesias de **Cristo**
	18	no sirven a nuestro Señor Jesucristo, (TR, VM); (...al Señor nuestro **Cristo**, VHA, WH, N, ABMW, NC, BC, BA)
	20	La gracia de nuestro Señor Jesucristo (TR, VM, NC, BC, BA)
	24	La gracia de nuestro Señor Jesucristo (TR, [VM], [BA])
	25	la predicación de Jesucristo
	27	sea gloria mediante Jesucristo

1 Co	1:1	llamado a ser apóstol de Jesucristo
	2	a los santificados en **Cristo** Jesús, invocan el nombre de nuestro Señor Jesucristo
	3	Gracia y paz...del Señor Jesucristo
	4	que os fue dada en **Cristo** Jesús
	6	el testimonio acerca de **Cristo**
	7	la manifestación de nuestro Señor Jesucristo
	8	en el día de nuestro Señor Jesucristo
	9	a la comunión con su Hijo Jesucristo
	10	por el nombre de nuestro Señor Jesucristo
	12	y yo de **Cristo**
	13	¿Acaso está dividido **Cristo**?
	17	no me envió **Cristo** a bautizar para que no se haga vana la cruz de **Cristo**
	23	nosotros predicamos a **Cristo** crucificado
	24	**Cristo** poder de Dios,
	30	por él estáis vosotros en **Cristo** Jesús,
	2:2	sino a Jesucristo, y a éste crucificado
	16	tenemos la mente de **Cristo**
	3:1	como a niños en **Cristo**
	11	el cual es Jesucristo
	23	vosotros de **Cristo**, y **Cristo** de Dios
	4:1	por servidores de **Cristo**
	10	somos insensatos por amor de **Cristo** mas vosotros prudentes en **Cristo**
	15	aunque tengáis diez mil ayos en **Cristo** pues en **Cristo** Jesús yo os engendré
	17	mi proceder en **Cristo** (mis caminos..., NC)
	5:4	En el nombre de nuestro Señor Jesucristo (TR, BC) el poder de nuestro Señor Jesucristo (TR, NC)
	7	nuestra pascua, que es **Cristo**
	6:11	en el nombre del Señor Jesús (TR); (...del Señor Jesucristo, VHA, WH, N, ABMW, VM, NC, BC, BA)
	15	vuestros cuerpos son miembros de **Cristo** ¿Quitaré...los miembros de **Cristo**
	7:22	esclavo es de **Cristo**
	8:6	y un Señor Jesucristo
	11	por quien **Cristo** murió
	12	contra **Cristo** pecáis
	9:1	¿No he visto a Jesús (V60, WH, N, ABMW, VHA, VM, NC, BC, BA); (lit., ...a Jesucristo, TR)
	12	ningún obstáculo al evangelio de **Cristo**
	18	el evangelio de **Cristo** (TR)
	21	sino bajo la ley de **Cristo**)
	10:4	y la roca era **Cristo**
	9	Ni tentemos al Señor, (V60, WH, N, ABMW, VHA, VM, NC, BC, BA); (lit.,...a **Cristo**, TR)
	16	la comunión de la sangre de **Cristo**? ¿no es la comunión del cuerpo de **Cristo**
	11:1	así como yo de **Cristo**
	3	**Cristo** es la cabeza de todo varón y Dios la cabeza de **Cristo**
	12:12	son un solo cuerpo, así también **Cristo**
	27	sois el cuerpo de **Cristo**
	15:3	Que **Cristo** murió por nuestros pecados,
	12	si se predica de **Cristo** que resucitó
	13	tampoco **Cristo** resucitó
	14	si **Cristo** no resucitó
	15	que él resucitó a **Cristo**
	16	tampoco **Cristo** resucitó
	17	si **Cristo** no resucitó
	18	los que durmieron en **Cristo** perecieron
	19	esperamos en **Cristo**, (hemos esperado...,BA)

1 Co	15:20	Cristo ha resucitado de los muertos	Gá	1:6	que os llamó por la gracia de Cristo
	22	en Cristo todos serán vivificados		7	pervertir el evangelio de Cristo
	23	Cristo, las primicias; luego los que son de Cristo		10	no sería siervo de Cristo
	31	tengo en nuestro Señor Jesucristo		12	sino por revelación de Jesucristo
	57	por medio de nuestro Señor Jesucristo		22	las iglesias de Judea, que eran en Cristo
	16:22	al Señor Jesucristo (TR, VM)	2:4	nuestra libertad que tenemos en Cristo
	23	La gracia del Señor Jesucristo		16	sino por la fe de Jesucristo nosotros también hemos creído en Jesucristo por la fe de Cristo
	24	Mi amor en Cristo Jesús esté con todos			
2 Co	1:1	Pablo, apóstol de Jesucristo			
	2	Gracia y paz...del Señor Jesucristo		17	si buscando ser justificados en Cristo ¿es por eso Cristo ministro de pecado?
	3	Padre de nuestro Señor Jesucristo			
	5	en nosotros las aflicciones de Cristo abunda también por el mismo Cristo		20	Con Cristo estoy juntamente crucificado mas vive Cristo en mí
	19	el Hijo de Dios, Jesucristo		21	entonces por demás murió Cristo
	21	el que nos confirma con vosotros en Cristo	3:1	ante cuyos ojos Jesucristo fue ya presentado
	2:10	lo he hecho en presencia de Cristo		13	Cristo nos redimió de la maldición
	12	para predicar el evangelio de Cristo, (para el Evangelio de Cristo, BC)		14	para que en Cristo Jesús la bendición
			16	Y a tu simiente, la cual es Cristo.
	14	el cual nos lleva siempre en triunfo en Cristo		17	previamente ratificado...para con Cristo (TR)
	15	para Dios somos grato olor de Cristo			
	17	delante de Dios, hablamos en Cristo		22	la promesa que es por la fe en Jesucristo
	3:3	carta de Cristo expedida por nosotros		24	nuestro ayo, para llevarnos a Cristo
	4	tal confianza tenemos mediante Cristo		26	hijos de Dios por la fe en Cristo Jesús
	14	por Cristo es quitado		27	todos los que habéis sido bautizados en Cristo, de Cristo estáis revestidos.
	4:4	de Cristo, el cual es la imagen de Dios.			
	5	sino a Jesucristo como Señor,		28	vosotros sois uno en Cristo Jesús
	6	en la faz de Jesucristo. (TR, VM, BC); (...de Cristo, VHA, WH, N, ABMW, NC, BA)		29	si vosotros sois de Cristo
			4:7	heredero de Dios por medio de Cristo (TR, VM)
	5:10	ante el tribunal de Cristo		14	me recibisteis...como a Cristo Jesús.
	14	el amor de Cristo nos constriñe,		19	hasta que Cristo sea formado en vosotros,
	16	aun si a Cristo conocimos según la carne	5:1	Cristo nos hizo libres
	17	si alguno está en Cristo		2	de nada os aprovechará Cristo
	18	nos reconcilió consigo mismo por Cristo		4	De Cristo os desligasteis,
	19	Dios estaba en Cristo reconciliando		6	en Cristo Jesús ni la circuncisión vale
	20	somos embajadores en nombre de Cristo os rogamos en nombre de Cristo		24	los que son de Cristo
			6:2	cumplid así la ley de Cristo
	6:15	qué concordia Cristo con Belial? (¿qué harmonía de Cristo..., BC)		12	a causa de la cruz de Cristo
			14	en la cruz de nuestro Señor Jesucristo
	8:9	la gracia de nuestro Señor Jesucristo		18	la gracia de nuestro Señor Jesucristo
	23	son mensajeros...y gloria de Cristo	Ef	1:1	Pablo, apóstol de Jesucristo
	9:13	al evangelio de Cristo			a los santos y fieles en Cristo
	10:1	por la mansedumbre y ternura de Cristo		2	Gracia y paz...del Señor Jesucristo
	5	a la obediencia a Cristo		3	Padre de nuestro Señor Jesucristo en los lugares celestiales en Cristo
	7	está persuadido en sí mismo que es de Cristo somos de Cristo (TR)			
			5	por medio de Jesucristo, según
			10	de reunir todas las cosas en Cristo
	14	con el evangelio de Cristo		12	los que primeramente esperábamos en Cristo
	11:2	como una virgen pura a Cristo		17	el Dios de nuestro Señor Jesucristo
	3	de la sincera fidelidad a Cristo. (de la sencillez y de la pureza para con Cristo, VHA) (WH, N, ABMW, VM, NC, BC, BA); (lit., de la sencillez para con Cristo, TR)		20	la cual operó en Cristo
			2:5	nos dio vida juntamente con Cristo
			6	en los lugares celestiales con Cristo
			7	para con nosotros en Cristo Jesús
			10	creados en Cristo Jesús para buenas
	10	Por la verdad de Cristo que está en mí (lit., la verdad de Cristo está en mí que)		12	En aquel tiempo estabais sin Cristo
			13	Pero ahora en Cristo Jesús, cercanos por la sangre de Cristo
	13	como apóstoles de Cristo			
	23	¿Son ministros de Cristo?		20	la principal piedra del ángulo Jesucristo
	31	de nuestro Señor Jesucristo (TR, NC)	3:1	Pablo, prisionero de Cristo Jesús
	12:2	Conozco a un hombre en Cristo		4	mi conocimiento en el misterio de Cristo
	9	sobre mí el poder de Cristo		6	copartícipes de la promesa en Cristo
	10	por amor a Cristo me gozo en las debilidades		8	las inescrutables riquezas de Cristo, (la incalculable riqueza...,)
	19	Delante de Dios en Cristo hablamos			
	13:3	una prueba de que habla Cristo en mí,		9	que creó todas las cosas (V60, WH, N, ABMW, VHA, VM, NC, BC, BA); (lit..., todas las cosas por Jesucristo, TR)
	5	que Jesucristo está en vosotros			
	14 (13)	La gracia del Señor Jesucristo			
Gá	1:1	Pablo, apóstol...por Jesucristo		11	hizo en Cristo Jesús nuestro Señor,
	3	Gracia y paz...de nuestro Señor Jesucristo		14	de nuestro Señor Jesucristo (TR, VM [BA])

Ef	3:17	para que habite Cristo por la fe
	19	y de conocer el amor de Cristo
	21	en la iglesia en Cristo Jesús
	4:7	conforme a la medida del don de Cristo
	12	para la edificación del cuerpo de Cristo
	13	la estatura de la plenitud de Cristo
	15	es la cabeza, esto es, Cristo
	20	no habéis aprendido así a Cristo
	32	os perdonó a vosotros en Cristo
	5:2	como también Cristo nos amó
	5	herencia en el reino de Cristo
	14	te alumbrará Cristo
	20	en el nombre de nuestro Señor Jesucristo
	21	en el temor de Dios (TR, VM); (... a Cristo, VHA, WH, N, ABMW, NC, BC, BA)
	23	así como Cristo es cabeza de la iglesia,
	24	la iglesia está sujeta a Cristo
	25	así como Cristo amó a la iglesia
	29	como también Cristo a la iglesia, (V60, WH, N, ABMW, VHA, VM, NC, BC, BA); (lit.,...el Señor..., TR)
	32	yo os digo esto respecto de Cristo
	6:5	como a Cristo
	6	sino como siervos de Cristo
	23	Paz...del Señor Jesucristo
	24	que aman a nuestro Señor Jesucristo
Fil	1:1	Pablo y Timoteo, siervos de Jesucristo a todos los santos en Cristo
	2	Gracia y paz,...del Señor Jesucristo
	6	hasta el día de Jesucristo
	8	con el entrañable amor de Jesucristo (en las entrañas..., BC)
	10	seáis...irreprensibles para el día de Cristo
	11	por medio de Jesucristo, para gloria
	13	que se han hecho patentes en Cristo
	15	predican a Cristo por envidia
	16 (17)	Los unos anuncian a Cristo
	18	Cristo es anunciado
	19	del Espíritu de Jesucristo
	20	será magnificado Cristo en mi cuerpo,
	21	para mí el vivir es Cristo
	23	deseo de partir y estar con Cristo
	26	vuestra gloria de mí en Cristo Jesús
	27	digno del evangelio de Cristo
	29	es concedido a causa de Cristo
	2:1	si hay alguna consolación en Cristo
	5	que hubo también en Cristo Jesús
	11	confiese que Jesucristo es el Señor
	16	en el día de Cristo
	21	no lo que es de Cristo Jesús. (no las cosas que son..., VM)
	30	por la obra de Cristo (TR, N, ABMW, VHA, VM, NC, BA); (lit., ...del Señor, WH)
	3:3	que...nos gloriamos en Cristo
	7	he estimado como pérdida por amor de Cristo
	8	por la excelencia del conocimiento de Cristo para ganar a Cristo
	9	sino la que es por la fe de Cristo
	12	fui también asido por Cristo Jesús
	14	llamamiento de Dios en Cristo Jesús
	18	son enemigos de la cruz de Cristo
	20	esperamos al Salvador, al Señor Jesucristo
	4:7	vuestros pensamientos en Cristo Jesús
	13	en Cristo que me fortalece (TR, BA)
	19	en gloria en Cristo Jesús
	21	todos los santos en Cristo Jesús (lit.,.todo santo...)

Fil	4:23	La gracia de nuestro Señor Jesucristo
Col	1:1	Pablo, apóstol de Jesucristo
	2	a los...fieles hermanos en Cristo Gracia y paz...del Señor Jesucristo (TR, VM)
	3	Dios, Padre de nuestro Señor Jesucristo
	4	de vuestra fe en Cristo Jesús,
	7	un fiel ministro de Cristo
	24	las aflicciones de Cristo por su cuerpo
	27	Cristo en vosotros, la esperanza
	28	perfecto en Cristo Jesús a todo hombre;
	2:2	el misterio de Dios el Padre, y de Cristo, (TR); (...de Dios, es decir, el de Cristo, VM, WH, N, ABMW, VHA, NC, BC, BA)
	5	la firmeza de vuestra fe en Cristo
	6	habéis recibido al Señor Jesucristo
	8	y no según Cristo
	11	en la circuncisión de Cristo
	17	pero el cuerpo es de Cristo
	20	si habéis muerto con Cristo
	3:1	Si, pues, habéis resucitado con Cristo donde está Cristo sentado
	3	vuestra vida está escondida con Cristo
	4	Cuando Cristo, vuestra vida, se manifieste,
	11	Cristo es el todo, y en todos. (todas las cosas, y en todos..., BC)
	13	Cristo os perdonó (TR, BC, BA)
	15	la paz de Dios gobierne (TR); (...de Cristo..., VHA, WH, N, ABMW, VM, NC, BC, BA)
	16	La palabra de Cristo more
	24	a Cristo el Señor servís
	4:3	a fin de dar a conocer el misterio de Cristo
	12	Epafras,...siervo de Cristo
1 Ts	1:1	el Señor Jesucristo Gracia y paz...del Señor Jesucristo (TR, VM)
	3	la esperanza en nuestro Señor Jesucristo
	2:6	como apóstoles de Cristo
	14	las iglesias de Dios en Cristo Jesús
	19	delante de nuestro Señor Jesucristo (TR, VM, NC)
	3:2	colaborador nuestro en el evangelio de Cristo
	11	y nuestro Señor Jesucristo (TR, NC)
	13	la venida de...Jesucristo (TR)
	4:16	los muertos en Cristo resucitarán
	5:9	salvación por medio de nuestro Señor Jesucristo
	18	la voluntad de Dios...en Cristo
	23	para la venida de nuestro Señor Jesucristo
	28	La gracia de nuestro Señor Jesucristo
2 Ts	1:1	a la iglesia...en el Señor Jesucristo
	2	Gracia y paz...del Señor Jesucristo
	12	el nombre de nuestro Señor Jesucristo (TR) la gracia...del Señor Jesucristo
	2:1	la venida de nuestro Señor Jesucristo
	2	el día del Señor (V60, WH, N, ABMW, VHA, VM, NC, BC, BA); (lit.,...de Cristo, TR)
	14	la gloria de nuestro Señor Jesucristo
	16	el mismo Jesucristo Señor nuestro
	3:5	la paciencia de Cristo
	6	en el nombre de nuestro Señor Jesucristo
	12	exhortamos por nuestro Señor Jesucristo
	18	La gracia de nuestro Señor Jesucristo
1 Ti	1:1	Pablo, apóstol de Jesucristo Jesucristo nuestra esperanza,
	2	Gracia, misericordia y paz, de...Cristo Jesús
	12	a Cristo Jesús nuestro Señor
	14	el amor que es en Cristo Jesús
	15	Cristo Jesús vino al mundo

1 Ti	1:16	para que Jesucristo mostrase en mí	1 P	3:15	santificad a Dios el Señor (TR); (...a Cristo como Señor, VHA, WH, N, ABMW, VM, NC, BC, BA)
	2:5	entre Dios y los hombres, Jesucristo hombre			
	7	digo verdad en Cristo (TR, NC, [BA])			
	3:13	en la fe que es en Cristo Jesús		16	vuestra buena conducta en Cristo
	4:6	serás buen ministro de Jesucristo		18	también Cristo padeció una sola vez
	5:11	se rebelan contra Cristo		21	por la resurrección de Jesucristo
	21	delante de...Jesucristo		4:1	Puesto que Cristo ha padecido por nosotros
	6:3	las sanas palabras de...Jesucristo		11	sea Dios glorificado por Jesucristo
	13	de Jesucristo, que dio testimonio		13	de los padecimientos de Cristo
	14	la aparición de nuestro Señor Jesucristo		14	sois vituperados por el nombre de Cristo
2 Ti	1:1	Pablo, apóstol de Jesucristo		5:1	testigo de los padecimientos de Cristo
		la vida que es en Cristo Jesús		10	a su gloria eterna en Jesucristo (TR); (...en Cristo, VHA, WH, N, ABMW, VM, NC, BC, BA)
	2	Gracia, misericordia...de Jesucristo			
	9	que nos fue dada en Cristo Jesús			
	10	por la aparición de...Salvador Jesucristo		14	los que estáis en Jesucristo (TR); (...en Cristo, VHA, WH, N, ABMW, VM, NC, BC, BA)
	13	la fe y amor que es en Cristo Jesús			
	2:1	la gracia que es en Cristo Jesús			
	3	como buen soldado de Jesucristo	2 P	1:1	siervo y apóstol de Jesucristo
	8	Acuérdate de Jesucristo			de nuestro Dios y Salvador Jesucristo
	10	la salvación que es en Cristo Jesús		8	al conocimiento de nuestro Señor Jesucristo
	19	el nombre de Cristo (TR, VM)		11	el reino eterno de...Jesucristo
	3:12	vivir piadosamente en Cristo Jesús		14	nuestro Señor Jesucristo me ha declarado
	15	por la fe que es en Cristo Jesús		16	la venida de nuestro Señor Jesucristo
	4:1	Te encarezco delante...Jesucristo		2:20	del Señor y Salvador Jesucristo
	22	El Señor Jesucristo esté (TR, BC)		3:18	de nuestro Señor y Salvador Jesucristo
Tit	1:1	Pablo,...apóstol de Jesucristo	1 Jn	1:3	nuestra comunión...con su Hijo Jesucristo
	4	de...Jesucristo nuestro Salvador		7	la sangre de Jesucristo (TR, VM, BC)
	2:13	de nuestro...Salvador Jesucristo		2:1	abogado tenemos...a Jesucristo el justo.
	3:6	derramó en nosotros...por Jesucristo		22	el que niega que Jesús es el Cristo?
Flm	1	Pablo, prisionero de Jesucristo		3:23	en el nombre de su Hijo Jesucristo
	3	Gracia y paz...del Señor Jesucristo		4:2	que Jesucristo ha venido en carne,
	6	que está en vosotros por Cristo		3	que no confiesa que Jesucristo (TR)
	8	aunque tengo mucha libertad en Cristo		15	que Jesús es el Hijo de Dios, (TR, N, ABMW, VHA, VM, NC, BC, BA); (lit., que Jesucristo..., [WH])
	9	ahora además, prisionero de Jesucristo			
	20	mi corazón en el Señor (TR); (mis entrañas en Cristo, BC, WH, N, ABMW, VHA, VM NC, BA)			
				5:1	que Jesús es el Cristo
				6	Jesucristo, que vino mediante agua y sangre
	23	mi compañero de prisiones por Cristo Jesús		20	en el verdadero, en su Hijo Jesucristo
	25	La gracia de nuestro Señor Jesucristo	2 Jn	3	paz...del Señor Jesucristo, (TR); (...de Jesucristo, VHA, WH, N, ABMW, VM, NC, BC, BA)
He	3:1	sumo sacerdote...Cristo Jesús (TR)			
	6	Cristo como hijo sobre su casa,			
	14	somos hechos participantes de Cristo		7	que no confiesan que Jesucristo
	5:5	tampoco Cristo se glorificó a sí mismo		9	no persevera en la doctrina de Cristo
	6:1	los rudimentos de la doctrina de Cristo (lit., la palabra del principio de Cristo)			en la doctrina de Cristo (TR)
			Jud	1	Judas, siervo de Jesucristo
He	9:11	Cristo, sumo sacerdote de los bienes			guardados en Jesucristo
	14	¿Cuánto más la sangre de Cristo		4	que niegan...a nuestro Señor Jesucristo
	24	no entró Cristo en el santuario		17	por los apóstoles de nuestro Señor Jesucristo
	28	también Cristo fue ofrecido (...habiendo sido ofrecido, VHA)			
				21	la misericordia de nuestro Señor Jesucristo
	10:10	la ofrenda del cuerpo de Jesucristo		25	por Jesucristo nuestro Señor, (VHA, WH, N, ABMW, NC, BC, BA)
	11:26	el vituperio de Cristo que los tesoros			
	13:8	Jesucristo es el mismo ayer,	Ap	1:1	La revelación de Jesucristo
	21	agradable delante de él por Jesucristo		2	del testimonio de Jesucristo
Stg	1:1	Santiago, siervo...del Señor Jesucristo		5	de Jesucristo el testigo fiel,
	2:1	vuestra fe en...Jesucristo		9	en la paciencia de Jesucristo (TR, VM)
1 P	1:1	Pedro, apóstol de Jesucristo			el testimonio de Jesucristo (TR)
	2	la sangre de Jesucristo		11:15	de nuestro Señor y de su Cristo
	3	Padre de nuestro Señor Jesucristo		12:10	la autoridad de su Cristo
		por la resurrección de Jesucristo		17	el testimonio de Jesucristo (TR)
	7	cuando sea manifestado Jesucristo, (la manifestación de..., VM)		20:4	reinaron con Cristo mil años
				6	sacerdotes de Dios y de Cristo
	11	qué tiempo indicaba el Espíritu de Cristo los sufrimientos de Cristo		22:21	La gracia de nuestro Señor Jesucristo (TR, [WH])
	13	cuando Jesucristo sea manifestado; (en la revelación de..., BC)	**5548**		χρίω – crío (jrío)
	19	con la sangre preciosa de Cristo	Lc	4:18	me ha ungido para dar buenas nuevas
	2:5	aceptables a Dios por medio de Jesucristo	Hch	4:27	tu santo Hijo Jesús, a quien ungiste
	21	Cristo padeció por nosotros			

Hch	10:38	como Dios **ungió** con el Espíritu Santo
2 Co	1:21	el que nos **ungió**, es Dios,
He	1:9	Por lo cual te **ungió** Dios,

5549   χρονίζω – cronízo (jronídzo)

Mt	24:48	Mi señor **tarda** en venir
	25:5	**tardándose** el esposo, cabecearon
Lc	1:21	de que él se **demorase** en el santuario
	12:45	Mi señor **tarda** en venir
He	10:37	vendrá, y no **tardará**

5550   χρόνος – crónos (jrónos)
        (1) ἐφ' ὅσον χρόνον

Mt	2:7	indagó de ellos diligentemente el **tiempo**
	16	conforme al **tiempo** que había inquirido
	25:19	Después de mucho **tiempo** vino el señor
Mr	2:19	**Entre tanto** que tienen consigo al esposo, (lit., Tanto **tiempo** que...)
	9:21	¿Cuánto **tiempo** hace que le sucede esto?
Lc	1:57	a Elisabet se le cumplió el **tiempo**
	4:5	le mostró en un momento (...en un momento de **tiempo**, VM)
	8:27	desde hacía mucho **tiempo**
	29	hacía mucho **tiempo** que se había apoderado (durante muchas **temporadas**..., BC)
	18:4	él no quiso por algún **tiempo**
	20:9	se ausentó por mucho **tiempo**. (lit.,...por largas **temporadas**)
	23:8	hacía tiempo que deseaba verle (hacía mucho..., VM) (TR, BA); (lit., desde muchas **temporadas** estaba anhelando verle, WH, N, ABMW, VHA, NC, BC)
Jn	5:6	que llevaba ya mucho **tiempo** así
	7:33	Todavía un poco de **tiempo** estaré
	12:35	por un poco está la luz (...por un poco de **tiempo**, VHA)
	14:9	¿Tanto **tiempo** hace que estoy
Hch	1:6	el reino a Israel en este **tiempo**?
	7	saber **los tiempos** o las sazones
	21	todo **el tiempo** que el Señor Jesús
	3:21	hasta **los tiempos** de la restauración
	7:17	se acercaba el **tiempo** de la promesa,
	23	**la edad** de cuarenta años
	8:11	porque...les había engañado mucho **tiempo**
	13:18	**por un tiempo** como de cuarenta años
	14:3	se detuvieron allí mucho **tiempo**
	28	se quedaron allí mucho **tiempo** (...no poco **tiempo**, BC)
	15:33	pasando algún **tiempo** allí, (lit., habiendo hecho **algún tiempo**...)
	17:30	habiendo pasado por alto los **tiempos**
	18:20	que se quedase con ellos por más **tiempo**
	23	después de estar allí algún **tiempo**, (lit., después de hacer...)
	19:22	él se quedó **por algún tiempo** en Asia.
	20:18	entre vosotros todo el **tiempo**
	27:9	habiendo pasado mucho **tiempo**
Ro	7:1	(1) **entre tanto** que éste vive?
	16:25	que se ha mantenido oculto desde **tiempos**
1 Co	7:39	(1) **mientras** su marido vive
	16:7	espero estar con vosotros algún **tiempo**
Gá	4:1	(1) **Entre tanto** que el heredero es niño
	4	cuando vino el cumplimiento del **tiempo**
1 Ts	5:1	acerca de los **tiempos**
2 Ti	1:9	antes de los **tiempos** de los siglos
Tit	1:2	desde antes del principio de los siglos (antes de los **tiempos** de los siglos, VM)
He	4:7	diciendo después de tanto **tiempo**
	5:12	maestros, después de tanto **tiempo**, (... a causa del **tiempo**, VM)
	11:32	el **tiempo** me faltaría contando
1 P	1:17	conducíos en temor todo el **tiempo**
	20	manifestado en los postreros **tiempos**
	4:2	el **tiempo** que resta en la carne
	3	Baste ya el **tiempo** pasado (Porque el **tiempo** ya pasado os es suficiente, BA)
Jud	18	En el postrer **tiempo** habrá burladores
Ap	2:21	le he dado **tiempo** para que se arrepienta
	6:11	descansasen todavía un poco de **tiempo**
	10:6	que el **tiempo** no sería más
	20:3	ser desatado por un poco de **tiempo**

5551   χρονοτριβέω* – cronotribéo (jronotribéo)

Hch	20:16	Pablo...para no **detenerse** en Asia

χρύσεος, véase **5552** χρυσοῦς
después de 5557

5553   χρυσίον – crusíon (jrusíon)

Hch	3:6	No tengo plata ni **oro**
	20:33	Ni plata ni **oro** ni vestido de nadie
1 Co	3:12	si...alguno edificare **oro**, (WH, N)
1 Ti	2:9	no con peinado ostentoso, ni **oro**, (WH, N, ABMW)
He	9:4	el arca del pacto cubierta **de oro**
1 P	1:7	mucho más preciosa que el **oro**,
	18	no con cosas corruptibles, como **oro**
	3:3	de adornos **de oro** (del ataviarse **con joyas de oro**, NC)
Ap	3:18	que de mí compres **oro** refinado en fuego
	17:4	adornada **de oro** (WH, N, ABMW)
	18:16	estaba adornada **de oro**, (WH, N, ABMW)
	21:18	la ciudad era **de oro** puro
	21	la calle de la ciudad era **de oro** puro

5554   χρυσοδακτύλιος*† – crusodaktúlios (jrusodaktúlios)

Stg	2:2	entra un hombre **con anillo de oro**

5555   χρυσόλιθος – crusólithos (jrusólithos)

Ap	21:20	el séptimo, **crisólito**

5556   χρυσόπρασος*† – crusóprasos (jrusóprasos)

Ap	21:20	el décimo, **crisopraso**

5557   χρυσός – crusós (jrusós)

Mt	2:11	le ofrecieron presentes: **oro**,
	10:9	No os proveáis de **oro**, ni plata
	23:16	si alguno jura por el **oro** del templo
	17	¿cuál es mayor, el **oro**, o el templo que santifica al **oro**
Hch	17:29	que la Divinidad sea semejante a **oro**
1 Co	3:12	si...alguno edificare **oro** (TR, ABMW)
1 Ti	2:9	no con peinado ostentoso, ni **oro**, (TR)
Stg	5:3	Vuestro **oro** y plata están enmohecidos
Ap	9:7	como coronas de **oro** (...al aparecer de **oro**, VM)
	17:4	adornada **de oro** (TR)
	18:12	mercadería **de oro**, de plata
	16	adornada **de oro** (TR)

5552   χρυσοῦς – crusóus (jrusús) ο χρύσεος

2 Ti	2:20	no solamente hay utensilios **de oro**
He	9:4	el cual tenía un incensario **de oro**

χρυσόω 5558			805			5565 χωρίς
He	9:4	una urna **de oro** que contenía		Hch	12:20	porque su **territorio** era abastecido
Ap	1:12	vi siete candeleros **de oro**			13:49	se difundía por toda aquella **provincia**
	13	ceñido...con un cinto **de oro**			16:6	Frigia y la **provincia** de Galacia,
	20	los siete candeleros **de oro**			18:23	recorriendo por orden la **región** de Galacia
	2:1	en medio de los siete candeleros **de oro**			26:20	por toda la **tierra** de Judea,
	4:4	coronas **de oro** en sus cabezas			27:27	que estaban cerca de **tierra**, (que alguna
	5:8	copas **de oro** llenas de incienso				**tierra** se les avecinaba, BC)
	8:3	un incensario **de oro**		Stg	5:4	que han cosechado vuestras tierras
		sobre el altar **de oro**				
	9:13	del altar **de oro** que estaba delante		5562		χωρέω – coréo (joréo)
	20	a las imágenes **de oro**, de plata		Mt	15:17	lo que entra en la boca **va** al vientre,
	14:14	en la cabeza una corona **de oro**			19:11	No todos **son capaces de recibir** esto,
	15:6	ceñidos...con cintos **de oro**			12	El que sea capaz **de recibir** esto, que lo
	7	dio...siete copas **de oro**				reciba
	17:4	adornada **de oro**, (TR)		Mr	2:2	de manera **que** ya no **cabían**
		en la mano un cáliz **de oro**		Jn	2:6	en cada una de **las cuales cabían**
	21:15	tenía una caña de medir, **de oro**			8:37	mi palabra no **halla cabida** en vosotros
					21:25	**que** ni aun en el mundo **cabrían**
5558		χρυσόω – crusóo (jrusóo)		2 Co	7:2	**Admitid**nos: a nadie hemos agraviado
Ap	17:4	la mujer estaba... **adornada** de oro		2 P	3:9	sino **que** todos **procedan** al arrepentimiento
	18:16	la gran ciudad... **adornada** de oro,				
				5563		χωρίζω – corízo (jorídzo)
5559		χρώς – crós (jrós)		Mt	19:6	no lo **separe** el hombre
Hch	19:12	los paños o delantales de su **cuerpo**		Mr	10:9	no lo **separe** el hombre
				Hch	1:4	les mandó **que no se fueran** de Jerusalén
5560		χωλός – colós (jolós)			18:1	salió de Atenas (**partiendo**..., BC)
Mt	11:5	Los ciegos ven, **los cojos** andan,			2	**que...saliesen** de Roma.
	15:30	a **cojos**, ciegos, mudos,		Ro	8:35	¿Quién nos **separará** del amor
	31	viendo...a los **cojos** andar			39	nos podrá **separar** del amor de Dios
	18:8	entrar en la vida **cojo** o manco (TR, VM);		1 Co	7:10	**Que** la mujer no **se separe** del marido
		(...manco o **cojo**, VHA, WH, N, ABMW,			11	si **se separa**, quédese sin casar
		NC, BC, BA)			15	si el incrédulo se separa, **sepárese**
	21:14	vinieron a él en el templo ciegos y **cojos**		Flm	15	quizás para esto **se apartó** de ti
Mr	9:45	mejor te es entrar a la vida **cojo**		He	7:26	**apartado** de los pecadores,
Lc	7:22	los ciegos ven, **los cojos** andan				
	14:13	llama a los...**cojos** y los ciegos		5564		χωρίον – coríon (joríon)
	21	trae acá a... **los cojos**		Mt	26:36	llegó Jesús con ellos a **un lugar**
Jn	5:3	una multitud de enfermos, ciegos, **cojos**		Mr	14:32	**a un lugar** que se llama Getsemaní,
Hch	3:2	era traído un hombre **cojo**				(...cuyo nombre es..., VHA)
	11	el **cojo** que había sido sanado (TR)		Jn	4:5	junto a la **heredad** que Jacob dio
	8:7	muchos paralíticos y **cojos** eran sanados		Hch	1:18	con el salario...adquirió un **campo**
	14:8	imposibilitado de los pies, **cojo**			19	de tal manera que aquel **campo** se llama
He	12:13	para que lo **cojo** no se salga del camino				quiere decir, **Campo** de sangre
					4:34	todos los que poseían **heredades** (cuantos
5561		χώρα – córa (jóra)				había propietarios **de campos**, BC)
Mt	2:12	regresaron a su **tierra** por otro camino			5:3	sustrajeses del precio de la **heredad**?
	4:16	en **región** de sombra de muerte			8	¿vendisteis en tanto la **heredad**? (si
	8:28	a la otra orilla a la **tierra**				vendisteis..., VM)
Mr	1:5	salían a él toda la **provincia** de Judea			28:7	había **propiedades** del hombre principal
	5:1	al otro lado del mar, a la **región**				
	10	que no los enviase fuera de aquella **región**		5565		χωρίς – corís (jorís)
	6:55	recorriendo toda la **tierra** de alrededor, (TR)		Mt	13:34	**sin** parábolas no les hablaba (...parábola...,
		(recorrieron toda aquella **región**, VHA,				VM)
		WH, N, ABMW, VM, NC, BC, BA)			14:21	**sin** contar las mujeres y los niños. (lit.,
Lc	2:8	Había pastores en la misma **región**				**aparte de las**...)
	3:1	de la **provincia** de Traconite,			15:38	**sin** contar las mujeres y los niños. (lit.,
	8:26	arribaron a la **tierra**				**aparte de las**...)
	12:16	La **heredad** de un hombre rico		Mr	4:34	**sin** parábolas no les hablaba (...parábola...,
	15:13	se fue lejos a **una provincia**				VHA)
	14	una gran hambre en aquella **provincia**		Lc	6:49	sobre tierra, **sin** fundamento
	15	a uno de los ciudadanos de aquella **tierra**		Jn	1:3	**sin** él nada...fue hecho
	19:12	Un hombre noble se fue a **un país** lejano			15:5	**separados** de mí nada podéis hacer,
	21:21	los que están en los **campos**			20:7	enrollado en un lugar **aparte**
Jn	4:35	Alzad vuestros ojos y mirad los **campos**		Ro	3:21	Pero ahora, **aparte** de la ley
	11:54	a la **región** contigua al desierto			28	por fe **sin** las obras de la ley
	55	muchos subieron de aquella **región**			4:6	Dios atribuye justicia **sin obras**
Hch	8:1	todos fueron esparcidos por las **tierras**			7:8	**sin** la ley el pecado está muerto
	10:39	hizo en la **tierra** de Judea			9	yo **sin** la ley vivía en un tiempo

Ro	10:14	sin haber quien les predique? (sin predicador?, VM)
1 Co	4:8	sin nosotros reináis
	11:11	ni el varón es sin la mujer, ni la mujer sin
2 Co	11:28	además de otras cosas, (Además de tales cosas externas, BA)
	12:3	en el cuerpo, o fuera del cuerpo, (WH, N, ABMW)
Ef	2:12	estabais sin Cristo, alejados
Fil	2:14	sin murmuraciones y contiendas
1 Ti	2:8	levantando manos santas, sin ira
	5:21	que guardes estas cosas sin prejuicios (lit., ...prejuicio)
Flm	14	nada quise hacer sin tu consentimiento,
He	4:15	tentado...pero sin pecado
	7:7	sin discusión alguna, el menor
	20	esto no fue hecho sin juramento; (por cuanto no sin juramento, VM)
	21 (20)	los otros ciertamente sin juramento
	9:7	una vez al año, no sin sangre
	18	ni aun...fue instituido sin sangre
	22	sin derramamiento de sangre no se hace
	28	aparecerá por segunda vez, sin relación con muere irremisiblemente (lit., muere sin misericordias)
	11:6	sin fe es imposible agradar
	40	para que no fuesen ellos perfeccionados aparte de nosotros
	12:8	si se os deja sin disciplina, (si estáis..., BA)
	14	sin la cual nadie verá al Señor.
Stg	2:18	Muéstrame tu fe sin tus obras, (WH, N, ABMW)
	20	la fe sin obras es muerta?
	26	el cuerpo sin espíritu está muerto así también la fe sin obras

5566 χῶρος*† — córos (jóros)

Hch 27:12 que mira al nordeste y sudeste

ΨΨ

5567 ψάλλω — psállo (psálo)

Ro	15:9	cantaré a tu nombre
1 Co	14:15	cantaré con el espíritu, pero cantaré
Ef	5:19	cantando y alabando al Señor
Stg	5:13	¿Está alguno alegre? Cante alabanzas

5568 ψαλμός — psalmós

Lc	20:42	dice en el libro de los Salmos
	24:44	en los profetas y en los salmos
Hch	1:20	está escrito en el libro de los Salmos:
	13:33	está escrito también en el salmo segundo
1 Co	14:26	cada uno de vosotros tiene salmo
Ef	5:19	hablando entre vosotros con salmos
Col	3:16	cantando...al Señor con salmos

5569 ψευδάδελφος*† — pseudádelfos

2 Co	11:26	peligros entre falsos hermanos
Gá	2:4	los falsos hermanos introducidos

5570 ψευδαπόστολος*† — pseudapóstolos

2 Co 11:13 éstos son falsos apóstoles

5571 ψευδής — pseudés

Hch	6:13	pusieron testigos falsos que decían
Ap	2:2	los has hallado mentirosos
	21:8	los idólatras y todos los mentirosos

5572 ψευδοδιδάσκαλος*† — pseudodidáskalos

2 P 2:1 habrá entre vosotros falsos maestros

5573 ψευδολόγος* — pseudológos

1 Ti 4:2 por la hipocresía de mentirosos

5574 ψεύδομαι — pséudomai

Mt	5:11	toda clase de mal contra vosotros, mintiendo
Hch	5:3	para que mintieses al Espíritu
	4	No has mentido a los hombres
Ro	9:1	Verdad digo en Cristo, no miento
2 Co	11:31	sabe que no miento
Gá	1:20	he aquí delante de Dios que no miento
Col	3:9	No mintáis los unos a los otros
1 Ti	2:7	digo verdad en Cristo, no miento
He	6:18	es imposible que Dios mienta
Stg	3:14	ni mintáis contra la verdad
1 Jn	1:6	mentimos, y no practicamos la verdad
Ap	3:9	sino que mienten

5575 Véase abajo

5576 ψευδομαρτυρέω — pseudomarturéo

Mt	19:18	No dirás falso testimonio.
Mr	10:19	No digas falso testimonio
	14:56	muchos decían falso testimonio contra él
	57	dieron falso testimonio contra él
Lc	18:20	no dirás falso testimonio
Ro	13:9	no dirás falso testimonio, (TR)

5577 ψευδομαρτυρία* — pseudomarturía

Mt	15:19	del corazón salen...los falsos testimonios,
	26:59	buscaban falso testimonio contra Jesús

5575 ψευδόμαρτυς** — pseudómartus

Mt	26:60	aunque muchos testigos falsos
		vinieron dos testigos falsos (TR)
1 Co	15:15	somos hallados falsos testigos

5578 ψευδοπροφήτης† — pseudoprofétes

Mt	7:15	Guardaos de los falsos profetas
	24:11	muchos falsos profetas se levantarán
	24	se levantarán...falsos profetas
Mr	13:22	se levantarán...falsos profetas
Lc	6:26	hacían sus padres con los falsos profetas
Hch	13:6	hallaron a cierto...falso profeta
2 P	2:1	hubo también falsos profetas
1 Jn	4:1	muchos falsos profetas han salido
Ap	16:13	de la boca del falso profeta, tres espíritus
	19:20	el falso profeta que había hecho
	20:10	donde estaban...el falso profeta

5579 ψεῦδος — pséudos

Jn	8:44	Cuando habla mentira
Ro	1:25	cambiaron la verdad de Dios por la mentira
Ef	4:25	desechando la mentira, hablad verdad
2 Ts	2:9	con...prodigios mentirosos (...de mentira, BC)
	11	para que crean la mentira
1 Jn	2:21	ninguna mentira procede (...es, VM)
	27	es verdadera, y no es mentira
Ap	14:5	no fue hallada mentira (WH, N, ABMW)
	21:27	No entrará en ella...mentira

Ap	22:15	todo aquel que ama y hace mentira	Mt	16:25	el que pierda su vida
				26	si...perdiere su alma?
5580		ψευδόχριστος*† – pseudócristos (pseudójristos)			dará el hombre por su alma?
				20:28	para dar su vida en rescate por muchos
Mt	24:24	se levantarán falsos Cristos		22:37	con todo tu corazón, y con toda tu alma
Mr	13:22	se levantarán falsos Cristos		26:38	Mi alma está muy triste
			Mr	3:4	¿Es lícito en los días de reposo...salvar la vida
5581		ψευδώνυμος* – pseudónumos			
1 Ti	6:20	los argumentos de la falsamente llamada		8:35	el que quiera salvar su vida
					el que pierda su vida
5582		ψεῦσμα** – pséusma		36	si...perdiere su alma? (TR, BA);{perder..., VHA, WH, N, ABMW, VM, NC, BC)
Ro	3:7	si por mi mentira la verdad de Dios		37	dará el hombre por su alma?
				10:45	para dar su vida en rescate
5583		ψεύστης – pséustes		12:30	con todo tu corazón, y con toda tu alma
Jn	8:44	porque es mentiroso,		33	con toda el alma (TR)
	55	si...sería mentiroso como vosotros;		14:34	Mi alma está muy triste,
Ro	3:4	sea...todo hombre mentiroso	Lc	1:46	Engrandece mi alma al Señor
1 Ti	1:10	para los secuestradores, para los mentirosos		2:35	una espada traspasará tu misma alma
Tit	1:12	Los cretenses, siempre mentirosos,		6:9	¿salvar la vida, o quitarla? (...o perderla, BC)
1 Jn	1:10	le hacemos a él mentiroso			
	2:4	el tal es mentiroso,		9:24	todo el que quiera salvar su vida
	22	¿Quién es el mentiroso,			todo el que pierda su vida
	4:20	Si...aborrece a su hermano, es mentiroso		56	para perder las almas (TR, VM, BC)
	5:10	a Dios le ha hecho mentiroso		10:27	con todo tu corazón, y con toda tu alma
				12:19	diré a mi alma: Alma, muchos bienes tienes
5584		ψηλαφάω – pselafáo		20	vienen a pedirte tu alma; (se te demanda..., BA)
Lc	24:39	palpad, y ved (palpadme..., VHA)			
Hch	17:27	si en alguna manera, palpando (si es que por ventura le buscaban a tientas, BC)		22	No os afanéis por vuestra vida
				23	La vida es más que la comida,
He	12:18	al monte que se podía palpar, (TR, ABMW, VM, NC); (lit., a lo palpable, WH, N, VHA, BC, BA)		14:26	aun también su propia vida
				17:33	el que procure salvar su vida
				21:19	ganaréis vuestras almas
1 Jn	1:1	palparon nuestras manos	Jn	10:11	el buen pastor su vida
				15	pongo mi vida por las ovejas
5585		ψηφίζω – psefízo (psefídzo)		17	yo pongo mi vida
Lc	14:28	calcula los gastos, (...el costo, BA)		24	¿Hasta cuándo nos turbarás el alma?
Ap	13:18	cuente el número de la bestia		12:25	El que ama su vida, la perderá
					el que aborrece su vida
5586		ψῆφος – pséfos		27	Ahora está turbada mi alma
Hch	26:10	cuando los mataron, yo di mi voto		13:37	Mi vida pondré por tí.
Ap	2:17	le daré una piedrecita blanca		38	¿Tu vida pondrás por mí?
				15:13	que uno ponga su vida por sus amigos
5587		ψιθυρισμός† – psithurismós	Hch	2:27	no dejarás mi alma en el Hades
2 Co	12:20	murmuraciones, soberbias, desórdenes;		31	su alma no fue dejada en el Hades (TR)
				41	se añadieron aquel día como tres mil personas
5588		ψιθυριστής* – psithuristés		43	sobrevino temor a toda persona
Ro	1:30	murmuradores, detractores, aborrecedores		3:23	toda alma que no oiga a aquel profeta
				4:32	era de un corazón y un alma
5589		ψιχίον*† – psicíon (psijíon)		7:14	en número de setenta y cinco personas
Mt	15:27	de las migajas que caen		14:2	corrompieron los ánimos de los gentiles
Mr	7:28	comen de las migajas		22	confirmando los ánimos de los discípulos
Lc	16:21	de las migajas que caían (TR, VM)		15:24	perturbando vuestras almas,
				26	que han expuesto su vida (...sus vidas, BC)
5590		ψυχή – psucé (psujé)		20:10	está vivo (su vida está en él, VM)
Mt	2:20	los que procuraban la muerte (los que atentaban a la vida, VHA)		24	ni estimo preciosa mi vida
				27:10	mucha pérdida,...de nuestras personas
	6:25	No os afanéis por vuestra vida		22	no habrá ninguna pérdida de vida
		¿No es la vida más que el alimento		37	todas las personas en la nave
	10:28	que...el alma no pueden matar	Ro	2:9	sobre todo ser humano (lit., sobre toda alma de hombre)
		que puede destruir el alma			
	39	El que halla su vida, la perderá		11:3	procuran matarme? (buscan mi vida, VM)
		el que pierde su vida		13:1	Sométase toda persona a las autoridades
	11:29	hallaréis descanso para vuestras almas		16:4	que expusieron su vida por mí (lit.,...su propio cuello por mi alma)
	12:18	en quien se agrada mi alma			
	16:25	el que quiera salvar su vida	1 Co	15:45	el primer hombre Adán alma viviente
			2 Co	1:23	invoco a Dios por testigo sobre mi alma
				12:15	me gastaré del todo por amor de...almas

ψυχικός 5591

Ef	6:6	de corazón haciendo la voluntad (lit., de alma...)
Fil	1:27	combatiendo unánimes (luchando junto con una sola alma, BC)
	2:30	exponiendo su vida
Col	3:23	hacedlo de corazón (lit.,...de alma)
1 Ts	2:8	entregaros...también nuestras propias vidas
	5:23	Todo vuestro ser, espíritu, alma y cuerpo,
He	4:12	hasta partir el alma y el espíritu, (hasta la división del alma..., BC)
	6:19	tenemos como...ancla del alma
	10:38	no agradará a mi alma
	39	para preservación del alma
	12:3	para que vuestro ánimo no se canse (...os canséis...en vuestras almas, VM)
	13:17	ellos velan por vuestras almas
Stg	1:21	la cual puede salvar vuestras almas
	5:20	salvará...un alma (TR, VM); (...el alma de éste, VHA, WH, N, ABMW, NC, BC, BA)
1 P	1:9	la salvación de vuestras almas
	22	Habiendo purificado vuestras almas
	2:11	que batallan contra el alma
	25	al Pastor...de vuestras almas
	3:20	pocas personas, es decir, ocho,
	4:19	encomienden sus almas al fiel Creador
2 P	2:8	afligía cada día su alma justa,
	14	seducen a las almas inconstantes, (prendiendo con halagos..., VHA)
1 Jn	3:16	él puso su vida por nosotros debemos poner nuestras vidas
3 Jn	2	así como prospera tu alma
Ap	6:9	vi bajo el altar las almas
	8:9	los seres vivientes (lit., las criaturas... cuantas tenían vidas)
	12:11	menospreciaron sus vidas (lit., no amaron su vida)
	16:3	murió todo ser vivo (TR, VHA, VM, NC, BA); (lit.,...toda alma de vida, WH, N, ABMW, BC)
	18:13	almas de hombres
	14	Los frutos codiciados por tu alma (lit., la fruta de la codicia de tu alma)
	20:4	vi las almas de los decapitados

5591 ψυχικός** – psucikós (psujikós)

1 Co	2:14	el hombre natural no percibe (el hombre animal..., BC)
	15:44	Se siembra cuerpo animal Hay cuerpo animal (TR, VM); (Si hay..., VHA, WH, N, ABMW, NC, BC, BA)
	46	lo espiritual no es primero, sino lo animal
Stg	3:15	sino terrenal, animal, diabólica
Jud	19	los sensuales, que no tienen el Espíritu

5592 ψῦχος – psúcos (psújos)

Jn	18:18	porque hacía frío
Hch	28:2	a causa de la lluvia que caía, y del frío
2 Co	11:27	en frío y en desnudez

5593 ψυχρός – psucrós (psujrós)

Mt	10:42	un vaso de agua fría solamente
Ap	3:15	ni eres frío ni caliente
		¡Ojalá fueses frío o caliente!
	16	no frío ni caliente

5594 ψύχω – psúco (psújo)

Mt	24:12	el amor de muchos se enfriará

5595 ψωμίζω – psomízo (psomídzo)

Ro	12:20	si tu enemigo tuviere hambre, dale de comer
1 Co	13:3	si repartiese todos mis bienes para dar de comer a los pobres

5596 ψωμίον*† – psomíon

Jn	13:26	A quién yo diere el pan mojado, (lit., a quien yo, habiendo mojado el bocado) (TR); (para quien yo mojare el bocado, VM, WH, N, ABMW, VHA, NC, BC, BA) mojando el pan,
	13:27	después del bocado (entonces mismo, tras el bocado, VM)
	30	Cuando...hubo tomado el bocado

5597 ψώχω*† – psóco (psójo)

Lc	6:1	restregándolas con las manos

Ω ω

5598 Ὦ – O

Ap	1:8	Yo soy el Alfa y la Omega
	11	Yo soy el Alfa y la Omega (TR)
	21:6	Yo soy el Alfa y la Omega,
	22:13	Yo soy el Alfa y la Omega,

5599 ὦ – ó

Mt	15:28	Oh mujer, grande es tu fe
	17:17	¡Oh generación incrédula
Mr	9:19	¡Oh generación incrédula!
Lc	9:41	¡Oh generación incrédula
	24:25	¡Oh insensatos, y tardos de corazón
Hch	1:1	En el primer tratado, oh Teófilo,
	13:10	¡Oh, lleno de todo engaño
	18:14	Si fuera...algún crimen enorme, oh judíos
	27:21	Habría sido por cierto conveniente, oh
Ro	2:1	eres inexcusable, oh hombre,
	3	¿Y piensas esto, oh hombre
	9:20	antes, oh hombre, ¿quién eres tú,
	11:33	¡Oh profundidad de las riquezas (...la riqueza, BC)
Gá	3:1	¡Oh gálatas insensatos!
1 Ti	6:11	Mas tú, oh hombre de Dios, huye
	20	Oh Timoteo, guarda lo que se te ha encomendado (...guarda el depósito, BC)
Stg	2:20	¿Más quieres saber, hombre vano (...oh hombre vano, VHA)

5600 Véase pág. 283

5601 Ὠβήδ, véase Ἰωβήδ, pág. 449

5602 ὧδε – óde (jóde)

Mt	8:29	¿Has venido acá para atormentarnos
	12:6	uno mayor que el templo está aquí
	41	he aquí más que Jonás en este lugar
	42	he aquí más que Salomón en este lugar
	14:8	Dame aquí en un plato
	17	No tenemos aquí sino cinco panes
	18	El les dijo: Traédmelos acá
	16:28	algunos de los que están aquí
	17:4	bueno es para nosotros que estemos aquí hagamos aquí tres enramadas (TR); (haré...

		VHA, WH, N, ABMW, VM, NC, BC, BA)
Mt	17:17	Traédmelo **acá**
	20:6	¿Por qué estáis **aquí** todo el día
	22:12	¿cómo entraste **aquí**, sin estar vestido
	24:2	no quedará **aquí** piedra sobre piedra,
	23	Mirad, **aquí** está el Cristo, o mirad, **allí**
	26:38	quedaos **aquí**, y velad conmigo
	28:6	No está **aquí**, pues ha resucitado
Mr	6:3	¿No están también **aquí** con nosotros
	8:4	a éstos **aquí** en el desierto?
	9:1	hay algunos de los que están **aquí**
	5	bueno es para nosotros que estemos **aquí**
	11:3	luego lo devolverá (en seguida lo enviará de nuevo **aquí**, VHA)
	13:2	No quedará piedra sobre piedra, (TR, N, VHA, BC, BA); (no quedará **aquí**..., VM, WH, ABMW, NC)
	21	Mirad, **aquí** está el Cristo
	14:32	Sentaos **aquí**, entre tanto que yo oro
	34	quedaos **aquí** y velad
	16:6	ha resucitado, no está **aquí**
Lc	4:23	haz también **aquí** en tu tierra
	9:12	**aquí** estamos en lugar desierto
	27	algunos de los que están **aquí** (TR)
	33	bueno es para nosotros que estemos **aquí**
	41	Trae **acá** a tu hijo
	11:31	he aquí más que Salomón **en este lugar**
	32	he aquí más que Jonás **en este lugar**.
	14:21	trae **acá** a los pobres
	15:17	yo **aquí** perezco de hambre! (V60, WH, N, ABMW, VHA, VM, NC, BC, BA)
	16:25	éste es consolado **aquí**, (V60, WH, N, ABMW, VHA, VM, NC, BC, BA)
	17:21	ni dirán: Helo **aquí**, o helo **allí**
	23	Helo **aquí**, o helo **allí**
	19:27	a...mis enemigos...traedlos **acá**
	21:6	no quedará piedra sobre piedra, (TR, N, ABMW, VHA, NC, BC, BA); (no quedará **aquí**..., VM, WH)
	22:38	Señor, **aquí** hay dos espadas
	23:5	comenzando desde Galilea hasta **aquí**
	24:6	No está **aquí**, sino que ha resucitado
Jn	6:9	**Aquí** está un muchacho,
	25	Rabí, ¿cuándo llegaste **acá**?
	11:21	Señor, si hubieses estado **aquí**
	32	Señor, si hubieses estado **aquí**
	20:27	dijo a Tomás: Pon **aquí** tu dedo
Hch	9:14	y aun **aquí** tiene autoridad
	21	a eso vino **acá**
1 Co	4:2	Ahora bien, se requiere (TR, NC, BC, BA); (**Aquí**, además,..., VHA, WH, N, ABMW, VM)
Col	4:9	Todo lo que **acá** pasa, (lit., de todas las cosas **aquí**)
He	7:8	**aquí** ciertamente reciben los diezmos
	13:14	no tenemos **aquí** ciudad
Stg	2:3	Siéntate tú **aquí** en buen lugar siéntate **aquí** bajo (TR)
Ap	4:1	Sube **acá**
	11:12	Subid **acá**
	13:10	**Aquí** está la paciencia y la fe
	18	**Aquí** hay sabiduría
	14:12	**aquí** está la paciencia de los santos los que guardan los mandamientos (V60, WH, N, ABMW, VHA, VM, NC, BC, BA); (lit., **aquí** los que guardan, TR)
	17:9	Esto, para la mente (**Aquí** está la mente, BA

5603   ᾠδή — odé

Ef	5:19	con...himnos y **cánticos** espirituales,
Col	3:16	cantando...con...**cánticos** espirituales
Ap	5:9	cantaban un nuevo **cántico**
	14:3	cantaban un **cántico** nuevo (V60, N, VHA, NC, BA); (cantan como...,BC, TR, WH, ABMW, VM)
		nadie podía aprender el **cántico**
	15:3	cantan el **cántico** de Moisés y el **cántico** del Cordero

5604   ὠδίν — odín

Mt	24:8	será principio **de dolores**
Mr	13:8	principios **de dolores** son estos. (TR); (estas cosas principio son..., VM, WH, N, ABMW, VHA, NC, BC, BA)
Hch	2:24	los **dolores** de la muerte
1 Ts	5:3	como los **dolores** a la mujer encinta, (lit.,... el **dolor**...)

5605   ὠδίνω — odíno

Gá	4:19	vuelvo a sufrir dolores de parto, (**estoy** otra vez **en dolores de parto**, VM)
	27	tú que no tienes **dolores de parto**
Ap	12:2	clamaba con **dolores de parto**

5606   ὦμος — ómos

Mt	23:4	las ponen sobre los **hombros** de los hombres
Lc	15:5	la pone sobre sus **hombros** gozoso

5607   Véase pág. 285

5608   ὠνέομαι* — onéomai

| Hch | 7:16 | en el sepulcro que...**compró** Abraham |

5609   ᾠόν — oón

| Lc | 11:12 | ¿O si le pide **un huevo** |

5610   ὥρα — óra (jóra)

Mt	8:13	fue sanado en aquella misma **hora**
	9:22	la mujer fue salva desde aquella **hora**
	10:19	en aquella **hora** os será dado
	14:15	la **hora** ya pasada (...ya ha pasado, VM)
	15:28	fue sanada desde aquella **hora**
	17:18	sano desde aquella **hora**
	18:1	En aquel **tiempo** los discípulos vinieron
	20:3	Saliendo cerca de la **hora** tercera
	5	cerca de las **horas** sexta y novena, (...la **hora**..., VM)
	6	cerca de la **hora** undécima (TR)
	9	cerca de la **hora** undécima
	12	Estos postreros han trabajado una sola **hora**
	24:36	del día y la **hora** nadie sabe, (en cuanto a aquel día..., VHA)
	42	no sabéis a qué **hora** (TR)
	44	vendrá a la **hora** que no penséis.
	50	a la **hora** que no sabe,
	25:13	no sabéis el día ni la **hora**
	26:40	no habéis podido velar conmigo una **hora**
	45	He aquí ha llegado la **hora**
	55	En aquella **hora** dijo Jesús
	27:45	desde la **hora** sexta hubo tinieblas hasta **la hora** novena
	46	Cerca de la **hora** novena, Jesús clamó
Mr	6:35	Cuando ya era muy avanzada la **hora** (lit., siendo ya de mucha **hora**) **la hora** ya muy avanzada. (lit., **la hora** ya es mucha)
	11:11	como ya anochecía (como fuese ya tardía la **hora**, BC)

ὡραῖος 5611

Mr	13:11	lo que os fuere dado en aquella **hora**
	32	de aquel día y de la **hora** nadie sabe
	14:35	oró que...pasase de él aquella **hora**
	37	¿No has podido velar una **hora**?
	41	Basta, la **hora** ha venido
	15:25	Era la **hora** tercera
	33	Cuando vino la **hora** sexta, hubo tinieblas hasta la **hora** novena
	34	a la **hora** novena Jesús clamó
Lc	1:10	fuera orando a la **hora** del incienso
	2:38	presentándose en la misma **hora**
	7:21	En esa misma **hora** sanó a muchos
	10:21	En aquella **hora** Jesús se regocijó
	12:12	os enseñará en la misma **hora**
	39	si supiese...a qué **hora** el ladrón
	40	a la **hora** que no penséis
	46	a la **hora** que no sabe,
	13:31	Aquel mismo día llegaron (TR); (...**hora**..., VHA, WH, N, ABMW, VM, NC, BC, BA)
	14:17	a la **hora** de la cena envió
	20:19	echarle mano en aquella **hora**, (echar las manos en él..., BC)
	22:14	Cuando era la **hora**, se sentó a la mesa
	53	esta es vuestra **hora**
	59	Como una **hora** después, (pasada como..., VM)
	23:44	Cuando era como la **hora** sexta, (lit., Y era., TR); (Y era ya..., VM, WH, N, ABMW, NC, BC, BA) hasta la **hora** novena
	24:33	levantándose en la misma **hora**,
Jn	1:39	era como la **hora** décima
	2:4	Aún no ha venido mi **hora**
	4:6	Era como la **hora** sexta
	21	la **hora** viene cuando ni en este monte
	23	la **hora** viene, y ahora es,
	52	les preguntó a qué **hora** (Preguntóles...la **hora** en que, VM) Ayer a las siete (...a la **hora** séptima, VHA)
	53	aquella era la **hora** (en la misma **hora**, VM)
	5:25	Viene la **hora** y ahora es,
	28	vendrá **hora** cuando todos
	35	quisisteis regocijaros por un **tiempo**
	7:30	aún no había llegado su **hora**
	8:20	aún no había llegado su **hora**
	11:9	¿No tiene el día doce **horas**? (¿No hay doce **horas** en el día?, VM)
	12:23	Ha llegado la **hora**
	27	¿Padre, sálvame de esta **hora**? para esto he llegado a esta **hora**
	13:1	que su **hora** había llegado
	16:2	viene la **hora** cuando cualquiera que os mate
	4	cuando llegue la **hora**, (TR, VM, NC, BA); (...su **hora**, VHA, WH, N, ABMW, BC)
	21	porque ha llegado su **hora**
	25	la **hora** viene cuando ya no os hablaré
	32	He aquí la **hora** viene, y ha venido ya,
	17:1	la **hora** ha llegado
	19:14	era...como la **hora** sexta
	27	desde aquella **hora** el discípulo le recibió
Hch	2:15	es la **hora** tercera del día
	3:1	al templo a la **hora** novena
	5:7	un lapso como de tres **horas**
	10:3	como a la **hora** novena del día
	9	para orar, cerca de la **hora** sexta
	30	Hace cuatro días que a esta **hora** novena (TR, VHA, VM, BA)
	16:18	salió en aquella misma **hora**,
	33	tomándolos en aquella misma **hora**

Hch	19:34	gritaron casi por dos **horas** (gritando..., BA)
	22:13	en aquella misma **hora** recobré la vista
	23:23	para la **hora** tercera de la noche
Ro	13:11	es ya **hora** de levantarnos del sueño
1 Co	4:11	Hasta esta **hora** padecemos hambre, (Hasta la **hora** presente..., VHA)
	15:30	peligramos a toda **hora**?
2 Co	7:8	por **algún tiempo**, os contristó
Gá	2:5	ni por **un momento** accedimos a someternos
1 Ts	2:17	separados de vosotros por un poco de **tiempo** (lit.,...por tiempo de una **hora**)
Flm	15	se apartó de ti por **algún tiempo**, (lit.,...por una **hora**)
1 Jn	2:18	ya es el último **tiempo** conocemos que es el último **tiempo**
Ap	3:3	no sabrás a qué **hora** vendré sobre ti
	10	te guardaré de la **hora** de la prueba
	9:15	que estaban preparados para la **hora**
	11:13	En aquella **hora** hubo un gran terremoto
	14:7	la **hora** de su juicio ha llegado
	15	la **hora** de segar ha llegado,
	17:12	por una **hora** recibirán autoridad
	18:10	en una **hora** vino tu juicio
	17 (16)	en una **hora** han sido consumidas (...fue desolada, VHA)
	19	en una **hora** ha sido desolada!

5611 ὡραῖος — oráios (joráios)

Mt	23:27	por fuera...se muestran **hermosos**
Hch	3:2	a la puerta...que se llama la **Hermosa**,
	10	a la puerta del templo, la **Hermosa**
Ro	10:15	¡Cuán **hermosos** son los pies

5612 ὠρύομαι — orúomai

1 P	5:8	el diablo, como león **rugiente**, anda

5613 ὡς — ós (jós)
Como adverbio o partícula de comparación

Mt	1:24	hizo **como** el ángel del Señor
	5:48	**como** vuestro Padre...es perfecto. (WH, N, ABMW)
	6:5	no seas como los hipócritas; (TR); (no seáis **como**..., VHA, WH, N, ABMW, VM, NC, BC, BA)
	10	Hágase tu voluntad, **como** en el cielo,
	12	**como** también nosotros perdonamos
	16	austeros, **como** los hipócritas; (WH, N, ABMW)
	29	se vistió **así como** uno de ellos.
	7:29	**como** quien tiene autoridad, y no **como** los escribas
	8:13	**como** creíste, te sea hecho
	10:16	yo os envío **como** a ovejas sed, pues, prudentes **como** serpientes y sencillos **como** palomas
	25	al discípulo ser **como** su maestro y al siervo **como** su señor
	12:13	sana **como** la otra
	13:43	resplandecerán **como** el sol
	14:5	tenían a Juan **por** profeta. (le tenían **como**..., BC)
	15:28	hágase contigo **como** quieres
	17:2	resplandeció su rostro **como** el sol, blancos **como** la luz
	20	si tuviereis **como** un grano de mostaza
	18:3	si no...os hacéis **como** niños,
	4	cualquiera que se humille **como** éste niño

ὡς 5613   811   5613 ὡς

Mt	18:33	**como** yo tuve misericordia de ti?
	19:19	Amarás a tu prójimo **como** a ti mismo
	20:14	quiero dar a este postrero, **como** a ti
	21:26	todos tienen a Juan **por** profeta.
	46	le tenía **por** profeta (le tenían..., VM) (TR)
	22:30	serán **como** los ángeles
	39	Amarás a tu prójimo **como** a ti mismo.
	24:38	como en los días (TR); (**como** en los días, VM, ABMW, NC, BC); (...días aquellos, VHA, WH, N, BA)
	26:19	hicieron **como** Jesús les mandó
	39	no sea **como** yo quiero, sino **como** tú.
	55	¿**Como** contra un ladrón habéis salido
	27:65	aseguradlo **como** sabéis
	28:3	Su aspecto era **como** un relámpago su vestido blanco **como** la nieve
	4	se quedaron **como** muertos. (WH, N, ABMW)
	8 (9)	**mientras** iban a dar las nuevas (TR)
	15	hicieron **como** se les había instruido.
Mr	1:2	**como** está escrito (TR)
	10	al Espíritu **como** paloma (WH, N, ABMW)
	22	**como** quien tiene autoridad, y no **como**
	3:5	le fue restaurada sana (V60, WH, N, ABMW, VHA, VM, NC, BC, BA); (lit., ...sana **como** la otra, TR)
	4:26	**como cuando** un hombre echa semilla
	27	crece sin que él sepa **cómo**
	31	Es **como** el grano de mostaza
	36	le tomaron **como** estaba, en la barca
	5:13	**como** dos mil
	6:15	alguno de los profetas (**como** uno de..., BA)
	34	**como** ovejas que no tenían pastor
	7:6	**como** está escrito
	8:9	**como** cuatro mil
	24	Veo los hombres **como** árboles, (Veo los hombres; porque **como** árboles, VHA)
	9:3	muy blancos **como** la nieve (TR, VM)
	10:1	de nuevo les enseñaba **como** solía.
	15	el que no reciba el reino de Dios **como**
	12:25	sino serán **como** los ángeles
	26	Moisés **cómo** le habló Dios (TR)
	31	Amarás a tu prójimo **como** a ti mismo
	33	y amar al prójimo **como** a uno mismo
	13:34	Es **como** el hombre que yéndose lejos
	14:48	¿**Como** contra un ladrón habéis salido
Lc	1:56	se quedó...**como** tres meses; (WH, N, ABMW)
	2:37	viuda había ochenta y cuatro años (V60, WH, N, ABMW, VHA, VM, NC, BC, BA); (lit., viuda **como** de..., TR)
	3:4	**como** está escrito en el libro
	22	descendió el Espíritu Santo...**como** paloma (WH, N, ABMW)
	23	hijo, **según** se creía, de José,
	6:10	su mano fue restaurada (V60, WH, N, ABMW, VHA, VM, NC, BC, BA); (lit.,...fue restaurada sana **como** la otra, TR)
	22	desechen vuestro nombre **como** malo,
	40	será **como** su maestro
	8:42	una hija única, **como** de doce años
	9:54	**como** hizo Elías, (TR, VM)
	10:3	yo os envío **como** corderos
	18	veía a Satanás caer del cielo **como** un rayo
	27	Amarás a tu prójimo **como** a ti mismo.
	11:2	Hágase tu voluntad, **como** en el cielo, (TR, VM, [BA])
Lc	11:36	**como** cuando una lámpara te alumbra
	44	sois **como** sepulcros que no se ven
	12:27	ni aun...**como** uno de ellos
	14:22	se ha hecho **como** mandaste (TR, VHA, BA)
	15:19	hazme **como** a uno de tus jornaleros
	21	Lit., hazme **como** a uno de tus jornaleros ([WH])
	16:1	**como** disipador de sus bienes
	17:6	fe **como** un grano de mostaza
	28	Asimismo **como** sucedió (TR)
Lc	18:11	ni aun **como** este publicano
	17	el reino de Dios **como** un niño
	21:35	**como** un lazo vendrá sobre
	22:26	sea...**como** el más joven **como** el que sirve
	27	yo estoy...**como** el que sirve
	31	para zarandearos **como** a trigo
	52	¿**Como** contra un ladrón habéis salido
	23:14	**como** un hombre que perturba al pueblo
Jn	1:14	gloria **como** del unigénito del Padre
	32	que descendía del cielo **como** paloma, (WH, N, ABMW)
	39 (40)	era **como** la hora décima
	4:6	Era **como** la hora sexta (WH, N, ABMW)
	6:10	**como** en número de cinco mil varones. (WH, N, ABMW)
	19	**como** veinticinco o treinta estadios
	7:10	sino **como** en secreto. (TR, WH, N)
	46	ha hablado **como** este hombre! (TR, N, VHA, VM, NC, BC, BA)
	11:18	**como** a quince estadios
	15:6	será echado fuera **como** pámpano
	19:14	Era...**como** la hora sexta. (WH, N, ABMW)
	39	**como** cien libras. (WH, N, ABMW)
	21:8	sino **como** doscientos codos
Hch	1:15	eran **como** ciento veinte (TR, WH, N)
	2:15	**como** vosotros suponéis
	3:12	**como** si por nuestro poder o piedad
	22	profeta...**como** a mí;
	4:4	era **como** cinco mil. (WH, N, ABMW)
	5:7	un lapso **como** de tres horas,
	36	**como** de cuatrocientos hombres; (WH, N, ABMW)
	7:37	Profeta os levantará...**como** a mí
	51	**como** vuestros padres, así también
	8:32	**Como** ovejas a la muerte fue llevado **como** cordero mudo
	9:18	cayeron de los ojos **como** escamas, (WH, N, ABMW)
	10:11	algo **semejante** a un gran lienzo
	47	también **como** nosotros (WH, N, ABMW)
	11:5	algo **semejante** a un gran lienzo
	17	el mismo don **que** a nosotros
	13:18	por un tiempo **como** de cuarenta años
	20	**como** por cuatrocientos cincuenta años,
	33	**como** está escrito también
	17:14	que fuese **hacia** el mar (TR, VHA, NC)
	15	lo más pronto **que** pudiesen
	22	observo que sois muy religiosos (lit., os observo **como** muy religiosos)
	28	**como** algunos de vuestros propios poetas
	19:34	casi por dos horas (TR, N, ABMW)
	22:5	**como** el sumo sacerdote también
	23:11	has testificado de mí
	15	**como** que queréis indagar
	20	**como** que van a inquirir alguna cosa
	25:10	**como** tú sabes muy bien.
	27:30	**como** que querían largar las anclas
	37	doscientas sesenta y seis (TR, N, ABMW

		VHA, VM, NC, BC, BA); (lit., **como** setenta y seis, WH)	1 Co 13:11 hablaba **como** niño, pensaba **como** niño, juzgaba **como** niño
	28:19	no **porque** tenga de qué acusar (lit., no **como** teniendo de qué acusar)	14:33 **Como** en todas las iglesias
			16:10 hace la obra del Señor así **como** yo
Ro	1:9	de que sin cesar hago mención (de **cuán** incesantemente hago mención, VHA)	2 Co 1:7 así **como** sois compañeros (WH, N, ABMW)
			2:17 no somos **como** muchos,
	21	no le glorificaron **como** a Dios	sino que con sinceridad (lit., sino que **como** de sinceridad)
	3:7	aún soy juzgado **como** pecador?	
	4:17	que no son, **como** si fuesen	**como** de parte de Dios
	5:15	el don no fue **como** la transgresión	3:1 **como** algunos, de cartas de recomendación
	16	**como** en el caso de aquel uno que pecó	5 para pensar algo **como** de nosotros mismos
	18	**como** por la transgresión de uno	5:20 **como** si Dios rogase por medio de nosotros
	6:13	**como** vivos de entre los muertos, (TR)	6:4 **como** ministros de Dios,
	8:36	**como** ovejas de matadero	8 **como** engañadores, pero veraces
	9:25	**como** también en Oseas dice:	9 **como** desconocidos, pero bien conocidos
	27	**como** la arena del mar	**como** moribundos, mas he aquí vivimos
	29	**Como** Sodoma habríamos venido a ser a Gomorra seríamos semejantes (lit., **como** a Gomorra...)	**como** castigados, mas no muertos
			10 **como** entristecidos, mas siempre gozosos
			como pobres, mas enriqueciendo
	32	no por fe, sino **como** por obras	**como** no teniendo nada,
	10:15	¡**Cuán** hermosos son los pies	13 **como** a hijos hablo
	11:2	**cómo** invoca a Dios contra Israel	7:14 así **como** en todo os hemos hablado con
	33	¡**Cuán** insondables son sus juicios	9:5 **como** de generosidad
	12:3	que Dios repartió á cada uno. (**según** haya repartido Dios..., VM)	no **como** de exigencia nuestra. (WH, N, ABMW)
	13:9	Amarás a tu prójimo **como** a ti mismo	10:2 **como** si anduviésemos según la carne
	13	Andemos **como** de día, honestamente	9 **como** que os quiero amedrentar (...aterrar, VM)
	15:15	**como** para haceros recordar	
1 Co	3:1	no pude hablaros **como** a espirituales **como** a carnales, **como** a niños	14 **como** si no llegásemos hasta vosotros
			11:3 **como** la serpiente con su astucia engañó
	5	**según** lo que a cada uno concedió el Señor	15 **como** ministros de justicia
	10	yo **como** perito arquitecto	16 recibidme **como** a loco
	15	aunque así **como** por fuego	17 lo hablo...**como** en locura
	4:1	por servidores de Cristo	21 para eso fuimos demasiado débiles. (**como** si nosotros fuésemos débiles, VM)
	7	**como** si no lo hubieras recibido?	
	9	**como** sentenciados a muerte	13:2 **como** si estuviera presente
	13	**como** la escoria del mundo (**como** basuras..., BC)	7 aunque nosotros seamos **como** reprobados
			Gá 1:9 **Como** antes hemos dicho
	14	**como** a hijos míos amados	3:16 **como** si hablase de muchos
	18	**como** si yo nunca hubiese de ir	sino **como** de uno
	5:3	yo, **como** ausente en cuerpo, (TR) **como** presente he juzgado	4:12 que os hagáis **como** yo,
			yo...me hice **como** vosotros
	7:7	que todos los hombres fuesen **como** yo	14 me recibisteis **como** a un ángel de Dios,
	8	quedarse **como** yo (si permanecieren..., VM)	14 **como** a Cristo Jesús
	17	**como** el Señor le repartió, (V60, WH, N, ABMW, VHA, VM, NC, BC, BA); (lit., **como** Dios..., TR)	5:14 Amarás a tu prójimo **como** a ti mismo
			6:10 Así que, **según** tengamos oportunidad
			Ef 2:3 hijos de ira, **lo mismo que** los demás
		como Dios llamó (V60, WH, N, ABMW, VHA, VM, NC, BC, BA); (lit., **como** el Señor..., TR)	3:5 **como** ahora es revelado a sus santos
			5:1 imitadores de Dios **como** hijos amados
			8 andad **como** hijos de luz
	25	**como** quien ha alcanzado misericordia	15 no **como** necios sino **como** sabios,
	29	sean **como** si no la tuviesen	22 a sus propios maridos, **como** al Señor
	30	los que lloran, **como** si no llorasen **como** si no se alegrasen	23 así **como** Cristo es cabeza de la iglesia
			24 **como** la iglesia está sujeta (WH, N, ABMW)
		los que compran, **como** si no poseyesen	28 **como** a sus mismos cuerpos
	31	**como** si no lo disfrutasen	33 a su mujer **como** a sí mismo
	8:7	comen **como** sacrificado a ídolos	6:5 a vuestros amos...**como** a Cristo
	9:5	**como** también los otros apóstoles	6 **como** los que quieren agradar a los hombres sino **como** siervos de Cristo
	20	Me he hecho a los judíos **como** judío **como** sujeto a la ley	
			7 sirviendo...**como** al Señor (V60, WH, N, ABMW, VHA, VM, NC, BC, BA)
	21	**como** si yo estuviera sin ley	
	22	Me ha hecho débil (V60, WH, N, ABMW, VHA, NC, BC, BA); (...**como** débil, VM, TR)	20 **como** debo hablar
			Fil 1:20 **como** siempre, ahora también
			2:7 (8) estando en la condición de hombre (hallado en la figura **como** hombre, VHA)
	26	corro, no **como** a la ventura no **como** quien golpea el aire	
			12 no **como** en mi presencia solamente
	10:7	**según** está escrito (TR)	15 resplandecéis **como** luminares
	15	**Como** a sensatos os hablo	22 **como** hijo a padre ha servido
	12:2	**como** se os llevaba, a los ídolos	Col 2:20 ¿por qué, **como** si vivieseis en el mundo

Col	3:12	como escogidos de Dios,	1 P	2:2	desead, como niños recién nacidos
	18	como conviene en el Señor		5	vosotros también, como piedras vivas,
	22	como los que quieren agradar a los hombres		11	como a extranjeros y peregrinos
	23	hacedlo de corazón, como para el Señor		12	murmuran de vosotros como de malhechores
	4:4	como debo hablar		13	ya sea al rey, como a superior,
1 Ts	2:4	no como para agradar a los hombres		14	a los gobernadores, como por él enviados
	6	(7) como apóstoles de Cristo		16	como libres, pero no como los que tienen
	7	como la nodriza que cuida con ternura (TR, NC, BA); (como si una madre que cría..., VHA, WH, N, ABMW, VM, BC)			como siervos de Dios
				25	vosotros erais como ovejas descarriadas
			3:6	como Sara obedecía a Abraham,
	10	de cuán santa, justa e irreprensiblemente		7	como a vaso más frágil
	11	como el padre a sus hijos			como a coherederas de la gracia de la vida
	5:2	vendrá así como ladrón en la noche		16	murmuran de vosotros como de
	4	para que aquel día os sorprenda como			malhechores (TR)
	6	no durmamos como los demás,	4:10	como buenos administradores
2 Ts	2:2	ni por carta como si fuera nuestra,		11	conforme a las palabras de Dios
	4	en el templo de Dios como Dios (TR, [BA])			conforme al poder que Dios da,
	3:15	no lo tengáis por enemigo		12	como si alguna cosa extraña os aconteciese
		amonestadle como a hermano.		15	ninguno de vosotros padezca como homicida
1 Ti	5:1	sino exhórtale como a padre			por entrometerse en lo ajeno (como
		a los más jóvenes, como a hermanos			entrometido en asuntos ajenos, VM)
	2	a las ancianas, como a madres		16	como cristiano, no se avergüence
		a las jovencitas, como a hermanas,	1 P	4:19	Encomienden sus almas al fiel Creador
2 Ti	2:3	como buen soldado de Jesucristo			(V60, WH, N, ABMW, VHA, VM, NC,
	9	sufro...a modo de malhechor			BC, BA); lit.,...como al fiel Creador, TR)
	17	su palabra...como gangrena	5:3	no como teniendo señorío
	3:9	como también...la de aquéllos		8	el diablo, como león rugiente
Tit	1:5	así como yo te mandé		12	tengo por hermano fiel, (fiel hermano,
	7	como administrador de Dios			según yo le conceptúo, VM)
Flm	9	siendo como soy, Pablo ya anciano,	2 P	1:3	Como todas las cosas que pertenecen
	14	para que...no fuese como de necesidad		19	como a una antorcha que alumbra
	16	no ya como esclavo,	2:1	como habrá entre vosotros falsos maestros
	17	recíbele como a mí mismo		12	como animales irracionales
He	1:11	se envejecerán como una vestidura	3:8	un día es como mil años
	12	y serán mudados (TR, VM); (como un manto, y serán cambiados, BC, WH, N, ABMW, VHA, NC, BA)			y mil años como un día
			9	según algunos la tienen por tardanza
			10	el día del Señor vendrá como ladrón
	3:2	como también lo fue Moisés en toda la casa	16	casi en todas sus epístolas (como también
	5	fiel...como siervo			en..., VHA)
	6	pero Cristo como hijo sobre su casa,			como también las otras Escrituras
	8	Como en la provocación	1 Jn	1:7	como él está en luz,
	11	Por tanto, juré en mi ira: (Como juré..., VHA)	2:27	así como la unción misma os enseña
			2 Jn	5	no como escribiéndote un nuevo
	15	como en la provocación	Jud	7	como Sodoma y Gomorra y las ciudades
	4:3	Por tanto, juré en mi ira, (Como juré..., VHA)		10	se corrompen como animales irracionales
			Ap	1:10	una gran voz como de trompeta
	6:19	tenemos como segura y firme ancla		14	blancos como blanca lana, (WH, N, ABMW)
	11:9	como en tierra ajena			como nieve
	12	como la arena innumerable (WH, N, ABMW)			como llama de fuego
	27	como viendo al Invisible		15	como en un horno
	29	pasaron el Mar Rojo como por tierra seca			como estruendo de muchas aguas
	12:5	que como a hijos se os dirige		16	su rostro era como el sol
	7	Dios os trata como a hijos		17	caí como muerto a sus pies
	16	o profano, como Esaú	2:18	ojos como llama de fuego
	27	como cosas hechas, para que queden		24	lo que ellos llaman (como dicen ellos, VM)
	13:3	como si estuviereis presos juntamente		27	como vaso de alfarero
		como que también vosotros mismos estáis			como yo también la he recibido
	17	como quienes han de dar cuenta	3:3	vendré...como ladrón
Stg	1:10	pasará como la flor de la hierba		21	así como yo he vencido,
	2:8	Amarás a tu prójimo como a ti mismo	4:1	voz que oí, como de trompeta
	9	por la ley como transgresores		6	como un mar de vidrio (WH, N, ABMW)
	12	como los que habéis de ser juzgados		7	rostro como de hombre
	5:3	vuestras carnes como fuego	5:6	un Cordero como inmolado
	5	como en día de matanza (TR, VM)	6:1	como con voz de trueno
1 P	1:14	como hijos obedientes, (...de obediencia, VHA)		6	oí una voz (TR, VHA, VM); (oí como una voz, NC, WH, N, ABMW, BC, BA)
			11	ser muertos como ellos.
	19	como de un cordero sin mancha		12	se puso negro como tela de cilicio
	24	Toda carne es como hierba,			la luna se volvió toda como sangre
		como flor de la hierba			

Ap	6:13	**como** la higuera deja caer	Lc 4:25	hubo una gran hambre (**de manera que** hubo..., VM)
	14	**como** un pergamino que se enrolla	5:4	**Cuando** terminó de hablar,
	8:1	silencio en el cielo **como** por media hora	6:4	**cómo** entró en la casa de Dios,
	8	**como** una gran montaña ardiendo en fuego	7:12	**Cuando** llegó cerca de la puerta
	10	ardiendo **como** una antorcha	8:47	**cómo** al instante había sido sanada
	9:2	**como** humo de un gran horno	9:52	**para** hacerle preparativos (WH, ABMW)
	3	**como** tienen poder los escorpiones	11:1	**cuando** terminó
	5	**como** tormento de escorpión	2	**como** en el cielo, así también (TR, VM [BA])
	7	**como** caras humanas; (...de hombres, VM)	12:58	**Cuando** vayas al magistrado
	8	**como** cabello de mujer; (...cabellos de mujeres, VHA)	15:25	**cuando**...llegó cerca de la casa
		sus dientes eran **como** de leones	19:5	**Cuando** Jesús llegó a aquel lugar,
	9	tenían corazas **como** corazas de hierro	29	llegando cerca de Betfagé (**cuando** se acercó a..., VHA)
		como el estruendo de muchos carros	41	**cuando** llegó cerca de la ciudad
	17	**como** cabezas de leones	20:37	**cuando** llama al Señor, Dios de Abraham
	10:1	su rostro era **como** el sol,	22:61	que le había dicho (**cómo** le había dicho, BA)
		sus pies **como** columnas de fuego	66	**Cuando** era de día,
	7	**como** él lo anunció a sus siervos	23:26	llevándole (**como** le conducían, VM)
	9	en tu boca será dulce **como** la miel,	55	**cómo** fue puesto su cuerpo.
	10	era dulce en mi boca **como** la miel,	24:6	Acordaos de lo que os habló (...de **cómo** os habló, VM)
	12:15	arrojó...agua **como** un río	32	**mientras** nos hablaba en el camino
	13:2	sus pies **como** de oso,		**cuando** nos abría las Escrituras?
		y su boca **como** boca de león	35	**como** le habían reconocido (...él fue conocido de ellos, VM)
	3	una de sus cabezas **como** herida de muerte	Jn 2:9	**Cuando** el maestresala probó el agua
	11	hablaba **como** dragón	23	Estando en Jerusalén (**cuando** estaba en Jerusalén, BA)
	14:2	**como** estruendo de muchas aguas	4:1	**Cuando**, pues, el Señor entendió
		y **como** sonido de un gran trueno	40	Entonces vinieron los samaritanos (Así, pues, **como** llegaron..., BC)
		como de arpistas que tocaban (WH, N, ABMW, VHA, VM, NC, BC, BA)	6:12	**cuando** se hubieron saciado
	3	cantaban un cántico nuevo (V60, N, VHA, NC, BA); (cantan **como**..., BC, TR, WH, [ABMW], VM)	16	Al anochecer (**Cuando** se hizo tarde, VHA)
	15:2	Vi también algo **como** un mar de vidrio	7:10	después **que** sus hermanos habían subido
	16:3	se convirtió en sangre **como** de muerto	8:7	[**como** insistieran en preguntarle]
	13	tres espíritus inmundos **a manera de** ranas (WH, N, ABMW)	11:6	**Cuando** oyó, pues, que estaba enfermo
	15	He aquí, yo vengo **como** ladrón	20	Marta, **cuando** oyó que Jesús venía
	21	granizo **como** del peso de un talento	29	Ella, **cuando** lo oyó
	17:12	recibirán autoridad **como** reyes	32	María, **cuando** llegó a donde estaba
	18:6	Dadle a ella **como** ella os ha dado	33	al verla llorando (**como** la vió..., VHA)
	21	**como** una gran piedra de molino,	12:35	**entre tanto que** tenéis luz (WH, N, ABMW)
	19:1	oí una gran voz (S); (oí **como** una gran voz, VHA, E, WH, N, ABMW, VM, NC, BC, BA)	36	**Entre tanto que** tenéis la luz (WH, N, ABMW)
	6	oí **como** la voz de una gran multitud	18:6	**Cuando** les dijo: Yo soy, (**Cuando**, pues,..., VM)
		como el estruendo de muchas aguas,	19:33	**como** le vieron ya muerto
		como la voz de grandes truenos	20:11	y **mientras** lloraba (lit., entonces, **mientras**...,)
	12	Sus ojos eran **como** llama de fuego, (TR, [ABMW], NC, BC)	21:9	Al descender a tierra (lit., Entonces, **cuando** bajaron...)
	20:8	**como** la arena del mar	Hch 1:10	estando ellos con los ojos puestos (**como** ellos estuviesen mirando fijamente, VHA)
	21:2	dispuesta **como** una esposa ataviada	5:24	**Cuando** oyeron estas palabra
	11	su fulgor era...**como** piedra de jaspe	7:23	**Cuando** hubo cumplido la edad
	21	era...transparente **como** vidrio	8:36	yendo por el camino (**como** iban..., BA)
	22:1	resplandeciente **como** cristal	9:23	Pasados muchos días (**como** pasasen..., VHA)
	12	a cada uno **según** sea su obra	10:7	Ido el ángel (**cuando** se fué..., VM)
5613		ὡς — ós (jós)	17	**mientras** Pedro estaba perplejo
		Como conjunción	25	**Cuando** Pedro entró (lit., **cuando** sucedió que Pedro entró)
Mr	9:21	¿Cuánto tiempo hace **que** le sucede esto?	28	sabéis **cuán** abominable es
	14:72	que Jesús le había dicho (TR, VHA, VM, NC, BC); (**cómo** Jesús..., BA, WH, N, ABMW)	38	**cómo** Dios ungió con el Espíritu
Lc	1:23	cumplidos los días (sucedió que **cuando** se cumplieron..., VM)	11:16	**cuando** dijo (**cómo** nos decía, VHA)
	41	aconteció que **cuando** oyó Elisabet	13:25	**cuando** Juan terminaba su carrera
	44	**tan pronto como** llegó la voz	29	habiendo cumplido todas las cosas (**cuando**
	2:15	**cuando** los ángeles se fueron		
	39	Después de haber cumplido (**como** lo hubiesen cumplido, VM)		

ὡσάν 5613A   815   5618 ὥσπερ

		hubieron consumado..., VM)
Hch	14:5	cuando...se lanzaron (como se produjese un tumulto, NC)
	16:4	al pasar por las ciudades, (según pasaban..., VM)
	10	Cuando vio la visión,
	15	cuando fue bautizada
	17:13	Cuando los judíos de Tesalónica supieron
	18:5	cuando...vinieron de Macedonia
	19:9	endureciéndose algunos (como algunos se endureciesen, VHA)
	21	Pasadas estas cosas (lit., cuando se cumplió esto)
	20:14	Cuando se reunió con nosotros en Asón
	18	Cuando vinieron a él,
	20	cómo nada que fuese útil he rehuido
	24	con tal que acabe mi carrera
	21:1	Después de separarnos de ellos, zarpamos (Cuando aconteció que nos hicimos a la vela, habiéndonos separado..., VM)
	12	Al oir esto (lit., como oímos estas cosas)
	27	cuando estaban para cumplirse
	22:11	como yo no veía a causa de la gloria
	25	cuando le ataron con correas
	25:14	como estuvieron allí muchos días
	27:1	Cuando se decidió que habíamos de navegar
	27	Venida la decimacuarta noche (cuando hubo llegado..., VM)
Ro	1:9	de que sin cesar hago mención (de cuán incesantemente..., VHA)
	15:24	cuando vaya a España,
1 Co	11:34	las pondré en orden cuando yo fuere
2 Co	5:19	que Dios estaba en Cristo (como que Dios en Cristo estaba, BC)
	7:15	de cómo lo recibisteis con temor
Fil	1:8	cómo os amo a todos vosotros
	2:23	luego que yo vea cómo van mis asuntos
Col	2:6	de la manera que habéis recibido al Señor
1 Ts	2:10	de cuán santa, justa e irreprensiblemente
	11	sabéis de qué modo, como el padre
2 Ts	2:2	en el sentido de que el día del Señor
2 Ti	1:3	de que sin cesar me acuerdo de ti (de cuan sin cesar hago mención de ti, VHA)
He	7:9	por decirlo así, (lit., para decir la palabra así

5613 A   ὡσάν — osán (josán)

2 Co	10:9	como que os quiero amedrentar (N)

5614   ὡσαννά*† — osanná (josaná)

Mt	21:9	¡Hosanna al Hijo de David!
		¡Hosanna en las alturas!
	15	¡Hosanna al Hijo de David!
Mr	11:9	¡Hosanna! ¡Bendito el que viene
	10	¡Hosanna en las alturas!
Jn	12:13	clamaban: ¡Hosanna! ¡Bendito

5615   ὡσαύτως — osaútōs (josáutōs)

Mt	20:5	hizo lo mismo
	21:30	le dijo de la misma manera
	36	hicieron con ellos de la misma manera
	25:17	Asimismo el que había recibido dos,
Mr	12:21	el tercero, de la misma manera
	14:31	También todos decían lo mismo
Lc	13:3	todos pereceréis igualmente. (TR)
	5	todos pereceréis igualmente (WH, N, ABMW)
	20:31	y así todos los siete
	22:20	De igual manera, después que hubo cenado

		(TR, |WH], [N], |ABMW], VHA, VM, NC, BC, BA)
Ro	8:26	de igual manera el Espíritu nos ayuda
1 Co	11:25	Asimismo tomó también la copa
1 Ti	2:9	Asimismo que las mujeres
	3:8	Los diáconos asimismo deben ser honestos
	11	Las mujeres asimismo sean honestas
	5:25	Asimismo se hacen manifiestas las buenas obras; (...son ya evidentes, VHA)
Tit	2:3	asimismo sean reverentes en su porte
	6	Exhorta asimismo a los jóvenes

5616   ὡσεί — oséi (joséi)

Mt	3:16	que descendía como paloma
	9:36	dispersas como ovejas
	14:21	fueron como cinco mil hombres
	28:3	blanco como la nieve (TR)
	4	se quedaron como muertos (TR)
Mr	1:10	como paloma que descendía (TR)
	6:44	eran cinco mil hombres (V60, WH, N, ABMW, VHA, NC, BC, BA); (eran como..., VM, TR)
	9:26	quedó como muerto,
Lc	1:56	con ella como tres meses (TR)
	3:22	como paloma (TR)
	23	era como de treinta años,
	9:14	eran como cinco mil hombres. de cincuenta en cincuenta (TR); (como de cincuenta cada uno, BC, WH, N, ABMW, VHA, VM, NC, BA)
	28	como ocho días después
	22:41	como de un tiro de piedra
	44	como grandes gotas de sangre (TR, [N], |WH], VHA, VM, NC, BC, BA)
	59	Como una hora después, (Transcurrida como..., VHA)
	23:44	como la hora sexta,
	24:11	les parecían locura (les parecieron como disparates, BA)
Jn	1:32	descendía...como paloma (TR)
	4:6	Era como la hora sexta (TR)
	6:10	como en número de cinco mil (TR)
	19:14	como la hora sexta (TR)
	39	como cien libras (TR)
Hch	1:15	eran como ciento veinte (N)
	2:3	lenguas...como de fuego,
	41	se añadieron...como tres mil
	4:4	era como cinco mil
	5:36	como de cuatrocientos hombres (TR)
	6:15	como el rostro de un ángel
	9:18	cayeron de los ojos como escamas (TR)
	10:3	como a la hora novena
	19:7	unos doce hombres. (como unos..., BC)
	34	casi por dos horas (WH)
Ro	6:13	como vivos de entre los muertos (WH, N, ABMW)
He	1:12	como un vestido los envolverás
	11:12	como la arena innumerable (TR)
Ap	1:14	blancos como blanca lana (TR)

5617   Ὠσηέ — Osée (Josée)

Ro	9:25	Como también en Oseas dice:

5618   ὥσπερ — ósper (jósper)

Mt	5:48	como vuestro Padre...es perfecto (TR)
	6:2	como hacen los hipócritas
	5	no seas como los hipócritas (TR)
	7	no uséis vanas repeticiones, como los gentiles
	16	austeros, como los hipócritas (TR)

ὡσπερεί 5619   816   5620 ὥστε

Mt	12:40	como estuvo Jonás en el vientre		Mr	2:12	de manera que todos se asombraron
	13:40	como se arranca la cizaña			28	Por tanto, el Hijo del Hombre es Señor
	18:17	tenle por gentil y publicano			3:10	de manera que...caían sobre él
	20:28	como el Hijo del Hombre no vino			20	de modo que ellos ni aun podían
	24:27	como el relámpago que sale (...el relámpago sale, VM)			4:1	tanto que entrando en una barca
					32	de tal manera que las aves del cielo
	37	como en los días de Noé,			37	de tal manera que ya se anegaba (TR, VHA, VM, NC, BA); (hasta el punto de inundarse ya la barca, BC, WH, N, ABMW)
	38	como en los días (TR)				
	25:14	como un hombre que yéndose lejos,				
	32	como aparta el pastor las ovejas			9:26	de modo que muchos decían: Está muerto
Lc	17:24	como el relámpago que al fulgurar			10:8	así que no son ya más dos,
	18:11	no soy como los otros hombres			15:5	de modo que Pilato se maravillaba
Jn	5:21	como el Padre levanta a los muertos		Lc	4:29	para despeñarle (WH, N, ABMW)
	26	como el Padre tiene vida en sí mismo			5:7	de tal manera que se hundía
Hch	2:2	un estruendo como de un viento recio			9:52	para hacerle preparativos (TR, N)
	3:17	como también vuestros gobernantes.			12:1	tanto que unos a otros se atropellaban,
	11:15	sobre ellos también, como sobre nosotros			20:20	para entregarle al poder (WH, N, ABMW)
Ro	5:12	como el pecado entró en el mundo		Jn	3:16	que ha dado a su Hijo unigénito,
	19	así como por la desobediencia		Hch	1:19	de tal manera que aquel campo se llama
	21	así como el pecado reinó para muerte			5:15	tanto que sacaban los enfermos
	6:4	como Cristo resucitó de los muertos			14:1	de tal manera que creyó una gran multitud
	19	así como...presentasteis vuestros miembros			15:39	que se separaron el uno del otro
	11:30	como vosotros también en otro tiempo			16:26	de tal manera que los cimientos de la cárcel
1 Co	8:5	como hay muchos dioses			19:10	de manera que todos...oyeron
	10:7	según está escrito (WH, N, ABMW)			12	de tal manera que aun se llevaban
	11:12	así como la mujer procede del varón			16	de tal manera que huyeron
	15:22	así como en Adán todos mueren		Ro	7:4	Así...habéis muerto a la ley
	16:1	de la manera que ordené en las iglesias			6	de modo que sirvamos bajo el régimen
2 Co	1:7	así como sois compañeros (TR)			12	De manera que la ley...es santa
	8:7	como en todo abundáis, en fe,			13:2	De manera que quien se opone a la autoridad
	9:5	no como de exigencia nuestra (TR)			15:19	de manera que desde Jerusalén
Gá	4:29	como entonces el que había nacido según		1 Co	1:7	de tal manera que nada os falta
Ef	5:24	como la iglesia está sujeta (TR)			3:7	Así que ni el que planta es algo,
1 Ts	5:3	como los dolores a la mujer encinta,			21	Así que, ninguno se gloríe en los hombres
He	4:10	como Dios de las suyas			4:5	Así que, no juzguéis nada antes de tiempo
	7:27	como aquellos sumos sacerdotes			5:1	tanto que alguno tiene la mujer de su padre
	9:25	como entra el sumo sacerdote			8	Así que celebremos la fiesta
Stg	2:26	como el cuerpo sin espíritu			7:38	De manera que el que la da en casamiento (TR, VHA); (De suerte que el que casa su hija doncella, BC, WH, N, ABMW, VM, NC, BA)
Ap	10:3	como ruge un león				
5619		ὡσπερεί* – osperéi (josperéi)				
1 Co 15:8		como a un abortivo, me apareció a mí			10:12	Así que, el que piensa estar firme
					11:27	De manera que cualquiera que comiere este
5620		ὥστε – óste (jóste)			33	Así que, hermanos míos, cuando os reunís
Mt	8:24	tan grande que las olas cubrían la barca (de manera que la barca se cubría con las ondas, VM)			13:2	de tal manera que trasladase los montes
					14:22	Así que, las lenguas son por señal,
					39	Así que ... procurad profetizar
	28	tanto que a nadie podía pasar			15:58	Así que,...estad firmes
	10:1	para que los echasen fuera		2 Co	1:8	de tal modo que aun perdimos la esperanza
	12:12	Por consiguiente, es lícito hacer			2:7	así que, al contrario, vosotros más bien
	22	de tal manera que el ciego y mudo veía (TR BC); (de tal manera que veía, VM, WH, N, ABMW, VHA, NC, BA)			3:7	tanto que los hijos de Israel no pudieron
					4:12	De manera que la muerte actúa en nosotros
					5:16	De manera que nosotros de aquí en adelante
	13:2	entrando él...se sentó (de suerte que, subiendo...se sentó, BC)			17	De modo que si alguno está en Cristo
					7	de manera que me regocijé aún más
	32	de tal manera que vienen las aves		Gá	2:13	de tal manera que aun Bernabé
	54	de tal manera que se maravillaban,			3:9	De modo que los de la fe son bendecidos
	15:31	de manera que la multitud se maravillaba			24	De manera que la ley ha sido nuestro ayo
	33	para saciar a una multitud			4:7	Así que ya no eres esclavo,
	19:6	Así que no son ya más dos			16	¿Me he hecho, pues, vuestro enemigo
	23:31	Así que dais testimonio contra vosotros		Fil	1:13	de tal manera que mis prisiones
	24:24	de tal manera que engañarán			2:12	Por tanto,...ocupaos en vuestra salvación
	27:1	para entregarle a muerte (para hacerle morir, VM)			4:1	Así que,...estad así firmes
				1 Ts	1:7	de tal manera que habéis sido ejemplo
	14	de tal manera que el gobernador			8	de modo que nosotros no tengamos
Mr	1:27	de tal manera que discutían			4:18	Por tanto, alentaos los unos a los otros
	45	de manera que ya...no se podía entrar		2 Ts	1:4	tanto, que nosotros mismos nos gloriamos
	2:2	de manera que ya no cabían			2:4	tanto que se sienta en el templo

ὠτάριον 5621A

5621A	ὠτάριον* — otárion
Mr 14:47	cortándole la **oreja** (le quitó la **oreja**, VM) (WH, N, ABMW)
Jn 18:10	le cortó la **oreja** derecha. (WH, N, ABMW)

5621	ὠτίον — otíon
Mt 26:51	le quitó la **oreja**
Mr 14:47	cortándole la **oreja** (le quitó la **oreja**, VM) (TR)
Lc 22:51	tocando su **oreja** le sanó
Jn 18:10	le cortó la **oreja** derecha (TR)
26	a quien Pedro había cortado la **oreja**

5622	ὠφέλεια — oféleia o ὠφελία
Ro 3:1	de qué aprovecha la circuncisión? (¿cuál el **beneficio** de la circuncisión, BA)
Jud 16	para sacar **provecho**. (por causa del **provecho**, VHA)

5623	ὠφελέω — oféleo
Mt 15:5	con que pudiera ayudarte (lit., con que pudieras **recibir beneficio** de mí)
Mt 16:26	¿qué **aprovechará** al hombre, (lit., ¿qué **beneficio recibirá** el hombre)
27:24	Viendo Pilato que nada **adelantaba**
Mr 5:26	que...nada había **aprovechado**
7:11	con que pudiera ayudarte (en que tú pudieras ser servido por mí, VM)
8:36	¿qué **aprovechará** al hombre
Lc 9:25	¿qué **aprovecha** al hombre, (...el hombre, VM)
Jn 6:63	la carne para nada aprovecha
12:19	Ya veis que no **conseguís** nada.
Ro 2:25	la circuncisión **aprovecha**
1 Co 13:3	de nada me sirve
14:6	¿qué os **aprovechará**, (de qué **provecho** os seré, VHA)
Gá 5:2	de nada os **aprovechará** Cristo
He 4:2	no les **aprovechó** el oir la palabra, (lit.,... la palabra del oir)
13:9	nunca **aprovecharon** a los que se han ocupado de ellas (lit., en las cuales los que andaban no **fueron beneficiados**)

5624	ὠφέλιμος* — ofélimos
1 Ti 4:8	para poco es **provechoso** la piedad para todo aprovecha (...para todas las cosas es **provechosa**, BC)
2 Ti 3:16	**útil** para enseñar, (...para enseñanza, VM)
Tit 3:8	Estas cosas son buenas y **útiles**

INDICE

ESPAÑOL-GRIEGO

Una lista de palabras en español arregladas alfabéticamente con sus equivalentes en griego, con el sistema numérico de James Strong.

ÍNDICE

INDICE ESPAÑOL-GRIEGO

A

a		
1715	émprosthen	
1799	enópion	
2193	éos	
2443	ína	
3360	mécri	
3363	ína mé	
5228	upér	

Abadón
- 3 — Abaddón

abajo
- 2609 — katágo
- 2736 — káto
- 4248 — prenés

abandonar
- 595 — apóthesis
- 620 — apoléipo
- 654 — apostréfo
- 863 — afíemi
- 1929 — epidídomi

abastecer
- 5142 — tréfo

abatir
- 2597 — katabáino
- 2601 — katabibázo

abba
- 5 — abbá

abeja
- 3193 — mellíssios

abertura
- 1846 — exorússo
- 3692 — opé

abiertamente
- 3954 (1,3) — parresía
- 5320 — fanerós

abierto
- 2991 — laxeutós

abismo
- 12 — ábussos

ablución
- 909 — baptismós

abofetear
- 2852 — kolafízo
- 4474 — rapízo

abogado
- 3875 — parákletos

abolir
- 2673 — katargéo

abominable
- 111 — athémitos
- 947 — bdeluktós

abominación
- 946 — bdélugma

abominar
- 948 — bdelússomai

abonar
- 906 — bállo
- 2874 — kopría
- 2874A — kóprion

abono
- 2874 — kopría

- 2874A — kóprion

aborrecedor
- 865 — afilágathos
- 2319 — theostugés

aborrecer
- 655 — apostugéo
- 3404 — miséo

aborrecible
- 4767 — stugetós

abortivo
- 1626 — éktroma

abrazar
- 782 — aspázomai
- 2902 — kratéo
- 4843 — sumperilambáno

abreviar
- 4932 — suntémno

abrigar
- 4327 — prosdécomai

abrigo
- 4629 — sképasma

abrir
- 380 — anaptússo
- 455 — anóigo
- 457 — ánoixis
- 1272 — dianóigo
- 1457 — egkainízo
- 3089 — lúo
- 3572 — nússo
- 4493 — ripé
- 4977 — scízo
- 5136 — tracelízo

abrogación
- 115 — athétesis

abrogar
- 208 — akuróo
- 2647 — katalúo

abrojo
- 5146 — tríbolos

abrumar
- 916 — baréo
- 2669 — kataponéo

absolutamente
- 3843 — pántos

absorber
- 2666 — katapíno

abstener
- 568 — apéco
- 1467 — egkratéuomai

abuela
- 3125 — mámme

abundancia
- 4050 — perisséia
- 4051 — perísseuma
- 4052 — perisséuo
- 4053 — perissós
- 4138 — pléroma
- 4146 — plousíos
- 4183 — polús

abundante
- 100 — adrótes
- 3173 — mégas
- 4055 — perissóteros

| 5235 | uperbállo |
| 5250 | uperpleonázo |

abundantemente
- 574 — aplós
- 4053 (1) — perissóu
- 4055 — perissóteros
- 4056 — perissotéros
- 4146 — plousíos
- 5238A — uperekperissóu

abundar
- 4052 — perisséuo
- 4121 — pleonázo
- 4134 — pléres

abusar
- 2710 — katacráomai

acá
- 1759 — entháde
- 3911 — paraféro
- 4022 — periércomai
- 4064 — periféro
- 5602 — óde

acabar
- 535 — apartismós
- 1096 — gínomai
- 1587 — ekléipo
- 1615 — ekteléo
- 2005 — epiteléo
- 2673 — katargéo
- 2716 — katergázomai
- 4931 — sunteléo
- 5048 — teleióo
- 5055 — teléo

acarrear
- 2983 — lambáno
- 3930 — paréco

acaso
- 686 — ára
- 3364 — ou mé
- 3379 — mépote
- 3385 — méti
- 4458 — pós

acceder
- 1502 — éiko
- 1962 — epinéuo

acceso
- 4318 — prosagogé

acción
- 1345 — dikáioma
- 1754 — energéo
- 2041 — érgon

acción de gracias
- 2169 — eucaristía

acechar
- 1748 — enedréuo
- 1758 — enéco
- 3906 — parateréo

aceite
- 1637 — élaion

aceituna
- 1636 — eláia

acepción
- 678 — aprosopolémptos
- 2983 — lambáno

aceptable - adorno — INDICE ESPAÑOL-GRIEGO

aceptable
- 4380 prosopolémptéo
- 4381 prosopolémptes
- 4382 prosopolempsía

aceptable
- 1184 dektós
- 2144 euprósdektos

aceptar
- 1209 décomai
- 2983 lambáno
- 4327 prosdécomai

acepto
- 1184 dektós
- 2144 euprósdektos
- 3936 parístemi
- 5487 caritóo

acerca
- 5228 upér

acerca de la ley
- 3544 nomikós

acercar
- 1448 eggízo
- 1451 eggús
- 2064 ércomai
- 2186 efístemi
- 4331 proseggízo
- 4334 prosércomai
- 4365 prosporéuomai
- 4374 prosféro
- 5342 féro

aclamar
- 2896 krázo
- 2019 epifonéo

aclarar
- 618 apolambáno
- 5274 upolambáno
- 5461 fotízo

acomodar
- 4793 sugkríno

acompañar
- 4311 propémpo
- 4786 sugkeránnumi
- 4902 sunépomai
- 4905 sunércomai

aconsejar
- 363 anamimnésko
- 4823 sumbouléuo

acontecer
- 1096 gínomai
- 4795 sugkuría
- 4819 sumbáino
- 4876 sunantáo

acordar
- 363 anamimnésko
- 1011 bouléuo
- 2106 eudokéo
- 2919 kríno
- 3403 mimnéskomai
- 3417 mnéia
- 3421 mnemonéuo
- 4934 suntíthemi
- 5279 upomimnésko

acortar
- 2856 kolobóo
- 4932 suntémno

acosar
- 1945 epíkeimai

acostar
- 347 anaklíno
- 906 bállo
- 2621 katákeimai
- 2749 kéimai

acostumbrar
- 1486 éiotha

acrecentar
- 4129 plethúno

acreedor
- 1157 danistés

acta
- 5498 ceirógrafon

actividad
- 1753 enérgeia

acto
- 848A autóforos
- 1888 epautofóro

actual
- 3568 nún

actuar
- 1754 energéo
- 4160 poiéo
- 4903 sunergéo

acudir
- 2186 efístemi
- 2703 kataféugo
- 3719 orthrízo

acuerdo
- 800 asúmfonos
- 1012 boulé
- 2132 eunoéo
- 3661 omothumadón
- 4241 prépo
- 4784 sugkatáthesis

acusación
- 157 aitíoma
- 157A aitíama
- 1462 égklema
- 2724 kategoría
- 4901A sunepitíthemi

acusador
- 2725 katégoros
- 2725A katégor

acusar
- 350 anakríno
- 1225 diabállo
- 1458 egkaléo
- 1651 elégco
- 2649 katamarturéo
- 2723 kategoréo
- 2724 kategoría
- 2725 katégoros
- 4256 proaitiáomai

adelantar
- 1831 exércomai
- 3928 parércomai
- 4281 proércomai
- 4301 prolambáno
- 4334 prosércomai
- 5623 oféleo

adelante
- 534 apartí
- 737 árti
- 2517 kathexés
- 3062 (1,2) loipós
- 3195 (1) méllo
- 4281 proércomai
- 4298 prokópto
- 5342 féro

además
- 2089 éti
- 3825 pálin
- 4133 plén
- 5565 corís

adentro
- 899 báthos
- 1530 eispedáo
- 1532 eistréco
- 2082 esóteros

adivinación
- 4436 púthon

adivinar
- 3132 mantéuomai

administración
- 3622 oikonomía

administrador
- 3623 oikonómos

administrar
- 1247 diakonéo
- 2941 kubérnesis

admirable
- 2298 thaumastós

admirar
- 1605 ekplésso
- 2296 thaumázo

admisión
- 4356 próslempsis

admitir
- 3858 paradécomai
- 3868 paraitéomai
- 5562 coréo

adonde
- 3757 óu
- 4226 póu

adondequiera (que)
- 1437 (3) ópou, óu, ósakis eán
- 3699 ópou

adopción
- 5206 uiothesía

adoptar
- 5206 uiothesía

adorador
- 4353 proskunetés

adorar
- 2151 eusebéo
- 4352 proskunéo
- 4573 sebázomai
- 4576 sébo

adornar
- 2885 kosméo
- 5558 crusóo

adorno
- 4025 perítesis

INDICE ESPAÑOL-GRIEGO 823 adquirir - ahogar

adquirir		afirmar		agradable	
2932	ktáomai	950	bebaióo	587	apódektos
4047	peripóiesis	1226	diabebaióomai	701	arestós
adquisición		1340	discurízomai	791	astéios
4047	peripóiesis	3670	omologéo	1184	dektós
adular		4732	stereóo	2101	euárestos
2296	thaumázo	4741	sterízo	2144	euprósdektos
adúltera		5335	fásko	agradablemente	
3428	moicalís	5346	femí	2102	euaréstos
adulterado		aflicción		agradar	
97	ádolos	2347	thlípsis	441	anthropáreskos
adulterar		2552	kakopátheia	699	areskéia
1389	dolóo	2553	kakopathéo	700	arésko
3429	moicáo	2561	kákosis	701	arestós
3431	moicéuo	3804	páthema	1013	bóulema
adulterio		4777	sugkakopathéo	2100	euarestéo
3428	moicalís	afligir		2101	euárestos
3429	moicáo	928	basanízo	2102	euaréstos
3430	moicéia	2192 (1)	kakós ecéin	2106	eudokéo
3431	moicéuo	2346	thlíbo	2107	eudokía
adúltero		2553	kakopathéo	2146	euprosopéo
3432	moicós	3076	lupéo	agradecido	
advenedizo		4768	stugnázo	2170	eucáristos
3941	pároikos	4912	sunéco	agradecimiento	
advenimiento		5003	talaiporéo	5485	cáris
3952	parousía	afrenta		agrado	
adversario		1796	enubrízo	830	autháiretos
476	antídikos	3681	óneidos	1914	epiblépo
480	antíkeimai	5196	úbris	2107	eudokía
1727	enantíos	afrentar		agraviar	
5227	upenantíos	818	atimázo	5233	uperbáino
advertencia		821	atimóo	agravio	
3907	paratéresis	2617	kataiscúno	91	adikéo
advertir		5195	ubrízo	92	adíkema
5537	crematízo	afuera		93	adikía
afable		1854	éxo	agregar	
1933	epieikés	1857	exóteros	4369	prostíthemi
4239	praús	ágape		agua	
afán		26	agápe	504	ánudros
2873	kópos	ágata		1337	dithálassos
3308	mérimna	5472	calkedón	3655	ómbros
3309	merimnáo	agitar		5201	udría
afanarse		5015	tarásso	5202	udropotéo
3309	merimnáo	agobiar		5204	údor
afanoso		4781	sugkámpto	5593	psucrós
3309	merimnáo	agolpar		aguardar	
afectar		1945	epíkeimai	553	apekdécomai
2309	thélo	1996	episunágo	3114	makrothuméo
afecto		1998	episuntréco	agudo	
794	ástorgos	4890	sundromé	3691	oxús
1972	epipóthesis	4905	sunércomai	aguijón	
2107	eudokía	4911	sunefístemi	2759	kéntron
2442	iméiromai	agonía		4647	skólops
3655A	oméiromai	/4	agonía	águila	
5360	filadelfía	agonizar		105	aetós
afectuoso		2079	escátos	aguja	
5387	filóstorgos	2192 (1)	éco	955A	belóne
afeminado		2556	kakós	4476	rafís
3120	malakós	agotar		iah!	
aferrar		413	anékleiptos	1436	éa
725	arpagmós	5299	upopiázo	ahí	
2902	kratéo	agraciar		3062 (2)	loipós
		5487	caritóo	ahogar	
				638	apopnígo

ahondar		
2666	katapíno	
4155	pnígo	
4156	pniktós	
4846	sumpnígo	
ahondar		
900	bathúno	
ahora		
534	apartí	
737	árti	
1204	déuro	
1211	dé	
1824	exautés	
2192 (4)	éco	
3568	nún	
3569	tanún	
3570	nuní	
3918	páreimi	
ahorcar		
519	apágco	
airar		
3710	orgízo	
aire		
109	aér	
ajenjo		
894	ápsinthos	
ajeno		
244	allotriepískopos	
245	allótrios	
526	apallotrióo	
3581	xénos	
4020	periergázomai	
ajustar		
4868	sunairo	
al		
3752	ótan	
3753	óte	
ala		
4420	ptérux	
alabanza		
133	áinesis	
136	áinos	
1868	épainos	
2129	eulogía	
5567	psállo	
alabar		
134	ainéo	
1392	doxázo	
1843	exomologéo	
1867	epainéo	
3170	megalúno	
4921	sunístemi	
5214	umnéo	
5567	psállo	
alabastro		
211	alábastros	
alargar		
3905	paratéino	
alarmar		
2350	thorubéo	
4422	ptoéo	
alba		
827	augé	
albergue		
5438	fulaké	
alborotar		
383	anaséio	
1613	ektarásso	
2350	thorubéo	
4531	saléuo	
4797	sugcéo	
5015	tarásso	
alboroto		
2350	thorubéo	
2351	thórobos	
5016	taracé	
5017	táracos	
alcanzar		
1096	gínomai	
1653	eleéo	
2013	epitugcáno	
2638	katalambáno	
2658	katantáo	
2975	lagcáno	
2983	lambáno	
3140 (1)	marturéo	
3528	nikáo	
4047	peripóiesis	
5177	tugcáno	
5302	usteréo	
5348	ftháno	
aldea		
2968	kóme	
alegar		
626	apologéomai	
alegoría		
238	allegoréo	
3942	paroimía	
alegrar		
21	agalliáo	
2165	eufráino	
4640	skirtáo	
5463	cáiro	
alegre		
2114	euthuméo	
2431	ilarós	
alegría		
20	agallíasis	
2167	eufrosúne	
2432	ilarótes	
4640	skirtáo	
alejar		
526	apallotrióo	
565	apércomai	
3332	metáiro	
3346	metatíthemi	
aleluya		
239	allelouïa	
alentar		
3870	parakaléo	
3888	paramuthéomai	
alfa		
1	álfa	
alfarero		
2763	keraméus	
2764	keramikós	
alforja		
4082	péra	
algarroba		
2769	kerátion	
algo		
1536	éi tis	
4229	prágma	
4371	prosfágion	
alguacil		
4233	práktor	
4465	rabdóucos	
5257	uperétes	
alguno		
243	állos	
1520	éis	
1536	éi tis	
3364	ou mé	
3367	medéis	
3381	mépos	
3685	oníemi	
3748	óstis	
3762A	outhéis	
3956	pás	
4007	peraitéro	
4119	pléion	
4458	pós	
aliento		
2294	thársos	
4157	pnoé	
aligerar		
2893	koufízo	
alijar		
1546	ekbolé	
alimentar		
5142	tréfo	
alimento		
1033	bróma	
1979	episitismós	
2024	epicoregía	
5160	trofé	
5527	córtasma	
alma		
5590	psucé	
almud		
3426	módios	
aloe		
250	áloe	
alojamiento		
3578	xenía	
alojar		
2647	katalúo	
alquilada		
3410	místhoma	
alrededor		
2943	kuklóthen	
2945	kúklo	
3725	órion	
4013	periágo	
4017	periblépo	
4022	periércomai	
4026	periïstemi	
4038	périx	
4043	peripatéo	
4066	perícoros	

INDICE ESPAÑOL-GRIEGO 825 altar - andar

altar
- 4776 sugkatházo
- 1041 bomós
- 2379 thusiastérion

altercar
- 470 antapokrínomai

altísimo
- 5310 úpsistos

altivez
- 5313 úpsoma

altivo
- 213 alazón
- 5308 upselós
- 5309 upselofronéo

alto
- 507 áno
- 509 ánothen
- 1037 buthós
- 3928 parércomai
- 3929 páresis
- 5237 uperoráo
- 5252 uperfronéo
- 5253 uperóon
- 5308 upselós
- 5311 úpsos
- 5313 úpsoma

altura
- 5308 upselós
- 5310 úpsistos
- 5311 úpsos

alumbramiento
- 5088 tíkto

alumbrar
- 2017 epifáusko
- 2989 lámpo
- 5316 fáino
- 5461 fotízo

alzar
- 142 áiro
- 1869 epáiro
- 2896 krázo

allá
- 1563 ekéi
- 1564 ekéithen
- 1900 epékeina
- 2546 kakéi
- 3911 paraféro
- 4022 periércomai
- 4064 periféro
- 5228 upér
- 5238 uperékeina

allanado
- 3006 léjos

allí
- 847 autóu
- 1563 ekéi
- 1564 ekéithen
- 1565 ekéinos
- 1566 ekéise
- 1759 entháde
- 1927 epideméo
- 2546 kakéi
- 2547 kakéithen
- 3606 óthen
- 3918 páreimi

- 3936 parístemi
- 5602 óde

amable
- 1933 epieikés
- 2261 épios
- 4375 prosfilés

amado
- 27 agapetós

amador
- 5367 fílautos
- 5369 filédonos
- 5377 filótheos

amanecer
- 2020 epifósko

amante
- 227 alethés
- 5358 filágathos
- 5362 filándros

amar
- 25 agapáo
- 1971 epipothéo
- 5361 filádelfos
- 5362 fílandros
- 5368 filéo
- 5388 filóteknos

amargamente
- 4090 pikrós

amargar
- 4087 pikráino

amargo
- 4087 pikráino
- 4089 pikrós

amargura
- 4088 pikría

amarillo
- 5515 clorós

amarra(s)
- 2202 zeuktería
- 4979 scoiníon

amatista
- 271 améthustos

ambición
- 5389 filotiméomai

ambos
- 297 amfóteroi
- 1417 dúo

ambulante
- 4022 periércomai

amedrentado
- 1169 deilós

amedrentar
- 1629 ekfobéo
- 5399 fobéo

amén
- 281 amén

amenaza
- 547 apeilé

amenazar
- 546 apeiléo
- 4324 prosapeiléo

amigable
- 5391 filófron

amigo
- 2083 etáiros
- 5384 fílos

amistad
- 5373 filía

amo
- 1203 despótes
- 2962 kúrios

amonestación
- 3559 nouthesía
- 5280 upómnesis

amonestar
- 3559 nouthesía
- 3560 nouthetéo
- 3867 parainéo
- 3870 parakaléo
- 4302 prolégo
- 5537 crematízo

amontonar
- 2002 episoréuo
- 4987 soréuo

amor
- 26 agápe
- 5228 upér
- 5360 filadelfía
- 5363 filanthropía
- 5365 filarguría

amortiguar
- 3499 nekróo

amotinarse
- 5433 fruásso

amplio
- 3187 méizon

anatema
- 331 anáthema

anciana
- 4247 presbútis

anciano
- 1087 gerousía
- 4244 presbutérion
- 4245 presbúteros
- 4246 presbútes
- 4850 sumpresbúteros

ancla
- 45 ágkura

ancho
- 4116 platús

anchura
- 4114 plátos

andar
- 812 ataktéo
- 1330 diércomai
- 1704 emperipatéo
- 2064 ércomai
- 3716 orthopodéo
- 3855 parágo
- 4013 periágo
- 4022 periércomai
- 4043 peripatéo
- 4105 planáo
- 4198 poréuo

4748	stoicéo	**ansiar**			**anular**		
5217	upágo	1937	epithuméo		1813	exaleífo	
andrajoso		2172	éucomai		**anunciar**		
4508	ruparós	**ansiedad**			312	anaggéllo	
anegar		3308	mérimna		518	apaggéllo	
1072	gemízo	**ansioso**			1229	diaggéllo	
2626	kataklúzo	3349	meteorízomai		1804	exaggéllo	
4845	sumpleróo	**ante**			2097	euaggelízo	
ángel		1715	émprosthen		2605	kataggéllo	
32	ággelos	1799	enópion		2980	laléo	
2465	isággelos	3936	parístemi		3853	paraggéllo	
angosto		3956 (6)	pás		4137	pleróo	
2346	thlíbo	4254	proágo		4293	prokataggéllo	
4728	stenós	**antemano**			4296	prokerússo	
ángulo		4267	proginósko		4303	promartúromai	
204	akrogoniáios	4282	proetoimázo		4400	proceirízo	
1137	gonía	4283	proeuaggelízomai		**anuncio**		
angustia		4293	prokataggéllo		189	akoé	
916	baréo	4303	promartúromai		**anzuelo**		
928	basanízo	4401	proceirotonéo		44	ágkistron	
2347	thlípsis	**anterior**			**añadir**		
3600	odunáo	4254	proágo		1325	dídomi	
4730	stenocoría	**anteriormente**			1928	epidiatássomai	
4928	sunocé	4266	proginomai		2018	epiféro	
angustiar		**antes**			2023	epicoregéo	
85	ademonéo	2193	éos		2036	éipon	
2346	thlíbo	3123	mállon		3004	légo	
4729	stenocoréo	3304A	menóun		4369	prostíthemi	
4912	sunéco	3304	menóunge		**añejo**		
anhelar		3721	órthrios		3820	palaiós	
1937	epithuméo	3819	pálai		**año**		
1971	epipothéo	4218	poté		1332	dietés	
3713	orégo	4250	prín		1333	dietía	
anhelo		4254	proágo		1763	eniautós	
603	apokaradokía	4258	proamartáno		2094	étos	
2107	eudokía	4267	proginósko		4070	pérusi	
anidar		4270	prográfo		5148	trietía	
2681	kataskenóo	4277	proéipon		**apacentar**		
anillo		4278	proenárcomai		1006	bósko	
1146	daktúlios	4279	proepaggéllo		4165	poimáino	
5554	crusodaktúlios	4293	prokataggéllo		**apacible**		
animal		4296	prokerússo		1516	eirenikós	
2226	zóon	4304	promeletáo		2272	esúcios	
4619	sitistós	4308	prooráo		**apaciguar**		
5268	upozúgion	4310	propásco		2687	katastéllo	
5591	psucikós	4386–87	próteros		**apagar**		
animar		4391	proupárco		762	ásbestos	
3870	parakaléo	4400	proceirízo		4570	sbénnumi	
4389	protrépo	4401	**proceirotonéo**		**aparecer**		
ánimo		4412	próton		1096	gínomai	
1374	dípsucos	**anticipado**			1718	emfanízo	
2114	euthuméo	4268	prógnosis		2014	epifáino	
2115	éuthumos	**anticipar**			3700	optánomai	
2115A	euthúmos	4301	prolambáno		3708	oráo	
2174	eupsucéo	**anticristo**			5316	fáino	
2293	tharséo	500	antícristos		5319	faneróo	
2473	isópsucos	**antiguo**			**aparejo**		
3642	oligópsucos	744	arcáios		4631	skeué	
3982	péitho	1597	ékpalai		**aparentar**		
4290	prothúmos	3819	pálai		4392	prófasis	
5590	psucé	3820	palaiós		**aparición**		
anochecer		**antorcha**			2015	epifáneia	
3796	opsé	2985	lampás		5316	fáino	
		3088	lúcnos				

INDICE ESPAÑOL-GRIEGO

apariencia
1491	éidos
3446	mórfosis
3799	ópsis
4383	prósopon
4976	scéma

apartar
402	anacoréo
565	apércomai
568	apéco
645	apospáo
654	apostréfo
672	apocoréo
868	afístemi
873	aforízo
1294	diastréfo
1316	diacorízomai
1576	ekkléio
1578	ekklíno
1593	eknéuo
1624	ektrépo
1831	exércomai
1877	epanágo
2398	ídios
3179	methístemi
3911	paraféro
4198	poréuo
4724	stéllo
4762	stréfo
5217	upágo
5298	upocoréo
5563	corízo

aparte
618	apolambáno
2398	ídios
2651	katamónas
3441	mónos
4355	proslambáno
5565	corís

apedrear
2642	katalitházo
3034	litházo
3036	lithoboleó

apelar
1941	epikaléo

apenas
3425	mógis
3433	mólis
3641A	olígos

apetito
4140	plesmoné

apiñarse
1865	epathróizo

aplastar
4937	suntríbo

aplazar
306	anabállo

apoderar
726	arpázo
1949	epilambánomai
2722	katéco
4023	periérco
4884	sunarpázo

aposento
508	anágaion

2646	katáluma
5009	taméion
5253	uperóon

apostasía
646	apostasía

apostatar
646	apostasía
868	afístemi

apóstol
652	apóstolos
5570	pseudapóstolos

apostolado
651	apostolé

apoyar
1879	epanapáuomai

apreciar
5091	timáo

aprehender
4815	sullambáno

apremiar
1764	enístemi

aprender
2312	theodídaktos
3129	mantháno
3811	paidéuo
3880	paralambáno

apresar
4084	piázo

apresto
2091	etoimasía

apresurar
3691	oxús
4692	spéudo
4704	spoudázo

apretar
4085	piézo
4912	sunéco
4918	sunthlíbo

aprisa
4692	spéudo
5032	tácion
5035	tacús

aprobación
5485	cáris

aprobado
1384	dókimos
5485	cáris

aprobar
584	apodéiknumi
1308	diaféro
1381	dokimázo
4852	súmfemi
4909	suneudokéo

aprovechamiento
4297	prokopé

aprovechar
1805	exagorázo
3786	ófelos
5530	cráomai
5539	crésimos
5623	ofeléo
5624	ofélimos

apto
1317	didaktikós
2111	éuthetos
2427	ikanóo
2675	katartízo

apuro
639	aporéo

aquel
1437 (1)	ós eán, óstis eán
1564	ekéithen
1565	ekéinos
1786	entópios
2548	kakéinos
3362	eán mé

aquí
534	apartí
737	árti
847	autóu
1759	entháde
1759A	énthen
1782	entéuthen
1927	epideméo
2396	íde
2400	idóu
3062 (1)	loipós
3918	páreimi
5602	óde

árabe
690	Araps

arado
723	árotron

arar
722	arotriáo

árbol
1186	déndron
3586	xúlon
4809	sukomoreá

arca
1049	gazofulakéion
2787	kibotós

arcángel
743	arcággelos

arco
2463	íris
5115	tóxon

arder
2206	zelóo
2545	káio
2741	kausóo

ardiente
1972	epipóthesis
1974	epipothía

ardientemente
1864	epagonízomai

arduamente
2872	kopiáo

arduo
2873	kópos

arena
285	ámmos

arengar
1215	demegoréo

areópago - asolar | 828 | ÍNDICE ESPAÑOL-GRIEGO

areópago		3340	metanoéo	1340	diiscurízomai
697	págos	**arriar**		3982	péitho
argumento		5465	caláo	4972	sfragízo
477	antíthesis	**arriba**		**asentar**	
3053	logismós	353	analambáno	968	béma
arma		354	análempsis	2521	káthemai
3696	óplon	385	anaspáo	2523	kathízo
3833	panoplía	399	anaféro	2749	kéimai
armadura		507	áno	**asentir**	
3833	panoplía	509	ánothen	3982 (1)	péitho
armar		511	anóteron	**aserrar**	
2528	kathoplízo	**arribar**		4249	prízo
3695	oplízo	2064	ércomai	**así**	
armonizar		2609	katágo	686	ára
4856	sumfonéo	2658	katantáo	1065	árage
aromático		2668	katapléo	1352	dió
298A	ámomon	2718	katércomai	1508 (1)	ei dé mé, mége
759	ároma	4358	prosormízo	2509	katháper
arpa		**arrimar**		2531	kathós
2788	kithára	2853	kolláo	3634	óios
arpista		**arrodillarse**		3668	omóios
2790	kitharodós	1120	gonupetéo	3779	óutos
arquitecto		4352	proskunéo	5105	toigaróun
753	arcitékton	**arrogante**		5106	tóinun
5079	tecnítes	5429	frónimos	5119	tóte
arraigar		**arrojar**		5613	ós
4492	rizóo	577	apobállo	5618	ósper
arrancar		906	bállo	5620	óste
1610	ekrizóo	1856	exothéo	**Asia**	
4816	sullégo	4495	rípto	775	asiárces
5089	tíllo	5020	tartaróo	**asiduo**	
arras		**arruga**		2145	eupáredros
728	arrabón	4512	rutís	2145A	euprósedros
arrastrar		**arte**		**asiento**	
71	ágo	5078	técne	4411	protoklisía
416	anemízo	**artífice**		**asignar**	
645	apospáo	5079	tecnítes	1303	diatíthemi
1670	élko	**artificioso**		2476	ístemi
2694	katasúro	4679	sofízo	**asimismo**	
3075	lumáino	**artimaña**		3668	omóios
4216	potamofóretos	3180	methodéia	3779	óutos
4879	sunapágo	**asado**		3825	pálin
4951	súro	3702	optós	5615	osáutos
arrebatar		**asalariado**		**asir**	
726	arpázo	3411	misthotós	1907	epéco
4884	sunarpázo	**asaltar**		1949	epilambánomai
arreboles		2186	efístemi	2638	katalambáno
4449	purrázo	**asamblea**		2902	kratéo
arreglar		1577	ekklesía	**asistir**	
525	apallásso	3831	panéguris	4342	proskarteréo
2885	kosméo	4128	pléthos	**asnillo**	
4868	sunáiro	**ascensión**		3678	onárion
arremeter		354	análempsis	**asno**	
2186	efístemi	**ascua**		3684	onikós
3729	ormáo	440	ánthrax	3688	ónos
arrendar		**asechanza**		**asociar**	
1554	ekdídomi	1917	epiboulé	4879	sunapágo
arrepentimiento		3180	methodéia	**asolamiento**	
3341	metánoia	**asediar**		2050	erémosis
arrepentirse		2139	euperístatos	**asolar**	
278	ametaméletos	**asegurar**		2049	eremóo
279	ametanóetos	805	asfalízo	4199	porthéo
3338	metamélomai				

INDICE ESPAÑOL-GRIEGO   829   asombrar - aventador

asombrar
1568	ekthambéo
1605	ekplésso
1839	exístemi
2284	thambéo
2296	thaumázo

asombro
1611	éktasis
2285	thámbos
2295	tháuma

aspecto
1491	éidos
2397	eidéa
3706	órasis
4383	prósopon

áspero
| 4087 | pikráino |
| 5138 | trácus |

aspersión
| 4378 | próscusis |
| 4473 | rantismós |

áspid(e)
| 785 | aspís |

aspiración
| 1906 | eperótema |

astucia
| 2686 | katasofízomai |
| 3834 | panourgía |

astuto
| 3835 | panóurgos |

asunto
3056	lógos
4229	prágma
4487	réma

asustar
| 1568 | ekthambéo |

atar
1195	desméuo
1196	desméo
1210	déo
4029	períkeimai
4385	protéino
5265	upodéo

ataviar
| 2885 | kosméo |

atavío
| 2889 | kósmos |

atemorizar
| 1719 | émfobos |
| 5399 | fobéo |

atención
1958	epiméleia
4337	proséco
5092	timé

atender
| 4337 | proséco |
| 4342 | proskarteréo |

atentamente
| 3879 | parakúpto |
| 4337 | proséco |

atento
| 1907 | epéco |

| 4337 | proséco |

atesorar
| 597 | apothesaurízo |
| 2343 | thesaurízo |

atestar
| 4137 | pleróo |

atestiguar
| 3140 | marturéo |
| 4972 | sfragízo |

atónito
1569	ékthambos
1769	eneós
1839	exístemi

atormentar
928	basanízo
1139	daimonízomai
1776	enocléo
3600	odunáo
3791	ocléo
5178	tumpanízo

atraer
| 1828 | exélko |
| 1863 | epágo |

atrás
| 3694 | opíso |

atravesar
1277	diapléo
1308	diaféro
1330	diércomai

atrever
| 5111 | tolmáo |

atrevido
| 5113 | tolmetés |

atrevimiento
| 5112 | tolmerotéros |

atribuir
| 3049 | logízomai |

atribular
| 2346 | thlíbo |

atropellar
| 2662 | katapatéo |

audiencia
| 60 | agoráios |
| 201 | akroatérion |

aullar
| 3649 | ololúzo |

aumentar
837	auxáno
4052	perisséuo
4369	prostíthemi

aún
188	akmén
1065	gé
2089	éti
2193	éos
2548	kakéinos
2579	kán
3123	mállon
3366	méde
3369	medépo
3380	mépo
3761	oudé
3764	oudépo

3765	oukéti
3768	óupo
3777	óute
3819	pálai
4055	perissóteros
4056	perissotéros
4057	perissós

aunque
1065	kái ge
1437	eán
1487	ei
1487 (1)	ei kái
1508A	ei ou
1512	éi per
2539	káiper
2543	káitoi
2544	káitoige
2579	kán
3676	ómos

aurora
| 395 | anatolé |

ausencia
| 666 | apousía |
| 5303 | ustérema |

ausentarse
| 589 | apodeméo |

ausente
| 548 | ápeimi |
| 1553 | ekdeméo |

austero
| 4659 | skuthropós |

autor
| 159 | áitios |
| 747 | arcegós |

autoridad
775	Asiárces
1849	exousía
1850	exousiázo
2003	epitagé
2963	kuriótes
4173	politárces

auxiliadora
| 4368 | prostátis |

auxilio
| 1947 | epikouría |

avanzado
| 4183 | polús |

avanzar
| 4260 | probáino |
| 4298 | prokópto |

avaricia
| 866 | afilárguros |
| 4124 | pleonexía |

avaro
866	afilárguros
4123	pleonéktes
5366	filárguros

ave
3732	órneon
4071	peteinón
4421	ptenós

aventador
| 4425 | ptúon |

aventajar							
4298	prokópto	4463	rabdízo	713	arketós		
		5417	fragellóo	714	arkéo		
avergonzar		**azote**		**bastardo**			
153	aiscúnomai	1194	déro	3541	nóthos		
422	anepáiscuntos	3148	mástix	**basura**			
1788	entrépo	4127	plegé	4657	skúbalon		
1791	entropé	5416	fragéllion	**batalla**			
1870	epaiscúnomai	**azotea**		73	agón		
2617	kataiscúno	1430	dóma	4171	pólemos		
averiguar		**azufre**		**batallar**			
1833	exetázo	2303	théion	2341	theriomacéo		
avidez		2306	theiódes	4754	stratéuo		
4124	pleonexía						
avisar		**B**		**bautismo**			
518	apaggéllo	**bah**		908	báptisma		
3377	menúo	3758	ouá	909	baptismós		
5537	crematízo	**bailar**		**Bautista**			
aviso		3738	orcéomai	907	baptízo		
312	anaggéllo	**bajada**		910	baptistés		
518	apaggéllo	2600	katábasis	**bautizar**			
1718	emfanízo	**bajar**		907	baptízo		
avistar		2507	kathairéo	**bebedor**			
398	anafáino	2524	kathíemi	3630	oinopótes		
avivar		2597	katabáino	**beber**			
329	anazopouréo	2827	klíno	3184	methúo		
ay		3819	parakúpto	4095	píno		
3759	ouái	5013	tapeinóo	4221	potérion		
		5465	caláo	4222	potízo		
ayer		**bajeza**		4844	sumpíno		
5504	exthés	5014	tapéinosis	5202	udropotéo		
ayo		**bajo**		**bebida**			
3807	paidagogós	1772	énnomos	2767	keránnumi		
ayuda		2737	katóteros	4188	póma		
484	antílempsis	5267	upódikos	4213	pósis		
2842	koinonía	5270	upokáto	**becerra**			
ayudador		**balanza**		1151	dámalis		
998	boethós	2218	zugós	**becerro**			
4904	sunergós	**balde, de**		3447	moscopoiéo		
ayudante		1432	doreán	3448	móscos		
5257	uperétes	**baluarte**		**bendecir**			
ayudar		1477	edráioma	1757	eneulogéo		
482	antilambáno	**banco**		2127	eulogéo		
997	boethéo	5058	telónion	2720A	kateulogéo		
1247	diakonéo	**banquero**		**bendición**			
3936	parístemi	5133	trapezítes	2129	eulogía		
4815	sullambáno	**banquete**		**bendito**			
4865	sunagonízomai	1403	docé	2128	eulogetós		
4878	sunantilambánomai	2165	eufráino	3107	makários		
4903	sunergéo	**bárbaro**		**beneficiar**			
4904	sunergós	915	bárbaros	482	antilambáno		
5623	oféleo	**barca, barco**		**beneficio**			
ayunar		4142	ploiárion	2108	euergesía		
3522	nestéuo	4143	plóion	4851	sumféro		
ayunas		**barrer**		4852A	súmforos		
3523	néstis	4563	saróo	5622	oféleia		
ayuno		**barril**		5623	oféleo		
777	ásitos	943	bátos	**beneplácito**			
3521	nestéia	**barro**		2107	eudokía		
3523	néstis	3749	ostrákinos	**benevolencia**			
azotar		4081	pelós	2133	éunoia		
928	basanízo	4110	plásma	**benignidad**			
1194	déro	**bastar**		5543	crestós		
3146	mastigóo	568	apéco	5544	crestótes		
3147	mastízo						

INDICE ESPAÑOL-GRIEGO

benigno
- 2138 eupeithés
- 5541 crestéuomai
- 5543 crestós

berilo
- 969 bérullos

bermejo
- 4450 purrós

besar
- 2705 katafiléo
- 5368 filéo

beso
- 5370 fílema

bestia
- 2342 theríon
- 2934 kténos
- 5268 upozúgion

bien
- 14 agathoergéo
- 15 agathopoiéo
- 16 agathopoiía
- 17 agathopoiós
- 18 agathós
- 515 axíoo
- 979 bíos
- 1227 diablépo
- 1921 epiginósko
- 1983 episkopéo
- 2095 éu
- 2103A éuge
- 2106 eudokéo
- 2109 euergetéo
- 2140 eupoiía
- 2154 éusemos
- 2543 káitoi
- 2567 kalodidáskalos
- 2569 kalopoiéo
- 2570 kalós
- 2573 kalós
- 2735 katórthoma
- 3123 mállon
- 3304A menóun
- 3304 menóunge
- 3718 orthotoméo
- 3723 orthós
- 4517 rónnumi
- 4632 skéuos

bienaventurado
- 3106 makarízo
- 3107 makários

bienaventuranza
- 3108 makarismós

bienes
- 3776 ousía
- 4632 skéuos
- 5223 úparxis
- 5224-25 upárconta

bienhechor
- 2110 euergétes

bienvenido
- 5463 cáiro

blanca
- 3016 leptón

blanco
- 3021 leukáino
- 3022 leukós

blanquear
- 2867 koníao

blasfemar
- 987 blasfeméo

blasfemia
- 988 blasfemía

blasfemo
- 989 blásfemos

boca
- 1993 epistomízo
- 4248 prenés
- 4750 stóma

bocado
- 5596 psomíon

boda
- 1062 gámos
- 3567 numfón

bofetada
- 1194 déro
- 4475 rápisma

bogar
- 1877 epanágo

bolsa
- 905 ballántion
- 1101 glossókomon

bonanza
- 1055 galéne

bondad
- 19 agathosúne
- 5544 crestótes

borde
- 2899 kráspedon

bordón
- 4464 rábdos

borrachera
- 3178 méthe

borracho
- 3183 méthusos
- 3184 methúo

borrar
- 1813 exaléifo

botín
- 205 akrothínion
- 4661 skúlon

bozal
- 2777A kemóo
- 5392 fimóo

bramar
- 2278 ecéo

bramido
- 2278 ecéo
- 2279 écos

brasas
- 439 anthrakía

braza
- 3712 orguía

brazo
- 43 agkále

bracíon
- 1023 bracíon

breve
- 2112 euthéos
- 3641 olígos
- 5031 tacinós
- 5034 tácos
- 5036 tacús

brevemente
- 1024 bracús
- 3641 olígos
- 4935 suntómos

brillar
- 5316 fáino

bronce
- 5470 cálkeos
- 5470A calkóus
- 5474 calkolíbanon

brotar
- 305 anabáino
- 985 blastáno
- 1631 ekfúo
- 1816 exanatéllo
- 4261 probállo
- 5453 fúo

bruñido
- 5474 calkolíbanon

bueno
- 18 agathós
- 573 aplóus
- 780 asménos
- 865 afilágathos
- 1635 ekón
- 2097 euaggelízo
- 2105 eudía
- 2106 eudokéo
- 2107 eudokía
- 2108 euergesía
- 2114 euthuméo
- 2115A euthúmos
- 2133 éunoia
- 2162 eufemía
- 2163 éufemos
- 2174 eupsucéo
- 2234 edéos
- 2565 kalliélaios
- 2570 kalós
- 2573 kalós
- 3140 (1) marturéomai
- 4283 proeuaggelízomai
- 4288 prothumía
- 5010 táxis
- 5358 filágathos
- 5543 crestós
- 5544 crestótes

buey
- 1016 bóus

burla
- 1699A empaigmoné
- 1702 empáizo

burlador
- 1703 empáktes

burlar
- 1315A diacleuázo
- 1592 ekmukterízo
- 1702 empáizo

2606	katageláo	906	bállo	cama		
3456	mukterízo	1601	ekpípto	2621	katákeimai	
5512	cleuázo	1706	empípto	2825	klinárion	
buscar		1968	epipípto	2825A	klíne	
327	anazetéo	1982	episkiázo	2845	kóite	
1567	ekzetéo	2064	ércomai	2895	krábattos	
1934	epizetéo	2186	efístemi	4766	stronnúo	
1980	episképtomai	2597	katabáino	**camarero**		
2212	zetéo	2667	katapípto	2846	koitón	
2614	katadióko	3845	parabáino	**cambiar**		
3982	péitho	3935	paríemi	236	allásso	
5584	**pselafáo**	4045	peripípto	3328	metabállo	
		4098	pípto	3337	metallásso	
C		4363	prospípto	3346	metatíthemi	
cabal		4417	ptáio			
3648	olókleros	4624	skandalízo	**cambio**		
4993	sofronéo	4625	skándalon	3331	metáthesis	
cabalgadura		4844A	sumpípto	**cambista**		
2934	kténos	**caída**		2773	kermatistés	
caballo		679	áptaistos	2855	kollubistés	
2462	íppos	4431	ptósis	**camello**		
cabecear		**calabozo**		2574	kámelos	
3573	nustázo	5438	fulaké	**caminar**		
cabecera		**calamidad**		3899	paraporéuomai	
2776	kefalé	318	anágke	4043	peripatéo	
cabecilla		**calavera**		4198	poréuo	
4414	protostátes	2898	kraníon	4848	sumporéuomai	
cabello		4418	ptérna	**camino**		
2359	thríx	**calcular**		296	ámfodon	
2751	kéiro	5585	psefízo	3593	odéuo	
2863	komáo	**calderero**		3596	odoiporéo	
2864	kóme	5471	calkéus	3597	odoiporía	
4117	**plégma**	**calentar**		3598	odós	
caber		2328	thermáino	4043	peripatéo	
5562	coréo	**caliente**		4197	poréia	
cabeza		2200	zestós	4198	poréuo	
2775	kafalióo	**cáliz**		**campamento**		
2776	kefalé	4221	potérion	3925	parembolé	
cabezal		**calmar**		**campaña**		
4344	proskefálaion	2869	kopázo	4635	skenopóios	
cabo		**calor**		**campo**		
2005	epiteléo	2329	thérme	68	agrós	
2079	escátos	2738	káuma	5117	tópos	
cabra		2742	káuson	5561	córa	
122	áigeios	**calumniador**		5564	coríon	
cabrío		1228	diábolos	**canasta**		
5131	trágos	**calumniar**		4711	spurís	
cabrito		987	blasfeméo	**canasto**		
2055	erífion	1908	espereázo	4553	sargáne	
2056	érifos	4811	sukofantéo	**candelabro**		
cada		**calzado**		3087	lucnía	
303	aná	5266	upódema	**candelero**		
1538	ékastos	**calzar**		3087	lucnía	
1782	entéuthen	5265	upodéo	**canela**		
1967	epióusios	**callar**		2792	kinnámomon	
2184	efémeros	2270	esucázo	**cansar**		
3956	pás	4601	sigáo	1573	egkakéo	
cadáver		4623	siopáo	2577	kámno	
4430	ptóma	5392	fimóo	2872	kopiáo	
cadena		**calle**		**cantar**		
254	álusis	58	agorá	103	ádo	
1199	desmós	4113	platéia	5214	umnéo	
caer		4505	rúme	5455	fonéo	
634	apopípto			5567	psállo	

cántaro - celeste

cántaro		carne		2851	kólasis
2765	kerámion	2907	kréas	5098	timoría
3355	metretés	4560	sárkinos	casto	
5201	udría	4561	sárx	53	agnós
cántico		carnicería		casualidad	
5603	odé	3111	mákellon	4795	sugkuría
cantidad		carpintero		cátedra	
4128	pléthos	5045	tékton	2515	kathédra
canto		carrera		catorce	
219	alektorofonía	73	agón	1180	dekatéssares
caña		1408	drómos	causa	
2563	kálamos	carro		156	aitía
capa		716	árma	158	áitios
1942	epikálumma	4480	réde	1352	dió
2440	imátion	carta		1432	doreán
capacidad		647	apostásion	1752	éneka
1411	dúnamis	975	biblíon	3056	lógos
capaz		1121	grámma	5228	upér
1410	dúnamai	1992	epistolé	5484	cárin
1415	dunatós	casa		causar	
1840	exiscúo	2322	therapéia	1731	endéiknumi
5562	coréo	3410	místhoma	2873 (1)	kópos
capitán		3609	oikéios	3930	paréco
5506	cilíarcos	3614	oikía	4160	poiéo
capote		3615	oikiakós	cauterizar	
5341	failónes	3616	oikodespotéo	2743	kausteriázo
		3617	oikodespótes	cautividad	
cárcel		3624	óikos	161	aicmalosía
1201	desmotérion	3626A	oikourgós	cautivo	
3612	óikema	3626	oikourós	162	aicmalotéuo
5084	téresis	3832	panoikéi	163	aicmalotízo
5438	fulaké	casada		164	aicmálotos
carcelero		1135	guné	2221	zogréo
1200	desmofúlax	5220	upándros	cavar	
carecer		casamiento		2998	latoméo
880	áfonos	1061A	gamízo	3736	orússo
5302	ustereo	1061	gamískomai	4626	skápto
carga		1547	ekgamízo	caverna	
922	báros	1548	ekgamísko	3692	opé
2599	katabaréo	casar		4577	sirós
2655	katanarkáo	22	ágamos	cavilar	
5268	upozúgion	1060	gaméo	1260	dialogízomai
5413	fortíon	1918	epigambréuo	cazar	
cargamento		2983	lambáno	2340	thereúo
1117	gómos	cascar		cebada	
5413	fortíon	4937	suntríbo	2915	krithé
5414	fórtos	casi		2916	kríthinos
cargar		4225	póu	cedrón	
142	áiro	4975	scedón	2748	kédros
916	baréo	5613	ós	cegar	
925	barúno	5616	oséi	5185	tuflós
2007	epitíthemi	caso		celada	
2698Λ	kataharúno	3843	pantós	1747	enédra
4987	soréuo	5426	fronéo	celar	
5412	fortízo	castigar		2206	zelóo
cargo		1371	dicotoméo	celebrar	
156	aitía	1556	ekdikéo	1096	gínomai
cariño		2849	kolázo	1858	eortázo
4698	splágcnon	3811	paidéuo	4160	poiéo
carnal		5097	timoréo	celeste	
4559	sarkikós	castigo		2032	epouránios
4560	sárkinos	1349	díke		
4561	sárx	1557	ekdíkesis		

celestial		5137	trácelos	3843	pántos		
2032	epouránios	**cesar**		4225	póu		
3770	ouránios	88	adiáleiptos	4822	sumbibázo		
celo(s)		89	adiáleiptos	**cilicio**			
2205	zélos	180	akatápaustos	4226	sákkos		
2206	zelóo	1257	dialéipo	5155	trícinos		
3863	parazelóo	1618	ektenés	**címbalo**			
3949	parorgízo	1619	ektenós	2950	kúmbalon		
celoso		2869	kopázo	**cimentar**			
2206A	zeléuo	3973	páuo	2311	themelióo		
2206	zelóo	**cesta o cesto**		**cimiento**			
2207	zelotés	30	aggéion	2310	themélios		
cena		30A	ággos	**cinco**			
1173	déipnon	2894	kófinos	3999	pentákis		
cenar		**cetro**		4000	pentakiscílioi		
1172	deipnéo	4464	rábdos	4002	pénte		
ceniza		**ciego**		**cincuenta**			
4700	spodós	5185	tuflós	4004	pentékonta		
5077	tefróo	**cielo**		**cinta**			
censo		2032	epouránios	2223	zóne		
582	apografé	3321	mesouránema	**circuncidar**			
censurar		3771	ouranóthen	203	akrobustía		
987	blasfeméo	3772	ouranós	4059	peritémno		
3469	momáomai	**cien años**		4061	peritomé		
centurión		1541	ekatontaetés	**circuncisión**			
1543	ekatontárces	**cien veces más**		1986	epispáomai		
2760	kenturión	4179	pollaplasíon	4061	peritomé		
ceñir		**cien veces más, por uno**		**circunvecino**			
328	anazónnumi	1521	ekatontaplasíon	4066	perícoros		
1241	diazónnumi	**ciencia**		**cítara**			
2224	zónnumi	1108	gnósis	2789	kitharízo		
4024	perizónnumi	1922	epígnosis	**ciudad**			
5269	upozónnumi	**cieno**		4172	pólis		
cepo		1004	bórboros	4173	politárces		
3586	xúlon	**ciento**		**ciudadanía**			
cerca		1540	ekatón	4174	politéia		
788	ásson	1542	ekatontaplasíon	4175	políteuma		
1448	eggízo	**ciertamente**		**ciudadano**			
1451	eggús	686	ára	444	ánthropos		
1764	enístemi	806	asfalós	4177	polítes		
4317	proságo	1065	menóunge	**cizaña**			
cercano		1065	kái ge	2215	zizánion		
1451	eggús	1211	dé	**clamar**			
cercar		1222	dépou	310	anaboáo		
4060	peritíthemi	2544	káitoige	994	boáo		
cerciorar		3304A	menóun	2019	epifonéo		
1097	ginósko	3304	menóunge	2896	krázo		
1921	epiginósko	3483	nái	2905	kraugázo		
cerdo		3676	ómos	5455	fonéo		
5519	cóiros	3843	pántos				
cerrar		4225	póu	**clamor**			
608	apokléio	**ciertísimo**		995	boé		
2576	kammúo	4135	pleroforéo	2906	kraugé		
2808	kléio	**cierto**		**claramente**			
4493	ripé	199	akribós	1212	délos		
5420	frásso	281	amén	2529	kathoráo		
certeza		804	asfalés	3954 (1,2)	parresía		
4136	pleroforía	1065	gé	4270	prográfo		
5287	upóstasis	1170	déina	4490	retós		
certidumbre		1520	éis	5081	telaugós		
4136	pleroforía	3049	logízomai	5320	fanerós		
cerviz		3313	méros	**clase**			
4644	sklerotrácelos	3376	mén	1085	génos		
		3654	ólos	2183	efemería		

INDICE ESPAÑOL-GRIEGO   835   clavar - complacencia

3956	pás	combatir		3704	ópos
4217	potapós	464	antagonízomai	3752	ótan
clavar		3164	mácomai	3779	óutos
3572	nússo	4754	statéuo	4159	póthen
4338	proselóo	4866	sunathléo	4169	póios
clavo		5492	ceimázo	4217	potapós
2247	élos	comenzar		4364	prospoiéo
clemencia		757	árco	4459	pós
3115	makrothumía	1728	enárcomai	5108	toióutos
cobarde		3192	méllo	5158 (1)	trópos
1169	deilós	4278	proenárcomai	5613	ós
cobardía		comer		5613A	osán
1167	deilía	709	aristáo	5616	oséi
cobrar		712	áriston	5618	ósper
2983	lambáno	776	asitía	5619	osperéi
3982	péitho	977	bibrósko	compadecer	
cobre		1033	bróma	3627	oiktíro
5475	calkós	1034	brósimos	4697	splagcnízomai
codicia		1035	brósis	4834	sumpathéo
1939	epithumía	1089	géuomai	compañerismo	
4124	pleonexía	2068	esthío	2842	koinonía
codiciar		2719	katesthío	3352	metocé
1937	epithuméo	3335	metalambáno	compañero	
1938	epithumetés	4355	proslambáno	2083	etáiros
3713	orégo	4371	prosfágion	2844	koinonós
codicioso		4598	setóbrotos	3353	métocos
146	aiscrokerdés	4662	skolekóbrotos	4805	súzugos
codo		4906	sunesthío	4869	sunaicmálotos
4083	pécus	4910	suneuocéomai	4898	sunékdemos
coger		5176	trógo	4955A	sustasiastés
4812	sulagogéo	5595	psomízo	4961	sustratiótes
4815	sullambáno	cometer		compañía	
coheredero		264	amartáno	3658	ómilos
4789	sugkleronómos	2038	ergázomai	3793	óclos
cojo		2416	ierosuléo	3831	panéguris
5560	colós	2716	katergázomai	4686	spéira
cola		3429	moicáomai	4923	sunodía
3769	ourá	3431	moicéuo	comparar	
colaborador		4160	poiéo	3666	omoióo
4903	sunergéo	4203	pornéuo	3846	parabállo
4904	sunergós	4238	prásso	4793	sugkríno
colar		4266	progínomai	5087	títhemi
1368	diulízo	comezón		comparecer	
colgar		2833	knétho	1718	emfanízo
2910	kremánnumi	comida		2476	ístemi
colirio		712	áriston	3918	páreimi
2854	kollóurion	1033	bróma	3936	parístemi
colmar		1035	brósis	5319	faneróo
378	anapleróo	5160	trofé	compartir	
1705	empí(m)plemi o	comilón		2842	koinonéo
	empipláo	5314	fágos	3330	metadídomi
colocar		comino		compasión	
5087	títhemi	2951	kúminon	2436	íleos
colonia		comisión		4697	splagcnízomai
2862	kolonía	2011	epitropé	compasivo	
columna		3622	oikonomía	4835	sumpathés
4769	stúlos	como		competencia	
collado		1535	éite	2426	ikanótes
1015	bounós	2505	kathá	competente	
combate		2509	katháper	2425	ikanós
119	áthlesis	2526	kathó	2427	ikanóo
		2531	kathós	complacencia	
		2531A	kathósper	2106	eudokéo
		3634	óios		
		3664	ómoios		
		3697	opóios		

complacer - confortar   836   INDICE ESPAÑOL-GRIEGO

complacer
2106   eudokéo
4909   suneudokéo

completamente
3650   ólos

completar
1274   dianúo
2675   katartízo
4137   pleróo

completo
3647   oloklería
3651   olotelés
4134   pléres
4135   pleroforéo
4137   pleróo
5046   téleios
5049   teléios

cómplice
2844   koinonós

complot
4963   sustrofé

comportarse
1096   gínomai
4176   politéuomai

compostura
1745   éndusis
2157   euscemosúne

comprar
59   agorázo
5608   onéomai

comprender
1921   epiginósko
2638   katalambáno
2657   katanoéo
4920   suníemi

comprensible
2154   éusemos

comprobar
1381   dokimázo

comprometer
1843   exomologéo

compuesto
3395   éligma o mígma

compungir
2660   katanússomai

común
240   allélon
2839   koinós
2840   koinóo
3661   omothumadón
5177   tugcáno

comunicar
3330   metadídomi
4323   prosanatíthemi

comunión
2842   koinonía

con
1437A   eánper
3342   metaxú
3676   ómos
5228   upér

concebir
658   apoteléo

1080   gennáo
2192   éco
2845   kóite
4815   sullambáno

conceder
71   ágo
1325   dídomi
2010   epitrépo
3930   paréco
5483   carízomai

concepción
2845   kóite

concepto
5252   uperfronéo

concertar
4883   sunarmologéo

concesión
4774   suggnóme

concilio
1010   bouleutés
4892   sunédrion

concisión
2699   katatomé

conciudadano
4177   polîtes
4847   sumpolîtes

concluir
2005   epiteléo
3049   logízomai

concordar
2470   ísos
4856   sumfonéo

concordia
4857   sumfónesis

concupiscencia
1939   epithumía

concurrencia
1577   ekklesía

concurrir
3909   paratugcáno
4936   suntréco

concurso
4890   sundromé
4963   sustrofé

condenación
1349   díke
2613A   katadíke
2631   katákrima
2633   katákrisis
2917   kríma
2920   krísis

condenar
178   akatákritos
843   autokatákritos
2607   kataginósko
2613   katadikázo
2632   katakríno
2633   katákrisis
2919   kríno
3201   mémfomai

condición
156   aitía
4976   scéma

5011   tapeinós

condiscípulo
4827   summathetés

conducir
390   anastréfo
1521   eiságo
2525   kathístemi
4043   peripatéo
4160   poiéo
4298   prokópto
5497   ceiragogós

conducta
72   agogé
391   anastrofé

conducto
5495   céir

conferenciar
4820   sumbállo

confesar
1843   exomologéo
3670   omologéo

confesión
3671   omología

confiadamente
2292   tharréo
3954 (3) parresía

confianza
2292   tharréo
2293   tharséo
3954   parresía
3955   parresiázomai

confiar
2292   tharréo
2293   tharséo
3908   paratíthemi
3982   péitho
4006   pepóithesis
4100   pistéuo

confinar
5432   frouréo

confirmación
951   bebáiosis

confirmar
949   bébaios
950   bebaióo
1991   episterízo
2476   ístemi
2964   kuróo
4732   stereóo
4741   sterízo
4934   suntíthemi

conflicto
73   agón
3163   máce

conformar
4334   prosércomai
4964   suscematízo

conforme
2531   kathós
4833   súmmorfos
5613   ós

confortar
373   anapáuo

INDICE ESPAÑOL-GRIEGO

404	anapsúco
3870	parakaléo
4837	sumparakaléo

confundido
| 640 | aporía |

confusión
| 181 | akatastasía |
| 4799 | súgcusis |

confuso
| 4797 | sugcéo |

congoja
| 275 | amérimnos |

congraciar
| 2698 | katatíthemi |

congregación
1577	ekklesía
4128	pléthos
4864	sunagogé

congregar
| 4863 | sunágo |
| 4905 | sunércomai |

conjuración
| 4945 | sunomcsía |

conjurar
1774A	enorkízo
1844	exorkízo
3726	orkízo

conmiseración
| 1652 | eleeinós |

conmover
1690	embrimáomai
2795	kinéo
4531	saléuo
4579	séio
5015	tarásso

conocer
50	agnoéo
319	anagnorízo
1097	ginósko
1107	gnorízo
1109	gnóstes
1110	gnostós
1231	diaginósko
1492	éida
1834	exegéomai
1921	epiginósko
1987	epístamai
2477	istoréo
2589	kardiognóstes
2980	laléo
1492	óida
4267	proginósko

conocido
| 57 | ágnostos |
| 1110 | gnostós |

conocimiento
| 4907 | súnesis |

conquistar
| 2610 | katagonízomai |

conseguir
| 5623 | oféleo |

consejero
| 4825 | súmboulos |

consejo
1012	boulé
1106	gnóme
4244	presbutérion
4823	sumbouléuo
4824	sumbóulion

consentimiento
| 1106 | gnóme |
| 4859 | súmfonos |

consentir
863	afíemi
4831	sugkatatíthemi
4909	suneudokéo

conservar
2198	záo
4933	sunteréo
5083	teréo

considerar
333	anatheoréo
357	analogízomai
1011	bouléuo
1380	dokéo
2029	epoptéuo
2334	theoréo
2648	katamantháno
2657	katanoéo
3049	logízomai
3539	noéo
4648	skopéo
4894A	sunoráo

consiervo
| 4889 | súndoulos |

consolación
3870	parakaléo
3874	paráklesis
3889	paramuthía

consolador
| 3875 | parákletos |

consolar
| 3870 | parakaléo |
| 3888 | paramuthéomai |

constancia
| 5281 | upomoné |

constante
| 277 | ametakínetos |
| 4342 | proskarteréo |

constantemente
| 1616 | ekténeia |

constar
| 2476 | ístemi o istáno |

constituir
1096	gínomai
1325	dídomi
2525	kathístemi
2675	katartízo
4160	poiéo
5087	títhemi
5500	ceirotonéo

constreñir
| 4912 | sunéco |

constructor
| 1217 | demiourgós |

consuelo
3874	paráklesis
3890	paramúthion
3931	paregoría

consultar
| 4323 | prosanatíthemi |
| 4824 | sumbóulion |

consumación
| 4930 | suntéleia |

consumador
| 5051 | teleiotés |

consumar
| 5055 | teléo |

consumir
355	analísko
2654	katanalísko
2666	katapíno
2719	katesthío

contaminación
234	alísgema
784	áspilos
3393	míasma
3436	molusmós

contaminar
2840	koinóo
3392	miáino
3435	molúno
4695	spilóo

contar
312	anaggéllo
518	apaggéllo
705	arithméo
1075	genealogéomai
1334	diegéomai
1469	egkríno
1555	ekdiegéomai
1620	ektíthemi
1834	exegéomai
2674	katárithméo
2980	laléo
3049	logízomai
4785	sugkatapsefízomai
4860	sumpsefízo
5585	psefízo

contemplar
| 2300 | theáomai |

contemporáneo
| 4915 | sunelikiótes |

contención
| 2052 | erithéia |
| 2054 | éris |

contencioso
2052	erithéia
3164	mácomai
5380	filón(e)ikos

contender
1256	dialégomai
1264	diamácomai
1864	epagonízomai
2051	erízo
3054	logomacéo
3164	mácomai

contener
| 2192 | éco |

4023	periéco		controversia			2589	kardiognóstes
contentamiento			485	antilogía		4641	sklerokardía
841	autárkeia		**contumaz**			4698	splágcnon
contentar			506	anupótaktos		**corbán**	
714	arkéo		829	authádes		2878	korbán
contento			**conturbar**			**cordero**	
842	autárkes		2360	throéo		286	amnós
contestar			5015	tarásso		721	arníon
2036	éipon		**convencer**			704	arén
contienda			1651	elégco		**cordura**	
1261	dialogismós		4135	pleroforéo		4993	sofronéo
2052	erithéia		**conveniente**			4997	sofrosúne
2054	éris		1163	déi		**cornalina**	
2214	zétesis		**convenir**			4555	sárdion
3055	logomacía		433	anéko		**corona**	
3163	máce		1163	déi		4735	stéfanos
4803	suzétesis		2520	kathéko		**coronar**	
contiguo			4241	prépo		4737	stefanóo
1451	eggús		4851	sumféro		**corporal**	
4066	perícoros		4856	sumfonéo		4984	somatikós
continencia			4934	suntíthemi		**corporalmente**	
1467	enkratéuomai		**conversar**			4985	somatikós
continuamente			4814	**sullaléo**		**correa**	
1275	diapantós		**conversión**			2438	imás
1336	dienekés		1995	epistrofé		**corrector**	
3956 (6)	pás		**convertir**			3810	**paideutés**
4342	proskarteréo		654	apostréfo		**corregir**	
continuar			1096	gínomai		1882	epanórthosis
1304	diatríbo		1994	epistréfo		1930	epidiorthóo
3887	paraméno		3344	metastréfo		3811	paidéuo
continuo			3346	metatíthemi		**correr**	
88	adiáleiptos		3346A	metatrépo		1532	eistréco
contorno			4160	poiéo		2701	katatréco
3725	órion		4762	stréfo		4370	prostréco
4066	perícoros		**convicción**			4390	protréco
contra			1650	élegcos		4482	réo
471	antéipon		**convicto**			4936	suntréco
483	antilégo		1827	exelégco		5143	tréco
561	apénanti		**convidar, volver a**			5295	upotréco
1727	enantíos		479	antikaléo		**corresponde (que)**	
1799	enópion		2564	kaléo		499	antítupos
1881	epanístemi		**convite**			**corresponder**	
2314	theomácos		5132	trápeza		489	antimisthía
2620	katakaucáomai		**convocar**			1911	epibállo
2649	katamarturéo		4341	proskaléo		4241	prépo
2691	katastreniáo		4779	sugkaléo		4960	sustoicéo
2702	kataféro		4863	sunágo		**corromper**	
5227	upenantíos		**cooperar**			853	afanízo
contradecir			4904	sunergós		2559	kakóo
368	anantírretos		4943	sunupourgéo		3392	miáino
471	antéipon		**coordinar**			4550	saprós
483	antilégo		4883	sunarmologéo		5351	fthéiro
contradicción			**copa**			**corrupción**	
485	antilogía		4221	potérion		1312	diafthorá
contrario			5357	fiále		5356	fthorá
1727	enantíos		**copartícipe**			**corruptible**	
5121	tounantíon		4791	sugkoinonós		5349	fthartós
contratar			4830	summétocos		**corrupto**	
3409	misthóo		**coraza**			1311	diafthéiro
contribución			2382	thórax		2704	katafthéiro
2842	koinonía		**corazón**			**cortante**	
contristar			2588	kardía		5114	tomós
3076	lupéo						

INDICE ESPANOL-GRIEGO

cortar
- 609 apokópto
- 851 afairéo
- 1581 ekkópto
- 2751 kéiro
- 2875 kópto
- 4014 periairéo

corto
- 3467 muopázo
- 4340 próskairos
- 4958 sustéllo

cosa
- 2735 katórthoma
- 2937 ktísis
- 3056 lógos
- 3166A megalaucéo
- 3745 ósos
- 3779 óutos
- 4007 peraitéro
- 4161 póiema
- 4229 prágma
- 4487 réma
- 4531 saléuo
- 5108 toióutos

cosechar
- 270 amáo
- 4816 sullégo

costa
- 3882 parálios

costado
- 4125 pleurá

costear
- 3881 paralégomai
- 4022 periércomai

costoso
- 4185 polutelés

costumbre
- 1485 éthos
- 1486 éiotha
- 2239 éthos
- 4914 sunétheia
- 5158 trópos

coyuntura
- 719 armós
- 860 afé

coz
- 2979 laktízo

creación
- 1078 génesis
- 2937 ktísis

creador
- 2936 ktízo
- 2939 ktístes

crear
- 2936 ktízo
- 2937 ktísis
- 2938 ktísma

crecer
- 305 anabáino
- 837 auxáno
- 2863 komáo
- 3373 mekúno
- 4052 perisséuo
- 4121 pleonázo
- 4129 plethúno
- 4298 prokópto
- 4885 sunauxáno
- 5232 uperauxáno

crecimiento
- 838 áuxesis

crédito
- 3982 (1) péithomai

creer
- 544 apeithéo
- 569 apistéo
- 1380 dokéo
- 2233 egéomai
- 3543 nomízo
- 3982 (1) péitho
- 4100 pistéuo

creyente, no ser
- 571 ápistos
- 4100 pistéuo
- 4103 pistós

criada
- 3814 paidíske

criado
- 3610 oikétes
- 3816 páis

criar
- 397 anatréfo
- 1625 ektréfo
- 2337 thelázo
- 4939 súntrofos
- 5041 teknogonéo
- 5044 teknotroféo
- 5142 tréfo

criatura
- 1025 bréfos
- 2937 ktísis
- 2938 ktísma

crimen
- 824 átopos
- 4467 radióurgema

crisólito
- 5555 crusólithos

crisopraso
- 5556 crusóprasos

cristal
- 2929 krustallízo
- 2930 krústallos

cristiano
- 5546 cristianós

Cristo
- 5547 Cristós

Cristo, falso
- 5580 pseudócristos

crucificar
- 388 anastauróo
- 4362 prospégnumi
- 4717 stauróo
- 4957 sustauróo

cruel
- 434 anémeros

crujir
- 1030 brugmós
- 1031 brúcos
- 5149 trízo

cruz
- 4716 staurós

cuadrante
- 2835 kodrántes

cuadro
- 5068 tetrágonos

cuadrúpedo
- 5074 tetrápous

cuadruplicado
- 5073 tetraplóus

cual
- 1352 dió
- 1437 (1) ós eán, óstis eán
- 1538 ékastos
- 2531 kathós
- 3606 óthen
- 3634 óios
- 3697 opóios
- 3748 óstis
- 4169 póios
- 4217 potapós

cualquiera
- 1221 dépote
- 1437 (1) ós eán, óstis eán
- 1437 (2) ósa, osóus éan
- 1536 éi tis
- 3745 ósos
- 3748 óstis
- 3956 pás

cuán
- 2245 elíkos
- 3745 ósos
- 4080 pelíkos
- 4459 pós
- 5613 ós

cuando
- 891 ácri(s)
- 1437 eán
- 1437 (1) eán
- 1875 epán
- 2259 eníka
- 2531 kathós
- 3698 opóte
- 3752 ótan
- 3753 óte
- 3757 óu
- 4219 póte
- 5613 ós

cuanto(s)
- 1437 (2,3) eán
- 1752 éneka, éneken o éineken
- 1893 epéi
- 1894 epeidé
- 2526 kathó
- 2530 kathóti
- 3386 métige
- 3740 osákis
- 3745 ósos
- 4212 posákis
- 4214 pósos
- 5228 upér

cuarenta
- 5062 tessarákonta
- 5063 tessarakontaetés

cuarto		3626	oikourós		**Ch**		
787	assárion	**cuidar**		**chismoso**			
5067	tétartos	1959	epimeléomai	5397	flúaros		
5518	coínix	1983	episkopéo		**D**		
cuatro		2282	thálpo				
5064	téssares	3199	mélei	**dádiva**			
5066	tetartáios			1390	dóma		
5067	tétartos	**culpa**		1394	dósis		
5069	tetrádion	338	anáitios	5486	cárisma		
5070	tetrakiscílioi	**culpable**		**dadivoso**			
5072	tetrámenos	1777	énocos	2130	eumetádotos		
5074	tetrapóus	3781	ofeilétes	**dado al vino**			
cuatrocientos		**culto**		3943	pároinos		
5071	tetrakósioi	1479	ethelothreskía	**dador**			
		2356	threskéia	1395	dótes		
cubrir		2999	latréia	3550	nomothétes		
177	akatakáluptos	3000	latréuo				
294	amfiénnumi	4574	sébasma	**danza**			
1943	epikalúpto			5525	corós		
1982	episkiázo	**cumbre**					
2572	kalúpto	3790	ofrús	**danzar**			
2619	katakalúpto	**cumi**		3738	orcéomai		
2683	kataskíazo	2891	kóum	**dañar**			
4016	peribállo	**cumpleaños**		91	adikéo		
4028	perikalúptos	1077	genésia	**daño**			
4656	skotóo	**cumplidamente**		91	adikéo		
cuello		4137	pleróo	984	blápto		
5137	trácelos	5049	teléios	2556	kakós		
cuenta		**cumplimiento**		2559	kakóo		
312	anaggéllo	1604	ekplérosis	**dañoso**			
1121	grámma	4138	pléroma	983	blaberós		
1677	ellogéo	5050	teléiosis				
1922	epígnosis	5056	télos	**dar**			
2476	ístemi			325	anadídomi		
3049	logízomai	**cumplir**		467	antapodídomi		
3056	lógos	378	anapleróo	591	apodídomi		
4860	sumpsefízo	466	antanapleróo	632	aponémo		
cuerda		591	apodídomi	906	bállo		
4979	scoiníon	1096	gínomai	1239	diadídomi		
		1603	ekperóo	1325	dídomi		
cuerdo		1822	exartízo	1394	dósis		
4993	sofronéo	2005	epiteléo	1433	doréomai		
5429	frónimos	4130	pímplemi	1601	ekpípto		
cuero		4135	pleroforéo	1832	éxesti		
1193	dermátinos	4137	pleróo	1929	epididomi		
cuerpo		4160	poiéo	2018	epiféro		
2699	katatomé	4845	sumpleróo	2023	epicoregéo		
2966	kólon	4931	suntéleo	2097	euaggelízo		
4430	ptóma	5048	teleióo	2592	karpoforéo		
4561	sárx	5050	teléiosis	2702	kataféro		
4638	skénoma	5055	teléo	2749	kéimai		
4954	sússomos	**curación**		2983	lambáno		
4983	sóma	2322	therapéia	3199	mélei		
5559	crós	2392	íasis	3307	merízo		
cuervo		**curador**		3330	metadídomi		
2876	kórax	3623	oikonómos	3860	paradídomi		
cuestión		**curar**		3930	paréco		
2213	zétema	2323	therapéuo	3936	parístemi		
2214	zétesis	**curso**		4045	peripípto		
cueva		5164	trocós	4160	poiéo		
4693	spélaion	**curtidor**		4222	potízo		
cuidado		1038	burséus	4272	prodídomi		
1907	epéco	**custodiar**		4283	proeuaggelízomai		
3199	mélei	4912	sunéco	4337	proséco		
3309	merimnáo	5083	teréo	5087	títhemi		
cuidadoso		5442	fulásso	5342	féro		
3626A	oikourgós			5483	carízomai		
				5524	coregéo		

INDICE ESPAÑOL-GRIEGO 841 dar a conocer - declarar

dar a conocer		
1107	gnorízo	
1231	diaginósko	
1834	exegéomai	
2980	laléo	

dar a entender		
1213	delóo	
1718	emfanízo	
4591	semáino	

dar a luz		
616	apokuéo	
1080	gennáo	
5088	tíkto	

dar aviso		
312	anaggéllo	
518	apaggéllo	
1718	emfanízo	

dar coces		
2979	laktízo	

dar con ímpetu		
4350	proskópto	
4366	prosrésso	

dar consejo		
4823	sumbouléuo	

dar crédito		
3982	péithomai	

dar cuenta		
312	anagéllo	

dar cuidado		
3199	mélei	

dar culto		
3000	latréuo	

dar de bofetadas		
1194	déro	

dar de comer		
5595	psomízo	

dar de puñetazos		
2852	kolafízo	

dar diezmos		
586	apodekatéuo	
586A	apodekatóo	

dar en casamiento		
1061	gamískomai	
1061A	gamízo	
1547	ekgamízo	
1548	ekgamísko	

dar en herencia		
2624A	kataklerodotéo	
2624	katakleronoméo	

dar falso testimonio		
5576	pseudomartúreo	

dar fuerzas		
1743	endunamóo	

dar gloria		
1392	doxázo	

dar gracias		
437	anthomologéomai	
2168	eucaristéo	

dar instrucción		
1299	diatásso	
3853	paraggéllo	
4822	sumbibázo	

dar las nuevas		
518	apaggéllo	

dar luz		
2014	epifáino	

dar mandamiento		
1781	entéllo	

dar muerte		
615	apoktéino	
5407	fonéuo	

dar noticia		
518	apaggéllo	

dar nuevas		
31A	aggéllo	
518	apaggéllo	
2097	euaggelízo	

dar orden		
1291	diastéllomai	

dar por cierto		
4822	sumbibázo	

dar por viejo		
3822	palaióo	

dar prisa		
4692	spéudo	

dar reposo		
2664	katapáuo	

dar testimonio		
1263	diamartúromai	
3140	marturéo	
3143	martúromai	
4828	summartúreo	

dar turmento		
426	anetázo	

dar vida		
2225	zoogonéo	
2227	zoopoiéo	
4806	suzoopoiéo	

dar voces		
349	anakrázo	
994	boáo	
1916	epiboáo	
2019	epifonéo	
2896	krázo	
2905	kraugázo	
4377	profonéo	
5455	fonéo	

dardo		
956	bélos	
1002	bolís	

de		
3694	opíso	
5228	upér	
5484	cárin	

debajo		
2709	katacthónios	
5270	upokáto	

deber		
1163	déo	
3781	ofeilétes	
3782	ofeilé	
3784	oféilo	
4359	prosoféilo	
5534	cré	

debidamente		
1346	dikáios	

debido		
2398	ídios	

débil		
102	adúnatos	
769	asthéneia	
770	asthenéo	
772	asthenés	

debilidad		
769	asthenéia	

debilitado		
732	árrostos	

debilitar		
770	asthenéo	

decapitar		
607	apokefalízo	
2695	katasfázo	
3990	pelekízomai	

decena		
3461	muriás	

decentemente		
2156	euscemónos	

decidir		
1956	epilúo	
2476	ístemi	
2919	kríno	

décimo		
1182	dékatos	

decimocuarto		
5065	tessareskaidékatos	

decimoquinto		
4003	pentekaidékatos	

decir		
226	alethéuo	
471	antéipon	
518	apaggéllo	
987	blasfeméo	
1334	diegéomai	
1583	eklaléo	
2036	éipon	
2046	éireka, eró erréthen	
2059	ermenéuo	
2551	kakologéo	
2564	kaléo	
2980	laléo	
3004	légo	
3056	lógos	
3106	makarízo	
4277	proéipon	
4302	prolégo	
5335	fásko	
5346	femí	
5455	fonéo	

decisión		
1106	gnóme	

declarar		
312	anaggéllo	
518	apaggéllo	
1107	gnorízo	
1166	déiknumi	
1213	delóo	
1272	dianóigo	

1329	diermenéuo	2641	kataléipo	1140	daimónion
1620	ektíthemi	2673	katargéo	1142	dáimon
1956	epilúo	3935	paríemi	4151	pnéuma
2044	eréugomai	3973	páuo	**demorar**	
3140	marturéo	4330	proseáo	5549	cronízo
3377	menúo	5277	upolimpáno	**demostración**	
3670	omologéo	5339	féidomai	585	apódeixis
3724	orízo	**delante**		1730	éndeigma
4316	prosagoréuo	481	ántikrus	**demostrar**	
4591	semáino	561	apénanti	1925	epidéinumi
declinar		1715	émprosthen	4822	sumbibázo
2827	klíno	1725	énanti	5319	faneróo
decoro		1726	enantíon	**demudar**	
2157	euscemosúne	1799	enópion	853	afanízo
decoroso		2713	kakénanti	**denario**	
809	ascémon	2714	katenópion	1220	denárion
2158	euscémon	3694	opíso	**dentro**	
2887	kósmios	3908	paratíthemi	1787	entós
decreto		3936	parístemi	2080	éso
1297	diátagma	4254	proágo	2081	ésothen
1378	dógma	4295	prókeimai	2082	esóteros
dedicación		4313	proporéuomai	3879	parakúpto
1456	egkáinia	4363	prospípto	**denuedo**	
dedicar		**deleitar**		3954	parresía
5021	tásso	4913	sunédomai	3954 (2,3)	parresía
dedo		**deleite**		3955	parresiázomai
1147	dáktulos	619	apólausis	**denuncia**	
defección		2237	edoné	5334	fásis
2275	éttema	4763	streniáo	**denunciar**	
defecto		4764	strénos	518	apaggéllo
273	ámemptos	5171	trufáo	**depender**	
defender		5172	trufé	2910	kremánnumi
292	amúnomai	5369	filédonos	**deportación**	
626	apologéomai	**delicado**		3350	metoikesía
defensa		3120	malakós	**depósito**	
626	apologéomai	**delicia**		3866	parathéke
627	apología	2237	edoné	3872	parakatathéke
deficiencia		**delirar**		**derecho**	
5303	ustérema	3552	noséo	1188	dexiós
deficiente		**delito**		1849	exousía
3007	léipo	92	adíkema	2117	euthús
defraudar		156	aitía	3056	lógos
650	aposteréo	158	áition	3717	órthos
879A	afusteréo	1462	égklema	**deriva**	
3557	nosfízo	3900	paráptoma	5342	féro
4811	sukofantéo	**demandar**		**derramamiento**	
deidad		154	aitéo	130	aimatekcusía
2305	theiótes	1567	ekzetéo	**derramar**	
2320	theótes	1793	entugcáno	906	bállo
dejar		1934	epizetéo	1632	ekcéo
272	ameléo	2212	zetéo	1632A	ekcún(n)o
447	aníemi	4238	prásso	2708	katacéo
620	apoléipo	**demás**		4689	spéndo
630	apolúo	240	allélon	**derredor, en**	
659	apotíthemi	243	állos	4029	períkeimai
863	afíemi	3062	loipós	4039	perioikéo
906	bállo	3062 (1,2)	loipós	**derribar**	
1325	dídomi	4053	perissós	906	bállo
1439	eáo	4133	plén	1474	edafízo
1459	egkataléipo	**demasiado**		2507	kathairéo
1544	ekbállo	4055	perissóteros	2598	katabállo
1601	ekpípto			2647	katalúo
2010	epitrépo	**demonio**		2679	kataskápto
2525	kathístemi	1139	daimonízomai		

INDICE ESPAÑOL-GRIEGO　　　　　　843　　　　　　　　　　derrota - desolador

3089	lúo
4486	régnumi
4495	rípto

derrota
2871　kopé

desacreditarse
557　apelegmós

desacuerdo
3948　paroxusmós

desagradar
1278　diaponéomai

desalentar
120　athuméo

desamparar
447　aníemi
1459　egkataléipo
1590　eklúo

desaparecer
854　afanismós

desarraigar
1610　ekrizóo
1842　exolethréuo

desatar
3089　lúo

desatender
3865　paratheoréo

desavenencia
4978　scísma

descansar
373　anapáuo
2270　esucázo
2681　kataskenóo

descanso
372　anápausis

descargar
670　apofortízomai

descarriar
4105　planáo

descendencia
3751　osfús
4559　sarkikós
4560　sárkinos
4690　spérma
5043　téknon

descender
576　apobáino
1684　embáino
1968　epipípto
2064　ércomai
2597　katabáino
2718　katércomai
4782　sugkatabáino

descendientes
4690　spérma

descolgar
5465　caláo

desconocer
50　agnoéo

desconocido
3581　xénos

descrédito
557　apelegmós

3680	oneidismós

descubrir
177　akatakáluptos
343　anakalúpto
601　apokalúpto
648　apostegázo
1212　délos
5318　fanerós
5319　faneróo

descuidar
272　ameléo

desde
3812　paidióthen
3819　pálai
4267　proginósko

desde ahora
534　apartí

desde donde
3606　óthen

desear
1934　epizetéo
1937　epithuméo
1971　epipothéo
1973　epipóthetos
2172　éucomai
2309　thélo

desechar
114　athetéo
577　apobállo
579　apóbletos
593　apodokimázo
654　apostréfo
659　apotíthemi
683　apothéo
1544　ekbállo
1609　ekptúo
3868　paraitéomai

desecho
4067　perípsema

desenfreno
192　akrasía
401　anácusis

desentender
272　ameléo

desenvainar
1670　élko

deseo
1939　epithumía
1974　epipothía
4704　spoudázo

desesperar
1820　exaporéo

desfallecer
674　apopsúco

desgajar
1575　ekkláo

desgastar
1311　diaftheíro

deshacer
2647　kratalúo
2673　katargéo
3089　lúo

deshonesto
147　aiscrokerdós
150　aiscrós

deshonra
819　atimía

deshonrar
818　atimázo

desierto
2047　eremía
2048　éremos

designar
322　anadéiknumi
1381　dokimázo
3724　orízo
5500　ceirotonéo

designio
1012　boulé

desigual
2086　eteroyugéo

desistir
2270　esucázo

desleal
802　asúnthetos

desligar
2673　katargéo

deslizar
3901　pararréo

desmayar
1573　egkakéo
1590　eklúo
2577　kámno

desmedidamente
280　ámetros
5229　uperáiro

desmenuzar
3039　likmáo
4937　suntríbo

desnudar
1562　ekdúo

desnudez
1132　gumnótes

desnudo
1130　gumnitéuo
1131　gúmnos

desobedecer
544　apeithéo

desobediencia
543　apéitheia
3876　parakoé

desobediente
506　anupótaktos
544　apeithéo
545　apeithés

desocupado
692　argós

desocupar
4980　scolázo

desolado
2048　éremos

desolador
2050　erémosis

desolar		1534	éiten	4357	prosméno		
2049	eremóo	1836	exés	5551	cronotribéo		
desorden		1893	epéi	**determinar**			
181	akatastasía	1894	epeidé	1299	diatásso		
		1899	epéita	2919	kríno		
desordenadamente		2078	éscatos	3724	orízo		
812	ataktéo	2517	kathexés	4309	proorízo		
814	atáktos	3195	méllo				
despacio		3347	metépeita	**detracción**			
1020	braduploéo	3694	opíso	2636	katalalía		
		3752	ótan	**detractor**			
desparramar		3753	óte	2637	katálalos		
4650	skorpízo	5305	ústeron	**detrás**			
despedazar		5613	ós	190	akolouthéo		
1288	diaspáo			3693	ópisthen		
4486	régnumi	**destinar**		3694	opíso		
		4267	proginósko				
despedir		4270	prográfo	**deuda**			
537A	apaspázomai	5087	títhemi	1156	dánion		
630	apolúo			3782	ofeilé		
657	apotássomai	**destituir**		3783	oféilema		
863	afíemi	5302	usteréo				
1544	ekbállo	**destrucción**		**deudor**			
3089	lúo	684	apóleia	3781	ofeilétes		
		2050	erémosis	3784	ofeílo		
despensa		2506	katháiresis	5533	creofeilétes		
5009	taméion	2692	katastrofé	**devoción**			
despeñadero		3639	ólethros	2145	eupáredros		
2911	kremnós	5356	fthorá	2145A	euprósedros		
despeñar		**destructor**		**devolver**			
2630	katakremnízo	684	apóleia	591	apodídomi		
desperdiciar		3644	alothreutés	654	apostréfo		
1287	diaskorpízo	**destruir**		4762	stréfo		
desperdicio		142	áiro	**devorar**			
684	apóleia	622	apóllumi	2068	esthío		
		1311	diafthéiro	2666	katapíno		
despertar		2507	kathairéo	2719	katesthío		
1235	diagregoréo	2647	katalúo	**devoto**			
1326	diegéiro	2673	katargéo	2152	eusebés		
1453	egéiro	3089	lúo	**día**			
1852	exupnízo	3645	olothréuo	839	áurion		
1853	éxupnos	5351	fthéiro	1206	deuteráios		
despojamiento		5356	fthorá	1859	eorté		
555	apékdusis	**desvanecer**		1887	epáurion		
despojar		673	apocorízomai	1967	epióusios		
554	apekdúomai	853	afanízo	2184	efémeros		
659	apotíthemi	2647	katalúo	2192	éco		
1562	ekdúo	2758	kenóo	2250	eméra		
2758	kenóo	3471	moráino	3574	nucthémeron		
4813	suláo	**desvelo**		3637	oktaémeros		
despojo		70	agrupnía	3721	órthrios		
724	arpagé	**desventura**		4521	sábbaton		
desposada		5004	talaiporía	4594	sémeron		
3565	númfe	**desventurado**		5066	tetartáios		
desposar		5005	taláiporos	**diablo**			
718	armózo	**desviar**		1228	diábolos		
3423	mnestéuo	795	astocéo	**diabólico**			
despreciado		1578	ekklíno	1141	daimoniódes		
820	átimos	**detalle**		**diaconado**			
despreciar		3313	méros	1247	diakonéo		
1848	exouthenéo	**detener**		**diaconisa**			
2706	katafronéo	1304	diatríbo	1249	diákonos		
desprevenido		2476	ístemi	**diácono**			
532	aparaskéuastos	2523	kathízo	1249	diákonos		
después		2722	katéco	**diadema**			
1208	déuteros	2902	kratéo	1238	diádema		
1339	dústemi	3195	méllo				

INDICE ESPAÑOL-GRIEGO

diáfano
2929 krustallízo

diario
2522 kathemerinós

dicho
2981 laliá
3056 lógos
4487 réma

dichoso
3107 makários

diente
3599 odóus

diestra
1188 dexiós

diez
1176 déka
3461 muriás
3463 múrioi

diezmar
586A apodekatóo

diezmo
586 apodekatéuo
586A apodekatóo
1181 dekáte
1183 dekatóo

difamar
987 blasferméo
1425A dusferméo

diferencia
1252 diakríno
1293 diastolé
2919 kríno
3307 merízo

diferente
1308 diaféro
1313 diáforos
2085 eterodidaskaléo
2087 éteros

diferir
1308 diaféro

difícil
1419 dusbástaktos
1421 duserméneutos
1422 dúskolos
4646 skoliós

difícilmente
1423 duskólos
3433 mólis

dificultad, con
3433 mólis

difundir
565 apércomai
1308 diaféro
1607 ekporéuomai
1831 exércomai

difunto
2348 thnésko

dignarse
1896 epéidon

dignidad
746 arcé

digno
514 áxios

515 axíoo
516 axíos
1652 eleeinós
2425 ikanós
2661 kataxióo
2729 katiscúo

digno, menos
820 átimos
1777 énocos

dilación
311 anabolé

diligencia
199 akribós
1960 epimelós
4056 perissotéros
4704 spoudázo
4705 spoudáios
4710 spoudé

diligente
4357 prosméno
4705 spoudáios

diligentemente
198 akribóo
199 akribós
1830 exeraunáo

diluvio
2627 kataklusmós

dinero
694 argúrion
5365 filargurïa
5475 calkós
5536 créma

Dios
112 átheos
1140 daimónion
2312 theodídaktos
2313 theomacéo
2314 theomácos
2315 theópnuestos
2316 théos
2318 theosebés
2319 theostugés
5377 filótheos

diosa
2299 theá

dirigir
611 apokrínomai
1256 dialégomai
2233 egéomai
2720 kateuthúno
3329 metágo

discernimiento
1253 diákrisis

discernir
350 anakríno
1252 diakríno
2924 kritikós

disciplina
3809 paidéia

disciplinar
3810 paideutés
3811 paidéuo

discípula
3102 mathétria

discípulo
3100 mathetéuo
3101 mathetés

disculparse
626 apologéomai

discurso
3056 lógos
5542 crestología

discusión
485 antilogïa
1261 dialogismós
2214 zétesis
3163 máce
4714 stásis
4803 suzétesis

discutir
1256 dialégomai
1260 dialogízomai
3049 logízomai
4802 suzetéo
4817 sullogízomai

disensión
139 áiresis
1267 diamerismós
1369 dicázo
1370 dicostasïa
4714 stásis
4978 scísma

disentería
1420 dusentérion

disertar
1256 dialégomai

disfrazar
3345 metascematízo

disfrutar
2710 katacráomai
5177 tugcáno
5530 cráomai

disgustar
4360 prosocthízo

disimular
1986 epispáomai
4942 sunupokrínomai

disipación
4224 pótos

disipador
1287 diaskorpízo

disolución
766 asélgeia
810 asotïa

disoluto
4684 spataláo

dispensación
3622 oikonomïa

dispersar
1262 dialúo
1287 diaskorpízo
4495 rípto
4650 skorpízo

dispersión
1290 diasporá

disperso - duro

disperso
1290 diasporá

disponer
2090 etoimázo
2680 kataskeuázo
3049 logízomai
4295 prókeimai
5021 tásso
4766 stronnúo

disposición
1296 diatagé

dispuesto
2092 étoimos
2093 etóimos
4289 próthumos

disputa
1567A ekzétesis
2214 zétesis
3859 diaparatribé
3859A paradiatribé
5379 filon(e)ikía

disputador
4804 suzetetés

disputar
1252 diakríno
1256 dialégomai
1260 dialogízomai
4802 suzetéo
4820 sumbállo

distinción
1293 diastolé
2158 euscémon

distinguido
1784 éntimos
2158 euscémon

distinguir
1252 diakríno
1381 dokimázo

distinto
2087 éteros

distribución
1248 diakonía

disturbio
5017 táracos

diversidad
1243 diáiresis

diverso
1313 diáforos
4164 poikílos

dividir
1266 diamerízo
3307 merízo
4977 scízo

divino
2304 théios
5538 crematismós

división
592 apodiorízo
1370 dicostasía
3311 merismós
4978 scísma

divorcio
647 apostásion

divulgar
1255 dialaléo
1268 dianémo
1310 diafemízo
1837 execéo
2605 kataggéllo
2784 kerússo

doblar
2578 kámpto

doble
1363 diplóo
1374 dípsucos

doblez
1351 dílogos

doce
1177 dekadúo
1427 dódeka
1429 dodekáfulon

docto
3100 mathetéuo

doctor
1320 didáskalos
3547 nomodidáskalos

doctrina
1319 didaskalía
1322 didacé
2085 eterodidaskaléo
3862 parádosis

dolencia
2079 escátos
2192 (1) éco
2556 kakós
3119 malakía
3554 nósos

doler
3600 odunáo
4841 sumpásco

dolor
3077 lúpe
3601 odúne
4192 pónos
4841 sumpásco
4944 sunodíno
5604 odín
5605 odíno

domar
1150 damázo

dominar
1150 damázo
1850 exousiázo
2634 katakuriéuo

dominio
831 authentéo
1466 egkráteia
2963 kuriótes
4995 sofronismós

don
1390 dóma
1431 doreá
1434 dórema
1435 dorón
1467 ekgratéuomai
4151 pnéuma
5486 cárisma

donativo
5485 cáris

doncella
22 ágamos
3933 parthénos

donde
1437 (3) ópou, óu, ósakis eán
2547 kakéithen
3606 óthen
3699 ópou
3757 óu
4159 póthen
4226 póu

dondequiera (que)
1437 (3) ópou, óu, ósakis eán
3699 ópou

dos
297 amfóteroi
1332 dietés
1333 dietía
1337 dithálassos
1362 diplóus
1364 dís
1366 dístomos
1367 discílioi
1417 dúo
5518 cóinix

doscientos
1250 diakósioi

dracma
1323 dídracmon
1406 dracmé

dragón
1404 drákon

duda
1212 délos
3843 pántos

dudar
639 aporéo
1252 diakríno
1280 diaporéo
1365 distázo

dueño
1468 egkratés
2935 ktétor
4031 perikratés

dulce
1099 glukús

duodécimo
1428 dodékatos

duración
4340 proskairos

duramente
664 apotómos
1371 dicotoméo

durar
3306 méno

dureza
4457 pórosis
4641 sklerokardía
4643 sklerótes

duro
857 afeidía

INDICE ESPAÑOL-GRIEGO

926	barús					
3425	mógis					
3433	mólis					
4642	sklerós					
4644	sklerotrácelos					

E

ebrio
| 3184 | methúo |

echar
292B	amfibállo
555	apékdusis
556	apelaúno
565	apércomai
641	aporípto
733	arsenokóites
875	afrízo
906	bállo
992	bletéos
1001	bolízo
1032	brúo
1325	dídomi
1544	ekbállo
1685	embállo
1863	epágo
1911	epibállo
1949	epilambánomai
1968	epipípto
1977	epirípto
2022	epicéo
2598	katabállo
2657	katanoéo
2902	kratéo
2975	lagcáno
4060	peritíthemi
4160	poiéo
4494	ripízo
4495	rípto
5465	caláo

edad
1074	geneá
2244	elikía
5230	upérakmos
5550	crónos

edicto
| 1378 | dógma |

edificación
| 3619 | oikodomé |
| 3620 | oikodomía |

edificador
| 3618 | oikodómos |

edificar
3618A	oikodoméo
2026	epoikodoméo
4925	sunoikodoméo

edificio
| 3619 | oikodomé |

efectuar
| 1096 | gínomai |
| 4160 | poiéo |

eficacia
| 1411 | dúnamis |

eficaz
| 1756 | energés |

ejecutar
| 4160 | poiéo |

ejemplo
1164	déigma
3345	metascematízo
5179A	tupikós
5179	túpos
5261	upogrammós
5262	upódeigma
5296	upotúposis

ejercer
831	authentéo
1247	diakoneó
2407	ieratéuo
2715	katexousiázo
4160	poiéo

ejercitar
| 1128 | gumnázo |

ejército
| 1129 | gumnasía |
| 3925 | parembolé |

él
| 1565 | ekéinos |
| 2548 | kakéinos |

elección
| 1589 | eklogé |

elegido
| 1588 | eklektós |
| 4899 | suneklektós |

elegir
| 1586 | eklégomai |

elemento
| 4747 | stoicéion |

eliminado
| 96 | adókimos |

elocuencia
| 4086 | pithanología |

elocuente
| 3052 | lógios |

embajada
| 4242 | presbéia |

embajador
| 4243 | presbéuo |

embarcar
321	anágo
1688	embibázo
1910	epibáino

embargo, sin
1065	gé
3305	méntoi
4133	plén

emblanquecer
| 3021 | leukáino |

embotar
| 4456 | poróo |

embriagar
| 3182 | methúsko |
| 3184 | methúo |

embriaguez
| 3178 | méthe |
| 3632 | oinoflugía |

eminencia
| 5247 | uperocé |

eminente
| 5235 | uperbállo |

emitir
| 2980 | laléo |

empadronamiento
| 582 | apografé |

empadronar
| 583 | apográfo |

empapar
1072	gemízo
3324	mestós
4130	pímplemi

empezar
| 757 | árco |

empresa
| 4197 | poréia |

empujar
| 1643 | eláuno |
| 4261 | probállo |

en
303	aná
891	ácri
1883	epáno

enaltecer
1869	epaíro
5229	uperáiro
5312	upsóo

enardecer
| 3947 | paroxúno |

encadenar
| 1210 | déo |

encallar, hacer
| 2027 | epokéllo o epikéllo |

encaminar
| 2720 | kateuthúno |
| 4311 | propémpo |

encarcelar
| 3860 | paradídomi |
| 5439 | fulakízo |

encarecer
| 1263 | diamartúromai |

encargar
1690	embrimáomai
2008	epitimáo
2525	kathístemi
3140 (1)	marturóumai
3143	martúromai
3908	paratíthemi
5087	títhemi

encender
381	anápto
680	ápto
681	periápto
1572	ekkáio
2545	káio
2741	kausóo
4448	puróo

encerrar
2623	katakléio
2808	kléio
4788	sugkléio

encima

1883	epáno
2026	epoikodoméo
5231	uperáno

encinta

1471	égkuos
2192 (2)	en gastrí écein

encomendar

3860	paradídomi
3866	parathéke
3872	parakatathéke
3908	paratíthemi
4100	pistéuo
4921	sunístemi

encontrar

5221	upantáo

encorvar

2147	eurísko
2955	kúpto
4794	sugkúpto

encubiertamente

2977	láthra
3919	pareiságo
3921	pareisdúo

encubrir

2572	kalúpto
2928	krúpto
4780	sugkalúpto

encuentro

528	apantáo
529	apántesis
4876	sunantáo
4877	sunántesis
5222	upántesis

endechar

2354	threnéo

endemoniado

1139	daimonízomai

enderezar

352	anakúpto
461	anorthóo
1453	egéiro
2116	euthúno
2117	euthús

endurecer

4456	poróo
4645	sklerúno

endurecimiento

4457	pórosis

eneldo

432	ánethon

enemigo

2190	ecthrós

enemistad

2189	écthra

enemistar

2189	écthra

enfermar

770	asthenéo

enfermedad

769	asthéneia
2079	escátos
2192 (1)	éco
2560	kakós
3553	nósema
3554	nósos

enfermo

770	asthenéo
732	árrostos
772	asthenés
2079	escátos
2192 (1)	kakós écein
2556	kakós
2560	kakós
2577	kámno
4912	sunéco

enfilar

2722	katéco

enfrente

2713	katénanti

enfrente, de

561	apénanti

enfriar

5594	psúco

enfurecer

1282	diaprío
1693	emmáinomai

engañador

1114	goés
4108	plános
5423	frenapátes

engañar

538	apatáo
635	apoplanáo
1387	doliόo
1818	exapatáo
1839	exístemi
3884	paralogízomai
4105	planáo
4122	pleonektéo
4812	sulagogéo
5422	frenapatáo

engaño

539	apáte
650	aposteréo
1388	dólos

engendrar

1080	gennáo
5042	teknogonía

engordado

4619	sitistós

engordar

5142	tréfo

engrandecer

3170	megalúno

engrosar

3975	pacúno

enjugar

1591	ekmásso
1813	exaléifo

enloquecer

3471	moráino

enmohecer

2728	katióo

enmudecer

5392	fimóo

enojar

23	aganaktéo
2371	thumomacéo
2373	thumóo
3710	orgízo
5520	coláo

enojo

2372	thumós
3709	orgé
3950	parorgismós

enorme

3173	mégas

enramada

4633	skené

enredar

1707	empléko

enriquecer

4147	ploutéo
4148	ploutízo

enrollar

1667	elísso
1794	entulísso
4428	ptússo

ensanchar

4115	platúno

ensenada

2859	kólpos

enseña, tener por

3902	parásemos

enseñanza

1319	didaskalía
1322	didacé
3862	parádosis

enseñar

1256	dialégomai
1317	didaktikós
1318	didaktós
1319	didakaslía
1321	didásko
2085	eterodidaskaléo
2605	kataggéllo
2727	katecéo
3377	menúo
3453	muéo
3594	odegéo
3811	paidéuo
3860	paradídomi
4994	sofronízo
5263	upodéiknumi
5294	upotíthemi

enseñorearse

2634	katakuriéuo
2961	kuriéuo

ensoberbecer

5309	upselofronéo

entender

50	agnoéo
143	aisthánomai
191	akóuo
1097	ginósko
1213	delóo
1425	dusnóetos
1492	óida
1718	emfanízo

1921	epiginósko	1530	eispedáo	envolver	
3539	noéo	1787	entós	1210	déo
4441	punthánomai	2089	éti	1667	elísso
4591	semáino	2193	éos	1750	eneiléo
4920	suníemi	3319	mésos	1794	entulísso
entender, no		3342	metaxú	4016	peribállo
50	agnoéo	3745	ósos	4019	peridéo
entendido		3748 (2)	éos ótou	4683	sparganóo
1990	epistémon	3752	ótan	4958	sustéllo
4908	sunetós	3753	óte	epístola	
entendimiento		5613	ós	1992	epistolé
801	asúnetos	entre tanto		equidad	
1271	diánoia	5550 (1)	crónon,ef'óson	1932	epiéikeia
3540	nóema	entregar		2118	euthútes
3563	nóus	863	afíemi	equipo	
4136	pleroforía	1239	diadídomi	4632	skéuos
4907	súnesis	1325	dídomi	era	
entenebrecer		1560	ékdotos	257	álon
4654	skotízo	1929	epidídomi	erguir	
4656	skotóo	2289	thanatóo	352	anakúpto
enteramente		2712	katéidolos	erigir	
1822	exartízo	3330	metadídomi	2005	epiteléo
3843	pántos	3860	paradídomi	errante	
entero		4684	spataláo	4107	planétes
3625	oikouméne	4912	sunéco	errar	
3650	ólos	4972	sfragízo	4105	planáo
4912	sunéco	5483	carízomai	error	
enterrar		entremeter		539	apáte
2290	thápto	244	allotrioepískopos	4106	pláne
4792	sugkomízo	1687	embatéuo	escabroso	
entonces		4021	períergos	5138	trácus
686	ára	entreoír		escala	
1534	éita	3878	parakóuo	3306	méno
5119	tóte	entretejer		escama	
entrada		4120	pléko	3013	lepís
1529	éisodos	entretener		escandalizar	
2374	thúra	4020	periergázomai	4624	skandalízo
4259	proáulion	entristecer		escapar	
4318	prosagogé	1568	ekthambéo	366	ananéfo
entrañable		3076	lupéo	668	apoféugo
4698	splágcnon	4818	sullupéo	1295	diasózo
entrañablemente		envanecer		1628	ekféugo
1619	ektenós	3154	mataióo	1831	exércomai
entrañas		5187	tufóo	5343	féugo
4698	splágcnon	5448	fusióo	escarlata	
entrar		envejecer		2847	kókkinos
305	anabáino	1095	gerásko	4450	purrós
549	ápeimi	3822	palaióo	escarnecer	
1521	eiságo	enviar		1702	empáizo
1524	éiseimi	375	anapémpo	escasez	
1525	eisércomai	630	apolúo	5303	ustérema
1528	eiskaléo	649	apostéllo	5304	ustéresis
1531	oisporéuomai	1544	ekbállo	escasamente	
1684	embáino	1599	ekpémpo	5340	feidomén os
1910	epibáino	1821	exapostéllo	escatimar	
2064	ércomai	3992	pémpo	5339	féidomai
2983	lambáno	4842	súmpempo	esclarecer	
3921	pareisdúo	4882	sunapostéllo	1306	diaugázo
3922	pareisércomai	5342	féro	esclavitud	
4897	suneisércomai	envidia		1397	douléia
entre		2205	zélos	1398	douléuo
240	allélon	2206	zelóo	1402	doulóo
303	aná	5355	fthónos		
891	ácri	envidiar			
		5354	fthonéo		

INDICE ESPAÑOL-GRIEGO

esclavizar - estar

2615	kaladoulóo	3305 (1)	méntoi	**espía**		
esclavizar		3676	ómos	1455	ekgáthetos	
1398	douléuo	**esforzar**		2685	katáskopos	
2615	katadoulóo	75	agonízomai	**espiar**		
esclavo		971	biázomai	2684	kataskopéo	
1398	douléuo	1743	endunamóo	**espiga**		
1401	dóulos	2901	krataióo	4719	stácus	
1402	doulóo	4865	sunagonízomai	**espina**		
escoger		5389	filotiméomai	173	ákantha	
138	airéo	**esmeralda**		174	akánthinos	
140	airetízo	4664	smarágdinos	**espino**		
1586	eklégomai	4665	smáragdos	173	ákantha	
1951	epilégo	**espacioso**		**espíritu**		
4400	proceirízo	2149	eurúcoros	4151	pnéuma	
4401	proceirotonéo	**espada**		**espiritual**		
escogido		3162	mácaira	3050	logikós	
1588	eklektós	4501	romfáia	4151	pnéuma	
1589	eklogé	**espantado**		4152	pneumatikós	
esconder		1719	émfobos	4153	pneumatikós	
613	apokrúpto	**espantar**		**espiritualmente**		
1470	egkrúpto	1568	ekthambéo	4153	pneumatikós	
2928	krúpto	1630	ékfobos	**esplendidez, con**		
2990	lantháno	4422	ptoéo	2988	lamprós	
escondidas, a		**espanto**		**espléndido**		
3920	paréisaktos	1611	ékstasis	2986	lamprós	
escoria		**espantosa**		**esponja**		
4027	perikátharma	5400	fóbetron	4699	spóggos	
escorpión		**esparcir**		**esposa**		
4651	skorpíos	1287	diaskorpízo	1135	guné	
escriba		1289	diaspéiro	3565	numfé	
1122	grammatéus	1632	ekcéo	4632	skéuos	
		4650	skorpízo	**esposo**		
escribir		**especia**		435	anér	
1125	gráfo	289A	ámomon	3566	numfíos	
1449	eggráfo	759	ároma			
1924	epigráfo	**especialmente**		**espuma**		
1989	epistéllo	3122	málista	876	afrós	
2608A	katagráfo	**especie**		**espumar**		
4270	prográfo	1491	éidos	1890	epafrízo	
escrito		**espectáculo**		**espumarajos, echar**		
1121	grámma	2301	theatrízo	875	afrízo	
1123	graptós	2302	théatron	**esquife**		
1923	epigrafé	2335	theoría	4627	skáfe	
escritura		**espejo**		**esquina**		
1121	grámma	2072	ésoptron	1137	gonía	
1124	grafé	2734	katoptrízo	**establecer**		
escuchar		**espera**		2311	themelióo	
191	akóuo	4328	prosdokáo	2476	istemi	
4337	proséco	**esperanza**		2525	kathístemi	
5219	upakóuo	1679	elpízo	2749	këimai	
escudo		1680	elpís	3549	nomothetéo	
2375	thureós	1820	exaporéo	4160	poiéo	
escudriñar		**esperar**		4931	sunteléo	
350	anakríno	362	anaméno	**establecido**		
2045	eraunáo	553	apekdécomai	1296	diatagé	
escuela		560	apelpízo	**estadio**		
4981	scolé	1551	ekdécomai	4712	stádio	
escultura		1679	elpízo	**estado**		
5480	cáragma	3114	makrothuméo	2821	klésis	
escupir		3306	méno	**estanque**		
1716	emptúo	4037	periméno	2861	kolumbéthra	
4429	ptúo	4276	proelpízo	**estar**		
ese		4327	prosdécomai	390	anastréfo	
1565	ekéinos	4328	prosdokáo			

INDICE ESPAÑOL-GRIEGO — 851 — estar a la mesa - excelentísimo

835	aulízomai	**esterilidad**			**eternalmente**	
1096	gínomai	3500	nékrosis		165	aión
1304	diatríbo	**estima**			**eternamente**	
1448	eggízo	1599A	ekperissóu		165	aión
1736	endeméo	1784	éntimos		**eterno**	
1764	enístemi	1848	exouthenéo		166	aiónios
1961	epiméno	4185	polutelés		126	aídios
2192	éco	5228 (1)	upér ekperissóu		**eunuco**	
2476	ístano	**estimado**			2134	eunoucízo
2749	kéimai	1978	epísemos		2135	eunóucos
3195	méllo	**estimar**			**evangelio**	
3306	méno	472	antéco		2097	euaggelízo
3854	paragínomai	515	axióo		2098	euaggélion
3873	parákeimai	2233	egéomai		**evangelista**	
3918	páreimi	3049	logízomai		2099	euaggelistés
3936	parístemi	**estimular**			**evangelizar**	
4160	poiéo	2042	erethízo		2097	euaggelízo
4342	proskarteréo	3618A	oikodoméo		**evidencia**	
4357	prosméno	3948	paroxusmós		1651	elégco
4391	proupárco	**estímulo**			**evidente**	
4739	stéko	3948	paroxusmós		1212	délos
4836	sumparagínomai	**estómago**			**evitar**	
4840	sumpáreimi	4751	stómacos		665	apotrépo
4896	súneimi	**estorbar**			1624	ektrépo
4921	sunístemi	348	anakópto		4026	perístemi
4962	sustréfo	1465	egkópto		4724	stéllo
5177	tugcáno	1776	enocléo		5339	féidomai
5225	upárco	2967	kolúo		5343	féugo
estar a la mesa		**estorbo**			**exactamente**	
2621	katákeimai	1465	egkópto		199	akribós
4873	sunanákeimai	1581	ekkópto		**exagerar**	
estar a punto		**estrado**			1912	epibaréo
3195	méllo	5286	upopódion		**exaltación**	
estar cautivo		**estratagema**			5311	úpsos
2221	zogréo	2940	kubéia		**exaltar**	
estar con fiebre		**estrechar**			5229	uperáiro
4445	purésso	1758	enéco		5251	uperupsóo
estar de acuerdo		4912	sunéco		5312	upsóo
4241	prépo	**estrechez**			**examen**	
estar en cama		2347	thlípsis		351	anákrisis
2621	katákeimai	**estrecho**			**examinar**	
estar en pie		4728	stenós		350	anakríno
2476	ístemi	4729	stenocoréo		426	anetázo
4714	stásis	4912	sunéco		1252	diakríno
estar fuera de sí		**estrella**			1381	dokimázo
1839	exístemi	792	astér		**exasperar**	
estar junto(s)		798	ástron		2042	erethízo
4905	sunércomai	**estremecerse**			**exceder**	
4927	sunomoréo	1690	embrimáomai		5235	uperbállo
estar suspenso		**estrictamente**			**excelencia**	
1582	ekkremánnumi	195	akríbeia		703	areté
estatero		**estropear**			5236	uperbolé
4715	statér	4937	suntríbo		5242	uperéco
estatura		**estruendo**			5247	uperocé
2244	elikía	2279	écos		**excelente**	
este		4500	roizedón		1313	diáforos
1565	ekéinos	5456	foné		2909	kréitton
2548	kakéinos	**estudiar**			4119	pléion
3592	óde	3129	mantháno		5236	uperbolé
3748	óstis	**estupor**			**excelentísimo**	
3779	óutos	2659	katánuxis		2903	krátistos
5108	toióutos					
5602	óde					
estéril						
4723	stéira					

excepto					
3924	parektós	3004	légo	extravío	
		5419	frázo	4106	pláne
excitar		**exponer**		**extremo**	
1892	epegeíro	394	anatíthemi	206	ákron
		1570	ékthetos	5056	telós
exclamar		1620	ektíthemi		
349	anakrázo	1777	énocos	**F**	
400	anafonéo	3851	paraboléuomai	**fabricante**	
excluir		3851A	parabouléuomai	4635	skenopóios
1544	ekbállo	3856	paradeigmatízo	**fábula**	
1576	ekkéio	3860	paradídomi	3454	múthos
exclusión		3908	paratíthemi	**fácil**	
580	apobolé	5294	upotíthemi	2123	éukopos
excusa		**expulsado (de la sinagoga)**		5543	crestós
4392	prófasis	656	aposunágogos	**fácilmente**	
excusar		**expulsar**		5030	tacéos
3868	paraitéomai	1544	ekbállo	**facultad**	
exento		1559	ekdióko	2917	kríma
1658	eléutheros	**exquisito**		**falsamente llamado**	
exhibir		3045	liparós	5581	pseudónumos
584	apodéiknumi	**éxtasis**		**falsificar**	
1165	deigmatízo	1611	ékstasis	2585	kapeléuo
exhortación		**extender**		**falso**	
3874	paráklesis	1330	diércomai	5569	pseudádelfos
5280	upómnesis	1600	ekpetánnumi	5570	pseudapóstolos
exhortar		1614	ektéino	5571	pseudés
1263	diamartúromai	1831	exércomai	5572	pseudodidáskalos
1651	elégco	1901	epektéinomai	5575	pseudómartus
3560	nouthetéo	3170	megalúno	5576	pseudomarturéo
3867	parainéo	4637	skenóo	5577	pseudomarturía
3870	parakaléo	**exterior**		5578	pseudoprofétes
exigencia		1854	éxo	5580	pseudócristos
4124	pleonexía	**exteriormente**		**falta**	
exigir		5318 (1)	en to faneró	2275	éttema
4238	prásso	**externo**		3007	léipo
existencia		1855	éxothen	3900	paráptoma
4714	stásis	**extorsión, hacer**		5303	ustérema
exorcista		1286	diaséio	**faltar**	
1845	exorkistés	**extralimitar**		170	akairéomai
expatriado		5239	uperektéino	621	apoléipo
3927	parepídemos	**extranjero**		1587	ekléipo
expectación		241	allogenés	1952	epiléipo
1561	ekdocé	245	allótrios	3007	léipo
4329	prosdokía	246	allófulos	5302	usteréo
expectativa		915	bárbaros	5303	ustérema
4328	prosdokáo	1854	éxo	5532	créia
expedir		3581	xénos	**fallar**	
1247	diakonéo	3939	paroikéo	1601	ekpípto
expensa		3940	paroikía	**fama**	
3800	posónion	3941	pároikos	189	akoé
experiencia		**extrañarse**		1426	dusfemía
1382	dokimé	2296	thaumázo	2162	eufemía
experimentar		**extraño**		2279	écos
3984	péira	245	allótrios	3056	lógos
expiar		526	apallotrióo	5345	féme
2433	iláskomai	3579	xenízo	**familia**	
expirar		3581	xénos	1085	génos
1606	ekpnéo	**extraviarse**		3609	oikéios
1634	ekpsúco	635	apoplanáo	3614	oikía
explicar		3845	parabáino	3617	oikodespótes
1285	diasaféo	4105	planáo	3624	óikos
1421	duserméneutos	4254	proágo	3965	patriá
		5351	fthéiro	**famoso**	
				1978	epísemos

INDICE ESPAÑOL-GRIEGO

Español	N°	Griego
fantasma	5326	fántasma
fariseo	5330	Farisáios
fatiga	928	basanízo
	3449	mócthos
fatigar	2872	kopiáo
favor	18	agathós
	3982	péitho
	5228	upér
	5485	cáris
favorecer	5487	caritóo
faz	4383	prósopon
fe	3640	oligopistía
	3640A	oligópistos
	4102	pístis
féretro	4673	sorós
fermentar	2220	zumóo
feroz	5467	calepós
ferviente	1618	ektenés
	2204	zéo
fervoroso	2204	zéo
festivo	3831	panéguris
fiador	1450	égguos
fianza	2425	ikanós
fiar	4100	pistéuo
fidelidad	4102	pístis
fiebre	4445	purésso
	4446	puretós
fiel	1103	gnésios
	4102	pístis
	4103	pistós
fiera	66	ágrios
	2341	theriomacéo
	2342	theríon
fiesta	1077	genésia
	1456	egkáinia
	1858	eortázo
	1859	eorté
	4634	skenopegía
figura	499	antítupos
	5179	túpos
	5262	upódeigma
figurado	3850	parabolé
fijamente	816	atenízo
	1227	diablépo
fijar	816	atenízo
	4648	skopéo
fijo	790	astatéo
filacteria	5440	fulaktérion
filo	1366	dístomos
	4750	stóma
filosofía	5385	filosofía
filósofo	5386	filósofos
fin	2443	ína
	3363	iná mé
	3704	ópos
	4009	péras
	4218	poté
	4930	suntéleia
	5056	télos
	5305	ústeron
final	2078	éscatos
finalmente	5056 (1)	télos
	5305	ústeron
fingido	505	anupókritos
	4112	plastós
fingimiento	505	anupókritos
fino	1039	bússinos
	1040	bússos
firme	186	aklinés
	949	bébaios
	1476	edráios
	2476	ístemi
	2722	katéco
	4731	stereós
	4739	stéko
firmeza	1226	diabebaióurnai
	4733	steréoma
	4740	sterigmós
flaqueza	771	asthénema
flauta	832	auléo
	834	auletés
	836	aulós
fleco	2899	kráspedon
flor	438	ánthos
	4585	semídalis
fluctuante	2831	kludonízomai
fluctuar	186	aklinés
flujo	131	aimorroéo
	4511	rúsis
forastero	3581	xénos
	3939	paroikéo
forma	1491	éidos
	3444	morfé
	3446	mórfosis
	4976	scéma
	5179	túpos
	5296	upotúposis
formar	3445	morfóo
	4111	plásso
fornicación	4202	pornéia
	4203	pornéuo
fornicar	1608	ekpornéuo
	4203	pornéuo
fornicario	4205	pórnos
Foro	58	agorá
	5410	fóron
fortalecer	1412	dunamóo
	1743	endunamóo
	1765	eniscúo
	2901	krataióo
	3874	paráklesis
	4599	sthenóo
fortaleza	2479	iscús
	3794	ocúroma
	3925	parembolé
	3954	parresía
forzar	315	anagkázo
frágil	772	asthenés
franqueza	3954	parresía
frasco de aínt	211	ılábastro
fraternal	5360	filadelf ı
fraternalı ıte	5361	filádell
fraternidaı l	81	adelfót
fraudulento	1386	dólios

frecuente		fuga		1550	ekdapanáo
4437	puknós	2827	klíno	4321	prosanalísko
freno		fugar		4325	prosdapanáo
5469	calinós	1309	diaféugo	gasto	
frente		fulgor		1159	dapanáo
528	apantáo	5458	fostér	1160	dapáne
1727	enantíos			gemido	
3359	métopon	fulgurar		3602	odurmós
3936	parístemi	797	astrápto	4726	stenagmós
4281	proércomai	función		gemir	
5221	upantáo	4234	práxis	389	anastenázo
frío		funcionario		4727	stenázo
5592	psúcos	1413	dunástes	4959	sustenázo
5593	psucrós	fundación		genealogía	
		2602	katabolé	1075	genealogéomai
fructífero		fundamento		1076	genealogía
2593	karpofóros	2310	themélios	1078	génesis
frustrar		2598	katabállo	generación	
4098	pípto	fundar		1074	genéa
fruto		2311	themelióo	1081	génnema
175	ákarpos	3618A	oikodoméo	género	
536	aparcé	fundir		1085	génos
1081A	génema	5080	téko	generosidad	
1081	génnema	furioso		572	aplótes
2590	karpós	4971	sfodrós	2129	eulogía
2592	karpoforéo	furor		generoso	
3703	opóra	454	ánoia	2843	koinonikós
5052	telesforéo	2372	thumós	gente	
fuego		G		1484	éthnos
439	anthrakiá			3793	óclos
4442	púr	galardón		4128	pléthos
4443	purá	3405	misthapodosía	gentil	
4447	púrinos	3408	misthós	1482	ethnikós
4448	puróo	galardonador		1483	ethnikós
4451	púrosis	3406	misthapodótes	1484	éthnos
5457	fós	gallina		1672	Ellen
fuente		3733	órnis	gentileza	
4077	pegé	gallo		1933	epieikés
4200	porismós	219	alektorofonía	gentío	
fuera		220	aléktor	3793	óclos
142	áiro	gana, de buena		gloria	
171	akáiros	2234	edéos	1391	dóxa
249	álogos	ganado		1392	doxázo
1544	ekbállo	2353	thrémma	2745	káucema
1622	ektós	ganancia		2746	káucesis
1806	exágo	146	aiscrokerdés	2811	kléos
1839	exístemi	147	aiscrokerdós	gloriar	
1854	éxo	2039	ergasía	1460A	egkaucáomai
1855	éxothen	2771	kérdos	2744	kaucáomai
2598	katabállo	4200	porismós	2745	káucema
3105	máinomai	ganar		2746	káucesis
3693	ópisthen	2698	katatíthemi	glorificar	
4133	plén	2770	kerdáino	1392	doxázo
5565	corís	2932	ktáomai	1740	endoxázomai
fuerte		4046	peripoiéo	4888	sundoxázo
1415	dunatós	4122	pleonektéo	glorioso	
2478	iscurós	4333	prosergázomai	1391	dóxa
3173	mégas	gangrena		1392	doxázo
		1044	gángraina	1741	éndoxos
fuerza		garganta		glotón	
317	anagkastós	2995	lárugx	1064	gastér
1411	dúnamis	gastar		glotonería	
1412	dunamóo	1159	dapanáo	2897	kraipále
1765	eniscúo				
2479	iscús				

INDICE ESPAÑOL-GRIEGO						
2970	kómos	gran vehemencia, con		5483	carízomai	
gobernador		2159	eutónos	gravar		
1481	ethnárces	grande		916	baréo	
2230	egemonéuo	928	basanízo	grave		
2232	egemón	1171	deinós	926	barús	
2888	kosmokrátor	1972	epipóthesis	gravemente		
gobernante		2245	elíkos	1171	deinós	
746	arcé	2361	thrómbos	2560	kakós	
756	árco	2425	ikanós	gravoso		
758	árcon	2478	iscurós	4	abarés	
gobernar		2785	kétos	926	barús	
1018	brabéuo	3029	lían	1912	epibaréo	
2116	euthúno	3122	málista	2655	katanarkáo	
2233	egéomai	3166A	megalaucéo	grey		
2735	katórthoma	3167	megaléios	4168	póimnion	
3329	metago	3171	megálos	griega		
3616	oikodespotéo	3173	mégas	1674	Ellenís	
4291	proístemi	3175	megistán	griego		
goce		3745	ósos	915	bárbaros	
619	apólausis	3779	óutos	1672	Ellen	
golpear		3827	pámpolus	1673	Ellenikós	
1194	déro	4053 (1)	perissós	1675	Ellenistés	
3817	páio	4080	pelíkos	1676	Ellenisté	
3960	patásso	4128	pléthos	grillo		
4363	prospípto	4183	polús	3976	péde	
5299	upopiázo	4185	polutelés	gritar		
5180	túpto	4500	roizedón	349	anakrázo	
gordo		4970	sfódra	994	boáo	
4618	siteutós	5082	telikóutos	2019	epifonéo	
gota, grande		5118	tosóutos	2896	krázo	
2361	thrómbos	5228 (1)	upér ekperissóu	2905	kraugázo	
gozar		5244A	uperlían	gritería		
21	agalliáo	5249	uperperissós	2906	kraugé	
2106	eudokéo	5455	fonéo	grito		
2165	eufráino	grande estruendo		349	anakrázo	
4796	sugcáiro	4500	roizedón	grosura		
5172	trufé	grande gota		4096	piótes	
5177	tugcáno	2361	thrómbos	grupo		
5463	cáiro	grande instancia		2828	klisía	
gozo		5238A	uperekperissóu	3793	óclos	
780	asménos	grandemente		4237	prasiá	
2167	eufrosúne	3173	mégas	4849	sumpósion	
5463	cáiro	3357	metríos	5069	tetádrion	
5479	cará	4970	sfódra	guarda		
gozoso		grandeza		5441	fúlax	
5463	cáiro	3168	megaléiotes	guardar		
5479	cará	3174	mégethos	606	apókeimai	
grabar		5236	uperbolé	991	blépo	
1795	entupóo	grandísimo		1301	diateréo	
gracia		3176	mégistos	1314	diafulásso	
1431	doreá	granero		2343	thesaurízo	
5479	cará	596	apothéke	2476	ístemi	
5485	cáris	granizo		2749	kéimai	
gracias		5464	cálaza	2902	kratéu	
2168	eucaristéo	grano		3906	paraterée	
2169	eucaristía	2848	kókkos	3930	paréco	
5485	cáris	4621	sítos	4160	poiéo	
grada		gratitud		4238	prásso	
304	anabathmós	2169	eucaristía	4337	proséco	
grado		5485	cáris	4863	sunágo	
780	asménos	grato		4933	suntéreo	
898	bathmós	2175	euodía	5055	teléo	
gran precio, de		gratuitamente		5083	teréo	
927	barútimos	77	adápanos	5084	téresis	
		1432	doréan			

5087	títhemi	1255	dialaléo		15	agathopoiéo
5432	frouréo	1269	dianéuo		16	agathopoiía
5442	fulásso	2036	éipon		17	agathopoiós
guardia		2046	eró, éireka, y		18A	agathourgéo
2892	koustódia		erréthen		2109	euergetéo
4688	spekoulátor	2980	laléo		2140	eupoiía
4755	strategós	2981	laliá		**hacer caso**	
5438	fulaké	3004	légo		5426	fronéo
guardiana		3056	lógos		**hacer daño**	
3511	neokóros	3656	omiléo		2559	kakóo
guarida		3955	parresiázomai		**hacer entrar**	
5438	fulaké	4354	proslaléo		1528	eiskaléo
5454	foleós	4377	prosfonéo		**hacer escala**	
guerra		4399	profthano		3306	méno
4171	pólemos	4814	sullaléo		**hacer eunuco**	
4820	sumbállo	4926	sunomiléo		2134	eunoucízo
guerrear		5350	ftheggomai		**hacer fiesta**	
4820	sumbállo	**hablar en defensa**			2165	eufráino
guía		626	apologéomai		**hacer frente**	
3595	odegós	**hacedor**			528	apantáo
guiar		2040	ergátes		5221	upantáo
71	ágo	4163	poietés		**hacer injusticia**	
2233	egéomai	**hacer**			91	adikéo
3594	odegéo	315	anagkázo		**hacer justicia**	
guirnalda		321	anágo		1556	ekdikéo
4725	stémma	658	apoteléo		**hacer la cama**	
gusano		886	aceiropóietos		4766	stronnúo
4662	skolekóbrotos	1096	gínomai		**hacer la paz**	
4663	skólex	1303	diatíthemi		1517	eirenopoiéo
gustar		1754	energéo		**hacer libre**	
1089	géuomai	1755	enérgema		1659	eleutheróo
2309	thélo	2005	epiteléo		**hacer mal**	
5383	filoprotéuo	2038	ergázomai		2559	kakóo
H		2041	érgon		**hacer menor**	
haber		2554	kakopoiéo		1642	elattóo
1096	gínomai	2569	kalopoiéo		**hacer misericordia**	
1762	éni	2680	kataskeuázo		1653	eleéo
1884	eparkéo	2716	katergázomai		**hacer nulo**	
3195	méllo	2936	ktízo		2673	katargéo
5225	upárco	3447	moscopoiéo		**hacer pobre**	
habitación		3930	paréco		4433	ptocéuo
1886	epáulis	4043	peripatéo		**hacer profesión**	
2732	katoiketérion	4087	pikráino		3670	omologéo
2733	katoikía	4160	poiéo		**hacer promesa**	
3613	oiketérion	4162	póiesis		1861	epaggéllomai
habitante		4238	prásso		**hacer una pregunta**	
2730	katoikéo	4364	prospoiéo		1905	eperotáo
habitar		4635	skenopoiós		**hacia**	
1774	enoikéo	4868	sunáiro		1883	apáno
2521	káthemai	4921	sunístemi		2736	káto
2730	katoikéo	5499	ceiropóietos		5613	ós
3611	oikéo	**hacer acepción de personas**			**hacienda**	
3625	oikouméne	4380	prosopolemptéo		68	agrós
3939	paroikéo	4381	prosopolémptes		5224-25	upárconta
4637	skenóo	**hacer afrenta**			**hacha**	
habituar		1796	enubrízo		513	axíne
1128	gumnázo	**hacer agravio**			**hallar**	
4914	sunétheia	91	adikéo		429	aneurísko
hablar		**hacer antes**			2147	eurísko
483	antilégo	4254	proágo		2638	katalambáno
653	apostomatízo	**hacer banquete**			3854	paragínomai
669	apofthéggomai	2165	eufráino			
987	blasfeméo	**hacer beber**				
		4222	potízo			
		hacer bien, hacer lo bueno				
		14	agathoergéo			

INDICE ESPAÑOL-GRIEGO

4045	peripípto
4624	skandalízo

hambre
| 3042 | limós |
| 3983 | peináo |

hambriento
| 3983 | peináo |
| 4361 | próspeino |

harina
| 224 | áleuron |
| 4585 | semídalis |

hartar
| 5526 | cortázo |

hasta
891	ácri
2193	éos
3360	mécri
3748 (2)	éos ótou

hato
| 34 | agéle |

he ahí
| 2396 | íde |
| 2400 | idóu |

he aquí
| 2396 | íde |
| 2400 | idóu |

hebreo
1444	Ebraikós
1445	Ebráios
1446	ebraís
1447	ebraistí

hechicería
| 5331 | farmakéia |
| 5332A | fármakon |

hechicero
| 5332 | farmakéus |
| 5333 | fármakos |

hecho
2041	érgon
2400	idóu
3056	lógos
4161	póiema
4234	práxis
4238	prásso

hechura
| 4161 | póiema |

heder
| 3605 | ózo |

helo
| 2400 | idóu |

hembra
| 2338 | thélus |

heraldo
| 2784 | kerússo |

heredad
68	agrós
2816	kleronoméo
2817	kleronomía
2933	ktéma
2935	ktétor
5225	upárco
5561	córa
5564	coríon

heredar
| 2816 | kleronoméo |

heredero
| 2818 | kleronómos |

herejía
| 139 | áiresis |

herencia
2624A	kataklerodotéo
2624	katakleronoméo
2817	kleronomía
2820	kleróo
5223	úparxis

herida
3468	mólops
4127	plegé
5134	tráuma

herir
615	apoktéino
2629	katakópto
2775	kefalióo
3817	páio
3960	patásso
4141	plésso
4474	rapízo
4969	sfázo
5135	traumatízo
5180	túpto

hermana
| 79 | adelfé |

hermandad
| 81 | adelfótes |

hermano
80	adelfós
81	adelfótes
5569	pseudádelfos

hermoso
791	astéios
2143	euprépeia
2570	kalós
5611	oráios

hermosura
| 2143 | **euprépeia** |

herodiano
| 2265 | Erodianói |

hervor
| 2205 | zélos |

hidrópico
| 5203 | udropikós |

hiel
| 5521 | colé |

hierba
| 1008 | botáne |
| 5528 | córtos |

hierro
| 4603 | sideroús |
| 4604 | síderos |

higo
| 3653 | ólunthos |
| 4810 | súkon |

higuera
| 4808 | suké |

hija
| 2364 | thugáter |

2365	thugátrion
3813	paidíon
3933	parthénos
5043	téknon

hijita
| 2365 | thugátrion |

hijo
815	áteknos
3813	paidíon
3816	páis
5041	teknogonéo
5042	teknogonía
5043	téknon
5044	teknotroféo
5207	uiós
5388	filóteknos

hilar
| 3514 | nétho |

himno
| 5214 | umnéo |
| 5215 | úmnos |

hincar
| 1120 | gonupetéo |
| 2043 | eréido |

hinchar
1714	empí(m)premi o emprétho
4092	pímpremi
5448	fusióo

hipocresía
| 505 | anupókritos |
| 5272 | upókrisis |

hipócrita
| 5273 | upokrités |

hisopo
| 5301 | ússopos |

historia
| 1335 | diégesis |

hoja
| 5444 | fúllon |

hojarasca
| 2562 | kaláme |
| 5528 | córtos |

holgura
| 425 | ánesis |

holocausto
| 3646 | olokáutoma |

hollar
| 2662 | katapatéo |
| 3961 | patéo |

hombre
435	anér
441	anthropáreskos
442	anthrópinos
444	ánthropos
730	ársen
1170	déina
3640A	oligópistos
4413	prótos
5108	toióutos

hombro
| 5606 | ómos |

homicida		**hoz**		**idólatra**	
409	androfónos	1407	drépanon	1496	eidololátres
homicidio		**huella**		**idolatría**	
5408	fónos	968	béma	1495	eidololatría
hondo		**huérfano**		2712	katéidolos
901	bathús	3737	orfanós	**ídolo**	
honestamente		**huerto**		1493	eidoléion
2156	euscemónos	2779	képos	1494	eidolóthutos
honestidad		**hueso**		1497	éidolon
4587	semnótes	3747	ostéon	2410A	ieróthutos
honesto		**hueste**		**idóneo**	
2158	eucémon	4756	stratiá	2425	ikanós
4586	semnós	**huevo**		**iglesia**	
honor		5609	oón	1577	ekklesía
5092	timé	**huida**		**ignorancia**	
honorable		5437	fugé	51	agnóema
1741	éndoxos	**huir**		52	ágnoia
honra		668	apoféugo	56	agnosía
820	átimos	1831	exércomai	**ignorante**	
1392	doxázo	1628	ekféugo	3474	morós
5092	timé	2703	kataféugo	**ignorar**	
honradamente		5343	féugo	50	agnoéo
2156	euscemónos	**humanamente**		2990	lantháno
honrar		5364	filanthrópos	**igual**	
1392	doxázo	**humanidad**		2465	isággelos
4573	sebázomai	5363	filanthropía	2470	ísos
4576	sébo	**humano**		2548	kakéinos
5091	timáo	442	anthrópinos	3668	omóios
honroso		444	ánthropos	5615	osáutos
1391	dóxa	4559	sarkikós	**igualdad**	
2570	kalós	4561	sárx	2471	isótes
5093	tímios	**humear**		**igualmente**	
hora		5188	túfo	2472	isótimos
737	árti	**humedad**		3668	omóios
2256	emíoron	2429	ikmás	**iluminación**	
5610	óra	**humildad**		5462	fotismós
horno		5012	tapeinofrosúne	**iluminar**	
2575	káminos	**humilde**		5461	fotízo
2823	klíbanos	5011	tapeinós	**imagen**	
horrendo		5012A	tapeinófron	1497	éidolon
5398	foberós	**humildemente**		1504	eikón
hortaliza		5013	tapeinóo	5481	caraktér
3001	lácanon	**humillación**		**imaginación**	
hortelano		5014	tapéinosis	1761	enthúmesis
2780	kepourós	**humillar**		**imaginar**	
hosanna		5013	tapeinóo	1380	dokéo
5614	osanná	**humo**		**imitador**	
hospedador		2586	kapnós	3402	mimetés
3581	xénos	**hundir**		4831	summimetés
5382	filóxenos	1036	buthízo	**imitar**	
hospedar		2670	katapontízo	3401	miméomai
3579	xenízo	**huracanado**		3402	mimetés
5382	filóxenos	5189	tufonikós	**imparcial**	
hospitalidad		**hurtar**		87	adiákritos
3580	xenodocéo	2813	klépto	**impedimento, sin**	
5381	filoxenía	**hurto**		209	akolútos
5382	filóxenos	2809	klémma	563	aperispástos
hoy		2829	klopé	**impedir**	
4594	sémeron			1465	egkópto
hoyo		**idioma**		2664	katapáuo
999	bóthunos	5456	foné	2967	kolúo
				4972	sfragízo

INDICE ESPAÑOL-GRIEGO

impeler
1643 eláuno

imperio
932 basiléia
2231 egemonía
2904 krátos

ímpetu
3731 órmema
4350 proskópto
4366 prosrésso

impetuoso
4312 propetés
4642 sklerós

impíamente
764 asebéo

impiedad
763 asébeia

impío
462 anósios
763 asébeia
765 asebés

implacable
786 áspondos

implantado
1721 émfutos

imponer
906 bállo
1945 epíkeimai
2007 epitíthemi

importante
926 barús

importar
1308 diaféro
3199 mélei

importunidad
335 anaidía

imposibilitado
102 adúnatos

imposible
101 adunatéo
102 adúnatos
418 anéndektos

imposición
1936 epíthesis

impropio, ser
807 ascemonéo

impúdicamente
870 afóbos

impuesto
2778 kénsos

impulsar
1544 ekbállo

impulso
3730 ormé

impureza
167 akatharsía

inaccesible
676 aprósitos

inanimado
895 ápsucos

incendio
4451 púrosis

incensario
2369 thumiatérion
3031 libanotós

incertidumbre, sin
83 adelótes
87 adiákritos

incienso
2368 thumíama
2370 thumiáo
3030 líbanos

incierto
82 ádelos

incircuncisión
203 akrobustía

incircunciso
564 aperítmetos

incitar
383 anaséio

inclinar
2186 efístemi
2827 klíno
2955A katakúpto
2955 kúpto
3879 parakúpto

incómodo
428 anéuthetos

inconmovible
761 asáleutos

inconstante
182 akatástatos
793 astériktos

incontaminado
283 amíantos

incontinencia
192 akrasía

incorporar
339 anakathízo

incorrupción
861 aftharsía

incorruptible
262 amarántinos
862 áfthartos

incredulidad
570 apistía

incrédulo
569 apistéo
571 ápistos

inculpar
1677 ellogéo
3049 logízomai
3201 mémfomai

incurrir
1096 gínomai

indagar
198 akribóo
1231 diaginósko
1830 exeraunáo

indecible
215 aláletos

indecoroso, ser
807 ascemonéo

indestructible
179 akatálutos

indicar
1213 delóo
5263 upodéiknumi

indicio
1732 éndeixis

indignación
24 aganáktesis

indignamente
371 anaxíos

indignar
23 aganaktéo
4448 puróo

indigno
370 anáxios

indiscutiblemente
3672 omologouménos

indocto
261 amathés
878 áfron
2399 idiótes

indubitable, prueba
5039 tekmérion

indulgente, ser
5339 féidomai

inefable
411 anekdiégetos
412 anekláletos
731 árretos

ineficacia
512 anofelés

inescrutable
421 anexicníastos

inexcusable
379 anapológetos

inexperto
552 ápeiros

infamar
1165 deigmatízo
3856 paradeigmatízo

infatuado
5187 tufóo

inferior
1640 elásson o elátton
5302 usteréo

infiel
569 apistéo
571 ápsitos

infierno
1067 géenna
5020 tartaróo

inflado
5246 upérogkos

inflamar
5394 flogízo

influyente (más)
4413 prótos

informar
- 1097 ginósko
- 1213 delóo
- 1833 exetázo
- 1921 epiginósko
- 2727 katecéo
- 4591 semáino

infracción
- 458 anomía
- 3847 parábasis

infructuoso
- 175 ákarpos

infundir
- 1325 dídomi

ingenuo
- 172 ákakos

ingrato
- 884 acáristos

inicuo
- 459 ánomos

iniquidad
- 93 adikía
- 458 anomía
- 3892 paranomía

injertar
- 1461 egkentrízo

injuria
- 987 blasfeméo

injuriador
- 5197 ubristés

injuriar
- 987 blasfeméo
- 3058 loidoréo
- 3679 oneidízo

injurioso
- 5197 ubristés

injustamente
- 95 adíkos

injusticia
- 93 adikía
- 458 anomía

injusto
- 91 adikéo
- 94 ádikos

inmarcesible
- 263 amárantos

inmediatamente
- 2112 euthéos
- 2117 euthús
- 3916 paracréma

inmolar
- 4969 sfázo

inmortal
- 862 áfthartos

inmortalidad
- 110 athanasía
- 861 aftharsía

inmóvil
- 761 asáleutos

inmundicia
- 167 akatharsía

- 168 akathártes
- 3394 miasmós
- 4507 ruparía
- 4509 rúpos
- 4696 spílos

inmundo
- 169 akáthartos
- 449 ániptos
- 2839 koinós
- 2840 koinóo
- 4508 ruparós
- 4510 rupáino
- 4510A rupóo

inmutabilidad
- 276 ametáthetos

inmutable
- 276 ametáthetos
- 531 aparábatos

innumerable
- 382 anaríthmetos

inocente
- 121 athóos
- 172 ákakos
- 338 anáitios

inquietar
- 3926 parenocléo
- 4525 sáino
- 5015 terásso

inquietud
- 3349 meteorízomai

inquirir
- 198 akribóo
- 1567 ekzetéo
- 4441 punthánomai

inscribir (estar inscrito)
- 583 apográfo

inscripción
- 1923 epigrafé

insensatez
- 454 ánoia
- 877 afrosúne
- 3472 moría

insensato
- 453 anóetos
- 521 apáideutos
- 801 asúnetos
- 878 áfron

insignificante, no
- 767 ásemos

insípido
- 358 ánalos
- 3471 moráino

insistencia
- 1599B ekperissós
- 4053 (1) perissós
- 5228 (1) upér ekperissóu
- 5238A uperekperissóu

insistir
- 1226 diabebaióomai
- 1961 epiméno

insondable
- 419 anexeráunetos

inspirar
- 5342 féro

instante
- 2112 euthéos
- 3916 paracréma

instar
- 1945 epíkeimai
- 2186 efístemi

instigar
- 3951 parotrúno

institución
- 2937 ktísis

instituir
- 1457 egkainízo

instrucción
- 3809 paidéia
- 3852 paraggelía
- 3853 paraggéllo
- 3862 parádosis
- 5537 crematízo

instructor
- 3810 paideutés

instruir
- 1321 didásko
- 2727 katecéo
- 3809 paidéia
- 3811 paidéuo
- 4264 probibázo
- 4822 sumbibázo

instrumento
- 3696 óplon
- 4632 skéuos

integridad
- 90 adiafthoría
- 862A afthoría

inteligencia
- 4907 súnesis
- 5428 frónesis

intemperante
- 193 akratés

intención
- 1012 boulé
- 1771 énnoia
- 5427 frónema

intendente
- 2012 epítropos

intensamente
- 1619 ektenós

intentar
- 2021 epiceiréo
- 3984 péira
- 3985 peirázo
- 3987 peiráo

intento
- 1013 bóulema
- 4286 próthesis

interceder
- 1793 entuncáno
- 5241 uperentugcáno

interés
- 5110 tókos

INDICE ESPAÑOL-GRIEGO

interesar			**investir**		**irracional**		
2119	eukairéo		1746	endúo	249	álogos	
3309	merimnáo		**invierno**		**irreprensible**		
interior			3914	paraceimázo	273	ámemptos	
2080	éso		5494	ceimón	298	amómetos	
2836	koilía		**invisible**		410	anégkletos	
2927	kruptós		517	aóratos	423	anepílemptos	
intermedia, pared			855	áfantos	677	apróskopos	
3320	mesótoicon		**invitar**		**irreprensiblemente**		
interminable			2564	kaléo	274	amémptos	
562	apérantos		**invocar**		**irreprochable**		
interno			1793	entugcáno	176	akatágnostos	
2927	kruptós		1941	epikaléo	**irreverente**		
interponer			3687	onomázo	462	anósios	
3315	mesitéuo		**ir**		**irrevocable**		
interpretación			33	áge	278	ametaméletos	
1955	epílusis		71	ágo	**irritar**		
2058	ermenéia		190	akolouthéo	3947	paroxúno	
interpretar			402	anacoréo	4292	prokaléo	
1329	diermenéuo		525	apallásso	**irse lejos**		
4793	sugkríno		565	apércomai	589	apodeméo	
intérprete			1096	gínomai	590	apódemos	
1328	diermeneutés		1330	diércomai	**isla**		
3544	nomikós		1353	diodéuo	3519	nesíon	
interrogar			1377	dióko	3520	nésos	
350	anakríno		1525	eisércomai	**izar**		
intervenir			1607	ekporéuomai	1869	epáiro	
3928	parércomai		1633	ekcoréo	**izquierdo**		
5342	féro		1831	exércomai	710	aristerós	
intimar			2064	ércomai	2176	euónumos	
3853	paraggéllo		2113	euthudroméo			
intimidar			2919	kríno	**J**		
4426	ptúro		3195	méllo	**jacinto**		
íntimo			3327	metabáino	5191	uakínthinos	
316	anagkáios		3332	metáiro	5192	uákinthos	
introducción			3593	odéuo	**jactancia**		
1898	epeisagogé		3596	odoiporéo	2745	káucema	
introducir			3854	paragínomai	2746	káucesis	
1521	eiságo		3855	parágo	**jactancioso**		
1533	eisféro		3978	pezéuo	4068	perperéuomai	
3919	pareiságo		4043	peripatéo	**jactarse**		
3920	paréisaktos		4198	poréuo	849A	aucéo	
3922	pareisércomai		4254	proágo	2620	katakaucáomai	
inundación			4281	proércomai	2744	kaucáomai	
4132	plémmura		4298	prokópto	3166A	megalaucéo	
inútil			4313	proporéuomai	**jamás**		
888	acréios		4334	prosércomai	3371 (1)	ou mekéti	
889	acreióo		4786	sugkeránnumi	3763	oudépote	
890	ácrestos		4848	sumporéuomai	4218	poté	
inutilizar			4905	sunércomai	4455	pópote	
2673	katargéo		4922	sunodéuo	**jarro**		
invalidar			4936	suntréco	3582	xéstes	
114	athetéo		5217	upágo	**jaspe**		
208	akuróo		5342	féro	2393	íaspis	
2673	katargéo		5562	coréo	**jefe**		
inventor			5563	corízo	4755	strategól	
2182	efeuretés		**ira**		**jefe de los publicanos**		
invernar			2372	thumós	754	arcitelónes	
3914	paraceimázo		3709	orgé			
3915	paraceimasía		3710	orgízo	**jefe de los sacerdotes**		
investigar			3949	parorgízo	749	arciceréus	
3877	parakolouthéo		**iracundo**		**jinete**		
			3711	orgílos	2460	ippéus	
			iris				
			2463	íris			

interesar - jinete

jornalero - lascivia · 862 · INDICE ESPAÑOL-GRIEGO

jornalero
2461 ippikós

jornalero
3407 místhios
3411 misthotós

jota
2503 ióta

joven, jovencita
3494 neanías
3495 neanískos
3501 (1) neóteros
3816 páis

judaico
2451 ioudaikós

judaísmo
2454 ioudaismós

judaizar
2450 ioudaízo

judío
2453 Ioudáios

judío, como
2452 ioudaikós

juez
1348 dikastés
2923 krités

jugar
3815 páizo

juicio
843 autokatákritos
1106 gnóme
1341 dikaiokrisía
1345 dikáioma
2917 kríma
2919 kríno
2920 krísis
2922 kritérion
4993 sofronéo
5267 upódikos

juicioso, ser
4920 suníemi

juntamente
260 áma
3674 omóu

juntar
1996 episunágo
2853 kolláo
3792 oclopoiéo
4345 proskleróo
4801 suzéugnumi
4848 sumporéuomai
4863 sunágo
4871 sunalízo
4874 sunanamígnumi
4895 súneimi
4905 sunércomai

junto
1451 eggús
3674 omóu
3928 parércomai
3936 parístemi
4139 plesíon
4840 sumpáreimi
4905 sunércomai
4927 sunomoréo

juramentar
332 anathematízo

juramento
3727 órkos
3728 orkomosía

jurar
3660 omnúo

jurisdicción
1849 exousía

justamente
1346 dikáios

justicia
1343 dikaiosúne
1345 dikáioma
1349 díke
1556 ekdikéo
1557 ekdíkesis
2919 kríno
2920 krísis

justificación
1343 dikaiosúne
1345 dikáioma
1347 dikáiosis

justificar
1344 dikaióo

justo
701 arestós
1341 diakaiokrisía
1342 díkaios
1345 dikáioma
1738 éndikos

juvenil
3512 neoterikós

juventud
3503 neótes

juzgar
350 anakríno
1252 diakríno
2917 kríma
2919 kríno
2922 kritérion
3049 logízomai

L

labio
5491 céilos

labor
2873 kópos
4192 pónos

labrador
1092 georgós

labranza
68 agrós
1091 geórgion

labrar
1090 georgéomai
2872 kopiáo
2998 latoméo

lado
1276 diaperáo
1564 ekéithen
1782 entéuthen
3854 paragínomai
3936 parístemi

ladrón
4008 péran
4836 sumparagínomai
727 árpax
2812 kléptes
3027 lestés

lagar
3025 lenós
5276 upolénion

lago
3041 límne

lágrima
1144 dákru

lama
2982 lamá o lemá

lamentación
2355 thrénos
2875 kópto
3996 penthéo

lamentar
214 alalázo
2354 threnéo
2875 kópto
3338 metamélomai
3996 penthéo

lamer
621 apoléico
1952A epiléico

lámpara
2985 lampás
3088 lúcnos

lana
2053 érion

lancero
1187 dexiolábos

langosta
200 akrís

lanza
3057 lógce

lanzar
906 bállo
1530 eispedáo
1600A ekpedáo
1632A ekcún(n)o
2598 katabállo
3729 ormáo

lapso
1292 diástema

largamente
4119 pléion

largar
477 aníemi
1614 ektéino

largo
492 antiparércomai
1597 ékpalai
3117 makrós
3118 makrocrónios
3896 parapléo
4749 stolé

lascivia
766 asélgeia
3715 órexis

INDICE ESPAÑOL-GRIEGO

lascivo		
2691	katastreniáo	

lavador		
1102	gnaféus	

lavamiento		
909	baptismós	
3067	loutrón	

lavar		
449	ániptos	
633	aponípto	
637	apolúno	
907	baptízo	
3068	lóuo	
3538	nípto	
4150	plúno	

lazo		
1029	brócos	
3803	pagís	

lebrillo		
3537	niptér	

lectura		
320	anágnosis	

leche		
1051	gála	

lecho		
2825A	klíne	
2826	klinídion	
2845	kóite	
2895	krábattos	

leer		
314	anaginósko	

legión		
3003	legión	

legítimamente		
3545	nomímos	

legítimo		
1772	énnomos	

legumbre		
3001	lácanon	

lejano		
3117	makrós	

lejos		
568	apéco	
589	apodeméo	
3112	makrán	
3113	makróthen	
3117	makrós	
4206	pórro	
4207	pórrothen	
5081	telaugós	

lejos irse		
590	apódemos	

lengua		
1100	glóssa	
1258	diálektos	
2084	eteróglossos	

lenguaje		
2981	laliá	

león		
3023	león	

leopardo		
3917	párdalis	

863

lepra		
3014	lépra	

leproso		
3015	leprós	

letra		
62	agrámmatos	
1121	grámma	

letrina		
856	afedrón	

leudar		
2220	zumóo	

levadura		
106	ázumos	
2219	zúme	

levantamiento		
386	anástasis	

levantado		
5308	upselós	

levantar		
142	áiro	
308	anablépo	
387	anastatóo	
450	anístemi	
461	anorthóo	
1096	gínomai	
1326	diegéiro	
1453	egéiro	
1817	exanístemi	
1825	exegéiro	
1869	epáiro	
1881	epanístemi	
1892	epegéiro	
2476	ístemi	
2721	katefístemi	
4078	pégnumi	
5229	uperáiro	
5312	upsóo	

leve		
1645	elafrós	

levita		
3019	leuítes	

levítico		
3020	leuitikós	

ley		
458	anomía	
459	ánomos	
460	anómos	
1772	énnomos	
3544	nomikós	
3547	nomodidáskalos	
3548	nomothesía	
3549	nomothetéo	
3550	nomothétes	
3551	nómos	
3891	paranoméo	

libación		
4689	spéndo	

liberación		
4991	sotería	

liberalidad		
572	aplótes	

libertad		
425	ánesis	
630	apolúo	

lascivo - limpiar

859	áfesis	
1657	eleuthería	
1849	exousía	
3954	parresía	
4991	sotería	

libertador		
3086	lutrotés	
4506	rúomai	

libertar		
1659	eleutheróo	

libertinaje		
766	asélgeia	

liberto		
558	apeléutheros	
3032	libertínos	

libra		
3046	lítra	
5518	cóinix	

librar		
525	apallásso	
1807	exairéo	
4506	rúomai	
4982	sózo	

libre		
630	apolúo	
1658	eléutheros	
1659	eleutheróo	
2673	katargéo	
3089	lúo	

libremente		
3954 (3)	parresía	

librito		
974	biblarídion	
975	biblíon	

libro		
975	biblíon	
976	bíblos	

lícito, es		
1832	éxisti	

lienzo		
3607	othóne	
3608	othónion	

ligadura		
1199	desmós	

ligamento		
4886	súndesmos	

ligar		
1210	déo	

ligereza		
1644	elafría	
5030	tacéos	

ligero		
1645	elafrós	
3691	oxús	

límite		
3358	métron	
3725	órion	
3734	orothesía	

limosna		
1654	eleemosúne	

limpiar		
1245	diakatháiro	
1245A	diakatharízo	

limpio - llegar a ser semejante   864   INDICE ESPAÑOL-GRIEGO

2508	katháiro	4170	poleméo	5462	fotismós	
2511	katharízo	**luego**		**LL**		
limpio		686	ára			
53	agnós	1065	árage	**llaga**		
1506	eilikrinés	1534	éita	1668	élkos	
2508	katháiro	1534	éiten	1669	elkóo	
2513	katharós	1819	exápina	**llama**		
linaje		1824	exautés	4442	púr	
1085	génos	1899	épeita	5395	flóx	
4690	spérma	2112	euthéos	**llamado**		
5443	fulé	2117	euthús	2822	kletós	
lino		2547	kakéithen	5122	tóunoma	
1039	bússinos	3752	ótan	5581	pseudónumos	
1040	bússos	3766	oukóun	**llamamiento**		
3043	línon	3779	óutos	2821	klésis	
linterna		3916	paracréma	**llamar**		
5322	fános	5036	tacús	1941	epikaléo	
lirio		5613	ós	1951	epilégo	
2918	krínon	**lugar**		2036	éipon	
lisonja		39	ágios	2564	kaléo	
2129	eulogía	473	antí	2840	koinóo	
2850	kolakéia	1049	gazofulakéion	2919	kríno	
lisonjero		1337	dithálassos	2925	króuo	
2850	kokakéia	1493	eidoléion	3004	légo	
lista		1564	ekéithen	3333	metakaléo	
2639	katalégo	1786	entópios	3343	metapémpo	
listo		2573	kalós	3686	ónoma	
2092	étoimos	2969	komópolis	3687	onomázo	
4342	proskarteréo	3837A	pantacóu	3870	parakaléo	
lobo		4225	póu	4341	proskaléo	
3074	lúkos	4411	protoklisía	4377	prosfonéo	
loco		4412	próton	5455	fonéo	
878	áfron	5117	tópos	5537	crematízo	
1839	exístemi	5179	túpos	**llano**		
3105	máinomai	5228	upér	3977	pedinós	
3130	manía	5238	uperékeina	**llanto**		
3912	parafronéo	5383	filoprotéuo	2805	klauthmós	
locura		5564	coríon	2870	kopetós	
877	afrosúne	5602	óde	3602	odurmós	
3026	léros	**lujo**		3997	pénthos	
3130	manía	5172	trufé	**llave**		
3472	moría	**lujuria**		2807	kléis	
3913	parafronía	2845	kóite	**llegar**		
lodo		**lumbrera**		565	apércomai	
4081	pelós	3088	lúcnos	1096	gínomai	
lomo		**luminar**		1448	eggízo	
3751	osfús	5458	fostér	1525	eisércomai	
longanimidad		**luminoso**		1831	exércomai	
3115	makrothumía	5460	foteinós	1910	epibáino	
longitud		**luna**		2064	ércomai	
3372	mékos	3561	neomenía	2185	efiknéomai	
lucero		4582	seléne	2186	efístemi	
5459	fosfóros	**lunático**		2240	éko	
lucro		4583	seleniázomai	2658	katantáo	
3408	misthós	**luto**		2853	kolláo	
lucha		3996	penthéo	3854	paragínomai	
73	agón	**luz**		3918	páreimi	
3823	pále	2014	epifáino	3936	parístemi	
luchar		3088	lúcnos	4281	proércomai	
75	agnízomai	5088	tíkto	4334	prosércomai	
118	athléo	5318 (2)	eis fanerón	4845	sumpleróo	
2314	theomácos	5338	féggos	4940	suntugcáno	
		5457	fós	5348	ftháno	
		5460	foteinós	**llegar a ser semejante**		
		5461	fotízo	1832	summorfízo	

INDICE ESPAÑOL-GRIEGO

llenar		
1072	gemízo	
1073	gémo	
1096	gínomai	
1705	empímplemi o empipláo	
3710	orgízo	
4130	pímplemi	
4134	pléres	
4137	pleróo	

lleno		
1669	elkóo	
3324	mestós	
3325	mestóo	
4130	pímplemi	
4134	pléres	
4137	pleróo	
4138	pléroma	
5460	foteinós	

llevar		
71	ágo	
142	áiro	
162	aicmalotéuo	
163	aicmalotízo	
321	anágo	
353	analambáno	
399	anaféro	
520	apágo	
667	apoféro	
868	afístemi	
941	bastázo	
1295	diasózo	
1308	diaféro	
1419	dusbástaktos	
1533	eisféro	
1580	ekkomízo	
1643	elaúno	
2005	epiteléo	
2018	epiféro	
2233	egéomai	
2358	thriambéuo	
2476	ístemi	
2592	karpoforéo	
2609	katágo	
2983	lambáno	
3880	paralambáno	
3911	paraféro	
4064	periféro	
4198	poréo	
4222	potízo	
4317	proságo	
4792	sugkomízo	
4838	sumparalambáno	
4863	sunágo	
5052	telesforéo	
5342	féro	
5409	foréo	
5496	queiragogéo	

llevar arriba		
385	anaspáo	

llorar		
1145	dakrúo	
2799	kláio	
3996	penthéo	

lloro		
1026	bréco	
3996	penthéo	

lluvia		
1028	brocé	
5205	uetós	

M

mácula, sin		
283	amíantos	
299	ámomos	
784	áspilos	

macho		
5131	trágos	

madera		
3585	xúlinos	
3586	xúlon	

madero		
3586	xúlon	

madre		
282	amétor	
3384	méter	

madrugar		
3719	orthrízo	

madurar		
187	akmázo	
5052	telesforéo	

madurez		
5046	téleios	

maduro		
187	akmázo	
3583	xeráino	
3860	paradídomi	
5046	téleios	

maestresala		
755	arcitríklinos	

maestro		
1320	didáskalos	
1988	epistátes	
2519	kathegetés	
2567	kalodidáskalos	
4461	rabbí	
4462	rabbouní	
5572	pseudodidáskalos	

magia		
4021	períergos	

mágico		
3095	magéia	
3096	magéuo	

magistrado		
746	arcé	
758	árcon	
4755	strategós	

magnificar		
1867	epainéo	
3170	megalúno	

magnífico		
3169	megaloprepés	

mago		
3097	mágos	

majestad		
3168	megaleiótes	
3172	megalosúne	

mal		
92	adíkema	
824	átopos	
987	blasfeméo	

2549	kakía	
2551	kakologéo	
2554	kakopoiéo	
2556	kakós	
2559	kakóo	
2560	kakós	
4190	ponerós	
5337	fáulos	

maldad		
92	adíkema	
93	adikía	
458	anomía	
2549	kakía	
4189	ponería	
4190	ponerós	
4468	radiourgía	

maldecir		
332	anathematízo	
2551	kakologéo	
2653A	katanathematízo	
2653	katathematízo	
2672	kataráomai	
3058	loidoréo	

maldiciente		
3060	lóidoros	

maldición		
331	anáthema	
486	antiloidoréo	
685	ará	
988	blasfemía	
989	blásfemos	
2652	katáthema	
2671	katára	
3059	loidoría	

maldito		
1883A	epáratos	
1944	epikatáratos	

maledicencia		
988	blasfemía	
2636	katalalía	
3059	loidoría	

malgastar		
1159	dapanáo	

malhechor		
2555	kakopoiós	
2557	kakoúrgos	

malicia		
2549	kakía	
4189	ponería	

malignidad		
2550	kakoétheia	

maligno		
2556	kakós	
4190	ponerós	
4646	skolliós	

malo		
1426	dusfemía	
2549	kakía	
2556	kakós	
4190	ponerós	
5337	fáulos	

maltratar		
91	adikéo	
2558	kakoucéo	
2559	kakóo	

4778	sugkakoucéomai	1171	deinós	5496	ceiragogéo
malvado		1352	dió	5497	ceiragogós
113	áthesmos	1508 (1)	eï dé mé, mége	5499	ceiropóietos
763	asébeia	1893	epéi	**manojo**	
4190	ponerós	2443	ïna	1197	désme
mamar		2504	kagó	**mansedumbre**	
2337	thelázo	2509	katháper	4239A	praupátheia
maná		2527	kathólou	4240	praútes
3131	mánna	2531	kathós	**manso**	
manada		2981	laliá	4239	praús
4168	póimnion	3029	lïan	**mantener**	
mancilla, sin		3122	málista	1884	eparkéo
283	amïantos	3171	megálos	2722	katéco
mancillar		3364	ou mé	4601	sigáo
3392	miáino	3381	mépos	**mantenimiento**	
manco		3654	ólos	5160	trofé
376	anáperos	3664	ómoios	**manto**	
2948	kullós	3667	omóioma	2440	imátion
mancha		3704	ópos	5511	clamús
299	ámomos	3779	óutos	**mañana**	
784	áspilos	3838	pantelés	839	áurion
3470	mómos	4053	perissós	901	bathús
4694	spilás	4187	polutrópos	2192 (5)	éco
4696	spïlos	4217	potapós	3719	orthnïzo
mancha, sin		4458	pós	3720	orthinós
283	amïantos	4459	pós	3722	órthros
298	amómetos	4970	sfódra	4404	proï
manchar		5158	trópos	4405	proía
3435	molúno	5249	uperperissós	4407	proinós
mandamiento		5613	ós	5459	fosfóros
1778	éntalma	5615	osáutos	**maquinación**	
1781	entéllo	5618	ósper	3540	nóema
1785	entolé	5620	óste	**mar**	
2003	epitagé	**manifestación**		899	báthos
3056	lógos	323	anádeixis	1037	buthós
3852	paraggelía	602	apokálupsis	1724	enálios
mandar		1732	éndeixis	2281	thálassa
649	apostéllo	2015	epifáneia	2949	kúma
1291	diastéllomai	5321	fanérosis	3989	pélagos
1299	diatásso	**manifestar**		**maravilla**	
1781	entéllomai	398	anafáino	1411	dúnamis
2004	epitásso	601	fanerós	2295	tháuma
2008	epitimáo	1107	gnorïzo	2297	thaumásios
2036	éipon	1166	déiknumi	2298	thaumastós
2046	eró	1717	emfanés	3167	megaléios
2753	keléuo	1718	emfanïzo	3861	parádoxos
3004	légo	1732	éndeixis	5059	téras
3853	paraggéllo	2014	epifáino	**maravillar**	
4367	prostásso	3377	menúo	1605	ekplésso
4929	suntásso	5318	fanerós	1569A	ekthaumázo
mandato		5319	faneróo	1839	exïstemi
3852	paraggelía	**manifiesto**		2296	thaumázo
mando		852	afanés	**maravilloso**	
2752	kéleusma	1552	ékdelos	2298	thaumastós
manejar		1717	emfanés	**marca**	
680	ápto	2016	epifanés	4742	stïgma
manera		2612	katádelos	5480	cáragma
247	állos	4271	pródelos	**marcharse**	
391	anastrofé	5318	fanerós	565	apércomai
686	ára	5319	faneróo	4198	poréuo
1065 (1)	árage	**mano**		**marchitar**	
1065 (3)	eï dé mége	849	autocéir	3133	maráino
1065	gé	886	aceiropóietos	**marfil, de**	
1096	mé génoito	1911	epibállo	1661	elefántinos
		1949	epilambánomai		
		2902	kratéo		
		5495	céir		

marido		**matricida**		**medrar**	
435	anér	3389	metralóas	2585	kapeléuo
5362	fílandros	**matrimonio**		**mejilla**	
marinero		1060	gaméo	4600	siagón
3492	náutes	1062	gámos	**mejor**	
marítimo		**matriz**		957	béltion
3864	parathalássios	3388	métra	1308	diaféro
mármol		**mayor**		2115	éuthumos
3139	mármaros	1599B	ekperissós	2570	kalós
		2234	edéos	2866	kompsóteron
más		2846	koitón	2909	kréitton
1065 (6)	métige	2909	kréitton	3081	lusiteléo
1508	ei mé	3123	mállon	3123	mállon
1883	epáno	3173	mégas	3187	méizon
1900	epékeina	3187	méizon	4284	proéco
2089	éti	4052	perisséuo	4413	prótos
2909	kréitton	4053 (1)	perissós	4749	stolé
3123	mállon	4055	perissóteros	4851	sumféro
3187	méizon	4119	pléion	5543	crestós
3371	mekéti	4245	presbúteros	**memoria**	
3385	méti	4269	progónos	363	anamimnésko
3398 (1)	mikróteros	5501	céiron	364	anámnesis
3765	oukéti			3403	mimnéskomai
4052	perisséuo	**mayordomía**		3417	mnéia
4053	perissós	3622	oikonomía	3420	mnéme
4056	perissotéros	**mayordomo**		3422	mnemósunon
4057	perissós	2012	epîtropos	5280	upómnesis
4118	pléistos	3621	oikonoméo	**mención**	
4119	pléion	3623	oikonómos	3417	mnéia
4121	pleonázo	**mayoría**		**mencionar**	
4179	pollaplasîon	4119	pléion	3421	mnemonéuo
4183	polús				
4186	polútimos	**mayormente**		**mendigar**	
4206	pórro	3122	málista	1871	epaitéo
5032	tácion	**me**		4319	prosaitéo
5033	tácista	1683	emautóu	**mendigo**	
5228	upér	**mediado**		4319A	**prosáites**
5238	uperékeina	3322	**mesóo**	4434	ptocós
5245	upernikáo	**mediador**		**menear**	
5250	uperpleonázo	3316	mesîtes	2795	kinéo
mas		**medianoche**		**menguar**	
1065 (5)	menóunge	3317	mesonúktion	1642	elattóo
1508	ei mé	**médico**		**menor**	
3304A	menóun	2395	iatrós	1640	elásson
3304	menóunge	**medida**		1642	elatóo
3305	méntoi	356	analogía	1848	exouthenéo
4133	plén	378	anapleróo	3398	mikrós
masa		2884	kóros	3501 (1)	neóteros
5445	fúrama	3358	métron	**menos**	
matadero		4568	sáton	253	álupos
4967	fagé	**medio**		1065 (4)	kái ge
matador		2253	emithanés	1508 (2)	ei méti
5406	fonéus	2255	émisus	1641	elattonéo
matanza		2256	emîoron	1646	elácistos
4967	sfagé	3319	mèsos	2077A	essóomai
matar		3321	mesouránema	2274	ettáomai
337	anairéo	**mediodía**		2276	ésson
615	apoktéino	3314	mesembría	2579	kán
622	apóllumi			2706	katafronéo
1315	diaceirîzo			3123	mállon
2289	thanatóo	**medir**		5302	usteréo
2380	thúo	488	antimetréo	**menospreciado**	
4969	sfázo	3354	metréo	1848	exouthenéo
5407	fonéuo	3358	métron		
material		**meditar**		**menospreciador**	
1739	endómesis	4820	sumbállo	2707	katafronetés
4559	sarkikós				

menospreciar			metal		4759	stratopedárces
1848	exouthenéo		5473	calkíon	milla	
2706	katafronéo		5475	calkós	3400	mílion
3643	oligoréo		meter		millar	
4065	perifronéo		71	ágo	3461	muriás
mensaje			649	apostéllo	5505	ciliás
31	aggelía		659	apotíthemi	mina	
1860	epaggelía		906	bállo	3414	mná
3056	lógos		1521	eiságo	minar	
mensajero			1533	eisféro	1358	diorússo
32	ággelos		1686	embápto	ministerio	
652	apóstolos		1744	endúno	1248	diakonía
menta			5087	títhemi	3009	leitourgía
2238	edúosmon		mezclar		ministración	
mente			3396	mígnumi	1248	diakonía
1271	diánoia		4669	smurnízo	ministrador	
3510	nefrós		4786	sugkeránnumi	3010	leitourgikós
3563	nóus		mí		3011	leitourgós
5427	frónema		1683	emautóu	ministrar	
mentir			mi		1247	diakonéo
893	apseudés		1683	emautóu	2418	ierourgéo
5574	pséudomai		1699	emós	3008	leitourgéo
mentira			miedo		ministro	
1388	dólos		1168	deilíao	1249	diákonos
5573	pseudológos		5399	fobéo	3011	leitourgós
5579	pséudos		5401	fóbos	5257	uperétes
5582	pséusma		miel		mío	
mentiroso			3192	méli	1699	emós
5571	pseudés		3193	melíssios	mira	
5579	pséudos		miembro		5426	fronéo
5583	pséustes		1010	bouleutés	mirada, tener puesta la	
mercader			3196	mélos	578	apoblépo
1713	émporos		3609	oikéios	mirar	
mercadería			4954	sússomos	308	anablépo
1117	gómos		mientes		333	anatheoréo
1710	emporéuomai		5424	frén	816	atenízo
mercado			mientras		991	blépo
1712	empórion		2089	éti	1227	diablépo
merecer			3699	ópou	1492	éidon
515	axióo		3745	ósos	1689	emblépo
mérito			3753	óte	1896	epéidon
1382	dokimé		5550 (1)	ef' óson crónon	1914	epiblépo
mes			5613	ós	1983	episkopéo
3375	mén		mies		2300	theáomai
5072	tetrámenos		2326	therismós	2334	theoréo
5150	trímenos		migaja		2396	íde
mesa			5589	psicíon	2400	idóu
345	anákeimai		mil		2657	katanoéo
377	anapípto		1367	discílioi	2734	katoptrízomai
2621	katákeimai		2035	eptakiscílioi	3708	oráo
2625	kataklíno		3461	muriás	3879	parakúpto
4873	sunanákeimai		3463	múrioi	4017	periblépo
5132	trápeza		4000	pentakiscílioi	4337	proséco
Mesías			5153	triscílioi	4648	skopéo
3323	Messías		5505	ciliás	miríada	
5547	Cristós		5507	cílioi	3461	muriás
mesón			milagro		mirra	
2646	katáluma		1411	dúnamis	3464	múron
3829	pandocéio		4592	seméion	4666	smúrna
mesonero			milicia		4669	smurnízo
3830	pandocéus		4752	stratéia	miserable	
			4961	sustratiótes	1652	eleeinós
meta			militar		5005	taláiporos
4649	skopós		4754	stratéuo		

INDICE ESPAÑOL-GRIEGO

miseria		
5004	talaiporía	
misericordia		
415	aneleémon	
448	aníleos	
1653	eleéo	
1656	éleos	
2560	kakós	
3628	oiktirmós	
3741	ósios	
4697	splagcnízomai	
misericordioso		
1655	eleémon	
2155	éusplagcnos	
3629	oiktírmon	
4184	polúsplagcnos	
mismo		
844	autómatos	
848	autóu	
848A	autóforos	
1438	eautóu	
1468	egkratés	
1520	éis	
1565	ekéinos	
1683	emautóu	
1824	exautés	
1888	epautofóro	
2470	ísos	
2473	isópsucos	
2531	kathós	
3568	nún	
3664	ómoios	
3668	omóios	
3673	omótecnos	
3675	omófron	
3779	óutos	
4572	seautóu	
4954	sússomos	
5108	toíoutos	
5367	fílautos	
5481	caraktér	
5613	ós	
5615	osáutos	
misterio		
3466	mustérion	
mitad		
2255	émisus	
3319	mésos	
3322	mesóo	
modelo		
5179	túpos	
modestia		
4997	sofrosúne	
modo		
686	ára	
1893	epéi	
2443	ína	
2548	kakéinos	
3313	méros	
3364	ou mé	
3365	medamós	
3563	nóus	
3668	omóios	
3779	óutos	
3843	pántos	
4458	pós	

5158 (1)	trópos
5424	frén
5613	ós
5620	óste
moho	
2447	iós
mojar	
911	bápto
1686	embápto
moler	
229	alétho
5299	upopiázo
molestar	
1465	eqkópto
2873	kopos
4660	skúllo
molestia	
2873	kópos
2873 (1)	kópos
3077	lúpe
molesto	
2873 (1)	kópos
3636	oknerós
molino	
3457	mulikós
3458	múlinos
3458	múlos
3459	mulón
momentáneo	
3910	parautíka
momento	
823	átomos
1024	bracús
1539	ekástote
2112	euthéos
2117	euthús
3916	paracréma
4743	stigmé
5610	óra
moneda	
1220	denárion
2772	kérma
3546	nómisma
montaña	
3714	oreinós
3735	óros
montar	
2521	káthemai
2523	kathízo
monte	
3735	óros
monumento	
3419	mneméion
morada	
790	astatéo
2731	katóikesis
2732	katoiketérion
3438	moné
3613	oiketérion
3614	oikía
4633	skené
morador	
2521	káthemai
2730	katoikéo

miseria - muchacho

morar	
1460	egkatoikéo
1774	enoikéo
2650	kataméno
2681	kataskenóo
2730	katoikéo
2733A	katoikízo
3306	méno
3579	xenízo
3611	oikéo
4039	perioikéo
4637	skenóo
morder	
1143	dákno
3145	masáomai
morir	
581	apogínomai
599	apothnésko
622	apóllumi
2289	thanatóo
2348	thnésko
2380	thúo
3499	nekróo
4880	sunapothnésko
4969	sfázo
5053	teleutáo
mortal	
2287	thanatefóros
2288	thánatos
2349	thnetós
mortífero	
2286	thanásimos
mosquito	
2971	kónops
mostaza	
4615	sínapi
mosto	
1098	gléukos
mostrar	
322	anadéiknumi
1166	déiknumi
1731	endéiknumi
1925	epidéiknumi
2206	zelóo
3356	metriopathéo
3708	oráo
4921	sunístemi
5263	upodéiknumi
5316	fáino
5319	faneróo
motín	
4955A	sustasiastés
mover	
2206	zelóo
2795	kinéo
3334	metakinéo
4531	saléuo
4697	splagcnízomai
movible	
4531	saléuo
movimiento	
2796	kínesis
5016	taracé
muchacho, muchacha	
2877	korásion

muchedumbre - navegar — 870 — INDICE ESPAÑOL-GRIEGO

muchedumbre
- 3808 paidárion
- 3813 paidíon
- 3814 paidíske
- 3816 páis

muchedumbre
- 3793 óclos
- 4128 pléthos

muchísimo
- 2560 kakós

mucho
- 1599A ekperissóu
- 2164 euforéo
- 2425 ikanós
- 3029 lían
- 3123 mállon
- 3173 mégas
- 3461 muriás
- 4056 perissotéros
- 4118 pléistos
- 4119 pléion
- 4178 pollákis
- 4179 pollaplasíon
- 4181 polumerós
- 4183 polús
- 4185 polutelés
- 4186 polútimos
- 4187 polutrópos
- 4435 pugmé
- 4437 puknós
- 4970 sfódra
- 5228 (1) upér ekperissóu
- 5238B uperekperissós

mudanza
- 3883 parallagé

mudar
- 236 allásso

mudo
- 216 álalos
- 880 áfonos
- 2974 kofós
- 4623 siopáo

muerte
- 336 anáiresis
- 615 apoktéino
- 684 apóleia
- 1620 ektíthemi
- 1935 epithanátios
- 2288 thánatos
- 2289 thanatóo
- 3500 nékrosis
- 4967 sfagé
- 5054 teleuté
- 5407 fonéuo
- 5408 fónos

muerto
- 581 apogínomai
- 615 apoktéino
- 622 apóllumi
- 2253 emithanés
- 2289 thanatóo
- 3498 nekrós
- 3499 nekróo

mugriento
- 4508 ruparós

mujer
- 1060 gaméo

- 1134 gunaikéios
- 1135 guné
- 2338 thélus

mujercilla
- 1133 gunaikárion
- 2874 kopría

multiforme
- 4164 poikílos

multiplicar
- 4129 plethúno

multitud
- 3793 óclos
- 3826 pamplethéi
- 4128 pléthos

mundano
- 2886 kosmikós

mundo
- 165 aión
- 2889 kósmos
- 3625 oikouméne

murmullo
- 1112 goggusmós

murmuración
- 1112 goggusmós
- 5587 psithurismós

murmurador
- 1113 goggustés
- 5588 psithuristés

murmurar
- 1111 goggúzo
- 1234 diagoggúzo
- 1690 embrimáomai
- 2635 katalaléo

muro
- 5038 téicos

música
- 4858 sumfonía

músico
- 3451 mousikós

muslo
- 3382 merós

mutilador
- 2699 katatomé

mutilar
- 609 apokópto

mutuamente
- 4837 sumparakaléo

mutuo
- 240 allélon
- 2842 koinonía
- 4859 súmfonos

muy
- 901 bathús
- 3029 lían
- 4036 perílupos
- 4050 perisséia
- 4118 pléistos
- 4183 polús
- 4184 polúsplagcnos
- 4970 sfódra

N

nacer
- 616 apokuéo
- 738 artigénnetos
- 1080 gennáo
- 1084 gennetós
- 1096 gínomai
- 4855 sumfúo
- 5088 tíkto
- 5453 fúo

nacimiento
- 1078 génesis
- 1079 geneté
- 1083 génnesis
- 5449 fúsis

nación
- 1085 génos
- 1484 éthnos
- 4853 sumfulétes

nada
- 1847 exoudenéo o exoudenóo
- 3364 ou mé
- 3367 medéis
- 3370A methéis
- 3762 oudéis
- 3762A outhéis
- 3956 pás
- 4487 réma

nadar
- 1579 ekkolumbáo
- 2860 kolumbáo

nadie
- 3367 medéis
- 3762 oudéis
- 3956 pás
- 4561 sárx

nardo
- 3487 nárdos

natural
- 794 ástorgos
- 915 bárbaros
- 1078 génesis
- 1085 génos
- 5446 fusikós
- 5449 fúsis
- 5591 psucikós

naturaleza
- 5447 fusikós
- 5449 fúsis

naufragar
- 3489 nauagéo

naufragio
- 3489 nauagéo

nave
- 3490 náukleros
- 3491 náus
- 4143 plóion

navegación
- 4144 plóos

navegar
- 321 anágo
- 636 apopléo
- 1020 braduploéo
- 1602 ekpléo

INDICE ESPAÑOL-GRIEGO

neblina - nunca

neblina
- 822 atmís

necesario
- 316 anagkáios
- 318 anágke
- 1163 déo
- 1876 epánagkes
- 2006 epitédeios
- 3784 oféilo
- 5532 créia

necesidad
- 318 anágke
- 3007 léipo
- 5302 usteréo
- 5303 ustérema
- 5304 **ustéresis**
- 5532 créia
- 5535 crézo

necesitado
- 770 asthenéo

necesitar
- 1729 endeés
- 4326 prosdéomai
- 5532 créia
- 5535 crézo

necio
- 453 anóetos
- 781 ásofos
- 801 asúnetos
- 878 áfron
- 3471 moráino
- 3474 morós
- 3859A paradiatribé
- 4469 raká

nefando
- 766 asélgeia

negar
- 483 antilégo
- 533 aparnéomai
- 650 aposteréo
- 720 arnéomai
- 2967 kolúo

negligente
- 3636 oknerós

negociar
- 1281 diapragmatéuomai
- 2038 ergázomai
- 4231 pragmatéuomai

negocio
- 1711 emporía
- 3313 méros
- 4230 pragmatéia

negro
- 3189 mélas

neófito
- 3504 néofutos

ni
- 2193 éos
- 3363 ína mé
- 3364 ou mé
- 3366 medé
- 3383 méte

- 4126 pléo
- 5284 upopléo

- 3761 oudé
- 3765 oukéti
- 3777 óute

nido
- 2681 kataskenóo
- 2682 kataskénosis

niebla
- 3658A omícle

nieto
- 1549 ékgonos

nieve
- 5510 ción

ninguno
- 1508A ei ou
- 2527 kathólou mé
- 3364 ou mé
- 3365 medamós
- 3367 medéis
- 3654 ólos
- 3762 oudéis
- 3762A outhéis
- 3838 pantelés
- 3956 pás

niña
- 2877 korásion
- 3813 paidíon
- 3816 páis

niñez
- 1025 bréfos

niño
- 1025 bréfos
- 3515 nepiázo
- 3516 népios
- 3812 paidióthen
- 3813 paidíon
- 3816 páis

no
- 3361 mé
- 3364 ou mé
- 3365 medamós
- 3367 medéis
- 3371 mekéti
- 3379 mépote
- 3380 mépo
- 3381 mépos
- 3385 méti
- 3756 óu
- 3760 oudamós
- 3764 oudépo
- 3765 oukéti
- 3768 óupo
- 3777 óute
- 3780 oucí

noble
- 2104 eugenés
- 2158 euscémon
- 4413 prótos

noche
- 1273 dianuktaréuo
- 3571 núx
- 3574 mucthémeron

nodriza
- 5162 trofós

nombrar
- 3687 onomázo

nombre
- 2163 éufemos
- 3686 ónoma
- 3687 onomázo
- 5228 upér

norte
- 1005 borrás

nosotros, nos
- 1438 eautóu

notar
- 1097 ginósko

noticia
- 3056 lógos

notorio
- 864 afiknéomai
- 1107 gnorízo
- 1110 gnostós
- 5318 fanerós

novedad
- 2538 **kainótes**

noveno
- 1766 énatos o énnatos

noventa
- 1768 enenékonta

noventa y nueve
- 1768A ennenekontaennéa

nube
- 3507 neféle
- 3509 néfos
- 3658A omícle

nublado
- 4768 stugnázo

nuera
- 3565 numfé

nuestro
- 2251 eméteros

nueva
- 2097 euaggelízo

nueve
- 1767 ennéa

nuevo
- 46 ágnafos
- 388 anastauróo
- 2537 kainós
- 2538 kainótes
- 3501 néos
- 3561 neomenía
- 3581 xénos
- 3825 pálin
- 4372 prósfatos

nulo
- 2673 katargéo

número
- 706 arithmós
- 4128 pléthos
- 4129 plethúno
- 5234 uperballóntos

numeroso
- 4118 pléistos

nunca
- 3364 ou mé
- 3368 medépote

3371	mekéti	obtener		ofrecer		
3763	oudépote	2147	eurísko	321	anágo	
3765	oukéti	2638	katalambáno	399	anaféro	
4218	poté	2865	komízo	1325	dídomi	
4455	pópote	2932	ktáomai	2370	thumiáo	
5119	tóte	2983	lambáno	2380	thúo	
nutrido		5177	tugcáno	4374	prosféro	
1789	entréfo	ocasión		4689	spéndo	
nutrir		576	apobáino	ofrenda		
2023	epicoregéo	874	aformé	100	adrótes	
		2540	kairós	334	anáthema	
o		4349	proskopé	1049	gazofulakéion	
o		4624	skandalízo	1435	dóron	
1535	éite	4625	skándalon	2842	koinonía	
obedecer		occidente		2878A	korbanás	
191	akóuo	1424	dusmé	3048	logía	
544	apeithéo	ocioso		4376	prosforá	
3980	peitharcéo	60	agoráios	oh		
3982 (1)	péitho	692	argós	5599	ó	
5218	upakoé	813	átaktos	oído		
5219	upakóuo	octavo		189	akoé	
5293	upotásso	3590	ógdoos	3775	óus	
obediencia		3637	oktaémeros	oidor		
5218	upakoé	ocular, testigo		202	akroatés	
5292	upotagé	845	autóptes	oir		
obediente		2030	epóptes	191	akóuo	
5218	upakoé	ocultar		1251	diakóuo	
5255	upékoos	613	apokrúpto	1522	eisakóuo	
obispado		2928	krúpto	1801	enotízomai	
1984	episkopé	2990	lantháno	1873	epakóuo	
obispo		oculto		1874	epakroáomai	
1985	epískopos	614	apókrufos	3878	parakóuo	
objeto		2926	krúpte	3980	peitharcéo	
4574	sébasma	2927	kruptós	4257	proakóuo	
4632	skéuos	2928	krúpto	4337	proséco	
obligar		4601	sigáo	ojalá		
29	aggaréuo	ocupar		3785	ófelon	
315	anagkázo	378	anapleróo	ojo		
3781	ofeilétes	2716	katergázomai	308	anablépo	
3849	parabiázomai	2722	katéco	816	atenízo	
obra		4238	prásso	872	aforáo	
1753	enérgeia	4291	proístemi	3442	monófthalmos	
1754	energéo	4980	scolázo	3659	órr ma	
2038	ergázomai	5427	frónema	3787	ofthalmodoulía	
2716	katergázomai	ochenta		3788	oftalmós	
4162	póiesis	3589	ogdoékonta	5168	trumaliá	
obrar		ocho		5169A	trúpoma	
1754	energéo	3638	októ	5169	tréma	
2038	ergázomai	odre		ola		
2716	katergázomai	779	askós	2830	klúdon	
obrero		ofender		2949	kúma	
2040	ergátes	4417	ptáio	4535	sálos	
observancia		4624	skandalízo	oleaje		
5084	téresis	ofensa		4535	sálos	
observar		677	apróskopos	óleo		
1907	epéco	3900	paráptoma	1637	élaion	
2334	theoréo	oficial		olfato		
2657	katanoéo	937	basilikós	3750	ósfresis	
4043	peripatéo	oficio		olíbano		
obstáculo		1984	episkopé	3030	líbanos	
1464	egkopé	2039	ergasía	oliva		
obstante, no		2999	latréia	1636	eláia	
3305	méntoi	3673	omótecnos	olivar		
4133	plén	5078	técne	1638	elaión	

INDICE ESPAÑOL-GRIEGO 873 olivo - otro

olivo			oprobio			os		
	65	agriélaios		152	aiscúne		1438	eautóu
	2565	kalliélaios		3679	oneidízo	osadía		
olivos			opuesta (la ribera opuesta)				2292	tharreó
	1636	eláia		495	antipéra		4006	pepóithesis
	1638	elaión	oración				5111	tolmáo
olor				1162	déesis	osar		
	2175	euodía		1783	énteuxis		2292	tharréo
	3744	osmé		2171	eucé		5111	tolmáo
oloroso				4335	proseucé	ósculo		
	2367	thúinos		4336	proséucomai		5370	fílema
olvidadizo			orador			oscuramente		
	1953	epilesmoné		4489	rétor		135	áinigma
olvidar			orar			oscurecer		
	1585	eklanthánomai		1189	déomai		4654	skotízo
	1950	epilanthánomai		2172	éucomai		4656	skotóo
	3024	léthe		3870	parakaléo	oscuridad		
olvido				4335	proseucé		887	aclús
	3024	léthe		4336	proséucomai		1105	gnófos
omega			orden				2217	zófos
	5598	ó		392	anatássomai		4653	skotía
once				1299	diatásso		4655	skótos
	1733	éndeka		2517	kathexés	oscuro		
onda				5001	tágma		850	aucmerós
	2830	klúdon		5010	táxis		1773	énnucos
	2949	kúma	ordenadamente				4653	skotía
ónice				4748	stoicéo	oso		
	4557	sardónux	ordenanza				715	árkos
operación				1345	dikáioma	ostentoso		
	1753	enérgeia		1378	dógma		1708	emploké
	1755	enérgema	ordenar			otoñal		
operar				1291	diastéllomai		5352	fthinoporinós
	1754	energéo		1299	diatásso	otorgar		
opinión				2004	epitásso		2023	epicoregéo
	1253	diákrisis		2036	éipon	otro		
	1261	dialogismos		2753	keléuo		237A	allacóu
oponer				3853	paraggéllo		237	allacóthen
	436	anthístemi		4367	prostásso		240	allélon
	475	antidiatíthemi		4401	proceirotonéo		243	állos
	480	antíkeimai		4786	sugkeránnumi		247	állos
	483	antilégo		4929	suntásso		297	amfóteroi
	498	antitássomai		5021	tásso		839	áurion
	1254	diakolúo	oreja				1208	déuteros
oportunamente				3775	óus		1276	diaperáo
	2122	eukáiros		5621A	otárion		1364	dís
oportunidad				5621	otíon		1438	eautóu
	170	akairéomai	orgía				1508 (1)	ei dé mé, mége
	2119	eukairéo		2970	kómos		1520	éis
	2120	eukairía	oriente				1534	éita
	2540	kairós		395	anatolé		1536	éitis
	5117	tópos	origen, desde su				1564	ekéithen
oportuno				509	ánothen		1782	entéuthen
	2121	éukairos	orilla				1887	epáurion
oposición				123	aigialós		1893	epéi
	73	agón		4008	péran		2084	eteróglossos
oprimir				4358	prosormízo		2085	eterodidaskaléo
	598	apothlíbo		5491	céilos		2087	éteros
	2346	thlíbo	orín				2088	etéros
	2352	thráuo		1035	brósis		2470	ísos
	2616	katadunastéuo	oro				3062	loipós
	2669	kataponéo		5552	crusóus		3819	pálai
	4846	sumpnígo		5553	crusíon		3825	pálin
				5554	crusodaktúlios		4007	peraitéro
				5557	crusós		4008	péran

oveja
- 4139 plesíon
- 4218 poté
- 5119 tóte

oveja
- 3374 meloté
- 4262 probatikós
- 4263A probátion
- 4263 próbaton

P

pábilo
- 3043 línon

pacer
- 1006 bósko

paciencia
- 463 anocé
- 3114 makrothuméo
- 3115 makrothumía
- 3116 makrothúmos
- 5281 upomoné
- 5299 upopiázo

paciente
- 3114 makrothuméo
- 3356 metriopathéo

pacificador
- 1518 eirenopoiós

pacífico
- 1516 eirenikós

pacto
- 1242 diathéke

padecer
- 1377 dióko
- 2210 zemióo
- 3489 nauagéo
- 3805 pathetós
- 3958 pásco
- 3983 peináo
- 4310 propásco
- 4841 sumpásco
- 5302 usteréo

padecimiento
- 3804 páthema

padre
- 540 apátor
- 1118 gonéus
- 3617 oikodespótes
- 3962 patér
- 3967 patrikós
- 3970 patroparádotos
- 3971 patróos
- 4269 prógonos
- 4310A propátor

paga
- 3800 opsónion

pagar
- 467 antapodídomi
- 591 apodídomi
- 650 aposteréo
- 661 apotíno
- 879A afusteréo
- 1183 dekatóo
- 1363 diplóo
- 5055 teléo
- 5099 tíno

pago
- 467 antapodídomi

país
- 5561 córa

paja
- 892 ácuron
- 2595 kárfos

pajarillo
- 4765 strouthíon

palabra
- 148 aiscrología
- 151 aiscrótes
- 2031 épos
- 3051 lógion
- 3054 logomacéo
- 3055 logomacía
- 3056 lógos
- 4086 pithanología
- 4487 réma
- 5456 foné
- 5542 crestología

palabrería
- 2757 kenofonía
- 3150 mataiología
- 4180 polulogía

palabrero
- 4691 spermológos

palacio
- 833 aulé
- 933 basíleios

palma
- 5404 fóinix

palmera
- 902 baíon
- 5404 fóinix

palo
- 3586 xúlon

paloma
- 4058 peristerá

palomino
- 4058 peristerá

palpar
- 5584 pselafáo

pámpano
- 2814 kléma

pan
- 106 ázumos
- 740 ártos
- 5596 psomíon

panal
- 2781 keríon

pañal
- 4683 sparganóo

paño
- 4612 simikínthion
- 4676 soudárion

pañuelo
- 4676 soudárion

papel
- 5489 cártes

par
- 2201 zéugos

para
- 1508 (3) ei mé, ína, óti
- 1752 éneka
- 2443 ína
- 2444 inatí
- 3195 méllo
- 3363 ína mé
- 3379 mépote
- 3381 mépos
- 3704 ópos
- 5228 upér
- 5613 ós
- 5620 óste

parábola
- 3850 parabolé

paraíso
- 3857 parádeisos

paralítico
- 3584 xerós
- 3885 paralutikós
- 3886 paralúo

paralizar
- 3886 paralúo

parar
- 450 anístemi
- 1096 gínomai
- 2186 efístemi
- 2476 ístemi
- 4739 stéko

parcialidad
- 4346 prósklisis

parecer
- 515 axíoo
- 1106 gnóme
- 1380 dokéo
- 2106 eudokéo
- 2334 theoréo
- 3328 metabállo
- 3579 xenízo
- 3664 ómoios
- 5316 fáino

pared
- 3320 mesótoicon
- 5109 tóicos

parentela
- 4772 suggéneia

pariente o parienta
- 4773A suggenís
- 4773 suggenés

parlotear
- 5396 fluaréo

parricida
- 3964 patrolóas

parte
- 237A allacóu
- 237 allacóthen
- 1534 éita
- 2819 kléros
- 2975 lagcáno
- 3310 merís
- 3313 méros
- 3836 pantacóthen
- 3837 pantacé
- 3837A pantacóu
- 3840 pántothen

4413	prótos	**584**	apodéiknumi	**1517**	eirenopoiéo	
4494	ripízo	**1096**	gínomai	**pecado**		
4901A	sunepitíthemi	**1224**	diabáino	51	agnóema	
5067	tétartos	**1230**	diagínomai	265	amártema	
5154	trítos	**1273**	dianukteréuo	266	amartía	
participación		**1276**	diaperáo	361	anamártetos	
2842	koinonía	**1279**	diaporéuomai	458	anomía	
3310	merís	**1330**	diércomai	3900	paráptoma	
		1339	diístemi			
participante		**1353**	diodéuo	**pecador**		
2841	koinonéo	**1525**	eisércomai	268	amartolós	
2844	koinonós	**2064**	ércomai	**pecaminoso**		
3353	métocos	**2346**	thlíbo	268	amartolós	
4791	sugkoinonós	**2700**	katatoxéuo	**pecar**		
participar		**3327**	metabáino	264	amartáno	
2841	koinonéo	**3855**	parágo	4258	proamartáno	
2842	koinonía	**3896**	parapléo	**pececillo**		
3310	merís	**3899**	paraporéuomai	2485	icthúdion	
3335	metalambáno	**3911**	paraféro	3795	opsárion	
3336	metálempsis	**3914**	paraceimázo			
3348	metéco	**3928**	parércomai	**pecho**		
4777	sugkakopathéo	**3929**	páresis	3149	mastós	
4790	sugkoinonéo	**3944**	paróicomai	4738	stéthos	
4829	summerízo	**4137**	pleróo	**pedazo**		
4942	sunupokrínomai	**4160**	poiéo	1288	diaspáo	
partícipe		**4260**	probáino	1915	epíblema	
2844	koinonós	**4266**	progínomai	2801	klásma	
3353	métocos	**4281**	proércomai	**pedir**		
4830	summétocos	**4517**	rónnumi	154	aitéo	
particular		**4931**	suntel éo	523	apaitéo	
2398	ídios	**5230**	upérakmos	1189	déomai	
3313	méros	**5237**	uperoráo	1809	exaitéomai	
partida		**pascua**		1905	eperotáo	
359	análusis	**3904**	paraskeué	1934	epizetéo	
867	áfixis	**3957**	Pásca	2065	erotáo	
1841	éxodos	**pasión**		2212	zetéo	
		1939	epithumía	2678	kataséio	
partidor		**2237**	edoné	3868	paraitéomai	
3312	meristés	**3663**	omoiopathés	4336	proséucomai	
partimiento		**3804**	páthema			
2800	klásis	**3806**	páthos	**pedregal**		
				4075	petródes	
partir		**paso**		**pegar**		
321	anágo	**3938**	párodos	2853	kolláo	
360	analúo	**pasto**		**pelear**		
402	anacoréo	**3542**	nomé	75	agonízomai	
1266	diamerízo	**pastor**		4170	poleméo	
1607	ekporéuomai	**750**	arcipóimen	4438	puktéuo	
1831	exércomai	**2233**	egéomai	**peligrar**		
2622	katakláo	**4166**	poimén	2793	kindunéuo	
2800	klásis	**pastorear**		**peligro**		
2806	kláo	**4165**	poimáino	2793	kindunéuo	
3307	merízo	**patente**		2794	kíndunos	
3311	merismós	**4271**	pródelos	**peligroso**		
4977	scízo	**5318**	fanerós	2000	episfalés	
parto		**patio**		5467	calepós	
4944	sunodíno	**833**	aulé	**pelo**		
5605	odíno	**4440**	pulón	2359	thríx	
pasado		**patriarca**		**pena**		
2192 (5)	éxo	**3962**	patér	1349	díke	
3796	opsé	**3966**	patriárces	3425	mógis	
4070	pérusi	**patrón**		3433	mólis	
4386-87	próteros	**3490**	náukleros			
pasaje				**penalidad**		
4042	periocé	**paz**		2553	kakopathéo	
pasar		**1514**	eirenéuo	4777	sugkakopathéo	
492	antiparércomai	**1515**	eiréne			
565	apércomai					

pendenciero		5356	fthorá	**perjuicio**	
269	ámacos	**pérdida**		5196	úbris
4131	pléktes	580	apobolé	**perjurar**	
penetrar		2209	zemía	1964	epiorkéo
1338	diiknéomai	2210	zemióo	**perjuro**	
1525	eisércomai	**perdidamente**		1965	epíorkos
pensamiento		811	asótos	**perla**	
1261	dialogismós	**perdón**		3135	margarítes
1270	dianóema	859	áfesis	**permanecer**	
1271	diánoia	**perdonar**		1235	diagregoréo
1761	enthúmesis	630	apolúo	1265	diaméno
1771	énnoia	863	afíemi	1300	diateléo
1963	epínoia	5339	féidomai	1696	emméno
3540	nóema	5483	carízomai	1961	epiméno
pensar				2476	ístemi
1011	bouléuomai	**perdurable**		2641	kataléipo
1260	dialogízomai	3306	méno	2928	krúpto
1326A	dienthuméomai	**perecer**		3306	méno
1380	dokéo	599	apothnésko	3887	paraméno
1760	enthuméomai	622	apóllumi	4357	prosméno
1911	epibállo	684	apóleia	4739	stéko
2919	kríno	853	afanízo	4839	sumparaméno
3049	logízomai	2673	katargéo		
3191	meletáo	2704	katafthéiro	**permanente**	
3421	mnemonéuo	4881	sunapóllumai	3306	méno
3543	nomízo	5351	fthéiro	**permiso**	
3563	nóus	**peregrinación**		2010	epitrépo
3633	óimai	3940	paroikía	**permitir**	
4304	promeletáo	4898	sunékdemos	649	apostéllo
4993	sofronéo	**peregrino**		863	afíemi
5274	upolambáno	3927	parepídemos	1325	dídomi
5282	uponoéo			1439	eáo
5426	fronéo	**perezoso**		1832	éxesti
pentecostés		3576	nothrós	2010	epitrépo
4005	penetekosté	3636	oknerós	**pero**	
peña		**perfección**		687	ára
2991	laxeutós	2676	katártisis	1065	gé
4073	pétra	5047	teleiótes	1508	ei mé
peor		5050	teléiosis	3305	méntoi
2276	ésson	**perfeccionamiento**		4133	plén
4190	ponerós	2677	katartismós	**perpetuamente**	
5501	céiron	**perfeccionar**		3838	pantelés
pequeñito		2005	epiteléo	**perplejidad**	
3398	mikrós	2675	katartízo	640	aporía
pequeño		2677	katartismós	**perplejo, estar**	
1646	elácistos	5048	teleióo	639	aporéo
3398	mikrós	5055	teléo	1280	diaporéo
3519	nesíon	**perfectamente**		**perrillo**	
3641	olígos	199	akribós	2952	kunárion
pequeñuelo		2675	katartízo	**perro**	
3516	népios	5055	teléo	2965	kúon
percibir		**perfecto**		**persecución**	
1492	eidón	739	ártios	1375	diogmós
perder		4137	pleróo	1377	dióko
524	apalgéo	5046	téleios	2347	thlípsis
577	apobállo	5047	teleiótes	**perseguidor**	
622	apóllumi	5048	teleióo	1376	dióktes
1601	ekpípto	**perfume**		1377	dióko
1820	exaporéo	3464	múron	**perseguir**	
2210	zemióo	**pergamino**		1377	dióko
4014	periairéo	975	biblíon	1559	ekdióko
perdición		3200	membrána	**perseverancia**	
684	apóleia	**perito**		4343	proskartéresis
2692	katastrofé	4680	sofós	5281	upomoné
3639	ólethros				

INDICE ESPAÑOL-GRIEGO

perseverar		pescador		3374	meloté
1961	epiméno	231	aliéus	pierna	
2476	ístemi	2221	zogréo	4628	skélos
3306	méno	pescar		pieza de plata	
3887	paraméno	61	ágra	694	argúrion
4342	proskarteréo	232	aliéuo	piloto	
4357	prosméno	2983	lambáno	2942	kubernétes
5278	upoméno	4084	piázo	pináculo	
5281	upomoné	pesebre		4419	pterúgion
persistir		5336	fátne	pisada	
1961	epiméno	peso		2487	ícnos
3306	méno	922	báros	pisar	
4342	proskarteréo	941	bastázo	3961	patéo
persona		3591	ógkos	piso	
444	ánthropos	5006	talantiáios	5152	trístegos
678	aprosopolémptos	pestañeo		pisotear	
4217	potapós	4493	ripé	2662	katapatéo
4380	prosopolemptéo	peste		placer	
4381	prosopolémptes	3061	loimós	2106	eudokéo
4382	prosopolempsía	pestilencia		2237	edoné
4383	prósopon	3061	loimós	4684	spataláo
5108	toióutos	pestilente		plaga	
5590	psucé	4190	ponerós	3061	loimós
persuadir		petición		3148	mástix
374	anapéitho	155	áitema	4127	plegé
3982	péitho	1783	énteuxis	planta	
4104	pistóo	pez		5451	futéia
persuasión		2486	icthús	plantado	
3988	peismoné	2785	kétos	4854	súmfutos
persuasivo		3795	opsárion	plantar	
3981	peithós	piadosamente		5452	futéuo
4086	pithanología	2153	eusebós	plata	
pertenecer		piadoso		693	arguróus
2192 (5)	éco	2126	eulabés	694	argúrion
3348	metéco	2150	eusébeia	696	árguros
perturbación		2151	eusebéo	platero	
181	akatastasía	2152	eusebés	695	argurokópos
perturbar		4576	sébo	plática	
384	anaskeuázo	pichón		2757	kenofonía
387	anastatóo	3502	nossós	3056	lógos
654	apostréfo	pie		plato	
5015	tarásso	375A	anapedáo	3953	paropsís
perversidad		939	básis	4094	pínax
4189	ponería	2476	ístemi	5165	trúblion
perverso		3979	pezé	playa	
824	átopos	4158	podéres	123	aigialós
1294	diastréfo	4228	póus	plaza	
4190	ponerós	4714	stásis	58	agorá
4646	skoliós	4739	stéko	4113	platéia
5337	fáulos	piedad		pleitear	
pervertir		2150	eusébeia	2919	kríno
1294	diastréfo	2317	theosébeia	pleito	
1612	ekstréfo	piedra		2054	éris
3344	metastréfo	204	akrogoniáios	2917	kríma
pesadamente		3035	líthinos	2919	kríno
917	baréos	3037	líthos	3056	lógos
pesado		3458	múlinos	3163	máce
926	barús	3458	múlos	plena certidumbre	
pesar		4073	pétra	4136	plerofo ría
3338	metamélomai	piedrecita		plenamente	
pescado		5586	pséfos	1840	exiscúo
2486	icthús	piel			
3795	opsárion	1192	dérma		

plenitud			**pollino**		**poner en práctica**	
4135	pleroforéo		4454	pólos	2038	ergázomai
plenitud			**polluelo**		**poner precio**	
4138	pléroma		3555	nossía	5091	timáo
pleno			3556	nossíon	**poner proa**	
1922	epígnosis		**pompa**		503	antofthalméo
4136	pleroforía		5325	fantasía	**ponerse de acuerdo**	
4138	pléroma		**poner**		4856	sumfonéo
4183	polús		392	anatássomai		
pluma			659	apotíthemi	**poniente**	
2563	kálamos		816	atenízo	1424	dusmé
población			872	aforáo	**popa**	
2968	kóme		906	bállo	4403	prúmna
pobre			1096	gínomai	**poquito**	
3993	pénes		1325	dídomi	3397	mikrós
3998	penicrós		1381	dikimázo	**por**	
4433	ptocéuo		1396	doulagogéo	260	áma
4434	ptocós		1416	dúno	303	aná
5302	usteréo		1677	ellogéo	473	antí
pobreza			1679	elpízo	891	acrí
4432	ptocéia		1746	endúo	1752	éneka
5303	ustérema		1911	epibállo	1894	epeidé
5304	ustéresis		1913	epibibázo	2443	ína
poco			1931	epidúo	2526	kathó
1024	bracús		1976	epir(r)ápto	3319	mésos
1646	elácistos		2007	epitíthemi	3363	ína mé
1848	exouthenéo		2476	ístemi	3513	né
3397-98	mikrós		2523	kathízo	5228	upér
3640	oligopistía		2525	kathístemi	5484	cárin
3640A	oligópistos		2564	kaléo	5613	ós
3641	olígos		2639	katalégo	5618	ósper
3642	oligópsucos		2698	katatíthemi	**por consiguiente**	
5550	crónos		2749	kéimai	5620	óste
poder			2777A	kemóo	**por cuanto**	
746	arcé		3724	orízo	1360	dióti
1410	dúnamai		3908	paratíthemi	1752	éneka
1411	dúnamis		3923	pareisféro	1893	epéi
1415	dunatós		3936	parístemi	1894	epeidé
1419	dusbástaktos		4060	peritíthemi	2530	kathóti
1753	enérgeia		4160	poiéo	**por eso**	
1832	éxesti		4295	prokeimai	687	ára
1849	exousía		4388	protíthemi	1352	dió
2480	iscúo		4400	proceirízo	1360	dióti
2904	krátos		4495	rípto	**por esto**	
2967	kolúo		4900A	sunelaúno	1352	dió
5029	táca		4900	sunallásso	3606	óthen
poderoso			4912	sunéco	5620	óste
1410	dúnamai		4972	sfragízo	**por lo cual**	
1413	dunástes		5021	tásso	1352	dió
1414	dunatéo		5087	títhemi	1355	dióper
1415	dunatós		5342	féro	1360	dióti
2478	iscurós		5392	fimóo	3606	óthen
2900	krataiós		5426	fronéo	**por lo que**	
podrir			**poner a pleito**		1352	dió
4595	sépo		2919	krino	**por otra parte**	
poeta			**poner a prueba**		1534	éita
4163	poietés		3985	peirázo	**¿por qué?**	
polilla			**poner en evidencia**		1302	diatí
4597	sés		1651	elégco	2444	inatí
4598	setóbrotos		**poner en fuga**		4159	póthen
polvo			2827	klíno	**por tanto**	
2868	koniortós		**poner en orden**		686	ára
5522	cóus		1299	diatásso	1352	dió
pollada			**poner en pie**		1355	dióper
3555	nossía		2476	ístemi		

1360	dióti	potente		2980	laléo		
3606	óthen	2478	iscurós	3056	lógos		
4133	plén	2479	iscús	4296	prokerússo		
5105	toigaróun	potestad		preeminencia			
5620	óste	1391	dóxa	4409	protéuo		
porfía		1849	exousía	prefecto			
3859A	paradiatribé	1850	exousiázo	4759	stratopedárces		
porfiar		2715	katexousíazo	preferir			
2001	episcúo	pozo		2309	thélo		
porque		4077	pegé	4285	proegéomai		
1065	gé	5421	fréar	prefijar			
1360	dióti	práctica		3724	orízo		
1512	éiper	2038	ergázomai	pregonar			
1534	éita	2039	ergasía	2784	kerússo		
1893	epéi	practicar		pregonero			
1894	epeidé	264	amartáno	2783	kérux		
1897	epéiper	1377	dióko	pregunta			
2530	kathóti	1872	epakoluthéo	1905	eperotáo		
5613	ós	3000	latréuo	3056	lógos		
portarse varonilmente		3191	meletáo	preguntar			
407	andrízomai	3580	xenodocéo	350	anakríno		
porte		4160	poiéo	1260	dialogízomai		
2688	katástema	4238	prásso	1331	dierotáo		
portero		preceder		1770	ennéuo		
2377	thurorós	5348	ftháno	1833	exetázo		
pórtico		precepto		1905	eperotáo		
4745	stoá	1379	dogmatízo	2065	erotáo		
pos de, en		precio		2212	zetéo		
3694	opíso	927	barútimos	3004	légo		
posada		4185	polutelés	4441	punthánomai		
3578	xenía	4186	polútimos	prejuicio			
posar		5091	timáo	4299	prókrima		
835	aulízomai	5092	timé	premio			
2647	katalúo	5536	créma	1017	brabéion		
3306	méno	precioso		2603	katabrabéuo		
3579	xenízo	1741	éndoxos	3408	misthós		
poseer		1784	éntimos	prender			
2722	katéco	2472	isótimos	1195	desméuo		
2935	ktétor	4186	polútimos	1210	déo		
5224-25	upárconta	5092	timé	1405	drássomai		
poseído		5093	tímios	1949	epilambánomai		
4912	sunéco	precipitadamente		2510	kathápto		
posesión		4312	propetés	2902	kratéo		
2697	katáscesis	precipitar		2983	lambáno		
2933	ktéma	906	bállo	4084	piázo		
4047	peripóiesis	1530	eispedáo	4815	sullambáno		
posible		3729	ormáo	preocupación			
1415	dunatós	preciso		3308	mérimna		
1735	endécomai	1163	déi	preocuparse			
postrar		precursor		2212	zetéo		
906	bállo	4274	pródromos	3309	merimnáo		
2693	katastrónnumi	predecir		4049	perispáo		
4098	pípto	4302	prolégo	4305	promerimnáo		
4352	proskunéo	predestinar		preparación			
4363	prospípto	4309	proorízo	3904	paraskeué		
postre		predicación		preparado			
5306	ústeros	2782	kérugma	2092	étoimos		
postrero		predicador		2093	etóimos		
2078	éscatos	2604	kataggelléus	preparar			
potencia		2783	kérux	1822	exartízo		
1411	dúnamis	predicar		2090	etoimázo		
1753	enérgeia	2097	euaggelízo	2675	katartízo		
2904	krátos	2784	kerússo	2680	kataskeuázo		

preparativos - procurar		880		**INDICE ESPAÑOL-GRIEGO**		
2767	keránnumi	3860	paradídomi	2774	kefálaion	
3903	paraskeuázo	4084	piázo	4413	prótos	
3936	parístemi	4887	sundéo	**principal de la sinagoga**		
4160	poiéo	**prestar**		752	arcisunágogos	
4282	proetoimázo	1155	danízo	**príncipe**		
4294	prokatartízo	2038	ergázomai	747	arcegós	
preparativos, hacer los		4337	proséco	750	arcipóimen	
643	aposkeuázo	5531	kicremi	758	árcon	
1980A	episkeuázomai	**presteza**		2232	egemón	
2090	etoimázo	4710	spoudé	3175	megistán	
presa		**presto**		4413	prótos	
259	álosis	2092	étoimos	**principio**		
4812	sulagogéo	**pretender**		165	aión	
presbiterio		3049	logízomai	509	ánothen	
4244	presbutérion	**pretexto**		746	arcé	
presciencia		1942	epikálumma	2602	katabolé	
4268	prógnosis	4392	prófasis	4386-87	próteros	
presencia		**pretorio**		4412	próton	
561	apénanti	4232	praitórion	**prisa**		
1799	enópion	**prevalecer**		4692	spéudo	
3952	parousía	2480	iscúo	4710	spoudé	
4383	prósopon	2638	katalambáno	5030	tacéos	
presentar		2729	katiscúo	5036	tacús	
1325	dídomi	**prever**		**prisión**		
1718	emfanízo	4308	prooráo	1199	desmós	
2018	epiféro	**previamente**		4577A	seirá	
2186	efístemi	4300	prokuróo	4577	sirós	
2476	ístemi	**primeramente**		4869	sunaicmálotos	
2702	kataféro	746	arcé	4886	súndesmos	
3345	metascematízo	4412	próton	5438	fulaké	
3708	oráo	4276	proelpízo	**prisionero**		
3930	paréco	**primero**		1198	désmios	
3936	parístemi	511	anóteron	**privado**		
4270	prográfo	536	aparcé	2398	ídios	
4317	proságo	746	arcé	**privar**		
4334	prosércomai	1207	deuteróprotos	650	aposteréo	
4374	prosféro	1520	éis	2603	katabrabéuo	
5087	títhemi	4264	probibázo	**proa**		
5319	fanéroo	4272	prodídomi	503	antofthalméo	
5342	féro	4281	proércomai	4408	próra	
presente		4294	prokatartízo	**probablemente**		
737	árti	4295	prókeimai	5177	tugcáno	
1435	dóron	4386-87	próteros	**probar**		
1736	endeméo	4399	profthánco	584	apodéiknumi	
1764	enístemi	4410	protokathedría	1089	géuomai	
2476	ístemi	4411	protoklisía	1381	dokimázo	
3568	nún	4412-13	prótos	1381A	dokimasía	
3854	paragínomai	4416A	prótos	1598	ekpeirázo	
3873	parákeimai	5383	filoprotéuo	3936	parístemi	
3918	páreimi	**primicia**		3985	peirázo	
3918 (1)	prós tó parón	536	aparcé	**proceder**		
4836	sumparagínomai	**primogénito**		1607	ekporéuomai	
preservación		4416	protótokos	1831	exércomai	
4047	peripóiesis	**primogenitura**		3598	odós	
preservar		4415	prototókia	4369	prostíthemi	
4982	sózo	**principado**		5562	coréo	
presidir		746	arcé	**proclamar**		
4291	proístemi	**principal**		2784	kerússo	
presión		204	akrogoniáios	**procónsul**		
1999	epístasis	749	arcieréus	445	anthupatéuo	
1999A	episústasis	758	árcon	446	anthúpatos	
preso		1851	exocé	**procurar**		
1198	désmios	2233	egéomai	778	askéo	
1202	desmótes			1567	ekzetéo	
1210	déos					

INDICE ESPAÑOL-GRIEGO   881   prodigio - proveer

2021	epiceiréo
2206	zelóo
2212	zetéo
4306	pronoéo
4704	spoudázo
5389	filotiméomai
5431	frontízo
5530	cráomai

prodigio
| 5059 | téras |

producir
985	blastáno
1096	gínomai
1325	dídomi
1627	ekféro
1754	energéo
2038	ergázomai
2164	producir
2716	katergázomai
4160	poiéo
5088	tíkto
5342	féro

proeza
| 2904 | krátos |

profanar
| 953 | bebelóo |
| 2840 | koinóo |

profano
| 952 | bébelos |

profecía
| 4394 | profetéia |

proferir
| 2018 | epiféro |

profesar
1861	epaggéllomai
3670	omologéo
3671	omología
5335	fásko

profesión
| 3670 | omologéo |
| 3671 | omología |

profeta
4396	profétes
4397	profetikós
5578	pseudoprofétes

profético
| 4397 | profetikós |

profetisa
| 4398 | profétis |

profetizar
| 4395 | profetéuo |

profundamente
| 1690 | embrimáomai |

profundidad
| 899 | báthos |
| 901 | bathús |

profundo
899	báthos
901	bathús
3989	pélagos

progreso
| 4297 | prokopé |

prohibir
| 2967 | kolúo |

prójimo
| 4139 | plesíon |
| 4177 | polítes |

promesa
1860	epaggelía
1861	epaggéllomai
1862	epággelma

prometer
1860	epaggelía
1861	epaggéllomai
3670	omologéo
4279	proepaggéllo
4293	prokataggéllo

promotor
| 2795 | kinéo |

promulgación
| 3548 | nomothesía |

promulgar
| 1831 | exércomai |

prontamente
2112	euthéos
4710	spoudé
5034	tácos

prontitud
| 4288 | prothumía |

pronto
2092	étoimos
2112	euthéos
2117	euthús
3752	ótan
4288	prothumía
4289	próthumos
4290	prothúmos
5030	tacéos
5032	tácion
5033	tácista
5034	tácos
5036	tacús
5613	ós

pronunciar
| 5342 | féro |

propagar
| 2225 | zoogonéo |

propiciación
| 2434 | ilasmós |
| 2435 | ilastérion |

propiciatorio
| 2435 | ilastérion |

propicio
| 2433 | iláskomai |
| 2436 | íleos |

propiedad
| 2933 | ktéma |
| 5564 | coríon |

propio
843	autokatákritos
849	autóceir
1438	eautóu
1466	egkráteia
1635	ekón
1683	emautóu

1699	emós
2398	ídios
3968	patrís
4041	periúsios
4241	prépo
4995	sofronismós

proponer
1011	bouléuo
1014	bóulomai
2919	kríno
4255	proairéo
4388	protíthemi
5087	títhemi

proposición
| 4286 | próthesis |

propósito
1106	gnóme
2107	eudokía
4286	próthesis
5056	télos

propuesta
| 3056 | lógos |

prorrumpir
| 2896 | krázo |
| 4486 | régnumi |

proseguir
| 1377 | dióko |
| 4369 | prostíthemi |

prosélito
| 4339 | prosélutos |

prosperar
| 2137 | eudóo |
| 2141 | euporéo |

prosperidad
| 2142 | euporía |
| 2735 | katórthoma |

próspero
| 2137 | eudóo |

protestar
| 3143 | martúromai |

provecho
512	anofelés
3685	oníemi
3786	ófelos
4297	prokopé
4820	sumbállo
4851	sumféro
4852A	súmforos
5622	oféleia
5623	oféleo

provechoso
255	alusitelés
2111	éuthetos
4851	sumféro
5539	crésimos
5624	ofélimos

proveer
2090	etoimázo
2147	eurísko
2932	ktáomai
4265	problépo
4306	pronoéo
4307	prónoia
5524	coregéo

proverbio		**pues**		4214	pósos		
3942	paroimía	686	árα	4217	potapós		
provincia		1065 (3)	ei dé mége	4458	pós		
1481	ethnárces	1211	dé	4459	pós		
1885	eparcéia	1360	dióti	5613	ós		
1885A	epárceios	1508 (1)	ei dé mé, mége	5613A	osán		
3310	merís	1893	epéi	5620	óste		
4066	perícoros	1894	epeidé	**quebrantar**			
5561	córa	1899	épeita	114	athetéo		
provocación		2504	kagó	3089	lúo		
3894	parapikrasmós	3779	óutos	3845	parabáino		
		4133	plén	3891	paranoméo		
provocar		5106	tóinun	4917	sunthláo		
653	apostomatízo	5620	óste	4919	sunthrúpto		
3863	parazelóo			4937	suntríbo		
3893	parapikráino	**puesto**					
3949	parorgízo	1893	epéi	**quebranto**			
		1894	epeidé	4938	súntrimma		
próximo		1895	epeidéper				
1448	eggízo	4741	sterízo	**quebrar**			
1451	eggús			2608	katágnumi		
		punta		4937	suntríbo		
prudencia		206	ákron				
4307	prónoia	746	arcé	**quedar**			
5428	frónesis			620	apoléipo		
		punto		863	afíemi		
prudente		1824	exautés	1096	gínomai		
4908	sunetós	2774	kefálaion	1295	diasózo		
4993	sofronéo	3195	méllo	1304	diatríbo		
4998	sófron	3897	paraplésios	1907	epéco		
5429	frónimos			1961	epiméno		
		puñetazo		2476	ístemi		
prueba		2852	kolafízo	2511	katharízo		
1381	doikimázo	**puño**		2516	kathézomai		
1382	dokimé	4435	pugmé	2523	kathízo		
1383	dokímion			2641	kataléipo		
1732	éndeixis	**pureza**		2650	kataméno		
3984	péira	47	agnéia	3306	méno		
3985	peirázo	54	agnótes	3443	monóo		
3986	peirasmós	**purificación**		3849	parabiázomai		
5039	tekmérion	49	agnismós	3887	paraméno		
públicamente		2512	katharismós	4035	periléipomai		
1219	demósios	2514	katharótes	4357	prosméno		
3954 (1,2)	parresía	**purificar**		4739	stéko		
publicano		48	agnízo	4982	sózo		
754	arcitelónes	2511	katharízo	5275	upoléipo		
5057	telónes	4472	rantízo	5278	upoméno		
publicar		**puro**		5342	féro		
2784	kerússo	53	agnós	**quehacer**			
público		194	ákratos	1248	diakonía		
1219	demósios	2107	eudokía				
5058	telónion	2513	katharós	**queja**			
5318 (1)	en to faneró	4101	pistikós	3437	momfé		
pudor		**púrpura**		**quejar**			
127	aidós	4209	porfúra	4727	stenázo		
		4210	porfuróus				
pueblo		4211	porfurópolis	**quemar**			
1218	démos			2545	káio		
2992	laós	**Q**		2618	katakáio		
3793	óclos			2739	kaumatízo		
		que		2740	káusis		
puerca		1360	dióti	4448	puróo		
5300	ús	2260	éper				
		3360	mécri	**querelloso**			
puerta		3379	mépote	3202	mempsímoiros		
2374	thúra	3381	mépos				
4262	probatikós	3699	ópou	**querer**			
4439	púle	3704	ópos	515	axióo		
4440	pulón	3745	ósos	1011	bouléuo		
puerto		3748	óstis	1014	boúlomai		
3040	limén	3753	óte	1380	dokéo		
3846	parabállo	4169	póios	2059	ermenéuo		

Español		Griego		Español		
2106	eudokéo	racional		recepción		
2172	éucomai	3050	logikós	3336	metálempsis	
2212	zetéo	raíz		receptáculo		
2309	thélo	4491	ríza	4632	skéuos	
3195	méllo	ramo, rama		recibir		
querido		902	baïon	308	anablépo	
27	agapetós	2798	kládos	324	anadécomai	
querubín		4746	stibás	353	analambáno	
5502	ceróub o ceroubéin	5434	frúganon	354	análempsis	
quien		ramera		528	apantáo	
1437 (1)	ós eán, óstis eán	4204	pórne	529	apántesis	
3748	óstis	rana		568	apéco	
quienquiera		944	bátracos	588	apodécomai	
1437 (1)	ós eán, óstis eán	rapacidad		594	apodocé	
3748	óstis	724	arpagé	618	apolambáno	
quieto		rapar		1194	déro	
2263	éremos	2751	kéiro	1209	décomai	
quince		rapaz		1237	diadécomai	
1178	dekapénte	727	árpax	1325	dídomi	
quinientos		926	barús	1523	eisdécomai	
4001	pentakósioi	rasgar		1653	eleéo	
quinto		1284	dia(r)réso	1926	epidécomai	
3991	pémptos	4048	peri(r)régnumi	2770	kerdáino	
quitar		4977	scízo	2816	kleronoméo	
115	athétesis	rasurar		2865	komízo	
142	áiro	3587	xuráo	2983	lambáno	
337	anairéo	ratificar		3028	lémpsis	
520	apágo	2964	kuróo	3335	metalambáno	
522	apáiro	4300	prokuróo	3348	metéco	
595	apóthesis	rayar		3549	nomthetéo	
615	apoktéino	2020	epifósko	3858	paradécomai	
622	apóllumi	rayo		3870	parakaléo	
851	afairéo	796	astrapé	3880	paralambáno	
868	afístemi	razón		3970	patroparádotos	
1562	ekdúo	249	álogos	4238	prásso	
1581	ekkópto	3056	lógos	4327	prosdécomai	
1808	exáiro	razonamiento		4876	sunantáo	
2507	kathairéo	1261	dialogismós	5221	upantáo	
2673	katargéo	3053	logismós	5222	upántesis	
2795	kinéo	real		5264	upodécomai	
2983	lambáno	933	basíleios	5274	upolambáno	
3089	lúo	937	basilikós	5537	crematízo	
3179	methístemi	realmente		5562	coréo	
4014	periairéo	1065 (2)	éi ge, éige	recién		
5087	títhemi	rebaño		738	artigénnetos	
5217	upágo	4167	póimne	4373	prosfátos	
quizá, quizás		4168	póimnion	recio		
686	ára	rebatir		972	bíaios	
2481	ísos	483	antilégo	recluir		
3379	mépote	rebelarse		4032	perikrúbo	
3385	méti	497	antistratéuomai	recobrar		
4458	pós	2691	katastreniáo	308	anablépo	
5029	táca	rebelde		1765	eniscúo	
5177	tugcáno	544	apeithéo	recodo del camino		
R		545	apeithés	296	ámfodon	
Rabbí		rebeldía		recoger		
4461	rabbí	506	anupótaktos	142	áiro	
Rabboni		rebosar		337	anairéo	
4462	rabouní	5240	uperekcún(n)o	353	analambáno	
racimo		recaer		2983	lambáno	
1009	bótrus	3895	parapípto	4816	sullégo	
ración				4863	sunágo	
4620	sitométrion			4962	sustréfo	
				recomendación		
				4956	sustatikós	

recomendar
- 4921 sunístemi

recompensa
- 287 amoibé
- 465 antállagma
- 468 antapódoma
- 469 antapódosis
- 3408 misthós

recompensar
- 467 antapodídomi
- 591 apodídomi

reconciliación
- 2643 katallagé

reconciliar
- 604 apokatallásso
- 1259 diallássomai
- 2644 katallásso
- 4900 sunallásso

reconocer
- 1097 ginósko
- 1921 epiginósko

reconvenir
- 2008 epitimáo
- 3679 oneidízo

recordar
- 363 anamimnésko
- 1878 epanamimnésko
- 3403 mimnéskomai
- 3417 mnéia
- 3421 mnemonéuo
- 5279 upomimnésko

recorrer
- 1330 diércomai
- 4013 periágo
- 4063 peritréco

recostar
- 345 anákeimai
- 347 anaklíno
- 377 anapípto
- 1968 epipípto
- 2827 klíno

recrear
- 1792 entrufáo
- 4875 sunanapáuomai

rectamente
- 3716 orthopodéo
- 3723 orthós

recto
- 2117 euthús
- 2471 isótes

rechazado
- 96 adókimos

rechazar
- 114 athetéo
- 683 apothéomai
- 720 arnéomai

red
- 292B amfibállo
- 293 amfíblestron
- 1350 díktuon
- 2339 théra
- 4522 sagéne

redargüir
- 1648A elegmós

- 1650 élegcos
- 1651 elégco

redención
- 629 apolútrosis
- 3085 lútrosis

redil
- 833 aulé

redimir
- 59 agorázo
- 1805 exagorázo
- 3084 lutróo
- 3085 lútrosis

reducir
- 1402 doulóo
- 2615 katadoulóo
- 5077 tefróo

redundar
- 2064 ércomai

reedificar
- 456 anoikodoméo
- 3618A oikodoméo

referir
- 312 anaggéllo
- 1285 diasaféo
- 2036 éipon
- 3004 légo
- 3908 paratíthemi

refinar
- 4448 puróo

reforma
- 1356A diórthoma

reformar
- 1357 diórthosis

refrenar
- 182 akatástatos
- 2967 kolúo
- 3973 páuo
- 5468 calinagogéo

refrescar
- 2711 katapsúco

refrigerio
- 403 anápsuxis

refuerzo
- 996 boétheia

refulgente
- 4448 puróo

refutar
- 1246 diakatelégcomai
- 2507 kathairéo

regalo
- 1435 dóron

regar
- 1026 bréco
- 4222 potízo

regazo
- 2859 kólpos

regeneración
- 3824 paliggenesía

región
- 2032 epourániоs
- 2824 klíma
- 3181 methórion

- 3313 méros
- 3725 órion
- 4066 perícoros
- 5561 córa

regir
- 757 árco
- 4165 poimáino

regla
- 2583 kanón

regocijar
- 21 agalliáo
- 2165 eufráino
- 4796 sugcáiro
- 5463 cáiro

regresar
- 360 analúo
- 402 anacoréo
- 1880 epanércomai
- 2064 ércomai
- 5290 upostréfo

rehuir
- 5288 upostéllo

rehusar
- 654 apostréfo
- 720 arnéomai
- 3868 paraitéomai

reina
- 938 basílissa

reinar
- 936 basiléuo
- 4821 sumbasiléuo

reino
- 932 basiléia

reír
- 1070 geláo

relámpago
- 796 astrapé

relieve
- 1851 exocé

religión
- 1175 deisidaimonía
- 2356 threskéia

religioso
- 1174 deisidáimon
- 2357 threskós

rellenar
- 4137 pleróo

remanente
- 2640 katáleimma
- 3005 léimma
- 5275A upóleimma

remar
- 1643 eláuno

remecer
- 4531 saléuo

remendar
- 2675 katartízo

remiendo
- 1915 epíblema
- 1976 epir(r)ápto
- 4470 rákos

INDICE ESPAÑOL-GRIEGO

remisión			**reposadamente**			**resistir**	
629	apolútrosis		2272	esúcios		436	anthístemi
859	áfesis		**reposar**			478	antikathístemi
remitir			373	anapáuo		496	antipípto
375	anapémpo		1879	epanapáuomai		498	antitásso
863	afíemi		1981	episkenóo		2313	theomacéo
remoción			2664	katapáuo		**resolver**	
3331	metáthesis		2838	kóimesis		2919	kríno
remover			**reposo**			4823	sumbouléuo
351A	anakulío		372	anápausis		**resonar**	
617	apokulío		426	ánesis		2278	ecéo
2795	kinéo		2663	katápausis		**respecto**	
			2664	katapáuo		3313	méros
renacer			4315	prosábbaton		5228	upér
313	anagennáo		4520	sabbatismós		**respetar**	
rendir			4521	sábbaton		1788	entrépo
916	baréo		**reprender**			5399	fobéo
2702	kataféro		1649	élegxis		**respeto**	
3000	latréuo		1651	elégco		1788	entrépo
4374	prosféro		1969	epiplésso		5401	fóbos
renovación			2008	epitimáo		**respirar**	
342	anakáinosis		2607	kataginósko		1709	empnéo
renovar			3201	mémfomai		**resplandecer**	
340	anakainízo		**reprensión**			393	anatéllo
341	anakainóo		423	anepílemptos		826	augázo
365	ananeóo		2009	epitimía		1584	eklámpo
renunciar			**reprobar**			2989	lámpo
550	apéipon		96	adókimos		4744	stílbo
657	apotásso		1848	exouthenéo		5316	fáino
720	arnéomai		**reprochar**			**resplandeciente**	
reo			3679	oneidízo		797	astrápto
1777	énocos		**reproche**			1823	exastrápto
5267	upódikos		3679	oneidízo		2986	lamprós
reparar			**reptil**			4744	stílbo
456	anoikodoméo		2062	erpetón		**resplandor**	
repartimiento			**repudiar**			541	apáugasma
3311	merismós		630	apolúo		796	astrapé
repartir			**reputación**			2015	epifáneia
1239	diadídomi		1380	dokéo		2987	lamprótes
1244	diairéo		3056	lógos		4015	periastrápto
1266	diamerízo		**requerir**			4034	perilámpo
3307	merízo		1718	emfanízo		5338	féggos
3330	metadídomi		3143	martúromai		**responder**	
4650	skorpízo		**resaltar**			483	antilégo
5595	psomízo		4921	sunístemi		611	apokrínomai
repente, de			**rescatar**			626	apologéomai
160	aifnídios		59	agorázo		2036	éipon
869	áfno		3084	lutróo		3004	légo
1810	exáifnes					5274	upolambáno
repentinamente			**rescate**			**responder con maldición**	
1810	exáifnes		487	antílutron		486	antiloidoréo
repentino			629	apolútrosis		**respuesta**	
160	aifnídios		3083	lútron		612	apókrisis
5031	tacinós		**resentirse**			5538	crematismós
repetición			1278	diaponéomai		**restablecer**	
945	battalogéo		**reservar**			600	apokathístemi
repetido			2343	thesaurízo		**restar**	
4178	pollákis		2641	kataléipo		1954	epíloipos
repetir			5083	teréo		3062 (2)	loipós
3004	légo		**residente**			**restauración**	
replicar			1927	epideméo		605	apokatástasis
369	anantirrétos		**resistencia (hacer)**			4138	pléroma
470	antapokrínomai		498	antitássomai		**restaurar**	
						600	apokathístemi

Español	№	Griego		№	Griego
restituir	2675	katartízo	**prostíthemi** 4369		
restituir	600	apokathístemi	sugkaléo 4779		
			sumbállo 4820		
			sunágo 4863	**riqueza**	
resto			sunathróizo 4867	2142	euporía
	2645	katáloipos	sunércomai 4905	3126	manonás
	3062	loipós	**sustréfo** 4962	4149	plóutos
				5094	timiótes
restregar	5597	psóco	**revelación**	5536	créma
resucitar	321	anágo	602 apokálupsis	**risa**	
	450	anístemi	5537 crematízo	1071	gélos
	1453	egéiro	**revelar**	**rito**	
	4891	sunegéiro	601 apokalúpto	1480	ethízo
			5537 crematízo	1485	éthos
resueltamente	662	apotolmáo	**reventar**	2512	katharismós
resultado	1545	ékbasis	2978A lakáo	**robador**	
resultar			2997 lásko	2417	ierósulos
	576	apobáino	**reverdecer**	**robar**	
	1096	gínomai	985 blastáno	2416	ierosuléo
	2758	kenóo	**reverencia**	**robo**	
resumir			1189A déos	724	arpagé
	346	anakefalaióo	2124 eulábeia	**roca**	
resurrección			4352 proskunéo	4073	pétra
	386	anástasis	5401 fóbos	**rociamiento**	
	1454	égersis	**reverente**	4473	rantismós
	1815	exanástasis	2124 eulábeia	**rociar**	
retardar	1019	bradúno	2412 ieroprepés	4472	rantízo
retener			**revestir**	4473	rantismós
	472	antéco	1463 egkombóomai	**rodar**	
	2722	katéco	1746 endúo	4351	proskulío
	2902	kratéo	1902 ependúomai	**rodear**	
	3306	méno	**revivir**	2944A	kukléuo
retiñir	214	alalázo	326 anazáo	2944	kuklóo
retirar			330 anatháll0	3925A	parembállo
	402	anacoréo	2198 záo	4015	periastrápto
	630	apolúo	**revolcadura**	4016	peribállo
	5298	upocoréo	2946 kulismós	4026	periístemi
retornar maldición			**revolcar**	4029	períkeimai
	486	antiloidoréo	2946 kulismós	4034	perilámpo
retraer	5288	upostéllo	2947 kulío	**rodilla**	
retraimiento			**revuelta**	1119	gónu
	5289	upostolé	4714 stásis	1120	gonupetéo
retribución			**rey**	**rogar**	
	468	antapódoma	933 basíleios	75	agonízomai
	489	antimisthía	935 basiléus	1189	déomai
	1557	ekdíkesis	937 basilikós	2065	erotáo
	3405	misthapodosía	**ribera**	3868	paraitéomai
retroceder			495 antipéra	3870	parakaléo
	565	apércomai	4008 péran	**rogativa**	
	5288	upostéllo	**rico**	1162	déesis
	5289	upostolé	4096 píotes	**Rojo**	
reunión	1997	episunagogé	4145 plóusios	2063	eruthrós
reunir			4147 ploutéo	**rollo**	
	119A	athróizo	**rigurosamente**	2777	kefalís
	346	anakefalaióo	1690 embrimáomai	**romper**	
	3854	paragínomai	**riguroso**	1284	diarrégnumi
	3936	parístemi	196 akribés	4486	régnumi
			rincón	4977	scízo
			1137 gonía	**ropa**	
			riñón	1903	ependútes
			3510 nefrós	2066	esthés
			río	2440	imátion
			4215 potamós	2441	imatismós
				2689	katastolé
				4158	podéres

INDICE ESPAÑOL-GRIEGO

rostro - salvador

4749	stolé
5509	citón

rostro
3799	ópsis
4383	prósopon

rotura
| 4978 | scísma |

ruda
| 4076 | péganon |

rudimento
3056	lógos
4747	stoicéion

rueda
| 5164 | trocós |

ruego
1162	déesis
3874	paráklesis

rugiente
| 5612 | orúomai |

rugir
| 3455 | mukáomai |

ruido
| 5456 | foné |

ruina
2679	kataskápto
2690	katastréfo
4431	ptósis
4485	régma

rumbo
2113	euthudroméo
5117	tópos

rumor
| 189 | akoé |

S

sabactani
| 4518 | sabactháni |

sábana
| 4616 | sindón |

saber
312	anaggéllo
518	apaggéllo
1097	ginósko
1107	gnorízo
1492	óida
1921	epiginósko
1987	epístamai
2638	katalambáno
2990	lantháno
3129	mantháno
4267	proginósko
4894A	súnoida o sunéidon

sabiamente
1108	gnósis
3562	nounecós

sabiduría
| 4678 | sofía |

sabio
453	anóetos
4678	sofía
4679	sofízo
4680	sofós
5429	frónimos

sacar
305	anabáino
307	anabibázo
321	anágo
385	anaspáo
501	antléo
502	ántlema
645	apospáo
1412	dunamóo
1544	ekbállo
1627	ekféro
1670	élko
1743	endunamóo
1806	exágo
1807	exairéo
1846	exorússo
2609	katágo
4254	proágo
4264	probibázo
4317	proságo
4393	proféro
4685	spáo
5461	fotízo

sacerdocio
2405	ieratéia
2406	ieráteuma
2407	ieratéuo
2420	ierosúne

sacerdote
748	arcieratikós
749	arcieréus
2409	ieréus

saciar
180A	akatápastos
1705	empí(m)plemi o empipláo
2880	korénnumi
5526	cortázo

sacrificar
1494	eidolóthutos
2380	thúo
2410A	ieróthutos
4689	spéndo

sacrificio
2378	thusía
2380	thúo

sacrilegio
| 2416 | ierosuléo |

sacrílego
| 2417 | ierósulos |

sacudir
631	apomásso
660	apotinásso
1621	ektinásso
4486	régnumi
4531	saléuo
4579	séio
4682	sparásso
4952	susparásso

sagaz
| 5429 | frónimos |

sagazmente
| 5430 | fronímos |

sagrado
| 2413 | ierós |

sal
217	álas
251	áls

sala
3567	numfón
5253	uperóon

salado
| 252 | alukós |

salar
| 233 | alízo |

salario
3408	misthós
3800	opsónion

salida
1545	ékbasis
1841	éxodos

salir
393	anatéllo
402	anacoréo
528	apantáo
565	apércomai
985	blastáno
1080	gennáo
1096	gínomai
1327	diéxodos
1525	eisércomai
1543A	ekbáino
1607	ekporéuomai
1624	ektrépo
1826	éxeimi
1831	exércomai
2064	ércomai
3327	metabáino
4198	poréuo
4334	prosércomai
4876	sunantáo
5221	upantáo
5563	corízo

saliva
| 4427 | ptúsma |

salmo
| 5568 | psalmós |

salpicar
| 4472 | rantízo |

saltar
242	állomai
1814	exállomai
2177	efállomai
4640	skirtáo

salto
| 375A | anapedáo |

salud
4991	sotería
5108	ugiáino
5463	cáiro

saludar
| 782 | aspázomai |

salutación
| 783 | aspasmós |

salvación
4991	sotería
4992	sotérios

salvador
| 4990 | sotér |

4991	sotería	4574	sébasma	2117	euthús	
salvar		**saquear**		3916	paracréma	
1295	diasózo	726	arpázo	**seguir**		
2225	zoogonéo	1283	diarpázo	190	akolouthéo	
4046	peripoiéo	**satisfacción**		226	alethéuo	
4982	sózo	3108	makarismós	565	apércomai	
4991	sotería	4140	plesmoné	1377	dióko	
salve		**savia**		1811	exakolouthéo	
5463	cáiro	4096	piótes	1872	epakolouthéo	
salvo		**sazón**		2064	ércomai	
275	amérimnos	2540	kairós	2628	katakolouthéo	
1295	diasózo	**sazonar**		2853	kalláo	
1508	ei mé	741	artúo	3877	parakolouthéo	
1612A	eksózo	**se**		4198	poréuo	
4133	plén	1438	eautóu	4748	stoicéo	
4933	sunteréo	**sea**		4870	sunakolouthéo	
sanar		2273	étoi	**según**		
1295	diasózo	3363	ína mé	1437 (1)	ós eán, óstis, éan	
2192	éco	3379	mépote	2526	kathó	
2323	therapéuo	3381	mépos	2530	kathóti	
2386	íama	4458	pós	2531	kathós	
2390	iáomai	5177	tugcáno	3748	óstis	
2573 (1)	kalós	**secar**		5613	ós	
4982	sózo	3583	xeráino	5618	ósper	
5199	ugiés	**seco**		**segundo**		
sandalia		504	ánudros	1206	deutéraios	
4547	sandálion	3584	xerós	1207	deuteróprotos	
5266	upódema	5434	frúganon	1208	déuteros	
sangre		**secretamente**		5306	ústeros	
129	áima	2928	krúpto	**seguramente**		
130	aimetekcusía	2977	láthra	5177	tugcáno	
131	aimorroéo	**secreto**		**seguridad**		
sanhedrín		2927	kruptós	803	asfáleia	
4892	sunédrion	2931A	krufáios	806	asfalós	
sanidad		2931	krufé	3954	parresía	
2322	therapéia	2977	láthra	**seguro**		
2386	íama	**secta**		804	asfalés	
2392	íasis	139	áiresis	949	bébaios	
3647	oloklería	**secuestrador**		3982 (1)	péithomai	
sano		405	andrapodistés	**seis**		
1295	diasózo	**sed**		1803	éx	
2480	iscúo	1372	dipsáo	**seiscientos**		
4982	sózo	1373	dípsos	1812	exakósioi	
5198	ugiáino	**seda**		**sellar**		
5199	ugiés	4596	sirikós	2696	katasfragízo	
santamente		**sedición**		4972	sfragízo	
3743	osíos	181	akatastasía	**sello**		
santidad		387	anastatóo	4972	sfragízo	
38	agiasmós	4714	stásis	4973	sfragís	
41	agiótes	**sedicioso**		**semana**		
42	agiosúne	4955	stasiastés	4521	sábbaton	
3742	osiótes	**sediento**		**sembrado**		
santificación		1372	dipsáo	4702	spórimos	
38	agiasmós	**seducir**		**sembrador**		
santificar		1185	deleázo	4687	spéiro	
37	agiázo	4105	planáo	**sembrar**		
santísimo lugar		**segador**		906	bállo	
39	ágios	2327	theristés	1986A	epispéiro	
santo		**segar**		4687	spéiro	
39 y 40	ágios	2325	therízo	**semejante**		
3741	ósios	**seguida**		871	afomoióo	
santuario		2112	euthéos	1503	éoika	
39	ágios			3662	omoiázo	
3485	naós			3663	omoiopathés	

INDICE ESPAÑOL-GRIEGO

semejanza - setenta

3664	ómoios	**sentenciar**		**sepultar**		
3666	omoióo	1948	epikríno	1779	entafiázo
3779	óutos	**sentido**		1780	entafiasmós
3945	paromoiázo	145	aisthetérion	2290	thápto
3946	parómoios	3540	nóema	4916	suntápto
4832	summorfízo	3850	parabolé	**sepultura**	
4833	súmmorfos	4153	pneumatikós	1780	entafiasmós
5108	toióutos	5613	ós	5027	tafé
5613	ós	**sentir**		**ser**	

semejanza
- 3665 omoiótes
- 3666 omoióo
- 3667 omóioma
- 3669 omóiosis

sementera
- 4703 spóros

semilla
- 4690 spérma

sempiterno
- 166 aiónios

senado
- 1087 gerousía
- 4244 presbutérion

sencillez
- 572 aplótes
- 858 afelótes

sencillo
- 185 akéraios
- 573 aplóus

senda
- 5147 tríbos
- 5163 trociá

seno
- 2836 koilía
- 2859 kólpos
- 3149 mastós

sensato
- 5429 frónimos

sensibilidad
- 524 apalgéo

sensual
- 5591 psucikós

sentar
- 345 anákeimai
- 347 anaklíno
- 377 anapípto
- 1910 epibáino
- 1940 epikathízo
- 2516 kathézomai
- 2521 káthemai
- 2523 kathízo
- 2621 katákeimai
- 2625 kataklíno
- 3869 parakathézomai
- 3869A parakathízo
- 4775 sugkáthemai
- 4776 sugkathízo
- 4873 sunanákeimai

sentencia
- 610 apókrima
- 2917 kríma
- 3056 lógos

sentenciado a muerte
- 1935 epithanátios

1097	ginósko
3675	omófron
3983	peináo
5426	fronéo

seña
- 1269 dianéuo
- 1770 ennéuo
- 2656 katanéuo
- 3506 néuo

señal
- 1411 dúnamis
- 2678 kataséio
- 2842 koinonía
- 3506 néuo
- 4592 seméion
- 4953 sússemon
- 5179 túpos

señalar
- 2476 ístemi
- 4287 prothesmía
- 4384 protásso
- 4593 semeióo
- 4972 sfragízo
- 5002 taktós
- 5021 tásso

señor, Señor
- 1203 despótes
- 2960 kuriakós
- 2961 kuriéuo
- 2962 kúrios
- 3134 marán athá
- 3617 oikodespótes

señora
- 2959 kuría

señorío
- 2634 katakuriéuo
- 2963 kuriótes

separación
- 3080 lúsis
- 5418 fragmós

separado
- 5565 corís

separar
- 642 aporfanízo
- 645 apospáo
- 673 apocorízomai
- 873 aforízo
- 1339 diístemi
- 5563 corízo

séptimo
- 1442 ébdomos

sepulcro
- 86 ádes
- 3418 mnéma
- 3419 mneméion
- 5028 táfos

576	apobáino
1096	gínomai
1508 (2)	ei méti
1601	ekpípto
1622 (1)	ektós ei mé
1724	enálios
2192	éco
2226	zóon
2938	ktísma
3918	páreimi
4052	perisséuo
5029	táca
5225	upárco
5590	psucé

seriedad
- 4587 semnótes

serio
- 4586 semnós

serpiente
- 2062 erpetón
- 3789 ófis

servicio
- 1248 diakonía
- 2038 ergázomai
- 2108 euergesía
- 2999 latréia
- 3009 leitourgía
- 3787 ofthalmodoulía

servidor
- 1249 diákonos
- 3011 leitourgós
- 5257 uperétes

servidumbre
- 1396 doulagogéo
- 1397 douléia
- 1402 doulóo
- 3609A oikentéia

servir
- 1247 diakonéo
- 1248 diakonía
- 1398 douléuo
- 1400 dóulos
- 3000 latréuo
- 3787 ofthalmodoulía
- 3917A paredréuo
- 4332 prosedréuo
- 4337 proséco
- 4625 skándalon
- 5087 títhemi
- 5256 upereténo
- 5623 oféleo

sesenta
- 1835 exékonta

setenta
- 1440 ebdomékonta
- 1441 ebdomekontákis

severidad			siglo			sincero		
663	apotomía		165	aión		505	anupókritos	
664	apotómos		significado			1506	eilikrinés	
severo			880	áfonos		siniestro		
840	austerós		significar			710	aristerós	
sexto			2059	ermenéuo		sino		
1623	éktos		3004	légo		1508	ei mé	
sí			signo			1508 (3)	ei mé, ína, óti	
848	autóu		4592	seméion		1508 (4)	éktos ei mé	
1438	eautóu		siguiente			1622 (1)	ektós	
1468	egkratés		839	áurion		3362	eán mé	
3105	máinomai		1836	exés		4133	plén	
3483	nái		1887	epáurion		siquiera		
5367	fílautos		1966	épeimi		2193	éos	
si			2192 (3)	éco		2579	kán	
1437	eán		3342	metaxú		3761	oudé	
1437 (1)	ós eán, óstis eán		silencio			sirio		
1487	ei		2271	esucía		4948	súros	
1487 (1)	ei kái		4602	sigé		sirofenicio		
1508	ei mé		silvestre			4949	surofoiníkissa	
1508 (1)	ei dé mé, mége		65	agriélaios		sirviente		
1508 (4)	éktos ei mé		66	ágrios		1249	diákonos	
1508A	ei ou		silla			sitiar		
1512	éi per		2515	kathédra		4033	perikuklóo	
1535	éite		4410	protokathedría		soberano		
1536	éi tis		sima			1203	despótes	
2543	káitoi		5490	cásma		1413	dunástes	
2579	kán		símbolo			soberbia		
3379	mépote		3850	parabolé		212	alazonéia	
4220	póteros		simiente			5243	uperefanía	
sicario			4690	spérma		5450	fusíosis	
4607	sikários		4701	sporá		soberbio		
sicómoro			4703	spóros		829	authádes	
4807	sukáminos		simple			5244	uperéfanos	
4809	sukomoréa		2399	idiótes		sobornar		
sidra			simulación			3982	péitho	
4608	síkera		4942	sunupokrínomai		5260	upobállo	
siega			simular			sobra		
2326	therismós		5271	upokrínomai		4051	perísseuma	
siempre			sin			sobrar		
104	aéi		22	ágamos		4051	perísseuma	
165	aión		186	aklinés		4052	perisséuo	
166	aiónios		427	áneu		sobre		
530	ápax		817	áter		473	antí	
1275	diapantós		2560	kakós		1863	epágo	
1336	dienekés		3362	eán mé		1883	epáno	
2178	efápax		3367	medéis		1898A	epeisércomai	
3752	ótan		3777	oúte		1904	epércomai	
3842	pántote		5565	corís		1910	epibáino	
3956 (6)	pás					1911	epibállo	
4342	proskarteréo		sin duda			1968	epipípto	
			3843	pántos		1982	episkiázo	
sierva			sin embargo			2007	epitíthemi	
1399	dóule		3305	méntoi		2186	efístemi	
siervo			sinagoga			3123	mállon	
1249	diákonos		656	aposunágogos		3956 (6)	pás	
1401	dóulos		752	arcisunágogos		5228	upér	
1402	doulóo		4864	sunagogé		5231	uperáno	
2324	therápon		sinceramente			sobreabundar		
3610	oikétes		55	agnós		4052	perisséuo	
3816	páis		1104	gnesíos		5248	uperperisséuo	
siete			sinceridad					
2033	eptá		1103	gnesíos		sobrecoger		
2034	eptákis		1505	eilikríneia		2983	lambáno	
2035	eptakiscílioi							

sobreedificar					sobreedificar - sudeste	
sobreedificar		4704	spoudázo	2594	karteréo
2026	epoikodoméo	4705	spoudáios	5278	upoméno
3618A	oikodoméo	5426	fronéo	**sorber**	
sobrellevar		**solicitud**		2666	katapíno
941	bastázo	2205	zélos	**sordo**	
sobremanera		4288	prothumía	2974	kofós
4057	perissós	4709	spoudáios	**sorprender**	
4970	sfódra	4710	spoudé	64	agréuo
5229	uperáiro	**sólido**		1605	ekplésso
5236 (1)	uperbolé	4731	stereós	1949	epilambánomai
sobrenombre		**soliviantar**		2296	thaumázo
1941	epikaléo	4787	sugkinéo	2638	katalambáno
2028	eponomázo	**solo**		3579	xenízo
sobrepasar		530	ápax	3802	pagidéuo
5242	uperéco	2398 (1)	ídios	4301	prolambáno
sobrevenir		2651	katamónas	**sosegadamente**	
1096	gínomai	3440-41	mónos	2271	esucía
1904	epércomai	3442	monófthalmos	4980	scolázo
1968	epipípto	3443	monóo	**sosegado**	
2064	ércomai	**soltar**		2272	esúcios
2983	lambáno	447	aníemi	**sospecha**	
4819	sumbáino	630	apolúo	5283	upónoia
sobriamente		3080	lúsis		
4996	sofrónos	3089	lúo	**sospechar**	
		4646	skoliós	5282	uponoéo
sobrino		4722	stégo	**sostener**	
431	anepsiós	5159A	trofoforéo	142	áiro
sobrio		5159	tropoforéo	472	antéco
3524	nefálios	5278	upoméno	**sotavento**	
3525	néfo	5297	upoféro	5284	upopléo
4993	sofronéo	5342	féro	5295	upotréco
4998	sófron	**soltero**		**su**	
socorrer		22	ágamos	1438	eautóu
482	antilambáno			1565	ekéinos
997	boethéo	**sombra**		2398	ídios
1884	eparkéo	644	aposkíasma	**suave**	
1949	epilambánomai	1982	episkiázo	5542	crestología
		4639	skiá	**suavidad**	
socorro		**someter**		2175	euodía
996	boétheia	1379	dogmatízo		
1248	diakonía	1381	dokimázo	**subir**	
sodomita		3936	parístemi	305	anabáino
733	arsenokóites	5292	upotagé	321	anágo
sol		5293	upotásso	424	anércomai
2246	élios	**sonar**		1684	embáino
solamente		4537	salpízo	1910	epibáino
1508	ei mé	**sonda, echar la**		1913	epibibázo
2579	kán	1001	bolízo	4320	prosanabáino
3441	mónos	**sonido**		4872	sunanabáino
4133	plén	2279	écos	**subir a bordo**	
soldado		5456	foné	142	áiro
4686	spéira	**soñar**		**sublime**	
4753	stráteuma	1797	enupniázomai	5308	upselós
4754	statéuo	**soplar**		**subsistir**	
4757	stratiótes	1720	emfusáo	4921	sunístemi
4758	stratologéo	1920	epigínomai	**suceder**	
soler		4154	pnéo	1096	gínomai
1485	éthos	5285	upopnéo	4819	sumbáino
1486	éiotha	5342	féro	**sucesor**	
3543	nomízo	**soportar**		1240	diádocos
solícitamente		430	anécomai	**sudario**	
4709	spoudáios	941	bastázo	4676	sudárion
5390	filofrónos	2553	kakopathéo	**sudeste**	
solícito		2576	ístemi	3047	líps
3655A	oméiromai				

5566	córos	**sumisión**		**T**		
sudor		5292	upotagé	**taberna**		
2402	idrós	**sumiso**		4999	tabérnai	
suegra		5293	upotásso	**tabernáculo**		
3994	pentherá	**sumo**		4633	skené	
suegro		748	arcieratikós	4634	skenopegía	
3995	pentherós	749	arcieréus	4636	skénos	
suelo		3956	pás	4637	skenóo	
1475	édafos	5251	uperupsóo	4638	skénoma	
sueño		**superabundante**		**tabla**		
1798	enúpnion	5235	uperbállo	4109	pláx	
3677	ónar	**supereminente**		4548	sanís	
5258	úpnos	5235	uperbállo	**tablilla**		
suerte		**superior**		4093	pinakídion	
2819	kléros	510	anoterikós	**tal**		
2975	lagcáno	1391	dóxa	1437A	eánper	
3313	méros	2909	kréitton	2531	kathós	
5620	óste	5228	upér	3440	mónon	
suficiente		5242	uperéco	3592	óde	
841	autárkeia	**súplica**		3634	oíos	
1884	eparkéo	1162	déesis	3748	óstis	
2425	ikanós	2428	iketería	3779	óutos	
sufrido		**suplicar**		5107	toiósde	
420	anexíkakos	4352	proskunéo	5108	toióutos	
3114	makrothuméo	**suplir**		5613	ós	
sufrimiento		378	anapleróo	5620	óste	
3804	páthema	4137	pleróo	**tal vez**		
sufrir		4322	prosanapleróo	686	ára	
430	anécomai	**suponer**		3379	mépote	
971	biázo	5274	upolambáno	3381	mépos	
1089	géuomai	**supremo**		4458	pós	
2210	zemióo	507	áno	**talento**		
2553	kakopathéo	**suprimir**		5006	talantiáios	
3679	oneidízo	2673	katargéo	5007	tálanton	
3958	pásco	**sur**		**talitha**		
4327	prosdécomai	3314	mesembría	5008	talithá	
4777	sugkakopathéo	3558	nótos	**también**		
5099	tíno	**surgir**		260	áma	
5254	upéco	1096	gínomai	1487 (1)	ei kái	
5278	upoméno	**suspenso, estar**		2504	kágo	
5297	upoféro	1582	ekkremánnumi	2546	kakéi	
sujeción		**sustancia**		2548	kakéinos	
5292	upotagé	5287	upóstasis	3668	omóios	
sujetar		**sustentar**		3825	pálin	
1210	déo	941	bastázo	3898	paraplesíos	
4788	sugkléio	1625	ektréfo	4133	plén	
5226	upéiko	5142	tréfo	**tampoco**		
5293	upotásso	5342	féro	3366	medé	
sujeto		**sustento**		3761	oudé	
506	anupótaktos	979	bíos	3825	pálin	
1758	enéco	1305	diatrofé	**tan**		
1777	énocos	5160	trofé	2579	kán	
2722	katéco	**sustraer**		3752	ótan	
3663	omoiopathés	941	bastázo	3779	óutos	
4029	perikeimai	3557	nosfízo	5082	telikóutos	
5293	upotásso	**sutileza**		5118	tosóutos	
suma		539	apáte	5613	ós	
2774	kefálaion	**suyo**		5620	óste	
suministración		844	autómatos	**tanto**		
2024	epicoregía	1438	eautóu	686	ára	
suministrar		2398	ídios	891	acrí(s)	
2023	epicoregéo			1313	diáforos	
				1360	dióti	
				2089	éti	
				2193	éos	

INDICE ESPAÑOL-GRIEGO

2470	ísos	temer		tener a bien	
3123	mállon	1169	deilós	2106	eudokéo
3342 (1)	metaxú	4423	ptóesis	tener abundancia	
3606	óthen	5141	trémo	4052	perisséuo
3634	óios	5399	fobéo	tener ánimo	
3745	ósos	temeroso		2293	tharséo
3748 (2)	éos ótou	2284	thambéo	tener arreboles	
3752	ótan	2318	theosebés	4449	purrázo
3753	óte	4576	sébo	tener autoridad	
3779	óutos	5399	fobéo	1850	exousiázo
4056	perissotéros	temor		tener buen ánimo	
4119	pléion	127	aidós	2114	euthuméo
4133	plén	870	afóbos	tener celos	
5105	toigaróun	2124	eulábeia	2206	zelóo
5118	tosóutos	2125	eulabéomai	tener compasión	
5550 (1)	ef' óson crónon	2285	thámbos	4697	splagcnízomai
5613	ós	4423	ptóesis	tener confianza	
5620	óste	5399	fobéo	2292	tharréo
tapar		5401	fóbos	tener consejo	
1993	epistomízo	tempestad		4823	sumbouléuo
4912	sunéco	2366	thúella	tener cuidado	
5420	frásso	2978	láilaps	1907	epéco
tardanza		3655	ómbros	3199	mélei
1022	bradútes	4578	seismós	3309	merimnáo
tardar		5492	ceimázo	tener en nada, tener en poco	
691	argéo	5494	ceimón	1847	exoudenéo o
1019	bradúno	templanza			exoudenóo
3635	oknéo	1466	egkráteia	2706	katafronéo
5549	cronízo	templecillo		tener entendido	
tarde		3485	naós	2233	egéomai
1021	bradús	templo		tener envidia	
2073	espéra	2411	ierón	2206	zelóo
3796	opsé	2416	ierosuléo	tener hambre	
3798	opsía	2417	ierósulos	3983	peináo
tardío		3485	naós	tener listo	
3796	opsé	3511	neokóros	4342	proskarteréo
3797	ópsimos	3624	óikos	tener luto	
3798	opsía	temporal		3996	penthéo
tardo		4340	próskairos	tener más	
3576	nothrós	temprano		4052	perisséuo
tartamudo		4406	próimos	5252	uperfronéo
3424	mogilálos	tender		tener menos	
teatro		906	bállo	1641	elattonéo
2302	théatron	1911	epibállo	tener miedo	
techo		4766	stronnúo	5399	fobéo
4721	stége	5291	upostronnúo	tener misericordia	
tejado		tener		1653	eleéo
1430	dóma	568	apéco	4697	splagcnízomai
2766	kéramos	1096	gínomai	tener necesidad	
tejer		1751	éneimi	5302	usteréo
4120	pléko	2192	éco	5535	crézo
5307A	ufáino	2233	egéomai	tener osadía	
		2706	katafronéo	5111	tolmáo
tejido		2722	katéco	tener paciencia	
5307	ufantós	2902	kratéo	3114	makrothuméo
temblar		2932	ktáomai	tener por	
1790	éntromos	2975	lagcáno	1380	dokéo
4531	saléuo	2983	lambáno	2233	egéomai
4579	séio	3049	logízomai	tener por bienaventurado	
5141	trémo	3335	metalambáno	3106	makarízo
5425	frísso	3685	oníemi		
temblor		3918	páreimi		
4578	seismós	4121	pleonázo		
5156	trómos	5224	upárconta		

tener por cierto		**terrible**		5119	tóte	
3049	logízomai	5398	foberós	5550	crónos	
tener por delante		**territorio**		5610	óra	
4295	prókeimai	1093	gé	**tienda**		
tener por digno		5561	córa	4633	skené	
2661	kataxióo	**terror**		4635	skenopóios	
2729	katiscúo	5400	fóbetron	4638	**skénoma**	
tener por sobrenombre		**tesorero**		**tientas**		
1941	epikaléo	3623	oikonómos	5584	**pselafáo**	
tener potestad		**tesoro**		**tierno**		
1850	exousiázo	1047	gáza	527	apalós	
tener preeminencia		2343	thesaurízo	2261	épios	
4409	protéuo	2344	thesaurós	**tierra**		
tener respeto		2878A	korbanás	68	agrós	
1788	entrépo	**testador**		1919	epígeios	
tener salud		1303	diatíthemi	1093	gé	
5198	ugiáino	**testamento**		2709	katacthónios	
tener temor		1242	diathéke	3584	xerós	
2125	eulabéomai	**testificar**		3625	oikouméne	
5399	fobéo	1263	diamartúromai	3968	patrís	
tener tiempo		1957	epimartúreo	3978	pezéuo	
2119	eukairéo	2649	katamartúreo	4066	perícoros	
		3140	martúreo	4578	seismós	
tener un próspero viaje		3142	martúrion	5476	camái	
2137	euodóo	3143	martúromai	5561	córa	
tentación		4901	sunepimartúreo	**tilde**		
3986	peirasmós	**testigo**		2762	keráia	
tentado, no puede ser		845	autóptes	**timón**		
551	apéirastos	2030	**epóptes**	4079	pedálion	
tentador		3140	martúreo	**tinaja**		
3985	peirázo	3144	mártus	5201	udría	
tentar		5575	pseudómartus	**tinieblas**		
1598	ekpeirázo	**testimonio**		4652	skoteinós	
3985	peirázo	267	amárturos	4653	skotía	
teñir		1263	diamartúromai	4655	skótos	
911	bápto	3140	martúreo	**tinta**		
tercero		3141	marturía	3189	mélas	
5140	tréis	3142	martúrion	**típicamente**		
5152	trístegos	3143	martúromai	5179A	**tupikós**	
5154A	tríton	4828	summartúreo	**tirar**		
5154	trítos	5576	pseudomartúreo	142	áiro	
terminar		5577	pseudomarturía	**tiro**		
1276	diaperáo	**tetrarca**		1000	bolé	
3973	páuo	5075	tetrarcéo	**título**		
4137	pleróo	5076	tetrárces	1923	epigrafé	
4931	sunteléo	**ti**		5102	títlos	
5048	teleióo	1438	eautóu	**toalla**		
5055	teléo	4572	seautóu	3012	léntion	
término		**tibio**		**tobillo**		
3181	methórion	5513	cliarós	4974	sfudrón	
ternura		**tiempo**		**tocante**		
1932	epiéikeia	171	akáiros	5228	upér	
2282	thálpo	260	áma	**tocar**		
terremoto		1074	geneá	680	ápto	
4578	seismós	1597	ékpalai	832	auléo	
terrenal		2105	eudía	834	auletés	
1093	gé	2122	eukáiros	2345	thiggáno	
1919	epígeios	2540	kairós	2975	lagcáno	
2886	kosmikós	3641	olígos	3960	patásso	
4561	sárx	3753	óte	4379	prospsáuo	
5517	coïkós	3819	pálai	4537	salpízo	
terrestre		3839	pánte	**todavía**		
1919	epígeios	4218	poté	737	árti	
		4287	prothesmía			

INDICE ESPAÑOL-GRIEGO

2089	éti	
3765	oukéti	
3768	óupo	
todo		
537	ápas	
1437 (1)	ós eán, óstis eán	
1437 (2)	ósa, osóus eán	
1437 (3)	ópou, óu, ósakis eán	
1539	ekástote	
1550	ekdapanáo	
2178	efápax	
2710	**katacráomai**	
3123	mállon	
3305 (1)	méntoi	
3362	eán mé	
3625	oikouméne	
3648	olókleros	
3650	ólos	
3676	ómos	
3740	osákis	
3745	ósos	
3748	óstis	
3826	pamplethéi	
3832	panoikéi	
3833	panoplía	
3836	pantacóthen	
3837	pantacé	
3837A	pantacóu	
3839	pánte	
3840	pántothen	
3843	pántos	
todopoderoso		
3841	pantokrátor	
tolerable, más		
414	anektós	
tolerar		
430	anéco	
863	afíemi	
1439	eáo	
tomar		
142	áiro	
353	analambáno	
618	apolambáno	
941	bastázo	
1060	gaméo	
1096	gínomai	
1183	dekatóo	
1209	décomai	
1325	dídomi	
1723	enagkalízomai	
1949	epilambánomai	
2638	katalambáno	
2902	kratéo	
2983	lambáno	
3335	**metalambáno**	
3543	nomízo	
3687	onomázo	
3846	parabállo	
3880	paralambáno	
3956	pás	
4084	piázo	
4160	poiéo	
4301	prolambáno	
4355	proslambáno	
4758	stratologéo	
4901A	**sunepitíthemi**	
4912	sunéco	
tomar en cuenta		
2476	ístemi	
3049	logízomai	
tono		
5456	foné	
topacio		
5116	topázion	
toque		
5456	foné	
torcer		
4646	skoliós	
4761	streblóo	
tormenta		
2978	láilaps	
tormento		
929	basanismós	
931	básanos	
toro		
5022	táuros	
torre		
4444	púrgos	
torrente		
5493	céimarros	
tórtola		
5167	trugón	
tosco		
2399	idiótes	
trabajar		
2038	ergázomai	
2872	kopiáo	
4160	poiéo	
trabajo		
2039	**ergasía**	
2873	kópos	
5532	créia	
tradición		
3862	parádosis	
traducir		
1329	diermenéuo	
2059	ermenéuo	
3177	methermenéuo	
traer		
71	ágo	
321	anágo	
363	anamimnésko	
520	apágo	
906	bállo	
941	bastázo	
1521	eiságo	
1533	eisféro	
1612A	**eksózo**	
1670	élko	
1863	epágo	
2007	epitíthemi	
2064	ércomai	
2609	katágo	
2865	komízo	
2983	**lambáno**	
3309	merimnáo	
3343	metapémpo	
4013	periágo	
4064	periféro	
4254	proágo	
4317	proságo	
4374	prosféro	
4851	sumféro	
4951	súro	
5342	féro	
5409	foréo	
traficar		
1710	emporéuomai	
tragar		
2666	katapíno	
traidor		
4273	prodótes	
tramar		
4160	poiéo	
trampa		
3803	pagís	
tranquilidad		
870	áfobos	
2270	esucázo	
transfigurar		
3339	metamorfóo	
transformar		
236	allásso	
3339	metamorfóo	
3345	metascematízo	
transgresar		
5233	**uperbáino**	
transgresión		
458	anomía	
3845	parabáino	
3847	parábasis	
3900	paráptoma	
transgresor		
459	ánomos	
3848	parabátes	
transmitir		
3860	paradídomi	
transparente		
1307A	diaugés	
1307	diafanés	
transportar		
3351	metoikízo	
tras		
1377	dióko	
3693	ópisthen	
3694	opíso	
traslación		
3331	**metáthesis**	
trasladar		
3179	methístemi	
3346	metatíthemi	
3351	metoikízo	
trasparente		
1307A	diaugés	
traspasar		
1330	diércomai	
1574	ekkentéo	
3928	parércomai	
4044	peripéiro	
trasponer		
3331	metáthesis	
3346	metatíthemi	

trasquilar			**triste**		**tutor**		
2751	kéiro		3076	lupéo	2012	epítropos	
trastornar			3996	penthéo	**tuyo**		
387	anastatóo		4036	perílupos	1438	eautóu	
396	anatrépo		4659	skuthropós	4674	sós	
1294	diastréfo		**tristeza**				
tratado			253	álupos	**U**		
3056	lógos		2726	katéfeia	**úlcera**		
tratar			3077	lúpe	1668	élkos	
474	antibálio		**triunfar**		**último**		
2021	epiceiréo		2358	thriambéuo	2078	éscatos	
3930	paréco		2620	katakaucáomai	**ultrajar**		
3985	peirázo		**trompeta**		987	blasfeméo	
3987	peiráo		4536	sálpiqx	1908	espereázo	
4374	prosféro		4537	salpízo	5195	ubrízo	
4798	sugcráomai		**trompetero**		**unánimes**		
5530	cráomai		4538	salpistés	3661	omothumadón	
trato, duro			**trono**		4861	súmpsucos	
857	afeidía		2362	thrónos	4866	sunathléo	
través			**tropa**		**unción**		
1308	diaféro		4753	stráteuma	5545	crísma	
travesía			**tropezadero**		**undécimo**		
1276	diaperáo		4348	próskomma	1734	endékatos	
trazar bien			4625	skándalon	**Ungido**		
3718	orthotoméo		**tropezar**		5547	Cristós	
treinta			4350	proskópto	**ungir**		
5144	triákonta		4417	ptáio	218	aléifo	
trenza			4624	skandalízo	1472	egcrío	
1708	emploké		**tropiezo**		3462	murízo	
4117	plégma		677	apróskopos	5548	crío	
tres			4348	próskomma	**ungüento**		
5140	tréis		4349	proskopé	3464	múron	
5148	trietía		4624	skandalízo	**único**		
5150	trímenos		4625	skándalon	1520	éis	
5151	trís		**trueno**		3439	monogenés	
5153	triscílioi		1027	bronté	3441	mónos	
trescientos			**truhanería**		**unidad**		
5145	triakósioi		2160	eutrapelía	1520	éis	
tribu			**tu**		1775	enótes	
1429	dodekáfulon		4674	sós	**unigénito**		
5443	fulé		**tuétano**		3439	monogenés	
tribulación			3452	muelós	**unir**		
2346	thlíbo		**tumulto**		1060	gaméo	
2347	thlípsis		181	akatastasía	2086	eterozugéo	
tribunal			1999	epístasis	2675	katartízo	
968	béma		1999A	episústasis	2853	kolláo	
2922	kritérion		3730	ormé	4346A	prosklíno	
tribuno			**túnica**		4347	proskolláo	
5506	ciliarcos		5509	citón	4786	**sugkeránnumi**	
tributar culto			**turba**		4822	sumbibázo	
3000	latréuo		3792	oclopoiéo	**universo**		
tributo			3793	óclos	165	aión	
2778	kénsos		**turbar**		**uno**		
5056	télos		1298	diatarásso	240	allélon	
5058	telónion		2360	throéo	243	állos	
5411	fóros		5015	tarásso	297	amfóteroi	
trigo			5182	thorubázo	303	aná	
4618A	sitíon		5182A	turbázo	530	ápax	
4621	sítos		**turbulento**		1336	dienekés	
trillar			182	akatástatos	1438	eautóu	
248	aloáo		**turno**		1520	éis	
			3313	méros	1538	ékastos	
					1782	entéuthen	
					2087	éteros	

2178	efápax	2754	kenodoxía	**velar**			
3313	méros	**vanaglorios**		63	agrauléo		
3442	monófthalmos	213	alazón	69	agrupnéo		
3661	omothumadón	2755	kenódoxos	1127	gregoréo		
4218	poté	**vanamente**		1594	eknéfo		
5107	toiósde	1500	eiké	2902	kratéo		
untar		**vanidad**		3525	néfo		
2007	epitíthemi	3151	mataiológos	3871	parakalúpto		
2025	epicrío	3152	mátaios	4328	prosdokáo		
urna		3153	mataiótes	**velo**			
4713	stámnos	**vano**		2571	kálumma		
usar		945	battalogéo	2665	katapétasma		
945	battalogéo	1500	eiké	4018	peribólaion		
2292	tharréo	2756	kenós	**vencedor**			
2686	katasofízomai	2757	kenofonía	5245	upernikáo		
2710	katacráomai	2758	kenóo	**vencer**			
3718	orthotoméo	2761	kenós	2274	ettáomai		
4160	poiéo	3150	mataiología	3528	nikáo		
5530	cráomai	3152	mátaios	**venda**			
uso		3153	mataiótes	2750	keiría		
671	apócresis	3155	máten	**vendar**			
819	atimía	**vapor**		2611	katadéo		
1838	éxis	822	atmís	4028	perikalúpto		
5540	crésis	**vara**		**vendedora**			
utensilio		4463	rabdízo	4211	porfurópolis		
4632	skéuos	4464	rábdos	**vender**			
5473	calkíon	**varar**		591	apodídomi		
útil		1856	exothéo	4097	piprásko		
2111	éuthetos	**variación**		4453	poléo		
2173	éucrestos	5157	tropé	**vendimiar**			
4851	sumféro	**varón**		5166	trugáo		
5624	ofélimos	435	anér	**veneno**			
uva		730	ársen	2447	iós		
4718	stafulé	733	arsenokóites	**venerado**			
V		**varonilmente**		5093	tímios		
vaciar		407	andrízomai	**venerar**			
2767	keránnumi	**vasija**		1788	entrépo		
vacío		30	aggéion	4576	sébo		
2756	kenós	4632	skéuos	**venganza**			
vagar		**vaso**		1557	ekdíkesis		
4105	planáo	211	alábastros	**vengar**			
vaina		4110	plásma	1556	ekdikéo		
2336	théke	4221	potérion	**venida**			
valer		4632	skéuos	1529	éisodos		
1308	diaféro	**vecino**		1660	éleusis		
2480	iscúo	1069	géiton	3952	parousía		
valerosamente		2192 (5)	éco	**venir**			
3955	parresiázomai	4038	périx	190	akolouthéo		
válido		4039	perioikéo	305	anabáino		
949	bébaios	4040	períoikos	393	anatéllo		
valor		**vehemencia**		528	apantáo		
1411	dúnamis	2159	eutónos	565	apércomai		
5092	timé	**veinte**		1096	gínomai		
valla		1501	éikosi	1204	déuro		
5418	fragmós	**vejar**		1205	déute		
vallado		4660	skúllo	1330	diércomai		
5418	fragmós	**vejez**		1356	diopetés		
5482	cárax	1094	géras	1525	eisércomai		
valle		3821	palaiótes	1531	eisporéuomai		
5327	fáragx	**vela**		1764	enístemi		
vanagloria		321	anágo	1831	exércomai		
212	alazonéia	736	artémon	1898A	epeisércomai		
				1904	epércomai		
				1975	epiporéuomai		

2064	ércomai	3385	méti	4183	polús	
2113	euthudroméo	3689	óntos	4212	posákis	
2186	efístemi	**verdaderamente**		4218	poté	
2240	éko	230	alethós	4412	próton	
2597	katabáino	1211	dé	4416A	prótos	
2658	katantáo	3689	óntos	4435	pugmé	
2718	katércomai	**verdadero**		4437	puknós	
3134	marán athá	227	alethés	4458	pōs	
3195	méllo	228	alethinós	5151	trīs	
3333	metakaléo	230	alethós	5154A	trīton	
3343	metapémpomai	1103	gnésios	5154	trītos	
3403	mimnéskomai	3689	óntos	**viaje**		
3719	orthrízo	**verde**		2137	eudóo	
3854	paragínomai	5200	ugrós	3598	odós	
3918	páreimi	5515	clorós	**vianda**		
3928	parércomai	**verdugo**		1033	bróma	
4254	proágo	930	basanistés	1035	brósis	
4334	prosércomai	**vergonzoso**		**víbora**		
4341	proskaléo	152	aiscúne	2191	écidna	
4819	sumbáino	808	ascemosúne	2342	theríon	
4905	sunércomai	819	atimía	**viciar**		
5217	upagó	**vergüenza**		5351	fthéiro	
5221	upantáo	152	aiscúne	**víctima**		
5348	ftháno	808	ascemosúne	4968	sfágion	
ventaja		819	atimía	**victoria**		
4053	perissós	1791	entropé	3528	nikáo	
4122	pleonektéo	**vestido**		3529	níke	
ventana		1742	énduma	3534	nīkos	
2376	thurís	2066	esthés	**vid**		
ventura, a la		2440	imátion	288	ámpelos	
84	adélos	2441	imatismós	**vida**		
3385	méti	4018	peribólaion	615	apoktéino	
ver		4749	stolé	979	bíos	
308	anablépo	**vestidura**		981	bíosis	
872	aforáo	2066	esthés	982	biotikós	
990	blémma	2440	imátion	2198	záo	
991	blépo	2441	imatismós	2222	zoé	
1227	diablépo	3022	leukós	2225	zoogonéo	
1492	éidon	4749	stolé	2227	zoopoiéo	
1689	emblépo	5509	citón	3118	makrocrónios	
1914	epiblépo	**vestir**		4806	suzoopoiéo	
2300	theáomai	292A	amfiázo	5590	psucé	
2334	theoréo	294	amfiénnumi	**vidrio**		
2400	idóu	1737	endidúsko	5193	uálinos	
2477	istoréo	1746	endúo	5194	úalos	
2657	katanoéo	2439	imatízo	**vieja**		
3708	oráo	4016	peribállo	1126	graódes	
4308	prooráo	4060	peritíthemi	**viejo**		
5316	fáino	**vez**		744	arcáios	
5324	fantázo	530	ápax	1088	géron	
verano		1208	déuteros	1095	gerásko	
2330	théros	1336	dienekés	3820	palaiós	
veraz		1362	diplóus	3821	palaiótes	
227	alethés	1364	dís	3822	palaióo	
verbo		1437 (3)	ópou, óu, ósakis eán	4245	presbúteros	
3056	lógos	1441	ebdomekontákis	4246	presbútes	
verdad		2034	eptákis			
225	alétheia	2178	efápax	**viento**		
226	alethéuo	3379	mépote	416	anemízo	
227	alethés	3740	osákis	417	ánemos	
230	alethós	3825	pálin	3558	nótos	
686	ára	3999	pentákis	4151	pnéuma	
803	asfáleia	4178	pollákis	4154	pnéo	
1065 (2)	éi ge, éige	4179	pollaplasíon	4157	pnoé	
1437A	eánper	4181	polumerós			
3305	méntoi					

INDICE ESPAÑOL-GRIEGO

vientre - vuestro

vientre		vista			2133	éunoia
1064	gastér	308	anablépo		2307	thélema
2836	koilía	309	anáblepsis		2308	thélesis
viga		816	atenízo		4288	prothumía
1385	dokós	1491	éidos		voluntariamente	
		3467	muopázo		1596	ekousíos
vigilante		4383	prósopon		voluntario	
1127	gregoréo	vituperar			1479	ethelothreskía
vigilia		987	blasféméo		1595	ekóusios
5438	fulaké	3469	momáomai		volver	
vil		3679	oneidízo		344	anakámpto
36	agenés	vituperio			390	anastréfo
819	atimía	1701	empaigmós		402	anacoréo
villa		3680	oneidismós		461	anorthóo
2969	komópolis	3856	paradeigmatízo		479	antikaléo
vinagre		viuda			488	antimetréo
3690	óxos	5503	céra		565	apércomai
vínculo		viviente			654	apostréfo
4886	súndesmos	2198	záo		1096	gínomai
		2226	zóon		1624	ektrépo
vindicación		vivificante			1880	epanércomai
1557	ekdíkesis	2227	zoopoiéo		1877	epanágo
vino					1994	epistréfo
3630	oinopótes	vivificar			2064	ércomai
3631	óinos	2227	zoopoiéo		3825	pálin
3943	pároinos	vivir			3854	paragínomai
viña		326	anazáo		4062	peritrépo
288	ámpelos	390	anastréfo		4369	prostíthemi
290	ampelón	391	anastrofé		4762	stréfo
		764	asebéo		5290	upostréfo
viñador		980	bióo		volver a enviar	
289	ampelourgós	1236	diágo		375	anapémpo
violar		1514	eirenéuo		vomitar	
114	athetéo	2198	záo		1692	eméo
violencia		3306	méno		vómito	
970	bía	3611	oikéo		1829	exérama
971	biázo	4176	politéuomai		vosotros	
4682	sparásso	4763	streniáo		240	allélon
4952	susparásso	4800	suzáo		1438	eautóu
		4924	sunoikéo		5212	uméteros
violento		5013	tapeinóo		votivo	
973	biastés	5171	trufáo		334	anáthema
virgen		vivo			voto	
3933	parthénos	2198	záo		2171	eucé
virginidad		2222	zoé		5586	pséfos
3932	parthenía	vocación			voz	
virtud		2821	klésis		349	anakrázo
703	areté	vocear			994	boáo
visible		2905	kraugázo		1916	epiboáo
2529	kathoráo	vocerío			2019	epifonéo
3707	oratós	2906	kraugé		2752	kéleusma
visión		volar			2896	krázo
3701	optasía	4072	pétomai		2905	kraugázo
3705	órama	volcar			2006	kraugé
3706	órasis	390	anastréfo		4377	prosfonéo
		396	anatrépo		4750	stóma
visitación		2690	katastréfo		5353	fthóggos
1984	episkopé	voluntad			5455	fonéo
visitar		210	ákon		5456	foné
1330	diércomai	830	autháiretos		voz	
1980	episképtomai	1012	boulé			
2064	ércomai	1013	bóulema		vuestro	
		1014	bóulomai		1438	eautóu
víspera		1635	ekón		2398	ídios
3904	paraskeué	2107	eudokía		5212	uméteros
4315	prosábbaton					

vulgar					
5177	tugcáno	3819	pálai	**Z**	
Y		4257	proakóuo	**zafiro**	
y		4267	proginósko	4552	sápfiros
2504	kágo	4277	proéipon	5191	uakínthinos
2546	kakéi	5177	tugcáno	**zaherir**	
2547	kakéithen	5230	upérakmos	3679	oneidízo
2548	kakéinos	**yacer**		**zapato**	
2579	kán	2621	katákeimai	5266	upódema
ya		**yelmo**		**zarandear**	
1360	dióti	4030	perikefaláia	4617	siniázo
1535	éite	**yo**		**zarpar**	
1894	epeidé	1683	emautóu	321	anágo
2089	éti	2504	kágo	4014	periairéo
2235	éde			4126	pléo
3062 (2)	loipós	**yugo**		**zarza**	
3371	mekéti	2086	eterozugéo	942	bátos
3568	nún	2218	zugós		
3765	oukéti	**yunta**		**zorra**	
3768	óupo	2201	zéugos	258	alópex

VOCABULARIO GRIEGO

del

NUEVO TESTAMENTO

Este vocabulario es una lista de vocablos griegos con sus correspondientes números. La enumeración sigue el sistema confeccionado por el doctor James Strong. El orden numérico facilita la ubicación de los vocablos en ésta y otras obras de consulta.

#	Word	#	Word	#	Word	#	Word	#	Word
1	ἄλφα	91	ἀδικέω	181	ἀκαταστασία	271	ἀμέθυστος	361	ἀνυπότητος
2	Ἀαρών	92	ἀδίκημα	182	ἀκατάστατος	272	ἀμελέω	362	ἀναίω
3	Ἀβαδδών	93	ἀδικία	183	ἀκατάσχετος	273	ἀμέλιπτος	363	ἀναμιμνήσκω
4	ἀβαρής	94	ἄδικος	184	Ἀκελδαμά	274	ἀμέλιπτως	364	ἀνάμνησις
5	ἀββά	95	ἀδίκως	185	ἀκέραιος	275	ἀμέλινινος	365	ἀνανεόομαι
6	Ἄβελ	96	ἀδόκιμος	186	ἀκλινής	276	ἀμετάθετος	366	ἀνανήφω
7	Ἀβιά	97	ἄδολος	187	ἀκμάζω	277	ἀμετακίνητος	367	Ἀνανίας
8	Ἀβιάθαρ	98	Ἀδραμυττηνός	188	ἀκμήν	278	ἀμεταμέλητος	368	ἀναντίρρητος
9	Ἀβιληνή	99	Ἀδρίας	189	ἀκοή	279	ἀμετανόητος	369	ἀναντιρρήτως
10	Ἀβιούδ	100	ἀδρότης	190	ἀκολουθέω	280	ἄμετρος	370	ἀνάξιος
11	Ἀβραάμ	101	ἀδυνατέω	191	ἀκούω	281	ἀμήν	371	ἀναξίως
12	ἄβυσσος	102	ἀδύνατος	192	ἀκρασία	282	ἀμήτωρ	372	ἀνάπαυσις
13	Ἄγαβος	103	ᾄδω	193	ἀκρατής	283	ἀμίαντος	373	ἀναπαύω
14	ἀγαθοεργέω	104	ἀεί	194	ἄκρατος	284	Ἀμιναδάβ	374	ἀναπείθω
15	ἀγαθοποιέω	105	ἀετός	195	ἀκρίβεια	285	ἄμμος	375	ἀναπέμπω
16	ἀγαθοποιΐα	106	ἄζυμος	196	ἀκριβέστατος	286	ἀμνός	376	ἀνάπηρος
17	ἀγαθοποιός	107	Ἀζώρ	197	ἀκριβέστερον	287	ἀμοιβή	377	ἀναπίπτω
18	ἀγαθός	108	Ἄζωτος	198	ἀκριβόω	288	ἄμπελος	378	ἀναπληρόω
19	ἀγαθωσύνη	109	ἀήρ	199	ἀκριβῶς	289	ἀμπελουργός	379	ἀναπολόγητος
20	ἀγαλλίασις	110	ἀθανασία	200	ἀκρίς	290	ἀμπελών	380	ἀναπτύσσω
21	ἀγαλλιάω	111	ἀθέμιτος	201	ἀκροατήριον	291	Ἀμπλίας	381	ἀνάπτω
22	ἄγαμος	112	ἄθεος	202	ἀκροατής	292	ἀμύνομαι	382	ἀναρίθμητος
23	ἀγανακτέω	113	ἄθεσμος	203	ἀκροβυστία	293	ἀμφιβληστρον	383	ἀνασείω
24	ἀγανάκτησις	114	ἀθετέω	204	ἀκρογωνιαῖος	294	ἀμφιέννυμι	384	ἀνασκευάζω
25	ἀγαπάω	115	ἀθέτησις	205	ἀκροθίνιον	295	Ἀμφίπολις	385	ἀνασπάω
26	ἀγάπη	116	Ἀθῆναι	206	ἄκρον	296	ἄμφοδον	386	ἀνάστασις
27	ἀγαπητός	117	Ἀθηναῖος	207	Ἀκύλας	297	ἀμφότεροι	387	ἀναστατόω
28	Ἀγαρ	118	ἀθλέω	208	ἄκυρος	298	ἀμώμητος	388	ἀνασταυρόω
29	ἀγγαρεύω	119	ἄθλησις	209	ἀκωλύτως	299	ἄμωμος	389	ἀναστενάζω
30	ἀγγεῖον	120	ἀθυμέω	210	ἄκων	300	Ἀμών	390	ἀναστρέφω
31	ἀγγελία	121	ἄθῳος	211	ἀλάβαστρος	301	Ἀμώς	391	ἀναστροφή
32	ἄγγελος	122	αἴγειος	212	ἀλαζονεία	302	ἄν	392	ἀνατάσσομαι
33	ἄγε	123	αἰγιαλός	213	ἀλαζών	303	ἀνά	393	ἀνατέλλω
34	ἀγέλη	124	Αἰγύπτιος	214	ἀλαλάζω	304	ἀναβαθμός	394	ἀνατίθεμαι
35	ἀγενεαλόγητος	125	Αἴγυπτος	215	ἀλάλητος	305	ἀναβαίνω	395	ἀνατολή
36	ἀγενής	126	ἀΐδιος	216	ἄλαλος	306	ἀναβάλλομαι	396	ἀνατρέπω
37	ἁγιάζω	127	αἰδώς	217	ἅλας	307	ἀναβιβάζω	397	ἀνατρέφω
38	ἁγιασμός	128	Αἰθίοψ	218	ἀλείφω	308	ἀναβλέπω	398	ἀναφαίνω
39	ἅγιον	129	αἷμα	219	ἀλεκτοροφωνία	309	ἀνάβλεψις	399	ἀναφέρω
40	ἅγιος	130	αἱματεκχυσία	220	ἀλέκτωρ	310	ἀναβοάω	400	ἀναφωνέω
41	ἁγιότης	131	αἱμορροέω	221	Ἀλεξανδρεύς	311	ἀναβολή	401	ἀνάχυσις
42	ἁγιωσύνη	132	Αἰνέας	222	Ἀλεξανδρῖνος	312	ἀναγγέλλω	402	ἀναχωρέω
43	ἀγκάλη	133	αἴνεσις	223	Ἀλέξανδρος	313	ἀναγεννάω	403	ἀνάψυξις
44	ἄγκιστρον	134	αἰνέω	224	ἄλευρον	314	ἀναγινώσκω	404	ἀναψύχω
45	ἄγκυρα	135	αἴνιγμα	225	ἀλήθεια	315	ἀναγκάζω	405	ἀνδραποδιστής
46	ἄγναφος	136	αἶνος	226	ἀληθεύω	316	ἀναγκαῖος	406	Ἀνδρέας
47	ἁγνεία	137	Αἰών	227	ἀληθής	317	ἀναγκαστῶς	407	ἀνδρίζομαι
48	ἁγνίζω	138	αἱρέομαι	228	ἀληθινός	318	ἀνάγκη	408	Ἀνδρόνικος
49	ἁγνισμός	139	αἵρεσις	229	ἀλήθω	319	ἀναγνωρίζω	409	ἀνδροφόνος
50	ἀγνοέω	140	αἱρετίζω	230	ἀληθῶς	320	ἀνάγνωσις	410	ἀνέγκλητος
51	ἀγνόημα	141	αἱρετικός	231	ἀλεεύς	321	ἀνάγω	411	ἀνεκδιήγητος
52	ἄγνοια	142	αἴρω	232	ἁλιεύω	322	ἀναδείκνυμι	412	ἀνεκλάλητος
53	ἁγνός	143	αἰσθάνομαι	233	ἁλίζω	323	ἀνάδειξις	413	ἀνέκλειπτος
54	ἁγνότης	144	αἴσθησις	234	ἀλίσγημα	324	ἀναδέχομαι	414	ἀνεκτός
55	ἁγνῶς	145	αἰσθητήριον	235	ἀλλά	325	ἀναδίδωμι	415	ἀνελεήμων
56	ἀγνωσία	146	αἰσχροκερδής	236	ἀλλάσσω	326	ἀναζάω	416	ἀνεμίζομαι
57	ἄγνωστος	147	αἰσχροκερδῶς	237	ἀλλαχόθεν	327	ἀναζητέω	417	ἄνεμος
58	ἀγορά	148	αἰσχρολογία	238	ἀλληγορέω	328	ἀναζώννυμι	418	ἀνένδεκτος
59	ἀγοράζω	149	αἰσχρόν	239	ἀλληλουΐα	329	ἀναζωπυρέω	419	ἀνεξεραύνητος
60	ἀγοραῖος	150	αἰσχρός	240	ἀλλήλων	330	ἀναθάλλω	420	ἀνεξίκακος
61	ἄγρα	151	αἰσχρότης	241	ἀλλογενής	331	ἀνάθεμα	421	ἀνεξιχνίαστος
62	ἀγράμματος	152	αἰσχύνη	242	ἄλλομαι	332	ἀναθεματίζω	422	ἀνεπαίσχυντος
63	ἀγραυλέω	153	αἰσχύνομαι	243	ἄλλος	333	ἀναθεωρέω	423	ἀνεπίλημπτος
64	ἀγρεύω	154	αἰτέω	244	ἀλλοτριοεπίσκοπος	334	ἀνάθημα	424	ἀνέρχομαι
65	ἀγριέλαιος	155	αἴτημα	245	ἀλλότριος	335	ἀναίδεια	425	ἄνεσις
66	ἄγριος	156	αἰτία	246	ἀλλόφυλος	336	ἀναίρεσις	426	ἀνετάζω
67	Ἀγρίππας	157	αἰτίωμα	247	ἄλλως	337	ἀναιρέω	427	ἄνευ
68	ἀγρός	158	αἴτιον	248	ἀλοάω	338	ἀναίτιος	428	ἀνεύθετος
69	ἀγρυπνέω	159	αἴτιος	249	ἄλογος	339	ἀνακαθίζω	429	ἀνευρίσκω
70	ἀγρυπνία	160	αἰφνίδιος	250	ἀλόη	340	ἀνακαινίζω	430	ἀνέχομαι
71	ἄγω	161	αἰχμαλωσία	251	ἅλς	341	ἀνακαινόω	431	ἀνεψιός
72	ἀγωγή	162	αἰχμαλωτεύω	252	ἀλυκός	342	ἀνακαίνωσις	432	ἄνηθον
73	ἀγών	163	αἰχμαλωτίζω	253	ἄλυπος	343	ἀνακαλύπτω	433	ἀνήκω
74	ἀγωνία	164	αἰχμάλωτος	254	ἄλυσις	344	ἀνακάμπτω	434	ἀνήμερος
75	ἀγωνίζομαι	165	αἰών	255	ἀλυσιτελής	345	ἀνάκειμαι	435	ἀνήρ
76	Ἀδάμ	166	αἰώνιος	256	Ἀλφαῖος	346	ἀνακεφαλαιόομαι	436	ἀνθίστημι
77	ἀδάπανος	167	ἀκαθαρσία	257	ἄλων	347	ἀνακλίνω	437	ἀνθομολογέομαι
78	Ἀδδί	168	ἀκαθάρτης	258	ἀλώπηξ	348	ἀνακόπτω	438	ἄνθος
79	ἀδελφή	169	ἀκάθαρτος	259	ἅλωσις	349	ἀνακράζω	439	ἀνθρακιά
80	ἀδελφός	170	ἀκαιρέομαι	260	ἅμα	350	ἀνακρίνω	440	ἄνθραξ
81	ἀδελφότης	171	ἀκαίρως	261	ἀμαθής	351	ἀνάκρισις	441	ἀνθρωπάρεσκος
82	ἄδηλος	172	ἄκακος	262	ἀμαράντινος	352	ἀνακύπτω	442	ἀνθρώπινος
83	ἀδηλότης	173	ἄκανθα	263	ἀμάραντος	353	ἀναλαμβάνω	443	ἀνθρωποκτόνος
84	ἀδήλως	174	ἀκάνθινος	264	ἁμαρτάνω	354	ἀνάλημψις	444	ἄνθρωπος
85	ἀδημονέω	175	ἄκαρπος	265	ἁμάρτημα	355	ἀναλίσκω	445	ἀνθυπατεύω
86	ᾅδης	176	ἀκατάγνωστος	266	ἁμαρτία	356	ἀναλογία	446	ἀνθύπατος
87	ἀδιάκριτος	177	ἀκατακάλυπτος	267	ἀμάρτυρος	357	ἀναλογίζομαι	447	ἀνίημι
88	ἀδιάλειπτος	178	ἀκατάκριτος	268	ἁμαρτωλός	358	ἄναλος	448	ἀνέλεος
89	ἀδιαλείπτως	179	ἀκατάλυτος	269	ἄμαχος	359	ἀνάλυσις	449	ἀνίπτος
90	ἀφθορία	180	ἀκατάπαυστος	270	ἀμάω	360	ἀναλύω	450	ἀνίστημι

451	Ἄννα	541	ἀπαύγασμα	631	ἀποιμάσσομαι	721	ἀρνίον	811	ἀσώτως
452	Ἄννας	542	ἀπειδω	632	ἀπονέμω	722	ἀροτριάω	812	ἀταυτέω
453	ἀνόητος	543	ἀπείθεια	633	ἀπονίπτω	723	ἄροτρον	813	ἄτακτος
454	ἄνοια	544	ἀπειθέω	634	ἀποπίπτω	724	ἁρπαγή	814	ἀτάκτως
455	ἀνοίγω	545	ἀπειθής	635	ἀποπλανάω	725	ἁρπαγμός	815	ἄτεκνος
456	ἀνοικοδομέω	546	ἀπειλέω	636	ἀποπλέω	726	ἁρπάζω	816	ἀτενίζω
457	ἄνοιξις	547	ἀπειλή	637	ἀποπλύνω	727	ἅρπαξ	817	ἄτερ
458	ἀνομία	548	ἄπειμι	638	ἀποπνίγω	728	ἀρραβών	818	ἀτιμάζω
459	ἄνομος	549	ἄπειμι	639	ἀπορέω	729	ἄρρωμος	819	ἀτιμία
460	ἀνόμως	550	ἀπεῖπον	640	ἀπορία	730	ἄρσην	820	ἄτιμος
461	ἀνορθόω	551	ἀπείραστος	641	ἀπορίπτω	731	ἄρσητος	821	ἀτιμόω
462	ἀνόσιος	552	ἄπειρος	642	ἀπορφανίζω	732	ἄρρωστος	822	ἀτμίς
463	ἀνοχή	553	ἀπεκδέχομαι	643	ἐπισκευάζομαι	733	ἀρσενοκοίτης	823	ἄτομος
464	ἀνταγωνίζομαι	554	ἀπεκδύομαι	644	ἀποσκίασμα	734	Ἄρτεμις	824	ἄτοπος
465	ἀντάλλαγμα	555	ἀπέκδυσις	645	ἀποσπάω	735	Ἄρτεμις	825	Ἀττάλεια
466	ἀνταναπληρόω	556	ἀπελαύνω	646	ἀποστασία	736	ἀρτέμων	826	αὐγάζω
467	ἀνταποδίδωμι	557	ἀπελεγμός	647	ἀποστάσιον	737	ἄρτι	827	αὐγή
468	ἀνταπόδομα	558	ἀπελεύθερος	648	ἀποστεγάζω	738	ἀρτιγέννητος	828	Αὔγουστος
469	ἀνταπόδοσις	559	Ἀπελλῆς	649	ἀποστέλλω	739	ἄρτιος	829	αὐθάδης
470	ἀνταποκρίνομαι	560	ἀπελπίζω	650	ἀποστερέω	740	ἄρτος	830	αὐθαίρετος
471	ἀντεῖπον	561	ἀπέναντι	651	ἀποστολή	741	ἀρτύω	831	αὐθεντέω
472	ἀντέχομαι	562	ἀπέραντος	652	ἀπόστολος	742	Ἀρχαξάδ	832	αὐλή
473	ἀντί	563	ἀπερισπάστως	653	ἀποστοματίζω	743	ἀρχάγγελος	833	αὐλή
474	ἀντιβάλλω	564	ἀπερίτμητος	654	ἀποστρέφω	744	ἀρχαῖος	834	αὐλητής
475	ἀντιδιατίθεμαι	565	ἀπέρχομαι	655	ἀποστυγέω	745	Ἀρχέλαος	835	αὐλίζομαι
476	ἀντίδικος	566	ἀπέχει	656	ἀποσυνάγωγος	746	ἀρχή	836	αὐλός
477	ἀντίθεσις	567	ἀπέχομαι	657	ἀποτάσσομαι	747	ἀρχηγός	837	αὐξάνω
478	ἀντικαθίστημι	568	ἀπέχω	658	ἀποτελέω	748	ἀρχιερατικός	838	αὔξησις
479	ἀντικαλέω	569	ἀπιστέω	659	ἀποτίθεμαι	749	ἀρχιερεύς	839	αὔων
480	ἀντίκειμαι	570	ἀπιστία	660	ἀποτινάσσω	750	ἀρχιποίμην	840	αὐστηρός
481	ἀντικρύς	571	ἄπιστος	661	ἀποτίνω	751	Ἄρχιππος	841	αὐτάρκεια
482	ἀντιλαμβάνομαι	572	ἁπλότης	662	ἀποτολμάω	752	ἀρχισυνάγωγος	842	αὐτάρκης
483	ἀντιλέγω	573	ἁπλοῦς	663	ἀποτομία	753	ἀρχιτέκτων	843	αὐτοκατάκριτος
484	ἀντίλημψις	574	ἁπλῶς	664	ἀποτόμως	754	ἀρχιτελώνης	844	αὐτόματος
485	ἀντιλογία	575	ἀπό	665	ἀποτρέπομαι	755	ἀρχιτρίκλινος	845	αὐτόπτης
486	ἀντιλοιδορέω	576	ἀποβαίνω	666	ἀπουσία	756	ἄρχομαι	846	αὐτός
487	ἀντίλυτρον	577	ἀποβάλλω	667	ἀποφέρω	757	ἄρχω	847	αὑτοῦ
488	ἀντιμετρέω	578	ἀποβλέπω	668	ἀποφεύγω	758	ἄρχων	848	αὐτοῦ
489	ἀντιμισθία	579	ἀπόβλητος	669	ἀποφθέγγομαι	759	ἄρωμα	849	αὐτόχειρ
490	Ἀντιόχεια	580	ἀποβολή	670	ἀποφορτίζομαι	760	Ἀσά	850	αὐχμηρός
491	Ἀντιοχεύς	581	ἀπογίνομαι	671	ἀπόχρησις	761	ἀσάλευτος	851	ἀφαιρέω
492	ἀντιπαρέρχομαι	582	ἀπογραφή	672	ἀποχωρέω	762	Ἀσβέστος	852	ἀφανής
493	Ἀντιπᾶς	583	ἀπογράφομαι	673	ἀποχωρίζομαι	763	ἀσέβεια	853	ἀφανίζω
494	Ἀντιπατρίς	584	ἀποδείκνυμι	674	ἀποψύχω	764	ἀσεβέω	854	ἀφανισμός
495	ἀντίπερα	585	ἀπόδειξις	675	Ἄππιος	765	ἀσεβής	855	ἄφαντος
496	ἀντιπίπτω	586	ἀποδεκατόω	676	ἀπρόσιτος	766	ἀσέλγεια	856	ἀφεδρών
497	ἀντιστρατεύομαι	587	ἀπόδεκτος	677	ἀπρόσκοπος	767	ἄσημος	857	ἀφειδία
498	ἀντιτάσσομαι	588	ἀποδέχομαι	678	ἀπροσωπολήμπτως	768	Ἀσήρ	858	ἀφελότης
499	ἀντίτυπος	589	ἀποδημέω	679	ἀπταιστος	769	ἀσθένεια	859	ἄφεσις
500	ἀντίχριστος	590	ἀπόδημος	680	ἅπτω	770	ἀσθενέω	860	ἀφή
501	ἀντλέω	591	ἀποδίδωμι	681	περιάπτω	771	ἀσθένημα	861	ἀφθαρσία
502	ἄντλημα	592	ἀποδιορίζω	682	Ἀπφία	772	ἀσθενής	862	ἄφθαρτος
503	ἀντοφθαλμέω	593	ἀποδοκιμάζω	683	ἀπωθέομαι	773	Ἀσία	863	ἀφίημι
504	ἄνυδρος	594	ἀποδοχή	684	ἀπώλεια	774	Ἀσιανός	864	ἀφικνέομαι
505	ἀνυπόκριτος	595	ἀπόθεσις	685	ἀρά	775	Ἀσιάρχης	865	ἀφιλάγαθος
506	ἀνυπότακτος	596	ἀποθήκη	686	ἄρα	776	ἀσιτία	866	ἀφιλάργυρος
507	ἄνω	597	ἀποθησαυρίζω	687	ἆρα	777	ἄσιτος	867	ἄφιξις
508	ἀνάγαιον	598	ἀποθλίβω	688	Ἀραβία	778	ἀσκέω	868	ἀφίστημι
509	ἄνωθεν	599	ἀποθνήσκω	689	Ἀράμ	779	ἀσκός	869	ἄφνω
510	ἀνωτερικός	600	ἀποκαθίστημι	690	Ἀραψ	780	ἀσμένως	870	ἀφόβως
511	ἀνώτερον	601	ἀποκαλύπτω	691	ἀργέω	781	ἄσσσος	871	ἀφομοιόω
512	ἀνωφελής	602	ἀποκάλυψις	692	ἀργός	782	ἀσπάζομαι	872	ἀφοράω
513	ἀξίνη	603	ἀποκαραδοκία	693	ἀργύρεος	783	ἀσπασμός	873	ἀφορίζω
514	ἄξιος	604	ἀποκαταλλάσσω	694	ἀργύριον	784	ἄσπιλος	874	ἀφορμή
515	ἀξιόω	605	ἀποκατάστασις	695	ἀργυροκόπος	785	ἀσπίς	875	ἀφρίζω
516	ἀξίως	606	ἀπόκειμαι	696	ἄργυρος	786	ἄσπονδος	876	ἀφρός
517	ἀόρατος	607	ἀποκεφαλίζω	697	(Ἄρειος) πάγος	787	ἀσσάριον	877	ἀφροσύνη
518	ἀπαγγέλλω	608	ἀποκλείω	698	Ἀρεοπαγίτης	788	ἆσσον	878	ἄφρων
519	ἀπαιχύομαι	609	ἀποκόπτω	699	ἀρέσκεια	789	Ἄσσος	879	ἀφυπνόω
520	ἀπάγω	610	ἀπόκριμα	700	ἀρέσκω	790	ἀστατέω	880	ἄφωνος
521	ἀπαίδευτος	611	ἀποκρίνομαι	701	ἀρεστός	791	ἀστεῖος	881	Ἀχάζ
522	ἀπαίρω	612	ἀπόκρισις	702	Ἀρέτας	792	ἀστήρ	882	Ἀχαΐα
523	ἀπαιτέω	613	ἀποκρύπτω	703	ἀρετή	793	ἀστήρικτος	883	Ἀχαϊκός
524	ἀπαλγέω	614	ἀπόκρυφος	704	ἀρήν	794	ἄστοργος	884	ἀχάριστος
525	ἀπαλλάσσω	615	ἀποκτείνω	705	ἀριθμέω	795	ἀστοχέω	885	Ἀχείμ
526	ἀπαλλοτριόομαι	616	ἀποκυέω	706	ἀριθμός	796	ἀστραπή	886	ἀχειροποίητος
527	ἁπαλός	617	ἀποκυλίω	707	Ἀριμαθαία	797	ἀστράπτω	887	ἀχλύς
528	ἀπαντάω	618	ἀπολαμβάνω	708	Ἀρίσταρχος	798	ἄστρον	888	ἀχρεῖος
529	ἀπάντησις	619	ἀπόλαυσις	709	ἀριστάω	799	Ἀσύγκριτος	889	ἀχρεόομαι
530	ἅπαξ	620	ἀπολείπω	710	ἀριστερός	800	ἀσύμφωνος	890	ἄχρηστος
531	ἀπαράβατος	621	ἐπιλείχω (ἀπο-)	711	Ἀριστόβουλος	801	ἀσύνετος	891	ἄχρι, ἄχρις
532	ἀπαρασκεύαστος	622	ἀπόλλυμι	712	ἄριστον	802	ἀσύνθετος	892	ἄχυρον
533	ἀπαρνέομαι	623	Ἀπολλύων	713	ἀρκετός	803	ἀσφάλεια	893	ἀψευδής
534	ἀπάρτι	624	Ἀπολλωνία	714	ἀρκέω	804	ἀσφαλής	894	ἄψινθος
535	ἀπαρτισμός	625	Ἀπολλῶς	715	ἄρκος	805	ἀσφαλίζω	895	ἄψυχος
536	ἀπαρχή	626	ἀπολογέομαι	716	ἅρμα	806	ἀσφαλῶς	896	Βάαλ
537	ἅπας	627	ἀπολογία	717	Ἁρμαγεδών	807	ἀσχημονέω	897	Βαβυλών
538	ἀπατάω	628	ἀπολούω	718	ἁρμόζομαι	808	ἀσχημοσύνη	898	Βαθμός
539	ἀπάτη	629	ἀπολύτρωσις	719	ἁρμός	809	ἀσχήμων	899	βάθος
540	ἀπάτωρ	630	ἀπολύω	720	ἀρνέομαι	810	ἀσωτία	900	βαθύνω

901	βαθύς	991	βλέπω	1081	γέννημα	1171	δεινός
902	Βαϊον	992	βλητέον	1082	Γεννησαρέτ	1172	δειπνέω
903	Βαλαάμ	993	Βοανεργές	1083	γέννησις	1173	δεῖπνον
904	Βαλάκ	994	βοάω	1084	γεννητός	1174	δεισιδαίμων
905	βαλλάντιον	995	βοή	1085	γένος	1175	δεισιδαιμονία
906	βάλλω	996	βοήθεια	1086	Γεργεσηνός	1176	δέκα
907	βαπτίζω	997	βοηθέω	1087	γερουσία	1177	δεκαδύο
908	βάπτισμα	998	βοηθός	1088	γέρων	1178	δεκαπέντε
909	βαπτισμός	999	βόθυνος	1089	γεύομαι	1179	Δεκάπολις
910	βαπτιστής	1000	βολή	1090	γεωργέω	1180	δεκατέσσαρες
911	βάπτω	1001	βολίζω	1091	γεώργιον	1181	δεκάτη
912	Βαραββᾶς	1002	βολίς	1092	γεωργός	1182	δέκατος
913	Βαράκ	1003	Βοόζ	1093	γῆ	1183	δεκατόω
914	Βαραχίας	1004	βόρβορος	1094	γῆρας	1184	δεκτός
915	βάρβαρος	1005	βορρᾶς	1095	γηράσκω	1185	δελεάζω
916	βαρέω	1006	βόσκω	1096	γίνομαι	1186	δένδρον
917	βαρέως	1007	Βοσόρ	1097	γινώσκω	1187	δεξιολάβος
918	Βαρθολομαῖος	1008	βοτάνη	1098	γλεῦκος	1188	δεξιός
919	Βαριησοῦς	1009	βότρυς	1099	γλυκύς	1189	δέομαι
920	Βαριωνᾶς	1010	βουλευτής	1100	γλῶσσα	1190	Δερβαῖος
921	Βαρνάβας	1011	βουλεύομαι	1101	γλωσσόκομον	1191	δέρβη
922	βάρος	1012	βουλή	1102	γναφεύς	1192	δέρμα
923	Βαρσαβᾶς	1013	βούλημα	1103	γνήσιος	1193	δερμάτινος
924	Βαρτιμαῖος	1014	βούλομαι	1104	γνησίως	1194	δέρω
925	(κατα-)βαρύνω	1015	βουνός	1105	γνόφος	1195	δεσμεύω
926	βαρύς	1016	βοῦς	1106	γνώμη	1196	δεσμέω
927	βαρύτιμος	1017	Βοαβεῖον	1107	γνωρίζω	1197	δέσμη
928	βασανίζω	1018	βραβεύω	1108	γνῶσις	1198	δέσμιος
929	βασανισμός	1019	βραδύνω	1109	γνώστης	1199	δεσμός
930	βασανιστής	1020	βραδυπλοέω	1110	γνωστός	1200	δεσμωτήριον
931	βάσανος	1021	βραδύς	1111	γογγύζω	1201	δεσμώτης
932	βασιλεία	1022	βραδυτής	1112	γογγυσμός	1202	δεσμώτης
933	βασίλειον	1023	βραχίων	1113	γογγυστής	1203	δεσπότης
934	βασίλειος	1024	βραχύς	1114	γόης	1204	δεῦρο
935	βασιλεύς	1025	βρέφος	1115	Γολγοθᾶ	1205	δεῦτε
936	βασιλεύω	1026	βρέχω	1116	Γόμορρα	1206	δευτεραῖος
937	βασιλικός	1027	βροντή	1117	γόμος	1207	δευτερόπρωτος
938	βασίλισσα	1028	βροχή	1118	γονεύς	1208	δεύτερος
939	βάσις	1029	βρόχος	1119	γόνυ	1209	δέχομαι
940	βασκαίνω	1030	βρυγμός	1120	γονυπετέω	1210	δέω
941	βαστάζω	1031	βρύχω	1121	γράμμα	1211	δή
942	βάτος	1032	βρύω	1122	γραμματεύς	1212	δῆλος
943	βάτος	1033	βρῶμα	1123	γραπτός	1213	δηλόω
944	βάτραχος	1034	βρώσιμος	1124	γραφή	1214	Δημᾶς
945	βατταλογέω	1035	βρῶσις	1125	γράφω	1215	δημηγορέω
946	βδέλυγμα	1036	βυθίζω	1126	γραώδης	1216	Δημήτριος
947	βδελυκτός	1037	βυθός	1127	γρηγορέω	1217	δημιουργός
948	βδελύσσομαι	1038	βυρσεύς	1128	γυμνάζω	1218	δῆμος
949	βέβαιος	1039	βύσσινος	1129	γυμνασία	1219	δημόσιος
950	βεβαιόω	1040	βύσσος	1130	γυμνιτεύω	1220	δηνάριον
951	βεβαίωσις	1041	βωμός	1131	γυμνός	1221	δήποτε
952	βέβηλος	1042	γαββαθά	1132	γυμνότης	1222	δήπου
953	βεβηλόω	1043	Γαβριήλ	1133	γυναικάριον	1223	διά
954	Βεελζεβούλ	1044	γάγγραινα	1134	γυναικεῖος	1224	διαβαίνω
955	Βελίαλ	1045	Γάδ	1135	γυνή	1225	διαβάλλω
956	βέλος	1046	Γαδαρηνός	1136	Γώγ	1226	διαβεβαιόομαι
957	βέλτιον	1047	γάζα	1137	γωνία	1227	διαβλέπω
958	Βενιαμίν	1048	Γάζα	1138	Δαβίδ	1228	διάβολος
959	Βερνίκη	1049	γαζοφυλάκιον	1139	δαιμονίζομαι	1229	διαγγέλλω
960	Βέροια	1050	Γάϊος	1140	δαιμόνιον	1230	διαγίνομαι
961	Βεροιαῖος	1051	γάλα	1141	δαιμονιώδης	1231	διαγινώσκω
962	Βησαβαρά	1052	Γαλάτης	1142	δαίμων	1232	διαγνωρίζω
963	Βηθανία	1053	Γαλατία	1143	δάκνω	1233	διάγνωσις
964	Βηθεσδά	1054	Γαλατικός	1144	δάκρυ, δάκρυον	1234	διαγογγύζω
965	Βηθλεέμ	1055	γαλήνη	1145	δακρύω	1235	διαγρηγορέω
966	Βηθσαϊδά	1056	Γαλιλαία	1146	δακτύλιος	1236	διάγω
967	Βηθφαγή	1057	Γαλιλαῖος	1147	δάκτυλος	1237	διαδέχομαι
968	βῆμα	1058	Γαλλίων	1148	Δαλμανουθά	1238	διάδημα
969	βήρυλλος	1059	Γαμαλιήλ	1149	Δαλματία	1239	διαδίδωμι
970	βία	1060	γαμέω	1150	δαμάζω	1240	διάδοχος
971	βιάζομαι	1061	γαμίσκομαι	1151	δάμαλις	1241	διαζώννυμι
972	βίαιος	1062	γάμος	1152	Δάμαρις	1242	διαθήκη
973	βιαστής	1063	γάρ	1153	Δαμασκηνός	1243	διαίρεσις
974	βιβλαρίδιον	1064	γαστήρ	1154	Δαμασκός	1244	διαιρέω
975	βέβλιον	1065	γέ	1155	δανείζω	1245	διηγέομαι
976	βίβλος	1066	Γεδεών	1156	δάνειον	1246	διηγησις
977	βιβρώσκω	1067	γέεννα	1157	δανειστής	1247	διηνεκής
978	Βιθυνία	1068	Γεθσημανή	1158	Δανιήλ	1248	διθάλασσος
979	βίος	1069	γείτων	1159	δαπανάω	1249	διακονία
980	βιόω	1070	γελάω	1160	δαπάνη	1250	διάκονος
981	βίωσις	1071	γέλως	1161	δέ	1251	διακούω
982	βιωτικός	1072	γεμίζω	1162	δέησις	1252	διακρίνω
983	βλαβερός	1073	γέμω	1163	δεῖ	1253	διάκρισις
984	βλάπτω	1074	γενεά	1164	δεῖγμα	1254	διακωλύω
985	βλαστάνω	1075	γενεαλογέομαι	1165	δειγματίζω	1255	διαλαλέω
986	Βλαστός	1076	γενεαλογία	1166	δείκνυμι	1256	διαλέγομαι
987	βλασφημέω	1077	γενέσια	1167	δειλία	1257	διαλείπω
988	βλασφημία	1078	γένεσις	1168	δειλιάω	1258	διάλεκτος
989	βλάσφημος	1079	γενετή	1169	δειλός	1259	διαλλάσσομαι
990	βλέμμα	1080	γεννάω	1170	δεῖνα	1260	διαλογίζομαι

1261	διαλογισμός
1262	διαλύω
1263	διαμαρτύρομαι
1264	διαμάχομαι
1265	διαμένω
1266	διαμερίζω
1267	διαμερισμός
1268	διανεύω
1269	διανεύω
1270	διανόημα
1271	διάνοια
1272	διανοίγω
1273	διανυκτερεύω
1274	διανύω
1275	διαπαντός
1276	διαπεράω
1277	διαπλέω
1278	διαπονέομαι
1279	διαπορεύομαι
1280	διαπορέω
1281	διαπραγματεύομαι
1282	διαπρίω
1283	διαρπάζω
1284	διαρρήσσω
1285	διασαφέω
1286	διασείω
1287	διασκορπίζω
1288	διασπάω
1289	διασπείρω
1290	διασπορά
1291	διαστέλλομαι
1292	διάστημα
1293	διαστολή
1294	διαστρέφω
1295	διασώζω
1296	διαταγή
1297	διάταγμα
1298	διαταράσσω
1299	διατάσσω
1300	διατελέω
1301	διατηρέω
1302	διατί
1303	διατίθεμαι
1304	διατρίβω
1305	διατροφή
1306	διαυγάζω
1307	διαυγής
1308	διαφέρω
1309	διαφεύγω
1310	διαφημίζω
1311	διαφθείρω
1312	διαφθορά
1313	διάφορος
1314	διαφυλάσσω
1315	διαχειρίζομαι
1316	διαχωρίζομαι
1317	διδακτικός
1318	διδακτός
1319	διδασκαλία
1320	διδάσκαλος
1321	διδάσκω
1322	διδαχή
1323	δίδραχμον
1324	Δίδυμος
1325	δίδωμι
1326	διεγείρω
1327	διέξοδος
1328	διερμηνευτής
1329	διερμηνεύω
1330	διέρχομαι
1331	διερωτάω
1332	διετής
1333	διετία
1334	διηγέομαι
1335	διήγησις
1336	διηνεκής
1337	διθάλασσος
1338	διϊκνέομαι
1339	διΐστημι
1340	διϊσχυρίζομαι
1341	δικαιοκρισία
1342	δίκαιος
1343	δικαιοσύνη
1344	δικαιόω
1345	δικαίωμα
1346	δικαίως
1347	δικαίωσις
1348	δικαστής
1349	δίκη
1350	δίκτυον

1351	δίλογος	1441	ἐβδομηκοντάκις	1531	εἰσπορεύομαι	1621	ἐκτινάσσω	1711	ἐμπορία
1352	διό	1442	ἕβδομος	1532	εἰστρέχω	1622	ἐκτός	1712	ἐμπόριον
1353	διοδεύω	1443	Ἔβερ	1533	εἰσφέρω	1623	ἐκτός	1713	ἐμπορος
1354	Διονύσιος	1444	Ἐβραϊκός	1534	εἶτα	1624	ἐκτρέπω	1714	ἐμπρήθω
1355	διόπερ	1445	Ἐβραῖος	1535	εἶτε	1625	ἐκτρέφω	1715	ἐμπροσθεν
1356	διοπετής	1446	Ἑβραΐς	1536	εἴτις	1626	ἔκτρωμα	1716	ἐμπτύω
1357	διόρθωσις	1447	Ἐβραϊστί	1537	ἐκ, ἐξ	1627	ἐκφέρω	1717	ἐμφανής
1358	διορύσσω	1448	ἐγγίζω	1538	ἕκαστος	1628	ἐκφεύγω	1718	ἐμφανίζω
1359	Διόσκουροι	1449	ἐγγράφω	1539	ἑκάστοτε	1629	ἐκφοβέω	1719	ἔμφοβος
1360	διότι	1450	ἔγγυος	1540	ἑκατόν	1630	ἔκφοβος	1720	ἐμφυσάω
1361	Διοτρεφής	1451	ἐγγύς	1541	ἑκατονταετής	1631	ἐκφύω	1721	ἔμφυτος
1362	διπλοῦς	1452	ἐγγύτερον	1542	ἑκατονταπλασίων	1632	ἐκχέω, ἐκχύννω	1722	ἐν
1363	διπλόω	1453	ἐγείρω	1543	ἑκατοντάρχης	1633	ἐκχωρέω	1723	ἐναγκαλίζομαι
1364	δίς	1454	ἔγερσις	1544	ἐκβάλλω	1634	ἐκψύχω	1724	ἐνάλιος
1365	δισπάζω	1455	ἐγκάθετος	1545	ἔκβασις	1635	ἑκών	1725	ἔναντι
1366	δίστομος	1456	ἐγκαίνια	1546	ἐκβολή	1636	ἐλαία	1726	ἐναντίον
1367	δισχίλιοι	1457	ἐγκαινίζω	1547	ἐγγαμίζω	1637	ἔλαιον	1727	ἐναντίος
1368	διυλίζω	1458	ἐγκαλέω	1548	ἐγγαμίσκω	1638	Ἐλαιών	1728	ἐνάρχομαι
1369	διχάζω	1459	ἐγκαταλείπω	1549	ἔκγονος	1639	Ἐλαμίτης	1729	ἐνδεής
1370	διχοστασία	1460	ἐνκατοικέω	1550	ἐκδαπανάω	1640	ἐλάσσων	1730	ἔνδειγμα
1371	διχοτομέω	1461	ἐνκεντρίζω	1551	ἐκδέχομαι	1641	ἐλαττονέω	1731	ἐνδείκνυμι
1372	διψάω	1462	ἔγκλημα	1552	ἔκδηλος	1642	ἐλαττόω	1732	ἔνδειξις
1373	δίψος	1463	ἐγκομβόομαι	1553	ἐκδημέω	1643	ἐλαύνω	1733	ἕνδεκα
1374	δίψυχος	1464	ἐνκοπή, ἔκκοπή	1554	ἐκδίδωμι	1644	ἐλαφρία	1734	ἐνδέκατος
1375	διωγμός	1465	ἐνκόπτω	1555	ἐκδιηγέομαι	1645	ἐλαφρός	1735	ἐνδέχομαι
1376	διώκτης	1466	ἐγκράτεια	1556	ἐκδικέω	1646	ἐλάχιστος	1736	ἐνδημέω
1377	διώκω	1467	ἐγκρατεύομαι	1557	ἐκδίκησις	1647	ἐλαχιστότερος	1737	ἐνδιδύσκω
1378	δόγμα	1468	ἐγκρατής	1558	ἔκδικος	1648	Ἐλεάζαρ	1738	ἔνδικος
1379	δογματίζομαι	1469	ἐνκρίνω	1559	ἐκδιώκω	1649	ἔλεγξις	1739	ἐνδώμησις
1380	δοκέω	1470	ἐγκρύπτω	1560	ἔκδοτος	1650	ἔλεγχος	1740	ἐνδοξάζω
1381	δοκιμάζω	1471	ἔνκυος	1561	ἐκδοχή	1651	ἐλέγχω	1741	ἔνδοξος
1382	δοκιμή	1472	ἐγχρίω	1562	ἐκδύω	1652	ἐλεεινός	1742	ἔνδυμα
1383	δοκίμιον	1473	ἐγώ	1563	ἐκεῖ	1653	ἐλεέω	1743	ἐνδυναμόω
1384	δόκιμος	1474	ἐδαφίζω	1564	ἐκεῖθεν	1654	ἐλεημοσύνη	1744	ἐνδύνω
1385	δοκός	1475	ἔδαφος	1565	ἐκεῖνος	1655	ἐλεήμων	1745	ἔνδυσις
1386	δόλιος	1476	ἑδραῖος	1566	ἐκεῖσε	1656	ἔλεος	1746	ἐνδύω
1387	δολιόω	1477	ἑδραίωμα	1567	ἐκζητέω	1657	ἐλευθερία	1747	ἐνέδρα
1388	δόλος	1478	Ἐξεκίας	1568	ἐκθαμβέομαι	1658	ἐλεύθερος	1748	ἐνεδρεύω
1389	δολόω	1479	ἐθελοθρησκεία	1569	ἔκθαμβος	1659	ἐλευθερόω	1749	ἔνεδρον
1390	δόμα	1480	ἐθίζω	1570	ἔκθετος	1660	ἔλευσις	1750	ἐνειλέω
1391	δόξα	1481	ἐθνάρχης	1571	ἐκκαθαίρω	1661	ἐλεφάντινος	1751	ἔνειμι
1392	δοξάζω	1482	ἐθνικός	1572	ἐκκαίομαι	1662	Ἐλιακείμ	1752	ἕνεκα
1393	Δορκάς	1483	ἐθνικῶς	1573	ἐνκακέω	1663	Ἐλιέζερ	1753	ἐνέργεια
1394	δόσις	1484	ἔθνος	1574	ἐκκεντέω	1664	Ἐλιούδ	1754	ἐνεργέω
1395	δότης	1485	ἔθος	1575	ἐκκλάω	1665	Ἐλισάβετ	1755	ἐνέργημα
1396	δουλαγωγέω	1486	εἴωθα	1576	ἐκκλείω	1666	Ἐλισσαῖος	1756	ἐνεργής
1397	δουλεία	1487	εἰ	1577	ἐκκλησία	1667	ἐλίσσω	1757	ἐνευλογέω
1398	δουλεύω	1488	εἶ	1578	ἐκκλίνω	1668	ἕλκος	1758	ἐνέχω
1399	δούλη	1489	εἴγε	1579	ἐκκολυμβάω	1669	ἑλκόομαι	1759	ἐνθάδε
1400	δοῦλον	1490	εἰ δὲ μή (γε)	1580	ἐκκομίζω	1670	ἑλκύω, ἕλκω	1760	ἐνθυμέομαι
1401	δοῦλος	1491	εἶδος	1581	ἐκκόπτω	1671	Ἑλλάς	1761	ἐνθύμησις
1402	δουλόω	1492	εἶδα (εἴδω)	1582	ἐκκρέμαμαι	1672	Ἕλλην	1762	ἔνι
1403	δοχή	1493	εἰδωλεῖον	1583	ἐκλαλέω	1673	Ἑλληνικός	1763	ἐνιαυτός
1404	δράκων	1494	εἰδωλόθυτος	1584	ἐκλάμπω	1674	Ἑλληνίς	1764	ἐνίστημι
1405	δράσσομαι	1495	εἰδωλολατρεία	1585	ἐκλανθάνομαι	1675	Ἑλληνιστής	1765	ἐνισχύω
1406	δραχμή	1496	εἰδωλολάτρης	1586	ἐκλέγομαι	1676	Ἑλληνιστί	1766	ἔνατος
1407	δρέπανον	1497	εἴδωλον	1587	ἐκλείπω	1677	ἐλλογάω	1767	ἐννέα
1408	δρόμος	1498	εἴην	1588	ἐκλεκτός	1678	Ἐλμωδάμ	1768	ἐνενήκοντα
1409	Δρούσιλλα	1499	εἰ καί	1589	ἐκλογή	1679	ἐλπίζω	1769	ἐνεός
1410	δύναμαι	1500	εἰκῇ	1590	ἐκλύομαι	1680	ἐλπίς	1770	ἐννεύω
1411	δύναμις	1501	εἴκοσι	1591	ἐκμάσσω	1681	Ἔλυμας	1771	ἔννοια
1412	δυναμόω	1502	εἴκω	1592	ἐκμυκτηρίζω	1682	ἐλωί	1772	ἔννομος
1413	δυνάστης	1503	ἔοικα	1593	ἐκνεύω	1683	ἐμαυτοῦ	1773	ἔννυχα
1414	δυνατέω	1504	εἰκών	1594	ἐκνήφω	1684	ἐμβαίνω	1774	ἐνοικέω
1415	δυνατός	1505	εἰλικρίνεια	1595	ἑκούσιος	1685	ἐμβάλλω	1775	ἑνότης
1416	δύνω	1506	εἰλικρινής	1596	ἑκουσίως	1686	ἐμβάπτω	1776	ἐνοχλέω
1417	δύο	1507	εἰλίσσω	1597	ἔκπαλαι	1687	ἐμβατεύω	1777	ἔνοχος
1418	δυσ-	1508	εἰ μή	1598	ἐκπειράζω	1688	ἐμβιβάζω	1778	ἔνταλμα
1419	δυσβάστακτος	1509	εἰ μή τι	1599	ἐκπέμπω	1689	ἐμβλέπω	1779	ἐνταφιάζω
1420	δυσεντέριον	1510	εἰμί	1600	ἐκπετάννυμι	1690	ἐμβριμάομαι	1780	ἐνταφιασμός
1421	δυσερμήνευτος	1511	εἶναι	1601	ἐκπίπτω	1691	ἐμέ	1781	ἐντέλλομαι
1422	δύσκολος	1512	εἴπερ	1602	ἐκπλέω	1692	ἐμέω	1782	ἐντεῦθεν
1423	δυσκόλως	1513	εἴ πως	1603	ἐκπληρόω	1693	ἐμμαίνομαι	1783	ἐντευξις
1424	δυσμή	1514	εἰρηνεύω	1604	ἐκπλήρωσις	1694	Ἐμμανουήλ	1784	ἔντιμος
1425	δυσνόητος	1515	εἰρήνη	1605	ἐκπλήσσομαι	1695	Ἐμμαούς	1785	ἐντολή
1426	δυσφημία	1516	εἰρηνικός	1606	ἐκπνέω	1696	ἐμμένω	1786	ἐντόπιος
1427	δώδεκα	1517	εἰρηνοποιέω	1607	ἐκπορεύομαι	1697	Ἐμμώρ	1787	ἐντός
1428	δωδέκατος	1518	εἰρηνοποιός	1608	ἐκπορνεύω	1698	ἐμοί	1788	ἐντρέπω
1429	δωδεκάφυλον	1519	εἰς	1609	ἐκπτύω	1699	ἐμός	1789	ἐντρέφω
1430	δῶμα	1520	εἷς	1610	ἐκριζόω	1700	ἐμοῦ	1790	ἔντρομος
1431	δωρεά	1521	εἰσάγω	1611	ἔκστασις	1701	ἐμπαιγμός	1791	ἐντροπή
1432	δωρεάν	1522	εἰσακούω	1612	ἐκστρέφω	1702	ἐμπαίζω	1792	ἐντρυφάω
1433	δωρέομαι	1523	εἰσδέχομαι	1613	ἐκταράσσω	1703	ἐμπαίκτης	1793	ἐντυγχάνω
1434	δώρημα	1524	εἴσειμι	1614	ἐκτείνω	1704	ἐμπεριπατέω	1794	ἐντυλίσσω
1435	δῶρον	1525	εἰσέρχομαι	1615	ἐκτελέω	1705	ἐμπίπλημι	1795	ἐντυπόω
1436	ἔα	1526	εἰσί	1616	ἐκτένεια	1706	ἐμπίπτω	1796	ἐνυβρίζω
1437	ἐάν	1527	καθεῖς	1617	ἐκτενέστερον	1707	ἐμπλέκω	1797	ἐνυπνιάζομαι
1438	ἑαυτοῦ	1528	εἰσκαλέω	1618	ἐκτενῶς	1708	ἐμπλοκή	1798	ἐνύπνιον
1439	ἐάω	1529	εἴσοδος	1619	ἐκτενῶς	1709	ἐμπνέω	1799	ἐνώπιον
1440	ἑβδομήκοντα	1530	ἐκπηδάω	1620	ἐκτίθημι	1710	ἐμπορεύομαι	1800	Ἑνώς

1801	ἐνωτίζομαι	1891	Ἐπαφρόδιτος	1981	ἐπισκηνόω	2071	ἕσομαι	2161	Εὔτυχος
1802	Ἐνώχ	1892	ἐπεγείρω	1982	ἐπισκιάζω	2072	ἔσοπτρον	2162	εὐφημία
1803	ἕξ	1893	ἐπεί	1983	ἐπισκοπέω	2073	ἐσπέρα	2163	εὔφημος
1804	ἐξαγγέλλω	1894	ἐπειδή	1984	ἐπισκοπή	2074	Ἐσρώμ	2164	εὐφορέω
1805	ἐξαγοράζω	1895	ἐπειδήπερ	1985	ἐπίσκοπος	2075	ἐστέ	2165	εὐφραίνω
1806	ἐξάγω	1896	ἐπεῖδον	1986	ἐπισπάω	2076	ἐστί	2166	Εὐφράτης
1807	ἐξαιρέω	1897	ἐπεῖπερ	1987	ἐπίσταμαι	2077	ἔστω	2167	εὐφροσύνη
1808	ἐξαίρω	1898	ἐπεισαγωγή	1988	ἐπιστάτης	2078	ἔσχατος	2168	εὐχαριστέω
1809	ἐξαιτέομαι	1899	ἔπειτα	1989	ἐπιστέλλω	2079	ἐσχάτως	2169	εὐχαριστία
1810	ἐξαίφνης	1900	ἐπέκεινα	1990	ἐπιστήμων	2080	ἔσω	2170	εὐχάριστος
1811	ἐξακολουθέω	1901	ἐπεκτείνομαι	1991	ἐπιστηρίζω	2081	ἔσωθεν	2171	εὐχή
1812	ἐξακόσιοι	1902	ἐπενδύομαι	1992	ἐπιστολή	2082	ἐσώτερος	2172	εὔχομαι
1813	ἐξαλείφω	1903	ἐπενδύτης	1993	ἐπιστομίζω	2083	ἑταῖρος	2173	εὔχρηστος
1814	ἐξάλλομαι	1904	ἐπέρχομαι	1994	ἐπιστρέφω	2084	ἑτερόγλωσσος	2174	εὐψυχέω
1815	ἐξανάστασις	1905	ἐπερωτάω	1995	ἐπιστροφή	2085	ἑτεροδιδασκαλέω	2175	εὐωδία
1816	ἐξανατέλλω	1906	ἐπερώτημα	1996	ἐπισυνάγω	2086	ἑτεροζυγέω	2176	εὐώνυμος
1817	ἐξανίστημι	1907	ἐπέχω	1997	ἐπισυναγωγή	2087	ἕτερος	2177	ἐφάλλομαι
1818	ἐξαπατάω	1908	ἐπηρεάζω	1998	ἐπισυντρέχω	2088	ἑτέρως	2178	ἐφάπαξ
1819	ἐξάπινα	1909	ἐπί	1999	ἐπίστασις	2089	ἔτι	2179	Ἐφεσῖνος
1820	ἐξαπορέομαι	1910	ἐπιβαίνω	2000	ἐπισφαλής	2090	ἑτοιμάζω	2180	Ἐφέσιος
1821	ἐξαποστέλλω	1911	ἐπιβάλλω	2001	ἐπισχύω	2091	ἑτοιμασία	2181	Ἔφεσος
1822	ἐξαρτίζω	1912	ἐπιβαρέω	2002	ἐπισωρεύω	2092	ἕτοιμος	2182	ἐφευρετής
1823	ἐξαστράπτω	1913	ἐπιβιβάζω	2003	ἐπιταγή	2093	ἑτοίμως	2183	ἐφημερία
1824	ἐξαυτῆς	1914	ἐπιβλέπω	2004	ἐπιτάσσω	2094	ἔτος	2184	ἐφήμερος
1825	ἐξεγείρω	1915	ἐπίβλημα	2005	ἐπιτελέω	2095	εὖ	2185	ἐφικνέομαι
1826	ἔξειμι	1916	ἐπιβοάω	2006	ἐπιτήδειος	2096	Εὕα	2186	ἐφίστημι
1827	ἐξελέγχω	1917	ἐπιβουλή	2007	ἐπιτίθημι	2097	εὐαγγελίζω	2187	Ἐφραΐμ
1828	ἐξέλκω	1918	ἐπιγαμβρεύω	2008	ἐπιτιμάω	2098	εὐαγγέλιον	2188	ἐφφαθά
1829	ἐξέραμα	1919	ἐπίγειος	2009	ἐπιτιμία	2099	εὐαγγελιστής	2189	ἔχθρα
1830	ἐξεραυνάω	1920	ἐπιγίνομαι	2010	ἐπιτρέπω	2100	εὐαρεστέω	2190	ἐχθρός
1831	ἐξέρχομαι	1921	ἐπιγινώσκω	2011	ἐπιτροπή	2101	εὐάρεστος	2191	ἔχιδνα
1832	ἔξεστιν	1922	ἐπίγνωσις	2012	ἐπίτροπος	2102	εὐαρέστως	2192	ἔχω
1833	ἐξετάζω	1923	ἐπιγραφή	2013	ἐπιτυγχάνω	2103	Εὔβουλος	2193	ἕως
1834	ἐξηγέομαι	1924	ἐπιγράφω	2014	ἐπιφαίνω	2104	εὐγενής	2194	Ζαβουλών
1835	ἑξήκοντα	1925	ἐπιδείκνυμι	2015	ἐπιφάνεια	2105	εὐδία	2195	Ζακχαῖος
1836	ἑξῆς	1926	ἐπιδέχομαι	2016	ἐπιφανής	2106	εὐδοκέω	2196	Ζαρά
1837	ἐξηχέω	1927	ἐπιδημέω	2017	ἐπιφαύσκω	2107	εὐδοκία	2197	Ζαχαρίας
1838	ἕξις	1928	ἐπιδιατάσσομαι	2018	ἐπιφέρω	2108	εὐεργεσία	2198	ζάω
1839	ἐξίστημι	1929	ἐπιδίδωμι	2019	ἐπιφωνέω	2109	εὐεργετέω	2199	Ζεβεδαῖος
1840	ἐξισχύω	1930	ἐπιδιορθόω	2020	ἐπιφώσκω	2110	εὐεργέτης	2200	ζεστός
1841	ἔξοδος	1931	ἐπιδύω	2021	ἐπιχειρέω	2111	εὔθετος	2201	ζεῦγος
1842	ἐξολεθρεύω	1932	ἐπιείκεια	2022	ἐπιχέω	2112	εὐθέως	2202	ζευκτηρία
1843	ἐξομολογέω	1933	ἐπιεικής	2023	ἐπιχορηγέω	2113	εὐθυδρομέω	2203	Ζεύς
1844	ἐξορκίζω	1934	ἐπιζητέω	2024	ἐπιχορηγία	2114	εὐθυμέω	2204	ζέω
1845	ἐξορκιστής	1935	ἐπιθανάτιος	2025	ἐπιχρίω	2115	εὔθυμος	2205	ζῆλος
1846	ἐξορύσσω	1936	ἐπίθεσις	2026	ἐποικοδομέω	2116	εὐθύνω	2206	ζηλόω
1847	ἐξουδενόω	1937	ἐπιθυμέω	2027	ἐπικέλλω	2117	εὐθύς	2207	ζηλωτής
1848	ἐξουθενέω	1938	ἐπιθυμητής	2028	ἐπονομάζω	2118	εὐθύτης	2208	Ζηλωτής
1849	ἐξουσία	1939	ἐπιθυμία	2029	ἐποπτεύω	2119	εὐκαιρέω	2209	ζημία
1850	ἐξουσιάζω	1940	ἐπικαθίζω	2030	ἐπόπτης	2120	εὐκαιρία	2210	ζημιόω
1851	ἐξοχή	1941	ἐπικαλέω	2031	ἔπος	2121	εὔκαιρος	2211	Ζηνᾶς
1852	ἐξυπνίζω	1942	ἐπικάλυμα	2032	ἐπουράνιος	2122	εὐκαίρως	2212	ζητέω
1853	ἔξυπνος	1943	ἐπικαλύπτω	2033	ἑπτά	2123	εὔκοπος	2213	ζήτημα
1854	ἔξω	1944	ἐπικατάρατος	2034	ἑπτάκις	2124	εὐλάβεια	2214	ζήτησις
1855	ἔξωθεν	1945	ἐπίκειμαι	2035	ἑπτακισχίλιοι	2125	εὐλαβέομαι	2215	ζιζάνιον
1856	ἐξωθέω	1946	Ἐπικούρειος	2036	εἶπον	2126	εὐλαβής	2216	Ζοροβάβελ
1857	ἐξώτερος	1947	ἐπικουρία	2037	Ἔραστος	2127	εὐλογέω	2217	ζόφος
1858	ἑορτάζω	1948	ἐπικρίνω	2038	ἐργάζομαι	2128	εὐλογητός	2218	ζυγός
1859	ἑορτή	1949	ἐπιλαμβάνομαι	2039	ἐργασία	2129	εὐλογία	2219	ζύμη
1860	ἐπαγγελία	1950	ἐπιλανθάνομαι	2040	ἐργάτης	2130	εὐμετάδοτος	2220	ζυμόω
1861	ἐπαγγέλλομαι	1951	ἐπιλέγομαι	2041	ἔργον	2131	Εὐνίκη	2221	ζωγρέω
1862	ἐπάγγελμα	1952	ἐπιλείπω	2042	ἐρεθίζω	2132	εὐνοέω	2222	ζωή
1863	ἐπάγω	1953	ἐπιλησμονή	2043	ἐρείδω	2133	εὔνοια	2223	ζώνη
1864	ἐπαγωνίζομαι	1954	ἐπίλοιπος	2044	ἐρεύγομαι	2134	εὐνουχίζω	2224	ζώννυμι
1865	ἐπαθροίζομαι	1955	ἐπίλυσις	2045	ἐραυνάω	2135	εὐνοῦχος	2225	ζωογονέω
1866	Ἐπαίνετος	1956	ἐπιλύω	2046	ἐρῶ	2136	Εὐοδία	2226	ζῶον
1867	ἐπαινέω	1957	ἐπιμαρτυρέω	2047	ἐρημία	2137	εὐοδόομαι	2227	ζωοποιέω
1868	ἔπαινος	1958	ἐπιμέλεια	2048	ἔρημος	2138	εὐπειθής	2228	ἤ
1869	ἐπαίρω	1959	ἐπιμελέομαι	2049	ἐρημόω	2139	εὐπερίστατος	2229	ἦ
1870	ἐπαισχύνομαι	1960	ἐπιμελῶς	2050	ἐρήμωσις	2140	εὐποιΐα	2230	ἡγεμονεύω
1871	ἐπαιτέω	1961	ἐπιμένω	2051	ἐρίζω	2141	εὐπορέομαι	2231	ἡγεμονία
1872	ἐπακολουθέω	1962	ἐπινεύω	2052	ἐριθεία	2142	εὐπορία	2232	ἡγεμών
1873	ἐπακούω	1963	ἐπίνοια	2053	ἔριον	2143	εὐπρέπεια	2233	ἡγέομαι
1874	ἐπακροάομαι	1964	ἐπιορκέω	2054	ἔρις	2144	εὐπρόσδεκτος	2234	ἡδέως
1875	ἐπάν	1965	ἐπίορκος	2055	ἐρίφιον	2145	εὐπρόσεδρος	2235	ἤδη
1876	ἐπάναγκες	1966	ἐπεῖμι	2056	ἔριφος	2146	εὐπροσωπέω	2236	ἥδιστα
1877	ἐπανάγω	1967	ἐπιούσιος	2057	Ἑρμᾶς	2147	εὑρίσκω	2237	ἡδονή
1878	ἐπαναμιμνήσκω	1968	ἐπιπίπτω	2058	ἑρμηνεία	2148	Εὐροκλύδων	2238	ἡδύοσμον
1879	ἐπαναπαύομαι	1969	ἐπιπλήσσω	2059	ἑρμηνεύω	2149	εὐρύχωρος	2239	ἦθος
1880	ἐπανέρχομαι	1970	ἐπιπνίγω	2060	Ἑρμῆς	2150	εὐσέβεια	2240	ἥκω
1881	ἐπανίστημι	1971	ἐπιποθέω	2061	Ἑρμογένης	2151	εὐσεβέω	2241	ἠλί
1882	ἐπανόρθωσις	1972	ἐπιπόθησις	2062	ἑρπετόν	2152	εὐσεβής	2242	ἠλί
1883	ἐπάνω	1973	ἐπιπόθητος	2063	ἐρυθρός	2153	εὐσεβῶς	2243	Ἠλίας
1884	ἐπαρκέω	1974	ἐπιποθία	2064	ἔρχομαι	2154	εὔσημος	2244	ἡλικία
1885	ἐπαρχεία	1975	ἐπιπορεύομαι	2065	ἐρωτάω	2155	εὔσπλαγχνος	2245	ἡλίκος
1886	ἔπαυλις	1976	ἐπιράπτω	2066	ἐσθής	2156	εὐσχημόνως	2246	ἥλιος
1887	ἐπαύριον	1977	ἐπιρίπτω	2067	ἐσθησις	2157	εὐσχημοσύνη	2247	ἧλος
1888	ἐπαυτοφώρῳ	1978	ἐπίσημος	2068	ἐσθίω	2158	εὐσχήμων	2248	ἡμᾶς
1889	Ἐπαφρᾶς	1979	ἐπισιτισμός	2069	Ἐσλί	2159	εὐτόνως	2249	ἡμεῖς
1890	ἐπαφρίζω	1980	ἐπισκέπτομαι	2070	ἐσμέν	2160	εὐτραπελία	2250	ἡμέρα

#	Greek	#	Greek	#	Greek	#	Greek	#	Greek
2251	ἡμέτερος	2341	θηριομαχέω	2431	ἱλαρός	2521	κάθημαι	2611	καταβέω
2252	ἥμην	2342	θηρίον	2432	ἱλαρότης	2522	καθημερινός	2612	καταδηλος
2253	ἡμιθανής	2343	θησαυρίζω	2433	ἱλάσκομαι	2523	καθίζω	2613	καταδικάζω
2254	ἡμῖν	2344	θησαυρός	2434	ἱλασμός	2524	καθίημι	2614	καταδιώκω
2255	ἥμισυς	2345	θιγγάνω	2435	ἱλαστήριον	2525	καθίστημι	2615	καταδουλόω
2256	ἡμιώριον	2346	θλίβω	2436	ἵλεως	2526	καθό	2616	καταδυναστεύω
2257	ἡμῶν	2347	θλῖψις	2437	Ἰλλυρικόν	2527	καθόλου	2617	καταισχύνω
2258	ἦν	2348	θνήσκω	2438	ἱμάς	2528	καθοπλίζω	2618	κατακαίω
2259	ἡνίκα	2349	θνητός	2439	ἱματίζω	2529	καθοράω	2619	κατακαλύπτομαι
2260	ἤπερ	2350	θορυβέω	2440	ἱμάτιον	2530	καθότι	2620	κατακαυχάομαι
2261	ἤπιος	2351	θόρυβος	2441	ἱματισμός	2531	καθώς	2621	κατάκειμαι
2262	Ἤρ	2352	θραύω	2442	ὁμείρομαι	2532	καί	2622	κατακλάω
2263	Ἡρεψος	2353	θρέμμα	2443	ἵνα	2533	Καϊάφας	2623	κατακλείω
2264	Ἡρᾠδης	2354	θρηνέω	2444	ἱνατί	2534	καίγε	2624	κατακληρονομέω
2265	Ἡρᾠδιανοί	2355	θρῆνος	2445	Ἰόππη	2535	Κάϊν	2625	κατακλίνω
2266	Ἡρᾠδιάς	2356	θρησκεία	2446	Ἰορδάνης	2536	Καϊνάν	2626	κατακλύζω
2267	Ἡρᾠδίων	2357	θρῆσκος	2447	ἰός	2537	καινός	2627	κατακλυσμός
2268	Ἠσαΐας	2358	θριαμβεύω	2448	Ἰουδά	2538	καινότης	2628	κατακολουθέω
2269	Ἠσαῦ	2359	θρίξ	2449	Ἰουδαία	2539	καίπερ	2629	κατακόπτω
2270	ἡσυχάζω	2360	θροέω	2450	Ἰουδαΐζω	2540	καιρός	2630	κατακρημνίζω
2271	ἡσυχία	2361	θρόμβος	2451	Ἰουδαϊκός	2541	Καῖσαρ	2631	κατάκριμα
2272	ἡσύχιος	2362	θρόνος	2452	Ἰουδαϊκῶς	2542	Καισάρεια	2632	κατακρίνω
2273	ἤτοι	2363	Θυάτειρα	2453	Ἰουδαῖος	2543	καίτοι	2633	κατάκρισις
2274	ἡττάομαι	2364	θυγάτηρ	2454	Ἰουδαϊσμός	2544	καίτοιγε	2634	κατακυριεύω
2275	ἥττημα	2365	θυγάτριον	2455	Ἰούδας	2545	καίω	2635	καταλαλέω
2276	ἥσσων	2366	θύελλα	2456	Ἰουλία	2546	κἀκεῖ	2636	καταλαλιά
2277	ἤτω	2367	θύϊνος	2457	Ἰούλιος	2547	κἀκεῖθεν	2637	κατάλαλος
2278	ἠχέω	2368	θυμίαμα	2458	Ἰουνίας	2548	κἀκεῖνος	2638	καταλαμβάνω
2279	ἦχος	2369	θυμιατήριον	2459	Ἰοῦστος	2549	κακία	2639	καταλέγω
2280	Θαδδαῖος	2370	θυμιάω	2460	ἱππεύς	2550	κακοήθεια	2640	ὑπόλειμμα
2281	θάλασσα	2371	θυμομαχέω	2461	ἱππικός	2551	κακολογέω	2641	καταλείπω
2282	θάλπω	2372	θυμός	2462	ἵππος	2552	κακοπάθεια	2642	καταλιθάζω
2283	Θάμαρ	2373	θυμόομαι	2463	ἶρις	2553	κακοπαθέω	2643	καταλλαγή
2284	θαμβέω	2374	θύρα	2464	Ἰσαάκ	2554	κακοποιέω	2644	καταλλάσσω
2285	θάμβος	2375	θυρεός	2465	ἰσάγγελος	2555	κακοποιός	2645	κατάλοιπος
2286	θανάσιμος	2376	θυρίς	2466	Ἰσαχάρ	2556	κακός	2646	κατάλυμα
2287	θανατήφορος	2377	θυρωρός	2467	ἴσημι	2557	κακοῦργος	2647	καταλύω
2288	θάνατος	2378	θυσία	2468	ἴσθι	2558	κακουχέω	2648	καταμανθάνω
2289	θανατόω	2379	θυσιαστήριον	2469	Ἰσκαριώτης	2559	κακόω	2649	καταμαρτυρέω
2290	θάπτω	2380	θύω	2470	ἴσος	2560	κακῶς	2650	καταμένω
2291	Θάρα	2381	Θωμᾶς	2471	ἰσότης	2561	κάκωσις	2651	καταμόνας
2292	θαρρέω	2382	θώραξ	2472	ἰσότιμος	2562	καλάμη	2652	κατανάθεμα
2293	θαρσέω	2383	Ἰάειρος	2473	ἰσόψυχος	2563	κάλαμος	2653	καταναθεματίζω
2294	θάρσος	2384	Ἰακώβ	2474	Ἰσραήλ	2564	καλέω	2654	καταναλίσκω
2295	θαῦμα	2385	Ἰάκωβος	2475	Ἰσραηλίτης	2565	καλλιέλαιος	2655	καταναρκάω
2296	θαυμάζω	2386	ἴαμα	2476	ἵστημι, ἱστάω	2566	καλλίον	2656	κατανεύω
2297	θαυμάσιος	2387	Ἰαμβρῆς	2477	ἱστορέω	2567	καλοδιδάσκαλος	2657	κατανοέω
2298	θαυμαστός	2388	Ἰαννά	2478	ἰσχυρός	2568	Καλοὶ Λιμένες	2658	καταντάω
2299	θεά	2389	Ἰαννῆς	2479	ἰσχύς	2569	καλοποιέω	2659	κατάνυξις
2300	θεάομαι	2390	ἰάομαι	2480	ἰσχύω	2570	καλός	2660	κατανύσσομαι
2301	θεατρίζω	2391	Ἰάρεδ	2481	ἴσως	2571	κάλυμμα	2661	καταξιόω
2302	θέατρον	2392	ἴασις	2482	Ἰταλία	2572	καλύπτω	2662	καταπατέω
2303	θεῖον	2393	ἴασπις	2483	Ἰταλικός	2573	καλῶς	2663	κατάπαυσις
2304	θεῖος	2394	Ἰάσων	2484	Ἰτουραία	2574	κάμηλος	2664	καταπαύω
2305	θειότης	2395	ἰατρός	2485	ἰχθύδιον	2575	κάμινος	2665	καταπέτασμα
2306	θειώδης	2396	ἴδε	2486	ἰχθύς	2576	καμμύω	2666	καταπίνω
2307	θέλημα	2397	εἰδέα	2487	ἴχνος	2577	κάμνω	2667	καταπίπτω
2308	θέλησις	2398	ἴδιος	2488	Ἰωάθαμ	2578	κάμπτω	2668	καταπλέω
2309	θέλω	2399	ἰδιώτης	2489	Ἰωάννα	2579	κἄν	2669	καταπονέω
2310	θεμέλιος	2400	ἰδού	2490	Ἰωαννάς	2580	Κανά	2670	καταποντίζομαι
2311	θεμελιόω	2401	Ἰδουμαία	2491	Ἰωάννης	2581	Κανανίτης	2671	κατάρα
2312	θεοδίδακτος	2402	ἱδρώς	2492	Ἰώβ	2582	Κανδάκη	2672	καταράομαι
2313	θεομαχέω	2403	Ἰεζαβήλ	2493	Ἰωήλ	2583	κανών	2673	καταργέω
2314	θεομάχος	2404	Ἱεράπολις	2494	Ἰωνάν	2584	Καπερναούμ	2674	καταριθμέω
2315	θεόπνευστος	2405	ἱερατεία	2495	Ἰωνᾶς	2585	καπηλεύω	2675	καταρτίζω
2316	θεός	2406	ἱεράτευμα	2496	Ἰωράμ	2586	καπνός	2676	κατάρτισις
2317	θεοσέβεια	2407	ἱερατεύω	2497	Ἰωρείμ	2587	Καππαδοκία	2677	καταρτισμός
2318	θεοσεβής	2408	Ἱερεμίας	2498	Ἰωσαφάτ	2588	καρδία	2678	κατασείω
2319	θεοστυγής	2409	ἱερεύς	2499	Ἰωσή	2589	καρδιογνώστης	2679	κατασκάπτω
2320	θεότης	2410	Ἱεριχώ	2500	Ἰωσῆς	2590	καρπός	2680	κατασκευάζω
2321	Θεόφιλος	2411	ἱερόν	2501	Ἰωσήφ	2591	Κάρπος	2681	κατασκηνόω
2322	θεραπεία	2412	ἱεροπρεπής	2502	Ἰωσίας	2592	καρποφορέω	2682	κατασκήνωσις
2323	θεραπεύω	2413	ἱερός	2503	ἰῶτα	2593	καρποφόρος	2683	κατασκιάζω
2324	θεράπων	2414	Ἱεροσόλυμα	2504	κἀγώ	2594	καρτερέω	2684	κατασκοπέω
2325	θερίζω	2415	Ἱεροσολυμίτης	2505	καθά	2595	κάρφος	2685	κατάσκοπος
2326	θερισμός	2416	ἱεροσυλέω	2506	καθαίρεσις	2596	κατά	2686	κατασοφίζομαι
2327	θεριστής	2417	ἱερόσυλος	2507	καθαιρέω	2597	καταβαίνω	2687	καταστέλλω
2328	θερμαίνομαι	2418	ἱερουργέω	2508	καθαίρω	2598	καταβάλλω	2688	κατάστημα
2329	θέρμη	2419	Ἱερουσαλήμ	2509	καθάπερ	2599	καταβαρέω	2689	καταστολή
2330	θέρος	2420	ἱερωσύνη	2510	καθάπτω	2600	κατάβασις	2690	καταστρέφω
2331	Θεσσαλονικεύς	2421	Ἰεσσαί	2511	καθαρίζω	2601	καταβιβάζω	2691	καταστρηνιάω
2332	Θεσσαλονίκη	2422	Ἰεφθάε	2512	καθαρισμός	2602	καταβολή	2692	καταστροφή
2333	Θευδᾶς	2423	Ἰεχονίας	2513	καθαρός	2603	καταβραβεύω	2693	καταστρώννυμι
2334	θεωρέω	2424	Ἰησοῦς	2514	καθαρότης	2604	καταγγελεύς	2694	κατασύρω
2335	θεωρία	2425	ἱκανός	2515	καθέδρα	2605	καταγγέλλω	2695	κατασφάζω
2336	θήκη	2426	ἱκανότης	2516	καθέζομαι	2606	καταγελάω	2696	κατασφραγίζομαι
2337	θηλάζω	2427	ἱκανόω	2517	καθεξῆς	2607	καταγινώσκω	2697	κατάσχεσις
2338	θῆλυς	2428	ἱκετηρία	2518	καθεύδω	2608	κατάγνυμι	2698	κατατίθημι
2339	θήρα	2429	ἱκμάς	2519	καθηγητής	2609	κατάγω	2699	κατατομή
2340	θηρεύω	2430	Ἰκόνιον	2520	καθήκω	2610	καταγωνίζομαι	2700	κατατοξεύω

2701	καταιτρέχω	2791	Κιλικία	2881	Κόρινθος	2971	κώνωψ	3061	λοιμός
2702	καταφέρω	2792	κινδυνεύω	2882	Κόρινθος	2972	Κώς	3062	λοιπός
2703	καταφεύγω	2793	κινδυνεύω	2883	Κορνήλιος	2973	Κωσάμ	3063	λοιπόν
2704	καταφθείρω	2794	κίνδυνος	2884	κόρος	2974	κωφός	3064	λοιπού
2705	καταφιλέω	2795	κινέω	2885	κοσμέω	2975	λαγχάνω	3065	Λουκάς
2706	καταφρονέω	2796	κίνησις	2886	κοσμικός	2976	Λάζαρος	3066	Λούκιος
2707	καταφρονητής	2797	Κίς	2887	κόσμιος	2977	λάθρα	3067	Λούτρον
2708	καταχέω	2798	κλάδος	2888	κοσμοκράτωρ	2978	λαῖλαψ	3068	λούω
2709	καταχθόνιος	2799	κλαίω	2889	κόσμος	2979	λακτίζω	3069	Λύδδα
2710	καταχράομαι	2800	κλάσις	2890	Κούαρτος	2980	λαλέω	3070	Λυδία
2711	καταψύχω	2801	κλάσμα	2891	κοῦμι	2981	λαλιά	3071	Λυκαονία
2712	κατείδωλος	2802	Κλαύδη	2892	κουστωδία	2982	λαμά	3072	Λυκαονιστί
2713	κατέναντι	2803	Κλαυδία	2893	κουφίζω	2983	λαμβάνω	3073	Λυκία
2714	κατενώπιον	2804	Κλαύδιος	2894	κόφινος	2984	Λάμεχ	3074	λύκος
2715	κατεξουσιάζω	2805	κλαυθμός	2895	κράβαττος	2985	λαμπάς	3075	λυμαίνομαι
2716	κατεργάζομαι	2806	κλάω	2896	κράζω	2986	λαμπρός	3076	λυπέω
2717	no se usó	2807	κλείς	2897	κραιπάλη	2987	λαμπρότης	3077	λύπη
2718	κατέρχομαι	2808	κλείω	2898	κρανίον	2988	λαμπρῶς	3078	Λυσανίας
2719	κατεσθίω	2809	κλέμμα	2899	κράσπεδον	2989	λάμπω	3079	Λυσίας
2720	κατευθύνω	2810	Κλεόπας	2900	κραταιός	2990	λανθάνω	3080	λύσις
2721	κατεφίστημι	2811	κλέος	2901	κραταιόομαι	2991	λαξευτός	3081	λυσιτελέω
2722	κατέχω	2812	κλέπτης	2902	κρατέω	2992	λαός	3082	Λύστρα
2723	κατηγορέω	2813	κλέπτω	2903	κράτιστος	2993	Λαοδίκεια	3083	λύτρον
2724	κατηγορία	2814	κλῆμα	2904	κράτος	2994	Λαοδικεύς	3084	λυτρόω
2725	κατήγορος	2815	Κλήμης	2905	κραυγάζω	2995	λάρυγξ	3085	λύτρωσις
2726	κατήφεια	2816	κληρονομέω	2906	κραυγή	2996	Λασαία	3086	λυτρωτής
2727	κατηχέω	2817	κληρονομία	2907	κρέας	2997	λάσκω	3087	λυχνία
2728	κατιόομαι	2818	κληρονόμος	2908	κρεῖσσον	2998	λατομέω	3088	λύχνος
2729	κατισχύω	2819	κλῆρος	2909	κρείττων	2999	λατρεία	3089	λύω
2730	κατοικέω	2820	κληρόω	2910	κρεμάννυμι	3000	λατρεύω	3090	Λωΐς
2731	κατοίκησις	2821	κλῆσις	2911	κρημνός	3001	λάχανον	3091	Λώτ
2732	κατοικητήριον	2822	κλητός	2912	Κρής	3002	Λεββαῖος	3092	Μαάθ
2733	κατοικία	2823	κλίβανος	2913	Κρήσκης	3003	λεγιών	3093	Μαγδαλά
2734	κατοπτρίζομαι	2824	κλίμα	2914	Κρήτη	3004	λέγω	3094	Μαγδαληνή
2735	διόρθωμα (κατ-)	2825	κλινάριον	2915	κριθή	3005	λεῖμμα	3095	μαγία
2736	κάτω	2826	κλινίδιον	2916	κρίθινος	3006	λεῖος	3096	μαγεύω
2737	κατώτερος	2827	κλίνω	2917	κρίμα	3007	λείπω	3097	μάγος
2738	καῦμα	2828	κλισία	2918	κρίνον	3008	λειτουργέω	3098	Μαγώγ
2739	καυματίζω	2829	κλοπή	2919	κρίνω	3009	λειτουργία	3099	Μαδιάμ
2740	καῦσις	2830	κλύδων	2920	κρίσις	3010	λειτουργικός	3100	μαθητεύω
2741	καυσόω	2831	κλυδωνίζω	2921	Κρίσπος	3011	λειτουργός	3101	μαθητής
2742	καύσων	2832	Κλωπᾶς	2922	κριτήριον	3012	λέντιον	3102	μαθήτρια
2743	καυστηριάζω	2833	κνήθω	2923	κριτής	3013	λεπίς	3103	Μαθουσάλα
2744	καυχάομαι	2834	Κνίδος	2924	κριτικός	3014	λέπρα	3104	Μαϊνάν
2745	καύχημα	2835	κοδράντης	2925	κρούω	3015	λεπρός	3105	μαίνομαι
2746	καύχησις	2836	κοιλία	2926	κρύπτη	3016	λεπτόν	3106	μακαρίζω
2747	Κεγχρεαί	2837	κοιμάομαι	2927	κρυπτός	3017	Λευί	3107	μακάριος
2748	κέδρος	2838	κοίμησις	2928	κρύπτω	3018	Λευΐς	3108	μακαρισμός
2749	κεῖμαι	2839	κοινός	2929	κρυσταλλίζω	3019	Λευείτης	3109	Μακεδονία
2750	κειρία	2840	κοινόω	2930	κρύσταλλος	3020	Λευειτικός	3110	Μακεδών
2751	κείρω	2841	κοινωνέω	2931	κρυφῇ	3021	λευκαίνω	3111	μάκελλον
2752	κέλευσμα	2842	κοινωνία	2932	κτάομαι	3022	λευκός	3112	μακράν
2753	κελεύω	2843	κοινωνικός	2933	κτῆμα	3023	λέων	3113	μακρόθεν
2754	κενοδοξία	2844	κοινωνός	2934	κτῆνος	3024	λήθη	3114	μακροθυμέω
2755	κενόδοξος	2845	κοίτη	2935	κτήτωρ	3025	ληνός	3115	μακροθυμία
2756	κενός	2846	κοιτών	2936	κτίζω	3026	λῆρος	3116	μακροθύμως
2757	κενοφωνία	2847	κόκκινος	2937	κτίσις	3027	λῃστής	3117	μακρός
2758	κενόω	2848	κόκκος	2938	κτίσμα	3028	λῆμψις	3118	μακροχρόνιος
2759	κέντρον	2849	κολάζω	2939	κτίστης	3029	λίαν	3119	μαλακία
2760	κεντυρίων	2850	κολακεία	2940	κυβεία	3030	λίβανος	3120	μαλακός
2761	κενῶς	2851	κόλασις	2941	κυβέρνησις	3031	λιβανωτός	3121	Μαλελεήλ
2762	κεραία	2852	κολαφίζω	2942	κυβερνήτης	3032	Λιβερτῖνος	3122	μάλιστα
2763	κεραμεύς	2853	κολλάω	2943	κυκλόθεν	3033	Λιβύη	3123	μᾶλλον
2764	κεραμικός	2854	κολλούριον	2944	κυκλόω	3034	λιθάζω	3124	Μάλχος
2765	κεράμιον	2855	κολλυβιστής	2945	κύκλος	3035	λίθινος	3125	μάμμη
2766	κέραμος	2856	κολοβόω	2946	κυλισμός	3036	λιθοβολέω	3126	μαμωνᾶς
2767	κεράννυμι	2857	Κολοσσαί	2947	κυλίω	3037	λίθος	3127	Μαναήν
2768	κέρας	2858	Κολοσσαεύς	2948	κυλλός	3038	λιθόστρωτος	3128	Μανασσῆς
2769	κεράτιον	2859	κόλπος	2949	κῦμα	3039	λικμάω	3129	μανθάνω
2770	κερδαίνω	2860	κολυμβάω	2950	κύμβαλον	3040	λιμήν	3130	μανία
2771	κέρδος	2861	κολυμβήθρα	2951	κύμινον	3041	λίμνη	3131	μάννα
2772	κέρμα	2862	κολωνία	2952	κυνάριον	3042	λιμός	3132	μαντεύομαι
2773	κερματιστής	2863	κομάω	2953	Κύπριος	3043	λίνον	3133	μαραίνω
2774	κεφάλαιον	2864	κόμη	2954	Κύπρος	3044	Λίνος	3134	μαρὰν ἀθά
2775	κεφαλιόω	2865	κομίζω	2955	κύπτω	3045	λιπαρός	3135	μαργαρίτης
2776	κεφαλή	2866	κομψᾶς	2956	Κυρηναῖος	3046	λίτρα	3136	Μάρθα
2777	κεφαλίς	2867	κονιάω	2957	Κυρήνη	3047	λίψ	3137	Μαρία
2778	κῆνσος	2868	κονιορτός	2958	Κυρήνιος	3048	λογία	3138	Μάρκος
2779	κῆπος	2869	κοπάζω	2959	κυρία	3049	λογίζομαι	3139	μάρμαρος
2780	κηπουρός	2870	κοπετός	2960	κυριακός	3050	λογικός	3140	μαρτυρέω
2781	κηρίον	2871	κοπή	2961	κυριεύω	3051	λόγιον	3141	μαρτυρία
2782	κήρυγμα	2872	κοπιάω	2962	κύριος	3052	λόγιος	3142	μαρτύριον
2783	κῆρυξ	2873	κόπος	2963	κυριότης	3053	λογισμός	3143	μαρτύρομαι
2784	κηρύσσω	2874	κοπρία	2964	κυρόω	3054	λογομαχέω	3144	μάρτυς
2785	κῆτος	2875	κόπτω	2965	κύων	3055	λογομαχία	3145	μασάομαι
2786	Κηφᾶς	2876	κόραξ	2966	κῶλον	3056	λόγος	3146	μαστιγόω
2787	κιβωτός	2877	κοράσιον	2967	κωλύω	3057	λόγχη	3147	μαστίζω
2788	κιθάρα	2878	κορβᾶν	2968	κώμη	3058	λοιδορέω	3148	μάστιξ
2789	κιθαρίζω	2879	Κορέ	2969	κωμόπολις	3059	λοιδορία	3149	μαστός
2790	κιθαρῳδός	2880	κορέννυμι	2970	κῶμος	3060	λοίδορος	3150	ματαιολογία

3151	ματαιολόγος	3341	μετάνοια	3431	μοιχεύω	3521	νηστεία	3611	οἰκέω
3152	μάταιος	3342	μεταξύ	3432	μοιχός	3522	νηστεύω	3612	οἴκημα
3153	ματαιότης	3343	μεταπέμπομαι	3433	μόλις	3523	νῆστις	3613	οἰκητήριον
3154	ματαιόομαι	3344	μεταστρέφω	3434	Μολόχ	3524	νηφάλιος	3614	οἰκία
3155	μάτην	3345	μετασχηματίζω	3435	μολύνω	3525	νήφω	3615	οἰκιακός
3156	Ματθαῖος	3346	μετατίθημι	3436	μολυσμός	3526	Νίγερ	3616	οἰκοδεσποτέω
3157	Ματθάν	3347	μετέπειτα	3437	μομφή	3527	Νικάνωρ	3617	οἰκοδεσπότης
3158	Ματθάτ	3348	μετέχω	3438	μονή	3528	νικάω	3618	οἰκοδομέω
3159	Ματθίας	3349	μετεωρίζομαι	3439	μονογενής	3529	νίκη	3619	οἰκοδομή
3160	Ματταθά	3350	μετοικεσία	3440	μόνον	3530	Νικόδημος	3620	οἰκοδομία
3161	Ματταθίας	3351	μετοικίζω	3441	μόνος	3531	Νικολαΐτης	3621	οἰκονομέω
3162	μάχαιρα	3352	μετοχή	3442	μονόφθαλμος	3532	Νικόλαος	3622	οἰκονομία
3163	μάχη	3353	μέτοχος	3443	μονόω	3533	Νικόπολις	3623	οἰκονόμος
3164	μάχομαι	3354	μετρέω	3444	μορφή	3534	νῖκος	3624	οἶκος
3165	μέ	3355	μετρητής	3445	μορφόω	3535	Νινευΐ	3625	οἰκουμένη
3166	αὐχέω	3356	μετριοπαθέω	3446	μόρφωσις	3536	Νινευΐτης	3626	οἰκουρός
3167	μεγαλεῖος	3357	μετρίως	3447	μοσχοποιέω	3537	νιπτήρ	3627	οἰκτείρω
3168	μεγαλειότης	3358	μέτρον	3448	μόσχος	3538	νίπτω	3628	οἰκτιρμός
3169	μεγαλοπρεπής	3359	μέτωπον	3449	μόχθος	3539	νοέω	3629	οἰκτίρμων
3170	μεγαλύνω	3360	μέχρι	3450	μοῦ	3540	νόημα	3630	οἰνοπότης
3171	μεγάλως	3361	μή	3451	μουσικός	3541	νόθος	3631	οἶνος
3172	μεγαλωσύνη	3362	ἐάν μή	3452	μυελός	3542	νομή	3632	οἰνοφλυγία
3173	μέγας	3363	ἵνα μή	3453	μυέω	3543	νομίζω	3633	οἴομαι
3174	μέγεθος	3364	οὐ μή	3454	μῦθος	3544	νομικός	3634	οἷος
3175	μεγιστάν	3365	μηδαμῶς	3455	μυκάομαι	3545	νομίμως	3635	ὀκνέω
3176	μέγιστος	3366	μηδέ	3456	μυκτηρίζω	3546	νόμισμα	3636	ὀκνηρός
3177	μεθερμηνεύω	3367	μηδείς	3457	μυλικός	3547	νομοδιδάσκαλος	3637	ὀκταήμερος
3178	μέθη	3368	μηδέποτε	3458	μύλινος, μύλος	3548	νομοθεσία	3638	ὀκτώ
3179	μεθίστημι	3369	μηδέπω	3459	μύλων	3549	νομοθετέω	3639	ὄλεθρος
3180	μεθοδεία	3370	Μῆδος	3460	Μύρα	3550	νομοθέτης	3640	ὀλιγόπιστία
3181	μεθόριος	3371	μηκέτι	3461	μυριάς	3551	νόμος	3641	ὀλίγος
3182	μεθύσκομαι	3372	μῆκος	3462	μυρίζω	3552	νοσέω	3642	ὀλιγόψυχος
3183	μέθυσος	3373	μηκύνω	3463	μύριοι	3553	νόσημα	3643	ὀλιγωρέω
3184	μεθύω	3374	μηλωτή	3464	μύρον	3554	νόσος	3644	ὀλοθρευτής
3185	μεῖζον	3375	μήν	3465	Μυσία	3555	νοσσιά	3645	ὀλοθρεύω
3186	μειζότερος	3376	μήν	3466	μυστήριον	3556	νοσσίον	3646	ὁλοκαύτωμα
3187	μείζων	3377	μηνύω	3467	μυωπάζω	3557	νοσσίζω	3647	ὁλοκληρία
3188	μέλαν	3378	μή οὐκ	3468	μώλωψ	3558	νότος	3648	ὁλόκληρος
3189	μέλας	3379	μήποτε	3469	μωμάομαι	3559	νουθεσία	3649	ὀλολύζω
3190	Μελεᾶς	3380	μήπω	3470	μῶμος	3560	νουθετέω	3650	ὅλος
3191	μελετάω	3381	μήπως	3471	μωραίνω	3561	νεομηνία	3651	ὁλοτελής
3192	μέλι	3382	μηρός	3472	μωρία	3562	νουνεχῶς	3652	Ὀλυμπᾶς
3193	μελίσσιος	3383	μήτε	3473	μωρολογία	3563	νοῦς	3653	ὄλυνθος
3194	Μελίτη	3384	μήτηρ	3474	μωρός	3564	Νυμφᾶς	3654	ὅλως
3195	μέλλω	3385	μήτι	3475	Μωσεύς	3565	νύμφη	3655	ὄμβρος
3196	μέλος	3386	μήτιγε	3476	Νασσών	3566	νυμφίος	3656	ὁμιλέω
3197	Μελχί	3387	μήτις	3477	Ναγγαί	3567	νυμφών	3657	ὁμιλία
3198	Μελχισεδέκ	3388	μήτρα	3478	Ναζαρέθ	3568	νῦν	3658	ὅμιλος
3199	μέλει	3389	μητραλῴας	3479	Ναζωρηνός	3569	τανῦν	3659	ὄμμα
3200	μεμβράνα	3390	μητρόπολις	3480	Ναζωραῖος	3570	νυνί	3660	ὀμνύω
3201	μέμφομαι	3391	μία	3481	Ναθάν	3571	νύξ	3661	ὁμοθυμαδόν
3202	μεμψίμοιρος	3392	μιαίνω	3482	Ναθαναήλ	3572	νύσσω	3662	ὁμοιάζω
*3303	μέν	3393	μίασμα	3483	ναί	3573	νυστάζω	3663	ὁμοιοπαθής
3304	μενοῦνγε	3394	μιασμός	3484	Ναΐν	3574	νυχθήμερον	3664	ὅμοιος
3305	μέντοι	3395	μίγμα	3485	ναός	3575	Νῶε	3665	ὁμοιότης
3306	μένω	3396	μίγνυμι	3486	Ναούμ	3576	νωθρός	3666	ὁμοιόω
3307	μερίζω	3397	μικρόν	3487	νάρδος	3577	νῶτος	3667	ὁμοίωμα
3308	μέριμνα	3398	μικρός	3488	Νάρκισσος	3578	ξενία	3668	ὁμοίως
3309	μεριμνάω	3399	Μίλητος	3489	ναυαγέω	3579	ξενίζω	3669	ὁμοίωσις
3310	μερίς	3400	μίλιον	3490	ναύκληρος	3580	ξενοδοχέω	3670	ὁμολογέω
3311	μερισμός	3401	μιμέομαι	3491	ναῦς	3581	ξένος	3671	ὁμολογία
3312	μεριστής	3402	μιμητής	3492	ναύτης	3582	ξέστης	3672	ὁμολογουμένως
3313	μέρος	3403	μιμνῄσκομαι	3493	Ναχώρ	3583	ξηραίνω	3673	ὁμότεχνος
3314	μεσημβρία	3404	μισέω	3494	νεανίας	3584	ξηρός	3674	ὁμοῦ
3315	μεσιτεύω	3405	μισθαποδοσία	3495	νεανίσκος	3585	ξύλινος	3675	ὁμόφρων
3316	μεσίτης	3406	μισθαποδότης	3496	Νεάπολις	3586	ξύλον	3676	ὅμως
3317	μεσονύκτιον	3407	μίσθιος	3497	Νεεμάν	3587	ξυράομαι	3677	ὄναρ
3318	Μεσοποταμία	3408	μισθός	3498	νεκρός	3588	ὁ, ἡ, τό	3678	ὀνάριον
3319	μέσος	3409	μισθόομαι	3499	νεκρόω	3589	ὀγδοήκοντα	3679	ὀνειδίζω
3320	μεσότοιχον	3410	μίσθωμα	3500	νέκρωσις	3590	ὄγδοος	3680	ὀνειδισμός
3321	μεσουράνημα	3411	μισθωτός	3501	νέος	3591	ὄγκος	3681	ὄνειδος
3322	μεσόω	3412	Μιτυλήνη	3502	νοσσός	3592	ὅδε	3682	Ὀνήσιμος
3323	Μεσσίας	3413	Μιχαήλ	3503	νεότης	3593	ὁδεύω	3683	Ὀνησίφορος
3324	μεστός	3414	μνᾶ	3504	νεόφυτος	3594	ὁδηγέω	3684	ὀνικός
3325	μεστόω	3415	μνάομαι	3505	Νέρων	3595	ὁδηγός	3685	ὀνίνημι
3326	μετά	3416	Μνάσων	3506	νεύω	3596	ὁδοιπορέω	3686	ὄνομα
3327	μεταβαίνω	3417	μνεία	3507	νεφέλη	3597	ὁδοιπορία	3687	ὀνομάζω
3328	μεταβάλλω	3418	μνῆμα	3508	Νεφθαλείμ	3598	ὁδός	3688	ὄνος
3329	μετάγω	3419	μνημεῖον	3509	νέφος	3599	ὀδούς	3689	ὄντως
3330	μεταδίδωμι	3420	μνήμη	3510	νεφρός	3600	ὀδυνάομαι	3690	ὄξος
3331	μετάθεσις	3421	μνημονεύω	3511	νεωκόρος	3601	ὀδύνη	3691	ὀξύς
3332	μεταίρω	3422	μνημόσυνον	3512	νεωτερικός	3602	ὀδυρμός	3692	ὀπή
3333	μετακαλέω	3423	μνηστεύω	3513	νή	3603	ὅ ἐστι	3693	ὄπισθεν
3334	μετακινέω	3424	μογιλάλος	3514	νήθω	3604	Ὀζίας	3694	ὀπίσω
3335	μεταλαμβάνω	3425	μόγις	3515	νηπιάζω	3605	ὄζω	3695	ὁπλίζω
3336	μετάλημψις	3426	μόδιος	3516	νήπιος	3606	ὅθεν	3696	ὅπλον
3337	μεταλλάσσω	3427	μοί	3517	Νηρεύς	3607	ὀθόνη	3697	ὁποῖος
3338	μεταμέλομαι	3428	μοιχαλίς	3518	Νηρί	3608	ὀθόνιον	3698	ὁπότε
3339	μεταμορφόω	3429	μοιχάομαι	3519	νησίον	3609	οἰκεῖος	3699	ὅπου
3340	μετανοέω	3430	μοιχεία	3520	νῆσος	3610	οἰκέτης	3700	ὀπτάνομαι

*Los números de Strong saltan de 3202 a 3303.

3701	όπτασία	3791	όχλέω	3881	παραλέγομαι	3971	πατρῷος	4061	περιτομή
3702	όπτός	3792	όχλοποιέω	3882	παράλιος	3972	Παῦλος	4062	περιτρέπω
3703	όπώρα	3793	όχλος	3883	παραλλαγή	3973	παύω	4063	περιτρέχω
3704	όπως	3794	όχύρωμα	3884	παραλογίζομαι	3974	Πάφος	4064	περιφέρω
3705	όραμα	3795	όψάριον	3885	παραλυτικός	3975	παχύνω	4065	περιφρονέω
3706	όρασις	3796	όψέ	3886	παραλύω	3976	πέδη	4066	περίχωρος
3707	όρατός	3797	όψιμος	3887	παραμένω	3977	πεδινός	4067	περίψημα
3708	όράω	3798	όψια	3888	παραμυθέομαι	3978	πεζεύω	4068	περπερεύομαι
3709	όργή	3799	όψις	3889	παραμυθία	3979	πεζός, πεζῇ	4069	Περσίς
3710	όργίζομαι	3800	όψώνιον	3890	παραμύθιον	3980	πειθαρχέω	4070	πέρυσι
3711	όργίλος	*3801	véase nota	3891	παρανομέω	3981	πειθός	4071	πετεινός
3712	όργυιά	3802	παγιδεύω	3892	παρανομία	3982	πείθω	4072	πέτομαι
3713	όρέγομαι	3803	παγίς	3893	παραπικραίνω	3983	πεινάω	4073	πέτρα
3714	όρεινός	3804	πάθημα	3894	παραπικρασμός	3984	πείρα	4074	Πέτρος
3715	όρεξις	3805	παθητός	3895	παραπίπτω	3985	πειράζω	4075	πετρώδης
3716	όρθοποδέω	3806	πάθος	3896	παραπλέω	3986	πειρασμός	4076	πέταυρον
3717	όρθός	3807	παιδαγωγός	3897	παραπλήσιον	3987	πειράομαι	4077	πηγή
3718	όρθοτομέω	3808	παιδάριον	3898	παραπλησίως	3988	πεισμονή	4078	πήγνυμι
3719	όρθρίζω	3809	παιδεία	3899	παραπορεύομαι	3989	πέλαγος	4079	πηδάλιον
3720	όρθρινός	3810	παιδευτής	3900	παράπτωμα	3990	πελεκίζω	4080	πηλίκος
3721	όρθρος	3811	παιδεύω	3901	παραρέω	3991	πέμπτος	4081	πηλός
3722	όρθρος	3812	παιδιόθεν	3902	παράσημος	3992	πέμπω	4082	πήρα
3723	όρθῶς	3813	παιδίον	3903	παρασκευάζω	3993	πένης	4083	πῆχυς
3724	όρίζω	3814	παιδίσκη	3904	παρασκευή	3994	πενθερά	4084	πιάζω
3725	όριον	3815	παίζω	3905	παρατείνω	3995	πενθερός	4085	πιέζω
3726	όρκίζω	3816	παῖς	3906	παρατηρέω	3996	πενθέω	4086	πιθανολογία
3727	όρκος	3817	παίω	3907	παρατήρησις	3997	πένθος	4087	πικραίνω
3728	όρκωμοσία	3818	Πακατιανή	3908	παρατίθημι	3998	πενιχρός	4088	πικρία
3729	όρμάω	3819	πάλαι	3909	παρατυγχάνω	3999	πεντάκις	4089	πικρός
3730	όρμή	3820	παλαιός	3910	παραυτίκα	4000	πεντακισχίλιοι	4090	πικρῶς
3731	όρμημα	3821	παλαιότης	3911	παραφέρω	4001	πεντακόσιοι	4091	Πιλᾶτος
3732	όρνεον	3822	παλαιόω	3912	παραφρονέω	4002	πέντε	4092	πίμπρημι
3733	όρνις	3823	πάλη	3913	παραφρονία	4003	πεντεκαιδέκατος	4093	πινακίδιον
3734	όροθεσία	3824	παλιγγενεσία	3914	παραχειμάζω	4004	πεντήκοντα	4094	πίναξ
3735	όρος	3825	πάλιν	3915	παραχειμασία	4005	πεντηκοστή	4095	πίνω
3736	όρύσσω	3826	παμπληθεί	3916	παραχρῆμα	4006	πεποίθησις	4096	πιότης
3737	όρφανός	3827	πάμπολυς	3917	πάρδαλις	4007	περαιτέρω	4097	πιπράσκω
3738	όρχέομαι	3828	Παμφυλία	3918	πάρειμι	4008	πέραν	4098	πίπτω
3739	ός, ἥ, ὅ	3829	πανδοχεῖον	3919	παρεισάγω	4009	πέρας	4099	Πισιδία
3740	όσάκις	3830	πανδοχεύς	3920	παρείσακτος	4010	Πέργαμος	4100	πιστεύω
3741	όσιος	3831	πανήγυρις	3921	παρεισδύω	4011	Πέργη	4101	πιστικός
3742	όσιότης	3832	πανοικεί	3922	παρεισέρχομαι	4012	περί	4102	πίστις
3743	όσίως	3833	πανοπλία	3923	παρεισφέρω	4013	περιάγω	4103	πιστός
3744	όσμή	3834	πανουργία	3924	παρεκτός	4014	περιαιρέω	4104	πιστόω
3745	όσος	3835	πανοῦργος	3925	παρεμβολή	4015	περιαστράπτω	4105	πλανάω
3746	όσπερ	3836	πανταχόθεν	3926	παρενοχλέω	4016	περιβάλλω	4106	πλάνη
3747	όστέον	3837	πανταχῇ	3927	παρεπίδημος	4017	περιβλέπομαι	4107	πλανήτης
3748	όστις	3838	παντελής	3928	παρέρχομαι	4018	περιβόλαιον	4108	πλάνος
3749	όστράκινος	3839	πάντῃ	3929	πάρεσις	4019	περιδέω	4109	πλάξ
3750	όσφρησις	3840	πάντοθεν	3930	παρέχω	4020	περιεργάζομαι	4110	πλάσμα
3751	όσφύς	3841	παντοκράτωρ	3931	παρηγορία	4021	περίεργος	4111	πλάσσω
3752	όταν	3842	πάντοτε	3932	παρθενία	4022	περιέρχομαι	4112	πλαστός
3753	ότε	3843	πάντως	3933	παρθένος	4023	περιέχω	4113	πλατεῖα
3754	ότι	3844	παρά	3934	Πάρθος	4024	περιζώννυμι	4114	πλάτος
3755	ότου	3845	παραβαίνω	3935	παρίημι	4025	περίθεσις	4115	πλατύνω
3756	οὐ, οὐκ	3846	παραβάλλω	3936	παριστάνω	4026	περιΐστημι	4116	πλατύς
3757	οὗ	3847	παράβασις	3937	Παρμενᾶς	4027	περικάθαρμα	4117	πλέγμα
3758	οὐά	3848	παραβάτης	3938	πάροδος	4028	περικαλύπτω	4118	πλεῖστος
3759	οὐαί	3849	παραβιάζομαι	3939	παροικέω	4029	περίκειμαι	4119	πλείων
3760	οὐδαμῶς	3850	παραβολή	3940	παροικία	4030	περικεφαλαία	4120	πλέκω
3761	οὐδέ	3851	παραβουλεύομαι	3941	πάροικος	4031	περικρατής	4121	πλεονάζω
3762	οὐδείς	3852	παραγγελία	3942	παροιμία	4032	περικρύπτω	4122	πλεονεκτέω
3763	οὐδέποτε	3853	παραγγέλλω	3943	πάροινος	4033	περικυκλόω	4123	πλεονέκτης
3764	οὐδέπω	3854	παραγίνομαι	3944	παροίχομαι	4034	περιλάμπω	4124	πλεονεξία
3765	οὐκέτι	3855	παράγω	3945	παρομοιάζω	4035	περιλείπω	4125	πλευρά
3766	οὐκοῦν	3856	παραδειγματίζω	3946	παρόμοιος	4036	περίλυπος	4126	πλέω
3767	οὖν	3857	παράδεισος	3947	παροξύνω	4037	περιμένω	4127	πληγή
3768	οὔπω	3858	παραδέχομαι	3948	παροξυσμός	4038	πέριξ	4128	πλῆθος
3769	οὐρά	3859	διαπαρατριβή	3949	παροργίζω	4039	περιοικέω	4129	πληθύνω
3770	οὐράνιος	3860	παραδίδωμι	3950	παροργισμός	4040	περίοικος	4130	πίμπλημι
3771	οὐρανόθεν	3861	παράδοξος	3951	παροτρύνω	4041	περιούσιος	4131	πλήκτης
3772	οὐρανός	3862	παράδοσις	3952	παρουσία	4042	περιοχή	4132	πλημμύρα
3773	Οὐρβανός	3863	παραζηλόω	3953	παροψίς	4043	περιπατέω	4133	πλήν
3774	Οὐρίας	3864	παραθαλάσσιος	3954	παρρησία	4044	περιπείρω	4134	πλήρης
3775	οὖς	3865	παραθεωρέω	3955	παρρησιάζομαι	4045	περιπίπτω	4135	πληροφορέω
3776	οὐσία	3866	παραθήκη	3956	πᾶς	4046	περιποιέομαι	4136	πληροφορία
3777	οὔτε	3867	παραινέω	3957	πάσχα	4047	περιποίησις	4137	πληρόω
3778	οὗτος, αὕτη, τοῦτο	3868	παραιτέομαι	3958	πάσχω	4048	περιρήγνυμι	4138	πλήρωμα
3779	οὕτως	3869	παρακαθέζομαι	3959	Πάταρα	4049	περιοπάω	4139	πλησίον
3780	οὐχί	3870	παρακαλέω	3960	πατάσσω	4050	περισσεία	4140	πλησμονή
3781	όφειλέτης	3871	παρακαλύπτω	3961	πατέω	4051	περίσσευμα	4141	πλήσσω
3782	όφειλή	3872	παρακαταθήκη	3962	πατήρ	4052	περισσεύω	4142	πλοιάριον
3783	όφείλημα	3873	παράκειμαι	3963	Πάτμος	4053	περισσός	4143	πλοῖον
3784	όφείλω	3874	παράκλησις	3964	πατρολῴας	4054	περισσότερον	4144	πλόος
3785	όφελον	3875	παράκλητος	3965	πατριά	4055	περισσότερος	4145	πλούσιος
3786	όφελος	3876	παρακοή	3966	πατριάρχης	4056	περισσοτέρως	4146	πλουσίως
3787	όφθαλμοδουλεία	3877	παρακολουθέω	3967	πατρικός	4057	περισσῶς	4147	πλουτέω
3788	όφθαλμός	3878	παρακούω	3968	πατρίς	4058	περιστερά	4148	πλουτίζω
3789	όφις	3879	παρακύπτω	3969	Πατροβᾶς	4059	περιτέμνω	4149	πλοῦτος
3790	όφρύς	3880	παραλαμβάνω	3970	πατροπαράδοτος	4060	περιτίθημι	4150	πλύνω

*3801 ὁ ὤν καὶ ὁ ἦν καὶ ὁ ἐρχόμενος

4151 πνεῦμα	4241 πρέπω	4331 προσεγγίζω	4421 πτηνός	4511 δύσις
4152 πνευματικός	4242 πρεσβεία	4332 παρεδρεύω	4422 πτοέω	4512 δυτίς
4153 πνευματικῶς	4243 πρεσβεύω	4333 προσεργάζομαι	4423 πτόησις	4513 Ῥωμαϊκός
4154 πνέω	4244 πρεσβυτέριον	4334 προσέρχομαι	4424 Πτολεμαΐς	4514 Ῥωμαῖος
4155 πνίγω	4245 πρεσβύτερος	4335 προσευχή	4425 πτύον	4515 Ῥωμαϊστί
4156 πνικτός	4246 πρεσβύτης	4336 προσεύχομαι	4426 πτύρω	4516 Ῥώμη
4157 πνοή	4247 πρεσβῦτις	4337 προσέχω	4427 πτύσμα	4517 Ῥώννυμι
4158 ποδήρης	4248 πσηνής	4338 προσηλόω	4428 πτύσσω	4518 σαβαχθανεί
4159 πόθεν	4249 πρίζω	4339 προσήλυτος	4429 πτύω	4519 σαβαώθ
4160 ποιέω	4250 πρίν	4340 πρόσκαιρος	4430 πτῶμα	4520 σαββατισμός
4161 ποίημα	4251 Πρίσκα	4341 προσκαλέομαι	4431 πτῶσις	4521 σάββατον
4162 ποίησις	4252 Πρίσκιλλα	4342 προσκαρτερέω	4432 πτωχεία	4522 σαγήνη
4163 ποιητής	4253 πρό	4343 προσκαρτέρησις	4433 πτωχεύω	4523 Σαδδουκαῖος
4164 ποικίλος	4254 προάγω	4344 προσκεφάλαιον	4434 πτωχός	4524 Σαδώκ
4165 ποιμαίνω	4255 προαιρέομαι	4345 προσκληρόω	4435 πυγμῇ	4525 σαίνω
4166 ποιμήν	4256 προαιτιάομαι	4346 πρόσκλισις	4436 πύθων	4526 σάκκος
4167 ποίμνη	4257 προακούω	4347 προσκολλάω	4437 πυκνός	4527 Σαλά
4168 ποίμνιον	4258 προαμαρτάνω	4348 πρόσκομμα	4438 πυκτεύω	4528 Σαλαθιήλ
4169 ποῖα	4259 προαύλιον	4349 προσκοπή	4439 πύλη	4529 Σαλαμίς
4170 πολεμέω	4260 προβαίνω	4350 προσκόπτω	4440 πυλών	4530 Σαλείμ
4171 πόλεμος	4261 προβάλλω	4351 προσκυλίω	4441 πυνθάνομαι	4531 σαλεύω
4172 πόλις	4262 προβατικός	4352 προσκυνέω	4442 πῦρ	4532 Σαλήμ
4173 πολιτάρχης	4263 πρόβατον	4353 προσκυνητής	4443 πυρά	4533 Σαλμών
4174 πολιτεία	4264 προβιβάζω	4354 προσλαλέω	4444 πύργος	4534 Σαλμώνη
4175 πολίτευμα	4265 προβλέπομαι	4355 προσλαμβάνομαι	4445 πυρέσσω	4535 σάλος
4176 πολιτεύομαι	4266 προγίνομαι	4356 πρόσλημψις	4446 πυρετός	4536 σάλπιγξ
4177 πολίτης	4267 προγινώσκω	4357 προσμένω	4447 πύρινος	4537 σαλπίζω
4178 πολλάκις	4268 πρόγνωσις	4358 προσορμίζομαι	4448 πυρόω	4538 σαλπιστής
4179 πολλαπλασίων	4269 πρόγονος	4359 προσοφείλω	4449 πυρράζω	4539 Σαλώμη
4180 πολυλογία	4270 προγράφω	4360 προσοχθίζω	4450 πυρρός	4540 Σαμάρεια
4181 πολυμερῶς	4271 πρόδηλος	4361 πρόσπεινος	4451 πύρωσις	4541 Σαμαρεῖτης
4182 πολυποίκιλος	4272 προδίδωμι	4362 προσπήγνυμι	4452 —πω	4542 Σαμαρεῖτις
4183 πολύς	4273 προδότης	4363 προσπίπτω	4453 πωλέω	4543 Σαμοθράκη
4184 πολύσπλαγχνος	4274 πρόδρομος	4364 προσποιέομαι	4454 πῶλος	4544 Σάμος
4185 πολυτελής	4275 προεῖδον	4365 προσπορεύομαι	4455 πώποτε	4545 Σαμουήλ
4186 πολύτιμος	4276 προελπίζω	4366 προσρήγνυμι	4456 πωρόω	4546 Σαμψών
4187 πολυτρόπως	4277 προεῖπον	4367 προστάσσω	4457 πώρωσις	4547 σανδάλιον
4188 πόμα	4278 προενάρχομαι	4368 προστάτις	4458 πώς	4548 σανίς
4189 πονηρία	4279 προεπαγγέλλομαι	4369 προστίθημι	4459 πῶς	4549 Σαούλ
4190 πονηρός	4280 προερῶ	4370 προστρέχω	4460 Ῥαάβ	4550 σαπρός
4191 πονηρότερος	4281 προέρχομαι	4371 προσφάγιον	4461 ῥαββεί	4551 σαπφείρη
4192 πόνος	4282 προετοιμάζω	4372 πρόσφατος	4462 ῥαββουνεί	4552 σάπφειρος
4193 Ποντικός	4283 προευαγγελίζομαι	4373 προσφάτως	4463 ῥαβδίζω	4553 σαργάνη
4194 Πόντιος	4284 προέχω	4374 προσφέρω	4464 ῥάβδος	4554 Σάρδεις
4195 Πόντος	4285 προηγέομαι	4375 προσφιλής	4465 ῥαβδοῦχος	4555 σάρδινος
4196 Πόπλιος	4286 πρόθεσις	4376 προσφορά	4466 Ῥαγαῦ	4556 σάρδιος
4197 πορεία	4287 προθεσμία	4377 προσφωνέω	4467 ῥᾳδιούργημα	4557 σαρδόνυξ
4198 πορεύομαι	4288 προθυμία	4378 πρόσχυσις	4468 ῥᾳδιουργία	4558 Σάρεπτα
4199 πορθέω	4289 πρόθυμος	4379 προσψαύω	4469 ῥακά	4559 σαρκικός
4200 πορισμός	4290 προθύμως	4380 προσωπολημπτέω	4470 ῥάκος	4560 σάρκινος
4201 Πόρκιος	4291 προΐστημι	4381 προσωπολήμπτης	4471 Ῥαμά	4561 σάρξ
4202 πορνεία	4292 προκαλέομαι	4382 προσωπολημψία	4472 ῥαντίζω	4562 Σαρούχ
4203 πορνεύω	4293 προκαταγγέλλω	4383 πρόσωπον	4473 ῥαντισμός	4563 σαρόω
4204 πόρνη	4294 προκαταρτίζω	4384 προτάσσω	4474 ῥαπίζω	4564 Σάρρα
4205 πόρνος	4295 πρόκειμαι	4385 προτείνω	4475 ῥάπισμα	4565 Σάρων
4206 πόρρω	4296 προκηρύσσω	4386 πρότερον	4476 ῥαφίς	4566 Σατάν
4207 πόρρωθεν	4297 προκοπή	4387 πρότερος	4477 Ῥαχάβ	4567 Σατανᾶς
4208 πορρωτέρω	4298 προκόπτω	4388 προτίθεμαι	4478 Ῥαχήλ	4568 σάτον
4209 πορφύρα	4299 πρόκριμα	4389 προτρέπομαι	4479 Ῥεβέκκα	4569 Σαῦλος
4210 πορφύρεος	4300 προκυρόω	4390 προτρέχω	4480 ῥέδη	4570 σβέννυμι
4211 πορφυρόπωλις	4301 προλαμβάνω	4391 προϋπάρχω	4481 Ῥεμφάν	4571 σέ
4212 πόσακις	4302 προλέγω	4392 πρόφασις	4482 ῥέω	4572 σεαυτοῦ
4213 πόσις	4303 προμαρτύρομαι	4393 προφέρω	4483 ῥέω	4573 σεβάζομαι
4214 πόσος	4304 προμελετάω	4394 προφητεία	4484 Ῥήγιον	4574 σέβασμα
4215 ποταμός	4305 προμεριμνάω	4395 προφητεύω	4485 ῥῆγμα	4575 σεβαστός
4216 ποταμοφόρητος	4306 προνοέω	4396 προφήτης	4486 ῥήγνυμι	4576 σέβομαι
4217 ποταπός	4307 πρόνοια	4397 προφητικός	4487 ῥῆμα	4577 σειρός
4218 ποτέ	4308 προοράω	4398 προφῆτις	4488 Ῥησά	4578 σεισμός
4219 πότε	4309 προορίζω	4399 προφθάνω	4489 ῥήτωρ	4579 σείω
4220 πότερον	4310 προπάσχω	4400 προχειρίζομαι	4490 ῥητῶς	4580 Σεκοῦνδος
4221 ποτήριον	4311 προπέμπω	4401 προχειροτονέω	4491 ῥίζα	4581 Σελεύκεια
4222 ποτίζω	4312 προπετής	4402 Πρόχορος	4492 ῥιζόω	4582 σελήνη
4223 Ποτίολοι	4313 προπορεύομαι	4403 πρύμνα	4493 ῥιπή	4583 σεληνιάζω
4224 πότος	4314 πρός	4404 πρωΐ	4494 ῥιπίζω	4584 Σεμεΐ
4225 πού	4315 προσάββατον	4405 πρωΐα	4495 ῥιπτέω	4585 σεμίδαλις
4226 ποῦ	4316 προσαγορεύω	4406 πρωΐμος	4496 ῥίπτω	4586 σεμνός
4227 Πούδης	4317 προσάγω	4407 πρωϊνός	4497 Ῥοβοάμ	4587 σεμνότης
4228 πούς	4318 προσαγωγή	4408 πρῷρα	4498 Ῥόδη	4588 Σέργιος
4229 πρᾶγμα	4319 προσαιτέω	4409 πρωτεύω	4499 Ῥόδος	4589 Σήθ
4230 πραγματεία	4320 προσαναβαίνω	4410 πρωτοκαθεδρία	4500 ῥοιζηδόν	4590 Σήμ
4231 πραγματεύομαι	4321 προσαναλίσκω	4411 πρωτοκλισία	4501 ῥομφαία	4591 σημαίνω
4232 πραιτώριον	4322 προσαναπληρόω	4412 πρῶτον	4502 Ῥουβήν	4592 σημεῖον
4233 πράκτωρ	4323 προσανατίθεμαι	4413 πρῶτος	4503 Ῥούθ	4593 σημειόομαι
4234 πρᾶξις	4324 προσαπειλέομαι	4414 πρωτοστάτης	4504 Ῥοῦφος	4594 σήμερον
4235 πρᾷος	4325 προσδαπανάω	4415 πρωτοτόκια	4505 ῥύμη	4595 σήπω
4236 πρᾳότης	4326 προσδέομαι	4416 πρωτότοκος	4506 ῥύομαι	4596 σιρικός
4237 πρασιά	4327 προσδέχομαι	4417 πταίω	4507 ῥυπαρία	4597 σής
4238 πράσσω	4328 προσδοκάω	4418 πτέρνα	4508 ῥυπαρός	4598 σιπόβρωτος
4239 πραΰς	4329 προσδοκία	4419 πτερύγιον	4509 ῥύπος	4599 σθενόω
4240 πραΰτης	4330 προσεάω	4420 πτέρυξ	4510 ῥυπαίνω	4600 σιαγών

4601 σιγάω	4691 σπερμολόγος	4781 συνκάμπτω	4871 συναλίζομαι	4961 συστρατιώτης
4602 σιγή	4692 σπεύδω	4782 συνκαταβαίνω	4872 συναναβαίνω	4962 συστρέφω
4603 σιδήρεος	4693 σπήλαιον	4783 συνκατατίθεμαι	4873 συνανάκειμαι	4963 συστροφή
4604 σίδηρος	4694 σπιλάς	4784 συνκατάθεσις	4874 συναναμίγνυμι	4964 συνσχηματίζω
4605 Σιδών	4695 σπιλόω	4785 συνκαταψηφίζω	4875 συναναπαύομαι	4965 Συχάρ
4606 Σιδώνιος	4696 σπίλος	4786 συνκεράννυμι	4876 συναντάω	4966 Συχέμ
4607 σικάριος	4697 σπλαγχνίζομαι	4787 συνκινέω	4877 συνάντησις	4967 σφαγή
4608 σίκερα	4698 σπλάγχνον	4788 συνκλείω	4878 συναντιλαμβάνομαι	4968 σφάγιον
4609 Σίλας	4699 σπόγγος	4789 συνκληρονόμος	4879 συναπάγω	4969 σφάζω
4610 Σιλουανός	4700 σποδός	4790 συνκοινωνέω	4880 συναποθνήσκω	4970 σφόδρα
4611 Σιλωάμ	4701 σπορά	4791 συνκοινωνός	4881 συναπόλλυμι	4971 σφοδρῶς
4612 σιμικίνθιον	4702 σπόριμος	4792 συνκομίζω	4882 συναποστέλλω	4972 σφραγίζω
4613 Σίμων	4703 σπόρος	4793 συνκρίνω	4883 συναρμολογέω	4973 σφραγίς
4614 Σινᾶ	4704 σπουδάζω	4794 συνκύπτω	4884 συναρπάζω	4974 σφυρόν
4615 σίναπι	4705 σπουδαῖος	4795 συνκυρία	4885 συναυξάνω	4975 σχεδόν
4616 σινδών	4706 σπουδαιότερον	4796 συνχαίρω	4886 σύνδεσμος	4976 σχῆμα
4617 σινιάζω	4707 σπουδαιότερος	4797 συνχέω	4887 συνδέω	4977 σχίζω
4618 σιτευτός	4708 σπουδαιοτέρως	4798 συνχράομαι	4888 συνδοξάζω	4978 σχίσμα
4619 σιτιστός	4709 σπουδαίως	4799 σύνχυσις	4889 σύνδουλος	4979 σχοινίον
4620 σιτομέτριον	4710 σπουδή	4800 συνζάω	4890 συνδρομή	4980 σχολάζω
4621 σῖτος	4711 σπυρίς	4801 συνζεύγνυμι	4891 συνεγείρω	4981 σχολή
4622 Σιών	4712 στάδιος	4802 συνζητέω	4892 συνέδριον	4982 σώζω
4623 σιωπάω	4713 στάμνος	4803 συνζήτησις	4893 συνείδησις	4983 σῶμα
4624 σκανδαλίζω	4714 στάσις	4804 συνζητητής	4894 συνεῖδον	4984 σωματικός
4625 σκάνδαλον	4715 στατήρ	4805 σύνζυγος	4895 σύνειμι	4985 σωματικῶς
4626 σκάπτω	4716 σταυρός	4806 συνζωοποιέω	4896 σύνειμι	4986 Σώπατρος
4627 σκάφη	4717 σταυρόω	4807 συνκάμινος	4897 συνεισέρχομαι	4987 σωρεύω
4628 σκέλος	4718 σταφυλή	4808 συνῆ	4898 συνέκδημος	4988 Σωσθένης
4629 σκέπασμα	4719 στάχυς	4809 συνκομορέα	4899 συνεκλεκτός	4989 Σωσίπατρος
4630 Σκευᾶς	4720 Στάχυς	4810 σῦκον	4900 συναλλάσσω	4990 σωτήρ
4631 σκευή	4721 στέγη	4811 συνκοφαντέω	4901 συνεπιμαρτυρέω	4991 σωτηρία
4632 σκεῦος	4722 στέγω	4812 συλαγωγέω	4902 συνέπομαι	4992 σωτήριος
4633 σκηνή	4723 στεῖρα	4813 συλάω	4903 συνεργέω	4993 σωφρονέω
4634 σκηνοπηγία	4724 στέλλω	4814 συνλαλέω	4904 συνεργός	4994 σωφρονίζω
4635 σκηνοποιός	4725 στέμμα	4815 συλλαμβάνω	4905 συνέρχομαι	4995 σωφρονισμός
4636 σκῆνος	4726 στεναγμός	4816 συλλέγω	4906 συνεσθίω	4996 σωφρόνως
4637 σκηνόω	4727 στενάζω	4817 συλλογίζομαι	4907 σύνεσις	4997 σωφροσύνη
4638 σκήνωμα	4728 στενός	4818 συνλυπέομαι	4908 συνετός	4998 σώφρων
4639 σκιά	4729 στενοχωρέω	4819 συμβαίνω	4909 συνευδοκέω	4999 Ταβέρναι
4640 σκιρτάω	4730 στενοχωρία	4820 συνβάλλω	4910 συνευωχέομαι	5000 Ταβιθά
4641 σκληροκαρδία	4731 στερεός	4821 συνβασιλεύω	4911 συνεφίστημι	5001 τάγμα
4642 σκληρός	4732 στερεόω	4822 συνβιβάζω	4912 συνέχω	5002 τακτός
4643 σκληρότης	4733 στερέωμα	4823 συνβουλεύω	4913 συνήδομαι	5003 ταλαιπωρέω
4644 σκληροτράχηλος	4734 Στεφανᾶς	4824 συνβούλιον	4914 συνήθεια	5004 ταλαιπωρία
4645 σκληρύνω	4735 στέφανος	4825 σύμβουλος	4915 συνηλικιώτης	5005 ταλαίπωρος
4646 σκολιός	4736 Στέφανος	4826 Συμεών	4916 συνθάπτω	5006 ταλαντιαῖος
4647 σκόλοψ	4737 στεφανόω	4827 συνμαθητής	4917 συνθλάω	5007 τάλαντον
4648 σκοπέω	4738 στῆθος	4828 συνμαρτυρέω	4918 συνθλίβω	5008 ταλειθά
4649 σκοπός	4739 στήκω	4829 συνμερίζω	4919 συνθρύπτω	5009 ταμεῖον
4650 σκορπίζω	4740 στηριγμός	4830 συνμέτοχος	4920 συνίημι	5010 τάξις
4651 σκορπίος	4741 στηρίζω	4831 συνμιμητής	4921 συνίστημι	5011 ταπεινός
4652 σκοτεινός	4742 στίγμα	4832 συνμορφίζω	4922 συνοδεύω	5012 ταπεινοφροσύνη
4653 σκοτία	4743 στιγμή	4833 σύμμορφος	4923 συνοδία	5013 ταπεινόω
4654 σκοτίζω	4744 στίλβω	4834 συνπαθέω	4924 συνοικέω	5014 ταπείνωσις
4655 σκότος	4745 στοά	4835 συνπαθής	4925 συνοικοδομέω	5015 ταράσσω
4656 σκοτόω	4746 στιβάς	4836 συνπαραγίνομαι	4926 συνομιλέω	5016 ταραχή
4657 σκύβαλον	4747 στοιχεῖον	4837 συνπαρακαλέω	4927 συνομορέω	5017 τάραχος
4658 Σκύθης	4748 στοιχέω	4838 συνπαραλαμβάνω	4928 συνοχή	5018 Ταρσεύς
4659 σκυθρωπός	4749 στολή	4839 συνπαραμένω	4929 συντάσσω	5019 Ταρσός
4660 σκύλλω	4750 στόμα	4840 συνπάρειμι	4930 συντέλεια	5020 ταρταρόω
4661 σκῦλον	4751 στόμαχος	4841 συνπάσχω	4931 συντελέω	5021 τάσσω
4662 σκωληκόβρωτος	4752 στρατεία	4842 συνπέμπω	4932 συντέμνω	5022 ταῦρος
4663 σκώληξ	4753 στράτευμα	4843 συνπεριλαμβάνω	4933 συντηρέω	5023 ταῦτα
4664 σμαράγδινος	4754 στρατεύομαι	4844 συνπίνω	4934 συντίθημι	5024 ταυτά
4665 σμάραγδος	4755 στρατηγός	4845 συνπληρόω	4935 συντόμως	5025 ταύταις
4666 σμύρνα	4756 στρατιά	4846 συνπνίγω	4936 συντρέχω	5026 ταύτη
4667 Σμύρνα	4757 στρατιώτης	4847 συνπολίτης	4937 συντρίβω	5027 ταφή
4668 Σμυρναῖος	4758 στρατολογέω	4848 συνπορεύομαι	4938 σύντριμμα	5028 τάφος
4669 σμυρνίζω	4759 στρατοπεδάρχης	4849 συμπόσιον	4939 σύντροφος	5029 τάχα
4670 Σόδομα	4760 στρατόπεδον	4850 συνπρεσβύτερος	4940 συντυγχάνω	5030 ταχέως
4671 σοί	4761 στρεβλόω	4851 συμφέρω	4941 Συντύχη	5031 ταχινός
4672 Σολομών	4762 στρέφω	4852 σύνφημι	4942 συνυποκρίνομαι	5032 τάχιον
4673 σορός	4763 στρηνιάω	4853 συμφυλέτης	4943 συνυπουργέω	5033 τάχιστα
4674 σός	4764 στρῆνος	4854 σύμφυτος	4944 συνωδίνω	5034 τάχος
4675 σοῦ	4765 στρουθίον	4855 συνφύω	4945 συνωμοσία	5035 ταχύ
4676 σουδάριον	4766 στρώννυμι	4856 συμφωνέω	4946 Συράκουσαι	5036 ταχύς
4677 Σουσάννα	4767 στυγητός	4857 συμφώνησις	4947 Συρία	5037 τε
4678 σοφία	4768 στυγνάζω	4858 συμφωνία	4948 Σύρος	5038 τεῖχος
4679 σοφίζω	4769 στῦλος	4859 σύμφωνος	4949 Συροφοίνισσα	5039 τεκμήριον
4680 σοφός	4770 Στωικός	4860 συμψηφίζω	4950 σύρτις	5040 τεκνίον
4681 Σπανία	4771 σύ	4861 σύνψυχος	4951 σύρω	5041 τεκνογονέω
4682 σπαράσσω	4772 συγγένεια	4862 σύν	4952 συσπαράσσω	5042 τεκνογονία
4683 σπαργανόω	4773 συγγενής	4863 συνάγω	4953 σύσσημον	5043 τέκνον
4684 σπαταλάω	4774 συγκύπτω	4864 συναγωγή	4954 σύσσωμος	5044 τεκνοτροφέω
4685 σπάω	4775 συνάθημει	4865 συναγωνίζομαι	4955 στασιαστής	5045 τέκτων
4686 σπεῖρα	4776 συνκαθίζω	4866 συναθλέω	4956 συστατικός	5046 τέλειος
4687 σπείρω	4777 συνκακοπαθέω	4867 συναθροίζω	4957 συσταυρόω	5047 τελειότης
4688 σπεκουλάτωρ	4778 συνκακουχέω	4868 συναίρω	4958 συστέλλω	5048 τελειόω
4689 σπένδω	4779 συνκαλέω	4869 συναιχμάλωτος	4959 συστενάζω	5049 τελείως
4690 σπέρμα	4780 συνκαλύπτω	4870 συνακολουθέω	4960 συστοιχέω	5050 τελείωσις

#	Greek	#	Greek	#	Greek	#	Greek	#	Greek
5051	τελειωτής	5141	τρέμω	5231	ὑπεράνω	5321	φανέρωσις	5411	φόρος
5052	τελεσφορέω	5142	τρέφω	5232	ὑπεραυξάνω	5322	φανός	5412	φορτίζω
5053	τελευτάω	5143	τρέχω	5233	ὑπερβαίνω	5323	Φανουήλ	5413	φορτίον
5054	τελευτή	5144	τριάκοντα	5234	ὑπερβαλλόντως	5324	φαντάζω	5414	φόρτος
5055	τελέω	5145	τριακόσιοι	5235	ὑπερβάλλω	5325	φαντασία	5415	Φορτουνάτος
5056	τέλος	5146	τρίβολος	5236	ὑπερβολή	5326	φάντασμα	5416	φραγέλλιον
5057	τελώνης	5147	τρίβος	5237	ὑπερείδον	5327	φάραγξ	5417	φραγελλόω
5058	τελώνιον	5148	τριετία	5238	ὑπερέκεινα	5328	Φαραώ	5418	φραγμός
5059	τέρας	5149	τρίζω	5239	ὑπερεκτείνω	5329	Φαρές	5419	φράζω
5060	Τέρτιος	5150	τρίμηνος	5240	ὑπερεκχύνω	5330	Φαρισαῖος	5420	φράσσω
5061	Τέρτυλλος	5151	τρίς	5241	ὑπερεντυγχάνω	5331	φαρμακεία	5421	φρέαρ
5062	τεσσαράκοντα	5152	τρίστεγος	5242	ὑπερέχω	5332	φαρμακεύς	5422	φρεναπατάω
5063	τεσσαρακονταετής	5153	τρισχίλιοι	5243	ὑπερηφανία	5333	φαρμακός	5423	φρεναπάτης
5064	τέσσαρες	5154	τρίτος	5244	ὑπερήφανος	5334	φάσις	5424	φρήν
5065	τεσσαρεσκαιδέκατος	5155	τρίχινος	5245	ὑπερνικάω	5335	φάσκω	5425	φρίσσω
5066	τεταρταῖος	5156	τρόμος	5246	ὑπέρογκος	5336	φάτνη	5426	φρονέω
5067	τέταρτος	5157	τροπή	5247	ὑπεροχή	5337	φαῦλος	5427	φρόνημα
5068	τετράγωνος	5158	τρόπος	5248	ὑπερπερισσεύω	5338	φέγγος	5428	φρόνησις
5069	τετράδιον	5159	τροποφορέω	5249	ὑπερπερισσῶς	5339	φείδομαι	5429	φρόνιμος
5070	τετρακισχίλιοι	5160	τροφή	5250	ὑπερπλεονάζω	5340	φειδομένως	5430	φρονίμως
5071	τετρακόσιοι	5161	Τρόφιμος	5251	ὑπερυψόω	5341	φελόνης	5431	φροντίζω
5072	τετράμηνος	5162	τροφός	5252	ὑπερφρονέω	5342	φέρω	5432	φρουρέω
5073	τετραπλόος	5163	τροχιά	5253	ὑπερῷον	5343	φεύγω	5433	φρυάσσω
5074	τετράπους	5164	τροχός	5254	ὑπέχω	5344	Φῆλιξ	5434	φρύγανον
5075	τετραρχέω	5165	τρύβλιον	5255	ὑπήκοος	5345	φήμη	5435	Φρυγία
5076	τετράρχης	5166	τρυγάω	5256	ὑπηρετέω	5346	φημί	5436	Φύγελλος
5077	τεφρόω	5167	τρυγών	5257	ὑπηρέτης	5347	φῆστος	5437	φυγή
5078	τέχνη	5168	τρυμαλιά	5258	ὕπνος	5348	φθάνω	5438	φυλακή
5079	τεχνίτης	5169	τρῆμα	5259	ὑπό	5349	φθαρτός	5439	φυλακίζω
5080	τήκομαι	5170	Τρύφαινα	5260	ὑποβάλλω	5350	φθέγγομαι	5440	φυλακτήριον
5081	τηλαυγῶς	5171	τρυφάω	5261	ὑπογραμμός	5351	φθείρω	5441	φύλαξ
5082	τηλικοῦτος	5172	τρυφή	5262	ὑπόδειγμα	5352	φθινοπωρινός	5442	φυλάσσω
5083	τηρέω	5173	Τρυφῶσα	5263	ὑποδείκνυμι	5353	φθόγγος	5443	φυλή
5084	τήρησις	5174	Τρῳάς	5264	ὑποδέχομαι	5354	φθονέω	5444	φύλλον
5085	Τιβεριάς	5175	Τρωγύλλιον	5265	ὑποδέω	5355	φθόνος	5445	φύραμα
5086	Τιβέριος	5176	τρώγω	5266	ὑπόδημα	5356	φθορά	5446	φυσικός
5087	τίθημι	5177	τυγχάνω	5267	ὑπόδικος	5357	φιάλη	5447	φυσικῶς
5088	τίκτω	5178	τυμπανίζω	5268	ὑποζύγιον	5358	φιλάγαθος	5448	φυσιόω
5089	τίλλω	5179	τύπος	5269	ὑποζώννυμι	5359	Φιλαδέλφεια	5449	φύσις
5090	Τίμαιος	5180	τύπτω	5270	ὑποκάτω	5360	φιλαδελφία	5450	φυσίωσις
5091	τιμάω	5181	Τύραννος	5271	ὑποκρίνομαι	5361	φιλάδελφος	5451	φυτεία
5092	τιμή	5182	θορυβάζω	5272	ὑπόκρισις	5362	φίλανδρος	5452	φυτεύω
5093	τίμιος	5183	Τύρος	5273	ὑποκριτής	5363	φιλανθρωπία	5453	φύω
5094	τιμιότης	5184	Τύρος	5274	ὑπολαμβάνω	5364	φιλανθρώπως	5454	φωλεός
5095	Τιμόθεος	5185	τυφλός	5275	ὑπολείπω	5365	φιλαργυρία	5455	φωνέω
5096	Τίμων	5186	τυφλόω	5276	ὑπολήνιον	5366	φιλάργυρος	5456	φωνή
5097	τιμωρέω	5187	τυφόω	5277	ὑπολιμπάνω	5367	φίλαυτος	5457	φῶς
5098	τιμωρία	5188	τύφομαι	5278	ὑπομένω	5368	φιλέω	5458	φωστήρ
5099	τίνω	5189	τυφωνικός	5279	ὑπομιμνῄσκω	5369	φιλήδονος	5459	φωσφόρος
5100	τίς	5190	Τυχικός	5280	ὑπόμνησις	5370	φίλημα	5460	φωτεινός
5101	τίς	5191	ὑακίνθινος	5281	ὑπομονή	5371	Φιλήμων	5461	φωτίζω
5102	τίτλος	5192	ὑάκινθος	5282	ὑπονοέω	5372	Φιλητός	5462	φωτισμός
5103	Τίτος	5193	ὑάλινος	5283	ὑπόνοια	5373	φιλία	5463	χαίρω
5104	τοί	5194	ὕαλος	5284	ὑποπλέω	5374	Φιλιππήσιος	5464	χάλαζα
5105	τοιγαροῦν	5195	ὑβρίζω	5285	ὑποπνέω	5375	Φίλιπποι	5465	χαλάω
5106	τοίνυν	5196	ὕβρις	5286	ὑποπόδιον	5376	Φίλιππος	5466	Χαλδαῖος
5107	τοιόσδε	5197	ὑβριστής	5287	ὑπόστασις	5377	Φιλόθεος	5467	χαλεπός
5108	τοιοῦτος	5198	ὑγιαίνω	5288	ὑποστέλλω	5378	φιλόλογος	5468	χαλιναγωγέω
5109	τοῖχος	5199	ὑγιής	5289	ὑποστολή	5379	φιλονεικία	5469	χαλινός
5110	τόκος	5200	ὑγρός	5290	ὑποστρέφω	5380	φιλόνεικος	5470	χάλκεος
5111	τολμάω	5201	ὑδρία	5291	ὑποστρωννύω	5381	φιλοξενία	5471	χαλκεύς
5112	τολμηρῶς	5202	ὑδροποτέω	5292	ὑποταγή	5382	φιλόξενος	5472	χαλκηδών
5113	τολμητής	5203	ὑδρωπικός	5293	ὑποτάσσω	5383	φιλοπρωτεύω	5473	χαλκίον
5114	τομός	5204	ὕδωρ	5294	ὑποτίθημι	5384	φίλος	5474	χαλκολίβανος
5115	τόξον	5205	ὑετός	5295	ὑποτρέχω	5385	φιλοσοφία	5475	χαλκός
5116	τοπάζιον	5206	υἱοθεσία	5296	ὑποτύπωσις	5386	φιλόσοφος	5476	χαμαί
5117	τόπος	5207	υἱός	5297	ὑποχωρέω	5387	φιλόστοργος	5477	Χανάαν
5118	τοσοῦτος	5208	ὕλη	5298	ὑποχωρέω	5388	φιλότεκνος	5478	Χαναναῖος
5119	τότε	5209	ὑμᾶς	5299	ὑπωπιάζω	5389	φιλοτιμέομαι	5479	χαρά
5120	τοῦ	5210	ὑμεῖς	5300	ὗς	5390	φιλοφρόνως	5480	χάραγμα
5121	τοὐναντίον	5211	Ὑμεναῖος	5301	ὕσσωπος	5391	φιλόφρων	5481	χαρακτήρ
5122	τοὔνομα	5212	ὑμέτερος	5302	ὑστερέω	5392	φιμόω	5482	χάραξ
5123	τουτέστι	5213	ὑμῖν	5303	ὑστέρημα	5393	Φλέγων	5483	χαρίζομαι
5124	τοῦτο	5214	ὑμνέω	5304	ὑστέρησις	5394	φλογίζω	5484	χάριν
5125	τούτοις	5215	ὕμνος	5305	ὕστερον	5395	φλόξ	5485	χάρις
5126	τοῦτον	5216	ὑμῶν	5306	ὕστερος	5396	φλυαρέω	5486	χάρισμα
5127	τούτου	5217	ὑπάγω	5307	ὑφαντός	5397	φλύαρος	5487	χαριτόω
5128	τούτους	5218	ὑπακοή	5308	ὑψηλός	5398	φοβερός	5488	Χαρράν
5129	τούτῳ	5219	ὑπακούω	5309	ὑψηλοφρονέω	5399	φοβέομαι	5489	χάρτης
5130	τούτων	5220	ὑπανδρος	5310	ὕψιστος	5400	φόβητρον	5490	χάσμα
5131	τράγος	5221	ὑπαντάω	5311	ὕψος	5401	φόβος	5491	χεῖλος
5132	τράπεζα	5222	ὑπάντησις	5312	ὑψόω	5402	Φοίβη	5492	χειμάζομαι
5133	τραπεζίτης	5223	ὕπαρξις	5313	ὕψωμα	5403	Φοινίκη	5493	χείμαρρος
5134	τραῦμα	5224	ὑπάρχοντα	5314	φάγος	5404	φοῖνιξ	5494	χειμών
5135	τραυματίζω	5225	ὑπάρχω	5315	φάγω	5405	φοινίξ	5495	χείρ
5136	τραχηλίζω	5226	ὑπείκω	5316	φαίνω	5406	φονεύς	5496	χειραγωγέω
5137	τράχηλος	5227	ὑπεναντίος	5317	Φάλεκ	5407	φονεύω	5497	χειραγωγός
5138	τραχύς	5228	ὑπέρ	5318	φανερός	5408	φόνος	5498	χειρόγραφον
5139	Τραχωνῖτις	5229	ὑπεραίρω	5319	φανερόω	5409	φορέω	5499	χειροποίητος
5140	τρεῖς	5230	ὑπεράκμος	5320	φανερῶς	5410	φόρον	5500	χειροτονέω

5501	χείρων	5526	χορτάζω	5551	χρονοτριβέω	5576	ψευδομαρτυρέω	5601	Ὠβήδ
5502	χερουβείν	5527	χόρτασμα	5552	χρύσεος	5577	ψευδομαρτυρία	5602	ὧδε
5503	χήρα	5528	χόρτος	5553	χρυσίον	5578	ψευδοπροφήτης	5603	ᾠδή
5504	ἐχθές, χθές	5529	Χουζᾶς	5554	χρυσοδακτύλιος	5579	ψεῦδος	5604	ὠδίν
5505	χιλιάς	5530	χράομαι	5555	χρυσόλιθος	5580	ψευδόχριστος	5605	ὠδίνω
5506	χιλίαρχος	5531	χράω	5556	χρυσόπρασος	5581	ψευδώνυμος	5606	ὦμος
5507	χίλιοι	5532	χρεία	5557	χρυσός	5582	ψεῦσμα	5607	ὤν, οὖσα, ὄν
5508	Χίος	5533	χρεοφειλέτης	5558	χρυσόω	5583	ψεύστης	5608	ὠνέομαι
5509	χιτών	5534	χρή	5559	χρώς	5584	ψηλαφάω	5609	ᾠόν
5510	χιών	5535	χρῄζω	5560	χωλός	5585	ψηφίζω	5610	ὥρα
5511	χλαμύς	5536	χρῆμα	5561	χώρα	5586	ψῆφος	5611	ὡραῖος
5512	χλευάζω	5537	χρηματίζω	5562	χωρέω	5587	ψιθυρισμός	5612	ὠρύομαι
5513	χλιαρός	5538	χρηματισμός	5563	χωρίζω	5588	ψιθυριστής	5613	ὡς
5514	Χλόη	5539	χρήσιμος	5564	χωρίον	5589	ψιχίον	5614	ὡσαννά
5515	χλωρός	5540	χρῆσις	5565	χωρίς	5590	ψυχή	5615	ὡσαύτως
5516	χξϛ	5541	χρηστεύομαι	5566	χῶρος	5591	ψυχικός	5616	ὡσεί
5517	χοϊκός	5542	χρηστολογία	5567	ψάλλω	5592	ψῦχος	5617	Ὡσηέ
5518	χοῖνιξ	5543	χρηστός	5568	ψαλμός	5593	ψυχρός	5618	ὥσπερ
5519	χοῖρος	5544	χρηστότης	5569	ψευδάδελφος	5594	ψύχομαι	5619	ὡσπερεί
5520	χολάω	5545	χρίσμα	5570	ψευδαπόστολος	5595	ψωμίζω	5620	ὥστε
5521	χολή	5546	Χριστιανός	5571	ψευδής	5596	ψωμίον	5621	ὠτίον
5522	χοῦς	5547	Χριστός	5572	ψευδοδιδάσκαλος	5597	ψώχω	5622	ὠφέλεια
5523	Χοραζίν	5548	χρίω	5573	ψευδολόγος	5598	Ω	5623	ὠφελέω
5524	χορηγέω	5549	χρονίζω	5574	ψεύδομαι	5599	ὦ	5624	ὠφέλιμος
5525	χορός	5550	χρόνος	5575	ψευδομάρτυς	5600	ὦ		